汝信 赵士林 主编

中国学术年鉴

CHINA ACADEMIC YEARBOOK
THE SOCIAL SCIENCES AND HUMANITIES

人文社会科学版

2005

中央编译出版社
CCTP
Central Compilation & Translation Press

图书在版编目(CIP)数据

中国学术年鉴.2005/汝信、赵士林主编.
—北京:中央编译出版社,2006.11

ISBN 7-80211-344-X

Ⅰ.中…　Ⅱ.赵…　Ⅲ.社会科学-中国-2005-年鉴
Ⅳ.C54

中国版本图书馆 CIP 数据核字(2006)第 138972 号

ISBN 7-80211-344-X
9 787802 113442 >

中国学术年鉴(人文社会科学版)2005

责任编辑:吴颖丽　陈琼　盛菊艳　姜迪
封面设计:姜恂旬　姜凡
出版发行:中央编译出版社
地　　址:北京西单西斜街 36 号(100032)
电　　话:(010)66509360　66509365(编辑部)
(010)66509364(发行部)　(010)66509618(读者服务部)
h t t p://www.cctpbook.com
E-mail:edit@cctpbook.com
经　　销:全国新华书店
印　　刷:北京新丰印刷厂
开　　本:880×1230 毫米　1/16
字　　数:1900 千字
印　　张:48.375　　**彩插**:0.25
版　　次:2006 年 11 月第 1 版第 1 次印刷
定　　价:398.00 元

本社常年法律顾问:北京建元律师事务所　首席顾问律师鲁哈达

编　委　会

凡　例

一、本书第一编“学科发展状况”按学科门类编排，每一学科下的“著作”和“论文”两个类别，分别介绍2005年在学术上有所建树或较有影响的著作或论文及其作者的个人情况。每个类别下属条目的编排均以标题的拼音字母为序。

二、各“学科研究综述”和“学科研究大事记”作者的名字放在文末括号内；各学科被介绍的著作或论文的作者的名字放在篇首。

三、本书第二编“海外中国学学者”以学者姓氏的拼音字母为序。

总　　目

目 录

年度纪念学者

年度影响力学者

第一编　学科发展状况

经济学

农业经济

工业经济

财贸学

金融学

政治学

国际政治

法　学

教育学

语言学

新闻传播学

社会学

考古学

中国古代史

中国近代史

中共党史党建

世界史

哲　学

文 学

外国文学

艺术学

宗教学

民族学

边疆史地

图书馆学

其他学科

第二编　海外中国学学者

海外中国学学者

总　　序

2005 年：中国的人文社会科学

赵士林

2005 年，在构建和谐社会所营造的宽松的社会氛围中，中国的人文社会科学研究获得了重要进展。在经济学领域，学者们围绕着产权理论、国有企业改革、土地制度、上市公司、民营企业等涉及到经济体制改革的核心问题展开了深入研究。关于重化工业发展的争论持续进行，这一关系到中国经济发展模式的争论引起了普遍关注。农业经济研究触及到农民增收和农民权益保护，建设社会主义新农村乃至农村改革等重大问题。工业经济研究则继续关注产业组织与产业发展战略等工业发展与改革的基本问题。政治学、社会学等学科继续深入探讨中国的政治体制改革、建设社会主义和谐社会乃至中国发展战略与国际外交等重大问题。教育学、新闻传播学对我国教育领域、新闻传播领域的重大问题，如教育公平、课程改革、新闻职业规范、传媒公信力等问题给予了及时的关注和深入的研究。文学、史学、哲学、语言学等学科则继续在各自研究领域中的许多重大学术问题上取得重要进展。党史党建学科则适应新的形势对党史中一些重大问题和执政党建设问题提出了新的理论见解。以下是根据各门学科的综述对各个学科研究状况的粗略概括。

一、经济学研究发展状况

（一）政治经济学研究状况

本年度，政治经济学领域围绕马克思主义政治经济学的指导地位、产权理论与国有企业改革、“三农”中的土地制度、关于“经济人”假说等问题展开了讨论。

1. 关于马克思主义政治经济学的指导地位

刘国光于 2005 年 7 月 15 日谈经济学教学和研究中的一些问题公开发表后，引起广泛反响。其撰文就政治经济学教学和研究中存在的一系列重大问题发表了看法。

2. 产权理论与国有企业改革问题

本年度，国企改革问题继续受到政治经济学领域和微观经济学领域广大研究者的关注，相关研讨提升到基本理论层面。

王振中《对产权理论若干问题的全新探讨》对产权概念作了细致考证，指出，马克思和恩格斯才是使用 property rights 概念进行经济研究的奠基者。

也有学者如杨瑞龙在《产权的排他性、可转让性与我国现代产权制度的建立》中指出，为了建立完善的社会主义市场经济体制，必须明确产权关系，即以资产来界定当事人占有稀缺资源的权利。

林毅夫、李志赟在《中国的国有企业与金融体制改革》中则认为，国有企业问题的根源在于它承担着社会性和政策性负担，由此带来了国有企业的预算软约束问题和“自生能力”问题。

3. 土地制度问题

温铁军在《中国“三农”：值得深思的三大问题》中认为，在一定资源约束下要素变动形成的制度是结果，而不是前提。在我国城乡二元结构很难在短时间内消除的基本国情下，不要轻言农地私有化。

周其仁的《农地产权与征地制度》研究了我国城市化过程中农地转让权的一些政治经济学问题，指出，“土地涨价归公”是错误的，它忽略了农地之主对土地增值的一项重要贡献，那就是“放弃”农地的使用权。

4. 关于“经济人”假说的讨论

2005 年 5 月在福建师范大学召开的“经济人”假说专题研讨会，将“经济人”假说的研究推向一个高潮。

阮青松、余颖和黄向晖的《关于经济人假设的实验经济学研究综述》，通过对实验经济学中的“单方指定博弈”（dictator game）、“最后通牒博弈”（ultimatum game）、“信任博弈”（trust game）等研究成果的介绍，得出结论：“经济人”假说中，“自利假设”和“理性假设”等，与人们的真实行为模式存在着系统偏差。

（二）微观经济学研究状况

1. 企业发展的制度环境问题

李涛在《政府管制、法治、银行发展与中小企业发展》中实证检验了政府管制措施、法治和银行业的发展程度对世界各国中小企业发展程度的影响。

2. 股权激励及上市公司问题

郑志刚《股权激励：能否构成股东价值最大化原则的挑战?》，得出了与利益相关者认为的“股权激励是对公司治理传统的股东价值最大化原则的挑战”所不同的结论。

张宗新、张晓荣、廖士光的《上市公司自愿性信息披露行为有效吗？——基于 1998—2003 年中国证券市场的检验》，运用经济主体行为最优化与信息经济学方法，对新兴市场中上市公司自愿性信息披露行为动因及其披露机制进行分析。

3. 关于公司治理的研究

胡一帆、宋敏、张俊喜的《竞争、产权、公司治理三大理论的相对重要性及交互关系》采用中国 5 大城市 700 多家公司的调查数据，以公司绩效为函数，分别考察了竞争要素、产权要素和公司治理要素对公司绩效的定量影响。

4. 民营企业研究

储小平的《家族企业的成长与社会资本的融合》，一改以往家族企业研究偏重于文化学、社会学角度的倾向，从社会资本、人力资本、社会网络资本和社会文化资本的角度，系统地研究了中国民营企业经营家族化的特点、原因和发展趋势。

（三）宏观经济学研究状况

1. “十一五”规划与中长期经济增长研究

由马凯主编的《十一五规划战略研究》，集数百名权威专家学者的智慧，对“十一五”规划的战略问题作了全面探讨。

由王洛林主编的《中国战略机遇期的经济发展研究报告（2005－2020）》，对“十一五”时期以及未来中国经济的增长源泉、战略选择与政策支持作了全面、充分的研究。

张卓元在《深化改革，推进粗放型经济增长方式转变》中指出，经济增长方式转变不理想的根本原因在于体制保障没有跟上。

2. 经济周期研究

2005年5月，中国社会科学院经济研究所、《经济研究》编辑部、国家社科基金重大项目“社会主义市场经济中经济周期基本理论和实践研究”课题组，共同举办了全国性的“经济周期研讨会”，进一步深化了经济周期的研究。

3. 经济形势分析

关于中国经济的冷热之争，到2005年7月又达到一个新的高潮。刘树成《中国经济冷热之争再起——2005年上半年经济形势分析》指出，这次争论的主要焦点则是中国经济是否正在趋冷。

美国摩根士丹利全球首席经济师史蒂芬·罗奇发表文章提出，“中国经济在年内有很大可能将进一步减速”。一部分学者认为，我国经济正在走向通货紧缩；另一部分学者则认为，2005年我国经济运行将呈现高增长、低通胀的特点。

4. 重化工业发展之辩

2005年，关于中国是否进入了新的重化工业发展阶段的争论继续进行。大体有三种看法：一种看法认为，从全国情况看，各地都在大干快上重化工业项目，经济结构是在向重型化发展，这不是在走新型工业化道路，而仍属“旧型工业化道路”。第二种看法认为，中国经济正在进入一个适应居民消费结构升级需要、以市场为基础、技术含量和附加价值逐步提高、可持续性较强的新的重化工业发展阶段。还有学者认为，我们不能超越重化工业发展阶段，我们要发展重化工业来创造就业，解决中国的发展问题。第三种看法认为，中国加快重化工业发展是一个客观的要求，但并不意味着从劳动密集型工业向资本密集型的重化工业，再向技术密集型的高技术产业梯度转移和上升的历史过程。

（四）收入差距问题研究状况

1. 关于收入差距的国际警戒线问题

为了使我国的收入差距控制在合理范围内，一般主张应当尽量把基尼系数控制在0.4以内。对此，赵人伟在《收入分配、财产分配和渐进改革》中提出不同看法，认为我国是一个幅员辽阔、人口众多、均质性很低的社会，客观上容许有较高的基尼系数，不必机械地、死死地守住0.4这条线。

2. 收入差距扩大原因的探讨

一种观点认为，中国居民收入差距主要由城乡二元结构导致，收入差距扩大不是市场化改革造成的，而是因为市场被扭曲、改革不到位和社会保障机制不配套。第二种观点认为，中国居民收入差距主要是由于体制造成的。樊纲《政府要在有限的资源条件下缩小分配差距》认为，中国收入差距拉大的阶段可能很长，这主要是由于体制原因造成的。缩小收入差距的关键是根除体制弊病。第三种观点认为，中国收入分配差距的不断扩大是由于经济发展战略选择方面没有遵循相对比较优势的道路。第四种观点则认为，收入分配差距的不断扩大是由于市场机制的极化作用不断增强导致的。

（五）中国经济史研究状况

1. 近世中国经济发展模式的选择与实践

伴随学界对中国现代化问题研究的深入，一些学者尝试打破人为设定的近、现代史界限，把中国自鸦片战争以来的经济发展视为中国现代化进程的重要内容，对近世中国经济发展模式的选择与实践进行了研讨。

2. 环境史视野与经济史研究

环境与经济发展是21世纪的热点问题，受到学界的广泛关注。有的经济史学者试图借鉴国外环境史的分析模式，解读中国历史上的“天—人”关系，对中国经济发展与自然环境的关系作了有益的探讨。有学者提出，环境史把人与自然结合起来进行总体的动态考察，具有革命性意义，使史学的发展获得了新的增长点。

（六）中国现代经济史研究状况

1. 纵跨近现代、纵跨改革前后的专题经济史研究

许毅主编的《从百年屈辱到民族复兴——新中国外债与中国特色的社会主义》（中国外债史第四卷）从外债和财政的角度，探索1840—2003年我国的经济史。赵凌云的《中国共产党经济工作史》系统阐述中国共产党80年来经济工作的历史，从经济决策方法、经济动员方法和经济组织方法等方面进行了探讨。

2. 对1949—1978年中国经济史研究的新进展

庞松的《陈云与二十世纪五十年代中国的经济转型》回顾建国初期陈云以解决民生、稳定市场为要务，坚持统筹兼顾、各得其所的办法，适时地对社会利益关系进行动态调整，为保持城乡经济生活基本稳定下推动经济转型作出了独特的贡献。

高晓林的《上海私营工商业与人民胜利折实公债》和赵学军的《陈云与1955年人民币新币的发行》研究指出，1950年的人民胜利折实公债，是新中国发行的唯一一次折实公债，是稳定金融物价的重大举措。

3. 对1978年以来中国经济史研究的开拓

关于改革开放以来宏观调控史的研究。房维中在《20世纪80年代中国经济的发展历程和陈云的经济指导思想》中指出，20世纪80年代的调整、高涨、再调整过程中，陈云强调，国民经济能做到按比例发展就是最快的速度。陈锦华在《从实行宏观经济调控到“软着陆”成功》等文中指出，薛暮桥关于1985—1988年宏观失控的分析十分深刻和富有现实意义。

在改革史的“三农”问题研究中，

有学者指出，农村转轨发展26年，形成三种经济实体：（1）农户家庭经济继续维持村域经济主体的地位；（2）以行政村、组为单位的传统集体经济组织继续发展，在东部及一些发达村域，集体经济能力逐年增强，发挥重要作用；（3）新型合作经济组织（股份合作企业、合作与合伙企业）及私营企业等在村域内异军突起，其资本积累和收入能力已经正在赶上或超过农户，逐渐成为村域经济中最具活力、最强大的支柱和主体。

在改革史的国有企业改革与民营企业发展的研究中，汪海波在《中国国有企业改革的实践进程（1979—2003年）》中提出，1978年以来，国有企业改革大体经历三个阶段：（1）扩大企业自主权；（2）在一定程度上实现所有权和经营权的"两权"分离；（3）建立现代企业制度。每个阶段都取得了相应成果，也产生了新的矛盾和问题，直到今天国企改革并没有真正、完全到位。尚存四个深层次矛盾：（1）国有经济布局和结构不合理的状况尚未根本改变；（2）现代企业产权制度尚未建立，产权界定、产权配置、产权流转、产权保护四大产权制度尚未落实；（3）改制不够规范，存在违规操作及"官商联手"；（4）理顺劳动关系与追求社会稳定之间存在矛盾。

二、农业经济研究发展状况

农业经济研究领域关注的重大问题有：农民收入、粮食生产、农村制度变革、农村公共品和农村社会事业的发展等。

（一）农业发展和农业综合生产能力

有关农业综合生产能力方面的探讨重点是粮食综合生产能力，比较一致的看法是将粮食综合生产能力作为粮食安全的基础，提高粮食综合生产能力面临的制约因素包括耕地、水资源、科技发展和农业基础设施。相对来说，影响粮食综合生产能力的因素是本领域研究较多的主题，如构建生产函数评估耕地流失对粮食综合生产能力的影响。其他还包括农业自然灾害、农户小规模家庭经营等，也是影响粮食综合生产能力的重要因素。提高粮食综合生产能力，既要严格保护耕地和水资源，又要提高农业技术装备水平和农业科技应用水平，更要加大农业支持和保护力度，加快粮食产业化发展。有研究认为，加强农村水利基础设施建设，改善农业生产条件，增加旱涝保收面积，是提高粮食生产能力的主要途径和关键措施。

（二）农民增收和农民权益保护

2005年农民收入领域研究较多的文献侧重于评估农村有关政策对农民增收的效果。有初步研究表明，财政支农资金对农民收入影响不明显。对农村税费改革对农民收入影响的研究存在着不同的结论。有研究表明，农村税费改革的政策效果比较明显，而另一项研究认为农村税费改革对农民收入增长的短期效果非常有限，长期效果依赖于新的农业生产方式和有关土地制度、乡镇财政制度等农村制度创新。除了构建模型对农村政策对农民增收效应进行评估外，也有运用调查方法来推论粮农补贴政策的收入效应，如马彦丽等对河北调查后认为，粮食直补政策对农户的种粮面积扩大、农民收入的增加均影响较小。还有探讨影响农民增收的经济环境，如王波运用实证的方法分析了宏观经济运行对农民收入增长产生影响，国际经济运行态势、国内生产总值、农产品的市场运行、农民非农就业机会等都会影响农民增收。

改革以来，我国金融全面发展，金融体系不断完善，金融服务经济的功能不断增强。中国金融的发展是否导致农民增收？有研究表明，我国的金融发展不仅没有促进农民增收，反而对农民收入的增长起着抑制的作用。我国的金融发展之所以抑制农民收入增长，关键是农村金融发展相对滞后。农村资金不但不能通过市场实现优化配置，而且还出现大量的由农村到城市的净流出。因此，健全农村金融组织体系，全面发展农村金融，才可能提高农村金融对农民收入增长的贡献。

针对粮食主产区农民增收难度不断增大的情况，有的研究提出关键要在稳定粮食生产基础上，发展设施农业，统筹城乡劳动就业，全面推进农业产业化经营。

（三）建设社会主义新农村

建国以来，我国曾多次提出过建设社会主义新农村。从20世纪50年代以来，在一些中央重要文件和领导讲话中时常出现社会主义新农村的提法。不同时期对赋予社会主义新农村建设的内涵存在着明显的差异。据研究，十六届五中全会提出的新农村建设是我国自20世纪以来乡村建设史上的第三次高潮。第一次乡村建设运动发生在20世纪20年代到30年代，以教育农民为核心；第二次乡村建设热潮发生在20世纪80年代家庭联产承包责任制普遍推行后，主要特点是政府推动，以发展农村经济为核心；进入新世纪后我国再度提出的乡村建设基本特点是以统筹城乡、全面建设小康社会和构建社会主义和谐社会为目标，以农村综合改革为动力。

在国家加速推进工业化和城市化的大环境下，一些学者开始反思农村发展。长期以来，中国农村经济主要为国家工业化和城市化提供物质基础。在这种模式下，农业发展、农村富余劳动力转移、按低标准补偿征用的农民土地以及压抑农村金融发展而带来的农村资金外流，无不有力地促进了国家工业化和城市化。但是，这种模式也带来了城乡之间、农村地区之间和经济社会之间的不平衡和不协调。城乡要素单向流动，无法形成良性互动关系，而公共政策又未能到位，造成城乡差距越来越大。为此，需要以科学发展观创新农村发展模式，建设好社会主义新农村。还有学者认为，我国所选择的农村发展战略根本缺点在于按照城市的模式来改造农村，基本表现在于鼓励发展乡镇企业以实现农村工业化，鼓励农民进城以实现城市化，这种传统模式既不能有效解决我国"三农"问题，又潜伏着新的危机，提出我国农村发展战略必须转型。

为什么要提出社会主义新农村建设，李炳坤概括为"四个并存"和"二个条件"，"四个并存"是城市建设日新月异与农村面貌变化较慢并存、城镇居民收入增长较快与农民收入增长较慢并存、工业生产能力过剩与农村需求不足并存、财政金融资金增长较快与农村资金严重不足并存；"两个条件"是各级党委和政府高度重视"三农"工作和我国开始实行工业反哺农业、城市支持农村的方针。

如何具体实施新农村建设，目前的研究还主要限于提出一些原则，如规划先行、分步推进、因地制宜、尊重农民意愿等。张晓山提出推进新农村建设要有统一的和全面系统的科学规划。

针对新农村建设中可能出现的偏差，中央文件和领导讲话明确要求新农村建设中要注重实效，不搞形式主义；要量力而行，不盲目攀比；要民主商议，不强迫命令；要突出特色，不强求一律；要引导扶持，不包办代替。

针对一些地方为了从根本上改变村容村貌，对原有分散居住的村庄进行拆迁，搞农民集中居住，多数学者对此做法提出异议，认为这样做既会给农民造成财产损失，又需要相对较高的经济条件，需要慎重，甚至有学者坚决反对。

（四）农村基础设施建设和社会事业的发展

农村社会事业的发展，是2005年农村发展研究领域的热点之一。农村教育方面的研究关注点是农村义务教育投入问题。江文涛等测算了我国农村义务教育公共投资的地区差异，而吕丽艳等通过东北实行农村税费改革的调查，提供了农村税费改革加大义务教育经费缺口的实际资料，提出必须要切实解决农村义务教育的投入问题。上海财经大学公共政策中心课题组的研究结论认为，农村教育应选择“县级管理，多级政府分担经费”的办学体制，由中央、省和县三级政府分担农村教育经费。在农村社会保障事业方面侧重于对农村社会保障制度的研究，目的是分析我国农村社会保障功能脆弱的制度性原因，进而为发展农村社会保障提出政策建议。如对改革以来我国农村养老、医疗和社会救助等社会保障进展缓慢进行研究，农村社会保障制度框架应包括农村养老保险、医疗保障和最低生活保障制度为基本内容。张丽宾则进一步提出农村社会保障体系的目标模式主要特点包括基于乡镇的合作医疗、基于社区的养老保障和统一的最低生活保障。农村医疗卫生方面的问题在农村发展研究领域得到了重视。韩俊等通过实地调查，认为要改变农村医疗服务质量低和农民医疗负担重的问题，必须加大政府投入，推广新型农村合作医疗制度，改善农村医疗卫生服务条件。

向转移农业劳动力提供城市福利，实现农村人口的永久迁移。陶然等对迁移人口的社会保障给予了关注，提出对从农村向城市迁移的人口建立城市最低生活保障制度，安排廉租房，赋予迁移人口子女在城市公立学校的平等入学权利等，换取进城农民放弃农村承包的土地。

（五）农村改革

《国务院关于2005年深化经济体制改革的意见》中将2005年确定为改革攻坚的关键年。深化农村经济体制改革成为改革攻坚的重点领域。

在农村改革的研究领域，研究较多的是农村土地制度、农村税费改革、乡镇机构改革、农村金融改革等。党国英对农民土地流失进行了深入的制度性原因探析，并提出对策建议，认为《农村土地承包法》使所有权在国家、集体和农户之间发生分割，同时政治权力结构使乡村干部成为土地所有权的人格化主体，农民土地财产权不完整，因而主张建立国家失地农民账户和国家失地农民保障基金。农村税费改革后，乡镇财政问题愈发突出。如何在确保农民负担不加重的前提下解决乡镇财政困难，研究者普遍认同应加快乡镇机构改革。怎样推进乡镇机构改革？张晓山在检讨多年来推行的精简机构人员、撤乡并镇为标志的乡镇机构改革模式无法取得预期效果的基础上，提出乡镇治理的模式转换，即从统治型转向服务型，由自上而下的行政管理型转为群众参与的自治型，由全能型转向有限功能型。也有学者从完善乡镇财政收入体系视角提出重新设计主体税种、健全政府转移支付制度、规范财政支出制度、加强债务管理等政策主张。农村信用社改革效果怎么样？张元红通过案例分析认为农村信用社改革方案虽然比较全面，实践中也取得了一定成效，但改革方案仍然显得不够彻底。

三、工业经济研究发展状况

（一）企业管理学科的研究状况分析

1. 企业管理科学研究的前沿问题

关于“企业管理学研究前沿”的问卷调查分析了我国企业管理研究的前沿问题。通过对问卷的统计分析，可以得出这样的结论：我国企业管理学目前的研究现状，多偏重和关注于新管理理念、新概念、新理论框架的介绍，而在具体实证、方法和操作层面的研究较少。

2. 企业管理科学研究的主要领域

我国管理学研究的领域涵盖了管理科学与管理工程、工商管理、宏观管理与政策三大管理学分类的多数子类，但工商管理类论文的比重要远远大于其他两类论文的比重。管理科学与管理工程领域中，运筹与管理、数量经济分析、决策与对策理论的研究占有前三名的位置，为我国管理科学研究者的主要关注方向；在工商管理领域中，战略管理、组织管理和市场营销是主要的研究方向；而在宏观管理与政策领域中，金融管理一枝独秀。总体而言，企业战略管理、市场营销、金融管理等分支领域是我国学者关注的重点，其中，企业战略管理是重中之重。

3. 企业管理科学研究的总体水平

虽然近年来国内管理学研究有了长足的进步，但是，与国外相比还存在不少的差距：首先，高达70—80%的外来文献（包括外文文献和译文文献）说明与国外同类研究相比，本土管理学的研究成果尚未得到认可；其次，在期刊被引频次排名上，中国期刊远远落后于国外期刊，说明与国外相比，国内管理学期刊刊载论文的创新能力、影响力和权威性均不足；再次，从权威作者和权威文献的被引频次的排序结果来看，国外作者和国外文献均远远好于国内学者和国内文献。

（二）产业组织前沿问题研究评述

1. 产业组织与产业发展战略选择

金碚在《中国产业发展的道路和战略选择》一文中认为中国作为一个发展中国家，在经济发展的一定时期，其工业化进程必然表现为发达工业化国家的产业转移。因此，中国大多数产业的发展必将经历幼稚期、成熟期和强壮期三个阶段。为了提升产业竞争力，促进产业结构的高度化，中国的产业发展必须向第三阶段强壮期拓展。

芮明杰在《中国产业发展的挑战与思路》一文中认为中国产业的发展面临三大挑战，即新经济形态与新生产方式的挑战、加入世界贸易组织开放市场的挑战、技术进步加快导致创新的竞争的挑战。

林毅夫、刘明兴的《经济发展战略与中国的工业化》认为，企业技术结构的选择取决于相应的要素投入结构，而企业的要素投入结构只有与本地的禀赋结构相吻合，才能在技术结构选择上实现成本极小化的目的，进而实现持续的增长和发展。

2. 竞争秩序与政府规制

（1）产业竞争秩序与竞争政策

金碚、张其仔等认为，早期的产业组织研究的重点是各种不同市场竞争秩序下的产业绩效，现代产业组织则运用博弈论研究不完全竞争市场下的企业行为。但不管是传统的产业组织理论还是现代新产业组织理论研究，共性的特点是假定市场竞争秩序是外生的，且对市场中竞争秩序的形成与演化的研究都比较欠缺。

（2）市场结构与产业效率

不少学者认为市场结构是现代西方产业组织理论研究的一个重要的问题。市场结构作为产业内企业之间的一种关系结构，是市场价格的形成方式，也是决定产业组织竞争性质的基本因素。

3. 产业集聚与区域经济发展研究

（1）产业集聚的组织性质与理论内涵

梁琦教授在《产业集聚论》中提出，由于地区间经济条件不同，要素价格是有差异的，生产要素有从价格较低地区流向价格较高地区的倾向。吴德进在《产业集群的组织性质：属性与内涵》一文中指出，产业集群、科层组织和纯市场组织的效率是可以相互替代的，产业集群不是唯一有效或者最具竞争优势的产业组织。

（2）产业集聚与区域经济发展

范剑勇在《市场一体化、地区专业化与产业集聚趋势》一文中对市场一体化引致的地区专业化与产业集聚的变化进行的实证研究发现：改革开放以来中国地区间的专业化水平和市场一体化水平已有提高，产业布局已发生根本改变，绝大部分行业已经或正在转移进入东部沿海地区。

（3）产业集聚与产业转移和城市化

无论是产业集聚还是产业转移与城市化，均已有大量的研究成果，但产业集聚与城市化进程的关系，产业转移与产业集中度的关联性等问题，呈现出不可忽视的联系和复杂的关系。2004 年葛立成在《产业集聚与城市化的地域模式》、刘乃全在《中国区域发展进程中的产业聚集现象之研究》、范剑勇在《长三角一体化、地区专业化与制造业空间转移》等文中对此进行了具体案例分析。

（4）产业同构问题与老工业基地产业转换

徐现祥、李郇在《中国城市经济增长的趋同分析》一文中通过实证分析后指出，城市具有不同于国家、省区层面上的经济增长特性。

吕政认为，在研究“十一五”时期我国产业经济发展的若干理论问题时必须认识到：一些地区的不发展就是最好的发展是有现实依据的，生产的集中化与区域化是必要的。

4. 公司治理与产业组织发展

（1）企业理论的反思与研究视角

金碚研究员从超越理性的概念反思了纯理性判断准则，姚先国将“企业本位”还原为“个体本位”，要求从整体主义转向结构主义，黄一义、路风认为管理组织创新关系到企业竞争优势与产业组织竞争优势，而对全体雇员技能的开发和整合乃至关心维度应成为重要的理论视角和概念工具。

（2）企业内部市场与企业理论

罗珉的《企业内部市场：理论、要素与变革趋势》，冯俭、蒋明新、任迎伟的《企业内部市场：起源、演进及挑战》均对企业内部市场进行了分析。

（3）利益相关者与公司治理绩效

郑志刚的《投资者之间的利益冲突和公司治理机制的整合》提出了投资者之间利益冲突所产生的代理成本问题，并将其界定为“第二类代理成本”，以区别于经理人与投资者的利益冲突所产生的代理成本。

（4）公司治理结构与产业组织发展

李维安、牛建波的《中国上市公司经理层治理评价与实证研究》，曹凤歧、杨军的《上市公司董事会治理研究》，于东智、池国华的《董事会规模、稳定性与公司绩效：理论与经验分析》对公司治理结构有关经理层治理与董事会制度进行了较为系统的研究。

5. 具体产业发展战略分析

（1）银行、保险、证券等服务业产业分析

许宪春的《中国服务业核算及其存在的问题研究》、李慧中的《贸易与投资动因：服务业与制造业的差异》、程大中的《中国服务业增长的特点、原因及影响》从理论上探讨了服务业发展的实际，并分别从不同角度提出了各自的观点。

（2）汽车产业分析

宋泓、柴渝、张泰的《市场开放、企业学习及适应能力和产业成长模式转型》和中国人民大学“中国产业竞争力研究”课题组的《中国 30 省市汽车制造业产业竞争力评价分析报告》，对我国汽车制造业的产业现状及产业成长模式进行了研究。

（3）电力、信息、钢铁、交通运输、房地产业分析

目前，在我国电力产业组织中以“厂网分开”为标志的电力工业资产重组已经完成，垄断性行业结构已经被打破。然而，由于电力行业的特殊性，在电力行业建立完全竞争市场是不现实的。李虹的《电力市场设计：理论与中国的改革》、林伯强的《电力短缺、短期措施与长期战略》、阙光辉的《网络扩展激励研究：以输电网络为例》对此进行了讨论。

6. 企业组织与企业战略竞争力

（1）企业联盟与企业整合

任剑新在《单一市场结构下横向联盟的市场绩效与规制》中认为，在无规制条件下，伙伴厂商存在相互收取资源使用费的激励，联盟也可能存在限制竞争危害。

（2）公司转型战略选择

李廉水、吴利华、徐彦武、郁明华在《公司跨行业转型：特征分析与风险控制》一文中指出，公司转型是公司运用资源优势，调整产业战略定位，获得新的经济增值或摆脱经营困境的重大战略行为，公司跨行业转型艰难源于产业选择风险、业务选择风险、过程控制风险和后管理风险。

（3）企业业绩评价模式与体系

伴随企业管理的发展，围绕着业绩评价目标导向的演变、财务指标与非财务指标优劣的讨论、业绩评价指标体系的优化等诸多问题，理论工作者可谓仁者见仁、智者见智，难以达成一致的见解。王化成、刘俊勇的《企业业绩评价模式研究》，高闯、邵剑兵等《基于动态耦合的企业管理国际竞争力（EMGC）评价体系》对此问题进行了讨论。

7. 自然垄断产业改革与有效竞争

市场

王俊豪在《自然垄断产业市场结构重组的目标、模式与政策实践》一文中，探讨了自然垄断产业市场结构重组的基本目标应是以形成规模经济与竞争活力相兼容的有效竞争的基本格局，从而提高自然垄断产业的经济效率，提出了自然垄断产业市场结构重组的五种主要模式，即接入管制、所有权分离、联合所有权、经营权分离和形成若干互利的部分，并进一步认为对不同自然垄断产业采取差异性的市场结构重组政策。

8. 产业组织理论的国际研究视野

认真研究西方产业组织理论的发展和演化过程，有利于我们用客观、科学的态度来看待这一学科。从文献浏览的基本情况来看，2004 年大多数学者运用已有成果的情况较多，而对最新研究的进展情况及理论发展的新趋势专门关注似乎不多。

（三）产业组织的进一步研究方向

1. 研究思想与研究范式的转换方向

（1）在我们检索浏览的 112 篇（部）论文中，从单一角度研究产业组织某一问题的比较多，而如何结合经济学、管理学、行为经济学、金融行为学、社会学甚至民商法学等相关学科理论来讨论问题显得尤为重要。

（2）从研究范式而言，在国际学术界并不视为严格的学术性论文的规范型研究论文，在产业组织问题研究论文中占到不少的比例，描述型论文虽然属于学术研究的范畴，但基于产业组织理论属于应用经济学范畴，如果描述型论文太多，不以重要理论贡献为目标，直接推导理论或求证假设，则难以跟进国际学术研究与交流的基本要求和话语权。中国的产业组织理论研究如何跟进新产业组织理论的研究，正在经历一个范式建立和进一步完善的过程。

2. 竞争秩序与竞争政策的国际经验研究

各国的市场竞争秩序是可以和必须“接轨”、“相容”和“一致”的。但又必须各具特点，如美国的市场竞争秩序和政策同德国或者日本的市场竞争秩序和政策就有明显的差别，中国市场竞争秩序的形成，是更倾向于美国式、德国式、日本式，还是具有特点的中国式呢？这是产业组织理论研究中需要认真研究的一个充满悖论的重大问题。

3. 价值链、模块化与产业组织

在模块化背景下，我国大量组织僵化的国有企业如何向柔性化的模块化组织转化，如何在产业全球化的趋势下选择模块战略？公司内部如何进行组织的模块化来取得更高的生产效率？如何通过政府规制促使有活力的中小企业由目前产业效率较低的价值链整合模式向虚拟再整合模式迈进？如何通过模块化战略实施强化产业集聚知识发展和学习过程？在增强我国产业竞争优势，提升产业竞争力方面，这都是产业组织研究中迫切需要研究的课题。

4. 产业组织与社会公平

有学者认为必须重新认识产业趋同的正面意义和必然性，把我国省区差距的重新扩大归因于沿海与内地省区间的差距不断拉大可能有失偏颇，地级及其以上城市所具有的不同于国家或省区层面的经济增长特性，这一问题有待检验分析。

5. 利益相关者理论与公司治理

企业作为一种人格化的组织，是其利益相关者之间综合性社会契约的汇集点，如何运用利益相关者理论，设计协调不同利益相关者的利益机制值得深入讨论。

（四）企业迁移：企业空间利益和区域竞争焦点

国外有关企业迁移的研究开始于 20 世纪 50 年代。当时的研究主要集中在英国的企业迁移现象上，也有一些是关于荷兰、德国、法国和意大利的企业迁移现象的研究。国外关于企业迁移的研究多是实证研究和案例研究，占了相当的比重，也有一些理论研究，企业迁移模型多是计量模型。中国有关企业迁移的专门研究，开始于本世纪初。研究主要为理论研究、案例研究和实证研究。

四、财贸学研究发展状况

（一）财政学研究状况

1. 公共财政

有学者认为，要全面、系统地描述、判断中国财政的公共化进程，应将公共财政的一般特征与中国当前经济社会发展对财政职能的具体要求结合起来构建指标体系的基本框架。

有学者探讨了转轨背景下的公共财政定位、财政发展的一般规律与中国财政的发展、经济体制的市场化进程与财政体制的公共化进程等问题。

有学者认为，财政是以社会权力中心为主体的“以政控财、以财行政”的分配关系。有学者从中西方比较的视角较为系统地回顾了财政学基础理论的演变过程，归纳财政理论的发展逻辑，指出中西方财政理论在市场经济基点上有着共同之处，中国财政学界需要在“社会共同需要论”的基础之上发展公共财政论。

有学者研究了私人产权与公共财政的关系。

2. 公共产品与公共支出

（1）公共产品

有学者认为，“公共产品”概念正处于它历史上最为尴尬的境地，一方面，“公共产品”概念在公共政策话语中日益普及，另一方面，其理论和现实价值却面临着被解构的危机。

（2）公共支出

有学者从绩效评价的内涵出发，根据公共支出绩效评价自身的特殊性，构建了一套能全面有效度量一般公共支出绩效的指标体系。

有学者认为，政府绩效的评价标准和指标体系是发展观和政绩观的量化表现，财政收支结构则是这种量化表现的政府资金使用体现。

3. 税收

（1）最优税收理论研究

有学者指出，中国学者在介绍和试图应用西方最优税收理论时存在误读、误解、误用现象。有学者对最优税收理论、税制设计理论和公共选择视角的税制选择理论进行了比较，认为三大理论存在较大的差异，对现实税制选择的影响各不相同，但它们都对经济理论的发展作出了贡献。

（2）增值税转型与间接税改革

有学者对增值税转型进行了研究。他们认为，增值税“中性”的特征决定了其不适合作为税收优惠政策使用，应当在东北试点的基础上尽可能快地在全国及所有行业推开。有学者分析了东北地区部分行业增值税转型对经济和企业可能产生的经济效应。有学者结合建立城乡统一的公共财政体制对间接税返还问题进行了研究。

（3）房地产税费改革

有学者分析了中国房地产税费的基本现状，讨论了我国当前房地产税费改革的问题。

（4）税收负担

有学者利用横截面时间序列方法对当前各地区存在的激烈财政竞争和地区间日益扩大的人均产出差距两个背离的现象进行了分析。有学者考察了对工薪所得课征的所得税。有学者研究了税收负担率问题。

4. 政府间财政关系

有学者认为，省以下财政体制是国家财政体制的重要组成部分和中央对地方财政体制的贯彻和延伸，改进省以下财政体制，缓解基层财政困难，在当前具有明显的迫切性。有学者则强调了基层公共服务的提供问题。有学者认为，“省管县”代替“市管县”有着理论上的必然性。

5. 公债、财政风险与财政政策

有学者测算了中国财政最大可承受赤字率，应在4.04—4.67%之间；测算债务规模警戒线，政府最大债务安全规模应在50.51—58.36%之间。有学者对近年来中国财政扩张的乘数效应，连续扩张和扩张力度加强导致的债务负担，财政扩张引发的中国政府实际可支配能力和地方政府隐性赤字风险，如何建立财政风险的预警系统进行了研究。

有学者通过对我国财政政策运行轨迹的历史考察认为，我国的相机财政政策不管是收入政策还是支出政策抑或是综合预算政策，都表现出明显的周期波动特征。

有学者对当前中国财政政策基本取向进行了前瞻性的分析。

（二）外资外贸理论研究状况

1. 关于服务贸易的研究

有学者使用净出口和竞争力指数两项指标来衡量中国服务贸易的国际竞争力，指出我国服务贸易出口的竞争力水平相当低下，除旅游业略占优势以外，我国的大部分行业处于比较劣势。有学者运用比较优势理论对我国服务贸易的国际竞争力进行了定量分析，并系统地阐述了其存在的原因及趋势。

有学者指出，影响我国服务贸易出口竞争力的最主要的因素有服务业的市场开放度、服务业发展水平、外商直接投资的规模。

有学者根据协整理论，利用1985—2004年度中国的经济数据，对中国服务贸易进出口与GDP的关系进行了实证分析。

2. 关于国际服务外包的研究

有学者对国际服务外包作了全面系统的介绍。有学者认为20世纪90年代以来，在经济全球化和信息技术创新取得突破性进展的背景下，国际外包市场迅速发展，中国应该利用这个机会，承接国际外包业务。有学者指出，我国应高度重视服务外包的招商引资工作、借鉴国际间服务外包的成功经验、积极稳妥地开放服务市场、引导和帮助企业发展服务外包。

有学者指出金融服务外包在全球化背景下迅猛发展，只有那些能够以更高效率来管理外包的金融机构才能将内部和外部资源整合成威力巨大的竞争利器。

3. 关于外商直接投资的技术外溢效应的研究

有学者认为内外资企业间的前、后向关联效应是产生技术外溢的两条重要渠道，且实证结果表明内外资企业间的这种前、后向关联效应确实对国内工业企业的产出有着显著的正向外部性，但由前向关联效应所产生的技术外溢要大于由后向关联效应所产生的技术外溢。

有学者运用基于Panel数据的随机前沿模型测算了国际贸易在我国技术效率变迁中的影响，发现国际贸易对技术效率的提高有着明显的促进作用，其中外商直接投资的贡献最大，其次为进口贸易，最后为出口贸易。

4. 关于跨国公司在华研发投资的研究

有学者认为跨国公司在华研发投资具有两面性。有学者认为，跨国公司研发本土化存在溢出效应和挤出效应。

（三）服务经济理论与政策研究状况

1. 服务经济理论研究取得了新进展

（1）服务经济基本理论的探讨与整合

有学者以服务业与社会分工互动关系为理论框架，对服务业与产业结构、制造业、产业集群、城市化之间的关系进行了深入细致的分析。

有学者深刻地分析了中外第三产业发展的特征和规律，揭示了第三产业供求影响因素、宏观比例、内部机构、区域分布、时序发展、制度变迁的规律性，丰富了服务经济学的理论。

（2）服务业的对外开放理论

有学者在总结前人研究成果的基础上，对服务业对外开放的一些重要理论，比如服务业对外开放的背景与动因、我国服务业发展与FDI关系、服务贸易市场准入程度、服务业对外开放与竞争力的关系、服务业对外开放度的测算与把握、服务业对外开放的风险与防范、服务业对外开放与国民福利等进行了较深入的探讨。

（3）服务业发展的规律性

有学者在对世界各国产业结构演进轨迹的研究和部分国家服务业动态变化实证研究的基础上，总结了服务业发展三个方面的规律：一是从发展趋势看，服务业比重随着整个国民经济水平的提高而逐步上升；二是从发展速度上看，服务业的发展速度逐步高于整体经济的发展速度；三是从产业结构上看，服务业在经济发达国家和地区的比重高，而在经济欠发达国家和地区的比重低。

（4）服务业在经济增长中的作用

有学者从理论发展的角度，对经济发展过程中服务业的相关理论进行了梳理，并对中国的情况进行了实证分析，在此基础上作出了令人信服的解释。

2. 对中国服务业的发展状况的基本判断

（1）我国服务业发展滞后的表现及原因分析

有学者从三个方面分析了我国服务业发展的差距：一是服务业比重偏低；二是服务结构扭曲和升级速度缓慢，特别是以信息化为代表的现代服务业发展缓慢；三是服务国际贸易竞争力弱。

（2）我国服务业发展地区间不平衡问题

有学者研究了我国服务业及其分部门的区位分布，强调服务业发展的地区差异，但同时也指出，总体上看，整体服务业及其分部门的地区间差异要小于地区内差异即省际差异。

3. 现代服务业的内涵、特征与发展思路

（1）现代服务业的内涵与特征

有学者认为，现代服务业是指其需求主要受工业化进程、社会生产分工的深入影响而加速发展的服务业和运用现代科技技术、新型服务方式及新型经营形态对传统服务业进行改造的服务业。有学者认为，现代服务业是与传统服务业相对应的一个概念。

（2）现代服务业发展突破口的选择

有学者认为，生产性服务业是现代服务业的重中之中，发展现代服务业必须以生产性服务业为突破口。有学者主张政府应该以具有较大发展潜力的生产性服务业为突破口，通过制度创新，解决产业发展过程中的技术、管理和制度障碍，降低生产性服务业跨区域配置的制度成本，从而增强社会分工协作能力和企业竞争力。

当然，关于现代服务业发展的突破口或重点领域的选择也有不同意见。有学者就认为，把创意产业打造成为现代服务业的突破口或最重要的领域之一既有必要也有可能。

（3）加快现代服务业发展的思路

有学者分析了我国加快发展现代服务业面临着城市化进程加快、国际制造业向中国转移形成相当规模后很可能出现国际服务业跟进的局面、产业分工的细化和企业间交易活动的增加对“生产型”服务业产生巨大的需求等三个方面有利机遇。有学者认为，当前我国现代服务业蕴藏着极大的发展潜能，采取体制创新及相关措施释放其潜能是现代服务业提速的关键。

4. 服务业的对外开放

（1）我国服务业对外开放的时序选择

有学者认为，服务业的开放可以直接或间接地增强东道国的效率和劳动生产率，或者提高东道国的总体福利水平。但是，发展中国家在推进服务业尤其是现代服务业开放过程中也是有代价的。有学者提出了循序渐进、有序开放的具体设想。

（2）我国服务业的国际竞争力的评价与提升对策

有学者认为，国内学者对服务业国际竞争力的研究大多局限于以服务贸易为基础对我国服务业的国际竞争力进行评价。实际上，服务业的国际竞争不仅包括国际贸易，而且还包括国际投资，此外服务业竞争力还包括对母国繁荣作出的贡献。有学者设计了我国服务业国际竞争力的指标体系，并对我国服务业对外开放的基本格局与服务贸易的国际竞争力问题进行了实证分析。

（3）我国承接国际服务业转移的问题

有学者通过翔实的资料论证了我国承接国际服务业转移的优势与障碍。有学者主张通过主动接受国际服务业的转移来促进现代服务业跨越式发展。

（4）促进我国服务业积极有序开放的政策思路

有学者主张从三个方面搞好服务业的对外开放：一是要顺应市场经济和WTO的要求，根据入世承诺落实CEPA以及吸收外资优化服务业产业结构、优化投资环境的需要，全面放开竞争性行业的市场准入限制，赋予非公经济主体统一的国民待遇，进一步改善环境特别是软环境；二是适当下放外商投资服务业项目审批权限，简化审批程序，集中受理和审批外商投资服务业项目；三是注重对外国服务业先进技术和管理经验的引进和消化吸收，提高我国现代服务业的供给能力和服务质量。

（四）流通产业学科研究状况

1. 流通产业的战略地位

有学者从理论依据、基础产业特征和现实表现等方面，系统论述流通产业是基础产业的新命题。有学者认为，流通作为实现商品价值的一个必要环节，从诞生的那一天起，就同人类的生存需要和物质享受不可分地连在一起，并逐渐发展成为一个关系国计民生的产业。

2. 流通产业竞争力评价

有学者提出了流通现代化建设的三个评价指标。其一，反映我国流通产业连锁经营现状的评价指标；其二，反映我国流通产业物流配送水平的评价指标；其三，反映我国流通产业电子商务水平的评价指标。有学者提出，流通产业竞争力是指一国或地区流通产业整体的竞争力。有学者提出了本土竞争力的概念。

3. 流通产业对外开放

有学者认为，不必过于担心外资主导中国市场的问题，目前外资在华规模极其有限，而外资会不计成本排挤本土企业抢占市场的观点，与实际情况不符。有学者深入分析了开放后外资企业在中国的发展情况，对流通业的对外开放则持谨慎态度。有学者提出，应该取消对外商投资企业的普惠税收政策，制定规范和统一的反垄断法律，规制跨国公司滥用市场势力的不正当竞争行为。

4. 流通理论研究

有学者站在全球流通理论研究的前沿，用批判的视角评价当前零售理论研究的现状，认为，目前国内外零售理论没有形成一套系统的零售理论体系。零售业理论远不止于零售组织演进理论。零售业没有统一的定义，急需一个超理论来统领零售业的研究。有学者从零售产业全球化的内涵及演进过程，零售产业全球化的主体、动因和方式，以及零售产业全球化的影响等方面对有关理论进行了系统回顾和梳理。

5. 流通产业改革与发展

有学者认为，中国流通产业的市场集中度还不够高，企业规模还不够大，应该继续鼓励中国流通企业做大作强。另一些学者则认为，中国流通业的市场集中度虽然不是很高，但是应该防微杜渐，借鉴西方的管理经验，防止大店过多过滥，影响整个产业的发展。

（五）旅游研究状况

1. 旅游经济与产业

有学者指出，在旅游业内建立和推行循环经济模式，是科学发展我国旅游业、促进旅游可持续发展的实践要求和重要途径。有学者通过介绍国外绿色旅游产业发展的指导方针及非政府组织的行为，结合苏格兰酿酒工业旅游与北京蟹岛生态农业旅游中发展绿色旅游的经验总结，分别提炼出绿色工业旅游的运作模式和绿色农业旅游的发展模式。

有学者认为政府在旅游业发展过程中扮演了重要角色，但政府在旅游业发展过程中的缺位、错位现象时有发生，阻碍了旅游业的发展，提出只有政府的职能到位才能促进旅游业的健康发展。

2. 旅游资源规划与管理

有学者通过调查问卷对中国世界遗产类旅游产品的感知度进行了实证研究，发现国内各世界遗产地在国内游客的感知中并未处于相同的地位却存在较大差异，决定旅游地发展的往往是多方面因素。有学者分析现有的旅游资源评价体系的局限性，并在“木桶理论”的启发下，建立“奇石画布旅游资源评价体系”，在定量评价中，创新设置体验系数，有效矫正了资源自身价值与开发价值的背离。

在规划理论方面，有学者对“大旅游”内涵进行了反思。有学者从我国旅游资源产权制度安排的特点出发，分析了我国旅游资源经营权转让过程中各种利益主体追求的重点，提出了建立在旅游资源经营权转让基础上的各利益主体的利益保障与协调的途径和方法。

3. 旅游市场研究

有学者提出旅游消费与营销战略研究，认为旅游业面对体验经济时代的新型旅游消费，应积极调整营销战略，在营销理念、营销手段等方面加以创新，从结构、内容和形式等方面满足日益增多的个性化需求。

有学者论述了旅游目的地形象对旅游者目的地选择及其购后行为的主要影响，并把“重游意向”与“愿意推荐该目的地”纳入行为变量，将“感知质量”与“满意度”纳入评价变量，并以无锡市两个旅游目的地的时间调查数据为基础进行了定量分析，研究结果对我国旅游目的地经营与管理有着重要启示。

4. 旅游企业管理

有学者从我国旅游业的发展模式出发，描述了三大旅游板块和旅行社跨国经营形式的对应关系，分析了旅行社发展现状，对实行跨国经营提出具体建议。有学者运用博弈论建立旅行社市场单一价格模型来模拟出境游市场，并结合零团费问题进行实证分析。有学者认为，基于行业成长性特点和自身经营实力的考虑，国内饭店企业比较适合横向并购模式，而目标饭店的选择、品牌结构的选择和文化整合是实施并购过程中需要考虑的重点。

（六）信息服务与电子商务学科研究状况

1. 关于电子商务经营模式的研究与发展

有学者认为，存在着电子商务的基本形态大致上会有三大类，第一类叫产业电子商务，是以大型骨干企业为核心的产业链为主要内容的电子商务，像钢铁、石油、家化、家电。第二类是大部分围绕中小企业服务的第三方的电子商务交易和服务。第三是综合消费电子商务，这部分电子商务有的是第三方的形式，有的是第二方的形式，有的甚至是第一方的形式，是多种形式并存。

2. 关于信息外包问题的研究

有学者认为全球外包服务的发展趋势至少有以下六个方面：

第一，信息技术外包服务成为新的热点。第二，印度和中国将成为最大的受惠国。第三，业务流程外包成为未来的主流方式。第四，外包服务的动机从最初的降低成本逐步过渡到提高核心竞争力。第五，发包方与承接方将共同获益。第六，中国将逐步成为全球一个新的外包基地。

3. 当前高校电子商务教育现状与面临的问题

当前高校电子商务教育面临的问题，有学者认为主要集中在如下三个矛盾上：第一个矛盾是教学资源远远不能满足实际存在的教学需求。第二个矛盾是学生就业“供过于求”。第三个矛盾是大量的企业找不到合适的电子商务人才，很难找到具有实际操作能力，独立推动电子商务的人才。

五、金融学研究发展状况

（一）货币理论与货币政策

有学者认为资本充足性监管的兴起是导致西方发达国家存款准备金在货币政策操作中的地位下降和不断降低法定准备甚至实行零准备制度的重要制度根源，因此，为了提高货币政策的有效性，中央银行必须加强与监管当局的配合。

有学者认为，基准利率具有市场性、基础性、相关性和系统稳定性等四个方面的特性，并围绕这四个属性系统地比较分析了中国利率体系中的各种利率，并对相关利率关系进行了统计分析和格兰杰因果检验。

有学者集中讨论了美国货币政策发展的历史，并在此基础上探究了潜藏在其背后的货币政策理念及其转变。

有学者采用 LSTR 模型和 LM 检验统计量，对中国货币政策操作效果的非对称性进行了细致探讨。

有学者运用现代协整分析、误差修正模型和格兰杰因果分析等现代时间序列分析方法，实证地考察了若干发达国家和新兴发展中国家股价指数和实际国内生产总值以及消费价格指数之间的动态关系。

有学者的研究发现，我国 M2/GDP 的变动路径具有 Logistic 曲线的基本形状，将经历先加速上升后增长速度逐渐减缓，最终趋于稳定状态的变化过程。

（二）金融机构

有学者分析了中国银行业中所存在的两个“悖论”：一是为什么在中国银行业坏账如此之多，以至于有相当多的银行实际上已经处于资不抵债的技术破产状态的情况下，境内外的投资者对进入银行业依然趋之若鹜？二是为何在银行业整体资本金严重缺乏，亟需吸引新投资者加入的情况下，监管当局却在准入监管层面实行严格的控制？围绕着上述两个“悖论”，作者从部门利益的角度出发，深入分析了隐含在“悖论”背后的税收和金融制度的原因。

有学者在信息经济学的分析框架内，对中小企业融资问题进行了较为细致的研究。有学者从银行和市场的结构层面来寻找影响银行效率的原因，开拓了一个全新的视角。

（三）金融市场

有学者从考察中国股市一级市场与二级市场间的巨大差价现象出发，评述了国外信息不对称理论框架下的三个分支，即投资银行模型、赢家诅咒模型、信号显示理论以及各种关于中国股市抑价研究的缺陷，基于股权分置、政府对 IPO 的市场准入和定价机制管制等，提出了关于 IPO 抑价的解释框架。有学者剖析了股权分置改革的规则给投资者造成的供给冲击。

有学者从微观层面分析了企业的融资行为决策的特点。有学者分析了独立董事报酬与公司治理绩效的关系，尤其是通过建立从全体股东/独立董事/大股东的三层代理模型，剖析了独立董事的报酬政策。

（四）保险

有学者探讨了保险费率监管悖论的理论根源和市场结构方面的成因，并在此基础上提出了解决这一悖论的选择：逐步放松保险费率监管。

有学者提出了人口因素是影响保险业发展的重要变量的观点，举凡人口总量、人口的结构（如年龄结构、收入结构、城乡结构、教育结构）等对保险需求和保险业发展都具有重要影响。

有学者探讨了影响保险公司效率的因素，指出了提高保险公司效率的方向。

（五）国际金融

近年来，在全球经济失衡格局下，

中国宏观经济面临前所未有的新挑战。

作为全球经济失衡格局的重要“参与方”，中国贸易顺差和外汇储备快速增长；与此相对应，人民币汇率政策和外汇储备管理也面临新的挑战。围绕上述焦点，国内外理论界展开了大量的研究分析。

中国人民银行行长周小川在“中国发展高层论坛”上对中国贸易顺差的成因、人民币汇率机制改革的方式、全球不平衡与汇率的作用以及中国外汇储备的充足性等问题作了系统全面的总结。

有学者强调，人民币汇率制度改革过程中，变革汇率形成机制和调整汇率水平的优先次序至关重要。

有学者总结了国际储备管理理论的最新发展，对中国外汇储备管理政策有比较重要的参考价值。

《国际著名学者关于人民币升值是非评说》一文记载了国外学者麦金农教授和邹至庄教授关于人民币汇率改革的争论。两位教授的理论争鸣引起了国内学术界的浓厚兴趣。

有学者指出，在当前全球经济失衡格局中，中美双方需加强政策协调。

（六）法与金融

大体来看，法与金融学研究的主要领域包括：(1) 法系、法律起源与金融发展的关系。(2) 投资者保护与金融发展的关系。

法与金融学提出后，也受到很多学者的质疑。这些质疑主要集中在法律起源是否是影响金融发展的基础因素以及投资者保护是否扮演了金融发展的中心角色等问题上。

作为一个新兴的交叉学科，我国学者虽然对“法与金融”理论已经有所涉及，但对该理论的研究并不深入。目前，我国学术界对该问题的研究尚处于总结、归纳国外法与金融理论阶段，尚缺乏具有原创性的研究。

六、政治学研究发展状况

（一）政治学基础理论研究

1. 继续深化对马克思主义政治学理论的研究

关于马克思主义政党学说：钟哲明《马克思主义关于党的“先进性”和“先锋队”的理论》一文认为，马克思、恩格斯提出共产党人是最先进的部分，列宁论证了党是工人阶级的先进部队。齐卫平《执政能力建设：马克思主义党建学说的重大发展》认为，马克思、恩格斯关于共产党建设的阐述，构成马克思主义党建学说的丰富内容，有着重大的指导意义。但由于时代条件的局限，缺乏对共产党执政条件下自身建设问题的思考。

关于马克思主义政治哲学，高靖生《在走向体系化的途中——十年来国内邓小平政治哲学研究述评》认为，邓小平理论中蕴含着丰富而深刻的政治哲学思想。张丽君《马克思的权利思想》认为，马克思的权利思想是唯物史观的必然产物，在唯物史观的指导下，马克思根据所有制演化的历史描绘了权利在社会历史发展中的表现形态及私有财产权利、劳动权利和人的全面发展等权利的历史形态。

2. 重视基础理论的总结与研究

王惠岩《回顾与展望：发展中的中国政治学》对中国政治学的成长历程进行了精要全面的回顾。王一程《当代中国的政治学与政治发展》介绍了中国政治学发展的历史与现状，指出了当前我国政治学领域的前沿和重大问题研究状况。王邦佐、潘世伟主编《21世纪中国社会科学·政治学卷》以政治学为研究对象，回顾总结了政治学形成及其演进的历史轨迹。张丽君编著《当代西方政治思潮》采取纵向与横向相结合、历史与逻辑相统一的方法，介绍了当代西方自由主义、保守主义、社会民主主义、西方马克思主义、绿色和平主义、女权主义的发展概况和理论特点，展现了当代西方国家的现实矛盾与发展趋势，揭示出各种政治思潮对当代资本主义批判和辩护的不同侧重点。

3. 紧扣时代发展要求与社会形势需要展开的研究

周光辉、彭斌《认真对待共和国——关于和谐社会的政治基础的思考》采用规范分析的方法，分析了人们为什么需要通过共和国的方式组织公共生活，共和国的基本内涵是什么及如何维护共和国。郑慧、王义保《试论意识形态对构建社会主义和谐社会的价值和意义》指出以马克思主义为指导的社会意识形态作为一种系统地、自觉地、科学合理地反映社会经济形态和政治制度的思想理论体系，是确保政权稳固、维护社会稳定和促进社会经济发展的重要手段。

许振洲在《两种民主理论之辨》中指出古典直接制民主与现代代议制民主在理论和实践上的诸多不同，并指出各有优势。浦兴祖《以人大民主为重点继续推进中国民主政治的发展》提出变化中的国情与世情决定了中国必须继续推进民主政治的发展，这是一条“硬道理”。

4. 加强理论与实践结合的研究

贺东航《现代化进程中国家与社会关系的重新定位——对晋江模式的一个尝试性解答》以晋江模式的历史演变为现实样本，考察了该区域1970年以来经济发展中政府职能与社会生长之间的关系。张鸣、孙艳红《政府的作为与民间社会的成长——以河北F县调查为个案》通过对河北F县三个不同性质的经营性的民间组织的考察，认为在全能政府蜕变的时期，在政府迷信过于浓厚的北方民间社会的成长空间里有政府参与的因素。

5. 重视传统政治思想的研究和阐释

王顺达《神圣政治——中国传统政治的形成》认为文化、价值观的区别决定了一个民族制度选择的不同，现时社会中的一切文化和制度无不根源于人类的早期文明。孙晓春《古代中国与希腊政治思想发生时期的文化背景与前思想资源》认为，近乎相同历史时刻发生的中国传统政治思想和希腊思想，由于不同的文化背景和前思想资源，决定了两种思想传统各自的发展理路，该文对古代中国与希腊的前思想政治资源作出了合乎逻辑的解读。

（二）政治学研究方法论研究

叶娟丽《行为主义政治学方法论研究》用马克思主义的辩证唯物主义基本原理，分析了行为主义政治学方法论及其限度性。汪志强、袁方成《西方行为主义政治学方法论述评》从比较政治学的角度对行为主义政治学方法论的产生、发展过程进行了梳理。薛伟江《当代西方政治学与马克思主义政治学之方法论比较》以马克思主义政治学方法论为参照，剖析了当代西方政治学研究方法、研究范式的重要转型。董建新、白锐、梁茂春《中国行政学方法论分析：2000—2004》以经验性的数据证明了在过去四年半的时间里我国行政学研究方法论在整体上产生的偏向。马德普《普遍主义还是历史主义——马克思主义与西方传统政治哲学在方法论上的区别》分析了西方传统政治哲学在方法论上的特点和存在的问题。

（三）中国政治与政治体制改革研究

1. 政治体制改革研究

林双川《十六大以来中国“政改”走势》认为，十六大以后我国政治体制改革将继续稳妥推进，改革存在不协调并非政改滞后。马德普《渐进性、自主性与强政府——分析中国改革模式的政治视角》认为，中国的改革模式是渐进性的改革方式、自主性的改革，并有强政府的政治保障。杨立新、井建斌《中国政治体制改革的最佳路径选择》认为，要实行“存量改革”与“增量改革”并重的政治体制改革战略，把党内民主建设作为“存量改革”的重要任务予以加强。

2. 政党理论与政党制度建设研究

吴海燕《多维视角下的执政资源》认为执政党需要加强对合法性的认识，重视主流意识形态的凝聚力、执政的有效性和制度规则建设。王韶兴《政党执能问题探讨》提出，只有在理论上搞清楚政党应当做什么的问题，才有可能在实践中真正做到科学而有效地增强政党的执政能力。张明军《关于中国共产党执政的若干思考》指出，思想引导功能的发挥和提高、执政绩效的提升和增强、科学民主和依法执政的实施和彰显、党风廉政建设机制的形成和完善四个方面构筑了中国共产党执政的合法性基础。

3. 社会主义和谐社会建设研究

黄德良《构建和谐社会的政府管理维度》指出构建和谐社会是政府社会管理的目标，实现这一目标必须确立以人为本的理念，增强重社会管理和服务的职能。徐邦友《合法反对：构建和谐社会的一个独特机制》认为，合法反对是西方民主政治历程中发展出来的政治原则，是民主权利的一个基本方面。张秀兰、徐月宾《和谐社会与政府责任》提出，在市场经济尚不完善的条件下，政府的退出只能导致政府的缺位，在大多数人基本社会保障尚未得到满足的情况下，任何形式的放权或授权行为都会使弱势群体处于更加不利的局面。俞可平《社会公平和善治是建设和谐社会的基石》认为，从公共治理的角度看，即从政府对社会公共生活的管理角度看，社会公平和善治是建设和谐社会的两块基石。李君如《构建社会主义和谐社会的科学发展观》指出科学发展观就是构建社会主义和谐社会的发展观。冷溶《科学发展观的政治意义》认为，科学发展观体现了我们党执政的政治理念，显示了中国特色社会主义的政治优势。

4. 政治文明与政治发展研究

郑言、王琦《现代政治文明的本质要求和重要体现》认为，政治文明作为人类自进入阶级社会以来在改造社会和提高与完善自身过程中所创造和积累的所有积极的政治成果和政治进步状态，发展到近现代，蕴涵着人权、民主和法治等人类所追求的价值理念和基本制度。孙晓春《社会公正：现代政治文明的首要价值》认为社会公正的目的是通过良好的制度安排合理地调节社会成员的权利和义务。

5. 基层自治与政治稳定的研究

朱宇《19世纪中叶至20世纪中叶中国乡村治理结构的历史考察》考察了近百年间中国乡村治理结构在各个不同历史时期的经历与特点。胡位钧《20世纪90年代后期以来城市基层自治制度的变革与反思》认为，90年代后期以来城市基层自治制度的变革是由政府主动推动城市基层自治制度的试验性改革。程同顺、李秋兰《论乡镇政府的职能错位》指出了目前乡镇政府存在的“对上服务、向下要钱”而难以有效提供农村公共产品的职能错位现象及其原因。

（四）比较政治与比较行政研究

欧阳景根《比较政治学的理论困境与发展前景》指出，面对今天的政治现实，比较政治学传统的四种分析框架即系统理论、政治文化理论、发展理论与不发达理论、阶级理论不足以解释现在的政治现象，提出新的分析框架以研究新的政治问题，是摆在比较政治学家们面前的主要任务。杨光斌《政治的形式与现代化的成败——历史上几个前现代化国家的经验比较》比较分析了在世界历史的转折时期东方的中国与西方的法国、西班牙和英国的不同命运。刘剑华《中外监督体系比较研究》试图通过对中国与西方发达资本主义国家不同历史时期监督体系和监督理论的研究和分析，通过对中西方监督体系各个监督系统进行初步的比较和研究，探索权力监督的一般规律，从而对我国现行监督系统乃至整个监督体系存在的问题进行理性思考，提出完善中国特色监督体系的构想。

（五）公共管理与公共行政研究

1. 学科与体系建设研究

谢庆奎《政府学概论》从政府概念、政府模式、政治价值、政府合法性、政府文化、政府发展等政府的概念和理论元素，以及政府与政治、政府与经济、政府与社会等政府的生态环境和内部结构方面建立了政府学的研究框架。顾平安《政府发展论》从分析政府起源、本质出发，深入探讨了政府发展的基本形态、动力、障碍及其基本特征，建构了政府发展的一般理论模式，试图为21世纪政府改革提供基本的理论基础。唐铁汉《马克思主义公共管理思想原论》认为马克思主义经典著作中蕴含着丰富的公共管理思想。

2. 转变政府职能研究

陈振明《什么是政府的社会管理职能》认为社会管理是一个有丰富含义而论说不一的复杂概念。周志忍《当代政府管理的新理念》认为，经过20多年的持续改革和震荡，政府管理的新模式已经初露端倪。汪永成《论新世纪中国政府能力建设的战略方向》提出在新世纪，中国的政府能力建设必须适应经济市场化和经济全球化等新的要求，在新的战略方向的统摄下实现结构性转型。

3. 公共政策与评估研究

雷玉琼《中国政治改革的政策过程分析》指出，中国政治改革研究应采取事实陈述——价值判断的方法，在这种方法论下对中国政治改革作一个政策过程分析，有益于经验性的考察改革的方式、目的并发现改革的不足。鲍静《危机中的政策困境与化解：政策能力的提升》认为公共危机对公共政策经典分析模型提出了挑战。

4. 行政伦理建设研究

乔耀章《公共管理体系与公共道德体系初探》认为公共管理是由政府、非政府公共组织和民众构成，公共管理体系决定着公共道德体系，公共道德体系由“宏观公共道德”和“微观公共道德”构成，其中政府行政道德在公共道德体系中起着率先垂范的作用。李靖

《关于行政伦理责任与行政伦理行为选择困境的几点认识》分析了行政伦理责任的内涵及其实现的困境，探讨了走出行政伦理责任冲突困境的途径。

5. 行政体制改革研究

周振鹤《中国地方行政制度史》认为，地方行政制度的产生是国家发展到一定程度伴随着中央集权制的形成而产生的。张立荣、冷向明《公共行政改革的路径选择》指出，西方发达国家公共行政改革路径演进的表象是官僚制与新公共管理的零和博弈，但其演进的实质是正和博弈。

（六）前沿与交叉学科研究

1. 地缘政治学

孙相东《地缘政治学：思想史上的不同视角》在梳理地缘政治学思想史的基础上，试图厘清地缘政治学应用的不同视角及其理论构建脉络。陆俊元《地缘政治的本质与规律》试图通过对地缘政治本质的剖析，为地缘政治理论研究树立正确的参照标，进而探讨地缘政治的规律、形态、格局等核心问题。沈伟烈主编《地缘政治学概论》探讨了地缘的概念、地缘政治学的有关定义与主要研究内容。

2. 政治伦理学

周鸿雁《探寻权力的合理性：构建政治伦理学导论》指出，政治伦理学就是要把理论伦理学的理论、观念和原则应用于政治领域，应用于构建政治领域的价值体系。宋惠昌《当代政治伦理学的一个基本问题——关于国家、社会、个人关系的政治伦理思考》认为当代我国社会中，政治伦理的基本问题是关于国家、社会、个人之间的关系问题。

3. 生态政治学

李刚《生态政治学：历史、范式与学科定位》认为，在概念上，生态政治学与政治生态学、环境政治学、绿色政治学是相当的，生态政治学包括两种范式即生态中心主义和人类中心主义的范式。孙正甲主编《生态政治学》从政治学发展的需要出发，以现代视角对生态政治诸问题进行了探索。刘希《国家与社会关系的政治生态理论分析》运用政治生态理论，探讨了国家与社会的生态关系。

4. 法政治学

卓泽渊《法政治学》认为，法政治学作为法学和政治学的边缘学科在西方得到了学术界普遍认可，但在国内仍然是一块尚待发掘的处女地。

5. 边疆政治学

吴楚克《中国边疆政治学》认为，边疆政治学是一门交叉边缘学科，成长于历史上的“边政学”，发展于当今的民族学和政治学的复合之中。

6. 政治社会学

王振海、刘宗希、高旺、马宝成、陈强《社会场域中的政治》分十四章论述了政治社会学基本范畴和基本理论。该著认为，政治社会学是政治学与社会学交叉、融合而成的一门新兴学科，是运用社会学的方法研究政治现象及其社会基础的学问。

七、国际政治研究发展状况

中国的国际政治研究在承前启后的2005年，既有中生代甚至老年学者在此继续耕耘，更有许多新人、新思想正在涌现。

（一）基础理论

1. 自主探索

2005年，中国学者继续致力于探索如何构建中国国际关系理论，并为此提出了颇为深刻的见解。

梁守德《中国国际政治学理论建设的探索》指出：“中国国际政治学理论建设，应在世情与国情的统一上铸造国家特色和学者特色，探索理论的新主题和新主线，以权利政治为新角度，研究国际政治产生和演变的规律及其在当代的新表现、新特征。”秦亚青《国际关系理论的核心问题与中国学派的生成》指出，中国国际关系学要想产生重要的理论学派，建构理论的核心问题是一个必不可少的条件。

2. 理论引进

《欧洲研究》今年推出了两组评介英国学派的文章，对英国学派的理论思想进行了系统的梳理。其他学术刊物也刊登了一批关于英国学派的文章。刘军、强晓云的文章《俄罗斯国际关系学的理论流派与发展趋向》使我们对俄罗斯该学科的研究情况也有了一个大致的了解。

本年度，《世界经济与政治》在年度首期发表了秦亚青与建构主义代表人物亚历山大·温特的思想对话《建构主义的发展空间》。在这次对话中，秦亚青在建构主义理论层次、内涵发展空间方面表达了不同于温特的看法。

（二）现状研究：使命感下的沉思

1. 地区、国别和国际组织研究

社科院启动的大型丛书项目——《列国志》，到2005年12月底，已出版63卷（本），内容涉及数十个国家和国际组织。

2005年，《世界经济与政治》杂志在第1期推出了一组关于中印比较的文章，在经济改革、基础设施、发展潜力以及地缘战略方面对中印两国经济进行了深入的比较分析。

阎学通、金德湘主编《东亚和平与安全》对如何维护东亚地区的和平与安全进行了全面探讨，主要内容集中在三个方面：东亚现有和平是靠什么维持的，东亚地区安全面临的重要威胁，以及从地区安全合作的角度研究共同维护东亚和平的方法。

王逸舟《联合国与二战遗产》、徐纬地《摇摆与彷徨中的探索——联合国维和行动面临的困难与挑战》、李东燕《联合国研究60年：理论·政策·方案》、金熙德《日本联合国外交的定位与演变》以及呼和那日松、张燕等《学生群体对联合国改革态度的调查与分析》，对联合国工作进行了较为全面的回顾与考察。

2005年，中国的美国研究侧重于美国的外交与战略层面。门洪华《霸权之翼——美国国际制度战略》立足于理论与实践的结合，首先从权力转移、问题转移和范式转移的对比角度，对霸权的解释模式进行理论总结，提出从国际制度的进程性角度建构综合性霸权解释模式的理论目标；然后，对国际制度的作用及其战略价值进行理论推演，强调国际制度在美国霸权战略中的重大价值以及剖析美国国际制度霸权战略的意义，并从历史比较的角度突出了美国霸权的制度特性。

2. 中国战略与外交研究

秦亚青和朱立群《新国际主义与中国外交》提出了新国际主义理念，包括：加入国际体系与国际制度、寻求合作共赢、参与建构地区共同体。阎学通《中国崛起的实力地位》通过研究表明，中国综合实力已位居世界第二，具备了加快崛起的实力地位；在中国自己不发生重大决策失误的前提下，2015 年中国将成为准超级大国。因此，中国可以考虑制定积极主动和有所作为的外交战略。

王辑思《美国霸权与中国崛起》提出三个观点：(1) 中国崛起在相当长的时间内，对美国霸权都不构成严重挑战，在美国构筑的全球霸权体系下，中国也还有相当大的崛起空间；(2) 中国崛起对美国在亚太地区的霸权地位形成结构性的挑战；(3) 我们既不能丢弃对国际权力格局的传统分析方法，以为信息和思想的沟通以及经济等领域的国际合作能够自然生成国家间的友好关系，消解国际冲突，也不能忽略国家及其以下的行为体的主观能动作用，以为权力格局的变化必然造成国际秩序的混乱。

《世界经济与政治》杂志第 3 期发了一组危机管理的文章：章百家《“抗美援朝”与“援越抗美”——中国如何应对朝鲜战争和越南战争》、徐焰《解放后我国处理边界冲突危机的回顾和总结》、吴白乙《中国对“炸馆”事件的危机管理》和张沱生《中美撞机事件及其经验教训》，从历史到现实，梳理了新中国自建国以来在外交中面临的几次大的危机及其应对，从中提取许多值得吸取的经验教训。

方长平《中国对外政策的国内政治：一项研究议程》指出，中国外交政策的制定既受国际环境的结构性制约，同时也受国内政治经济环境的制约。毛维准、阙天舒《灾难外交：一种新的外交方式?》通过对印度洋海啸事件的应对反思提出自己的相关建议，为中国外交实践提供了一个新的视野与空间。

总之，2005 年度的国际政治研究领域，研究人员的素质有很大提高，问题意识加强，理论与实践、学术与政策的互动增强。

不足与缺点：理论创新底蕴仍然不足，多数国际政治学者仍然缺乏一个较完善的文、史、哲等方面的知识结构，对科学哲学与方法论了解较少，从而难以为理论创新提供足够的“后劲”；理论批评严重滞后，正常的学理批评一直难以开展起来；学术空气仍然过于浮躁，缺乏沉下心来搞学术的体制空间，等等。

八、法学研究发展状况

2005 年中国法学界在机构设置、学科点设置和人员整合上有重大发展。随着中文文献的不断发掘和外文资料的广泛援引，社会科学、人文科学研究方法论的冲击，以及学者们研究旨趣的迥异，中国法学逐步呈现出多元化的研究局面。

（一）法理学

本年度召开了一系列具有重大意义的学术研讨会，主要有：我国学者所参加的 2005 年 5 月召开的以“全球社会中的法律与正义”为主题的国际法哲学与社会哲学协会第 22 届世界大会；中国社会科学院法学所在 1 月份举办的“科学发展观与法制建设”研讨会等。此外，2005 年法理学界学者还在国内外各种刊物上发表论文 600 余篇。

研究的热点和重点问题：

(1) 有学者论证了和谐社会建设对法律的需要，从理论上说明了和谐社会建设呼唤新的法哲学。(2) 有学者提出法治国家的概念和原理具有普适性，中国应当采纳国际通行的法治国家的理念和标准。(3) 有学者提出在西方法学的强势话语面前，如何发掘传统中国法学的宝藏，中国法学对于当代社会的意义何在，是值得每一个中国学者认真思考的问题。(4) 有学者探讨了依法治国与以人为本的协调统一问题，认为以人为本是深藏在法治背后决定其发展方向和命运的最高的精神力量。(5) 有学者批评了中国人权传统理论对社会权与自由权严格区别的理论，提出社会权与自由权之间的义务区别、冲突区别和效力区别本身是虚构的。(6) 有学者从讨论价值分析方法、实证分析方法和社会分析方法三种法学方法的基本内涵、基本假定和核心命题开始，检讨了西方三大法学流派的方法论的主要理论争议和各自的缺陷。

（二）法律史学

1. 中国法律史学

中国法律史学 2005 年的学术研究在研究领域和方法上都取得了一些突破性的进展。在重视宏观与微观相结合的同时，大胆借鉴社会科学方法研究中国传统社会，取得了诸多有意义的成果。此外，法学研究史料的悉心整理和民国时期法学文献的大量援引利用，在客观上也促成了中国法律史学研究的进一步深入。在中国法律史学研究取得进步的同时，也有一些不可忽视的缺点，比如史料利用仍存在随意性、研究面过宽而欠细化、创新能力仍有待加强等等。

2. 外国法律史学

本年度外国法律史学界的研究重点和兴趣仍集中在罗马法研究、日耳曼法、中世纪法律制度、英国法、非洲法等问题上。(1) 罗马法的研究范式日益呈现出多角度、多方面的深度发掘态势。(2) 日尔曼法的研究作为新的热点颇具创新价值。(3) 中世纪法律制度的研究克服了文献资料的不足，逐渐展开并深入进行。(4) 英国法独特的历史以及文献翻译的状况吸引着越来越多的学者，2005 年法律史学界对英国法研究的成果相当丰硕。(5) 起步较晚的非洲法研究在 2005 年取得了较多的成果。

（三）宪法与行政法学

1. 宪法学

中国宪法学研究不仅仅纯粹是思辨理论的研究，一种应用性、实证性的研究旨趣也正在形成。宪法学界 2005 年的研究，在回顾历史、回归文本方面显现出方法论层次的转向性变化。(1) 人权问题的研究在 2005 年取得丰硕的成果。(2) 宪法学的社会基础的重新审视和深入研究，对我国在社会变革中出现的各种问题的有效解决具有重要的意义。(3) 宪法与宗教问题长期为学界所忽视，有学者提出的地方政府投资宗教项目涉及的法律问题，引起宪法学界的广泛关注。(4) 宪法基本范畴研究直接关系到宪法本体论的建立，对中国宪法学体系的发展有至关重要的意义。有学者认为宪法学是以宪法现象为研究对象的一门法律学，宪法规范是一种本原的东西，宪法学应当返回规范。(5) 围绕宪法解释、宪法学基本范畴展开的宪法学方法论研究正日益成为青年学者的研究兴趣和热点。

2. 行政法学

本年度行政法学界的研究范围在涵盖传统的关于行政法基础理论和行政行为的研究基础上，也适当扩大了研究的视野。(1) 行政法基础理论的研究是行政法学的根本。有学者认为统一公法学的建立是必要的和可能的，也是可行的。(2) 行政行为继行政主体研究热潮之后成为学界研究的新热点。有学者认为行政滥用职权是指行政主体在行使行政权力或履行行政管理职能的过程中对法律赋予的行政职权不规范或超常规的使用。(3) 行政主体仍然是学界研究的一个兴趣点，行政主体的人文性发掘和国家赔偿主体确定性研究成为研究的新方向。(4) 司法审查在中国加入 WTO 以后成为了一个学术爆发点，2005 年行政学界对此从国内外司法审查的衔接、司法审查的标准等方面展开详细的学术研讨。(5) 行政诉讼法的修改是行政法学界本年度研究中的最大热点之一。有学者认为《行政诉讼法》的修改与“特别权力关系”理论没有联系，有关修改中的棘手问题完全可以在我国现行的行政法制中绕开“特别权力关系”理论而得到解决。

（四）诉讼法学

1. 民事诉讼法学

民事诉讼法学界的研究工作继续从微观层次展开，从制度细枝末节的修补做起，用与现实相合宜的制度来构建宏观的理论框架，从而在理论的研究范围和深度上均有较大的拓展和进步。此外，民诉法学界在近年来对东西方各国的诉讼法制度不断了解和学习的基础上，在本年度出版了一些相当有分量的著译作。

2. 刑事诉讼法学

本年度刑事诉讼法学学界成果斐然，主要著作包括:《刑事再审程序与人权保障》、《正当法律程序研究——以刑事诉讼程序为视角》、《程序正义之路》、《外国刑事诉讼法》、《刑事审判制度研究》、《程序性制裁理论》、《刑事诉讼前沿问题》、《探索正当程序——比较刑事诉讼法专论》等。

（五）刑事法学

在刑法各论方面，首先，针对信用卡诈骗罪及《刑法修正案（五）》存在的缺陷，诸多学者发表了自己的观点，形成了一个研究热点。此外，对交通肇事罪、洗钱罪、恐怖主义犯罪等学者关心的热点问题也进行了颇有深度的讨论，提出了较为新颖的观点。

（六）民商法学

在民法领域，关于《物权法草案》的修订和完善仍然成为学者们研究和争鸣的当然热点。在合同法方面，学者们就现行合同法的完善问题，提出了不少修改意见。

在人格权法方面，加强了对一般人格权和各类具体人格权的研究，有学者还提出了将声音权作为一种独立的具体人格权的新的思路。

在侵权法方面，侵权责任以及其中的精神损害赔偿问题仍然是一些学者研究的重点问题。

在婚姻家庭法方面，《妇女权益保障法》的修改取得了重大成果。

在知识产权法方面，面对国际知识产权保护的不断强化，我国学者适时地提出了实现知识产权本土化，以及如何把握知识产权保护的“度”的问题。

在商法领域，公司法和证券法的修改依旧是学者们研究的兴趣所在。本年度中国民商法学界主要围绕民法典修订，物权法立法以及侵权法制定等问题进行了一系列学术交流活动。

（七）经济法学

本年度经济法学的研究热点主要包括以下几个方面：在经济法总论方面，继续以科学发展观指导经济法的理论研究，对经济法的价值、目标、体系和定位问题进行反思和探讨。此外还有学者对经济法的学科独立性问题继续进行探讨。

在经济法分论方面，继续加强对宏观调控法律制度的研究。

本年度的劳动和社会保障法研究也出现了一些新的动向，形成了若干研究热点。如在劳动法的基本理论问题上，学者们对劳动法的调整对象问题提出了新的观点，主张将劳动者之间的关系也纳入劳动法的研究范围，同时还主张进一步区分劳动关系和雇佣关系。

（八）国际法学

在国际公法方面，以联合国成立和世界反法西斯战争胜利六十周年为契机，学者们对联合国安理会的改革问题、常任理事国的否决权问题、联合国在维持国际和平和实施国际制裁中的作用和法律性质等问题上都结合国际法实践进行了深入而有价值的研究。同时，随着国际社会对伊拉克前总统萨达姆的审判的展开，对国际刑法的研究也成为了本年度国际公法研究的热点。此外，关于国家豁免权等传统国际法重要问题的研究仍然受到学者们的关注。

在国际经济法方面，本年度的学术研究着眼于进一步探讨经济全球化与国际经济一体化形势下的国际经济法发展问题。

在国际私法方面，国际私法的理念、基本制度、基本方法等基本理论问题仍然得到进一步的研究。在国际私法的具体立法问题研究上，学者们结合民法典的制定，对民法中的冲突法部分的立法框架和具体规范的制定进行了探讨和研究。

（九）环境法学

本年度环境法学研究的主要特点在于广泛而深入地开展环境立法的研究。各地环境法学者广泛参与环境立法活动，将理论和立法实践相结合，取得了可喜的成果。2005 年环境法学研究的主要问题包括：以环境保护法的修改与完善为重点的环境法制创新研究、环境公益诉讼问题等。

九、教育学研究发展状况

（一）教育学原理

1. 学科基础理论研究

陈桂生《“教育理论与实践关系问题”的再认识》通过分析教育科学理论与教育实践理论之间的逻辑鸿沟、教育实践理论的建构、我国现行教育学存在问题的症结，以及教育实践理论对教育实践的指导等问题，纠正了对有关教育理论与实践关系的简单化的理解。靖国平《论教育学的学科范式、知识样式及其话语方式》指出，当代教育学最为需要自我反醒、自主解脱和自由解放，寻求教育学独立、丰富、多元的个性品质，走出纯粹科学知识的神话意境，转向关注生活场景的学科范式、实践反思的知识样式和对话交流的话语方式。

2. 教育改革理论研究

黄济《关于教育改革的几点思考》以科学方法论为指导，对教育改革与历史经验和现实情况的关系作了理论结合实际的论述和例证。劳凯声《公共教育体制改革中的伦理问题》分析了我国公共教育体制在改革中出现的市场化运作形式带来的负面影响及其引发的一系列改革伦理问题。

3. 教育公平与和谐社会

教育是经济社会协调发展和建设社会主义和谐社会的基础工程，教育公平是社会公平的基础和核心环节，没有教育的公平，就谈不上社会公平。坚持用科学发展观统领教育工作全局，努力促进教育的公平公正，使教育事业的发展惠及更广大的人民群众，成为2005年教育理论界所关注的焦点之一。该方面的研究成果主要有周洪宇《教育公平：和谐社会的重要内容、基础和实现途径》，刘健儿《教育公正刍议》，王道俊、郭文安《主体教育论》等。

（二）课程与教学论

1. 课程理论

袁宗金《我们究竟需要什么样的课程研究》指出，课程研究是教育发展的基本动力，我国的课程研究目前在研究的取向方面存在诸如过度“西化”和脱离实践的研究态度等众多问题。殷晓静《课程资源研究进展述评》从课程资源的含义、课程资源的开发与利用和课程资源的实践三个方面对课程资源研究的进展情况进行了述评。

2. 课程改革

邬向明《课程改革：问题与对策》指出，新课程改革中最关键、难度最大的改变，就是教师教学方式和学生学习方式的转变以及师生交流和合作机制的建立。靳玉乐、艾兴《新课程改革的理论基础是什么》分析了世界范围内三次课程改革的理论基础。

3. 关于“研究性学习”的探讨

在素质教育理念和新课程改革背景下，研究性学习成为重要的研究领域，2005年度在这方面的相关论文颇多，主要有论张华和刘万海《“研究性学习”的课程与教学论意义》、杨明全《为什么需要研究性学习：追问与求证》等。

4. 教学论研究

郭华《评教学“回归生活世界”》分析了教学“回归生活世界”主张的诉求及其所带来的种种难题与困境。李松林《论回归生活世界的教学论变革》指出，教学论回归生活世界，意味着教学论要从根本上变革自身的思维方式，从传统的主客二元论思维方式转向主体间关系思维方式。钟启泉《教学活动理论的考察》指出，教学是师生之间沟通的社会实践活动。

（三）教育技术学

1. 学科基础理论发展

杨开城《论教育的技术学本质与教育技术学的历史使命》提出，教育具有技术学本质，教育系统是一种技术人造物。蔡旻君《试论教育技术的文化变迁》立足于教育活动中的教育技术现象，从文化哲学视野审视了教育技术。周越《关于教育技术发展的社会动因和现实应用的一些思考》从分析教育技术产生和发展的根本原因入手，对教育技术发展现状中存在的问题作了简要综述。

2. 远程教育

高勇《现代远程教育的质量观及其质量保证》从远程教育的质量观出发，阐述了远程教育质量体系，以及远程教育质量保证的含义和作用，探索了远程教育质量保证的实现途径。许新龙《教育技术在现代远程教育中的应用》通过对教育技术、现代远程教育在国内外发展历程及特点的介绍，论述了教育技术在现代远程教育中的应用。

3. 网络—电化教育

陈勇勤《网络—电化教育：电化教育在网络经济环境中的发展空间》对电化教育发展空间的网络经济环境作了理论上的分析。本年度出版的相关专著有张家全《网络与教学》、李康《教育技术学概论——基本理论的探索》等。

（四）职业技术教育学

1. 职业教育宏观发展研究

张力《新形势下中国职业教育的宏观政策》和杨金土《中国职教发展的政策环境分析》分析了我国职业教育发展的宏观政策和政策环境。叶志坚在《我们需要什么样的职业教育》中分析了目前我国职业教育招生难和就业难的困境，提出了相应的解决策略。

2. 职业教育发展模式研究

徐国庆《职业教育发展的“设计模式”与“内生模式”》指出，职业教育发展存在以工程学为基础的“设计模式”和以生物学为基础的“内生模式”两种模式。

3. 高等职业教育

潘懋元《建立高等职业教育独立体系刍议》、谈松华《从外延扩张到内涵建设：高职教育发展的新选择》、吴岩《高等职业教育发展定位的几个问题》、陈智《以人为本，探索通专结合的高职教育人才培养模式》四篇文章分别从体系、发展、定位与模式四个方面对高等职业教育的发展问题进行了探讨。

4. 农村职业教育

高利兵《农村职业教育发展定位研究》和黄贵波《发展农村职业技术教育的途径探索》分别就农村职业教育的定位和途径进行了探索。徐君《失地农民职业教育的对策研究》根据失地农民的特点和失地农民职业教育的现状，提出了加强失地农民职业教育的对策。

（五）学前教育学

1. 儿童研究与儿童发展

张向葵、蔡迎春《走向行动定向的儿童研究：国内外儿童福利政策研究及启示》通过比较国内外儿童福利及福利政策的差距，探讨了未来儿童研究的行动定向。盖笑松、张婵《走向生态化的儿童研究：聚焦中国儿童成长环境》指出，未来的中国儿童研究工作需要从生态化观点出发，加强研究的系统性、动态性和行动性，以实现客观反映儿童成长背景，优化儿童成长环境，促进中国儿童健康成长的目标。

2. 学前教育人文性研究

丁海东《当代学前教育的人文性缺失》指出，当代学前教育的人文性缺失，宏观上表现为儿童文化的传统性缺失和成人文化对儿童文化的排挤，中观上表现为家庭教育的非理智化和学前机构教育事业的功利化，微观上表现为内容上的科学知识中心化和过程上的师幼关系的专制化。

3. 学前教育德育评价研究

吴新颖《构建学前教育德育评价体系的思考》指出，构建学前教育德育评价体系要遵循教育性、科学性、弘扬民族精神等原则，其基本框架包括对学前儿童思想品德的评价、对教育者的评价和对学前教育德育工作过程的评价。

4. 家庭生态环境与儿童认知研究

张华、庞丽娟等《家庭生态环境与儿童早期数学认知能力》指出，家庭社会经济地位、母亲对儿童数学认知能力发展的认识、母亲对数学任务的知觉水平以及母亲对儿童数学知识的传递行为与儿童早期数学认知能力的相关显著。

5. 学前教育叙事研究

易凌云《在“亲历”中成长：一位幼儿教师个人教育观念的叙事研究》运用叙事研究的方式，以一位幼儿教师的专业成长经历为线索，剖析出她的个人教育观念的形成过程及其影响因素，为在理论上阐述教师个人教育观念的形成规律提供了可以参考的个案。

（六）成人教育学

1. 学科发展研究

高志敏《在“成人”与“教育”之间——成人教育学科发展的回顾与展望》反思了成人教育学科发展的思想历程，提出成人教育学科未来发展的核心课题是重建学科的研究范式。古夫在《正确处理成人教育的八大关系》中提出应解决好普及和提高、数量和质量、城市与农村、投入与产出等八种关系。

2. 成人学习模式研究

宋洁、李盛聪《试论成人学习模式》分析了成人学习的五种模式，并分析了其对我国成人教育的影响。

3. 农村成人教育

夏法金《发展农村成人教育与解决“三农”问题的思考》提出，解决“三农”问题必须大力发展面向“三农”的成人教育事业，进而充分发挥其在解决“三农”问题中的服务功能、先导作用。

4. 成人教育教师专业化

余经天、孙立新《对目前我国成人教育教师“专业化的两难”解读》对于成人教育教师队伍的“专业化”建设以及成人教育教学质量的提高进行了分析，并提出了建议。

5. 成人教育质量

李莅《成人教育质量问题的思考》指出，对成人教育面临的质量问题，正确的做法只能是进行客观的、全面的科学评价，对存在的问题应找出原因，提出对策，从而使成人教育在不断的改革中发展壮大。

（七）高等教育学

1. 高等教育基本理论

邬大光《高等教育发展与制度创新》指出高等教育制度必须重新构建，大学制度必须重新构建，我国高等教育要继续发展，必须加快民办高等教育的发展，必须有理论上的突破。王洪才《试论现代大学制度建设的价值导向》指出，现代大学制度建设具有明确的价值观导引，它具体表现为四种价值，即问责性、适切性、适应性和创造性价值。

2. 大学理念

张楚廷《学术自由的自我丢失》指出，能够赋予学者以更大自由的大学是更高水平的大学，大学的学术自由，很多情况下是自我丢失的。张斌贤、王晨《大学理念考辨：兼论大学“理想”与大学“观念”》通过考察西方语境中的对应词 idea 的意义及其翻译引入和意义的衍化过程，辨析了其各自的意义域，并指出理念泛用的矛盾和危险所在。

3. 高等教育管理体制

胡建华《中国高等教育管理体制改革分析》指出，淡化高校与政府间的“行政关系”，将高校与政府的关系置于法律的基础之上，仍然是中国高等教育管理体制改革所面临的主要课题。项贤明《论学术管理理念与高校内部管理体制改革》指出，在整个高等学校内部管理体制改革过程中，必须牢记大学作为人文机构的根本特质，协调好学术权力与行政权力之间的关系。

4. 高等教育发展战略研究

毛亚庆、夏仕武《何谓大学核心竞争力》对大学核心竞争力与大学竞争力、大学资源、大学核心能力之间的关系进行了细致阐述。徐小洲、徐岚《重点与均衡：两岸三地大学发展策略的抉择》指出，有效协调“择优重点”和“均衡分配”之间的矛盾是两岸三地大学发展过程中面临的共同问题

5. 高等教育质量

余小波《高等教育质量概念：内涵与外延》和胡建华《高等教育价值观视野下的高等教育质量》对高等教育质量的概念和含义等基本问题再次进行了探讨。王洪才《转型中的中国高等教育质量危机与治理对策》对中国高等教育在走向大众化过程中遭遇的质量难题进行了分析。

6. 招生

在中国高等教育进入大众化的时代背景下，高考改革比以往更具有迫切性，刘海峰《高考改革何去何从》、林蕙青《高校招生考试制度的现代转型与构建》、张亚群《高校自主招生不等于自行考试》和郑若玲《高考改革必须凸显公平》分别从不同角度探讨了高考改革的方向、路径及对策。

7. 学位与研究生教育

王孙禺、袁本涛《关于我国研究生教育发展战略的几点思考》阐述了研究生教育在国家发展中的战略地位和作用。周学军、王战军《中国学位与研究生教育评估的产生、发展与未来趋势》指出，我国将逐步形成具有中国特色的学位与研究生教育评估体系。

（八）特殊教育学

1. 学科发展研究

雷江华《中国特殊教育学学科论初探》探讨了特殊教育学学科论的性质、内容、研究方法以及发展阶段。盛永进《关于特殊教育研究哲学化的思考》提出，特殊教育研究需要一个对特殊教育本身进行反思的“哲学化”过程。

2. 特殊教育与社会发展

杨民《论特殊教育在创建和谐社会中的地位与作用》指出，残疾现象是人类前进过程中必须付出的代价，保证残疾人能受到平等的教育是保证人权的重要内容之一。

3. 特殊教育师资建设

顾定倩《特殊教育教师资格制度的比较研究》对比了国际上对特殊教育教师普遍采取的“教师资格证书+特殊教育专业资格证书”双证书资格制度，提出了建立中国特色的特殊教育教师资格制度需要研究和处理的四个方面关系。刘扬《试论我国特殊教育师资培养中的几个争议问题》对目前关于我国特殊教育师资培养体系、培养模式、培养层次上的三个争议问题作出了分析。

4. 特殊教育课程

熊利平《未来性与现实性的统一：关于特殊教育课程理念和课程的思考》指出，特殊教育课程应确立合理的目标价值取向，既关注特殊儿童的未来生活，也关注其现实生活，把未来性和现实性统一起来，愉快教育、生态导向课程等是将二者结合的途径。

5. 高等特殊教育发展研究

许巧仙《我国高等特殊教育发展的几点思考》分析了我国高等特殊教育的发展现状、问题，指出当前高等特殊教育存在和发展的地位和作用，并在分析高等特殊教育发展的影响因素的基础上，提出了重视和加快发展高等特殊教育的几点建议。

（九）教育史

1. 教育思想史

杨旭东《试论近代中国自由主义高等教育思想立场》分析了近代中国自由主义思想者思虑高等教育问题时的基本立场和态度，认为其寄托了更强烈的国家、民族、社会的情怀。

2. 科举研究

刘海峰《重评科举制度》和《终结盲目批判科举的时代》对科举制度进行了重新评价，认为对科举制的研究有助

于认识中国社会的特性和传统文化的命运，并为现实的考试制度改革提供历史借鉴。

3. 中国高等教育史

王炳照《中国近代高等教育发展中的几次论争》分析了中国近代高等教育近百年的发展变迁中在办学理念、办学模式、科目设置以及教育管理体制等方面发生过的激烈论争，并提出了对今天高等教育改革和发展的借鉴意义。

4. 外国教育史研究

洪明《外国教育史学科建设的回顾与反思——基于外国教育史学科著作类出版物的分析》从文献整理的角度，对百余年来我国外国教育史著作类出版物进行了梳理分析，展示了外国教育史研究的发展历程和各主要阶段的研究成果。

（十）比较教育学

1. 学科基本理论研究

顾明远《关于比较教育学科建设的几个问题》探究了比较教育学科建设过程中的三个主要问题，第一是比较教育这门学科的研究对象，第二是中国比较教育研究的走向和几个值得特别关注的问题，第三是比较教育研究的方法论问题，同时分析了文化研究的重要性和研究中需要注意的问题。

2. 比较高等教育研究

蓝劲松《大学校长之学术背景——对中美研究型大学校长教育背景与工作背景之综合考察》对中美研究型大学校长的背景进行了综合考察和比较分析，并对中国研究型大学校长的任用选拔提出了相关建议。

3. 国际教育改革研究

项贤明《当前国际教育改革主题与我国教育改革走向探析》分析了20世纪90年代以来国际教育改革的六方面主题，认为我国教育改革总体上与国际教育改革的趋势是相一致的，并指出在未来一段时期内，教育质量、教育公平、政府与市场的关系、分权与集权的关系、教育国际化和构建学习化社会，仍将是我国教育改革的重要内容。

（十一）教育经济与管理

1. 教育管理学、教育经济学学科理论发展

杨天平《论教育管理学的性质》、黄崴《教育管理学的研究对象及其分类》等分别对教育管理和教育经济学的学科自身发展进行了研究。

2. 教育均衡发展研究

实现教育均衡发展，是落实科学发展观和建设和谐社会理念的迫切要求，汪明《义务教育均衡发展与若干保障机制——部分地区的政策及实践分析》、孙启林和孔锴《全球化视域下的基础教育均衡发展》等就这一问题进行了深入探讨。

3. 教育政策、教育宏观管理

胡瑞文、杜晓利《未来15年我国教育资源供求矛盾与政策选择》分析未来我国教育资源供求矛盾的趋势，指出实施科教兴国战略需要对我国物质资本与人力资本的投资比例作出重大调整。呼中陶等《教育收费的国家政策分析及建议》提出，实施教育收费，应采取建立科学的教育成本分担机制、着重解决当前突出问题、健全监督约束机制等措施，依法规范和完善教育收费政策。

4. 教育体制改革

谈松华《现代学校制度建设的若干理论和实践问题》和范国睿《政府·社会·学校：基于校本管理理论的现代学校制度设计》分别探讨了建立现代学校制度的问题。

5. 农村教育

农村教育是促进农村经济和社会发展的基础，周洪宇《关于我国农村教育工作的十点建议》、张守祥《农村义务教育管理体制：进展、问题、建议》等从不同角度进行了相关探讨。

（十二）教育社会学

1. 学科发展研究

胡宗仁《教育社会学研究的困境》指出，长期以来在研究方法上，教育社会学一直陷于事实研究与想象研究、社会批判与社会建构、类型研究与整体研究的两难困境。钱民辉《当代欧美教育人类学研究的核心主题与趋势》从欧美人类学研究的主题与趋势中，探讨了教育人类学在现代性、反思现代性与全球性中是如何开展自己的研究并作出阐释的。

2. 农村教育与流动人口子女教育

李锐《中国西部农村“教育反贫困论”》提出，在西部地区的农村扶贫开发上，必须选择一种具有“扶正固本”特征的“教育反贫困”战略。项继权《农民工子女教育：政策选择与制度保障——关于农民工子女教育问题的调查分析及政策建议》、雷万鹏《从多元需求看流动儿童教育政策选择》对农民工子女教育问题都提出了相关的政策建议。

十、语言学研究发展状况

（一）汉语方言的地理分布与语法研究

詹伯慧在《汉语方言繁荣研究及其应用——纪念吕叔湘先生》一文中联系方言研究实际，提出一要深入探讨方言与民族共同语的关系；二要发扬上个世纪方言调查研究为“推普”、为汉语规范化服务的优良传统；三要加强方言词典的编纂，研究解决方言使用中的实际问题；四要加强方言在相关学科中应用的研究。2005年的汉语方言学研究成果仍然主要集中于方言语音的调查和描写，突出表现在《中国语言地图集》的修订与补充上。

1.《中国语言地图集》的修订与补充

《中国语言地图集》出版至今已二十余年。二十年来，汉语学界作了大量的实地调查研究工作，掌握了更多的语言事实。不同专业的学者从不同角度使用《中国语言地图集》，提出了很多新要求。根据语言学科发展的实际情况，对《中国语言地图集》进行修订和补充很有必要。为此中国社会科学院于2001年把新编《中国语言地图集》设立为院A类重大课题，并与香港城市大学合作。

2. 汉语方言理论与方言语法的研究

作为历史语言学研究的重要部分，随着研究的深入，汉语方言研究的理论意识开始逐步增强，不但重视共时研究与历时研究的结合，而且重视对方言演变的历史层次、动因的探讨。其中主要表现在对汉语方言理论与方言语法的研究上，2005年语言学界加强了这方面的研究，并取得了一些进展。

陆镜光《汉语方言中的指示叹词》一文考察了汉语各地方言的指示叹词，发现都有手势用法和象征用法。前者应是本来用法，经虚化而成后者。王健《汉语方言中的两种动态范畴》描写了汉语方言区分动作进行和状态持续所用的语法手段，从历时的角度考察其中一些语法手段的来源以及发展。

李宇明、陈前瑞《北京话“给”字

被动句的地位及其历史发展》定量考察了北京话中有标记被动句的使用情况，分析了“给”字被动句在当代北京话中的地位。张维佳《山西晋语指示代词三分系统的来源》一文从昂颜指示代词的历史来源及二分系统与三分系统之间的关系着眼，分析其地理和结构分布。

（二）汉语历史语音学的演变层次和动因研究

鲁国尧《张麟之〈韵鉴序例〉申解四题》一文对南宋初年张麟之为刊布《韵镜》而撰的《韵鉴序例》申明了切韵学的“层累”特点，并首次揭出其“不确定性”。田范芬《〈一法通〉反映的百年前临湘方言特点》一文归纳出百年前临湘方言的十一项特征，并分析了这些特征百年来的演变。张玉来《朝鲜时期所传习的明代汉语官话的语音性质》认为朝鲜时代的译音材料记录的是北京地区和全国各地人民的官话之音。方环海《〈古今中外音韵通例〉声母的几个问题》一文对1886年江苏浦口人胡垣《古今中外音韵通例》的声母系统进行了考察。孙宜志《方以智〈切韵声原〉与桐城方音》将现代桐城方言语音与《切韵声原》音系进行了比较。

林伦伦《从〈汕头话口语语法基础教程〉看120年前的潮州话音系》根据《汕头话口语语法基础教程》的材料，分析出120年前的潮州方言音系。黎新第《辽代石刻别字异文所见辽代汉语语音》，对辽代石刻文中能反映语音现象的别字异文进行了归纳分析。张鸿魁《聊斋俚曲的方言属性》认为“蒲松龄创作俚曲使用的是山东官话”。岳立静《日照方言知庄章和精见端的读音类型》根据实地调查材料讨论山东日照城乡24个方言点知庄章组和精见端组声母分布特点和读音类型，并探讨了它们之间复杂的分合关系。

（三）基于现代语言学理论的汉语研究

沈家煊主编《现代汉语语法的功能、语用、认知研究》和熊学亮、蔡基刚主编《语言界面》等运用认知语言学、语用学和语言类型学的理论、方法来观察和分析汉语句法语义的演变事实，揭示汉语句法语义演变的认知/语用动因和类型学蕴涵，为汉语的共时句法语义现象的分析和解释提供重要的参数和理据。

1. 基于语法结构的语法化

吴福祥《汉语语法化研究的当前课题》指出，当前与以后汉语的语法化研究应该着力研究结构语法化、语法化模式、话语标记语法化、语法化相关的语义演变等四个课题，对目前的汉语语法化研究很有指导意义。江蓝生《“VP的好”句式的两个来源》从句法功能的降位、语义的主观化和结构的紧密化等三个方面考察了“VP的好”句式结构语法化的原因、过程和特点。方梅《认证义谓宾动词的虚化》讨论认证义谓宾动词虚化的程度与动词自身的控制度相关，证明控制度强的动词虚化程度低，控制度弱的动词虚化程度高。

邵敬敏、朱晓亚《“好”的话语功能及其虚化轨迹》讨论了“好”在话语中的功能，梳理了口语中的“好”的历史演变以及区别不同功能的形式标记。彭伶楠《“好了”的词化、分化和虚化》和方环海、刘继磊《“完了”的虚化与性质》考察了现代汉语口语中“X了”一类结构的虚化及其词类性质问题。杨永龙《从稳紧义形容词到持续体助词》结合方言，从历史文献的角度考察了该类形容词的语法化过程。龙国富《从中古佛经看事态助词“来”及其语法化》进一步讨论了“来”的语法化途径、动因以及机制等。

2. 基于本体研究的理论挖掘

王洪君、富丽《试论现代汉语的类词缀》发现，与词根相比，类词缀与词缀、助字一样具有单向高搭配性、结构类型个别化和类化作用的特点，比较词根意义明显泛化。储泽祥、魏红《汉语量词“片”及其自相似性表现》指出汉语量词“片”的自相似性表现，与汉语名词所指事物直接相关联。

郑泽之、张普《汉语真实文本字母词语考察》和任海波、王刚《基于语料库的现代汉语离合词形式分析》着重考察了实词类插入形式的词类序列、常见句法成分类型以及离合词中插入助词“了”、“过”、“着”等现象。任鹰《现代汉语非受事宾语句研究》着力对现代汉语中几种主要的非受事宾语句进行了比较系统、深入的分析。

3. 认知语言学与汉语研究

石毓智《表现物体大小的语法形式的不对称性》解释了造成汉语“小称”的语法表达不对称性的认知基础。张谊生、邹海清、杨斌《“总（是）”与“老（是）”的语用功能及选择差异》讨论了副词在客观判断和主观评价方面的相对性与绝对性，以及因句式、语体的不同而引起的选择差异。张国宪《性状的语义指向规则及句法异位的语用动机》指出限于人类的认知结构差异，语义指向的理解只能是一种接近话语意图的概率推理。袁宾《“蒙”字句》阐说了语言的类化机制（同类化和异类化）是蒙字句顺意倾向产生并且强化的深层动因。余光武《主位化及相关的认知解释》从动态的角度研究了句子的信息成分安排。

功能语言学结合汉语语法的研究一直是汉语语言学界的重头戏，以往的研究主要贡献也在此，张伯江《功能语法与汉语研究》、史有为《话题、协同化及话题性》等对此作了初步的总结。

4. 形式语法的研究

石定栩《“被”的句法地位》、李艳惠《省略与成分缺失》、熊仲儒《以“的”为核心的DP结构》等论文中，运用中心语理论对汉语语法现象的研究值得关注。

周国光《中心语理论和汉语的DeP》认为中心语理论的研究存在着方法论上的失误，进而否定句法理论中的中心语理论。

力提甫·托乎提《生成语法框架内的维吾尔语句法》应用了生成语法理论，对维吾尔语等突厥语的格附加成分、后置词、人称、时态词等功能成分进行了研究。

（四）交叉融合的语言学研究

1. 外语教学与研究

系统功能语言学在近来的20年时间里发展迅速，胡壮麟、朱永生、张得禄、李战子等《系统功能语言学概论》介绍了系统功能语言学的最新观点与研究进展。张得禄、苗兴伟、李学宁《功能语言学与外语教学》主要介绍了功能语言学与外语教学的关系。

穆凤英、高薇、张云燕《中国学生英语口语实词提取与生成特征分析》借助SFS语言分析软件，对英语专业四级考试口试第三部分对话的26个样本进行了分析研究。

2. 认知与语言的隐喻研究

张辉、孙明智《概念转喻的本质、分类和认知运作机制》举例分析说明了概念转喻的突出特征。

3. 语言神经心理机制的多学科研究

杨亦鸣《神经语言学的历史、性质、任务及方法》对当前神经语言学的研究历史、现状和性质及发展趋势作出了客观评价。

本年度中国神经语言学研究的问题主要在大脑词库与演算系统方面，包括句子理解中句法加工和语义加工的相对作用，歧义句的加工过程和影响加工的因素，句子和话语理解中影响词类加工的语法和语义因素，动词的句法语义、句子的主题在句子加工中的作用以及工作记忆与句子加工、理解中的推理等。

（1）汉语失语症研究的深化

杨亦鸣、周统权的《失语症语法障碍的表现与研究——海外失语症语法障碍研究述评》对一百多年来的失语症语法研究进行了评述。汪洁、秦冰的《失语症恢复的神经影像学研究》认为目前对失语症自发恢复和语言治疗性干预语言功能恢复的神经机制并不完全了解，可用神经生理学技术对脑的语言功能进行研究。郑雅君、李静潜、梁哲《试用SPECT探讨皮质下失语的发生与康复机制》运用脑血流灌注显像（SPECT）推测皮质下失语是当时皮质下结构处于坏死或功能抑制状态的部分逐渐增多的结果。

（2）汉语字词脑机制心理机制的研究

王湘、程灶火等《汉词再认过程中回忆及熟悉感判别机制的ERPs研究》通过对40名大学生汉语双字词再认测验，表明汉词再认的ERP新旧效应包括额区新旧效应及顶区新旧效应两种成分。张积家、陈新葵《汉字义符在汉语动作动词意义认知中的作用》认为汉语动词的结构特点对动作动词的动作器官或动作工具意义的认知有很大影响。陈宝国、宁爱华《汉字识别中的同音字效应：语音影响字形加工的证据》通过考察汉字识别中语音对字形加工产生的影响的两个实验，发现当出现的汉字为低频字时，同音字越多，词汇判断的时间越长。穆瑾、韩布新、陈天勇《声旁规则性对命名声旁和整字的影响》在探讨声旁规则性对命名声旁或整字的影响时，认为声旁规则性对声旁命名有易化作用；对整字命名有干扰作用，但与声旁频率与部件数有关。

（3）中文大脑词库和句法的研究

陈新葵、张积家、方燕红《动、名词的认知及其脑机制》认为动、名词是语言中的两个主要词类，动、名词的获得时间、心理表征及其神经机制存在差异，影响提取的因素也不同。郭桃梅、彭聃龄《功能词与内容词加工的神经机制的研究综述》总结了有关功能词和内容词神经机制的研究成果。黄贤军、高路《语法启动与言语产生中的语法表征》通过对语法启动研究和言语生成中语法编码过程研究的总结，证明Pickering和Branigan提出的网络模型可很好地描述言语产生中语法加工的过程。

（4）国外神经语言学研究进展的介绍

方环海、张东平的《小脑与认知》对一般较忽视的小脑高级功能进行了介绍。刘红艳《〈语言与人脑〉述评》通过对L. K. Obler和K. Gjerlow两位教授合著的Language and the Brain的评介，使人们较清楚认识语言能力和神经系统组织之间的关系。谢玉杰、鲁守春的《〈语言机能〉述评》对M. D. Hauser、N. Chomsky和W. T. Fitch合著的*The Faculty of Language: What Is It, Who Has It, and How Did It Evolve?*进行了评介。张积家、刘丽虹、谭力海《语言关联性假设的研究进展》综述了语言关联性假设有关的新证据。

4. 中文信息处理

杨泉、冯志伟《面向中文信息处理的现代汉语“V+V”结构歧义问题研究》等论文对汉语中的“V+V”、“N+N”结构作了比较全面的研究。

综观之下，2005年语言学研究取得了明显的进展，以往不太重视汉语自己的研究传统的情况开始发生变化，而且这种变化似还呈现出越来越强烈的趋势。

十一、新闻传播学研究发展状况

2005年新闻传播学研究中出现了一些新话题，或由新闻事件而聚焦，或是在屏幕热映之后引发。这年的新闻理论研究中也有一些前两年的热点，在2005年继续得到关注。

（一）传媒与构建和谐社会

有的研究者对应关于和谐社会的特点，认为这是一个战略性的目标。大众传媒在建设和谐社会中扮演着极为重要的角色，它应该是民主法治的推动者、公平正义和诚信友爱的体现者、安定有序氛围的营造者、人与自然和谐相处观念的传播者。还有的研究者指出，要建设和谐社会，媒体应该凸现“建设性”和“以人为本”的理念。“建设性”较之过去的提法更具时代气息，而“以人为本”则意味着要关注社会弱势群体，提供交流平台，顺应价值观多元化的多中心社会。

同时，也有一些研究者作了辩证解析，认为构建和谐社会不是掩盖问题、报喜不报忧，正视并揭示社会生活中客观存在的不和谐因素与构建和谐社会的目标并行不悖。

（二）新闻职业规范

2005年，新闻职业规范的话题越来越受到人们的关注。年内的几起新闻事件不仅带来了有关这一话题的热闹言说，研究者也希望能借着这些问题在伦理争论之后达到共识，形成可操作的新闻职业规范。

事件之一是老艺术家孙道临要求付费采访，引发新闻业界、学界关于付费采访是非的讨论。事件之二是厦门《东南晚报》记者柳涛在雨中等待近一小时抓拍骑车人摔倒，引发了人们对于记者职业行为边界的思考。事件之三是美国新闻界年内先后爆出的“古兰经风波”、“深喉事件”和“特工门事件”，这些事件都涉及到新闻报道中匿名信源的使用。匿名信源有助于记者更好地履行监督职能，确保人民的知情权；但滥用匿名信源则可能导致传媒公信力下降，甚至出现丑闻，记者履行隐匿权还可能引发司法纠纷。解决办法，一是制定匿名信源的使用规范，如编辑部高层掌握信源，不把匿名信源作为唯一消息来源等；二是在司法公正和记者保密特权之间进行权衡。

（三）老问题——新闻真实

2005年在新闻真实的老问题上，讨论热度不减。因为新事件不断再现，例如“高露洁事件”、“记者断指案”、“疫苗事件”等等。

关于“高露洁事件”，研究者指出，

这个小小的事件需要总结的经验在于：传媒在时效与真实之间要谨慎权衡，尽力交代原始信息源，平衡处理信息，避免含有价值判断的语言，不断填补前次报道留下的信息空白。

关于“记者断指案”，研究者指出，这个事件的报道，除了防止主观臆断外，还引发了传媒更正制度的完善问题。

关于“疫苗事件”，研究者指出，在特定的环境条件下，媒体的报道和关注有时会变成一种“暗示”，“信息”成为病因，在“心魔”与“病魔”之间，新闻报道也可能扮演推波助澜的角色。特别在媒体不是客观报道，而是加入到激愤的公众群中去的时候，造成的不良后果更大。

（四）知情权与保护隐私

有人认为，出于社会进步的宏观考虑，言论自由权应该有逻辑上的先在地位；也有人认为，隐私权常在现实中处于弱势因而更需要法律的保护。言论自由的权利止于隐私权开始之处的提法已经得到公认，关键是这条划分起始的界限是否足够清晰合理。

随着新闻发布会制度的推广和完善，“知情权”成为2005年新闻法治研究的一个重要课题。

（五）传媒娱乐化

对媒介内容过度娱乐化的担心在学界早已出现，2004年《南方周末》发表的两篇文章《崔永元炮轰电视庸俗化》和《电视为什么不能庸俗化》标志着这一讨论已经从专业问题扩大为一个公共性话题。2005年一些电视娱乐节目如《超级女声》的空前火爆，为正反双方都提供了足够的“论据”，于是对于媒介内容娱乐化以及带来的相关问题，引发了传媒业界、学界和社会公众的大讨论。

（六）“北青传媒”上市以后

北青传媒股票的巨幅下跌以一种放大的声音提醒人们：走向开放市场的中国传媒产业亟需一套完整而清晰的规则系统。有的学者据此认为，中国的传媒产业由于规制边界不清，或是规制供应不足，导致产业市场存在着市场和政府由于角色错位而造成的功能双重失灵的情况，事实上，这样的双重失灵已经严重制约了中国传媒产业的发展。

（七）传媒面对危机处理

有研究者在对比了肯德基“苏丹红”事件和南京冠生园“旧馅”事件的不同处理后指出，肯德基的“自责”与南京冠生园的“逃避责任”、肯德基的“转移视线”与南京冠生园的“无所作为”、肯德基的“补偿”与南京冠生园的“否认”形成了鲜明的对比；同样鲜明的是肯德基在爆出“苏丹红”事件后只用三个星期就渡过了危机，而有80多年历史的南京冠生园在发生“旧馅”问题半年后就黯然破产。

关于松花江水污染的危机传播分析，研究者指出：前期危机识别信息公布得不充分，错失了进行危机早期干预和处理的良机；后期在危机应对信息上报喜不报忧的做法，又直接影响了管理者和危机信息传播者的信誉。

（八）新闻发言人和政府形象

有研究者认为，中国各级政府设立新闻发言人是中国宣传体制上的一大进步，这标志着政府由宣传控制者向信息提供者的转变。然而，由于某些政府部门的观念转变没有跟上实践的发展，他们在扮演信息提供者角色时还多少有些不情愿，保持着居高临下的态势。

有研究者认为，政治传播不同于其他传播，它不追求商业上的盈利，但追求政治意见的有效传达和正确灌输；不强求表面的顺从，但却着力于理想的引导和内心的控制、人心的归向。

（九）广东电视竞争和内地电视体制改革

2005年广东地区电视竞争颇为引人注目。在与境外电视的短兵相接中，广东本地电视从不适应到适应，逐渐收复“失地”。其启示为：越是信息全球流通加快，地方电视台越要加固本土化的定位。

本年度，电视业的人事管理制度改革成为焦点问题。有研究者以中央电视台为例指出：它是高度集中的庞大的科层制官僚组织结构，这更像国家行政机关结构，是公共权力行使者，而不是现代媒体组织体制。这种体制冗员多，中央电视台全年上百亿收入相当部分投入到了已经数以万计的工作人员成本、运行成本，只有一小部分投入到节目制作和创新上，这与世界上各大电视台日益重视内容开发形成鲜明对比。

一个普遍的共识是：电视改革不能只停留在技术更新和内容改革上，电视管理体系的重新设计是一个不能回避的问题。

（十）电视内容平民化

有研究者认为，随着精英话语的边缘化和体制话语的“去神圣化”，大众文化陷入一种新的无可逃遁的商业性质的语境，而“中国电视新闻平民化的演进正是对这种语境转变的积极回应”。例如民生新闻，一些研究者在肯定其贴近性和亲切感的前提下，对有些民生新闻是否能真正代表“民间”提出了质疑。他们认为，在内容上以车祸、凶杀、市民纠纷、自杀、事故或纯粹的猎奇新闻等为主的民生报道，越来越多地把新闻进行故事化、情节化、情绪化处理，掩盖了事实的本来面目，其实是对广大市民的审美情趣的忽视和践踏。

（十一）传媒公信力研究

本年度复旦三位学者发表的《中国大陆大众传媒公信力的实证研究》，采用了由梅耶建构的媒介公信力指标测量体系，认为媒介公信力应该包含公平、无偏见、报道完整、正确和可信赖五个标准。在全国性大规模随机抽样调查的基础上，研究者们指出，中国受众对大众传媒公信力的整体评价不高，电视、广播和报纸的公信力水平都没有达到“良好”。

中国人民大学承担媒介公信力研究课题的研究者，在本年度发表了课题的部分研究报告。他们发现，受众对传媒的内容偏好与公信力的评价是两个问题。受众可能会很喜欢某些传媒内容，但对其公信力的评价却不高。如一些娱乐新闻，人们对这些内容没有公信力的要求，只要好看好玩就行。因此，研究者提出，公信力对于不同类型的媒体受众市场的影响是不同的。

（十二）传媒教育

公众的媒介素养问题在2004年被重新提出后，继续成为2005年传媒教育领域讨论最集中的话题。有的研究者在详细梳理了国内外媒介素养教育的理论渊源及其演进过程后发现，上个世纪30年代西方媒介素养理论的提出，出于培养公众媒介批评精神的必要，而我国学界提出公众的媒介素养问题，看重的是传媒知识的普及和如何教育公众正确使用传媒。实用目的和批判精神的不同诉求，导致了中西方媒介素养教育的不同面貌。

本年度出现了较多的关于新闻传播教育改革的文章。理论落后于实践、轻视新闻伦理学习以及知识面狭窄等问题，成为近年来急速膨胀的新闻院系必须正视的“瓶颈”。年内还有不少研究者潜心分析了境外的新闻教育模式，以期能给中国新闻传播教育的发展走向带来一点启示。

十二、社会学研究发展状况

（一）和谐社会研究

邓伟志认为，和谐社会的构建需要在发展社会事业、提高全国人民的科学文化素质、大力发展社会组织、通过民主方式制定社会政策、科学处理人与自然的关系等方面进行努力。党国英等学者认为，建立农村和谐社会是全面实现社会主义和谐社会的关键。李路路从协调利益矛盾与冲突的社会结构的重建角度阐述了和谐社会构建的路径。

（二）社会分层和阶层关系研究

1. 社会分层和阶层冲突的机制研究

刘欣认为，社会分层机制总是嵌入到特定的社会经济形态之中，并由规定着社会经济形态特征的产权所有制及其与国家权力之间的关系来解释。边燕杰根据 1998 年中国津、沪、汉、深四市 400 户家庭的社会交往资料，对春节拜年行为作了深入分析，测量出各社会阶层间的社会纽带的强度和异质性，最后得出结论：自 1978 年以来，随着市场化改革的深入，中国的社会阶层结构发生了巨大的变化。

与以往很多学者的中国现阶段的社会结构是一个“金字塔型”的认识不同，李强运用国际社会经济地位指数（ISEI）的方法对我国第五次人口普查的数据进行了分析，得出中国社会是一个“倒丁字型”结构的结论。处于社会底层的人数占总人口的 64.7%，职业构成主要是农民。

李春玲的社会分层研究集中在社会声望上，着重从社会上绝大多数人对特定职业群体的综合性价值评价，对当前中国社会的职业分层情况进行研究。李培林把社会分层研究直接纳入到社会矛盾研究的范畴之中。刘精明与李路路的研究更为明确地集中在客观的分层结构同集体行动之间的关系，即“阶层化”问题上，着力通过经验研究来回答客观的阶层结构同其他因素之间的关系。张翼将客观阶级和认同阶级都视为行动阶级生成的动力学变量，以改变过去的单纯以“结构”论述阶级变化的研究。张文宏研究社会分层的主要工具是社会网络，他在《城市居民社会网络资本的阶层差异》中力图从阶层视角出发研究中国城市居民的社会网络结构特征。

2. 阶级阶层关系协调研究

如何协调目前在中国社会已经比较严重的阶级阶层之间的矛盾甚至冲突，构建和谐的社会关系？中国社会学研究在这方面思考颇多，收获也颇多。李强认为，“倒丁字型”的社会结构和阶级阶层认同的逐步形成，是中国当前社会结构性紧张的直接原因和表现；与此同时，中国的社会阶层、社会群体利益分化和多元化也更为明显了，这种社会利益的碎片化的趋势是减小社会震动、实现社会稳定的有利条件。但仇立平并不完全认同李强的这种判断，而认为要“建立和谐社会下的阶级合作机制”，关键之一就是尽快缩短“社会碎片化”的时间。

3. 中产阶级研究

周晓虹的《中国中产阶层调查》通过对北京、上海、广州、南京、武汉五大城市的 3000 余户家庭的问卷调查和数百人的深度访谈，就中产阶层的身份认同、消费行为、休闲方式、社会交往、教育与文化传承、文化品位、政治参与以及媒介使用特征等八大方面进行了深入的调查研究，详细探讨了中国中产阶层的历史命运和生存状况，描绘了一幅成长中的中国中产阶层的画卷。

李友梅关于 20 世纪 90 年代以来上海“白领”群体的研究可以作为中国中产阶级经验研究的一个代表。

张伟的《冲突与变数——中国社会中间阶层政治分析》运用政治学或政治社会学的方法对正在兴起的中国社会中间阶层进行了经验性考察。

（三）三农问题研究

1. 三农问题与社会主义新农村建设

樊平在《2005 年中国农民发展报告》中认为，2005 年“三农”问题变化的总趋势是进展大，问题多。陆学艺在《调整城乡关系，解决好农村、农民问题》中指出，“三农”问题出现和长期存在的根本原因在于二元割据的城乡关系，是因为在计划经济体制条件下，已经形成的城乡体制、城乡格局、城乡关系至今还在束缚着农村生产力的发展，束缚着农民生产积极性的发挥。

围绕“三农”和建设社会主义新农村这一总体性问题，不同学者从不同角度展开了探讨。于建嵘在《当代中国农民维权组织的发育与成长——基于衡阳农民协会的实证研究》中继续了他以前关于农民维护自身权利的研究。

李芝兰和吴理财在《“倒逼”还是“反倒逼”？——农村税费改革前后中央与地方之间的互动》中分析了农村税费改革对中央与地方互动关系的影响。

王春光在《警惕将农民负担问题狭窄化》中认为，税费负担固然是农民负担，但是，农民负担还有更多的内涵。

杨团在《就地多元化——中国农民走向现代化的必由之路》中提出了一个新的思路，即“就地多元化”。

刘玉林的《“离土”时代的农村家庭——“民工潮”如何解构乡土中国》对农民工现象所造成的各种家庭关系问题和社会关系问题展开了深入探讨。

2. 农村权力结构的运作逻辑

农村社会的权力运作机制是 2005 年三农问题研究的一个很热门的话题。学者们围绕这一论题发表了一些相当有分量的作品，代表成果包括：宋婧、杨善华《经济体制变革与村庄公共权威的蜕变——以苏南某村为案例》、程为敏《关于村民自治主体性的若干思考》、杨善华和柳莉《日常生活政治化与农村妇女的公共参与——以宁夏 Y 市郊区巴村为例》、赵世瑜《分水之争：公共资源与乡土社会的权力和象征——以明清山西汾水流域的若干案例为中心》。

（四）城市社区研究

本年度，社区研究依然是社会学研究的一个不衰的主题，以《社会》杂志为中心，产生了一批关于“城市社区”的研究成果，论域涉及：社区建设和运作中国家与社会的关系，如杨敏《公民参与、群众参与与社区参与》、赵定东《现代城市社区的国家与社会：现实诉求和路径依赖》、范明林和程金《城市社区建设中政府与非政府组织互动关系的建立和演变》、张虎祥《社区治理与权力秩序的重构》、石发勇《城市社区民主化的实践和制度约束》、刘春荣《中国城市社区选举的想像：从功能阐释到过程分析》；社区建设机制研究，如蓝宇蕴《对改制公司“办”社区的思考》和《都市村社共同体——有关农民城市化组织方式与生活方式的个案研究》；社区运动研究，如庄雅仲《五饼二鱼：社区运动与都市生活》，等等。

（五）弱势群体研究

郑广怀在《伤残农民工：无法被赋权的群体》中分析了伤残农民工的维权道路依然十分艰难的制度原因。陈映芳在《“农民工”：制度安排与身份认同》中以“市民权”为切入点探讨了“农民工”作为一种制度长期存在的原因。

张襄誉在《结构分割与求职行为》中以2002年上海市失业人员再就业调查的资料为依据，以“结构分割”为理论工具，对结构分割与失业人员的求职行动之间的内在关联进行了探讨。

（六）产权制度研究

周雪光在《“关系产权”：产权制度的一个社会学解释》中从社会学制度学派的解释逻辑出发提出了一个不同于经济学思路的“关系产权”概念，以此来强调“产权是一束关系”这一中心命题，为解释产权在中国转型经济中扮演的角色和有关的经济现象提供一个不同的分析角度。

折晓叶和陈婴婴在《产权怎样界定？——一份集体产权私化的社会文本》中指出，20世纪90年代中期以来，乡镇集体企业改制的某些经验事实就表明，社区集体产权主要不是一种市场合约性产权，而是一种社会合约性产权。

（七）社会学理论研究

1. 现代化中的普遍主义与地方主义

在以往国际发展社会学的研究中，主要有两个学术传统，一个是以英美等发达国家的现代化为研究对象的现代化理论，一个是以非洲和拉丁美洲以及东亚的现代化道路为对象的发展理论。孙立平在《社会转型：发展社会学的新议题》中认为，这两个学术传统不仅构成了当今国际发展社会学的基本模式，而且限制了发展社会学自身的发展和视界。

夏光《东亚现代性与西方现代性：从文化的角度看》认为，具体文化类型与具体现代化道路具有内在的关联性，东亚和西方的现代性代表了全球化背景下的两种不同的现代性模式，而两者之间的差异主要与各自的文化传统有关。

黄平在《“北京共识”还是“中国经验”？》中对中国社会主义建设的道路以及中国社会科学在此间的作为、表现作了全面反思，把问题更加具体化到了中国经验同西方现代化理论之间的关系上。

2. 对理性主义的现代性诊断方案的反思

肖瑛在《从“理性VS非（反理性）”到“反思VS自反”：社会理论中现代性诊断范式的流变》中着力考察了西方现代化理论关于现代性灾变的诊断范式的转变。

3. 社会建设理论

如何超越风险，构建和谐社会？许多学者都注重理论的探讨。李培林、苏国勋等学者在《和谐社会构建与西方社会学社会建设理论》中基于这一目的，对西方社会学思想史上的各种社会建设理论作了系统考察。

4. 重返古典

汪和建在《再访涂尔干——现代经济中道德的社会建构》中，对涂尔干的“道德性视角”作了翔实的回溯和分析。张钰在《解读韦伯的三大隐喻》中着重考察了韦伯众多隐喻中的三个：理性化与世界的祛魔、诸神斗争、铁的牢笼，并以此为依据对韦伯的现代性思想及其局限作了重新分析。

（八）社会学方法论与研究方法研究

何蓉《德国历史学派与19世纪经济学方法论之争的启示》厘清了前韦伯时期德国19世纪经济学方法论同历史主义之间的复杂关系，分析了历史主义对本土经验的强调对当时经济学方法论的重大影响。黄宗智《认识中国——走向从实践出发的社会科学》则从中国经验出发来反思想像中国的方法。

杨善华、孙飞宇在《作为意义探究的深度访谈》中，从意义关联的角度对社会学田野研究中“深度访谈”法进行了探讨。宋时歌和陈华珊在《纵贯性数据与生长模型在社会科学实证研究中的应用》中尝试把纵贯性数据和生长模型引入社会学研究中，以为这二者是处理社会动力学问题的最佳工具。

十三、考古学研究发展状况

2005年中国考古发掘和研究获得全面进展。田野考古有多项重要新发现，多部田野报告和学术研究专著出版，一系列学术会议召开，整个考古学呈现出蓬勃的生机和良好的发展势头。

（一）考古学的理论与方法

科林·伦福儒和保罗·巴恩的《考古学：理论、方法和实践》中文版于2004年出版后，受到考古界的广泛关注。为此，文物出版社于年初邀请专家学者召开座谈会，就考古学的理论建设专门进行讨论，与会学者在外国考古学理论的中国化问题上提出了许多建设性的意见和建议。在考古学理论的探索上，栾丰实结合1998—2001年在山东日照两城镇遗址考古发掘情况，在日照龙山文化国际学术研讨会上，介绍了他们在田野考古方法上的改进和尝试。

（二）史前考古

旧石器时代考古取得进展，尤其是洛南盆地、枫树岛和高家镇的发掘资料更为重要，如《洛南盆地1995—1999年野外地点发现的石制品》、《广西百色枫树岛旧石器遗址再次出土手斧》、《高家镇旧石器遗址1998年出土等石制品》所述。而天津蓟县27处旧石器地点的发现（《天津蓟县发现27处旧石器地点》），不仅填补了天津地区旧石器时代遗存的空白，而且极大地丰富了华北地区旧石器时代的资料。

人类起源和旧石器时代文化研究又取得新进展。如周国兴《人类起源研究的新进展与我国的现状》一文对人类起源早期阶段（大约距今700万至200万年间）的研究历史与最新进展进行了介绍。

（三）文明起源研究

文明起源研究继续受到关注，又获得许多重要发现。

在中原地区，河南登封王城岗遗址以往仅发现1万多平方米，而2002年以来的发掘，重新确认该遗址总面积实为50万平方米，并且在遗址中部发现面积约30万平方米的龙山文化大城以及多处大面积夯土、祭祀坑、玉石琮和白陶器等，为禹都阳城说增添了新证据（方燕明：《登封王城岗遗址的新发现与夏文化研究》）。

（四）夏商周时代考古

夏商周时代考古发现和研究的进展主要集中在夏文化探索、商周文化以及各专题研究等方面。

1. 夏文化探索的不断深入

夏文化的探索主要围绕二里头遗址及其他相关文化而开展。近年来在二里头遗址中心区宫城、道路、成组大型建筑、贵族墓和绿松石器制造作坊等的发现，对于深入认识二里头作为都城的结构和布局具有重要意义（中国社会科学院考古研究所二里头工作队：《河南偃师市二里头遗址中心区的考古新发现》）。针对二里头遗址的新发现，有学者讨论了该遗址的分期、年代和性质变化等，认为该遗址应为夏都（李维明：《试析二里头遗址》）。

2. 商代考古发现与研究

在商代考古中，以往先商文化的发现和研究相对薄弱。河北邢台葛家庄遗址的发掘和研究有助于先商文化的研究。葛家庄遗址的文化遗存分别属于龙山文化、先商文化、中商文化和晚商文化，因而其发现对研究商族的起源、夏商文化分界和商史纪年等都有较为重要的意义（河北省文物研究所等：《河北邢台市葛家庄遗址1999年发掘简报》）。

商代考古的热点之一，是关于几座早期商城的年代和性质的讨论。郑州商城亳都说或隞都说，以及郑州商城与偃师商城的关系，仍是争论的焦点。

3. 两周考古的发现与研究

在西周王朝的中心统治区，周原七星河流域的区域考古调查，发现11处含先周文化遗存的遗址，确认12个西周遗址，为了解周原西周时期重要遗址的聚落布局及其所处的七星河流域从史前至西周末年的聚落演变具有积极意义（周原考古队：《陕西周原七星河流域2002年考古调查报告》）。

关于两周时期的考古研究，白云翔的专著《先秦两汉铁器的考古学研究》，从技术与文化两个层面，以及铁器资料的系统考察、铁器产生发展过程及其作用、相关理论探讨等三个层次，对包括两周铁器在内的先秦两汉铁器作了系统的考古学研究，在我国的铁器起源、中原铁器向周边地区的扩展、铁器在社会历史发展中的地位和作用等方面提出了不少新的认识。

4. 青铜器与甲骨文、金文研究

商周青铜器研究是中国考古学的传统研究课题，在这方面亦有新成果。李水城考察了西北地区早期铜器的区域特征、早期冶铜业的工艺传统与演进趋势，以及东西方早期冶铜术的传播与互动（李水城：《西北与中原早期冶铜业的区域特征及交互作用》）。

在甲骨文方面，李学勤根据新缀合的一版殷墟小屯南地出土甲骨，认为其上卜辞证明《史记・商本纪》中的商王世系比过去设想的更为可信，同时表明历组卜辞属于武丁至祖庚时期（李学勤：《一版新缀卜辞与商王世系》）。

在金文方面，李学勤考释了保利艺术博物馆新收藏的两件铜鼎的铭文，认为其中的方鼎记载了商王纣祭祀其父帝乙的事迹，西周时期的荣仲方鼎的铭文内容则与当时的学制有关（李学勤：《试论新发现的方鼎和荣仲方鼎》）。

（五）秦汉至宋元明时期考古

秦汉至宋元明时期考古的进展，主要集中在古代城市、墓葬、手工业生产及其产品以及中外文化交流等方面。

1. 城市考古发现与研究

秦都咸阳城考古仍然集中在阿房宫遗址的勘探上。2002年以来对阿房宫前殿遗址的勘探和试掘证明，阿房宫前殿只建了夯土台基及其三面墙，是一项未完成的工程，与《史记》所载一致（中国社会科学院考古研究所等：《阿房宫前殿遗址的考古勘探与发掘》）。

汉长安城考古，主要是长乐宫西北部的发掘。其中的5号建筑遗址，可能是长乐宫内的凌室。它同以前发掘的1—4号建筑相距不远，为寻找长乐宫的中心建筑提供了重要信息（中国社会科学院考古研究所：《汉长安城武库》）。

2. 历代墓葬的发掘与研究

秦始皇陵园考古继续获得新收获。新发掘的K0007陪葬坑，出土有青铜水禽和陶俑。关于其性质，发掘者认为是秦始皇陵园外藏系统中兼具园囿和乐府性质的机构，为秦始皇提供娱乐的官署。

在汉代帝王陵墓研究方面，黄展岳撰文认为，西汉帝陵并未实行昭穆制度，并指出便房是指用楩木制作的棺房。北魏孝文帝长陵的考古调查和钻探取得重要成果，基本上确认了陵园遗址的范围、布局和结构。

3. 手工业生产及其产品研究

在漆器研究上，洪石从官营与民营两方面，对战国秦汉漆器的生产与管理进行了研究。

铜镜的研究历来为学界所关注，孔祥星等对秦汉蟠螭纹铜进行了专题研究（《新世纪的中国考古学——王仲殊先生八十华诞纪念论文集》）。

瓷器及其生产的研究，是古代手工业考古研究的重点之一。景德镇明清御窑，发掘出墙、窑炉、埋藏瓷器的小坑和明代早、中期的落选御用瓷器等，对研究景德镇明代御器厂的发展、变迁、烧成技术等，有重要的学术价值。

4. 中外文化交流的考古发现与研究

有关中外交流又有新的发现，相关研究不断深入。

西安北周凉州萨保史君墓、北周婆罗门后裔墓的发现，又为中外交流研究提供了新的资料。

对于近年来有关中外交流的考古发现，不少学者进行了专门研究。程林泉等将李诞墓与安伽墓、史君墓及康业墓进行了对比，指出了他们之间的异同，并对墓志所涉及的问题及石棺线刻的文化因素进行了考证分析。

5. 其他方面的发现与研究

秦简仍然是研究的热点之一。南玉泉根据睡虎地秦简，分析了秦汉时期令这种法律形式的演变过程。王伟从睡虎地秦简《徭律》中辨析出一条《兴律》，为秦简增添了新的法律篇名。钟守华认为甘肃天水放滩秦简中有3简定名为《天官书》欠妥，应定名为《天行度》。

佛教的传入，是中国文化、思想史上的重大事件。1997年郫县安德镇红砖村出土的2件东汉摇钱树座，为研究佛教传入提供了新的资料。罗二虎和李正晓的研究，从不同侧面大体上勾勒出佛教在中国最初的传播。

历代佛教造像，又有不少新发现。西安灞桥区湾子村出土5尊大型石质佛立像和4件佛像莲花座中，有一件释迦佛像的铭文记载造于北周大象二年（580年）。这批造像造型典雅，雕工精细，是我国佛教造像由南北朝向隋唐过渡时期的优秀作品。

（六）科技考古

科技考古日益受到重视，“第35届国际科技考古学术讨论会”在北京举行（胡耀武：《检视国际科技考古研究的最新进展》），许多研究领域都不同程度地取得进展。

在环境考古领域，韩茂莉通过对中国北方农牧交错带的形成与气候变迁的研究认为，中国农牧交错带大体可分为内蒙古东部及辽西地区、内蒙古中部地区和甘青地区，属于半湿润与半干旱、暖温带与温带的临界地带，属于地理学上的生态敏感带。

在植物考古领域，赵志军对我国植物考古学的理论、方法和新进展作了简要的总结。

在物质结构分析领域，有学者通过对新疆出土的铜镀的金相检验和成分分析，从冶金学的角度讨论了公元前一千纪的文化演变与交流。

十四、中国古代史研究发展状况

2005年的中国古代史研究，无论是在断代史研究，还是专史研究方面，都在以往研究的基础上，取得了长足进展。

（一）关于“封建”、“封建主义”概念的讨论

有学者撰文称，中国古代的“封建”实为“封土建制”、“封土建国”、“封邦建国”、“封邦建藩”的简称，与中国秦汉以后的“郡县制”（即人们所称的“封建制”）根本不是一回事。认为，中国先秦时期的“封建”以及人们所称的秦汉以后的“封建”与欧洲的Feudalism也不是一回事。

有人认为，五种生产方式学说是马克思关于人类社会发展史的经典解释，不容改变；也有人认为五种生产方式学说不是马克思的本意而是斯大林所为。

中国学者严复首次将feudalism译为“拂特之制”。因此，有人主张中国先秦时代应恢复“封建社会”或“封建时代”的称谓，而无须称“奴隶社会”和其他什么称谓。

（二）儒学文化与当代文明

本年度发生了如何重新评价儒教与传统文化、传统文化在现代中国的地位与作用、当代中国是否需要“重振国学”、“重振国学”是要接续文脉还是复古返古等问题的争论。有人将2005年的国学热称之为“国学年”，也有人称其为儒学的“第四次浪潮”。

在儒学是不是宗教的问题上，学界一直存在不同意见，有人认为儒学不是宗教，有人则认为儒学是一种与西方宗教不同的独特的中国宗教。

有人认为重振国学，复兴儒学，是一种复古返古的行为，是一种文化保守主义的表现，本质上是对五四新文化运动的否定。

有人不同意将儒学政治化和宗教化，主张将儒学文化限制在学术研究范围之内，认为，国学不是灵丹，不是真经，研究则可，弘扬不必。也有人主张研究也应以批判为前提等等。

（三）虞舜文化与中国文明起源

关于尧舜禹禅让问题，本年度有学者认为，不论主张尧舜禹禅让是客观事实还是虚构的看法，都有偏颇之处。事实上，两种看法是可以调和的。有学者认为，尧舜禹时期的禅让，催生了我国国家文明的到来，并孕育了儒家的“大同”思想。

关于虞舜文化与中国文明问题，有人认为尧舜时期是从史前社会向文明社会迈进的过渡期。有人认为尧舜时期已进入早期国家状态。有人认为虞舜时期已跨入文明时代的初级阶段。

关于虞舜文化的内涵，有学者指出，祖国各地与虞舜相关的遗迹颇多，几乎遍及黄河上下，大江南北。这种现象表明对虞舜相关史迹的探讨已超越单一的历史研究范畴而升华为一种文化现象。虞舜已不再是一个单纯的历史人物，而是被国人奉为中华民族的共同祖先，被当作圣德君主的化身加以崇拜。

（四）秦汉法典体系的形成及特质

本年度的研究不仅对以往的研究有所深化，且开始触及“九章律”本身。有的研究者对萧何“作律九章”说提出质疑，认为萧何所定汉律并非九章，张家山出土的《二年律令》即是萧何所作之律，但不是萧何之律的全部内容。也有的研究者认为，汉律不止九章，但汉律九章之说又不能简单地视之为子虚乌有，汉律九章的“九”泛指汉律篇章之多，并非实指汉律只有九个篇章，不过是汉律的代称或习称而已。

（五）拓跋鲜卑早期历史重构与汉化关系

本年度，姚大力等学者发表文章，对拓跋鲜卑早期历史进行了新的探讨。

（六）唐宋社会变迁研究

本年度，学者们除了注意从政治、经济、文化等各方面继续对唐宋变革进行研讨以外，《文史哲》又发表一组“唐宋时期社会经济变迁笔谈”的文章，《史学月刊》发表一组“中古社会变迁笔谈”的文章，南开大学成功组织了“中国社会基本问题论坛”，复旦大学主办了“社会转型与多元文化国际学术研讨会”，有关唐宋社会变迁问题的讨论再次形成高潮。

有学者指出，唐宋变革表现为政治、社会、经济和文化多方面的转型，而制度的变迁是其最直接的表征。唐宋制度史研究已经证明，唐宋时期几乎所有的基本经济制度，包括土地制度、赋役制度、商税制度、市场制度、货币制度、专卖制度、对外贸易制度等都发生了显著的变化。

（七）明代军户地位与社会问题

王毓铨先生早在20世纪50年代提出“明代军户地位低下”的观点以后，为很多学者所接受，被广泛征引。2005年张金奎发表文章，对王毓铨的观点提出质疑，他主要从七个方面对王毓铨等人的论点、论据作了重新推敲，提出对军户地位问题必须分时段、分类型进行综合全面的考察，不能一概而论的观点。

（八）乾嘉学派与清代学术转向

自上个世纪以来，乾嘉学派研究一直受到学界的普遍重视，并取得了一批值得重视的成果。2005年，乾嘉学派研究继续受到治清代学术的学者所关注，成为历史学的前沿性课题之一。特别是陈祖武等著《乾嘉学术编年》和《乾嘉学派研究》二书的出版，将这一研究进一步引向深入。

以往关于乾嘉学派形成原因的探讨，主要有清廷高压政策为主说、远因近因说、康乾盛世为主说、时代改革为主说、历史原因（远因）为主说、封建学术内在矛盾为主说、多种因素说、内在逻辑说等。关于乾嘉学派内部分野的讨论，主要有吴派、皖派二派说，吴派、皖派、扬州学派三派说，惠栋、戴震、钱大昕三派说等。2005年的研究又有新的深入，突出表现在乾嘉学派与清代学术转向研究方面。

有的学者不同意将乾嘉学派分为吴派、皖派，吴派、皖派、扬州学派或惠栋、戴震、钱大昕等二派或三派的说法，认为乾嘉学派有一个形成、发展与衰微的历史过程，即乾嘉汉学肇始于惠栋，

经戴震加以发展，至焦循、阮元而进行总结，方才走完其历史道路。认为与其按地域划分出吴派、皖派和扬派，还不如从形成和发展上来看乾嘉学派前后的不同，主张按照乾嘉学派形成、发展、总结、嬗变的演进历程去认识乾嘉学派和乾嘉学术的发展和变化，强调按照清代学术发展变化即学术转向去认识乾嘉学派的形成和发展。

十五、中国近代史研究发展状况

本年度，中国近代史研究有四个值得注意的特点：一是重视实证研究方法；二是重视制度史研究；三是重视新视角的开拓；四是重视新理论的运用。下面以各学科择要分而述之。

（一）晚清政治史

本年度的晚清史研究有两个值得注意的特点：一是重视实证研究方法；二是重视制度史研究。

关于太平天国的制度。夏春涛《“拜上帝会”说辨正》指出，学界一般都把冯云山所创建的“上帝会”，称为“拜上帝会”，其实这是两个不同的宗教组织。前者在金田起义后，因会众一律实行军事编制而逐渐名存实亡。太平天国对其宗教没有正式命名，间或称为“天教”，但不少学者根据“拜上帝会”这一所谓的宗教组织名称相推演，称之为“拜上帝教”。

关于戊戌变法的史实。茅海建《救时的偏方：戊戌变法期间司员、士民上书中军事外交论》利用大量档案材料，仔细地研究了允许司员、士民直接向皇帝上书这一重大改革举措，统计了上书的人次和件数，并据此考察司员、士民的观念与思想，进而指出：司员、士民所提出的军事、外交对策，与历史发展的方向并不吻合，有些地方甚至背道而驰，其实大多为“救时的偏方”。

还有马忠文《康有为自编年谱的成书时间及相关问题》研究了康有为自编年谱的成书时间和内容真伪问题。对于其成书时间，认为定在康有为逝世前的1927年应该是相对准确的，既有当时康氏内心世界与思想状态的反映，也更易于把握其史料价值。

关于清末新政的制度变革。关晓红《科举停废与近代乡村士子——以刘大鹏、朱峙三日记为视角的比较考察》以刘大鹏、朱峙三两位乡村士子的日记为基本史料，用比较的方法，具体考察了科举停废对士人命运与乡村社会的实际影响，对于所谓科举制度废除与四民社会解体及知识分子“边缘化”的观点提出了修正。

（二）民国政治史

在国民党和国民政府方面，制度及运作体系的研究较多。对于国民党与国民政府的关系，易青《1927—1937年中国国民党党务经费之分析》、田湘波《论中国国民党党费中的党政体制（1927—1937）》就1927—1937年的状况指出，由于国民党的经费更多来自政府的资助，党权与政权虽紧密结合在一起，但只是政权扩展促进党务发展，而不是党务发展促进政权延伸，在理论上虽是党领导政府，但实际上却是党靠政府。

对于地方政权和乡村改造，也有较多的研究，主要涉及到了这样几个问题：一是李巨澜《略论民国时期的区级政权建设》，研究了区建制变化及其对乡村基层政权的影响。二是关于某些地区政权建设的问题。如张伟《民团、学校与公所——1930年代广西乡村基层政权之建构》认为，20世纪30年代新桂系重新掌握广西政权之后，建立和健全了基层政权组织体系，稳固了在乡村的统治基础，成为近代乡村社会国家化较为成功的案例。

在中共革命史研究方面，其进展主要表现为研究领域拓宽和研究课题深化。在苏维埃运动史的研究中，开辟了一些新的视角，提出了一些新的观点。对于苏维埃运动与传统民间组织大关系问题，黄琨《中共暴动中的宗族组织》提出，在1927—1929年中共发动暴动时，阶级意识并没有深入到乡村社会，家族文化还有其存在的理由，中共暴动也在相当程度上利用了宗族因素。朴尚洙《20世纪三四十年代中共在陕甘宁边区与哥老会关系论析》认为，在陕甘宁边区，共产主义运动与哥老会也有一定的关系。

对于苏维埃区域与非苏维埃区域之间的对立，即赤白对立问题，黄道炫《苏区时期的“赤白对立”——阶级革命中的非阶级现象》认为，赤白对立不是阶级间的对立，而是一种非阶级的由多种因素引发的以地域为中心的冲突。它的出现，既有中共自身的原因，也有国民党方面的推波助澜，还缘于社会革命与社会组织间的内在冲突。

（三）抗日战争史

关于日军南京大屠杀问题，出版了张宪文主编的《南京大屠杀史料集》28卷的史料集，汇集了日本、美国、德国、国内各档案馆收藏的相关史料，以及口碑史料，其中有很大部分为首次刊布。

关于日本对中国的文化侵略，有王向远的《日本对中国的文化侵略——学者、文化人的侵华战争》，以新发掘的史料为基础，记述日本右翼文化人在思想宣传、学术情报、奴化教育、新闻舆论、宗教文化、文学艺术等方面实施的“文化战”，认为日本对中国的侵略思想、方策的设计者，并非在朝的政府官员，而是在野的民间学者和文化人。

对于抗战胜利的历史意义和国共两党的作用问题，张海鹏《走向民族复兴的重要标志——论抗日战争胜利的历史意义》指出：第一，抗战胜利完成了近代中国从“沉沦”到“上升”的转变；第二，中共提出并且推动了抗日民族统一战线，赢得了民心，从而发动蒋介石、国民党参加抗战，并利用国家政权的力量形成了全国抗战和全民族抗战；第三，在抗战中，始终存在着国民党、共产党两个领导中心，但在抗战过程中国共力量的消长发生着变化，总的趋势是人民的力量、共产党的力量逐渐增强，并且历史性地改变了国内政治力量的对比。

关于抗日战争与中国现代化进程的关系问题，袁成毅《现代化视野中的抗日战争》认为，在现代化的视野中，抗日战争对中国的影响是极为深远的，从经济上，极大地减少了中国经济的存量，延缓了中国工业化的进程；从政治上，使国民党集权变成了现实，极大地增加了中国人民在此后争取民主的成本和代价。

（四）社会经济史

关于市民社会研究，陈仲元《反思中国市民社会理论研究》认为，中国近代史一些学者所提出的国家与社会关系的“良性互动说”，缺乏历史和现实依据。因为，他们的研究主要集中在城市的商会，在中国庞大的社会体系中，商会是新诞生的一个社会组织，其作用不足以影响中国社会整体，过分突出商会，是一种片面的学术研究，使人产生商会就是市民社会的错觉。

关于国家对经济的作用，集中在农村合作运动的研究上。汪效驷《民国时期安徽农村合作运动》指出，在安徽，合作运动盛行20年，遍及全省60余县，在发展农村经济，整合农村社会，更新农民观念诸方面留下了深深的印记，是安徽农业近代化的一次有益的尝试。

关于产权和企业制度的研究，张东刚、冯素杰《近代中国知识产权制度安排的效率与失灵》认为，移植于西方的近代知识产权制度，在一定程度上提高了人们的自主创新意识和知识产权保护意识，促进了技术进步和工商业的发展，但也由于各种局限性，使之没能收到应有的实际效果。

（五）思想文化史

对于中国近代思想史研究的对象和内容，郑大华《如何进一步深化中国近代思想史研究》提出，必须正确处理好三种关系，即思想家思想与人民大众思想的关系、思想理论与社会实践的关系、思潮史研究与思想家研究的关系。

在学术思想史的研究方面，以下几项研究值得注意：一是王汎森《从经学到史学的过渡——廖平与蒙文通的例子》以廖平与蒙文通师生之间的学术承传为例，考察近代学术研究从经学向史学的转变。二是刘巍《〈教学通义〉与康有为的早期经学路向及其转向》以《教学通义》为切入，考察康有为经学思想的演变及其原因。认为，《教学通义》所反映出来的，实际上是一种基于经世理念的古今兼用的趋向，上书活动的失败，使康有为经学思想发生转变，调整了得君行道的上行路线，开辟了以匹夫自任"合民权"以保国、保种、保教的新的理论与策略。三是桑兵《从眼光向下回到历史现场——社会学人类学对近代中国的影响》考察了清末特别是民国时期西方社会学、人类学对中国史学产生的巨大影响。指出，清季知识人提出民史的概念，并认识到用西方的考古学和社会学弥补远古历史不足的重要性，经过民国学人的探索，史学的"眼光向下"和社会学、人类学的重心下移合流，使民史的重建渐具雏形。

在近代经世思潮研究方面，有几种新说提出。李细珠《试论嘉道以来经世思潮勃兴的传统思想资源》的说法是，以往所谓"今文经学才是经世思潮勃兴的唯一思想理论基础"的观点与史实不符。事实上，经世思潮的传统思想资源是多元的，除了今文经学外，乾嘉汉学、浙东史学、桐城派古文学、程朱理学、陆王心学以及诸子学，甚至佛学与道教思想，也都为经世思潮的勃兴提供了思想资料。左玉河《西学东渐与晚清学风嬗变》的说法是，晚清经世之学对西学输入起到了重要的引导作用，同时也使之在西方学术知识、学术理念及学术方法的影响下产生了种种弊端，如过分的实用性和功利性，容易混淆学术与政治的界限。对此，章太炎、王国维等学者都提出批评，大加矫正，使清末民初学风从"明道致用"走向"求真求是"，并追求创建西方那样独立于政治之外的"学界"。王宏斌《关于"经世致用"思潮的几点质疑》的说法是，"经世致用"的提法是不妥的，"经世派"存在的现实根据也不足，就连"经世"观念与"师夷制夷"之间的历史逻辑联系也是值得怀疑的。

上面所述，只是在2005年中国近代史研究的一部分成果，但也可以反映本学科研究，本着实事求是的原则，开创新课题探讨，深化老课题研究的基本动态。

十六、中共党史党建研究发展状况

（一）党史研究综述

1. 围绕抗日战争胜利60周年进行党史研究

2005年的党史研究的一个热点，是抗日战争战争时期党的建设。

2. 从全国开展的保持共产党员先进性教育活动的现实需要出发，对于党的历史上党的先进性建设的经验进行总结。

3. 对中共七大的研究

石仲泉《七大与中国共产党的历史发展》提出，七大确立毛泽东思想为党的指导思想，这是毛泽东思想理论已经形成科学理论的结果，也是全党经过整风运动认同了这个科学理论的势所必至。

4. 党史人物研究

耿庆彪《论毛泽东与邓小平的民主集中制思想》提出，毛泽东同志在领导全党创立和建设新中国的历史进程中，对民主集中制问题一贯重视并有着自己的真知灼见，从而极大地丰富了马克思主义的建党学说，突出了民主与集中的统一，强调了二者之间的辩证关系。

张全景《值得认真学习的精神遗产——论陈云的党建思想》提出，学习和研究陈云党建思想是一项长期任务。我们纪念陈云同志，就要坚持不懈地学习和研究他的党建思想，紧密联系新形势、新任务，与认真贯彻党中央的各项部署和要求相结合，为全面推进党的建设新的伟大工程，大力加强党的执政能力建设和先进性建设而努力奋斗。

潘泽林《邓小平党章建设思想研究》提出，邓小平的一生对中国共产党章程的建设和发展作了巨大的贡献，也形成了他内涵丰富的党章建设思想。邓小平继承和发展了马克思主义党章建设思想，尤其继承和发展了马克思主义经典作家关于从党的法规制度建设的高度来认识和理解党章重要性的思想，十分注重和强调党章在党内政治生活中的地位和作用。

（二）党建研究综述

1. 思想建设

（1）关于坚持和发展马克思主义。安徽省"三个代表"重要思想研究中心《马克思主义中国化的理论创新》提出，中国共产党人推进马克思主义中国化的过程，正是把马克思主义同中国国情、中国文化相结合，为实现马克思主义时代化、本土化和民族化而不断进行理论创新的过程。

（2）关于党建理论学习材料。《"三个代表"重要思想党建理论学习纲要》比较全面、系统地阐述了"三个代表"重要思想关于党的建设的新思想、新观点、新论断。

（3）关于思想解放和党的思想路线。李君如《新时期党的思想解放的历程》提出，新时期党的思想解放的历程，实际上就是党和人民在建设中国特色社会主义四个重大历史关头、四次重大选择中，坚持解放思想、实事求是、与时俱进的历程。

（4）关于科学发展观。王修智《马克思主义发展观与时俱进的新成果》提出，发展观是马克思主义的重要组成部分。概括起来，马克思主义发展观的主要内容是：第一，强调人类社会是在发展中不断前进的，发展是人类社会永恒的主题；第二，主张发展的协调性与可持续性，主张人与自然的和谐共存；第三，十分关注社会的全面进步和人的全面发展。

2. 组织建设

（1）关于干部队伍建设

重庆市邓小平理论与“三个代表”重要思想研究中心《树立正确的政绩观》提出，树立正确的政绩观，首先要解决创造政绩的价值目标问题。艾理生《领导干部要做到“六慎”》提出，在领导工作中，谨慎是一种政治责任心，是一种思想品德，也是一种工作作风。

（2）关于基层组织建设

中共中央组织部组织局《深入开展“三级联创”活动　努力提高农村基层组织建设整体水平》提出，如何贯彻落实中央的精神和要求，适应新世纪新阶段“三农”工作的形势与任务，进一步提升农村党的建设“三级联创”活动的水平，不断增强农村基层党组织的创造力、凝聚力和战斗力，切实为推进农村小康社会建设提供坚强的组织保证，是当前农村党的建设工作的一项重大课题。

（3）关于人才工作

叶国文《社会转型与资源整合——从党管干部到党管理人才制度变迁研究》提出从制度和机制层面进行创新，进一步整合干部、人才资源，提升中共执政能力成为当务之急。

（4）组工干部自身建设

王璋《加强组工干部能力建设的思考》提出，第一，组工干部要确立终身刻苦学习的好态度。一要注重学习，二要主动学习，三要全面学习。第二，树立理论联系实际的好学风。第三，营造学习型机关的好氛围。第四，必须牢固地树立起整体工作创一流、单项工作争第一的意识。

3. 作风建设

（1）关于党内民主是党的生命

高印《党内民主是党的生命》提出，发展党内民主是提高党的执政能力，坚持科学执政、民主执政、依法执政的必要前提。

（2）关于求真务实是党的优良传统的核心内容

李华林《论中国共产党求真务实的优良传统及其当代价值》提出，求真务实是党的优良传统的核心内容。

（3）关于履行党章，端正作风

王超《如何把党的群众观化为群众工作的生动实践》提出，建立利益和民意表达机制，确保民意顺畅充分表达。

（4）关于党风廉政建设和反腐败斗争

刘开寿《对党风廉政建设和反腐败斗争问题的再思考》提出，要建立健全教育、制度、监督并重的惩治和预防腐败体系，进一步加强和改进党风廉政建设和反腐败斗争。

（5）关于加强党性修养

任大立《试论党性修养的内涵和途径》提出了既坚持市场经济原则，又坚持党性原则的基本要求。

4. 制度建设

（1）关于制度建设一般意义

高新民《加强党的制度建设提高党的执政能力》提出，制度建设包含了两个层面的内容：一是指党的领导体制、工作机制，主要是权力配置和运作的方式；二是指具体规章制度。

（2）关于坚持民主集中制

苏开源《对发展党内民主、健全民主集中制的思考》提出，健全民主集中制必须坚持完善党的代表大会制度，必须理顺和规范党内权力关系。

（3）关于党内选举制度改革

张建《论党内选举制度改革和完善的理论基础及其重要性》提出，党内选举制度是党内民主政治的基石和精髓，实行得如何，实际上标志着党内民主的发展程度，反映出党的自身建设的深度。

（4）关于党代会常任制

刘学军《党代会常任制试点：问题与出路》提出，试点工作中出现的一个很重要的问题，就是一些新增设的党内机关与原有党内体制之间的关系明显紧张。

5. 先进性建设

（1）关于党的先进性建设的重大意义

中共中央党校邓小平理论和“三个代表”重要思想研究中心《党的先进性建设是马克思主义党建理论的重大创新》提出，先进性是马克思主义政党的根本特征。马克思主义政党是工人阶级和最广大人民为实现、维护和发展自己利益而建立的政治组织。马克思主义政党必须具有先进性。

赵子平《先进性建设是党的自身建设的根本任务》提出，“三个代表”重要思想的本质是保持党的先进性，以此为要求全面加强党的建设，就能从根本上体现党的先进性。

（2）关于如何坚持先进性

李君如《加强党的先进性建设的重大决策》提出，所谓先进性建设，不是某个专项建设，而是通过党的思想建设、组织建设、作风建设和制度建设等各方面建设体现出来的、带有综合性的根本建设；是推动我们党的工作能够体现时代性、把握规律性、富于创造性的根本性建设；是保证我们党在任何时候都能顺应时代发展的潮流和我国社会发展进步的要求，带领人民群众走在时代前列并更好地为实现自己的根本利益而奋斗的根本性建设。

（3）关于建立永葆共产党员先进性的长效机制

张少农《制度落实是先进性建设取得成效关键》提出，抓好先进性建设各项工作的落实，必须建立和完善行之有效的抓落实的工作机制。一要建立抓落实的责任机制。二要建立督促检查机制。

6. 执政能力建设

（1）关于党的执政能力建设的重要意义和目标要求

卢先福《加强党的执政能力建设问题》提出，提高党的执政能力，要同不断加强党风廉政建设结合起来。

（2）党的执政能力建设的科学内涵

魏礼群《加强党的执政能力建设，不断提高驾驭社会主义市场经济的能力》提出，坚持党的领导是我们各项事业兴旺发达的根本保证。按照发展社会主义市场经济的要求，完善党领导经济工作的体制机制和方式，是提高驾驭社会主义市场经济能力的关键所在。

（3）关于改革党的领导方式和执政方式

谭运宏《党的领导方式和执政方式的改革与执政能力建设》提出，科学执政、民主执政、依法执政，为进一步推进党的领导方式和执政方式的改革与完善指明了根本方向。

周罗庚《加强和改善党对人民政协工作的领导是全面加强党的执政能力建设的重要内容》提出，在新的历史条件下充分发挥人民政协作为最广泛的爱国统一战线组织的作用，不仅要加强党的领导，而且还要改善党的领导。

（4）关于提高干部队伍的执政能力

李殿仁《增强战略素质：提高执政能力的重要环节》提出，共产党人的战略素质，是以马克思主义的世界观和方法论为基础，以造福人民、造福社会为根本取向的。

十七、世界史研究发展状况

2005年，中国世界历史研究取得迅速进展，这主要表现为研究领域扩大，研究视野开阔，以往所研究的问题也不断深化，在马克思主义唯物史观的指导下，世界历史研究的理论水平有了明显的提高。

（一）世界古代中世纪史

解光云介绍和分析了欧美学者古希腊城市的研究。孙宝国、郭丹彤分析了纸莎草纸在历史进程中的作用和影响。徐浩探究了西欧中世纪工匠的情况。金志霖在《试论马丁·路德与德国农民战争》中重新讨论了马丁·路德对德国农民战争的态度。姜德福在《论都铎王权与贵族》中较系统地分析了都铎王权与贵族的关系。宋佳红在《英国宗教改革时期教士结婚状况述评》中分析了英国宗教改革时期教士结婚状况。

（二）世界近现代史

万昌华在《论北美殖民地与英国议会间的冲突与斗争》中，考察了北美殖民地与英王、英国议会之间的关系。

李霄翔、舒小昀在《从自由放任走向适度干预：英国工业革命时期国家的教育政策》中，以英国工业革命时期的教育为例，分析了教育在社会发展中的作用。王旭撰文《解读美国历史的城市视角》，阐述了美国史研究中城市史研究的必要性和重要性。汪建丰在《试论铁路与19世纪后半期美国西部的城市化》中，以美国为个案，分析了铁路和城市化的关系。

高凡夫《日本社会传统与日军慰安妇制度》，分析了日军慰安妇制度的社会历史渊源。

金重远在《初探巴西式政变——以1961年巴西政局变动为个案研究》中探讨了巴西式政变的内因和外因。

谭融在《墨西哥革命制度党的兴衰及给我们的启示》中以墨西哥革命制度党的兴衰为例，阐述执政党应如何加强自己的执政能力，使自己立于不败之地。

（三）第二次世界大战史

李世安、郑寅达、姜桂石、胡德坤在题为《纪念第二次世界大战胜利六十周年》的笔谈中指出，第二次世界大战是人类历史上最残酷和规模最大的战争，给人类带来了巨大痛苦和深重的灾难，迫使世界人民进行反思，要更加珍惜和平。

李世安在《普鲁士精神、法西斯主义与第二次世界大战的爆发》中指出，普鲁士精神混合了爱国主义、军国主义、社会达尔文主义、沙文主义和种族主义等思想，是德国法西斯主义的历史根源。

郑寅达在《法西斯兴起的体制机制性原因》中指出，法西斯兴起之时，资本主义社会和西方世界处于严重的失调状态，国际秩序中普遍盛行强权政治，全球经济一体化的诉求与配套措施之间明显断裂，部分西方国家的民主制度不够完善，运行中显露弊端，不少国家仍坚持“自由放任主义”政策，造成国家干预机制严重缺失，西方社会贫富两极分化加剧和中产阶级内涵的转换，为法西斯运动提供了群众基础。

姜桂石在《经济合作是盟国合作的纽带——论二战期间盟国的关系》中强调，第二次世界大战期间，反法西斯同盟国进行了广泛的经济合作。它不仅克服了各盟国的经济困难，增强了盟国的军事实力，而且促进了盟国间的政治和军事合作，为战胜法西斯奠定了物质基础。刘娜分析了二战后远东大审判意义。她在《和平对战争的审判——远东大审判》中指出，1946年5月3日，远东国际军事法庭在日本东京开庭，审理东条英机等28名甲级战争犯罪嫌疑犯，揭发和列举了战犯的战争罪行，使世人认清了军国主义的日本从“9·18事变”到太平洋战争期间的侵略真相和罪恶事实，是对日本法西斯分子的一次全面清算和重大打击。

李乐曾在《战后对纳粹罪行的审判与德国反省历史的自觉意识》中指出，由德国司法进行的纳粹罪行审判是德国反省纳粹历史的一个重要组成部分。姜长斌《德日两国对战争罪行史的不同态度——兼与日本学者冈部达味辩论》指出，德日两国法西斯战败以后，德国和日本的国内经济崩溃、政治沦丧，民众精神空虚，民族前途渺茫。但在外力的引导下，德国民众经历了分辨——认识——痛恨纳粹罪行的思想转变过程，精神面貌开始净化，认识境界开始升华。

田小惠《简析战后德国分区赔偿政策的执行》指出，两德统一迄今已十余年，但冷战所造成的两德在政治、经济、民众心理等方面的差异却难以迅速弥合。二战后德国的分裂与美英苏制定的分区赔偿政策息息相关。

彭训厚在《中国抗日战争对世界反法西斯战争胜利的伟大贡献》中指出，第二次世界大战是20世纪规模最大、交战最为激烈、持续时间最长、伤亡人数最多的一场现代化联盟战争。而中国抗日战争的胜利，不仅是中国抗日民族统一战线的胜利，同时也是世界反法西斯统一战线的胜利。

（四）冷战史

刘志青的《北约的产生及其军事战略演变》认为，北大西洋公约组织是战后帝国主义与社会主义阵营相对抗的产物。随着冷战的加剧，北约的组织机构越来越庞大，名曰军事组织，其实它的机构设置并不局限于军事范围。

徐蓝的《从两极格局到多极化趋势的发展——20世纪70—90年代冷战态势的演变》认为，20世纪70年代—90年代初，面对不断变化的国际形势和多个新的力量中心的出现，美国在坚持其全球扩张、遏制苏联的总体战略目标的同时，从尼克松到布什的历届政府不断调整对苏政策，而从勃列日涅夫到戈尔巴乔夫的苏联对外政策则从利用东西方关系的缓和继续向全球的势力扩张转向全面收缩。

余伟民撰文《国际斗争与本土革命：冷战逻辑的解读——从〈冷战与革命〉看冷战史研究范式的创新》，对文安立著《冷战与革命》以及冷战史研究进行评述。作者认为，冷战史新研究不仅表现在多国档案资料的发掘和运用，更表现在对冷战本质及其结构性特征的再认识，其中包括研究视角的拓展和转换。

张宏毅在《美国、苏俄兴衰的历史经验教训及启示》中指出美苏两国在20世纪的崛起、强大和1991年苏联的解体与美国全球霸权主义的开始衰落，是世界现代史上影响深远的事件。

林婕撰文《北约的建立与大西洋联盟》，从北约的成立出发，简要考察了冷战中的美欧关系和大西洋联盟的形成。

李丹慧在《20世纪60年代美中央情报局对中苏关系的评估——对美国情报委员会最新解密档案的分析》中指出，美国最新解密的中央情报局20世纪60年代初、中和末期撰写的中苏关系评估报告，通过不同层面，较客观地分析了此阶段中苏关系的变化情况，较为准确地判断和预测了中苏关系的走向。但是，不同体制国家文化背景上的巨大差异，对社会主义国家决策程序必要了解的不足，重视苏联动向的习惯，以及文革造成的中国国内局势的动乱，使得报告作者的理性考量也存在不少偏差，对中国方面的某些迹象缺乏敏感。

沈志华《中苏同盟、朝鲜战争与对日和约——东亚冷战格局形成的三部曲及其互动关系》（之一）认为，对日和约问题是亚洲冷战史研究中的一个重大课题，它不仅涉及美国、苏联、中国等国家战后对日政策的变化及其与日本的关系，而且标志着东亚冷战格局的最后形成。

时殷弘《美苏冷战史：机理、特征和意义》认为，冷战在很大程度上是19世纪初以来现代国际体系内力量分布格局越来越趋于极化的结果；反过来，冷战又作为基本原因，使这极化趋势在一些重要方面有了进一步的发展，即在世界政治的多个重大问题领域和多个重要地理区域，形成了显著的美国霸权。

（五）外国史学理论和外国史学史

庞卓恒在《察同察异求规律：比较史学的追求》指出：最早倡导比较史学的社会哲学家孔德和密尔以及被誉为比较史学名家的马克·布洛赫都认为，比较史学的功用在于察同察异求规律。然而，由于他们都未能找到决定历史进程的“首要因素”、“中心环节”或“普遍原因”，终究未能实现探求规律的抱负。

2005年第1期《学术研究》发表了一组7人笔谈“全球史观对中国史学的影响”。编者认为，“全球化”是近20年来一个既热门又甚具争议性的话题。那么，在“全球化”的大背景下，我们如何看待全球史观及其对中国史学的影响？这是一个值得讨论的问题。

于沛在《全球史观和中国史学断想》中指出，全球史观是当代西方有广泛影响的史学思潮之一，近年在中国史学界也有一定的影响。郭小凌在《从全球史观及其影响所想到的》中指出，全球史观是一种借用历史哲学和历史学已有成果的新提法，而不是解释历史的新方法，更不是一种博大周密的理论体系。裔昭印在《全球视野下的世界文化史编纂》中指出，撰写世界文化史，应当具有全球史观。林中泽在《历史中心与历史联系——对全球史观的冷思考》中认为，全球史观绝对不是史学研究中的新教条，它仅仅是一种开放的研究指南，这意味着它作为一种历史观点和研究方法，尚未定型和完善，它不过反映了历史理论和实践的一种新趋势而已。程美宝在《全球化、全球史与中国史学》中，则叙述了全球史与世界史的差异、全球史的独特视角、全球史与全球化的关系、过去中国史学某些研究传统与全球史契合之处、全球史有可能对中国史研究发挥什么影响，以及当前某些中国史研究对全球史观的回应与反响。吴晓群在《我们真的需要“全球史观”吗?》中指出，当全球化的实际影响扩展到整个世界的范围时，它所带来的不仅仅是强势国家对于全球资源的垄断，而且更是价值的垄断。陈新在《全球化时代世界历史的重构》中指出，世界历史是由历史叙述建构而成，将有助于我们摆脱世界历史在人们心目中的客观化幻象，这是承认世界历史多元化的首要原则。

高国荣在《年鉴学派与环境史学》中，分析了环境史学的历史渊源，以及它与法国年鉴学派的关系。陈恒在《略论希腊化史学》中分析了希腊化史学的特点。作者认为，亚历山大东征极具野蛮性、掠夺性，给东方各民族人民带来深重的灾难，不过客观上却促进了希腊和东方各民族之间的经济往来和文化交流，也使希腊历史学家的眼界为之开阔。徐浩在《史学理论结构的非平衡发展——西方和古代中国的比较》中，就中外史学发展的主要差异进行了比较。高毅在《现代文明历史演进中的断裂与延续》中，从“断裂”与“延续”两方面分析了现代文明历史演进中的某些规律性现象。李植枬、李珞红在《谈谈世界当代史学发展趋势》中指出，长期统治世界史学科的是两种观念，即欧洲中心论和世界史是各国历史的总和。从20世纪初开始，世界史学界不断有学者对上述观念进行批评，并对世界史学科建设进行了探索。周文玖《朱谦之的史学理论及其史学史研究——以在中山大学的教研活动为中心》，分析了朱谦之的史学思想。

杨宁一、郑丽平在《评梅棹忠夫“文明的生态史观”》中提出，日本学者梅棹忠夫提出的“文明的生态史观”影响巨大，为认识和研究人类文明的演进，特别是现代化的进程，提供了一个新的视角。但是，从历史学的角度加以检证，“文明的生态史观”存在许多漏洞，作为现代化的一种模式不能成立，作为一种代表性的日本文化论也具有过分拔高日本文化的倾向。

十八、哲学研究发展状况

（一）马克思主义哲学研究状况

1. 近年来马克思主义哲学研究的路向之争与马克思主义哲学的中国化

近年来，关于如何推进和深化马克思主义哲学研究，使之成为我们时代的源头活水和理论之源，是马克思主义哲学领域最为人们普遍关切的理论问题。学者围绕下述问题展开了深入研究和热烈争论。

（1）以文本研究为中心还是以现实问题研究为中心？

随着《马克思恩格斯全集》历史考证版（MEGA2）的编辑出版，以及国内对这一新版本的引进和以此为根据的《马克思恩格斯全集》中文第2版的陆续出版，关于马克思文本的研究日益引人注目，“走近马克思”、“走进马克思”、“回到马克思”、“重读马克思”的口号颇为响亮。

与之相对，有观点认为，“回到马克思”之类口号虽然竭力消除今人与马克思之间的历史间距，但实际上，这个距离是无论如何也消抹不去的。为此，有学者提出了“马克思是我们的同时代人”的口号。认为我们不应怀着抽象的热情回归到历史的马克思那里，而应从今人的生活旨趣出发，把历史的马克思当代化，尤其是把马克思学说中那些在今天的生活中仍然具有重大意义的思想资源凸现出来，以指导我们今天的生活。

还有学者进一步指出，“回到马克思”这个说法无法承担某种观点，而只能承担一种情绪。

（2）以具体问题为中心还是以体系建构为中心?

目前关于马克思主义哲学研究理路的另一个争论焦点是体系与问题之争。

有的学者提出了“抛弃体系、关注问题”的学术主张，强调对具体理论问题和实践问题的研究。

有学者认为应立足中国文化传统，依据中国特色社会主义建设实践形成的“中国经验”和“北京共识”，自觉地把马克思主义的精神实质转变为研究范式，提炼出具有中国特色的哲学思想和命题，为马克思主义哲学的理论体系增加“知识的增量”。在这一过程中，要坚持以中国社会改造和现代化建设的问题域为主导内容。马克思主义哲学中国化的新形态不可能局限于既有的经典而产生，更不可能靠改良传统教科书体系而产生，只有立足于解决中国革命和建设的问题域才能孕育、形成。

有学者提出和论证了“马克思主义哲学中国化”的研究理路，旨在汇通文本研究与现实研究、具体问题研究与体系建构之间的差异，以与时俱进的独创精神和自主自立的学术勇气，将马克思的本真精神带入当代中国的现实问题研究之中，从而建构具有中国特色、中国风格、中国气派的马克思主义哲学的新体系。

2. 马克思主义哲学中国化的内涵与旨趣

有学者指出，20世纪90年代以后，从计划经济走向全面市场经济是中国社会从经济到政治、意识形态发生的一场深刻而全面的变革。这场变革猛烈地冲击着人们原来的观念、意识和心理，打断了原有的历史进程，迫使人们反思自己经历过的和现实存在的一切。人们意识到，中国的现代化仅有生产方式的变革是不够的，还必须建立与生产方式相适应的经济体制和政治体制。为此，人们开始重新思考支配中国现代化运动的理念。这时，马克思主义哲学的中国化与中国现代化进程的内在联系日益突显出来，马克思主义哲学中国化作为一个哲学问题被提出来了。这即是说，时代的发展和中国不断发展着的具体国情呼唤中国化的马克思主义哲学。

有些学者认为，马克思主义哲学的中国化就是马克思主义哲学与中国传统文化的优秀成果相结合，批判地继承历史文化遗产。另一些学者认为，马克思主义哲学的中国化是马克思主义哲学与中国革命和建设的实践相结合。多数学者则更为“全面”，认为马克思主义哲学的中国化既要与中国革命和建设的实践相结合，又要与中国传统文化的优秀成果相结合。

3. 马克思主义哲学中国化的当代理论成果

在过去的一年中，中国的马克思主义哲学工作者始终关注当代中国的社会发展，积极思考发展过程中出现的新问题、新矛盾，不断总结新经验、发现新规律，根据时代的要求和实践工作的需要，将马克思主义的基本原理运用于对时代的解读之中。

具体地说，将马克思主义哲学原理与当代中国的社会问题相结合、创造性地推进了马克思主义中国化的理论成果，主要有如下三个方面：

（1）“科学发展观”的理论说明

有学者认为，发展学首先是从发展经济学开始的，它以对国民经济的增长为目标，将“发展”单纯地等同为“增长”，形成“经济增长论”，这实际上是没有发展的增长；后来人们意识到应该把“发展”与“增长”两个概念加以区分，经济增长仅对经济而言，而“发展”的含义较广，不仅包括经济增长，还包括社会状况的改善和体制的进步；而“综合发展观”则注重人与人、人与环境、人与组织的关系，强调发展是包括经济增长、政治民主、社会转型、文化变迁、自然协调、生态平衡等方面的综合。有学者认为唯物史观关于社会历史主体的理论是科学发展观“以人为本”的理论依据；唯物史观关于社会有机体和社会结构的理论是科学发展观“全面协调发展”的理论依据；唯物史观关于人、社会对于自然界的依赖性和社会历史连续性的观点是科学发展观“可持续发展”的理论依据。总之，唯物史观是科学发展观的理论基础，而科学发展观是唯物主义在当代中国的应用和发展。有学者则认为，科学发展观是对历史唯物主义关于社会发展评价尺度体系（生产力尺度、制度尺度、人的全面发展尺度）的丰富和发展，它构成社会发展评价尺度体系的理论基础，对于全面建设小康社会和实现现代化具有十分重要的指导意义。

（2）“和谐社会”目标的价值探讨

有学者认为，和谐社会是人类文明的最高理想，而在人类文明的演进历程中，不同的历史时期和不同的文化类型对于和谐社会的理解各不相同。有学者对社会的不和谐状态进行了理论分析，认为马克思的社会冲突理论是建立在社会实践与生产理论、社会交换与社会结构理论基础之上的。社会冲突表面上是人们在社会交换中一种对抗性行为和关系，但其根源在于人们在社会生产中的地位不平等。有学者则把建构“和谐社会”的理论目标与国家理论和意识形态联系起来，认为任何国家的国家机器都承担着社会公共职能，而社会公共职能的基础是一个民族的“共同利益”。

（3）“以人为本”社会发展观的哲学解释

有学者认为，哲学的归宿在于人，现实的人是马克思主义哲学的出发点，自由而全面发展的人是马克思哲学思想的目标和归宿。“以人为本”决策的提出不仅是当今中国社会的一种发展战略，而且富于哲学家的意蕴和根据。有学者则把马克思唯物史观与西方人本主义哲学进行了比较，认为以“人”为出发点和中心，是马克思和西方人本主义对“以人为本”的共同回答，但二者因对“人”的理解的不同又存在着本质差别。树立科学的发展观应坚持以马克思的唯物史观为指导，而最根本的是把具体的、现实的人作为“本”。有学者指出，人是社会发展的根本出发点和最终归宿，人既是社会发展的积极创造者，又是社会发展的最终受益者；既是社会发展的前提和动力，也是社会发展的结果和目的。以人为本的思维方式要求我们在认识和解决一切（经济的或社会的）问题时，都要同与人（人的本质、需要、使命、尊严、权利）的利害关系联系起来，把是否对人有利作为一切活动的根本出发点、最高评价尺度和最终归宿。

（二）中国哲学史研究状况

2005年可以称为“儒学复兴”年。从思想层面来看，扑面而来的各种儒学复兴论并非空穴来风，而是与其哲学境遇有着深刻的理论关联。学者们提出了不少立场不同、观点各异的理论，共同营造了一股强大的复兴儒学、振兴中国文化的思想氛围。

（1）儒教国教化

此派观点主张把儒学宗教化、儒教国教化，以实现儒学的当代发展。

（2）儒教的非政治化重建

对于重建政治化儒教的主张，许多学者提出了强烈的批评。一些学者主张，儒教应当一改以往长期对世俗政治的依赖，重新建构自身独立的制度传统。有学者则认为，在中国大陆，儒学发展的主流不可能走宗教化的道路。因为中国传统文化的主导方向是“学”而不是“教”，是人文理性而不是宗教信仰。

（3）儒学的世俗化、大众化

有学者认为，儒学之所以在现代遭遇到了极大的生存困境，并不是因为它失去了制度保护，而是因为它遭到了现代民众的冷漠和疏离。因此，儒学要发挥现代作用，应首先考虑如何使自己化为现代民众的观念，变成现代民众的情感认同。为此，儒学必须经由世俗化的途径以实现普世化，而不能如现代新儒家所主张的那样，“接着宋明讲”，走宋明道学家的路子，从超越的层面发展儒学。

（4）儒学的知识化

与上述各种实践化路径不同，有学者主张通过重建儒学的知识化维度来发展儒学，有学者则坚决反对儒学现代化的知识论路径。

（5）儒学的地域性研究

在儒学的历史研究方面，一些学者提出应关注儒学的地域性问题，他们认为对于以儒学为主的中国传统思想的研究，过去关注较多的一般是时间性的历史源流，而对空间性的地域特征则挖掘不多。

（6）儒家身体观研究

有学者认为，中国古代哲学是一种身体本体论哲学，“安身方可立命”是其纲领性的结论。有学者则将东亚儒学中的“身体”观分为四种类型：一是作为政治权力展现场域的身体；二是作为社会规范展现场域的身体，也即“礼义身体观”；三是作为精神修养展现场域的身体；四是作为隐喻的身体。

2. 哲学境遇

（1）哲学对话向民族思想源头的回归

有的学者强调，我们与西方哲学的对话，不能仅仅停留于被动的吸收和借鉴，只有当我们也能提出和进入真正的问题时，我们才能真正吸纳和消化西方哲学。因此我们要努力以西方哲学为“窗子”和“镜子”，建立起自己的哲学话语和哲学理论。有的学者提出，中国哲学与西方哲学的对话，不仅应当是跨学科的，而且应当是跨文化的，要努力发展起一种“大哲学”的观念，推进中国哲学走向世界，使中国哲学不仅只是“中国的哲学”，而且成为具有世界性意义的哲学。

（2）范式反思对本土化叙事的强烈诉求

关于中国哲学学科范式的反思近几年在中国哲学研究领域掀起了轩然大波，通过几年的讨论，现在学者们大都承认这一问题是学科建设中的基础性和前提性问题，不能作为一个“伪问题”等闲视之。如果能把讨论中所表现出来的的强烈的民族性和主体性诉求落实到今后的中国哲学研究的可操作的层面中去，将会对学科的建设和发展有正面的意义。

（3）从“哲学研究”到“儒学研究”的范式转换

一些学者对20世纪以来把儒学作为一种哲学来研究的做法提出质疑，主张在儒学研究中以传统的经学研究范式取代目前的哲学研究范式，以恢复儒学的本来面目。另一些学者则认为，把儒家思想当做哲学的内容来叙述，是20世纪初传统学术在向现代转型的过程中，儒学跻身于现代学术之列、从而获得存在“合法性”的重要策略，原本有其合理性。

（三）应用伦理学研究状况

2005年，应用伦理学的研究取得了很大的进展，并在以下几个热点问题上有所突破。

1. 政治伦理

有学者指出，对我国来说，加强政治伦理学的研究将为社会主义政治文明建设提供价值引导，有利于落实依法治国与以德治国相结合的基本治国方略，有利于提高公民特别是从政者的道德素质。有学者甚至认为，如果伦理学是21世纪的显学，那么政治伦理学就是“显学中的显学”，它将成为全球学者关注的焦点。

有学者区分了政治伦理的两个基本向度并提出了自己的看法。政治伦理有两种基本的向度：一种是政治伦理的价值目的论向度，以英国近代功利主义为典型代表；另一种则是政治伦理的社会道义论向度，其典型代表是罗尔斯以及同罗尔斯思想较为接近的当代“平等主义的自由主义”思想家。

有学者认为，政治伦理可分为两个方面：一是政治制度本身的伦理；一是制度中人的伦理。

2. 媒体伦理

有学者指出，媒体伦理是在媒体生活共同体中所蕴含和活跃着的社会成员的道德意识、道德活动、道德品格及其所遵循的道德准则的总和，确立媒体伦理合理性和应然性的依据是人民群众的根本利益。媒体诚信、媒体清廉、媒体公正、媒体人道是传媒伦理的基本准则。另有学者认为，媒体伦理学是研究如何运用普遍道德原则和道德规范去解决传媒领域中存在的道德问题，并在此基础上形成媒体职业道德的学问。有学者提出了媒体的“真正的伦理精神”问题，认为媒体的“真正的伦理精神”作为一种具有超越性、引领性的应然与实然相共生之道德品质或德行，应当具有求是精神、正义精神、仁爱精神、勇敢精神、自由精神。

一些学者认为，公民对政治生活的有效参与，离不开言论自由。

有学者认为，平衡媒体活动中知情权与隐私权的冲突，有赖于建立一种更为广阔的视野，通过对大众传媒及其言论自由以及知情权和隐私权进行道德意义上的分析与理解，进而确立“把人作为目的”这一基本原则。

有学者指出，媒体伦理中存在着两大价值冲突，一是个人隐私与社会公益之间的冲突，二是媒体在“道德导师”的传统自我定位与“信息平台”的现代价值取向之间存在着冲突。

还有学者深入探讨了网络媒体伦理与广告伦理。

3. 科技伦理

有学者指出，随着基因技术的不断发展，未来的伦理世界、道德世界将呈现自然人—技术人、自然家庭—人工家庭混合共生的过渡形态，道德哲学应当以创造性的价值智慧，调和与解决这个矛盾。

有学者指出，在网络伦理建设过程中，如果不注意克服崇尚科技理性、工具理性的倾向，不将注意的焦点从纯粹的网络技术转向人自身，不从“技术的解决”转向“伦理地关注”和“伦理地解释”，那么诸如人沦为“机器的奴隶”、“自动生产线的附属物”等问题将可能重现。

有学者探讨了技术哲学研究中的伦理学转向问题，分析了欧美技术伦理研究的特点和影响以及中国技术哲学的伦理转向的特点，提出了技术伦理研究的主要课题。有学者研究了纳米技术的伦理维度问题，认为必须加强对纳米技术的伦理、法律和社会意义的严肃研究，否则可能会导致某些意想不到的公共风险问题。在工程伦理学领域，有学者提出了工程活动的“伦理主体”问题，认为工程伦理学必须承认工程活动的主体不是简单的个体而是某个集体或团体。

4. 和谐社会与道德建设

有学者从伦理精神的视角讨论了冲突与和谐的关系，认为在现代伦理体系，尤其是现当代中国伦理中，“冲突”或隐或显、或多或少地成为道德哲学的主题和伦理精神的主角。但是，“冲突”是伦理精神发生的世俗性的“事实”，“和谐”才是它所追求的“价值”。

有学者从三个方面说明了和谐社会的伦理内涵：（1）和谐社会是公平正义的社会。（2）和谐社会是诚信友爱的社会。（3）和谐社会是安定有序的社会。

有学者指出，和谐社会要求所有公民具备与其职责相适应的竞争性品质和合作性品质，最关键的是应具备公正的品质。有学者提出了和谐社会中的常识道德问题，认为与和谐社会相适应的道德要求应主要是公共道德，这样的道德不同于传统的私人与社会不分的形态。

有学者认为，现代社会是一个伦理共同体，也是一个利益共同体。和谐社会是一个经济繁荣、政治文明、社会秩序稳定、人民安居乐业的公平正义型社会，但和谐社会决不是没有利益冲突的社会，而是一个有能力解决利益矛盾和化解利益冲突，并由此实现利益关系趋于均衡的社会。

有学者就环境伦理问题提出以下观点：（1）树立尊重自然、与自然和谐相处的伦理观。（2）实现人与自然的和谐，必须同时处理好三种伦理关系，即当代人之间的关系，当代人与后代人之间的关系以及人与自然之间的关系。环境伦理为处理和调整这三种伦理关系提供了三条基本的伦理原则，即环境正义原则、代际平等原则和尊重自然的原则。（3）环境文化和环境道德建设。

十九、文学研究发展状况

（一）基本特点与共同问题

1. 理论建设的迫切需要与实践

杨义《重绘中国文学地图与中国文学的民族学、地理学问题》，从大文学观的理念上关注中国文学的多民族、多地域发展实际。郎樱、扎拉嘎主编的《中国各民族文学关系研究》，以百余万字的份量，包纳近20个古民族和34个少数民族的大批作家作品及文学现象。陈方竞《关于我的中国现代文学研究》，对全球化语境下中国现代文学研究中存在的弊病进行了深刻的反思。郑家建、汪文顶《论中国现代文学研究的再出发》，提出了中国现代文学研究中理论话语和研究方法的“对象化”和“中国化”问题。王富仁《“新国学”论纲》，则深入阐释了处于历史转换时期的中国知识分子对于自己的学术活动的应有的认识以及我们的现代学术史的历史特点和发展方向。

宋一苇《马克思哲学与后现代理论话语》，则发现了马克思哲学与后现代理论之间的历史关联。季水河《马克思主义艺术生产论在20世纪的多向展开》，着重分析了西方马克思主义对马克思主义艺术生产论的继承与发展。李思孝《“人化的自然”的美学意义》，在多年积淀的基础上，对“人化自然”问题作了进一步地阐释。刘方喜《论马克思“自由时间”理论的重大美学意义》，着重分析了马克思所提出的“自由时间”概念。

赵敏俐、吴相洲等人合作完成的《中国古代歌诗研究》，以马克思主义的艺术生产理论为指导思想，试图从一般的生产规律来探讨作为精神生产的歌诗艺术的生产规律及其发展历程。

2. 资料建设的明确意识和努力

曹道衡、刘跃进《先秦两汉文学史料学》，针对先秦两汉文学史料因年代久远而产生的讹误较多、真伪难辨的问题，把先秦两汉典籍、前人整理的先秦两汉文学选本、总集以及石刻简帛文献等均列入考察范围，从史料的作者、时代、篇名、篇数等方面入手，对史料的基本情况进行了全面的考察。费振刚、仇仲谦、刘南平的《全汉赋校注》，集标点、校勘、历代赋评、注释于一书，是迄今为止收录汉赋最全面、校注最齐备的一套典籍。程国斌《隋唐五代小说研究资料》，所收录的小说资料自隋唐至五代，皆从历代正史笔记、书目文献等典籍中爬梳整理而成，分类编排恰当，校勘文字精审。李之亮《王荆公文集笺注》，除“四库本”正集外，还搜集了散见于他本及有关志乘、史传中散佚文五卷，是王荆公文集首次出版完整的笺注本。吴志达、陈文新等主编的《中华大典·明清文学分典》，包含明文学部两卷、清文学部三卷，是一部全面系统地汇辑明清文学研究资料的大型类书。周维德编校的《全明诗话》，共收录明代诗话九十一种，底本多为孤本、善本、足本，是古代文学批评典籍整理的重要成果。蒋寅在昔年所编《清代诗学著作简目》的基础上撰成《清诗话考》，将清代诗学文献作了大规模的清理。林葆恒辑、张璋整理的《词综补遗》，网罗光绪、宣统以来词家，共得作者4800余人，词作8000余首，是一部大型的词作选集，极具资料文献价值。

《河南大学学报》2005年第1、2期，《汕头大学学报》2005年第1期以及《中国现代文学研究丛刊》2005年第2期，先后发表了关于中国现代文学文献问题的笔谈，围绕文献的发掘、整理和研究进行了深入的讨论。赵珣《〈从牯岭到东京〉的发表及钱杏邨态度的变化——〈〈幻灭〉（书评）〉、〈〈动摇〉（书评）〉和〈茅盾与现实〉对勘》，从文献学的角度在“革命文学论争”的整体情境中展示茅盾的《从牯岭到东京》发表与钱杏邨的相关文章间的历史原貌和逻辑线索。陈改玲《作为“纪程碑”的开明版〈新文学选集〉》，以新中国第一套现代作家选集开明版《新文学选集》的出版、选编为考察对象，展示了建国初期主流意识形态对"五四"新文学及解放区文学与新中国文学的理解。

从上个世纪80年代初期开始，民间文学的资料建设工作就开始系统有序地展开了。由文化部、国家民委、中国文联发起并组织实施的国家社科基金重大项目——10部《中国民族民间文艺集成志书》的编纂出版工作，经过全国10余万文艺工作者20多年的努力，298部省卷，450册约5亿字的编撰工作已全部完成并陆续出版，所有的出版工作将于2006全部完成。

少数民族文学资料的搜集和整理取得重大进展，尤其以中国社会科学院民族文学研究所的"中国少数民族文学研究资料库"成果至为突出，数年间搜集的声像资料2885件，图片资料9776张，文本资料30879册。

3. 作家作品及流派研究成果丰硕

陈桐生《从出土文献看七十子后学在先秦散文史上的地位》，把《论语》、大小戴《礼记》、《孝经》、《仪礼》、郭店简及上博简中儒家文献等作品称为"七十子后学散文"，并认为在先秦散文史上，七十子后学散文处于上承史官记言散文、下启诸子说理散文的枢纽地位。徐兴无《刘向评传》（附《刘歆评传》）对刘向及其子刘歆的生平业绩作了全面的检索考辨。姚小鸥《〈汉鼓吹铙歌十八曲〉的文本类型与解读方法》将《汉鼓吹铙歌十八曲》分为三个主要类型，举其代表性篇目《石留》、《朱鹭》、《远如期》，用不同的方法进行了解读。曹道衡先生的遗作《关于〈文选〉研究的几个问题》一文，对《文选》编纂的时间、《文选》作品的来源、《文选》的"未定本"问题、《文选》所录作品的时代问题等都提出了富有启发性的观点。

廖明君《生死攸关：李贺诗歌的哲学解读》从生命哲学的视角切入，借鉴心理学、美学、社会学、宗教学及神话学等理论，全面系统地对李贺诗歌的哲学进行了解读和梳理。项楚等合著的《唐代白话诗派研究》详细论述了唐代白话诗人及众多诗僧们的白话诗文学作品。陈才智《张祜与元白诗派的离合》综合考虑张祜与元稹、白居易的交往，以及他个人的诗歌创作。马东瑶《苏门六君子研究》采用还原历史、追索过程、解读原因的基本方法，把北宋时期最重要的文人集团"苏门六君子"置于历史文化的大视野中，从解读这一称谓的道德评价因素入手，分析了这一文人集团的形成原因。伍晓曼《江西宗派研究》从吕本中《江西宗派图》入手，对吕氏《宗派图》成书时间、"宗派"之"宗"黄庭坚及《宗派图》所列诗人一一作了考察，揭示了"江西派"由盛到衰的深层原因，勾画出南宋诗歌的发展路径。李玫《清代时剧〈罗和做梦〉正源》考证了清代时剧《罗和做梦》题材的来历。

在现代文学领域，北京鲁迅博物馆编辑出版了《韩国鲁迅研究论文集》，全面集中地展示了韩国鲁迅研究的优秀成果。日本鲁迅研究的学术著述的译介也在鲁迅研究界形成了不小的热潮。竹内好《鲁迅》的重译与丸山升《鲁迅·革命·历史：丸山升现代中国文学论集》的翻译出版，集中展现了日本鲁迅研究的历史脉络和学术起点。田刚《鲁迅与中国士人传统》阐释和总结了鲁迅对中国士人精神传统的汲取和转化。对丁玲的研究中，关于丁玲延安时期的创作以及对丁玲在现当代文学转折中的诸多问题的思考比较突出，其中常彬的《延安时期丁玲女性立场的坚持与放弃》值得注意。对沈从文的研究，出现了不少探讨沈从文在20世纪40—60年代的精神境遇及其政治文化观念的文章，而对赵树理，则更关注"赵树理现象"与"当代语境"间的关系。

当代文学领域对于作家作品的研究，比较引人注意的是对贾平凹的《秦腔》和余华《兄弟》的评论和争议。在民间文学研究领域，这种研究着重表现为对民间艺人及其艺术特点的关注以及民间文学作品的发掘与研究。如杨恩洪《史诗〈格萨尔〉说唱艺人的抢救与保护》、郭建勋《〈格萨尔〉说唱艺人阿尼生存现状调查》等。

4. 文化视野下的文学研究繁荣发达

在古代文学领域，扬之水的《古诗文名物新证》（两卷本）广泛而深入地考订叙述了从秦汉到明清时代文人士大夫使用的日常生活器物，以及与此相联系的生活场景、生活习俗、生活情趣的源流发展史。李春青《诗与意识形态——西周至两汉诗歌功能的演变与中国诗学观念的生成》，以"诗"与"文化空间"的双向建构为线索考察了西周至两汉诗歌功能及其观念的演变。马银琴《上博简〈诗论〉与〈诗序〉诗说异同比较——兼论〈诗序〉与〈诗论〉的渊源关系》，着重讨论了《诗论》与《诗序》说诗的异同关系。熊柱《〈诗经〉与广西壮族排歌排偶手法比较》，通过对《诗经》与壮族排歌的比较研究，认为它们所运用的排偶手法，按结构可以类似地分为连珠排、隔句排、嵌句排、递排、复排和顶针排；按艺术手法可以类似地分为比排、兴排和赋排。赵敏俐《汉乐府歌诗演唱与语言形式之关系》认为，作为汉代歌诗艺术主体的通俗的乐府歌诗，从本质上看是诗乐舞合在一起的表演艺术。查屏球《从游士到儒士——汉唐士风与文风论稿》以从汉到唐士风与文风的关系为研究对象，从士风演变的历史背景中揭示了各阶段文学风尚与文学观念变化的原因。查洪德《理学背景下的元代文论与诗文》从学术思想、文学主张、创作实绩三个方面对刘因等9位颇具代表性的诗文作家做了深入分析。刘再华《近代经学与文学》第一次梳理了近代经学各派的文论及其演变轨迹。宋莉华《十九世纪传教士小说的文化解读》指出，19世纪来华新教传教士秉承耶稣会的文化适应政策，开创性地运用通俗生动的白话小说宣扬教义。这些作品尽量尊重中国的文化传统、民族习俗及礼仪，迎合中国读者的阅读习惯与审美趣味，对晚清新小说家产生了深刻的影响。李楠《晚清、民国时期上海小报研究》是第一部从小报角度综合考察近代上海文化与文学的著作。

从文化的角度研究文学也取得了丰硕的成果。杨义《历史记忆与21世纪的东亚学》从东亚学的角度出发，指出现阶段的抗战文学研究应当从文学与战争的关系中，正视和剖析这场沉重的东亚地图撕裂和反撕裂的战争，以及至今尚未得到平复的严重的后遗症。李怡《抗战作为中国文学的资源》则提出把文学本身的发展演变作为历史现象的主体，将抗战作为一个内涵丰富的存在背景，考察在抗战所引发的巨变中，作家、读者以及文学存在的社会体制等对于文学活动的复杂影响。黄万华《史述和史论：战时中国文学研究》，对敌后抗日根据地、国统区、沦陷区以及港台和马华地区的文学思潮创作走向、主题模式以及作家生命体验等问题作了整体的审视和把握。

《延安大学学报》2005年第2期与第4期先后刊登了两组“‘延安学研究’笔谈”，继贺敬之等之后，倡导重新建立一门完整而科学的“延安学”。王泽龙《中国现代诗歌与古典诗歌意象艺术略论》，从意象审美心理、意象思维特征和意象审美旨趣三个方面探讨古典诗歌在意象艺术方面对现代诗歌的影响以及现代诗歌意象艺术在传承古典诗歌传统中的现代性发展。朱德发《齐鲁文化与现代中国文学关系的沉思》从先秦典籍史料入手，梳理了齐鲁文化的“人学精神”。张永芳《诗界革命与文学转型》以晚清的“诗界革命”作为中国古代文学向近现代文学转型的样板，探讨了近现代文学转型中存在的诸多问题。

当代文学研究者在关注和评论当代作家的新作时，也注意到了当代文坛长篇小说创作激增而精品不多的现象并对此发表了各自的看法。以文化研究为基本特征的民间文学研究繁荣发达，无论是神话研究、传说故事研究、史诗研究、歌谣研究还是民间说唱与戏曲研究，都有数量众多的成果发表出来。

5. 对文学史、学术史问题的普遍关注

在古代文学研究领域，本年度出现的几部文学史专著中首先值得推介的是由傅璇琮、蒋寅担任总主编的国家社科基金项目《中国古代文学通论》(七卷)。杨镰所撰《元代文学编年史》是第一部以编年为基础的元代文学史著作。袁进所撰《上海近代文学史》以思潮为线索构建理论框架，勾勒了上海近代文学的发展风貌。

刘淑玲《〈大公报〉与中国现代文学》以《大公报》文艺副刊为研究对象，历史地展现了《大公报》文艺副刊在1926—1949年间与中国现代文学之间的互动关系。柳珊《在历史缝隙中挣扎——1910—1920年间的〈小说月报〉研究》，着重研究了茅盾改版前的10年间(1910—1920年)《小说月报》的生存环境和文学空间，提出了“民初文学”的文学史概念。陈方竞《学府与报刊出版：中国新文学发生发展中“症结”透视》，整体考察了新文学的发生与学府和报刊出版的依存关系。张全之《从〈新世纪〉到〈新青年〉：无政府主义与五四文学革命》，追溯了从《新世纪》杂志到《新青年》杂志的文化传承脉络，探讨了无政府主义由政治思潮转化为文化革命思潮的历史进程。

蒋述卓、刘绍瑾、程国斌、魏中林《二十世纪中国古代文论学术研究史》，梳理了20世纪中国古代文学理论的研究状况和研究成果。周延良《诗经学案与儒家伦理思想研究》，抽取了诗经学史上与相应文化关系密切的10个具体问题。刘锡诚、陈泳超、王孝廉、车锡伦、刘守华、钟宗宪、高有鹏等曾以《中国民间文学学术史百年回顾》发表过一组笔谈，从不同的角度对一百年来的民间文学研究史及相关问题进行了回顾与总结。叶舒宪《中国神话学百年回眸》系统梳理了中国神话研究的发展历程，以及在不同的历史阶段上所表现出来的不同特点。其他讨论学术史问题的文章，有刘锡诚《歌谣研究乡土派及其历史地位》、万建中《近二十年来中国故事学研究评述》等。

（二）热点问题及学术前沿

1. 对经典的阐释与反思

在经典的阐释方面最为惹人注目的是围绕刘心武的《刘心武揭秘〈红楼梦〉》而引发的争论。

在红学界为捍卫学术规范以及经典阐释的权威性而争论不休时，理论界也在面对经典被“戏说”、“改编”、“大话”等一系列问题而引发的“经典危机”展开了热烈的讨论。如孟繁华《新世纪：文学经典的终结》一文认为，经典的确立与颠覆从来没有终止过，而文学史从某种意义上也可以说就是经典的确立与颠覆的历史。童庆炳《文学经典建构诸因素及其关系》一文提出，文学经典是一个不断地建构过程。

2. 有关“文艺学的边界”问题

有关“文艺理论边界”的争论在2004年即已开始，至2005年仍得到了延续。王元骧《文艺理论中的“文化主义”与“审美主义”》站在审美主义的立场，指出目前学界所提倡的文化研究力求消解文艺的审美属性，一味地俯就人的感官、欲望，只会进一步助长当今社会人的物欲化倾向。郝春燕《文艺学移动的边界与坚守的空地》认为提倡引进文化研究代替文学研究的做法，从表面看是恢复了文艺学与社会的联系，实质上却泛化了文艺学学科的功能，使文艺学陷入消亡的危机。钱竞《中国的文艺学不会消亡》则认为，我们在对于中国文学自身的状况进行思考时，我们的话题、思维方式及至语言却都隶属于西方的引力场，而对于中国的文学传统我们事实上知之甚少。李春青《关于“文学理论边界”之争的多维解读》比较分析了文学理论模式和文化研究模式的言说立场（审美主义/后现代主义）、身份角度（立法者/阐释者）、话语权力的争夺，以及各自的知识结构等。张法《文学理论与文化研究之争》则指出两种理论模式的论争呈现了学术新潮与业已成为现代新传统的学理演进之间的矛盾。梅启波《从文本的角度看文化批评与文学研究——兼谈文学理论边界问题》一文，从“文本”概念内涵的嬗变过程来考察文学理论的几次转型，走向一种新的文化诗学。另外，钱中文《文学理论反思与“前苏联体系”问题》在论述“前苏联体制”问题之后，对“文学理论已经从文化研究中取得了‘后现代真经’”的说法提出了怀疑。

3. 有关文学史的分期与论争

争论的重心集中在以下几个方面：对“魏晋文学自觉说”的反思、有关现当代文学的关系、新世纪文学的命名与讨论等。

汪祚民《文学独立自觉的理论风标——汉代辞赋品评透视》提出，汉代的辞赋品评，是真正意义上的对作家个体美文创作的文学评论。闫月珍《文学的自觉：一个命题的预设与延异》，以曹丕没有完全摆脱以儒家或经学学说论文，且以文辞翰藻作为诗赋的特点也并非始于魏为由，否定了铃木虎雄的“魏晋文学自觉说”。朱忠元《汉赋与“文”的自觉——基于世俗美学基础上的考察》，从赋作为一种审美文体产生的角度，肯定了汉代“文”的自觉。刘欢《汉代是一个文学自觉的时代》，则明确提出在汉代中国文学已进入了自觉的时代。赵敏俐《“魏晋文学自觉说”反思》一文，系统论述了“汉代文学自觉说”对“魏晋文学自觉说”的挑战。

对现代文学与当代文学的关系作重新思考与定位，是现当代文学研究者共同关注的一个问题。2005年4月9日至12日，由中国现代文学研究会、中国当代文学研究会、《文学评论》编辑部、《中国现代文学研究丛刊》社、陕西师范大学文学院主办的“中国现当代文学前沿问题学术研讨会”在西安召开，李西健在会议“闭幕词”中总结讨论结果时说：“一种关于中国现当代文学的整体意识越来越强，一种关于现当代文学观照的整体文化观念越来越浓厚。”而雷达在《现当代文学是一个整体》中，针对上个世纪80年代即被提出的现当代文学的整体观问题提出了现代文学与当代文学应当是“既分又合”的看法。杨洪承《一个文学过渡的“场效应”——20世纪40—60年代中国文学结构分析和生成思考》，通过对中国文学从现代到当代的转折时期的文学结构进行宏观考察，认为这一时段是一个特殊时代的过渡期，其文学的生成往往是在一个多元交错的文化场中的整合。

二十、外国文学研究发展状况

本年度中国的外国文学研究在以下几个方面形成了自己的特色。

（一）继续关注国际理论前沿和热点话题，力求使中国的外国文学研究达到应有的国际水平

王宁《“后理论时代”西方理论思潮的走向》一文具有较大的冲击力和影响。该文的写作初衷是为了对英国的马克思主义文学理论家和文化批评家特里·伊格尔顿出版于2003年的专著《理论之后》中的悲观看法进行批评性回应。作者在文中继续了近几年来的理论思考和对当代西方文学和文化理论前沿的追踪，试图在纷纭繁复的理论争鸣和思潮迭起中发现其最有代表性的几种理论思潮并预测其未来的走向。聂珍钊的《关于文学伦理学批评》就在反驳国内一些理论著作的大而空的平庸性的同时，试图提出一种新的文学批评模式。叶舒宪的《人类学想象与新神话主义》可算是一篇融多学科知识为一炉并试图对大众文学现象进行理论概括的力作。孟庆枢的《日本诗学概论》首次在中文的语境下介绍了日本诗学的内涵和特征。

刘建军的《基督教文化与西方文学传统》对西方文学的源头希腊罗马文化进行了仔细的梳理，并予以了深入的分析。在具体的文类研究方面，苏晖的《西方喜剧美学的现代发展与变异》也颇有特色，它一方面总结了西方传统喜剧美学的主要特征，另一方面则强调了狂欢化这个由巴赫金建构出来的理论概念在现代的复兴和具体表现。在具体的国别文学和文类的理论研究领域，申丹等人的《英美小说叙事理论研究》则以其分析的深入和行文的缜密等特色而高于同类的一般介绍性专著。

由华中师范大学主办的《外国文学研究》作为中国改革开放以来最早创立的外国文学研究刊物，在2005年率先进入了三大国际权威检索数据库之一的A&HCI（艺术与人文科学论文索引）。

（二）重视从中国学者的视角出发来研究外国国别文学

在美国文学研究领域，张子清的《多元文化视野下的美国少数民族诗歌及其研究》选取了一个一般不为国内学者所关注的领域深入发掘，提出了自己的理解和研究心得。乔国强的《批评家笔下的辛格》在总结了美国批评界对美籍犹太小说家辛格的种种偏颇批评之后提出了自己的观念，起到了与美国同行对话的作用。在西班牙语文学研究领域，陈众议的《“变形珍珠”——巴罗克与17世纪西班牙文学》从巴罗克这个理论批评概念在西班牙语中的起源入手考察了以往被人们忽视的17世纪西班牙文学在欧洲文学中的意义。在小民族文学研究领域，陈永国的《界限与越界：小民族文学的解域化》则从卡夫卡关于小民族文学研究的观点提出了越界的可能和必然性。范捷平的《论瓦尔泽与卡夫卡的文学关系》从本雅明对瓦尔泽和卡夫卡文学作品的批评入手，探讨了这两位现代主义作家的主体观赏的共同特征。在俄罗斯文学研究领域内，吴元迈的《对19世纪俄罗斯文学的再认识》站在今天的立场，运用当代文学理论的新成果和新视角对已经成为历史的19世纪俄罗斯文学进行了新的阐释。

（三）注重翻译理论的研究，并自觉地从跨文化的广阔视野对传统的翻译理论进行重新建构

在中国的外国文学研究领域，始终有相当一批学者从翻译外国文学作品入手开始自己的学术生涯。但是学术机构在对学者们的研究成果的评价时却很少考虑翻译的重要性。本年度，我国的一些大学，如中山大学和广东外语外贸大学等，相继设立了翻译学院，不仅培养实用翻译人才，同时也招收这方面的研究生。一些专门讨论翻译的学术研讨会的举行也推进了这门新兴学科的逐步走向成熟。其中比较有影响的是7月18—21日由清华大学外语系主办的首届海峡两岸翻译与跨文化交流研讨会，出席会议的有来自两岸四地的翻译和文化研究学者80多人，讨论的议题包括：新世纪翻译理论的新进展，翻译理论与翻译实践，翻译与跨文化的交叉研究，社会、文化、语言交际语翻译生态环境，海峡两岸翻译理论界交流合作的前景与趋势等。一些优秀的论文已经被选发在国际学术刊物上。

本年度，由中国学者自己撰写的翻译研究论著并不算多，其中值得介绍的是罗选民的专题研究论文集《文学翻译与文学批评》，该书分为四部分，前两部分在多元文化语境下讨论了“信、达、雅”、归化与异化等翻译研究领域内的热门话题，后两部分分别从翻译的视角探讨了文学批评及其相关的理论问题，具有跨学科的特征。此外，蔡新乐的《翻译的本体论研究》，刘华文的《汉诗英译的主体审美论》，张今、张宁等的《文学翻译原理》等专著也分别在各自的分支领域内取得了突破，产生了一定的影响。单篇论文中较有影响者有许钧的《文化多样性与翻译的使命》、王东风的《反思“通顺”——从诗学的角度再论“通顺”》等。这两位学者分别从各自的专业——法语和英语来探讨翻译理论中的一些有争议的问题，不仅触及了当前国际翻译理论界的前沿课题，同时也对国内的翻译研究现状进行了反思，其具有洞见的观点已经进入了人文学者的研究视野。谢天振在《文景》杂志上发表的系列谈论翻译的随笔性文章也不乏思想的火花。

（四）重视从比较的视角来进行外国文学研究

本年度的外国文学研究在某种程度上可以说是“比较文学年”：8月12—16日，中国比较文学学会第八届年会暨国际学术研讨会在深圳举行。其时正值中国比较文学学会成立20周年纪念，出席会议的国内外专家学者300余人济济一

堂，畅叙中国比较文学学科从无到有所走过的20年曲折历程，缅怀老一辈学者为这门学科的辛勤垦拓和耕耘所作出的独特贡献，并展望了中国比较文学的未来前景。会议期间讨论的一个重要话题就是世界文学和比较文学学科的归属问题。不少学者认为，鉴于比较文学的跨学科和跨文化性质，它应该既属于中国语言文学一级学科，同时也属于外国语言文学一级学科。

王宁和葛桂录等著《外国作家与中国文化》作为跨文化丛书之一种，是国内第一部系统地梳理南北欧作家与中国文化之双向互动关系的专著。何其莘的英文专著《中国学者眼中的英国文学》的核心部分根据作者的博士论文改写，其中一章发表于国际莎士比亚研究的权威刊物《莎士比亚季刊》（Shakespeare Quarterly），是迄今为止国际莎学研究权威刊物所发表的极少数中国学者撰写的论文之一，对向国际莎学界展示中国学者的莎士比亚研究实绩起到了重要的作用。叶舒宪的《高唐神女与维纳斯——中西文化中的爱与美主题》是平行研究和跨学科研究相结合的成果，虽然平行比较的是文学中的常见母题——爱与美，但作者的深入分析和理论概括则令人印象深刻。金柄珉的《朝鲜——韩国文学的近代转型与比较文学》通过比较同根同族的朝鲜/韩国文学的发展历程，说明了比较文学在国别文学转型过程中的作用。林精华的《误读俄罗斯——中国现代性问题中的俄国因素》从一个全新的视角，讨论了中国对俄罗斯文学的接受和误读。此外，还有一些单篇论文讨论了华裔欧美作家的创作，起到了拾遗补阙的作用。比如陈爱敏的《论美国华裔女性文学中呈现的中国文化》便揭示了美国华裔女作家对中国文化的误读和重新建构。一些青年学者自觉地从后殖民理论和东方主义的视角讨论了华裔美国作家的双重身份，从而阐述了身份的不确定性和可建构性特征。

纵观2005年我国的外国文学研究，我们可以通过客观的定量分析得出一些令人信服的数据。在这方面，如果不算我国极少数学者在国际权威刊物上发表的英文论文并收录A&HCI检索数据库外，我们可以登陆中文社会科学引文索引（CSSCI），寻访中国的外国文学研究者中成果卓著的学者2000－2005年期间被他人引用的情况，这样我们便得出了被引次数最多的前10名学者的信息，现排名如下：1. 季羡林（598）（北京大学）；2. 赵一凡（393）（中国社会科学院）；3. 王宁（281）（清华大学）；4. 刘象愚（239）（北京师范大学）；5. 王逢振（217）（中国社会科学院）；6. 许钧（210）（南京大学）；7. 盛宁（197）（中国社会科学院）；8. 袁可嘉（196）（中国社会科学院）；9. 申丹（143）（北京大学）；10. 柳鸣九（138）（中国社会科学院）。从他们被引用的情况，我们可以得出下列三个具有说服力的结论：（1）截至2005年的被引数据显示，中国的外国文学研究成果仍然集中在中国社会科学院和少数著名大学的外国语言文学院系，其序列应该是：中国社会科学院，北京大学，清华大学，北京师范大学，南京大学。这几所高校和科研机构依然在中国的外国文学研究领域发挥导向性作用。（2）名列前10名的学者大多是跨学科和在理论上有所建树者，有些曾经在国内挑起过理论争鸣，对其他文学和文化研究领域产生过较为持久的影响。（3）这些学者大多从事过文学理论著作的翻译，或主编过系列丛书或教材，对中国的外国文学研究起过领军的作用，有着较为广泛和持久的影响。

二十一、艺术学研究发展状况

（一）艺术学“中国意识”初步觉醒

金丹元《中国艺术思维史》是迄今为止第一部比较完整的“中国艺术思维史”。该著全面梳理了中华民族艺术思维方面的发生、发展和特点、优势。

高奇等编著的《走进中国艺术殿堂》比较清晰地勾勒了中华艺术发展的脉络和传承，从原始社会中国艺术的发生，到夏商周时期中国艺术的成型，到春秋战国时期的嬗变，到秦汉时期的成长，到魏晋南北朝时期的自觉，再到隋唐时期的勃发（可概括为“成熟”），两宋时期的繁盛（可概括为“完形”），元明清时期的多样（可概括为“变异”），近现代的演变（可概括为“转折”）和当代的演进（主体可概括为“开放”），梳理出了中华艺术发展的轨迹和各时期的主要特点。

（二）艺术学现实针对性有所加强

王德胜描述了“走向大众对话时代的艺术”倾向。他认为：艺术在当代人类审美文化实践中发生了一个根本转变，这就是，艺术活动、艺术家、艺术作品开始在日常生活层面与大众进行‘对话’。管宁从“电子传媒与大众视听文艺”角度，探讨了当代大众文化的发展，大众文化与消费社会之间的密切关联，电子传媒在消费社会和大众文化格局中的重要作用。

一些论者还进行了更实证的调研。深圳雕塑院孙振华以《画刊》（原《江苏画刊》）1986年和2004年两个年度为研究对象，来分析艺术批评的话语转化和当代艺术的社会学转型。他把这两个年度里该刊所发表的理论批评文章，通过统计、归纳、比较、分析，概括出了18年来中国艺术评论在关键词、艺术观念、关注对象、研究路数上的巨大差别。

（三）艺术学学科自觉性明显增强

张道一在多年研究的基础上，提出了“艺术学研究经纬说”。他在2005年发表的《艺术学之经》一文中，又进一步修订丰富了这一看法。他指出，“当前在艺术学研究中的一个突出的问题”是，“只有专题的、专项的、部门的研究，缺少整体的、整合的研究，到头来还是找不出艺术的共性和特点，对于若干原理性的问题无法解释”。因此，他提出理顺艺术学研究的经纬关系，以说明艺术研究的分分总总。

比较自觉构建现代艺术学大厦的，当推陈池瑜的《现代艺术学导论》（系《清华艺术学丛书》之一种）。陈著虽也没达到重构艺术学的高度，但许多论述确实令人耳目一新，像“艺术再现的审美心理距离”、“艺术的文化参与和精神审美功能”、“艺术抽象与艺术意志”、“艺术题材的功能及其现代转换”、“形象思维和语言运用的矛盾统一”等，都富有见地。或许可批评曰逻辑体系不甚严密，还有缺环，但却较少陈词滥调，表现出了研究者自觉探索构建中国现代意义上的艺术学的努力。

（四）学科内部发展不平衡

艺术学学科内部发展不平衡主要有三种情况：

一是学科布局不均衡。通常传统领域研究得比较多，也比较透彻；而一些新现象、新领域则涉猎较少，偶有涉猎也不够深入全面。比如，艺术伦理学，在社会文化和艺术大转型时期，艺术领域的道德伦理现象空前突出。尤其是艺术界大量的自由职业者出现，更给艺术伦理提出了新的要求。但艺术学界似乎对此反映比较迟钝。又如与之相关的艺术法学，文明社会的一个重要标志是高度完善的法制，艺术活动也要纳入法制轨道，艺术家也要受法律制约和保护，最典型的就是知识产权和著作权保护，近年来这方面的争议也颇多。可艺术学界至今没能提出较系统的理论，也没能有效地介入艺术法制订或调停中。易存国敏锐地意识到了这个问题，他也认为艺术法学是“一门有待建立的艺术学分支学科”，并提出了一些很有见地的构想。虽然粗略了点，但还是能给人诸多启发。也由此可见，我们的艺术学者们还有许多事情要做，有的甚至要填补空白。艺术学者们还大有可为啊！

二是各分支学科之间的“冷”、“热”反差较大。具有传统优势的音乐学、舞蹈学以及民间文艺学等，仍然徘徊不前，没有太大进展。甚至戏剧戏曲学虽有进步，但整体上仍没什么大的改观。而设计艺术学、电影电视学、美术学，乃至书法学、摄影学等与影像关系密切的学科，持续走热。这恰好也说明我们真的是处于一个“读图时代”，或更准确地说，是影像占优势的时代。而在这些相对热闹的学科中，情况也不一样，也有发展不平衡。电影学、美术学因根基深厚，所以在整个艺术学系统中都处于先锋地位，而书法学、摄影学、电视学虽然热门，但与电影学、美术学等的成就相比，还有一段不小的距离。

三是多数学科难以与艺术实践的发展相适应。虽然经过艺术学者的努力，艺术学整体的现实针对性有所加强，有一些学科，如电影学、美术学等，对相关的艺术实践也产生了良好的影响和积极的作用，但许多学科还是与艺术实践隔膜，或者井水不犯河水，对艺术实践没有指导价值，毫无权威性可言。

（五）艺术学发展的时代吁求

首先要重点突破一些关键问题。迫在眉睫的问题，是在当代艺术和艺术学发展现状的情况下，尽快廓清艺术学的主体构架、系统结构和疆域范围。在此基础上，解决艺术学与当代中国社会、文化发展的同步前行问题。中共中央提出的“科学发展观”和“构建和谐社会”等理念，是指导21世纪中国社会文化发展的根本指针，当然也是指导艺术学发展的根本指针。而对于艺术学来说，“科学发展观”和“构建和谐社会”并非外在的要求，从根本上来说，也是符合艺术和艺术学自身发展规律的。

其次是亟待解决一些薄弱环节。进入21世纪以来，艺术领域发生了巨大的变化，出现了更多的存在方式，特别消费社会、文化产业、文化市场、文化法规等对艺术有着不可估量的影响。深入这些过去涉猎不多的新领域，努力把握其中的规律，为实践提供指导或理论、法律依据，并提出处理专业艺术与大众艺术、传统艺术与新型艺术之间关系的合理方法，成为当今艺术学迫切需要研究的课题。高新科技对艺术的影响和渗透，是信息时代的一大特点，因此艺术学要关注采用非传统方式的网络艺术、新媒体的艺术、数字化声像处理技术、艺术的新材料、新工艺和艺术品新型鉴定技术等。有学者还提出了一个很好的建议：建立各门类艺术信息库，包括国内外艺术的历史与现状的重要资料的收集、梳理和编排。具体内容可分为：（1）艺术家及其生平；（2）作品文本、书籍；（3）器具；（4）声像。需要做典籍校勘与注释、概念术语及其演变的研究与诠释、版本鉴定与分类等。利用现代科技，进行数字化处理，供研究者调用。这一课题是艺术学非常重要的基础工程，也是将现代科技手段运用于艺术学领域的有效途径之一。

还要强调：要强化艺术学理论对艺术实践，乃至对文化建设和公众生活的影响力和渗透力。艺术学理论务必要与当代艺术实践保持密切的关联。同时，还要注重艺术管理学研究，尤其是新的时代条件下艺术管理体制和方式的研究。艺术教育是直接将艺术学学理成果直接转化为艺术人才培养的一个重要渠道。艺术教育是专业的艺术教育，但还要特别关注普通艺术教育。

二十二、宗教学研究发展状况

（一）宗教学理论研究

1. 根据中国社会的现实国情，从国家社会科学基金到各级社科基金都加强了对马克思主义宗教理论研究支持的力度。发表的论著有吕大吉的《宗教学纲要》、龚学增主编的《马克思主义民族宗教理论教程》和何虎生的《中国化的马克思主义宗教观研究》等等。

2. 理论研究范围的扩大。在宗教学理论研究中，一些几乎是空白的学科如宗教心理学与宗教现象学，已经开始进入了研究程序。例如，山西大学梁丽萍的《中国人的宗教心理》就是从实证出发来进行宗教心理学研究的。

3. 理论与实际结合的研究开始出现，这主要体现在宗教社会学领域。学者们关注的范围显然在扩大，例如范丽珠的《中国人的宗教性》、高师宁的《中国城市基督徒的信仰与生活》等。

（二）当代中国宗教的政策理论研究

1. 围绕“积极引导宗教与社会主义社会相适应”这个中国当代宗教政策理论研究的中心议题进行了热烈讨论。中国社会科学院、国家教委、中央统战部和中央党校等部门都设置了相关研究课题，组织了大批专业人士进行研究。有关这个专题的文章一直以来都占据着相关报刊杂志的重要位置。

2. 对宗教政策法规的探索，主要集中在对依法管理宗教事务的必要性、可能性和个别概念的讨论上，如徐季良的《困惑“宗教事务”》、段德智的《实现宗教事务管理现代化的基本方略》、刘崇顺的《宗教法规是全社会的规范》、萧汉民的《正确理解“宗教是私人的事情”》和张葆君的《宗教信仰自由与依法治教》等。

3. 在国内宗教现状方面，尽管有《信教人口因素对我国人口发展战略的影响》（世界宗教研究所向国家人口发展战略课题组提交的专题报告）等宏观调研，但大多数研究是针对特定人群或特定地区进行的专题调研。

（三）佛教研究

1. 佛教史的研究一直是我国佛教研究的重点。方立天主编的《中国佛教简史》、洪修平的《国学举要·佛卷》是这方面的代表性著作。以往颇受冷遇的南传佛教研究有新的突破。宋立道的《传统与现代：变化中的南传佛教世界》、《世界佛教》、《从印度佛教到泰国佛教》等已形成系列。

2. 禅、唯识、华严、天台、三论、净土等宗派的研究均有新成果问世。比较而言，禅宗作为中国化佛教的典型宗派，受到的关注最多，研究的深度与广度也最突出，禅宗史、禅宗思想、禅宗流派、禅宗人物、禅宗文化、禅与艺术等领域均有大批著作问世。主要成果有杨曾文的《中国佛教史论》、徐文明的《中土前期禅学思想史》、董群的《慧能与中国文化》、吴言生的禅学三书即《禅宗哲学象征》等。

3. 佛教专题研究的深入标志着佛学研究的深度和细化。有代表性的成果有黄心川的《东方佛教论》、方立天的《中国佛教散论》、周广荣的《梵语悉昙章在中国的传播与影响》、方广锠的《渊源与流变：印度初期佛教研究》、传印法师的《中国佛教与日本净土宗》等。

（四）道教与中国民间宗教研究

1. 由中国道教协会、中国社会科学院宗教所等单位联合发起的《中华道藏》首期编修工程，整理点校了明编《正统道藏》所收全部经书，对原本错漏衍讹文字作了校勘，重新分类编排；并选择部分近代发现的黄老竹简帛书、敦煌道经写本、金元藏经刻本孑遗等补入本编。全藏共收入经书1526种，约6000多万字。

2. 道教史是近年来国内道教研究的另一重点。断代史和地方史的新著，有李大华与李刚合著的《隋唐道家与道教》、福建省道教协会编《福建道教史》、湖南道教文化研究中心编《道教与南岳》等。道教哲学及思想史的研究，有孙亦平的《杜光庭思想与唐宋道教的转型》和郑开的《道家形而上学研究》等。

3. 在中国民间宗教研究上，近年来再版的论著有马西沙、韩秉方的《中国民间宗教史》和侯杰、范丽珠的《世俗与神圣——中国民众宗教意识》。

（五）伊斯兰教研究

1. 杨志玖的遗作《元代回族史稿》对元代穆斯林的到来和分布，在政治、文化领域的影响，以及元代中国伊斯兰教的教派、与中国文化的相互影响等问题作了深入细致的探讨。此外，还有周燮藩、沙秋真的《伊斯兰教在中国》对伊斯兰教传入中国到当代的历史进行了完整清晰的叙述。

2. 余振贵、雷晓静主编的《中国回族金石录》共60余万字，收集碑记440篇，时间跨度从元代到1949年中华人民共和国建立，内容涉及27个省、市、自治区。尤为可贵的是，编者对绝大多数碑记加了按语，介绍原碑树立的地点、规格及其他相关背景资料，是中国伊斯兰教研究的宝贵史料。

3. 在伊斯兰哲学思想的研究方面，近年来出版了不少新作。其中较重要的有王家瑛的《伊斯兰宗教哲学史》（1—3）、马通的《伊斯兰思想史纲》、杨捷生的《伊斯兰伦理研究》、沙宗平的《中国的天方学——刘智哲学研究》等。

4. 金宜久、吴云贵的《伊斯兰与国际热点》对全球热点地区的伊斯兰因素进行分析，系统地阐述了伊斯兰教与国际政治的关系，涉及到伊斯兰教前沿性的重点和难点问题，如伊斯兰教与国际政治、伊斯兰教复兴主义等重大理论问题。

（六）基督宗教研究

1. 卓新平主编的《当代基督宗教研究》是一套从宏观上把握和研究20世纪基督教发展脉络神髓的著作，较高地体现了国内学者现状研究的水平。卓新平已经完成并出版了其中的《当代西方新教神学》、《当代西方天主教神学》。张百春完成的《当代东正教神学》已经出版。

2. 国内学者撰写的圣经研究主要著作有梁工、郭晓霞等《诗歌书：智慧文学解读》和梁工等《律法书：叙事著作解读》、《圣经解读》等等。随着基督教研究的逐步深入和发展，关于基督教神哲学、思想和教会运动的研究成果逐渐丰富，其中既有对教会早期教父和中世纪经院哲学时期的教父的基础研究，亦包括对基督教历史的和现代的各种运动以及当代最新基督教思潮的研究。

3. 由于王志成、赵敦华、邢滔滔等人的积极翻译与介绍，中国读者对于当代英美宗教哲学界的一些主要人物的思想，基本上有了一些了解。在基督教神哲学史研究方面，教父哲学的研究是目前较“活跃”的一个领域。专著方面有陈村富主编的《宗教与文化：早期基督教与教父哲学研究》、王晓朝主编的《信仰与理性：古代基督教教父思想家评传》及其撰写的《教父学研究》等。

4. 近年来国内东正教研究的一个热点问题仍然是东正教与俄罗斯民族精神、俄罗斯文化的关联。这方面的文章主要有《俄罗斯精神内核与东正教》、《俄罗斯的东正教情结》、《东正教与俄罗斯文化》、《普希金与东正教精神浅论》、《艾特玛托夫的〈断头台〉与俄国东正教文化》、《俄罗斯东正教教堂的文化意义》等。

（七）儒教研究

许多学者在前辈学者已有的研究成果的基础上，利用考古学的持续发现，构筑中国上古历史的“物证系统”和文化形貌。李学勤在十多年前提出的“走出疑古时代”，正在转化为扎实的研究成果，如余敦康的《宗教·哲学·伦理》、邹昌林的《中国古代国家宗教研究》、李泽厚的《已卯五说》、余英时的《朱熹的历史世界——宋代士大夫政治文化的研究》、姜广辉主编的《中国经学思想史》等。

与历史的重构相对应，所谓建设性，是以现实的文化困境和社会问题为思考起点。这其中可分为三个层次：一是以现代文化与现代制度的建构为关注点。二是现代价值层面的思考，如郑家栋的《断裂的传统——信念与理性之间》等。三是来自西学背景的解读，如王庆节的《解释学、海德格尔与儒道今释》等。

（八）宗教文化与宗教艺术研究

在佛教艺术史方面，有罗炤的《试论龙门石窟等地的宝冠佛像》、柳杨的《龙门石窟维摩诘形象图像志研究》等。在佛教考古方面，有梁银景的《隋代晋冀鲁豫地区佛教石窟与摩崖龛像》、富安敦的《龙门大奉先寺的一些证据》等。在石经研究方面，则有雷德侯的《房山通理大师刻经“石类印版”与“契丹藏”的对比研究》、王振国的《龙门石窟刻经的初步研究》、张总的《〈高王观世音经〉刻印写本研究》等。

在佛教表现艺术方面，突出的成就一是对佛教仪轨与念诵的研究，成果有赖永海主编的《中国佛教百科全书·仪轨卷》、圣凯的《中国汉传佛教礼仪》等。二是对佛教音乐的整理与研究，成果如李小荣的《试论佛教音乐及其东传》和《敦煌佛曲散花乐考源》、项阳的《“释俗交响”之初阶——中国早期佛教音乐浅识》等。三是对佛教戏剧戏曲的研究，成果有康宝成的《中国古代戏剧形态与佛教》、郎樱的《西域佛教戏剧对中国古代戏剧发展的贡献》等。四是对宝卷与佛教舞蹈的研究，成果有车锡伦的专著《中国宝卷总目》、嘉木扬·凯朝的《蒙古佛教研究》等。

研究基督教艺术的最新成果包括杨周怀的《基督教音乐》、顾卫民的《基督宗教艺术在华发展史》、啸声编《基督教神圣谱》等。

二十三、民族学人类学研究发展状况

（一）学科建设

本年度民族学理论方法专著突破成果较少，乔健主编的《文化、族群与社会的反思》较为突出。该书分文化与认同、族群概念与族群关系、从乡村到城市、社会关系与行为等部分。

杨春宇《看的方式——从视觉角度解读人类学史》指出了影视人类学之外的视觉机制或“图像转向”思潮对人类学的影响。刘晓春的《在异域与本土之间——人类学视野中的文化批评》探讨了进化论、民族志、结构主义以及回归本土的人类学文化批评传统。

陈云生的《宪法人类学》、胡小明和陈华编著的《体育人类学》拓展了学科交叉的空间。

（二）民族文化保护与开发

王文章主编《人类口头和非物质文化遗产丛书》八本，分别介绍中国进入联合国教科文组织“人类口头与非物质文化遗产”名录的昆曲、古琴艺术、中国年画、少林武功、新疆木卡姆组曲、热贡艺术、藏戏和南音等8种传统艺术及其伴生文化现象。

郭淑云在《北方物候历与萨满祭祀》中提出，物候历法和季节征象是北方民族长期观察自然现象的经验总结。中央民族大学牟钟鉴教授《从宗教学看壮族布洛陀信仰》提出壮族布洛陀信仰是原生的民族民间宗教。

（三）散杂居少数民族

李明欢主编了体例新颖的《福建侨乡调查：侨乡认同、侨乡网络与侨乡文化》一书。本书分上下两编：上编“类型篇”在乡村共同体层面选择三个侨乡案例。下编“专题篇”从社会经济学及社会人类学角度对这些案例进行学理分析研究。

周大鸣的《渴望生存：农民工流动的人类学考察》用珠江三角洲的案例，探讨农民工外流对输出地的影响及农民工性别分工等内容。陈晓毅的《城市外来少数民族文化适应的三层面分析模式——以深圳“中国民俗文化村”员工为例》描述了深圳中国民俗文化村的少数民族员工在物质维度、制度维度和精神维度的文化适应状况，并提出了一个三维分析模式。张继焦的《城市中少数民族的民族文化与迁移就业》通过调查少数民族在民族文化村和民族特色企业的就业状况，指出民族文化在城市就业中的优势。

（四）民族理论与民族工作

1. 基本概念

朱伦《西方的‘族体’概念系统——从‘族群’概念在中国的应用错位说起》提出西方学界和社会公共用语中的“nation”（国族）及其派生概念“nationality”（民族）是政治科学分析单位，而“ethnos”（族种）及其派生概念“ethnic group”（族群）则是族类学(ethnology)的术语。

叶江《当代西方“族群”理论探析》提出不同观点，认为当代西方学界基本同意“ethnic group”是指拥有特定名称的人们群体，它具有真实或假想的共同祖先，享有共同的历史记忆和若干共同文化要素。将目前汉语的“少数民族”和“56个民族”都英译成为“ethnic groups”无可厚非，用 The State Ethnic Affair Commission 来翻译“国家民族事务委员会”亦无大错。

2. 和谐社会

郝时远《构建社会主义和谐社会与民族关系》指出，民主法治、公平正义、诚信友爱、充满活力、安定有序、人与自然和谐相处，是构建社会主义和谐社会基本内容。陈建樾《多民族国家和谐社会的构建与民族问题的解决——评民族问题的‘去政治化’与‘文化化’》指出，一种包容多元、融汇一体的族际关系，是维系多民族统一国家和构建和谐社会的基本前提。

3. 民族区域自治

杨临宏、刘宁《试论第四次修宪对民族法制建设的积极影响》论述了中国第四次修宪对民族法制建设的影响。陈绍凡《我国民族自治地方立法若干问题新探》对民族自治法规的报批、单行条例与地方性法规的关系、变通补充规定的定位等民族自治地方立法中的问题进行了论述。康耀坤《民族自治地方立法权问题研究》也对我国民族自治地方立法权问题作了专文论述。

4. 民族工作

李德洙《切实加强对新时期民族问题和民族工作的研究》提出要用三个眼光来观察和研究中国的民族问题：一是世界的宽广眼光，即从国际环境来观察和研究中国民族问题；二是历史的深邃眼光，即分析和处理民族问题要以史为鉴；三是全局的战略眼光。

5. 全球化与民族问题

王希恩《族性与族性张扬——当代世界民族现象和民族过程试解》指出，“族性张扬”是当代世界民族现象和民族过程的特征。戴晓东《当代民族认同危机之反思》认为，当今的全球化进程以三种要素加剧着民族认同危机：一是传统上占主流且带有浓厚种族主义色彩的同化主义；二是当下流行的讲究包容却有内在分裂倾向的多元文化主义；三是作为全球化整合力量代言人的美国化冲击。

6. 世界民族

亨廷顿在2004年出版《我们是谁——对美国民族认同的挑战》，把关注点转向美国本土的种族和文化认同危机。郝时远就此发表长篇评述论文《民族认同危机还是民族主义宣示？——亨廷顿〈我们是谁〉一书中的族际政治理论困境》。他认为亨廷顿的新作是其“文明冲突论”的“美国版”，即“文化冲突论”。

杨宁一《世界历史视野中的民族主义》认为，民族主义的特点是“强调本民族内部的同质，强调本民族与其他民族的差异，对民族的认同和忠诚，要求建立民族国家，渴望民族富强”。

（五）民族经济

本年度以民族文化为背景来探讨经济发展的论著大幅增加。西南民族大学中国西部民族地区经济发展研究中心以《民族研究文库》的形式出版了一套全面探讨中国少数民族地区经济社会发展的系列丛书。

1. 学科理论

叶坦《全球化、民族性与新发展观——立足于民族经济学的学理思考》认为目前我国民族经济研究基本上都是以“区域”而非“民族”为基点，不能凸现区域经济与区域民族经济的差异和“经济文化一体性”。王文长《论民族视角的经济研究》提出民族生存的自然环境和民族认同的文化特质构成民族经济概念的内在现实。这是民族经济学与以“经济人”为抽象分析前提的正统经济学之间的分水岭。

《广西民族学院学报》第6期发表了一组经济人类学论文，其中张有隽《论人类学的经济学》等，较有创意。

2. 畜牧经济与生态环境

乌日陶克套胡《论蒙古族游牧经济的特征》和刘明远《论游牧生产方式的生产力属性》是两篇代表作。包智明、孟琳琳《生态移民对牧民生产生活方式的影响——以内蒙古正篮旗敖力克嘎查为例》认为生态移民是一种改善民众生存质量的经济行为，但其实质仍是人与自然环境关系的调整。

3. 人口较少民族

较重要文献有王铁志《德昂族生活习俗的变迁——德昂族经济和社会发展研究报告之三》、黄润柏《毛南族的资源生态、土地制度与农民收入的变迁——广西环江南昌屯毛南族社会经济发展状况个案研究之三》等。

4. 民族地区城镇建设

周大鸣、马建钊主编《城市化进程中的民族问题研究》收录了“城市化进程中的民族问题”（2008年人类学民族学世界大会筹备委员会组织召开的系列研讨会中的第一场）会议的26篇论文，涉及到民族学、民族理论和民族经济的广泛内容。

王文长《城市化批判——走出认识误区，开拓西部城乡协调发展新格局》提出，我国理论界对城市化存在一些认识误区，主要表现在三个方面：其一是城市化滞后于工业化，即把城市化的客观过程演绎为主观动机；其二是把城市化等同于城市建设，把投资集聚演绎为政府的行为意志；其三是忽视城市化内涵的摩擦、矛盾及其代价。

（六）民族语言文字

共时描写方面，民族出版社出版的《中国新发现语言研究丛书》6部新作，研究对象为云南克蔑语、浪速语、阿侬语，西藏义都语和黑龙江满语。《民族语文》语言概况栏目中发表了一系列语言简介。朱文旭著《彝语方言学》是第一部以方言为专题的彝语研究专著。语言现象专题方面，罗安源著《松桃苗话描写语法学》是代表作品。本年度的词汇研究集中于量词、名词、动词等几个实词类别，李锦芳主编《汉藏语系量词研究》是代表作。

耿世民《古代突厥文碑铭研究》是古文字文献研究领域的重要专著。研究古文献的较重要论文有二：一是聂鸿音《西夏文藏传〈般若心经〉研究》，首次全文公布藏文《摩诃般若波罗蜜多心经》的西夏译本并对此作了详细的解读和注释；二是张铁山《敦煌出土回鹘文〈大乘无量寿经〉残页研究》，刊布了敦煌莫高窟北区出土的四件回鹘文《大乘无量寿经》残页，并对回鹘文原文作了拉丁字转写、汉译和注释，附汉语全文翻译。

二十四、边疆史地研究发展状况

（一）根据学科建设和学术研究发展的需要，推出一大批边疆史地研究项目

主要有“东北边疆历史与现状系列研究工程”、“新疆历史与现状系列研究综合项目”、“西藏通史”、“新疆通史”、“元朝边疆地区及疆域变迁研究”等，或已启动，或正按计划进行，部分项目已经顺利结项。

（二）本年度的学术研究更加深入，科研成果较为丰富

国内各院校从事边疆史地研究的专家学者在深化中国边疆历史研究的同时，更为关注中国边疆的现实问题，呈现出基础研究与应用研究相结合的特点。同时，普遍重视多学科相互交叉、相互渗透、相互交融，将历史学、民族学、考古学、法学、社会学、国际关系等学科的理论和方法相结合，推出了一大批具有重要学术价值的科研成果。据不完全统计，已经出版专著12部，350多万字；论文集4部，约160万字；译著1部，40万字；学术资料2部，约60万字；学术普及读物1部，25万字；学术论文650多篇，约600万字。其中，代表性的学术著作有李大龙的《汉唐藩属体制研究》、张植荣的《中国边疆与民族问题——当代中国的挑战及其历史由来》、马大正等的《新疆史鉴》、张云的《上古西藏与波斯文明》等。

（三）中国边疆史地研究的各个领域都取得了新的进展

1. 边疆理论的研究不断深入。2005年，我国学者更加注重对边疆理论的探讨。据不完全统计，相关的学术专著有3部，论文集2部，发表论文80多篇，在中国历史疆域的形成、与边疆相关的概念的辨析、历史政区演变、民族关系与边疆治理、藩属问题与朝贡关系、边疆教育、古代边防、中外边疆理论的比较研究等问题上都有所创新和突破。

2. 东北边疆地区的研究在2005年成果众多，古代北方民族史、历代王朝的治理政策、移民问题等成为热点。据不完全统计，国内学者出版论文集1部，40万字；发表论文100余篇，约90万字。这些论文既有宏观上的总体论述，又有对古朝鲜、夫余、渤海国和移民、历代治理政策等问题的具体论证。

3. 北部边疆史地的研究方面，国内学者本年度发表学术论文70余篇，约65万字，主要集中于匈奴史、蒙古史、历代王朝的北疆治理政策等问题。

4. 西北边疆史地是边疆史地研究的传统领域，本年度同样是成果众多。据不完全统计，我国学者出版学术专著1部，发表论文160多篇，既有对西北边疆地区与中原王朝关系、西北边疆的历史地位、西北古代民族史、西北社会史、历代王朝的西北边疆政策、近代西北开发、近代的西北考察等问题的宏观研究，又有对汉代西北地区史事、吐谷浑史、归义军问题、西夏史、清代新疆治理、新疆近现代史事等的具体论述。

5. 西南边疆（含西藏）史地研究本年度成果丰硕，有一批高水平的论著发表，出版了专著4部，论文集1部，发表论文120多篇。这些论著深化了吐蕃史、古代西南边疆（含西藏）的治理、南诏史、大理史、古代西南移民及其作用等问题的研究，并在上古西藏与波斯文明、近代日本与中国西藏的关系、藏彝走廊、20世纪上半叶的西藏、云南治理等问题上取得新的突破。

6. 东南、海疆方面，2005年国内学

者的研究也取得明显的进展，发表论文90多篇，主要集中在元明清时期广西史地、南海问题、台湾近现代史、海防、郑和与海疆等方面，南海问题、台湾史的研究又尤其值得关注。

二十五、图书馆学研究发展状况

2005年，我国图书馆学研究成果显著，继续呈现从传统图书馆学向现代图书馆学转型与过渡时期的特征。

2005年发表的有关论文，不但在数量上创新高，而且重点突出，基本上反映网络环境下图书馆学研究的变化与发展。通过这些论文，可以看出图书馆学研究出现新的整合之特点：传统观念与现代概念的整合、国际化和本土化研究的整合、技术与人文研究的整合。图书馆学研究的主题日益广泛，尤其是基础理论研究、图书馆学的基本问题、中国图书馆学本土化、图书馆精神、图书馆学的研究方法以及知识管理等问题，成为研究的热点与焦点。此外，还包括图书馆发展、当前形势下图书馆的职能定位与类型、图书馆权利与行业自律、开放存取、新的服务理念、创新服务方式、数字参考服务、知识服务、用户信息素质、图书馆管理概念、信息资源建设理论、信息组织、信息资源整合、评估以及共建共享、数字图书馆建设（包括概念研究、功能研究、体系结构及标准与规范）、元数据研究（包括格式、体系、标准和相互操作）、数字图书馆与版权、数字图书馆的安全问题、数字资源的长期保存以及数字图书馆的评价等问题。

年度纪念学者

费孝通

费孝通，著名社会学家、人类学家、社会活动家。主要研究方向为社会学理论与方法、城乡社会学、民族社会学、社会人类学、文化人类学、民族学。1910 年 11 月 2 日生于江苏吴江县城（旧属苏州府，今为松陵镇）的富家桥弄。约四岁入蒙养院。六岁入吴江县城的第一小学，后转入振华女校就读。1923 年转入东吴大学附属一中。1928 年高中毕业，升入东吴大学。1933 年毕业于燕京大学，获社会学学士学位。1935 年毕业于清华大学研究生院。同年与王同惠结为伉俪。1936 年秋抵英，师从布·马林诺斯基完成博士学业，根据其在吴江的调查结果写出论文《江村经济》。1938 年获英国伦敦大学哲学博士学位。1940—1945 年任云南大学社会学教授。1943 年，受美国政府之邀赴美访问一年。1945 年，加入中国民主同盟，积极投身爱国运动。1945—1952 年任清华大学副教务长、社会学教授。1946 年，因李、闻事件被迫离开云南，重访英国。1949 年，新中国成立，参加国内的民族工作。1952—1957 年任中央民族学院副院长、人类学教授、中国科学院学部委员。1957 年，在反右斗争中被错划成右派。1959 年，摘帽后，配合当时中印、中阿、中巴划界工作。1966 年起的十年浩劫中，受到迫害，住牛棚、下干校。1972 年回到中央民族学院，从事翻译工作。和吴文藻、谢冰心等一起翻译了两部世界史——海斯和穆恩的《世界史》、韦尔斯的《世界史纲》。1979 年起任中国社会学会会长，着手“重建中国社会学”。1980 年在美国丹佛获国际应用人类学会该年度马林诺斯基名誉奖，并被列为该会会员。1981 年在英国伦敦接受英国皇家人类学会颁发的该年度赫胥黎奖章。1982 年被英国伦敦大学经济政治学院聘为荣誉院士。1982 年起任北京大学社会学系教授。1985 年任北京大学社会学研究所所长。1988 年获联合国大英百科全书奖。1989 年被香港大学授予文学博士学位。1993 年被授予日本福冈亚洲文化大奖。1994 年被授予麦格赛赛奖，以表彰他在中国成功地将社会科学理论应用于农村经济与社会发展所作的卓越贡献。1998 年获霍英东奖金最高奖项“霍英东杰出奖”。曾担任第七、八届全国人民代表大会常务委员会副委员长，中国人民政治协商会议第六届全国委员会副主席，中国民主同盟中央委员会名誉主席。因病于 2005 年 4 月 24 日 22 时 38 分在北京逝世，享年 95 岁。

主要著作（含合著及译著）

《社会变迁　重庆》，商务印书馆

《Peasant Life in China》，London：Routledge

《Earthbound China：A Study of Rural Economy in Yunnan》，Chicago：Chicago University Press

《初访美国》，生活书店

《民主·宪法·人权——民之作》，生活书店

《内地农村》，生活书店

《工党一年》，生活书店

《美国人的性格》，生活书店

《生育制度》，商务印书馆

《皇权与绅权》，上海观察社

《乡土重建》，上海观察社

《兄弟民族在贵州》，三联书店

《China's Gentry（中国绅士）》Chicago：Chicago University Press

《工业文明的社会问题》，商务印书馆

《世界史》（上、中、下），三联书店

《访美掠影》，三联书店
《Toward a People's Anthropology》，新世界出版社
《民族与社会》，天津人民出版社
《非洲的种族》，商务印书馆
《世界史纲——生物和人物的简明史》，人民出版社
《杂写甲集》，天津人民出版社
《Chinese Village Close - up》，新世界出版社
《费孝通社会学文集》，天津人民出版社
《美国与美国人》，三联书店
《社会调查自白》，知识出版社
《生育制度——中国的家庭与社会》，东京大学出版社
《乡土中国》，三联书店
《小城镇四记》，新华出版社
《杂写丙集》，天津人民出版社
《中国农村四细密画》，日本研文出版社
《Small Towns in China》，新世界出版社
《江村经济——中国农民的生活》，江苏人民出版社
《论小城镇及其他》，天津人民出版社
《杂写丁集》，天津人民出版社
《沿海六行》，江苏人民出版社
《边区开发与社会调查》，天津人民出版社
《费孝通民族研究文集》，民族出版社
《乡镇经济比较模式》，重庆出版社
《山水·人物》，江苏人民出版社
《费孝通选集》，天津人民出版社
《费孝通学术精华录》，北京师范学院出版社
《费孝通外访杂写》，中国展望出版社
《中华民族多元一体格局》，中央民族学院出版社
《行行重行行（乡镇发展论述）》，宁夏出版社
《逝者如斯——费孝通杂文选集》，苏州大学出版社
《人的研究在中国》，天津人民出版社
《芳草天涯》，苏州大学出版社
《言以助味》，苏州大学出版社
《学术文化随笔》，中国青年出版社
《学术自述与反思：费孝通学术文集》，三联书店
《乡土中国，生育制度》，北京大学出版社
《从实求知录》，北京大学出版社

主要论文

《论中国家庭结构的变动》，《天津社会科学》1982年第3期
《家庭结构变动中的老年赡养问题——再论中国家庭结构的变动》，《北京大学学报》1983年第3期
《三论中国家庭结构的变动》，《北京大学学报》1986年第3期
《中国城乡发展的道路——我一生的研究课题》，《中国社会科学》1993年第1期
《从史禄国老师学体质人类学》，《北京大学学报》1994年第5期
《个人、群体、社会——一生学术历程的自我思考》，《北京大学学报》1994年第1期
《略谈中国的社会学》，《社会学研究》1994年第1期
《关于人类学在中国》，《社会学研究》1994年第2期
《论中国小城镇的发展》，《读书》1995年第8期
《家底实创新业——再访温州》，《瞭望》1995年第5期
《农村、小城镇区域发展——我的社区研究历程的再回顾》，《北京大学学报》1995年第2期
《简述我的民族研究经历和思考》，《北京大学学报》1997年第2期
《反思、对话、文化自觉》，《北京大学学报》1997年第3期
《我对自己学术的反思——人文价值再思考之一》，《读书》1997年第9期
《跨文化的“席明纳”——人文价值再思考之二》，《读书》1997年第10期

年度影响力学者

王宁

王宁，江苏扬州人，1955年7月22日生于南京市，1989年获北京大学英文和比较文学博士学位，1990—1991年获荷兰皇家科学院博士后基金，在乌德勒支大学从事比较文学和后现代主义文论研究，回国后任北京大学英语系副教授，1992年8月至2000年2月任北京大学英语系教授兼比较文学研究所教授、北京语言大学比较文学研究所所长、比较文学与世界文学博士点第一带头人和首席导师。现任清华大学外语系教授、英语语言文学专业博士点第一带头人和首席导师、人文社会科学学院学术委员会副主任兼外语系学术委员会主任、比较文学与文化研究中心主任、美国伊利诺伊大学杰出访问教授、国务院特殊津贴获得者。曾任美国耶鲁大学福特杰出学者讲座访问教授、杜克大学客座研究员、加拿大多伦多大学弗莱研究员、挪威奥斯陆大学易卜生研究员、澳大利亚默朵大学和皇家墨尔本理工大学访问教授等，并兼任国际文学理论学会秘书长、国际权威文学理论刊物 New Literary History（新文学史）和 Critical Inquiry（批评探索）中文版主编、丹麦 Perspectives：Studies in Translatology（视角）杂志副主编、《文学评论》等10多家中文核心期刊编委。主要学术兼职有中国比较文学学会副会长、中国中外文艺理论学会副会长等；并任国（境）内外20多所大学和科研机构的兼职教授、兼职研究员或客座教授。自20世纪90年代初以来，先后应邀赴亚洲、非洲、欧洲、北美和澳洲的30多个国家以及港台的70多所大学访问讲学、从事学术研究或出席国际会议。其中包括美国哈佛大学、耶鲁大学、斯坦福大学、杜克大学、哥伦比亚大学，英国牛津大学、剑桥大学、荷兰莱顿大学，以及加拿大多伦多大学、奥地利维也纳大学、德国哥廷根大学、比利时鲁汶大学、瑞典斯德哥尔摩大学、丹麦哥本哈根大学、挪威奥斯陆大学、日本东京大学、新加坡国立大学、澳大利亚皇家墨尔本理工大学、葡萄牙里斯本大学、意大利罗马大学等世界名牌大学。曾获得加拿大政府研究基金、诺思洛普·弗莱研究基金、挪威易卜生研究基金等国际知名奖项，在国内也获得第九届中国金鸡百花电影节优秀学术论文奖等多种奖项。曾多次在国内主持国际学术会议，并3次在国际比较文学协会年会上主持专题研讨会或圆桌会议。独立承担或主持国家社会科学基金项目《翻译研究的文化转向》、国家教委留学人员基金项目《二十世纪西方文艺思潮研究》、国家教委人文社会科学九五规划1997年度专项任务项目《后现代主义文论研究》、加拿大人文社会科学基金重点项目《全球化与自主性》、挪威外交部—奥斯陆大学项目《易卜生与中国》、美国福特基金会—耶鲁大学重点合作项目《比较文学与全球化》等。主要著作有《比较文学与中国当代文学》（1992）、《深层心理学与文学批评》（1992）、《多元共生的时代》（1993）、《比较文学与中国文学阐释》（1996）、《后现代主义之后》（1998）、《中国文化对欧洲的影响》（1999）、《比较文学与当代文化批评》（2000）、《二十世纪西方文学比较研究》（2000）、《文学和精神分析学》（2002）、《超越后现代主义》（2002）、《全球化和文化研究》（2003）、《全球化、文化研究和文学研究》（2003）、Globalization and Cultural Translation（2004）、《神奇的想像：南北欧作家与中国文化》（2005）等；编、译理论著作和文学作品20余种；此外，在中国大陆和港台、英国、美国、法国、加拿大、日本、荷兰、丹麦、奥地利、葡萄牙、古巴、巴西、匈牙利、意大利、德国、印度、南非、挪威、新加坡、埃及等国家的70多种期刊或文集中发表中英文论文400余篇，内含英文论文60篇，其中21篇收入国际权威检索数据库A&HCI（艺术与人文科学论文索引），少数论文被译成意大利文、德文、丹麦文、西班牙文和韩文。

王宁的学术研究和影响力主要体现在3个方面。

1. **个人研究著述**：作为中国当代最早从事精神分析学、后现代主义、后殖民主义和文化研究的学者之一，王宁在这四个领域内被公认为是国内学者中著述甚丰且影响最大者之一，并在国际学术界有着广泛的影响，被国际学术界认为是中国学术界在这四个领域内的主要发言人。其创新之处体现在创造性地将西方的理论应用于中国文学和文化研究，并在此基础上对西方理论进行质疑甚至重构，打破了西方中心主义的思维模式，最终对西方学者也产生了一定的影响。由于他的主要论文大多用英文撰写并发表于国际权威刊物，因而引起了国际学术界的瞩目，截至2005年底共有21篇论文收录A&HCI（艺术与人文科学论文索引），是这一国际权威数据库所收论文最多的中国人文学者之一，少数论文还被译成西班牙文、德文、丹麦文、韩文和意大利文，广为学者们参考和引用，在把中国文学和文化之成果推向世界并为世人所知方面作出了突出的贡献。最近五年来，王宁专攻全球化与文化问题研究，率先将全球化理论引入中国的文化和文学研究界，并用英文撰写了多篇论文，直接与国际同行平等对话，其中这方面的论文有5篇收录A&HCI，两篇被著名的全球化研究专家罗兰·罗伯逊等主编的六卷本专题研究文集《全球化：社会学的批评概念》（Globalization：Critical Concepts in Sociology）收入，2003年由英国路特利支出版社出版。该文集收入125篇论文，王宁是唯一入选的亚洲学者，而且是少数入选两篇论文的学者之一。自2005年，应罗伯逊和肖尔特的邀请，王宁参与他们主编的《全球化百科全书》（Encyclopedia of Globalization）的编写和审稿工作，负责人文科学部分，组织了近40个条目，其中有10多个条目由他邀请中国学者撰写，他本人也亲自撰写了3个条目：比较文学、翻译、东方主义。该百科全书将于2006年12月由路特利支出版社出版。关于中国人文社会科学研究的国际化，王宁认为，一方面要努力用英文撰写论文在国际人文社会科学权威期刊上发表，以便对西方学者产生影响，但另一方面，针对目前国际学术界实际上存在的英语霸权主义，他也十分注重汉语在全世界的普及，认为在全球化的语境下，汉语必将成为世界上第二大学术语言，因此编写一部汉语文学史将是中国的文学研究者所义不容辞的责任。在他的努力下，中国的文学和文化研究学者在国际学术界的声音越来越令人瞩目。

2. **学术领军才能**：作为国际文学理论学会的主要创始人，王宁于2000年和欧、美、澳等地学者共同创办了国际文学理论学会，并在中国北京举行了第一次国际文学理论大会，为使中国的文学理论研究得到国际认可作出了突出贡献。他还以秘书长的身份主持了学会的日常工作，主编学会的中文会刊《文学理论前沿》，开了中国人文学者创立国际学术社团之先河。在著书立说的同时，王宁还十分关注自己所在大学的学科建设，并取得了令人瞩目的成就：继2000年在北京语言大学全权领导并组织实施比较文学与世界文学专业博士点的申报工作并获得成功之后，2003年又作为清华大学外语系学术委员会主任和首席学科带头人，全权领导并组织实施了英语语言文学专业博士点的申报工作，并使之一次性获得成功，从而开了我国人文学者领衔横跨两个一级学科先后成功地申报两个二级学科博士点并获得成功之先河。在博士点申报成功后又亲自主持制定了博士生培养方案，并为提升该校外国语言文学学科整体水平作了大量的工作。

3. **学术声望和组织才能**：由于王宁的国际性学术影响和声望，他为中国的学术界与国际学术界的交流作出了重要贡献。这一点具体体现在两个方面：主持国际权威文学和文化研究刊物《新文学史》和《批评探索》中文版的编译工作，为及时地引进西方最新文学和文化理论做了大量的工作。此外，他还十分注重把中国的学术研究推向世界，为此，他以清华大学外语系的名义和丹麦哥本哈根大学翻译研究中心合办了国际翻译研究的权威刊物《视角：翻译学研究》，先后编辑了3个关于中国翻译思想研究的专辑，刊发了10多位中国学者的论文，从而使中国的翻译研究率先进入国际学术前沿。最近5年来，他先后依托清华大学外语系这个平台，主持承办了高层次的国际学术会议10多次，其中在国内外产生较大影响的学术会议或论坛有第三届中美比较文学双边讨论会、清华—哈佛后殖民理论高级论坛、清华—牛津世界英语高级论坛、全球化与文化论坛、易卜生与中国：走向一种美学建构国际研讨会、批评探索：理论的终结国际研讨会等。为中国的人文社会科学研究走向世界进而扩大其在国际学术界的影响作出了重要的贡献。

年度影响力学者

易宪容

1958年出生于江西上高。1982年考入上海华东师范大学，在1986年、1989年分别获得上海华东师范大学学士和硕士学位。1989—1994年在湖南师范大学工作。1994年入中国社会科学院研究生院财贸系学习，1997年获得博士学位。1997年7月—1999年9月进入中国人民大学经济学博士后流动站工作。1998—2000年到香港大学经济金融学院跟随张五常教授学习与工作3年。1999年7月曾到台湾清华大学做访问研究。从1998年起为国际新制度经济学学会会员。现为中国社会科学院金融研究所金融发展室主任。著有《现代合约经济学导论》、《交易行为与合约选择》、《科斯经济思想研究》、《金融市场与制度选择》、《现代经济学入门》（合著）、《金融市场的合约分析》、《经济学与经济的迷思》、《金融市场的震荡与发展》、《经济繁荣与权力运作》、《行为金融学》、《现代金融理论前沿》、《香港的强积金制度研究》、《银行改革的徘徊》等书 。

2005年，易宪容以对房地产泡沫的强烈批评引起学界、政界、地产界的广泛关注。

附：

易宪容：中国房地产存在泡沫是不争的事实

http://house.sina.com.cn 2005年06月22日11:13《蓝筹地产评论》 从去年开始，大家就一直讨论房地产是否过热，是否存在泡沫。这种讨论已经到了比任何话题更热门的地步，因为房地产问题不仅仅关系中国未来经济的发展，关系到产业的发展，而且关系到每家每户的生活问题。国民经济最根本的问题不在于钢铁、电力，而在于房地产业的发展。2004年宏观调控如何，就看房价的变化。房价是宏观调控的风向标。2004年《房地产要挟着宏观经济》引起了2004年房地产泡沫的大争论。国家要求相关的政府部门对房地产问题进行相关的检讨，进行实地研究。“中国房地产不存在泡沫”和现实情况有一定差距。

房地产肯定是2005年政府十分关注的大问题之一。央行解读出台相关政策来调整房地产市场过热的状况。房地产是否泡沫、是否过热已经没有可争论的了。

在北京，统计数据显示北京房价上涨了3.7%。可事实上北京四环以内的房子房价上涨的幅度上升了30%。目前中国的大城市房价肯定面临比较大的问题，房价正常来说应该至少下降50%，四环路内应至少下降20%—30%。从土地需求来讲，只是少数地方和少数城市的需求趋紧，在西部有大量的土地可以建造房子，只不过看我们的公共交通如何延伸。目前只是少数几个城市房价出现了一些比较大的问题，我们也不能用平均价格来讨论房价。最近来讲：央行的调整，我们的反映为何如此激烈？为何各种观点会如此冲突？按照经济的发展来讲，利益已经出现了很大的分化。

房地产问题关系到每一个人的生活问题。香港最近来讲，上两个星期各调整一次利率，对美国来说，从去年下半年，利率进行了7次调整，而这两地民众没有如此强烈的反应，他们已经习惯了市场化。在我们国内来讲，由于利益的分化，很多民众根本没有进入到市场，所以对央行经济政策的调整表现出很大诧异。无论是买过还是没有买过房的民众，他们不会从自己的角度来思考自己的利益是如何被政策影响的。央行对利息的调整最核心的东西并不在于0.2本身，而在于央行利息的变化告诉民众和企业：房地产市场的变化，央行会用利息的变化来调整，民众一定要把利息风险考虑进去。

我做了简单的调查：80%—90%的民众从来没有把利息风险考虑进去。利率变化以后，大家才发现最基本最核心的问题没有被考虑。利率的调整肯定是必然的事情，从这推广到市场经济里面去，利息是租金的价格，通过利息机制来发生作用，如果利息没有变化，我们的资金价格应如何来界定？利息的调整对富有的人的影响不会太大，而却把中低薪的民众排斥在市场之外。在利息调整之前，开发商有个概念：房子主要是给富人做，利息调整后，开发商才把目光转移到中低收入民众，并利用民众这种舆论来要求政府、要求央行不要调节房地产政策。

利息是我们房地产市场最敏感最核心的问题，利息的变化决定房地产需求的变化，在利息调整比较快的情况下，房价调整是必然现象。当利息调整大于10%的时候，房地产市场肯定会出现大的变化。利息的调整，肯定是调整房地产市场的最主要的重要手段之一。最好的工具，是保证房地产市场平稳发展。

在中国目前情况下，利息情况没有选择，央行应设计多种利息的选择标准。利率的变化就是整个租金市场价格机制的变化。对中低收入的民众来说，他们如何去购房，政府应该制定一些优惠利率。把住房这种产品和其他产品完全区分开，保证低收入民众进入市场。对银行改革来说，近年来发展的速度相当快，也有一定成效，但是也存在短期化，这是相当严重的事情。从2002年开始，政府有规划，希望国有银行贷款率每年降低3—5个百分点。银行为了能把信贷规模扩大，就个人信贷方面，短短的几年增幅就达到了17000亿元人民币，增长幅度从1998年到现在增长了40倍。个人只要买房子，银行甚至不管申请人收入水平和未来就业状况如何，为了让个人买房子贷款，更有甚者教民众怎么去作假。因为银行只要在几年内房价不降下来，贷款规模就能扩大。这次利息调整最得益的可能是银行，但如果房价有变化，今后风险最高的也可能是银行。上海的房价的上涨，不是由于境外资金的注入，而是由于银行的资金充斥着房地产开发的各个环节。上海人基本上每个人都在炒作房地产，就像炒股票坐庄一样。房地产市场利率的变化，可能是今后房地产市场的重头戏。民众和开发商一定要把风险利率考虑周全。

第一编

学科发展状况

经济学

综　述

2005年中国经济学研究综述

一、政治经济学研究状况

2005年，中央实施马克思主义理论研究和建设工程的“马克思主义政治经济学教材编写课题组”，在继续讨论、修改和完善教材提纲的同时，与有关大学和研究机构合作，在全国召开了7次专题研讨会。包括：4月在华中师范大学召开的“市场经济中的政府职能”研讨会；4月在复旦大学召开的“马克思主义政治经济学基本理论问题”研讨会；5月在福建师范大学召开的“经济人假说”研讨会；7月在西安陕西师范大学召开的“马克思主义政治经济学方法论”研讨会；10月在厦门大学召开的“国际价值理论”研讨会；11月在中国人民大学召开的“马克思主义政治经济学与中国的发展道路”研讨会；12月在华南师范大学召开的“当代资本主义经济现状和发展趋势”研讨会。这些研讨会推动了马克思主义政治经济学相关理论问题的深入研究和探讨。

2005年，政治经济学领域还围绕马克思主义政治经济学的指导地位、产权理论与国有企业改革、“三农”中的土地制度、关于“经济人”假说等问题展开了讨论。

（一）关于马克思主义政治经济学的指导地位

刘国光于2005年7月15日谈经济学教学和研究中的一些问题公开发表后，引起广泛反响。其撰文就政治经济学教学和研究中存在的一系列重大问题发表了看法，主要内容为：（1）当前在经济学教学与研究中西方经济学的影响上升，马克思主义经济学的指导地位被削弱；（2）造成这个状况的内部原因，是高等院校经济学教育方针不明确，西方经济学教材大量流入，教师队伍、干部队伍存在问题，领导权存在问题；（3）在意识形态领域存在两个相互联系的倾向性问题；（4）要正确处理马克思主义经济学与西方经济学的关系，只能有一门基础经济理论，即马克思主义经济学；（5）要正确对待西方经济理论和新自由主义经济学；（6）经济学教育既是意识形态的教育，也是分析工具的教育；（7）关于经济学的国际化与本土化的问题；（8）中国的经济改革与发展应该以马克思主义经济学为指导；（9）关于克服经济学领域一些倾向性问题的意见。刘国光的文章在经济学界引起热烈讨论，对此，余宗言在《学界对刘国光〈谈经济学教学和研究中的一些问题〉一文的反映综述》中，进行了详细的综述。

（二）产权理论与国有企业改革问题

2005年，国企改革问题继续受到广大政治经济学领域和微观经济学领域研究者们的关注，相关研讨提升到基本理论层面。

王振中在《对产权理论若干问题的全新探讨》中，对产权概念作了细致考证，指出马克思和恩格斯才是使用property rights概念进行经济研究的奠基者。正确理解和把握property rights一词需要避免两个偏向：一个偏向是对property含义的狭隘理解。Property一词决不仅仅指私有财产（private property），也包括公有财产（public property）和特有财产（separate property）。那种认为只有将财产权利还原为个人权利，才能找到建立真正产权制度起点的观点不仅是片面的，而且是有害的。另一个偏向是，忽视“所有权”在“产权”中的核心地位。在讲“产权”概念时，一方面我们不应否认“产权”范畴比“所有权”范畴大，另一方面也不应否认“所有权”才是根本。

苏星在《论维护公有产权制度》中，赞成使用“产权”范畴，但认为应当以马克思主义经济理论为指导，建立适合中国情况的公有产权制度，不能照搬西方国家的模式。因为，西方经济学一般是不承认公有产权制度的。马克思没有为我们准备现成的公有产权理论，我们只有通过国有企业体制改革，创造和积累经验，并且吸收西方产权理论中对我们有用的东西，才能逐步形成中国特色的社会主义公有制产权理论。

杨瑞龙在《产权的排他性、可转让性与我国现代产权制度的建立》中指出，为了建立完善的社会主义市场经济体制，必须明确产权关系，即以资产来界定当事人占有稀缺资源的权利。只有这样，才能构建具有充分活力的微观基础和公平竞争的市场秩序。要把国有企业改造成自主经营、自负盈亏的市场竞争主体，就必须抓住产权关系明晰化这一改革的

"牛鼻子"。产权明晰化是现代产权制度的核心，要实现产权明晰化，必须实现产权的排他性、可分割性、可转让性和有效保护。而我国当前国有企业的低效率，是由于国有企业还远没有建立起现代产权制度，公司治理结构还存在着种种缺陷。为此，国有企业改革要实施分类改革的战略，构建国有产权有进有退机制，重点构建所有权退出机制和企业控制权退出机制。

林毅夫、李志赟在《中国的国有企业与金融体制改革》中则认为，国有企业问题的根源在于它承担着社会性和政策性负担，由此带来了国有企业的预算软约束问题和"自生能力"问题。只有消除国有企业的社会性和政策性负担，让企业具备自生能力，国有企业改革才有可能取得真正的成功。

中国社会科学院经济研究所微观经济研究室的《20 世纪 90 年代中国国有企业的民营化演变》，基于几次大型问卷调查的数据，对 20 世纪 90 年代国有企业产权改革的背景、方式、特点和问题进行了全方位的描述和分析，为了解这种改革的来龙去脉提供了丰富的资料和系统的分析。

（三）土地制度问题

农村、农业、农民问题，始终是关系我国经济社会发展的重中之重。在近年来城乡差距不断扩大的形势下，"三农"问题引起了专家学者越来越多的关注，其中土地制度是一个讨论热点。

温铁军在《中国"三农"：值得深思的三大问题》认为，在一定资源约束下要素变动形成的制度是结果，而不是前提。在我国城乡二元结构很难在短时间内消除的基本国情下，不要轻言农地私有化。我国现在的城乡差别几乎是世界之最，但却没有像其他远比我们资源条件好的国家那样出现动乱，基本原因在于我们没有去动农民的地权。已经进城的一亿四千多万农民工，一遇到经济危机，是最没有社会保障的，如果这些人在农村有块土地，他们的生活就基本稳定，这是一种制度约束，而主要不是伦理的、感情的约束。

周天勇的《农村的土地资源、技术、规模和土地制度》比较了我国农村土地制度改革的不同方案，认为，农村集体土地不论是以何种时限实行私有化，都会带来农村土地利益格局剧烈变动而导致的社会动荡，风险极大，是不可取的改革模式。

周其仁的《农地产权与征地制度》研究了我国城市化过程中农地转让权的一些政治经济学问题，指出，"土地涨价归公"是错误的，它忽略了农地之主对土地增值的一项重要贡献，那就是"放弃"农地的使用权。倘若不放弃土地使用权，工业家、地产开发商、城市规划官员们看中的"位置"，增值就无从谈起。放弃一项权利会有代价。可以寻找一组经济损失最小的政策，来处理农地转让遇到的种种复杂问题，其中一条就是，承认农户承包经营土地的完全转让权，包括为农业用途和非农业用途转让承包土地的权利；农户在非农用地市场转让土地经营权，在符合土地利用规划和土地用途管制的前提下，可以自愿选择各种合约形式和开发方式。

（四）关于"经济人"假说的讨论

近年来，一方面是由于国际上行为经济学和实验经济学的发展，对"经济人"假说提出了具有重大意义的挑战；另一方面也是出于建立自己的经济学之需要，引起了国内学术界对人性行为假说的思考。2005 年 5 月在福建师范大学召开的"经济人"假说专题研讨会，将"经济人"假说的研究推向一个高潮。

在批判经济人假设方面，较新的研究动向是引入实验经济学的某些成果。阮青松、余颖和黄向晖撰文：《关于经济人假设的实验经济学研究综述》，通过对实验经济学中的"单方指定博弈"（dictator game）、"最后通牒博弈"（ultimatum game）、"信任博弈"（trust game）等研究成果的介绍，得出结论：在"经济人"假说中，"自利假设"和"理性假设"等，与人们的真实行为模式存在着系统偏差。

针对有关经济人假设的各种批判，杨春学在《经济人的再生：对一种新综合的探讨与辩护》一文中对经济人假设的类型、适用范围、局限性给出了一种较系统的解说。通过对"经济人"标准原形和其他变型的分析，指出，只要涉及个人利益计较的所有行为领域，经济人模式肯定是最强有力的分析工具，虽然它不能揭示出这类行为的全部内容，但可以揭示出其最本质的行为特征。同时，也分析了经济人假说的局限性，认为，"对于无需运用明显的奖罚机制维系的行为，经济人抽象确实会显现出力不从心的弱点，甚至成为最拙劣的过度简化"。此外，杨春学构建了一个超越利己与利他的"私人偏好"效用函数，把"对他人福利的关心"也纳入该函数中，从而将利他偏好内生化，以此解决长期以来关于"经济人"是一个完全自私的人的误解。

叶航、汪丁丁和罗卫东在《作为内生偏好的利他行为及其经济学意义》中指出，桑塔费学派的最新研究结果表明，人类有相当一部分带有利他倾向的行为，是无法用亲缘利他和互惠利他的机制来解释的。这就使经济学家仍然面临这样的问题：利他行为演化均衡的微观基础是什么？导致自身适应性降低的利他行为如何才能在严峻的生存竞争中对利己行为保持相对优势，从而使自己得到进化？他们的研究证明：一个利他者的生存适应性不仅取决于与自私者的个别交往，也取决于与其他利他者的交往。由于这些交往更容易达成合作，从而使双方享受到合作剩余。因此，只要这种剩余足够大，就能弥补利他者损失的进化优势。也就是说，如果不是孤立地考察利他行为和利已行为，而是在合作及其剩余的框架内对这两类行为进行综合考察，则利他行为完全能够通过整体间的补偿机制来体现出相应的进化优势。

二、微观经济学研究状况

2005 年，在微观经济研究领域，主要研讨的问题有：

（一）企业发展的制度环境问题

企业发展，尤其是中小型企业的发展，与社会制度环境的关系问题，成为 2005 年企业研究中的一个热点，出现了一批引人注目的研究报告。李涛撰文《政府管制、法治、银行发展与中小企业发展》，实证检验了政府管制措施、法治和银行业的发展程度对世界各国中小企业发展程度的影响，他们发现，以案件审理司法程序的正式性来衡量的法治水平，对中小企业的发展有着积极稳定的作用，而初始的经济发展水平，包括准入管制、劳动用工管制、征信管制以及退出管制在内的政府管制措施，以及银行业的发展水平和结构，对中小企业的发展有着不稳定或不显著的影响。研究结果支持了中小企业发展的“法治论”，而否定了“政府管制论”和“银行发展论”。

夏立军、方铁强撰文《政府控制、治理环境与公司价值》，在研究政府控制、治理环境与公司价值关系的时候，用市场化指数、政府干预指数、法治水平指数反映各地区治理环境指数，选择托宾q值为因变量，进行单元和多元回归分析。其结论强调了治理环境的改善对公司价值具有较大的正面影响，其中又以法治水平的影响较之市场化程度和政府干预程度的影响更为显著。

（二）股权激励及上市公司问题

上市公司的机理机制问题一直是微观经济研究中的一个热点。2005年，这方面的研究成果依然不少。

郑志刚撰文《股权激励：能否构成股东价值最大化原则的挑战?》，得出了与利益相关者认为的“股权激励是对公司治理传统的股东价值最大化原则的挑战”所不同的结论，认为，由于在实现时机和承担风险等方面的显著差异，股权激励不能简单等同于产权安排，从而并不能构成对股东价值最大化原则的挑战。

张宗新、张晓荣、廖士光在《上市公司自愿性信息披露行为有效吗？——基于1998—2003年中国证券市场的检验》中，运用经济主体行为最优化与信息经济学方法，对新兴市场中上市公司自愿性信息披露行为动因及其披露机制进行分析，发现：（1）中国上市公司的自愿信息披露倾向逐年提高；（2）规模大、效益好的上市公司自愿披露信息的倾向较强；（3）公司治理指标对自愿披露信息倾向的解释效果并不显著；（4）具有外资股的上市公司自愿性信息披露动机明显较强。

苏冬蔚撰文《多元化经营与企业价值：我国上市公司多元化溢价的实证分析》，通过实证研究，证明了我国上市公司存在多元化溢价现象，认为多元化战略可以提高上市公司的市场价值，并将其解释为价值高的企业更倾向于实施多元化经营，以及在我国上市公司中存在较高运作效率的内部资本市场。

（三）关于公司治理的研究

2005年，公司治理问题仍然是微观经济研究中的热点之一。国内的主要经济学期刊中，几乎每一期都会有一篇甚至多篇有关公司治理的研究报告。值得注意的是，在2005年，这方面研究出现了若干新特点：（1）广泛使用经济计量模型进行定量分析，研究的实证性大大加强；（2）紧扣中国企业制度变革的实际，改革对策研究的倾向比较明显；（3）研究公司治理的角度趋于多样化。

胡一帆、宋敏、张俊喜在《竞争、产权、公司治理三大理论的相对重要性及交互关系》中，采用中国5大城市700多家公司的调查数据，以公司绩效为函数，分别考察了竞争要素、产权要素和公司治理要素对公司绩效的定量影响，发现：产权和治理要素与公司绩效关系依然显著，但竞争要素效果不明显，而且发现竞争与产权要素、产权与治理要素之间存在一定程度的替代关系。

李维安、张国萍在《经理层治理评价指数与相关绩效的实证研究》中，从任免机制、执行保障制度以及激励约束机制三个维度，17个方面，设计出上市公司经理层治理评价体系，通过主观赋值和客观赋值相结合的方法，构造了一个适用于经理层评价的上市公司经理层治理指数。他们发现良好的经理层治理水平会对公司绩效产生显著正面影响。

（四）民营企业研究

民营经济已是中国经济中占有举足轻重地位的组成部分之一。关于民营企业的研究也是微观经济研究中的一个持续热点。近几年，对家族企业的研究受到了越来越多的关注，出现了一些较有份量的成果。储小平在《家族企业的成长与社会资本的融合》一书中，一改以往家族企业研究偏重于文化学、社会学角度的倾向，从社会资本、人力资本、社会网络资本和社会文化资本的角度，系统地研究了中国民营企业经营家族化的特点、原因和发展趋势。李欣椿、张书军著书《家族企业：组织、行为与中国经济》，聚焦于家族企业的组织特点和行为特点，以及家族企业与中国经济发展和转型的关联，指出：实践的发展显示，家族企业仍然作为一种重要的企业组织形态存在着，并且也没有丧失其市场经济力。没有理由相信，世界上成千上万的家族制企业是选择了一种“非科学的”、“无效率的”的组织形态。家族企业与一定的社会条件相联系，在一定社会条件下，它们是科学的，有效率的。

三、宏观经济学研究状况

进入新世纪之后，新时期的新问题在挑战宏观经济理论的同时，也为宏观经济学的发展提供了新的动力。2005年，宏观经济学领域研讨的主要问题有：

（一）“十一五”规划与中长期经济增长研究

2005年恰逢“十五”计划的最后一年，也是酝酿出台“十一五”规划的关键年。因此，关于“十五”总结及“十一五”展望便成为宏观经济学领域讨论的一个重头。由马凯主编的《十一五规划战略研究》，集数百名权威专家学者的智慧，对“十一五”规划的战略问题作了全面探讨。中国社会科学院首届“中国经济论坛”于2005年10月22日在人民大会堂开幕，会议论文收入《“十五”计划回顾与“十一五”规划展望》。与会代表在工业化与城市化进程中的主要矛盾、产业结构升级、经济周期波动、三农问题，以及外资外贸问题等方面作了充分讨论，并对未来的发展提出了建设性意见。

21世纪的头20年，对中国而言，是一个必须紧紧抓住并且可以大有作为的重要战略机遇期。由王洛林主编的《中国战略机遇期的经济发展研究报告（2005—2020）》，对“十一五”时期以及未来中国经济的增长源泉、战略选择与政策支持作了全面、充分的研究。全书共包括9个报告，报告一：未来中国经济周期波动分析；报告二：中国工业发展战略研究；报告三：中国农村改革与发展模式的转变；报告四：全球化条件下中国金融业的战略调整；报告五：战略机遇期的中国服务业发展研究；报告六：人口转变与经济增长可持续性；报告七：中国经济增长分析与战略研究；报告八：战略机遇期的城市化战略与政策支持；报告九：战略机遇期的中国企业发展环境研究。这些针对现实问题的前瞻性研究报告，对于推进新世纪的中国改革开放和现代化建设事业，全面建设小康社会，具有重要的理论意义和现实意义。

关于经济增长方式转变，在制定“九五”计划时就曾提出，但执行效果并不好。张卓元在《深化改革，推进粗放型经济增长方式转变》中指出，转变不理想的根本原因在于体制保障没有跟上。因此，在“十一五”时期，要实现增长方式转变，必须推进以下改革：深化价格改革，要点是使生产要素和资源产品价格能反映资源稀缺程度；转变政府职能，政府从经济活动的主角转为公共服务型政府；改革干部政绩考核和提拔任用体制；深化企业改革特别是国有企业改革，形成转变经济增长方式的微观基础。为了保持中国经济的长期稳定增长，中国社会科学院经济研究所经济增长前沿课题组的《国际资本流动、经济扭曲与宏观稳定》，从我国所面临的国际资本流动新格局（大量非 FDI 流入）出发，研究了带“扭曲因素”的国际资本流动与宏观经济稳定模型，提出：必须尽快完善针对非 FDI 的监控体系，矫正各种经济扭曲（要素价格扭曲、优惠政策引起的扭曲、市场不完善引出的扭曲、政府隐性担保等），促使宏观调控模式由数量型向价格型转变。

（二）经济周期研究

自 2003 年 11 月中央经济工作会议首次使用“经济周期”概念以来，周期理论的研究再次成为我国宏观经济领域的一个重要研究内容。2005 年 5 月，中国社会科学院经济研究所、《经济研究》编辑部、国家社科基金重大项目“社会主义市场经济中经济周期基本理论和实践研究”课题组，共同举办了全国性的“经济周期研讨会”，进一步深化了经济周期的研究（参见这次研讨会的论文集《中国经济周期研究报告》）。与会专家学者着重探讨了新中国成立以来十个经济周期的波动状况及改革开放前后的比较，特别是探讨了社会主义市场经济体制条件下经济周期波动形态的新特点、形成机制的新特点、经济增长的适度区间、经济波动的未来趋势，以及与经济周期波动密切相关的财政政策、货币政策、汇率制度、房地产等问题，以不断提高各种宏观调控政策的稳定功能。与会专家学者还以各种经济模型和经济计量方法，具体而深入地、定性分析与定量分析相结合地探讨中国经济周期波动的各种重要特征及其成因，进一步提出宏观调控的改进思路。

（三）经济形势分析

2003 年下半年至 2004 年上半年，在中国经济增长加速中，关于中国经济的冷热之争激烈地进行了一年。2004 年下半年至 2005 年 3 月，争论有所喘息。2005 年 4 月之后，争论再起，到 7 月又达到一个新的高潮。刘树成在《中国经济冷热之争再起——2005 年上半年经济形势分析》中指出，如果说上一次争论的主要焦点是中国经济是否出现过热，那么，这次争论的主要焦点则是中国经济是否正在趋冷。

首先，美国摩根士丹利全球首席经济师史蒂芬·罗奇在《假如中国减速》，中提出，“中国经济在年内有很大可能将进一步减速”。并说：“在过去 8 年，经常有人预言中国增长后劲不继，事实证明看法错误。在追求增长的世界里，目前大部分人都相信中国的繁荣会持续下去。然而今天，中国要避免实质性的减速将比以前更为困难。世界需要认真考虑这样的一个可能性了。”接着，国内经济学家激辩我国经济走向，如申屠青南、王子芳撰文《经济学家激辩我国经济走向，宏观调控应不应放松》；李爱明、王擎撰文《20 学者激辩 4 小时：预测我国经济增速有减缓趋势》，其中，一部分学者认为，我国经济正在走向通货紧缩，2005 年第 3、4 季度居民消费价格将出现负增长；另一部分学者则认为，2005 年我国经济运行将呈现高增长、低通胀的特点。后来，罗奇又发表文章《对中国经济减速的错判》，坦诚承认自己原先的预测错了。他说：“期待已久的中国经济放缓并没有出现。在过去的一年里出现过一些短暂的停顿期，但是并没有出现我所预测的大幅度的周期性下滑。”

刘树成、张晓晶、张平在《实现经济周期波动在适度高位的平滑化》中提出，要谨防新一轮经济过热和防范国际外部冲击。该文指出，就近期的一至三年看，有几件“大事”，如 2006 年开始实行第十一个五年规划，2007—2008 年党政换届，2008 年奥运会等，所有这些因素集中起来有可能推动经济增长的新一轮“大起”。该文强调指出，经济的大起大落，要害在于“大起”。为了防止 2006—2008 年经济的“大起”，以及避免随后 2009—2010 年可能出现的“大落”，必须保持清醒的头脑，防患于未然。

（四）重化工业发展之辩

2005 年，关于中国是否进入了新的重化工业发展阶段的争论继续进行。大体有三种看法：

一种看法认为：从全国情况看，各地都在大干快上重化工项目，经济结构是在向重型化发展，这不是在走新型工业化道路，而仍属“旧型工业化道路”。现在要加快发展的，不是重化工业，而是知识含量高的现代生产性服务业，参见吴敬琏文《谨防结构调整中出现片面追求重型化的倾向》及著作《中国经济增长的抉择》。还有学者如林毅夫在《目前的重工业热不符合中国国情》中指出：中国经济近两年来加速重工业化并不像许多人以为的那样，是中国经济发展到了某个阶段，产业升级自然带来的结果。产业结构当然会不断升级，但这一轮重工业化应该讲还是有点走进了岔路。目前这一轮重工业热不符合中国经济与社会发展的需要。中国劳动力过剩，应当更关注劳动密集型而不是资本密集型产业的发展。

第二种看法认为：中国经济正在进入一个适应居民消费结构升级需要、以市场为基础、技术含量和附加价值逐步提高、可持续性较强的新的重化工业发展阶段。这样的特征并不是随机和短期的，而具有中长期意义，参见刘世锦《我国进入新的重化工业阶段及其对宏观经济的影响》。也有学者如厉以宁在《重型化是中国经济必经阶段》中指出，重化工的发展阶段确实存在。在借鉴西方国家发展经验的时候，小国可以跳过重化工发展阶段直接以发展新兴技术为主，但是大国必须建立自己的工业体系和工业基础，因此重化工阶段不可逾越。但在重化工的发展过程中，要加强技术创新，减少能源消耗。还有学者如樊纲在《中国要努力发展重化工业》中认为：我们不能超越重化工业发展阶段，我们要发展重化工业来创造就业，解决中国的发展问题。

第三种看法认为：中国加快重化工业发展是一个客观的要求，但并不意味着从劳动密集型工业向资本密集型的重化工业，再向技术密集型的高技术产业梯度转移和上升的历史过程。中国生产力发展不平衡性，劳动密集型、资本密集型和技术密集型三个不同的产业都有一定的地位和比重。用一句简单的话说“中国进入了重化工业加速发展的阶段”，这是不准确的，容易引起误解，应该说三种不同的产业在中国都有发展和增长的空间，参见吕政：《“重化工业化”道路与南北经济转型之辩》。有学者如赵国鸿在《“重化工业化”之争与我国当前的产业政策导向》中指出：由于我国技术、经济环境的变化，产业发展出现了新的现象和趋势，但“重化工业化”已难以概括这一现象和趋势。我国当前工业发展阶段不应称作“重化工业化”，而是高加工度化、技术集约化。

四、收入差距问题研究状况

（一）关于收入差距的国际警戒线问题

目前，我国学术界关于收入分配差距的基本状况具有一定的共识，即目前全国居民收入的基尼系数应已超过0.45。国际上一般把基尼系数0.4作为收入差距是否过大的警戒线。为了使我国的收入差距控制在合理范围内，一般主张应当尽量把基尼系数控制在0.4以内。对此，有学者如赵人伟在《收入分配、财产分配和渐进改革》中提出不同看法，认为我国是一个幅员辽阔、人口众多、均质性很低的社会，客观上容许有较高的基尼系数，不必机械地、死死地守住0.4这条线。但突破这条线后，究竟放松到什么程度比较合适，需认真研究。

（二）收入差距扩大原因的探讨

一种观点认为，中国居民收入差距主要由城乡二元结构导致，收入差距扩大不是市场化改革造成的，而是因为市场被扭曲、改革不到位和社会保障机制不配套，参见李实：《11.8：1解码收入差距》及《收入差距扩大不是市场化的错》。

第二种观点认为，中国居民收入差距主要是由于体制造成的。有学者如樊纲在《政府要在有限的资源条件下缩小分配差距》中认为，中国收入差距拉大的阶段可能很长，这主要是由于体制原因造成的。缩小收入差距的关键是根除体制弊病。

第三种观点认为，中国收入分配差距的不断扩大是由于经济发展战略选择方面没有遵循相对比较优势的道路。有学者如林毅夫在《经济发展战略与公平和效率》中提出，亚洲四小龙等以外向型经济发展为特征的新兴工业化经济，在收入分配的公平程度没有恶化甚至有所改善的同时，获得了快速的经济增长；而拉美国家以及印度等奉行进口替代以及重化工业优先发展的国家，不仅经济增长绩效差强人意，而且收入分配状况也日益恶化。一个经济体的收入分配状况与其经济发展战略有内在的联系。收入分配公平程度的提高过程，本质上就是经济地位低下的群体提高其在全社会相对经济地位的过程。而要提高他们的经济地位，惟一可持续的途径就是给予他们就业机会。一个国家和地区如果按照比较优势发展，收入增长和分配两个目标是可以同时达到的。如果那样就会造成大量的就业机会，能创造相对公平的机会。

第四种观点则认为，收入分配差距的不断扩大是由于市场机制的极化作用不断增强导致的。一些学者如杨宜勇、顾严、李红梅在《我国收入分配问题及“十一五”时期的对策》中认为，市场机制在配置资源方面应该发挥基础性的作用，但它不是万能的。在我国27年的市场化进程中产生了不少问题。其中一些并非市场导致的，需要进一步完善法治才可能根本解决。而另一类则是市场本身造成的问题，如我国生产函数中资本要素的效率提高速度远远高于劳动要素的效率提高速度。而因为市场本质是要效率的，则如果仅用效率这个惟一的目标来排斥其他社会目标，就会发生收入分配的极化问题。这些都属于市场机制本身造成的问题，需要政府去调控和纠偏。

五、中国经济史研究状况

2005年，中国经济史学的研究，承继近年来选题细密化与研究方法多样化的趋势，又有新的发展。对近世中国经济发展模式的研究，以及对环境史-经济史的研究，成为本年度的亮点。

（一）近世中国经济发展模式的选择与实践

伴随学界对中国现代化问题研究的深入，一些学者尝试打破人为设定的近、现代史界限，把中国自鸦片战争以来的经济发展视为中国现代化进程的重要内容，对近世中国经济发展模式的选择与实践进行了研讨。2005年8月在南昌召开的“近世中国发展模式选择与实践”国际学术研讨会反映了这一趋势。研讨会上，有学者提出，这一演变过程大致可以分为四个转型阶段：即1840—1911年为第一个阶段，其特点是在基本保持中国传统政治和文化的前提下实现工业化和市场化；1911—1949年为第二个阶段，特点是在外忧内患的形势下，想通过学习西方资本主义制度，来实现中国社会的重新整合和工业化；1949—1978年为第三个阶段，特点是通过革命，建立起强大的政府主导型工业化体制和实行非均衡赶超发展战略；1978—2005年为第四个阶段，特点是通过市场化来推进工业化，实现社会经济的均衡发展。也有学者认同近世中国经济发展经历四次经济模式选择，但认为四次模式选择的时段与内容有所不同：即1860—1927年间的“西方自由资本主义经济模式”、1927—1949年间的“国家资本主义经济模式”、1949—1978年间的“传统社会主义经济模式”和1980年前后至今的“中国特色社会主义经济模式”。这四次经济模式的选择，均在承传前人经验教训的基础上递进式前行，并在新世纪初致力于选择具有生态文明内涵的新型经济发展模式。研讨会上，也有学者指出近世中国经济发展模式选择中存在的问题，认为最严重的问题是自晚清以来，逐渐积攒下来的、在社会上下都普遍存在的“现代化焦虑症”。而1978年改革开放以来，这种“现代化焦虑症”并没有得到缓解，而且还有一定程度的加重。这不仅仅反映在领导者和经济建设方面，而且反映在各个阶层、各个行业、各个领域。急功近利、好大喜功、互相攀比和浮燥心理，已经成为一个不容漠视的社会精神疾患。这给中国社会实现全面、协调、可持续发展带来了巨大障碍。

（二）环境史视野与经济史研究

环境与经济发展是21世纪的热点问题，受到学界的广泛关注。有的经济史学者如魏华仙、黄进华在《“环境史视野与经济史研究”学术研讨会综述》中，试图借鉴国外环境史的分析模式，解读中国历史上的“天一人”关系，对中国经济发展与自然环境的关系作了有益的探讨。研讨会上，有学者提出，环境史把人与自然结合起来进行总体的动态考察，具有革命性意义，使史学的发展获得了新的增长点。在环境史视野中观察经济史，可在一些重大问题上，如自然对经济活动的参与，人类对自然环境的应对，资源供给的有限性和消费需求的无限性的矛盾等方面，加深或刷新我们的认识。有学者在环境史视野下考察中国经济史问题，提出：中国封建社会的两个不计成本，即封建王朝为了维护统治不计成本，老百姓为了传宗接代不计成本，导致土地被过度利用，进而造成生态环境变迁，灾难频频。

有学者如张家炎在《环境、市场与农民选择》中提出，应区别“环境”与“生态”。环境主要指地形、地貌、水系、土壤等自然条件，生态则包括环境及与之相关联的社会经济结构与人类活动。这种体系定义为生态系统，其中环境与人及社会经济结构间种种相互作用的复杂关系则定义为生态关系。该文批评斯密与舒尔茨在研究经济问题时只考虑市场，而忽视环境因素，不能合理地解释有关的经济现象。作者以汉江平原为案例，揭示了环境因素对农民经济行为的“驱动”作用，认为：在清代及民国时期的江汉平原，农民的确介入市场，但这种介入并非决定于回报，更多决定于环境的宏观变迁。当地农民进出市场或是否与市场联系，同市场驱动没有必然的联系，他们更多考虑的是尽量适应环境、降低风险的效用最大化选择。因此在许多情况下，江汉农民选择某种作物或谋生方式，主要是应对多变而脆弱的环境，以确保维持生存。

六、中国现代经济史研究状况

（一）纵跨近现代、纵跨改革前后的专题经济史研究

2005年，中国现代经济史研究领域在专题研讨、资料发掘的基础上，随着视角的拓宽和思路的深化，纵跨近现代、纵跨改革前后的专题经济史研究成果多了起来。

有学者如许毅在其主编的《从百年屈辱到民族复兴——新中国外债与中国特色的社会主义》（中国外债史第四卷）中，从外债和财政的角度，探索1840—2003年我国的经济史。其中，对中苏之间的经济信贷关系、改革开放以来的外债举借、外资引进、外债管理制度及效益作了系统阐述，对社会主义与资本的关系问题提出了独到的见解。

还有学者如赵凌云在《中国共产党经济工作史》中，系统阐述中国共产党80年来经济工作的历史，从经济决策方法、经济动员方法和经济组织方法等方面进行了探讨。

有学者如武力在《中国现代化进程中的政府经济职能转换》中，探讨了改革开放前后政府职能的特点。1949—1978年，国民收入积累和政府投资达到很高程度，经济效益却没有达到预期的目标；实现了低水平的社会保障，保证了高积累下的社会稳定。1978年以来，政府经济职能的转变分为两个阶段：第一个阶段实行放权让利，逐步放松对整个经济的行政控制；第二个阶段从1992年至今，改革国有经济，转变政府经济职能。

也有学者如董志凯在《我国中长期规划指导思想的演变》中，对我国已经实施和正在实施的十个五年计划进行了探讨。这十个五年计划经历了两种经济体制。计划经济时期的五个五年计划，总体具有优先发展重工业、建立与形成单一公有制和计划经济体制，突出国防建设、注重区域均衡布局的特点；改革开放以来的五个五年计划，突出了经济社会通盘计划，强调了经济增长的质量和效益。

（二）对1949—1978年中国经济史研究的新进展

2005年，对新中国成立后，至改革开放前的中国现代经济史的研究在多个方面广泛展开。

对于20世纪50年代经济体制与建设投资的研究方面取得新进展。有学者如庞松在《陈云与二十世纪五十年代中国的经济转型》中，回顾建国初期陈云以解决民生、稳定市场为要务，坚持统筹兼顾、各得其所的办法，适时地对社会利益关系进行动态调整，为保持城乡经济生活基本稳定下推动经济转型做出了独特的贡献。也有学者如晓亮在《重新肯定“公私兼顾、劳资两利”原则》中指出，“公私兼顾，劳资两利”在建国初曾经极大地促进了国民经济的恢复和发展。还有学者如徐建青在《“一五”时期的投资与制度变革》中认为，“一五”期间我国资源供求状况及其配置方式发生巨大变化，与这一时期的投资过热和经济波动存在必然联系。

对于这一时期有关农业、农村和农民问题的研究继续进行。有学者如杜润生在《邓子恢：中国农村变革的先驱》中指出，土地改革结束后，毛泽东主席按照40年代以来形成的新民主主义理论，设想在新的历史条件下逐步过渡到社会主义。据此，邓子恢提出买卖自由、雇佣自由、借贷自由、租佃自由。1953年，毛泽东否定建国后存在新民主主义社会形态，导致中国农业合作制经济的发展受到严重挫折。还有学者如徐海亮撰文《“三五”至“五五”期间的水利建设经济效益》，王韩民、吴振鹏、倪文进撰文《小水利关乎大农业》，于文善、胡亚魁撰文《建国以来淮河流域水患灾害及其治理》，对这一时期的水利建设史进行了研究，并且指出：第三到第五个五年计划时期水利建设的经济效益在传统农业水利史中是最辉煌的阶段，其中江苏、山东、湖北、河南、湖南五个水利大省和安徽具有代表性。

对这一时期金融史的研究继续展开。有学者如高晓林撰文《上海私营工商业与人民胜利折实公债》，赵学军撰文《陈云与1955年人民币新币的发行》，研究指出：1950年的人民胜利折实公债，是新中国发行的惟一一次折实公债，是稳定金融物价的重大举措。1955年的新币发行，在100天内风平浪静地大幅提高单位货币价值，是由于陈云在确定新币币值、新旧币兑换原则、指导铸印新币等方面实施了正确决策。关于农村私人借贷问题，有学者如苏少之、常明明在《建国前后人民政府对农村私人借贷政策演变的考察》中指出，从土改到农业集体化高潮，中国政府对农村私人借贷政策，是从废除封建性高利贷，到提倡借贷自由、利率由借贷双方自定；再到制订利率标准、在不同地区实行区别对待；最后又批判借贷自由，加快实现农业集体化，以从根本上解决农民生产生活的困难。

关于这一时期的中外经济关系，陈东林在《20世纪50—70年代中国的对外经济引进》中指出，改革开放前，中国的经济引进曾经有过三次高潮：“一五”计划时期引进苏联援助的“156项”重点工程，70年代初期向西方国家引进成套技术设备的“43方案”，1978年签订对外引进22项重点工程的“78计

划”。国际国内背景的巨大变化是三次引进的指导思想、对象、手段、规模有显著不同的主要原因。

（三）对1978年以来中国经济史研究的开拓

随着时间的推移，研究改革开放的学者已经从理论和对策圈，延伸到经济史领域，而且亲身参加改革决策的领导者成为一种中坚力量，其成果展示了深刻生动的经验教训。

在改革开放以来宏观调控史的研究方面，有学者如房维中在《20世纪80年代中国经济的发展历程和陈云的经济指导思想》中指出：在20世纪80年代的调整、高涨、再调整过程中，陈云强调，国民经济能做到按比例发展就是最快的速度。也有研究如陈锦华：《从实行宏观经济调控到“软着陆”成功》及《读〈薛暮桥回忆录〉》，国家统计局课题组：《四次投资过热的经验和教训》，指出：薛暮桥关于1985—1988年宏观失控的分析十分深刻和富有现实意义。其中，1985年实行“双紧”政策正确、及时，但是下面追求速度的倾向十分强劲。1986年初，宏观调控政策发生动摇。曲折的教训说明，宏观调控政策应该有力坚定。20世纪90年代以来，中国政府的宏观经济政策经历了三次较大的调整。目前，抑制部分行业投资增长过快，减缓物价上涨压力，对保持经济平稳较快发展而避免大起大落起了作用。

在改革史的“三农”问题研究中，有学者如张文礼的《改革开放以来“三农”政策的创新与发展》，王景新的《我国村域经济初现“三足鼎立”新态势》，指出：农村转轨发展26年，形成三种经济实体。（1）农户家庭经济继续维持村域经济主体的地位；（2）以行政村、组为单位的传统集体经济组织继续发展，在东部及一些发达村域，集体经济能力逐年增强，发挥重要作用；（3）新型合作经济组织（股份合作企业、合作与合伙企业）及私营企业等在村域内异军突起，其资本积累和收入能力已经正在赶上或超过农户，逐渐成为村域经济中最具活力、最强大的支柱和主体。

在改革史的国有企业改革与民营企业发展的研究中，有学者如汪海波在《中国国有企业改革的实践进程（1979—2003年）》中提出：1978年以来，国有企业改革大体经历了三个阶段：（1）扩大企业自主权；（2）在一定程度上实现所有权和经营权的“两权”分离；（3）建立现代企业制度。每个阶段都取得了相应成果，也产生了新的矛盾和问题，直到今天国企改革并没有真正、完全到位。尚存4个深层次矛盾：（1）国有经济布局和结构不合理的状况尚未根本改变；（2）现代企业产权制度尚未建立，产权界定、产权配置、产权流转、产权保护四大产权制度尚未落实；（3）改制不够规范，存在违规操作及“官商联手”；（4）理顺劳动关系与追求社会稳定之间存在矛盾。

（胡家勇 裴小革 杨春学 韩朝华 张晓晶 刘霞辉 魏众 刘兰兮 董志凯）

学术成果·著作

财富与发展——《资本论》与现代经济学理论研究

（裴小革 江苏人民出版社2005年版）

财富和发展理论作为经济学的重要部分，总是在一定时期为适应一定社会人群的需要而产生和发展的。我国的财富和发展理论，应该研究中国现代的实际问题，解释现代中国的经济现象，有益于中国财富的保护和增长，服务于中国最广大人民实现共同富裕和全面发展的根本利益。《资本论》和西方经济学之间的区别，不是古典和现代的区别，而是研究起点和研究方法的区别。我国面临的最重要任务是协调社会各阶层人民的利益关系，克服资本主义市场经济贫富两极分化的弊端。在社会主义市场经济体制下发展经济，以《资本论》为精髓的马克思主义经济学，才是我们创新发展现代经济学有关财富和发展理论的更重要的理论基础。对于财富和发展研究来说，它具有比西方经济学更具包容性的理论框架。

西方经济学的人力资本理论，论述了对人的能力的物质投入对于个人收入增加和经济发展的作用。在《资本论》理论的基础上创建人力财富理论，则可以表明人的全面发展不仅是增加收入的手段，而且也是我国发展经济要达到的最终目的。人力财富的发挥对于一个国家其他财富的发展具有决定性的意义，但人力财富的壮大只有在一定的制度环境下才能成为可能，这就要求社会主义计划经济必须向社会主义市场经济转型。

增加社会财富，发展我国经济，是我国面临的最紧迫任务，也是我国现代经济学必须研究的核心问题。在这个问题上，《资本论》所阐明的劳动价值论为我们的研究提供了十分重要的理论基础。财富增长必然导致资本积累。西方经济学一般把资本定义为适用于一切社会和时代的生产工具。《资本论》则认为资本既有适用于一切社会的自然属性，又有仅适用于不同时代和社会的不同社会属性。从中国改革和发展对经济学基本理论的需要来看，资本和资本积累的这两种属性都需要我们结合我国的实际来研究，创新发展适用于我国社会主义市场经济的资本和资本积累理论。

财富增长和资本积累，总是在一定的产权关系中进行的。对产权关系的研究，应建立在劳动价值论基础上，可以提出自卫性个人产权和侵略性个人产权、虚构集体产权和真实集体产权、政府国家产权和企业国家产权等范畴，运用劳动价值论对如何处理中国社会主义市场经济中的各种产权关系问题做出探索。同时，《资本论》及其劳动价值论，为分析收入与效率的关系提供了科学根据。依据这种理论可以看到，在决定经济效率和经济发展的生产力的诸多因素中，劳动者的劳动是惟一能动的要素，是起决定作用的主体力量，而其他要素归根到底只有从属的或受动的意义。根据这个事实，可以把劳动与其他生产要素区别开来，提出按劳动贡献分配为主和其他生产要素参与分配的收入分配原则。

西方经济学不把财富观问题作为经济学的研究内容，它的各种理论虽然也涉及对人的研究，但用“经济人”假定回避了不同时代、不同社会、不同个人财富观的差异及其作用问题。《资本论》则没有回避这些问题，它为我们创新现代经济学的财富观理论，提供了重要的方法论基础。《资本论》是一部依据唯物史观揭示经济发展动力根源的著作。《资本论》有关论述表明，技术进步、知识、剩余劳动力、人力财富、企业家创新等等，最终都要在广大劳动者的劳动中才能发挥出推动经济发展的实际作用。社会各阶层的劳动者都有能力从事创新劳动，他们的创新劳动都可以对我国的经济发展产生重要的影响。中国经济的快速发展最根本的动力就是要发挥各阶层人民的积极性和创造性，用多元创新劳动让社会财富的各种源泉充分涌流。

[裴小革，1956年生，中国社会科学院经济研究所研究员，《资本论》研究中心主任，政治经济学研究室副主任。已出版著作6部，合著2部，参著近20部，参编教材3部，参译著作2部，其中有些成果获得过党和政府的重视、资深专家的好评和省部级奖励。还曾在1996年中国社会科学院第二届“优秀青年”评选中荣获提名奖。

通信地址：北京市阜外月坛北小街2号
中国社会科学院经济研究所
(100836)

电子信箱：pei－xg@163.com]

马克思经济思想的当代视界

（顾海良　经济科学出版社2005年版）

《马克思经济思想的当代视界》一书，是由我国一批知名中青年学者担纲的“马克思主义理论研究和建设工程”经济学系列丛书首批4本之一。该书较为全面系统地研究了马克思经济思想的形成、发展及其历史背景，并力图通过深入把握马克思经济学的基本原理，帮助读者正确理解19世纪40年代以及此后的40年间马克思实现的经济学科学革命的意义，进而充分认识一个半世纪以来马克思主义经济学所体现的科学精神的基础。

该书呈现的研究风格和特点如下：

一是多维架构的思想性。在马克思看来，经济学作为一门“历史的”科学，其基本原理的科学意义完全根植于社会经济关系变化的现实之中。这些基本原理和主要理论观点包括政治经济学的研究对象和研究方法、经济学结构和体系、社会经济发展基本形态、商品经济一般规律和资本主义商品经济、劳动价值理论、剩余价值理论、资本主义积累的一般规律和贫困化、资本的循环和周转、社会资本再生产和经济危机、资本主义的发展阶段和历史进程等内容。全书牢牢遵循马克思的基本态度，从历史、理论和社会经济关系现实变化的结合中，探寻经济科学及其基本原理的时代意义，形成理解和把握基本原理的多维视界，使研究架构出高度的历史纵深感、深厚的理论凝重感和强烈的时代使命感，产生注重历史、理论和现实相结合的丰富的立体思想性。

二是打破陈规的创新性。马克思从来就认为，对基本原理的理论探索和运用可以概括为两个过程，即基本原理的产生是一个思维对具体现象的抽象过程，基本原理的运用是一个思维抽象还原于现实并对现实做出阐述的过程。在这两个过程中，尤以科学原理还原于现实的过程，有着更为复杂的规定性。这就是说，当人们对基本原理所得出的那种社会历史条件有了更为科学的认识和更为广泛的理解的时候，原先的基本原理的结论也要做出相应的变化和修正。这种变化和修正从一定程度上讲就是对原有理论的创新。全书的研究特点就是密切关注经济关系和经济过程的新发展，不断丰富和创新马克思经济学已有的理论结论和基本科学原理，体现出勇于创新的理论品质。

三是紧跟时代的发展性。马克思把一切经济范畴和经济规律看作是社会经济关系的理论表现，并深刻阐述了经济范畴和经济规律的特定的历史性和社会性，这不仅把经济学与其他一些学科区分开来，而且还克服了以往的经济学，特别是在马克思那一时代已陷入困境的西方主流经济学研究中的非社会性和非历史性的错误倾向。马克思对创立政治经济学理论的重要贡献之一，就是对当时主流经济学家否定经济范畴的社会性、历史性的观念作了深刻的批判。离开经济范畴和经济规律的历史性和社会性，就可能对马克思经济学的科学原理做出教条式的理解，也就可能窒息马克思经济学及其基本原理的生机与活力。全书紧紧围绕经济范畴和经济规律的历史性和社会性，始终扣住时代发展的主题，从社会经济关系新的实际出发，不断破除对马克思经济学的“教条式”的理解，呈现出与时俱进的发展性。

四是追求真理的科学性。马克思经济学的科学原理是同马克思经济学的科学精神联系在一起的，在不同的历史环境中得出的应该是不同的社会发展理论，因为面对相似的事变，由于所处的历史条件不同，最后的结果可能完全不同。在马克思经济思想发展中，特别是在马克思晚年经济思想发展中，时有马克思对归于他名下的经济学偏颇观点的纠正，也时有对强加于他的错误观点的批驳。由于马克思经济学的科学原理同它的科学精神是相联系的，所以对科学原理的理解就包含着澄清附加在马克思经济学名下的一些偏颇的甚至是错误的观点。《马克思经济思想的当代视界》一书积极弘扬理论探究的科学精神，站在科学研究的客观立场上，力图澄清附加在马克思经济学名下的各种偏颇理解和错误观点，反映了不懈追求真理的科学性。

全书内容共分为十章。第一章回顾了马克思经济思想的历程。第二章论述了经济学研究的总体方法及其当代意义。第三章阐述了马克思经济学体系的演化及其当代意义。第四章研究了西方学者对马克思经济学结构的争论及意义。第五章论述了劳动价值论上的科学革命。第六章阐释了经济科学上的伟大发现。第七章研究了经济学视野中的科学技术革命。第八章论述了对市场经济的探索及其现代意义。第九章探索了未来社会的演进与人的全面发展。第十章论述了马克思经济思想在西方的发展及其时代命运。

该书的出版有助于读者用现代的眼光去解读《资本论》等一系列马克思经典著作，破除对马克思经济学的“教条式”理解，澄清强加在马克思经济学名下的各种偏见和误解，发现其科学价值和时代意义。它的出版将使读者领略到当代中国政治经济学研究的最新发展，也必将带领研究者进一步拓展马克思主义理论研究的广度和深度。同时，该书的出版还对强化马克思主义政治经济学在我国高等教育领域的主导地位具有十分重要的意义。

［顾海良，1951 年生，经济学硕士，现任武汉大学党委书记，教授、博士生导师。发表学术论文近 300 篇。出版和翻译著作 10 余部，其中《画说〈资本论〉》获 1996 年“五个一工程”奖，《世界市场全书》获 1996—1997 年度中国图书奖，《邓小平的经济思想》获普通高校第二届人文社科优秀成果二等奖，《马克思主义劳动价值论的历史与现实》获 2004 年湖北省第四届优秀社科成果一等奖。］

马克思劳动价值论的继承与发展

（逄锦聚等　经济科学出版社 2005 年版）

《马克思劳动价值论的继承与发展》运用马克思主义政治经济学的唯物辩证分析基本方法，从时代和实践的要求出发，对继承和发展马克思劳动价值论涉及的一系列重大理论和实践问题，进行了创新性研究，提出了一些对丰富和发展马克思主义政治经济学，指导我国社会主义市场经济发展，具有重要参考价值的新的理论见解和政策建议。

该著作共分为 8 章，主要从以下几个方面深化对马克思劳动价值论的认识和研究：第一，进一步阐发了马克思劳动价值论的基本内容和新的历史条件下继承和发展马克思劳动价值论的根本任务，既深刻把握和继承其实质，又与时俱进；第二，对价值创造、价值形成与财富创造等基本范畴再界定，对价值形成、价值创造进行了独到的阐释；第三，在对马克思的生产劳动理论的来源和基本内容进行梳理的基础上，对生产性劳动与非生产性劳动进行再探讨，拓宽了对社会主义条件下生产性劳动界定的理论范围；第四，在对中外有关理论进行评论的基础上，论证了科学技术、经济增长和价值创造的关系；第五，对两类不同的分配理论——马克思政治经济学的分配理论和西方经济学的分配理论进行了较深入系统地比较和评述；第六，在明确了剩余劳动和剩余价值在社会主义条件下的一般性和特殊性的基础上，进一步探索了社会主义条件下是否存在剥削问题；最后，该书对我国现阶段的收入分配和由此引致的社会阶层的变化进行了实证的分析。

该书坚持以马克思主义历史唯物主义、辩证唯物主义的世界观和方法论为指导，从实践出发，解放思想，实事求是，坚持真理，坚持科学，对马克思劳动价值论做到了三个坚持和三个发展。三个坚持是：坚持抽象劳动、活劳动创造价值的基本观点；坚持除劳动以外的其他生产要素在财富创造中也起重要作用的观点；坚持劳动者付出劳动创造价值之后要得到应有报酬，其他生产要素对创造财富做出了贡献也要得到报偿的观点。三个发展是：马克思关于只有生产物质财富的劳动才是生产性劳动，只有生产性劳动才创造价值的观点需要发展；马克思关于剩余价值是资本主义特有的范畴，体现资本主义生产关系的观点需要发展；马克思关于社会主义按劳分配的观点也要发展。

该书作为比较系统研究马克思劳动价值论的成果，在全国引起了广泛关注和强烈反响。该著作纳入“马克思主义理论研究和建设工程”经济学系列丛书出版后，于2005年9月17日在京隆重举行首发式，中央宣传部、教育部、新闻出版总署、中央编译局、北京大学、人民大学、社会科学院、国家计委宏观经济研究院等近百位领导、专家、学者出席了首发式及座谈会。与会专家学者给予了该丛书高度评价，认为丛书的出版对于马克思主义经济学的发展和我国的现代化建设具有重要意义，丛书“坚持与时俱进，妥善处理继承与发展的关系”、“适应实践发展要求，妥善处理理论与实践的关系”、“展现马克思主义经济学的开放性，妥善处理马克思主义经济学与西方经济学的关系”、“立足国情，立足当代，以深入研究马克思主义基础理论和重大现实问题为主攻方向”，“既有利于为整个国家的改革开放和现代化建设提供科学的理论支持和服务，更有利于对高校的人才培养、教学科研提供正确的理论指导”。

［逄锦聚，1947年生，教授，博士生导师，“中国市场经济”国家哲学社会科学创新基地首席专家，教育部人文社会科学重点研究基地南开大学政治经济学研究中心主任。近两年出版著作6部，发表论文10余篇。其中，主编的《政治经济学》，获2005年第五届国家级教学成果一等奖，合著的《社会主义经济学通论》2001年获第四届国家级教学成果二等奖。］

市场化与基层公共服务供给

——西藏案例研究

（王洛林　朱玲等　民族出版社2005年版）

该书是中国社会科学院课题组三年多的一个工作成果。中国社会科学院藏族聚居区社会经济发展研究课题组由王洛林主持，成员分别来自经济所、社会学所、法学所、世界经济与政治所、少数民族研究所和宗教所。2000—2001年，课题组做过云南藏区发展研究；从2002年起，开始执行西藏研究项目。2003年7月至8月，课题组在拉萨城区、工布江达、拉孜、江孜、亚东、乃东和当雄县展开调研工作。调研得到中央有关部门和西藏自治区各级政府、村委会和受访农牧民的大力支持，还得到曾任自治区党委书记的中国社会科学院院长陈奎元同志的帮助。因此，调研工作进展之顺利远远超出了预期。

课题组的研究主题是市场化进程中基层公共服务的调整和发展。迄今为止，国外的藏学研究，集中于政治、历史、文化和宗教领域。对西藏现实的研究，则多半由于作者或者缺少实地考察或者自身充满偏见而使信息的客观性大打折扣。他们对西藏的兴趣，更多地是聚焦于这片具有战略地位的土地，而不是生活在这片土地上的百姓。尽管极少数国外人类学家并非如此，他们在西藏做过扎实的田野工作，所发表的论著内容饱满且注重事实，但是他们几乎没有关注市场化进程对公共服务筹资、供给和可及性的影响。国内现有的西藏现实问题研究，多从施政机构的视角出发去观察现状；或者从研究者的理想概念出发，站在西藏社会之外去评点现实。《市场化与基层公共服务供给》一书的作者们则试图从生活在西藏的普通老百姓的视角，考察在社会经济转型的过程中，他们的基本物质和精神需求所发生的变化。更重要的是要了解这些变化着的需求哪些已经得到满足，哪些还没有得到满足；分析没有满足的需求中，哪些可以由不断完善的市场机制供给，哪些可以由政府直接提供或者购买的公共服务供给，哪些可以动员蕴藏在民间的社会资源和基层非正规组织资源来提供。总之，西藏人民的物质精神文化生活状况，是评估西藏社会经济发展政策的基本尺度。

该课题研究方法的一个特点是从多学科角度进行案例研究。课题研究者们期望，课题组的研究结果能够服务于西藏人民物质精神文化生活的改善。正因为如此，他们将进藏调研获得第一手资料及由此引出的分析和讨论视为珍宝并展示给读者，希望能以此丰富读者对西藏社会、经济和人文现状的了解。

［王洛林，1938年生，中国社会科学院学术咨询委员会主任、教授。朱玲，1951年生，中国社会科学院经济研究所副所长、研究员。黄平，1958年生，中国社会科学院美国研究所所长、研究员。夏勇，1961年生，中国社会科学院法学研究所所长、研究员。李实，1956年生，中国社会科学院经济研究所研究员。魏众，1968年生，中国社会科学院经济研究所研究员。路爱国，1949年生，中国社会科学院世界经济与政治研究所研究员。李涛，1971年生，中国社会科学院办公厅副研究员。尕藏加，1959年生，中国社会科学院世界宗教研究所研究员。扎洛，1969年生，中国社会科学院民族研究所副研究员。周济，1955年生，中国社会科学院经济研究所科研处处长、副研究员。

通信地址：北京市阜外月坛北小街2号中国社会科学院经济研究所（100836）

电子信箱：kyc－jjs@cass.org.cn］

现代财富论

（刘诗白　三联书店2005年版）

我国经济学界多年来着重于价值理论的研讨，很少涉及财富理论的研究。《现代财富论》超越了传统分析模式，是一本以财富的性质、结构、源泉，加快财富创造的体制，机制与规律为主要研究内容的财富理论专著（全书40万字）。这一研究为发展中国理论经济学开拓了新的视野。该书写作历时15年，是作者改革开放以来的一项重要学术成果，一些国内学者称该书是立足于高科技时代的新国富论。该书的主要内容如下：

第一，分析阐述了现代财富结构的多样性质。（1）高科技时代的财富由物质财富、服务财富、精神财富、自然财富等所组成。（2）服务财富和精神财富快速增长，逐渐成为社会总财富的主导形式。（3）知识和科技密集型财富的出现、大规模生产和对传统财富替代的加强；（4）对自然财富的维护和创新愈加成为财富生产的重要内容。

第二，分析阐述了现代社会财富源泉的多样性。（1）在高技术时代，劳动仍是财富的始源。由于生产要素多维化，劳动力、工具力、对象力、科学力、管理力、环境（生态）力等成为生产过程的因素和社会财富的源泉。（2）科学越加广泛和深入地合并于生产过程之中，科学力成为现代财富形成的主要动因。（3）全面建设小康社会，要大力推进增长方式的转换，使财富创造主要依托于科学力，有效地发挥科技在财富创造中的功能。（4）自然财富，包括自然物质、自然力、生态、环境、气候，它不仅是创造社会财富的物质基础，而且，自然本身也是人类的财富。在特定生产力水平下，自然财富是一个有限存量，财富生产中的自然物质耗损与自然财富有限存量的矛盾，从来是社会生产固有的一般矛盾，工业化、现代化过程中的环境生态资源耗竭与危机是这一矛盾的激化形式，它要求人们大力寻找和节约自然以及维护环境、生态的经济模式，中国尤其要走一条物质文明、精神文明、生态文明并举的新型发展道路。

第三，分析阐述了当代最新的财富生产方式——高科技生产方式。（1）20世纪末以来，以信息技术为代表的高技术日益被广泛使用，成为新的物质技术基础，引起了生产方式，生产组织的新变化和传统工业经济向高技术经济的转换和升级。高技术带来了大规模的现代财富的创造和社会财富的快速积累。（2）高技术经济产生的知识基础是近代特别是工业革命以来的自然科学的快速发展，特别是20世纪的相对论，量子论、生物基因论等自然科学的重大突破，导致20世纪中后期技术科学的快速发展。技术科学知识的积累引发了信息、生物、航天、海洋、新材料等高技术发明及其向现实生产的转化。（3）在发达商品经济时代，市场性经济体制和机制是推进技术科学知识和技术发明转化为现实生产的主要力量。（4）当代出现了现代知识生产，包括自然科学和社会科学的科学知识生产以及文化、精神生产，知识生产成为现代财富生产的重要内容。在发达商品经济条件下，一部分知识生产成为商品生产和从属于市场机制。市场机制一方面有力地驱动了科学知识的进步和创新，另一方面由于市场失灵，出现了市场驱动的知识生产畸化等负效应。我国应搞好体制创新，实行商品性知识生产和产品性知识生产并举，促进知识生产快速、健康发展。

第四，分析阐述了现代文化生产的性质、特点与机制。（1）在发达的市场经济中，文化正在被大规模合并、嫁接于生产，商品性文化产品及产品性文化产品已成为现代国民财富的重要内容，文化产业成为促进经济增长和财富增值的重要支柱。（2）商品性文化生产的兴起，促进了大众文化的发展。商品性文化生产有其内在矛盾，因此，文化工作者也会陷入“市场陷阱”，出现文化“畸化”现象，甚至出现文化滑坡与危机。（3）在我国应实行政府主导和有规制的文化商品生产模式，把看不见的手，看得见的手和先进思想指导相结合，把发展文化产业和文化事业相结合，实现文化、经济互动，既促进财富增长，又实现文化育人。

第五，分析阐述了现代财富价值的形成机制。（1）在科技力成为使用财富形成的主要杠杆和泉源的当代，劳动始终是财富价值的惟一泉源。（2）知识密集是当代高技术经济的特征。创造知识密集性产品的科学劳动具有高价值创造力，从而，智力劳动在现代财富价值创造中的功能大大强化。（3）在我国社会主义条件下的众多商品生产部门——包括物质生产、商贸、金融、科学、文化部门——的广大从业人员和职能人员均参与了商品使用价值的创造和价值的创造。（4）为了推动人民财富创造和价值增值，应该完善体制与机制，实现尊重劳动，尊重知识，尊重人才，尊重创造，最大限度发挥广大人民群众的劳动积极性和财富创造力。

[刘诗白，1925年生，西南财经大学教授，名誉校长，《经济学家》杂志主编，四川省社会科学联合会会长。是我国较早提出社会主义所有制多元性、公有制形式多样性的学者之一，是我国社会主义市场经济理论的先驱研究者。20世纪90年代以来致力于当代科技进步及其经济功能的研究。著有《社会主义所有制研究》、《产权新论》、《刘诗白文集》（八卷本）、《现代财富论》等等。]

学术成果 · 论文

超绝对利益学说的构建以及与相关学说的比较

（李翀 《福建论坛》2005 年第 3 期）

绝对利益学说和比较利益学说是以贸易双方都可以生产某种贸易商品为前提的。但在现实的国际贸易中，随着科学技术的发展，贸易双方越来越多地进行只有一方能够生产的商品的贸易，笔者将这种情形称为“超绝对利益”或“超比较利益”。绝对利益或比较利益意味着一个国家生产某种产品的成本或价格绝对地或相对地低于另一个国家，而超绝对利益意味着在一个国家生产某种产品的成本或价格为一定的情况下，另一个国家生产这种产品的成本或价格趋向于无穷。

超绝对利益商品具有自己的形成原因。具有超绝对利益的商品或者是自然资源产品，或者是技能产品，或者是技术产品。目前最重要和最大量的具有超绝对利益的商品是高技术或高技能产品，即需要用最新的生产技术和最高的人的技能才能生产的产品。由于超绝对利益商品是只有贸易的一方能够生产的商品，它的定价方式与寡头垄断定价方式是相似的。

超绝对利益学说不是对绝对利益学说或比较利益学说的否定，它只是分析绝对利益学说或比较利益学说没有充分展开的、但在现实经济中变得越来越重要的一种特例：一个国家与另一个国家进行只有它可以生产而对方不能生产的商品的贸易。超绝对利益学说与波斯纳的技术差距学说的主要区别是技术差距并不是形成超绝对利益的惟一原因，而且技术差距在可以预见到的未来可能是不可消除的。

超绝对利益学说可以揭示当今国际贸易格局的实质。目前发达国家在国际贸易中处于有利和主宰的地位，关键在于它们掌握着最先进的科学技术，出口的是具有超绝对利益的商品。超绝对利益学说对于分析现实的贸易现象，解释现实的贸易格局，探讨贸易发展战略具有意义。超绝对利益学说还具有政策意义。我国要改变不利的国际贸易格局，必须要推动自主创新，争取在科学技术的某个方面取得突破，创造出某些具有超绝对利益的商品。

［李翀，1955 年生，北京师范大学经济与工商管理学院教授、博士生导师、院长。
通信地址：北京市北京师范大学经济与工商管理学院（100875）
联系电话：010－58807902
电子信箱：sebalich@ bnu. edu. cn.］

传统、变革与国情——对鸦片战争后至抗战前中国手工业的一个分析

（林刚 《中国经济史研究》2005 年第 4 期）

由于近代中国生产力在客观上远逊于西方国家，现代化的标准和价值取向又是由已经成功的西方国家制定的等等，长期以来中国的现代化被认为是只能否定传统的线性发展过程，手工业自然是首先要消灭的对象。这也被众多的教科书编成了一部经济史，但在这个似乎是“社会发展规律”的思维定式下，许多重要的问题被通通忽略了：现代化的方向和标准是什么？有能够脱离传统与国情的、与民族特点无关的现代化吗？

本文的分析表明：百年来中国传统手工业发生了巨大变化，在很大程度上与西方资本主义生产方式“入侵与传播”有关，但影响变革的关键是中国内部因素——中国国情，包括需求、消费

习惯和生产要素的配置结构。正是这个内部因素，使中国传统经济在外力影响下仍有其继续生存的余地和动力。

鸦片战争后，中国大部分地区和大部分人口——农村和农民，主要的生产方式、生活方式、经济收入水平和消费方式、消费水平都基本未变；现代城市、现代工商业和新阶级虽然出现并在国民经济中的影响愈益扩大，并影响到农业和手工业，但它们的生存和发展根本上要受制于前者。近代工商业的市场、原料、劳动力成本、生产成本以及工业品价格和竞争力，无一不在主要方面取决于农业农村农民经济，包括农村手工业副业的基本状况。这种态势一天不根本改变，中国的现代经济就一天不可能取代传统并发挥所谓“必然战胜”的历史趋势。

中国的经济基础是农业，主要人口是农民，工商业和城市经济的发展至今仍远不能改变这个基本国情。它决定了近代中国在经济上同样是“农村包围城市”：不从解决农村问题入手，希望以若干现代化的中心城市和某些现代工业的发展单方面拉动中国现代化（其理论代表是二元经济论，将“现代部门”和“传统部门”视为截然对立、有你无我的生死对抗关系，“现代化”只能建立在破坏和消灭传统经济基础上），像政治军事上企图以中心城市起义取得全国胜利一样，是注定要失败的。

中国近代历史表明，现代经济对农村传统经济有两方面影响。当现代经济能够帮助后者发展、利于后者发展时，它就为本身发展创造出良好条件。反之，它一定发展不好，难免两败俱伤。当传统经济必须革新才能适应新形势需要，但它拒绝革新或革新失败，就会被淘汰；而革新成功，就会形成新的、融合传统与现代因素的新型产业部门，诸如某些近代手工业，以至发展到现代农村工业。

面对“数千年未有之奇变”，中国的最大矛盾和危机，是如何在向西方学习，以抗击侵略、免遭亡国灭种前景的同时，又能保持传统中适宜国情的优势成分，在破除闭关自守、与国际交往的新局势中，改革自我又不放弃自我，重新找到振兴民族的方向和途径。

［林刚，1948年生，历史学博士，中国社会科学院经济研究所研究员，中国社会科学院研究生院经济系教授，博士生导师。主要论作：《试论大生纱厂的市场基础》和《长江三角洲近代大工业与小农经济》（著作）、《关于中国经济的二元结构与三元结构问题》（论文）。
通信地址：北京市光辉南里2号楼712（100022）
联系电话：85899376
电子信箱：lingang1948@tom.com］

俄罗斯理论界论战马克思主义

（李新 《社会科学报》2005年9月8日）

苏联解体后，马克思主义作为官方意识形态被新自由主义所取代，似乎马克思主义在俄罗斯已经终结了。俄罗斯效仿西方的新自由主义主导的“休克疗法”转轨道路是“华盛顿共识”的“最野蛮形式”，为寡头集团篡夺国家政权、侵吞国家财产提供辩护。20世纪90年代末，普里马科夫政府宣告了新自由主义的结束，普京加强了国家对经济的调控，探索适合俄罗斯特点的经济改革道路，促使经济以年均6%的速度保持了稳定增长。“俄罗斯重新崛起”在西方日益成为热门话题。

与此同时，俄罗斯的马克思主义思想并没有消失，相反出现了许多不同的流派，不同程度地发展了马克思主义经济理论。俄罗斯经济转轨的失败和新自由主义被抛弃后经济的迅速复苏，使新自由主义者陷入了困境，明显地感到了理论的贫困，无法接受和解释这个现实。他们不得不重新审视马克思主义对经济学的贡献。极端自由主义者、“休克疗法”的实施者E. 盖达尔和B. 马乌在俄罗斯最高权威的经济学杂志《经济问题》2004年第5期和第6期上连载长篇论文《马克思主义：科学理论与“世俗哲学”之间（自由主义辩护）》，在否定马克思主义的同时，认为马克思主义是关于社会的全方位科学，马克思理论最具有现实意义的是历史哲学理论、历史分析的方法和经济史理论。他们甚至把自己标榜为“自由马克思主义”。布兹加林教授指出，俄罗斯的“自由主义帝国”显然需要完整的理论来解释历史发展的规律，所以不得不重新向马克思主义靠拢。然而，正像布茨加林教授所说的，盖达尔和马乌接受的远不是整个马克思主义，而是把马克思主义划分成“好的”和“坏的”两半。

俄罗斯人民从反思中不断提出回归马克思主义的要求，不断出现社会思潮和马克思主义相结合的情况。在这场关于马克思主义的激烈论战和交锋中，多数学者承认马克思的遗产今天仍有重要价值。他们站在马克思主义的立场上对苏联的社会性质、社会主义和所有制、苏联社会主义的失败、后工业社会和全球化等问题进行了思考和探索，出现了革新社会主义、民主社会主义、传统社会主义、新社会主义等不同的社会主义思潮。苏联解体以来，在《经济问题》这样的主流学术刊物的主持下公开讨论马克思的理论遗产问题，还是头一回，这件事情本身就很有意义。这与我国加强马克思主义理论研究和建设工程的启动不谋而合。问题是这一切需要我们予以正视，予以分析和研究，予以正确对待。这也要求我们坚持辩证唯物主义和历史唯物主义的世界观、方法论，明确哪些是必须坚持的马克思主义基本原理，弄清哪些是需要结合新的实际加以丰富发展的马克思主义理论判断，避免教条式的理解，澄清附加到马克思主义名义下的错误观点。

［李新，1965 年生，经济学博士，教授，博导；现任上海财经大学经济学院世界经济教研室主任、转型经济研究中心主任，圣彼得堡国立大学经济学院高级研究学者；兼任上海市俄罗斯东欧中亚学会副会长、清华大学等高校兼职教授；上海高校优秀青年教师、全国留学回国人员先进个人、上海市优秀留学回国人才。

通信地址：上海财经大学经济学院（200433）

电子信箱：xin_ li245@ hotmail. com］

“风险熵”量度税务筹划风险研究

（杨绮 《财会通讯》（学术版）2005 年第 2 期）

在市场经济条件下，处于征税纳税对立关系中的纳税人在经济利益驱使下，总会采用各种方法来实现税负的最小化，而在各种税负最小化的行为中惟税务筹划为最高层次。税务筹划是在法律规定的许可范围内，通过对经营、投资、理财活动的事先筹划和安排，以便最大可能地达到节税目的。但是，由于外部经济环境的变化莫测以及国家税制本身的调整变革等错综复杂的客观因素影响，使得税务筹划不可避免地要面临众多不确定因素，故而其成功率不可能达到百分之百。因此，税务筹划是一项收益与风险并存的系统工程，如果无视风险的客观存在，那么势必有悖于税务筹划的初衷，其结果可能是虽以获得节税利益目标为起点，却以遭致更大的损失为终点。

要科学地进行税务筹划，必须充分考虑税务筹划的风险，而要充分地考虑税务筹划的风险，首先必须要有个定量量度风险大小的科学指标。现有税务筹划文献中一般采用标准离差率作为计算一个税务筹划方案的风险大小的指标。标准离差率是用数理统计量标准差与期望值的比值来定义的，而标准差的数理统计意义是样本值对期望值的偏离程度。因此，采用标准离差率亦即用单位期望值的标准差作为风险大小的量度指标，意味着有关数值对期望值偏离程度越大，税务筹划方案所包含的风险就越大。然而，从决策理论出发，风险的本质是事件本身的不确定性。显然从严格意义上看，有关数据对其期望值的离散程度与事件本身的不确定性程度这二者在内在本质含义上并不能完全划等号，也就是说，以标准离差率作为衡量税务筹划方案风险的量度指标将因其内涵上的不确切性而在科学性上有所偏差。

考虑到风险是事件本身的不确定性这一特征，而物理学中的熵函数是系统所处状态（事件所处条件）的不确定性的定理描述，故而本文认为，把风险与熵联系在一起可以充分揭示风险的实质。基于此，本文提出“风险熵”概念，并以“风险熵”作为税务筹划方案风险的评价指标，即“风险熵”越大，风险也就越大。将“风险熵”应用于实际案例的分析表明：一则，从单纯的计算层面看，标准离差率的计算程序复杂繁琐，而风险熵的计算程序简单明了就具有更强的适用性。二则，从前述的理论层面看，标准离差率是数理统计上样本值对期望值离散程度的指标，不是严格意义的“不确定性”衡量指标；而熵是物理学上“不确定性”的衡量指标，基于风险就是事件本身的不确定性，把熵与风险联系起来更具有科学性。综上所述，“风险熵”作为衡量税务筹划方案风险程度的指标要比“标准离差率”更具有科学性和适用性。

［杨绮，1976 年生，厦门大学管理学院会计系讲师。

通信地址：厦门大学会计系（361005）

联系电话：0592－2180071

电子信箱：vangvixm@ tom. com］

改革开放以来中国商业信用制度的诱致性变迁

（赵学军 《中国经济史研究》2005 年第 2 期）

1949 年到 1955 年商业信用制度在我国经济运行中扮演着重要角色。从 1955 年起我国取消了国营经济的商业信用，商业信用制度发生了第一次制度变迁。改革开放后我国逐渐恢复了商业信用，商业信用制度又发生了第二次制度变迁。改革开放以来商业信用制度的变迁有两个特征：其一，它是在“外部收益”诱致下发生的，是一种诱致性制度变迁；其二，它是在政府主导下进行的，而不是非政府主体自由、自我实施的，明显不同于西方市场经济国家发生的完全自发的诱致性制度变迁。

该文首先分析了D.C.诺斯、V.W.拉坦以及林毅夫等人的诱致性制度变迁理论，指出其理论逻辑是：（1）制度出现非均衡；（2）制度发生诱致性变迁；（3）制度实现新的均衡。在运用他们的理论时，笔者又将政府作用纳入理论分析视野。笔者认为，改革开放以来中国商业信用制度诱致性制度变迁的逻辑是：（1）计划经济体制下，商业信用制度可以带给企业“外部收益”，但政府抑制了诱致性制度变迁的发生；（2）20世纪70年代末中国政府确立面向市场化的改革；（3）政府对适应市场化的制度结构产生需求，开始改变计划性经济制度结构，并自我供给适应市场化的各项制度安排，商业信用制度诱致性变迁成为可能；（4）外部收益的存在诱使非政府主体自发恢复被政府剔除于制度供给之外的商业信用制度安排；（5）采用商业信用制度从事生产经营的相关主体形成第一行动集团，并影响政府的制度供给；（6）政府通过规范发展商业信用的法规，即设立了发展商业信用的制度装置，帮助商业信用制度实现诱致性变迁。笔者实证分析了改革开放以来中国商业信用制度变迁的历程。

笔者认为，到目前为止，中国商业信用制度还没有形成健全有效的制度结构，进一步发展还存在不少障碍因素。第一，商业信用制度结构中，各项相关的制度安排还有待建立和完善。比如，票据业务制度发展滞后，票据业务操作不规范不健全，制约了商业信用制度的发展；征信制度安排的供给滞后，使企业在交易活动中不愿意接受商业信用票据，商业票据规模受到限制；违约惩罚制度安排供给滞后，导致了商业信用制度运转的阻滞等等。第二，商业信用的发展受到路径依赖制约。比如，政府主导型路径依赖正在影响、而且还将影响商业信用制度的进一步发展；政府仍然对国有企业存在隐性担保，这意味着所有国有企业的最终所有人是国家，国有企业之间发生的商业信用不是真正意义上的借贷行为而是相互“挪用”，商业信用隐藏“三角债”危机；挂帐式、口头式商业信用规模很大，而票据化的商业信用却相对发展滞后，制约了商业信用市场的发展。

［赵学军，1968年生，博士，现为中国社会科学院经济研究所中国现代经济史研究室副研究员，中国经济史学会副秘书长，中国现代经济史专业委员会秘书长。研究方向为中华人民共和国经济史、中国金融史、金融发展、商业信用问题。2005年发表的论文有《改革开放发来中国商业信用制度的诱致性变迁》、《陈云与1955年人民币新币的发行》。电子信箱：zhaoxjbj@yahoo.com.cn］

工资差异、城市生活能力与劳动力转移

——一个基于中国背景的分析框架

（唐茂华　《财经科学》2005年第4期）

传统理论从工资收入差异角度阐释了劳动力转移的根本动因，但这些模型中劳动力转移的本义是劳动力从传统部门彻底解放出来，职业属性、生活地点和身份都发生根本性转变，进而实现从农村到城市的永久性转移。显然，这种收入差距假说对我国农村劳动力生活在农村→进城务工→回流农村的“两栖”转移模式不具有解释力。国内的很多学者对此予以广泛的关注，并看到了户籍制度等转移制度约束是其中一个重要制约因素。在目前农民进城的限制条件已经大大减少的情况下，尽管仍存在一些制度方面的障碍，但笔者认为我国“两栖”劳动力转移模式形成的主要原因并不在于转移制度约束本身，而是由于不变制度工资、家庭决策和非人力财富匮乏导致劳动力缺乏城市生活能力所造成的。

在新的历史条件下，放弃传统的户籍制度管理手段，统一城乡就业市场，将转移劳动力纳入城市社会保障体系，通过减少人为的制度约束使转移劳动力在社会层面实现市民化是统筹城乡发展、以人为本、构建和谐社会的必然要求。但由于其缺乏城市生活能力，社会层面的市民化并不意味着劳动力就能自发实现永久性转移，即经济层面的市民化。因为，为获得足够的转移能力，需要有足够的人力资本投资获得高工资和非人力财富作为补偿转移费用的坚实后盾。因此，试图通过一代人的努力就一步到位，未免有点拔苗助长，也超过了中国经济的承受能力，对于这一点我们必须有清醒的认识。

在一个较长期的时间通道里，“两栖”劳动力转移的长远意义在于积淀人力资本和非人力财富，从而为下一代的永久性转移创造条件。而这一点往往是很多人所忽视的，笔者则认为这才是“两栖”劳动力转移的真正意义所在。

因此，如果将“两栖”劳动力转移创造的财富真正运用到培育下一代的转移能力上，那么这一代人的辛勤劳动将是值得的，否则将是得不偿失的，因为最大的失败莫过于教育的失败。当务之急是实现进城务工农民子女教育的市民化，给予他们平等的受教育的权利，这是城市政府不可推卸的责任。从制度上保证进城务工农民子女教育的市民化，在收费标准一体化等多维视角让进城务工农民的下一代提前和城市孩子一样享受到城市教育和城市文明，这才是进城务工农民离开故土、走向城市的真实价值。

进入21世纪，我国将进入一个城市化的快车道，城市化的过程不是在时间序列上均衡发生的，而是有快有慢。如果这一代进城务工农民的“两栖”转移能够铸就十年、二十年之后，在他们的下一代身上掀起永久性转移的浪潮，这就是对他们今天辛苦努力的最好回报，也将是中国城市化进程的最大成功。

［唐茂华，1980年生，天津社会科学院城市经济研究所，南开大学经济学院博士。
通信地址：天津市南开区迎水道7号天津社会科学院城市经济研究所（300191）
联系电话：022－23075327　13920168235
电子信箱：seeanna2000@yahoo.com.cn］

国际资本流动、经济扭曲与宏观稳定

（张晓晶　《经济研究》2005年第4期）

论文从资本流动冲击角度探讨了开放条件下的宏观稳定问题。文章认为，国际资本流动会导致宏观经济不稳定，尤其需要注意的是，存在经济扭曲的情况下，这种外部冲击往往使得经济波动加剧。论文的主要贡献体现在两个方面：一是着重分析了资本流动中的“非FDI”（在国际收支平衡表中，“非FDI”资本＝证券投资＋其他投资＋误差与遗漏）冲击及其特点，二是将经济扭曲因素纳入到了开放宏观经济模型中。

论文首先分析了当前中国所面临的资本流动新格局，指出近年来“非FDI”资本的大量流入，对中国经济过热起到了推波助澜的作用，并且就未来而言，随着资本账户的逐步开放以及内外资统一税的实行，以非FDI形式进入中国的外资将会进一步增加。而在国际资本中，对经济冲击最大的正是所谓“非FDI”资本（也有用非FDI资本来衡量“热钱”流量的）。尽管中国有20多年吸引FDI的经验，但在应对非FDI方面还没有做好充分准备。鉴于非FDI的流动性、易变性与投机性，政府对非FDI的监控已经上升到金融安全的高度。论文刻画了大量资本流入引起宏观不稳定的机制，进而分析了当前政府通过对冲击资本管制方式应对资本流动冲击的局限。

论文接下来探讨了国际资本流动与经济扭曲的关系，指出中国在过去多年的发展中积累了大量的经济扭曲，包括要素价格扭曲、各类优惠政策、市场不完善、政府的隐性补贴或担保等等。理解经济扭曲对资本流动的含义有两点非常关键：其一，经济扭曲所造成的隐性成本或风险主要由国家来承担；其二，在存在国家担保风险的情况下，外资往往可以进行无风险或小风险的套利。因此，对外资而言，经济扭曲相当于一种激励。论文进而把经济扭曲因素纳入模型，发现经济扭曲先是导致外资大量流入进行套利；然后，随着这些扭曲不断累积，国家宏观风险增大，到达某一临界点，外资就会选择“齐步走”（即大规模的同步撤出），从而引起经济衰退甚至危机，放大经济波动。亚洲金融危机国家就曾遭遇过这样的教训。

论文由此认为：为了避免国内经济扭曲在开放条件下被国际套利资本（大多以非FDI形式存在）所“强行矫正”，在经济开放新阶段，中国政府需要尽快完善非FDI监控体系，矫正各类经济扭曲，并促使宏观调控模式由数量型向价格型转变。

［张晓晶，1969年生，现为中国社会科学院经济研究所宏观室主任、研究员。主要研究领域为宏观经济学、发展经济学与金融经济学；当前的研究主题为开放、增长与宏观稳定。主要著作有《面向新世纪的中国宏观经济政策》（合著）、《符号经济与实体经济：金融全球化时代的经济分析》，并发表学术论文30余篇。曾获孙冶方经济科学奖第十一届（2004年度）论文奖，第十三届（2002年度）中国图书奖。］

国外国立研究机构薪酬制度的特点及与我国的比较

（赵捷 《中国科技论坛》2005 年第 6 期）

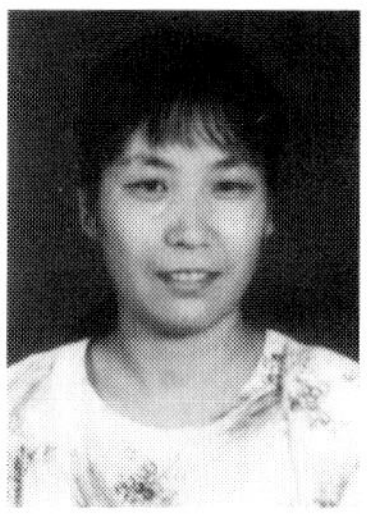

薪酬管理是人力资源管理的一个重要环节，也是与激励功能联系最紧密的部分。薪酬管理的目的是吸引、保留、激励组织所需要的人才，促进组织实现其战略目标。分析发达国家美国、英国、日本、韩国、俄罗斯以及发展中国家印度的国立研究机构薪酬制度的特点并与我国进行比较，可以为完善我国科研机构的薪酬制度提供可借鉴的经验。

国外国立研究机构大多通过立法的方式设立，通过法律规定其目标、经费来源、人事和薪酬制度，使国立研究机构目标明确、经费来源稳定、人事和薪酬管理有法可依。在美国、英国、日本和印度国立研究机构的薪酬预算绝大部分来自政府预算拨款，支付高比例的固定薪酬，营造了稳定的工作环境，这种薪酬预算方式与国立研究机构以提供公共产品为主，研究成果难以得到市场回报的特点相适应。在薪酬管理中引入竞争激励机制，如建立与绩效相关的宽带薪酬结构，注重对员工特别是机构负责人的绩效评价，并将评价结果与薪酬和职位任免挂钩，增强了薪酬制度的激励性。通过工作分析、工作评价确定不同岗位的薪酬差异，保证了薪酬制度的内部公平性。虽然薪酬水平位于市场中等或中等偏上，但非经济性报酬和优厚的福利待遇，增强了薪酬水平的外部竞争性。上述各国国立研究机构的薪酬制度与其任务相匹配，有助于其提高组织绩效，促进组织实现其战略目标。

目前，我国公益性研究机构的薪酬预算相当一部分来源于课题经费及其他经营性收入，稳定性差，科技人员需要花费大量时间和精力申请课题和进行创收活动，长此以往，将造成科研质量的下降以及影响其公益性目标的顺利实现。在薪酬管理中，按照效率优先的原则，增加了激励成份，但在实际操作中薪酬与绩效的关联性并不十分强，不能有效地激励科研人员。我国公益性科研机构的薪酬制度与其任务性质不相适应，不能有效地支持组织实现其战略目标。

应进一步深化公益性科研机构管理体制改革，筛选出一批与国家利益相关的研究机构，明确其任务，保证其经费来源的稳定性，规范其薪酬制度，建立高稳定性的薪酬结构，降低研究人员获得薪酬的风险，使其能够集中精力开展科学研究活动，并确保其公益性目标的顺利实现。

［赵捷，1960 年生，中国科学技术促进发展研究中心副研究员。
通信地址：北京 3814 信箱（100038）
联系电话：010－88613675
电子信箱：zhaoj3814@126.com］

和合管理与“蓝海战略”

（黄如金 《经济管理》2005 年第 24 期）

本文是作者的学术专著《和合管理》之节义。论文介绍了创新发展中的和合管理的基本内容，此外，在回应西方“蓝海战略”的同时进行了比较研究。

作为对创新发展中的和合管理理论的介绍，文章简略而系统地阐明了和合管理的理论渊源、价值准则、策略原则以及基本内容等主要方面。

和合管理的理论渊源是中国的宝贵历史遗产——和合文化。所谓和合管理，就是以中国古代和合思想为根本指导的管理，是批判地继承和合文化之和合理念，通过兼收并蓄中外管理思想和管理实践之精华，从而创新发展的具有中国特色的管理科学。

“和合”是中华民族独创的思想文化，是中国古代具有代表性的道、佛、儒各家共同崇尚的思想。中国古代的和合管理虽然主要运用于社会公共管理，但是，“和”的潜移默化，也使之逐渐具备了普遍性的管理学意义，“和气生财”就是其经典性的总结。

就其思想方法来说，和合管理就是无为而治、刚柔相济等辩证法思想以及中庸之道。文章对长期存在争议的中庸思想进行了历史的扬弃，认为中庸思想就是和合思想，是一种主张不偏不倚、刚柔相济、执中行权、与时屈伸的哲学方法和领导艺术（剔除其中的糟粕），因而是和合管理的基本策略原则和行为准则。

和合管理把以人为本与和合理念作为叠生的价值观体系，认为以人为本是其内在的规定性，和合则是其外在的表现形式。以人为本是中国古代思想家最先提出的理念。和合管理的要义可以概括为："和"，即和谐、和睦、和平；"合"，即合作、联合、融合。"和"、"合"联系在一起组成了一个充满哲理性的概念，表示了和睦共处、和气生财、协作聚力、合作致胜的管理理念和管理方法之要义。和合管理的真谛就是："和气生财，合作致胜"。

作为对西方"蓝海战略"的回应，文章在对"蓝海战略"简要评论的基础上，与"和合管理"进行了比较分析，认为二者有着许多相通、相同之处和异曲同工之妙。但是，和合管理提供了更为坚实的理论基础，特别是适合中国国情的、适合构建和谐社会需要的管理模式和管理艺术。

该文的创新点包括三点内容：一是在坚持"古为今用，洋为中用"的基础上，提出了全新的有中国特色的和合管理理论；二是明确了中国对"以人为本"范畴的贡献以及中国人本管理的基本思想；三是同步回应了西方管理学的最新研究成果以及和合管理在当代管理学发展中的理论意义和对于中国构建和谐社会的现实意义。

［黄如金，1955 年生，中国社会科学院工业经济研究所副研究员，《经济管理》杂志社社长、执行主编，中国社会科学院澳门产业发展研究中心主任，中国发展战略学研究会经济战略专家委员会副主任。
通信地址：北京月坛北小街 2 号《经济管理》杂志社（100836）
联系电话：010－81609786　68019057
电子信箱：rj8258128@sina.com］

家族企业复合型生命周期及转型的调查研究

（陈朝龙　陈蛇　《软科学》2005 年第 5 期）

陈朝龙

管理理论认为，企业生命周期分为创业期、成长期、成熟期和衰退期。而该文通过调查分析发现，大量中国家庭企业成熟期受制于家族管理模式，发展水平较低，部分家族企业通过管理模式转型实现非连续跨越式发展，生命周期呈现非连续、复合型特征，论文将此定义为"家族企业的复合型生命周期"。

一、调查与结果

作者对 10 个行业、47 家企业的 267 名民营企业经理人员进行了书面调查，其中，完成转型或正在转型的企业 17 家，有转型前期特征的企业 20 家。

调查结果显示：

1. 家族企业大多经历了 5—7 年的快速发展，完成资本原始积累；

2. 在经过快速发展阶段后，只有少数家族企业能够自觉进行管理模式转型，更多企业则在迷茫中摸索，甚至走向了失败；

3. 转型有一些共同规律：以组织决策制度代替家长独裁决策提高决策能力；以资本运作整合企业资源，建立利益分享机制等，使部分家族企业跨越低水平生命周期，实现飞跃。

4. 不同行业、不同发展阶段、不同规模、不同历史背景的家族企业之间，不存在普遍适用的组织模式。

二、调查结果分析

1. 家族式管理有利于促进企业创业阶段的快速发展

家族式管理所有权与经营权高度统一，家族成员的价值取向相近，面对复杂多变的市场环境，可以提高决策效率等特征，在企业创业过程中发挥了积极作用。

2. 家族企业创业成功后转型的必然性与可能性

随着企业规模的壮大，家族管理模式的权力配置过于集中、利益为家族垄断、管理理念落后等局限性凸显出来，企业需要转型。而中国家族企业具有产权明晰，历史遗留问题少，没有制度保障等优势，为其管理模式转型提供了基础。

3. 家族企业的复合型生命周期

调查结果显示转型家族企业生命周期曲线如图 1。

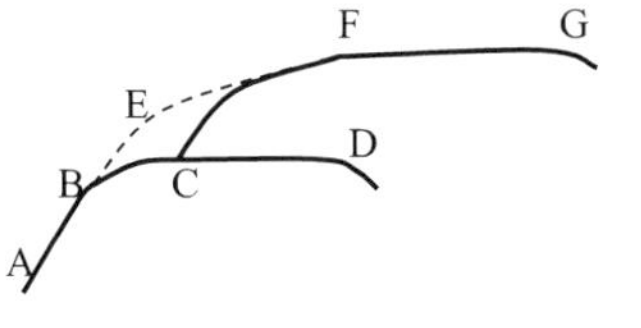

图 1　不同管理模式下的企业生命周期特征

家族企业生命周期曲线是 ABCD。与现代化企业生命周期曲线 ABEFG 相比，在创业阶段，家族企业毫不逊色。但是，其生命周期顶峰处于较低水平，此时企业发展处于瓶颈状态。少数企业通过转型，走出了 ABCFG 的复合型生命周期曲线。

复合型生命周期是中国家族企业发展特有的规律。中国家族企业创业时间短，创业者科学管理水平的缺陷，造成低水平成熟期，而企业通过转型能得到进一步发展，形成跳跃的复合型生命周期。

三、家族企业转型的对策

家族企业成熟期达到规模不经济状态，必须转型，构筑复合型生命周期。

1. 转变观念，建立现代企业文化、经营发展理念；

2. 建立公平的利益分配机制；

3. 发展科学民主的分权管理模式和监控机制；

4. 实现人力资源的社会化、市场化。

[陈朝龙，1968 年生，电子科技大学管理学院副教授，博士后。
通信地址：电子科技大学管理学院（610054）
联系电话：028－83206501
电子信箱：chencl@ uestc. edu. cn
陈蛇简介缺。]

经济体制转型方式及其决定

（周冰　靳涛　《中国社会科学》2005 年第 1 期）

本文从改革风险的角度研究经济体制转型方式的决定问题。中俄两种不同的转型方式及其决定问题是转型经济研究领域理论探索和争论的焦点，因为两种不同转型方式判若鸿泥的实践效果对正统的经济学理论构成了严峻的挑战。对于经济体制转型的两种不同方式，特别是中国的改革做出理论上严谨规范的科学解释，无疑是经济学理论中最具突破性的研究课题之一。本文的学术贡献主要是做出了以下三点创新：第一，首次提出改革风险的概念和改革的风险控制问题。改革必然会有风险，因为改革带来的体制结构变动，造成原有社会秩序的破坏，从而会出现经济和政治的混乱，可能导致经济停滞或衰退。从这个角度分析改革策略对转型方式的决定，为转型路径和改革策略研究开辟了一个全新的视角。第二，以宪法性秩序的转换方式为线索，根据宪法性秩序是否崩溃这个根本标志，把以中俄两国为典型代表的两种不同转型方式分别概括为体制转型的平滑模式和突变模式。所谓宪法性秩序是指由体制自身的结构，包括组织结构和利益结构，行为主体及其目标以及协调机制等决定的，反映着体制本质特征的、基本的、原则的、普遍而又抽象的社会秩序。第三，提出了转型方式综合因素决定理论，即初始条件和改革策略共同发挥作用，把决定转型方式的内生变量与外生变量的作用恰当而又有机地结合了起来。制约改革策略选择从而决定着改革策略空间的初始条件是：（1）启动改革的时机；（2）计划经济体制的结构是完备还是破缺；（3）外部环境，主要是国际地位与地缘政治和经济联系。决定转型方式的改革策略主要有以下四个方面：（1）寻求改革“合法性”的处理方式；（2）改革措施出台的时序安排；（3）对改革主导权的掌握；（4）对社会利益分化的调控。本文分为四个部分：第一部分在对两种流行的界定转型方式的理论观点进行剖析的基础上，提出以宪法性秩序是否崩溃为线索，将两种转型方式分别重新界定为转型的平滑模式和突变模式；第二部分探讨了改革风险，提出了转型方式综合因素决定的理论，分析了转型的初始条件与改革策略的关系与各自的作用；第三部分具体分析了构成体制转型初始条件的三个因素；第四部分则探讨直接决定转型方式的四个方面的改革策略，并且对成功与失败的改革策略进行了比较和讨论。作者认为，中国的改革在应对其他方面的挑战中都采取了正确的或者比较正确的策略，因此在转型中发展得比较平稳，但是在应对贫富差距扩大和利益分化上则缺乏有力举措，这方面的风险正在积聚和扩大。

[周冰，1949 年生，南开大学经济学院和浙江财经学院经贸学院教授，博士生导师。1996 年出版个人专著《不可企及的目标——经典计划经济理论剖析》。2005 年发表的论文有《经济体制转型方式及其决定》。

靳涛，1965 年生，厦门大学经济研究所副教授。
通信地址：福建省厦门市思明南路厦门大学经济研究所（361005）
联系电话：0592－3925581　13606938463
电子信箱：jintao834@ sina. com 或 yz834@ 163. com]

论保险营销的系统激励机制

（方茜　《理论与改革》2005 年第 2 期）

保险营销激励制度的缺陷和低效是导致保险营销诚信问题的根本原因。建立科学的、系统的、有效的保险营销激励机制是解决保险营销诚信问题的根本方法之一。本文主要讨论了以下四个内容：（1）建立科学的、系统的、有效的保险营销激励机制凝聚保险人才；（2）基于组织—系统激励模型的保险营销激励机制；（3）基于数量型发展模式的保险营销激励机制分析；（4）建立以保险服务质量为基础的保险营销激励机制。

本文的重点是从系统论角度论证了激励在保险营销中的机制问题。当前激励理论的建立均以个体激励过程基本模式为出发点，在激励过程中寻求提高激励水平的理论与方法。但是，这些激励理论却存在不容忽视的重要的、基本的缺陷。激励是一个系统过程。要有效激励员工即没有简单的方法，也没有某个措施能够确保激励的有效性。这是因为激励是一个复杂的系统过程。它取决于：（1）激励是组织、激励对象以及两者协作过程的集合；（2）激励是组织与对象组成的一个“增强环路”。我们可从操作（组织—系统激励模型流程图）和系统（组织—系统激励模型环路图）的角度来描述一个科学的、系统的、有效的保险营销激励机制。

从系统角度看，组织内存在两个子系统。它们分别为：组织目标达成系统和激励对象需求达成系统。这两个子系统的关系是密不可分的。对象需求的达成系统是建立在组织目标达成系统的基础上的。只有在实现了组织的目标以后，才可能满足对象的需求。有效激励需重视系统的生命周期。从运行时间来看，组织环的运行时间长短对对象环的运行时间有直接的影响，两者正相关。

不科学的、片面的、低效率的保险公司激励机制，难以推动保险公司形成良好的发展模式。基于保险公司的服务质量的发展模式，是一种可持续的效益型的发展模式，而基于保险公司市场规模的发展模式是一种不可持续的数量型发展模式。

我国现在的保险公司的营销激励机制实质上是一种数量型发展模式的激励机制，这种激励机制不利于形成保险公司的竞争优势，更难提高保险公司的诚信水平，无法迎接后 WTO 时代的激烈竞争。因此，我们应当建立以质量型发展为基础的保险营销人员的激励机制。

［方茜，1973 年生，四川大学工商管理学院管理科学与工程专业博士生，中国运筹学会企业运筹学分会理事。
通信地址：成都市四川大学工商管理学院（610064）
联系电话：13880989265
电子信箱：lily-lily009@163.com］

论宏观经济调控中的政府失灵

（周绍朋　《国家行政学院学报》2005 年第 4 期）

在市场经济中，存在着市场失灵，也存在着政府失灵。政府失灵在宏观经济调控中的主要表现有：宏观经济调控的结果不能实现预期目标；宏观经济调控虽然达到预期目标，但效率较低，代价较大，导致资源未得到有效配置；宏观经济调控能达到目标，同时也比较有效率，但却损害了市场效率或社会公平目标的实现。其主要原因在于：政府行为目标与社会公共目标存在一定差异；政策滞后效应；政府干预过度；微观经济主体对宏观经济政策反应不敏感或不接受调控。为了防止宏观经济调控中的政府失灵，必须正确确定宏观经济调控目标；把握好宏观调控的重点和力度；搞好各项宏观政策的协调配合；实行积极稳健的宏观经济政策，防止操之过急；慎用行政手段；防止日常经济社会管理中的政府越位。

［周绍朋，1946 年生，国家行政学院经济学部教授，经济学部主任。
通信地址：北京市国家行政学院经济学部（100089）
联系电话：010－68929075
电子信箱：zsp@nsa.gov.cn］

论中国的重新重工业化

（简新华　余江　《中国经济问题》2005年第5期）

简新华

发达国家的工业化的历程是先轻工业化（初期），后重工业化（中期），再发达工业化（后期）。由于多方面因素的决定，中国走了一条先重工业、后轻工业、再重工业的工业发展道路，现在正进入一个重新重工业化的阶段。近六年来，中国工业发展出现转折性变化，无论是在产值、投资、利润增长方面，还是在比重上，重工业都超过了轻工业，出现了重新重工业化的趋势。其原因在于消费结构的升级、轻工业的优化、农业的改造、装备制造业的加强、基础设施的完善、国际制造业的转移和城市化的加速都需要加快发展重工业。新阶段的重工业化与我国工业化第一阶段的重工业化相比，存在显著的不同：（1）资本来源和实现机制不同；（2）动因不同；（3）性质和成效不同。与此同时，产生了严重的煤荒、电荒、油荒、气荒、运荒，资源短缺加剧，环境压力加大，经济增长的就业弹性系数下降。重新重工业化受到自然资源、环境、就业、增长方式、技术和制度的制约。重新重工业化不可超越，不能因为受到约束就因噎废食。不实现重工业化，就不能满足消费结构升级的需要，不能振兴装备制造业，提升轻工业技术和装备，实现农业机械化和现代化，基本完成基础设施建设，加快城镇化的步伐，也就不能最终实现工业化、城市化、现代化。而且，几乎不可能再找到发达国家发展重工业时的那样有利的条件和机遇。正确的选择只能是采取恰当的对策，克服这些困难和制约，有效推进重工业化。必须真正走新型工业化道路，切实转变增长方式；以发展装备制造业为核心，发挥市场机制、技术进步、产业政策和制度创新的作用，加快技术更新改造；大力发展循环经济，节约高效利用资源，开辟更多获取资源的渠道；加大人力资本投资，加强职工培训，以保证重新重工业化的合理有效推进。中国重新重工业化任务完成之日，就是中国工业化实现之时。

［简新华，1947年生，武汉大学经济发展研究中心教授，博士生导师。
通信地址：武汉大学经济与管理学院（430072）
联系电话：027－68766800
电子信箱：xhjiana@ hu. edu. cn
余江，1978年生，武汉大学人口、资源、环境经济研究中心博士生。］

论中国理论经济学的三大基础

（裴小革　《中州学刊》2005年第2期）

任何经济学理论的创新都必须建立在前人已有理论成果的基础之上，马克思的经济学理论可以为创新现代中国理论经济学提供一种比西方经济学更具包容性的基础。这具体表现在价值理论、资本理论和经济发展理论三个方面。

有人认为马克思经济学的价值理论是一种有关价值的传统理论，西方经济学的价格理论则是一种有关价值的现代理论。其实并非如此，它们都是在19世纪后期产生的。西方经济学的价格理论先撇开人与人之间的差异和矛盾，撇开劳动与物的区别，集中论述价格的短期波动和资源的静态最佳配置，然后再逐步把现实世界里的不完全竞争的种种问题加进来研究，把经济发展问题加进来研究，在某些地方（如劳资集体谈判中）把劳动不同于物的特点加进来研究。马克思经济学的价值理论则采取先撇开竞争和供需矛盾，集中论述人与人之间的差异和矛盾，揭示这些差异和矛盾所导致的财富分配及经济发展，然后再把现实世界里存在的竞争和供需矛盾加进来研究。在马克思经济学理论体系的基础上，运用劳动价值论去揭示社会财富增长的动力和根源，既可以为社会各阶层在社会经济发展中的贡献准确定位，又可以吸收西方经济学价格理论的一切成果为我所用，在一个开放的体系里创新发展中国理论经济学。

西方经济学一般把资本定义为适用于一切社会和时代的生产工具。马克思经济学则认为资本既有适用于一切社会的自然属性，又有仅适用于不同时代和社会的不同社会属性。从中国改革和发展对现代理论经济学的需要来看，资本和资本积累的这两种属性显然都需要结合实际来研究，创新发展适用于中国社会主义市场经济的资本和资本积累理论。中国是一个由工人阶级主导国家政权的社会主义市场经济国家，对于社会属性资本和社会属性资本积累，显然不能效法马克思经济学批判过的原始资本主义的做法，走资本主义国家走过的贫富两极分化老路，放任一个阶级对资本和资本积累的控制和独占，而应该结合我国的实际，借鉴各发达国家现代市场经济的经验教训，建立一系列权责利关系清晰的法律制度体系，让社会属性资本和社会属性资本积累能受到尽可能多的劳动者的劳动积极性和创造性的推动，使尽可能多的劳动者都成为资本和资本积累的主体，并能够凭劳动贡献分享到资本积累的成果，促使资本和资本积累快速扩大。

马克思经济学的经济发展理论，是一种依据唯物史观揭示经济发展动力根源，具有“以人为本”科学发展观的理论。这种理论表明，西方经济学论述过的决定经济发展的各种因素，如技术进步、知识、剩余劳动力、人力资本、企业家创新等等，最终都要在广大劳动者的劳动中才能发挥出推动经济发展的实际作用。根据马克思的经济发展理论，再借鉴其他经济家理论中的合理因素，我们就可以看到，历史是广大劳动人民创造的，经济发展也是广大劳动人民创造的。经济的快速发展，最重要的就是要使广大劳动人民不断发挥出自己的自主劳动、高科技含量劳动和创新劳动。

［见第 10 页裴小革简介。］

内陆河流域的生态经济问题与协调发展模式

——以黑河流域为例

（周立华　王涛　樊胜岳　杨国靖　《中国软科学》2005 年第 1 期）

周立华

我国西北干旱区中的河流，除流入北冰洋的额尔齐斯河为外流河外，大多属于内陆河。河水从高山发源，流经山间盆地，在土壤条件较好的盆地、平原地带发育成绿洲，然后流入浩瀚的荒漠，最后进入小型的湖泊或者消失于荒漠之中。由此，形成了我国西北干旱区高山、绿洲和荒漠相间分布的典型景观特征，其中绿洲是干旱区主要的生命支持区，经济和人口的集聚带。黑河流域是我国西北干旱区重要的内陆河流域之一，在国民经济、民族团结和国防建设上具有重要地位，具有典型性。本文以黑河流域为例，分析了内陆河流域普遍现存的主要生态经济问题。该流域生态环境面临的主要问题有：上游山区植被退化的问题；中游绿洲土地沙漠化和盐碱化的问题；下游水资源紧缺、绿洲萎缩、植被衰退的问题。社会经济面临的主要问题有：上下游地区的草原畜牧业有待寻找新出路；中游绿洲地区的产业结构调整迫在眉睫；社会经济发展与生态环境承载力不相适应；流域内生态经济区域发展不平衡等等。按照系统论的观点，黑河流域发展过程中所表现出来的生态经济问题，从根本上是由于流域内部的两大子系统——生态系统和社会经济系统，在不协调的相互作用下，破坏了原有的稳定状态，又无法通过内部的自我组织和反馈机制使系统得以恢复所致。本文构建了内陆河流域的生态经济系统，从人类主动调整社会经济系统入手，建立了一个社会经济与生态环境互相协调发展的生态经济复合系统，并不断优化其结构和功能，使系统在新的条件下达到新的平衡，从而实现流域生态经济系统的可持续发展。文章应用系统耦合理论，提出了黑河流域生态经济协调发展的系统耦合模式。黑河流域生态经济系统的耦合，根据不同的耦合途径，可以划分为三个层次：第一个层次，流域内部上、中、下三个子系统之间通过农牧业的耦合；第二个层次，系统内部三个子系统之间通过农产品加工业的耦合；第三个层次，黑河流域生态经济系统与系统外的耦合。论文分别对各层耦合的实现过程和效益进行了详细的研究论证，系统耦合效益产生的实质就是结合不同系统之间的优势，通过提高系统内部资源的利用效率，实现系统总体产出效益的提高。同时，系统耦合是解决内陆河流域生态环境外部性的重要途径之一，通过流域系统内的耦合，可以实现水资源价值的“逆向流动”，为提高流域整体水资源利用效率和水资源分配方案提供了一条新途径。

［周立华，1974 年生，中国科学院寒区旱区环境与工程研究所副研究员，博士，硕士生导师，主要从事生态经济与区域可持续发展研究。
通信地址：中国科学院寒区旱区环境与工程研究所（730000）
联系电话：0931－4967550
电子信箱：lhzhou@ lzb. ac. cn
王涛、樊胜岳、杨国靖简历缺。］

人力资本对经济增长影响的实证分析

——对上海市、云南省和西藏自治区的数据分析

（黄梅 《云南民族大学学报》2005年第5期）

人力资本是经济增长和发展的核心、是科技创新的源泉、是技术扩散的基础。近年来，人力资本对推动经济增长的作用问题是经济学界讨论的一个热点话题。人力资本理论逐渐得到了人们广泛的认同，对理论本身的实证研究也在进行当中。但通过对发达地区与落后地区的对比分析，运用实证方法论证人力资本对经济增长影响的研究还不多见。该文搜集了当今中国经济发展最发达的上海市、少数民族种类最多的云南省以及经济相对落后的西藏自治区的相关人力资本数据进行比较分析，揭示人力资本对经济增长的影响作用。文中所提到的人力资本是指这个地区总体的人力资本存量，是指该地区每个人具有的知识、能力、健康等个体人力资本构成因素的综合。论文首先尝试设计了一个能比较全面地反映人力资本存量的指标：

$$H = Lh = LEA$$

其中：H为一个地区人力资本存量；L为一个地区劳动者人数；h为一个地区单位劳动者的质量系数；E为一个地区劳动者受教育系数；A为一个地区人口平均预期寿命系数。其次，具体采用1990年第四次人口普查的较全面的人口数据计算出三个地区1996年至2003年的受教育系数、平均寿命系数和人力资本存量数据，研究发现云南省和上海市相比，人力资本方面的差距在拉大，而和西藏相比又具有人力资本存量上升的优势，但是随着国家经济热点的转移，这为上海市的经济快速发展，成为国际经济文化中心，提供了很重要的外部环境，使得它在吸引人才方面具有云南省和西藏不可比拟的优势，因此在人力资本方面与云南省和西藏的差距会随着时间的推移而变得更加巨大。接着，文章应用这些人力资本存量数据（H）和相应年度的三个地区的生产总值（Y）和全社会固定资产投资（K），采用柯布-道格拉斯生产函数的形式建立模型：

$$Y = AK^{\alpha}H^{\beta}e$$

A为一定技术水平，e为模型的随机误差项。采用SPSS软件对上述模型的对数形式进行分析，得到这三个地区的样本生产函数函数①上海市：$\ln Y = -2.793 + 1.778\ln K + 0.891\ln H$；②云南省：$\ln Y = 2.78 + 0.595\ln K - 0.333\ln H$；③西藏自治区：$\ln Y = -1.91 + 0.552\ln K + 1.428\ln H$。由模型实证结果可以知道，物质资本存量对这三个地区经济增长的作用都很显著，而其中上海市的弹性系数远远高于云南省和西藏自治区，说明在上海市的经济的发展过程中，物质资本起到了重要的推动作用，可是实证结果也表明在这三个地区的生产函数中，只有上海市的人力资本存量对经济增长具有显著的正向影响，而对于云南省及西藏自治区来说，人力资本存量对经济增长的影响不显著，这个结果说明落后地区在经济发展的初期，物质资本存量具有决定性作用。最后给出关于这三个地区人力资本对经济增长影响的实证分析结论，认为云南省和西藏自治区要发展经济，改变落后的局面必须加大人力资本投资力度和改善人才环境，大规模的固定资本投入如果没有适度规模的人力资本与其相适应，那么它对经济增长的推动作用是不可能持续的。人力资本是经济增长和发展的核心、是科技创新的源泉、是技术扩散的基础、是经济发展的必要条件，对于推动落后地区经济走向发达（特别是在经济发展的初期）具有决定性的意义，云南省和西藏自治区人力资本存量不足是经济大开发最大的掣肘因素。该文的研究结果为云南和西藏等落后地区加大人力资本投资、促进经济、社会全面发展提供理论依据，具有重要的理论和现实意义。

[黄梅，1974年生，云南民族大学经济与工商管理学院讲师，云南大学概率论与数理统计专业在读博士。发表的论文有《人力资本对经济增长影响的实证分析》、《云南省城镇居民消费的数量分析》、《"非典"对中国经济发展的影响分析》等等。
通信地址：云南民族大学经济与工商管理学院（650031）
电子信箱：hmei74@163.com]

融资成本、寻租行为和企业内部资本配置

（邹薇 钱雪松 《经济研究》2005年第5期）

邹薇

本文构造了一个两层次委托代理模型，其中资本配置扭曲的关键因素是外部资本市场运作不完善将会对企业内部管理者的寻租行为施加影响。在本文的模型中，通过引入企业融资成本因素将企业融资数量的决策内生化。作者强调了外部资本市场和内部资本市场不是孤立运作的，相反地，它们相互影响。本文模型扩展了对企业内部资本市场运作的研究，能够较好地解释在新兴资本市场（例如中国的资本市场）条件下，企业融资和投资行为的一些显著特征。从理论上看，本文的模型表明，外部资本市场运作的不规范不仅扭曲了企业层面的资本配置，而且对企业内部资本市场的运作产生了消极影响，具体表现是加剧了企业内部管理者的寻租行为，并使得内部资本配置的扭曲程度更加严重。基于这些分析，本文模型的政策含义十分明显，一方面，只有改变我国外部资本市场上这种融资成本低廉的现状，才能增进资本配置效率；另一方面，必须完善企业治理结构，才能缓解并最终解决企业内部资本配置扭曲的问题。

既有的考察企业内部资本配置的文献，主要探讨在企业内部配置资本时是否符合效率原则的问题。实际上，早在20世纪70年代理论界和实业界就意识到，对于资本这一重要生产要素的配置而言，除了外部资本市场以外，企业内部的资本配置也至关重要（Alchian，1969；Williamson，1975）。但是对内部资本市场运作的规范经济分析不仅起步晚，而且进展较慢。具体地，只是到20世纪80年代，格罗斯曼、哈特和莫尔（Grossman & Hart，1986；Hart & Moore，1990）等人开创了研究企业理论的产权思路，才为企业内部资本市场问题的规范经济分析提供了突破口。斯加福斯德因和斯德因（Scharfstein & Stein，2000）建立了一个两层次代理模型来全面刻画企业内部资本配置过程，他们指出企业内部管理者的寻租行为会迫使企业CEO扭曲资本配置，并强调了企业组织设计的重要性。但是该模式无法分析外部资本市场和内部资本市场的相互影响，因而其理论的解释力相当有限，尤其是对世界上为数众多的新兴资本市场（特别是中国资本市场）的许多现象不能够给出合理的解释。

本文的模式考虑了四类经济主体：外部投资者、CEO、子部门1经理（记为M_1）和子部门2经理（记为M_2）。CEO负责以下三个事务：其一，负责子部门经理的聘用；其一，给定融资成本函数，决定融资数量并向外部投资者融资；其三，将融通的资金在企业内部进行配置。子部门经理要做出是否寻租（如果寻租，花费多少时间实施寻租活动）以及是否留在原岗位等决策。外部投资者在一定的资本市场背景之下决定企业的融资成本。

本文考虑两个时期：时期1和时期2。在时期1，企业CEO雇佣两个子部门经理负责运营子部门的资产，子部门在时期1的产出函数为$\theta_i f(e_i)$，其中，θ_i只为子部门i在位资产生产率的度量，e_i为子部门经理M_i实施的生产性努力，$f(\cdot)$是一个单调递增的凹函数（即$f'>0$，$f''<0$）。产出水平可以无成本地加以验证，因而外部投资者可以向融资者索取融资契约中规定的回报，同时，运营企业资产的管理者可以获得签约收益之外的私人收益（如豪华办公室和在职消费等）。具体地，子部门经理M_i能够从其控制的资产中获得的私人收益为$\gamma\theta_i f(e_i)$，企业CEO从子部门i获得的私人收益为$\Phi\theta_i f(e_i)$。到时期2，第一期资产全部折旧，企业CEO要向外部投资者融通资金实行新一轮生产。如果企业子部门经理留任，那么该子部门时期2产出函数为$\theta_i k(I_i)$，其中I_i是该子部门获得的新投资数量，$k(I_i)$是一个单调递增的凹函数，而且$k'(0)=\infty$。如果企业子部门经理离职，该子部门的产出水平会下降，因为经过一个时期的管理运作以后，原来的子部门经理积累了特殊的人力资本。这里假设如果更换一个新管理者，子部门的产出水平会下降X，即该子部门的产出函数变为$\theta_i k(I_i)-X$。

通过模式的构建和分析，可以把本文的基本结论用以下命题来概括。首先，考虑两部门经理生产率不等，且他们采取的寻租行为也处于不同状态下的融资决策和企业内部资配置。可以得到如下命题：

命题一：不失一般性，假设$\theta_1<\theta_2$。有以下四种情况需要考虑：

（1）区域1：θ_1较高或者处于中等水平，θ_2较高。在该区域内，两个子部门经理都不寻租，融资决策和企业内部资本配置决策都是最优的：$I_1^*=I_1$、$I_2^*=I_2$；$I=I^*=I_1^*+I_2^*$。

（2）区域2：θ_1较低，θ_2较高。在该区域内，只有子部门经理M_1寻租，企业的融资决策和内部资本配置决策都出现扭曲：企业融通的资金偏少，$I<I^*=I_1^*+I_2^*$；而且企业内部资本配置向M_1部门倾斜，M_2部门获得的资本配置小于最优的资本配置：$I_1^*<I_1$，$I_2^*>I_2$。

（3）区域3：θ_1较低，θ_2较低或者处于中等水平。在该区域内，两个子部门经理都寻租，企业的融资决策和内部资本配置决策都出现扭曲，企业融通的资金偏大：$I>I^*=I_1^*+I_2^*$；而且企业内部资本配置同时向M_1部门和M_2部门倾斜，他们获得的资本配置都大于最优的资本配置$I_1^*<I_1$，$I_2^*<I_2$。

（4）区域4：θ_1和θ_2都处于中等水平。在该区域内，则有两个可能的均衡。若两个子部门经理都不寻租，企业融资决

策和内部资本配置都是最优的：$I_1^*=I_1$、$I_2^*=I_2$；$I=I^*=I_1^*+I_2^*$；若两个子部门经理都寻租，则企业融通的资金更多：$I>I^*=I_1^*+I_2^*$，企业内部给两个子部门的资本配置都偏大：$I_1^*<I_1$，$I_2^*<I_2$。

命题一给出以下两点重要的启示。第一，企业CEO向低生产率的子部门倾斜资本配置；第二，子部门经理的寻租行为不仅会扭曲内部资本配置，而且会扭曲企业的融资决策，出现融资不足或过度融资。

其次，考虑融资成本低廉的情形，分析外部资本市场对企业内部资本配置以及企业融资决策的影响，可以得到以下命题：

命题二：融资成本不仅导致CEO扩大融资规模，而且改变了企业内部子部门经理的行为，进一步恶化了资本的配置。资本配置恶化主要通过以下两个机制实现：其一，融资成本扭曲会改变子部门经理寻租的力度；其二，融资成本扭曲会增大寻租的子部门的范围。

再次，考虑融资成本偏高的情形。这种情形容易在那些法律对投资者权益保护不力的国家出现，原因是法律对投资者的应得利益保护不力，企业为了从投资者那里获得外源融资，必须提供更高的投资回报，相应地就提高了企业的融资成本。可以得到以下命题：

命题三：在融资成本偏高的情形下，企业CEO缺乏向外部投资者融通资金的激励，企业发展主要依赖企业自身的利润留存，这会产生企业发展受到资本限制、企业规模偏小的现象。同时，融资成本偏高将降低企业子部门经理寻租的激励，同时也减少了寻租子部门的范围。

最后，本文的模式分析可以对中国资本市场中企业投融资现象给予很好的解释。我国资本市场上企业融资、投资行为存在两个典型特征：其一，股权融资成本偏低，致使企业偏好股权融资；其三，融通资金使用效率低下。文章的理论模式表明，我国资本市场现行制度设计造成了股权融资成本低廉，从而导致追求自身利益最大化的企业高管层有动力通过股权融资扩大企业规模，同时公司内部管理者的寻租行为加剧了企业股权融资的冲动。在此过程中，公司治理机制的缺失通过两个渠道使得问题更加严重：其一，上市公司“一股独大”的股权结构使得企业“内部人”能够以广大投资者的利益损失为代价实施股权融资行为，进一步降低决策者所承担的股权融资成本；其一，公司治理机制的缺陷使得公司管理者能够通过企业内部资本市场随意配置资源，这加剧了企业内部管理者对资本的争夺，不仅扭曲了资本的有效配置，而且导致租金的耗散，降低企业的经营效率。

文章采用规范的经济学分析方法，构造了一个两层次委托代理模型，引入了企业的融资成本因素，将企业的融资行为内生化，并将外部资本市场与内部资本市场的运作联系了起来。分析表明，外部资本市场运作不完善改变了对企业内部管理者寻租行为的激励，而企业内部管理者的寻租行为又对企业融资决策产生影响，进而扭曲企业层面和企业内部层面的资本配置。本文的模型不仅能够对发达资本市场上企业的融资量进行显性的解释，而且能够很好地解释新兴资本市场中企业融资的一些特殊现象。

通过理论分析，文章指出提高企业内部资本配置效率的可行途径在于：一方面，理顺外部资本市场的运作，增加企业融通资金的渠道，并让所有企业都能获得平等的融资权力，以促进对资本这一生产要素的竞争，使资本市场能够反映真实的资本成本；另一方面，要建立并进一步完善公司治理结构，减少内部管理者的寻租行为和相应的租金耗散，让企业管理者切实代表广大投资者的利益。

［邹薇，1969年生，武汉大学经济学博士，武汉大学经济与管理学院教授，博士生导师。著有《高级微观经济学》、《经济发展理论中的新古典政治经济学》、《宏观经济学》等多部著作，发表论文70余篇。

钱雪松，1978年生，武汉大学经济与管理学院博士研究生。

通信地址：武汉大学经济与管理学院（430072）］

“三农”与市场——以明清经济发展为例

（江太新　《中国经济史研究》2005年第4期）

本文主要讨论三个问题，其一，在地主制经济体制下，中国传统社会特点及其与市场经济相结合的缘由；其二，“三农”兴衰与市场兴衰紧密相连；其三，中国传统社会里，商业发展与不发展，关键在于重农政策贯彻好坏，而不是什么重农抑商的结果。

中国传统社会是一个农业大国，百分之九十以上的老百姓都以农业为生，农业是他们赖以生存的经济基础，离开农业，他们的生产生活就会陷入困境。这是中国传统社会最大的国情。在中国传统社会中，土地问题又是农业中的最大问题。土地所有权问题则是农业发展变化中的核心所在，也是农业、农村、农民经济生活中的关键所在。

在地主制经济体制制约下，各个经济单位之间必须进行交换才能实现自身经济再生产，在成千成万经济单位存在以及多种经济成份并存的情况下，为市场经济发展提供了极为广阔的空间。但市场经济的发展还取决于当时社会的购买力。中国传统社会以农业经济为主体，当时市场经济繁荣与萧条，也取决于当时农业经济的发展、农村经济活跃、农民生活富裕程度。有人认为个别地区市场发展是靠当地官僚集中、消费水平高来拉动，但从全国社会经济发展情况看，这仅仅是很特殊的事例，不能把它扩大化，毕竟手工业工人、商人、官僚数量也不大。据研究，到明清时期，城市人口还占不到百分之十，也就是说最多也过十分之一而已，尽管这些人与市场关系很密切，对市场经济依赖性很强，消费也较高，但毕竟人少，对整个社会经济来说，购买力还是有限，对市场经济整体而言，起不到拉动作用。所以农村经济发展，是市场经济发展的至为关键所在。舍此而去寻找其他什么原因，都是拾芝麻丢西瓜，抓小而不抓大。

中国封建社会以农业为主体，是农民赖以生存最基本的条件。但农业发展或不发展与地主制经济体制运行息息相关，当地主制经济体制在正常轨道运行时，自耕农经济大量存在，农民生产积极性得到充分发挥，农业得到发展，商品量增加，农民钱袋子也随生产发展而逐渐饱满起来，农民钱多了，市场出现购消两旺，商人发财。到王朝后期，市场逐渐走向萎缩，商号倒闭，其原因是政府重农政策不能坚持到底，在地主经济迅速上升情况下，重农政策转化为弃农政策，把农民当作羔羊任意宰割，自耕农承受不了苛重赋役剥削而抛弃土地，佃农经受不了地主沉重的地租掠夺而离开土地，农业生产遭到破坏，这时农民钱袋子又变得空敞，市场失去拉动力而变得疲软。商品卖不出去，市场就不景气，这时就会出现商家破产，商人失业，手工业倒闭，社会经济萧条。这是最明白不过的道理。从前，人们把市场经济不发展的原因，归咎于王朝“重农抑商”政策的结果，这可能是一种误解。

［江太新，1940 年生，中国社会科学院经济研究所研究员、博士生导师，现任中国商业史学会副会长。出版的专著有：《清代漕运》（合著）、《中国经济通史·清代经济卷》（合著）、《中国地主制经济论——封建土地关系发展与变化》（合著）。其中《清代漕运》一书曾先后荣获孙冶方经济科学 1996 年度著作奖，1997 年获第三届吴玉章奖金（历史学一等奖），1999 年获国家社会科学基金项目优秀成果（专著类）二等奖，2002 年获中国社会科学院第四届优秀成果追加奖；《中国经济通史·清代经济卷》荣获中国社会科学院第四届优秀著作三等奖，郭沫若奖金二等奖。发表论文数十篇，两篇荣获经济研究所第一、第二届科研成果一等奖，一篇获中国商业学会论文二等奖。］

外国直接投资与中国高技术产业的发展

——基于外资企业与国有企业的对比分析

（宋京　《改革》2005 年第 2 期）

20 世纪 90 年代中期以来，中国的高技术产业呈现出调整发展势头。而这一时期中国经济发展中另一个值得关注的变化是，引进外国直接投资不但数量增长迅速，而且外资企业的规模和技术水平也显著提高，并逐步向资本技术密集型行业渗透。

为了深入考察中国高技术产业快速发展与外国直接投资增长的内在关系，该文对比分析了 20 世纪 90 年代中期以来外资企业和国有企业在高技术产业中的产出和技术创新活动等方面的变化，并从科技投入的角度探讨了这些变化的内在原因。研究发现，20 世纪 90 年代中期以来外国直接投资对我国高技术领域的积极参与对高技术产业的快速发展和整体技术水平的提升贡献显著，对高技术产业总体竞争力的提高起到了很大推动作用。具体来讲，高技术产业总产值和行业增加值的一半以上都来自外资企业的贡献，而且其在行业科技创新活动中也已赶超国有企业，处于领导者地位。外资企业对行业新产品产值和出口销售收入的贡献均在 60% 以上，成为我国高技术产品打入国际市场的主力军，推动了行业整体的技术进步。但同时研究也显示，20 世纪 90 年代中期以来国有企业在高技术行业中的竞争力不断削弱，主导地位已逐步被外资企业所取代。针对这种变化，本文着重考察了两类企业的科技投入情况，分析结果显示，国有企业地位下降的原因大致有以下三方面：一是科技人员数量积累不足，流失严重；二是企业科技经费内部支出和外部筹集数量不及外资企业，且增速缓慢，筹集来源较多依靠政策资金和金融贷款，资金约束力度不够致使其使用效率不高，创新成果少；三是对外部先进技术的引进和吸收不足，更多依赖低成本的技术改造。此外，研究还发现，当国企与外资在行业内的地位此消彼长的同时，非公有制的集体和股份制企业等也正逐步成为高技术产业内的一只潜在成长力量。

从我国目前经济发展和产业结构升级的要求来看，引进外资已不再是为弥补资本短缺而追求数量的增长，而是应转向利用高质量外资推动产业结构升级的战略发展目标上来。因而应鼓励和引导资本技术密集型外资向高技术领域投资，利用外资企业的技术创新优势，带动高技术产业技术水平和竞争力的提升。

［宋京，1976 年生，复旦大学高等教育研究所讲师、经济学博士。
通信地址：上海市复旦大学高等教育研究所（200433）
联系电话：021－65642245
电子信箱：songjing317@263.net］

我国城市化滞后于工业化的成因分析

（程俐骢　吴光伟　《同济大学学报》（社科版）2005 年第 1 期）

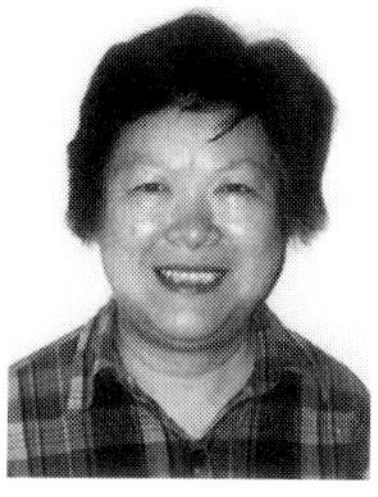

程俐骢

我国城市化滞后于工业化，对其原因进行分析，关系到我国今后城市化发展的动力问题。本文在对传统工业化道路反思的基础上，分析我国城市化滞后于工业化的原因。用钱纳里的一般模型与我国的传统工业化相比较，可以发现我国工业化的特点和存在的问题。文章列出钱纳里模型和我国人均 GDP 达到 1000 美元时，GDP 结构、就业结构与 GDP 的变化情况。经过比较，得出：第一，我国制造业的增长没有相应带动就业结构的转变。第二，非农产业中第三产业滞后，制约了就业的增加。第三，我国城市化率与经济发展水平相当。因此，问题主要不是城市化的滞后，而在于工业产值比重上升，没有相应带动产业结构和就业结构的变动。城市化率与就业结构变动的相关性较强，因为就业结构向非农产业的转变，直接带动了人口向城市的迁移和集中。

与西方国家工业化道路相比，我国工业化有自身特点：

第一，二元经济是我国工业化的起点。二元经济决定了中国在 20 世纪后期实现工业化的发展条件与早期资本主义国家相比，极不相同。由于中国工业化起步晚，同时面临着资源与人口的矛盾等不利于经济发展的条件，又遇到新科技革命的挑战，决定了中国的二元经济是一个长期的过程，工业化进程也就是消除二元经济的过程。我国目前已处于工业化发展的第二个阶段，即整个国民经济正在由二元经济结构向现代经济转变。在空间上，这种二元经济结构，特别鲜明的表现为城乡之间和区域之间的工业化发展的不平衡，造成城乡之间和地区之间经济发展和收入增长的巨大差距。这就是我们寻求中国式新型工业化道路的出发点。

第二，我国的工业化呈现地区发展不平衡。工业化发展过程是一个渐进的过程。在我国，这个过程决不是表现为时间上的按部就班，而是呈现出空间上的并存性，即不同的地区处在工业化的不同阶段上。

第三，我国工业化所处的时代是信息化时代。信息产业革命使传统的工业化发生了显著的变化：知识要素成为经济增长的重要驱动因素；研制和制造可以在空间上实行分离；有形的交易市场被无形的或虚拟的市场交易所取代。

中国工业化的特点决定了中国的工业化不仅需要实现工业化与城市化的有机结合，而且还要实现工业化、城市化和信息化之间的有机结合。既然我国原先走过的工业化道路没有相应带动就业结构的发展，阻碍了城市化的进程，那么，新型工业化道路应立足于解决就业，在都市圈发展产业集群，推进城市化。

［程俐骢，1952 年生，同济大学文法学院教授。
通信地址：上海市四平路 1239 号同济大学文法学院
联系电话：021－65983406
电子信箱：chenglicong@mail.tongji.edu.cn
吴光伟简介缺。］

消费习惯、异质偏好与动态资产定价：纯交换经济情形

（熊和平　《经济研究》2005 年第 10 期）

传统的资产定价理论通常考虑的是代表性经济人的定价问题，即假设所有投资者是相同的（即是同质的），由此可以在整个经济系统中构造一个代表性投资者。这一假设在实证分析中遭到了强有力的挑战。Mehra 和 Prescott 在对 Lucas 纯交换经济资产定价的欧拉方程进行实证分析时，提出了著名的“股权溢价之谜”。这一谜团推动了经济学家们对传统的定价模型的修正和拓展。这种拓展通常是从两个方向而进行的：其一是用跨时依赖的效用函数来代替跨时可加的效用函数；其二是考虑异质投资者的定价问题，用异质投资者代替传统的代表性投资者。

本文正是沿着上述第二个方向进行研究，考虑一种基于投资者在消费习惯

上所表现出来的异质性及其对资产定价的影响。

本文首先在传统的纯交换经济模型中引进两个具有不同偏好的投资者，一个为普通的投资者，具有常数厌恶系数偏好；另一个同样具有常数厌恶系数偏好，但同时又受到消费习惯的影响。外在性消费习惯的引入是基于这样一种背景：假设所有投资者可以分为两类，他（她）们投资的最终目的是将投资收益用于消费，但两类投资者中一类具有消费攀比行为，而另一类则不具有这一行为。

在上述假设下我们重点分析具有消费习惯的异质性偏好对投资者最优消费决策、消费和财富动态以及动态资产价格的影响。我们的发现主要归纳为以下两个方面：

1. 假设经济系统中存在两个不同的投资者，他们都具有常数厌恶系数偏好，但其中一个不具有消费习惯，另一个具有外在性消费习惯，则投资者的最优消费与总禀赋呈线性关系。外在性消费习惯同时影响两个投资者的最优消费决策，两个投资者的间接效用函数均为总禀赋和消费习惯的函数。此时，两个投资者的消费波动性均比同质情形下的低，从而呈现消费平滑的特征。同时，对于风险资产，我们导出的即时夏普比率为常数，并且当投资者的风险厌恶系数大于1时，外在性消费习惯与即时利率正相关。

2. 如果用对数效用函数来代替常数厌恶系数的效用函数，并用Campbell和Cochrane的方法以差的形式引进消费习惯，则不具有消费习惯的投资者的最优消费策略与总禀赋和消费习惯之差成反比例，具有消费习惯的投资者的最优消费水平与消费习惯正相关。消费习惯水平越高，不具有消费习惯的投资者的最优消费水平越低，具有消费习惯的投资者的消费水平越高。此时，对于风险资产，其即时夏普比率是反周期循环的，即时利率不受投资者风险厌恶度的影响，但消费习惯强度对即时利率产生影响。

本文所给出的即时夏普比率和即时利率的方程与已有的结论相比，形式更简单、具体，更容易用实证的方法进行检验。文章的研究方法也为异质投资者与资产定价的研究提供了一种借鉴。

我国资本市场的历史较短，市场发育还不太完善。参与资本市场的广大投资者也不够成熟，投资水平和投资理念差别较大。因此，有理由相信我国的投资者更具有异质性。对异质投资者的资产定价问题的研究有助于理解我国的资本市场，同时也可能有助于解释资产定价中出现的一些“难解之谜”。此外，近年来兴起的行为金融理论也表明异质投资者研究的重要性，虽然目前行为金融还缺乏一个合理的理论支柱。行为金融的产生既是对传统金融的否定也是对传统金融的发展，这种发展必须以传统金融理论为基础。我们认为，行为金融的理论支柱将是一种建立在异质投资者的框架下的吸收传统理论中严密的研究方法的一种新的理论。

［熊和平，1966年生，管理学博士，武汉大学经济与管理学院金融系副教授。已出版著作和教材4部，均为合著，发表论文10余篇。代表性论文为《消费习惯与资产定价》、《消费习惯、异质偏好与动态资产定价：纯交换经济情形》、*The Spirit of Capitalism*, *Heterogeneous Preferences and the Dynamics of Asset Prices: Pure Exchange Economy Case* 等。］

新型农村合作医疗筹资制度的设计与改进

（陈健生　《财经科学》2005年第1期）

一、各筹资主体出资分摊的公平性问题

1. 筹资制度采取中央、地方及农民个人共同负责、共同出资方式，将医疗保障筹资风险分担在不同的筹资主体上，体现了风险分担这一社会保障的基本原则，是一种以政府资助为主，各主体合作共济的社会保障形式。因为政府作为一个出资人且在出资额中承担三分之二的比例，原来农民之间互助共济的合作医疗筹资的性质相应发生了变化。

2. 各级地方财政对各自应负担比例的规定较为含糊，没有明确的界定。筹资主体在各级地方政府出现了责任下移的状况，造成缺乏财力保障的县级政府成为新型农村合作医疗地方财政的支出主体，相反，财力保障能力较强的省（市）级地方政府在财政筹资中责任偏小，支持力度不足，形成能力与责任的不对称。

3. 关于农民个人缴费。按照现有的制度设计，建立和推进新型农村合作医疗难度很大。主要受到以下两个方面的影响：（1）二元经济结构性改革不显著，农民收入增长缓慢，而农业生产特有的高风险和弱质性加剧了农业的周期性波动，使农民增收难以持续，从而影响到农民个人或家庭缴费的连续性和稳定性。（2）持续性的农村劳动力跨地区流动可能会影响现行按户籍所在地为合作医疗筹资的政策安排。

二、中央政府应在合作医疗筹资中承担更多的责任

保障农民的健康作为一项公共产品是一项重要的政府职能。在现行财政体制下，中央政府集中了大量的财政资源，这些资源是新型农村合作医疗筹资的物质保障。

中央政府理应承担起提供包括为社会保障出资等公共服务在内的社会责任。并且，中央政府对农民的健康投资还应随着经济发展及财力的增加而逐步扩大。

三、在地方筹资中应明确以省级财政承担主要责任

在地方财政中，省、市、县（区）三级财政共同分担10元的出资额，但由于制度设计上没有一个清晰的权利与义务界定，造成筹资分摊上随意性较大。按照现行分税制，财力分布呈现逐级向上集中的态势。因此，以省级财政承担地方筹资的大部分份额较为合理。

四、在有条件的地区应将社区作为一个单独筹资主体

采取鼓励村集体及村办企业为新型农村合作医疗出资的方式，从而补充和完善现有的制度设计，真正实现了由政府组织、引导、支持，农民自愿参加，个人、集体和政府共同筹资，以大病统筹为主建立新型农村合作医疗制度的基本要求。

新型农村合作医疗制度能否走出传统合作医疗起步——发展——衰落的循环周期，并非完全取决于农民的认可与参与，而是在很大程度上决定于政府（尤其是地方政府）的决心、支持的力度以及政策的导向。

［陈健生，1964年生，西南财经大学科研处副研究员。
通信地址：西南财经大学（610074）
联系电话：028－87352248
电子信箱：chenjs@ swufe. edu. cn］

寻求发展理论的微观基础
——兼论发展经济学理论范式的形成

（叶初升　《中国社会科学》2005年第4期）

长期以来，即使是在进入21世纪之后，关于发展经济学在现代经济学理论体系中的学科地位问题，经济学界仍然充满着诘难和争议。本文试图在科学哲学层面审视这一问题，从而为发展经济学的存在合理性及其发展廓清“科学逻辑”通道。文章首先分析了现代经济学的一般理论构造及其微观基础，接着由此视角反思发展经济学的微观基础及其理论演进，并以一种建设性的心态重新审视对发展经济学理论地位的种种诘难。在较为具体地分析和评价了近年来发展经济学理论研究微观化趋势之后，作者就构建一个有发展经济学特色的微观基础、形成相对独立的学科范式问题，做出了自己的分析和思考。

从科学哲学的角度看，判断一门学科是否成熟、是否具有相对的独立性，一个重要的标志就是，该学科是否存在规范理论研究使其逻辑内在一致、并区别于其他学科的一种理论范式。文章指出，在经济学中，能够维系理论之间逻辑关联并使之与其他学科区别开来，而充当其学科范式的理论，就是其微观基础，即关于经济主体行为及其相关经济运行机制的理论。作者认为，发展中国家区别于发达国家的基本经济特征以及发展问题的特殊性，只是为发展经济学的产生和发展提供了客观基础，只是发展经济学赖以生存的“土壤”。如果发展经济学不去构筑自身的微观基础，不形成明晰的学科范式，那么，不仅关于发展经济学存在的合理性辩护缺乏力度，更重要的是，这样的发展经济学研究不可能走出“前科学”的阴影。

文章既充分肯定20世纪90年代以来发展经济学理论研究的微观化趋势，同时又一针见血地指出，目前的发展经济学研究，不过是应用主流经济学理论分析发展中国家发展问题的庞杂“理论拼盘”，仍然处于缺乏微观基础的“无根”状态。文章在阐述发展经济学具备区别于一般经济学分析空间的客观依据之后，论证了发展经济学在自己特殊的分析空间中构筑微观基础、形成理论研究范式的逻辑必然性。作者认为，并不是所有涉及发展中国家经济发展的问题都是发展经济学的问题，也不是说运用现代经济学一般分析工具就一定超出了发展经济学的范围。只有那些纳入发展经济学理论范式视野的问题，才是发展经济学问题；只有那些符合发展经济学理论范式的研究，才是发展经济学研究。因此，寻求发展理论的微观基础，就是寻求发展经济学相对独立存在的合理性根基，它是发展经济学由“前科学”逐渐向统一的学科范式收敛、真正成为一门相对独立的“常规科学”的过程。

［叶初升，1963年生，武汉大学经济发展研究中心、武汉大学经济与管理学院教授。
通信地址：湖北省武汉市武汉大学经济与管理学院（430072）
联系电话：027－68752310
电子信箱：yechsh@ whu. edu. cn］

“循序渐进”还是“平行推进”

——论体制转轨最优路径的理论与政策

（樊纲　胡永泰　《经济研究》2005年第1期）

自从亚洲金融危机爆发以后，在处理一些发展中国家和体制转轨经济中出现的所谓“金融市场过早自由化”问题时，“循序渐进”这个概念开始频繁出现在经济讨论中。这对于纠正过去转轨政策讨论中的许多重大谬误，有积极的意义。因为那些在过去长期一味鼓吹“越快开放就越好”的经济学家以及许多西方学者，现在不得不承认他们以前不谈任何前提条件地鼓吹发展中国家或转轨经济要全面、迅速地开放市场，是荒谬的。由此引起的理论讨论，引导了人们去更多地关注体制转轨的路径或方式的研究。但同时，“循序渐进”这个概念又会引起误导，因为它可能不是一个确切地描述制度变革的现实与本质的概念，也不是一个有用的改革政策的分析工具。因为它不能说明体制转轨过程中的各种问题。各种体制之间是相互依存、相互制约的，不可能改好一个再改下一个，否则会出现体制“不协调成本”。在这篇文章中，作者提出了另一个概念框架，即“平行推进”，来分析制度变革的路径，以便能够：（1）对不同的国家和地区的体制转轨过程的实践做更为准确的理解与分析，特别是对实际发生的事情做出更科学的解释；（2）为体制转轨经济和发展中国家的制度变革提供更为有用的政策研究工具。

作为改革政策制定的基本思路，它可以说明为什么在体制转轨过程中，某些体制都改革“超前”和“滞后”（瓶颈），都是无效率的。在所有领域（包括政治体制和社会政策）都同时积极推进改革，同时考虑各种体制之间的转轨过程当中（也就是在没有彻底完成改革之前）的相互协调，应是体制改革的基本政策方法。

像一切理论概念一样，平行推进的体制转轨路径也有些理想因素在内。它可能只是经济领域实践的近似描述。但它是思考实际的改革政策的有用方法。简而言之，这一概念最关键的实际意义可归结为两个短语：“不要在任何领域等待”和“尽量保持彼此的协调”。

［樊纲，1953年生，经济学博士，中国经济体制改革研究基金会秘书长，国民经济研究所所长，兼任北京大学经济学教授，中国社会科学院研究生院教授、博士生导师。主要著作有《公有制宏观经济理论大纲》（主笔）、《现代三大经济理论体系的比较与综合》、《市场机制与经济效率》、《渐进之路——对经济改革的经济学思考》、《中国经济改革的政治经济学》等学术专著，以及《樊纲集》、《经济文论》、《走进风险的世界》等论文集。发表《灰市场理论》、《论改革过程》等学术论文近百篇。

胡永泰简介缺。］

要给证券市场正确定位

（周骏　《中南财经政法大学学报》2005年第4期）

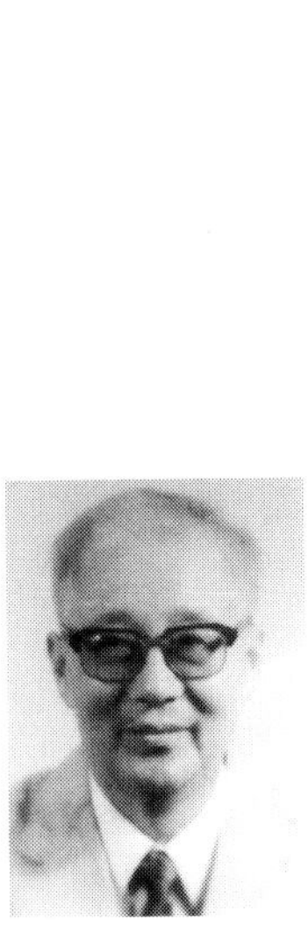

本文主要研究我国证券市场的问题与产生的原因以及政府在发展和完善证券市场上的政策着力点。

市场经济是市场配置资源的经济。证券市场首要和最基本的功能是优化资源配置。从前一段历史时期看，我国股票市场过度投机，泡沫严重，既无财富效应，也无投资效应，不具有优化资源配置功能，只起到上市公司圈钱的作用。一个无优化资源配置功能的股票市场，如果不进行改革，很难长期存在和发展，因为这与市场经济的要求相悖。

中国证券市场出现的问题是与中国证券市场发展的特点紧密相关的。中国证券市场不是自下而上建立与发展起来的，而是政府根据经济体制改革的要求自上而下建立起来的。由于上市公司主要是改制的国有企业，政府是股票的主要供应者，又是股票市场的监管者，处在既是运动员又是裁判的地位。因此，中国股票市场的初始阶段必然是“政策市”。由于中国经济体制改革的重点和难点是国有企业经营管理体制的改革，在证券市场建立之初，政府给它的定位是为国有企业改制脱困服务，也就顺理成章了。在当时历史条件下，许多上市公司并不都是最优企业，而是良莠不齐，因此一些不优的企业借机上市圈钱。一些上市公司虽然形式上改了制，但经营思想、经营管理体制并没有发生实质性的变化，众多上市公司效益低下。由于在证券市场的建立初期，股票是稀缺资源，监管部门采取了高溢价发行的措施，次品卖出高价，这就造成了我国股票市场市盈率很高，股息率很低，股票市场过度投机，存在严重泡沫。中国股票市场存在的这些问题，并非是市场失灵引起的，而是由于政府失效引起的，由于定位偏关和制度性缺陷引起的，因此不能把这些问题简单地推给市场去解决，需要通过正确的政策，通过政策与市场的合力去解决。

现在股市发生转折的市场条件已经初步具备，政府政策主要应着力以下几个方面：（1）要给股票市场正确定位，要把优化资源配置摆在股票市场功能的首要地位，监管部门要彻底改变过去国有企业改制脱困服务的指导思想，保证优质企业上市，通过市场力量确定股票的合理价格，使资源配置到优秀企业，保证股票的有效供应；（2）鼓励合规资金和居民储蓄入市，增加市场的有效要求。从总体看，中国并不缺乏货币资本，关键是股票市场要对投资者有吸引力，应从制度上保证平均股息率高于一年期储蓄存款利率，增加投资者数量和投资额度；③妥善解决股权分置问题，完善证券市场的各项制度，保证投资者的合法权益。

［周骏，1928 年生，中南财经政法大学新华金融保险学院教授，博士生导师。
通信地址：武汉市武珞路 114 号中南财经政法大学首义校区内 27 号楼中门 402 室（430060）
联系电话：027－88055866］

一个基于个体基本假定的共同知识考察框架

（朱宪辰　《东岳论丛》2005 年第 2 期）

以偏好、学习能力与评价反馈的个体基本假定和三者关系为分析基点，该文讨论了共同知识的来源和演化问题。借鉴生物演化和行为研究成果，该文采用了具有经验基础的关于个体的三个基本假设：偏好分层稳定假设、学习能力假设、个体评价反馈假设。同时采用一个偏好、学习能力与评价反馈的基本关联分析框架。

该文主要揭示了以下几点得到相关经验学科研究支持的结论：

1. 基于个体基本行为假设——分层偏好、学习能力和评价反馈的关联框架，可用于简化描述共同知识（相互之间能够共同识别的信号事件联结）的存在与变化。

2. 存在与互动过程无关的共同知识，即非习得的直接意向型的和仪式型两类共同知识（共用信号交流系统）。其存在性得到了生物演化和行为研究的经验支持。

3. 共同知识的概念体现了习俗、惯例等非正式制度和正式制度的“内核”。从发生的角度，共同知识是分层的，越往外层的共同知识越不稳定。外层共同知识的演化受到底层稳定共同知识的作用和制约。

4. 共同知识可分为“非习得”、面对面“默会”和“可被个体用文字等符号描述交流”三个层面。

5. 新的共同知识来源于个体都能接收到的新信息，新信息打破原来稳定的行为预期，进而引发个体在评价反馈机制作用下根据偏好取向，通过观察、试误，互动调整行为及（信号事件联结）预期，直至新的联结预期达到稳定。

［宋宪辰，1954 年生，南京理工大学经济管理学院教授，应用经济研究所所长。
通信地址：南京理工大学经济管理学院（210094）
联系电话：13813859970
电子信箱：zhuxc0227@yahoo.com.cn］

由新民主主义向社会主义的提前过渡与优先发展重工业的战略抉择

（朱佳木　《当代中国史研究》2004 年第 5 期）

恩格斯指出：“一切社会变迁和政治变革的终极原因，不应当在人们的头脑中，在人们对永恒的真理和正义的日益增进的认识中去寻找，而应当在生产方式和交换方式的变更中去寻找。”这一历史唯物主义的基本原理，同样适用于解答中国为什么会由半殖民地半封建社会走上社会主义道路，以及为什么会由实行新民主主义政策提前过渡到实行社会主义政策的问题。

自18世纪以来，欧美一些主要国家陆续开始从农业社会向工业社会跃进，而中国则由于封建势力的顽固，生产方式迟迟得不到革新，结果不断遭受西方列强的侵略、凌辱，国力日渐衰微，几近亡国灭种。因此，爱国的先进的中国人当初无不渴望学习西方的社会制度和科学技术，为中国的工业化开辟道路。但是，在帝国主义、封建主义、官僚资本主义三座大山的联合压迫下，这些愿望总是实现不了。在这种情况下，代表先进生产力的中国工人阶级登上了政治舞台，担负起了本来应由资产阶级完成的民族独立与工业化的历史使命。

那时，摆在中国工人阶级政党中国共产党面前的道路有三条：一是资本主义，二是新民主主义，三是社会主义。无数事实已经证明，资本主义道路在中国走不通，剩下的只有新民主主义和社会主义。而这两条路对于当时条件下的中国来说，已不再是相互隔绝的，而是相互联系的两个步骤。究竟怎么走，取决于选择什么样的工业化战略。中国是个农业国，在近代又战乱不已，极其缺乏工业化所需要的资金与人才。因此，中国共产党领导人起初曾经设想过，在夺取全国政权以后，先实行一段新民主主义政策，依靠旧社会遗留下来的农业和轻工业逐步积累资金，到适当时候再进行重工业为重点的建设，并相应实行社会主义政策。

但是，全国解放后，新生的革命政权在第二次世界大战后期形成的国际格局中，受到了以美国为首的帝国主义阵营的敌视和军事侵略的威胁，使对建立在重工业基础之上的现代国防的需求格外迫切。与此同时，无论在意识形态还是战略利益上都与新中国相一致的以苏联为首的社会主义阵营，却表示愿意对中国以重工业为重点的工业化建设，提供技术、设备、专家、贷款和培养人才等方面的援助。而要优先发展重工业和接受苏联的全面援助，就需要相应实行高度集中的计划经济体制，并相应实行农业的集体化和工商业的国有化。正是这一新的情况，促使中国共产党领导人改变了原先的设想，决定提前向社会主义过渡。

尽管优先发展重工业的工业化战略存在影响产业结构合理性和人民生活水平较快提高的一面，在向社会主义过渡过程中也存在急躁、粗糙、简单化的弊病，但我们只要遵循历史唯物主义的观点，把问题放在当时的历史条件下来分析，就不能不承认，正是由于中国共产党在建国后选择了优先发展重工业的战略，并相应决定提前向社会主义过渡，才使中华民族自1840年以来第一次抓住了历史机遇，从而使中国用了比先行工业化国短得多的时间建立了自己的完整的工业体系，使改革开放以来的国民经济和人民生活水平得以飞速发展和提高，使今天走新型工业化的道路成为可能。因此，这一决策是中国共产党对中华民族的历史性贡献，而绝不是什么历史失误。

［朱佳木，1946年生，中国社会科学院研究员、副院长。
通信地址：中国社会科学院当代中国研究所（100009）
电子信箱：wangj@ iccs. cn］

中国工业化路径转换的历史分析

（武力　《中国经济史研究》2005年第4期）

1949年以来，中国的工业化及其道路选择经历了两个时期和三次重大选择：（1）1949中华人民共和国建立到1978年党的十一届三中全会为第一个时期。这个时期为建立独立的工业体系和国家安全，国家采取了优先发展重工业的赶超战略，并为此实行了高积累、高投入、区域均衡发展和以追求数量扩张为主要特征的外延型工业化道路。这条工业化道路是以单一公有制和计划经济为制度保障的。这个阶段的成绩是在重工业极端落后的基础上，建立起了相对独立完整的工业体系，但是为此付出的代价也很高，人民生活水平在1958年以后的20年间改善不大。（2）1978年“三中全会”至今为第二个时期。其中又可分为两个阶段：1978年“三中全会”至1996年党的“十五大”为第一个阶段。这个阶段的工业化，是在改革开放唤起巨大经济活力和充分利用国外资源和市场的背景下，以农、轻、重产业均衡发展和卖方市场为动力，仍然实行以高投入和追求数量为特征的外延型发展为主的工业化道路。从经济体制角度看，这个阶段最突出的特征就是成功地实行了从计划经济向市场经济的渐进式转轨。这个阶段国民经济获得了高速发展，总产值翻了两番，基本解决了温饱问题。在1997党的“十五大”至今为第二阶段。这个阶段，在国内买方市场基本形成、国内资源有限和国际竞争加剧的条件下，中国共产党及时提出了“科学发展观”和“新型工业化”的思路，我国开始走上以追求效益、提高竞争力和可持续发展为主要目标的新型工业化道路。这种历史性的选择，既是特定环境和经济发展阶段的产物，同时也反映出我国党和政府在工业化问题上已经成熟起来。

历史经验证明：1949年以来的中国工业化，不仅是在100多年来中国因落后而备受帝国主义列强侵略压迫的惨痛教训中起步的，是在世界形成了社会主义国家与资本主义国家激烈竞争的国际背景下进行的，更重要的是在中国人口众多、人均资源贫乏、大量农业人口需要转移的条件下起步的。因此，中国共产党和中国人民长期将高速发展作为经济制度和政策选择的第一前提，是毫不奇怪的。50多年来中国对工业化道路的三次选择，以历史的眼光看，从经济发展的角度看，它们是一种因果关系，是事物在新条件、新形势下向更高层次的演进，而不存在后者对前者的否定。同时，我们还应该看到，一种工业化道路向另一种道路的转换和演进，是不可能一蹴而就的。由于中国是一个人均资源匮乏、经济发展极不平衡的人口大国，新型工业化道路的转换仍将是一个艰难的调整和较长的过程。

［武力，1956年生，中国社会科学院经济所研究员，现任经济研究所中国现代经济史研究室主任、院重点学科负责人、中国现代经济史研究中心副主任。主要著作有《中华人民共和国经济史》（主编）、《解决“三农”问题之路——中国共产党“三农”思想政策史》（主编），论文有《1949—1978年剪刀差差额辨正》、《中国计划经济的重新审视与评价》、《1949—2002年中国政府经济职能演变述评》等等。］

中国经济冷热之争再起

——2005年上半年经济形势分析

（刘树成　《文汇报》2005年7月25日）

2003年下半年至2004年上半年，在中国经济增长加速中，关于中国经济的冷热之争激烈地进行了一年。2004年下半年至2005年3月，争论有所平息。2005年4月之后，争论再起，最近又达到一个新高潮。如果说上一次争论主要焦点是中国经济是否出现过热，那么，这次争论的主要焦点则是中国经济是否正在趋冷。

一、2005年上半年经济形势分析

第一季度GDP增长率为9.4%，上半年为9.5%。这有点出人意料。最近国内外一些经济学家认为，中国经济正在趋冷。而实际数据显示，2005年上半年GDP增长率不但没有比第一季度下降，反而还高出0.1个百分点。本文对当前经济形势的总体判断是：中国经济正按宏观调控的预期目的运行。预期目的就是：适当地控速降温，使经济保持既较快又平稳地运行。具体地说，中国经济正由2003年下半年至2004年上半年的局部过热和在适度增长区间（8%－10%）的上线区域运行，正在向适度增长区间的中线（9%左右）正常、合理地回归。

二、2005年下半年宏观调控政策取向

总体上说，“双稳健”政策（稳健的财政政策和稳健的货币政策），即“松紧适度”的中性政策不应改变。但不排除根据经济形势具体变化或针对新出现的某些局部问题，而进行“略有从紧”或“略有从松”的适度微调。

三、新一轮中国经济的冷热之争

各种看法很多，主要归纳为5种：（1）认为中国经济正在趋冷，表现为“增长快速下滑＋通货紧缩”。（2）认为中国经济是“高增长＋通货紧缩”。（3）认为中国经济增长由上升期转入稳定期，是“高增长＋低通胀”。（4）认为目前经济增速的小幅回落是合理减速，预计一两年后，会再次往上走。（5）认为当前中国经济仍然过热，而且是全面过热。

四、实现经济周期的平滑化

中国经济正在向适度增长区间的中线回归，并不意味着经济周期的上升拐点已过，接下来就将飞速下滑。我国新一轮经济周期是工业化、城镇化、市场化和国际化进程加快，消费结构由“吃穿用”向“住行”升级所推动的。这一推动力对经济增长的带动作用不是短期的，而是一个较长时期的。从经济周期一般理论来讲，在以10年左右为期的“中程周期”来考察时，其中可能包含2至3个“短程周期”，也就是说，其中可能包含不止1个上升拐点。20世纪80年代以来，世界一些国家出现经济周期平滑化的趋势，我国经济周期也出现了这种趋势。所谓经济周期的平滑化趋势是指，经济周期由过去那种起伏剧烈、峰谷落差极大的波动轨迹，向着起伏平缓、峰谷落差缩小的波动轨迹转变。

五、中国经济增长应关注的两个焦点问题

一是注重提高经济增长质量。二是注重推进改革。要充分利用经济由适度增长区间的上限区域向中线回归的良好时机，积极推进各项改革，完善社会主义市场经济体制。

［刘树成，1945年生，中国社会科学院经济研究所所长、研究员、博士生导师，《经济研究》主编。主要专著有《繁荣与稳定——中国经济波动研究》、《经济周期与宏观调控——繁荣与稳定Ⅱ》等。2005年发表的主要论文有：《坚持加强和改善宏观调控》、《中国经济冷热之争再起——2005年上半年经济形势分析》、《实现经济周期波动在适度高位的平滑化》（合著）等。］

中国经济转轨：社会资本视角

（陈健　胡家勇　《经济学家》2005年第4期）

无论是对前苏联和东欧国家“休克”式改革的研究，还是对中国渐进式改革的研究，一个共同之处是注意到适应于市场的制度变革的重要性，转轨理论在很大程度上成了研究特定制度变迁的理论。而且，以往对于经济转轨的制度研究大多是从正式制度层面上进行的。鉴于非正式制度对正式制度有着重要影响和制约作用，研究转轨中的非正式制度变革可以加深对转轨制度建设的认识，并为过去各种改革方式的成败提出一种非正式制度层面上的解释。该文运用社会资本这一非正式制度概念来解释中国转轨中所受到的社会资本存量的影响和制约，并与俄罗斯的状况做一比较。社会资本是来自社会学的术语，主要指人们通过社会交往而形成的某个特定范围内的社会关系。在政治学里，社会资本更多具有宏观体制上的含义，主要表现为社团间的合作行为和全社会普遍存在的信任关系，能够促进人们自愿合作和遵守合作规范的行为倾向。在前苏联时期，国家对社会生活的各个方面都进行了严密控制，这就限制了人们通过自愿的社团活动形成扩展信任和合作关系的可能，协调社会经济活动所需要的信任关系主要是通过计划与组织，也就是通过计划制度得以维持的，它之所以能起作用，是因为人们对计划制度抱有信心。但是，这种信心到前苏联解体时基本上不复存在了。另一方面，在计划制度下，为了克服计划失灵和消费品短缺局面，关系网络和黑市网络通过非正式的渠道蔓延起来，到前苏联解体时，正式制度出现了真空，而原来的黑市组织和关系网络则继续保留下来。但这些网络不但不能支持市场经济的正常发展，相反，它侵蚀了正式制度的正常功能，阻碍了新商业网络的形成。中国也经历过计划经济时代，但是这种非正式网络却没有起到俄罗斯那样大的消极作用。相反，在转轨的特殊时期，中国的社会资本还起到了某些正面作用。原因在于，中国的转轨方式，计划经济的组织形式以及像家族这样的一些非正式网络都与俄罗斯有很大的不同。在转轨方式上，双轨制下国有经济的保持和发展起到了维持信任链条的作用；在计划经济组织上，中国实现地区分权，并进行制度实验，各地区之间出现的经济交往逐渐形成了交易关系，它不需要中央计划来协调，这意味着市场的形成；在企业层面上，私营企业、港台及海外华人商业网络也以家族为主。但应该注意到，这些作用具有转轨时期的特殊性和过渡性，官员关系网络制约着市场合作的深度，影响到市场所需的扩展信任的建立，而且它还容易滋生各种腐败，在缺乏制约的情况下，它会影响到政府执法的公正性，这反过来会侵蚀人们对国有制以及公共制度的信任。因此，如何通过树立制度的公正来实现扩展信任的维持，是至关重要的。

［陈健，1972年生，中国社会科学院经济研究所工作，经济学博士，副研究员。从事政治经济学和转型经济学研究工作。参与编著《转型经济学》。

胡家勇，经济学博士，中国社会科学院经济研究所研究员，博士生导师，政治经济学研究室主任。

通信地址：北京中国社会科学院经济研究所（100836）

电子信箱：chenjian@cass.org.cn（陈健）
jyhu@cass.org.cn（胡家勇）］

中国居民收入差距对消费倾向变动趋势的影响

（乔为国　孔欣欣　《当代经济科学》2005年第5期）

乔为国

该文以消费的边际效用递减规律为基础，探讨了居民收入差距和消费倾向间可能的关系，并对中国居民消费倾向变动趋势进行解释。文章分四个部分。第一部分为引言，提出问题并对已有研究进行总结回顾。第二部分提出了一个理论模型，从消费的边际效用递减规律出发，对居民收入差距和消费倾向间可能的关系进行探讨。分析结果表明，收入差距对消费倾向可能的影响和经济发展水平有关系，当经济发展到一定程度时，居民收入差距在一定的范围内变化不会影响消费倾向的变化，但超过一定范围后，随着收入差距变大，消费倾向变低。第三部分，给出支持理论的若干经验证据。文章最后一部分，根据理论分析结果，对中国居民消费倾向变动趋势特征进行解释，过分过大的居民收入差距是造成我国近年来消费倾向变低的重要原因。

该文最大的创新点在于分析揭示了居民收入差距和消费倾向之间的关系。收入分配和消费的关系是消费理论探讨的内容，而现代消费理论起源于凯恩斯。凯恩斯的消费理论认为，收入差距影响消费，凯恩斯用这种理论来解释有效需求不足。收入差距和消费倾向间的关系，也正是凯恩斯之后两个剑桥学派争论的核心问题之一。以索洛、莫迪利安尼等为代表的新古典主义者，否认收入分配的重要性；而以罗宾逊夫人和卡尔多为代表的新剑桥学派，坚持收入差距的重要作用，但其代表性理论缺乏微观基础。此文不同于已有研究，以消费的边际效用递减规律为基础，表明收入差距对消费倾向可能的影响依赖于经济发展水平。当经济发展到一定程度时，居民收入差距在一定的范围内变化不会影响消费倾向的变化，但超过一定范围后，随着收入差距变大，消费倾向变低。此文的研究实际上支持了凯恩斯在《通论》最后一章对全书进行总结时明确提出的观点，即认为相当的财富和收入差距方面的不平等是合理的，但收入差距不应太大。

该文也不同于其他对中国近年消费不足的解释研究。首先，研究对象更清晰合理。这篇文章把居民消费倾向作为研究解释对象，不是笼统地包括政府消费的总消费，而是认识到了居民消费行为和政府的不同。其次，解释的角度只是收入差距，可以和其他研究相互补充。已有研究大多引入了流动性约束、预防性或遗赠性储蓄动机等因素，而这篇文章则单单从收入差距这个角度去分析，表明没有这些因素的影响，单是居民收入差距变化本身，就可以较好地解释我国居民消费倾向变动特征。再次，文章把理论解释建立在消费边际效用递减的微观基础上，这点也明显不同于其他研究。

[乔为国，1974 年生，中国社会科学院世界经济与政治研究所，博士，助理研究员。
通信地址：北京建国门内大街 5 号中国社科院世经政所（100732）
联系电话：010－63050237
电子信箱：qiaoandme@ sohu. com
孔欣欣简介缺。]

中国居民医疗支出不公平性研究

（魏众　古斯塔夫森　《经济研究》2005 年第 12 期）

魏众

一个国家的医疗系统可以从多种不同的角度进行评估。但有一点不容置疑，即人口的健康状况是至关重要的。在新千年之初，中国拥有相对健康的人口素质。在 2002 年中国的人口预期寿命达到 71 岁，超过世界平均水平 4 年，应当承认这已经是一个了不起的成绩。

这一成绩的取得，可分为前后两个阶段。从 1949 年到 1978 年近 30 年的时间里，医疗网络的建立和公共卫生部门在预防保健方面的贡献起到了决定性的作用。但是，在最近 20 多年里，中国经济的迅速发展才是预期寿命提高的主要原因。因为随着农村贫困人口的比例快速降低，能够自给自足的人口变得越来越多。因此，评价卫生部门的绩效，不仅要考察预期寿命这样的总体健康指标，也要考察卫生服务的提供和卫生筹资的问题。而正是从卫生筹资的视角，我们可以看到这种运作仍具有相当的问题。2000 年，世界卫生组织在《世界卫生报告》中对 191 个国家的卫生系统进行排序，按筹资贡献公平性排序，中国位于第 188 位。

医疗筹资的公平性是卫生筹资测度的一项非常重要的指标。对卫生筹资公平性的研究始于发达国家，逐渐成为发展中国家卫生筹资的主要测度指标。随着收入分配和税收研究领域研究进展，医疗支出不公平性的研究方法得到了扩充，越来越多的收入分配和税收研究方法应用于医疗支出不公平性研究。但是，在中国的经济学研究文献中，医疗支出的不公平性问题却很少被提及，即便少量的研究，要么不具有价值判断的意义，要么缺乏对不公平性原因的探讨，这就使得本文对中国居民医疗支出不公平性进行的实证研究具有十分重要的意义。

基于 2002 年的调查资料，本文研究了家庭收入和医疗支出的关系，在分析医疗支出各个组成部分对医疗支出不公平性的影响时，将家庭医疗支出分为自付医疗费用支出和医疗补贴两个组成部分。为进一步分析全国居民医疗支出的不公平程度，本文选择了地域作为分组标准考察，这是因为：其一，在当时，医疗补贴大都集中于城市，而城市地区的人口普遍拥有相对较高的个人收入；相反，在低收入的农村地区，却几乎不存在针对医疗支出的补贴；其二，较为发达的东部地区、欠发达的西部地区与中部地区的补贴额也是多寡各异。

通过计算，我们得到全国居民收入相关医疗支出集中指数为 48%，而由于同期家庭收入的基尼系数估计为 45%，这就表明中国医疗支出具有明显的累退性。基于地区分组进行分解分析，结果表明这种不公平性根源在于中国城市与农村居民医疗支出严重失衡，城市居民的平均医疗支出几乎是农村的 6 倍，换句话说，医疗支出方面的公共资金大都集中于发达的城市医疗部门。在中国农村内部和城市内部也存在医疗支出不公平性问题，这种层次的不公平性大多可以归结为中国的东部、中部和西部在平均医疗支出水平上的差异。因此可以说居民医疗支出的不公平主要是由于地域上的差异造成的。

在对医疗支出的各个组成部分对医疗支出影响的研究中，本文发现，随着居民收入的逐步增加，医疗补贴总体具有一个累退效应。换言之，我们的医疗补贴更多地补贴了较为富裕的人群而不是较为贫困的人群。这些结果在与OECD国家的现状进行比较时显示出了根本的差别，在OECD国家，公共资源倾向于有小的再分配效应，而私人投资普遍有更大的负面再分配效应。

本文的结果具有很强的政策含义。众所周知，中国医疗筹资缺乏公平性，如果中国政府有意改变这种情况，那么在地域之间重新分配公共医疗补贴就势在必行。而假定公共卫生预算不变，本文得到的政策建议是逐步和适当地增加在农村地区、特别是西部地区的补贴，而相应地控制或减少在城市地区、特别是东部地区的补贴。

［魏众，1968年生。现为中国社会科学院经济研究所发展经济学研究室主任、研究员。发表中英文论文30余篇。2005年度发表的主要论文有《中国居民财产分布不均等及其原因的经验分析》（合作）、《中国居民医疗支出不公平性研究》（合作）等。
通信地址：北京月坛北小街2号中国社会科学院经济研究所（100836）
电子信箱：wei_zhong@cass.org.cn
古斯塔夫森简介缺。］

中国农民工弱信息能力初探

（郑英隆　《经济学家》2005年第5期）

目前理论界正对国民信息能力的研究表示出越来越大的关注与重视，如贺铿从国家的层面上提出了信息能力的范畴及其指标体系，李东从工作实践的角度提出了信息能力的概念与内涵等。这些概念不是从农民工角度提出来的，但却为本课题的研究奠定了很好的基础。有关国民的信息能力必须有农民工的规定性，换句话说，农民工的问题综合研究必须赋予其信息能力的内涵。时下学界已注意到了农民工的信息能力问题，但还只是初步的，未能深入其中作专题研讨。农民工是带着农民身份进入工商企业，接受企业用工制度安排，主要从事非农产业岗位工作的劳动者。农民是与当今中国产业经济社会转移相适应的，有其特定行为能力的群体，如果说这种特定行为能力是思维决策、劳动、社会交往、消费行为等综合的结果，那么信息能力则是其中不可或缺的能力。基于如上的问题提出，本文从中国农民工的信息能力弱势及其特征、弱信息能力的不对称理论解释、有关改变中国农民工信息能力弱势的政策建立等几个方面对农民工弱信息能力问题进行专题性综合考察与理论分析。

该文的创新点：

1. 给出了中国农民工信息能力的概念。农民工的信息能力首先表现为其作为劳动者获取信息、加工处理信息、运用信息于劳动实践过程中，并取得相应的信息经济社会效果的主观能动条件。

2. 农民工弱信息能力的表现和特征分析。农民工具备进行有关信息活动的主观条件，而集中反映农民工运用信息内容、信息方法和信息条件解决问题的信息能力，由于个体信息素质差异和对他们不利的环境，如市场交易环境和社会公共环境等，长期处于一种弱势状态。当下农民工在劳动力价格、社会保障、公共产品享用、文化娱乐消费上表现出来的弱势很大程度上与其弱信息能力有关。弱信息能力表现在劳动力市场、文化生活、新技术接受等层面上，透过表象，根据选择信息运动方式可以推导出信息本质规律的原理，可以看出我国农民工弱信息能力的成因。

3. 对农民工的弱信息能力，可用不对称理论给予解释。不对称包括信息公共产品（特别在信息基础设施方面）的供给与共享不对称，或者说，支持农民工的文化知识素质可持续提高的公共基础设施的提供不对称；业余娱乐信息消费的市场供给不对称；农民工劳动市场的信息不对称等。农民工劳动市场的信息不对称主要表现在，雇主占有劳动内容、劳动时间、劳动强度与劳动条件的信息极大优势，而农民工则由于并不清楚所要投聘的工种岗位的确切内容，处于掌握有关劳动内容与劳动条件的信息的劣势。

4. 基于信息能力与主体地位，与交换行为能力的密切关系，提出有关改变中国农民工信息能力弱势的政策建议。一是明确对农民工从准产业工人再到产业工人的身份地位转变过程与政策指向。二是从制度层面激励和保障农民工主动参与市场竞争与社会转型，以增强其市场社会交换能力。

［郑英隆，1956年生，广东省社会科学界联合会经济学专业研究员。
通信地址：广州市越秀区黄华路4号之二社科联大楼（510050）
联系电话：020－83846177
电子信箱：zhengyinglong@163.com］

转型期民营企业发展的自组织机理与演化研究

(靳涛 《中国经济问题》2005年第2期)

从改革开放初期社会主义有计划的商品经济的“补充”，到目前“社会主义基本制度的重要组成部分”，民营经济已成为支撑我国经济发展的重要力量。

在中国的渐进式改革过程中，在政府自上而下推动的强制性制度变迁的背后，是一个自下而上的自发性制度变迁过程。从制度变迁的过程来看，非正式制度具有潜在性和基础性的特点。非正式制度是一套历史上沿袭下来，为大多数人所认同的规则，如家庭伦理、礼俗、乡规、习惯等。虽然这些规则是民间的、非正式和口头的行为规范，但却具有相当的实用性，可以用来解决人们交易中的摩擦、矛盾和冲突。在转型期，由于双轨制的存在和正式市场制度的不健全，非正式制度就相当程度上取代了正式制度的地位，特别是对于广大以家庭为单位的微观经济主体来说更是这样。民营企业所依赖的以非正式制度为依托的亲缘关系是其发展壮大的主要支撑动力。民营企业所依赖的亲缘关系也随着企业的不断发展而使外延不断向外延伸，其关系也从血缘、亲朋、邻里的关系而不断延伸至某一地区协会、行会、和有业务往来的圈内朋友之间（这种圈内关系可以是有形，也可以是无形的）。

民营企业在转型期通过习俗、礼数、文化和社会规范等非正式制度的支撑而快速发展，这主要是因为各种长期形成的市场惯例对约束以家庭和个体经济的交往非常有效，这种有效性是通过由自组织机制形成的社区或商会的“捆绑式”交易联系在一起的。在自我发展过程中，民营企业通过竞争和协同会自发形成与市场体制适应的组织形式，这种有效的市场组织形式也随着市场体制的发育而不断演化发展，这种从“亲缘”到“业缘”再到后期的“网缘”组织关系是支撑民营企业在转型期迅猛发展的有力保证。

竞争力与协同是民营经济发展和相关组织创新与演进的最根本动力。从目前的发展来看，民营企业以市场需求为导向，以产业链为纽带，通过技术、信息和供求方面的互补，以达到“共赢”的模式是民营企业自组织发展演化的主要模式。而这种模式的核心就是微观个体以市场逐利为目的，以地域习惯、习俗和惯例为约束规则，以“亲缘”、“业缘”和“网缘”关系为纽带，在竞争和协同的相互作用下发展起来的。这一点从民营企业众多的浙江就可以看到，在很多地区一大批生产相近或相关的许多民营企业就是通过某种“亲缘”和“业缘”联系而大大增强了企业的竞争力，从而使许多企业达到“共赢”的结果。

[见第21页靳涛简介。]

大事记

2005年中国经济学研究大事记

1月8—9日，CEPA与泛珠三角经济发展战略高级研讨会在暨南大学召开。研讨会对泛珠三角区域经济发展战略、泛珠三角区域合作内容、泛珠三角区域合作基础进行了探讨。

2月25日，由国家发展改革委就业和收入分配司、中国社会科学院经济所、国家发改委宏观经济研究院经济所联合主办的“中国收入分配理论与政策研讨会”在北京国宏大厦举行。研讨会的主要内容包括理顺分配关系，发展正义经济；强调机会平等，改善分配条件；缩小收入差距，增进社会和谐；加大反贫困力度，促进社会稳定。

4月8日，“转型期中国宏观经济问

题研讨会”在厦门大学举行。会议期间，与会的专家学者就转型期中国宏观经济理论与政策、宏观计量分析与预测等专题展开了热烈的讨论。

4月13—14日，中央马克思主义理论研究和建设工程《马克思主义政治经济学》教材编写课题组和华中师范大学在武汉市联合召开研讨会，就“市场经济中的政府职能”进行了专题研讨。

4月23—24日，中国社会科学院经济所与山东大学经济学院联合主办的“第七届全国政治经济学研讨会”在山东大学召开。来自全国各地的90多位专家学者围绕中国现阶段“三农”问题研究的主题进行了热烈的学术讨论。研讨的内容主要有农地制度改革问题、农村劳动力转移和城市化问题、对农民收入增长与差距扩大的解释、农村金融市场发展与农业保险问题、农村社会保障制度的完善等等。

4月28—29日，“促进中部崛起高层论坛”在河南郑州举行。来自国务院发展研究中心、国务院研究室、中国科学院、中国社会科学院等单位的专家学者150人参加了会议。论坛讨论的主要内容有：“中部地区”概念的科学内涵和外延；中部地区的差距和中部塌陷的原因分析；科学发展观与中部崛起的发展思路；中部产业群、城市群建设问题；促进中部崛起的动力机制构建；促进中部崛起的难点；中部崛起的竞争与合作问题；如何充分发挥郑州在中部崛起中的作用；促进中部崛起的政策建议。

5月11—12日，中央马克思主义理论研究和建设工程《马克思主义政治经济学》教材编写课题组的专题工作小组，在福建师范大学召开“经济人”假说专题研讨会。“经济人”假说涉及到经济学研究的哲学基础和分析范式，会议就此展开了热烈讨论。

5月13—17日，“近世中国经济发展模式选择与实践”国际学术研讨会在江西财经大学举行。来自俄罗斯、日本、中国台湾、香港及全国各地高等院校和科研机构的60多名专家学者参加了会议。

5月20—22日，由中国社会科学院经济所、国家社会科学基金2004年度重大项目“社会主义市场经济中经济周期基本理论和实践研究”课题组共同举办的全国“经济周期研讨会”在北京召开。研讨会讨论的内容主要有三个方面，一是中国经济周期与宏观调控一般理论和政策研究；二是中国经济周期模型与计量研究；三是经济周期理论评介与国际经济周期研究。

5月21—22日，“中国法经济学论坛”在哈尔滨商业大学举行。出席此次论坛的有来自全国各地高校和科研院所的专家学者40余人。论坛围绕法经济学的基本理论，对一般法律及有关的专门法、部门法进行了经济学分析，并就如何在中国构建法经济学学科和普及法经济学知识，以及国外法经济学研究最新进展等展开了热烈的讨论。

5月22—23日，由中国社会科学院经济所、国家发改委国土开发与地区经济研究所、福建省社会科学院、福建师范大学、厦门大学海峡两岸发展研究院等单位联合主办的“海峡经济区发展论坛”在福州市举行。来自京、沪、粤、赣、浙、闽及台湾地区的100多位专家学者出席了会议，这是两岸专家首次就海峡经济区问题进行深入的探讨。

7月10—11日，“国企改革与制度演化”研讨会在安徽大学举行，我国经济学界的知名学者以及来自全国各地高等院校、科研机构和企业的近百名代表出席了会议。会议围绕以下几个专题进行了研讨。一是国企改革的方法论；二是国有企业的效率和国企改革的目标；三是国企改革中的产权；四是政企关系与公司治理；五、国有资产管理体制改革。

8月1—5日，全国高等财经院校《资本论》研究会第二十二届学术年会在山西财经大学召开。这次学术年会的主题是“落实科学发展观，驾驭社令主义市汤经济，构建社会主义和谐社会”。

8月15—18日，“构建和谐社会：中国贫困问题与反贫困实践全国学术研讨会”在安徽省黄山市举行。全国各地专家学者100多人出席了此次会议。与会代表就以下主题展开了热烈的讨论：一是构建和谐社会与反贫困；二是我国贫困问题的成因和演变；三是我国现阶段反贫困的思路和实践。

8月19—20日，由中国数量经济学会和全国经济对策论研究会主办的我国首届“实验经济学发展研讨会”在北京举行。与会专家相互交流了开展实验经济学研究的经验体会和国内外有关信息，并对其在中国的发展前景进行了展望。

9月11日，中国经济发展与经济学创新研讨会在南京大学召开。与会学者们就中国经济发展中存在的问题以及经济理论的创新等问题进行了探讨和交流，集中讨论的内容包括：一是关于经济学的创新；二是经济增长、收入分配与有效需求不足；三是城市化、劳动力转移与政府行为；四是汇率、金融安全与引进外资。

9月16—17日，“第五届中国金融论坛”在海南省海口市举行。与会的200多名代表分别来自金融主管和监管机构、研究机构、金融机构以及国内30多所高校及国外一些专家学者。会议讨论的主要内容有经济转轨与金融改革、治理结构与金融稳定、监管体系与金融稳定、资本市场与金融稳定、金融开放与金融稳定。

9月24—25日，“第五届中国青年经济学者论坛”在东北财经大学举行。会议就宏观经济学、微观经济学、金融经济学与实践以及中国经济四个主要领域，围绕前沿研究课题和最新研究方法展开了热烈而深入的探讨和交流。

10月21—24日，全国高校社会主义经济理论与实践研讨会第十九次大会在北京举行。大会研讨的内容丰富，主要集中于如下几个问题，一是科学发展观内涵及实践问题；二是公平与效率关系问题；三是社会主义分配与“三农”问题；四是马克思主义经济学创新问题。

12月18日，中央马克思主义理论研究和建设工程《马克思主义政治经济学》教材编写课题组在广州华南师范大学召开“当代资本主义经济现状和发展趋势”研讨会。会议研讨的主要内容有：（1）当代资本主义经济的发展现状和市场经济制度模式；（2）当代发达资本主义国家劳资关系和公司治理的新变化；（3）资本主义微观经济制度的重构与产业组织的演变；（4）当代资本主义国家宏观经济政策和微观规制的新变化。（5）国外马克思主义经济学研究现状与马克思主义政治经济学的创新和发展。

12月26日，首都经济学家论坛在

北京大学召开了以“产权理论与国有企业改革”为主题的第二次理论研讨会。首都各界经济学者120多人出席。与会学者就产权理论研究和国有企业改革方向及对策等重要问题，进行了深入地探讨和交流，提出了许多很有见地的主张和建议。

（周济）

农业经济

综　述

2005年中国农业经济研究综述

农业和农村形势是决定国家采取“三农”政策和农村发展研究进展的重要因素。2005年中国农村经济社会总体上保持平稳发展态势。除棉花产量下降外，粮食等多数农产品继续增产，粮食安全保障性逐步提高，农产品产需平衡基本实现，农产品价格上涨幅度显著回落，农产品进出口逆差大幅度减少。农村经济结构进一步优化。大宗农产品在优势产区的集中度提高，农作物和畜禽水产品的优质化率提高，养殖业在农业产值中的份额提高，农村劳动力非农产业就业比重提高。农民收入继续保持较快增长。农民人均纯收入首次超过3000元，达到3255元，比上年增加319元，实际增长6.2%。其中，农民人均工资性收入首次超过1000元，达到1175元，家庭经营纯收入1845元。随着农民收入的增加，农村贫困人口和低收入人口进一步减少，分别为2365万人和4067万人，比上年末分别减少245万人和910万人。

2005年，我国各级政府坚持“多予少取放活”方针，加大对农业和农村投入的力度，扩大公共财政覆盖农村的范围，强化政府对农村的公共服务，农村政策在解决“三农”问题中发挥了较好作用。农民增收尽管受到了农业生产资料价格大幅度上涨、畜牧业生产受到动物疫情冲击等不利的影响，但受国家“三农”政策进一步落实等积极影响，农村得到了全面发展。

农村发展研究领域关注的重大问题有：农民收入、粮食生产、农村制度变革、农村公共品和农村社会事业的发展等。其中，农民收入的增长问题、粮食问题、农村土地问题、农村社会事业问题和农民的权益维护问题等被认为是我国农村发展的五大问题。从中国学术期刊网可查阅的文献实际情况来看，与农村形势变化直接相关，农村发展领域的研究关注点有所变化，尤其是粮食安全方面的研究文献相应减少，而有关农民收入方面的文献相对较多。

比较而言，农村发展领域的对策性研究相对较多。但是，由于多数学者的对策性研究低水平的重复较多，解决现实问题的目标瞄准性不够，大多数对策建议的应用性并不理想。将中央有关解决“三农”问题的文件与农村发展领域研究者的对策建议相比较，前者显得更加系统，更具有指导性。综合来看，2005年农村发展研究领域的学者所提出的对策建议多数没有超过中央政策文件的相关条文。

在规范性的经济研究方面，最重要的是通过计量经济学方法对主要政策实施效果进行评估。其中，采用规范的实证研究方法评估有关农民增收政策的效应方面的文献相对较多，如采用双重差分计量模型估计农村税费改革的政策效果、估计大病冲击对农民收入的影响等，为农村新型合作医疗制度提供依据。

一、农业发展和农业综合生产能力

2005年农村政策演进的重大标志是中央1号文件，即《中共中央国务院进一步加强农村工作提高农业综合生产能力若干政策的意见》。2005年1号文件规定，为了切实加强农业综合生产能力建设，应采取以下主要政策措施：稳定、完善和强化扶持农业发展的政策，进一步调动农民的积极性；坚决实行最严格的耕地保护制度，切实提高耕地质量；加强农田水利和生态建设，提高农业抗御自然灾害的能力；加快农业科技创新，提高农业科技含量；加强农村基础设施建设，改善农业发展环境；继续推进农业和农村经济结构调整，提高农业竞争力；改革和完善农村投融资体制，健全农业投入机制；提高农村劳动者素质，促进农民和农村社会全面发展。

为了全面推进农业综合生产能力建设，国家明显加大了农业综合生产能力建设的投入。2005年中央财政和国债建设资金用于“三农”的总投入达到2975亿元，比上年增加349亿元。大多数地方政府对“三农”投入的增长幅度也达到历史最高水平。国家组织实施了一大批农业综合生产能力建设的重点工程和项目，在粮食主产区的484个县（农场）全面启动了优质粮食产业工程。政府增加了农业科技投入，加强了农业科研攻关和技术推广工作，启动了国家农业科技创新体系建设规划编制工作。

受上述因素的推动，我国农业科研取得重大突破，超级稻研究示范取得新进展，矮败小麦育种技术体系逐步成熟，转基因抗虫棉研究和产业化实现突破，高致病性禽流感基因工程疫苗研制在国际上处于领先水平。

随着农产品，尤其是粮食产需缺口的缩小，也随着对“十五”农业和农村发展的经验总结以及将“十一五”时期农村发展目标任务确立为建设社会主义新农村，农业综合生产能力的探讨在学术界并不是研究热点。

有关农业综合生产能力方面的探讨重点是粮食综合生产能力。比较一致的看法是将粮食综合生产能力作为粮食安全的基础，提高粮食综合生产能力面临的制约因素包括耕地、水资源、科技发展和农业基础设施。相对来说，影响粮食综合生产能力的因素是本领域研究较多的主题，如马文杰探讨构建生产函数评估耕地流失对粮食综合生产能力的影响，其他还包括马九杰等探讨的农业自然灾害、王为农探讨的农户小规模家庭经营等也是影响粮食综合生产能力的重要因素。尹成杰认为，提高粮食综合生产能力，既要严格保护耕地和水资源，又要提高农业技术装备水平和农业科技应用水平，更要加大农业支持和保护力度，加快粮食产业化发展。翟浩辉认为加强农村水利基础设施建设，改善农业生产条件，增加旱涝保收面积，是提高粮食生产能力的主要途径和关键措施。

二、农民增收和农民权益保护

实现农民持续增收，是2005年中央1号文件的重要内容，也是党和政府全年农村工作的重要目标之一。为此，中央1号文件提出要继续对种粮农民实行直接补贴，增加良种补贴和农机具购置补贴资金，对重点粮食品种在主产区实行最低收购价政策，搞好农业生产资料供应和市场管理，控制农资价格过快上涨，严厉打击制售假冒伪劣农业生产资料等各种坑农害农行为。

从粮农补贴政策实施效果来看，国家加大粮农补贴力度，直接增加了农民收入。2005年，全国共有30个省份实施粮食直补，安排直补资金132亿元，比上年增加16亿元。中央财政安排水稻、小麦、玉米、大豆四大作物良种补贴资金约38.7亿元，比上年增加10.2亿元；安排农机具购置补贴3亿元，增加2.3亿元。据国家统计局农村社会经济调查司资料，2005年农民从粮食直接补贴、良种补贴和购置农机具补贴政策中获得的人均转移性收入为18元，比上年增长12.9%；而农民税费负担人均13元，农民人均政策性收入首次超过税费负担。尽管2005年农民人均政策性收入超过税费负担只有5元，但确实标志着工业反哺农业的真正开始。

2005年3月，国家发改委、财政部、国家粮食局和农业发展银行下发《关于公布2005年早籼稻最低收购价格的通知》，公布2005年早籼稻最低收购价格为每50公斤70元；4月下发了《关于公布中籼稻和粳稻最低收购价格的通知》，公布中籼稻和粳稻的最低收购价格分别为每50公斤72元和75元；5月下发了《关于公布晚籼稻最低收购价格的通知》，公布晚籼稻最低收购价格为每50公斤72元。实行最低收购价政策，有助于逐步建立和完善稳定粮食市场价格、保护种粮农民利益的制度和机制。

2005年，随着国家连续出台了控制农业生产资料价格上涨的政策，继续采取鼓励农业生产资料生产，尤其是不断加大对化肥生产的优惠政策支持力度，继续增加化肥进口规模，取消化肥出口优惠政策，农业生产资料价格虽然比上年上涨了8.3%，但上涨幅度回落了2.3个百分点。

为了保障农民工权益，2005年国家出台了农民工合同管理以及建立预防和解决拖欠农民工工资长效机制的两项政策，具有重要的积极意义。4月，劳动和社会保障部、建设部和全国总工会联合发出《关于加强建设等行业农民工劳动合同管理的通知》，要求各地方有关部门重视农民工劳动合同管理工作，特别强调用人单位使用农民工，应当依法与农民工签订书面劳动合同，并向劳动保障行政管理部门进行用工备案。有关农民工劳动合同管理的文件有助于保护农民工的利益，改善农民工的就业环境。9月，劳动和社会保障部、建设部等9个部门发出《关于进一步解决拖欠农民工工资问题的通知》，要求地方政府及有关执法、监督部门加强农民工工资清欠的力度，建立和完善企业工资的支付、监控和保障制度，以及企业劳动保障守法诚信制度、最低工资保障制度、工资集体协商制度，对于涉及拖欠农民工工资的劳动争议案件，各地劳动仲裁机构要及时受理、快速处理，并减免仲裁费用。

各地政府主管部门积极清理和取消阻碍农民进城就业的歧视性规定和不合理收费，加强和改善进城务工人员就业服务，努力解决拖欠和克扣进城务工人员工资问题。在2004年基本完成清理历史拖欠农民工工资的基础上，2005年全国又清理拖欠农民工工资40.5亿元。各级政府还大力推进进城务工农民参加工伤保险，加快解决进城务工农民子女接受义务教育的问题。

为了更好地处理土地承包关系中的各种纠纷，保护农民的土地承包权益，2005年7月，最高人民法院发布了《关于审理涉及农村土地承包纠纷适用法律问题的解释》，对一些土地承包关系中的纠纷提出了具体的处理意见。其中规定：因土地发包方违法收回、调整承包地，或者因发包方收回承包方弃耕、撂荒的承包地产生的纠纷，人民法院支持土地承包人的合理诉求。同时，完善征地补偿制度、狠抓征地补偿费清欠工作、保护农民的土地权益，这些政策对于促进农村劳动力转移就业，增加农民工资性收入发挥了重要作用。

2005年农民收入领域研究较多的文献侧重于评估农村有关政策对农民增收的效果。黄小舟研究表明：财政支农资金对农民收入影响不明显。对农村税费改革对农民收入影响的研究存在着不同的结论。周黎安等研究表明农村税费改革的政策效果比较明显，方齐云等研究认为，农村税费改革对农民收入增长的短期效果非常有限，长期效果依赖于新的农业生产方式和有关土地制度、乡镇财政制度等农村制度创新。除了构建模型对农村政策对农民增收效应进行评估外，也有运用调查方法来推论粮农补贴政策的收入效应，如马彦丽等对河北调查后认为粮食直补政策对农户的种粮面积扩大、农民收入的增加均影响较小。还有探讨影响农民增收的经济环境，如王波运用实证的方法分析了宏观经济运行对农民收入增长产生的影响，认为国际经济运行态势、国内生产总值、农产品的市场运行、农民非农就业机会等都会影响农民增收。

改革以来，我国金融全面发展，金融体系不断完善，金融服务经济的功能不断增强。中国金融的发展是否导致农民增收？温涛等研究表明，我国的金融发展不仅没有促进农民增收，反而对农民收入的增长起着抑制的作用。我国的金融发展之所以抑制农民收入增长，关键是农村金融发展相对滞后。农村资金不但不能通过市场实现优化配置，而且还出现大量的由农村到城市的净流出。因此，健全农村金融组织体系，全面发展农村金融，才可能提高农村金融对农民收入增长的贡献。

针对粮食主产区农民增收难度不断增大的情况，万宝瑞的研究提出关键要在稳定粮食生产基础上，发展设施农业，统筹城乡劳动就业，全面推进农业产业化经营。

三、建设社会主义新农村

2005年10月11日中国共产党第十六届中央委员会第五次全体会议通过的《中共中央关于制定国民经济和社会发展第十一个五年规划的建议》（以下简称《建议》）中提出了建设社会主义新农村的重大历史任务。《建议》中提出建设社会主义新农村的总体要求是“生产发展、生活宽裕、乡风文明、村容整洁、管理民主”，关键要建立以工促农、以城带乡的长效机制，通过推进现代农业建设，全面深化农村改革，大力发展农村公共事业，千方百计增加农民收入，继续推进农村基层民主建设，明显改善广大农村的生产生活条件和整体面貌。建设社会主义新农村，是一个全面的目标，是一项长期的任务，必须因地制宜，从实际出发，尊重农民意愿，注重实效，着力解决农民生产生活中最迫切的实际问题，确保新农村建设真正带给农民实惠、受到农民拥护。

建设社会主义新农村提出以来，在全国掀起了热烈讨论。除了从我国现代化战略高度和“三农”问题实际出发充分肯定新农村建设的深远意义，阐述新农村建设的背景和条件，以及如何借鉴国内外经验教训探讨如何更好地推进农村建设、提出建设新农村的政策建议外，一些“三农”问题研究者还提出了一些建设新农村应注意的问题、担心和忧虑。

关于农村综合发展与新农村建设的重大意义这一问题，研究者一般都从我国经济社会发展的阶段性要求来认识，把新农村建设作为如期实现全面建设小康社会宏观目标的必然要求。一般认为，推进社会主义新农村建设，是实现我国现代化的历史任务，是解决“三农”问题的一项战略举措。新农村建设有助于实现全面小康社会的目标，有助于城乡协调发展，有助于从整体上改变农村面貌，有助于扩大国内需求。

如何理解建设社会主义新农村建设的历史背景？通过查阅相关文献，建国以来，我国曾多次提出过建设社会主义新农村。从20世纪50年代以来，在一些中央重要文件和领导讲话中时常出现社会主义新农村的提法。不同时期赋予社会主义新农村建设的内涵存在着明显的差异。刘奇指出，十六届五中全会提出的新农村建设是我国自20世纪以来乡村建设史上的第三次高潮。第一次乡村建设运动发生在20世纪20年代到30年代，以教育农民为核心；第二次乡村建设热潮发生在20世纪80年代家庭联产承包责任制普遍推行后，主要特点是政府推动，以发展农村经济为核心；进入新世纪后我国再度提出的乡村建设基本特点是以统筹城乡、全面建设小康社会和构建社会主义和谐社会为目标，以农村综合改革为动力。

在国家加速推进工业化和城市化的大环境下，一些学者开始反思农村发展。长期以来，中国农村经济主要为国家工业化和城市化提供物质基础。在这种模式下，农业发展、农村富余劳动力转移、按低标准补偿征用的农民土地以及压抑农村金融发展而带来的农村资金外流，无不有力地促进了国家工业化和城市化。但是，这种模式也带来了城乡之间、农村地区之间和经济社会之间的不平衡和不协调。城乡要素单向流动，无法形成良性互动关系，而公共政策又未能到位，造成城乡差距越来越大。为此，需要以科学发展观创新农村发展模式，建设好社会主义新农村。王振耀认为，我国所选择的农村发展战略根本缺点在于按照城市的模式来改造农村，基本表现在于鼓励发展乡镇企业以实现农村工业化，鼓励农民进城以实现城市化，这种传统模式既不能有效解决我国“三农”问题，又潜伏着新的危机，因此我国农村发展战略必须转型。

为什么要提出社会主义新农村建设？李炳坤概括为“四个并存”和“二个条件”。“四个并存”是城市建设日新月异与农村面貌变化较慢并存、城镇居民收入增长较快与农民收入增长较慢并存、工业生产能力过剩与农村需求不足并存、财政金融资金增长较快与农村资金严重不足并存；“两个条件”是各级党委和政府高度重视“三农”工作和我国开始实行工业反哺农业、城市支持农村的方针。

如何具体实施新农村建设？目前的研究主要限于提出一些原则，如规划先行、分步推进、因地制宜、尊重农民意愿等。张晓山提出推进新农村建设要有统一的和全面系统的科学规划。

针对新农村建设中可能出现的偏差，中央文件和领导讲话明确要求新农村建设中要注重实效，不搞形式主义；要量力而行，不盲目攀比；要民主商议，不强迫命令；要突出特色，不强求一律；要引导扶持，不包办代替。

针对一些地方为了从根本上改变村容村貌，对原有分散居住的村庄进行拆迁，搞农民集中居住，多数学者提出了异议，认为这样做既会给农民造成财产损失，又需要相对较高的经济条件，需要慎重为之。

四、农村基础设施建设和社会事业的发展

针对我国农田水利设施薄弱、亟待加强的状况，中央1号文件要求从2005年起，加快实施以节水改造为中心的大型灌区续建配套，在继续搞好大中型农田水利基础设施建设的同时，不断加大对小型农田水利基础设施建设的投入力度。预算内经常性固定资产投资和国债资金要增加安排小型农田水利基础设施建设项目。

2005年中央财政用于农业农村基础设施建设的预算内基本建设投资和国债项目达到813亿元。其中，安排国债资金20亿元支持农村饮水安全工程建设，投资10亿元加强农村沼气建设，新建沼气100万户，2005年底户用沼气达到1700万户。全年农村公路建设总里程达到16万公里。国家加大农村基础设施建设的投入，促进了农民生产生活条件的改善。

2005年12月，国务院办公厅印发了《关于深化农村义务教育经费保障机制改

革的通知》，提出了“明确各级责任、中央地方共担、加大财政投入、提高保障水平、分步组织实施”的改革原则，要求逐步将农村义务教育全面纳入公共财政保障范围，建立中央和地方分项目、按比例分担的农村义务教育经费保障机制。国务院改革方案充分考虑了各地不同的经济与财力状况，实行了有区别的经费分担政策。国家加大了农村义务教育支持力度。中央和地方政府共安排专项资金70亿元，为中西部地区3400万名贫困家庭学生提供免费教科书，同时，对592个国家扶贫开发工作重点县1700万名农村义务教育阶段贫困家庭学生免除学杂费、书本费，补助寄宿生活费。

为解决农村社会事业发展滞后的问题，国家继续安排投资推进农村公共卫生和医疗服务能力设施建设、基层计划生育服务体系建设、西部农村地区尚未实现“两基”的寄宿制学校新建和改建工程、培育新型农民的职业教育工程、中小学现代远程教育工程、村村通广播电视工程等。

2005年，国家对建立新型农村合作医疗制度加大了试点范围和支持力度。8月，卫生部和财政部联合发出通知，要求各地进一步做好新型农村合作医疗试点工作，各省（区、市）要能够形成2~3种可供推广的试点模式。当年中央财政安排新型农村合作医疗试点补助资金5.4亿元，其中通过彩票公益金安排农村医疗救助专项补助资金3亿元。国家为支持农村各项社会事业发展，扩大了新型农村合作医疗制度试点范围，有671个县（市、区）开展试点，1.77亿人参加。

2005年，中央政府没有出台重要的农村社会养老政策，但一些地方进行了积极探索，尤其是沿海发达地区和大城市郊区为失地农民提供社会保障的办法继续完善。2005年7月，西安市为20万失地农民提供社会保障，具体包括转入城市户籍、提供最低生活保障、帮助提供就业服务和技能培训、给予养老保险和医疗保险的支持等政策。

农村社会事业的发展，是2005年农村发展研究领域的热点之一。农村教育方面的研究关注点是农村义务教育投入问题。江文涛等测算了我国农村义务教育公共投资的地区差异，而吕丽艳等通过东北实行农村税费改革的调查，提供了农村税费改革加大义务教育经费缺口的实际资料，提出必须要切实解决农村义务教育的投入问题。上海财经大学公共政策中心课题组的研究结论认为农村教育应选择“县级管理，多级政府分担经费”的办学体制，由中央、省和县三级政府分担农村教育经费。在农村社会保障事业方面侧重于对农村社会保障制度的研究，目的是分析我国农村社会保障功能脆弱的制度性原因，进而为发展农村社会保障提出政策建议。如李迎生对改革以来我国农村养老、医疗和社会救助等社会保障进展缓慢进行了研究，华迎放等人则认为农村社会保障制度框架应包括农村养老保险、医疗保障和最低生活保障制度为基本内容。张丽宾则进一步提出农村社会保障体系的目标模式主要特点包括基于乡镇的合作医疗、基于社区的养老保障和统一的最低生活保障。农村医疗卫生方面的问题在农村发展研究领域得到了重视。韩俊等通过实地调查，认为要改变农村医疗服务质量低和农民医疗负担重的问题，必须加大政府投入，推广新型农村合作医疗制度，改善农村医疗卫生服务条件。陶然等对迁移人口的社会保障给予了关注，提出为由农村向城市迁移的人口建立城市最低生活保障制度、安排廉租房、赋予迁移人口子女在城市公立学校的平等入学权利等建议，来换取进城农民放弃农村承包的土地。

五、农村改革

《国务院关于2005年深化经济体制改革的意见》将2005年确定为改革攻坚的关键年。深化农村经济体制改革成为改革攻坚的重点领域。由国务院农村税费改革工作小组牵头推进乡镇机构、农村义务教育体制和县乡财政管理体制改革，成为继续深化农村税费改革的工作重点；由农业部牵头完善农民土地承包和农户间土地流转制度；由国土资源部牵头进一步研究探索农村集体建设用地使用权进入市场；主要由发改委牵头深化粮食、棉花流通体制改革；由中国人民银行、银监会、保监会分别在农村合作金融组织发展、农村信用社改革和政策性农业保险试点等领域牵头，深化农村金融改革，加快构建功能完善、分工合理、产权明晰、监管有力的农村金融体系；分别由林业、农垦、供销社主管部门牵头，深化林业管理体制改革，全面推进垦区集团化改革，继续推进供销社体制改革，等等，是2005年国家推出的重要措施。

除了上述农村改革攻坚的重点领域外，针对农村税费改革后出现的新情况和新问题，其他方面的改革也得到了重视。如为了建立农田水利建设和管理新机制，势必要加快农村小型基础设施产权制度改革。2005年10月，国办印发了《国务院办公厅转发发展改革委等部门关于建立农田水利建设新机制意见的通知》。文件中提出，要遵循“政府支持、民办公助，民主决策、群众自愿，规划先行、注重实效，深化改革、创新”的原则；把加大政府投入与增加农民劳动积累结合起来；严格区分农民自愿出资出劳与加重农民负担的政策界限；逐步建立以政府资金为引导的多元化投融资机制；加快农田水利管理体制和小型设施产权制度改革，形成良性运行机制，调动广大农民投资投劳开展农田水利的积极性。

农村综合改革积极推进，除西藏自治区外，全国30个省（区、市）开展了试点工作，其中，黑龙江、吉林、河南在全省进行试点，其余27个省份在10个地（市）、359个县（市）开展试点。

农村税费改革扎实推进，特别是全国人大常委会决定废止《中华人民共和国农业税条例》，使我国征收了2600年的农业税成为历史，标志着我国农村税费改革取得重大突破。2005年全国28个省（区、市）全部免征了农业税，全国取消了牧业税，河北、山东、云南3个省有210个县（市）免征了农业税，使农业负担进一步减轻。全国因减免农业税而使农民负担减轻约220亿元，是历史上农业税费免征范围最大的年份，是农民负担下降幅度最大的年份之一。农业税减免，进一步了改善了农村干群关系，促进了农村稳定。中央财政为支持农村税费改革安排转移支付资金664亿元，比上年新增140亿元。

2005年，农村金融体制改革继续推进。农村信用社改革、小额信贷和民间金融的发展都迈出了一定的步伐。2005年5月，央行将陕西省、四川省、贵州省和山西省确定为实施小额信贷的试点地区。试点的基本政策框架是：小额信贷业务“只贷不存”，不得跨区经营，主要服务于“三农”；小额信贷利率只要不超过法定利率的四倍上限由借贷双方自由协调；单笔贷款限额最多1万元。这项农村金融发展和改革政策，有助于扩大农村信贷的资金来源，鼓励民间金融在小额信贷的政策框架下获得一定的发展。

2005年，国家还部署了农垦体制改革，降低了农垦生产者的税率；启动了兽医管理体制改革；扩大了政策性农业保险试点和商业保险公司经营政策性农业保险业务试点。2005年，国家在集体林权和小型水利设施产权改革方面有所深入。

在农村改革的研究领域，研究较多的是农村土地制度、农村税费改革、乡镇机构改革、农村金融改革等。党国英对农民土地流失进行了深入的制度性原因探析，并提出了对策建议。他认为，《农村土地承包法》使所有权在国家、集体和农户之间发生分割，同时政治权力结构使乡村干部成为土地所有权的人格化主体，农民土地财产权不完整，因此应建立国家失地农民账户和国家失地农民保障基金。农村税费改革后，乡镇财政问题愈发突出。如何在确保农民负担不加重的前提下解决乡镇财政困难，研究者普遍认同应加快乡镇机构改革。怎样推进乡镇机构改革？张晓山在检讨多年来推行的精简机构人员、撤乡并镇为标志的乡镇机构改革模式无法取得预期效果的基础上，提出乡镇治理的模式转换，即从统治型转向服务型、由自上而下的行政管理型转为群众参与的自治型、由全能型转向有限功能型。李普亮等从完善乡镇财政收入体系视角提出了重新设计主体税种、健全政府转移支付制度、规范财政支出制度、加强债务管理等政策主张。农村信用社改革效果怎么样？张元红通过案例分析认为农村信用社改革方案虽然比较全面，实践中也取得了一定成效，但改革方案仍然显得不够彻底。

从经济社会全局考虑，2005年中国农业和农村经济仍然面临着一些突出问题。近年来，虽然工业反哺农业和城市支持农村的政策措施得到进一步落实，但是农村经济发展后劲不足的问题仍然十分突出；农民收入继续保持较快增长，但城乡居民收入差距继续扩大。2006年中央1号文件的主题是促进社会主义新农村建设，估计这方面的政策将更加体系化，相应的研究也会较多。农村发展面临的问题很多，相应地，研究范围将继续不断拓宽，研究仍将十分活跃。随着国内研究水平的提高，农村发展研究领域的规范性研究将继续与国际接轨。

（张晓山）

学术成果·著作

毛泽东视野中的中国农民问题

（温锐　江西人民出版社2004年版）

该书是集作者20多年关于毛泽东与中国农民问题研究的综合性的新成果。全书分为7章加结束语，共计31万多字。在详细引述学术界关于毛泽东与中国农民问题研究的既有观点的基础上，该书全面地叙述了作者关于毛泽东所推动的中国农村经济改革及其功过得失的独到认识：

1. 打破了以往相关研究侧重片断或阶段研究和结论难以自圆其说的缺陷，用“天翻地覆慨而慷”、“让小生产绝种”、“到了黄河也心不死”，将毛泽东推动的农村经济改革划分为前后相连的三个阶段，并以“永恒的旋律”和“历史的延伸”二章作头尾，将其置于三阶段的前后，分析了毛泽东关于农村经济改革的历史与理论渊源及其重大影响，使毛泽东与中国农村经济改革的历史进程得以前后呼应，获得逻辑的解释，具有体例上的创新性；

2. 由于站在全局与整体的高度来观瞻毛泽东推动中国农村经济改革全部历史，所以本书对毛泽东各阶段推动农村经济改革的政策及其得失展示了作者与以往学术界不同的独具见解：在作者眼中，传统否定的往往被详细的实证分析获得了肯定，而传统肯定的则被水到渠成的分析而成了否定或呈现出许多新的独到分析，从而使20世纪末的中国农村改革得到更为合理的解释；

3. 重新认识农民与重新认识农村社会是该书的主要理论支撑：该书从重新认识农民与农村社会入手，反思了学术界关于农民、农民家庭经营、农民平均主义、改造与解放农民等传统理论的认识，论证了平均主义不是农民主体的思想和农民家庭经营是传统农村社会经济转型发展的“活水源头”之观点，认为农民主体既不是天生的社会主义者，也不是天然的平均主义者；现实中广大农民对平均主义的习惯与接受，实是社会主导者近百年来长期以平均主义改造农民主体及中国社会的结果；农民家庭经济也不是静止的、自给自足的、阻碍社会竞争与商品经济发展、追求经济平均主义的“超稳定”经济结构，而是一种具有自发向上和自我激励功能的、灵活性与适应性较强的和具有不断打破常规、激活现状的动态型与开放型的生产经营模式；它不仅能适应传统农业和商品经济的发展并随其实现转化，而且能够适应现代农业和市场经济的发展并实现自身转型；农民家庭个体经济实在是传统商品经济走向现代市场经济的“活水源头”；农民的依附性与可塑性实在也是一枚钱币的两面，在传统的重农政策下，小农之小与皇权之大结合，家庭经济永远是小农，在小农之小与市场之大的嫁接与选择中，家庭经济就不再是传统的小农经济，而是市场经济网络中一个网眼与市场经济的主体；农民主体的组织化是社会稳定与健康发展的重要力量，既是保障农民权益的必要，也是社会稳定的必需。

4. 该书按照毛泽东与中国农村经济改革的历史发展进程，精选了45幅图片，这不仅使该书的论述图文并茂，而且强化了这一研究成果的历史感和客观真实性。

［温锐，1953年生，史学博士，江西财经大学教授、博士生导师、旅游学院院长兼社会经济史研究所所长。2005年主要发表《苏维埃时期中共工商业政策的再探讨——兼论敌人、朋友、同盟者的转换与劳动者、公民、主人的定位》、《要重新准确认识农民主体》、《农村宗族与乡村治理研究》等文章。

通信地址：江西南昌庐山中大道江西财经大学社会经济史研究所(330013)

联系电话：0791－3816243

电子信箱：wenruicom@163.com］

学术成果·论文

中国农村税费改革的政策效果：基于双重差分模型的估计

（周黎安　陈烨　《经济研究》2005年第8期）

农村税费改革被誉为我国农村继联产承包责任制之后最重要的一项改革举措。然而，中国“三农”问题的困境由来已久，如果基层政府配合不力，或者相应的配套改革不能跟上，比如构建政府间合理的转移支付体制、改革当前的乡镇政府治理机制等等，农民负担可能反弹。社会各界对税费改革也有“黄宗羲定律”之忧。

因此，实行多年的农村税费改革是否真正减少了农民的负担，增加了农民的收入，是一个极其重要的实证性意义上的问题。

本文是第一篇基于大样本和较严格的计量方法对此次农村税费改革效果做出政策评估的文献。我们运用我国7个省591个县和县级市1999年至2002年的相关社会经济数据，对农村税费改革的政策效果进行了系统性的实证研究。我们利用税费改革分地区逐步推进的特征，借鉴计量经济学的“双重差分模型”的方法估计农村税费改革对农民收入增长所产生的政策影响。我们的研究发现，农村税费改革的确对农民收入的增长有相当大的正面影响，税费改革使农民纯收入增长率平均而言提高了约1.3至1.5个百分点，而且该影响的持续性在一年以上。该结论得到了一系列其它经验证据的支持，包括税费改革专项转移支付对农民收入增长率的正影响、对税费改革外生性的细致讨论和把人均GDP作为农民收入的对照组的检验结果。

我们还对影响税费改革效果的因素进行了一些深入探讨。对改革在不同子样本中影响程度的分析结果表明，税费改革在不同样本地区的影响差异甚大。农村税费改革的增收效应主要体现在那些改革之初财政自给率低、基层政府规模庞大以及远离省会和位于省边界的县市。也即是说，在原本基层政府对农民不规范收费较为严重的县市中改革效果更为明显。这些实证结果从一个侧面反映了基层政府缺乏有效治理和约束的确是导致农民收入增长缓慢的重要原因，同时也表明农村税费改革确实在一定程度上扭转了农民负担加重的严重局面，初步达到了其政策初衷。

［周黎安，1966年生，经济学博士，北京大学光华管理学院应用经济学副教授。目前发表的中英文学术论文近20篇，另外有著作两部，译著一部。

陈烨，1983年生，经济学学士，数学学士，目前就读于美国普林斯顿大学经济学系，主要研究领域为计量理论和应用。2005年发表两篇学术论文。］

2005 年中国农业经济研究大事记

4 月9—12 日，由世界银行和联合国环境计划署主办、中国农业科学院农业经济与发展研究所组织承办的“全球农业科技与发展评估”国际会议在中国农科院举行。会议议题主要讨论东亚、南亚及太平洋地区农业科技评估方法、程序及相关问题，其目的是在全球范围弄清楚“如何通过农业知识、科学和技术的创造、获得和应用，减少饥饿和贫困，提高农村生活水平，促进公平的、在环境、社会和经济方面可持续的发展”。会议由中国农科院农业经济与发展研究所钱克明所长主持，中国农科院翟虎渠院长到会并致欢迎词，中国农科院章力建副院长作了题为“中国农业：挑战与未来”的主题报告。来自世界银行、联合国环境计划署、美国、澳大利亚、日本、孟加拉、不丹、密克罗尼西亚联邦、印度、印度尼西亚、基里巴斯、马来西亚、菲律宾、斯里兰卡、泰国、越南、驻京国际组织、部分省市及有关部委、大学的代表 80 余人参加了此次会议。

4 月 13 日，中国社会科学院农村发展研究所与国家统计局农村社会经济调查总队、社会科学文献出版社共同举办了《2004 年—2005 年：中国农村经济形势分析与预测》出版新闻发布会暨研讨会。中国社科院陈佳贵副院长、国务院研究室副主任李烟坤以及中央财经领导小组、国务院发展研究中心农村部、国家发展与改革委员会宏观经济研究院、财政部财政科学研究所、北京大学中国经济研究中心等机构的专家学者 80 余人出席了会议。中国新闻网等多家媒体进行了现场直播。国家统计局农村社会经济调查总队队长鲜祖德、农发所副所长李周、北京大学中国经济研究中心主任林毅夫、国务院发展中心农村部部长韩俊、国家发改委产业经济研究所所长马晓河、财政部财科所副所长苏明等专家学者主要就农民收入问题、工业化进程中农村政策调整、国家财政对农村投入的结构调整、当前农村发展中面临的主要问题等做了专题发言。

4 月 25—27 日，由国际植物种质资源研究所（IPGRI）等单位共同发起的“基于基因组学的植物种质资源研究国际学术研讨会”在北京中国农业科学院召开。来自 19 个国家、7 个国际组织的 160 余位专家、学者参加了会议。会议共分 5 个专题：（1）种质资源遗传多样性与核心种质；（2）新基因发现与克隆；（3）种质创新；（4）种质资源生物信息与保存；（5）种质资源政策。有 47 名代表在会上做了发言，其中包括国际著名植物基因组学家、美国科学院院士 Steven Tanksley，英国皇家学会会员、中国工程院外籍院士、著名的植物基因组学专家 Mike Gale，美国科学院院士、我国工程院外籍院士、国际著名的水稻遗传育种学家 Gurdev Khush 等在大会上作了特邀报告。来自美国、加拿大、英国、法国、德国、意大利、以色列、国际水稻所、国际植物遗传资源研究所等国家和机构的专家代表其国家或组织做大会发言，张启发院士、贾继增研究员、盖钧镒院士等向国际同行介绍了我国在这一领域的研究进展和最新成就。与会代表认为，此次会议的特点是“水平高、内容新、代表面广”。英国著名的 CAB 出版社及 Plant Genetic Resources 期刊社拟出版此次会议的专集。

5 月 11 日，由国务院发展研究中心和世界银行主办的中国土地政策改革国际研讨会在北京召开。参加本次会议的代表有来自中央财经领导小组办公室、国务院研究室、国家发展改革委员会、国土资源部、国务院法制办、劳动和社会保障部、财政部、建设部及北京市的领导、政府官员，有来自中国科学院、中国社会科学院、中国农业科学院、清华大学、中国人民大学、中国政法大学、中国农业大学等著名院校的专家学者，还有来自联合国开发计划署、联合国粮农组织、福特基金会、澳大利亚国际发展署、加拿大国际开发署等国际机构的代表以及一些国家驻华使馆的官员。国务院发展研究中心李剑阁副主任、世界银行中国局局长 David Dollar 先生分别致词。会议围绕中国土地政策改革这一主题，就城市化和工业化进程中的征地制度改革与集体建设用地进入市场、土地收入与财政金融、失地农民土地权益保障和耕地保护政策与土地法律完善五个专题进行了深入探讨，取得了广泛共识，提出了很好的意见和建议。

5 月 23 日，中国社会科学院农村发展研究所与德国技术合作组织在北京中德科学中心联合召开“走向多元化和竞争性的中国农村金融市场”国际研讨会。来自科研机构、大专院校、国际组织，以及有关部门的专家学者和政府官员近 60 人，对有关农村金融改革与发展、农村信用社体制改革、农村小额信贷、农村非正规金融以及农村金融监管等问题进行了热烈的讨论。与会专家还交流了相关研究项目方面的经验和问题，认为农村金融领域的研究很多都是基于有限的样本和案例，缺乏足够的资料和依据，迫切需要加强规范性的样本调查和统计分析。

6 月 21—23 日，由中国棉花协会和农业部农村经济研究中心共同主办的“2005 年中国国际棉花会议”在上海举行，中国棉花国际会议自 1999 年在西安举办首届会议以来，已成功举办三次。会议的主题是 1999 年以来中国棉花市场化改革以及多哈回合谈判对世界棉花市场的影响。这次会议进一步加强了我国涉棉行业与国际同行的交流与合作，增强了我国棉花产业在加入WTO后的国际竞争力。

6月29—30日，由农业部农村经济研究中心主办的“中国农村税费改革与乡村财政问题学术研讨会”在北京铁道大厦举行。会议主题包括：农村财政收入结构变化与地方政府职能；税费改革对农村公共物品供给的影响；税费改革对农村义务教育筹资变化的影响；税费改革对农村公共卫生筹资变化的影响；乡村债务状况及化解措施；农村税费改革与乡镇机构改革和乡村财政改革的关系。

9月9—10日，由农业部和联合国粮农组织（FAO）共同主办、中国农业科学院农业经济与发展研究所承办的“21世纪农业与农村发展：过去的经验教训以及未来的政策措施”国际研讨会在北京举行。会议由农业部国际合作司司长李正东主持，农业部部长杜青林与联合国粮农组织总干事雅克·迪乌夫分别代表中国农业部和联合国粮农组织致开幕词，北京大学中国经济研究中心主任林毅夫教授和印度著名科学家斯瓦米那森教授分别作主题发言，中国农业科学院院长翟虎渠出席了开幕式。此次会议的宗旨是为21世纪世界粮食和农业发展所面临的主要问题提供一个前瞻性的论坛，一方面总结过去的经验教训，另一方面也为制定新世纪的农业和农村发展政策提供决策参考。

9月26日，全国农村固定观察点20周年庆典暨第二十次工作会议在北京召开。国务院副总理回良玉对农村固定观察点工作做出重要指示，农业部部长杜青林、常务副部长尹成杰、中央财经工作领导小组办公室副主任陈锡文做了重要讲话。来自中共中央政策研究室、国务院研究室、国家发改委、农业部、国家统计局等部门，以及全国31个省（区、市）农村固定观察点系统的近110多名代表参加了会议。会议回顾了农村固定观察点系统建立20多年来取得的辉煌成绩，总结了各地开展调查研究工作的经验，对全国农村固定观察点系统优秀省级主管部门、先进观察点、模范调查员和优秀调研成果进行了表彰，并针对当前农业和农村工作形势，对农村固定观察点工作进行了全面部署。

10月22—23日，由中国林牧渔经济学会主办的“中国林牧渔经济发展高层论坛”在北京湖北大厦召开。参加这次大会的有农业部和农业部兽医局、畜牧司、渔业局和国家林业局的领导以及来自中央和地方有关部门、大专院校、科研单位和企业界的代表约180多人。本次会议主要就禽流感疫情对中国畜牧业、农业发展、农民收入、财政体制、宏观经济带来的影响进行了讨论。与会代表认为，转变生产方式，防止家禽与带病毒候鸟接触，加快官方兽医体制建设，加大财政投入，是防控禽流感疫情蔓延的关键。会议强调，为了加速畜牧业产业化建设步伐，今后应放弃资源型发展战略，实行按市场需求配置资源，鼓励做大做强，按大经济区域扶植有竞争优势的产加销一体化企业。并且要加强海洋渔业经济研究，防止江河、湖泊等水资源污染，发展无公害淡水鱼类养殖。

11月8—11日，由中国社会科学院农村发展研究所、商务部交流中心等单位联合主办的“中国小额信贷发展促进网络研讨会”在北京梅地亚中心召开，来自中国社科院、中国人民银行、全国妇联等有关部门的专家学者及联合国开发署等有关国际机构、100多家国内小额信贷机构的代表100多人出席了会议。与会者充分交流了各地小额信贷发展的经验和教训，广泛收集了小额信贷机构的发展需求，推选小额信贷发展促进网络管理委员会。此次会议也是中国开展的国际小额信贷年纪念活动之一。

11月1日，由农业部农村经济研究中心和农业部农业贸易促进中心共同主办的“WTO新一轮农业谈判与中国农业政策论坛”在北京金码大厦举行，会议主题是：新一轮农业谈判进程以及中国的政策需求；关税削减公式对重点农产品的影响；中国在国内支持（黄箱、微量允许、蓝箱、绿箱）方面的政策需求；其他主要成员国内支持政策及其农产品倾销的案例分析。

（张晓山）

工业经济

综　述

2005年中国工业经济研究综述

本年度中国工业经济研究综述以介绍中国社会科学院工业经济研究所学科前沿报告为内容。工业经济研究所是中国社会科学院经济学科的主要研究机构之一，主要研究领域包括工业发展、产业组织、企业制度和企业经营管理、区域经济和工业布局的理论和方法。工业经济研究所的科研人员在研究工作中，遵循解放思想、实事求是的思想路线，发扬理论联系实际的学风，坚持理论研究为建设有中国特色社会主义服务的办所宗旨，围绕我国工业发展、结构调整、国有企业改革、扩大对外开放等现实经济中的重大问题开展研究工作，同时积极把握工业经济学科国内外理论研究动向，为繁荣发展我国社会科学做出积极贡献。现将该所主要学科研究进展情况汇总如下：

一、企业管理学科的研究状况分析

这些年，我国企业管理学科发展迅速，这一方面表现为这个学科的研究人员、教师和学生的人数规模迅速增加，另一方面表现在产生了大量的研究成果。实际上这个学科已经成为我国经济管理类的热点学科。本报告试图对我国国内这个学科的发展状况进行分析。与改革开放以来20余年的经济发展相适应，我国企业管理学研究也取得了很大进展。这里我们试图通过三个方面来反映我国企业管理研究的现状。一是通过问卷来分析我国研究者对什么是企业管理前沿问题的认识；二是通过对我国三种代表性的管理学学术期刊刊登的管理学文献进行计量分析，来分析我国研究者对管理学各个研究领域的关注程度；三是通过对三种管理学学术期刊和管理学研究论文的计量分析，来分析我国管理学研究的总体水平。

（一）企业管理科学研究的前沿问题

我们的一份关于“企业管理学研究前沿”的问卷调查分析了我国企业管理研究的前沿问题。对于“您认为当前企业管理学研究的前沿问题是什么?”的调查，问卷在设计时将有关的47个问题，分别归入企业管理研究的7个领域。当然这主要是基于问卷便于回答的考虑，有些领域的划分并非是严格界定的，有些前沿问题也存在交叉。通过对问卷的统计分析，可以将当前企业管理研究的前沿问题划分为4个方阵：选择人数在30人以上的为第一方阵；选择人数在20至30人之间的为第二方阵；选择人数在10至20人之间的为第三方阵；选择人数在10人以下的为第四方阵。详见表1。

位于第一方阵的有核心能力理论、学习型组织、危机管理、顾客价值管理、供应链管理、职业生涯设计和跨文化管理。

位于第二方阵的有动态能力理论、战略联盟、知识管理、流程再造、虚拟企业、EVA法、管理层收购、股票期权、跨国并购、客户关系管理、网络营销、绿色营销、6西格玛管理、敏捷制造、精益生产、人本管理、团队管理、企业形象设计。

位于第三方阵的有资源理论、国际化经营、心理契约、社会资本理论、平衡计分卡、关系营销、整合营销、服务营销、计算机集成制造、大规模定制、员工持股。

位于第四方阵的有嵌入理论、实物期权、直复营销、渠道管理、顾客忠诚、顾客满意度、连锁经营、界面管理、标杆管理、清洁生产。

从以上4个方阵的统计划分情况看，从第一方阵到第四方阵排列，基本上反映了我国在企业管理前沿理论和方法引进时间、相关文献数量和现实需要上的差别。例如，第一方阵前沿问题在引进的时间上相对较长，文献数量上相对较多，对我国企业而言现实的需要性更强。尤其值得一提的是“危机管理”和“跨文化管理”。可以说，前者划入第一方阵与我国2003年所经历的“非典”考验、危机应对意识的提高有紧密联系；后者与我国多年的改革开放和跨国公司的全方位进入有密切联系。

表1　企业管理学前沿问题分布图

	第一方阵	第二方阵	第三方阵	第四方阵
战略管理	核心能力理论	动态能力理论、战略联盟、知识管理	资源理论、国际化经营	嵌入理论
企业组织	学习型组织、危机管理	流程再造、虚拟企业	心理契约、社会资本理论	
财务管理		EVA 法、管理层收购、股票期权、跨国并购	平衡计分卡	实物期权
市场营销	顾客价值管理	客户关系管理、网络营销、绿色营销	关系营销、整合营销、服务营销	直复营销、渠道管理、顾客忠诚、顾客满意度、连锁经营
生产管理	供应链管理	6西格玛管理、敏捷制造、精益生产	计算机集成制造、大规模定制	界面管理、标杆管理、清洁生产
人力资源	职业生涯设计	人本管理、团队管理	员工持股	
企业文化	跨文化管理	企业形象设计		

同时，从第一方阵到第四方阵具体内容的变化上看，总体上还具有从“偏重理念”向“偏重方法”过渡的特点。这也是同我国企业管理学目前的研究现状相符合的，即多偏重和关注于新管理理念、新概念、新理论框架的介绍，而在具体实证、方法和操作层面的研究较少，自然与之相对应具有本土化特色的文献也相对较少。实际上，这一点波及开来将影响到广大学者对前沿问题的判断。

（二）企业管理科学研究的主要领域

为了反映我国管理科学研究的现状，我们选择了国内有代表性的三种管理学学术期刊，对这三种期刊2000年到2004年发表的论文进行了文献计量分析。这三本刊物分别是《中国管理科学》、《经济管理·新管理》和《南开管理评论》，既包括以管理科学与工程为主的刊物，也包括了以工商管理为主的刊物。从2000年到2004年，这三本刊物共刊登规范学术文章1675篇（不计书评、刊首语、增刊与其他我们认为不属于规范学术论文的文章）。为确保主题分类的科学性，我们采用修正后的国家自然科学基金管理科学学科分类方法来界定论文的研究领域。由于交叉研究越来越普遍，在界定主题时，我们采取可重叠原则。因此，论文最终合计总数大于1675篇，最终的统计结果请参见表2。

表2　《中国管理科学》、《经济管理·新管理》、《南开管理评论》刊载规范论文的研究领域（2000—2004）

管理科学与管理工程		工商管理		宏观管理与政策	
分支领域	论文数（篇）	分支领域	论文数（篇）	分支领域	论文数（篇）
管理科学与管理思想史	33	企业理论	67	宏观经济战略与管理	23
一般管理理论	31	企业战略管理	385	公共管理与公共政策	30
决策与对策理论	50	组织管理	193	金融管理	167
管理心理与行为理论	27	会计理论和财务管理	123	产业与行业管理	25
评估技术	4	市场营销	185		
工业工程	12	运作管理	117	科技管理与科技政策	25
信息技术与管理	25	项目管理	28		
复杂性研究	24	人力资源管理	128		
运筹与管理	53				
管理系统工程	12	技术经济与技术管理	36	区域发展与管理	12
预测技术	17				
数量经济分析方法	51				
		企业文化	15		
小计	339	小计	1262	小计	282
其他	82				

表注：《经济管理·新管理》在2000年还没有创刊，因而该刊只有4年的文章。论文的归类主要是依据论文的关键词和内容提要确定的，由于受到文献计量分析者专业知识的影响，这些归类可能存在误差。

从表2中可知，我国管理学研究的领域涵盖了管理科学与管理工程、工商管理和宏观管理与政策三大管理学分类的多数子类，但工商管理类论文的比重要远远超过其他两类论文的比重（这在一定程度上与我们只选择了一个以管理科学与管理工程研究为主、两个以工商管理研究为主的刊物有关）。管理科学与管理工程领域中，运筹与管理、数量经济分析、决策与对策理论的研究占据了前三名的位置，为我国管理科学研究者的主要关注方向；在工商管理领域中，企业战略管理、组织管理和市场营销是主要的研究方向；而在宏观管理与政策领域中，金融管理一枝独秀。总体而言，企业战略管理、市场营销、金融管理等分支领域是我国学者关注的重点，其中企业战略管理是重中之重。

（三）企业管理科学研究的总体水平

同样基于上述我们对《中国管理科学》、《经济管理·新管理》、《南开管理评论》刊载规范论文的文献计量分析，我们可以进一步分析中国管理学研究的总体水平。纵观近5年来这3本刊物刊载的论文，总体趋势是文章越来越规范，质量越来越高（参见表3），这也从一个侧面反映出中国管理学研究的总体水平在不断提高。我们依照主流管理学刊物的一般规范，把所有论文划分为以下几类：（1）规范型（normative），即表明立场或是政策性的文章；（2）描述型（descriptive），即以案例或数据描述现象，而不涉及实证分析；（3）文献型（review），对文献的回顾、总结、评论和延伸；（4）概念型（conceptual 或 theoretical），论述变量或概念之间的关系，但并不加以实证分析；（5）实证型（quantitative－empirical），以定量分析验证理论性假设；（6）定性经验型（qualitative－empirical），以案例、访谈等形式获得的定性数据构筑变量或概念之间的关系；（7）演绎数学型，这是经济学常用的论文写作方法。从某种程度上，实证型研究的增加代表了管理学研究的科学性和规范性水平的提高。表3是我们对这三种刊物的文献计量分析。

刊载论文的类型结构既是判断期刊偏好的重要指标，也是衡量学术研究水平的重要参数。从统计结果来看，三本刊物登载的规范型论文已经从2000年的26.4%迅猛下降到2004年的14.3%，这表明国内管理学研究已基本摆脱为政府政策服务的天然动机，而转向为企业所有者和管理者服务，寻求企业的“管理意义”（managerial implications）。此外，推动当代管理学理论研究工作最主要的方式——实证型论文——的比重虽然仍未突破50%，但已从2000年的12.9%猛升到2004年的31.8%。规范型论文比重下降和实证型论文比重上升标志着国内管理学界在研究动机和研究方法上正在迅速向国外管理学界靠拢。

表3 《中国管理科学》、《经济管理·新管理》、《南开管理评论》刊载规范论文文献计量指标（2000—2004）

指标	2000	2001	2002	2003	2004
规范型论文（%）	26.4	24.8	25.0	22.1	14.3
实证型论文（%）	12.9	12.3	20.1	22.7	31.8
平均引文（条）	6.0	6.2	8.0	10.1	11.2
外文引文比例（%）	48.6	49.2	54.0	62.1	63.6

对参考文献的统计分析结果也说明中国管理学研究的规范性和水平正在不断提升。5年来，3本刊物刊载论文的平均引文从2000年的6.0条上升到2004年的11.2条，几乎翻了一番。引文的系统性、完整性也在不断提升。引文数量不断提升的同时，引文结构也在不断优化。5年来，外文引文的比重提高了近20个百分点。而外文期刊被引频次所居的绝对优势地位也说明国内学者直接消化吸收国外研究成果、跟踪国外学术研究前沿的能力在不断增强，与国外管理学研究的距离在缩短。

虽然近年来国内管理学研究有了长足的进步，但是，与国外相比还存在不少的差距：首先，高达70—80%的外来文献（包括外文文献和译文文献）说明与国外同类研究相比，本土管理学的研究成果尚未得到认可；其次，在期刊被引频次排名上，中国期刊远远落后于国外期刊，说明与国外相比，国内管理学期刊刊载论文的创新能力、影响力和权威性均不足；最后，从权威作者和权威文献的被引频次的排序结果来看，国外作者和国外文献均远远先于国内学者和国内文献。

总之，虽然近年来我国管理学研究取得了长足的进步，但与国外相比，差距仍然不小，还需进一步提高。

二、产业组织前沿问题研究评述

（一）产业组织与产业发展战略选择

自从实施改革开放的国家发展战略以来，中国的产业组织与产业结构本身发生了巨大的变革，这一变革过程促进了中国经济持续的高速增长，而且也正在导引中国经济从传统的二元经济结构模式向均衡的现代经济结构模式转换。但是在这一过程中也出现了许多问题。特别是进入新世纪以来，中国经济发展与产业组织成长发展过程中的许多瓶颈问题如产业技术进步缓慢、地区结构趋同、产业定位同构、第三次产业发展滞后等问题与矛盾仍旧没能缓解，使得产业组织与发展的不均衡特征依旧表现明显。因此，在中国独特的工业化道路改进过程中，国家的产业发展战略面临许多重大的理论与实践问题，如何从本质上认识中国产业发展的道路与战略选择是我们必须认真反思并进行有效的理论与实践创新的问题。

金碚研究员在《中国产业发展的道

路和战略选择》一文中认为，中国作为一个发展中国家在经济发展的一定时期，其工业化进程必然表现为发达工业化国家的产业转移。因此，中国大多数产业的发展必将经历幼稚期、成熟期和强壮期三个阶段。为了提升产业竞争力，促进产业结构的高度化，中国的产业发展必须向第三阶段强壮期拓展。

复旦大学管理学院芮明杰教授在《中国产业发展的挑战与思路》一文中认为，中国产业的发展面临三大挑战，即新经济形态与新生产方式的挑战；加入世界贸易组织开放市场的挑战；技术进步加快导致创新的竞争的挑战。要直面三大挑战，中国产业发展的本质问题一是必须在制度变革中进行；二是必须在世界产业体系中寻找到自己的位置并不断增强自己的竞争力。对中国产业发展而言，制度因素有国家的经济制度和产业的规制制度，前者是中国产业发展的外生变量，后者是中国产业发展的内生变量。中国产业发展在经济制度与产业规制的变革过程中进行，目标是要建立现代产业体系与产业组织，从而促进中国产业发展，提升中国产业在世界经济体系中的竞争力。为此，中国产业发展的新型道路应确立智能化生产方式。

江小涓研究员在《中国经济发展进入新阶段：挑战与战略》一文中提到，要保持我国经济继续较快增长，必须促进资源节约型增长方式；加快发展服务业，提高服务业对增长和就业的贡献率；加大对重大战略问题的科技投入，解决我国经济增长面临的技术瓶颈，目前要促进产业经济的发展，特别要关注的是能够密集吸纳就业的技术、资源节约和环境保护技术以及低成本公共服务这三类技术能力；维护并积极推动全球资源、技术与产品的自由贸易体制。

郭克莎研究员的《中国工业发展战略及政策的选择》一文认为，中国工业发展战略的调整应以产业结构战略为中心和依据，产业结构政策要以加快包括高新技术在内的技术密集型产业发展和工业产业结构升级为基础目标。理由是：目前中国技术密集型产业的发展主要集中于技术水平较低的子产业和产品，处于产业技术链条的低端；与发达国家之间的产业分工已经向水平分工转变，但技术分工仍然是垂直分工。

林毅夫教授、刘明兴的《经济发展战略与中国的工业化》认为，企业技术结构的选择取决于相应的要素投入结构，而企业的要素投入结构只有与本地的禀赋结构相吻合，才能在技术结构选择上实现成本极小化的目的，进而实现持续的增长和发展。

（二）竞争秩序与政府规制

1. 产业竞争秩序与竞争政策

竞争秩序是产业组织长期以来研究的核心问题，也是经济学长期以来研究的重大问题。中国社会科学院工业经济研究所金碚研究员、张其仔研究员等认为：早期的产业组织研究的重点是各种不同市场竞争秩序下的产业绩效，现代产业组织则运用博弈论研究不完全竞争市场下的企业行为。但不管是传统的产业组织理论还是现代新产业组织理论，其共同的特点则是假定市场竞争秩序是外生的，且对市场中竞争秩序的形成与演化的研究都比较欠缺。

2. 市场结构与产业效率

不少学者认为市场结构是现代西方产业组织理论研究的一个重要的问题。市场结构作为产业内企业之间的一种关系结构，是市场价格的形成方式，也是决定产业组织竞争性质的基本因素。新产业组织理论通过新的研究范式和概念的引入，虽然给这一领域带来了一种统一的方法论，但它并没有推翻原有的分析范式而形成新的理论体系，仍然是以市场结构为前提内容的。

周振华的《产业融合中的市场结构及其行为方式分析》；刘小玄研究员的《民营化改制对中国产业效率的效果分析》对此进行了讨论分析。

（三）产业集聚与区域经济发展研究

产业集聚与区域经济发展在近几年来成为产业组织问题研究中的一个热门话题，许多学者对此进行了大量的研究。

1. 产业集聚的组织性质与理论内涵

梁琦教授在《产业集聚论》中提出，由于地区间经济条件不同，要素价格是有差异的，生产要素有从价格较低地区流向价格较高地区的倾向。吴德进在《产业集群的组织性质：属性与内涵》一文中指出，产业集群、科层组织和纯市场组织的效率是可以相互替代的，产业集群不是唯一有效或者最具竞争优势的产业组织。因此，产业集群的独特竞争优势只是相对而言的，不是绝对的。产业集群是市场机制“效率选择”的结果，但却不是惟一有效的必然效果，集群战略不应成为地方唯一的产业战略。徐强、陈甬军在《产业集聚形成机理的理论研究》一文中对上述问题进行了解析，并通过模型分析说明，产业集聚现象的产生和变化是区域内产业之间相互关系作用的结果。他们指出，自然资源、技术水平、市场水平、政府政策和本地人文因素给企业的区位选择确定了一个时代框架，当这些因素一定时，产业之间、企业之间的关系将决定当下企业区位选择，并最终决定区域是否出现产业集聚现象。

2. 产业集聚与区域经济发展

范剑勇在《市场一体化、地区专业化与产业集聚趋势》一文中对市场一体化引致的地区专业化与产业集聚的变化进行的实证研究发现：改革开放以来中国地区间的专业化水平和市场一体化水平已有提高，产业布局已发生根本改变，绝大部分行业已经或正在转移进入东部沿海地区。根据国际上的经验，中国现阶段仍处于“产业高集聚、地区低专业化”的状况，国内市场一体化水平总体上仍较低，且滞后于对外的一体化水平。这一现状使得制造业集中于东部沿海地区，无法向中部地区转移，进而推动了地区差距不断扩大。只有通过迅速达到高水平的一体化才能缩短地区产业集中的阵痛期，加快产业转移时刻的到来，地区经济增长才有可能收敛，地区收入差异才有可能缩小。范剑勇、王立军、沈林洁在《产业集聚与农村劳动力的跨区域流动》一文中，对农村劳动力跨区域流动对产业集聚的作用机理进行了考察分析。

3. 产业集聚与产业转移和城市化

无论是产业集聚还是产业转移与城市化，均已有大量的研究成果，但产业集聚与城市化进程的关系、产业转移与产业集中度的关联性等问题，呈现出不可忽视的联系和复杂的关系。葛立成的《产业集聚与城市化的地域模式》、刘乃全的《中国区域发展进程中的产业聚集现象之研究》、范剑勇的《长三角一体化、地区专业化与制造业空间转移》等文对此进行了具体案例分析。

4. 产业同构问题与老工业基地产业转换

国外学者一直强调城市在经济增长中的作用，认为城市是人力资本的集中地，城市的存在与发展是人力资本外部性的体现，可以作为人力资本存量的一种度量形式；城市是先进生产技术积聚的场所，城市化实际上可视为劳动密集型技术向人力资本密集型技术转移的过程。

徐现祥、李郇在《中国城市经济增长的趋同分析》一文中通过实证分析后指出，城市具有不同于国家、省区层面上的经济增长特性。文章采用趋同分析的标准方法，就我国216个地级及以上城市经济增长的趋同情况进行分析，结果发现，城市间的经济增长在20世纪90年代存在着δ趋同和绝对β趋同，这与我国省区间的趋同模式明显不同。文章通过进一步分析其背后的趋同机制，发现不仅存在新古典增长理论所强调的趋同机制（资本边际报酬递减），而且还存在新增长理论所强调的趋同机制（技术扩散、转移），这也有别于省区趋同机制。作者认为，沿海、内地城市间的差距不大，也没有呈现出不断扩大的态势。这意味着把我国省区差距的重新扩大归因于沿海与内地省区间的差距不断扩大，可能有失偏颇。从本文所发现的地级及以上城市所具有的不同于国家或省区层面的经济增长特性来看，这显然值得我们进一步进行研究，也许能够发现我国省区差距重新拉大的真正成因。

吕政研究员认为，在研究“十一五”时期我国产业经济发展的若干理论问题时必须认识到：一些地区的不发展就是最好的发展是有现实依据的，生产的集中化与区域化是必要的。在实施战略性产业转移时应防止出现有高新技术产业没有高新技术的状况，即第二种“产业空心化”的现象。李海舰研究员认为，振兴东北地区经济应克服社会意义上的“大而全”、“小而全”和产品上的“大而全”、“小而全”。山东大学经济学院于良春教授认为，自20世纪90年代中后期以来，东北地区的资金总体上是过剩的，引进外资的规模都是扩大的趋势，表明相当一部分资金没有转化为投资，而其原因在于“政府——国有企业”框架下投资效率低。其根源在于大量符合比较优势的资本密集型企业是按计划经济体制设计的，这些资本密集型企业在开放竞争的市场环境中缺乏自主能力。

张耀辉在《包含交易费用的市场绩效模型》一文中对东北经济难以振兴的根源进行了剖析，认为政府参与市场保护使市场不断被割裂，市场难以通过本身的自我学习从低度市场转化为高度市场，这才是我国北方经济走向衰退的重要原因。消除内部的市场分割，建立统一有效率的市场是东北老工业基地振兴的战略行动的基础。

（四）公司治理与产业组织发展

1. 企业理论的反思与研究视角

对于企业理论与公司治理问题，如何增强网络治理、中小股东权益、企业组织能力及资本市场的理论基础仍旧是促进公司成长与产业组织发展的基本问题，但如何超越传统的股东价值论和本国区域范围的公司治理问题，从跨国企业的生态环境、企业组织本身、公司治理与产业组织发展的关系出发，成为一项严肃的具有挑战性的研究范式变革。

姚先国的《“企业本位论”反思》一文和黄一义译校、路风作序的美国威廉·拉让尼克、玛丽·奥苏丽文所著的《公司治理与产业发展》一书对此进行了全新的诠释，开拓了理论研究的新视角。金碚研究员的越理性准则也对此做了一个很好的解析。

金碚研究员从超越理性的概念反思了纯理性判断准则；姚先国将“企业本位”还原为“个体本位”，要求从整体主义转向结构主义，这些观点值得我们借鉴。黄一义、路风认为管理组织创新关系到企业竞争优势与产业组织竞争优势，而对全体雇员技能的开发和整合乃至关心维度应成为重要的理论视角和概念工具。

2. 企业内部市场与企业理论

罗珉的《企业内部市场：理论、要素与变革趋势》，冯俭、蒋明新、任迎伟的《企业内部市场：起源、演进及挑战》均对企业内部市场进行了分析。罗珉认为，企业内部市场是企业内部各个交易主体经济关系的总和，科层和内部市场正在走向融合，企业内部市场也在发生变化，其边界越来越模糊，企业过去按纵向集成价值链构建的内部市场与战略联盟和按价值网络构建的内部市场也正在融合。冯俭等人的文章认为M型结构是内部市场的摇篮，随着M型结构的推广，内部市场定价方法不断细化，竞争机制逐步引入企业内部并打破内部垄断，价格机制参与企业内部生产协调的范围也会从基本活动延伸到辅助活动。内部市场理论命题对科斯关于企业的本质、企业管理范式、交易费用经济学的逻辑完整性等提出了另一个层面的挑战，值得关注和研究。

3. 利益相关者与公司治理绩效

郑志刚的《投资者之间的利益冲突和公司治理机制的整合》提出了投资者之间利益冲突所产生的代理成本问题，并将其界定为“第二类代理成本”，以区别于经理人与投资者的利益冲突所产生的代理成本。这一研究视角给我们提供了内部和外部控制系统及其整合对降低由投资者之间的利益冲突所产生的代理成本的作用框架。陆正飞、叶康涛的《中国上市公司股权融资偏好解析》对上市公司股权融资偏好行为主要源于股权融资成本偏低的假说进行了检验，研究结果并不支持这一结论。其结论说明了企业的实际融资行为是企业内部人在面临多种约束条件下谋求自身效用最大化的结果；公司控制权等因素对企业内部人的融资决策有影响，反映了我国上市公司内部人可以通过股权融资获得巨大隐性收益的事实。

4. 公司治理结构与产业组织发展

李维安、牛建波的《中国上市公司经理层治理评价与实证研究》，曹凤歧、杨军的《上市公司董事会治理研究》，于东智、池国华的《董事会规模、稳定性与公司绩效：理论与经验分析》等文对公司治理结构中的经理层治理与董事会制度进行了较为系统的研究。

（五）具体产业发展战略分析

1. 银行、保险、证券等服务业产业分析

许宪春的《中国服务业核算及其存在的问题研究》、李慧中的《贸易与投资动因：服务业与制造业的差异》、程大中的《中国服务业增长的特点、原因及影响》从理论上探讨了服务业发展的实际，并分别从不同角度提出了各自的观点。程大中认为，中国服务业的劳动生产率增长整体滞后；其就业份额增长相对较快的主因是服务业劳动生产率增长相对滞后；服务需求与服务部门发展处于一种极不均衡的状态；各类服务需求几乎都缺乏价格弹性且近年来服务价格不断上涨，因此很容易引发“成本病”；中国服务业及其各部门占GDP的比重将随着收入水平的提高而呈现不同变化。许宪春对服务业的范围进行了界定和讨论，并阐述了服务业现价核算和不变价核算的问题。李慧中则提出了服务业的FDI动因可以用在产品差异条件下为追逐规模报酬的产业内贸易理论来解释的结论。

2. 汽车产业分析

宋泓、柴渝、张泰的《市场开放、企业学习及适应能力和产业成长模式转型》，以及中国人民大学“中国产业竞争力研究”课题组的《中国30省市汽车制造业产业竞争力评价分析报告》，对我国汽车制造业的产业现状及产业成长模式进行了研究。宋泓等人认为，国内企业竞相进行合资或引进新车型的战略，加深了对跨国公司的依附程度；国内企业和跨国公司的战略调整，以及双方实力和能力对比的变化导致中国汽车产业的成长模式在向依附型转变，因此在产业组织与政策规制上应采取有效对策。中国人民大学课题组赵彦云等人则建立了一个我国汽车制造业竞争力评价的7大要素和49项指标的评价体系。

3. 电力、信息、钢铁、交通运输、房地产业分析

20世纪90年代以来，世界各国兴起了电力行业重组和市场化改革浪潮，其核心就是在电力行业建立竞争性的市场结构。目前，在我国电力产业组织中以“厂网分开”为标志的电力工业资产重组已经完成，垄断性行业结构已经被打破。然而由于电力行业的特殊性，在电力行业建立完全竞争市场是不现实的。李虹的《电力市场设计：理论与中国的改革》、林伯强的《电力短缺、短期措施与长期战略》、阙光辉的《网络扩展激励研究：以输电网络为例》对此进行了讨论。

（六）企业组织与企业战略竞争力

1. 企业联盟与企业整合

任剑新在《单一市场结构下横向联盟的市场绩效与规制》中认为，在无规制条件下，伙伴厂商存在相互收取资源使用费的激励，联盟也可能存在限制竞争危害。从产业组织的角度看，企业战略联盟与企业合并在本质上有相同之处，它们在节约边际成本的同时也都会增大市场集中度，从而增加厂商的市场势力。

张辉的《全球价值链理论与我国产业发展研究》一文认为，产业升级一般都依赖于从工艺流程升级到产品升级再到产业功能升级最后到产业链条升级。随着产业升级的不断深化，参与价值链中实体经济活动的环节也变得越来越稀少。全球价值链能很好地在现实和理论之间架设一座桥梁，是一个系统解决产业发展问题的理论框架。

2. 公司转型战略选择

李廉水、吴利华、徐彦武、郁明华在《公司跨行业转型：特征分析与风险控制》一文中指出，公司转型是公司运用资源优势，调整产业战略定位，获得新的经济增值或摆脱经营困境的重大战略行为；公司跨行业转型的艰难源于产业选择风险、业务选择风险、过程控制风险和后管理风险。

许德音、周长辉的《中国战略管理学研究现状评估》提供了一个基本的企业战略管理研究文献回顾清单，并对研究范式的变革贡献了自己的观点。

吴文武的《跨国公司与经济发展》，谢泗萍、薛求知的《中国企业全球学习战略的脉络与机理》，马春光的《跨国公司产业价值链转型对我国制造企业的启示》等文对跨国公司与经济发展、中国企业的国际化双向路径、基于双向路径的全球学习战略进行了探讨。

3. 企业业绩评价模式与体系

伴随企业管理的发展，围绕着业绩评价目标导向的演变、财务指标与非财务指标优劣的讨论、业绩评价指标体系的优化等诸多问题，理论工作者可谓仁者见仁、智者见智，难以达成一致的见解。王化成、刘俊勇的《企业业绩评价模式研究》，高闯、邵剑兵等人的《基于动态耦合的企业管理国际竞争力（EMGC）评价体系》对此问题进行了讨论。

（七）自然垄断产业改革与有效竞争市场

王俊豪在《自然垄断产业市场结构重组的目标、模式与政策实践》一文中，探讨了自然垄断产业市场结构重组的基本目标应是形成规模经济与竞争活力相兼容的有效竞争的基本格局，从而提高自然垄断产业的经济效率。文章提出了自然垄断产业市场结构重组的五种主要模式，即接入管制、所有权分离、联合所有权、经营权分离和形成若干互利的部分。文章进一步认为，应该对不同自然垄断产业采取差异性的市场结构重组政策。

李怀的《基于规模经济和网络经济效益的自然垄断理论创新》一文基于当代自然垄断产业的变化和当代自然垄断理论的缺陷，通过网络经济与非网络经济的比较，引入网络经济效益概念，将规模经济和网络经济效益概念做了程度上的划分。杨永忠在《自然垄断产业改革：从有效竞争到有效市场》一文中指出，现代自然垄断产业效率是自然垄断效率与竞争效率的有机结合；以有效竞争为基础，构建市场结构、市场行为、市场绩效“三角互动”的自然垄断产业有效市场模式，实现竞争与规模兼容、竞争与规制兼容、竞争与垄断兼容、国有与民营兼容、效率与公平兼容，是实现自然垄断产业效率的必然取向。

（八）产业组织理论的国际研究视野

西方产业组织理论在发展过程中共出现过3个主要学派，即哈佛学派、芝加哥学派和20世纪80年代以来在交易费用理论影响下发展起来的新产业组织理论学派。近些年，随着世界经济一体化进程和国际经济贸易往来活动的增强，国际间产业经济活动准则也在不断发生变化，并由此引起了产业组织理论的一系列变化。如何认真研究西方产业组织理论的发展和演化过程，有利于我们用客观、科学的态度来看待这一学科。从文献浏览的基本情况来看，2004年大多数学者运用已有成果的情况较多，而对最新研究的进展情况及理论发展的新趋势专门关注似乎不多。

三、产业组织的进一步研究方向

（一）研究思想与研究范式的转换

1. 在我们检索浏览的112篇（部）论文中，从单一角度研究产业组织某一问题的比较多，而如何结合经济学、管理学、行为经济学、金融行为学、社会

学甚至民商法学等相关学科理论来讨论问题显得尤为重要。比如产业集聚问题简单运用传统产业组织的SCP范式方法无法完全解析问题的本质，如何运用新经济地理学、空间经济理论、行为经济学、社会经济学来构建相关模型和变量求证解析是未来的研究思路与方向之一。这一缺陷也反映在我们的文献检索中，并没能对其他非经济学、管理学研究者的文献进行收集，也因此未能有效地借鉴比较城市规划、经济地理学者的观点。又比如自然垄断产业规制、公司治理结构模式等问题，我们并未能对一般法学专家或民商法学者的文献进行关注，虽然文献浏览不可能完全做到竭泽而渔，但单一片面的关注可能使我们对问题的分析有失偏颇，缺失合理性。为了科学的完善，进行交叉性研究、边缘性研究、创新性研究是必需的。

2. 从研究范式而言，在国际学术界并不视为严格的学术性论文的规范型研究论文，在产业组织问题研究论文中占到不少的比例。描述型论文虽然属于学术研究的范畴，但基于产业组织理论属于应用经济学范畴，如果描述型论文太多，不以重要理论贡献为目标直接推导理论或求证假设，也难以跟进国际学术研究与交流的基本要求和话语权。美国哲学家库恩（T. S · Kuhn）在《科学革命的结构》一书提出“范式”一说，并将范式的有无看作是一门学科从前科学发展到科学的标准。所谓范式是一个含义广泛、表达了一门科学分支不同于其他科学分支的特征的综合概念。它意味着一批本学科专家所组成的科学共同体、本学科的一套系统理论，以及本学科独特的一套研究方法和结构等。一种新理论并不一定同它的先驱冲突，但它唯一应该讨论的是以前不知道的现象。具体而言，传统的产业组织理论以静态的实证分析方法为主要手段，新产业组织理论者认为，这种静态分析方法过于依赖经验性的统计分析，缺乏理论依据和正式的市场分析模型，其结论并不具备一般规律性。新产业组织理论由于产业组织行为具有较强的不确定性，较难采用传统的实证手段研究，因此采用了推理演绎为主的研究方法。推理演绎法虽然比实证分析法更具理论逻辑性，但其最大的不足是缺乏实证数据的有力支持。正因为如此，这种方法在当代同样受到了理论界的许多批评和质疑。因此，中国的产业组织理论研究如何跟进新产业组织理论的研究，也正在经历一个范式建立和进一步完善的过程。

（二）竞争秩序与竞争政策的国际经验研究

由于竞争秩序的形成需要一定程度的政府干预，各国竞争政策的协调首先要承认政府对企业竞争行为进行干预的合法性。那么，如果要以一致实施竞争政策的方式构建国际竞争秩序，是否意味着国际政治和外交关系将直接影响各国企业的竞争环境？如果由政府主导来实现国际竞争政策的协调和一致是否会对各国企业的竞争行为造成复杂的和不可预料的影响？由于各国的经济发展程度不同，文化和价值观不同，政治制度和司法制度也不同，因此，不同的国家确定竞争政策的基本原则也可能有差别。但是，各国市场竞争秩序仍有共同的规则可循，各国的市场竞争秩序是可以和必须“接轨”、“相容”和“一致”的，但又必须各具特点，如美国的市场竞争秩序和政策同德国或者日本的市场竞争秩序和政策就有明显的差别。中国市场竞争秩序的形成，是更倾向于美国式、德国式、日本式，还是具有特点的中国式呢？这是产业组织理论研究中需要认真研究的一个充满悖论的重大问题。

（三）价值链、模块化与产业组织

国外的产业组织理论研究者对信息网络时代的产业组织问题进行了较为广泛的研究。信息技术、网络产业正在使产业组织结构和企业组织发生实质性的转变，模块化战略正在从本质上改变现存产业组织状态。但是，目前理论界对模块化与产业组织模式之间关系的研究却较少。在模块化背景下，我国大量组织僵化的国有企业如何向柔性化的模块化组织转化，如何在产业全球化的趋势下选择模块战略？公司内部如何进行组织的模块化来取得更高的生产效率？如何通过政府规制促使有活力的中小企业由目前产业效率较低的价值链整合模式向虚拟再整合模式迈进？如何通过模块化战略实施强化产业集聚知识发展和学习过程？在增强我国产业竞争优势，提升产业竞争力方面，这都是产业组织研究中迫切需要研究的课题。

（四）产业组织与社会公平

陈建军认为必须重新认识产业趋同的正面意义和必然性，把我国省区差距的重新扩大归因于沿海与内地省区间的差距不断拉大可能有失偏颇。徐现祥、李郇则认为，地级及以上城市所具有的不同于国家或省区层面的经济增长特性，这一问题有待检验分析。增加要素流动性的有关政策，如放弃户籍管理制度，有可能进一步导致工业的集中和区域收入的不平等，有可能使区域间总收入的不平等长期存在，这一问题值得深入观察。从产业集聚方面看，地区差距扩大的真正机制在于产业集聚的整体性累积，因此深入探讨这种集聚背后的机制是解决地区差距扩大问题的基础性研究工作。

（五）利益相关者理论与公司治理

企业作为一种人格化的组织，是其利益相关者之间综合性社会契约的汇集点，如何运用利益相关者理论，设计协调不同利益相关者的利益机制值得深入讨论。

四、企业迁移：企业空间利益和区域竞争焦点

经济全球化与区域经济一体化不断深入，国际国内市场竞争日趋激烈。在这种新的情况下，为了获得并保持竞争优势，抢占市场的制高点，寻求更为有利的生产经营地点，不论是大的跨国公司，还是本土的小企业，都加快了企业迁移的步伐。它们或是变更总部的地点，或是把生产制造厂移师到生产成本更低的海外，或是在其他地方建立新的研发分支机构。国际和国内企业迁移已经引起人们的重视：许多企业把企业迁移作为其经营战略之一；许多地区吸引外来企业并把留住企业视作一项重要的地区发展战略。随着中国经济的不断发展，企业迁移现象也越来越普遍，并成为促进区域经济持续快速发展的重要途径，企业也成为区域间竞争的焦点之一。

企业迁移（firm relocation）是企业区位调整的一种特殊形式，它是改变企业在市场中的位置、消费者偏好、环境规则、技术进步的可行途径，是企业的价值链活动在空间上的变化。一般认为企业迁移包括两种主要形式：一是完全迁移（complete relocation），即企业把整个生产设施从一个地方搬迁到另一个地方；一是部分

迁移（branch movement），即企业将部分活动迁出，在新的地方建立分支机构。这些分支机构，不仅包括价值链中的生产制造活动，而且包括工业企业总部、研究与开发、产品设计以及市场营销等。也有的学者将转包合同看成是企业迁移的主要形式。企业迁移从距离来看至少可以分为三类：区域内迁移（intraregional）、区域间迁移（interregional）和国际迁移（international）。

（一）国内外研究现状

从企业迁移发生的地点来看，其研究文献包括：Struyk 与 James，Jusenius 与 Ledebur，以及 Schmenner 曾致力于美国的产业迁移研究，Mueller 则对密歇根州的企业迁移进行了研究；对英国企业迁移的研究文献最多，如 Luttrell；Söderman 研究了瑞典的企业迁移案例；Bade 对德国的企业迁移进行了调查；Molle 与 Kruyt 为我们描绘了荷兰的企业迁移，尤其是在阿姆斯特丹及其周围的聚集情况；Aydalot 发表了法国企业迁移研究结果；Ortona 和 Santagata 等人对意大利企业迁移进行了大量的相关研究，Camagni 则强调了意大利的 Mezzogiorno，因为意大利区域政策主要在那里实施；Christiansen 发表了有关丹麦的企业迁移研究成果；荷兰的企业迁移研究开展得相当早，完整的企业迁移报告是由 SISWO 完成的，随后 Pellenbarg 又进行了大量的调查工作；魏后凯、白玫、浙江省统计局、赵奉军等对中国企业迁移进行了有益的研究工作。还有一些是关于爱尔兰、比利时和希腊的企业迁移研究资料。下面，我们将企业迁移的文献回顾分为国外和中国两个部分。

1. 国外

国外有关企业迁移的研究开始于 20 世纪 50 年代。当时的研究主要集中在英国的企业迁移现象，也有一些是关于荷兰、德国、法国和意大利的企业迁移现象的。国外关于企业迁移的研究多是实证研究和案例研究，占了相当的比重，也有一些理论研究，企业迁移模型多是计量模型。

实证研究主要包括企业迁移的动因、企业迁移补贴的有效性等问题。例如，英国朴次茅斯大学经济系的 P. Scott 用数据分析法，搜集了二战期间迁往英国的企业的历史数据，经分析得出结论：临时性关税（Emergency Tariff）是造成企业迁往英国的主要原因。

案例研究主要是对已发生的企业迁移个案进行较为深入的分析，通过个案找出企业迁移的动因，分析迁移补贴在这一案例中的作用等。比利时的东盟研究中心（Centre for Asean Studies）的一个企业迁移研究团队是企业迁移案例研究的代表。他们主要研究比利时企业迁移到国外的案例，以及泰国企业迁移、菲律宾企业迁移的案例。从所查找到的资料看，他们曾进行过 7 个案例的研究。

理论研究则是通过建立一个分析框架来分析企业迁移的动因。按照新古典区位理论的思路，美国印第安纳州埃文斯威大学（University of Evansville）的 Nakosteen 和 Zimmer 提出了一个解释企业迁移的决定模型，通过监控企业的利润，来决定企业迁移的行为。Simon Anderson，André de Palma 和 Gap－Seon Hong 对企业空间均衡进行了研究，建立了两企业区位均衡模型：其一是价格与区位同一时间发生的博弈模型；其二是两步博弈模型，即先区位后价格的博弈模型。第二种情况下的均衡区位要更远一些，因为内部化削弱价格对聚集的影响作用。

另外，不得不提的是国外广为开展的企业迁移服务。在美国，有许多咨询公司会为企业提供"迁移服务"（business relocation service），也向政府提供各地吸引企业的"报价"。如商业服务集团（CSG，Commercial Services Group）提供企业迁移与扩张服务（Business relocation and expansion services）。一些全球性的会计公司也会提供企业国际迁移的咨询服务，如 Ernst & Young 和 Deloitte & Touche。此类服务包括迁入地政府规章（government regulations）、税收、基础设施、劳动力、厂房设备和居住条件等。温汉国际（Windham International）是世界上最大的全球迁移管理公司，总部设在美国，它为世界范围的企业提供顾客个性化的企业国际迁移和人力资源管理服务。由温汉国际和美国国家对外贸易协会（National Foreign Trade Council，NFTC）主持，随后国际人力资源研究所（Institute for International Human Resources，IIHR）、社会人力资源管理全球论坛（Society for Human Resource Management Global Forum，SHRM Global Forum）也参与其中的全球企业迁移调查，从 1993 年起至今，每年进行一次，并发布一个年度调查报告。该调查主要针对企业国际迁移中的人力资源问题。

国外的企业迁移研究中，我们还要关注荷兰的格罗宁根大学（University of Groningen）空间科学系的研究团队，其主要成员有佩伦伯格（Piet H. Pellenbarg）、迪克（Jouke van Dijk）、威森（Van Wissen）、肯伯（Kemper N. J.）等。他们发表了一系列企业迁移的研究文章。佩伦伯格早在 1987 年就以企业迁移为研究对象完成了其博士学位论文，此后近二十年的时间里，他一直致力于企业迁移这一理论分支的研究。佩伦伯格、威森和迪克还共同编写了《企业迁移：理论、历史和应用》（*Firm Migration: Theory, History and Applications*）一书，这是一本专门论述企业迁移的著作。

2. 国内

中国有关企业迁移的专门研究，开始于本世纪初。研究主要为理论研究、案例研究和实证研究。

理论研究方面，白玫是中国最早对企业迁移这一理论分支进行系统研究的学者。其主要工作是梳理了企业迁移这一区域经济学的理论分支；把国外的研究成果积极介绍到中国；为企业迁移理论研究搭建了研究框架，提出了一些有意义的研究领域和行之有效的研究方法；在多个案例分析的基础上，归纳总结了企业迁移的模式；在新古典理论分析框架下，建立了企业迁移动力模型；从企业、区域和城市多个视角，分析影响企业迁移的因素；归纳总结了企业迁移的一些基本规律；对企业迁移补贴问题进行理论方面的探讨。白玫在企业迁移研究方面获得了中国博士后基金的资助。

魏后凯则从企业迁移与企业竞争力、区位竞争力之间的关系入手进行分析。他认为企业迁移是企业与迁入区和迁出区政府之间的动态博弈过程，也是各地方政府之间的环境竞争过程。从空间扩张的角度看，企业经济活动的迁移最初是销售机构的迁移，然后是生产制造工厂的迁移，最后是研究与开发机构和公司总部的迁移。企业迁移对企业、迁入区和迁出区的竞争力产生不同的影响。这种影响既可能是有利的，也可能是不利的。这样，从政府干预的角度看，就需要进行必要的引导和调节，以尽可能减少各种不利影响，充分利用各种有利影响，从而实现“三赢”的结果。由魏后凯主持的一项国家自然科学基金项目《中国企业迁移的决定因素与区位政策》正在进行之中。

刘怀德认为企业迁移已变得很活跃，企业迁移除了对企业自身经营活动产生影响外，还有很强的外部性，它可以改变地区经济发展的格局，可以提高国家的整体竞争力。应准许企业迁移，努力减少迁移成本，并完善地区间竞争的治理结构。复旦大学学者身处“长三角”，对我国民营企业迁移现象观察比较直接，体会也非常深刻。他们认为企业发展所需要素变化、地方政府间竞争是民营企业迁移的根本原因。

实证研究方面，目前主要以对浙江省的研究为主。钱文荣等以浙江省经济较为发达的海宁市为研究对象，以200家企业的问卷调查为基础，利用模型进行定量与定性相结合的研究。他们认为影响农村企业适度集中的主要因素有两个，即不同区域内企业家对生活的满意度及企业的迁移成本。

从政府角度关注企业迁移的是浙江省。浙江省统计局在对近600家企业调研的基础上，进行了浙江企业迁移以及浙、沪、苏之间企业迁移的研究，并得出了一些有意义的结论：（1）浙江企业迁移呈扩大态势，不论是外迁还是迁入都是如此。长三角内部的迁移水平高于跨长三角地区的企业迁移。（2）外迁企业以劳动密集型居多，企业扩张是企业迁移的主要动力。浙江企业迁移到外省去投资办厂占迁移企业的比例高达83.7%，要比外省企业迁移到浙江投资办厂的比例49.3%高34.4个百分点。上海、江苏、江西等成为浙江企业外迁的主要区域，上海的中心优势对浙江企业吸引力较大（体现在总部吸引力），江苏、江西等生产要素优势也吸引不少浙江企业（体现在要素吸引力）。浙江外迁企业更关注土地资源、电力、原材料供应等。土地资源的认同率占55.6%，列首位；其次是电力供应，认同率为45.4%；第三是原材料及能源供应，认同率为42.9%；可以获得迁入地减免税的优惠政策列第四位，认同率为41.8%。（3）在外省迁入浙江的企业最关注的因素中，认同土地资源的占46%，列首位；提高企业形象，认同率为42.7%，列第二位；获得迁入地减免税的优惠政策，认同率为40.7%，列第三位；政府服务意识，认同率为35.3%，列第四位；产业配套，市场规模大，认同率为33.3%，列第五位。以整体迁移方式迁入浙江的比例为15.3%，比迁往外省的比例高10.2个百分点。

案例研究方面，白玫对Intel公司，对宇通公司、衫衫集团、希望集团、格林集团、中国铝业等案例的研究正在进行之中。

从企业迁移文献的数量和内容来看，国内外都存在企业迁移的理论研究落后于企业迁移的实践，国内的差距更大。尽管企业迁移研究还没有成为区域经济学的主要分支，但其研究空间相当大。

（二）主要研究领域

企业迁移的研究领域主要集中在：第一，企业迁移的动因，影响企业迁移的因素；第二，企业迁移补贴的有效性，企业迁移与城市、区域发展间的关系；第三，企业迁移的决策过程。

1. 企业迁移动因

对于企业迁移动因的研究可以分为三个阶段：第一个阶段（1949—1970），关注的焦点是导致企业迁移的外部环境，即推动企业离开目前区位的外部推力和吸引企业到新区位的外部吸引力；第二阶段（1971—1985），关注企业迁移的内在动力，即推动企业迁移的动力是企业扩张的需要，此时还认为区域政策也是影响企业迁移的重要因素；第三阶段（1981—1990），将研究目标锁定在从城市的核心地区向郊区或边缘地区迁移的这一类企业迁移上，认为制造业由城市向外迁主要是城市空间拥挤的结果；第四阶段（1991—2005），对企业迁移进行更细致的分类研究，认为总部迁移、生产制造迁移和研发迁移的动因机制有所不同，不同行业的企业迁移也有其各自的动力机制，应分类研究，并建立统一的企业迁移动力分析框架。

最早对企业迁移动因进行研究的是《产业为什么会转移到南部》这一本小书，该书的出版得到了美国田纳西州计划发展委员会支持。在书中，作者描述了20世纪中期美国制造业从其最初聚集地东北部迁移到东南部地区的情况，其迁移的原因是因为相比之下，美国东南部地区的劳动力更加丰富，同时贸易联合的活动更少。在McLaughlin和Robock所谓的“古典”研究中，他们强调企业外部因素对企业迁移的重要作用。在他们研究的案例中，这些外部动力来自于劳动力成本增加和美国东北部愈演愈烈的相互竞争。在美国，关于企业迁移到犹他州和科罗拉多州的一项研究，是1953年发表在《经济地理》杂志上的一篇文章，这篇文章对企业迁移的其他外部因素，如市场和原材料对企业迁移的影响进行了分析。

Cameron和Clark、Keeble和Townroe证实企业内部的因素可能也是企业迁移的重要原因，如企业扩张就会导致企业迁移。如果企业选择迁移，可能并不是由传统的区位要素导致的，而是其内在动态调整所致。许多实证研究表明，企业扩张是企业迁移的主要动因之一。

同时，人们注意到了政策对企业迁移的影响。Ortona和Santagata描绘了在意大利都灵地区，当地土地使用政策对企业迁移的影响。

随着企业向外围迁移的现象不断出现，人们的兴趣主要集中到了这一现象上。Spooner的研究发现，在第一次世界大战后10年间，企业逐步迁移到外围区域，如康沃尔（Cornwall）、德文郡（Devon）和威尔士（Wales），这些区域的就业量占制造业总就业量四分之一强。空间短缺、土地价格上升、道路拥挤和停车问题，以及劳动力市场，是企业迁移的主要原因。

提出企业迁移动力的理论模型，并进行验证成为上世纪90年代以来的研究热点。美国怀俄明大学的Barbier和Hultberg讨论了在区域一体化条件下的企业迁移，认为除了市场规模外，区域一体化的程度也是企业迁移的影响因素之一，并建立了两国两企业模型。美国堪萨斯大学的Alexandre Skiba在一个要素模型（factors model）中研究移民与企业迁移之间的关系，结果表明它们之间有正相关性。中国社会科学院的魏后凯、白玫试图寻找企业迁移动因的统一分析模型。白玫将影响企业迁移的因素进行了归纳，认为影响企业迁移的因素可分为外部因素、内部因素和区位因素，并建立了企业迁移空间盈利边界模型、企业迁移能力—区位矩阵模型。

2. 企业迁移补贴的有效性

企业迁移补贴的有效性问题历来都有两种不同的观点。20 世纪 70 年代，人们认为企业迁移是的将工作和繁荣转移到落后地区的有效方法，与此同时也解决了核心区域的拥挤问题、劳动力市场问题和空间容量问题等。与用“工人到工作”（workers - to - the - work）的政策来减少区域的不平衡问题不同，企业迁移是一种促使“工作到工人”（work - to - the - workers）政策。Keeble 的研究表明区域政策是影响 1966 年到 1971 年间分区产业迁移模式的唯一重要变量。不过，这个结论与 Cameron 和 Clark 在同一时期就同一问题得出的有关结论相矛盾。Cameron 和 Clark 认为政府所期望的区域政策结果往往与企业迁移结果不一致，且往往是相互矛盾的。特别是到了 20 世纪 90 年代，人们从 80 年代吸取教训，认为通过企业迁移发展区域经济并非万能良策，区域发展的关键应该通过建立区域创新环境，来使经济富有活力。如果区域不具备创新所需要的资源，那就应该对该地区实施有效的区域补贴，其目的是建立必需的基础设施和知识储备。

于是人们试图弄清楚企业迁移补贴与区域经济增长的关系。英国学者试图评估一揽子政策对区域经济发展的影响。美国学者以企业迁移的威胁和模仿成本为题，用博弈论的方法将企业和政府看作是博弈的双方，在信息不对称条件下，政府要付出更多的代价才能进行有效的企业迁移补贴。中国也有人给出了不确定条件下的企业迁移激励机制，从而为政府实施有效企业迁移补贴提供了指导框架。

3. 企业迁移的决策过程

到目前为止，人们对企业决策过程，特别是企业迁移决策过程的认识还处于一种初级阶段，许多本质性的东西并不清楚。研究企业迁移决策过程的方法还局限于描述性研究。较为严格的统计模型是荷兰企业迁移的个案研究。

人们不满足于用推力因素、吸力因素和保持因素来解释企业迁移的决策过程，认为这是一种相当肤浅和表面的解释，事实上一些不为人知的原因恰恰是做出迁移决策的关键。这就需要挖掘出更深、更本质的一种解释，更详细地考虑决策者是如何进行企业迁移决策的，以及在这一决策过程中决策者必须面对的约束是什么。对决策过程的研究起源于行为学派。在 20 世纪 70 年代，Townroe 对这种方法进行了描述，并提出决策过程的 5 个相关阶段，即：刺激；问题说明；寻找；明确表达并比较可选方案；选择和行为。其中选择阶段可以进一步分为八个步骤。随后，其他学者提出了区位决策过程的更加复杂的模型。这些方法和模型在实证研究中很少被用到。因此，有关区位决策过程的知识依然是标准化的和描述性的，依然无法被检验。到了 90 年代，企业迁移决策过程的研究兴趣又一次被激起。Louw 在其博士论文中给出了一个荷兰的大办公室实际应用决策阶段模型进行区位选择的好例子。Louw 将决策过程分成 3 个阶段，即意向阶段、选择阶段和谈判阶段。这是对 Townroe 的 5 个阶段的概括。它忽略了“空间因素”（即地理位置、可达性、停车的方便程度、与公共交通和服务设施的接近程度，以及空间品质或环境状况）在第一和第二阶段所起的重要作用，但是金融和合同因素在第三阶段起到更大的作用，它是谈判的结果。当企业准备拥有自己的厂房和大楼时，空间因素在决策过程就是最重要的；相反，企业打算租用房屋时，空间因素对企业决策过程重要性就不大。

除了上面提到的研究领域外，也有从企业迁移的价值链环节角度进行分类研究的，即分别研究生产制造的迁移、总部迁移和 R&D 迁移。在 20 世纪 50—70 年代，企业迁移更多的是生产环节从城市的核心区向边缘地区迁移，这种迁移是政策促进和成本驱动的，多属于短距离迁移。到了 90 年代，由于信息技术的发展，企业管理的空间范围大大加强；同时，由于分工的深入，企业内部分工从部门分工向生产环节分工深化，而且这一分工还反映到空间中来。许多中小企业步跨国公司的后尘也加入了全球化的进程，原来具有吸引力的偏远地区被成本更低的国外企业所青睐；除了生产环节的迁移，还有总部迁移和研发的迁移；除了制造业的迁移外，服务业也加入到企业迁移的队伍中来，从而使人们对企业迁移的研究和认识不断深化。

（三）中国企业迁移展望

1. 企业迁移数据

对于企业迁移的研究，最大的困难是数据的获取。在企业迁移数据方面做得很好的有英国、荷兰和美国，其中英国和荷兰分别建立了企业迁移数据库：CREDO 数据库（CREDO database）和平衡变化数据库（Mutation Balance）。英国关于制造业的企业迁移的数据统计和研究工作远远走在其他国家之前。美国的数据只有 1945—1965 年间有关产业迁移的一组统计数据，这些数据最初是由经济部门出版，后来又有一些非公开出版的补充资料，这些资料覆盖到 1971 年。由于缺乏各州的数据，美国的研究工作无法覆盖全美国，通常研究工作是针对典型的州或大城市的，如俄亥俄州、威斯康星州。美国学者不得不使用调查和数据采集来进行企业迁移研究，Dun 与 Bradstreet，Struyk 与 James，Jusenius 与 Ledebur，以及 Schmenner 等为此都做了大量的工作。Townroe 的工作填补了美国企业迁移数据的空白。荷兰企业迁移的资料收集整理工作做得相当好，这些工作由荷兰钱伯斯商业联合会（VVK）设立的被称为变化平衡系统完成。Pellenbarg 和 Kemper 做了大量的工作。Klaassen 和 Moll 在《欧盟的产业迁移》一书公开了所有难以获取的企业迁移原始资料。

目前，有关中国企业迁移的数据还很缺乏，主要是浙江统计局做的 600 个样本的调查问卷、魏后凯正在进行的中国 500 强企业迁移数据的整理以及 5000 个样本的问卷调查。

2. 企业迁移的空间特征、产业特征和变化趋势

国外有关主要国家企业迁移的空间演变和产业特征的研究，着重采用时间序列和横断面数据分析各国企业迁移的影响因素，考察主要国家不同发展阶段产业转移的特点和企业迁移的空间特征，归纳世界产业转移的空间特征和产业特征及产业转移的趋势。

中国的研究的特征是：着重对中国企业迁移的空间特征和产业特征进行分析研究；比较中国企业与国外企业迁移空间结构、产业结构的比较研究；归纳中国产业转移的空间特征、产业特征与产业转移的趋势。

3. 影响中国企业迁移决策的因素

目前的焦点问题有：中国企业迁移的水平，企业迁移数量与新建企业数量、关闭企业数量的关系如何？除决策者之外，哪些人在企业迁移中起着重要的作用，并在企业迁移决策中哪一个阶段起作用？什么控制着企业迁移（推力、吸力和保持力），也就是推动企业迁移的动力是什么？阻碍企业迁移的力量是什么？企业迁移与企业内部活动的关系，以及这种关系在企业生命周期中的作用如何？

4. 企业迁移对区域经济发展和区域竞争力的影响以及政府企业迁移补贴政策的制定

问题有：政府的招商引资政策与企业迁移的相关性何在？如何用企业流—工作岗位流模型，对中国企业迁移与城市就业之间的关系进行计量分析？如何考察中国企业迁移补贴政策的有效性，即对政策性迁移的效果进行评价？如何进行企业迁移激励机制的设计？

（黄群慧　段从清　白玫）

学术成果·论文

纺织品服装产业的贫困化增长问题

（何元贵　《改革》2005 年第 9 期）

第二次世界大战之后，发展中国家在发展过程中所反映出来的贸易条件恶化及贫困化增长问题引起了国外学者的关注和研究，如普雷维什和辛格（Prebisch，Singer）首先研究了发展中国家初级产品贸易条件的持续恶化问题。巴格沃蒂（Jagdish N. Bhagwati）则提出了巴格沃蒂效应及其产生的三个前提条件，指出发展中国家出口商品生产能力的提高对其贸易条件和国内经济可能产生不利影响，即贫困化增长（immiserizing growth）或福利恶化型增长。

改革开放后，随着中国对外贸易和经济的快速发展，贫困化增长的特征逐渐显现并引起学者的关注和研究，如：金碚、俞品根、徐建斌和尹翔硕等学者都通过不同的方式从不同的角度对中国产品的比较优势和竞争优势及贸易条件等进行了研究。徐建斌和尹翔硕的研究指出，“发展中国家完全不必消极地按照外生（历史形成）的比较优势介入国际分工，那是通向相对贫困之路，而应当积极地通过技术进步、人力资本投资（科教兴国）以获取内生比较优势，从而改变一国总的比较优势，跻身较高的国际分工地位。”但在国内这些学者的研究中，目前尚未见运用巴格沃蒂效应等国际贸易理论通过对某一类中国制成品的进出口贸易，来分析中国经济是否存在贫困化增长问题。正是基于此出发点，本文拟通过对中国典型的劳动密集型产业——纺织品服装业的生产和贸易情况的初步分析，研究探讨中国经济的贫困化增长问题。

［何元贵，1962 年生，经济学博士，广东外语外贸大学国际经贸学院副教授。
通信地址：广东外语外贸大学国际经贸学院（510420）
联系电话：020－36207059
电子信箱：heyuangui@21cn.com］

论无边界企业

（李海舰　原磊　《中国工业经济》2005 年第 4 期）

传统经济学认为企业是有边界的，企业的边界在于边际成本等于边际收益之处。该文认为，随着信息技术的发展，企业边界可趋于无穷。这是因为，在信息经济条件下，企业随着边界扩张，其边际成本递减，边际收益递增，边际成本曲线和边际收益曲线无法随着企业规模的扩大而相交于一点。不同形状的边际成本曲线和边际收益曲线相互组合，可以反映出无边界企业的若干范式：一是边际成本递减，边际收益递增；二是边际成本几乎为0，边际收益不变；三是边际成本不变，但是边际收益增加；四是边际成本不变，边际收益不变。

对无边界企业来讲，企业边界不再是指物质边界，而是指能力边界；企业边界的大小，取决于自身核心能力的强弱。无边界企业有两种趋势，一是企业规模变大，边界变大；二是规模变小，边界变大。企业要想成为无边界企业，必须将自身的核心能力打造成价值模块，并融入全球价值网络当中。

无边界企业可以分为两种：一是有实体的无边界企业；一是无实体的无边界企业。根据企业在价值网络中所属的层级不同，无边界企业可以表现为：一是价值模块型企业；二是价值链条型企业；三是价值体系型企业；四是价值网络型企业。

无边界企业有着不同的具体形式，但是不论哪种形式，都是基于核心能力运作的。企业要想成为无边界企业，就必须基于核心能力，将自身打造成能力模块，一并融入全球价值网络当中。无边界企业可以分成节点企业和网主企业两种基本形式，但是不论哪种形式，都是基于核心能力进行运作的，价值网络是核心能力的集大成。

［李海舰，1963年生，中国社会科学院工业经济研究所研究员，博士生导师。
通信地址：北京市月坛北小街2号社科院工经所（100836）
联系电话：010－64460279
电子信箱：lihaijian@ gmail. com
原磊，1980年生，中国社会科学院工业经济研究所博士研究生。
通信地址：北京市望京中环南路1号社科院研究生院2004级博士2班
联系电话：010－64730830
电子信箱：yuanlei_ china@ yahoo. com. cn］

现代企业组织设计的基本原则、总体框架和主要内容

（任浩　《人才资源开发》2005年第11期）

一、现代企业组织设计的基本原则

融合现代组织设计理论中人本管理、顾客满意、核心竞争力培养、知识配置等新发展和新要求，并结合从事企业管理咨询实践的经验和教训，在传统组织设计原则的基础上，我们提出了组织设计的CHORT原则。

所谓组织设计的CHORT原则，是指除遵循传统的设计原则之外，现代企业组织设计还应因时、因地、因人、因物的差异而变化，即应当考虑到企业管理者与被管理者的个性（因人）、企业集权与分权的纵向原则和分工与协作的横向原则（因物）、企业跨区域性的规模原则（因地）、企业不同生命周期阶段的时间原则（因时）等原则。具体表述如下：（1）个性化原则（Characteristic）；（2）横向原则（Horizontal）；（3）纵向原则（Ordinate）；（4）区域原则（Regional）；（5）时间原则（Time）。

CHORT即由上述五个原则的英语单词的第一个字母拼成，其中文谐音为“桥”。因此，我们又将CHORT原则及其框架体系称为“桥式理论”。这样的比喻不仅体现了企业组织设计的实质在于沟通，而且CHORT与“桥式理论”的一致性也表明了中英文之间存有的相通性。

二、现代企业组织设计的总体框架

组织设计的体系可以从多种角度去构架，但是从过程的角度来构架企业组织设计理论体系似乎更为合理可行。它既便于满足系统性的要求，又遵循秩序渐进的原则，也符合现代企业发展的现实需要。按照组织设计的过程，我们将现代企业组织设计的理论框架及体系概括为4个部分：（1）组织设计的分析。主要包括企业内外部环境的分析和设计目标的确定，它们是组织设计前的准备，如外部环境和内部环境的识别和审视。（2）组织设计的构建。主要包括五个模块的设计，即组织结构、组织职权、组织流程、组织绩效评估和组织激励体系的设计。（3）组织设计的整合。主要研究组织设计模块之间、组织设计模块与组织内部的类型特征、战略定位、外部的商业生态环境的匹配问题，它们是对组织设计的升华和完善。（4）组织设计的实现。主要研究企业组织设计方案的实现和发展问题。

三、现代企业组织设计的主要内容

我们认为，现代企业组织设计，不仅仅是要构造合理的企业组织结构，还应该包括组织职权、业务流程、绩效管理机制和激励机制的设计，即现代企业组织设计其实包含着五大模块的内容，而且只有通过五大模块的相互协调，才能够真正实现组织效率提高的目的，才能保证组织的有效运行。根据这种思路，我们创造性地提出了企业组织设计的五维体系，这些构成了现代企业组织设计的主要内容：（1）组织结构设计；（2）组织权力设计；（3）组织流程设计；（4）组织绩效评估设计；（5）组织激励设计。

之所以将组织设计的具体内容划分为5个模块，是因为这5个模块之间存

在着有机的联系，它们完整地解决了提高组织效率的管理问题。组织结构和组织职权设计的内容主要解决“做什么”的权责问题；组织流程设计的内容主要回答“怎样做”的方法问题；绩效评估体系和激励机制的设计主要解决“要我做”变为“我要做”的动力问题。“做什么”、“怎样做”、“我要做”这些问题其实就是企业管理必须解决的三大基本问题。

组织设计五维体系的提出，是对传统组织设计思想的发展和补充。它修正了组织设计注重于组织结构设计的传统观念，为组织设计提供了更加广阔的视野。如果说五维体系的构建清晰直观地向人们展示了现代企业的组织设计应该设计什么，究竟包括哪些内容，那么，“桥式理论”（CHORT）等新思维，则从更新的角度概括了企业组织设计的基本原则和总体框架，它们都是对现代企业组织设计理论构建的新探索。

［任浩，1959 年生，同济大学经济与管理学院教授，同济大学发展研究院副院长，世界管理协会联盟中国委员会执行委员。
通信地址：上海市四平路 1239 号运通楼（200092）
联系电话：021－53511780 转 816
电子信箱：renhao cn@ hotmail. com］

中国工业部门资本利润率变动趋势及原因分析

（陈仲常　吴永球　《统计研究》2005 年第 6 期）

陈仲常

吴永球

改革开放以来，虽然工业部门产出在不断增长，但这种增长的背后却存在资本收益率下滑的问题。为了解释这一现象，本文提出了三个假定。基于 1963—2003 年数据的统计检验结果表明，改革开放前后影响工业部门资本效率的因素是存在显著差异的，而改革开放以来的利润率下滑主要可以归因于工业部门技术选择的偏差、厂商的数量增加以及投入品价格的上涨。我们研究认为：首先，我国劳动力要素相对于资本要素而言价格低廉，具有比较优势，但我国改革开放以来工业部门的发展道路却违背这一原则，选择了资本密集型发展方式，从而导致了资本的不断深化，影响了资本的效率，导致了利润率的下滑；其次，没有证据表明计划经济时期厂商的数量对企业盈利空间有显著的影响，但有充分的证据表明 1980 年以来厂商数量的增加缩小了工业部门的利润空间，降低了行业的资本收益水平；最后，统计检验还发现，工业部门投入品价格相对于产出品价格的上涨也是影响企业的利润水平的重要原因之一。

［陈仲常，1949 年生，重庆大学贸易与行政学院教授。
通信地址：重庆市沙坪坝区沙正街 174 号重庆大学贸易与行政学院（400030）
联系电话：023－65432090
电子信箱：czcmx@ cqu. com.
吴永球，1982 年生，重庆大学贸易与行政学院研究生。
通信地址：重庆市沙坪坝区沙正街 174 号重庆大学贸易与行政学院（400030）
联系电话：13108909194
电子信箱：wurod@ 163. com］

大事记

2005年中国工业经济研究大事记

本年大事记只记载中国社会科学院工业经济研究所的主要研究活动。

1月5日，该所与国家新闻出版总署在北京联合召开“20年改革之路暨报业改革”研讨会。主要议题是：报业的制度建设是报业成功的关键；从报业理念看市场化运营报纸的责任追求；值得报业借鉴的中国企业改革实践；介绍《中国经营报》成功经验。

2月，金碚主编的《新编工业经济学》由经济管理出版社出版。该书是工业经济研究所学科建设的重点项目，是国内第一部以市场经济为对象的工业经济学科研究生教材。该书独创性地提出了一个工业经济学的理论主干组织，构建了一个学科体系。

6月，吕政主编的《中国工业发展报告（2005）——资源与环境约束下的中国工业发展》由经济管理出版社出版。该研究报告是工业经济研究所连续出版、发布的第10本年度工业发展报告。该报告的主题是：资源与环境约束下的中国工业发展。

7月21—23日，中国区域经济学会与江西南昌大学在井冈山联合召开“区域经济协调发展和中部地区崛起研讨会暨2005年中国区域经济学会年会”。主要议题是：区域差异与区域协调发展；中部地区崛起与发展战略；国家区域发展政策建议。

8月5—6日，“第二届中国报业竞争力年会”会议由国家新闻出版总署报刊司主办，中国社会科学院工业经济研究所和《中国经营报》承办。会议主题是：重塑新型市场主体，培育中国报业竞争力。

8月20日，“第二届中国东西部民营企业家论坛”在北京召开。本次会议由中国社会科学院工业经济研究所和全国工商联、国务院西部办、国家开发银行等单位联合举办。会议的主题是：促进东西部资源整合，推动东西部协调发展。

9月16—17日，工业经济研究所与首都经贸大学在北京联合举办“第三届企业管理研究与学科建设学术论坛”。会议主要议题是：“中国式管理”的内涵；管理理论与实践的创新发展；管理教育与学科建设。

9月23—24日，工业经济研究所与厦门大学管理学院在厦门大学联合召开了“企业管理科学化及其方法论问题研究”研究会。会议的主要议题是：探讨管理学发展规律及其方法论，分析我国管理学研究的现状及问题，借鉴国外和相关学科经验，研究我国管理学的创新理论。

10月11—12日，“中国工业经济开发与促进会2005年会暨产业组织与政府规制”研讨会在大连召开。会议的主题是：产业组织与政府规制。

11月4日，中国社会科学院工业经济研究所在北京召开了“第三届中国经营报企业竞争力年会”，会议主题是：“商道维新—微利年景里的向上生长”。

12月17—18日，中国企业管理研究会在无锡召开了“中国企业社会责任问题研讨会暨中国企业管理研究会2005年会”。会议主要议题是：企业社会责任的内涵；企业社会责任与企业治理；中国企业社会责任的实践。

（中国社会科学院工业经济研究所）

财贸学

综　述

2005年中国财贸学研究综述

一、财政学研究状况

2005年，中国财政学术界继续重视财政基础理论研究，并对财政改革问题继续予以高度重视，取得了一些新的研究成果。这一年，中国社会科学院财政与贸易经济研究所高培勇、杨之刚、夏杰长主编的《中国财政经济理论前沿（4）》出版，对财政经济前沿理论进行了梳理和总结。该所发布的中国财政政策报告《中国：走向“共赢”的多级财政》关注的主题是中国多级财政问题。厦门大学主编的《公共经济研究·国际财税理论前沿2005专辑》对国际上主要财税学报的文章主题进行了综述。中国财政国际化的步伐正在加快。研究成果正在逐步走向国际化。值得一提的是，厦门大学的邵宜航在公共经济学国际顶尖学报《公共经济理论学报》发表了关于最优税收理论的文章。

本文仅介绍一些较为重要的财贸学中文研究成果。

（一）公共财政

近年来，公共财政改革与公共财政制度建设一直是中国财政界关注的焦点问题。以高培勇为组长的中国社会科学院财政与贸易经济研究所课题组在公共财政建设领域的一大突破是探索了构建公共财政的指标体系。他们认为，要全面、系统地描述和判断中国财政的公共化进程，应将公共财政的一般特征与中国当前经济社会发展对财政职能的具体要求结合起来构建指标体系的基本框架；需要从基础环境、制度框架、运行绩效、开放条件下的公共财政建设4个方面着手，选取政府干预度、非营利化、收支集中度、财政法治化、财政民主化、分权规范度、均等化、可持续性、绩效改善度、财政国际化10个指标来构建公共财政建设指标体系。区别于以往的公共财政理论研究，该课题组强调定量分析在公共财政建设中的重要性，旨在通过指标体系的建设和完善，对既有的公共财政制度建设绩效进行评价，以更好地推动公共财政改革和公共财政建设。

吕炜在系列研究成果的基础之上形成的专著《我们离公共财政有多远》主要探讨了转轨背景下的公共财政定位、财政发展的一般规律与中国财政的发展、经济体制的市场化进程与财政体制的公共化进程等问题。杨之刚、张德勇的《应对城市化：中国城市公共财政对策》一文对建立中国城市公共财政问题进行了探讨，认为应该实现城市政府的职能转变，建设民主财政，建立城市公共财政应对公共风险的应急反应机制。

贾康、李全在《财政理论发展识踪》一文中认为，财政是以社会权力中心为主体的“以政控财、以财行政”的分配关系。他们简要回顾了西方财政理论的发展历程，对1949年之后中国财政理论的演进进行了梳理，整理了中国公共财政理论探讨的几个要点，如公共财政概念及其内涵、基本特征与展望等。杨志勇在《财政理论发展纲要：比较视角研究》一书中从中西方比较的视角较为系统地回顾了财政学基础理论的演变过程，归纳了财政理论的发展逻辑，指出中西方财政理论在市场经济基点上有着共同之处，中国财政学界需要在“社会共同需要论”的基础之上发展公共财政论。

冯俏彬的《私人产权与公共财政》研究了私人产权与公共财政的关系。作者围绕“完全的私人产权是公共财政的必要条件”这一基本假设，分别从正反两方面进行验证，并将之用于中国实际的研究。在梳理和分析“国家分配论”和“公共财政论”之间的论争的基础之上，作者指出，公共财政论是建立在社会契约论的国家观基础上的一种财政理论，其实质是民主财政。该书对英国公共财政发展之路进行了归纳和整理，对中国传统社会的产权与财政进行了分析，认为市场经济条件下，当代中国公共财政与英国公共财政存在某些重要的趋同性。作者的研究沿用了比较研究方法，认为主要以计划经济与市场经济财政作为比较对象的传统比较财政学面临市场化改革的挑战，这迫切要求构建以不同的市场经济背景下的财政作为研究对象的新比较财政学。杨志勇的《比较财政学》则对构建新比较财政学进行了探索，对适应中国需要的公共财政制度从多个角度进行了剖析。

（二）公共产品与公共支出

1. 公共产品

公共产品理论在中国的应用已非常普遍，但是，应用中存在的误解也是一个普遍现象。马珺的《公共品概念的价值》一文不仅仅涉及理论的应用问题，实际上是在通过文献综述与国际同行进行对话。作者认为，“公共产品”概念正处于它历史上最为尴尬的境地。一方面，“公共产品”概念在公共政策话语中日益普及；另一方面，其理论和现实价值却面临着被解构的危机。作者指出，尽管该概念不应再被视为政策标签或者政府干预的充分条件，但它对于集体行动之潜在收益的显示，依然是一个必要的分析工具，它为建立在相容利益基础上的集体行动开拓了地盘，赋予人类以积极进取、改善自身福利的动力和能力。

2. 公共支出

公共支出研究突出表现在绩效指标体系的探索上。从树海、周炜和于宁在《公共支出绩效评价指标体系的构建》一文中认为，公共支出绩效评价作为公共支出管理的核心内容之一，其推行的难点在于如何用一套指标科学度量公共支出的绩效。他们从绩效评价的内涵出发，根据公共支出绩效评价自身的特殊性，构建了一套能全面有效度量一般公共支出绩效的指标体系。整个指标体系共分两个层次：第一层次包括投入、过程、产出和结果四类初始指标；第二层次包括效益性、效率性和有效性三类终极指标。

公共支出绩效评价与政府绩效问题关系密切。白景明在《如何构建政府绩效评价体系》一文中认为，政府绩效的评价标准和指标体系是发展观和政绩观的量化表现，财政收支结构则是这种量化表现的政府资金使用体现。构建政府绩效评价体系必须了解什么是政府绩效、如何决定政府绩效评价体系构建的基本因素和合理的评价标准。政绩考核的目标在很大程度上决定着地方财政支出结构，推行绩效预算可吸收政绩考核的有用之处。

（三）税收

税收仍然是2005年中国财政学界关注的重要问题，但也表现出不同于往年的一些特征，例如对于基础理论的关注。

1. 最优税收理论研究

杨斌在《对西方最优税收理论之实践价值的质疑》中指出，中国学者在介绍和试图应用西方最优税收理论时存在误读、误解、误用现象。他根据原著对西方最优税收理论以及最新进展进行系统评论、分析，指出西方最优税收理论的结论均存在严格假定条件，它们是在严格假定条件下的推论，离开了假定的条件，结论就不成立，或者给予新的假定条件，将得出不同的结论。因此，这一理论的所有结论或定理均是特殊的、个别的，而不是普遍的、一般的，不能直接作为一个国家进行具体税制改革实践的指导思想。

杨志勇的《中西税制选择理论的比较分析》一文则对最优税收理论、税制设计理论和公共选择视角的税制选择理论进行了比较，认为这三大理论存在较大的差异，对现实税制选择的影响各不相同，但它们都对经济理论的发展作出了贡献。

2. 增值税转型与间接税改革

杨之刚、张斌在《增值税转型改革中的若干思考》一文中对增值税转型进行了研究。他们认为，增值税“中性”的特征决定了其不适合作为税收优惠政策使用，应当在东北试点的基础上尽可能快地在全国及所有行业推开。他们还研究了增值税转型与财政收入和宏观经济政策的关系。杨斌、龙新民、李成和尹利军的《东北地区部分行业增值税转型的效应分析》一文，则分析了东北地区部分行业增值税转型对经济和企业可能产生的经济效应，认为东北增值税转型试点不会造成财政收入的较大波动；它对宏观经济的影响取决于获得抵扣资金的企业对抵扣资金的使用途径；转型对内资企业有利，尤其是对新设内资企业有利；试点对企业结构和投资决策有一定的影响，会在一定程度上导致企业行为的扭曲；它还会促使企业进行避税。因此，在局部地区推行消费型增值税的正副作用兼有。

杨斌在《返还间接税：形成城乡统一的公共财政体制的必要步骤》一文中还结合建立城乡统一的公共财政体制对间接税返还问题进行了研究。他认为，农民负担的直接间接税费每年至少达到7406亿元，其中间接税近5000亿元。正是由于农民不能通过公共产品的方式获得其负担的间接税，财富主要通过间接税和“暗税”方式从农村净流出，才出现农民负担持续沉重的社会经济问题。在彻底取消对农民征收的农业税、农林特产税、“三提五统”和其他税外收费摊派以后，还必须通过对农村地区提供公共产品的方式，将农民负担的间接税和“暗税”“还给”农民，这是形成城乡统一的公共财政体制的必要步骤。

3. 房地产税费改革

贾康在《关于房地产税费改革思路与要点的认识》一文中分析了中国房地产税费的基本现状，讨论了我国当前房地产税费改革的问题。他认为，实行可以减少征管成本而又跟市场经济适应的、被称作物业税的房地产税种应该由地方政府掌握，应该把它逐渐培育成为地方政府的一个主要财政收入来源；要把中国不动产税或者房地产税的改革放在积极建立公共财政框架这个总体要求上来把握。他还对从不动产、房地产取得的税收在中国各级政府之间的配置以及中央政府的协调、设计、推动改革的配套条件等问题作了研究和阐述。

4. 税收负担

李永友、从树海的《我国地区税负差异与地区经济差异》一文，利用横截面时间序列方法对当前各地区存在的激烈财政竞争和地区间日益扩大的人均产出差距两个背离的现象进行了分析。他们认为，各地致力于降低本地税收成本的财政竞争对改变本地落后的人均产出作用是非常有限的，与税负相比，改变地区本身的区位劣势和初始经济水平更为重要，而改善本地财政支出水平和质量对有效降低税收对本地经济的扭曲意义重大；同时变系数模型的估计结果表明，区域间和同一区域不同地区税收对经济扭曲程度存在显著的差异，这种差异对目前存在的不同区域和同一区域不同地区人均产出水平的较大差异提供了很好的解释。由此，他们认为，着眼于降低本地区税收的扭曲比单纯地降低税收负担更有利于提高中西部地区的人均产出水平。

刘怡和聂海峰在《中国工薪所得税有效税率研究》一文中考察了对工薪所得课征的所得税。他们使用广东省的数据对工薪税的税率进行了研究，其结果表明，由于没有对标准扣除进行通货膨胀调整，尽管法定工薪所得税税率是九级超额累进的设计，但是该研究所处阶段工薪所得税的主要负担是月收入在800—2800元的个人，很少人适用20%

或者更高的税率，工薪税制中法定的高边际税率没有发生作用。如果调整通货膨胀对标准扣除的影响，将有一半现有工薪税的纳税人不需要缴纳工薪所得税。

辛波的《从有效政府的角度看我国对税收负担率的合理选择》一文则研究了税收负担率问题。他认为，自改革开放以来，税收负担率的变化出现V字型的波动轨迹，因此，有必要对目前以及今后较长时间内我国税收负担率的适当水平进行大致的估计，以保证既能使政府有效地履行其职能，又能使投资与经济增长率达到最优水平。

（四）政府间财政关系

关于政府间财政关系，省以下财政体制改革是关注的焦点。贾康和阎坤在《完善省以下财政体制改革的中长期思考》一文中认为，省以下财政体制是国家财政体制的重要组成部分和中央对地方财政体制的贯彻和延伸。改进省以下财政体制，缓解基层财政困难，在当前具有明显的迫切性。他们认为，在中央对地方财政体制尚不可能一下子作出大改革的情况下，将近期目标定位在缓解基层财政困难和调动地方各级合理发展经济、精简机构、增收节支的积极性上，是适宜的选择。从长远目标看，则需对整个分税制财政体制进行系统化的调整与规范，逐步划清政府事权，减少财政层级，完善地方税体系，改进转移支付制度安排，并推动配套改革。

刘尚希则强调了基层公共服务的提供问题。这是因为，如果真的如一些研究所言，撤销乡镇一级政府，谁能提供占中国人口多数的农民所需要的公共产品和公共服务，的确是一大难题。

“省管县”改革也是研究的一个焦点。甘行琼在《“省管县”代替“市管县”的政治经济学分析》一文中认为，“省管县”代替“市管县”有着理论上的必然性。中国“市管县”的弊端不仅在于市管县体制本身，而且在于市县之间的纵向压力型的政府间行政支配体制，在于市县政府间权利结构配置不合理、财政体制不规范、市政府本身职能定位不清、规制过多、干预过度。因此，改革不应该只是简单地撤销地市建制，简化行政级次，实行单一的“省管县”代替“市管县”，而应该是对省以下地方政府体制结构同时进行“解构”和“重构”，采取制度内的民主增量改革与制度外的强制性制度变迁相结合的方式。

（五）公债、财政风险与财政政策

王宁的《中国财政赤字率和政府债务规模警戒线初探》测算出中国财政最大可承受赤字率应在4.04%—4.67%之间；测算债务规模警戒线，政府最大债务安全规模应在50.51%—58.36%之间。科学的做法是通过多指标综合，建立一整套真正站在中央财政角度的国债风险状况评价与预警机制，使之合则能反映整体状况，分则能发现主要问题所在，并能提前预警，使国家防患于未然。

丛树海等人的《财政扩张风险与控制》一书对近年来中国财政扩张的乘数效应、连续扩张和扩张力度加强导致的债务负担、财政扩张引发的中国政府实际可支配能力和地方政府隐性赤字风险、如何建立财政风险的预警系统进行了研究。

李永友、丛树海则在《我国相机财政政策的波动性研究》一文中通过对我国财政政策运行轨迹的历史考察认为，我国的相机财政政策不管是收入政策还是支出政策抑或是综合预算政策，都表现出明显的周期波动特征，且各项政策周期内波动幅度都不是很大，除了极个别的年份外，基本上保持在2个百分点以内。就收支政策的波动来看，两者的波动保持了较高的相似性。1995年前，两者都位于均衡水平之下运行，1995年后，两者又都位于均衡水平之上运行。但就稳定职能来说，财政支出政策明显地要好于财政收入政策，综合预算政策基本上与稳定职能保持一致。

高培勇在《破冰而出的稳健财政政策——关于当前中国财政政策基本取向的分析》一文中对当前中国财政政策基本取向进行了前瞻性的分析。他指出，随着宏观经济环境的变化，从2005年起，中国财政政策的基调由“积极”转向“稳健（中性）”。但是，由于积极财政政策实践历经7年之久，加上一系列体制性缺陷的约束，财政政策的转向操作异常艰难。形势的急剧变化，固然使得稳健财政政策终于破冰而出，但在现实的条件下，它的作为空间相当狭小。故而，稳健财政政策的实施不会一蹴而就，而是要经历一个渐进的过程。在这一过程中，推进改革将是其可能采取的所有举措的一条主线。其中，税制改革、社会保障制度改革和农村改革，又是它所应着力推进的重点改革项目。

二、外资外贸理论研究状况

（一）关于服务贸易的研究

学术界关于服务贸易的研究主要集中于服务贸易竞争力的计量分析、分部门和总体两个层次的服务贸易竞争力的实证分析、影响服务贸易竞争力的因素分析、服务贸易竞争力的国际比较分析、服务贸易与GDP的因果关系分析。

关于服务贸易竞争力的统计指标，国内学者主要使用服务贸易显示性比较优势指数、服务贸易净出口指标、服务市场占有率指标、服务贸易竞争力指数、贸易专门化指数等相对指标来衡量一个国家的服务贸易竞争力水平，少数学者使用绝对指标来衡量一个国家的服务贸易竞争力水平，例如一国服务贸易的出口额。

关于我国服务贸易竞争力的实证分析，国内学者的研究结果大体是一致的，即我国服务贸易总体上存在比较劣势，尤其一些资本密集型和技术密集型的新型服务产业劣势更为突出，传统服务产业也只是存在稍弱的比较优势。例如，谢兰兰、谢光亚使用净出口和竞争力指数两项指标来衡量中国服务贸易的国际竞争力，指出我国服务贸易出口的竞争力水平相当低下，除旅游业略占优势以外，我国的大部分行业处于比较劣势。通信服务、计算机和信息服务业的服务贸易呈现比较优势，主要是由于国家垄断和服务外包的发展。我国在保险、金融、专有权使用费和特许费等高附加值的服务贸易领域呈现绝对劣势。赵书华、李辉运用比较优势理论对我国服务贸易的国际竞争力进行了定量分析，并系统地阐述了其存在的原因及趋势。他们通过国际竞争力系数（服务贸易比较优势指数）的比较，得出我国服务贸易总体上存在比较劣势的结论，尤其一些资本密集型和技术密集型的新型服务产业劣势更为突出，传统服务产业也只是存在稍弱的比较优势。王庆颖在服务贸易总体和分部门的两个层次上，使用显性比较优势指数（RCA）和贸易专门化指数（TSC）两个指标体系对我国和英国等8个国家的服务贸易竞争优势进行定量分析，并得出结论：中国服务贸易的总体国际竞争优势很弱，而且在近期内不会得到明显改善。用贸易专门化指数对中国历年来服务贸易分部门的出口竞争力比较的结果是，除旅游和其他商业服务具有较强的出口竞争力外，其余所有项目服务的出口竞争力都很弱。

关于影响服务贸易竞争力的因素，国内学者蔡茂森、谭荣指出，影响我国服务贸易出口竞争力的最主要的因素有服务业的市场开放度、服务业的发展水平、外商直接投资的规模。贺卫等人认为一国服务贸易的出口额可以表示一国服务贸易的国际竞争力。他们的实证结果表明，现阶段，我国的人力资本、城市化、外商直接投资通过改善资源禀赋质量而对提高我国服务贸易国际竞争力有重要影响，人力资本因素的影响最大，城市化因素的影响次之，外商直接投资因素的影响最小。

关于服务贸易竞争力的国际比较分析，国内学者赵书华、李辉使用净出口指数对全球10大服务贸易强国2004年的服务贸易国际竞争力进行定量分析，结果显示，服务贸易国际竞争力存在比较优势的国家依次是中国香港、西班牙、美国、英国、法国等发达国家或地区，日本和德国是处于明显比较劣势的国家。

关于旅游服务贸易的国际竞争力的具体分析，赵书华、李辉使用净出口指数对全球9大旅游服务贸易收入国家2004年的旅游服务贸易国际竞争力进行定量分析，结果显示，旅游服务贸易国际竞争力存在比较优势的国家依次是西班牙、法国、意大利、墨西哥、中国、美国，英国和德国是处于明显比较劣势的国家。

关于服务贸易对GDP的贡献以及服务贸易与GDP之间的因果关系分析，胡日东、苏梽芳根据协整理论，利用1985—2004年度中国的经济数据，对中国服务贸易进出口与GDP的关系进行了实证分析。实证研究的结果表明，中国服务贸易进口、出口与GDP之间存在着唯一的协整关系，服务贸易进口、出口与GDP均不存在双向的因果关系。从长期来看，服务贸易进口、出口对GDP增长的净效应为正，而服务贸易出口是GDP的因。从短期来看，服务贸易进出口对经济增长的作用很小。因此，应大力鼓励服务贸易出口，带动GDP及国民收入增加；在采取措施促进服务贸易出口的选择上，应采用长期政策而非短期政策。

（二）关于国际服务外包的研究

国内学者对于国际服务外包的研究多数立足于全球化背景下国际产业转移的新趋势，集中于对国际服务外包现象、发展趋势本身做定性分析，探讨中国承接国际服务外包的策略。在行业层面，少数学者对金融服务外包给予了关注。关于国际服务外包的定量研究，只有一位国内学者做过。

关于国际服务外包发展的现状与趋势，詹晓宁、邢厚媛对国际服务外包做了全面系统的介绍。对于服务外包的本质、发展趋势、发展中国家承接服务外包的领域、各国服务外包的投资促进方向和领域、服务外包对东道国产生的影响、我国承接服务外包的战略对策，他们认为服务外包和外资向服务业转移是经济全球化的又一次浪潮，中国应制定并贯彻承接外包服务的战略措施，大力发展服务业。田贞余认为20世纪90年代以来，在经济全球化和信息技术创新取得突破性进展的背景下，国际外包市场迅速发展，业务外包成为跨国公司进行产业调整和转移的新方式和新趋势，中国应该利用这个机会，承接国际外包业务，促进中国经济发展。王根索指出，近年来国际服务外包从发达国家向新兴市场国家转移的趋势逐渐明显，服务外包业务范围拓宽、技术含量提高，服务外包离岸方式强化。主动承接国际服务外包是我国在新形势下推进加工贸易转型升级和转变经济增长方式的最佳路径。我国应高度重视服务外包的招商引资工作，借鉴国际间服务外包的成功经验，积极稳妥地开放服务市场，引导和帮助企业发展服务外包。

关于金融服务外包及其风险的问题，王庆喜指出，金融服务外包在全球化背景下迅猛发展，尽管金融企业通过将非核心的业务外包给海外服务供应商可以节约成本、集中优势资源发展核心业务，但金融服务外包中存在风险，即国家风险、战略风险、合同风险、操作风险。为此，金融机构只能外包非核心的横向业务，将核心业务外包出去将给金融企业带来最大的风险，金融监管机构不会允许核心业务外包，金融企业也不应将核心业务外包。外包业务的风险并不是不可克服的，只有那些能够以更高效率来管理外包的金融机构才能将内部和外部资源整合成威力巨大的竞争利器。

在国际服务外包的定量研究方面，陈菲是唯一做过实证研究的国内学者。她以美国服务外包情况为例，依据投入产出表和其他相关数据对服务外包的发展动因、影响服务外包各种力量的强弱，以及对服务外包的发展趋势进行实证分析和预测，以期对服务外包内在变动机制进行详细的研究，其结论是服务外包程度与信息技术发展、全球化程度、市场变迁程度、总成本、人均GDP存在显著正相关关系。随着国民经济的发展、人均国民收入的逐渐增加、全球化程度的不断提高、运作成本的降低，跨国公司服务外包的广度和深度都会持续扩大。服务外包的目的并不局限于经济效益的提高，随着服务外包的增加，跨国公司会追求更具战略性的目标。服务外包的发展趋势是随着人均GDP的增长而增长，在开始较快、以后将趋于缓慢上升，保持平稳态势。

（三）关于外商直接投资的技术外溢效应的研究

国内学者对于外商直接投资的技术外溢的研究主要集中于对外资技术外溢效应的实证分析、产生技术外溢效应的渠道、外资技术外溢效应的影响因素、国际贸易的技术外溢效应的测度、港澳台企业和其他外资企业技术外溢的比较、技术外溢与一国经济增长的关系。

关于技术外溢的产生渠道，仇怡、吴建军认为，FDI和国际贸易是技术外溢的两个主要渠道。我国吸引外商直接投资时，通过技术参股、跨国公司的示范、我国企业的模仿、跨国公司在华的研发投资等方式促进了先进技术在当地的扩散。国际贸易的直接促进效应、示范与传染效应、竞争效应是国际贸易的技术外溢效应发生的主要渠道。王耀中、刘舜佳认为内外资企业间的前、后向关联效应是产生技术外溢的两条重要渠道，且实证结果表明内外资企业间的这种前、后向关联效应确实对国内工业企业的产出有着显著的正向外部性，但由前向关联效应所产生的技术外溢要大于由后向关联效应所产生的技术外溢。

关于国际贸易的技术外溢效应，袁鹏等运用基于 Panel 数据的随机前沿模型测算了国际贸易在我国技术效率变迁中的影响，发现国际贸易对技术效率的提高有着明显的促进作用，其中外商直接投资的贡献最大，其次为进口贸易，最后为出口贸易。研究结果表明促进国际贸易对于技术效率的提高有着十分重要的意义。仇怡、方齐云在进口贸易的技术外溢测度模型中引入实际进口渗透率变量，并采用我国的相关数据，对我国基于进口贸易的技术外溢效应进行测度。实证分析表明，通过进口贸易传导机制，贸易伙伴国的先进技术、研发成果对于我国技术水平的提高具有显著的促进作用，但我国国内的研发投入比外国研发投入对 TFP 的影响要更为突出。许和连、栾永玉将经济系统分为非出口部门、初级产品出口部门和工业制成品出口部门，构建了三部门的出口贸易技术外溢效应模型，对中国“八五”及“九五”期间的各地区截面数据进行了实证分析。结果表明，在“八五”及“九五”期间，我国出口贸易对国内非出口部门的技术外溢效应主要集中在工业制成品出口部门，且工业制成品出口通过提高或有效利用本部门的要素投入和对非出口部门的技术外溢而促进经济增长，而出口部门（包括初级产品出口部门与工业制成品出口部门）与非出口部门之间的要素（劳动和资本）投入生产率差距存在收敛趋势。

关于港澳台企业和其他外资企业技术外溢的比较，郭英的研究表明，从分省市的统计结果看，港澳台投资企业并没有产生技术溢出效应，而其他外资企业的技术效应比较明显。进一步分析显示，其他外资企业的技术外溢不受区域技术水平的影响，但港澳台投资企业技术溢出效应更容易在低技术差距地区产生。

关于外资技术外溢效应的实证分析，喻世友等人运用随机前沿生产函数分析1999—2002 年中国 37 个行业中内资企业的总体技术效率，并测度出各行业的有效技术效率值，运用面板数据回归方法衡量外商直接投资对国内企业技术效率的溢出效应。研究结果表明，在排除外资企业的高产出对经济增长总量的正向影响前提下，外资企业对各行业内资工业部门技术效率的总体正向溢出效应是存在的。在外商直接投资的两大影响途径（技术水平的影响和产出的影响）对比中，技术水平的影响的作用力均大于来自外资企业产出的影响，而且均为显著。从作用途径角度分析，高技术差距渠道、高竞争程度渠道、高前向产业关联渠道的影响力度较为明显。但是，低竞争程度环境下，外资企业产出对内资企业技术效率的正向影响特别明显，远远超过行业平均水平。陈明森的研究发现，外商投资的技术外溢程度与其技术转移水平呈现倒 U 型函数关系，只有在一定阀值范围之内，跨国公司所转移技术对东道国的外溢效应才是积极的、正向的，否则就会产生负外溢效应或外溢效应减弱。福建三资企业技术外溢的计量模型分析也表明，由于技术转移阀值的存在，造成来自不同国家或地区外商直接投资的外溢效应具有明显的结构差异性。因此，积极调整利用外资结构，提升外资企业的技术转移水平，对于增强外商直接投资的外溢效应具有重要意义。贺灿飞、潘峰华研究外部集聚经济和外资溢出效应对企业生产效率的影响，采用各省市区销售收入前 50 名的大型工业企业中的制造业企业数据。研究发现，在控制了企业人均资产、企业规模以及企业性质和产业特定因素之后，企业所属产业在空间上越集中、所在城市人口密度越高以及外资企业产值比重越高，企业的生产效率也越高，说明地方化经济、城市化经济以及外资企业的溢出效应可能提升企业的生产效率。外部经济对企业效率的影响也可以在一定程度上解释企业的空间迁移行为，因为企业倾向于迁移到外部环境有利的地点。企业的生产效率不仅仅取决于企业自身特性，而且还与企业外部环境密切相关。外商投资企业的溢出效应能够提升制造业企业生产效率，因为外资企业带来了先进的技术和管理方法，加剧了地方市场的竞争，促使地方企业的创新和变革，从而提升其经营效率。宋京通过对外资企业和国有企业在产出和技术创新活动等方面的对比分析得出结论：20 世纪 90 年代中期以来，我国高技术产业总产值和行业增加值的一半以上都来自外资企业的贡献，而且外资企业在行业科技创新活动中也已经赶超国有企业，外资企业对行业新产品产值和出口销售收入的贡献均在 60% 以上，推动了我国高技术行业整体的技术进步。黄先海、张云帆研究发现，技术溢出是发展中国家分享世界技术进步成果的重要路径，溢出的渠道主要包括国际贸易和国际直接投资。他们运用经拓展后的 Coe & Helpman 的贸易溢出计量模型，将我国从商品贸易以及 FDI 中所获得的技术溢出纳入同一模型中加以综合分析。经测度表明，我国外贸外资的技术溢出效应都较显著，且相互间存在着共生互补关系，但相对说来，外资的技术溢出效应略大于外贸的溢出效应，同时国内 R&D 的资本存量对外贸外资的技术溢出效应有重要影响。严兵采用中国工业部门的相关统计数据探讨外商在华直接投资的溢出效应。研究结果表明，外资在我国工业部门各行业产生了显著的溢出效应，同时，内外资企业之间的相互竞争对二者的生产效率有着明显的促进作用。这一方面证明了溢出效应中竞争效应的存在，同时也表明溢出效应的正反馈机制已在我国内外资企业之间成功建立。彭铁丽通过比较中国内资、外资工业企业的效率指标，全面考察了中国内资工业企业效率的发展状况及其内在根源，发现中国内资工业企业在流动资产管理、成本管理、人力资源管理等方面效率在不断提高，但综合效率水平仍逊于外资工业企业。其主因不是内资的税收负担重，而是资本使用效率低及技术效率没有提高，这使内资工业企业缺乏发展后劲。作者预测今后几年中国内资工业企业工业增加值的增长速度将呈明显下滑趋势。

关于外资技术外溢效应的影响因素，郭英对国内外研究综述的结果显示，吸收和利用外商直接投资的技术溢出效应是发展中国家技术进步和经济增长的主导因素之一，但是外商直接投资的技术溢出效应不是自动实现的，东道国的吸收能力对外资技术外溢起着决定性作用。

关于技术外溢与一国经济增长的关系，彭水军等通过构建中间产品种类扩张型的内生增长模型探讨了开放经济条件下技术外溢与本国技术吸收能力影响长期经济增长的内在机理，对模型的竞争性市场均衡分析得到了均衡增长路径的稳态增长率，模型的基本结论是技术吸收能力的提高、人力资本积累以及适度的知识产权保护有利于长期经济增长，然而贸易开放度、技术水平差距对稳态增长率的影响效应具有不确定性。张海洋认为，引进外资并不意味着东道国一定能够掌握内含在外资中的国外先进技术，成功掌握外资先进技术有一个消化、吸收和创新的技术扩散过程。他在区别外资技术扩散效应与溢出效应概念的基础上，通过构建衡量外资技术扩散计量模型，从时间和空间的角度检验了技术扩散对中国区域经济增长的影响。研究发现，在改革开放以来的不同阶段，尽管外资对中国区域经济增长有明显的促进作用，但各地区并没有能够通过引进大量外资获得内含在外资中的先进技术，外资技术扩散对地区经济增长没有显著的影响。尽管外资的技术扩散作用不明显，但外资在东中西部地区都表现出比内资高得多的效率，对地区经济增长的推动作用明显比内资强。郑远强从我国利用外资与增长率的相关性入手，对我国1986年以来利用外资的表现以及对经济增长的贡献进行了实证分析。结果表明，我国利用外资尤其是外商直接投资对经济增长具有较强的促进作用，近几年来我国在利用外资质量方面存在着问题，外商直接投资仍有很大发展潜力。

（四）关于跨国公司在华研发投资的研究

国内学术界对跨国公司在华研发投资的实际影响存在着争议，部分学者认为跨国公司在华的研发投资具有两面性。例如，俞毅认为跨国公司在华研发投资具有两面性。在经济绩效方面，跨国公司在华的研发投资推动了我国相关产业的发展，提高了我国在国际分工中的地位；前、后向联动提高了与之相关的国内上、下游产业的技术水平；跨国公司在华研发力度的增强提升了我国企业的研发能力和水平；提高了我国人力资本的技术含量。在负面意义上讲，跨国公司在中国的技术投资会产生“技术锁定”；跨国公司的机会主义行为使得我国企业很难获得有发展前途的先进技术或者必须付出额外成本才能获得先进技术；迫于母国政府的政策限制，部分跨国公司无法通过对外直接投资向我国转移先进技术。刘晨然认为，跨国公司研发本土化存在溢出效应和挤出效应。跨国公司积极带入世界先进技术，直接弥补中国研发投入的资金不足，间接抑制人才外流、吸纳归国人才。同时，跨国公司研发本土化使得技术垄断和技术转移限制进一步加强，人才流失由外流转向内流，中资企业的技术比较优势减弱。

三、服务经济理论与政策研究状况

近年来，我国服务业得到了长足发展，改革与对外开放的力度也在不断加大。服务业的发展、改革与开放问题已成为经济理论界和实际部门关注的焦点问题之一，吸引了越来越多的学者的“眼球”，甚至可以说国内学术界掀起了研究服务经济理论与政策的一股“热潮”。2005年，国内学者对服务经济理论与政策研究取得了新的进展，研究范围越来越广泛，研究内容越来越细化，研究方法也有所创新，对策建议更具有针对性。

（一）服务经济理论研究取得了新进展

1. 服务经济基本理论的探讨与整合

2005年国内学者研究服务业发展与改革的文献很多，但系统地疏理服务经济理论特别是创新服务经济理论的文献则很少。服务经济理论研究成果方面最有代表性的要算郑吉昌的学术新著《服务经济论》。该书是一部系统研究服务经济的学术著作，反映了2005年国内服务经济理论研究的最新进展。该书以服务业与社会分工互动关系为理论框架，对服务业与产业结构、制造业、产业集群、城市化之间的关系进行了深入细致的分析；从当代国际产业转移的新特点出发，探讨了服务业国际化的技术扩散机制和制度扩散机制，以及服务业在全球产业与市场整合中的作用；从服务创新的角度分析了服务增值与价值创新的内在关联，并构建了服务创新模型。该书结合中国服务业发展的结构特征、发展动因，探讨了服务业国际化背景下的中国服务业发展的一系列基本问题，对推动服务经济学学科建设和提升中国服务业竞争力具有重大的理论和现实意义。

李江帆20多年来一直致力于第三产业研究。2005年出版的新著《中国第三产业发展研究》集多年辛勤研究成果之大成，也是2005年国内同行研究的扛鼎之作。该书深刻地分析了中外第三产业发展的特征和规律，揭示了第三产业供求影响因素、宏观比例、内部机构、区域分布、时序发展、制度变迁的规律性，丰富了服务经济学的理论。该书还在定性和定量分析的科学基础上，为我国21世纪服务业发展与改革提供了战略思想和决策借鉴，其实践意义也是十分重大的。

2. 服务业的对外开放理论

相对而言，服务业的对外开放是学术界研究较薄弱的领域，也是入世以后对中国经济冲击较大的领域。这就需要学术界充分重视服务业的对外开放的重大理论与实际问题的研究，为有序地开放服务业和提升我国服务业竞争力水平提供理论依据和实践指导。裴长洪主编的《中国服务业对外开放与发展》在总结前人成果的基础上，对服务业对外开放的一些重要理论，比如服务业对外开放的背景与动因、我国服务业发展与FDI的关系、服务贸易市场准入程度、服务业对外开放与竞争力的关系、服务业对外开放度的测算与把握、服务业对外开放的风险与防范、服务业对外开放与国民福利等进行了较深入的探讨。这些理论探讨既在一定程度上弥补了学术研究的空白，又为我国服务业对外开放的实践提供了理论依据。

3. 服务业发展的规律性

任何产业的发展都有其规律性，服务业的发展也不例外。总结服务业发展的规律是服务经济理论研究的重要任务。任旺兵在对世界各国产业结构演进轨迹的研究和部分国家服务业动态变化实证研究的基础上，总结了服务业发展的3个规律：一是从发展趋势看，服务业比重随着整个国民经济水平的提高而逐步上升；二是从发展速度上看，服务业的发展速度逐步高于整体经济的发展速度；三是从产业结构上看，服务业在经济发达国家和地区的比重高，而在经济欠发达国家和地区的比重低。

4. 服务业在经济增长中的作用

在经济增长过程中，服务业到底扮演了什么角色，这一直是经济学家所关注的问题。传统的经济发展理论认为，经济增长过程本身是一个结构转换的过程，随着人均GDP的增加，服务业在GDP中的比重逐步上升。但是，这种观点也受到了不少中国经济学者的批评，因为大多数年份我国服务业的增长速度明显慢于GDP的增长速度。李勇坚从理论发展的角度，对经济发展过程中的服务业的相关理论进行了梳理，并对中国的情况进行了实证分析，在此基础上做出了令人信服的解释。他认为，在中国目前的经济发展状况下，由于收入分配差距过于显著，导致相当一部分人处于最基本生活需求的边缘，因此，这部分人对服务业的需求还没有达到相应的临界点，收入差距导致服务业的需求不足。而从另一方面来看，由于存在着一个绝对数字庞大的相对富裕阶层，这个阶层支撑着一些奢华性的服务业畸形发展，中低收入阶层所需求的质优价廉的基本需求性服务业无法得到充分的发展，因此，服务业的有效供给相对不足。这样，中国巨大的收入差距影响了服务业的发展，导致中国的服务业比重在收入快速增长的同时，并没有获得明显的提高。

（二）对中国服务业的发展状况的基本判断

1. 我国服务业发展滞后的表现及原因分析

2005年，我国第一次经济普查数据显示，有2.13万亿元服务业增加值被漏统、误统，这使得服务业在我国GDP中的比重从原来的31.9%上升到40.7%。这些数据的调整改变了我国服务业发展被低估的问题，但并不意味着我国服务业的比重一夜之间实现了新飞跃。我国服务业的整体水平距离世界平均水平（67.7%）仍有很大差距，服务业发展落后的短腿现象依旧没有改变，我国服务业的发展任重而道远。

林跃勤从3个方面分析了我国服务业发展的差距：一是服务业比重偏低；二是服务结构扭曲和升级速度缓慢，特别是以信息化为代表的现代服务业发展缓慢；三是服务国际贸易竞争力弱。究其原因，既有基础薄弱、服务消费供给不足的因素，也有服务消费意识淡薄和消费能力低下的因素，而更主要的原因在于经济发展战略思维的固化和调节政策的失灵。周小川则从我国最终消费中服务支出（尤其是文化、体育、娱乐、旅游等）的占比明显偏低来分析我国服务业发展滞后的原因。他指出，2004年我国GDP中第三产业占32%，即便统计普查后可能会上调10个百分点，也远低于印度、巴西、俄罗斯等发展中大国的水平。他认为，我国多年来“重物质生产体系，轻服务消费”的思维方式是导致我国服务业发展滞后的重要原因。他同时还认为，服务业是我国的弱项，但是也说明服务产业的发展有着广阔的空间，而且发展服务业和服务消费，是促进中国消费发展和内需扩张的一个重要领域。顾乃华从服务业增长效率的角度来分析我国服务业发展落后的问题。他借助随机前沿生产函数模型，使用面板数据，分析了1992—2002年间我国服务业的增长效率特征。他的研究结果表明，我国服务业的发展远未能挖掘出现有资源和技术的潜力，技术效率低下，服务业增长主要靠要素投入推动，全要素生产率的贡献微弱，粗放型特征比较明显。

2. 我国服务业发展地区间不平衡问题

程大中和黄雯研究了我国服务业及其分部门的区位分布，强调服务业发展的地区差异，但同时也指出，总体上看，整体服务业及其分部门的地区间差异要小于地区内差异即省际差异。裴长洪和夏杰长则从3个方面分析了我国服务业发展地区间不平衡问题：一是从增加值来看，东部地区既是我国经济最发达地区，也是我国服务业总量最大的地区；二是从就业来看，东部地区服务吸纳就业人口最多；三是从服务业发展的层次存在明显的梯度差异看，最发达的上海、北京、广州，工业化任务基本完成，产业结构已经演变为“三、二、一”格局。而且，在这些发达地区，服务业的发展正在向现代服务业转变，如信息咨询服务业、商务服务业、计算机应用服务业、现代金融业等新兴服务业行业增长迅速，已成为服务业发展的主力军。中西部欠发达地区除教育和旅游发展条件较好外，整体看服务业发展层次较低，发展后劲不足。

（三）现代服务业的内涵、特征与发展思路

现代服务业是服务经济学研究领域最热门的话题之一。现代服务业，包括在国际上到现在为止，都没有一个确切的定义。国内学者关于现代服务业的内涵与特征表述不一，众说纷纭，发展战略与对策思路也不尽相同。

1. 现代服务业的内涵与特征

夏杰长和霍景东认为，现代服务业是指其需求主要受工业化进程、社会生产分工的深入影响而加速发展的服务业和运用现代科技技术、新型服务方式及新型经营形态对传统服务业进行改造的服务业。现代服务业主要包括基础服务、生产性服务、部分个人消费服务和公共服务等几个领域。姚战琪认为，现代服务业是与传统服务业相对的一个概念。现代服务业是指其需求主要受工业化进程、社会生产分工的深入影响而加速发展的服务业和运用现代科学技术、新型服务方式及新型经营形态对传统服务业进行改造的服务业。现代服务业既包括新兴服务业，也包括对传统服务业的技术改造和升级。常修泽提出，现代服务业不同于原有状态的传统服务业。对其内涵他界定为两个方面：一是指在现代化进程中新兴的或“新崛起”的服务业；二是指“传统服务业”当中经过用新技术、新流程、新业态和新的服务方式改造提升后的那部分服务业。朱晓青认为现代服务业是传统服务业的对称。与传统服务业相比，它具有三大基本特性：一是高技术性，即现代服务业科技含量高。如银行存贷款是传统的银行服务业务，若采用高科技的计算机网络技术，建立起电子银行和网上存贷款服务系统，则银行业就变成了现代服务业；二是知识性，即现代服务业为消费者提供知识的生产、传播和使用服务，使知识在服务过程中实现增值。如教育业、科学研究业、文化业、会展业、电信服务业等；三是新兴性，即在时间上是现代兴起的或从过去演变而来的。如物流服务业是新兴的和从传统商业和运输业中衍生而来的。

2. 现代服务业发展突破口的选择

现代服务业涉及面广、千头万绪，不可能齐头并进，在一定时期内要有所侧重，要抓住突破口。夏杰长和霍景东认为，生产性服务业是现代服务业的重中之重，发展现代服务业必须以生产性服务业为突破口。突出生产性服务业在现代服务业中的特殊作用得到了学术界的普遍认同。比如，任旺兵也认为，当前我国现代服务业发展面临的最大问题，就是生产性服务业发展不足。生产性服务业主要包括现代物流、金融服务、信息服务、商务服务等几个领域。所谓发展不足，就是指目前的生产性服务业还没能真正深入传统的生产制造之中，它对资源配置效率的提高作用还没能体现出来。因此，现代服务业的发展要把生产性服务业放到重要的位置上。林书民和杨治国也主张政府应该以具有较大发展潜力的生产性服务业为突破口，通过制度创新，解决产业发展过程中的技术、管理和制度障碍，降低生产性服务业跨区域配置的制度成本，从而增强社会分工协作能力和企业竞争力。

当然，关于现代服务业发展的突破口或重点领域的选择也有不同意见。刘奕就认为，创意产业以其高知识密集度、高技术密集度的典型特征，成为科技文化融合背景下的新型服务业态，它集中反映了现代服务业的本质特征，构成了现代服务业发展的高端环节。创意产业的导入为现代服务业的发展注入了新的活力。在英国、美国、日本、韩国、澳大利亚等国家，创意产业正在成为经济发展的支柱产业之一，并逐渐成为经济转型以及产业发展演变的新趋势。在我国，随着各级政府认识的逐渐深入，北京、上海、深圳和杭州等一些城市的创意产业也正在迅速崛起。因此，把创意产业打造成为现代服务业的突破口或最重要的领域之一既有必要也有可能。

3. 加快现代服务业发展的思路

冯飞和杨建龙分析了我国加快发展现代服务业面临着城市化进程加快、国际制造业向中国转移形成相当规模后很可能出现国际服务业跟进的局面、产业分工的细化和企业间交易活动的增加对“生产型”服务业产生巨大的需求等3个方面有利机遇。他们认为，只有转变观念，形成加快现代服务业发展的大气候和制度环境，才能抓住这样的有利机遇，并要通过现代服务业的加速发展促进产业结构升级和实现经济增长方式的转变。

体制束缚是我国现代服务业发展滞后的重要原因，因此，要加速发展现代服务业就必须深化服务业体制改革，创新服务业体制。在这方面，常修泽认为，当前我国现代服务业蕴藏着极大的发展潜能，采取体制创新及相关措施释放其潜能是现代服务业提速的关键。他主张从以下5个方面推进现代服务业的体制创新：一是打破电信、民航、铁路、邮政等行业的垄断，推进国有资本的置换和民营资本进入；二是推进城市公用事业的体制创新；三是按照“公共性”、“准公共性”和“营利性”区别对待的原则，分类推进社会事业领域的体制创新；四是推进银行、证券、保险行业的改革，发展现代金融服务业；五是推进涉外体制创新，加快我国服务业参与经济全球化的进程。

现代服务业的发展既要重视政府的重要作用，也要重视市场机制的基础性作用，充分发挥民营经济的作用。不过，不同的学者侧重点不尽相同。李慧中认为由于服务产品的无形性，生产和消费只能同时同地发生，消费者无法在购买和消费前事先测度事实上还没生产出来的服务的品质，于是产生了市场失灵。只有政府规制，才能保护消费者利益，也才使服务业真正得以蓬勃发展。政府着重通过它的要素供给、制度供给、规划供给和其他供给提供对服务业的供给支持。郑吉昌和夏晴则强调要充分发挥民营资本在现代服务业发展中的积极作用。他们认为，我国民营金融资本存量已经超过10万亿元，完全有能力对现代服务业进行投资，而且民营资本的进入有利于消除现代服务业的高度垄断现象，从而提升我国服务业的竞争力。

（四）服务业的对外开放

1. 我国服务业对外开放的时序选择

范爱军和王建认为，服务业的开放可以直接或间接地增强东道国的效率和劳动生产率，或者提高东道国的总体福利水平。但是，发展中国家在推进服务业尤其是现代服务业开放过程中也是有代价的，有时候如果没有把握好对外开放的度，还会对国家经济社会发展与安全造成冲击。因此，我国服务业的对外开放从时序上讲应该是一个渐进的过程。裴长洪和夏杰长也认同这一看法并提出了循序渐进、有序开放的具体设想：逐步放松对服务市场的直接管制，除关系到国家安全的服务业都要尽可能有步骤放开；进一步推进商品市场开放，降低商品市场贸易壁垒，以商品市场的开放带动服务业市场的开放；开放服务产品市场，减少服务产品领域非关税壁垒；逐步开放服务要素市场，减少无形产品贸易壁垒和投资进入壁垒。他们特别强调在开放的过程中，必要时应该利用世贸组织灰色条款，采取适度的隐性保护措施。需要指出的是，为了维护民族利益，为民间资本争取国民待遇，在对外资开放的每一步都要对民间资本开放。

2. 我国服务业的国际竞争力的评价与提升对策

夏杰长和霍景东认为，国内学者对服务业国际竞争力的研究大多局限于以服务贸易为基础对我国服务业的国际竞争力进行评价，实际上，服务业的国际竞争不仅包括国际贸易，而且还包括国际投资，此外服务业竞争力还包括对母国繁荣做出的贡献。因此，应该从服务贸易、服务业对外投资、国家繁荣贡献3个方面来评价我国服务业竞争力。通过实证研究和比较研究发现，我国服务贸易的竞争力不强，而对外投资能力更弱，服务业总体竞争力不强。他们认为，要提升我国服务业国际竞争力，必须要充分发挥市场与政府的双重作用。关键是要打破所有制壁垒，激发服务业的活力，深化以产业化、市场化和社会化为取向的服务业管理体制改革，还要充分发挥服务业引导资金的作用，以弥补服务业领域的“市场失灵”，并完善服务业对外开放政策，提高服务业的对外开放水平。周蕾和朱开明设计了我国服务业国际竞争力的指标体系，并对我国服务业对外开放的基本格局与服务贸易的国际竞争力问题进行了实证分析。她们认为，在目前商品贸易和整体贸易为顺差的情况下，我国服务贸易始终处于逆差状态，而且有不断加大的趋势，出现了不协调发展的局面，重要的原因在于我国服务业国际竞争力不强。

3. 我国承接国际服务业转移的问题

大连理工大学联合课题组通过翔实的资料论证了我国承接国际服务业转移的优势与障碍。他们认为，我国正成为继印度后世界上最重要的服务业承接国之一。我国承接国际服务业转移有着突出的市场需求优势、投资环境优势、劳动力成本优势和产业集群优势，但也面临着一些问题和障碍。比如，服务业规模小、投资不足、标准化滞后、知识产权保护不够，尤其是在政策和体制上，重工业轻服务业的倾向没有完全消除。周振华教授主张通过主动接受国际服务业的转移来促进现代服务业跨越式发展。他认为，现代服务业的经营活动正日益国际化、网络化和一体化。目前国际服务业转移正加快步伐，已经扩展到信息技术服务、人力资源管理、金融、保险、会计服务、后勤保障、客户服务等多个服务领域。我们要抓住这一机遇，主动承接国际服务业转移，引进跨国服务机构及其伴随而来的网络、人才、管理、制度等。

4. 促进我国服务业积极有序开放的政策思路

国家发改委牵头的联合调研组通过大量的实地调研，主张从以下3个方面搞好服务业的对外开放：一是要顺应市场经济和WTO的要求，根据入世承诺落实CEPA以及吸收外资优化服务业产业结构、优化投资环境的需要，全面放开竞争性行业的市场准入限制，赋予非公经济主体统一的国民待遇，进一步改善环境特别是软环境；二是适当下放外商投资服务业项目审批权限，简化审批程序，集中受理和审批外商投资服务业项目；三是注重对外国服务业先进技术和管理经验的引进和消化吸收，提高我国现代服务业的供给能力和服务质量。裴长洪和夏杰长则提出要从以下5个方面来完善服务业的对外开放政策：一是充分利用《服务贸易总协定》条款中的灵活性，处理好对外开放与适度保护的关系，实行合理的支持和倾斜政策，尽量避免服务市场开放的冲击；二是继续发挥传统服务业的优势，同时大力发展现代服务业，提升我国服务业的国际竞争力；三是继续深化服务业体制改革，包括放宽准入领域，降低准入条件，引入竞争机制，培养多元化竞争主体等方面；四是充分发挥财税政策的作用，进一步扩大政府采购范围，把广大服务业领域纳入其中，并通过革新采购服务项目，引导服务业的发展方向；五是实施“走出去”战略，努力推进我国服务企业国际化经营。

四、流通产业学科研究状况

2005年流通产业学科的研究与发展主要沿着流通产业的战略地位、流通理论研究、流通产业竞争力评价、流通业对外开放和流通产业改革与发展五个主题展开。

（一）流通产业的战略地位

流通产业在21世纪中国国民经济发展中是否处于战略产业地位一直受到流通学界的关注，特别是加入WTO后，中国流通业加速转变为世界流通业的一个重要组成部分，流通业战略地位的讨论更加深入。在刘国光的《推进流通改革加快流通业从末端行业向先导性行业业转化》、宋则的《重新认识流通产业地位和效能》和黄国雄的《流通新论》等研究的基础上，2005年又出现了许多新的观点。

黄国雄、苏明晃、张超等学者从战略产业所具有的基本特征角度探讨了流通产业的地位问题。黄国雄在《论流通产业是基础产业》一文中从理论依据、基础产业特征和现实表现等方面，系统论述流通产业是基础产业的新命题。他认为，流通产业作为基础产业这一命题的提出，是以三个理论创新为依据的：一是流通是生产性产业，流通产业创造价值。二是生产的规模和结构，完全取决于流通的深度与广度。三是流通力构成了社会生产力。流通产业具有基础产业的全部特征，即：第一，社会化。流通业（包括批发零售业、餐饮服务业和生活服务业）通过自身的商业活动在全社会范围内为生产和生活提供商品和各种服务，是一项社会性、全民性的经济活动。第二，贡献率。基础产业首先表现为对国民经济的增长产生基础性的贡献率。随着第三产业在国民经济发展中的比重越来越大，流通业的贡献率也随着增长。第三，就业比。流通业由于点多面广、零星分散、门路多、门槛低、准入容易，发挥社会就业的基础性作用。第四，关联度。流通制约着生产的起点，也影响着生产的归宿——价值的实现，是生产与生产、生产与消费的中介。第五，不可替代性。流通产业作为社会分工的产物，它的特定职能是媒介商品交换，提供商业服务，这是任何其他产业所无法取代的职能。因此，流通产业的发展是市场经济运行的基础，是对外交往的基础，是城市基础，是生活的基础，必须重视流通产业的基础作用。苏明晃在《关于确立流通产业为战略性产业的探讨》中，也从战略性产业地位的标准入手探讨了流通产业的战略地位。他认为，从未来学和发展经济学对产业分类的基本概念出发，战略性产业是一种对人类社会生存与发展始终起着关系到国计民生作用的产业。流通作为实现商品价值的一个必要环节，从诞生的那一天起，就同人类的生存需要和物质享受不可分地连在一起，并逐渐发展成为一个关系国计民生的产业。中国现代流通业同社会经济的绝大部分领域都发生着不可分割的联系。世界上的主要国家都从国计民生的基本需要出发，把流通业定位在战略性产业的位置上。张超在《确立流通业的战略性产业地位》中认为，要成为战略产业就必须具备四大基本特征：一是具有巨大的市场潜力，可望获得持续的高速增长；二是同其他产业的关联系数较大，能够带动相关产业的发展；三是关系到国计民生，对一国的产业安全及稳定经济全局具有重要意义；四是战略性产业具有动态性，一国在各个时期所确立的战略性产业是不同的。流通产业在4个方面具备了战略性产业的特征。首先，现代流通业的作用已经超出了通常所说的“桥梁”或“纽带”作用，而是能根据市场需求和国家产业政策，引导产业结构调整。其次，在外需不太稳定的情况下，我国拉动经济的着眼点还必须更多地放在扩大内需上，开拓农村市场，刺激消费对扩大内需有着重要的意义。第三，从战略石油储备问题看，由于我国的建设资金比较紧张，应该积极鼓励有能力的生产、流通和消费企业进行必要的储备。第四，流通产业安全将牵涉和控制我国大大小小制造商们的产供销命脉。

张金萍、贾晓东、金鹏达等学者则从供应链的角度讨论了流通产业的地位问题。张金萍在《打造我国商业零售企业竞争力的基础平台》中认为，目前以大型现代流通企业为依托的商业资本，通过对上游工业进行资本渗透和控制，已经形成了以需求为方向的产业链。零售业成为新型产业链的关键环节。贾晓东、金鹏达在《零售业反纵向控制研究》中提出，反纵向控制使零售业日渐成为一种具有高价值的行业，它大大促动了世界零售业的发展。在拥有庞大消费市场的中国更是如此。曹金栋、杨忠禹在《流通业战略性地位实证》中认为，现代流通企业的经营活动范围已从流通扩展、延伸到生产领域，在很大程度上发挥着引导、组织生产，甚至创造消费需求的主导功能。经过20年来的改革开放，我国流通业正在逐步走向产业化，向第一、第二、第三次产业全面延伸，流通业的战略性导作用更加突出，对国民经济发展的促进作用更加显著。流通产业是推动整个经济良性循环，决定经济运行速度、质量和效益的引导性力量。

何莹、刘子峰等学者采用定量分析的方法，阐述了流通产业的战略意义。何莹在《流通产业整体经济评估模型初探》的研究中发现，流通产业各子部门的影响力指数小于1，表示流通产业带动经济景气的能力不如大多数产业。而流通产业的商业子部门的感应度指数大于1，说明受经济景气指数影响程度高于大多数产业。尽管流通产业不是关键性产业，但是流通产业经营效率欠佳，而导致商品滞销，对生产单位或是整体经济都十分不利。刘子峰在《论流通产业的战略性地位》中，通过产业关联度、国家经济安全、经济增长贡献率、就业贡献率等指标分析，提出了流通产业不仅是先导产业和基础产业更是战略性产业的观点。在流通产业战略性的历史分析中，他提出，流通产业之所以能成为现阶段的战略性产业，是市场经济发展的客观规律以及我国经济发展的历史特殊性决定的。在对流通产业战略性的分析中，他认为，在社会主义市场经济的有机体中，流通体系的现代化程度与运作效率反映并决定了整个市场机制的成熟程度和运作效率，进而决定了整个经济系统的活力与素质。流通领域蕴藏着极其巨大的经济增长潜力。

（二）流通产业竞争力评价

如何评价中国流通产业的竞争力是近年来中国流通学界的研究热点问题之一。在目前提出的流通总规模指标、国民经济贡献指标、流通效率和效益指标、流通产业的组织化程度指标和结构指标等流通产业评价指标体系的基础上，2005年又出现了新的评价体系和标准。

余国锋在《流通产业评价指标体系》一文中总结了以往文献，并提出了流通现代化建设的3个评价指标。其一是反映我国流通产业连锁经营现状的评价指标。这一指标主要包括连锁经营的零售额、社会消费品零售总额的比重、直营连锁与特许经营的比例、中西部流通业连锁经营所实现的商品价值额、全社会流通业连锁经营所实现的商品价值额的比重。其二是反映我国流通产业物流配送水平的评价指标，主要包括货损率、物流配送采用国际标准的流通企业的比例、使用第三方物流的企业的比例。其三是反映我国流通产业电子商务水平的评价指标，主要包括现代流通科技在流通企业中的普及率、网上交易额及商品销代总额的比重等。

杨亚平、王先庆在《区域流通产业竞争力指标体系设计及测算初探》中提出，流通产业竞争力是指一国或地区流通产业整体的竞争力。区域流通产业竞争力的评价指标体系可从4个方面设置。（1）规模竞争力。产业规模既反映产业目前的总量规模和达到的水平层次，又为未来扩张提供平台基础。（2）产业增长力。产业竞争力的根本表现在于不断占领市场和扩张产业的能力。（3）结构竞争力。产业结构的现状和变动趋势。（4）产业效益能力。产业竞争力最终表现为产业获得良好的经济效益，这种经济效益主要表现在产业内企业获得经济利润和提升技术效率两方面。

李志玲在《流通产业竞争力评价体系初探》中提出的流通产业竞争力评价体系包括：流通产业投入运转能力、流通产业回报能力、流通产业竞争度和流通产业市场集中度。流通产业竞争力评价模型变为：流通产业竞争力＝流通效率＊销售毛利率/流通产业市场集中度＝流通产业的比较劳动生产率＊销售毛利率/流通产业市场集中度。流通产业竞争力与流通效率和销售毛利率成正向变化关系，与流通产业市场集中度成反向变化关系。当流通效率不变的时候，销售毛利率越高，流通产业市场集中度越低，则流通产业竞争力越高。

张传忠在《本土流通业竞争力评估》一文中提出了本土竞争力的概念。他认为所谓本土流通业竞争力是从当代经济全球化的背景角度，对本土流通业在国际竞争、产业竞争中优胜地位及其提升潜力所进行的评估和反思。构成本土流通业竞争力的因素包括本土流通业对社会经济系统的功能适应性、能量扩张性、市场集中性、业绩增长性、管理科学性以及技术创新性等六大方面。可以根据个体层次的资料和总体层次的资料进行评估。重点是要发现本土流通业在经济功能和生命能量方面，与其竞争对手存在的差别。

（三）流通产业对外开放

流通产业竞争力问题是中国加入WTO前后最受关注的问题，提高中国流通产业竞争力是中国企业在经济全球化背景下生存的必要前提条件。对于中国加入WTO后，流通产业面临的问题与挑战，以及如何应对这些挑战，流通学界的专家学者们各抒己见，提出了不同的应对方法。

王茹芹等学者对于外资的进入持乐观态度，认为外资的挑战仅仅局限在一定范围，对中国本土流通业的发展影响不大。王茹芹、赖阳在《对零售业进入后WTO时代的思考》一文中认为，不必过于担心外资主导中国市场的问题。目前外资在华规模极其有限，而外资会不计成本排挤本土企业抢占市场的观点，与实际情况不符，跨国商业企业即便在一个区域市场占有比较优势，也不可能轻易形成垄断。因此，应当大胆引进外资，利用其带来的示范效应。外资之强不在规模，内资企业更多的精力应当关注运营质量。李蕊在《从中外超市之争看中国流通业的发展》一文中也认为，外资企业的业态多元化为中国流通企业提供了可资借鉴的经验。

荆林波、侯善魁等学者深入分析了开放后外资企业在中国的发展情况，对流通业的对外开放则持谨慎态度。荆林波在《关于外资进入我国流通业的规制》中提出，必须从产业链的角度来认识外资进入流通对我国整个产业链的影响，必须清醒地认识到外资企业的潜在威胁性和真实威胁力，因为它们进入我国攫取的必定是有支付能力的顾客，特别是城镇中高收入的居民。因此，他认为，加入WTO之后，中国政府仍然有必要进行流通业的进入规制，一方面防止外资企业垄断某种业态，获得超额垄断利润；另一方面防止外资企业通过掠夺性定价，摧毁中小流通企业。岳中刚在《外商直接投资、市场集中与福利效应分析——以我国零售产业为例》一文中提出，应该取消对外商投资企业的普惠税收政策，制定规范和统一的反垄断法律，规制跨国公司滥用市场势力的不正当竞争行为，消除企业兼并的地方保护障碍，优化产业资源配置。程艳在《中国流通产业对外开放问题研究》中提出，要尽快完善国内流通领域对外开放的法规体系，提高外资进入流通产业的壁垒。刘仁忠、黎杰在《外资并购对我国流通业影响及规制研究》一文中提出，要给予内资企业与外资企业同样的“国民待遇”，要规制行业集中度，并加强对商业网点整体布局和合理规划。

赵海燕、冯云清、冯云波在《我国零售企业核心竞争力策略》一文中，提出了核心竞争力的4个主要特征：价值优越性能为企业创造长期的竞争主动权；独特性不仅包括了企业独特的技术、技能、操作技巧和诀窍，还包含了企业独特的管理文化等特征；异质性难以从企业主体中分离出来，更无法完全进行市场交易，一旦拥有会具有较强的稳定性，同竞争对手形成质的差别；延伸性能为企业进入广阔的市场提供多种核心产品等潜在机会。杜佩莲在《试论本土零售商业的竞争力优势与竞争力的提升》中提出了本土零售商业的优势所在，即商业资源区域集中；更深入了解国内市场；具有本土消费文化的亲和力；在本土整体市场份额占有上拥有绝对优势；具有一定的成本竞争优势。张慧颖在《WTO三年过渡期后中国零售业的竞争态势分析》中总结了外资在中国扩张的主要方式：外资零售企业从单点扩张转变为整体收购并且快速扩张；外资零售业从零售终端向供应链上游延伸；外资零售业从管理输入转变为全方位本土化经营。侯善魁在《零售业全面开放后外资零售商扩张的新特点》中认为，零售业全面开放后，外资零售商在扩张上表现为高速、规模化和渗透式特点。

（四）流通理论研究

近两三年来，中国流通学界一改长期只关注流通产业和流通政策的现象，逐渐开始关注流通理论问题的研究。其中主要是借鉴国外的流通理论与中国的流通实践相结合，提出一些新观点。2005年，中国流通学界开始站在流通理论研究前沿，关注整个流通理论的发展，并采用实证研究的方法，提出了一些假设。

赵萍首次站在全球流通理论研究的前沿，用批判的视角评价当前零售理论研究的现状。她在《零售理论研究危机的分析》中认为，目前国内外零售理论没有形成一套系统的零售理论体系。零售业理论远不止于零售组织演进理论。零售业没有统一的定义，急需一个超理论来统领零售业的研究。零售业研究存在种种问题的原因主要在于：零售业理论基础先天不足；研究领域过于宽泛；零售理论难以得到普遍的认同；零售业的假设命题与实证检验比较难。未来零售业理论研究的突破点在于统一零售业的定义，改善现有研究方法以及拓展现有理论。

赵玻、辰马信男在《零售产业全球化研究述评》一文中，从零售产业全球化的内涵及演进过程，零售产业全球化的主体、动因和方式，以及零售产业全球化的影响等方面对有关理论进行了系统回顾和梳理，并详细介绍了零售业国际化研究的学者及其主要观点。姚琼在《中国零售市场趋势的实证分析》中得出三个结论。第一，中国零售市场未来发展的潜力相当大，其市场潜力主要来自城镇零售市场，而农村零售市场潜力相对较小。第二，农村零售市场变化的波动性比城镇零售市场更大。第三，农村零售市场主要受到宏观经济发展和农村居民消费结构的影响，城镇零售市场主要受到城镇居民购买力和价格的影响。

（五）流通产业改革与发展

对于中国流通产业改革与发展，流通学界主要从中国流通产业的发展趋势与问题、产业升级、批发业的发展等方面展开研究。

商务部市场运行调节司和国务院发展研究中心市场经济研究所的《中国流通产业发展报告》对2004年中国流通产业进行了回顾和分析，发现社会消费品零售总额、生产资料销售总额均创历史新高，流通产业成为拉动国民经济增长的重要力量，流通产业市场化程度也进一步提高，市场机制在资源配置中的从属性作用得到比较充分的发挥。《报告》同时对中国流通产业在快速发展中存在的一些突出问题进行了总结和梳理。《报告》指出，中国流通产业还存在着流通主体规模偏小、行业零散度过高、流通产业内部结构不合理等问题，产业竞争能力有待提高。而流通领域法律法规建设仍不完善、社会信用体系建设严重滞后、流通基础设施不足等问题也成为中国流通产业进一步发展的障碍，需要引起有关方面的关注和重视。吴彤、胡霞在《发展我国零售业的对策研究》一文中也认为，百货商场是目前占据主导地位的传统商业形式，超级市场是发展较快的业态，仓储式超市是超级市场的衍生形态，网上商店则是现代商业的新模式。

一些学者认为，中国流通产业的市场集中度还不够高，企业规模还不够大，应该继续鼓励中国流通企业做大做强。如程瑞芳在《论流通产业升级的实现机制》中提出，流通产业升级是流通产业由低级状态向高级状态演进的一个动态发展过程，是通过流通方式的高度化更迭和流通企业的优势更迭发展来实现的。以市场机制为基础，实现市场主导型和政府主导型两种升级模式的融合，是中国流通产业升级实现模式的现实选择。杜丹清在《流通产业零散度分析与政府产业政策规制》一文中认为，由于政府产业规制缺位，国内流通产业发展缺乏科学的引导，主要表现为流通产业零散度大、竞争能力弱，尤其是在对外开放背景下，“散、小、弱”的中国流通产业面临着国外流通企业进入的巨大压力。政策应体现向前看，应采取积极的措施加以应对，政策的目标只能是促使本国产业尽快强大，与外资企业相抗衡。方惠在《中外零售企业规模扩张比较研究》中认为，跨国零售企业规模扩张的成功实践再次证明了规模最大化与利润最大化是辩证统一关系。现阶段我国要保持零售企业适度的扩张规模和速度与自身经营管理能力相匹配；确定零售企业的规模扩张边界，选择适当扩张方式；扩张资本实力与零售企业经营效益相适应；实现经营理念与零售企业文化的有效整合；加快产业整合，打造中国零售业的“航空母舰”。

另一些流通学者则认为，中国流通业的市场集中度虽然不是很高，但是应该防微杜渐，借鉴西方的管理经验，防止大店过多过滥，影响整个产业的发展。如郝丽媛、金水生在《中国流通产业集中度分析》中认为，零售业的集中度数值虽不大，却足以反映最大零售商对零售业竞争的影响。我国的零售业正日益趋向集中，零售商规模的扩大和零售业集中度的提高，已经对消费者、供货商、中小零售商造成一定的利益损害，表明我国零售业的经济绩效趋于下降。谢涤湘、魏清泉在《大型零售网点的开发及其对城市发展影响的探讨》一文中认为，虽然“大即是好”是一条广受推崇的定律，但其负面影响也不容低估。建议政府部门积极通过立法、规划等手段规范零售网点的发展，密切注意零售网点可能带来的各种社会经济影响。

我国批发企业的地位有所衰弱，对批发流通业的研究关注以往也比较少，但是在2005年张采庆、文启湘、宋则等学者却在批发流通业研究方面发表了一些研究成果。张采庆在《我对中国批发业的几点看法》中阐述了批发业的概念，他认为批发的本质特征是转（或）售。它媒介的是生产和生产、生产和零售、批发和批发、生产（批发）和机关事业等单位间的交换。它是商品供应链的中端而不是终端。与批发市场容易混淆的词语包括：（1）批发市场和贸易中心。这两种名称不同的经济组织都是有形的商品批发交易场所（后者的层次更加现代化），与批发业密不可分，但又有质的区别。形象地说是球场和球队的关系。（2）物流中心和配送中心。配送中心是专门从事物流运营的，为生产、批发和集团内部服务的服务性企业或组织；物流中心，为批发业提供物流服务。（3）综合商社。就像批零、产供销等一体化组织一样，批发行业只是其中一部分。我国经过20年对传统国营批发商业的改革，各个专业批发系统（除棉花和生资系统）都已经解体，几万个批发企业和机构所剩无几。落得如此结果，与所有者缺乏科学的发展战略、任其放任自流密切相关。而我国的商品经济在持续高速发展，弱小的批发业急待完善、提高和加强。批发无用论、批发替代论、批发消亡论有违事实，混淆视听，危害流通，应予澄清。上创利、赵德海在《中国批发业的现状分析及发展战略》一文认为，目前在流通领域“重零售轻批发”的思想烙印还很深。发展中国批发业应推进供应链管理，积极培育和发展大的批发商，充分利用现代信息技术和现代物流技术。于奎、文启湘在《谈批发商业的模式创新》中也提到了类似的观点。他们认为，我国的批发商业正处在新旧体制交替的过程中，由于不能适应市场经济的要求，陷入经营困境，导致批发功能削弱，流通效率低下。因而，迫切需要积极借鉴和探索创新批发商业新的发展模式，实现从传统批发商业向现代批发商业的转变。

宋则在《加快发展中国现代批发业的几个要害问题》中从促进流通产业发展和促进现代批发业政策调整的高度，对加快发展中国现代批发业的6个重要问题加以阐述和探析。他认为，批发环节是社会主义初级阶段需要重点精心培育和紧密依靠的市场组织形式，是全面建设小康社会的重要杠杆和有效机制，这个基本判断不能动摇。但同时中国由小商贩为主体支撑的传统批发市场已经相对过剩，而像样的依托现代科技手段、经营管理手段和财务结算手段的大批发商却严重不足。赵丽华在《对我国批发企业困境与出路的再认识》中提出了基于供应链管理的思想，将有条件的批发企业改造成配送中心，建立自有品牌，开发适合中小零售业态的批发机能。

五、旅游研究状况

按年度考察，中国旅游研究在2005年取得了较大进步，在研究层面向着多角度、多方延伸的同时，研究深度也明显拓展，乡村旅游、旅游安全问题的研究还取得了相当大的进展。

本文按照旅游学科大的分类进行梳理，主要从旅游经济及产业组织研究、旅游资源、旅游市场、旅游企业管理等4个部分来系统审视这一年度的研究成果。

（一）旅游经济与产业

2005年，关于旅游产业和旅游经济发展的思考向着多角度纵深延续，主要的讨论焦点与国家宏观经济的关注点基本一致，对旅游业发展循环经济、绿色旅游，实现集约化经营，推动产业集群以及提高旅游业竞争力等问题进行了集中探讨。比较有代表性的观点和论述有：循环经济是当今世界经济发展的一大趋势，而旅游业发展循环经济拥有自身优势，因此邓念梅、魏卫在《试论发展旅游业循环经济》中指出，在旅游业内建立和推行循环经济模式，是科学发展我国旅游业、促进旅游可持续发展的时间要求和重要途径，因此阐述循环经济理论对发展旅游的要求、分析旅游业发展旅游循环经济的模式和探讨旅游业发展循环经济的有效对策有着重要的现实意义；与循环经济一脉相承，邹统钎在《绿色旅游产业发展模式与运行机制》一文中，通过介绍国外绿色旅游产业发展的指导方针及非政府组织的行为，结合苏格兰酿酒工业旅游与北京蟹岛生态农业旅游中发展绿色旅游的经验总结，分别提炼出绿色工业旅游的运作模式和绿色农业旅游的发展模式，并在此基础上，提出要通过构建由观念、社会经济体制与科学技术三个层次形成的保障体系，保证绿色旅游经济的正常运转，从绿色旅游产业地域与行业选择、绿色保障制度体系建立、盈利机制构造和绿色旅游消费者培育等四个方面提出了我国绿色旅游产业发展的行动纲领，该文是我国目前研究绿色旅游发展较有代表性的论文。

对旅游产业本身的发展，旅游界学人也作了进一步的思考，在政府层面对发展旅游业的态度和措施方面，蒋莎在《发展旅游业：政府缺位、错位与到位》一文中，认为政府在旅游业发展过程中扮演了重要角色，但政府在旅游业发展过程中的缺位、错位现象时有发生，阻碍了旅游业的发展，提出只有政府的职能到位才能促进旅游业的健康发展；与此同时，孙宝文、马衍伟认为，中国能否成为真正的世界旅游强国，我国现有的旅游资源优势能否转换为产业优势和竞争优势，关键取决于国家能否在实施政府主导型旅游业发展战略中创造出更好的政策优势，并系统探讨了促进我国旅游资源整体优势转化为产业优势和竞争优势的税收政策。

为了更好地提升旅游产业发展水平，一些学者提出了旅游产业集群、走集约化经营的想法。庄军在《论旅游产业集群的系统构架》中指出，在旅游产业集群研究过程中，首先是要搭建旅游产业集群的系统架构。一般来说，旅游产业集群包括3个层次：宏观旅游产业集群、中观旅游产业集群和微观旅游产业集群，并都以旅游资源为经营核心，以旅游企业为经营依托。旅游产业集群包括协作型和竞争型两种市场结构，旅游产业集群的系统构架包括层次结构、网络结构和市场结构。王群的《中国旅游应尽快走上集约经营之路》认为，中国在由旅游大国迈向旅游强国的过程中，必须转变经济增长方式，应做好以下几方面工作：（1）推进产权制度改革，构建资本集约化经营的新模式；（2）改革经济考核指标体系，构建有形资产集约化的新模式；（3）改革营销体制，构建无形资产集约化经营的新模式；（4）改革人事劳动管理制度，构建人力资源集约经营的新模式；（5）改革利益分配体制，实现客户资源的集约经营。

（二）旅游资源规划与管理

作为旅游业的核心部分，旅游资源规划与管理在2005年继续成为学界研究的重点。从研究侧重的内容看，在旅游产品类型、旅游资源评价、开发与保护、旅游规划内容和管理以及目的地营销等方面，进一步作了深层次思考，而旅游景区管理体制和经营权与管理权分离问题仍然受到各界关注。此外，节事旅游、农村旅游等正在成为新的热点。具体来看，在旅游产品方面，李振新对旅游产品的概念、特征、开发原则和指导思想，提出了具体方法与途径；朱竑、李鹏、吴旗涛通过问卷调查对中国世界遗产类旅游产品的感知度进行了实证研究，发现国内各世界遗产地在国内游客的感知中并未处于相同的地位而存在较大差异，决定旅游地发展的往往是多方面因素。因此，世界遗产地开发旅游不仅要依靠遗产地名誉的获得，更要结合实际、合理规划、恰当宣传，进而促进其旅游的全面发展。在旅游资源开发与评价方面，刘思敏分析了现有旅游资源评价体系的局限性，并在“木桶理论”的启发下建立了“奇石画布旅游资源评价体系”。在定量评价中，创新设置体验系数，有效矫正了资源自身价值与开发价值的背离。定性评价则直观形象地将旅游资源分为“奇石”与“画布”两种类型，并以周口店北京猿人遗址等为例作了具体分析。李丰生对旅游资源的经济价值进行了理论分析，在对劳动价值论和效用价值论分析的基础上，从价值哲学出发提出旅游资源经济价值是满足旅游者旅游需求效益的货币衡量，初步建立了旅游资源经济价值体系，将其划分为利用价值和非利用价值，并提出旅游资源价值的增值性和潜在价值不易衡量的特点。赵曦、张壹还对全面推进长江上游地区旅游资源协作开发的基本途径作了探讨，提出长江上游地区的旅游资源协作开发和旅游产业发展在区域经济发展战略中占有独特地位。罗辑对BOT在旅游资源开发中的应用提出了思考，分析了在旅游资源开发中引入BOT方式的可行性及面临的法律障碍，并提出相应对策，以保障BOT方式在旅游资源开发中的良好运行。

在规划理论方面，侯晓丽等对“大旅游”内涵进行了反思，通过回顾国内外旅游规划的发展，对系统科学理论、可持续发展思想等对旅游规划的影响加以分析，认为在我国很多地区亟待发展的情况下，旅游规划必须重视旅游地的社会要素，推动其在当地发挥实际作用，切实增强旅游开地的自我发展能力。

关于旅游资源权属和经营权转让问题，黄安民、赵黎明从我国旅游资源产权制度安排的特点出发，分析了我国旅游资源经营权转让过程中各种利益主体追求的重点，提出了建立在旅游资源经营权转让基础上的各利益主体的利益保障与协调的途径和方法。李洪波、吴建华将我国旅游景区中的权力关系分为三种类型，认为不同的权力关系及对旅游景区产品认识的不同，将最终影响到采取何种管理体制和经营模式。徐嵩龄在对碧峰峡模式的性质进行严格界定后，提出不同类型的旅游资源应有不同的管理制度和经营模式，应高度重视一般风景土地资源的旅游开发意义，并从政策上加以鼓励、支持与引导。对于加强遗产资源保护、促进遗产旅游的可持续发展，汪明林、刘旺认为，目前在遗产旅游的发展过程中，由于法律缺失、机构缺位、管理体制不顺和监督不力等原因，已经严重影响了遗产地资源的保护，提出实现遗产资源旅游的可持续发展主要应由政府作为，指出政府应在制度、组织、公务员（职务）等3个方面加强作为。

吴必虎、余青对我国城市节事活动开发与管理进行了总结分析，归纳了我国城市节事活动的特征和时空规律，认为应加强理论研究，推进节事活动的理性发展，同时要加强节事活动宏观调控和指导，促进时空分布和类型更加合理，并渐进式地推进节事活动的市场化运作，强化节事活动促销与城市目的地营销。周永广通过分析总结日本节庆活动的特点以及在推动经济发展、保护传统文化方面的突出作用，论述了旅游节庆和传统文化保护、社区建设的相互关系，挖掘出节庆活动开发的成功要素，提出只有通过政府主导、企业营销、民众参与，进行有独创性的策划，节庆活动才能真正得到市民和市场的认同，城市也才能挖掘出自身个性，树立自身的城市形象。

（三）旅游市场研究

在旅游市场研究方面，研究成果主要集中在以下几个方面：（1）旅游消费和营销策略；（2）旅游商品；（3）入境、出境和国内旅游市场及目的地选择；（4）乡村旅游。

关于旅游消费和营销策略，皮平凡、张伟强基于体验经济，认为旅游业面对体验经济时代的新型旅游消费，应积极调整营销战略，在营销理念、营销手段等方面加以创新，从结构、内容和形式等方面满足日益增多的个性化需求。李匀则提出中国旅游业已全面进入品牌营销时代，概念营销等将成为旅游业的主流。马勇和王勇也提出构建旅游三维营销概念模式，在时间、空间和关系三个维度上对旅游市场营销的作用机理进行定位，制定有效的旅游经济活动规划，从而更好地满足旅游消费者的各种需求。

在目的地营销方面，卞显红论述了旅游目的地形象对旅游者目的地选择及其购后行为的主要影响，并把“重游意向”与“愿意推荐该目的地”纳入行为变量，将“感知质量”与“满意度”纳入评价变量，并以无锡市两个旅游目的地的时间调查数据为基础进行了定量分析，研究结果对我国旅游目的地经营与管理有着重要启示。豆均林、张念萍通过旅游服务有形化、体验化、规范化和延伸化策略，在服务特性基础上建立旅游目的地营销模型，为旅游目的地营销提供了新的视角。邹统钎则提出，目的地营销应找准立基市场，也就是要找准独特的销售点，在准确的市场定位基础上，实行旅游市场细分与目标市场管理，同时配合各种措施推动各种机会市场的开拓。范琳琳在分析世界旅游目的地公共营销筹资现状及国内存在的问题基础上，提出了公共营销原则及可用形式，构建起公共营销合理的筹资体系，为旅游目的地公共营销实践提供了基本思路。

在旅游商品方面，曹国新认为中国旅游商品疲敝源于市场失灵，这种市场失灵主要表现在旅游资源的公共物品性质、景区的外部经济、产品附加值不确定导致信息不充分等多个方面，因此亟待科学有效地规制和干预。石美玉对旅游者购物行为进行了研究，从心理学、消费者行为学、经济学等多角度研究了旅游者购物行为模式、购买决策过程，并指出了旅游购物的发展趋势。

在入境和出境旅游市场方面，孙根年、冯玮分别对中国入境、出境旅游客源市场现状及发展进行了分析和预测。入境旅游市场研究中，孙根年基于市场占有率和增长率的双指标组合，构建一个综合反映旅游市场竞争态的模型，将旅游市场划分为明星市场、金牛市场、幼童市场和瘦狗市场四个类型，并对新世纪中国入境旅游30个客源地市场和31个目的地市场进行了定量划分，分析了各市场在参与中国入境旅游业中所处的地位与态势，为我国入境旅游市场开拓提供了新的依据。肖星、陈玲对我国西北五省区海外客源市场结构特征进行了比较分析，从时间结构、空间结构和消费结构三个方面剖析了当前存在的问题，对各省区和区域整体旅游业的发展提出了建议。在出境旅游方面，冯玮对中国出境旅游现状及面临的问题进行了分析，认为随着中国经济的持续增长和国民收入水平的迅速提高，中国出境旅游的发展出现了前所未有的变化，中国潜力巨大的出境旅游市场已引起全球瞩目，而且出境旅游高额利润市场也受到国内外旅行社的普遍关注。因此，应合理调整出境旅游管理政策，积极引导出境旅游消费行为，从而推进中国出境旅游的有序发展。江林、李祉辉以我国六大旅游热点城市为例，对中国公民赴韩国出境旅游的现状进行了分析，提出当前韩国游市场存在的问题，从政府旅游部门、旅游企业及韩方相关机构角度提出相关对策建议。在国内旅游方面，俞金国等人通过引入旅游客源市场强度来衡量国内各个地区的旅游客源市场，运用定量方法对影响客源市场强度的各种指标进行量化，并构建了计算各省区市场强度的函数模型，用聚类分析法分等定级，最终总结概括出我国目前客源市场的空间分布特征和区域差异规律。

在乡村旅游方面，杨学燕对我国农民旅游市场开发进行了深入探讨，认为农民旅游市场具有较大潜力。随着农村经济的不断好转和农民收入的不断提高，农民消费的恩格尔系数不断降低，消费结构向享受型、发展型转变，因此应根据农民出游的特点推出适合农民的旅游产品。梁留科、曹新向以全面建设小康社会为背景，对我国农村居民旅游市场潜力和特征进行了分析，分别从旅游供给系统、需求系统、信息系统和市场支持系统的角度探讨了开发农村居民旅游市场的限制因素，从思想认识、旅游产品开发、宣传促销和旅游服务体系构建等方面提出了农村居民旅游市场的开发措施。王宏星、崔凤军对我国乡村旅游产品体系进行了系统研究，认为乡村旅游是可以实现旅游者、农民和乡村社区多赢的一种生态旅游方式，对我国旅游业的发展和解决三农问题，有着相当重要的意义。并通过考察多个国外乡村旅游项目，分析我国乡村旅游的特色与不足，提出乡村旅游产品体系的系统概念，并对乡村旅游对我国农村可能产生的影响进行讨论，为乡村旅游的产业发展提供了较有意义的借鉴。

（四）旅游企业管理

旅游企业管理，根据行业主要分为旅行社管理和饭店管理。在旅行社管理方面，2005年各项研究成果主要集中在旅行社规模扩张、产权改革和经营管理上。在旅行社发展方面，陈永旭从我国旅游业的发展模式出发，描述了三大旅游板块和旅行社跨国经营形式的对应关系，分析了旅行社发展现状，对实行跨国经营提出具体建议。朱明远等在分析我国旅行社面临的困境基础上，提出了发展旅行社连锁经营的基本对策，认为连锁经营是发达国家的一种成熟先进的经营业态，旅行社发展连锁经营将是改变目前旅行社行业“小散弱差”的主要方法。在旅行社改革方面，宋振春、马永刚认为，在当前形势下，旅行社民营化有利于发挥市场作用，通过建立合理的进入推出机制，完善企业治理结构，从而提高旅行社运营效率，同时旅行社的规模化应该在充分竞争的市场环境中完成，形成大小共存、行业集中与竞争并存的局面。在旅行社经营管理方面，阳宁东、周幼平运用博弈论建立旅行社市场单一价格模型来模拟出境游市场，并结合零团费问题进行实证分析，指出应从消费者入手，培养理性、成熟的消费群体，加大保护消费者正当权益的力度才是建立有效市场均衡的出路。丁宗胜对我国旅行社品牌经营现状进行了分析，认为我国旅行社普遍存在品牌意识差、品牌经营缺乏研究、品牌经营重点不明等诸多问题，提出树立品牌意识是应对国际旅行社业竞争的唯一出路。此外，对导游员管理问题，刘辛田认为，导游职业的定位存在偏差，以“回扣”为主的导游薪金制度是导致导游队伍不稳定、服务质量难如人意等诸多问题的关键，并提出了改革导游薪金制度的具体建议。冯耕耘则认为职业倦怠是导游服务质量不稳定的主要原因，应从导游员自身和旅行社两方面入手消解其职业倦怠。

在饭店管理方面，2005年的研究成果主要集中体现在饭店并购和营销、饭店产品设计创新方面。具体来看，在饭店并购方面，郑辉认为，基于行业成长性特点和自身经营实力的考虑，国内饭店企业比较适合横向并购模式，而目标饭店的选择、品牌结构的选择和文化整合是实施并购过程中需要考虑的重点。吴三忙、游富相对转轨时期国有饭店的推出途径进行了论证，比较分析了体制内主动退出和体制外被动推出两种路径，认为国有饭店体制外主动退出更具现实可行性。关于饭店产品设计，王佳欣、王妙通过介绍体验经济时代顾客对饭店产品需求的变化，指出饭店产品需要向体验化转变，才能给饭店业带来新的商机。戴维奇、林巧提出，饭店的开发设计是饭店产品研发的最初阶段，我国长期以来饭店产品存在同质化倾向，不利于满足人们日益上升的消费需求，提出基于体验的饭店开发设计策略是走出同质化的良好途径。在酒店营销和管理方面，张立俭、孙英杰在对饭店网站分类的基础上，对其特征进行了分析总结，指出我国酒店业在应用网络营销和管理方面存在诸多不完善之处，应当结合国外经验加强改进。黄颖华通过回顾国内外饭店收入管理研究状况，着重对饭店收入管理方法的定价政策、客房存量控制、计算机收入管理系统、收入管理决策、细分市场收入贡献和收入管理绩效评估等六个方面进行了系统分析，对目前的研究进展和发展趋势进行了评述，对我国旅游饭店业应用收入管理提出了建议。

此外，随着《2004 年—2010 年全国红色旅游发展规划纲要》的出台与实施，尤其是结合当前开展的共产党员先进性教育活动，红色旅游成为 2005 年最火爆的旅游项目。对此，李盛霖提出了《统一思想 扎实工作 推进红色旅游全面发展》，要求利用这一独具特色的旅游活动，进行先进文化的熏陶和教育，更好地推动了旅游经济的发展。

除了红色旅游，生态旅游亦是各界关注的重点。方怀龙在分析了国内外大量生态旅游研究资料的基础上，对生态旅游资源的定义、特点、分类和评价等问题作了系统归纳，认为开展生态旅游资源研究将成为今后生态旅游系统理论研究的重点，关注生态旅游资源的脆弱性，加强对生态旅游区环境容量的研究，对该旅游区永续开展生态旅游更为重要。喇明清则对国际标准事业中的生态旅游进行了阐述，通过对国际生态旅游的概念、生态旅游标准的原则、生态旅游产品认证的介绍，提出我国在生态旅游中存在的两个主要问题，即对生态旅游的认识存在误区和生态旅游实践缺乏规范管理，明确指出我国应借鉴国际标准，引领中国旅游业走向可持续发展之路。段钢对两种理论模式在我国生态旅游开发中的应用进行了思考，指出在我国发展循环经济是与可持续发展的目标相统一的，建议将持续改进模式应用于生态旅游（景区）的开发建设及其运行和管理中，使旅游开发成为一个循环往复、不断优化的过程。

工业旅游、海滨度假旅游、自驾车旅游方面的研究也有一些代表性成果。彭新沙对我国工业旅游发展的现状和存在的问题进行了剖析，提出发展工业旅游首先应弄清所需具备的基本条件，然后进一步细分市场，丰富旅游产品内容，提高专业化服务水平，最后应把工业旅游纳入企业品牌发展战略中。周霄、夏沫对我国海滨度假旅游的现状特点和发展趋势进行了分析，并在此基础上提出旨在促进海滨度假旅游可持续发展的若干对策，包括优化结构、适应市场需求，明确主体、营造景区特色，挖掘文化、丰富产品内涵以及注重生态、强调可持续发展等。王婉飞等对我国自驾车旅游发展现状进行分析，指出自驾车旅游发展中存在的问题，并提出应加快基础设施建设、加强自驾车旅游者的安全保障、加快汽车旅馆建设等对策和建议。

六、信息服务与电子商务学科研究状况

（一）关于电子商务经营模式的研究

国家商务部推出的《中国电子商务报告（2004—2005 年）》认为，据不完全统计，2005 年我国电子商务交易额达 7400 亿元，比上年增长 50%；网上购物用户数量达 2200 万户，比上年增加 600 万户，我国电子商务正处在不断普及和发展时期。目前我国上网用户总数超过 1.1 亿人，其中宽带上网人数超过 6400 万人；网民人数世界第二；上网计算机近 5000 万台；全国网站超过 70 万个，电子商务的网络基础更加坚实。

1. B2B 经营模式

根据艾瑞市场咨询发布的《2004 年中国 B2B 电子商务研究报告》数据显示，截至 2004 年底中国有过网上 B2B 交易行为的企业数量已经达到 135 万家，增长率为 12.6%。预计到 2007 年这一数字将会达到约 198 万，年增长率将保持在 13.5% 左右。报告数据显示，2004 年中国的企业数量已达到 2200 多万家，由于中国宏观经济政策等促进因素，预计到 2007 年中国企业数量将会达到 2640 万家左右，其中包含了个体工商业户的企业。

2005 年 3 月 31 日出版的美国《福布斯》杂志刊登标题为《淘宝反击 eBay》的文章，文章分析了目前中国电子商务市场的竞争局面。文章称，阿里巴巴已经成长为全球最大的 B2B 网站。当时，阿里巴巴的会员数为 600 多万，专注于进行中国本土及中外贸易。就阿里巴巴网站来看，其基本服务是免费的。它通过 8.5 万名用户收取 250 美元到 1 万美元年费的形式赚钱，它向这些用户提供诸如建立个性化网页等增值服务。马云透露，公司目前基本上实现了每天利润 100 万元这个目标。而在今年春节前后，最高的单天进账额度达到了 2000 万元。尽管如此，马云却表示，比起营业额，他更关心的是用户的续签率。“只有用户肯续签，才说明他真正赚到了钱。”

在 2005 年度的互联网大会上，慧聪网 CEO 郭凡生再度语出惊人：“之前互联网火了三把，第一把是门户，第二把是电子商务，第三把是搜索。前三把火都是美国人告诉中国，告诉全世界怎么做；而第四把火的，将是 B2B，这次很可能是中国人教全世界怎么干。美国不是世界的制造大国，只有世界的制造大国才可以成功发展 B2B，而中国是世界工厂，所以互联网 B2B 的成功应该在中国实现。第四把火就是中国人告诉全世界怎么做!”

对电子商务形态的发展趋势，清华大学的柴跃廷认为，存在着电子商务的基本形态大致上会有三大类，一类叫产业电子商务，是以大型骨干企业为核心的产业链为主要内容的电子商务。像钢铁、石油、家化、家电。另外一种形态是大部分围绕中小企业服务的第三方的电子商务交易和服务。第三是综合消费电子商务，这部分电子商务有的是第三方的形式，有的是第二方的形式，甚至有的是第一方的形式，是多种形式并存。进一步发展的趋势在什么地方？向中间跑。再经过几年的发展，大型企业电子商务平台为它的上下游产业链服务逐渐会从它的产业中分离出来，成为社会上的第三方。不管是什么样的形态，实际上最终会走向专业化的或者说面向行业的、非常有特色的第三方的电子商务交易服务。结论是第三方电子商务交易服务是今后电子商务发展的主流。

2. B2C 经营模式

易观国际《中国 B2C 电子商务市场年度综合报告》研究显示，2005 年，我国 B2C 电子商务市场规模达到 41.3 亿元，比 2004 年增长 32.6%，呈现旺盛的发展势头。B2C 电子商务市场规模的扩大，一方面源于互联网用户数量的增加，使电子商务的用户基础有了明显扩大；另一方面，现有用户对于电子商务的接纳与认可也在逐渐改善。而支付、物流和信用环节的逐步完善，也为 B2C 电子商务的发展提供了越来越好的产业环境。易观国际预计，未来三年内，我国 B2C 电子商务市场规模仍将迅速扩大，以 33.6% 的年均复合增长率保持增长，将在 2008 年达到 98.5 亿。

2005 年 5 月 11 日，当当网李国庆

"单方面"宣布与卓越近一年来的"竞争结果"：继接收8848分流后的客户后，当当又接收了大量卓越的客户。在他看来，这两家一直在掰腕子的个人商务网站的比拼已经告终，用李国庆的说法就是"当初当当没卖给亚马逊，现在也能打败卓越"。"我一直说，在网上零售方面，卓越从来不是我的对手，我大大地超过他。"李国庆说，"但是卓越还有网下的地面销售，还有批发销售，他们的业绩是把那些加起来的。但是亚马逊不做那些，只做网上销售。他们不做那些的时候，销售额就暴露无遗了。"支持李国庆的数据是：过去的两个季度当当的收支基本持平，在亚马逊收购卓越以后，当当的增长速度反而比历年增长的速度都高。当当去年的销售额是1亿1600万元，预计今年的销售额将是去年的2.5倍。李国庆说："这样的增长速度是我们历年来没有过的。"

3. C2C经营模式

中国社科院首度发布的《2005年中国电子商务市场调查报告》显示，2005年中国网民网上购物用户达2200万，比2004年增长38.6%，比例达到71.30%，首次超过亚太地区70%的平均水平。2005年个人电子商务成交额高达135.05亿元，比2004年增长280%。报告预示，在未来五年内，中国将迎来电子商务贸易的一轮高潮。

2005年4月25日，淘宝网公布其2005年第一季度经营业绩，第一季度商品交易金额超过10亿元，稳居国内个人电子商务网站的第一名。据了解，这是国内个人交易电子商务网站单季成交额首次突破10亿元关口。根据淘宝网发布的数据，目前淘宝网注册会员数近600万，网站单日访问量达到6000万，是国内同类网站的3倍。其中，淘宝网在线商品数量更是一举突破700万件，占据了国内个人交易网上市场商品的半壁江山，相当于国内一家大型百货商场商品数目的10倍，而淘宝网第一季度10.2亿元的成交额则已经是北京王府井百货全年销售额的3倍多，相当于4家家乐福门店、6家中国沃尔玛门店的水平。

据了解，在目前发展较成熟的亚洲其他同类网站中，雅虎日本拍卖网站的商品数为500万件，而韩国最大的拍卖网站商品数不到500万件，台湾地区奇摩最高时也只有405万件。淘宝由此一跃成为整个亚洲商品规模最大的网上购物平台。

与之相比，已经并入eBay名下的易趣最新发布的统计数字显示，2004年eBay易趣总交易额超过25亿元，今年第一季度，其注册用户达到1160万，总交易额8.2亿元。2005年初，自eBay宣布投入一亿美元培育中国市场以来，eBay易趣借鉴传统商业推广手段，在不间断地推出电视、户外广告之外，近期还举行了购物送50元、送68元以及"你购物我买单"等活动。4月21日，已经对用户收了3年多费用的eBay易趣正式宣布，5月1日起大规模调整网站物品登录等相关费用，所有的交易物品登录费全部下调，橱窗展示变为免费，普通店铺月租费从50元下调至35元。对于2005年5月1日之前从未在eBay易趣上登录过物品的卖家，还可以在5月至7月的任意一个自然月内最多免费登录5条物品信息。eBay易趣首席运营官郑锡贵表示，国内电子商务今年以来发展势头强劲，买家人数激增，此次调价的目的是为了优化价格结构，进一步降低卖家进入成本。

4. 搜索经营模式

2005年6月，GOOGLE市值一举突破800亿美元大关，仅10个月就一度超越时代华纳，成为全球最具价值媒体公司；百度与纳斯达克联姻，成为中国概念的新成员；国内搜索新秀中搜更是受到网络女皇Mary Meeker赏识，并获得IDG投资；原本从搜索起家，但转业门户许久的海外搜索巨头YAHOO也风风火火推出一搜；新浪这个传统门户的巨鳄紧随搜狐"搜狗"，自行开发搜索技术，推出搜索引擎"爱问"。7月25日，微软发布了一项新的在线本地搜索服务——Virtual Earth，其服务类似于先前Google推出的地图搜索（Google Maps）。目前，这些搜索模式都在全力开发新闻搜索、地图搜索、图片下载，做BBS，做电子商务，推进个性门户服务。

目前，专业信息搜集和检索产业正在经历快速发展的阶段。国内外信息化道路的实践和经验表明，专业信息搜集与检索将延伸到信息流动和信息利用过程中的每个环节，向上发展服务，向下夯实信息基础设施，专业信息搜集与检索将成为中国信息化建设的一个重要的推动力。

通用搜索引擎发源于互联网的普及应用，从最初的网站目录浏览、目录搜索发展到网页全文检索。至今，它结合了全文检索技术和互联网链接分析技术在搜索引擎市场的前台占有主导地位。Google就充分利用了互联网网络地图的特性（即链接分析技术）并取得了巨大的商业成功。目前加入搜索引擎市场的厂商基本上是为互联网大众用户提供网络信息导航服务，采用面向企业推广服务，以竞价排名等为手段的商业模式。总之，通用搜索引擎的主要任务就是提供互联网信息资源的导航服务。

而"专业搜索"的实际含义为专业信息搜集与检索。其中的专业信息特指行业信息或主题信息，专业搜索就是针对专门需要而开发的对特定专业信息进行功能强大的搜集与检索。它的应用重点在于专业化信息服务，它的应用目标是有序地提供精深信息和信息资源的再开发利用。专业搜索以系统服务的方式存在，任何应用系统都可以方便快速地集成专业信息搜集与检索服务，它可以满足不同类型的专门需要，为应用访问者提供性能优异、功能完备的个性化的专业搜索。它的内涵、外延与通用的搜索引擎存在很大差异，但是通用搜索引擎依然可以为专业搜索提供参照系。

炒得火热的"电子商务搜索"，与慧聪网的"行业搜索引擎"不谋而合；行业搜索引擎是专为商人开发的搜索引擎，其原理在于：一般搜索是靠盖特技术，而慧聪的行业搜索引擎采用的是按行业细分的数据库技术，以节省使用者的时间和提高效率，而商人的时间是最宝贵的，准确匹配也至关重要。

5. 博客经营模式

2005年9月16日，全球最大的博客门户网站博客网（www.bokee.com）向外宣布，已成功将"中国黄页"电子商务团队和业务整合到自己的旗下，并将推出最新的博客形式——"企业博客"（www.bokee.net）。"企业博客（bizblog）"的推出，将给传统的电子商务注入全新的商务理念和沟通元素。博客网表示："有了企业博客，电子商务从此将进入2.0时代。"

"企业博客"是商业和博客结合的

产物。随着企业商务信息化沟通的加强，企业需要博客（Blog），电子商务需要博客。“博客网”此次推出的商业博客门户就是为解决企业沟通的需求，包括“企业博客”与“商人博客”服务。企业博客的推出是建立在对电子商务和“博客”的深刻理解和丰富经验上，旨在为企业和商人创建一个开展网上市场活动、建立用户信任、加强互动交流、深化客户服务的“人性化”渠道和平台。

6. 电子支付经营模式

在2005年网上支付高峰论坛上，艾瑞咨询公司发放了国内首份网上支付的研究报告。报告认为，网上支付的市场在最近几年属于快速发展的阶段，2005年网上支付的金额全年将超过60多亿。2004年该公司调查在中国个人行为的网上交易有75亿。整体来看，1997年到2004年是市场形成的阶段，2005年立法开始提上日程，4年以后，整个市场才会趋于成熟。根据艾瑞咨询公司的调查，2004年全年75亿的交易额当中，最大的一块是航空客票，有35亿人民币，占到20%，通过携程或者网上制定机构实现了这块很大的业务。此外还有游戏点卡和网络购物所占比例为17%，教育、网上代收费、数字出版和其他所占比例分别为14.7%、13.3%、5.3%和6.7%。由于未来几年网络购物的迅速发展和电子客票的全面推广，其相应的网上支付金额将显著提高，并逐渐占据网上支付总规模的最大比例。

据了解，年初《电子签名法》的出台和近期《电子支付指引》的推出，特别是中国电子商务环境日益成熟，以及2005年众多IT厂商的纷纷出击，使得电子支付市场不断升温。粗略统计一下，短短一年时间，仅国内的第三方支付平台就不下50家。4月7日，从事多元化电子支付应用及服务的提供商通融通公司推出YeePay电子支付平台，进军国内电子商务支付战场。5月12日，云网正式推出企业级在线支付系统“支付@网”。5月20日，网银在线携手VISA国际组织共同宣布，在中国电子商务在线支付市场推广VISA验证服务信用卡安全支付标准，期望提高在线支付的便捷性和安全性。7月11日，全球最大的在线支付商Paypal宣布落地中国，虽然舍弃了Paypal赖以成名的信用卡划账和多币种跨国交易，但这个起名“贝宝”的第三方支付平台仍然引起了同行的注视和商家的关注。而更有些支付服务商开始着眼于“价格秀”，使整个市场看起来热闹而又显得有些无序。

（二）关于信息外包问题的研究

外包服务是指将企业内部的某些周期性的、反复的活动或者职能通过合约的方式转移给外部服务提供商的过程。在整个转移企业内部活动过程中，生产要素和决策权也会随之转移。从更为广泛的意义上看，外包服务在农业、建筑业、制造业、政府部门等领域早已存在，在信息技术服务业，其外包的历史也可以追溯到“二战”时期，当时为美国联邦政府提供信息技术服务的许多公司，如今已有相当数量转变为国际巨型企业。

纵观全球外包服务的发展趋势，我们认为至少有以下五个方面：

第一，信息技术外包服务成为新的热点。20世纪80年代以来，数据调查公司的研究显示，全球信息技术外包服务1990年只有90亿美元，而到1994年即达到了280亿美元，年均增长速度在25%以上。90年代中期该公司预计到1998年这个市场将增长到370亿美元，比较而言，该公司的数据是保守的。世界著名的研究机构——噶特纳集团1999年测算的结果是，全球信息技术服务的外包业务以16.3%的速度递增，预计2002年全球信息技术外包服务总额达到1200亿美元。而2003年噶特纳集团推出的研究报告认为，公司在信息技术外包服务上的支出2001年已经达到3000亿美元，预计到2008年增长到7000亿美元。有的研究者甚至预计到2010年信息技术的外包服务市场将达到10000亿美元。噶特纳集团认为目前美国和欧洲等发达国家外包出的IT职位比例还不足5%。而到了2015年该比例将增至30%，这将是一个根本性的转变。

第二，印度和中国将成为最大的受惠国。在未来5年内，外包服务迅速增长的势头将导致大量资金从美国和欧洲等发达国家市场流向发展中国家。根据美国情报文献中心的统计，印度的外包服务去年赚取了170亿美元。而中国的外包服务去年只有6000万美元的收益。但是这个数字在飞速增长。情报文献中心指出，2004年，中国大陆的外包服务额增长了50%。到2009年，中国大陆的外包服务收入可以达到47亿美元。瑞士日内瓦霍拉西斯战略咨询公司和美国全球投资风险研究所最近联合推出《2005年全球业务外包研究报告》，认为2005年全球最理想的资讯业务外包的国家依次为印度、中国、哥斯达黎加、捷克共和国和匈牙利。但在今后10年之内，情况将出现变化，中国将取代印度，成为承接高科技服务业务订单最多的国家。中国之后分别是印度、美国、巴西和俄罗斯。

第三，业务流程外包成为未来的主流方式。根据联合国贸发组织的研究，从1999年以来，全球业务流程外包多年增长率平均为23%，成为外包服务中增长最快的业务，2004年全球业务流程外包服务市场总收入达到3000亿美元，2008年将增长到6825亿美元。以印度最近几年为例，印度软件业的收入以每年30%的速度增长，而业务流程外包的收入年增长率达60%。此外，噶特纳多研究报告表明，在2002年只有1%的美国企业愿意将业务流程外包给外国企业，2003年有19%接受业务流程离岸外包服务，2004年已经有一半的美国公司愿意将业务流程外包给外国企业。

第四，外包服务的动机从最初的降低成本逐步过渡到提高核心竞争力。奎因、多利和帕奎特认为服务方面的技术变化提供了战略上的机遇。外包服务企业在使用最先进的技术和行业标准惯例方面已经有了一些发展。通过外包非战略业务，企业就可以有更多的精力去关注其具有竞争优势的核心业务。同时，外包也可以降低企业规模，使其分级减少，企业可以集中于获利、发展和激发员工创造价值上。这样，企业在管理上就会发生转变，趋于关注战略、协作及促使企业竞争成功的技术上。

根据2002年美国外包研究所对1100家企业的调查，在外包成因上降低成本的确是一个重要因素，但强化公司的核心业务则是最重要的因素。其他外包成因还包括：建立与世界级企业联系的通道、加速再造的收益、降低进入市场的时间等。调查发现，位列第一的外包因素是企业运行无法控制或者失去控制，第二位的因素是强化企业的核心业务，两者占的比重分别为48%和40%。而不同规模的企业对外包因素的考虑也有所偏重。规模最小的企业认为外包的首要因素是强化核心业务的占58%，而认为外包可以节约费用的比例为41%。中等企业的被调查者也认为外包主要是强化了企业的核心业务，而不仅仅是节约费用。只有大企业把节约成本列为首要考虑因素。

莫里斯·格瑞弗将企业外包的成因总结为：组织驱动因素、业绩驱动因素、财务驱动因素、收入驱动因素、成本驱动因素和员工驱动因素等六大类。无论这些因素如何罗列，大家一致认为，外包要解决的决不仅仅是降低成本这个问题，而根本问题还在于强化企业的核心业务。

第五，发包方与承接方将共同获益。起初，人们不但担心制造业工作机会正在减少，而且服务业职位也越来越少。尤其是，信息技术职位外包到印度或者其他低工资的国家，引起了相当的关注。

美国电子电气工程师协会（IEEE）发表的一篇评论认为，离岸外包将给美国的技术领先地位、经济活力和军事安全带来严重的长期挑战。由于离岸外包的加速发展，美国IT产业的失业率在2003年末接近7%。几乎是在同一时间，由美国信息行业协会（ITAA）发起的外包市场调查却得出了完全相反的结论——离岸外包不仅促进了美国GDP的增长，并且有助于创造包括IT部门在内的美国国内就业机会。研究报告称：“虽然离岸IT软件及服务外包已经并将继续导致美国国内IT软件和服务岗位流失，但由于经济活力的上升，在IT和非IT行业都创造了大量新的工作机会。”IT离岸外包带来的收益去年给美国带来了336亿美元的真实GDP增加。截至2008年，将带来1242亿美元的真实GDP增加。离岸外包使美国2003年净增了9万多个就业机会，预计至2008年将增加31.7万个就业机会。

麦肯锡研究表明，1美元的美国服务活动外移，全球获益1.47美元，那么净收益就是47美分。在他们的分析中，印度获得33美分，美国获得剩下的1.14美元。这个1.14美元又如何分配呢？重新获得工作的员工拿到47美分，另外出口占5美分，股东和职位外包公司的消费者获得另外的62美分。也就是说，当美国工人们损失他们的利益时，美国的股东和消费者正从中获益。

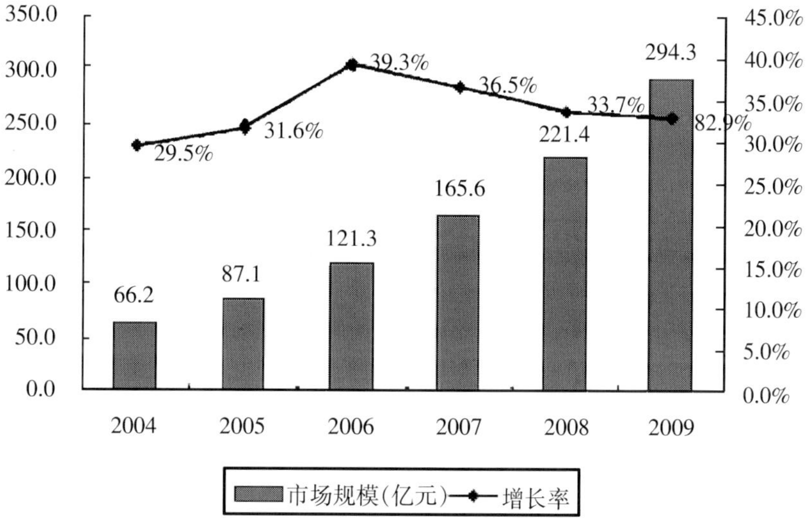

图1　2004—2009年中国软件外包市场规模预测

第六，中国将逐步成为全球一个新的外包基地。易观分析师预测，中国国内软件外包市场将呈现高速增长，预计2009年将达到294.3亿元人民币，2005—2009年的年均复合增长率将达到35.6%。并且，软件外包行业在市场结构方面也将呈现诸多变化。

（三）当前高校电子商务教育现状与面临的问题

当前高校电子商务教育面临的问题，梁春晓认为主要集中在如下3个矛盾上：第一个矛盾是教学资源远远不能满足实际存在的教学需求。除个别院校外，大多数高校的师资、教材都很薄弱，实践机会也不足，是大多数院校面临的一个非常实际的困难。有一组数据：目前有275所高校、近700所职业学院（校）开设电子商务专业，在校学生几十万。回顾过去，许多电子商务教育是在1999、2000年互联网泡沫时代一夜出现的。有的院校甚至没有必要的师资就开始招电子商务专业学生。随着后来互联网泡沫的破灭，这些院校开始陷入比较困难的境地，这是历史形成的一个状况。第二个矛盾是学生就业“供过于求”。有一个统计数据说是截止2004年6月15日，电子商务专业应届毕业生就业率为20%，远低于截至2004年底全国普通高校毕业生的84%的就业率，低得难以令人置信。不过，许多高校电子商务专业就业率确实远低于预期。很多大学生也非常茫然，学了几年甚至不知道将来干什么？这是一个很大的问题。随着毕业生陆续走出学校，这个矛盾会越来越突出。第三个矛盾则正好相反，是大量的企业找不到合适的电子商务人才，很难找到具有实际操作能力，独立推动电子商务的人才。这也是为什么阿里巴巴这样的企业关注与高校的合作，希望与高校一起推动电子商务教育的重要原因。因为他们在为企业服务的时候，经常碰到企业对人才的渴求，而这样的人才又偏偏不是我们高校现在所培养出来的。这里存在一个人才需求与人才培养方向上的错位。

2005年6月30日，商务部副部长廖晓淇和教育部副部长吴启迪出席商务部、教育部联合召开的全国12所高校电子商务研究工作会议。受国家教育部高教司的委托，由西安交通大学主办的第四届全国高校电子商务专业建设联席会议，于2005年8月13—14日在西安召开。会议还就高校电子商务专业师资培养、教材建设、实验室建设、社会实践、高职高专电子商务专业建设问题，分五个专题进行了广泛讨论。

对于电子商务专业师资培养，大家一致认为是电子商务专业建设中非常重要的工作。总体来讲，电子商务师资队伍比较薄弱。尽管调查显示教师的职称结构比较合理，但是教师的学科结构不够合理，许多高学历、高职称的教师是由其他专业转型而来。因此，加强教师的融合是提高教师队伍素质、促进电子商务学科融合的重要途径，这就要在继续加强骨干教师培训和教师进修的基础上，加强旨在促进教师学科知识融合的工作。比如通过鼓励教师参加企业实践，承担纵向科研项目等途径提高教师技术、理论与实践的融合度，通过跨校的访问学者、攻读电子商务专业博士、硕士学位等途径促进教师学科知识的融合度。

对于电子商务专业教材建设，与会者们普遍反映难度很大，适应性比较差。目前应该认真研究教材建设中存在的问题，建立健全机制，处理好教材作者、出版社和学生的利益；建立教材建设立项机制，充分调动教师编写教材的积极性，多出精品教材；教材编写应该体现学科知识的融合性，反映电子商务基础知识、经济管理学科知识和技术训练的基本要求与有机融合；在编写风格上可以百花齐放，有所创新，体现特色。

电子商务专业实验室建设是提高学生实践能力、缩短理论与实践距离的重要途径，大家认为，目前电子商务实验室建设的普遍问题是软硬件建设经费不足，实验项目的实践性不强。为此，需要开拓思路，加强实验室建设项目的论证，争取省部共建基金等专项资金的支持，同时，应该加强实验教学的研究，促进实验教学资源的共享和项目合作。在讨论过程中，西南财经大学张宽海教授、上海理工大学的杨坚争教授、电子商务与电子政务联合实验室秘书长彭丽芳教授分别介绍了电子商务支付与结算实验室、ELP电子商务试验平台的特点、联合实验室的运行机制。

对于电子商务专业社会实践，与会者普遍认为这是电子商务学生素质培养的重要环节。在讨论中，刘军教授介绍了北京交大电子商务专业社会实践的内容与形式以及保障机制，提出了要将社会实践作为电子商务专业人才培养的重要组成部分，要不断探索社会实践的新形式，加强社会实践基地的建设。代表们普遍认为，应该加强与企业的联系。

对高职高专电子商务专业建设问题的讨论，则是本届联席会议的一个特色话题，也是四届联席会议首次专门讨论这个问题。在这一组，宋文官教授就高职高专电子商务专业人才的能力要求、国内外电子商务专业的比较、电子商务师职业标准的修订、电子商务专业教育与职业资格考试的关系、高职高专电子商务专业实训的重点等问题发表了意见，并且推荐了电子商务精品课程的网络资源供大家共享。支芬河教授重点谈了电子商务专业学生应具备的基本素质和电子商务专业学生的发展道路。与会者对上述问题进行了广泛讨论，提出了诸如学生实践能力、动手能力培养等问题。

（杨志勇　赵萍　李蕊　夏杰长　依绍华等）

学术成果·著作

2003—2005中国旅游发展：分析与预测

（张广瑞等　社会科学文献出版社2005年版）

该书由中国社会科学院旅游研究中心组织专家编写，是反映近期我国旅游发展重大问题和最新动态的权威著作。自2000年开始，该书每年编写一本，本书是第四本。该书除了对旅游行业进行宏观分析和预测外，还对影响行业发展和百姓生活的各种具体问题进行讨论，就我国旅游业发展中的各种问题为业内外人士提供权威性的深度分析和全面解读。作为社会科学文献出版社皮书系列中的优秀著作和该社的重点图书，前三本《旅游绿皮书》的出版，取得了良好的社会效应。2005年出版的这本《旅游绿皮书》在基本保持前三本风格和体例的基础上，在选题上和形式上都有所创新。与往年相比，有三个明显的不同：其一是增加了十大旅游热点问题点评报告，对过去一年我国旅游发展中的重点、焦点、难点和亮点问题进行了梳理，从事件本身、发展背景、综合影响和未来提示等几个角度评选并分析了出境旅游新突破、港澳“自由行”火爆、区域旅游合作掀高潮、“红色旅游”应运而生、“嘉年华”搅动城市旅游、遗产保护与利用之争、外资旅行社进军势猛、经济型饭店蓄势待发、旅游行政管理新变革和旅游集团竞相重组等十个热点问题；其二是在“热点关注篇”中选择了年度性主题，组织不同研究者从各种角度进行分析，围绕这些主题，把大家普遍关注的问题进行集中探讨，力求为读者提供一个更加清楚、更加深刻、更加全面的分析。例如，区域合作问题，虽然不是新课题，但在该年度有了突破性的进展，因此这些来自相关研究领域的学者和实际工作者所作的分析就有了更加实际的意义。再如世界遗产问题，也有两位作者分别从冲突事件和门票价格等角度加以论述；其三是在形式上，采用了导读提要的方式，突出文章中的亮点，便于读者把握文章的重要观点。纵观该书，充分体现了“行业意见领袖”的定位，从不同角度折射出旅游业发展的新变化，是了解中国旅游发展现状和未来趋势不可或缺的重要读本。

［张广瑞，1944 年生，中国社会科学院财政与贸易经济研究所研究员。
通信地址：北京阜外月坛北小街2号（100836）
电子信箱：zhanggr@ vip. sina. com］

比较财政学

（杨志勇　复旦大学出版社2005年版）

该书拓展了传统比较财政学的研究范围，旨在构建新比较财政学的基本框架。该书除导论和结束语外，正文部分共分八章。第二章比较20世纪以来中西财政学的不同发展轨迹，剖析中西财政学的基本异同点。第三章分析不同时期不同国家的公共财政制度和不同财政理论存在的原因。第四章对中西财政的公共选择制度进行了比较分析。第五章比较了不同的公共支出理论，并对各国公共支出规模和结构的演变趋势进行了分析。第六章的重点是社会保障与财政的关系问题，涉及不同的制度比较、财政在社会保障制度改革中的作用、社会保障理论比较等内容。第七章为税收理论比较，涉及税收原则理论比较、税收归宿理论比较和税制选择理论比较。第八章为赤字、公债与财政政策的比较分析。第九章为政府间财政关系的理论与现实的比较分析，涉及财政联邦制理论的比较和中西财政竞争的比较等问题。结束语对比较财政学和财政学的发展趋势进行了展望。

该书特点主要有三：一是注重市场经济条件下不同财政理论的比较分析。二是在中国视角的新比较财政学框架内，分析了中国的一些财政理论和现实问题。三是提供了大量的阅读和参考文献。

［杨志勇，1973 年生，中国社会科学院财政与贸易经济研究所副研究员，中国财政学会理事。专著有《比较财政学》、《财政理论发展纲要：比较视角研究》、《当代财政理论与财政学主流》（合著）。编著的主要教材有《公共经济学》（合作）。译著有斯蒂格利茨的《公共部门经济学》（第3版）等。发表论文20余篇。
通信地址：中国社会科学院财贸所（100836）
电子信箱：zyyang@ cass. org. cn 。］

财政扩张风险与控制

（丛树海　商务印书馆2005年版）

对我国财政风险的研究有利于全面认识我国财政的整体运行情况，并在运用和执行积极财政政策的同时对财政风险给予及时观测，为提高财政政策的有效性和安全性提供理论支撑和政策依据。

该书包括三部分八章。

第一部分为界定研究，主要对财政风险进行定义，分析财政风险的特征和主要表现。

第二部分是实体研究，分别从我国扩张性财政政策运用效应和财政风险表现的各主要方面进行实证分析。

第三部分是探索研究，即对我国财政风险进行预警研究，针对我国财政风险内涵和表现的主要方式，提出预警的思路、方法和指标体系，并在该指标体系的基础上进行模拟实证。

从研究的内容看，该书力求在以下几个方面有所进展。

一是对我国财政扩张的乘数效应研究，完成了理论乘数和实际乘数的研究，得出我国近年来财政扩张的实际乘数偏低、挤出效应不明显的结论。

二是对我国财政扩张的资金依赖问题进行研究，指出未来几年要适当控制国债发行规模。

三是对我国政府财力的系统分析和隐性赤字的风险分析以及政府扩张对国际收支的影响研究。研究表明我国政府实际可支配财力远远大于预算财力，同时各级政府特别是地方政府有相当一部分隐性债务或赤字，这是造成财政风险的现实因素。

四是对财政风险的预警研究，在指数预警方法的基础上，选择若干个预警指标，并对财政风险预警系统建模，确定指标的预警空间和设置财政风险的预警信号。

[丛树海，1959 年生，上海财经大学副校长，教授。著有《财政扩张风险与控制》、《中国财政探索》、《社会保障经济理论》、《中国预算体制重构》（合著）等。主编教材有《财政学原理》、《财政支出学》等。发表论文多篇。
通信地址：上海财经大学（200433）
电子信箱：shhcong@ mail. shufe. edu. cn]

电子商务

（Gary P. Schneider　机械工业出版社 2005 年版）

本书的特点在于：

第一，它是世界范围内广泛采用的电子商务教材。前几版都获得了很大成功，国内的许多高校把它列为核心教材或者参考书。本书适合作为高等院校相关专业的电子商务课程教材，也可供从事电子商务的专业人士参考。

第二，在前一版的基础上，本书详细解释了电子商务的持续演进和发展。为了反映经济变化以及相应的商业的发展，本书重点强调了收益增加和交易成本降低模型，介绍了最近的技术发展，包括在电子商务领域覆盖率不断增长的无线技术。

第三，本书内容丰富，论述严谨，每一章都引入最新的灵活运用技术和真实商业案例来增强教育价值，清晰地介绍了电子商务概念以及不断涌现的新技术，包含及时的内容总结、术语汇总和大量练习题。本书提供在线网络支持，为学习本书的读者提供丰富的在线实例。

[Gary P. Schneider，会计学博士。圣迭戈大学商学院会计信息系副教授。
通信地址：美国加利福尼亚圣迭戈大学商学院]

电子商务自由化与法律

（赵云　北京大学出版社 2005 年版）

本书的特点在于：

第一，对世贸框架下的电子商务的自由化问题进行了介绍和讨论，主要探讨了全球化背景下的电子商务、电子商务及其法律的调整、电信自由化的背景以及电信自由化的经济分析等前沿问题，同时对尚存在的问题作了分析。

第二，对《服务贸易总协定》下的电信服务做了详细介绍，简单回顾了世界贸易组织有关电信问题的谈判，特别是对电信服务在《服务贸易总协定》框架下的自由化问题和电信自由化评估做了重点研究，同时对电信自由化对中国的影响做了客观评估。

第三，本书所选资料较新，所涉及的问题在我国或者说在世界都是一个崭新的重大课题。比如，信息时代知识产权的保护、世界知识产权组织和世界贸易组织关系的协调，以及技术标准与知识产权的关系问题，无论对理论或实务工作均有一定的参考价值。

[赵云，法学博士，现为香港城市大学法律学院助理教授。有诸多作品发表于美国、英国、澳大利亚等国的国际知名刊物。发表学术论文多篇。]

服务经济论

（郑吉昌　中国商务出版社 2005 年版）

郑吉昌教授的专著《服务经济论》，是国内第一部系统研究服务经济的学术著作，是一部反映国内服务经济研究最新成果的力作。这本专著的问世，为构建中国特色的服务经济学作出了开创性的贡献，对推动服务经济学学科的建设和提升中国服务业竞争力具有重大的理论和现实意义。

该书以服务业与社会分工互动关系为理论框架，对服务业与产业结构、制造业、产业集群、城市化之间的关系进行了深入细致的分析；从经济全球化的视角分析了服务业国际化与产业整合、服务贸易市场整合；从服务创新的角度分析了服务增殖与价值创新的内在关联，构建了服务创新模型。该书结合中国服务业发展的结构特征、发展动因，探讨了服务业国际化背景下的中国服务业发展的一系列基本问题。全书结构严谨，逻辑缜密，构建了中国特色的服务经济学理论体系的基本框架。主要理论创新有：

第一，以服务业在分工经济中的整合作用为分析框架，对服务业发展与社会分工的演进作了系统考察，确立了服务经济学研究对象，从而构建了服务经济学的理论框架。作者认为，服务业是社会分工发展的结果，分工促进了服务业的发展，提高了劳动生产率和国际竞争力；另一方面，服务业的发展又是分工深化和扩展的前提与条件。一个国家社会生产力的长远发展，一个企业国际竞争力的普遍增强，现代服务业作为国民经济的基础设施部门，已经构成某种特定的具有战略意义的决定性因素。

第二，拓展和深化了服务经济研究的领域，对服务业与制造业、服务业与产业群、服务业与城市化等基本问题进行了深入的探讨，丰富了服务经济学的内涵。该书从服务业的产业关联机制角度，深入地探讨了上述各组经济因素之间的互动关系。作者认为，服务业已经成为制约或促进工业发展的重要因素；服务要素是产业群重要的竞争优势要素之一；城市化是服务业发展并实现产业结构升级的推进器。

第三，从“大经贸”角度论证服务贸易与货物贸易的协同发展，拓展了外贸经济理论的内涵和外延。从服务贸易不同于货物贸易的特征探讨了影响服务贸易国际竞争力的因素，构建了服务贸易竞争优势模型。该书从服务的特征、功能和类型等方面出发，讨论决定服务贸易的比较优势，构建了服务贸易竞争优势模型。

第四，从当代国际产业转移的新特点出发，探讨了服务业国际化的技术扩散机制和制度扩散机制，探讨了服务业在全球产业与市场整合中的作用。服务业国际化已经超越一国经济的界限，通过技术扩散机制和制度扩散机制，在全球产业与市场整合中发挥着越来越大的作用，日益成为经济全球化的“黏合剂”。

第五，系统地探讨了产品服务增殖的兴起和对现代制造企业的重要性，扩展了服务增殖理论。

［郑吉昌，1962 年生，浙江树人大学副校长，中国服务经济研究中心（CCSE）主任，教授。出版《服务经济论》《服务业、服务贸易与区域竞争力》等著作 8 部，在国内外重要学术刊物发表服务经济论文 100 余篇。
通信地址：浙江省杭州市舟山东路 19 号（310015）
电子信箱：zhengjc62@ yahoo. com. cn］

流通与流通生产力研究

（魏农建　上海大学出版社 2005 年版）

流通生产力研究作为对流通产业在新世纪创造财富价值基础的研究，开创了流通研究的新视角。流通生产力是推动流通发展的基本力量，其理论渊源内含于流通的经济思想。流通的存在与发展为流通生产力的凸现提供了现实的可能性，流通地位的不断提升创造和提供了流通生产力探究的空间和价值。近一两年来，国内学者非常关注流通地位的研究，但是对于流通生产力的研究者却只有寥寥数人，这本《流通与流通生产力研究》是其中比较有代表性的著作。该书对流通生产力进行了全方位的分析，提出了一系列新概念、新命题和新判断，对于研究中国流通产业具有较大的帮助。

本书具有以下几个特点：第一，内容涵盖范围广。全书共分为 9 章，全面论述了流通生产力的内涵和结构、流通产业、流通企业、流通信息、流通管理效率化、现代物流与流通生产力和国际竞争力，内容涉及到流通产业的商流、物流、信息流等各个方面。第二，理论上的全面性。该书全面回顾了流通生产力的历史渊源，不仅阐述了古典经济学的流通理论，而且介绍了马克思主义的流通理论和现在西方流通理论，对于理论文献的总结非常全面。第三，自成体系。该书不仅提出了流通生产力的内涵，而且构建了流通生产力的结构。该书在理论上自成一派，突破了长期以来对流通生产力研究概念不清、各说各事的局面。第四，对于流通微观主体即流通企业的界定是该书的一个亮点。该书提出了流通企业是流通生产力的基础这一观点，并界定了流通企业的形式、规模边界和流通企业竞争力与流通生产力的关系，对于研究流通问题奠定了比较坚实的微观基础。

[魏农建，1955 年生，经济学博士，现为上海大学教授、硕士生导师，全国高校价格理论与教学研究会副会长。出版（独立）著作和教材 4 部，在核心期刊发表论文 40 余篇。]

旅行社管理（第 2 版）

（戴斌　杜江　高等教育出版社 2005 年版）

该书于 2002 年出了第 1 版后，被越来越多的旅游院校选作核心课程教材，也得到了师生和读者的肯定。第 2 版在保持旅行服务业职业经理人素质和知识培养的总体目标及其逻辑展开过程的基础上，主要特点包括：第一，在更加突出旅行社产业和企业特征的基础上，在逻辑框架上把全书调整为基础篇、微观篇、宏观篇和趋势篇四大部分。第二，补充了最新的案例和数据。其中不少内容来自于作者在专题研究过程中所做的实地调查。第三，结合市场和产业发展的现状，对旅行社和旅行社产品的定义进行了扩展，抓住“空间移动”这一研究对象的本质规定，使理论更加贴近现实。第四，重点调整了部分章节的结构和内容，以使其更加符合中国旅行社运作的实际，更加适应旅游管理本科专业师生的课堂教学需要。

与该书配套发行的教堂课件光盘版，共同构成了旅游管理专业领域具有广泛发行量的教材体系。

[戴斌，1967 年生，北京第二外国语学院旅游管理学院教授。

通信地址：北京第二外国语学院科研处（100024）

电子信箱：daibin@ bisu. edu. cn

杜江简介缺。]

现代流通与内外贸一体化

（陈文玲　中国经济出版社 2005 年版）

《现代流通与内外贸一体化》一书把中国的流通放在世界流通体系中进行研究，把现代流通放在整个社会再生产过程中进行研究，对全球现代流通发展趋势进行了梳理和理论概括。该书系统地研究并概括了世界上发达国家和地区现代流通的新型管理体制，提出了加快我国发展现代流通的重要性和使现代流通成为国民经济的先导性产业的理论。该书对研究现代流通，推进现代流通进程，更快地提高我国的流通竞争力，使流通竞争力成为我国综合国力的重要组成部分，将起到重要推动作用。

本书主要有两个特点：第一，理论性强。本书回顾了现代流通理论与实践的发展及新型流通管理体制，提出了现代流通发展趋势及其理论内涵，即现代流通发展的趋势及其特点、现代流通发展的理论内涵，以及现代流通体系的主要表现形式，理论方面的总结与梳理非常全面、深刻。本书对国外现代流通新型管理体制及其经验进行了较系统的概述，详细介绍了美国、日本等国家政府管理流通的体制和特点，以及欧盟流通圈的形成及其组织构架，并在此基础上提出了发展我国现代流通发展的建议。是国内首部研究内外贸一体化与现代流通的学术著作。第二，现实性强。该书提出了中国流通方式与手段发展的总体分析与建议。在深入分析中国流通方式与手段以及加入 WTO 后中国流通方式与手段发展的基础上，该书提出了加入 WTO 后，中国现代流通方式与手段发展的选择以及推进中国现代流通方式与手段的建议。

[陈文玲，国务院研究室综合司副司长、研究员、经济学博士。参与了 1999—2003 年度中央经济工作会议文件、《政府工作报告》和国务院一些重要文件的起草工作。发表了《对发展我国物流产业的调查与思考》、《关于构建社会信用体系基本框架研究报告》。]

信息服务与经营模式

（荆林波　经济科学出版社 2005 年版）

该书是作者近年来对国内外考察研究的主要成果。其特点主要有三个：

第一，在研究主题上，紧紧围绕当前国际上研究的热点问题。比如说，第一章关于信息服务与经济增长的相关性分析，第二章关于全球信息外包服务与“降低成本假说”，第三章关于信息技术对服务业的渗透与影响，这些问题都是当前学术界与实业界乃至政界关注的焦点问题。通过对美国的信息产业、企业的经营模式进行较为广泛地学习与研究，作者对这些问题进行了较为深入地探讨。

第二，在研究选材上，多视角对各种类型的经营模式进行剖析。财贸所课题组曾经在《解读电子商务》一书中，对电子商务的商业模式进行了国内外比较研究。当时的研究主要是探索电子商务的模式选择与转型。本书中，作者不仅仅局限于电子商务领域的经营模式，而且对移动因特网领域的领先者行业技术标准进行了广泛的研究。尤其是行业技术的标准模式在发达国家认识得最早，应用得也最为娴熟，同时它还直接关系国家的竞争能力和经济利益，因此作者在这方面进行了更为深入细致的研究。如今我国面临着要不要发展自己的核心技术，如何构建一个支撑中国制造业的技术体系？这需要国家宏观管理层从国家安全和国家利益角度出发，对目前利益和长远利益、局部利益与整体利益进行协调，制定出长期的发展战略。

第三，在研究方法上，作者试图探索对经营模式进行价值链分析的范式。众所周知，目前国内外还没有一个固定的、成型的研究范式，因此，作者尝试对各种经营模式价值链进行一定的分析。这不仅包括财务状况的点评，而且归纳了其经营模式的成功因素、各自的竞争优势、未来面临的威胁与机遇，以及企业如何应对等等。这里，作者尽量真实再现企业处理各种问题时的做法，评述其功过得失，希望各位能够从中体验创立经营模式的全部过程。

［荆林波，1966 年生，中国社会科学院财贸所研究员，现为中国社会科学院财贸所所长助理，信息服务与电子商务研究室主任，服务经济与餐饮产业中心主任。著有《信息服务与经营模式》、《中国商品期货交割》、《市场营销》、《消费者心理学理论与实践》、《中国企业大并购》等多部著作。2005 年发表 8 篇论文。

通信地址：中国社会科学院财贸所
（100836）

电子信箱：jinglinbo@ sina. com］

中国—东盟自由贸易区建设与我国的经贸策略响应

（黎鹏　接力出版社 2005 年版）

该书是在中国—东盟自由贸易区（以下简称 CAFTA）建设进程日益需要理论指导和实践决策参考的形势下完成的学术专著。其主要内容与学术观点如下：

1. 该书首先从宏观视角及理论层面系统分析探讨了 CAFTA 建设与发展的宏观背景和理论背景。它从世界政治格局与政治因素、世界经济环境大框架以及中国—东盟在世界经济增长中的地位、世界科技环境及其对经贸合作与发展的影响等方面进行“宏观背景”的综合分析；从区域经济一体化理论以及世界经济集团化的现状特点、贸易特征与贸易动力等方面进行“理论背景”的综合分析。该书阐明了整体缓和、一超多强及多极关联与制约的世界总体政治格局，以及中国和东盟政治地位的显著提高是 CAFTA 建设与发展最重要的世界政治背景与坚实基础；已成为“空间经济系统”的全球经济与世界经济集团化（或区域经济一体化）是 CAFTA 建设与发展最重要的世界经济背景与基础。

2. 结合 CAFTA 形成与发展的具体实际，深入分析了中国—东盟区域背景及 CAFTA 形成发展的基本历程、CAFTA 建设的现状与内容；分析评估了构建 CAFTA 的国际反响、现实基础、将给中国和东盟带来的主要效应、给中国参与

CAFTA 建设经济主体（企业）带来的主要挑战与机遇。在此基础上，该书一方面提出了“主导权”与“贸易制度安排”等 CAFTA 建设构想方面的主要观点，另一方面提出了中国—东盟合作与 CAFTA 发展前景方面的主要观点。

3. 重点从经贸策略响应方面展开深入和具有开创性的研究，论述提出了 CAFTA 建设进程中我国经贸策略的诸多有力的响应措施与创新观点：

（1）首次运用地缘经济学理论系统地论述了以地缘经济理论为指导加快中国—东盟边境地带开发的思路与对策，指出了中国—东盟边境地带地缘经济区布局不合理的现实问题及其解决的方法与措施。

（2）提出将“早期收获”计划拓展到产业合作领域的策略，以旅游业为例深入论证了其必要性、可能性与实施操作的具体对策措施。

（3）论证提出了运用要素流动理论与资源禀赋理论相结合指导中国—东盟互补性要素或资源在跨国区域的有序整合的重要观点，并以中国广西与越南为例论述了在跨国区域有序整合的动力机制、有利条件、客观依据与对策途径。

（4）论证指出了我国面向 CAFTA 建设的前沿地区要有正确的对外开放战略选择与贸易口岸的建设，并以广西为例论述了战略选择与口岸建设观点与措施。

（5）基于双边贸易的利弊分析与 CAFTA 建设模式的论述，提出了构筑 CAFTA 的共有信念、处理好中国和东盟国家间在经济上的互补性和竞争性、完善 CAFTA 的合作机制、建立相关制度安排等加强 CAFTA 合作的政策建议。

［黎鹏，1963 年生，广西大学教授，发表学术论著作 70 多篇（部）。
通信地址：广西大学（530004）
电子信箱：lp3568@126.com］

中国服务业发展报告 No.4：中国服务业的对外开放与发展

（裴长洪　社会科学文献出版社 2005 年版）

该书认为，20 世纪 90 年代以来，我国服务业出口增速加快，服务出口大大高于同期 GDP 的速度增长，是世界上服务出口增速最快的国家。但从服务净出口占 GDP 比重和服务出口占世界服务出口总额比重来看，我国依然是服务贸易小国，而且服务业出口的行业结构不合理，知识和资本密集型服务贸易行业比重偏低。另一方面，虽然我国服务业吸引外商直接投资的总体水平不高，但入世后外资进入我国服务业领域的力度明显加大，电信、银行、证券、保险、分销等领域尤为显著。服务业吸收外商直接投资正在成为我国经济发达地区经济发展的一个新亮点，电信、银行、证券、保险、分销等是外资进入我国服务业的重点领域。而且，我国服务业的跨国经营有了良好的开端。但总体而言，对外开放不足在一定程度上阻碍了中国服务业发展。

该书在对中国服务业对外开放的基本格局进行实证分析的基础上，提出了我国服务业对外开放的战略思路：（1）充分利用《服务贸易总协定》条款中的灵活性，处理好对外开放与适度保护的关系，尽量避免服务市场开放的冲击；（2）继续发挥传统服务业的优势，大力发展现代服务业，以提升我国服务业的国际竞争力；（3）为服务业的发展创造良好的体制环境，促进服务产业市场化和国际化；（4）充分发挥财税政策的作用，支持服务业的发展与开放；（5）积极承接国际服务业转移，扩大对外开放；（6）实施“走出去”战略，努力推进我国服务企业国际化经营。

该书除从宏观上分析研究了中国服务业对外开放的基本格局、路径选择与战略思路外；集中研究了中国金融服务业、房地产业、流通产业、教育服务业、科技服务业、文化服务业、医疗卫生服务业、信息服务业、电信业、旅游业、餐饮业等重点服务行业的对外开放问题；分析并提出了这些服务行业对外开放的国际经验及面临的机遇、挑战与对策。另外，《报告》还从“多边贸易体系下服务业的开放”和“中国服务业吸引 FDI 分析”等方面进行了深入的专题性研究。

［裴长洪，1954 年生，经济学博士，中国社会科学院财政与贸易经济研究所所长、研究员、研究生院博士生导师。2005 年发表的主要论文有《我国对外贸易发展：挑战、机遇与对策》、《论中国进入利用外资新阶段——“十一五”时期利用外资的战略思路》、《用科学发展观丰富利用外资的理论与实践》、《外贸增长方式的思路》等等。
通信地址：中国社会科学院财政与贸易经济研究所（100836）
电子信箱：peichhcass739@yahoo.com.cn］

中国信息化人才战略研究报告

（潘晨光 何德旭 中国财政经济出版社2005年版）

本书为国家信息中心委托课题的研究成果，该书的特点在于：

第一，对中国的信息化人才做了一个整体分析。随着我国IT产业的迅猛发展，以及IT应用领域的不断扩大，对IT设计开发人员、IT实施人员、IT维护服务人员的需求不断增加，对IT人才的需求也日趋规模化和专业化。而我国IT人才在总量、知识结构、专业化等方面与行业的需求相比还存在着很大的差距。本书在考察我国IT产业人才状况时，主要是从IT产业人才总量、人才结构以及人才配置情况等方面来进行分析。通过对此进行考察分析，以期对我国IT产业人才的总体状况有一个深入的了解。

第二，对各国的信息化人才状况进行了评述，然后重点通过对两个信息产业代表性国家即美国、印度与中国的比较，以达到明确我国信息化人才在国际比较中的地位与差距的目的，起到抛砖引玉的作用。

第三，对各国信息化人才的培养政策与吸引政策做了比较研究。具体包括美国、英国、法国、德国、加拿大、俄罗斯、澳大利亚、新加坡、印度等国，覆盖范围广泛，涉及的国家多。作者查阅了大量的国外文献，对中国构建信息化人才战略具有重要的借鉴作用。

第四，对国内外的软件培训与教育机构进行分析介绍。这一部分的归纳总结，可以帮助国内的培训与教育机构全面了解信息化人才的培养方式与教学内容。必须意识到：作为一个发展中国家，中国必须把信息化人才的培育作为长期战略来抓，否则，自主创新就是一句口号、一句空话。

[潘晨光，1954年生，哲学博士，管理学博士后，现任中国社会科学院人事教育局副局长，研究员。科研成果：主编《中国博士后学术报告》、《社会科学前沿问题思考》、《中国人才发展报告》、《中国人才前沿》第1—2卷、《全球框架下的中国经济学》。

通信地址：中国社会科学院人事教育局（100732）

电子信箱：pcg－cass@ vip. sina. com

何德旭简介缺。]

学术成果·论文

本土流通业竞争力评估

（张传忠 《商业时代》2005年第2期）

《本土流通产业竞争力评估》一文最大的贡献在于提出了“本土流通业竞争力”的概念，即本土流通业竞争力是从当代经济全球化的背景角度，对本土流通业在国际竞争、产业竞争中的优胜地位及其提升潜力所进行的评估和反思。本文提出了决定“本土流通业竞争力”概念的陈述对象、陈述内涵以及陈述特征的三个基本要素：第一，限定的对象。这个概念有特定的经济结构背景，着重用于描述中国的流通业的发展水平与功能强度。第二，比较的角度。“竞争”意味着比较，“本土流通业”是参与比较的主体，“竞争力”是比较的内容。第三，综合的测评。竞争力是一个综合指标，需要根据流通业本身的规模、结构、功能、成长性和发展力等各个方面的数据来进行综合评判。

本文借鉴产业组织理论，并结合流通业的特点，提出了构成本土流通业竞争力的因素，本土流通业对社会经济系统的功能适应性、能量扩张性、市场集中性、业绩增长性、管理科学性以及技术创新性等六大方面。在此基础上，本文提出了对本土流通产业竞争力评估的个体和总体依据。所谓个体层次的评估依据，是指利用个别流通企业的资料可以评估单个企业的竞争力。在此基础上，将个别企业的竞争力加以综合，就得到本土流通业竞争力的评估结论。个体层次评估是评估本土流通业竞争力的一项重要的基础工作，能够揭示本土流通业竞争力的深层次影响因素。依据本土流通业的总体表现资料来评估本土流通业的竞争力，是对个体层次评估的必要补充和整合。根据这些资料可以进行总体层次的评估，并与竞争对手进行比较，从而判断本土流通业的经济功能和生命能量在市场上是否处于优胜地位。分析和评估本土流通业的竞争力，就是为了科学地制定本土流通业发展战略和政策，以便有的放矢地采取有效措施来发挥和强化本土流通业的经济功能和生命能量，提升其市场竞争力。

［张传忠，1956 年生，经济学博士，暨南大学商学系教授。发表学术论文 60 多篇，出版著作和教材 11 部。
通信地址：暨南大学商学院（510632）］

电子商务条件下的关税理论和政策研究

（史达　朱荣　《财贸经济》2005 年第 9 期）

史达

首先，作者讨论了电子商务对关税的挑战，分析了何种电子商务的运作形式会对关税的征收产生影响。电子商务的出现对关税的征收产生了多方面的影响，主要体现在以下四个方面：交易地点难以确定；海关难以获得全面准确的交易信息和文件；传统的常设机构标准难以适用；税收管辖权面临冲击。

然后，作者详细介绍了 WTO 成员对电子商务归类的不同看法和理由，并讨论了美国为什么提倡电子商务零关税的原因。美国是电子商务应用最早、普及率最高的国家。到目前为止，美国已颁布了一系列有关电子商务的税收法规，其主要内容是：免征通过互联网交易的无形产品（如电子出版物、软件等）的关税；暂不征收（或称为延期征收）国内“网络进入税”。美国一直主张永久性地对电子商务禁止征收关税。从表面上看，美国以“对电子商务征税会阻碍这一新兴事物的发展”为理由主张电子商务零关税政策，但事实上，美国政府和企业的真实目的是要通过零关税政策进行全球电子贸易扩张，因为目前在世界上从事电子商务活动的公司中美国企业占绝大多数和主要份额。值得注意的是，美国作为电子商务最为发达的国家，在世贸组织的部长级会议的筹备过程中并没有特别突出地强调电子商务并极力推动开展有关电子商务多边规则的谈判。但是，美国在电子商务问题上利益不会因此而受到影响。

最后，作者就电子商务关税中最核心的关税征收的基本原则和具体实施的技术平台这两个问题进行了探讨。电子商务关税应如何面对公平原则悖论呢？一种比较好的方法是“发展优先，兼顾公平”。事实上，对电子商务征收关税已经纳入各国管理部门的政策研究与制定中，问题在于何时征收、如何征收以及征收多少。既要发展又要纳税，既要扶持又要征税，电子商务企业与税收部门在这一点上，认识应当是相同的。电子商务关税政策的基本原则应遵循以下三条：其一，电子商务关税的征收不能扭曲或阻碍国际贸易自由化，应遵循 WTO 的贸易规则；其二，电子商务关税的征收应当透明，而且应简单易行，以降低买卖双方的交易成本；其三，电子商务关税的征收应与现行国际税收、国内税收体系的基本原则相一致，应避免与现行政策相抵触的税收管辖权和双重征税问题。

［史达，1973 年生，博士，东北财经大学电子商务学院副院长、副教授。代表性科研成果：（1）教材：《电子商务与网络经济》、《电子商务与网络经济》、《网络安全》。（2）译著：《网络时代的忠诚营销》等。
通信地址：东北财经大学电子商务学院（116025）
电子信箱：shida@ dufe. edu. cn
朱荣简介缺。］

对西方最优税收理论之实践价值的质疑

（杨斌　《管理世界》2005 年第 8 期）

改革开放以后特别是近几年伴随西方经济学全面引进到我国，西方税收理论包括其中最优税收理论在我国也得到系统的介绍。纵观文献，我国多数学者对西方最优税收理论的研究存在一些值得注意的现象。

第一，很少从原著把握这一理论的基本内容和精神实质，大多数学者根据词典、教科书进行转述，不免在转述过程中使理论失真。第二，仅仅从正面接受这一理论，没有能了解并反映西方学者对这一理论的批评性论述，更不能从理论的假定前提出发，弄清这一理论的特殊性、非普遍性，而是简单地将西方最优税收理论的结论作为普遍原理加以接受，急于从中得出“启示”，应用于我国的税制设计，不免误导。第三，不少文献将最优税收理论翻译成优化税收理论或优化税制理论，并且不顾其固有的研究对象和严格的内容和体系，望文生义，人为地将其外延扩大。第四，误读、误解、误导现象时有发生。第五，高估了西方最优税收理论的应用价值和指导意义。

最优税收理论“强调的是理论的精确性而不是公平课税论所主张的实际操作性”，最优税收理论“在近几十年来对官方的政策建议没有显著影响”。最优税收理论没有充分认识到信息和行政问题，注重数学化地求解复杂程度不同的约束最优化方程，完全忽视了作出决定的过程，最优解仅仅是纯粹的数学函数的最大值，这些最优解在现实生活中不一定是最优的。因此，最优税收理论离实际应用还差得很远。许多西方著名的税务财政专家更是认为，对发展中国家来说，最优税收理论具有更少的实践指导意义。

西方最优税收理论与所有的理论一样，其学术意义在于，发现了人们传统思维以外的观点，纠正了某些曾被视为普遍真理的原则，促使人们在进行决策时更加理性，考虑更周全。正确的决策要考虑所有可能出现的情况，根据每一种情况，选择因时制宜、因地制宜、因人制宜的最优方法。

最优税收理论的所有观点和结论，都只是在其严格假定前提下，才是成立的，因此这些理论是解决特殊问题的，而不是处理普遍问题的，同样不能简单地将其中某些结论或观点作为普遍的税制改革原则。政策的实施要充分考虑信息和行政问题，当理论上最优税收的实行所需要的信息获取和行政成本过高时，就没有实施的可行性，最优的但没有实施可行性的税制远不如不是最优的但具有可行性的税制。特别是在我国这种市场经济不发达的社会中，由于信息披露的有限性、经济的市场化货币化程度低、经济发展呈多元化和不平衡局面、正式规则和以面子人情关系为特征的“潜规则”并存，最优税收的假定前提所描述的社会经济特征更是属于稀少和个别现象。因此，最优税收理论的结论作为政策具有更少的可行性。税制改革原则不仅要从理论分析中汲取养分，以便深化对税制公平和效率协调的重点和难点的认识，更要充分考虑税制改革的政治目的、经济发展情况、文化特征和社会机制，从国情中把握主要矛盾和要解决的主要问题，即从中国现阶段实际国情和最大多数人民的最大福利出发进行概括和总结，以推进税制不断完善。

［杨斌，1962年生，福建省闽江学院院长，厦门大学“闽江学者计划”特聘教授、博士生导师。出版《比较税收制度》、《治税的效率和公平》、《国际税收制度规则和管理办法比较研究》、《国际税收》等著作9部。发表论文180余篇。

通信地址：厦门大学财政系（361005）

电子信箱：binyang@ xmu. edu. cn. ］

构建中国公共财政指标体系

（高培勇　《经济参考报》2005年11月19日

中国公共财政建设指标的筛选，起码要符合三个基本条件：第一，所选取的指标要有扎实的理论基础，可以准确地体现公共财政的基本特征；第二，所选取的指标要具有现实基础，能够清晰地反映中国现阶段非典型市场经济的国情对公共财政建设的要求；第三，所选取的指标要能获得相关数据和技术手段的支持。由此确定的具体原则是：相关性、完整性、重要性、独立性、精确性、可比性、经济性和客观性。

中国的公共财政建设是一个复杂的系统工程，涵盖了财政制度变革和职能调整的方方面面。应按照怎样的逻辑框架和思路来描述、判断中国在非典型市场经济国情约束下的公共财政建设进程呢？满足社会公共需要是公共财政的本质属性。由于社会公共需要是不断发展变动的，在不同国家的不同阶段，公共财政的资源配置、收入分配和经济稳定三大职能的具体内容也存在差异。就经济社会发展阶段来看，中国是一个处于经济转轨过程中的发展中大国，经济转轨、发展中国家、经济社会发展不均衡等因素构成了当前中国公共财政建设的基本环境，并对公共财政职能提出了具有中国特色的具体要求。因此，要全面、系统地描述、判断中国财政的公共化进程，应将公共财政的一般特征与中国当前经济社会发展对财政职能的具体要求结合起来构建指标体系的基本框架。按照这一思路，我们从基础环境、制度框架、运行绩效、开放条件下的公共财政建设四个方面着手，选取了政府干预度、非营利化、收支集中度、财政法治化、财政民主化、分权规范度、均等化、可持续性、绩效改善度、财政国际化这10个指标来构建公共财政建设指标体系。

中国公共财政建设指标体系，至少应当兼具两个方面的功能：一是标识公共财政建设的方向，为公共财政建设导航。另一是刻画公共财政建设的进程，揭示公共财政建设成果。为此，构建公共财政建设指标体系的工作，循着如下的思路而展开：（1）跳出理论纷争，直奔制度设计。（2）避免盲目照搬，立足于中国国情。（3）求同存异，在追溯改革轨迹中归结公共财政本质特征。（4）理论与实践相结合、理想与现实相结合。

公共财政建设指标体系，当然要融入我们对于中国公共财政建设的理想。但是，由计划经济体制下的财政制度走向适应市场经济体制的财政制度，毕竟要从现实起步。描绘符合“惠及十几亿人口更高水平的小康社会”要求的财政制度蓝图，也必须立足于现实国情。只有在深刻地把握现实的基础上，实现理想与现实的结合，才能够切实有效地推进公共财政建设。如此的理想与现实的融合，构成了公共财政建设指标体系的另一个思想基础。

［高培勇，1959 年生，中国社会科学院财政与贸易经济研究所教授、副所长。著有《国债运行机制研究》、《市场化进程中的中国财政运行机制》等，发表论文多篇。
通信地址：中国社会科学院财政与贸易经济研究所
（100836）
电子信箱：gaopy@263.net］

古镇保护与旅游利用良性互动

（刘德谦　《旅游学刊》2005 年第 2 期）

古镇是历史对居民聚居地的选择，是自然环境与人类需要千百年来相互交融的结晶。古镇的保护与利用，也和其他文物古迹的保护与利用一样，和自然生态的保护利用一样，已经成为我们面临的无法绕过的课题，因为古镇是众多遗存单体的有机共生，因此决定了其在人类的遗产财富中往往有着超过其他种类的单体文物或遗址的价值。同时又由于古镇是现代居民实际使用的活文物，所以古镇的保护还必须遵循自身特有的规律。作者认为，在地方保护资金普遍缺乏而文化遗迹又所剩无几的现实中，只有认真地推动古镇保护与旅游利用的良性互动，才是贯彻落实我国文物保护的“保护为主，抢救第一”原则的良策。因此，合理地安排在保护基础上的旅游利用，不仅是保护其他诸多文化遗产的重要选择，也不失为是对古镇保护的多种方式中最佳的一种，或者正是当前对少数幸存的古镇的一种最为及时的抢救。

［刘德谦，1937 年生，北京联合大学旅游学院教授。
通信地址：北京联合大学旅游学院
（100101）
电子信箱：mrliudeqian@sohu.com］

解析中国旅游商品的市场失灵

（曹国新　《经济经纬》2005 年第 2 期）

旅游商品是旅游业最重要的收入和利润来源。中国旅游业中，旅游商品是最为薄弱的环节。该文在微观经济学市场失灵理论的指导下，对中国旅游商品市场中的政府失灵现状作了条分缕析的解剖。文章认为，中国旅游商品的市场失灵大致表现在：旅游资源性形成的公共物品、产权关联引起的外部经济、附加价值不确定带来的信息不充分、不可移动性造成的自然垄断、差异化产生的不完全竞争、旅游行为生成的心理效用、不可抗力潜伏着的投资风险等七个方面。该文的贡献还在于，突破了既往的研究把眼光只盯住旅游商品本身的局限性，而集中关注旅游商品所具有的实用性、纪念性、礼品性、审美性和文化含量高、工艺性强、有纪念意义等客观属性的研究路径，将视野扩展到了产业经济的层次。

［曹国新，1971 年生，江西财经大学旅游学院讲师，旅游管理系副主任。
通信地址：江西省南昌市江西财经大学旅游学院（330013）
联系电话：0791－3816438
13870997021
电子信箱：guoxin.c@163.com］

零售业理论研究危机的分析

（赵萍 《财贸经济》2005年第11期）

本文最大的贡献在于对零售业理论进行了全面的回顾与评价。本文不仅立足于中国零售研究的现状，而且站在世界零售研究的前沿，提出了目前零售研究存在的四个最主要问题：一是零售业研究领域还没有一套普遍接受的基础理论体系。尽管国内外学者对零售业的研究如火如荼，但是零售理论的研究并没有得到足够的重视，对于零售业的基本理论的研究文献少之又少。而且，目前大部分的零售理论都是在美国以及欧洲等发达国家零售业发展的基础上总结出来的，关于转轨国家和发展中国家的零售业研究，只有一些零星的论文，并没有形成系统的理论。二是零售业研究需要一个超理论。超理论是理论的理论或者调查的调查。超理论是指对某一学科的理论、方法进行慎重的评估。它关注概念的可操作性、理论检验的逻辑性、理论的应用、因果关系的本质、预测的过程。简要地说，超理论是调查、分析、描述构建理论的技术、理论本身和理论的应用。目前零售理论都是一些具体的理论，急需一个全面的零售理论更加系统地指导零售实践、零售战略和零售实证研究。三是零售业制度演进理论一叶障目。国内的一些研究学者把制度演进理论当作了零售业的基本理论。其实，仅就零售业的制度演进理论而言，该理论的适用范围比较宽泛，几乎可以应用于任何产业，这些理论没有与零售业紧密地结合起来，很难说这些理论就是专门的零售理论。四是为了更好地研究零售理论，必须对零售业进行准确的定义，没有一个普遍接受的定义，就无法对零售业进行系统的、连续的研究。从目前国外的理论发展和零售业实践来看，人们对零售业的看法可以分成三大类：一种人认为，零售业被认为无需定义，人人都知道零售业是什么；另一种人则走向另一个极端，认为零售业无所不包，因此对零售业下定义没有任何意义；还有一种人认为，零售业就是以固定地点销售为主的商店。如果考虑到零售业的动态特点，上述任何一个零售业的定义都具有背景条件和实践上的依赖性，都不是一个可以广泛适用的定义。零售业研究存在种种问题的原因主要在于：零售业理论基础先天不足，研究领域过于宽泛，零售理论难以得到普遍的认同，零售业的假设命题与实证检验比较难。未来零售业理论研究的突破点在于统一零售业的定义，改善现有研究方法以及拓展现有理论。

[赵萍，1970年生，经济学博士，中国社会科学院财政与贸易经济研究所助理研究员。出版了《市场营销名著解读》、《中国零售银行的理论与实践》等专著，发表论文40余篇。
通信地址：中国社会科学院财贸财政与贸易经济研究所（100836）
电子信箱：zhaop@ cass. org. cn]

旅游企业产权改革实施MBO的探讨

（魏敏 《经济师》2005年第3期）

随着我国加入WTO，旅游企业市场逐渐全面开放和国际化，迎来了空前的发展机遇，但同时也面临着外来强劲对手的激烈挑战。为适应这种经济全球一体化的发展趋势，加快我国旅游企业的产权改革，提高旅游企业接轨国际的市场竞争力，已成为业界关注的焦点。文章引进国外企业产权改革的创新模式，针对我国旅游企业的产权现状，主张推行MBO改革。

MBO作为一种制度创新，既不同于传统企业制度，也不同于现代企业制度，具有不可比拟的优势。MBO能够从制度上有效解决所有权与经营权分离带来的两者目标不一致的问题，降低代理成本，使管理者拥有企业的股权，成为企业所有者，企业业绩与管理者报酬直接挂钩，从而激发管理者的积极性，激励他们致力创新，挖掘企业潜力。特别是国有旅游企业，在没有出售或者流失国有资产情况下，可以转换国有企业的产权性质，转换企业职工的全民身份，让职工走向市场，实现国有资产、员工、总经理以及投资人多赢的局面。通过MBO，企业股权结构得以集中稳定，特别是机构股东的介入，使监督更为有效。而且，通过MBO，企业甩掉缺乏盈利能力或发展后劲不足的分支部分，得以集中资源，深入拓展核心业务，构建企业核心竞争力。实施MBO通常采用“杠杆收购”办法，从企业外部借贷资金收购企业，有利于企业扩大融资，增资扩股。

实施MBO还应注意以下问题：（1）合理界定评估国有资产；（2）加强MBO实施的监督；（3）防止经营层持股过度均衡；（4）经营者持股一定要出钱；（5）经营者持股的比例应达到全部资产的60%—70%；（6）营造MBO的运作

环境。国家及地方政府、旅游企业主管部门应不断完善市场环境、法律环境、金融环境，使MBO成为国有资产从竞争性行业推出的便捷通道。

［魏敏，在湖南对外经济贸易职业学院工作。

通信地址：湖南对外经济贸易职业学院（410114）］

旅游业的就业效应分析

（依绍华 《财贸经济》2005年第5期）

近年来，就业问题一直为各方所关注。旅游业是以旅游活动为中心形成的多个产业边缘组合行业，也是一个交叉产业，涉及旅行社、饭店、交通运输等十几个行业。我国旅游业自改革开放以来迅猛发展，总收入以年均约12%的速度递增，提供了大量工作岗位。最近10年中，旅游业直接或间接吸纳了3500多万人就业。

随着我国全面进入小康社会，居民消费结构升级，对旅游的需求日益普遍。同时，我国旅游资源得天独厚，各类接待设施日臻完善，旅游业还有很大发展潜力，可吸纳更多就业。但是旅游就业有其自身特点和性质，与传统概念下的就业存在差异：（1）许多旅游业工作岗位的工资低于平均工资；（2）许多旅游业工作具有季节性或兼职特点，并且大多集中于低工资部门；（3）就业机会的范围广泛、数量庞大。虽然旅游就业与传统产业创造的就业相比存在一些弱点，但是许多旅游岗位提供的机会是其他产业不具备的，岗位进入门槛较低对非专业人士非常有价值。另一方面，小企业从事旅游业经营，比其他行业获得成功的机会较多。据统计，一些国家的广义旅游业就业人数占总就业人数的比重已达10%。

本文运用剥离系数方法，根据2000年中国统计年鉴中的相应数据，计算我国旅游业直接相关产业收入在产业总产值中所占的比重，在此基础上得出旅游业对全社会和第三产业的直接贡献率并计算出旅游直接相关产业的就业乘数，从而科学地分析旅游业对社会经济和就业的影响。通过分析，本文得出以下结论：

1. 旅游就业是解决当前就业压力的重要途径，尤其能以弹性就业方式解决农村剩余劳动力就业，因而在我国产业发展中具有重要地位。

2. 旅游业本身特性决定旅游就业存在一些弱点：季节性和兼职性导致旅游就业不为发达国家重视；低工资、低技能造成人员流失率高，产业的人力资源整体素质不高，削弱了旅游就业的积极作用。

3. 2000年旅游业对全社会就业的直接贡献率为0.64%，旅游直接就业在第三产业中所占的比例为1.67%，说明旅游业对就业的作用并没有人们普遍认为的那样大。随着社会进步以及产业本身发展，旅游就业人数将会进一步增加。

4. 旅游消费每增加100万元，交通运输业的就业人数增加82.47人；邮电通讯业增加52.22人；餐饮业增加27.83人；社会服务业增加62.18人。这说明，旅游业对直接相关产业的就业带动能力较强。

［依绍华，1970年生，经济学博士，中国社会科学院财政与贸易经济研究所助理研究员。

通信地址：北京阜外月坛北小街2号（100836）

电子信箱：yishaohua@yahoo.com.cn］

论流通产业是基础产业

（黄国雄 《财贸经济》2005年第4期）

本文最大的贡献在于，从理论依据、产业特征和现实表现等方面，系统论述了流通产业是基础产业的新命题，并提出了与此相联系的流通理论的主要创新点。本文认为，我们的时代是商业时代，21世纪是商业时代，这是因为：第一，从社会分工的发展可以发现，21世纪全球将迎来商业全球化、全球商业化的曙光。第二，市场经济本质的表现。市场经济的本质是交换经济，通过交换可以实现社会分工合作和国家之间、地区之间的经济联系。流通是市场经济的内在要求，成为时代的特征。第三，商业原则已经成为经济生活的准则。商业原则是平等互利、等价交换、自由让渡、自愿贸易。第四，市场发展的需要。只重视生产不重视交换，或只重视交换而忽视生产，即使市场发展也只能按算数级数增加。如果生产与交换同时发展，则市场会以几何级数的速度增长。流通产业作为基础产业这一命题的提出，是以三个理论创新为依据的：一是流通产业创造价值，流通是生产性产业，商业劳动是生产性劳动。二是交换与生产的关系。生产的规模和结构，完全取决于流通的深度与广度。三是流通力构成了社会生产力。流通和生产一样重要，流通当事人和生产当事人一样必要。社会生产力是由生产力与流通力组成的，即社会生产力等于生产力乘以流通力。因此，流通产业具有基础产业的全部特征，即：第一，社会化。流通业通过自身的商业活动在全社会范围内为生产和生活提供商品和各种服务，与广大群众建立最广泛、最直接、最密切的经济联系，是一项社会性、全民性的经济活动。第二，贡献率。基础产业首先表现为对国民经济的增长产生基础性的贡献率。随着第三产业在国民经济发展中的比重越来越大，流通业的贡献率也随着增长。第三，就业比。流通业由于点多面广、零星分散、门路多、门槛低、准入容易，发挥着社会就业的基础性作用。第四，关联度是反映基础产业的重要标志。流通制约着生产的起点，也影响着生产的归宿——价值的实现，是生产与生产、生产与消费的中介。第五，不可替代性。这也是基础产业的主要特征。流通产业作为社会分工的产物，它的特定职能是媒介商品交换，提供商业服务，这是任何其他产业所无法取代的职能。因此，流通产业的发展是市场经济运行的基础，是对外交往的基础，是城市的基础，是生活的基础，必须重视流通产业的基础作用。

［黄国雄，1937 年生，中国人民大学贸易经济系教授，博士生导师。主要著作有《商业经济学》、《现代商学通论》等，发表近 200 篇论文。
通信地址：中国人民大学商学院
(1008720)

论旅游规划监理制度的构建

（杨劲松　沈涵　《桂林旅游高等专科学校学报》2005 年第 1 期）

杨劲松

当前旅游规划的质量问题突出。本文从旅游规划编制的根本性质出发，对这一问题重新审视。

一、旅游规划编制的一些性质

1. 信息不对称。

业主与编制方之间的信息不对称非常明显。一方面，业主不可能总在第一时间、第一地点及时获悉旅游规划方工作态度、工作方式等细节。另一方面，旅游规划方借助于自身的专业和组织优势，倾向于采取种种手段偷工减料。

同时，业主缺乏足够的甄别能力，难以对旅游规划单位及其产品的优劣做出适当的评价，很可能将宝贵资源注入到“劣质”规划单位。

2. 利益的多向性。

业主与旅游规划设计单位作为相互独立的个体，利益并不总是一致的。双方都是在约束条件下的效用最大化者，在编制旅游规划中不同的利益取向。

二、建立旅游规划监理制度的分析

当前的旅游规划设计单位资质认定，有它的缺陷：

第一，重点在时点而不是时段。

第二，提供的信息缺乏弹性。

因此，仅资质认定不能解决旅游规划市场中的信息不对称。在这种情况下，可考虑建立旅游规划监理制度。也就是在旅游规划市场上引入旅游规划监理，发挥其信息中介和监督管理作用的制度。

旅游规划监理机构，应该具有独立、专业的双重性质。

旅游规划监理制度，要求业主先选择一家旅游规划监理机构，委托该机构作业主的全权代理。

旅游规划监理制度的实施，将会形成“业主、旅游规划编制机构、旅游规划监理机构”三方的合同关系。业主与旅游规划编制机构的单一委托——代理关系转化成业主与旅游规划编制机构的委托——代理关系和业主与旅游规划监理机构委托——代理关系并存。

业主与旅游规划编制机构是委托——代理关系，与旅游规划监理机构的关系也是委托代理关系。而旅游规划监理机构与旅游规划编制机构之间的关系是所谓“监督被监督——协作关系”。制度的核心是业主应该让渡一部分剩余索取权给监理方，使其获得与其努力监督所带来的收益正相关。如果这个具有激励机制的合同足够完善，业主与旅游规划监理方的利益紧紧绑在一起，逆向选择和道德风险将失去生长的土壤。

三、结语

旅游规划市场中的信息不对称，严重影响了旅游规划的质量水准。通过委托专业的旅游规划监理机构监督规划方的行为，通过具有激励机制的合同，可以解决激励不相容问题，获取如下利益：

第一，缩小业主与旅游规划编制方的信息差距，弱化两者的信息不对称，减少规划方的逆向选择和道德风险。

第二，通过旅游规划监理方相关规划信息的专业化规模化生产，提升旅游规划市场的效率。

［杨劲松，1976 年生，中国社会科学院研究生院 2003 级旅游管理专业博士生。
通信地址：北京市中国社会科学院
(100102)
联系电话：010－64731256　13391935977
电子信箱：smartyjs@126.com

沈涵，1976年生，中国社会科学院研究生院2003级旅游管理专业博士生。

通信地址：北京市中国社会科学院（100102）

联系电话：010-64731243 13341077747

电子信箱：sh719@126.com]

增值税转型改革中的若干思考

（杨之刚　张斌　《税务研究》2005年第8期）

增值税“中性”的特征决定了其不适合作为税收优惠政策使用，应当在东北试点的基础上尽可能快地在全国及所有行业推开。目前存在的分阶段、按照产业或地区序列逐步推开的改革思路，实际上是把增值税转型改革当作税收优惠政策来使用，违背了增值税的“中性”原则。如果人为地设置产业、区域差异，势必导致抵扣链条的复杂和混乱，不仅会扭曲产业结构及其地区布局，还会滋生各种形式的避税、骗税行为，增加税收征管的难度。

杨之刚

增值税转型改革的财政承受能力应当进行具体分析。我们认为，增值税转型改革势在必行，转型对于提高企业的竞争能力，促进经济结构调整、升级，维持经济的持续稳定增长具有重大意义，应当把增收的税收收入优先安排增值税转型改革。

从政府间财政关系的角度看，应当重视转型改革在全国推开后不同地区由于产业结构差异所导致的地方财政减收问题。中央政府有必要提前准备好有针对性的转移支付方案。

在当前的宏观经济形势下，增值税转型改革可以采取若干过渡性措施以便缓解转型改革对经济的负面影响，但不能人为延缓改革。在全社会固定资产投资中，设备工具器具购置投资只占固定资产投资的1/4左右，如果限制抵扣范围，再考虑到增值税的征收范围、小规模纳税人、已有的进口设备免税、外商投资企业采购国产设备退税等因素，增值税转型改革对经济的总体影响有限。

张斌

至于增值税转型改革对劳动就业的影响，我们认为，我国目前正面临着经济结构调整和升级的关键时刻。尽管短期来看，增值税转型可能对劳动就业产生一定的负面影响，但维持低水平的劳动密集型产业发展是不利于经济长期增长的。目前生产型增值税的负面作用已经日益显著，应当尽快进行增值税的转型改革。就业问题的最终解决，需要依靠经济的持续增长。

考虑到增值税转型改革在全国推开后财政的承受能力以及对宏观经济形势的影响，可以在短期内采取过渡性措施以缓解对财政收入和经济运行的过大影响。一是将抵扣限定在新增机器设备的范围内，然后再逐步过渡到全部固定资产；二是在限定抵扣范围的同时，可暂时采用增量环比抵扣。采用这一政策虽然会使增值税转型的政策效应大打折扣，但却能在一定时期内降低改革成本，应将其作为过渡性措施，待时机成熟，尽快将增量抵扣变为全额抵扣。

[杨之刚，1950年生。中国社会科学院财政与贸易经济研究所研究员，财政与税收研究室主任。发表论文多篇。主要代表作有《财政分权与基层公共财政改革》（第一作者）、《中国财税体制的问题和出路》（合著）、《公共财政学：理论与实践》等。

通信地址：中国社会科学院财政与贸易经济研究所（100836）

电子信箱：zgyang586@sohu.com

张斌，经济学博士，现在中国社会科学院财政与贸易经济研究所博士后流动站工作。

通信地址：中国社会科学院财政与贸易经济研究所（100836）

电子信箱：zhangbin73@sohu.com]

质疑外包服务降低成本及引起失业的假说

（荆林波　《经济研究》2005年第1期）

本文从外包服务的一个基本假说——“降低成本假说”入手，从外包服务存在的原因、获得的收益和是否导致核心竞争力丧失等三个方面，进行了深入分析，澄清了对外包服务存在的一些误解。

第一，外包服务不是“新生事物”。从20世纪50年代以来外包就一直存在，且不断发展起来。如今，关于制造业外包的争论最终有了答案，美国经济保持了增长的态势，并没有因为日本汽车制造业的大量渗入而垮掉，这也许可以作为如今信息技术外包服务的一个佐证吧。

第二，美国信息技术外包也非“嫩芽新枝”。20世纪80年代，美国信息技术产业就已经开始向境外转移，如今，美国经济增长速度放慢，失业率增高，促使人们开始对信息技术外包服务持怀疑态度。

在过去的20年间，信息和通讯技术每年为经济合作与发展组织成员国的经济增长贡献0．2到0．5个百分点。特别是，在90年代后半期，信息和通讯技术的贡献率提高到每年0．3到0．9个百分点。很显然，技术进步一方面推动了信息和通讯技术产业的多因素生产效率的增长，从而促使整个经济多因素生产效率广泛增长；另一方面，技术进步也促使通讯设备价格降低，进而资本可以向其他产业更多地投入。信息和通讯技术的“降价效应”并不依赖于信息和通讯技术生产行业的存在，而信息和通讯技术的“扩散效应”则有这种依赖作用。从某种程度上说，信息和通讯技术行业的进步有利于整个经济的多因素生产效率的发展。因此，面对信息技术产业外包有越演越烈之势，美国很自然地将其经济发展缓慢与外包联系起来，但外包其实一直就存在。

第三，信息技术对就业市场具有双重作用。一方面，它对工人具有挤出效应，另一方面，信息技术带动了新产业的发展，增加了全社会的就业需求。从硬件企业到软件企业，从基础设施建设到网络服务提供商、网络内容提供商、网络应用提供商，从企业信息平台服务到网上交易服务，从网络社区到无线交易，各种新的信息服务型企业，无疑吸纳了大量的就业人员。

一个新的迹象是，信息技术人员大量向非信息技术产业转移。以每一季度进行比较为基础，雇佣和解雇行为在信息技术企业和非信息技术企业雇主之间发生了很大的变化。信息技术企业人员的减少几乎达到50%，是非信息技术企业减少数额的近2倍。在2002年第一季度到2003年第一季度之间，信息技术企业解雇的人员为41219个，而非信息技术企业解雇的人员为438924个，这些数据说明，信息技术劳动力趋于平稳化。2002年IT企业将其职位总额从96万个削减到80万个，粗略地估算，每10个信息技术就业人员里有9个被非信息技术企业雇佣，这种非信息技术企业所形成的“替补”效应，似乎预示着新的商业模式支持这种新的雇佣模式。

[见第87页荆林波简介。]

中国物流成本前沿问题考察报告

（宋则　常东亮　《财贸经济》2005年第7、8期连载）

优化经济流程，降低物流成本，加快发展中国现代物流产业，迫切需要有符合自己要求、经得住推敲的物流成本核算体系及其实际数据的支撑。而从国内外的差异和混乱中理出头绪，探索科学实用的物流成本宏观和微观分析框架与核算方法，是实现这一目标的先决条件和基础性工作。

本文从物流成本的分析框架入手，首先讨论了物流成本的概念、分类、特征及影响因素，第一次系统全面地介绍了分析物流成本需要关注的基础理论。文章认为，就当前国内有关物流成本研究的现状而言，最大的困难在于研究范式的缺乏，从而导致物流成本核算范围与口径大小不一，或者概念界定不清，混淆了宏观、中观和微观物流成本的边界。

其次，本文针对不同层次的物流成本核算需要，探讨了物流成本的核算方法。中观物流成本是借助于统计学工具对采集到的微观物流成本数据样本进行分析之后，得到的行业基准值，客观上依赖于众多微观物流成本样本的核算结果。对于微观物流成本来说，常用的统计方法有两个，分别对应于现有的会计核算体系和作业成本会计体系。前者操作简单、易于理解，但是精确度差，无法提供关于成本改善的领域和对象的更多信息；后者理论严谨、数据翔实，不足之处在于核算过程繁琐，对数据采集和会计人员的要求较高。在讨论宏观物流成本计算方法时，本文主要以介绍美、日、欧的成熟理论和成功经验为主。

在本文的第三部分指出，囿于理论研究和统计数据的不足，国内对物流成本的定量分析乏善可陈；略显尴尬的是，一些国际组织和研究机构却对中国的物流成本状况表现出浓厚的兴趣，并作了许多成本测算的尝试。围绕着这些通过不同来源、不同方法获得的数据，就其利弊得失，本文逐一加以点评，为读者正确观察中国物流成本提供了一个客观清晰的视角。

在推进物流成本的理论研究与实践活动之前，还有一些关系到构建中国物流成本核算体系的重大问题需要做出回答。这些问题包括微观物流成本在精确性和适用性之间如何取舍、中观物流成本究竟存在不存在、以及宏观物流成本与GDP在多大程度上相关等。对它们的分析，构成了本文第四部分的内容。

在本文的最后，作者提出了六点促进国内物流成本研究的思路及建议，其中关于尽快统一中国微观物流成本的核算规则和方法，加强对现行国民经济统计信息体系的物流管理数据接口研究，开展对物流成本分行业、分地区、分类别的细化考察，加强物流成本实际状况的国际比较和国际交流，把制造业物流成本作为今后研究的重点等政策建议都饱含珠玑，闪烁着作者智慧的光芒。

［宋则，1951年生，中国社会科学院研究员，中国社会科学院研究生院教授、博士生导师，中国社会科学院财政与贸易经济研究所流通产业研究室主任。发表学术论文、译文、研究报告340余篇，个人学术专著3部，与人合作著作多部。
通信地址：北京市西城区月坛北小街2号（100836）
电子信箱：songze66@ sina. com

常东亮，1975年生，中国社会科学院财政与贸易经济研究所博士生，中国物流学会特约研究员。发表论文数十篇，出版个人译著一部。
通信地址：北京市西城区月坛北小街2号（100836）
电子信箱：chang_ dl@ hotmail. com］

大 事 记

2005年中国财贸学研究大事记

一、宏观政策、服务业

5月30日，由天津市社会科学界联合会、天津商学院、天津港保税区和法国人文科学之家基金会（MSH）共同举办的“中法现代服务业发展论坛”在天津保税区举行。中法著名专家学者、企业家代表和政府各有关部门负责人共150多人出席论坛。中法双方代表围绕现代服务业发展的理论与实践问题，特别是现代服务业的体制创新和机制运营，以及现代金融、保险、信息、旅游、物流等服务业发展对策，现代咨询和中介服务发展方式等诸多问题进行了广泛交流。论坛共收到中法两国专家关于现代服务业领域研究论文80多篇。

7月29—31日，由中国社会科学院财政与贸易经济研究所主办，发现杂志社、财贸经济杂志社和北京国际交流协会联合承办的“中国财富论坛2005”在京举行。全国人大常委会副委员长何鲁丽、全国政协副主席张怀西、全国政协经济委员会主任刘仲藜、全国社会保障基金理事会理事长项怀诚等出席开幕式并发表重要讲话。开幕式后，国务院发展研究中心副主任谢伏瞻、著名经济学家张卓元、国务院研究室宏观司副司长丛明分别作主题报告。来自全国各地的市长、招商局长、企业家、学者等600多位代表出席了论坛。本届论坛以“构建和谐社会中的国民财富”为主题，设立主题报告、中国财富人物分享财富秘笈、中国城市财富机会和城市、企业招商信息发布等板块，以及中国财政金融体制走向、房地产业和新兴服务业等专题论坛。40余名经济学家、企业家和市长等在会上发表了演讲。

11月2日，由国务院发展研究中心产业经济研究部和石家庄人民政府联合主办的“现代服务业发展论坛”在石家庄市举行。国家发改委、中国社会科学院、河北省人民政府以及石家庄人民政府的官员、专家及参加石家庄贸易投资洽谈会的企业负责人与会。会议对现代服务业发展的背景和动因以及如何加速培育和发展现代服务业进行了研讨。

11月8—10日，由中国市长协会、中国国际贸易促进委员会、无锡市人民政府以及美国服务业联盟联合主办的“2005世界城市服务业大会”在中国无锡举行。无锡市市委书记杨卫泽、联合国经济及社会理事会主席穆尼尔·阿克拉穆、联合国安南秘书长顾问丹尼尔·布伦南爵士、江苏省委书记李源潮先后致辞。联合国、APEC、欧洲服务业联盟等国际机构高级官员，国家有关部委领导，国内外城市近百名市长，以及服务业企业代表近500名嘉宾出席会议。大会以“迎接全球城市服务业发展浪潮”为主题，分为城市服务业国际论坛、《2005世界城市服务业——无锡宣言》、城市服务业招商项目洽谈、商务考察等多个板块进行。论坛主要探讨了以下7个专题：（1）市长论坛：服务业的城市结盟战略与国际竞争力；（2）创建宜居城市；（3）现代物流与商贸服务；（4）企业融资上市与金融服务业；（5）城市服务业发展与区域合作；（6）现代旅游业专题；（7）文化创意产业——城市服务业新动力。大会谋求搭建世界城市服务业互动合作平台，开辟世界城市相互学习、合作双赢的国际性渠道，创造现代服务业的国际合作机会。

11月28日，中国商务部、北京市人民政府、经济日报社共同主办的“第二届中国会展经济论坛”在北京国际会议中心开幕。论坛以“体制·政策·秩序”为主题，深入探讨中外会展业的管理体制、政府部门规范会展业发展和会展业推动经济发展，以及会展业和节庆活动的产业化、国际化、标准化和人才教育、法规建设等有关问题，为国内外会展和节庆行业搭建一个展示形象、宣传品牌的交流合作平台。

12月10—11日，由中国发展战略学研究会、中华全国工商业联合会、中国广告主协会、全国机关事务工作协会联合主办的“首届中国现代服务业发展论坛”在国家行政学院（北京）隆重召开。来自全国各地的高级专家以及有关政府、高校、科研院所、大型企业的代表300余人参加了论坛。论坛深入探讨了大力发展现代服务业的重要意义，科技对现代服务业的支撑作用，我国现代服务业的现状及构建、发展、优化现代服务业发展的外部环境，有力运用现代服务业加快发展的客观条件，构建有效、可持续发展的现代服务体系，为落实自主创新方针，建设资源节约型、环境友好型社会，建设创新型国家做出贡献等重要议题。

12月12日，由中国社会科学院主办，财政与贸易经济研究所和国际合作局共同承办，美国密苏里·圣路易斯大学国际研究中心协办的第六届“中国宏观经济运行与政策论坛”在京召开。论坛以“‘十一五’时期经济发展与任务”为主题，从财政政策、货币政策和外贸外资政策等主要方面，探讨了中国未来一段时间内树立和落实科学发展观，促进经济社会全面、协调和可持续发展等社会各界关注的重大课题。来自中国社会科学院、国家税务总局、国务院发展研究中心、商务部政策研究室、中国人民银行研究局、国家税务总局税收科学研究所、财政部财政科学研究所、中国人民大学、美国密苏里·圣路易斯大学、意大利佛罗伦萨大学、日本北海学园大学、日本爱知学院大学、美国驻华大使馆、东忠集团等中外机构的领导和专家学者共100余人出席了论坛。

12月，由中国社会科学院财政与贸易经济研究所裴长洪主编的“财经蓝皮书”——《中国服务业发展报告№4》由社会科学文献出版社出版发行，本报告的研究主题是“中国服务业的对外开放与发展”。《报告》从宏观上分析研究了中国服务业对外开放的基本格局、路径选择与战略思路，还集中研究了中国金融服务业、房地产业、流通产业、教育服务业、科技服务业、文化服务业、医疗卫生服务业、信息服务业、电信业、旅游业、餐饮业等重点服务行业的对外开放问题，分析并提出了这些服务行业对外开放的国际经验及面临的机遇、挑战与对策。

二、财政学

1月9日，由中国社会科学院财政与贸易经济研究所、中国税务杂志社、福建省地方税务局和广东省税务学会等单位联合主办的“税收收入专家分析会2004/2005”在京召开。来自国家税务总局、国家统计局、中央财经领导小组、国务院研究室、中国税务学会、国家税务总局科研所、国务院发展研究中心、北京市国家税务局、福建省地方税务局、广东省税务学会、北京大学法学院、中国人民大学、中国税务杂志社和中国社会科学院等单位的政府官员、专家学者与企业家代表共60余人出席了会议。与会代表对2004年的税收收入状况进行了分析，对2005年的税收收入形势进行了展望，并就税制改革、税收征管等诸多方面进行了深入的探讨与交流，提出了相应的政策建议。

1月11—13日，“中国财政学会2005年年会暨第十六次全国财政理论讨论会”在广东省肇庆市召开。中国财政学会会长王丙乾、副会长刘仲藜、财政部部长金人庆等在会议上作了讲话。经会员代表大会选举产生了第七届常务理事会。会长为王丙乾，副会长为刘仲藜、张少春、傅芝邨、许善达、陆百甫、贾康、何盛明、安体富。秘书长由贾康兼任，副秘书长为苏明、刘尚希、阎坤、王国华、杨灿明。会议公布了中国财政学会“第四届全国优秀财政理论研究成果”评选结果。

6月25日，由国务院发展研究中心主办、中国发展研究基金会承办的“公共管理论坛”在钓鱼台国宾馆举行。北京市市长王岐山同志出席会议并讲话，王梦奎主任出席会议，谢伏瞻、刘世锦副主任分别在开幕式和晚宴上致辞。卢中原、韩俊、丁宁宁、卢迈、侯永志、吕薇、赵树凯、王旭等同志参加会议。

7月，上海财经大学公共政策研究中心主编的《2005中国财政发展报告》由上海财经大学出版社出版。该报告的主题是“公共财政的信息、决策与职责”。第一编分析了2004年中国财政经济运行状况和主要的财政税收政策，并对2005年发展趋势进行了预测和展望。第二编到第四编是公共财政的信息和制度建设的专题讨论。第二编讨论公共财政的统计应该符合怎样的技术规范才能完整地、系统地、及时地、真实地反映公共参与决策过程所需要的信息，并认为用规范的方式记录的信息必须通过各种有效的制度化途径让广大公众知晓，才能在公众参与决策和监督中发挥作用。第三编讨论了如何提高公共财政透明度以及加强决策的民主性问题，着重考虑公共财政决策过程中的制度建设。第四编分析公共财政执行过程中的制度建设，主要包括执行过程中的监督、实施与事后的绩效评估以及问责制度。

10月，由厦门大学公共财政研究中心和厦门大学财政科学研究所主编的《国际财税理论前沿报告2005》由中国财政经济出版社出版。该报告旨在回顾国际公共经济理论学术界的主要研究成果。该报告是以2004年国际公共经济学的主要学报为基础进行编撰的。各篇文章主要针对某一学报而成，既相互联系，又相互独立。同时该报告还从SSRN和美国经济学会的学报上选取公共经济学的有关文章，进行梳理。该报告对2004年中国财政学的发展状况进行了简要的概括，便于中国和西方研究成果的比较。

10月16—18日，“中国财政学会民族地区财政研究专业委员会2005年年会暨第14次全国民族地区财政理论讨论会”在广西自治区桂林市召开。这次年会的主要任务是选举产生本会第五届委员会。理论讨论会的主题是研讨如何构建民族地区的和谐社会。出席这次会议的有来自财政部、国家民族事务委员会、全国13个民族省区的代表，共约80人。

11月17—18日，“2005年中国税务学会年会及全国税收理论研讨会”在河南省郑州市召开。参加会议的有中国税务学会常务理事和有关领导、税收学术研究委员会委员、各地学会及有关财经院校和科研单位负责调研的同志、推荐到大会交流的论文作者等，共计160余人。大会提出了2006年税收调研课题初步意见。一是税收与宏观经济政策问题研究；二是工业反哺农业的税收政策研究；三是改革和完善税收制度的研究；四是完善地方税的研究；五是税收征管改革问题研究。

11月19日，由中国社会科学院财政与贸易经济研究所和财政部财政科学研究所、国家税务总局税收科学研究所联合主办的“中国财税论坛2005”在京召开。来自中国社会科学院、财政部、国家税务总局、国务院研究室、北京市财政局等全国各地财政税收部门的领导和政府官员，以及中国社会科学院财政与贸易经济研究所、财政部财政科学研究所、国家税务总局税收科学研究所、北京大学、厦门大学、中国人民大学、上海财经大学、中南财经政法大学、东北财经大学、江西财经大学等科研院所的专家学者共500余人出席了论坛。财政部部长金人庆、国家税务总局局长谢旭人、中国社会科学院副院长陈佳贵等领导出席论坛并发表重要讲话。国务院研究室副主任江小涓、国家税务总局副局长许善达、财政部部长助理张少春、财政部财政科学研究所所长贾康、中国社会科学院财政与贸易经济研究所副所长高培勇、国家税务总局税收科学研究所副所长靳东升在论坛上做主题演讲。

“中国财税论坛2005”围绕“‘十一五’时期的中国财税改革”这一时代主题，以科学发展观为指导，对我国“十一五”时期的财税体制改革和公共财政制度建设等若干重大课题进行了广泛而深入的探讨。“中国财税论坛2005”共分为五个单元、三个会场进行。在开幕式和主题演讲之后，三个会场分别进行“公共财政建设与宏观经济调控”、“公共预算改革与依法理财”、“税收政策、税制改革与税收征管”等不同单元的交流活动。在“公共财政建设与宏观经济调控”单元，围绕“十一五”时期的财税宏观调控、全面落实科学发展观背景下的公共财政建设、财政体制改革与基层财政建设等主题进行了探讨；在“公共预算改革与依法理财”单元，围绕公共财政框架中的公共预算改革、公共支出管理与依法理财、财税改革的国际化视野等主题进行了探讨；在“税收政策、税制改革与税收征管”单元，围绕构建和谐社会背景下的税收政策、加强税收征管与推进税制改革、农村税费改革与统一城乡税制等重大课题进行了探讨。

11月，中国社会科学院财政与贸易经济研究所高培勇主编的年度报告《中国财政政策报告2005/2006》由中国财政经济出版社出版。该报告的主题是“走向‘共赢’的中国多级财政》，关注了多级政府框架下的中国基层财政困难和区域间公共服务差距问题。

11月24—25日，由中华人民共和国财政部税政司主办，湖北省财政厅和湖北经济学院承办的“2005中国物业税国际研讨会”在武汉召开。来自国际财产税协会、美国林肯土地政策研究中心、香港差饷物业估价署等机构的海外专家和官员以及国务院发展研究中心、中国社会科学院财贸所、财政部科研所、建设部政策研究中心、清华大学、北京大学、武汉大学、中南财经政法大学、湖北经济学院、浙江财经学院等研究机构、高等院校的专家和财政部税政司、国家税务总局及部分省市财政厅（局）、税务局等部门的官员对我国的物业税改革进行了热烈的讨论。联合国开发计划署（UNDP）为本次会议提供了资助。

11月26—27日，第三届两岸四地“地方永续发展——公共管理与绩效评估”学术研讨会在南京审计学院隆重召开。来自我国港、澳、台和内地北京大学、中国人民大学、浙江大学、上海财经大学等高校专家，国家行政学院、中国行政管理学会等研究机构的学者，江苏省国税局、苏州市审计局等税务审计机关的领导参加了本次盛会，共同对我国地方政府管理与绩效评估、公共财政与政府治理等问题，开展了广泛而深入的学术探讨和交流。与会者还就公共管理与绩效评估、公共财政与政府治理、公共管理与政府治理、公共部门绩效管理、公共支出管理、政府机构改革与绩效审计、税制改革、绩效评价、公共政策等方面的问题进行了深入交流与探讨。

11月26—27日，由上海财经大学公共经济与管理学院、江苏省财政厅联合主办的“中国政府采购政策研讨会”在江苏溧阳召开。来自财政部、江苏省财政厅及其部分市财政的领导和政府采购业务部门、预算管理部门，有关高校、中国社科院和媒体的代表约40多人与会。代表们就政府采购的管理体制、部门协调以及政府采购政策的基础、目标、实现方式、宏观政策目标实现手段的选择等问题进行了研讨，财政部门的同志介绍了全国以及江苏政府采购工作的进展、成就以及问题。

12月，高培勇、杨之刚、夏杰长主编的《中国财政经济理论前沿（4）》由社会科学文献出版社出版。该报告注重理论的前沿性和问题的前瞻性，充分反映了当今中国学术界有关财政问题的最新学术研究动向以及理论的发展。尤其是，有关财政学科的研究范围，本书作者已不再局限于传统的财政政策研究，而是把视野进一步扩大到诸如公共物品和公共服务等领域的理论研究。为该书撰稿的著名学者有高培勇、贾康、安体富、丛树海、张馨、夏杰长、龚六堂、张宇燕等。

12月12—13日，由厦门大学经济学院财政系、金融系和厦门大学王亚南经济研究院共同主办的“财政政策、货币政策与经济增长国际研讨会”在厦门大学举行。研讨会包括两场专场演讲会、六场专场报告会，来自美国普林斯顿大学、美国加州大学戴维斯分校、美国康奈尔大学、英国南安普顿大学、加拿大英属不列颠大学、新加坡国立大学、北京大学、中国人民大学、中央财经大学、南开大学、山东大学、复旦大学、上海交通大学、上海财经大学、西南财经大学、中国科学院、国家税务总局、厦门大学等单位的80名国内专家、学者参加了此次盛会。

三、国际经贸

3月7日，北京贸易促进会与美国高特兄弟律师事务所（简称高特）在北京嘉里中心共同举办了“兼并、收购、重组与中国企业在美战略研讨会”，来自我国金融、物流、建筑、IT、能源、矿产、纺织、房地产等行业的企业法律部、投资部代表近50人参加了会议。

4—7月，中国国际贸易学会与广东外语外贸大学联合举办2005“中国外经贸发展与改革”征文，征文的主题是“转变增长方式，促进外经贸可持续发展”。

4月23—24日，中国国际经济关系学会第九次代表大会暨学术研讨会在北京召开。会上听取了中国国际经济关系学会第八届理事会工作报告，修改了《中国国际经济关系学会章程》并选举了中国国际经济关系学会第九届理事会理事、常务理事。

5月，中国国际贸易学会经商务部人教司批准成立了“会议与展览专业委员会”，对会展行业协会组织的迅猛发展提供支持。

6月5日，由上海市对外文化交流协会、上海市外国专家局、启明研究院共同主办，并由上海国际金融研究中心提供学术支持的“启明·诺贝尔财富论坛”在上海浦东香格里拉大酒店举行。诺贝尔经济学奖获得者蒙代尔、普利斯克特和四位世界著名经济学家、国内学者、政府官员及中外企业领导人汇聚一堂，共同就“全球化下的经济和金融发展”这一主题展开了热烈讨论。来自中外学术机构的专家、中外企业领导人和政府官员约300人参加了会议。论坛采用了独特的互动讨论形式，中外专家结合国际先进理论和中国实际，就货币政策趋势及对全球的影响、金融市场与服务行业发展、可持续发展、知识经济和人才强国、经济全球化的挑战和机会等热门话题进行了深入的探讨，引起了业界人士的极大关注与反响。

6月18—20日，中国国际贸易学会在浙江桐乡主办“2005·中国纺织业发展新思维论坛”，论坛的主题是“新契机、新战略、新思维”。商务部、国家发改委、中共中央政策研究室、中国纺织工业协会、中国纺织品进出口商会等部门的领导专家参会并建言献策，共同打造中国纺织服装业新思维。

7月13日，上海国际金融研究中心召开“外滩金融论坛——中国外汇储备安全”研讨会。前英国皇家国际关系研究所中国问题专家、渣打银行资深研究员史蒂芬·格林以及来自上海社科院的专家、上海财经大学的学者等出席了会议。

7月16—17日，由中国国际贸易学会主办的“全国外经贸管理业务报告会”在京举行。商务部世贸司、外贸司、外资司、合作司和海关总署、质检总局、税务总局、五矿化工进出口商会、中国国际贸易学会等司局领导和中层领导出席会议并作报告，就当前外经贸形势及环境变化、对外合作、入世和企业的关系、外经贸企业面临的问题、应对策略等进行了讲解。出席这次会议的有中国石化、中国石油、东方国际、中国港湾、通用技术集团和来自全国各地的各类外经贸企业、三资企业的80多位领导及企业代表。与会者普遍认为中国国际贸易学会搭建企业和这么多国家机关业务部门领导沟通、交流的平台，机会难得，比较满意，并希望以后尽可能多地为企业提供这样的机会。

7月19日，上海国际金融研究中心与上海期交所合作，就“巴塞尔II条例对中国企业海外上市的影响”举办小型研讨会，来自毕马威美国总部风险控制专家等到会并发表演讲。

7月26日，上海国际金融研究中心召开“中美印关系发展趋势”研讨会，来自上海国际关系学会、上海社会科学院等单位的近十位专家与会就相关主题进行了深入探讨。

7月26—27日，由中国科学技术大学与中国国际问题研究所、中国现代国际关系研究院、中国科学技术信息研究所、中国社会科学院世界经济与政治研究所、中国欧洲学会、中国改革开放论坛、中国高科技产业化研究会、中国国际科学和平促进会等单位共同发起，联合中央和国家部委及国内著名高校近30家研究机构在北京召开为期2天的“高科技发展与当代国际关系首届学术研讨会”。会议中心主题是高科技发展与全球安全和外交走势。

8月5日—10月30日，商务部在全国范围内开展了“2005年中国商务发展”征文活动，重点论述“十一五”期间我国商务领域的重大战略和热点问题，经过专家匿名评审，最终评选出一等奖2篇、二等奖6篇、三等奖14篇、优秀奖18篇。上海国际经济贸易研究所、天津国际贸易学会、青岛市外经贸局荣获此次征文活动“组织奖”。

8月24日，由台湾财经法案研究协会主办，南京大学、上海交通大学协办的“2005两岸财经论坛”在南京金陵饭店举行。会议由台湾“中华财经法案研究协会”会长、台湾知名人士刘忆如和南京大学党委书记、著名经济学家洪银兴共同主持。台湾参会人员除国民党、亲民党在民意机构的知名人士外还有金融界的一些重要人士。大陆参会人员有南京大学、东南大学、南京师范大学的有关专家学者。与会人员围绕人民币汇率、物价与大陆经济宏观调控、东亚区域资金流动、全球房地产泡沫化疑虑等问题展开了积极的探讨。

9月5日，商务部、国家质检总局、国家认监委、国家标准委在北京联合主办“标准化与国际贸易：世界贸易的焦点——2005年《世界贸易报告》解读研讨会”。

10月30日—11月4日，中国对外贸易经济合作企业协会在重庆召开“2005年全国外经贸企业质量工作座谈会”。

11月11—13日，中国国际贸易学会和广东外语外贸大学在广东外语外贸大学联合主办“2005年中国国际贸易学会学术年会”，年会主题为：“转变增长方式，促进外经贸可持续发展”。

11月11日，由江苏省世界经济学会、中国亚太学会、常熟理工学院等联合主办的江苏省世界经济学会2005年年会——“和平发展环境下的中国与周边国家关系学术研讨会”在常熟理工学院召开。来自江苏省以及全国科研院所、高等学校以及政府部门的近80位专家学者参加了研讨会。在会议开幕式上，中国亚太学会会长张蕴岭、中共常熟市委副书记秦卫星、江苏省社会科学院副院长张颢瀚以及常熟理工学院领导先后致辞。在这次学术研讨会上，与会学者就当前的和平发展环境下中国如何同周边国家搞好关系，促进中国与周边国家加强合作、共同发展的问题进行了广泛的交流。会议分为三个主题：一是世界经济与亚太区域合作；二是亚太地区政治与安全、外交；三是中国与亚太地区国家关系。

11月26日，由国家商务部、《国际商报》、广西财经学院、中国北京东盟之友商务顾问中心联合举办的“中国—东盟财经论坛”在北京召开。国家有关部门的领导、高校和科研院所的专家、企业界代表、东盟国家驻华大使馆代表、越南院校专家以及主办单位领导约100人出席了论坛。论坛通过主题演讲和分会场讨论，就中国—东盟自由贸易区中的财政税收与金融改革、贸易与投资以及财经高等教育合作交流等三个领域进行了较为深入广泛的探讨与交流。

12月16—18日，由中国国际贸易学会主办的“2006出口退税暨海关关务外贸实务说明会”在京召开。本次会议由国家商务部、财政部、海关总署、国家税务总局、国家质检总局以及国家外汇管理局等相关部门领导和专家向与会代表介绍国家相关政策措施，提供最新动态和信息，并通过现场互动交流，解答了广大外经贸企业在通关及退税实际操作中遇到的疑难问题。

四、流通产业

1月13—14日，由国务院发展研究

中心农村经济研究部与四川省农办、四川社科院、世界银行等联合主办的“中国农民合作经济组织发展政策研讨会”在成都召开。会议对我国农民合作经济组织发展的现状及需要进一步解决的问题、农民合作经济组织立法问题、农民合作经济组织试点情况、发展农民合作经济组织的国际经验等进行了比较深入的探讨。韩俊、罗丹同志出席会议，来自中央有关部委和四川有关部门100余名代表参会。

3月22日，由中国商业经济学会和中国商业政策研究会联合举办的中国商品流通论坛第49次研讨会就“加入世贸组织后过渡期我国零售业面临的挑战及应对”问题进行了深入的探讨。中国商业经济学会副会长兼学术委员会主任郭冬乐研究员做“加入世贸组织后过渡期外资零售商在华发展营运态势分析”的主题发言。与会者认为，零售业全面开放后，将激发中国本土零售企业的竞争活力，但也会不可避免地引发一些负面效应。为此，专家呼吁：目前存在的外资“超国民待遇”的问题必须得到及时的解决。

6月13日，陈云同志诞辰100周年前夕，中国商业经济学会和商业政策研究会联合举办了“纪念陈云同志诞辰100周年暨陈云经济思想研讨会”。中国商业经济学会张世尧会长做《商业工作是人民的大事》的主题发言。宋克仁、赵忠实、万典武、吴硕、沈扬、张采庆、洪涛等老同志和专家学者先后发言，回顾了陈云同志的丰功伟绩，表达了对陈云同志的缅怀之情。会后还组织参观了中共中央宣传部等单位举办的“纪念陈云同志诞辰100周年展览”。

8月30日，由中国市场学会和中国商业经济学会、商业政策研究会共同主办的中国流通论坛第51次研讨会在北京举行。此次会议的研讨主题是：农资市场发展思路和政策支持体系。会议就农资市场发展、流通体制改革、解决“三农”问题等进行了探讨与交流。

9月13日，由中国商业经济学会、商务部政策研究室主办，辽宁省商业厅、辽宁省商业联合会承办的首届“振兴东北老工业基地商业论坛”在辽宁大厦举行。论坛的主题是“合作与发展”，原商业部部长胡平、原商业部副部长张世尧、中国商业经济学会常务副会长王晋卿，以及商务部政策研究室、东北三省商业主管部门的领导和中国人民大学、首都经济贸易大学、东北财经大学、吉林大学、哈尔滨商业大学等一批高等院校的专家学者出席了论坛。

9月17—18日，首都经济贸易大学经济学院与中国商业经济学会在北京联合举办了“流通产业与贸易经济学科发展研讨会”。来自国家发改委、中国社会科学院、中国人民大学、东北财经大学、南京财经大学等单位的有关专家学者，以及北京王府井百货（集团）股份公司等企业代表共200多人出席研讨会，对流通产业与贸易经济学科的发展进行了进一步的交流和探讨。

11月19—20日，由商务部国际贸易经济合作研究院主办的第二届中国商务发展论坛在北京举办。来自全国人大、国务院研究室、商务部、中国人民银行、国家统计局、中国社会科学院、发改委宏观经济研究院、商务部国际贸易经济合作研究院、北京大学、香港特别行政区贸发局等政府部门、中外企业、学界和社会中介组织的数百名代表参加了本次论坛。论坛以“中国商务发展——大流通、大市场、大商机”为主题，围绕中国和世界的经济贸易形势、中国商务发展前景、“两岸四地”商务合作、“十一五”规划与企业发展战略、转变外贸增长方式、国内流通体制改革发展以及企业商机等重要领域进行了研讨和交流。

11月20—21日，由中国商业经济学会、广东省商业经济学会以及广东省商学院联合举办的“珠三角经济发展与流通现代化理论研讨会暨广东省商业经济学会2005年年会”在东莞虎门隆重举行，中国商业经济学会会长张世尧、常务副会长王晋卿、广东省商学院院长吴家清、著名经济学家柳思维，以及来自复旦大学、中国人民大学、北京师范大学、西安交通大学等全国80多所院校的300多位代表出席了会议。会议以“珠江三角洲经济发展与流通现代化”为核心，就中国流通现代化进程中的热点和难点问题、珠三角地区流通体系的构建、购物中心的开发与创新等主要议题进行了研讨。大会共收到来自全国各院校、科研院所提交的论文145篇，评出论文一等奖1名、二等奖5名、三等奖10名、优秀奖15名。

12月13日，由中国商业经济学会和商业政策研究会共同主办的第53次中国商品流通论坛在北京举办。张世尧、万典武、李金轩、马龙龙、郭冬乐、曹厚昌、祝合良、张采庆、洪涛、邓冶平、董烨然等专家学者出席会议。会议就恢复“贸易经济”二级学科问题进行了研讨并决定向有关部门提出建议。会议提出，为加强贸易人才的培养，提高我国贸易工作质量和专业的科研水平，为我国第三产业中的最大行业“百年树人”，教育部门应尽快在高校本科设置目录中恢复“贸易经济”专业为二级学科，并相应明确这个学科的博士点、硕士点也为二级学科。

12月23日，中国商业经济学会六届一次常务理事扩大会议在北京举行。会议总结了过去一年学会及各地方分会在推动学术研究与交流方面所取得的成绩，对新的一年的工作进行了安排。会议认为，2006年，商业经济理论研究要贯彻落实科学发展观，继续办好“中国商品流通论坛”及“西部大开发”、“长江三角洲”、“环渤海湾”三个区域商业合作论坛，组织2~3次全国性有奖征文。在学会建设上，应抓紧做好咨询委员会的组建工作。会议还增补调整了部分理事和常务理事。

五、城市与房地产业

2月26日，国务院发展研究中心召开了“中国城市房地产税费改革国际研讨会”。美国林肯土地政策研究院、世界银行、美国部分著名高校的专家，国家税务总局、人民银行、国土资源部、建设部、财政部财政科学研究所等部委、机构领导，苏州、中山、廊坊等地方政府领导，部分研究机构的专家学者及金融、房地产企业代表参加了研讨会。会议就我国房地产税费存在的主要问题、与地方财政的关系、与土地政策的关系、国际经验以及对改革方向的建议等方面进行了探讨，为深入研究房地产税费改革问题奠定了基础。

3月17日，中国社会科学院财政与贸易经济研究所倪鹏飞博士主编的“城市竞争力蓝皮书”——《中国城市竞争力报告 No. 3——集群：中国经济的龙脉》由社会科学文献出版社正式出版。

由财贸所和社科文献出版社联合主办的2005年“城市竞争力蓝皮书”首发暨中国城市竞争力研讨会在京举行。会议发布了2004年度中国200个主要城市的综合竞争力和各单项竞争力的排名，并对中国城市发展问题进行了研讨。

5月10日，国务院发展研究中心宏观经济研究部与世界银行、清华大学共同举办“中国城市公共服务和治理问题”国际研讨会。国务院发展研究中心谢伏瞻副主任、世界银行北京代表处首席经济学家Holfman先生、清华大学公共管理学院常务副院长薛澜教授分别致辞，Holfman和宏观部部长卢中原博士分别主持上、下午的会议。来自世行印尼代表处的高级顾问Daan Pattinasarany先生、越南代表处的Soren Davidson先生、北京代表处的高级经济学家王梅博士及HubertJenney先生、国家发改委的张丽娜副司长、北京大学的王蓉博士、卫生部的高军先生分别发表主题演讲。来自国家统计局城调总队、北京大学、清华大学、中国人民大学、IBM的专家以及宏观部全体成员共计四十余人参加了会议。

5月13—14日，国务院发展研究中心产业经济研究部主办了“中国产业发展论坛”第十六次会议——“2005中国房地产业改革与发展论坛”。刘世锦主任出席会议并发言，冯飞同志主持会议，建设部、人民银行、银监会、国土资源部主管领导及行业协会专家，金融投资机构以及国内著名房地产企业的代表共同出席会议。与会者就当前我国宏观经济状况，围绕房地产行业的现状和发展形势，房贷新政、土地供应政策导向，资产证券化、房地产税制改革举措等热点问题进行深入分析与讨论。

六、旅游

8月22—23日，由法国国际交流中心、瑞中经济文化促进会、日内瓦旅游局共同主办的“2005欧中旅游合作论坛”在瑞士日内瓦举办。论坛的目的是为了迎接新时期中国旅游新高潮的到来，抓住机遇，给欧洲旅游界和中国旅游界提供一个交流平台，相互磋商，互通信息，共同推动欧洲旅游的健康发展。此前，这些主办者已于2004年8月联合在日内瓦举办2004年日内瓦欧中旅游高峰论坛会，并取得了空前的成功。欧中旅游界和一些政府机构对这次会议给予了高度评价，同时希望能将论坛办成一年一届的形式。基于此，2005年欧中旅游论坛应运而生。

9月2—4日，由吉林省人民政府主办的东亚区域旅游论坛（简称EATOF2005）在长春市举行。来自中国、韩国、菲律宾、蒙古等国家的旅游行政官员、学术专家和企业代表共150人与会。本次论坛主题是“创造和谐与合作的东亚旅游”。与会者就如何进一步构建、拓展东亚区域旅游的框架，促进东亚地区旅游国际交流与合作等问题进行了探讨。东亚区域旅游论坛是东亚地区省级地方政府主导的国际组织，其宗旨是通过加强在旅游领域的联系，推动相关省际间旅游产业的合作发展。

10月31日，由复旦大学旅游系、上海市旅游行业协会、中国旅游报社和安吉县风景与旅游局、安吉中汇大酒店主办的“2005上海旅游论坛”在安吉县举行。本次论坛的主题是“国际化进程中的中国旅游业”，来自全国各高校旅游学院（系）、旅游研究机构的教授、专家50余人与会。

11月5日，由北京大学旅游研究与规划中心发起并承办，由北京大学、清华大学、北京第二外国语大学、北京旅游学会共同主办，中国人民大学等12所高等院校协办的“2005旅游研究北京论坛——旅游研究方法”在北京大学图书馆北配楼报告厅举行。来自北京、天津、上海、辽宁等国内数十位顶级旅游研究专家学者、政府代表、业界精英，以及北京市的15所具有旅游专业高等教育院校的师生，共同围绕“旅游研究方法”这一主题展开了广泛而深入的交流。本次论坛涵盖了旅游学科的理论建构、研究方法的实践应用以及国内外旅游教育等多个方面的议题，不仅为首都的旅游研究者、教师、学生提供了一次交流切磋的机会，更为旅游学科的官、产、学、研四方创建了一个直接对话的平台。此次论坛的顺利召开必将对旅游学学科地位提升及其进一步发展起到积极的推动作用。

11月17—20日，由中华文化发展基金会、中外酒店论坛组织、直通VIP联合商会、亚太国际资讯集团共同主办的中外酒店论坛第三届峰会在珠海银都酒店举行。论坛主题是“国际视野·亚洲情怀·全球酒店看中国”。中国和国际酒店业的300多名高星级酒店总经理、政府领导、社团组织负责人和权威专家参加了本次论坛峰会。本届论坛举办了“中外酒店白金奖”评比活动，共评出了“中国酒店业十大风云人物”、“中国酒店业十大杰出经理人”（外加1名提名奖）、“中国十大最受欢迎酒店”（外加1名港澳特别奖）、（中国酒店业十大供应商）以及有关荣誉奖和提名奖，共有21人和12家酒店、15家供应商获50个奖项。

12月10日，由北京第二外国语学院主办，中国旅游协会、北京市旅游局、国旅集团协办的第二届“中国旅游发展·北京对话”高峰会在北京举行，来自国内学术界、企业界、政府部门的代表就黄金周的利弊、旅行社集团发展道路选择、酒店发展战略等展开了交流。本届“北京对话”继续第一届的形式，采取对话、点评等多种主动和互动方式，台上嘉宾和台下听众就黄金周利弊、三大市场政策变动探究、旅行社集团发展道路选择、目的地建设与优秀旅游城市“创佳”、红色旅游中的区域合作、中国酒店发展战略等一系列热点问题展开深入的对话，对中国旅游产业的发展、中国旅游企业的定位等问题进行总结和剖析，以对未来中国旅游业的发展提供启示。作为一个年度性的高端活动，“中国旅游发展·北京对话”每年定期举行。本届论坛主要总结年度中国旅游产业、旅游目的地、出入境旅游、国内旅游等现状，研究未来旅游产业的动态与趋势，并发表相关年度研究报告。

（中国社会科学院财政与贸易经济研究所）

金融学

综　述

2005年中国金融学研究综述

2005年，是中国金融改革取得重大进展的一年。在丰富的实践基础上，中国的金融研究也有了长足的发展。本文将从货币政策、金融机构、金融市场、保险、国际金融、法与金融等方面概述其中最主要的成果。

一、货币理论与货币政策

2003年和2004年，中国两度提高法定存款准备金比率和实行了差别性准备金比率，同时，中国银监会也根据巴塞尔协议精神推出了一系列以资本充足率为核心的监管措施。法定存款准备金要求与资本充足率监管是金融当局对商业银行施加的最重要的两项管制制度。虽然这是两种不同的制度安排，但从功能上看，这两项制度都有约束商业银行信贷扩张的效果。基于这种联系，将这两项制度结合起来进行细致综合的研究便显得十分必要。李扬、彭兴韵的《资本充足率监管下的存款准备金制度》就对这一问题进行了深入研究。这一研究比较了法定存款准备金与资本充足性监管对信贷扩张、防范商业银行的道德风险等方面的不同作用，认为资本充足性监管的兴起是导致西方发达国家存款准备金在货币政策操作中的地位下降和不断降低法定准备甚至实行零准备制度的重要制度根源。因此，为了提高货币政策的有效性，中央银行必须加强与监管当局的配合。

近两年来，包括中国在内的各国货币政策在反通货膨胀方面都表现得相当积极，但有效的货币政策传导机制需要一个良好的收益曲线，如果央行通过货币政策操作影响货币市场的短期利率，但短期利率却无法影响长期利率，那么，货币政策的效果就会受到极大的影响。这或许正是美联储大幅度提高联邦基金利率而通货膨胀率难于随联储的紧缩政策下降的重要原因之一。然而，功能齐全的收益率曲线需要有一个适当的基准工具和基准利率。长期以来，这种工具和利率在中国是缺乏的。这不仅使得金融市场上难以找到合适的定价基准，而且也对货币政策传导机制形成了梗阻。因此，在中国应该确定何种利率为基准，便成为一个值得探讨的问题。戴国强和梁福涛的论文《中国金融市场基准利率选择的经验分析》集中研究了这一问题。该文认为，基准利率具有市场性、基础性、相关性和系统稳定性等四个方面的特性。围绕这四个属性，该文系统地比较分析了中国利率体系中的各种利率，并对相关利率关系进行了统计分析和格兰杰因果检验。结果显示：银行间债券回购利率作为当前中国金融短期基准利率优于其它利率。这一结论是有参考价值的。

2005年货币政策实践中的另一个引人注目的现象就是：2004年6月，美联储开始提高联邦基金利率的目标值，而且，联储的升息举措一直持续到了2006年上半年。针对中国当时较高的投资增长率、货币与信贷的较高增长率，以及资源与农产品价格的上升，有人主张中国应该像美国那样不断地加息。然而，美联储的加息步调及其对我国的影响固然值得关注，其加息的动因以及所依据的货币政策理念却更应当认真探究。如果不明此理，则我们不仅难以理解货币政策的真实含义，从而难以在国际经济交往中确定我们的适当对策，而且还会对我们的货币政策产生误导。正是基于这一认识，李扬和彭兴韵在《解析美联储的利率政策及其货币政策理念》一文中集中讨论了美国货币政策发展的历史，并在此基础上探究了潜藏在其背后的货币政策理念及其转变。文章指出，美联储调整联邦基金利率的目标不仅在于抑制通货膨胀，更重要的则在于恢复联邦基金利率的“中性”状态。文章还分析了美联储在货币中性原则下利率政策操作的五个准则，即：如果市场上的通货膨胀率偏离了联储确定的目标区域，则变动真实利率；当资源利用率发生变化时，则变动名义利率或真实利率来对付；利率水平的确定应当以长期预测为基础；准确判断造成经济波动的根源及其可持续性；在通常情况下应当遵循规则行事，但在意外情况下则应相机抉择。

近年来，国外金融界十分关注货币政策操作效果的对称与非对称性问题。研究表明，紧缩性货币政策与扩张性货币政策在抑制经济过热和治理经济衰退的效果上存在极大的差异，并且，不同国家和地区的货币政策运用效果及特点也有明显差别。赵进文和闵捷在其论文《央行货币政策操作效果非对称性实证研究》中，采用LSTR模型和LM检验统计量，对中国货币政策操作效果的非对称性进行了细致探讨。他们的研究表明，在1993年至2004年第2季度期间，我国货币政策操作在效果上表现出明显的非对称性，具有很强的非线性特征。这表明我国货币政策操作方式还有待进一步改善，稳健性还需要增强，更应对政策体制和连续性、政策结构的均衡性等方面给予关注，尤其应着力研究政策转换的拐点对宏观经济的冲击。

另一项对货币政策效果的分析是李敬辉和范志勇对大宗商品的案例研究。他们的实证研究表明，大宗商品价格与货币供给和真实利率之间存在密切关系，并且，大宗商品价格波动幅度往往要超过通货膨胀的波动幅度。他们在理论上提供了一个理性预期动态一般均衡模型，说明通货膨胀波动与利率调整通过改变真实利率影响经济主体的存货需求，进而对大宗商品的价格产生影响。投机性存货需求的增加导致了大宗商品价格增长超过了一般商品价格增长的速度，存货增加了大宗商品供给量从而在以后各期导致大宗商品价格下降，因而存货需求波动进一步使得大宗商品价格波动幅度超过通货膨胀波动幅度，并使得大幅商品价格波动出现“超调”现象。

随着金融市场的深入发展，资产价格与货币政策的关系继续成为金融界关注的重点之一。吕江林运用现代协整分析、误差修正模型和格兰杰因果分析等现代时间序列分析方法，实证地考察了若干发达国家和新兴发展中国家股价指数和实际国内生产总值以及消费价格指数之间的动态关系。他的研究发现，当一国股市发展到一定水平时，股指与实体经济间存在较为显著的多重协整关系和双向因果关系。同时，他还考察了我国上证综指与实际国内生产总值之间的动态关系，发现股指与实体经济间存在双重协整关系和单向因果关系，因此我国货币政策应对股价变动做出适时反应。在中国，由于股票市场与居民、企业的资产选择越来越紧密地联系在一起，这一研究是有较强的政策含义的。

中国的M2/GDP持续上升，并已成为全球最高的国家之一。这一现象引起了学界的广泛关注。韩平、李斌和崔永对这一问题进行了深入研究。他们的研究发现，我国M2/GDP的变动路径具有Logistic曲线的基本形状，将经历先加速上升后增长速度逐渐减缓，最终趋于稳定状态的变化过程。他们还估算了中国M2/GDP的增长上限及其变化拐点，该比值的收敛上限为3.4或2.6左右，但目前它仍然处于加速上升阶段。同时，M2/GDP上升并不必然意味着通胀压力加大，只有M2/GDP偏离动态增长路径时，才会对通货膨胀产生影响。但是，货币政策应当使货币总量的增长基本沿着动态增长路径发展，避免出现经济波动和币值的大幅变化。这一研究是很有意义的。

二、金融机构

唐旭的《不良资产、税收与银行准入的开放》一文是在中国经济开放度日益加大背景下对中国银行业改革及监管发展方向所作的一项研究。在该论文中，作者以中国银行业中所存在的两个“悖论”为出发点：一是为什么在中国银行业坏账如此之多，以至于有相当多的银行实际上已经处于资不抵债的技术破产状态的情况下，境内外的投资者对进入银行业依然趋之若鹜？二是，为何在银行业整体资本金严重缺乏，亟需吸引新投资者加入的情况下，监管当局却在准入监管层面实行严格的控制？围绕着上述两个“悖论”，作者从部门利益的角度出发，深入分析了隐含在“悖论”背后的税收和金融制度的原因。在作者看来，悖论之所以产生，是因为在既定的制度框架下，不同的政府主体、银行投资者和银行经营管理者之间存在着收益与风险的不对称：政府为了能获得更多的现期税收收入，往往允许商业银行少提甚至不提坏账准备，或者推迟对坏账的确认和核销（在国内既有的会计准则下，以上的做法是可行的），以增加商业银行的当期利润，从而扩大税收来源；而从银行投资者角度讲，当期利润的增加也可以提高其分红额度，能获得较高的资本收益率。因此，在这个方面，政府与银行投资者达成了利益的一致，在短期内都获得了收益的增加，而不顾银行在长期中可能出现的经营风险。这种收益和成本的不对称（政府和银行投资者可以获得短期的利益，而长期内可能出现的成本将由未来的政府和银行投资人承担）会导致银行风险的不断积累，加大银行破产的风险。由此也解释了第二个悖论，正是鉴于这种短期行为可能导致的风险积累，作为国家利益代表的银行监管部门，为了从总体上控制可能出现的风险，必须要加强对银行业准入的限制，以减少可能出现的道德风险。基于以上认识，作者认为，解决上述悖论的关键，在于改变风险收益不对称的制度安排，并认为，基于风险资本充足率的监管模式，并建立起有效的会计准则，将有助于银行投资者行为的长期化，从而在长期内促进银行的稳定发展。

在过去相当长的一段时间中，中小企业逐渐成为推动我国经济成长的重要力量。正因为如此，中小企业贷款难的问题开始受到越来越多的关注。既有的一些研究认为，中小企业贷款难与中国银行业结构有关。这是因为，在许多人看来，在融资关系上，大银行与大企业、中小银行与中小企业之间存在着天然的对应关系。中国银行业高度垄断的现实，即少数几家大银行持有了中国银行业绝大部分的资产，导致中小银行的力量过于薄弱，发展空间狭小，难以对中小企业形成有力的支持。因此，要解决中小企业贷款难的问题，势必需要从发展中小银行入手。但事实上，从我们可观察到的现实来看，大银行与大企业、中小银行与中小企业之间所谓的匹配关系并不存在。相当多的中小银行在业务发展重点上与大银行并没有什么差异，同样也是以大客户作为主要的发展重点，同时在尽量规避对中小企业的贷款。由此来看，已有的研究可能还没有触及到中小企业融资问题的本质，需要从一个全新的角度作重新的思考。林毅夫、孙希芳在《信息、非正规金融与中小企业融资》一文中，在信息经济学的分析框架内，对中小企业融资问题进行了较为细致的研究。在他们看来，中小企业融资难的问题根源于中小企业信息的不透明，同时又不能通过担保或抵押的提供来缓解这种信息的不透明，由此引发了信息不对称问题。正规金融机构（不管是大银行还是中小银行）都难以有效克服由于信息不对称所造成的逆向选择问题。而非正规金融机构由于在搜集关于中小企业的“软信息”方面具有优势，由此而成为了中小企业重要的融资来源。基于作者的研究，我们可以推出两个重要的结论：第一，中小企业融资难问题的根源在于信息不对称，这种信息不对称不会因为金融自由化而完全消失；第二，融资过程中信息不对称问题的解决，有赖于特殊的金融组织方式——即非正规金融的发展。由此来看，非正规金融在我国的存在与发展有其必然性和必要性。因此，确认非正规金融的重要性，并为其营造一个良性的发展空间，才是完善我国金融体系建设，促进中小企业经济发展的关键所在。

从1996年《国务院关于农村金融体制改革的决定》颁布到现在，我国农村金融改革已经走过了十个年头。在经过一段时间的试点和实践之后，农村金融改革的目标已经变得越来越清晰，在近几年来，由于监管部门的大力推动，改革步伐也在逐渐加速。从目前来看，借鉴我国企业改革的成功经验，将包括农村信用社在内的现有农村金融部门改造成既能在商业上可持续发展，又能有效满足农村地区中小企业和农户有效资金需要的现代农村金融体系，在其中，商业可持续发展是农村金融机构发展的前提。我国农村信用社的发展现状究竟如何，离商业可持续发展的距离还有多远，是评判农村信用社改革现状和确定下一步改革方向的关键所在。谢平、徐忠和沈明高所发表的《农村信用社改革绩效评价》正是针对上述问题所进行的一项调查。从其所得到的各种调查数据显示，已有的改革还远未成功，农村信用社的经营绩效尽管有明显的改善，但其在很大程度上来源于改革期间所获得的税收优惠，经营管理水平没有实质性的提高。而且，在组织架构建设、人员素质以及相关产品创新方面，农村信用社依然存在诸多的缺陷，有待进一步的发展和提高。

近年来，有关银行效率的理论和实证研究屡有出现，但多缺乏比较全面的理论探讨，相关的研究结果也难有说服力。谢朝华和陈学斌所著《论银行效率的结构性基础》从银行和市场的结构层面来寻找影响银行效率的原因，开拓了一个全新的视角。在两位作者看来，产权结构的优化是治理结构优化的基础，功能重组是一定条件下分工原理在银行功能定位中的应用和延伸，市场结构影响银行的投入和产出的数量和价格，管制通过影响银行和市场的结构而影响到银行的效率。在这样一个全面的分析框架内，两位作者详细讨论银行的产权结构、功能结构、市场结构和管制结构对银行效率的影响，并提出了相关的优化路径。文章最后认为，适度集中的多元化结构、比较优势定位的功能结构、寡头垄断的市场结构和最优可行管制结构，能为我国银行效率的提升提供深刻、有效的保证。

三、金融市场

2005年，经过多年的论争的探索，金融市场的发展终于开始有所起色，主要体现在启动了困扰中国股票市场多年的股权分置改革，推行企业短期融资券的发行，开展信贷资产证券化的试点等。与银行部门的攻坚改革相比，发展金融市场的意义开始被提升到战略层面，逐步成为普遍的共识。

然而，围绕中国金融市场中若干重大问题的理论研究却显出滞后和不足，如对股权分置改革的理论依据、相关制度基础、行为规范等就仅限于一般性的讨论。刘煜辉、熊鹏的论文《股权分置、政府管制和中国IPO抑价》在一定意义上改变了这种情况。该文从中国股市一级市场与二级市场间的巨大差价现象出发，评述了国外信息不对称理论框架下的三个分支，即投资银行模型、赢家诅咒模型、信号显示理论。该文还评价了各种关于中国股市抑价研究的缺陷，认为都没有触及深层次的制度矛盾。进而，该文基于股权分置、政府对IPO的市场准入和定价机制管制等，提出了关于IPO抑价的解释框架。如IPO抑价程度与公司治理有效性、市盈率水平、上市等待期正相关，与股票发行规模负相关；“科技概念股”高于其它类型股票抑价水平；市场化询价机制应比固定市盈率机制的IPO抑价程度显著缩小；非主流承销商承销的股票IPO抑价程度更高，等等。由于存在上述特殊制度因素，发行人由于不担心丧失控制权而缺乏低估发行价的动因，流通股价与控股股东之间缺乏利益联系，一级市场和二级市场间缺乏必要的套利机制，造成资金滞留于一级市场获取超额收益。文章指出，与成熟市场相比，政府在中国股市既要承担监管职责，又要对发行人、券商、会计师乃至发行审核委员会等进行实质审查，这客观上弱化了市场参与者的正常功能，导致寻租和利益输送。作为政策建议，文章提出：只有从根本上解决股权分置和政府管制，而不是从局部进行技术性修正，才能有效消除IPO抑价过高的问题，进而提高股市的效率。这篇文章从一个侧面提出了股权分置改革的必要性和复杂性，但对仍然正在进行的股权分置改革并未涉及。

唐国正、熊德华、巫和懋《股权分置改革中的投资者保护与投资者理性》则剖析了股权分置改革的规则给投资者造成的供给冲击，认为股权分置改革为流通股东在公司内部与非流通股东形成博弈关系，为流通股东提供了否决损害流通股价值的改革方案的手段。但是，只是这种机制无法回避股权分置改革给股票市场造成的外部性或改革本身的外部性，流通股东因此而陷入囚徒困境。为了促成股权分置改革成功，双方博弈的底线就不得以股票的历史交易盈亏来评估董事会的改革方案。但是，对首批四家试点公司的实践研究表明，零售投资者存在强烈的历史诉求，追求自身利益的决策行为导致了公司整体的非理性，这直接造成清华同方的股权分置失败。通过分析非流通股东可能提供的最大对价因子和单个公司的均分对价因子，作者发现：二者取决于非流通股比例，股市低迷时，二者数值较小，流通股东的谈判空间被压缩。可见，股权分置改革的规则忽略了供给冲击造成的显著外部性，分类表决机制不可能为流通股东提供适当、有效的保护；而且，由于缺乏明确的法律保护，以及非流通股东左右改革的主动权，可能产生逆向选择，使得流通股投资者难以形成良好的对价预期。因此，虽然改革强调保护投资者，但中小流通股东在利益重新分配中处于不利地位却是明显的。

与日益改进的主板市场相比，多层次场外股票市场架构的建设一直存在争议。虽然它作为中小企业融资和高新技术产业发展的重要机制，其重要性日益为人接受，但究竟如何设计市场结构，采取何种方式设计市场规则，却始终没有明确的意见。王国刚的论文《确立经纪人制度：建立新层次股票市场的中心点》对此问题的研究做出了有益的推进。该文明确指出，交易规则的多层次特点决定了股票市场的多层次性，而单一层次的交易规则只可能形成单一层次的股票市场。通过分析华尔街的发展史，他进一步指出，证券经纪人在交易规则的制定中起着决定性作用，而在制定股票市场规则的同时，也就造就了各种层次的股票市场结构。这是由于，经纪人既是整个市场的客户信息、证券交易与服务中心，也是风险控制与防范的中心，以及市场创新与秩序维护的中心，从而为市场多层次多样化的交易提供服务。从本质上说，本文在研究经纪人在股票市场结构中的关键作用的过程中，强调了回归市场决定的本位和放松政府管制的深刻含义。

何佳、夏晖《有控制权利益的企业融资工具选择》一文从微观层面分析了企业的融资行为决策的特点。该文发现，由于没有考虑控制权收益，Myers和Majluf及Stein的研究将现有股东价值最大化作为决策的目标函数，因而无法解释现实中没有资金需求情况下的企业融资行为，尤其是股权分置情形下的融资选择。不同类型的企业选择可转换债券的动机是不同的，其作用也不一样。当好企业普遍选择发行可转换债券时，可能说明经济运行、股票市场或市场监管存在某种问题，需要政府高度关注，可能是由于掌握控制权的股东企图获取控制权收益所致。在财务困境下，可转换债券和股票都只能部分地传达信息，无论好企业还是中等企业或者差企业发行可转换债券，都对老股东不利。而且，股权分置使得掌握控制权的非流通股东在定价机制、配股认购权和股权转让方式等方面与流通股东存在差异，从而获取巨大的控制权收益，损害流通股东权益。股权分置改革的推行使得可转换债券融资成本低廉的优势得以显现，投资中的委托—代理也可有效得到解决，投资中的不确定性得以消除，从而为可转换债券市场、公司债券市场和股票市场的协调、均衡发展创造有利条件，促进资本市场效率的整体改进。

董志强、蒲勇健《掏空、合谋与独立董事报酬》一文从新的角度分析了独立董事报酬与公司治理绩效的关系，尤其是通过建立从全体股东/独立董事/大股东的三层代理模型，剖析了独立董事的报酬政策。当独立董事合谋概率较小或投资者水平较高时，可对独立董事支付固定报酬，反之，则应支付激励报酬。而建立独立董事的声誉市场也有助于诱导独立董事建立职业声誉，与股东利益保持一致，改进诚信、尽责和专业服务的水平。当然，独立董事也存在短期和长期激励的协调性问题、不努力的道德风险或搭便车行为，而且股权结构也对独立董事在公司治理中的地位有着复杂的影响，管理层与董事会间的博弈关系，以及董事会中越来越多的独立董事是否会对决策干预过度等等问题，仍需深入研究。这些都将成为进一步改善独立董事制度在中国公司治理中的地位和作用的重要命题。

四、保险

2005年，是中国保险业迅速发展的一年，也是中国保险研究取得长足进步的一年。国内学者魏华林和蔡秋杰在《金融研究》上发表《保险费率监管研究——兼论中国保险费率监管的悖论》一文。文章指出：保险费率监管的公众利益理论与费率监管实践是相吻合的，即费率监管之所以产生，其目的在于通过监管来纠正恶性价格竞争这一市场失灵现象。然而，保险费率监管以保护公众利益为借口，实质上保护的是保险人的利益。问题是，保险人并没有自觉遵守这种以维护其利益为目标的监管，这就产生了保险费率监管的悖论。文章探讨了保险费率监管悖论的理论根源和市场结构方面的成因，并在此基础上提出了解决这一悖论的选择：逐步放松保险费率监管。

尽管目前中国已开始实行了保险费率市场化的改革，但这种改革很大程度上只是由政府制定保险条款和费率转向了由保险公司制定，很多险种的条款和费率仍需要监管机关进行事先审批，属于较为严格的费率监管类型。中国保险费率市场化改革的方向也应该是要实现无事先批准要求的宽松监管模式，甚至可以在条件成熟时采用自由竞争的市场费率。然而，这种改革必须逐步推进，必须与中国保险市场结构的变化相适应，而且还需要其他监管措施（如加强偿付能力监管）的配套实施。

此外，在放松保险费率监管的过程中，也要注意把握保险费率监管的安全与效率之间的平衡。严格的费率监管的初衷在于维护保险经营的安全性，但这种对安全的过分强调是以损失效率为代价的，往往被批评为过于保守，导致价格信号失灵及其激励机制的扭曲。因而，放松保险费率监管的过程实质上就是安全与效率从失衡走向平衡的过程。由于保险的负债性、保障性、广泛性以及保险产品的复杂性，保险与其他金融部门一样，面临的问题不是要不要加以监管，而是监管的“度”的把握，是在保险市场运行的“安全”与“效率”之间的平衡。

郭金龙和张昊发表的《我国保险业发展的人口因素分析》一文提出了人口因素是影响保险业发展重要变量的观点，举凡人口总量、人口的结构（如年龄结构、收入结构、城乡结构、教育结构）等对保险需求和保险业发展都具有重要影响。作者的研究表明，中国的总人口不是保费收入的格兰杰原因，主要因为中国保险业尚处于起步阶段，保险业发展在城镇和农村之间极不平衡。目前，影响中国保险业发展的人口因素中，主要是人口结构因素在发挥作用。中国保险费收入的总量较高，但是中国的保险密度和保险深度却远低于世界平均水平，这既是中国人口和经济的规模因素在保险业上的凸现，同时，也是中国收入水平、城市化水平、教育水平等因素的作用。

论文的政策含义是：首先，应当深刻认识我国人口城市化和老龄化的发展趋势，研究我国保险产品现实的需求结构以及未来的变化格局，开发出一系列符合各层次人们需求的保险产品。这样，既可以满足人们的风险管理需求，又可以培养客户群体，从而促进保险业的长期发展。其次，应该认真研究开拓农村保险市场方法途径，尤其是发达的农村地区，如果政府给予适当的政策支持，农业的保险发展将可能会是另一片广阔天地。另外，也是更重要的是，应该加强保险教育和保险宣传，提高整个国民的风险管理理念和保险意识，这可能是更为直接有效地增加保险消费需求的最终因素。

姚树结、冯根富、韩钟伟在《经济研究》2005 年第 7 期上发表的《中国保险业效率的实证分析》一文，使用了中国 22 家保险公司 1999—2002 年的一组数据，运用 DEA 方法评估了它们的效率分数，并运用了一个计量经济学模型鉴别和确定了决定效率高低的主要因素。论文实证分析的结果指出了提高保险公司效率的方向，并证明了公司规模、所有制形式、营销方式和人力资本是影响保险公司效率的重要因素。文章的结论还为未来中国保险业发展的改革政策设计与执行提供了理论和经验支持。

文章利用 1999 至 2002 年这段时期内的 22 家保险公司的数据研究了中国保险业的技术效率。它首先计算了效率分数，而后通过回归分析确定了效率的主要决定因素。非人寿保险公司的技术效率平均水平为 0.72，人寿保险公司为 0.67。这与研究其它国家保险业得出的结果基本相同。最有效率的公司包括不同类型的企业：大的和小的，国有的和非国有的。这表明中国保险市场并没有被个别公司完全控制。DEA 分析也提供了怎样提高效率低下公司效率的途径。DEA 分析结果给每一家效率低下的公司确定了一家参照公司以供比较或学习，而被参照的公司是绩效最好的公司之一。

文章假设公司规模、所有权形式、人力资本和营销方式是影响公司绩效的重要因素。作者利用被估效率分数建立一个简单的回归模型。这个模型使用了表示公司规模、所有制、人力资本和营销方式的不同变量。回归结果证明：大公司比小公司效率高，因为前者有规模经济和范围经济的优势。直销比间接销售更有效率，因为公司可以通过直销节省代理费用。依靠间接销售的公司可能没有自己的市场网络，因此，它们被营销代理人收取了过高的费用。政府可以通过加强营销代理人之间竞争或允许新的和小的保险公司建立自己的营销网络来解决这一问题。保险业是个特殊的行业，需要受过专门训练的员工。因此，人力资本尤其是受过良好教育的雇员对公司效率是重要的。回归分析结果证明：受过良好教育的雇员对公司绩效有重要的影响。

在现有文献中，大多数研究表明非国有公司比国有公司绩效好。然而，在本文中没有找到重要的证据证明这一点。这可能有多种解释。一种可能的解释是：国有公司仍享有非国有公司没有享有的一些特殊营销权。这种特殊营销权可能来自于它们的经营规模、国家或地方政府的支持、现有的庞大的营销网络、某些市场和地区的特殊业务、在客户中享有很长时期的信任和信誉，等等。另一种可能的解释是：国有公司未必就比非国有效率低，尤其是当国有公司受到硬预算约束和面临充分的市场竞争时。2003 年，中国两家大的国有保险公司在香港和纽约股票交易所上市，是迫使国有公司接受股东和市场力量监督而迈出的积极一步。然而，当中国根据 WTO 的规则继续开放保险市场时，国内公司尤其是国有公司未来的发展，将会面临着更多的挑战和约束。

五、国际金融

近年来，在全球经济失衡格局下，中国宏观经济面临前所未有的新挑战。

作为全球经济失衡格局的重要“参与方”，中国贸易顺差和外汇储备快速增长；与此相对应，人民币汇率政策和外汇储备管理也面临新的挑战。围绕上述焦点，国内外理论界展开了大量的研究分析。

《中国的贸易平衡和汇率有关问题》一文是中国人民银行行长周小川在“中国发展高层论坛”汇率专题会上的发言。该文对中国贸易顺差的成因、人民币汇率机制改革的方式、全球不平衡与汇率的作用以及中国外汇储备的充足性等问题做了系统全面的总结。该文有三点分析与论断值得特别关注。第一，在中国贸易顺差形成原因方面，周小川提出了比较新颖的解释：国际贸易领域重组加速构成当前全球经济失衡的重要原因。近几年，全球化、跨国外包、供应链重组处于加速阶段，比较优势格局的重组出现时间差，造成各国间贸易不平衡扩大。第二，在人民币汇率改革安排方面，周小川强调：中国只会考虑渐进的、对广大人民负责的改革方案，不会考虑休克方案。单一并过度倚重汇率调整来实现经常项目平衡的看法并不可靠。第三，在外汇储备充足性方面，周小川认为：亚洲金融风波以后，外汇储备合适数量的标准有了新变化，考虑到外债偿还、FDI 分红和热钱撤出的可能性，中国的外汇储备规模并不为大。

《人民币汇率制度改革：回归有管理的浮动》一文反映了国内学术界对人民币汇率改革的主流看法，该文的主要观点与人民币汇率改革的实践基本吻合。该文强调，人民币汇率制度改革过程中，变革汇率形成机制和调整汇率水平的优先次序至关重要。该文认为：机制改革优先，并且在改革过程中始终重视汇率稳定，应当是人民币汇率制度改革的基本战略；回归有管理的浮动汇率制度，则是实施这一战略的适当选择。在回归有管理浮动汇率制的过程中，货币错配风险不容忽视。为了有效管理这一风险，中国应保持较高水平的外汇储备，在稳步推行资本项目放松管制过程中加强针对货币错配问题的审慎性监管，实施稳健的宏观经济政策，促进资本市场发展。此外，该文提出管理浮动有助于汇率稳定的新看法：一方面，由于不宣布明确的汇率目标区，投机资本较难获得“单向性”货币冲击结果。投机风险的增大，将显著减小投机资本对管理浮动汇率制度国家实施货币冲击的兴趣。另一方面，由于不宣布明确的汇率目标区，投机资本较难获得该体系不能维持的明确信息，这进一步阻碍了一致性冲击的形成。在上述机制作用下，管理浮动汇率制度将使一国货币当局在与投机资本的博弈中从“明处”走向“暗处”，从“被动”走向“主动”。

《经济全球化与发展中国家国际储备管理》一文总结了国际储备管理理论的最新发展，它对中国外汇储备管理政策有比较重要的参考价值。20 世纪 90 年代以来，特别是亚洲金融危机和拉美金融危机以来，广大发展中国家大都转向了某种形式的浮动汇率制。根据传统理论，浮动汇率制将大大减少对国际储备的需求。然而，近年来的实践显示：广大发展中国家的国际储备却是迅速增加的。论文的分析就是针对这一矛盾现象展开的。该文认为，金融全球化使全球金融活动和风险发生机制日益紧密联系，这加剧了货币危机与货币替代的威胁，并导致发展中国家大幅调整其国际储备管理战略。具体而言，国际储备的功能在这一时期的转变突出体现在两方面：一是国际储备功能重心已从“实际支付”偏向“保持信心”；二是国际储备财富功能开始显现。在上述分析基础上，该文进一步概括指出：20世纪90年代以来，广大新兴市场经济国家已经逐渐形成了由公开宣布的弹性汇率制、以稳定汇率水平为宗旨的积极市场干预以及大规模增加外汇储备等三项相结合的新政策组合。这种政策组合能够更好地影响国际投机资本的预期，从而弱化国际投机资本对一国经济和金融体系的不利冲击。

《国际著名学者关于人民币升值是非评说》一文记载了国外学者麦金农教授和邹至庄教授关于人民币汇率改革的争论。麦金农对当前人民币汇率改革——特别是人民币一次性升值2%持保留意见。他认为：汇率改革使得中国的货币政策目标变得不明确；人民币升值可能会使中国经济出现通货紧缩；中国国内货币市场将面临“零利率流动性陷阱”；升值对中国贸易平衡的最终效应不确定；如果中国贸易平衡格局不因人民币升值而出现显著改变，来自国外的贸易保护主义压力只会有增无减。邹至庄教授对麦金农的观点进行了反驳，他认为：汇率作为货币政策目标锚不是一件必然的事情；货币升值对国内通货膨胀的一般作用应当被理解为是降低通货膨胀，绝不是导致通货紧缩；应按照标准教科书的模型来理解汇率变动对贸易平衡的效应，即升值导致贸易顺差减少，贬值促使贸易顺差增加；在汇率浮动与固定之间的选择不同于升值还是不升值的选择，绝不能说赞成固定汇率制就等于赞成任何汇率水平。

麦金农教授和邹至庄教授的理论争鸣引起了国内学术界的浓厚兴趣，《探讨人民币升值的长远影响》一文就是国内学者关于“麦邹交锋”的评论。该文梳理了争论所涉及的有关概念和思路，并针对汇率与贸易平衡、汇率与通货膨胀关系做了分析。应当说，该文明晰了争论各方的逻辑思路，这对识别国外专家对人民币汇率改革的意见提供了有益的帮助。

《中美金融联系：现状与政策协调》一文强调：在当前全球经济失衡格局中，中美双方需加强政策协调。该文认为：随着中国经济高速增长以及进出口规模迅速扩大，中国与美国的金融联系日益紧密，这主要表现为人民币钉住美元的汇率制度、人民币与美元利率的趋同迹象以及外汇储备的资产美元化等。基于这些事实，论文指出：两国的互动联系急需建立协调机制，以避免战略利益冲突。

六、法与金融

大量研究表明，健全的金融机构和良好的金融市场是影响经济长期增长的重要因素甚至是首要因素。这意味着，对于以促进经济发展为己任的后发展国家来说，促进金融发展至关重要。而金融体系的健康发展，无疑需要健全的法律体系予以保障。因此，法与金融作为一个新兴学科，在近年来获得了长足发展。

法与金融学研究的重点是法律制度与金融发展之间的关系。传统的MM金融理论认为，证券的本质在于它所代表的现金流，因此证券发行交易的外部法律制度环境并非该理论所要考虑的范畴。然而，根据该理论却无法回答为什么在很多国家，存在同样类型的股票、债券等证券，但金融发展程度却不同。因此，Jensen和Meckling提出，证券更本质的特征是它赋予证券持有者的权利。例如，股票赋予股东选举公司董事的权利，债券赋予债权人在公司不能清偿债务时占有公司抵押物的权利。关于证券本质的这种认识比传统MM理论前进了一步，它意识到了权利在金融关系中的重要作用，开始把金融发展与法律制度在一定程度上联系起来。LLSV在这一认识的基础上于1998年发表了《法与金融》一文。该文指出，认为证券固有的特征是由其内在权利赋予的观点也不全面，因为这些权利还取决于证券发行地域的法律规则、法律执行等因素，法律制度的整体环境对于金融发展都具有重要影响。该文是法与金融学的奠基性文献，标志着法与金融学的诞生。自此以后，法与金融学渐渐引起了越来越多的法律学者、经济学者、金融学者、管理学者甚至历史学者的研究兴趣，并推动法与金融学逐渐成为法学、经济学和金融学的重要分支。

大体来看，法与金融学研究的主要领域包括：（1）法系、法律起源与金融发展的关系。LLSV研究的出发点是投资者保护与金融发展的关系。在法律上，投资者保护依赖于投资者私人权利的保护、投资者的私人缔约权以及契约的履行和强制执行，上述问题在不同的法域有所不同从而导致金融发展程度不同。在LLSV看来，上述不同是由于一国的法律传统不同所导致的。总体而言，在投资者保护方面，英美法系国家做得最好，德国法系和斯堪的纳维亚法系次之，法国法系最差，金融发展程度与之相适应。其后，很多学者沿着他们的研究思路进行了更深入的分析，例如：BDL就对法律起源为什么会影响金融发展进行了分析和评估；（2）投资者保护与金融发展的关系。法与金融学认为，在那些强调私人产权、支持私人契约及保护投资者权利的法域中，投资者更愿意为企业融资，因而该法域的金融市场也就比较活跃；反之，金融发展就受到很大的抑制。沿着LLSV开创的法与金融学的两大主要研究方向，学者们对法律执行效率与金融发展、法律与企业的融资能力、法律与企业规模等更深入的问题进行了研究。上述研究虽然阐明了法律与金融发展之间的关系，得出“法律是重要的”这一根本性结论，但对于法律作用于金融发展的机制并没有给予清楚的揭示。BDL则对后一问题进行了回答，认为法律通过政治性渠道（political channel）和适应性渠道（adaptability channel）影响金融发展。

法与金融学提出后，也受到很多学者的质疑。这些质疑主要集中在法律起源是否是影响金融发展的基础因素以及投资者保护是否扮演了金融发展的中心角色等问题上。在法律起源与金融发展的问题上，Berkowitz、Pistor、Richard等人在对LLSV所使用的49国案例进一步分析的基础上，依据法律不完备理论指出：法律移植过程比法律起源对于金融发展更为重要。同时，Lamoreaux和

Rosenthal 也通过比较美国和法国的合并和合伙法律，主张国民法体系比美国普通法体系能更有效地根据经济条件变化进行反应。事实上，上述对 LLSV 的反驳，实际上是法与金融学的进一步完善，因为，无论如何，上述反驳都是建立在“法律对于金融发展是重要的”这一法与金融学立足之本之上的。除此之外，对法与金融学更大的诘难来自于关于金融发展的政治与金融理论和资源禀赋理论。政治与金融理论强调个人投资者权利的保护促成了金融市场的繁荣。因此，政治与金融理论强调，虽然法律也许会起作用，但与分权、竞争、开放式的政治体制相比，强大的中央集权的封闭式国家的政治体制更可能阻碍金融的发展。禀赋论强调了地理和疾病在形成金融制度中的作用，AJR 指出，欧洲人在其殖民地遇到了各种不同情况：在某些地方，欧洲人发现很难定居，因而主要攫取资源，而在另一些地方，欧洲人发现了适应的环境，他们定居下来并建立了促进长期繁荣的制度。因此，土地、气候和环境疾病的初始禀赋深深地影响了殖民策略和殖民者创立的长期制度，包括金融制度。

作为一个新兴的交叉学科，我国学者虽然对法与金融理论已经有所涉及，但对该理论的研究并不深入。目前，我国学术界对该问题的研究尚处于总结、归纳国外法与金融理论阶段，尚缺乏具有原创性的研究。无论如何，以研究法律与金融的关系为主旨的法与金融学对于中国的金融发展都具有重要意义。这是因为：首先，金融发展需要良好的金融市场秩序，这种秩序可能是市场自发形成的内生秩序，也可能是外来强制干预形成的外生秩序，无论是外生秩序还是内生秩序都需要法律制度的肯定；其次，当今世界各国的金融发展莫不受到政府的干预，中国也不例外。在依法治国的背景下，政府所有干预市场的行为都必须具有合法性，而政府行为合法性的基础在于法律对其行为的规范和承认；再次，在现代社会中，金融市场关系主体的交易行为都是受到法律调整的行为，法律通过调整主体行为而对金融发展起着决定性影响。因此，要想促进金融发展进而促进经济长期发展，就有必要对何种法律才是金融发展所需要的问题进行深入的研究。

目前，关于法与金融学研究的中文文献主要包括两部分：一是翻译成中文的英文文献；二是国内学者研究法与金融学的文献。法与金融学产生于英美，其主要研究成果都是英文的，同时又由于法与金融学在中国正处于理论引进和吸收阶段，因而，近几年来，翻译成中文的法与金融学英文文献比较多，《法律制度与金融发展》就是其中重要的一篇。该文回顾和总结了法律制度在影响金融发展的作用方面的已有研究，包括理论分析和实证研究，对法与金融学及其反驳、将法律与金融联系在一起的两种机制——政治性机制和适应性机制等问题进行了详细阐述。这是我们了解国外法与金融学发展动态和研究成果的重要参考文献。

除了翻译英文文献以外，国内学者在近年来也围绕着法与金融学的理论及其应用进行了一定的研究。其中，《法与金融学：路径依赖与金融法变革》一文，就是其中较好的一篇。该文介绍了法与金融学这门新兴交叉学科的最新研究程式和研究计划，并用其中蕴涵的“路径依赖”理论来揭示中国金融法变革中的制约因素以及该制约条件对主流法与金融理论的挑战，从而为金融法变革寻找理论基础。鉴于国内有关法与金融学的研究刚刚起步，如何使之本土化就成为国内学者探讨的重要内容之一。在这方面，《发展与规范是保险法二次修改的主题》和《有限风险再保险监管的国际趋及启示》两篇文章堪称适例。前者是首篇较系统、全面地研究我国《保险法》二次修改时所遇到的理论问题及其解决思路的文章。它提出，在二次修改保险法时，应以发展与规范为主题，从“发展保险市场，完善市场体系”、“重视市场作用，推进保险市场化”、“改革资金运用，对接资本市场”、“规范保险活动，维护市场秩序”、“完善监管体制，规范监管行为”等方面对保险业法部分进行修改。特别是，文中关于修改保险的定义、应重视保险资产运用的流动性等观点均属国内首次提出。后者是国内首篇系统、深入研究有限风险再保险的文章。它对有限风险再保险的起源与发展、概念与特点、功能与被滥用的危害、监管的国际趋势与我国监管现状进行了深入研究，并就我国如何防范未然加强监管提出了具体建议。它对理论界加强有限风险再保险这一非传统风险转移产品的研究、对保险企业提高对有限风险再保险功能与危害的认识、对监管机关高度重视有限风险再保险的监管等，均具有比较重要的意义。

（罗滢）

学术成果·论文

当前外汇储备累积过速引致的问题及应对策略

（安佳 《山东社会科学》2005 年第 7 期）

外汇储备的增长有利也有弊，但增长过速却是利大于弊。中国当前国际储备累积过速的局面是当今国际货币体系的必然结果。

当今国际货币体系的特点是：各国储备的美元及美元资产不受任何实物的支持，提供美元和美元资产的美国可以赁空制造各种金融工具来平衡自己的国际收支，因此美国可以在大量贸易逆差的情况下，通过向贸易对手国出售金融资产来回收美元并进行再消费，从而形成了全球经济联动的市场，也形成了中国及东亚各国外汇储备增长过速的局面。

外汇储备增长过速会导致基础货币增长和经济过热，以及投资过度从而通货紧缩的局面。外汇储备引致经济波动有历史之鉴。理论上说，通货膨胀基本上都是由货币供给创造的；从实证上看，第二次世界大战之后外汇资产增加引致的通货膨胀在 1960 年代至 1980 年代都有发生。比通货膨胀更让人不安的是外汇储备增长过快会引致经济过热和通货紧缩，因为，经由长期的经常账户剩余进入自己的银行体系，从而引发总体经济的波动。

为了抑制外汇储备增长过速给我国经济带来的负面影响，当务之急是将现行的结售汇制度改为存汇制度。改结售汇制为存汇制度的操作极其简单，并能够在公司与公司，公司与个人之间形成一个市场，这个市场的外汇价格，会随着进出口外汇供需的变化而变化，从而形成真正的浮动汇率市场。实施此种办法，市场汇率由市场对外汇的供需自由决定，但外汇总额始终掌握在央行手中。

［安佳，1965 年生，北京邮电大学文法经济学院副教授，国际经济与贸易中心主任。
通信地址：北京邮电大学文法经济学院（100876）
联系电话：010－62282013
电子信箱：annjia@gmail.com］

人民币升值之争的实质是制度变革之争

（江春 《新华文摘》2005 年第 3 期）

目前之所以出现人民币升值之争，之所以在人民币是否应该升值的问题上出现如此迥然不同的观点，关键在于中国经济还没有真正实现完全的市场化。因为从市场的角度来看，目前人民币的升值压力来自外汇供给持续大于外汇需求，但是，我国外汇市场上的外汇供求并不是真正意义上的市场供给和市场需求。因为，由于我国现行的非自由的“结售汇”制度及对外汇指定银行的外汇头寸限制，使得我国外汇市场上的市场主体并不能完全根据自己的意愿自由持有外汇及自由买卖外汇，由此形成的外汇供求就不是由市场主体自主决定的市场供求，而是政府规定和控制下的外汇“供求”。此外，我国还没有完全放开资本账户，政府对资本的流出仍然实行较严格的管制，因而也限制了由此而产生的对外汇的市场需求，在以上这些制度规定或限制下，我国外汇市场上的外汇供给因非自由“结汇”和银行外汇头寸的上限规定而不断扩大，而外汇市场上的外汇需求则因非自由“售汇”和银行外汇头寸的上限规定，以及资本项目没有完全放开而受到人为的抑制，结果导致我国外汇市场上的外汇供给持续大于外汇需求，从而带来人民币升值的压力。这一现实说明，人民币的升值压力在很大的程度上实际上是政府对经济活动及外汇市场进行过分管制的结果，而不完全是市场供求机制自发作用的结果，这实际上反映出中国还没有形成真正规范的市场经济体制。因此，这次“人民币升值”之争实质上也是中国的制度变革之争。

可见，目前人民币汇率之所以存在升值之争，且人民币汇率政策之所以处于两难境地，其症结完全在于中国的产权制度存在着缺陷，在于中国经济没有真正实现完全的市场化。因此，现在的关键并不在于调整人民币汇率水平，而在于进行产权改革，以创造真正的市场机制，从而为人民币汇率有效地发挥作用创造制度前提及市场基础。也就是说，解决人民币汇率问题的正确顺序应该是：先进行产权改革以建立合理的产权制度，然后在此基础上实行浮动汇率制度。只有这样，目前我们所面临的许多问题才会迎刃而解。

［江春，1960 年生，经济学博士，武汉大学经济与管理学院金融系主任、教授，博士生导师。已出版专著 6 部，在国内外发表学术论文 130 多篇。］

我国应重视商业银行会计管理和会计控制

（王允平　王尔康　《中央财经大学学报》2005 年第 7 期）

王允平

近几年来，由于商业银行会计核算管理与会计控制的弱化，造成商业银行会计信息失真，而且产生了一系列案件。2000 年以来我国商业银行发生的经济案件其数字是历年来少有的，也是触目惊心的。

论文分析了我国商业银行中会计管理和会计控制的现状，提出我国商业银行在“强化管理、规范经营、稳健发展”中应重视和强化商业银行会计管理与控制的迫切性，并针对当前实际提出了一些建设性的意见。论文指出：强化商业银行会计管理与会计控制是商业银行市场化改革的需要；是适应商业银行战略转移的需要；是商业银行经营管理的必然选择；是合理评价商业银行绩效的需要；是控制商业银行风险的需要。

王尔康

［王允平，1942 年生，中央财经大学会计学院教授，硕士生导师。

通信地址：中央财经大学会计学院（100081）

联系电话：010－62288612

电子信箱：wangyunping2000@ sina. com

王尔康，1955 年生，中央财经大学会计学院副教授，硕士生导师。

通信地址：中央财经大学会计学院（100081）

联系电话：010－62288612

电子信箱：wek@ cufe. edu. cn］

引导与干预：不同汇率制度中的央行行为分析

（马德功　《四川大学学报》（哲社版）2005 年第 5 期）

本文从引导和干预的视角对中央银行的行为与本文所定义的广义的汇率目标区制进行了分析和论证。首先，本文根据 IMF 对其成员国现行汇率安排的分类，考察了中央银行行为模式在不同汇率制度安排中的异同；其次，本文对 Krugman 模型进行了改进和完善，并运用该模型对广义的汇率目标区的内涵及其分类进行了论证；再次，本文对未来的人民币汇率目标区制及其在此制度下的我国中央银行的行为模式进行了构思，并且断言“在中期内设立人民币汇率目标区制的方案应当成为我国汇率制度改革的价值取向”；最后得出本文的结论。

本文认为，广义汇率目标区制包括介于浮动汇率制与固定汇率制之间的所有的汇率安排，中央银行外汇市场干预的不同决定了汇率目标区制中类型的不同。在中央银行强有力的干预下，中心汇率和目标区公开是最具吸引力的一种目标区制，其根本特性就在于其汇率形成机制的内在稳定性，从而也是构建未来人民币汇率目标区制的诱惑所在。

几乎所有的汇率制度都存在中央银行外汇市场的干预，几乎所有的汇率制度都可视作广义的汇率目标区制。中央银行外汇市场干预模式的不同，汇率目标区制中组成要素的区别，决定了汇率制度在 IMF 分类中成为不同的钉住制。纯浮动汇率制与纯固定汇率制也可视作汇率目标区制中的两极：当中央银行对外汇市场干预为零，抑或汇率目标区为无穷大时，汇率目标区制即为纯浮动汇率制；当中央银行对外汇市场的干预为无穷大，抑或汇率目标区为零时，汇率目标区制则为纯固定汇率制。

中央银行外汇市场干预的不同，决定了广义的汇率目标区制的不同类型，而在中央银行强有力的外汇市场干预下，中心汇率与目标区公开的汇率目标区制，有望成为人民币汇率安排的未来选择。

中期内选择目标区制是人民币汇率形成机制改革的理性选择。(1) 汇率目标区制在允许汇率浮动的情况下具有内在的稳定性。只要中央银行的干预有足够的强势，市场参与者对中央银行目标区边界干预有足够的公信力，汇率形成机制的内在稳定性就存在。(2) 在目标区制下只有汇率达到边界时，中央银行才入市进行干预。由于市场参加者在上述预期下的交易行为与中央银行一致，汇率的运动轨迹不可能达到边界，因此在整个汇率目标区制下的运行过程中，事实上无须中央银行进行干预，从而缓解了内外均衡的冲突。(3) 当影响内外均衡的经济基本因素变化使汇率目标区制下的中心汇率偏离均衡汇率时，中央银行及时的汇率重置（realignment）可使市场参加者获取信心从而有效保障汇率目标区制的运行。

[马德功，1957 年生，四川大学经济学院金融系教授，经济学博士。
通信地址：成都市望江路 29 号四川大学经济学院金融系（610064）
联系电话：028－85402578
电子信箱：degongma@126.com]

大 事 记

2005 年中国金融界大事记

1 月 6 日，中国银监会下发通知要求进一步加强信托投资公司内部控制管理。通知要求，信托公司应分别建立自营业务和信托业务的授权体系，明确界定各部门的目标、职责和权限，确保自营业务和信托业务各部门及员工在授权范围内行使相应的职责。应按规定分别对自营业务和信托业务制定业务流程、操作规程和风险控制制度，保证各项业务的前中后台相对独立。要按照职责分离的原则设立相应的工作岗位，保证公司对风险能够进行事前防范、事中控制、事后监督和纠正，形成健全的内部约束机制和中台、后台对前台的反映和监督机制。

1 月 7 日，中国银监会颁布《商业银行内部控制评价试行办法》，自 2005 年 2 月 1 日起施行。该办法旨在通过加强对商业银行内部控制的评价，督促商业银行进一步完善内部控制体系，从根本上建立风险管理的长效机制，保证商业银行安全稳健运行。

1 月 7 日，中国银监会发布《商业银行市场风险管理指引》，要求商业银行加强市场风险管理，充分识别、准确计量、持续检测和适当控制所有交易业务和非交易业务中的市场风险，确保在合理的市场风险水平之上安全、稳健经营，其承担的市场风险水平应当与市场风险管理能力和资本实力相匹配。

1 月 18 日，为加强信托投资公司的市场约束，规范信托投资公司信息披露行为，促进信托投资公司安全、稳健、高效运行和健康发展，中国银监会颁布《信托投资公司信息披露管理暂行办法》，自 2005 年 1 月 1 日起施行。

1 月 21 日，中国人民银行组织召开国有商业银行、股份制商业银行、政策性银行和中国人民银行分行、省会城市中心支行参加的窗口指导会议，贯彻落实中央农村工作会议精神和国务院常务会议通过的《国务院关于鼓励支持和引导非公有制经济发展的若干意见》有关精神，指导金融机构进一步做好支持“三农”、非公有制经济和中小企业工作。

1 月 21 日，中国人民银行颁布《银行业金融机构进入全国银行间同业拆借市场审核规则》，规范银行业金融机构进入全国银行间同业拆借市场的审批程序。

1 月 21 日，中国银监会召开 2005 年工作会议。会议主要总结银监会去年工作，分析当前形势，研究部署今年工作。中共中央政治局常委、国务院副总理黄菊看望了与会代表并作重要讲话。他强调，要用科学发展观指导银行业监管工作，加强金融监管，维护金融稳定，努力提高银行业监管工作的水平。银监会主席刘明康在会上做工作报告。他指出，要以邓小平理论和“三个代表”重要思想为指导，认真贯彻党的十六大和十六届三中全会、四中全会及中央经济工作会议精神，全面落实科学发展观。坚持

“管法人、管风险、管内控、提高透明度”的监管理念，大力加强监管能力建设。提高监管专业性、持续性和有效性，着力推进改革开放，防范和化解金融风险。督促银行业金融机构更好地抓住宏观调控机遇，积极调整结构，切实改进服务。努力建设风险管理长效机制，实现银行业稳健运行，促进国民经济平稳较快发展。

1月25日，为加强对银行间债券市场的监督管理，保护投资人合法权益，中国人民银行就在银行间债券市场发行债券（包括证券公司短期融资券）信用评级的有关具体事项发布公告。

1月28日，中国人民银行制定了《银行业金融机构进入全国银行间同业拆借市场审核规则》，并予公布实施。

2月2日，由人民银行组织开发的人民币银行结算账户管理系统在江苏省试运行，江苏省内约8000多家银行业金融机构及营业网点参加了试运行。

2月2日，中国银监会发布《银行业协会工作指引》。

2月2日，为更好地贯彻落实《中华人民共和国保险法》，中国保监会根据《保险公司非寿险业务准备金管理办法（试行）》，制定并印发《保险公司非寿险业务准备金管理办法实施细则（试行）》。

2月6日，中国银监会召集中国工商银行、中国农业银行、中国银行、中国建设银行和交通银行等五家银行的行长，在京召开了“商业银行违法违规案件通报会”。会议传达了国务院领导同志的重要批示，通报了近期商业银行违法违规案件情况，并对商业银行案件防范和风险控制工作作了部署。

2月18日，中国人民银行、财政部、国家发展和改革委员会、中国证监会发布实施《国际开发机构人民币债券发行管理暂行办法》，允许符合条件的国际开发机构在国内发行人民币债券，引进国际债券发行的先进经验和管理技术，推进国内债券市场开放与发展。

2月18日，中国银监会在京召开2005年股份制商业银行董事长、行长座谈会。会议首先传达了国务院领导同志关于加强监管、防范银行案件问题的重要批示精神，并分析了当前的经济金融形势，总结了股份制商业银行2004年的基本经营情况，肯定了股份制商业银行取得的成绩，通报了银监会今年的工作重点。

2月20日，为落实《国务院关于推进资本市场改革开放和稳定发展的若干意见》，促进金融市场协调发展，鼓励金融创新，保证商业银行设立基金管理公司试点工作顺利进行，中国人民银行、中国银监会和中国证监会制定并公布了《商业银行设立基金管理公司试点管理办法》。

2月21日，为切实满足企业用汇需求，降低企业财务成本，国家外汇管理局发布了《关于调整经常项目外汇账户限额管理办法的通知》，对经常项目外汇账户限额管理办法作出了又一项重要调整。

2月22日，为进一步完善贸易收付汇管理，规范进口延期付汇和远期付汇等贸易融资行为，国家外汇管理局发布《关于加强进口延期付汇、远期付汇管理有关问题的通知》。

2月24日，中国银监会在成都召开2005年全国中小商业银行监管工作会议。会议分析了当前的经济金融形势，全面总结了2004年中小商业银行的监管工作，部署了2005年中小商业银行监管工作的主要任务。

2月25日，为进一步做好个人财产对外转移售付汇监管工作，加强对申请人身份及有关财产来源合法性和真实性审查，防止违法犯罪人员对外转移资产，国家外汇管理局、外交部、公安部、监察部、司法部等五部门联合发布《关于实施〈个人财产对外转移售付汇管理暂行办法〉有关问题的通知》，就2004年12月1日起实施的《个人财产对外转移售付汇管理暂行办法》所涉各部门职责分工及合作监管问题进行了明确。

2月26日，中国人民银行本着客观公平、基本稳定、优胜劣汰的原则对公开市场业务一级交易商及银行间市场成员进行了综合考评，并以此为依据确定了2005年度公开市场业务一级交易商名单，共有交易商52家，其中，商业银行42家，证券公司4家，保险公司4家，农村信用合作社2家。

2月27日，中国人民银行、中国银监会联合发出关于加快落实国家助学贷款新政策有关事宜的通知。

2月28日，中国人民银行、中国银监会联合召开“加快落实国家助学贷款新政策电视电话会议”，传达贯彻国务院指示精神。会议要求银行系统以保持共产党员先进性教育活动为契机，进一步提高认识，加大工作力度，加快落实国家助学贷款新政策，保证中标银行与高校签订协议的国家助学贷款及时发放到位，使申请助学贷款的高校贫困家庭学生在新学期开学能及时拿到贷款。

2月28日，为促进保险中介机构加强法人治理和内部控制建设，防范经营风险，提高专业化运作水平，中国保监会研究制定并发布《保险中介机构法人治理指引（试行）》、《保险中介机构内部控制指引（试行）》。

3月1日，为推进国内债券市场开放，引进国际债券发行的先进经验和管理技术，促进国内债券市场的发展，中国人民银行、财政部、国家发展和改革委员会和中国证监会联合发布了《国际开发机构人民币债券发行管理暂行办法》，允许符合条件的国际开发机构在国内发行人民币债券。《管理办法》于发布之日起正式实施。

3月10日，中国银监会组织12家股份制商业银行召开了稽核工作座谈会。会议就股份制商业银行如何强化内部控制，提高稽核效能，有效防范信用风险、操作风险和市场风险等方面进行了深入的研讨。

3月17日，中国人民银行决定调整商业银行自营性个人住房贷款政策：一是将现行的住房贷款优惠利率回归到同期贷款利率水平，实行下限管理，下限利率水平为相应期限档次贷款基准利率的0.9倍，商业银行法人可根据具体情况自主确定利率水平和内部定价规则。二是对房地产价格上涨过快的城市或地区，个人住房贷款最低首付款比例可由现行的20%提高到30%。具体调整的城市或地区，可由商业银行法人根据国家有关部门公布的各地房地产价格涨幅自行确定，不搞一刀切。

3月17日，经国务院批准，金融机构在人民银行的超额准备金存款利率由现行年利率1.62%下调到0.99%，法定准备金存款利率维持1.89%不变。

3月21日，为贯彻落实《国务院关于推进资本市场改革开放和稳定发展的若干意见》，扩大直接融资比重，改善商业银行资产负债结构，促进金融创新，经国务院批准，信贷资产证券化试点工作正式启动。国家开发银行和中国建设银行作为试点单位，将分别进行信贷资产证券化和住房抵押贷款证券化的试点。

3月21日，中国银监会2005年非银行金融机构监管工作会议在山东烟台召开。会议回顾了2004年非银行金融机构监管工作情况，部署了2005年非银行金融机构监管工作。

3月22日，中国银监会在北京召开了2005年全国国有商业银行监管工作会议。会议分析了当前的经济金融形势，全面总结了2004年国有商业银行监管工作，部署了2005年国有商业银行监管的主要任务。会议提出，国有商业银行监管工作要坚持科学发展观，积极探索和借鉴国际大银行监管方式，稳步推进国有商业银行综合改革。实施“分类监管”，督促股份制改革的两家银行加快公司治理建设步伐，督促其他两家银行加快内部改革。按照银监会的四个监管理念，促进国有商业银行进一步提高资本充足水平、资产质量和拨备充足水平。加大现场检查力度，坚决查处违法违规行为，促进国有商业银行依法合规经营。

3月22日，中国银监会发出《关于对中资银行衍生产品交易业务进行风险提示的通知》。

3月22日，中国银监会发出《关于加大防范操作风险工作力度的通知》。

3月23日，为进一步核实股份制商业银行信贷资产质量状况，掌握各行贷款五级分类真实性与核销贷款管理情况，促进其加强信贷风险管理，提高资产质量，中国银监会决定对交通银行、招商银行等10家股份制商业银行的65家分支行贷款五级分类真实性与核销贷款管理状况进行现场检查。

3月24日，中国人民银行货币政策委员会2005年第一季度例会在北京召开。会议认为，当前我国国民经济继续保持平稳较快增长。按照党中央、国务院的统一部署，中国人民银行执行稳健的货币政策，密切监测经济、金融运行状况，合理调控货币信贷总量。总体看，当前金融运行平稳。

3月24日，中国证监会发布《证券交易数据交换协议》等八项行业标准。

3月27日，针对银行机构对操作风险的识别与控制能力不能适应业务发展的突出问题，中国银监会发布了《关于加大防范操作风险工作力度的通知》，要求银行机构加大工作力度，采取切实措施，有效防范和控制操作风险。

3月28日，为有效控制衍生品交易业务的信用风险、市场风险、流动性风险、操作风险和法律风险，健康发展衍生产品业务，更好为客户提供服务，中国银监会向各中资银行机构发出风险提示，要求中资银行加强对衍生产品交易业务的风险管理。

3月29日，公安部、中国人民银行联合制定了《公安部中国人民银行关于可疑交易线索核查工作的合作规定》。根据这一规定，公安机关与中国人民银行将按照“控制在先，打防结合，分工协作，依法办案”的原则，切实加强可疑交易线索核查工作的合作。中国人民银行负责将金融机构报送的涉嫌洗钱等犯罪的可疑交易线索按有关程序及时移送公安机关，并协助公安机关办理洗钱等刑事案件调查中属于中国人民银行职责的有关事项。公安机关负责对中国人民银行移送的可疑交易线索进行核查。

3月31日，中国人民银行首次对纳入扩大试点范围的21个省（区、市）的291个县（市）发行农村信用社改革试点专项中央银行票据234亿元。

4月6日，经国务院批准，中国人民银行、中国银监会和中国证监会共同确定中国工商银行、中国建设银行和交通银行为首批直接投资设立基金管理公司的试点银行。

4月8日，为规范行业网络与信息系统建设和安全保障工作，中国证监会制定并印发《证券期货业信息安全保障管理暂行办法》。

4月11日，为规范流通人民币经营、装帧行为，维护人民币法定货币地位和信誉，中国人民银行草拟了《中国人民银行经营、装帧流通人民币管理办法（征求意见稿）》，向社会公开征求意见。

4月12日，欧亚反洗钱与反恐融资小组（EAG）第二次全体会议在上海召开。来自EAG成员和观察员的120余名代表、官员、专家和学者，围绕EAG内部沟通和工作机制、工作支持机制、互评估、反洗钱立法和设立金融情报中心建议、欧亚地区洗钱和恐怖融资趋势、技术援助、捐助者会议等诸多议题进行了深入讨论。

4月12日，中国银监会召开“国有商业银行案件专项治理工作第三次会议”。银监会主席刘明康、副主席唐双宁，四家国有商业银行董事长、行长、案件专项治理工作负责人，部分发案地区的国有商业银行省级分行、银监局及银监会有关部门负责人参加了会议。银监会主席刘明康、副主席唐双宁就国有商业银行防范银行案件、建立风险管理长效机制发表了重要讲话。四家国有商业银行也在会议上分别介绍了近期落实案件专项治理工作的情况。

4月20日，为规范信贷资产证券化试点工作，保护投资人及相关当事人的合法权益，提高信贷资产流动性，丰富证券品种，中国人民银行、中国银监会制定了《信贷资产证券化试点管理办法》。

4月21日，国务院批准中国工商银行实施股份制改革的方案。运用外汇储备150亿美元补充其资本金，使其核心资本充足率达到6%，通过发行次级债券补充附属资本，使其资本充足率超过8%。

4月21日，为加强对商业银行持续、有效监管，提高银行风险监管的敏感性和有效性，实现全面、客观、持续的风险监管，中国银监会根据我国商业银行的实际情况，并参照国际同业的先进做法，制定了《商业银行风险预警操作指引（试行）》，要求在银行监管部门内部开展商业银行风险预警工作。

4月21日，中国银监会召开股份制商业银行案件专项治理工作会议。刘明康主席要求各股份制商业银行结合宏观调控的经济形势和银行实际情况，树立科学发展观，以及内控优先、审慎经营的理念，以案件专项治理工作为契机，坚持标本兼治，建立风险防范的长效机制，促进商业银行稳步健康发展。

4月26日，为进一步贯彻落实国务院办公厅《关于切实稳定住房价格的通知》精神，加大监管力度，督促商业银行加强房地产信贷管理，调整信贷结构，防范贷款风险。中国银监会于2005年4月初选择天津、沈阳、上海、南京、杭州、宁波、青岛、重庆八个省市，对4家国有商业银行和12家股份制商业银行的房地产贷款情况进行了检查。检查内容主要包括各类房地产（土地储备）的贷款及风险状况、房地产开发项目资金的来源与销售情况，以及有关房地产贷款规章制度的建设和执行情况等。

4月28日，为加强统计现场检查工作的规范化、制度化，提高统计现场检查工作质量，中国银监会发布《中国银行业监督管理委员会统计现场检查规程（暂行）》。该规程对统计现场检查的目的、适用范围和程序等方面做出明确规定，为顺利开展统计现场检查提供了指引。

4月29日，为落实国务院《关于推进资本市场改革开放和稳定发展的若干意见》，积极稳妥解决股权分置问题，中国证监会发出《关于上市公司股权分置改革试点有关问题的通知》。

4月30日，中国人民银行批准泛亚债券指数基金（PAIF）进入银行间债券市场，使其成为银行间债券市场引入的第一家境外机构投资者。

5月8日，央行与中国银监会联合下发《关于进一步加强农村信用社改革试点专项中央银行票据发行兑付考核工作的通知》，加强对信用社改革进程、效果及其经营财务状况的动态监测与考核，督促信用社从加强内部管理入手，完善法人治理结构，强化约束机制，在申请兑付票据时取得实质性进展。

5月9日，中国人民银行、发展改革委、财政部、商务部、公安部、信息产业部、税务总局、银监会和外汇局等九部门联合发布了《关于促进银行卡产业发展的若干意见》，全面系统地提出了促进银行卡产业发展的政策措施，明确了银行卡发展的指导思想、原则、目标和工作重点。

5月11日，为促进我国债券市场的发展，规范债券远期交易业务，防范市场风险，维护市场参与者合法权益，中国人民银行制定并颁布了《全国银行间债券市场债券远期交易管理规定》。

5月11日，为促进债券市场发展，规范金融债券发行行为，维护投资者合法权益，中国人民银行制定了《全国银行间债券市场金融债券发行管理办法》，自2005年6月1日起施行。

5月11日，为了规范商业银行外部营销业务，有效保护消费者权益，促进银行公平和合法合规经营，防止外部营销人员不规范推销行为损害银行声誉，中国银监会发布了《商业银行外部营销业务指导意见》。

5月15日，为贯彻落实《国务院关于鼓励支持和引导个体私营等非公有制经济发展的若干意见》和《国务院关于2005年深化经济体制改革的意见》精神，改善小企业信贷服务机制，切实解决小企业融资难的问题，中国银监会召集国家开发银行、农业发展银行、国有商业银行、股份制银行和部分城市商业银行有关负责人在北京召开了完善小企业金融服务工作会议。会议通报了银监会指导推进小企业贷款工作情况，研究讨论了银监会即将出台的《商业银行开展小企业贷款业务指导意见》，并就完善小企业贷款服务工作进行了部署。有关商业银行还就当前小企业贷款管理经验进行了交流。

5月16日，央行发布《全国银行间债券市场债券远期交易管理规定》，规范债券远期交易，维护市场参与者合法权益，促进债券市场健康发展。该《管理规定》自6月15日起施行。

5月18日，中国外汇交易中心推出八对外币买卖业务。八对交易货币分别是美元兑欧元、日元、港元、英镑、瑞郎、澳元和加元，以及欧元兑日元。该项业务的推出将有利于完善我国外汇市场体系，满足市场的投融资需求和避险需求，提高金融机构的风险管理能力，建立起连接国际金融市场的通道。

5月20日，中国人民银行决定上调境内商业银行美元、港币小额外币存款利率上限。其中，一年期美元存款利率上限提高0.25个百分点，一年期港币存款利率上限提高0.1875个百分点，调整后利率上限分别为1.125%和1%。

5月23日，中国人民银行发布《中国人民银行关于对签发空头支票行为实施行政处罚有关问题的通知》，规定人民银行及其分支机构对签发空头支票的违规行为实施行政处罚。

5月23日，根据中国人民银行《短期融资券管理办法》的有关规定，为规范短期融资券的承销和信息披露行为，中国人民银行制定了《短期融资券承销规程》和《短期融资券信息披露规程》。

5月24日，中国人民银行发布《短期融资券管理办法》，允许符合条件的企业在银行间债券市场向合格机构投资者发行短期融资券。

5月25日，央行发布《2004年中国区域金融运行报告》。

5月26日，中国人民银行发布《2005年第一季度中国货币政策执行报告》。

5月26日，华能国际、振华港机、国航股份、五矿集团、国家开发投资公司等5家企业，按照《短期融资券管理办法》规定的条件和程序提交备案材料后，在银行间债券市场向合格机构投资者成功发行了7只短期融资券，总面额共109亿元。

5月26日，中国保监会发布《中国保险监督管理委员会信访工作办法》，自2005年7月1日起施行。

5月27日，为规范和完善现阶段出口预收货款和转口贸易收汇行为，促进对外贸易健康发展，抑制投机行为，维护我国国际收支平衡，国家外汇管理局发布《关于现阶段完善出口预收货款和转口贸易收汇管理有关问题的通知》。

6月2日，根据中国人民银行农村信用社改革试点专项中央银行票据发行兑付考核评审委员会第一次例会决定，对河北安国等552个县（市）发行第六期农村信用社改革试点专项中央银行票据390亿元。

6月6日，中国证监会公开征求《上市公司回购社会公众股份管理办法（试行）》的修改意见。

6月7日，中国银监会国际咨询委员会第三次会议在北京召开。会议由银监会主席、银监会国际咨询委员会主席刘明康主持。会议讨论了国有商业银行改革的最新进展以及银行业风险控制等数项议题。

6月8日，为了规范基金管理公司运用固有资金进行基金投资的行为，保护基金份额持有人的合法权益，根据《证券投资基金法》、《证券投资基金管理公司管理办法》的规定，中国证监会发出《关于基金管理公司运用固有资金进行基金投资有关事项的通知》。

6月9日，为进一步推动非金融机构投资者进入银行间债券市场，方便其进行债券投资，培育机构投资者队伍，促进我国债券市场的快速健康发展，依据《全国银行间债券市场债券交易管理办法》，就债券结算代理业务有关事项发布公告。

6月9日，为引导和推动商业银行电子支付业务健康发展，控制电子支付过程中的风险，维护参与各方的权益，中国人民银行针对现阶段我国电子支付业务的现状，借鉴国际上相关的先进经验，起草了《电子支付指引（征求意见稿）》，向社会各界公开征求意见。

6月10日，中国人民银行副行长苏宁在出席京、津、冀跨区域票据自动清分系统运行仪式时指出，要充分认识建立票据跨同城区域交换、扩大支票使用范围、促进支票使用和流通的重大意义；积极稳妥地做好支票截流试点工作，为扩大支票使用范围探索新的途径；要为扩大票据交换区域创造良好的法律环境和社会信用环境，推动我国非现金支付工具的使用。

6月10日，为促进支付服务市场健康发展，规范支付清算行为，提高清算效率，防范清算风险，维护金融稳定，中国人民银行根据有关法律法规，通过对目前我国支付服务市场情况的调查研究，起草了《支付清算组织管理办法（征求意见稿）》，向社会各界公开征求意见。

6月12日，中国人民银行有关部门研究了申银万国证券股份有限公司和华安证券有限责任公司提出的再贷款申请。经贷前调查，这两家公司经营基本正常，没有发现挪用客户证券交易结算资金情况，但存在流动性困难。为支持证券市场稳健发展，推动股权分置问题的解决，中国人民银行有关部门拟对这两家证券公司给予再贷款支持。

6月12日，中国证监会公开征求《关于实施股权分置改革的上市公司的控股股东增持社会公众股份有关问题的通知》的修改意见。

6月13日，为规范资产支持证券信息披露行为，维护投资者合法权益，保证资产支持证券试点的顺利进行，促进银行间债券市场的健康发展，中国人民银行制定了《资产支持证券信息披露规则》。

6月13日，为促进资本市场发展，经国务院批准，财政部、国家税务总局发出《关于股息红利个人所得税有关政策的通知》。

6月13日，为促进资本市场发展和股市全流通，推动股权分置改革试点的顺利实施，经国务院批准，财政部、国家税务总局发出《关于股权分置试点改革有关税收政策问题的通知》。

6月14日，中国证监会尚福林主席与尼日利亚证券交易委员会穆萨·艾尔法基总干事在北京签署了《证券期货监管合作谅解备忘录》。至此，中国证监会已与25个国家及地区的监管机构签署了28个监管合作备忘录。

6月15日，为规范资产支持证券的登记、托管、交易和结算等行为，维护投资者合法权益，推动债券市场的健康发展，根据《全国银行间债券市场债券交易管理办法》和《全国银行间债券市场债券交易流通审核规则》等有关规定，就资产支持证券在银行间债券市场的登记、托管、交易和结算等有关事项发布公告。

6月16日，央行公布《资产支持证券信息披露规则》，规范资产支持证券信息披露行为，维护投资者合法权益，保证资产支持证券试点的顺利进行，促进银行间债券市场的健康发展。

6月17日，中国证监会国际顾问委员会第二次会议在上海召开。

6月19日，中国银监会召开金融资产管理公司专项治理工作会议。银监会主席刘明康传达了国务院领导同志的重要讲话，要求进一步加大对金融资产管理公司不良资产处置中违法违规行为与案件进行专项治理的力度。银监会副主席唐双宁、主席助理车迎新也分别针对专项治理的内容做了重要讲话。会议要求，坚持标本兼治，重在治本，多管齐下，在严肃查处违法违规违纪问题的同时，加快推进相关法规制度建设，督促金融资产管理公司加强内部管理，提高内控有效性，配合有关部门改善不良资产处置外部环境，逐步建立起金融资产管理公司健康发展的长效机制。

6月22日，针对美国信用卡资料外泄波及中国持卡人事件，中国人民银行支付结算司负责人在接受新闻媒体采访时表示，中国人民银行高度关注美信用卡外泄波及中国持卡人事件，要求相关的万事达、Visa等信用卡组织妥善处理中国持卡人信用卡信息泄露问题。

6月23日，中国银监会在杭州召开了首次商业银行业务创新座谈会，会议主题是在防范风险前提下支持商业银行业务创新。工商银行、中国银行、建设银行、招商银行、光大银行、民生银行等6家商业银行负责同志和银监会有关部门负责同志以及浙江、上海、江苏、广东、深圳等5个银监局的负责同志参加了座谈会。

6月24日，为进一步规范股息红利税收政策，加强税收征管，财政部、国家税务总局发出《关于股息红利有关个人所得税政策的补充通知》。

6月24日，为了进一步规范股息红利税收政策，加强退库管理，财政部、国家税务总局、中国人民银行发出《关于股息红利个人所得税退库的补充通知》。

6月26日，温家宝总理在第六届亚欧财长会议开幕式上指出，人民币汇率改革要坚持主动性、可控性和渐进性三项原则。

6月27日，中国人民银行行长周小川出席在瑞士巴塞尔召开的国际清算银行第75届股东大会暨该行成立75周年庆祝活动。来自国际清算银行55家股东中央银行、客户中央银行以及国际金融组织的近300名代表参加了会议。

6月27日，中国证监会尚福林主席与越南证券委员会陈春河主席在北京签署了《证券期货监管合作谅解备忘录》。至此，中国证监会已与26个国家及地区的监管机构签署了29个监管合作备忘录。

6月28日，国务院扶贫开发领导小组办公室、财政部、中国人民银行、中国银监会联合下发《关于开展建立“奖补资金”推进小额贷款到户试点工作的通知》（国开办发［2005］60号），开展建立“奖补资金”推进小额贷款到户的试点，继续探索扶贫贷款到户的有效机制，进一步扩大扶贫贷款到户的规模。

6月29日，中国人民银行货币政策委员会召开2005年第二季度例会。

6月30日，经国务院批准，中国人民银行与四家资产管理公司和工行分别签订专项再贷款和专项中央银行票据协议书。

7月1日，中国人民银行货币政策委员会召开2005年第二季度例会。

7月5日，中国银监会出台清理工作人员个人贷款（不含纯个人消费性质的贷款）、经商办企业、入股金融机构和现场检查若干纪律规定及履职回避意见等三项举措。这既是银监会党委开展保持共产党员先进性教育活动整改的成果，也是贯彻落实中央《建立健全教育、制度、监督并重的惩治和预防腐败体系实施纲要》的要求，从制度建设入手，进一步加强对监管权力的制约和监督，保证依法公正廉洁监管，建立健全案件防范长效机制的重要举措。

7月13日，为进一步推进和深化城市信用社整顿工作，指导和加强城市信用社监管，基本消除城市信用社风险隐患，加快城市信用社改革发展步伐，中国银监会发布《城市信用社监管与发展规划》，确立了今后一段时期城市信用社监管与发展的思路、重点和总体目标。

7月21日，中国人民银行发布关于完善人民币汇率形成机制改革的公告。

7月21日，为进一步贯彻落实《国务院关于推进资本市场改革开放和稳定发展的若干意见》，加强对上市公司开展投资者关系工作的指导，保障当前股权分置改革工作的顺利推进，把保护投资者特别是社会公众投资者的合法权益落在实处，中国证监会制定并发布《上市公司与投资者关系工作指引》。

7月22日，中国人民银行决定上调境内商业银行美元、港币小额外币存款利率上限。其中，一年期美元、港币存款利率上限均提高0.5个百分点，调整后利率上限分别为1.625%和1.5%。

7月26日，中国人民银行新闻发言人为准确理解人民币汇率形成机制改革，发布郑重声明：一是人民币汇率初始调整水平升值2%，是指在人民币汇率形成机制改革的初始时刻就作一调整，调整水平为2%，并不是指人民币汇率第一步调整2%，事后还会有进一步的调整。二是人民币汇率水平升值2%是根据汇率合理均衡水平测算出来的。这一调整幅度主要是从我国贸易顺差程度和结构调整的需要来确定的，同时也考虑了国内企业的承受能力和结构调整的适应能力。这个幅度基本上趋近于实现商品和服务项目大体平衡。三是渐进性是人民币汇率形成机制改革的一个重要原则。渐进性是指人民币汇率形成机制改革的渐进性，而不是指人民币汇率水平调整的渐进性。人民币汇率制度改革重在人民币汇率形成机制的改革，而非人民币汇率水平在数量上的增减。

7月26日，中国人民银行宣布，将于每个工作日闭市后在中国人民银行网站发布《人民币汇率交易收盘价公告》，公布当日银行间外汇市场美元等交易货币对人民币汇率的收盘价。

7月28日，为促进和指导银行改善对小企业的融资服务，落实《国务院关于鼓励支持和引导个体私营等非公有制经济发展的若干意见》的精神，解决小企业“融资难、贷款难、结算难”的问题，中国银监会近日发布了《银行开展小企业贷款指导意见》。

7月29日，日前，中国银监会在合肥召开金融资产管理公司现场检查暨查处工作会议，对上半年金融资产管理公司接收中、建、交三行二次剥离不良贷款现场检查及银监会、监事会和审计署发现问题查处等监管工作进行交流，分析当前监管工作面临的严峻形势、监管重点和难点，研究具体解决措施，并对今后监管工作作了动员部署。

8月2日，国家外汇管理局发布实施《关于放宽境内机构保留经常项目外汇收入有关问题的通知》，根据境内机构经常项目外汇收支实际情况，将境内机构经常项目外汇账户保留现汇的比例，由原来的30%和50%调高至50%和80%。

8月3日，国家外汇管理局发布实施《关于调整境内居民个人经常项目下因私购汇限额及简化相关手续的通知》，进一步调整居民个人经常项目购汇政策，提高了境内居民个人经常项目下因私购汇指导性限额，简化相关购汇手续。对于持因私护照的境内居民个人出境旅游、探亲、考察等有实际出境行为的购汇指导性限额，由原来的等值3000美元和5000美元提高至5000美元和8000美元。

8月4日，中国人民银行下发《关于上海市志愿服务西部地区的国家助学贷款借款学生延期还贷问题的批复》（银办函［2005］349号），同意中国人民银行上海分行的请示，对上海市应届高校毕业生到西部地区贫困乡镇从事志愿服务工作中有国家助学贷款的学生，可以根据实际服务西部年限，相应延长其国家助学贷款还款期限1至2年。

8月8日，国家民委、国家发展改革委、财政部、中国人民银行、国务院扶贫办联合编制《扶持人口较少民族发展规划（2005—2010年）》（民委发［2005］150号），对人口在10万人以下的22个少数民族，通过采取扶贫贴息贷款、优惠利率等特殊政策措施，集中力量帮助这些民族加快发展。

8月8日，经国务院批准，中国银监会颁布实施《货币经纪公司试点管理办法》，拟在我国建立货币经纪制度。货币经纪公司是金融市场交易中介，业务涉及货币市场、资本市场和外汇市场的主要产品。引进货币经纪制度，设立货币经纪公司，对于增强市场的流动性和透明度，提高资金在金融市场上的运作及配置效率，促进金融市场的健康发展具有积极作用。《货币经纪公司试点管理办法》是借鉴国际经验，立足我国国情，经反复调研后制定的。它的公布，将有利于推动货币经纪公司的建立与发展。

8月9日，为建立和完善社会主义市场经济体制，充分发挥市场在资源配置中的基础性作用，满足国内经济主体规避汇率风险的需要，中国人民银行发布《关于扩大外汇指定银行对客户远期结售汇业务和开办人民币与外币掉期业务有关问题的通知》。

8月10日，为进一步完善社会主义市场经济体制，提高汇率形成的市场化程度，为银行和企业提供更多的风险管理工具，中国人民银行发布《关于加快发展外汇市场有关问题的通知》，决定推出有关改革措施，进一步推进我国银行间外汇市场的发展。

8月10日，中国人民银行上海总部挂牌成立。

8月11日，为指导各银行深入学习贯彻银监会发布的《银行开展小企业贷款业务指导意见》精神，促进各银行统一思想认识，尽快转变观念，加快小企业贷款产品、机制和管理方式的创新，使小企业贷款服务有一个新的突破，中国银监会召集国内主要商业银行、三家政策性银行、部分城市商业银行分管行长和部门负责人以及各银监局分管局长在北京召开银行小企业贷款业务培训会。银监会主席刘明康出席会议并作重要讲话。

8月15日，中国外汇交易中心正式推出银行间远期外汇交易品种，外汇交易系统同时自动升级。当日，中国工商银行和中国建设银行共成交2笔美元对人民币远期交易，期限分别为1个月和1年。

8月15日，为规范基金的投资运作，保护基金份额持有人的合法权益，根据《证券投资基金法》、《证券投资基金运作管理办法》及其他有关规定，中国证监会发出《关于股权分置改革中证券投资基金投资权证有关问题的通知》。

8月16日，国家外汇管理局发布《关于调整境内银行为境外投资企业提供融资性对外担保管理方式的通知》，进一步加大对境外投资的支持力度。将境内外汇指定银行为中国境外投资企业融资提供对外担保的管理方式，由逐笔审批调整为年度余额管理。同时将实施对外担保余额管理的银行范围由个别银行扩大到所有符合条件的境内外汇指定银行，将可接受境内担保的政策受益范围由境外中资企业扩大到所有境内机构的境外投资企业。该《通知》自2005年9月1日起施行。

8月17日，为使我国的财产保险以及短期人身险业务的最低偿付能力额度标准能够更加符合我国实际，促进我国保险业稳定持续健康快速发展，中国保监会对《保险公司偿付能力额度及监管指标管理规定》的第四条进行了修订。

8月17日，为加强债券投资管理，丰富投资品种，优化资产结构，有效分散风险，提高资产质量，中国保监会根据保险资金投资和债券市场需要，制定并印发《保险机构投资者债券投资管理暂行办法》。

8月18日，中国人民银行公布《中国人民银行个人信用信息基础数据库管理暂行办法》。这是我国征信体系建设中的一件大事，它对保障个人信用信息基础数据库的正常运行，促进我国征信业稳定健康发展将发挥重要作用。

8月23日，中国人民银行决定自即日起上调境内商业银行美元、港币小额外币存款利率上限。其中，一年期美元、港币存款利率上限均提高0.375个百分点，调整后利率上限分别为2.000%和1.875%

8月30日，国务院批复《中国人民银行、银监会、保监会关于商业银行和保险机构投资者投资资产支持证券问题的请示》，允许商业银行、保险机构投资者投资资产支持证券。

9月1日，中国人民银行农村信用社改革试点专项中央银行票据发行兑付考核评审委员会第二次例会决定，对553个县（市）发行第七期农村信用社改革试点专项中央银行票据393亿元。

9月1日，为进一步规范投资行为，确保《保险外汇资金境外运用管理暂行办法》的有效实施，经国家外汇管理局同意，中国保监会制定并印发《保险外汇资金境外运用管理暂行办法实施细则》。

9月4日，反洗钱工作部际联席会议第二次工作会议在京召开。会议的主要任务是总结联席会议运作一年来的工作情况，讨论部署今后一段时期的工作任务，重点研究部署我国接受金融行动特别工作组（FATF）评估的准备工作。部际联席会议23个成员单位的负责同志参加会议。部际联席会议召集人、中国人民银行行长周小川作主题发言，国务院副秘书长尤权出席会议并讲话，中国人民银行副行长项俊波主持会议并对《接受FATF评估准备工作方案》作了起草说明。

9月4日，为进一步贯彻落实《国务院关于推进资本市场改革开放和稳定发展的若干意见》和《关于上市公司股权分置改革的指导意见》精神，规范上市公司股权分置改革工作，促进资本市场改革开放和稳定发展，保护投资者的合法权益，中国证监会制定并发布《上市公司股权分置改革管理办法》。

9月5日，中国人民银行在京召开“中国支付体系建设情况”新闻发布会。中国人民银行副行长苏宁全面介绍了中国支付体系的建设情况。

9月8日，为加强人民币图样使用的管理和规范流通人民币经营、装帧行为，维护人民币信誉，中国人民银行制定并发布《人民币图样使用管理办法》和《经营、装帧流通人民币管理办法》，自2005年10月10日起施行。

9月15日，中国人民银行与中国银监会联合印发了《农村信用社改革试点专项中央银行票据兑付考核操作程序》（银发［2005］247号），提高了农村信用社改革试点专项中央银行票据兑付考核工作效率和质量。

9月16日，中国人民银行货币政策委员会召开2005年第三季度例会。会议深入分析了当前国内外经济金融形势，认为当前我国经济继续保持平稳较快增长，金融运行良好，汇率形成机制改革平稳实施，人民币汇率实现双向浮动，远期市场升值预期幅度有缩小的迹象。会议研究了下一阶段货币政策取向和措施，认为应继续执行稳健的货币政策，进一步提高金融宏观调控的前瞻性、科学性和有效性。

9月17日，为深入了解国际存款保险制度的先进经验和良好做法，探讨我国存款保险制度设计的可行性，推动建立适合中国国情的存款保险制度，中国人民银行在大连举办“存款保险国际论坛”。国际存款保险协会，美国、加拿大、日本、韩国、印度、马来西亚、菲律宾、俄罗斯、波兰、匈牙利、巴西、尼日利亚等国的存款保险机构和中央银行以及我国台湾、香港地区存款保险机构的负责人，国家发改委、财政部、国务院法制办、银监会、证监会、保监会、国务院发展研究中心等部门、科研机构的官员和专家学者，中国人民银行各分行和中心支行负责人共140余人与会。中国人民银行周小川行长、苏宁副行长、国务院法制办宋大涵副主任、银监会车迎新主席助理及国际存款保险协会主席萨伯林出席了会议。

9月20日，为规范和促进票据业务健康发展，进一步明确票据业务的相关制度，中国人民银行发出《关于完善票据业务制度有关问题的通知》。

9月21日，中国银监会公布《股份制商业银行董事会尽职指引（试行）》，旨在规范股份制商业银行董事会的运作，有效发挥董事会的决策和监督功能，维护商业银行安全及稳健运行。

9月22日，中国人民银行和世界银行在北京共同举办“为了一个更安全的世界：反洗钱与反恐融资高级研讨会”。来自世界银行、金融行动特别工作组、国际货币基金组织、联合国毒品犯罪办公室，美国、英国、法国、加拿大、澳大利亚、泰国等国的反洗钱管理部门，全国人大常委会预工委、法工委，反洗钱工作部际联席会议各成员单位，国务院发展研究中心、中国社会科学院、北京大学、中国政法大学，各国有商业银行、股份制商业银行的百余名代表出席会议。

9月22日，国家外汇管理局发布实施《关于调整银行结售汇头寸管理办法的通知》，将现行结售汇周转头寸涵盖范围扩展为外汇指定银行持有的因人民币与外币间交易而形成的外汇头寸，并实行结售汇综合头寸管理。

9月23日，中国人民银行发布实施《关于进一步改善银行间外汇市场交易汇价和外汇指定银行挂牌汇价管理的通知》。该通知扩大了银行间即期外汇市场非美元货币对人民币交易价的浮动幅度，从原来的上下1.5%扩大到上下3%；调整了银行对客户美元挂牌汇价的管理方式，实行价差幅度管理，美元现汇卖出价与买入价之差不得超过交易中间价的1%；现钞卖出价与买入价之差不得超过交易中间价的4%，银行可在规定价差幅度内自行调整当日美元挂牌价格。另外，还取消了银行对客户挂牌的非美元货币的价差幅度限制，银行可自行制定非美元对人民币价格，可与客户议定所有挂牌货币的现汇和现钞买卖价格。

9月29日，为规范商业银行个人理财业务发展，提高商业银行业务经营和风险管理水平，增强综合竞争力，加强监管，中国银监会借鉴国际先进经验，结合我国商业银行理财业务发展情况和现有金融法律制度，制定并颁布《商业银行个人理财业务管理暂行办法》和《商业银行个人理财业务风险管理指引》。

10月6日，中国银监会在京举办第一期股份制商业银行和城市商业银行监管处长培训班。银监会主席刘明康、副主席唐双宁分别在培训班上作了讲话。此次培训是银监会全面实施全系统监管干部培训规划、努力提高银行业监管专业性、持续性和有效性的重要举措。为适应目前监管形势的需要，银监会根据现有人才队伍结构、层次、质量的实际情况，研究制定了近3至5年人才队伍建设、培训、引进规划，致力形成一支专业配套、梯次合理、素质优良、新老衔接、充分适应我国银行业监管发展需要的人才队伍。

10月7日，中国银监会在北京召开大银行公司治理考核标杆国际研讨会，讨论修订银监会于2004年3月11日发布的《关于中国银行、中国建设银行公司治理改革与监管指引》。银监会主席刘明康、主席助理车迎新出席会议并讲话。

10月9日，中国人民银行批准国际金融公司和亚洲开发银行在全国银行间债券市场分别发行人民币债券11.3亿元和10亿元。这是中国债券市场首次引入外资机构发行主体，是中国债券市场对外开放的重要举措和有益尝试。

10月14日，中国保监会发布《再保险业务管理规定》，自2005年12月1日起施行。

10月14日，由中国人民银行、中国金融会计学会主办的“国际会计准则高级研讨会”在北京召开。会议就国际会计准则与中国国有商业银行股份制改革问题展开了深入的研讨。中国人民银行副行长、中国金融会计学会会长吴晓灵出席会议并做专题报告。中国银监会副主席李伟，以及财政部、中国会计准则委员会、商业银行的有关负责同志在会上发言。

10月15日，中国人民银行决定自即日起上调境内商业银行美元、港币小额外币存款利率上限。其中，一年期美元、港币存款利率上限均提高0.5个百分点，调整后利率上限分别为2.5%和2.375%

10月17日，为体现在加强《清迈倡议》有效性方面所取得的进展，中国人民银行和印度尼西亚银行根据《清迈倡议》框架签署货币互换协议。根据此协议，印尼在需要短期流动性支持时，可以印尼盾对美元互换的形式从中国取得不超过20亿美元的融资支持。

10月18日，根据中国人民银行的统一部署，全国银行间同业拆借中心与中央国债登记结算有限责任公司共同开发的交易系统与簿记系统数据接口开始试运行，试运行为期3个月，之后两系统将正式实现连接运行。本次上线的接口功能覆盖质押式回购、买断式回购、现券买卖三种业务类型，远期交易功能将于11月8日上线。这是继去年11月8日簿记系统与支付系统连接实现DVP以来，银行间债券市场基础设施建设的又一重大进展。

10月21日，针对目前犯罪分子利用手机短信或电话的方式骗取持卡人银行卡资金案件多发的情况，中国人民银行发出通知，要求各商业银行和有关单位利用各种途径和渠道，向持卡人告知短信诈骗情况，提醒持卡人及时防范；并要求开通自动取款机（ATM）跨行转账业务的商业银行对每日转账的金额和次数进行限制；统一使用各商业银行客户服务电话向持卡人提供短信服务；配合公安机关做好银行卡短信诈骗案件的侦查工作。

10月21日，为强化法人监管和属地监管，增强风险监管的时效性，中国银监会按照“加强法人监管、加强属地监管、加强联动监管和提高监管效率”的原则，制定下发了《对部分股份制商业银行实施联动监管与职责分工的指导意见（暂行）》，对部分股份制商业银行的监管职责进行了调整。此次调整主要包括上海、浙江、山东、广东、深圳、天津等6家银监局。

10月21日，为引导境内机构合理、有序利用外资，抑制短期外债过快增长，进一步规范外债管理，国家外汇管理局发布《关于完善外债管理有关问题的通知》。

10月28日，首届中国与欧盟金融服务与监管圆桌会议在上海召开。此次会议由中国人民银行和欧盟委员会联合主办，是中欧双方在金融服务与监管领域的一次高水平的对话，为今后双方在这一领域深入合作开创了一个新局面。中国人民银行行长周小川、上海市市长韩正、中国银监会主席刘明康、欧盟内部市场与服务总司总司长绍布、欧盟驻华大使安博在开幕式上先后致辞和发言。中国人民银行副行长、上海总部主任项俊波主持了开幕式。来自中国人民银行和中国的银行、证券、保险业监管部门及有关机构的负责人，欧盟和欧洲议会负责金融和货币政策的高级官员、议员及欧洲金融业的高层人士参加了会议。

10月28日，中国银监会专司银行业金融机构业务创新研究和协调的监管部门——业务创新监管协作部宣布正式成立。

10月30日，中国人民银行发布了《电子支付指引（第一号）》（中国人民银行公告［2005］第23号，以下简称

《指引》)，对银行从事电子支付活动提出了指导性要求。《指引》自发布之日起施行。《指引》的实施将有利于规范电子支付活动，推动电子银行业务和电子商务的健康、有序发展；有利于明确电子支付活动参与各方的权利义务，确保银行和客户资金安全，防范支付风险；有利于推动支付工具创新，提升支付服务质量；有利于防范和打击洗钱及其它金融违法犯罪活动。《指引》的发布标志着中国人民银行在电子支付规则制定方面取得了新的进展，相关规则将逐步得以建立和完善。由于电子支付活动中支付工具和支付方式的复杂性、参与主体的多样性以及其快速的创新，中国人民银行将针对电子支付业务的特点、模式和参与主体的不同，根据不同发展阶段的管理要求，陆续出台一系列相应的"指引"，逐步建立和完善电子支付业务规则，对电子支付进行较为全面的指导。

11 月 1 日，为进一步满足香港人民币业务发展需要，经国务院批准，中国人民银行决定扩大为香港银行办理人民币业务提供平盘及清算安排的范围。

11 月 2 日，中国人民银行征信管理局与上海证券交易所签订了备忘录，就双方共享监管信息、合作推进证券市场诚信建设等事项进行了安排。中国人民银行征信管理局与上证所的有关负责人在签署备忘录时表示，这项合作是证券市场诚信建设过程中的一项重要工作，双方将以此为起点，探索在更深更广泛领域的合作，共同推进证券市场诚信建设。

11 月 2 日，为使保险统计现场检查工作规范化、制度化，确保保险统计信息质量，充分发挥保险统计服务保险监管和保险业发展的作用，中国保监会制定并印发《中国保监会保险统计现场检查工作规程》。

11 月 6 日，鉴于广东证券股份有限公司（以下简称广东证券）严重违法违规经营，风险巨大，且一直未采取措施整改自救，不再具备持续经营能力，为严肃法纪，维护证券市场稳定，保护投资者和债权人合法权益，中国证监会对广东证券作出取消证券业务许可，并责令关闭的行政处罚。同时，中国证监会决定委托中国证券投资者保护基金公司自 2005 年 11 月 4 日收市后组织成立托管清算组，对广东证券实施托管清算。托管清算期间，广东证券客户证券交易正常进行，债权人的合法权益将得到保护。

11 月 7 日，中国人民银行在京发布了 2005 年《中国金融稳定报告》。这是中国人民银行首次发布《中国金融稳定报告》。2005 年《中国金融稳定报告》对中国金融体系的稳定状况进行了全面评估。报告认为，在党中央、国务院的正确领导下，在有关各方的共同努力下，中国金融业不断深化改革、扩大开放，妥善处理了体制转轨时期积累的金融风险，中国金融总体保持稳定。报告也提出了当前维护金融稳定需要关注的问题及相应的政策建议。《中国金融稳定报告》的出版对维护中国金融稳定具有重要的现实意义。该报告将与《中国人民银行年报》、《中国货币政策执行报告》共同成为中央银行对外发布的三大重要报告。今后中国人民银行将按年度编写和发布《中国金融稳定报告》。

11 月 7 日，中国银监会发布《金融机构信贷资产证券化试点监督管理办法》。该办法从市场准入、业务规则和风险管理、资本要求等方面，对银监会所监管金融机构的信贷资产证券化业务活动进行了全面的规范。该办法的颁布实施，标志着我国的信贷资产证券化试点进入了最后实施阶段。该办法自 2005 年 12 月 1 日起施行。

11 月 8 日，中国银监会召开了银行业金融机构案件专项治理第七次工作会议。国务院副秘书长尤权出席会议并讲话。银监会主席刘明康对下一步案件专项治理工作进行了部署，审计署、公安部、监察部和最高人民检察院的有关负责人到会。

11 月 10 日，为规范自动质押融资业务，加强银行体系流动性管理，提高清算效率，防范和化解支付风险，中国人民银行制定了《中国人民银行自动质押融资业务管理暂行办法》，并予公布。该办法自 2005 年 12 月 8 日起施行。

11 月 10 日，中国保监会发布《财产保险公司保险条款和保险费率管理办法》，自 2006 年 1 月 1 日起施行。

11 月 14 日，为督促各行切实纠正虚增存款的不良倾向，中国银监会召开股份制商业银行座谈会。会议详细列举了虚增存款的各种方式，深刻剖析了造成存款虚增的种种原因，尖锐指出了存款虚增的极端危害性。

11 月 15 日，中国反洗钱监测分析中心与韩国金融情报分析院在北京签署了反洗钱和反恐融资金融情报交流合作谅解备忘录。合作谅解备忘录的签署标志着中韩两国将在预防和打击洗钱和恐怖主义融资领域展开金融情报的交流与合作，这是我国的金融情报机构首次与他国金融情报机构签署合作谅解备忘录。中国人民银行副行长项俊波在签字仪式后会见了韩方代表团，并祝愿两国在反洗钱与反恐融资领域的合作取得成功。

11 月 18 日，为提升全行业服务水平，规范人身保险合同的内容与格式，提高保单信息的准确性、全面性及可读性，保护消费者利益，中国保监会制定并发布《人身保险保单标准化工作指引（试行）》。

11 月 18 日，为配合《货币经纪公司试点管理办法》的实施，中国银监会颁布《货币经纪公司试点管理办法实施细则》。该细则的颁布与实施，是对《试点办法》的细化和补充，有助于正确理解和执行《试点办法》，增强《试点办法》的可操作性。

11 月 23 日，为切实加强对商业银行市场风险的监管，中国银监会发布《商业银行市场风险监管现场检查手册》。

11 月 24 日，国家外汇管理局发布《银行间外汇市场做市商指引（暂行）》及《关于在银行间外汇市场推出即期询价交易有关问题的通知》，决定在银行间外汇市场引入做市商制度，并于明年初在银行间市场推出即期询价交易方式。

11 月 25 日，全国银行业金融机构信息安全保障工作会议在京召开。中国人民银行副行长苏宁作了题为《深化认识，扎实提高，开创银行信息安全保障工作新局面》的主题报告，科技部副部长马颂德出席了会议。

11 月 27 日，国家外汇管理局国际收支分析小组发布 2005 年上半年《中国国际收支报告》，这是该局首次发布国际收支报告。

11 月 28 日，中国人民银行发布《关于积极做好防控禽流感疫情相关金融服务工作的通知》。

11 月 28 日，中国银监会在厦门召开 12 家股份制商业银行稽核（内审）工作座谈会。会议的中心议题是总结经验，加强交流，防范风险，进一步提升商业银行稽核监督工作有效性。会议总结了股份制商业银行在稽核监督工作和案件专项治理工作方面取得的成绩，并就商业银行稽核中心模式与效果、如何加强对支行层面的监督检查以及如何更好地落实问责制等 10 多个专题进行了深入的讨论。

12 月 1 日，中国银监会公布《中国银行业监督管理委员会法律工作规定》，该规定从规划立项、论证起草、审查公布、解释咨询、检查评价、清理汇编等各个环节入手，着力建立一个科学有序的法律工作流程，全面规范和促进银监会的法律工作。该规定自 2006 年 2 月 1 日起施行。

12 月 3 日，为履行我国加入世界贸易组织承诺，提高对外开放水平，中国银监会发布《关于进一步对外开放银行业相关事项的公告》。

12 月 6 日，华盛顿时间 2005 年 12 月 5 日上午，中国银联股份有限公司和美国发现金融服务公司（Discover）在美国纽约举行中国人民币银联卡在美国的受理业务开通仪式。正在美国访问的中国人民银行副行长苏宁出席了开通仪式，宣布自即日起人民币银联卡在美国实现受理。苏宁还宣布人民币银联卡在印度尼西亚、菲律宾、越南、德国、法国、西班牙和卢森堡的受理业务近期也已开通，今年底明年初还将陆续在澳大利亚、新西兰、日本、马来西亚等国家开通受理业务。

12 月 7 日，为规范养老保险和健康保险经营行为，保护被保险人和受益人的合法权益，中国保监会起草了《养老保险管理办法（草案）》和《健康保险管理办法（草案）》，并就两部草案向社会公开征求意见。

12 月 9 日，由中国人民银行主办的金融知识展览在国家博物馆正式开幕。这是一次别开生面的大型公益展览，是中央银行首次以展览形式向广大社会公众普及金融基础知识。展览全方位地介绍了金融的基本原理和实用知识，特别是老百姓生活中必备的金融常识，目的是提高个人和家庭的理财能力，增强全民的金融法制观念、信用观念和风险意识，夯实金融业的安全健康运行的根基，打造社会和谐发展的基石。中国人民银行副行长吴晓灵、北京市副市长范伯元、银监会纪检书记胡怀邦、证监会主席助理姚刚、保监会副主席周延礼出席开幕仪式并共同为展览剪彩。

12 月 9 日，中国人民银行批准信贷资产证券化试点单位在银行间债券市场发行资产支持证券，中诚信托投资有限责任公司获准发行不超过 43 亿元的信贷资产支持证券，中信信托投资有限责任公司获准发行不超过 31 亿元的个人住房抵押贷款支持证券。两只信贷资产支持证券的发起机构分别是国家开发银行和中国建设银行，两家银行分别以自己的信贷资产设立特定目的信托并委托信托公司管理，信托公司则以信贷资产支持证券形式在银行间债券市场发行受益证券，并以信托财产所产生的现金支付本金和利息。至此，信贷资产证券化试点已经进入资产支持证券的发行阶段。

12 月 11 日，为规范保险经纪机构开展异地业务行为，维护投保人和被保险人利益，中国保监会中介部发出《关于保险经纪机构开展异地业务有关问题的通知》。

12 月 13 日，深圳票据影像处理系统投产运行暨上海黄金交易所深圳备份交易中心开业仪式在深圳举行。中国人民银行副行长苏宁、深圳市副市长陈应春出席了仪式。

12 月 14 日，中哈金融合作分委会第二次会议在北京举行。分委会中方主席、中国人民银行副行长胡晓炼与分委会哈方主席、哈萨克斯坦国家银行副行长塔吉雅科夫分别率领两国中央银行、金融监管当局及商业银行等部门的代表出席了会议。双方与会代表交流了两国经济金融形势，并就扩大两国金融合作、开展边贸本币结算、加强银行监管领域的合作及反洗钱等议题进行了深入的讨论，达成了一系列共识。

12 月 15 日，为防范伪卡欺诈风险，实现银行卡多功能应用，应对国际 EMV 发展趋势，中国人民银行制定了我国银行 IC 卡“积极应对，审慎实施”的发展战略，组织各商业银行和中国银联积极推动我国银行 IC 卡稳步发展，并及时颁布了《中国金融集成电路（IC）卡规范》（2005 版）以规范和指导银行 IC 卡技术应用。经过科学严密的项目论证、需求分析、系统建设，中国金融 IC 卡借记/贷记应用根 CA 系统的建设工作已完成。11 月 29 日，中国人民银行组织各商业银行、中国银联召开了“中国金融 IC 卡借记/贷记应用根 CA 系统验收会”，与会专家一致认为金融 IC 卡借记/贷记应用根 CA 系统满足业务需求和技术指标要求，可正式为我国银行 IC 卡借记/贷记应用提供服务。中国金融 IC 卡借记/贷记应用根 CA 系统将成为我国金融安全又一重要基础设施，为促进我国银行 IC 卡应用奠定坚实基础。

12 月 15 日，为统一现场检查标准，规范现场检查程序，提高现场检查的质量和效率，中国银监会发布《中国银行业监督管理委员会现场检查规程》。

12 月 19 日，为了进一步落实十六届三中全会及《证券法》和《公司法》的有关精神，继续推动公司债券市场的发展，中国人民银行发布了《公司债券进入银行间债券市场交易流通的有关事项公告》（［2005］第 30 号），推出了规范公司债券交易流通，促进公司债券市场发展的举措。公告内容包括：简化审核程序，将公司债券交易流通审核从事前审批改为核准制；允许所有银行间债券市场投资者投资公司债券；要求发行人进行持续信息披露和跟踪信用评级；鼓励做市商和承销商对公司债券进行双边报价等。

12 月 19 日，为加强偿付能力监管，科学评估保险公司的偿付能力，中国保监会研究制定并发布偿付能力报告编报规则。

12 月 19 日，中国银监会正式批准全国首家合资货币经纪公司——上海国利货币经纪有限公司的开业申请，这标志着货币经纪服务正式进入中国金融市场。这是继中国银监会批准汽车金融公司以后，批准的又一类新的非银行金融机构，对健全与完善我国的金融体系有重要意义。

12 月 20 日，为进一步做好黄金制品进出口管理工作，规范黄金制品进出口行为，根据《中华人民共和国金银管理条例》，中国人民银行制定了《黄金制品进出口管理办法（征求意见稿）》，自即日起向社会公开征求意见。

12月20日，中国人民银行货币政策委员会2005年第四季度例会在北京召开。会议认为，2005年我国国民经济呈现增长较快、效益较好、价格平稳、活力增强的态势。按照党中央、国务院加强和改善宏观调控的统一部署，中国人民银行继续执行稳健的货币政策，综合运用各种货币政策工具，保持货币信贷合理增长。总体看，当前金融运行良好，新的人民币汇率形成机制运行平稳，人民币汇率弹性逐渐增强。

12月20日，中国银监会召开国有商业银行不良贷款工作座谈会，分析当前国有商业银行不良贷款情况，促进国有商业银行切实加强贷款管理，进一步做好不良贷款拨备和核销工作。银监会主席刘明康就国有商业银行提高贷款质量、建立风险管理长效机制发表了重要讲话。

12月22日，中国保监会发出关于颁布《中国人寿保险业经验生命表(2000—2003)》的通知。

12月22日，为贯彻落实上市公司辖区监管责任制，加强对上市公司高级管理人员培训工作的指导，进一步规范上市公司高级管理人员执业行为，促使上市公司高级管理人员在认真掌握有关法律、法规和规范的基础上，不断提高自律意识，推动上市公司规范运作，中国证监会制定并发布《上市公司高级管理人员培训工作指引》及相关实施细则。

12月23日，根据巴塞尔银行监管委员会关于“统一资本计量与资本标准的国际协议”的原则，结合我国银行业的资本现状，中国银监会下发《关于商业银行发行混合资本债券补充附属资本有关问题的通知》，允许符合条件的商业银行发行混合资本债券，并按照规定计入附属资本。

12月23日，为规范上市公司对外担保行为和银行业金融机构审批由上市公司提供担保的贷款行为，有效防范上市公司对外担保风险和金融机构信贷风险，中国证监会和中国银监会发出《关于规范上市公司对外担保行为的通知》。

12月26日，为有助于保险公司贯彻执行偿付能力报告编报规则，准确评估偿付能力，中国保监会研究制定并印发偿付能力报告编报规则实务指南。

12月28日，中国人民银行决定自即日起上调境内商业银行美元、港币小额外币存款利率上限。其中，一年期美元、港币存款利率上限分别提高0.5和0.25个百分点，调整后利率上限分别为3%和2.625%。

12月29日，为贯彻落实党中央、国务院关于解决“三农”问题、建立和谐社会、建设社会主义新农村的战略部署，提高农村金融服务水平，畅通农村金融机构汇路，为农民工提供方便快捷的汇款渠道，中国人民银行组织实施了农民工银行卡特色服务业务。该业务即日起在贵州省开始试点，中国人民银行副行长苏宁、贵州省副省长包克辛出席了“贵州省农民工银行卡特色服务试点开通仪式”。

12月30日，针对近期社会上出现的所谓“错版货币”问题，中国人民银行有关部门负责人就“错版货币”的真伪、危害和对策等问题回答了记者提问。

（罗滢）

政 治 学

综　述

2005年中国政治学研究综述

2005年，我国政治学界理论工作者和实际工作者坚持以马克思主义、毛泽东思想、邓小平理论及“三个代表”重要思想为指导，坚持“双百”方针和“解放思想、实事求是”的原则，在政治学研究领域取得了丰硕成果，在国内各个出版机构和期刊杂志出版政治学理论专著数十部、发表论文数百篇，繁荣了我国政治学理论研究园地，为我国政治学理论的发展、政治体制改革、民主政治建设、政府公共服务和社会管理等方面作出了积极的贡献。综合学者们的专著、论文等政治学理论成果来看，可以归纳为几下几个方面：

一、政治学基础理论研究

政治学基础理论一直是政治学学者重点研究的领域，也是促进我国政治学不断前进发展的基础，一年来，我国学者在该领域注重以马克思主义为指导，研究更加深入，理论研究与实际结合更加密切，在促进政治学与相关领域的发展中起到了重要的作用。总体上呈现以下特点：

（一）继续深化对马克思主义政治学理论的研究

马克思主义政治学理论具有极其丰富的内容。自从中共中央提出加强马克思主义理论研究和建设工程以来，对马克思主义政治学理论的研究，逐渐形成高潮，取得了不少成果。2005年政治学工作者对马克思主义政治思想的研究几乎涵盖了政治学诸多领域。

关于马克思主义政党学说：钟哲明在《马克思主义关于党的“先进性”和“先锋队”的理论》中认为，马克思恩格斯提出共产党人是最先进的部分，列宁论证了党是工人阶级的先进部队。马克思恩格斯多次谈到先锋队的问题，列宁有三个关于先锋队的提法。我党既称工人阶级的先进部队，又称工人阶级的先锋队，同时还是人民和民族的先锋队。只有坚持先进性与先锋作用的有机结合，才能保持党的性质不变。党的先进性和先锋作用来自先进阶级等四个方面，要全面建设、抓住根本。齐卫平的《执政能力建设：马克思主义党建学说的重大发展》认为，马克思恩格斯关于共产党建设的阐述，构成马克思主义党建学说的丰富内容，有着重大的指导意义。但由于时代条件的局限，缺乏对共产党执政条件下自身建设问题的思考。列宁和毛泽东的党建思想有许多发展，并对执政党建设作了探索，提出了一些重要观点，但尚未形成系统的理论。改革开放后，以邓小平和江泽民为核心的两代中共领导集体，在实践中高度重视党的建设问题，使执政党建设的理论逐渐丰富起来，在此基础上，形成了以执政能力建设为重点、全面推进党的建设的新的伟大工程的战略思路。这是对马克思主义建党学说的重大发展。吴日明在《列宁对巩固共产党执政地位的思考》中强调，列宁对巩固共产党执政地位的思考集中于以下几点：“根据经验来谈论社会主义”，不断深化对社会主义的认识，这是巩固共产党执政地位的重要前提；“以经济建设中的实际成绩来检查一切”，始终把经济建设摆在十分重要的位置，这是巩固共产党执政地位的坚实基础；“堡垒是最容易从内部攻破的”，要高度重视执政党的自身建设，这是巩固共产党执政地位的根本保证；“把自己的生存同资本主义的关系联系起来”，积极推行和平外交政策，这是巩固共产党执政地位的重要环节。张凤翱在《陈云对共产党执政规律的探索》中认为，陈云是探索共产党执政规律的开拓者之一。他从执政任务、执政能力、执政党的制度建设等方面对共产党执政规律进行了有益的探索。陈云的探索，对我们今天加强党的执政能力建设仍然具有重要的现实意义。而王学俭在《陈云的反腐倡廉思想及其现实意义》中则认为，陈云的反腐倡廉思想内容完备、切中时弊、自成体系，极大地丰富和发展了中国共产党的建党学说。这一学说为保持党的先进性和纯洁性，提高党的凝聚力和战斗力，发挥了重要的历史作用，对新时期加强党的执政能力建设，具有重要的理论指导意义。

关于马克思主义政治哲学：高靖生的《在走向体系化的途中——十年来国内邓小平政治哲学研究述评》认为，邓小平理论中蕴含着丰富而深刻的政治哲学思想，近年来，国内学者从邓小平政治哲学的性质与原则、研究对象、内容和理论贡献、方法论和研究规范等方面入手，进行了初步的研究和归纳。但总的来说，这些研究还流于零散和空泛，没有将邓小平政治哲学作为新时代中国建设的政治哲学系统来进行建构与研究，所以今后的研究方向应当是深刻地挖掘这些材料中的哲学内涵与政治哲学体系的建构。张丽君在《马克思的权利思想》中认为，马克思的权利思想是唯物史观的必然产物，在唯物史观的指导下，马克思根据所有制演化的历史描绘了权利在社会历史发展中的表现形态及私有财产权利、劳动权利和人的全面发展等权利的历史形态。申建林从对自然权利的认识出发，在其《论马克思对自然权利理论的质疑和超越》一文中认为，自然权利理论包含三个核心观念：人权以自然法和普通理性为根据，以个人为主体，以消极的形式上的权利为内容。他还考察了马克思对这三种观念的质疑，并通过分析马克思对法国《人权宣言》的批判而说明马克思对自我利益和个人权利认识的超越。曾与辉在《马克思的自由观》中认为，在人类思想史上，自由是一个备受关注而又十分复杂的问题。马克思以前人的思想成果为基础，第一次把自由建立在现实的基石之上，提出了与以往思想家根本不同的自由观念，深刻揭示了自由的真义，为人类留下了一笔珍贵的理论遗产，对中国特色社会主义建设事业具有十分重要的指导意义。程立显在《邓小平社会公正思想研究》中指出，邓小平的社会公正思想是全面建设小康社会的一面旗帜。由共同富裕原则和权利平等原则所构成的实质公正，加上民主法制化的制度公正、按劳分配原则和社会调控原则所构成的内容公正，是邓小平社会公正思想的肯定性表述；与之配套的还有一系列否定性表述，诸如提倡共同富裕的“反对平均主义”、“不搞两极分化”、“防左反右”等，以及提倡权利平等的“反对特权”、“反对特殊化”、“反对腐败”、“反对官本位”、“反对封建思想残余”等。此外，要“突出地提出和解决”两极分化问题，要认真实施“使民主制度化、法律化”的政治体制改革，要坚决反对腐败和封建主义残余，是邓小平为我们指出的争取社会公正的迫切任务。

关于马克思主义政治文明理论：秦宣的《邓小平政治文明建设思想论纲》认为，邓小平政治文明建设思想是邓小平理论的重要组成部分，它论述了社会主义政治文明建设的战略地位、目标、任务、本质、道路、基本方略、前提条件、动力、关键和根本保证等问题，初步形成了一个关于社会主义政治文明建设的学科体系，对新世纪、新阶段我国政治文明建设具有十分重要的指导意义。张子礼、房晓军在《邓小平社会主义政治文明思想的体系特征和理论特色》中认为，邓小平从几个方面勾画出了社会主义政治文明思想的内在思路和理论结构，具有严密的体系和科学的内在逻辑，并表现出鲜明的体系特征和理论特色。韦廷柒、林宁在《江泽民社会主义政治文明思想体系探析》中认为，江泽民在领导我党建设社会主义政治文明的伟大实践中，提出了建设社会主义政治文明是建设小康社会的重要目标；坚持党的领导、人民当家做主和依法治国的有机统一是社会主义政治文明建设的基本原则；制度建设是社会主义政治文明建设的主要途径等一系列理论问题，形成了内容丰富、体系完善的社会主义政治文明理论体系。张积毅的《毛泽东关于民主监督的思想浅议》总结了毛泽东对于民主监督思想的论述，比较系统地分析了共产党、共产党员及干部接受监督的必要性，进行民主监督的形式和方法，以及创建民主监督的政治氛围等问题。这对于实现党和国家政治生活的民主化具有重要的保障作用。龚廷泰在《论列宁关于权力监督的理论与实践》中指出，在列宁领导下的苏俄经济政策时期，为了防止国家机关及其工作人员滥用权力，建立有效的权力制约机制，保证社会主义国家公民权力的实现，列宁进行了艰巨的理论探索和卓越的制度创新。列宁对权力制约的理论探索和制度创新是按照权力制约的原则进行构想的，但又根本不同于西方资产阶级的权力制衡体制。列宁从法律监督的主体、客体、机制、原则和途径等方面来建构社会主义法律监督体系，从而使社会主义权力监督民主化、法制化。列宁认为，监督活动的主体是广大人民群众，人民的监督权至上；监督活动的对象是领导机关、领导干部，贯穿重心上移的原则，重点是对党和国家最高权力的制约，监督活动的多渠道畅通是保障人民监督权实现的具体途径，监督活动必须通过法律来保障，依法监督是权力监督机制的关键环节。深入研究列宁及其领导的布尔什维克党和苏维埃政权权力监督活动的理论和实践，对于我国实施依法治国、依法行政、规范党和国家的权力运行机制，从而实现建设社会主义法制国家的战略目标，无疑具有重要的领导作用和借鉴价值。

关于国家理论：龚廷泰的《列宁的国家结构理论研究》认为，列宁将马克思主义的宪法思想和国家结构理论与俄国的具体国情相结合，创造性地提出了具有俄国特色的国家结构理论。在俄国的国家结构形式问题上，列宁经历了一个由反对联邦制到赞成联邦制的转变过程。列宁在强调民族自决权问题的同时，把实现各民族一律平等看作是解放被压迫民族的重要原则。列宁主张的中央集权制并不是封建专制而是民主集中制，它并不排斥而是要求地方的区域自制。张俊国在《毛泽东国家政权思想的历史演变》中指出，毛泽东领导中国人民进行新民主主义革命的目的是要建立一个人民当家做主的政权。为此，他进行了长期的实践探索和理论探讨，最终确定了实行人民民主专政这种国体形式，这不仅为新中国的建立奠定了坚实的思想政治基础，也为建立和巩固新中国发挥了重要的作用。

关于其他政治思想：邹放鸣在《邓小平与中国社会主义意识形态建设》中认为，邓小平在开创中国特色社会主义现代化事业的过程中，通过拨乱反正，从基本原则的坚持、逻辑主题的扭转、评判标准的提出、价值导向的明确等方面，推进了当代中国意识形态建设新的科学架构的形成，对当前加强和改进社会主义意识形态建设提供了多方面的启示。孙力从和谐社会的角度来认识社会主义的理论，在其文章《马克思主义视野中的和谐社会——兼论中国特色社会主义理论》中认为，和谐是马克思恩格斯社会主义思想的一个基本价值，它源于马克思恩格斯对资本主义的批判和反思。新生的社会主义得到迅速发展，其中一个根本性的内在逻辑在于：社会主义的制度安排赋予人类社会以和谐，从而大大解放了生产力。中国的改革开放开辟了社会主义的崭新历程，构建社会主义和谐社会的重大战略任务的提出，标志了社会主义向更高的社会发展目标迈进，反映了我们党对现代化进程中社会主义价值追求的新思考，把经典作家论述的人的自由发展的伟大追求通过“和谐”这一社会存在和发展状况体现出来，无疑是科学社会主义思想的时代升华。刘雪明、魏星河的《邓小平政策思想的科学体系》认为，邓小平政策思想包含三个层次：第一层次是政策一般论，即邓小平关于政策的作用、功能、本质、特征、结构等问题的基本观点；第二层次是政策过程论，即邓小平关于政策的制定、执行、评价、稳定、发展等过程的分析和论述；第三层次是现实政策论，即邓小平关于政治、经济、文教、科技、社会等领域的具体政策主张。这三个方面相互联系、相互影响，形成一个完整的科学系体。沙健孙在《邓小平关于政治体制改革的思想》中，从社会主义政治制度的自我完善和发展、政治体制改革的目标、原则、方法和评价标准以及总方向等方面论述了邓小平关于政治体制改革的思想，并指出邓小平关于社会主义政治体制改革的思想是一个相当完整的体系，是邓小平在总结党长时期领导人民民主政治建设的实践经验的基础上提出来的，应当在新的历史条件下学习、坚持、运用、发展这些思想。

（二）重视基础理论的总结与研究

政治学的发展离不开对学科发展历程的回顾与总结，通过这一过程可以正视发展中存在的问题，展望发展的未来趋势，明确政治学学科的定位，从而能够促进政治学的发展和繁荣。王惠岩在《回顾与展望：发展中的中国政治学》中对中国政治学的成长历程进行了精要、全面的回顾，指出当代中国政治学发展的方向应该以马克思主义的立场、观点、方法为根本点，从中国的具体情况出发，建立具有中国特点的社会主义政治学，并明确了当前我国政治学发展应该研究的10个方面的重点问题，即马克思主义政治学基本价值理念研究、社会主义政治文明建设研究、中国共产党执政能力建设研究、建设服务型政府与管理现代化研究、转型时期政治稳定与构建社会主义和谐社会研究、国家统一战略和国家整合机制研究、政治全球化和政治多极化研究、国际民族主义和宗教问题研究、中国和平崛起的国际战略研究、当代西方政治思潮研究。王一程在《当代中国的政治学与政治发展》中介绍了中国政治学发展的历史与现状，指出了当前我国政治学领域的前沿和重大问题研究状况，指出我国政治学理论学科的学术发展趋势应该根据实施马克思主义理论研究和建设工程的要求，在政治学一系列基本理论和重大现实问题上不断加强马克思主义研究，以牢固确立和发展中国化的马克思主义政治学理论观点。王邦佐、潘世伟主编的《21世纪中国社会科学·政治学卷》以政治学为研究对象，回顾总结了政治学形成及其演进的历史轨迹。第一部分综述了政治学100年间从形成到发展，从创新到繁荣的演进过程；第二部分论述了政治学在100年间所取得的主要成就；第三部分以专题的形式介绍了各学科在100年间发生的重大争论情况，详述了它们的学术意义；第四部分综述了各学科在100年间建立的主要学术机构、重要学术社团、重要学术刊物及进行的中外学术交流，说明它们对本学科所起的作用；第五部分介绍了政治学的百年大事记。全书比较全面、系统、深入地反映了100年间政治学的全貌及其规律，是一部了解中国政治学100年发展状况的百科全书。王浦劬的《中国高校哲学社会科学发展报告2005》中的政治学部分从政治学理论与方法、中国政府与政治、公共行政与公共管理、政治学交叉学科等方面总结了2004年的主要学术成果，分析了存在的主要问题和发展趋势，认为就政治学自身的完善和研究的深入来看，还存在着学科分支和研究领域的分化与整合程度不高；政治学理论研究的深入程度不够；政治学研究的科学方法创新和运用不够；紧密结合我国社会主义政治实践，为实际服务方面尚有欠缺等问题。从未来发展状况看，可能出现学科体系逐步调整和完善，理论研究逐步系统化和拓展，研究方法逐步丰富和更新，与政治生活的联系得到加强等趋势。陈荷夫的《缅怀张友渔，学习张友渔——写在中国政治学会成立25周年、中国社会科学院政治学所成立20周年纪念日前夕》，以纪念张友渔为切入点，回顾了中国政治学以及中国政治学会和政治学研究所恢复、创建的过程，重点回顾了张友渔在这个过程中发挥的作用，系统阐述了张友渔对我国政治学的创建和发展提出的10条指导性意见，也即指导思想；政治学的特点和特色；政治学的研究对象；政治学的体系；政治学的中心和重点；政治学研究要反对两个教条论；政治学研究与学术自由；政治学研究要深入实际，调查研究；应加强政治学的基础理论研究与应用研究；积极推动政治学基本知识的普及和宣传。这些论述对于从事马克思主义政治学研究工作者具重要的指导意义。更多的学者以高度的社会责任感，就如何推动国中政治学的繁荣和发展提出了自己的设想和建议。郁建兴在《政治学发展的自我反思与中国政治学建构》中指出，建构中国政治学既要与国际的政治学发展接轨，又要实现政治学的本土化、中国化。这样就必须以马克思主义政治理论为指导；必须增强政治学的科学性，不仅尽量扩张数据的硬性方面，使之具备最大限度的可测量性和可比较性，而且尽量提高它的可理解性、可交流性；必须以中国特色社会主义民主政治建设为关怀点和归宿点。刘庆乐在《略论现代中国广义政治学范式的建立》中认为，现代中国政治学学说史研究主要集中在新中国成立以后特别是最近20多年，尚不能概括现代中国政治学发生的全貌，所以文章对中国政治学由传统向现代的嬗变进行了初步的梳理，以有助于现代中国政治学学说史的研究。张英魁在《建设当代中国特色政治学理论面临的三大任务》中认为，在建设社会主义政治文明的今天，学术界立足中国的政治、经济和文化背景来建构具有中国特色的政治学理论，不可避免地会面临历史遗留的核心出现的诸多方面的问题，理清障碍，明确认识，形成理性和科学的思维方式和指导原则，是建设中国特色政治学理论的基础。通过分析，作者认为，构建中国特色的政治学理论及体系面临三大任务，即明确政治学理论体系所承载任务的多层次化；提升和创新理论框架的科学化水平；加强政治学理论研究范式的本土化。王振海所著《公众政治论》一书，以公众为解析政治现象的出发点，分析公众在政治中的主体地位、公众对公共权力的委托与让渡、政府的公众代理工具特性和国家的公共属性，进而揭示了理性政治的价值导向，即倡导公众政治观、民主政治观、公共政治观和公众自下而上的参与政治、制约权力及治理国家的社会政治观，消解人们对政治的诸多鄙夷和误解，还政治以本来面貌。涉及到以下政治理念的转型：由天然政治到委托政治，由强制政治到市场政治，由统治政治到治理政治，由阶级政治到公共政治，由专制国家到宪政国家，由全能政府到代理政府，由支配型政府到服务型政府，由私有权力到公共权力，由受体公众到主体公众，由暗箱政治到透明政治，由人治政治到法治政治，由随机政治到制度政治，由封闭政治到竞争政治，由官本位到民本位等。王振海等著的《社会场域中的政治——政治社会学的视角》一书，通过对政治社会学的渊源与发展的展望，进一步明确了政治社会学的研究对象及基本内容、研究理论与方法以及政治学与社会学的学科关系，通过对政权机构与政治社会组织、社会体系与政治体系、社会权力与政治权力以及政治社会化等的研究，努力揭示了诸多政治现象的社会基础，探讨了政治现象的社会原因，成为推动政治社会学科发展的又一著作。

还有的学者对西方的政治思潮和政治学流派进行了较为系统、深入的评析，既肯定了其有益的成分，也指出了不足和局限。张丽君编著的《当代西方政治思潮》一书采取纵向与横向相结合、历史与逻辑相统一的方法，介绍了当代西方自由主义、保守主义、社会民主主义、西方马克思主义、绿色和平主义、女权主义的发展概况和理论特点，展现了当代西方国家的现实矛盾与发展趋势，揭示出各种政治思潮对当代资本主义批判和辩护的不同侧重点，有力地把握了当代西方政治思潮的新变化。刘志伟所著的《论政治人理性——从“经济人理性”比较分析的角度》一书，运用比较分析的理论框架，从经济和政治行为主体的视角，分别阐述了“政治人理性”和“经济人理性”的内涵，指出了“经济学帝国主义”学理上的主要错误，揭示了政治行为与经济行为这两种行为理性的主要比较差异。同时运用制度分析的方法，进一步揭示了政治制度与经济制度在核心范畴和价值追求方面的比较差异，运用历史分析的方法对政治学与经济学从古典到当代的主要发展和变革，并对这些发展和变革对于经济学与政治学基本学理的影响进行了宏观概况和总体述评。同时就“国家与社会的关系”“权力的合法性获得与合法使用”“效率与公平的抉择”等相关问题进行了分析，阐述了作者独到的见解。黄相怀在《中国政治发展的制度逻辑》中认为，政府制度建设优先于宪政民主是中国政治发展的渐进改革和增量民主的重要体现，这种次序安排存在着一定的原因和局限性，政府制度的过密化经营是进行政治性内部化从而引入宪政民主制度的契机，否则可能会违背这种次序安排的初衷。王庆利在《政治合法性问题的国内研究现状述评》中指出，20 世纪 90 年代以来，国内政治学界的研究主要集中在政治合法性问题的理论研究价值、政治合法性的内涵、政治合法性的基础、政治合法性危机、政权合法化的路径几个方面，这些研究取得了丰硕的成果，也存在着一些偏颇之处。郭剑鸣的文章《政治学科建设：在科学与公共话语之间——西方政治学成长经验的启示》认为，西方政治学的繁荣是在政治哲学化、政治科学化和政治平民化的互动中形成的，其成长模式体现出科学范式与公共话语范式对话共进的特征，中国政治学科的建设应从中吸取有益的经验。

（三）紧扣时代发展要求与社会形势需要展开的研究

在全面贯彻落实科学发展观，构建社会主义和谐社会的进程中，紧扣时代发展要求，围绕时代主题研究政治学基本理论，是社会形势发展赋予政治工作者的责任。周光辉、彭斌的《认真对待共和国——关于和谐社会的政治基础的思考》采用规范分析的方法，分析了人们为什么需要通过共和国的方式组织公共生活，共和国的基本内涵是什么及如何维护共和国等政治学基本理论，以期加深人们对人民共和国的理解，强化共和国意识，维护和谐社会的政治基础。郑慧、王义保在《试论意识形态对构建社会主义和谐社会的价值和意义》一文中指出，以马克思主义为指导的社会意识形态作为一种系统地、自觉地、科学合理地反映社会经济形态和政治制度的思想理论体系，是确保政权稳固、维护社会稳定和促进社会经济发展的重要手段，对于构建社会主义和谐社会具有合理解释与指明方向以及凝聚力量和提供保障的价值和意义。刘永佶所著的《民主的权威》论述了民主在近现代人类进步中的主导作用，探讨了民主的权利、制度、法制、权威等一系列范畴及其体系，分析了中国改革和完善民主制、强化民主的权威的必要性和可能性。民主建设是政治文明的核心，在中国特色社会主义建设中的地位十分重要，刘德喜等著的《全球化背景下的中国民主建设》从全球化和世界民主化的国际背景及中国民主发展的历史与现实入手，系统回顾了新中国成立以来，特别是改革开放以来中国民主建设的理论与实践，分析了中国民主建设的根本目标以及为实现这一根本目标而形成的制度框架和政策措施等，其内容涉及中国民主建设在各相关领域的实际表现和突出成就，并指出了存在的问题和解决问题的思路和办法。郭道久所著的《以社会制约权力——民主的一种解析视角》一书认为，当前中国仅从国家权力各部分间的关系来考虑问题，实施政治体制改革，对社会主义人民民主来说是不够的，必须将“以社会制约权力”考虑进去，民主才能是完善的。该书通过对“以社会制约权力”的理念、理论逻辑和实践探讨与分析，认为“以社会制约权力”是当代中国民主建设值得期待的“生长点”。

许振洲在《两种民主理论之辨》中指出，古典直接制民主与现代代议制民主在理论和实践上存在着诸多的不同，各有优势，如何将二者有机结合起来使用是我们政治发展与建设和谐社会的重要任务。浦兴祖在《以人大民主为重点继续推进中国民主政治的发展》一文中提出，变化中的国情与世情决定了中国必须继续推进民主政治的发展，这是一条“硬道理”；中国民主政治可归纳为“人大民主”、“党内民主”和“社会民主”，继续推进中国民主政治的发展，当取“人大民主为重点，三大民主同推进”的路径，重点推进人大民主，并从多方面为其创置条件。李慎明在《坚持人民当家做主是社会主义民主政治的出发点和落脚点》一文中指出，人民当家做主是社会主义民主政治的本质要求，是共产党执政的历史职责和使命，在保证人民当家做主的实践中应不断提高发展社会主义民主政治的能力。王一程在

《对发展党内民主问题的若干思考》中分析了党内民主的重要性，当前党内民主建设需要解决的问题，如何认识党内民主，如何认识党内民主和民主集中制的关系，推进党内民主建设要把握正确方向等系列问题。陈家刚在《协商民主：概念、要素与价值》中分析了协商民主的概念与特征、要素分析、规范与经验价值，指出了在多元社会现实的背景下，通过普通公民参与，就决策与立法达成共识，有助于不同层面的政治共同体的政治实践。万斌、罗维在《论政治妥协》中对妥协进行了历史考察，认为政治妥协是一种社会调节机制，是公共理性的智慧表达，提升着政治系统的现代性资质，提出当代中国将政治妥协引入政治系统必将推动中国政治的成功转型。龙太江在《妥协理性与社会和谐》中认为，妥协有助于社会冲突的解决，妥协是一种理性，妥协促进民主社会的健康运转，妥协理性是社会和谐必需的公共理性内容之一。赖静萍的文章《电子民主：信息时代民主发展的新形式》分析了电子民主的兴起——传统政府向电子政府的转变，电子民主的优势及存在的问题，电子民主在信息时代的发展趋势。孙正甲的文章《自然生态政治：当代民主政治的必要延伸》提出以民主的精神、规则、方式处理人与自然关系的政治形态，认为自然生态政治是独具特色的民主政治，其应然民主指标的实现还需要全世界人们的共同努力。赵铁在《权力寻租治理的政治学分析》中指出，认为要以权力寻租的根治为目标，有效地构建政府腐败的预防机制。中共中央组织部党建所课题组《八十多年来中国共产党处理党群关系的重要经验》中认为，中国共产党在长期的革命和建设过程中，不仅形成了一整套党群关系的理论，而且积累了处理党群关系的丰富经验，那就是：（1）始终坚持全心全意为人民服务的宗旨，在不同历史阶段都制定并坚持符合人民群众要求的纲领、路线、方针、政策；（2）坚持马克思主义的唯物史观，丰富和发展马克思主义的群众观点，形成并始终坚持从群众中来到群众中去的群众路线，将党和人民群众紧紧联系在一起；（3）始终高度重视党的作风建设，不断探索作风建设的有效途径，逐步形成一套独具特色的优良作风，铸造出人民群众拥护和支持中国共产党的基本政治优势；（4）不断依据形势的变化和实践的要求，继承和创造党的群众工作方法，疏通和拓宽党同人民群众联系的渠道，探索并形成一系列密切联系群众的制度。林拓、李惠斌、陈强、陈露在《执政与认同：西方主要政党处理党群关系的做法和特点》一文中认为，当今世界各执政党均不同程度地面临着执政的考验，其主要考验在于，执政党与民众关系的具体状况。这些国家政党在处理关系的方式方法上有一定的合理成分和值得借鉴的意义，这就是：（1）革新组织体制，适应社会发展新动向，争取民众参与；（2）紧抓关键领域和环节，充分开展活动，获得选民支持；（3）多渠道多层次沟通，联系民众工作体制化，吸引选民投票。

（四）加强理论与实践结合的研究

政治学作为一门经学致用之学，其价值就在于能够解决现实生活中存在的重大理论和现实问题。2005年政治学工作者对一些重大理论和现实问题进行了卓有成效的研究。对于国家与社会、政府与市场等一些政治学基本理论问题，一些研究者采用了实证的个案分析方法，为对加强政治学理论的科学性研究提供了有益的帮助。贺东航在《现代化进程中国家与社会关系的重新定位——对晋江模式的一个尝试性解答》一文中，以晋江模式的历史演变为现实样本，考察了该区域1970年以来经济发展中政府职能与社会生长之间的关系，得出“强国家—强社会”的模式将是构建良性国家与社会关系的未来新的选择。张鸣、孙艳红在《政府的作为与民间社会的成长——以河北F县调查为个案》中，通过对河北F县三个不同性质的经营性的民间组织的考察，认为在全能政府蜕变的时期，在政府迷信过于浓厚的北方民间社会的成长空间里有政府参与的因素。在市场经济条件下，随着政府职能的转变，政府在民间组织的成长过程中也起了非常关键的作用。张钢、徐贤春在《地方政府能力的评价与规划——以浙江省11个城市为例》中，从政府战略管理的视角出发，提出一个新的政府能力概念模型与分析框架，并建立起评价地方政府能力的指标体系，对浙江省11个城市的政府能力进行了评价与比较分析，为建立以能力建设为核心的政府战略规划提出了政策建议。黄宝玖的文章《经济全球化进程中的国家能力建设》认为，经济全球化对国家能力的强化和提升提供了有利机遇，同时又构成了国家能力弱化销蚀的严重压力。面对经济全球化带来的机遇和挑战，我国应当确立以提升国家能力总量、优化国家能力结构、强化国家能力控制为目标，以变革观念、调整行为、创新制度、夯实基础为方针的国家能力建设战略。

（五）重视传统政治思想的研究和阐释

政治学的繁荣和发展离不开对中外传统政治思想的挖掘、整理和阐释，2005年政治学工作者对此进行了不懈的努力。王顺达所著的《神圣政治——中国传统政治的形成》一书认为，文化、价值观的区别决定了一个民族制度选择的不同，现时社会中的一切文化和制度无不根源于人类的早期文明。“神权政治”和“圣人理念”在我国历史条件下形成了“神圣政治”及支撑神圣政治的一系列配套制度。孙晓春在《古代中国与希腊政治思想发生时期的文化背景与前思想资源》一文中认为，近乎相同历史时刻发生的中国传统政治思想和希腊思想，由于不同的文化背景和前思想资源，决定了两种思想传统各自的发展理路，该文对古代中国与希腊的前思想政治资源作出了合乎逻辑的解读。任剑涛的文章《道德与中国传统政治的合法性》依据马克斯·韦伯对政治合法性的三类划分，论述了中国传统政治合法性类型的历史正当性和缺失，以及与现代政治合法性的三个区别，指出从中国传统政治合法性的伦理道德建构转变为中国现代政治合法性的法理建构是一个必然的过程。陈晏清、王新生撰写的《政治哲学的当代复兴及其意义》论述了政治哲学的衰落与复兴过程以及政治哲学与政治学的知识论分野，指出政治哲学作为哲学的一种特殊的哲学形式，以一种特别的方式切入哲学的根本问题，能够在当代复兴并成为哲学研究中的一种显学。万俊人撰写的《从政治正义到社会和谐——以罗尔斯为中心的当代政治哲学反思》探讨了政治正义的主题及其限度并提出社会和谐的理想在于政治伦理和个人美德。黄颂杰的《正义王国的理想——柏拉图政治哲学评析》全面评介了柏拉图正义王国的政治理想。王乐理在《财产权、共和政体与国家——西塞罗政治哲学剖析》一文中指出，西塞罗根据公元前3至2世纪罗马共和国的政治体制而形成的政治思想影响了近现代西方的共和主义和自由主义学说。郭忠华在《现代性·解放政治·生活政治——吉登斯的思想地形图》中指出，吉登斯之所以提出生活政治的设想，是想实现对解放政治的超越和对高度现代性社会的重建。张创新、刘堂灯撰写的《亚里士多德的和谐社会思想初探》较为全面地阐述了亚里士多德和谐社会思想的理论基点和他本人的现实追求，亚里士多德主张构建和谐社会，要防范社会出现内乱，要以平等和平衡为指导，实施法治和教育这两大刚柔相济的基本策略。

二、政治学研究方法论研究

研究方法的变革往往会带来学科的革命性变革，对政治学方法论的研究，理应成为政治学研究的重要内容和不可缺少的重要组成部分。叶娟丽所著的《行为主义政治学方法论研究》一书用辩证唯物主义基本原理，分析了行为主义政治学方法论及其限度性，并从中国政治学科的发展实际出发，提出所要建立的具有中国特色的政治学方法论，不是如行为主义政治学那样的唯实证，而必须是建立在马克思主义辩证法指导下的科学实证方法论基础上。汪志强、袁方成在《西方行为主义政治学方法论述评》一文中从比较政治学的角度对行为主义政治学方法论的产生、发展过程进行了梳理，对其方法论的意义进行了评价，并尝试揭示出其方法论的局限。薛伟江撰写的《当代西方政治学与马克思主义政治学之方法论比较》以马克思主义政治学方法论为参照，剖析了当代西方政治学研究方法、研究范式的重要转型，对于厘清错综复杂的当代西方政治学知识图景具有重要的意义。董建新、白锐、梁茂春撰写的《中国行政学方法论分析：2000—2004》以经验性的数据证明了在过去4年半的时间里我国行政学研究方法论在整体上产生的偏向，在与国外同时期行政学研究方法论作对比的背景下，分析了产生这一现象的最主要的原因，并分析了方法论“结构性失衡”的背后可能隐藏着中国行政学基础理论“结构性缺失”的重大问题。马德普的《普遍主义还是历史主义——马克思主义与西方传统政治哲学在方法论上的区别》分析了西方传统政治哲学在方法论上的特点和存在的问题，论述了马克思主义的历史主义及其对思辨哲学的普遍主义方法的批判，探讨了历史主义政治哲学研究方法的特点，从而揭示了政治哲学研究中历史主义方法和普遍主义方法的区别。

三、中国政治与政治体制改革研究

一年来国内政治学研究领域关于中国政治与政治体制改革的研究内容较多，这表明了我国政治学者具有较强的历史使命感和责任感，把促进当代中国政治发展和政治体制改革作为研究的中心和最终目的，不断推动社会发展和历史进步。这些研究内容较多地分布在政治体制改革、政党制度建设、和谐社会建设、政治文明与政治发展、基层自治与政治稳定等方面：

（一）政治体制改革研究

林双川在《十六大以来中国“政改”走势》一文中认为，十六大以后我国政治体制改革将继续稳妥推进，改革存在不协调并非政改滞后，政治体制改革已经取得一定成效，政改仍然强调“渐进式改革”。马德普撰写的《渐进性、自主性与强政府——分析中国改革模式的政治视角》认为，中国的改革模式是渐进性的改革方式、自主性的改革，并有强政府的政治保障，这些特征的形成在很大程度上是由中国的具体条件所决定的。杨立新、井建斌撰写的《中国政治体制改革的最佳路径选择》认为，要实行“存量改革”与“增量改革”并重的政治体制改革战略，把党内民主建设作为“存量改革”的重要任务予以加强，把培育公民社会作为“增量改革”的重要内容加以推进，是积极稳妥地推进政治体制改革的最佳路径选择。朱德米所著的《经济特区与中国政治发展》一书，从政治学的角度来分析经济特区的设立发展和逐步与其他地区趋同化的历史变革，试图解释当代中国政治发展的逻辑和遵循的模式，阐述经济特区对中国政治发展的影响，关注国际因素如何从“外生变量”转变成“内生变量”，从而促进了当代中国的意识形态嬗变和制度变革。胡位钧所著《均衡发展的政治逻辑》一书认为，让一部分人和一部分地区先富起来为标志的经济非均衡性发展，是贫穷中国实现经济腾飞的必然选择，然而这种发展模式是新时期社会结构过度分化和公民权利失衡的重要诱因。作者指出，以等级化的国家权利为手段，在非均衡发展的社会中保持政治上的相对均衡，是传统国家实现政治稳定的惯用方式，梯度发展中的中国必须依靠这种秩序型的政治均衡手段，消解经济不平衡发展造成的一系列不良政治后果，以秩序型的政治均衡保证经济梯度发展中的国家整合。何俊志所著《制度等待利益——中国县级人大制度模式研究》一书探讨了以差额选举和常委会的设立为重要标志的县级人大在25年之中的发展历程及其制度成长的基本模式，反思了县级人大成长模式的内在原因及其政治意义，进一步探索了完善县级人大的制度空间，是我国当前对于县级人大制度研究为数不多的著述之一，对推进我国地方人大制度的顺利成长大有裨益。谢庆奎撰写的《宪政体制与人民代表大会制度建设研究》认为，在中国进行宪政建设的首选目标是加强人民代表大会制度建设，其基本方向是理顺党的领导与人大权力的关系，培育宪法至上的观念和宪政意识，完善选举制度和实行竞选，以及保障公民权利、建设有限政府和实行司法审查等。邹平学撰写的《完善人民代表大会制度的宪政原则和路径选择》认为，完善人民代表大会制度是宪政建设的重要内容，需要针对特定主体推进制度创新，宏观构建，微观渐进，并从国情出发积极借鉴西方权力制约的思想，来完善我国人大制度。程竹汝撰写的《授权与监督：论完善人民代表大会制度的几个问题》提出，完善我国人大制度要建设公民授权制度、优化人大内部结构、激活人大监督制约机制。还有谢岳的《完善人大制度：中国政治体制改革的当务之急》指出，人大制度改革既是明智的战略选择，又能够实现以人民民主促进党内民主的目标。何云峰撰写的《20世纪中国政治权威的艰难转型》揭示了20世纪的不同历史时期，中国政治权威由传统型经个人魅力型到法理型权威的艰难转型过程。

（二）政党理论与政党制度建设研究

吴海燕在《多维视角下的执政资源》一文中认为，执政党需要加强对合法性的认识，重视主流意识形态的凝聚力、执政的有效性和制度规则建设，立党为公执政为民，不断拓展和整合执政资源以巩固执政地位。王韶兴在《政党执能问题探讨》一文中提出，只有在理论上搞清楚政党应当做什么的问题，才有可能在实践中真正做到科学而有效地增强政党的执政能力。表现在政党领导及水平、政党执政及其能力两个基本方面的内涵可以分解为：组织动员职能、价值导向职能、桥梁中介职能、人才保障职能、利益协调职能和发展稳定职能。张明军在《关于中国共产党执政的若干思考》一文中指出，思想引导功能的发挥和提高、执政绩效的提升和增强、科学民主和依法执政的实施和彰显、党风廉政建设机制的形成和完善这四个方面构筑了中国共产党执政的合法性基础，为中国共产党的长期执政创造了条件。王韶兴、张三土撰写的《论政党法治建设的价值意义》认为，加强政党法治建设是发展政党民主的需要，是增强执政合法性的需要，是推进依法治国的需要，是坚持依法执政的需要。张东华撰写的《略论政党建设的目标选择》认为，政党建设要取得成功必须增强政党竞争力、实现政党现代化、谋求政治合法性、扩大政党的社会基础。王一程撰写的《对发展党内民主问题的若干思考》论述了发展党内民主对于保持党的革命性、先进性具有重要的意义，要充分重视党内民主，正确认识和处理党内民主与民主集中制的关系，既要克服封建残余的影响，又要警惕西方资产阶级民主思想的影响和渗透，保证党内民主沿着正确方向前进。蔡武撰写的《战后以来外国共产党发展变化的经验教训和启示》总结了各国共产党半个多世纪的斗争实践，认为这些实践既有许多宝贵的历史经验，也有许多值得汲取的深刻教训，可以从中得出基本启示：（1）必须充分认识巩固和发展社会主义以及实现共产主义的长期性、曲折性和艰巨性，在正确认识所处发展阶段的前提下，处理好共产党的最高纲领与各个阶段最低纲领的关系，坚持理论与现实的统一。（2）必须把握当今时代的基本特征和社会发展的基本潮流，认清国际力量对比将长期处于“资强社弱”、“资富社贫”、“资攻社守”状态的现实，坚持“韬光养晦，有所作为”的战略和策略方针，抓住机遇，排除干扰，集中精力，发展自己。（3）必须以科学的态度对待马克思主义，既要反对从右的方面削弱马克思主义的指导地位，又要反对从“左”的方面把马克思主义推向教条、僵化的极端，这两种倾向都会葬送革命和建设事业。只有立足本国国情，结合新的实践和时代要求，汲取人类先进文明成果，不断以创新精神丰富和发展马克思主义，才能永葆党在思想理论上的先进性，实现执政长久，事业长盛，国家长兴。（4）必须完整准确地理解革命就是解放生产力，革命就是促进生产力发展这个马克思主义的基本原理，正确处理阶级斗争与经济发展以及经济发展与社会公平的关系问题，坚持强国富民为己任，注意体现社会公平的基本原则。（5）必须正确处理民主与集中的关系问题，既要毫不协妥地抵制西方资产阶级自由、民主模式，又要顺应社会进步的潮流，高度重视并大力推进社会主义的民主、法制建设和党的领导体制的完善，通过建立、健全党内外民主监督机制，保证党的领导与国家权力机关职能作用的统一。（6）必须正视社会阶级结构的变化，正确认识执政的共产党的双重属性，提出只有不断扩大党的阶级基础和群众基础，才能得到各阶层人民的广泛支持和拥护，实现长期执政。（7）必须妥善处理领袖、领导集体与党的关系，建立领袖产生、更替和监督、制约的正常机制，在努力保持全党思想统一和组织团结的基础上，形成坚强有力的领导集体，并拥有全党拥戴的领袖人物。（8）必须坚持独立自主的原则，在社会主义革命和建设事业中始终不渝地立足于民族国家这一历史舞台，扎扎实实地把本国的事情办好，通过坚定不移地代表和体现自己的民族国家利益，为推进社会主义事业的发展做出贡献。（9）必须科学地认识人类社会的发展规律，准确地把握社会主义与资本主义两种制度长期竞争共存的历史过程，妥善处理社会主义与资本主义的关系，学会利用人类社会一切文明成果来发展和壮大社会主义。

（三）社会主义和谐社会建设研究

2005 年政治学工作者以极大的热情关注社会主义和谐社会的研究。黄德良撰写的《构建和谐社会的政府管理维度》指出，构建和谐社会是政府社会管理的目标，实现这一目标必须确立以人为本的理念，增强重社会管理和服务的职能，采用多种方法、化解矛盾，达到多样性的统一。徐邦友在《合法反对：构建和谐社会的一个独特机制》一文中认为，合法反对是西方民主政治历程中发展出来的政治原则，是民主权利的一个基本方面，就其功效而言，它是一个社会健康发展所必须具备的伟大职能，也是构建和谐社会的一个独特机制。张秀兰、徐月宾在《和谐社会与政府责任》一文中提出，在市场经济尚不完善的条件下，政府的退出只能导致政府的缺位，在大多数人基本社会保障尚未得到满足的情况下，任何形式的放权或授权行为都会使弱势群体处于更加不利的局面，因此，在构建和谐社会的过程中要加强政府的主导地位。俞可平在《社会公平和善治是建设和谐社会的基石》一文中认为，从公共治理的角度看，即从政府对社会公共生活的管理角度看，社会公平和善治是建设和谐社会的两块基石。李君如在《构建社会主义和谐社会的科学发展观》指出，科学发展观就是构建社会主义和谐社会的发展观。冷溶在《科学发展观的政治意义》一文中认为，科学发展观体现了我们党执政的政治理念，显示了中国特色社会主义的政治优势，落实科学发展观最根本的是发挥社会主义制度的优越性。曾端祥撰写的《构建和谐社会的动力机制体系研究》认为，和谐社会的形成和发展必须构建由创新力源机制、均衡力度机制、同向合力机制组成的动力机制体系。陈明凡、宋衍涛撰写的《关于“构建社会主义和谐社会”研究综述》归纳了“构建社会主义和谐社会”的背景、内涵、标志及其路径选择等相关问题。王伟光在《正确处理人民内部矛盾，构建社会主义和谐社会》一文中认为，要构建社会主义和谐社会，一定要妥善协调各方面的利益关系，正确处理人民内部矛盾。虞云耀在《民主法治与构建社会主义和谐社会》一文中提出，民主法治是构建社会主义和谐社会的两大支柱，民主是实现社会和谐的重要条件，法治是社会和谐的基本保障。民主法治通过协调各种利益关系来促进和实现公平正、为人与人之间的诚信发展创造良好的社会环境，为激发社会活力创造条件、为维护社会的安定有序提供保障、为人与自然的和谐提供制度支持。徐增阳撰写的《和谐社会的政治均衡》强调，提高建构社会主义和谐社会的能力是我国战略机遇期执政党建设的主旋律，要实现这一目标首先要保证政治系统自身的均衡，否则不但无助于和谐社会的建构，还会危及政治系统自身的稳定。政治均衡是整个社会和谐运转的关键。而要实现政治均衡，应当创新社会公共管理体制，以扩大政治参与为中心，推进政治结构合理化。王宗礼撰写的《论建构社会主义和谐社会背景下的政治文明建设》从政治学的角度阐述了和谐社会的内涵，认为和谐社会是一个民主政治不断完善的社会，是一个以公平正义为主轴来调整社会利益关系的社会，是一个以法治和德治为基本方式来调整社会关系的社会，是一个把利益差距调整到合理限度的社会，是一个把冲突控制在秩序范围的社会。政治文明与和谐社会相互联系、互为基础。政治文明为和谐社会提供政治价值基础、政治制度基础和政治文化基础，和谐社会以及构建和谐社会的实践又为政治文明提供新的生态基础。李景鹏在《构建和谐社会的政治学思考》一文中认为，和谐社会的提出标志着我国彻底从阶级斗争时代转为和平发展的时代。它意味着我们对待利益矛盾的态度发生了根本性的变化，即从力图将利益矛盾引向利益对立、冲突和斗争，转变为将利益矛盾引向矛盾的缓和与化解，认为如果经济和社会不能实现全面、协调、可持续的发展，就谈不上构建社会主义和谐社会。赵宝煦的《政治学与和谐社会》提出，政治学是以国家政权或公共权力为主要研究对象的一门社会科学，是一种摆平矛盾的科学和艺术，和谐社会应该是一个不断克服矛盾的过程。随着矛盾的不断克服，社会才得以不断发展、前进。郑慧、王义保在《试论意识形态对构建社会主义和谐社会的价值和意义》一文中明确提出，构建社会主义和谐社会是我党在新世纪提出的一项战略任务，实现这一目标，是一项系统工程。以马克思主义为指导的社会意识形态作为一种系统地、自觉地科学合理反映社会经济形态和政治制度的思想理论体系，提供社会主义和谐社会的合理解释，指明社会主义和谐社会的建设方向，并凝聚社会力量和提供重要保障。

（四）政治文明与政治发展研究

自从中共十六大将建设社会主义政治文明作为战略目标提出来之后，关于政治文明的研究就一直没有停止过。郑言、王琦在《现代政治文明的本质要求和重要体现》一文中认为，政治文明作为人类自进入阶级社会以来在改造社会和提高与完善自身过程中所创造和积累的所有积极的政治成果和政治进步状态，发展到近现代，蕴涵着人权、民主和法治等人类所追求的价值理念和基本制度，人权、民主和法治既是政治文明发展的成果，也是现代政治文明的重要标志。孙晓春撰写的《社会公正：现代政治文明的首要价值》认为，社会公正的目的是通过良好的制度安排合理地调节社会成员的权利和义务，保障社会公正是政治结构的首要责任，建设社会主义政治文明的目的在于建构一个较之以往更加公正的社会。王崇杰撰写的《政治文明理论研究综述》断言，关于政治文明的研究受到学界的广泛重视，目前的研究广泛涉及政治文明的涵义及其概念提出的过程，讨论了政治文明的内容结构和特征、作用等，并将政治文明与相关概念进行了比较，提出既要借鉴人类政治文明的成果，又要体现中国特色。虞崇胜、周志刚在《关于政治发展和政治文明的衡量标准》一文中，对以往提出的几种比较典型的衡量政治发展和政治文明的标准加以评述，并主张以公民权利的实现程度作为政治发展和政治文明的衡量标准。王建新撰写的《加强对我国社会转型期权力文明的研究》认为重新梳理和解读权力的本质及其价值追求等一系列根本性、方向性的基础理论问题，多视角、多层面地发掘权力范畴背后的哲学意义、伦理意蕴，明确我国权力文明建设的目标、价值追求、运行模式以及保障体系等，无疑具有重大的实践和理论意义。张多来、黄秋生撰写的《论中国发展观的演进》指出，古代中国的圣哲们创立了朴素辩证法的发展观，近代中国先进知识分子用进化发展观来论证变法图强的合理性，当代中国共产党人发展和丰富了马克思主义发展观，相继提出了全面发展观、协调发展观、可持续发展观、科学发展观。李敏龙撰写的《发挥民主党派在构建和谐社会中的作用》指出，构建和谐社会是历史发展的伟大任务，民主党派在构建社会主义和谐社会中具有自身的优势，民主党派应当搞好自身建设，以充分发挥在构建和谐社会中的作用。

（五）基层自治与政治稳定的研究

基层民主作为改革开放之后发展起来的一种社会自治制度，对中国基层社会的稳定和发展发挥了积极的作用，近年来备受政治学工作者的关注。朱宇撰写的《19世纪中叶至20世纪中叶中国乡村治理结构的历史考察》考察了近百年间中国乡村治理结构在各个不同历史时期的经历与特点。胡位钧撰写的《20世纪90年代后期以来城市基层自治制度的变革与反思》认为，20世纪90年代后期以来城市基层自治制度的变革是由政府主动推动的试验性改革，制度变革表现在制度空间发生转换、制度基础趋于下移、制度结构趋于分离。程同顺、李秋兰撰写的《论乡镇政府的职能错位》指出了目前乡镇政府存在的“对上服务、向下要钱”而难以有效提供农村公共产品的职能错位现象及其原因，认为解决这个问题就应该合理划分各级政府的事权、确立各级政府财权和事权统一的原则、尊重乡镇政府的自主性地位、进一步加强人民对乡镇政府的监督制约作用。周作翰、张英洪撰写的《论当代中国农民的政治权利》指出，建国以来中国农民经历了政治公民、半政治半社会公民和社会公民三个阶段，当代农民的平等权、自由权、人身权、参政权、自治权等政治权利的保障和实现不同程度地受到了旧体制的制约，给农民以宪法关怀是解决农民问题、保持社会持续稳定发展的关键。麻宝斌、马振清撰写的《新时期中国社会的群体性政治参与》认为，我国群体性政治参与的有序发展既离不开社会层面的组织建构和发展，也离不开国家层面的制度创新和供给，即以制度化的方式保证公民政治参与的规范运作，形成国家与社会之间的良性互动机制。谢岳撰写的《论社会资本与政治稳定》认为，可以考虑从社会资本的角度切入，以国家法团主义模式应对当代中国社会资本的构建问题，通过国家主导的方式在社会积极培育能够积累社会资本的社会组织，进而带来社会的持久繁荣和稳定。李元书、薛立强撰写的《当代中国社会主导阶层的变化和发展》指出改革开放以来，我国的阶级阶层结构和社会主导阶层发生了很大的变化，对这一变化进行及时的研究具有重大的理论与实践意义。徐勇在《新世纪以来中国村民自治发展的走向》一文中指出，进入新世纪以来，村民自治作为一项不同于原有乡村政治有机体的制度，出现了许多人们原来并未预料的新问题，从国家层面看，迫切需要建构相应的权利保障和救济制度；从乡村社会层面看，需要根据急剧变化的社会重建乡村社区。其基本走向是从组织重建走向权利保障，从乡村改造走向社区重建。詹成付撰写的《和谐社会背景下的村民自治走向》认为，和谐社会这一概念的提出，使我国社会主义现代化建设的总体布局由发展社会主义市场经济、社会主义民主政治和社会主义先进文化这样的三位一体，扩展为包括社会主义和谐社会在内的四位一体，构建社会主义和谐社会战略任务的提出，为村民自治的发展开辟了广阔的道路。村民自治今后一个时期的着力点主要体现在：健全村民自治组织体系，切实发挥村民自治组织的作用，完善村民自治制度体系，落实村民当家做主的权利；规范村民自治实践活动，规范组织群众参与和培育健康的村民自治观念。

四、比较政治与比较行政研究

不断开扩视野，进行比较研究，是推进政治学繁荣和发展所必须的。欧阳景根撰写的《比较政治学的理论困境与发展前景》指出，面对今天的政治现实，比较政治学传统的四种分析框架即系统理论、政治文化理论、发展理论与不发达理论、阶级理论不足以解释现在的政治现象，提出新的分析框架以研究新的政治问题，是摆在比较政治学家们面前的主要任务。杨光斌在《政治的形式与现代化的成败——历史上几个前现代化国家的经验比较》一文中，比较分析了在世界历史的转折时期东方的中国与西方的法国、西班牙和英国的不同命运，再次验证了制度变迁的历史逻辑：经济增长取决于以产权为核心的制度安排，而产权的背后是政治制度。刘剑华所著的《中外监督体系比较研究》试图通过对中国与西方发达资本主义国家不同历史时期监督体系和监督理论的研究和分析，通过对中西方监督体系各个监督系统进行初步的比较和研究，探索权力监督的一般规律，从而对我国现行监督系统乃至整个监督体系存在的问题进行理性思考，提出完善中国特色监督体系的构想。顾丽梅撰写的《中美县政体制及其与市政关系之比较》比较了中美两国县级政府体制的形成历史、改革过程以及市县之间的不同关系，给我国地方政府体制改革提供了良好的经验借鉴。孙哲撰写的《洋为中用：西方议会发展对中国人大制度的启迪》提出，大胆借鉴西方议会制度的符合我国国情的某些方面，积极推进我国人大制度的建设和完善。时运生撰写的《中外国家控制腐败体系比较研究》认为，把中国的控制腐败体系放到世界大格局中进行中外比较研究，既能了解中外反腐体系的共同点和中国特色，也能明了中国对世界的贡献，以及世界控制腐败的经验对中国的启迪。王彤主编的《当代中东政治制度》通过对中东社会各种矛盾的综合分析，考察了中东几个代表性国家政治制度的演变及其走向，从不同国家的经济、社会、文化背景以及地区、国际环境等多方面探讨了不同政治体制和制度确立、演变的理由，并对其成败得失进行了评判。张昆著的《国家形象传播》通过对建国以来我国对外宣传的反思，提出了树立全球传播的新观念、新闻传媒建构国家形象的策略、建设高信度、高质量的对外传媒体系等独到的新见解。李路曲著的《当代东亚政党政治的发展》通过对当代东亚各国或地区政党政治的发展、转型和民主化进程的比较分析，对主要政党的组织结构、意识形态、功能和作用、多党体制及转型的路径和对民主化的影响等问题进行了比较深刻的解读，较为系统地总结出东亚政党政治转型、发展和民主化的特征、规律和变化的路径，找出影响这一过程的各种客观和主观因素，并在此基础上为政党理论和政治转型理论提供范式和案例支持，同时也为东亚各国尤其是中国的政党政治研究、政策制定、发展和改革、提供有一定比较性和操作性的经验教训和借鉴。林拓、李惠斌、陈强、陈露撰写的《执政与认同——西方某些主要政党处理党群关系的做法和特点》认为，西方某些主要政党也面临着争取民众支持的考验，他们积累的处理党群关系的方法和经验有一定的合理成分和借鉴意义。王培刚、庞荣撰写的《国际乡村治理模式视野下的中国乡村治理问题研究》通过考察美国、加拿大和欧盟研究中心的乡村治理个案，归纳出中国当前乡村治理所要强调的落实地方分权、尊重多元文化、增加地方居民参与基层政策决策机制以及凝聚力与动员乡村社区资本等建议。杨宏山撰写的《全球视野中的地方治理发展趋势》阐述了世界各国普遍出现的地方治理变迁的发展趋势，包括推行地方自治制度、扩大地方分权程度、建构政府间合作机制、发展多中心治理体制。周志忍撰写的《公务员培训的中外比较—— 一些宏观层面的思考》从国际比较和借鉴的角度，对公务员培训中几个宏观层面的问题进行思考并提出了一些看法，即公务员培训主体应实现多元化，培训目标应定位于知识和技能的提高，增强培训内容的针对性，培训机构应发展特色和“绝活”。孙晓莉撰写的《西方国家政府社会治理的理念及其启示》认为，西方国家政府所推行的社会治理反映了社会管理寻求社会公平与民主价值的发展取向，贯穿了公共责任的管理理念，西方社会治理理念的提出以及实践对我国的政府管理具有较大的借鉴意义。祁光华撰写的《美国高级公务员的能力架构及对我国公务员能力建设的启示》分析了美国高级公务员的能力架构，发现我国公务员能力建设在能力架构的层次区分、能力要素的内涵界定以及推广机制等方面，都有待进一步的完善和提升。杨宏山撰写的《发达国家的大都市区管理模式及其启示》分析了西方发达国家城市化中的大都市区主导趋势、大都市区的市政管理模式，指出我国市政体制改革的可行思路是改革“市管县”体制、实行市县分治即市政府只管理城市自身，县改由省政府直接管理。卢正刚、赵定涛的《转轨国家政府俘获理论与中国公共管理变革》概述了西方学者对转轨国家政府俘获理论的研究，分析了政府俘获带来的主要危害，然后结合正处于转轨过程中的中国存在的类似政府俘获现象，提出为了防止落入高掠夺国家的陷阱，中国公共管理需要进行的相关变革。

五、公共管理与公共行政研究

公共管理与行政管理作为政治学的分支学科，近年来取得了长足的发展。2005 年在学科体系、政府职能转变、行政伦理、公共政策、行政体制改革等方面取得了丰硕的研究成果。

（一）学科与体系建设研究

谢庆奎撰写的《政府学概论》从政府概念、政府模式、政治价值、政府合法性、政府文化、政府发展等政府的概念和理论元素，以及政府与政治、政府与经济、政府与社会等政府的生态环境和内部结构方面建立了政府学的研究框架；顾平安著的《政府发展论》从分析政府的起源、本质出发，深入探讨了政府发展的基本形态、动力、障碍及其基本特征，建构了政府发展的一般理论模式，试图为 21 世纪政府改革提供基本的理论基础。《政府评价论》深入地分析了政府评价的价值理念、主体、目标、内容和方法，提出了一套政府评价的指标体系，构筑了新型的政府评价分析框架；《西方政府论》把西方政府理论划分为整体主义政府理论和个体主义政府理论，这种划分与西方政府理论发展的历史轨迹相吻合，揭示了西方政府理论从国家本位回归个人本位的路径，从而合理预测了未来政府理论的研究方法。《政治治理论》从行为主体的角度提出了公共物品供给的四种模式：权威性供给模式、商业性供给模式、志愿型供给模式、自主性供给模式，以政府作用为主线，系统地探索了四种模式的理论基础、经验发展、作用机制和方式。《府际关系论》在对府际关系进行概念辨析的基础上，总结了视野中的府际关系的发展趋势，提出并构建了大国治理的中央选择性集权理论，提出了协商性限制主权理论以及协商型政府间主义的合理性。唐铁汉撰写的《马克思主义公共管理思想原论》认为，马克思主义经典著作中蕴含着丰富的公共管理思想，马克思主义公共管理思想是我国公共管理理论建设的基础，主要包括关于政府管理本质、政府公共职能、市民社会、政府管理方式与方法的基本观点等。陈庆云等撰写的《公共管理理论研究：概念、视角与模式》认为，公共管理是由政府、非政府公共组织和民众所组成的管理体系，包括以政府为本位的政府管理和以社会为本位的社会治理，以及大致由政府管理的集权化、政府管理的民主化、政府管理的社会化、社会治理的自主化和社会治理的多中心等五个不同的模式组成。卓越撰写的《试论公共管理学科体系的构架基石》认为，绩效可以解说公共管理各种价值取向的发展轨迹，各种价值取向最终可以在绩效问题上得到统一，绩效可以而且应该成为公共管理学科体系的构架基石。董克用撰写的《关于公共管理学科体系与专业设置的思考》认为，公共管理学科体系与专业设置是公共管理教育进一步发展的关键，从对公共事务管理的角度，可以将公共管理划分为对公共管理实施主体及其运行机制的研究和对公共管理具体职能的研究两大部分。据此，公共管理一级学科下可以设置行政管理等 10 个二级学科，并着重研究生层次的培养。肖文涛撰写的《转型期我国公共管理面临的十大挑战》指出，当代中国的社会转型引发了许多新的公共管理问题，我国公共管理部门尤其是政府机关应当不断地转型和变革，尽快采取新的治理模式，以达到一种新的更高层面的秩序和稳定状态。陈瑞莲撰写的《论区域公共管理的制度创新》分析了区域公共问题的滋生及其成因，剖析了我国区域公共管理中存在的制度缺失，并探讨了创新区域公共管理制度的政策建议。

（二）转变政府职能研究

陈振明撰写的《什么是政府的社会管理职能》认为，社会管理是一个有丰富含义而论说不一的复杂概念，可以界定为：政府通过制定专门的、系统的、规范的社会政策和法规，管理和规范社会组织，培养合理的现代社会结构，调整社会利益关系，回应社会诉求，化解社会矛盾，维护社会公正、社会秩序和社会稳定，孕育理性、宽容、和谐、文明的社会气氛，建设经济、社会和自然协调发展的社会环境。大致包括：（1）规范社会组织和团体，培育社会治理的多元主体；（2）创设完整的社会规范体系，推进社会安全系统工程；（3）实施配套的社会政策，维护社会公正；（4）树立科学发展观，培育健康的公民社会；（5）调整社会管理执行机构，健全政府社会管理体制。唐铁汉撰写的《强化政府管理职能的思路与对策》认为构建社会主义和谐社会对进一步转变政府职能特别是加强政府的社会管理职能提出了新的要求。强化政府社会管理职能：（1）坚持以人为本的科学发展观，正确处理改革发展稳定的关系，统筹协调各社会利益群体的利益；（2）整合社会关系，构建和谐社会的收入分配格局，推进社会公平；（3）积极扩大就业，努力完善社会保障体系，加快社会事业发展，切实解决弱势群体的发展问题；（4）培育和完善公民社会，建立政府与公民社会的合作伙伴关系；（5）完善社会矛盾纠纷的解决机制。周志忍撰写的《当代政府管理的新理念》认为，经过 20 多年的持续改革和震荡，政府管理的新模式已经初露端倪，无论对政府新模式怎样总结和概括，我们都可以从中看到一些共同的信念和指导原则，包括公民为本、市场化、结果导向、分权协作、民主参与、多中心自主治理等等。这一多层次原则和理念的集合体，展示了政府管理的新景象。汪永成撰写的《论新世纪中国政府能力建设的战略方向》提出，在新世纪中国的政府能力建设必须适应经济市场化和经济全球化等新的要求，在新的战略方向的统摄下实现结构性转型：从着眼于政府能力的单项提升转变到政府能力的整体性开发；从粗放式政府生成机制转变为集约式的政府能力生成机制；从主要依赖和开发“硬能力”到“硬能力”和“软能力”并重；从强调政府能力提升转变为提升与治理流失并重；从单独依靠政府能力到政府借助其他主体的资源和能力；从单纯强调政府对全球化的适应能力转变为适应能力和塑造能力并重；从单纯强调政府能力提升转变为政府能力增长与有效约束并重。

蒋劲松所著的《责任政府新论》比较研究了西方熔权制、分权制和监督——保障——仲裁制下的责任政府制度及其实践，指出了传统责任政府理论的主要缺陷，提出了自己的新型责任政府理论，并针对我国责任政府目前存在的理论与实践问题提出了具体的完善方案。张志红所著《当代中国政府间纵向关系研究》从政府职责、政府层级结构和政府机构的结合角度进行分析，认为现代政府间纵向关系以职责异构为主要特征，以适应平衡国家整体与部分的关系和满足日益增长的公共服务的社会需求为目的，反思历史，面向未来，中国应当逐步打破高度集权的职责同构体制，以建立伙伴型政府间纵向关系为目标，全面调整政府间纵向关系。张国庆、曹堂哲撰写的《构建新国家与良政政府》指出，构建新国家在于重塑公共政策的价值基点，修正国家的发展战略，健全社会的制度基础，在协同民智、民愿、民力的基础上实现民族复兴，同时有必要建构与新国家相一致的良政政府，良政政府的基本典则规范应是有限政府和开明政府。贠杰撰写的《有限政府论：思想渊源与现实诉求》认为，目前有限政府论在学术界和实践界已成为一种较为流行的理论观点，并在一定程度上影响着国家的政策导向，该文对有限政府理论的源流和国内的各种争论进行了总结和分析，指出有限政府论与社会主义政府职能之间的矛盾性，并对有限政府论提出的宪政改革、小政府、大社会等现实政治诉求进行了剖析与反思。齐明山撰写的《公共行政的三个价值追求》指出，公共行政的价值取向应当是建设廉价政府、高效能政府和公平政府。徐月宾、张秀兰撰写的《中国政府在社会福利中的角色重建》指出，中国政府在社会福利领域的逐步退出是导致当前经济与社会发展失调和社会不公平的重要因素，为此，中国政府必须重视社会政策对可持续发展的积极作用，在社会福利中扮演更为积极的角色。张勤撰写的《提高执政能力与推进政府公共服务创新》指出，推进公共服务改革与创新是提高政府公共服务效率和水平的迫切要求，推进政府公共服务改革的本质在于实现治理模式的根本转变，确立起公众导向的全新服务理念、服务方式和服务机制。王臻荣、邹祥波撰写的《试论我国现阶段有效政府的构建及路径选择》认为，有效政府的构建必须符合中国现阶段政治、经济、社会和文化的现状及其对政府的内在规定性，有效政府的构建应做到政府理念有效、政府制度有效、政府治理有效、政府过程有效、政府结果有效。吴传毅撰写的《服务政府：民主政府的职能回归》认为民主政府演绎服务政府，管制政府是民主政府的职能错位，服务政府是市场经济的内在要求，实现政府的应有举措是实现政府身份的转变、界定政府的职能范围、把握政府的服务内容、注重政府服务质效。胡冰撰写的《服务型政府异化的学理原因浅析》认为，我国地方政府的服务型政府建设实践出现了异化的现象和倾向，是因为忽略了服务型政府的本质——为服务而服务，重公共政策的制定而轻执行落实，强调服务型政府的服务职能而轻视管理职能和监管职责。李靖撰写的《在中国建设服务型政府的理论基础》认为，中国服务型政府是政府的服务性质与服务形式的统一，其理论基础是马克思主义民主理论，中国服务型政府的建设必须从中国的国情出发，同时有选择地借鉴西方国家服务型政府建设的经验。马庆钰、杨庆东撰写的《公共服务的理性及其运作框架》认为，公共服务实践活动的必然性和理性主要藉于“公共物品”的原因、道义和慈善价值、政府与公民契约关系、社会凝聚的追求以及以需求促进供给的经济目的，而公共服务运作框架至少包括服务的结构、服务规划、服务的融资、服务政策方案评估、服务的提供和服务质量的监督等主要环节。于新恒撰写的《推进中国电子政务发展的几点思考》分析了中西方电子政务发展的差距以及形成这些差距的原因，提出了继续推进我国电子政务的策略思考。张锐昕、乔立娜撰写的《电子政务建设对我国政府职能转变的影响与需求》从行政管理理论和信息技术应用的视角，研究电子政务建设对我国政府职能转变的影响和需求，目的在于使政府提高对电子政务建设作用的认识，重视电子政务建设与政府职能转变的互动作用，合理规划电子政务建设的内容，建立与信息社会相适应的管理体制和运行机制。

（三）公共政策与评估研究

雷玉琼撰写的《中国政治改革的政策过程分析》指出，中国政治改革研究应采取事实陈述——价值判断的方法，在这种方法论下对中国政治改革作一个政策过程分析，有益于经验性地考察改革的方式、目的并发现改革的不足。鲍静撰写的《危机中的政策困境与化解：政策能力的提升》认为公共危机对公共政策经典分析模型提出了挑战，由于特定的危机形势和政策制定系统的局限性，造成了各种各样的政策困境，公共危机的有效解决依赖于提高公共政策质量、化解政策困境、提升政策能力，不仅需要变革危机决策的方式，甚至还要对政策制定过程进行改进。

余曙光、邓浪撰写的《我国政府决策科学化民主化的探索》指出，当前我国政府在决策方面还存在不足，要实现决策科学化、民主化，要提高政府决策的质量和水平，可采用的对策有政府转变观念、健全和完善社会听证制度、专家咨询制度、社会公示制度、责任追究制度、“不可行性研究”机制、采取“赛博”的方式。张凤合撰写的《公共政策价值取向中的政策空间》认为，政策空间是由“政策企业家”参与其中的，通过“溢出效应”等逐步渗入公共政策的价值取向之中，公共政策的价值取向的定位则是在一定的规则体系指导下，经过不同的政策价值层面由政策空间的渐进拓展来完成的。汪玉凯撰写的《关于完善国家核心发展战略的政策思考》认为，在国家发展战略上，要与时俱进，用更具时代价值的以可持续发展为中心的发展战略替代以经济建设为中心的发展战略。向玉琼撰写的《政策生态学与我国加入 WTO 后政策系统的优化》认为，我国加入 WTO 后政策系统面临的国内外环境都发生了深刻的变化，从政策生态学角度来看，我国公共政策制定系统必须加以改进以应对新的环境带来的挑战。卓越撰写的《政府绩效评估的模式建构》指出，政府绩效评估模式主要包括类指标、评估维度、评估指标、指标要素和技术指标五个方面的内容。徐邦友撰写的《我国政绩考评制度的结构性偏失及其矫正》认为，我国政绩考评存在着结构性偏失，重构科学的政绩考评制度应明确科学政绩考评的三个逻辑前提，确立政绩考评的整体结构，以行政结果作为政绩考评的侧重项。姜晓萍、马凯利撰写的《我国公务员绩效考核的困境及其对策分析》从体制平台、公共绩效价值、政治文化环境和公共产品属性等多个角度剖析了我国公务员绩效考核存在的问题，提出实行公开考核、引入“360度考核”模型、构建法律制度环境、建立标准化的考核指标体系、采用现代考核手段等政策性建议。

（四）行政伦理建设研究

乔耀章撰写的《公共管理体系与公共道德体系初探》认为，公共管理是由政府、非政府公共组织和民众构成的，公共管理体系决定着公共道德体系，公共道德体系由“宏观公共道德”和“微观公共道德”构成，其中政府行政道德在公共道德体系中起着率先垂范的作用。李靖撰写的《关于行政伦理责任与行政伦理行为选择困境的几点认识》分析了行政伦理责任的内涵及其实现的困境，探讨了走出行政伦理责任冲突困境的途径。刘祖云撰写的《行政伦理何以可能：研究进路与反思》指出，近10年来，行政伦理的研究对象不断扩展、学科定位不断深化、理论研究展现出三种不同的视界，同时也暴露出一些不足，研究的进一步展开还需要改变思路和拓展内涵。张康之撰写的《在公共行政的演进中看行政伦理研究的实践意义》指出，从公共行政的发展历程看，行政伦理研究变得越来越重要，但是，就社会治理模式从公共行政向公共管理变迁的历史趋势来看，行政伦理研究又具有过渡的性质，它的学科建构目标应当指向公共管理伦理学，而它的实践目标应当是对公共管理这一新型的社会治理模式进行规划和设计。李萍撰写的《论公共行政伦理与公共道德的关系》分析了公共道德与私人道德的关系、公共行政伦理形成的时代性、中国公共行政伦理的核心问题。张贤明撰写的《官员问责的政治逻辑、制度构建与路径选择》认为，官员问责是民主政治的必然逻辑、权责一致的具体要求和改善中国政治环境的现实需要，它的实行有赖于建构较为完善的制度，当前需要重点关注问责的事由、问责的主体、问责的程序制度。刘重春撰写的《民主行政视野下的问责制》认为，民主行政是完善问责制的重要向度，当前推行问责制应重点从公开政务信息、鼓励公民参与、向社会及基层下放权力、完善程序规定等方面努力。

（五）行政体制改革研究

周振鹤所著的《中国地方行政制度史》首先认为地方行政制度的产生是国家发展到一定程度伴随着中央集权制的形成而产生的，接着以行政区划与地方政府层级的循环变化作为主线，去理解2000年中国地方行政制度变迁的实质，然后简述了历史上行政区划和地方官职的具体演变过程，以及政区的幅员、边界、政区与地方政府的等第、地理分布等要素的变化去分析政治、经济、军事、文化等背景对于地方行政制度发展的影响，从地方行政制度的变迁过程中去发现产生变迁的原因和规律，以便能为将来的地方制度的改革提供有利的借鉴。张立荣、冷向明撰写的《公共行政改革的路径选择》指出，西方发达国家公共行政改革路径演进的表象是官僚制度与新公共管理的零和博弈，但其演进的实质是正和博弈，以完善公务员制度为主，推行新公共管理为辅，应是当代中国公共行政改革路径的理性选择。何深思撰写的《从竖直化管理向扁平化管理过渡——论行政管理模式的改革》指出，行政管理扁平化是伴随着总体社会经济关系由纵变横过程而来的重大行政模式转型，它是历史发展的客观要求，也是一场行政革命，它的到来将会引发行政行为与经济行为相互关系的大调整。高尚全、全毅撰写的《以公共职能为目标加快政府改革进程》指出，我国政府改革应该简政放权，加强规制，创新管理方式，提高管理效率，按市场经济要求加快机构改革，中央和地方经济关系制度化，加强政务公开、推进政治民主化。麻宝斌撰写的《中国公共行政改革面临的十重困境》指出，我国公共行政改革面临的十重困境为：历史困境、价值冲突、民主悖论、利益冲突、主体困境、体制困境、诸思悖论、实践困境、文化困境和发展困境，对于这种种困境，只有用矛盾分析的方法加以分析，才能在两种相反的力量之间保持平衡。李金龙、胡均民的《经济全球化视角下的我国行政区划体制改革》指出，在经济全球化的国际背景下，我国行政区划体制创新应与国际惯例接轨，要适当减少行政层级，建立健全行政区划的法律制度，合理处理区划调整中的行政与民意的关系，合理建构中国特色的城市群区域的区划和管理体制。史卫东撰写的《现代科技发展与行政区划体制改革》针对目前学术界对行政区划体制改革的普遍观点，从现代交通、通讯与管理变革的视角，提出了我国行政体制改革中层次和幅度调整的具体设想。叶劲松撰写的《试论行业协会双重管理体制的改革》分析了现行社团双重管理体制对行业协会的消极影响，以及一些地方政府改革行业协会监管体制的举措，在此基础上提出了进一步改革行业协会双重管理体制的思路。顾昕撰写的《能促型国家的角色：事业单位的改革与非营利部门的转型》分析了市场经济中的四种组织类型，福利国家的收缩与能促型国家的兴起，中国事业单位的企业化、民营化改革路向，以及国家在事业单位转型中所扮演的能促型角色。

六、前沿与交叉学科研究

政治学的学科发展不断完善，新的研究方向和课题得到有力的拓展。一年来，地缘政治学在我国的研究不断深化，政治伦理学、生态政治学的研究日益成形，出现了一些新的研究领域：法政治学、边疆政治学、政治社会学等。

（一）地缘政治学

孙相东所著的《地缘政治学：思想史上的不同视角》在梳理地缘政治学思想史的基础上，试图厘清地缘政治学应用的不同视角及其理论构建脉络，挖掘其思想流派中包含的秩序与条理，以达到对地缘政治学性质的科学认识。该书富有重要的理论意义和学科建设意义，属于国内地缘政治学研究中的开拓性作品。陆俊元的《地缘政治的本质与规律》对于地缘政治理论的研究，虽然以往成果颇丰，但是无论在研究的逻辑起点的方法论层面，还是对概念、范式等问题领域的把握，学者们一直众说纷纭。该书试图通过对地缘政治本质的剖析，为地缘政治理论研究树立正确的参照标，进而探讨地缘政治的规律、形态、格局等核心问题，对地缘政治的相关重大问题进行梳理和澄清，构建对国际关系具有静态与动态分析功能的地缘政治分析方法。沈伟烈主编的《地缘政治学概论》探讨了地缘的概念、地缘政治学的有关定义与主要研究内容，中国历代地缘政治思想的演变及地缘政治战略、西方传统地缘政治思想理论流派以及国际关系中地缘政治规律的探索，分析了当今世界战略形势演变的格局、引发国际政治矛盾的领土边界争端，以及民族宗教恐怖主义冲突等，研究了中国周边大国的对华地缘政治战略和我国在21世纪的地缘政治战略构想。卓杰、李青、罗云平撰写的《政治地理学与地缘政治学的发展》认为，由于政治地理学的主要流派——地缘政治学曾被帝国主义利用过，受到过严厉地批判，大家对之仍然避而远之，文章对政治与政治地理学、政治地理学与地缘政治学、地缘政治学发展的几个阶段等若干问题加以了讨论，以澄清是非，明确认识。

（二）政治伦理学

周鸿雁撰写的《探寻权力的合理性：构建政治伦理学导论》指出，政治伦理学就是要把理论伦理学的理论、观念和原则应用于政治领域，应用于构建政治领域的价值体系。文章提出权力合理性是政治伦理学的基本范畴，并对什么是权力合理性，为什么要把权力合理性作为政治伦理学的基本范畴，权力合理性与政治的善、正当、应当的关系等问题作了阐释。宋惠昌撰写的《当代政治伦理学的一个基本问题——关于国家、社会、个人关系的政治伦理思考》认为，在当代我国社会中，政治伦理的基本问题是关于国家、社会、个人之间的关系问题，就国家与社会的政治伦理关系而言，国家应该以社会为本位，社会应该以个人为本位，作为个体的人，对国家、对社会来说，都是最高贵、最重要的，是它们存在的根据和前提。

（三）生态政治学

李刚撰写的《生态政治学：历史、范式与学科定位》认为，生态政治学是近年来学术界讨论较多的一个领域，在概念上，生态政治学与政治生态学、环境政治学、绿色政治学是相当的，生态政治学包括两种范式即生态中心主义和人类中心主义的范式，从生态政治学的产生及知识构成上看，生态政治学的恰当学科定位应是科学、技术与社会研究的一个应用领域。孙正甲主编的《生态政治学》从政治学发展的需要出发，以现代的视角对生态政治诸问题进行了探索，回答了政治学中急需回答的问题，该著作引发的政治学如何以科学发展为指导、如何为创建和谐社会服务、如何围绕可持续发展这一时代重要课题进行研究等问题有一定的启发意义。刘希在《国家与社会关系的政治生态理论分析》探讨了国家与社会的生态关系，认为在社会政治生活中，国家与社会是一对矛盾范畴，考察政治体系与社会环境的生态互动关系，必须充分考虑国家与社会这对矛盾体系的结构变动，功能转化与力量消长，从中探寻社会体系与政治体系之间生态化关系建构的契合点，以期实现二者的生态化互动。黄爱宝撰写的《行政生态学与生态行政学：内涵比较分析》指出，行政生态学与生态行政学不仅对生态学中的概念术语的涵义解释不同，而且二者在价值目标、研究内容、学科定位和功能意义等方面都存在着明显的差异，这些差异足以表明二者是两种不同的“话语体系”或学科定位。方世南撰写的《从生态政治学的视角看社会主义和谐社会的构建》认为，构建社会主义和谐社会呼唤着生态政治学并推动着它的发展，政党和政府在治理生态危机问题上的科学决策和政治权威、公民的政治参与、绿色生态政治文化的营造以及积极参与全球生态国际合作等是促进社会和谐、最终摆脱生态危机的必要途径。陈天林通过对生态政治学研究角度发展变化的追溯和剖析，清晰地勾画出当代生态政治学研究过程中所展现出来的不同思维方式及其利弊，并阐明了未来生态政治学发展的方向和思维特征。

（四）法政治学

卓泽渊所著的《法政治学》认为，法政治学作为法学和政治学的边缘学科在西方得到了学术界的普遍认可，但在国内仍然是一块尚待发掘的处女地。作为一个学科体系，在当前国内外没有多少成熟的经验可以学习或借鉴，作为一项学术研究还没有得到充分地开展，不仅缺少以法政治学为主题的篇章论述，也没有以“法政治学”命名的教材或专著。该书填补了这一项研究的空白。该书论述了法政治学的学科定位、学科意义，讨论了法与政治、法与国家、法与权力、法与民主等内容的内在逻辑和相互关系。

（五）边疆政治学

吴楚克所著的《中国边疆政治学》认为，边疆政治学是一门交叉边缘学科，成长于历史上的“边政学”，发展于当今的民族学和政治学的复合之中。对边疆地区社会政治的稳定与治理研究，过去多从区域经济学、民族学、社会学、人口学和民族政治学等方面展开，始终缺乏基础理论的支撑。该著作从民族学、政治学和历史学的角度入手，探讨了边疆政治学研究的前提与条件、历史与发展和理论与实践，对构建适应21世纪中国边疆政治发展需要的边疆政治学，具有重大的理论与现实意义。

（六）政治社会学

王振海、刘宗希、高旺、马宝成、陈强共著的《社会场域中的政治》分14章论述了政治社会学的基本范畴和基本理论。该著作认为，政治社会学作为一种研究方法，是运用社会学的方法研究政治现象及其社会基础的学问；作为一种理论，它是政治学与社会学交叉、融合而成的一门新兴学科，意在揭示政治现象的社会基础，探讨政治现象的社会原因，寻求政治现象与社会基础的互动规律。该著作通过对政治社会学的渊源与发展的展望，进一步明确了政治社会学的研究对象及基本内容、研究理论与方法以及政治学与社会学的学科关系，通过对政权机构与政治社会组织、社会体系与政治体系、社会权力与政治权力以及政治社会化等的研究，努力揭示了诸多政治现象的社会基础，探讨了政治现象的社会原因，成为了推动政治社会学发展的又一部著作。

此外，2005年，政治学工作者还翻译、出版了一系列国外政治思潮和政治学流派的论著。

（郑慧组）

学术成果·著作

当代中国政府间纵向关系研究

（张志红　天津人民出版社 2005 年版）

该书是作者在其博士学位论文基础上修改而成的，其特点主要有三个：第一，视角独特。在充分吸收中外学者相关研究成果的基础上，结合中国政治发展的实践，作者创新性地提出以“政府间纵向关系”的视角，系统解析当代中国政府体系中存在的结构性矛盾。作者认为，目前要寻求缓和条块矛盾的合理途径，应跳出传统的“条块框架思维”的束缚，从政府体系的其他结构方式来调整“条块关系”。以“政府间纵向关系”为理论分析的逻辑起点，不仅通过主体意识的平等化突破了中央——地方关系中的等级森严的传统官僚体系，而且扬弃了中国政治语境下的“中央——地方关系中的二元对立思维”，进一步将其拓展为正式和非正式的政府间关系网络，拓展了相关研究的视野。第二，概念新颖。作者首次从政府职责与政府层级结构、政府机构相结合的角度，明确指出现代政府间纵向关系以“职责异构”为主要特征，以适应平衡国家整体与部分的关系和满足日益增长的公共服务的社会需求。目前，中国应在相当程度上打破“职责同构”的政府管理体制，切实调整政府间纵向关系，在合理划分政府间纵向职责的基础上，提供高质量的公共服务和社会管理。“职责同构”与“职责异构”的概念提出，实质上突破了“以精简机构，促职能转变”的政府改革的思维定势，将职责、结构、机构有机结合起来，在政府间纵向关系运行的过程中，探讨政府发展的趋势。在论述中，作者以思辨的方式探讨了中国“职责同构”的历史形成，全面分析了这种政府管理体制的历史价值与现实局限性，充分展示了作者扎实的理论功底和方法论素养。第三，创见独到。作为一名年轻的社会科学研究者，作者以强烈的社会责任心，努力将理论联系实际，寻求促进中国政府发展的具体对策。在该书中，作者提出了一些颇有创意的见解，具有一定的指导实践的理论价值。如“城市平衡论”的观点，她认为在调整政府间纵向关系的政治平衡时，应摆脱政府关系结构的束缚，将中央、省级和大型城市之间的两种博弈合二为一，通过突出大型城市的发展，建构多中心城市发展的战略，增强纵向政府间的相互依赖，这是治理思路的战略性转移，具有非常重要的实践意义和理论价值。再如作者提出“创建伙伴型政府间纵向关系”的对策性思路，对于全面调整政府间纵向关系具有重要的指导意义。伙伴关系作为各级政府处理共同问题时的具体工作方式，不仅有利于灵活整合各种资源，增强政府责任，促进社会各界参与自我管理，而且将有利于缩小地方间发展差距，并且由于伙伴制不会取代政府的行政等级划分，在实际运行中将会进一步强化中央权威，有利于实现中央政府在政府间纵向关系运行中的关键性掌舵作用。这些都充分显示了作者在政府间纵向关系研究这一重大课题中所做的可贵努力，表明了作者在当代中国政府研究领域的“理论联系实际，研究服务实践”的学术追求。

［张志红，1975 年生，法学（政治学）博士，南开大学周恩来政府管理学院行政管理系讲师。2005 年出版专著《当代中国政府间纵向关系研究》。发表的论文主要有《中美政治学教材比较》、《以时间换空间：论社会阶层分化对中国政治发展的影响》（合作）、《“职责同构”批判》（合作）等。
通信地址：天津南开大学周恩来政府管理学院（300071）
电子信箱：zzh@ nankai. edu. cn］

行为主义政治学方法论研究

（叶娟丽　武汉大学出版社 2005 年版）

该书系统地从方法论的角度研究行为主义政治学，在高度概括了行为主义政治学“价值中立”和唯实证方法论的基础上，试图集中解读和批判这一方法论的局限。

该书从界定政治学领域的“行为主义”概念入手，在对行为主义政治学方法论迅速崛起的原因进行分析后，着重从方法论的角度将行为主义政治学概括为两个大的方面。第一是针对传统政治学的意识形态倾向而提出的“价值中立”论；第二是针对传统政治学方法思辨和抽象推演的特点而提出的政治学唯实证的研究方法。

该书对行为主义政治学的上述理论和方法在实践中显示出的不可克服的限度进行了深刻揭示，认为行为主义政治学方法论的核心就是强调政治学研究应该而且可以达到“价值中立”，但事实上，政治学研究是不可能做到“价值中立”的，因为政治学研究的主体和客体都不可避免地跟价值相关。

同时，该书认为，行为主义政治学唯实证的研究方法在实践中也日益显现出其自身不可克服的限度。首先，这种方法的一个前提就是强调政治现象必须量化，而且可以量化，而量化的基本途径就是将大量的政治现象加以分割，将政治学的研究对象完全当做了像自然现象那样的物化对象。其次，在研究手段方面，这种实证方法过于强调测量和统计，而过于依赖量化的方法，只能得到精确的政治现象或者表象，并不能揭示政治生活的内在规律和本质。而且，受制于研究手段和研究方法，这种实证研究只能局限于一些可经观察或者可测量和计算的方面和环节，研究的课题大都是一些具体的事例和案例，政治生活中许多重大的政治问题被束之高阁，结果日益脱离现实的政治生活，对现实政治生活起不到应有的指导作用，导致研究方法上的新的形而上学。

该书的结论是：行为主义政治学派的迅速崛起，缘于对传统政治学方法论的革命性改造；而行为主义政治学派的迅速衰落，也缘于其方法论的僵化和形而上学化。行为主义政治学在 20 世纪的发展历程，揭示出方法论的革命对政治学创新的积极意义。行为主义政治学自 20 世纪 80 年代传入中国以来，即对中国政治学研究产生了重大影响。目前，中国政治学研究还没有形成自己独立的方法论体系，因此，中国政治学研究的重要课题就是，在马克思主义理论指导下，辩证分析行为主义政治学方法，既要肯定行为主义政治学方法论上的革命及其对现代政治学发展的巨大贡献，又要分析行为主义政治学内在的不可克服的限度及其造成的后果，在此基础上，扬弃行为主义政治学方法，构建具有中国特色的政治学方法论体系。

［叶娟丽，1968 年生，武汉大学期刊社文科学报编辑部副主任，编审，政治学博士。出版译著《公共预算中的政治：收入与支出，借贷与平衡》（第一译者）、《西方公共行政学理论前沿》（第二著者）、《行为主义政治学方法论研究》。发表学术论文 30 余篇。
通信地址：武汉大学期刊社（430072）
联系电话：027－61237036
13627127060
电子信箱：yejuanli@ hotmail. com］

政务公开与政治发展研究

（胡仙芝　中国经济出版社 2005 年版）

本书是作者 6 年多来关于中国政务公开的调研实践和对政治发展 10 多年理论思考的研究成果总汇。著作从探讨政务公开与政治发展的内在逻辑关系入手，试图揭示政务公开是民主社会存在的基础，阐释政务公开对政治发展的积极功能，并通过实地调查取证，结合中国的实际政治发展状况，研究中国政治发展以及政务公开推行的途径和策略，颇具较高的理论价值和实践价值。

本书具有如下鲜明特点：

首先，观点新颖，构思巧妙，论证严密。在我国，分别研究“政务公开”和“政治发展”这两个问题的学者并不少见，并且他们在各自的研究领域也取得了一些成就，但能够做到从逻辑演绎和实证分析的角度，将政务公开与政治发展的相互关系进行深入的理论层面和实践层面的探讨，至今在学术界尚未多见。本书作者则独辟新的研究视角，在对政务公开与政治发展的内在逻辑关系进行探讨的基础上，从政治发展的角度来分析和透视政务公开的有关理论和实践问题，并探求政务公开在政治发展的进程中所发挥的各项积极功能。其中，针对政务公开与政治发展的逻辑关系，作者提出假设："首先，政务公开是政治发展的一个重要方面；其次，政务公开是政治发展的基本前提；第三，政务公开是促进政治发展到信息时代的必然要求；第四，政府廉洁方面的要求是政治发展的基本方向，而政务公开是整个政治系统的防腐剂；第五，政治发展必须以效率为目标，以对社会进步和经济增长的突出贡献作为其基本价值取向，而政务公开能带来有效率的自由市场制度，从而会推动可持续的经济发展。"接着，从理论和实践两个方面对以上五个假设加以分析论证，根据所选择的视角不同，分别涉及到政务公开与民主、法治、效率、廉政、电子政府等问题，从中探讨政务公开与政治发展的更深层次的逻辑和实证联系，论证有力，一脉相承。

其次，在方法论上，采取规范性研究和实证性研究相结合的方法。一方面，从逻辑主义出发，严格遵循从基本概念、前提假设，到推理、最终得出结论这一逻辑过程，对政务公开与政治发展之间的逻辑关系进行理论认知；另一方面，从功利主义和实证主义出发，用实地调查、细心观察及数据统计等方法，对国际、国内在推进政务公开过程中的实践经验进行归纳、描述，并试图从中总结出规律，为我国政务公开化进程和政治发展过程提供一些可行的建议，从而加速我国社会主义民主政治建设的步伐。特别值得一提的是，作者在对政务公开的相关理论进行研究的基础上，还专程深入基层进行实地调查取材，了解政务公开在我国地方上的推行情况，从实证的角度为探讨政务公开与政治发展的联系提供了可靠的第一手资料。

最后，言简意赅，深入浅出，可操作性强。有关政治发展的专著一般理论性较强，可本书作者成功地将人们较为熟知的政务公开理论与实践引入到政治发展的实现途径中来，并从中得出这样的结论："政务公开作为政治发展的一个重要部分，对于政治发展目标的实现具有重要的作用，应该认真思索政务公开与政治发展的理论问题，并积极地推进政务公开，最终促使政治走向民主化、科学化、法治化，并为社会的整体发展做出应有的积极贡献。"这大大提升了政务公开与政治发展相关理论的实用性和可操作性，尤其是本书最后一个章节，作者试图构建一个对我国政务公开的推行具有指导意义的理论模型，并在此基础上提出了推行政务公开所应采取的对策措施，这些都对指导我们的具体实践具有重要的启示性意义。

总之，本书在政务公开以及政治发展的推进方面作了诸多的有益探索，为我们更深入地探讨相关领域的问题提供了颇具价值的参考。

［胡仙芝，1972 年生，中国行政管理学会副研究员。2005 年出版的专著有《政务公开与政治发展研究》，发表的论文有《我国社会中介组织发展研究报告》、《论社会中介组织在公共管理中的职能和作用》、《专家解读：政府工作报告 2005》、《论依法治国方略选择及其实现途径》等 12 篇。
通信地址：北京市西安门大街 22 号中国行政管理学会（100017）
电子信箱：hxzcpa@163.com］

中国边疆政治学

（吴楚克　中央民族大学出版社 2005 年版）

该书是吴楚克博士在中央民族大学的博士后科研课题"中国边疆政治学"的研究成果。全书分为"前提与条件"、"历史与发展"和"理论与实践"三部分。第一部分探讨了边疆政治学的理论方法、研究范畴，与民族学、政治学的关系，以及理论前提和研究现状。第二部分讨论了中国历史上的国家意识和疆域变迁、近代以来边疆政治意识及解放前大陆和半个世纪以来台湾的边政研究成果。第三部分从我国当前国家安全和边疆政治战略的现实需要出发，探讨了我国的边疆政治制度、边疆政治战略、边防体制和民族区域自治等问题。

本着为中国国家政治服务、为国家疆域稳定领土完整服务的宗旨，作者对新的交叉学科——中国边疆政治学进行了系统的探索和构建，对于推动我国边疆政治研究具有重要意义。

［吴楚克，中央民族大学民族学与社会学学院教授。主要研究方向：边疆政治学、民族学。专著有：《民族主义幽灵与苏联裂变》、《文明论纲》、《内蒙古民族区域自治与边疆治理》、《中国边疆政治学》等。］

学术成果·论文

回顾与展望：发展中的中国政治学

（王惠岩 《吉林大学社会科学学报》2005 年第 4 期）

中国政治学自 1980 年恢复以来，走过了 25 年的历程。在这期间，经过老、中、青三代学者的共同努力，中国政治学取得了令人瞩目的成就。学科体系日趋完整，学术规范日臻完善，研究领域不断拓宽，研究层次不断深化，研究方法不断成熟，研究队伍不断壮大。政治学的蓬勃发展不仅为政治文明建设和政治发展作出了重要理论贡献，而且在相当程度上为社会主义现代化建设提供了智力支持。政治学的学科地位和及其对社会主义现代化的促进作用获得了广泛的社会承认。该文认为，在政治学取得很大成就的同时，还在一定程度上存在着这样或那样的问题。回顾政治学的成长历程，展望政治学的发展趋势，有利于我们正视政治学发展中存在的问题，坚定政治学学科发展的正确方向，找准政治学的学科定位，增强政治学者的责任感和使命感。

1. 当代中国政治学的发展方向。结合当前我国政治发展实际，我们坚持政治学研究的指导思想是，既要注重基础理论，又要密切结合当代中国政治发展的实际。注重基础理论研究，一是在继续关注政治学的一般理论问题基础上，进一步深化马克思主义政治学的基础理论研究，不断丰富和发展马克思主义政治学理论。二是对目前我国政治与社会经济发展中的重大问题，诸如政治文明、和谐社会、政治责任、政治公平等问题，也要从理论层面进行重点研究，以马克思主义的立场、观点作出合理解释和说明。同时，当代政治学研究还必须注重实际研究，必须立足于社会现实需求，积极回应我国现实政治中的重大问题，并有针对性地进行实证研究和对策研究，为中国改革开放服务，为政府决策提供智力支持。

2. 当代中国政治学的历史回顾。当代中国的政治学是在学术与现实的广泛互动当中发展和进步的。现实政治的发展变化为政治学提供了研究素材，而国家政策的重大调整指引着政治学的选题方向，政治学的研究成果反过来又对现实政治的发展提供着重要的理论支持。回顾当代中国政治学的发展历程，必须抓住理论与现实互动这样一条基本的线索，只有这样才能真正认识当代中国政治学的发展脉络。

3. 当前中国政治学发展应研究的重点问题。从中国国情出发，中国政治学的发展必须坚定地以马克思主义、毛泽东思想、邓小平理论和“三个代表”重要思想为指导，密切结合中国的实际，积极回应现实问题，才能获得巨大的生命力。当前和今后我国政治学发展应当重点研究以下 10 个方面的问题：（1）马克思主义政治学基本价值理念研究；（2）社会主义政治文明建设研究；（3）中国共产党执政能力建设研究；（4）建设服务型政府与管理现代化研究；（5）中国转型时期政治稳定与构建社会主义和谐社会研究；（6）国家统一战略与国家整合机制研究；（7）经济全球化与政治多极化研究；（8）国际民族主义与宗教问题研究；（9）中国“和平崛起”的国际战略研究；（10）当代西方政治思潮研究。

［王惠岩，1928 年生，吉林大学哲学社会科学资深教授、政治学专业博士生导师。出版《政治学原理》、《行政管理学》、《领导科学》、《法学基础理论》、《当代政治学基本理论》等 20 余部专著和教材。发表《论政治统治体系》、《关于政治体制改革的若干思考》、《论民主与法制》、《建设社会主义政治文明》、《回顾与展望：发展中的中国政治学》等学术论文 60 篇。］

论 1990 年代以来中国县级人大候选人产生的多样化模式

（杨龙芳 《经济社会体制比较》2005 年第 2 期）

自 1979 年颁布的新选举法规定县级人民代表大会代表直接选举以来，中国县级人民代表直接选举就处于不断地探索和缓慢地进步之中，成为目前政界、媒体、学术界关注的重大现实问题之一。

该文在方法论上有别于政治学界主

流倾向的思维路径，更加重视中国县（区）级人大代表民主选举的政治实践，也十分重视法律话语背后的中国社会权力结构，并在此基础上对中国县（区）级人大代表候选人模式的“复杂性”和“多样性”进行研究，提出一个新的中国县（区）级人大代表候选人模式分类系统。

该文认为，单位行政首长候选人模式和公民自荐候选人模式是中国县区级人大代表候选人产生的理想模式，前者代表了占主导地位的传统的候选人产生模式，后者代表了改革开放以来县（区）级人大代表选举所出现的新模式。这两个模式比较好地体现了中国县（区）级人大代表候选人产生模式的二元极端性。其主要变异模式有以下五种：

单位部门领导候选人模式、好公民候选人模式、民主党派等人民团体推荐候选人模式、共产党统战部推荐候选人模式、选民联名推荐候选人模式。

单位党组织提名和推荐本单位部门行政领导人为人大代表初步候选人，依赖单位力量在酝酿、选举过程中成为正式候选人，并最终当选为人大代表。同单位行政首长模式相比，这种模式仍带有官僚属性，不过没有单位行政首长模式那么强罢了，是一种“弱势官僚候选人模式”。

好公民候选人模式，这也是俗称的“内部圈定”的候选人中的一部分。这种候选人模式在一定程度上带有政治秀的色彩，它是单位行政首长候选人模式的变异模式。

统战部推荐的民主党派候选人模式，是指县级地方党的统战部根据共产党对其他民主党派的“领导”原则而从外部提名推荐民主党派人士为人大代表初步候选人，并得到法定选举工作组织系统支持，成为正式候选人，甚至当选为正式人大代表。相对于民主党派推荐的候选人模式来说，这是一种组织之间从外部推荐提名候选人模式。

民主党派推荐的候选人模式，是指各民主党派从内部独立提名推荐本党人士为人大代表候选人。相对于共产党统战部推荐的民主党派候选人模式来说，这是一种从组织内部推荐提名的候选人模式。

选民联名推荐的候选人模式，指公民个人高度主动，利用“10名以上的选民联名推荐”的法律规定，主动联络选民推荐自己为初步候选人，有的克服权力层面的认同障碍，采取较为成熟的竞选策略，成为正式候选人，有的最终还当选为人大代表。这种类型的候选模式是近年来县级人大代表选举中新模式的典型，其候选人的构成是相当复杂，最能体现县级人大代表候选人模式的多样性和混合性。

该文认为，目前多种候选人的模式应长期并存与发展，并对它们的发展做了初步的预测：

1. 公民自荐候选人模式作为县（区）级人大代表选举中出现的新模式，在未来的比例会有所增长，其在公民参政长期受到压抑的情况下还会有一定的示范效应，但不可能成为占主导地位的模式。

2. 单位行政首长候选人模式在未来一个相当长的时期里仍是中国县（区）级人大代表候选人产生的主导性模式，在比例上会大幅度降低，也会受到公民自荐候选人的弱化，但其变异模式——行政部门领导模式有一定的发展，还有可能产生新的变异模式。

3. 选民联名推荐的候选人模式在未来会呈现出强大的发展态势，特别是同公民自荐候选人模式合流会加强其发展动力，最终成为同单位首长候选人模式力量相当的候选人模式。这是由体制内外利益诉求和内在紧张关系、社会利益多元化、利益共同体化、选民民主意识增强等因素决定的。

4. 统战部提名的民主党派候选人模式、民主党派提名推荐的候选人模式在未来相当长时期内保持一定的增长态势。

［杨龙芳，1963年生，北京大学法学博士，深圳大学管理学院政治学理论教授，行政管理专业公共政策方向硕士生导师。主要代表论文有《市场社会主义思潮演变的四个阶段》、《论1990年代以来中国县级人大候选人产生的多样化模式》等。主要代表著作为《非苏联模式思潮研究》。］

提高执政能力的几个关键

（丁学良　《经济社会体制比较》2005年第5期）

从比较研究的角度和社会转型的长时段来看，中国新一届领导层提出加强执政能力的建设，是理性主义在政策过程中从经济层面向行政层面的重要延伸。这表明新领导层清楚地看到，中国改革开放25年来，虽然取得了举世瞩目的成就，但同时积累的问题也多；而对这些问题若只是按照传统的思路、办法去解决，成效不大。所以，新领导层希望找到新的思路和方法，以解决过去未能解决的问题，并能够应对不断出现的新问题。否则，中国经济的可持续发展、社会局势的稳定乃至中国的和平崛起，都难以实现。该文认为，三个领域里的深层改革将会对加强执政能力的建设起到枢纽的作用：国家机器与公民社会的合理分工和良性互动；信息体制的多管道疏通和交叉证实及证伪；不同精英圈之间在观念和人员方面的制度化的互补和流通。第一个方面强调，一部有效地领导着可持续增长的市场经济的国家机器，只能够拥有有限的目标、活动领域、责任和权力。任何一级政府都不应该有“替天行道”、“全面承包”的心态。提倡国家机器特别是它的核心部分——执政党，把自己定位成一个“有限的领导机构”，这不应该被误解成“削弱”国家制度，而应该理解为旨在实现行政现代化的明智选择，也就是要解决公共行政管理上的越位、错位和缺位的问题。执政党要对自己管理的领域重新界定，只有这样，才能把该由自己管理的事情管得比以前更好；不该自己管的事情——这里指的主要不是经济活动，而是公共管理——开放给行政部门、民间社会去做。第二个方面强调，持续处于内外大环境的挑战之下，中国政府欲提高执政能力，自然需要丰沛、多样的资源。其中信息资源是枢纽性质的，因为，信息在一个大系统的运转之中，起着调节器的功能，它决定着该系统里其他类型的资源能否在适当时候被适当地调动到适当的部位，以适当的方式来运用。决策者不可能在低素质的——更不用说错误的——信息的基础上作出正确的决定，这是当代社会科学众多分支说明的一个基本道理。中国要发展形成应对较大突发事态的先进机制——这对政府处理重要的常规事务也同样适用，只不过在处理突发事态时更需要如此——首先要建立多元的信息系统，只有通过一个多元的信息过程，才能把信息扭曲的情形大幅度减少，使得发生问题的部位的尚未被人加工过的原始资料以比较完整的形式连续呈现给政府和社会的不同层面。第三个方面强调的是，即便党和行政的系统可以吸纳进很多的人才，也不可能穷尽社会里所有的人才。而且要认识到，任何一个人才，只要进入党政系统，长期在里面做常规性的工作，就会有思维定势和视野的局限。一个世纪前，社会学大师韦伯就揭示了：革命成功之后的政体，面对的是常规化的管理任务，最容易发生的普遍倾向之一就是丧失创新的能力。所以，党、政两个人才圈，同中国社会里的人才圈和跨境的人才圈之间进行制度性的互动，是提高执政能力最基本的条件之一，关键在于国家要建立制度化的良性互动的通道。

［丁学良，博士，美国“卡内基国际和平基金会”高级研究员，香港科技大学教授。研究领域比较政治社会学，重点包括转型经济（即从指令型经济转向市场经济）的政治社会条件、比较发展（后发展社会与先发展社会的环境制约和战略选择之异同）、全球化影响之下的国际及区域关系、大学制度和国家竞争力。］

政治特性、效率误区与发展空间：非政府组织的现实主义理性审视

（徐湘林　《公共管理学报》2005 年第 3 期）

非政府组织的乐观主义者在强调该类组织对政府失灵和市场失灵的有益补充时，也或多或少地陷入了两个误区：即忽视了其组织具有的政治性特性，并对其组织效率给予了过高的期望。本文从现实主义的视角来阐述非政府组织作为一种相对独立并拥有一定社会基础的民间组织所具有的政治功能和作用，以及在组织效率方面可能存在的缺失。并认为，非政府组织对政府市场双重失灵的补充性，以及其政治特性和效率缺失，共同构成了其组织与政府之间存在的复杂关系，这种复杂关系在相当程度上决定了非政府组织发展空间的限度。

非政府组织在中国的发展与该类组织在世界范围的发展相呼应，但是，其发展的方式和作为空间则受中国自身文化环境和制度体系的制约。无论是产生于基层民众的需要，还是产生于政府职能转变的要求，或者是产生与外部国家机构和民间基金的输入，这三类非政府组织在中国政治、经济和社会的转型时期都得到了其发展的适度空间。从与政府的关系角度来看，这三类组织在其活动的范围和目标差异中受到政府各部门的不同对待。不管是哪一类组织，当其活动范围和目标指向政府所期望的公益性领域时，政府一般会给予相应的支持和扶助，如果超出这一范围则会受到相应的限制。小范围互助性的组织目标会得到政府主管部门的一定认可，而大范围参与性的目标则看与政府的政策诉求和党的政治需要的吻合程度而定。吻合程度高的将会得到相应的支持或认可，吻合程度低的则会受到相应的制约或甚至压制。可以肯定，转型时期的中国社会在政府与社会团体的关系方面正发生着某种深刻的变化，然而这种变化是渐进的，并受到党和政府的主导和控制。

在现有的政治制度背景下，中国社会团体作为和发展空间不可能完全按照非政府组织理想主义者所设想的方向和内容展现，其现实的发展前景更多地取决于执政党执政理念和执政方式转变的进程和程度，以及社会团体发展与成长过程中审时度势的现实定位和对政治参与的适度把握。本文对乐观主义的批评并不是要鼓吹一种悲观主义，而是提倡以审慎乐观的现实主义视角来看待问题。一种较为乐观的前景是，通过国家的法律体系的完善和有序的社会政治参与，中国的社团组织逐渐发展成熟为真正意义上的非政府组织，并成为党和政府所

信任和依赖的一种即合作又相互制约的彼此良性互动的社会力量。而另一种前景是，社会团体或非政府组织的活动范围和目标设置超出了政府政策期望的边界并危及到政府（尤其是党的领导）权威，不但合作和良性互动的关系难以发展，还会在国家和社会之间形成某种张力甚至冲突。因此，可以肯定地说，中国非政府组织的持续发展，不仅需要好的理念和相关理论的支撑，还要在自主政治参与的努力中选择合理的目标定位，以及在自身管理方面不断追求自律机制的完善。

［徐湘林，1955 年生，现任为北京大学政府管理学院副院长、教授、博士生导师，北京大学政治发展与政府管理研究所副所长、研究员，北京大学中国政府创新研究中心副主任。2005 年发表有《政治特性、效率误区与发展空间——非政府组织的现实主义理性审视》、《农村社会保障体制转型与地方政府创新——广西五保村建设的理论启示》两篇论文。

通信地址：北京大学政府管理学院（100871）

电子信箱：xianglin@ pku. edu. cn］

中国族际政治整合模式研究

（周平　《政治学研究》2005 年第 2 期）

族际政治整合是多民族国家运用国家权力将国内各民族结合成一个统一的政治共同体以及维护这个共同体的政治过程。对于任何一个多民族国家而言，能否全面地协调各民族之间的关系，有效地实现族际整合，直接关系到多民族国家的维系和巩固。

新中国成立后，新的国家政权对原有的民族整合模式进行了改造和重构，形成了一个完整的族际政治整合模式。该模式有两个显著的特点：一是族际整合主要是通过党和国家的民族政策来实施的；二是在利益关系调整中偏向于少数民族的利益，采取的是一种给予弱小民族利益的方式。事实表明，在少数民族自身的发展水平低，内部整合程度有限，经济、政治、文化和社会发展较之于主体民族而处于落后状态的时候，这样的族际政治整合方式是恰当的，对统一多民族国家的巩固发挥了巨大的作用。

新中国成立以来，在国家政策的支持下少数民族获得了迅速的发展：少数民族的族体规模有所扩大；各个少数民族成员对本民族的认同程度迅速提高；少数民族的民族意识趋向于旺盛；少数民族的语言文字得到发展。与此同时，中国的族际关系也出现了新的情况和动向，因而对族际政治整合的机制和模式提出了更高的诉求。

然而，我国现行的族际整合模式并没有随着形势的变化而进行调整，以给予少数民族更多利益为基本取向的民族政策为基本手段的族际整合方式已经表现出明显的不适应。一方面，我国现行的族际政治整合，缺乏完善的机制，主要是依靠政策而不是依靠制度，因而难以对族际关系进行多视角和全方位的持续不断的整合，甚至有可能在一定时期出现族际政治整合的空白。另一方面，我国现行的族际政治整合的基本取向是同情、关心和帮助弱小民族，现行族际政治整合主要是通过这样一种基本取向的民族政策来实现的。这样的整合方式，在少数民族发展水平还比较低的情况下，能够满足少数民族的利益要求，进行有效的利益协调，实现族际间的政治整合。但是，在少数民族的利益要求已经趋于旺盛并使族际间的利益争夺走向趋于明显和加剧的情况下，只是靠给予少数民族更多利益的族际整合，不仅无法满足少数民族的利益要求，而且会鼓励其提出更高的利益要求，从而使利益争夺加剧，因而无法实现有效的利益协调，达到族际整合的目标。

我国族际关系的新变化和现行族际整合模式不完善之间存在矛盾的现实表明，必须对我国族际政治整合模式进行调整，重构一套完善的族际整合机制。就目前情况而言，族际政治整合模式的调整必须涉及以下几个方面：第一，调整国家民族政策的价值取向，构建一个国家主义取向的民族政策体系。第二，构建民族区域自治的约束机制，平衡民族自治地方的权利义务关系。第三，建立民族意识的调控机制，使各个民族的民族意识与国民意识保持协调。

［周平，1959 年生，法学博士，云南大学教授、博士生导师、政治学系主任。出版著作和教材 10 多部，其中有《民族政治学》、《香港政治发展 1980—2004》等。发表学术论文 90 余篇。

通信地址：昆明翠湖北路 2 号云南大学政治学系（650091）

电子信箱：zhpkm@ yahoo. com. cn］

大事记

2005 年中国政治学研究大事记

3 月4—5 日，北京大学政治发展与政府管理研究所与深圳大学当代政治研究所举办“构建和谐社会与城市基层民主建设”学术研讨会，来自全国各地的30 多位学者参加了本次会议，对深圳市南山区南山街道办月亮湾片区人大代表工作站的实践与探索进行了深入研讨。

3 月28 日，国家“长江学者”特聘教授受聘议式在北京人民大会堂隆重举行。本次“长江学者奖励计划”首次在人文社会科学领域设岗，经过严格评审，全国产生了13 位人文社会科学领域“长江学者”特聘教授，徐勇教授受聘为国家人文社会科学领域首批“长江学者”特聘教授。

4 月22—25 日，山西大学政治与公共管理学院召开了“执政能力与治理方式”学术研讨会，来自全国30 多家高等院校的60 多位著名学者参加了本次会议，专家们主要围绕党政关系以及党的领导方式、党的执政理念与执政方略、巩固党的执政基础和建设民主政治、构建和谐社会与实现政治文明、关于执政党的合法性与执政绩效等问题进行了广泛而深入的探讨。

5 月18 日，中国行政管理学会在京举办“政府社会管理和公共服务改革”讲座。邀请中国行政管理学会副会长、上海市委党校副校长、上海行政学院副院长李琪主讲。中国行政管理学会在京副会长、部分常务理事、理事以及国务院有关部委、有关办事机构和事业单位、科研院所、学会秘书处等60 余人参加讲座。

5 月29—31 日，深圳大学当代中国政治研究所与教育部高校人文社会科学重点研究基地北京大学政治发展与政府管理研究所、深圳市盐田区人民政府联合举办了“城市社区体制创新学术研讨会”，来自全国高校、研究机构的著名学者30 多人参加了本次学术研讨会。

6 月4—6 日，中国行政管理学会和广东省行政管理学会共同举办的“中国（广东）政府管理创新国际”研讨会在广州召开。全国政协副主席、中国行政管理学会名誉会长李贵鲜发表了书面讲话，全国政协副主席罗豪才发来贺信。中国行政管理学会会长等在大会开幕式上致辞、讲话。澳大利亚行政学会会长、澳大利亚总理内阁（部长级）国际卫生健康特别委员会主席安德鲁·鲍哲，加拿大中国行政管理学会主席鲁克·贝尼尔，国际行政科学学会特别代表、欧洲公共行政组织欧洲事务部部长费宾恩·麦伦等来自欧美、东南亚十几个国家和地区的公共管理领域著名专家参加了会议。还有来自国内中央有关部门、大专院校、科研机构的专家学者共400 余人参加会议。会议以“政府管理创新”为主题，围绕公共政策与政府执行力、地方政府与区域公共管理、电子政务与政府管理、政府战略与社会经济发展、非政府部门与公共服务改革、政府应急管理对策、政府管理模式选择、全球化与政府管理创新、行政效率与政府绩效管理等九个专题进行了专题报告和分组研讨。

6 月17—18 日，复旦大学中国政府与政治研究中心召开题为“变革社会中的中国政治与政治学：体系、逻辑与边界”的学术研讨会，来自中国人民大学、武汉大学、华中师范大学、浙江大学、深圳大学、中共中央编译局、上海师范大学、同济大学、华东理工大学、上海大学、中国人民解放军南京政治学院、复旦大学以及美国田纳西州立大学、哥伦比亚大学等十几所海内外高校及科研单位的40 余位学者参加了本次研讨会。与会学者围绕主题——“变革社会中的中国政治与政治学：体系、逻辑与边界”，进行了热烈和深入的探讨。

6 月18—19 日，北京大学政府管理学院和北京大学政治发展与政府管理研究所联合召开“服务型政府与和谐社会”学术研讨会，会议就服务型政府及和谐社会建设的途径和目标、服务型政府与以人为本、服务型政府与和谐社会构建的关系等问题进行了热烈的讨论。

6 月25—26 日，由中山大学政务学院政治学系、中国人民大学国际关系学院政治学系和吉林大学理论法学中心联合举办的“中国社会变化与政治学研究”研讨会在广州宾馆成功举行。来自美国芝加哥大学、匹兹堡大学、香港大学、香港城市大学、南京大学、复旦大学等国内外著名高校的40 余名代表参加了本次会议。在为期两天的会议中，代表们围绕“社会变迁中的利益关系”、“社会变迁中的制度创新”、“社会转型中的发展与治理”、“社会转型的发展前景”、“社会转型中的人大制度”、“社会转型中的农村问题”、“港澳论坛”以及“社会转型的研究方法”等九个专题各抒己见。发言中，既有宏观的理论总结，也有微观的实证研究；既有对国家层面的问题分析，也有对基层治理的对策研究；既有观点的交锋，也有观点的认同，取得了有益的学术成果。

7 月2—3 日，由中国行政管理学会和同济大学联合主办、同济大学经济与管理学院承办的“2005 中国公共管理变革：理论与实际”研讨会在上海市召开。会议对深化我国行政管理体制改革的思路和战略、公共管理理论的创新和实践进行了探讨和交流。

7 月8—9 日，《中国行政管理》创刊20 周年纪念座谈会在北京召开。以垄断行业政府监管体制改革为主题的“中国行政管理论坛2005”同期举行。来自中央国家机关、大专院校、科研单位和新闻团体共100余人参加会议。期间，还展出了海内外近200个同贺单位的部分贺词贺信。同期，《中国行政管理》杂志社还举办了“纪念《中国行政管理》杂志创刊20周年”2005年度特别征文活动。

7月31日，内蒙古自治区政治学会正式成立。该会挂靠在包头师范学院，包头师范学院党委书记刘振洪同志当选为该会的会长。

8月1—3日，由中国政治学会主办，包头师范学院承办的“中国政治学会2005年年会暨构建和谐社会与社会主义政治文明建设”学术研讨会在内蒙古自治区包头市举行。中国社会科学院党组副书记、副院长、中国政治学会会长李慎明，中国政治学会顾问赵宝煦（北京大学）、王惠岩（吉林大学）、徐大同（天津师范大学）、孙致孚（四川省人大），中国政治学会副会长王邦佐（上海市社科联）、刘德厚（武汉大学）、张桂琳（中国政法大学），中国政治学会秘书长杨海蛟（中国社会科学院政治学所）及来自全国各地的近百位专家学者参加了本次研讨会。内蒙古自治区党委和包头市委有关领导出席会议并致辞。

李慎明发表了重要讲话。

8月20—22日，中国行政管理学会和甘肃省行政管理学会在兰州市联合举办了中国行政管理学会2005年会暨“政府行政能力建设与构建和谐社会”学术研讨会。来自全国各省、市、自治区国家机关和大专院校、科研机构的专家学者近300人参加会议。

8月24—26日，由中国行政管理学会县级行政管理研究会、九三学社中央社会与法制委员会、昆山市人民政府和苏州大学地方政府研究所，在江苏省昆山市联合举办了题为“构建和谐社会：中国农村公共物品供给法治保障”学术研讨会。来自北京大学、复旦大学、南开大学、天津师范大学、中国浦东干部学院、苏州大学、中国地质大学、上海师范大学、徐州师范大学以及台湾暨南大学、东海大学等50多位专家学者出席了研讨会。

8月26—28日，第五届教育部人文社会科学重点研究基地（政治片）主任会议在湖北省宜昌市召开。此次会议由华中师范大学中国农村问题研究中心（政治学研究院）承办，北京大学政治发展与政府管理研究所、北京大学邓小平理论研究中心、中国人民大学“三个代表”重要思想研究中心、山东大学当代社会主义研究所、中山大学行政管理研究中心及华中师范大学中国农村问题研究中心等重点研究基地的主任（所长）及办公室负责人出席了此次会议。会上，各基地介绍了第一阶段基地建设的情况和经验，交流了第二期建设规划。会议决定2006年的基地主任会议由中国人民大学“三个代表”重要实现研究中心承办。

9月10—12日，中国政治学会团体会员代表与全国各地秘书长联席在山东省日照市召开，会议交流了各地开展活动的情况。

9月23—24日，由华中师范大学中国农村问题研究中心（政治学研究院）与南方农村报、中国社会科学院农村发展研究所社会问题研究中心、华中师范大学中国农村问题研究中心和乡镇论坛杂志等单位共同主办，南方日报、南方周末、南方都市报、21世纪经济报道、天涯社区、南方网、南方报业网等媒体支持的“后农业税时代如何建设新农村”研讨会在广州召开。研讨会围绕税改后的农村基层政权建设、税改后的农民负担和村镇财政、税改后的农村社会发展、税改后的新乡村建设等问题进行了研讨。

10月19日，《中国的民主政治建设》白皮书发表。

11月19—20日，教育部政治学教学指导委员会暨第21届政治学（行政学、国际政治）系主任联席会议在深圳举行，此次会议由深圳大学当代中国政治研究所承办。来自全国各高校的近百位政治学、行政学、国际政治学的院长、系主任、教授出席了会议，并就学科建设的广泛议题展开了深入研讨

11月19—20日，由中山大学政务学院政治学系、英国布里斯托大学东亚研究中心和香港城市大学东南亚研究中心三方联合主办的“转型社会中的公共政策与治理：亚洲视角”国际学术会议在广州召开。来自英国、香港、台湾、日本、韩国、新加坡以及中国大陆的40多名学者，从各自的研究方向以及地区角度出发，对全球化背景下的“城市化与都市治理”、“政策范式的转变”以及“政策中的公众参与”等相关问题进行了比较分析。会议加深了各国学者在公共政策与治理领域内的交流与共识，在不同国家和地区，以及不同的理论视角间也形成了的卓有成效的对话，促进了彼此间的学术交流。

11月20日，山西省政治学会第四届会员代表大会在省委党校召开。会议认真回顾总结了学会第三届理事会12年来的工作，充分肯定了学会在学术研究、学术活动和组织建设等方面取得的成绩和经验，修改通过了《山西省政治学会章程》，选举产生了第四届理事会，明确了学会今后五年研究的指导思想、基本内容和重点。武正国同志被推选继续担任学会会长。

11月23—24日，江苏省政治学会召开第六次代表大会暨学会成立20周年庆祝大会。与会代表90多人。会议通过了学会章程和财务审计报告，并进行了换届选举，张永桃当选为会长，丘晓继续担任名誉会长。会议回顾了20年来学会所取得的成就，总结了近5年来的工作。与会代表还就“和谐社会与社会主义民主政治建设”进行了学术研讨。

11月27日，为了贯彻落实党的十六届五中全会精神，北京市政治学行政学学会与中国人民大学国际关系学院在中国人民大学联合召开“贯彻‘十一五’规划，推进行政体制改革与和谐社会构建”学术研讨会。来自首都高校和科研院所的50多位专家、学者参加了会议，展开了热烈而深入的讨论。

12月4日，上复旦大学国际关系与公共事务学院主办了“中国政治发展之再认识”学术研讨会。来自上海各高校包括上海交通大学、同济大学、华东理工大学、华东政法学院、上海师范大学、上海大学以及中国社会科学院和上海社会科学院的政治学领域的专家学者就政治发展的概念界定与辨析、中国政治发展的成就与发展路径、中国政治发展过程中的危机、乡村政治发展以及复旦大学政治学的发展演变历程进行了热烈的探讨。

12月11—12日，四川省政治学会第

五次会员代表大会在宜宾市委党校召开。本次大会审议通过了《四川省政治学会第四届理事会工作报告》和《四川省政治学会章程》（修改草案），大会选举产生了新一届常务理事、副会长、会长、秘书长和副秘书长，组成了四川省政治学会第五届理事会。四川省社会科学院党委副书记、副院长周友苏研究员当选为四川省政治学会第五届理事会会长。会议还围绕“构建和谐社会的政治保障”的主题，进行了热烈的讨论。

12 月 17 日，北京市政治学行政学学会与北京市科学社会主义学会联合在北京师范大学曾宪梓楼 304 会议室，召开 2005 年学术前沿论坛，论坛主题“构建社会主义和谐社会的若干理论前沿问题”。

12 月 25 日，中国政法大学政治与公共管理学院建院 20 周年庆典大会在昌平校区礼堂举行。来自全国各地的专家学者、学校领导、各职能部门的负责同志以及部分离退休老同志、校友代表等出席了大会，政治与公共管理学院全体师生参加了此次大会。大会收到了海内外 40 余所科研机构和院校的贺信贺电。当日下午举行了“和谐社会与政治发展”学术论坛。

12 月28—29 日，中山大学政治学系举办了“政治学专题学术对话会”。来自复旦大学、北京大学、华中科技大学等全国高校的 20 多名学者参加了此次会议。会议主要围绕政治学当前各重大主题展开了深入而细致的交流，取得了丰硕的成果。

12 月 30 日，上海市政治学会在上海市委党校召开“和谐社会的政治基础”学术研讨会暨 2005 年度学术年会，来自上海高等院校、党校、军队院校、社联、社科院的近 200 位专家学者和部分相关专业研究生参加了这次会议。会议由会长王邦佐教授主持。围绕年会主题“和谐社会的政治基础”，来自上海市委党校、复旦大学、上海社会科学院、华东理工大学、解放军南京政治学院上海分院、上海师范大学的专家进行了发言。最后，王邦佐会长作了总结发言，并对学会 2006 年的工作作了布置。

（中国社会科学院政治学研究所）

国际政治

综　述

2005 年中国国际政治研究综述

对中国国际政治学（本综述实际上概括了国际政治学、国际关系学和外交学三个二级学科，由于这三个学科之间的紧密关系以及论述方便起见，本文涉及到整个学科的称呼时，统一使用“国际政治学”或“国际政治研究”）来说，2005 是一个比较特别的年份。从 1995 到 2005 整整十年的时间，代表了一个发展阶段。在此之前，新中国的国际政治研究从开创、中断、恢复到开始借鉴和引进国外的理论，总的来说处在一个未成年的时期，对国内政策的“诠释”与对国外理论的“引进”是当时的基本特征。正是从 1995 年起，一批代表中国国际政治学者独立思考的著作开始问世，其中主要有：王逸舟的《当代国际政治析论》、阎学通的《中国国家利益分析》和秦亚青的《霸权体系与国际冲突》。这三位学者现在均已成为中国国际政治学界的标志性人物。2005 年，北京大学出版社将他们近十年来的研究精华即王逸舟《探寻全球主义国际关系》、阎学通《国际政治与中国》和秦亚青《权力·制度·文化：国际关系理论与方法研究文集》结集出版，这不但是对三位学者学术生涯的一个阶段性总结，实际上也是对整个中国国际政治学界的一个阶段性梳理。所谓“十年磨一剑”，从 1995 年到 2005 年，中国的国际政治研究就像从 20 岁到 30 岁的年轻人一样，正在努力成长，逐步成熟，在一定程度上实现了“三十而立”。在承前启后的 2005 年，既有中生代甚至老年学者在此继续耕耘，更有许多新人、新思想正在涌现。下面试图从几个方面进行简单勾划，希望能体现出中国国际政治学在“而立之年”渐趋成熟的风貌。

一、基础理论：搭起自立与引进之间的桥梁

20 世纪 90 年代中期起，在经历了约十年的对国外理论的持续引进后，中国学者对主要的西方国际关系理论已经大致熟悉，除了现实主义、自由主义、建构主义三大理论流派的作品纷纷进入中国并成为不少学者手中的“利器”外，各种非主流的理论作品与学者也拥有不同的读者与市场，中国学者中间的流派划分正在隐约成形。一些站在学界前沿的主流学者，还试图与海外同行进行各种思想对话，并已建立起较为通畅的学术联系渠道。这些进展表明，中国国际政治学正在踏入一个新的发展阶段。在这一阶段，我们不仅要引进，更要着手创新。不管是创建中国学派，还是建立有中国特色的国际政治理论，总之是要由中国人自己提出一些称得上是理论的东西。在立足于自主创新的同时，我们也不能就认为理论引进工作已经结束，国外的同行们仍在不断前行，只有对出现的新成果、新理论及时进行吸收、批判，才有可能实现对他们的超越。当然，要实现这些任务还是长期的事情，2005 年只是一个开始。我们很欣喜地看到，这一年的一些新气象，表明中国学者正在搭起自立与引进之间的桥梁，从而为走向下一个发展阶段打下了坚实的基础。

（一）自主探索

2005 年，中国学者继续致力于探索如何构建中国国际关系理论，并为此提出了颇为深刻的见解，进行了一些颇有意义的尝试；同时，学界开始反思过去的得失、成果，为迎接未来的挑战打下了基础。

北京大学的梁守德教授是国内最早提出要建设有中国特色的国际政治理论的人之一，他在《中国国际政治学理论建设的探索》一文中指出：“中国国际政治学理论建设，应在世情与国情的统一上铸造国家特色和学者特色，探索理论的新主题和新主线，以权利政治为新角度，研究国际政治产生和演变的规律及其在当代的新表现、新特征。”应该说，这种观点代表了老一辈国际关系学者对如何建设中国理论的意见。与此同时，值得注意的是，《教学与研究》杂志于 2005 年第 11 期推出了一系列青年学者的文章，这些文章对当前中国国际关系理论建设问题进行了反思。这组文章是：门洪华的《回归国际关系研究的中国重心，架起理论与实践的桥梁》、苏长和的《世界政治的转换与中国外交研究中的问题》、郭树勇的《深化大国成长的国际社会性研究》、方长平的《中国对外政策的国内政治：一项研究议程》、耿协峰的《呼唤新地区主义研究的中国视角》、陈玉刚的《关于国际政治经济学研究的几点思考》以及于铁军的《中国国际关系研究需要加以改善的

几个方面》。这些学者都是当前活跃在学术前沿的青年学者，其中可能就潜藏着未来的“大梁”，其活跃表现证明中国国际政治学后继有人。尽管他们的观点还稍显稚嫩与简单，但其中表现出的对传统思维的超脱、对新问题的敏感和对国家的使命感，为学界吹入了一股清新空气。中年学者中间也出现了一些有份量的反思文章，其中特别值得一提的是秦亚青教授的《国际关系理论的核心问题与中国学派的生成》。他在文中指出：生成国际关系理论学派的一个重要因素是理论的核心问题，美国主流国际关系理论的核心问题是霸权护持，而英国学派的核心问题是国际社会的形成与发展。中国国际关系学要想产生重要的理论学派，建构理论的核心问题是一个必不可少的条件。他最后提出，如何和平融入国际社会的问题最有可能形成中国学派的核心理论问题，围绕这一核心问题所产生的这些具体研究问题应该构成中国国际关系研究议程的重要部分。秦教授并不是唯一提出这种或类似观点的人，但其文章对这个问题作出了有代表性的论证与概括。

与这种反思并进的是，一些学者开始着手从自己的视角来诠释国际政治，以此作为构建中国理论的基础性工作。其中值得一提的有俞正樑、陈玉刚和苏长和合著的《21 世纪全球政治范式》。该书有两个亮点：一是提出要建立一个以全球共治为核心的全球政治新范式，二是倡导全球中庸主义。如果说全球共治尚有西方全球治理论的痕迹的话，中庸主义的提出则体现了中国特有的“和”文化。这种中西结合的尝试我们暂时还不能说它已经取得了成功，但已体现了中国学者的学术底蕴与理论勇气。中国社会科学院研究员李少军则提出了另一种努力方向，他在《国际关系大理论与综合解释模式》中提出，国际关系的大理论是对国际体系进行解释的理论，现实主义、自由制度主义和建构主义分别阐释了国际体系的不同属性。但由于国际体系具有多元的属性，他因此而提出一种综合解释模式，试图在解释现实时对不同理论进行综合运用。这篇文章原意是沟通现实与理论之间的距离，增加理论的解释性与说服力，但由于其视角的宏观性与对理论局限的恰当把握，也为我们如何构建中国理论提出了一个值得研究的方向。

对中国国际政治研究来说，2005 年还有几件有意义的事。这几件事体现了中国学者在国际政治研究方面所走过的路程和不断深入的努力。第一件事是上面提到的三位标志性学者的文集出版。第二件事是清华大学国际问题研究所推出了新的学术刊物《国际政治科学》。刊名的“科学”二字寓意颇深。正如编者所言：“《国际政治科学》将主要刊登问题型的科学学术成果，特别是与中国对外关系相关的文章，以此促进中国国际关系的科学研究。”可以相信，该刊物的出现对促进中国国际关系研究的科学化程度以及理论进步是有积极意义的。尽管该刊还没有取得正式刊号，所刊发文章对学界的影响还没有完全显现出来，但学界有理由为此而期待。第三件事是《世界经济与政治》杂志自 2005 年第 6 期起开始推出了对一批中生代学者中的佼佼者（限北京地区）的专访文章。这些中生代学者都是目前中国国际政治研究队伍中的骨干，对他们人生经历、学识的集中展示从一个侧面体现了中国国际关系研究所走过的历程，引起了学界的很大兴趣。通过与这些骨干学者的对话，或许能悟出今后深化中国国际政治研究的发展之道。

（二）理论引进

在致力于自主探索的同时，学界并未放弃、而是大大增强与改善了对国外理论的引进工作。这种引进相对以前来说，视域更宽，力度更深，已不是单纯的介绍，而是包含了更多的反思、批判；不是单方面的接受，而是渗透了植根于本土与传统的交流。毫无疑问，这种引进对理论创新的意义是不言而喻的。

近十年来，中国学界一直在不断进行理论引进工作，但目标主要集中于美国。这有其合理性，因为美国是国际关系理论的主流阵地；但也有其不合理性，因为美国并非国际关系理论的全部，特别是在欧洲，有一种明显区别于美国的国际关系思想传统。随着时间的推移，这种不合理日趋明显，因为对美国的集中关注使得我国理论学者的“美国思维”加深甚至有“蒂固”之势。在这种情况下，一部分学人开始着力引进非美国，主要是在理论传统方面独树一帜的英国学派的理论思想。这种努力在 2005 年达到了高潮，其中特别应提及的是《欧洲研究》。该杂志自去年之后，今年继续推出了两组评介英国学派的文章：徐雅丽的《国际关系思想传统与英国学派的国际社会理论》、周桂银/党新凯的《权力政治、国家体系和国际关系思想传统——马丁·怀特的国际关系思想》、吴征宇的《主权、人权与人道主义干涉——约翰·文森特的国际社会观》、周桂银的《基督教、历史与国际政治——赫伯特·巴特菲尔德的国际关系思想》、郭观桥的《国际社会及其机理——赫德利·布尔的国际关系思想》、苗红妮/秦治来的《从国际社会到世界社会——巴里·布赞对英国学派的重塑》和王存刚的《可借鉴的和应批判的——关于研究和学习英国学派的思考》），这组文章以著名的学者为线索，对英国学派的理论思想进行了系统的梳理。其他学术刊物也刊登了一批关于英国学派的文章，比如宋德星的《英国学派的战争哲学：格老秀斯式的理论解读》、唐小松的《英国学派的发展、贡献和启示》、章前明的《论英国学派的国际社会理论》、石之瑜的《英国学派与两岸国际关系研究》等。总的来看，如此系统、全面地介绍英国学派是前所未有的，它为中国学者受美国思维影响过深的头脑吹来了一股新风。除了对理论较发达的国家重点关注外，与中国大致处在同一水平的俄罗斯的理论建设情况也受到注意。刘军、强晓云的文章《俄罗斯国际关系学的理论流派与发展趋向》使我们对俄罗斯该学科的研究情况也有一个大致的了解。

面对我们早已熟悉的现实主义等主流理论，学界在继续跟踪的同时，加大了反思与挖掘的力度。秦亚青在《现实主义理论的发展及其批判》中指出，冷战后的现实主义沿着两个主要方向开拓：一是强化古典现实主义和新现实主义的命题，形成了进攻性现实主义；二是脱离国际体系层次，与其他层次的分析相结合，产生了新古典现实主义。他得出结论说，现实主义仍具有生命力。薛力、刑悦的《新自由制度主义含义辨析》则在前人研究成果的基础之上，对新自由制度主义进行深入挖掘，绘出了一张全面而清晰的新自由制度主义的谱系图，使人对这一理论流派的了解更深了一层。

建构主义一直是中国学者关注的一个重点，特别是通过秦亚青翻译的《国际政治的社会理论》一书以及众多青年学者的跟进，建构主义在中国已成声势。2005年，理论旗舰刊物《世界经济与政治》在年度首期发表了秦亚青与建构主义代表人物亚历山大·温特的思想对话《建构主义的发展空间》。在这次对话中，秦亚青在建构主义理论层次、内涵发展空间方面表达了不同于温特的看法。温特坚持体系层次建构主义，而秦亚青更钟情于国家身份在单位层次上的建构；温特认为建构主义与其他理论是可以融合的，而秦亚青态度谨慎，认为建构主义作为一种重要的理论流派，其基本假定是不能与其他理论的基本假定趋同的，否则就会名存实亡。秦亚青还提出了地缘—文化建构主义的概念，认为不同地缘—文化境域中的社会可以产生不同地缘—文化特征的建构主义流派。这种观点为中国建构主义学派的出现提供了启示。

学界还加大了对非主流理论的重视程度。2005年4月22日至23日，中国社科院世界经济与政治研究所国际政治研究室与《世界经济与政治》编辑部联合在北京召开了“国际关系理论非主流学派研讨会”，会后有七篇论文集中在《世界经济与政治》2005年第7期上发表，它们是：郭树勇的《国际关系研究中的批判理论：渊源、理念及影响》、李滨的《考克斯的批判理论：渊源与特色》、唐小松的《英国学派的发展、贡献和启示》、章前明的《论英国学派的国际社会理论》、刘永涛的《后现代主义与后现代国际关系：一个基本考察》、庄礼伟的《后现代主义对国际关系研究的启示》和李英桃的《女性主义国际关系学及其发展前景》。这次会议及其成果实际上是对非主流理论的一次全面检视，其作用主要在于唤起对非主流理论的重视，使中国学界开出更多的理论之花、结出更丰硕的理论之果。

二、现状研究：使命感下的沉思

这里所说的国际政治现状研究主要是指对现时代的国际政治、他国政治与外交、国际组织以及中国外交与战略等方面的研究。立足本国、了解世界、服务现实应该是每一个国家国际政治研究的基本要求。正因如此，与纯粹的理论研究不同，国际政治现状研究一方面因致力于服务于（不管是直接的还是间接的）本国外交的需要，因而更有希望得到资金等方面的支持，从而形成一个比理论研究大得多的群体，研究成果在数量上也要远多于理论研究；另一方面，由于现状研究成果并不主要面向学科建设与学术创新，它在学术影响上往往要小于理论研究。但理论研究与现状研究并不是完全分开的。特别是在中国，现状研究学者可能不搞理论，但搞理论的几乎没有不关注现状的，多数还经常发表一些这方面的成果。在这种强大参与的推动之下，中国2005年的国际政治现状研究取得的进展可概括为两点：一是地区国别研究方面，全面推进与重点突破相结合；二是中国外交研究方面，战略性、前瞻性与实用性均大大加强。下面分而述之。

（一）地区、国别和国际组织研究

在地区、国别研究方面，中国一直有一批比较全面的研究机构、学术阵地以及相对固定的研究人员。例如，在研究机构上，社科院针对不同地区和国别分别设立了七个研究所（社科院国际片共有八个所，惟有世界经济与政治研究所是不针对特定地区与国家的），从地理范畴上基本覆盖了全世界，其他研究机构与高校也根据自己的研究特长设立了许多地区国别研究（分支）机构。在学术刊物上，主要有《欧洲研究》、《美国研究》、《日本研究》、《西亚非洲》、《俄罗斯东欧中亚研究》、《亚太研究》、《南亚研究》、《东南亚研究》、《拉丁美洲研究》和《东北亚论坛》等等，也基本上在地理上包括了全世界。这些研究机构与学术刊物以及与之相联的大量研究人员在2005年继续对各地区和国别进行跟踪、深入研究，从而使中国的地区和国别研究继续保持着一种全面发展的态势，在此不加赘述。稍需一提的是，前几年社科院启动了大型丛书项目——《列国志》，对世界各国以及重要的国际组织进行一次全景式的介绍，是我国地区国别研究中具有重要意义的一个创举。到2005年12月底，已出版63卷（本），内容涉及数十个国家和国际组织。接下来要着重强调的是，在2005年，中国的研究人员根据自己对世界发展大势的体认和对自己祖国的深切关注，在一些对中国发展有特殊意义的地区和国别研究上做出了自己的成绩。

首先是印度及中印比较的研究。印度并不是对中国最具战略意义的国家，却是近年来颇受中国学者关注的一个国家。中印既是地缘上的邻国，又大致处于同一发展水平。但在一段较长的时间内，无论是在第三国的学者看来，还是根据中国甚至印度本国学者的意见，印度在许多方面还比不上中国。但近几年，由于印度的持续经济增长与在某些方面的突出成就，在一些国外学者口中，开始出现了印度是否已经超过中国的声音。这自然引起了中国学者的极大关注。2005年，《世界经济与政治》杂志在第1期推出了一组关于中印比较的文章，它们是：［美］黄亚生的《经济增长中的软硬基础设施比较：中国应不应该向印度学习?》、刘培林的《政治稳定条件下的渐进式改革——中国和印度经济转轨的共同特征》、胡书东的《中印经济发展背后的逻辑及未来潜力比较》和张力的《能源外交：印度的地缘战略认知与实践》，这些文章在经济改革、基础设施、发展潜力以及地缘战略方面对中印两国经济进行了深入的比较分析。几位学者的结论可分别简括为：（1）印度有它的优势，特别是在软件基抽设施建设方面；（2）中印在一些方面的竞争不可避免，中国应发展具有比较优势的产业、产品和技术结构；（3）处理好传统制度调整与世界经济一体化之间的关系是中国和印度经济发展过程中最为重要的两项任务。此外，《国外社会科学文摘》也特意在2005年首期刊出一组外国学者关于中国与印度的文章：雷伊·马赛罗的《印度纺织业：希望在于重组》、克里斯·莱希 的《中国与印度：全球化的两张脸》和《中国与印度：仇敌还是朋友?》，这从另一个侧面反映了中国学界对印度的关注。可以相信，随着中印的共同崛起，关于印度及中印比较研究会继续深入下去。

其次是东亚地区研究。近几年，东亚地区有两个情况特别引人注意。一是中日关系迟迟没有进展，两国在靖国神社、东海划界等诸多新老问题上摩擦不断，许多人对两国关系在短期内改善已不抱希望。二是朝核危机虽有进展但一直悬而未决，特别是朝鲜和美国近期内虽未有大的动作，但可以肯定这场危机不会就此收场。由于这两种情况，东亚地区的安全形势特别令人关注，使人意识到东亚地区安全的脆弱性。因此，如何从长远的角度、从结构上建设东亚安全的问题成为中国学者的一个重要关注，这是2005年中国东亚安全研究的一个突出特点。杨鲁慧、郭延军的《从“霸权稳定论”到“安全共同体”——东北亚安全合作架构新走向》、莽景石的《东北亚一体化：政治成本与演进路径》、刘江永的《东亚格局与中日关系》和任晓的《六方会谈与东北亚多边安全机制的可能性》均体现了这一思路。此外，阎学通、金德湘主编的《东亚和平与安全》也由时事出版社出版，该书对如何维护东亚地区的和平与安全进行了全面探讨，主要内容集中在三个方面：东亚现有和平是靠什么维持的，东亚地区安全面临的重要威胁，以及从地区安全合作的角度研究共同维护东亚和平的方法。

再次是联合国研究。2005年是联合国成立60周年，各方面的文章、专著纷纷出版。《世界经济与政治》在第5期刊发了一组关于联合国的文章，主要有：王逸舟的《联合国与二战遗产》、徐纬地的《摇摆与彷徨中的探索——联合国维和行动面临的困难与挑战》、李东燕的《联合国研究60年：理论·政策·方案》、金熙德的《日本联合国外交的定位与演变》以及呼和那日松、张燕等的《学生群体对联合国改革态度的调查与分析》，对联合国工作进行了较为全面的回顾与考察。联合国改革问题一直受到各界关注，中国学者从总体上赞成进行必要的改革，但同时也保持一份慎重、现实与清醒。龙小农和刘继南在《对联合国安理会改革的几点思考》中指出：“联合国改革的主要目的之一是更好地反对单边主义，推进多边主义，但这种多边主义是合理、有效的多边主义，而不是绝对的多边主义，绝对的多边主义可能导致联合国二战前‘国联’的后尘，成为一个争吵不休、议而不决的俱乐部。”《欧洲研究》2005年第3期也刊发了一组关于联合国的文章，如徐奔郁、唐永胜的《从国际联盟到联合国——全球性安全机制的演变及前景》、黄海莉、门洪华的《否决权机制及其未来》、聂军的《联合国维和与集体安全辨析》等。在专著方面，评介联合国的专著就出了两本即李东燕的《联合国》、张学森、刘光本的《联合国》。这些成果加深了各界对联合国的了解。

最后是美国研究。美国一直是中国学者关注的首要对象，自从上个世纪60年代我国国际政治学初创起，研究美国就一直是一件头等重要的任务，并由此催生了一批优秀的老辈国际关系学者，如资中筠等。在2005年，中国的美国研究侧重于美国的外交与战略层面。近些年来中美关系虽然基本上风平浪静，没有大的波折，但实际上由于中国的持续崛起，正在进入一个结构性矛盾时期。在这种情况下，研究美国的战略与外交传统实是势所必然，中国学者为此尽了自己的努力。门洪华是近年来频频露脸的一位青年学者，一直关注于国际制度研究，他所著的《霸权之翼——美国国际制度战略》也为美国研究作出了贡献。该书立足于理论与实践的结合，首先从权力转移、问题转移和范式转移的对比角度，对霸权的解释模式进行理论总结，提出从国际制度的进程性角度建构综合性霸权解释模式的理论目标；然后，对国际制度的作用及其战略价值进行理论推演，强调国际制度在美国霸权战略中的重大价值以及剖析美国国际制度霸权战略的意义，并从历史比较的角度突出了美国霸权的制度特性。读完此书，读者对美国霸权认识肯定要大大超出以前多局限于“霸道”、“强权”的形象，并对如何应对这种霸权多了一份清醒的认识。其他可圈可点的成果还有刘建飞的《大博弈：中国的“太极”与美国的“拳击”》、刘阿明的《布什主义与新帝国论》和任晓、沈丁立主编的《自由主义与美国外交政策》。这些成果从不同侧面剖析了美国外交战略的内涵，有利于我们更加深刻地认识这个与我们有着剪不断、理还乱的关系的“山姆大叔”在这个无政府状态世界中的“为人处事”之道。

（二）中国战略与外交研究

2005年的中国外交，给世界释放出更多的善意与负责任的形象。胡锦涛主席在第60届联大会议上，代表中国政府提出了建立“和谐世界”的重要倡议，并宣布了中国将在未来若干年内实施前所未有的国际援助。在这个重大举动的背后，有着中国领导人对如何促进世界和平与发展、如何成功实现中国崛起的深层次思考。在这种情势下，中国学者从理论、历史和现实诸角度出发，对中国的崛起与战略问题作出了自己的分析与评估，对中国外交中的重要双边关系与突出问题作出了自己的思考。

首先在中国崛起及其战略方面，秦亚青和朱立群在《新国际主义与中国外交》中提出了新国际主义的概念，他们的新国际主义理念包括：加入国际体系与国际制度、寻求合作共赢、参与建构地区共同体。他们认为，这种新国际主义有利于促进中国经济与社会的顺利发展，也有助于巩固中国政治的合法性基础；中国作为迅速发展的国家，需要将爱国主义和国际主义结合起来，摈弃狭隘民族主义思想，担负国际社会成员应尽的责任和义务。阎学通在《中国崛起的实力地位》中则对中国的综合实力重新进行了评估并据此提出自己的战略建议。他通过研究指出，中国综合实力已位居世界第二，具备了加快崛起的实力地位；在中国自己不发生重大决策失误的前提下，2015年中国将成为准超级大国。因此，中国可以考虑制定积极主动和有所作为的外交战略。郭树勇则在《论大国成长中的国际形象》中，在理论与历史的交汇中讨论了大国成长中的形象问题。他总结道，历史上那些能够担当重任的大国，都曾经以一种先进的和社会化的形象出现在世界面前，当代条件下一个良好的大国形象的形成应从五个方面考虑：现代身份、世界贡献、战略意志、特殊责任、有效治理。海权是近几年来部分中国学者的一个关注重点。刘中民在《中国海权发展战略问题的若干思考》一文中强调了相对集中力量发展海权的可能性和必要性。他指出，不应如何盘算降低本来已经非常低的海军国防投入，而是应该寻找思路提高海洋经济的综合国力贡献率，进而为海权发展提供动力；此外，在海权发展与中国和平发展的关系上，中国海权的发展并不构成导致冲突并阻碍中国和平发展的结构性因素。

其次是在中美关系方面，面对这一中国对外关系的重中之重，中国学者也有许多新的思考。王缉思的文章《美国霸权与中国崛起》在此值得一提，他提出三个观点：（1）中国崛起在相当长的时间内，对美国霸权都不构成严重挑战，在美国构筑的全球霸权体系下，中国也还有相当大的崛起空间；（2）中国崛起对美国在亚太地区的霸权地位形成结构性的挑战；（3）我们既不能丢弃对国际权力格局的传统分析方法，以为信息和思想的沟通以及经济等领域的国际合作能够自然生成国家间的友好关系，消解国际冲突，也不能忽略国家及其以下的行为体的主观能动作用，以为权力格局的变化必然造成国际秩序的混乱。他最后指出，现在中美领导人都认识到两国相互对抗的危害性，因此中美关系有望继续维持稳定，并逐渐建立起更为稳定的战略框架。除了宏观思考外，中国学者对中美关系中一些具体领域也进行了探讨。朱明权、吴莼思和苏长和在《威慑与稳定：中美核关系》中就着重探索了中国和美国的核政策以及它们之间的核关系。他们认为，维护中美核关系的稳定乃是两国今后面对的重要问题，作为核大国的美国尤其负有不可推卸的责任；除了不应损害双方已经形成的相互威慑以外，两国还应该通过构建共同安全机制和共同安全文化来为稳定提供新的动力。

最后是危机管理。危机管理近些年来在中国外交中的地位日益重要。从1999年“炸馆”、2001年中美撞机以及后来多起中国驻外人员遭袭等事件中，中国开始迫切感受到建立一整套危机管理体制的需要。学术界在2005年为此做了很多工作。《世界经济与政治》杂志第3期刊发了一组危机管理的文章：章百家的《“抗美援朝”与“援越抗美”——中国如何应对朝鲜战争和越南战争》、徐焰的《解放后我国处理边界冲突危机的回顾和总结》、吴白乙的《中国对“炸馆”事件的危机管理》和张沱生的《中美撞机事件及其经验教训》，它们从历史到现实，梳理了新中国自建国以来在外交中面临的几次大的危机及其应对，从中提取许多值得吸取的经验教训。还有学者比较了其他国家在危机管理方面的成熟做法，如王缉思、徐辉的《中美危机行为比较分析》、邱美荣的《试析冷战后欧洲危机管理风格的变化》、高望来的《科索沃危机与欧盟的危机处理》，从而为中国提供了很好的借鉴。一些学者则更多从理论的角度进行探讨，如庞珣的论文《危机中的风险意愿》和龙小农的专著《跨国危机管理——理论，方法及案例分析》等。《跨国危机管理》一书汇集了跨国危机管理的基本理论、跨国危机的根源及如何防止危机升级等内容，值得一读。

除了上述几个方面，学者还就其他中国外交理论与实践中的问题指出了一些自己较为独特的思考。如方长平在《中国对外政策的国内政治：一项研究议程》中指出，中国外交政策的制定既受国际环境的结构性制约，同时也受国内政治经济环境的制约。而在国内学界关于中国外交实践的研究中，更多的是从国际环境变化的角度来观照中国外交的变化，研究的路径是国际环境的变化如何导致了中国外交政策的相应变革。该文根据这一状况列出了一个基本的研究框架。这方面国内研究较少，还有很大的开拓空间，也具有很重要的现实意义，值得跟进。此外，其他一些成果，如毛维准、阙天舒的《灾难外交：一种新的外交方式?》通过对印度洋海啸事件的应对反思提出自己的相关建议，为中国外交实践提供了一个新的视野与空间。

三、几点总结

上面从基础理论与现状研究两个方面对2005年的研究进展作了一个大致的描述，下面再从一般的层面对整个国际政治研究学界的几个突出之处作一简单的归纳。

首先是中国国际政治研究人员的理论素质普遍提高。多年以前，中国的国际政治研究曾被描述为“深度的新闻报道”（当然，至今这种批评也没有完全消失，但总的来说不如以前突出了），这种尖刻的批评多少反映出当时的我国国际政治研究是不曾有什么理论的。当时我们虽然十分强调马克思主义的理论指导作用，但在很大程度上只是当作教条使用，对西方的理论更是十分拒斥。这种做法当然大大损害了国际政治研究。理论研究自不用说，即使是现状研究，如果没有一定的理论底蕴和方法指引（当然也少不了深刻的战略洞察与周到的政策分析），研究成果多半是没有持久生命力的。这就是为什么20世纪90年代以前成果的影响很少有延续至今的原因，实际上，当时的研究成果除了为领导人决策作“诠释”外，也很少对决策层产生影响。随着越来越多的熟悉各种理论流派的中青年学者加入研究队伍并成为学术主流，国际政治研究成果的理论份量日趋厚重。2005年以及在此以前的一段时间内，不少学者在权力转移等理论范式分析的基础上来研究中国崛起，并由此提出不少既具理论价值，又有实践意义的创见，这成为中国学者理论素质普遍提高的一个重要体现。

再就是问题意识的加强。问题意识既是构建理论的切入点，也是现状研究的指南。以前，中国国际政治学者常遭到没有主体意识、问题意识的批评，这是中国学界在多年西方理论浸淫下的一个负面结果。到2005年，这种批评仍然存在，但学者已开始为探索中国自己的研究问题作出了初步的努力。同时应承认，中国崛起现实的鼓舞与面临挑战的刺激对中国学者的问题意识苏醒也功不可没。这种问题意识已经开始渗入上面已提到的中国学者的研究工作之中，例如：理论方面，秦亚青在《国际关系理论的核心问题与中国学派的生成》一文中提出“和平融入国际社会是创建中国学派的核心问题”；现状研究方面，更多的学者正在投入到“中国崛起”这一“大问题”的研究之中。有理由期待，随着中国学者捕捉问题的能力增强以及中国与世界关系的日益紧密与复杂，诸多有理论与实践价值的问题将进入中国学者的视野与笔端，中国的国际政治研究成果将因此而更加丰富和厚重。

最后是理论与实践、学术与政策的互动增强。理论与实践、学术与政策之间存在距离，不论是在国内国外，还是在其他社会科学门类中，都是一个普遍现象。从学术意义上讲，这种“距离感”很难说一定不好，甚至有时肯定是有利于促进学术发展的。但在中国的特定环境下，特别是当中国在一个依旧复杂甚至险恶的国际环境中崛起时，理论必须对实践、学术必须对政策作出自己应用的贡献，彼此之间有一个良好的互动与合作。这里的互动与合作不是说谁必须服从谁的问题，而是说双方应该有畅道的交流、借鉴与融合，有共同的关切，为共同的一个目标服务，这个目标就是中国的崛起。正如上面成果检视中所体现的，这种互动已开始融入到中国学者的实践之中。除了学者个人的努力外，一些研究机构与决策部门之间的互动也在逐渐开始。2005 年 10 月，“中国外交：理论研究与决策过程”研讨会在中国社科院召开，来自研究机构、高等院校、军队和外交外事部门的同志参加了会议。这种形式本身就是理论与实践、学术与政策之间互动的一种体现。希望这种互动能够经常化、机制化。

我们在总结成绩的同时，必须看到仍然存在的不足与缺点。比如说，理论创新底蕴仍然不足，多数国际政治学者仍然缺乏一个较完善的文、史、哲等方面的知识结构，对科学哲学与方法论了解较少，从而难以为理论创新提供足够的“后劲”；理论批评严重滞后，正常的学理批评一直难以开展起来；学术空气仍然过于浮躁，缺乏沉下心来搞学术的体制空间，等等。特别要强调的是，由于我们仍然处于初步发展阶段，意识到并致力于纠正不足比认识成绩更加重要。不足很可能难在短时间内得到纠正，但每一位中国国际政治学者应为尽早实现这个目标而努力。

（王逸舟）

学术成果·著作

布什主义与新帝国论

（刘阿明　时事出版社 2005 年版）

该书由作者的博士学位论文精心修改而成，汇集作者数年来的研究成果。其特点主要有以下三个方面：

第一，对人们耳熟能详的理论进行了具有时代特点的解读。本书以“9.11”恐怖袭击事件为切入点，着重分析了布什（George W. Bush）政府（2001 年 1 月—2005 年 1 月任期）因此而在国家安全战略方面实施的一系列重大政策调整——即通常而言的“布什主义”，探讨了长期存在于国际政治中的（新）帝国（主义）理论与 20 世纪 60 年代产生的美国（新）保守主义政治思潮的结合对布什政府对外政策宗旨和行为的影响，从而揭示出以“布什主义”为标签的美国外交理念和政策实践所具有的浓厚“帝国”气息。

第二，对时下美国对外政策有着独到见解，“布什主义”的基本思路是：美国应积极运用目前所享有的支配性军事及其他权力，改变目前它认为混乱和危险的世界体系，造就一种符合美国的偏好、反映美国的利益和价值、从而保障美国国家安全的国际秩序，这种思路之所以能够在现任布什政府发展得比较完全，一个重要的直接原因是“9.11”事件，它在相当程度上改变了美国决策当局对今天美国所面临的威胁及应对威胁的手段的认识。“反恐”随后成为美国国家安全的当务之急。基于对恐怖主义根源的新认识，布什政府公开推行“政权变更”和“国家建设”，希望藉此从根源上铲除恐怖主义。应对新威胁的“新”手段是先发制人/预防性战争，伊拉克因具备种种条件而成为这一手段的试验场。尽管先发制人/预防性战争的逻辑极大地违背了国际法规定和国际惯例，也不符合国际秩序的根本目的——和平与繁荣，但布什政府的对外行为方式——单边主义——决定了它罔顾国内外的反对，依然在伊拉克战争乃至其他国际事务中一意孤行。因此，制度反恐、先发制人及单边主义便“三位一体”地构成了“布什主义”的核心内涵。后者旨在以美国绝对利益为指导，随时准备利用超强的综合实力追求和服务于既定的国家利益目标，即美国治下的和平或美利坚帝国。

第三，将这一系列政策放在更加宽泛的视野下加以评估和预测。以“布什主义”为标识的一系列帝国倾向甚浓的美国对外/安全政策，对当今国际体系产生了重大的影响；不仅对国际法、联合国的权威构成了挑战，甚至在某种意义上重塑了大国关系，改变了国际秩序。但是，随着“布什主义”的试验场——伊拉克局势的发展，美国国内政治、经济情况的变化，以及国际社会的反向掣肘作用越来越明显，这种帝国政策将被迫在一定程度上缓和其好斗姿态，布什第二任期内会在这方面有所行动。

［刘阿明，1971 年生，法学博士，上海社会科学院亚洲太平洋研究所助理研究员。曾先后发表《权势精英与美国外交决策》、《解读‘9.11’后的法美关系》、《先发制人与国际法——从美国国家安全战略角度的考察》、《先发制人与预防性战争辨析——以布什政府国家安全战略为例》、《新布什主义——兼析布什第二任期对外政策》、《软权力理论与中国和平崛起》、《关于东亚共同体的几点思考》等。

通信地址：上海市淮海中路 622 弄 7 号
上海社会科学院亚洲太平洋研究所（200020）

电子信箱：lam@ sass. org. cn］

印度国家发展及其潜力评估——与中国比较

（张文木　科技文献出版社 2005 年版）

新世纪伊始，印度及印度和中国比较研究似乎成了国际国内的热门话题。西方学者吉尔伯特·艾蒂安的专著《世纪竞争：中国和印度》影响较大。美国国家情报委员会（NIC）也发布报告称，印度可能取代中国成为世界经济发展的“火车头”。印度人也一扫尼赫鲁时期的忧虑，直称“20 世纪属于西方，中国在 21 世纪想成为世界的领导，但本世纪未来的岁月属于我们印度”。而对印度的关注反映了中国人对中国发展道路的深层考虑。从结构比较到制度比较，是该书作者进行中印研究的切入点，国家发展研究，如果不从结构差异比较入手，而仅凭表面经济指数差异的比较，就一定得不出准确的结论。

事实上，国家的成长与生命的成长遵循同一规律。由于土地改革的不彻底性，印度独立后在其重新建立的资源配置的初始“胚胎”中就留下了制约未来国家成长的“病根”。病源既有英国殖民政治的先天因素，更有独立后社会改造不彻底的后天因素。这使印度未来的发展可以有良好的 GNP 或 GDP 指数，但这种发展却不会对社会生产有良性的利润反哺。结果是国家经济的“造血机能”即生产者主体因“营养”反哺不足而陷入“贫血”乃至“供血”动力萎缩境地。最终只有靠外来“供血”来维持其表现为 GNP 的经济增长，这种增长可以增加就业却不能同比增加国民收入，其原因是由增长带来的利润中的相当一部分在流通领域，乃至生产领域被大量截流：或用于食利或用于腐败或用于非生产性金融投机，还有一部分国民利润在与海外投资者和海外市场形成的利润逆循环中，为居于高势能的资本中心国家所吸收并转化为这些国家的国民财富。最后只有少量国民财富通过政府包办即公共开支的渠道被用于保障国家经济生产主体，同时也应当是支撑民族市场的主体即多数劳动者的自身简单再生产条件。这种通过财政开支支撑的劳动者最低生活条件仅有保证社会政治稳定的作用，但却没有培育、深化和能动拉动民族市场的作用。同等的消费支出，在印度有相当部分为政府包办拉动——这与中国计划经济时期的居民消费模式相似。由于缺乏购买力，居于人口近半数的穷人消费实际已失去了拉动和培养印度民族生产力的作用。与印度不同的是，中国计划经济时期的由国家包办的低消费，为国家建设积累了巨额资金，并据此实现了中国国民经济体系的结构性的改造，通过这种改造中国彻底消除了庞大的利用私有权截流国民财富的寄生阶层。而在印度国民经济改造的结果反倒加强了大地主和大资本家而不是国家的力量。除主权独立外，中间人大量截流生产利润和国民财富的社会结构，与殖民地时期相比，印度并没有发生变化。在因大量的贫穷人口导致的民族市场萎缩的同时，原来殖民地时期通过外贸顺差完成的印度国民财富向英国资本中心国转移的利润逆循环流程，在印度独立后，则通过贸易逆差再版出来。半个多世纪中只有两个年度的外贸少量顺差的记录表明，外贸长期且日益扩张的贸易逆差成了印度国民财富国际化的转移的稳定路径。这个路径的存在与扩大的程度又与印度民族市场的萎缩程度为正比。而民族市场的萎缩又导致印度陷入所有第三世界国家同样陷入的发展陷阱之中，即每年度包括印度教育、IT 等在内的各个行业在获得骄人的增长的数据的同时，国民经济的生产环节却没有保持持续增长的利润反哺。没有持续上升的人民购买力，其结果是在国内少数富人和国际资本对印度年度利润的截流和财富大规模瓜分中，国民经济不仅没有获得增长性发展，相反却在萎缩性“增长”中还透支了本国的未来发展潜力。印度与中国五十多年发展所产生的差距原因就在于此。

在进行中国和印度比较研究中，作者对“民族市场”和“国有企业”的概念和作用有了更深入的认识。

长期以来，学者对“民族市场”的概念有不同的理解，一般认为“民族市场”概念应是以“国内市场”概念为基础的。但“国内市场”却是由特定范围即由 0 至 1 之间基尼系数变化规定的。即基尼系数越接近 0 的数值范围，国内市场就越充分，相反则就说明国内市场的萎缩：萎缩的程度与基尼系数接近 1 的程度为正比。如果基尼系数为 1，这时国内市场就失去了公众消费；而没有公众消费，“国内市场”的概念就失去了意义。可见，仅凭“国内市场”概念还不能支撑“民族市场”概念。作者由此引出“人民市场”的概念。人民是占国家公民多数劳动者群体，是国内公众消费的主体成分。只有人民消费，从而人民购买力的存在和发展，才有国内市场的存在和发展。由此依次推论的概念逻辑是：只有以“人民市场”为前提，“国内市场”才可能是“民族市场”的前提。由此作者进一步认为，资本主义与社会主义市场经济的差别不在于“民族市场”，也不在于“国内市场”，而在于“人民市场”。“人民市场”是“社会主义市场”概念形成的核心环节，也是社会主义市场与资本主义市场的本质区别。资本主义市场是以基尼系数最大化为前提的。不同的只是具有资本优势的西方国家利用资本全球化实现了日益扩大的国内基尼系数的国际化转移。它们在长期的殖民掠夺中确立了优势资本的地位，并利用其优势地位在资本全球化中从南方国家获得源源不断返还到本国的超额利润，以此降低国内的基尼系数，并由此保障了国内中产阶层的增长和资本增值的并行发展。其结果是资本主义市场经济的恶果片面地被转移到南方国家：在北方国家国内市场一天天好起来的同时，南方国家的国内市场则一天天地烂下去。历史表明：国内基尼系数最大化的极限是激烈的阶级革命国内化，国际基尼系数最大化的极限则是“恐怖主义”全球化。当前日益扩大的南北差距便是基尼系数国际化的外观形式。

根据对印度结构式的考察和深入的理论分析，该报告对印度的未来国家发展潜力评估得出下列结论：

1. 英国在印度的殖民统治断送了印度中世纪文明的发展进程，却没有给印度人带来自主型的——相对于拉美式的——资本主义的近代发展进程。在生产分配领域，英国人在没有消灭旧的封建阶级的条件下，又给印度送来了新的国民财富的截流者即殖民统治官员。印度独立后尽管废除了服务于殖民统治的柴明达尔制度，但却变相保留了其他封建地租食利者阶层，并在此之外又新增了民族资本家阶层。在国内市场日益萎缩的条件下，资本家及新兴有产阶层中新增出为国际资本服务的买办阶层。这些阶层队伍如此庞大以致他们利用私有权瓜分印度年度利润之后，社会生产者主体即劳动者阶层所得无几。由此而言，除了主权归属不同，印度独立后所建立的只不过是殖民地时期的金字塔利润分配结构的变形。这种结构既断送了印度在二战后进入苏联、中国等国家自主型社会主义道路的可能，也断送了印度在全球化时代进入英美等西方国家自主型资本主义道路的可能。经过五十多年的痛苦挣扎性选择，当代印度实际上已不情愿和半推半就地滑入依附于国际资本的拉美式的发展贯性之中。印度已成为拉美模式在亚洲的另存形式。

2. 印度独立以来形成的社会结构既阻碍了生产力可持续性发展，也削弱了印度国家发展的可持续潜力。如果将印度的国家发展潜力分为表现为存量的自然资源潜力和表现为变量的高效利用这些资源的能力潜力。与中国比较，印度的国家发展潜力只具有自然资源存量优势，而缺乏高效利用这些资源的国家能力的变量优势。中国相对于印度的发展优势主要体现在后一方面。由于中国拥有良好的运用其自然资源的政治经济结构及由此产生的高效能力，在可见的将来印度要赢得相对于中国的发展优势是不可能的。

3. 但上述两点结论的确定是有条件的，即只在当代中国已确定的社会主义制度参照系和当代印度已确定拉美模式的坐标系中，对印度的上述评估结论才是成立的。由此，我们进一步推导出的结论是：鉴于印度自然资源尚未大规模开发，并对中国保持着相当的后发优势，如果未来中国发展自觉或不自觉地走上具有拉美特征的印度发展道路，并由此形成拉美式的社会经济结构，那么，中国的发展将会再次落伍于印度。

4. 最后，对印度的国家发展潜力的评估不能不考虑印度议会体制对印度未来的影响。这一点使目前“印度热”中的所谓“自由派”人士甚为乐观，而笔者的评估结论则是非常悲观的。从“减震”的角度考虑，尼赫鲁留给印度的“民主体制”不仅使政府失去效能，同时也使“人民革命”失去效能。这正如英国殖民统治留给印度的“议会体制”既瓦解了印度知识分子，也瓦解了印度劳动者的反英民族革命的后果一样。印度这种体制的“减震”作用既留给了印度政府解决问题的时间，同时也增加了印度政府解决问题的难度。从这个意义上说，如无“猛药”根治，议会制度的“减震”作用，对具有结构性危机的印度国家所产生的后果，不会是迅速崩溃，而只能是缓慢衰落，乃至—— 鉴于印度所处的非常敏感的世界海权地缘中心位置——瓦解，并且是在印度人不知不觉中瓦解。

[张文木，1957 年生，法学博士，北京航空航天大学战略问题研究中心教授。著有《中国新世纪安全战略》、《世界地缘政治中的中国国家安全利益分析》、《印度国家发展及其潜力评估——与中国比较》。
通信地址：北京海淀区万寿寺甲 2 号，中国现代国际关系研究所（100083）
电子信箱：zwenmu@hotmail.com]

中国崛起——通向大国之路的中国策

（张剑荆　新华出版社 2005 年版）

该书全面反映了作者对中国崛起的最新思考和研究，其主要特点有四：第一，框架新。全书除“导论：为中国崛起定位”外，共有 14 章，包括大转型、增长奇迹、市场联盟、身份焦虑、力量难题、北京朝圣、霸权兴衰的规律、大战略、“中国式”国际秩序以及中国崛起对国际体系的冲击和中国的国际战略等。作者构建的框架很有特色，比如用转型来定义崛起，避免单纯就力量谈力量；作者将“中国崛起”嵌入一个更为宏大和深邃的系统中进行研究，比如对“身份焦虑”的讨论，将中国崛起所包含的心理适应纳入了研究视野，就是一项突破；对“东北亚政治力学”的研究，显示了作者试图用新的眼光来看待老问题的尝试。在该书中，作者提出并论证了一系列新的概念，比如“六种转型”，崛起革命，力量难题，地缘大锤，平衡多极、国际体系的“中国式方案”等等，这些概念构造出了一个具有很强扩展性的研究体系，为讨论和研究中国问题，提供了全新的维度。第二，增加了内省的视角。作者提出，中国崛起不只具有国际关系含义，而且对中国自身也具有十分重大的意义。作者构建了中国崛起的内在动力机制，分析了中国转型期特有的矛盾和中国发展过程中所面临的风险。这些分析使该书具有一般讨论国际关系的著作所忽视的内省特点。根据这一视角，作者描述了一个更加丰满、更加真实的中国形象。第三，提出了一个十分重大的时代课题。作者在讨论中国力量增长的国际关系含义的时候，更为重视中国自身如何驾驭自己的力量，他将这个问题称作是“本世纪我国最重要的问题之一”，是一个生死问题，“对于21世纪的中国而言，如何对待和使用自己新获得的力量是一个生死攸关的问题”。基于此种认识，作者提出了力量的制度控制问题：“制度生产力量。制度也生产对力量的控制。在国家间的竞争中，最终落败的国家，其所以失败，不是因为制度生产不了足够的力量，就是制度生产不了控制，有时两者必居其一，有时则两则同在。力量强大固然不错，但如果没有对力量的控制，再强大的力量还是不够强大；力量虽然弱小，但是如果能够控制，弱小的力量就会寻求与自己的力量相一致的目标，从而也可以避免失败”。第四，提出了一系列政策建议。基于对中国所面临的重大课题的分析，作者提出了几个重要的政策分析，例如“稳在亚洲”、“一个中心两个基本点”、“三个战略原则”、“不做驾驶员”、“确保和平”、“提升软实力”、“创新”等等。这些政策分析构成了一个比较系统的“中国策”，全面回应了“如何应对成长中的烦恼”这一重大课题。

［张剑荆，1966年生，国务院发展研究中心《中国经济时报》副总编辑。出版《中国崛起——通向大国之路的中国策》、《我们时代的领袖危机》等著作。］

学术成果·论文

阿富汗伊斯兰化进程刍议

（东方晓　《西亚非洲》2005年第6期）

公元651年，阿拉伯远征军先后占领赫拉特和巴尔赫，萨珊帝国（公元224—651）统治下的东伊朗（今阿富汗西部）落入阿拉伯人手中。从此，如今被我们称为阿富汗的地区开始进入了其历史发展进程的伊斯兰化时期。伊斯兰教在阿富汗的传播是一个长久的历史过程，阿拉伯人的军事征服带来了伊斯兰教，然而，阿富汗的伊斯兰化却主要是非阿拉伯人来完成的。

阿拔斯王朝末期，帝国的东方各省落入地方军阀所建立的世袭王国手中，先后控制阿富汗或在阿富汗建立统治的有塔希尔王国（公元821年—873年）、萨法尔王国（公元867年—1495年）、萨曼王国（819年—1005年）、加兹尼王国（公元977年—1186年）和古里王国（公元1000年—1215年）。正是在这些非阿拉伯人建立的王国统治时期，伊斯兰教才逐步完成了在阿富汗的广泛传播，实现了阿富汗地区的伊斯兰化。其中，萨曼王朝和加兹尼王朝的统治者对阿富汗的伊斯兰化进程做出了最大的贡献。

从伊斯兰教在阿富汗的传播过程，我们可粗略勾勒出阿富汗伊斯兰教的基本轮廓。由于伊斯兰教在阿富汗的传播主要是由伊斯兰化的波斯人和波斯化、伊斯兰化的突厥人推动和完成的，因此，阿富汗的伊斯兰教呈现出两个基本特征：正统派伊斯兰和波斯文化痕迹。确实，在今天，我们依然能够看到，阿富汗的大部分居民属于伊斯兰教逊尼派，而组成阿富汗居民的主要民族的语言大都与波斯语有关或受其影响，而达里语（阿富汗的法尔西语，字面意思为宫廷语言）一直是使用广泛的官方交流工具。然而，仅有这些还不足以概括阿富汗伊斯兰教的所有特征，也不足以理解阿富汗伊斯兰教与社会的关系。如果把阿富汗的伊斯兰教看作是一幅意境深邃、色彩凝重的油画，那么，逊尼派、波斯文化则是比较浓重的两笔，要真正读懂这幅画，理解这幅画的深沉寓意，我们还必须透过表层，了解这幅画复杂的构色和久远的背景。

阿富汗是一个位于亚欧大陆腹部的内陆国家，兴都库什山由东北向西南斜贯全境，并深入伊朗境内160多公里。兴都库什山在东边与平均海拔更高的喀喇昆仑山和帕米尔高原连在一起，共同组成了一道拱形天然屏障，将南亚、西亚、中亚和中国分隔开来。纵观过去2000余年的欧亚大陆交往历史，这一拱形的天然屏障不仅是希腊、印度、两河流域（或西亚其它地区）和中国等古文明的共同边疆，而且也是北方草原民族与南方农耕民族的分界线。当然，这一拱形的天然屏障不仅仅起分割和阻隔作用，很大程度上它也是通向欧亚大陆不同地区的走廊和桥梁，可以毫不夸张地说，阿富汗是欧亚大陆不同民族与文明交往的十字路口。特殊的地理位置和险要的地势造就了阿富汗独特的社会与人文禀赋。其一是阿富汗种族的多样性，其二是阿富汗文化传统的多元性，其三是阿富汗社会变迁的突然性和颠覆性。正是由于这些特点，阿富汗的伊斯兰化虽经历长久的时期，然而却并不彻底。一方面，伊斯兰教确实成为这一地区居民的主要信仰，不过旧信仰体系的某些片断仍然深植在人们的灵魂深处，于是，伊斯兰教不得不与其他的宗教分享阿富汗人的精神世界。另一方面，阿富汗当地的历史与人文积淀比较薄弱，而且地处伊斯兰世界的边缘，因此，阿富汗地区的宗教人士不得不从中亚和南亚的宗教学校和清真寺寻找最新的知识和变革的灵感。

也正是缘于此，阿富汗历史上很少出现基于宗教信仰的狂热与迫害，同时也对外来的人和思想充满宽容。不过，随着西方殖民主义者的进入，这一切都发生了巨大的变化。

［东方晓，1961年生，哲学博士，中国社会科学院西亚非洲研究所研究员，中国社会科学院研究生院教授、博士生导师。主要著作有《伊斯兰与冷战后的世界》、《伊斯兰与现代政治》等。2005年发表的主要论文有《阿富汗伊斯兰化进程刍议》、《阿富汗的伊斯兰教》等。

通信地址：北京市东城区张自忠路3号中国社会科学院西亚非洲研究所（100007）

电子信箱：zhangxd@cass.org.cn］

从日本宗教文化角度看靖国神社问题

（刘江永　《清华大学学报》（哲社版）2005年第5期）

本文主要从日本宗教文化的角度对靖国神社问题进行了剖析。长期以来，日本一些人一直企图通过强调日本宗教文化的特殊性，解释和宣传参拜靖国神社的所谓“正当性”。他们辩称，“在日本文化习俗中亡灵是不分善恶的”，并列举日本曾为入侵的元军将士和日俄战争中的俄军将领立碑等作论据。小泉纯一郎首相也称，根据日本的宗教文化，“亡者皆成佛”，参拜靖国神社只是遵从日本的习俗。本文重点针对这些自欺欺人的说法予以了澄清与批驳。

本文指出，所谓“亡者皆成佛”的说法并非日本传统宗教文化观念。依照日本传统神道观念，灵魂的概念大体分为两种，即“和魂”与“荒魂”。前者可带来安宁；后者则会带来灾厄。日本还有所谓“亡者皆成神”之说，但在日本传统神道观念中，关于“神”的概念也分两种，即“善神”与“恶神”。前者是与“和魂”、“祖灵”相通的平安之神；后者则是与“荒魂”、“怨灵”，即因战乱、瘟疫、灾害等丧生者之灵相通的鬼怪幽灵。根据传统日本神道，对“和魂”要慰灵，对“荒魂”则要镇魂。通过祭祀“荒魂”、“恶神”，即镇魂，祈祷“荒魂”转化为“和魂”，“恶神”转化为“善神”，以驱邪免灾。同样，若对“祖灵”、“善神”的慰灵祭祀有所怠慢，它们就会变为“怨灵”、“恶神”。这种哲学意义上的唯心主义辩证思维与日本宗教观念相结合，多少反映出日本人为何要祭奠“荒魂”、“恶神”的思维逻辑和内心世界。

日本人相信人亡之后有灵魂，担心敌方亡灵作祟带来灾祸，为了转祸为福而设立了“镇魂”祭奠场所。这是出自对敌方幽灵的强烈畏惧所进行的祭祀，绝不等于把祭祀的对象作为值得纪念的英烈。而所谓“祭祀英灵”的慰灵，则是为追悼和表彰“为国捐躯”将士而设立的祭奠场所。靖国神社便属于这一类，它与传统神道不同，从日本明治维新后对外扩张到1945年战败投降，一直宣扬“国家神道”，只祭祀战死的日本军人。日本把东条英机等战犯亡灵作为“英灵”合祀于靖国神社，供后人参拜，从观念上讲，是将战犯供奉为“为国捐躯”的“靖国之神”。这清楚地表明日本对死者的价值判断是有区别的。

本文认为，日本一些人要摆脱精神和感情世界的困境，就要像日本"和平遗族会"等爱好和平的战争遗属所做的那样：彻底否定日本历史上的历次侵略战争，不再把战死者视为国家的“英灵”；把靖国神社视为曾经加害于自己先祖和日本国民的精神枷锁而彻底摈弃。

本文的学术贡献在于，用鲜为人知的日本权威文献，从宗教文化的角度揭露了日本所谓“亡者皆成佛”等说法及靖国神社问题的本质。本文的现实意义在于，有利于包括日本人民在内的世界各国人民了解有关真相，防止日本一些人继续以宗教文化特殊论的谎言谋求参拜靖国神社“正当化”。

［刘江永，1953年生，法学博士，清华大学国际问题研究所教授、博士生导师，单独及合作著书30余部，发表论文及专业文章300余篇。］

对联合国安理会改革的几点思考

（龙小农　刘继南　《国际问题研究》2005 年第 4 期）

龙小农

该文认为，联合国安理会常任理事国的组成是国际权力结构的缩影，其方式的改革和成员扩大牵涉到各方利益，它的变动意味着国际权力结构的变动。安理会的作用和性质决定安理会主要是一个政治机构而不是经济组织。现有安理会常任理事国成员组成是二战结束时国际权力结构的缩影。所谓国际权力结构，是由国际体系中的军事力量分配结构、经济力量分配结构和世界系统结构性能力结构三个要素构成的国际权力分配结构。直白地说，国际权力结构的三个要素是军事力、经济力和国际影响力。因此国际体系的变动也就是权力体系的变动，即拥有庞大国力的大国数量的变化而已。即是说，国际体系的变化就是以上三种权力的重新分配，形成一种新的权力分配结构。二战结束到东欧剧变、苏联解体前，国际权力结构保持相对稳定，安理会常任理事国的组成变革难以提上日程。

随着冷战结束、全球化发展，新兴大国崛起，国际权力发生了重大变迁，但这种变迁并没有达到改变现有国际权力结构，变动安理会常任理事国组成的地步，此种变化属于量变而不是质变，处于渐变而没有发生突变。因此，联合国的改革主要涉及其安理会改革，尚不到必须对联合国权力核心结构——安理会常任理事国的构成进行变动的阶段。安理会常任理事国的框架组成只有在新的国际权力结构形成后，才能进行水到渠成、瓜熟蒂落的重组。德国和日本虽然经济力强大，但综合国力和国际影响力离常任理事国尚有距离。同时它们还存在着某些根本性缺陷：日本至今没有深刻反省侵略历史，缺乏成为“常任”的道义力量，外交缺乏独立性，为美国马首是瞻；德国虽能深刻反省历史，但属于欧盟这一权力极的重要成员，在英法都是常任理事国时，德国“入常”只会加重欧盟一极的权重，不利于国际权力结构的均衡。就转型和发展中大国来说，从历史条件与作用、综合国力和全局影响来看，只有中国和俄罗斯有担任“常任”的资格，其他发展中大国，如印度、巴西尚不具备“入常”的条件。因而从国际权力嬗变的角度分析，现有安理会常任理事国的组成是对当前和今后一段时期国际权力分配现实的客观反映，有利于安理会有效地维护国际安全与和平的责任。

对联合国安理会常任理事国组成加以变动时机尚未成熟，但对安理会的改革实属必要。因为单边主义侵蚀了联合国的威信，安理会的组成没有反映发展中国家发展壮大的现实，跨国问题、非传统安全因素对国际安全构成威胁上升。

该文认为，联合国安理会改革的主要目的之一是加强集体安全机制，反对单边主义，但不是绝对的、每一成员国都有否决权的多边主义。因此，对安理会常任理事国组成的改革必须慎之又慎。国际权力结构的形成，从国际关系史上看，它始终是传统大国和新兴大国动态博弈的最终结局。当这种博弈还没有最终的结局时，突击式地、大跃进式地改变这种权力结构配置，其结果可能是：（1）安理会重蹈“国联”覆辙，名实难符；（2）安理会分帮结派，使联合国出现分裂倾向。

［龙小农，1975 年生，中国传媒大学国际传播学院大众传播与国际关系方向博士生。2005 年出版《跨国危机管理：理论、方法及案例分析》。2005 年发表的论文有《新闻媒体在建构和谐社会中的功能》、《外交构想力与软权力的形成》、《秦汉时期传播控制模式分析：政治控制与思想文化传播自由关系初探》等。

通信地址：北京市朝阳区定福庄东街 1 号中国传媒大学南院 6 号楼 324 房间（100024）

电子信箱：xiaonong - 1022@ yahoo. com. cn

刘继南，1937 年生，中国传媒大学校长、教授、博士生导师。代表性成果有《国际关系——现代传播论丛》、《大众传播与国际关系》、《国际传播与国家形象——国际关系的新视角》、《国际战争中的大众传播》等 10 多部。］

国际体系与印度崛起

（赵干城　《现代国际关系》2005年第6期）

该文认为，印度的崛起近年来引起国际社会的广泛关注，是国际政治研究的热点之一，因新兴大国的崛起对国际体系的冲击是国际政治研究的恒久课题，大国的兴衰则构成了体系内涵的固有不稳定因素，常标志着霸权的更替，将产生争夺主导权的争斗，其表现形式是新兴国家挑战霸权国家的主导地位，旨在谋求与其日益发展之国力相称的国际地位。由于国际体系并不具有自动给予新兴大国已获之能力相应地位的机制，导致产生所谓“不相称性”。正是这种“不相称性”成为印度谋求世界大国地位的主要根据，它涉及印度的自身认知和国际社会的认同两个方面。

争取世界大国地位是印度既定的国家目标，印度几代政治领袖为此做出了巨大的努力，尼赫鲁是该目标的突出代表，他的思想帮助塑造了印度国民的国际观念，使他们相信争当世界大国是印度的必然归宿，但在独立后大部分时间里，印度的国力贫弱发展缓慢使这种目标成为幻想。印度的崛起发生在世界体系已然处于重大变动的后冷战过渡时期，因经济改革而启动的快速发展引起国际社会关注，决定走上核武器开发道路更震撼了国际体系。但学界对印度已经达到的力量进行评估时仍然有分歧。经济上，印度在发展程度和规模上仍然处于初级阶段，但印度经济发展已经体现出来的一些优势和特点，以及在人口、国土上的巨大规模和在南亚地区获得的主导地位，对世界体系而言有着重要意义。政治上，印度在国际政治领域并无很大话语权的事实表明，它离世界大国的目标尚有很大距离，但印度活跃的大国外交、竭力谋求的核大国地位、以及努力争取成为安理会常任理事国，都表明印度将继续致力于其国家目标，而且在朝着接近这个目标的方向发展。军事上，印度的大规模投入是当今国际体系中的突出现象，也可能是印度真正能对体系产生重大影响的领域，引起的看法也比较有分歧。西方大国倾向于认为印度军事能力提升有利于国际秩序，从价值认同和战略高度把印度视为合作伙伴。但印度军事能力发展究竟会对体系稳定产生何种影响仍是值得深入研究的问题。

印度崛起与国际体系的关系，其本质在于是否存在“不相称性”。印度为实现其目标，总是会夸大此点，而现行国际体系出于稳定和守成的理由，总是倾向于降低印度的重要性。这构成了一个解决冲突的过程，其结果将决定两者的关系。以印度的行为与政策而言，对其发展在国际体系中产生的后果可能得出喜忧参半的结论。一方面，面对体系强大的制约因素，印度别无选择，只能以合作态势应对；另一方面，在条件适当时，印度将竭力谋求新的均势，并首先体现在南亚和印度洋，而该地区的战略地位和地缘重要性决定了印度的行为有可能撼动国际体系的基本结构。

［赵干城，1955年生，上海国际问题研究所南亚研究室主任，研究员。出版专著《21世纪印度外交新论》（合著）。2005年发表的论文有《印度政局与外交态势》、《国际体系与印度崛起》、《印度政局的重大变化》、《应对共同崛起挑战的中印关系》、《南亚局势：前景与影响》等。
通信地址：上海市巨鹿路845弄1号上海国际问题研究所
电子信箱：siisa@online.sh.cn］

美国历史上的腐败与反腐败

（张宇燕　富景筠　《国际经济评论》2005年第5—6期）

富景筠

该文主要内容如下：

依照通行的衡量腐败程度的国际标准，现今世界约有10%的国家腐败水平最低，美国即名列其中。然而，美国政府赢得廉洁而高效的良好声誉仅仅是现代的事情。一个多世纪以前，有关美国腐败的报道频繁见诸报端。贪污受贿、收取回扣、巧取豪夺、偷盗欺诈、内部人交易等形形色色的丑闻充斥着那个时期的美国社会。有数据表明，1815至1975年间，美国经历了一段腐败事件从层出不穷的高峰期到锐减并维持在一个低水平稳定期的过程。19世纪70年代是腐败现象的高发期，其腐败指数近乎美国进步主义时期至20世纪70年代之间腐败水平的5倍。该文力图通过对这一特定时段内美国腐败与反腐败历史演进轨迹的描述和理论分析，归纳出导致美国腐败滋生、蔓延、猖獗、并最终被相对有效治理的原因或规律，最后结合美国的经验提出一些相关命题和思考。

猖獗于美国的腐败，还不是简单的官商沆瀣一气、狼狈为奸，而是政府公职人员几乎完全从属于大商人集团；或因政府、议会和法院之存在，目的仅在于为资本或商人提供必要和适时的服务。这属于典型的收买型腐败。

腐败高发的时间、地点和领域，大都有规律可循。在第一次世界大战前的美国历史中，腐败最严重的时期恰恰是经济高速增长的时期。具体说，美国腐败现象的高发期与工业化和城市化进程加速、人口流动和市场规模迅速扩大、资本急剧膨胀和大财阀涌现、政府规模小和治理质量差等因素，呈现出很强的相关性。特别值得一提的是，市政工程建设、新兴产业部门和与之密切相关的土地批租及特许经营权发放，往往成为商人集团和腐败分子贪婪目光聚焦的对象。

美国的腐败由猖獗走向温和，并长期稳定在一个较低的水平上，原因很多，比如各种遏制腐败的法律得以通过、城市化进程的放缓、政府规模和实力的增强等，但根本原因恐怕还在于冲突的利益或利益集团间的竞争，其中既包括垄断财阀间的激烈争夺，又包括公共部门间的制衡掣肘，还包括当时愈演愈烈的阶级斗争，以及新闻媒体作为一个拥有独立利益之集团的出现。换言之，影响腐败成本和腐败收益、或影响腐败之相对价格的关键变量，在于势均力敌、分庭抗礼的冲突利益之产生和维持。

治理腐败是一个过程，需要时间和等待时机。如果腐败的严重程度和工业化城市化速度之间的相关性命题被证实，如果人均收入和平均受教育水平的提高是减少腐败的长效药，如果惩治腐败的社会共识有赖于重大突发事件，如果消除腐败的成本在一定历史时期高于腐败减少带来的收益，那么腐败治理问题在一定程度上便转换成耐心、甚至容忍问题。从经济学上讲，理想的状态是让治理腐败的成本和收益在边际上相等，而非彻底铲除腐败。

[张宇燕，1960年生，中国社会科学院亚洲太平洋研究所研究员。出版著作《美洲金银与西方世界的兴起》（合著）。2005年发表的论文有《海外白银、初始制度条件与东方世界的停滞》（合著）、《汇率的政治经济学——基于中美关于人民币汇率争论的研究》（合著）。

富景筠，1978年生，中国社会科学院亚洲太平洋研究所助理研究员。

通信地址：北京市东城区张自忠路3号东院

电子信箱：yyzhang@cass.org.cn]

美国中亚战略棋盘上的非政府组织

（李立凡　刘锦前　《国际问题研究》2005年第6期）

李立凡

该文写道，“9·11”事件后，美国在中亚加大了对非政府组织（NGO）的利用，将其作为推广“民主”的重要手段。在美国财力支持下，非政府组织在中亚的发展更加快速，在中亚地区只有美国背景的非政府组织可分为四类。第一类，组织论坛型。属非政府组织中形式最普遍的一种，如美国国际共和党学院（IRI）等，其共同特点是具有相同的宗旨，发展民主，通过组织学习一些基本的课程来帮助各级政党、公民和政治领袖参与政治和选举改革，以及培养大量亲美的反政府人士，并加紧对整个独联体渗透。第二类，网络参与型。如中亚网络入口及培训组织（IATP）等。网络遂成为“美式民主”传播的平台，大大加剧了中亚地区意识方面的波动和百姓对政府的不满情绪。第三类，情报搜集型。如著名的“开放社会研究所”等，这类组织通过收集情报来支持当地的颜色革命。第四类，直接介入型。如美国的“国际危机集团”等。

美国非政府组织在中亚发展的特点如下：第一，非政府组织政府背景日渐浓厚，逐渐成为政府机构另一种形式的扩展和延伸。它通常能完成政府不宜操作或根本难以承担的任务。第二，非政府组织的影响力日渐扩大。迄今非政府组织在中亚政治领域涉入较多是基层民主选举、法律援助以及人权事务和教育培训，其方式主要是对有关的调研、实验以及教育培训提供资助和咨询。第三，多米诺骨牌效应日渐明显。中亚国家存在许多共同点，即利用不透明的民营化手段把国营企业据为己有的新财阀或者领导人的家族成员、亲信建立了垄断体制，腐败和任人唯亲现象严重等。所有这一切，为非政府组织提供了大展宏图的舞台。

美国非政府组织未来行动估计会采取二步走的步骤：第一，非政府组织仍会用其自身的影响力对哈、塔、吉等国家进行“民主干预”，扩大前期“胜利”的果实。从扶持反政府力量、培训传媒“喉舌”到扩大其民主社会论坛等手段搭建中亚国家的新政府与西方“对话”的平台，用西方的民主价值观继续彻底改造这些国家。第二，利用第二国的力量（如美国的盟国日本及前苏联的“新民主国家”乌克兰和格鲁吉亚等）进行经济、物质渗透和自身的转型。将资金和技术注入第三国，自己充当幕后主角。

刘锦前

从当今的形势来看，美国并不会因此而放弃在其中亚战略中利用非政府组织，今后依然会通过非政府组织对该地区施加影响，扶植亲美势力，进一步挤压俄罗斯的战略空间，并削弱欧盟在该地区的影响力，从而激化外部力量在中亚地区的角逐。

［李立凡，1970 年生，上海社会科学院上海合作组织研究中心助理研究员。
通信地址：上海市淮海路 622 弄 7 号上海社科院上海合作组织研究中心（200020）
联系电话：021－53060606 转 2453
电子信箱：11f 888@ sass. org. cn
刘锦前，1980 年生，上海社会科学院欧亚研究所研究实习员。
通信地址：上海市淮海中路622 弄7 号上海社科院欧亚研究所（200020）
联系电话：021－53060606 转 2453
电子信箱：qianqian36@ tom. com］

认知、威胁时滞与国家安全决策

（李开盛　《中国社会科学文摘》2005 年第 1 期）

该文认为，在较长的一段时期内，中日间的政治、安全关系备受历史问题困扰，欲进不能。这种历史问题主要是由日本二战时期对中国的侵略所导致。除了中日关系外，历史威胁对现实安全决策产生影响的现象在国际政治实践中也屡见不鲜，作者将之归纳为威胁时滞。一般地讲，威胁时滞是指这样一种现象：如果 A 国曾经遭受过 B 国的重大威胁，那么 A 国将倾向于一直视 B 国为安全威胁，并在较长时期内始终对其奉行谨慎、敏感型的安全政策。从认知理论的角度看，威胁时滞之所以形成，是因为决策者根据对影响重大的历史冲突的回忆形成了如下认知：必须对曾经的敌国小心对待，因为它仍然是或极可能是自身安全的威胁。这种认知带有很大的感性色彩，它主要受历史威胁的震憾性和决策者对外来伤害的敏感性的影响，是一种近乎本能的认知。作为一种潜在的认知，威胁时滞现象必然影响到受害国的安全决策。客观地看，这种认知可能是正确的，也可能是错误的。只有对历史威胁的变化情况做出准确的评估，即进行“第二次认知”，决策者才能合理地评判、应对威胁时滞，并做出正确的安全决策。在实践中，对威胁时滞进行正确评估是很困难的，有必要设计一个框架，以尽可能客观、全面、真实地评估历史威胁的变化。作者设计的框架包括三个指标：威胁的动机、能力与环境。通过对三个指标评估结果的组合，我们可以得出三种情况：即威胁完全重现、部分重现和完全不重现。决策者应根据不同的结果制定不同的政策，并据此决定对威胁时滞现象的态度。如果威胁将完全重现，国家有必要根据它的历史经验与教训来处理问题，继续视对方为潜在威胁并采取相应对策，即奉行维持型政策。如果历史威胁完全不可能重现，再强调历史问题就是多余甚至是有害的了，国家应该根据新的情况来确定真正的威胁和安全战略，而不再拘泥于历史，即奉行改变型政策。当历史威胁可能部分重现时，国家所应采取的政策就应介于维持型政策与改变型政策之间，即调整型政策。显然，与上述对应关系不一致的国家安全政策肯定是错误的，政策错位的后果将导致严重的安全后果。特别要强调的是，三种政策中调整型政策最不易掌握与实施，需要决策者审慎把握。总的来看，调整型政策需要体现出一种“温和而坚定”的特征：既要有缔造和平的善意，又要有不惧冲突的决心；既要有能化解威胁的事前政策，又要有能反击威胁的事后实力。只有同时做到这两个方面，那个代表着潜在威胁的国家才会认识到：自己曾经的受害国追求的是和平而不是报复，它不忘历史但不拘泥于历史，它不打算侵略但决心随时反对侵略。这种认识将在很大程度上打消那个国家可能的侵略野心，从而避免历史悲剧的重演。

［李开盛，1976 年生，湖南省湘潭大学国际政治系讲师。现在中国社会科学院研究生院攻读国际关系专业博士学位。先后在《世界经济与政治》、《欧洲研究》、《外交评论》等专业刊物上发表论文多篇。
通信地址：湖南省湘潭市羊牯塘湘潭大学马克思主义学院（411105）
联系电话：0139－75247583
电子信箱：kaishengli@ yahoo. com. cn］

相互依赖与中国的石油供应安全

(查道炯 《世界经济与政治》2005 年第 6 期)

在与国际石油市场的互动过程中，当代中国经历了从贫油、遭禁运、自给自足、出口到今天依赖进口的不同阶段。如何保障国民经济和社会发展所需的石油足量供应，如何在复杂多变的国际油价变化中取得主动是今日中国石油供应安全的核心内容。作者主张，从国际政治经济学中自由制度主义理论的理念出发，处理好业已存在的中国与国际石油市场乃至整个世界经济间的相互依赖，才是保障未来中国的石油安全乃至国家安全的上策。

伴随着进口石油在中国能源总消费中比例的上升，石油安全已成为中国国际政治学界在传统的安全研究和新兴的非传统安全研究视角下的流行话语。1993 年中国从原油净出口国变成原油净进口国。此后，国际政治学者们加入了讨论中国石油安全的行列。该文采用国际政治经济学理论中自由制度主义所依赖并倡导的相互依赖的视角，理解今日中国所面临的石油供应安全。

该文说，1993 年以来石油进口依存度的不断上升导致了对我国石油安全的广泛关注。同时我们应该看到，中国对境外石油依存度升高的时期，也恰恰是国民经济高速增长和社会发展持续稳定的时期，石油消费效率也不断提高。进口依存度的失控才是威胁中国石油安全的根本问题。应对中国获取境外石油供应的上游（勘探、开采）和中游（运输）所遇到的挑战，从避免中国遭到制裁、禁运甚至封锁的最高利益出发，如果我们更多地运用自由制度主义理论的智慧，利用中国与国际石油市场以及整个世界经济形成相互依赖的现实，通过驾驭这种相互依赖（包括进一步理顺国内能源与整体经济的互动、提高国内经济的能源利用率），国际政治学对中国石油供应安全研究的贡献可能更大一些。

[查道炯，1965 年生，中国人民大学国际关系学院副教授，国际政治经济学系主任。2005 年出版了《中国石油安全的国际政治经济学分析》、《*Building a Neighborly Community: Post-cold War China, Japan, and Southeast Asia*》两部专著。近年发表的有关中国的能源安全的论文有《中美能源合作：机遇与挑战并存》、《东亚地区与中美关系：能源问题》、《三问中国未来石油安全——石油中的政治经济学》。
通信地址：北京市中关村大街 59 号中国人民大学国际关系学院（100872）
电子信箱：zha@ruc.edu.cn]

新国际主义与中国外交

(秦亚青 朱立群 《外交评论》2005 年第 5 期)

该文认为，国际主义是一种理念，随着时代的变化而产生不同的内涵。战争与革命时代，国际主义的内涵是，全世界无产阶级和被压迫民族联合起来，用“世界革命”的手段推翻帝国主义的统治。当今世界已经进入和平与发展的时代。全球化与科技革命的迅速发展导致各国相互依存全面加深；经济相互依存关系的全面发展，加上非传统安全问题日趋突出，各国之间形成了某种程度上“共荣共损”的命运共同体；全球问题的巨大挑战，需要国际社会的广泛合作。和平共存与共同发展成为时代新的主题。和平共存就是国家之间采取和平的方式而非诉诸武力和武力相威胁，解决它们之间的矛盾和分歧。共同发展就是在相互依存中追求利益分享和共同繁荣，避免零和竞争。

新国际主义是和平与发展时代的国际主义。新国际主义的基本理念和内涵是：协调国家利益，化解安全困境，力争合作共赢。具体表现在以下几个方面：(1) 加入国际体系与国际制度。在不断制度化的国际社会中，任何国家都无法脱离国际体系而发展，融入国际体系是追求和发展民族利益的基本前提。在国际体系中寻求发展，就要按照国际规则办事，单纯的民族主义难以作为国家战略的指导方针。(2) 寻求最大限度的合作共赢。和平与发展的时代特征，决定了新时期的竞争性质是一种非零和竞争，是一种利益紧密交织、互补才能共赢的竞争。追求合作共赢，就要改变对抗性竞争的“冷战思维”，破除小农意识，树立规范和自律意识，培养协作与合作精神，防止急功近利、浮躁虚荣和极端利己主义思想占居上风。当然，合作共赢的基础是平等和尊重。(3) 积极参与地区共同体建设，通过建构地区集体利益和认同，化解安全困境，制约恶性竞争与冲突。在合作中寻求地区和平稳定，并在和平与稳定中实现地区共同繁荣和发展。

中国外交已经呈现出越来越多的新国际主义内涵。近年来，中国外交政策积极倡导全球范围的广泛合作，主张以平等互利为核心的新发展观，以互信、互利、平等、协作为主要内容的新安全观，和以尊重多样性为主要特征的新文明观。在地区层面，中国积极推动和参与地区共同体建设，在东盟与中国、东盟与中日韩、上海合作组织、东盟地区论坛、亚洲合作对话机制中发挥了积极作用。在周边地区，中国坚持与邻为善、以邻为伴的方针和睦邻、安邻、富邻的政策，在维护地区和平、促进共同发展中发挥了重要作用。新国际主义理念在中国外交的具体实践中得到了充分体现。作为迅速发展的国家，中国需要将爱国主义和国际主义结合起来，摈弃狭隘民族主义思想，担负国际社会成员应尽的责任和义务。只有坚持新国际主义，积极寻求合作共赢，中国经济和社会才能顺利发展，中国政治才能具有坚实的合法性基础，中国才能完成繁荣统一两大历史使命。

［秦亚青，1953 年生，外交学院常务副院长，教授，博士生导师。出版专著《权力、制度、文化》、《霸权体系与国际冲突》。译著《二十年危机》、《国际政治中的知觉和错误知觉》、《国际政治的社会理论》。2005 年发表的主要论文有：《权力政治与结构选择》、《国际关系理论的核心问题与中国学派的形成》、《建构主义的发展空间》等。

朱立群，1958 年生，外交学院院长助理，教授，博士生导师。出版专著《欧洲安全组织与安全结构》、《简明国际关系史 1945—2002》（主编之一）、《冷战后国际关系》（主编之一）。2005 年发表论文《赫尔辛基进程 30 年：塑造共同安全》、《美国对中国军力的认知》、《亚欧会议认知状况调查与分析》等。］

新自由制度主义含义辨析

（薛力　邢悦　《世界经济与政治》2005 年第 11 期）

薛力

注意到国内同行在概念应用上的混乱（新自由制度主义、新自由主义、自由制度主义、自由主义、制度主义、新制度主义被不同的学者用于指称同一概念），该文作者基于与国内外学者的反复交流，梳理了国际政治学三大主流理论派别之一的新自由制度主义的思想渊源与生成过程，从而辨析、概括这一名称的内在含义，并探讨范式在国际关系理论流派判断中的作用。

作者认为，新自由制度主义中的“制度”源于政治学、经济学中注重制度作用的流派，但将之扩展到国际层面；“自由”有三重含义：政治哲学观上的合作天性（无论人性善恶）、经济上对西方主流传统的承继、政治上的自由主义改良观；“新”的含义有多重：与理想主义（可以称之为“旧自由主义”）相对应，与新制度经济学、政治学中的新制度主义相关，受新功能主义强烈影响，代表了凯恩斯以来的新自由主义（表现为在政治与经济上从古典自由主义转向强调国家干预），二战后“新的”国际制度之特征为深嵌的自由主义（不同于英帝国主导下的“旧的”国际制度尤其是贸易与金融制度）。

作者认为，范式（paradigm）是个内涵混乱的概念，该概念的提出者托马斯·库恩在 20 世纪 70 年代主张用 disciplinary matrix 取代 paradigm，disciplinary（学科的）一词指一个专门学科的工作者所共有的财产，matrix（基质）一词则意味着它是由各种各样的有序元素组成，每个元素都需要进一步界定”。清华大学王巍博士将之概括为四点：（1）符号通式，即科学概念或术语；（2）共同信念，包括形而上学的世界观或是理论模型；（3）共有价值，科学共同体培养了科学家共同的鉴赏力；（4）范例。由上可知，范式除了有经验（empirical）成分外，主要指科学团体共同接受的信念，它是非经验性的。现实主义与自由主义成为两种范式，除了别的差异外，还因为在合作与冲突判断上的不可通约性，即自由主义认为并相信，国际合作不但是可能的而且或许是“主轴”，现实主义则坚持国家关系的基调是冲突。

综上所述，新自由制度主义确实内涵丰富，要找出更合适的“标签”不容易。由于它是新自由主义内的主要派别，人们为了方便起见，常常用“新自由主义”代称新自由制度主义。但把新自由制度主义概称为“自由制度主义”或“新制度主义”则是不准确的。

邢悦

［薛力，中国社会科学院研究生院在读博士生。发表学术文章有《接触中有防范，但没有遏制——冷战后美国对华政策再解读》、《中日关系能否超越历史问题》、《以超越现实主义的视野处理中日关系》、《中国的建构主义国际关系研究：成就与不足（1998—2004）》等。另有国际政治评论若干篇散见于海内外报刊杂志。

电子信箱：li_ xuecn@ yahoo. com. cn

邢悦，博士，清华大学国际问题研究所副教授。代表作有《意识形态在对外政策中的作用》、《美国对外政策中的文化规范功能》、《国家利益的客观性与主观性》。

电子信箱：xingyue@ mail. tsinghua. edu. cn］

战略史考察与大战略理论

（时殷弘　《史学月刊》2005 年第 6 期）

战略史考察与大战略理论的关系隶属于历史与理论的关系，后者在一定意义上甚至是人类的社会性思考的一个永恒课题。近 2500 年前，修昔底德就非常自觉地从对伯罗奔尼撒战争史考察中提炼他的理论性思考论断，同时非常自觉地用这些论断实际引导或便利他的战争史考察，而从 19 世纪初期兰克始创现代历史学直至今天，历史与理论的联系更是始终不息地得到思考和讨论。在这些联系当中，理论对于历史研究和历史理解的功能，连同反过来历史研究和理解对于理论的合理构建和有效应用的功能，列于最重要的位置。

理论对历史研究和历史理解的功能可概括为启示、“定焦”、梳理、总结和升华，连同对于被认识到的历史经验和教益的有力推广。所谓启示和“定焦”，首先在于理论能够提示和突出那些按照理论逻辑必定存在的重要方面，并且可以提醒历史考察者去洞察和把握无数历史表象和局部机理下面的深层逻辑。理论的梳理功能在于，通过其概念、范式、命题和模式等，理论依照事物的共性和深层联系将纷繁的现象世界理出一个“智识秩序”，使之能够或容易被人理解和把握。至于理论的总结和升华功能，则在于使历史考察能够或便于从庞杂的历史现象下面提炼出深层的机理。最后，理论还有其推广功能：理论性的模式、概念甚至术语有助于历史经验和教益的推广，使它们得以广泛传播和经久延续，从而产生重大的实践影响。

两部杰作《罗马帝国的大战略》和《腓力二世的大战略》（后者甚至可称为迄今为止最优秀的一部大战略史论著）例示了大战略理论对战略史考察的作用，表明大战略理论思想和理论意识对于优良的战略史考察的重大价值，甚至决定性意义。可以说，没有足够清晰、系统和连贯的大战略理论思想，就不可能有这两部战略史杰作。然而与此同时，也需要指出一个可能的陷阱，亦即马汉式教条主义的风险，它们尤其经典地表现在马汉的主要战略史著作——两部《海权论》之中。《海权论》是理论杰作，但有很大理由认为它们不是历史杰作，特别是因为它们通过对史料和史例的拨弄导致了严重夸大制海权对英国赢得各场重大战争的意义。所以如此，主要原因就在于它们以战略理论取代了认真求实的战略史考察。

与理论对历史理解和研究的功能反向对应的，是后者对前者的合理构建和有效应用的功能，它们涉及历史理解的巨大潜能以及局限。一定意义上“超越时间和环境”的战略逻辑和战略理论，只要是略微复杂的，一般而言只能依靠对于具体“时间和环境”中的战略行为的具体考察得到，而纯抽象的理论思维和推理在这方面所能成就的颇为有限。只有对历史进行研究，才能产生对于什么是大战略、大战略如何运用以及战略家在具体的环境中如何思考和行动的正确理解。战略史名著——《遏制战略史》提供了一个特别好的例示：该书大概比任何大战略史书都更能证明，越是精微复杂的大战略理论性机理，就越有赖于真正的历史学术研究来揭示。或者说，大凡足够精微复杂的大战略理论道理，一般倘若不诉诸真正的历史学术研究便无法予以揭示，因而大战略理论本身应有的精致性也无法达到。一句话，大战略理论构建之依赖战略史考察，在前者的精致有赖于后者的精致这一点上表现得最为强烈。

［时殷弘，1951 年生，中国人民大学国际关系学院教授、国际政治专业博士生导师。主要著作有《21 世纪初期世界政治的基本性质和中国的应有战略》、《从拿破仑到越南战争——现代战略十一讲》、《国际政治——理论探究·历史概观·战略思考》等。出版译著 8 部，其中 5 部为战略理论思想和战略史名著。发表学术论文、国际政治评论和台湾问题评论 300 多篇。］

大事记

2005 年中国国际政治研究大事记

3 月 2—3 日，由中国社会科学院科研局与日本研究所联合主办的“中国社会科学院第九届国际论坛——当前中日关系的问题与对策”在香山饭店举行，来自商务部、中联部、上海国际问题研究所、复旦大学、吉林大学、国家海洋局、中国国际友好联络会、人民日报和中国社会科学院的 40 多位代表出席了会议。

4月16日，中国国际关系学会第七届第二次全国理事会在外交学院召开，学会会长唐家璇国务委员，常务副会长、外交学院院长吴建民大使以及来自全国各地的学会理事出席了会议。

4月20日，中国亚非学会、中国社会科学院国际合作局、中国社科院西亚非洲研究所在北京召开“纪念万隆会议召开50周年暨中国与亚非国家关系回顾及前瞻研讨会”。

4月22—23日，由中国社会科学院世界经济与政治研究所国际政治研究室与《世界经济与政治》杂志编辑部联合主办的“国际关系理论非主流学派研讨会”在北京举行。

4月23—24日，“中俄中青年学者论坛”在北京举办，来自外交部、中联部、科技部、教育部、中国国际问题研究所、现代国际关系研究院、国务院发展研究中心、中国社会科学院近代史所和以及俄罗斯科学院远东研究所、俄罗斯科学院远东分院历史、考古和民族研究所、经济研究所和俄罗斯大使馆的40余名代表参加了会议。

4月28日，由中国社会科学院国际合作局、欧洲研究所和中国欧洲学会联合举办的“中国—欧盟关系的发展与未来—纪念中欧建交30周年”学术研讨会在北京举行，欧盟驻华大使及法国、意大利、西班牙、爱尔兰、芬兰、比利时、捷克、斯洛伐克、立陶宛等国驻华大使或代办出席了研讨会，中央有关机构及科研单位和高校的欧洲问题和国际问题专家学者及新闻记者约150人参加了研讨会。

5月12日，北京大学国际关系学院与韩国庆熙大学亚太地域研究院共同举办的“东北亚地区共同体的构筑与地区间的合作方案”的学术会议在北京召开，来自庆熙大学、中国社会科学院、北京大学、人民大学、中央民族大学、延边大学的学者等约50人参加了会议。

5月19—21日，由中美关系史研究会、四川省社会科学院《社会科学研究》杂志社、四川大学历史文化学院、中国社会科学院美国所联合举办，四川省社会科学院《社会科学研究》杂志社和四川大学历史文化学院承办的“中美关系中的人物”学术研讨会在成都举行。

5月21日，“国际关系理论与东亚地区主义”研讨会在中国传媒大学召开。

5月23日，由外交学院国际关系研究所和科研处主办的“全球化与东亚地区秩序”国际学术研讨会在北京召开，来自国务院发展研究中心、北京大学、清华大学、南开大学、中国现代国际关系研究院、中国国际问题研究所等机构的20余位学者以及几位国外学者与会。

6月9—10日，北京大学国际关系学院和法国波尔多孟德斯鸠第四大学共同举办的“中法国际关系理论研讨会”在北京举行，来自法国、瑞士的学者专家以及北京大学国际关系学院教师共20多人参加了会议。

6月10—12日，中国国际问题研究所上海合作组织研究中心主办的“上海合作组织：形势与任务”国际研讨会在新疆乌鲁木齐市举行，来自中国、哈萨克斯坦、吉尔吉斯斯坦、俄罗斯、塔吉克斯坦、乌兹别克斯坦等国的学者参加了此次研讨会。

6月20—21日，“多边主义与中国外交：理论与现实的互动”研讨会在中国人民大学举行，百余位国内外官员、使节和国际问题专家与会。

6月27—28日，“全球化时代的南北关系：美国与拉美的合作与对抗”学术研讨会在复旦大学美国研究中心召开。

6月29—30日，由中国联合国协会与瑞典联合国协会合作举办的“联合国问题国际研讨会”在北京举行，来自10多个国家和国际组织的高官、学者和非政府组织代表共80多人参加了会议。

7月13—15日，2005年全国高校国际政治高层论坛“国际环境与中国和平发展”在辽宁大学举行，来自全国内地近50所高校的100多名国际政治学者、台湾学者与会。

8月6日，由中国社会科学院日本研究所和亚洲研究中心共同主办的“中日韩合作与地区秩序”国际学术研讨会在北京举行，来自中日韩三国各大学和研究机构的40多名专家学者出席了会议。

8月17—19日，由中国社会科学院俄罗斯东欧中亚所和陕西师范大学中亚研究所共同承办的第七届全国中亚问题学术讨论会在西安举行，来自国务院发展研究中心、现代国际关系研究院、军事科学院、上海国际问题研究所等高等院校，以及外交部、中联部等职能部门等30多家单位，共70多位代表参加了会议。

9月16日，上海交通大学国家战略研究中心与美国兰德公司共同主办的“太平洋论坛：2005非传统安全国际研讨会”在上海举行。

9月23—24日，2005东亚合作论坛在中国人民大学举行，国内数十位日本问题及相关领域的知名专家学者和来自日、韩、美、蒙等国的20多位学者专家和政府官员参加了会议。

10月5—7日，复旦大学国际关系与公共事务学院及美国研究中心共同举办的“东北亚—北美对话：中国之崛起及其意义”研讨会在上海举行，中外学者25人与会。

10月19—20日，中国社会科学院第11届国际问题论坛—“中国外交：理论研究与决策过程”在北京举行，来自中共中央政策研究室、中共中央外事办公室、中共中央党史研究室、中共中央党校、共青团中央、中国社会科学院、国防大学、军事科学院、中国国际战略研究基金会、现代国际关系研究院、外交学院、北京大学以及清华大学等单位的领导和专家学者出席了会议。

10月19—21日，中国南亚学会第七届年会暨学术研讨会在北京昌平召开，来自全国45个单位约80名国内专家学者与会。

10月28—30日，北京大学国际和平与安全研究中心和全国高校国际政治研究会共同举办的“亚洲和平与安全：现状与展望”国际学术研讨会在北京召开，来自台湾、大陆的国家部委、科研单位、军队、大学、学术杂志、媒体等40多家单位的50多名中国代表，以及来自韩国、印度、新加坡、哈萨克斯坦等国家的10多位外交官员与海外学者参加了本次会议。

11月18日，中国社会科学院美国所、国际合作局在北京共同举办“中美关系及其在亚洲的影响”国际学术研讨会，来自中国、美国、印度、印度尼西亚、韩国和新加坡等国的学者共30余人参加了会议。

12月18日，由中国社科院办公厅、中国社科院拉美所共同举办的“当前中拉关系研讨会”在拉美所召开，来自中国社科院、外交部、商务部、中联部、人民日报、新华社、现代国际关系研究院的近40位专家学者出席了本次研讨会。

（王逸舟）

法　学

综　述

2005 年中国法学研究综述

2005 年中国法学界在机构设置、学科点设置和人员整合上有重大发展。随着中文文献的不断发掘和外文资料的广泛援引，社会科学、人文科学研究方法论的冲击，以及学者们研究旨趣的迥异，中国法学逐步呈现出多元化的研究局面。与此同时，2005 年 9 月在上海召开的世界法律大会更进一步拓宽了中国法学学者的研究思维和方法，使中国的法学研究跨入新的层次，在和谐有序的状态下不断自我完善，自我提升。现将法学各二级学科 2005 学科学术研究发展情况概述如下：

一、法理学

2005 年法理学研究取得了重大进展，发表了一批有分量的代表性研究论著，有相当一部分的研究继续对往年已经展开探讨的一些问题进行深化，比如法治问题、权利问题、法学研究方法问题、法律解释问题、法律体系问题、法律与全球化问题等。与此同时在法学理论与实践的互动过程中也开始研讨一些新的热点问题，比如法理学研究的范式方面显现局部转型。

本年度召开了一系列具有重大意义的学术研讨会，主要有：我国学者所参加的 2005 年 5 月召开的以“全球社会中的法律与正义”为主题的国际法哲学与社会哲学协会第 22 届世界大会；中国社会科学院法学所在 1 月举办的“科学发展观与法制建设”研讨会；由北京大学法学院和《中国社会科学》杂志社在 5 月联合举办的“法律的社会科学研究”研讨会；由清华大学法学院与德国法兰克福大学法学院联合召开的“全球化与法律现代化”国际学术研讨会；由浙江大学法学院、北京大学法学院与《中国社会科学》杂志社联合举办的“法律与人文”学术研讨会；由吉林大学理论法学研究中心在 10 月举办的“中国法学的反思与前瞻学术论坛”；在广州举行的中国法学会法理学研究会 2005 年年会；由中国人民法理论坛和法律与全球化研究中心在 12 月举办的“中国法律发展报告”研讨会。本年度出版的法理学方面著作如下：《法理探索》、《法政治学》、《法律的人文主义解释》、《法治与宪政的变迁》、《论日本法的精神》、《良法论》、《程序的法理》、《私人之间的监控与惩罚——一个经济学的进路》、《立法理论与制度》、《凯尔森法律效力论研究——基于法学方法论的视角》、《法学研究与方法论》等 40 余本。此外，2005 年法理学界学者还在国内外各种刊物上发表论文 600 余篇。

研究的热点和重点问题包括和谐社会问题、法治城市理论、中国法学理论研究范式的反思和发展、法治理论、法学方法论、法学与人文社会科学交叉性研究等。（1）对于和谐社会的法理学探讨本身也是法理学研究自身不断完善的一个契机。实现当代中国社会的和谐发展是中国社会全面进步的必然要求。有学者论证了和谐社会建设对法律的需要，从理论上说明了和谐社会建设呼唤新的法哲学；有学者提出，和谐社会理论对传统的法理学正统意识形态提出了挑战，这有助于促进当代中国主导法律理念的更新；也有学者提出，和谐社会的法理念更多的是从社会和谐的角度来考察法的本质、价值、功能和作用，要求法律更多的保障社会公正，尤其是保障社会弱势群体的利益和权利；还有学者提出，要用与和谐社会要求相适应的、以人为本的法律理念来逐步克服现实社会和现行法律对于个体、自由和权利的忽略等。（2）法治城市理论成为 2005 年法理学界法治理论研究中的标志性转向。有学者提出法治国家的概念和原理具有普适性，中国应当采纳国际通行的法治国家的理念和标准；有学者通过上海与东京、纽约等世界城市法治建设的比较，提出中国法治城市建设过程中应当强化政府职能，构建“强政府、大社会”的治理模式。（3）中国法学理论研究范式的反思和发展是对中国恢复法学研究 20 多年来的经验总结。有学者提出中国法学在取得很大成就的同时也暴露出了它的一些问题，其受到一种“现代化范式”的支配，从而使得中国法学论者意识不到并无力解释和解决因其自身的作用而产生的各种问题；有学者提出在西方法学的强势话语面前，如何发掘传统中国法学的宝藏，中国法学对于当代社会的意义何在，是值得每一个中国学者认真思考的问题；有学者以法律移植与现代国家转型为背景，考察了最近 20 年来法理学主流思潮，提出了重新把国家与政治作为法理学思考的中心，从而在技术上整合法律人法理学，思考在民族国家与文明国家转型中面临的理论问题；有学者把全球化作为考察中国法学的知识建构和法律实践发展的一个维度，提出法律和全球化研究必须有全球的观点，即把全球不同国家的法律发展看作一个整体来分析，在全球化视野中不能忽视这样一个问题：即一些国家和地区的法理的发达往往以另外一些国家和地区的落后为前提；有学者从80年代以来国内法学界对于西方法学理论的评介的角度探讨了中国法学理论建构中的问题。（4）法治问题是近些年来探讨的热点问题。2005年中国法学理论方向的学者对法治理论的研究主要成果如下：《“以人为本”与社会主义法治—— 一种法哲学上的阐释》、《飘忽的法治》、《理念、法的理念》、《NGO的民间治理与转型期的法治秩序》。有学者探讨了依法治国与以人为本的协调统一问题，认为以人为本是深藏在法治背后决定其发展方向和命运的最高的精神力量；有学者探讨了清末民初中国变法思想中的法治理念诸问题，认为有必要区分三种意义上的法治思想：价值法则、政治法则和程序法则意义上的法治思想；有学者探讨了法律理念的基本内涵和理念在现代法治社会中的作用；有学者讨论了中国转型时期有法律却没有秩序的问题；有学者提出应从理论上探讨当前我国执政党与人大立法关系的定位与重构；有学者认为NGO的民间治理对于转型中国的法治具有重大意义，应克服NGO民间治理中的中国问题，推动其功能和作用的充分发挥，进而促进法治秩序的确立。（5）2005年国内对人权理论的研究逐渐从抽象的理论层面转向人权的救济以及制度性保障。有学者批评了中国人权传统理论对社会权与自由权严格区别的理论，提出社会权与自由权之间的义务区别、冲突区别和效力区别本身是虚构的这一观点；有学者对我国改革开放以来权利理论的研究作了四个阶段的分类；有学者探讨了国家对个人权利诉求的多层次网络状回应的可能性。（6）法学方法论的研究进一步深入，在法学学科内部呈现法学方法论与法律方法论双向发展的态势；在法学学科外部出现法学与社会科学、法学与人文科学等其他学科方法相互融合的现象。有学者从讨论价值分析方法、实证分析方法和社会分析方法三种法学方法的基本内涵、基本假定和核心命题开始，检讨了西方三大法学流派的方法论的主要理论争议和各自的缺陷；有学者提出作为一种立场和方法的法律文化，要求人们将法律作为人类自身的一种生活经验，往往基于研究者的价值判断而过于强调差异的最大化或同一性；有学者从法律的理性和法律的历史性的角度考察了法学的思考方式问题，提出法学所思考的实践问题总是“应然问题”，法学的陈述主要不是描述性假设，而是规定性陈述或者规范性陈述；有学者结合法律论证理论中的发现与证立一步步逼近法律论证理论的理论背景和研究方法。

二、法律史学

2005年国内法律史学界保持着一贯踏实、求真、务实的学风，重视史料的考证和合理利用，随着研究内容的深化、研究方法的科学化发展，中国法律史学界正不断成熟，日益成为我国近20年法学研究中进步最大的学科之一。

（一）中国法律史学

2005年中国法律史学学术研究成果丰富，学术交流活跃。中国法律史学学科的研究不断细化和向纵深发展，不同的研究视角和研究方法使研究领域进一步拓展。学科的发展和研究的深入离不开形式丰富多样的学术交流活动。2005年中国法律史学界具有重要影响力的大型学术会议包括：8月26—27日在北京召开的、由中国人民大学举办的“法律史教学改革与研究暨国家重大项目实施研讨会”；10月22—25日在河南开封召开的、由中国法律史学会主办、河南大学和中国社会科学院法学所承办的“‘中国文化与法治’国际学术研讨会暨中国法律史学会2005年年会”；11月26—27日在北京召开的、由中国政法大学法律史学研究中心主办的“法律史学科发展国际学术研讨会”；中国人民大学法律文化研究中心召开的“和谐社会法律史的考察”研讨会等等。此外，就研究成果而言，2005年发表的有关中国法律史及中日、中西法律史比较的研究论文近400篇，其中包括《继承领域内冲突格局的形成——近代中国的分家习惯与继承法移植》、《得行忘意：从唐律情结到民法典情结》、《法家重刑思想的逻辑分析》、《民国〈民律草案〉评析》、《“法”义探源》、《家礼与国法的关系、原理、意义》、《私法原则与中国民法近代化》等，著作包括《中国传统法学论述——基于国学的视角》、《解释性的法史学》、《清末民初民商事习惯调查之研究》等数十本。

中国法律史学2005年的学术研究在研究领域和方法上都取得了一些突破性的进展。在重视宏观与微观相结合的同时，大胆借鉴社会科学方法研究中国传统社会，取得了诸多有意义的成果。此外，法学研究史料的悉心整理和民国时期法学文献的大量援引利用，在客观上也促成了中国法律史学研究的进一步深入。在中国法律史学研究取得进步的同时，也有一些不可忽视的缺点，比如史料利用仍存在随意性、研究面过宽而欠细化、创新能力仍有待加强等等。

2005年中国法律史学界研究的热点和重点仍主要集中在传统研究纲目分类中，主要包括中国古代法律和中国近代法律史的研究，其中中国古代法律的研究主要包括理论研究、古代法律通史研究、断代法律史的研究。（1）中国古代法律研究的理论兴趣主要集中在中西法传统的演变、法律移植问题、和谐社会法律史考察等问题上；古代法律通史的研究则主要集中于对学科史的总结和对中国古代有关契约、土地制度的分析上；断代法律史的研究仍沿袭既有研究传统，唐之后法律的研究仍然是重点研究对象。（2）中国近代法制史的研究则主要集中在对清朝末年的历史名案、法学教育模式、法律改良、法制改革、修刑律以及民国时期法院解释例研究的基础上，发掘史料中的法律史。有学者从“杨乃武与小白菜”的冤案分析晚清法官责任制规定的现实可能性；有学者从清末新式法学教育对传统教育模式的突破出发，还原近代法学学科体系的建立和完善过程；有学者从民国时期最高法院的解释案例出发，探讨在动荡中法律职能部分可能的调整器作用。

（二）外国法律史学

外国法律史学界在2005年研究重点有所转移，从以往单一的对外国法律制度的研究转向了外国法律思想史与法律制度史相互结合的研究方式，以求真正发现历史的活法和背后的真实。本年度外国法律史学界的重大盛事是2005年8月21—22日在青海省西宁市举行，由全国外国法制史研究会主办、华东政法学院与西宁市人民政府承办的全国外国法制史研究第18届年会。会上各位专家学者就“20世纪外国刑事法律发展的特点和趋势”、“英美刑事法律制度”、“欧陆刑事法律制度”、“其他法系或国家的法律制度”等四个专题展开了广泛而深入的讨论。此外，外国法律史学界出版了一系列重要的学术译著作：其中著作包括《日尔曼法研究》、《日本法律继受与法律文化变迁》等。译著包括《学说汇纂》（第48卷）、《汉穆拉比法典》、《法学阶梯》、《法律与殖民文化——世界历史的法律体系》、《英美法》（新版）、《欧洲法：过去与未来——两千年来的统一性与多样性》、《九百年来德意志及欧洲法学家》等。代表性的论文包括《万民法诸含义的展开——古典时期罗马帝国的现实与理想》、《论罗马法的理性》、《罗马法的借鉴价值》、《罗马法的“无体物”理论与知识产权制度的学理基础》、《日耳曼杀人行为的立法分析》、《论英国大法官制度的历史流变》、《中世纪英国法发展的教会法背景》等等。

2005年外国法律史学界的研究重点和兴趣仍集中在罗马法研究、日耳曼法、中世纪法律制度、英国法、非洲法等问题上。（1）罗马法的研究范式日益呈现出多角度、多方面的深度发掘态势。有学者从原始文献出发提出“万民法的含义在罗马法史上不断地进行演变”，并通过分析与此相关的罗马人的意识形态，透射出以万民法构建同质文化的罗马帝国理想；有学者研究罗马法具有的理性，认为罗马法的理性在于注重求实精神，崇尚理性抽象，这个特质使得罗马法能够随着商品经济的发展不断丰富、修正和完善，成为“商品生产者社会的第一部世界性法律”。（2）日尔曼法的研究作为新的热点颇具创新价值。有学者对日耳曼国家编纂的蛮族法典《撒里克法典》的编纂时间、特征问题和历史地位展开探讨，提出《撒里克法典》较早期其他日耳曼法典更少受罗马法和基督教影响；有学者则将日耳曼法的团体本位特征与中国唐代家族本位进行比较，注重分析两者的不同之处和原因。（3）中世纪法律制度的研究克服了文献资料的不足，逐渐展开并深入进行。有学者通过考察西方中世纪中晚期城市、社团及其城市法律制度，探讨了西欧城市共同体兴起对西方社会早期市民阶级兴起和新社会形成的意义。（4）英国法独特的历史以及文献翻译的状况吸引着越来越多的学者，2005年法律史学界对英国法研究的成果相当丰硕。有学者关注英国普通法的形成历史；有学者从英国令状制度和陪审制度入手分析中世纪英国程序正义的制度构建；有学者试图从在分析中世纪英国法与教会法的关系的基础上寻找英国法发生的基本模式。（5）起步较晚的非洲法研究在2005年取得了较多的成果。有学者尝试在法律全球化背景下探讨非洲法的发展趋向；有学者从非洲国家国内法与国际法关系的实践角度指出这是致力于宪政改革的非洲国家需要直面的问题。有学者针对西方学者在非洲法系问题的分歧，指出研究非洲法时，不应将其多样性视为研究的障碍，忽视非洲法所具有的共性。

三、宪法与行政法学

随着和谐社会理论的提出和法治国家建设的进一步深入，宪法学与行政法学界面临着理论范式、研究领域和现实社会治理等方面的多层次、多角度需求，国际关系、地方治理、政治文明建设模式等问题需要宪法学界和行政法学界作出适时合宜的回应。

（一）宪法学

2005年中国宪法学研究会、地方宪法学研究会、各法学研究机构召开了各种形式的宪法学学术讨论会，探讨了宪法学理论面临的新课题。本年度主要学术活动包括：1月18日在北京召开的由中国人民法学宪政与行政法治研究中心主办的“中法违宪审查制度学术讨论会”，与会代表围绕中国与法国违宪审查制度建立背景与制度体系等问题展开广泛讨论；5月28日在福建福州举行的，由中国法学会宪法学研究会、厦门大学法学院、福建师范大学法学院联合举办的“吴家麟教授八十华诞暨宪法学思想研讨会”，与会专家系统地探讨了吴家麟宪法思想的特点及其与中国宪法学发展的联系；6月1日至2日在北京召开的，由中国政法大学人权研究所主办的“国家人权机构建设国际学术研讨会”，与会学者对国家人权机构的性质、功能、运作程序等问题进行了深入探讨，并对中国应如何在这一点上取得进步与突破提出了诸多良好的建议；6月20日在南昌召开了由中国法学会宪法学研究会与南昌大学法学院共同主办的“部门法中的宪法学”学术讨论会；6月30日在北京举行了由中国人民大学主办的“中国宪法文本”学术研讨会；10月22日至23日在济南召开的，由中国法学会宪法学研究会和山东大学法学院共同主办的中国法学会宪法学研究会2005年年会暨成立20周年纪念大会；11月25日至26日在北京召开的由北京大学宪法与行政法研究中心主办的“农村宪政与行政法治”学术讨论会；12月10日在北京举行的由中国人民大学刑事法律科学研究中心与中国人民大学宪政与宪政法治研究中心共同主办的“刑法学与宪法学学术对话”学术讨论会。宪法学研究取得新的进展，2005年主要著作包括：《中国宪法导论》、《选举权的宪法保障》、《中国宪法》、《宪法人类学》、《责任政府研究》、《从行政诉讼到宪法诉讼》等等。主要论文包括：《论人权和公民权》、《人权冲突及人权的协调实现》、《宪法权利与法律权利：区别何在?》、《论中国的农会与农民结社自由》、《地方政府投资宗教项目涉及的法律问题》、《围绕规范》、《追问宪法的正当性》、《中国宪法文本中‘法律’的涵义》、《宪法解释的可能性》、《公共利益的困境和出路》、《宪法关系和宪法性法律关系》等等。

中国宪法学研究不仅仅纯粹是思辨理论的研究，一种应用性、实证性的研究旨趣也正在形成。宪法学界2005年的研究，在回顾历史、回归文本方面显现出方法论层次的转向性变化。韩大元教授将宪法学界本年度主要研究热点和创新观点归纳为：以新的理念与价值观研究人权的理论体系和实践功能；宪法学的中国问题意识；宪法文本、宪法正当性与宪法学基本范畴的研究。宪法学研究的重点着重体现在以下几个方面：人权问题、宪法学的社会基础、宪法与宗教、宪法基本范畴研究、宪法学研究方法论。（1）人权问题的研究在2005年取得丰硕成果。学者们结合2004年第四次修宪中重新确立的“国家尊重和保障人权”的宪法原则，对宪法与人权问题在新的维度上展开探讨。有学者提出人权与公民权问题是宪法学的理论基点和逻辑起点；有学者分析了人权冲突产生的原因、表现与协调的途径等问题，认为人权冲突从根本上说是人权体系本身所固有的；有学者认为需要协调宪法文本中人权和基本权利这两个概念。（2）宪法学的社会基础的重新审视和深入研究，对我国在社会变革中出现的各种问题的有效解决具有重要的意义。有学者指出由于我国经济发展的不平衡和城乡二元结构的存在，城市和乡村个人在法定人权和现实人权的享有上存在着明显的差别。（3）宪法与宗教问题长期为学界所忽视。有学者提出的地方政府投资宗教项目涉及的法律问题，引起宪法学界的广泛关注，从而使宪法学界对此问题掀起一股研究热潮。（4）宪法基本范畴研究直接关系到宪法本体论的建立，对中国宪法学体系的发展有至关重要的意义。有学者认为宪法学是以宪法现象为研究对象的一门法律学，宪法规范是一种本原的东西，宪法学应当返回规范；有学者通过文本研究法律，这一进路可以为解决宪法学理论、司法实践中的具体问题提供必要的理论基础。（5）围绕宪法解释、宪法学基本范畴展开的宪法学方法论研究正日益成为青年学者的研究兴趣和热点。有学者提出走向宪法文本的解释，成为关乎宪法学研究方法转型的大问题，它是确立宪法解释学的核心与关键问题；有学者认为正确认清宪法解释对中国立宪政治的作用，有助于消解宪法虚无主义、推动中国宪政的程序性建设；有学者在对什么是法学研究方法、什么是宪法学研究方法的有益性探讨基础上，提出要注意区分宪法学研究方法与一般法学研究方法、政治学研究方法以及宪法解释学方法的差异与联系。

（二）行政法学

2005年行政法学基于研究机构设置的日益合理化和人员的成功整合，取得了重大的发展，国外文献材料的汇编、借鉴和利用，使行政法学者进一步开创了多元化的研究局面。国内行政法学者之间广泛而频繁的学术交流、国际性的行政法学研讨以及法官与行政法学学者之间的充分而富有成效的交流，使行政法学界的既有认识进一步深化。2005年行政法学界召开的重要学术会议包括：4月28日在北京召开的、由中国人民大学法律与全球化研究中心和宪政与行政法治研究中心主办的“法理学与宪法学、行政法学的对话”研讨会；8月15—17日在海南博鳌召开的、由中国行政法学会主办的“中国法学会行政法学会成立20周年庆典暨2005年全国行政法学年会”；12月24日在北京召开的、由中国人民大学宪政与行政法治研究中心与北京大学法学院软法研究中心共同主办的“行政指导与软法研究——以泉州工商行政指导实践为研究样本”学术研讨会。一批有影响的著作的出版和论文的发表将行政法学的研究推向新的层次和境界。比如：《行政法治文苑》、《WTO与行政法》、《行政程序立法研究》、《法治的脚步声：中国行政法大事记》、《无效行政行为研究》、《行政行为基本范畴研究》、《应急法制论》、《法治视野中的行政指导》、《中国行政程序法立法研究》、《现代行政过程论：法治理念、原则与制度》、《多维视角下的行政信息公开研究》、《论行政救济》、《行政责任问题研究》、《特别行政法问题研究》、《行政复议司法化：理论、实践与改革》、《行政法的人文精神》、《行政法基本原则研究》、《国家赔偿法律问题研究》等，发表的论文包括《“公共利益”的构成——对行政法的目标以及“平衡”意义之探讨》、《给付行政适用法律保留原则若干问题探讨》、《人权入宪对我国行政法民主化发展趋势的影响》、《行政法模式发展研究——以美国和法国为例的分析》、《行政法学方法论的回顾与反思》、《论行政滥用职权》、《论行政刑罚》、《论我国抽象行政行为的司法审查》、《论行政诉讼判决的既判力》、《行政诉讼的类型与我国行政诉讼制度改革的视角》、《法律发现的实证分析——以我国行政诉讼为重点》、《构建环境公益行政诉讼制度的设想》、《论行政复议与行政诉讼之程序衔接》、《司法改革与行政诉讼制度的完善》、《特别权力关系与司法审查》、《行政诉讼上的显失公平与变更判决》、《行政诉讼客观证明责任的分配研究》等等。

本年度行政法学界的研究范围在涵盖传统的关于行政法基础理论和行政行为的研究基础上，也适当扩大了研究的视野。比如，展开对行政规制和管制理论、福利国家等理论创新点的研究。行政法学科年度研究中的主要问题包括：行政法基础理论、行政行为、行政主体、司法审查、行政诉讼法修改等。（1）行政法基础理论的研究是行政法学的根本。有学者认为统一公法学的建立是必要的和可能的，也是可行的；有学者探讨了“平衡”论中权利与义务平衡的基本目标前提；有学者从方法论出发，认为开放的分析实证的公法方法论可解决纯粹分析方法的科学性所回避的价值判断，有助于从事实中提炼和发现价值，为公法纠纷提供规范；有学者提出宪政国家是行政法的前提，行政法必须构建在宪政基础之上；有学者探讨了模式分析方法是推进我国行政法向纵深发展的新方法。（2）行政行为继行政主体研究热潮之后成为学界研究的新热点。有学者认为行政滥用职权是指行政主体在行使行政权力或履行行政管理职能的过程中对法律赋予的行政职权不规范或超常规的使用；有学者从公民对国家行为的防卫权出发，提出我国无效行政行为制度应从统一的无效行政行为制度、独立地确认无效诉讼制度和专门的行政强制执行三方面进行建构；有学者提出行政刑罚是介于行政法与刑法之间，伴随着行政处罚难以完全满足公共行政制裁需求而产生的。（3）行政主体仍然是学界研究的一个兴趣点，行政主体的人文性发掘和国家赔偿主体确定性研究成为研究的新方向。（4）司法审查在中国加入WTO以后成为一个学术爆发点，2005年行政学界对此从国内外司法审查的衔接、司法审查的标准等方面展开详细的学术研讨。（5）行政诉讼法的修改是行政法学界本年度研究中的最大热点之一。有学者认为《行政诉讼法》的修改与“特别权力关系”理论没有联系，有关修改中的棘手问题完全可以在我国现行的行政法制中绕开“特别权力关系”理论而得到解决；有学者认为在修改《行政诉讼法》时应当改变原有的排除对抽象行政行为司法审查的规定，而将抽象行政行为纳入行政诉讼受案范围之中；有学者认为我国《行政诉讼法》亟需作出适当修改，在修法过程中应贯彻公民合法权益保护优先的原则；有学者提出在《行政诉讼法》修改中还应尽快确立我国的环境公益行政诉讼制度；有学者认为，在行政诉讼中，具有实质正义的规范性理论仍应成为行政诉讼证明责任分配的基本理论。

四、诉讼法学

2005年诉讼法学界秉承一贯严谨、求实的作风，在理论框架内进行了各种制度的构思和建设，学界的研究的热点和重点仍然主要集中在诉讼法典的修改上，期冀通过对诉讼法典的修改来建立与我国现阶段经济社会发展相适应并能与国际法治建设接轨的诉讼法律制度。

（一）民事诉讼法学

民事诉讼法学界的研究工作继续从微观层次展开，从制度细枝末节的修补做起，用与现实相合宜的制度来构建宏观的理论框架，从而在理论的研究范围和深度上均有较大的拓展和进步。此外，民诉法学界在近年来对东西方各国的诉讼法制度不断了解和学习的基础上，在本年度出版了一些相当有分量的著译作。2005年民诉法学界的重要学术会议包括：7月在北京、8月在合肥召开的、由中国人民大学法学院“民事诉讼法典的修改与完善”课题组举办的“民诉法修改与完善研讨会”；8月在成都召开的、第九届民事诉讼法专业委员会2005年年会暨“民事执行立法与民事执行制度的研究”；9月在天津召开的、由中国诉讼法学会召开的中国法学会诉讼法学研究会2005年年会；10月在苏州召开的、由苏州大学主办的“公益诉讼、人权保障与和谐社会”国际学术研讨会；11月在北京举行的第一届全国法院执行理论与实务研讨会。本年度民事诉讼法学界主要著作有：《民事证据开始制度研究》、《当代中国民事诉讼率变迁研究——一个比较法社会学的视角》、《集团诉讼问题研究》、《民事司法现代化的探索》等等。发表的代表性论文包括：《我国民事诉讼费用制度之运行现状——以一个贫困地区基层法院为分析个案》、《日本要件实事论纲》、《民事诉讼法修改的若干问题》、《论我国民事诉讼法典之纯化》、《我国基层法院的性质及功能定位——从审级制度改革的视角观察》、《司法解释权：理论逻辑与制度建构》、《证明责任：一个功能的视角》、《事实真伪不明处置办法之比较》、《论诉讼上之真伪不明及其克服》、《民事诉讼中的证人出庭作证》、《构建我国公益诉讼制度的思考》、《诉之合并制度的反思及其启示》、《民事执行权性质再认识》、《我国民事与刑事交叉案件的协调处理》等。

（二）刑事诉讼法学

2005年刑事诉讼法学界召开的重大学术会议包括：1月22—23日在山东寿光召开的、由中国人民大学诉讼制度与司法改革研究中心主办的“中英辩护律师权利及证据开示”研讨会；2月26—27日在北京召开的、由人大诉讼制度与司法改革研究中心主办的“模范刑事诉讼法典论证国际研讨会”；3月26日在北京召开的、由人大诉讼制度与司法改革研究中心主办的“最高人民法院收回死刑核准权之对策”研讨会；6月5日在北京召开的、由中国政法大学诉讼法学研究中心主办的“贯彻实施《关于司法鉴定管理问题的决定》专家座谈会”；6月12日在重庆召开的、由西南政法大学诉讼法与司法改革研究中心承办的“侦查程序与人权保护”理论研讨会；8月18日在北京召开的、由中国政法大学诉讼法学研究中心和英国文化协会联合主办的“刑事审判方式改革”研讨会；8月22—23日在湖北武汉召开的、由中国诉讼法学会刑事诉讼专业委员会和中国政法大学刑事法律研究中心联合主办、中南财经政法大学承办的“《联合国反腐败公约》与我国刑事诉讼法再修改”研讨会；9月23—27日在天津召开的、由中国法学会诉讼法学研究会主办的以“构建和谐社会与诉讼法理论、诉讼法典改革”为题的2005年年会；10月16—17日在北京召开的、由中国政法大学刑事法律研究中心主办的“中德刑事司法政策改革”研讨会；10月29—30日在河南郑州召开的、由中国政法大学诉讼法学研究中心与河南省人民检察院、国家检察官学院河南分院联合举办的“刑事起诉与不起诉”制度理论研讨会；11月19—20日在北京召开的、由中国人民大学诉讼制度与司法改革研究中心与中国法学会《中国法学》杂志社在北京共同主办的“死刑复核程序”专题研讨会；12月27日在北京召开的、由中国政法大学诉讼法学研究中心主办的“刑事强制措施立法完善”研讨会。本年度刑事诉讼法学学界成果斐然，主要著作包括：《刑事再审程序与人权保障》、《正当法律程序研究——以刑事诉讼程序为视角》、《程序正义之路》、《外国刑事诉讼法》、《刑事审判制度研究》、《程序性制裁理论》、《刑事诉讼前沿问题》、《探索正当程序——比较刑事诉讼法专论》、《制度与逻辑——刑事诉讼机制的转型分析》、《刑事诉讼主体研究》、《中国控辩式庭审方式研究》、《案件事实认定论》、《刑事诉讼程序设置研究》等。发表的代表性论文包括：《从逻辑理性到价值理性的转变——论无罪推定原则的现实适应性》、《刑事诉讼的经济分析》、《刑事程序人道价值论》、《程序性辩护之初步研究》、《刑事诉讼法再修改之基本思路》、《刑事诉讼法再修改的理性思考》、《强制侦查的法律控制与司法审查》、《目击者指证规则中的若干问题》、《迅速起诉程序论》、《试析我国刑事审判方式改革的方向与路径》、《质疑死刑核准权的程序功能——以最高人民法院收回死刑核准权为切入点》、《英国21世纪的刑事司法改革——兼论对我国的启示》、《检察官的客观义务比较研究》、《论我国侦查程序中检警关系的优化——以制度的功能分析为中心》、《宪政与司法：刑事诉讼中的权力配置与运行研究》、《证据法学基本问题之反思》、《证据分类制度及其改革》、《证据新论》等等。

五、刑事法学

本年度刑法学的理论研究呈现出一片繁荣的景象，不论是在刑法基础理论还是在刑法具体理论方面，都取得了丰硕的成果。其中研究的重点和热点包括：

在刑法总论方面，继续对刑法解释、刑事政策、刑法方法、刑法理念、刑法推理以及刑法哲学等基础理论问题展开进一步深入的研究，并对刑法的基本原则、犯罪构成、犯罪主观方面、刑法因果关系、共同犯罪、刑事责任、死刑的存废等老问题展开了新的探讨。同时，关于社区矫正这一我国刑法理论和实务中出现的新问题，学者们在基本肯定其对于我国刑罚改革的积极意义的同时，还对该制度的具体运行机制提出了不少建设性意见。

在刑法各论方面，首先，针对信用卡诈骗罪及《刑法修正案（五）》存在的缺陷，诸多学者发表了自己的观点，形成了一个研究热点。此外，对交通肇事罪、洗钱罪、恐怖主义犯罪等学者关心的热点问题也进行了颇有深度的讨论，提出了较为新颖的观点。

2005 年度，中国刑法学学术交流频繁，主要学术研讨和国际交流活动有：1 月 15 日在北京召开的“当代刑法与人权保障——全国杰出青年刑法学家论坛”；1 月 29 日，中国法学会举办了“刑事逼供问题研究座谈会”，与会专家就如何遏制刑讯逼供问题从立法和司法等方面阐述了各自的想法；3 月 11 日至 12 日，中国人民大学刑事法律科学中心和英国大使馆联合主办了中英“死刑适用标准及死刑限制”学术研讨会；6 月 18 日至 19 日，上海交通大学法学院、中国人民大学刑事法律科学研究中心与亚洲法律资源中心联合主办了“国际刑事法院：中国面临的抉择”国际研讨会；8 月 26 日至 27 日，中国人民大学刑事法律科学研究中心主办了以“全球化时代的刑法变革——国际社会的经验及其对中国的启示”为主题的首届当代刑法国际论坛；8 月 28 日至 30 日，吉林大学法学院举办了以“危险犯和犯罪的概念”为议题的中日刑事法学术研讨会；9 月 4 日至 10 日，世界法学家协会在我国举办了第 22 届世界法律大会，讨论了国际刑法、国际恐怖主义、反腐败的国际合作等多个热点问题；10 月 28 日至 30 日，中国刑法学研究会主办了 2005 年度刑法学学术研讨会。

本年度刑法学领域的著述丰富，成绩斐然。主要个人学术专著包括：《受贿罪研究新动向》、《刑事法网：扩张与限缩》、《规范刑法原理》、《身份犯研究》、《行政刑法学》等。主要编著有：《政治恐怖主义理论与立法》、《中国区际刑法问题研究》、《中国刑法罪刑适用》、《刑事法问题研究》、《刑法总论研究》等。重要译著有：《死刑的全球考察》、《德国刑法学总论第 1 卷犯罪原理的基础构造》等。新译外国法典有：《丹麦刑法典与丹麦刑事执行法》、《挪威一般公民刑法典》、《瑞典刑法典》等。此外，还发表了各类论文一千余篇。

六、民商法学

2005 年度的民商法学研究继续以物权法和公司法等重要法典的修改为研究热点，并结合其他民商事理论问题和立法、司法实践展开了卓有成果的研究，形成了百花齐放、百家争鸣的学术氛围。

在民法领域，关于《物权法草案》的修订和完善仍然成为学者们研究和争鸣的当然热点。2005 年 7 月 10 日，全国人大常委会办公厅公布了《物权法草案（第三次审议稿）》，共分五编、二十章、二百六十八条，从而开始了关于物权法立法的全民大讨论。其中，物权行为的无因性和独立性问题、物权的变动和登记制度、所有权的取得制度、典权的存废之争、担保物权以及《物权法草案》的文字适用等问题，都成为了学者们研究的重点问题。此外，还有学者就物权法的违宪问题提出了自己的不同意见，一时间也引起了学界关于物权法与宪法的关系问题的广泛讨论，从而将物权法起草的论争推向了一个新的高度。

在合同法方面，学者们就现行合同法的完善问题，提出了不少修改意见。其中在合同的形式、合同的效力、合同的解除、合同的履行、债权的相对性以及利于第三人之合同等问题的研究上，取得了一定的成果。

在人格权法方面，加强了对一般人格权和各类具体人格权的研究，有学者还提出了将声音权作为一种独立的具体人格权的新的思路。

在侵权法方面，侵权责任以及其中的精神损害赔偿问题仍然是一些学者研究的重点问题。

在婚姻家庭法方面，《妇女权益保障法》的修改取得了重大成果。2005 年 8 月 28 日第十届全国人大常委会第十七次会议通过了《关于修改〈中华人民共和国妇女权益保障法〉的决定》，将男女平等问题作为基本国策写入了该法，加强了对妇女权益的尊重和保障。此外鉴于性骚扰问题在国际和国内社会日益受到重视，该法还新增加了“禁止对妇女进行性骚扰”的法律规定以及相应法律操作，引起了学者们的关注。以此为契机，学者们也对建立中国特色的性骚扰法律制度纷纷发表了自己的意见。在未成年人的法律保护方面的研究，仍以儿童的权益保护为研究的重点，对于在婚姻家庭法中确立的“儿童最大利益优先原则”，学者都持肯定态度。对于婚姻法的研究，则重点关注离婚制度，包括对离婚自由的保护和限制、离婚财产的公平分割等，力求建立离婚衡平机制。

在知识产权法方面，面对国际知识产权保护的不断强化，我国学者适时地提出了实现知识产权本土化，以及如何把握知识产权保护的“度”的问题。同时，对知识产权的主体与客体、知识产权保护、知识产权的法律冲突等基础理论问题，也进行了广泛的研究。尤其是有学者将知识产权和人权的冲突和协调问题纳入知识产权法研究的视域，成为了本年度知识产权理论研究的一道独特的风景。

在商法领域，公司法和证券法的修改依旧是学者们研究的兴趣所在。其中对公司的设立、公司的资本制度、公司法人治理结构等主要问题都进行了深入的研究。2005 年 10 月 27 日第十届全国人民代表大会常务委员会第十八次会议通过了修订后的《公司法》。这次修改广泛采纳了学界对公司法的研究成果，针对市场经济新形势下对健全公司法律制度提出的新要求，全面修改了现行的公司法，完善了公司设立和公司资本制度方面的规定，修改完善了公司法人治理结构方面的规定，健全了对股东尤其是中小股东利益的保护机制，并增加了“公司法人人格否认”或称为“揭开公司面纱”制度的规定。在证券法的修改中，学者们认为应加强证券监管的力度，更好地保护投资者的利益。此外，针对现行保险法、票据法、破产法和信托法中存在的一系列问题，学者们也提出了不同的意见。

2005 年中国民商法学界主要围绕民法典修订、物权法立法以及侵权法制定等问题进行了一系列学术交流活动。2005 年 4 月 30 日至 5 月 1 日，中国法学会民法学研究会、中国人民大学民商事法律科学研究中心和四川大学法学院联合主办的“物权立法疑难问题研讨会”。6 月 21 日至 22 日，由全国人大法工委、中国法学会民法学研究会、中国人民大学法学院主办，扬州大学承办的“海峡两岸民法典研讨会暨中国法学会民法学研究会 2005 年年会”在扬州大学召开。

10月27日至28日，中国人民大学法学院、中国人民大学民商事法律科学研究中心与香港城市大学法律学院、中国法及比较法研究中心联合在香港城市大学举办了“比较侵权法国际研讨会”。

本年度民商法学界学术成果丰硕，出版的主要著作有：《民事法理与判决研究》、《民事立法与公私法的接轨》、《侵权法论》、《侵权归责原则与损害赔偿》、《物权程序的建构与效应》、《物权法例论》、《合同法（第2版）》、《人格权法导论》等。

七、经济法学

2005年度的经济法学研究在科学发展观和和谐社会理论的指导下，取得了可喜的成果，学术交流活动频繁，同时还涌现了一批具有理论价值和实践指导意义的学术作品。

本年度经济法学的研究热点主要包括以下几个方面：在经济法总论方面，继续以科学发展观指导经济法的理论研究，对经济法的价值、目标、体系和定位问题进行了反思和探讨，更好地发挥了经济法的平衡协调作用，实现了效率和公平、市场调节与政府干预之间的平衡，为构建和谐社会作出了更多的贡献。此外还有学者对经济法的学科独立性问题继续进行探讨，进一步厘清经济法与民商法以及行政法之间的学科关系。在经济法的主体方面，有学者提出了以消费者为中心建构经济法体系的构想。此外，对合作社、农民经济合作组织、公司和企业等经济法主体的相关问题也展开了一定程度的研究。

在经济法分论方面，继续加强对宏观调控法律制度的研究。其中财政收支法律制度、税收征管制度、金融调控和监管以及资本市场的法律规制等问题都是学者们所关注的热点。在市场及经济活动的规制方面，反垄断法律制度的研究仍然是热点。有学者提出将竞争理论、交易成本理论和管制经济学引入反垄断法的研究；还有不少学者运用比较研究的方法，对我国反垄断的具体制度的构建提出了诸多颇具建设性的意见。

本年度的劳动和社会保障法研究也出现了一些新的动向，形成了若干研究热点。在劳动法的基本理论问题上，学者们对劳动法的调整对象问题提出了新的观点，主张将劳动者之间的关系也纳入劳动法的研究范围，同时还主张进一步区分劳动关系和雇佣关系。在劳动法的理念问题上，提出要加强劳动法的公法性研究，以更好地体现其社会法的性质，更好地发挥其保障功能。在社会保障法方面，学者们的关注焦点在于如何进一步突破传统的城乡二元结构，建立统一的社会保障制度，扩大社会保障的范围，缩小城乡差距，更好地实现社会公平。

本年度经济法学界召开的重要学术会议包括：2005年10月由中国经济法学会主办的“中国法学会经济法学研究会2005年年会暨第十三届全国经济法理论研讨会”，就“和谐社会与经济法”等四个主题进行了研讨；11月，以“财税改革与财税法理论创新”为主题的“中国财税法学教育研究会2005年年会暨海峡两岸财税法学术研讨会”在华东政法学院举行；12月中国法学会财税法学研究会召开了“中国法学会财税法学研究会2005年年会暨第四届全国财税法学术研讨会”。

在劳动和社会保障法领域，2005年3月，由中国人民大学组织劳动法和社会保障法研究所组织的、由中法两国专家学者参加的“中国—法国社会保障法高级论坛”在北京举行；10月“中国劳动法学研究会年会暨劳动合同法研讨会”在上海举行。

本年度经济法学出版的重要学术著作有：《经济法的挑战》、《需要国家干预》、《经济法精神之展开》、《经济法责任论》、《经济法实质化研究》、《分配关系的法律调控》、《欧盟竞争法前沿研究》、《反不正当竞争法原理》等。

八、国际法学

随着国际政治经济交往的增加和国际形势的日益复杂，2005年度的国际法学研究也呈现出不断繁荣的局面。无论在国际公法领域还是在国际经济法和国际私法领域，本年度的国际法学研究将理论研究和国际法实践相结合，取得了令人瞩目的成果。

在国际公法方面，以联合国成立和世界反法西斯战争胜利六十周年为契机，学者们对联合国安理会的改革问题、常任理事国的否决权问题、联合国在维持国际和平和实施国际制裁中的作用和法律性质等问题都结合国际法实践进行了深入而有价值的研究。同时，随着国际社会对伊拉克前总统萨达姆的审判的展开，对国际刑法的研究也成为本年度国际公法研究的热点。此外，关于国家豁免权等传统国际法重要问题的研究仍然受到学者们的关注。

在国际经济法方面，本年度的学术研究着眼于进一步探讨经济全球化与国际经济一体化形势下的国际经济法发展问题，提出要在比较和借鉴外国经验、融入世界经济大家庭的前提下，维护国家的经济主权，谋求发展中国家的公平和公正待遇。在具体问题的研究上，世界贸易组织与区域贸易协定的相关法律问题，成为本年度研究的热点。其中包括货物贸易中的反倾销与反补贴问题、服务贸易与知识产权领域相关问题、WTO争端解决机制的法律适用以及区域贸易协定规则与争端解决机制的研究等。此外，人民币汇率机制改革引起的相关法律问题、关于中国海外投资的法律思考、过渡时期纺织品贸易中的“特保措施”问题及其应对等也是学者们关心的重要问题。

在国际私法方面，国际私法的理念、基本制度、基本方法等基本理论问题仍然得到进一步的研究。在国际私法的具体立法问题研究上，学者们结合民法典的制定，对民法中的冲突法部分的立法框架和具体规范的制定进行了探讨和研究。国际民事司法制度的研究也继续受到学界的关注，学者们对如何处理好司法诉讼、国际商事仲裁和替代争议解决方法之间的关系，更好地发挥多种方式的互补作用，从不同的视角展开了研究。此外，区际管辖权、区际法律适用和司法协助等问题也是本年度国际私法研究的重要问题。

本年度国际私法学的学术交流活动也比较活跃。2005年9月4—9日，第二十二届世界法律大会在我国举行，与会专家对国际法的众多议题进行了深入的研讨。9月23—25日，以“国际法与国际秩序”为主题的2005年中国国际法年会在北京举行。

国际经济法领域的重要学术会议有：中国国际经济法学会暨学术研讨会以及以“经济全球化与国际经济法的新发

展”为主题的中国法学会国际经济法学研究会年会。

国际私法方面的重要学术会议有：5月在广东举行的内地、香港、澳门区际法律问题研讨会；6月由中国国际私法学会与美国天普大学合作在美国召开的美中国际私法圆桌会议；10月在上海召开的中国国际私法学会2005年年会等。

本年度出版的国际法主要学术著作有：《国际法原理》、《国际公法规则之冲突——WTO法与国际法的其他规则如何联系》、《国家豁免问题的比较研究》、《国际经济法刍议》、《国际货物贸易中的补贴与反补贴法律问题研究》、《国际私法实务中的法律问题》、《国际私法本体论》、《WTO规则与中国法律制度改革》等。

九、环境法学

在国际环境问题日益严峻、能源危机不断突显的国际大背景下，环境法学的发展日益受到世界各国法学界的重视。在我国，2005年度环境法学的发展同样令学界瞩目。作为一个新兴的法学学科，我国的环境法学在近几年内获得了蓬勃的发展。本年度该学科的研究继续呈现出良好的发展态势，所涌现的学术成果不但在数量上超过了往年，而且在质量上也呈不断上升趋势。

本年度环境法学研究的主要特点在于广泛而深入地开展环境立法的研究。各地环境法学者广泛参与环境立法活动，将理论和立法实践相结合，取得了可喜的成果。包括《中华人民共和国环境保护法》的修改在内的各项环境保护立法活动，都有环境法学者的参与，并作出了重要贡献。环境法法典化研究也受到了学者们的重视。不少学者认为，随着我国环境法制的发展，制定一部全面的环境法典的时机已经成熟。与此同时由中国人民大学法学院和华东政法学院分别承担的教育部重点研究基地2005年重大课题《我国民法典制定中的环境法律问题》和《环境法法典化研究》，本年度也已正式通过开题，课题的研究工作正在紧张地进行。

2005年环境法学研究的主要问题包括：以环境保护法的修改与完善为重点的环境法制创新研究，环境权的主体、内涵与实施机制问题的研究，环境公益诉讼问题，环境影响评价机制，循环经济立法对建设节约型社会的意义研究，水资源保护法律制度研究，森林生态效益的补偿制度研究，土地征收制度的完善，以及湿地资源的利用与保护等。其中环境影响听证制度的研究引发了学界的大讨论。此外，对环境教育立法的研究也引起了一些学者的关注。

本年度环境法学的重要学术交流活动包括：8月5—9日，由全国人大环资委、中国法学会环境资源法学研究会和江西理工大学在江西赣州举行的2005年环境资源法学年会；11月下旬，华东政法学院和上海市人大法工委举办了中、日、韩三国环境损害赔偿立法国际研讨会，国内外近百名学者参加了本次会议。尤其值得一提的是11月20—22日，由全国人大环资委等单位举办了环境立法与可持续发展国际论坛。该次论坛是新中国成立以来规模最大、规格最高的一次环境法盛会。论坛讨论了国内外环境资源保护的几乎所有重大课题，在全球环境法学界产生了重大的影响，对我国环境法学研究也起到了巨大的推动作用，可谓意义深远。

本年度环境法方面的主要专著和文集有：《环境法系列专题研究（第1辑）》、《能源法与可持续发展》、《沟通与协调之途——论公民环境权的民法保护》、《冲突与协调——国际贸易与环境问题》、《公司的环境责任研究——以可持续发展原则为导向的法律制度建构》、《环境产业的法律调整：市场化渐进与环境资源法转型》等。

（钱弘道）

学术成果·著作

WTO规则与中国法律制度改革

（宋才发　人民法院出版社2005年版）

中国加入WTO组织是中国政府管理方式的一场深刻革命，它决不仅仅表明政府由WTO非成员方到成员方这一角色或身份的转变，而且必须按照WTO原则、规则和加入WTO时作出的承诺，对国内法律、法规、政策、管理体制及其调控机制进行大幅度的调整和改革，并承担以“关税减让、逐步取消非关税措施和开放服务贸易”为主要内容的不断降低市场准入条件、进一步扩大市场开放的义务。本书由WTO规则与中国知识产权保护法律制度、WTO规则与中国服务产业法律制度、WTO规则与中国生物资源保护法律制度、WTO规则与中国贸易法律制度、WTO规则与中国政府管理制度、WTO规则与中国司法制度等六大部分组成，共同构建了WTO规则与中国法律制度改革的理论体系。它以中国加入WTO组织后必须依法维护的合法权益、必须尽快改革和完善的法律制度，以及人们迫切需要回答的理论与实践问题为主线，较全面地启解了人们的“思想结”。本书的最大特点，是融学术理论性与实际操作性于一体，便于人们借鉴和运用。

[宋才发，1953 年生，法学博士，中央民族大学法学教授、博士生导师，重点学科带头人，兼任中国法学会经济法研究会理事、西部大开发法律研究会常务理事、民族法学研究会副秘书长等职。出版《中国：侵权行为认定与赔偿》等个人学术著作9部。
电子信箱：songcaifa@ sina. com]

东盟国家的产业政策与法律制度

（张文山 接力出版社2005 年版）

该书由张文山教授主编，是目前国内惟一一本专门研究东盟成员国产业政策与法律制度的著作。

2001 年 11 月中国与东盟提出了在10 年内建成自由贸易区（“10 +1” 自由贸易区）的目标。在本世纪建立更加紧密的中国—东盟经济合作关系是我国与东盟共同的目标，该目标推动双方建立全面的、有利于发展长期关系的合作框架，即中国—东盟自由贸易区。货物贸易并不是自由贸易协定中唯一的焦点，服务贸易壁垒的降低与投资的自由化将更进一步加深自由贸易区的一体化进程。

东盟各国经济发展经历了殖民地单一经济发展到近现代各产业迅猛发展的过程。其中，产业政策的实施起到了关键作用。东盟国家的经济模式是在战后各国摆脱外国殖民统治、在加速本国经济发展步伐、赶超发达国家的过程中形成的。

“产业政策” （industrial policy）这个术语在本世纪五六十年代就已经在欧洲和亚洲的一些国家被采用，这主要是由于日本在第二次世界大战之后大力推行具有特色的产业政策，因而对经济的高速增长起了很重要的推动作用。

产业政策的本质是一种政府行为，是一种非市场性质的经济调控手段，是政府管理经济 的基本工具。制定和推行产业政策是政府经济职能的重要实现形式。

现代实施产业政策的国家都高度重视立法，制订明确的区域发展目标，通过法规保证区域产业发展政策和资金的落实，运用法律手段促进产业结构调整，适时制定鼓励投资、规范竞争、稳定增长和保障就业等方面的法律法规。

产业组织政策是国家为实现产业组织的合理化而制定的调整企业之间资源配置的行为准则，它是处理同一部门内部各企业之间相互关系的政策。它所要解决的问题是同一部门内部的资源合理配置，企业在市场上的行为规范，以及如何发挥市场机制的作用。产业结构政策的作用是通过扶植那些具有潜在优势，能够带动整个结构升级的产业部门的发展，并限制或帮助那些“衰落”产业向其他产业转移，使资源配置朝着有利于结构高级化的方向倾斜。

东盟国家在推动社会发展、实现工业化和现代化的进程中，都属于“后发赶超”型的类型，都认同制定产业政策对引导国家经济转型、整合国家资源、推动经济高速发展起了重要作用，制定和推行产业政策是东盟各国政府调控经济发展的重要手段之一。

因此，我国企业要进入东盟市场就必须要了解进入国的产业政策，通过产业政策可以说是了解或进入东盟市场的捷径。我们编撰本书的目的就是为我们的企业进入东盟市场提供一个“路标”，尽可能的减少决策的风险，依法保障合法权益。

全书的具体内容是：（1）东盟概述；（2）产业政策；（3）优先发展的产业；（4）东盟国家允许发展的产业；（5）东盟各国限制或禁止外商投资的产业；（6）东盟国家产业政策对我国的影响；（7）中国—东盟自由贸易区中的知识产权保护问题。

[张文山，1951 年生，现任广西大学东南亚研究中心副主任，广西大学法学院教授、法学研究所所长，学科带头人；兼任中国劳动法研究会常务理事等职。先后完成学术论著 200 余万字，出版学术专著 2 部、著作 7 部，在国内各类学术期刊发表论文 30 余篇。
电子信箱：zhanwsm@ 126. com]

法律的人文主义解释

（杜宴林　人民法院出版社2005年版）

该书是作者近年来的主要研究成果，是一部对现代法律进行全新的人文主义解读和改造的尝试之作，其主要特点是，第一，研究视角新颖。与传统的把法律理解为社会控制、纠纷解决手段的法律工具主义研究视角不同，本书是以人文主义为视角来观照和反思法律，进而用人文旨趣来提升法律的著作。全书通过人文主义的视角来理解法律概念的内涵，并在此基础上重新审视和思考各种构成法律概念的惯常性研究途径的发生条件和相应的困境及麻烦，以寻求作者试图达到的对法律的正解，那就是，法律不仅仅是现世主义的工具，它还是人的需求的产物而非异化的怪物：以人为中心旨归，是“人的法律”而非“物的法则”。第二，核心观点清新而明确。全书首先从时代精神的聚焦点出发，论述了人文主义的价值意蕴、法律本体的人文主义基础、法律的人文主义演变及形成、法律价值的人文主义证成、法律职业的人文主义立场，最后旗帜鲜明地提出要认真对待人文主义。通过这样的论证，得出了全书核心结论：无论诉诸于理论证成还是事实逻辑，法律的确也应当从人文主义的角度来诠释，法律不仅是世俗统治的工具，它还是生活的终极目的和意义的一部分，是人性的基本要求。第三，资料翔实集中，视野开阔，选用的方法得当。全书围绕核心主题展开了系统的主题论述，详细阐释了这一理论及理路的由来、旨趣以及基本走向等问题，尽管所涉内容极其广泛，但资料翔实而集中，用充分而确实的文献与理论素材说话，并妥当运用语义分析、价值分析等方法进行论证，使观点有理有据、环环相扣，具有高度的说服力。最后，有鲜明学术责任感和历史使命感。全书围绕核心思想展开论述，并提出了一系列富有启发和拓新意义的见解，诸如：在法律的演进和变迁中，人文主义是核心旋律，两大法系的立法无一例外都证成着并将继续证成着法律的人文主义旨趣和价值荷载等等。这些见解和观点对于整个新世纪的法学研究，无疑都具有开拓性意义，也充分表明新一代学人自觉的学术责任感和使命感：既有去旧式化研究的勇气，也有当代眼光的在场，而特定的人文理念更是使得新世纪的中国法学研究有了中国气质和中国风格的同时，也有了全球视野——中国的法学研究，不是简单的话语平移和直白技术的引进，而应是“道不远人”的，在具有人文主义语境及特色的同时也符合普适的人文公理。这为建立真正的中国法学打下了一个比较有说服力的方法论基础。

［杜宴林，1974年生，吉林大学理论法学研究中心、吉林大学法学院副教授，法学理论教研部副主任。发表论文20余篇，出版著作1部，参编著作多部。
通信地址：长春市前进大街2699号吉林大学法学院（130012）
联系电话：0431－5166329
电子信箱：Yanlindu2002@yahoo.com.cn］

法律与公共政策问题研究

（郁光华　中国社会科学出版社2005年版）

该书是作者10多年来的主要研究成果，其主要特点有三：第一，交叉学科性强。作者充分运用了法学和经济学领域中的基本概念和分析方法来探讨和论述中国当代亟待解决的的公共政策问题。第二，有著述。作者在吸收和应用国内外著名学者的理论观点时，敢于创新和提出自己的观点和理论。第三，视野宽阔。作者不仅横跨了法学中的许多领域，而且穿越了经济学中的研究丛林。全书收集了9篇文章，作者用法经济学原理分析和探讨了中国法律和公共政策问题，对公司治理、风险资本、民间非正规融资、公司派生诉讼、电信和电力体制改革、侵权法与保险市场改革等方面的问题作了深入的论述。其中有几篇已经发表在国内的经济学或法学期刊上。《比较风险资本市场研究的政策意义》刊登在2002年第4期的《法学家》；《建立适合中国国情的公司派生诉讼制度》发表在2003年第2期的《法大评论》；《从医疗事故的法律改革看中国侵权法的趋向及其对保险市场的影响》刊登在2003年第2期的《复旦当代法学研究》；《国外引入竞争的电信体制改革》发表在2005年第4期的《当代法学》；《竞争环境下的普遍服务机制取向》刊登在2005年第2期的《二十一世纪法学评论》。

［郁光华，1958年生，香港大学法

学院副教授。在国内外发表了许多著名的具有深远影响的学术专著和文章，对合同、企业和市场的深入分析和探讨为中国的法经济学研究起到了很大的推动作用。]

分配关系的法律调整

——基于经济法的研究视野

（孟庆瑜　法律出版社2005年版）

分配是一项宏大、复杂的社会课题。本成果基于经济法的研究视野，综合运用多学科知识和研究方法，按照导论、价值论、机制论、制度论和应用论的逻辑体系，对于“分配关系的法律调整”作出了系统性和创新性研究。在理论观点和理论体系的创新上，本书认为分配制度、分配关系和分配秩序，直接决定着社会资源的优化配置和高效利用，关系广大人民群众的切身利益，影响国家的稳定与安全。分配关系在经济层面上表现为国家、企业和居民个人之间以及他们各自内部的一种资源或财产的分取与占有关系，在社会层面上表现为分配关系主体之间以及他们各自内部的一种利益划分与协调关系，在法律层面上则表现为国家、企业和居民个人之间以及他们各自内部的权力和权利的分权与制约关系。在保障和促进社会分配正义目标的指引下，自由、平等、效率与公平等构成不同法律制度调整分配关系的具体价值追求。本书创新性地提出了分配法律制度的核心范畴——分配权，指出分配权力和分配权利在不同法律内部的正确配置过程就是相关法律对于财产和利益关系进行规范与调整的过程。在既定的国家和社会制度下，负载全部分配利益的分配权在国家、企业和居民个人等所有社会主体之间、他们各自内部以及不同地域空间范围内的配置结构和运行机制构成法律调整分配关系的路径选择。以此为基础，该书全新架构了以预算、税收、财政支出、金融、价格等法律制度为内容的国家分配权的制度保障体系，以及以公司法、国有企业法、财产法、劳动法、社会保障法等为依据的企业和个人分配权的制度保障体系。理论研究必须服务于社会实践，该书在全面剖析中国社会分配不公平的法律根源的基础上，从分配理念的更新、社会分配格局合理化的制度协调、国家分配制度的发展与完善等方面，提出了中国社会分配制度改革与完善的整体进路。在研究方法的创新上，该书坚持历史分析与比较分析相结合、规范分析与实证分析相结合，从宏观到微观、从抽象到具体、从价值到制度、从理论到实践，实现了以法学研究为主，法学与其他学科研究方法之间的互动与互融。

［孟庆瑜，1973年生，河北大学政法学院副教授，法学博士，经济法学科组主任。出版《分配关系的法律调整》、《环境资源法概论》等学术著作7部。发表《反贫困法律问题研究》、《社会分配法的价值范畴分析》、《论中国经济法的诉讼保障机制》等学术论文40余篇。通信地址：河北大学政法学院（071002）电子信箱：mengqingyu@ sina. com］

生态安全、环境与贸易法律问题研究

（蔡守秋　中信出版社2005年版）

《生态安全、环境与贸易法律问题研究》共分两个篇章，约48万字。上篇“生态安全法律问题研究”是司法部2001年度部级重点科研项目“生态安全法律问题研究”的部分研究成果。“生态安全法律问题研究”是中华人民共和国司法部“法治建设与法学理论研究部级科研项目”2001年度重点项目，由司法部于2001年12月11日批准下达。下篇“环境与贸易法律问题研究”是中国法学会批准的研究项目——“环境与贸易法律问题研究”的部分研究成果，该项目于2002年纳入《中国法学会2002年研究课题计划》。

生态安全是当代世界各国面临的重大问题，对于我国具有特别重要的意义。环境与贸易，特别是绿色贸易壁垒，是我国加入WTO后环境保护和对外贸易中

遇到的难题。该书将人们关注的生态安全问题与环境和贸易问题结合在一起，用可持续发展理论分析生态、环境与贸易关系，用一体化原则和系统论研究方法分析研究生态安全、环境与贸易的法律问题，充分阐明了生态、环境与贸易的内在联系和整体性，为正确处理和协调生态、环境与贸易的关系，加强生态安全法制建设、环境与贸易领域的法制建设，提供了理论指导和制度创新。该书密切联系生态安全、环境保护与贸易活动的实践，通过对具体事实和案例的分析，比较全面系统地总结了维护生态安全、处理环境与贸易关系、应对和设置绿色贸易壁垒的法律法规、法律思想、法律原则和法律制度，资料新颖，内容丰富，观点明确，富有较强的实用性、学术性和前瞻性。从环境科学的角度看，将生态安全、环境与贸易法律问题结合起来进行研究，拓宽了环境法和法学的研究领域，有利于该学科与国家生态建设、法制建设和经济贸易实践的结合。

该书的上篇也有七章，研究了生态安全和生态安全问题、生态安全法的概况和理念、生态安全法的理论基础，重点分析了生物安全、环境污染所引起的生态安全、地质灾害引起的生态安全和法律问题。生态安全是指人类生态系统处于一种不受污染、破坏的威胁的安全状态，或者说人类和世界处于一种不受环境污染、生态破坏的危害的安全状态；它表示自然生态环境和人类生态意义上的生存、发展和完整的安全程度和风险大小。保护生态环境、维护生态安全就是保护生产力，就是提高国家的可持续发展能力，它直接关系国家的长治久安。该书在分析生态安全法基本理念的基础上，重点研究了维护生态安全的法律制度，即：生态安全信息制度；安全生产制度；风险评价制度；动植物检疫制度；生态安全特定区制度；生态安全事故事件应急制度；生态补偿制度。在生态安全特定区制度方面，首先要加强自然保护区的法制建设，要严格禁止破坏保护区域内的保护对象，限制在保护区内从事某些活动；建议将《自然保护区条例》上升为《自然保护区法》，并制定统一的《环境资源功能区条例》，加强对自然保护区、自然资源功能区、生态功能区的统一规划、监督和管理。在生态安全事故事件应急制度方面，建议国家制定专门的生态安全事故、事件应急法规即《生态安全事故事件应急处理办法（或条例）》，规定切实有效的措施。在生态补偿制度方面，应通过立法保障如下生态补偿方式或渠道：增加国家生态补偿拨款；向开发利用生态环境资源的组织和个人征收各种生态补偿费用，建立生态补偿基金；加强对生态补偿费征收和使用的管理，发挥生态补偿费的最大效益；对重点生态区域（生态特区，如“三江源”等西部地区）实施特殊的生态补偿政策；国家设立生态特区专门基金，专门用于这些地区的生态补偿。生物是生态系统的中心，生物安全是生态安全的一个重要领域，而生物安全法则是维护生物安全的最有效的武器和手段。为了搞好生物安全工作，应该抓紧制定综合性的《生态安全法》，逐步建立健全生物安全法规体系。应该通过立法建立健全防止生物安全问题的制度和措施，主要有：生物技术风险评价制度；转基因新产品开发审查制度；生物工程环境影响评价制度；生物技术开发和转基因产品生产许可制度；转基因产品标签制度；转基因产品越境转移通报检查制度；生物技术和转基因生物体的信息收集、交流和发布制度；进境植物及其产品的风险预警和监控制度。

该书的下篇共有七章，在研究环境与贸易的关系、有关环境与贸易关系的法律、绿色贸易壁垒及其法律、中国面临的环境与贸易问题及绿色壁垒的基础上，重点分析了处理贸易与环境关系的原则、中国应对绿色壁垒的法律和政策。当代环境与贸易关系的突出表现是环保市场化和贸易生态化；环境与贸易的主要矛盾是贸易生态化与贸易自由化的冲突。正确处理和协调环境与贸易关系的原则，既应考虑国际贸易条约中规定的贸易原则，也应考虑国际环境条约和其他国际性环境法律政策文件中规定的环境原则，同时还应考虑由这两方面原则综合而成的环境与贸易的特定原则。国际贸易条约（主要是 WTO 法规）确立的处理环境与贸易关系的原则（WTO 原则）简称贸易原则，包括市场开放原则、非歧视原则（包含最惠国待遇原则和国民待遇原则）、透明度原则、互惠原则或对等原则、关税保护原则和公平贸易原则等，其中市场开放原则是首要原则。中国环境资源法确立的环境保护原则主要有：经济、社会和环境协调发展的原则；环境资源的开发、利用与保护、改善相结合的原则；预防为主、防治结合、综合治理的原则；责任原则，即“谁污染谁治理”、“谁开发谁保护”、“谁破坏谁恢复”、“谁利用谁补偿”、“谁主管谁负责”、“谁承包谁负责”、“谁决策谁负责”、“谁管辖谁负责”等原则的总称；民主原则；依靠科学技术进步的原则。结合生态安全，应该特别注意“安全第一”原则、“损害预防原则”和“风险预防原则”。为了全面地认识和处理环境与贸易关系，应该重视和遵循环境与贸易关系领域的环境法原则。综合处理环境与贸易关系的原则主要有：环境与贸易一体化原则或可持续发展原则、效率与公平相结合的原则、法治原则、国际合作原则、照顾发展中国家原则。该书主张从贸易与环境相结合的可持续发展角度全面认识和评价绿色壁垒的作用，理性地评价和对待绿色壁垒对我国贸易的负面影响。绿色壁垒就是指有关国际法和国内法中的“环境限制条款”、“环境例外条款”、“环境措施”、“环保性技术性措施”，就是指对贸易施加影响、限制、管理、调整的环境保护措施。不同的绿色壁垒有不同性质、特点、内容和处理方式。绿色壁垒具有两面性，即同时具有有利和有弊的性质，包括对设立绿色壁垒成员（国）有利、对绿色壁垒对象成员（国）不利，对环境资源保护有利、对贸易活动不利，暂时有利（或不利）、长远不利（或有利），表面有利（或不利）、实质不利（或有利）等情况。该书研究了中国应对绿色壁垒的法律和政策，提出了加强环境与贸易关系领域的法制建设的意见，专门研究了如何设置、建设和管理好中国的绿色壁垒的问题。我们不应盲目地否定、反对一切绿色贸易壁垒，而应该积极地跨越甚至粉碎国外对我国设立的带有歧视性的不合理的绿色壁垒，积极地建设我国自己的符合 WTO 规则和国际环境保护要求的合法的绿色壁垒。为了防治国外向我国转嫁环境污染，我国有权也应该通过绿色贸易壁垒加强对国际贸易的环境管制，保护和改善我国的自然环境和自然资源。我国的绿色壁垒政策框架应该包括如下几个方面：有关绿色壁垒的技术政策，如环境标准、标志政策，清洁生产技术政策，绿色壁垒评估政策；有关绿色壁垒的经济政策，如对绿色壁垒的经济分析，绿色壁垒的经济代价、成本和效益；有关绿色壁垒的社会政策，如政府、企业、公众对绿色壁垒的承受能力，公众参与绿色壁垒政策的制定、执行和监督；有关绿色壁垒的行政政策，如管理绿色壁垒的体制、组织机构和管理队伍，绿色壁垒的行政管理制度和管理措施，等等。

［蔡守秋，1944 年生，现任武汉大学法学院教授、博士生导师，中国法学会环境资源法学研究会会长，中国法学会理事。］

行政法基本原则研究

（周佑勇　武汉大学出版社 2005 年版）

行政法的基本原则是行政法学研究中的一个带有根本性的问题，同时也是一个颇具挑战性的研究课题。该书主要基于比较与宪政的视角，运用矛盾与价值分析、哲理与实证分析等多种方法，集中围绕行政法基本原则是什么、有哪些及如何适用等三个方面的问题，对行政法基本原则进行了全方位的研究，勉力建立我国成熟的行政法基本原则理论和司法适用体系。全书分为五章内容。

第一章导论部分着力阐释行政法基本原则之于行政法学的特殊研究价值和研究方法。提出行政法基本原则乃为整合行政法规范之特殊需要，它对行政法规范的整合价值，具体体现为它对行政法规范具有重要的稳定、协调和优化价值。同时指出，科学的研究方法对于行政法基本原则的研究尤其显得特别重要。这些方法具体应当包括法哲学的方法、价值分析与实证分析的方法、比较分析与宪政分析的方法等。

第二章比较了西方两大法系行政法基本原则。首先比较了各自的个性特征，认为法国行政法基本原则为“行政法治与均衡原则”，德国的为“依法行政、比例与信赖保护原则”，英国的为“越权无效、合理与程序公正原则”，美国的为“正当程序与行政公开原则”。其次分析了它们之间存在的共性特征和遵循的共同规律，认为它们的形成都与法治国思想同源，深刻地体现着民主法治国家精神和观念，并且还是一个判例确认与理论加工相结合的过程。从历史发展来看，虽然早期西方各国行政法基本原则的内容差异极大，个性特色鲜明。但随着西方各国行政法的发展以及欧洲一体化的影响，现代西方各国行政法基本原则在保持各自特色的同时，开始从注重实体规则向注重程序公正发展，从追求形式正义向追求实质正义（包括行政程序正义和行政实体正义）发展，就连其具体内容要求也在进行相互对接。经过发展与对接，现代西方各国共同的行政法基本原则可以概括为行政法定原则、行政均衡原则和行政正当原则。这三大原则共同构成了现代西方各国政府行使权力时所普遍奉行的基本准则。

第三章论述了我国行政法基本原则之确立。我国行政法学者对行政法基本原则的认识先后经历了从早期“行政管理原则论”到晚近“行政法治原则论”这样一个逐步成熟和发展的过程，但仍旧存在种种分歧和不足。本章在反思国内现有理论研究的基础上，采用矛盾分析、价值分析与宪政分析的方法，重新界定了行政法基本原则的概念和确立标准，并进而以行政法的根本价值——“法的正义价值”和行政法的基本矛盾——“法与行政的关系”为内在根据，结合现代宪政所包含的民主、法治、人权等原则与精神，提出行政法总的基本原则应当确立为行政法治原则，具体应当分解为行政法定原则、行政均衡原则和行政正当原则等三项基本原则。其中，行政法定原则，要求行政必须符合法的形式正义；行政均衡原则，要求行政必须体现法的实质正义（实体正义）；行政正当原则，要求行政必须体现法的程序正义。三者共同构成了行政法基本原则的完整内容。

第四章对行政法定、行政均衡和行政正当这三项行政法基本原则的具体内容和要求进行了进一步具体、系统的分析。所谓行政法定，即“法无明文规定不得任意行政”，具体包括职权法定、法律优先与法律保留原则等内容。所谓行政均衡，即行政主体在实施行政裁量时得全面权衡各种利益关系以作出最佳的选择判断，它全面涵盖着均衡各种利益关系的准则，可具体导出平等对待、禁止过度和信赖保护三项子原则。所谓行政正当，即行政权力的运行必须符合最低限度的程序公正标准，具体包涵避免偏私、行政参与和行政公开三项具体要求。

第五章关于行政法基本原则的适用。本章从法的模式理论出发，指出将原则引入法律体系中，既是为补成文规则之不足的需要，也是为限缩自由裁量权之需要；它既为司法能动性提供了依据，也为司法能动性界定了合理的范围。如果承认法律原则是法律的一部分，则意味着法律原则和法律规则一样具有法律效力。就其适用价值而言，行政法基本原则既是作为法官进行法律解释活动所遵循的基本标准，亦乃补充法律漏洞之工具。从司法适用中的个案分析看，我国法院在司法推理过程中实际上已经在运用法律原则判案，但是法官在公开而直白地运用法律原则判案上还有欠缺；同时《最高人民法院公报》中案例对法律原则的确立，无法真正发挥“判例解释”之功效。要克服目前我国法院对法律原则适用中存在的不足，就必须客观认识并充分发挥“法官解释”与“判例解释”在我国司法解释体制中的地位和作用。而这又有赖于高素质的法官群体和独立的司法空间。但是，法官素质的提高与法律原则的适用之间，可以也应当形成一种良性的互动。

［周佑勇，1970年生，现任武汉大学法学院教授、博士生导师，宪法与行政法教研室主任，兼任中国行政法学会常务理事，湖北省行政法学会执行会长，国家行政学院兼职教授等。出版《行政法原论》、《行政不作为判解》、《行政法基本原则研究》和《保密行政执法的理论与实践》等个人专著4部。发表论文100余篇。有关教学与科研成果获国家教育部“霍英东教育基金会”第九届高校青年教师奖等10余项，并入选国家教育部首批“新世纪优秀人才支持计划”。］

学术成果·论文

WTO规则下跨国公司行为规制方式分析

（张瑞萍　《现代法学》2005年第3期）

主权国家与跨国公司是影响当今社会的两大基本力量，其权力行使互为消长。特别是在WTO规则下，两者权力变化体现得更为明显。WTO体制下的最惠国待遇、国民待遇以及透明度等原则的实施，将国家与跨国公司之间的利益分配变得直接和明确了。作为主权者的国家，其义务和所受到的限制增多了，而跨国公司所受到的约束却减少了。

WTO规则像一只巨大的网，将其成员国——那些几百年来被认可为具有至高无上权力的国家罩在了这张网之下，成员国承担了促进贸易自由化的义务。WTO的贸易自由化规则导致国家在贸易与投资中的管理权的减弱，特别是对那些经济发展中国家来说尤其如此。作为发展中国家，它们急切地需要发展本国的经济，需要外来资本为本国经济的发展助一臂之力。但受到自身实力的限制，这些国家又不得不经常面对跨国公司的力量对抗。一方面，为了吸引外国投资，这些国家经常要向外国公司提供许多优惠条件；另一方面，这些国家又经常与外国公司发生利益冲突。为了获得那些大的跨国公司所带来的经济利益，东道国有时不得不放弃某些权力和独立性。处于这种地位上的发展中国家本来可通过某些投资措施的实施增强自己的力量，但一旦成为WTO的成员国，这种权力优势即丧失了。受到WTO规则约束的国家，不能采取它们认为合适的方式来保护自己的利益，而需要遵循WTO设定的规则。

WTO自由贸易规则为跨国公司在全球的发展开辟着道路，跨国公司的全球性扩张在很大程度上得益于WTO贸易自由政策。跨国公司在推动经济全球化的进程中，为东道国带来了它们所需要的资金、技术，但同时，也带来了一些社会问题，但对这些社会问题的解决与防止，国际社会却缺少统一的具有拘束力的规则。经济全球化的主旋律是公司行动范围的扩展和公司影响力的增大，而不是政府对公司的管制的增强。虽然公司行为的扩张会同政府的公权力的行使出现矛盾，从而也促使政府不能轻视对公司行为的规制，但这种规制的力度还是极其有限的，更为重要的一点是各国政府还没有感到一种压力。需要以共同的立法来对公司行为进行调整。各国政府缺乏共同立场这一现实使得在短期内很难出现具有约束力的国际统一立法。

对跨国公司行为的规制基本上是依靠国内法进行的，跨国公司的存在并不会对经济增长自动产生刺激，而且它也并不会不可避免地造成停滞和不平等。跨国公司既可能使国家发展的追求更有动力，也可能使之失去活力，这都依赖于东道国的应对能力。而不同国家在该方面所表现出的巨大差距首先来自于内部因素。政府（特别是东道国政府）作为主权者的代表，可以在不违背WTO规则以及其他规则所承担的国际义务的前提下，根据自己的意愿对跨国公司行为予以约束。但东道国对跨国公司行为的管制方式需要从硬性的限制转向刚柔相济、更具有弹性的方式上来。如通过竞争规则与产业调控规则调控跨国公司的行为，发挥各种类型的民间组织在对抗公司权力上的作用，建立道德规范评价机制等措施来抑制跨国公司可能带来的不利影响。

［张瑞萍，1960年生，北京交通大学法律系教授，经济与劳动法研究中心主任。

通信地址：北京交通大学人文学院法律系（100044）
联系电话：010－51688713
13621002251
电子信箱：zhang－ruiping@yahoo.com.cn］

操纵证券、期货交易价格罪行为方式之解读

（刘宪权 《法商研究》2005年第1期）

操纵证券、期货交易价格罪是指违反法律规定，为获取不正当利益或者转嫁风险，操纵证券、期货交易价格，情节严重的行为。刑法理论界对于刑法中有关操纵证券、期货交易价格罪的客观行为规定之理解，则存在有许多不同的观点，实践中也存在有许多疑难问题。为此，该文就刑法所规定的操纵证券、期货交易价格罪的四种方式进行探讨并具体进行界定。

对于该罪所规定的第一种行为方式：单独或者合谋，集中资金优势、持股优势或者利用信息优势联合或者连续买卖，操纵证券交易价格。文章认为，操纵证券、期货交易价格罪的信息优势中所谓的“信息”其外延和内涵显然要比内幕交易、泄露内幕信息罪中的“内幕信息”宽得多。一般应该指包括任何与证券、期货交易有关的信息。是否为“连续买卖”理应根据行为人的委托次数作为基本标准。联合买卖应该理解为是共同买或共同卖，而不包括一方买另一方卖的情况。

对于第二种行为方式：与他人串通，以事先约定的时间、价格和方式相互进行证券、期货交易或者相互买卖并不持有的证券、期货合约，影响证券、期货交易价格或者证券、期货交易量。文章认为，这种行为方式具体包括两种情况：其一是通谋买卖；其二是虚假买卖。两者的主要区别在于是否有实际的证券、期货交易存在。“通谋买卖”应界定为行为人与他人串通，以事先约定的时间、价格和方式相互进行证券、期货交易。“虚假买卖”则是指行为人与他人串通，以事先约定的时间、价格和方式相互买卖并不持有的证券、期货合约。

对于第三种行为方式：以自己为交易对象，进行不转移所有权的自买自卖，影响证券、期货交易价格或者证券、期货交易量。这一行为方式主要包括三种情况：其一为冲销转账，即连续交易人利用其不同身份开设两个以上户头，以冲销转账的方式反复作价，将证券、期货价格抬高或者压低，行为人实际支出是部分的手续费用。其二为拉锯，即行为人通过连续买卖以拉锯的方式反复作价，将证券、期货合约的价格抬高或者压低。其三为洗售，即连续交易行为人为了造成虚假的行情，在卖出了某证券后，又会买入同样数量的同类证券，诱导小额投资者跟进。

另外，刑法规定了“以其他方式操纵证券、期货交易价格”这一行为方式，这是刑法对操纵证券、期货交易价格罪行为方式的一种概括性规定。文章认为，对操纵证券、期货交易价格罪的“其他方法”并非可以作任意扩张解释，尽管这是一种概括性规定，以防止挂一漏万的情况出现，但是，在罪刑法定原则确立的今天，如果一味强调“概括”，则完全可能出现新的“口袋罪”。

［刘宪权，1955年生，华东政法学院教授、博士生导师，华东政法学院法律学院院长，刑法学研究中心主任，中国法学会刑法学研究会副会长。
通信地址：华东政法学院法律学院（201620）
联系电话：021－62071521
13901669487
电子信箱：xianquanliu880@163.com］

对人道主义干涉现象的新解读
——以社会学方法为研究路径

（石慧 《现代法学》2005年第2期）

人道主义干涉现象久已有之，学者们多偏爱从国际法或国际关系的角度直接进行论证。该文另辟蹊径，以社会学方法为研究路径，采取社会学研究的基本态度——抛开“预断观念”的前见，首先说明人道主义干涉现象是客观存在

于国际社会中的社会事实，然后切入“实然”视界，对其在不同历史阶段的表征形态加以外部考察以及对不同历史时期的法律基础和组织基础的差异性给予内部审视，指出在评判人道主义干涉这一社会现象时，一定要结合它所处的特定发展阶段具体分析。进而，论述对当代人道主义干涉现象的评判标准是实在法体系，具体评判规则包括前提条件——确有大规模侵犯人权的行为，且这一行为经联合国安理会调查确定已经构成和平之威胁、和平之破坏或侵略行为；主体要件——联合国安理会或经它正式、单次授权的地区性组织；手段要求——优先选择非武力措施，在这些措施的努力都已经宣告失败后，才能确定采取军事干涉手段，且严格遵守武力使用的限制：效果原则——救济性而非惩罚性效果，接着辅以科索沃战争的实例解读说明这套评判规则的适用，证明科索沃战争的非正常性。最后，鉴于人道主义干涉与国际社会现行法律规范之间仍存在着紧张关系，所以有必要通过加强联合国安理会依职权的主动性以及加强对人道主义罪行和由滥用“人道主义干涉”而产生的战争罪的惩治力度，从而强化执行和制约功能，使现有人道主义干涉机制臻于完善。该文创新之处在于以社会学方法为研究路径论述人道主义干涉现象，说明评判人道主义干涉现象需要结合特定历史发展阶段，并提出一整套评判当代人道主义干涉现象的具体标准和规则。

［石慧，1977 年生，宁波大学法学院讲师。
通信地址：宁波大学法学院 53 号信箱（315211）
联系电话：13957890292
电子信箱：shihuizj@ yahoo. com. cn］

多元正义与文科评价

（辛景亮　《淮北煤炭师范学院学报》2005 年第 3 期）

运用自然科学使用的评价标准和评价体系来评价人文社会科学研究，使用完全量化的办法来评价人文社会科学研究的学术水平和成果价值，无论这种评价是基于学术发展的逻辑，还是基于现实利益分配关系，都不是客观的、公正的。该文通过沃尔泽社群主义的多元正义理论分析，说明人文社会科学评价，由于学科价值之间的不可通约性，评价价值是多元的、相对的，并不存在一个绝对的、统治一切学科的单一评价标准和唯一评价价值。

沃尔泽拒绝接受罗尔斯理论中只有一种分配正义的立场。在他看来，道德与物质世界中不存在一个可以贯通其中的正义原则，正义扎根于人们对地位、荣誉、工作及构成一种共享生活方式的所有东西的不同理解。正义原则自身在形式上是多元的，社会中并不存在某种统一的、行诸任何领域都有效的正义原则。自由主义的错误就在于把正义理解成一种非历史的处在标准，然后用它来批判每一个社会的生活方式。

沃尔泽认为，人类社会是一个分配社会。政治理论的核心问题就是各种物质和社会资源应该如何分配的问题。分配的内容是多样的，官职、权利、财富、荣誉、教育、医疗卫生、成员资格、安全等等。物品的多样性必须要有多样化的分配程序、分配机构和分配标准。不同的社会资源应该按照不同的理由、在不同的人中进行分配。分配正义是相对于某个特殊社群的社会意义而言的。分配原则来源于事物的社会意义。意义是独特的，分配就必须是自主的。每个领域都有某种主要的交换、授予或分配的物品。每一种社会资源都有其自身的正义原则规范，而这些规范在不同的领域是自主的。确定什么是某领域中的特殊物品，也就确定了对这种物品的分配原则即分配正义。

沃尔泽的正义理论旨在反对支配和控制。他认为，正义体现为社会不同生活领域中的不同物品的正当分配原则，正义的关键在于维护社会不同领域之间的区分和各领域的独立，反对强势领域对其他领域的支配性控制。沃尔泽看到，在现存社会中，各领域中存在着许多现实的不平等，要防止这种不平等加剧，最现实的办法是，各领域能保持独立，防止某一种优势成为绝对优势，成为主宰整个社会的力量，不管是金钱还是权利。沃尔泽最后表达了他结论性的观点：“对支配和控制的批判指明一个永无定论的分配原则——任何一种社会的善 X 都不能这样分配：拥有社会 Y 的人不能仅仅因为他拥有 Y，而不顾 X 的社会意义占有 X。”

目前，对人文社会科学学术评价的公正问题的讨论，已经溢出学术评价本身而进入社会建制的讨论。就人文社会科学评价本身而言，人文社会科学和自然科学是两个不同的研究领域，它们在研究对象、目标、方法、手段、价值取向、学术功能上都是不同的。从社会建制论的观点看，学术评价无非是一种社会建制，而社会建制的结果是反映着利益群体的主观要求。尤其是当前学术评价是作为现行高校体制的激励机制而存在的，评价量化指标都与实际的利益挂钩，奖励、晋升、待遇、地位都与此息息相关。学术评价在此体现的是利益分配关系，因此蕴含的还是一个分配正义问题。就不同的学科领域区分来说，沃尔泽所说的“社会不同的善应当基于不同的理由，根据不同的程序，通过不同的机构来分配”，这对于文科评价也许是一种价值选择。

［辛景亮，1949 年生，淮北煤炭师范学院政法系教授，科研处长。
通信地址：安徽省淮北市东山路 100 号
淮北煤炭师范学院（235000）
联系电话：0561－3803057
电子信箱：gqz1028@ tom. com］

法律推理的实践理性原则

（李桂林　《法学评论》2005 年第 4 期）

法律推理是一项实践推理活动，受实践理性的约束与指导。法律推理不是一种受规则决定与支配的机械操作，而是一种价值判断与利益权衡的实践活动。为了维持最低限度的社会合作与共存，法律推理不能成为法官的个人专断，法院也不能成为纯粹的强力机构，必须让人们能够对它保持一定程度的合理期待。这就要求法官群体以具有普遍性的社会规范作为推理的依据，克服情绪化因素的影响，使法律推理及其结果具备最低程度的客观性。

法律推理应当遵循的实践理性原则包括合法性原则、论证原则和可普遍化原则。第一，合法性原则是指法律推理应该具有合法性，所谓合法性则是一种政治系统能够在被治者看来是正当的、合道义的，从而使他们自愿地服从或认可的能力与属性。法律推理是司法活动合法化的重要手段，反过来，它本身也应该具备合法性。法院要实现完全解决纠纷这一核心职能，就不能单纯依凭其特殊的政治地位以及它背后的政治强力。它必须把人们对它的服从建立在司法公正的基础上，认真对待合法性要求。第二，论证原则把建基于平等而自由的商谈基础上的合意作为合法性的根据。法律推理要以一定的理由、以一定的推理方法来说明推理及其结果的合法性，使所涉案件的利害相关者认可并自愿地接受一种事关其重要利益的决定。任何事务不经论证不可能说服人心，没有公开与讨论都不会妥当。第三，可普遍化原则是实践理性对法律推理合法性论证的要求。法律推理的合法性论证要达成其意欲的效果，就要满足以下要求：每一论证都必须被某种或某些理由证明为合理，而且被引证的理由必须是可普遍化的理由。这一要求具有实现的可能性：司法审判的特殊性质使法律推理主体负有义务以法律理由作为法律推理的论证理由；无论是在简易案件还是在疑难案件中，法官都必须维护逻辑一致性和价值一贯性，它们构成了对法官实质性判断的限制。

法律推理的可普遍化原则包括逻辑一致性与价值和目的的一贯性两个要素。一方面，法律反映了“相同情况相同对待”这一形式正义原则的要求，作为法律适用环节的法律推理也要符合这一要求。另一方面，由于法律并不是一个完全封闭的系统，它本身来源于一定的价值与目的，疑难案件中的法律推理也不得不进行价值论评价与目的论评价，即使如此，推理主体的评判与选择的依据也应该具有普遍性。当代法理学许多理论（如德沃金的权利论推理和麦考密克的结果论推理）都是围绕这两个方面展开的。

［李桂林，1965 年生，华东政法学院教授。
通信地址：上海市万航渡路 1575 号
（200042）
联系电话：021－52356046
电子信箱：guilinlee@ yahoo. com. cn］

法务会计专家制度的构建与改进

（谭立　《社会科学战线》2005 年第 3 期）

在法律实施过程中，证券欺诈、反倾销等案件或纠纷越来越涉及复杂的财会专门问题，公安司法人员、当事人及其代理人等受其专业知识与技能的限制无法及时查清相关的财会事实，不得不求助于既懂会计、又熟悉法律的专业人员提供相应的技术支持，于是20世纪70年代末80年代初在美国诞生了一门新的引人注目的职业——法务会计。

法务会计是社会专业化分工基础上形成的会计界对法律界的专业支持，是会计专业人员为处理涉及财产权益的诉讼或非诉讼法律事项依法提供专家证据、专家辅助和专业咨询的会计服务活动。所谓法律事项，是指等待处理的涉及财产权益的案件、纠纷和未决事项。法务会计区分为诉讼法务会计和非诉讼法务会计两类，分别为处理诉讼或非诉讼法律事项提供专业服务。为处理诉讼法律事项提供专家证据，是法务会计的核心业务。为保证该业务的规范、有效，应建立相应的法务会计专家制度。

与其诉讼模式相适应，诉讼中遇到的财会专门问题英美法系国家一般采用会计专家证人制度，而大陆法系国家则采用会计鉴定人制度。在会计专家证人制度模式下，法务会计充当专家证人，由当事人委托，是为其提供意见证据的特殊证人，其诉讼权利和义务与普通证人基本一致。在会计鉴定人制度模式下，法务会计充当鉴定人，它被视为法官的助手，以其专业特长弥补法官知识的不足，为案件的处理提供鉴定意见。比较而言，两种制度模式下法务会计的目的、功能、专家属性、可代替性等相同，但其身份、证据类型、独立性、作用机制和诉讼效率等存在较大差异。

我国的诉讼模式与大陆法系国家较为接近，诉讼中有关财会专门问题的认定也实行会计鉴定人制度，这主要体现为司法会计制度。不过，近几年我国的审判模式有向英美法系国家的当事人主义发展的趋势，专家证人在实践中已有少量运用，有关程序法的司法解释中也有一些类似的规定。因此，根据国情我国应当建立会计鉴定人为主体、专家证人为补充的法务会计专家制度。为使该制度确实起到扬长避短、相互补充的功效，应对其进行以下改进：（1）明确专家证人的法律地位，确立专家证言为一种证据形式；（2）明确专家证人的质证权；（3）明确鉴定人、专家证人提供鉴定意见与专家证言时，必须陈述其所依据的事实或假设，不得遗漏相关的重要事实；（4）改进鉴定人与专家证人的选任；（5）明确鉴定人的法律责任；（6）颁布法务会计的资格认定制度和执业规范。

［谭立，1964年生，浙江财经学院副教授、博士，法务会计研究所所长。
通信地址：杭州市浙江财经学院会计学院（310018）
联系电话：0571－87557096
电子信箱：tan2050@ sina. com］

给付不能的基本问题及体系建构

（杜景林　卢谌　《现代法学》2005年第6期）

卢谌

给付不能又称履行不能，在任何一个国家的民法法典编纂之中，确切地说，是在债法总则的一般给付障碍法之中，一向扮演着核心制度角色。其在19世纪的潘德克顿法学发展时代获得了至为完美的体现：自始不能、嗣后不能、客观不能、主观不能、永久不能、一时不能、完全不能以及一部不能这些辉映后世并且温暖民法学者上百年的制度范畴，无一不是这种发展的结果。然而令人始料不及的是，积极侵害债权制度的发现和崛起彻底地打破了民法领域中的制度和谐：理由是这一制度清楚地向世人表明，传统的三迭纪给付障碍体系建构不仅不能够被称之为科学，而且还存在着巨大的规制漏洞，因此应当坚定地予以废止和取缔。给付障碍法体系的法律效果进路正是因应这一时代发展而产生的。应当认识到，在规制履行请求权及其界限方面，给付不能仍然占据核心性地位，这是因为作为最大限度可能出现的义务侵害，给付不能范畴本身即已经蕴涵并承载着排除实际履行请求权的正当化理由，故其能够构成这个方面最为理想、并且是惟一的适用准据范畴；然而转换一个视角和维度，如果从损害赔偿这一诸多法律救济中最为重要的手段出发，那么作为制度范畴，给付不能仅应当还具有一个外围、并且是边际的角色和作用，这是因为在抛弃原因进路而实行救济进路的框架之下，义务侵害系一般性地指债务人行为落后于债务关系要求的一切可能之情形。当前适用于国际和区域间的那些重大的统一法文件和规则，如1980年维也纳外交会议制定的《联合国买卖法》即《联合国国际货物销售合同公约》、1994年国际统一私法协会制定的《国际商事合同通则》以及1998年欧洲合同法委员会制定的《欧洲合同法原则》，都能够佐证这样的发展趋势和方向。将来的中国民法典同样应当脉动这一趋势和潮流，即在给付障碍法体系上首先实行以法律效果为价值取向的权利救济进路，然后再在此基础之上作出适当的二级区分，以此补偿或者涤除体系进路上受到的区分性正义减损。

［杜景林，1963年生，对外经济贸易大学中德学院教授。
通信地址：北京市对外经济贸易大学中德学院100信箱（100029）］

联系电话：010－64496606
电子信箱：dulu@163bj.com
卢谌，1964年生，对外经济贸易大学中德学院副教授。
通信地址：北京市对外经济贸易大学中德学院100信箱（100029）
联系电话：010－64496606
电子信箱：dulu@163bj.com]

构建和谐社会的行政法思考

（周佑勇　《法制日报》（理论专刊）2005年3月24日）

和谐社会是人类自古以来孜孜以求的一种理想社会形态。然而只有当人类进入法治时代，通过建立一整套能够对各种错综复杂的社会关系加以全面有效调整的法律机制，才能真正实现整个社会的安定有序，在人与人之间形成一种稳定性、确定性和规则性的良好状态。而在各种社会关系中，最重要的一对关系是依赖于行政法所调整的政府与公众、公共利益与个人利益之间的关系。行政法通过对这种利益关系的调整，一方面维护和促进两者之间的一致性，另一方面化解和协调两者之间的对立和冲突，从而不断地追求公共利益与个人利益的和谐一致，实现两者之间的利益协调。显然，行政法的这种价值追求与和谐社会的内核完全相契合，支撑和决定着和谐社会构建的成功与否。可以说，现代和谐社会就是政府公权力合法、正常、有序运行的社会，构建和谐社会必须依赖于行政法之治，立于政府法治的基础之上。为此，必须从构建和谐社会的内在要求出发，对现行行政法观念及其制度实行根本性的变革，不断加强政府法治建设。该文从下面几方面进行了论述：

一、树立“公共服务”的法律观念

和谐社会首先必须是利益协调的社会，但在现实中，公共利益与个人利益之间关系既相一致又相冲突。与利益关系的一致与冲突相对应，政府与公众之间的行为分别呈现出“服务与合作”的互相信任关系和“命令与服从”的斗争或对抗关系两种不同的状态。既然我们应当倡导和促进利益关系的一致性，就决定着政府与公众间关系应当是一种服务与合作的相互信任关系，而不再是传统意义上的命令与服从的对抗关系。即强调政府行使职权的目的不再仅仅是为了“管理”，而是使政府能够更有效地为全体人民和整个社会提供最好的服务。这就要求我们的政府机关应当改变过去那种高高在上的观念，真正树立起为民服务的观念；不要把自己手里的职权看作一种绝对的命令和强制，而要看作是为公众服务的职责；不要把公众当作敌人或小偷来防范和对待，而要充分信任我们的公众，诚实地对待公众，把公众当作行政的主人或参与者。只有这样，才能在政府与公众之间建立一种和谐一致的良好关系。

二、倡导“利益均衡”的法律原则

尽管和谐社会追求的是利益关系的一致性，但是利益关系的冲突与矛盾在现实中却总是不可避免的。在此种情况下，就需要行政法发挥其平衡利益冲突的功能，遵循“利益均衡”的法律原则。由于现代行政的多样化、多元化，必然体现多元化的利益及利益关系，因此在行政行为的实施过程中，除了在政府与公众之间发生公共利益与个人利益的关系之外，还可能因行政权的行使而在不同的个体间发生个人利益与个人利益的关系。这就要求政府必须全面均衡各种利益关系以作出最佳的选择判断。具体而言，在均衡不同个人利益之间关系时，必须遵循平等对待原则，要求做到同等情况同等对待，不同情况给予区别对待，并按不同情况的比重来设定相对人的权利义务，以合理地调节不同主体之间的利益分配和利益矛盾。在均衡公共利益与个人利益之间关系时，必须遵循禁止过度原则和信赖保护原则。前者要求政府在限制个人利益的手段与实现公共利益的目的之间进行权衡，以选择一种既为实现公共利益所绝对必要，也为对相对人利益限制或损害最少的手段；后者要求政府在其实施的行政行为对相对人产生了值得保护的信赖利益时，不得随意变更或者撤销该行政行为，否则应当必须给予相对人合理的信赖补偿或赔偿，以均衡协调个人的信赖利益与公共利益之间的关系。

三、建立“利益沟通”的法律机制

和谐社会的关键在于法律机制的理性建构。要将“公共服务”法律观念付诸于法律实践，将“利益均衡”的法律原则具体化为制度保障，必须在政府和公众之间建立各种“利益沟通”的法律机制。只有通过各种形式的沟通机制，政府与公众间才能取得协调一致、彼此信任，从而增进相互间的尊重与合作，避免相互间的误会和磨擦。比如行政公开就是这样一种沟通机制，它通过政府的坦诚布公与行政的持久开放、公众对政府信息的了解与对行政活动的参与、以及双方积极的协商、交流与对话，使双方对事实与法律的认识得以交融，使相对人能够更加有效地表达自己的愿望和要求，使行政机关有可能采纳和吸收相对人的意志，从而有利于实现相互间的信任，并增进相互间的合作。可以说，行政的公开化就是在政府与公众之间架起了一座相互沟通的桥梁。除了行政公开之外，当前我国还迫切需要进一步完善听证、信访、复议和诉讼等各种制度化的沟通机制，以及申诉、和解、平等协商、专家咨询、新闻媒体等各种非制度化的沟通机制。相应地，行政执法的方式应尽量避免采用传统强制性的方法，而更多地采用指导、建议、讨论、服务、合作、激励等容易沟通的说服性方法。

［见第178页周佑勇简介。］

古今中国“真相”了解体制的暗合

（陈柏峰　《中西法律传统》2005年第4卷）

传统中国的政治决策、政策推行、司法断案等，需要了解真实的民情信息，了解信息所采用的常规制度都是依赖官僚系统的单通道信息传输体制。这种体制具有诸多缺陷，容易导致下情不能上达，“真相”难以被了解。于是又发展出了许多制度边缘的补救措施，这些补救措施和常规的信息传输机制共同构成了颇具特色的“真相”了解机制。任何主体进行决策时，都会面临信息失灵的问题。为了保证正确决策，信息的传输与反馈总是存在，政府决策过程中的信息传输体制可以划分为单通道和多通道两种基本类型。

传统中国的信息传输体制是单通道体制，我国当今的信息传输机制也没有完全打破单通道信息传输体制。在这种体制下，国家垄断信息网络，信息机构主要为政府领导集团直接掌握，决策指令的下达与决策施行的效果的反馈走的是同一条信息通道。在传统中国，是省、府、州县等各级衙门。尽管传统中国和当今中国的单一制信息传输通道在一定程度上有其合理性，但也存在诸多缺陷：第一，信息“不当约简”，即由于没有其他信息渠道作为可靠补充，一些重要的信息在传播过程中流失；第二，“信息超载”，即法律或政策执行之后的效果反馈信息太多，从而导致政府部门在反馈信息时“偷工减料”，人为过滤信息；第三，“本底噪音”，即下级官员按上级决策者的希望和要求对信息传输的干扰；第四，“主观滤波”，即下级官员在选取和传递效果信息时，受主观感情色彩和主观偏好影响，对信息进行处理；第五，“小道消息”泛滥，即决策者和群众为了摆脱信息不对称状况，使用各种策略获取信息，“小道消息”会助长政治生活中的关系运作，还会导致谣言传播。认识到这种单通道传输体制的缺陷和可能的严重后果，传统中国和新中国都制定了许多补救性制度。（1）依赖于主政官僚的补救措施：巡视、调查研究与微服私访。（2）依赖于监察官僚或准官僚的制度补救：监察御史、宦官、密折、“眼线”。（3）依赖于民众的补救措施：上访与发动群众。

上述古代中国对单通道信息传输机制的补救性措施虽然能在一定程度上有助于信息传送和“真相”了解，但作用有限，最终都无法彻底解决问题。原因主要有：第一，这些相关补救机制，无论制度化还是非制度化的，基本上都要依赖于制度外的因素：权力或个人道德品行。第二，补救机制要对官僚体制进行约束，又要依赖官僚体制；对官僚体制有一定的解毒作用，最终又不能逃脱官僚体制的弊端。第三，这些补救机制没有也无法让下层民众在健全的制度下起作用。

［陈柏峰，1980年生，中南财经政法大学法学院教师，华中科技大学中国乡村治理研究中心博士生。发表论文20多篇，出版专著《暴力与屈辱：陈村纠纷解决的法律民族志》。2005年发表的论文有：《法律人性化：一个概念的澄清》、《脸面、暴力与国家不在场》、《马山的角色与刘结巴的正义》、《西方文明起源时期的法律人》、《古今中国“真相”了解体制的暗合》。
通信地址：武汉市中南财经政法大学法学院理论法学系（430074）
联系电话：13871297164
13871411961
电子信箱：chbfeng@163.com］

《合同法》第四零二条对我国涉外商事仲裁制度的挑战

（陈治东　《法学》2005年第4期）

自1999年《合同法》颁布后，我国各界撰写的有关《合同法》第402条的文章数以千计，基本上局限于从大陆法系和英美法系的代理制度来分析该条款所涉及的代理的性质；关于《合同法》第402条与仲裁之间的关系问题，一般仅讨论外贸合同中的仲裁条款是否可以延扩适用于解决“第三人”与“委托人”之间的纠纷。

该文以法学和经济学相结合的研究方法，从中国的经济体制演变过程分析了外贸代理制以及《合同法》第402条的立法背景，将《合同法》第402条与仲裁制度之间关系问题置于中国整个外贸体制的演变过程予以考虑。

该文采用比较研究的方法，分析比较了我国《合同法》第402条规定与《联合国国际货物销售代理公约》相关规定的本质差异，指出中国《合同法》第402条虽然以该公约的相关规定为蓝本，但是它背离了公约的基本精神。

该文采用理论探索和实证研究相结合的方法，以中国国际经济贸易仲裁委员会若干已公布的案例为线索，系统地分析了国际贸易合同中的仲裁条款在我国涉外仲裁程序中对委托人、代理人和第三人的约束力及法律后果。在此基础上，作者指出《合同法》第402条在实体上规定“合同约束第三人与委托人”，但是并未解决合同中的仲裁条款约束哪两方当事人的问题，将外贸合同当事人与仲裁条款当事人割裂开来，没有法律依据。

该文的理论价值在于：作者以实体法与程序法和法律适用规则相结合的研究方式研究了三者之间的关系，系统地从国际私法关于法律适用的理论和原则考察了《合同法》第402条的适用条件，第一次阐明了法律适用对于适用《合同法》第402条解决涉外贸易合同争议仲裁案件的重要意义。论文同时还批评了在涉外商事仲裁实践中存在的不顾一般法律适用原则、滥用《合同法》第402条的现象。

该文的实践价值意义在于：从中国涉外商事仲裁实践出发，阐明了基于中国特点的外贸代理制的《合同法》第402条、仲裁管辖权、法律适用、证据规则之间的相互关系，有助于中国仲裁界和司法界正确理解这些关系，并正确处理有关的国际贸易合同争议。作者强调，根据中国《仲裁法》的规定，倘若仲裁庭适用《合同法》第402条认定国际货物买卖合同约束第三人和委托人，必须以合乎逻辑的方式处理该案的管辖权以及仲裁条款对第三人与委托人的约束力问题。

[陈治东，1950年生，复旦大学法学院教授，博士生导师。
通信地址：上海市邯郸路220号（200433）
联系电话：021－55664264
电子信箱：zhidong@ online. sh. cn]

竞争法在保险业应用中的问题探讨

（梁松　《湖北社会科学》2005年第5期）

竞争法在纠正保险行业市场失灵、防止市场中的各项反竞争性行为、提高保险资源的配置效率和保护消费者权益方面起着重要的作用，但是在运用竞争法对保险市场进行规范时要考虑到保险市场的特殊性，不能简单地以竞争法来加以定性，而需要作出具体分析，才能真正发挥竞争法在保险业中的作用。该文通过对保险业中比较普遍存在的一些行为：如共享信息（或损失）协定、为大项目实行共保的协定、标准化保单条款协定的深入研究，分析了这些行为所带来的积极效应和消极效应，为监管部门提供了在监管过程中需要考虑的因素和可采取的一些防止反竞争性行为发生的措施。

为了防止共享信息合作中可能产生的反竞争性效应，监管部门需要对信息共享协议作具体的分析，在接受保险行业建立信息共享体的申请时要考虑相关的一些因素：协定是否仅仅覆盖了损失风险共享；加入信息共享的协定的保险人是自愿的还是被强制的；协议能否保证所有需要这类信息的人能在公平、公正、合理的基础上获得信息；共享信息协议中是否包含了价格信息和佣金信息；共享协议是否允许单一保险公司传递有关信息。

面对共保现象的积极和消极效应时，监管部门应参照发达国家的做法：首先既要鼓励保险人通过联合承保，充分发挥共保对保险业发展的积极意义，又要限制共保可能产生的妨碍市场竞争的消极影响。其次，监管部门在审理保险业的共保合作协议时要对如下问题作出审慎考虑：共保是否是出于提供服务的目的；共保协议中是否包含了超出必须的企业数量；共保协议是否将条款扩充到对于市场竞争而言并不是必须的领域。

保险监管部门在分析保险合同标准化的申请时要考虑：协定是否仅仅涉及消费产品，协定是否对所有的保险公司都具有约束力，协定涉及整个合同还是合同的一部分，协定对引进创新性产品是否变得困难。

总而言之，保险监管部门在监管中要充分认识到市场的特点以及特定的竞争模式，制订符合我国国情和保险市场特点的监管方法，将竞争法和《保险法》有机地结合起来并运用于保险业的监管，才能处理好市场和监管的关系，真正实现既促进金融效率，又实现金融市场的稳定性。

[梁松，1967年生，民生人寿保险股份有限公司浙江分公司经济师、总经理。
通信地址：杭州市凤起路78号国际假日酒店商务楼3楼（310003）
联系电话：0571－28866500
电子信箱：liangs@ minshenglife. com]

举证时限制度的困境与出路

（李浩 《中国法学》2005 年第 3 期）

举证时限制度是最高人民法院在《关于民事诉讼证据的若干规定》中设置的一项新制度，该制度在实施中遇到了重重困难和阻力。

举证时限制度的核心是证据失权，即当事人向法院提供证据权利的丧失。

尽管在法律制度中，失权是出于效率的考虑而作出的具有正义性的制度安排，但证据失权是一个非常具有特殊性的问题。证据失权与答辩失权、提出管辖异议失权、上诉失权等其他失权是有重大区别的。在其他失权中，当事人未在规定期限内行使权利实际上往往是他们有意不行使这些权利，而证据失权则是当事人明确地要求行使举证的权利，只是因为这样或那样的原因未能及时地提出证据而已。其他方面的失权一般不会给当事人的实体权利带来直接的损害，而证据失权几乎总会从根本上损害当事人的实体权利。对于其他失权，当事人自己能够理解，社会也能接受，但对于证据失权，不仅当事人难以接受，社会也很难认同。

设置举证时限虽然总体上有利于提高诉讼的效率，但效率的取得却往往是以牺牲实体公正为代价的。举证时限是与证据失权联系在一起的。如果被失权的证据是对诉讼胜负性命攸关的证据，那就势必导致诉讼结果的逆转，使法院裁判中认定的事实完全不同于诉讼前发生的真实情况。

当法官有条件查明案件事实却不去查明，当事人明明有证据却以程序上的理由限制其提出，能够实现实体公正却以达到程序公正为满足时，则很难获得当事人理解和社会认同。

在实体公正与程序公正的冲突中，证据失权是偏向于程序公正的选择，尽管该项制度无法从实体正义中找到其正当化的依据，但至少可以用程序公正的理论来证明其合理性。由于我国是在未规定答辩失权的情况下规定证据失权的，民事诉讼中有相当一部分案件未经过审前准备程序，法院对当事人举证进行释明的时间安排的太早，所以即使单用程序公正的标准来衡量，也很难说当下的证据失权符合程序正义的要求。

举证时限制度虽然存在着种种问题，但并不意味着我们应当否定和抛弃这一制度。我国民事诉讼历来实行集中审理，因而设置举证期限是必要的。对逾期举证的当事人可实行费用制裁，让其负担由此而多支出的费用，赔偿对方当事人蒙受的损失。费用制裁最大的优点在于不与实体公正相冲突。

如果设计合理，举证时限应当是一项既无损于实体公正、又有助于提高诉讼效率的制度。目前的问题主要出在证据失权上，所以，应当改革这一制度，用费用制裁替代证据失权。

［李浩，1951 年生，南京师范大学法学院教授，现代司法研究所所长，博士生导师，兼任中国诉讼法研究会副会长、中国政法大学诉讼法研究中心学术委员会委员、南京大学教授。
通信地址：南京市宁海路 122 号（210097）
联系电话：025－85891036
电子信箱：lihaolh@hotmail.com］

联合国安理会改革的国际法思考

（李雪平 《法律科学》2005 年第 4 期）

在国际和平与安全方面，确立二战后国际秩序的规则和制度，已不能完全适应全球化时代的需求；建立在以安理会为核心、以联合国为基础之上的国际集体安全体制，面临新问题时，显得危机重重。变迁的国际情势，严重震荡着安理会既定的权力结构以及由此确立的权力秩序。安理会的改革问题，已成为国际社会关注的热点问题。

关于安理会的改革建议，该文将其归纳为三种方案：一是扩大安理会常任理事国的席位数量，包括完全常任理事国和半常任理事国，两者的区别仅在于是否享有否决权；二是扩大非常任理事国的席位数量；三是常任理事国和非常任理事国的席位数量均进行扩大。对于这三种方案，该文密切联系国际社会的现实，从国际法角度，就其利弊得失等问题，分别给予了全面而深刻的分析。

基于上述归纳与分析，并结合国际

集体安全体制的经验教训，该文认为，在安理会改革问题上，必须解决好一些重大的国际法律问题。这主要包括四大方面的内容：第一，安理会“大国一致”原则下的决策制度，包括“大国一致”中“大国”的标准的界定，以及国际决策中否决权的法律改革等。第二，《联合国宪章》的修订。无论从程序内容还是实体内容来看，这都是一件极其复杂的事情，而且在这个问题上，还应该密切联系国际社会的基本价值取向，不能偏离公正的轨道。第三，安理会组织结构变动中的权力与利益的平衡与协调，包括本组织内部权力与利益之间的协调与平衡，以及本组织与其外部的主权权力世界之间的协调与平衡。第四，安理会改革与区域办法之间的关系。在调整世界秩序方面，全球办法并不排斥区域办法，地区新秩序的发展必然带动全球新秩序的进步；全球办法与区域办法之间的关系，应该是在国际法的基础上相互补充、相辅相成、和谐共处。

安理会的改革，期望有利于和平与稳定的国际新秩序的形成。在结论中，该文强调，在安理会改革问题上，要扬长避短，恪守《宪章》宗旨和原则，尊重国际正义，妥善解决好相关重大的国际法律问题，使其真正为世界的和平、安全与福祉作出贡献。

［李雪平，1969年生，武汉大学WTO学院副教授，武汉大学国际法博士，湖北省法学会国际法研究会常务理事。
通信地址：湖北省武汉市武汉大学WTO学院（430072）
联系电话：027－68766200
电子信箱：xuepearl@yahoo.com.cn］

论澳、巴海洋边界划分方法之特色及其对中日东海海域划界之借鉴意义

（李毅　《东北亚论坛》2005年第3期）

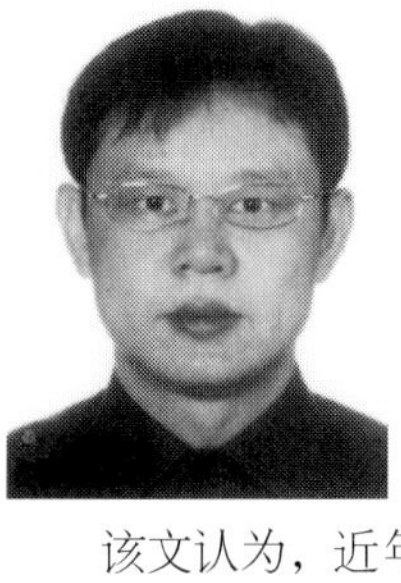

该文认为，近年来，随着中国在东海油气勘探开发的进展，以及日本近期对这一问题所表现出的异乎寻常的关注，解决中日围绕东海海域的划界争端问题的重要性和迫切性日益凸显。大陆架及专属经济区制度产生以来，相邻或相向沿海国的海域划界面临就彼此的专属经济区（或专属渔区）与大陆架应统一还是分别划界的选择。与美、加缅甸湾划界案采用的统一划界方法不同，澳巴海域划界条约所划定的“海底管辖区界限”同“上覆水域的界限（渔业管辖区界限）”并不完全一致，在相当一部分区域内，两者是完全不同的两条界线。澳巴海域划界条约所采用的这种分别划界方法，对中、日关于东海海域划界冲突立场之协调富有借鉴意义。对于东海海域的划界问题，中、日双方一直存在依据自然延伸原则还是依据等距离中间线方法这两种相互对立的主张，借鉴澳巴海域划界条约的做法，在东海中、日争议海域的划界争端问题，可以通过分别在海底和上覆水域基于大陆架和专属经济区划定两条不同的界限，在上述两条不同的界线围成的重叠区域内，对油气等资源的勘探、开发、建造人工岛屿、设施和结构、环境保护等活动的管辖权问题，由双方在条约中就共同开发作出规定的方法得到解决。

［李毅，1970生，北京师范大学政治学与国际关系学院国际事务系讲师。
通信地址：北京师范大学政治学与国际关系学院（100875）
联系电话：010－62205231
电子信箱：liyipku@163.com］

论民事诉讼法审前程序的模式转变

（汤维建　《河南省政法管理干部学院学报》2005年第4期）

该文认为，我国民事审判方式改革的第一次飞跃，是以“当事人主义”的诉讼理念改造我国民事诉讼程序的基本模式。而民事审判方式改革的第二次飞跃，则是以“集中审理主义”的理念为指导，进一步改造我国民事诉讼程序的结构模式。民事诉讼程序的基本模式与结构模式既相互关联，又存在区别。民事诉讼的基本模式反映的是民事诉讼程

序的性质或本质，体现着当事人和法院之间的辩证关联。民事诉讼的结构模式则反映了民事诉讼程序的运作过程，体现着民事诉讼各阶段之间的有机联系。一般而言，民事诉讼法应当首先确立民事诉讼的基本模式，只有在基本模式既定的前提下，才能考虑设计其赖以运行的结构模式。民事诉讼机制的改革重点从程序基本模式到程序结构模式的转变，以及民事诉讼程序的基本原则从当事人主义到集中审理主义的转变，标志着我国民事诉讼法制的建设步入了新的历史阶段，同时也意味着我国民事诉讼程序的革新更加贴近了司法现代化的综合要求。

我国现有的民事诉讼审前程序存在诸多弊端，例如缺少当事人的参与，欠缺排解纠纷的独立功能，缺乏内容上的针对性和效力上的制约性，等等。在向以“集中审理主义”为核心观念的民事诉讼结构模式转变的背景下，有必要遵循下述思路，对现有的民事诉讼审前准备程序进行改造，完成审前程序的模式转变：（1）审前程序的独立性；（2）审前程序的当事人参与性；（3）审前程序功能的复合性；（4）审前程序效力上的制约性。

在对域外民事诉讼立法、实践的比较研究的基础上，归纳出四种既存的“集中审理模式”，即“绝对化的集中审理模式”、“原则性的集中审理模式”、“分别的集中审理模式”、“形式化的集中审理模式”。以“集中审理主义”为核心的审判方式改革本身是一个渐变的过程，因此，在我国需要建立一种“多元化的集中审理模式”。

具体到制度建构上，需要建立健全相关的制度或机制：（1）明确建立争点整理制度和程序；（2）建立和完善证据交换制度；（3）完善举证时限制度；（4）建立审前会议制度。

[汤维建，1963 年生，中国人民大学法学院教授、博士生导师，国家重点研究基地中国人民大学民商事法律科学研究中心副主任。
通信地址：北京海淀区中关村大街59号中国人民大学法学院（100872）
联系电话：010－62519675
电子信箱：t－w－j@263.net]

论私有财产权的行政法保护

（方世荣　《湖北社会科学》2005 年第 1 期）

现有行政法制度在保护行政相对人私有财产权方面还存在许多不足，与现行宪法原则的要求不完全适应，其主要表现有：第一，在禁止公权力侵犯的制度保障上存在不足。宪法规定的“公民的合法的私有财产不受侵犯”，从行政法角度讲这主要是防范行政权这一公权力对合法私有财产的侵犯，但这是需要健全的行政法制度才能实现的。可是行政法在对禁止随意侵犯行政相对人私有财产上还有许多制度需要建立，最典型的有两种：一是行政乱收费现象仍比较严重，而我国仍无统一的《行政收费法》来加以规范；二是行政征收、征用制度很不完善，如财产征收、征用缺乏正当程序，强制拆迁现象屡屡发生，有关征收、征用后的补偿范围、补偿标准、补偿程序更缺乏统一、合理的规定。第二，在公权力对行政相对人私有财产的有效保护制度方面有明显问题。如，行政主体漠视私有财产的现象严重，行政法制度所保护的财产权范围过于狭小，行政诉讼制度对私有财产保护还相当有限。

上述造成私有财产权的行政法保护制度不足，主要来自两个认识上的误区：一是公共利益绝对优于个人利益的观念长期在行政法中占统治地位；二是混同私有财产在行政法与民法中的不同地位。正确认识私有财产权的行政法地位并明确行政主体的特别保护义务，是一个重要的学术问题，也是一个十分有意义的实践问题。

私有财产不受侵犯原则的入宪意味着社会个体财产权与公有财产权一起成为宪法所要保障的重大权益。在以人为本的现代民主社会，必须正确权衡这两者，不能简单的为保护一种而牺牲另一种，两者之间应加以权衡。对此具体可分为三个层次：一是在正常情况下公共利益与个体利益应当得到国家的平等保护；二是两者发生冲突而不能两全时，应当公正衡量，不能为保护公有财产权利而无条件牺牲行政相对人私有财产；三是即使因重大公共利益需要而牺牲行政相对人的私有财产权，也要按照法治国家的要求，遵守有关行政法治原则，如法律保留原则、信赖保护原则、正当程序原则等，以防止政府恣意侵犯行政相对人的财产权。

公民一方作为民事主体在民法意义的财产权，进入行政法领域便成为行政相对人具有行政法意义上的财产权。行政相对人私有财产权在行政法中具有特殊地位，正确地认识到这一点，有利于更好地运用行政法制度来保护它。第一，行政相对人财产权在民法与行政法上具有不同的属性，其差别在于：一是作为民事主体的财产权是由民事法律规范设定或确认的权利，而作为行政相对人的财产权则是由行政法设定或确认的权利；二是作为民事主体的财产权只是在民事活动中行使和享有的权利，而行政法意义上的财产权则属于在国家行政活动范围中行使和享有的权利；三是作为民事权利的财产权发生于平等民事主体之间，是一民事主体对另一民事主体的权利，而作为行政相对人权利的财产权发生于行政相对人与行政主体之间，是行政相对人针对行政主体的权利。第二，行政相对人财产权要求行政主体履行特定的行政法义务：一是行政主体不得以行政权力对行政相对人合法的私有财产加以侵犯；二是行政相对人有受行政主体保护的权利，它要求行政主体对其履行无偿保护的法定职责；三是行政主体应当依法确认、授予行政相对人财产权，保障这些权利的实现。

［方世荣，1956年生，法学博士，现任湖北省行政学院副院长，中南财经政法大学教授、博士生导师，中国行政法学研究会副会长。
通信地址：武汉市汉口万松园路18号湖北省行政学院院长办公室（430022）
联系电话：027－59517005
电子信箱：fshirong@ sina. com］

明清刑事诉讼“依法判决”之辨证

（徐忠明　《法商研究》2005年第4期）

是否“依法判决”是明清时期诉讼实践中的一个关键问题。学界普遍认为明清时期的刑事审判基本上遵循了“依法判决”的原则，而在笔者看来，这是一个有待追问的问题。

对常规案件“依法判决”并不困难，然而司法官员仍有可能出于情理、道德上的考虑而置法律于不顾，或为息事宁人而曲法伸情。由于州县“自理”案件不受“审转”制度的严格约束，两造一般不会上告，因此司法官员对于轻微刑事案件拥有较大的裁量权。遵循“依法判决”原则的基本上都是比较严重的刑事案件，但是，从司法实践来看，明清时期的司法官员对于这类案件同样会综合情理作出灵活的裁断。

通过考察疑难案件的处理方式，笔者发现了两个问题：第一，如何依法判决。由于案件事实与法律条文之间的严重脱节，在“律无正条”的情况下，司法官员“比附引律”也就在所难免，乃至运用“移情就法”的裁判手段。同时，他们发明出了“剪裁”案件事实的技巧和“制造疑案”的裁判技术。第二，为何依法判决。根据法律规定，司法官员在定罪量刑时必须“俱引”相关法律条文，那么在没有律令可资适用的情况下，他们出于自身利益的考虑，必然会采取各种援引乃至超越律例的手段和技术，以满足法律的要求，制造“依法判决”的效果。另一方面，在惩罚中心主义的价值取向与司法态度下，为了实现惩罚犯罪之目的、谋求个案解决的妥当性、满足法律论证的正当性以及取得情理与法律之间的协调性，获致“情法两尽”的效果，如何援引律例条文有时并不为司法官员所特别在意。往往借助情理平衡这一酌情出发的裁判技术，来实现“罚当其罪”的实质正义。

该文结论如下：首先，笔者倾向于将刑事审判与民事审判置于同一维度来评判，就“依法判决”而言，民刑案件之间并不存在根本区别。其次，对刑事案件来说，由于惩罚是裁判的终极目的，“罪·情”与刑罚轻重之间的切合性与妥当性是裁判的内在要求，因此在律无正条的情况下，比附律例也是势必所然。甚至为了确保“罪与罚”之间的协调，在不同律例之间乃至律例之外考量轻重，进而权衡情理作出“情法两尽”的裁决，乃是最佳结果。这是明清时期“依法判决”的根本特征。再次，在传统中国社会中，法律源于情理，因此无论民事还是刑事案件，情理都是裁决的重要依据。就明清司法实践而言，在看似严谨的类推比附与彼此参证的过程中，所谓“依法判决”原则得到了彰显；但是，这种做法事实上恰恰遮蔽了隐藏在法律背后的权力技术和利益动机。

［徐忠明，1960年生，中山大学法学院教授，中山大学法学理论与法律实践研究中心教授。
通信地址：广州市中山大学法学院（510275）
联系电话：020－84034432
电子信箱：lpsxzm@ mail. sysu. edu. cn］

普遍性侵权、机会主义与侵权现象的法律控制

——对传统侵权法的反思

（许明月 《法商研究》2005 年第 4 期）

该文认为，传统侵权法从补偿受害人损失的基本功能定位，确立了赔偿受害人实际损失的原则。侵权赔偿的实质是对侵权行为的分配结果再次分配或矫正。对于侵权产生的强制性分配称为侵权分配，而将救济实现的矫正性分配称为救济分配。在侵权行为人和权利人中间进行利益分配会产生不同的结果。权利人利益受到完全补偿的前提条件是救济目标的有效实现。

在现代社会中，由于普遍性侵权的大量存在和侵权过程中的机会因素，使侵权制度的救济目标不能完全实现。侵权制度在某些场合不仅不能有效地抵制侵权，而且还可能产生激励侵权的效果。比如权利人不一定都能通过侵权制度获得救济，故权利人会放弃救济；侵权人则会利用各种可能的技术和不总会受到惩处的机会因素等进行大规模的隐蔽侵权和普遍侵权等。由此确立的侵权制度将失去抑制侵权的作用，并且可能被侵权人用来谋求巨大的利益或避免巨大成本而实施更大规模的侵权。

为防止普遍性侵权现象的泛滥，应当从宏观调控的角度出发，建立作为社会控制对策的综合侵权控制法律机制。传统侵权法必须从以下方面进行变革，从而发展成为治理社会的侵权控制法。首先，侵权控制法必须考虑现代社会中侵权行为的普遍性，将侵权行为作为一种不正常的社会现象。从宏观调控的角度出发，有效控制其发生的总体规模；其次，就调整方法来说，侵权控制法应通过适当的制度设计，加大侵权行为的成本，消除机会主义因素；再次，就规模结构来说，侵权控制法应区别对待偶发性侵权和普遍性侵权，采取不同的侵权控制策略和制度，实现对侵权行为的控制；最后，侵权控制法应加大对侵权行为的查处和打击力度，增加追究侵权责任的严肃性。仅依靠权利人单独进行的维权行为，不能有效打击普遍性侵权行为，还增加了社会总成本。所以，需要公权力和其他社会力量的适当介入，通过降低普遍性侵权行为来减少司法行为产生的社会总成本支出。

总之，应对传统侵权制度进行反思，并在此基础上从对侵权现象进行社会控制的角度构建符合现代社会特点的侵权控制法体系。该体系应当既能实现对受害人的充分补偿，又能有效地控制侵权现象发生的规模和几率；既能充分调动受害人维护合法权利的积极性，又能充分利用公权力及其他社会力量；既具有有效的补偿功能，又具有良好的防范效果。

［许明月，1963 年生，重庆大学法学院教授、院长、博士生导师，重庆大学“985”人文社会科学研究平台经济法制与政府治理研究中心主任。
通信地址：重庆市重庆大学法学院
（400045）
联系电话：023－65120839
电子信箱：xmy0045@ yahoo. com. cn］

人本法学教育观论要：高境界法律人才培养的目标模式

（李龙 廖奕 《中国法学》2005 年第 2 期）

李龙

以人为本可以是具有科学性的哲学命题，也可以是抽象人本主义的命题，关键是如何来理解人。法科教育作为法律教育的科学模式，只有将作为培养主体和培养对象的法科人才加以高境界的定位，才能有效秉承以人为本的法理精义。

古典中国法律教育走的是标准化的政法机器模式。时至近代，大批法科游学生回国后，他们“以欧为师”的“谦逊真诚”，以及对西方法律教育新模式的不遗余力之宣传，使得古典中国政法机器的法律教育模式慢慢改变。就当代中国法学教育而言，55 年的法科历史告诉我们：“民主是立国之本”、“法治是治国之道”、“人权是一国之魂”。我们预测，未来 50 年中国法科教育会处于一个

深刻的迷惘期。以人为本法学教育观的提出和形成，为破除迷惘、开出新路，定下了长远的理论基调，打下了坚实的决策基础。

这一目标模式的法理要点如下：第一，人本法哲学与人本法律观。以人为本从法律角度来说就是指一切法律活动必须以人为出发点，从法哲学上讲以人为本，要求我们尊重人的主体性，尊重人的生存的尊严和价值。人是法律的本源，人是法律的依归，人是法律的主体，人的物质生活条件决定法律的内容，人的社会实践是检验法律良善的标准。第二，中国人的法理精神。由于中国文化自古没有欧洲文明的形而下偏爱，亦乏印度文明的形而上冥想，取法其中，均衡为上——此中国文化所以自成一格源远流长也，亦为中国之所以为“中”国也。中国人天性中道，适宜用人本境界论的观念教化，成才周期短，行仁周期长——中国人的法理精神就是“法律为器，法理为机，以物为末，以人为本”。要点三，高境界法律人才培养目标模式的法理学研究。对于高境界法律人才培养目标模式的研究，法学界尚未起步。这是个全新的论域，也是一项高远的论题。

人本法学教育观的法学人才培养模式是一种全面创新的法治理想，主要体现在：第一，理念的创新。培养高境界法科英才必须首先更新目标理念，由原来的“道德至上”转到现在的“问题中心”上来。并且，还应强化中国问题意识，强调我们是中国人，是作中国文章的中国法科人！中国文章有多种做法，不一定都要用汉语写，都要发表在国内报刊上，甚至都要是中国作者。“中国文章”指的是用无国界的科学方法研究、解决中国尤其是当代中国的重大问题——包括理论问题，也包括实际问题，包括国家治理的战术问题，也包括社会发展的战略问题。第二，目标的创新。高境界法律人才是高素质法学人才和高素质法务人才的整合性法科英才。法律人才与法学人才在我国许多法科院系的培养方案中都没有明确界定和区别。在法律商业主义严重腐蚀法学院教育的今天，无论是经济最发达的美国，还是潜能最巨大的中国，法学教育界都不得不努力将法学人才和法务人才有效地整合为一种高境界的法科英才，建立一个高效且公正的高境界法律人才市场。我们认为，法科英才培育的最高境界不是简单的知识授受，也并非功利的素质提升，而是恒久的品格塑造——将法学的品格与人的优良品格完美融合。法科英才是治国之才、强国之才、正义之才、权利之才——世俗而玄秘的科学人才。第三，方法的创新。辩证统一因人施教的个性化方法、易法尝新的多样化方法、入世独立自主化方法与人心升华的实践化培养方法。

就战略意义和实践价值而言，人本法学教育观是以人为本科学发展观的战略端口。人本法学教育观是以人为本科学发展观的重要组成部分，是全面建设小康社会、社会主义法治国家与发展社会主义政治文明的整体要求。形象地讲，它是以人为本的科学发展观这根“黄金纽带”的“战略端口”，离开了这个端口，纽带的信息传递、软件整合以及实践指导功能都会受到影响。更深层看，马克思主义在中国之所以能不断发展，根本而言，是因为它内蕴一种以人为本的科学精神和理论品格。法律在历经了神本、物本的异化与曲折之后，必然会回归于人本。作为马克思主义的中国化发展，毛泽东思想、邓小平理论都内蕴这种科学品格。“三个代表”重要思想和科学发展观也不例外，它们以对世情、国情、党情、民情的精准判断为科学前提，将以人为本的法理思想加以高度概括和理论深化，是我们必须长期坚持的指导理论，也是人本法学教育观的基石范畴。

总而言之，人本法学教育观的核心精神是，让具体的人在抽象的法理中获得真正的品格，在心性品格提升中成长为高境界的法科英才，张扬正义，滋育权利，治理中国，强盛中国——研究中国问题，作中国文章，真正成为“大写的人”，为将中国从传统的人治文化共同体转变为现代的法治国家而奠基建设——这是一项前无古人的艰辛工程，需要薪火相传，需要法理先知的实践先行！

［李龙，武汉大学教授，兼任中国法学会常务理事，法理学研究会副会长。连续三届获国家教学优秀成果奖一等奖、国家优秀教材奖一等奖2项、省部级以上科研一等奖4项。

廖奕，武汉大学法学博士，法学院讲师。在《中国法学》等刊物发表学术论文40余篇。获国家、省部级学术奖励6项。］

社会转型与刑事政策

（刘仁文　《当代法学》2005年第4期）

该文首先考察了社会转型对刑事政策的两方面影响：一是社会转型引起犯罪状况的变化，并进而引起刑事政策的调整。二是社会转型本身也会直接影响刑事政策的变化，如意识形态的影响。在此基础上，阐明了刑事政策的模式、刑事政策的价值、刑事政策的功能，以及权力对刑事政策运作的影响等一系列基本范畴和命题，并重点从以下视角作了探讨：

首先，从社会转型看刑事政策的模式建构：即从国家控制犯罪转向国家和社会联手控制犯罪，将刑罚权和刑事司法权从国家手中分出一部分还给社会，如保安队伍的发展壮大、私人保镖和私人侦探的出现及其发展等。

其次，从社会转型看刑事政策的价值选择：如从收容审查、收容遣送的废止看刑事政策价值观中自由分量的提升，从简易程序审看刑事政策价值观中对效率的关注等。

第三，从社会转型看刑事政策的功能实现：在社会转型期，由于法律具有相对的稳定性和滞后性，因而许多事情都靠发挥刑事政策的功能来实现，刑事政策的功能又具体分为守旧功能、创新、限制与扩张功能、明示与含糊功能、符号功能等。像2000年最高人民法院公布的《关于刑事附带民事诉讼范围的规定》，要求各级地方法院一律不受理因精神损失而提起的刑事附带民事诉讼，就含有守旧的功能；而一些地方“创造性地启动刑事附带民事诉讼程序”，让因犯失火罪而被判处缓刑的被告人承担补种被其烧毁的林木、恢复林地的民事责任的做法，则带有创新的功能；而最高人民法院和全国人大常委会先后对“黑社会性质组织”的解释，彰显了限制与扩张功能；明示与含糊功能，可用最高人民法院《关于行为人不明知是不满14周岁幼女，双方自愿发生性关系是否构成强奸罪问题的批复》这一司法解释的前后情形来说明；符号功能，则在处罚“丐头”、处罚高空自杀相威胁者、处罚上访者跳入天安门城楼前金水河等事项中得到了鲜明的体现。

第四，从社会转型看权力对刑事政策运作的影响。作者通过例子指出，伴随着地方自主性的加强，地方权力主体在自己的所辖范围内运用权力的积极性正在提高。这种现象带来两方面的后果：从好的方面看，它有利于发挥各地的积极性和主动性，使各地能因地制宜地结合当地的实际情况来开展工作；从不好的一方面看，它容易侵害国家法律的统一性，造成地方保护主义等现象。还通过黑社会头子刘涌的生而复死，分析了最高人民法院的权力干预和民愤与媒体在其中所起的作用。

[刘仁文，1967年生，法学博士，经济学博士后，中国社会科学院法学研究所研究员、刑法研究室副主任。主要学术领域为刑事法学和刑事政策学，著、译作多部，学术随笔若干。]

司法独立的法社会学反思

（徐亚文　孙国东　《江汉论坛》2005年第2期）

徐亚文

该文认为，司法独立是现代司法的典型特征，也是现代法治国家的一项重要原则。但是，当下学界往往把它当成了一个不证自明的“大写的真理”，倡导绝对性的司法独立观，忽视对其进行反向、深入的思考。作者拟从法社会学的视角弥补这一缺憾，助益实践。

该文从三个层面对作者的观点予以了阐述：

一、司法独立的理论基础及其有限性

司法独立的现代理论基础是形式理性支配下的法律的自治性。法律的自治性理论强调法律是“一个自创生系统”，法律本身具有确定性，法官可以依凭自己的理性独立“理解”和适用法律，作出“正确”判决。昂格尔认为，法律自治包括内容、机构、方法和职业四个方面。实体内容的自治性是指法律是一种远离宗教和神学的世俗秩序规范；机构的自治性是指法律由以审判为业的专门机构实施，亦即独立司法；方法的自治性是指法律推理是一种区别于科学、伦理、政治等论证的独特形式；职业的自治性是指操纵法律规则、参与司法实践的人员必须来自一个法律共同体。可见，法律的自治性是司法独立的基本预设，“法律自身如果缺乏自治性，司法独立就失去了法律的依凭”。

但从法社会学的角度看，上述理论并不总能成就。首先，法律的保守性决定了法律总落后于现实需要，甚至法律在制定时就已过时。从经验上看，立法者或者由于认识能力不足，或者由于一己私利，并不总能甚至往往不能制定出符合社会需要的法律。从理论上看，公共选择经济学已经证明，即使立法程序再民主，立法动机再好，也无法将“个体理性”经投票程序上升为“集体理性”从而获得“良法”。其次，现实主义法学和批判法学已经证伪了法律的客观性与确定性这一“基本法律神话”。最后，由于法律的专业化、价值的多元化、社会的不同质化和民众法律知识的匮乏，社会对法律问题的认识严重分化。在我国，由于自上而下的启蒙式“法律西化”运动使法律之于民众和文化传统渐行渐远，民众和法律人在法律信息上存有严重的不对称；由于许多法律本身不具良善性，在人民主权的条件下，在包含司法机关在内的广义政府作为整体对人民负责的前提下，法律环境既为司法机关不据法司法而是通过“裁剪事实”等行动策略变通法律运行结构提供了可能性，也为民众让其他政府部门干预司法以承担“连带责任”提供了正当性。这显然都会制约法律的自治和司法的独立。事实上，正是以对法律自治性的颠覆为典型标志，西方学者提出了从“自治型法”迈向“回应型法”的理论，而所谓“回应”是指法律“更多地回应社会的需要”。

二、司法的受制约性

从实然意义讲，司法的运作有着众多制约因素，主要有：（1）社会制约。法律的社会性和功利性决定了法律只有满足社会的需要才能赢得合法性（legitimacy）。法律的合法性诉求决定了司法不可能独立于社会，而司法对确定性和恒常化（regularity）的追求造成的法律的保守性与社会需要变动性的矛盾又使得司法总是与社会的需要不一致。这样，为了赢得合法性，司法常常会放弃对恒常化的追求，也牺牲了司法的独立性。（2）政治制约。社会对司法的制约常常会通过政治的制约显现出来。法律是服务于社会的，而社会是以秩序为表征的，为维护一定的秩序和法律的合法性，司法常常在政治的干预下担当社会秩序“缓冲器”和“调节器”的角色。（3）人格制约。现代社会是一个巨型的“人脉”网络体系，尽管有回避制度和法官人格独立保障制度（如高薪制、终身制等），但每个法官都是“人脉”网络的一个节点，难免会遭遇无法回避的外部“人情”和“利害关系”等冲击，在一定程度上丧失独立性，法官人格制约着司法的过程。法官的人格影响着司法判决，这也是提高法官素质乃至对司法独立进行必要限制的正当理由。

三、中国司法独立的理性进路

司法独立固然重要，但它本身不是目的，必须服务于司法公正，服务于法律的合法性诉求和社会公共利益的需要。该文指出，建构我国的司法独立模式必须放弃法律自治性的“神话”，要在现行宪政架构内，把司法独立纳入到整个社会背景中考察。为此，我国司法独立的建构至少应从以下几个方面努力：（1）要注重“分配正义”，完善立法对权利义务的配置；（2）要提高法官的素质；（3）要注重“普法”和“送法下乡”工作。

［徐亚文，1966年生，武汉大学法学院教授、法学博士、博士生导师，中国法理学研究会理事。主要研究法理学、宪法学。在《中国法学》、《法学评论》等刊物上发表30余篇文章，参与国家社会科学基金重点项目、教育部重大教改项目5项，获国家级教学优秀成果奖一等奖、湖北省社会科学优秀成果奖一等奖。代表作《程序正义论》。

孙国东简介缺。］

“司法腐败”现象的一种解读

（王亚新 《思想战线》2005年第4期）

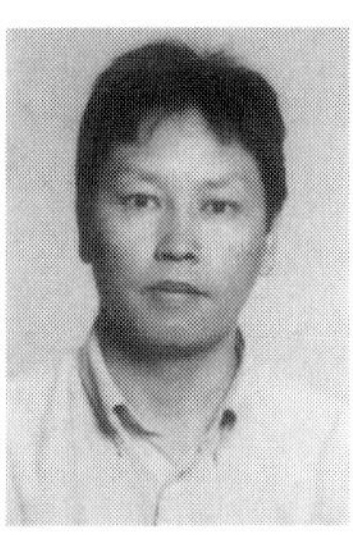

该文未采用常见的“现象→原因→对策”结构，而着重于从围绕“司法腐败”概念而展开的社会相互作用过程这一角度，来解读此定义本身以及定义与所指称的社会现象之间的联系。

首先把“司法腐败”限定在法院审判领域，将法官“个人的利益”和“对审判有影响的职务行为”理解为衡量是否构成司法腐败及是否严重的两条轴，建立了一个坐标系来直观地了解不同程度的司法腐败现象在四个象限中的分布。并在此基础上对如何估计腐败严重程度的问题作了分析。

另一方面，引入了腐败发生于其中的“小环境”这一概念，作为理解人们实际上怎样给“司法腐败”下定义的一种理论工具。作者认为，对于把某种现象指称为“司法腐败”的行为或过程本身，既可以从定义是否做到了名实相符的认识论角度，又可以从此类情形究竟在多大范围内反映了社会上何种集合性的感觉或情绪这种社会心理学的角度，还可以从给“司法腐败”下定义意味着特定主体之间展开的一种相互作用过程这一角度来进行考察。

该文的基本结论是：对于司法腐败确实不应掉以轻心，但另一方面，我国转型期这一现象的突出，本身就内在地包含着抑制腐败现象恶性增殖蔓延的因素甚或机制。对司法腐败的研究还有必要与广义的政治和社会一般层次上的反腐斗争联系起来，才可能取得更深入的成果和有效对策。

［王亚新，1954年生，清华大学法学院教授，博士生导师。

通信地址：北京市海淀区清华大学法学院（100084）

联系电话：010－62794669

电子信箱：lawwyx@mail.tsinghua.edu.cn］

诉讼、人情与法治

——现代法治视野中的诉讼人情化现象研究

（陈秀萍　《法制与社会发展》2005 年第 5 期）

该文通过对当代中国司法实践中的诸多案例的研究，分析了诉讼人情化这一现象。该文认为，诉讼人情化这一现象产生的直接的现实原因在于我国当前法律制度本身存在的缺陷和执法者的法律工具主义理念；社会历史原因在于传统法律文化的影响和复杂多元的社会特点。尽管如此，这一现象与现代法治建设还是存在着总体的背离。为此，一方面，立法者面对中国当代社会现实，尽可能制定与人情相契合的法律；另一方面，改革法院审判，完善非诉讼纠纷解决机制。

该文选取的是一个全新的视角。虽然人们对当代中国司法实践中人情对司法裁判和司法诉讼的影响并不陌生，但学界对诉讼、人情与法治三者之间关系的专门研究和探讨还没有，“诉讼人情化”这一提法也是首次。

文章观点非常新颖：

首先，从哲学伦理学意义上将人情的理解中立化，认为人情是具有一定范围内的公共性与普遍性的“人之常情”或“普遍之人性”。

其次，人情与法律在理论层面上应该是统一的，但在现实层面上，它与法律的确定性和更大范围内的普遍性要求并不可能完全一致。

第三，诉讼人情化的含义及其四个特点。诉讼人情化是指法官在诉讼过程中，因迁就人情而超越法律规定的自由裁量权的限制作出判决或裁定，它一般有以下四个特点：（1）纠纷的解决方式都启动了诉讼程序；（2）法官在诉讼过程中因为人情（当事人之间的人情规则或民情）而没有严格按法律规定作出裁判；（3）法官这样做的目的是为了满足最大多数人的情感和心理需要，即“最大多数人的最大幸福”；（4）法官作出的裁决结果或者因得到双方当事人的接受而成功地解决了纠纷，或者达到了保证社会的秩序和稳定的目的。

第四，民事诉讼中的调解制度给人情化的诉讼提供了方便，所以这一民事审判制度应该加以改革。

第五，一些道德化的法律原则弱化了法律的确定性，成了法官进行人情化诉讼的法律依据，为此，立法者必须更加科学地制定法律。

第六，尽管诉讼人情化与现代法治在总体上是与现代法治相背离的，但人情化纠纷解决方式具有一定的合理性，只是它不应对诉讼和裁判产生影响，而应该与非诉讼纠纷解决方式（如调解）相关联。

此外，该文论证方法独特。该文从真实而具体的案例出发，提出了诉讼人情化这一现象及其特点。文中除了使用一般理论性文章的理论分析和论证方法之外，还采用了社会实证分析方法，根据所选择的案例对其进行尽可能客观、中立的分析。

［陈秀萍，1970 年生，河海大学法律系讲师。
通信地址：江苏南京市河海大学法律系（210098）
联系电话：025－58408392
电子信箱：jyty99@ sina. com］

诉讼证明标准的科学重构

（张继成　《中国社会科学》2005 年第 5 期）

该文指出：命题与事实能够符合，事实是可知的，是任何一个证据制度的逻辑前提（预设）。如果否认这两个命题，任何证据制度都不可能建立起来。

该文通过对各种真理理论的系统考察，认为真的保证性标准就是“命题与事实的符合”，它具有以下几个特点：这种真是命题与实在（事实）的关系质，与证明证实无关；真就是真，真没有程度之分；是不可错的。

保证性标准只是“真”的识别标志，它并不能直接将一个命题的真性展示出来，所以，在确定了真的保证性标准之后，我们还必须确立真的核证性标准。由于证实“是求然底活动，证明是求所以然的活动”，而要想得到一个公正的判决结论，当事人就必须将命题的真性揭示和展现给法官，不仅要让法官知道案件事实之“然”，而且要知其“所以然”，所以，真的核证性标准应该包括证实标准和证明标准两个部分。真的证实标准就是“命题与经验证据符合”，真的证明标准就是“命题与科学证据符合”。核证性标准中的真的具有以下三个特征：是“信之为真”、“自认为真”，感觉到的真；有程度之分的；是可错的。

核证性标准中主要包括图画式符合、地图式符合、目录式符合三种证实方法和因果解释、结构解释、功能解释和发生学解释四种证明方法，这些方法都有其确定的适用范围和条件，我们不能因为有些命题不具有图画性或图画式的关系得不到证实、证明，就武断地反对（命题与证据或命题与事实相符合的）符合论。

任何案件都汇集着一大堆事实，但并非所有真命题都可以作为导出判决结论的事实前提。只有那些与结论有着本质关联（如对定罪量刑具有决定意义）的真命题才能作为连接法律规范和判决结论的中介和桥梁。因此，诉讼证明所要确证的仅仅只是那些对法官作出判决结论“有用”（具有证明力）的真命题。而且，任何一个法治社会都要求诉讼实践活动必须在法律允许的限度内完成，不能也不允许仅仅为了实现“打击犯罪”的目标而恣意侵犯人权的情况出现。因此，如果不对需要查证的案件事实划定一个相对合理的范围，对那些与导出判决结论没有任何关联的案件事实也予以查证，这一方面会造成巨大的资源浪费，另一方面会使诉讼活动无期限地持续下去，“超期羁押”等违法现象出现则是一种逻辑的必然。真的有效性是真的“有用性”和“能用性”的有机统一：“命题与实体法律规范和程序法律规范符合”。

法律推理过程中，选择一个命题意味着他“断定”、“相信”该命题为真，意味着他对该命题不再“存疑”，意味着他“接受”了这个命题。法官不会也不应当“接受”一个连自己都“不相信”（即存疑）的命题作为得出判决结论的事实依据。法官之所以要“接受”这个而不是另一个假说命题作为法律推理的小前提，因为该命题排除了人们对案件事实认识的一切合理怀疑。这就是真的合理的可接受标准——“排除一切合理怀疑”。

上述真的标准体系是一个完整的、不可分割的体系，是在吸取了符合论、实效论、融贯论、语义论等真理理论的合理要素以及证据学中的客观真实论、法律真实论和科学的论证理论等学说的理论精华的基础上建构的，是诉讼证明理论和司法实践的固然之理使然。由于它吸收了各种理论的精华，克服了各种理论的困境，具有更强的解释力和概括力。

［张继成，1964年生，中南财经政法大学法学院教授。
通信地址：湖北省武汉市中南财经政法大学法学院理论法学系（430074）
联系电话：027－87180842
电子信箱：jichengz@163.com］

为什么“需要”干预？

（应飞虎　《法律科学》2005年第2期）

该文通过对经济法与其他部门法功能上如何互动与互补的研究，对部分经济法制度确立和变迁原因的初步研究，以及对部分经济法部门法历史的研究，探究经济法的本质及需要干预论对经济法及经济法学的学术价值。该文试图想回答的问题是：经济法应该是什么？与民法、行政法、刑法等相比，在经济法和经济法学中为何应该特别强调干预的“需要”？强调经济法上干预的“需要”，其对经济立法和执法的价值何在？除了法学的研究方法外，该文主要采用法经济学和法社会学的研究方法，采用从经济法分论到经济法总论的研究路径。

该文通过研究得出了以下几个有关经济法和经济法学的结论和建议：（1）经济法在外延上很难被精确界定。精确界定经济法调整对象既不可能，也无必要。（2）经济法学应该重视相邻部门法。需要干预论在确定干预的需要与否时，要求经济法及其学者必须重视私法、行政法甚至刑法的有关问题。（3）经济法学研究应该重视法经济学工具的运用。与其他部门法制度的变迁相比，经济法制度创立和变迁对法经济学工具的依赖最强。（4）经济法学理论应该重视经济社会化进程。（5）有关经济法衰弱与发展的判断。从经济法发展的历史及市场失灵的发展情形看，经济法并非正在衰弱，而是处于不断的发展之中。

［应飞虎，1971年生，深圳大学法学院教授，法学博士，中国法学会经济法学研究会理事，主要研究领域为经济法学、法社会学、法经济学等。2005年度发表论文《为什么“需要”干预》、《事实的推导、预测与发现——经济人假设作为一种信息的限度与陷阱》、《税收筹划的法律认定》、《信息失灵的制度克服研究论纲》等。］

析中国法律变迁的文化动因

（陈晓枫　《新华文摘》2005 年第 3 期）

因孙志刚个案而引发一项制度的废改，在中国立法史上似为仅有。

是什么动因引发了这样的制度变迁呢？当社会对某个事件产生强烈的共鸣，“大量的头脑把他们的观念和感情加以联系，结合组织起来，以形成集体的表象”并最终获得社会与政府认同的结果，这通常是共同利益和文化的驱动。

一、“初衷”：见龙在田

“见龙在田”指喻龙经过了有德而隐潜，升于地上。借喻有新进、创新之制的初衷。

多有议者认为，《城市流浪乞讨人员收容遣送办法》的立法“初衷”是好的。由初衷甚好，而终至痛遭指斥，骤然之间，废旧布新，这是法律变迁过程中一个激烈现象。

中国传统的思维方式是易象思维。从而使法律变迁现象，烙上了深刻的易象思维印记。

传统易象思维的第一个特点，是用“——”和“— —”两个基本的符号来象征奇、偶，由基本符号的排列组合形成了阴阳、泰否、往复、生生等一系列范畴，然后用这些范畴之象来指称世间万物。由于所有的变化，只能是阴向阳的变化，因此，在对现象界进行思考时，必须把各条件归纳成两种相互对立、相互排斥而又相互转移其地位的因素。以法律变迁为例。王安石变法和张居正变法，分别提出了“重名轻实”和“循名求实”、“综核名实”之辩，其认识对立两端的方法是“名与实”；这个认识框架中，不能正确地概括进变法改制中的各类因素，单就框架之间的思维规则而言，就很难提供正确而完善的形式。例如新颁变法的适用条件与实施系统之间，就不构成矛盾关系而是交叉关系。中国传统的易象思维中，用于认识事物的名实、本末、体用、新旧、德刑，而将其归于阴阳矛盾关系，都只能采取互峙和互移的方式。这种思维方式易于造成对变法条件的错误认识，容易给新法的施行造成错视或偏差。因此所谓“初衷”指向的结果逃不出文化的规定。

易象思维方式的另一个特点，就是“有本有文”。“本”指规则，而“文”指卦象。易的规则高度抽象，高度概括，同时也相对简明。与《易》的这种原理相同，中国古代的早期立法是“有本有文”。所谓“本”是指的原则、纲领，简要而确定；而所谓“文”则是指判例、事例，丰富而繁杂，并可随时而变迁。由此形成了成文法和判例并行，而以判例作为法律适用主要根据的传统。近代以降，仿袭西典，西方法律思维中的理论形态，则以形式逻辑的思维方式，取代了传统思维。但是，由于文化本身的强大惯性，其价值选择和思维框架，仍在潜结构的意义上，制约着人们的思维。立法仍然保留了“有本有文”的特征。此时，所谓“本”，表现为各部门的基本法律和法规，所谓“文”，则表现为实施细则，地方法规以及司法解释和经典判例。此外，“本”与“文”的关系，在党的方针政策与法律体系之间，还构成另一种对应。是为“本”，具有简明、概括以及纲领作用；而整个法律运行体系则为“文”。立法、执法、司法者，在领悟“本”的基础上，把方针与具体规范结合，用以确定规范、制度的设立与执行。

二、“扭曲”：亢龙有悔

亢龙有悔是指龙从潜渊飞升之后，达到极点，开始回落。借喻事物的发展达到极致之后，违背初衷而丧失其存在的依据。

例如，“收容遣送”制度的扭曲。首先，表现在《城市流浪乞讨人员收容遣送办法》规定，收容遣送工作主要是救济、教育和安置流浪乞讨人员。但是，1991 年，国务院发布的“改革问题的意见”，即将收容遣送对象改变为三无人员。在实际执行中又演变为“三证”（身份证、暂住证、务工证）不全的流动人员。这就使被收容遣送人员的结构发生了显著的变化。其次，国务院发布“改革问题意见”后，民政部、公安部等部委和许多地方均制定了实施办法，使此制度为地方的管理服务。这种举措使得“收容遣送”制度逐渐从维护城市秩序，演变成限制外来人口流动的管理制度，甚至是打击犯罪的措施。再次，“收容遣送”制度进一步扩张到体制外，一些收容站的经办人员、医护人员、护工和被收治人员，也参与相关的管理。

可见，这样的“扭曲”是在“收容遣送”制度的初衷未曾预想的利益驱动下，借用“本”到“文”的法规适用过程来完成的。

其特点是，一为立法之初，即对具体适用条件和监督措施，缺乏有效的规定，以致从“本”到“文”的运动中，不同的利益集团借用法规资源获利，最终使法规的实行背离初衷；其二是不同的集团为利益所驱，缘法而生奸。随着城乡二元结构利益冲突，开始在进城农民工问题上显现出来。代表城市利益的管理者，利用了既有的“收容遣送”制度，相关制度的实施，围绕这个利益核心而展开。

其“扭曲”制度的利益动因通常有三种：（1）政绩显示；（2）直接的经济利益；（3）体制外的利益。这种利益群体，牢牢附在官员集群之上，是“扭曲”制度的重要力量，也是重要原因。

将制度、利益、扭曲整合，使制度发生背离“初衷”现象的动因，则是传统的思维方式。

以《易经》原理为特征的传统思

维，是思维对象在推理中的运动规则，始终只是往返两端之间的运动，而且思维的结果需要借助对象的领悟和判断，因此在推理中，无隙设入小前提的位置，其推理的特征就是链式直推：由一个前提直接推论出结论。

中国传统的思维方式能够有效地传播各种思想，是与政治、法律等各方面的论证，均紧密联系生活经验相关。在思想传播中，传承者联系自己的经历和经验，领悟各种理论中所阐明的因果关系和结论，从而达到对原论的把握。正是这样的思维机制，使得有"本"有"文"的立法运动，能够得以实现规制社会的功能。当立法者发出文"本"的法令后，执行者须根据自己的从政经历和执法经验，领悟法令中的符号意义，并结合宜时宜地的实情，摸索该法适用的条件，从而形成事例、判例。丰富文"本"，落实文"本"。当然，也正是因为存在这样的思维机制，在形成事例（判例）、丰富文"本"之时，执法者首先的冲动是要表达自己的政绩显示，同时要在"文"之中编入自己所在群体的利益，并且，具体完成事例（判例）结构时，官员集团的附随群体，还会掺杂进自己的利益主张，从而使得立法者颁法适用范围模糊，执法者悟法还有创造，用法者借法以遂私利，制度最终被扭曲。

［陈晓枫，1955年生，武汉大学法学院教授、博士生导师，武汉大学JM教育中心副主任，武汉大学宪政与法治国家研究中心副主任，中国法学会法制史研究会理事。主编《中国法律文化研究》一书于1993年获得国家级图书二等奖。］

宪法认同的文化分析

（汪进元 《中国法学》2005年第1期）

一、多元文化与宪法认同的学理之争

该文认为文化是指：以语言文字为载体，并通过原始习得与外来因素的整合而形成的支配人们行为的精神统一体。文化的型构过程具有历史性、地域性和整合性等特点；文化的基本功能表现为对人的思想和行为的支配性；文化的表征状态为人们对文学、艺术、政治、法律、道德、宗教和社会习俗的认知、体悟而形成的各种观念、思想、知识、信仰和追求等精神现象的统一体。

近现代意义的宪法被打上了西方文化的烙印。然而，当今世界上绝大多数国家都无不例外地借用了具有西方文化特质的宪法并在本国宪政实践中不同程度地体现了西方宪法的文化精神。不过这些国家在借用西方宪法创制本国的民主宪政体制时，无不例外地渗入了本土文化的合理内核，而且即便是同属于西方文化圈的国家，如美国、英国、法国和德国等，他们各自的民主宪政体制也不完全一样。这其中的原因不言而喻，就是文化的异质性所决定的。由此看来，宪法的西域性和文化的多样性之间的矛盾是不可避免的。但是，人类社会经过几千年专制独裁统治的劫难之后，逐渐认识了西域宪法代表了人类政治文明的发展方向。这就决定了多元文化对西域宪法的选择、吸纳和转化等等也成为必然的趋势。不过，文化的异质性又影响着不同文化圈的人民对于宪法认同的价值侧重点以及过程、顺序、方式和方法等诸方面又有不同的区别，也因此形成了多元文化对宪法认同的各种学说。

（一）自由主义的宪法认同观

自由主义大致可分为英美式的自由主义和法德式的自由主义。他们又分别秉持的是经验主义与理性主义；所以按哈耶克的观点，前者为真自由主义，后者为假自由主义。而以罗尔斯、哈贝马斯等人为代表的新自由主义者则是继承了古典自由主义的传统，并吸收了社群主义的批判意见，进而建立了个人与社会相协调的自由主义理论。罗尔斯在承认现代民主社会中多元文化并存对峙的合理性的基础之上，构建的政治自由主义理论，以政治的正义理念为核心基理，以权利优先的理念为价值取向，以公共理性的理念为实现条件，以程序民主为实现途径，并以重叠共识的理念为结果，无疑展示给我们一套完整的宪法认同的学说体系。

（二）社群主义的宪法认同观

社群主义是在批判自由主义的基础上发展而来的，它强调社会的价值与作用。认为对个人身份的定义存在于社会之中。在比较分析了社群主义与自由主义的宪法观点后，我们认为社群主义的宪法认同观有如下几点：首先，从方法论上说，一国人民在本国宪法创制和宪政道路的选择过程中，应尊重本国的历史传统和文化习惯，不可逆历史潮流而盲然选择；其次，在价值取向上，一国的宪法和宪政应侧重于群体的价值和社会公共的利益。

二、多元文化与宪法认同的实践之别

（一）西方文化圈国家的宪法认同实践

西方文化是指以基督教为底色的一种文化类型。然而，从文化的精神意蕴来看，西方文化除蕴含基督教的性恶论外，还渗透有古希腊的自然法观念、古罗马的私权理念、日尔曼民族的个人主义传统、英语民族的司法至上理论以及文艺复兴运动中的人本主义精神。所以，人们常说，近现代意义的宪法是限权宪法和人本主义宪法。但是，西方文化在每个国家的表现也不完全一样，由于各个国家的语言文字、历史传统和文化精神的差异，西方文化也可被分解为以英美国家为代表的个人本位主义亚文化和以法德国家为代表的社会本位主义亚文化等等。通过对法德两国历史的分析，我们认为任何一个国家的宪法和宪政体制的选择和建构都离不开本国传统文化精神的支撑，抛开本国的文化传统，照搬别国的做法，不通过渐进式的引进、消化、吸收并在此基础上修订完善，结果只能是事与愿违，达不到应有的效果。

（二）东亚文化圈国家的宪法认同实践

从文化学的角度来说，东亚是指以儒家文化为基始文化的地区和国家。因此，东亚文化也可称之为儒家文化。其特征集中表现为：家族本位及由此形成的“国”、“社”一体，“家”、“国”同构的社会结构；中央集权与村落自治相结合的权力结构，家族中心与政府干预相结合的经济结构以及以公法为核心并以刑罚为主体和民间调解为辅佐的法制模式。近代以来，由于西方列强的入侵，东亚各国的传统文化也不同程度地受到西方文化的冲击。与此同时，东亚各国为繁荣民族经济、重振国威，采取积极主动的措施，引进吸收西方文化，尤其是以民主、法治、人权为核心内容的宪法文化。而经过分析日本和新加坡两国的宪政文化历史，也不难发现两国虽都大量引进了西方的宪政制度，但本国文化的实质性影响依然存在。

三、多元文化与中国宪法的文化型构

（一）中国宪法两难选择的文化反思

中国宪法的发展历史是曲折的，其中最具影响的有孙中山的“五权宪法”理论和毛泽东的“新民主主义”理论。尽管“五权宪法”理论问世之后，孙中山在有生之年尚未能付之实践，而且也因为国民党蒋介石在位期间借“五权宪法”之名行专权和个人独裁之实，“五权宪法”理论的民主精神未能被有效地开发出来，但是，这一理论无疑是西方宪法文化与中国传统政治文化相结合的产物，更是孙中山先生将西方文化中的民主理论和人权精神内化为中国宪法文化的首次尝试，为其后的中国人探求中国的民主宪政之路起到了鸣锣开道、甚至是奠基的作用。新中国成立之后，以毛泽东同志为代表的老一辈无产阶级革命家，根据马克思主义的国家学说和民主集中制原理，并结合中国传统的政治文化创造性地提出了新民主主义国家理论和人民代表大会制的宪政学说，并通过1954年宪法付诸实践。这是中国人民继孙中山先生之后探求中国宪政之路的又一伟大创举，也是西方马克思主义民主宪政理论与中国传统文化有机结合的又一次尝试。应该说，这一体制的建构，既符合现代国家的民主精神，也适应中国国情。而且，随着西方国家传统的分权型政府体制的变化和行政集权型民主体制的形成，中国的人民代表大会制度将更显其生命力。

（二）“一多兼容”的文化范式：中国宪法的文化型构

中国传统的社会和文化结构始终呈现为一元多头、一体多面的格局。中国自近代以来，虽有西方文化、马克思主义文化和儒家文化的多元并立和对峙，但是，中国现代文化的总体特征仍为“一体多面”、“一多兼容”，而且文化的主流和根基仍然是儒家的集权文化。有鉴于此，本文的结论认为：在现阶段，关于中国宪法的文化型构问题，我们认为要坚持“一多兼容”的文化范式。具体表现为：以中国传统文化为“一”，以传统文化、马克思主义文化、西方文化等的共存为“多”；“一多兼容”，也就是指以传统文化为根基和主干，以其他文化为枝叶和辅助来建构中国的宪法文化。

［汪进元，1958年生，法学博士，现任武汉大学法学院教授、博士生导师，中国法学会宪法学研究会理事。出版个人专著《良宪论》，主编《良法论》并参编教材《宪法学》（高教版）等近10部，发表学术文章40余篇。主要代表著述有《权力制约的理性思考与模式选择》、《论宪法的平等保护原则》、《论宪法的正当程序原则》等。］

宪政生态主义评说

（魏健馨　《当代法学》2005年第3期）

当人们还陶醉在自我实现的理想宪政制度设计的浪漫主义激情中的时候，人类意识结构中的潜意识或许已经在有意与无意之间感悟到了一种警醒，即在以往的宪政实践中，对以人为本、保障人权的热衷是否已经使人类自身滋生了过多的不适当的优越感，反而使人类面临着一种潜在的威胁。人类是否是宪政制度设计中唯一的、独占的主体？这种完全可以归因于生态学立场所带来的善意的提示，在一定程度上扩充了人类法律理性的内涵，使得宪政本身又获得了新的成长空间。

一、当代宪政的法理基础之演进——宪政生态主义

宪政生态主义恰恰源自对传统宪政法理学基础的深刻反省和批判。启动反省机制的一方面是基于客观现实的提示，即人们不能否认的一个事实是，即以人

类为中心的思维定势及其指导下的人类社会实践，反而造成了人类社会进一步拓展自由空间的困境。自由主义并不能够给人类包装上一副不可战胜的盔甲，而使人类永远立于不败之地，“人”只不过是历史的海滩上的沙画，早晚是要被海水湮没的（福柯语）。所以，宪政生态主义摈弃了“人类利益中心”、“人类利益至上”的传统思维模式和立场，而以“人类和生态共同利益”为中心，蕴涵着尊重生态自然的思想。这种理性在一定程度上有助于消弭人类长期以来养成的不适当的优越感。

二、宪政生态主义的价值取向——和谐与宽容

基于宪政生态主义的法理学基础，宪政作为一个动态的、实践“法律理性”的政治过程，其价值取向应该从两个维度上进行考察。

（一）价值取向之一——和谐

宪政的体制设计和发展必须考虑到人类与其他主体的共同栖息的和谐关系。和谐能够促进自然资源的公平配置，能够促进各个物种种群的持续性发展，能够实现人类和生态的共同利益。生态系统的最高价值在于和谐。

（二）价值取向之二——宽容

就宪政制度层面，宽容首先意味着对多元利益主体地位的认可，采取模糊的身份系统以体现宪政的包容性。借助于宪政制度的宽容精神来化解这种异化了的人类社会生活，使不同的利益群体、不同的利益诉求，都能够在制度内找回失落的自我，应该是对人类社会生活的最大的慰籍。

三、宪政权利观念的进化——由自然权利到环境权利

宪政生态主义指导下的宪法规范体系中权利部分的发展与完善呈现出的主要特点为：

（一）多元化的权利主体

多元化的权利主体存在于两个不同的环境空间，其一为自然生态环境系统；其二为社会生态环境系统。宪政生态主义进一步肯定的是，在自然生态系统中，人类并非唯一享有权利的主体，其他的生命体同人类一样享有生命的尊严和价值。

（二）生态化的权利客体

宪政生态主义将公民的基本权利由古典的自然权利、政治参与权利、社会经济文化权利，进一步扩展为环境权利。环境权的设立表明人类正在逐渐摆脱对人的固恋（fixation）。

（三）有效的权利配置与救济机制

对于宪政生态主义而言，也许重要的还不是承认权利，而在于如何恰当地配置权利，并给予有效的救济。

［魏健馨，1964 年生，南开大学法学院副教授，宪法行政法教研室主任。
通信地址：天津市南开大学法学院
（300071）
联系电话：022－23505809
电子信箱：wjx9587@hotmail.com］

刑法解释限度论

（蒋熙辉 《法学研究》2005 年第 4 期）

刑法解释，是对刑法条文含义的阐释，是“纸面上的刑法”到“生活中的刑法”的重要一环。解释在规范的注释刑法学中是一项神圣的事业，它具有自身的相对于立法的限度。越限解释是对罪刑法定原则的悖反，刑事司法中不能适用。论文分为 三个部分：第一部分限度本体论：罪刑法定主义的框定认为，刑法解释的“度”在原则上体现为罪刑法定主义，在指向上应被限定为在国民可预测范围内的“文义射程”。当代罪刑法定主义认为刑法是一个相对封闭的规则体系，需要刑法解释的补充与完善。刑事立法的漏洞只能通过立法进行补充，不允许模糊的罪与非罪的边界由司法自由裁量权来界定。刑法解释的限度是“文义射程”——即“一般人预测的刑罚权范围”，需要根据一国的法治环境、刑事司法的具体情形，基于法官内心的良知作出。第二部分越限判断论：概括越权解释的判断规则为：（1）禁止超越文义的无限度扩张；（2）不得进行入罪重刑的类推适用；（3）排除违背总体法秩序的孤立解释。通过动态中的解释实践的考量，才能获得越限解释判断的真谛。第三部分解释改进论：问题之外的思考认为，刑法解释应当作如下改进：（1）适时修订刑法，规范立法解释。即强化刑法创制、慎用立法解释、及时制定立法解释。（2）改进解释体制，清理司法解释。现行解释体制是立法解释、司法解释体制并存，学理解释透过司法意见或者学者参与刑事司法实践进入体制内。建议立法解释更为主动、更为规范并及时地全面清理与编纂现有司法解释。（3）整理典型判例，形成判例指导。即探索“先例判决”的应用，借鉴判例法的有利因素，通过规范性文件、先例判决和法官个人解释寻求“判例指导”。

［蒋熙辉，法学博士，中国社会科学院法学研究所研究人员。］

刑法修正案（五）的相关问题与解决途径

（付立忠　《中国人民公安大学学报》2005 年第 3 期）

2005 年 2 月 28 日通过的刑法修正案（五），对 1997 年刑法典之第 177 条伪造、变造金融凭证罪、第 196 条信用卡诈骗罪、第 369 条破坏武器装备、军事设施、军事通信罪三个罪刑条款，分别作出了新增罪刑条款、添加罪状款项和补设过失罪刑条款等三方面的重大补充修改。其中，新罪刑条款所涉及的新罪名确定问题，是关系到罪刑法定原则的重大司法问题，最高人民法院、最高人民检察院应加以重视，并尽快出台有关司法解释。该文认为，有三个新增罪名：一是妨害信用卡管理罪（新增第 177 条之一第一款），即涵盖非法持有、运输、骗领、出售、购买、提供真伪信用卡等六种犯罪行为。二是窃取、收买、非法提供他人信用卡信息资料罪（新增第 177 条之一第二款），视为新罪的主要理由是：分款规定的行为在本质上受到犯罪构成要件决定性因素影响而有质上的差异，则可视不同情况而确定为不同之罪；最高司法机关针对两个罪刑条款中最后部分有“依照前款的规定处罚”用语的类似情形的，也确定为两个不同的罪名。三是过失破坏武器装备、军事设施、军事通信罪（新增第 369 条第二款）。另外，添加的信用卡诈骗罪的罪状内容，即“使用以虚假的身份证明骗领信用卡的”行为，由于也属于信用卡诈骗犯罪，因此不涉及新罪名的确定问题。

在司法实践中主要面临如下疑难问题：第一，骗领信用卡行为的定性与适用问题。如果是出于为了自己使用而以虚假的身份证明亲自骗领信用卡的行为，应以妨害信用卡管理罪论处。如果不是出于自己使用的目的，而是为了出售或为了向他人提供的犯罪目的，当与他人没有通谋，则对行为人应以妨害信用卡管理罪来论处，不能定信用卡诈骗罪；当与他人有通谋，但还没有实施向他人出售或提供该骗领的信用卡的行为，他人也没有实施使用行为人以虚假的身份证明骗领的信用卡的行为，则行为人的行为构成妨害信用卡管理罪（犯罪既遂）和信用卡诈骗罪（犯罪预备）。第二，骗领信用卡后又使用骗领信用卡行为的定性与适用问题。这种情形属于牵连犯，由于刑法没有明确规定数罪并罚，那么应以信用卡诈骗罪这个重罪来论处。第三，接受了他人以虚假的身份证明骗领的信用卡的行为的定性与适用问题。如果不是出于使用的目的而是出于好奇或其他非犯罪目的，一般情况下，对行为人是不能定罪的。如果行为人与他人有通谋，则可构成妨害信用卡管理罪的犯罪既遂和信用卡诈骗罪的犯罪预备，他人为主犯，行为人为从犯，应依照数罪并罚的规定处理。

［付立忠，1963 年生，中国人民公安大学副教授，硕士生导师。
通信地址：中国人民公安大学法律系（100038）
联系电话：010－83905245
电子信箱：fudongfang2000@ tom. com］

刑事诉讼的经济分析

——一个初步的讨论

（左卫民　《法学研究》2005 年第 4 期）

刑事司法资源的稀缺性与易耗性决定了，基于成本/收益的理性行为模式，一国的刑事诉讼活动必须以尽可能少的诉讼成本来产出尽可能多的诉讼收益，即追求诉讼经济。权力与权利是充斥刑事诉讼场域、彼此发生密切互动甚至激烈互撞的两种基本因素。所谓诉讼的经济，也因之可分为权力的经济与权利的经济。

权力型的诉讼经济以节约国家权力的运行成本，提高权力行使收益为基本着力点，表现为：国家职能行使趋于一体化：诉讼过程避免“多中心”的出现，仅在某一个诉讼阶段投入最多的诉讼资源；无论是形式上还是实质上，权力制约都较少；减少或取消权利指涉对象的防御和保护措施。权利型的诉讼经济以尽可能降低被告人在诉讼中为保障自身利益而投入的成本，并尽可能提高权利保障的成效为基本着力点，表现为：允许并鼓励被告人自愿选择简单化程序；简化诉讼程序与诉讼环节，缓解当事人的讼累；减少当事人在诉讼过程中所投入的经济资源，以快速诉讼来实现公民权利的迅速保障；基本权利保障的国家化，对无力聘请律师的被告人提供援助，限制保释金金额等，以降低被告人保障自身权益的成本。需要指出，实践中任何一种类型的刑事诉讼制度对经济性的追求都兼具上述二者，权力型经济和权利型经济彼此之间存在微妙、复杂的互动关系。

弹劾式尽管类似对抗制诉讼形态，但它其实是符合权力型经济诉讼模式；而纠问式诉讼虽然在漠视被告人权利保护的基础上极度追求国家权力行使的经济性，但所花费的国家成本较之弹劾式仍然明显增加。总的来看，作为现代刑事诉讼制度的当事人主义与职权主义模式也把节约成本、提高诉讼的经济性作为追求目标。但这种追求建立在保障诉讼当事人权利的基础之上，同时也更加注重对权利保障经济性的追求，尽量降低被告人维护诉讼权利所支付的代价。不过，和历史上的诉讼类型比较起来，整个诉讼成本的大幅度增加也是难以避免的。这既是权利保障的需要，也是社会文明化程度和司法理性化程度提高后的必然结果。

中国刑事程序设计及运作在整体上就是以被告作为追诉/审讯对象而构建起来的，追求一种权力型的诉讼经济。这是一种比职权主义诉讼的国家成本更低、诉讼资源使用更为经济的诉讼模式。但令人遗憾的是，理性化程度不够的司法体制对有限诉讼资源造成了严重内耗，诉讼经济依然成问题。从建构权利充分保障与权力有效行使兼具的经济性诉讼制度的角度来看，中国的刑事诉讼制度亟需进一步的改革。

［左卫民，1964 年生，四川大学法学院教授、博士生导师，四川大学中国司法改革研究中心主任，四川大学研究生院常务副院长。
通信地址：四川省成都市四川大学法学院（610064）
联系电话：028－85470981
电子信箱：zuowm@ vip. 163. com］

在法科生与民进党之间

——对民进党高层的法社会学考察

（李学尧　冯健鹏　《法学》2005 年第 5 期）

该文通过分析相关资料，对台湾民进党高层人员的法科教育背景作了初步的梳理。调查结果表明：民进党高层人员和公众性人物中，相当一部分具有法科教育背景。民进党与法科生的结合，既是台湾逐渐步入法治社会的必然结果，也有岛内特殊的历史和社会背景。该文还分析了法律人成为民进党主流的过程及法律人对其逐日坐大的巨大推动作用。在此基础上，该文认为我们当前的对台统战政策可以作适当的创新和调整。

在很多场合，法科生往往与“台独分子”相联系：民进党史上 9 位党魁中，即有 8 人具有法科相关的受教育经历；而其他具有“台独”背景的“明星式”人物，如“教父”彭明敏、“军师”李鸿禧等人也都是法科毕业生，或者在从政前以法律为业。当然，我们不能仅根据上面的有关资料，就把法科生与“台独分子”或者民进党划上等号。但值得我们深思的是，“最铁杆”的民进党骨干大部分都有法科教育的背景。

经过考察，我们发现：一方面，法律人擅长言辞技术与程序技术，以及对各种利益的协调与均衡的能力，使得法律人参与现代政治具有天然的优势；另一方面，民进党的政党体制、以及“民主”与“台独”在台湾历史地相交织所产生的吸引力，使得法律人的前述能力在民进党内可以更容易地发挥。

中央政府对台的基本政策在具体方式上以经济优惠和文化感召为主，期望以经济和文化的力量推动“三通”，促进两岸的和平统一。在大陆经济日益成长的背景下，这种政策确实起到了显著的效果。但正是在两岸经贸关系、文化交流日趋紧密的 80 年代、90 年代，以民进党为代表的“台独”势力突破种种界限，在力量上获得质的突破，使台湾问题面临新的形势。

从法律职业的角度来看，台湾这种新的形势是和台湾社会整体政治形势变化有关的：随着台湾的社会发展，法律职业在台湾政坛发挥了越来越大的作用，这也是现代社会发展的一般趋势；但是台湾的特殊性在于，“台独”势力利用法律职业的力量充实、壮大自己。法律职业与“台独”之间的关联是在台湾特殊的社会历史条件下形成的。

正视这一因素，有助于我们更加全面地了解台湾目前的形势、更加有力地回击“台独”势力；另一方面，我国把法治国家作为奋斗的目标，也要求我们的对台工作提升法理规则下的“攻防能力”。

［李学尧，1977 年生，法学博士，现任教于上海交通大学法学院。主要研究领域包括公法基础理论（权利理论）、法社会学（法律职业）等。代表作有论文《法律职业主义》、《这是一个职业危机的时代吗?》、《在法科生与民进党之间》，著作《法律人之治》（合著）等。

冯健鹏，1981 年生，浙江大学法学院宪法学与行政法学博士生。主要研究领域包括宪法学、法社会学等。代表作有《监督，能否与法治兼容》、《在法科生与民进党之间》等。］

秩序、过程与文化

——西方法律人类学的发展及其问题

（赵旭东 《环球法律评论》2005 年第 6 期）

该文认为，法律人类学作为一门学科发轫于 19 世纪的欧洲。许多先驱性研究都是在西方法理学的解释框架中开展讨论的，直到功能论的人类学观点对法律的研究产生影响之后，这种局面才开始转变。1950 年代之后，法律人类学者逐渐抛开法理学式的寻找规则的研究模式，转向了对实际的法律审判和政治事件发生过程的描述。今天的法律人类学家一方面是到宏大的历史事件中去考察阶级与财产、权力与特权之间的关系；另一方面则是到意义与信仰的网络中去做文化的理解。法律的西方中心的现代性神话，其核心的结构就是以为，西方以外的“他人”都是生活在静态的、统一的以及封闭的意义系统之中，而“我们”（指西方人，文化人）占据的是一个进步的、分化的和开放的世界。这一“白人的神话”假定西方有法律、规则和具有反思理性的；而其他的文化则只有暴力、混乱和武断，或者说是由专制统治着社会生活。因此撰写法律民族志最为重要的就是不要把异文化看成是不同于我们自己文化的客体存在，进而犯下把这一客体描述成一成不变、没有时间感的客观主义的错误。

［赵旭东，1965 年生，中国农业大学人文与发展学院副教授，社会学系副主任。

通信地址：中国农业大学人文与发展学院（100094）

联系电话：010－62733142

电子信箱：xudong@ cau. edu. cn］

中国大陆、台湾地区与日本三地的票据信用交易制度比较研究

（李伟群 《比较法研究》2005 年第 3 期）

伴随着我国经济对外开放政策的深入，国内企业和国外企业之间的国际贸易活动日益增多，票据必将成为一种重要的结算手段。该研究采用比较法的手法，选择以不同法律制度为背景的日本、我国台湾地区以及我国大陆目前现有的票据拒付处分制度为对象进行比较，特别是通过对日本以及台湾法制的了解和研究，借鉴他们的长处，通过分析、比较，指出三个地区各个制度的差异和优劣，寻找适合我国国情的票据拒付对策，以逐步健全和完善我国的票据拒付处分制度。

［李伟群，1963 年生，华东政法学院经济法学院副教授，日本法研究中心主任。

通信地址：上海市万航渡路 1575 号（200042）

联系电话：021－58758195

电子信箱：weiqun1963@ hotmail. com］

大事记

2005年中国法学研究大事记

1月13日，中共中央政治局委员、中央书记处书记、国务委员周永康在会见第四届全国“十大杰出青年法学家”时，勉励他们要始终围绕全党全国工作大局开展法学研究，多提治国安邦的真知灼见，多创造实践需要的学术精品，从理论和实践的结合上科学回答推进依法治国、依法执政提出的重大理论和现实问题，为推进依法治国、建设社会主义法治国家的进程作出新的贡献。

1月15日，国家重点研究基地中国人民大学刑事法律科学研究中心与中国法学会刑法学研究会主办了“当代刑法与人权保障——全国杰出青年刑法学家论坛”。论坛围绕“刑法与人权保障”进行了理论研讨。

1月15日，第一个监狱网站在北京市外地罪犯遣送处开通，届时该监狱服刑人员家属便可以通过网络“预约探亲”，此举在该市监狱尚属首例。据悉，这是遣送处利用网络，对监狱尝试数字化管理的举措之一。

1月16日，财政部副部长在中国经济形势报告会上表示物业税计划在部分城市先试点。

1月20日，在北京大学妇女法律研究与服务中心举办的“关于在校大学生婚育问题研讨会”上，来自教育部学生司的代表透露，在新的《普通高校学生管理规定》中，将不提“婚育”二字。言外之意，学校对在校大学生结婚、生育等将不再干涉。

1月21日，北京大学教授、澳门科技大学法学院名誉院长肖蔚云先生1月11日来澳门讲学，因突发急性心肌梗塞抢救无效，于1月21日不幸在澳门逝世，终年81岁。肖蔚云先生是中国著名法学家，1947年考入北京大学法律系，毕业后留校任教，曾留学苏联4年，先后担任香港、澳门基本法起草委员会委员，香港、澳门特别行政区筹备委员会委员，澳门基本法委员会委员，是北京法学会名誉会长、中国宪法学研究会名誉会长。

1月22—23日，中英辩护律师权利及证据开示试点项目研讨会在寿光召开，来自英国的法律专家及英国驻华使馆官员等外国友人，全国人大、最高人民法院、最高人民检察院、全国律师协会的领导，中国社会科学院、北京大学、中国政法大学、中国人民大学等国内著名法学研究机构与高等学府的法学教授等70余人参加了会议。

1月29日上午，中国法学会举办了“刑讯逼供问题研究座谈会”。与会者就如何遏制刑讯逼供问题从司法和立法等方面阐述了各自的看法。

2月26日，北京市法学会国际法学研究会、经济法学研究会和北大税法研究中心联合举办的“全球化背景下的经济法与国际经济法”研讨会在北京大学英杰交流中心召开。

2月28日，全国人大常委会确定2005年立法计划，备受社会关注的证券法修订草案、紧急状态法草案、行政强制法草案、个人所得税法修订草案、审计法修订草案、反垄断法草案等31部法律草案列入了这一立法计划，有望在今年正式启动相应立法程序。

3月2日，德国莱比锡大学经济学教授哈瑟先生在南京大学法学院作学术报告。

3月，国内首部有关美国宪法第一修正案的研究专著《表达自由——美国宪法第一修正案研究》，由北京大学出版社正式出版。作者邱小平是美国华盛顿大学法学博士。其主要内容是言论自由在美国法律史上所走过的坎坷历程。作者在所学专业的基础之上，查阅了大量的原始资料，为读者提供了美国联邦最高法院的大法官们在不同语境下解读美国宪法第一修正案的全貌，全书58万字，涉及案例200多个。“政治与法律思想论丛”主编高全喜认为，该书不仅具有填补空白的意义，其学术价值也不容忽视。

3月11日，中国政法大学民商经济法学院举办“所得税法改革与社会公平”高峰对话。

3月11—12日，中国人民大学刑事法律科学研究中心和英国大使馆联合主办了中英“死刑适用标准及死刑限制”学术研讨会。两天的会议共分“死刑限制的中国视野：实体法角度”等四个单元就某些具体问题进行了探讨。

4月，由厦门大学法学院主办、香港中国评论文化有限公司出版的《中国海洋法学评论》创刊号（2005年第1期）正式出版发行。中国台湾学者傅崐城主编此刊。创刊号上刊登了《论国际海洋法法庭的管辖权》、《国际公约、政策、法律、管理——生物安全比较研究》、《浅析美国对联合国海洋法公约的立场演变》等论文。该刊在中国香港地区出版，每年出版两期，凝聚众多国内外海洋学专家、学者的智慧，以推进中国海洋建设事业的发展。

4月1—2日，由教育部高等法学教育指导委员会与美国法学院协会共同举办、中国政法大学承办的2005年中美法学院院（校）长会议在北京举行。此次会议云集了中国近60所大学的校长、法学院院长和美国20多所大学法学院的院长以及相关的专家、学者，会议就法学院评估、法学院管理等法学教育问题进行了研讨。

4月2日，由华东政法学院民法研

究中心、罗马法与欧洲法研究中心主办的民法法典化与反法典化国际研讨会在华东政法学院举行。

4月27日，《中华人民共和国公务员法》在十届全国人大常委会第十五次会议上获得通过，国家主席胡锦涛签署主席令予以公布。这部法律自2006年1月1日起施行。

4月28日下午，中国人民大学法律与全球化研究中心和宪政与行政法治研究中心在贤进楼501举行关于“法理学与宪法学、行政法学的对话”的研讨会，会上探讨了科技整合和对话的可能性与可行性。

5月1日，十届全国人大常委会通过的《关于完善人民陪审员制度的决定》正式施行。

5月5日，第五届中国商法年会在扬州大学举行。最高人民检察院副检察长姜建初、中国法学会副会长孙在雍、中国法学会商法学研究会会长王保树、国家警官学院院长石少侠等出席会议。会议期间，来自全国人大法工委、国务院法制办等单位的近200多名专家、学者围绕“资本市场发展的商法环境”这个主题，就“资本市场发展中的自律与自治”、“资本市场发展与政府监管”、“资本市场发展与信托的运用”、“金融业分业经营与混业经营中的法律问题”以及“国有资产的授权经营”等议题，从不同的角度对我国社会主义市场经济的发展动向进行了研讨，提出了市场经济发展的法制构想。

5月13—14日，21世纪商法论坛（2005）暨清华大学法学院10年院庆国际研讨会在清华大学法学院模拟法庭召开。此次研讨会由美国密执根大学法学院、清华大学法学院和清华大学商法研究中心共同组织，会议的议题是“中美商法新发展”。历时两天的会议主要围绕国际贸易与金融服务法、国际投资法、税收法律制度、公司法最新修改动向、公司并购问题、证券法的若干问题、公司的社会责任等商法领域中的最新理论和实践发展进行。

5月18日—9月底，全国公安机关开展“开门大接访”活动，全国3000多个县（市、区）的公安局长面对面接待信访群众，集中处理群众信访问题，使一大批群众信访问题得到切实解决，一大批久拖不决的“老大难”问题得到依法处理，一大批信访群众停访息诉，有力地维护了人民群众的合法权益。

5月19日，由中国政法大学张树义教授工作室首创的国内第一条“行政侵权救助热线”在京开通。救助热线将以法学专家资源为运作背景，通过网络互动平台，采取个案关注、学术研讨等方式，为民众提供有效的行政侵权救济手段和路径。

5月20日，第六届全国经济法前沿理论研讨会暨“三农”法律问题学术研讨会在重庆召开。许明月教授宣布大会开幕并主持会议。

5月21—22日，“内地、香港、澳门区际法律问题研讨会”在佛山召开。这次会议由中国国际私法学会和广东省法官协会主办、佛山市法官协会协办，吸引了56名内地、香港、澳门司法界和法学理论界的法官、专家、学者。最高人民法院民四庭副庭长王彦君、中国国际私法学会会长、武汉大学副校长黄进教授、广东省法官协会副会长、广东省高级人民法院副院长陶凯元教授出席了会议。

5月24—29日召开的第22届世界法哲学及社会哲学年会上，哈贝马斯等学者拟定了一份关于全球化的宣言。因为这次会议是在西班牙南部古城格拉纳达召开的，故称为《格拉纳达全球化宣言》，由参加会议的学者们签名后公布于众。

6月，由吉林大学主办，中国社会科学院法学所、吉林大学、北京大学、中国人民大学等八所具有法学理论博士招生资格的单位联办的“全国首届法学理论博士生论坛”在长春举行。来自全国的法学博士生就全球化下中国法律走向进行了较为深入的探讨。虽然他们还很年轻，他们的某些看法尚不成熟，但他们在很大程度上代表了中国法学理论的未来。

6月17日，由中国法学会、人民论坛杂志等单位举办了为期两天的“依法执政理论与实践——首届中国法学家论坛”，与会专家学者围绕“依法执政是党执政的基本方式”、“依法执政的必然性与艰巨性”等问题展开了研讨。全国政协副主席罗豪才、中国法学会会长韩杼滨、吉林大学党委书记张文显、人民日报副总编陈俊宏等出席论坛。

6月18—19日，山东大学法学院与《中国刑事法杂志》杂志社共同举办了“全国金融犯罪与金融刑法理论研讨会”。此次学术会议讨论了金融刑法的立法等问题。

6月21—22日，由全国人大法工委、中国法学会民法学研究会、中国人民大学法学院主办，扬州大学承办的“海峡两岸民法典研讨会暨中国法学会民法学研究会2005年年会”在扬州大学召开。

7月10日，全国人大常委会办公厅正式通过网络、报刊等媒体向全社会全文公布物权法草案，广泛征求社会各界的意见。这是继1954年宪法、合同法、婚姻法等之后，我国第12部向社会公布征求意见的法律草案。

7月20日，值《中华人民共和国体育法》颁布实施十周年之际，中国法学会体育法学研究会在北京召开了成立大会。全国人大、国务院法制办、中国法学会、国家体育总局有关领导参加了会议。中国法学会体育法学研究会的成立，是我国体育事业迅速发展和我国法学研究不断繁荣的必然产物，是我国体育法制建设发展进程中的重要标志。成立大会上通过了中国法学会体育法学研究会章程，选举了第一届理事会和常务理事会，国家体育总局副局长段世杰当选为研究会会长。

7月27日，由北大财税法研究中心、北大经济法研究所、北京联合大学经济法研究所主办的“中国区域经济开发法律问题高层论坛”召开。

8月9—10日，为期两天的“2005辽宁·沈阳法治论坛”在沈阳召开。本次论坛的主题是：民主法治与建设和谐辽宁。论坛的举办，为构建和谐辽宁搭建了进行高层次交流的平台。会议期间，全国著名法学家、中国法学会副会长、吉林大学党委书记张文显教授专程来到沈阳作了主题演讲。同时，与会的各位专家、学者对关系人民群众切身利益的热点难点问题，充分表达了他们前瞻性的思考，发表了真知灼见。

8月10日，中国法学会繁荣法学研究工作会议在北戴河召开。来自中国法学会各学科研究会、各地方法学会以及全国人大法工委、国务院法制办、公安部、安全部、司法部、最高人民法院、最高人民检察院等有关部门的百余名专家学者汇聚一堂，共商繁荣法学研究的大计。中国法学会会长韩杼滨作了题为“认清形势、抓住机遇，努力开创法学研究工作新局面”的重要讲话。他指出，党中央高度重视哲学社会科学研究和法学研究，广大法学工作者、法律工作者要用发展着的马克思主义指导法学研究，要围绕全党全国工作大局开展法学研究。法学研究要贴近实际、贴近生活、贴近群众。

8月15—17日，在海南博鳌召开了“中国法学会行政法学研究会成立20周年庆典暨2005年全国行政法学年会”，会议主要回顾和总结了20年来中国行政法研究所取得的成绩，并对未来行政法学的研究进行了展望。

8月21—22日，中国刑法学会与西南政法大学联合主办了第三届中韩刑法学术研讨会。与会学者对国际刑事司法协助、跨国有组织犯罪等问题展开了研讨。

8月26日，第22届世界法律大会期间的22个专题的研讨方案已经确定。经与世界法学家协会协商，各专题研讨内容和中外方主席以及每一专题的发言人也已经确定。22个专题的115名发言人当中既有资深法官、检察官、律师和著名法学专家，又有联合国等国际组织的官员、政府官员、新闻记者、经贸专家和非政府组织人士。

8月26—27日，中国人民大学刑事法律科学研究中心主办了“首届当代刑法国际论坛”。论坛的主题是：“全球化时代的刑法变革——国际社会的经验及其对中国的启示”。

8月28—30日，吉林大学法学院主办了第四届中日刑事法学术研讨会。会议的议题为“危险犯和危险的概念”。与会者就危险犯问题进行了研究和交流。

9月4—10日，第22届世界法律大会在北京开幕。会前，中国国家主席胡锦涛会见了部分与会代表，祝贺大会在京召开。中共中央政治局常委罗干、中国首席大法官肖扬及世界法学家协会主席等在开幕式上分别致辞。

9月9日，第22届世界法律大会在上海国际会议中心举行闭幕式。会议通过一个反映大会共识的、具有指导意义的《上海宣言》，充分体现以法律来维护和促进人与人、人与自然、人与社会和谐发展的目标和宗旨，反映国际法律界对法治与建立和谐国际社会所达成的广泛共识和最新研讨成果。

9月21—23日，保监会法规部召集部分保险公司、最高人民法院、保险领域律师、保险院系教授、专家学者及中国消费者协会人士分批进行了长达三天的《保险法》修改初稿的讨论。

9月23日，以“国际法与国际秩序”为主题的中国国际法学会2005年学术年会开幕。在开幕式上，中国国际法学会会长、最高人民法院常务副院长曹建明表示，如何善于运用国际法，把握当今时代的主题和世界格局变化，积极推动建立公正合理的国际政治经济新秩序，妥善处理影响世界和平与发展的各种复杂问题和不确定因素，共同应对人类发展面临的各种全球性问题，是摆在我们面前的一个重大课题。今年正值世界反法西斯战争胜利六十周年暨联合国成立六十周年，本届年会以“国际法和国际秩序”为主题意义重大。

9月27日，全国人大法律委员会、财政经济委员会和全国人大常委会法制工作委员会，就修改个人所得税法在北京举行关于个人所得税工薪所得减除费用标准立法听证会。这是全国人大常委会立法过程中举行的首次立法听证会。修改后的《个人所得税法》将现行的个人所得税法规定的工资、薪金所得的减除标准由每月800元提高到每月1600元。

10月1日，公安部发布《中华人民共和国临时居民身份证管理办法》开始施行。公安部于1989年9月15日发布的《临时身份证管理暂行规定》同时废止。

10月，国家出台《零售商促销行为管理办法》。

10月15—16日，全国性“宗教与法治”学术讨论会在重庆召开。会议以科学、客观、求实的态度，就“有关宗教问题的法律定义”、“宗教管理与法治”、“处理宗教问题的模式比较”、“我国第一部《宗教事务条例》”等议题进行了学术探讨。

10月23日，中国法学会宪法学研究会2005年年会暨成立20周年纪念大会在济南召开。

10月24日十届全国人大常委会第十八次会议分组审议物权法草案，吴邦国委员长参加分组审议。

10月25日，《中华人民共和国外国中央银行财产司法强制措施豁免法》由中华人民共和国第十届全国人民代表大会常务委员会第十八次会议通过，并予公布，自公布之日起施行。

10月25—26日，西南政法大学主办了“全国中青年刑法学者‘违法性认识’专题研讨会”。与会者就“违法性认识的概念”、“违法性认识是否有存在的必要性”等四个主题发表了各自见解并展开了讨论。

10月26日，最高人民法院发布《人民法院第二个五年改革纲要》，明确将死刑核准权统一收归最高人民法院行使。

10月27日下午，十届全国人大常委会第十八次会议表决通过了修改后的证券法。

10月27日，十届全国人大常委会第十八次会议表决通过了关于批准《联合国反腐败公约》的决定。这一公约的批准，为我国遣返外逃腐败犯罪人员、追缴被非法转移国外的资产提供了国际法依据。

10月27—28日，中国人民大学民商事法律科学研究中心会同中国人民大学法学院、香港城市大学法学院和香港城市大学中国法研究中心在香港召开了“比较侵权法国际研讨会”，出席会议的有来自我国内地、香港特别行政区，以及印度、澳大利亚等国家和地区的侵权行为法专家60余人。

10月28—29日，董必武法学思想研究会2005年年会在江苏省南京市召开。

10月28—30日，中国刑法学研究会主办了中国法学会刑法学研究会2005年学术研讨会。年会主要围绕：（1）自首、立功、缓刑制度；（2）累犯、数罪并罚制度；（3）渎职罪问题；（4）《刑法修正案（五）》等四组议题展开讨论。

10月29日上午，浙江大学法学院建院60周年庆祝大会在紫金港校区国际会议厅举行。

10月29—30日，由浙江大学法学院、北京大学法学院、中国社会科学杂志社共同主办的“法律与人文”学术研讨会于在浙江大学举行，一大批在国内外享有较高声誉的法学界专家学者聚集求是园，就涉及文学、史学和哲学等传统人文学科在法学研究中的作用、意义及前景进行了热烈的研讨。

10月30日，新公司法终审获得通过。

11月9日，由共青团中国政法大学委员会主办、中国政法大学研究生会承办、北京法政集团赞助的以“弘扬法治精神，传播法治精义，关注法治焦点，推动法治进程”为主要宗旨的“法治中国”系列论坛首场——《纵论公司法的修改》暨开坛典礼在中国政法大学学院路校区礼堂举行。

11月14日，中国人民大学法学院与世界银行集团外国投资咨询服务局联合主办的应收账款担保融资国际研讨会在北京友谊宾馆召开。

11月17日，“世界哲学日在中国”活动经过联合国教科文组织授权、由吉林大学举办。本届哲学日的主题是“哲学与公共政策问题：中国经验与反思”。

11月19—21日，山东大学法学院和山东大学刑事法律研究中心共同主办了第二届刑法犯罪理论体系国际学术研讨会。与会代表围绕着“新时代与犯罪论体系的重构”议题展开了讨论。

11月21日，第二届“长三角法学论坛”在杭州举行。

12月2—3日，海峡两岸WTO法律论坛在北京大学召开。

12月6日，由国家检察官学院主办、东莞市人民检察院协办的“首届国家高级检察官论坛”在广东东莞市开幕。来自国内法学界的知名学者和百余名省、市、县三级检察院的检察长、高级检察官就“规范执法：检察权的独立与制约”这一主题进行了研讨。

12月7日，中国法学会民法学研究会、广东省律师协会、中国人民大学法学院共同举办的“中国物权法疑难问题研讨会”在广州召开。

12月8日，北京大学法学院“软法研究中心”在该校正大国际会议中心举行成立仪式，其基本研究课题是公法视野下的软法问题，与会学者谈讨了软法的研究现状、软法的概念、历史和特点、研究意义等问题。

12月10日，中国人民大学刑事法律科学研究中心、宪政与行政法治研究中心共同举办了“刑法学与宪法学的对话”专题研讨会。会议围绕着“人权入宪”对于刑法学研究的意义、生命权与死刑等九个问题展开了讨论。

12月10日，中国法学会与北京市委政法委共同主办的首届“法律适用国际高层论坛”在北京举办，来自中国、美国、澳大利亚等十几个国家的300余名法学、法律工作者，就15个专题进行了广泛、深入的研讨与交流。此次论坛以“刑事法律适用与提高司法水平”为主题，包括：“宽严相济”刑事政策与构建和谐社会的关系、反贪国际合作机制与对策研究、刑事侦察程序改革、计算机网络犯罪的预防与打击、社区矫正的理论与实践等专题内容。

12月11日，中国法学会法学期刊研究会在上海举行成立大会。来自全国各地的法学期刊工作者60余人出席了会议。

12月13日，北京大学公布了新的《本科考试工作与学术规范条例》，对于论文作弊的本科生，北大首次明确处以“极刑”——开除学籍，这也是国内高校对于本科生论文作弊作出的最严厉的处罚。新条例将原来的《北京大学本科考试工作条例》更名为《北京大学本科考试工作与学术规范条例》，并首次增加了有关论文写作中学术规范的内容。

12月17日，由中国政法大学国际法学院、中国政法大学海商法研究中心主办，广东敬海律师事务所、香港夏礼文律师行协办的“2005年两岸三地海商法研讨交流会暨中国政法大学海商法研究中心成立大会”在北京中苑宾馆融苑厅隆重举行。来自我国大陆、香港和台湾地区的70余名海商法专家学者和实务界人士出席了会议，与会代表对两岸三地的海商法热点问题作了广泛深入的探讨。

12月21日，在认真反思总结佘祥林“杀妻”冤案教训的基础上，湖北省政法机关颁布了《关于刑事证据若干问题的规定（试行）》，拟于2006年1月1日开始实行。这项新规定要求，政法机关讯问重大案件犯罪嫌疑人必须进行录音录像，并可以通知其律师到场，还要求对死因不明的尸体应当进行解剖，对相关重要证据应做DNA鉴定。

12月24日，关于废止农业税条例的决定草案提请十届全国人大常委会第十九次会议审议，成为本次常委会会议最引人关注的一项议程。因为这项议程将意味着在中国延续了2600年的“皇粮国税”——农业税——有望自明年1月1日起取消。据分析，这一草案极有可能在12月29日本次常委会闭幕会上表决通过。

12月24日，中国人民大学宪政与行政法治研究中心与北京大学法学院软法研究中心共同主办的“行政指导与软法研究——以泉州工商行政指导实践为研究样本”学术研讨会，结合实证调查研讨了软法视野下的行政指导。

12月30日，中国人民大学法学院走过了半个多世纪的辉煌历程，迎来了自己的55年华诞。在这喜庆的日子里，宏伟的中国人民大学明德法学楼落成并正式启用。双喜临门的人大法学院隆重举行了成立55周年庆祝大会暨明德法学楼启用典礼。

12月30日，根据日前召开的国务院常务会议的决定，中华人民共和国中央人民政府门户网站（简称“中国政府网”）将于2006年1月1日正式开通。中国政府网的网址是www.gov.cn，现开通中文简体版、中文繁体版和英文版。中国政府网是国务院和国务院各部门，以及各省、自治区、直辖市人民政府在国际互联网上发布政务信息和提供在线服务的综合平台。建设中国政府网，是推进政府管理方式创新、建设服务型政府的重要举措，对于促进政务公开、改进公共服务、提高行政效能、便于公众知情和监督，具有重要意义。

12月30日，中国第一份全景式展示中国改革开放以来法制发展状况的民间学术报告——《中国法律发展报告》（1979—2004）即将面世。中国人民大学法理论坛和法律与全球化研究中心举办了“中国法律发展报告”研讨会。《中国法律发展报告》从立法、法律实施、法学教育、法律职业等方面描述了25年来我国法律发展的轨迹。

自2004年末开始到2005年末，全国开展集中打击赌博违法犯罪活动专项行动，参与打击赌博专项行动的中央部委达17个。为配合这一行动，两高5月12日公布《关于办理赌博刑事案件具体应用法律若干问题的解释》，明确是否构成赌博罪的法律界定，强调对国家工作人员实施赌博犯罪要从重处罚。

2005年，一批关系国计民生的法律法规颁布实施。其中包括《公务员法》、《治安管理处罚法》、《公证法》和《公司法》修订案、《证券法》修订案及全国人大常委会关于修改妇女权益保障法的决定等。

（钱弘道）

教育学

综　述

2005年中国教育学研究综述

2005年国内的教育学研究呈现出稳步发展、不断创新的良好态势，成果丰富，按照各二级学科分类概要如下：

一、教育学原理

2006年教育学原理的研究主要集中在以下几个方面：

（一）学科基础理论研究

陈桂生在《“教育理论与实践关系问题”的再认识》一文中，通过分析教育科学理论与教育实践理论之间的逻辑鸿沟、教育实践理论的建构、我国现行教育学存在问题的症结，以及教育实践理论对教育实践的指导等问题，纠正了对有关教育理论与实践关系的简单化的理解。靖国平在《论教育学的学科范式、知识样式及其话语方式》一文中指出，当代教育学最为需要自我反醒、自主解脱和自由解放，寻求教育学独立、丰富、多元的个性品质，走山纯粹科学知识的神话意境，转向关注生活场景的学科范式、实践反思的知识样式和对话交流的话语方式。此外，刘旭东的《教育学的困境与生机》、孙振东的《当前我国教育学建设中的几个问题》等文也都对学科自身的发展进行了反思。

（二）教育改革理论研究

黄济在《关于教育改革的几点思考》一文中以科学方法论为指导，对教育改革与历史经验和现实情况的关系作了理论结合实际的论述和例证，并辩证地分析了教育改革中出现的引进与中国化、学习知识与培养能力、紧张与宽松、师与生以及教与学等方面的关系问题。劳凯声在《公共教育体制改革中的伦理问题》一文中分析了我国公共教育体制在改革中出现的市场化运作形式带来的负面影响及其引发的一系列改革伦理问题，提出只有深入理解教育活动的基本价值，准确把握教育改革的复杂性，才能最终提升教育改革的道德水准和改革决策的伦理质量。金生鈜在《论教育权力》一文中提出，教育权力保障教育世界的公共秩序和交往理性的作用，使得教育这种公共生活的形式和空间得以存在，从而使学生在教育生活中获得平等的权力和权利。教育权力的失能和不足，造成教育中种种压制性暴力的泛滥。郑金洲在《多元文化激荡中的教育变革》一文中分析了多元文化冲击导致的教育类型多样化、教育中文化冲突加剧、教育整合文化的功能弱化、教育变迁的动力增强等问题。

（三）教育公平与和谐社会

教育是经济社会协调发展和建设社会主义和谐社会的基础工程，教育公平是社会公平的基础和核心环节，没有教育的公平，就谈不上社会公平。坚持用科学发展观统领教育工作全局，努力促进教育的公平公正，使教育事业的发展惠及更广大的人民群众，成为2005年教育理论界所关注的焦点之一，主要成果有周洪宇的《教育公平：和谐社会的重要内容、基础和实现途径》、刘健儿的《教育公正刍议》、钱志亮和石中英的《中国农村教育的发展路向》、刘复兴的《市场条件下的教育公平：问题与制度安排》，以及杨东平的《试论促进教育公平的教育公共政策》等。

2005年度出版的代表性专著有王道俊和郭文安著《主体教育论》、安文铸著《走进基础教育的真实世界》、熊川武和江玲著《理解教育论》、夏再兴著《中国“教育过度”问题研究》以及区应毓等著《教育理念与基督教教育观》等。

二、课程与教学论

2005年度在课程与教学论领域的研究主要集中在以下几个方面：

（一）课程理论

袁宗金在《我们究竟需要什么样的课程研究》一文中指出，课程研究是教育发展的基本动力，我国的课程研究目前在研究的取向方面存在诸如过度“西化”和脱离实践的研究态度等众多问题，课程研究应该坚持的正确取向，一是立足教学实践，促进理论与实践的结合；二是突出课程研究的本土化特点，避免课程成为“他人”研究的领地。殷晓静在《课程资源研究进展述评》一文中从课程资源的含义、课程资源的开发与利用以及课程资源的实践三个方面对课程资源研究的进展情况进行述评，指出我国目前对课程资源的研究框架和体系已经初步形成，而针对性和实践性仍有欠缺，研究深度有待进一步加强，并提出将课程资源研究进一步推向深入，注重有针对性地加强对教育教学实践中资源问题的解决将是我国课程资源研究的必然趋势。靳玉乐、李殿森在《课程研究在中国大陆》一文中指出，中国大陆课程研究在不懈的探索中，从依附走向了独立，深化了旧有的研究路向，开辟了新兴的研究格局，探讨并构建了课程理论体系，重建了课程概念，拓展了课程研究范畴，密切了与课程实践的关系，集中探索了课程现代化、课程改革、课程形态、课程研究方法论、课程实验等问题，取得了课程研究的新进展。黄忠敬在《课程研究的文化学路向》中指出，课程研究的范式已经发生了转向，由关注课程的技术性到关注课程的政治性，由强调课程的客观性到强调课程的意义性，由追求课程的科学性到追求课程的文化性，这就是课程研究的文化学路向。

（二）课程改革

邬向明在《课程改革：问题与对策》中指出，新课程改革中最关键、难度最大的改变，就是教师教学方式和学生学习方式的转变以及师生交流和合作机制的建立，改革实践过程中存在的问题主要有观念与认识问题、目标与条件问题、考试与升学问题以及形式与内容等问题，并提出了相应对策。靳玉乐、艾兴在《新课程改革的理论基础是什么》中分析了世界范围内三次课程改革的理论基础。彭泽平在《我国新课程改革的价值转型及其知识论与人学根源》中从教育哲学角度审视了我国新一轮基础教育课程改革中，彰显“人”的价值转型，指出20世纪90年代以来国人知识论、人学观的转换，为我国新课程改革提供了知识论的前提和鲜活的人学基础。钟启泉在《中国课程改革：挑战与反思》中联系当前中国大陆近年来教育界出现的若干现象，阐述了基础教育课程改革面临的挑战和应对的策略。

（三）关于“研究性学习”的探讨

在素质教育理念和新课程改革背景下，研究性学习成为重要的研究领域，2005年度在这方面的相关论文颇丰，主要有论张华、刘万海的《“研究性学习”的课程与教学论意义》、杨明全的《为什么需要研究性学习：追问与求证》以及辛占香的《研究性学习的思想渊源与实践基础》等。

（四）教学论研究

回归生活世界是当下教学论的热点话题，郭华在《评教学“回归生活世界”》中分析了教学“回归生活世界”主张的诉求及其所带来的种种难题与困境，并提出，要想切实解决中国的教学问题，不能依赖于教学向生活世界的回归，而只能通过不断提高教学理论研究和教学实践的科学化水平来实现。李松林在《论回归生活世界的教学论变革》中指出，教学论回归生活世界，意味着教学论要从根本上变革自身的思维方式，从传统的主客二元论思维方式转向主体间关系思维方式，并由此导致教学论在理论视野、研究主题、知识基础、研究方法和理论形态等方面的理论变革，以便寻找出超越困境的可能途径。钟启泉在《教学活动理论的考察》中指出，教学是师生之间沟通的社会实践活动。学校中学科教学的主要作用就在于以这种活动作为源泉，引发学生的文化性发展。学生的活动得以形成的基本理论——“活动理论”，建构性教学的“活动理论”是实践“学习者共同体”的理论框架，可以为我国新型的课程体系与教学制度的确立，归根结底为学校的合作文化的重建，奠定坚实的基础。

2005年度出版的代表性专著有彭泽平《变革与反思——改革开放以来我国基础教育课程改革研究》，罗炜、姜平、刘翠鸿《校本教研教育叙事研究》，柳清秀《班级教育管理艺术》，刘志军《生命的律动——生命教育实践探索》，张华、李雁冰等《研究性学习的理想与现实》，朱天利《新课程学习论》，曾文光、曹荣《学习主体分析》等。

三、教育技术学

2005年度教育技术学的研究主要集中在以下几个方面：

（一）学科基础理论发展

杨开城在《论教育的技术学本质与教育技术学的历史使命》中提出，教育具有技术学本质，教育系统是一种技术人造物，教育技术学的理论研究对于提升教育者的教育生产力水平、提升教育实践的理性水平、提升教育理论的研究水平具有直接的理论意义，认为教育技术学必将充当教育理论发展的原动力量。蔡旻君的《试论教育技术的文化变迁》一文立足于教育活动中的教育技术现象，从文化哲学视野审视教育技术，从文化视角揭示了教育技术的历史发展轨迹。周越的《关于教育技术发展的社会动因和现实应用的一些思考》一文从分析教育技术产生和发展的根本原因入手，对教育技术发展现状中存在的问题作简要综述，思考教育技术面临困境的原因，论及教育技术在当前学校教育领域的现实应用，并展望教育技术的未来发展。祝智庭的《教育技术的实践场分析》采用社会学研究中的场域分析视角，结合教育技术的定义，详细地分析和阐释了教育技术实践场架构，对各场域的行为主体、技术过程、技术制品及其相互关系作了较为清晰的描述，为教育技术理论与实践的整合提供了一个全新的研究框架。

（二）远程教育

在现代远程教育领域，随着远程开放教育的快速发展，教育质量问题正成为目前备受关注的热点和难点问题之一。高勇在《现代远程教育的质量观及其质量保证》中，从远程教育的质量观出发，阐述了远程教育质量体系，以及远程教育质量保证的含义和作用，探索了远程教育质量保证的实现途径。许新龙在《教育技术在现代远程教育中的应用》中，通过对教育技术、现代远程教育在国内外发展历程及特点的介绍，论述了教育技术在现代远程教育中的应用。

（三）网络—电化教育

陈勇勤在《网络—电化教育：电化教育在网络经济环境中的发展空间》一文中对电化教育发展空间的网络经济环境作了理论上的分析，指出网络—电化教育发展空间存在的相关影响因素有：防范机会主义的约束机制、利他主义的作用、计算投资收益率和教育资本量、教育的消费性和投资性。

2005年度出版的相关专著有张家全著《网络与教学》、李康著《教育技术学概论——基本理论的探索》、余胜泉和吴娟著《信息技术与课程整合：网络时代的教学模式与方法》、张萍和朴姬顺著《中外教育技术理论与实践的比较研究》、黄河明主编《现代教育技术》、林万新著《现代教学媒体研究与应用》。

四、职业技术教育学

2005年度职业技术教育学领域的研

究主要包括：

（一）职业教育宏观发展研究

张力的《新形势下中国职业教育的宏观政策》和杨金土的《中国职教发展的政策环境分析》分析了我国职业教育发展的宏观政策和政策环境。叶志坚在《我们需要什么样的职业教育》中分析了目前我国职业教育招生难和就业难的困境，提出了相应的解决策略。

（二）职业教育发展模式研究

徐国庆在《职业教育发展的“设计模式”与“内生模式”》一文中指出，职业教育发展存在以工程学为基础的“设计模式”和以生物学为基础的“内生模式”两种模式。长期以来，我国职业教育发展一直采用设计模式，这使得职业教育体系事实上一直游离于社会体系以外，并导致了世纪之交中等职业教育的大滑坡。我国职业教育要想获得持续发展，并真正体现其社会功能，必须从“设计模式”转向“内生模式”。

（三）高等职业教育

改革开放以来，我国的高等职业教育取得了显著的成就，特别是进入高等教育大众化阶段之后，高职教育已经成为促进高等教育发展的重要力量。但是，高职教育在快速发展的同时，也面临着许多新问题，需要得到很好的解决，以提高质量和效益，对此，潘懋元教授的《建立高等职业教育独立体系刍议》、谈松华的《从外延扩张到内涵建设：高职教育发展的新选择》、吴岩的《高等职业教育发展定位的几个问题》、陈智的《以人为本，探索通专结合的高职教育人才培养模式》四篇文章分别从体系、发展、定位与模式四个方面对高等职业教育的发展问题进行了探讨。

（四）农村职业教育

面对“三农”问题，如何加快农村经济发展，科教兴国，科教兴家，使广大农村拥有适合需要的各类专业技术人才，高利兵的《农村职业教育发展定位研究》和黄贵波的《发展农村职业技术教育的途径探索》分别就农村职业教育的定位和途径进行了探索。面对城市化进程的加快，失地农民职业教育需求日趋强烈，职业教育问题日益凸现。徐君的《失地农民职业教育的对策研究》一文根据失地农民的特点和失地农民职业教育的现状，提出了加强失地农民职业教育的对策。

2005年度出版的相关专著有刘合群主编《中职校长办学理念丛书》、王前新和杜钢清著《高等职业教育德育论》、王前新著《高等职业技术院校发展战略研究》、徐宗钰主编《高等职业教育发展及对策研究》、中国高等职业技术教育研究会编《20年回眸：高等职业教育的探索与创新》、林伦伦和郑国强主编《高等职业技术教育产学结合研究》等。

五、学前教育学

2005年度学前教育学的研究领域主要集中在以下几个方面：

（一）儿童研究与儿童发展

张向葵、蔡迎春在《走向行动定向的儿童研究：国内外儿童福利政策研究及启示》中，通过比较国内外儿童福利及福利政策的差距，探讨了未来儿童研究的行动定向。盖笑松、张婵在《走向生态化的儿童研究：聚焦中国儿童成长环境》一文中指出，未来的中国儿童研究工作需要从生态化观点出发，加强研究的系统性、动态性和行动性，以实现客观反映儿童成长背景、优化儿童成长环境、促进中国儿童健康成长的目标。从晓波、高玉涛在《走向哲学视野的儿童研究：儿童世界的本质与教育的使命》一文中指出，儿童世界的本质具有人的本质属性，通过人的诸关系表现出来，在人与神（即终极关怀）的关系中，儿童世界是一个流动的世界，教育的使命在于引导儿童乐观向上的精神追求。

（二）学前教育人文性研究

丁海东在《当代学前教育的人文性缺失》中指出，当代学前教育的人文性缺失，宏观上表现为儿童文化的传统性缺失和成人文化对儿童文化的排挤，中观上表现为家庭教育的非理智化和学前机构教育事业的功利化，微观上表现为内容上的科学知识中心化和过程上的师幼关系的专制化。

（三）学前教育德育评价研究

吴新颖在《构建学前教育德育评价体系的思考》一文中指出，构建学前教育德育评价体系要遵循教育性、科学性、弘扬民族精神等原则，其基本框架包括对学前儿童思想品德的评价、对教育者的评价和对学前教育德育工作过程的评价。

（四）家庭生态环境与儿童认知研究

张华、庞丽娟等学者在《家庭生态环境与儿童早期数学认知能力》中指出，家庭社会经济地位、母亲对儿童数学认知能力发展的认识、母亲对数学任务的知觉水平以及母亲对儿童数学知识的传递行为与儿童早期数学认知能力的相关显著；家庭生态环境与儿童早期数学认知能力的多层次关系模型是合理的、可接受的，家庭生态环境中各因素对儿童早期数学认知能力发展的作用方式、作用程度不同，母亲对儿童数学知识的传递行为对其早期数学认知能力发展的作用最为直接、有效。

（五）学前教育叙事研究

易凌云在《在“亲历”中成长：一位幼儿教师个人教育观念的叙事研究》中运用叙事研究的方式，以一位幼儿教师的专业成长经历为线索，剖析出她的个人教育观念的形成过程及其影响因素，为在理论上阐述教师个人教育观念的形成规律提供了可以参考的个案。

2005年度学前教育领域的相关专著有：王灿明著《儿童创造教育论》、李幼穗著《儿童社会性发展及其培养》、王雪梅著《儿童权利论：一个初步的比较研究》、刘焱著《儿童游戏通论》等。

六、成人教育学

2005年度成人教育学学科研究视点主要集中在以下几个方面：

（一）学科发展研究

高志敏的《在“成人”与“教育”之间——成人教育学科发展的回顾与展望》一文反思了成人教育学科发展的思想历程，提出成人教育学科未来发展的核心课题是重建学科的研究范式，关键所在是重廓学科的研究边界，而回归成人的生活世界是成人教育学科未来发展的方法论选择。在中国的成人教育获得巨大发展的同时，也面临着各种矛盾。如何解决这些问题与矛盾？古夫在《正确处理成人教育的八大关系》中提出应解决好普及和提高、数量和质量、城市与农村、投入与产出等八种关系。

（二）成人学习模式研究

宋洁、李盛聪在《试论成人学习模式》一文中分析了成人学习的五种模式及其对我国成人教育的影响。

（三）农村成人教育

解决“三农”问题是当今我国现代化建设事业中“重中之重”的工作，夏法金在《发展农村成人教育与解决“三农”问题的思考》中提出，解决“三农”问题必须大力发展面向“三农”的成人教育事业，进而充分发挥其在解决“三农”问题中的服务功能、先导作用。

（四）成人教育教师“专业化”

近年来，人们对成人教育教师“专业化”的呼声越来越高，在此过程中，就“专业化”的问题出现了一系列的“两难”，应该如何正视并协调好这些“两难”，对于成人教育教师队伍的“专业化”建设以及成人教育教学质量的提高具有十分重要的意义。余经天、孙立新的《对目前我国成人教育教师“专业化的两难”解读》对此进行了分析，并提出了建议。

（五）成人教育质量

教育质量是成人教育的生命线。李莅在《成人教育质量问题的思考》一文中指出，对成人教育面临的质量问题，正确的做法只能是进行客观的、全面的科学评价，对存在的问题应找出原因，提出对策，从而使成人教育在不断的改革中发展壮大。

2005年度出版的专著主要有高志敏著《终身教育、终身学习与学习化社会》，该书介绍了终身教育、终身学习与学习化社会的现代理论支撑与实践运作策略。

七、高等教育学

2005年度高等教育的研究主要关注以下几方面问题：

（一）高等教育基本理论

邬大光在《高等教育发展与制度创新》中指出高等教育制度必须重新构建，大学制度必须重新构建，我国高等教育要继续发展，必须加快民办高等教育的发展，必须有理论上的突破。王洪才在《试论现代大学制度建设的价值导向》中指出，现代大学制度建设具有明确的价值观导引，它具体表现为四种价值，即问责性、适切性、适应性和创造性价值，它们共同构成现代大学行动的价值链，大学发展必须与外界建立一种和谐的关系，而保持价值平衡是为大学构建一个可持续发展环境的基点。张楚廷在《中国高等教育社会化、产业化与学术化论辩》一文中分析了中国高等教育发展过程中所遇到的理论困扰。李骏、罗忆源在《转型中国的高等教育、社会分层与社会公平》中对转型中国高等教育与社会分层的互动，以及由此牵涉到的社会公平问题进行了整理与反思。唐安奎在《略论高等教育中的问题研究》中指出，增进高等教育问题研究的意识和能力，需要直面对象、确认前提和慎对常识。胡建华在《近20余年来我国高等教育研究发展的实证分析》中，对“六五”计划至“十五”计划期间全国教育科学规划高等教育课题从研究内容与研究人员这两个角度进行了分析，所得出的结果表明：在研究内容上，主要特点是应用研究为主，微观研究占多数，研究领域相对集中在“高等学校教学”、“高等学校管理”、“高等学校德育”、“高等教育理论”、“高等学校人才培养”、“高等教育体制（制度）”、“比较高等教育”等方面；在研究人员上，主要特点则为课题负责人的所在单位主要是高等学校，地区分布上的相对集中以及课题负责人学科背景的多样化，认为这些特点从一个侧面体现了近20余年来我国高等教育研究的基本特征。

（二）大学理念

张楚廷在《学术自由的自我丢失》中指出，能够赋予学者以更大自由的大学是更高水平的大学，大学的学术自由，很多情况下是自我丢失的，丢失的原因包括观念、心理、方法论以及自身体制等多方面。张斌贤、王晨在《大学理念考辨：兼论大学“理想”与大学“观念”》一文中通过考察西方语境中的对应词idea的意义及其翻译引入和意义的衍化过程，辨析了其各自的意义域，并指出理念泛用的矛盾和危险所在。刘铁芳在《精英教育与大众教育之间的大学品格》中指出，我国大学品格的建设不仅面临着高等教育大众化的冲击，还面临着自身大学人文传统的重建问题，当前大学品格的建设，应注重大学自身的定位，甄定大学培养目标，并确立不同类型大学教师的发展方向。

（三）高等教育管理体制

胡建华在《中国高等教育管理体制改革分析》中指出，淡化高校与政府间的“行政关系”，将高校与政府的关系置于法律的基础之上，仍然是中国高等教育管理体制改革所面临的主要课题。项贤明在《论学术管理理念与高校内部管理体制改革》中指出，在整个高等学校内部管理体制改革过程中，必须牢记大学作为人文机构的根本特质，协调好学术权力与行政权力之间的关系，保障各种不同权力的合理平衡，特别是要树立权力为学术服务的学术管理理念，从而通过改革真正提高大学运行的效率。王义遒的《我国高校的恰当定位为什么这么难》和解飞厚的《高等学校定位问题辨析》两篇文章就我国的高校定位问题进行了探讨。

（四）高等教育发展战略研究

毛亚庆、夏仕武的《何谓大学核心竞争力》一文对大学核心竞争力与大学竞争力、大学资源、大学核心能力之间的关系进行了细致阐述。徐小洲、徐岚在《重点与均衡：两岸三地大学发展策略的抉择》中指出，有效协调“择优重点”和“均衡分配”之间的矛盾是两岸三地大学发展过程中面临的共同问题，在整体高等教育资源有限的情况下，应该注重效率和效益，重点发展政策中的资源分配不能仅用“社会公平”的概念来衡量，应当进一步厘清其资源分配思路。耿有权的《世界一流大学研究的现状及其趋势分析》和李仙飞的《中国建设世纪一流大学研究综述》两篇文章分析了我国目前建设世界一流大学的理论进展。

（五）高等教育质量

余小波的《高等教育质量概念：内涵与外延》和胡建华的《高等教育价值观视野下的高等教育质量》对高等教育质量的概念和含义等基本问题再次进行了探讨。王洪才在《转型中的中国高等教育质量危机与治理对策》中对中国高等教育在走向大众化过程中遭遇的质量难题进行了分析，提出解决这一难题的出路就是要建设现代大学制度，而实行选修制基础上的学分制是一个切入点，实现大学举办与评估分开则是一个重要的突破点。

（六）招生

在中国高等教育进入大众化的时代背景下，高考改革比以往更具有迫切性，刘海峰的《高考改革何去何从》、林蕙青的《高校招生考试制度的现代转型与构建》、张亚群的《高校自主招生不等于自行考试》和郑若玲的《高考改革必须凸显公平》分别从不同角度探讨了高考改革的方向、路径及对策。

（七）学位与研究生教育

王孙禺、袁本涛在《关于我国研究生教育发展战略的几点思考》中阐述了研究生教育在国家发展中的战略地位和作用，说明了需要理性地认识我国研究生教育取得的成绩与存在的问题，提出了我们的战略重点就是建立充满生机和活力的研究生教育创新体系。周学军、王战军在《中国学位与研究生教育评估的产生、发展与未来趋势》中指出，我国将逐步形成具有中国特色的学位与研究生教育评估体系，评估工作逐步走向制度化、规范化，评估内容以学科评估为主，基于计算机网络的评估将成为主要的评估方式。

2005年度在高等教育理论方面的代表性专著有李均著《中国高等教育研究史》、薛涌著《谁的大学》、张斌贤和李子江主编《大学自由、自治与控制》、杨寅平著《现代大学理念构建》、韩骅著《学术自治——大学之魂：中外高等教育管理的比较研究》和贾少华著《民办大学的战略》等。

八、特殊教育学

2005年度特殊教育学的研究主要集中在以下几个方面：

（一）学科发展研究

雷江华在《中国特殊教育学学科论初探》中探讨了特殊教育学学科论的性质、内容、研究方法以及发展阶段。盛永进在《关于特殊教育研究哲学化的思考》中提出，特殊教育研究需要一个对特殊教育本身进行反思的“哲学化”过程，“哲学化”的关键在于：关注价值论应然研究，使特殊教育研究根植于深厚的理论基础；重视概念逻辑方法，使特殊教育达到真正有深度的理论研究，进而对特殊教育作出本质的、逻辑的归纳和概括。

（二）特殊教育与社会发展

杨民在《论特殊教育在创建和谐社会中的地位与作用》中指出，残疾现象是人类前进过程中必须付出的代价，保证残疾人能受到平等的教育是保证人权的重要内容之一，全纳教育理论对普通教育改革具有借鉴意义，大力发展特殊教育，对创建和谐社会有重要作用。

（三）特殊教育师资建设

顾定倩在《特殊教育教师资格制度的比较研究》中对比了国际上对特殊教育教师普遍采取的“教师资格证书＋特殊教育专业资格证书”双证书资格制度，提出了建立中国特色的特殊教育教师资格制度需要研究和处理的四个方面关系。刘扬在《试论我国特殊教育师资培养中的几个争议问题》中对目前关于我国特殊教育师资培养体系、培养模式、培养层次上的三个争议问题作了分析，认为目前我国特殊教育师资培养应逐渐倾向于在普通师范院校和综合性大学中进行，培养层次应由过去的中师提高到大学本科水平及本科以上水平。

（四）特殊教育课程

熊利平在《未来性与现实性的统一：关于特殊教育课程理念和课程的思考》中指出，特殊教育课程应确立合理的目标价值取向，既关注特殊儿童的未来生活，也关注其现实生活，把未来性和现实性统一起来，愉快教育、生态导向课程等是将二者结合的途径。

（五）高等特殊教育发展研究

许巧仙在《我国高等特殊教育发展的几点思考》一文中分析了我国高等特殊教育的发展现状、问题，指出当前高等特殊教育存在和发展的地位和作用，并在分析高等特殊教育发展的影响因素的基础上，提出了重视和加快发展高等特殊教育的几点建议。

2005年度特殊教育研究的代表性专著有陈云英等著《中国特殊教育学基础》，书中研究了中国的特殊教育，内容包括特殊教育的发展、特殊教育的研究、发展障碍儿童教育、超常儿童教育、学校以外的特殊教育、随班就读与全纳教育等。

九、教育史

1. 教育思想史

杨旭东在《试论近代中国自由主义高等教育思想立场》中分析了近代中国自由主义思想者思虑高等教育问题时的基本立场和态度，认为其寄托了更强烈的国家、民族、社会的情怀。曲铁华、佟雅因的《论陶行知的科学教育思想及其现代价值》和王小丁的《两种模式的比较：裴斯泰洛齐的贫民教育与晏阳初的平民教育》分别对陶行知和晏阳初两位教育家的有关思想进行了研究。

2. 科举研究

刘海峰在《重评科举制度》和《终结盲目批判科举的时代》等文中，对科举制度进行了重新评价，认为对科举制的研究有助于认识中国社会的特性和传统文化的命运，并为现实的考试制度改革提供历史借鉴。徐梓、王炳照的《科举制度的公平追求及其对自身的戕害》和张亚群的《从考“官”到考“学”——废科举后考试文化的变革与传承》等也从不同角度对科举制进行了研究。

3. 中国高等教育史

王炳照在《中国近代高等教育发展中的几次论争》中分析了中国近代高等教育近百年的发展变迁中在办学理念、办学模式、科目设置以及教育管理体制等方面发生过的激烈论争，并提出了对今天高等教育改革和发展的借鉴意义。张斌贤在《关于大学史研究的基本构想》中通过对学术史的初步梳理，提出把大学史研究建成一个专门的学术研究领域的设想，以深化对大学发展基本问题的探索，并认为在中国当代大学教育发展的关键时期，大学史研究具有特殊的理论和实践意义。

4. 外国教育史研究

洪明在《外国教育史学科建设的回顾与反思——基于外国教育史学科著作类出版物的分析》中，从文献整理的角度，对百余年来我国外国教育史著作类出版物进行了梳理分析，展示了外国教育史研究的发展历程和各主要阶段的研究成果，着重从通史、断代史、人物与思想史、专题史、译著、史料建设与学科反思6个方面揭示了20世纪80年代以来我国的外国教育史研究状况和基本格局，并对上述状况与格局进行了分析，对未来发展趋势进行了展望。

2005年度出版的代表性专著有赵德强著《1949—1957：共和国教坛风云》、储朝晖著《中国教育再造》以及熊明安和喻本伐主编的《中国当代教育实验史》等。

十、比较教育学

2005年度比较教育学领域的研究关

注点主要有：

（一）学科基本理论研究

顾明远在《关于比较教育学科建设的几个问题》中探究了比较教育学科建设过程中的三个主要问题：第一是比较教育这门学科的研究对象，第二是中国比较教育研究的走向和几个值得特别关注的问题，第三是比较教育研究的方法论问题，同时分析了文化研究的重要性和研究中需要注意的问题。朱旭东在《比较教育的“发展与教育”研究领域》一文中探讨了比较教育研究中“发展与教育”领域的形成，梳理了“发展与教育”研究的范式和理论，并提出了“教育与发展”领域的四个关系维度。卢晓中、喻春兰在《当代比较教育学方法论的发展趋向》中指出，当代比较教育学方法论出现了如下发展趋向：一是实证主义研究范式的自身修正和质的研究范式的兴起；二是比较教育学方法论朝着整体、系统的方向发展；比较教育学方法论呈现出更多的多样性和兼容性特征。

（二）比较高等教育研究

蓝劲松在《大学校长之学术背景——对中美研究型大学校长教育背景与工作背景之综合考察》中对中美研究型大学校长的背景进行了综合考察和比较分析，并对中国研究型大学校长的任用选拔提出了相关建议。张旺在《试析美国高等教育的市场竞争机制》中提出，自主决策、公平竞争、市场开放是美国高等教育系统的重要特征，也是促进高等教育系统不断发展和完善的不竭动力，完备的法制环境、成熟的市场机制和比较完善的监管机制保证了美国高等教育市场的公平竞争，促进了高等教育的健康发展。

（三）国际教育改革研究

项贤明在《当前国际教育改革主题与我国教育改革走向探析》中分析了20世纪90年代以来国际教育改革的六方面主题，认为我国教育改革总体上与国际教育改革的趋势是相一致的，并指出在未来一段时期内，教育质量、教育公平、政府与市场的关系、分权与集权的关系、教育国际化和构建学习化社会，仍将是我国教育改革的重要内容。

2005年度出版的相关专著有范文曜、闫国华著《高等教育发展的财政政策：OECD与中国》、陈如平著《效率与民主——美国现代教育管理思想研究》、徐辉著《国际教育初探——比较教育的新进展》和靳希斌著《国际教育服务贸易研究：理论、规则与行动》等。

十一、教育经济与管理

2005年度教育经济与管理领域所关注的主要问题有以下几个方面：

（一）教育管理学、教育经济学学科理论发展

杨天平的《论教育管理学的性质》、黄崴的《教育管理学的研究对象及其分类》、杨颖秀的《教育管理学的发展轨迹、价值取向及其对研究者素质的挑战》以及王雪娟和陈平水的《教育经济学理论体系现状研究》分别对教育管理和教育经济学的学科自身发展进行了研究。

（二）教育均衡发展研究

实现教育均衡发展，是落实科学发展观和建设和谐社会理念的迫切要求，理论界对此进行了大量的探讨。汪明的《义务教育均衡发展与若干保障机制——部分地区的政策及实践分析》、孙启林和孔锴的《全球化视域下的基础教育均衡发展》、张志勇的《教育的区域差距与政策选择》以及杜育红的《义务教育的均衡发展、过程、原因与对策》等都就这一问题进行了深入探讨。

（三）教育政策、教育宏观管理

胡瑞文、杜晓利在《未来15年我国教育资源供求矛盾与政策选择》中分析了未来我国教育资源供求矛盾的趋势，指出实施科教兴国战略需要对我国物质资本与人力资本的投资比例作出重大调整。呼中陶等学者在《教育收费的国家政策分析及建议》中提出，实施教育收费，应采取建立科学的教育成本分担机制、着重解决当前突出问题、健全监督约束机制等措施，依法规范和完善教育收费政策。

（四）教育体制改革

谈松华的《现代学校制度建设的若干理论和实践问题》和范国睿的《政府·社会·学校：基于校本管理理论的现代学校制度设计》分别探讨了建立现代学校制度的问题。余雅风在《公共性：学校制度变革的基本价值》中指出，公共性是学校制度形成的逻辑起点，将公共性作为学校制度的基本价值有利于推动学校制度、建立公共理念，有利于建立有效的学校评估范式，有利于建立行为规则并保证学校制度的实施，有利于保证对学校制度性问题的认定合理有效。

（五）农村教育

农村教育是促进农村经济和社会发展的基础，在全面建设小康社会中具有根本性、全局性的作用，是农村全面建设小康社会的重要保证。对此，教育理论界也进行了多方面的关注和研究。周洪宇的《关于我国农村教育工作的十点建议》、张守祥的《农村义务教育管理体制：进展、问题、建议》、史宁中和柳海民的《中国农村基础教育：问题、趋势与政策建议》、于京天和张婕的《世纪初中国农村基础教育的现状调查与发展建议》以及庞丽娟和韩小雨的《农村中小学布局调整的问题、原因及对策》等都从不同角度进行了探讨。

2005年度出版的相关专著有成达如著《学校管理的人本意蕴》、孙霄兵和孟庆瑜编著《教育的公正与利益——中外教育经济政策研究》、孙志军著《中国农村的教育成本、收益与家庭教育决策——以甘肃省为基础的研究》、叶茂林著《教育发展与经济增长》等。

十二、教育社会学

2005年度教育社会学领域的研究主要集中于以下几方面：

（一）学科发展研究

胡宗仁在《教育社会学研究的困境》中指出，长期以来在研究方法上，教育社会学一直陷于事实研究与想像研究、社会批判与社会建构、类型研究与整体研究的两难困境；个人化的社会事实的界定、基于建构的社会批判和着眼于问题的研究等等，是解决当下教育社会学研究困境的几种可选路径。钱民辉在《当代欧美教育人类学研究的核心主题与趋势》中从欧美人类学研究的主题与趋势中，提出人类学的田野工作和理论建构为什么都是围绕“现代性”而展开的，同时探讨了教育人类学在现代性、反思现代性与全球性中是如何开展自己的研究并作出阐释的。

（二）农村教育与流动人口子女教育

李锐在《中国西部农村“教育反贫困论”》中提出，在西部地区的农村扶贫开发上，必须选择一种具有“扶正固

本”特征的“教育反贫困”战略，逐步实现西部贫困地区经济社会的全面发展。在农民进城务工不断增长的趋势下，由于我国现行户籍制度和城乡二元政策的限制，农民工子女教育问题逐渐凸显。项继权的《农民工子女教育：政策选择与制度保障——关于农民工子女教育问题的调查分析及政策建议》、雷万鹏的《从多元需求看流动儿童教育政策选择》对农民工子女教育问题都提出了相关的政策建议。周宗奎的《农村留守儿童心理发展与教育问题》则关注了父母外出打工的农村留守儿童在人身安全、学习、品行、心理发展等方面都存在不同程度的问题，认为与留守儿童心理发展相关的教育问题需要多方面措施的配合。

2005年度出版的教育社会学的相关专著有楚江亭著《真理的终结：科学课程的社会学释义》、钱民辉著《教育社会学：现代性的思考与构建》、周润智著《力量就是知识：教师职业文化的生产与再生产》、丁尧清著《学校社会课程的演变与分析》等。

（毛亚庆）

学术成果·著作

真理的终结：科学课程的社会学释义

（楚江亭　北京师范大学出版社2005年版）

科学课程通常被认为是具有“客观性”、“价值中立性”、“普遍正确性”和“确定无疑性”等特性的，科学知识的形成、发展和变化也被认为是经验事实不断积累的结果，是与社会、个人等因素完全无关的。由此，不仅造成科学课程的理论研究被视为是多余的，该研究处于相对落后的境地，而且造成师生缺乏对科学课程、科学知识的反思、批判、追问和探究意识，不能清醒、深刻地认识科学课程、科学知识背后权力的运作和意识形态的渗透，不仅忽视科学课程的社会目的、社会功能和意义，而且缺乏对科学课程与道德、价值判断等关系的理解以及科学课程中“科学霸权”、“社会霸权”的分析和认识。实际上，科学课程是与一定社会的权力、意识形态、阶级、利益之间存在着制约与被制约的关系的，是与科学教育进步、教育民主、公民素质提高等密切相关的。所以，探讨科学课程的性质问题，不仅有着重要的教育意义，而且有着深刻的社会意义。

那么，科学课程到底具有什么性质呢？科学课程的形成、发展和变化是否受到社会、个人等因素的影响呢？或者说，科学课程是否是社会建构的？如果它是社会建构的，那么深层次的社会原因，这一建构的本质、特征和作用等又是什么呢？为澄清这些问题，该书着重进行了如下探讨：第一，明确界定了“科学课程”和“社会建构”两个基本概念；第二，通过展现和反思科学课程研究、课堂教学以及学校、社会生活中所存在的有关现象及缺陷，提出了所研究的核心问题；第三，在重新解读新教育社会学理论、社会批判理论、后现代主义理论对课程性质问题研究的基础上，论述了课程是由社会建构的，且这一建构是有价值取向的；第四，从理论研究的视角，对决定科学课程形成的主体、科学课程的内容选取、授受与评价等进行了深入剖析，不仅阐明了科学课程的社会建构，科学课程是具有“社会性”、“价值性”、“境域性”、“角度性”和“偏见性”的，而且说明了科学课程是由一定社会的权力和意识形态所决定的，其形成、发展与变化是为一定社会制度、社会结构再生产而服务的；第五，通过案例分析了具有一定价值观的主体是如何决定科学课程形成的，社会主流意识形态是如何制约和影响科学课程目标的制订、内容的选取、课堂授受和评价的，并阐明了科学课程是具有一定社会主流意识形态的价值取向和社会控制功能的；第六，从科学史、科学哲学、知识社会学、科学社会学、科学知识社会学等学科以及后现代主义、女性主义等理论流派的研究出发，论证了科学知识也是由社会建构的，并说明了把科学知识划分为“核心知识”和“外围知识”的认识论意义；第七，为全面、深刻地理解科学课程的社会建构，该书又进行了科学课程的社会建构与社会、人文课程社会建构的比较研究，从而呈现出科学课程社会建构的独特特征——隐蔽性、多样性和复杂性。

最后，该书论述了这一研究对于更新人们传统的科学课程观和科学知识观、深化科学课程的理论研究、克服科学课程的教学危机、提升学生的主体性和能动性、培养学生的创新意识和创新能力、建立新型的师生关系、使师生深刻认识科学课程中的“科学霸权”和“社会霸权”、促进教育民主化以及社会民主进程等所具有的理论意义和现实意义，并提出了该研究对于当前我国基础教育课程改革中科学课程目标的制定、内容的选取、授受和评价等方面的若干启示。

［楚江亭，北京师范大学教育管理学院副教授、教育学博士。
通信地址：北京师范大学教育管理学院］

学术成果·论文

成人、生活史：一个终身学习的研究视角

——奥尔森教授成人学习研究综述

（孙玫璐　《教育发展研究》2005年第7期）

该文综述了欧洲著名成人教育学者海宁·S. 奥尔森（Henning Salling Olesen）教授关于终身学习的研究视角。奥尔森教授是丹麦罗斯基德大学终身学习研究院院长，现任欧洲成人教育学会主席，其领衔的学术团队以自己的独特视角和方法开展了多项对成人学习的研究。特别是从1998年起，在丹麦人文科学研究理事会资助下开展了"生活史项目"研究，探究生活史（Life History）研究法在终身教育领域、尤其是在成人和继续教育领域中的理论和方法论意义，其成果在西方成人教育研究界为人瞩目。

20世纪下半叶起，知识经济、全球化等社会变革给教育界带来了根本性挑战，教育的研究对象发生了极大的改变，教育研究如何应对挑战？应当往何处去？奥尔森认为，成人教育（学习）的研究，是对传统教育研究的一个天然的和最好的突破视角，通过研究成人的学习，将为教育研究的重建作出开拓性的贡献。终身学习的研究目标应当定位于完善学科和方法，深入探讨环境背景与学习者主体间的互动关系，揭示在过去的实践中从未挖掘过的、深植于这种互动之中的、学习者自己也往往未能认识到的学习潜能。这就要求研究者必须将视角转向学习者，在学习者的社会背景环境中去研究这个学习主体，关注其主观意义的获得过程。

关于成人这一研究对象，奥尔森将其定位为"背景环境中的学习主体"——一个学习主体，同时又是一个在特定历史背景和社会环境中的主体。作为一个历史的和动态的主观实体，主体中充满了内在矛盾和紧张。透过这些矛盾和紧张，可以捕捉到成人主体与其身处的时代、文化和社会之间复杂多样的互动关系。奥尔森试图对过去的成人教育（学习）理论加以改造——以一种完全根据经验的对个体学习过程的实证研究为中心，将学习在一个历史、文化和社会等等的背景之下理论化：学习意味着学习主体将任何现象或行为在其历史和主观维度上进行重新装配。

生活史研究法是奥尔森及其同事们通向自己研究目标的主要工具。奥尔森将这种质的研究方法引进到成人学习的研究中，以此来透视学习过程中的诸多意义。奥尔森强调指出，研究个体，并不是为了解释个人命运或生活经历中的因果关系，而是为了从主观的视角去理解历史、社会和文化现实，捕捉历史、社会和文化现实对于个人主体的多种可能意义。他们追求的是在一个广袤背景下对个体行为的诠释，这种原汁原味的诠释，最终使他们能够把握在社会背景下形成的个人经验，把握学习的主观过程。

［孙玫璐，1973年生，华东师范大学教育科学学院院长助理，职业教育与成人教育研究所讲师。
通信地址：上海市中山北路3663号华东师范大学教育科学学院（200063）
联系电话：021－62239966
电子信箱：mlsun@ ecnu. edu. cn］

大学排名对高校影响的社会学分析

——基于布迪厄场域、资本理论的探析

（乐国林　张丽　《现代教育科学》（高教研究）2005 年第 3 期）

乐国林

教育场域作为一个场域运作空间，由于场域效果的存在，任何与该空间有关的对象（各大高校、学生、家长、教师）经历的一切事情，都必须参照场域中的关系来理解，而不能仅凭研究对象的内在性质来理解。在高等教育的场域空间，存在一系列占有不同资源和相互作用形成不同互动类型的关系。近几年出现的多种给大学排名的现象加剧了高校之间在高等教育场域中的位置变换，促进了社会和高校的互动。大学排名是对高校评估的一种方式，从侧面反映出一所高校在教育场域中的位置，这样与他们息息相关的利益就与大学排名联系起来，所以各个高校为了使自己在大学排行榜中的名次靠前，通过种种策略来发展自己，保证或者改善他们在竞争中的位置，强加一种对自身所拥有的资本最为有利的等级化原则。大学排名所构成的高校场域结构形塑着大学的惯习，大学排名对高校的层化效应推动高校形成参照大学评价标准和优秀大学的基准进行改革和创新的惯习。各大学试图通过型塑自身的组织结构和组织行为整合资源，以便在高等教育场域空间处于有利的关系位置。

大学排名不仅使各个高校在教育场域中的位置发生变动，使高校的社会信誉发生相对变化，而且排名的层化作用将对社会中教育资源和教育资本流向、流量产生影响，排名的变化牵连着各个大学维持和获取不同资本的能力的强弱。“排名的先后直接影响学校的社会声誉，从而影响生源质量、经费数额、生活待遇等一切需要政府更需要社会支持的资源”；排名的先后使居于不同位次的大学在经济资本、社会资本和文化资本的资本存量和资本更新能力上梯度更加明显。

大学排名对大学毕业生、高考考生及其家长的影响在人力资本竞争激烈的时代亦是越来越深刻。大学排名中名次靠前的学校的毕业生自然被认为是拥有资本较多的，受到用人单位的青睐，名次靠后的学校的毕业生，在此不免稍有逊色。高考考生和家长在自己有充分的自主选择权的前提下，大学排名为这一受众群体择校行为提供了一个客观依据，是他们选择的一个工具。

当然，我国的大学排名刚刚起步，仍然相当不成熟。比如，大学排名缺乏一个学界主流能接受的教育评价理论的支持，和经过实证检验的评价指标体系；排名往往重视结果的判断，而不关乎过程的跟踪；大学排名缺乏适当的制度安排，导致许多消极的激励。

该文创新点在于，首次运用当代社会学大家布迪厄的场域资本理论剖析形形色色的大学排名背后的社会逻辑，从教育资源的各个相关利益群体角度解读大学排名的资本效应及其影响，反思性地评判了当前社会和教育中人们关注的大学排名热。

［乐国林，1975 年生，南开大学高等教育研究所讲师，博士生，研究方向为组织社会学、人力资源管理。
通信地址：天津市南开大学高等教育研究所（300071）
联系电话：022—23494739
电子信箱：yuegl@ nankai. edu. cn
张丽简介缺。］

读经是一个不散的阴魂

（史建国　《粤海风》2005 年第 1 期）

在翻看 20 世纪 20 年代的《晨报副镌》时，看到 1922 年 12 月的《晨报副镌》上曾爆发过一场热热闹闹的有关读经的争论。争论的起因是天津南开学校（今南开大学的前身）的几个国文老师企图通过校务会议实行读经，并且强调理科生也要读经。于是反对者和赞成者大起争执，先在学校的刊物上交锋，后来又在《晨报副镌》上开战。从那些泛黄的满是樟脑味的纸张里抬眼休息的时候也去翻翻旁边新出的报纸。没料到一翻就看到了朱杰人、吕友仁二君的大作《经，总得有人读吧》。历史居然这么惊人的相似！80 多年前有关读经的争论在今天的报端又成为人们关注的焦点，这引起了我的兴趣。顺着文中提及的信息一路追寻下去我又读到了在今天引起争论的王彬彬先生的《我们是否配谈读

经》和另一篇对王文的反批评《不配谈读经就不该去读经?》。我不是历史循环论者，可眼前的所见却的确让我感到过去的幽灵始终还在今天徘徊。

王彬彬先生的文章并没有过多地阐发自己对于读经的态度，但其引用的胡适之、傅斯年以及王国维诸先生的对于经书以及读经的看法已经将自己的立场很鲜明地摆出来了，文末一段“最后我想问主张读经的时贤硕彦：你们自己是否经常读经并且真的读懂了经？或者，你们是否比王国维、胡适、傅斯年更多地读懂了经？如果你们自己充其量也还只是‘半懂半不懂’，却又主张孩子们去读，不是有些荒谬吗?”这样的发问真是妙极了。对于那些积极号召读经、热心于做当代“大师”的人们来说简直是当头棒喝，让人拍手称快。当然，由于触痛了某些人的神经，势必也会引起一些人恼羞成怒地反诘。然而这样针锋相对的质问却也并非王先生的首创，1922年12月11日《晨报副镌》发表署名“把他”的文章《为南开热心“读经运动”者进一解》就发出了这样的质问：“南开热心‘读经运动’的先生们：你们自视比林琴南如何？比《学衡》记者如何？你们把自己的学问拿出来看一看，在天秤上称一称……”两者相比之下，王文的妙处是发问之前先引用了胡适之们的话。作为20世纪真正的学术大师，他们都说自己还不配谈读经，这就让今日那些倡导读经的当代“大师”们无地自容。

概括一下，如今对王文的批评大概集中在这么两点上：

其一，认为胡适之们的反对读经只是新文化运动中的一种矫枉过正的过激姿态，因而王文中引用胡适之们的话是不足为凭的，此种观点可见陈松泉的《不配谈读经就不该去读经?》。持这种观点者主要是由于常识的缺乏。众所周知，新文化运动中的确出现了全盘否定传统和全盘西化的倾向，但是具体到胡适之却要具体而论。早在1919年，新文化运动还在如火如荼地进行时，胡适之先生就已敏感地意识到了全盘西化的偏颇，并提出“整理国故”的主张力图进行补救。退出《新青年》后，1922年他创办《努力周报》和副刊《读书杂志》，1923年又创办《国学》季刊，积极从事“整理国故”的实践……当时他的这样一些举动还曾受到来自新文化阵营的非议，认为是对旧势力的妥协。对于胡先生的这样一些举动，总不能再说是新文化运动的“矫枉过正”吧？然而就是对“整理国故”如此热心的胡适之先生对读经也表现出如此的态度，“每一出现即予以迎头痛击”，这还不足以引起我们的深思吗？况且王文中所引胡适之的言论是发表于1935年，再拿“新文化运动中矫枉过正的观点”和“特殊的时代背景”来为读经辩解就有点文不对题了。

其二，认为“经书，总得有人去读它”。这当然是朱、吕二君的观点。为什么呢？因为范文澜说过“经学与中国文化的关系很密切”。范先生的这句话本身当然没有什么问题。可是朱、吕二君举的例子可就让人哭笑不得了：“譬如说，大而言之，江泽民在中国共产党第十六次全国代表大会上的报告《全面建设小康社会，开创中国特色社会主义事业新局面》，其中的‘小康’一词，从词源学的意义上来说，即是出自十三经的《礼记·礼运》……”这难道就是读经的意义所在吗?《礼记·礼运》的“小康”和江泽民报告中的“小康”除了两个字相同即所谓“词源学”上的联系外二者在意义上已经几乎没有任何关联。况且“小康社会”的提出也是一个过程，对于何为“小康社会”，随着时代的发展，对它所代表的指标也不断给出更加丰富和具体的要求。拿这样一个词来说明读经的意义实在牵强得很。还有所举的诸如清华的校训“自强不息，厚德载物”出自《易经》，东南大学的校训“止于至善”出自《礼记·大学》之类也是如此。这就好比孔乙己知道“回”字有四种写法一样，除了显示出自己的迂腐外再难有其他的意义了。文中还特别讲了“冷落经学”所带来的反面教训，说“北京某高校的教授，在翻译英文Mencius时，不知道就是我们的老祖宗孟子，而把它译成‘门修斯’，俨然是一个洋学者的名字。一时舆论大哗”。这样一个作者以为仿佛极有说服力的例子其实又能说明什么呢？除了说明这位教授缺少中西融通的知识背景以外我看不出跟“多年来冷落经学”有任何的联系。毕竟Mencius这个词是中国经学里所没有的，就算孟子他老人家自己看到也只能束手无策。

经学作为传统文化遗产的一部分，当然有着研究的必要。因此我们并不反对一些学者去读经，研究它并且作出自己的阐释。但我们反对一些自命不凡之士鼓吹让孩子们读经。事实证明让孩子们读经，除了给其稚嫩的肩膀加上一副沉重的枷锁之外没有任何意义。当年周作人13岁时就读完了《论语》、《孟子》、《诗经》、《易经》以及《书经》的一部分，但他说“我总不会写，也看不懂书，至于礼教的精义尤其茫然”，见《谈虎集·我学国文的经验》。鲁迅先生也曾经说过，“孔孟的书我读得最早，最熟，然而似乎和我很不相干”（《坟·写在坟后面》）。我想周氏兄弟的这些肺腑之言，应该引起那些热衷于让孩子读经的“有识之士”们的警惕。

将近一个世纪以前，“五四”的先驱者们开始打破读经的噩梦，把人们——尤其是孩子们从机械无聊的读经中解救出来，但此后读经却像一个挥之不去的阴魂，只要一有机会就沉渣泛起，浮现出来并继续寻求复辟的可能。至此我已深深地理解了“五四”的先驱者们面对传统时为什么采取了那样一种决绝的不惜矫枉过正的态度，也理解了新文化的代表性人物鲁迅、胡适等人，为什么“对这种逆流（指读经）终身保持着高度的警惕，每一出现即予以迎头痛击”了。所幸的是，到了今天这一阴魂已经气数将尽（从捍卫读经者们的妙文中那几句半文不白的话就可以看出，他们已经无法用自己所推崇的经学的记录符号写一篇完整的文章了，甚至用文言写一个完整的句子都已不可能)，不大有可能再制造出遮蔽天日的乌云了，但我们仍然不能放松警惕，因为毕竟连死灰都有复燃的可能。

［史建国，1981年生，现为南京大学中文系博士生，主要从事中国现当代文学研究。
通信地址：南京大学南园27号楼505室（210093）
联系电话：13914783162
电子信箱：njshijianguo@ sina. com］

公共教育体制改革中的伦理问题

（劳凯声 《教育研究》2005 年第 2 期）

世界范围内发生的公立教育重建运动，在公共教育领域展开了从教育理念、教育制度一直到学校运行机制在内的全面改革，使公共教育体制发生了极大的变化。各国都制定了一系列市场化、民营化的措施改造传统的公共教育体制，试图重构国家与教育、政府与学校之间的关系。我国公共教育体制在改革中也出现了若干典型的市场化运作形式，包括公立学校的象征性市场化运作、公立学校的局部运作市场化、公立学校“一校两制”的市场化运作、转制学校的市场化运作、股份制学校的市场化运作、教育集团的市场化运作、教育中介组织的市场化运作，它们不同程度地把教育与市场结合起来。然而这场改革带给教育的除了正面效应外，还有许多负面影响，从而引发一系列改革伦理问题，如商业文化的浸润问题、教育公平问题、教育腐败问题和坚守教育公益性问题。如果改革最终不能有效地解决这些伦理问题，就有可能限制中国教育改革的发展空间，甚至对中国社会的进程产生消极影响。因此，深入理解当代教育的基本价值，把握教育改革和发展的复杂性，特别是其中所涉及到的利益分配的复杂关系，同时注意伦理与地域、文化、传统的内在关联，才能最终提升教育改革的道德水准和改革决策的伦理质量。为了做到这一点，公共教育体制的改革在其目标取向及其路径设计上必须时时关注改革的伦理问题。具体地说，必须在如下政府调控、市场介入、社会参与和学校自主四个方面做到适度的平衡。

［劳凯声，1948 年生，北京师范大学教育学院教授，教育政策与法律研究所所长，《中国教师》杂志主编。
通信地址：北京师范大学教育学院（100875）
联系电话：010－58807931
电子信箱：kslao@263.net］

关于教育改革的几点思考

（黄济 《教育学报》2005 年第 1 卷第 1 期）

该文认为，教育要为新的时代服务，就必须跟上时代前进的步伐进行改革。就我国中小学的现实情况来说，课程内容陈旧，教学形式单一，考试办法偏颇，学生负担过重和实践能力欠缺等问题的存在，也要求教育改革。只有改革，才能与时俱进，不断创新。但在改革中要注意以下三个问题。

一、历史经验值得重视

历史经验，扩而言之，包括古代的和近代的。中国古代，在教育方面有着丰富的优秀历史遗产，为大家所公认，这里不去讲它。就近代来说，中国建立新型学校，主要是从外国学习来的，先是从日本学习德国的，后来又学习美国的，其中有成功的经验，也有失败的教训，值得认真的回顾和科学的总结。该文就目前大家关注最多的课程改革和课堂教学组织形式改革两大问题谈了自己的看法，认为采用分科教学，还是综合教学，采用课堂教学，还是活动教学，要视学科的性质和学生的年龄特征以及教育的任务而定。不仅借鉴历史的经验教训，更要参照现实的实验成果。

二、现实情况必须考虑

我国是一个地域辽阔，人口众多，文化比较落后，各地区、各民族的发展极不平衡的大国，这是我们考虑一切问题和制订所有政策的出发点。穷国办大教育，又面临着开放改革、面向世界的新形势，如何把邓小平同志提出的“三个面向”具体地体现在教育改革中，是使我国教育走向现代化必须认真考虑的大课题。文章还认为，为了做好教改工作，在教学中，不但要求创新，同时要求在继承中创新。历史经验虽是一项宝贵的教育资源，但需要有分析地批判继承，也需要结合实际创造性地发展。盲目地搬用别国的经验是行不通的，全盘否定过去的经验也可能要走回头路。

三、辩证地处理当前教改中出现的新问题

该文认为，教育改革，需要有科学的方法论为指导，坚持辩证法，反对形而上学，是教改走向正确道路的前提。因此在教改中要处理好引进与中国化的问题、学习知识与培养能力的问题、紧张与宽松的问题。

［黄济，1921 年生，北京师范大学教育学院教授。专著有《教育哲学通论》、《雪泥鸿爪》（教育文集）、《历史经验与教育改革》、《诗词学步》等。主编《教育学》、《中国传统教育哲学思想概论》、《中国教育传统与教育现代化基本问题研究》、《当代教育百科》等论著和教材。其主要论著曾获国家图书奖和部、市级教育科研优秀成果一等奖。］

教育公正刍议

（刘健儿　《北京大学教育评论》2005 年第 1 期）

在受教育权分配问题上，简单的效率优先论和平等优先论都不完善。只有在综合了自由、平等、效率和社会合作等基本价值的教育公正理论指导下，才能较为合理地处理受教育权分配问题。本文借鉴罗尔斯的正义论提出了现代社会的教育公正观，联系我国现实提出了五个教育公正原则，并对当前我国在受教育权分配方面存在的一些主要问题进行了具体分析。

我国是社会主义国家，社会主义社会应是一种社会合作的体系，这种社会应是能使自由、平等、效率、社会合作等基本价值相互协调而不是造成甚至加剧它们之间的矛盾和冲突的。因而，我们在基本权利和义务的分配上也应是平等的。只有平等分配基本权利和义务，才有利于建立一种社会主义的公正社会，有利于社会的持续稳定发展，有利于各种基本价值的实现。受教育权是人的基本权利之一。在受教育权的分配上，我们首先追求的应是公正。教育公正是指社会制度和政策对社会群体和社会成员之间受教育权的获得和有关义务的分担所进行分配的合理性、正当性。这种合理性和正当性应当是，社会制度和政策对受教育权和有关义务的分配应体现自由、平等、效率和社会合作等基本价值并以社会合作来综合上述价值；同时应平等分配人们的受教育权和有关义务。因为恰恰是平等分配人们的受教育权和有关义务，才充分体现了自由、平等、效率和社会合作等基本价值：平等地享有受教育权本身体现了对每个人的自由（或权利）的尊重；平等分配受教育权也体现了平等；每个人都享有受教育权不仅使每个人得利，而且促进了整个社会的发展，这也符合效率的价值；每个人都平等享有受教育权有利于社会的和谐和稳定，即符合社会合作的价值。因此，作为一种社会合作体系的社会主义的教育公正观应该是：受教育权应该人人平等享有，一切教育资源应该平等地向所有人开放。

教育公正观是现代社会关于受教育权分配的一般观念，它表达了现代社会的一种理想和目标。在现实中如何使这一观念得以具体运用，需要有一些相关的原则。

教育公正原则一：基本受教育权平等保障原则。此原则的含义是：社会制度和政策应使每个人的基本受教育权得到平等保障。平等保障每个人的基本受教育权是最基本的教育公正，是教育公正的底线。如果失去这条底线，则意味着从根本上损害了教育公正。因此，基本受教育权平等保障原则是教育公正的第一优先原则。教育公正原则二：非基本受教育权逐步平等化原则。此原则的含义是：社会制度和政策应使人们的非基本受教育权逐步平等实现。教育公正原则三：非基本受教育权机会平等原则。此原则的含义是：社会制度和政策应使每个人在非基本受教育权领域享有平等机会。教育公正原则四：效率原则。此原则可细分为二，原则一：综合素质优秀者优先原则；原则二：付费者优先原则。教育公正原则五：补偿原则。

此原则的含义是：在非基本受教育权领域，应通过制度和政策使低收入家庭的受教育者应负担的那部分费用得到一定的优惠或减免。

［刘健儿，1953 年生，北京师范大学教育学院国际与比较教育研究所副教授。主要学术论文有《教育公正刍议》、《现代教育的定位和张力》等。主要著作有《教育公共关系学》（编著）、《现代教育的展望》（合著）等。

通信地址：北京市北京师范大学教育学院（100875）

教育管理学的发展轨迹、价值取向及其对研究者素质的挑战

（杨颖秀 《教学与管理》2005 年第 10 期）

教育管理学作为一门学科的研究历史并不长。但以实践性、生成性、动态性为特征的教育管理学研究，就其深度和广度而言，绝不是一个简单的时间概念所能涵盖的。任何一门学科都有其自身的积累过程，寻求学科背后所隐藏着的发展动力和内在逻辑，是教育管理学界必须正视的一个重大理论问题。因为这一问题的解决在很大程度上决定着人们对这样一门“知识”的体验，影响着对这一学科的体认程度。当然，其中也包括着管理实践者应当秉持一种怎样的教育管理观念从事日常教育管理活动，教育理论工作者又应当如何以行动承担起作为有良知的知识分子所应承担的学术责任和历史使命，进而摆脱被称之为“说管理的人”的尴尬角色。可能我们需要思考的、需要去做的还有很多。本着这样一种态度，该文以“全景式”的视角对教育管理学科进行研究，从大处着眼，从小处着手，通过对教育管理学科历史发展脉络的分析，试图厘清教育管理研究的价值取向以及对新时期教育管理研究者素质作出展望与剖析。本文认为，教育管理学科在经历了“从实践中走来”、“在继承中发展”和“在综合中分化”三个发展阶段之后，教育管理学研究已经走进高原期。站在高原期上，要实现教育管理学研究的新进展，不是要喊出新的口号，而是要思考如何使教育管理学能够在发展中求发展，如何使教育管理学对教育管理实践产生更大的指导意义。这就需要探讨近百年来教育管理学研究一直在追求什么，研究者又应如何实现这种有意义的追求。在这样的思索中，作者认为教育管理活动充满着人性的气息，教育管理学研究更应具备独特的气派，而这些则是由以下论点支撑的：教育与政府及社会的关系是教育管理学研究的宏观视野，民主与专制是教育管理学研究的核心，数量与质量是教育管理学研究的主线，公平与效率是教育管理学研究的精髓。该文进而提出，对于学科建设而言，需要理论研究者怀有更博大的胸怀、更广阔的视野和更饱满的激情投身到教育管理研究和实践之中。少一点批判、多一点反思，少点浮躁、多一点积淀，少一点跨跃、多一点改进，不仅是学科发展给教育管理研究者提出的要求，同时也是知识分子的学术精神所在。

［杨颖秀，1955 年生，教育学博士，现任东北师范大学教育科学学院教授、博士生导师、教育管理系主任。出版专著《教育决策的科学化民主化研究》等。2005 年发表论文 15 篇，主要有《基础教育生均预算内公用经费支出的基尼系数考查》等。
通信地址：吉林省长春市东北师范大学教育科学学院（130024）
电子信箱：yangyx@ nenu. edu. cn］

普及高等教育需解决的十个问题

（贺长元 《安庆师范学院学报》2005 年第 2 期）

教育现代化是中国现代化之母。中国 20 世纪 60 年代提出的建设现代农业、现代工业、现代国防和现代科学技术四个现代化社会主义强国目标未能实现，一个基本原因在于忽视了教育现代化。

中国普及高等教育不存在技术难题。我国实现第三次教育方法大革命，普及高等教育，需解决以下 10 个问题：

（1）高等教育内涵界定问题。高等教育指培养具有专门知识、技能的人才的教育，混同了基础教育与大学研究教育、学院专业教育、职业教育的界限。按终身教育过程，我们将人的教育分为初等教育、中等教育、高等教育、成人教育四个阶段，将大学一、二年级基础课程与高中二、三年级课程合并，扩展现行高中教育，学制四年，这一时期的教育称为高等教育。（2）学位教育目标雷同问题。解决我国学士、硕士、博士教育均为培养专业人才雷同问题，对学位教育目标应重新定位。学士教育为通才教育，硕士教育为专业教育，博士教育为研究教育。学士教育结业后，一部分学生接受硕士教育，另一部分经过培训进入劳动市场。获得硕士或博士学位的学生，都应参加职业培训，获得执业资格证书。（3）学科组织重建问题。学科知识体系按类的原则构建。克服现行学科按学术、按内容分类所产生的狭隘性和主观性，应将学科分类与职位分类统一起来。我国应对职位进行统计分析，对职位进行分类，然后对学科进行分类和重组，构成人才、知识、信息、技术

流转渠道，根据市场需要创作教材精品。(4) 大学连锁管理问题。我国高校条块管理，形成信息孤岛，学科基础设施建设重复。澳大利亚教育部提议“所有大学都由中央政府管理，而不是现行的部分由中央政府管理，部分由地方政府管理”。消除我国高校学科重复建设弊端，我国重点大学应建立学科中心，实验中心，信息中心，对高校实行连锁管理；专业性学校、研究性学校实行自治。(5) 政府投资方式转变问题。我国建设世界一流大学，应采用计划教育市场的方式。学科中心建立后，政府的投资方式应当转变，政府教育基金拨款给个别学校的方式，转变为投资整个学科。应健全完善我国学科组织建设，政府教育基金不直接划拨给学校，而是划拨给学科委员会，监督学科中心公平分配，用于整个学科的公共基础设施建设，供全国共同使用。(6) 电化教学方法错位问题。大中小学教师把大量精力放在制作教学软件上，重复制作软件，其创作力用偏了方向。初等、中等、高等教育课程属于基础课程，数量少，应选择全国优秀教师，集中各种人才，制作电视教学片，供各校选用。专业教育、研究教育阶段，课程数千种，学生到成人阶段，具有了自学能力和自我控制能力，电化教学可采取网络教学方式。(7) 教师社会所有问题。现代教学正成为一个流动的职业，我们应将学校与教师团体区别开来。教师队伍是一种专业团体，学校则是进行教学或研究的单位，只对教师的教学、科研进行管理，根据教师的教学或科研工作量支付报酬，“不再涉足教师的人事管理”。我国应建立教师行业工会，被政府认可和授权后，认定教师资格，教师为社会所有。学校什么时候需要老师，只需在教师行业工会聘请，以克服一些学校教师富余，一些学校教师不足之矛盾。(8) 学校组织形式问题。将学校分为国立学校、公立学校、私立学校三种，突出了财产权，却掩盖了三类学校共同所有部分。基础教育阶段的学校应为国立，开发每个人的自我学习能力，培养每个人具有社会基本价值观、品德、社会责任心。专业教育、技术教育、研究教育既可以公立，也可以私立，但作为学科中心及其学校必须公立。学科中心的建立，可以为多种形式办学提供知识资源，以最少的投资获得最佳的效益。(9) 知识产权尺度问题。解决我国作者没有直接出版权、出版业没有知识产权难题，我国应改革出版业计划管理模式，在大学设立学科中心，对学术论文和著作进行版权认证登记。凡是通过审查的学术论文，在该学科学会主办的学术公报上公开。科研课题审查合格的，颁发产权证书。只有以知识产权为尺度衡量作品，衡量科研课题，才能杜绝科学研究重复浪费资源现象，消除现行学术剽窃、科研基金资助“开后门”等腐败之风。(10) 建立考试院统一考试问题。普及高等教育，实现终身教育，必须对考试制度彻底改革，按学科建立考试院，推广电大考教分离的成功经验，实行教材标准化、教学分散化、考试职业化方针。学生是读全日制学校，还是半日制、业余学校，可以根据经济条件和家庭情况选择学习方式，但必须由考试院统一考试，统一学分标准，同分同值，适应人才流动的需要。

校长是学校的旗帜。遴选大学校长是普及高等教育的核心问题。大学校长的选择不仅仅是选什么样的人的问题，更重要的是选择什么样的大学发展战略问题。本人在《造就企业家》中，提出了遴选企业家的职务招标、双向选举的方法，这同样适用于对大学校长的选择。

[贺长元，1952 年生，安庆师范学院学报编辑部，副编审。发表政治、经济、管理、教育、出版、知识产权领域学术论文 30 多篇，如《作者专有权研究》、《论知识产权集体经营》等。著作有《造就企业家》。]

全球化视域下的基础教育均衡发展

(孙启林　孔锴　《比较教育研究》2005 年第 12 期)

孙启林

随着经济全球化过程的展开，包括教育等在内的诸多方面都会或多或少受到全球化进程的影响。该文认为，在全球化的视域下，基础教育面临着一种张力：它既是消除分化与差异的重要手段，又成为拉大贫富差距的重要原因。就此而言，要充分发挥它作为社会发展平衡器、稳定器的作用，增进社会公平，促进社会稳定，而尽量减少由于教育因素而造成的贫富分化、社会差异，积极应对全球化给基础教育带来的这种张力，基础教育必须走均衡发展之路。该文从

孔　锴

政策法律、师资、办学条件、经费以及弱势群体等五个方面总结了基础教育均衡发展的国际经验。其一，建章立制、教育立法是促进基础教育均衡发展的制度保障。许多现代国家的经验证明：通过立法程序把国家关于基础教育均衡发展的方针政策、制度措施等用法律形式固定下来，使整个社会有章可循并坚决保证实施，是实现基础教育均衡发展的最有力的措施之一。其二，高层次的投资主体带来稳定的基础教育经费是促进基础教育均衡发展的物质基础。当前世界上许多国家基础教育投资主体或是中

央政府，或是州（省、邦、都道府县）一级政府。其三，改善教师的地位和待遇是促进基础教育均衡发展的关键因素。许多国家对教师尤其是对农村地区、欠发达地区的教师实施优惠政策，以提高教师的地位和待遇，从而保证教师资源的相对均衡配置。其四，扶持弱势群体和弱势地区是促进基础教育均衡发展的有力举措。许多国家在长期实践中根据具休国情和实际需要，形成了各自的针对弱势群体和地区的扶持措施，力争为全体适龄儿童提供较为平等的接受基础教育的机会。其五，保证基本的教育条件是促进基础教育均衡发展的重要平台。为努力促进基础教育的均衡发展，世界各国纷纷采取措施，力争在教育条件方面均能达到一个基本的办学标准。在此基础上，对我国基础教育的均衡化发展，该文提出了相应的思考与建议。其一，强化政府责任，加强政府间财政转移支付力度。从国内实际情况和国际经验来看，我国中央和省级政府应当通过财政转移支付、专项基金等手段，自上而下地承担起义务教育公共拨款的责任。其二，制定城乡一体的统一的基本办学标准。国家应当通过政策杠杆出台城乡一体的基础教育尤其是义务教育办学标准，而不是以是城市还是农村来确定学校的办学标准。其三，增进区域内教育资源的共享。当前，在我国应当努力促进教师资源、信息资源以及办学所需要的基础设施等资源在区域内共享，以最大限度地发挥这些资源的作用和效益。其四，对各种处境不利的弱势群体和弱势地区采取补偿措施。当前，在我国，应当加大中央和省级政府对农村贫困地区义务教育公共投资的分担责任；国家及整个社会应关注各种处境不利群体的受教育机会，以切实保障所有适龄儿童的基本学习需求得到满足。其五，建立完善的教育保障体系。这有利于提高人们的承受能力和抗差距能力，是一种有利于和谐社会建设的有着巨大社会效益的重大举措。

［孙启林，1944 年生，东北师范大学教授、博士生导师。其代表作有《战后韩国教育研究》、《韩国科技与教育发展》。另有主编与合作著作 20 余部、合作编著工具书 10 余部、论文百余篇、文学翻译作品 20 余部、调研报告 50 余篇。
通信地址：吉林省长春市人民大街 5268 号东北师范大学国际与比较教育研究所（130024）
电子信箱：bjslifeng@ sina. com
孔锴，1975 年生，东北师范大学国际与比较教育研究所博士生。主编《当代教育新理念》，与孙启林合著《现代教育新理念解读》。发表论文《试论西方校本管理与我国校长负责制的完善》、《试论美国基础教育全国性课程标准编订的社会动因》等多篇。
通信地址：吉林省长春市人民大街 5268 号东北师范大学国际与比较教育研究所（130024）
电子信箱：kongkai@ 126. com. ］

试析美国人类学领域中的教育研究

（涂元玲 《教育学报》2005 年第 5 期）

美国人类学界开展了关于教育的大量的研究，并取得了丰富的研究成果。该文根据教育研究在美国人类学领域中的地位，分为三个阶段对这些研究进行了系统和深入的分析。

一、20 世纪 50 年代之前——作为人类学研究附带产品的教育研究

美国人类学领域最初关于教育的研究不是专门性的，是在对社会文化问题的探讨中，因涉及到教育问题而对之进行分析的结果，始于范德沃克（N. C. Vandewalker）。重要的研究如博厄斯（F. Boas）在其《人类学与现代生活》中对教育的分析；本尼迪克特（R. F. Benedic）在《菊与刀》中关于教育对国民性形成的影响的系统探讨；米德（M. Mead）的有关青春期困境和男女两性性别特质是文化影响的结果的研究，其《萨摩亚人成年》、《三个原始部落的性别与气质》等书就是这些方面的研究成果。

这一阶段研究的特征是：（1）教育研究是作为人类学研究的附带产品，几乎没有专门性的研究；（2）主要是文化与人格学派开展的；（3）主要是关于本土教育的；（4）是关于学校之外的非正规教育的研究。

二、20 世纪 50 年代—20 世纪 70 年代——教育问题作为研究主题的教育研究

20 世纪 50 年代，人类学家开始对教育进行专门研究的原因有：第一，教育越来越引起人类学家的关注；第二，二战期间，很多人类学家被要求在政府机构中服务，二战结束后，则将重点转向人类学学科领域的研究，进行纯学科性的研究；第三，在 20 世纪 50 年代之前，人类学家主要研究的是本土社会，而本土社会中没有专门性的教育机构，难以将教育从社会中分化出来进行研究；第四，1954 年 6 月份召开的人类学与教育大会起了直接的推动作用。重要的研究有斯宾德勒（GnSpindler）关于学校教育行政人员的研究，亨利（J. Henry）有关教育的跨文化分析，金博尔（S. T. Kimball）关

于文化对儿童成长的影响的探讨，等等。到20世纪60年代，人类学领域关于教育的研究更为多样。

这一阶段的研究具有下面几个比较明显的特征：第一，对美国的所谓现代社会的研究越来越多；第二，在20世纪60年代之后出现了大量的民族志的研究；第三，研究的应用性较强。

三、20世纪70年代之后——作为人类学独立研究领域的教育研究

20世纪70年代，人类学与教育委员会（CAE）及其刊物的出现使教育逐渐成为人类学中一个独立的研究领域。这一阶段的研究有几个重要方面的特征：第一，一些研究者提出了研究的理论模式，如工具性理论模式（Instrumental Model）、交换理论、结构－功能主义理论、生态学理论等；第二，出现一些主题相对集中的研究领域。如汉语教育、城市中社区与学校的关系和课堂教学等方面；第三，对作为研究方法论的教育民族志进行研究；第四，出现了专门的研究组织和专业性的研究人员。

近些时期，人类学领域的教育研究出现了一些新的特征，例如受后现代主义、后结构主义、批判理论等影响，出现了一些文化与政治学视角的分析；与相关的领域进行合作研究；出现了一些新的研究领域，如教育政策、教育管理等方面；等等。

［涂元玲，1979年生，北京师范大学教育学院、北京师范大学多元文化教育研究中心博士生。
通信地址：北京市新外大街19号北京师范大学教育学院（100875）
联系电话：010－58803039　13810304092
电子信箱：doadoado@163.com］

外国教育史学科建设的回顾与反思

——基于外国教育史学科著作类出版物的分析

（洪明　《福建师范大学学报》（哲社版）2005年第3期）

我国外国教育史学科若从第一本著作——1893年的《泰西教育史》算起，距今已有111年的历史。百余年我国教育史学科研究在著述方面的成果和发展过程的回顾，可形成如下结论：

首先，外国教育史的研究出现了初步的繁荣局面。百余年来，我国外国教育史的学科建设应当说取得了不小的成就，通史、断代史、人物与思想史、国别史、专题史、译著等等方面都有不少的成果问世，总计达数百部之多。尤其是在拨乱反正以来的20多年时间里，外国教育史著作不仅在数量上呈现出前十年多于后十年的趋势，而且研究领域进一步走向综合和分化；各种不同方向和题材的专题史的研究著作的出现，反映了这一领域研具的初步繁荣局面；通史、断代史、人物和思想史、比较史等领域的研究都构成了系列，形成了我国外国教育史学界集体合作、联合攻关的良好学风；对国外教育名著的出版也形成了系列，越来越多的历史上重要教育家的著述不断问世；在研究区域上，欧美虽然还是中心，但不再是唯一的研究领域。

其次，外国教育史的研究领域有待进一步拓展。我国的外国教育学科总的来说处于不断的发展过程中，现今的研究成果与20世纪50至70年代相比至少是大大增多了，部分领域的研究已经超过了20至30年代，如对外国高等教育史的研究就是如此。但不可否认，教育史学科的发展在历史上也出现过严重的曲折和断层，尤其是50至70年代对前几十年的研究成果的简单化处理方式：或束之高阁，或进行不公正的政治化的批判，使得外国教育史的研究失去了与以往学术史的联系。80年代之后，我们做的不少工作实际上是在补课，是对50年代之前研究工作的重复。此外，在史料的拓新和学科建设的反思方面，还有大量的工作需要做。

第三，外国教育史的研究深度有待进一步深化。80年代以来，外国教育史通史类著作主要是为师范教育课程中开设的外国教育史课程而编写的，主要用作教材，注重体系，研究深度有限，难免陷于低水平的重复。外国教育史的研究不能再拘泥于被动地应付教材体系，而是要寻找自己新的研究定位。

第四，外国教育史的研究应更加关注与现实的联系。从已经出版的著作看，外国教育史学科除有过于注重“教材”编写的研究取向外，一个较大的问题是对当今教育改革现实缺少必要的关注。历史研究不具有当代视角易丧失自己的生命力。

［洪明，1964年生，福建师范大学教育科学与技术学院教授。发表专著《教师教育的理论与实践》一部。参与撰写著作《外国教育通史》、《外国教育现代史》、《外国教育思想通史》等10余部，主编基础教育3—8年级《综合实践活动手册》一套，发表论文60余篇。］

外语教学理念的发展

（胡壮麟 《基础教育外语教学研究》2005 年第 1 期）

该文围绕国内外外语教学理论和方法的发展，对一些教学理念进行了梳理。

该文指出，最早的语法翻译法，源自希腊罗马时期在议会辩论国策时发展起来的修辞学，这又推动了对语法学的研究。后来同属印欧语系的诸语言，学习外语时主要通过一本语法书、一本教科书、一本词典，极为有效。此法对非印欧语系的学习者会有很多困难，因为语音、词汇、语法都不一样。

20 世纪初，出现了索绪尔和布隆菲尔德的结构主义理论，强调研究语言系统，即语言中的成分的排列规则。与此同时，心理学的行为主义理论认为学语言就是要不断的机械重复，可以巩固所学内容。反映到外语教学里，上世纪 60—70 年代的句型教学法要求学习外语就是掌握有限数量的句型，然后进行操练。同一时期的直接法、听说法和视听说法都是为了养成这种行为。

上世纪 60 年代初，Chomsky 提出转换生成语法，即抓住句子的两个主要成分，名词短语和动词短语。然后学习这些成分和下属成分的转换规则，即重复、添加、省略、移位，便能轻而易举地学习语言。Chomsky 还认为每个孩子生下来就已经具备了语言能力或普遍语法。用到外语教学过程中，有一段时期强调句型转换和第二语言习得。这一理论未能说明为什么孩子仍要上学接受语言教育。

与此同时发展起来的功能主义，认为语言形式是功能或意义的体现，主要表现为概念、人际和语篇元三个功能。反映在外语教学理念里，有意念法、交际法、情景法、语篇分析、任务教学法、语类教学法等。这些教学法在推广时有待完善。

从上世纪末，认知语言学和心理语言学都得到了发展。前者指出学习和认知过程既不是主观主义，也不是客观主义，而是经验主义。后者则强调发挥学习者个人的和集体的积极因素。随之出现的教育理论有：素质教育、启发式教育、以学生为中心、自主性学习、协同式学习、学习策略和学习风格的形成等。

最后，像录音机、电视机、复印机、投影仪、扫描仪、计算机这些工具都被逐渐应用到外语教学中，并改造了外语教学的实践。人们今天谈论的是多媒体教学。网络教学、外语教学的超文本化、多模态化、多元识读能力。

所有这些说明：我们要熟悉各种外语教学方法及其理论背景，根据不同要求，因人、因事、因时、因地合理地选用某个教学法。外语教师应该首先充实自己、提高自己。

［胡壮麟，1933 年生，北京大学教授，博士生导师。专著 4 部，主编 7 部，合著、合编 14 部，译著 1 部，论文 157 篇。
通信地址：北京大学外语学院英语系（100871）
电子信箱：yyhzl@ pku. edu. cn］

未成年人心理健康教育的探索

（俞国良 《北京师范大学学报》2005 年第 1 期）

我国 13 亿人口，其中 18 岁以下的未成年人约有 3. 67 亿。未成年人的思想道德和心理健康状况如何，直接关系到中华民族的整体素质，关系到国家前途和民族命运。因此，开展未成年人心理健康教育具有十分重要的意义，它不但是国家和民族、社会和时代发展的需要，也是未成年人自身发展和全面发展的需要。未成年人综合素质的提高必须以良好的心理素质为中介，而心理素质的水平直接取决于心理健康教育工作的普及和深化。

该文首先概要介绍了国外未成年人心理健康教育的历史和现状，相对于我国而言，国外未成年人心理健康教育在以下四个方面表现出一定的优势：地区差异较小，发展较均衡；对心理辅导老师的资格要求较高；设置心理辅导老师的比率较高；未成年人心理健康教育的专门化或专业化水平较高，家庭卷入水平也较高。

接下来从宏观层面上，对我国幼儿园、中小学校和职业技术学校心理健康教育的研究、现状和实践进行了初步的梳理和总结，一方面肯定了我国在未成年人心理健康教育取得的初步进展，同时也指出了存在的主要问题：即地区发展极不平衡，存在着学科化、形式化、表面化和孤立化等倾向。

最后，在回顾国内外未成年人心理健康教育取得的成果以及存在不足的基础上，该文指出，未成年人心理健康教育未来可能会表现出两种发展趋势：一是综合化和整合化，即各种心理健康教育、咨询和治疗机构的整合和重组，加强彼此之间的联系，信息资料的共享和加快信息化的进程；二是专业化和精细化，即建立健全的制度，各种教育机构或团体拥有自己主要的服务对象，有自己某方面的专家。实际上，这是一个问题向两个方向的延伸。

显然，我国未成年人心理健康教育水平还较低，我们要积极吸收国外有益的经验和做法，但是，也要认识到各国国情有很大的不同，未成年人心理健康教育工作需要不断地探索和积累，急于求成也是不可取的。重要的是加强心理健康教育师资队伍建设，完善心理健康教育效果的评价方法，充实心理健康教育内容和模式，丰富心理健康教育的途径和方法，以及实现心理健康教育手段的现代化。

［俞国良，1963 年生，中国人民大学教授、博士生导师、心理研究所所长。
通信地址：北京市中国人民大学心理研究所（100872）
联系电话：010－58570072
电子信箱：yugllxl@ sina. com］

我国何时能建成世界一流大学

——从 GDP 角度预测

（程莹　刘少雪　刘念才　《高等教育研究》2005 年第 4 期）

程莹

世界一流大学的产生与发展，与所在地区的经济、政治和文化传统有着非常密切的关系。从现状来看，世界一流大学大多数在发达国家；从历史上来看，世界一流大学的重心转移与世界经济、科技中心的转移相一致。通过分析当前世界高水平大学与所在国家（地区）的国内生产总值（GDP）和人均 GDP 的关系发现：产生世界著名大学（世界前 200 名）的基本条件是 GDP 总量超过 3000 亿美元，产生世界一流大学（世界前 100 名）的基本条件是人均 GDP 达到 2.5 万美元。根据我国国民经济发展速度，上海、北京等部分发达地区在 2020 年前后 GDP 总量将超过 3000 亿美元、人均 GDP 将接近或达到 2.5 万美元，再加上政府对名牌大学的重点支持，北京的清华大学和北京大学、上海的复旦大学和上海交通大学完全可能在 2020 年前后进入世界大学百强，成为世界一流大学。

［程莹，1979 年生，上海交通大学高等教育研究所讲师、博士生。
刘少雪，1967 年生，上海交通大学高等教育研究所教授。
刘念才，1965 年生，上海交通大学高等教育研究所教授、所长。
通信地址：上海交通大学高等教育研究所（200240）
联系电话：021－54742911
电子信箱：ycheng@ sjtu. edu. cn］

远程教育中教师媒体素养

（张舒予　赵丽　《远程教育杂志》2005 年第 4 期）

远程教育得以突破时空局限的基础力量来自于媒体。媒体的更新是推动着远程教育时代变更的物质基础。但是，只有当从事远程教育的教师能够掌握与应用媒体并恰当发挥媒体功能，远程教育的时代进步方能够真正实现。所以，具有良好媒体素养的教师才是决定远程教育发展质量的本质力量。

随着远程教育的时代发展，教师媒体素养的内涵与外延也发生着与时俱进的深刻变化。在前两代远程教育系统中，教师、媒体和学生之间的关系基本是一种线性关系架构。而在第三代远程教育系统中，线性关系架构转变成为一种复杂的多元化关系的新架构。这是在以计算机多媒体技术和网络技术为核心的第三代远程教育系统中所具有的区别于前两代远程教育的崭新架构。因而，对教师的媒体素养必然具有新内涵：（1）丰富的教学资源要求教师增强教学设计能力；（2）教师角色的变化需要教师掌握媒体技术；（3）师生交互方式的多样性需要教师提高信息交互能力。

张舒予

教师的媒体素养不仅具有新的内涵，而且具有新的外延。从第二代远程教育开始，媒体技术元素的重要性就已经凸显。许多人着迷于广播、电影、电视的技术方面，认为远程教育的教师如果精通媒体操作技术，就算是媒体素养优秀。然而现代远程教育中计算机网络的出现，拓宽了人们的视野。面对大量层次不等、质量优劣有别的信息，对教师媒体素养的理解不能再简单地理解为会操作使用媒体以获得信息，还要关注如何选择、搜集、加工和处理媒体信息，并合理使用媒体辅助教学，与学生进行有效的交互。教师媒体素养不仅事关教师个人的水平修养，而且关系到方方面面，影响整个教学系统的顺利实施和确保质量。

赵　丽

远程教育中教师媒体素养的培养要从掌握媒体的使用技能，提高媒体信息的处理能力和善用媒体的能力等三方面着手。如今的多媒体技术、流媒体技术和网络技术，其功能不断地提升和丰富，技术的难度和复杂度也有所增加，对教师的终生学习的意识与能力提出了更高的要求，需要不断学习新知识和新技术，以得心应手地应用教学媒体开展教学。教师媒体信息处理能力的强弱直接影响其设计的教学资源的质量高低。能够“用”，未必能够保证“用得好”。善用媒体的能力不仅表现在能够熟练地应用媒体，还体现在能够了解媒体的潜能与局限性方面。

［张舒予，1955 年生，南京师范大学教育科学学院教授，博士生导师。
通信地址：南京师范大学教育科学学院（210097）
电子信箱：Glasgowzhang123@163. com
赵丽，1982 年生，南京师范大学教育科学学院教育技术系硕士生。
通信地址：南京师范大学随园校区 2－225（210097）
联系电话：025－83057844
电子信箱：qingcaichong_ xjl@163. com］

真实的道德冲突与学生的道德成长

（傅维利　《教育研究》2005 年第 3 期）

该文通过案例分析方法，探讨人们在面临真实性道德冲突和虚拟性道德冲突时不同的心理发展过程，从而揭示真实性道德冲突在学生道德成长中的价值和中国道德教育成效不高的深层次原因。该文认为，真实的道德冲突对人们提出明确的道德行为方面的要求，对他们的切身利益提出明确的挑战，因而蕴含直接的道德教育价值。虚拟道德情境不含有真实的道德冲突，也不必然导致道德行为。我国长期以来道德教育实效不佳的主要原因，就是虚拟道德教育占据了主导地位。故而，充分利用真实的道德冲突对学生道德成长的作用，应该是道德教育取得良好实效的重要途径。

要求个体必须实现道德行为的真实性道德问题，这又可分为四种情况。

第一，人现有的道德认识不支持道德行为实现，解决道德问题的过程中断。

第二，人现有的道德认识倾向于支持道德行为实现，但由于道德认识是有限的或者对环境特征和行为结果的预期是不确定的，所以，人内心产生道德冲突。由于道德冲突最终没有解决，道德行为没有呈现，所以解决道德问题的过程中止。

第三，人现有的道德认识倾向于支持道德行为实现，但由于道德认识是有限的或者其对环境特征和行为结果的预期是不确定的，所以，人内心产生道德冲突。由于获得恰当的引导或者得到环境的有力支持，道德冲突得以解决，道德行为呈现，解决道德问题的过程全部实现。

第四，人现有的道德认识坚定有力地支持道德行为的实现。

在真实的道德问题可能引发道德行为的四种情况中，第三种情况是最具教育价值的，最有利于人的道德成长。在第三种情况中，不论人的道德认识还是道德行为都处于成长的临界点，在外力的有效推动下人的道德发展开始迈向新的阶段。真实道德教育情境中道德教育的有效性取决于两个主要因素。其一，情境中是否包含着真实的道德冲突；其二，道德冲突的设置或实现是否是恰当的。设置真实而恰当的道德冲突应当遵循如下原则：第一，设置道德冲突时必须清晰地分析其中隐含的道德价值取向；第二，道德冲突既要贴近学生的生活和经验，又要有目的地提升学生对生活的道德理解；第三，道德冲突要为学生自主参与道德活动留下足够的选择和空间。

该文关于真实性道德冲突的理论，

发展了中西方心理学家和教育学家关于人道德发展内在机理的理论，准确地解释了当前道德教育效果欠佳的根本原因，为今后中国乃至全世界道德教育改革确立了清晰的发展方向。

［傅维利，1954年生，辽宁师范大学田家炳教育书院暨教育学院院长、教授、博士生导师。
通信地址：辽宁师范大学教育学院（116029）
联系电话：0411－84258697
电子信箱：Fuweili1@ sohu. com］

中德成人教育的若干比较与认识

（庞学铨　《浙江大学学报》2005年第3期）

建国55年来，中国成人教育成就令人瞩目。与继续教育十分成熟发达的联邦德国比较，两国的继续教育有着若干基本共同点，比如，大体相同的发展历程、比较完善的法律保障和政策依据，以及系统的管理体制和运行机制。但也存在着一些重要差别，比如，管理模式、教学组织与内容、从业人员结构及教育经费筹措等。

该文在考察、分析这些共同性和差异性的基础上，提出了若干加快我国成人教育发展的建设性建议，主要是：

第一，必须调整现有成人教育结构。成人教育应建立起适应社会和市场需要的灵活的调节机制，在继续重视发展成人学历教育、特别是高等成人学历教育的同时，进一步办好各种类型尤其是各层次各类的职业教育，坚决打破在计划经济体制下形成的那种自成体系的涵盖大、中、小学各级各类教育的行业教育结构体系，建构超越行业的社会化、社区式的成人教育结构体系；把成人教育的重点转移到岗位技术培训、职业技能进修为基本内容的继续教育领域和以培养具有熟练技能的新型技术工人为主要任务的职业教育上来。同时继续大力抓紧抓好扫盲工作。

第二，改革现行成人教育管理体制。进一步扩大成人教育地方办学和管理的自主权，转变中央政府教育管理部门的职能，扩大地方及成人教育办学机构面对市场需要依法办学的自主权和主动性，改变目前以统一和集中为指向的管理理念和模式，把管理重点转向建立体现成人教育特点和市场机制的成人教育法律政策框架，实现依法施教、政策调整引导、评估监督质量、发布交流信息为主要指向的成人教育宏观管理；加快成人教育投资体制和筹资机制的改革，形成以政府支持、地方和企业为主、社会团体参与、学生缴费上学的多主体举办、多渠道筹资的成人教育投资体制和筹资机制。

第三，完善终身教育体系。发展继续教育，实行终身教育是我国各行业可持续发展的内在要求；知识经济和经济全球化发展的趋势，是推行学习化社会、建立终身教育体系的根本推动力；把终身教育作为我国未来教育政策的重点。

第四，广泛运用现代网络技术。在成人教育中积极广泛地运用新媒体，逐步提高教与学双方运用新媒体的能力，实现教育技术手段的现代化、信息化。

第五，加强研究咨询与信息统计交流。教育行政部门要重视与支持成教研究咨询和信息统计交流工作，加快培养专门的成人教育研究人才；成教研究机构要拓宽研究范围，提升研究水平和层次，主动参与各类咨询活动，积极承担全国性的成人教育信息调研和统计，建立民间的联系合作网络，促进信息资源的互通和共享。

［庞学铨，哲学博士，浙江大学人文学院教授、博士生导师。出版专著、著作、译著（含主编）11部，发表专业论文近60余篇。主持编、译德国教育理论、管理、法规、成人教育比较和中德教育词典等著作10部。］

中国农村基础教育：问题、趋势与政策建议

（史宁中　柳海民　《教育研究》2005年第6期）

一、“三级分流”实施20年来的成效及存在的问题

农村中小学生占全国中小学生总数的78%，这是中国完成20世纪末普及九年义务教育（以下简称“普九”）目标遇到的最大问题和难题。为解决保证每一个农村适龄儿童都受教育，解决受教育过程中的保有率和受教育后的出路等等一系列问题，国家从20世纪80年代开始提出了“三级分流”的教育政策。

当初国家设计农村基础教育走“分流”的道路，主要想解决两个大问题：一是保证农村孩子入学并防止辍学；二是使农村孩子接受教育后要面向农村、服务农村、学有所用。20年差不多两代人。两代人的实践结果足可以帮助我们反思与总结：如果“分流”解决了上述两个问题，说明这条道路是正确的；反之，20年前的问题至今仍没有解决，则需要我们认真考虑这条道路是否可行。

2002年，一项对全国6省14县17所农村初中的调查证明，农村初中学生辍学情况目前依然十分严重。被调查的17所农村初中，辍学率最高的达74.37%，平均辍学率为44.71%。其中，辍学率接近或达到70%以上的有4所，达到50%以上的有3所，在40—50%之间的有1所，30—40%之间的有3所，20—30%之间的有2所，10—20%之间的有1所，10%以下的有2所。无疑，以此调查结果来说明全国的情况有失偏颇，但它确从一个侧面反映了中国农村基础教育的现实。

调查证明，农村孩子辍学的原因有三：学校离家远，上学难；读书费用多，价格高；学校教师水平低，质量差，学而无用。由此说明，农村学生流失的主因不是贫困，而是学而无用，是教学质量差导致学生厌学，求学无望。

为了解决“分流”后的“有用”问题，很多农村初中结合当地经济与社会发展需要，开办了多种多样的职业教育。这些职校当时甚至盖起了高楼校舍，十分兴盛。可是几年下来，生源锐减，无以为继。原因是：首先家长不支持分流，学生也不愿意分流。更为重要的原因是：学校里学的东西毕业后没用，谁还去学？有的学生说：“我生在农村，长在农村，学校里学的东西农村用不上，在学校里学还不如在家学。”2002年对某省6乡12个村52户家庭的实地调查证明，学生宁可选择在家务农，也不愿进分流班，原因就一点：学了没用。因为没用，该县花费几十万资金盖起的职校教学楼，如今荒草萋萋，已几年没有学生来了。

事实证明，实行了20年的“三级分流”，没有从根本上解决农村学生的辍学问题，没有解决农村学生分流后的出路问题，因而也就没有解决中国农村教育的发展道路问题。

国家当时要求农村教育实行“三级分流”，是基于当时中国农村基础教育的现状而提出的一种试图解决农村教育问题的对策。如果把这一政策放到当时特定的时段中去加以衡量，应该说，它是正确的，是符合当时历史实际的。但进入21世纪以后，中国的教育形势发生了重大变化：连年的高校扩招使中国的高等教育步入了大众化阶段；高中规模在不断扩展；学习型社会的建立已成为一种新的要求，等等。所有这些新变化都要求我们的教育政策与时俱进，根据新时代的新情况和新问题，及时作出调整。

二、新世纪中国农村基础教育发展的方向

科学的决策应符合教育发展的客观规律，符合中国农村基础教育实际，符合享用该政策的老百姓的意愿和需求。基于这些考虑，我们认为，新世纪中国农村基础教育应走两条基本道路：一是办好优质高中，通过发展优质高中教育来解决义务教育较突出的流失问题，从而拉动九年义务教育段的健康发展；二是积极发展高中段职业教育，为不能升入高中的学生提供新的出路。打通高中后学生发展的道路，还意味着读了高中的学生，既可以找工作，也可以读专科或本科大学。通过上述两条道路的良性运行，共同拉动九年义务教育段的健康发展。

针对办好优质高中的发展思路，初中段基础教育应定位于提高国民基本素质教育，应走完全义务教育的发展思路。实行完全义务教育，是广大农村老百姓一贯的文化需求。在世界上，恐怕没有别的民族能像中华民族这样热爱教育。在中国，几乎每一个家庭都把送孩子接受好的教育作为父母的第一责任，把通过接受教育改变人生命运作为人生的第一选择。这是所有中国老百姓送孩子读书的动机，也是所有中国老百姓的意愿。在这里，寄托了父母对未来美好生活的无限憧憬和企盼。反过来，让一个农民送孩子接受教育，然后再让他们回去当农民，这样的教育选择现实中暂时还比较少有。其实，这样的道理对每一个人都一样。让一个城市的孩子接受教育后去当农民（志愿者除外），他们同样不会接受。既是这样，我们也就没有理由非要让农民去接受。所谓民意不可违，反映在“分流”问题上，农民是把让孩子上初中、上更高级的学校，然后找到一份工作作为他们的全部意愿。不能实现这样的意愿，他们宁可让孩子回家种地，因为“分流”的结果最终还是回家种地。由此看，杜绝农村基础教育学生流失的根本方法，是不断改善教育质量，尽可能满足老百姓追求高一级教育的需求。为此，国家应把在农村实施完全的义务教育，满足老百姓追求高质量教育需求作为新世纪解决农村基础教育的突破口。

实行完全义务教育，可以更好地提高国民的基本素质。在农村，学生7岁左右入小学，13岁左右入初中。按“三级分流”教育要求，学生在13岁或16岁左右就开始学习农业技术和其他一些

东西。这样过早地终止基础教育而进入职业教育，学生不仅没有建立起坚实的知识基础，对职业技术教育的内容也很难理解。这样做的结果，不仅使基础教育中刚刚建立起的一点知识基础渐渐遗忘掉，降低了国民的基本素质，更有把学生推入童工的危险。1991 年 4 月 15 日国务院发布的《禁止使用童工规定》指出："童工是指未满 16 周岁，与单位或个人发生劳动关系，从事有经济收入的劳动或者从事个体劳动的少年、儿童。"而小学分流后的学生，即使再读 3 年职业中学，毕业时仍不满 16 周岁。结果，可能是我们的教育使他们成了童工。这样的"分流"教育是我们不应该允许的。为此，国家在新的教育发展形势下，应对全国的基础教育实行统一的政策，要让农村的中小学校集中精力办好义务教育，让农村中小学生集中精力学好国民素质教育阶段的各种知识，让农村中小学的孩子与城里的孩子一样，集中精力修读完整的国民素质教育课程，以奠定坚实的发展和工作基础。

针对发展高中段职业教育的发展思路，同时考虑政策的连续性和严肃性，以及教育形势和国民需求的变化，对继续实行的分流政策应作出相应的调整。该文建议：应当提高"分流"重心，实行"初中后分流"的新政策。这一政策与教育部 2005 年工作要点的有关设想正好吻合。"要点"提出：要"以就业为导向，推动职业教育快速健康持续发展"，"大力发展中等职业教育，积极扩大招生规模"，为国家经济发展提供合格的、具有一技之长的新型劳动者。

三、实行完全义务教育和高中段职业教育的可行性与政策建议

第一，实行寄宿制初中教育。调整农村初中布局，根据地域分布，合理设置初中。凡是进入初中的学生，一律实行寄宿制。

第二，国家应实行计划单列投入，实施农村寄宿制学校建设工程。为保证寄宿制初中的教育质量，国家应设专项资金，对农村寄宿制学校进行分期分批的建设。也可采取国家投入与地方配套的方式，或城乡一对一帮扶的方式以及其他一些方式，使农村寄宿制学校建设工程尽快展开。

第三，国家应实行城市中小学教师"农村服务期制"，支援农村寄宿制初中和小学提高教育质量。城市中小学教师的农村服务期制，服务时间可以灵活多样，最长以一年为限。服务者在服务期间，编制、工资、待遇等与在校教师一样，甚至可以将到农村服务作为学校对教师的一种激励。

第四，国家应坚持以普及或扩大高中（以下简称普高），与实行以就业为导向的高中阶段职业教育并行。农村初中与普高、职业高中（以下简称职高）是一种联动关系，应协调发展。普高不仅是父母为农村孩子选定的理想出路，更是激励父母坚持让学生读完初中不流失的一个重要动力。调查表明，农村学生之所以多在初二，特别是初三段放弃学业，成为辍学的高峰期，根本原因之一在于学生感到初中毕业后没有出路。所以，办好普高和职高、普及普高和中等职业教育是解决农村中学辍学的一项根本策略，是控制流失的根本办法。

［史宁中，1950 年生，东北师范大学校长、教授、博士生导师。出版译著 2 部，发表科研论文 70 余篇。在教师教育研究领域发表教育类研究论文 20 余篇。

柳海民，1953 年生，东北师范大学教育科学学院教授、博士生导师。发表学术论文数十篇，主编著作 5 部。］

中国特殊教育学学科论初探

（雷江华　《华中师范大学学报》（社科版）2005 年第 4 期）

特殊教育学能否成为一门独立的学科？有人不仅对此表示质疑，而且质问该学科是否有存在的必要。作为一门独立学科，特殊教育学必须回答以下五个问题：（1）研究对象是什么？（2）学科性质是什么？（3）有何独特之学科体系？（4）有何方法论体系？（5）学科发展演进历程如何？该文试图通过探讨特殊教育学学科对象论、学科性质论、学科体系论、学科方法论、学科发展论来回答上述问题，以求教于大方。特殊教育学作为一门独立的学科应有其特定的研究对象。将特殊教育学的研究对象界定为"研究特殊教育现象及其规律、原则和方法"，模糊了研究对象与研究目的之间的界线，规律是隐藏在现象背后的本质联系，是人们力图认识的对象，也是研究活动最终要达到的目的。特殊教育学的研究对象是特殊教育现象，目的是旨在揭示特殊教育规律。特殊教育学是研究特殊教育现象，揭示特殊教育规律的科学。特殊教育学作为教育学的一门分支学科，是应用性学科，但其应用性不能仅仅停留在操作层面，更要奠定牢固的理论根基，否则特殊教育学可能沦落为"特殊教育技艺学"。特殊教育学作为一门独立学科，其体现的应用性与理论性将为学科的建设和发展带来广阔的发展空间。特殊教育学的学科体系包括教材体系和著作体系，其中教材体系包括作为一门学科的特殊教育学的教材体系和作为一个学科群的特殊教育学的学科体系；著作体系包括作为一门学科的特殊教育学著作体系和作为一个学科群的特殊教育学的著作体系。特殊教

育学所运用的研究方法包括哲学方法论、一般学科方法论、具体研究方法，这一方法论体系未体现出特殊教育学研究方法的独特性，似不足以说明特殊教育学作为一门学科成立所具有的方法论基础，但这并不影响特殊教育学作为一门独立学科，因为独特的研究方法不再是学科得以成立的必要条件，相反，单一研究方法的成效越来越受到怀疑。目前，针对传统教育学、心理学实验与统计方法因“样本容量问题”、“样本同质性问题”而难以应用于特殊教育领域，特殊教育研究者提出了将单一被试实验研究法运用于特殊教育研究。特殊教育学的学科发展经历了两个阶段：萌芽地步阶段与深化发展阶段，其间特有的标志包括：特殊教育著作的问世、特殊教育专业的设立、特殊教育学术团体的建立、特殊教育杂志的创建等，目前特殊教育学学科发展仍处于发展中的“初级阶段”。

［雷江华，1975 年生，博士，华中师范大学教育学院副教授。参与了多项国家级、省部级课题研究，主编《学会管理》一书，参撰《教育政策论》、《中国一体化教育的理论与实践》、《学校管理概论》、《全纳性教育导论》等著作，发表论文 40 余篇。
通信地址：湖北省武汉市洪山区珞喻路 152 号华中师范大学教育学院（430079）
电子信箱：huajianglei2003@163.com］

大事记

2005 年中国教育学研究大事记

1 月 2 日，教育部公布 2005 年工作要点。教育部部长周济在教育部年度工作会议上表示，2005 年，教育部要努力促进教育公平，更好地解决教育的难点问题。

1 月 6 日，2005 年全国高等教育招生计划工作会议在江苏南京召开。会议研究部署了 2005 年全国高等教育的招生计划工作，确定 2005 年全国高等教育本专科招生计划为 475 万人，比 2004 年实际完成招生计划增长 8% 左右；硕士生招生计划为 31.6 万人，比去年增长 15%；博士招生计划为 5.5 万人，比 2004 年增长 2%。

1 月 12 日，《经济参考报》讯，中央党校经济部对黑龙江、辽宁、内蒙古、新疆、广西等 16 个省市进行调查，完成题为《中国农村九年义务教育的困境与出路》的报告，报告指出：农村的教育，尤其是落后地区的教育状况令人堪忧。目前“普九”的成果是低标准的，并且相当脆弱。近几年，农村学生的辍学率、流失率偏高，初中生辍学率上升，有的地方农村辍学率高达 10% 以上。

1 月 17 日，全国加强和改进大学生思想政治教育工作会议召开。胡锦涛发表重要讲话。会议提出，把思想政治教育与解决实际问题相结合，做好高校贫困家庭学生资助、毕业生就业服务指导、后勤管理和服务、大学生心理健康咨询和教育工作。这是中央为加强和改进大学生思想政治教育工作专门召开的一次重要会议。

1 月 22—23 日，2005 年全国硕士研究生入学统一考试举行。报考 2005 年硕士研究生人数为 117.2 万人，比去年增加了 22.7 万人，增幅为 24.1%。这是自 1978 年恢复研究生招生以来，报考硕士生人数首次突破百万。

2 月 16 日，中国管理科学研究院科学学研究所的武书连、吕嘉、郭石林在《21 世纪经济报道》发布了 2005 中国大学评价。清华大学以 270.74 分名列第一名，北京大学、浙江大学分别获得第二、第三名。其他进入前 10 名的大学依次是：复旦大学、南京大学、华中科技大学、上海交通大学、武汉大学、吉林大学、中山大学。还评出了 15 所 2005 年度中国一流大学。

2 月 28 日，中宣部、教育部、中共重庆市委、中共北京市委在北京联合举行重庆开县优秀教师群体先进事迹报告会。开县优秀教师群体在重庆开县“12·23 井喷”和“9·4 洪灾”两场突如其来的灾难面前，为保护学生生命安全，临危不惧，舍生忘死，创造了学生无一人丢失、无一人伤亡的奇迹。报告团成员分别从不同侧面报告了重庆开县优秀教师群体抢险救灾、保护学生的感人事迹。

3 月 5 日，温家宝在政府工作报告中提出，从今年起，免除国家扶贫开发工作重点县农村义务教育阶段贫困家庭学生的书本费、杂费，并补助寄宿学生生活费，简称“两免一补”；到 2007 年在全国农村普遍实行这一政策。

3 月 8 日，教育部召开普通高等学校招生工作电视电话会议，提出在高校招生工作中实施阳光工程。在当年的高考招生工作中，各地各高校采取有力措施，建立和完善以“六公开”为主要内容的信息公开制度，严格执行招生工作“六不准”，努力维护高考招生的公开、公平和公正，确保了广大考生的切身利益。

3 月 28 日，在 2004 年度国家科学技术奖励大会上，中南大学黄伯云院士等完成的“高性能炭/炭航空制动材料的制备技术”和西北工业大学张立同院士等完成的“耐高温长寿命抗氧化陶瓷基复合材料应用技术”获得了国家技术发明奖一等奖，由此连续6年空缺的国家技术发明奖一等奖终于实现了“零”的突破。

4月4日，新华社电，上海交通大学的一位普通教师晏才宏，3月12日死于肺癌。他去世三天内，上海交大校园BBS上，竟发表了学生千余篇悼念文章，学生还自发筹资为他出版纪念文集。这位老师的死引发了争议，他终年57岁，教学水平和师风师德广受赞扬，由于没有论文，去世时还仅仅是个讲师。

4月5日，舍身救护6名学生的江苏金坛市城南小学教师殷雪梅光荣殉职，十万市民痛别人民好教师。

4月7日，教育部发出《关于高等学校招生工作实施阳光工程的通知》，提出“阳光工程”的口号。重点是确保招生录取工作全程公开、信息透明。其主要内容是“六公开，四严格”：即招生政策公开，高校招生资格及有关考生资格公开，招生计划公开，录取信息公开，考生咨询及申诉渠道公开，重大违规事件及处理结果公开；严格高校招生调整计划的使用管理，严格高校定向就业招生管理，严格独立学院招生管理，严格高校特殊类型的招生管理。

4月11—12日，为纪念我国早期卓越的马克思主义教育理论家、杰出的青年运动领导人、坚定的共产主义战士杨贤江诞辰110周年，中央教育科学研究所、中国教育学会、宁波市教育局、慈溪市人民政府在浙江省慈溪市联合举行了“杨贤江同志诞辰110周年纪念大会暨纪念杨贤江同志诞辰110周年学术研讨会”。来自全国各地的专家学者100多人出席了会议。

4月21日，综合网络媒体报道，厦门大学BBS开始逐渐实行实名注册制。从年初开始，国内许多知名的高校BBS纷纷对外来者关上了大门，开始实行“实名制”。其中，1月4日，复旦“日月光华”在0时至8时关闭校外访问和Web服务；3月4日，北大“未名”进行系统维护；3月5日，南京大学“小百合”BBS进入系统维护状；3月16日，“水木清华”由开放型转为校内；3月17日，武大“白云黄鹤”进入只读状态，中大“逸仙时空”关闭校外访问，南开“我爱南开站”限制校外用户。

4月27日，教育部发出通报，2005年度共有包括2所本科院校和58所高职院校在内的60所高校，因办学条件未达到国家规定要求而被出示“黄牌”，限制其招生规模。据悉，今年的“黄牌”高校大幅增加，是由于今年首度把“具有研究生学历的教师所占比例”作为考察办学条件的指标。上述60所高校中，52所是因为教师研究生学历比例未达标。

5月25日，教育部出台了《关于进一步推进义务教育均衡发展的若干意见》，把推进义务教育均衡发展、促进教育公平公正作为义务教育发展重要的指导思想。意见要求各级政府应该担当起促进教育均衡发展、特别是区域教育均衡发展的责任。

6月7—8日，全国高考举行。本年度全国高校招生计划475万，其中本科230万。据统计，本年度全国普通高校招生报名人数867万名。其中，应届普高毕业生591万名，占68%；应届职高毕业生78万，占9%。参加全国统一考试的考生约800万名，占报名总数的92%，其中文史类考生278万名，占35%；理工类考生423万名，占53%；文理综合类考生99万名，占12%。

7月2日，由21世纪教育发展研究院和人民政协报教育在线周刊主办的主题为“考试改革与教育公正”的第九次21世纪教育沙龙在北京远望楼举行，厦门大学高等教育研究所所长刘海峰、中国计算机学会秘书长杜子德、河北涿鹿县教育局局长常瑞天等社会各界人士到会共同进行了研讨。

7月6日，中办国办印发《关于引导和鼓励高校毕业生面向基层就业的意见》，从公务员报考、干部选拔、考研等方面出台激励政策，引导和鼓励大学生面向基层就业。各地各部门以及高校陆续出台措施，鼓励大学生到西部、到基层、到祖国最需要的地方去。

7月17日，由西南师范大学和西南农业大学合并组建的西南大学正式挂牌成立。

7月20日，首届世界汉语大会在人民大会堂隆重开幕，来自世界60多个国家和地区的政府官员以及大学校长、汉学家和汉语教师等聚集一堂，围绕“多元文化架构下的汉语发展”进行广泛的交流研讨。

7月23—24日，教育部在北京召开全国高校科技产业工作会议。这次会议是继1993年原国家教委、国家体改委和国家科委联合召开高校科技产业工作会议以后召开的第二次全国性高校科技产业工作会议。会议的主要任务是：回顾总结改革开放以来，特别是1993年以来高校科技产业工作的经验与得失，推广北京大学、清华大学开展校办企业管理体制改革试点经验，部署当前和今后一个时期的高校科技产业规范管理工作，促进高校科技产业健康发展，以科学发展观为指导，积极探索具有中国特色的高校科技产业化新路子。

8月6日，经国务院批准，中央政府每年出资10亿元，面向公办全日制普通高校在校生中的贫困家庭学生设立国家助学奖学金。

9月1日，教育部、财政部针对国家助学贷款进展缓慢的8个省份出台惩罚性措施，如果整改不力，财政部将不安排对地方高校的共建经费、减少教育专项转移支付资金，教育部将调减招生计划、暂停硕士博士点审批等。

9月16日，中国农业大学建校100周年庆祝大会暨世界农业论坛开幕式在人民大会堂隆重举行。

9月25日，复旦大学举行百年校庆。复旦大学创建于1905年，原名复旦公学，1917年改为私立复旦大学，1941年改为国立。1952年经过院系调整，成为一所文理综合的全国重点大学。2000年复旦大学与上海医科大学合并，组成新的复旦大学。

10月11日，中国教育发展战略学会正式成立。中国教育发展战略学会前身为中国高等教育学会教育发展战略研究会。作为一个从事教育发展全局性、战略性研究的学术团体．该学会主要致力于组织和推动我国教育发展战略和教育改革重大问题的学术研究与交流。目前学会的150余位理事，由全国从事教育宏观研究的学者，以及经济、科技、文化等领域和教育管理部门的专家组成；会长由郝克明担任。

11月7日，全国职业教育工作会议在北京召开，会议提出大力发展中国特色的职业教育，为此国务院印发《关于大力发展职业教育的决定》。为加快培养高技能人才和高素质劳动者，教育部年初提出中职扩招百万目标。

11月19—21日，由中国教育学会主办、重庆市教育学会和西南大学承办的中国教育学会第十八次学术年会在重庆市市委小礼堂召开。

11月22日，中国高等教育学会、上海市教育委员会共同主办的“2005高等教育国际论坛”在上海举行。300多名大学校长和专家学者参加论坛，共同深入探讨“科学发展观与中国高等教育”等专题。

11月22—28日，由教育部主办、国务院国有资产监督管理委员会支持的“全国大中型企业和2006年应届高校毕业生网上双选周活动”举行。目的在于深入做好2006年高校毕业生就业工作，加强高校毕业生就业信息交流和服务，为广大用人单位的人才招聘和高校毕业生的求职提供方便、有效的信息平台，

11月28日，联合国教科文组织第五届全民教育高层会议开幕式在人民大会堂举行。国务院总理温家宝出席会议开幕式并致词。联合国教科文组织总干事松浦晃一郎、蒙古总统恩赫巴亚尔、泰国公主诗琳通和刚果（金）副总统恩戈马出席开幕式并分别致词。本届会议由中国政府与联合国教科文组织合作主办，联合国系统包括世界银行、儿童基金会、开发计划署、人口基金、粮农组织、艾滋病规划署等专门机构协办。来自世界各国的41位教育部长或国际援助部长以及重要国际组织（包括非政府组织和民间团体）负责人会聚北京，将围绕全民教育，特别是农村教育和扫盲教育问题进行广泛交流与探讨，共同促进世界各国全民教育事业的发展。本次会议主题是：“扫盲与农村教育”。温家宝在会议致词中宣布，中国将在两年内，对农村义务教育阶段的所有学生全部实行“两免一补”政策。

12月9日，全国教育科学规划领导小组在京审定了2005年度全国教育科学规划重点课题并讨论了“十一五”教育科学规划思路。教育部部长、全国教育科学规划领导小组组长周济出席评审会并讲话，提出教育科研要联系实际注重应用。

12月10日，成立于1950年的人民教育出版社举行会议庆祝成立55周年。人民教育出版社直属教育部，是新中国成立后最早建立的从事基础教育教材和教育图书的研究、编写、编辑、出版和发行的大型专业出版社。55年来，人民教育出版社先后编写和出版了10套全国通用的中小学教材，出版各种出版物两万余种，发行量逾500亿册，出书品种、造货总量、销售收入和利税总额都位居全国出版界前列。在新一轮课程改革中，全国中小学师生中有1/2选用了人民教育出版社编写出版的教材。

12月16日，教育部发出《关于开展向洪战辉同学学习的通知》，决定在全国教育系统广泛开展向洪战辉同学学习的活动。湖南怀化学院在校大学生洪战辉在家庭屡遭变故的情况下，12年来克服种种困难，把父亲“捡来”的和自己没有血缘关系的妹妹一手养大，靠做小生意和打零工赚来的钱供其读书的感人事迹，经人民日报等新闻媒体报道后，在全国高校大学生中引起热烈反响。大学生们普遍反映，洪战辉的事迹感人至深，震撼心灵，他自强自立、勇于进取的可贵精神值得广泛学习和大力弘扬。

12月17—18日，来自全国各地的700多位小学校长在北京参加了由中国教育学会和北京师范大学共同主办的首届中国小学校长大会。大会以“小学教育的和谐发展”为主题。与会校长认真聆听了朱小蔓、王梓坤、陶西平等专家作的《小学教育的特殊价值与崇高使命》、《教育需要智慧》、《建设和谐文化，促进和谐发展》主题报告，并就“积极推进素质教育，促进学生全面和谐发展”、“教与学、教师与学生的和谐发展”、“学校管理与教育的和谐发展”、“学校、家庭、社会的协同与教育的和谐发展”等专题进行了分组研讨。经过学习和讨论，校长们在促进小学教育的和谐发展问题上取得了不少共识。

12月23日，国务院常务会议通过了《关于深化农村义务教育经费保障机制改革的通知》，将农村义务教育全面纳入公共财政保障范围，建立中央和地方分项目、按比例分担的农村义务教育经费保障机制，提出2006年至2010年5年间中央与地方各级财政累计将新增农村义务教育经费约2182亿元。

12月26日，全国农村义务教育经费保障机制改革工作会议在北京召开，对深化农村义务教育经费保障机制改革工作进行全面部署。国务委员陈至立出席会议并讲话。

（毛亚庆）

语言学

综　述

2005年中国语言学研究综述

2005年的语言学研究呈现蓬勃发展的良好态势，取得新的学术进展，语言学研究领域趋向专门化，研究内容进一步深化，语言学研究者的学术视野更加开阔，其中既有在新的视角下认识和探讨已有的课题，也有在交叉学科背景下对新的语言学研究领域的开拓，从而形成语言学研究许多热点。就总体研究情况来看，语言的共时与历时研究，仍以共时研究为主，重视个体的剖析和微观的研究，特别是语法方面的共时研究尤为显著，这与西方的语言学研究趋势也大体一致；形式主义语言学与功能主义语言学的研究，仍以功能主义研究为主，形式主义研究方面相对薄弱；语言学本体研究与语言学学科交叉应用研究方面，本体研究多，而学科交叉应用研究少。

本文只是择取本年度印象比较深的几点，将2005年语言学的研究状况进行适当的梳理，难免挂一漏万，祈请语言学专家学者指正。

一、汉语方言的地理分布与语法研究得到强化

詹伯慧在《汉语方言繁荣研究及其应用——纪念吕叔湘先生》中联系方言研究实际，提出一要深入探讨方言与民族共同语的关系；二要发扬上个世纪方言调查研究为“推普”、为汉语规范化服务的优良传统；三要加强方言词典的编纂，研究解决方言使用中的实际问题；四要加强方言在相关学科中应用的研究。2005年的汉语方言学研究成果仍然主要集中于方言语音的调查和描写，这种调查与描写带有系列性、成片性和补缺性的特点，方言地理和分区的研究进一步深化，突出表现在《中国语言地图集》的修订与补充上。

（一）《中国语言地图集》的修订与补充

《中国语言地图集》出版至今已20余年。20年来，汉语学界作了大量的实地调查研究工作，掌握了更多的语言事实。不同专业的学者从不同角度使用《中国语言地图集》，提出了很多新要求。根据语言学科发展的实际情况，对《中国语言地图集》进行修订和补充很有必要。为此中国社会科学院于2001年把新编《中国语言地图集》设立为院A类重大课题，并与香港城市大学合作。为集思广益，更好地完成新编《中国语言地图集》的工作，《方言》杂志从2005年第2期开始，连续刊发有关《中国语言地图集》修订和方言分区讨论的专题性文章。已刊的有贺巍的《中原官话分区》，张志敏的《东北官话的分区》，汪平的《北部吴语三小片的重新画分》，鲍厚星、陈晖的《湘语的分区》，周磊的《兰银官话的分区》，赵日新的《徽语的特点和分区》，刘兴策的《对湖北省境内汉语方言分区的几点意见》，李小凡的《汉语方言分区方法再认识》，邢向东、郭沈清的《晋陕宁三省区中原官话的内外差异与分区》，王临惠、张维佳的《论中原官话汾河片的归属》等。这些工作弥补了以往方言调查和研究中的许多空白，提供了较为深入、丰富的方言材料。

（二）汉语方言理论与方言语法的研究

作为历史语言学研究的重要部分，随着研究的深入，汉语方言研究的理论意识开始逐步增强，不但重视共时研究与历时研究的结合，而且重视对方言演变的历史层次、动因的探讨。其中主要表现在对汉语方言理论与方言语法的研究上，2005年语言学界加强了这方面的研究，并取得了一些进展。

陆镜光的《汉语方言中的指示叹词》考察了汉语各地方言的指示叹词，发现都有手势用法和象征用法。前者应是本来用法，经虚化而成后者。语言类型学研究发现专职指示用的叹词比较少见，汉语的这一研究发现对普通语言学有启示作用。王健的《汉语方言中的两种动态范畴》，描写了汉语方言区分动作进行和状态持续所用的语法手段，从历时的角度考察其中一些语法手段的来源以及发展。

李宇明、陈前瑞的《北京话“给”字被动句的地位及其历史发展》，定量考察了北京话中有标记被动句的使用情况，分析了“给”字被动句在当代北京话中的地位，分析了“给”字被动用法的历史发展及其内在制约因素，认为北京话中的介词“给”是在助词“给”的诱导下逐步发展出被动用法的。张维佳的《山西晋语指示代词三分系统的来源》一文从昂颜指示代词的历史来源及二分

系统与三分系统之间的关系着眼，分析其地理和结构分布，认为晋中的三分系统是两种二分系统在地理上竞争的结果。邢向东的《陕北晋语沿河方言愿望类虚拟语气的表达手段》描写比较了陕北晋语沿河方言表达愿望类虚拟语气的手段，并结合山西晋语和现代汉语的情况，考察了虚拟语气词“时价”等的来源和语法化过程。吴福祥的《粤语能性述补结构“Neg－VD得OC/CO”的来源》，从比较方言学的角度讨论粤语“Neg－VD得OC/CO”格式的来源以及粤语能性述补结构否定式的类型特征。刘丹青、刘海燕的《崇明方言的指示词》描写分析吴语崇明方言非常繁复的指示词系统，说明其句法特点、语义范畴和主要用法，总结有关现象对汉语及汉语史指示词研究的参考作用，并阐明崇明话指示词所体现的人类语言共性。颜峰、徐丽的《山东郯城方言的叫字句及相关句式》则通过山东郯城方言的叫字句及相关的几种句式分析，就其语法功能和格式做了具体描写、分析，着重说明它兼具了施动和被动两种功能，并有可能在一定的语境中形成歧义。陈泽平的《福州土白“叭”问句的来龙去脉》根据1871年出版的《榕腔初学撮要》中的资料，探讨“叭”问句来历以及消失的原因，并讨论了福州话正反问句的演变。唐正大的《关中方言第三人称指称形式的类型学研究》讨论关中方言中“兀”、“他”、“人家”在指称第三人称时用法、功能分工及标记性等级，归纳分析了“兀”兼作远指代词的类型特点。伍巍、蒋尊国的《湘南蓝山土市话的处置式》讨论了湘南蓝山土市话的处置标记及句式特点分析了土市土话处置标记的语法化过程。吴继章的《河北方言词缀发展演变的趋势及语义在其中的作用》一文通过对“圪、子、忽、达、日、头、老”等词缀的描写、分析、研究，揭示出河北方言词缀发展演变中的递减趋势，并揭示出语义在河北方言词缀递减过程中的作用。

在汉语方言学中，方言语法学的研究应该说是一个新兴的领域，一直是个研究弱点，汉语各种方言的构词法、句式、时态、助词等的深入研究，能够总结出一些重要语法规律，这对汉语语法的研究、语言理论的建设和汉语史的研究都具有积极意义，应该说来自汉语方言的每一个问题都有重要的学术价值。

二、汉语历史语音学的演变层次和动因研究受到重视

汉语有丰富复杂的历史语音资料，又有悠久的历史研究传统，这是非常丰富的语音资源，也是深入进行历史语音研究的得天独厚的优越条件，更是可以出理论、出方法的丰沃土壤。

鲁国尧的《张麟之〈韵鉴序例〉申解四题》一文对南宋初年张麟之为刊布《韵镜》而撰的《韵鉴序例》做了四个问题的申解，并再次申明切韵学的“层累”特点，并首次揭出其“不确定性”。田范芬的《〈一法通〉反映的百年前临湘方言特点》一文通过考察清末临湘人吴獬《一法通》十八部归字，结合后来临湘及周边方言的特点，归纳出百年前临湘方言的十一项特征，并分析了这些特征百年来的演变。张玉来的《朝鲜时期所传习的明代汉语官话的语音性质》则通过对朝鲜时代的译音材料和汉语方言材料的分析，认为朝鲜时代的译音材料记录的是北京地区和全国各地人民的官话之音，它并不一定跟具体哪个方言对应。明代官话没有系统一致的标准音系，更不可能存在今天语言学意义上的基础方言点。方环海的《〈古今中外音韵通例〉声母的几个问题》对1886年江苏浦口人胡垣《古今中外音韵通例》的声母系统进行了考察，讨论了该书音系中声母的几个重要问题，联系现代方音，对清代末期江淮官话声母系统的语音特点进行了分析与拟构。孙宜志的《方以智〈切韵声原〉与桐城方音》将现代桐城方言语音与《切韵声原》音系进行比较，研究《切韵声原》音系的特点及桐城方音从明末到现代所发生的变化。

林伦伦的《从〈汕头话口语语法基础教程〉看120年前的潮州话音系》根据《汕头话口语语法基础教程》的材料，分析出120年前的潮州方言音系，并研究其与今潮州方言音系之异同。黎新第的《辽代石刻别字异文所见辽代汉语语音》，对辽代石刻文中能反映语音现象的别字异文进行归纳分析，发现辽代汉语已经或正在出现一系列不同于《切韵》音系的变化，而这些变化又都与辽僧行均《龙龛手镜》所见差别甚大。张鸿魁的《聊斋俚曲的方言属性》对俚曲中不同于现代淄川方音的语音材料进行分析研究，驳斥了“聊斋俚曲是用地道的淄川方言写成的”观点，认为“蒲松龄创作俚曲使用的是山东官话”。岳立静的《日照方言知庄章和精见端的读音类型》根据实地调查材料讨论山东日照城乡24个方言点知庄章组和精见端组声母分布特点和读音类型，并探讨它们之间复杂的分合关系。

刘淑学的《论古知庄章三组声母在冀州方言中的音变层次》中古知庄章三组声母在河北冀州两个镇中，分别读为两套声母。两镇的读音不光音值不同，而且音类分合也不完全对应，文章得出一些重要结论：入声韵消变与知庄章三组声母的合流演变是交织进行的；止开三章组与庄组的合流演变在入声韵消变之前，而阳声韵知三章组与庄组的合流演变，在入声韵消变之后；古知庄章三组声母在方言中的合流演变是不平衡的，演变时间是漫长的。陈立中的《论湘语、吴语及周边方言蟹假果遇摄字主要原因的连锁变化现象》利用汉语元音主要作反时针方向运动的规律，解释湘语、吴语蟹假果遇四摄字主要原因的连锁变化现象。曾宪通的《明本潮州戏文〈金花女〉之语言学考察》，列举说明了明本潮州戏文《金花女》中的一些方言词语，并讨论了其所反映的明代共同语与方音的一些问题。

刘晓南的《〈韵会〉赀字母韵考论》一文将《韵会赀字母韵》与《中原音韵》支思部比较，断定赀字母韵的立韵反映了宋元以来南方语音演变的模式，并非舌尖元音的直接源头。张民权的《程迥〈古韵通式〉及古音说通考》着重对《古韵通式》中“切响”问题进行了考释。刘勋宁的《一个中原官话中曾经存在过的语音层次》一文列举秦晋等地方言的事实，在汉语历史研究中引入层次的观念，充分论证了“支微入鱼”现象实际是历史上中原官话曾经存在过一个语音层次的观点。乔全生的《晋方言轻唇音声母的演变》根据文献和方言材料论证晋方言轻重唇音分离当在唐宋之际；微母自明母析出，其时在宋；[v]母变为[u]开头的零声母，当为官话影响所致，是17世纪以后的事。

曾晓渝的《从年龄差异看现代荔波

话音变的成因》是屈指可数的从社会语言学角度研究语言差异的研究成果，文章对属于西南官话的贵州荔波话存在的不同年龄段的语音差异作了探讨，指出这种差异所反映出的音变方向并非都趋向于普通话或当地权威方言，其动因主要在于语音系统内部各层面要素之间的平衡调节与相互制约。

李无未的《音韵文献与音韵学史》将汉语历史语音学的研究和丰富的汉语书面文献资料相结合，这样的研究应该说可以在语言的描写研究、历史研究和理论研究等方面做出积极的贡献。

汉语历史语音学的演变层次和动因研究也丰富了普通语言学的研究成果。

三、基于现代语言学理论的汉语研究走向深入

现在语言学的一个重要趋向就是向语义和语用的研究倾斜，重点解决语法与语义、语用的关系问题。沈家煊主编的《现代汉语语法的功能、语用、认知研究》和熊学亮、蔡基刚主编的《语言界面》等运用认知语言学、语用学和语言类型学的理论、方法来观察和分析汉语句法语义的演变事实，揭示汉语句法语义演变的认知/语用动因和类型学蕴涵，为汉语的共时句法语义现象的分析和解释提供重要的参数和理据，反映在汉语研究中，它所主张的“句式意义大于组成它的词语意义的总合”的观点带来了系统理解汉语句式的新视角。

（一）基于语法结构的语法化

语法结构的语法化是近年来语言学界普遍关注的热点问题。吴福祥的《汉语语法化研究的当前课题》基于国外语法化研究的新进展和汉语语法化研究的现状，指出当前与以后汉语的语法化研究应该着力研究结构语法化、语法化模式、话语标记语法化、语法化相关的语义演变等四个课题，对目前的汉语语法化研究很有指导意义。江蓝生的《“VP的好”句式的两个来源》把现代汉语表示取舍义的“VP的好”句式依据句中有无疑问代词分为两种，无疑问代词的句式源自自指的“VP底”主语句，有疑问代词的句式源自有标记的话题主语句，作者从句法功能的降位、语义的主观化和结构的紧密化等三个方面考察了“VP的好”句式结构语法化的原因、过程和特点。方梅的《认证义谓宾动词的虚化》讨论认证义谓宾动词虚化的程度与动词自身的控制度相关，证明控制度强的动词虚化程度低，控制度弱的动词虚化程度高。

邵敬敏、朱晓亚的《“好”的话语功能及其虚化轨迹》讨论了“好”在话语中的功能，梳理了口语中的“好”的历史演变以及区别不同功能的形式标记。彭伶楠的《“好了”的词化、分化和虚化》和方环海、刘继磊的《“完了”的虚化与性质》考察了现代汉语口语中“X了”一类结构的虚化及其词类性质问题，“X了”一类的汉语结构正处于语法化的过程中。林华东、蒋艳的《介词虚化与“V? 介? Np”的述宾化趋势》和杨永龙的《从稳紧义形容词到持续体助词》结合方言，从历史文献的角度考察了该类形容词的语法化过程。龙国富的《从中古佛经看事态助词“来”及其语法化》以魏晋南北朝佛经为基本材料，进一步讨论“来”的语法化途径、动因以及机制等。语法化相关的论文还有陈前瑞的《“来着”的发展与主观化》、朱冠明的《情态动词“必须”的形成和发展》、高增霞的《处所动词、处所介词和未完成体标记》等。

吴福祥的《汉语语法化演变的几个类型学特征》基于对汉语语法演变的观察，概括出三个具有类型学特征的语法化模式或路径，并且尝试对语法化模式或路径产生的类型学动因作出解释，站在比较宏观的视角对汉语语法化研究作了总结。

（二）基于本体研究的理论挖掘

基于汉语本体的理论挖掘，尤其是结合现在社会中新的语言生活现象进行研究，这是有新意的。

王洪君、富丽的《试论现代汉语的类词缀》从句法音系接面的角度、根据大规模语料库的统计材料论证类词缀是现代汉语的一个独立的、重要的单位类别。作者发现，与词根相比，类词缀与词缀、助字一样具有单向高搭配性、结构类型个别化和类化作用的特点，比较词根意义明显泛化。与词缀、助字相比，类词缀主要与双音词和多音节词搭配，而词缀只能与单音节和部分双音词搭配，助字则是自由地与包括自由短语在内的所有单位层级搭配，而且类词缀的新生类推能力很强，可以大量新创语义透明的类词字组，与词缀明显不同。储泽祥、魏红的《汉语量词“片”及其自相似性表现》指出汉语量词“片”的自相似性表现，与汉语名词所指事物直接相关联，对认识汉语的名词也特别具有启发作用。

郑泽之、张普的《汉语真实文本字母词语考察》和任海波、王刚的《基于语料库的现代汉语离合词形式分析》着重考察了实词类插入形式的词类序列、常见句法成分类型以及离合词中插入助词“了”、“过”、“着”等现象，提出了一些需要进一步探讨的语法现象。马庆株的《汉语动词与动》讨论了动词的持续非持续、自主非自主、程度等语义语法范畴，并描写了动宾、双宾、动补等动词性结构。作者在本书中对多种与动词有关的歧义现象作出了比较细致的分析，对动词的语义特征也作了说明。任鹰的《现代汉语非受事宾语句研究》则着力对现代汉语中几种主要的非受事宾语句进行了比较系统、深入的分析，探讨其句法表现、范畴特征以及语义性质与形成机制。

同时基于类型学的视野，汉语的本体研究是难以离开汉藏语系的，2005年值得提出的是黄树先的《从核心词看汉缅语关系》一文，该文运用语义场—词族—词的比较方法，采用M. Swadesh的100核心词证明和检验汉语与缅甸语既有发生学的关系，也有长期接触的关系，文章的特点是：（1）主要采用核心词来证明汉语和缅甸语的亲属关系。作者认为核心词较之语法和语音更具有稳定性，尤其是对于形态不是很明显的汉藏语的比较，核心词的比较更为重要；（2）采用国际较为流行的M. Swadesh的100核心词表，该词表尽管有不足，但仍是最通行的比较词表，利用这个词表做出的结果还可以跟别的语言来比较；（3）作者第一次明确提出了在亲属语言比较中“语义场—词族—词”的三级比较法。以往的比较研究多以单个词的比较为主。三级比较法就是根据被比较语言的语义，先建立一个语义场；在这个语义场之下，再系联同族词；同族词地下是单个词的比较。戴庆厦、杨再彪、余金枝的《语言接触与语言演变》通过共时分析和亲属方言土语的比较，揭示了小陂流苗语受汉语的影响已经进入核心领域，应该

属于深层影响与开放型影响；语言影响引起的语言演变已进入与汉语逐步趋同的状态，在词汇、语法、语音等方面都出现了与汉语相同的特点，作者提出并用、竞争、弱化、泛化是小陂流苗语语言接触出现的几个重要特征，是我国不同语言之间语言接触的一种类型。戴庆厦、孙艳的《景颇语四音格词产生的机制及其类型学特征》以类型学的学术视野，探讨四音格词的性质及其类型学特征。

2005年汉语本体研究中尤其值得提出的是冯胜利的《轻动词移位与古今汉语的动宾关系》一文，该文讨论了汉语中的与轻动词有关的句法现象，文章认为汉语非常规性的动宾复杂关系，是由轻动词的移位造成的，而且轻动词促发的句法移位在现代汉语里有，在古代汉语里更为普遍，在句法运作中存在，在构词法中同样存在，轻动词的句法研究作为一个新的研究课题，为汉语的研究开辟了一个新的途径。冯在文中提出的非受事主语的派生性、古今词语在移位构造上的一致性，以及据此而建立的句法训诂学的必要性，都为汉语的共时与历时研究提供了一个新的思路。

（三）认知语言学与汉语研究

运用一些西方认知语言学理论解释汉语语法现象，2005年又取得了一些研究进展。

石毓智的《表现物体大小的语法形式的不对称性》解释了造成汉语“小称”的语法表达不对称性的认知基础，并且从类型学的角度探讨了汉语小称标记的历史来源、语音形式和功能扩展的机制与规律。张谊生、邹海清、杨斌的《“总（是）”与“老（是）”的语用功能及选择差异》讨论了副词在客观判断和主观评价方面的相对性与绝对性，以及因句式、语体的不同而引起的选择差异。句法结构与概念结构属于两个不同的层面，在共时平面上，形式与意义之间总体上是对称的，但是有时由于形式、意义和语用的因素也会产生悖逆，形成语义异指。张国宪的《性状的语义指向规则及句法异位的语用动机》通过现代汉语形容词探讨了这个问题，指出限于人类的认知结构差异，语义指向的理解只能是一种接近话语意图的概率推理。袁宾的《“蒙”字句》阐说了语言的类化机制（同类化和异类化）是蒙字句顺意倾向产生并且强化的深层动因，用这样的观点也可以解释其他相关的语言现象。余光武的《主位化及相关的认知解释》则主要是从动态的角度研究句子的信息成分安排，文章在考察了汉语语境句各种主位化情况的基础上，从认知心理学的角度对这些情况作出了统一解释，得出一个主位化过程图。

功能语言学结合汉语语法的研究一直是汉语语言学界的重头戏，以往的研究主要贡献也在此，张伯江的《功能语法与汉语研究》、史有为的《话题、协同化及话题性》等对此作了初步的总结。

（四）形式语法的研究

利用形式主义语言学理论研究汉语语法现象，2005年形式语法的研究仍然集中在对汉语特殊现象的讨论，如石定栩的《“被”的句法地位》、李艳惠的《省略与成分缺失》、熊仲儒的《以“的”为核心的DP结构》、满在江的《现代汉语“也”字歧义句的句法研究》、李京廉的《英汉存现句的句法研究》、程工的《汉语“者”字合成复合词及其对普遍语法的启示》、朱行帆的《轻动词和汉语不及物动词带宾语现象》、王奇的《领属关系和英汉双宾构式的句法结构》、潘海华、韩景泉的《显性非宾格动词结构的句法研究》、邢欣的《从X－阶标理论对小句的分析看小句中枢说》等。这其中，运用中心语理论对汉语语法现象的研究值得一提。

李艳惠的《省略与成分缺失》一文认为，语言中出现的有义无音的现象，即空号的存在和意义是由句法中的中心语的选择限制决定的。文献中的各式“删略”结构等大都由删略法来实现，而删略法无法解释汉语中谓语省略的各种句式及其意义。她认为，中心语的词汇特性决定了是否必须有空号出现以及该空号如何解释。熊仲儒的《以“的”为核心的DP结构》一文主要从中心语理论的角度探讨了和“的”字结构相关的问题。他认为“的”是功能范畴D的语音实现形式，该功能范畴使整个短语具有名词性。功能范畴D以nP为补语，其中n可以使V/A等具有名词性，从而造成它们在句法行为上的双重性。D的EPP特征促使nP中的部分成分移位，留存的成分有论元，附加语和词汇核心。但是，运用中心语理论的研究不是没有受到质疑，尤其是运用中心语理论对“的”字短语的研究。例如周国光的《中心语理论和汉语的DeP》对司富珍的观点进行了质疑，认为中心语理论的研究存在着方法论上的失误，进而否定句法理论中的中心语理论。需要指出的是，虽然运用中心语理论的研究确实存在着一些问题，但是我们不能因此而否定一种理论，因为中心语理论在解释其他语言现象时仍然有较强的说服力，例如关于语序的研究等。对“的”字结构的研究反映了两个方面的问题：一是要求我们对语言理论本身有更深入的理解；二是在运用国外理论研究汉语现象的可适用性的基础上对汉语事实进行更深入的挖掘。

除此之外，还有两篇文章值得介绍，一是石定栩的《“被”的句法地位》，一是满在江的《现代汉语“也”字歧义句的句法研究》。石定栩在文章中讨论了“被”的句法地位和“被”字句的结构，并以句法特性为出发点对“被”的介词说、动词说、非限定动词说以及作格化理论的长短得失进行了说明。该文在双重地位说的基础上提出一种新的分析方法。在这一方法下，“被”被看作是对动词短语起作用的被动标记，而“被”字句则被看作是一个单一小句结构。在“被”字句中还有一个与被动标记“被”合并了的介词“被”，石文的研究对一直以来关于汉语“被”动句的研究提供了一条新的思路。另外，满在江从句法的角度探讨了“也”字歧义句的现象。该研究较好地结合了汉语的语言事实，在尊重客观语言事实的基础之上运用句法理论较为详细地分析了“也”字歧义句。不难发现，该文实质是运用语用—句法接口的思想来解释汉语语言事实的一种尝试，而李艳惠的《省略与成分缺失》也蕴涵了语用—句法接口的思想。因此，可以预测，运用语用—句法接口理论结合汉语事实的研究可能是一种趋向。

当然形式句法不仅仅可以应用于对汉语的研究，也可以应用于其他语言，如力提甫·托乎提的《生成语法框架内的维吾尔语句法》就应用了生成语法理论，对维吾尔语等突厥语的格附加成分、后置词、人称、时态词等功能成分进行了研究。但是总的看来，2005年基于形式句法的研究延续了以往的研究传统，注重对汉语特殊现象的研究，但在研究的深度和广度上有了进一步的加强，而且，句法研究紧密结合着形式语法理论的新发展，同时需要指出的是，虽然基于形式句法理论的研究有了一定的发展，但在研究队伍的规模上还有待扩大，另外，基于形式句法理论的汉语研究还不够系统，仍然显得很零散，这对更深入的发现汉语的本质也会带来一定的影响。

四、交叉融合的语言学研究获得关注

重要的是开始出现建设新学科、创建新理论的趋向，出现学科的交叉，基于汉语事实的独立的研究等，反映语言学研究在理论方面自信心的加强。

（一）外语教学与研究的实证趋向

系统功能语言学在近来的20年时间里发展迅速，胡壮麟、朱永生、张得禄、李战子等的《系统功能语言学概论》介绍了系统功能语言学的最新观点与研究进展。Halliday在谈到语言学研究的角度时曾经说过，系统功能语言学从社会符号的角度研究语言，其所关心的主要问题是教育问题，具体地说就是语言的学习与教学问题。正是基于这一原因，系统功能语言学被广泛运用到中国的外语教学研究中，基于此，张得禄、苗兴伟、李学宁的《功能语言学与外语教学》主要介绍了功能语言学与外语教学的关系，尤其是本书的第三部分，作者比较具体地探讨了如何运用系统功能语言学来指导外语教学的几个重要方面，包括教学目标的确定、教学大纲的设计、文化与语境在教学中的作用、语法教学等，第四部分甚至研究运用系统功能语言学来指导具体的外语教学过程。同时外语教学与研究出版社还推出了中国英语教师丛书，2005年推出的还有董燕萍的《心理语言学与外语教学》、何安平的《语料库语言学与英语教学》等，这也是利用国外语言学的研究成果，结合中国外语教学的主要研究成果。

结合语料库进行外语教学的实证研究，是2005年研究的一个新的趋向。穆凤英、高薇、张云燕的《中国学生英语口语实词提取与生成特征分析》借助SFS语言分析软件，对英语专业四级考试口试第三部分对话的26个样本进行了分析研究。通过考察语速、停顿、实词生成等因素，以及它们之间、它们与等第之间的关系，发现语速与等第之间有较大的相关度、停顿频率与等第之间有一定的反比关系，从而提出实词提取与生成困难是造成不正常停顿的重要原因，因此也是影响口语流利性的重要原因，在此基础上，文章根据语料中的实例，归纳并分析了实词提取困难的5大表现类型、19种表现方式。另外，在统计结果显示的异常个案启发下，文章考察了学生口语中多音节词的韵律特征，通过比较分析，发现它们呈现一些明显的、不同于本族语人的特征，从而指出词汇生成中单词韵律也是影响口语整体效果的重要因素。相关研究还有肖云南、吕杰的《中国学生对英语关系从句习得的实证研究》、赵翠莲的《多义词心理表征的发展模式》、瞿云华、张建理的《英语多义系统习得实证研究》、张继东、刘萍的《中国大学生英语写作中的使役结构及相应的词化现象调查与分析》、王立非、祝卫华的《中国学生英语口语中话语标记语的使用》。刘源甫、姚雪椿的《语言物质属性及技能习得相关性实证研究》、吴静、石毓智的《英汉形容词概念化的差别对其有无标记用法的影响》等。司惠文、余光武的《英语中间结构句法致使生成研究》还在最简方案的框架下，以VP嵌套理论为基础，提出英语中间结构是由句法上的致使移位生成的假设。由此，文章推导出了英语中三类典型中间结构（受事主语类、工具主语类和处所主语类）统一的生成模式。曹宏的《论中动句的语义表达特点》还利用指称分析、情状类型分析等方法，说明中动句在语义表达方面具有通指性的特点。

中国没有自己的语言理论研究传统，语言学理论都是外来的，现在这种情况发生了一些变化，语言学界已开始探索以汉语研究为基础的语言理论建设的道路，吸收西方语言学的立论精神和论证方法，实现中西语言学的比较和现代语言学与我国语言研究传统的结合。

（二）认知与语言的隐喻研究

隐喻问题一直是外语界非常关注的问题，张辉、孙明智的《概念转喻的本质、分类和认知运作机制》举例分析说明了概念转喻的突出特征：（1）概念转喻是一种认知操作，在这一过程和同一认知域中，来源域于为目标域提供了可及性；（2）来源义和目标义之间的关系是偶然性的，没有概念上的必然性；（3）转喻的目标义是突显的，而来源义是作为背景的；（4）转喻作为自然的推理图式在言语行为中起到重要的作用；（5）在转喻三种分类的基础上，我们必须区分高层次和低层次的转喻；（6）概念整合可为转喻的理解和解释提供一定的理据。其他相关的文章还有李勇忠的《论语法转喻对语言结构的影响》、杨小虎、郑树棠的《抑制机制与隐喻理解》、刘承宇的《概念隐喻与人际隐喻级转移的逆向性》等。这些研究的一个共同特点就是比较注意语义在语法结构中的地位，探讨隐喻在语义分析中的作用，这都说明语法研究的注意力开始向语义和语用倾斜。

外语的教学与研究应该说是比较狭义的应用语言学研究，各高校从事外语专业的专家学者都在进行这方面的研究，这是一支非常庞大的研究队伍，总体人数可以与汉语研究相当，长期以来，由于高校招生人数的急剧扩大，外语的课堂教学任务非常繁重，大部分外语教师为备课上课而疲于奔命，少有精力从事科学研究，现在情况稍微有些变化。但总的看来，国内目前外语的研究与汉语研究成果相比，显得原创性欠缺，大多数仍然是跟踪性研究，这种情况的改变需要各个高校外语从业人员的共同努力。

（三）语言神经心理机制的多学科研究

语言学研究如何切入学术研究前沿，真正为国家的科技进步与社会发展作出学科应有的贡献，贯彻国家的科技发展战略，这是值得整个语言学研究思考的问题。其实语言作为人类最为高级的智能，可以从社会学、心理学、文化学、生物学、信息科学、神经科学等各个角度进行研究，在21世纪科学研究整合的学术背景下，语言学已经成为众多学科关注和研究的对象，与现代科学的交叉融合也是语言学发展的重要趋势，尤其是作为一门新兴交叉学科的神经语言学更是集语言学、认知语言学、心理语言学、失语症学、认知神经心理学等学科于一体，着力探讨语言与大脑的关系，语言神经心理机制的多学科研究集中体现了现代语言学发展这一前沿趋势。杨亦鸣的《神经语言学的历史、性质、任务及方法》也对当前神经语言学的研究历史、现状和性质及发展趋势做出了客观评价。

2005 年，中国神经语言学研究无论在研究队伍、研究条件、实验室建设等方面，还是在研究领域、研究技术、实验范式、涉及的理论等方面都有长足的发展。研究的成果也比以前有所增加，研究的问题主要在大脑词库与演算系统方面，包括句子理解中句法加工和语义加工的相对作用，歧义句的加工过程和影响加工的因素，句子和话语理解中影响词类加工的语法和语义因素，动词的句法语义、句子的主题在句子加工中的作用以及工作记忆与句子加工、理解中的推理等。这都反映了神经语言学研究课题的扩大和深化，并开始探索和讨论这一领域的一些基本理论问题，构筑语言加工中的模块理论和相互作用模型等。研究方法也比以前有所改进。目前，我国的神经语言学研究已进入稳步发展的轨道，多学科融合的态势正逐步形成，多学科的研究队伍也正在不断壮大。过去从事汉语神经语言学研究的一般是临床医学工作者，后来心理学界加入了进来，现在语言学工作者也加入了进来。

从研究平台、实验室建设上看，目前已经有多个大学和科研院所的学术团队和实验室在从事汉语的神经认知研究。如中国科学院心理研究所及脑与认知科学国家重点实验室、北京师范大学认知神经科学与学习国家重点实验室、徐州师范大学语言研究所语言科学与神经认知工程江苏省重点实验室、天津师范大学心理与行为研究中心等。随着事件相关电位（ERP）、功能磁共振成像（fMRI）、脑血流灌注显像（SPECT）等新方法新技术的逐步成熟，扩展了我国神经语言学的研究视野和研究领域。2005 年语言神经心理机制的多学科研究成果涉及汉语失语症研究、汉语字词脑机制心理机制的研究、中文大脑词库和句法的研究等。

1. 汉语失语症研究的深化

神经语言学在其作为一门学科诞生之初，主要是失语症学，它向我们提供了一个独特视角，对于研究语言言语的心理机制揭示大脑语言功能有先天的优势。杨亦鸣、周统权的《失语症语法障碍的表现与研究——海外失语症语法障碍研究述评》对一百多年来的失语症语法研究进行了评述。在对布洛卡失语、威尼克失语和皮质下失语等经典症候的不同语法表现进行描述之后，认为跨语言的比较研究还有待进一步深入，应加强对“非中心语言区”的研究，在理论方法上仍有待突破和创新，还要注重研究手段的更新。汪洁、秦冰的《失语症恢复的神经影像学研究》认为目前对失语症自发恢复和语言治疗性干预语言功能恢复的神经机制并不完全了解，可用神经生理学技术对脑的语言功能进行研究，用来揭示失语症患者的语言恢复是否与语言系统的功能重组有关。郑雅君、李静潜、梁哲的《试用 SPECT 探讨皮质下失语的发生与康复机制》运用脑血流灌注显像（SPECT）推测皮质下失语是当时皮质下结构处于坏死或功能抑制状态的部分逐渐增多的结果。于增志、王军等的《脑损伤后失语症患者认知功能障碍对语言功能的影响》在对 52 例脑损伤后失语症患者进行失语检查后认为，认知功能障碍、认知功能的定向力、记忆力和语言与脑损伤后失语症患者的语言功能有密切关系。杨印东的《脑卒中患者利手与语言优势半球的关系》一文认为在母语为汉语的人种中，脑卒中患者右利手者优势半球多为左侧大脑半球，少数为右侧大脑半球，非右利手者优势半球仍多为左侧大脑半球，极少数为右侧大脑半球。

2. 汉语字词脑机制心理机制的研究

对汉语字词的心理机制和脑机制研究可以说是国内神经语言学最早接触的课题，因为汉字独特的书写记录符号系统，其在大脑的表征和加工自然就有其不同于英语的特征。

王湘、程灶火等的《汉词再认过程中回忆及熟悉感判别机制的 ERPs 研究》通过对 40 名大学生汉语双字词再认测验，表明汉词再认的 ERP 新旧效应包括额区新旧效应及顶区新旧效应两种成分，其中额区新旧效应与熟悉感判别过程有关，顶叶新旧效应与回忆过程有关。汉词再认的额区新旧效应呈负走向。张积家、陈新葵的《汉字义符在汉语动作动词意义认知中的作用》通过 4 个实验，认为汉语动词的结构特点对动作动词的动作器官或动作工具意义的认知有很大影响。陈宝国、宁爱华的《汉字识别中的同音字效应：语音影响字形加工的证据》通过考察汉字识别中语音对字形加工产生的影响的两个实验，发现当出现的汉字为低频字时，同音字越多，词汇判断的时间越长。认为汉字的识别过程中，语音对低频字字形的加工有一定影响。穆瑾、韩布新、陈天勇的《声旁规则性对命名声旁和整字的影响》在探讨声旁规则性对命名声旁或整字的影响时，认为声旁规则性对声旁命名有易化作用；对整字命名有干扰作用，但与声旁频率与部件数有关。王川红、孙骏谟的《汉字语义加工性别差异的脑功能磁共振成像研究》用功能磁共振成像（fMRI）的方法对 15 例右利手大学生（男 7 例，女 8 例）执行汉字同义词判断任务，发现汉字语义加工的脑区存在定位而且男性激活的脑区在包括双侧额下回、左额中回、左颞上回及双侧小脑等部位，女性激活的脑区则包括双侧额下回、左额中回、双侧颞上回及双侧小脑等部位。两者在进行汉字语义加工任务的时候，激活的脑区不完全相同，女性激活的脑区比男性广泛，存在性别差异。

3. 中文大脑词库和句法的研究

大脑词库和句法的研究是神经语言学研究的中心内容，不仅要运用神经心理学、脑科学，而且还要研究者运用语言学理论和汉语语言学知识进行神经语言学的研究。2005 年这方面的成果特别是原创性的成果不是太多。

陈新葵、张积家、方燕红的《动、名词的认知及其脑机制》认为动、名词是语言中的两个主要词类，动、名词的获得时间、心理表征及其神经机制存在差异，影响提取的因素也不同，心理语言学和神经心理学对动、名词的认知及其脑机制的研究为不同语言的动、名词研究提供了借鉴。郭桃梅、彭聃龄的《功能词与内容词加工的神经机制的研究综述》总结了有关功能词和内容词神经机制的研究成果，认为功能词和内容词的加工方式可能不同，从而引起不同 ERP 成分，主要包括 N280、N400 和 N400－700 等；内容词的加工可能涉及两个大脑半球的相关脑区，而功能词的加工则可能只涉及大脑左半球的某些脑区。黄贤军、高路的《语法启动与言语产生中的语法表征》通过对语法启动研究和言语生成中语法编码过程研究的总结，证明 Pickering 和 Branigan 提出的网络模型可很好地描述言语产生中语法加工的过程，尤其是在产生大于一个词汇的短语或句子时，存在词条层关联节点的激活。关联节点可以编码语法规则，与言语产生过程中的语法加工直接相关。顾介鑫、张强的《名动两重分离现象的神经电生理学研究述评》对临床神经心理学研究中发现的名动两重分离现象的三种解释："语义——概念说"、"语法说"、"词汇说"进展情况进行了介绍并做出相关的综述。李晓庆、杨玉芳的《一致性重读在口语语篇临场加工中的作用》探索了一致性重读在口语语篇理解加工中的作用，作者认为一致性重读有利于语篇的理解加工。

4. 国外神经语言学研究进展的介绍

2005 年对国外神经语言学相关理论的介绍为数不少。这些文章站在较高的理论视角上，结合国内汉语神经语言学研究的实际，有的放矢地加以介绍和评价，为国内外该领域的研究起到了搭桥和引介的作用。

方环海、张东平的《小脑与认知》对一般较忽视的小脑高级功能进行了介绍，认为人类小脑不只是负责运动功能，它还负责感觉、记忆、学习、情感、语言等认知活动，提出小脑是中枢神经系统支撑结构之一的假说，虽然小脑不起直接作用，但它对大脑发出的指令和信息进行精确的调节、整合、定时，要想揭示人脑的高级功能，不能忽视对小脑高级认知功能的探索。刘红艳的《〈语言与人脑〉述评》通过对 L. K. Obler 和 K. Gjerlow 两位教授合著的 *Language and the Brain* 的评介，使人们较清楚地认识语言能力和神经系统组织之间的关系。谢玉杰、鲁守春的《〈语言机能〉述评》对 M. D. Hauser、N. Chomsky 和 W. T. Fitch 合著的 *The Faculty of Language: What Is It, Who Has It, and How Did It Evolve?* 进行了评介，指出对语言机能的理解有赖于大量跨学科的合作研究，应该有机结合各个领域的成果和生物语言学的实证研究进行理解和评价。张积家、刘丽虹、谭力海的《语言关联性假设的研究进展》综述了语言关联性假设有关的新证据。作为认知的中介和工具，语言影响了认知的方式、过程、策略、难易和结果，语言塑造大脑，而经过语言塑造的大脑又反过来影响语言的认知。

另外，昝飞、马红英的《言语语言病理学》，莫雷、李惠健、李利的《婴幼儿书面语言机能发展研究》都探讨了儿童语言机能的发展以及与此有关的语言病理现象，范俊军的《生态语言学研究述评》对生态语言学研究作了介绍。

应该说，目前结合汉语开展的神经语言学研究已经具有一定的特色，在传统优势学科保持优势的基础上，神经语言学研究特色应该重点发展。

（四）中文信息处理

中文信息处理技术对我国社会的信息化进程和信息产业发展具有很大的战略意义。2005 年关于中文信息处理的论文有杨泉、冯志伟的《面向中文信息处理的现代汉语"V + V"结构歧义问题研究》、《机用现代汉语"N + N"结构歧义问题研究》，它们在潜在歧义理论的基础上，重点分析动词和名词的语法语义语用特性，对汉语中的"V + V"、"N + N"结构做了比较全面的研究，从而研究歧义结构的原因和消解歧义的策略。刘云、俞士汶、朱学锋、段慧明的《现代汉语虚词知识库的建设》、王霞的《汉语动宾搭配自动识别研究》、张克亮的《面向机器翻译的汉英语句格式转换研究》等文认为，计算机信息学界与语言学界的联系比以往有所加强，语言研究的成果有些已开始应用于计算机的语言处理，但是目前总的看来，效果不甚理想，语言学研究对计算机信息处理的研究缺少关注，计算机科学研究对语言研究的成果不甚了解，之间存在真空现象，对语言学而言，属于基础学科，主要侧重基础理论研究，很难在应用研究的深度上下工夫，现行的学术研究评价体系也存在这样那样的问题，这就必然会加大与国外语言学研究水平的距离。这是今后需要重点加强研究的一个领域。同时也正如 2005 年 9 月 27 日著名学者杨振宁在北京作名为《中国文化与近代科学》的演讲时说的那样，"国内科技研究成果之所以跟不上先进国家，有多种原因，而我认为其中极重要的是经费仍然不足"。相比之下，多学科的语言学交叉研究仍然是跟踪性的研究多，而原创性的研究不足，相比国外，还有很大差距。

综观之下，2005 年语言学研究取得了明显的进展，以往不太重视汉语自己的研究传统的情况开始发生变化，而且这种变化似还呈现出越来越强烈的趋势，这对中国语言学的发展应该说是有积极意义的，语言学研究中同西方语言学研究传统相结合的趋势今后还应该得到进一步加强，因为汉语研究传统与印欧语研究传统的结合都需要吸收对方于己有用的理论和方法，为建立文化大国的战略目标，在语言学方面仍然还应该大力加强现代汉语和语言学理论以及应用语言学的研究，以改变目前语言学研究本体太强的不平衡状况。

最后要补充的是，正如国家教育部语信司司长李宇明教授 2005 年在成都举办的全国语言文字应用会议上所言，语言学研究本是人文社会科学的领先学科，可是现在我们的语言学研究过分固守自我的领地，而其他科学研究领域包括国家在内都不知道语言学的研究成果有什么用处，而语言学研究者也不大去关注其他领域在做些什么，不去了解国家关注语言文字的哪些问题，这种学术理念应该改变。对汉语学界而言，深入地挖掘汉语的事实，结合运用西方先进的语言理论，来更好地解释汉语的现象，发现汉语复杂现象背后的规律与规则，从而建立汉语语法的理论体系，这也是语言学应该担负也必须担负的历史使命。

（方环海　宋伟　刘淑学　满在江）

学术成果·著作

阿侬语研究

（孙宏开　刘光坤　民族出版社 2005 年版）

孙宏开

作者对阿侬语的调查研究起始于1960年。其后，每隔5—6年进行一次，先后进行了7次追踪调查，直至2003年。实地观察并记录了一种走向濒危的语言在语言态度、转用状况以及语言结构等方面的各种特点和变化。

阿侬语分布在云南省中缅边境的怒江傈僳族自治州福贡县境内，属怒族的一个支系，民族人口7000多，母语使用人口380人左右，而且大多数为中老年，绝大部分人已经转用傈僳语，再过数十年，这个语言将随着母语使用者转用其它语言而消失。

阿侬语属汉藏语系藏缅语族，与景颇语、独龙语比较接近，语言里保留了汉藏语系许多比较古老的特点。作者通过多次实地调查研究，记录了大量第一手资料，包括5000多常用词、1000多个句子，大量的长篇语料以及语言使用的抽样资料、人文资料和声像资料，在此基础上，整理了这个语言的语音系统，词汇系统和语法系统，与周围的亲属语言进行了全面深入的比较研究，确定了阿侬语在汉藏语系藏缅语族中的历史地位。

本书主要章节如下：

概论：介绍了阿侬人历史传说、风俗习惯、语言使用状况等。

语音：描写了阿侬语的语音系统，并对一些特殊的语音进行了说明。

词汇：分析了阿侬语词汇的一般特点，介绍了该语言构词法以及丰富语言词汇的途径。

语法：系统介绍了各词类的语法范畴、语法形式和句法特点。

语言变化：根据40多年不同时期记录的语言资料，分析阿侬语的词汇变化和语音变化。

历史地位：通过与亲属语言的比较，确定阿侬语与周围语言的远近关系和谱系地位。

本书附有3000左右常用词和带标记的长篇语料数篇。

本项研究属中国社会科学院A类重大课题《中国新发现语言调查研究》（2000—2005）15个子课题中的一个。它的调查研究和出版为人类保存了一个即将消亡的语言的资料，也得到了怒族知识分子和当地干部群众的欢迎。它的政治意义和学术价值不言而喻。

［孙宏开，1934年生，现在中国社会科学院民族学与人类学研究所工作，任中国少数民族语言研究中心副主任，博士生导师。出版专著19种（其中部分为合著），发表论文180多篇。
通信地址：北京安定路26号中国社会科学院宿舍1205（100029）
电子信箱：hksun@ public3. bta. net. cn
刘光坤：《民族语文》杂志编审。］

《广韵》反切今读手册

（曹先擢　李青梅　语文出版社 2005 年版）

该书是为查检《广韵》反切今读而编写的，依据反切，注出其普通话的读音，对辞书编纂、古籍整理、汉语音韵学教学等皆有参考价值。

《广韵》全书有反切小韵3872个，该手册相应列3872个条目，条目按反切上字的汉拼音的次序排列，如哀都切，下面分别排爱黑切、安古切、安盍切等，查检十分方便。每个条目，首列该小韵的领头字，另提行列出此小韵所有的字，并按《广韵》体例标出该小韵的字数。在小韵的领头字后用汉语拼音和注音字母注出反切的今读音。正文采用繁体字，以便同《广韵》对照。《广韵》的字为隶古定的，视情况注出通行的字形，如㙤（坼）。

反切上下字的今音，古今有特殊变化的，据今日常用的音排列。如於，影母字，当读yu阴平，而“砖”又分化出阳平yú。今音yū只用于姓氏；读yú为常用音，该手册按yú。音排列，以方便读者。

该手册最主要的功用，是查检反切的今日读音，如七安切，cān餐；普火切，pǒ叵等。如果反切的读音与今天通常读音不一致，则作适当的说明，如“常隻切”读shí，小韵中有硕、鼫、鉐等字，但今日“硕”读shuò，不读shí，该手册用脚注说明读shuò音在《正字通》和《康熙字典》中均有记录。

对多音字，通过不同的反切，说明其来源，从而达到正确的理解，如“济”，指救济，读jì，反切为子计切：指“济南”，读iì，反切为子礼切。又如“数”有三个读音，shǔ，反切为所矩切；shù，反切为色句切；shuò，反切为所角切。在辞书编纂中，多音字注音是一个难点，如果从历史发展上去分析，就不仅能知其然，并能知其所以然。

普通话中的同音字，从历史上看，有的同音字在古代并不同音，例如腻、暱、匿、逆、溺均读nì，参照该手册，可发现它们来自不同的反切：腻，至韵，女利切；暱，质韵，尼质切；匿，职韵，女力切；逆，陌韵，宜戟切；溺，锡韵，奴历切。这些字在粤语中读音是有区别的，说明普通话的韵母向简化的方向发展。

在音韵学中有类隔和音和的问题。通过该手册的反切注音进行对比，理解上就方便得多。如“房法切”、“房密切”，前者今音为fá，后者为bì，“房”为轻唇音（即唇齿音），而“房密切”切出的是重唇音（即双唇音），到了《集韵》，“房密切”改成了“逼密切”，以重唇切重唇，音韵学上称为“音和”。义如该手册“都江切”，被切字是“桩”，“都”是舌头音，“桩”是舌上音，这是以舌头音切舌上音，也属类隔，到了《集韵》，改为“株江切”，为“音和”。

又如“重纽”问题。该手册中“皮”字为“符羈切”，“脾”为“符支切”，今音皮、脾同音，读pì，在《广韵》中，它们的声母相同，均为“亚”母，韵相同，都在“支”韵，它们的不同在什么地方？在介音上，《韵镜》将“皮”列在三等，“脾”列在四等。“重纽”，字面上声纽相重，实际上小有不同：介音有异。章太炎指出三、四等重纽字上古来源不同。通过反切，既可察今，也可考古。该手册的用途是多方面的，当联系自己工作和研究的问题，

［曹先擢，1932年生，教育部语言文字应用研究所研究员。有著作《字里乾坤》、《汉字文化漫笔》等。

李青梅，1963年生，商务印书馆编审。2005年出版了《新华多功能字典》（合著）、《〈广韵〉反切今读手册》（合著）。］

汉字书同文研究（第6辑）

（周胜鸿　香港鹭达文化出版公司2005年版）

本书主要内容和学术观点如下：

1. 当前两岸三地语文学界需要迫切解决的共同任务应该是通过认真的学术研究和讨论尽快实现汉字的书同文。

2. 汉字书同文远景规划应该是实现汉字文化圈地区的汉字统一、古今汉字的统一、汉字进一步走向世界，更好地为全人类服务。

3. 实现两岸三地书同文的一个主要课题是解决好100多组“非对称繁简字”（包括一部份正异体字）的规范化整理，以便尽快扫除汉语汉字上互联网的障碍，尽快消除社会用字混乱现象。

4. 目前政治条件尚未具备之时，先由民间学人和民间学术团体开展学术研究和讨论是一条行之有效的道路。我们准备继续努力，希望能得到海内外各界的更多支持，希望能得到两岸三地有关部门的关心和支持。

自1990年开始，主要是从事汉字和汉字书同文课题的学术研究。主要研究成果有：

1. 2001—2003年应黑龙江大学语言研究所的邀请参加黑龙江省教育厅文科重点科研项目《汉语汉字的共同规范》研究，分担“有关两岸三地汉字书同文”的撰稿任务。

2. 2002—2004年参加由教育部语言文字研究所等部门主持的制订《规范汉字表》的学术研究，撰写的论文《非对称繁简字规范化整理的学术探讨》已入编由商务印书馆于2004年9月出版的汉字规范问题研究丛书的《简化字研究》一书。

3. 合编《汉字书同文研究》（第1辑）。

4. 合编《汉字书同文研究》（第2辑）。

5. 1996年在上海邢家桥南路253弄21号创办“海峡两岸书同文字学术研究工作室”，后于2001年改组为“上海汉字研究史料馆”，并迁到浦东新区沙田公寓。主要工作有：（1）收藏古今中外有关汉字和汉字书同文研究的书刊资料一千多本（份）；（2）做好每年一次汉字书同文学术研讨会的组织、会务工作；（3）做好每年一辑的《汉字书同文研究》论文集的编审、出版、发行工作；（4）做好《语言文字网—汉字书同文研究网页》（http：/www. yywzw. com）的稿源组织工作。

［周胜鸿，1938年生，华东师范大

学中文系高级讲师，现任上海汉字研究史料馆馆长、《汉字书同文研究丛书》编审委员会主任。
通信地址：上海市浦东新区华夏东路1152弄（沙田公寓）27号202室（201200）
联系电话：021-50922601
电子信箱：stw-z@ citiz. net]

史记语法特点研究

（何乐士　商务印书馆2005年版）

该书包含作者多年来研究史记语法特点的主要成果，共有论文四篇。它的主要特点是：一，以断代、专书研究的成果为汉语史研究铺下一块基石。数十年来语言学界大师如王力、陆志韦、丁声树、吕叔湘、杨伯峻等一直倡导，应将断代专书研究作为汉语史研究的坚实基础。不这样，汉语史的高楼大厦便是建筑在泥沙之上。该书首篇长文（约18万字）发表于1983年，可以说是语言学界较早出现的断代专书研究的成果之一，受到国内外普遍关注。二，较好地、有特色地运用了比较研究的方法。作者以《左传》和《史记》两书记载的相同历史事件为纲，找出两书相互对应的句子，一句引自《左传》，一句引自《史记》，对比它们的相同部分和不同部分，这“不同部分”代表司马迁修改《左传》的地方，也代表西汉语法不同于春秋语法的地方。通过对《左传》与《史记》的严密对比，作者颇费苦心地将细致入微的微观分析与纵览全局的宏观考察巧妙地结合起来，对《史记》的语法特点多有发现，具有较强的说服力。三，较好地运用频率统计的方法作为科学研究的工具。对于在两书比较中发现的重大问题进一步作局部的或全书的详细调查和频率统计，努力使《史记》语法的描写与分析具有可靠的依据和参照。四，文章条理清晰，见解实事求是，新颖独到，结论简明扼要，给读者留下较深的印象。通过对两书严密对比和必要的频率统计，发现《史记》语法主要特点如下：（1）句子成分进一步完备；（2）定语更趋丰富多彩；（3）动词谓语趋于复杂化；（4）状语更加生动多样；（5）介宾结构作状语大量出现；（6）介宾结构作补语有所减少，不用介词引进的补语增多；（7）结果补语、趋向补语和程度补语有重大发展。

杨伯峻先生曾在审读此文之后写“读后印象”：“此稿为何乐士同志之力作。我从头到尾细读一遍，认为此稿于《左传》与《史记》之语法研究，详备而深入，尤其于某些虚词，特别是介词，以统计数字出之，方法科学，非泛泛之结论，有说服力。作者于《左》、《史》两书用力甚勤，实为不可多得之稿。”许国璋先生曾写书评《中国计量语言学的尝试》，称“本书可以称作近时汉语语言学较多地注意断代研究的一个例证。……作者在选例时注意到选用‘最小对立体’，使司马迁的散文和《左传》的不同处明显地呈现，而且易于验证。这一对比做得很到家，也很有说服力。……此文还多次提供了《史记》、《左传》对比的数据。……大量的劳动和细致的分析，’使这篇文章成为一篇扎实的语言态研究和计量语言学研究。”

[何乐士，1930年生，中国社会科学院语言研究所古汉语室副研究员。主要从事古汉语虚词、汉语语法史研究。主要著作有《左传虚词研究》、《史记语法特点研究》、《古汉语语法研究论文集》、《左传范围副词研究》、《古代汉语虚词词典》、《古代汉语语法及其发展》（合著）等，并有论文近百篇。
通信地址：北京西三环中路3号2142室（100036）
联系电话：010-66357614]

《晏子春秋》词类研究

（姚振武　河南大学出版社2005年版）

《晏子春秋》是一部长期受到误解因而被忽视的战国时期典籍。该书对《晏子春秋》的词类系统进行了全面的考察，并提出以下的注意点：

1. 在汉语词类系统中设立专门的章节谈论名词（包括名词性成分）和动词

（包括动词性成分和形容词性成分）之间的相互转化。作者认为，名词和动词是语言中两个最基本、最核心的范畴，它们的对立统一，是人类语言的一种基本性质。这种基本性质，在不同的语言中表现可能各有侧重。就印欧语而言，对立的一面表现得比较充分；就汉语，尤其是古汉语而言，统一的一面表现得比较充分。历来的汉语语法论著，由于秉承印欧语语法观念，对于名词与动词的关系，大多是重分析、重区别、重对立，而对于它们的统一和综合则讲的很少、很浅，甚至完全忽略。这样的语法系统，实际上是不完整的。名词与动词的互相转化，从造词的角度看，也可以看作造词法之一种。为这种现象开辟专门章节，既是语法系统本身的客观反映，又是对上述不完整局面的一种纠正。

2. 提出了"古指称词"的概念。作者认为，上古汉语用一套代词承担了印欧语及现代汉语中指示代词和第三身代词这两套代词的功能。古指称词从功能上说是后来的指示代词和第三人称代词的共同祖先，但它既不是现代意义上的指示代词，也不是现代意义上的第三人称代词。

3. 发现了一种比较罕见的语言现象，即一个成分有否定义却没有自己的否定式，它的否定义是由另一个成分的否定式来承担的。这就是助动词"愿""欲"以及它们的否定式"不愿""不欲"之间的错综复杂的关系。作者相信这一现象背后还蕴含着比我们目前知道的更多、更为深刻的道理，有待进一步发掘。

4. 关于己身代词"自"作主语宾语问题，为了处理好同时体现在"自"身上的作为代词的语法意义和"副词"的语法意义的关系，作者提出了"核心义+附加义"这样一种语义模式，以解释相关的复杂语法现象。

5. 通过对事实的观察，作者认为，使动用法本质上是及物动词和不及物动词所共有的性质，因此不能作为区分及物动词和不及物动词的标准，也不能作为及物动词内部再分类的标准。

此外，关于范围副词的控制方向及控制范围，关于"所"字结构中动词的转指规律及其原因等，作者也有较新的观察和论述。

［姚振武，1954年生，中国社会科学院语言研究所历史语言学研究一室副主任、研究员，中国社会科学院研究生院教授。2005年发表的论著有《从语序问题看语法事实中的"优先序列"》、《论本体名词》、《晏子春秋词类研究》。
通信地址：中国社会科学院语言研究所（100732）］

学术成果 · 论文

创造新词的心路历程

（鲁国尧 《语言教学与研究》2005年第1期）

中国近代杰出的翻译家严复在其《天演论》"译例序"说过他的辛苦："一名之立，旬月踟蹰。"但是他没有讲述他翻译新词时是怎样反复思考的。《创造新词的心路历程》的特色则在叙述作者创造三个新词的心理过程。

1. "E-mail"，除了"电子邮件"外，还有两个通俗的译名即"伊妹儿"、"伊媚儿"，后缀"儿"表小、表爱，其核心词素又具有特殊意味，因而为青年男女所喜用。可是作为老年教师，在与友人、学生，尤其是年轻的女学生通信时，用"伊妹儿"或"伊媚儿"极不得体。作者因势利导，予以改良，用"美尔"代替"妹儿"和"媚儿"。在文言里，"尔"是第二人称代词，而"美"是"意动"用法，就是"以×为美"的意思，指形貌美或心灵美。"伊美尔"声音上也贴近源语，又有"他认为你美"的意思，值得推荐。

2. 作者自述作学术讲演时，通常发给听众一张纸，把讲演中要提到的引文、图表、数据写在上面，如此可以节约讲演的时间。这在英语里叫handout，《英汉辞典》里给的汉语对应词都不恰当，需要一个汉译词，可是没有。此文叙述作者翻译的过程：先拟音译，可以译成"翰导特"或"汉到特"，旋即放弃，因为看不出意义来。后来又创造了一个意译词"备阅录"，优点在即形以知义。汉语外来词中意译词占优势，力求汉字的字形跟意义联系起来，这是特色。该文又论述了这种传统跟汉语所负载的中国文化是自源文化有关。

3. 本世纪初，作者继续研究两晋南北朝时期语言史，2002年7月18日看到了《光明日报》上的文章《狙击生物入侵》："生物入侵是指生物由原生存地经自然或人为的途径侵入到另一个新环境，对入侵地的生物多样性、农林牧渔业生产以及人类健康造成经济损失或生态灾难的过程。"几天后，作者在写论文时，忽然心头怦然一动："中国历史上4世纪起的民族大迁徙导致的语言大迁移，不正是类似'生物入侵'吗？我为什么不可以创造一个新词'语言入侵'呢？"于是写道："淮河以南历来是吴语区的状况持续到4世纪时发生重大变化。近来生物科学、环境科学有一术语'生物入侵'，我想借用其意，将'语言（方言）入侵'引进语言学。'语言（方言）入侵’指由于人群的大规模迁徙，一种语言（方言）由原所在地‘侵入’‘扩张’到另一新地区。”在中国语言史上，4世纪开始，同时发生两场“语言入侵”，一是北方的少数民族进入中原，其语言成了强势语言；另一是随着黄河流域汉人大规模南逃，汉语北方方言大举“入侵”吴方言区，迫使吴方言丧失自淮河至今常州地区的地盘。

该文富有文采，这在语言学论著中很是罕见。

［鲁国尧，1937年生，南京大学教授，博士生导师。现任中国音韵学研究会会长。其学术精华结集于《鲁国尧语言学论文集》，主编《南大语言学》。
通信地址：南京市南京大学中文系（210093）
联系电话：025－83592202
电子信箱：lgy99@ nju. edu. cn］

大学英语教学若干问题的思考

（蔡基刚　《外语教学与研究》2005年第2期）

为适应日益频繁的国际交流需要，教育部在进入21世纪后，开展了一轮新的大学英语教学改革。由于这场改革触及到自从1985制定的第一个《大学英语教学大纲》以来一直坚持的大学英语教学目标、教学模式和评估手段，因此它不仅在外语界乃至在全国范围内引起了人们的高度关注，引发了较大的争议，有些观点甚至形成尖锐的对立。（1）教学目标定位调整。教育部在2004年初颁布的《大学英语课程教学要求》提出“大学英语的教学目标是培养学生英语综合应用能力、特别是听说能力，使他们在今后工作和社会交往中能用英语有效地进行口头和书面的信息交流。”这是对原教学大纲规定的“大学英语教学的目的是培养学生具有较强的阅读能力和一定的听、说、写、译能力，使他们能用英语交流信息。大学英语教学应帮助学生打下扎实的语言基础”重大修正。教学定位是否恰当，主要看它是否适应社会发展的需要，是否适应课程对象的要求，同时还要取决于外部语言条件。当这些需要和条件较之20年前都有很大的变化，目标定位不能不作出相应的变化。（2）教学模式的改变。这次大学英语教学改革的核心就是在解决满足高等教育快速发展需要的同时，如何保证并且提高大学英语教学质量的问题。提出和实施基于多媒体和网络技术的教学模式不仅能够缓解扩大招生带来的师资紧张的压力，而且对改进以教师讲授为主的单一课堂教学模式，提高学生自主学习能力都有深刻的意义。但是多媒体的教学模式并不是要替代课堂教学。多媒体技术在教学中只是辅助性的，现在不能，将来也不能替代教师在教学中的作用。同时，各个学校应根据自己学校的实际情况，在采用多媒体技术时应该有不同的教学模式。（3）公共英语教学过长。从小学三年级一直到大学结束，我国的基础英语教学长达14年。大中小学英语教学缺乏有效的衔接、指导思想和教学观念偏差、四、六级统考的实施、大学英语教师知识结构单一等等都是其中原因。该是到了大学英语教学从基础英语向专门用途英语转移的时候 了。大学英语应该由学校、由各专业自己决定是必修课还是选修课，由自己决定课程开设的长短。（4）四、六级考试定位偏差。大学英语四、六级对促进我国大学英语教学起到了其历史性的作用，但是考试本身并没有提高大学英语教学质量，更没有提高大学生的英语水平。鉴于最近几年考试定位带来的弊大于利，必须考虑分清考试性质。如继续进行全国统一的标准化考试，就不能是教学性，而是水平性的，即成绩单只发给学生本人。（5）双语教学的可行性。尽管仍有不同意见，但是在大学里，根据各个专业的实际情况，用英语授课，使学生更快地了解该领域的世界发展水平，并同时带动学术英语能力的提高，这不仅有其现实意义，而且也有条件。

［蔡基刚，1955年生，复旦大学外文学院教授，复旦大学现代英语研究所副所长。有专著《英汉修辞写作对比研究》、《词语的选择与效果》和《大学英语教学回顾、反思和研究》。有论文《英汉词化对比与综合表达法》、《英汉词语变化对比研究》等等。
通信地址：上海复旦大学外文学院（200433）
电子信箱：caijigang@ online. sh. cn］

动物、身体两义场单字及两字组转义模式比较

(王洪君 《语文研究》2005 年第 1 期)

该文是《动物、身体两义场单字组构两字的结构模式》一文的姊妹篇。两篇的目的都是打破词和词组的界限来考察汉语母语者心目中的双音词（黏合式两字组）内部的的语法语义规则。两篇所用的语料都是《普通话常用三千词表》动物、身体两义场中的常用单字（动物义场 46 字，身体义场 44 字）和信息处理学界基于大规模语料库建立的《两字结构库》（北工大人工智能研究所开发）、《信息处理用现代汉语分词词表》（清华大学计算机系开发）中由所选单字参与组成的所有两字组（共 8347 条）。

《结构模式》一文从 6 种基本短语结构（定中、状中、并列、述宾、述补、主谓）和义场小类入手，忽略具体意义的引申或转移，考察单字与两字组整体的语法语义关系。考察发现，两义场的共性在于，单字在 99% 以上的两字组合中表现出名物属性，其中 90% 以上的两字组合符合 6 种基本短语结构。义场的特性则表现在，身体义场特有“鼻塞、心动/眼红、嘴馋”（主谓式，整体 Vi/adj，只与表人名词结合）、“刺耳、跟脚、榫头、抢眼”（述宾，整体 adj 宾，限有感知力的部位）、“睁眼、绷脸、摆臂”（述宾，整体 Vi，宾限有能动力的部位）、“断肠、润发、健胃”（使动式述宾，整体 Vi）等结构。身体义场独有的［隶属］特征和某些部位具有［感知力］、［能动力］等语义特征，是这些结构成分的小类限制。

《转义模式比较》一文则集中考察两义场单字在两字组中的转义。转义分为单字和两字组两个层级。考察发现，两义场在单字、两字层级上转义的共性是引申都基于相似性；差异则在于，动物义场的转义都基于“属性相似”且数量较少（占所有两字组的 9%），而身体义场的转义则大多基于“关系相似”且数量很多（占所有两字组的 25%），基于“属性相似”的转义只占 2.6%。

按单字出现位置的不同，两义场主要的转义模式又可细分为如下小类：

动物义场：(1) 像 X 的｛形状、味道、声音、脾气、方式等｝属性的，（前字、做饰语，如“狗官”）；(2) 在某一属性上像 X 的另种动物、无生物或人（后字、做中心语，如“河马”）。

身体义场：(1) 保持隶属关系，但［有生］→［无生］（后字或缀前，如“椅背、彗尾、嘴子”）；(2) 保持隶人关系，但［具体］→［抽象］（前字或后字，如“嘴脸、断肠、手辣”）；(3) 保持隶属关系，但［具体］→［抽象］（前字或后字，如“眼目、收尾、大腕”）。

姊妹篇的考察说明，汉语的词法与短语结构基本相同，但义场、语义特征、认知规律对于预测双音词整体功能和词义也是必不可少的。

［王洪君，1951 年生，北京大学中文系教授、语言学教研室主任，北京大学汉语语言学研究中心副主任。2004 年发表论文 4 篇，2005 年发表论文 5 篇。通信地址：北京大学中文系（100871）电子信箱：fthjww@ pku. edu. cn］

功能语法与汉语研究

(张伯江 《语言科学》2005 第 6 期)

近年来汉语语法研究在借鉴功能语法方法方面取得了不少成果，显示了功能语法在汉语研究中的巨大潜力。该文结合功能语法的基本学术理念的讨论，分三个专题讨论功能方法在汉语语法研究中的实际应用问题。第一个专题是语法成分作用的层次问题。以疑问和否定为例，介绍了疑问的句法表现总是位于交互行为的基本单位——小句上、否定的句法表现总是位于小句的核心——谓语上这个跨语言的功能共性；并以汉语中最常见的虚词“了”和“的”为例，揭示了这样的规律：完全起着交际作用、不影响句子命题内容的成分，倾向于处在句子的外边；作用为调整事件结构内部语义的语法成分，往往附着在主要句法角色上；仅仅实现词汇性意义的成分，粘在词

上。第二个专题是，不同的语体有不同的语法。指出以往关于“书面语—口语”的语体认识过于粗略，要深化语法事实的认识，还需作进一步的语体观察。以口语叙述体和对话体中关系从句种类多寡的不同分布，揭示了关系从句在各自语体中的交际功能；以书面语中“把”字句和“将”字句的使用场合选择为例，揭示了主观语体和客观语体的深刻对立。第三个方面是讨论动态的论元结构观。通过高频动词与低频动词的论元结构差异、施事和受事角色的语用属性的实例分析，展示了论元结构的动态属性，揭示了语言运用的功能对句法—语义结构的深刻影响。文章的结尾部分指出：我们相信，功能语法所倡导的区分语法现象的层次、区分不同的语体、重视语用频率、动态地观察语法的做法，在汉语语法研究中，有广阔的应用天地。

［张伯江，1962 年生，现任中国社会科学院语言研究所句法语义研究室主任、研究员，中国社会科学院研究生院教授、博士导师，出版专著《汉语功能语法研究》。
通信地址：北京建国门内大街 5 号中国社会科学院语言研究所（100732）
电子信箱：zhangbj@ cass. org. cn］

故训资料的利用与古汉语词汇研究
——兼评《故训汇纂》的学术价值

（董志翘　《中国语文》2005 年第 3 期）

在汉语词汇史研究中，各个时期的文献原文自然是重要材料，除此之外，各个时代的学者为这些著作所作的注疏，所谓的“故训资料”，更是一个不容忽视的语料宝库。以往我们汉语史研究者，比较注重调查古代文献的原文，而对同样浩瀚的故训资料却重视不够，或者是因为故训资料往往散杂于原文之中，钩稽收集具有一定的难度，因此疏于利用，从而影响了某些研究结论的科学性、可靠性。原有清代阮元所编的《经籍籑诂》曾沾溉了几代学人，实可称“功德无量”之作。但随着时代的前进，其局限与不足也日益明显。武汉大学众多专家学者经历 18 年的辛劳编撰而成的《故训汇纂》于 2003 年由商务印书馆出版，其规模之宏大、收集范围之广泛、选材之精良、编排之合理，均非《经籍籑诂》所能望其项背。此书的出版，为我们利用这些宝贵资料提供了极大的便利，使充分发挥这些资料在汉语史（特别是汉语词汇史）研究中的作用成为可能。

首先，论文指出《故训汇纂》一书在“复音词”研究上的重大贡献。具体表现在两个方面：（1）该书在收词范围上，就比《经籍籑诂》有重大突破，它收录了大量的复音词，包括先秦典籍的义音词，打破了上古汉语极少复音词的成说。同时它跟以采集传统儒家经典训释为主和侧重于搜集单字字义的《经籍籑诂》有所不同，……不仅详尽地辑录汉语单音词方面的训释，同时也详尽地收录典籍中有关多音词和短语方面的训释。（2）该书的所引的训释语为我们提供了许多极有价值的复音词材料，注释语中的复音词出现年代往往早于文献正文（举《汉语大词典》中“诡变”、“商量”、“怀胎”三个词的始见例作为观照对象）。

其次，论文指出《故训汇纂》一书为汉魏以来方俗语研究提供了可贵的资料。在汉魏以来俗语词的研究中，以往可以直接利用的故训材料并不太多，一是因为历来俗语不登大雅之堂，历代以经学为正统的文人很少为俗语词作训释；二是有许多俗语词当时活跃在人们的口头，当时人理解上没有太大的难度，所以也不必作注释。不过，有关俗语词的训释材料也并非完全没有，比较集中的材料常散见于近人笔记和佛典的音义。如果说《故训汇纂》的价值远远超过《经籍籑诂》的话，那么其中非常重要的一点就是《故训汇纂》弥补了《经籍籑话》这方面的不足，它有相当部分的训诂资料来自近人笔记与佛典音义。

另外，虽然有不少方俗语词，前人并未为之作注，但前人倒是常用方俗语词为一些文言词语作注，因为这些方俗语词当时活跃在人们的口头，对那个时代的人们来讲，是耳熟能详的。但事隔千百年后，有些当年被释之词，我们如今还比较熟悉，反倒对当年用来作注的方俗语词却不甚了了。这时候，利用这些故训材料，采取“反推”的办法，往往能得到有益的启示。就这一意义而言，该书收集大量的故训材料也为汉魏以来方俗语词的研究提供了间接的证据。论文列举了“彭排”、“自喜”、“博换”、“劣”、“细作”等五个词语，这些俗语词都是前人用来作为解释语的，而通过文言的被释词的“反推”，我们很容易了解它们的确切含义。

最后，论文也指出了《故训汇纂》的某些不足。如：以更高标准要求，该书对于所收故训材料有的尚缺乏考辨，有些故训有明显的错误，则当剔除。

［董志翘，1950 年，文学博士，南京师范大学文学院特聘教授，汉语言文字学专业博士生导师，中文系主任，汉语史研究所所长。近年代表著作有《训诂类稿》、《中古文献语言论集》、《入唐求法巡礼行记词汇研究》、《观世音应验记三种译注》等。2005 年发表的论文有：《故训资料的利用与古汉语词汇研究——兼评〈故训汇纂〉的学术价值》、《训诂学与汉语史研究》等等。
通信地址：南京市宁海路 122 号南京师范大学文学院（21009）
电子信箱：dzhq50@ sina. com］

关于汉语的词类研究

——纪念汉语词类问题大讨论50周年

（范晓 《汉语学习》2005年第6期）

该文分三部分，共13000余字。

1. 概述了汉语词类研究的现状。认为1953年至1955年的汉语词类问题讨论是“文法革新讨论”的继续，是取得了成绩的，为深入研究汉语词类奠定了基础。指出这50年来汉语词类研究取得很大的进展，表现在：在区分词类的根据或标准问题上，由采用多标准转为单一的功能标准；在探究功能的形式上取得不少进展；对各种词类和词类区分中的一些具体问题进行了更广泛、更深入的探索。提出了当前词类研究中存在的问题：词类区分的理论问题仍有分歧；各家的汉语词类体系有较大差别；某些词类的归属还悬而未决。

2. 讨论了汉语词类的几个理论问题。论述了词类区分的根据和辨别的方法，认为词的词汇意义是分类的基础，语法功能是分类的根据或标准；主张把词类区分的根据（标准）和辨类的方法区别开来，分类的根据是语法功能，辨类的方法要凭借功能的形式。认为词有三种语法功能（句法功能、语义功能、语用功能），词的语法分类可分为句法类、语义类、语用类，主张三种功能类既分开又结合来构建实用的汉语词类体系。提出了词类区分的六条原则：（1）多角度分类的原则，即自觉地从不同的角度区分词类并使它们结合起来构建体系；（2）多层级分类的原则，即词类可以根据需要不断进行下位分类；（3）单一标准的原则，即在同一角度或同一层级分类只能采取一个标准；（4）从静态短语求句法功能和语义功能、从句子求语用功能的原则，即从静态短语中词的句法功能和语义功能确立词的句法类别和语义类别，从句子中词的语用功能确立词的语用类别；（5）凭借功能形式来探求并验证功能意义的原则；（6）分清“一般和特殊”以及“经常和临时”的原则，即要分清词的一般功能和特殊功能以及经常功能和临时功能。

3. 关于汉语词类的体系问题。针对现状提出了一些看法：（1）认为汉语词的句法分类层级系统为：第一层级分为实词和虚词；第二层级在实词和虚词下进行下位分类（如实词分为名词、谓词、定词、状词等）；第三层级对名词、谓词等再进行下位分类（如谓词分为动词、形容词等）；第四层级对某些重要的词类还可下分（如动词分为及物动词和不及物动词等）。（2）关于代词。认为如果着眼于语用，替代和指称都可以看作这类词的语用功能，可以称其为代词或指称词；如果着眼于句法，则可分别归入名词、谓词、定词、副词。（3）关于量词。认为应归入虚词，因为它的主要功能是附着在数词或指词之后跟它们构成量词短语。（4）关于方位词。认为单音节的方位词属于虚词，主要功能是附着在实词或短语之后构成方位短语；复合的方位词有的归入虚词，有的是实虚兼类词。（5）至于如何区分词的语义类别和语用类别以及它们如何跟词的句法类别结合综合起来构建实用的汉语词类体系，是尚需深入研究的一个课题。

［范晓，1935年生，复旦大学中文系、复旦大学语言文学研究所教授，博士生导师，浙江师范大学文学院特聘教授。出版《三个平面的语法观》、《语法理论纲要》等10余部著作。发表学术论文200多篇。
通信地址：上海市复旦大学中文系（200433）
电子信箱：xfan89@public6.sta.net.cn］

《规范汉字表》对异体字的确定

（张书岩　《语言文字应用》2005 年第 1 期）

本文介绍了《规范汉字表》研制过程中对异体字问题的思考和对异体字处理的初步意见。文章重点论述了如下几个问题：

一、异体字的定义问题

“异体字”是上一世纪 50 年代的汉字整理工作中产生的一个术语。由于该术语缺乏严格定义以及在工作中没有严格遵循定义，导致了异体字整理工作中的一些偏差。文章同意学术界普遍主张的异体字的“严式”定义，分析了目前学术界在这个问题上的主要分歧，指出分清学术层面与应用层面是解决《规范汉字表》异体字定义的关键。文章认为：《字表》的任务是要告诉群众：今天我们写字的时候，用哪一个，不用哪一个。因此，《字表》判断两字是否异体关系，首先应着眼于功能，即在从古至今，特别是今天的使用环境中，两字是否具有相同的功能，亦即实际上音义是否完全相同。有些字尽管在造字时并非为记录同一语素而造，但它们在使用过程中，功能已完全趋于一致，将其中一字看作《字表》正字的异体字也未尝不可。

文章最终确定了异体字的定义：异体字一般是指跟通行汉字同音同义而写法不同的字；在特定的规范中，则指跟规定的正体字同音同义而写法不同的字。

二、《规范汉字表》对异体字的处理情况

本文首先介绍了《规范汉字表》对异体字的 5 项具体处理原则。然后详细介绍了《规范汉字表》对异体字的处理情况：表中拟收入全同异体字 559 个（《第一批异体字整理表》内 388 字，《一异表》外 171 字），包容字 169 个（《一异表》内 154 字，《一异表》外 15 字），合计 728 字；由原异体字转为繁体字的 31 字（这一做法的理由是：由于《一异表》中某些被选定的正字是古代的俗字，定为异体的是古代的正字，而异体字是不提倡使用的，所以在需用繁体字的场合往往只能选用那些古代或旧时并不常用的俗字，这显然与实际的用字状况不符。如果处理为简繁关系，则在繁体字系统中就可以使用原被定为异体的常用字形）。以上处理情况分别体现在三个字表中。

三、《规范汉字表》对《第一批异体字整理表》所收异体字的处理

《规范汉字表》是在原有规范的基础上制订的。由于本表对异体字的处理原则与《一异表》有所不同，所以必然会对《一异表》的收字有所调整。《规范汉字表》对《一异表》的分析分为 8 种情况（可概括为 4 种去向），文章以表格形式作了穷尽性的介绍。由这些表格得出对《一异表》的基本估计：原处理基本合理的约占 84.2%。原处理不当的约占 15.8%。

[张书岩，1946 年生，教育部语言文字应用研究所汉字与汉语拼音研究室研究员。主编《标准汉语字典》。发表汉字学、姓名学论文多篇。出版《汉字、姓名、规范》、《异体字研究》。2005 年发表论文有《〈规范汉字表〉对异体字的确定》、《信息化社会的到来与姓名工作的滞后》。]

汉语方言的研究及其应用

（詹伯慧　《语文研究》2005 年第 2 期）

本文是作者在纪念吕叔湘先生百年诞辰学术研讨会上宣读的论文。通过缅怀吕老生前关于要使语言研究在社会上发挥效益的一再教导，联系汉语方言研究的实际，对汉语方言研究如何与语言应用密切结合，从而发挥其社会效益进行了论述。文中提出了四项值得重视的工作：一要深入探讨方言和民族共同语的关系，为方言研究与语言应用的结合提供理论上的依据。作者认为必须明确方言和共同语实质上不是对立而是共存，不是相互排斥而是相互补充。共同语在方言的基础上形成，一旦形成就在社会语言生活中处于主导的地位，让方言处于从属地位。“推普”是在既认为汉语方言存在分歧，又认为方言在一定范围内同样能发挥社会交际功能的理念下进

行的。“推普”不会使方言消失，“推普”的结果是要在方言地区形成一个普通话和方言有主有从，相互补充，并存并用的社会语言应用格局。二要发杨上个世纪五六十年代方言工作为“推普”、为汉语规范化服务的优良传统。文章回顾了上个世纪大规模开展全国方言普查，为各地开展“推普”服务，为汉语规范化服务的情景，认为在新世纪、新时期中，一定要结合实际，继续做好方言研究为“推普”服务，为汉语规范化服务的工作。特别强调要多做调查研究，掌握好方言的发展变化，注意方言词语进入共同语的情况，根据动态规范、为应用而规范的原则，认真对待方言词语在共同语中的取舍和规范问题。三要加强方言词典的编纂工作，研究解决方言使用中的实际问题。文章指出方言词汇调查的成果最直接用诸于语言应用的就是方言词典的编纂。各地编纂的方言词典，都直接服务于人民大众的语言应用。与此同时，对于某些通行地区较广、影响较大的方言，要为学习该方言者提供良好的学习条件。拿粤方言来说，它是汉语方言中应用比较广的一大方言。对其应用中需要解决的问题，例如教材的编写和工具书的编纂问题，粤语研究者就有必要加以重视。又如粤语应用中最引人注目的问题是大量粤语口语“入文”带来的方言用字问题，同一个方言词在不同的印刷品中以不同的写法出现，究竟如何取舍？要不要加以规范？这都需要认真研究。四要加强方言在相关学科中应用的研究。方言是地域文化的载体，是当地社会历史文化发展的见证。民间文学戏曲、民俗学离不开方言研究，方言的调查研究还跟历史学、考古学、地名学以及移民的研究发生关系。总之，方言的研究成果将应用于许多相关的学科，一部完整的中国文化史，几乎每一章每一节都很容易和方言挂上钩，大力加强方言在相关学科中应用的研究，也就显得十分重要了。

[詹伯慧，1931 年生，暨南大学中文系教授，博士生导师。在海内外出版著作近 30 本，发表论文 200 多篇。先后出版过《汉语方言文集》、《语言与方言论集》、《方言 共同语 语文教学》、《漫步语坛的第三个脚印——汉语方言与语言应用论集》等个人选集。主编出版了《珠江三角洲方言调查报告》、《粤北十县市粤方言调查报告》等著作。]

汉语语法化演变的几个类型学特征

（吴福祥　《中国语文》2005 年第 6 期）

语法化是当前国内外语言学界的一个热点课题。不过，在迄今的语法化研究中，语言学家们对语法化演变的共性特征的关注远远超过对演变的类型特征的关注。人类语言的语法化模式和语法化路径有哪些类型特征？形成这些类型特征的主要因素是什么？我们应该如何解释这些类型特征？这些问题在当前普通语言学的语法化学界尚未得到充分研究。本文基于对汉语语法演变的观察，发现汉语语法演变中存在三个具有类型学特征的语法化模式或路径（即（1）关系名词的语法化模式：关系名词 > 后置词；（2）伴随介词的语法化模式：伴随介词 > 并列连词；（3）语法词/附着词的演变模式：语法词/附着词 > 词内成分），并进一步对导致这些语法化模式或路径产生的类型学动因做出具体的解释。

该文的主要结论是：（1）上述三个语法化模式或路径的产生跟汉语的结构类型密切相关，具体说，“关系名词 > 后置词”和“伴随介词 > 并列连词”这两种语法化模式决定于汉语的“局部类型学”（Partial typology）特征；而“语法词/附着词 > 词内成分”的语法化模式则导源于汉语的“整体类型学”（Holistic typology）特征。（2）汉语所具有的这三个语法化模式或路径反映的并非是汉语语法化的特性，而是体现了人类语言语法化的类型特征。（3）人类语言中语法化模式或路径的类型变异与共性特征并非完全对立，二者在更高的层面仍是相通的。

[吴福祥，1959 年生，文学博士，中国社会科学院语言研究所研究员、历史语言学二室（原近代汉语室）副主任，研究生院语言系教授。著有《敦煌变文语法研究》、《近代汉语纲要》（合著）、《〈朱子语类辑略〉语法研究》等。编有《语法化与语法研究》（一）、（二）和《汉语语法化研究》等。发表《汉语伴随介词语法化的类型学研究》、《再论处置式的来源》等学术论文数十篇。]

汉藏民族语言声调的分合类型

（黄行　《语言教学与研究》2005年第5期）

声调是汉藏语系语言普遍具有的语音特征。汉藏语言产生声调的普遍条件首先是由多音节语素缩合为有复杂声母和复杂韵母的单音节语素，再由单音节语素复杂声母和复杂韵母的简化使原为音节伴随性的音高特征转化为声调。声调产生以后还可以进一步地分化与合并，声调的分化与合并类型往往因语言或方言的不同而异，因此具有语言或方言分类的意义。

声调的分化在不同系属语言中有不同的表现。如侗台语声调的分化主要有入声因元音的长短而各分为两个调，和以不同类型的古代侗台语清声母为条件而各阴调分不同的声调。苗瑶语声调分化的主要条件是清声母是否送气，全浊声母有无送气以及声母有无鼻冠音。现代藏缅语的声调往往和复辅音、清浊声母、长短元音、松紧元音或辅音韵尾等不同的声韵特征处于互补的羡余状态。如有的语言元音长短或松紧与不同的声调呈互补状态，通常在描写音系时或处理为韵母的区别，或处理为声调的区别，而不是看作以不同韵母特征为条件的声调分化现象。

声调的合并与声调的分化一样是分阶段或层次的，每个阶段的声调可以分或合，也可以不分或不合。有些侗台、苗瑶语言声调之间的调值相同且声调的阴阳一致，对这些现代语言或方言调值相同的声调可以解释为声调的合并，也可以解释为声调的未分化。有些语言的四声同调值，但阴调阳调不合，这种情况应该理解为四声调值偶然的合并。彝缅语声调调值相同主要发生在舒声调和入声调之间，舒声调之间调值相同的较少，说明彝缅语有限的声调主要是用来区分不同的舒声，而不是区分舒声和入声。

侗台语、苗瑶语和汉语的四声八调有非常整齐的对应，对这种声调对应现象可以有语言发生关系、语言类型关系和语言接触关系等不同的解释。侗台苗瑶语中有丰富的汉语借词说明它们和汉语的确有过深刻接触，接触可能引起语言包括声调在内的语言结构的相互影响。藏缅语及南亚语系的佤语、布朗语等孟高棉语的某些方言、越南语声调发生的机制和状态对汉语和侗台语、苗瑶语调类调值对应的成因有启示作用。南亚语系语言是没有声调的，是因为大量的汉语（或其他有声调语言）借词声调的扩散作用，加之这些语言已具备词的单音节化的条件才使某些南亚语逐渐产生稳定的声调的。因此可以推测，汉语借词及其声调的扩散作用对于侗台、苗瑶语言声调的形成和演化可能是有影响的。

［黄行，1952年生，中国社会科学院民族学与人类学研究所研究员。中国社会科学院中国少数民族语言研究中心主任。2005年发表的论文有《语言接触与语言区域性特征》、《汉藏民族语言声调的分合类型》、《我国少数民族分类指导的语言规划》等。
通信地址：北京中关村南大街27号中国社会科学院民族学与人类学研究所（100081）
电子信箱：huangxing@cass.org.cn］

景颇语四音格词产生的机制及其类型学特征

（戴庆厦　孙艳　《中国语文》2005年第5期）

戴庆厦

四音格词在景颇语里很丰富，是一种能产的构词格式。该文在梳理、描写景颇语四音格词共时特征的基础上，探讨景颇语四音格词的性质及其类型学特征。在共时分析上，揭示出景颇语四音格词的两个主要特征：语音和谐，语法结构单一。认为景颇语四音格词受语音和谐规律的制约，语音和谐关系主要表现为1、3音节的重叠和2、4音节的双声押韵。押韵分叠韵和谐韵两类。四音格词的语法结构只能是并列的，并列结构使其语音规则具有严整性。语音和谐是景颇语四音格词的主要特征，主要是构词中有规则的语音配合，是一种形态手段。景颇语四音格词有了这种形态标志，使得它与无语音和谐的四音节词或其它复合词构成区别。其语义关系大致可分为两类：一类是由两个有意义的双音节语素并列构成（包括极少量由四个单音节语素构成的）；另一类是由有意义的双音节语素和无意义的双音节语素（绝大多数是配音音节）并列构成。由于并列关系的影响，导致语义选择只能限于同一层次、同级、同类、平列的语义关系。这种关系使得景颇语中存在大量由亲属关系词、表物名总称词构成的四音格词。该文还认为景颇语的四音格词是原生的，即在自己的语言体系中产生，与其语言机制相适应。语言机制主要有：双音节化韵律机制为大量产生四音格词提供了基本模式；分析性的语言特征对四音格词有较大的适应性；丰富的声韵系统以及韵律变化，为四音格词的滋生准备了肥沃的土壤；景颇语丰富的重叠式，与四音格词大量出现叠音结构相一致。该文还将景颇语的四音格词与亲属语言汉语进行了比较，发现在音节的韵律关系上，景颇语严格受韵律规则的制约，而汉语基本上没有严格的规则限制。景颇语的四音格词比汉语更讲究韵律特征，这与二者语音系统的差异有关。在语法特征上，景颇语四音格词的句法结构关系比汉语简单，汉语四音格词的句法结构关系复杂，结构方式多样，句子及短语的结构关系在四音格词中普遍存在，甚至包括古代汉语的某些句法结构关系。从汉语史的角度看，景颇语四音格词的特点与上古汉语的四音格词相似点多一些。结论是，景颇语与汉语虽为亲属语言，但四音格词存在较大差异，似无共同来源，其共同特征是类型学上的一致。

[戴庆厦，1935 年生，中央民族大学中国少数民族语言文学学院教授，博士生导师。共出版专著25部（其中部分为合著），发表论文236篇。
通信地址：北京海淀区中关村南大街27号中央民族大学语言文学学院（100081）
联系电话：68933286
电子信箱：daiqingxia111@sohu. com
孙艳简介缺。]

两岸四地语言文化互动潮流观察

（林连通　《北京日报·理论周刊》2005 年 8 月 1 日）

该文为《北京日报》理论周刊的专访。在这一篇专访中，作者谈了两岸四地语言文字整合、统一的重要意义。文章说，由于历史的原因，大陆、台湾、香港、澳门四地一度长久相隔，各自实行不同的语文政策，因此造成了两岸四地语言文字的分歧日益扩大。例如在语言上，大陆推行普通话，台湾推行国语，港澳多操粤语。粤语是汉语的一种方言，与普通话、国语有着很大的差别，例如把“太阳”称为“热头”，“打雷”称为“行雷”，“刮风”称为“翻风”，等等。大陆和台湾推行的虽然都是现代汉语的共同语，但由于语言的发展变化，两岸疏于交往，同样也产生了不少的差异，尤其是在词汇方面，差异则更大。例如大陆的“桑拿浴”、“盒饭”、“献血”、“跳闸”、“大甩卖”、“夜校/夜大”、“电视大学”等，台湾则分别称为“三温暖”、“便当”、“捐血”、“跳电”、“俗卖”、“夜间部”、“空中大学”等。有些词，虽然两岸的词形都一样，但各自所指的词义却不相同，很容易产生误会。例如“公车”，大陆指属于单位的车，而台湾则指公共汽车；“停滞”，大陆指停滞不前，如生产停滞，而台湾则指吃东西不消化；“对光”，大陆主要指照相时调整焦距、光圈和曝光的时间，而台湾则指对质；“高考”，大陆指高等学校的招生考试，而台湾则指考试院招收高级公务员的考试；“摇摆”，大陆指向相反的方向来回地移动或变动，而台湾则形容自满、自傲。两岸在专有名词上的差别则更大。在文字上，两岸四地的差别主要是表现在简化字和繁体字上。大陆在现代语文生活中，规定使用简化字，而台湾、港澳还在使用繁体字。这种语言和文字使用上的不统一，给两岸四地经济文化的交流带来很多的不便和麻烦。尤其是年轻一代，大陆人看不懂港澳台的繁体字，港澳台的人看不懂大陆的简体字，而语言上又有差异，这就给两岸四地科技文化的交流带来了障碍。近些年来，随着港澳的回归，以及经济文化等各方面的接触、交流的日益频繁，两岸四地的语言文字出现互动和相融的趋势，出现了许多相互借鉴的词语，简体汉字也逐步为港澳台所采用。例如大陆的“白班”、“白条”、“保洁”、“班组”、“批条”、“批量”、“封顶”、“普通话”等等纷纷涌入港澳台；港澳台的“楼盘”、“物业”、“巴士”、“缩水”、“炒鱿鱼”、“体认”、“愿景”等等也纷纷进入了大陆。现在，许多有识之士都认识到，两岸四地互动有利于语言文字的整合统一，而语言文字的统一，又有利于两岸四地的互动。为了进一步推进两岸四地语言文字的整合统一，为中华民族的统一复兴和全球化发挥纽带和桥梁的作用，作者在文章中建议成立一个两岸四地汉语、汉字规范统一的促进会，建立一个专门的研究机构，创办一个专门的刊物，组织专家学者互访，对汉语、汉字规范统一中的有关问题进行讨论。

[林连通，1942 年生，中国社会科学院语言研究所研究员、《中国语文》编辑部主任、《中国语言学年鉴》主编、中国语文报刊协会常务理事、《中国学术年鉴》副主编。发表论文《中国福建永春话的语法变调》等 30 多篇。出版了《近义词反义词详解辞典》、《新世纪汉语多用辞典》、《学生古汉语词典》、《文章病例评改集全》、《永春方言志》、《泉州市方言志》等专著、辞书10余部。
通信地址：北京建国门内大街5号中国社会科学院语言研究所（100732）
电子信箱：Linlt@cass. org. cn]

鲁迅小说词语的形象色彩义解读

（杨晓黎　《北京大学学报》2005 年第 2 期）

文学语言作为一个符号系统，最能体现作家形象塑造成就和创作个性风采的是那些形象色彩词语。形象色彩词语是指词语中包含有形象色彩义的词语类聚。形象色彩义又叫词的形象色彩，是指词语除了代表一定的对象这种理性义之外还同时具有的对于所指对象的某种形象感觉。

该文以鲁迅小说《呐喊》、《彷徨》为研究对象，用现代语义学方法对其词语的形象色彩义进行了系统的分析和解读。根据我们的研究，鲁迅小说文本中的形象色彩词语，大体上可以分为基于构词理据的形象色彩词语与基于体态动作的体态词语两大类型。前者主要包括基于听觉的象声词语、感叹词语，基于视觉的颜色词语，基于肤觉的冷热词语系列，听觉、视觉同时发挥作用的叠音词语；后者可以大别为与形状体态相关的和与运动状态相关的两类。从某种意义上说，信息直接传递过程中非语言形式的体态语较之语言形式的言语表达更能显示其蕴涵的形象色彩。但文学写作的特殊性决定了创作者与阅读者，审美主体与审美客体间的交流只能是间接的，必须通过词语符号这个语言的中介物来进行。这样，现实中的体态语就转换成了小说文本中的体态词语。

鲁迅小说的形象色彩词运用体现了以下四个主要特色：（1）多层面发掘，构筑丰富的形象色彩词语汇系统。鲁迅不仅善于从活的语言中采取有生命的词汇，也善于从古代语言中拈掇富有生气的精华，从而形成其小说文本丰富的语汇系统。（2）多义项呈现，拓展形象色彩词的表意功能。形象色彩词语在鲁迅小说文本中表意丰富多彩，或因人物、环境的不同，或因人物心理的变化，同一类别的形象色彩词语运用往往呈现出多义性，显示出表意的细微而深刻的差异。（3）“融合新机”，激活形象色彩词的生命力。鲁迅小说语言创造性地融入了许多新要素。不仅上述对形象色彩词表意功能的内部开掘为形象色彩词的运用带来新要素，而且在这些词语呈现的外部关系的组合上，也显示了作者语言运用的创造力。（4）赋予象征义，增强形象色彩词的内蕴力。形象色彩词语是听觉、视觉、动觉、肤觉、味觉和嗅觉形象在词语符号层面上的聚合。这些符号化了的形象，在特定的作品和情节之中，往往委婉曲折、隐含不露地寄寓着作者深切的思想感受，成为某种思想情感的形象标志，使得形象色彩词这些符号化了的形象因此而具有了象征性。

形象色彩词在鲁迅小说文本中的丰富表现和创造性运用，是鲁迅追求文学语言具备“意美”、“音美”和“形美”等美感特征的结果。

［杨晓黎，1957 年生，安徽大学中文系教授，国际教育学院副院长，南京大学中文系在读博士。
通信地址：合肥市安徽大学中文系
（210093）
联系电话：0551 - 3861299
电子信箱：xlyang@ ahu. edu. cn］

论古知庄章三组声母在冀州方言中的音变层次

（刘淑学　《语言科学》2005 年第 2 期）

徐通锵先生曾谈到：“考察活的正在发生变异的语音现象，从中理出变异的方式及其所体现的语言发展线索、特点和成因，就可以从微观的研究中悟察宏观的特点。”

古知三章组声母在冀州市城关镇话中读［ts tsh s］、［tʂ tʂh ʂ］两套声母，在冀州市官道李镇话中读［tʂ tʂh ʂ］、［tɕ tɕh ɕ］两套声母。知二庄组在城关镇话中读［ts tsh s］，在官道李镇话中读［tʂ tʂh ʂ］。古知庄章在两镇的读音，不光音值不同，而且音类分合也不一一对应。知三章组字在官道李镇话中读同庄组声母的字多于城关镇话。冀州方言知庄章组三组声母读音不一的局面，说明在冀州方言中知庄章三组声母正处于合流的过程中，这为我们探讨三组声母合流演变轨迹提供了好材料。

近代汉语北方官话语音系统中，发生了一个重要的音变，即入声的消变。入声消变的一个重要方面是入声韵尾的消失。入声韵尾消失后，入声韵与阴声韵合流。而哪个入声韵与哪个阴声韵合流，大河北方言有自己的特点。这是我们观察冀州方言知庄章三组声母合流轨迹的一个视角。

城关镇话、官道李镇话入声韵与阴声韵中的知三、章组声母的读音从现象看，差异不小，但两地入声韵的知三、章组声母的读音均跟与其合流叠置的阴声韵的知三、章组声母读音一致。因此说，入声韵、阴声韵中知三章组与知二庄组的合流音变发生在入声韵消变之后。

在官道李镇话中，所有阳声韵知三章组字均读同本音系中的庄组声母，在城关镇话中，只有阳声韵合口知三章组字读同其音系中的庄组声母。因此说，阳声韵中知三章组字与知二庄组的合流音变，也发生在入声韵消变之后。

城关镇话中山合三、臻合三、通合三阳声韵知三章组声母读同知二庄组（读［ts］组），而所有阳声韵开口知三章组字今读声母与庄组对立，说明在城关镇话中，阳声韵合口知三章组字声母与知二庄组的合流，快于开口字。而且这些合口知三章组字读同庄组的音变也晚于入声韵与阴声韵的合流。

在城关镇、官道李镇话中，止开三章组字的声母均读同庄组，这一音变发生很早。在《中原音韵》音系中，止开三章组字归支思韵部，止开三知组字归齐微韵部。因此说，止开三章组字的声母与庄组的合流，在《中原音韵》时期既已完成。而且，止开三章组与庄组的合流早于入声韵的消变。

官道李镇话比城关镇话读同庄组声母的字多很多。两地相距仅20公里，说明知庄章三组声母的合流演变在各地是很不平衡的。

根据两地话中阴声韵、阳声韵、入声韵知三章组字声母的读音异同，可以看出，入声韵的消变和知庄章三组声母的合流演变是交织进行的。

止开三章组与庄组的合流演变在入声韵消变之前，而阳声韵知三章组与庄组的合流演变，在入声韵消变之后，而且，知三章组声母至今在两地话中仍读为两套声母，说明，三组声母的合流演变时间是漫长的。

［刘淑学，1948年生，山东大学文学博士，现为徐州师范大学语言研究所教授。出版专著《中古入声字在河北方言中的读音研究》，发表了《大河北方言中残留着［uɑu］韵母》、《河北冀州方言“拿不了走”一类格式》等近30篇论文。

通信地址：江苏省徐州市徐州师范大学泉山校区语言研究所（221116）

电子信箱：liushuxue1968@126.com］

论跨文化交际的实证研究

（胡文仲 《外语教学与研究》2005年第5期）

该文说，跨文化交际学自上个世纪80年代引进我国以来，取得了很大的成绩，据不完全统计，已经发表了2000多篇论文，出版了30余部专著和教材，开课的学校逐年增加。但在跨文化交际研究中实证性研究薄弱，这方面的论文在已发表的论文中只占很小的比例，而一般论述和思辨性文章居多。作者将1999—2002年间我国学术刊物上发表的跨文化交际论文与同时期美国 International Journal of Intercultural Relations 发表的论文相比较，发现实证性研究的论文在美国刊物上占主导地位，而我国刊物上基于实证研究的跨文化交际论文只占不到1%，因此呼吁我国的跨文化交际研究者应大力加强实证研究。

［胡文仲，1935年生，北京外国语大学教授，博士生导师，《外国文学》、Teaching English in China 主编。共出版专著6部，教材4部，编著12部，译著5部，在国内外学术刊物上发表论文数十篇。

通信地址：北京西三环北路19号北京外国语大学42信箱（100089）

电子信箱：wzhuwzhu@public3.bta.net.cn］

论“以音考字”

（杨宝忠 《河北大学学报》2005 年第 1 期）

历代字书中留存下来了成千上万的疑难字，为了大型字典的编纂、大型字库的建设、汉字字种数的统计、汉字谱系的建立以及全汉字的规范与整理，这些疑难字亟须作出考释。考释疑难字需要多方面的知识，需要科学的考释方法。在成千上万的疑难字中，有些是有音无义的；有些疑难字虽然也有义，但其义存在传抄失误或经人妄改妄补，不足以作为考字的依据。考释有音无义或意义有问题的疑难字，往往需要以音为突破口，并兼顾字形，这种考字方法，我们称之为“以音考字”。

宋代（包括辽、金）字书，尤其是收录疑难字较多的字书如《龙龛手镜》、《四声篇海》等，直音用字不仅与被释字同音，有时还与被释字同字，因此，考释使用直音方法注音的疑难字，应该首先考虑到这个疑难字是否就是直音用字的变体，而要想证明这一点，必须和字形结合起来，利用汉字形体演变的一般规律，探究两者之间是否存在字际关系。如果被释字与直音用字之间存在字际关系，则可断定这个被释字即直音用字的变体。然而并非所有直音用字都是被注音字的正字，更多的情况是直音字与被注音字之间仅仅是同音字，而非异形字。尽管如此，直音字仍有助于疑难字考释，在直音字与被注音字属于同音字的情况下，直音字可以起到限定、明确正字范围的作用，依据直音字所提示的字音信息，并参考字形、字义（如果有字义的话）信息，仍然能够对疑难字作出令人信服的考辨。传世字书给字注音，大都使用反切。疑难字与正字的反切，有用字相同的，也有用字不同的。无论反切用字是否相同，它们切出的音应该是一致的。由于疑难字与正字读音必须相同，因而字书疑难字的反切对疑难字考释的范围能够起到提示和限定的作用。

应当充分注意到字书贮存的读音信息存在传抄失误或妄补妄改情况，利用以音考字的方法考释疑难字，不可为错误的注音信息所惑。字书注音材料存在传抄失误和妄补妄改，无疑给疑难字的识别增设了障碍，如果能够结合校勘，恢复其正确的注音信息，则仍有利于疑难字的考辨。

论文利用以音考字的方法对字书贮存的 13 个疑难字作出了考释。

［杨宝忠，1956 年生，河北大学人文学院教授。
通信地址：保定市河北大学人文学院（071002）
联系电话：0312－5015337
电子信箱：yangbaozh@126.com］

论元代蒙古语对汉语语法的影响

（李崇兴 《语言研究》2005 年第 3 期）

语言接触对汉语语法的历史发展产生了怎样的影响，这是汉语史研究中一个十分重要的问题。本文举出四条实证，证明蒙古语给予汉语语法的影响。

一、定中结构的复杂化

元代直译体文字中出现的复杂的“的”字结构和用“的”组织起来的多层定中结构，是对译蒙古语文的产物。由于对译蒙古语文的需要，使得“的”字结构容量大增，从而赋予汉语句子组织以新的强有力的手段。

二、“动＋了＋宾”全面取代“动＋宾＋了”

“动＋了＋宾”取代“动＋宾＋了”，这一过程的完成在元代，而且在北方，正是汉语最易受阿尔泰语影响的地方。蒙古语动词的时体成分总是紧附于动词的，动词的宾语放在动词的前面。由于蒙古语动词的时体成分总要紧附于动词，因而在动词需要带宾语的时候，直译体的表现形式就只能是“动＋了＋宾”或“宾＋动＋了”，而不是“动＋宾＋了”。“动＋了＋宾”这种格式通过直译体官方文书及所谓“汉儿言语”两条渠道对汉语施加影响，推进了这种格式的普及。

三、“着”的“方式化”用法的产生

动态助词“着”大约成立于唐代，

基本作用是表示动作或状态的持续。"V着（O）+VP"这种句式唐代也已经出现。这种句式中的"着"与蒙古语并列式副动词附加成分不仅位置相同，功能上也有相通之处。元代蒙古语直译体文献中大量出现的"着"实际上是蒙古语并列式副动词附加成分的对译。对译的结果，是使"着"的适用范围扩大，语法功能也随之发生变异。元代以前，"V着（O）+VP"里面的"V着（O）"已经可以表示VP的方式，不过那还只是一种自然的契合。到了元代，由于蒙古语的影响，"着"的方式化的作用得到强化，在某些场合，简直就是一个方式语的标记。

四、介词带"着"

从元代开始，介词"因、依"可以带"着"。"因着、依着"只在直译体文件中出现，非直译体文件里面不出现，虽然那里面也用"因"、"依"这两个介词。直译体文件常常用"着"对译蒙古语并列式副动词的后附成分。在"因/依+宾+动"的格式里，"因"、"依"很像蒙古语里面的并列式副动词，因而就有可能比照翻译并列式副动词的惯例，让"因"、"依"也带上"着"字。"因"、"依"带"着"，开了汉语介词带体助词的先例。后来个别介词带"了"，应该是"介+着"这种形式所产生的类化作用的结果。

该文把一种语言对另一种语言的语法发生影响归纳为三种情形：（1）直接从别种语言引入某种语法成分、句法构造；（2）从别种语言引入某种语法范畴，形式则由本民族自己创造；（3）外民族语言对本民族语某种语法形式的确立和普遍化进程起推动作用。就汉语的情况说，后一种影响占主要。

[李崇兴，1943年生，华中科技大学中文系教授。有论著《论元代蒙古语对汉语语法的影响》、《元杂剧用成句》、《〈大元圣政国朝典章·刑部〉点校》等。]

认证义谓宾动词的虚化

——从谓宾动词到语用标记

（方梅　《中国语文》2005第6期）

表示认识和见证意义的动词（epistemic and evidential verb）统称为认证义动词。该文通过对口语材料的考察分析，指出这类动词在共时系统中存在不同程度的虚化。

虚化的起点是"去范畴化"，即在一定的条件下失去部分作为动词的范畴特征。（1）语义上，以泛化或抽象化为前提。（2）句法形态上，失去原属句法范畴的某些典型特征，同时获得新范畴的某些特征。（3）语篇功能发生扩展或者转移。

认证义动词去范畴化在句法方面表现为谓宾动词特征的衰减，如：动态标记受限制、线性位置灵活和小句宾语的句法地位减弱。语义方面表现为由表达客观命题变为表达主观评价。"认证义动词+小句宾语"具有双重性——既可以陈述事件又可以表现主语的认识内容，这是虚化的基本条件。而这类动词内部虚化程度也存在差异，虚化程度的差异与动词的控制度密切相关，控制度较强的动词虚化程度低，控制度较弱的动词虚化程度高。其中控制度最弱的是表示评价意义的认证义动词，这类动词与言者主语共同构成表达说话人视角和态度的语用标记。

虚化的结果，部分认证义动词从具备相对稳定的句法位置到失去句法位置限制，从具有明确的句法属性到句法上难以确认其地位，从表述客观事件到表达说话人的主观态度，从具体词汇意义解读到整体格式解读，从非独立韵律形式变为独立的语调单位（intonation unit）。

[方梅，1961年生，中国社会科学院语言研究所研究员，中国社会科学院研究生院教授，《中国语文》杂志副主编，中国语言学会理事。发表论文《宾语和动量词语的次序问题》、《指示词"这"和"那"在北京话中的语法化》、《自然口语中弱化连词的话语标记功能》。合著《汉语功能语法研究》。
通信地址：北京建国门内大街5号中国社会科学院语言研究所（100732）
电子信箱：fangmei@cass.org.cn]

上古音构拟的检验标准问题

（孙玉文　《语言学论丛》2005年第31辑）

上古音指周秦两汉时期的汉语语音系统，主要指《诗经》时代的音系。在我国，关于上古音的构拟，目前影响较大的有高本汉、董同龢、陆志韦、王力、李方桂几家的系统，也有其他学者提出自己的一套系统。远程构拟来自国外，主要是美国。在21世纪之初，如何推进上古音研究向纵深发展，这是中外学术界普遍关注的问题。我们必须在原有的基础上提高，这就需要我们认真总结中外既往古音构拟的成败得失，鉴往知来；同时，如何历史地科学地评价各种构拟的优劣，既关系到正确地对待传统的问题，又关系到学风建设和学术方向问题，不可不认真对待。

该文论证，上古音构拟的重要检验标准可以概括为：（1）构拟的音系能否系统地、历史地解释各种反映上古音的直接材料；（2）能否系统地、历史地解释上古音到中古音的发展演变；（3）是否自成一个音系，是否合理。运用内部拟测法构拟上古音必须以语言事实为基础；类型学的证据只能作为检验上古音构拟优劣的一项旁证；上古音的构拟不能主观要求和亲属语言的语音音系相接近。

该文对潘悟云先生《汉语历史音韵学·上古篇》及《上古汉语元音系统构拟述评》中提出的检验上古音构拟优劣的五条标准和所采用的古音构拟进行了剖析，指陈其得失。潘书和潘文对各家上古音系统作了一些述评，对一些学者利用汉藏语材料作出的上古音构拟作了过分的肯定，对利用汉语内证材料作出的古音构拟否定得较多，同时又加进了他个人的一些看法。该文论证，《汉语历史音韵学·上古篇》部分还构不成一个系统。由于潘书对直接反映上古音的文献材料注意得不够，忽视了历史观和系统观，因此潘书所采用的某些构拟系统及潘书自己提出的某些看法，很难通过汉语内证材料的检验。

该文还提出了作者对上古音构拟的一些具体看法：声母方面，认为上古汉语有无复辅音是一个需要讨论的问题，各家所提出的各种复辅音构拟难以接受反映上古音的直接材料的检验，许多材料不可靠，而且在理论上也缺乏说服力；就是有人所构拟的单辅音声母，也存在非常严重的缺陷，在材料的运用上忽视了系统性和语音的历史发展。

韵母方面，该文论证：（1）必须坚持一个韵部只有一个主元音的构拟原则；（2）不能给上古音构拟长短元音；（3）不能给上古汉语构拟非圆唇和圆唇两套舌根音，也不能构拟非圆唇和圆唇两套喉音；（4）必须承认上古有复合元音，承认上古有合口介音；（5）必须承认上古唇音分开合；（6）不能给上古的二等韵构拟一个 -r- 介音，二等的介音必须是元音性的。

该文明确提出，今后的上古音研究应该批判继承已有的研究成果，把历史文献的考证和语言学理论结合起来，致力于规律的探讨，从规律的探讨中揭示古音系统。

［孙玉文，1962年生，北京大学中文系教授。2005年发表的论文有《试论跟明母谐声的晓母字的语音演变（一）》、《上古音构拟的检验标准问题》。通信地址：湖北省湖北大学汉语研究所（4300625）］

吴桥杂技行话研究报告

（王海峰　《语文研究》2005年第2期）

河北吴桥是著名的“杂技之乡”，是中国杂技艺术的发源地之一，吴桥杂技行话跟其辉煌的杂技艺术一样有着极高的价值。吴桥杂技艺术源远流长，长期以来特殊的历史背景促成了吴桥杂技行话的产生。

吴桥人漂泊卖艺，浪迹天涯，艺人们为了保护自己，求得生存，对一些情况只好用外人听不懂的话来交流。行话几乎是杂技艺人生存的必需，所以长期以来杂技行话不断发展和完善，形成了一套完整的系统。现在行话使用的范围和人数急剧减少，但一些行话由于特殊的需要还在使用，并且在新的形势下还有所发展，说明吴桥杂技行话有一定的生命力。该文从三方面对吴桥杂技行话进行描写分析：

一、吴桥杂技行话的特点

1. 语音特点：吴桥话属于北方官话冀鲁官话区沧衡片，艺人讲行话，一般用吴桥话去说。

2. 杂技行话的词语多实词，尤其是名词最多，虚词很少，只限于少数几个副词等。

3. 行话的词语大都采用比喻等修辞手段造词，形象生动，容易理解。

4. 有的行话词语有很强的爱憎好恶色彩。

二、杂技行话的构词

吴桥杂技行话的构词一般遵照汉语的规律，采用现有汉语语素进行加工，因此不太复杂，主要表现为构词语素的易于理解性和构词方式的有限性。常见的构词语素和一般的造词方式：

1. 常见构词语素：蔓儿、果（果立）、花、斗、恳、码子、点、孙、巴、子、的、念、海、火、水、念可、吊、穴眼（穴）等。

2. 杂技行话的构词方式主要有比喻造词、借代造词、释义造词、藏字式、析字式、谐音式、比形式、借形式、综合式等。

三、吴桥杂技行话分类词表

该调查共搜集到行话742条。词表按意义分为日常用语和业务性用语两大类，然后根据意义再在每类下面分若干小类。每类条目先列出行话的说法，再列出普通话的相应说法。由于吴桥话跟普通话的差别较小，只是声调和少数声母有所不同，所以行话后不再注音标。

1. 日常用语：(1) 姓氏人。(2) 三教九流。(3) 宗亲家族。(4) 人体器官。(5) 衣物。(6) 食品。(7) 用品。(8) 房屋建筑等。

2. 业务性用语：(1) 杂技及相关人员。(2) 艺人交际。(3) 演出道具。(4) 演出方式。(5) 演出场地。(6) 演出技艺。

[王海峰，1965年生，北京大学对外汉语教育学院副教授。

共发表论文13篇。《吴桥杂技行话调查报告》是他用了近20年时间对吴桥杂技行话进行调查研究的阶段性成果。

通信地址：北京大学对外汉语教育学院（100871）

电子信箱：china@ pku. edu. cn]

现代汉语联想回指分析

（徐赳赳　《中国语文》2005年第3期）

该文主要讨论三个问题：联想回指的定义，联想回指的类别和联想回指的推进方式。

一、联想回指的定义

论文把名词回指分为两类：同指回指和联想回指两种。同指回指（co-referential anaphora）指的是有先行词的回指现象；联想回指（associative anaphora）指的是没有明确先行词的回指现象。

下面是联想回指的例子：

(1) 就在此时，有一名男子从隔离带跳了下来，直奔奥迪车冲过来，另几名男子将车围住，一人拉开（驾驶室的）门和徐先生争抢方向盘，趁徐先生惊愕之时，另一人拉开副驾驶室门盗走了徐先生装有一万多元的书包。（《京华时报》2003年11月23日）

例（1）中带下划波浪线的“车”称为“触发词”（trigger），带下划实线的“（驾驶室的）门、副驾驶室门、方向盘”都是第一次引进篇章，称为“联想回指词”。触发词和联想回指词通过人们在认知上的联想而建立起来的一种回指关系。

二、联想回指的类别

论文把联想回指分为“上下义关系”和“关联关系”两种，上下义关系是指触发词和联想回指词之间有上下义的关系；关联关系指的是读者借助某个篇章所提供的具体语境，通过相互具有的“关联”特性而建立起来的触发词和联想回指词之间的关系，这种关系并非是上下义的关系，但触发词和间接回指词两者之间的关系极为密切。

论文认为，上下义关系包括“综合—具体关系”和“整体—部分关系”两种：

表1　上下义关系类别

上下义关系		
关系类别	综合—具体关系	整体—部分关系
实　例	森林—松树	房子—门

关联关系包括“具体—具体类”、“具体—抽象类”和“抽象—抽象类”三种：

表 2 关联关系类别

关联关系						
	具体—具体类		具体—抽象类			抽象—抽象类
关系类别	亲属关系	依附关系	质地关系	身心关系	特性关系	溯源关系
实　例	父亲—儿子	汽车—司机	罐头—材料	老李—精神	小李—美貌	定理—发现

三、联想回指的推进方式

这里的推进方式指的是触发词和联想回指词之间推进的方式。作者发现，上下义关系和关联关系的方式有所不同，上下义关系以“层次”推进为主要推进方式，关联关系以“网状”为主要推进方式。

[徐赳赳，1955 年生，博士，中国社会科学院语言研究所教授，当代语言学研究室副主任，Discourse Studies（《话语研究》）杂志编委，《当代语言学》杂志编委。发表的论文有《叙述文中“他”的话语分析》、《多动词小句中的零形式》、《篇章中的段落分析》、《现代汉语联想回指分析》，译著有《篇章语言学》（Jonathan J. Webster, *Text Linguistics*），专著有《现代汉语篇章回指研究》。]

香港粤语两种差比句的交替

（张双庆　郭必之　《中国语文》2005 年第 3 期）

该文讨论香港粤语两种差比句句式“过字句”和“比字句”交替的机制。早期的文献反映粤语本来只有“过字句”一种形式。但随着书面语和普通话的普及，“比字句”也慢慢地在香港粤语中流行起来。

本文发现，“比字句”是循“过字句”四个表达能力较弱的缺口进占香港粤语地盘的，即：(1) 当基准是疑问代词的时候。例如“佢比边个都肥”（他比谁都胖）不能说成“佢肥过边个”。(2) 句子中夹杂着非口语成份/书面语的时候，说话人倾向于用“比字句”。(3) 当比较项目是一个复杂词组的时候。例如“细路比大人仲更加唔钟意食菜”（小孩比成年人更不喜欢吃菜），不容易用“过字句”表现出来。(4) 当“过字句”带有歧义的时候。如“佢惜个女多过你”，比较项目既可以是“惜个女”（爱女儿），也可以是“个女”（女儿）。但如果采用“比字句”“佢比你惜个女”，则只有一个意思：“他比你更爱女儿”。

然而，“过字句”本身也有若干用法，是难以转换为“比字句”的。好像“过字句”的“过”和比较项目之间可以插入“得”（肯定）或“唔得”（否定），构成可能式。相反，普通话“比字句”转化为能性问句时，必须加上“能”、“可以”等助动词，程序比较复杂。又例如“比字句”的主体只能占主语或话题之位，所以英语的“I eat more pork than fish”只能译为“我吃肉比吃鱼多”或“我肉比鱼吃得多”。香港粤语容许主体充当宾语：“我吃肉多过鱼”，甚至连动词短语也可以拿来比较：“佢钟意吃糖多过饮汽水”（He like to eat candy more than to drink pop soda.）。这些例子根本没有相应的“比字句”。“过字句”在这方面的表达能力占了绝对的优势。

以上种种，构成了“比字句”和“过字句”互相竞争的局面。此外，本文也谈到了两种句式在混合和分工方面的问题。

[张双庆，1947 年生，香港中文大学中文系教授。出版《客赣方言调查报告》、《乐昌土话研究》、《连州土话研究》（主编兼作者之一）及《香港新界方言》（作者之一）。
通信地址：香港新界沙田香港中文大学中国语言及文学系
电子信箱：songhing@ cuhk. edu. hk
郭必之，1973 年生，香港大学哲学博士，现任香港中文大学中文系副研究员。著有《〈说文解字读〉与〈说文解字注〉音韵说的比较研究》、《〈香港粤语疑问代词“点”［tim35］的来源》、《从虞支两韵“特字”看粤方言跟古江东方言的联系》、《语言接触与规律改变——论中古全浊声母在粤北土话中的表现》等论文 20 余篇。
通信地址：香港新界沙田香港中文大学中国文化研究所 118 室
电子信箱：b776757@ cuhk. edu. hk]

言语进程中问语的选择

（聂丹 《中国社会科学》2005 年第 4 期）

言语进程是对话中话题结构的基本运作单位。本文所要探讨的问答式言语进程需要满足以下条件：（1）对话双方话语角色固定，初始发话的一方始终是提问者，另一方始终是回答者。（2）话题由提问者或直接或间接提出，言语进程中全部话语内容最终都指向这个话题。（3）提问者的交际意图只是为了探求有关话题的具体信息。在符合条件的言语进程中，问语就是提问者对回答者发出的重在求取信息、具有引发作用的话语。根据位置的不同，问语可分为首发问语和后续问语；根据功能的不同，问语可分为原初问语和从属问语。

在言语进程中，问语与答语之间不仅有发话意向、语义取向、句法结构等方面的毗邻关联，而且还存在着作用与反作用的互动关系。话题与交际意图、信息需求与信息价值、问答者背景、相关情境、先前答语是制约问语选择的五种重要因素，其中前四种制约着言语进程中各类问语的生成与选择，第五种仅对后续问语有影响，即后续问语的选择主要受先前答语意义的制约。答语意义大致有三种类型：非完成型意义的答语，非标准完成型意义的答语，标准完成型意义的答语。提问者应视先前答语的意义类型来决定后续问语的生成与选择。

言语进程中的问语在话语构造、语气、表达方式等方面有一些可供选择的类型模式：在话语构造上，问语由醒示语、辅助语、核心语三个话语成分以不同的组合方式结合而成，共同完成提问这一言语行为。其中核心语是问语的中心成分，可独立完成提问言语行为；醒示语、辅助语是重要的附加成分，有时可省略。在语气上，问语可表现为疑问语气、判断语气、发动语气、期待语气四种语气类型，每种类型都有自己的句子构成特征或标记。疑问语气、判断语气适用于各类问语中；发动语气、期待语气通常作为前两种语气类型的辅助手段，穿插使用。在表达方式上，问语有间接表达、直接表达两类表达方式类型。直接提问方式适用于与对方关系亲密或形势紧迫、气氛严肃的场合；间接提问方式式广泛适用了多种场合。

从某种意义上说，问答式对话是言语交际的原型，而问语作为言语交际过程的触发点，决定和控制着对话的走向。然而关于问答式对话及其问语的研究却少有人问津，只在会话分析的毗邻应对部分有所涉及，但也仅限于问答配对的二步话轮结构，并且以结构和语义的静态描写为主，对问语缺乏动态的分析和关注。本文在现有研究的基础上，试图在交互作用的问答式言语进程中构建提问话语的运作机制和类型模式，旨在提高提问的效力。这算是本文一项有意义的初步尝试。

［聂丹，1974 年生，北京语言大学讲师。
通信地址：北京语言大学汉语水平考试中心第二研究室（100083）
联系电话：（010）82303528
13146601150
电子信箱：nicdan999@ sohu. com］

也谈能性述补结构“V 得 C”和“V 不 C”的不对称

（沈家煊 吴福祥 马贝加 《语法化与语法研究（二）》商务印书馆 2005 年版）

该文先对汉语中表示可能的述补结构在肯定式和否定式上呈现的种种跨越时代的不对称现象加以描述，包括：（1）结构上的不对称，（2）频率和分布的不对称，（3）语法化程度的不对称，（4）历史上形成早晚的不对称。然后用语用原则（“不过量准则”）和语用推理（“回溯推理”）以及意义虚化引起形式简化的规律对这些不对称作出统一的解释。这种解释还适用于其他一些看上去不相关的不对称现象。

［沈家煊，1946 年生，中国社会科学院语言研究所研究员。《中国语文》和《当代语言学》杂志主编，国际《话语研究》（*Discourse Studies*）杂志名誉编委，法国《东亚语言学报》（*Cahiers de Linguistique Asie Orientale*）编委。发表论文、综述、书评等数十篇，主要有《“有界”与“无界”》、《英汉介词对比》、《口误类例》、《对称与标记论》等。

吴福祥、马贝加简介缺。］

一部具有鲜明中国特色的社会语言学著作

——读《社会语言学概论》

（郭锦桴　《语言文学应用》2005 年第 4 期）

该文对戴庆厦主编的《社会语言学概论》一书进行了评论，认为戴书是一部具有鲜明中国特色的社会语言学著作。其书中有大量的我国汉语和其他少数民族语言的社会变化调查资料。这与欧美的社会语言学不相同。这部专著具有如下三大特点：

1. 以我国汉语，尤其是各少数民族语言的丰富材料为基础关系和发展变化的特点。

有关语言的性别差异，举出北京话中的“女国音”以及贵州台江县苗族、荔波县瑶族、布依族等许多语言材料。有关语言的年龄差异方面，举出南京话、北京话、广东韶关话、云南马关木厂乡的傣语、四川的普来语的许多材料。有关混合语举出青海同仁县的“五屯话”、兼备汉语和藏语的混合。值得注意的是，书中还举出一些富有中国特色的社会语言变化。如云南仙岛话，湖南保靖县的土家族话中数词的构成。汉语数词谐音的社会心理迷信。如广州话 3、8、9 与“生”、“发”、“久”谐音，因而带有吉祥含义，特别受欢迎。

2. 注重当代中国社会语言新变化的研究

突出考察当代中国社会语言的新变化，新特点，新问题，如，当代电脑网络上的流行语，伊妹儿（EMAIL），MM（妹妹）、B4（从前）、8147（不要生气）等等。当代我国濒危语言的人口状况，如东北地区赫哲族，据 1990 年统计，全族只有 4245 人。又据 2002 年统计，在这四千多赫哲族人中，真正会说赫哲语的人仅占 2.14%。书中还专列一节“当代中国语言规划评价”，具有鲜明的时代性。

3. 深入探讨社会语言学的基础理论，其中不乏作者一些独到的见解。

关于社会语言学研究中心是什么，作者引述各名家的观点论述后，指出研究中心应限定在 7 个方面，表明作者独特的观点。在探讨跨境语言方面，我国 56 个民族中，有 28 个民族的语言是跨境语言，作者进一步指出，考察跨境语言应从 6 个方面来进行。在界定什么是濒危语言方面，众说纷纭，莫衷一是。作者在书中提出“综合指标体系”，其中有三条“核心指标”作为主要判定标准。此外，在“语言规划”一章中，在“宗教与语言”一节中，也有一些作者的独到见解。

在这部著作中也有一些不足之处。但总的说来，这是一部具有鲜明中国特色，与时俱进，突出新材料，新内容，新观点的社会语言学的好书。

［郭锦桴，中国人民大学文学院教授。主要专著有《汉语与中国传统文化》、《汉语声调语调要与探索》、《综合语音学》等等。此外还有语言方面论文 30 多篇，其中有《语言与逻辑》、《语义网络初探》、《人口迁移与闽南方言及其方言岛的形成》等等。］

以问题为导向的对外汉语教学学科建设刍议

（崔永华　《语言教学与研究》2005 年第 3 期）

该文认为对外汉语教学的学科建设应当以问题解决为导向，确定学科要解决的实践和理论的问题以及解决问题的方法。对外汉语教学学科的发展始于和终于对外汉语教学中的问题，没有实践中需要解决的问题，学科就失去了存在的价值。不明确学科要解决的基本问题，不发现和探究教学实践和理论上的不足，学科建设就会迷失方向，也就无从发展。因此，对外汉语教学学科应当以教学理论和实践中的问题为研究对象，用相关的科学方法，分析、研究产生问题的各方面的原因，寻求解决问题的方案并付诸实施，在实践中检验。教学质量问题是对外汉语教学学科的基本问题。

学科建设以问题为导向，有利于明确研究的问题和方向。近 20 年来，对外汉语教学的学科建设取得了丰硕的成果，但是，从提高教学质量的角度来看，有些方面研究仍然十分薄弱，比如总体的教学质量问题、课堂教学效果问题、教学方法和技巧问题、各种不同课型的教学模式和教学规范问题等。还有一些影响教学质量的全局性问题，比如教师课时量过多、教学编班过大、学生出勤率不高等，一直没有进入学科研究的视野。

以问题为导向的研究方法，有利于整合学科研究力量和研究成果，服务于教学质量的提高。提高教学质量是一个系统工程，是一个质量保障体系。这个系统是由不同层次的要素构成的。要全面解决教学质量问题，必须逐一解决跟教学质量相关的各分支、各层次的问题。其中每个问题的解决，都指向教学质量问题。目前的一些研究由于对需要解决的基本问题缺乏明确的认识，各方面的研究没有形成相互关联明确的体系。因此虽然不乏优秀的成果，也对学科的理论和实践起了重要的推动作用，但是由于研究成果跟提高教学质量的衔接不够明确，不少成果尚未整合，因而无法服务于教学质量的提高。

以问题为导向的研究方法，有利于学科方法体系的建设。对外汉语教学跟汉语语言学面临不同的问题。汉语语言学的研究对象是汉语中尚未得到正确解释的问题，对外汉语教学学科研究的是如何提高教学质量问题。研究的问题不同，使用的方法也不同，因此形成不同的学科。认识和解决对外汉语教学的问题，涉及多种学科，所以要用多学科的方法来解决。

解决问题是学科发展的动力和归宿。对外汉语教学学科也是在不断地发现、分析、解决实践中提出的问题的过程中发展的。学科建设要有新的突破，也必须致力发现和解决教学中的实践和理论问题。作为一个应用性质的学科，应当重视研究的“应用性”，重视发现和解决教学中的实践和理论问题，把研究成果转化为改革教学的动力，服务于教学质量的提高。

[崔永华，1948年生，北京语言大学汉语进修学院教授。2005年出版了论文集《对外汉语教学的教学研究》，收有作者多年来发表的有关对外汉语教学文章。2005年发表的论文还有《二十多年来对外汉语教学研究热点回顾》。]

以写促学中的词汇学习

（王初明　《外国语言文学》2005年第1期）

“写长法”是以写的方式提高外语运用能力的方法，能否奏效，决定于一个关键环节：精心设计好写作练习，使学习者有内容写，能够写，愿意写，写得长。写作基本上是一种自控行为，并非只要写就能保证外语进步。若无对语言的使用提出要求，学习者极有可能只用自己熟悉的语言形式表达思想，至多改善外语使用的熟练程度。好的写作练习应能有效拓展学习者的外语能力，如增加词汇量，学会新句型。为此，可以考虑设计各种不同类型的写作练习，对外语的使用提出明确要求，促使学习者在满足语言要求的过程中提高外语水平。问题是，这样做能否真正有效促进外语学习。此问题涉及“写长法”的应用价值，需要深入探讨。为了寻求问题的答案，作者设计了一项实验，将研究范围缩小至外语生词的学习。实验的假设是：写作练习中对词语使用的导向性要求可以有效促进外语生词的记忆和运用。要学好外语，记住单词是至关重要的一环，记不住等于没学。外语写作能否改善词语的记忆，可以通过实验去观察。

实验受试者是广东外语外贸大学英语专业一年级本科生。实验挑选了4个正在实施“写长法”教学的普通班，4个班的学生再分成两大组，一组为实验组（52人），另一组为对照组（55人），两组的英语词汇量无显著差异。实验由两名教师在正常的英语写作课内进行，两人统一教学方法和实验操作步骤。教师首先在课内让受试者阅读两篇700词左右的英语短文，阅读过程中解释生词的用法，并将这些词列在一张生词表里，引起受试者注意，供其运用；最后要求受试者在课外用英语写一篇作文，尽量写长，题目跟所读短文内容有一定联系，令受试者得到启发并能用上教师解释过的生词。在整个实验过程中，实验组与对照组惟一不同之处在于一个简单的写作要求：实验组必须在作文中尽量使用刚学过并列在生词表上的词语，对照组未被刻意要求这样做。在作文完成之后的8个星期里，先后对受试者进行了3次英语生词测试。实验最主要的发现是：在同等条件下学习英语短文和识记英语生词，作文中用过一次跟未用过相比，效果完全不同；用过的词语被记住的可能性更大，在大脑中保持的时间更长。实验假设因此得到证实：写作练习对语言使用提出明确要求，确能有效促进外语学习。

实验结果告诉人们：写作是帮助学习者记住外语词的一条有效途径，记得多，记得住，记得牢；学外语光靠阅读或听教师讲解还不够，还应该往运用方面多走一步。实验结果还告诉我们：开发长文的用途，设计好练习，让学习者在长文中尽情发挥，把学过的外语知识尽量用出来，学习效果会更显著。写长文为学习者提供了一个运用外语的平台，让他们有余地去拓展自己的外语能力，获得学习成就感。这是那种为了精批细改、或为了应试、或为了减轻教学负担而限时间、限地点、限词数写短文的方法不能相比的。这也正是“写长法”的魅力所在。

［王初明，1954 年生，广东外语外贸大学教授，教育部人文社科重点研究基地、外国语言学及应用语言学研究中心主任。出版著作有《应用心理语言学——外语学习心理研究》。
通信地址：广东外语外贸大学外国语言学及应用语言学研究中心（510420）
电子信箱：wangcm@ mail. gdufs. edu. cn］

英语写作研究的范式转变与理论传承

（杨永林　《外语教学与研究》2005 年第 1 期）

人类关于写作教学与研究的探索，源远流长。从西方学术传统来说，这方面的工作，可以追溯到公元前 5 世纪的古希腊时期，最终形成了古典修辞学的基本理论框架。到了上个世纪 70 年代，这一经典理论，受到了来自北美写作研究方面的深刻挑战，由此引发了写作教学历史上的一场旷日持久的“过程化写作运动”。

外语学科，自其诞生之日以来，就属于一种跨学科的研究范畴，不但在理论创新方面略显逊色，而且在理论模式的发展上也有别于其他学科——自然科学中的“决断性话语”模式和“科学革命”的现象，很少见于外语学科。由此推下，外语学科是一个理论的使用者，而不是理论的创造者。同理，跨文化语境中的英语写作教学与研究，也反映出这种鲜明的学科性质——充满了对于不同学科新兴理论借鉴的渴望。

20 世纪 80 年代兴起的认知心理学，不但对于一般意义上的教育学理论来说，产生了重大影响，而且对于特殊意义上的外语教学而言，也提供了一种全新的教学理念。英语写作课堂里，也发生了一系列新的变化：强化“小组讨论”功用，提倡“同伴合作”精神，通过“对话”方式构建认知框架，修补知识结构，排除不确定因素的干扰，完成复杂文本的建构。

20 世纪 90 年代初期，“社团实践”学说一经问世，形成了对于传统社会学习理论的挑战，在不同学科的研究中，产生了巨大反响，语言学和外语教学也不例外，同样也为写作教学与研究提供了一种新的“自然学习”模式。借助于该理论在不同层面上的分析，通过一系列的特征描述，可以充分说明在英语写作训练过程中，成功的语言学习者是如何借助于“技艺实践”的过程，调适和改进自己的话语行为模式，从一个“边缘成员”，逐步成长为一个“核心成员”的。

随着过程写作的广布，因受社会语言学和功能语言学的影响，“社会认知”的教学理念，一时间又成为一个时髦的字眼，引发了学界对于写作行为研究的新一轮思考。对于写作教学与研究而言，社会认知理论的提出，有效地克服了认知学说侧重个人知识内在化的心理学内容，强调写作过程中社会性学习的作用，因此有必要构建一种“生态学写作模式”，以便将作者、文本、语境等内容置于更为宏大的社会网络系统之中去考察。

回顾历史发展的过程，“启迪思维”和“创新写作”之间的关系，一直是哲学、语言学、写作研究所关心的一个本质问题。古希腊时期，亚里士多德“三段论”的提出，体现了对于心智、语言、外部世界三者之间关系的一般看法。到了中世纪，其中的一些重要观点，通过“三位一体教学大纲”的形式，在欧洲学校广为流行，成为彼时语言教学中的一种主流范式。传统的修辞写作认为，知识获得在先，文字表述在后。现代写作理论表明，知识是通过语言文字创造出来的。两者之间，既有不同，也有传承。

回顾 30 年间外语学科的理论发展，可以得出这样一些有趣的结论：翻新多于立异，借鉴多于原创，传承多于革命。作为语言教师，对于这些理论动向、发展趋势、学科特征，应当有一个全面的了解，才能在具体的教学研究工作中有所选择、有所传承、有所作为、有所创新。

［杨永林，1954 年生，清华大学外语系教授，博士生导师，外国语言研究中心主任。出版专著 5 部、教材 3 套，代表作有《中国学生汉语色彩语码认知模式研究》、《中国学生英语色彩语码认知模式研究》等。发表学术论文 80 余篇。
通信地址：北京清华大学外语系（100084）
电子信箱：ylyang@ mail. tsinghua. edu. cn］

语篇连贯的元语用分析

（魏在江 《外语教学》2005年第6期）

语篇连贯是语篇分析中最复杂、最重要的内容之一，它已成为近20年来语篇分析中的焦点问题之一，近年来人们对它的研究方兴未艾。衔接与连贯是语篇分析的两个基本研究领域。连贯作为决定语篇在意义上联接的重要因素，始终是人们研究的重点、热点课题之一。本文认为，语篇连贯的研究应从多角度、多层次、多个学科来进行研究，对语篇连贯进行语篇——语用分析是完全可能的。语用学和语篇分析应相互补充，这样更有利于语言学的研究。本文试图用元语用理论来解释许多表面不衔接但意义上很连贯的语篇，以表明语用学和语篇分析之间存在互补性。本文将以Jef Verschueren的语言顺应理论为理论基础，来探究语篇连贯背后的语用理据，来揭示语篇连贯与语言使用者的元语用意识之间的关系，以期对连贯的研究有所裨益。

Verschueren（1999）的语言顺应理论（Linguistic Adaptation Theory）告诉我们，语言具有变异性（variability），商讨性（negotiability）和顺应性（adaptability）。他认为，使用语言的过程就是选择语言的过程，任何语言在使用过程中都要作出动态顺应。人们使用语言的过程其实就是一个基于语言内部或语言外部的因素而不断作出语言选择的过程。但是说话人为语用作出这样的而不是别的选择，一定会有其背后的理据。Verschueren的语言顺应理论提出了几个新的观点：（1）一个基本问题：人们在使用语言时是在干什么？（2）两个新的思想：语用综观论和语境顺应论；（3）三个关键概念：语言选择的变异性（variability），商讨性（negotiability）和顺应性（adaptability）；（4）四个研究角度：语境、结构、动态性、意识突显；（5）方法论上的多元主义：语言资源的语言学与语言使用的语言学。Verschueren强调，语用学和篇章语言学、叙事学、语篇分析、文学研究以及风格学等领域的交叉点，几乎不变地表现出一种明确的跨学科倾向。Brown & Yule在其《语篇分析》一书中开宗名义地指出：语篇分析必须是语言使用的分析，他们在同一本书中同时指出：搞语篇分析当然要涉及句法学和语义学，但主要是语用学。胡壮麟教授也指出："在建立语篇连贯中语用知识是必需的，为了理解语篇的全部意义，语言使用者应该积累一些语用知识，也就是说，说话人知道如何通过一些语句的表面意思来隐含他的深层意思，而听话人知道如何从表面意思中重新找回深层的意思。否则的话，语篇的连贯就无法实现了"。这就表明从语用学的角度来研究语篇连贯是可行的，也表明语用学与语篇分析之间存在互补关系。本文以Verschueren的语言顺应理论和元语用理论为理论框架，将从语用的角度来研究语篇连贯，试图为语篇连贯的研究提供一个新视角。论文从语用综观论与语篇的整体连贯、语境顺应与语篇的局部连贯、语言选择与语篇连贯等三个方面结合实例进行了探讨。语篇连贯涉及到语义、语用、心理、认知等多种理论，单纯从一个角度来理解语篇连贯有其局限性。鉴于语篇连贯本身的复杂性，我们主张从多角度、多层次、多学科对其进行全面综合研究。

［魏在江，1965年生，西安外国语大学欧美语言文学研究中心研究员，学报编辑部副主编，博士，副教授，硕士生导师。发表的主要论文有《英汉语气隐喻对比研究》、《英汉生理现象委婉语对比分析》、《预设研究的多维思考》、《语用预设的复合空间理据》、《会话含义与语篇连贯》等近20篇。

通信地址：陕西省西安市长安南路437号西安外国语大学《外语教学》编辑部

联系电话：029-85309400

电子信箱：weizaijiang@163.com］

语篇主题链系统

（彭宣维　《外语研究》2005 年第 4 期）

该文集中探讨了语篇的主题链系统（system of topic chain），即（1）句子主题是如何在语篇信息流程中通过主题链的方式得到发展、从而形成跨越句子范围的语篇主题链的，（2）这样的主题链在语篇内有多种，从而形成系统网络。这里只探讨语篇主题链系统，不涉及由此形成的结构关系。

此前，作者在和韩礼德合著的《“主位”的形式特征及其相应的语义范畴“主题”》一文中就相关问题做过三方面的工作。第一，论述了系统功能语言学经典模式中“主位”（Theme）的形式特征，即主位是（1）由小句表达的一则信息的出发点和基础，（2）是相关信息的第一个成分；要满足这两个条件，就必须以后一个为基础，这样主位就是一个位置导向的语法形式范畴；于是需要引入一个相应的语义范畴“主题”（Topic）。第二，全面概述了有关主题研究、尤其是在《语篇主题模式述评》中对语篇主题研究的主要成果。但此前的语篇主题研究有两个局限。一是没有能够将句子主题和语篇主题有机地联系起来，如一些学者将段落主题称为 theme（主旨），将句子主题称为 topic（主题），从而将两者对立起来；二是感想居多，缺乏具体的和系统的论述，例如，大多数学者只设计语篇主题模式，却没有做具体的分类和系统描写。第三，针对这些问题，作者试图将句子主题和语篇主题统一起来，并进行系统论述。据此，作者在《从计算识别和生成的角度看英语句子的主题系统》一文中首先从计算识别和生成的角度，对句子（小句和复句）的主题系统做了论述。

接下来的工作就是探讨句子的这些基本主题系统是如何跨越句子范围得到延伸、详述或增强的。这里拟采用的方法是系统网络描写法和计算语言学中的状态—迁跃法（State-transition）。本文的基本观点是：（1）语篇内某些句子的主题会在后面的语篇中得到进一步评述，从而形成重复性主题链系统；（2）而有些句子的基本主题之间虽然没有这种具有重复意义的延伸关系，但语境和特定语义关系可以赋予它们发生具有主题链性质的发展模式，由此形成具有多重语义关系的主题链系统；两类主题链子系统则构成整个语篇的主题链系统，因此语篇主题链既有序列性也有等级层次性。

文章首先对有关概念及本文的基本议题从总体上加以说明，然后系统描写重复性主题链子系统，进而探讨非重复性主题链子系统，最后从整体上加以总结，并指出下一步的研究课题。

［彭宣维，1963 年生，博士，北京师范大学英语语言文学教授，博士生导师。发表论文 60 余篇，专著 2 部，编著 1 部，合编学术会议文集《英汉语篇综合对比》和《语言过程与维度》2 部。
通信地址：北京师范大学外文学院
（100875）
电子信箱：xuanweipeng@263.net］

语序和信息结构

——对粤语易位句的语用分析

（梁源　《中国语文》2005 年第 3 期）

“语序”一直是语言学家关心的问题。一般认为，汉语句子的基本语序是 S（主语）V（动词）O（宾语）。但吕叔湘先生观察到：“（汉语）短语内部的次序是不太能改变的，句子内部的次序就比较灵活。句子可以不改变其基本意义而改变其内部次序，短语很少能够这样”。类似现象在粤语非常普遍：

（1）其实我觉得嗰度啲嘢好贵啊。（其实我觉得那里的东西很贵啊。）

上例由 4 个成分构成：其实、我觉得、嗰度啲嘢、好贵啊。4 个成分最多可组合出 24 个句子。有趣的是，24 个句子在粤语里都可以说，并表达相同的命题意思。

但是，这些成分不是基本语序的 S、V 或 O，而是语篇层面的功能成分。沿用 Halliday 的“主位结构”框架，

（1）可以分析为：

<table>
<tr><td>句子</td><td>其實</td><td>我</td><td>覺得</td><td>嗰度啲嘢</td><td>好貴啊。</td></tr>
<tr><td rowspan="2">句法结构</td><td rowspan="2">状语（副词）</td><td rowspan="2">主语</td><td rowspan="2">谓语</td><td colspan="2">宾语从句</td></tr>
<tr><td>主语</td><td>谓语</td></tr>
<tr><td>主位结构</td><td>人际主位</td><td colspan="2">人际主位</td><td>经验主位</td><td>述位</td></tr>
</table>

那么，功能成分在粤语句子里的位置次序是自由的吗？

该文通过对“粤语口语语料库”（由香港大学语言学开发。只选取了其中5.56小时的自然会话进行研究。）的分析考察，发现：粤语句子的功能成分，即主位（包括人际主位和经验主位）和述位，在句中出现的典型次序是：篇章^人际^经验^述位（符号“^”表示先于）。但是，在口语里，由于篇章和人际主位性成分可以虚化为话语标记，它们既可以出现在经验主位的前面、也可以出现在经验主位的后面，再加上主位和焦点述位可以易位，造成了粤语句子内部次序灵活多变的现象。在典型次序的句子中，句法层和语用层的成分一致，如（2a）；而在非典型次序的句子中，主位和述位易位，句法层和语用层出现错配，如（2b）：

（2）（a）日本櫻花係幾月開啊？（日本櫻花是哪月开啊？）

<table>
<tr><td>句子</td><td>日本</td><td>櫻花</td><td>係幾月開啊?</td></tr>
<tr><td rowspan="2">句法结构</td><td rowspan="2">主语</td><td colspan="2">谓语</td></tr>
<tr><td>主语</td><td>谓语</td></tr>
<tr><td>主位结构</td><td>经验主位</td><td>经验主位</td><td>述位</td></tr>
<tr><td>成分信息功能</td><td>旧信息</td><td>旧信息</td><td>新信息</td></tr>
</table>

（b）櫻花係幾月開啊日本？（櫻花是哪月开啊日本？）

句子	櫻花	係幾月開啊	日本?
主位结构	经验主位	述位	经验主位
成分信息功能	旧信息	新信息	旧信息

为此，该文提出了“信息结构”，用以处理说话人的心理预设和句子的形式结构之间的关系。信息结构和形态、句法、语义和韵律等结构相互映射，共同构成语法体系。利用信息结构，作者重新分析了粤语易位句的生成动因，认为易位是一种焦点装置：通过前移来加强句子的焦点，因此，易位句是焦点突出（focus highlighting）的结果。句子不是简单的话题加焦点的组合，在句子的焦点域里，也不是所有的成分都是焦点性成分。常规句、易位句和话题句可具有相同的焦点结构，和表达相同的句子命题，是 Lambrecht 的“句位变体”（allosentences）。

［梁源，1973 年生，北京大学学士和硕士，香港大学博士，深圳大学中文系老师。发表的论文有《二字结构凝固度分级研究》、《信息结构和语序——对粤语易位句的语用分析》。
通信地址：中国广东省深圳市深圳大学中文系（518060）
电子信箱：liangy@ szu. du. cn］

语言的体验性

——从体验哲学和认知语言学看语言体验观

（王寅　《外语教学与研究》2005年第1期）

很多语言学著作和教材都谈到了语言的性质，如：交际性、社会性、符号性、系统性、全民性、民族性、任意性、生成性、超时空性、心智性等。不同的语言学派往往强调了语言的不同性质，如：结构主义语言学更强调语言的符号性、系统性、任意性；功能语言学更强调语言的社会性和交际性；TG学派更强调语言的心智性和生成性，等。

Lakoff & Johnson 近来所倡导的体验哲学和认知语言学认为：人类的范畴、概念、推理和心智是基于身体经验形成的，其最基本形式主要依赖于对身体部位、空间关系、力量运动等的感知而逐步形成的，归根结底，认知、意义是基于身体经验的。语言符号也是这样，遵循着“现实—认知—语言”的进展程序，在很多情况下是有理可据的，认知语言学就是要解释语言符号背后的认知机制。笔者根据其基本原则进一步提出了语言的体验观，这是对语言众多性质的一个补充。语言体验观与国外很多学者的基本观点完全相符，也与唯物辩证法的实践观基本吻合，它也为解释语言来源于实践进一步提供了充分的证据，也是对语言天赋说、自治观的一个有力反驳。本文以国外知名学者Herder、恩格斯、列宁、Malinowski、Bühler、Gruber、Jackendoff、Lakoff、Johnson、Langacker、Talmy等的论述为佐证，论述了语言的体验性。

说到“体验”，首先要回答三个问题：用什么体验？首先体验什么？如何体验？回答了这三个问题也就能理解认知和语言的体验性问题。我们用什么体验，当然用我们的身体，这涉及到人类的主体性、生理的特殊性、体认的基础性等问题。我们首先体验什么？首先体验的是空间，包括地点、方向、运动等。我们如何体验，主要是以互动的方式，包括主客互动、主主互动（主体间性）。这三者便是人类概念和语言之始源，也是对上述学者基本观点的总结。人类的认识是基于对自身和空间的理解之上的，沿着由近到远，由具体到抽象，由身体和空间到其他语义域的道路逐步发展起来的。在人类的感知和体验过程中，身体和空间首当其冲，它们是我们形成若干其他概念（包括抽象概念）的主要基础，是人类原始思维的出发点，也是想像力和创造力的根本来源，在形成认知的过程中起着关键作用。

本文接着从语言的词汇层面论述了语言的体验性。同样的身体构造，相似的空间环境，为什么会有不同的概念化结果和语言表达？该如何解释人与人之间、民族与民族之间的差异？体验哲学和认知语言学在强调体验的同时，还强调了认知主体的作用，人类有想像力丰富的人脑，有各种认知方式（如隐喻等）和高度的思维能力。人们在范畴化和概念化的过程中，可从相同角度来认识空间、事体、事件等，但也可从不同角度来认识它们的不同特征和不同部分，并对其进行词汇化。本文还以Tamly分析动态事件框架和动词概念化为例论述了这个问题。

体验哲学和认知语言学关于语言的体验观，与唯物辩证法的实践观基本吻合，而且语言的体验观还为语言来源于实践，与人类的概念结构和认知方式密切相关的观点提供了充分证据，这就批判了语言的天赋观和自治观。据此概念和理性就不可能是自治的，也不可能有独立于身体的心智能力和意义，这就批判了二元论。语言形式与概念意义之间互为依存，具有大量的相似性，这就不能不对任意第一说提出质疑！

［王寅，1950年生，四川外语学院教授，认知科学研究所所长，博士生导师。
通信地址：重庆市四川外语学院（400031）
联系电话：023－61832196
电子信箱：sdwang@pub.sz.jsinfo.net］

语言学的元语言及其研究现状

（封宗信 《外语教学与研究》2005 年第 6 期）

该文讨论了元语言的符号学特征及其在语言学史上的重要地位，指出逻辑学上“形性推想”与“物性推想”之区分，是现代语言学中“对象语言命题”与“元语言表述”之分的基础——如果没有元语言，就没有描写语言的技术性术语和语法范畴，也就没有语言学。现代语言学接受了逻辑学的“对象语言—元语言”之区分，但是“语言学的元语言”与“逻辑学的元语言”在概念、研究目的和方法上都有所不同。元语言不但是语言学家把语言作为对象进行描述和解释的工具，也是普通人在交际过程中解释、核对、确认语码的重要手段。虽然哥本哈根学派语言学家叶姆斯列夫在 20 世纪上半叶就指出，元语言才是语言学的真谛，但是现代语言学家把语言作为科学研究的对象的同时，并没有对自己的科学工具本身进行充分研究，因此也忽视了研究与第一级（first-order）语言能力并存的第二级（second-order）语言能力。通过对元语言研究的问题进行讨论，指出现代语言学把元语言当作一个独立符号系统的同时，应该从其技术性和普通性共存的事实出发，对元语言的层级类别及元—元描写的金字塔进行描述；应该从元语言的本体性特征出发，研究“元语言性”和人的“元语言能力”；应该从元语言的功能性特征出发，区分“元语言功能”（metalingual function）和“元语言学功能”（metalinguistic function）。最后指出，对元语言这一普遍语言现象进行深入系统的研究，不但可以使我们更深刻地认识人类语言在交流过程中的特性，也有助于我们认识和解决整个语言科学所关心的一系列应用型问题。

[封宗信，1962 年生，清华大学外语系教授、博士生导师。专著有《文学语篇的语用文体学研究》、《语言学理论与流派》（与刘润清合著）。2005 年发表的论文有《语言学的元语言及其研究现状》、《语言建构与现实主义小说中的真实悖论》、《元语言与外语教学》。]

元音大转移和元音高化链移

（朱晓农 《民族语文》2005 年第 1 期）

音变的过程、尤其是原因，一直是历史语言学的中心论题。但迄今为止我们只能很笼统地用些大原则来解释。本项实验音系学的研究以实验语音学、类型学等为工具来探讨音变的具体过程和特定原因：发现了“汉语元音大转移”，并提出“舌位复初论”加以解释。

汉语历史上首次长元音推链式高化大转移发生的时间上限在西晋以后，因为魏晋以上鱼部还是 *a。下限在《切韵》以前，可能在北朝前期。链移涉及歌鱼侯幽四部，鱼侯依次高化，逼迫幽部裂化出位：ai > a⇒a > o⇒o > u⇒u > ou。

	长元音高化		出位		
	ai	a	o/io/i	u/iu	ou
汉魏晋（上古韵部）	歌	鱼	侯	幽	
北朝初（中古韵目）		歌	模/虞/鱼	侯/尤	豪

首次元音大转移的启动很可能是从单元音的低端 *a 开始的，一方面推动连串单元音 o，u 高化，另一方面拉复元音 *ai 来填补空位。长而低的元音 a 容易高化的原因在于它难以长时间维持大张口、低压舌状态。当 a 拖长到一定时候，说者会出于“时间错配”mis-timing，在最后阶段调音器官会自然地回复或滑向最自然、最无标记的混元音这一初始状态。“时间错配”指发音（发声和调音）器官在协同发音的时间上没配合好。按说应该发声先停止，然后调音器官回复初始态。但如果发声还没完全停止之前，调音器官先恢复初始态，那么就会产生一个 a. 或 a↑ 滑音的过渡状态。

按照“回复发音初始态“假设，首次元音大转移是由鱼部 *a 开始的，由于 a 向初始态滑动而不经意间开始了高化 a↑，并推动 o 高化。与此同时，由于留下一个纯 a 位置，吸引歌部 *ai 来填补____因而这是推链和拉链交叉进行的链移。当然这只是个人的、随机的、口语中的变异，通常会被社会规范纠正，或者被听者自动回归译码为 a，所以一般不会发生音变。但是在两种情况下有可能导致音变。一是完全的随机选择。

另一是在人口流动、混杂的情况下，非本语言社团的听者不会自动回归解碼为说者心目中的语言目标 a，当他们学说时，有可能真的说成提高了点的 a↑。

这个“复初论”解释能力很强，不但能解释汉语，也能解释在其他很多语言（如日尔曼语支包括英语、汉藏系的白语）中发生的元音高化链移；不但能解释通语，还能解释发生在各方言（例如吴语、客家话）中的链移；不但能解释汉语首次链移，也能解释以后的几次链移；不但能解释高化链移，还能解释其他音变现象如朱晓农辨识出来的“高元音后显复化”；更重要的是他能解释为什么链式高化的总是长元音而不是短元音。总之，元音高化链移是一种普遍现象，他在各种语言的各个时期，甚至同一个语言的不同时期不断地重现，因此，需要也必须要有一个普遍的理论去解释他。

［朱晓农，1952 年生，出版英文著作 *Shanghai Tonetics*、*A Grammar of Shanghai Wu*，中文著作《北宋中原韵辙考》、《上海声调实验录》、《音韵研究》等。发表论文 60 余篇，主要包括 *Creaky Voice and the Dialectal Boundary between Taizhou and Wuzhou Wu*、《亲密与高调：对小称调、女国音、美眉等语言现象的生物学解释》、《古音学始末》等。］

再谈中古汉语处置式

（曹广顺　龙国富　《中国语文》2005 年第 4 期）

该文再谈中古汉语处置式，目的在于对中古汉语常见的处置式进行一番整理，以期全面了解该时期处置式的使用情况，同时也希望对处置式的来源做进一步的考察。中古汉语是处置式产生的初期，常见的处置式有“以”、“取”、“持”、“将”、“捉”、“把”字句等。此期处置式可以分为两类，一类是“以”字处置式，另一类是“取”字组处置式（包括“持”、“将”、“捉”、“把”等）。两类处置式的产生过程不同，从上古到中古，“以”基本上只用于 O_1 与 O_2 不同指的 $V_1O_1V_2O_2$ 连动式，只出现了表示广义处置式（受事式）的用法。即使在魏晋南北朝“取”、“将”等狭义处置式已经产生以后，“以”字仍然没有出现狭义处置式。“取”字组存在 O_1 与 O_2 不同指的 XO_1VO_2 连动式和 O_1 与 O_2 同指的 $XOVO_2$（之）连动式，它们表现出不同的发展途径。前者发展出表示受事的介词用法，虽然在狭义处置式出现之后，O_2 有复指 O_1 的倾向，但最终也还是没有出现狭义处置式，这一途径和“以”字有相似之处；后者从连动式直接发展到了狭义处置式。对于该时期处置式的来源，如果我们把广义处置式和狭义处置式统称为处置式，再来讨论其来源，那应该有两个不同的系统。对“以”字来说，只有一个来源，也只引出一个结果，由连动式到工具式，工具式再发展到广义处置式；对“取/将”等来说，由于它们所构成的语法结构不同，产生了不同的变化和不同的结果，在 O_1 与 O_2 不同指的 $V_1O_1V_2O_2$ 格式中产生了广义处置式（受事式），在 O_1 与 O_2 同指的 $V_1OV_2O_2$（之）格式中产生了狭义处置式。如果把中古汉语处置式的演变情况用图表示，则为：

```
                                          ↗工具式
广义处置式：动词(以/“取”等) ———→介词
            （V₁O₁V₂O₂）                  ↘广义处置式（受事式）

狭义处置式：连动式（取/将）———→狭义处置式
            （V₁OV₂之，O＝之）
```

［曹广顺，1952 年生，中国社会科学院语言研究所研究员，博士生导师。主要论著有《近代汉语助词》、《〈佛本行集经〉中的“许”和“者”》、《重叠与归一——汉语语法史发展中的一种特殊形式》等。

龙国富，1968 年生，博士后，中国人民大学文学院中文系副教授。主要论著有《姚秦汉译佛经助词研究》、《〈法华经〉虚词研究》。2005 年发表的论文有《魏晋南北朝佛经中假设语气词“时”》、《从中古佛经看事态助词“来”及其语法化》、《魏晋南北朝佛经中尝试态语气词“看”》等。］

《庄子》“转让”类动词及其相关句式的考察

（殷国光　《古汉语研究》2005 年第 4 期）

该文采用配价语法理论，以词项为单位，对《庄子》中的“转让”类动词进行全面的考察，分析描写“转让”类动词的语义特征、配价结构、基本句式、派生句式，探讨它们之间的相互关系。

“转让”类动词是三价动词。以该类动词为核心的句子构成的事件中，都涉及三个必有的语义角色：转让的双方（施事、对象）、转让之物（受事）。转让的结果是转让之物的领属关系发生了转移。转让之物由施事转移至对象，称之为外向转移；由对象转移至施事，称之为内向转移。

根据转移方向，“转让”类动词可以分为外向转移动词、内向转移动词二大类。

一、外向转移动词

外向转移动词所支配的三个语义角色在一个句法结构中共现的形式有以下三种：

S1：Na + V + Nf + Ne

S2：Na + V + Nf + PNe

S3：Na + V + Ne + PNf

根据 f、e 进入句法层面是否需要介词标记，可以将外向转移动词分为三向动词与双向动词两类。

1. 三价三向动词

2. 三价双向外向转移动词

二、内向转移动词

内向转移动词都是双向动词，其所支配的三个语义角色在一个句法结构中共现的形式只有 S3 式。

三、外向转移动词与内向转移动词的比较

1. 外向转移动词与内向转移动词对比如下：

句式	外向转移动词		内向转移动词
	三价三向	三价双向	三价双向
SⅢ	S1、S2	S2、S3	S3
SⅡ	S4、S5、S8	S4、S5 、S7、S8	S5、S7
SⅠ	S6	S6	S6

（SⅢ指三个支配语义角色共现的句式，SⅡ指两个支配语义角色共现的句式，SⅠ指只出现一个支配语义角色 a 的句式）

外向转移动词与内向转移动词的对比表明：动作的转移方向不同，e、f 被关注的程度、V 支配 e、f 的强弱亦随之不同；对句式亦有不同的选择。

2. 基本句式与派生句式

我们以转让类动词支配的三个语义角色共现的句式 S1、S3 为基本句式，二者各有不同的派生句式：

S1（Na + V + Nf + Ne）→S1’（Ne + P 可以 + V + Nf）→S1’’（Nf + P 见 + V + Ne）

→S2（Na + V + Nf + PNe）→S2’（Na + PNe + V + Nf）→S2’’（Ne + P 可 + P 以 + V + Nf）

→S4（Na + V + Nf）→S4’（Na + Nf + V）→S4’’（Na/f + P 相 + V）→S4’’’（Nf + V）

→S5（Na + V + Ne）→S5’（Ne + P 可 + V）

→S6（Na + V）

→S8（Na + V + PNe）→S8’（Na + PNe + V）

S3（Na + V + Ne + PNf）→S3’（Na + P 乎 Nf + V + Ne）→S3’’（Nf + P 可以 + V + Ne）→S3’’’（Na + V + Ne + Nf）→S3’’’’（Na + V + PNf + Ne）→S3’’’’’（Na + Ne + V + PNf）

→S5（Na + V + Ne）→S5’（Ne + P 可 + V）→S5’’（Na + Ne + V）→S5’’’（Ne + V）→S5’’’’（Na + Ne + P 之 + V）

→S6（Na + V）

→S7（Na + V + PNf）

（未加注的 P，PNe 中的 P 是介词“以”，PNf 中的 P 是介词“于/乎”）

基本句式派生出其它句式：一是省略，二是移位。

SⅢ→SⅡ→SⅠ是省略。

考察《庄子》转让类动词，所见移位现象都是在线性序列中由右向左移位，即由动词之后移至动词之前，未见向动词后移动的 Na。

无论如何移位，Ne、Nf 在动词前不可共现。

移位一般需要标记，无标记移位仅是个别现象。移位采用哪种标记，与移位的类型相关。

移位的类型有三：

（1）宾语（或 Ne，或 Nf）移至动词之前。

（2）Ne 或 Nf 移至句首充当话题，占据主语的位置，Na 不在句中出现。

（3）Nf 与 Na 在主语位置上重合。

［殷国光，1946 年生，中国人民大学文学院教授，博士生导师，中国人民大学复印报刊资料《语言文字学》主编。代表作是《〈吕氏春秋〉词类研究》。
通信地址：北京中国人民大学文学院（100872）
电子信箱：yingg46@ sina. com］

字的重新分析和汉语语义语法的研究

（徐通锵　《语文研究》2005 年第 3 期）

重新分析（reanalysis）是历史语言学的一个重要概念，人们用它对发展中出现的新的语言现象进行规律性的解释，或因认识的深化而对某些语言事实进行新的分析。不管是因哪一种原因而进行的重新分析，都是通过语言基本结构单位的分析表现出来的，因而可以从这里入手去探索重新分析的原因、机制和规律。字是汉语的基本结构单位，我们自然需要以字的研究为基础，用重新分析的理论和方法梳理汉语的演变规律，建立相应的语法理论。

语法是理据载体组合为语言基本结构单位的构造规则。对规则的研究不应满足于描写，而要着眼于结构单位的生成。生成的方式会因语言的发展而发生变化，就汉语来说，这种变化的基本规律就是昨日的结构单位转化为今日的理据载体，并由此引发基本结构单位构造规则的转型，因而需要进行重新分析，建设新的语言理论。《说文解字》的“以形释义”是汉语因结构单位生成方式的变化而对字的结构规则进行的第一次重新分析，重共时的描写；清儒的“因声求义”是对这一分析的深化，重历时的生成。表达一个概念的字组的大量产生使汉语的基本结构单位的生成方式又经历了一次重大的转型，特点是从空间的“面”转向时间的“线”，从“形”转向“序”，而字就是这一转化的枢纽，因为它是结构单位的空间生成的终点，而时间的“序”的生成则以此为起点，这一空间终点与时间起点的交集使字成为汉语调节时、空的杠杆和不可动摇的基本结构单位。生成方式的这一变化要求对汉语的结构规律进行一次重新分析。如果说，前两次的重新分析集中于字内，研究的是“形”、“声”之类的理据载体如何组合为字的规则，那么这一次的重新分析则需要从字内转向字外，重点考察字与字的组合结构以及因理据载体的转移而给汉语结构带来的重大影响。

与基本结构单位生成方式的变化相联系的重新分析是一种理论创新。从“形”转化为“序”，语言研究的重心也就随之转向字组的结构规则。如果说，字的“面”形空间生成规则的研究建立了语汇字法，那么字的“序”的生成规则的研究、即字组的结构规则的研究就要建立语汇句法。“序”不是从天上掉下来的，而是汉语中原有的结构形式，是“因字而生句”的句法规则。现在，基本结构单位的生成方式从“形”转化为“序”，那就采用最简捷的办法，借助于“因字而生句”的“序”的规则去生成表达一个概念的字组。这样，字组就成为衔接语汇和句法的纽带，需要进行重点的分析。字组在语义上只表达一个概念，属于语汇的范畴，而其中所隐含的组合规则又应归属于句法的范畴，因此我们有理由将语汇和语法联系起来，建立语汇句法。

语汇句法或语义句法研究的是语言中最小的表义单位。印欧语的最小表义单位，根据语汇—语法学派的定义，是“由一个主动词和它的论元（主语和一定数量的补足语）组成”的核心句，而不是词，因为词只有在入句后接受一致关系之类的规则的支配才能与概念性的意义相联系，因而无法成为最小的表义单位。汉语的最小表义单位不是句子，而是表达一个概念的字和字组，因而是语义句法的主要研究对象。具体的研究策略可以核心字为基础，分别从形式（字组结构的向心和离心）、字的语法化和句法语义结构规则的生成、核心字字义的虚化和语义范畴的形成等方面进行研究，逐层逐次研究以字为始发点的“序”的句法语义规则，建立语汇语法。

［徐通锵，1931 年生，北京大学中文系教授，教育部社科委委员。主要著作有《语言学纲要》（与叶蜚声合作）、《历史语言学》、《语言论——语义型语言的结构原理和研究方法》、《基础语言学教程》等，发表论文若干篇。
通信地址：北京大学中文系（100871）
电子信箱：xutq@ pku. edu. cn］

大 事 记

2005 年中国语言学研究大事记

2005 年度语言学界学术活动较为频繁，召开了一系列重要国际会议，并取得丰硕的成果。主要的学术活动如下：

1 月 6—9 日，“首届中国人类语言学国际学术研讨会”在哈尔滨市召开，会议由黑龙江大学承办，来自国内外的 80 余位学者出席会议。与会学者的论文涉及到“人类语言学的理论和方法、语言接触与语言变异、语言政策与语言规划、语言多样性与语言濒危现象、语言与文化、方言与文化史、语言和方言的田野调查、汉藏语言与文化”等诸多方面。

4 月 9—10 日，“中国语言学发展战略高级论坛”在河北省省会石家庄市举行。本论坛由中国社会科学院语言研究所、北京大学汉语语言学研究中心和河北师范大学联合主办，河北师范大学承办。来自中国社会科学院、教育部、商务印书馆和全国 20 余所大学的 43 名代表以及河北师范大学语言专业的部分教师参加了会议。本次会议的核心议题是在学科重整背景下探讨中国语言学的发展方向和战略目标。

4 月 17—19 日，“纪念词类问题大讨论 50 周年专家座谈会”在安徽芜湖举办。会议是为了纪念汉语词类问题大讨论 50 周年（1953—1955）并进一步推动当前汉语词类的研究而举办的，中国社会科学院语言研究所和安徽师范大学与来自中国社会科学院语言研究所、北京大学、教育部语言文字应用研究所等研究机构和高校的 17 位专家出席了会议。

4 月 25—29 日，“南方少数民族语言与文化研究学术研讨会”在广州召开，会议由《民族语文》杂志社和广东技术师范学院联合主办。近 50 位专家学者参加了会议。共收到论文 25 篇。

6 月 3—5 日，“21 世纪第三届现代汉语语法国际研讨会暨第九届现代汉语语法研讨会”在浙江师范大学召开。此次会议由浙江师范大学人文学院主办，北京大学汉语语言学研究中心、华中师范大学语言与语言教育研究中心、复旦大学中文系、上海师范大学对外汉语学院、暨南大学中文系、香港大学语言学系、香港理工大学中文及双语学系合办。参加此次会议的境内外学者共 106 人。会议共收到论文 95 篇，涉及的课题很广，最引人注目的是关于句法语义以及语法化的专题研究。

6 月 9—11 日，“国际中国语言学学会第 13 届年会”（IACL－13）在荷兰莱顿大学（Leiden University）举行。本届年会由莱顿大学语言学系、中文系和国际亚洲研究院共同主办。来自中国大陆、香港、台湾和荷兰、美国、法国、德国、英国、日本、俄罗斯、加拿大、新加坡等地的 70 余名学者参加了年会。80 余篇论文在会议上宣读，涉及句法学、语义学、语音学、历史比较语言、社会语言学、心理语言学、第二语言习得等研究领域。

7 月 23—25 日，世界汉语大会系列活动之一 ——“第八届国际汉语教学讨论会”在北京举行。本届讨论会由中国国家汉办和世界汉语教学学会主办，北京语言大学、北京外国语大学、外语教学与研究出版社协办。来自世界 30 多个国家和地区的 500 余位专家、学者和教师参加了会议。与会者围绕“世界多元文化架构下的汉语发展”这一主题，就汉语作为第二语言教学的学科建设和教学法研究、汉语作为第二语言教学的教学模式、教材和教师队伍建设、现代教育技术在汉语作为第二语言教学中的研究和运用、汉语作为第二语言教学的本体研究、汉语作为第二语言教学的战略发展研究、海外中小学汉语教学概况等方面的问题进行了广泛而深入的讨论，共有 300 余篇论文在会上进行了交流。

8 月 23—24 日，“近代汉语官话音系国际学术研讨会”召开。会议由北京大学汉语语言学研究中心主办。国内外学者 30 余人出席了会议，本次会议上共提交了 31 篇论文，其中不乏从新视角进行研究的开拓性文章，反映了这一领域的前沿成果。从涉及的时间段看，元明清时期的官话音是研讨的重点，同时也延伸到前后的宋辽金时期的汉民族共同语和民国时期的国语；在近代汉话音系的性质、指导理论、研究方法等问题上做了深度探讨；所运用的材料也较以往有所拓宽。

9 月 3—4 日，北京师范大学隆重举行“陆宗达先生诞辰 100 周年纪念会暨中国语言文字学学术研讨会”。来自海内外的专家学者、陆门弟子、陆先生的亲属及生前友好 150 多人参加了会议。与会学者深情地回忆了陆宗达先生的治学和为人，高度评价了陆先生渊博的学问、巨大的学术贡献、高尚的爱国情操和崇高的师表风范。与会学者还就文字、音韵、训诂的具体问题进行了广泛深入的学术交流，并分析了传统语言学在科学研究、学科建设和人才培养方面面临的挑战，对今后的努力方向也提出了很多有益的建议。

9 月 20—21 日，“中国东南部方言比较研究计划”第十一次研讨会在上海举行。会议由复旦大学中文系主办、香港中文大学中国文化研究所资助，来自中国各地以及日本的20余位学者与会。本次研讨会的两个主要论题是“早期西洋传教士所记录的汉语方言材料”和“方位词”，学者们共提交论文18篇。

9月23—25日，“全国汉语方言学会第十三届年会暨汉语方言国际学术研讨会”在苏州市举行。会议由全国汉语方言学会和苏州大学联合举办。来自美国、日本和中国（包括大陆、香港、澳门、台湾）共330多名学者和研究生出席了会议。会议宣读论文270多篇，论文内容十分广泛，涉及语言理论和方法、方言分区理论和实践、方言保护，还涉及语音史、词汇史和语法史的研究。

10月15—17日，“纪念《周礼正义》出版百年暨陆宗达先生百年诞辰学术研讨会”在杭州举行，由中国训诂学研究会主办、杭州师范学院语言研究所暨汉语言文字学学科承办。来自中国大陆和台湾、香港两岸三地的专家学者120多人参加了会议。会议收到论文70余篇，内容涉及《周礼正义》与孙诒让学术研究、陆宗达先生学术研究、《说文》学研究和训诂学研究等专题。与会代表就这些专题进行了紧张热烈的讨论。

10月27—30日，“第三届汉语语法化问题国际学术讨论会”在河南洛阳解放军外国语学院召开。此次会议由中国社会科学院语言研究所主办，解放军外国语学院承办，商务印书馆协办。来自美国、法国、澳大利亚、中国内地和香港的50余名学者参加了会议。

会议收到论文50余篇，内容以汉语语法化个案研究为主，也涉及语法化理论、汉语语法化的类型特征等问题。

10月28—11月1日，“第38届国际汉藏语学术研讨会”在厦门大学召开。会议由厦门大学汉语语言研究中心主办，会议代表来自美国、瑞士、法国、澳大利亚、日本、韩国、新加坡、泰国、马来西亚、中国香港、台湾和内地的高等院校和研究机构。研讨会共收到论文184篇，范围涉及汉语、藏缅语、苗瑶语、侗台语、南岛语、南亚语等相关问题。会议深入探讨了汉语方言的历史层次，少数民族语言的语音格局、文字系统、词汇特点及语法结构，汉藏语系内部各语言之间的关系等等，大量文献的及口语的语言事实，新的研究手段和方法，以及深入的理论探索，为今后的汉藏语研究提供了更牢固的基础。

11月1—2日，“汉语史中的语言接触专题研讨会”在北京举行。会议由中国社会科学院语言研究所和美国加州大学圣芭芭拉分校东亚系联合主办，来自国内外的专家学者20余人出席了会议。与会学者就汉语史中的语言接触及相关问题进行了热烈的讨论和广泛的交流，其中有关中古译经和元白话的语言性质、特征及其对汉语发展的影响是本次会议讨论的焦点。

11月3—6日，“第五届中古汉语国际学术研讨会”在芜湖召开。会议由安徽师范大学主办，出席会议的正式代表共44人，来自国内外近30所高校和科研机构；列席代表30余人。收到论文57篇，宣读43篇。论文内容涉及中古汉语的语音、词汇、语法以及文本解读等诸多方面。

11月4—7日，“首届海峡两岸现代汉语问题学术研讨会”在天津南开大学举行。此次大会由中国社会科学院语言研究所和南开大学联合主办，南开大学文学院承办，商务印书馆协办，来自祖国大陆、台湾、香港和澳门地区及新加坡的学者参加了会议。海峡两岸的语言工作者应该担负起使汉语逐步弥合差异、走向统一的历史重任。

11月12—13日，语言学研究手段现代化问题学术研讨会在北京大学召开。会议由教育部语言文字信息管理司、教育部语言文字应用研究所主办，中国中文信息学会协办，北京大学计算语言学研究所承办。来自全国各地约60名语言学和计算语言学专家学者参加了会议。本次会议主要采用论坛讨论的方式进行，是语言学研究者和计算语言学研究者之间的一场精彩对话。会议集中讨论了以下三个主题：（1）信息处理能为语言学研究提供哪些服务；（2）语言学研究需要的信息处理技术和资源；（3）如何实现语言资源的开发和共享。与会者围绕这三个主题畅所欲言，达成了许多共识。

12月2日，“灿烂的中国文明”网站简体字版启动新闻发布会在北京人民大会堂举行。许嘉璐副委员长为简体字版网站的启动剪彩，同时在会上做了重要的讲话。该网站于2003年获联合国“世界信息峰会大奖”，近年启动后累计浏览人数已超过了3300万，点击率超过了13亿，联合国电台的报道给予了高度的评价，认为是运用了现代资讯通讯技术，把中国文化各个层面的历史与发展介绍给全世界人民的一个成功典范。该网站由香港中国文化研究院主办，涵盖了中国的哲学、文学、语言、历史、科学、艺术、宗教、经济等范畴，共18个系列，200个专题。其中语言系列由中国社会科学院副院长江蓝生主编，林连通、郭小武、陈原、于根元、陈建民、费锦昌、高平平、尹世超、杨亦鸣、邵敬敏、林玉山、甘于恩、单周尧等专家、教授撰写。

12月12—14日，“第十届国际粤方言研讨会”在香港中文大学举行。这次研讨会由香港中文大学中文系主办。研讨会的主题为“语料分析及理论研究”，经匿名评审获邀出席研讨会宣读的论文118篇，数量为历届之冠。出席会议的学者140多人分别来自中国的大陆、香港、澳门、台湾地区，以及日本、新加坡、马来西亚、美国、加拿大、英国、荷兰等国家。研讨会上与会学者就粤语研究的各个方面进行了研讨，内容包括语音、词汇、语法及语用各层面现象的描写分析，早期文献和语料对历时研究的贡献，语言和社会文化之间的互动，方言分群和语言接触的探讨，方言地图的制作及作用，语言习得及语文教学研究等等。

（白长茂）

新闻传播学

综　述

2005 年中国新闻传播学研究综述

2005 年新闻学研究中出现了一些新话题，或是由新闻事件而聚焦，或是在屏幕热映之后引发。这一年的新闻理论研究中也有一些前两年的热点继续被关注。

一、传媒与构建和谐社会

中国共产党十六届四中全会通过《中共中央关于加强党的执政能力建设的决定》，提出了“建设民主法治、公平正义、诚信友爱、充满活力、安定有序、人与自然和谐相处的和谐社会”的目标。这一新提法引起了社会各界的广泛关注，“构建和谐社会”也成为新闻学界在论述媒介角色、责任与效能的时新话语。

有的研究者对应关于和谐社会的特点，认为这是一个战略性的目标，大众传媒在建设和谐社会中扮演着极为重要的角色。它应该是民主法治的推动者、公平正义和诚信友爱的体现者、安定有序氛围的营造者、人与自然和谐相处观念的传播者。还有的研究者指出，要建设和谐社会，媒体应该凸显“建设性”和“以人为本”的理念。“建设性”较之过去的提法更具时代气息，而“以人为本”则意味着要关注社会弱势群体，提供交流平台，顺应价值观多元化的多中心社会。

同时，也有一些研究者作了辩证解析，认为构建和谐社会不是掩盖问题、报喜不报忧。正视并揭示社会生活中客观存在的不和谐因素与构建和谐社会的目标并行不悖。不能将新闻传媒在构建和谐社会过程中发挥积极作用理解为可以回避甚至掩盖社会的某些不和谐因素。大众媒体掩盖社会矛盾或许可以在一段时间之内营造出表面和谐的景象，但只有正视矛盾才能长治久安，实现真正的和谐。“和谐”归根到底是媒体、民众和政府三者互动的结果。

二、新闻职业规范

2005 年，新闻职业规范的话题越来越受到人们的关注。年内的几起新闻事件不仅带来了有关这一话题的热闹言说，研究者也希望能借着这些问题在伦理争论之后达到共识，形成可操作的新闻职业规范。

事件之一是老艺术家孙道临要求付费采访，引发新闻业界、学界关于付费采访的讨论。付费采访在我国体育和娱乐报道领域已经出现。赞成付费采访的人多认为，既然报纸要靠信息卖钱，那么被采访对象因为提供了信息而应该获得一定的报偿。反对一方则认为，如果简单地把商业化原则推及到新闻采访，可能会使社会形成“一切东西都可以用钱收买”的观念，破坏公益性原则。在正反方并不激烈的交锋中，一个较为中立的看法逐渐成为主导，即在某些情况下，付费采访无可厚非，但是一定要有底线。明显涉及公众利益的，被采访对象不能提出付费请求，而媒体付费垄断公共信息的新闻采访权则属恶意竞争，应受到谴责。

事件之二是厦门《东南晚报》记者柳涛在雨中等待近一小时抓拍骑车人摔倒，引发了人们对于记者职业行为边界的思考。最初网上赞成和批评的观点几乎一半对一半，后来批评意见上升。研究者认为，救人第一、拍摄第二应是摄影记者的不二法则。当事的记者、编辑对一个骑车人摔倒本身不当回事的冷漠心态需要警醒。另一种观点认为，这位记者具有很高的新闻敏感，他作为普通公民没有义务站在风雨交加的马路上提醒路人当心水坑。这种观点忘记了记者背后是拥有话语权的大众媒体。对大众传媒从业者提出更高的道德要求乃是出于权责对等的考量，而不是道德上的“苛责”。2005 年 6 月 13 日，中国记协和中宣部新闻局召开进一步加强新闻工作者职业道德座谈会，会上对于一些记者见义勇为行为的表彰实际上也再次申明了“助人”先于“采访”的职业道德准则。

事件之三是美国新闻界年内先后爆出的“古兰经风波”、“深喉事件”和“特工门事件”，这些事件都涉及到新闻报道中匿名信源的使用。匿名信源有助于记者更好地履行监督职能，确保人民的知情权；但滥用匿名信源则可能导致传媒公信力下降，甚至出现丑闻，例如《纽约时报》记者布莱尔就炮制了多篇使用匿名信源的假新闻。记者履行隐匿权还可能引发司法纠纷。解决办法，一是制定匿名信源的使用规范，如编辑部高层掌握信源、不把匿名信源作为唯一消息来源等；二是在司法公正和记者保密特权之间进行权衡。如何使用匿名信源，发达国家的新闻界已经有了一套比较成熟的做法。我国在匿名信源问题上的主要问题是，记者捏造匿名新闻来源或在新闻来源方面以保密为由故弄玄虚，这与发达国家出现的隐匿权问题的性质和背景差别较大。

三、老问题——新闻真实

2005 年在新闻真实的老问题上，讨论热度不减。新事件不断再现，例如“高露洁事件”、“记者断指案”、“疫苗事件”，等等。

2005 年 4 月，国外一家小报的关于高露洁牙膏致癌的假新闻传到国内，我国的传媒从严肃媒体到各种市民媒体，均予以报道，造成一场虚幻的公共卫生危机。研究者指出，这个小小的事件需要总结的经验在于：传媒在时效与真实之间要谨慎权衡，尽力交代原始信息源，平衡处理信息，避免含有价值判断的语言，不断填补前次报道留下的信息空白。

2005 年 5 月，南方都市报记者温冲因情感问题遭报复，手指被截。很多媒体想当然地判定是由于他写揭露性报道所致，掀起了一场义愤填膺的舆论潮，当事实真相大白后，所有参与煽情的传媒全部“失语”，没有一家向公众道歉。有的研究者指出，这是一种由于传媒想象构成的假新闻，初衷绝不是写假新闻，但在事件清晰后传媒必须提供对称的信息，承担责任。这个事件的报道，除了防止主观臆断外，还引发了传媒更正制度的完善问题。

2005 年 6 月，安徽泗县发生小学生集体疫苗反映，众多媒体异口同声地从“问题疫苗”的判断转变到“夺命疫苗”的判断，调门越来越高。而后来的事实真相是“群体性心因性反应”，完全不是媒体的判断。这个事件又提供了一种防止假新闻的新情况。研究者指出，在特定的环境条件下，媒体的报道和关注有时会变成一种“暗示”，“信息”成为病因，在“心魔”与“病魔”之间，新闻报道也可能扮演推波助澜的角色。特别在媒体不是客观报道，而是加入到激愤的公众群中去的时候，造成的不良后果更大。

四、知情权与保护隐私

知情权是记者采访权的基础，然而新闻传播的特点与维护公民的隐私权存在矛盾冲突。在知情权、言论自由和公民的隐私权保护之间划出一条界限是近百年来一些立法者、法官以及有关学者孜孜不倦的工作。有人认为，出于社会进步的宏观考虑，言论自由权应该有逻辑上的先在地位；也有人认为，隐私权常在现实中处于弱势因而更需要法律的保护。言论自由的权利止于隐私权开始之处的提法已经得到公认，关键是这条划分起始的界限是否足够清晰合理。2005 年在中国外交部和欧盟委员会共同举办的“中欧人权对话研讨会·表达自由”会议上，以下观点得到认同：限制言论自由的法律不能是含糊的法律，含糊的法律因为没有提供公平的警告而使无辜者落入圈套。

随着新闻发布会制度的推广和完善，“知情权”成为 2005 年新闻法治研究的一个重要课题。2005 年 9 月，国家有关部门宣布灾害性事件伤亡的人数将不再是国家机密，应通过媒体及时公布；12 月，国务院新闻办表示，重大突发公共事件将努力在第一时间发布。然而，仍有一些官员把掌握的信息当成特权，把信息分配资格化、身份化和等级化。因而，用法的形式确定知情权的清晰内涵是十分必要的。有学者认为，知情权应包括政治知情权、社会知情权和自我知情权三个方面的内容。

五、传媒娱乐化

对媒介内容过度娱乐化的担心在学界早已出现，2004 年《南方周末》发表的两篇文章《崔永元炮轰电视庸俗化》和《电视为什么不能庸俗化》标志着这一讨论已经从专业问题扩大为一个公共性话题。2005 年一些电视娱乐节目如《超级女声》的空前火爆，为正反双方都提供了足够的“论据”，于是对于媒介内容娱乐化以及带来的相关问题，引发了传媒业界、学界和社会公众的大讨论。

在捞去许多“泡沫”之后人们发现，因为对娱乐化、庸俗、低俗等核心词汇的理解不同而导致的看似激烈的争论，其实并没有产生真正的对抗。相形之下，学术界的文章显得冷静些。不少研究者认为，在整个社会加速向市场转型的宏观语境中，主流政治文化的强势地位下降，大众文化迅速崛起和蔓延，娱乐节目的存在与发展有其合理性。从 20 世纪 90 年代初的综艺热到时下的游戏热、真人秀，都是这一趋势的表现。问题不在于我们是否赞同这一转向，而是应该在正视这一转向的前提下审慎诠释“娱乐”的内涵和本性，不要把娱乐误解为“愚乐”。

在我国特定的背景下，媒介内容的“娱乐化”在某种程度上带有一些“进步”意味，然而在美国媒介文化研究者尼尔·波茨曼看来，电视的娱乐文化最终会把人类拖向深渊。波茨曼出版于 20 年前的著作《娱乐致死》，2004 年被引介到中国后获得较大关注。波茨曼认为，电视节目的娱乐化倾向将带来社会智力的集体下降，人们甘心被娱乐，甘心被电视掏空，仅仅为了获得一种被操纵的快乐。我们会如波茨曼所预言的那样，踏上“娱乐致死”的不归路吗？这个带有形而上学色彩的问题已经不再是一场简单的是非辩论而成为人类对自身命运的终极追问。

六、“北青传媒”上市以后

北青传媒在上市之初曾经宣布，这次募集资金主要用于投资周末报刊、时尚和理财等专题周刊以及投资北京电视业务等。然而，2005 年 4 月 26 日《南方日报》以《北青传媒融资 9 亿港元未花一分》为题，披露北青上市募来的钱大多躺在银行里未动，仅在前一年 7 月投入 238 万元收购休闲时尚期刊。由于产业扩张行动迟缓，原有单一形态的传媒结构和营利手段使得北青传媒抵抗市场风险的能力极弱。北青传媒的经营决策层早就意识到风险的存在，因而在公司上市说明和 2005 年中报中都明确表示有延伸产业链、增强公司抗风险能力的具体计划。可是，动用这些资本市场募集的资金，除了需要获得董事会的首肯，还要层层上报给上级部门审批。另一方面，跨媒介的发展在国内还没有实质意义上的开先河者，跨地区办报已经叫停，跨行业发展则要冒更大的经营风险，所以，在当前国内媒体管制环境下，北青传媒要实施“跨媒体、跨行业、跨地区”的三跨战略还只能是一厢情愿。

北青传媒的巨幅下跌以一种放大的声音提醒人们：走向开放市场的中国传媒产业亟需一套完整而清晰的规则系统。有的学者据此认为，中国的传媒产业由于规制边界不清，或是规制供应不足，导致产业市场存在着市场和政府由于角色错位而造成的功能双重失灵的情况，事实上，这样的双重失灵已经严重制约了中国传媒产业的发展。传媒产业的经济属性和政治属性决定了传媒产业的发展，无论怎样的社会形态，都必须在市场规则和政府规制之间寻找平衡点。但是，在一个市场机制日益健全的国家，市场和政府的边界必须明确，否则，在市场规则应该发生作用的地方，政府规制掣肘，导致市场失灵，损害社会总福利的同时，对整体社会效益的发挥也会产生负面影响；而如果在政府规制应该执行有力的时候却仍然让市场力量博弈，就会产生寻租行为，权钱交易不可避免。最终导致政府规制失灵，不利于市场的健康发展。

七、传媒面对危机处理

2003年以来，在学术界对海啸、矿难、松花江水污染等危机事件的处理进行总结和反思的基础上，危机传播已经成为国内发展最为迅速的传播研究领域之一。如果说，两年前的危机传播理论还停留在“谣言止于公开”的呼吁上，那么2005年的危机传播已经进入详尽分析危机信息流障碍和总结危机事件传播规律的阶段。

有研究者在对比了肯德基“苏丹红”事件和南京冠生园“旧馅”事件的不同处理后指出，肯德基的“自责”与南京冠生园的“逃避责任”、肯德基的“转移视线”与南京冠生园的“无所作为”、肯德基的“补偿”与南京冠生园的“否认”形成了鲜明的对比；同样鲜明的是，肯德基在爆出“苏丹红”事件后只用三个星期就渡过了危机，而有80多年历史的南京冠生园在发生“旧馅”问题半年后就黯然破产。随着交往频率的提高和范围的扩大，危机事件显然再也不能用“捂”和“堵”的老办法来处理了。如何应对危机事件，如何进行有效的危机传播，成为媒体、政府、企业以及各级组织都必须面对的问题。

关于松花江水污染的危机传播分析，研究者指出：前期危机识别信息公布得不充分，错失了进行危机早期干预和处理的良机；后期在危机应对信息上报喜不报忧的做法，又直接影响了管理者和危机信息传播者的信誉。通过分析这一个案，可以看到，“外松内紧”、“地方保护主义”以及“反面文章正面做”等长期以来我国各级政府和媒体在处理危机事件时普遍遵循的潜规则，显然已经到了必须改变的时候了，因为它们已经成为危机事件中制约信息有效流动的主要障碍。

八、新闻发言人和政府形象

随着发言人制度在各级政府的推广，“新闻执政”成为政治传播领域的一个新口号。有的研究者认为，中国各级政府设立新闻发言人是中国宣传体制上的一大进步，这标志着政府由宣传控制者向信息提供者的转变。然而，由于某些政府部门的观念转变没有跟上实践的发展，他们在扮演信息提供者的角色时还多少有些不情愿，保持着居高临下的态势。有的研究者认为知情权的法源在我国宪法中很丰富，但长期以来新闻发布工作归口管理，各部门的具体职责和工作部署并非依据法律来办事，民众自身也缺乏向权力部门依法索取信息的权利意识。新闻发言人制度的确立和推广，显然向建设“阳光政府”的目标迈进了一大步，但要把好的制度真正落在实处，还必须有观念上的深刻认识作为保障。新闻发布制度代表着政府公开、透明和负责的承诺，它是政府的义务，不是权力部门对民众的恩赐，更不是制造或诱导舆论的“权谋”。

除了新闻发言人这个热点话题外，2005年关于政府形象传播的文章也较多。有的研究者认为，政治传播不同于其他传播，它不追求商业上的营利，但追求政治意见的有效传达和正确灌输；不强求表面的顺从，但却着力于理想的引导和内心的控制、人心的归向。通过传播恰到好处地展示政府的作为，是现代社会政府改变公众认知和评价态度的最重要的手段。在“政府行为+对政府行为的解释=政府形象传播”的框架中，政府行为的主体是唯一的，但解释政府行为的主体却是多元的。当非常态状况出现时，成熟的政府应该竭力避免让其他主体代替自己做不恰当的解释。而要成功扮演好解释者的角色，政府必须提高自己的解释能力。从单方面地强调宣传到对政府形象传播进行学理分析，这种转变本身也彰显出我国政治传播研究正在逐渐走向理性。

九、广东电视竞争和内地电视体制改革

2005年广东地区电视竞争颇为引人注目。研究者指出，上个世纪80年代初至90年代初，香港电视在广东全境的事实性进入，曾一举抢占了广东电视收视市场80%以上的份额。在与境外电视的短兵相接中，广东本地电视从不适应到适应，逐渐收复“失地”。2004年10月的收视数据表明，南方台的市场份额已上升到18.4%，在广州地区电视市场中已经远远超过香港亚视（7.4%），仅次于香港的无线台（32.6%）而稳居第二位。电视粤军在境外电视的挑战中实现“小赢”，对于内地的电视传媒来说，不仅增加了信心，而且提供了宝贵的启示：越是信息全球流通加快，地方电视台越是要加固本土化的定位。

如果说电视在如何应对“外患”上多少还有些未雨绸缪的话，那么如何解决电视传媒体制的“内忧”则是国内传播者们迫在眉睫的话题。2005年，电视业的人事管理制度改革成为焦点问题。长期以来，电视媒体作为事业单位没有进人权，目前普遍采用的聘用制虽然解决了一时的用人之急，但随之也产生了一系列问题。有的研究者以中央电视台为例指出，它是高度集中的庞大的科层制官僚组织结构，这更像国家行政机关结构，是公共权力行使者，而不是现代媒体组织体制。这种体制冗员多，中央电视台全年上百亿收入有相当部分投入到了已经数以万计的工作人员成本、运行成本中，只有一小部分投入到节目制作和创新上，这与世界上各大电视台日益重视内容开发形成鲜明对比。还有的研究者在考察了国内的电视栏目后指出，

除了《新闻联播》等行政性垄断栏目之外，非行政性垄断电视栏目的生命周期一般只有2—3年。造成国内电视栏目普遍“短命”的一个重要原因就是没有给栏目制片人长期的可信性承诺。

一个普遍的共识是：电视改革不能只停留在技术更新和内容改革上，电视管理体系的重新设计是一个不能回避的问题。相比于业界的实践摸索，尤其是一些地市电视媒体的改革“大动作”，这方面的政策研究还停留在相对滞后的状态。

十、电视内容平民化

“内容为王”是近年新闻改革的一个指导思想，除了平面媒体对传播内容的调整不断翻新外，2005年关于电视传播内容的分析得出，“平民化”仍然是一个出现频率很高的词汇。

有的研究者认为，随着精英话语的边缘化和体制话语的“去神圣化”，大众文化陷入一种新的无可逃遁的商业性质的语境，而“中国电视新闻平民化的演进正是对这种语境转变的积极回应”。例如民生新闻，一些研究者在肯定其贴近性和亲切感的前提下，对有些民生新闻是否能真正代表“民间”提出了质疑。他们认为，在内容上以车祸、凶杀、市民纠纷、自杀、事故或纯粹的猎奇新闻等为主的民生报道，越来越多地把新闻作故事化、情节化、情绪化处理，掩盖了事实的本来面目，其实是对广大市民的审美情趣的忽视和践踏。

“方言”作为电视节目贴近受众的另一种“策略”，在2005年也继续受到研究者们的关注。电视中的“新闻语言”一向被视为是最为正规、严肃的语言形式，而现在让一些普通人操着一口土里土气的地方话，纵论天下大事，这对老百姓来说，有一种前所未有的新鲜感，从某种程度上讲，这也是电视媒体“去神圣化”的表现之一。对于方言电视节目，不少研究者认为这是地域文化多样性的体现，但同时也认为，现在的很多方言节目流于庸俗，仅仅把方言当成一张包装纸。一些研究者分析了方言节目存在的社会环境，认为方言节目活跃的地区大都具备几个特点：经济发达，文化厚重而活跃，自然地理条件优越，生活悠闲而富足。而生活在这样环境中的市民，无不对自己的家园平生自信甚至自恋。因而像《阿六头说新闻》的节目给杭州人的不是新闻本身，而是杭州人对自我的一种认同，一种对本地文化与方言的呼应。还有一些研究者则旗帜鲜明地反对“方言言说”这种方式，他们认为广电媒体的“方言言说”以“本土化”之名游走在政治、法律、政策的边缘，在给自身带来利润的同时却增加了国家的相关行政成本。

十一、传媒公信力研究

公信力研究是近年来的一个热点话题，但对这个核心概念的界定缺乏较为一致的认识，而概念的含混也影响了研究的深度。2005年复旦三位学者发表的《中国大陆大众传媒公信力的实证研究》，采用了由梅耶建构的媒介公信力指标测量体系，认为媒介公信力应该包含公平、无偏见、报道完整、正确和可信赖五个标准。在全国性大规模随机抽样调查的基础上，研究者们指出，中国受众对大众传媒公信力的整体评价不高，电视、广播和报纸的公信力水平都没有达到“良好”。研究者们还认为，媒介公信力实际是受众对媒介的主观评价，受众接触传媒的频率和时间对公信力产生显著正向影响，而文化程度则与传媒公信力成负相关。

中国人民大学承担媒介公信力研究课题的研究者，在2005年发表了课题的部分研究报告。他们发现，受众对传媒的内容偏好与公信力的评价是两个问题。受众可能会很喜欢某些传媒内容，但对其公信力的评价却不高。如一些娱乐新闻，人们对这些内容没有公信力的要求，只要好看好玩就行。因此，研究者提出，公信力对于不同类型的媒体受众市场的影响是不同的。对于严肃的时政类媒体来说，公信力会直接影响到它的收视率或阅读率，而对于娱乐类的媒体来说，公信力不是决定市场好坏的决定性因素，但是，如果它们的公信力跌出公众所能承受的“阀值”，也会影响到它们的市场份额。一南一北两地学者尽管在研究思路和视角上有所不同，但他们的严谨治学态度，使得媒介公信力研究的水平得到明显的提升。

十二、传媒教育

公众的媒介素养问题在2004年被重新提出后，继续成为2005年传媒教育领域讨论最集中的话题。有的研究者在详细梳理了国内外媒介素养教育的理论渊源及其演进过程后发现，上个世纪30年代西方媒介素养理论的提出，出于培养公众媒介批评精神的必要，而我国学界提出公众的媒介素养问题，看重的是传媒知识的普及和如何教育公众正确使用传媒。实用目的和批判精神的不同诉求，导致了中西方媒介素养教育的不同状况。尽管有的研究者已经意识到，在当今环境下培养学生的媒介批判精神更具有现实意义，但从现在多数研究文章的立意来看，实用目的仍是主要的追求。2005年内，有较多的研究文章谈到在少数民族、农民群体中开展媒介素养教育的必要性，认为这样的教育可以提高这些人群对媒介的利用率，在一定程度上改善他们在传媒舞台上的弱势地位。

2005年出现了较多的关于新闻传播教育改革的文章。理论落后于实践、轻视新闻伦理学习以及知识面狭窄等问题，成为近年来急速膨胀的新闻院系必须正视的“瓶颈”。年内还有不少研究者潜心分析了境外的新闻教育模式，以期能给中国新闻传播教育的发展走向带来一点启示。

简单小结

纵观2005年的新闻学研究，深入的学术交流和碰撞不多，但对一些学术问题的局部回应可以不时看到，大部分文章仍只是在陈述事实和“回顾”观点，不过，运用科学方法提出有力论据的论文比往年有所增多。

这一年的研究话题较往年相对集中，更加注重引证规范。这一年内，不少研究者还对当前制约新闻学发展的因素进行了较为深入的反思。正如有的研究者所指出的，由于新闻学术期刊存在“钱稿交易”的现象、国内发表新闻学术论文的门槛过低、研究体制不完善等原因，导致国内新闻学的研究不够规范，而规范的研究、共同的学术话语则是与国际学术界开展对话的前提。

（陈力丹）

学术成果·著作

国家形象传播

（张昆　复旦大学出版社2005年版）

该书是国内学界关于国家形象传播方面的专著，共分8章，共45万字。

第一章导论部分，是该书的逻辑起点。致力于探讨宣传与传播，辨析宣传与传播概念的内涵与外延的异同，解读中外学界对这一概念理解的歧异及其原因，在此基础上，分析当代社会国家主导的对外宣传与传播，以及对外宣传与传播的使命。同时，以文献分析为前提，梳理了国内外学界在对外宣传与传播研究方面取得的研究成果。

第二章内容是对1949年以来中国对外宣传与传播历史的反思。作者认为，这几十年的历史可以划分为三个阶段，即“17年间”（1966年以前）、“十年动乱”时期以及改革开放时期。第一阶段的特点是，在“左倾”思想指导下主动配合外交和对外斗争，以输出革命为主旨。第二阶段则充满了“假大空”和狂热的个人崇拜，以至于中国对外宣传媒体的信誉在国外受众心目中扫地以尽。第三阶段，随着改革开放的进程，对外宣传事业迅速发展，各种外宣媒体致力于全方位重塑国家形象，争取国际舆论的理解与支持。在反思历史时，总结相关的经验是不能缺少的，但绝不能忽视其间的教训。其最重要的就是对外传播系统与政治系统的高度一致，这种高度一致有其积极的一面，但更多的是消极的影响；其次是鲜明的功利意识，感情色彩浓厚；再次是缺乏针对性，千篇一律，一个声音面对五大洲、四大洋。

第三章试图揭示对外宣传与传播和国际关系的互动。国家作为对外宣传的主体，也是国际关系的主体，这就决定了两者目的的一致性——追求、维护国家的根本利益；国际关系是对外宣传与传播的基本内容，后者则引领着国际关系发展的方向。对外宣传与国家外交相辅相成，前者为后者创造合适的舆论条件，后者则决定着前者的基本立场和态度。由于国家外交总是内政的延伸，一个国家的对外宣传最终还是取决于国内政治的总体格局。为了国家利益，对外宣传系统应该致力于事业发展，同时在宣传方面与国家外交保持一致，主动积极地传播国家的声音，为国家营造良好的国际舆论环境。此外，对外宣传在国际经济贸易、国际军事关系和全球性文化交流和融合方面，也扮演着十分重要的角色。

第四章讨论了对外宣传与传播和国家形象的建构。作者认为，国家形象在国内与国外的含义是不尽相同的。在某些国家，其内部公众可能自认为本民族爱好和平，而在国外的对象看来，情形可能完全相反。对外宣传与传播在塑造及传播国家形象的过程中扮演着重要的角色。在全球化的语境下，国家形象的建构面临着新的机遇和挑战。不论什么条件或环境的变化，维护国家利益始终是建构国家形象的最高准则。在目前的情况下，对外宣传系统必须排除西方国家“妖魔化”中国的影响，在世界人民面前展现和平崛起的文明大国形象。而这种形象的塑造，从根本上取决于国家自身的发展。国家要充分于利用本国对外宣传体系和其他传播渠道，同时也要利用其他国家的传播媒介，在全球范围内发掘宣传资源。

第五章为对外宣传的媒体战略。在多媒体传播时代，科学地整合信息资源，实行媒体资源的优化配置，是对外宣传与传播的出发点。对外宣传资源的整合涉及到大众传媒层面和非大众传媒层面。在大众传媒层面，应立足于现实，改变对外传播机构散、小、乱的局面，以资本为纽带，实现对外宣传系统的规模化、集团化；应用数字技术，建立多媒体信息平台，实施“多媒体走廊”计划；同时大力培养新型的对外宣传专门人才。在非大众传媒层面，则应该树立“大外宣”观念，巩固和拓宽五大外宣渠道，即寄送渠道、卫星渠道、借助国外电视的渠道、商业渠道和合作拍片的渠道。为此必须对目前的外宣管理体制实行改革，建立对外宣传部门、对内宣传部门和国家外交部门的协调机制。

第六章研究了对外宣传与传播的表现与组织艺术。对外宣传媒介及工作人员在宣传对象眼里，应该具有较高的名望和威信；具有专家的身份和素质；具有完备的道德品质和意志品格；它还应该能够给予宣传对象以类似性感觉。这种形象素质能够为宣传者赢得对象的信赖。其次是宣传的一致性，即专门的对外宣传媒介与其他沟通组织的一致性，各种对外宣传要素的一致性，对外宣传内容的持久一致性。这种一致性不仅能够集中宣传资源，形成立体攻势，而且可以在一定的时程中收到水滴石穿的效果。对外宣传还须讲究表现的艺术，为此必须处理好直接与间接、设问与回答、放言与沉默、情感与理智、雅与俗、自我与忘我、重复与新奇的关系，恰当使用现实语言、理想语言和偶像语言。在内容的组织方面，则应该注意软材料与硬材料、典型材料与一般材料、正面材料与负面材料、历史材料与现实材料的组合搭配；将定量与定性结合起来；注意信息量的调节，采用润物无声的方式；坚持真实性的原则；适时采用恐惧唤醒的策略等。此外，还应该避免过于追求快速，同时也不能以不变应万变，而应该做到因人而异，因地制宜，随时变化，收放自如。

第七章为对外宣传与传播的效果评估。这种效果具体表现为外国公众对中国国情了解、对中国内外政策认同感的确立。中国目前对外宣传的效果如何，应该怎样评估，在国内新闻宣传界，还是一个薄弱的环节。效果的评估必须坚持实事求是的原则，采用科学的方法，注意定性与定量的结合、微观与宏观的结合。作者一方面沿着信息传播过程，从宣传渠道、宣传内容、受众反响三个方面，就中国当前的对外宣传效果进行总体的评估；另方面，则从对外宣传媒介的信誉度着手，针对宣传报道的开放性、时效性、外宣媒体的官方色彩等指标，剖析了中国对外宣传媒体的宣传效果。作者还尝试着建构不同外宣媒体宣传效果评估的量化指标体系，为新时期中国对外宣传效果的评估做出了有益的尝试。

第八章为中西对外宣传与传播的比较。对外宣传与传播是国家主权的基本职能。但是在在不同的政治架构下，其内容、形式及其作用是大不相同的。中国的对外宣传以宏大的国家规模及国营媒体为基础，加以深厚的历史文化传统以及庞大的海外华人团体，优势明显。其劣势是相对弱势的传播语言、相对陈旧的宣传理念及狭窄的传播渠道。在宣传价值观方面，虽然中西双方都强调维护国家利益，但是中国更重视让世界了解中国，而西方则致力于“西化”、“瓦解”其对象国。在政策与体制方面，中西各国的对外宣传都是紧密配合外交的；但是在对外宣传系统与国家权力的关系上，中国是政府主导的“中央集权式”，而西方国家给公众的感觉是，对外宣传媒体与政府处于若即若离的相对独立地位。在调控对外宣传活动方面，中国是纯粹的行政管理，而西方国家则是媒体自律、官方监督和商业利益制约的结合运用。这些异同是由其置身的历史文化传统和政治经济制度决定的。

通过上面七个方面的探讨，该书不仅从比较的角度剖析了中西对外宣传与传播在理念、政策及体制方面的异同及其原因，明确了中国的特点、优势和历史局限，同时揭示了对内、对外宣传与传播的差异，进而以前瞻的思维分析了新世纪中国对外宣传与传播面临的机遇和挑战，为外宣媒体及其从业人员指出了方向。作者在对外宣传组织与表现艺术、在宣传效果评估方法与指标体系的思考方面，具有一定的开创性，有一定的实践价值与理论价值。本书的不足表现在，对效果的评估，尽管尝试了量化分析，但是最终并没有建立起简便可行的数学分析模型；在中西比较方面，虽然比较明确地指出了两者的异同，但是没有从更深广的社会历史背景上揭示其根本性原因等。这些问题，还有待于进一步深入的研究。

［张昆，1962 年生，法学博士，武汉大学新闻学教授，博士生导师，新闻与传播学院副院长。］

学术成果·论文

国外媒介教育发展探析

（张艳秋 《国际新闻界》2005 年第 2 期）

信息社会，大众媒介已成为公众获取信息的主要渠道，而媒体并不是如实地反映现实，而是再现现实。通过大众媒介传载和建构的大众文化，更是潜移默化地影响和改变着公众的思维模式与行为方式。西方教育人士和学者注意到了大众媒介对公众的影响，认为在信息社会里，传统意义上的读写素养（literacy）已不能适应社会发展，公民在信息社会应该具备更广泛意义上的媒介识读能力——媒介素养（media literacy），并在媒介素养理念基础上提出了媒体教育（media education）的主张。

本文在对媒介教育基本理念和多元价值取向等核心问题分析的基础上，对国际媒介教育方法和模式及发展状况进行了总结，并提出了一些具有独创性的观点。

首先，在分析不同学者对媒介素养概念界定的基础上，本文认为，媒介素养是公众获取、解读和使用媒介信息的能力，而批判性思维是媒介素养的核心能力。媒介素养并非是一个全新事物，而是概念的新提法。这一认识对有些学者把媒介素养看成是对以往文字识读能力扩展和补充的观点提出了质疑和修正。作者同时提出了媒介素养的多元素养观。

其次，论文对媒介教育理念进行了本质剖析。作者指出，媒介教育主要目的在于提高公众多角度解读、阐释信息和使用信息的能力。媒介教育是提升公民媒介素养的主要渠道，而较高的媒介素养又是理想公民必备的素养之一。文章分析了媒介教育的理论基础，指出媒介素养理念的演变与批判理论的发展密切相关，尤其是文化研究学派为媒介教育提供了主要理论支持。

再次，论文分析了国外媒介教育模式演进历程。分析了媒介教育的保护模式，以及自主教育模式，同时归纳和辨证分析了媒介教育方法，如媒介"文本分析"和"媒介创作"模式的利弊等。论文进而介绍了媒介教育概念式教学法的核心概念：再现、语言、生产和受众。这四个核心概念可以整合运用到不同媒介语境中，不但有利于开展媒介教育的具体教学实践，同时也建构了媒介教育的理论框架。这种概念式教育方法有利于连通和跨越不同的媒介形式开展跨学科形式的媒介教育教学。

此外，论文对不同国家和地区媒介教育开展情况进行了整体的介绍。概述了亚洲、澳大利亚、中美洲和拉丁美洲、北美、欧洲、非洲主要国家和地区的媒介教育发展状况。文章指出，媒介教育具有地域性和阶段性特点。

媒介素养和媒介教育两大理念对于我国媒介和教育界来说还是较新的课题，值得我们对其进行深入研究。文章指出，对中国这样一个人口众多、发展迅速的国家来说，媒介教育的影响和意义是不言而喻的。

[张艳秋，1970 年生，中国传媒大学外事处副处长，副教授，中国人民大学传播学博士。
通信地址：中国传媒大学外事处（100024）
联系电话：010－87901678
电子信箱：yqzhang@ cuc. edu. cn]

跨文化传播的文化伦理

（单波　王金礼　《新闻与传播研究》2005 年第 1 期）

单波

该文认为，思考跨文化传播的文化伦理，其实质就是把跨文化传播还原为某种关乎人的文化生存的伦理事件（ethical event），其主要任务就是思考在这些充满差异性与紧张对峙的多样文化中，如何实现有效的信息传播与文化交往，如何在这种交往中保持每一个个体与文化的自在价值与文化尊严，从而使跨文化传播体现为人的目的。

当传播跨越文化边界而成为跨文化传播之后，其伦理性就有了多面表现的可能性。跨文化传播作为人类一般传播活动在物理空间与文化空间上的延伸，为不同文化背景的文化传播者提供了在更大范围内寻找文化相似性并建立文化共识的可能性，跨文化传播因此而继续保留了构建社会共同体的伦理功能。然而，情况远非如此简单。我们在建构跨文化传播的文化伦理时，忽视了一个根本性的问题：如何使人类各种文化和谐对话并发展为健康的、有活力的文化？从这个意义上讲，我们迷失了跨文化传播的伦理方向。如果说跨文化传播的文化伦理的合法性建构是一个过程，那么，在这一过程中，我们必须时时回应这个根本性的问题。从这个问题所设定的文化伦理目标来考虑，跨文化传播的伦理合法性应是合于人的文化创造自由与文化选择自由，合于文化生态的多样性平衡和文化意义的共同分享，合于人的文化传播无限可循环性的要求，合于文化创造所内涵的超越文化限制的精神。

一个体现为伦理合法性的跨文化传播，强调每一个传播参与者的主体性地位，谋求在不同文化背景的传播者之间建立某种具有主体间性的相互关系，这一目标在大众传播成为跨文化传播主要形式的今天，显得尤为艰巨，但也尤为迫切。它要求跨文化传播彰显各文化主体间的对话意识和沟通意识。如果某一文化体系作为整体受到异种文化的侵凌与支配，其文化传播者的可能选择只能是，要么附庸外来文化的影响进而沦为异己中心主义者，要么强化自身的种族中心主义倾向从而滑向原教旨主义者。身为前者，异己中心主义者实际上既隔离于其本土文化，又因为其对于外来异种文化的内在精髓的疏离，以至于很难获得外来文化的认同。这样，他们最终只能成为某种无根的文化漂流者。身为后者，面对异种文化侵凌与支配挑战，原教旨主义者为了固守其文化领地，必然努力从其文化体系中剔除一切与外来异文化具有相同甚至相似的价值判断与生活方式，从而导致其文化体系中一切具有现代性特征或人类普遍意义的文化质素的被清除，其文化传播者最终会演变成某种具有反现代反人类意味的本土文化偏执狂。无论是作为前者还是后者，其文化后果都是我们所不能接受的。因此，我们认为，惟有通过跨文化大众传播达成不同文化体系之间的和谐对话，在这种对话中求同存异，相互从对方文化中吸取思想性精华，才能达到本土文化的意义增殖与其文化中人生活方式的多样化。

[单波，1964 年生，哲学博士，武汉大学新闻与传播学院教授、副院长、博士生导师。发表论文 70 多篇，专著 5 部。
王金礼简介缺。]

中国传播学的兴起、发展与趋势

（张国良 《理论月刊》2005 年第 11 期）

传播学自 1978 年传入中国（大陆），与改革开放同步，虽历经曲折，但由于契合了信息社会、网络时代、国家发展的需要，取得了可喜的长足进步。但同时也要看到，这门新兴学科在中国的生长毕竟时日很短、根基不深，加上周边环境的一些负面影响，形成了若干“瓶颈”，阻碍着我国传播学的进一步发展。在这一关键时刻，很有必要瞻前顾后、探讨规律、寻找原因、给出对策。

基于此目的，该文首先回顾了中国（大陆）传播学的历史，发现其动因或规律有三：（1）留学生在“西学东渐”过程中的积极中介作用；（2）思想解放先驱引进西方传播学的见识和勇气；（3）政治开明局面对传播学的需求、包容和支持。

其次，考察了中国（大陆）传播学的现状，尤其是学科研究的路径和特色，概括出“传统视角”、“拿来主义”两大路径，既肯定了各自贡献，又强调了对于当前中国的经济发展和社会进步而言，最需要的是，要结合国际前沿理论和本土丰富实践进行实证研究。为此，就必须破除一些诸如“不言自明”、“不合国情”等观念的束缚。同时，分析了造成目前研究在低水平层次徘徊不前、难以深化的“瓶颈”，发现其成因主要有三：（1）我国传播学界的学科背景过于单一；（2）传播学者的外语能力普遍不强；（3）传播学者的理论联系实际之意识普遍不强，其中又以第一点最为根本。因此，要改善这种状况，就必须及时“补课”，尤其是切实扩大跨学科的交流与协作。

最后，展望了传播学在中国（大陆）的前景，概括出四个令人看好、但仍需要大力推进的趋势：（1）研究取向的理论化；（2）研究题材的多样化；（3）研究方法的规范化；（4）研究视野的全球化。同时，从传播学如何定位的角度，比较了新闻学与传播学的异同，指出要努力保持两者之间的互补、双赢关系。在本文的结尾，特别强调了我国传播学界必须坚持学术理想和宗旨，切记不要在纷繁、热闹的表象之下迷失了理论追求的方向。

［张国良，1954 年生，上海交通大学媒体与设计学院教授、院长，复旦大学教授。
通信地址：上海交通大学媒体与设计学院（200240）
联系电话：021－65425709
电子信箱：glag5414@263.net］

大事记

2005 年中国新闻传播学研究大事记

1 月 19 日，深圳市第 3 届人民代表大会常务委员会第 35 次会议通过的《深圳市预防职务犯罪条例》获广东省第 10 届人民代表大会常务委员会第 16 次会议批准，自 2005 年 4 月 1 日起施行。

这是第一部确定新闻媒体舆论监督权的地方法规。《条例》第 19 条规定：“新闻媒体对国家工作人员履行职务的行为进行舆论监督，并对其宣传报道负责。有关单位和国家工作人员应当自觉接受新闻媒体的监督”。“新闻工作者在宣传和报道预防职务犯罪工作过程中依法享有进行采访、提出批评建议和获得人身安全保障等权利。”第 23 条规定：“阻碍新闻媒体依法开展舆论监督，造成恶劣影响的”，将“由上级机关或者主管部门给予通报批评、责令限期整改；情节严重的，由监察部门或者主管部门对单位主要负责人和直接责任人员给予行政处分；构成犯罪的，依法追究刑事责任。”

2 月 20 日，经中国社会科学院科研局批准，并经中华人民共和国民政部审核登记，“中国新闻文化促进会传播学分会”（简称“中国传播学会”）成立。

3 月 1 日，由新闻出版总署颁布的《新闻记者证管理办法》、《报社记者站管理办法》开始实施。

3月5日，中共中央宣传部、广电总局、新闻出版总署颁布《关于新闻采编人员从业管理的规定（试行）》。

3月24日，由中国新闻摄影学会主办的首届中国国际新闻摄影比赛（简称“华赛”）在深圳举行。比赛组委会共收到76个国家和地区的1765位参赛者寄来的两万余幅新闻摄影作品。为体现评选的国际性和权威性，15位评委中7位来自中国记协、新华社、人民日报、中国日报、解放日报，1位来自中国香港，另7位分别来自美国、法国、荷兰、日本、印度、智利等国，评委中既有资深新闻理论和摄影理论专家，也有图片编辑和摄影记者。这次赛事的举办，为国内新闻摄影界的学术交流、作品评价、年度评选等树立了参照，对中国新闻摄影界倡导尊重并按照视觉新闻规律办事是一次良性示范。它标志着中国新闻摄影事业在历经了20多年的“走出国门”，尤其是对“荷赛”、“普利策奖”和有关发达国家新闻摄影的“临摹借鉴”、“反思比较”之后，已经找到了自己在构建世界新闻摄影文化格局中的重要位置，进入了“多向”交流的自主创新、自我发展的历史新阶段。

3月，《新闻大学》（春季刊）发表了廖圣清、李晓静、张国良撰写的《中国大陆大众传媒公信力的实证研究》，该项研究运用国外媒介公信力的主要研究成果，采用实证研究的方法，考察了中国受众对大众传媒公信力的评价、影响中国大众传媒公信力的因素以及中国大众传媒公信力的影响等几个方面的问题。研究者设定了5项指标来测定大众传媒的公信力：（1）报道和评论是否客观公正；（2）报道是否真实准确；（3）信息量的大小；（4）揭露坏人坏事是否有力；（5）反映群众意见是否充分。经过对全国性大规模随机抽样调查数据的二次分析，研究者发现，中国受众对中国大众传媒公信力的整体评价不高，电视、广播、报纸3种传统大众传媒的公信力水平界于五级量表的“说不准”与“基本同意”之间，都没有达到“良好”（基本同意以上）水平。研究者们还认为，媒介公信力实际是受众对媒介的主观评价，受众接触传媒的频率和时间对公信力产生显著正向影响，而文化程度则与传媒公信力成负相关。

4月12—15日，由深圳新闻网主办的“2005网络发展与和谐社会建设研讨会”在深圳举行。来自国家行业主管部门和全国20多个重要网站的50多名代表与会。会议主要围绕“网络媒体在和谐社会建设中的作用和责任”以及“网站社区论坛管理的见解和经验”几个议题展开。

4月13日，国务院新闻办公室发表了《2004年中国人权事业的进展》白皮书。在其第二部分“公民权利和政治权利”中指出，我国公民的信息、言论、出版自由依法得到保障。国务院及其所属部门以及各省（自治区、直辖市）政府部门召开的各种新闻发布会，极大地增强了政府工作的透明度和政务信息的公开，公民的知情权、监督权和参与公共事务的权利保障得到了加强。同时，国家还制定了一系列法规规章，进一步完善国家的新闻出版制度，保障公民更好地行使出版自由的权利。这是我国政府在其公开发表的人权文件中首次使用公民的知情权和信息自由的概念，并将其作为阐释新闻公开制度、新闻出版制度目的与意义的重要内容。

4月20日，新闻出版总署和国家统计局颁布实施新的《新闻出版统计管理办法》。

4月25日，国内第一家专业从事出版物发行量调查统计和认证的机构——国新出版物发行数据调查中心在北京国际会议中心正式挂牌成立。

4月，中共中央办公厅发出《关于进一步加强和改进舆论监督工作的意见》，严格要求地方媒体、专业类媒体及中央新闻单位所办的子报子刊按办报宗旨和自身定位来履行报道职责，不得跨地区、跨行业进行舆论监督，不得跨地区、跨行业采访报道突发事件。其后中宣部也下发了《加强和改进舆论监督工作的实施办法》。

5月14日，中国科技新闻学会第八次学术年会在北京科技会堂召开。本次会议的主题是：“坚持科学发展观——新时期科技新闻传播的新视野”。

5月16日，由中国报业协会城市党报分会主办、保定日报社承办的中国报协“城市党报分会第四届三次常务理事会暨报业经济发展论坛”在河北保定召开。全国16个省（市）、自治区的22家协会常务理事单位的社长、总编辑出席了会议。

5月22—24日，“第二届全国音乐传播”学术研讨会在中国传媒大学召开。本次会议由中国传媒大学、中央音乐学院、中国音乐学院、上海音乐学院、南京艺术学院、武汉音乐学院共同发起，中国传媒大学、中央音乐学院联合主办。这是继2002年12月“第一届全国音乐传播”学术研讨会后音乐传播学的又一次学术盛会，共有来自全国20余个省市的130余位代表参会。本次会议的主要议题包括：当代音乐传播事业发展现状的调查研究、当代音乐传播化实践的研讨、传媒音乐文化政策研究、音乐传播与艺术管理专业教育的考察与研究、音乐传播学的理论研讨与学科建设及其他。

5月26日，由清华大学新闻与传播学院媒介经营与管理研究中心联合国内学术界众多专家共同编纂的我国首部传媒蓝皮书在清华大学举行了发布会。《2004—2005年：中国传媒产业发展报告》对各传媒产业进行了深入而透彻的分析，全面展示了2004—2005年中国传媒业的发展状况。该报告由社会科学文献出版社出版。

5月29日—6月1日，由人民日报副总编辑江绍高率领的人民日报和中国报协代表团出席了在韩国首都首尔举行的世界报协第58届年会和第12届世界编辑论坛。江绍高在世界报协组织的“中国报业发展”午餐会上做了题为《中国模式与世界报业》的发言。《环球时报》副总编辑胡锡进在编辑论坛主会场做了题为《环球时报：从中国视角报道世界》的发言。

5月30日，世界报业协会发布了全球日报发行量前100名排行榜，中国有28家报纸上榜，为全世界215个国家和地区中上榜日报数最多的国家。

5月，为贯彻落实中共中央办公厅《关于进一步加强和改进舆论监督工作的意见》和中宣部《加强和改进舆论监督工作的实施办法》，广电总局党组研究制定了《关于切实加强和改进广播电视舆论监督工作的要求》，要求各级广播影视管理部门和播出机构要严格按照中办《意见》和中宣部《实施办法》，切实加强对广播电视舆论监督工作的管理。

6月15日，《中国报业年鉴（2004）》出版。这是第一部中国报业的专门年鉴，由中国人民大学新闻学院传播媒介管理研究所在收集相关资料和数据的基础上组织编纂而成的。《年鉴》汇聚学术资源与行业资源，收录了自1979年以来我国报业产业发展的丰富的理论和实践经验，全书分为“特稿”、“概况”、“专题”和“资料”四个部分。该书由中华工商联合出版社出版。

6月22日，由国际公众科技传播网、中国科协、科学与发展网络共同举办的“2005北京公众科技传播”国际研讨会在北京举行。来自21个国家的160多位公众科技传播领域的专家学者、科普机构和组织的代表围绕“科学传播中的策略问题”主题进行了深入研讨。

6月，南京市委宣传部下发了《新闻单位舆论监督稿件审核办法（试行）》的通知，对舆论监督稿件的审核原则、审核的主要内容、审核的程序和惩罚措施做了相应规定。《审核办法》规定，对没有请被舆论监督方阅看的稿件，值班主任和编辑擅自签发，一律作为社、台内部重大差错处理，扣罚当事记者、编辑、主任的当月奖金；对审核不严，造成虚假不实报道稿件播发的记者、编辑等相关责任人，给予调离岗位直至开除公职处分。该《审核办法》的出台引发了学术界关于舆论监督程序的讨论。

7月2日，由深圳商报社主办的“中国区域主流媒体”峰会在深圳举行。会议的主题是：“区域性报纸经济宣传与经营谋略”。来自全国经济最发达地区的20家主流媒体的老总参加了会议。

7月8日，《传媒》杂志第七期登刊了对京华时报社社长吴海民的专访《吴海民：都市报的冬天提前到来了》，吴海民提出的“都市报冬天论”引起了业内强烈反响。

8月4日，由文化部、广电总局、新闻出版总署、国家发展改革委、商务部等联合制定的《关于文化领域引进外资的若干意见》正式对外公布。该《意见》禁止外商投资设立和经营新闻机构、广播电台（站）、电视台（站）、广播电视传输覆盖网、广播电视节目制作及播放公司、电影制作公司、互联网文化经营机构和互联网上网服务营业场所（港澳除外）、文艺表演团体、电影进口和发行及录像放映公司。禁止外商投资从事书报刊的出版、总发行和进口业务，音像制品和电子出版物的出版、制作、总发行和进口业务，以及利用信息网络开展视听节目服务、新闻网站和互联网出版等业务。外商不得通过出版物分销、印刷、广告、文化设施改造等经营活动，变相进入频道、频率、版面、编辑和出版等宣传业务领域。

8月5—6日，由新闻出版总署主办的“第二届中国报业竞争力”年会在北京举行。会上，新闻出版总署报刊司发布了《中国报业年度发展报告（2005）》，这是政府管理部门首次发布的报业年度报告。会上，同时揭晓了晚报都市类报纸竞争力监测结果。《新民晚报》、《南方都市报》、《华商报》、《大河报》等入围前20强。

8月6日，由世界品牌实验室和世界经理人周刊联合主办的世界品牌大会在北京人民大会堂召开。会上发布的2005年“中国500最具价值品牌”排行榜中，共有38个传媒行业机构（包括广播电视、报纸杂志、网络）的45个品牌入选，传媒业成为仅次于食品饮料的第二大上榜行业。

8月8日，新华社播发《国务院关于非公有资本进入文化产业的若干规定》，进一步引导和规范非公有资本进入文化产业。

8月16日，由中国记协主办的全国优秀新闻作品年度最高奖——第十五届中国新闻奖评选结果揭晓。258件新闻作品获奖，其中一等奖28件，二等奖89件，三等奖131件，中国新闻名专栏10个。

8月24日，中宣部、国务院纠风办、新闻出版总署发出《关于开展规范报刊发行秩序工作的通知》，要求各报刊出版单位严格自律，自觉维护报刊发行秩序。各地报刊出版单位要按照当地宣传、纠风、新闻出版部门的要求，发挥行业协会的作用，签订本地区的行业自律协议，约定如下内容：（1）不对征订（含零售）对象以提成回扣、赠送钱物（含报刊）、有价证券、有奖征订、出国考察、公费旅游或以发行赠送广告等各种有偿促销手段征订报刊；（2）不擅自降低报刊全年定价和零售及零售批发定价；（3）不利用报刊版面以宣传、表扬为由搞有偿新闻或所谓“形象版”，变相抵值摊派报款；（4）不在媒体上和各种场合虚报发行量，误导读者和广告客户；（5）不以任何内容、任何方式贬损其他媒体；（6）不以批评报道相要挟来征订报刊；（7）不以任何形式搞摊派或变相摊派，坚持文明征订。《通知》引发了学术界对报业恶性竞争的讨论。

8月26—27日，中国传媒大学亚洲传媒研究中心在北京举办“亚洲传媒论坛2005：新技术、新媒体、变革中的传媒”。本届“亚洲传媒论坛”，受韩国高等教育财团的资助，在“新技术、新媒体，变革中的传媒”总主题之下，涉及新技术与传媒产业、新技术背景下的内容产业、新传媒技术的现状与未来等分主题。本届论坛邀请国内外近20多个国家学术界、业界人士70余人共聚一堂，就研究、实践领域的相关议题展开多角度、多层次的对话交流。

8月31日—9月1日，“东北副省级城市党报集团高峰会议”在大连举行，会上宣告“东北副省级城市党报集团联盟”正式成立。该联盟包括哈尔滨日报报业集团、长春日报报业集团、沈阳日报报业集团、大连报业集团所属的21报8刊，联盟将以多边合作的形式，推进集团各项事业特别是报业经营领域的合作。

8月，广电总局印发《广播电视编辑记者、播音员主持人资格考试办法（试行）》。

9月14日，新闻出版总署在大连召开了“全国规范报刊发行秩序”座谈会，中国报业协会在会上向全国报刊发出《发挥行业自律 自觉维护报刊发行秩序的倡议》。稍后，新闻出版总署又在北京举行了在京报社落实三部委通知座谈会。中国报业协会发行工作委员会随即向全国报社发出了《中国报业发行行业自律公约》，强调各报社应自觉维护各地方报刊发行秩序，坚持文明征订，不以任何形式搞摊派或变相摊派。

各地报业协会和报社闻风而动，签订报纸发行协议成为报业的一项秋季行动。吉林、黑龙江、河南、浙江、广东等省报业协会公布了自律公约。一些同城报社也经过协商签订了报纸发行协议。例如，重庆的16家报纸的负责人签订了《重庆市规范报纸发行和广告经营协议书》。上海50家报纸、86家期刊联合签订了《加强行业自律自觉维护报刊发行秩序承诺书》。沈阳地区的7家媒体与省新闻出版局、省新闻工作者协会、沈阳市出版局、沈阳市新闻工作者协会正式签署《都市文化类报纸规范发行秩序合作协议书》。河北32家报纸签署了《河北报业市场有序竞争公约》。

专家指出，长期以来，报纸发行的无序竞争损害了报业的形象，影响了报业的整体利益，造成了国有资产的大量流失。此次由政府出面规范报刊的发行秩序，加强行业自律，有利于构建和谐有序的竞争格局，促进报业持续、健康、稳定的发展。

9月21日，为纪念《新青年》创刊90周年，中国社会科学院新闻与传播研究所和中国社会科学院青年人文社会科学研究中心在京举办了“《新青年》与当代中国”学术研讨会。中国社会科学院、共青团中央、中宣部新闻局的领导，北京大学、中国人民大学、北京师范大学等高校的专家、学者出席会议并发言。与会者就“《新青年》在中国新闻史上的地位与影响”、“《新青年》对国家前途与民族命运的思考”、“《新青年》与马克思主义中国化”、“《新青年》与五四新文化运动”等问题进行了研讨。

9月25日，国务院新闻办公室和信息产业部针对互联网等新型媒体发展的新情况、新问题，修订、完善原有相关规章制度，联合发布了《互联网新闻信息服务管理规定》。

9月，广电总局批转中国广播电视协会《中国广播电视播音员主持人自律公约》。

10月17日，在西安召开的全国报纸总编辑新闻摄影研讨会上，针对近些年频频出现的少数记者违反新闻真实性原则，甚至见利忘义、见危不救等严重损害新闻摄影公信力的现状，140余名到会者一致通过了由中国新闻摄影学会发起、并得到中央和地方上百家新闻单位摄影部响应的《中国新闻摄影工作者自律公约》。该公约共有10条内容，除了要求新闻摄影工作者遵守新闻工作的共同职业道德准则之外，还根据新闻摄影工作自身的特点提出了具体的职业准则，包括：尊重新闻摄影采访规律。在事件性新闻摄影的采访中，尊重新闻事实，不干涉被采访对象，坚持“抓拍”。反对在新闻现场“摆拍”、“组织加工”和“策划新闻事实”等违背新闻原则的做法；在新闻摄影采访中体现人文关怀。特别是在拍摄意外事件和日常新闻时，尊重被采访对象的合法权益和感受。在紧急突发事件现场，遇有人员受伤等情况，如其他救援人员不到或不够的情况下，先救人后采访。反对只顾拍照不顾当事人死活的采访；在新闻照片的文字说明中，不对新闻做影响事实的“拔高”、“移花接木”和“无中生有”描述；在新闻照片的后期制作中，除必要的影调处理外，不对新闻照片进行影响事实的电脑修改和暗房加工；在新闻照片剪裁或版面编辑时，不对被拍摄者的形象进行故意伤害等。它是中国新闻摄影界诞生的第一个行业性公约，是行业自我教育、自我约束、自我维护、自我发展、良性竞争、走向成熟的又一个标志性措施。

10月21—23日，由中国高等教育学会新闻学与传播学专业委员会广告学研究分会主办的“第四届广告教育研究”学术年会在开封市的河南大学召开。中国新闻教育学会会长、教育部新闻学科教学指导委员会主任何梓华在会上指出，高校新闻专业教育与市场需求严重脱节，数量大、质量差是主要症结。据教育部高等教育司提供的数据，2005年我国新闻学类专业点已达661个，而1994年全国新闻学类专业点共有66个，10年间增加了10倍。当年全国高校新闻专业在校生有12—13万人，每年毕业生达3万余人，绝对数量供大于求。一方面本科生“人满为患”，另一方面研究生“扎堆”。目前，全国新闻院系约有80个硕士点、11个博士点，数量虽不算多，但大都集中在中国人民大学、复旦大学等少数名牌大学里，形成了新闻研究生的‘扎堆’现象。有的博士生导师带20多名博士生。何梓华指出，新闻学类专业点“超常规”高速发展带来了一系列问题，有的学校师资、教材、设备等办学条件严重不足，根本不具备办学条件就挂牌招生。其直接后果就是新闻专业毕业生数量不断增多，而质量却得不到保证。

10月21日，中国晚报协会第20届年会在重庆召开，全国130余家晚报总编、副总编约170多人参加了会议，共同探讨新形势下全国晚报的发展大计。

10月26日，由新闻出版总署报刊司主办的“中国产业行业类报纸改革与发展”研讨会在北京召开，50余人与会，共同探讨中国产业行业类报纸的改革与发展。

10月28日，以“都市报发展10年”为主题的2005年中国都市报研究会总编辑年会在南京召开。20余家参会都市报总编辑回顾10年发展历程，就都市类报纸面临的形势和挑战以及如何应对新媒体竞争等课题进行了深入交流和广泛探讨。会上，与会者共同签署了《2005年中国都市报研究会总编辑年会南京宣言》。

10月28—30日，第12届中国广告节在西安举行。本次广告节评选出了大奖赛全场大奖、大奖赛金奖、银奖和铜奖以及2005中国艾菲奖、2005年度中国媒体企划奖等各项奖项。全场大奖获奖作品为《百度宣传片之唐伯虎篇》。2005年度中国媒体企划奖报纸类金奖为：广州日报社报送的《中国媒体联盟》，华商报报送的《抗战胜利60周年百年老兵入城式》活动广告。

10月，《新闻记者》第10期刊登了郑保卫教授撰写的《试论我国新闻舆论监督的制度建设与规范管理》一文，作者提出：“应当确定并形成一定的选题、稿件和节目的审批与撤销的标准和机制。比如，要求各级党政部门及各类行政机关对媒体提交的采访选题报告和送审的稿件应当在一定时间内答复和退回，在规定的时间内未予答复和退回的，即可视为允许采访报道和公开发表。比方具体可以规定一定的时间为限度，凡是媒体送交的选题报告和送审的稿件超过此期限的，媒体可以自行处理。另外，应当规定，凡是需要撤销的舆论监督稿件，必须通过一定的程序，由相关负责人通过正式公文的形式，签署意见方能生效。任何个人不能凭口头打招呼的方式随意作出撤稿和毙稿的决定。要研究解决如何从制度上消除个别权力组织和权力者个人仅仅凭借一个电话、一道口信、一张字条就可以任意撤销和“枪毙”批评稿件的现象。对新闻单位转请处理的读者来信，有关党政部门应及时处理，对未予答复的，媒体可以根据需要予以曝光。”

11月5日，由复旦大学新闻学院主办的“中国新闻传播学科研究生学术年会”在上海举行，其主题为“传播、和谐、创新”，其中“web2.0时代的网络传播”专题论坛成为本届学术年会的新亮点，年会最后还评出《竞选网站：美国总统大选的新阵地》等10篇优秀论文。

11月5—6日，由南京大学新闻传播学院、南京大学网络传播研究中心主办的“2005中国网络传播学”年会在南京举行。本次年会的主题为“网络社会：传播与控制”。研讨的四个专题分别为：网络社会：何以可能与何以可为；博客与下一代网络门户；数字城市：现状与未来；短信时代与电信传播。

11月9日，由国际奥委会宣传部和北京奥组委新闻宣传部联合主办的“奥林匹克运动与北京2008”国际媒体研讨会在北京召开。来自国内外的媒体记者近150人参加了本次研讨会。《星期天电讯报》体育主笔与奥运报道专家西蒙·哈特、《洛杉矶时报》专职奥运记者艾伦·阿布里汉森等在会上交流了采访奥运会的经验和感受。

11月12日，由中国传媒大学党报党刊研究中心主办的“人民共和国党报论坛”第二届（2005）年会在北京香山饭店举行。本届年会的主题为“十六大以来重大课题与党报”。

11月15日，《中国报业》杂志第11期刊登了吴海民的文章《媒体变局：谁动了报业的蛋糕?》，从而引发了中国传统报业是否遭遇了“拐点”的大讨论。

11月17日，由中国报业协会主办的“2005中国报业广告经营”研讨会在广州举行，40余家报社广告部门的负责人和有关专家学者参加了此次研讨会。

11月18日，“第38届世界中文报业协会”年会在上海举行，由上海新民文汇报业集团承办。本届年会以“中文报业，与时俱进”为主题，探讨中文报业在世界传媒大格局中的定位与发展。

11月26—27日，由清华大学新闻与传播学院和华中科技大学新闻与信息传播学院主办的“2005新新论坛”（“新新”即新媒体，新思维的简称）在北京举行，主题为“新媒体的个人化趋势及其社会影响”。

11月，中国人民大学“传媒公信力”课题组实施了一项传媒公信力调查。

调查的城市有效样本为4278人份，农村有效样本为755人份；涉及东北、北部沿海、中部沿海、南部沿海、中部六省、西南、西北七大区域共31个省。调查表明，无论在城市或农村，电视相对于其他传媒而言，其公信力都是最高的，有八成（81.55%）左右的比例；其次是报纸（9.74%）和网络新闻（5.39%）；广播的相对公信力较低。

调查还发现，在经济发达的沿海地区电视的相对公信力低于经济落后的中西部和东北地区。而报纸的相对公信力则相反。值得注意的是，对于不同电视新闻内容的公信力调查结果是：体育新闻的公信力得分最高，而批评揭露类新闻同娱乐新闻的得分并列在最后。在渠道公信力方面，新兴网络媒介的相对公信力超过了传统的广播、杂志，在绝对公信力上与广播、杂志基本处于同一个层面。也就是说，除了要面对强势的电视、报纸外，广播作为一个传统的大众媒介还面临着网络等新兴媒介的巨大挑战。

参与该项研究的学者撰文指出，受众对传媒的内容偏好与公信力的评价是两个不同类型的问题。受众可能会很喜欢某些传媒内容，但对其公信力的评价却不高。如一些娱乐新闻，人们对这些内容没有公信力的要求，只要好看好玩就行。因此，公信力对于不同类型的媒体受众市场的影响是不同的。对于严肃的时政类媒体来说，公信力会直接影响到它的收视率或阅读率，而对于娱乐类的媒体来说，公信力不是决定它市场好坏的决定性因素，但是，如果它们的公信力跌出公众所能承受的“阀值”，则会影响到它们的市场份额。

12月1日，由新闻出版总署颁布的《报纸出版管理规定》和《期刊出版管理规定》正式实施。施行了15年之久的《报纸管理暂行规定》和施行了17年之久的《期刊管理暂行规定》及《〈期刊管理暂行规定〉行政处罚实施办法》同时废止。

12月1日，“数字电视知识产权”研讨会在深圳大学召开。本次研讨会由深圳市数字电视产业协会、深圳市专利协会主办，60余人参加了会议。会议认为，如何在新的形势下保证我国数字电视产业的健康、快速发展，是摆在企业、行业、政府相关部门面前的一个崭新的课题。

12月27日，全国新闻出版局长会议在北京召开。会议讨论了《新闻出版业“十一五”发展规划》、《新闻出版科技发展“十一五”规划》、《“十一五”国家重点图书出版规划》和《印刷业“十一五”发展规划》。在会上，解放日报报业集团党委书记、社长尹明华提出了“传统媒体应该成立内容联盟，捍卫新闻的价值”的倡议。

12月29日，国务院新闻办公室举行新闻发布会，介绍了当年中国政府三个层次新闻发布工作和发言人制度建设的进展情况。发言人总结了2005年国新办新闻发布工作的三个方面的“亮点”：一是新闻发布会的数量与质量再创新高。二是不同形式的新闻发布得到加强。三是政府新闻发布和发言人制度进一步完善。

（唐绪军　宋小卫　王怡红）

社会学

综　述

2005年中国社会学研究综述

2005年在中国社会经济发展史上具有非凡的意义，不仅是完成“十五”计划和开始“十一五”规划的承前启后的关键一年，也是中国政府确立科学发展观和提出构建社会主义和谐社会的纲领性文献的一年。这样一个时代和社会背景也使2005年成为中国社会学发展历史上的一个里程碑。正是在这一年的早春，胡锦涛总书记宣布了中国社会学的春天的到来，中国社会学在社会主义现代化建设中，特别是在构建社会主义和谐社会的进程中将承担着更为光荣和艰巨的历史使命。回顾这一年，可以说，中国社会学没有辜负党中央和全社会给予的殷切期望，在参与社会主义和谐社会构建、落实科学发展观、建设社会主义新农村方面，在社会学的学科建设方面，都取得了突出成就，以切实的行动催生和迎接社会学的春天。

2005年，中国社会学的研究质量和学术制度建设取得了长足进步，其最为直观的标志是几种社会学专业刊物《社会学研究》、《社会》以及《社会理论》的成功改版。《社会学研究》是中国社会科学院社会学所主办的国内社会学领域的中央级刊物，是中国社会科学界的权威杂志之一。自2005年起，《社会学研究》的版式改为大32开版，设“学术论文”和“书评”两个栏目，无论是稿件质量还是学术规范的建设都取得了更大的成功。《社会》系上海大学主办的社会学专业刊物，是我国高校系统惟一一本公开发行的社会学学术杂志，原为单月刊，杂志定位介于通俗性与学术性之间。为适应和推动我国社会学的学科建设，提升社会学研究水平，秉着“力求办成在社会学界有较大影响、水平较高的学术性刊物”的目标，《社会》从2005年起正式改为双月刊，版式从小16开改为大32开，同时建立了严格的匿名审稿制度，用稿质量大幅度提高，学术规范更加严格，学术影响显著扩大，2006年入选中国社会科学引文索引来源期刊（CSSCI）。《社会理论》原系中国社会科学院社会学所主办的内部刊物《国外社会学》，在其20多年的历史中，见证了中国社会学的恢复、发展和壮大。为适应中国社会和中国社会学在新世纪的发展要求，从2004年起，《国外社会学》酝酿改版，刊名变为《社会理论》，出版方式由内部刊物改为以书代刊，每年四辑，由社会科学文献出版社出版发行。2005年12月，《社会理论》第1辑一面试就因其紧跟国际学术前沿、论题鲜明、论文质量高而获得国内社会科学界的认同。

在研究成果方面，中国社会学在以往研究的基础上蓄势而发，以敏感的学术触角、丰富的学术想像力在分析和解决各种理论和实践问题方面取得了一系列重要成果。这里仅就部分方面做些概述，希冀起到管中窥豹的效果。

一、和谐社会研究

（一）“和谐社会”纲领性文献的提出

继党的十六届四中全会《决定》第一次鲜明地提出“构建社会主义和谐社会”这一科学命题，并把它作为加强党的执政能力建设的五项任务之一提到全党面前之后，2005年2月19日，在中共中央举办的省部级主要领导干部提高构建社会主义和谐社会能力专题研讨班开班式上，中共中央总书记胡锦涛在开班式上发表了“深刻认识构建社会主义和谐社会的重大意义，扎扎实实做好工作大力促进社会和谐团结”的重要讲话，系统阐述了构建社会主义和谐社会的重大意义、科学内涵、基本特征、重要原则、主要任务等，为我们在实践中积极稳妥地推进社会主义和谐社会建设指明了方向，是中国共产党领导构建社会主义和谐社会的纲领性文献。以这篇重要讲话为标志，我国全面展开了构建社会主义和谐社会的历史征程。

对于胡锦涛同志提出的和谐社会理论，国内学者纷纷做出了进一步的阐释。邓伟志精心解释了“民主法治、公平正义、诚信友爱、充满活力、安定有序、人与自然和谐相处的社会”，认为关于和谐社会内涵的这个概括不仅强调了人与社会之间的内部和谐，而且强调了人与自然之间的外部和谐。其中，

“安定”是和谐社会的前提；“民主法治”突出了和谐社会应是一个民主社会和法治社会，法治使和谐社会规范有序，民主使和谐社会充满活力，民主和法治相互推进；“公平正义，诚信友爱”强调的是和谐社会的道德内涵；“充满活力”是对构建和谐社会的高要求，凸显了和谐社会的动态性、向上性和发展性。中国社会科学院课题组把“社会主义和谐社会”作为一个综合性的概念来认识，一方面认为构建社会主义和谐社会的构想中所指的“社会”，应是一个具体的发展领域，是与经济、政治、文化相并列的“社会”，另一方面又指出“和谐社会”不是一个孤立的领域，因此在阐述构建“和谐社会”所面对的形势、问题和任务时，不能完全脱离经济、政治和文化领域。构建“和谐社会”包括社会关系的和谐和人与自然的和谐两个方面，但主要是指社会关系的和谐。构建社会主义和谐社会既是指建设社会的目标、任务和构想，也是指形成相应的执政能力、社会治理方略和社会运行机制。具体言之，我国当前所要构建的社会主义和谐社会，从经济层面看，是在国民经济健康快速发展、国家综合实力不断增强的基础上，人民生活水平普遍提高、生活相对安康的社会；从社会层面看，是社会结构和利益格局比较合理，能够保证社会基本公平和正义，绝大多数人能够分享改革和发展的收益，具有较完善的社会保障体系的社会；从政治层面看，是社会主义物质文明、政治文明和精神文明协调发展，社会主义民主政治比较健全、社会管理体制不断创新和完善的社会，是政通人和、稳定有序并且充满活力的开放社会；从法制层面看，是法制健全、社会秩序良好和人民安居乐业的社会，是政府依法治国、组织和个人依法行事、社会关系依法调节、人们和谐相处的社会；从文化层面看，是社会团结、文化繁荣、诚信友爱、道德风气良好、人们心情舒畅、社会各方面能够形成基本价值认同的社会；从其他协调发展层面看，也是人与自然能够和谐发展，对外开放与国内发展能够相互促进的社会。郑杭生、李路路认为，社会结构的和谐是和谐社会的关键。社会和谐是当代中国在从旧式现代性转向新型现代性的过程中凸显出来、迫切需要解决的时代性课题。当代中国的现代化和体制改革导致了中国社会结构的变革，而社会结构的状况又直接体现了社会关系的状况，构成社会稳定、社会和谐与社会发展的基础。社会结构与社会和谐具有密切的关系，一方面，构建合理的社会结构可以促进和谐社会的建立，社会和谐源于社会结构，特别是社会阶层结构的协调和整合；另一方面，社会更加和谐这一目标的实现，又会进一步促进合理的社会结构的形成，二者良性循环。

（二）如何构建社会主义和谐社会

如何构建社会主义和谐社会？不同学者从不同角度提出了各自的观点。邓伟志认为，和谐社会的构建需要在发展社会事业、提高全国人民的科学文化素质、大力发展社会组织、通过民主方式制定社会政策、科学处理人与自然的关系等方面进行努力。党国英等学者认为，建立农村和谐社会是全面实现社会主义和谐社会的关键。构建农村和谐社会必须采取如下措施：在农村推行民主法治以完善农村社会的治理结构，坚守公平正义以缩小贫富差距，维护诚信友爱以降低社会交往成本，弘扬创造精神以增强社会活力，改善农村社会结构以建立安定有序的农村社会，坚持科学发展观以建立人与自然和谐相处的农村社会。景天魁则认为，构建社会主义和谐社会的关键之一是建立一个负责任的政府，承担起政府必须承担的社会责任，只有政府负责了，诚信和有能力了，每一个社会成员、整个社会的社会责任才能建立起来，和谐社会才能出现。中国社会科学院课题组认为，在当前形势下构建社会主义和谐社会，必须处理好经济与社会之间、政府与社会之间、各社会利益群体之间、公平与效率之间等诸关系问题。而要处理好这些关系，必须在下述方面做出努力：公共投入应促进经济社会的协调发展；理顺收入分配关系，完善社会保障体系；建立社会宏观调控机制，提高社会管理能力；加强国民素质教育，增强社会凝聚力。孙立平认为，尽管和谐社会在理论上涉及到多方面的关系，但在中国目前情况下，和谐社会的最基本含义是在市场经济条件下形成一种大体均衡的利益格局。这样一种均衡的利益格局是和谐社会最主要的基础，也是关涉到我们这个社会未来前景的根本之所在。而要实现和谐社会，问题的关键是如何形成市场经济条件下的利益均衡机制，即政府职能转型、再分配政策的调整、市场中的利益均衡机制，并处理好政府与资本的关系、政府与民众的关系以及劳资关系。

李路路从协调利益矛盾与冲突的社会结构的重建角度阐述了和谐社会构建的路径。他认为，任何一个社会都是充满利益矛盾和冲突的社会，但不同制度背景会形成不同利益冲突的主体、协调机制和组织化形式。在中国再分配体制下利益冲突的主体最终是国家，协调机制是国家再分配，基本组织化形式是“单位体制”；而在向市场经济转型的过程中，利益冲突的主体已经转变为市场关系中的相关交易主体，协调机制转变为“契约”式的交易性关系，组织化的基础转变为组织起来的利益群体，国家成为“第三方”。在制度转型的背景下，重建协调利益矛盾与冲突的社会结构，是中国制度转型和未来发展所面临的挑战。

二、社会分层和阶层关系研究

社会分层一直是社会学研究的核心主题之一。中国社会正处在急剧的社会转型时期，洞察当代中国社会的主要矛盾、特点和发展趋势的关键之一是分析这个转型期出现的阶级阶层分化以及新的阶级阶层之间的关系；而且，构建社会主义和谐社会的重要内容之一就是社会关系的和谐，所以，社会分层研究理所当然地是当代中国社会学的主要议题。2005年，社会分层研究生产出一批比较重要的成果，既有关于当前中国社会的分层机制的经验研究，如刘精明、李路路《阶层化：居住空间、生活方式、社会交往与阶层认同》、边燕杰、刘勇利《社会分层、住房产权与居住质量》、许欣欣《社会、市场、价值观：整体变迁的征兆》、刘欣《当前中国社会阶层分化的制度基础》和《当前中国社会阶层分化的多元动力基础——一种权力衍生论的解释》、李春玲《当代中国社会的声望分层》、杨伟民《当前中国的社会保险在社会分层中的作用》、边燕杰

《中国城市的职业、阶层和关系网》，也有关于阶层结构变迁与社会秩序协调之间关系的研究，如王春光《当前中国社会阶层关系变迁中的非均衡问题》、李培林《社会冲突与阶级意识》、李强《“丁字型”社会结构与“结构紧张”》和《当前中国社会分层结构变化的新趋势》、童星、张海波《社会分层与社会和谐》、张翼《中国城市社会阶层冲突意识研究》，也有对中产阶级的研究，如李友梅《社会结构中的“白领”及其社会功能》、李强《关于中产阶级的理论与现状》、周晓虹《再论中产阶级：理论、历史与类型学》。

（一）社会分层和阶层冲突的机制研究

如何洞察转型期中国社会阶层分化？换言之，当前状态下中国社会分化的动力机制是什么？不同的学者的答案是不一样的。刘欣从制度主义角度对中国社会分层的框架做了重新设计。刘欣认为，社会分层机制总是嵌入到特定的社会经济形态之中，并由规定着社会经济形态特征的产权所有制及其与国家权力之间的关系来解释。在计划经济条件下，国家垄断了生产资料并以行政性的委托—代理方式经营，人力资本产权残缺。这样的制度安排决定了人力资本只能以非市场贸易的方式同生产资料结合，经营剩余以国家租金的形式存在，国家公共权力不但表现为索取剩余租金的权力，亦表现为对这些租金的再分配权力。再分配者在再分配过程中偏向自己而导致阶层分化。在当前中国市场经济情形下，公有资产的既具行政性又具契约性的委托-代理制度，以及嵌入在政治权威结构之中的市场制度，共同构成阶层分化的制度基础。这种制度安排，决定了国家公共权力持续地但只部分地表现为再分配权力，同时它还衍生出权力精英牟取私利的寻租能力，此外，市场能力也在对生活机遇的分配产生影响。这三种权力和能力共同构成了当前我国社会分层的动力基础。据此，作者把当前中国城市社会由高到低分为十个阶层：有技术的权力精英、无技术的权力精英、国有企业经理和管理人员、私营企业主和经理、高级专业技术人员、低级专业技术人员、职员办事人员、自雇者、技术工人、非技术工人。刘欣关于当前中国社会分层的动力机制的研究结论在边燕杰的研究中也得到了佐证。边燕杰根据1998年中国津、沪、汉、深四市400户家庭的社会交往资料，对春节拜年行为做了深入分析，测量出各社会阶层间的社会纽带的强度和异质性，最后得出结论：自1978年以来，随着市场化改革的深入，中国的社会阶层结构发生了巨大的变化。改革推动了混和经济模式的出现，侵蚀着再分配经济时代的社会等级结构的制度基础，也为一种新的阶层结构的形成创造了条件；但在当前中国城市，同时存在两个社会分化的维度，即私有化的市场经济导致的分化和工作组织中的政治权力导致的分化，与市场决定论相反，中国社会分层的根本逻辑是经济和政治的相互影响和双重变迁。

与以往很多学者的中国现阶段的社会结构是一个“金字塔型”的认识不同，李强运用国际社会经济地位指数（ISEI）的方法对我国第五次人口普查的数据进行了分析，得出中国社会是一个“倒丁字型”结构的结论。处于社会底层的人数占总人口的64.7%，职业构成主要是农民。这一结论比“金字塔型”更为明显地反映了我国社会分层和社会结构的不合理性即农业人口比例的过大以及贫富分化的严重性。这种“倒丁字型”社会结构带来的是整个社会的“结构性紧张”，是当前中国各种社会矛盾和社会问题的渊薮。造成“倒丁字型”社会结构和社会分层模式的根源在于城乡二元分治的体制。这种体制还造成中国城市和中国农村社会分层实际上执行的是两个体系，二者独立运转，互不搭界。扭转这种社会结构的关键是采取“两步走”的战略，第一步是真正实现第一产业就业群体向第二产业转变，实现农民的正规化就业，第二步是实现第二产业向第三产业转变，完成扩大中间阶层的任务。

社会阶级阶层分化不仅仅是一个客观的社会过程，同时也跟社会行动者的主观认同具有很强的关联性，客观的社会结构与主观的阶层认同处在吉登斯所谓的“结构二重性”的关系之中。李强、李春玲、李培林、刘精明、张翼等人的研究都对这一判断做出了肯定的回答。

李强认为，目前中国社会的贫富差距引发的社会问题是通过上文所谓的“社会结构紧张”以及社会公众主观上产生“公正失衡”的意识这两个环节实现的。中国阶层结构出现了定型化的倾向，阶层之间的界限逐渐形成，社会下层群体向上流动的比率下降，具有阶层特征的生活方式、文化模式也逐渐形成，阶层内部的认同得到强化。

李春玲的社会分层研究集中在社会声望上，着重从社会上绝大多数人对特定职业群体的综合性价值评价，对当前中国社会的职业分层情况进行研究。她基于全国抽样调查数据，依据职业声望和社会经济地位指数测量，考察了当代中国社会的声望分层状况，得出了当前中国社会决定不同职业的声望地位的主要因素是教育、收入、权力、就业单位性质以及是否从事受歧视职业等，工业化社会的普遍主义价值主导着声望地位评价的标准等结论。

李培林把社会分层研究直接纳入到社会矛盾研究的范畴之中。阶级分析方法实际上涉及到客观的阶级归属同主观的阶级意识和阶级认同的关系问题，而这二者通常是并不协调甚至相互冲突的。在当代中国，阶级意识和阶级认同在阶级和阶层分类以及社会矛盾方面发挥着越来越重要的建构作用，客观的社会结构分层和经济社会地位，要通过主观的阶级认同和阶级意识才能与人们的社会态度、社会行动选择建立起逻辑关系。

在与李春玲、李培林同样重视阶级和阶层的主观认同对于社会分层的意义的基础上，刘精明与李路路的研究更为明确地集中在客观的分层结构同集体行动之间的关系，即“阶层化”问题上，着力通过经验研究来回答客观的阶层结构同其他因素之间的关系。作者认为，在当前中国城镇社会中，居住空间、社会交往、生活方式和阶层认同对于分析阶层化程度意义重大，并通过经验研究得出了在居住、交往和认同维度上，特别是在客观分层结构的两端，阶层化构成了主要的趋势，而在生活方式维度上阶层化的趋势则比较模糊的结论。

张翼将客观阶级和认同阶级都视为行动阶级生成的动力学变量，以改变过去的单纯以“结构”论述阶级变化的研究。作者利用调查数据分析了中国当前省会城市的阶级阶层冲突意识。分析显示：（1）那些收入并不低但却在参照群体中将自己认同在最下层的人们，更易于生发不满；（2）那些真正位于社会底层的人们，具有生发物质性冲突的可能，但这种冲突并不直接指向社会的合法性和合理性；（3）中间阶层作为社会的“稳定器”是有条件的；（4）客观阶级并不必然形成阶级意识，因此也形成不了大规模的阶级对抗；（5）收入分配和财产占有方式的不公正是当前社会稳定的最大威胁。

张文宏研究社会分层的主要工具是社会网络，他在《城市居民社会网络资本的阶层差异》中力图从阶层视角出发研究中国城市居民的社会网络结构特征。他通过对2000年北京城市居民社会网络调查资料的定量分析发现，阶层地位对城市居民的社会网络资源产生了重要影响，占据高阶层位置的专业行政管理人员比工人拥有更为丰富的社会网络资本，主要表现在专业行政管理阶层的网络规模大于工人阶层，前者的关系种类比后者更多元化。专业行政管理阶层和白领阶层比工人阶层拥有更明显的“结构洞”社会资本，前两个阶层与网络成员的交往频率低于后者。专业行政管理阶层的社会网络在性别、年龄和职业异质性方面高于工人阶层。在《阶层地位对城市居民社会网络性质的影响》中，张文宏运用“社会网络提名法”对同一调查资料进行了定量分析后发现，阶层地位对人们的讨论网具有一定的影响，专业行政管理阶层等较高的社会阶层通常讨论混合性的和工具性的问题，而工人阶层更习惯于讨论纯粹情感性的问题。

（二）阶级阶层关系协调研究

如何协调目前在中国社会已经比较严重的阶级阶层之间的矛盾甚至冲突，构建和谐的社会关系？中国社会学研究在这方面思考颇多，收获也颇多。李强认为，“倒丁字型”的社会结构和阶级阶层认同的逐步形成，是中国当前社会结构性紧张的直接原因和表现；与此同时，中国的社会阶层、社会群体利益分化和多元化也更为明显，这种社会利益的碎片化的趋势是减小社会震动、实现社会稳定的有利条件。但仇立平并不完全认同李强的这种判断，而认为要“建立和谐社会下的阶级合作机制”，关键之一就是尽快缩短“社会碎片化”的时间。碎化了的社会虽然是对总体性社会的解构，避免了总体性危机的出现，但并不能降低大规模的政治或社会动荡的可能。一个碎片化的社会将会由一些非常偶然的因素引起社会的骚动，蔓延成无组织的、自发的集体行动，对社会具有极大的杀伤力，是很难预测和控制的。另外，在这篇题为《应建立和谐社会下的阶级合作机制》的文章中，仇立平还提出了一些机制建设对策，包括：建立基于不同阶级利益或群体利益、社区利益基础上的自组织社会而非政府力量“全覆盖”的社会；建立不同利益合法诉求机制；阶级之间的矛盾和冲突只能通过其代理组织进行谈判、沟通和解决，“共享、共赢、自治、合作”是和谐社会中不同阶级或群体的最大公约数；政府尽快从微观经济活动中解脱出来，在建构和谐社会理念的指导下，统筹安排好经济、社会和自然三者之间的协调和发展，政府在治理社会中的“无利益追求”就是政府的最大利益；共产党尽快地由革命党向执政党转变，建立执政党和政府的合法性依据。唐钧在《协调社会阶层利益关系的基本途径》中对以国家的权威来平衡强势阶层与弱势阶层之间在社会经济地位方面的不平衡提出了四条建议：使社会各阶层都能分享社会经济发展的成果；使社会各阶层都能充分表达自己的利益诉求；使社会各阶层之间社会流动的渠道通畅无阻；使社会各阶层对社会整体利益的认识趋于一致。张翼认为，要缓和、协调现阶段的阶级阶层矛盾，一方面要关注社会下层物质利益的获取，另一方面则要整合社会的价值观念，改革不合理的制度规范，约束强势阶级的越轨行为，在制度上构建与科学发展观相一致的、和谐的阶级阶层关系。

（三）中产阶级研究

根据国际经验，一个国家理想的社会阶层关系应该是纺锤型的，中间阶层规模庞大，构成社会稳定的基本要素，两头规模较小。基于这方面的认知，中产阶级研究在我国社会学界正方兴未艾，产生了一些重要文献。周晓虹的《中国中产阶层调查》通过对北京、上海、广州、南京、武汉五大城市的3000余户家庭的问卷调查和数百人的深度访谈，就中产阶层的身份认同、消费行为、休闲方式、社会交往、教育与文化传承、文化品位、政治参与以及媒介使用特征等八大方面进行了深入的调查研究，详细探讨了中国中产阶层的历史命运和生存状况，描绘了一幅成长中的中国中产阶层的画卷。周晓虹的另一本著作《全球中产阶级报告》则把视野放到全球，通过对英国、法国、美国、加拿大、北欧、日本、俄罗斯、印度、韩国、巴西以及中国的台湾、香港地区的研究，不仅展现了全球中产阶级的历史脉络、基本特征和内在分化，而且深入比较了美国、欧洲和东亚等不同国家和地区的中产阶级发展模式。

以往国内的中产阶级研究主要集中于经验分析，而较少从理论上给予关注。针对国内中产阶级研究的理论准备不足的现状，李强从中产阶级的来源和社会地位以及中产阶级是一个统一的和同质的组织还是一个分裂和异化的组织这两个角度出发对社会学思想史上的中产阶级理论做了系统梳理。在此基础上，李强分析了西方社会中产阶级出现和发展的历史条件、中产阶级的社会地位状况和变化、中产阶级所具有的社会稳定功能。作者还分析了中国社会中产阶级的发育状况以及存在的问题，指出了中国当今的中产阶级分化严重、规模太小等特点，并认为当前的国际经济关系是制约我国中产阶级发育和发展的重要因素，提出中国要实现本国中产阶级的发展，只能通过逐步提高受雇者的收入水平而非一味压低本国劳动力价格的途径。周晓虹沿着李强提出的问题在理论上做了进一步的探讨，并把焦点集中在新老两种中产阶级的基本区别上。自马克思以来，中产阶级就受到马克思主义阵营的理论家们的特别关注，中产阶级作为一个重要的社会构成自欧洲工业革命即现代化以来就开始发育和壮大。但是，第二次世界大战以后，随着后工业社会的来临，中产阶级的构成有了新的变化，于是出现了老中产阶级和新中产阶级的类型划分。围绕新中产阶级的特点和社会功能等问题，理论界开展了大量讨论，提出了各种相互对立的观点，一种观点认为新中产阶级的地位与工人阶级更为接近，相当于雇佣劳动者，一种观点认为新中产阶级可以与资产阶级比附，承担着管理或服务职能，分享着工人阶级创造的剩余价值。观点的这种对立恰恰反映了新中产阶级的构成及其社会地位的复杂性。周晓虹认为，作为一个社会阶层而存在的中产阶级在当今世界的发展和变迁，越来越受到全球化这一浪潮的深刻影响。全球化带动的全球产业结构以及相应的职业结构的变化，全球化造成的全球劳动力市场以及收入分配在全球范围内的调整，全球化所形塑的全球性消费市场，都在影响甚至左右着新中产阶级的形成和变动，并使这一阶级在中国社会中的构成和地位以及功能表现得非常动态和复杂。

李友梅关于20世纪90年代以来上海"白领"群体的研究可以作为中国中产阶级经验研究的一个代表。该研究认为，"白领"群体作为上海社会正在发育的中产阶级的构成性部分，其出现和壮大是市场经济体制改革的一个结果。由于转型期中国社会和上海地方社会的复杂性，也由于"白领"作为一个职业群体出现的时间还比较短，更由于我国市场经济体制与国家行政和政治管理体制之间的结构性分离，使得这个时期的上海"白领"群体主要是职业结构和消费取向意义上的，而并没有形成一个具有严格的群体认同和强烈的社会责任感以及稳定而明确的政治参与要求的中产阶级，其社会稳定功能还没有得到充分的发挥。

张伟的《冲突与变数——中国社会中间阶层政治分析》运用政治学或政治社会学的方法对正在兴起的中国社会中间阶层进行了经验性考察。在深入访谈等经验研究基础上，张伟对诸如中产阶级是"社会政治稳定器"等已有定论的观点提出了不同意见。

三、三农问题研究

（一）三农问题与社会主义新农村建设

关于2005年中国农村的形势，樊平在《2005年中国农民发展报告》中这样概括：2005年"三农"问题变化的总趋势是进展大，问题多。进展大在于政府开始用统筹的观点和措施来协调解决"三农"问题，一系列配套的支农惠农政策促进农民收入持续增长，各级财政加大了对农村基层设施建设和公共产品的投入力度，效果明显。问题多在于农村发展已经进入城乡互动新阶段，旧的问题存在，新的问题产生，社会张力显现，村落社会分化继续扩大，快速城市化对农村的影响开始显现，农村内部阶层关系也出现了新特点。陆学艺在《调整城乡关系，解决好农村、农民问题》中指出，"三农"问题出现和长期存在的根本原因在于二元割据的城乡关系，是因为在计划经济体制条件下，已经形成的城乡体制、城乡格局、城乡关系至今还在束缚着农村生产力的发展，束缚着农民生产积极性的发挥。这一点得到了许多学者的认同，王春光在《农村社会分化与农民负担》中认为，中共中央十六届三中全会明确地提出的"五个协调发展战略"中，城乡协调问题是其中最为根本性的问题，城乡协调处理不好，就会直接影响到其他四个协调，城乡不协调、不均衡，可以说是我国面临的最大、最严重和最难解决的问题。如何破除这种二元格局？学者们一致认为关键措施是在财政政策上、户籍制度上、产业发展上、社会保障体系建立上应该城乡统筹，甚至向农村倾斜。

事实证明，上述学者关于解决城乡二元割据的观点得到了党中央和国务院的认可，党的十六届三中全会把建设社会主义新农村作为落实科学发展观、构建社会主义和谐社会的重要举措之一就是这种认可的根本标志。温铁军指出，中央解决三农问题的思路是一个渐进的过程，从农业结构调整，到农民增收到现在强调新农村建设，是一个符合逻辑递进关系的政策提出过程，在党的十六大后，城乡二元结构如何实现城乡统筹，如何实现城乡协调发展，已经变成国家战略。

围绕"三农"和建设社会主义新农村这一总体性问题，不同学者从不同角度展开了探讨。于建嵘在《当代中国农民维权组织的发育与成长——基于衡阳农民协会的实证研究》中继续了他以前关于农民维护自身权利的研究。他在细致考察衡阳农民协会的成长和发展的各种细节的基础上指出，在当今的中国农村，客观上存在着许多"农民利益代言人"及他们发起建立的各种形式的农民维权抗争组织；这些农民维权抗争组织的出现，表明了在国家对政治资源的垄断与控制的情况下，因农民谈判机制缺乏而产生对"组织性力量"的需要；但由于这些农民维权组织大都还处在自组织的非正式阶段，其活动方式和控制能力均存在问题；要解决这些问题，需要执政者、农民及全社会的共同努力。

农村税费体制改革是中国政府这几年来解决三农问题的关键举措。由于这一改革实质上是中央政府、地方政府以及农民之间的利益关系的调整，必然对三者之间的行动和互动关系发生影响。李芝兰和吴理财在《"倒逼"还是"反倒逼"？——农村税费改革前后中央与地方之间的互动》中分析了农村税费改革对中央与地方互动关系的影响。为了解决农民负担问题所引致的治理性危机，中央政府试图通过农村税费改革来倒逼基层政府对自身进行改革，而由于税费改革是由上而下推动的，农村基层政府为了维护自身的利益，作为行政层级最末端的行为体，惟有被动地以"弱者的手段"回应上级压力，其客观结果却是农村公共产品阙如、基层政府运作困难，农村出现新一轮治理危机，由此形成了向上的反倒逼现象，以致中央和省级政府只有采取新的措施，投放更多资源来解决农村问题。作者认为，上级政府和基层政府之间的这种互动关系有助于进一步改进农村社会的治理。

无论是税费体制改革还是其他各个方面的政策措施，直接目标就是农民增收。但这些措施特别是这几年以来中央政府实行的农业税减免政策是否在真正意义上减轻了农民负担，增加了农民收入？王春光认为需要具体解答。国务院取消农业税费之后，从理论上说农民的负担是减轻了，但在《警惕将农民负担问题狭窄化》中，王春光却认为，税费负担固然是农民负担，但是，农民负担还有更多的内涵。总体来看，农民的负担有三种，一种是我们通常所说的农民税费负担，即政策意义上的负担，这是所有有关农民负担研究所认同的，也是通常意义上的农民负担。一种是政府作为的负担，是指一些地方政府从事所谓的开发、建设给农民带来的负担。最近几年，这类现象虽然也曾受到关注，但是并没有作为一类农民负担看待。在不少农村地区，这类负担对农民造成的压力已经超过税费负担。一种是生活成本负担。所谓生活成本负担，是指现代化给农民带来的生活成本的提高和生活风险的增大等。一般而言，生活成本问题不应列入农民负担问题范围，但由于在引导农民迈向市场化、城市化、现代化这样高风险的进程中，国家没有为农民提供相应的风险规避机制和制度，农民往往承担着比以前更大的风险和负担，因此，在生活成本的负担中有很大部分不是农民自己造成的，而是外部社会带来的，与我国社会转型和制度转型有着密切的相关性。当前我国农民面临的最主要生活成本负担就是教育负担、医疗负担和养老负担等。如果说税费负担主要是一个政策问题，那么政府作为的负担与政府管理体制和职能直接相关，生活成本负担与我国社会管理制度改革和发展滞后密切相连。国家仍然有责任和义务帮助解决农民其他负担问题，而且只有国家，才能解决好政府作为的负担和农民生活成本负担问题。

建设社会主义新农村的关键是农民的现代化。而人多地少、剩余劳动力多的中国农村，如何实现现代化？现代化等于城市化吗？包括温铁军在内的许多学者都做出了否定的回答。在他们看来，把新农村建设等同于城市化，非但不能解决问题，而且必然出现并已经出现了大量新问题，特别是社会稳定问题。针对这一难题，杨团在《就地多元化中国农民走向现代化的必由之路》中提出了一个新的思路，即“就地多元化”。就地多元化的基本轮廓包括：一是农村生态地理环境大体上维持原貌，有相当比例的农耕土地；二是农民的身份没有变成城市居民；三是农民的谋生方式多元化，可以在城市或乡镇打工，在农村消费，土地作为生活资料永久保留，打工的收入鼓励其返回农村作为自己和家人享用低价高质的公共服务的代价；四是农村社区的公共设施和公共服务具有与周边城市带相似的水平，它并非基于当地的经济收入而是政府大力推行社会政策的效果；五是社区生活是开放的，与社区外更多交流与互动，人口聚居的程度低于城镇，高于自然村或行政村，形成了一种既不同于传统的封闭的农村社会，又不同于脱离自然生态生造出来的现代城市社会的居间的生活方式，比起城镇，它的人口构成的同质化程度要高得多、人口也没有那么集中、社区形态相对也比较单纯，它是在广阔的自然空间内被建构出来的更符合人性和人的需求的社会空间。

建设社会主义新农村必须包括建设和谐的农村家庭关系和社会关系。刘玉林的《“离土”时代的农村家庭——“民工潮”如何解构乡土中国》对农民工现象所造成的各种家庭关系问题和社会关系问题展开了深入探讨，其结论发人深省。刘玉林指出，进入21世纪，中国农民的大规模流动开始在乡村引发一系列严峻的社会问题：离婚率急剧增加，2000多万“留守”少年儿童，以及难以计数的空巢老人。这场史无前例的家庭危机不仅意味着传统小农家庭的断裂崩离，也从根底上加速了农村社会的解体。鉴于造成危机的深层动力主要源自中国独特的城乡分割体系和大城市推进战略，也就促使我们重新面对“离土不离乡”这一重大的学术和政策课题。

（二）农村权力结构的运作逻辑

农村社会的权力运作机制是2005年三农问题研究的一个很热门的话题。学者们围绕这一论题发表了一些相当有分量的作品，代表成果包括：宋婧、杨善华《经济体制变革与村庄公共权威的蜕变——以苏南某村为案例》、程为敏《关于村民自治主体性的若干思考》、杨善华、柳莉《日常生活政治化与农村妇女的公共参与——以宁夏Y市郊区巴村为例》、赵世瑜《分水之争：公共资源与乡土社会的权力和象征——以明清山西汾水流域的若干案例为中心》。

经济转型的社会影响及其机制因地区和时期的不同有很大差异。宋婧、杨善华基于苏南某村的实地调查资料，对1990年代中后期以来村庄公共权威的边界、结构和领域进行了考察。他们发现，在改制之后的苏南农村，以集体经济为基础的村庄公共权威经历了以“私营化”为表征的蜕变，而这一过程又体现为在公共权威的边界、结构和领域三方面的权力分散、精英分化、责任收缩的过程。作为蜕变结果的新的村庄公共权威的形成及其经营策略，不仅受到中国农村经济体制改革（特别是私有化过程）的影响，而且受制于干部的选拔培养等既有社会政治制度。

程为敏把村民自治当作一个独立主体放在农民—国家关系框架下进行考察，通过党—村关系与乡—村关系两条脉络来刻画当前我国农村村民自治所面临的“二元悖论”困境，分别从残缺式产权、服从型民主、非决策参与及输局博弈等方面阐发村民自治主体性在现实生活中的表现及其在农民—国家关系中被动、单向、内敛的地位，并从内在权利与外在权力之间的关系视角揭示出这种地位产生的根本原因。

杨善华与柳莉在调查中发现，国家与农民对于村干部选举和村庄的公共事务有着不同的目标和考虑，在此背后实际上是“国家政治”和“村庄政治”的区分。农民对村庄政治关注的直接结果是使农民的日常交往行动带有很强的工具理性色彩，从而使村庄政治与农民的日常生活交融，出现“日常生活政治化”的现象。而且，恰恰是因为村庄政治的存在，农村妇女才可以像男村民一样，通过日常交往去参与村庄的公共事务并得到村落社区的承认和肯定。

激励村民参政即参与村委会选举的原因是多元化的，胡荣的经验研究——《经济发展与竞争性的村委会选举》——所展示的是不同于政治原因的经济因素。在村委会选举制度的实践中，村级经济发展情况是一个很重要的因素，经济越发达，村集体的收入也越多，村委会控制的经济资源较多，村委会的选举与村民的利益越密切，参与竞选村干部的人就越多，村民参与投票的程度也越高，选举竞争就越激烈。

虽然不是如前面所述作者那样直接地讨论农村日常生活中的权力构成和运作机制问题，但国家权力在农民日常生活中的作用却是难以无视的，这是戴利朝《茶馆观察：农村公共空间的复兴与基层社会整合》和赵凌云《公共物品的生产与社区整合机制》以及周怡《共同体整合的制度环境：惯习与村规民约》共同的结论。周怡以一个集体主义村庄的社区整合事实为对象，从集体消费、频繁的村庄内部流动和无闲暇时间的劳动等三个方面，展现了村庄惯习作为无形的道德力量所释放的社区整合力量，同时又从不同时期的村规民约的比较分析中发现了这些正式规范所具有的将个体整合于集体的刚性力量。与这种实然的描述性研究结论不一样，李国庆的《关于中国村落共同体的论战——以"戒能—平野论战"为核心》则从规范角度提出今天中国农村在推进向以功能组织为主导的村落类型转变的过程中，亟需加强村落的共同体性质，强化村民对村落的认同感，修复村落的过度分化，促进村落社会的整合和稳定。

数百年来，在山西的许多地方，特别是晋中、晋南地区，流传着许多大同小异的关于"分水"的传说，它们并不像表面上被人们以为的那样荒诞无稽，或者像被后人附加的那样具有政治反抗的寓意，而是凸显出当地非常重要的水资源利用问题，直接关系到区域地理、社会制度与国家制度、社群关系等等。同时，这些故事的产生本身就是历史过程的一部分，成为表现某种权力关系的象征性资源。赵世瑜的社会史研究通过分析太原晋祠、介休源神庙和洪洞广胜寺的个案，把分水问题放置到公共资源或公共物品产权界定的问题框架中去思考和分析，而不仅仅视其为简单的人口—资源关系紧张的结果，凸显出乡土社会内部错综复杂的权力关系，以及为协调这一关系而逐步确立和完善的制衡性制度。

在中国的政治社会和文化脉络下如何研究村民选举？如何思考村庄治理与村民自治之间的关系？如何在西方理论与乡土中国之间保持必要的张力？这都是应星在阅读仝志辉的著作《选举事件与村庄政治》中产生的问题，也是研究农村权力结构运作必须面对的一些"元"问题。在应星看来，村庄政治最重要的问题是对村庄治理机制本身的研究，而非村民自治，应该是在村庄治理的框架内来面对村民自治问题的复杂性；在中国社会思维方式已经全面接受西方制度和文化浸淫的情况下，乡村研究试图完全摒弃西方理论的干扰而完全回到乡土层面进行野性的思维是不可能的，有效的路径也许是在理论与经验的循环中拓展"社会学的想像力"。与应仝之争有些相似的是在日本学界发生的一场围绕中国村落性质和功能——即中国村落的社会结合性质究竟是建立在合理打算基础上的结社还是受共同社会规范制约的、作为命运共同体的村落共同体——的名为"戒能－平野论战"的大辩论。李国庆回顾了这场争论。大多数学者认为中国村落是以完成特定功能为目的的结社，村落由于阶层分化和宗族组织而缺少凝聚力，村干部并非村民利益的代表因而缺少绝对权威；村民之间的互助行为是一种最低限度的经过合理计算的交换行为，村落仅仅是维持生活所必需的"生活共同体"。

四、城市社区研究

费孝通先生早在1947年出版的《乡土中国》中就指出社区分析是现代社会学的一个趋势。2005年，社区研究依然是社会学研究的一个不衰的主题，以《社会》杂志为中心，产生了一批关于"城市社区"的研究成果，论域涉及：社区建设和运作中国家与社会的关系，如杨敏《公民参与、群众参与与社区参与》、赵定东《现代城市社区的国家与社会：现实诉求和路径依赖》、范明林、程金《城市社区建设中政府与非政府组织互动关系的建立和演变》、张虎祥《社区治理与权力秩序的重构》、石发勇《城市社区民主化的实践和制度约束》、刘春荣《中国城市社区选举的想象：从功能阐释到过程分析》；社区建设机制，如蓝宇蕴《对改制公司"办"社区的思考》和《都市村社共同体——有关农民城市化组织方式与生活方式的个案研究》；社区运动研究，如庄雅仲《五饼二鱼：社区运动与都市生活》，等等。

无论是农村社区研究还是城市社区研究，学者们都习惯于选择国家与社会的关系作为基本视角，但在中国国情下，国家与社会之间到底是一种什么样的关系？康晓光和韩恒在《分类控制：当前中国大陆国家与社会关系研究》中做出了明确回答。中国大陆当前国家对多种社会组织的实际控制是"分类控制体系"。在这一体系中，政府为了自身利益，根据社会组织的挑战能力和提供的公共物品，对不同的社会组织采取不同的控制策略。这是一套国家利用"非政府方式"，在新的经济环境中，对社会实行全面控制、为社会提供公物品的新体制。如果说康、韩得出的这个结论是在一般意义上的，那么下面这些学者却是从城市社区建设的不同个案中对他们的结论做论证，这些观点之间虽然形异但却实同，虽然殊途但却同归。

杨敏对中国当前的城市社区研究的一些观点做了检讨，指出在中国当下的情境下，照搬西方公民社会理论来分析中国城市社区的做法并不合适，中国的城市社区有其自身的特点，即中国的城市社区构建是国家出于将单位制解体后模糊的城市空间改造为标准化与清晰化的国家治理空间的需要，而不是为了建构一个独立于国家的公共领域，所以社区参与仍然只是一种出于国家治理需要的自上而下的制度安排，社区参与具有很强的革命时期的国家动员、群众参与的传统色彩。范明林与程金的经验研究证实了杨敏的上述判断，中国当下的社区制建设实际上还是没有摆脱单位制的痕迹，政府在社区建设中拥有的资源优势、政策优势使得它在社区建设中同非政府组织的互动具有一定的主动性和主导性，由此证明了市民社会理论在中国实践中的有限性。石发勇的研究结论也与杨敏的判断暗合符节。石发勇通过对上海市一个居委会改革的案例来考察当前上海社区民主建设的成效。他发现，在当前的改革中，社区组织和居民尽管发挥了一些作用，但改革进程一直是政府主导和控制的，行政权力在微型社区权力结构中仍然占据主导地位，居委会难以顺利成长为真正的居民自治组织。

蓝宇蕴关于广州"城中村"现象的研究已经取得了丰硕成果。她发现，与城中村现象相伴生的是一种新的社区形式，即"都市村社型共同体"。在中国现有条件下，这种具有鲜明过渡性意涵的都市村社型共同体是农民城市化的一种"新型社会空间"，是弱势的非农化群体的"小传统"得以依托、行动逻辑得以体现的社会场域，这种组织化共同体是农民城市化进程中非常值得注意的"社会空间"。

庄雅仲的研究以台北市的一个邻里社区为对象，记录了该社区居民寻求新生活意义的一段过程，主要讨论一个因公园保存运动激起市民参与的都市移民社区，其居民生活受到何种程度的影响，这个影响又如何改变社区运动的进程。

作者认为都市居民寻求安身立命是一个动态、开放且有时充满矛盾冲突的过程，都市空间陌生与快速变动的特性，都市问题的琐碎与复杂性，以及都市移民离乡背井的心灵冲击，使得都市生活充满不确定与挑战性，社区运动因此代表一个集体的寻求地方感觉和在地想象的过程，以改变都市社会现状。

五、弱势群体研究

社会学是穷人的学科，关注弱势群体——这里所谓的弱势群体仅仅是从社会地位角度说的，不带有任何价值判断色彩——的生活和命运不仅是构建社会主义和谐社会的内在要求，也是社会学的学科使命。2005年来，我国社会学界对农民工、下岗职工、性倒错群体等人群给予了较多的关注。

农民工等弱势群体的社会保护问题已经成为各方关注的焦点。但颇让人困惑的是，虽然一方面是政府、立法及司法体系在这方面做出了积极的努力，各种中央政策文件不断出台，相关的劳动法律法规不断制定或完善，各级司法和政府执法部门也开展了声势浩大的专项整治运动，所有这些努力，构成了一个看似完备的针对农民工的劳动法律保护和政策体系，一个完善的给农民工“赋权”的过程，而另一方面，这么完备的权益保护体系在实践运作的过程中却呈现出截然相反的样态，伤残农民工的维权道路依然十分艰难。郑广怀在《伤残农民工：无法被赋权的群体》中分析了这一矛盾出现的制度原因。这一制度悖论的形成与市场转型过程中的权力、资本与劳工之间的复杂而微妙的关系是密不可分的，原因在于，“赋权”不是简单的赋予权力的过程，它受到各种现实因素的制约，特别是制度运作实践的影响。这些制约和影响主要源于资本和地方权力体系具有制度连接的能力，行动者通过制度运作中的不良变通和连接制造制度性障碍，从而使得一种“有意”安排的制度不匹配得以出现，工人面对的是制度安排造成的无奈和无助，从而进入一个无法摆脱的维权的困局。在这个困局中，伤残农民工的权力（权利）被逐步剥夺殆尽。具体地说，在追求投资环境“优化”的情况下，地方政府权力和资本一方面积极地在文本或话语层面赋予外来劳工权益，从而在一定程度上维持当地社会的稳定；另一方面则以制度连接的形式在实践过程中对工人的权益进行“合法”地剥夺，因为这是降低劳动力成本，抑制工人维权意识的最有效手段。这一做法使得对劳工权益的剥夺变得更为复杂隐蔽，因为在表面看来，地方权力和资本似乎正在按照公司社会责任的要求“依法办事”。陈映芳在《“农民工”：制度安排与身份认同》中以“市民权”为切入点探讨了“农民工”作为一种制度长期存在的原因。她认为，对于既有户籍制度的政府需要是户籍制度及“农民工”制度长期被维持的基本背景。而目前中央政府的放责放权与地方/城市政府的自利自保倾向并不利于“农民工权益问题”的真正解决。与此同时，作为中国社会中的第三种身份，“农民工”的被建构和被广泛认同，既构成了现有“农民工”制度的合法性基础，也影响了乡城迁移者的权利意识和利益表达行动。

在国有企业改制和城市化、工业化进程中，下岗失业群体的规模日益庞大。对这一群体及其行动的研究一直吸引着社会学家的兴趣。过去，对失业人员的求职过程的分析过多关注的是失业人员所采取的求职手段或者求职渠道本身，而较少探讨求职者采取特定求职手段的深层次的结构性原因。张襄誉在《结构分割与求职行为》中以2002年上海市失业人员再就业调查的资料为依据，以“结构分割”为理论工具，对结构分割与失业人员的求职行动之间的内在关联进行了探讨。作者认为，在中国的单位制还相当明显的情况下，以单位为主要分割机制的结构分割仍然是制约求职状况的重要变量，不仅影响着失业人员对再就业求职手段的具体运用，影响着他们获取工作的可能性的大小，而且也决定了他们是否能获得更好的工作和更高的收入。毕向阳对下岗职工的关注点是他们缴纳基本养老保险行为。在《制度与参与——下岗失业人员缴纳基本养老保险行为研究》中，毕向阳发现，在影响下岗工人缴纳养老保险的因素中，制度因素最显著，个体因素次之，而收入因素的作用相对来说不是很明显。制度因素作用显著表明当前下岗失业人员养老保险参保率低的问题主要是由制度障碍造成的。收入因素重要性相对不高与一般的看法及下岗失业者的自我归因相左，不过与个体因素一起表明下岗失业人员尽管面临来自于制度和收入水平强硬的双重约束，但还存在一定的选择空间。然而，下岗失业人员对是否参加基本养老保险的选择并不是一般的经济理性的算计，而是一种“生存理性”下的选择行为，体现出他们面对不利的机会结构时社会行为的耐受性、适应性和策略性。同样关注失业群体，但吕鹏的《他们不再是孩子了——关于“新失业群体”现状的社会学报告》所关注的则是那些在调查期内学历较低、处于失业状态、没有国有或者集体企业工作经历的、拥有城镇户籍的年轻人组成的“新失业群体”的生存状况。“新失业群体”的出现及其生存状况的一个重要决定因素是“制度真空”，他们不像“老失业群体”那样有一整套的关于劳动和社会保障的制度和机构作为支撑，也不像1980年代初的失业青年那样可以通过诸如顶替、招工等制度设计重新就业，他们是在从学校到市场的转变过程中出现了制度抽离，学校制度已经不能对他们发生作用，他们只能通过个人化的努力来寻找新的制度支撑。

同上述制度主义研究路径不同，刘能、夏国美等人的研究则偏向于社会心理的维度。艾滋病作为一种污名化的社会疾病，由于其高致死率、多途径传染和不可治愈的特征，在世界各地引发了社会恐惧和相伴随的社会排斥和社会歧视。刘能的《艾滋病、污名和社会歧视——中国乡村社区中两类人群的一个定量分析》在对两个中国乡村社区的两类人群——普通村民和艾滋病感染者——中所采集的实地数据的基础上，对村庄社区范围内艾滋病流行与社会歧视之间的经验关系进行了定量分析，明晰了各种社会文化和经济因素在对艾滋病患者的社会歧视中所产生的作用及其后果。夏国美、杨秀石主要关注商业性性交易者艾滋病的防治问题，他们在《商业性性交易者艾滋病认知、态度与行为调查》揭示了经济因素、男女社会性别的不平等给性交易中的艾滋病防治带来的困难。

六、产权制度研究

从传统意义上说，产权制度属于经济学与法学的范围，但由于产权制度本身归根结底是社会的产物并且其构建和变迁必然会对社会生活发生影响，所以，社会学对产权制度的研究亦不鲜见，甚至在2005年出现了一个小小的高潮。

经济学产权理论的基本命题是："产权是一束权利"，即产权界定了产权所有者对资产使用、资产带来的收入、资产转移诸方面的控制权。产权为人们的经济行为提供了相应的激励机制，从而保证了资源分配和使用的效率。周雪光在《"关系产权"：产权制度的一个社会学解释》中则从社会学制度学派的解释逻辑出发提出了一个不同于经济学思路的"关系产权"概念，以此来强调"产权是一束关系"这一中心命题，为解释产权在中国转型经济中扮演的角色和有关的经济现象提供了一个不同的分析角度。这一思路的基本观点是，一个组织的产权结构和形式是该组织与其他组织建立长期稳定关系、适应其所处环境的结果。因此，产权结构和形式并不是像经济学家所说的那样反映了企业的独立性；恰恰相反，产权反映了一个组织与其环境即其他组织、制度环境或者组织内部不同群体之间稳定的交往关联。

折晓叶和陈婴婴关注的是乡镇企业的产权及其私有化问题。他们在《产权怎样界定？——一份集体产权私化的社会文本》中指出，20世纪90年代中期以来，乡镇集体企业改制的某些经验事实就表明，社区集体产权主要不是一种市场合约性产权，而是一种社会合约性产权。这种社会性合约既不是某种有意识设计的制度，也不是社会关系的自然表达，而是特定行动关系协调的产物，反映的是一种社会和谐秩序。在市场合约不完备的情况下，它有可能以非正式的方式比较好地处理和解决社区内部的合作问题和产权冲突，具有界定和维护社区产权秩序的作用。但是在制度环境发生急剧变化时，它的这种作用就是十分有限的。在当下依靠行政力量推动改制时，如果仅仅以制度设计来取代非正式的社会合约规则，而不能充分考虑到后者的延续或替代问题，将会给社区的持续发展带来严重的不良后果。

与折、陈二人看到的市场合约性产权与社会合约性产权之间的二元对立一样，张静在人们的财产观念中也找到了一个二元结构：公共投入VS私人投入，以及相应的权利声称VS利益分配。张静在《二元整合秩序：一个财产纠纷案的分析》中指出，在人们的财产观念中，出现了将公共投入和私人投入作出区分的取向。由于这种区分的原则尚未明确，也尚未得到各方的一致性认可，于是常常采取双重承认的办法来解决纠纷：既承认个人投资、也承认公共服务和管理作为财产身份的合法性来源。"双重承认"采取的特别路径是，将权利声称和利益分配分开处理，并可以根据不同、乃至相悖的原则进行。这就是"二元整合秩序"。对于社会整合而言，权利声称具有象征性和强制性，它将一些制度认可的身份和权利合法化；利益分配则具有修复和整合性，它缩小权利声称和社会公正观念（变迁）之间的差异。后者更具实质性的社会整合意义，因为它根本上服务于各方达成"同意"形成的秩序。

申静和王汉生的《集体产权在中国乡村生活中的实践逻辑》以四川省中部一个村庄的实地研究为例，通过对存在于乡村社会中的集体产权的社会学透视，指出社会学视角下的产权关系并非像经济学者们所以为的那样，是划分明确且一经形成便相对稳定的关系结构，相反，它是一个个体行为者与其所处的社会环境不断互动的过程。这在一定程度上印证了周雪光的观点。而由于个体行动和社会环境的互动关系的存在，所以社会学视角下的财产权利关系结构表现为一个动态的均衡过程。

七、社会学理论研究

在2004年社会学理论研究成绩斐然的基础上，2005年中国社会学的理论研究也取得了新的成就。国外社会学理论著作仍然占据着中国翻译出版市场的很大份额；《社会理论》第1辑在这一年的最后一个月成功面试；北京大学出版社等相继推出两岸三地一批重要社会学理论家如苏国勋、叶启政、黄瑞祺、阮新邦、谢立中、孙立平、高宣扬的文集和专著；在人物研究上，不论是对古典社会学大家韦伯、涂尔干的重新解读还是对活跃在国际社会学论坛上的当代社会学家布迪厄、鲍曼的凭借，都取得了较大成绩；在研究主题上，社会学界理论的视线遍布现代化理论和现代性、全球化背景下的民族—国家、中西语言比较、风险社会理论和社会建设理论、知识社会学理论、经济社会学理论等诸议题。

（一）现代化中的普遍主义与地方主义

针对世界各国在现代化道路上因为坚持单一的现代化理论和现代性话语而出现的各种问题和困难，从本土性出发反思和批判传统的现代化理论和现代性思想，是当代国际社会学界的重要议题，中国社会学界在反思西方中心论的现代化道路方面也迈出了可喜的步伐。

在以往国际发展社会学的研究中，主要有两个学术传统，一个是以英美等发达国家的现代化为研究对象的现代化理论，一个是以非洲和拉丁美洲以及东亚的现代化道路为对象的发展理论。孙立平在《社会转型：发展社会学的新议题》中认为，这两个学术传统不仅构成了当今国际发展社会学的基本模式，而且限制了发展社会学自身的发展和视界，其主要标志是忽视了中国、苏联和东欧等社会主义国家的转型过程为发展社会学提出的一系列新的议题，包括如何看待不同国家和地区的发展道路，如何看待发展和转型过程中国家与社会的关系，如何看待发展过程中社会不平等的问题等。因此，直面这些转型国家的社会转型的实践过程，应该是发展社会学获取自身发展的必由之路。这不仅有助于发展社会学的扩大视野和传新理论，而且有助于形成现代化理论、发展理论和转型理论三足鼎立的发展理论的新格局。

夏光长期从事东西方文化比较研究，擅长以东亚国家的现代化经验为参照来反思和批判西方现代化理论所蕴涵的西方中心论传统。《东亚现代性与西方现代性：从文化的角度看》是他在这方面的代表作。夏光的基本论点是，具体文化类型与具体现代化道路具有内在的关联性，东亚和西方的现代性代表了全球化背景下的两种不同的现代性模式，而两者之间的差异主要与各自的文化传统有关。夏光指出，当前的传统 VS 现代的二分法和对文化避而不谈的发展理论仍然是西方主流社会理论的弊病，东亚的崛起是传统与后传统以及地方性与全球性之整合的结果，也就是说，东亚的崛起及其独特的现代化道路是建立在东亚独特的文化类型上的。夏光详细考察了东亚文化与西方文化之间的异质性及其对东西方现代化道路的影响。该书特别批评了韦伯的现代化理论所内含的西方中心论色彩，认为韦伯关于现代性与文化的关系有过于简单的嫌疑：一方面，韦伯认为现代性的实现是建立在形式合理性的文化基础上的，东亚文化传统缺失形式合理性因素，故难以真正实现现代化，另一方面，韦伯看不到西方现代化道路具有超越形式合理性的可能性，因此，在韦伯的理论中，不仅有东亚国家必然遭遇的不脱亚入欧就难以实现自身现代化的难题，而且也有西方国家的现代化过程最后把这些国家引入实质合理性泯灭的“铁的牢笼”的困境。而实际上，东亚国家在 20 世纪 60 年代以后的成功的现代化的经验表明，东亚独特的文化传统并没有成为这一地区走上现代化道路的障碍。夏光认为，韦伯理论的这一失误的症结在于韦伯所坚持的社会行动类型学过分僵化地区分形式合理性和实质合理性，其简单的二元论和线性观点限制了韦伯对现代性与文化之间的错综复杂的关系的认识。夏光的这一观点揭示了全球化同民族—国家之间的复杂关系。线性地和二元论地看，全球化的推展结果必然是民族—国家逐步淡出历史舞台。但历史的发展实际上远非如此简单和线性，确切的情形是：全球化在不断损害民族—国家特别是非发达民族—国家的同时却是这些国家的民族意识和民族认同要求的不断觉醒。

黄平在《“北京共识”还是“中国经验”?》中对中国社会主义建设的道路以及中国社会科学在此间的作为、表现作了全面反思，把问题更加具体化到了中国经验同西方现代化理论之间的关系上。长期以来，中国社会科学界对于中国道路的设计和分析总是存在着食洋不化、以西方建立在完全不同的实践基础上的现代化理论来切割、设计和规划中国的发展道路和模式。实际上，中国是一个有着不可消弭的自身特点的民族国家，任何照搬西方理论和发展模式的方法都不可能给中国带来富强，给人民带来福祉。中国的问题存在于中国本土而非西方现代理论之中，中国的社会科学应该在中国本土实践中探寻和建设契合中国实际和本土经验的理论。在黄平看来，“小康”、“和谐”这些概念的新近提出都包含着一种崭新的思路，一种在中国本土和中国经验中积淀和提炼出来的有别于西方现代化理论的思路和视角，中国社会科学应该对这些概念保持高度的敏感性，将之变成重新认识中国的分析框架和“方法”，在其中寻找到契合中国特色和发展需求的中国社会科学的生长点。

（二）对理性主义的现代性诊断方案的反思

反思现代性不仅仅是在普遍主义与地方主义的层面上展开，而且还要包括对现代性在西方社会造成的各种灾变性后果进行分析，也就是说要对启蒙理性本身进行反思和批判。肖瑛在《从“理性 VS 非（反理性）”到“反思 VS 自反”：社会理论中现代性诊断范式的流变》中着力于考察西方现代化理论关于现代性灾变的诊断范式的转变。现代性甫现以来就在给人类带来巨大福祉的同时也造成了各种问题，因此，对现代性的反思和批判一直与现代化过程如影随形般地共存着。在社会学思想史上，出现过理性主义、历史主义和后现代主义等三种社会学的诊断方式。这三种诊断方式具有一个共同的特点，即都是从工具合理性与外在于它的各种因素之间的冲突关系这一角度来诊断现代性的，因此都可以归入“理性 VS 非（反）理性”的标签之下。这一范式下的各种现代性诊断方式都忽视了对工具合理性（启蒙理性）自身的结构性悖论对于现代性灾变的根本性作用。针对“理性 VS 非（反）理性”范式的不足，社会学家吉登斯和贝克在其风险社会理论的构建中提出了一个诊断和批判现代性的替代性范式即“反身性现代化”理论。这种理论强调启蒙理性内部存在着一种不可消解的结构性悖论，即启蒙理性所坚持的怀疑主义方法论同它所宣称的反映论真理观之间的根本冲突，反思带来的不是确定性知识，而恰恰是不确定性和虚无性。从这个角度看，“反身性现代化”理论可以被转译为“反思 VS 自反”范式。这一范式的提出，虽然不能完全取代“理性 VS 非（反）理性”范式，但在揭露科学技术理性的结构性悖论，以及这种悖论在改造社会和自然、生成现代性的过程中使人类社会不断风险化的核心功能方面却目光独到，有助于揭露科学技术神话对自身“并不完善”这一实质的长期遮蔽，为人们认识现代社会的风险根源和寻求超越现代风险社会提供了崭新的思路。

（三）社会建设理论

如何超越风险，构建和谐社会？许多学者都注重理论的探讨。李培林、苏国勋等学者在《和谐社会构建与西方社会学社会建设理论》中基于这一目的，对西方社会学思想史上的各种社会建设理论作了系统考察。大致看来，社会学关于社会建设的思想可以分为五种理论：社会团结理论，以涂尔干与滕尼斯这两位观点相互对立的人物为代表；社会整合理论，以涂尔干的社会团结学说和帕森斯的社会均衡学说为典型；社会冲突理论，马克思、达伦道夫以及法兰克福学派都为这种理论的发展贡献了力量；社会公正理论，以罗尔斯等人的正义理论为代表，以捍卫平等、自由和权利，保护弱势群体的利益为鹄的；社会福利理论，指政府为维护公共秩序和社会稳定旨在保护公民免受经济上的风险而对公民提供安全保障的理论；风险社会理论，以吉登斯和贝克为先锋，强调现代社会正从简单工业社会进入风险社会，风险社会构成的根本原因在于科学技术理性的结构性悖论。

（四）重返古典

有学者指出，自然科学的进步是在忘却其先行者的基础上取得的，而社会科学的每一丁点儿成绩都是建立在对其前人的重新解读的基础上。不断回到自身并不悠久的古典，是社会学研究的不可割舍的条件甚至情结。在 2005 年，无论是何蓉对社会学方法论的思考，还是夏光对现代性问题的探究，都表现出鲜明的重返古典的倾向。

回到古典是汪和建的经济社会学研究的惯常路径之一。在《再访涂尔干——现代经济中道德的社会建构》中，他对涂尔干的“道德性视角”作了翔实的回溯和分析。作者指出，在其社会分工研究中建构起“道德性视角”这一经典性社会学视角是涂尔干的一个卓越贡献。这一视角不但是对经济学中的“去道德化”倾向的一个有力批判，而且是引领新综合经济社会学把道德分析与社会结构分析结合起来的桥梁。作为一种桥梁，这一视角不仅可以使我们获得某些重要的理论命题，而且由此可以引申出现代经济中的道德的社会建构的基本理念。

虽然有人说韦伯的理论缺乏实用价值，但也并不否认他的时髦。在中国甚至世界社会学界，说“回到古典”似乎更多地表现为“回到韦伯”。张钰在《解读韦伯的三大隐喻》中着重考察了韦伯众多隐喻中的三个：理性化与世界的祛魔、诸神斗争、铁的牢笼，并以此为依据对韦伯的现代性思想及其局限做了重新分析。

八、社会学方法论与研究方法研究

近年来，社会学的方法论反思和研究方法探索的一个重要趋向是更加社会学化，即更加关注从本土性和地方性出发来反思西方舶来的社会学方法论和研究方法的可行性和合理性。2005 年的社会学方法论与研究方法研究明显地体现出这种特征。

何蓉一直关注着德国古典社会学时期的方法论争论问题，发表了系列论文。她的《德国历史学派与 19 世纪经济学方法论之争的启示》厘清了前韦伯时期德国 19 世纪经济学方法论同历史主义之间的复杂关系，分析了历史主义对本土经验的强调对当时经济学方法论的重大影响，并认为对于中国这样一个文化积淀深厚的国家而言，从本土经验出发来考察西方理论和重构理论是非常必要的。她的《马克斯·韦伯的方法论：基于渊源的再研究》可以说是在前文研究的基础上对韦伯的社会学方法论所作的重新思考。作者从经济学与社会学的比较互动出发，从理解社会学、方法论个体主义以及理想型等三个维度分别考察了韦伯的社会学方法论的特点，并对其使用语境和现实意义做出了重新阐释。徐冰的《泰勒诠释学思想的方法论解读》所针对的同样是诠释学所具有的文化相对性和地方性特点，他从文化相对性角度出发对查理斯·泰勒的诠释学思想所具有的方法论意义做了深度解读，特别阐述了泰勒以文化为基础的诠释学对于创造中国本土社会理论的重要参照价值。

如果说前面两位作者的方法论反思都是基于文本的再考察，那么黄宗智的《认识中国——走向从实践出发的社会科学》则是从中国经验出发来反思想像中国的方法。长期以来，无论是国内的中国研究还是国外的中国研究，都直接依赖现代西方的理论而没有能够形成自己独立的理论。黄宗智指出，现代西方主流理论多从理性人的构造出发，把它作为一切认识的前提，但近年来的西方理论界本身已对这种“启蒙现代主义”提出多种质疑，在社会学领域，布迪厄又提出了以实践为根据的理论设想。这些质疑和实践理论其实接近于中国革命在大革命失败之后所形成的独特的认识方法，即要求从实践的认识出发，进而提高到理论概念，再回到实践去检验。黄宗智认为，如果排除其中隐含的阶级斗争意识形态，这一努力在调查方法上更接近于现代人类学的参与者的观察方法，在学术上则相当程度上体现于费孝通那样的现代中国的社会学中。正是这个传统为我们指出了一个方向：走向从实践出发的社会科学和理论。

在社会学的学科发展史上，人类学一直相伴左右，两种学科在方法论和具体研究方法上相互比照开展反思和借鉴，达到了相互促进的效果。杨善华、孙飞宇在《作为意义探究的深度访谈》中，从意义关联的角度对社会学田野研究中“深度访谈”法进行了探讨，可以说是这两种学科相互反思的具体表征。他们认为，从意义角度来看，“深度访谈”的实质就是对被访者在访谈时赋予自己的话语的意义以及被访者赋予访谈情境的意义的探究，因此，“深度访谈”不仅是一个资料搜集过程，其本身也构成一个研究环节。要做到对这种意义的客观把握，访谈者在进行“深度访谈”时需要贯彻如下原则：既应当以“悬置”社会科学知识体系的态度进入现场，同时又要随时保持反省；访谈的过程应以日常生活及生活史的结构为结构，发现问题，追究问题，最后在讨论个案的普遍性意义。

“社会动力学”从社会学甫现之时就是其构成性部分，事实上，社会学的任何研究都无法摆脱对“发展”、“变迁”和“趋势”等概念的依赖，但长期以来国内外的社会动力学研究一直停留在理论层面上，而社会学定量研究如何较为客观地体现社会的动态性却成了一个悬而未决的问题。针对这一问题，宋时歌和陈华珊在《纵贯性数据与生长模型在社会科学实证研究中的应用》中尝试把纵贯性数据和生长模型引入社会学研究中，认为这二者是处理社会动力学问题的最佳工具。

当然，2005 年的中国社会学研究所涉及的领域远远不止本文所列的几种。事实上，在这一年里，无论是在传统的社会保障领域还是在新出现的物业管理机制，无论是在企业改制还是科技革新所遭遇的社会文化困境，中国社会学都以其特殊的社会敏感性和想像力给予了高度关注。限于篇幅，本综述难以对社会学所有方面的研究成果做面面俱到的介绍，而只能做挂一漏万的概括。这一点还请读者明察。

（肖瑛）

学术成果·著作

城市社会学

（王颖　三联书店2005年版）

与一般的对一本《城市社会学》的想象不同，王颖的《城市社会学》既保持了教科书式的结构严谨，也同时避免了教科书式的刻板与空洞，因为它融入了作者深入的思考、明确的观点与精当的论证。正如作者所指出的，“中国城市化的发展，是过去20多年的时间里最引人注目的事件。”面对不断展开的城乡变迁的生动过程，“本书与其说提供了一个完善的体系，不如说描绘出了一个开放的系统。”

在进入对城市化进程、现代城市的治理方式、发展战略以及文化支撑的讨论之前，作者首先将“城市”带入历史的纵深纬度和跨文化的比较视野当中。这无疑将大大丰富人们对城市文明的理解。作者指出远古城市尽管与近代的城市有着诸多的不同，古代城市与现代城市在性质和功能上有着惊人的一致性，特别是远古城市从产生到具有成熟的形式，留传给我们的东西实在太多了。如，城市是一个控制中心；城市是一个聚和容器，主要指城市的聚合作用和在此过程中的创造性以及城市对文化的保存作用；城市功能决定城市的基本外形和内部结构：城市作为永久性的聚会地点，把村庄的聚会中心扩大了，专门化了，聚会人的身份也越来越复杂，进而是权力中心，权威的集中体现，也是交易中心，做为聚会中心的功能逐渐派生出政治经济、文化、科技、市场，交往等功能。远古城乡并不如今天这般对立。远古城市受控于自己的乡村作为生存的基础。决不能说城市自产生之日起就与乡村对立。

事实上，对历史中不同城市类型的讨论就是对不同文明进程的讨论，在城市的演变中我们可以看到文明的转型与演进。通过分析希腊城邦、罗马帝国与中国都城的形制，我们更清晰地理解了不同城市所表征的文明体系的内涵。作者还进而回顾了中世纪之后，西方城市的发展历史，这对于研究中国现代城市的发展有着借鉴意义。在中西城市的比较中，作者指出西方城市人最早对城市守护神的崇拜和中国都城统治者对祖先崇拜的差异，最终演化成西方以个体为单位，以法制为纽带的城市社会结构和中国以群体为单位，以人情所构成的关系网络为纽带的城市社会结构的差异。中国城市中心既不是神址，也不是神人共居的综合性广场，而是由宫殿和宗庙构成。中国城市没有出现人神共治的局面，却出现尊崇祖先，祖庙与王宫同为城市中心的基本格局。中西祭祖与祭神的差异，导致了政治权力结构的差异，进而导致了城市结构的不同。我们可以发现，作者从不同文化的最基本的象征体系的差异中去寻找作为文化表象的城市类型的差异的根源。历史从来不能割断，最现代的面貌也有着过去古老的影子，我们必须深入自身的历史文化脉络来理解中国城市的发展方式。在某种意义上，可以说该书的第一部分构成了该书整体的思想基调，也就是作者在具体问题的研究中始终关注到中国文化以及中国城市发展自身历史进程的独特性，从而避免了盲目效仿西方城市化进程和城市治理模式而给中国城市发展带来的误区。

综合起来，作者在该书中强调了以下几个方面的问题：

1. 城市是带动中国前进的发动机。城市化有两层含义：一是指非农人口向城市大规模地聚集；其二是大规模聚集于城市的人口，以怎样的方式有效地组织起来。这正是城市社会学的两个重要的研究领域：城市化和社区。作者为消费城市正名，鼓励城市化而非城镇化。以城市化为核心带动周边地区的经济发展，是本书的重要观点。城市竞争的核心的是知识、文化、创新和人才。在现实的世界性的竞争中，城市作为独立行动主体的政治角色越来越重要。

2. 从科层制走向共同治理。信息的片断化、分散化使原有的科层体制失去了天然的、法定的权威性和有效性。应对分散化的治理方式就是共同治理，使分散的信息重新整合起来。共同治理的核心是政府、企业与公民社会之间的关系重构，既要避免大政府与大资本相结合所构成的强权，也要完全听命于某些情绪化的民意。共同治理就是在科层制的内部和外部建立起更广泛的横向的组织联系，通过代议制民主、协商民主和对话民主建立起民主、民主参与和治理体系。

3. 城市政府的企业家角色。所谓企业家政府是要像企业家一样，具有发现市场需求，满足市场需求，满足市场需求的执着精神和组织能力。城市政府面对的市场，对内是社会组织和市民，对外是彼此竞争的各国城市。现代企业家政府就是具有全球眼光、主动作为的城市“战略经纪人”。

4. “公共平台”整合模式。城市管理的片断化，突出表现为管理者多元化，利益部门化和彼此隔绝的信息孤岛。从目前城市治理的发展趋势上看，将新技术与新的共同治理观念结合起来，打破体制的障碍，共同创造信息汇聚、交流、互动整合并兼具服务功能的公共事务管理平台，已经成为应对信息片断化的良方。公共平台模式强调全社会的对话、协商、沟通与参与，具有透明、公开和交互性。

5. 城市特性的人性化回归。在知识

经济时代，城市人终于开始摆脱“大机器流水线”组织生产和赚取利润的方式，主流意识开始向持续发展、个性化、人性化方向回归。城市建筑的历史文化传承提上议事日程，“多样化、高密度、小尺度的人性化空间”和“以人为本的设计思想、管理体制受到推崇，绿色运动、可持续发展成为全球共识。如何让我们的城市满足人们追求自然、愉快地生活在一起的需要，已经成为新城市特性所追寻的目标。

6. 文化“创意”的普遍意义。文化创意产业已经成为现代城市竞争中新的亮点。传统文化、创意人才，现代营销理念，共同治理的理念、组织和制度，构成了这场城市软实力竞争的核心内容。只有深刻理解认真研究本土文化，才可能培育出具有世界冲击力的现代城市文化。文化需要自由发挥的土壤，而让自由的文化创意成长为引领世界文化潮流的产业，却需要城市政府创造性地整合社会力量去实现。在实施文化发展战略过程中，政府本身就需要有创意和魄力。城市文化的精髓在于创新。从某种意义上说，创新已经成为城市生存、发展的根本。

[王颖，中国社会科学院社会学所组织与社区研究室研究员，硕士生导师。主要研究领域：城市社会学、社区研究。主要论文：《民主自治：社区建设的核心》、《现代城市管理与社区重建》、《政府权力下移与民间社会的兴起》等。]

电视与社会——电视社会学引论

（邢虹文　学林出版社 2005 年版）

在所谓的“读图时代”，电视比网络更早地无所不在地嵌入到我们的社会生活里。电视不仅改变了人们的信息授受方式，而且改变了传统的时间观念和空间观念。电视的发展对 20 世纪的深刻的社会变革产生了巨大的影响，它直接或间接地冲击着人们对社会和对人生的认识，影响了人们习以为常的生活方式、思维方式和生存方式。

《电视与社会——电视社会学引论》采用多学科的研究视角，着眼于全球化背景下电视媒介所发生的重大变化，作者区别并突破以往统治电视研究的文艺理论、电影理论，借鉴了国内外电视社会学的最新研究成果，探讨了电视媒介发展的社会环境及其与社会之间的内在关系，并运用社会学理论方法分析了当前电视发展与社会“互动”的过程及其内在逻辑。

所谓“电视社会学”就是采用社会学的观点与方法，从电视与社会的总体关系出发，研究电视的本质属性以及电视与社会系统各要素之间的相互关系、相互作用，揭示电视传播过程与社会系统的互动关系及其规律的社会科学。在电视传播过程当中，围绕着电视的传播活动、电视与社会的互动而衍生出了各种社会文化现象，这些社会文化现象就是电视社会学的研究对象。

在该书中，作者极富社会学意味地从三个层面分析了电视与社会的关系：

首先，在社会结构的层面，作者将电视产业放在整个“社会生态”的结构条件下来考察，分析了我国与西方电视发展的社会背景，进而指出了电视的社会生产与消费机制。首先，电视的社会生态包括：管理体制、电视产业以及传播空间。管理体制为电视的发展提供了制度框架，电视产业为电视发展提供了市场空间，传播空间的拓展为电视发展提供了生存空间。一方面，电视发展不断地受到来自社会生态的制约与要求，按照社会环境的状况生产电视产品；另一方面，电视本身也通过观众的消费不断拓展其影响力，从而促使其所处的社会生态发生变化。正是在这种与社会生态不断发生的双相互动过程中，电视的社会性不断地再生产出来。我国的电视社会生态在不断的改革中进行了飞跃式的发展，管理体制中嵌入了商业运作机制，电视产业也经历了从行政垄断、相对自由竞争到垄断竞争的阶段。总体来讲，我们已经认识到了电视所具有的社会属性与经济属性的双重并存，在现实生活中，电视媒介既具有社会属性，即提供信息满足民众对信息的需求；同时也具有经济属性，遵循市场经济的规律进行运营。电视在很大程度上不仅是一项社会事业，更是一项文化产业。

其次，在社会互动的层面，作者探讨了电视对人的社会化的重要作用，电视与人的互动方式以及电视影响生活方式和建构社会现实的内在机制。在社会化过程中，作为社会环境的一部分，日益普及的电视成为推动社会化进程的重要因素。与一般的社会互动相比，电视与社会、观众的互动具有自己独特的特征。它是一种“点对面”的交流，电视交流是一种单向的非同步的关系，是一种“拟态环境”中的精神文化互动。借助以上机制，电视通过语言与图象的传播，不断传递新的生活信息，示范新的生活方式。在电视传播的过程中，同样也存在着社会控制：“我们利用传播作为我们自己的管理工具，用于作出决定，用于说服和操纵别人。”电视不仅是一种可供娱乐的途径，它在某种程度上改变了人类的知识结构，也改变了人类观察世界的方法和思想过程。电视通过影响公众的注意力分配结构，通过在电子空间中建构社会现实，制造与传播意识形态，以实现现代社会中的社会控制。

最后，在社会变迁与发展的层面，作者分析了电视作为社会传播途径推动社会主流文化进而影响社会政治、经济和文化发展的社会学原理。对我国这样的发展中国家而言，电视不仅推动了传统社会向现代社会的转型，而且从社会生活的各个层面形塑着社会发展的进程。在政治上，电视可以传递政治信息，监督政治环境，塑造政治形象，动员政治力量等，在经济上，促进产品消费，指导消费生活，传播经济观念，规范经济行为；在文化上，电视传播现代价值观念，塑造现代人格，促进大众文化的形成与发展，促进文化交流，消除文化隔阂。通过以上社会机制，电视深刻影响着人类迈向未来社会的进程。

［刑虹文简介缺。］

国家、社会阶层与教育：教育获得的社会学研究

（刘精明　中国人民大学出版社2005年版）

教育与社会的关系无疑是复杂的。如何在纷繁的头绪中选择一个社会学命题进行以实证研究为基础的讨论是每一个教育社会学研究者必须首先面对的问题。在《国家、社会阶层与教育：教育获得的社会学研究》中，作者巧妙地引入了社会学的视野，从根本上审视了教育本身作为一种社会机制的内涵。在作者看来，社会分层表征了一个社会的基本结构，在不同性质的社会形态下人们获取社会中可分配的有价值物（财产、地位与权力等）的方式有很大的差异。由此产生不同的社会阶层结构特征。社会阶层结构是社会统治秩序的主要表达形式，任何社会统治秩序的维持都要处理一系列的社会阶层结构关系问题。其中最主要的方面就是，社会上层如何将已有的地位优势保持下来，并成功地应付来自下层精英的挑战和威胁。从长时段的历史过程来看，上层阶级特权地位的维护与代际延续，上层对下层侵入的拒斥，经历了四种基本的社会排斥形式：血缘排斥、地位排斥、财产排斥、教育排斥。社会排斥还往往以社会团结的形式表现出来，他们是一对矛盾的对子，一直是阶层结构中两个重要的资源分配机制。教育在社会分层的视野中既做作为社会排斥－团结的手段而存在，也为排斥－团结机制所分配。教育是一个主要的社会精英选择机制，教育不平等并非是指教育年限的差异这样一个简单的描述，而是通过它选择了什么样的人进入了社会的上层。所以说，教育不平等的核心是精英选择策略上的倾向性。

在这样一个教育扩展极为迅速的社会里，我们需要回答这样的问题：“在一个社会中教育平等化的程度提高了呢，还是教育不平等在扩大？用社会分层的语言表达就是：学校教育传递社会上层的阶层优势呢，还是促进了处于不利位置的阶层群体之后代教育地位的提升？”这里存在着两种对立的观点：一种认为教育是一种代际传承的主要机制，又有较多资源的优势群体总能通过使子代享受较好的教育将优势传递下去。而另一种认为，教育是至关重要的社会流动机制，处于劣势地位的阶层的子女可以通过教育获得较高的社会地位，教育系统是整个社会的巨大制衡器，它可以消除种种社会不平等的因素。面对这种对立的看法，作者敏锐地注意到：即使在同一社会制度内部，教育民主化过程所带来的教育平等的推进和扩张，与社会内部的地区性的不平等、性别不平等和来源于社会阶层差异的不平等同时存在。这说明，在社会内部可能存在两种教育资源的分配机制。个体的教育获得结果就不再是单一纬度的平等或不平等的问题，而是平等与不平等的两种机制如何在同一时空背景下共同发生作用的问题。

在作者看来，最能表达教育平等或者不平等的是在“大众教育”与“精英教育”两种模式上的选择。一个社会有限的资源与基本教育框架主要用来支持何种教育模式，表明了这个社会在教育平等问题上的态度。同时，从社会阶层、个体的层面讲，教育平等的表达集中在：面对“生存教育”（一个人为适应某一社会的基本生存所必须接受的教育）与“地位教育”（为了表现或获取与维护某种优势地位所需要接受的教育）两种取向，个体或阶层可以作出怎样的选择。一个社会是选择精英教育模式还是大众教育模式，个人是选择接受地位教育还是生存教育，是由国家、群体、个人三种力量在一个复杂的相互作用模式中所共同产生的结果。任何社会中，个体的教育获得都是在国家、群体与个体三者的相互作用的过程中实现的。在这样一个多元利益主体相互竞争的场域中，不同的教育模式（大众－精英）之间，不同教育取向类型（生存教育－地位教育）之间必然存在长久的共竞互争关系，其结果取决于这个社会中国家意志、阶层、群体之间的力量平衡关系，取决于这个社会中的上层与下层的关系维持模式。

结合实证研究，作者得出以下经验性的结论：

在各级教育阶段中，地位取向的教育机会的阶层排斥性竞争相对激烈，而生存取向的教育机会更多地取向于开放，平等化程度相对明显。

教育平等化过程最初出现在较低阶段的生存教育领域，但随后即开始出现在较后阶段的教育中。

从个体教育生命历程来看，地位教育具有强烈的优势递进能力。在较低阶段获得的教育机会，将强烈地影响到较后的地位教育机会的获得。

国家作为教育利益的一种主体形式，它在推进生存教育平等以及在各阶层之间分配地位教育的过程中，都起了非常重要的作用。

［刘精明，1966年生，硕士，中国人民大学副教授。主要研究领域包括：社会分层与社会流动、教育社会学与社会学研究方法。］

经济社会学的新视野：理性选择与感性选择

（刘少杰 社会科学文献出版社 2005 年版）

追求利益最大化的理性选择的经济人作为西方经济学的一个前提预设，伴随着经济学的壮大与扩张，已经在不断地渗入社会科学研究的其他门类。正如作者所言，尽管经济学家和其他学科的学者们都一再指出理性选择理论并不是对现实生活的描述，而是一种理想性的逻辑推论，但是经济学仍然凭借理性选择的理论原则和方法模式，吸引人们孜孜不倦地追求，同时获得了巨大的现实动力，大规模地向其他学科开展了帝国主义扩张。如，政治学受其影响而发展出的公共选择理论，社会学受其影响而产生的理性选择理论。事实上，今天在重新审视“理性选择”概念的时候，学者所面对的不仅是学科差异带来的前提假设的差异，更应该注意的是在中国问题的研究中，我们所面临的是一个跨文化的语境。用西方社会科学中具有历史特殊性的概念直接进入中国问题的研究，必将引来很多不必要的误解。那么如何寻找既能超越经济学的局限，而迈向一种整体性社会科学的研究的理论起点；又如何，从自身研究的社会文化情境中发现可供形成理论对话的资源就是那些试图打开学科研究“新视野”的研究者所要解决的问题。

作者在揭示理性选择研究利弊得失基础上提出了感性选择概念，认为人们的选择行为在很多条件的限制下，不仅是一种有限理性选择，甚至常常停留在感性层面上，开展由感性意识支配的选择行为。就实际发生的人类行为而言，通过理性计算开展高效选择，只要智力健全，都应当有这个愿望，但是生活毕竟不是理想，艰苦的环境和残酷的竞争，往往使大部分人缺乏理性计算的条件，或者弄不清事情原本、来不及开展信息分析和逻辑推论，就不得不做出“紧迫性”选择，而此时所做出的选择便是由感性意识支配的感性选择。从众、模仿、习惯和习俗等这些被心理学家和人类学家开展了深入研究的心理过程和行为方式，就是感性选择的表现形式，尽管这些行为同精心计算支配的理性选择行为相比是低效的，但同时它们也是节省了高额成本的。效率是收益和成本之比，而当感性选择以低微的成本展开时，又可能获得了较高的效率值。正因如此，感性选择是广泛存在的。在广大的基层社会、特别是在底层社会中，人们的选择意识和选择行为经常处于感性层面上，这是一个普遍的事实。

事实上，很多经济学家已经涉及感性选择问题，甚至有深刻的论述。例如，凡勃伦和康芒斯论述了习惯、惯例和习俗在经济行为中的作用，科斯和诺思等新制度经济学家论述了非正式制度和文化传统在经济发展和制度变迁中的深层作用，哈耶克更是直接在本能和理性之间论述了感性秩序问题，而本能冲动和理性选择之间的行为就是感性选择行为。这么多著名经济学家论及感性选择行为，是人类选择行为不能仅仅由理性支配、感性意识一定在其中发挥作用的明证。因此，欲真实揭示人类选择行为展开的规律和获得高效的实际途径，就无法回避对感性选择行为的研究。中外社会学家也从不同角度论及了感性选择问题，梁漱溟关于中国人讲“情理”和西方人讲“物理”差异的论述，费孝通关于差序格局和熟人社会的论述，布迪厄关于“实践感”和“惯习行为”的论述，吉登斯关于实践意识和紧迫性行动的论述等，内容丰富，举不胜举。至于马克思、韦伯、迪尔凯姆等经典社会学家也都有对感性层面上的选择行为的深刻论述，只不过他们没有明确提出感性选择概念，缺乏对这方面的理论做出的系统梳理和概括总结，因而在社会学理论史上未能引起人们的高度重视。

作者用“伦理感性选择”来概括中国传统的社会选择方式，认为在伦理本位的中国社会，象征、模仿、从众和习惯等因素在选择行为中的作用更为明显，圈子社会、熟人社会和礼俗社会中的感性选择也更为广泛。作者结合中国当代的历史变迁进程，指出中国人的行为选择经历了一个从伦理感性选择向政治理性选择，进而向经济理性选择的转变，而在经济理性选择的主流之下也存在着经济感性选择。姑且不论作者的这一论断是否恰当，其所诉诸的理论努力是值得激赏的。我们的确应该在一个与西方人观不同的人观的基础上来理解中国人以及中国问题。那么与其说作者的感性选择的概念给了我们结论，不如说它开拓了我们思考与争论的空间。

该书由两部分构成：一部分是对西方经济社会学的一些文献开展研究而形成的思想理论上的体会；一部分是以思想上的收获为理论前提，对下岗失业、底层社会和建构和谐社会开展的经验性研究。作者以高度概括的理论阐述和深入具体的经验研究，为读者展开了一个从抽象到具体的理论视野，以选择行为研究为核心，论及社会转型、制度变迁、人力资本、社会资本、社会重建、社会理性化和区域发展战略等多方面问题，对于开展深入的学术研究和经验研究都具有积极的借鉴意义。

［刘少杰，1953 年生，吉林大学哲学社会学院教授、博士生导师、社会学系主任，国家教育部社会学学科教学指导委员会委员。研究方向：当代社会学理论、经济社会学、城市社会流动。主要论著：《后现代西方社会学理论》、《批判与重建》。］

农民闲暇

（田翠琴　齐心　社会科学文献出版社 2005 年版）

田翠琴

《农民闲暇》一书，是田翠琴主持的美国福特资金会资助的社会学类重点研究项目“中国北方农民闲暇生活方式差异研究”的最终研究成果。该书构建了农民闲暇生活研究的理论范式，对农民闲暇生活方式和生活时间配置进行了结构性、综合性、系统性研究，深刻描述分析了农民闲暇生活方式的特色与变迁规律，为农民闲暇生活方式和农村闲暇社会学的研究提供了一套完整翔实的数据和资料。其特点主要有三个：（1）研究视角和研究领域的拓展。该书以闲暇的自身结构和农民闲暇生活的客观现实为依据，建构了一个多层次的闲暇研究理论框架。作者认为“闲暇是融闲暇时间、闲暇活动和闲暇心态三者为一体的多层面的复杂现象”，并以此为基础展开了对农民闲暇生活的多维度系统性研究，克服了单一视角研究闲暇的不足。全书既有总体分析、类型分析、结构分析，又有特征分析和趋势预测，从多视角多层次展示了农民的休闲生活，在理论建构与实证分析的有机结合中揭示了农民休闲生活的时代性。（2）多学科和多类型相结合的分析方法。在分析工具方面，该书针对研究对象的特点，采用了多层面互动分析的方法，既包括微观与宏观的互动分析、个人因素与社会因素的互动分析，又包括不同活动的互动分析、不同社会时间的互动分析。另外，该书还采用了定量分析与质的研究相结合、微观分析与宏观分析相结合、结构分析与变迁分析相结合等方法，既具有研究的适用性，又具有方法论的建构价值。该书运用的各种研究方法实现了休闲研究的理论、方法与数据的有机结合，也成功地把握了中国农民的休闲生活。（3）资料翔实数据新颖。该书最突出的贡献是提供了一套完整的河北地区农民生活时间配置的数据资料。作者不仅首次在农村采用了时间预算调查，而且其调查方法远比在城镇调查复杂。此外，该研究契合农民时间分布季节性的特点，采用一年四季每个季节各进行了两天的调查。作者把每个被调查者一年 8 次的生活时间调查汇总，与农民闲暇生活的综合调查有机地结合在一起，建构了一套完整的农民闲暇生活的数据资料。为描述和解读当代农民闲暇生活的复杂性贡献了重要数据。总之，该书在研究视角、分析方法或数据建构上，均有创新与突破。作为第一部系统研究中国农民闲暇生活的力作，它的出版弥补了相关研究的不足，拓宽了闲暇社会学的研究领域。

［田翠琴，1963 年生，河北省社会科学院社会发展所研究员。主要研究方向为消费与闲暇社会学。专著有《旱区环境社会学》（合著）等。2005 年出版了《农民闲暇》一部专著（第一作者）。
通信地址：河北省社会科学院社会发展所（050051）
联系电话：0311－88985171　13785138853
电子信箱：tiancuiqin1@sina.com
齐心简介缺。］

社会冲突与阶级意识

（李培林等　社会科学文献出版社 2005 年版）

与西方现代工业社会的兴起相伴而生的社会学知识，最初就是在各种纷繁复杂的社会问题中获得了自身的问题意识，即在各种社会冲突与矛盾中寻求社会整合的方式以及实现社会秩序的途径。对于一个关注和谐的社会来说，对于社会冲突的研究更是必不可少的。

《社会冲突与阶级意识》一书正是有感于：我国经济的高速成长期也就是利益割据和社会构成发生深刻变化的时期，由于利益和价值取向的多元化，由于多种经济成分和多种分配方式的存在，由于城乡之间、地区之间、行业之间，部门之间以及个体之间收入差距的拉大，由于新旧体制转换所带来的震动和摩擦，还由于近一、二十年来一些腐败现象的滋长，都不可避免地带来了一些新型的社会矛盾，有的矛盾甚至比较突出，比较尖锐，在个别地区甚至因处理不当而演变成对抗性的冲突。所以正确认识和处理社会矛盾，是一个值得引起高度重视的问题，能否处理好这些矛盾，直接关系到改革开放的兴衰进退。

作者认为，在研究现实中的社会矛盾和社会冲突时，有两种观察视角：一种是从冲突事件的结果去进行追因研究——事后的研究，这是目前多数研究的道路。另一种是从主观的意识和行为倾向去进行追果研究——事前的研究。该书所进行的是一种“事前的研究”，其基本的研究问题是“究竟是什么因素会影响中国民众对未来的社会选择和取向？中国的各种社会力量将围绕哪些焦点问题重组？这种力量重组将依照什么样的规则？”

作者首先分析了我国目前所面临的主要社会风险已经不再是以前的粮食短缺问题，新的社会风险主要集中在就业、贫富差距、社会保障三个方面。在就业安全方面，我国的就业问题的社会风险在于，它是与庞大的农民人口问题联系在一起的。农村劳动力的大量转移是未来的一个大趋势，也是一个大压力。在贫富差距安全方面：中国的贫富差距在不断地扩大，并不像库兹涅次收入分配曲线预测的那样在经过了经济起飞阶段之后在一个比较富裕的阶段收入的差距就会减小。这与我国的分配制度以及一些特殊的国情密切相关的。值得一提的是，作者注意到客观的贫富差距还只是社会风险的一个方面，而在社会变革过程的观念重构中，人们在社会公正意识上能否达成共识，则是社会风险的另一个方面。在社会保障安全的层面，作者指出，我国目前的社会保障体制主要覆盖的是城镇居民家庭，农村居民家庭对生活风险的抵御主要还是依靠家庭自保和社会互助。社会保障安全的社会风险在于：一是在社会保障个人帐户空转（有帐无钱）的情况下，社会保障制度的运行是以政府和国家银行的信誉担保的，而一旦发生金融危机，这种信誉就有崩溃的风险；二是随着农民的公民意识增强，他们也会要求享受市民的社会保障待遇，特别是在养老、医疗、就业、子女上学等方面的市民福利，这种潮流会使现有的社会保障制度面临更大的挑战；三是中国就业的严峻局面和快速的老龄化过程，会使社会保障的负担急剧加重。四是几乎所有的福利国家都要共同面对的问题，即经济增长的周期性波动和相对放缓与社会保障支出的刚性快速增长所形成的矛盾。

以上社会风险蕴涵了引发社会冲突的可能，但是研究发现：客观的社会结构分层和经济社会地位，要通过主观阶层认同和阶级意识，才能与人们的社会态度、社会行动选择建立起逻辑链条。无论是在西方现代社会还是在我国目前的转型时期都会发现人们的客观阶级归属和主观阶级认同并不一致。这里存在着一个由客观阶级、认同阶级向行动阶级转化的问题。该书就是要探索这期间转化的机制是什么，也就是人们的客观结构分层与经济社会地位与人们的社会行动选择之间的逻辑链条的连接规则是怎样的。

该书通过实证研究得出的主要研究发现是：在中国目前新的发展阶段，发生社会冲突的诱因以及社会稳定的威胁，可能并不来源于客观阶级所划定的社会底层，而是来源于与参照群体比较中认同阶层比较低的人群。而影响人们主观阶层认同的最主要的因素是“父辈的社会地位”，而且存在阶层认同向下偏移的状况，也就是自认为处于社会中层的人偏少，而认为处于社会底层的人较多。社会中间阶层是社会的稳定器，中国城市公众中间阶层认同的相对缺乏，有可能潜在着一种社会冲突和社会矛盾的可能。研究还发现，物质利益的差别并不是造成各种社会冲突的唯一的原因，城市社会中还存在着新的冲突类型即由社会价值观念的差异导致的社会冲突，利益格局变动本身尚不足以导致冲突行为，又利益变动导致的不公正感和生活满意度的下降才是导致冲突的直接根源。作者指出，在各个社会阶层中，社会分化的两极具有更强的社会冲突意识，也就是最低的认同阶层和最高的认同阶层都对现在和未来的社会关系能否保持和谐不报乐观态度。另外，城市公众对私营企业中的劳资冲突感强烈，城市公众普遍认为党政干部是改革中最大的受益群体，这些都是值得深思的现象。

针对以上发现，作者相应地给出了建构和谐社会的政策建议：加强反腐败、反贿赂，实行公务人员的财产登记制度和阳光工资；完善个人所得税制度，加强税收执法力度，打击非法致富；加强财政的转移支付功能，财政倾斜要向基层、面向欠发达地区，建立起农村社会保障机制的基础框架，实行新的农村人口扶贫计划，并与城镇低保制度衔接。

［李培林，博士，中国社会科学院社会学研究所所长、研究员、博士生导师。社会学研究所学术委员会主任、中国社会科学院研究生院社会学系主任、中国社会学会常务副会长。主要研究领域：发展社会学、组织社会学、工业社会学。主要著作：《中国社会分层》、《另一支看不见的手——社会结构转型》等。］

社会理论与当代现实

（苏国勋　北京大学出版社2005年版）

《社会理论与当代现实》一书在社会理论的一般探讨、经典理论研究、社会理论的本土建构和社会理论与当代现实这四个主题下汇集了苏国勋先生在社会理论研究中的成果，在显现个人思想发展轨迹的同时，这四个分题也是中国研究者在从事社会理论研究中所面对的四个不同的研究路径，亦即对西方社会理论进行学科史意义上的述议与梳理，对经典社会理论家的深度解读与诠释，对本土思想资源的挖掘及其理论建构，社会理论与当代现实问题的相关性及其贡献。

首先，关于社会理论研究的重要性问题，《社会理论》中的数篇文章从多个角度对社会哲学或社会理论在社会学研究中的重要性给予了强调。在很长一段时期内，社会学的主流都是美国实证主义社会学，其内在的实用主义品格使社会学研究中的理论探索同流在经验规则的陈述。作者批判了美国式的“社会学理论”的“麦当劳化”、缺乏“想象力”的弊病，而更认同于欧洲学者所认为的：研究社会除了要以经验为滥觞外，还有其不可或缺的观念、精神，形而上的源泉。“社会理论是对社会世界互动作用的比较系统、抽象、一般的思考”。作者摒弃了社会学理论的提法，正如吉登斯所言，“我们并不把社会理论视为任何一门学科的专有领地，因为关于社会生活和人类行动的文化产物的问题是跨越了社会科学和人文科学的”。社会学理论与社会理论的一字之差，道出了社会学在理论和方法论上已由实证主义进入后实证主义的时代。作者把当代中国社会学的发展历程概括为从“社会问题”向“社会建设”、再向“社会改革”的演变。他尖锐地指出：“理论认识在这里不仅没有起到对应用研究的指导作用，反而亦步亦趋甘当应用研究和实践的附庸、尾巴”，理论研究及其与经验研究的相结合对社会学的发展是至关重要的。

再者，在作者看来研读西方社会理论经典与发掘本土思想资源并进行理论建构是同等重要的。1988年苏国勋先生的《理性化及其限制——韦伯思想引论》一书通过对西方社会学史上一个经典人物的独到而精当的诠释成为当代中国学术界中的社会理论研究的开端。在本书中也收录了他对韦伯与齐美尔的研究成果。在回溯西学源流的同时，作者也非常关注社会科学本土化的问题。他非常欣赏严复基于荀子思想将社会学译为“群学”，把社会学界定为“群己关系”的见解是西方学术与本土思想资源的精辟而极富洞见的结合。作者认为，中国社会思想的理论预设是即本体论和方法论为一体的，关于“道”的思考是为其形而上学前提的，中国社会思想关注的既不是单纯的科学真理也不是纯粹的存在真理，毋宁说是一种将天道（自然规律）和人道（社会礼法）合而为一的“道”理，在社会认识上，中国人追求的基于天人合一之上的从变易求和谐，从乱求治的通变中和境界。换言之，中国古代思想讲的既不是个体唯实论也不是社会唯实论，真正是实在的超越二者对立的，集自然、社会和人生为一体的“道”。作者认为，经由通变中和的路向追求自然、人、社会三者的协调发展，是中国社会思想中最具特色的要义。在“社会学中国化”的过程中存在着两个难题：(1)“社会学知识的普遍性与特殊性的相互关系，是社会学中国化讨论中面临的一个两难问题。”(2)社会学中国化“化到哪一个层面上适度？本土化是否就是”国家化，“比如如何面对中国内部的人文地理差异”，也是一个困境。

最后，与该书的题目一致，作者表达了在社会理论研究中对“当代现实”的关切。作者认为这个重要的当代现实问题就是文化与全球化的关系问题。《共生理念的社会学解读》一文是作者对日本学者尾关周二《共生的理想》一书的回应，作者在文中对传统中国文化中关于人与自然之间的共生、不同的个人之间的共生以及不同的国家、不同的族群之间的共生的一些基本思想及其在当代全球化背景下的意义进行了探讨。作者批判了后冷战时期美国出现的两种关于未来世界秩序的理论，一是福山的“历史终结论”所代表的普遍主义理论，二是亨廷顿的“文明冲突论”所代表的特殊主义理论。一针见血地指出，与“历史终结论”相对应的是在西方根深蒂固的西方文化中心主义或西方人的“我族中心主义（ethnocentrism）”，而与“文明冲突论”相对应的是近年来流行的“多元文化主义（multiculturalism）”。这两种观点都失之偏颇。“在全球化时代，‘世界的’也具有‘本土的’涵义，反之亦然。在民族国家共生问题上……必须尊重差别，以保持文化的多样性；同时还必须承认认同，以追求文化的统一性。用中国传统文化的术语来表达，就是朱子的‘理一分殊’”概念，它表明这个世界同时具有特殊性和一般性。中国传统文化中的和合精神与当代全球化背景下所需要弘扬的共生价值观是相吻合的。

“‘和而不同’以简约的形式高度概括了古代中国人的共生理念，对于我们今天在全球化背景下处理不同文化传承之间的关系，建构一种全球性共生文化具有重要的借鉴意义……从文化上看，全球化表现为一种不同质的文化之间相互传播、彼此融会的过程，亦即丰富生动的、多元并存的全球文化的形成过程。这是一个由全球文化的同一性和民族文化的多样性两个矢量构成的、不断循环往复的双向运动过程”。基于其对文化共生的理解，作者对当代全球化背景下中国文化的前景持乐观的态度。“文化发展就是选择、吸纳、同化不同系统的文化成分变成自己的构成性因素，这在中国和世界其他民族的文化中都是屡见不鲜的。因此，文化在任何时候都是一个动态的、开放的、不断变化着的系统，它的发展、壮大永远离不开与其他文化的交流、沟通和传播。任何由于担心全球化会带来文化冲击和消极后果而主张文化上‘闭关自守’的观点都是没有根据的……如果我们这样来认识和看待全球化，就会相信全球化不会导致文化的西化和同质化，就会增强自己的文化自信心，从而以‘有容乃大’的包容心态和宽容精神去最大限度地化解不同文化之间的张力和冲突，为我国的和平发展营造一个有利的国际环境”。

［苏国勋，博士，中国社会科学院社会学研究所社会理论研究室研究员，博士生导师。主要研究领域：社会理论、社会学方法论、西方社会思想史。主要著作：《理性化及其限制——韦伯思想引论》，并参与主编多部社会学理论文选。］

屯堡乡民社会

（孙兆霞等　社会科学文献出版社 2005 年版）

《屯堡乡民社会》是“中国百村调查”总课题的一个分课题成果。百村经济社会调查的“国情性”在于以调查研究的方式，通过对不同地区、不同类型、不同发展程度的农村研究，反映农村、农业、农民的变化，进一步探索农村内部发展的可能和途径。认识“国情”要以“不同地区”、“不同类型”、“不同发展程度”的村庄个案为基础。九溪村是该书的调查地点，作者对它的类型学意义进行了阐述。该书的成功之处在于，在这种类型学意义的寻求中既没有过分强调该村的代表性的意义，也没有试图回答什么是中国农村的特性这样的问题，更没有在写作中拘泥于对屯堡村落自身特殊性的描摹，致力于某种“异文化”想象的建构。而是在研究特殊的类型时始终保持对一般性问题的回应。类型学意义的探询原本就是出于要寻求普遍性问题的答案，这一点使我们想起了费孝通先生在《江村经济》之后进行的云南三村的类型比较学的研究，他始终致力于对中国农村发展的道路的探索，随着问题的不断深入而选择性地进行调查研究。作者认为，在多元村庄的个案中孕育着共性，这种共性从根本上说来是处于不同历史发展过程的不同地区、不同类型的村庄内部发展的可能和途径。

孙兆霞等无疑是有着强烈的现实关怀的地方学者，他们首先质疑那种归因于“人的素质低下”的对所谓的落后地区的落后原因的解释，反对梯度发展理论对地方自主性的压抑和边缘化。这一点也值得我们对长期以来各社会科学门类所进行的“发达－落后”的学术话语建构展开反思。同时，他们在研究之初确立研究地点时就敏锐地意识到贵州农村的内部有着很强的异质性，比如存在着城市郊区农村、边远山区农村和中间过渡地带农村的区别。在改革开放前，内部差异极大的农村被强硬政策规范成一种相同的农村面貌，改革开放以来，由于三种类型农村在自然、历史等环境条件方面的差异，便造成了虽有相同的政策，但各自的发展速度和性质却又有所不同的境况。他们认为处于过渡地带的农村，不仅数量众多具有代表性，而且它既不像贫困山村那样受到国家政策和社会力量的特别关照而需外部定义“自我”，也不像城市近郊农村那样在商品经济的洪流中迅速地自我消解，而是在改革开放的大环境下，当国家力量推出村庄后，凭借自我的历史和文化积淀及原有的乡村社会结构的基础在自我发展。该书所研究的“屯堡社区”不仅在地理上处于过渡地带；而且屯堡社区最初是以“军户”屯田戍边的形式出现，而后逐渐形成固定的以屯堡军户裔嗣为主的村落部群。“屯堡”作为中原汉文化的载体进入贵州，并形成了相应的“屯堡文化”。今日的“屯堡”村民无论是从外显文化还是内在的人格品性和文化精神上，至今还顽强执著，近乎顽固地保存着明代祖先的遗风和诸多特质，甚至结构性地传承了历史。那么，探究“屯堡文化”在历史进程中传承与变迁的机制，以及屯堡社区 600 年自我建构与维系的内外原因，无疑对我们理解文化自主性对于地方社区发展的意义，及其在现代化过程中的命运有着重要的参考价值。

正如陆学艺在该书的序言中指出的：该书提出了一个重要的概念，那就是乡民社会，它大大拓宽了对我国农村社会学的研究。费孝通先生提出的乡土社会这一概念，无疑是对我国社会学研究的丰富和贡献。而乡民社会这个概念实际上是对乡土社会思想的发展和创新。作者指出，乡民社会这个概念不同于乡土社会的一点就是，重视村民在乡村社会的自主性。随着现代文明对农村的影响，村民的主体性得到了发展，村民不再单纯地依赖于土地，他们也不再单纯地隶属于农村，村民在农村社会中有更多的选择性。对乡村社会也有了更多的影响。作者认为农村现代化并不意味着传统的社会资源、文化资源失去了作用，实际上这些资源对促进农村现代化有着重要的作用。如果农村实现现代化脱离了这些资源，那么不但不能顺利进行，反而会给农村社会带来巨大的震荡和破坏，从而损坏了农村现代化的进程。我国欠发达地区的农村在推进农村现代化上缺乏很多条件，比如缺少现代金融的支持，缺少市场组织，缺少工业化支持，但是现代化已经对他们产生了很大的冲击，在这种情况下，如何挖掘传统资源，如何将传统资源与现代化传统相结合，确实是一个非常值得深入研究的课题。

综合起来，屯堡乡民社会可以给我们的启示与借鉴如下：

（1）屯堡人是一个有着很强的身份认同而与当地少数民和后汉族移民群体有着明显差异的亚文化族群。对母源地主流文化的恪守传承，对代表国家正统的后续文化的吸纳遵循，以及在共同面对生存困境中形成的对本族群自己人的团结凝聚，使屯堡族群通过文化认同的机制抗拒住了六百年来一次又一次异文化的冲击力和消解力，使社会形态保持了相对的稳定性。

（2）屯堡人长期固守一套自身的文化生活传统，包括服饰、语言、节庆、娱乐、习俗、宗教信仰等很突出的外显文化事实。屯堡文化具有整体性的特征，它使屯堡文化从物质文化到精神文化，从个人为载体的习俗到社区群体为媒介的活动，结构型地建构起来，形成一整套传承有序，遵循有规的强大文化力量。

（3）屯堡聚落的社会结构具有明显的血缘地域特征。与费孝通对中国农村宗族血缘社会结构进行概括的“差序格局”不同，屯堡社区是发生学上的地缘关系与后来通婚形成的准血缘关系二者结合的产物，一个村寨的人们互为团结是源自共同的生存困境，它内源性地排斥宗族私利和自闭性，勾连出村落公共生活的规范和秩序，构建出核心家庭与村落公共空间的结构型互补。可以说，非宗族特点对社会结构的形成存在深刻的影响，从而成为村落社会公共空间赖以发生的内源性的社会基础。

（4）在屯堡村落社区中具有较发达的社区公共空间，它为维系屯堡社区的文化传统和内部结构的稳定提供了重要支撑，成为屯堡乡民社会最重要的特征。由诸多功能不同的组织机制为基本架构，加之在组织社区活动中由社会认同而命名的精英以及社区非闲言碎语式的公共舆论，三者为重要内容形成社区社会公共空间的主要载体。作为外部世界与本土社会结构的中间形态，村落社会公共空间具有包容和解读外来因素“价值含量“的更大活力和能力，是屯堡族群社会结构传承与变迁的中间力量。村落公共空间作为传统与现代性相融合的平台，将村民在现代市场经济环境中所吸纳的自主精神及参与公共事务的制度性要求与本土资源结合起来，形成具有现代性内涵的社会变迁的坚实基础。

（5）屯堡乡民社会给今天乡村建设的启示：在传统和现代之间并不存在不可跨越的鸿沟，相反利用传统资源可以稳定积极地进行乡村建设。乡村社会的传统文化资源与社会资本对维系乡村社会的稳定与秩序具有巨大作用；现代村民自治制度建立在中国农村并非无源之水，无本之木；在城乡二元结构长期存在的情况下，应注重乡村社会“家园”意义上的建设。总之，建设成熟的乡民社会即是在乡村社会走向现代化的过程中，挖掘和利用好传统馈赠的内源性资源，而不是在传统与现代之间做非此即彼的狭隘选择。

[孙兆霞，1958年生，贵州安顺师专政史系讲师，研究方向为区域经济及社会学。]

选择：国企变革与工人生存行动

（刘爱玉　社会科学文献出版社2005年版）

诚如《选择》一书的作者所言，我国近20年来的改革过程本身也是一个社会利益结构调整的过程。这一调整过程必然使一部分集团或群体得益，同时使得另一些集团利益受损。在本书中，作者关注到的是随着国有企业制度变革的展开，工人阶级内部发生的分化以及工人阶层社会经济地位明显下降。随着下岗工人、下岗、失业等词汇成为国企改革中的日常表达，工人曾经作为社会劳动者中的“贵族”身份已经消失了。尽管已有的研究都触及到社会结构的转型，社会资源的重组以及这些结构性要素对工人阶层的影响，但对于工人对这些变化所采取的行动回应的研究却很缺乏。该书提出的问题是：企业变革过程中普通工人地位受损以及经理权威主义的崛起会导致工人什么样的行动回应，是否会采取集体行动？工人行动选择的逻辑是什么？这些策略性的行为是否会发展成有组织的集体行动？作者认为工人作为社会行动者，是一种非常重要的社会力量，这种社会力量对中国的社会走势与改革前景会产生非常关键的影响。因此，我们可以说，《选择》一书在中国社会转型的研究中有着独特的意义和贡献，在大量观点各异的对我国转型期社会结构的描述与分析中，从社会行动者角度入手的关于行动策略方面的研究显得尤其可贵，只有更兼及结构与行动，并注重二者相互关系的探讨才能更为深入地理解我国目前的社会进程。

该书以大量的个案访谈资料为依据，探讨了在企业制度变革过程中，工人的行动反映，尤其是集体行动的可能性问题。作者的一个基本的发现是：工人在因制度变革而地位受损的情况下，没有利益组织起来的公开的集体行动，即无集体行动。集体无行动也不是企业劳动政治的主流，广泛存在的行动选择是服从、退出与个人倾诉。

在回答“为什么公开的，有组织的集体行动不是工人行动的首要选择?”这个问题时，作者始终贯穿了在结构性要素（或者情境要素）与工人行动选择之间关系的讨论。在作者看来时序格局中的制度环境、物质环境、资源等形塑了工人的行动，在不同的制度条件下，工人依据不同的行动逻辑做作出行动选择。这些制度性要素可以分为：正式制度与非正式制度两类。在正式制度中，惩罚性正式制度使工人对可能危及社会稳定的集体行动后果及其成本有清醒的认识，从而促使他们遵循“守法逻辑”。预防性的正式制度对受损的工人的利益进行了某种程度的补偿，使多数工人的基本生活因此得到了保障，它对行动者的服从或退出给予正面的激励。这时的工人行动依据的“生存逻辑”：只要我们能够有饭吃，有衣穿，能维持起码的生活，我就能够承受生活中所面对的不幸、不平的遭遇。

如果说，正式制度及其安排下的“守法逻辑”与“生存逻辑”促使工人回避公开的对抗性的集体行动，那么非正式制度对工人行动选择的影响就体现为它们对工人地位受损压力的缓解上。首先，由于非正式制度的影响，中国的改革，包括国有企业改革具有时序性或渐进性的特点。这些非正式制度包括我们实践多年的社会主义价值与理念，以及中国传统文化中的“中庸”、“贵和”等观念。这种渐进式的改革使得部分工人不至于因地位的突然丧失而诉诸激烈的行动；其次，正式制度的实施不是僵硬的、死板的，而往往由于非正式制度的介入而变得充满灵活性和人性，并因此增加了工人对制度实施现实的接受能力，减少了集体行动的可能性。第三，工人对制度变革的行动回应经常是以家庭利益为行动选择的出发点的，在碰到困难或不幸时寻求并获得家庭支持，提高了个人或家庭抵抗工作、生活中不确定性的能力。而对子女未来成就的期望则增加了个人及其家庭未来生活改善的信心，使工人个体的紧张与压力得到某种缓冲，减少了诉诸集体行动的行为选择。

另外，作者没有忽视物质环境的架构及其变化对行动者行为的约束。本书中主要把视角集中在形塑工人机会结构的社会经济架构上。也就是我们必须了解工人行动背后的宏观的社会经济结构背景。这种背景包括：第一，由短缺型经济向相对过剩型经济的演变；第二，从20世纪90年代中期开始因劳动力攻击矛盾日益突出而强化的需求约束型劳动力市场现实；第三，非公有制经济的成长。

以上制度环境与物质环境的架构发生的最核心的改变内容是社会经济生活中市场化程度的提高以及由此而出现的市场经济的成长。这一过程重构了工人行动选择的机会结构，一些新的机会在市场经济成长中出现并增加，一些以往人们所熟悉的机会增长却出现了衰减，而由于人口与劳动力规模的压力，社会总体机会依然稀缺，还不足以满足每个人的需要。因此，对机会结构变化的回应及能力，也就是对市场的适应能力，决定了工人行动选择的方式。工人拥有的与市场机会相容的资源越多，市场适应能力就越强。而当工人缺乏市场相容性资源时，他们被市场排斥，则会产生较强的组织依赖。但是当组织无法提供基本保障时，他们则倾向于诉诸集体行动。这使我们认识到，工人并不是一个统一的整体，而是在技能、收入、就业状况、生活机会等方面存在着分割，这种分割或者碎片化的结果是工人的非集团意识。工人阶级的碎片化与工人阶层内部的非同质性形塑了工人在重大事项上利益偏好而失去了共同的行动目标。同时，工人阶级的分割与工人阶层内部的非同质性也造就了工人集体行动能力的低下，即使工人有共同的目标，也会因集体性行动能力的欠缺而难以诉诸集体行动以实现目标。

总体上，作者以情境理性的行动者分析框架为基础，考察了工人在各种制度与物质要素的形塑中进行行动选择的逻辑。此外，还分析了在地位利益受损的情况下，工人行动者没有采取集体行动的原因。如果说社会总体上的稳定是保证改革得以继续推行的必要条件，那么《选择》则通过解释为什么“无集体行动”，也为我们提供了保持社会稳定所应该注重加强与完善的那些社会条件。这无疑是该书最重要的一个现实意义。另一方面，正如有些批评者指出的，若我们发现无集体行动是工人生活的常态，那么，也许社会学研究应更多致力于非常态状况的研究，因为社会学知识原本就诞生于充满冲突与问题的社会天然实验室。

[刘爱玉，博士，北京大学社会学系副教授，主要研究劳动问题、工人行动等。]

中国社会学名家

（韩明谟　天津人民出版社2005年）

《中国社会学名家》成书终稿时，该书所记述的四位学者中尚有费孝通先生健在。而该书付梓出版时，费先生也不幸作古。在中国社会学走过了一百多年的历程之后，韩明谟先生系统地研读了中国社会学的四位先行者的思想，将它们介绍给读者。这对梳理中国社会学的学术传统，启发和激励后学都具有非常重要的意义。

一、孙本文

正如一位德国社会学者评价的“孙本文先生的声誉，主要不在于他自己的经典性的研究，而在于他译自英语世界的作品，向同行介绍了西方的社会学，并积极致力于中国社会学名词术语的标准化，和为社会教育以及广大读者写了许多系统性的，包罗各项研究成果的社会学教科书”。孙先生是多产的学者，著述可以分为两个阶段：1939年以前是初步完成了《社会学原理》一书，其余是以引进西方社会学为内容的著作；而后一阶段则显示出孙本文自己的社会学思想提升到了一个更高的阶段，其研究的内容以中国的实际情况和社会思想、社会心理学为主。孙先生的治学特点有三：一是旁征博引，功夫深湛。在他们探讨某一问题时总是在总结别人理论的基础上提出自己的主张。二是对每一学说的来龙去脉，总是探本寻源，追根究底，除了英文之外，法德诸国文亦谙熟，所以尽可能以原著第一手资料为依据，发现新资料，就及时补上。三是刻苦自励，坚忍不拔的精神。孙先生特别强调意志的坚定和持久力，这体现在他学术修养的功夫，力避优柔寡断的作风，机智决断。他每研究一问题或写一本书，无不执着，一一完成。他努力开拓中国社会学的研究，努力使社会学中国化，数十年如一日，从未间断，从未停息，那种精神实属少见。

二、陈达

劳工、人口、华侨三书奠定了陈达毕生事业的基础。《中国劳工问题》是陈达在劳工问题方面的代表作，标志着一个中国高级知识分子站在局外人、学者这样一个客观的立场上，对当时中国五四运动以来风起云涌的第一次国内革命战争中所反映的劳工问题从事研究的成果。陈达对劳工问题采取了分析式的定义，研究工人本身，研究资本与劳工两方，研究社会，如福利设施、工业和平等。其方法论的基础是实证主义方法。陈达认为中国的工业界存在两方面的竞争：一是劳工阶级的生存竞争，即关于工资、工作时间等的经济性质的竞争；二是成绩竞争，工人参加社会生产必对社会有所贡献，有贡献就必须从社会的角度对工人阶级加以保护。这两种竞争在实际生活中是成反比的，生存竞争激烈，成绩竞争的机会就越少。终日为衣食忙碌，学习的时间就不能保证。劳工问题决不是一个经济问题，要从经济和社会两个方面兼顾才能解决好劳工问题。在研究人口问题最核心的部分时，他创造性地提出了“生存竞争与成绩竞争”的论点。生存竞争与人口的数量有密切的关系，人口增长或增长速度太快对人民的谋生当然就产生恶劣的影响。成绩竞争是人口品质的一个中心问题，因人口的品质越好，文化的成绩也就越佳。但在什么情况下，品质可以改良，实在是值得研究的问题。陈达对华侨问题的研究事实上是以人口理论思想为基础的，他研究中国人口的迁移及其影响，是一种从理论到实际的研究。陈达先生在教育理念上主张“专攻一组”，认为社会学是采取科学的方法研究社会，这也体现在陈达注重调查统计的科学方法与社会实际生活的专门问题。

三、潘光旦

“自知者明，自胜者强”是潘先生一生治学的座右铭。潘先生对优生学的研究贯穿了他整个学术生涯。他认为优生学处理三方面的问题，人类一切品性的遗传问题，文化选择与社会选择的利弊问题，如何使优生知识发生实效，如何提倡、推行一种比较良善的繁殖方法。

1928 年到 1936 年，潘先生以“民族”这个很广泛的议题为中心，围绕“民族”的含义、中国人有哪些特性，特性的由来，中华民族的病象以及民族卫生的出路的观念，从理论到实际始终以优生学的观点来论证中华民族的特性、病象与改革的方法。潘先生认为一个民族的形成都离不开三个因素，那就是生物的遗传、地理的环境和文化的遗传。在这三个因素中，遗传最为基本，其次是环境，其次是文化。中国的民族特性是自然淘汰和人口移殖过程所造就的结果。关于中国人的病象，潘先生认为主要有四点：一是体格的柔韧化；二是科学头脑的缺乏，发明开拓能力的薄弱；三是在组织能力的薄弱；四是自私自利心的畸形发展。其中最主要的，总起来看中华民族在生存竞争上的能力比较弱。个人的健康要注意锻炼，而民族的健康要靠优生的措施，靠对健康分子的选择。

潘先生不仅在优生学的理论上作出了独创性的成果，而且他深入实际，紧紧抓住家庭问题、家谱学和人才学的研究，用几方面的事实来深化优生学的理解。进而潘先生深入到民族问题的研究中，形成了他研究民族问题基本的方法：民族研究的综合观，即要采取社会学、优生学、心理学、遗传学、人类学、历史学等不同学术领域的知识，综合分析研究民族的形成、演变和资料处理等问题。民族研究的整体观：不主张孤立地研究某一民族的历史，而主张将宏观的祖国历史、中华各民族的历史，结合微观的某个别民族历史、地区历史进行研究。整体与个别相互参照，这样才能理清和理顺民族关系与变迁。民族研究的比较观：民族研究采用比较法既实际又容易发现问题。各民族走过不同的道路，文化各异，在比较中更易发现各民族的特点和需要解释的难点，也能找到各民族事实上的平等的道路。事实上的平等，必须通过发展经济来实现，各民族共同的繁荣有待于共同走现代化的道路。

潘光旦在他一生的学术活动中，从优生学和人文史观的基础出发，相信“有人斯有文”，认为社会和文化的发展，始终是靠少数人的指挥。而在中国长期的历史中，影响人民生活和思想活动的优势力量就是儒家思想。在潘先生研究儒家思想而归纳出来的体系中，最后的一步是社会位育。正如“费孝通先生评价的”，位育是潘老师全部思想的核心。“位者，安其所生，育者，遂其所生”。位育是求得生物与环境的协调。一切生命的目的在于求位育，也叫适应。位育是一切有机与超有机物体的企求。位育是两方面的事，环境是一事，物体又是一事，位育就等于二者间的一个协调。要达到位育的目的就要作好“致中和”。中华民族传统文化的主体思想、核心精神是“中和”。这是中华民族长期自然环境、社会环境、思想环境共同相处，经过磨练，提高而升华结局出来的。所谓中和就是和谐，就是协调，只有在相互和谐，相互协调的关系中，不论是整个社会还是个人，才能得到生存和发展。

四、费孝通

韩明谟先生将费孝通的治学方法概括为：运用结构功能的观点，以中国社会为对象，以具体社区为落脚点，以农民为中心，通过实地调查研究，获取实证资料，进行微观分析和比较。这一治学思路在费先生的农村研究中有着集中的体现，在他破题开路的民族研究以及文化自觉的讨论中，费先生的治学方法则超越了社区研究与微观分析的局限，他始终遵循着“天下兴亡，匹夫有责”、“学以致用，志在富民”的治学精神，在中国问题所呈现出的广阔领域中进行不懈的社会学、人类学理论与研究方法的探索。

费先生对中国农村的调查研究分为两个阶段：第一阶段是从《江村经济》到《禄村农田》，在实践人类学田野调查与功能主义理论在中国研究中的应用之后，又进一步探索了类型比较研究法的雏形。而在第二阶段中，也就是从《乡土中国》到《乡土重建》、《绅权与皇权》，费先生将微观研究的成果上升到理论意义的层面，概括出了中国传统社会结构和基本观念。

费先生的家庭调查可以从《花蓝瑶社会组织》算起，而后来的《生育制度》是他具有创新意义的作品，该研究把家庭作为一个社会的主要制度进行结构功能分析。20 世纪 80 年代，费先生还进一步总结基层调查资料，研究了从 1936 年到 1984 年近 50 年的中国农村家庭结构的变动。

小城镇调查是社会学重建以来，费先生从事的最为成功和最有影响的研究。费孝通从解剖麻雀式的社会调查开始，进而对城乡社会发展进行了研究。他提出了发展草根工业、苏南模式、温州模式和珠江模式为代表的乡镇企业发展模式，并针对黄河上游多民族开发区、黄河三角洲开发区、长江三角洲开发区提出了我国的区域经济发展战略。

此外，民族学研究是费孝通先生一生学术探索的另外一条线索，他的第一次社会调查便是从民族地区开始的。20 世纪 50 年代初，费参加了民族识别的工作，并开始投入大量的精力在民族研究上。他提出的“中华民族多元一体格局”是他在民族学方面的核心成就，开拓了中华民族研究的新局面。20 世纪 80 年代，费先生又关注边区开发问题，从自然生态失调和人文生态失调两个纬度来探讨少数民族地区的发展问题。

在费先生的晚年，他总结以往各项的人类学研究成果后认为：人类学是一门交叉的综合性学科，而中国的人类学、社会学、民族学在合作发展的道路上产生了一门新学科：“社区研究”。这时，费先生的研究从人类学的研究上升到对“文化自觉”的讨论。“文化自觉”的看法是他从少数民族地区的发展问题中得到启示进而一再强调阐明的。目前，世界已经发展到信息社会，中国知识分子应主动承担起认识自己文化及其定位，从而认识不同的文化及展开跨文化对话的任务，也就是要实践“各美其美，美人之美，美美与共，天下大同。”

韩明谟先生总结费孝通的一生治学经历指出：费孝通是中国社会学重建的组织者和学科发展的学术带头人、中国当代社会学思想发展的领路人；他治学的野马精神仍是后学的精神宝藏。野马精神就是创新精神，就是在学术上不断探索、不断创新、不断前进、既遵循学术发展的规律、方向，但又不拘泥于学术框框的约束。

[韩明谟，1918 年生，硕士，现为北京大学人类学与民俗研究中心主任。主要著作有《社会学概论》（副主编）、《社会主义社会学》、《社会学概论》、《社会学概论学习指导书》、《中国社会学史》等。曾在国内外多种刊物发表论文 20 余篇。]

中国水问题——水资源与水管理的社会学研究

（李强等　中国人民大学出版社 2005 年版）

水问题，在长久以来无疑是自然科学门类研究的对象。《中国水问题——水资源与水管理的社会学研究》打破了这种学科分立的对象化方式给我们认识水问题带来的局限。作者认为，水问题与人们的社会生活与社会行为是密切相关的。该书正是从水与社会活动和社会行为相关联的角度，探讨如何从社会政策、社会管理和社会关系上解决水资源问题。社会学是以社会行为为研究对象的，无论是水短缺还是水污染，都是近年来在片面的发展观指导下的人们行为的后果，如果通过社会政策良性地导向了这种行为后果，对于全社会来说是善莫大焉。社会学在实践层面上的应用往往是通过影响社会政策的制定而实现的，因此该书大体上从社会政策的角度进行研究，提出了城乡用水有偿交换的思想，水质与水量统一管理的思路，全流域统一管理的思路，利用非政府力量参与水资源管理的思路等。

从社会学的角度研究水问题与两个优势，一是理论优势，二是方法优势。城乡水转换的研究、弱势群体水需求的研究，还有对于“非政府力量”参与水管理的研究的角度都采取了许多社会学的理论模型；作者同时也重视社会调查，设计了城市居民、农村居民，城市单位、农村村庄以及流域管理等多种调查问卷，通过调查获得了城乡用水情况的原始数据。该书关注的重点在于制度创新，作者首先分析了目前我国城乡水管理的现状和水问题的严重程度，提出“水资源统一管理”的建议，并以“流域统一管理”例证之，然后对市场和民间力量作深入分析，同时考虑到了实施中的实际问题——强调关照弱势群体。

作者从了解我国北方的水资源管理的现状入手，首先发现我国水资源利用中的主要问题是：水资源过渡开采问题，流域水资源缺乏统一管理，水资源使用中出现的城乡之间、工业农业之间、富人穷人之间的严重分化和不公正现象，农业用水低效问题，工业用水中的水价问题，公共水利设施处于半失管状态，水资源使用中公众合作能力低下，排污问题上缺乏有效的制约机制等。

该书关注了以下几方面问题：

1. 由于水是一种流动的资源，所以水资源管理的首要问题是如何实现统一管理。包括城乡之间、区域之间、流域内部的统一管理问题，也包括水质和水量，水利部门和环保部门之间的协调问题。作者认为，解决城乡之间水资源的合理配置问题需要采取城乡水资源有偿交换制度。水权与交换关系的确立既有利于效率的提高，又有利于保证公平。

2. 水资源管理中的市场力量和民间力量。由于水具有短缺资源和基本生活生产用品的双重特性，因此在水资源管理中必须兼顾效率与公正问题。这就要求在水资源的管理中引入市场力量和民间力量。非政府组织在扶贫开发、环境保护和社区建设方面发挥的作用已日益受到各界的关注。目前各灌区倡导建立的用水户参与制度就是非政府力量在水资源管理中发挥重要作用的例证。在中观层面上，不仅公共水资源及水利设施缺乏保护、珍惜和可持续利用的激励机制，而且水利行政部门也缺乏负责任的基础。目前，相应的制度设计是“供水公司+用水者协会”的模式。作者分析了它的可行性和实施障碍，认为关键的问题在于如何将市场、民间组织的运作机制发动起来。

3. 水资源管理制度实施中的社会现实制约。任何理想的水资源管理制度模式的实施都将受到中国现实的制约，这使得许多在理论上近乎完美的制度在实施过程中扭曲变形，甚至于初衷背道而驰。对目前中国社会弱势群体的考虑是水资源管理中社会公正的要求，因而是制度设计所不可忽略的社会制约因素之一。

［李强，1950 年生，现任清华大学人文社会科学院院长、社会学系系主任，教授、博士生导师。主要著作有《转型时期的中国社会分层结构》、《社会学原理》等。］

中国与全球化：华盛顿共识还是北京共识？前言（摘要）

（黄平　社会科学文献出版社 2005 年版）

在西方近代历史上，工业化不只是一个单一的过程，它是与资本主义、民族—国家等共同构建起来的一整套从制度到观念的东西，即所谓的“现代性”。但是，这绝不只是一个人口比重意义上的“城市化”（农村人口向城市转移或城市人口比重越来越大）的过程，而在实际的历史过程中，它是通过对内建立雇佣劳动与剥削，对外侵略扩张、殖民移民，并把这两个过程都从文化意识形态上加以合法化来完成的。

工业化还有一个问题，它是第一次以大规模的、有组织的方式远离自然、破坏自然。即使是撇开资本主义这个纬度，只讲工业化本身，它其实也是高度组织化的，第一个特征就是远离自然，而为了远离自然，就必须高度组织化，大规模的制度、设置，把人组织到一个个车间一个个工厂，使人成为一个个齿轮和螺丝钉（卓别林的《摩登时代》对此有过经典的写照），第二个特征是以人和自然的对立，最后人战胜自然为基本的预设，就是我们要战胜它、征服它、消灭它。

从文化—意识形态上看，这个把世界日益工业化的过程，是与我们如何认识世界密切相关的。英国工业革命以来（甚至启蒙以来）最基本的认识模式就是主观/客观、人/自然、文明/愚昧、现代/传统等二元叙述，后者是要被消灭的对象。这几乎成了我们今天的思维定势或基本框架，说的无非就是如何使农业社会变成工业社会，如何从乡村走向城市。它构成了社会学最基本的叙述框架。但是，这个叙述实际上是以英国 18—19 世纪的局部经验为主要依据的，而英国所覆盖的面积和人口，实际上是很小的，但它这个经验所概括出来的东西后来竟然演变成了具有普遍主义（所谓的“普世性”）特征的理论。一切社会，不论他们的自然、地理、文化、历史有什么区别，都必须这么做，借用马克思的话，这给了英国“过多的荣誉，也给了它过多的侮辱”。

中国现在所走的道路，至少和 17—18 世纪以后英国的工业化的过程是不一样的。我们今天讲的工业化，主要是指英国的工业化，它伴随的不仅是内部高度组织化和远离自然的征服，也包括对外扩张、殖民、侵略。中国语境下的人与自然、劳动与土地、包括农业文明与现代人的关系，其实和英国格局是很不同的。中国的整个历史语境与英国/西欧差得很远。中国由于“错过了历史机遇”(再也不能对外移民、殖民、侵略)、高度的资源制约（人均耕地、森林、淡水等无法与西欧比）等原因，不仅不可能重复英国式的工业化道路，甚至（更重要地!）它也不只是英国意义上的现代民族—国家（nation - state），中国的形成比英国/西欧的民族国家要早得多。因此，“中国问题”其实不只是一个现代英国意义上的现代性问题（如怎样实现工业化或城市化）。当然，现代性问题在英国也不只是工业化城市化一个维度，它至少包括工业化、资本主义、民族-国家等几个基本维度，但即使如此，即使同时把这几个因素都考虑进来，也仍然不足以把“中国问题”说清楚。

因为我们说的“中国”，首先，它现在当然是一个民族国家，有自己的独立的主权、明确的边界，有自己的国民经济和国家的根本利益，而且，可以说，就此而论，作为一个民族国家的“中国”，它还很年轻，只是从1911年才开始有了现代民族国家的“外型”，从1949年以后才开始了独立的“建国”过程，从1979年以后才有了比较“现代”的经济基础，直到现在它还有很多有待完成、有待完善的地方。

其次，“中国”不只是一个“民族国家”，它也是一片广大的土地，大得就像整个欧洲大陆一样，它本身就是一个大陆，即使单讲它的经济，也不是简单地用“国民经济”指标能说清楚的，在这里有多种经济形态长期并存，有的是家庭经济，还没有被统计到“国民经济”里去；也有的是整个区域性的经济，既不是这个省/县也不是那个省/县的经济，很多也是统计不进来的（或者也有重复统计的）；关键还不在于帐面上的统计，而是很难用以国民经济为单位的眼光来理解这里的许多经济现象。经常有这样的尴尬：用所谓西方的“国民经济”里的“失业”、“工资”等标准看，中国经济被预言了多次要“崩溃”了，超过“警戒线”了，结果呢，几乎没有一次是预言准确的。这里的关键，不是统计上准确不准确，地方上有没有水分、掺假，而是这里是一整个大陆，是一个大陆型经济，它的互补性是很强的，自我调节的能力也是很强的。一个大陆型的经济，与一个比较小的民族国家的“国民经济”，是不应该简单类比的。

再次，“中国”也是一个活着的历史，在这里，几乎所有今天发生的事件、过程，都有着鲜明的历史色彩，都离开了历史就解释不清楚，这是因为，不仅学者文人，也不仅公务员企业家，几乎所有普通老百姓，都有着如此强烈的历史感。这样一个活着的历史，既是理解今天的“中国”的一个重要维度，更是治理今天的中国是关键秘诀。反过来说，近代以来，可以说几乎所有的挫折、失败，都是与一帮不懂中国历史因此也不知道如何与老百姓打交道的所谓“知识分子”的食洋不化、照猫画虎分不开。只要试图切断历史，几乎没有不碰壁的。而在广大的农村和基层，不管人们受了多少“正规教育”，人人都是生活在历史之中的，都是历史的继承者和叙述者。

最后，与此相关但又有所不同的是，“中国”还是一整套古老的但至今还活着的文明形态，这个文明与西方的以基督教文明为主线的文明形态不同，它里面不仅包括儒—法—道—佛所构成的汉文化，也包含很多种直到现在还活着的“小文化”“小传统”，因为中国是由多个民族、多种文化组成的经济—社会—政治—文化集合体。现在，我们当然可以说传统的东西已经越来越少了，现代化来势凶猛，甚至势不可挡，人们早就或多或少地“西化了”。但是，如果不是只看表面，而是仔细去看中国普通人是怎样思考、交流、交往的，就会承认，我们老祖宗的传统还在，人们还是讲“礼节”、重“情面”、认“亲情”的，还是根据“差序格局”所形成的“远近亲疏”和“尊卑长幼”来为人处世的，既以此来安排日常生活，也凭此来考虑正式关系的。这也是“中国发展道路”的奥秘之一。

所以，“中国”不仅在时间上远比现代英国早得多，在内涵上也比英国意义上的民族-国家丰富得多。

但问题在于，我们几乎总是用英国18世纪形成的概念、理论、范式来解释中国的历史和实践，而当我们这样做的时候，总会不断地遇到矛盾；当我们遇到矛盾的时候，总是认为一定是我们自己的经验错了。我们很少会去怀疑理论和概念本身（“资本”、“劳动”、“市场”、“国家”等等）是不是有问题或局限。我们很少会想，用这些概念来分析中国可能会有什么错。而这些概念、理念，其实是从局部的、很小很特殊的经验里面出来的，但是我们总是不断改变现实来适应这些理论，甚至不惜削足适履。我们有没有想过，中国这样一个社会是不是一定要用英国式的工业化这种方式来组织？这种组织方式再“成功”，也就是在很有限的人群和有限的地域里搞了二三百年，到今天也就在很有限的地域内解决了很有限的人的“城市化”问题。而人类社会有文字的历史已经几千年了，各种文明形态并没有完全按照这个走下来，有的是消失了，但是有的还在生生不息地变化着、发展着，延续了几千年甚至更长。它们的历史要悠久得多，覆盖的人群要多得多，它能够提供的解释也应该是丰富的，最少有着自己的另外的解释。

回到中国来。中国1949年的时候城市人口只有几千万，50多年下来，已经是5亿多，更清楚地说，这已经超过了英国、美国、加拿大、澳大利亚、新西兰的全部人口的总和，超过了欧洲的城市人口的总和！欧美花了两三百年时间，其间还有那么多的血腥（侵略、殖民、贩奴、屠杀［印第安人等］），特别是战争（包括两次世界大战），才解决了世界上少数人的“城市化”或者“现代化”问题，我们怎么重走西欧北美的道路呢？西欧北美的道路，暂且撇开道义不谈，仅仅从可行性上说，究竟有多少“普世性”？当我们用从那里局部的经验所形成的概念理论来讲这儿发生的事的时候，是不是就有可能，问题不是出在经验上、实践上，而是出在理论上、概念上？为什么我们总是怀疑自己身边千百万人民群众的伟大实践而拜倒在各种洋的理论、概念、模式、公式、曲线、警戒线之下？我们今天有没有可能再次回到当年《实践论》和《改造我们的学习》所提出的问题，“实践是检验真理的唯一标准”，“教条主义必须少唱”？或者，就像歌德“理论是灰色的，生命之树常青”那句老话说的一样，不是实践本身错了，而是那些理论有问题？也许，不是那些理论错不错的问题，而是滋生那些理论的经验基础和我们的现实实践差得太远，而这个现实实践本身其实是完全可以产生出别的理论、别的概念、别的阐释框架的？

所以，为什么要提出“小康社会”的概念？“现代化”不就行了吗？最早我们是要建设“四个现代化”，那时候现代化是最大的合法性，它要解决晚清以后任人宰割的局面。现在我们提出要全面建设小康社会。对“小康”的一种可能的解释是先建设小康社会，初级阶段100年以后就可以是现代化社会了；但是，是不是还可能有另外一个解释，那就是：“小康”本身就是对“现代化”的替代（ALTERNATIVE），即不再是追求西方式的发展模式，不以破坏自然、损害他人为代价来搞“现代化”，而是从全面、协调、可持续的角度来建设小康？在小康之后（不只是时间之后，也是逻辑之后），也许不是“现代化”，而是别的什么，例如，回到我们的老祖宗的说法，“小康”以后应该是“殷实”，然后是“大同”?

经过近三十年的高速增长，现在的关键，一是保持好这个增长势头，但是要挑战增长方式，走可持续之路；二是解决好社会公正问题，使越来越多的社会阶层和人民大众都能享受发展之果和改革之实；三是树立起新的意识形态领导地位，使人们对最基本的政治伦理秩序发自内心的认同和在行动上自觉自愿的遵从。中国如果能在这条道路上走下去，那么，不论是叫它“中国道路”、“中国实践”，还是叫“中国经验”、“中国模式”，都是不为过的。

［黄平，伦敦经济政治学院（LSE）社会学博士学位，中国社科院研究员、博士生导师、美国研究所所长，并兼任《读书》杂志执行主编、国际社会科学理事会（ISSC）常务理事、国际社会学会（IIS）副主席。撰写的主要作品有《寻求生存》、《未完成的叙说》、《误导与发展》、《西部经验》，编著有《与地球重新签约》、《最新社会学人类学词典》等，并发表过学术论文多篇，其中有的被翻译成英、法、德、日、韩、泰等文字发表。

通信地址：北京张自忠路3号东院中国社会科学院美国研究所（100007）

电子信箱：huangping@cass.org.cn］

学术成果·论文

安全社会学的社会学理据诠释

（颜烨　《甘肃社会科学》2005年第3期）

安全伴随着人类社会始终。安全问题可分为自然灾害、事故灾难、社会安全和公共卫生安全等4大方面。安全社会学（Safety/Security—sociology）即是将安全问题与社会学知识结合起来，把安全看作一种社会过程，研究社会运行中的安全问题及其社会性原因、社会过程、社会效应、本质及规律；在性质上，它是一门应用性社会学；从哲学本质看，它是研究人与物、人与人的关系。众多深厚的社会学理论直接为安全社会学的研究奠定了一座座“理论大厦”：(1) 沃特斯社会学视角。澳大利亚的马尔科姆·沃特斯把有关“社会——个人”关系的问题归为“行动—理性—结构—系统”4个方面，思考安全问题，即可衍生出“安全行动—安全理性—安全结构—安全系统”。(2) 社会问题说。有的学者把社会问题放在中层理论加以考察，认为它们与社会控制相关联。安全社会学即是从中层社会学来研究社会问题。(3) 哈贝马斯“沟通行动论”、“系统—生活世界”。沿着哈氏的“思”与“路”，安全社会学同样需要考察系统和生活世界里以及它们之间的安全问题，也要寻求安全的沟通行动理论与现实世界安全问题的有机联系，建立安全的商谈伦理学。(4) 吉登斯、贝克的风险社会理论。“安全”与“风险”有明显不同。风险社会理论为探讨现代社会诸多安全问题提供了充分的理论想象力，需要关注“高度性现代社会”里、转型期和全球化进程中的不确定性、非平等性的安全问题。(5) 越轨社会学、社会冲突论、集合行为理论。安全社会学要关注转型期“制度洞”问题下的社会成员失范越轨问题及负面影响；也必须与心理学、生理学结合起来，不能回避安全主体的社会化问题。安全社会学的社会冲突论则是从社会结构、社会群体间的利益冲突等视角来分析安全行为、越轨行动和社会愤懑；同时也分析技术的、经济的因素对人类安全基质的负面影响。集合行为是指一种人数众多的自发的无组织集体互动行为，有政治性、经济类、社会性突发事件，对社会发展有双面影响，也是安全社会学研究的重要面向。(6) 社会性别学、女性主义。安全社会学要分析安全问题的性别原因：两性间在安全问题上的心理感知和态度立场的不同；安全事故对两性心理、生理和发展方面影响的异同。总之，安全问题是社会变迁发展中的问题，所有安全问题与社会发展是相互促进的。转型中国诸多安全事故的频发和重大损失也许是难以避免的“阵痛”。构建中国特色和谐社会需要加强理论研究，安全社会学有它应有的价值。

［颜烨，1969年生，华北科技学院副教授，中国社会科学院社会学专业博士研究生。

通信地址：北京东燕郊华北科技学院（101601）

联系电话：13641161975

电子信箱：yy-yqh@sohu.com］

从国家主义到法团主义

——中国市场转型过程国家与专业团体关系的演变

（顾昕　王旭　《社会学研究》2005年第2期）

王旭

专业性社团已经成为中国公民社会的重要组成部分，而专业社团与国家的关系也已经从国家主义转变为国家法团主义的形态。本文首次对政治社会学和政治经济学中有关国家与专业团体关系的研究进行了全面的梳理，从新制度主义的角度给出了一个分析框架。接下来，本文对专业社团与国家的关系在中国的演变，进行了深入的经验研究。根据北京大学公民社团团体研究中心在北京、浙江和黑龙江搜集的调查数据，本文发现，由于国家的卷入，专业性社团的自主性尚未得到充分发展。在具有法团主义特征的社团监管体系下，专业性社团享有垄断地位，竞争性的社团基本上不存在。绝大多数专业性社团是以自上而下的方式形成的，也就是所谓"由组织出面组建"，尤其是业务主管机构在社团组建上发挥着主导性的作用。虽然国家不再为许多专业性社团提供财务支持，但业务主管单位通过影响甚至直接干预社团领导人的选择，有效地控制着专业性社团的活动。同时，许多专业性社团的重要领导职位，均由现任官员或退休官员出任。这一方面体现了国家控制专业性社团的需要，另一方面也体现了专业性社团依赖或者动员其政治社会资本以维持垄断性的需要。同有关国家与社会关系的某些论断相反，专业性社团为了能够继续维持其垄断性的地位，大多并不积极寻找社团自主性的强化。总之，绝大多数专业性社团是从国家体制中分离出来的，或者是由在国有部门中工作的专业人士组建。国家在专业性社团空间的发展中，不仅维持了控制，而且还提供了一定的支持。由于国家主义的遗产，国家与专业性团体的这种国家法团主义式关系，并不像许多人认为的那样，是一种过渡性形态。在强调集体或社群利益超越个人利益的中国社会中，法团主义比多元主义更有可能生存并且成长。国家与专业团体关系从国家法团主义向社会法团主义转型，涉及到非常广泛的制度变革，在短期内难以预期。值得注意的是，在这样一种国家法团主义式的制度框架中，国家与社会相互增权的新理念和新模式，亦即国家与社会双方主动寻求建立公私伙伴关系以治理公共事务的改革努力，依然有可能得到发展。当政府进一步转变职能，在实现从全能性政府向服务性政府转变的过程中，把更多的服务递送工作转移给民间非营利性组织，包括专业性社团，一个国家与社会相互增权的局面是可以期待的。国家与社会相互增权的发展将进一步推动中国的社团空间向社会法团主义转化。

［顾昕，1963年生，北京师范大学社会发展与公共政策研究所教授、博士生导师。
通信地址：北京师范大学社会发展与公共政策研究所（100875）
联系电话：010－58801518
电子信箱：guxin@ bnu. edu. cn
王旭，1967年生，中国发展研究基金会副秘书长。
通信地址：北京西城区德胜门东大街8号东联大厦四层中国发展研究基金会（100009）
联系电话：010－84080188　13701003907
电子信箱：wangxu@ drc. gov. cn］

对耕者有其田与耕者有其权的新探讨

——清康雍乾时期山东与德国巴伐里亚农村土地状况的比较

（刘新利　《文史哲》2005年第5期）

从整体上说，在18世纪世界经济转型时期，"耕者有其田"是中国农民的传统愿望，却是德国农民的划时代要求；"耕者有其权"是中国农民遭受压迫和剥削的原因，却是德国农民的生存依据。

耕者有其田，表明农民拥有占有土地的权利。18世纪，或康雍乾时期，近60%的山东农民拥有土地的占有权，而96%以上的巴伐里亚农民失去了这项权利。耕者有其权，表明农民拥有耕种土地的权利。18世纪，近

60%的山东农民依据土地占有权耕种土地，而96%以上的巴伐里亚农民直接拥有土地的耕种权。

土地耕种权，在巴伐里亚主要有四种：继承权、采邑权、依附权和恩地权，实际上是土地的租佃权。康雍乾时期山东的农民的租地权是自然生存状态的一种表现。在租约确定之前，农民租佃土地没有法权的限制和保障，也没有传统习惯的约束和保证。

土地占有权，在巴伐里亚是农民支配“自己土地”的权利。12世纪末，绝大多数农民拥有这种权利。但15世纪末约25%、16世纪末15%、18世纪末2—4%的农民有此权。在同时期的山东，拥有土地占有权的农民占农民总数的一半以上，租佃农的数量大致在15%以下。中央政府经常采取措施保证自耕农的数量在半数以上。如果政府无力，农民便以激烈的方式自行调整。

18世纪，巴伐里亚的大多数耕者拥有耕地权。耕种权带给农民的主要负担是“土地耕种权交接费”、交割手续时的手续费和地租与劳役。但耕种权限制了占地权，因为土地领主有责任保证土地具备耕种权，即有责任抵御自然灾害、政府摊派以及战争抢劫等。

同时期山东的大多数耕者拥有土地。土地带给农民的主要负担是：（1）至细至密的朝廷赋役；（2）王朝官吏的额外榨取；（3）农户本身的再生产需求。因为借助于王朝政权而有权占有土地，农民必须支撑这个政权。两者互为依傍，一方衰弱另一方就会起而扶持。但王朝政府将土地占有权应该负担的责任给予各级官府，致使拥有占地权的农民必须保证土地得以耕种，而没有占地权的官吏则必须保证土地提供产品。权利与责任的扭曲，使农民和官吏双方都身负重担。还有，因为拥有土地的占有权，农民必须自然地或不自觉地在家庭内部进行土地权的再分配；原本由中央政府所控制的土地分配权在农业生产与消费的最底层——农户中——自然地或不自觉地失控。

18世纪结束以后，在巴伐里亚，占地权与耕地权合而为一。有田的耕者成为国家公民。在山东，占地权与耕地权再次合而为一，有田的耕者再次与土地一起承负起满足国家、官府和家庭需求的责任。历史再一次借助于土地所有权将社会的重轭套在了农民的脖子上。

［刘新利，1956年生，山东大学哲学与社会发展学院教授。
通信地址：山东大学哲社院（250100）
联系电话：0531－88378505
电子信箱：xinliliu@ sdu. edu. cn］

环境应激及其应对

（豆宏健　《甘肃联合大学学报》（社科版）2005年第1期）

人类和环境之间的关系是相互的、循环性的，工业化的社会改变了环境，改变了人和环境之间的关系。环境不再仅仅是人类赖以生存的物质基础，日益频繁的自然灾害和更加具有毁灭性的人为的、技术性灾难，使环境成为人类的一种恐惧性、压力性、破坏性的力量，进而影响到人的心理、生理和行为。从心理学的角度看，环境已经成为人的一个巨大的应激源，环境应激也成为心理学家和世界各国关注和研究的课题。

该文从应激源、应激理论以及个人可能具有的应对资源和应对方式等几个方面对环境应激进行了论述。在我国强调以人为本、创建和谐社会的今天，这种研究一方面可以使社会、政府和个人对环境问题更加关注，另一方面，也会对处于环境灾难和社会事件下的政府和个人如何应对环境问题提供启发和帮助，从而提高社会管理的效率和个人的生活质量。

该文把环境应激源分为灾难性应激源和背景性应激源，灾难性应激源包括自然灾害、技术性灾难、社会事件等；背景性应激源如噪音、空气污染、过度拥挤和被动吸烟等。心理学家提出了唤起与刺激理论、条件反射理论、行为限制理论、适应和认知交互理论等环境应激的理论模型，其中适应和认知交互理论具有广泛的解释效应。

如何应对环境压力是心理学家研究环境应激所关注的中心课题。该文主要从应对资源、应对策略、应对风格三个方面进行了阐述，认为应对资源是应对的基础和基本材料，包括社会的和个体的、物质的和精神的。社会性资源主要是来自社会的（国家或民间）的支持，依靠国家力量、社会关系和社会网络来实现。社会性资源可以是道义上的，也可以是物质生活条件和满足某种需要的金钱等实际的资源。而对个人来说，最重要的应对资源是信念、价值和自尊、控制感、自我效能感等。

文章还提出了对个人具有实际效用和指导意义的应对策略，包括消除紧张、认知重组、提高解决问题的能力、学习社会技能、进行社会交流等。无冲突的继续、无冲突的改变、抗拒性的逃避、过度警惕和警惕等是个体常见的应对风格，其中，警惕是最成熟的应对方式。

［豆宏健，1968 年生，甘肃联合大学经济与管理学院讲师，甘肃联合大学教务处教学科科长。

通信地址：甘肃省兰州市甘肃联合大学经济与管理学院（730070）

联系电话：0931－8685549

电子信箱：9927dhj@ sina. com］

抗击 SARS 实践与新人文精神的思考

（钟南山　王经伦课题组　《广东社会科学》2005 年第 1 期）

钟南山

突如其来的 SARS 疫情引发人们重新审视人文精神的价值，本文就是对这一事件深入思考和系统研究的产物，其特点主要有三：第一，视野开阔，博采众长。人类首次感染 SARS 后，自然科学家和社会科学家联手，对 SARS 这一影响广泛的横跨两大学界的实际上几乎不可分割的崭新课题进行研究，他们发挥各自的优势，从自然科学和社会科学两个层面透视 SARS 产生、演变的规律，从中概括出带有浓厚的新世纪特点的科学理性精神和人文精神，开阔了科学研究的视野，具有重要的理论创新意义。同时，这一研究也顺应社会发展和科学发展的新趋势，是社会科学与自然科学开展“大科学研究”的一个新成果，是大科学思维方式的产物，体现出当代社会的特点和精神。第二，内容丰富，涵盖面广。抗击 SARS 的实践活动集中暴露出人与自然、人与社会、人自身的诸多矛盾和问题。本文结合以求真、务实、兼容、开放、和谐等为主要特色的广东岭南文化，概括出以人为本、人与自然高度和谐、人与社会合理互动、人与人友好相处并不断超越和完善自身以及全面、协调发展的现代精神。从人自身来看，以人为本，实现人的全面发展是人文精神的实质和核心价值。SARS 促使人们重新审视自身的思维方式、行为方式以及对人的发展设定的合理性，进而努力提升、完善和超越自身，以重建人类自身独有的精神家园。从人与社会的关系来看，SARS 使人们从人与社会的发展出发，提高对公共健康和公共卫生的重视，建构和完善以人为本的政府决策和社会应急机制，修正和完善社会医疗卫生制度和社会保障体系，建立诚实的社会信息公开机制和民主的舆论监督机制，强调自主的区域国际合作机制，以增强我们应对自然灾害和突发性事件的能力，保证社会的良性发展和人与社会的合理互动。从人与自然的关系来看，SARS 迫使人们重新审视自身的自然属性，认识到善待自然就是善待自己，形成物种共生、和谐相处的观念，提倡绿色生存精神，尊重和遵循自然；合理利用、适时回馈自然，保持人与自然的双向平衡以及人与自然共同的可持续发展，同时防范不良环境对人类的报复，以最终恢复充满生机活力的地球生态系统这一人类的家园。第三，观点新颖，现实性强。本文紧密切合社会实际，结合 SARS 爆发后社会出现的诸多新问题进行探讨，努力挖掘 SARS 事件蕴含的人文精神，范围涉及哲学、社会学、生态学、管理学、新闻学、行政学等学科的理论前沿问题，以图引起学界的普遍关注和热烈探讨。

王经伦

［钟南山，1936 年生，中国工程院院士，现任中华医学会会长、中华医学会呼吸病分会主任委员、联合国世界卫生组织医学顾问、广州医学院广州呼吸疾病研究所所长，教授，博士生导师。

通信地址：广东省广州市沿江路 151 号（510120）

联系电话：020－83341017

电子信箱：nanshan@ vip. 163. com

王经伦，1951 年生，广东省社会科学院副院长、研究员，广东省逻辑学会副会长，广东珠江三角洲企业文化协会会长。2004 年出版专著《现代化建设的思维方式》，发表论文《诚信的人文价值新视角》。

通信地址：广东省广州市天河北路 369 号（510610）

联系电话：020－38809546

电子信箱：jlwang gz@ yahoo. com. cn］

韧性（resilience）

——在压力下复原和成长的心理机制

（于肖楠　张建新　《心理科学进展》2005 年第 5 期）

丁肖楠

Resilience 是指面对丧失、困难或者逆境时的有效应对体和适应。许多身处逆境（父母患病、家庭破碎等）的儿童没有被打倒，反而发展成为"有信心、有能力、有爱心"的人，这一奇迹成为研究者们感兴趣的谜。在将该概念引入中国心理学时，作者考虑到 resilience 不仅仅意味着个体能在重大创伤或应激之后恢复最初状态，在压力的威胁下能够顽强持久、坚韧不拔，更强调个体在挫折后的成长和新生。因此笔者倾向于将 resilience 译为"韧性"。

韧性似乎很神秘，只有少数人才拥有这种禀赋。但儿童心理学的追踪研究和心理咨询的案例分析表明，韧性是普遍存在的。实际上，生物体出于自我保护和生存的需要，在环境发生变化时，都具有动态调控和即时适应的基本反应能力，这是一种生物遗传决定的"自我调节机制"。韧性似乎正是人类机体中存在着的一种自我保护的本能，它会在逆境下自然地展现出来，推动着人们去克服生命威胁、去追求自我实现、去维持精神和谐。

韧性这种积极心理学研究框架，强调保护性因素的作用。个体的内部因素（如自尊、自我效能、责任感、成就动机等）、家庭因素（温暖的氛围、良好的亲子关系和夫妻关系等）、社会因素（亲密的同伴友谊、成人导师式的指导等），对于维持韧性至关重要！韧性发挥作用的过程就是个体的保护性因素与高危情境（如战争、灾难、疾病、生活挫折等）相互作用的结果。

过程模型认为韧性是瓦解和重新整合之后达到的更高平衡状态，与一般意义上的"复原"有区别。但在不同人生发展阶段上，韧性呈现出具有不同适应意义的层次结构，其内涵也会因群体的性别、社会经济地位和文化背景等而有所区别。值得一提的是，即便是顺境也需要韧性。韧性是人们在生活变化中维持精神和谐的根本，甚至是良性发展和自我实现的前提。

尽管在如何测量韧性的问题上研究者们仍未达成一致意见，但一些简便有效的韧性量表得到了广泛应用，如 Connor 和 Davidson 的韧性量表已经在临床治疗中证明良好的效果。韧性研究的目的是探索个人生存和成长的力量源泉，在教育、医疗、社区和企业中开展的韧性干预训练已经显示出良好效果。

生活变化、挫折和逆境贯穿于生命的整个历程中，生活不断变化的过程实质上就是要求韧性不断提高的过程。韧性的提高意味着成长、健康和幸福。尽管韧性还是一个界定不严格的、理论框架不完善的研究领域，但它对于生存和发展的意义促使人们不断地研究下去。

[于肖楠，1979 年生，中国科学院心理研究所博士。
通信地址：北京朝阳区大屯路甲 10 号（100101）
联系电话：010－64855883
电子信箱：yuxn@psych.ac.cn
张建新，1959 年生，中国科学院心理研究所研究员、心理研究所所长助理。
通信地址：北京朝阳区大屯路甲 10 号（100101）
联系电话：010－64855883
电子信箱：zhangjx@psych.ac.cn]

学术道德检讨

（刘明　《浙江学刊》2005 年第 3 期）

当今学术界及全社会对学术道德存在深切的忧虑。学术道德危机来自学术权力腐败和学术造假两个方面，前者的危害更加严重，学术规范的重点应当指向权力腐败。

一、关于学术权力

为了区别利用权力和未利用权力这两种不同的学术道德败坏现象，拟将"腐败"定义为：以公共权力谋取私人利益。这样就把违反学术道德的行为区别为两个不同的层面：一是没有权力背景的学术造假，二是利用学术权术的寻租。相当一些违背学术道德的现象是这两种行为的共振。

"学术权力"，即运用和支配学术资源的权力。它包括招收研究生的权力、参与论文答辩的权力、编辑部的发稿权力、课题与奖励的评审权力、研究成果的鉴定权力、课题经费的使用权力、职称评定与晋升的评审权力等等。

二、关于学术权力腐败

滥用学术权力造成的危害，及其所运用的方式都具有与一般行政权力相异的特殊性，而且防范与遏制也更加困难。

1. 在危害上，学术权力腐败有其特殊的严重性。国学大师章太炎曾论及社会腐败有两种，一种是外在的"土崩"，另一种是内在的"鱼烂"，学术腐败是鱼烂的典型表现。

2. 在方式上，学术权力腐败更难以克服。第一，它授予的是有一定学衔的学者，权力是附着在其知识和能力上的，学术行为和寻租行为一体化，是否涉及腐败难以界定；第二，在运用学术权力时，其自由裁量权空间相当开阔；第三，普遍的学术腐败在近现代历史上还是一个鲜见的现象，缺乏一个应对的监督控制防范机制。

3. 在揭露和遏制方面，学术权力腐败更为滞后。揭露力度不够的原因在于：第一，出于利害考量，绝大多数圈内人都不愿意把本系、本院、本校的严重腐败现象公示于媒体，自辱形象；第二，大量寻租行为操作得相当隐秘，极少人知情，学者均向往清静闲适，不屑于知情，更无精力深究；第二，鉴于上面所说学术腐败的特殊性，有牵连的当事人都有"著名学者"的光环保护，还有上层的行政权力保护，令揭露难上加难。

三、关于学术造假

学术作假还有发展与演进的趋势：其一是空间扩张，其二是层次提高，其三是发现难度加大，其四是学术界的集体无意识。

四、对时下整饬道德取向的质疑

1. 如今的打假，重点指向假研究，而少有触及假学者，实乃避重就轻，仅伤及造假之皮毛，无碍于造假之筋骨。

2. 根子就在学术组织行政掌控，而我们的打假却只能就此止步。

3. 源头在哪里？今天学界的堕落只是20世纪90年代以来汹涌澎湃的社会功利大潮之缩影。以年轻一代为代表的价值观向物质主义转向。

解救之上策，绝不在制定更多更严的"守则"、"办法"，发表更多更泛的声明。本文主张发起一场自上而下的讲真话社会运动，以拯救中国社会的诚信危机。

［刘明，1944年生，浙江行政学院教授，浙江大学兼职教授。
通信地址：杭州市文一路浙江省委党校85信箱（310012）
联系电话：0571－88266079
电子信箱：dx_ liu_ ming@ hotmail. com］

中国的职业阶层与高等教育机会

（张玉林　刘保军　《北京师范大学学报》2005年第3期）

中国的高等教育机会历来是一种稀缺的社会资源。获得这种资源的年轻人将登上一个社会性的台阶，进入社会的主流阶层或集团。但是根据对37所高校调查资料的深入分析表明，高等教育机会在社会各阶层间的分布严重不均：在20世纪90年代中期，农民子女与工人、干部、企业管理人员和专业技术人员子女进入高等学校的可能性之比为1：2.5：17.8：12.8：9.4，在全国重点高校中为1：4：31.7：22.6：17.4；而农民阶层与非农阶层的整体差距是5.6倍，在全国重点高校中则是9.2倍，其中，与党政干部子女的差距分别达到17.9倍和31.7倍。另一方面，作为体力劳动者的工人和农民子女，与作为脑力劳动者的党政干部、企业管理人员和专业技术人员的子女的机会之差也很大：在高校总体中为9.6倍，在全国重点院校中接近15倍。

进而，父亲的职业不仅影响着子女获得不同层次的高等教育机会的大小，还与其能够入读的专业密切相关。在一些调查高校的"热门专业"中，农民和工人子女的比例进一步低于其在总体中的比例，而党政干部和知识分子的子女则几乎形成垄断地位。饶有意味的是，造成这种差异的原因并非后者的高考成绩居于优势，相反，农民子女的录取平均分数高出干部子女22分的事实，意味着他们本来可以更多地进入"热门专业"或更高层次的院校，同时也预示着那些考分低于已录取的农家子女但却高于干部子女的农村考生可能被淘汰了。

在中国金字塔形的庞大教育体系中，高等教育机会的不平等并不是一种自生的孤立现象。它首先是基础教育阶段机会不平等逐层累积的结果，城乡分割的办学制度使农村少年儿童在通向学业成功的竞争中从一开始就处于劣势。而高校招生名额的地区性倾斜和由此导致的录取分数线的差异，往往意味着更多的农民子女被淘汰。进而，录取过程中的再分配，也容易偏向那些能够对录取过程施加影响的强势社会阶层子女，而背离包括无关系背景的工人在内的低社会阶层子女，从而拉大了高等教育机会的阶层差距。

进一步的问题在于，导致中国高等教育机会严重不平等的制度性原因并没有随着高等教育的爆炸性扩张而消除，相反，大幅度增加的高校收费使低收入阶层的子女遭遇更大的障碍。这意味着，趋向“大众化”的高等教育所接纳的真正的“大众”仍然处于边缘，而位于金字塔顶端的“一流”大学依然主要限于强势阶层。

［张玉林，1965 年生，日本京都大学博士，南京大学社会学系教授。通信地址：南京市汉口路 22 号南京大学社会学系（210093）
联系电话：025－83593926
电子信箱：zqy1025@ jlonline. com
刘保军简介缺。］

宗族的民族性特征及其在村治中的表达

——对捞车土家族村和摩哈苴彝族村的观察

（朱炳祥　《民族研究》2005 年第 6 期）

近年来，宗族在乡村社会政权建设中的地位与作用问题颇受学术界关注，但研究者所依据的案例大多来自中部和东南部地区的汉族村庄。汉文典籍中的“宗族”是指父系血亲关系，但在某些少数民族那里，父系血亲关系却不大被重视，这就造成了宗族的民族性差异，而这种差异也必然反映在参与当代村民自治的实践上。然而这种差异一直未能得到应有的关注与研究。本文选择捞车土家族村和摩哈苴彝族村进行个案观察与分析，旨在拓宽学术研究的视野。

一、捞车土家族村的观察

捞车土家族村为湘西土家族苗族自治州龙山县苗市乡的一个河谷村庄。捞车村是历史上实行土司制度统治的少数民族地区，在土司制度时期，土民对土司是全方位的依附关系。长期以来，在捞车村的民众中，宗族观念普遍淡漠。

从宗族构成的形式要素上看，捞车村的宗族没有祠堂、没有族谱、没有族规族训、没有族田，也没有族长。从宗族观念的内涵上看，捞车村的村民都不大重视父系血亲关系，而是将土司制度时期三位传说中的土王——彭公爵主、向老官人和田好汉——都当作全村各宗族共同的族祖神。对于父系血亲关系的忽略，鲜明地体现了土家族宗族的民族性特征，这一特征在村民对于宗族祖先的两种祭祀方式中得到充分表达。第一种方式为公祭，这是将土王作为全村共同族祖神祭祀的摆手舞仪式。土家族地区过去遍设土王庙（亦称摆手堂），作为祖先的公祭场所。捞车村村民将与本宗族没有血缘关系的土王作为族祖来崇拜与祭祀，显示着土家族的宗族观念与汉族的宗族观念有着明显的不同。第二种方式是私祭，这是以一家一户为单位的逢年过节祭祀正堂神龛上供奉的“天地君亲师”的家先神位。这个“家先”神位并不仅仅是（甚至主要不是）自家的真正的父系血亲祖先，还包涵着土王在内。这当然也有民族文化传统的原因。据地方志书记载：在改土归流以前，土家族并不供奉祖先，过年时，在正堂供已故土司神位，其将本家祖先设于门后。这一传统一直在民间存留着。

土家族的土王并非一人，而是由三个不同姓氏、不同宗族的三个人共同承担，形成“三位一体”结构，这就进一步冲淡了宗族血亲意识。据当地说，捞车一带的土王庙过去供奉的是彭公爵主、向老官人、田好汉。宗族血亲意识在这种三元结构中基本上已被删除。对于捞车村来说，不仅各异姓宗族将没有血缘关系的彭公爵主、向老官人、田好汉供作共同的族祖神；而且村内彭、田、向三个宗族也需将另两位土王当作本宗族祖先一并供奉。

当我们对土家族宗族的民族性特征与当前村民自治实践的关系进行考察时，我们看到地域性政治领袖群体稳定格局正是与历史一脉相承的。捞车村从 1987 年开始实行村民自治制度至今，已经选举过七届村民委员会（每三年一届），而在村委会人员构成上形成了一个反映地域关系的超稳定性结构。

2002 年课题组进村时，当时为第六届任期内，村委会成员共 4 人（村委会主任、文书、治保委员和妇女委员），其中竟然有 3 人连任六届，1 人连任五届。而在 2005 年初捞车村第七届村委会的换届选举中，村民委员会主任、治保委员、妇女委员三人依然当选连任，只是对空缺的文书职位（此时，村党支部书记已被乡里调任他地，其职务由村里文书接任）进行了补选。同时，村委会成员的年龄结构亦被村民忽视，四人中有三人年龄超过 60 岁。而从村委会成员的宗族身份看，七届村委会成员只涉及彭、向、郭三个宗族，其余 20 多个宗族在七届村委会中竟无一人参与。各宗族并不推选出自己的精英人物在村治权力平台上进行角逐。

捞车村近乎七届一贯制的村委会构成，一直是以彭、向二姓主政，郭姓仅任并不重要的妇女委员。但这并非有意识的宗族经营的结果，而是反映了地域结构中的二元因素以及在地域内居住的农户与人口的比例现状在村治中的表述。捞车村的地域关系以捞车河以界划分为惹巴拉自然村与捞车自然村。全村彭姓共 81 户，占全村总户数的 29．8%，主要居住在惹巴拉自然村；向姓共 86 户，占总户数的 31．6%，主要居住在捞车自然村。在当地人的心目中，彭、向二姓已超越宗族成为隔河相对的两个自然村的地域性的符号，彭、向二元主政的结构正是这种地域性的反映。因此，在村民自治选举中他们所选出的是地域性的领袖而不是宗族的代表。这样，对地域政治领袖的崇拜形式就被保留了下来，只是内涵发生了变化——土王被置换成村干部。

二、摩哈苴彝族村的观察

摩哈苴彝族村位于哀牢山地区，为云南省楚雄彝族自治州南华县兔街乡的一个高山村庄。在摩哈苴彝族中，各宗族皆以不同植物作为图腾祖先，因而是一种图腾制宗族。该村彝族主要姓氏有李、鲁、杞、何、张，这五个姓氏中有八个宗族，即竹根鲁、松树鲁、松树李、粗糠李、葫芦李、山白草杞、大白花张、大白花何。在姓氏前冠以植物名称，表示该宗族以此植物作为图腾物。

摩哈苴图腾制宗族有其特殊的宗族观念。图腾制宗族在人与图腾物之间建立起了祖先与后代之间的图腾血缘关系。汉族的宗族观念一般都强调人与祖先之间的血缘关系，这里的“祖先”是以“人”的形态出现的；摩哈苴彝族的图腾制也强调人与图腾祖先之间的关系，但这里的“祖先”是以“物”的形态出现的。于是，差异便显示出来：汉族的宗族成员之间以及成员与祖先之间的亲密关系是人与人的关系；而摩哈苴彝族宗族成员之间以及成员与其祖先之间的亲密关系除了人与人的关系之外，还有人与自然物的关系。

在摩哈苴，同一图腾宗族各分支之间以及不同图腾宗族之间皆建立起了和谐的关系。摩哈苴的图腾制宗族实行的是外婚制，各个图腾宗族因姻亲而结成的亲密关系与同一图腾集团内部的亲密关系是平衡的。当两者之间遇到利害冲突时，他们往往采取谦让的方式而不是采取竞争的方式来处理。例如，竹根鲁与山白草杞是两个不同的图腾宗族，当他们在大约300年前搬进摩哈苴老虎山定居的时候，两个群体结成了姻亲关系，长期互相帮助，合作发展。当宗支发展起来后，因山地狭窄生产活动受限时，当时已有三个支系的较为强大的竹根鲁宗族并没有利用这个优势地位企图战胜只有两个支系的山白草杞宗族，反而选择将自己宗族的大支、二支搬出老虎山，到背阴地进行艰苦的创业活动。而当竹根鲁在背阴地居住几代，宗支发展起来以后又进行第二次搬迁时，较弱的一支（二支）留居原地，较强的大支搬迁至迤头村。这两件事实显示了竹根鲁宗族发展过程中的两个重要原则：一是在外部关系处理上重视姻亲关系，宁可削弱自己也要保持在姻亲关系的稳固与和谐；二是在内部关系处理上扶持弱小宗支，以保持宗族内部的和谐与稳定。可见，在摩哈苴各图腾宗族之间并不是弱肉强食的关系，他们走的是一条削强扶弱、和谐发展的道路。

摩哈苴这两条内外关系原则使该村宗族未能发展出强大宗族，民族文化所陶铸出来的那种人生观使各宗族成员在对待权力、利益与地位上持一种“不争”态度。各宗族根本无意在村庄的权力平台上扮演角色。

我们简略陈述一下2003年摩哈苴的干龙潭村第二届村民委员会的选举情况。这次选举是按照兔街乡政府的统一部署进行的，其选举结果也符合乡政府的意愿。当时，兔街乡政府对每一个村都派出了工作组，到干龙潭的是一个三人指导小组。他们到干龙潭之前，对于村委会全部成员皆已有了预定人选。进村后，通过调查摸底，对预定人选作了调整确定。

在选举动员阶段，工作组在村委会所在地张贴了一些标语，号召群众选那些“政治素质好的、有威信、有文化、能够担当领导”的人当村干部。由于摩哈苴人大多没有文化，在选民登记以及推举候选人的过程中，多由乡村干部代为填写。村民们多半感到不知道该选谁，工作组和村选举委员会成员提出一些早就酝酿好的人选来征求他们的意见时，村民们也没有什么意见。因此在正式选举的过程中，几乎没有一点悬念。例如，在村委会副主任的差额选举（二选一）中，当事人和村民们大都知道谁是要进入班子的，谁仅是“陪选”。而“陪选”者本人也想不到自己可以通过竞争进入村委会班子，而仅是将这一“陪选”机会作为上级领导对自己的信任与培养。从笔者对2003年的“陪选”人（大白花宗族一何姓青年）的访谈看来，这位年轻人的权力意识相当淡薄，主要注意力在于将山区核桃运出贩卖。

在这种选举过程中，摩哈苴八个主要的图腾宗族都没有要将自己的宗族的代表选入村民委员会的意向，更无任何实际行动。因此可以说，摩哈苴村民对于宗族在村民自治中的地位，处于集体无意识状态。

三、简短的结论

在以上的观察与分析中，我们看到了两个少数民族村庄宗族的民族性特征及其在村治中的表达显示出与汉族地区不同的特点。在捞车村，由于土家族历史上已故地域性领袖土王为其统治地域的各宗族共同崇拜的族祖神，于是形成了土王崇拜对宗族祖先崇拜的超越。在当代村民自治实践中，这一特征表达为地域性领袖对宗族权威的超越，以及对地域性领袖的稳定认同。在摩哈苴彝族村，宗族是一种图腾制宗族，人与自然物的图腾关系超越了宗亲血缘关系，使得摩哈苴宗族既重视图腾群体内部的和谐关系，亦重视图腾群体之间以及图腾群体与自然物之间的和谐关系。这一特征使摩哈苴各宗族较之汉族地区的宗族竞争关系远为弱化。在当代的村民自治实践中并无对权力的诉求，宗族在村治中表达处于集体无意识状态。两个村庄的宗族的民族性特征所显示的共同特点，是对血缘关系的轻视。

［朱炳祥，武汉大学社会学系教授，博士生导师，系副主任。中国人类学会理事，中国民族学会理事，教育部社会学教学指导委员会委员。著作有《村民自治与宗族关系研究：五个民族村庄的个案分析》、《伏羲与中国文化》、《中国诗歌发生史》、《社会人类学》等。主要论文有《民族宗教文化的现代化》、《继嗣与交换：地域社会的构成》、《宗族的民族性特征及其在村治中的表达》等。］

走向生态化的儿童研究：聚焦中国儿童成长环境

（盖笑松　张婵　《东北师大学报》（哲社版）2005年第4期）

该文从生态化取向出发系统地分析了中国儿童成长环境。首先介绍了儿童研究中生态化观点的发展脉络，然后对中国儿童成长环境研究的现状和不足进行了总结，并且从生态化观点出发对我国未来的儿童研究工作提出了建议。

虽然传统的儿童研究也考虑到环境对儿童的影响，但没能把成长背景作为一个整体去看待。从生态化观点来看，儿童是在特定背景中成长起来的，其发展过程及发展结果要受到各种直接或间接的、外显或内隐的背景因素的影响。这些背景因素之间存在着复杂的相互作用，从而构成一个完整的生态系统。儿童研究的任务之一是对这个复杂生态系统的构成和作用方式进行探索，系统地分析环境对儿童的影响，并为如何优化儿童成长环境提出建议。

一、当代儿童研究的生态化取向

自1952年生物学家劳仑兹提出“关键期”概念以来，环境因素在儿童发展中的重要性受到越来越多的重视。经英国学者鲍尔比、美国心理学家爱因斯沃斯、前苏联心理学家维果茨基等人的推动，生态化取向逐渐成为当今世界儿童研究中的主流理论。当代美国心理学家布隆芬布瑞纳对儿童发展的生态环境做出了系统化的解释。他认为，儿童的环境——发展得以发生的社会生态体系——远远超出直接影响他们的活动与事件。更大范围（社区、国家、世界）内的事情也会通过某种途径影响到儿童发展。他提出的生态系统理论（Ecological System Theory）成为当代儿童环境研究中最前沿的理论，受到当代儿童研究工作者的广泛采纳。当今国外很多儿童研究都致力于分析环境与儿童的作用机制，描述儿童成长环境，发现环境中的不利因素，并影响政府决策以优化儿童成长环境。

二、中国儿童成长环境研究的现状与不足

在西方的许多发展心理学教科书中，“成长的背景”（context of development）都是很重要的一章。然而，在我国的教科书中，相应章节还很贫乏。究其原因，我国儿童研究工作者关于儿童成长环境的探索还不够，难以对其做出系统的描述。

在国内现有的研究中，关于家庭环境的研究数量相对较多，但研究的范围主要局限于人口统计学变量、家庭类型和教养方式等问题。关于学校环境的研究刚刚起步，而关于社会文化环境的研究则几近空白。整体上看，国内目前关于儿童成长环境的研究缺乏系统性，不能动态地反映中国儿童成长环境的变化，更缺少对政府决策的影响力。未来的研究需要从这三个方面来加强。

三、未来中国儿童成长环境研究的建议

第一，系统考察中国儿童成长环境的现状。未来的研究需要从生态化观点出发，建构关于中国儿童成长背景的理论模型。这一模型中不仅应包含儿童直接接触的环境因素，还应包含具有间接作用的环境因素，并阐释这些因素之间的相互影响以及它们的作用机制。考虑到我国城乡差异较大的现实，城乡儿童成长背景的理论模型应该有所不同。在恰当的理论模型指导下，系统地考察中国儿童成长背景的现状。研究的系统性应该表现在两个方面：第一，研究取样的地域分布应该有代表性，可以反映不同地区的共性和差异；第二，观测指标应该具有完整性，在同一儿童群体中完成多方面环境指标的考察，这样才能体现不同环境因素之间的复杂关系。

第二，动态反映中国儿童成长环境的变化。中国社会正处在迅速发展阶段，儿童成长背景也在发生着日新月异的变化。科学研究应该能够反映这种变化。例如以五年左右的间隔为一个周期，定期地对中国儿童成长环境进行考察和评估。一方面，这种资料可以反映中国儿童成长环境的最新状况。另一方面，这种资料还可以反映中国儿童成长环境变化的历史趋势。通过定期的监测性的研究，可以及早发现儿童成长环境中的新问题和新风险，及时寻找应对策略，保障儿童健康成长。

第三，开展行动定向的中国儿童成长环境研究。儿童成长环境研究的价值在于发现环境中的影响因素，增强有利因素，降低风险因素，优化儿童成长环境。所以，研究者应该富于行动意识，其研究工作应该以行动为导向。研究者不能满足于对儿童成长背景的观察和描述，要积极寻找可行方案，呼吁政府和社会通过立法手段、政策手段等措施实现对儿童成长环境的改造，优化中国儿童成长环境。

四、中国儿童成长环境动态监测数据库构想

为实现以上需要，可以通过大批研究者的协作，建立中国儿童成长环境动态监测数据库。该数据库的目标是：（1）反映中国儿童成长环境的最新状况，及时发现儿童成长环境中的新问题及潜在的不利因素；（2）反映中国儿童成长环境的历史变化趋势，以评定成人社会在增进儿童福利方面的努力程度；（3）提供儿童成长环境的国际比较，以体现我国儿童成长环境建设方面的不足和需要改进之处；（4）为有关领域的研究提供基础数据。

数据库的构成可以包括两部分。一部分是普通数据库，用以描述普通中国儿童成长环境的总体状况。这部分的取样范围应比较广泛，可以在全国六大行政区分别建立观测点。另一部分是特殊数据库，用来描述各种特殊儿童群体的成长环境，例如超常儿童、少数民族和

贫困地区儿童、残障等特殊需要儿童、离异家庭儿童等。特殊数据库的取样范围可以相对较小，但应该具有一定的典型性和代表性。

数据库的指标选取应该以恰当的生态理论模型为指导，系统地反映中国儿童成长环境。在儿童直接接触的环境因素中，可以包括家庭环境、幼儿园和学校环境、传媒环境等指标；在间接影响儿童成长的环境因素中，可以包括父母和教师的职业压力、家校合作情况、社区教育服务措施等指标；在宏大系统中，可以包括社会主流的儿童观、学校中的教育理念、国家有关儿童之法规政策的出台情况等。

该数据库可以以5年左右的间隔为一个周期，定期考察上述方面的儿童成长环境，通过网络或出版物等媒体手段向社会公布监测结果，向政府提交监测报告，并提出改善建议，以引起政府和社会各界对有关问题的重视，为政府决策提供科学依据，实现优化儿童成长环境，促进儿童健康发展的最终目标。

［盖笑松，1971年生，发展心理学博士。东北师范大学教育科学学院心理学系副教授，东北师范大学儿童发展研究中心兼职研究人员。主要研究方向是儿童认知和社会性发展、儿童成长环境等。
电子信箱：gaixs669@ nenu. edu. cn

张婵，1980年生，东北师范大学心理学系2004级硕士研究生。主要研究方向是儿童阅读技能、小学生学校适应等。
电子信箱：zhangc332@ nenu. edu. cn］

大事记

2005年中国社会学研究大事记

2月18日，应中国人民银行邀请，中国社会科学院社会学所陆学艺研究员参加由中国人民银行主办的“发展理念创新——中国之路”研讨会。中国人民银行副行长李若谷及著名学者吴敬琏、樊纲、林毅夫、胡鞍钢等出席会议。陆学艺研究员在“中国发展的领域、层面和程度上的创新”主题论坛上发表演讲。

2月21日，中共中央政治局进行第二十次集体学习。中共中央总书记胡锦涛主持。中央政治局这次集体学习安排的内容是努力构建社会主义和谐社会。中国社会科学院社会学所李培林研究员、景天魁研究员就这个问题进行讲解，并谈了他们的有关看法和建议。中央政治局各位同志认真听取了他们的讲解，并就有关问题进行了讨论。胡锦涛在主持学习时发表了讲话。他强调，要加强对构建社会主义和谐社会重大问题的调查研究和理论研究，包括加强对社会结构发展变化、社会利益关系发展变化和维护社会稳定工作的调查研究；加强对马克思主义和国内外社会建设理论的研究；提高管理社会事务、协调利益关系、处理人民内部矛盾和维护社会稳定的本领；把社会主义和谐社会建设的各项工作落到实处，建设民主法治、公平正义、诚信友爱、充满活力、安定有序、人与自然和谐相处的社会主义和谐社会。

3月，武汉大学创建“社会学理论工作坊”，旨在增进国内外社会学同行间的学术交流，促进社会学理论、方法和实证研究的发展。“工作坊”的基本模式是由应邀前来的学者预先提交一篇研究论文作为讨论的核心内容，供将要参加工作坊的学者和学生阅读。“社会学理论工作坊”第一讲由国际著名社会学家周雪光教授主持并提交论文《“逆向软预算约束”：一个政府行为的组织分析》。参加工作坊的学者和武汉大学社会学系师生就周雪光教授的论文和研究展开了热烈的讨论。

4月24日，我国著名社会学家、人类学家和社会活动家费孝通先生因病在京逝世，享年95岁。费孝通先生是第七、八届全国人民代表大会常务委员会副委员长，中国人民政治协商会议第六届全国委员会副主席，中国民主同盟中央委员会名誉主席。费孝通先生创办了北京大学社会学研究所，生前发表《江村经济》、《乡土中国》、《行行重行行》等著作50余种，曾获国际应用人类学会马林诺斯基奖、英国皇家人类学会赫胥黎奖章、《大英百科全书》奖。费孝通先生的逝世不仅是我国社会学界的极大损失，也是国内外社会科学界的一大损失。

5月21—23日，中国社会科学院社会学所“当代中国社会结构变迁研究”课题组召开《协调社会阶层利益关系，构建和谐社会》研讨会。来自中国社会科学院、北京大学、清华大学、中国人民大学、华东理工大学、上海大学、吉林大学、中央党校、北京社会科学院、上海社会科学院、天津社会科学院、河北社会科学院等20多个单位的专家学者和课题组全体成员50余人，围绕如何构建社会主义和谐社会，就当前中国社会阶层关系与利益冲突的制度、机制分析，当前中国社会分化与利益关系，当前中国社会分化中的利益行动，农村社会利益关系，城市社会利益关系等主题展开了热烈的研讨。

7月1—3日，清华大学社会学系与香港科技大学、台湾东海大学联合举办“华人社会的变迁”系列学术研讨会。该系列学术研讨会已成功举办了二次。两岸三地师生已有良好的合作与交流经验。为了使两岸三地交流进一步持续发展，清华大学社会学系与台湾东海大学社会学系、香港科技大学社会科学部共同举办第三届“华人社会的变迁”学术会议，本次研讨会讨论主题为“经济发展与社会整合”。会议主要邀请两岸三地的社会学者，从社会学视野出发，共同探讨在当今全球化背景下，华人社会所面临的经济发展、社会制度变迁和文化适应三者之间的整合问题。

7月5—12日，中国社会科学院社会学所景天魁所长、《社会学研究》编辑部主任渠敬东应邀赴瑞典斯德哥尔摩参加第37届世界社会学大会。

7月，中国政法大学社会学院成立。社会学院现在有本科教育（社会学）和研究生教育（应用心理学）两个层次。该院有两个比较突出的学科特色，一是法律社会学、政治社会学和法律人类学这三个相邻学科组成的学科群；第二个是包括犯罪心理学在内的应用社会心理学。

7月30日—8月2日，由中国社会科学院社会政策研究中心与中国社会工作教育协会、南开大学、北京师范大学、清华大学联合举办的“社会政策国际论坛暨系列讲座”在天津举行。中国社会科学院秘书长、社会政策研究中心主任朱锦昌出席开幕式并致辞。民政部和天津市的领导出席开幕式并致辞。英国的艾伦沃克教授、挪威的斯特恩孔勒教授、中国人民大学的郑功成教授分别做了《21世纪的社会政策：最低保障还是社会质量》、《全球化与社会政策发展：社会政策的本土化问题及国际化的趋势》、《中国社会政策与社会保障的改革与发展》的主题发言。与会者就三农问题、人口流动、社会政策、老龄化、贫困等问题展开讨论。讲座聘请了国内外社会政策研究的专家，讲授社会政策基本课程，普及社会政策的理论和方法。来自美国、加拿大、挪威、英国、日本、香港和中国大陆的学者200余人参加了论坛和讲座。

8月31日，中国社会心理学会在中国社会科学院社会学研究所召开了2005年学会会长、副会长、秘书长、副秘书长工作会议。会议就2006年中国社会心理学会第六届代表大会的筹备工作和其他日常工作进行了讨论。会议决定，尽快将第六届代表大会的准备工作要求采用通讯形式向理事进行通报，并征求意见和建议，适时召开常务理事会议就换届改选的原则与程序、理事名额及分配办法、会议地点与时间以及筹备工作的分工要求做进一步的讨论和落实。会议还讨论了新增专业委员会的申报、会员登记与申请、各地方学会的工作及杂志与网站情况等。

9月19—22日，第二届中国——古巴社会科学和社会发展研讨会在中国社会科学院举行。全国政协副主席、中国社会科学院院长陈奎元出席开幕式。会议的主要议题包括经济增长与外国直接投资；消除贫困与社会公正发展；在经济全球化背景下世界社会主义的现状和前景分析；城乡的社会保护问题。中国社会学会会长陆学艺研究员作了“消除贫困、实现城乡一体化”的学术演讲。会议期间，与会代表还参观了北京房山区韩村河镇。

10月10—12日，清华大学、北京大学、美国杜克大学三校发展论坛在京召开。此次论坛的宗旨是：探讨全球化背景下，各个民族国家不同的经济社会发展道路及相关的发展模式。北京大学社会学系主任马戎教授、杜克大学社会学系高柏教授和清华大学社会学系主任李强教授分别致开幕词。在两天的议程中，高柏教授、杜克大学社会学系杰里弗（Gary Gereffi）教授和北卡大学的特瓦利（Meenu Tewari）教授分别以日本、墨西哥和印度为例，就欧美模式以外的经济社会发展模式，为两校师生作了精彩的演讲。

10月22—26日，以“倡导专业规范、培养研究队伍、打造学术共同体”为宗旨的第二届“组织社会学实证研究工作坊”在上海大学新校区召开。本次“工作坊”由上海大学社会学系、香港科技大学组织管理系、上海高校社会学E—研究院联合主办。来自中国社会科学院社会学所、北京大学、清华大学、中国人民大学、中山大学、武汉大学、吉林大学、复旦大学、香港科技大学，以及美国杜克大学、芝加哥大学等国内外30多所著名大学和研究机构的20多名资深专家、40多名青年学者参加了这次会议。本次“工作坊”的内容包括三部分：第一部分是由与会的资深专家对从30篇与会论文中遴选出的8篇实证研究报告进行评判，内容涉及政府与基层政权，经济领域的企业、金融与市场，NGO/NEO组织等三大领域的组织现象；第二部分是由青年学者对照自己的研究，研读10篇国内外的经典文献，内容分为制度学派、网络学派、组织决策学派、中国研究四大板块，分别由在这四个板块中积累颇丰的资深专家主持、点评并作专题报告；第三部分是关于产权社会学的专题研讨。最后，经“工作坊”筹委会讨论决定，第三届“组织社会学实证研究工作坊”将于2006年由中国人民大学社会学系承办。

中国社会学会2005年学术年会暨第六届理事会在安徽合肥召开。本次会议由中国社会学会主办，安徽省社会学学会承办。中国社会学会会长、常务理事、理事，以及来自全国28个省市（自治区）的有关专家、学者300余位代表出席了会议，其中全国11个社会学博士点负责人全部到会。会议主题是“和谐社会构建：社会学的神圣使命”。大会共收到论文163篇，围绕和谐社会中的社会结构、社会安全、社会公平、社会保障、社会政策及和谐社会的现代意义等六个议题展开，从而为和谐社会的构建奠定了理论基础。中国人民大学的郑杭生教授、中国社会科学院社会学研究所的李培林研究员、江苏省社会科学院的宋林飞研究员在会上作了专题报告，与会代表围绕会议主题进行了分组讨论与大会交流。会议期间，同时进行了中国社会学会换届选举，选出第六届理事会理事202人、常务理事61人（其中特邀常务理事12人），第六届名誉会长雷洁琼、陆学艺，会长郑杭生，常务副会长（法人代表）李培林，副会长邓伟志、王思斌、卢汉龙、刘敏、李强、谷迎春、宋林飞、赵子祥、蔡禾、潘允康，秘书长谢寿光。会议还确定了2006年社会学会年会由山西省社会学会承办。

10月27—29日，由中国社会科学院和瑞典高等亚太研究所主办，中国社会科学院社会学所承办的“中国——瑞典经济发展和社会政策学术研讨会”在北京举行。会议的主题是经济发展和社会政策。中国社会科学院秘书长朱锦昌出席会议并致辞，中国社会科学院社会学所所长景天魁、国际合作局局长黄平及来自瑞典、丹麦、挪威、芬兰、英国、意大利和北京大学、中国人民大学、北京师范大学的学者近70人参加会议。

11月，在联合国教科文大会上，中国社会科学院社会学学者黄平当选为社会转型管理（MOST）政府间理事会副主席。

11月3日，由中国社会科学院主办、亚洲开发银行资助、中国社会科学院社会政策研究中心承办的“农村社区卫生服务体系与政策研讨会”在中国社会科学院召开。出席会议的人员包括全国政协、有关部委、国际组织、研究机构和地方政府的官员、研究者，以及试点地农民医疗合作社、村干部和社区医生的代表，还有参加“中国新农村建设实践反思与展望研讨会”的山西、吉林、河北、河南、安徽等地农民合作组织的代表。会议旨在探索改善农村卫生状态的可行道路：如何以较高成本效益的模式改善农村卫生服务提供能力和提高卫生服务水平，保证当地居民获得基本卫生服务，改善农民的健康水平。

12月1日，由中国社会科学院和英国国际发展部主办，社会学所承办的英国国际发展部副部长托马斯·盖瑞茨先生（Mr. Gareth Thomas）学术报告会在中国社会科学院学术报告厅举行。报告会的题目是：“英国和中国：促进合作发展伙伴关系”（The UK and China：Taking forward a Partnership on Development）。社会学研究所所长景天魁研究员主持报告会，国际合作局局长黄平代表中国社会科学院致辞。英国驻华大使韩魁发、英国国际发展部中国办事处主任戴维斯、中国社会科学院农村发展研究所副所长杜晓山、社会学研究所副所长汪小熙以及来自中国社会科学院、中国农业大学、北京科技大学、北京工业大学、中国青年政治学院的学者、教师和学生共100余人参加了报告会。

12月10日，教育部第十次学位授权审核复审通过学科点公示结束，其中南开大学社会学和中山大学社会学被授予社会学一级学科。

（黄平）

考古学

综 述

2005年中国考古学研究综述

2005年中国考古发掘和研究获得全面进展。田野考古有多项重要新发现，多部田野报告和学术研究专著出版，一系列学术会议召开，整个考古学呈现出蓬勃的生机和良好的发展势头。

一、考古学的理论与方法

关于考古学理论与方法的探索，继续受到重视。科林·伦福儒和保罗·巴恩的《考古学：理论、方法合实践》中文版于2004年出版后，受到考古界的广泛关注。为此，文物出版社于年初邀请专家学者召开座谈会，就考古学的理论建设专门进行讨论，与会学者在外国考古学理论的中国化问题上提出了许多建设性的意见和建议。在考古学理论的探索上，栾丰实结合1998—2001年在山东日照两城镇遗址考古发掘情况，在日照龙山文化国际学术研讨会上，介绍了他们在田野考古方法上的改进和尝试。史前时期的人口考古学研究，近年开始被引入中国。其基本方法是在确定了遗址某一时期房子数量和遗址延续时间的基础上，首先计算出年均人口数，进而计算出遗址的人均面积。但是问题在于，遗址的延续时间究竟有多长，目前各种测年技术和器物类型学研究都难于准确估算；如果进而推算每人占用多少面积，就需要解决每个时期遗址的面积究竟有多大的问题。王建华的《海岱龙山文化遗址人均用地面积地初步研究》一文认为，这些问题不解决，人口估算就缺乏稳固的基础。动物考古方面，罗运兵、袁靖在《中国文物报》上介绍了欧洲考古学界新兴的运用线性釉质发育补全的分析方法来研究猪的年龄的方法，据称这一方法有助于了解史前时代猪群进化问题的研究。

作为考古学理论建设的一个有机组成部分，对国外考古学理论和方法的介绍仍在继续。中山大学人类学系先后推出了五种有关西方考古学理论和方法的译著，如周达鸣主编的《考古学思想史》、达柯的《理论考古学》、约翰逊的《考古学理论导论》等。自20世纪80年代以来，我国已经翻译了不少国外考古学理论著作，为我们了解外国考古学的动向发挥了积极的作用，但也存在良莠不齐的问题。应当指出的是，无论什么样的理论方法都必须经得起考古学实践的检验。只有在实践中证明是有助于更多地提取考古资料信息的、有助于深化考古学研究的理论和方法，才值得提倡，才能真正得到应用，才能有利于中国考古学的理论建设和学科的发展。

二、史前考古

史前考古，从年代上讲主要包括旧石器时代和新石器时代。

旧石器时代考古的进展，一方面表现在陕西省洛南盆地、湖南怀化市仙人桥、云南临沧硝洞、广西百色枫树岛、百色高家镇、黑龙江十八站等旧石器时代遗址和地点旧石器的发现，尤其是洛南盆地、枫树岛和高家镇的发掘资料更为重要，如《洛南盆地1995—1999年野外地点发现的石制品》、《广西百色枫树岛旧石器遗址再次出土手斧》、《高家镇旧石器遗址1998年出土等石制品》等所述。而天津蓟县27处旧石器地点的发现（见《天津蓟县发现27处旧石器地点》），不仅填补了天津地区旧石器时代遗存的空白，而且极大地丰富了华北地区旧石器时代的资料。另一方面表现为人类起源和旧石器时代文化研究又取得新进展。周国兴的《人类起源研究的新进展与我国的现状》一文对人类起源早期阶段（大约距今700万至200万年间）的研究历史与最新进展进行了介绍，并指出，中国境内发现的距今150万年以上的“巫山人”等早期人类化石实为古猿，那些早于二三百万年的所谓“石器、骨器”真假难辨，以目前中国发现的这些材料还不足以动摇人类非洲起源论。但吴新智针对20世纪80年代后期以来流行的所有人类的起源都追溯到20万年前生活在非洲的一位妇女的所谓“夏娃理论”撰文指出，运用分子生物学的方法研究现代人的起源过程实际上十分复杂，不能认为从个别染色体少量基因的研究就能够推测人体总体的发展历史。人类有数万个基因，人们对它的研究刚刚开始，少量基因只能代表局部，不能代表人体整体。从古哺乳动物、古人类化石和旧石器证据看，中国现代人起源出自非洲的假说不符合事实，如吴新智的《与中国现代人起源问题有联系的分子生物学研究成果的讨论》一文所述。在旧石器文化的研究上，张森水的《莫斯特工业在中国》介绍了国际上莫斯特工业的研究现状并对中国境内的莫斯特工业进行观察，认为莫斯特技术大概在距今2万多年前进入中国，在距今1万多年前活跃在华北地区，不过始终未能大范围地改变华北石器工业风格，至于中国境内更早时期的莫斯特工业石制品，则属于工业趋同现象。陈全家等通过吉林延边和龙柳洞旧石器地点出土石制品的研究，在《和龙市柳洞旧石器地点发现的石制品研究》一文中认为，至少在旧石器晚期，我国长白山地区的人类已经与俄罗斯滨海地区、朝鲜半岛和日本列岛保持着密切的关系。

新石器时代早期文化遗存的探索取得较大进展。北京门头沟区东胡林遗址经2001—2005年的3次发掘，清理出分布密集的火塘、石器加工场所以及一座完整的新石器时代早期墓葬，出土了比较丰富的打制石器、细石器及大量的动物遗骸，也发现了一定数量的陶片、骨器与蚌器等文化遗物。经测定，东胡林人及其文化遗存的年代在距今1万年前后，属新石器时代早期。这一发现，为进一步探讨华北地区新石器时代早期文化的起源及其演变提供了新的资料，刊载在2005年12月30日《中国文物报》上。浙江嵊州市甘霖镇上杜山村小黄山遗址的发掘，新发现了距今10000—8000年间的小黄山类型文化遗存，为探索这一地区新石器时代早期文化提供了重要线索，详细资料可见2005年9月30日《中国文物报》。

关于新石器时代中期文化遗存的发现与研究，河北易县北福地遗址第一期遗存的年代为公元前6000—5000年，发掘者主张将其命名为“北福地文化”，而这里发现的陶刻人面具是用以装扮神祇或祖先的辅助神器，祭祀场和“器物组”并非房屋或墓葬，可能是祭祀仪式的遗留，有关资料可见河北省文物研究所编写的《河北易县北福地史前遗址的发掘》一文。湖北巴东楠木园遗址的新石器时代文化遗存分为两类，其中第一类遗存早、晚期的年代分别与城背溪文化和朝天嘴遗址的相关遗存接近，为研究长江中游新石器时代中期的文化谱系和农业水平等提供了新资料，相关情况可见湖北省文物考古研究所等编的《湖北巴东县楠木园遗址发掘简报》。安徽省蚌埠市双墩遗址，1985年以来的多次发掘，出土了包括607件刻画符号在内的大批遗物，其年代距今约7000年左右，这是目前淮河中游地区已发现的年代最早的新石器时代文化遗存。本年度召开了“双墩遗址及双墩文化学术研讨会”，阚绪杭等在《安徽淮河流域新石器时代考古的重大突破——双墩文化概说》中提出“双墩文化”的命名。江苏连云港藤花落遗址的第4次发掘成果，为研究北辛文化时期的聚落提供了新资料，相关情况可见周润垦的《2003—2004年连云港藤花落遗址发掘收获》。

新石器时代晚期文化遗存，又有不少新的重要发现。河南灵宝市西坡遗址是一处面积约40万平方米的仰韶文化中晚期遗址，在灵宝铸鼎原仰韶文化聚落群中属于面积较大者。2004年在遗址中部发掘出面积达240多平方米特大型房址（编号F106），不仅面积大而且建造考究。此外，在西坡遗址南约130—150米处新近发现了成片的仰韶文化中晚期的墓地，相关情况可见中国社会科学院考古研究所等编的《河南灵宝市西坡遗址发现一座仰韶文化中期特大房址》。以往关于仰韶文化的聚落形态研究主要集中在仰韶文化早期，如半坡、姜寨等，对于中晚期特别是仰韶文化庙底沟期的聚落形态缺乏深究，因此，西坡遗址的发现将极大地推进这一课题研究的深入。安徽潜山薛家岗遗址是薛家岗文化的命名地，前后经过六次发掘，发掘面积达2300多平方米，清理出100多座新石器时代墓葬，出土了包括多孔石刀在内的大批富有地方特色的遗物。该遗址发掘报告《潜山薛家岗》由安徽省文物考古研究所出版，它不仅系统公布了历年的发掘资料，还对薛家岗文化的分期、年代、源流、与周围文化的关系等进行了深入探讨。浙江省南河浜遗址，是继上海青浦崧泽遗址之后发掘的又一处崧泽文化遗址，首次发现了崧泽文化的祭台，出土了大批遗物，深化了崧泽文化的分期，有助于崧泽文化与良渚文化关系的探讨，其成果是浙江省文物考古研究所所编的《南河浜》。在综合研究上，张星德的《红山文化》对红山文化的分期、聚落形态、墓葬、玉器及宗教等内容均作了全面分析，是目前研究红山文化最为系统的专著。

三、文明起源研究

文明起源研究继续受到关注，又获得许多重要发现。

在中原地区，河南登封王城岗遗址以往仅发现1万多平方米，而2002年以来的发掘，重新确认该遗址总面积实为50万平方米，并且在遗址中部发现面积约30万平方米的龙山文化大城以及多处大面积夯土、祭祀坑、玉石琮和白陶器等，为禹都阳城说增添了新证据，相关情况可见方燕明的《登封王城岗遗址的新发现与夏文化研究》。河南平顶山市蒲城店遗址2004年—2005年的发掘，确认了龙山文化晚期、二里头文化早期城址各1座，此外还发现了二里头文化时期罕见的成排房址，相关情况可见河南省文物考古研究所等编的《河南平顶山蒲城店发现龙山文化与二里头文化城址》。这样仅在郑州附近就发现了王城岗、新砦、古城寨、浦城店、郝家台、平粮台等6座龙山时代城址和大师姑、新砦、浦城店共3座二里头文化时期的城址。这些发现说明龙山时代城堡林立，二里头文化时期仍有城池修建。洛阳盆地638平方公里内从新石器时代裴李岗文化到战国时期的222处遗址的系统调查，为进一步认识二里头遗址形成的自然和社会环境，了解该区域的聚落形态演变和文明化进程具有积极意义，相关情况可见中国社会科学院考古研究所二里头工作队编的《河南洛阳盆地2001—2003年考古调查简报》。在陕西吴堡县后寨子峁遗址，发掘清理石围墙和房址等，是陕北第一次大规模揭露的史前聚落遗址，为研究这一地区龙山时代早期遗存提供了新资料，相关情况可见陕西省考古研究所等编的《陕西吴堡县后寨子峁遗址发现庙底沟二期至龙山早期遗存》。神木新华遗址是陕北龙山时代末期至夏代早期的重要遗址，以出土的龙山时期的玉器坑为学界所关注。《新华神木》详细报导了包括玉器坑在内的1996和1999年的全部发掘材料，并对玉器、环境、生业等各个方面进行了分析，相关情况可见陕西省考古研究所等编写的《神木新华》。备受关注的陕西襄汾陶寺遗址，2002年发掘的早期城墙、房基、灰沟、窑址以及中期墓葬等见于中国社会科学院考古研究所山西队等写的《山西襄汾陶寺城址2002年发掘报告》，它为了解陶寺城址聚落布局和文化内涵提供了新资料。在南方地区，良渚文化是长江下游地区探讨文明起源的一个重要文化。浙江省文物考古研究所编的《良渚遗址群》、浙江省文物考古研究所编的《反山》等良渚文化遗址发掘报告的出版，为深入、系统地研究良渚文化提供了较为全面而详细的第一手材料，受到学术界的关注和好评。浙江湖州钱山漾遗址又发掘面积1400平方米，揭露一栋8室的大型套间式地面建筑基址，此外还发掘出东西长约60、南北宽约50米的土台，大大丰富了马桥文化的内涵，有助于研究良渚文化的去向以及与中原龙山文化的关系等重要课题。

随着一系列重要考古发现，专题和综合研究进一步展开。方燕明的《河南龙山文化和二里头文化碳十四测年的若干问题讨论》综合分析了若干龙山文化遗址的碳十四测年数据，提出河南境内龙山文化的年代下限应当在公元前18世纪，比通常把龙山时代的下限定在公元前2000左右要晚出200年左右，值得注意。关于山东龙山文化，《龙山文化》一书对龙山文化的各个方面均作了详细的回顾和研究，对龙山文化分期、类型、聚落形态、文化性质和社会发展都提出了许多新的见解。关于我国国家形成过程的认识，李民的《中原古代文明进程中的“万邦”时期》一文认为，对中国古代统一国家出现前的阶段可用文献中的“万邦”来表述，或许更切合中国古代历史的实际。施劲松在《国家形成的进程与理论模式——读〈中国早期国家的形成〉》一文中评介英国达克沃斯出版社出版的《中国早期国家形成》一书的同时，就国家形成的进程和理论模式等问题作了进一步的阐述。针对夏商文明的农业基础是以粟和黍为主要粮食作物的传统认识，赵志军的《关于夏商文明形成时期农业经济特点的一些思考》结合生态环境与考古资料的分析，认为稻谷在夏商文明的形成过程中发挥了重要作用。为了推进各地区文明化进程的研究，四川、湖北、安徽、山东等地都先后组织召开了有关的学术研讨会，而在郑州召开的“文明探源：考古与历史的整合学术研讨会”，则就文明起源研究中考古与历史文献结合的问题进行了深入的讨论，其成果可见张德水的《文明的源头在哪里——“文明探源：考古与历史的整合”学术研讨会综述》。

四、夏商周时代考古

夏商周时代考古发现和研究的进展主要集中在夏文化探索、商周文化以及各专题研究等方面。

（一）夏文化探索的不断深入

夏文化的探索主要围绕二里头遗址及其他相关文化而开展。近年来在二里头遗址中心区宫城、道路、成组大型建筑、贵族墓和绿松石器制造作坊等的发现，对于深入认识二里头作为都城的结构和布局具有重要意义，相关资料可见中国社会科学院考古研究所二里头工作队编的《河南偃师市二里头遗址中心区的考古新发现》。针对二里头遗址的新发现，李维明的《试析二里头遗址》讨论了该遗址的分期、年代和性质变化等，认为该遗址应为夏都。杜金鹏的《偃师二里头遗址4号宫殿基址研究》则着重分析了二里头遗址4号宫殿，认为其主殿始建于二里头三期，约废弃于二里头四期偏晚，可能是夏王举行典礼的场所，并与2号宫殿一同构成了内朝与外朝。方燕明的《河南龙山文化和二里头文化碳十四测年的若干问题讨论》一文认为，考古年代与日历年代不能简单对应，二里头类型的主体应是夏文化遗存，而更早的王湾三期文化可成为寻找早期夏文化遗存的对象。关于登封王城岗遗址与夏代都城的关系，杨肇清的《略论登封王城岗遗址大城与小城的关系及其性质》提出，王城岗大城为夏都阳城，与大城同时修建的小城为宗庙。

在相关的考古发现中，较重要的是河南新密市新砦遗址。新砦遗址发现的环壕、祭祀坑、房址和陶窑等“新砦期”遗存，对于探讨“新砦期”遗存与二里头文化的关系有重要意义，相关资料见郑州市文物考古研究所等编写的《河南巩义市花地嘴遗址“新砦期”遗存》。高江涛的《新砦遗址与中国古代文明起源问题》对该遗址的聚落形态、农业、手工业等进行了讨论。郑州岔河遗址的发掘，为研究郑州地区的二里头文化和商代早期文化提供了新资料，例如北京大学考古系的《郑州市岔河遗址1988年试掘简报》。

（二）商代考古发现与研究

在商代考古中，以往先商文化的发现和研究相对薄弱。河北邢台葛家庄遗址的发掘和研究有助于先商文化的研究。葛家庄遗址的文化遗存分别属于龙山文化、先商文化、中商文化和晚商文化，因而其发现对研究商族的起源、夏商文化分界和商史纪年等都有较为重要的意义，相关资料可见河北省文物研究所等编写的《河北邢台市葛家庄遗址1999年发掘简报》。贾金标等的《关于葛家庄遗址北区遗存的几点认识》重点讨论了其中的先商文化和中商文化，提出了“葛家庄文化”和“祖乙迁邢”等问题。此外，王震中的《先商的文化与年代》认为漳河型下七垣文化是先商文化，并以此为基础讨论了先商文化及其年代。

商代考古的热点之一，是关于几座早期商城的年代和性质的讨论。郑州商城亳都说或隞都说，以及郑州商城与偃师商城的关系，仍是争论的焦点。针对亳都说，杜金鹏在《“郑亳说”立论前提辨析》对其立论前提提出了不同看法，并强调讨论郑州商城性质的出发点是考古学文化而非某些文献记载。李锋的《“郑亳说”不合理性刍议》、《郑州商城隞都说与郑亳说合理性比较研究》认为，两种学说合理与否的关键在于郑州商城的始建年代、文献记载的地望、周围环境和学术体系四个方面，比较而言隞都说更具合理性。碳十四年代学者在用碳十四测年数据说明郑州与偃师两座商城的年代时，对郑州商城亳都说也提出了疑问，相关情况可见张雪莲的《郑州商城和偃师商城的碳十四年代分析》。主张郑州商城亳都说的陈旭等在《豫东商丘考古调查与南亳问题》中，分别从不同侧面论述了自己的观点。如根据商丘地区的考古调查，认为亳都应在郑州商城，或如朱光华等的《试论郑州人民公园期商代遗存与盘庚复亳问题》，认为郑州是汤亳和盘庚及其以后二王的都邑，或如邹衡的《对〈再论郑州商城的年代、性质及相关问题〉的商榷》，通过对郑州隞都说的质疑而主张郑州亳都说。与此相关联，黄可佳在《试论郑州小双桥商代祭祀遗存的有关问题》中，通过对相关遗存的比较分析，认为目前没有证据表明郑州小双桥祭祀遗存为宗庙祭祀，它更可能是对自然神或战争进行祭祀的场所。

除上述关于郑州和偃师商城的讨论外，山西垣曲商城的发掘者回顾了垣曲商城的发现与发掘历程，对城址的形制布局、遗迹遗物、年代与性质，以及商城所在区域的聚落演变过程等方面的研究成果进行了综述，对今后垣曲商城的发掘和研究具有积极意义，相关资料可见王月前、佟伟华的《垣曲商城的发掘与研究——纪念垣曲商城发现20周年》。程峰的《夏商文化冲突的产物——东下冯、垣曲、府城商城比较研究》，从考古学文化和年代学的角度讨论了东下冯、垣曲、府城等三座夏商城址建立和废弃的原因，认为是夏商文化冲突的产物。杜金鹏的《盘龙城商代宫殿基址讨论》就武汉黄陂盘龙城商代早期城址发现的3座大型建筑基址的形制、布局、结构、年代和性质等进行讨论，认为盘龙城宫殿区的建筑为礼制建筑，朝、寝具备，而目前所发现的盘龙城可能是一座郭城而非宫城。

晚商文化的重要发现主要有山东前掌大历次发掘的111座商代晚期至西周初年的墓葬，这是迄今我们认识商代晚期东部地区文化面貌的最为重要的资料，相关情况可见中国社会科学院考古研究所编的《滕州前掌大墓地》。安阳殷墟南部41座殷墓和26座西周墓的发现，不仅进一步充实了殷墟的墓葬分期，而且为探索殷墟故址上的周人来源提供了新线索，相关情况可见中国社会科学院考古研究所安阳队编的《河南安阳殷墟刘家庄北地殷墓与西周墓》。

江西清江吴城是南方地区商时期的一个重要遗址，该遗址发掘报告的出版，对该遗址的深入研究以及江南地区青铜文化得研究提供了翔实的资料，相关情况可见江西省文物考古研究所编的《吴城：1973—2002年考古发掘报告》。广东博罗横岭山302座商周时期的墓葬发掘，揭示了岭南地区商周时期的文化面貌，对建立该地的考古学文化的编年具有重要意义，相关情况可见广东省文物考古研究所编的《博罗横岭山：商周时期墓地2000年发掘报告》。于春在《茂县牟托村“翼龙”与三星堆龙的比较》中通过四川茂县牟托与三星堆出土龙形象的比较，探讨了三星堆文化向北方的传播。

（三）两周考古的发现与研究

在西周王朝的中心统治区，周原七星河流域的区域考古调查，发现11处含先周文化遗存的遗址，确认12个西周遗址，为了解周原西周时期重要遗址的聚落布局及其所处的七星河流域从史前至西周末年的聚落演变具有积极意义，相关资料可见周原考古队的《陕西周原七星河流域2002年考古调查报告》。在陕西扶风老堡子，1995年发掘16座穆王至西周晚期的墓葬及2座马坑，据认为该地为西周王室成员墓地；1996年发掘8座穆王至西周中晚期的墓葬河2座大型车马坑，其中1座车马坑为周原地区迄今发现的规模最大、埋葬车马最多的一座，相关情况可见周原博物馆编的《1995年扶风黄堆老堡子西周墓清理简报》、《1996年扶风黄堆老堡子西周墓清理简报》。关于先周和西周文化的研究，胡谦盈的《南邠碾子坡先周文化遗存的性质分析》分析了陕西长武县的碾子坡遗址，认为该遗址为周文化遗存。

在其他地区，湖北巴东雷家坪遗址商周时期遗存的发现，有助于更好地认识峡江地区商周时期的文化面貌，相关情况可见吉林大学边疆考古研究中心等编的《湖北巴东县雷家坪遗址第二次发掘简报》。在山东寿光大荒北央西周遗址，发现了一批鲁北地区常见的西周时期的陶盔形器，据推测这类陶器可能用于煎卤制盐，相应地，大荒北央遗址可能是西周前期生产海盐的聚落遗址，相关情况可见山东大学东方考古研究中心编的《山东寿光市大荒北央西周遗址》。

河南新郑发掘的一处春秋中期的郑国社稷祭祀遗址，清理青铜礼乐器坑18座、殉马坑48座，出土数百件青铜礼乐器，对研究郑韩故城的城市布局、周代用鼎制度、青铜器的分期断代，以及我国古代音乐史都有重要价值，相关情况可见河南省文物考古研究所编的《河南新郑郑韩故城东周祭祀遗址》、蔡全法的《郑国祭祀遗址及青铜礼器研究》、王子初的《新郑东周祭祀遗址1、4号坑编钟的音乐学研究》。河南桐柏发现的22座春秋早期和战国墓出土了成套的青铜礼器及玉器，相关资料可见河南省文物考古研究所编的《河南桐柏月河墓地第二次发掘》。新郑发现的春秋晚期墓出土了组合较为完整的青铜礼器，相关资料可见河南省文物考古研究所编的《新郑市郑韩路6号春秋墓》。河北涉县发掘的9座春秋至战国之际的晋人墓葬，其葬俗和部分随葬器具有自身特色，相关资料可见邯郸市文物保护研究所等编的《河北涉县李家巷春秋战国墓发掘报告》。山东临淄发现的两座战国中晚期的齐国贵族墓，为研究齐国的葬制等提供了新材料，相关情况可见淄博市临淄区文化局编的《山东淄博市临淄区赵家徐姚战国墓》。在甘肃礼县，发掘了两座春秋晚期的秦国贵族墓，相关情况可见甘肃省文物考古研究所等编的《甘肃礼县圆项山98LDM2、2000LDM4春秋秦墓》。

关于两周时期的考古研究，白云翔的专著《先秦两汉铁器的考古学研究》从技术与文化两个层面，以及铁器资料的系统考察、铁器产生发展过程及其作用、相关理论探讨等三个层次，对包括两周铁器在内的先秦两汉铁器作了系统的考古学研究，在我国的铁器起源、中原铁器向周边地区的扩展、铁器在社会历史发展中的地位和作用等方面提出了不少新的认识。张得水的《中原先秦丧葬制度中的茔域与方位》讨论了先秦墓葬的方位选择，认为在周代茔域与方位之制已成为礼制的重要部分。郑君雷的《战国燕墓的非燕文化因素及其历史背景》分析和归纳了战国燕墓中的燕文化和非燕文化因素，并以此探讨各地区不同的历史文化背景。彭适凡等的《三城三河相套而成的古城典型》通过对江苏武进淹城的分析，探讨了春秋晚期吴国城市的布局与功能。张吟午在《先秦楚系礼俎考述》中结合对楚简遣策的释读，分析了楚系礼俎的名称、形制、组合，认为俎用于战国中期卿大夫阶层，不同的组合反映了用俎制度的规范化。这些研究助于加深对当时周代礼制和社会的认识。

西南地区自古就是一条民族迁徙和文化交流的重要通道，过去曾有学者提出过“东北至西南的边地半月形文化传播带”的理论，而平底双耳陶罐就是能说明这种传播的一种器物。有学者对这种陶罐的分布、类型、分期、源流和族属等进行了讨论，认为这种罐在西南最早出现于夏商之际，由此而揭示出的西南与西北地区的文化交流在战国晚期和西汉早期达到高潮，并最终反映了氐羌系民族迁徙的史实，相关资料可见谢崇安的《略论西南地区早期平底双耳罐的源流及其族属讨论》。云南省中甸43座西周时期的石棺墓、昌宁县50座青铜时代墓葬等的发现，初步揭示了当地青铜文化的面貌，相关资料可见云南省文物考古研究所编的《云南中甸县的石棺墓》和《云南昌宁坟岭青铜时代墓地》。昆明羊甫头墓地资料的公布对滇文化的研究具有重要价值，相关资料可见云南省文物考古研究所等编的《昆明羊甫头墓地》。

（四）青铜器与甲骨文、金文研究

商周青铜器研究是中国考古学的传统研究课题，在这方面亦有新成果。李水城的《西北与中原早期冶铜业的区域特征及交互作用》考察了西北地区早期铜器的区域特征、早期冶铜业的工艺传统与演进趋势，以及东西方早期冶铜术的传播与互动。杨晓能的《商周青铜器纹饰和图形文字的含义及功能》考察了商周青铜器上的纹饰和图形文字，认为二者的发展密切相关，来源与演变轨迹近同，均是当时政治运作和宗教信仰的产物。日本学者三宅俊彦的《卡约文化青铜器初步研究》在对黄河上游的卡约文化进行分区和分期研究的基础上，讨论了卡约文化青铜器的类型、组合和文化面貌。西周铜器断代作为考古学研究中的一个重要课题，长期的研究已基本确立了西周铜器的年代序列以及许多断代原则和方法，但对许多铜器的年代归属和一些断代标准也存在不同看法。有学者在对存有争议的铜器加以分析的基础上，提出西周铜器可以分为商和周两个系统，这种两系说强调族属文化对青铜器的影响，或可作为已有铜器断代方法之外的一种参考，相关资料可见张懋镕的《西周青铜器断代两系说刍议》。梁云在《周代用鼎制度的东西差别》中探讨了周代秦与东方六国在用鼎制度上的差异。何驽等在《两周大武舞道具考略》中通过对相关铜器的分析，认为大武舞道具由斧类或戈类铜戚与漆盾类组合而成，其专门化开始于西周早期的诸侯王阶层，东周时变得日益普及。

在甲骨文方面，李学勤的《一版新缀卜辞与商王世系》根据新缀合的一版殷墟小屯南地出土甲骨，认为其上卜辞证明《史记·商本纪》中的商王世系比过去设想的更为可信，同时表明历组卜辞属于武丁至祖庚时期。曹定云等的《殷墟花园庄东地出土甲骨卜辞中的“中周”与早期殷周关系》讨论了花园庄出土卜辞中的“中周”及其与周人故都“豳”的关系。

在金文方面，李学勤的《试论新发现的 方鼎和荣仲方鼎》考释了保利艺术博物馆新收藏的两件铜鼎的铭文，认为其中的方鼎记载了商王纣祭祀其父帝乙的事迹，西周时期的荣仲方鼎的铭文内容则与当时的学制有关。曹锦炎的《吴王寿梦之子剑铭文考释》通过对绍兴出土的一件春秋青铜剑铭文的考释，探讨了吴国王室的氏名演变，以及吴国与徐、楚两国的关系。

五、秦汉至宋元明时期考古

秦汉至宋元明时期考古的进展，主要集中在古代城市、墓葬、手工业生产及其产品以及中外文化交流等方面。

（一）城市考古发现与研究

秦都咸阳城考古仍然集中在阿房宫遗址的勘探上。2002年以来对阿房宫前殿遗址的勘探和试掘证明，阿房宫前殿只建了夯土台基及其三面墙，是一项未完成的工程，与《史记》所载一致，相关资料可见中国社会科学院考古研究所等编的《阿房宫前殿遗址的考古勘探与发掘》。同时，在对阿房宫前殿遗址以西至沣河东岸的钻探中，发现了属于战国秦上林苑的建筑基址。

汉长安城考古，主要是长乐宫西北部的发掘。其中的5号建筑遗址，可能是长乐宫内的凌室。它同以前发掘的1—4号建筑相距不远，为寻找长乐宫的中心建筑提供了重要信息。汉长安城武库遗址的发掘，是迄今发掘的唯一的古代武库遗址。该遗址发掘报告的出版，对研究汉代的政治、军事制度、兵器生产以及兵器管理等，均具有重要价值，相关资料可见中国社会科学院考古研究所编的《汉长安城武库》。刘庆柱在对中国古代门阙遗址的研究中，对秦汉都城门阙进行了考述，相关资料可见《新世纪的中国考古学——王仲殊先生八十华诞纪念论文集》。汉代的地方城址，新发现了位于三峡库区重庆市云阳旧县坪遗址的两汉至六朝时期朐忍县故城、位于山东省费县方城镇古城里村的华县故城、位于四川渠县城坝遗址的秦灭巴蜀后所建的宕渠县城。

北魏都城平城的考古有所进展。2003年，山西大同北魏平城郭城内发现一处北魏夯土台基，从出土的北魏“大代万岁”、“皇□□岁”高规格的瓦当看，应是一处北魏皇家建筑遗址，相关资料可见《考古学报》2005年第4期。

西安市唐长安城大明宫太液池遗址先后进行了5次发掘，发现道路、各类建筑、人造园林景观及给排水设施等遗迹。2005年的发掘，又在太液池西池的东南岸发掘了池岸、道路、排水管道、水边的干栏式廊道和水榭建筑，出土了大型的透雕龙纹石栏板、带莲花座的蹲狮石望柱等一批重要文物，相关资料可见《考古》2005年第7和12期。

渤海国上京龙泉府宫城4号宫殿遗址的发掘表明，上京城的宫城可分为东、西、中三区，4号宫殿是宫城中区南起第四重宫殿，由主殿、主殿附廊、东西配殿和宫殿北部的两条烟道构成的建筑，可能是用于日常起居的宫殿。其南有过廊与3号殿的正殿相连，北部以一墙与5号殿相隔。渤海国上京龙泉府宫城同唐长安城大明宫一样，是实行宫城三殿制的，相关资料可见《考古》2005年第9期。海林市兴农古城，是渤海时期的一个小型城址，古城中部及北部分布着较为密集的房址建筑，房址多为带曲尺形双烟道火炕的场面建筑，体现了当地这一时期的居住特点，相关资料可见《考古》2005年第3期。

北宋东京皇宫遗址的考古勘探和试掘中，在今开封龙亭公园及其周围一带发现了明代开封周王府遗址，基本上确定了其萧墙、紫禁城两重城垣和部分门址的位置，试掘表明周王府是在宋金皇宫旧址上修建的，紫禁城则是直接来源于北宋东京皇城的旧址，相关资料可见《文物》2005年第9期。江苏扬州宋大城北门水门遗址的发掘，对完整地揭示宋大城的内涵有着重要意义，为研究宋元时期扬州城的水路交通和历史面貌提供了实物资料，相关资料可见《考古》2005年第12期。

（二）历代墓葬的发掘与研究

秦始皇陵园考古继续获得新收获。新发掘的K0007陪葬坑，出土有青铜水禽和陶俑。关于其性质，发掘者认为是秦始皇陵园外藏系统中兼具园囿和乐府性质的机构，为秦始皇提供娱乐的官署。焦南峰认为是象征少府属下的左弋外池，相关资料可见《文物》2005年第6和12期。刘钊则认为是对秦始皇王室苑囿的一种局部仿造，所表现的是《三辅黄图》中所说的“雁池”或“鹤池”，相关资料可见2005年8月5日《中国文物报》。秦代官吏与平民墓葬，在咸阳任家咀墓地发掘秦人墓葬242座，反映了秦与楚、晋、周和北方少数民族文化交流的史实，为秦文化、秦墓葬研究提供了重要的资料，相关资料可见咸阳市文物考古研究所编的《任家咀秦墓》。在湖北襄阳王坡墓地，发掘战国晚期至秦代墓葬99座，从中可以看出秦人及秦文化进入楚国境内的历史进程，相关资料可见湖北省文物考古研究所编的《襄阳王坡东周秦汉墓》。

在汉代帝王陵墓研究方面，黄展岳撰文认为，西汉帝陵并未实行昭穆制度，并指出便房是指用楩木制作的棺房，相关资料可见《文物》2005年第4期。韩国河对东汉帝陵有11座分布在都城洛阳附近的11座东汉帝陵进行了调查，并对陵墓主人进行了推测，相关资料可见《考古与文物》2005年第3期。西汉楚王陵已发掘8处计16座（包括楚王及王后）崖洞墓，对此，邱永生等撰文论述了楚王陵的发现与分布、结构与类型、随葬品的特点、陵园布局及文化特征，相关资料可见《南方文物》2005年第5期。汉代的王侯墓葬又有新的发现。山东青岛平度界山汉墓，墓主可能是武帝时期所封淄川王刘志之子平度侯刘行、平望侯刘赏，相关资料可见《考古》2005年第6期。安徽淮北市体育中心发掘2座大型汉墓，其中1号墓出土一件散乱的铜镂玉衣，墓主可能是东汉晚期的嗣位列侯或相当于这一级别的达官显贵，相关资料可见2005年9月14日《中国文物报》。广州市农林东路发现的一座西汉南越国时期的大型“人”字顶木椁墓，初步推断墓主人是南越王王室的成员，相关资料可见广州文物考古研究所编的《羊城考古发现与研究》。官吏与平民墓葬发现较多，重要者有：洛阳西汉张就墓，墓主是西汉时期传习《韩诗》的著名学者，相关资料可见《文物》2005年第12期；江苏徐州东郊顾山3座西汉中小型墓及1座陪葬坑，中型墓既有陪葬坑，又有陪葬墓的情况比较少见，相关资料可见《考古》2005年第12期；徐州市石桥村南碧螺山北麓的一座西汉昭宣时期的石坑竖穴洞室墓，保存较好，棺椁俱全，随葬品丰富，洞室内有可以复原的木结构覆瓦房屋一间，资料十分难得，相关资料可见《文物》2005年第2期；洛阳市尹屯村新莽砖室壁画墓，绘有关于天象的内容，相关资料可见《考古学报》2005年第1期，冯时撰文对其进行了考释，相关资料可见《考古》2005年第1期。

北魏孝文帝长陵的考古调查和钻探取得重要成果，基本上确认了陵园遗址的范围、布局和结构。魏晋时期的官吏与平民墓葬中，以山东临沂洗砚池的2座晋墓为重要。其中一座保存完好，出土大量的随葬品，漆器朱书铭文有“太康七年”、“太康八年”字样，墓主应为当地豪门望族，相关资料可见《文物》2005年第7期。

隋唐时期的墓葬，重要者有：济南发现的隋代吕道贵、吕仓兄弟墓，墓主皆为隋文帝从舅，是济南市第一次发现隋代皇亲墓，相关资料可见《文物》2005年第1期。洛阳发掘的2座唐睿宗李旦孺人壁画墓，在其墓道、过洞、天井中保存了大面积壁画，内容中的出行图，画面庞大，人物众多，技艺高超，代表了唐代壁画的较高水平，相关资料可见10月14日《中国文物报》。

宋元明时期的墓葬发现较多，其中不乏重要者。郑州地区历年来发掘的12座宋代壁画墓和1座金代壁画墓及1座砖雕墓，为宋金墓葬研究提供了重要资料，相关资料可见郑州市文物考古研究所编的《郑州宋金壁画墓》。山西大同市辽代军节度使许从赟夫妇壁画墓，是晋北地区唯一的一座辽代早期纪年墓，相关资料可见《考古》2005年第8期。北京朝阳区发现的2座明代纪年墓，其中一墓的墓主为施鉴，弘治八年（1495年）卒；另一墓墓主为施聚，卒于天顺六年（1462年），是明代高级武官墓葬在北京的首次发现，相关资料可见2005年11月16日《中国文物报》。

（三）手工业生产及其产品研究

在漆器研究上，洪石从官营与民营两方面，对战国秦汉漆器的生产与管理进行了研究，相关资料可见《考古学报》2005年第4期。

铜镜的研究历来为学界所关注，孔祥星等对秦汉蟠螭纹铜进行了专题研究相关资料可见《新世纪的中国考古学——王仲殊先生八十华诞纪念论文集》。关于汉代铜镜的制作和生产，白云翔等对山东临淄齐国故城发现5批25件镜范的类型及特征结合其成分分析进行了考古学考察，提出西汉时期临淄是当时的一个铸镜中心，汉代铜镜的地域性与铜镜的产地及品种直接相关，极大地推进了古代铜镜制作和生产的研究，相关资料可见《考古》2005年第12期。

瓷器及其生产的研究，是古代手工业考古研究的重点之一。洛阳市白马寺唐代窑址，相关资料可见《考古》2005年第3期；河南省禹州市神垕镇下白峪窑址，相关资料可见《文物》2005年第5期；江西丰城两处宋元瓷窑，相关资料可见2005年6月3日《中国文物报》；景德镇丽阳乡瓷器山元代龙窑，相关资料可见2005年11月23日《中国文物报》；陕西西岳庙明代一号琉璃瓦窑址，相关资料可见《考古与文物》2005年第6期，以及江西景德镇市明清御窑遗址等的发掘，都取得新的成果。尤其是景德镇明清御窑，发掘出墙、窑炉、埋藏瓷器的小坑和明代早、中期的落选御用瓷器等，对研究景德镇明代御器厂的发展、变迁、烧成技术等，有重要的学术价值，相关资料可见《考古》2005年第7期。权奎山对江西景德镇明清御器（窑）厂落选御用瓷器处理进行了考察。在瓷器及其生产的研究上，王志高等对南京淮河南岸以及大行宫的3个地点发现的孙吴釉下彩瓷器进行研究，认为这批瓷器无论胎釉还是制作工艺都比同时期的一般青瓷器精致，装饰也更华丽，可能主要是为孙吴宫廷专门烧制的高级日用瓷器，相关资料可见《文物》2005年第5期。秦大树对宋代陶瓷礼器的生产和生产机构作了探讨，认为“修内司官窑”是一个以生产陶瓷礼器为主的御窑，宋代使用陶瓷礼器的时间大体在北宋中后期，南宋时期陶瓷礼器成为祭祀活动所用祭器的一类，宋代陶瓷礼器的生产机构有北宋官窑和南宋的修内司官窑、郊坛下官窑。王光尧撰文认为，北宋晚期是继承了唐以来的贡瓷制度并征收瓷业税的时期，余绪及于南宋，北宋晚期至南宋初期修内司官窑建成以前，是命地方官府承造瓷器和地方官窑开始出现的时期，中央官窑从北宋末至南宋末年一直存在，相关资料可见《文物》2005年第5期。

（四）中外文化交流的考古发现与研究

有关中外交流又有新的发现，相关研究不断深入。

西安北周凉州萨保史君墓、北周婆罗门后裔墓的发现，又为中外交流研究提供了新的资料。西安北周凉州萨保史君墓出土了粟特文、汉文两种文字题记的石质葬具——“石堂”，上面满饰贴金绘彩浮雕。图像内容丰富，涉及袄教及中西文化交流方面的题材，墓中还出土了金戒指、金耳环和金币等，对研究中西文化交流和中国美术史具有重要价值，相关资料可见《文物》2005年第3期。西安北周婆罗门后裔墓位于西安市北郊南康，距北周康业墓、安伽墓及史君墓不远。墓中又一具人骨的口中含有一枚东罗马金币。石棺上有线刻图案，内容有伏羲女娲和四灵，局部贴金。墓志记载，墓主姓李，名诞，字陁，婆罗门种，赵国平棘人，北魏正光（520—525）年间自罽宾归到中土，保定四年（564年）薨于万年里。该墓的发现是目前国内第一座有明确记载的婆罗门后裔墓葬，也是第一座记载罽宾国的在华外国人墓葬，对于研究古代中印文化交流至为重要，相关资料可见2005年10月21日《中国文物报》。

对于近年来有关中外交流的考古发现，不少学者进行了专门研究。程林泉等将李诞墓与安伽墓、史君墓及康业墓进行了对比，指出了他们之间的异同，并对墓志所涉及的问题及石棺线刻的文化因素进行了考证分析，认为西安北郊一带不仅是北周时期粟特人的墓地，而且是旅居中国的外来人墓地所在，相关资料可见2005年10月21日《中国文物报》。荣新江参考中外史籍和图像材料就史君墓石椁图像中所见粟特商队进行整理分析，对商队的规模、人员的族属构成及身份、商队的运载工具—牲畜以及商队的运营方式等诸多方面，进行了探讨。罗丰撰文认为，史君墓出土的唯一一枚金币是拜占庭金币的仿制品，口含、手握金银币是粟特人流寓中国后演进的一种重要葬俗，相关资料可见《文物》2005年第3期。另据姜念思考证，1993年出土于辽宁朝阳市黄河路大型唐墓的2件辫发石俑是古代粟末靺鞨族人的石像，具有重要的历史价值，相关资料可见《考古》2005年第10期。

（五）其他方面的发现与研究

秦简仍然是研究的热点之一。南玉泉根据睡虎地秦简，分析了秦汉时期令这种法律形式的演变过程，相关资料可见《考古与文物》2005年第2期。王伟从睡虎地秦简《徭律》中辨析出一条《兴律》，为秦简增添了新的法律篇名，相关资料可见《文物》2005年第10期。钟守华认为甘肃天水放滩秦简中有3简定名为《天官书》欠妥，应定名为《天行度》，相关资料可见《文物》2005年第3期。徐少华等利用湖南龙山里耶秦简、张家山汉简等，分析了楚、秦两国洞庭郡、黔中、苍梧三郡设置的具体过程及其大致地望，相关资料可见《考古》2005年第11期。邹大海从睡虎地秦简入手，认为《九章算术》主要数学方法的产生时代，只能在战国或者更早，最多后延到秦代，而不会是在汉代，相关资料可见《考古》2005年第6和11期。

广州南越国宫城遗址的发掘中，在一个渗井中发现西汉南越国木简100多枚，简文内容主要有籍薄和法律文书两种，文字超过千余字，从多个方面反映出南越国的各项制度和南越国王宫生活，可弥补南越国史记载之不足，相关资料可见2005年7日24日《中国文物报》。在长沙东牌楼7号井中，发现了东汉晚期简牍，其内容主要属于长沙郡和临湘县通过邮亭收发的公私文书，在形制、内容、书法等方面具有重要的研究价值，相关资料可见《文物》2005年第12期。彭浩撰文指出，香港中文大学文物馆藏简牍中的24枚《河堤简》，是西汉早期南郡汇集各县把河堤开为耕地的统计文书，其内容在已知的简牍中尚属首次发现，是一份有较高价值的历史文献，相关资料可见《考古》2005年第11期。

在墓志的考释与研究方面，罗新对北魏郑平城妻李晖仪墓志的文字做了初步研究。哈彦成对唐代铁勒九部之一的契苾部浑公夫人墓志进行了考析，就墓主族源、契苾部、浑公世袭、皋兰州与贺兰州建置等略做阐述，相关资料可见《中国历史文物》2005年第6期。张学峰在全文释读西安出土姚无陂墓志的基础上，根据志文中提供的家族信息，论述了该墓志在唐前期贵族政治、边疆关系、科举考试等研究中的意义，相关资料可见《华夏考古》2005年第2期。李方根据吐鲁番出土文书、敦煌文书和墓志的有关记载，考证7位唐西州岸头府官吏，并对他们的任职时间进行了分析，相关资料可见《中国历史文物》2005年第6期。

佛教的传入，是中国文化、思想史上的重大事件。1997年郫县安德镇红砖村出土的2件东汉摇钱树座，为研究佛教传入提供了新的资料，相关资料可见《成都文物》2005年第4期。罗二虎，相关资料可见《考古》2005年第6期和李正晓，相关资料可见《考古学报》2005年第4期的研究，从不同侧面大体上勾勒出佛教在中国最初的传播。

历代佛教造像，又有不少新发现。西安灞桥区湾子村出土5尊大型石质佛立像和4件佛像莲花座中，有一件释迦佛像的铭文记载造于北周大象二年（580年）。这批造像造型典雅，雕工精细，是我国佛教造像由南北朝向隋唐过渡时期的优秀作品。甘肃宁县新宁镇出土的一批佛教造像，基本完整者89件，以北朝造像为主，还有少量隋唐作品，其中立姿菩萨像、背屏式造像和造像碑最具特色，是西北地区早期佛教造像的重要发现，相关资料可见《文物》2005年第1和9期。2004年，西安市小雁塔东北30米处发现的唐代初年的石佛像高达2.3米，相关资料可见2005年6月22日《中国文物报》。钱国祥对北魏洛阳永宁寺塑像进行了研究，认为它与同时期龙门古阳洞、宾阳洞和巩县石窟等相比较，尽管表现出一些内容和形象上的差异与变化，但寺窟主要构造、造像形式、内容题材和表现手法却是基本一致的，北魏都洛时期主要造像风格与内容题材源于北魏建都平城时期的寺窟造像，同时也存在着汉文化的影响，相关资料可见《中原文物》第1期。李裕群对1995年济南市长清县灵岩寺内隋唐时期的建筑遗址中出土的佛教造像进行了考证，对其年代、题材及其在佛教史上的意义提出了新的见解，相关资料可见《文物》

2005年第8期。

六、科技考古

科技考古日益受到重视，“第35届国际科技考古学术讨论会”在北京举行，相关资料可见胡耀武的《检视国际科技考古研究的最新进展》，许多研究领域都不同程度地取得进展。

在环境考古领域，韩茂莉通过对中国北方农牧交错带的形成与气候变迁的研究认为，中国农牧交错带大体可分为内蒙古东部及辽西地区、内蒙古中部地区和甘青地区，属于半湿润与半干旱、暖温带与温带的临界地带，属于地理学上的生态敏感带。考古学表明大约从公元前6000—2000年，这里呈现以原始农业为主的经济文化形态，至公元前1500年前后，开始向半农半牧和畜牧经济过渡，其原因在于此时气候由湿暖向干冷的转变，相关资料可见韩茂莉的《中国北方农牧交错带的形成与气候变迁》。

在植物考古领域，赵志军对我国植物考古学的理论、方法和新进展作了简要的总结。——与植物考古相关联，麦戈文等对山东日照两城镇23个龙山文化陶器标本所作的多项化学分析表明，当时的酒是一种包含有稻米、蜜蜂、和水果并可能添加了大麦和植物树脂（或草药）等成分之后形成的混合型发酵饮料，相关资料可见《考古》2005年第3和7期。吕厚远等通过鉴定和对80种植物遗存的对比，确认喇家齐家文化遗址出土了四千年前的面条，其食物成分是小米（粟）及糜子（黍），这是迄今为止所知最早的面条实物，相关资料可见2005年12月23日《中国文物报》。

在物质结构分析领域，梅建军等的《新疆出土铜镜的初步科学分析》通过对新疆出土的铜镜的金相检验和成分分析，从冶金学的角度讨论了公元前一千纪的文化演变与交流。此外还有张利洁等的《北京琉璃河燕国墓地出土铜器的成分和金相研究》、张晓梅等的《燕国明刀币的合金成分与金相组织的分析》对琉璃河燕国铜器、燕国明刀币等的金属成分分析和研究。刘煜等的《山东临淄齐国故城汉代镜范的科学分析》对山东临淄齐国故城发现的汉代镜范的鉴定和分析，为汉代镜范以及铜镜制造的研究提供了可靠的信息。

（白云翔　赵春青　施劲松　徐龙国）

学术成果·著作

南河浜——崧泽文化遗址发掘报告

（刘斌　蒋卫东　文物出版社2005年版）

刘斌

南河浜遗址位于嘉兴城东约11公里。东经120度96分，北纬30度40分34秒。地属大桥镇云西村和南子村。1996年春，为配合沪杭高速公路建设，在对沿线进行考古调查时发现。4月下旬至11月中旬，进行了抢救性发掘。

南河浜遗址面积约2万多平方米，是由相对高度约2米左右的不规则台地组成。发掘区所在高地海拔高度约为3.5—4.9米，周围水稻田海拔高度约为2.3米。依据遗址的自然地貌与剖面分析以及配合工程的需要，我们将发掘范围分作A、B两区。共计发掘面积约1000平方米。

A区　文化堆积丰厚，自地表至生土，可以分作14个堆积层。共清理良渚文化墓葬4座，崧泽文化墓葬85座，灰坑22座，房屋遗迹7座以及崧泽文化的祭台一座。

B区　文化堆积较为简单，自地表至生土，共分为5层。清理明清时期及商周时期灰坑各1座，崧泽文化墓葬7座及灰坑1座。

两区共出土陶器600余件，玉器64件，石器80余件及骨角牙器10余件。

该书对发掘资料进行了系统的整理研究，尽可能客观详细地公布了材料，依据地层和墓葬的材料，对鼎、豆、壶、杯等器物演变规律进行了归纳总结，在对器物群和遗址变化规律认识的基础上，将崧泽文化分为二期五段。南河浜遗址的崧泽文化时期堆积，从遗迹和遗物两方面看均表现出延续性和无间断性的特点。丰富的地层堆积与遗迹的叠压打破关系，为研究器物的发展演变脉络提供了可靠的层位学依据。从遗物的类型学研究可以看出，该遗址上承马家浜文化下接良渚文化，贯穿了崧泽文化的始终。根据以往的14C年代数据与文化比较分析，将南河浜崧泽文化遗存的起讫年代断定在距今6000—5100年之间。建立了崧泽文化的年代框架。为今后崧泽文化的研究奠定了坚实的基础。

[刘斌，1961年生，浙江省文物考古研究所研究员，考古第一研究室主任，良渚工作站站长。主编《中国出土玉器全集》第8卷和《南河浜——崧泽文化遗址发掘报告》。发表了《良渚文化玉琮初探》、《良渚治玉的社会性问题初探》和《大汶口文化陶尊上的符号与良渚文化的关系》等论文。
通信地址：中国浙江省杭州市假山路假山新村26号浙江省文物考古研究所（310014）
联系电话：0571-88034931
蒋卫东简介缺。]

学术成果·论文

从出土文献析楚秦洞庭、黔中、苍梧诸郡县的建置与地望

（徐少华　李海勇　《考古》2005 年第 11 期）

李海勇

楚、秦黔中郡之地望，曾是学术界长期纷争不休的焦点问题。里耶秦简、张家山汉简等材料的出土、整理与公布，为澄清该问题提供了条件。里耶秦简中有关“洞庭郡”的记载，使秦置“洞庭郡”的史实得以浮出水面。简文中还有迁陵、酉阳、临沅、益阳、索、孱陵、沅陵、零阳等秦洞庭郡辖县，县境均在今湘西北和鄂西南一带。从辖区范围和所属诸县的情况分析，秦洞庭郡很可能就是汉武陵郡的前身，或其主体部分。战国中期，楚人可能已在湘西北地区设置郡县以治民，同时抗击巴、蜀，尤其是秦人的向南向东发展，洞庭郡应已存在；战国晚期，洞庭郡一带曾短暂沦落秦人之手，后来楚人收回“江旁十五邑”并复置洞庭郡，目的在于整合此间力量以抵抗秦人越过长江向南发展，同时亦牵制其东进淮域；公元前 222 年，秦取楚江南地之后，当仍沿用楚洞庭郡的建置。楚、秦洞庭郡治可能为今沅陵县西约 20 里处的窑头古城。战国中晚期，楚人于其西部置黔中郡，其范围，应在长江以北的今鄂西、川东地区；公元前 280—277 年，秦先后取楚之黔中、巫郡与江南，并在此基础上置黔中郡，所辖地域扩展到鄂西、川东与湘西北地区；公元前 276 年，楚人夺回江南地（即“江旁十五邑”）并置（洞庭）郡以抗秦，这时秦黔中郡当继续存在，但辖境仅限于江北的鄂西、川东地区，形成与楚洞庭郡南北对峙的局面；公元前 222 年，秦人统一江南后，洞庭郡转属于秦，继续与黔中郡南北并立。里耶秦简记载：“今洞庭郡兵输内史及巴、南郡、苍梧”，表明秦朝设有苍梧郡，其辖境当在岭北的九疑山一带。战国中晚期，楚人或已在湘水上游的古苍梧之地设置了苍梧郡，秦苍梧郡亦可能是由楚苍梧郡承袭发展而来。楚人设置苍梧郡的目的，一方面在于开发广大的江南地区，控制、利用当地丰富的物产资源；同时也是为了统治南方众多的越人部族，稳定楚之南疆。秦人在初定江南时，仍沿袭楚人旧制，置有苍梧郡。秦苍梧郡之省废，当在秦人的统治相对稳定之后，可能在秦始皇三十三年统一岭南之时或稍后。汉武帝平定南越后，于今广西梧州一带另置苍梧郡，名称虽仍楚、秦之旧，然郡治和辖境却南移至楚、秦苍梧郡二三百里开外的岭南地区。秦、汉苍梧郡沿革和地望的这一变化，与中国古代中央王朝政治势力不断向南推进的历史脉络是基本一致的。该文认为，秦王朝在南方的地方行政建制多沿袭楚国旧制而来，汉初作了进一步的调整，这对于深入探讨江南地区楚、秦、汉文化的交融与发展，以及洞庭、苍梧、长沙、黔中诸郡的建置沿革与地理变化等具有重要的推动作用。

［徐少华，1955 年生，武汉大学历史学院教授、历史地理研究所所长，历史学博士，博士生导师。出版著作《周代南土历史地理与文化》、《楚文化探索》（英文，合著）。发表学术论文 70 余篇。2005 年发表的论文有《从出土文献析楚秦洞庭、黔中、苍梧诸郡县的建置与地望》、《楚竹书<民之父母>思想源流探论》、《从叔姜簠析古中国历史与文化的有关问题》等。

通信地址：湖北省武汉市武汉大学历史学院（430072）

电子信箱：shxu@ whu. edu. cn

李海勇，1969 年生，历史学博士，在海关总署办公厅工作。发表有《湖南早期楚文化的历史地理分析》、《古绞国地望蠡测》、《略论春秋诸侯国间的纳赂受赂现象》等论文 8 篇。

通信地址：北京市建国门内大街 6 号海关总署办公厅（100730）

电子信箱：bj_ hyli@ 126. com］

汉代画像石榜题略论

（杨爱国 《考古》2005 年第 5 期）

榜题指汉代画像石建筑上刻的文字。它们是汉代工匠们留下的文字，涉及到多方面的内容，是今天我们研究汉代历史的珍贵的第一手资料。和汉代画像石一样，榜题在全国的分布也相当广泛，不仅在汉代画像石的主要分布区，如山东苏北皖北豫东区、南阳鄂北区、四川滇北区、陕北晋西北区有榜题，北京等较少发现汉代画像石的地方，也有榜题发现。该文共分四个部分，第一部分对汉代画像石榜题的发现情况作了简要的介绍。指出在宋代，随着金石学的兴起，画像石榜题开始见于著录，清代随着金石学的复兴，尤其是黄易等人于 1786 年发现并发掘出武氏祠后，汉代画像石及其榜题引起了金石学家的高度重视。新中国建立以后，随着田野考古学的发展和田野考古调查、发掘工作的蓬勃开展，大量汉代画像石榜题被发现，不仅丰富了汉代画像石榜题的形式和内容，为人们解读画像石图像提供了有力证据，更为多方面研究汉代画像石以及汉代社会的一些问题提供了第一手资料。第二部分对榜题在画像石中处的位置作了简单归纳。指出榜题在汉代画像石上所处的位置相当灵活，没有固定的格式，不仅篇幅长者如此，篇幅短者依然，因此，位置本身并无特殊意义。第三部分对榜题由简到繁的发展过程作了总结。认为榜题在西汉晚期刚出现时只刻简单的名字，到王莽时期就出现了象河南唐河冯孺久墓那样简单的志墓文，到东汉和帝时篇幅进一步加长，最长的榜题出现在桓帝时期。第四部分对榜题涉及的有关内容进行了研究。认为东汉早期开始，死者亲人的名字出现在了与丧葬有关的建筑上，这一现象到东汉晚期更为普及，这些彰明孝子德行文字的出现，表明东汉时期人们的丧葬观念发生了变化；对于历史人物或历史事件，除了正史的记录外，还有民间版本，民间版本的存在说明人们对于历史的记忆和理解，以及运用历史人物故事的目的各有不同，人们讲历史更多的不是要讲历史的真实，而是重在其功能，有时为某种目的，不惜修改历史；榜题可以为画像石分期断代提供标准；榜题中提到的职官名对文献记载有补充和修正；榜题中对阙、祠和墓的不同称呼还清楚地表明了汉代政治一统之后文化的多样性；山东滕州西户口小祠堂画像石上的题记告诉人们东汉已有泰山君。

［杨爱国，1963 年生，现任山东省石刻艺术博物馆研究馆员。出版有《中国画像石全集》第 3 卷、《二十世纪中国文物考古发现与研究丛书——汉代画像石与画像砖》等著作。发表相关学术论文 20 余篇。
通信地址：济南青年东路 6 号山东省石刻艺术博物馆（250011）
电子信箱：yaiguo@ 126. com］

洛阳尹屯西汉壁画墓星象图研究

（冯时 《考古》2005 年第 1 期）

作为原始文明的重要内涵，中国古代的天文学不仅体现着古老的科学，而且蕴育了传统的文化，因此，对于古代先民留弃的天文遗迹及遗物的研究，既是科学史研究的重要手段，更是探讨天文与人文相互关系的直接途径。洛阳尹屯西汉新莽时期的壁画墓星象图的发现，则为这一研究提供了珍贵史料。作者以古代星官与星官所反映的独特形象及具有的星占含义相互结合的方法表现星象，以古人一贯重视的构成古代星象体系的北斗和二十八宿星官为基础，但又不拘泥于二十八宿，创作了一幅形象生动且内容丰富的星图作品。本文结合相关的考古资料与文献资料，详细考证了尹屯星象图的具体内容，揭示了星象图所展现的科学史价值、星占学价值及其所体现的文化史价值，使人在领略汉代先民所具有的对于古代恒星体系、四象体系及古老的天官体系的的完整认识，体悟一系列显然相当古老的科学传统与文化传统的同时，了解古人为刻意表现天文星官的科学基础与人文背景。事实上，尽管尹屯星象图存在的各种纰漏，特别是星官位置的错漏颠倒和有失准确，使其在作为科学星图方面并不杰出，但这并不影响该图成为目前所见古代星图中的一幅颇具特色的作品。这无论对于探讨二十八宿的宿名古义、二十八宿与四象的关系，还是古代天文学、星占学、古代思想史、天文与人文的相互关系的研究，都具有重要意义。

［冯时，1958 年生，中国社会科学院考古研究所研究员，中国社会科学院研究生院考古系教授，《考古学报》副主编。出版《中国天文考古学》、《中国古代的天文与人文》、《出土古代天文学文献研究》等学术专著6部。发表《山东丁公龙山时代文字解读》、《战国楚竹书〈子羔·孔子诗论〉研究》、《殷历岁首研究》等学术论文百余篇。主编《金文文献集成》。
通信地址：北京市王府井大街27号中国社会科学院考古研究所（100710）］

神木新华遗址考古报告

——《神木新华遗址考古报告》成果简介

（王炜林等）

陕西省考古研究所王炜林研究员主持的国家社会科学基金项目《神木新华遗址考古报告》（批准号为00CKG001），最终成果为《神木新华》。课题组主要成员有：孙周勇、邢福来、李岗、乔建军、阎宏东、李明、段毅、徐雍初等。

1996 年和1999 年，为配合陕西至北京天然气建设工程和神木至延安铁路建设工程，陕西省考古研究所和榆林市文物保护研究所对陕西神木县西南的新华遗址进行了大规模的考古发掘。两次发掘发现的大量的遗迹、遗物与自然遗存，为河套地区龙山晚期至夏代的考古学文化以及该地区自然环境的变迁等研究提供了一批重要的资料。

该成果收录了有关神木新华遗址的全部发掘资料，包括龙山晚期至夏代早期的灰坑 189 个、房址 35 个、陶窑 5 座、墓葬91 座以及出土于这些遗迹中的大量遗物。此外，还收录了中国社会科学院考古研究所韩康信研究员对新华墓地出土人骨的研究报告、西北大学薛祥熙教授对新华遗址出土动物骨骼的研究报告、陕西省考古研究所、北京大学环境学院及北京大学考古学系的新华遗址环境考古研究报告、中国科学院黄土研究室对新华遗址出土的碳标本的测定数据报告以及有关新华玉器的矿物学鉴定报告等。

按考古单位介绍发表资料是该成果的特色，在此基础上此成果将新华遗存的基本特征总结为以下几点：

第一，从陶系看，新华遗存的陶器，以泥质陶为多数，占陶片总数的58.6%；夹砂陶略少，占41.4%。其中，泥质陶制作的陶器，大多数陶胎中都包含有细沙粒，不十分纯净，少数质地细腻的泥质陶，多用来制作豆、尊等器物。夹砂陶制作的陶器，陶胎砂粒的粗细依器形而定，大型的三足器，如甗、鬲等砂粒较粗，个别器型厚重的器物的陶胎有羼和细碎陶片末现象。陶色以灰色为主，约占全部陶片的92%左右，其次为红陶、黑陶、褐陶等，共约占8%。

第二，陶器的器形中除双鋬鬲、单把鬲、斝、盉、盘、豆、三足瓮、大口尊、折肩罐、双耳罐、圈足罐、钵、盆等容器外，还有陶拍、陶垫、陶刀、陶环及纺轮等。

第三，陶容器器表的纹饰丰富多彩，有纹饰的陶片达80%左右。常见纹饰有绳纹、篮纹、弦纹、戳印纹、附加堆纹、划纹、方格纹等。其中，以绳纹、篮纹为主，约占有纹饰陶片总数的73%左右。绳纹主要饰于夹砂陶器之上，大体是略显粗疏，缺乏规律的粗绳纹，规整有序，纹理稍浅的中绳纹和细密紧凑的细绳纹；篮纹多见于泥质陶器上，分横篮纹和竖篮纹两种。

第四，陶器的制作以泥条盘筑法和模制法为主，在一些器物的口沿部常常发现有慢轮修整的痕迹。诸如鬲、甗、斝、三足瓮等这样的大型器物，常常采用模制法和泥条盘筑法分足、腹、口沿三部分分别成形，再用分段套接的方法成器，为了起到加固作用，在套接的接茬处，往往抹有泥条，三足器的袋足部分多以内模翻制而成，在有些器物的足腔内壁，尚留有“反绳纹”痕迹。

第五，石器包括磨制的石斧、石铲、石刀、石锛、石凿、石杵、石球等及大量打压制成的细石器，细石器的种类有刮削器、尖状器、石核及石镞等。另外还发现了制玉的工具。骨器有骨锥、骨镞、骨凿、骨笄和骨匕等，系用牛、羊、鹿或猪等动物的骨头磨制而成。

第六，新华遗址的玉器基本出土在位于墓地中的一个不规则形坑中。该坑共出土玉器 32 件，器型有钺、铲、刀、玦、璜等。另外，在遗址的其它部位还发现了玉环、玉璜的残片。

第七，卜骨的数量较多。经初步鉴定，制作卜骨的原料主要是羊、猪、牛、鹿等动物的肩胛骨。其中，以羊的肩胛骨最多。新华遗址发现的卜骨，大部分不经整治，保留完整的骨臼、臼角、岗脊，个别肩胛骨经过粗略加工，将岗脊削平或扇面前缘略加磨制。所有卜骨只灼不钻，肩胛骨正反两面都有施灼现象，其中，以背面施灼较多，次为两面同时施灼，再次为正面施灼。另外，在肩胛骨的岗脊上也有施灼的现象。

第八，新华遗址发现的35座房址均为单间结构的半地穴式建筑。从平面形状来看，可以分为方形圆角房址、圆形房址和不规则形房址三个类型。其中，方形圆角房址18座，占发现房子总数的51.4%，圆形房址14座，占总数的40%。房址的面积均不大，一般在6－－10平方米之间，最大者约15平方米。

第九，新华遗址发现的灰坑从口部形状分圆形、椭圆形、方形和不规则形等，以圆形灰坑居多，占灰坑总数的48.1%。在发现的189座灰坑中，有5座灰坑的底部发现了人骨架。其中的死者葬式各异。除96H27骨架的足下有1个陶鬲，H51骨架的足下有1个完整卜骨外，其余均未发现随葬品。

第十，新华遗址发现的陶窑由于大部分遭到后期的破坏，仅残余部分窑室和火膛，从残存迹象看，大部分为横穴结构。

第十一，新华遗址墓地与居址的界限不是很明显，多数墓葬打破或叠压居住遗迹，少数被灰坑、房址等遗迹打破或叠压。个别墓葬与墓葬之间也存在着打破叠压关系，分布比较密集的墓葬，它们的排列方向一般也趋近一致，并且常常发现距离较近的两座墓葬并列分布，规模相仿，这种分布规律表明，墓葬的主人之间似乎存在着某种亲疏关系。

墓葬以土坑竖穴墓为主（78座），墓向以西北者居多，均未发现有使用木质葬具的迹象。这些墓葬中，除1座为双人合葬墓外，其余均为单人墓。葬式以仰身直肢葬为主，占总数的91.3%；另外还发现1例俯身直肢葬和少量曲肢葬。所有墓葬中只在2座中发现了随葬品，全部为玉石器。其中，99M26随葬绿松石坠饰和石铲各一件，99M27仅随葬一件玉柄形器。

瓮棺葬共发现13座。其中的9座集中分布于遗址东南部的一处高台上，从发掘情况来看，这里应该是一处专门安置瓮棺葬的区域；另外的4座瓮棺葬散布于居址中。三足瓮、折肩罐是用作葬具的基本器物，除此之外，还有以鬲、圈足罐、大口尊或斝等两两组合为葬具的，盛葬的全部为未成年人，大部分是婴幼儿。

第十二，新华遗址发现1座形似墓葬的玉器坑，其中埋藏了36（块）玉石器，共分六排排列，均竖直侧立插入土中，有刃部的器物刃部朝下埋入土中，无刃部者背薄面朝下，每排插置器物数量不等，多者10件，少者仅2件，器物于器物之间基本保持平行。玉器的器型有钺、铲、刀、玦、璜等。该坑坑底平整光滑，其中央还有1个圆形圜底小坑，埋有少量鸟禽类的骨骼。在这个玉器坑的周围环绕分布有99M6、99M16、99M5、99M14、99M12及99M8等十余座墓葬，这些墓葬墓向一致，均没有和玉器坑发生叠压或打破之关系，它们一起形成了一个相对独立的单元，且因玉器坑正好处于其中部，所以玉器坑和这些墓葬或玉器坑及这些墓葬与整个遗址应该存在着一种特殊的关系，这个玉器坑之作用很可能是专门用于祭祀的。

该成果运用考古地层学及类型学的方法对这些遗存进行了系统的分析，并对新华遗存尝试进行了分期及年代蠡侧，将新华遗存分为早晚两段，认为新华遗存的早段约处在龙山时代的晚期，晚段以高领鬲、三足瓮及花边罐为代表的遗存应该已进入夏代纪年的范畴。根据新华遗址的碳十四测年数据和周邻同期文化的对比情况，将新华遗存的绝对年代推定在公元前2150－1900年间。

该成果还对新华遗存的文化命名问题进行了探讨，在综合分析了各家之说后，依考古学文化命名的原则，同意将这种分布于一定区域、存在于一定时间、具有共同特征的人类活动遗存命名为一种新的考古学文化。但鉴于这类遗存首先发现于大口遗址，且陶器组合中的主要类型品如：三足瓮、双鋬鬲、大口尊、折肩罐、敛口甗及盉等主要器物均见于大口遗址第二期遗存中，所以建议将新华遗存依其发现认识最早且位置适中的大口遗址命名，称作大口文化。

用考古材料分析当时的环境、居民及其生业是本《神木新华》的又一特色。从新华遗址的考古成果看，这里众多的房址、固定的墓地和先民活动留下的大量的灰坑等遗迹，加上种类复杂的陶器等生活用品和石器等生产工具的发现，无疑说明新华居民当时是以农业经济为主的定居人群。同时，新华遗址还发现了大量的细石器，特别是细石器镞的发现，表明它代表的是北方的狩猎模式，说明狩猎经济也占据重要的地位。另外，在新华遗存中还发现了山羊和大角羊的骨骼，其中大角羊的牙齿和角均显示出了和绵羊相似的一些特征，而绵羊是人类饲养的物种。说明当时居民活动的范围可能已经扩展到了周围广阔的草原环境，畜牧业作为当时人们生业的重要部分已经萌芽。

在1996年和1999年的两次发掘中，共从新华遗址龙山晚期至夏代的墓葬及灰坑中获得人骨标本42具，其中的18具保存完整或比较完整的个体可以用于人类学的观察和测量。在对这些人骨进行鉴定时发现，这批人骨显现出“亚洲蒙古人种头骨上常见的一般综合特点”，“与现代和古代的东亚类群的形态距离比较接近”。表明主要活动在中原地区的东亚类人群此时已经占领了这一地区。这与其后同地区大保当汉代居民人骨具有更接近北亚类型的倾向形成了强烈的反差。经过对这两组人骨的研究，显示古代长城沿线左近的区域，很早就是北亚类群和东亚类群人种的交接地带，他们的分布范围在这一区域随着各自种群势力的消长而摆动变化着。在新华时期，这里的居民基本是东亚种群。

该成果在对新华遗存动物群的研究中发现，除羊等适合在草原上生存的动物外，当时活动在这里的还有鹿、狍、羚羊等动物。据研究，中国现存的狍只有一种，即 C. capreolus，这种动物从中国东北西部到四川几乎都有分布，栖息于灌丛或稀树的山区；而鹿也是疏林、丛林动物；新华的羚羊很可能属于 G. subgutturosa，这类羚羊大多生活在荒芜的沙漠地区。这些动物群反映出新华遗址周围当时是一个以草原为主，有小片树林，周边有沙漠的自然景观。

另外，该成果还根据1999年在新华遗址发掘中发现的夏代灰坑堆积有含沙异常的现象以及张忠培先生一行2000年对新华遗考察时发现的重要地层关系等，探讨了龙山时代至夏代新华遗址的环境及毛乌素沙漠的形成过程等问题。

最后特别值得一提的还有对新华遗址祭祀坑99K1中出土玉器的认识问题。99K1出土的玉器包括玉钺、铲、刀、斧、环、璜、璋等共32件，《神木新华》

从对其特殊的埋藏位置、埋藏方式以及玉器本身的情况等因素分析后认为，这批玉器应该具有祭祀的性质，这一认识对了解当时人们的精神生活具有一定的意义。同时，由于这批玉器的考古层位清楚、组合完整等有利条件，也使人们对陕北地区诸如聚讼已久的著名石峁玉器的年代等问题有了相对确切的认识。

由于新华遗址的灰坑、房址及地层堆积中很少有陶器复原，墓葬又几乎没有随葬的陶器，这样就给整个新华遗存的文化分期乃至认识其与周邻考古文化的关系造成了一定困难，所以，《神木新华》在这方面的研究与探讨都还只是初步的，这也是陕北考古工作以后需要加强的一个方面。

总之，该成果对建立陕北乃至整个河套地区的考古文化系列、分析这一地区考古文化的谱系、研究中国长城地带夏代先民的种族、文化以及当时该地区的环境等具有重要的意义和价值。

[王炜林，1961 年生，现任陕西省考古研究所业务办公室主任、研究员。发表论文及学术报告30余篇。]

西北与中原：早期冶铜业的区域特征及交互作用

（李水城　《考古学报》2005 年第 3 期）

有关中国早期金属文明起源的讨论成为近年来学术界研究的一个热点，讨论的焦点集中在中国冶铜业到底是本土起源的？还是外来影响的产物？

地处远东的黄河文明素以发达的青铜冶炼术而著称于世。在中原内地，自夏代进入青铜时代以后，发展速度很快，到了商代晚期，青铜文明已发展到颠峰状态。但是，如果再向前追溯，早期金属冶炼的中心似乎并不在中原大地，而在偏于一隅的甘肃、青海和新疆等西部省区。那里不仅发现了目前所知年代最早的合金青铜，也是早期铜器发现数量最多的地区。如此，中原与西北在文化传统上到底是一种什么关系？这几个地区在冶金术方面是否有着不同的渊源并拥有各自的技术系统？它们之间是否存在着互动关系？鉴于中国的大西北与中亚地区一直存在某种程度的接触，那么，冶金术在这中间扮演了何种角色？等等，这些是本文探讨的几个重点问题。在切入正题前，需要说明：所谓“早期铜器”的概念是指上迄新石器时代晚期（公元前3千纪前后）、下止于青铜时代初期（公元前2千纪中叶）这个文化阶段的铜器物质遗留。

中国境内考古发现的“早期铜器”（3000BC—1500BC）主要集中在两个区域：一个在西北地区（甘肃、青海和新疆），共发现近 1500 件；另一个在中原地区（晋南和豫西），仅 200 余件。西北地区的早期铜器长期保持着以制作小件武器、工具和装饰品为主的传统，并沿续使用石范和锻造技术；其合金工艺的演进表现出不同的区域特征，如河西走廊—新疆地区为红铜—砷铜—青铜；河愰地区为红铜—青铜；中原地区自龙山文化晚期—二里头文化早期也以小件工具、武器为主，唯装饰品比较少见，而且与西北地区的装饰品有很大差异；合金工艺是从红铜—青铜。约从二里头文化第二期开始出现了泥范铸造技术，这为日后黄河流域青铜礼器的铸造奠定了根基。总之，西北与中原在冶金术上存在的差异应与各自所在区域的矿冶资源、经济形态、文化传统等有一定的联系。

自公元前3000年始，东西方之间的文化交流逐渐加强。目前中国发现的最早的青铜器恰好出现在这一时期。公元前2000年前后，中国境内形成了以河西走廊—新疆、河愰地区、中原地区 3 个早期金属冶炼业中心。由于河西走廊—新疆所在地域与中亚毗邻，从很早起那里就通过中亚与更为遥远的西方存在文化的互动，并将一些先进的冶金技术引进并传入河徨地区，继而对中原地区的技术冶炼业产生了潜移默化的影响。

中原地区在冶金术领域的探索是比较早的，但进展一直比较缓慢。随着公元前2000年以后与西部地区文化交往的增强，加速了二里头文化冶金术的进步，这一文化互动的直接后果便是导致了具有独特黄河文明特色的冶金铸造工艺最终在二里头文化晚期得以形成，并为日后商周高度发达的青铜文明奠定了基础。

[李水城，1953 年生，博士，北京大学考古文博学院教授，博士生导师。出版著作《半山与马厂彩陶研究》、《中国古代文物典·陶器》（参著）。发表中英文学术论文近60篇。主编完成《中国盐业考古（中英文）》（第一卷）。

2005 年发表的学术论文有《中国盐业考古及其潜力》、《考古类型学研究与艺术史学——以史前彩陶研究为例》等。

通信地址：北京海淀区北京大学考古文博学院（100871）
电子信箱：lisc@ pku. edu. cn]

与中国现代人起源问题有联系的分子生物学研究成果的讨论

（吴新智）

本文简略介绍最近几年发表的与中国现代人起源有直接和间接关系的几篇分子生物学论文，这些论文的共同主要结论是：中国的现代人的祖先是在距今大约6万年前来自非洲的移民，他们完全取代了当时生活在中国的古人，这个结论的依据是对中国现生人群Y染色体一些基因的分析，这些论文的作者们说当时正值冰期，生物在中国无法生存，他们还根据1995年的文献说中国没有5—10万年前的人类化石，用这些作为旁证。本文指出那些作者对第四纪冰期现象有着严重的误解，冰期中地球各地的气候并不简单划一，而是有冷有热。中国在整个更新世存在猩猩，象，犀牛，马，牛虎等等大量的古动物证据证明在冰期时中国长城以南的气候仍旧适合人类居住。本文还列举了在新世纪报道的广西甘前洞（6.5—13万年前），浙江桐庐（5-10万年前），河南郑州织机洞（79000±10000年前），酆都县井水湾（77000—80000年前），萨拉乌苏（35000—125000年前）出产人类化石或石器的地点，表明中国在距今5—10万年前没有人类存在的说法，是与事实不符的。本文还指出在那段时间（6万年前）之前和之后的头骨有着明显的共同性，是不承认连续性便很难以解释的，这些体现连续性的特征包括颜面较扁，无论在横向还是在纵向上都不太向前突出，鼻梁比较扁塌，眼眶基本上呈长方形，其下外侧边缘圆钝，眼眶与鼻腔前口之间不隆起，颧骨额蝶突外侧面比较朝向前方，上颌骨颧突和颧骨上颌突构成弧形的下缘，上颌骨颧突的起点位置较高，额骨与上颌骨，鼻骨之间的骨缝构成一条大致水平的弧线、脑颅最大宽处在中三分之一靠近后部、额骨正中矢状线上最突隆处在下半段，早期的头骨具有矢状嵴，中晚期逐渐变弱，上门齿呈铲形等。特别值得注意的是，不但这些特征的出现率在中国比世界其他任何地区都高，而且在其他地区很难见到这些特征组合地呈现在一个头，旨上。本文指出中国旧石器文化的传统与西方（非洲和欧洲）很不同，在西方，石器技术经历了由第一模式，经过第二模式、第三模式、第四模式、第五模式的逐步发展，而在中国，第一模式的技术一直持续到二万年前，才有较多的其他模式的技术参与进来。从非洲迁移到东南亚的第一站最可能是今天亚洲西部的以色列巴勒斯坦地区。恰好在多年以前已经在这个地区发现了许多大约10万年前的石器，这些石器的制造技术属于第三模式。如果现代人出自非洲的假说符合事实，这些石器应该是那些最初走出非洲的现代人制造的。当这些人的后代在大约6万—1.8万年前到达东亚而且完全取代了东亚原来的古人时，这些非洲移民所掌握的制造石器的技术应该属于第三模式。如果这些非洲移民真的替代了东亚的原住民，考古学的资料应该表现出，从那时开始，即从6万年前开始，中国流行第三模式甚至更加先进的石器制造技术，而不再停留于使用第一模式技术的状态。但是已经发现的大量石器却表明，东亚的原住民一直利用着第一模式的技术，并没有开始变为使用第三模式的技术。本文还举出近年发表的许多分子生物学家们表达的观点：“在大多数分子生物学家相信近代非洲起源和严格的取代模式的十年之后，到了20世纪90年代后期，许多核位点以各不相同的方式表现出与起先从线粒体看到的格局相矛盾，这些研究引起了混乱”，“人类基因组的每一个位点仅仅能够捕捉人类历史的一个片段：不同的位点具有颇为不同的谱系，认识这一点是重要的……只有在进行了足够数量的研究以后，才能就现代人的历史逐渐地达成共识”，“如果只是根据一个位点或DNA区域，我们关于人类进化的观点会是怎样的不完全，当人们检测了更多DNA区域的时候，对人类进化更深入的见识肯定会随之而来”。本文还传达了分子生物学的新认识，如不同DNA区域进化速率并不恒定，在进化过程中基因发生过转移等，这些都使得从现代人的基因去推测历史包含相当大的不确定性，因为人们很难知道在进化过程中古代的基因库经历了那些变化，才成了今天的基因库，后者在多大的程度上能反映前者。总之本文是一篇综合性的论文，结合中国的人类化石、旧石器、古哺乳动物学和亚洲西部的旧石器以及国外分子生物学研究的诸多方面的新资料，将不同学科的最新研究成果进行综合思考，论证近年来根据Y染色体一些基因的分析认为中国的古老人类在6万年前被来自非洲的现代人完全替代的推论不能成立。人类化石和文化遗物直接表现该时该地的古人类的形态和生产生活状况，是十分客观的证据，只是在推测各件化石之间的关系时难免掺杂主观的成分。根据化石和石器可以合理地推论，中国的现代人的祖先主要是本地的古老居民，附带地也吸收过一些外来的成分。古人类学的研究已经显示人类进化是十分复杂的过程，新的分子生物学研究也一再显示人类的分子进化比过去认识的远为复杂。在对新信息进行解释和推论时必须对这样的复杂性保持深刻清醒的认识，人类进化不可能既是这样又是那样，只有将有关各学科研究所得的信息进行综合思考使得根据这些信息得出的推论趋于协调，才可望对人类进化的认识逐渐接近真实。

［吴新智，1928年生，中国科学院院士，中国科学院古脊椎动物与古人类研究所研究员，中国科学院研究生院教授。发表论文和书籍100余篇（部），包括《中国古人类遗址》、《中国的人类进化——化石的测量描述和遗址的综述》（英文）等。］

中国北方农牧交错带的形成与气候变迁

（韩茂莉 《考古》2005 年第 10 期）

中国北方农牧交错带地处生态敏感地区，在畜牧业未产生之前，这里以原始农业为主。大约公元前 1500 年前后，伴随气候转冷、转干畜牧业萌生于原始农业之中，并推动农耕区向南移动，在畜牧区与农耕区之间形成农牧交错带。中国北方农牧交错带位于甘、青地区经内蒙中部、东部至辽西一线，本文通过对沿线各个地段考古文化类型与遗址环境信息的分析，论证了农牧交错带形成与气候的对应关系，并形成如下结论：（1）中国北方农牧交错带是在气候变迁因素推动下形成的，从最初畜牧业萌生到最终农牧交错带形成，呈现与气候要素吻合的分布趋势。（2）原始农业转向半农半牧生产方式不仅包含经济文化方式的转变，而且表现出区域间的不同步性。位于甘青地区的齐家文化年代大约在公元前 2000 年左右；内蒙古中部地区朱开沟文化四期，表现出比较鲜明的半农半牧特征，其年代约在公元前 1500 年左右；出现在内蒙古东部与辽西地区的夏家店上层文化时间上限为公元前 1000 年。将这三个地区做整体考虑，自西向东表现出依时间次序由公元前 2000 年→公元前 1500 年→公元前 1000 年的推进过程。此外与朱开沟文化存在文化传承的李家崖遗址属于商代晚期，完成两地之间文化传播所需时间约 400—500 年。文化类型空间推移速度反映了此次气候变化由暖转冷的空间传递速度。（3）畜牧业脱离农业生产走向独立之前，必然经历一段半农半牧过程，因此在农牧交错带形成初期，与农耕区形成空间分异的不是畜牧区，而是半农半牧区。但这时的半农半牧区不是农、牧两种经济文化方式的插花式分布，而表现为兼业行为。这样的兼业行为正如这一时期遗址中出土物那样，既有粮食，又有牛、羊等动物骨骼；既有石斧等农业生产工具，又有用于骑射的马具，当时居住在农牧交错带的先民，无论作为家庭，还是作为个人在从事农耕的同时，也经营一些与定居农业有联系的牲畜放养。这时不但生产者具有兼业特征，经济文化方式为半农半牧形式，而且畜养牲畜的规模与流动范围都十分有限，还算不上真正的游牧业。决定游牧业发展的关键因素不在于土地占有权，更多地取决于迁移权。驯化马匹，发明控制牲畜行动、适应频繁迁徙的用具是半农半牧区兼业者摆脱定居农业，迈向游牧生涯的关键。考古发掘证明公元前 6 世纪中国北方已经有了马具。有了马具，有了骑马术，才有了真正的骑马民族。中原农业民族称早期的游牧人为“戎”、“狄”，而他们的活动区就是游牧区域。游牧区域突破插花地分布形式而联为整体，与中原诸农业国构成文化、生产方式以及活动区域的分异约在公元前 4 世纪，可以说直至这时真正意义的农牧交错带确立了，它的走向基本与司马迁在《史记·货殖列传》中提出的龙门、碣石一线一致。

［韩茂莉，1955 年生，北京大学环境学院教授。出版《宋代农业地理》、《辽金农业地理》等专著。2005 年以来发表的论文有《中国北方农牧交错带的形成与气候变迁》、《近代山陕地区地理环境与水权保障系统》、《近代山陕地区基层水利管理体系探析》。
通信地址：北京大学环境学院历史地理研究所（100871）
电子信箱：maolih@ urban. pku. edu. cn］

大事记

2005 年中国考古学研究大事记

2005 年中国考古学界的学术活动活跃，内容丰富，形式多样，举行了 30 多次学术会议。其中大型的国际学术会议如“国际古迹遗址理事会第 15 届大会”，有来自全世界 86 个国家的代表和国内专家学者 1000 余人参加，盛况空前。另外，还有国内外各种中小型专题研讨会，内容涉及中国考古学各个研究领域，为推动中国考古学向纵深发展作出了程报贡献。

一、考古新发现论坛和评选活动

新年伊始，“中国社会科学院考古学论坛——2004年中国考古”新发现“拉开了2005年中国考古学术活动的序幕。由于中国考古新发现在推动中国考古事业发展中的重要性，因此备受学术界的关注。

中国考古新发现学术论坛创始于2001年，是中国社会科学院考古研究所，考古杂志社在新世纪创办的中国最新考古信息的交流平台。论坛每年从年度考古发现中评选出6项进行学术汇报和交流，在学术界产生了较大的影响。2004年，中国考古新发现学术论坛被列入中国社会科学院系列学术论坛之一。来自中国社会科学院、北京大学、中国国家博物馆、故宫博物院、中国文物研究所等单位的200余位专家、学者和代表参加了本次论坛。会上报告的6项国内最新考古发现分别是：河北易县北福地史前遗址、浙江平湖市庄桥坟良诸文化遗址及墓地、河南偃师市二里头遗址、陕西风翔县长青西汉 河码头仓储建筑遗址、西安市唐长安城大明宫太液池遗址、江西景德镇市明清瓷窑遗址。植物考古学及其新进展作为科技考古研究的新成果也进行了大会汇报。论坛采取大会汇报、自由提问和专家点评的方式，提问踊跃，讨论热烈，专家的点评中肯到位。

全国十大考古新发现评选活动由国家文物局主管，中国考古学会，中国文物报社主办。2004年度“全国十大考古新发现评选活动”在北京举行，河北易县北福地史前遗址、山西芮城清凉寺墓地、河南偃师二里头遗址宫殿区、新疆若羌罗布泊小河墓地、湖南宁乡炭河里西周城址、江苏无锡鸿山越国贵族墓、辽宁朝阳十六国三燕龙城宫城南门遗址、广东广州大学南汉二陵、浙江杭州严官巷南宋临安城御街遗址，四川绵竹城关镇剑南春酒坊遗址10项考古发现入选“2004年度全国十大考古新发现”。与前二年的形式相同，今年的评选仍邀请各入围项目的考古领队到会进行学术报告，以多媒体的形式演示汇报考古发现的内容，并作现场答疑。评选结果揭晓后举行了新闻发布和颁证仪式。

二、史前考古与文明起源

史前考古包括旧石器时代考古和新石器时代考古两大部分。

旧石器时代考古的学术会议：2005年由联合国教科文组织和中国科学院共同主办的周口店遗址国际专家委员会（ITC）第二次会议在北京召开。来自联合国教科文组织、中国科学院古脊椎动物与古人类研究所、北京市文物局、周口店博物馆、法国电力公司等多家机构的20余位古人类——古文化遗址保护、管理和研究方面的国际知名专家学者参加了会议。经专家认真讨论，会议形成了周口店遗址国际专家委员会2005建议书，将通过联合国教科文组织提交中国有关方面，作为对周口店遗址管理、保护、展陈和研究各方面的指导意见。

新石器时代考古有关的学术会议，主要是2005年11月由中国先秦史学会，安徽省文化厅和蚌埠市政府在蚌埠联合主办的“蚌埠双墩遗址暨双墩文化学术研讨会”。来自中国社会科学院考古研究所，北京大学，安徽大学以及江苏、山东、河南、安徽的40余位考古，古文学学者一起，对双墩遗址及其出土文物作了多层次的深入探讨。与会专家一致认为，这次研讨会不仅推动双墩，也推动淮河流域早期文化的研究，是安徽淮河流域新石器时代考古的重大突破。

中国文明起源和早期国家起源研究仍然是学术界的热门课题，本年度召开的相关学术会议有3次。一是2月1日，中国社会科学院古代文明研究中心在中国社会科学院考古研究所召开在京学术顾问与专家重要座谈会。会上汇报了中国社会科学院古代文明中心2004年中心开展的主要工作，重要介绍了国家科学技术部支持项目“中华文明探源工程”第一阶段（2004、2005年）工作的进展情况。还介绍了“中华文明探源工程”第二阶段即“十一五”（2006—2010）课题的设想，与会学术顾问和专家委员就中华文明探源工程，第一阶段的工作及第二阶段的设想进行了讨论。二是4月，中国社会科学院古代文明研究中心与中国国家图书馆分馆，法国远东学院北京中心，法国大使馆文化科技合作处在国家图书馆共同举办了欧亚非考古与文明系列讲座。中国社会科学院古代文明研究中心主任李学勤、中国国家图书馆馆长张雅芳、法国远东学院副院长及法国大使馆文化科技分作处的代表出席了开幕式并讲话，中国社会科学院古代文明研究中心专家委员会主任，中国社会科学院考古研究所所长刘庆柱和中国国家图书馆副馆长张秀博出席了闭幕式并做讲座总结发言。讲座结束后，中国社会科学院古代文明研究中心与法国远东学院北京中心又在中国社会科学院考古研究所举行了学术座谈会。中法两国40余位学者就两国的考古研究的新进展及各自关心的课题进行了交流与讨论。三是11月，由中国社会科学院古代文明研究中心、河南博物院、河南省文物考古研究所联合举办的“文明探源——考古与历史的整合”学术研讨会在郑州召开，来自国内30多个考古文博研究机构的高校的80余位学者出席了会议。会议收到论文提要50多篇，对如何进一步深入开展中国文明起源的研究等进行了学术交流。并从考古、历史文献等方面就华夏文明的源头，尤其是中原地区文明化进程问题展开了热烈的讨论。

三、夏商周考古

夏商周考古方面的学术研讨会主要有两次。.

8月，由北京大学中国考古学研究中心和陕西省考古研究所联合主办的“周原考古与西周文化国际学术研讨会”在西安召开。国内外的专家学者50余人参会。会上介绍了陕西周原遗址、周公庙遗址、风翔水沟遗址和韩城梁带村遗址、山西绛县横水西周墓地、河南固始西周大型建筑基地、安微滁州何郢遗址、湖南宁乡炭河里遗址和江苏无锡鸿山越国贵族墓地等考古发掘成果。关于周原，周公庙两个遗址的性质，周原遗址是否为歧邑，周公庙是否周公采邑，学者间仍存在不同见解。此外学者们还对周原出土的甲骨，周原遗址大型建筑、环境及以后工作如何开展等问题进行了研讨。

10月，由湖南省博物馆和湖南省文物考古研究所联合主办的“湘，鄂，豫，皖楚文化研究会第九次年会在长沙举行，国内外的专家学者100多人以传世文献、出土文献和考古新发现作为主要线索，重点围绕楚国历史、文化展开探讨，内容涉及楚文化研究的方方面面。楚文化研究会从1981年成立至今，经历了20

多年的风雨历程。相信在大家的共同努力下，楚文化研究将绽放出学术百花园中鲜艳的奇葩。

四、秦汉至宋元的考古

秦汉至宋元考古方面的学术会议主要有三个。

3月，由中国社会科学院考古研究所、日本东北大学文学院研究科、东北学院大学开放研究中心联合举办的“东亚地区6—7世纪佛寺塔基国际学术研讨会”在北京举行。其后，30多名专家学者专程赴邺城佛寺塔基是遗址实地考察，并在临漳县召开小型学术交流和研讨会。

8月，中国重庆大足石刻国际学术研讨会暨大足石刻首次科学考察60周年纪念会开幕式在重庆举行。国家文物局、联合国教科文组织北京办事处、中国文物学会以及来自英国伦敦大学亚非研究学院、中国社会科学院、北京大学等13个国家和地区的知名专家，学者200多人参加了开幕式。会议收到论文69篇。本次会议主题是：回顾与展望、大足石刻与唐宋石窟、密教与大足石刻和中国晚期石窟的互动与交流。

10月，第二届中国民间元青花研讨会在山东泰安举行。来自全国20多个省市的专家、学者、藏家200余人参加了大会。会议重点研究讨论了三个议题：(1) 发掘研究民间的元青花，建立国内的元青花研究基地的必要性和必然性；(2) 元青花的鉴定如何走常规鉴定与科技检测相结合的路子；(3) 探讨元末明初青花系列瓷的分期断代。

五、科技考古与文化遗产保护

随着考古学科的不断发展，科学技术在考古中的应用日益增长，学术交流频繁。

5月，由中国科学院研究生院承办的“第35届国际科技考古学术讨论会”在北京召开。以往，国际科技考古会议主要在欧美国家轮流召开，迄今为止，尚没有在亚洲国家举行办过。此次会议是国际科技考古会议首次在中国举办，反映了进入21世纪以来，中国的科技考古工作与国外科技考古界的合作与交流日益加深，也反映了国际科技考古界对我国科技考古的关心和重视。来自欧洲、美洲、亚洲的30多个国家以及国内的各科研院校的约200余人参加了会议。会议还将颁布Aitken奖，Aitken首先将热释光应用于考古测年。

2005年是中国社会科学院考古研究所考古科技中心成立十周年的日子，在中国社会科学院和考古研究所的重点扶持下，在全国考古学界相关单位的关心和支持下，经过中心全体人员的共同努力，中心已经发展成为一个门类比较齐全，与田野考古密切结合的科技考古研究实体。拥有考古勘探、年代测定、环境考古学、体质人类学、动物考古学、植物考古学、食性分析、物质结构和成分分析、计算机在考古学中的应用、文物保护与修复、考古绘图和考古照相等12个研究和技术部门。中心汇集了中心全体同志10年的科研工作和技术工作成果，出版了《科技考古》第一辑。

2005年同时也是世界文化遗产保护，中国古迹遗址保护等备受世界关注的一年。

5月20日，国际古迹遗址理事会第15届大会筹备工作领导小组第一次全体会议在北京召开。会议审议、通过了《国际古迹遗址理事会等15届大会筹备工作方案》。国际文物局局长单霁翔向与会代表介绍了国际古迹遗址理事会的基本情况及第15届大会前期筹备工作情况。目前，7600余份大会名册已发给120多个国家的会员，预计此次与会的国际国内代表及工作人员约1000余人。

9月，中国古迹遗址保护协会在北京召开中国古迹遗址保护协会第二次国内科学研讨会。本次会议共收到世界各地的论文536篇，其中有171篇入选；我国学者提交100多篇论文，入选28篇。参加会议的人有：中国考古学会、中国文物学会、中国博物馆学会专业学术单位负责人以及国家文物局专家组组长、参选论文入选者。

10月17—21日，国际古迹遗址理事会第15届大会在西安举行。来自86个国家的650余位国外代表和300多位中国代表参加了大会。大会通过了以古建筑，古遗址和历史区域周边环境保护为主要内容的《西安宣言》，选举产生了新一届的理事会及主席、副主席、秘书长、执委等。中国国家文物局郭旃当选副主席。作为古迹遗址保护领域唯一的国际非政府组织，这是国际古迹遗址理事会第一次在东亚召开大会，也是西安有史以来承办的规模最大的一次国际性会议。

12月22日，为纪念中国加入联合国教科文组织《保护世界文化和自然遗产公约》20周年。“中国保护世界遗产走过了20年”座谈会在京举行。加入《保护世界文化和自然遗产公约》对我国文物、生态保护事业具有重要意义。1985年中国成为世界遗产公约缔约国。截至2005年，我国已有世界遗产31项，位居世界第3位。

六、其他学术会议

2005年的其他学术会议包括两方面内容：一是新书出版发行学术座谈会，二是各种庆典所举行的学术研讨会。

1月18日，中国社会科学院考古研究所和中国社会科学出版社在北京共同召开《中国考古学》(9卷本) 新书出版暨学术座谈会。20世纪是考古学传入、诞生于中国的时代，是中国考古学的形成、发展的时代。中国社会科学院研究所，是中国考古学学科历史发展的主要参与者、见证者。在世纪之交，中国社会科学院考古研究所作为当今中国唯一的国家级考古科研机构，将百年来考古学在中国的发展历史作一回顾、总结和研究，并对新世纪的中国考古学作一瞻望，是具有义不容辞的责任。《中国考古学》(9卷本) 以马克思主义为指导，具有基础性，开创性，前瞻性的大型综合性著作。《中国考古学·夏周卷》重点介绍了夏商时期考古学文化的发现和研究。《中国考古学·两周卷》介绍了我国考古工作者在20世纪中对两周遗址进行的一系列考古发掘及其研究成果。

2月2日，《20世纪中国文物考古发现研究》丛书出版座谈会在北京人民大会堂举行。《20世纪中国文物考古发现与研究》丛书是在国家文物局的组织与推动下，由国家文物局领导和文博考古界著名专家担任主编和学术顾问，约请各学科的学术带头人，著名学者和重大发现的亲历者执笔的一套旨在比较全面地总结20世纪中国文物考古发现和研究成果，兼具向大众普及文物考古知识性质的一套大型丛书。英籍香港工商界知名人士埃瑞克，何东先生捐款25万美元资助丛书的编辑出版。丛书2000年7月出版了第一册，截止今年1月，已出版34册，正在编辑图书14册，全套丛书60册的组织工作基本完成。

8月26日，由故宫博物院和国家清史编纂委员会共同主办的“故宫博物院80华诞暨国际清史学术研讨会”在北京人民大会堂隆重举行。来自世界各地的清史研究专家、学者等160余人参加了研讨会。故宫博物院成立于1925年，是世界上最大的博物馆之一，是重要的世界文化遗产，80年来在学术研究，特别清史研究、档案文献整理上，取得了令人瞩目的成绩。

10月，由国家文物局组织，阔别50余年的“考古工作人员的训练班”部分学员分别在北京和河南洛阳重聚，度过了温馨的时光。26日，考古训练班的教员、辅导员、学员代表以及老领导，老专家40余人出席了在此京举行了纪念座谈会。座谈会由中国文物报社、中国社会科学院考古研究所、北京大学考古文博学院、中国考古学会、中国文物学会共同承办。27日，有50余位训练班学员赴河南洛阳参加由河南省文物局，洛阳市文物局承办的训练班50周年联谊会。考古工作人员训练班被誉为考古的“黄埔4期”。与会专家同时倡仪，广大考古工作者继续发扬艰苦奋斗的优良传统，以实事求是、科学严谨的态度，不遗余力地投入到我国的文物考古事业中。

（冯浩璋）

中国古代史

综　述

2005 年中国古代史研究综述

2005 年的中国古代史研究，无论是在断代史研究，还是专史研究方面，都在以往研究的基础上，取得了长足进展，都有新的研究领域的开拓和新的学术观点问世，特别是在中国古代史研究的理论与方法、儒学文化与当代文明、虞舜文化、巴蜀文化、赵文化、齐文化、秦汉法典体系的形成及特质、拓跋鲜卑早期历史、魏晋南北朝的民族融合、六朝文化、汉唐的历史走向与唐宋社会变迁、朱熹与宋代历史、许衡与元代文化、明代军户的地位、郑和下西洋、晚明社会变迁、乾嘉学派与清代学术转向等方面，取得了突出进展，并成为 2005 年学术研究的热门话题。因篇幅所限，下面仅择其要者，对 2005 年的中国古代史学研究作一简要综述。

一、关于“封建”、“封建主义”概念的讨论

长期以来，人们将西文 feudal、feudalism 与中文“封建”、“封建主义”对译，并按照马克思五种社会生产方式或五种社会形态学说，将中国自战国以来（有人主自西周以来）至鸦片战争前的清朝社会称之为“封建社会”。“封建”、“封建主义”、“封建社会”等词被广泛应用。

近些年来，虽然仍然有一些学者坚持这一学说，但也有一些学者对此提出疑义。本年度又有学者撰文称，中国古代的“封建”实为“封土建制”、“封土建国”、“封邦建国”、“封邦建藩”的简称，与中国秦汉以后的“郡县制”（即人们所称的“封建制”）根本不是一回事。认为，中国先秦时期的“封建”以及人们所称的秦汉以后的“封建”与欧洲的 feudalism 也不是一回事。欧洲的 feudalism 主要有以下几个特点：其一，非血缘的、非强有力的国家权力支配的社会；其二，庄园制；其三，尚武的武士等级是统治阶级；其四，领主附庸关系中的原始契约因素。而中国古代社会与此并不相同。

有人认为，五种生产方式学说是马克思关于人类社会发展史的经典解释，不容改变；也有人认为五种生产方式学说不是马克思的本意而是斯大林所为。有人不同意这两种说法，认为，马克思关于前近代社会发展认识存在着两种思想倾向，即认为马克思恩格斯在谈到社会发展时曾提到原始的、古代的、封建的和现代资产阶级几种社会形式或称亚细亚的、古代的、封建的（feudal）和现代资产阶级的几种社会经济形态，但同时，马克思恩格斯并没有否认多线历史发展观，所使用 feudalism 一词几乎未见用于西欧之外。

中国学者严复首次将 feudalism 译为“拂特之制”。因此，有人主张中国先秦时代应恢复“封建社会”或“封建时代”的称谓，而无须称“奴隶社会”和其他什么称谓；秦代至清代，不应再称封建社会，而应该称“皇权专制主义”或“郡县制时代”、“宗法专制帝制时代”等；西欧的 feudal 原本来自通俗拉丁语“采邑”（feodum），可直译为“采邑制度”、“采邑社会”或“领主社会”，为了不与中国先秦“封建制”混淆，也可以退回一百年前严复曾经使用的音译“拂特制”。中国先秦时期的“封建”或“封建制”也不应译为英文的 feudal 或 feudalism，而应用意译，或用汉语拼音“fengjian”进行直译。

二、儒学文化与当代文明

由孔子创立，经孟子、荀子、董仲舒、二程、朱熹、陆九渊、王守仁等儒家代表人物改造并不断丰富发展，乃至新儒家再造弘扬的儒学文化，日益引起人们的重视，被视为国学与传统文化的象征。2005 年再次形成儒学文化与“国学”研究热潮，5 月 29 日中国人民大学宣布成立国学院，6 月 14 日中国社会科学院世界宗教研究所儒教研究中心宣告成立，9 月 28 日是孔子诞辰 2556 周年纪念日，全球首次联合祭孔活动在世界各地孔庙同时展开，11 月 19 日北京大学“乾元国学教室”正式开课，12 月 17—18 日由中国社会科学院世界宗教研究所儒教研究中心与广东信孚教育集团联合举办“首届全国儒教学术研讨会”，并成立了国内首家民间国学院“信孚国学

院”。与此同时，中国政府开始主动向海外推广汉语教学和开展文化交流，宣布将在世界各地建100所孔子学院。这些活动引发了如何重新评价儒教与传统文化、传统文化在现代中国的地位与作用、当代中国是否需要“重振国学”、“重振国学”是要接续文脉还是复古返古等问题的争论。有人将2005年的国学热称之为“国学年”，也有人称其为儒学的“第四次浪潮”，被《学术月刊》等评为“2005年度中国十大学术热点”之一。

在讨论中，有人认为，儒学立足于内在性原则，强调内在性，主张人性善，具有凝聚群体的功用，范导着人本主义取向；强调超越性，主张超凡入圣，积极面对现实，提升人生境界，范导着淑世主义的取向；儒学强调包容性、拒斥排他性，主张“协和万邦”、“万国咸宁”，范导着和平主义的取向。认为孔子所提出的“和为贵”，“忠恕之道”，“和而不同”等思想，有利于解决国与国之间、民族与民族之间以及不同文化之间的矛盾，认为儒学中以仁爱、和谐、诚信、中庸为核心的价值观，对于建设和谐社会乃至建立和谐世界新秩序有着其他文化系统无法代替、不可或缺的积极作用。他们还认为儒家学派所提出的“天人合一”思想，主张人类和大自然为一体，有利于处理人与自然的关系，认为只有“天人合一”思想方能拯救人类。认为只有儒学文化才能消解当今世界个人至上、物欲至上、恶性竞争、掠夺性开发以及种种令人忧虑的现象。因此，他们主张重振国学，让中国传统文化滋润中国，丰富世界。

在儒学是不是宗教的问题上，学界一直存在不同意见，有人认为儒学不是宗教，有人则认为儒学是一种与西方宗教不同的独特的中国宗教。持儒学是宗教观点的人指出，中国儒学非常重视人与人的伦理道德关系，同时也不乏超越性的宗教感情。在中国封建社会发展史上，它曾经被赋予了神学形式，而且不断吸收佛、道等思想理论和方法，在政治理论和社会意识形态两个层面都显示出鲜明的宗教特征，发挥了相当的宗教作用。有人则更明确地说，儒教其实是一个人生长在天地之间，对天地、对父母、对圣贤根源性的尊敬，回到生命的根源，开发生命根源的宗教。在此基础上，有人甚至提出“重建儒教为国教”、“以公民宗教重建儒教”等观点，不仅认为儒学是宗教，而且开始关注中国该不该重建儒教以及如何重建儒教等问题，认为重建儒教可以承担起国人的身心安顿、道德教化以及文化认同、民族认同等功能。

有人不同意上述观点，认为重振国学，复兴儒学，是一种复古返古的行为，是一种文化保守主义的表现，本质上是对五四新文化运动的否定。持这种观点的人认为，以“孔家店”为符号，以“三纲五常”为核心内容的儒家文化被推翻是历史的必然，把中华民族实现伟大复兴的动力寄托在“国学”上是历史的倒退，是封建思想复辟。

也有人主张对儒学要一分为二，对于作为封建意识形态的儒学，即直接为维护、巩固封建经济基础和宗法专制统治秩序服务的那些东西，如“三纲六纪”等等，决不可能让它在现时代全面“复兴”，而是视为需要继续深入批判的封建主义的重要内容；对于作为中华文化载体的儒学，则要把它当做人类知识宝库的重要组成部分和民族文化的瑰宝倍加珍惜，精心保护，深入研究，批判继承，综合创新，使之成为建设中国特色社会主义先进文化的重要思想资源。作为中华文化重要载体的儒学，存留于包括文化典籍、生活方式和精神传统在内的大、小传统中，其内容博大精深，而又精糟共存，所以给我们留下了弃糟取精、批判继承的巨大任务。主张对儒学文化应该批判继承，不应全面复兴。

还有人不同意将儒学政治化和宗教化，主张将儒学文化限制在学术研究范围之内，认为，国学不是灵丹，不是真经，研究则可，弘扬不必。也有人主张研究也应以批判为前提等等。目前，关于儒学文化与当代文明的研究和争论正在如火如荼地进行。

三、虞舜文化与中国文明起源

虞舜文化与中国文明起源问题是2005年先秦史研究的重要话题。9月5日至7日，由中国先秦史学会等主办的“全国虞舜文化学术研讨会暨中国先秦史学会第八届年会”在山西运城召开，会议收到论文106篇。同时，见诸于报刊杂志有关虞舜文化的论文尚有20余篇，形成一个不大不小的虞舜文化研究热潮。

关于尧舜禹禅让问题，学界一直存在不同意见，有人认为尧舜禹禅让是历史事实，有人认为权力更迭乃实力之争，尧舜禹之间权力的嬗递也是篡夺的结果，禅让之说不过是历史虚构而已。本年度又有人在此基础之上提出新的看法，认为，不论主张尧舜禹禅让是客观事实还是虚构的看法，都有偏颇之处。事实上，两种看法是可以调和的，当时禅让民选制虽然还存在，但已徒具形式，力的较量已经开始，但尚未公开化、合法化，仍笼罩在禅让的神圣外衣之下。有的学者认为，尧舜禅让和舜禹禅让是不同的，尧舜禅让属于内禅，而舜禹禅让则属于严格意义上的外禅。还有的学者认为，尧舜禹时期的禅让，催生了我国国家文明的到来，并孕育了儒家的“大同”思想。

关于虞舜文化与中国文明问题：传统观点认为虞舜时期尚处在部落联盟阶段，是文明时代的前夕，尧舜皆为部落联盟的首领，他们之间还以民主的禅让制作为权力传承的方式，至其演变为世袭制，国家才最终出现。本年度，不少与会学者突破传统思维，提出了新的见解，有人认为尧舜时期是从史前社会向文明社会迈进的过渡期。有人认为尧舜时期已进入早期国家状态。有人认为虞舜时期已跨入文明时代的初级阶段。有的学者对尧舜时期的社会转折做了进一步论述，认为由于史前大洪水，处于黄河下游及长江中下游流域的氏族部落都集中到黄河中游的豫西、晋南及陕东一带。由于公共事务的繁多，各种官员的设立便越来越多。到禹的时代，兵器的使用与战争的出现也增多了，刑法及管理刑法的官员便出现了；这样派往各方诸侯视察监督的使官也出现了，特别是随着生产力的不断发展，赋税制度也逐步建立起来了，于是早期国家的政治组织形态便形成了。同时也出现了由新石器晚期各区域文化“满天星斗”的格局向黄河中游文明中心转变的特点。还有的学者指出，中国早期国家不同于西方早期国家，在部落联盟基础上产生的国家只能是地域狭小的城邦国家，只有在部族联合体的基础上才能产生地域广大的领土国家。有的学者不同意以往一些学者所提出的中国的“大一统”局面是西周王朝奠定的观点，认为，早在尧舜虞时代中国的国家刚刚形成时，其规模和特点就已初露端倪，中华民族的认同感和“大一统”局面早在尧舜禹时代就已奠定了坚实的基础。

关于虞舜的族属，学者们的意见也不一致，一种意见认为舜属于黄帝族，主要依据文献中记载的有虞氏的世系，认为有虞氏既然“稀黄帝而郊喾，祖颛顼而宗尧”，那么舜出身于黄帝族无可置疑。更有学者从图腾角度加以佐证，认为有虞氏以仁兽驺虞为图腾，与黄帝族以兽为图腾的特征相符。另一种意见认为舜属于东夷族，主要依据《孟子》中有关舜为“东夷之人”的记载，但对于“东夷”的确切地望却又持不同的观点，归纳以前说法，主要有以下几种：1. 活动于今晋南地区；2. 活动于今豫东鲁西地区；3. 活动于今湖南零陵地区；4. 活动于今浙江会稽地区；5. 活动于陕南汉中地区。在2005年讨论中，“汉中说”因只见于《世本》，为孤证，“零陵说”因论据薄弱，基本上没有人支持。其余三说仍有学者继续论述。持“会稽说”的学者，又从文献资料和考古学及语言学资料相结合方面进一步论证了自己的观点。持“晋南说”的学者从论证黄河以东都可称“东夷”出发，确定“东夷”应在今山西西南部一带，他们既引用丰富的典籍文献来支撑，又以当地丰厚的考古文化底蕴来佐证，所论较前更加深入。持“豫东鲁西”说的学者也不示弱，也从文献和考古方面坚持自己的观点。

关于舜的南巡及葬地问题也是学者争论的焦点之一。一种意见认为，舜帝南巡不容置疑，以为虞舜南巡既有大量的传统文献为依据，又可以与今日湖南、广西等地发现的众多考古资料相印证，因此是不能否定的。只是不能机械地看作是虞舜个人的活动，它反映的应是文明初期中原部族与南方百越部族之间的交流、战争与融合，由此可知我国南北方文化的交融自五帝时代就已开始了。另一种意见认为虞舜南巡是子虚乌有之事，认为江南苍梧古乃荒芜之地，舜无由远涉其地。认为出现其错误的根源是后人将冀州苍梧（今山西运城北）误认为江南苍梧造成的。关于虞舜的葬地，学者也有不同认识，有人从考证春秋时期楚章华台为仿照湖南舜陵形制而建入手，与马王堆地图及《山海经》的记载相参照，进一步论证了虞舜葬地是湖南宁远九疑山的观点。也有学者以先秦里制为依据，进一步论证了虞舜葬地在山西运城的观点。

关于虞舜文化的内涵：有的学者指出，祖国各地与虞舜相关的遗迹颇多，几乎遍及黄河上下，大江南北。这种现象表明对虞舜相关史迹的探讨已超越单一的历史研究范畴而升华为一种文化现象。虞舜已不再是一个单纯的历史人物，而是被国人奉为中华民族的共同祖先，被当作圣德君主的化身加以崇拜。认为虞舜文化中最突出的内涵在于倡导孝悌、谦和、诚信及仁爱，使社会的基本单位家庭得以和谐。从政治层面上看，虞舜文化的特征是以民为本、和以德治天下等，最值得称道的有两点，其一是爱憎分明、举善除恶，施政有方，决策果断；其二是发扬原始民主，集思广益，选贤与能。学者们认为舜文化的核心思想不仅对先秦儒家形成以“仁”为宗旨的理论体系具有启示作用，而且对我们今天构建和谐社会具有重要的积极意义。

四、秦汉法典体系的形成及特质

班固在《汉书》中说，萧何“作律九章”，学者依据这一记载，认为西汉初年的法典共分9章，并认为萧何的“九章律”出于李悝的《法经》，李悝的《法经》分为6篇，本于诸国刑典，商鞅以之相秦，则秦律也本之于《法经》，汉初萧何在《法经》6篇的基础上增加兴、厩、户3篇而成9章，是为萧何“九章律”。这种有关秦汉法典体系演变的说法，长期以来成了人们相信不疑的传统观点。1975年湖北云梦睡虎地出土的秦墓竹简中有《秦律十八种》，时在商鞅变法之后，律篇已远不止6篇，1983年湖北江陵张家山汉墓出土的竹简中有汉初《二年律令》，时在萧何定律不久，已有27篇之多，远远超过汉律九章。这就给人们提出了一个有关秦律是否分为6篇、汉律是否分为9章的疑问。以往的研究者总是想方设法对二者之间的矛盾进行解释，如，有的学者指出，《二年律令》不是《九章律》的全部，它的内容应该是包含《九章律》的一部分，还可能有所谓“傍章”的一部分，再加上后来添加的若干律令条文；有的学者认为，汉初的“九章律”是正律，《二年律令》中多出的篇章是旁章（或称傍章）；也有学者认为，九章律是“正律”，多出的篇章是“单行律”；还有学者指出，秦汉法典体系总体上分为6篇或9章，其下再分为若干篇，等等，大多数学者并没有对汉初“九章律”本身提出怀疑。

本年度的研究不仅对以往的研究有所深化，且开始触及“九章律”本身。有的研究者对萧何“作律九章”说提出质疑，认为萧何所定汉律并非九章，张家山出土的《二年律令》即是萧何所作之律，但不是萧何之律的全部内容。也有的研究者认为，汉律不止9章，但汉律九章之说又不能简单地视之为子虚乌有，汉律九章的“九”泛指汉律篇章之多，并非实指汉律只有9个篇章，不过是汉律的代称或习称而已。

在此基础上，有的学者对秦汉的法典体系进行了系统研究，认为《法经》是一部法学著作而不是一部法典，《法经》的重要意义在于，它标志着司法体系开始从以刑名为纲的法律体系向以罪名为纲的法律体系转变。“汉律九章”是在《法经》分类的基础上又增加了3类之后形成的法律体系。认为秦汉的法律体系分为律和令两个部分，律是成文律条，“令”则是指那些具有通则意义的诏令或对成文律条进行修订、补充的诏令等，有的诏令可以直接变成律条，有的诏令则先变成令文，再由令文变成律条。秦汉时期作为法典的律、令，既有区别而区别又不明确，反映了当时法典的不成熟性和法典演变的过渡性。经过两汉的发展，直到曹魏制定《魏律》时，律、令才具有了较为严格的法律意义上的区分。律的篇目的固定化，是秦汉法典体系变化中最具本质的变化，对后代所谓“律令格式”体系的确立具有十分重要的意义。

在讨论中，也有学者不同意上述观点，提出了秦汉律篇二级分类的说法，认为张家山汉简《二年律令》以及传世文献中不属于九章的汉代律篇，应是九章之下的次级律篇。从九章律的形成过程，可以逆推战国秦汉时期律典的形成轨迹。李悝、商鞅、萧何编纂法典时，将针对具体问题制定的单行律加以分类，以其中一个单行律名作为该类的一级律篇名，由这样的6个或9个一级律篇构成当代的律典。在汉代，有关礼仪、朝仪、宫禁方面的法规亦被纳入“律”的范畴，与律令同录于理官，但是它们还没有取得与九章同等的地位，九章被视为正律，而它们则以旁章的形式存在。晋时旁章消失，中国古代法律体系进入新的时代。

还有人认为，在秦汉刑法序列中，城旦舂、鬼薪白粲为一个等级，隶臣妾、司寇则属另一个等级，它们与死刑一起共同构成了秦汉刑罚体系中的两个等级。两个等级的构成为加刑和附加刑等非正式刑名提供了存在的空间，也体现出秦汉刑罚由轻到重循序渐进的特征。

五、拓跋鲜卑早期历史重构与汉化关系

拓跋鲜卑在中华民族历史上曾经起过重要作用，它既是中国历史上第一个在中原地区站稳了脚跟又统一了北方地区的草原部族，也是中国历史上第一个完全吸纳了北方草原部族因子并积极吸纳汉文化促使北方民族融合形成高潮的民族。这个民族及其所创建的北魏政权，不仅空前深切地影响了中华民族和中国历史的进程，影响了东北亚这个世界史上著名的民族迁徙策源地中各族存在、发展和相互关联的大势，而且也在北方草原部族中成功地竖起了第一个扎根塞北而统治中原地区的样板，从而也无可避免地构成了影响和改变各部族传统迁徙格局和今后发展方向的重大因素，极大地影响了中国以至东北亚民族关系和文明的发展。关于拓跋鲜卑早期历史的研究，马长寿、田余庆、张金龙、王凯等学者虽多有建树，但由于历史留给我们的文献资料十分稀少，仍有不少说不清楚的问题。本年度，姚大力等学者又发表文章，对拓跋鲜卑早期历史进行了新的探讨。

《魏书·序纪》是考察拓跋鲜卑早期历史的珍贵史料，但由于它所采口传史的叙事特征及其限制，也由于建立北魏之后的拓跋鲜卑在追述其先世历史时所受到的中原传统政治文化的影响，这篇历史资料包含着诸多难解之处。姚大力依据有关史实，对这些难解之处进行了解读。

1.《魏书·序纪》将拓跋鲜卑的祖先远溯至黄帝之子昌意，并认为自其先祖均至毛“积六十七世”。北魏时人承认，他们对这一段历史几乎一无所知，自始均至毛“世数久远”、“史弗能传”，那他们关于始均之裔积六十七世而至毛的说法又是从哪里来的呢？对此，学者曾做过这样那样的推算和解释。姚大力认为，始均之裔积六十七世而至毛的说法是他们根据中原古史传说推算而来，而拓跋鲜卑祖黄帝之说则是由崔宏发明的。拓跋鲜卑根据中原古史传说推算其先世，反映出他们将拓跋鲜卑的先世史“嫁接”到中原古史的言说框架内的强烈倾向，带有明显的汉化色彩。同时认为，他们引入“六十七世”之说，导致拓跋鲜卑对属于其自身的那一段起源故事发生失忆现象。

2. 关于拓跋鲜卑是否加入过檀石槐的军事部落联盟的问题，学者们认识不一，有人认为拓跋鲜卑曾加入檀石槐军事部落大联盟，有人则认为没有加入。姚大力认为，拓跋鲜卑先后拥有“推演”称号的宣帝和献帝邻，与檀石槐部落联盟中名为推寅的西部大人并无关系，拓跋鲜卑没有加入过檀石槐的军事部落联盟。

3. 关于拓跋鲜卑从他们所居的“石室”（即今内蒙古鄂伦春自治旗境内的嘎仙洞）所在地第一次向外迁徙的时间问题，有人认为“约在东汉前期”，有人认为可以上推到“西汉时”，多认为在公元1世纪之内。姚大力认为，拓跋鲜卑在第一推演（宣帝）引领下走出大鲜卑山，至于今呼伦池附近地区，大约在2世纪中叶。

4. 关于拓跋鲜卑第二次向外迁徙的时间问题，人们的认识也不一致，姚大力认为，第二推演（献帝邻）带领拓跋部南越阴山至匈奴故地，应当在230年。

5. 关于拓跋力微的政治活动及其享年问题，学界也有不同认识。姚大力不同意《魏书·序纪》关于拓跋力微寿至104岁、在位半个多世纪的记载，认为拓跋力微的政治活动始于240年后期，真正的生卒年或许是210至277年，享年68岁。认为拓跋鲜卑自力微时代起，开始在拓跋鲜卑人中产生出对最高游牧君长的通称“可汗”，力微不但是拓跋鲜卑，而且也是整个北族历史上第一个可汗。

6. 关于拓跋鲜卑及其汉化问题，姚大力认为，北魏皇始、天兴年间对拓跋先世史的重构，是深受汉文化影响的结果，初入平城的道武帝拓跋珪能够接受重构的带有明显汉化色彩的拓跋鲜卑的远古史，说明他对汉文化表示认同并证明他那时业已酝酿就何等坚定地统治北中国的意志。

此外，还有人认为在拓跋鲜卑文化发展史上存在一个崔浩时代，崔浩以其过人的才华和谋略成为北魏历史上最著盛名的汉族官员，他以经世济用、用夏变夷为核心的政治理想和文化主张在太武帝时期开创了拓跋鲜卑文化发展史上的新阶段，为拓跋鲜卑汉化做出了重要贡献。有人认为鲜卑民族原来没有孝悌观念，孝文帝积极倡导孝悌，才使孝悌观念在北魏社会重新树立起来，挽救了自汉末魏晋以来汉民族的家族伦理危机，为民族融合、社会整合作出了不朽的贡献。

六、唐宋社会变迁研究

自从20世纪初，日本学者内藤湖南等人提出中国唐宋时期是一个由中世社会向近世社会转变的社会大变革时期以后，唐宋转型论就日益受到学者们的重视。中国学者对这一观点赞成者有之，反对者有之，既不赞成也不反对者也有之。但不管怎么说，学者们都承认唐宋时期是中国社会发生重大变化时期。以往的学者曾力求从政治、阶级、阶层、经济、文化、婚姻等不同的专题研究入手，试图对唐宋时期社会变迁作出“知微见著”的分析概括，取得了一些令人瞩目的成果。2005年学者们除了注意从政治、经济、文化等各方面继续对唐宋变革进行研讨以外，《文史哲》又发表一组“唐宋时期社会经济变迁笔谈”的文章，《史学月刊》发表一组“中古社会变迁笔谈”的文章，南开大学成功组织了“中国社会基本问题论坛”，复旦大学主办了“社会转型与多元文化国际学术研讨会”，有关唐宋社会变迁问题的讨论再次形成高潮。

在讨论中，有人指出，论唐宋时期土地制度变迁者，常陷入一个误区，认

为唐宋时期土地制度的变迁是从中唐以前的授田制，发展为宋代的“田制不立”、“不抑兼并”。认为汉代只有限田制，并无普遍的授田制。西晋占田课田制所规定的吏民占田额也只是允许占田的最高限额，并非实授土地。五胡十六国时期，既没有授田制，也没有限田制。至北魏太和九年开始有后世习称的所谓“均田制”。隋唐沿袭北魏以来的均田制，虽有“授田”之说，但“率多有名无实”，并非是普遍授田制。又对学者们所说的“田制不立”、“不抑兼并”是宋代的基本国策的观点提出疑问，认为，宋元时人论田制有两种不同的涵义，一种是专指井田制，这种意义上的田制，不但宋代没有，春秋战国、秦汉、魏晋南北朝和隋唐五代，也都没有。另一种涵义是指各种土地政策、土地法规，乃至对土地的规划、利用等等，这种意义上的田制，不仅两汉、北魏、北齐、北周、隋、唐有，宋代也有。认为唐建中元年（780）均田制名实俱亡以后，我国土地制度的性质并没有发生根本性变化，但同时又认为，宋与中唐以前相比，我国的土地制度情况还是发生了许多明显的变化。具体地说也就是，在民田方面，土地所有权继续深化，土地买卖更加频繁，土地所有权的转换加速，土地更集中，贫富分化更严重，租佃关系也更发达；在官田的运营方面，大量官田民田化：或仿效民田办法出租土地，或仿效民田办法出卖官田等。

有的学者指出，宋人曾看到当时社会出现的等级制变动、国家法律制度变动、人心风俗的变动、社会力量的变动等，认为这些变动主要是由生产力的发展引起的，生产力的发展最终集中表现为商品经济的发展。认为唐宋社会生产力的大发展使商品经济达到了一个前所未有的高度，形成中国古代商品经济发展的第二个高峰。认为商品经济对唐宋社会变革的作用主要表现在以下几个方面：第一，商品经济赋予了唐宋社会新的时代特征；第二，商品经济孕育了新的社会力量；第三，商品经济引起了价值观念的变化。

有的学者指出，唐宋变革表现为政治、社会、经济和文化多方面的转型，而制度的变迁是其最直接的表征。唐宋制度史研究已经证明，唐宋时期几乎所有的基本经济制度，包括土地制度、赋役制度、商税制度、市场制度、货币制度、专卖制度、对外贸易制度等都发生了显著的变化。如果把制度变迁分为二个层面来考察，制度的内容可以视为第一个层面；制度的展现方式及其影响是第二个层面；导致制度变迁的因素是最深刻的层面。认为唐宋经济制度变迁有如下一些特点：一是私有制的发展；二是人身依附关系的松弛；三是国家越来越多地退出经济的直接经营，把更多的经济空间让渡给民间；四是国家实施管理时，较以前更多地使用经济手段，更多地重视经济效益。经济制度的变迁不仅确立了新的经济运行模式，也带来了社会结构的变化。

也有学者认为，唐宋制度变迁的特点是：经济制度及其运行方式由注重平等到注重效率，而政治制度则由注重效率演变为注重平等。唐代前期经济制度对平等的注重，主要表现在诸如均田制、租庸调制的实行等方面；宋代在经济领域对效率的注重逐渐取代了对平等的注重，主要表现为土地产权逐步由国家平均分配土地的均田制向土地私有转换，出现了产权的明晰化趋势，国家权力对某些新兴经济领域控制相对薄弱，同时，经济制度和组织建立、变迁和运行所产生的社会交易成本也逐步降低，表现在社会商业信用新体系逐渐形成与完善化。唐代前期在政治制度方面注重效率的标志是：建立选拔宰相制度，设立翰林学士，边境设置节度使，建立皇权之下高度程式化运行的三省六部制，实行使职差遣制，大量吸收少数民族将领与官吏任职等等；宋朝在政治制度方面注重官吏选拔的公平与机会平等，官僚阶层取代了贵族阶层成为社会的统治力量，官僚集团内部逐步出现机会平等和身份平等的趋势，官僚士大夫集团的政治地位较唐代有所提高，具有以天下为己任的价值观念的士大夫阶层兴起，出现天子与士大夫共治天下的呼声。唐代后期至五代中央政权统治能力的下降，社会经济的发展和转型，思想文化多元化的趋势，以及宋代统治集团为保证制度的稳定性的需要，是唐宋之际在政治行政领域，从效率到公平变迁的内在动力。

有的学者不同意将唐宋文化的变迁说成是文化类型与文化模式的转换，认为是中古文化面貌的局部更新，具体表现在以下几个方面：（1）唐宋文化气派和文化精神不同，唐文化气度恢宏、高昂壮丽，具有史诗般浪漫的文化气质，体现出来的是一种无所畏惧、无所顾忌的兼容并包的宏大气派；宋文化则始终弥漫着一股强烈的忧患意识，透露出理性般深沉的文化气质，体现出来的是一种经世观念极强的时代风貌。（2）唐宋所取得的文化成就，无论从内涵上，还是从深度、广度上，都各有千秋。（3）唐宋两朝的文化创造风格也具有明显的不同，唐文化风格高亢、明朗、热烈、奔放；宋文化淡雅、舒缓、精致、细腻。（4）唐宋两朝文化人的气质也存在着明显差别，唐人“大有胡气”，尚武豪放，“出将入相”、才兼文武、傲岸自负成为当时的社会风尚；宋代“兴文教”、“抑武事”，确立了文人当政的文官制度，“重文轻武”逐渐成为社会风尚，文人意识更为自觉。认为唐宋文化的这种变化只是在中国古代文化发展史上发生了量变过程中的局部质变。

七、明代军户地位与社会问题

王毓铨先生早在20世纪50年代提出“明代军户地位低下”的观点以后，为很多学者所接受，被广泛征引。2005年张金奎发表文章，对王毓铨的观点提出质疑，他主要从7个方面对王毓铨等人的论点、论据做了重新推敲，提出对军户地位问题必须分时段、分类型进行综合全面的考察，不能一概而论的观点。

1. 王毓铨等人认为在法令中军户是受歧视的，民户明显优于军户，主要依据之一是叶盛《申明祖宗成宪疏》中所说的“军户丁男止许一人充生员”。张金奎认为原文为“故军户下止有人一丁充生员”，是针对已故军士户下止有一个可供补役的男丁，而且具有特殊身份时的处理办法，是对已故军户的一种优待，并非歧视。只是到了弘治十六年（1503）以后，才在局部地区对军户子弟入学有了限制。

2. 王毓铨等人判定明代军户受到法律歧视的另一个依据是万历《明会典》卷8《吏部七·吏役参拨》中有关“洪武二十八年奏准，正军户五丁者充吏，四丁不许；水马驿站、贴军、杂役养马等项人户四丁以上者充吏，三丁不许；

民户两丁识字亦许勾充”的记述。张金奎认为，单从这则史料的表面上看，军户似乎确实处于不利地位，但如果认真考察一下明初吏役的实际情况，就会发现问题。他认为，明初，吏员颇受重视，有机会晋升为高官，但一般只限于县丞以及吏、户、礼等六房“高级”吏员，普通小吏罕有晋升高官的机会，而且由于朱元璋痛恨害民小吏，“绳吏之法尤峻”，在《诸司职掌》所载充军22款中有12款和吏员相关，稍有不慎就可能遭遇塌天大祸，明政府限制丁少军户充吏在行用过程中客观上起到的是“保护”而非歧视军户的作用。此外，张金奎认为，这项条款的立法目的在于保证军役的达成，并无主观歧视之意。

3. 王毓铨等人认为，“有明一代，但见军逃为民，虽犯重罪而不顾，不见民户求充军户”。张金奎认为《大明令》中有“凡军民以籍为定，军官头目无得巧立名色，径行勾捉百姓充军；民户亦不得诈称各官军人贴户，躲避差役”的记载，《大明律》中也有，民户“若诈称各卫军人，不当军民差役者，杖一百，发边远充军”的记载。说明民户冒充军户的现象在洪武时期是客观存在的，而且比较严重。正统以后，主动投充军伍的现象虽然有所减少，但诈冒军户的现象并不少见。后来又出现民户通过武举进入军队系统的现象，更会对军户的地位产生积极影响。

4. 王毓铨等人认为明代军户地位低下的又一论据是：明朝刻意将军士调离原籍，实行南北互易，远离乡土，同一县的军士不准在同一卫所或同一地区服役，以防其同谋逃亡或共谋反抗。张金奎认为，明代“南人发北，北人戍南”的规定的确存在，但只适用于免死充军人犯，其本身带有惩戒罪错的目的，在其他来源的军户中，并不存在刻意南北互易的现象，相反，倒是有相当多的军士服役于原籍附近卫所。出现大批卫军远离故土的现象，是明政府在卫所创设时缺乏通盘考虑的结果。

5. 王毓铨等人认为明代军户地位低下的另一观点是：军士与充军罪犯为伍，使原来非谪充的军士身分随之低落，为世所轻。张金奎认为，谪充军作为一个特殊群体，在管理方式上有别于一般军士，他们编制独立，不与其他军士混合编伍，对一般军士并没有什么影响。如果细致纠问，军士与充军罪犯为伍的现象可能只在部分垛集军中存在，通过垛集进入军队的罪犯，一般都是轻罪犯，在人们心目中未必会受多大歧视。同时，张金奎又认为，承平以后，大规模谪发罪囚充军的现象较少发生，谪充军按律或根据卫所缺军情况发遣，不再单独成建制，那时到可能在较大范围内出现前人所说的军士身分低落问题。

6.《明史·黄宗载传》和《英宗实录·黄宗载传》关于武陵地区军户难于婚配的记载，是王毓铨等人认为明代军户地位低下的又一依据。张金奎认为，个别地区确实存在畏惧与军户联姻的问题，但湖广地区曾经进行广泛的垛集民户从军，军户比例非常高，在军户逃亡、窜籍现象严重的明朝中叶，出现以军户为主体的地区，军户婚姻对象更多的应该是军户而非民户。只有在军户数量与民户持平或超出民户不多的地区才会造成严重的社会问题，不过畏惧者主要是出于自身生活的考虑，并非仅仅因为对方是军户。明代出现军户娶妻困难的现象，主要出现在边境省份以及东南一带，主要原因在于性别比例失衡、部分军户生活水准低下，和其军户身分没有直接关系。

7. 王毓铨等人认为明代军户“役皆永充”，难以脱籍。张金奎原则上同意这一观点，但同时又指出，（1）明初收集旧元军户时，为稳定地方形势考虑，并没有机械的执行元代军户必须继续为军的政策，而是有选择的放免了一部分；（2）《明史》作者在强调军户脱籍困难时曾指出，“户有军籍必仕至兵部尚书始得除”，但事实上有大量的尚书以下官员获准解除军役；（3）明代户籍并不是完全封闭的系统，在不影响军役达成的前提下，改籍并没有完全禁止，明代户籍制度中存在着一个退出机制。

八、乾嘉学派与清代学术转向

自上个世纪以来，乾嘉学派研究一直受到学界的普遍重视，并取得了一批值得重视的成果。2005年，乾嘉学派研究继续受到治清代学术的学者所关注，成为历史学的前沿性课题之一。特别是陈祖武等著《乾嘉学术编年》和《乾嘉学派研究》二书的出版，将这一研究进一步引向深入。

以往关于乾嘉学派形成原因的探讨，主要有清廷高压政策为主说、远因近因说、康乾盛世为主说、时代改革为主说、历史原因（远因）为主说、封建学术内在矛盾为主说、多种因素说、内在逻辑说等。关于乾嘉学派内部分野的讨论，主要有吴派、皖派二派说，吴派、皖派、扬州学派三派说，惠栋、戴震、钱大昕三派说等。2005年的研究又有新的深入，突出表现在乾嘉学派与清代学术转向研究方面。

有的学者不同意将乾嘉学派分为吴派、皖派，吴派、皖派、扬州学派或惠栋、戴震、钱大昕等二派或三派的说法，认为乾嘉学派有一个形成、发展与衰微的历史过程，即乾嘉汉学肇始于惠栋，经戴震加以发展，至焦循、阮元而进行总结，方才走完其历史道路。认为与其按地域划分出吴派、皖派和扬派，还不如从形成和发展上来看乾嘉学派前后的不同，主张按照乾嘉学派形成、发展、总结、嬗变的演进历程去认识乾嘉学派和乾嘉学术的发展和变化。强调了按照清代学术发展变化即学术转向去认识乾嘉学派的形成和发展。

有的学者认为，乾嘉学派主要缘起于经世意图，主要是为了纠宋学之弊而出现的。分析一下乾嘉汉学的治经意图，便可知道他们并不是死搞学问，自有其经世的意图在内，并非都是治学忘了世事。乾嘉学派以考据的方法治史学和诸子学，从文本看来似乎没有思想，但也不能否定有些汉学家考据背后的经世企图，认为乾嘉学派的出现与清初学术转向有关。持这种观点的学者又认为，事物发展到极致也常常走向它的反面，学术思潮也有一个盛极而衰的过程。作为对明末理学的反拨而出现的乾嘉学派逐步发展到了不谈义理或谈义理即遭众人耻笑的地步，到了后来，考证学的经世意义也逐渐隐去，为考证而考证成了唯一的目的，考证学风逐步走到了山穷水尽的地步。于是，乾嘉之学无可挽回地走向了衰落，清代学术发展再次出现转向，一是今文经学的复兴，二是汉学的义理化倾向，三是宋学势力的回潮。认为乾嘉学术走向衰落的3个转向，是学术自身的发展规律决定的，同时也是在当时恶化了的政治、经济、风俗形势下对乾嘉考据学术之反拨。3 个转向规定了近代学术的发展方向，是清代学术发展史上的转折点和重要环节，对后世产生了深远的影响。

还有的学者指出，吴派、皖派和扬州学派在形成时间上有着先后之分，吴派是继顾炎武启蒙朴学之后，较早开创并确认朴学的学派，皖派（也称徽派）则是继吴派而起并大张朴学之帜的学派，扬州学派又是在徽派基础上发展起来的，汇集了徽、吴两派传人的后期学派。认为三派治学虽然各有特点，但更多的则是互相联系和治学旨趣的相通，共性大于个性。认为他们互有区别的各自特点主要是因为学术发展和形势变化使然，即认为吴派、皖派、扬派 3 个学派代表了乾嘉学派发展变化的 3 个阶段，主要是受学术发展变化影响的结果。也认为乾嘉学派的发展变化与学术转向有关。

（赵永春）

学术成果·著作

二十世纪古史研究反思录

（常金仓　中国社会科学出版社 2005 年版）

改革开放以后，由于国家工作的重心由阶级斗争转移到经济建设上来，中国史学在社会科学中的地位明显地边缘化了，这一现象表明历史学必须在理论上加以变通，才能适应社会的需要。为此，本书作者在 1998 年出版《穷变通久——文化史学的理论与实践》一书，阐述了历史学走向科学的理论和方法，并运用这种方法示范性地重新解释了中国历史和文化中的若干重大问题。关于历史学的科学化，在近 150 年中不断遭到来自各方面的攻击，这些攻击使人们长期犹豫彷徨、裹足不前。批判与反思是科学进步的关键，用作者的话说人们通常是在痛悔前非之后才肯改弦更张的，本书收集的 25 篇论文绝大部分是作者于 1998—2003 年间对 20 世纪中国史学反思的成果。作者认为“对于史学研究实践经验尚未丰富的人来说，读纯粹的理论著作感受不会深切，反之，对于理论修养不足的人来说，读一般历史著作缺乏是非敏感性”，因而收在本集的论文皆从一个具体历史问题入手，最后归结到理论和方法上，这样不但便于通过实例理解了抽象的道理，同时使若干历史问题得到澄清。本书的反思涉及 6 个领域：理论与方法、古史传说、宗教与神话、思想史、早期国家及其制度、青铜器断代与年代学；它在理论上集中讨论了以下问题：

1. 本书为中国史学确立了新的使命。作者认为在中国史学史上曾先后为历史学确立过两种使命，一是让史学做政治的附庸，二是修补残破的历史（复原历史面貌），他用大量前人的研究案例论证了这两种史学职能既缺乏科学性，也缺乏有效性，他指出研究历史最正当的目的是为了正确认识自己的文化，人类为自己编织的文化之网既给社会建立了秩序和规则，也给社会带来了痛苦，历史学家的责任就是弄清楚那张他自己置身其中的文化之网的构造，以便人们根据自己的意愿改善自己的文化。他在《论现象史学》　文中说，服从于上述使命的历史研究在表现形式上都是以事件为单元的叙事史，无论你把故事的细节考证得多么逼真，永远从历史上找不出科学道理来，科学理论是概括出来的，不是叙述出来的。历史学要想重振旗鼓，最好的选择就是走向科学，历史学家要摈弃讲故事的嗜好，把研究重心从关注历史事件转移到观察和分析历史和文化现象上来。

2. 本书在科学思想和形而上学之间划出了一道明确的界线。中国史学界把一切从事概括的研究工作统称理论历史学，但是往往分不清什么是科学，什么是形而上学。作者在《历史分期讨论与发现真理的两种方法》中仔细区分了科学概括与形而上学理论在思想方法上的不同，他认为人们之所以混淆这两种不同的思想方式，是因为从表面上看它们的概括都是从经验事实出发的，但是科学结论都是有前提（范围）的，形而上学则是“放之四海皆准”的；科学结论必须接受事实的全面检验，形而上学却只把有利于自己的证据收集起来；科学产生的是知识，形而上学产生的却是信仰。在 20 世纪中国的史学研究中，流传甚广、根深蒂固的形而上学学说就是进化论，在进化论影响下我们曾进行过轰轰烈烈的历史分期讨论，我们也曾按照进化论的模式建立起中国政治思想史、中国原始宗教史、中国神话学的框架，但是它们都严重歪曲了历史的真实，这些问题在《进化论人类学的终结与中国社会形态研究》、《重新认识殷周天命与民本思想的关系》、《中国神话学的基本问题：神话的历史化还是历史的神话化》等篇章中都作了详细的论证。

3. 历史考证术是古代史学留下来的主要遗产，也是今天以“再现历史”、“重构历史”为职志的历史学家使用的基本方法，对于缺乏史学基本训练的人来说，学习、掌握、积累一些历史考证的知识是非常必要的，但是我们切不可将它看成史学的万能术，甚至把它看成历史学的最高境界。本书以关于周公摄政的讨论为例分析了历史考证道路上的种种陷阱，提醒人们慎用考证，从而把更多的注意力投向现代社会科学理论上去。

4. 本书在对传统史学反思的基础上形成的“文化要素分析”方法严格了历史学的规范，抬高了历史科学的门槛，开通了探索历史规律之路。以往我们在自然科学感召下口口声声说要发现历史规律，一个世纪过去了，我们非但没有发现一条像样的历史规律，甚至连什么是历史规律也缺乏一致的认识。所谓“文化要素分析”是以下述公设为前提的，我们必须把历史上形成的文化看成一个有组织的体系，这个体系是由若干相对单纯、彼此制约的文化要素组成的，当我们要研究一个文化现象时，就要设法将构成它的要素分解开来，以便了解它们之间的制约关系，使我们在按照自己的愿望调整社会结构时变得更加理性和自觉。

以上是在史学方法论方面具有普遍意义的创新，在史学研究的一些专门领域作者也提出若干新见解，例如提出探索国家产生方式在文明起源问题上是比确定时间、地点更有意义的课题，因为国家产生方式决定着一个民族的政治生活模式；又如在西周青铜器断代和西周年代学方面指出标准器断代法和自编历谱都是有局限性的，我们不能过分依赖它；在神话研究上他提出不能在进化论的先入之见影响下把所有神话都判成史前的创造，应按照神话要素先后出现的次序去理解每个神话故事的形成及其文化含义，这些结论也极富方法论意义。

［常金仓，1948 年生，历史学博士，现任教于辽宁师范大学历史文化旅游学院。出版著作《周代礼俗研究》、《穷变通久——文化史学的理论与实践》、《二十世纪古史研究反思录》，发表论文 60 余篇。］

金宋关系史

（赵永春　人民出版社 2005 年版）

该书主要有以下几个特点：

第一，该书对金宋关系进行全面论述，是第一部系统论述金宋（或宋金）关系史的著作。金宋（或宋金）关系史，是治宋史、金史、中国古代史以及民族关系史的学者所十分关注的问题，早在建国前的三四十年代，宋金关系史研究就开始受到人们的重视，建国以后宋金关系史研究又有了新的进展，但由于宋金关系是一个涉及的民族的问题，具有十分纷乱、复杂等特点，许多问题歧异甚大，所以时至今日，也没有一部系统的金宋关系史或宋金关系史的研究著作问世。该书在以往研究的基础上，多方钩沉金宋和战史实，对宋金 120 余年的交往进行了比较系统全面的论述。书中将整个金宋交往的历史划分为四个时期：第一个时期，从金太祖天辅元年（1117 年）宋朝泛海赴金准备联金灭辽开始，到金太宗天会三年（1125 年）金军撕毁盟约发动攻宋战争为止，是金宋联合灭辽的“友好”联盟时期；第二个时期，从金太宗天会三年（1125 年）金朝发动攻宋战争开始，到金熙宗皇统元年（1141 年）宋金签订“绍兴和议”（或称“皇统和议”）为止，是金与南宋矛盾激化的战争时期，也是宋金形势由金强宋弱向宋金势力均衡转化时期；第三个时期，从金熙宗皇统元年（1141 年）宋金签订“绍兴和议”开始，到金宣宗贞祐五年（1217 年）金宣宗攻宋为止，主要是金宋和平相处时期，期间，金宋之间虽然也发生了几次战争，但由于双方势力均衡的形势没有打破，谁也消灭不了谁，每次战争进行的时间都比较短，且很快又恢复了和平相处的局面；第四个时期，从金宣宗兴定元年（1217 年）金宣宗以宋朝“不纳岁币”为借口发兵攻宋到金天兴三年（1234 年）宋蒙联合灭金为止，是金宋和平相处关系破裂和宋蒙联合灭金时期。该书按照这一发展线索，不仅重视对宋金战争以及由战争向和平转化进行全面系统考查，也重视对宋金政治、经济、文化交流进行探讨，论述全面系统，对宋金关系的一些研究领域多有开拓，“是第一部内容丰赡、叙述翔实的金宋关系史”（宋德金作序语）。

第二，该书注意运用民族平等原则，实事求是地研究宋金关系史。中国是一个多民族国家，以汉族为主建立的宋朝是中国的一部分，以女真族为主建立的金朝也是中国的一部分，金宋都为中国历史的发展做出了贡献。随着史学研究的深入，学界对这一认识取得了共识，但在具体研究中又有不同认识。比如，关于宋金的历史地位问题，有人认为，在宋金对峙时期，宋朝始终处于中心地位，而金朝则处于从属地位等等。该书认为，从宋金和战发展进程来看，基本上是金人说战就战，说和就和，宋朝始终处于被动屈从的地位。1141 年，双方签订“绍兴和议”，南宋向金称臣，实际上是宋朝成了金朝的附属国。1164 年，金宋又签订了“隆兴和议”，1208 年，金宋再签“嘉定和议”，双方由“君臣之国”改变为“叔侄之国”和“伯侄之国”，宋朝的地位有所提高，但每年仍然要向金交纳大量岁币，宋朝的地位仍然低于金朝。作者主张，“研究宋金关系史，就应该坚持民族平等原则，承认这一历史事实，实事求是地分析宋金之间的是是非非。”同时，作者又指出，“这只是从当时政治地位上讲的，至于宋金的经济、文化地位及其影响，则另当别论”。基于这种认识，该书作者不同意抬高宋朝的地位，也不同意抬高金朝的地位，主张按照民族平等原则，实事求是地认识宋金的历史地位。作者在《绪论》中特别指出，他将书名定为《金宋关系史》并非是要抬高金朝的地位，也非有意标新立异，而是因为，在宋金对峙时期，金人说战就战，说和就和，始终处于主导地位，因此，“要想弄清楚宋金关系发展的基本情况，就必须弄清楚金朝对宋政策的发展变化，否则，对宋金关系发展过程中的一些问题就会模糊不清”。作者还指出，书中将南宋绍兴八年（1138年）的宋金绍兴第一次和议按照金朝的纪年称作“天眷和议”，将南宋绍兴十一年（1141年）宋金绍兴第二次和议按照金朝的纪年称为“皇统和议”，也不是有意抬高金朝地位或反对现在的通行提法而标新立异，实际上是“为了将这两次议和区别开来，且叙述简捷以及符合本书写作宗旨”，是运用民族平等原则研究宋金关系史的一种表现。

第三，该书钩沉索隐，对学界有争议的问题均提出了自己的看法。《金宋关系史》一书，除了对宋金关系史的一些领域进行一些开拓性研究以外，对学界有争议的问题也提出了自己的看法。比如，关于金宋“海上之盟”的评价问题。长期以来，人们一直认为，宋金签订“海上之盟”以后，金人并没有履行盟约，只将燕京及其六州土地交还宋朝。作者对宋金“海上之盟”进行了认真考证，认为双方签定盟约时，金人就没有答应交还宋朝燕云十六州土地，不存在不履行盟约的问题；关于金人攻宋的原因，以往有人总愿意从金人野蛮好战，具有极大的掠夺性和侵略性方面去寻找原因，该书则在承认金人具有一定掠夺性的基础上，又认为，宋金战争的爆发，与宋人对一些问题处理不当也有关系，应该从双方去寻找原因；关于绍兴八年（1138年）金国归宋河南陕西之地的问题，有人认为，绍兴八年金国归宋河南陕西之地是金人“将欲取之，必固与之”的一大“奸计”。作者认为，金国归宋河南陕西之地是宋金势力均衡、金人有意议和以及金朝内部矛盾的产物，实际上是完颜昌（挞懒）想通过弃地与宋，从而交结并控制南宋，以便从中获得好处并有利于他帮助宗磐夺取皇权的产物；关于秦桧归宋的问题，有人认为，秦桧是金人派回宋朝的奸细，也有人认为，秦桧是自己逃归的。该书作者虽然也认为秦桧是“逃归”宋朝的，但又与一般的逃归有所不同，即认为秦桧逃归宋朝得到了完颜昌（挞懒）的允许，实际上是完颜昌纵归的，秦桧归宋以后仍然与完颜昌保持联系，就充分说明了这一点；关于伪齐刘豫被废原因，作者不同意史书中有关“宋人施行反间”废刘豫、“宋使请求”废刘豫、“刘豫对金无用”而被废等说法，认为伪齐刘豫被金人废黜，主要是金朝内部矛盾斗争以及金熙宗有意加强中央集权的结果；关于宋金议和的评价，有人认为宋金议和有一定的积极意义，有人认为宋金议和对宋朝来说丧权辱国，没有一点儿积极意义。作者认为，对于宋金议和应该具体问题具体分析，不应该一概而论；关于宋金关系的主流问题，长期以来，人们一直把宋金战争和对立看成是宋金关系的主流。该书认为，在宋金交往的117年间，和平相处时间多，战争时间少，战争和对立不是宋金关系的主流，和平相处才是宋金关系的主流；关于民族英雄的评价问题，学界争议最大。该书认为，中国历史上各个民族都应该有民族英雄。书中主张，评价中国历史上的“民族英雄”，可以区分为“广义的民族英雄”和“狭义的民族英雄”两种，“广义的民族英雄”，也可以称为“英雄人物”，不仅体现在民族之间，也可以体现在民族内部，只要是为本民族政治、经济、军事、文化等各个方面的发展做出重大贡献的人物，都可以评价为各个民族的“广义的民族英雄”。毛泽东在《新民主主义论》一文中曾指出，“鲁迅是在文化战线上，代表全民族的大多数，向着敌人冲锋陷阵的最正确、最勇敢、最坚决、最忠实、最热忱的空前的民族英雄”，就是使用广义民族英雄的概念。书中认为，“狭义的民族英雄”，不应该体现在本民族内部，而应该体现在民族之间，即只有那些在正义的民族斗争中涌现出来的英雄人物才可以评价为中国历史上的狭义的民族英雄。而那些在非正义战争中有“影响”的人物，无论如何都不能评价为狭义的民族英雄。按照这一原则，书中将中国历史上狭义的民族英雄分成两个层次，第一个层次是指那些在反抗外国侵略斗争中涌现出来的杰出人物，如戚继光、郑成功、林则徐等人，都可以评价为中华民族的民族英雄。第二个层次是指那些在国内正义的民族斗争中涌现出来的英雄人物，像岳飞、文天祥、完颜阿骨打等人，他们无法代表整个中华民族的利益，可以具体地评价为各个民族的民族英雄，或者评价为各个朝代的民族英雄，比如，岳飞就应该评价为汉民族的民族英雄，或评价为宋朝的民族英雄，完颜阿骨打就应该评价为女真族的民族英雄，或评价为金朝的民族英雄。书中认为，这样评价那些在国内正义的民族斗争中涌现出来的英雄人物，可以和那些能够代表整个中华民族利益反抗外来侵略的英雄人物相区别，也避免了给人们造成国内正义民族斗争的对方不是中国人的误会，有利于民族团结，也有利于国家的统一。《金宋关系史》一书像这样具有新意之处，还有许多，限于篇幅，不一一赘述。

［赵永春，1953年生，现任吉林大学文学院历史系教授，博士生导师。独立完成《金宋关系史研究》、《奉使辽金行程录》、《辽宋金元史论》、《元世祖忽必烈》、《历代国运——元朝》、《中国道学文化名著》等著作；二人合著《班固评传》、《中国通史》；主编或参编《新编中国古代史》、《辽宋夏金元史》等著作30余部。撰有《关于中国历史上疆域问题的几点认识》、《宋金关于“受书礼”的斗争》等论文100余篇。

通信地址：长春市前进大街2699号
吉林大学文学院历史系
（130012）
联系电话：0431－5168722
13180741197
电子信箱：jdzyc@126.com］

礼学思想体系探源

（王启发 中州古籍出版社2005年版）

本书以《仪礼》、《礼记》、《周礼》三部古代礼学的经典文献为核心资料库，以历代注疏家的经注、历代史书上的记载以及当今学者的研究为参考文献，从对“礼”的观念分析入手，以“三礼”为基本材料，对礼与宗教、礼与道德、礼与法、礼与政治的关系等诸问题，进行了广泛深入的考察，从而揭示了中国古代礼学思想体系化的基本内容，以及中国古代的“礼”的精神内涵、社会功能和历史影响。

本书认为，中国古代的“礼”，既有宗教属性，又有道德属性，还有法的属性和政治属性，这也就是“礼”的基本属性，从而构成了具有多方面内涵的思想体系与学说体系。上古及夏商周三代是中国古代礼学孕育和形成的时期，先秦时期则是中国古代礼学思想成熟和体系化时期。“三礼”作为传世经典，则集中体现了在一个比较长的历史时期逐渐形成和发展成熟的礼学思想的总体内容。

本书的基本观点是，中国古代的“礼”起源于原始宗教，而且在相当长的历史时期内仍保留有原生宗教的性质和内容，这就是礼的宗教胎记。然而，随着人们社会化生活的深入和广泛，以及认识能力和理智水平的提高，在某一历史时期，“礼”的宗教精神逐渐内化，内化为道德自律的精神；在稍后的历史时期，“礼”的宗教精神又逐渐外化，外化为法的他律的精神。最终，“礼”还和政治产生联系，“礼”的宗教的、道德的和法的精神都表现出政治的功能，从而成为国家政治赖以实行的多项原则依据所在。宗教的、道德的和法的原则都是人们行为的自我约束原则，在不同的历史时期起着维系社会秩序稳定与和谐的作用。

就礼的宗教性，本书论证了中国古代的礼由宗教到人文的历史转变过程及其延续性、传统祀典的原则及其分类、各种祭祀的表现，以及中国古代传统宗教之礼的特点等问题。就礼的内在化及其道德意义，本书论述了传统的冠礼、昏礼、丧服礼、乡饮酒礼、射礼、燕礼、聘礼、朝觐礼等礼仪形式，以及其所体现的家族伦理、社会伦理、政治伦理的道德内涵和意义。就礼的外在化及其法的规范性，本书论述了礼与自然法、礼与成文法、礼与法分立的历史过程等问题。接着，本书又对先秦诸子包括儒家、墨家、道家、名家 、法家、管仲学派等论述礼与法的思想学说，以及《礼记·月令》与古代自然法思想、《礼记·王制》与古代国家法思想、《周礼》与古代理想政治等进行了考察分析和论证。最后，本书还对东汉的经学思想家郑玄和他的《三礼注》进行了细致的考察，从而为理解“三礼”所包含的礼学思想内容提供了一个参考坐标。

［王启发，1960年生，历史学博士，现任中国社会科学院历史研究所副研究员。出版合著《中国经学思想史》（一、二卷）、专著《礼学思想体系探源》。］

清代民间婚书研究

（郭松义 定宜庄 人民出版社2005年版）

郭松义

定宜庄

本书不是全面地叙述清代的婚姻制度，而是从各种婚书出发，探讨从婚姻契约中反映出来的礼、法与民俗之间的关系。

在中国传统社会的官方文献中，有关下层民众婚姻生活的史料非常缺乏，仅有的少量也零乱难稽；方志笔记与其它私家著述，对这类题目多作空泛之谈，从中很难把握实质。婚书却是当事人持有来作为证据的最直接、最原始材料，所展现的婚姻各方之间、婚姻各方与社会道德以及国家法律之间的真实关系，在其他任何史料中都难以具体地和系统地领悟到。

本书按婚书具有的不同性质分为四章，另附带一章。

第一章介绍婚书的主要形式——礼书，并讨论从礼书中体现出来的、作为上层社会行为规范的“礼”与民间实际生活中的“利”二者之间的关系。内容包括两个方面，一是以唐朝以来的契例为主要依据，讨论婚姻礼仪向全社会尤其是向民间百姓浸濡渗透的途径。第二是讨论当民间婚姻违背或逾越了礼的规制时，法律介入及干预的原因与方式，以及婚书作为文字凭证在其间起到的作用。

明清以来发生的深刻的社会变动，使传统社会的婚嫁之礼受到强烈冲击，表现形式之一是嫁娶论财风气的盛行，这一风气加上大量人口流动导致的婚姻不稳定，是清朝以后民间婚姻从重礼转而重法、将婚书作为保障婚姻合法性凭据的关键原因，也是本书的题目——清代民间婚书中诸多论述的出发点。

第二章讨论的是儒家礼教并不赞同，但却被法律允许的大量存在于民间的婚姻关系，由于它们不合乎礼而主要建立在利的基础之上，所以都是通过双方写立的契约来实现的，又由于这些婚姻关系属于合法，所订契约也都属于合法契约，可以堂而皇之作为打官司的凭证，所以从这类婚契中反映出的礼、法、契三者关系也最充分，遂使这一章成为本书最重要的部分。也因为如此，仅仅展示婚书本身的内容就还不够，最理想的，是能够看到婚书后面的人的行为。清代官方审案的档案，就记录了大量这样的实例，由于审案的公牍中都附有婚书的原件或抄件，有的即使声明呈缴的婚书已被当局销毁，但对其主要内容以及开立婚书的相关过程，也都有明白交待，这些都为我们讨论契与法的关系，提供了相当完备而不可多得的史料依据。

第三章标题为“非法婚书”，所谓非法婚姻，并不属刑事犯罪的范畴，而只是不为法律允许却在民间广为存在的婚姻关系，在民不举官不究的前提下，为此订立的婚契也为双方认可并发生效用。在这类为非法婚姻订立的契约中，最普遍最常见的是嫁、典“生妻”的婚契。我们探究的问题有二，一是从婚契和有关案例了解卖、典生妻的家庭与个人原因，进一步考察之所以发生卖、典行为的社会背景。二是从法律对嫁卖生妻行为以“买休卖休”的刑事罪定拟的情况，探讨司法实践对于律条或依据或游离的关系。三是对文契中见到的诸如送妻、“卖妻一半”以及卖妻找价等各种不见于通常史籍的各种形式逐一列举介绍。

第四章说“休书”，即离婚书。这是学界较少涉及的内容。除了一般性地叙述“清律”对夫妻离异的有关规定以及夫妻离异的程序和离（休）书的格式之外，我们着重探讨的问题有二：一是休妻与变相嫁卖生妻二者之间的关系；二是通过对妻方离婚权律条的规定讨论妇女的实际权益。

不法分子逼嫁、骗嫁妇女，并以伪造婚书为其张目，这是广泛存在于清代底层社会的恶俗，且为官府屡禁而不止。伪造婚书逼嫁、骗嫁妇女系属刑事犯罪行为，与上述“非法婚书”具有性质上的区别。逼嫁、骗嫁妇女并非真正意义上的“婚姻”，所订立的文书也都属假冒，当时既无任何约束力，如今的研究者也不能拿来当真。但作为一种与订立婚约直接相关的社会现象，可以从另一个侧面体现婚约在民间所到的重要作用，所以本书叙述各类婚约与休书之后，特附带一章以作阐述，而不列于各种文约之内。

本书重点是研究民间而非社会一切阶层的婚书。之所以将对婚书的研究定位在民间，首先是研究民间诸多婚姻形态的史料空泛，更因为记录者自上而下的偏见，存在诸多误解。而婚书作为未经过文人加工整理的第一手资料，能够反映其他史料不能反映的真实信息。反过来说，民间婚书把民间的诸多婚姻形态表现得明白而充分，这是其他史料无法取代的。从婚约中反映的民间婚姻，具有如下几个特点：

1. 即使是下层贫苦百姓的婚姻，从原则上也受大环境、即礼的制约。这包括父系家长对于子女的主婚权，也包括丈夫对妻子拥有的一切权力。这即使在背离礼之规范的婚姻行为中也有突出的表现。

2. 民间婚姻的诸多形态，都是以“利”为基础结合而成的，利益的驱动构成民间婚姻的主流，这在无论合法还是非法的婚姻契约中都有明显的表现。说到底，契约就是利益分配的凭据，在这里，礼已经完全退居其次。

3. 表现于民间婚姻中的各种对利的争夺，一旦越过界限，就会受到法律的制裁。但法律与现实生活之间，却存在相当大的空白与差距，亦即出现立法与司法在基层的实际脱节，这是主要由礼来规范的上层社会基本不会存在的问题。由于本书体例的限制，对于这个已经超出婚书内容的问题，不可能从容地展开讨论，而且即使这样，在本书第三章讨论嫁卖生妻行为与“买休卖休”律条的关系、第四章讨论妻方的离婚权等问题时也走得太远，已经有“跑题”之嫌。尤其是我们查阅得来的诸多相关档案史料，尽管对讨论这一问题甚有裨益，却与婚书无关而只得割爱，这固然非常遗憾，但也为有关民间婚姻与法律关系等问题进行更深一步的探讨，留下了广阔的空间。

［郭松义、定宜庄简介缺。］

学术成果·论文

卜辞所见“殷人尚右”观念考

（朱彦民 《中国史研究》2005 年第 3 期）

殷商时期人们的方位观念，不仅有了“东西南北”四正概念，也有了“东北”、“西南”、“东南”、“西北”等四维概念，加上“上”、“下”、“左”、“右”、“前”、“后”、“中”等，可谓“全方位”具备了。在这些诸多方位之中，殷人有“尚右”的习尚观念。

古文献中虽有“殷人尚右”的记载，但语焉不详。今从殷墟出土的甲骨卜辞考查，“殷人尚右”一说洵非虚语。

关于军事战争的卜辞辞例中，武装编制往往以“右、中、左”为序或先“右”后“左”而言；在甲骨文中“左”“右”并称时，均不作“左右”而以“右左”为序之排列。这与西周金文和《尚书》、《诗经》等后世文献中以“左右”连言的情况绝对不同。

甲骨卜辞所反映的商代占卜制度，也多有以“右卜”为重的倾向；卜辞中“用右卜”、“用右”等材料表明，商代的“三卜制”中，确曾有把“右卜”当作首选用卜的习惯。

卜辞中有“右宗”一词，为隆重祭祀早期先公而祈求降雨的特殊宗庙，在商代宗庙体系中占有重要位置；将最尊贵的祖先神灵放在“右宗”中祭祀，可见“右宗”是他们心目中最神圣的祭祀场所。

在商代官制方面，卜辞隆重祭祀“右相”伊尹，在殷人心目中，伊尹可以宁风息雨，可以祸福时王，可以影响战争胜败，其神格权能可以与一些著名先公先王相媲美，其地位明显高于“左相”，仲虺。另外“右尹”，“右保”、“右史”等官职屡见而左官杳然。

甲骨文中有“大学”、“右学”而不见“小学”与“左学”。商代的“右学”即国学也即大学，为统治阶级贵族子弟而设，而教书育人者为“国老”即有学问有经验的老年贵族；而“左学”即乡学也就是小学，为统治阶级下层子弟而设，而教书育人者则是有学问有经验的老年平民。“右学”为优为尊，而“左学”为劣为卑。

以上几个方面的甲骨卜辞中有许多材料证明，“殷人尚右”是当时确实存在的一种有关方位的习尚观念。

［朱彦民，1964 年生，南开大学历史学院副教授，先秦史研究室主任。
通信地址：天津市南开大学历史学院（300071）
联系电话：022－23791278
电子信箱：zhuyanmin@nankai.edu.cn］

从国家职能看明清官修史学

（向燕南 《求是学刊》2005 年第 4 期）

明清史学的一个显著特点，是由国家组织的大规模的修史活动频繁，编纂了大量卷帙庞大的历史著作。这种史学现象，体现了明清统治者在发挥国家社会职能方面的自觉。当时官修史籍的活动，既是国家的社会职能发挥的表现，也是国家统治职能行使的表现。

与所谓“盛世修书”的基本规律相一致，明清二代的官修史籍活动，主要开展于各自最具生命活力的初期或前期。显然，明清官修史籍主要集中于皇朝的初期、前期，除了社会政治相对稳定、社会经济相对发展，皇朝能够在充沛财力、人力支持的情况下，相对更有效地发挥国家的社会职能，进行文化建设等原因外，更现实、更直接的原因，是皇朝建立的初期、前期，也往往是处于百废待兴，亟待建立各种制度及相关的规章的时期。而在古代中国，官修史籍的一项重要功能，就是为国家的治理和制度建设，提供必要的经验鉴借和法律依据，即所谓的“稽古定制”。明清时期，封建国家体制烂熟，在发挥国家统治职能方面，国家修史的工作，也扮演着重要的角色，是当时官方史学活动服务于政治的重要表现。

但是，就在我们看到明清两朝，通过发挥国家社会职能从事大规模官修史籍的活动，对于当时文化建设与制度建设所起到的积极作用的同时，我们也应看到这些大规模官修史籍的活动中，所蕴含的封建统治者的文化专制因素。事实上，作为封建专制最发展的明清两朝，也是中国历史上对史学干预最多的两个朝代，而实行严厉的文化专制乃至暴力压制政策与频繁开展大规模的修书，也是明清统治者一个政治目的下所采取的打拉结合的两种手段：既控制了思想文化，拉拢了社会知识精英，又粉饰了自己的政治统治。而这些，从国家职能的角度讲，也是皇朝统治职能的具体落实。

从传统史学的形成和发展看，明清两朝史学中国家职能影响凸显，既是专制政权官僚体制不断强化的政治结果，也是中国传统史学发展的某种带有必然性的归宿。这是因为中国的传统史学很大成分是渊于早期国家体制中的史官制度，这也就必然使得中国的传统史学与国家机器之间具有天然的联系。而随着围绕着君主专制所建立的官僚体制的不断发达，在使国家机器将史学资料最大限度的有效集中的同时，也将历史的话语权越来越牢地垄断在自己的手中，史学也必然地构成国家机器的最强有力的意识形态工具而格外受到专制者的重视。传统史学的这种与专制主义国家职能密切结合的特点，也是它区别于西方史学以私修为主的重要方面。

明清两朝利用国家职能从事大规模纂修史籍的活动，明显具有积极与消极两个方面的意义。而清醒地认识这一点，不仅有利于我们今天客观和辨证地评价、分析和总结我们传统史学的利与弊，而且也能为发展我们今天的史学提供有益的借鉴。

［向燕南，1955 年生，历史学博士，北京师范大学历史学院教授。发表论文 70 余篇。独撰、主编及参撰著作多部。2005 年发表的论文有：《晚明士人自我意识的张扬与史学评论》、《中国社会经济史研究的拓荒与奠基——陶希圣创办〈食货〉的史学意义》、《10—19 世纪历史文化认同意识的发展》、《新社会科学运动（1920 年代末至 1930 年代中）与中国社会科学的发展》、《从国家职能看明清官修史学》、《唐顺之学术思想的实学取向》。］

东西曹考述

（柳春新　《史学月刊》2005 年第 9 期）

以往学界讨论两汉魏晋南北朝时期的官僚制度，较多地着眼于中枢体制亦即中央决策行政体制，其中又以宰相制度及相权与皇权的关系演变为焦点。探讨宰相制度尤其是宰相行使权力的机制，必然要揭示相府机构的组成及其行政职能的发挥情况，有关的研究著作已经涉及到这一层面，但仍有进一步深入的余地。本文以西汉丞相府、东汉三公府中最重要的两个下属机构——西曹、东曹作为讨论对象和讨论的起点，依次论述西曹、东曹职能的变化，它们的设置范围逐步扩散和下移的历程，以及这些变化所反映出的政治意蕴。全文的论述分为 3 个主要层次。其一，西汉丞相府、东汉三公府的东西曹；其二，东汉末年军府、公府的东西曹；其三，魏晋南北朝公府、州府的东西曹。

本文的研究具有 3 个明显的特点。第一，着眼于较长历史时段的演变，打破丞相府和公府、军府、州府的界限，依西曹、东曹设置范围的延伸而展开论述；第二，依据正史职官志表及其他官制类文献的记载，勾勒出西曹、东曹设置情况的基本线索，同时详尽地搜罗史传资料，以充分的史实加以印证并充实细节；第三，着眼于两汉魏晋南北朝中央决策行政体制及中央与地方行政关系演变的大局，揭示政治形势变化与职官制度演变之间的相互关系。全文结论如下：两汉魏晋南北朝时期是历史上东西曹存在的主要时段。西曹、东曹最初是西汉丞相府的下属办事机构，分别主管府内事务和府外事务；此后作为东汉三公府的主要下属机构，职能固定为掌管人事，即西曹主府吏署用，东曹主二千石长吏迁除及军吏。东汉时期，西曹、东曹的设置范围扩大到军府；尤其是汉末军阀普遍设置东西曹，把它们作为政权建设的枢纽，东西曹因此呈现出前所未有的活跃面貌。魏晋以后，西曹、东曹的设置范围进一步朝着扩散和下移的方向发展。由于东西曹掌管着封建官府职能中最重要的人事处置权，其设置范围和行使职能状态的变化，与现实政治联系紧密；两汉魏晋南北朝封建国家中央行政权力的分配和宰辅执政权力的升降，中央与地方行政关系的变化，在一定程度上通过东西曹演变的历史过程折射出来。

［柳春新，1965 年生，历史学博士，湖南师范大学历史文化学院副教授。已发表学术论文 10 余篇，合著 1 部。
通信地址：湖南师范大学历史文化学院（410081）
电子信箱：liuchx0201@ sina. com］

“吏户”献疑——从长沙走马楼吴简谈起

（黎虎 《历史研究》2005 年第 3 期）

史学界的一个传统观点认为魏晋南北朝时期存在独立于民户之外的“吏户”，其身份地位低于编户齐民，孙吴时期则是“吏户”形成的重要阶段。故长沙走马楼吴简中的“吏民”亦被认为是“吏户”与“民户”合称之意。事实上吴简中的“吏民”除了普通农民（“男子”、“大女”）和州郡县“吏”之外，还包括“军吏”、州郡县“卒”、“复民”、“士”等各种乡里编户成员。由于“吏民”均被一起编制于基层乡里，故乡里政府的各种上报材料都是“吏民”一起而不分，并不存在独立的“吏户”。“吏民”同为国家编户齐民，其经济政治等方面的权利、义务相同，而“吏”还稍优于普通编户。对《嘉禾吏民田家前》中六种不同身份“吏民”租佃公田统计表明，其人（户）均田亩数多寡依次为士、吏、复民、军吏、卒、普通农民。“吏”居于六类社会群体之第二位。该地区租佃公田平均数为 32 亩，前四者租佃公田高于这个平均数，后两者低于这个平均数。把“吏”说成比普通农民低贱的群体与事实并不相符。吴、蜀亡国时所献簿籍中关于“吏”、“兵”、“男女口”若干的记载是“吏户”论重要文献根据之一。事实上这些簿籍中的“吏”数为全国吏员的总数，他们已经包含在全国总户口数之内，并非另外之“吏户”。这是继承汉代的传统。尹湾汉墓出土的西汉东海郡《集簿》不仅统计了本郡的编户人数，而且统计了从郡守至基层小吏的吏员数，这些吏员除了少数“长吏”为外来人口，绝大多数均为本郡编户，而他们都已计入东海郡的总人口数中了。中央政府根据各地这种“上计”资料而统计出全国人口数和吏员数。吴、蜀亡国时所献簿籍中的统计数字就是继承汉代“上计”制度而得出并进行分类的。孙休永安元年诏书中关于“诸吏家”的一段记载也是“吏户”论的重要文献依据之一，认为它表明当时的“吏”是“空户从役”。永安元年中的“诸吏家”与20余年前吴简中的州郡县“吏”基本一致，两者一脉相承。吴简时期已经出现州郡县吏除了自己服役之外，其“父兄子弟”亦需服吏役的情况。从“区光简”（见《嘉禾吏民田家前》第32页）可知广成乡7位州吏计有“父兄子弟”23人，除去“细小”或生病、逃逸等情况外，只有2人服吏役，平均每户0.29人，加上7位州吏在服役，平均每户1.29人服役。到了孙休时出现了每户3人服役的情况，于是孙亮即位后下诏纠正，每户服役不得超过2人。从吴简中的嘉禾四、五年到孙休永安元年的20余年间，吏家每户服役人数经历了孙权时期129人——孙亮时期3人——孙休时期2人的演变，并非“空户从役”。迄今已公布的吴简和文献资料都不能证明“吏户”的存在。

［黎虎，1936 年生，包头师范学院历史文化学院教授。
通信地址：包头市青山区科学路3号（014030）
联系电话：0472－3131100
电子信箱：bshdlihuo@263.net］

论清中叶学术发展的三个转向

（武道房 《学术月刊》2005 年第 11 期）

学界对于清代嘉道之际的学术变化及其意义，尚缺少宏观性的描述。本文认为，伴随着考据之学的衰落，嘉道之际的学术主要歧为三途：一是今文经学的兴起，二是宋学势力的回潮，三是汉学的义理化趋向。这三股学术势力的共同点都是反对“为考证而考证”的乾嘉学风，主张学术要张扬忧患意识和救世功能，要发挥义理和经世致用。三种学术思潮的路向不同，但都是激于乾嘉学术的困境以及嘉、道以来政治、风俗、国势的变化而形成的。

本文对嘉、道之际考据学渐趋衰落的背景进行了考察。该文认为，清代考证学是因经世目的而兴起，发展到后来，其经世意义逐渐隐去，为考证而考证成了唯一目的。繁琐考据发展到极端，促使义理之学重新兴起。

促进清中叶考据学风向经世致用学风转变的主要原因还在于政治形势和人

心风俗的变化。嘉道之际的吏治腐败和人心风俗的恶化促使学术经世的呼声再次响起。

本文认为，嘉、道之际学术转向的标志之一是今文经学的复兴。今文家治经、治学，重视微言大义和实用，他们治学目的在于影射政治和现实问题。

学术转向的第二个标志是汉学的义理化趋向。部分汉学家试图将通经、修德、致用再次统一起来的努力有二：一是反对为考据而考据，主张治经要以义理为本。二是在汉学的基础上适度肯定宋学。他们或发挥汉代经学的义理，或适度肯定宋学，调和汉宋，开始有了经世意识和联系治道的自觉性。

学术转向的标志之三是汉宋之争与理学势力的回潮。对于鸦片战争前夕吏治腐败、道德堕落、人心风俗和社会环境恶化，理学家认为汉学运动在全国范围内鼓吹毫无价值的考证方法应对此负责。

清中叶学术的三个转向扭转了乾嘉学术的发展路向，对后世中国产生了深远的影响。发挥义理的今文经学成为后来康有为、梁启超传播西学、鼓吹民主、倡导变法的理论工具。理学的复兴催生了一批严守三纲五常、理欲之辨的“气节”之士，如曾国藩、左宗棠等人，这些人物镇压了太平天国革命，而且持身严正，清廉自律，促成了社会风气的好转，使清王朝出现了短暂的“同治中兴”局面。汉学的义理化激发了学者在鸦片战争之后关心国家民族前途命运的忧患意识，使他们重新思考学以致用的问题。汉学家的科学求是精神与救世热情结合起来，促成了一批士人将汉学的求是研究法由经学扩大到域外地理、典章制度、诸子百家、自然科学等多领域的研究，为后来洋务运动的展开以及科学救国等实学思潮的出现奠定了思维和心理基础。总之，清中叶学术的转向，是在特定的政治、经济、风俗形势下对乾嘉学术之反拨，是清代学术发展史上的转捩点和重要环节；它为近代学术发展开启了道路，对后世产生了深远的影响。

［武道房，1967 年生，安徽师范大学文学院副教授。
通信地址：安徽芜湖市安徽师范大学文学院（241000）
联系电话：0553－5991022
电子信箱：wudaofang@ sohu. com］

明代的密疏：下情上达的一种特殊方式

（王剑　《西南师范大学学报》2005 年第 2 期）

明代下情上达的官文书有题、奏启、表笺、讲章、书状、文册、揭帖、会议、露布、译等十种，它们各有固定的格式和使用范围，上呈渠道和处理程式亦不同。密疏，即秘密章奏，与其他的上行官文书相比，它有传递与上呈方式特殊、直达御前开拆、皇帝亲批而不需内阁票拟、不假他人之手而高度保密，亦不经六科发抄等特点。此外，密疏还有其他上行官文书所没有的特征。

密疏奏报的时效性强。正常题奏本在转呈时因经手部门较多，易造成政情奏报不及时。而密疏奏报的时效性比正常题奏本要及时得多。明代规定密疏进呈要“不时以闻”。在明代密疏的呈递有四个渠道，即通政司转呈，或直接送到会极门呈入内廷，或利用觐见皇帝时直呈，或紧急时从宫门门隙直接投入转至御前。这些特殊的渠道确保了密疏奏报的时效性。

密疏奏报内容的真实性更加可靠。密疏奏报内容的真实性，是相对于普通题奏本而言的。朝臣用题奏本奏事，要经过通政司开拆录副，文书房转呈，内阁票拟，皇帝批红（实际是司礼监代为批红），六科发抄等环节，因而极易泄密，给上奏者造成麻烦。因此，有的奏报者故意在题奏本中隐瞒真相，而在密疏中把事实真相揭示出来。有的大臣在廷议时为不引起与同僚的矛盾，或阁臣在票拟时不能表明自己的意见，往往用密疏向皇帝呈奏事实真相。所以密疏内容的可靠性更加突出。

皇帝对密疏更加重视。密疏上呈的及时性、奏报内容的真实性，以及密疏的保密性等特征，使得密疏成为皇帝了解下情的重要渠道，自然其重要性会得到皇帝的重视，这也是正常的题奏本所不能比拟的。从明初朱元璋时代起，明代的每一位皇帝都十分重视密疏的作用。

皇帝对密疏的处理更加及时。对朝臣章奏的处理，是明代皇帝理政最重要的内容之一。明初诸帝理政的热情比较高，对章奏处理也及时，但正统以后，多数皇帝批答章奏是懒散不及时的。在体制上，正统以后，皇权、内阁及司礼监在处理朝臣章奏时，已经形成了固定的程序，该程序核心的步骤是阁臣的票拟与司礼监代为批红。也正是两者的协作，为皇帝消极处理章奏提供了制度上的依赖。在明代中后期，皇帝对题奏本的批答很多是十分懈怠的，与皇帝对正常章奏批答的态度相比，明代皇帝对密疏的批答要更及时、更重视。

因此，从内容保密性、真实性、上呈渠道和处理程式之便捷、向皇帝反映问题的及时性、皇帝的重视程度等方面，与题奏本相比，密疏是一种特殊的下情上达方式。

［王剑，1967 年生，吉林大学文学院历史系副教授、历史学博士，兼《史学集刊》编辑、中国明史学会理事。2005 年发表的论文有《明代密疏书写格式考论》、《论明代密疏言事的职能资格》、《论明初密疏言事的制度化趋势》、

《汉代上封事考论》、《明代密疏内容探析》。

通信地址：吉林大学文学院历史系
(130012)
联系电话：0431－5100845
电子信箱：www. timothy@163. com］

《十六国春秋》散佚考略

（陈长琦　周群　《学术研究》2005年第7期）

陈长琦

北魏崔鸿所著的《十六国春秋》，是研究十六国史的重要文献。该书编写特点如下：（1）以民族平等的观念，撰述各民族政权历史；（2）态度谨严，志存实录；（3）取材翔实，记述丰富。总之，该书区分时事，各系本录，又有序例、表、赞，体例完备，包举各家，远较前此之“十六国”史为优。我们目前所看到的《十六国春秋》，是明万历年间出现的残本。《十六国春秋》散佚的时间，清代学者多有猜测。王鸣盛认为，“盖当五代及宋初而亡。”钱大昕认为，“宋人已无见此书者。”然王、钱二位均未做深入考证。其实，《十六国春秋》于宋时仍存。如北宋初编成的大型类书《太平御览》，即是抄录《十六国春秋》最多的一部类书。北宋中后期司马光编就的史学名著《资治通鉴》，亦大量抄录了《十六国春秋》的史料。在南宋还是可以找到《十六国春秋》存在的痕迹。如南宋初孔传的《东家杂记》提到，他读过《十六国春秋》。号称宋代四部目录书之一的《遂初堂书目》著录有《十六国春秋》。甚至明中期学者杨升庵也看到过《十六国春秋》，这比此

周群

后万历年间出现的《十六国春秋》残本要早。这说明到明中期，《十六国春秋》仍存在。清初，还可以看到《十六国春秋》的踪迹，但已经是残本。由于清代学者对明屠乔孙刊残本《十六国春秋》的不满，汤球遂进行辑补，编成《十六国春秋辑补》一书。该《辑补》至少有两大优点：（1）忠于原著，信而有征；（2）取材丰富，考订细密。尽管《辑补》存在一些缺点，但其重要的史学价值却不容忽视。

［陈长琦，1954年生，广州华南师范大学历史文化学院教授，博士生导师，院长。
通信地址：广州华南师范大学历史文化学院（510631）
联系电话：020－33626266
电子信箱：ccq332@yahoo. com. cn
周群，1978年生，广州华南师范大学历史文化学院博士生。
通信地址：广州华南师范大学历史文化学院04级博士生（510631）
联系电话：020－88319365
电子信箱：zhouqun1978@163. com］

论唐代人口政策的社会针对性及经济效应

（李育华　《西南民族大学学报》（人文社科版）2005年第5期）

人口对社会经济有一定的影响，唐代人口情况怎样？其人口政策主要针对一些怎样的社会问题？经济效应怎样？这都是历史研究不可回避的一个重要问题。20世纪以前，曾有一些学者对此进行过探讨，但认识并不一致，且不够深入，本文从4个方面对此进行细致的研究。

一、唐代的人口政策

唐代的人口政策从现有资料来看主要有三项：

一是提倡早婚，鼓励生育。为了增殖人口，唐王朝极力主张早婚，把男20、女15作为法定的结婚年龄。早在贞观五年，即下诏规定：“男年二十，女年

十五以上及妻丧达制之后，孀居服纪已除，并须申以媒媾”。与此同时，还要求及时结婚：“刺史县令已下官人，若能使婚姻及时，鳏寡数少，量准户口增多，以进考第；如其劝导乖方，失于配偶，准户减少，以附殿失”。武则天统治时期亦曾颁布过类似的诏令，力图做到“内无旷妇，外无旷夫”。至开元二十五年，唐玄宗更令“诸男年十五，女年十三以上，并听婚嫁”。使结婚年龄进一步提前。提倡早婚、规定及时婚配，目的都是为了增加人口。

二是进行细致的户口统计。为此，唐王朝制定了一系列具体措施。首先，将天下男女分为黄、小、中、丁、老五等。武德七年规定：“男女始生者为黄，四岁为小，十六为中，二十一为丁，六十为老”。其次，进行团貌。即令地方官按照黄小中丁老的原则，将所辖百姓对号入座。所谓“天下诸州，每岁一团貌”。开元二十九年，稍加改革，定为3年一团貌。再者制造户籍。武德令规定，“每岁一造计帐”，开元十八年，敕：“诸户籍三年一造。起正月上旬，县司责手实计帐，赴州依式勘造，乡别为卷，总写三通，其缝皆注某州某县某年款。州名用州印，县名用县印。三月二十日纳讫，并装潢一通，送尚书省，州县各留一通……有析生新附者，于旧户后以次编附。”此外，还将天下之人户分为士农工商和课户不课户：“诸习学文武者为士，肆力耕桑者为农，巧作贸易者为工，屠沽兴贩者为商”。“户内有课口者为课户，无课口者为不课户”。统计户口，皆在掌握劳动力，增加国家的财政收入。

三是招抚流亡。贞观三年，即招附塞外民族120万口。五年，复以金帛自突厥赎还华人8万余口。与此同时，严禁隐匿户口。开元初，命有司沙汰僧民，以伪滥还俗者2万余人，开元九年，复令有司捉溺逃人。招抚流亡，捉溺逃户，除为了保障赋税收入外，自然还有安定社会秩序的目的。

总之，唐王朝所制定的人口政策，有一个主导思想，那就是大量繁殖人口，以增强国力，提高政府的财政收入。

二、唐代人口的升降大势

唐王朝曾制定了一套严密的统计户口的制度，但是当时的原始资料（全国性的）并没有完整地保存下来。我们现在所能看到的仅仅是《新唐书》、《旧唐书》、《唐六典》、《唐会要》、《通典》、《册府元龟》、《文献通考》、《资治通鉴》等书中的零星记载。不过，从这些记载中，我们仍然能够对唐代的人口升降情况有一个大致的了解。唐朝初年，久经战乱，人口锐减，户不满200万。贞观之际，经10年生聚，人口才1300余万。其后招抚流亡，奖励生殖，神龙初，人口较贞观增两倍以上，至3700余万。开元天宝之间，天下无事，国泰民安，人口大量增长，遂至于5200余万。安史之乱后，人间凋残，百姓死于兵燹者不计其数，至于流亡道路、背井离乡者亦不可得而知矣，故人口大幅度减少，至唐亡亦未能复其旧观。

三、唐代人口的地理分布

唐代人口的地理分布比较复杂，因各个时期的不同当有所差异。由于资料的缺乏，我们已经不可能全部弄清。我们只能根据两唐书地理志及通典州郡门等所提供的各州人口数据加以考察。兹据《通典》来看，河南道、河北道、江南道人口最多。其次是关内道、剑南道、河东道。陇右道人口最少。也就是说，黄河中下游地区人口密度最大。长江流域特别是中下游地区亦聚结了不少人口。关中地区户口已经失去了汉代居天下三分之一的比重而退居第四。西北及东南沿海一带人口较为稀疏。

当然，这是盛唐时期的情况。安史乱后人口的地理分布有了变化。变化的具体情况由于没有系统的州郡户口统计已不得而知，但从史书的有关记载中仍可看出一斑。安史乱时，遭受战争创伤最为严重的有四个地区。一是河北，一是洛阳附近，一是关中地区，一是汴河沿岸，这四个地区的人口都曾大幅度减少。如《旧唐书》卷120《郭子仪传》载：“（洛阳）之地，久陷贼中，……东至郑汴，达于徐方，北自覃怀，经于相土，人烟断绝，千里萧条”。《旧唐书》卷123《刘晏传》云：“东都残毁，百无一存，……函陕凋残，东周尤甚。过宜阳、熊耳，至武牢、成皋，五百里中，编户千余而已。居无尺椽，人无烟爨，萧条凄惨，曾游鬼哭”。由于北方战乱，人民多被迫南迁。因此，南方某些州县人口有了较大幅度的增长。其中以山南道之襄州、江南道之鄂州、洪州、泉州、岭布道之广州最为显著。也就是说，安史乱后，汉江中下游，长江中下游和东南沿海一带的人口密度越来越大。这是经济重心南移的标志之一。

四、关于逃户问题

唐朝前期，逃户问题相当严重。唐朝后期有关逃户的记载甚少，这并不是当时逃户问题已得到解决。而是由于朝政日坏，对逃户已漠不关心罢了。事实上，唐朝前期的逃户问题并不是十分严重的。之所以显得严重，与当时户籍统计比较严格，统治者对逃户问题十分重视，有极大的关系。当然，逃户在当时的存在，乃是无可辩驳的事实。

从有关史料来看，唐代逃户的出现主要是由于以下几种原因：

其一，豪强兼并。被兼并之民，无地可耕，不得不流离失所。

其二，赋役不均。唐政府首将天下人户分为“课户”和“不课户”。不课口占84%，亦在应课口的5倍以上。不课口包括宗室外戚、达官贵人、僧尼道士、义夫节妇等等。全部赋税落在一小部分人身上，加之有些豪右转嫁负担，势必造成一些人的流亡。

其三，天灾人祸。《全唐文》卷19睿宗《申劝礼俗诏》：“诸州百姓，多有逃亡，良由州县长官抚字失所”。同书卷29玄宗《置劝农使诏》：“至于百姓逃散，良有所由。……大军之后，必有凶年，水旱相仍，逋亡滋甚”。此外，摊逃亦为一因。

对于社会上存在的逃户问题，唐王朝曾采取了一些对策。择其要者，盖有数端：

第一，抑制兼并，禁止买卖百姓口分永业田。

第二，招抚安辑，不咎逃户之罪，给以衣食，令其归业；允许逃户选择住地。

第三，强行搜括，发布听逃户归首诏，令抚户使率劝农刺官分按州县，括正丘亩，招徕户口而分业之。

这些措施虽然在一定程度上，在一定的时期内减少了逃亡数量，但由于造成户口逃亡的原因仍然存在，所以终唐之世，逃户问题始终没有得到彻底解决。

当然逃户问题不独发生于有唐，大抵历代王朝莫不有之。只不过人们不大注意罢了。

由于逃户的存在，加上豪右隐匿的人口和那些编外人口（如僧道之类），唐代的实际人口要比上述政府户籍上的人口为多。其具体情况如何，还有待进一步研究。

［李育华，1950年生，陕西省社会科学院编审，《社会科学评论》主编。出版的编著有《川陕革命根据地史》（独著）、《生命与健康》（合著）、《党章知识辞典》（参撰）、《陕西省志·大事记》（参撰）等。2005年发表的论文有《论中国古代监察官员的管理制度》、《论中国古代监察制度中的施政体系》、《略论文化的经济属性》、《论唐代人口政策的社会针对性及经济效用》等。］

营造盛世：《大唐开元礼》的撰作缘起

（吴丽娱　《中国史研究》2005年第3期）

《大唐开元礼》是唐玄宗时代官修的一部礼仪巨著，本文是作者研究《开元礼》的系列论文之一。主要观点有四：（1）《开元礼》是中古礼仪巨著，《开元礼》必须与《唐六典》共同看待，两书都是唐玄宗营造盛世的精神产品，是唐朝以新文化取代旧文化和唐朝在力建物质繁荣同时打造的精神象征。两书的意义在于，作为当代礼典分别取代上古的《礼记》和《周礼》，因而是中古时代的《礼记》和《周礼》。（2）《开元礼》以"改撰《礼记》"为出发点和号召，有着深刻的思想和学术渊源，是唐人在《礼记》学上从疑注到改经的思想革命，反映了其试图在《礼记》的框架包装之下，建立本朝制度的权威和新经典，以适应现实变化和需要的用意。（3）唐朝开元盛世的营造实涵盖意识形态和经济建设的两个层面，因此《开元礼》撰作之前，礼仪使的设立和在此之后举行的一系列礼仪活动，形成与这一时段内主要经济活动——宇文融任使括田括户的阶段性对应，为《开元礼》的创作进行了精神实践和物质准备。（4）《开元礼》以"折衷"唐贞观，显庆礼的实际操作，解决和协调了对《礼记》经传认识的矛盾，实现了对于唐朝本朝新礼的吸收和对《礼记》的"改撰"，体现了唐朝礼制的时代化和创新精神。

本文最后还指出，《开元礼》一方面继贞观、显庆礼之后，使唐前期五礼更加定型化，从而确立了中古礼制的框架，实现了国家强盛、经济繁荣之际的礼仪辉煌；但另一方面，《开元礼》吸收贞观、显庆礼和开元时代的变革成果，本身也充斥着许多离经叛道的新内容，表现了唐国家礼仪完全不同于上古礼的时代特色，这是《开元礼》所以"粲然勒一代典制"，成为时代发展进步之里程碑的中心所在。虽然，就唐国家礼制而言，开元礼并不是变革的结束，但它肯定了唐初以来的变化，突破了古礼经的内容与思想格局，其创新精神也必然为唐中后期的礼制改革奠定了基础。中古时代的礼制就是按照开元礼开辟的途径不断变化，从而适应时代需要，体现国家权威，指导朝廷政治和社会生活。总之，作为上层建筑的礼，与社会经济的发展同步，它的产生既有着极强的目的性，也有着极为实用的现实性。

本文的贡献在于，不但指出《开元礼》和《唐六典》作为盛世经典的共性和制作目的，对礼书成就的思想学术根源及物质基础进行探讨并对之加以重新定位，而且从研究《开元礼》出发，提供了礼仪史与政治，经济、文化史等结合的新方式与新途径。

［吴丽娱，1949年生，中国社会科学院历史所唐宋史室研究员。
通信地址：北京建国门内大街5号中国社会科学院历史所（100732）
联系电话：65821759
电子信箱：wuliyu614@163.com］

宗经、复古与尊君、实用

——中古《周礼》六冕制度的兴衰变异

（阎步克　《北京大学学报》2005年第6期）

本文在服饰史、官阶史和经学史交界面上，在中古"古礼复兴运动"的背景中，考察《周礼》六冕制度的兴衰变异。

唐初礼制出现过一个奇特现象，某些祭祀上臣下的冕服等级居然高于君主。皇帝祭社稷，服四旒三章的绣冕：祭日月，服三旒无章的玄冕；而其时一品官服衮冕九旒九章，二品官服鷩冕七旒七章，三品官服毳冕五旒五章，都比皇帝高。为此唐高宗时长孙无忌等人臣挺身发难，痛斥现行冕服制的“君少臣多”。众所周知，王朝礼制的基本原则就是尊君卑臣，所以上述现象在中国礼制史上是非常罕见的，值得深究，以往学者却对之注意无多。

唐初冕制来自《周礼》六冕之制。《周礼》六冕即大裘冕、衮冕、鷩冕、毳冕、絺冕和玄冕。天子可服其六，所服随祭祀而异；诸侯和诸臣可服衮冕以下，在经学家的理解中，其所服冕是随身份而异的，这就可能发生“君臣倒置”的情况。

秦实行法家政治，从功利、实用和尊君考虑来规划制度，不重古礼。“周礼”的传承出现了断裂。而汉廷的独尊儒术，则引发了“古礼复兴运动”，古礼开始影响王朝制度了。此后十几个世纪中冕服的复杂变迁，就是在士人的宗经、复古倾向与帝国政治的尊君、实用需要之间展开的。

《周礼》六冕等级，采用“多列式”结构，这就可能发生君臣倒置；汉明帝复古用冕制，但所采用的却是“单列式”结构，就不会发生君臣倒置了，从而更有利于尊君。魏晋朝廷损略了冕服上的黼黻之章，目的是凸显帝王尊严。

南北朝都积极使用《周礼》冕制，以礼制复古来标榜中华正统，扩大文化号召力。北周还创建了一套庞大的“多列式”冕服等级制，比《周礼》更为复杂。隋唐上承北周，继续搞冕服复古。但隋朝使用的是“单列式”冕制，唐朝使用的是“多列式”冕制。这“多列式”冕制，就造成了君臣冕服倒置的情况。但这在唐高宗时遭到大臣批评，“多列式”被放弃，回归于“单列式”了。以此为转折点，《周礼》的影响力开始下降，冕服复古的做法开始低落。

宋朝冕服继续着理性化、世俗化的倾向。官僚的冕服丧失了个人属性，只是祭服而已，与官僚日常品位已无大关系。明朝取消了官僚服冕资格，只有皇帝和封王的皇子服冕。

十几个世纪中，古冕制度留一下了一条由衰而盛，又由盛而衰的轨迹，君尊臣卑、官贵民贱的王朝等级制却历久不衰、扶摇直上。从中可以看到现实与传统、政治与文化在帝制中国的复杂互动关系，以及各代政治的许多微妙之处。

［阎步克，1954年生，历史学博士，北京大学中国古代史研究中心教授。
通信地址：北京市北京大学历史学系（100871）
联系电话：010－62751808］

大事记

2005年中国古代史研究大事记

1月27—28日，由哈尔滨师范大学主办的“中国秦汉历史文化学术研讨会”在哈尔滨师范大学召开。来自陕西、江苏、山东、内蒙古、湖南、黑龙江等省市自治区的专家学者20余人参加了会议。就秦汉史研究状况及秦汉历史文化进行了研讨。

3月24—27日，由浙江省社会科学规划办、中华书局、金华市人民政府、浙江师范大学联合主办的“吕祖谦暨浙东学术文化国际研讨会”在浙江金华召开。

4月4—8日，由黄帝陵基金会、中华炎黄文化研究会、延安炎黄文化研究会联合举办的黄帝祭祀与中华传统文化研讨会在西安和延安举行，来自国内外的专家学者50多人参加了会议，就黄帝祭祀及相关问题进行了研讨。

4月16—18日，由河北省社会科学院、河北师范大学联合主办，中国唐史学会、武汉大学3至9世纪研究所和河北省历史学会协办的“唐长孺、胡如雷先生与隋唐史研究”学术研讨会在河北省社会科学院召开。来自北京、天津、湖北、浙江、广东、河北等省市和日本的60余位专家学者出席了会议。会议收到论文40余篇，就唐长孺、胡如雷学术成就、地位和治学特点，20世纪隋唐史研究的回顾与反思以及魏晋南北朝隋唐五代史及敦煌文书的研究等问题进行了比较深入的研讨。

4月23—24日由邯郸市委、市政府和中国先秦史学会联合主办，邯郸市社科联和河北省历史学会承办的“全国第二届赵文化研讨会”在河北省邯郸市举行，全国11个省、市的60多位专家学者参加了会议，就赵文化的特点、赵文化的考古资料、赵国的历史文献、赵国的人物和家族等问题进行了比较深入的研讨。

5月27—29日，由安徽省朱子研究会主办、深圳万丰集团协办的“朱子学说与构建和谐社会理论研讨会”在深圳市宝安区万景园召开，来自全国9个省、市、自治区的专家、学者和企业界人士40余人参加了会议。会议的中心议题是：通过对朱子及儒学的研究，深入探讨中华优秀传统文化对当今社会发展的作用和意义，准确把握和谐社会的科学内涵，努力担当起构建和谐社会的文化责任。

6月26—28日，由复旦大学历史学系主办的，为了庆祝复旦大学建校100周年暨复旦大学历史学系成立80周年的“社会转型与多元文化国际学术研讨会”在复旦大学隆重召开。来自美国、日本、韩国、澳大利亚，以及中国大陆、台湾和香港地区的著名学者130多人参加了会议，发表了66场专题学术报告，收到学术论文70余篇，学者们以最新的前沿成果，对中国古代社会的转型、传统文化及其变迁以及东亚世界的内在交流等问题进行了广泛深入的研讨。

7月15—20日，由中国蒙古史学会主办，克什克腾旗委和人民政府、内蒙古大学蒙古学研究中心、中国人民大学清史研究所协办的“中国蒙古史学会会员大会暨第八次学术讨论会”在内蒙古自治区赤峰市克什克腾旗温泉疗养胜地热水镇召开。来自国家清史编委会、中国人民大学清史研究所、中国人民大学历史系、中国社科院、中央民族大学历史系、中国第一历史档案馆、中国国家图书馆、中央民族翻译局、北京大学、中央社会主义学院、北京中央美术学院等单位及天津、河北、河南、山东、湖北、安徽、上海、广州、宁夏、兰州、青海、辽宁、吉林、黑龙江、内蒙古等省市自治区以及来自台湾和日本的专家学者、研究生等近200人参加了会议。会议除了就蒙古史诸问题进行讨论外，又选举产生了新一届理事会，修订了中国蒙古史学会章程。

7月25—29日，由河北大学宋史研究中心和韩国外国语大学历史文化研究所共同主办的“中韩‘宋辽夏金元史’学术研讨会”在河北大学举行。来自韩国的专家学者14人和来自中国大陆及香港特别行政区的47位学者出席了研讨会。会议收到论文50余篇，围绕宋辽夏金元史的各方面问题进行了深入研讨和交流。

7月28—30日，由内蒙古自治区文化厅、鄂尔多斯市委、市政府、中国秦汉史研究会联合主办，东胜区委、区政府承办的“中国·秦直道与草原文化研讨会”在鄂尔多斯市东胜区举行，国内的30多位专家学者参加了此次研讨会。建设部顾问、著名长城学家罗哲文、中国秦汉史研究会会长周天游应邀参加了研讨会。

7月30—31日，由中国唐史学会与山东省蓬莱市联合举办的“唐文化与登州”学术研讨会在山东蓬莱市举行。此次会议是为了纪念中国唐史学会成立二十五周年召开，会议议题主要是唐文化与登州学术交流以及中国唐史学会工作研究。

8月1—5日，由中国秦汉史研究会主办、内蒙古师范大学历史系承办的“中国秦汉史研究会第十届年会暨国际学术讨论会”在呼和浩特召开，来自全国20个省、市、自治区和港、台地区以及韩、日等国的180位专家学者参加了会议。会议中心议题是汉匈关系，秦汉时期内蒙古地区的开发及其影响，秦汉时期的政治、经济、文化等。围绕这些主题，与会代表提交论文或论文提要150余篇，对秦汉民族史、秦汉简牍与考古、秦汉政治与制度、秦汉经济与文化等各方面问题进行了深入研讨。同时进行换届选举，产生了新一届理事会。

8月6—9日，由北京大学考古文博学院和陕西省考古研究所共同主办，宝鸡市文物局协办的“周原考古与西周文化研究国际学术研讨会”在召开。来自中国大陆、台湾各省市以及美、日、德、韩等国的60余位专家学者参加了会议。

8月9—11日，由陕西省司马迁研究会主办、陕西省文史馆、陕西省人民出版社、陕西师大文学院、秦始皇兵马俑博物馆等单位共同承办的“纪念司马迁诞辰2150周年暨国际学术研讨会”在陕西师范大学召开，来自美国、日本等国以及港、台地区和大陆14省市的100位专家学者参加了本次会议。会议收到论文或论文提要70余篇，围绕司马迁思想研究、《史记》资料研究、《史记》中具体篇章研究等问题展开热烈讨论。

8月13—15日，由东华大学、敦煌研究院、上海市长宁区政府、中华全国纺织服装商会联合主办的“中国服饰史研究和敦煌学”论坛在甘肃省敦煌市敦煌研究院（莫高窟）举行。来自国内20余家科研机构、大专院校及出版单位的近50位专家学者出席了会议。会议收到论文近30篇，就中国服饰史和敦煌学研究的各方面问题进行了探讨。

8月16—19日，由中国明史学会、西北师范大学、甘肃省社会科学院、青海师范大学联合主办的“第十一届明史国际学术讨论会”在兰州市和西宁市举行。来自中国台湾、香港、大陆以及日本、韩国、澳大利亚、法国、新加坡的180余名学者出席了会议。会议收到论文140余篇，不仅运用历史学、考古学、民族学研究方法，而且加入法学、哲学、宗教学、文学、社会学、教育学、经济学、民俗学等其他学科的研究理念，对明代的边政、政治军事、思想文化、对外关系等进行了深入研讨。

8月17—19日，由宁夏社会科学院主办的“第二届西夏学国际学术研讨会”在西夏故都——银川召开。来自俄罗斯、日本、韩国、美国、德国、法国和国内以及台湾地区的150多位专家学者参加了会议。会议收到论文80余篇，围绕西夏的历史地位、西夏文物考古、西夏石窟艺术、西夏语言文学、西夏遗民变迁、西夏文化如何为经济建设和社会发展服务等问题进行了深入研讨。

8月18日，由四川师范大学巴蜀文化研究中心主办的“巴蜀文化论坛第一次研讨会”在四川师范大学举行。来自四川师范大学、四川大学、西南民族大学、成都体育学院、四川旅游学院（筹）、四川省文物考古研究院、成都市文物考古研究所、四川省社科联、四川省社会科学院、成都市社会科学院、成都武侯祠博物馆、广汉三星堆博物馆、巴蜀书社、成都日报等学校和科研单位的近50名代表出席了研讨会。

8月19—21日，由内蒙古社会科学院主办的“首届中国蒙古学国际学术讨论会”在内蒙古自治区首府呼和浩特举行。来自中国、蒙古、俄罗斯、日本、德国、法国、匈牙利、美国、芬兰、波兰、韩国、哈萨克斯坦、吉尔吉斯斯坦等13个国家和香港、台湾等地区的330多名蒙古学专家和学者出席了会议。会议收到论文240篇，就中国蒙古史的各方面问题进行了研讨。

8月26日，由故宫博物院和国家清史编纂委员会联合主办的“故宫博物院八十华诞暨国际清史学术研讨会”在北京人民大会堂开幕。来自中国内地和港澳台以及美国、英国、法国、德国、日本、加拿大、俄罗斯、哈萨克斯坦、澳大利亚等国的清史研究专家、学者160多人参加了会议，围绕清史研究及大清史编纂等问题进行了讨论。会议于28日闭幕。

9月5—7日，由中国先秦史学会与山西省运城市盐湖区委、区政府联合举办的“全国虞舜文化学术研讨会暨中国先秦史学会第八届年会”在山西省运城市盐湖区举行，来自全国26个省、市、自治区的130多位专家学者参加了会议。会议共收到论文106篇，围绕虞舜文化的内涵、尧舜禅让、尧舜时代与文明起源、虞舜地望、中国文明起源与形成等问题，开展了深入热烈的讨论。

9月12—14日，由淄博市政府、山东社科联、山东师大齐鲁文化研究中心联合主办的“第六届齐文化国际学术研讨会”在山东省淄博市召开。来自日本、韩国和中国内地及港、台地区的学者80余人参加了会议，围绕“齐文化中的民本思想”等主题进行了热烈研讨。

9月26日，由四川师范大学巴蜀文化研究中心主办的“巴蜀文化论坛第二次研讨会”在四川师范大学召开，来自四川大学、四川师范大学、西南民族大学、四川省社会科学院、四川省文物考古研究院、四川省民族研究所、成都市文物考古研究所、成都市武侯祠博物馆等单位的专家学者李绍明、林向、段渝、高大伦、石硕、江章华、杨铭、赵殿增、陈德安、罗开玉、陈剑、邹一清、李桂芳等出席了研讨会。

10月12—15日，由天水师范学院、西北大学文博学院、秦文化研究会等单位联合主办的“早期秦文化学术讨论会”在羲皇故里天水市天水师范学院召开，来自北京大学、北京师范大学、华中师范大学、西北大学、陕西省考古所、秦始皇兵马俑博物馆、甘肃省考古所、陕西师范大学、天水师范学院以及台湾彰化师范大学等大学和科研机构的专家学者40余人出席了大会。大会收到学术论文20余篇，重点讨论了早期秦文化和秦民族等问题。

10月15—17日，由中国民族史学会和西南大学联合举办的“中国民族史学会第六届会员代表大会暨第十次学术研讨会”在重庆市西南大学召开，来自北京、辽宁、黑龙江、内蒙古、河北、河南、江苏、安徽、陕西、四川、重庆、湖北、湖南、广东、广西、海南、石南、贵州、西藏、新疆等20个省、市、自治区，包括汉、满、蒙古、藏、回、维吾尔、柯尔克孜、土、壮、土家、苗、瑶等民族成份专家学者共125人参加了会议。会议收到论文或论文提要102篇。学术研讨会的主题为中华民族的形成与发展，主要围绕中国历史上的民族迁徙与民族融合、中国各民族分布格局的形成、中华历代民族观及民族大一统思想体系的形成、中国南方民族地区的开发与社会变迁等问题展开讨论，同时，进行学会理事会的换届选举，产生新一届理事会。

10月15—17日，由李治安教授发起并组织的“中国社会基本问题论坛”在南开大学召开。来自国内外的40余名学者就“历史观与中国传统社会研究理论范式的清理与建构”、“中国传统社会的阶段性发展与变迁”、“中国传统社会的基本构造、集团、分层及利益冲突整合”三个主题展开了热烈讨论。

10月18—20日，由教育部省属高校人文社会科学重点研究基地四川师范大学巴蜀文化研究中心主办、四川省社会科学院《中华文化论坛》编辑部协办的“巴蜀文化研究新趋势国际研讨会”在四川省成都市召开。来自美国伊利诺大学、韩国翰林大学、日本大东大学、日本学术振兴会、北京大学、中国社会科学院、四川大学、西南大学、华中师范大学、大连大学、西南民族大学、重庆师范大学、四川省考古研究院、四川省民族研究所、成都市考古研究所、中国三峡博物馆、四川师范大学巴蜀文化研究中心广安研究所、四川师范大学巴蜀文化研究中心雅安研究所、雅安市文物管理所、德阳市文联、四川省社会科学院、四川师范大学等单位的专家学者共70余人出席了研讨会，对巴蜀考古、藏彝走廊、巴文化的源流、国家与文明起源等问题进行了研讨。

10月18—20日，由中国社会科学院考古研究所、河南省偃师市人民政府主办的“中国·二里头遗址与二里头文化国际学术研讨会”在河南偃师市召开。来自祖国大陆、香港、台湾和日本、韩国、美国等国家的70余位专家学者参加了会议。会议收到学术论文50余篇，就二里头遗址和二里头文化的有关学术问题进行了研讨。

10月21—23日，由四川大学道教与宗教文化研究所基督教中心、华中师范大学西方文化交流中心、北美华人基督教学会共同举办的“中国基督教区域史研究国际学术研讨会”在四川大学举行，来自中国大陆、香港、台湾、美国、英国、日本、韩国的近40名专家学者出席了会议。会议收到论文36篇，围绕中国基督教区域发展、地方基督教的历史与现状、中国基督教的本色化、基督教区域研究评论与信息等问题进行了深入研讨。

10月25—27日，由北京师范大学史学理论和史学史研究中心、安徽师范大学社会学院和安徽省历史学会主办、安徽师范大学社会学院承办的“理论与方法：历史比较和史学比较”学术研讨会在安徽省芜湖市举行，各大专院校和科研单位的专家学者及新闻出版单位的代表共80余人参加了会议。会议收到论文69篇。围绕着历史和史学比较研究理论和方法、中外历史和史学的比较研究、中国历史和史学的比较研究等问题进行了热烈讨论。

10月27日，是由哈佛燕京学社社长杜维明教授和山东大学特聘教授庞朴先生提议，由北京大学儒学研究中心和山东大学儒学研究中心共同主办，山东省邹城市孟子学会协办的“郭店竹简与思孟学派座谈会”在北京大学哲学系会议室召开。来自北京大学、清华大学、中国社会科学院、北京师范大学、武汉大学、山东大学、山东省社会科学院等单位的十几位学者就“思孟学派”、“仁内义外”、郭店竹简中“情”的内涵以及郭店儒家简的学派归属等问题展开了座谈讨论。

11月12—13日，由南京师范大学社会发展学院、南京晓庄学院、江苏省六朝史研究会共同主办的“江苏省六朝史研究会成立二十周年纪念暨六朝社会经济学术研讨会”在南京隆重召开。来自北京、广州、上海、武汉、长春、马鞍山及江苏省内各高等院校、科研院所、文博单位、出版社等各方面代表80余人参加了会议。会议收到论文30多篇，围绕六朝社会状况与经济发展、六朝文化、六朝考古、六朝政治及相关学术问题等进行了广泛深入研讨。

11月16日，由南安市政协主办，福

建省名人研究会、泉州市泉州历史研究会、泉州市洪承畴学术研究会协办，南安市英都镇人民政府承办的“开清重臣洪承畴学术研讨会”在南安市召开。来自北京、东北、福州、厦门、泉州、漳州等地近80位专家学者出席了会议，就洪承畴评价问题进行了研讨。

12月9—11日，由西北大学文博学院和西北大学中国思想文化研究所联合主办的“朱熹与宋代历史”学术讨论会在西北大学召开，来自中国社会科学院、北京大学、清华大学、浙江大学、武汉大学、四川大学、中国政法大学、暨南大学、陕西师范大学、苏州大学、河北大学、河南大学、湖南大学、首都师范大学、四川师范大学、日本京都大学和西北大学等17所院校及研究机构的30名学者参加了会议。学者们就朱熹的评价，朱熹本人学术思想研究，相关的儒学研究和文化现象，宋代历史研究，史学研究方法等方面的问题展开了热烈和深入的研讨。

12月10—11日，由中国人民大学及韩国高等教育财团联合主办的一年一度的“国际儒学论坛”在北京举行，本届论坛研讨主题为“儒学与亚洲人文价值”。来自中国、韩国、马来西亚、新加坡、瑞典、巴西、日本、美国、俄罗斯等国逾150名代表参加了会议，就“儒学及其传统”、“儒学与文明对话”、“儒学与东亚文化”、“儒学思想与人文精神”、“儒学与和谐社会”、“儒学思想的现代转换”展开了深入的探讨和交流。

12月17—18日，由中国社会科学院世界宗教研究所儒教研究中心与广东信孚教育集团联合举办“首届全国儒教学术研讨会”在广东从化举行。来自中国社会科学院、中国人民大学、中山大学、复旦大学、山东大学、中国政法大学、清华大学、陕西师范大学、湖南大学、上海大学以及台湾师范大学、香港中文大学等50多位专家学者参加了会议。对“儒学宗教论”、“儒学国教说”，“儒学与当代社会”等问题展开了热烈研讨。

（赵永春）

中国近代史

综　述

2005年中国近代史研究综述

2005年，中国近代史研究继续稳步发展，有四个值得注意的特点：一是重视实证研究方法；二是重视制度史研究；三是重视新视角的开拓；四是重视新理论的运用。下面以各学科择要分而述之。

一、晚清政治史

本年度的晚清史研究有两个值得注意的特点：一是重视实证研究方法；二是重视制度史研究。

关于太平天国的制度。夏春涛在《“拜上帝会”说辨正》中指出，学界一般都把冯云山所创建的“上帝会”，称为“拜上帝会”，其实这是两个不同的宗教组织。前者在金田起义后，因会众一律实行军事编制而逐渐名存实亡。太平天国对其宗教没有正式命名，间或称为“天教”，但不少学者根据“拜上帝会”这一所谓的宗教组织名称相推演，称之为“拜上帝教”。王国平《〈天朝田亩制度〉新议》指出，《天朝田亩制度》与历史上的“均田制”比较，没有类似“桑田”与“永业田”私有的规定，它的“分田”与“均耕”只是平均劳动者的劳动条件和劳动强度，旨在实现产品的均分和同享，所谓“平均分配土地”只是对其误解的说法。欧阳跃峰在《“圣库制度”考辨》中指出，太平天国虽然设有圣库和负责管理圣库的总圣库等官员，但负责生活必需品供给的官员还有总圣粮、典圣粮、典油盐、典买办等等，并不以总圣库为首，不能统称为“圣库制度”；官兵待遇有明显差别，所谓“圣库制度”并不是绝对平均的“军事共产主义”；圣库与国库是两个不同的机构，在级别、性质、职能和物资来源等方面都截然不同，用国库来解释圣库是不妥的，说国库来源于圣库亦纯属推测。廖胜《太平天国妇女自由问题之民俗释论——兼论妇女自由不能作为太平天国妇女解放之论据》认为，太平天国的妇女政策所以有一定的自由精神，其缘由主要是广西客家和壮族妇女的习俗以及宗教等因素，并不是太平天国采取了解放妇女的主观措施。

关于戊戌变法的史实。茅海建《救时的偏方：戊戌变法期间司员士民上书中军事外交论》利用大量档案材料，仔细地研究了允许司员士民直接向皇帝上书这一重大改革举措，统计了上书的人次和件数，并据此考察司员、士民的观念与思想，进而指出：司员、士民所提出的军事、外交对策，与历史发展的方向并不吻合，有些地方甚至背道而驰，其实大多为“救时的偏方”。又依据中国第一历史档案馆所藏档案及其已公开发表的档案文献，撰写《“公车上书”考证补》一文，重新审视“公车上书”的背景、运作过程及其影响力，发现有两个不同概念的“公车上书”：一是由政治高层发动、京官组织的上书，其数量多达31件，签名的举人多达1555人次，且上书已达御前；一是由康有为组织的18行省举人联名上书，那是一次流产的政治事件。还指出，以往作为“公车上书”研究主要依据的康有为的《我史》是一不可靠的史料。

还有马忠文《康有为自编年谱的成书时间及相关问题》研究了康有为自编年谱的成书时间和内容真伪问题。对于其成书时间，认为定在康有为逝世前的1927年应该是相对准确的，既有当时康氏内心世界与思想状态的反映，也更易于把握其史料价值。而以往学界通常认为的撰写于1899年初，以及康氏自说的起稿于乙未（1895年），均是不完整和不可靠的。对于其真伪问题，张勇《康有为的“作伪”及其限度——以康氏戊子乡试自述为例》认为，康氏将两次应试并作一谈，含混其辞，对戊子年落榜避而不言，却极力渲染己丑年不中的缘由，试图给人印象，他所以乡试不中，全是由于徐桐的挟嫌报复，其本意或只在遮掩连续两次落第之羞，然而其后果则既障人又自陷：后人既欣然接受其“合二为一”说法，又据此指认其“误记”、“颠倒事实”乃至手段卑下，人格有亏。关于戊戌政变中袁世凯的“告密”问题，刘路生《戊戌政变袁世凯初四日告密说不能成立——兼与郭卫东先生商榷》对以往的袁世凯八月初四日在京向庆亲王奕劻告密说提出商榷，认为以往之说缺乏根据，而荣禄才是告密的最佳人选。孔祥吉《蔡金台密札与袁世凯告密之真相》也通过新的档案、文献资料考释，具体考察了袁世凯通过荣禄“电庆邸达之”向慈禧告密而引发戊戌政变的全过程，认定袁世凯是告密的元凶。

关于清末新政的制度变革。关晓红

《科举停废与近代乡村士子——以刘大鹏、朱峙三日记为视角的比较考察》以刘大鹏、朱峙三两位乡村士子的日记为基本史料，用比较的方法，具体考察了科举停废对士人命运与乡村社会的实际影响，对于所谓科举制度废除与四民社会解体及知识分子"边缘化"的观点提出修正，认为：众多士子在诸多渠道中经过重新分化组合，再度融入并服务于社会，不仅基本能够维持原来的社会地位，而且在权力向基层延伸的过程中成为地方精英的重要组成部分，继续掌控着各种权力资源，占据社会权势的重要位置。对于新设邮传部的研究，苏全有的专著《清末邮传部研究》，除了对该部的成立背景、官制、机构、经费、规章管理、职掌等制度层面作全景式扫描之外，还重点论述了它在发展中国交通事业和回收利权方面的事功，尤其是对其政策决策作了深入检讨和重新审视。

关于新政时期仿照外国政治制度改革传统官制的问题，关晓红《清末州县考绩制度的演变》认为，为了改造利用原有官吏，使之适用新体制的需要，清政府对官吏考绩制度作了变通调整，从1904年开始实行考核州县官吏，试图通过体制内变革，解决吏治腐败的积弊，并为推行新政考察和选拔能员干吏，巩固权力基盘。但督抚势力坐大，革故鼎新难以兼顾统治集团内部的利益分歧，而只能避重就轻，使改革徒具形式，背离变政的初衷，同样危及甚至瓦解清朝的统治。州县考绩制度的变革及实行，恰好显现了清廷进退两难的困境。对于清政府财政体制变革，任智勇《试述晚清户部银库制度与庚子之后的变革》认为，在一定程度上反映了清末新政时期政治、财政上所发生的近代变革，新组建的度支部权力进一步加强，而银库的权力也有进一步加强的趋势，使从前纷乱复杂的外省分头批解京师各衙门银两的制度趋于简化，国库制度似乎已呼之欲出。

二、民国政治史

民国政治史，除了国民党和国民政府的政治问题之外，也包括中共革命的内容。

在国民党和国民政府方面，制度及运作体系的研究较多。对于国民党与国民政府的关系，有两篇文章：易青的《1927—1937年中国国民党党务经费之分析》，田湘波的《论中国国民党党费中的党政体制（1927—1937）》，就1927—1937年的状况指出：由于国民党的经费更多来自政府的资助，党权与政权虽紧密结合在一起，但只是政权扩展促进党务发展，而不是党务发展促进政权延伸，在理论上虽是党领导政府，但实际上却是党靠政府。至于国民党的派系之争，金以林《地域观念与派系冲突——以二三十年代国民党粤籍领袖为中心的考察》认为，其原因之一是地域观念，由于国民党发迹于广东，造就了大批粤籍党国领袖，而孙中山生前在有意无意间扩大了粤籍党员同他省党员间的矛盾，此后随着蒋介石在党内权力的不断提高，蒋同粤籍领袖之间的矛盾日益扩大，国民党内部的派系纠纷逐渐演变成公开的武装冲突。对于北京政府所施行的文官选拔与任用制度，姬丽萍《北京政府时期文官考试与任用制度评析》认为，它脱胎于孙中山的文官管理思想，成型于袁世凯统治时期，其基本内涵包括组织与体系、考试与甄别、分发与任用等3个方面，可以说是中国近代文官（公务员）制度形成的伊始，对其后南京政府时期公务员管理体系产生了重要影响。

对于地方政权和乡村改造，也有较多的研究，主要涉及到了这样几个问题：一是李巨澜《略论民国时期的区级政权建设》研究了区建置变化及其对乡村基层政权的影响，认为区的地位经历了从自治到行政、从基层政权组织到县级派出机构的变化，体现出国家力量向整个社会进行扩张的过程中对乡村社会权力结构变化的影响。二是关于某些地区政权建设的问题。如张伟《民团、学校与公所——1930年代广西乡村基层政权之建构》认为，20世纪30年代新桂系重新掌握广西政权之后，建立和健全了基层政权组织体系，稳固了在乡村的统治基础，成为近代乡村社会国家化较为成功的案例；又如丰箫《民国乡村秩序的整合：规范化过程——以1945年后的浙江省嘉兴地区乡村佃业纠纷为中心》认为，1945年后浙江省嘉兴地区，通过政府贯彻"二五减租"和解决佃业纠纷，使乡村秩序得以调整和整合。三是关于地方政府与乡村建设运动的关系。如魏本权《20世纪上半叶的农村合作化——以民国江西农村合作运动为中心的考察》认为，1930—1940年，江西省当局着力推行农村合作运动，成为江西农村近代化进程的重要推动力，同时也体现出国家对乡村社会的渗透、影响，导致了社会经济领域中国家与基层社会关系的扭曲和错位。还有陈意新《农村合作运动与中国现代农业金融的困境——以华洋义赈会为中心的研究》认为，华洋义赈会是二三十年代推行农村合作运动的一支重要力量，它通过合作社把农民集结为信用团体单位，把现代银行和国家金融机构吸引到农村的金融活动中来，形成以金融为切入点，改良农民经济的模式，但当合作社模式被国家政权推广为主要的农业政策时，最终导致合作运动在中国消失。

在中共革命史研究方面，其进展主要表现为研究领域拓宽和研究课题深化。在苏维埃运动史的研究中，开辟了一些新的视角，提出了一些新的观点。对于苏维埃运动与传统民间组织大关系问题，黄琨《中共暴动中的宗族组织》提出：在1927—1929年中共发动暴动时，阶级意识并没有深入到乡村社会，家族文化还有其存在的理由，中共暴动也在相当程度上利用了宗族因素，其中宗族组织一直扮演着重要的角色，既有有限结合的一面，也有设置人为壁垒的一面。朴尚洙《20世纪三四十年代中共在陕甘宁边区与哥老会关系论析》认为，在陕甘宁边区，共产主义运动与哥老会也有一定的关系，长征以前，当地的革命家们试图去适应秘密结社所植根的农村底层文化；长征后，中共进一步试图对哥老会进行全面公开的政治化，并通过"毛泽东路线"的灵活性开始逐渐在当地构筑自己的势力，而哥老会则无法取得更大的发展。

对于苏维埃区域与非苏维埃区域之间的对立，即赤白对立问题，黄道炫《苏区时期的"赤白对立"——阶级革命中的非阶级现象》认为：赤白对立不是阶级间的对立，而是一种非阶级的由多种因素引发的以地域为中心的冲突；它的出现，既有中共自身的原因，也有国民党方面的推波助澜，还缘于社会革命与社会组织间的内在冲突。黄道炫《逃跑与回流：苏区群众对中共施政方针的回应》还认为，从苏区群众对中共施政方针的回应来看，中央苏区在第五次反“围剿”期间，由于“左”的错误影响，曾出现信任危机，多次发生大批群众集中逃跑事件，对士气、人心及反“围剿”战争形成很大消极影响。红军长征到陕北后，中共中央纠正“左”的错误，采取符合群众利益，切合当时当地实际的施政方针，获得群众的欢迎，原先逃跑的群众出现回流，原在国民党统治区内的民众也向苏区流动。至于苏维埃革命爆发和发展的原因，黄道炫《1920—1940年代中国东南地区的土地占有—兼谈地主、农民与土地革命》提出，不能全归结为土地占有关系的恶化，虽有土地兼并造成的农民普遍贫困及地农关系恶化的原因，但也不能说是必然的，其关键则在于中共对农村的历史性介入，是特殊社会政治态势下各种力量综合作用的结果。

关于解放战争时期土地改革的研究，有两种不同于前的说法。一是王友明《论老解放区的军事动员》以山东莒南县为例，考察土改与参军的关系。认为，中国革命胜利靠的是中国共产党有效地解决了农民的土地问题，赢得了农民的支持，但减租减息、土地改革与战争动员的关系是一个复杂而多变的动态过程，并不是农民分到了土地，就积极主动地参军支前。中共成功实现参军动员主要是通过党的各级组织而实现的，也不同程度地存在着各种各样的强迫现象。二是李放春《北方土改中的“翻身”与“生产”——中国革命现代性的一个话语—历史矛盾溯考》通过考察北方诸解放区土地改革运动中的“翻身”与“生产”间的矛盾，指出，由于北方解放区在抗战时期形成的社会经济背景，农民“翻身”的要求往往指向抗战时期通过勤劳生产富裕起来的新中农乃至新富农，这就使翻身与生产构成了一对矛盾。运动组织者对这一矛盾的把握并不准确，造成种种问题，最后终于停止发动贫雇农闹翻身，转而鼓动发财致富闹生产，使这对矛盾暂时得到解决。

三、抗日战争史

2005年是中国抗日战争暨世界反法西斯战争60周年，抗日战争研究成果丰盛，出版了百余种相关学术著作，发表了大量相关论文，所涉及的内容包括抗日战争的各个方面，取得了新的进展，其中比较值得注意的是以下几个方面。

一是日本侵华罪行研究。关于日军南京大屠杀问题，出版了张宪文主编的《南京大屠杀史料集》28卷的史料集，汇集了日本、美国、德国、国内各档案馆收藏的相关史料，以及口碑史料，其中有很大部分为首次刊布。参加该史料编纂的孙宅巍利用新史料著成《澄清历史——南京大屠杀研究与思考》，对南京保卫战与南京大屠杀的关系、大屠杀的时空界定、性暴力发生的位置与特点、新发现的埋尸地点以及民众对日军暴力的抵抗，都比以往作了更深入地研究。关于细菌战问题，有吴永明著《太阳旗下的罪恶：侵化日军江西细菌战揭秘》，揭露了日军在江西实施细菌战的过程和实况，并对近年来中国民间细菌战受害者的对日索赔诉讼进行了法律方面的分析。关于战时日本强掳中国劳工问题，有何天义所编的《二战掳日中国劳工口述史》，其中刊布了500多名幸存劳工的口碑史料，真实记述了日本侵华时期被掳到日本北海道煤矿、九州岛煤矿、本州金属矿业、日本各地土木建筑、港湾装卸与造船等共计55个公司135个作业场4万名中国劳工的苦难经历。关于“慰安妇”问题，有田苏苏的《日军慰安妇在华北地区的实施》一文，利用台湾省编印的有关史料，以及中央档案馆尚未对外开放的日军战俘口供，并结合实地调查，揭露日军在华北地区慰安所的分布、形态与特点，以及日军强掳慰安妇的手段，战时慰安妇制度是由日本政府与军方操纵而实施的，并非商业行为。

二是日本侵华政策研究。关于日本对中国的文化侵略，有王向远的《日本对中国的文化侵略——学者、文化人的侵华战争》，以新发掘的史料为基础，记述日本右翼文化人在思想宣传、学术情报、奴化教育、新闻舆论、宗教文化、文学艺术等方面实施的“文化战”，认为日本对中国的侵略思想、方策的设计者，并非在朝的政府官员，而是在野的民间学者和文化人。这种观点并不一定准确，却是一家之言，可以给人启发。另有孟国祥的《大劫难：日本侵华对中国文化的破坏》，对日本侵华造成的中国公私文物损失、中国文化教育事业的损失和战后中国对日本掠夺文物的追索等进行了论述。关于日本侵华政策的根源问题，有沈予的《日本大陆政策史》，把日本的侵华政策上溯到甲午战争前，即明治维新后大陆政策的制订时期，认为日本从发动甲午战争到太平洋战争的一切对外侵略，都是大陆政策实施的结果。也有研究日本右翼的专著，论述了日本右翼在19世纪产生的历史背景，右翼思想所包含的内容及其特点，右翼组织在战前、战时以至战后的演变，及其在不同时期对日本政府和军队的影响。

三是中国抗日研究。对于抗战胜利的历史意义和国共两党的作用问题，张海鹏《走向民族复兴的重要标志——论抗日战争胜利的历史意义》指出：第一，抗战胜利完成了近代中国从“沉沦”到“上升”的转变；第二，中共提出并且推动了抗日民族统一战线，赢得了民心，从而发动蒋介石、国民党参加抗战，并利用国家政权的力量形成了全国抗战和全民族抗战；第三，在抗战中，始终存在着国民党、共产党两个领导中心，但在抗战过程中国共力量的消长发生着变化，总的趋势是人民的力量、共产党的力量逐渐增强，并且历史性地改变了国内政治力量的对比。对于抗日战争的领导权问题，郭德宏《论抗日战争的领导者》，把领导权与领导者区分开来，认为领导权主要是指以正确的主张和模范的行动影响和引导农民阶级、小资产阶级和民族资产阶级，也就是主要进行政治领导，这与对抗日战争的组织领导和行政领导不是一回事。如果就后者而言，那只能承认抗日战争是国共两党共同领导的。对于正面与敌后战场的关系问题，张宪文《关于抗日战争研究几个问题的思考》认为是相互依存的关系，中国的抗日战争不是党派的抗日战争，而是全体中华民族的抗日战争。对于抗日统一战线的形成，金冲及《抗战前夜中共中央战略决策的形成》从中共高层决策的角度，探讨其具体过程，从中可见中共从建立广泛的抗日民族统一战线任务的提出，到“逼蒋抗日”，再到“联蒋抗日”，每一步都与国际、国内形势的变化，国民党方面的反应，自身的成熟密切相关。

关于抗日战争与中国现代化进程的关系问题，早在上世纪90年代，就有学者开始进行研究，本年度仍有学者关注这个问题。袁成毅《现代化视野中的抗日战争》认为，在现代化的视野中，抗日战争对中国的影响是极为深远的，从经济上，极大地减少了中国经济的存量，延缓了中国工业化的进程；从政治上，使国民党集权变成了现实，极大地增加了中国人民在此后争取民主的成本和代价。荣维木《怎样以现代化的视角解读抗日战争》提出，虽然日本的侵略极大地破坏了中国原有的现代化进程，但又使得新的现代化进程悄然开启，在政治制度方面，使进步力量有了很大的发展空间，从此独裁在与民主的较量中很难占到上风；在社会改造方面，出现了新民主主义社会雏形，成为中国迈向现代化新进程的一个显著标志；在经济方面，虽然战时经济体制变革带有明显的被迫性，但从客观上看都包含了现代化的因素。此外，虞和平《中国抗日战争与中国文艺的现代化进程》也对战时中国文艺的发展进行了不同于以往的解读，认为：中国文化虽然在抗日战争时期受到日本侵略者的巨大创伤，但自五四时期开始高涨的以新文化运动为主流的文艺现代化进程并没有中断，战时新文艺的现代性进一步强化和理性化，日益注意传统旧文艺与现代新文艺的关系、民族文艺与西洋文艺的关系、政治与艺术的关系等文化现代化中的深层次问题，并取得了一定程度的实践成果，从而把文化现代化的进程推进到一个新的阶段。

四、社会经济史

在本学科研究中，有4个方面值得注意：一是市民社会的理论和历史的研究；二是国家对经济的作用受到重视；三是产权制度的探讨继续深入；四是行业组织作用的研究有所开拓。

关于市民社会研究，成果较多，无论在概念探讨上还是实证研究上都有新的发展，提出了这样几种观点：对于市民社会理论，陈仲元《反思中国市民社会理论研究》认为，将其应用于中国有四个缺陷，其中与历史有关的缺陷是：中国近代史一些学者所提出的国家与社会关系的“良性互动说”，缺乏历史和现实依据。因为，他们的研究主要集中在城市的商会，在中国庞大的社会体系中，商会是新诞生的一个社会组织，其作用不足以影响中国社会整体，过分突出商会，是一种片面的学术研究，使人产生商会就是市民社会的错觉。对于市民社会的形成条件，丁晓原《公共空间与晚清散文新文体》认为，晚清中国虽然并没有生成欧洲式的市民社会，但知识分子类群的出现，必然会营构公共的活动空间，而作为大众传播媒体的报刊，是晚清诸种公共空间中的一种重要的存在形式，并成为近代中国知识分子的自由论坛。这些报纸作为最为重要的公共空间，一方面聚合起了知识分子类群，另一方面又为他们的价值实现提供了必要的物化条件。对于公共领域的形成过程，靳环宇《也谈近代中国的公共领域：以上海为例——与许纪霖先生的商榷》认为，开始出现于19世纪70年代中后期，此时出现了全国性的民间慈善组织和经济组织，在80年代继续发展，90年代特别是戊戌变法时期走向成熟；其主体是资产阶级，其活动空间则是《申报》、格致书院和中西书院等。对于公共领域的类型，陈梅龙、苏冲《近代中国公共领域初探》认为，它不同于欧洲，主要有两大类：一类是以学校、报纸和学会为代表，以集会和通电为补充，新型士大夫和知识分子以救国为主旨聚集起来，实现新型的社会交往关系，并形成批判性的公众舆论；另一类是以会馆、公所、慈善机构和商会为代表，地方士绅和地方精英在地方事务中扮演重要角色，并按照他们指定的规则运行，同时要求公共权力来公断和调停其内部冲突。

关于国家对经济的作用，集中在农村合作运动的研究上。汪效泗《民国时期安徽农村合作运动》指出，在安徽，合作运动盛行20年，遍及全省60余县，在发展农村经济，整合农村社会，更新农民观念诸方面留下了深深的印记，是安徽农业近代化的一次有益的尝试。它是适应当时农村的严峻形势而出现的，政府当局进行了主动和积极的引导，使之在缓和乡村危机中发挥了一定的作用；在抗日战争中，又作为战时经济政策的重要组成部分，为在农村地区进行抗战动员，支援前线作战做出了重要贡献。魏本权《20世纪上半叶的农村合作化——以民国江西农村合作运动为中心的考察》指出，在江西，合作运动已经具有农村合作化运动的特征，即政府将合作运动视为农村近代化的重要推动力；但是，由于国家强制制度安排，导致社会经济领域中国家与基层社会关系的扭曲和错位，偏离了合作运动发展的既定轨道，而走向了农村的全面合作化，多数民众被强行编入合作社。这样，合作运动完全失去了其应有的经济功能，国家对农村社会经济资源的利用和重整，变成肆意的践踏和干涉，走向了民众需求的反面。

关于产权和企业制度的研究，主要涉及以下几个问题：一是对知识产权制度安排与经济增长关系的研究。张东刚、冯素杰《近代中国知识产权制度安排的效率与失灵》认为，移植于西方的近代知识产权制度，在一定程度上提高了人们的自主创新意识和知识产权保护意识，促进了技术进步和工商业的发展，但也由于各种局限性，使之没能收到应有的实际效果。二是对儒家伦理与企业制度的研究。杜恂诚《儒家伦理与中国近代企业制度》认为，道德背景同交易成本紧密相关，民间商人在创办企业时所采用的家族企业制度，能使道德背景所造成的交易成本最小，其中儒家伦理的作用十分重要。但是，儒家伦理对企业也有负面影响，家族企业在缺少凝聚核心的情况下，往往会出现分家析产而降低竞争能力，导致二代而亡。三是对官办企业制度的研究。朱荫贵《试论南京国民政府时期国家资本股份制企业形成的途径》认为，南京国民政府时期，以国家资本形式出现的股份制企业构成近代中国股份制企业的重要类型之一。这种国家股份制企业主要通过强行参股、原生和减持出售国有企业股份的途径形成。由于目的、方式及时期的不同，这些国家资本股份制企业在社会经济生活中发挥的作用也并非一致。另有莫子刚《贵州企业公司研究（1939—1949）》以抗战时期创建的第一个省营企业贵州企业公司为对象，对这一问题作个案实证研究。

五、思想文化史

在本学科研究中，讨论较多的是思想史学科涵义问题、学术思想问题。

在思想史学科涵义的探讨方面，讨论有所深入。对于中国近代思想史研究的对象和内容，郑大华《如何进一步深化中国近代思想史研究》提出，必须正确处理好3种关系，即思想家思想与人民大众思想的关系、思想理论与社会实践的关系、思潮史研究与思想家研究的关系。既要以思想家的思想为研究的切入点，尤其重视人民大众的思想，及其对思想家思想的影响。张宝明《重新改写还是重新打造——关于建立中国近现代思想史学科体系的思考》主张，思想史研究应该注重精英思想的来龙去脉，而一部民众观念史无论如何也难以成为地道的思想史。因此，不可将精英思想与民众思想的互动纳入思想史研究的领地，不应将思想史学科边界盲目扩张，否则就不能确立学科的独立性和主体性。许苏民《“一位擎着火炬的侍女”——论中国近代思想史学科建设中的三大问题与九大关系》认为，思想史的学科建设有三大问题、九大关系需要处理好。一是如何解决近代思想史的独立的学科属性问题，其中必须正确处理思想史与哲学史、文化史、学术史三大关系；二是如何解决在近代思想史研究中确立价值中立原则的问题，其中需要正确处理事实判断与价值判断、主流话语与非主流话语、思想史与社会演进史三大关系；三是如何解决在近代思想史研究中体现当代中国的时代精神问题，其中需要合理解决民族主义与世界主义、经验主义与理想主义、传统与现代三大关系。

在学术思想史的研究方面，新作较多，以下几项研究值得注意：一是王汎森《从经学到史学的过渡——廖平与蒙文通的例子》以廖平与蒙文通师生之间的学术承传为例，考察近代学术研究从经学向史学的转变。认为，蒙文通的“古史多元论”、“大势变迁论”都牵涉到近代从经学向史学过渡的复杂学术背景，加之受廖平的“经学系统不是一个完整的有机体”观念的影响，于是在近代“经”与“史”地位发生激烈转变的学术背景下，开始用历史的思维处理廖平以经学思维提出的问题。二是刘巍《〈教学通义〉与康有为的早期经学路向及其转向》以《教学通义》为切入，考察康有为经学思想的演变及其原因。认为，《教学通义》所反映出来的，实际上是一种基于经世理念的古今兼用的趋向，上书活动的失败，使康有为经学思想发生转变，调整了得君行道的上行路线，开辟了以匹夫自任“合民权”以保国、保种、保教的新的理论与策略。三是桑兵《从眼光向下回到历史现场——社会学人类学对近代中国的影响》考察了清末特别是民国时期西方社会学、人类学对中国史学产生的巨大影响。指出，清季知识人提出民史的概念，并认识到用西方的考古学和社会学弥补远古历史不足的重要性，经过民国学人的探索，史学的“眼光向下”和社会学、人类学的重心下移合流，使民史的重建渐具雏形。但是，史学以史料为依据，而考古学与人类学基本没有文献记录，都强调实地作业，要解决此一困惑，就要“回到历史现场”。四是黄兴焘、胡文生《论戊戌维新时期中国学术现代转型的整体萌发》考察了中国学术现代转型的时间和内涵问题。认为，这一转型始于戊戌时期，其主要表征是：学术价值的自觉和自主意识的初步萌生、以学术分科细密化为特征的整个现代学术结构观念体系初步形成、以“进化论”为核心的现代学术根本理念初步确立、现代学术机制变革与建设的综合性起步等。

在近代经世思潮研究方面，有几种新说提出。李细珠《试论嘉道以来经世思潮勃兴的传统思想资源》的说法是，以往所谓“今文经学才是经世思潮勃兴的唯一思想理论基础”的观点与史实不符。事实上，经世思潮的传统思想资源是多元的，除了今文经学外，乾嘉汉学、浙东史学、桐城派古文学、程朱理学、陆王心学以及诸子学，甚至佛学与道教思想，也都为经世思潮的勃兴提供了思想资料。左玉河《西学东渐与晚清学风嬗变》的说法是，晚清经世之学对西学输入起到了重要的引导作用，同时也使之在西方学术知识、学术理念及学术方法的影响下产生了种种弊端，如过分的实用性和功利性，容易混淆学术与政治的界限。对此，章太炎、王国维等学者都提出批评，大加矫正，使清末民初学风从“明道致用”走向“求真求是”，并追求创建西方那样独立于政治之外的“学界”。王宏斌《关于“经世致用”思潮的几点质疑》的说法是，“经世致用”的提法是不妥的，“经世派”存在的现实根据也不足，就连“经世”观念与“师夷制夷”之间的历史逻辑联系也是值得怀疑的。

以上所述，只是在2005年中国近代史学研究的一部分成果，但也可以反映本学科研究，本着实事求是的原则，开创新课题探讨，深化老课题研究的基本动态。

（虞和平　张志勇　李然）

学术成果·著作

晚清思想史

（郑大华　湖南师范大学出版社2005年版）

该书除绪论和结语外，分为6章，共52万多字，其创新之处在于：第一，以往学术界对中国近代思想史应该写些什么没有统一的认识，许多思想史著作写进了大量的哲学史、文化史、学术史等内容，学科界限混淆不清。该书则以晚清不同时期的中国人围绕近代中国所面临的民族独立与社会进步这两大任务而提出的各种思想、观念和主张及其争

论或斗争为其研究内容，其他中国近代思想史著作通常写入的哲学史、文化史、学术史等内容，除与该书研究的主题有关外，不包括在内，这样就较好地解决了学科的分界问题。第二，以往的中国近代思想史著作一般都从标志中国近代史开端的1840年鸦片战争开始写起。该书认为思想史有自己发展的内在逻辑，从鸦片战争开始写起割断了它的逻辑联系，使前一时期的思想成了无终之果，而后一时期的思想则成了无本之源。基于上述认识，该书把晚清思想史的起源确定在了整个嘉道年间，认为嘉道年间复兴的经世思潮使中国传统思想具备了向近代转型的可能性，而发生于此时的鸦片战争，又给经世思潮注入了新的内容，从而使这种可能性成为了现实性。正是在嘉道年间，中国传统思想开始迈出了向近代转型的第一步，并对晚清思想产生过重要的影响。第三，以往的中国近代思想史著作或以思想家的思想为主，或以各种思潮的演化为主，前者只见树木而不见森林，后者只见森林而不见树木，都存在着缺失。该书则将思潮史与思想家结合起来进行研究，即以近代思潮的演化脉络为经，以主要思想家的思想和活动为纬，经纬交织，一方面以思想家的思想来见证思潮的演化，另一方面又以思潮的演化来加深对思想家思想的解剖。第四，在“结语”部分，该书用近6万字的篇幅对晚清留下的思想遗产进行了认真疏理，认为晚清给后人留下了3笔遗产，即：（1）反对帝国主义侵略的爱国思想，（2）对民主与科学的追求，（3）强烈的“振兴中华”的使命感。这是其他中国近代思想史著作没有的内容。同时该书对目前学术界争论较多的太平天国与中国早期近代化的关系，冯桂芬的思想属性，清末立宪的性质，民族救亡与思想启蒙的关系，改良与革命的评价等都提出了自己的看法，对其他中国近代思想史著作很少涉及的20世纪初的启蒙运动以及《新政真诠》等都辟有专章或专节论述。著名历史学家龚书铎教授在为该书所写的序言中，以及郑师渠教授在为该书所写的书评中都对上述方面给予了充分肯定。

［郑大华，1956年生，湖南师范大学历史文化学院教授。出版著作《梁漱溟与胡适：文化保守主义与西化思潮的比较》、《张君劢传》、《民国乡村建设运动》、《梁漱溟与现代新儒学》、《张君劢学术思想评传》、《梁漱溟传》、《晚清思想史》、《民国思想史论》等，并出版了《最后一个儒家》、《儒教中国及其现代命运》等译著。在国内外学术刊物上发表论文100余篇。
通信地址：湖南师范大学历史文化学院
（410081）
电子信箱：zhengdh2002@yahoo.com.cn］

中国抗战与世界反法西斯战争

（胡德坤　韩永利　社会科学文献出版社2005年版）

胡德坤

第二次世界大战是20世纪世界历史从战争与动荡时期走向战争与和平时期的转折点，是一场改变世界的正义战争。正因为如此，中外学术界极为重视二次大战史研究，各国都极其关注本国在二战中的贡献。中国抗日战争是二次大战的有机组成部分，中国是世界反法西斯战争的四大国之一。但是，由于冷战和其他因素的影响，国外大量的著述和文章不能客观地评价中国抗战在二战中的重要作用，甚至加以抹煞或贬低。因此，探讨和论证中国抗日战争在二次大战进程中的地位、作用与贡献，就成为中国学者义不容辞的责任和使命。

本书是中国学者关于中国抗日战争地位和作用研究的最新著作，是著者20多年来潜心研究的学术总结。它分专题系统地考察和探讨了中国抗日战争在世界反法西斯战争中的地位和作用，提出了较系统的新观点、新见解，有助于将中国抗战地位与作用研究这一课题引向深入。当前，全世界都在关注中国，关注中国经济的持续高速发展，关注中国的崛起，中国抗日战争则是中国崛起的起点和开端，因此，这部专著也能为当前中国在国际舞台上发挥应有的作用、推进世界和平与发展提供历史启示。

本书由绪论、第一、二、三、四、五、六、七、八章和结语等10个部分组

韩永利

成，共38万字。

绪论介绍了国内外学界对中国抗战地位与作用研究的学术前史，作者深深感到这一课题研究尚处于起步阶段，而继续深入这一课题研究是中国学者义不容辞的责任。

第一章论证了中国抗日战争开启的时代意义。

第二章探讨了中国抗日战争对日本世界战略的制约与影响。

第三章探讨了中国抗日战争对日本

侵华政策的影响。

第四章探讨了中国抗日战争与英美远东政策由绥靖向抗衡转换中的作用。

第五章探讨了中国抗日战争与美英“先德后日”战略的关系。

第六章探讨了中国抗日战争与中国战时大国地位的确立。

第七章探讨了中国抗日战争对苏联全力抗德战略的支持。

第八章探讨了中国抗日战争对中国历史进程与世界历史进程的巨大推动作用。

结语对全书进行了总结，认为中国是世界反法西斯四大国之一，中国战场是世界反法西斯四大战场之一。中国战场是世界上开辟最早、持续时间最长的反法西斯战场，中国人民以巨大的民族牺牲，为第二次世界大战的胜利、进而为推动战后世界和平与发展，推动中国的独立解放与和平崛起做出了杰出贡献。

本书在以下几个方面有新的创意：

第一，将中国抗日战争的发生和发展置于20世纪30年代时代变化的国际背景中进行考察，论证中国抗日战争的时代意义和对世界反法西斯战争在理念和实践方面所起到的开创性作用。

第二，从世界历史的全局考察中国抗日战争的地位和作用。中国抗日战争长期抗击着日本陆军主力，对日本世界战略起到了巨大的牵制和制约作用，提升了中国抗战的世界性战略地位。中国抗战正是在国力贫弱的条件下，顽强地同强大的日本法西斯抗争了14年之久，使中国抗日战场成为反法西斯战争中的有机组成部分和东方抗日主战场。

第三，中国抗日战争极大地影响了东亚国际关系格局，推动了苏美英各大国对日政策的转变，为抗日战争的国际合作奠定了基础。中国抗战也极大地支持了苏联卫国战争和美英的“先德后日”战略，成为夺取世界反法西斯战争胜利的主要因素之一。

第四，中国抗日战争极大地推动了中国历史和世界历史进程。中国的抗日战争极大地改变了近代中国的国际地位，是中国从半殖民地半封建国家走向彻底独立解放的历史转换枢纽，是中国和平崛起的开端。作为世界反法西斯战争中的主要组成部分之一的中国抗日战争也成为世界历史从战争走向和平的强大推动力，促进了战后和平与发展历史趋势的形成。

［胡德坤，1946年生，现任武汉大学副校长、武汉大学世界历史研究所所长、历史学院教授、博士生导师，兼任中国第二次世界大战史学会会长等职。出版学术著作7部，发表学术论文50余篇。

韩永利，1954年生，武汉大学历史学院教授，博士生导师，中国第二次世界大战史学会理事、副秘书长。出版学术著作5部，发表学术论文20余篇。

通信地址：武汉大学历史学院］

学术成果·论文

20世纪30年代的文实之争

（张太原　《近代史研究》2005年第6期）

如果从教育入手探究历史，则不难发现近代社会的演进与教育的变革有着不可分割的联系，某一时期的教育变革往往隐含着政治较量、思想冲突、文化论争和社会变迁，透过教育史常常可发现以往较少注意到的一些近代历史的重要内容。是否应该“抑文重实”是20世纪30年代教育领域争论最激烈的问题之一。探讨这一论争，既可再现当时教育变革的场景，又可发现隐藏在教育中的历史。论争首先发生于广州，1932年5月19日，邹鲁等教育政要提出在广州各大学“停办文法科或减少数量”，由此在广州《民国日报》现代青年栏引发了讨论。相差仅11天，陈果夫也向国民党中央提出了“十年之内停办文法科”的教育改革方案，此后围绕着是否应该“抑文重实”发生了全国性的讨论。这场貌似简单的关于一条具体教育改革措施的论争，实际上隐含着非常丰富的内容，诸如社会问题的救治、国难的因应、地方和中央之争等，其中最主要的是自由知识分子与国民党之争。提倡停办文法科的人多为“党国巨公”如邹鲁、陈果夫等和地方政要如曾文豪、郑贞文等，而反对停办文法科的人多为教育界特别是文法科方面的自由知识分子，如陈序经、蒋廷黻、池世英、刘廷芳、罗廷光等。其实，他们对文法科的不同态度，主要不是教育理念上的差异，而是政治立场和政治理念的不同。对于自由知识分子来说，反对停办文法科的用意之一，是希望通过文法科的训练，来培养“领袖人才”，以纠正国民党的“无知识无操守”，从而让当权者来懂得他们所理想的“政治”，甚至有通过“自由的教育”培育出来的“领袖人才”来代替南京政府中的“领袖人物”的倾向。而对国民党人来说，此时所推行的“训政”或“党治”本身是把自己当作国民的“领袖”，显然不再需要什么教育培育新的“领袖人才”，以与自己相争夺。他们需要的是可以供驱使的“专门实用”人才：增加生产，“为国家社会服务”，换一个角度也可以说是为巩固他们的统治做“苦力”，“就是在把一班青年都变成不会思想而只知劳作的马牛。”国民党的教育方针规定，

"学生应切实理解三民主义的真谛，并具有实用科学的智能，俾克实现三民主义之使命。"这集中体现了国民党的人才教育宗旨。值得指出的是，在教育决策者和社会舆论之间也存在一种互动，"抑文重实"并没有完全按照国民党的意志推行。这种互动说明自由知识分子在某种程度上可以修正国民党在一些具体决策上的偏颇；也从一个侧面表明，在国民党的"专政"中，自由知识分子的主张和意见并没有完全被排除在外，而是存在着一个可以公开表达并发生影响力的空间。

[张太原，1970 年生，历史学博士，中共中央党校党史部、聊城大学历史文化学院副教授。发表论文 20 余篇，合著《当代北京市居民的消费生活方式》。
通信地址：北京市海淀区大有庄 100 号中共中央党校党史部（100091）
电子信箱：hrq125@ sina. com]

从江南的上海到上海的江南

（周武 《上海文化》2005 年第 1 期）

前近代的上海，始终处于江南的边缘，可以说是江南的上海。开埠以后，上海在通商及一系列"突发事变"的推动下快速走向繁荣，并取代苏州和杭州而成为江南新的中心城市。在这个过程中，以上海为枢纽，从南北两线展开的扇形地带，又伴着上海的节奏起舞，"时局为之大变"。此前是上海"城中慕苏、扬余风"，现在则轮到苏、扬来沐海上"洋气"。海上"洋气"之取代"苏、扬余风"，意味着杭嘉湖甬绍苏松常镇宁十府的"江南"，逐渐变成了"上海的江南"。从江南的上海到上海的江南，上海城市地位的变迁及其所牵动的江南区域版图的重整，可以说是中国区域现代化史上最抢眼的历史事件和鸦片战争以降的近代巨变中最耐人寻味的变化。

本文共分 3 个部分：

第一部分论述自 1292 年设县以来，上海从江南一个"无所表见"的普通滨海县城发展成为"莞枢南北，转输江海"的"互市巨埠"的过程，认为前近代上海尽管已显示出自己独特的城市个性，在海禁解除之后，上海城市社会经济构造的外向型特征尤其明显，展现出开放主义的态势，但无论在地理空间上还是在江南地区的整个城市序列中都处于边缘的位置，它的重要性远无法和苏州、杭州这样的中心城市相提并论。从整体上说，那个时候的上海，是江南的上海。造成这种格局的原因很复杂，其中最根本的有两条：一是"帝国晚期"的制度环境使然，在这种制度环境下，上海城市的自主性受到抑制，盛与衰都系乎朝廷推行什么样的政策；二是那个时候江南的交通与商业网络基本上以运河为中心，作为沟通南北的黄金水道，运河承担了江南大部分物流的转输，在这样的交通与商业网络中，上海僻处海隅，只能扮演边缘性的角色。

第二部分论述开埠以后的上海在一系列"突发事变"（主要指小刀会起义和太平军江浙战事）的影响下迅速取代苏州和杭州成为江南新的中心城市的复杂过程，认为这种取代，是现代城市对传统城市的取代，苏州、杭州的衰落和上海的崛起代表了一个时代的结束和另一个时代的开始。此后，上海便进入了超乎常规的大发展时期。在这种超乎常规的发展中，上海与世界经济、文化的互动日益紧密，并在这种互动中日趋现代化和国际化。到了两次世界大战之间，上海更是步入了所谓摩登时代，成为整个亚洲最繁华和最国际化的大都会。作为江南新的中心城市，上海的崛起给江南地区带来的变化是全方位的，从市场网络到产业布局，从城镇格局到社会生活，受上海强有力的牵引，都发生了深刻的变迁，呈现出一种明显的以上海为龙头的一体化趋势。江南的上海由此而变成了上海的江南。

第三部分论述上海的崛起所导引的江南文化版图的重构。认为苏杭的衰落和上海的崛起，江南中心城市的位移，不仅意味着江南地区城市格局的"主从倒置"，而且直接导致江南文化版图的重构，上海取代苏杭而成为"新人文渊薮"，这对近代江南乃至全国的文化变迁都具有非同寻常的意义。如果说，太平天国之前江南文化是以苏杭为中心向边缘市镇包括上海辐射，那么，在此之后，江南传统的文化中心急遽地走向衰落，取而代之的上海则成了"新学枢纽之所"和新文化的中心，各种新的思潮、书籍、报刊及国内外重要信息，开始从上海源源不断地流向江南，流向全国。这种变化不仅意味着江南文化中心的位移，更预示着旧学的式微和新学的蓬然而起。

[周武，1964 年生，上海社会科学院历史研究所研究员。
通信地址：上海社会科学院历史研究所（200235）
联系电话：021－64862266 转 2405
13611748032
电子信箱：zhouwu@ sass. org. cn]

关于近代中国"两半"社会性质总理论的由来

（周兴樑 《历史教学》2005 年第 2 期）

本文对半殖民地半封建社会概念的输入，及其"两半"社会理论形成、提出、确立和完善之全过程，作了系统而简要的梳理和论证。认为"半封建"和"半殖民地"概念是革命导师恩格斯与列宁最早提出来的。列宁曾分别用前者和后者来说明近代中国的社会性质及其所处的国际地位。中共的理论家在将这"两半"概念舶入之初，恪守了列宁所确定的理论界定标准与含义。首次国共合作时期的 1926 年，蔡和森第一次将"两半"概念联在一起用来说明近代中国的社会性质，使之成为"半殖民地半封建社会"的理论新概括。这种理论创新的"两半论"提法，后为中共领导所采纳——它首次出现在 1929 年中共中央的通告之中。进入 30 年代后，"两半论"逐步成为中共理论家和史学家的共识；长期结合中国民主革命实践来考察研究近代社会性质的毛泽东，这期间对此问题多次作出过全面、系统和深刻的阐述，从而使"两半论"作为共产党人观察近代社会的总理论而不断深入人心，并最后成为正确的历史定论。

［周兴樑，1944 年生，中山大学历史系教授、博士生导师，兼任广州文史馆研究馆员、文史委员会副主任、中国近现代史料学会副会长。
通信地址：广州中山大学历史系
（510275）
联系电话：020－84035350
13660532372］

关于"经世致用"思潮的几点质疑

（王宏斌 《史学月刊》2005 年第 7 期）

在研究晚清社会思潮时，有人认为中国在嘉庆道光年间出现了一股"经世致用"社会思潮，产生了一个"经世派"，不仅如此，还把这种"经世致用"思潮与鸦片战争后的"师夷制夷"相联系。这篇文章资料丰富，观点新异，在一家重要杂志发表之后，产生了很大影响，各种论著辗转抄录，不下数十篇，这些文章观点千篇一律，几成定论，直到现在尚无人就此提出质疑。笔者仔细推敲，不仅"经世致用"的提法不妥，而且"经世派"存在的现实根据也不足，就连"经世"观念与"师夷制夷"之间的历史逻辑联系也是值得怀疑的。

"经世"的主要含义是"经纬世事"，即"纬人伦而经世道"，一般可以理解为治理国家，含义非常明确，历经 2000 余年而不变。查阅中国历代正史，包括《清史稿》在内，"经世"一词在 25 部史书中共出现 204 次，除了 5 处是指"时代经历"之外，其余各处含义均为"经纬世事"。我们在阅读这些史料时，尽量联系上下文，不仅没有发现一处与"致用"一词直接相连接，而且也无一处需要表达类似"致用"之含义。道理很简单，"经世"就是用，"儒者之学以经世为用"。"经世致用之学"，或"经世致用观念"的提法开端于梁启超。将"经世"与"致用"组合为"经世致用"，不仅语义重复，而且容易产生歧义。这种提法不妥，需要加以纠正。

"经世"的词义非常广泛，凡是关注现实社会具有政治抱负的人，无论是处于知识积累阶段还是学富五车的大儒，无论是专门从事文学创作还是撰写历史，无论是研究舆地还是究心农桑治河，无论是师儒还是官吏，无论是在朝还是在野，甚至无论政治学术倾向如何，他们的言行均可归入"世事"的范围。"儒者虽至于无声、无臭、无方、无体皆主于经世。"既然儒家知识分子几乎人人主张"经世"，那么，以是否具有"经世"意识来划分"经世派"，便没有多大学术价值。

就形式逻辑来说，"经世"是一个内涵丰富的概念，赞同"师夷制夷"与反对向西方学习，主张政治改革与排斥任何社会变革，这是两对相互对立的平行概念，它们的外延不仅互相排斥，而且外延之和又都小于其邻近的属概念的外延，显然，它们都包含在"经世"这个上位概念之内。S 或是 P 或是 Q，那我们就不能得出什么结论。既然主张"师夷制夷"与反对"师夷制夷"，主张社会变革与反对社会变革，同属"经世"的范畴，那么，把社会改革、"洋务"

思潮简单与“经世”思想联系在一起，逻辑思维势必陷入混乱。

［王宏斌，1954 年生，河北师范大学历史文化学院院长、教授、博士生导师。
通信地址：石家庄市河北师范大学历史文化学院（050091）
联系电话：0311－86263216］

《教学通义》与康有为的早期经学路向及其转向

——兼及康有为与廖平的学术纠葛

（刘巍 《历史研究》2005 年第 4 期）

本文以《教学通义》为切入点，作前后延伸，试图了解康有为早期经学思想的来路与去向。本文认为，康有为治经，始于“记诵之学”，历经分辨今古文而今古兼采并用，再到专宗今文而全面攻击古文几个阶段。他早年对周公的尊崇接受了章学诚“六经皆史”观念的启发，同时他也开始受常州公羊学派的影响而对“孔子改制”有一定的理解。对腐败现实政治的经学反思以及向最高当局露布变革主张的失败，促使他调整通过最高王权变法的上行路线，而开辟了以匹夫自任“合民权”以保国、保种、保教的新的理论与策略，与这种思想相表里的是对孔子的新诠释与今文经学立场的确立。在他基于经世的观念而今古文兼采的阶段，廖平似不可能影响到康有为，但是在由于时局的激荡而冲破旧的经学思想格局之际，廖平的“辟刘之议”尤其是对《周礼》的处理方式很可能刺激了康有为的新思路。

本文作者既没有基于某种地方文化观念而把康有为的经学思想归结为对廖平的简单抄袭，也没有站在传统的考据学或现代纯学术观念而把康有为的经学批得一钱不值，而是着眼于“经世”的观念来把握康氏的学术特征，显得很有说服力。正是从这一角度，作者发掘出了康氏早年对周公的推崇与章学诚“六经皆史”观念的历史联系，也是从这一角度，作者对康氏今文经学思想路线的确立作了富于想像力的诠释，甚至对“民权”观念的传统学理依据都作了发人深省的阐明。之所以能够做到这些，相当程度上得力于勇于摆脱晚清今古文之争所遗留的门户之见的结果，而这正是作者近年来所致力的。正像作者已有的研究成果所显示的，作者既能够注意到“经学的史学化”的趋势，又能充分估价“通经致用”的合理性，更能在较为宏阔的历史脉络中加以定位并揭示其意义，这，专而言之对经学及经学史的研究，广而言之对学术思想史的研究，在方法论上都是有参考价值的。

［刘巍，1969 年生，中国社会科学院近代史研究所副研究员。主要成果有：《〈刘向歆父子年谱〉的学术背景与初始反响》、《“诸子不出于王官论”的建立、影响与意义——胡适“但开风气不为师”的范式创新一例》、《从援今文义说古文经到铸古文经学为史学——对章太炎早期经学思想发展轨迹的探讨》。2005 年发表论文《〈教学通义〉与康有为的早期经学路向及其转向——兼及康有为与廖平的学术纠葛》。
通信地址：北京市王府井大街 1 号中国社会科学院近代史研究所（100006）
联系电话：13521118366
电子信箱：liuwei196910@sina.com］

近代以来中日亚洲观简论

——“亚洲一体化”的思想考“古”

（盛邦和 《国际观察》2005 年第 4 期）

历史文化渊源相同，使亚洲各国对本地区同具一种归属感、自豪感和自信心。历史是现实的背景，现实是思想的实现。当人们以热诚之心讨论亚洲一体化的时候，有必要作一次“思想考古”，回顾历史上亚洲人的“亚洲观”，以了解亚洲现状的“思想背景”。与欧洲相比较，亚洲“经济一体化”步履艰难。人们从各方面寻找问题的起因，沉思而不得其解。然而，假如把视线投向历史，或许可以寻觅症结，发现希望，从根源上找到21世纪亚洲一体化的前进之路。

该文对日本历史上“亚洲主义”的重要代表冈仓天心、井上圆了、大川周明、桂太郎等人的思想作了探讨，同时也对孙中山、章太炎的亚洲观作了介绍。事实告诉人们，一百年来中国与日本已具备各自的亚洲观，此为今天“亚洲一体化”提供诸多有益的启示。

“中日提携”、“中国不可轻”、“亚洲联合”等思想，产生于19世纪上半叶以来的日本思想界，其特点是主张中日协和，共同反对西方军事与经济的侵略。尽管这样的思想具有“合纵联横”的“战略”意义，可称之为“战略亚洲主义”。然而它毕竟有别于“大亚细亚主义”、“大东亚共荣圈”等侵略理论，且因源生于民间，对亚洲合作终归有利。研究近代日本的中国观与亚洲观，应避免全盘否定的“一抹黑”做法，将右翼论调与民间思想作区别对待，是应取的态度。

漫长的历史发展过程中，中日形成以儒学为主体的近似的文化国情。文化认同，将产生协作共存的“协和”体认。井上圆了、冈仓天心等人是文化亚洲主义的代表，其“主义”的根底与中国文化有关。孙中山的“大亚洲主义”与章太炎的“文化一体”论，既对军国主义理论保持警惕，作尖锐批判，也对中日近世以来文化“同源”的情况作高度评价。中国与日本至今遗存而续的文化底蕴，为当下亚洲合作提供了必要的文化心理基础。

回顾历史也清醒地看到，尽管民间人士勾画出中日友好、亚洲合作的美好图画，然而，因为右翼思想的影响，日本依然存在以下错误论点。“日本中心论”认为：日本最早进入现代化行列，有理由成为亚洲中心。亚洲“合作”，必以日本为“中心”、为主导；“日本解放论”认为：近代以来，亚洲沦为欧美殖民地，日本“进出”（侵略）邻国是为了“解放亚洲”；“脱亚论”认为：在亚洲唯日本臻“富强”之域，亚洲诸国落后愚昧，不配作日本的朋友，乃是日本的“恶友”，日本应脱离“恶友”，脱离亚洲。如此“理论”还有很多，流毒至今，是阻止当前亚洲合作发展的精神障隔。

［盛邦和，1949年生，历史学博士、教授、博士生导师，上海财经大学人文学院历史学研究所所长暨华东师范大学思想研究所研究员。
通信地址：海国定路777号上海财经大学人文学院（200433）
联系电话：021－52814618
13818010800
电子信箱：Sbhh2001@yahoo.com.cn］

开放与调适：上海开埠初期混杂型社会形成
（1843—1869）

（熊月之　《学术月刊》2005年第7期）

上海在开埠以后的20多年中，特别是租界建立以后，逐渐由一个普通的沿海城市，演变为对外开放的城市。小刀会起义以后，租界由华洋分处变为华洋杂处，上海城市格局发生巨大变化，由一个独立城市变成一市三治。此后，租界与华界文化相互影响，到19世纪60年代，由一个比较单一的社会，变成混杂型社会。所谓混杂型，主要表现在以下3个方面：（1）中西管理权限交叉，即对于英美租界，西人、华人权力均不充分。上海地方政府与租界当局有抗争的一面，也有合作的一面，在治安、市政建设、联合禁止赌场、联合进行洋泾浜疏浚和造桥工程方面，就与租界当局进行一定程度的合作。（2）中西利益交叉，即华人在租界，西人在华界，均有一定利益，这两种利益有冲突，也有重叠，乃至在对抗太平军方面，租界西人与上海官绅形成统一战线。（3）中西法律混合，会审公廨同时适用中西不同法律，遇到矛盾时就协商、妥协。论文在详细占有资料的基础上，通过上海对西人开放、租界对华人开放、华洋的抗争与合作、混合法庭会审公廨的形成诸问题的论述，说明上海开埠以后混杂型社会的形成，是多种因素交互作用、因缘际会的结果，也是谈判、协商的结果。论文表明，即使在鸦片战争以后那样特殊的时代，不同文化的会面，不同文化之间的矛盾，其解决方式也不只是仅有对抗、冲突一条路，也有调和、回旋的空间。这种解释模式，较之以往中、西二元或侵略者巧取豪夺、清政府妥协投降更符合历史实际，也更具有解释力。

［熊月之，1949年生，上海社会科学院副院长、历史研究所所长、研究员，复旦大学兼职博士生导师。
通信地址：上海市淮海中路622弄7号（200020）
联系电话：021－53060606
电子信箱：xyz@sass.org.cn］

抗战期间日本对华文化侵略述论

（严昌洪　黎霞　《中南民族大学学报》2005年第4期）

严昌洪

抗日战争期间，日本侵略者对中国实施了政治、经济、军事、文化等一系列侵略暴行，对国家和人民造成了极大的损失和伤害。民族文化遗产是民族共同心理产生与维系的重要基础和载体，对于一个国家民族文化的掠夺与破坏较之军事侵略影响更为深刻，应当给予更多的关注。本文本着客观和求实的态度，从日本对华文化侵略的政策及组织、日本对中华文化的劫掠与摧残、日本在华之文化专制与奴化教育等三个方面对日本在华文化侵略的历史罪行进行了概括论述。日本对中国的文化侵略是有预谋、有组织的政府主导行为，早在甲午战争爆发后，日本政府便颁布了所谓《敌产管理法》，对被占领国图书文物进行“收集”；“九·一八”事变后，日军各部更是专门配备“文物收集员”。在全面侵华战争爆发以后，日本政府和军部屡屡制订“思想指导”战略，“要使现地中国方面的思想统一于东亚联盟思想，击破敌方抗战思想，驱逐共产思想。”为

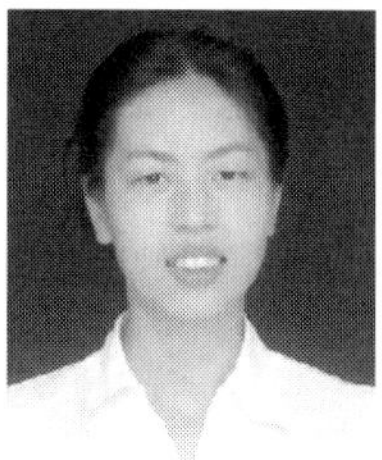

黎霞

达到目的，日本扶植建立了很多文化侵略组织，其中较有影响的是新民会、东亚联盟和中日文化协会。日本对中华文化的劫掠与摧残主要表现在破坏文化名城和古建筑、掠夺文物珍宝、毁坏与掠夺图书，以及有计划的摧毁中国教育文化和学术机关等四个方面。日本对华施行文化专制与奴化教育，则主要利用了强化美化侵略宣传、控制传播媒介、推行奴化教育、迫害知识分子和进步人士、进行思想腐蚀，及利用宗教辅助侵华等方式。经过浴血奋战，中国人民最终将日本侵略者赶出家园时，神州大地到处断壁残垣，一片破败景象，日本侵略者企图用军国主义文化、法西斯文化征服中国几千年的古老文明，使中华文化蒙受了巨大损失。但是，中华民族是不可征服的，日本的文化侵略与其发动的侵华战争一样，遭到了可耻的、彻底的失败。中国人民和中华文化在战火中得到新生。

［严昌洪，1943年生，华中师范大学中国近代史研究所教授、副所长，辛亥革命史研究会副理事长兼秘书长。

通信地址：湖北省武汉市华中师范大学中国近代史研究所（430079）

联系电话：027－67868393

电子信箱：chyan@ mail. ccnu. edu. cn

黎霞，1976年生，华中师范大学中国近代史研究所在读博士生。

通信地址：华中师范大学中国近代史研究所（430079）

联系电话：027－87340300

电子信箱：langtaoshazi@ yahoo. com］

抗战前商会对日本在华北走私的反应与对策

（郑成林　《华中师范大学学报》2005年第5期）

1935年6月以后，日本为了配合其全面性的对华经济侵略和分离华北的政治野心，在华北地区展开了一次公开的大规模走私活动。此次走私活动不仅严重侵犯了中国的国家主权，而且对中国社会经济和国民生活亦造成了严重影响。为了维护国家主权和恢复经济发展，南京国民政府虽然多次向日本提出强烈抗议，也采取了一些缉私措施，但是慑于日本的武力淫威，缉私行动时断时续，难收实际效果。鉴于此，商会一方面呼吁社会各阶层积极行动起来作为政府的坚强后盾，支持政府与日本交涉，另一方面积极联合其他社会团体协助政府制订和实施各项缉私法规，打击走私活动。正是在商会的密切配合下，国民政府先后颁行了一系列缉私法规，并取得了一定的成效，不仅查获了不少私货，而且截断了私货南运的途径。无论是在进口货物的运输、稽查，还是在偷运私货的揭发、惩处等方面，商会均扮演作不容忽视的重要角色。不仅如此，各地商会还纷纷组织缉私团体、拟以民间力量抵制私货入侵。此外，各地商会还积极倡导不卖私货和提倡国货，以根绝私货。这些措施不仅获得了社会各界的支持，而且也获得了政府的肯定，在一定程度上遏止了私货的蔓延，维护了工商业者的利益，显示出商会在一定程度上依然担当着工商界“登高一呼，群起应之”

的重要角色。当然，商会的缉私措施也存在一些局限，例如，多数是治标之举非治本之法，对国民政府的妥协和软弱缉私行为亦未见任何批评。尽管如此，抗战前商会立足于维护商利和国家利权，积极投身于轰轰烈烈的缉私运动，凝集了缉私力量，壮大了缉私队伍，对防止私货蔓延、促进国货生产和维护国家主权均有着重要意义。不仅如此，商会还在缉私活动中充当着社会中介的角色，不仅及时地将政府的缉私政策传达给广大的工商业者和社会各界，而且及时地将工商界和社会各界的意见与建议反馈于政府，为缉私政策和措施的制定与调整提供依据。虽然抗战前国民政府在政治上加强了对商会的控制，但是依然视后者为稳定和发展社会经济的有力支柱，因此，不仅对商会组建缉私团体和其他缉私举措给予大力支持，而且认真听取了商会的意见与建议对缉私法规作出及时的调整和修改。由此可见，抗战前商会虽然因加强了对政府的依赖而削弱了独立性，但同时亦加强了权威性和活动能力，二者之间并非一种简单的控制与被控制的关系。

［郑成林，1973 年生，华中师范大学中国近代史研究所副教授。发表文章 20 余篇，出版著作（含主编、合著）6 本，主持承担或参与国家和省部级课题 10 余项。

通信地址：华中师范大学中国近代史研究所（430079）

电子信箱：zgjds@yahoo.com.cn］

“抗战无底论”与“不降必胜论”想说什么？

——抗日战争期间蒋介石集团对日政策剖析

（王桧林　《学术月刊》2005 年 9 月）

抗日战争时期，中国国民党蒋介石集团的对日政策既有坚持抗战的一面，又有对日妥协谋和的一面，表现出及其复杂和时有变化的情况。通过对《敌乎？友乎？》、《抵御外侮与复兴民族》、《中国抗战与国际形势——说明抗战到底的意义》、《抗战过程应有的基本认识》、《不降必胜的道理》等资料的分析，揭示了蒋介石对日政策的真相。

本文对蒋介石对应日本侵略的战略、政策和“安内”与“攘外”的关系作了分析，概括为 5 点：（1）“攘外必先安内”；（2）“和”“合”原则；（3）“四不”外交政策和“节节抵抗的消耗战术”，与“革命战略”“是完全相应一贯”的；（4）“以空间换时间”与寄希望于有利的国际形势变化；（5）防范“颠覆政府”和“同归于尽”的问题。以上的问题揭示了蒋介石！对日态度和政策的深沉用心和奥秘之处。

以上 5 个问题是蒋介石对日政策的基本原则，从九・一八事变开始直到日本在第二次世界大战中战败的形势明朗化时为止，是一直坚持着的，有时有所变化是在策略方面。

蒋介石的对日政策，既进行抗战又有意谋和。在全国人民同仇敌忾积极抗战的情况下，对日谋和是会遭到强烈反对的。但是既有谋和的意图又有谋和的秘密行动，一旦被公开揭露或成为事实，会引起全国的公愤和大震动，因此又不能不有所表示以作试探和预作防范。这样，以含糊不清的语言、模棱两可的论述、暗示的手法，著文发表透露蒋介石的谋和意图，就成为一种必要的可行的宣传手段。《抗战过程应有的基本认识》、《不降必胜的道理》这两篇过去未被利用的文章，提出了两个奇怪的论调——“抗战无底论”和“不降必胜论”，就是由“参与机密”的人应这种需要而写的。利用这样的资料审视蒋介石对日政策的阴暗一面比冠冕堂皇的文章有更大的真实性。

［王桧林，1925 年生，北京师范大学历史学院教授、博士生导师，中国现代史学会名誉会长。

通信地址：北京市德胜门外新风南里 11 楼 2－501（100088）

联系电话：010－62363508

电子信箱：wanghy6935@gmail.com］

民族中心教育与三民主义教育

（曹天忠　《学术研究》2005 年第 7 期）

三民主义教育宗旨的确立，是国民党建立思想重心的尝试，然成效不彰，被认为是丢掉大陆最重要的原因之一。

通过民族中心教育与三民主义教育先后存在的“彻底”结合、“体与用”和“形式与内容”三个阶段关系的纠葛，能典型地折射出后者在近代中国鲜为人知的真相和曲折的命运。

民族中心教育是中山大学教育研究所集体创造的产物；以三民主义为教育的宗旨，则为该校校长戴季陶为首的两广教育界所倡。大学院为编订适应新宗旨的中小学课程，特地征求中大教育所的看法，但对后者的意见却加以拒绝。这反映了教育界对课程如何主义化的分歧：一是以杜威“生活教育”为依据，将党义寓于各科之中的整个连贯说；另一为各科之外，将三民主义单设的分科论。大学院主张后论，两广教育界力持前说，以养成儿童“彻底主义化”。此举为教育名家姜琦所激赏，后为教育部所接受。表明在此问题上，两广较大学院走得更远。

以社会学为依据的涂尔干教育学说和以心理学为指导的杜威教育的最大不同点，为教育的目的并非个人而是社会。反映在小学课程的名称上，“民族中心”置换了“三民主义”；在内容上，以民族为中心的经济、政治、军事、人文四大科目，包涵且取代了教部的10种课程；而理论是批判、综合近代中西教育文化本质而成的“协进论”。这既是民族中心教育理论基础，由杜威的心理学到涂尔干的社会学，最后回归到中国历史学的大变化，也是对当时中国的教育要美国化、欧洲化，还是中国化争论的一种回应。随之，民族中心教育与三民主义教育的关系乾坤颠倒，前者上升为“体”，后者下降为“用”。原因是前者的范围大于且包含了后者，特别是后者本身存在着解释歧异、片面强调自由平等、局限于政治、没有向上进步等缺陷。结合姜琦出版有关论著遭到的冷遇，可发覆出三民主义受到教育界普遍抵制的真相。

七七事变后，二者的关系再度发生变化。因为三民主义文化是中华文化的承继和固有的道统，完满地解决人我、上下、贫富等人与人间关系的问题，因而民族中心教育只能是形式，三民主义教育才是内容。内容决定形式。两者关系，遂由“体与用”转变为“形式与内容”。

民族中心教育与三民主义教育关系一波三折，表明后者在推行过程中命运坎坷。这实际上涉及到近代中国教育和社会的重心未能有效建立的根本问题。吴世昌曾警告三民主义事实上没有成为国家的重心，有可能崩溃于共产革命的危险性。这一不幸而言中，为后人提供了深刻的教训。

［曹天忠，1964年生，史学博士，中山大学历史系副教授。
通信地址：广州中山大学历史系（510275）
联系电话：020－34251926
电子信箱：caotianzhong2004@yahoo.com.cn］

日本的“脱亚入欧”与中国的“三甲纪念”

（刘学照 《华东师范大学学报》（哲社版）2005年第1期）

从19世纪末年起，日本近代历史进程向“脱亚入欧”折变。“十年作一次战争”（孙中山语），在近代中日关系史上造成“三甲纪念”（李大钊语）。

“甲午之役”：日本“脱亚”历程的起始 日本明治维新后的历史走向和国家目标可用“脱亚入欧”概括。它包有文化“欧化主义”和“军国侵略主义”双重内涵。作为历程又含有“脱亚”和“入欧”两个互联并互动的层次。“脱亚入欧”是日本发动甲午中日战争的主要历史动因。经过十年准备，它利用洋务新政迟滞，一举打败中国，迫订《马关条约》，强索巨额赔款，割占中国领土台湾，控制和奴役朝鲜，初步实现“脱亚”目标。由此加深了中华民族灾难，激起中国民族觉醒。

“甲辰之役”：日本“入欧”地位巩固 甲午后的十多年间，日本近代经济迅速发展，开始向帝国主义过渡。它利用清廷严重衰弱和远东国际均势改变，加快“脱亚入欧”历程。在中国问题上与欧美列强为伍，挤入八国联军，与英国订立同盟，初步圆了“入欧”梦。为成为“东洋之盟主”，加强与张扬“南下”野心的沙俄展开对东北亚的争夺。它凭借又一个十年之功，依靠“强援”英国以及美国支持，以中国辽东为主要战场，一举打败强俄，把自己势力伸入中国东北南部，成为世界“八强”之一，巩固了“入欧”的地位。从此，日本“真为东亚祸原唯一之主要原因”（宋教仁语）。

“甲寅之役”：日本国家目标开始折变 甲辰后的10年间，日本树立了在“南满”的“优势地位”，吞并朝鲜，进而欲独霸“满洲”、及于内蒙，并谋求对整个中国的“优势地位”。欧战爆发，日本视为“发展国运”的“天佑良机”，乃假借英日同盟，对德“构衅”，“以吾国山东为战场，一如日俄战事，后幅文章，竟欲演亡韩之惨剧于吾中国”（李大钊语）。“甲寅之役”及其“后幅文章”是日本“举国政策”发生新转折的征兆。此后，日本历史走向和国家目标逐渐从“脱亚入欧”向“欲以独力并吞中国”即“亡华霸亚”的方向发展。

尾论：历史记忆与现代思维 正视和尊重历史是正确把握时代潮流的需要。今年值逢“三甲纪念”发生110、100和90周年之际，回顾日本“脱亚入欧”与中国“三甲纪念”的历史记忆，对照当今中国“和平崛起”和中日睦邻关系顺利发展都是非常必要和十分有益的。

［刘学照，1935 年生，华东师范大学历史系教授、博士生导师。
通信地址：上海市华东师范大学历史系　(200062)
联系电话：021－62451268］

日俄战争时期的上海外交

（崔志海　《史林》2005 年第 2 期）

1904—1905 年的日俄战争，是日俄两国为争夺朝鲜和中国东北地区而发动的一场战争，也是 20 世纪初远东地区爆发的一次最大规模的战争。在这场战争中，上海虽然不属于战区，但作为远东地区的一个重要港口，上海在日俄战争期间亦经历了一系列的外交考验。

该文通过对俄舰“满洲”号、“阿斯科”号和“格罗苏福意”号交涉事件和“周生有案”交涉事件，以及续来俄船弁兵的安置、管理与遣返的考察，认为日俄战争时期清政府的局外中立政策在上海虽然受到挑战，但最终还是得到了贯彻。在维护局外中立过程中，清朝政府和上海地方当局虽然常常受制于日俄两国的要求和恫吓，委曲求全，但他们通过外交途径而非武力手段达到维护中立地位的目的，在当时是符合中国利益的，避免了上海卷入战火之中。相反，那种主张以武力或行政警察手段维护上海中立的观点是不可取的，不但中国当时无此军力，并且势必破坏中立，损害中国自身利益，或为日俄一方火中取栗，或得罪交战双方，使自己处于两面受敌的窘地。上海在这场国际冲突中能够躲避战火，维持相对的和平与安定，固然与当时国际背景及列强的利益有关，同时与清朝政府和上海地方当局灵活执行中立政策密不可分。日俄战争时期的上海因应之道，有待重新检讨。

［崔志海，1963 年生，中国社会科学院近代史研究所研究员。
通信地址：北京市王府井大街东厂胡同 1 号（100006）
联系电话：010－85623827
电子信箱：cuizh@ cass. org. cn］

再寻路标——侨民时期的斯图卢威及其自由主义思想

（张建华　《北方论丛》2005 年第 2 期）

彼得·别尔加多维奇。斯图卢威是 20 世纪初俄国自由主义知识分子阵营中的领军人物，其思想演变经历了从“左”到“右”的多次摇摆，发生了从“马克思主义”到“自由主义”再到“保守主义”的游离，反映了那个时代俄国知识分子最普遍的心态和命运。1901 年至 1921 年的 10 年，是斯图卢威自由主义思想形成和实践的重要阶段。在 20 世纪初的俄国政治大风潮和社会急剧转型的过程中，同其他的俄国知识分子一样，斯图卢威经历了 1905 年改革与革命的激情，经历了 1917 年二月革命的痛苦，经历了 1917 年十月革命后的抉择。从 1921 年流亡国外，到 1944 年客逝他乡，斯图卢威经历了他人生的最后阶段和思想的最痛苦阶段。斯图卢威继续从思考自己心目中的“伟大的俄罗斯”的命题出发，从否定苏维埃政权和布尔什维克主义开始，彻底地否定了激进主义思想和变革社会的“革命式”道路。同时，斯图卢威也完成了对自己思想的清算，在政治上更加“右倾”和保守，他宣布自己坚持“保守的自由主义”。

斯图卢威的自由主义政治哲学观点经历了一个发展过程。最初，在 1905 年革命失败之前，他还是照搬英国自由主义的理念，即坚守“绝对的个人主义”的原则，强调“任何国家，任何民族精神都不是本质和实质”“自由主义就其形式是作为对个人不可分割的权力的承认，……是真实的民族主义的唯一外表，是真正的对民族精神的尊敬和自尊，是对民族精神的活生生的载体和民族精神创造者权利的承认”，他反对“对经验主义的国家的神话，即神话任何形式的国家政权”，他还在国家中发现了“超乎人的存在的特别倾向”，国家是超理性的和“脱理性”的。但是，1905 年的改革、革命和失败惊醒了斯图卢威，他在改革和革命中看到了个人主义和个人欲望的极度膨胀。政府和最高统治者出于对自身利益的考虑，拒绝改革，拖延改革，最终以国家暴力的血腥方式压制了人民大众的民主和自由呼声。而反对派和激进主义者出于对国家的憎恨和个人欲望的放纵，拒绝来之不易的改革成果，结果是个人主义战胜了理智和责任，最终地将俄国拉上革命的深渊，给国家和民族带来了巨大的灾难。通过《路标》和《来自深处》的探讨，在经过深刻的反思之后，斯图卢威的自由主义思想和政治哲学观发生了根本的转变，即将国家利益和“伟大的俄罗斯”利益放在首位。斯图卢威承认在个人和国家之间存在着深刻的矛盾，“自由主义”作为个人政治生活的原则与作为“国家的限制其内部的个人活动范围的力量”的“帝国主义有着深刻的冲突。他试图调和这一矛盾和冲突，致力于将自由主义与爱国主义结合起来，将“伟大的俄罗斯”作为自己的最高信念和最终归宿。

［张建华，1962年生，历史学博士，北京师范大学历史学院教授，博士生导师，世界史研究中心主任。教育部人文社科研究重点基地南开大学世界近现代史研究中心兼职教授，中国苏联东欧史学会理事，中国人权研究会理事。
通信地址：北京师范大学历史学院（100875）
联系电话：010－58807995
电子信箱：Zhang jhl71@ sohu. com］

中国传统乡村的社会特性及其价值取向
——以近代浙江省兰溪县三泉村为个案

（周祝伟　《浙江学刊》2005年第3期）

自20世纪初以来，中国传统乡村的社会特性问题，就一直是国内外抱着各种不同目的，试图了解中国、认识中国的知识精英们所关心的重要课题。他们的研究成果，大致有3个：一是从社会分层理论的角度出发，强调村落社区内的贫富分化和对立；二是基于中国传统的儒家文化特点提出的乡村社会和谐说；三是运用历史学的方法从政治学的角度出发建构的乡村共同体说。这三大成果的取得，应该说都是有相关的个案作为基础的，但是随着学术研究的深入，它们在学界又都受到了来自建立在其他个案基础之上的、程度不同的质疑。这些新个案的发现和挖掘，在一定程度上展示了前人各自所建构起来的范式的偏颇和片面，从而逐步地深化了我们对中国传统乡村社会的认识。

该文以近代浙江省兰溪县的三泉村作为个案，利用该县现存的清同治鱼鳞图册、族谱等地方珍贵文献资料，在进行具体、细致的计量分析基础上，集中考察了清咸丰、同治年间三泉村村民在清军与太平军对峙的特殊场景下所秉持的立场和态度，以及这种立场和态度的抉择与各自家庭经济状况之间的关联性问题。首先，通过考察咸、同之乱期间三泉村人口的变化情况，结合地方文献资料和口碑史料，指出人口的锐减是三泉村村民对清军和太平军这两大敌对的双方都进行了激烈抵抗的结果。其次，利用族谱和鱼鳞图册，将族谱中的人与鱼鳞图册中所记载的田地山塘产业结合起来，借以考察和分析族谱中所记载的“殉难”者（指因抵抗太平军而被杀害者）和“被掳”者（指被太平军所抓走者）的家庭经济状况。统计结果显示，26名“殉难”者和32名“被掳”者的家庭经济状况并没有表现出任何的规律性。58人中，本人或者直系亲属占有田地山塘产业的仅有15人，其余43人无论是本人还是直系近亲均无田产，其家庭身份无疑当属贫雇农或佃农家庭。而在这15人中，占有田地山塘产业的本人或者直系近亲共有18人，其中与“殉难”者有关的和与“被掳”者有关的各居其半，均为9人。而在这拥有产业的9名“殉难”者和9名“被掳”者中，其家庭经济状况也都是贫富不一，少的仅有旱地0.15亩。由此作者推断，三泉村尽管存在着贫富分化，但“殉难”、“被掳”者的行为抉择并不完全取决于其自身家庭的经济地位。也就是说，当时三泉村的村民们对于来到村口的太平军，是出于保家卫村的目的而采取了完全一致的抵抗态度。最后，作者结合三泉村的村落发展史，以及村落社区内部社会公众团体的发达情况，指出村落的共同体化特性使得以三泉村为代表的这类具有中国传统特质的村落社会，展现出了一种独特的价值取向模式，即：他们立足于自己的村落，无论贫富，既与太平军斗争，又与清军相仇，保家保村却不爱大清，仇视清军却不革命，走的是一条以家、村为中心，以保家卫村为表征的地域本位主义路线。

［周祝伟，1972年生，浙江省社会科学院副研究员，从事地方史志研究和编纂工作。发表学术论文10余篇，出版学术著作《浙江宗族村落社会研究》（第一作者，获浙江省第四届青年哲学社会科学优秀成果奖著作类三等奖）、《浙江区域史研究：1000—1900》（参著）等。
通信地址：浙江省杭州市省府路省府2号楼浙江省社会科学院（310025）
联系电话：0571－87053157
电子信箱：zhouzhuwei@ hzcnc. com］

中国大陆地区孙中山与日本关系研究回顾

（杜继东　《近代史研究》2005 年第 3 期）

孙中山与日本的关系是近代中日关系史的一个重要组成部分。在长达 30 多年的革命生涯中，孙中山先后出入日本

16 次，在日本驻留时间累计达 9 年 6 个月，是他整个革命生涯的近三分之一。他与日本的关系时而亲近，时而疏远；他对日本的态度时而友好，时而排拒；他对日本的援助满怀希望与期待，又对日本的侵华抱有疑虑和警惕；他既羡慕日本的繁荣强盛，又批判日本的侵略扩张；与他交往的日本朝野人士既有肝胆相照的真朋友，也有居心巨测的阴谋家；与他有关的一些中日关系文件真伪难辨，是非难断。正是由于孙中山与日本关系的这种广泛性和复杂性，孙日关系成为中国近代史和中日关系史研究中的重要问题之一。20 世纪 80 年代以来，随着中外学术交流的日益加强、历史资料的陆续发掘和研究者视野的不断拓宽，孙日关系研究逐渐成为孙中山研究和中日关系史研究中的一项重要内容，相关研究成果不断涌现，在若干问题上聚讼纷纭，引起了学术界的广泛关注。据作者不完全统计，这些年来发表论文约 70 余篇，出版专著、资料汇编约 10 种，成绩斐然。本文选择“孙中山的对日观”、“‘满洲租借’问题”、“二次革命时期的孙中山与日本”、“孙中山与‘中日盟约”，“孙中山 1924 年访日”、“孙中山的‘大亚洲主义’”、“孙中山与大陆浪人”等 7 个专题对大陆学者关于孙中山与日本关系的研究成果作了全面和详细介绍。在结论部分，作者对这些研究成果作了总体评价，并对以后的研究方向提出了自己的看法。作者认为，总体来看，大陆学者对孙日关系的研究取得了很大的进展，一是研究成果丰富，整理出版资料多；一是研究方法求变求新，对双方关系做出了新的诠释。关于研究中存在的问题，作者提出如下方面请学界注意：（1）关于孙日关系的研究范围，学界目前多注意政治、外交和革命活动等实践层面，对思想等其他层面的研究还不够系统和深入，例如，论者对孙中山思想中的东学背景还缺乏系统研究。(2) 孙中山和革命党人从“反清排满”的立场出发，在较长时期内将满族视为“异族”，形成对于“满洲问题”的错误认识，从而在对日交涉中屡有把“满洲”“让与”或“租借”给日本的意愿和言论。对于孙中山与革命党人的这一群体性认知的来源、演变以及在对日关系中的实际危害，应加以系统清理。(3) 对孙中山欲以国家和民族部分权益为代价换取日本支持和援助的设想和言行，还应该深入研究，多方考虑，做出实事求是的客观评价。此外，关于“中日盟约”的真伪，还需要继续探讨，以明真相。

［杜继东，1966 年生，中国社会科学院近代史研究所副编审。
通信地址：北京市王府井大街东厂胡同 1 号（100006）
联系电话：010 －65275944
电子信箱：dujd@ cass. org. cn］

大事记

2005年中国近代史研究大事记

1月11日，由中共上海市委党史研究室和虹口区委联合举办的纪念中国共产党第四次全国代表大会召开80周年理论研讨会在上海虹口区隆重举行。

3月16—17日，由浙江省社会科学界联合会、浙江省社会科学院联合主办的“浙东学派与浙江精神”学术研讨会在杭州召开。

3月18—20日，广东嘉应学院和梅州市委宣传部主办的“纪念黄遵宪逝世一百周年国际学术研讨会”在梅州召开。

3月19日，教育部社科中心、中国史学会在北京联合召开了“近现代历史研究与历史虚无主义思潮”研讨会。

3月26日，由中国社会科学院近代史研究所与中国史学会联合主办，在北京举行了“纪念黄遵宪逝世一百周年”国际学术讨论会。

4月6日上午，首都史学界抗议日本文部科学省审定通过歪曲历史的教科书座谈会，在中国社会科学院近代史研究所举行。

4月11—15日，中国教育学会杨贤江教育思想研究分会与浙江省慈溪市人民政府、宁波市教育学会等单位，在杨贤江的故乡慈溪市联合召开了“杨贤江同志诞辰110周年纪念大会暨学术研讨会”。

5月12—15日，由民革中央孙中山研究会、民革天津市委员会、天津市孙中山研究会等单位联合主办，南开大学历史学院、天津师范大学历史文化学院、天津市历史博物馆协办，在天津召开了“孙中山与中华民族崛起”国际学术研讨会。

5月13—17日，中国社会科学院经济研究所、江西财经大学社会经济史研究所、中国经济史学会，在江西南昌联合举办了“近世中国经济发展模式选择与实践”国际学术研讨会。

5月14—16日，由中国社会科学院文学研究所《文学评论》编辑部、重庆师范大学文学与新闻学院联合主办的，“纪念抗日战争胜利60周年暨抗战文学学术研讨会”在重庆召开。

5月19—21日，《社会科学研究》编辑部与中美关系史研究会、四川大学历史文化学院、中国社会科学院美国研究所共同主办的“中美关系中的人物”学术研讨会在成都举行。

5月26—27日，浙江师范大学历史研究所、中国社会科学院世界史所史学理论研究室合作，在浙江省金华市召开了“现代化与历史学”学术讨论会。

5月27—29日，中国军事科学学会与南京政治学院举办的“全军纪念抗日战争暨世界反法西斯战争胜利60周年学术研讨会”在南京举行。

5月28—29日，由华东师范大学海外中国学研究中心及历史系主办的“传教士与美国早期中国学”学术研讨会在华东师范大学召开。

6月6—10日，北京大学、上海大学、美国亚洲电影研究会（ACSS）举办的“全球化语境中的中国电影与亚洲电影：中国电影百年纪念国际学术研讨会”分别在北京大学和上海大学以不同的主题单元举行。

6月15日，由上海市科学社会主义学会、华东师范大学、中共上海市闵行区委党校举办的“纪念中国人民抗日战争暨世界反法西斯战争胜利60周年理论研讨会”在华东师范大学召开。

7月7日，北京市社会科学联合会、北京市历史学会、北京大学亚太研究院合作，在北京大学召开了“纪念抗日战争暨世界反法西斯战争胜利60周年学术研讨会”。

7月15日，中国社会科学院史学理论研究中心成立。

7月28日，中国社会科学院近代史研究所中国近代思想研究中心成立。

7月29—31日，由上海中山学社、上海孙中山故居纪念馆主办的“纪念中国同盟会成立一百周年国际学术研讨会”在上海召开。

7月30—31日，三峡大学和湖北省社会科学院合作，主办了“抗日战争与中国社会变迁——纪念抗日战争胜利60周年学术研讨会”。

8月2—5日，由安徽师范大学与安徽大学等单位承办的“辛亥革命与长江中下游暨中国同盟会岳王会百年纪念”国际学术研讨会在黄山市召开。

8月2—5日，由中国社会科学院近代史研究所、华中师范大学、政协武汉市委员会和江汉大学主办的“救亡与发展：抗日战争时期的中国文化”国际学术研讨会在江汉大学召开。

8月4—8日，由中国社会科学院近代史研究所民国史研究室、《历史研究》杂志编辑部、四川师范大学历史文化学院合作，在成都市召开了“1930年代的中国”国际学术讨论会。

8月7—11日，由南京大学犹太文化研究中心、南京师范大学南京大屠杀研究中心和英国伦敦犹太文化研究中心合作，在南京召开了“纳粹屠犹和南京大屠杀国际研讨会”。

8月8—12日，由中国社会科学院近代史研究所文化史研究室、《近代史研究》编辑部、青岛大学师范学院主办的“首届中国近代社会史国际研讨会”在青岛举行，并成立了“中国社会科学院近代史研究所中国社会史研究中心”。

8月12日，由民革中央、中国抗战史学会主办，中共迁西县委、县政府承办的“长城抗战学术研讨会”在河北省迁西县召开。

8月13日，由中国解放区文学研究会、毛泽东旗帜网站、《新国风》、《新华诗》季刊主办的“毛泽东与抗日战争学术研讨会”在北京市举行。

8月15日，“统一战线各界人士纪念中国人民抗日战争胜利60周年理论研讨会”在北京人民大会堂举行。

8月15—16日，中国社会科学院主办的“纪念中国人民抗日战争暨世界反法西斯战争胜利60周年学术研讨会”在北京举行。

8月19—21日，由南京大学中华民国史研究中心与南京中山陵园孙中山纪念馆联合举办的“纪念中国同盟会成立100周年暨孙中山先生逝世80周年”国际学术讨论会在南京召开。

8月22—23日，由南开大学社会史研究中心、南开大学历史学院共同主办的“近五百年来中国社会结构变迁”国际学术研讨会在南开大学召开。

8月22—26日，由中国史学会史学理论分会、中国社会科学院史学理论研究中心、中国社会科学院《史学理论研究》编辑部、云南大学历史文化学院、云南大学西南边疆少数民族研究中心联合举办的“第12届全国史学理论研讨会”在云南大学举行。

8月22—24日，由中国社会科学院主办，中国社会科学院学术交流中心和中国社会科学院近代史研究所、中国社会科学院台湾史研究中心、湖南省人民政府台湾事务办公室等承办的“纪念台湾光复60周年暨两岸关系学术研讨会”在长沙举行。

8月27—28日，由中央党校中共党史教研部主办的“近十年抗日战争史研究述评”学术研讨会在中央党校召开。

8月30日，由中国社会科学院近代史研究所等主办的“林则徐诞辰220周年纪念暨学术讨论会”在京举行。

8月31日—9月2日，由重庆市人民政府、重庆国际文化交流中心主办，重庆工商大学、重庆市文学学会承办的“中国人民抗日战争暨世界反法西斯战争胜利60周年国际抗战文学研讨会”在重庆工商大学召开。

9月2—4日，由中宣部、中央党校、中央文献研究室、中央党史研究室、教育部、中国社科院、解放军总政治部联合举办的“纪念中国人民抗日战争暨世界反法西斯战争胜利60周年学术研讨会”在北京举行。

9月11—14日，由北京大学、香港孙中山文教福利基金会、台北国父纪念馆、中国国民党文化传播委员会党史馆、美国孙逸仙和平教育基金会、日本孙文研究学会、宋庆龄基金会研究中心主办，台北逸仙文教基金会协办的“孙中山与中国同盟会——纪念中国同盟会成立100周年”国际学术研讨会在北京大学召开。

10月13—15日，复旦大学亚洲研究中心与韩国近现代史学会合作，在复旦大学主办了“纪念中国抗日战争胜利60周年、韩国光复60周年”国际学术研讨会。

10月22日，由中国社会科学院主办的“纪念亚洲人民抗战胜利60周年国际学术座谈会”在北京召开。

10月24日，台盟中央、全国台联、全国台湾研究会、海峡两岸关系研究中心，在北京举办了“纪念台湾光复60周年学术研讨会”。

10月25—27日，由北京师范大学史学理论与史学史研究中心、安徽师范大学社会学院、安徽历史学会联合举办的，“理论与方法：历史比较和史学比较学术研讨会”在安徽芜湖召开。

10月28—29日，由华东师范大学历史系、华东师范大学海外中国学研究中心主办的“国际视野下的中国史学国际学术研讨会”在华东师范大学举行。

（张志勇　李然）

中共党史党建

综　述

2005年中国中共党史党建研究综述

一、党史研究综述

2005年是陈云、胡耀邦诞辰100周年，抗日战争胜利60周年。以党史人物生平思想研究和抗日战争研究为重点，党史研究在深度和广度上都有了新的进展。中共中央召开十六届五中全会，提出了十一五规划的建议。以科学发展观研究为重点，党的建设研究取得了丰硕成果。

（一）围绕抗日战争胜利60周年进行党史研究

2005年的党史研究的一个热点，是抗日战争时期党的建设。北京市邓小平理论和“三个代表”重要思想研究中心《党领导新民主主义革命的辉煌岁月》，归纳出中国共产党对打败日本侵略者起到决定性作用，主要依靠三件法宝：第一件法宝是，中国共产党始终坚持全面抗战路线，进行人民战争。第二件法宝是，中国共产党坚持持久战的策略，批评速胜论，更批判亡国论，与妥协投降的言论和行径进行坚决斗争。第三件法宝是，中国共产党实行“基本的游击战，但不放松有利条件下的运动战”的军事方针，强调游击战在抗日战争中的战略地位，坚持广泛而又持久的游击战争。虞云耀《中国人民抗日战争与中国共产党的建设》中，从四个方面归纳了抗日战争时期党的建设的巨大成就：第一，形成了正确的坚强的党中央领导集体。艰苦卓绝的斗争实践，考验了遵义会议后形成的以毛泽东为实际领导的党中央，证明了以毛泽东为核心的包括刘少奇、周恩来、朱德、任弼时等杰出领袖在内的领导集体已经能够成熟地驾驭复杂的政治局面。第二，形成了一个走在时代前列而又紧密联系群众的无产阶级先锋队和中华民族先锋队。经过抗日战争的洗礼，党逐渐成为一个组织遍及全国、充满活力和政治上成熟的党，成为一个决定中国前途和命运、在世界上产生广泛影响、能够领导中国人民建立和建设新中国的先进政党。第三，形成了中国化的马克思主义这一中国共产党的指导思想，实现了马克思主义同中国具体实际相结合的第一次历史性飞跃，形成了以新民主主义理论为主要内容的毛泽东思想。第四，形成了党的优良作风和党在人民群众中的良好形象。从三个方面总结了抗日战争时期党的建设的主要经验：（1）正确把握国内外形势，充分认识党所处的国际国内环境，紧密联系党的政治任务和政治路线来加强党的建设。（2）把马克思主义的基本原理同中国的具体实际相结合，坚持实事求是的思想路线，实现党在理论和指导思想上的创新。同时，党正确地开展反倾向斗争，同“左”的和“右”的错误划清了界线，达到全党的大团结、大进步。（3）始终代表中国人民和中华民族的根本利益，把保持党同人民群众的血肉联系作为共产党的力量源泉。中共中央党史研究室《引导全民族抗战走向胜利的旗帜》提出，在抗日战争时期，中国共产党始终把中华民族的利益放在第一位，使抗日民族统一战线不断得到巩固和扩大。抗日战争相持阶段到来后，日本在坚持灭亡中国的总方针下调整侵华策略：停止对正面战场的战略性进攻，而将主要力量用于打击八路军和新四军；对国民党采取政治诱降为主、军事打击为辅的方针；在占领区加紧扶植傀儡政权，建立和发展汉奸组织。在日本的诱降下，国民党内的投降、分裂、倒退活动日益严重，中国抗战出现了极其复杂的局面。中国共产党冷静分析形势，始终坚持统一战线中的独立自主原则，以又联合又斗争、以斗争求团结为原则，提出“发展进步势力，争取中间势力，孤立顽固势力”的策略总方针。在国民党顽固派制造的三次反共高潮中，中国共产党有理、有利、有节地展开斗争，克服了投降、分裂和倒退的危险，驾驭了整个局势的发展，维护和巩固了抗日民族统一战线。

上海市邓小平理论和“三个代表”重要思想研究中心《共产党建立抗日民族统一战线的历史经验》提出，中国共产党为建立、维护和发展抗日民族统一战线，创造性地提出和制定了一整套理论、政策和策略，在国共两党团结合作、共同抗击日本帝国主义侵略的实践中，积累了丰富的历史经验：（1）高举民族解放的旗帜，正确处理民族矛盾与阶级矛盾的关系，是建立和坚持抗日民族统一战线的前提和基础。（2）争取和坚持无产阶级领导权，是巩固和发展抗日民族统一战线的根本保证。（3）在有利于团结抗日的前提下，做到相互信任和相互让步是实行和坚持抗日民族统一战线的重要内容。（4）在坚持独立自主的原则下，两个战场战略上的相互配合，是实行和坚持抗日民族统一战线的重要方面。（5）在争取民族独立和国家主权完整的前提下，实行两种政治制度，有利于抗日民族统一战线的巩固和发展。

（二）从全国开展的保持共产党员先进性教育活动的现实需要出发，对于党的历史上党的先进性建设的经验进行总结

李忠杰《中国共产党先进性建设的历史进程和主要经验》（《中国党政干部论坛》2005年第7期）提出，为了保持党的先进性，80多年来，我们党作出了不懈的努力和探索。（1）新民主主义革命时期。党在成立之初就明确提出了保持共产党员先进性的问题。1922年党的二大通过的《关于共产党的组织章程决议案》对党员提出了七个方面的要求。土地革命战争时期，如何在农村斗争的条件下保持党员的先进性，成为党的建设的新课题。抗日战争时期，毛泽东把党的建设作为中国革命的三大法宝之一，提出党的建设伟大工程，号召建设一个全国范围的、广大群众性的、思想上政治上组织上完全巩固的党。抗日战争胜利后，党把保持共产党员先进性作为夺取中国革命最后胜利的重要保证。（2）新中国成立后到改革开放前。面对执政带来的考验，毛泽东在七届二中全会上提出“两个务必”的要求，同时号召全党努力学习，不断增强领导经济建设和执掌政权的本领。新的形势、任务和环境，要求共产党员全身心地投入到巩固新政权、建设新社会，进而推进社会主义建设的事业中。（3）党的十一届三中全会以后。邓小平倡导的改革开放，对党的建设提出了新的课题，它不仅要求共产党员解放思想、实事求是，走在改革开放的前列，而且也要经受改革开放带来的新的考验。面对这一特点，邓小平鲜明地提出“执政党应该是一个什么样的党，执政党的党员应该怎样才合格”的问题，要求我们进行新的探索，既要加强又要改善党的领导。（4）党的十三届四中全会以来。1989年党的十三届四中全会后，以江泽民同志为核心的党中央，在国际国内风云变幻的条件下，坚持十一届三中全会以来的路线不动摇，从容应对复杂局面的考验，全面推进党的建设新的伟大工程，积极探索在发展社会主义市场经济条件下保持共产党员先进性的新途径。回顾80多年的历史，我们党在保持共产党员先进性，包括途径、方法和手段方面，都积累了许多宝贵的经验。其中，至少有这样几条值得注意和研究。一是保持先进性要始终与党的路线纲领相联系。二是保持先进性要始终坚持与时俱进的精神。三是保持先进性要着重抓好制度和机制的建设。四是保持先进性要坚持从思想上建党的原则。五是保持先进性要把经常性教育与适当的集中教育结合起来。六是保持先进性要善于继承、运用和发展中华民族的优良传统。

王梅枝《延安时期保持共产党员先进性的生动实践及其历史启示》提出，延安时期党创造了整风运动这种形式，使全党同志学习马克思主义，加强党性修养，克服各种非无产阶级思想。通过整风运动，开展批评与自我批评，我们的党员得以抵抗各种政治灰尘和政治微生物的侵蚀而保持住自己的先进性。通过学习和整风，广大党员干部马克思主义理论水平得到提高，党性得到锤炼，党的思想得到统一。认为延安时期共产党员保持先进性的生动实践对于我们今天开展先进性教育仍然有重大的借鉴意义：（1）崇高的理想和坚定的信念是保持共产党员先进性的前提；（2）良好的作风是保持共产党员先进性的重要体现；（3）制度建设是保持共产党员先进性的根本保障。

（三）对中共七大的研究

中共七大是党的历史上具有伟大意义的一次会议，研究中提出了许多见解。石仲泉《七大与中国共产党的历史发展》提出，七大确立毛泽东思想为党的指导思想，这是毛泽东思想理论已经形成科学理论，全党经过整风运动认同了这个科学理论的结果。由七大代表一致通过的新党章规定：“中国共产党，以马克思列宁主义的理论与中国革命的实践之统一的思想——毛泽东思想，作为自己一切工作的指针。”七大制定了夺取抗日战争和全国革命胜利的正确路线。党召开七大的根本任务，就是放手发动群众，壮大人民力量，团结全国一切可能团结的力量，在我们党的领导之下，为着打败日本侵略者，建设一个独立、自由、民主、统一和富强的新中国，即新民主主义的中国而奋斗，竭尽全力去争取光明的前途，反对黑暗的前途。这也就是七大的政治路线。七大组成了以毛泽东为核心的成熟的中央领导集体，从遵义会议开始形成的、为七大正式认定的以毛泽东为核心的一代成熟的中央领导集体，使党获得了整整30年的稳定。七大极大地推进了党的建设伟大工程。如果将包括为七大作准备的六届七中全会也视为七大的一部分来看的话，那么在这一年多时间，完全可以说，七大极大地推进了党的建设的伟大工程，实现了在理论认识层面和实践活动层面的双飞跃。刘少奇的《论党》报告，对以毛泽东为核心的中央领导集体的党建理论作了整合，使马克思主义中国化的党建理论初步地形成理论体系。七大开创了中国共产党代表大会的范例，是党建伟大工程的大检阅。

汤涛《七大对党的先进性建设的历史性贡献》提出，中国共产党第七次全国代表大会提出的一系列科学论述，不仅系统归纳了党的先进性的基本构成要素，总结概括了保持党的先进性的基本途径，而且还初步确立了检验党的先进性的根本标准，从而进一步解决了在中国这个政治、经济和文化均十分落后的东方大国中，马克思主义政党在夺取政权过程中如何实现并保持自身先进性的历史性课题。一是初步确立了检验党的先进性的根本标准；二是进一步系统归纳了党的先进性的基本构成要素，即阶级基础的先进性、群众基础的广泛性、理论指南的科学性以及历史实践的进步性。这些要素辩证统一，共同构成了党的先进性这个马克思主义政党的根本特质。

（四）党史人物研究

耿庆彪《论毛泽东与邓小平的民主集中制思想》提出，毛泽东同志在领导全党创立和建设新中国的历史进程中，对民主集中制问题一贯重视并有着自己的真知灼见，从而极大地丰富了马克思主义的建党学说，突出了民主与集中的统一，强调了二者之间的辩证关系。他认为，民主与集中，是一个统一体的两个矛盾着的侧面，它们是矛盾的，又是

统一的，我们不应当片面地强调某一个侧面而否定另一个侧面。在人民内部，不可以没有自由，也不可以没有纪律；不可以没有民主，也不可以没有集中。这种民主和集中的统一、自由和纪律的统一，就是我们的民主集中制。邓小平在成为党的第二代领导核心以后，继承了毛泽东同志民主集中制思想的合理内核，对民主集中制问题进行了创造性的发展。一是科学地诠释了民主集中制的本质规定，党的十四大采用了邓小平同志的这个观点，把民主集中制规定为“是民主基础上的集中和集中指导下的民主相结合”，从而写进了党章。二是准确地阐述了民主集中制的重要意义：（1）民主集中制是解放思想、实事求是的重要条件。（2）民主集中制是实现党的正确领导的根本保证。（3）民主集中制是防止党和国家变质的有效方法。（4）民主集中制是推进改革开放和社会主义现代化建设事业的有力保障。三是创造性地提出了坚持民主集中制的实现途径。邓小平同志认为，民主和集中是互为条件相互依存的，如果将两者割裂开来，就会导致个人专制主义和极端民主化的倾向。他指出，如何把民主集中制规范的功能分析转化为良好的现实结果，关键在于正确认识和处理好三种关系：一要正确认识和处理好党员个人与党组织的关系。二要正确认识和处理好领导集团内部个人与集体、领袖与党的关系。三要正确认识和处理好党内上下级组织之间、领导者与被领导者之间的关系。

周清《延安时期陈云论党的制度建设》提出，1937年11月至1944年3月，时任中央组织部部长的陈云已经认识到党的制度建设（尽管当时他没有明确提出“党的制度建设”的概念，但是在其论述中已经渗透着制度建设的思想）的重要性，强调要从制度上加强党的组织、思想、作风等方面的建设，全面推进党的建设伟大工程。这些关于制度建设的思想丰富和发展了毛泽东思想，成为新民主主义革命时期中共制度建设体系的重要组成部分。陈云十分重视党员队伍和干部队伍建设，认为这是党的要素建设，也是党的基本建设。在客观分析党员队伍现状后他明确提出“党员的质量重于数量”，主张建立发展党员和管理党员的制度和机制，从制度上确保党员质量。在党员入党条件上，他强调坚持原则，按照党章要求发展党员。在入党的手续问题上，他认为可以按照情况的不同，采取不同的方法，但是要按照党章规定履行手续，严格把关，不让政治变节分子有机可乘。在党员管理上，陈云也强调建立严格的党员管理制度。在实际工作中，他及时总结经验，撰写了《论干部政策》、《关于干部队伍建设的几个问题》等多篇关于干部队伍建设的文章，从制度层面上系统地阐明了干部的重要性、识别干部的方法、选拔干部的标准、使用干部的政策、培养教育干部的措施以及团结爱护干部的原则等一系列问题，从而丰富和发展了毛泽东关于干部队伍建设的思想。在实际工作中，陈云逐步认识到作风上的制度建设对党的建设的机制保障作用。陈云十分重视党的纪律的执行，强调要从制度上加强党的纪律。陈云认为从制度上形成开展批评和自我批评作风是纯洁党自身和改善党风的有效机制。在强调加强党员干部队伍建设和作风建设的过程中，陈云认识到思想建党的特殊重要性，主张要从制度上加强党的思想建设作为党的建设的核心。

张全景《值得认真学习的精神遗产——论陈云的党建思想》提出，学习和研究陈云党建思想是一项长期任务。我们纪念陈云同志，就是要坚持不懈地学习和研究他的党建思想，紧密联系新形势、新任务，与认真贯彻党中央的各项部署和要求相结合，为全面推进党的建设新的伟大工程、大力加强党的执政能力建设和先进性建设而努力奋斗。要像陈云同志那样，坚持把学习摆在突出的位置上，不断提高思想理论水平。要像陈云同志那样，发扬实事求是的精神，在任何时候、任何工作中始终不渝地坚持求真务实。要像陈云同志那样，牢固树立大局意识，坚持党的建设为实现党的政治路线服务。陈云同志突出强调党的建设、党的组织工作要适应政治路线的要求、保证政治路线的实现。要像陈云同志那样，始终坚持科学的领导方法和工作方法，努力把各项工作做好。要像陈云同志那样，牢固树立正确的理想信念，发扬对党和人民的事业高度负责的精神。刘三妹《论陈云党风建设思想的主要内容及其现实指导意义》提出，陈云同志党风建设思想，涵盖了我们今天强调的关于党的思想作风、学风、工作作风、领导作风及干部生活作风等方面的内容。在关于加强党的思想作风建设方面，陈云同志特别强调这么几个方面：一是要弘扬实事求是的思想作风；二是要反对宗派主义思想；三是要勇于开展批评和自我批评；四是要遵守党纪法规。在关于加强学风建设方面陈云同志强调：一是要增强学习的自觉性；二是要讲究学习的方法。在关于加强工作作风建设方面，陈云同志强调：一是要端正工作态度；二是要自觉接受监督；三是要不断总结工作经验；四是要改进领导方法；五是要有工作气量。在关于加强干部生活作风建设方面，一是体现在他实事求是、量力而行、勤俭节约的生活和工作作风上；二是体现在他对革命前辈子女的谆谆教导上；三是体现在他关于加强党的作风建设的有关论述中。宋俭、丁俊萍《陈云新时期执政党建设思想的理论特色》提出，作为中国共产党第一代和第二代中央领导集体的重要成员，陈云对于如何搞好执政党的建设、尤其是新时期中国共产党的建设这一重大问题，无论从理论上还是实践上，都有重大建树。一是高度重视执政党的思想理论建设；二是高度关注执政党的干部队伍建设，不仅提出了解决干部队伍交接班问题的严重性和迫切性，而且提出了解决这一问题的基本思路：（1）“要解决这一问题，首先是老干部要陆续从领导班子中退出。”（2）“要解决干部队伍交接班问题，就要提拔中青年干部进入各级领导班子。”（3）“干部队伍要保持梯队结构。”三是十分强调执政党的作风建设关系到党的生死存亡。他从巩固中国共产党执政基础的角度阐述了党的作风建设的极端重要性，提出了“执政党的党风问题是有关党的生死存亡的问题”的著名论断。

潘泽林《邓小平党章建设思想研究》提出，邓小平的一生对中国共产党章程的建设和发展作出了巨大的贡献，也形成了他内涵丰富的党章建设思想。邓小平继承和发展了马克思主义党章建设思想，尤其继承和发展了马克思主义经典作家关于从党的法规制度建设的高度来认识和理解党章重要性的思想，十分注重和强调党章在党内政治生活中的地位和作用。邓小平深刻地总结和反思了十年“文化大革命”的原因和教训，认为其中最重要的一条就是因为“人治”治党治国方式给党和国家带来的危害。为此，邓小平提出了“民主制度化、法律化”这一科学论断并开始了富有重大历史意义的从人治向法治的转变，这突出地表现在邓小平强调加强党的制度建设上。邓小平加强党的制度建设，就是要实现“法治”治党理念要求下的以制度治党，根除和克服“人治”治党现象，摈弃“人治”治党模式，建立和完善“法治”治党机制。而加强党的制度建设的根本就是要加强党章建设，因为党章是党内根本大法，在党内法规体系中处于“宪法”地位，党内民主是人民民主的制高点和逻辑起点，党内“法治”是国家法治的保障。于伟峰《试论邓小平对党的执政能力建设的理论贡献》提出，邓小平对党的执政能力建设的理论贡献主要表现在：为了努力改善党的领导，全面剖析了我国原有执政体制的主要弊端；科学地指明了加强党的执政能力建设的制度化改革方向；批判了各种错误观念，特别是在革命战争年代，邓小平突出批判了“以党治国”的错误观念。

冯来兴《借鉴历史经验 加强党的组织建设——重温刘少奇同志的〈论党〉报告》提出，刘少奇同志在中国共产党第七次全国代表大会上比较全面地、深刻地、系统地总结和概括了党的各方面的建设。第一，对民主集中制作了具体的说明；第二，对党的干部问题作了具体的阐明；第三，对党的基层建设作了具体的说明；第四，对党员队伍建设作了具体的阐明。

从加强党的执政能力建设、改进党的执政方式的现实出发，出现了不少总结历史经验的研究成果。刘琳《建国以来我国党政关系的历史考察与思考》提出，从中国未来的政治发展角度看，建构真正符合社会主义民主和法制精神的党政关系模式必须确立三条基本原则：第一，必须坚持共产党对国家政权的领导。第二，必须坚持实行党政职能分开。第三，党必须在宪法和法律的范围内活动。根据这些原则构建符合中国国情的党政关系模式，现阶段就必须坚持党的十六届四中全会强调的“科学执政、民主执政、依法执政”，不断完善党的领导方式和执政方式。陈家喜、邹永松《十六大以来党内民主建设的实践与思考》总结了十六大以来党内民主取得的新进展，并概括出这一进展具有以下特点：（1）广泛性；（2）制度化；（3）稳妥性。认为党内民主正处于快速发展的路途上，这一趋势已不可逆转。

二、党建研究综述

（一）思想建设

1. 关于坚持和发展马克思主义

安徽省“三个代表”重要思想研究中心《马克思主义中国化的理论创新》提出，中国共产党人推进马克思主义中国化的过程，正是把马克思主义同中国国情、中国文化相结合，为实现马克思主义时代化、本土化和民族化而不断进行理论创新的过程。第一，马克思主义的时代化。马克思主义中国化表现在时间和空间两个方面。在时间上，马克思主义中国化要求坚持与时俱进，即实现马克思主义时代化。马克思主义中国化的目的是解决不同历史时期中国面临的中心课题。争取民族独立和人民解放，是马克思主义中国化要解决的第一个重大问题。不断创新体制与完善制度，是马克思主义中国化要解决的第二个重大问题。实现国家强盛与人民富裕，是马克思主义中国化要解决的第三个重大问题。第二，马克思主义的本土化。马克思主义中国化在空间上要求从中国国情出发，实现马克思主义的本土化。马克思主义本土化，就是把马克思主义同中国具体实际相结合，因地制宜地解决实际问题。第三，马克思主义的民族化。马克思主义中国化在内容和形式上要求创立中国化的马克思主义，即实现马克思主义的民族化。马克思主义民族化，就是把马克思主义同中国实践和中国文化相结合，运用中国人民喜闻乐见的民族语言阐述中国革命和建设的理论。

2. 关于党建理论学习材料

2005 年 1 月，按照中央的部署，由中央组织部组织编写了《“三个代表”重要思想党建理论学习纲要》。该书旨在帮助广大党员、干部学习贯彻“三个代表”重要思想党建理论，不断把学习贯彻“三个代表”重要思想引向深入，在武装头脑、指导实践、推动工作上取得扎扎实实的成效。中央组织部、中央宣传部发出通知，要求各级党委组织、宣传部门要紧密联系党的建设面临的新形势、新任务以及党的建设工作中的重大理论和实践问题，认真学习《“三个代表”重要思想党建理论学习纲要》，在全面、系统、深入地学习研究和贯彻“三个代表”重要思想党建理论、提高党的执政能力上取得新的成效。“三个代表”重要思想党建理论是“三个代表”重要思想的重要组成部分，是对马克思列宁主义党的学说、毛泽东建党思想、邓小平党建理论的继承和发展，在党的性质、党的纲领、党的路线方面，在党的思想建设、组织建设、作风建设、制度建设、执政能力建设以及党的全部工作的根本目的等重大问题上都取得了丰硕理论成果，是新世纪新阶段全面推进党的建设新的伟大工程的强大思想武器和科学行动指南。《“三个代表”重要思想党建理论学习纲要》，根据中央印发的《“三个代表”重要思想学习纲要》，比较全面、系统地阐述了“三个代表”重要思想关于党的建设的新思想、新观点、新论断，是广大党员、干部深入学习贯彻“三个代表”重要思想的重要辅助材料，也是在全党开展保持共产党员先进性教育活动的辅助学习材料。《通知》要求，各级党委组织、宣传部门要组织广大党员、干部认真研读十六大报告、党章和十六届四中全会《决定》，认真研读江泽民同志的一系列重要著作和讲话，认真研读胡锦涛同志一系列重要讲话，把《“三个代表”重要思想党建理论学习纲要》纳入学习计划，作为干部培训、党员学习的重要内容，特别是要重点组织好县（处）级以上领导干部的学习。通过学习，进一步从整体上把握“三个代表”重要思想的科学体系，力求对“三个代表”重要思想党建理论的认识达到新高度，在认真贯彻“三个代表”重要思想党建理论、提高党的执政能力上取得新的成效，从而把思想和行动进一步统一到邓小平理论和“三个代表”重要思想上来，把智慧和力量进一步凝聚到实现十六大和十六届三中、四中全会确定的各项任务上来，紧密团结在以胡锦涛同志为总书记的党中央周围，解放思想、实事求是、与时俱进、开拓创新，全面加强和改进党的建设，为全面建设小康社会、开创中国特色社会主义事业新局面提供坚强的组织保证。

3. 关于思想解放和党的思想路线

李君如《新时期党的思想解放的历程》提出，新时期党的思想解放的历程，实际上就是党和人民在建设中国特色社会主义四个重大历史关头、四次重大选择中，坚持解放思想、实事求是、与时俱进的历程。这个历程，同实践一样，经历了四个发展阶段：第一阶段，真理标准问题大讨论和解放思想、实事求是思想路线的重新确立。第二阶段，1992年邓小平南方谈话和社会主义市场经济体制改革目标的确立。第三阶段，改革攻坚和社会主义初级阶段基本经济制度的确定。第四阶段，“三个代表”重要思想的提出和执政党建设理论的创新。

李东序《对党的思想路线的再认识》提出，长期以来，广为流传的一种说法是毛泽东同志把党的思想路线概括为“实事求是”，邓小平同志在前面加了一句，叫“解放思想”，江泽民同志在后面加了一句，叫“与时俱进”，所以“解放思想，实事求是，与时俱进”是我们党的思想路线。这种说法不仅在民间十分盛行，甚至在相当一级的党的高级干部的言论中，在部分党校的教材中也出现。这种说法既不严肃，也不符合实际，是对党的思想路线的错误解读与误导。从党章的规定，到邓小平同志、江泽民同志的论述，可以明确看出，党的思想路线的准确表述是：一切从实际出发，理论联系实际，实事求是，在实践中检验真理和发展真理。党的思想路线内涵十分丰富，包含着四个依次递进的关系，反映了我们党认识事物的客观规律。一切从实际出发是基础；理论联系实际是根本要求；实事求是是核心；在实践中检验真理和发展真理是标准。四个方面是一个完整的整体，反映了我们认识真理的全部过程，不可分割，也不能断章取义。

4. 关于科学发展观

王修智《马克思主义发展观与时俱进的新成果》提出，发展观是马克思主义的重要组成部分。概括起来，马克思主义发展观的主要内容是：第一，强调人类社会是在发展中不断前进的，发展是人类社会永恒的主题；第二，主张发展的协调性与可持续性，主张人与自然的和谐共存；第三，十分关注社会的全面进步和人的全面发展。马克思主义在其长期发展的过程中，形成了科学的世界观和方法论。这是我们认识和改造世界的强大思想武器。科学发展观贯穿着马克思主义的立场、观点、方法，是马克思主义世界观、价值观、方法论在发展问题上的运用和拓展，为我们全面建设小康社会、不断开创中国特色社会主义事业新局面提供了重要的思想指导。

郑新立《科学发展观是我们党关于社会主义建设指导思想的继承和发展》提出，科学发展观继承了发展是硬道理的思想，同时又强调发展必须是科学发展；科学发展观继承了社会主义生产目的理论，提出了以人为本的新的发展理念；科学发展观继承了两个文明都要抓的思想，提出了经济、政治、文化、社会建设全面推进的新要求；科学发展观继承了讲平衡、按比例的发展经验，提出了“五个统筹”、协调发展的新观念；科学发展观继承了讲求效益的优良传统，提出建立节约型社会和以自主创新促发展的可持续发展观。

王伟光《全面落实科学发展观 加强党的执政能力建设》提出，科学发展观建立在马克思主义世界观方法论的基础上，是马克思主义关于发展问题的世界观和方法论的具体体现，其主要理由是：第一，科学发展观是辩证的发展观。科学发展观就是从马克思主义唯物辩证的思维方式出发对发展问题的科学认识。从马克思主义哲学世界观和方法论来看，发展应该是辩证的发展，辩证的发展是不断解决矛盾的发展，是全面的发展、协调的发展、可持续的发展。第二，科学发展观是唯物史观的发展观。科学发展观就是从马克思主义历史观高度对发展问题的科学认识。一是科学发展观是有重点的发展观。二是科学发展观是关于社会辩证法的发展观。第三，科学发展观是尊重规律的发展观。实事求是思想路线，是贯穿科学发展观的马克思主义世界观的精髓，科学发展观就是以认识发展的客观规律、尊重发展的客观规律、按照发展的客观规律办事这一马克思主义世界观方法论为基础形成的对发展问题的科学认识。正因为科学发展观建立在马克思主义世界观方法论基础上，决定了科学发展观必然成为加快推进我国社会主义现代化建设的指导思想。

谭仲池《指导新的伟大实践的创新理论》提出，用科学发展观统领经济社会发展全局，进一步丰富和完善了我国现代化建设的指 导思想，表明我们党对经济社会发展规律的把握提到了新高度。科学发展观将传统发展观提升到了一个新的境界，第一次把坚持以人为本和经济社会全面、协调、可持续发展统一起来，注重经济发展与人的发展、经济发展与社会发展、经济发展与政治发展、经济发展与文化发展以及人与自然的和谐统一，实现了对传统发展观的历史性超越；提出走和平发展道路，表明我们党在处理重大国际关系问题、谋求建立世界经济政治新秩序方面达到了新境界 。

中国社会科学院邓小平理论和“三个代表”重要思想研究中心《科学发展观和构建和谐社会对“三大规律”认识的深化——认真学习贯彻党的十六届五中全会精神》提出，第一，科学发展观是对共产党执政规律认识的深化：一是深化了对共产党执政的历史使命的认识。二是深化了对共产党执政的根本宗旨的认识。三是深化了对共产党执政的社会基础的认识。第二，科学发展观是对社会主义建设规律认识的深化：一是丰富了马克思主义关于社会主义发展目标的思想，把科学的理论设想具体体现于当代的生动实践中；二是深化了对社会主义本质的认识，促进了从抽象到具体、从特征描述到本质揭示的转化；三是完善了对中国特色社会主义建设总体布局的认识，更加重视社会的整体发展和质量统一。第三，科学发展观是对人类社会发展规律认识的深化：一是弘扬以人为本的理念，并将它同党的根本宗旨联系起来，更加尊重人民群众的历史创造活动和主体地位；二是树立和落实科学发展观，探索一条具有本国特色的现代化道路，为丰富多彩的人类社会发展模式增添了新内容；三是致力于和谐社会建设，并将它有机融入经济、政治和文化的实际发展过程中，从而在更加广泛和深刻的意义上证明着社会主义制度的优越性。

苏荣《牢牢掌握宣传思想工作的主动权》提出，宣传思想工作是党和国家工作大局的重要组成部分。在实际工作中，宣传思想工作者必须不断研究新情况、解决新问题，牢牢把握宣传思想工作的主动权。坚持马克思主义在意识形态领域的指导地位不动摇。第一，必须坚持用一元化的指导思想整合和引领多样化的社会思想，着力巩固马克思主义在意识形态领域的指导地位。第二，坚持党对宣传思想工作的领导。对于各级地方党委来说，把握政治原则，坚持正确政治方向，首要的一条就是牢牢把握党在意识形态领域的主导权，保证党对意识形态工作的领导。第三，牢牢把握发展这个党执政兴国的第一要务。紧紧围绕经济建设这个中心，服从和服务于改革、发展、稳定的大局，是新时期宣传思想工作的中心任务。第四，用道德的力量扶正祛邪、激浊扬清。第五，高扬爱国主义旗帜，大力弘扬和培育民族精神。第六，坚持团结稳定、正面宣传为主的方针。第七，加强和改进思想政治工作。第八，促进民族优秀文化产品走向世界。第九，努力创新宣传思想工作的方式方法。

（二）组织建设

1. 关于干部队伍建设

建立正确的干部政绩考核评价体系，树立正确的政绩观，是干部人事制度改革的重点。重庆市邓小平理论与“三个代表”重要思想研究中心《树立正确的政绩观》提出，树立正确的政绩观，首先要解决创造政绩的价值目标问题。为谁创造政绩？是为个人谋私利，还是为党和国家、为人民群众谋利益？这是每一个领导干部首先需要回答的问题，是衡量领导干部政绩观正确与否的分水岭。第一，以“全心全意为人民服务”为根本宗旨的中国共产党，对各级领导干部政绩观的要求归结为一句话就是立党为公、执政为民。第二，用实践标准衡量政绩，就是要看政绩是否符合客观实际和客观规律。我们各项工作的成果是否正确，必须回到实践中去，通过“主观见之于客观”的行动才能得到证明。第三，用群众的标准衡量政绩，就是以民为本，以老百姓是否受益作为评价标准。第四，用历史的标准衡量政绩，就是既要看政绩给眼前带来的变化，又要看其对经济社会发展的长远影响，要经得起历史的检验和后人的评判，其实质是用可持续发展的标准评价政绩，对社会和历史负责。

艾理生《领导干部要做到“六慎”》提出，在领导工作中，谨慎是一种政治责任心，是一种思想品德，也是一种工作作风。想问题、做决策、干工作是否谨慎，是领导干部能否做到严于律己、保持我们党的廉政作风的前提条件和重要保证。一曰慎思，就是平常说的三思而后行。领导干部在日常工作中也要做到多思考、勤思考，而最重要的是要思变、思危和思退。二曰慎独，就是在别人看不到、听不见的地方也要谨慎小心，事事注意。三曰慎权，就是要谨慎对待和行使自己手中的权力，为人民掌好权用好权。四曰慎微，就是要防微杜渐，“勿以善小而不为，勿以恶小而为之”。五曰慎欲，就是要谨慎地对待金钱、物欲、美色的诱惑，经受住各种考验，抵制非分的欲望，追求健康的生活。六曰慎好，就是要正确对待个人的爱好，谨防别有用心的人对“好”下药，拉拢腐蚀。

2. 关于基层组织建设

中共中央组织部组织局《深入开展“三级联创”活动　努力提高农村基层组织建设整体水平》提出，如何贯彻落实中央的精神和要求，适应新世纪新阶段“三农”工作的形势与任务，进一步提升农村党的建设“三级联创”活动的水平，不断增强农村基层党组织的创造力、凝聚力和战斗力，切实为推进农村小康社会建设提供坚强的组织保证，是当前农村党的建设工作的一项重大课题。（1）深化认识：全面把握新世纪新阶段农村基层组织建设的内涵。要深刻认识和理解胡锦涛同志关于“两个趋向”的重要论断，不断深化对农村基层组织建设新阶段的认识，准确把握新阶段的内涵，充分认识新阶段的特征，真正按照新形势、新任务的要求来思考和推进农村党的建设“三级联创”活动，探索和实践抓好新时期农村基层组织建设的新思路、新方法，不断开创农村党的建设工作的新局面。（2）围绕中心：有力促进农村经济发展和农民增收致富。开展“三级联创”活动，加强农村基层组织建设，必须始终围绕农村经济发展和农民增收致富这个中心来进行。（3）抓住关键：着力提高农村党员干部的思想政治素质和带领群众致富的能力。（4）丰富内涵：充分发挥农村基层党组织在构建社会主义和谐社会中的作用。（5）创新载体：不断增强“三级联创”活动的生机与活力。（6）完善机制：努力形成上下联动、齐抓共管、常抓不懈的工作格局。

林炳玉《农村社会阶层分化与村党组织建设》提出，十一届三中全会以来，随着农村家庭联产承包责任制的实行和市场经济体制的确立，原有以身份为划分标准而形成的农村阶层体系逐渐被以职业为基础而形成的农村阶层结构所代替。各地分化情况差异较大，发达地区新阶层不断壮大，而在欠发达地区仍以传统的农业劳动者为主。

在这种新的情况下，村级党组织要以代表农村最广大农民群众的根本利益作为村级党组织一切工作的出发点，实现党执政为民的本质要求。（1）着眼于大多数人的利益。（2）处理好农村各阶层共同利益和不同利益的关系。（3）妥善整合农村各阶层的利益关系。要以巩固党在农村的组织基础、阶级基础、群众基础为着力点，增强村级党组织的领导地位，为全面建设小康社会提供坚强的组织保证。（1）巩固和强化党在农村的组织基础。（2）巩固和加强党在农村的阶级基础。（3）巩固和扩大党在农村的群众基础。要以提升村级党组织在社会阶层分化条件下的发展能力为侧重点，坚持发展这个党执政兴国的第一要务。（1）坚持科学发展观，缩小贫富差距，实现共同富裕。（2）坚持正确的政绩观，真正让最广大的群众得到实惠。（3）引导农民有序合理分化，推动现代化发展。（4）大力发展集体经济，增强党组织化解各阶层利益矛盾的物质基础。要以加强执政能力建设为切入点，不断改进村级党组织的领导方式和工作方式，提高党组织建设的实效性。（1）增强服务职能，改进领导方式。（2）坚持民主管村、依法治村的方式。（3）改进党员管理方式，提高管理水平。要以改革和完善领导体制及运行机制为根本点，大力营造村级党组织建设的良好体制环境。（1）调整村级党组织设置。（2）完善村党组织建设中的法理依据。（3）为村级党组织提供治村理事的各项保障。

张全景《加强农村党的工作　建设

社会主义新农村》提出，把“三农”问题作为全党工作的重中之重，必须围绕加强党的先进性建设，提高党组织的凝聚力、战斗力、创造力，提高解决“三农”问题的能力，大力加强农村党的工作。一是必须建好党支部，二是选好“班长”，三是完善农村干部选拔管理机制，处理好村党支部和村民委员会的关系。村民委员会要自觉接受和尊重党支部的领导。同时，村党支部又要支持村民委员会的工作，发挥村民委员会的作用，而不能包揽其工作。在重大问题上，村党支部和村民委员会应互相沟通，通过建立联系会议制度、交叉兼职等办法，齐心协力建设社会主义新农村。四是把农村党员的先进性教育活动与农村经济社会发展结合起来，促进农村经济社会发展。五是搞好致富技能培训，提高农村党员当先锋、做模范的能力。

周挺《试论“村官”富人化对农村基层组织建设的影响》提出，近年来，随着改革开放的深入和市场经济的发展，农村经商办厂或种养业的能人富人当选“村官”的比例呈上升趋势，成为农村基层组织建设的一个显著特点。（1）“村官”富人化是农村社会发展的必然趋势；（2）建立健全农村“先富群体”从政的发展机制；（3）建立先富群体从政的教育培训机制；（4）建立先富群体从政的制约与激励机制。

3. 关于人才工作

叶国文《社会转型与资源整合——从党管干部到党管理人才制度变迁研究》提出，2002 年 12 月，全国组织工作会议首次提出党管人才原则，这既是对党管干部原则的继承，也是发展和创新，为中国共产党在新的历史条件下整合人才资源提供了崭新的平台，是在全球人才竞争的大背景下，使我国由人口大国向人才资源强国转变的重大制度上的突破。党管干部制度随着中共的成立而形成。党管干部原则曾经在战争、革命和现代化建设中发挥了积极的作用，但随着社会转型和社会生活日益全球化，它显现出整合干部资源尤其是人才资源的乏力。于是，从制度和机制层面进行创新，进一步整合干部、人才资源，提升中共执政能力成为当务之急。党管人才制度设计是对党管干部原则的继承和发展，包括党管干部和党管人才两个方面的内容。党管干部和党管人才是相辅相成的，党管干部是党管人才的前提和保证，党管人才为党管干部提供了广阔的干部人才资源，拓展了中共管理社会和国家的内涵，对于提高党的执政能力、增强党在全社会的影响力和凝聚力，具有十分重要的意义。

张明平《党管人才原则要体现在执政能力建设的实践中》提出，落实党管人才原则，首先应当从党和国家工作大局出发，着眼于提高党的执政能力的紧迫需要，加强党对人才工作的组织领导和宏观指导，对人才工作的发展进行总体规划和协调，不断完善人才工作新格局。首先，要加强人才工作的总体规划和协调；其次，要切实加强人才工作的组织领导；各级党委要把人才工作紧紧抓在手上，形成党委统一领导，组织部门牵头抓总，有关部门各司其职、密切配合，社会力量广泛参与的人才工作新格局。党管人才，主要是管宏观，管政策，管协调，管服务。这就要求从总体上，特别是从制度、体制和机制上来考虑人才的评价、选拔和使用问题。

4. 组工干部自身建设

王璋《加强组工干部能力建设的思考》提出，第一，组工干部要确立终身刻苦学习的好态度。一要注重学习，二要主动学习，三要全面学习。第二，树立理论联系实际的好学风。第三，营造学习型机关的好氛围。第四，必须牢固地树立起整体工作创一流、单项工作争第一的意识。

（三）作风建设

1. 关于党内民主是党的生命

高印《党内民主是党的生命》提出，发展党内民主是提高党的执政能力，坚持科学执政、民主执政、依法执政的必要前提。对于地方党组织来讲，一是要充分发展党内民主，就必须把地方党委工作民主化、党内生活民主化与民主执政有机结合起来，从制度框架、体制设计到工作机制全方位地予以推进。二是进一步拓宽民主渠道，创建由地方党委工作民主化到党内生活民主化的工作机制。三是理顺地方党委与同级组织中党组的领导关系，健全由党内民主到民主执政的体制设计。四是坚持从严治党、依法执政，建立促进地方党委工作民主化、党内生活民主化的法制保障。

张书林《解读“党内民主是党的生命”的基本维度》提出，（1）中西政党比较的维度：党内民主是党自身发展的主要动力；（2）科学执政的维度：党内民主是实现决策科学化的前提；（3）党史经验总结的维度：党内民主是消除家长制的有力武器；（4）党的自身建设的维度：党内民主是党的生机和活力的保障；（5）中国民主政治发展的维度：党内民主是人民民主的推动和引导力量。

王一程《对发展党内民主问题的若干思考》提出，在如何认识党内民主与民主集中制的关系问题上，有必要在全党统一认识，克服把党内民主与民主集中制对立起来的错误观点和倾向。从保证党的路线方针政策的正确制定、调整和贯彻执行的角度看，党内民主是反映和形成正确意见的基础和前提，党内集中是正确意见产生和发挥作用的途径和结果。从党的组织制度和领导制度建设的角度看，党内民主和党内集中都需要有制度保证。因此，我们决不可以因为历史上曾有过民主过度或集中过度的失误，就否定民主集中制，主张只要集中不要民主，或者只要民主不要集中；也不可以把民主集中制与过去高度集中的计划经济体制等同起来，以计划经济体制转变成市场经济体制为由，就主张取消民主集中制，甚至宣扬应允许“党组织实行自治”、允许建立不同派别进行合法竞争的党内机制和制度等错误观点；更不可以鼓吹以西方“现代政党”的民主理念和多党竞争制模式，取代我们党的民主集中制，否定我们党领导的多党合作和政治协商制度。

刘建武《营造党内不同意见平等讨论的环境》提出，营造不同意见平等讨论的良好环境，是党的建设面临的一项重要任务。那么，怎样才能营造出党内不同意见平等讨论的和谐环境呢？首先，党员要增强主人翁责任感，敢于发表不同意见，做到知无不言、言无不尽。其次，各级领导干部要正确对待不同意见，在党内民主生活中起带头和表率作用。再次，要建立健全党内法规和制度，使那些讲真话、讲心里话的党员受到鼓励和保护。

2. 关于求真务实是党的优良传统的核心内容

李华林《论中国共产党求真务实的

优良传统及其当代价值》提出，第一，求真务实是党的优良传统的核心内容。在党的优良传统中，求真务实优良传统处于首要的、核心的地位。只有做到求真务实，才能坚持和发扬“艰苦奋斗、自强不息”的优良作风。只有做到求真务实，才能坚持和发扬“理论与实践相统一”的优良作风。只有做到求真务实，才能坚持和发扬“全心全意为人民服务”的优良作风。只有做到求真务实，才能坚持和发扬“清正廉洁、甘于奉献”、“批评与自我批评”的优良作风。进一步把党建设好，提高党的执政能力，关键是坚持求真务实。第二，求真务实优良传统的当代价值在于完全符合党的思想路线的本质特征，是对思想路线的丰富和发展。

3. 关于履行党章、端正作风

王超《如何把党的群众观化为群众工作的生动实践》提出，(1) 建立利益和民意表达机制，确保民意顺畅充分表达；(2) 从解决小事、急事、难事入手谋民利，让群众看得见、摸得着、感受深；(3) 最重要的是，要有制度保障，要有纪律约束。

黄远志《把握十个关系 全面履行党章赋予的职责和任务》提出，全面履行党章赋予的职责和任务，必须按照官正同志的重要讲话精神和要求，正确处理和把握以下十个关系：一是要正确处理和把握履行职责与服务第一要务的关系；二是正确处理和把握履行职责与完成反腐败任务的关系；三是正确处理和把握发挥纪检职能与发挥行政监察职能的关系；四是正确处理和把握惩治腐败与预防腐败的关系；五是正确处理和把握惩处与教育的关系；六是正确处理和把握惩处违纪违法党员与保障党员干部权利的关系；七是正确处理和把握履行职责与加强组织协调的关系；八是正确处理和把握继承与创新的关系；九是正确处理和把握党委统一领导与发挥纪检职能的关系；十是正确处理和把握监督与被监督的关系。

毛政相《对落实党员监督主体地位问题的调查与思考》提出，切实落实党员监督主体地位，全面激活党内监督资源，关键是要从体制机制改革入手，为广大党员充分行使监督权提供制度保障和安全平台，使党员真正成为党内体制性主人。(1) 大力推进党务公开以确保党员知情权是实现党员监督权的基础；(2) 理顺党内权力授受关系是实现党员监督权的关键；(3) 构建履职安全平台是实现党员监督权的重要举措；(4) 构建科学合理的激励机制是实现党员监督权的强大动力。

4. 关于党风廉政建设和反腐败斗争

刘开寿《对党风廉政建设和反腐败斗争问题的再思考》提出，要建立健全教育、制度、监督并重的惩治和预防腐败体系，进一步加强和改进党风廉政建设和反腐败斗争。第一，抓住领导干部这个重点，构建反腐倡廉“大宣教”格局，筑牢拒腐防变的思想道德防线。第二，推进从源头上防治腐败的制度改革和创新，充分发挥制度在惩治和预防腐败中的保证作用。第三，加强对公共权力运行的有效制约和监督，确保公共权力的正确行使。第四，惩治腐败必须从严，要充分发挥惩治在党风廉政建设和反腐败中的重要作用。

金银焕《把握关键环节　深刻理解精神实质》提出，第一，反腐倡廉必须把握适应社会主义市场经济这个前提，自觉适应社会主义市场经济体制的内在要求和运行规律，走出一条具有中国特色的反腐败路子，为全面建设小康社会提供坚强有力的政治保证。第二，必须坚持教育、制度、监督三者并重。第三，必须把握建立惩防体系需要坚持的重要原则。一是坚持标本兼治、综合治理、惩防并举、注重预防的方针。二是依靠发展民主来防治腐败。三是以改革统揽预防腐败的各项工作。四是坚持反腐败的领导体制和工作机制。第四，必须以创新为动力推进惩防体系建设。一是要注重思想创新。二是要注重研究新情况。三是要注重解决新问题。

伍祖文《做好预防腐败工作　推进党的先进性建设》提出，做好反腐倡廉工作，推进党的先进性建设，必须在毫不放松地惩治腐败的同时，不断加大预防腐败的力度，把注重预防、注重治本放在更加突出的位置，努力防范各种腐败现象的发生。以权力观教育为重点抓好反腐倡廉教育，增强广大党员干部拒腐防变的自觉性。以改革的精神加强制度建设，把党员干部犯错误的机会减少到最低程度。加强对权力运行的制约和监督，确保人民赋予的权力用来为人民谋利益。充分发展民主，调动广大党员和人民群众反腐败的积极性。大力推进廉政文化建设，积极营造崇廉尚洁、扶正祛邪的良好氛围。

5. 关于加强党性修养

任大立《试论党性修养的内涵和途径》提出，如何做到既坚持市场经济原则，又坚持党性原则，必须做到以下五个方面的统一：

第一，既要遵循市场经济的物质利益原则，获取正当的物质利益，又要防止和抵制一切向钱看的倾向，处理好索取与奉献的关系。第二，既要遵循市场经济的竞争原则，自觉参与市场竞争，又要防止和抵制尔虞我诈的不道德行为，处理好竞争与合作关系。第三，既要遵循市场经济的等价交换原则，按价值规律办事，又要防止和抵制把等价交换原则引入党内政治生活，处理好等价交换与无私奉献的关系。第四，既要遵循市场经济的经营自主原则，充分发挥主观能动性，又要防止和抵制分散主义和小团体主义，严格执行党的纪律，处理好自主与监督、自由与纪律的关系。第五，既要遵循市场经济的开放性原则，积极实行对外开放，又要防止和抵制资本主义腐朽思想和腐朽生活方式的侵蚀，处理好对外开放与保持先进性的关系。

杨永志、杨辉《党内“低俗风”的危害成因及治理》提出，“低俗风”，是现实生活中流行的各种格调低下、内容庸俗的社会风气的统称。目前社会上的“低俗风”已侵蚀到我们党内，并有蔚然成风的态势，正在构成党内的一股不正之风。其中包括：拜金风、赌博风、迷信风、送礼风、吃喝风、奢靡风、浮夸风、假话风、拍马风、圈子风、跑官风、拉关系风、婚外情风、形象工程风，等等。就党内“低俗风”的治理来说：(1) 治理的根本是提高广大党员干部的马克思主义觉悟。(2) 治理的关键是整肃党员及其领导干部违反党纪的“擦边球”。(3) 治理的方略是把它作为一项党风建设的长期任务来抓。

（四）制度建设

1. 关于制度建设一般意义

高新民《加强党的制度建设　提高党的执政能力》提出，制度建设的内涵并非单纯指文字上的某些制度条例，而是包含两个层面的内容：一是指党的领导体制、工作机制，主要是权力配置和运作的方式；二是指具体规章制度。这两个层面共同构成党的制度建设的主要内容，形成一种大的制度环境。从第一个层面的意义来看，体制与工作机制起着支撑制度环境的作用，保护具体的制度不被随意践踏。从第二个层面的内容来看，如果只有大的体制性框架而没有具体制度，那么，权力的运作也是无章可循的，人们的行为也就缺少预见性和确定性。因此，具体的制度是制度环境中不可缺少的内容，是充塞于体制性框架中的具体内容。首先，明确党内的制度建设与国家法制建设的关系。党的制度建设不同于国家法律建设，区别是非常明确的，二者不能混淆。党的建设与法制建设又有明显的联系，表现为：一是党的制度建设与国家法律具有相容性。二是党内制度建设可以对法律建设起推动作用。第二，注重党的制度建设的关联性与适用性。党的制度环境是一个整体环境，没有相互关联的制度安排，环境的整体性就受到损害，其制度建设的最大效应就难以真正体现出来。第三，制度建设也要与时俱进。党的制度不是一成不变的，随着时代的发展和形势的变化，党内产生的问题也会有所不同，制度建设的侧重点也不同，这与制度建设的稳定性、长期性并不矛盾。

2. 关于坚持民主集中制

苏开源《对发展党内民主、健全民主集中制的思考》提出，健全民主集中制的关键或突破口，在于以下三大课题的真正解决。其一，必须坚持完善党的代表大会制度，充分发挥它在党内“最高权力机关、决策机关和监督机关”的权威作用，是健全民主集中制的重中之重。其二，必须理顺和规范党内权力关系。理顺党的各类各级组织结构的权力关系且以相应制度予以保障，是健全民主集中制的根本要求和主要表征之一。其三，必须健全民主集中制运作全程各环节之制度。

王新清、李遵清、徐飞《坚持和完善民主集中制》（《高校理论战线》2005年第4期）提出，在新形势下，坚持和完善民主集中制，要以邓小平理论和“三个代表”重要思想为指导，努力提高党员领导干部的政治意识、大局意识和群众意识，建立健全科学的领导体制和工作机制，保证各项事业健康、稳步发展。拓宽党内民主渠道，加强党员对党内事务的了解和参与，切实保障党员的民主权利。党组织在决策过程中要严格依照“集体领导、民主集中、个别酝酿、会议决定”的原则，并在此原则的基础上完善党委内部的议事和决策机制，发挥好委员会全体会议的作用，健全党委常委会的决策程序，进一步完善集体领导下的个人分工负责制，提高工作效率。通过制度建设把一些好的做法固定下来。当前坚持和完善民主集中制，要深入研究民主的渠道和集中的方式；要高度重视具体工作制度建设；要建立贯彻民主集中制的约束机制和问责制度。

3. 关于党内选举制度改革

张建《论党内选举制度改革和完善的理论基础及其重要性》提出，党内选举制度是党内民主政治的基石和精髓，实行得如何，实际上标志着党内民主的发展程度，反映出党的自身建设的深度。实行党内选举可以实现有效的党内监督。首先，从党内监督的主体来看，党内民主选举是党员的基本权利和义务。其次，从党内监督的客体来看，党内民主选举是最有效的监督形式。最后，从党内监督的内容来看，党内民主选举制度是党内监督的重要一环。

4. 关于党代会常任制

刘学军《党代会常任制试点：问题与出路》提出，根据中央的精神，一些地方在党的代表大会常任制的试点工作方面取得了明显的成效。但是，试点工作也使一些深层次问题逐渐显露出来，需要我们认真探索和解决。试点工作中出现的一个很重要的问题，就是一些新增设的党内机关与原有党内体制之间的关系明显紧张。这种紧张关系主要表现在两个方面：一是新设党内机关同原有党内机关在功能上的冲突，二是新设机关的运行同尚未改革的党内传统体制设置不好兼容。如何解决上述矛盾和问题，各地还在努力探索。这些探索，从总的方面看，可以概括为引存量入增量，完善增量，用足存量，逐步形成新的体制和机制，以求真正建立健全充分反映党员和党组织意愿的党内民主制度，具体表现为两个方面：一方面，人们主要地是在技术操作层面上，对党内机关设置及其运行规则作新的考虑；另一方面，也有学者从更深的层面思考解决上述问题的路径，认为发展党内民主要在实质上下功夫，不能作秀。

四川省社会科学院课题组《党代会“常任制”试点调研的思考——以四川省为例》提出，第一，将“常任制”融于现行的制度基础。第二，改革和完善党代表选举制度，增强党代表的竞争力，实现党代表与人大代表对接，使党学会在人大中开展工作，把潜规则变成明规则。构建党的代表大会常设机构寓于同级人民代表大会常设机构之中的新体制，是解决这一问题的可行选择。

王海军《党内民主建设与制度创新》提出，发展党内民主涉及的内容是多层次和多方面的，最为重要和根本的是加强党内的民主制度建设，建立健全各种有关制度，做到以完备的制度保障党内民主。一是要建立健全有关制度，保障党员民主权利。二是要改革和完善党内民主选举制度。三是要改革完善党的代表大会，实行代表大会常任制。四是要改革和完善党内监督制度。

（五）先进性建设

1. 关于党的先进性建设的重大意义

中共中央党校邓小平理论和“三个代表”重要思想研究中心《党的先进性建设是马克思主义党建理论的重大创新》提出，先进性是马克思主义政党的根本特征。马克思主义政党是工人阶级和最广大人民为实现、维护和发展自己利益而建立的政治组织。马克思主义政党必须具有先进性。只有具有先进性，党才能从全局上和战略上制定适应时代发展潮流和社会发展进步要求的理论路线方针政策，才能真正代表工人阶级和最广大人民的根本利益，才能得到工人阶级和最广大人民的认可和支持。因此，先进性是马克思主义政党的根本特征，也是马克思主义政党的生命所系、力量所在。一部马克思主义政党建设的历史，从一定意义上说，就是马克思主义政党坚持先进性的历史。明确提出“党的先进性建设”，是我们党对共产党执政规律认识的深化和升华。马克思主义政党只有坚持先进性，才能在执政过程中使党制定的理论和路线方针政策符合社会发展的正确方向、反映最广大人民的利益和愿望。正是因为在执政规律上获得了这样的深刻认识，胡锦涛同志明确地提出了“党的先进性建设”的理论命题，强调党的先进性建设是关系马克思主义政党生存发展的根本性问题，是马克思主义政党自身建设的根本任务。这是我们党把握共产党执政规律得出的深刻结论。

赵子平《先进性建设是党的自身建设的根本任务》提出，“三个代表”重要思想的本质是保持党的先进性，以此为要求全面加强党的建设，就能从根本上体现党的先进性。第一，“三个代表”重要思想赋予党的性质以丰富的时代内容。按照“三个代表”重要思想的要求，十六大党章对党的性质作出了进一步的表述：“中国共产党是中国工人阶级的先锋队，同时是中国人民和中华民族的先锋队，是中国特色社会主义事业的领导核心，代表中国先进生产力的发展要求，代表中国先进文化的前进方向，代表中国最广大人民的根本利益。党的最高理想和最终目标是实现共产主义。”这完全切合我们党的历史发展和现实状况，符合时代要求，极大地丰富了党的先进性内涵，体现出当代中国共产党人对辩证唯物主义和历史唯物主义的创造性运用和发展，使我们党随着时代的前进而不断增添新的先进性。这是我们党永葆生机和活力、永立不败之地的决定因素。

马贵舫《论党的先进性与先进性建设》提出，党的先进性主要包含四层意思：一是从党的成员来看，共产党是由有觉悟的先进分子组成的，是无产阶级的先锋队；二是从党的宗旨来看，共产党没有自己的特殊利益，而是始终代表最广大人民的根本利益；三是从党的指导思想来看，它反映了人类社会的发展规律；四是从党的组织与运作机制来看，共产党是按照科学的原则组织起来的有战斗力的整体。这四个方面是对党的先进性的高度概括，任何时候考察党的先进性，都应该首先从这四个方面着手；党的先进性建设，也应该建立在这个基础之上，所谓党的先进性是具体的、历史的，并不是说对这四个基本要素要有所取舍，而是强调组成这些基本要素的具体内容，应随着时代的发展而不断充实新的内涵。

张志明《党的先进性与党的先进性建设》提出，要建设并真正实现党在新世纪的先进性，就必须要以党的执政能力建设为核心，全面加强党的自身建设，特别是党的制度建设。只有通过科学而完备的制度安排，才能在新世纪真正保证党做到科学执政、民主执政和依法执政，才能真正实现党的领导、人民当家作主和依法治国的有机统一，才能保证党的各级执政者、决策者切实按照科学发展观的要求去践行执政兴国的第一要务。也只有真正做到了这样的先进性，才能在新世纪继续获得人民群众的广泛认同和支持，获得党执政的新的法理基础。而目前最为急迫和关键的是如何通过制度建设实现科学执政、民主执政和依法执政的执政目标。

高新民《把握先进性内涵　加强党的先进性建设》提出，共产党员的先进性有几个不能忽略的特点。首先，这种先进性是政治上的先进性，是政治态度和政治行为，并不取决于、也不表现为党员的能力大小、文化程度和职业状况。第二，这种先进性同样是历史的、具体的。在不同历史时期，由于党的任务的不同，党员先进性有不同的表现。第三，党员的先进性与党的性质、党的路线、方针、政策是紧密相连的。党的性质以及作为这种性质外在体现的路线、方针、政策，对党员的行为是否先进起着决定性作用。

2. 关于如何保持先进性

李君如《加强党的先进性建设的重大决策》提出，所谓先进性建设，不是某个专项建设，而是通过党的思想建设、组织建设、作风建设和制度建设等各方面建设体现出来的、带有综合性的根本建设，是推动我们党的工作能够体现时代性、把握规律性、富于创造性的根本性建设，是保证我们党在任何时候都能顺应时代发展的潮流和我国社会发展进步的要求、带领人民群众走在时代前列并更好地为实现自己的根本利益而奋斗的根本性建设。我们应当从党的建设的上述形式、内容和目标上来理解党的先进性建设。党能否坚持先进性，至少取决于能否做到以下三点：第一，取决于能否保持党的理论、路线、方针、政策的正确性并能否始终坚持与时俱进；第二，取决于各级党组织能否形成充满活力的制度机制和朝气蓬勃、奋发有为的领导层；第三，还要取决于广大党员能否起到先锋模范作用。

张全新《保持共产党员先进性与立党为公执政为民》提出，立党为公、执政为民，体现着我们党之所以能够永葆先进性的三个“一致性”。第一，立党为公、执政为民体现着尊重社会发展规律与尊重人民历史主体地位的一致性。对于每个共产党员来说，自觉地坚持立党为公、执政为民，就是坚持这种一致性。第二，立党为公、执政为民体现着坚持为崇高理想奋斗与为广大人民谋利益的一致性。当前，就是要按照建设中国特色社会主义的要求，在社会不断发展进步的基础上，进一步改善和提高人民群众的物质文化生活水平，使人民群众得到切实的经济、政治、文化利益。第三，立党为公、执政为民体现着完成党的各项工作与实现人民利益的一致性。落实党的理论、纲领、路线、方针、政策，做好各项工作，都是为了人民的利益。总之，要按照十六届四中全会的要求，“坚持科学执政、民主执政、依法执政，不断完善党的领导方式和执政方式”。这都是为了更好地实现立党为公、执政为民。

姚桓《保持共产党员先进性 全面建设小康社会》提出，现阶段党的宏伟目标是全面建设小康社会，这一新任务赋予党员先进性以新的时代要求，即在全面建设小康社会的实践中发挥先锋模范作用。这种先锋模范作用主要体现在：正确理解和准确执行党的各项政策。党员发挥先锋模范作用，首先要站在党的性质和宗旨的高度理解这些政策。带头发扬艰苦奋斗的优良作风。要把全面建设小康的美好蓝图变为现实，需要长期的艰苦奋斗，发扬艰苦奋斗精神还有重大的政治意义，共产党员今天仍然要发扬艰苦奋斗精神，做维护团结和稳定的模范。

教育部邓小平理论和“三个代表”重要思想研究中心《核心在坚持党的先进性——学习〈江泽民论加强和改进执政党建设〉（专题摘编）》提出，党的十三届四中全会以后，以江泽民同志为核心的第三代中央领导集体始终高度重视党的先进性建设，提出了一系列新思想、新观点、新论断，在新的历史条件下揭示了党的先进性的本质特征和科学内涵，回答了建设什么样的党、怎样建设党这一重大课题，形成了江泽民执政党建设思想，丰富和发展了马克思主义执政党建设理论，为新世纪新阶段加强党的先进性建设提供了科学理论指导。江泽民执政党建设思想，在新的历史条件下揭示了党的先进性的本质特征和科学内涵，明确提出了加强党的先进性建设的总目标、根本指针、主要任务、工作重点和重要保证，为新世纪新阶段加强党的先进性建设提供了科学理论指导。《江泽民论加强和改进执政党建设》（专题摘编）集中反映了江泽民执政党建设思想的内在逻辑、科学体系和主要内容，是学习江泽民执政党建设思想的重要教材。

上海市邓小平理论和“三个代表”重要思想研究中心《党的先进性与共产党员先进性的内在关联》提出，党的先进性主要体现在党的指导思想、党的纲领、党员标准、党的组织制度、党的纪律等方面，体现在党的各项主张始终代表中国先进生产力的发展要求，始终代表中国先进文化的前进方向，始终代表中国最广大人民的根本利益。共产党员的先进性主要体现在每一个党员按照党的先进性要求，发挥先锋模范作用的素质、能力和实际行动上。通过对共产党先进性和共产党员先进性内涵的分析，可以认为，第一，党的先进性不完全等同于党员的先进性。党的理论、路线、纲领，党的组织结构，党的制度和党员都是构成党的先进性的要素。而党员的先进性则主要由党员个人的思想和行为构成。第二，党的先进性必然要求党员具有先进性，从这个意义上说，两者是统一的。但是，两者又不是自然而然地统一。只有当党员的思想和行为符合党的先进性要求，两者才是统一的。第三，党的先进性必须通过党员的先进性才能被广大人民群众所认同。从这个意义上讲，党员先进性是党的先进性的重要载体。

商志晓《共产党员先进性的基本内涵及当代要求》提出，共产党员的先进性，是共产党员这一特定身份的人所应当具有的、为共产党这一先进政党所要求的一种重要特征，是共产党员不同于普通群众并对普通群众发挥模范带动作用的一种基本的性质、性能、性状。共产党员应当具有的先进性，既是一种品质，又是一种能力，还是一种行为，是品质、能力、行为三者的统一。对共产党员先进性的基本内涵，我们要在品质、能力、行为的统一中来把握。品质是基础，能力是核心，行为是关键。三者统一，成为共产党员能够有效保持和充分发挥先进性的深厚基础、可靠依据和有力保证，使共产党员的内在先进性与外在先进性有机结合，使共产党员的静态先进性与动态先进性紧密相联，使共产党员的先进性本质与先进性表现密不可分。

中共中央党校邓小平理论和“三个代表”重要思想研究中心《加强党的先进性建设 发挥党员的先锋模范作用》提出，广大共产党员发挥先锋模范作用要特别注重在以下四个方面作出努力。第一，牢固树立执政党党员意识，对党和人民忠诚。党员对党的忠诚，是党员必须履行的义务。第二，勤奋工作、兢兢业业地创造一流的工作业绩。第三，遵守党的纪律，身体力行地维护党的团结统一。第四，实现好、维护好、发展好最广大人民的根本利益。

北京师范大学邓小平理论和“三个代表”重要思想研究中心《保持共产党员先进性是时代的要求》提出，在当代中国，共产党员的先进性集中表现为自觉学习掌握马克思主义，按照邓小平理论和“三个代表”重要思想的要求，树立坚定的理想信念，充分发挥先锋模范作用，团结带领广大群众，推进建设中国特色社会主义事业。具体来说，共产党员先进性的时代特征主要体现在以下几个方面：第一，树立坚定的理想信念。第二，树立一心一意为人民谋福利的利益观。第三，做学习型党员。第四，有强烈的创新精神。第五，增强党的观念。

王庭大《新时期共产党员如何保持先进性》提出，共产党员的先进性，概括地讲，就是共产党员始终走在群众的前列，同时又走在时代前列的本质特征。保持共产党员先进性，就必须牢固树立共产主义远大理想和中国特色社会主义坚定信念。一是正确认识人类社会发展的客观规律，树立马克思主义的世界观。二是确立建设中国特色社会主义的坚定信念。三是培养和保持共产主义道德情操。无论在什么样的情况下，保持共产党员先进性，都必须始终坚持和实践全心全意为人民服务的宗旨。共产党员要始终坚持全心全意为人民服务的宗旨，需要从以下四个方面努力：一是树立人民是历史创造者的观点。二是树立正确的权力观。三是增进对人民群众的感情。四是诚心诚意为人民群众做好事、办实事。共产党员的先进性必须体现在改革发展稳定工作中的先锋模范作用上，体现在带领群众为推动经济发展和社会进步的实际行动中。

张志安《对党的先进性问题的若干思考》提出，加强党的先进性建设，必须抓根本、抓重点、抓基础、抓保证。抓根本，首先要搞好党的思想理论建设，这是保持党的先进性的根本前提。当前来讲：一是用邓小平理论和“三个代表”重要思想武装全党，提高全党的马克思主义理论水平。二是坚持解放思想、实事求是、与时俱进的思想作风和理论联系实际的学风。抓重点，强化党的组织建设和制度建设，是加强党的先进性建设的重点，一是要坚持和健全民主集中制。二是建设一支善于治国理政的高素质干部队伍。三是建立健全党内各项规章制度。抓基础，一是搞好当前正在进行的保持共产党员先进性的教育活动。二是基层党组织要发挥好战斗堡垒作用，做好教育、管理党员的经常性工作。三是把好“入口关”疏通“出口关”。抓保证，继续深入开展党风廉政建设，把反腐败斗争作为一项重大政治任务抓紧抓好，这是加强党的先进性建设的重要保证。

仲祖文《学习祁爱群 永葆共产党员先进性》提出，祁爱群作为一名组工干部，保持共产党员的先进性，首先体现在她对党忠诚、信念坚定的政治品质上。祁爱群这种高度的党性观念，是做好组织工作的基本要求，也是每一名组工干部都必须具备的政治品质。祁爱群保持共产党员的先进性，还体现在她始终坚持党的根本宗旨、心系群众、服务人民的公仆情怀上。祁爱群保持共产党员的先进性，还体现在她始终把选好人、用好人作为当好组织部长的政治责任。祁爱群保持共产党员的先进性，还体现在她不畏艰苦、勤奋工作、兢兢业业地创造一流的工作业绩上。祁爱群保持共产党员的先进性，还体现在她公道正派、廉洁奉公的凛然正气上。

3. 关于建立永葆共产党员先进性的长效机制

张少农《制度落实是先进性建设取得成效的关键》提出，抓好先进性建设各项工作的落实，必须建立和完善行之有效的抓落实的工作机制。一要建立抓落实的责任机制。二要建立督促检查机制。三要建立考核评估机制。四要建立鼓励创新抓落实的机制。五要建立激励和责任追究机制。

重庆市保持共产党员先进性长效机制研究课题组、重庆市邓小平理论和“三个代表”重要思想研究中心《建立永葆共产党员先进性的长效机制》提出，建立永葆党员先进性的长效机制是提高党的执政能力的内在要求，是加强党的先进性建设的关键环节，是从党的先进性建设的长期性和艰巨性出发提出的重要任务。我们不可能通过一次集中教育解决所有问题，而要结合党的中心工作和党的建设的各方面任务，逐步完善制度、健全机制，不断保持党的先进性。建立保持共产党员先进性长效机制，不仅是先进性教育活动的目标要求，而且是新时期加强党的先进性建设的一项重要举措。

韩振峰《创建保持共产党员先进性的长效机制》提出，建设保持共产党员先进性的长效机制包括多方面的内容，概括地说，至少应建立健全以下十个方面的机制：（1）党内生活机制。各基层党组织应建立和完善党的组织生活会制度、民主生活会制度、党员干部上党课制度、党员思想汇报制度、党员领导干部过双重组织生活制度等，使党员的党性意识在党内生活中不断增强。（2）党员管理机制。一要确定党员目标管理制度；二要建立党员责任落实制度，防止不履行义务的行为；三要完善党员民主评议制度。（3）党员学习机制。一要树立新的学习理念，要明确学习内容，要健全学习制度。（4）党员教育机制。一要拓展教育培训内容；二要创新教育培训方式；三要增强教育培训的针对性；四要分层次开展教育。（5）党员联系群众机制。一要不断加强马克思主义群众观教育，始终牢记全心全意为人民服务的宗旨；二要建立健全通畅有效的群众利益表达和政治参与渠道；三要创新载体，认真总结先进性教育活动中创建的一些行之有效的方法，注意将其变为长效机制。（6）党内民主参与机制。建立党内民主参与机制，发扬党内民主，当前重点是要完善党员的知情权、参与权、选择权、监督权。（7）党员“进出”规范机制。（8）考核评估机制。建立健全党员考核评估体系，一要注重考核评估内容的科学性；二要增强考核评估指标的针对性；三要提高考核评估的可操作性；四要建立群众满意度测评制度。（9）党员激励机制。（10）监督制约机制。一要坚持民主集中制原则，完善党委议事决策机制，对决策进行全过程监督，确保决策的科学化和民主化；二要建立和完善党内情况通报制度、情况反映制度，扩大基层党员的知情权；三要完善党员领导干部民主生活会制度，畅通发扬党内民主的渠道；四要拓展监督渠道。在加强党内监督的同时，不断完善群众监督、民主党派监督、新闻舆论监督等监督形式，建立健全监督制约体系。

龙新南《永葆先进性重在建立健全长效机制》提出，建立健全保持共产党员先进性长效机制是加强党的执政能力建设的现实需要。建立健全长效机制应重点从十个方面进行研究探索：（1）党员意识强化机制；（2）党员能力增强机制；（3）党员责任落实机制；（4）党员联系群众机制；（5）党员发挥作用机制；（6）党员权利保障机制；（7）党员民主监督机制；（8）党员自我约束机制；（9）党员队伍纯洁机制；（10）党员进步激励机制。

苏荣《建立党的先进性建设长效机制的思考》提出，建立加强党的先进性建设的长效机制，关键是要切合实际，能够长期起作用。要做到这一点，必须牢牢把握这样几个原则：一是要充分体现时代性；二是要充分体现实践性；三是要充分体现系统性；四是要充分体现可操作性。

仇东方《努力建立永葆党员先进性的长效机制》提出，建立党员永葆先进性的长效机制要健全以下三个方面的机制：第一，要健全党员教育管理工作机制；第二，要健全党内民主和民主监督机制；第三，要健全党员密切联系群众的机制。

卢先福《关于党的先进性建设长效机制的几点思考》提出，党的先进性建设不是孤立进行的，而是要通过党的思想建设、组织建设、作风建设和制度建设来加以推进，因此，这种长效机制的建立必须贯穿于党的建设新的伟大工程的各个方面。在思想理论建设方面，要努力形成学习实践“三个代表”重要思想的长效机制。在党员队伍建设方面，要积极探索新形势下党员教育管理工作的新机制。在党风廉政建设方面，要完善权力制约和监督的机制。

（六）执政能力建设

1. 关于党的执政能力建设的重要意义和目标要求

卢先福《加强党的执政能力建设问题》提出，我们要按照《决定》的要求，坚持以邓小平理论和“三个代表”重要思想为指导，以保持党同人民群众的血肉联系为核心，以建设高素质干部队伍为关键，以改革和完善党的领导体制和工作机制为重点，以加强党的基层组织和党员队伍建设为基础，不断研究新情况、解决新问题、创建新机制、增长新本领，使执政能力建设努力体现时代性、把握规律性、富于创造性。一是积极推动理论创新和理论武装工作，提高全党的马克思列宁主义理论水平。二是坚持树立和落实科学发展观，实现好最广大人民的根本利益。三是改革完善党的领导体制和工作机制，提高执政水平。四是切实加强党的自身建设，始终保持党的先进性。提高党的执政能力，要同不断加强党风廉政建设结合起来。

周敬青《经济全球化进程中中国共产党执政资源体系的重构》提出，执政资源与党所处的时代和社会环境密切相关，随着社会的发展而不断的变化。中国共产党只有不断丰富党的执政资源，构建起强大的执政资源体系，才能从容地应对经济全球化的种种挑战。第一，思想理论与时俱进，用先进的思想理论对逐渐分化的当代中国社会进行思想整合。第二，完善和创新党的权力运作机制，增强人民群众的政治认同。第三，增强经济资源，提高中国共产党执政绩效。第四，充分发挥执政党政策的利益表达和整合功能，构建社会主义和谐社会。第五，始终代表先进文化的前进方向，培育强大的文化竞争力。第六，不断加强党的组织资源、制度资源。要充分利用和开发党执政的组织资源。第七，能力资源与时俱进、不断创新。

韩锐、魏银立《把握执政普遍规律：深化中国共产党执政规律认识的前提》提出，执政规律是由普遍到个别的完整体系。执政普遍规律最基本的要求是：执政者必须获得社会绝大多数公众的支持，前提条件是要不断满足民众日益增长的需求，这是政权稳定的基础。为此，执政者必须做到：大力发展社会生产力；为发展社会生产力创造良好的条件和环境；协调不同利益群体的关系；善于运用国家机器维护统治；有效规范社会成员的行为；用特定的价值观来影响民众；由精英管理社会；公共权力健康运行；良好的国际关系；宽广的眼界和包容的胸怀。

国防大学邓小平理论和“三个代表”重要思想研究中心《论科学执政》提出，实现科学执政的目标，对党的执政能力建设提出了更高的要求。从实现科学执政的需要看，当前要着重从以下几方面加强党的执政能力建设。第一，努力推进学习型政党的建设。第二，认真研究和借鉴国外执政党治国理政的经验。第三，要以改革创新的精神推进党的执政能力建设。第四，不断完善执政的法制环境。

张紧跟《论民主执政》提出，民主执政理念的提出，不仅表明我们党执政理念的与时俱进，而且表明我们党对执政方式的认识有了新的深化和拓展，这对于巩固党执政的合法性基础，增强政治体系的包容性、创造力和生命力，都具有极其重要的意义。民主执政作为政党的民主政治基础，通过掌握、运用和控制国家政权实现党的目标的途径、方法、体制和机制，主要应该包括两个方面：一方面是执政目标民主化，执政的最终目的在于满足人民日益增长的物质文化生活的需要；另一方面是执政方式民主化，即执政党在执掌和运用国家权力的过程中要充分发扬民主。具体到当代中国，执政目标民主化的问题已经解决，因此问题的关键在于执政方式民主化。民主执政就是党要坚持为人民执政、靠人民执政，支持和保证人民当家作主。

邢贲思《以人为本和科学、民主、依法执政》提出，从实质上理解，应当讲“以人为本”和“执政为民”这两个提法没有原则上的区别：二者都是“立党为公”的宗旨在一定历史条件下的体现。在新的历史条件下，“立党为公”的宗旨就具体体现为“执政为民”，“执政为民”是我们党执政的基本理念。对“以人为本”的理解也应当同党的性质、党的宗旨、党的历史和传统联系起来。“以人为本”和我们党的“立党为公”的宗旨、“执政为民”的理念，和我们党在不同历史时期体现“立党为公”精神的一些提法如“为人民服务”、“代表最广大人民的根本利益”等，是一脉相承的。以人为本是作为科学发展观的重要内容提出的。怎样才能贯彻党的执政理念，是一个很复杂、涉及许多方面的问题。党的十六届四中全会为我们提供了解决这个问题的钥匙，这就是：科学执政，依法执政。科学执政，民主执政，依法执政，是使党的执政理念能够贯彻、实践不致偏离、背离执政理念的根本保证。认真贯彻科学执政、民主执政、依法执政并不断向前推进，正是实现党的先进性的一个重要方面。

苗贵山《“以人为本”与党的执政能力建设》提出，我们党把加强自身的执政能力建设同落实“以人为本”的全面协调可持续的科学发展紧密联系在一起，深刻体现了“以人为本”是党的执政能力建设的根本要求，反映了党把握自身的历史命运同满足人民的利益和自觉把握社会历史发展规律之间的内在关系。坚持“以人为本”，加强党的执政能力建设就是要充分肯定人在社会历史发展中的主体作用。首先，加强党的执政能力建设，应当坚持全心全意依靠工人阶级的方针，全面贯彻尊重劳动、尊重知识、尊重人才、尊重创造的方针，不断增强全社会的创造活力。其次，加强党的执政能力建设，应当坚持和发展人民民主。最后，加强党的执政能力建设，必须坚持立党为公、执政为民，始终保持党同人民群众的血肉联系。坚持“以人为本”，加强党的执政能力建设就是要最终实现每个人的全面而自由的发展的目标。第一，树立人是目的的执政理念；第二，树立人是关键的执政理念；第三，树立人是主体的执政理念。在现阶段，坚持“以人为本”，加强党的执政能力建设，必须处理好以下几个基本关系：首先，要处理好“以人为本”与以经济建设为中心的关系。其次，要处理好人们的长远利益与眼前利益、根本利益与具体利益、个人利益与公共利益的关系。

2. 党的执政能力建设的科学内涵

魏礼群《加强党的执政能力建设，不断提高驾驭社会主义市场经济的能力》提出，坚持党的领导是我们各项事业兴旺发达的根本保证。按照发展社会主义市场经济的要求，完善党领导经济工作的体制机制和方式，是提高驾驭社会主义市场经济能力的关键所在。第一，进一步明确党领导经济工作的主要任务。党领导经济工作，主要是把握方向，谋划全局，提出战略，制定政策，推动立法，营造良好环境。第二，正确认识和处理党委和政府的关系。要按照党总揽全局、协调各方的原则，规范党委与政府的关系。第三，完善党委和政府领导经济工作方式。完善党委和政府领导经济工作方式最重要的是，按照社会主义市场经济内在要求和运行特点，主要用经济和法律手段管理经济活动。

夏文斌《社会主义市场经济与党的执政能力建设》提出，在社会主义市场经济条件下，党要不断提高驾驭经济发展的能力，就必须完善党领导经济工作的体制和方式。（1）深刻把握党领导经济工作的本质要求；（2）正确认识和处理党和政府的关系，形成良好的领导合力；（3）不断完善党领导经济工作的体制、机制和方式。

王全书《从加强执政能力建设高度做好宣传思想工作》提出，做好宣传思想工作，是加强党的执政能力建设的重要内容。我们党成为执政党后，在社会主义革命、建设和改革的各个时期，始终把宣传思想工作作为宣传群众、组织群众、动员群众的强大武器，作为加强党的执政能力建设的重要内容。做好宣传思想工作，是不断提高党的领导水平和执政水平的必然要求。当前我国改革发展处在关键时期，社会利益关系更为复杂，新情况、新问题层出不穷。我们党肩负着领导全国各族人民全面建设小康社会、开创中国特色社会主义事业新局面的历史使命。这些都对做好宣传思想工作、不断提高党的领导水平和执政水平提出了新的更高的要求。做好宣传思想工作，是解决执政能力方面存在的突出问题的重要保证。面对新形势新任务，党的领导方式和执政方式、领导体制和工作机制还不完善等问题，宣传思想工作有着不可替代的作用。

张品良《网络传播与党的执政能力建设》提出，党之所以要取得掌控网络媒体传播的主动权，就在于通过它能形成社会舆论导向，党通过网络媒体就能以正确的思想理论、行动纲领、价值观念影响社会，形成健康向上的主流舆论。坚持党管媒体的原则，积极引导媒体增强政治意识、大局意识和社会责任感，进一步改进网络的宣传，更好地维护网络传播的权威性，科学有效地使用和监控网络媒体是衡量党的执政能力强不强的标志，也是确保执政方向正确的重要舆论支持。要掌握网络传播的信息监控权，加强我国信息安全保障；建立党的网络传播主阵地，形成网上正面舆论宣传的强势；着力加强党员干部的网络培训，使他们成为信息时代党的工作的专家；建立科学有效的网络管理，做到有法可依、有章可循。

赵子平、孙毅《不断提高构建社会主义和谐社会的能力》提出，对立统一规律是构建社会主义和谐社会的哲学基础。社会是由不同方面、不同要素构成的统一体，是在经济、政治、文化的矛盾运动中，在生产力与生产关系、经济基础与上层建筑的矛盾运动中，在各类社会矛盾的运动中发展的。每一种矛盾的两个方面，各以和它对立着的方面为自己存在的前提；矛盾着的对立面相互依存、相互影响，相异相合、相反相成，既统一又斗争，推动事物的运动和变化。社会矛盾的“斗争”并非只是“我吃掉你、你吃掉我”的单育单行，单育单行则会导向衰落和毁灭，而且可以表现为“不害不悖”的并育并行，共同发展、互动互补、相得益彰，即矛盾着的两方面因为一定的条件而各向着与自己相反的方面转化。构建社会主义和谐社会，就是在不断解决社会矛盾和社会冲突、不断克服社会各种不协调因素的基础上、在社会发展与进步的动态平衡中实现社会系统之间的和谐、区域之间的和谐、人与自然之间的和谐等。这是我们党坚持马克思列宁主义的世界观和方法论，创造性地运用辩证唯物主义和历史唯物主义分析当今中国实际的一个理论创新。

叶险明《中国共产党执政能力与中国社会主义和谐社会》提出，现实中的和谐社会既有和谐社会的一般规定，又有其特殊规定，是一般和特殊的统一。从一般和特殊相统一的角度看，我们所要的中国社会主义和谐社会应有三个基本特征：（1）中国社会主义和谐社会是以最广大人民群众的根本利益为基点、有效协调不同利益关系的社会；（2）中国社会主义和谐社会是有效制衡和分享公共权力的、人民真正当家做主的社会；（3）中国社会主义和谐社会是能够容纳人们多元化的理想和价值追求的社会。要全面研究中国共产党执政能力建设在构建中国社会主义和谐社会中的主导作用问题，应注意从方法论上对以下几个方面的辩证关系加以把握。首先，“治理”理念应包含在中国共产党执政能力建设在构建中国社会主义和谐社会的主导作用之中。其次，中国共产党执政能力建设在构建社会主义和谐社会中的主导作用是规范性的，而不是无序的。第三，全面、正确地把握意识形态领域的马克思主义的一元化领导与社会成员的理想和价值追求多元化的辩证关系。建设中国社会主义和谐社会必须加强马克思主义在意识形态领域中的领导，这应是毫不动摇的。但是，加强马克思主义在意识形态领域的一元化领导并不意味着对社会成员理想和价值追求多元化的排斥。最后，全面、正确地把握和谐与发展的辩证法。

3. 关于改革党的领导方式和执政方式

谭运宏《党的领导方式和执政方式的改革与执政能力建设》提出，科学执政、民主执政、依法执政，为进一步推进党的领导方式和执政方式的改革与完善指明了根本方向。党的领导方式和执政方式不是执政能力本身，但党的领导方式和执政方式是否科学、合理直接影响到党的执政能力，决定着党的执政能力的实现程度。作为一个执政党只有从国家经济社会发展的实际情况出发，不断改革和完善党的领导体制和工作机制，才能够更好地履行职责。改进和完善党的领导方式和执政方式，必须坚持“总揽全局、协调各方”的指导原则，必须推进依法治国，把党对国家和社会生活的领导纳入法制化的轨道，必须构建党与人民群众的新的联系机制，必须转变治理模式。改进和完善党的领导方式和执政方式，必须坚持与时俱进和不断创新，必须改进和完善党的领导机制和执政的组织体系。

张耀光《在实践中改革完善领导方式》提出，一个党的执政能力如何，执政效果如何，在很大程度上取决于领导方式的科学性和合理性。我们加强党的执政能力建设，很重要的一点就是通过积极稳妥地推进党和国家领导体制的改革和领导方式的改革和完善，以科学的体制、科学的方法领导中国特色社会主义事业，不断取得新的执政绩效，不断提高执政水平和领导水平。第一，提高总揽全局的能力。要加强党的执政能力，就必须不断提高总揽全局的能力。第二，提高科学决策的能力。第三，提高科学判断形势和应对复杂局面的能力。第四，提高依法管理的能力。第五，提高系统协调的能力。

周罗庚《加强和改善党对人民政协工作的领导是全面加强党的执政能力建设的重要内容》提出，在新的历史条件下充分发挥人民政协作为最广泛的爱国统一战线组织的作用，不仅要加强党的领导，而且还要改善党的领导。加强和改善党对人民政协工作的领导，务必做到以下几点：第一，正确认识、处理党的领导与统一战线和人民政协的关系，在发展和扩大统一战线过程中体现党的领导；第二，要依靠党的正确的路线、方针和政策，以及广大党员的先锋模范作用，团结党外人士，正确处理同党外人士的关系，充分尊重党外人士的意见和权益；第三，必须实行正确的领导方式。

4. 关于提高干部队伍的执政能力

李殿仁《增强战略素质：提高执政能力的重要环节》提出，共产党人的战略素质，是以马克思主义的世界观和方法论为基础，以造福人民、造福社会为根本取向的。领导干部提高战略素质，关键是确立马克思主义的价值理想和思想方法，使之真正成为自己立身、立德、立业的法宝。确立马克思主义的价值理想，是领导干部提高战略素质的政治基础。确立马克思主义的思想方法，是领导干部提高战略素质的实现途径。

谭献民《加强党性修养，提高执政

能力》提出，加强党性修养是中国共产党全面推进党的建设新的伟大工程的主体自觉。党性修养是一个全面的深刻的自觉的历史进程，在不同的历史时期具有不同的内容。在今天，就是要按照“三个代表”重要思想的根本要求来加强党的执政能力建设。从这个意义上说，加强党性修养即是提高党的各级领导干部的执政能力和执政水平的修养，它们统一于全面推进党的建设新的伟大工程之中。

（赵子平）

学术成果·论文

当前我国民族关系的主要内涵和发展趋势

（青觉 《中南民族大学学报》2005年第5期）

随着我国改革开放的深入和社会的不断发展，我国的民族关系也呈现出新的形势。本文从四个方面对当前我国民族关系的内涵进行了归纳论述，分析了新形势下维护我国民族关系健康发展所面临的挑战，并就巩固和发展健康的民族关系提出了五点建议。

当前我国各民族已经形成和巩固了新型的社会主义民族关系，这种民族关系基本上是各族劳动人民之间的关系。56个民族相互依存、共同繁荣，巩固和发展这种平等、团结、互助的社会主义民族关系是全国建设小康社会的一项重要原则。

目前我国民族关系面临着如下挑战：即霸权主义、强权政治以及全球化进程对我国解决民族问题和协调民族关系的干涉与影响；周边国家的快速发展对我国边疆民族关系的健康发展增加的巨大势差；社会转型期所产生的新矛盾的复杂性加大了处理民族关系的难度等。因此，我们应当充分把握我国民族问题的长期性、普遍性、复杂性、重要性和国际性特点，用历史的眼光、全局的眼光来观察、研究和处理民族关系。

面对挑战，我们应该大力加快民族地区经济、社会的发展，并将之作为构建和谐社会、全面建设小康社会的重中之重。加强民族法制建设，依法保障民族关系和谐发展。立足全局、放眼世界，注意吸收和借鉴其他国家的经验和教训，妥善处理民族关系问题。坚持反对大汉族主义和地方民族主义，正确对待文化差异，不断完善妥善处理影响民族平等团结的有效机制，同时抓好“三项教育”，大力培养少数民族人才。

尤其应该明确，在社会主义时期，大汉族主义和地方民族主义，一般来说都是人民内部矛盾，对于这方面出现的问题，在实践中应该采取十分慎重和实事求是的态度。要明辨是非，严格区分正当的民族感情、合理要求与民族主义的界限，划清地方民族主义和民族分裂主义的界限，做到是什么性质的问题就按什么问题去处理，不要轻易地乱扣民族主义的帽子，更不能把极少数敌对分子的分裂破坏图谋和行为看成是一个民族或民族关系的问题。各民族文化间的差异，是我国现阶段民族矛盾产生与发展的一个重要诱因。各民族的各自特定的自然和社会条件下，面临的问题不尽相同，所采取的解决问题的方式也不完全一样，由此决定了不同的民族对于物质与精神、自然与社会、个人与集体、权利与义务、人民与政府、自由与纪律等诸多关系的观点和态度都会有一定差异，保持求同存异的态度是融洽民族关系的有力保障。

［青觉简介缺。］

列宁关于落后国家社会主义历史合理性思想述论

（周作芳 《华北电力大学学报》（社科版）2005年第2期）

落后国家社会主义是否具有历史合理性是20世纪社会主义实践提出的一个最为重要的理论问题。列宁作为第一个落后国家社会主义革命的导师，面临了来自这一问题的尖锐挑战。本文系统地考察了列宁从十月革命前夕直至生命的最后时期所遭遇的源于这一问题的挑战及其理论回应。

二月革命后，列宁提出革命应该向第二个阶段即社会主义革命转变，这遭到了以普列汉诺夫为代表的孟什维克的激烈反对，布尔什维克党内也少有人能理解他的革命转变论。列宁分析了革命向第一个阶段转变的条件，认为俄国无产阶级只要联合大多数农民就能由“少数”变成“多数”，能够夺取政权并巩固政权，为十月革命的胜利奠定理论基础。十月革命胜利后，俄国国内外资产阶级在对新生政权进行残酷的“武器的批判”的同时，又利用“批判的武器”否定十月革命的历史合理性。考茨基甚至提出十月革命不过是一个“早产儿”理论。针对资产阶级及其辩护的攻击、谩骂以及欧洲人对落后国家先于发达国家走向社会主义的困惑，列宁指出，经济发展水平与无产阶级革命运动的发展状况并非成正比，在资本主义世界经济政治发展不平衡的作用下有时恰恰成反比，俄国由于其独特的阶级矛盾和民族矛盾先于发达国家走向社会主义不足为怪。内战结束后，列宁对一个落后国家经受住国内外资产阶级的联合的武装进攻顽强地存活下来的经验进行了总结，认为私有制导致帝国主义国家之间的分崩离析，第一个无产阶级专政的政权在国际无产阶级的认真呵护下利用帝国主义之间的各种缝隙完全可以生存下来，最大限度地推延与资本主义世界决战的时间。列宁在生命的最后时期，意识到落后国家社会主义的历史合理性问题会在之后的历史进程中不断地被提出来，于是他在口授的论文《论我国革命》中从方法论的高度系统地回答了这一问题。他指出，世界历史进程的一般规律并不排斥它在个别发展阶段的特殊性，反而以此为前提；十月革命显然是与战争相联系的，有其一定的特殊性，但正是这些具体的历史环节构成了世界历史的长河；在战争导致的灾难面前，为什么不可以先夺取政权，然后在苏维埃政权的基础上赶上并超过发达资本主义国家呢？政治革命完全可以成为社会革命的先导。

列宁有着非凡的远见，落后国家社会主义历史合理性问题在他之后的20世纪的社会主义历史进程中屡经提出，尤其是在现实社会主义实践遇到困难的时候为甚。而他关于落后国家社会主义历史合理性的思想为当代的马克思主义者提供了有力的武器。

［周作芳简介缺。］

论马克思恩格斯科学社会主义思想的主要内容

（陈仕龙 《中共南京市委党校、南京市行政学院学报》2005年第4期）

该文认为，马克思、恩格斯科学社会主义思想的主要内容可概为“八个两”：（1）在世界观和政治立场上的“两大转变”：即在世界观上完成了由唯心主义向唯物主义的转变，在政治立场上完成了由革命民主主义向共产主义的转变；（2）在社会科学领域的“两大发现”：一是马克思、恩格斯运用唯物辩证法研究人类社会历史，创立了唯物史观，揭示了人类社会发展的一般规律。二是运用唯物史观研究资本主义社会，发现了剩余价值学说，揭示了资本主义社会发展的特殊规律；（3）分析资本主义社会基本矛盾运动得出的“两个必然”：即“资本主义必然灭亡，社会主义必然胜利”；（4）无产阶级夺取政权、走向社会主义的“两种方式”：一是暴力革命；二是和平过渡；（5）共产主义社会发展的“两个阶段”：即共产主义第一阶段和共产主义高级阶段；（6）对未来新社会进行科学预测的“两种视角”：第一种视角是从社会主义特征方面进行预测，第二种视角是从社会主义本质方面进行预测；（7）东

方社会走向社会主义的“两种设想”：一是俄国具有直接走向共产主义的可能性，二是俄国的废除农奴制的基础上发展资本主义，再由资本主义经过无产阶级革命转向社会主义；（8）恩格斯晚年对科学社会主义思想的“两大贡献”：一是对农业社会主义改造的新构想，二是对无产阶级革命斗争策略的新表述。

［陈仕龙简介缺。］

毛泽东邓小平关于党的领导制度建设思想之比较

（孟宪龄 《党的文献》2005 年第 3 期）

领导制度是领导活动中所依据的原则、体制、规则程序等的总和。在我国的领导制度中，党的领导制度建设至关重要，它“关系到党和国家是否改变颜色，必须引起全党的高度重视”。毛泽东、邓小平都高度重视党的领导制度建设问题，并在理论实践上为推动中国共产党的领导制度建设作出了不可磨灭的贡献。

毛泽东关于党的领导制度建设思想。遵义会议后，在毛泽东的领导下，中国共产党逐步建立了一套适合战争环境的党的领导制度，为后来党的领导制度建设奠定了坚实的基础：在民主集中制思想的指导下，创立了党委会集体领导等一系列党的领导制度；加强党的一元化领导；将民主集中制扩大运用于政权建设中；党和国家领导制度的全面确立；对社会主义时期党的领导制度建设进行了积极探索。毛泽东在创立党的领导制度建设思想过程中，进行了重要的思想与实践的探索，具有开创性，当然也有曲折性、局限性的特点。

邓小平关于党的领导制度建设思想。“文化大革命”结束后，邓小平指出党和国家领导制度存在的严重缺陷。“制度是决定因素”，这是邓小平得出的重要结论。坚持民主集中制，实行集体领导，发扬党内民主；改革和完善党的领导制度；贯彻“四化”方针改革领导干部任用制；严格党的纪律，建立健全党的监督制度。发扬民主和法制，是社会主义现代化的重要特征，更是邓小平领导制度改革思想的灵魂。邓小平关于党的领导制度建设思想具有超越性、实践性、科学性、战略性的特点，并为坚决改革和完善党和国家领导制度、推进政治体制改革，为中国政治民主化的早日实现指明了道路。

毛泽东、邓小平关于党的领导制度建设思想之异同。毛泽东、邓小平的领导制度建设思想是马克思主义与中国实际相结合的产物。前者开拓性地把马克思主义的民主集中制建党学说运用发展于中国，形成了党的领导制度建设的理论；后者思想深邃、创造性地发展了毛泽东的领导制度建设思想的理论体系。首先，从主观条件看，毛泽东、邓小平都是伟大的马克思主义者。他们把马克思主义普遍原理与中国革命、建设的实践相结合，为坚持走中国特色社会主义道路、实现中华民族的复兴奋斗终生。其次，毛泽东、邓小平对党的领导制度建设思想作出的巨大贡献，除了本人的主观条件之外，历史更为他们创造了必要的客观条件。再次，毛泽东、邓小平党的领导制度思想的建设过程是继承、改革和发展的过程。它为中国共产党巩固执政地位、应对严峻挑战、提升执政能力，奠定了良好的基础。

［孟宪龄简介缺。］

苏维埃时期中共工商业政策的再探讨

——兼论敌人、朋友、同盟者的转换与劳动者、公民、主人的定位

（温锐 《中共党史研究》2005 年第 4 期）

关于苏维埃时期的工商业政策，已有研究的共识是：当年中国共产党人关于工商业者的政策，在理论认识和政策上没有问题，只是受“左”倾错误的干扰而导致苏区基层具体执行中出现了严重错误，因此在批评当年苏区工商业政策执行中存在的错误或问题时，均无视特殊的战争环境，导致对苏区基层政策执行者脱离实际的苛求，难以正确总结中共工商业者政策的经验教训。

研读当年中共中央的文件，审视工农民主专政的政治理念，苏区工商业政

策执行上存在的问题均与当年中共及其苏维埃政府对工商业者的理论认识和政策法令存在的误区直接相连：苏维埃政权设置的政治结构中排除了工商业者应有的社会地位。从1927年将“苏维埃政权”定位为“工农民权独裁性质”后，工商业资产阶级就被认定“成为反革命动力”或“最主要的敌人”而被拒之于“政权之外”，剥夺了“政治上自由的权利”；受建党初期追求传统社会主义目标的历史局限所致，对我国工商业者的复杂性曾缺乏深刻的认识，在政策的实际执行中则总是把工商业者作为对立面，视其为朋友或同盟者来保护的政策也只是一种临时性的革命策略，头脑清醒时则等革命胜利后再消灭之，头脑发热时消灭就成为现实的行动；在“工农民权独裁”政治理念的指导下，片面强调“穷则革命”与强化赤贫地位，“穷则思变”就成了“穷则革命”和“赤贫”说了算，必然导致连策略上对工商业者的保护也成为事实上的不可能。

苏区经济史有关侵犯工商业者利益的大量论述中，都将战时的征收、征用或筹款、增税政策简单指责为对工商业者的侵犯和“加重中小工商业者的负担”。显然，这是无视当年国共争战对垒的军事背景，忘却苏区人民求生共存的战时共产主义经济环境，以和平建设时期的政策标准来要求苏区社会基层的历史创造者，将特殊战时环境下中外历史上都通行的征收、征用、筹款或增税政策，简单视为对工商业者所谓的侵害政策；这不仅导致研究结论与当年战时特殊生存环境的客观要求相背离，也和工商业者与广大工农同为特殊战争时期求生共存一员应有的责任义务相背离；特别重要的是，它忽视了当年党在更带根本性的政治理念与社会目标模式追求上所陷入的误区，这似有是非错位与本末倒置之嫌，更难以准确总结与把握历史的经验教训。

中国共产党领导革命以来，工商业者在革命策略上作为同盟者或朋友应加以团结和保护，似乎早已成共识；但无论是工农民主专政、新民主主义，还是传统社会主义理论，在政治理念上都把作为市场主体的工商业者视为将来要消灭的对象甚或当年的革命对象；实践则反复表明：仅在策略上实施将工商业者作为朋友或同盟者而加以团结和保护的传统政策，是难以实现对工商业者和工商业经济的真正保护。已由革命党转为执政党的中国共产党，历经工农苏维埃、新民主主义和传统社会主义并进入中国特色社会主义的理论与实践，对国家政治结构中各阶级地位的认识和理论上有了全新的飞跃与升华。能否实现对工商业者与工商业经济的真正保护，关键在于能否走出敌人、朋友与同盟者等策略置换的小视野，实现工商业者与工农大众、知识分子同为劳动者和国家公民、社会主人的转变与定位，在国家政治理念上跨入公民社会的理论思维，进而明确工商业者的社会责任与社会义务。具体而言，国家要在政治理念上确立工商业者为劳动者并赋予其国家主人的地位，在宪法与法律上明确保护工商业者合法的私有财产，工商业者则应履行自己的义务来促进事业的发展，并通过依法纳税来报效国家、回馈社会、服务人民，使自己在劳动者和国家主人的定位下成为合格的好公民。承担和履行公民的社会责任与义务，则是工商业者排除公权侵害与社会侵害、强化自身经济权益保护的现实社会基础。

［见第47页温锐的简介。］

大 事 记

2005年中国中共党史党建研究大事记

1月3日，中共中央印发《建立健全教育、制度、监督并重的惩治和预防腐败体系实施纲要》。《纲要》主要包括以下八个方面的内容：（1）建立健全教育、制度、监督并重的惩治和预防腐败体系的重要性和紧迫性；（2）建立健全教育、制度、监督并重的惩治和预防腐败体系必须坚持党反腐倡廉的基本经验；（3）建立健全教育、制度、监督并重的惩治和预防腐败体系的指导思想、主要目标和工作原则；（4）加强反腐倡廉教育，固牢拒腐防变的思想道德防线；（5）加强反腐倡廉的制度建设，充分发挥制度在惩治和预防腐败中的保证作用；（6）加强对权力运行的制约和监督，确保权力正确行使；（7）在惩治和预防腐败体系中充分发挥惩治的重要作用；（8）加强领导，齐抓共管，把建立健全惩治和预防腐败体系的任务落到实处。《纲要》是当前和今后一个时期深入开展党风廉政建设和反腐败工作的纲领性文件。

1月10—11日，中央纪律检查委员会第五次会议在北京举行。中央纪委常务委员会主持了会议。会议以邓小平理论和“三个代表”重要思想为指导，深入学习贯彻党的十六大和十六届三中、四中全会精神，总结2004年的工作，研究部署了2005年的工作任务。全会审议通过了中央纪委书记吴官正代表中央纪委常委会所作的《严肃党的纪律，加大预防力度，深入开展党风廉政建设和反腐败斗争》的报告。

1月14日，胡锦涛同志在新时期保持共产党员先进性专题报告会上作重要报告。胡锦涛强调，先进性是马克思主义政党的根本特征，也是马克思主义政党的生命所系、力量所在。党的先进性建设是马克思主义政党自身建设的根本任务。开展党的先进性建设，就是要使党的理论和路线方针政策顺应时代发展的潮流和我国社会发展进步的要求，反映全国各族人民的利益和愿望，使各级党组织提高创造力、凝聚力和战斗力，始终发挥领导核心作用和战斗堡垒作用，使广大党员不断提高自身素质、始终发挥先锋模范作用，使我们党保持与时俱进的品质、始终走在时代前列，不断提高执政能力、巩固执政地位、完成执政使命。

2月18日，中共中央颁发《关于进一步加强中国共产党领导的多党合作和政治协商制度建设的意见》。《意见》指出，中国共产党领导的多党合作和政治协商制度是我国的一项基本政治制度，是具有中国特色的社会主义政党制度。《意见》对进一步完善中国共产党与各民主党派进行政治协商的内容、形式和程序，充分发挥民主党派和无党派人士的参政议政、民主监督等方面，对加强中国共产党同党外人士的合作共事、支持民主党派加强自身建设的措施方面，都作了规范，对加强和改善中国共产党对多党合作和政治协商的领导作了明确规定。

2月19日，胡锦涛同志在省部级主要领导干部提高构建社会主义和谐社会能力专题研讨班上发表重要讲话。讲话指出："根据马克思主义基本原理和我国社会主义建设的实践经验，根据新世纪新阶段我国经济社会发展的新要求和我国社会出现的新趋势和新特点，我们所要建设的社会主义和谐社会，应该是民主法制、公平正义、诚信友爱、充满活力、安定有序、人与自然和谐相处的社会。"讲话强调，要在推进社会主义物质文明、政治文明、精神文明发展的历史进程中，扎扎实实地做好构建社会主义和谐社会的各项工作。

5月26日，中共中央转发《中共全国人大常委会党组关于进一步发挥全国人大代表作用、加强全国人大常委会制度建设的若干意见》。《意见》指出，坚持和完善人民代表大会制度，是提高党的执政能力、保证人民当家作主、实施依法治国的基本方略，是做好新形势下人大工作的必然要求。《意见》认为，坚持和完善人民代表大会制度，要做的工作很多，涉及方方面面，当前要重点做好两方面的工作：一是进一步发挥全国人大代表的作用，支持、规范和保证其依法履行职责和行使权利；二是加强全国人大常委会的制度建设，使全国人大及其常委会更好地发挥最高国家权力机关、工作机关和代表机关的作用。

6月13日，胡锦涛同志在陈云同志诞辰100周年纪念大会上发表重要讲话。胡锦涛同志高度评价了陈云同志在革命、建设、改革各个历史时期为民族独立、人民解放和国家富强、人民幸福建立的历史功勋。

9月3日，纪念中国人民抗日战争暨世界反法西斯战争胜利60周年大会在人民大会堂隆重举行。中共中央总书记、国家主席、中央军委主席胡锦涛发表重要讲话。抗战老战士和老同志代表、中央党政军群各部门和北京市主要负责人、各民主党派中央、全国工商联负责人和无党派人士代表、海内外爱国人士、抗日将领或其遗属代表、为中国人民抗日战争胜利作出贡献的国际友人或其遗属代表、各国驻华使节、首都各界代表共约6000人参加了大会。当天上午，中共中央、国务院、中央军委向全国所有健在的抗战老战士、老同志及抗日将领或其遗属颁发中国人民抗日战争胜利60周年纪念章。胡锦涛主席在人民大会堂，向抗战老战士、爱国人士和抗日将领代表颁发中国人民抗日战争胜利60周年纪念章，表彰他们为中国人民抗日战争胜利建立的卓越功绩。抗日战争时期，中国共产党领导下的八路军、新四军、华南抗日游击队、东北抗日联军、各地游击队的老战士和从事地方工作与地下工作的老同志，以及抗日将领，前仆后继、浴血奋战，与日本侵略者进行了气壮山河的英勇斗争，为中华民族的解放事业作出了不可磨灭的贡献。向他们颁发中国人民抗日战争胜利60周年纪念章，充分体现了党和国家对抗战老战士、老同志及抗日将领或其遗属的关心和爱护，对于加强爱国主义教育、大力弘扬在抗日战争中表现出来的伟大民族精神、激励和动员全国各族人民与全体海内外中华儿女为实现中华民族的伟大复兴、促进世界和平与发展的崇高事业而努力奋斗，具有十分重要的意义。胡锦涛总书记亲笔题写了"纪念中国人民抗日战争胜利60周年"的章名。胡锦涛在讲话中指出，中国共产党是全民族团结抗战的中流砥柱，在中华民族面临空前严重危机的紧要关头，以毛泽东同志为杰出代表的中国共产党鲜明地高举全民族团结抗战的旗帜，正确制定和实行了抗日民族统一战线政策。在中国共产党的坚强领导下，全国掀起了要求停止内战、抗日救亡的强大群众运动，党领导的人民军队迅速开赴抗日前线。为了贯彻全面抗战路线，党作出了开辟敌后战场的重大战略决策，领导创建敌后抗日根据地，广泛发动、组织和武装人民群众，开展了如火如荼的抗击日本侵略者的顽强斗争，使日本侵略者陷入了人民战争的汪洋大海之中。包括在座老同志在内的八路军、新四军、华南游击队、东北抗日联军的勇士们，以及各地游击队员和民兵，不畏强敌，不惧艰险，出生入死，浴血奋战，为夺取抗日战争的胜利建立了不可磨灭的历史功勋。在抗日战争中，无数革命先烈为了中华民族的独立和解放献出了宝贵生命，他们的英雄业绩和崇高精神与山河同在、与日月同辉，他们的英名将永远镌刻在中华民族的史册上。

9月8日，《毛泽东邓小平江泽民论哲学社会科学》出版。中国社会科学院马克思列宁主义毛泽东思想研究所编辑的《毛泽东邓小平江泽民论哲学社会科学》，由中国社会科学出版社出版。本书系统收录了中国共产党三代领导核心对哲学社会科学的有关论述和对发展我国哲学社会科学研究的指导性意见。2004年年初，党中央根据党的十六大精神制定颁布了《中共中央关于进一步繁荣发展哲学社会科学的意见》。这是新世纪、新阶段我国在全面建设小康社会中指导哲学社会科学繁荣发展的纲领性文件，具有重要和长远的指导意义。为了学习贯彻落实党中央的这项重大决策和部署，帮助各级领导干部和广大哲学社会科学工作者系统学习和把握我们党关于发展哲学社会科学的指导思想、基本方针和基本要求，中国社科院专门组织专家学者编辑了这部《毛泽东邓小平江泽民论哲学社会科学》。本书分为哲学社会科学的性质和特点、哲学社会科学的地位和作用、马克思主义必须中国化、哲学社会科学必须坚持以马克思主义为指导与时俱进不断发展创新、坚持深入群众深入实际以社会实践作为检验真理的唯一标准、坚持“二为”方向贯彻“双百”方针、加强党的领导促进哲学社会科学优秀人才不断成长、提高全民族的思想道德和科学文化水平8个专题，分别收入了毛泽东、邓小平和江泽民的有关论述、讲话和文稿。

10月8—11日，中国共产党第十六届中央委员会第五次全体会议在北京举行，会议由中央政治局主持，中央委员会总书记胡锦涛作了重要讲话。全会审议通过了《中共中央关于制定国民经济和社会发展第十一个五年规划的建议》。《建议》共分十个部分：（1）全面建设小康社会的关键时期；（2）全面贯彻落实科学发展观；（3）建设社会主义新农村；（4）推进产业结构优化升级；（5）促进区域协调发展；（6）建设资源节约型、环境友好型社会；（7）深化体制改革和提高对外开放水平；（8）深入实施科教兴国战略和人才强国战略；（9）推进社会主义和谐社会建设；（10）全党全国各族人民团结起来，为实现“十一五”计划而奋斗。

11月18日，曾庆红同志在纪念胡耀邦同志诞辰90周年座谈会上发表重要讲话。他指出，胡耀邦同志是久经考验的忠诚的共产主义战士，伟大的无产阶级革命家、政治家，我军杰出的政治工作者，长期担任党的重要领导职务的卓越领导人。他在长达60年的革命生涯中，为中国人民的解放和幸福，为我国社会主义事业的发展和繁荣，为改革开放的实行和社会主义现代化的推进，呕心沥血、奋斗不息，贡献了毕生精力，建立了不朽功勋。他的历史功绩和优秀品格永远铭记在党和人民心中。我们要学习他忠于党的事业、鞠躬尽瘁的献身精神，学习他锐意改革、勇于创新的思想境界，学习他密切联系群众、关心群众疾苦的优良作风，学习他顾全大局、光明磊落的高尚品德。

11月19日—12月1日，中央经济工作会议在北京召开。胡锦涛同志在会上发表重要讲话。他全面分析了当前的国际国内形势，全面总结了2005年的经济工作，深入分析了“十五”时期经济社会发展工作的成就及取得的重要认识和经验，明确提出了2006年经济工作的指导思想、总体要求和主要任务。2006年经济工作的总体要求是：以邓小平思想和“三个代表”重要思想为指导，认真贯彻党的十六大和十六届五中全会精神，坚持以科学发展观统领经济社会发展全局，保持宏观经济政策的连续性和稳定性，着力加快改革开放，着力增强自主创新能力，着力推进经济结构调整和经济增长方式转变，着力提高经济增长的质量和效益，实现又快又好发展，促进和谐社会建设，为顺利实现“十一五”规划开好局、起好步。这个总体要求的精神实质，就是要推动经济社会发展切实转入科学发展的轨道。这是我国社会主义现代化建设面临的重大而紧迫的任务，2006年务必迈出实质性步伐。

12月7—8日，全国宣传部长会议在北京举行。李长春同志在会上发表重要讲话。他强调，宣传思想战线要高举邓小平理论和“三个代表”重要思想伟大旗帜，深入贯彻十六大和十六届三中、四中、五中全会精神，贯彻中央经济会议精神，全面落实科学发展观，解放思想、实事求是、与时俱进，牢牢把握正确导向，贴近实际、贴近生活、贴近群众，创新内容、创新形式、创新手段，不断提高宣传思想工作的水平，为实现“十一五”规划的各项任务，为全面建设小康社会、构建社会主义和谐社会提供强大的精神支撑。

12月12—13日，全国组织部长会议在北京举行。曾庆红同志出席会议并发表重要讲话。他充分肯定了十六大以来党的建设和组织工作在围绕中心、服务大局方面取得的成绩，强调在新的一年里，要高举邓小平理论和“三个代表”重要思想伟大旗帜，深入贯彻十六大和十六届三中、四中、五中全会精神，全面落实科学发展观，突出保持共产党员先进性教育活动和地方党委换届这两个重点，按照加强党的执政能力建设和党的先进性建设的要求，全面推进党的建设新的伟大工程，在实施“十一五”规划的开局之年开创党建工作和组织工作新局面。

12月28—29日，中央农村工作会议在北京举行。会议以邓小平理论和“三个代表”重要思想为指导，全面落实科学发展观，认真贯彻党的十六大和十六届三中、四中、五中全会以及中央经济工作会议精神，总结2005年农业和农村工作，研究“十一五”期间推进社会主义新农村建设，全面部署了2006年农业和农村工作。会议强调，中国的国情决定了农业和农村的发展决定全局，只有真正把解决好“三农”问题作为全党工作的重中之重，才能把握住经济社会发展的主动权。党的十六届五中全会提出了推进社会主义新农村建设的任务，具有重大的历史意义和现实意义。全面建设小康社会、加快推进现代化，农业和农村始终是难点和重点。必须站在全局的高度，把建设社会主义新农村作为现代化进程中一项重要历史使命，成为全党全社会的共同认识和共同行动。建设社会主义新农村，必须认真贯彻党在农村的一系列方针政策，坚持农村的基本经济制度，坚持多予、少取、放活，特别是要在多予上下功夫，真正实行工业反哺农业、城市支持农村的方针，全面推进农村的发展。经过全党全国的不懈努力，使农业生产力水平有一个较大提高，使广大农民的生活有比较明显的改善，使农村基础设施建设得到切实加强，使农村各项社会事业全面发展，使农村基层民主建设继续推进。归根到底，要切实保障农民的民主权力，使农民得到实实在在的物质利益。

（赵子平）

世界史

综　述

2005年中国世界史研究综述

2005年，中国世界历史研究取得迅速进展，这主要表现为研究领域扩大、研究视野开阔、以往所研究的问题也不断深化。在马克思主义唯物史观的指导下，世界历史研究的理论水平有了明显的提高。2005年是世界反法西斯战争胜利60周年，在第二次世界大战史研究方面，有一批有一定影响的研究成果问世。2005年的世界历史研究，继续表现出关注现实、努力将历史感与现实感结合起来的特点，在冷战史研究等方面，取得较大进展。外国史学理论研究，是我国世界历史研究的重要研究内容之一，在2005年同样取得丰硕成果，全球史、生态—环境史等方面的研究不断深入。现从世界古代中世纪史、世界近现代史、第二次世界大战史、冷战史和外国史学理论和外国史学史等方面加以介绍。

一、世界古代中世纪史

解光云介绍和分析了欧美学者古希腊城市的研究。他在《欧美学者对古希腊城市的研究简述》中指出：其实，城邦和城市是两个不同的概念。作为早期国家形态，城邦是社会阶级矛盾不可调和的产物。城市是城邦的空间中心和活动中心。社会经济的发展，是雅典城市不断演进的物质前提条件。欧美学者对古希腊城市的研究，源于19世纪中后期。19世纪50年代末，古朗士著有《古代城市》（中译名为《希腊罗马古代社会研究》）一书，以宗教信仰为主线，描述了古希腊、罗马的社会历史，于欧美学界首先提出宗教是古希腊城市关键性制度的理论。进入20世纪，哈蒙德、格劳茨、琼斯、芬利、哈斯布鲁克、安德鲁斯、艾伦勃、赫朴、福雷斯特、欧文等越来越多的欧美学者开始关注并致力于从不同层面去研究古希腊的城邦与城市。纵观20世纪欧美学者对古希腊城市的研究可见，城邦和城市是两个不同的概念。城市只是城邦的一个部分，是人类居住的、有别于乡村的另一特定界域的自然空间。城邦研究不可代替城市研究。古希腊罗马城市正成为欧美更多学者古史研究的重要领域。在借鉴国内外研究成果的基础上，对希腊古代城市作些尝试性的研究工作，不仅是必要的，也是可能的。

孙宝国、郭丹彤在《论纸莎草纸的兴衰及其历史影响》中分析了纸莎草纸在历史进程中的作用和影响。纸莎草纸是目前已知的世界上最古老的图书和纸质书写媒介。根据从埃及第一王朝（约公元前3100—2840年）的大臣荷玛卡（Hemaka）位于撒哈拉的坟墓中出土的一张没有被书写过的纸莎草纸，学者们推断纸莎草纸的出现与埃及文明史的发端几乎是同步的；而最早的纸莎草纸文献则来自于第五王朝末期（约公元前2500—2350年）的阿布塞（Abusir）神庙，它主要记载了这个神庙的收支情况。目前所知的最宽的纸莎草纸卷是古埃及的丧葬文献《亡灵书》（the Book of the Dead）。纸莎草纸在古代埃及的出现是一种进步，表明了人类利用自然之赐，探索新的书写材料的创造力。但纸莎草纸也具有自身不可克服的诸多局限性，其最终被羊皮纸和纸所代替，更是一种历史的必然和进步。大约在公元前650年左右，纸莎草纸传入希腊，并很快成为古代地中海地区一种通用的书写材料。然而，纸莎草纸毕竟曾经是多达六种语言文字符号的载体，记录了包括古埃及、古希腊、古罗马和阿拉伯帝国弥足珍贵的历史信息，从而使其成为人类历史上最早的、应用时间最长的、最重要的纸质传播媒介。因此，无论是研究近东和欧洲古代文明史，还是研究人类传播媒介史，都离不开对纸莎草纸及其所承载的文献进行的研究，它是古代文明留给后人的一笔宝贵的文化遗产。

徐浩在《浅析西欧中世纪工业组织的变化》中探究了西欧中世纪的工匠情况。他认为，9—15世纪的中世纪期间，以工匠劳动为核心的西欧工业组织经历了三次重要变化：9—12世纪领地工业阶段的工业组织即庄园工场，12世纪以来劳动者个体生产阶段的工业组织即城乡工匠家庭作坊，以及13—15世纪产生的商人控制产销过程的工业组织即城乡外包工工场。作者特别注重将中世纪工业组织的纵向与横向变化结合起来进行考察，对中世纪各个阶段工业组织的形态特征、城乡工业的地理转移、城乡工业组织的走向及其变化原因等问题都分别进行了深入论述。作者强调，中世纪工业组织在六个世纪左右的时间里发生了翻天覆地的变化：建立在农本经济基础上的早期中世纪是农业社会，工匠和工业生产虽然存在，但没有独立的工匠阶层和工业组织。而中世纪中期以来，不仅工匠阶层和工业组织独立于农民和农业组织，而且企业家登上历史舞台，从此揭开了农业的欧洲向工业的欧洲转变的序幕。在生产关系上，工匠经历了从庄园工场的封建集体劳役制下的农奴，到城乡家庭作坊下交纳产品或货币租税的独立个体劳动者，再到在生产与销售上完全依附于商人企业家的雇佣工资劳动者；在生产方式上工业组织从中世纪早期直接生产使用价值的小生产者，到中世纪中期城乡家庭作坊转变为小商品生产者，直到中世纪晚期商人主导的、具有资本主义性质的城乡外包制的商品生产者。

金志霖在《试论马丁·路德与德国农民战争》中指出：作为德国宗教改革运动的先驱，马丁·路德长期以来一直受到学术界的高度关注，在肯定马丁·路德创立新教路德宗的同时，国内外不少学者也严厉指责他的“背叛”行径：德国农民战争爆发后，“他公然号召市民、贵族、诸侯和教皇团结起来反对起义的农民，堕落为可耻的叛徒。”“在他背叛这一事业（农民暴动期间）之时，他也同时背叛了自己和自己的事业。”类似的看法在国内高校教科书中，更是比比皆是。但是，全面考察分析马丁·路德的立场、观点，不难发现此说失之偏颇，值得商榷。马丁·路德对待德国农民战争的态度，仅表明他强烈反对农民战争，而不能证明他背叛了农民战争或宗教改革，因为马丁·路德从未支持或参与农民战争，也从未停止与罗马教会的斗争。马丁·路德反对民众自发的暴力活动，主要原因在于他从来没有把普通民众视为宗教改革运动的依靠力量。在持续数十年的德国宗教改革运动中，马丁·路德一直将德国各级封建主，而不是普通民众，视为改革的依靠力量，这是一个不争的史实。在马丁·路德看来，农民即使有可能取得暂时的胜利，并杀死所有的王公贵胄，但他们的肉体和灵魂终将受到重创，他们必将一败涂地。马丁·路德始终强烈主张德国各级封建主应该也必须动用手中的暴力手段，以对抗罗马天主教会和镇压起义农民。

姜德福在《论都铎王权与贵族》中较系统地分析了都铎王权与贵族的关系。作者认为，都铎王权的强大是学术界已经取得共识的问题，也是不容否认的事实。然而，在对都铎王权与贵族关系的认识上，长期以来一直存在一种模糊认识：都铎王权的强大是建立在对贵族的无情打击基础上的，在强大王权的压制下，贵族处于衰弱不堪的地步。作者结合国内外的研究成果，试图重新诠释都铎王权与贵族的关系及都铎时期英国贵族的权力地位。强大的王权与衰弱不堪的贵族，一直是人们对都铎王权与贵族关系的传统看法。实际上，强大的王权并不完全是建立在软弱无能的贵族基础上的。都铎王朝的贵族政策主要包括三个内容：审慎的封爵政策、严厉打击反叛贵族和威胁王权的显贵豪族、倚赖贵族实施其对全国的统治。这些政策反映了王权与贵族休戚与共的关系，突出体现了都铎王权对贵族阶层的态度。都铎王权对贵族政策的一条主线就是封授新贵族，以保持贵族阶层的存在与规模。封爵政策是王权对贵族态度的一个重要标志。都铎王朝的贵族政策充分反映出王权与贵族休戚与共的关系，王权离不开贵族，贵族也离不开王权，二者在根本利益上的一致，决定了他们之间的共生关系，他们之间的合作远远超过冲突。尽管这期间也曾出现过一些波折，但都铎王朝贵族的政治地位依然是稳固的。

宋佳红的《英国宗教改革时期教士结婚状况述评》分析了英国宗教改革时期教士结婚状况。从公元4世纪开始，禁欲主义在基督教会中迅速传播，教士独身的重要性也开始得到教会人士认同。哲罗姆（347—420）是公元4世纪拉丁基督教世界最积极提倡独身的人之一，他说，让那些想要遍满大地的人去生养众多，这些人终日劳累才得一食，而那些保持童贞的人将进入天堂。从1520年起，马丁·路德就开始抨击罗马天主教会的教士独身制度，1525年6月13日，他与凯瑟琳·冯·博拉结婚。1547年1月，亨利八世去世，未满10岁的爱德华六世继位。这终于给主张教士结婚的人带来了新的生机。爱德华六世的上台标志着新教在英国的胜利，这使想结婚的教士终于有机会达成自己的心愿。英国宗教改革时期，教士结婚的合法化进程一波三折，已婚教士的命运也随之起伏变化。这主要是由都铎政府的宗教政策缺乏连续性，民众对教士结婚存在心理障碍，以及教士婚姻本身存在问题所致。不管英国教士结婚合法化的进程如何复杂与曲折，英国教士终于还是和大陆新教国家一样争取到了结婚的自由和权利，其根本原因应该在于它是对人性和理性的回归，这是自文艺复兴以来，人文主义历史发展的一种必然趋势。教士结婚是对人性与理性的回归，它促进了新教教义的传播。

二、世界近现代史

万昌华在《论北美殖民地与英国议会间的冲突与斗争》中，考察了北美殖民地与英王、英国议会之间的关系。作者认为，1688年光荣革命后，英王的权力进一步受到制约，议会高于王权。早在北美独立运动前半个世纪，英王就没有统治国家的任何实权了。英国对北美的管辖是英国议会对北美殖民地的管辖。当时北美殖民地与母国英国间的矛盾与冲突，实际是与握有英国统治全权的英国议会的冲突。然而，建国以来，不论是我们的历史教科书中，还是有关美国独立的专门史著中，均未给此问题以明确清晰的说明。北美殖民地独立之前，对其进行管辖的是英国议会及对英国议会负责的英国内阁，不存在《独立宣言》中所说的英王暴政。从独立运动开始前，北美殖民地的一些有识之士就把矛头一致指向英国议会，批评与反对英国议会的管辖与统治以及对英国议会统治权的合法性进行质疑。独立运动之前的北美殖民地与母国英国间的矛盾、冲突和斗争与英国国王没有关系，北美独立运动是自由的殖民地人民在已有高度自由之上的自由的进一步扩展。

李霄翔、舒小昀在《从自由放任走向适度干预：英国工业革命时期国家的教育政策》中，以英国工业革命时期的教育为例，分析了教育在社会发展中的作用。作者指出：英国工业革命开始时，政府对教育采取放任政策，学校分布不均匀，教学质量毫无保证，教学内容陈旧，教育与经济发展脱节。英国工业革命的发展以市场经济的活动为基础，市场经济活动中所奉行的自由放任政策，是指国家不为某个特定集团设定独特地位，让经济要素尽可能自发地发挥作用。

国家在权衡有效分配资源和鼓励经济发展所有办法之后，才执行自由放任政策。适度干预是对自由放任这个准则的修正，是权力与权利博弈的结果。国家对教育的干预，可以弥补市场力量的不足，纠正自由放任所带来的问题。政府对教育的干预，推动着教育事业的发展。工业革命结束时，英国政府才真正采取措施，进行适度干预，而此时欧洲一些国家已经对教育进行了全面干预。1870 年颁布的教育法在工业革命的历史上可谓姗姗来迟，直到 1944 年才建立起全国中小学义务教育的体制。教育发展的滞后是导致英国后来衰落的诱因。

王旭撰文《解读美国历史的城市视角》，阐述了美国史研究中城市史研究的必要性和重要性。美国是一个城市发展水平较高的国家，在其城市基础上发展起来的大都市区，更在世界范围内居领先地位。因此，从城市角度透视美国历史，可以更好地认识美国历史上很多重要问题，有助于提供线索，开阔思路，丰富和深化乃至细化对美国历史的了解与研究。（1）美国历史发展进程由于很少外来偶然或不确定因素的干扰，市场经济影响直接而强烈，因此发展脉络清晰，带有一定的“原型”特征，据此可更准确地认识很多重大历史现象的发展规律，其中包括城市发展规律。（2）美国城市与美国历史发展的同步关系非常明显，其历史发展的每个关键阶段都有城市的烙印：从 18 世纪末到 20 世纪初，美国由一个英属殖民地走向独立，进而展开工业革命并成为工业化国家，全国人口也由以农村为主过渡到以城市为主。在 20 世纪里，美国经历了一段工业化的鼎盛时期、而后向后工业化过渡，最终形成以大都市区为中心的经济体系。（3）美国城市在美国历史发展中的地位与作用有持续增长的趋势。其中，尤其是 20 世纪出现的大都市区化，是世界范围内城市发展的新的规律性现象之一，在此方面，美国领各国之先，其经历更有前瞻性意义。如果撇开城市，美国历史上很多重大问题都将陷入无法解释的境地。

汪建丰在《试论铁路与 19 世纪后半期美国西部的城市化》中，以美国为个案，分析了铁路和城市化的关系。城市化是一个综合的概念，它是指传统的乡村社会向现代城市社会转型的自然历史过程，是一个国家或者地区社会经济发展水平的集中反映，是社会经济结构发生根本性变革并获得巨大发展的空间表现。它所涉及的领域和包含的内容是多元的，主要包括了人口、地域、非农产业和生活方式的城市化。按照一般规律，当城市人口达到总人口数的 10% 以上为城市化起点，达到 20% 以上即进入快速城市化阶段，到了 50% 左右则成为城市化国家。在美国，1840 年城市人口占总人口的 10.8%，1900 年达到 39.7%，1920 年高达 51.2%。可见，在美国城市化过程中具有决定性意义的变迁高峰期恰恰出现在 19 世纪后半期，正是在这个时期“美国由农村搬入城市”。美国西部曾是尚处于开发中的边远地区，但在 19 世纪后半期却基本实现了城市化，而在此过程中，铁路作为当时美国经济发展的中心，发挥了十分特殊和非常重要的作用。一方面它通过促进工业化和提供便捷的交通运输服务，推动了经济和人口重心向城市的转移；另一方面又通过创建铁路城镇和形成地区性中心城市，直接增加了美国西部城市的数量，改善了美国西部城市的结构布局。

李世隆撰文《重温德国历史上的文化斗争》，较全面地分析了 100 多年前德国文化斗争的基本过程和主要内容，包括文化斗争的背景、序幕、高潮和结尾。一百多年前，随着德国的统一和当时德国的经济、政治、社会的迅速发展和深刻变革，从而爆发了一场持续 10 多年的文化斗争。斗争涉及了宗教信仰、文化教育、社会生活、国家统一，甚至外交关系。在 21 世纪的今天，当我们重温这段德国历史时，仍然会从中获得有益的启示。这场文化斗争是在法制范围内进行的，文化斗争也是从政治上、经济上维护德国国家统一和反对分裂的斗争。在文化斗争的 10 多年里，虽然政治斗争、党派斗争、工人运动、外交斗争和文化教育变革相互交错，风起云涌，但是基本上没有出现社会大动荡，其主要原因是坚持法制建设和实行法治；注重经济发展；不断改善基层群体的生存状况；以“甜面包加鞭子”的手段遏制左派和右派的群众运动，以确保资本主义制度的巩固和发展；外交上则纵横捭阖，构建有利的国际环境，确保国家安全。

刘金明在《论叶卡捷琳娜二世对土耳其的政策》中，分析了叶卡捷琳娜二世统治时期俄国外交政策的重点和特点。作者强调：叶卡捷琳娜二世统治时期的俄国，正处于西欧资本主义勃勃兴起、封建制度迅速崩溃的复杂的国际环境中。这种复杂的形势赋予俄国对外政策以某些特点，即一方面利用动乱的局势继承彼得大帝的衣钵着重致力于争夺土耳其、控制黑海的斗争；另一方面不断调整自己在欧洲的战略布局，维护反动的封建专制制度，奠定手执牛角、充当欧洲反革命宪兵的基础。如果说彼得一世还只是“向自己的继承者指示出种种侵略方针的帝王”，叶卡捷琳娜二世对外政策的特点则是拟定了一个巨大而周密的侵略计划，并围绕着这个计划进行了一系列外交活动和大规模成功的战争。叶卡捷琳娜二世统治时期的俄国对外政策的重点是争夺欧洲霸权，而计划的核心是征服土耳其。不论是三次瓜分波兰，与普、奥结盟，实行武装中立，还是对法干涉、远征印度，都服从于对土战争。叶卡捷琳娜二世时期俄对外政策的主要特点是自始至终都坚定不移地把争夺土耳其、建立沙皇格勒作为自己外交政策的主要目的。对土耳其的瓜分和征服是叶卡捷琳娜二世时期俄国外交史的主要内容。俄国争霸世界的计划是在对土战争中奠基的。

祝曙光在《朝鲜铁路与东北亚国际关系》中，以朝鲜铁路为例，分析了 19 世纪末东北亚国际关系的特点。从 19 世纪 80 年代开始，日本及欧美列强围绕满洲及朝鲜半岛的铁路权益，展开了激烈的争夺，使东北亚国际关系发生了急剧变化，并导致了历史上独一无二的东西方结盟，即日英同盟的产生。朝鲜具有重要的战略地位，在华夷国际秩序的框架内，中国一直保持着对朝鲜的宗主权。鸦片战争对华夷国际秩序产生了第一次重大冲击，日本及欧美列强在侵略中国的同时，也忙于瓜分中华帝国的遗产，而朝鲜则是他们争夺的重要对象。在对朝鲜的扩张中，获取铁路敷设权是其殖民扩张的重要内容。日本及欧美列强为了获得朝鲜铁路的敷设权展开了长达 20 多年的争夺。这场斗争又与中国东北的铁路权益交织在一起，对东北亚国际关系产生了重要影响。日本通过甲午战争和日俄战争夺取了整个朝鲜半岛的铁路敷设权，使朝鲜沦为自己的殖民地。

高凡夫《日本社会传统与日军慰安妇制度》（《学海》2005年第3期），分析了日军慰安妇制度的社会历史渊源。二战时期日军慰安妇制度的建立，与日本社会传统有着密切的联系。目前，学术界对二战时期日军慰安妇制度的关注，更多的是着眼于战争角度。其实，这一制度的形成与日本社会传统密切相关，日本男性的性放纵、性生活的迷信心理和长期的历史渊源，都促成了慰安妇制度的形成。研究者大多忽视了这一点。有的学者虽然也有所提及，但总体看来尚未引起足够的重视。日军的性暴行与日本人的思想观念、性意识及民族历史习惯密切相关。日军慰安妇制度的建立具有历史根源。为慰安妇制度辩护的观点完全是日本人的逻辑。日军慰安妇制度的建立，不仅是必然的，而且是经过无数人证明的、无法抹杀的铁的事实。然而在日本，就像有人极力否认侵略战争的性质和责任一样，至今也有人在积极为慰安妇制度辩护。日本妇女也是慰安妇制度的受害者，日本慰安妇对此不应再保持沉默。二战时期成为日军慰安妇的，不仅有中国、朝鲜、菲律宾等国家的妇女，也包括大量的日本妇女。与其他国家的妇女一样，日本慰安妇本质上也是任人蹂躏的性奴隶。

金重远在《初探巴西式政变——以1961年巴西政局变动为个案研究》探讨了巴西式政变的内因和外因。1961年8月，发生在巴西的政变迫使上任不久的夸德洛斯总统下台，此后古拉特副总统虽经受住政治危机的风波，得以继任总统，但两年半后仍难逃被推翻的厄运。初看起来，巴西在二战后所发生的政变有些不那么像政变，因为较之拉美许多国家的政变，确实较少血腥味，但是，这些确是政变，一种巴西式的政变，集中反映了巴西社会固有的矛盾。应当指出，巴西政变有其历史必然性。巴西的封建大地产形成于葡萄牙殖民统治时期，并且一直保留到现在。同样，“考迪罗主义”也在巴西盛行，右翼军人历来横行不法，他们经常和反动势力勾结在一起。正是上述两种力量构成政变频繁发生的国内社会基础。促成巴西发生政变的外部势力则是美国。美国政府并不关心巴西的统治者是“民主主义者”还是“独裁者”，但只要谁敢对美国在拉美的霸权地位略表异议和不满，那么美国就必会将他除之而后快，这在拉美国际舞台上早已司空见惯。巴西和其他拉美国家一样，存在着相似的经济和社会基础，因此在这个世界上多政变的地区，巴西也难逃政变的厄运，只是这种巴西式的政变稍带有自己的特色罢了。

谭融在《墨西哥革命制度党的兴衰及其给我们的启示》中以墨西哥革命制度党的兴衰为例，阐述执政党应如何加强自己的执政能力。作者指出墨西哥革命制度党曾经是墨西哥的第一大党，执政达71年之久，一个政党能够如此长久地、稳定地居于统治地位，这在政党林立、竞争激烈、政权更迭频繁的拉美政坛中成为一大奇迹。然而在墨西哥2000年7月的大选中，墨西哥革命制度党的候选人拉瓦斯蒂达败给了反对党国家行动党和绿色生态党组成的变革联盟的候选人福克斯，从而结束了它长达71年的统治，使墨西哥进入了自现代以来第一个由反对党执政的时期。这一事件在全世界引起震惊。究竟是何原因导致一个如此强大的执政党由兴走向衰，由曾经受到广泛民众的支持和拥护，到民众怨声载道，乃至下台？本文从意识形态的凝聚力、制度创新能力、政策能力和利益聚合功能几个方面对这一问题加以探讨。墨西哥革命制度党的兴衰就像一面镜子，给我们提供了诸多有益的启示，使我们看到：作为一个执政党，必须具备形成和增强意识形态凝聚力的能力，具备进行制度创新、较好地实施政策调控以及协调和聚合社会多种利益的能力。执政党在增强自身能力的同时，须审时度势、实事求是，将维护最广大人民群众的利益作为根本使命。如此，才能使自己立于不败之地。

三、第二次世界大战史

李世安、郑寅达、姜桂石、胡德坤在题为《纪念第二次世界大战胜利六十周年》的笔谈中指出，第二次世界大战是人类历史上最残酷和规模最大的战争，给人类带来了巨大痛苦和深重的灾难，迫使世界人民进行反思，要更加珍惜和平。

李世安在《普鲁士精神、法西斯主义与第二次世界大战的爆发》中指出，普鲁士精神混合了爱国主义、军国主义、社会达尔文主义、沙文主义和种族主义等思想，是德国法西斯主义的历史根源。第一次世界大战结束后，由于欧洲经济凋敝、人民失业、社会动乱，西欧人民对资产阶级的自由主义感到失望，但又害怕俄国社会主义的传播，因此寻求一种新的思想。于是带有理想主义色彩的法西斯主义有机可乘，迅速传播。而由于第一次世界大战后的德国充满危机、人民处于彷徨和绝望之中，迷信普鲁士精神。希特勒把普鲁士精神发展为法西斯主义，在德国大行其道。希特勒法西斯政权的崛起，使德国被压抑已久的、潜在的德国军国主义和民族沙文主义的能量被释放出来，成为第二次世界大战爆发的直接原因

郑寅达在《法西斯兴起的体制机制性原因》中指出：法西斯兴起之时，资本主义社会和西方世界处于严重的失调状态，国际秩序中普遍盛行强权政治，全球经济一体化的诉求与配套措施之间明显断裂，部分西方国家的民主制度不够完善，运行中显露弊端，不少国家仍坚持“自由放任主义”政策，造成国家干预机制严重缺失，西方社会贫富两极分化加剧和中产阶级内涵的转换，为法西斯运动提供了群众基础。

姜桂石在《经济合作是盟国合作的纽带——论二战期间盟国的关系》中强调，第二次世界大战期间，反法西斯同盟国进行了广泛的经济合作。它不仅克服了各盟国的经济困难，增强了盟国的军事实力，而且促进了盟国间的政治和军事合作，为战胜法西斯奠定了物质基础。战时盟国经济合作的经验，至今仍给我们许多有益的启迪。反法西斯同盟国所以能赢得战争的胜利，其主要原因是盟国之间的合作，而经济合作是盟国合作的纽带。

胡德坤在《第二次世界大战与世界发展模式的转换》中指出，以中国为主要参战国的反法西斯的第二次世界大战是一场伟大的正义战争，它对人类社会的发展产生了深远的影响，在20世纪世界历史上开辟了一个崭新的时代——和平与发展的战后时代。二战摧毁了法西斯战争势力，削弱了帝国主义的力量，

促进了殖民体系的崩溃、社会主义阵营的形成和发展中国家的兴起，推动了世界范围内的革命与改革，为战后世界的和平与发展开辟了道路，使人类社会出现了以平等和依存求发展的新模式，促进了生产力的发展，带来了战后人类社会经济的空前进步与繁荣。

姚学满、张梦义撰文《66年舆论战——写在纪念世界反法西斯战争胜利60周年之际》，分析了“舆论”在战争中的作用。作者认为，第二次世界大战不仅是作战双方军事、政治、经济、外交诸方面的斗争，而且还是敌对双方舆论战的全面较量。谈到二战与舆论战的关系，许多专家学者都认为舆论战成型于二战。有的学者形象地说：广播点燃了二战的第一把火，二战充当了舆论战的催生婆。作为工业社会最大的一场战争，第二次世界大战以最惨烈的形式对工业革命以来的成果进行了全方位的展示。作为当时传媒家族的最新成员，广播当仁不让地走到了前台；作为战斗力中不可或缺、非常重要的一部分，舆论发于战前、贯穿战中、绵延战后，可以说是兵马未动、舆论先行，战场交锋、舆论神通，硝烟散尽、舆论主阵。以史为鉴，可知兴衰；对打赢未来舆论战的几点启示是：拓宽打赢视野，在抢占传媒制高点中争夺舆论战的主动权；提高引导能力，在传播全球化的大势中牢牢把握舆论导向；注重实际转化，打赢未来军事对抗中的舆论战。对于军事冲突中的舆论战而言，它是一种“软力量”的较量，其作用发挥得如何，最终要体现于战场，最后还是要看战果。

张宇燕撰文《雅尔塔体系的终结与当今世界格局》，着重分析了雅尔塔体系对战后世界政治格局的影响。在二战结束前夕，美、英、苏等国首脑在德黑兰、雅尔塔和波茨坦举行了一系列战略性会议，会议除了商讨影响战争全局的重大行动之外，也对战后的世界秩序作出了安排，形成了“雅尔塔体系”。所谓雅尔塔体系，就是指第二次世界大战后，美，英、苏（主要是美、苏两国）按照以雅尔塔会议为代表的一系列重要国际会议确立的基本原则，通过对世界版图和势力范围重新进行划分而建立起来的国际关系格局。不可否认，“雅尔塔体系”作为反法西斯战争胜利的成果之一，从其历史意义上来说，有其积极的一面，殖民主义体系在反法西斯战争胜利之后迅速瓦解，民族独立运动此起彼伏，国际社会的多样性大大增加。但也必须看到，“雅尔塔体系”的实质仍是大国主宰国际事务的强权政治，它建立在美苏战时军事实力均势的基础上，事实上划分了美苏的势力范围，使“雅尔塔体系”深深打上了大国强权政治的烙印，对战后国际关系的发展也产生了消极影响，战前的殖民主义在此也蜕变成了形式更为复杂多样的霸权主义，冷战成为美苏之间和东西方之间国际关系的基本内容。杜鲁门主义的出台标志着美苏冷战的全面展开，北约和华约的对峙则是冷战在军事领域的表现。雅尔塔体系在战后也演变成了以“华约”和“北约”为代表的东西方长达40余年的冷战对峙的两极格局，一直持续到冷战结束。

刘娜分析了二战后远东大审判意义。她在《和平对战争的审判——远东大审判》中指出，1946年5月3日，远东国际军事法庭在日本东京开庭，审理东条英机等28名甲级战争犯罪嫌疑犯，揭发和列举了战犯的战争罪行，使世人认清了军国主义的日本从“9·18”事变到太平洋战争期间的侵略真相和罪恶事实，是对日本法西斯分子的一次全面清算和重大打击。远东审判对于肃清日本军国主义流毒、保障东亚和世界和平与各国人民的安宁起到了积极作用。同时，远东审判也留下了众多遗憾。美国出于冷战和独占日本的需要，宣布天皇裕仁不是战犯，宽释甚至是纵容了大量罪大恶极的战犯。远东审判结束以来，日本右翼势力极力否认和诋毁远东审判，妄图为日本军国主义分子翻案，他们的企图最终逃脱不了失败的命运。

关于战后对纳粹罪行的审判，以及德国和日本在反省历史的态度方面的反差，李乐曾在《战后对纳粹罪行的审判与德国反省历史的自觉意识》中指出，由德国司法进行的纳粹罪行审判是德国反省纳粹历史的一个重要组成部分。乌尔姆审判和纽伦堡审判以及联邦议院对纳粹罪犯追诉时效的辩论，对德国20世纪50至70年代的政治文化产生了重大影响，其中德国人反省纳粹历史的自觉意识的产生和变化是其主要成果之一。第二次世界大战结束后，当年的两个加害国德国和日本在反省历史的态度方面出现了巨大的反差，就在德国政府在首都的中心地区建立欧洲被害犹太人纪念碑的时候，日本领导人仍在顽固坚持其参拜供奉着二战甲级战犯灵位的靖国神社的立场。日本的政治精英、司法、媒体和民意的主流中根本没有反省二战历史的自觉意识，这是中日历史问题难以化解的根本症结。更严重的问题是，日本没有接受德国反省历史的自觉意识的意愿。

姜长斌在《德日两国对战争罪行史的不同态度——兼与日本学者冈部达味辩论》中指出，德日两国法西斯战败以后，德国和日本的国内经济崩溃、政治沦丧，民众精神空虚，民族前途渺茫。但在外力的引导下，德国民众经历了分辨——认识——痛恨纳粹罪行的思想转变过程，精神面貌开始净化，认识境界开始升华。二战后，德国社会精英的一贯表现，赢得了国际社会的同情、尊重与敬佩。而日本后来所走的道路却截然相反。种种事实表明，彻底否定军国主义思想文化、谴责侵略战争罪行，仍是摆在“大和民族”面前远未完成的艰巨任务。需要强调的是，二战后的日本借助朝鲜战争、越南战争、美苏争霸之机，经济迅速恢复和长足发展，今天，日本经济仍然独占亚洲“鳌头”。经济崛起的背后掩盖着对其军国主义历史的“敷衍塞责”，甚至某种自闭自傲。这是非常危险的。中国民众、东亚、东南亚各国、国际社会一向对日本民族抱有善良的期待。我们至今不得其解的是，日本为何不能果敢地告别“历史”，融入共同发展的国际社会。

田小惠在《简析战后德国分区赔偿政策的执行》一文中指出，两德统一迄今已十余年，但冷战所造成的两德在政治、经济、民众心理等方面的差异却难以迅速弥合。二战后德国的分裂与美英苏制定的分区赔偿政策息息相关。作者认为由于不同的经济制度和意识形态导致美英、苏在 执行分区赔偿政策的过程中采取了完全不同的方式，最终东占区所支付的战争赔偿远远大于西占区，而战后西德得以迅速复兴的直接原因之一就在于她在美国的帮助下将战争赔偿压缩到了最小限度。美国阻挠西占区支付赔偿、力图复兴德国和欧洲的目的是为了推行其“多边主义”的经济模式以及与此相适应的政治体制，而苏联坚决要求赔偿、在东欧建立自己的安全区则是为了抵制美国的经济和政治制度的传播，捍卫自己的社会主义体制。到1948年3月盟国管制委员会正式破裂，因此赔偿物资停止从西占区向东占区的运送，至此标志着雅尔塔和波茨坦协议所规定关于德国赔偿问题的解决方式被彻底放弃了。

彭训厚在《中国抗日战争对世界反法西斯战争胜利的伟大贡献》中指出，第二次世界大战是20世纪规模最大、交战最为激烈、持续时间最长、伤亡人数最多的一场现代化联盟战争。而中国抗日战争的胜利，不仅是中国抗日民族统一战线的胜利，同时也是世界反法西斯统一战线的胜利。中国是世界反法西斯统一战线中不可或缺的重要成员，为世界反法西斯战争的胜利作出了不可磨灭的伟大贡献。历史证明，中国战场始终是世界东方抗击日本法西斯侵略的主要战场。中日双方交战的兵力最高时达1000余万人，中国直接和间接参战的人口达2亿。在长达14年之久的中国抗日战争中，仅8年全国性抗战期间，中国军队进行会战22次、重要战役200余次、大小战斗近20万次，歼灭日军150余万人。战争结束时，中国共接收投降的日军128万人，接收投降的伪军146万人。在抗日战争中，中国军民伤亡计3500万以上，其中中国军队伤亡380余万，经济损失6000亿美元。除苏联以外，没有哪个国家为世界反法西斯战争付出如此巨大的代价。中国军民为战胜日本法西斯作出了伟大的贡献。中华民族在抗日主战场上的英勇不屈的伟大功绩，将永载第二次世界大战史册，名扬千古。

陈奉林在《战后初期中国对日占领问题的来龙去脉》一文中，分析了中国不参加对日占领的原因。作者认为，战后对日本实施军事占领，是由当时复杂的国际形势决定的，既有中、美、苏、英四大国间的折冲与斗争，也有美、苏两大国对战后利益安排的现实考虑。中国国民政府原来也准备参加对日本的占领，惩罚日本，洗除国耻，实现对日本的民主化改造。但是，由于国内外形势急剧变化，给对日占领问题带来复杂因素，中国政府宣布中止对日本的军事占领。蒋介石特别强调日本对自己政权、对亚洲的重要性。蒋介石一直认为，日本侵略不过是“癣疥之疾”，而共产党的红军才是“心腹之患”。即使在国共合作抗战期间，两党的关系也相当微妙。国际形势的变化给中苏关系注入了复杂的因素。虽然苏联在国共问题上曾给蒋介石不少支持，但是后来为了遏制美国在东亚和远东的渗透，以及即将来到的意识形态的冲突，苏联还是弃蒋而转向支持共产党。蒋介石对国内问题的考虑优先于对日占领问题的考虑，1946年11月5日向美国方面提出中止派遣驻日占领军，正是国内外错综复杂的政治形势发展的结果。

张云在《二战期间巴尔干国家的抵抗运动——兼论小国在世界大战中的地位和作用》中，分析了二战期间巴尔干国家的武装抵抗运动。抵抗运动起自1939年4月上旬意大利侵占阿尔巴尼亚，迄于1943年9月意大利投降至1945年5月苏军攻占柏林，是第二次世界大战期间反法西斯战争的一个重要组成部分，具有独特的多样性特点，体现了小国在大国战略中所占的地位和所起的作用。第二次世界大战是20世纪最为重大的历史事件，是人类历史上空前规模的酷烈战争。这场战争影响了世界，也影响了巴尔干各国。当德意侵略者的魔爪伸向东南欧这块土地时，侵略者们发现，这里并不是他们平静的“后方基地”；相反，他们只能为其战争赌注付出惨重代价。巴尔干各国抗德、抗意的伟大斗争，在二战史上留下了光辉的篇章。二战期间，德、意、日法西斯国家，依靠强大的军事实力，肆意践踏小国、弱国的利益，最后是搬起石头砸自己的脚，自取灭亡。当今世界，如果还有谁想要重蹈覆辙的话，德、意、日的昨天也就是他们的明天。这是历史的结论。

吴伟在《苏联伟大卫国战争与俄罗斯民族振兴》中，分析了俄罗斯在纪念世界反法西斯战争胜利60周年时，如何弘扬爱国主义精神。2005年是世界反法西斯战争胜利60周年，经历过这场战争的国家，都会以各种方式纪念那段永世难忘的历史。战争留给历史的，不仅仅是当时胜利的喜悦与光荣，更是一种精神的源泉——爱国主义、英雄主义和民族自豪感的精神源泉。这一点，在俄罗斯和前苏联境内各国表现得十分突出。为迎接卫国战争胜利60周年，俄罗斯进行了积极准备。政府早在去年年底就确定了届时举行名为“胜利”的隆重庆典，并且试图通过这样一场庆典增强民族的凝聚力和自信心，促进俄罗斯复兴大业。同时另一个更重要的意义是，希望此次活动能重新唤起人类对和平的珍视，对战争、恐怖主义暴行的警惕。

潘兴明在《加拿大与第二次世界大战》中，分析了二战中加拿大的情况。加拿大虽然在战前推行绥靖政策，但在二战中直接派军作战，在军事上取得许多重大战果。在加拿大生产大量的武器和其他军需品，为盟军提供重要的后勤支持；作为盟军的大后方和训练基地，加拿大为战争提供急需的人力资源。在外交方面为盟国间的合作创造条件。

牛军在《二战遗产的再思考》中，从恐惧与和平、主权与人权、中国与世界三个方面分析了二战的遗产。第二次世界大战给人类社会留下的最主要的精神遗产就是对和平的渴望与追求，当然，前提是对战争的恐惧。二战和二战研究中的一个基本问题是：反法西斯同盟国家，还有成千上万的人民起来反抗法西斯的侵略与奴役，他们用以对抗法西斯的主流价值是什么？人们在反法西斯战争中要捍卫、要获得的是什么？可以说主要就是两个内容：一个是主权与民族自决权，另一个是人权。第二次世界大战以及作为其一部分的抗日战争，从中外关系的角度看是一次历史性的联结。这场世界范围的战争最终使中国人在观念上，将自己的国家、自己的民族与世界最终连接在一起。因此，超越冷战思维重新审视和研究二战及其遗留的历史经验，可以为现实与未来提供一个较为客观的殷鉴。

王键对日本社会中的“财阀”进行了分析。他在《日本军国主义的支柱——财阀》中指出，日本从明治维新起，就实施了穷兵黩武的军国主义国策，对外频频发动侵略战争，实行军事扩张和经济掠夺，对内则采取政府与财阀结为一体的高度垄断和经济统制。军国主义政府积极推动财阀的膨胀，成为财阀的保护伞。第二次世界大战时，日本财阀垄断资本在军国主义的支持下，已经控制了日本的经济命脉，成为军国主义对内剥削压迫、对外侵略扩张的基础和推动力。因此所有的财阀都是军国主义者，要铲除军国主义就必须铲除其经济基础——财阀。但是，由于冷战局面的形成，为确保美国反共政策和远东利益，美国对日本财阀采取了“保护”甚至“扶植”的政策。结果导致财阀家族作为军国主义重要组成部分的具体人，在战后竟逃脱理应受到的“审判”。

陆伟撰文《战时日本对外决策机制探析》指出，战时日本对外政策制定主要分为两种决策运作模式：临机性合议决策模式和内面性指导决策模式。在前者的运作过程中，陆海军、外务省，都不具有对外政策的最终决定权，他们对外交的影响力，一般被限制在辅弼或辅翼的职责范围内。然而各派的政策主张还是借助御前会议、大本营政府联络会议或四（五）相会议的平台，在反复折冲的和议 中，彼此包容地存在下来；在后者的运作过程中，天皇通过直接的幕后指示或元老、宫内大臣的襄助，贯彻了自己的政策理念，体现了作为国家最高决策者的权威，从而达到了以“亲临”的名义实现“亲政”最大化的目的。内面性指导决策模式，巧妙地利用明治宪法对天皇权限的暧昧界定，以天皇“亲临”的名义，实现了其“亲政”的最大化，从而避免了长期因“主权说”、“机关说”的无聊争论导致天皇“无所作为”被贬为决策边缘化的窘境。而这又促进了以天皇为中心的军国体制的形成，为战时迅速决策提供了制度上的保障。同时也使天皇得以回避因决策失误引起的责任，进而为战后天皇制的存活留下了伏笔。

何跃在《太平洋战争期间英国对缅甸政策出台始末》一文中指出：战前，缅甸的民族独立运动已使英殖民当局难以招架，英国政府不得不向民族主义者许诺，在条件成熟时，英国将让缅甸自治。欧战爆发，使英国政府无力顾及它在远东的殖民地，缅甸民族主义者再次看到独立的希望，但是，英国政府逆历史潮流而行，仍然采用欧战爆发前的殖民政策来对付缅甸的民族主义，特别是在太平洋战争爆发后，缅甸民族主义提出联英抗日、促进缅甸独立的政治主张遭到英殖民当局的拒绝，英国不顾已经变化了的国际形势，采取高压政策，大肆逮捕民族主义领袖，使缅甸民族主义者转向日本，以助日反英来获取民族独立。1942 年 4 月，英国在缅甸陷于全面军事崩溃的前夕，英国印缅事务大臣还重弹战前人所共知的滥调，英国的目的是在条件许可的情况下，帮助缅甸达到完全自治。英国所指的完全自治当然是在英帝国范围内的自治领地位，而且这样的自治领地位也是可望不可及的。

四、冷战史

刘志青发表了《北约的产生及其军事战略演变》。作者认为，北大西洋公约组织，是战后帝国主义与社会主义阵营相对抗的产物。随着冷战的加剧 ，北约的组织机构越来越庞大，名曰军事组织，其实它的机构设置并不局限于军事范围。它的军事战略，也远远超出军事内涵，与北约国家的政治战略、国家战略密不可分。还应该看到，北约的成立及其军事战略的形成，都是在美国的操纵下逐渐形成的，美国 是北约的龙头老大。北约成立初期的军事战略奉行地区性遏制战略，其后，不断地调整 ，先后经历了“大规模报复战略”、“灵活反应战略”、从“危机反应战略”到“新战 略构想”等演变。北约新军事战略是对未来国家主权的挑战，是对联合国权威的蔑视，是对 21 世纪世界和平与稳定的威胁。可以预见，在霸权主义的控制下，北约暂时不会解散。随着世界各种形势的变化，北约的军事战略也还会有调整。

徐蓝发表了《从两极格局到多极化趋势的发展——20 世纪 70—90 年代冷战态势的演变》。作者认为，20 世纪 70 年代至 90 年代初，面对不断变化的国际形势和多个新的力量中心的出现，美国在坚持其全球扩张、遏制苏联的总体战略目标的同时，从尼克松到布什的历届政府不断调整对苏政策，而从勃列日涅夫到戈尔巴乔夫的苏联对外政策则从利用东西方关系的缓和继续向全球的势力扩张转向全面收缩。在以美苏为主要对手的冷战从缓和与紧张并存走向冷战结束的过程中，世界多极化趋势也在不断发展。与冷战的结束几乎同步出现的是经济全球化的浪潮，正如前世贸组织总干事鲁杰罗所说：“以要素自由流动为基础的经济全球化趋势不可逆转，正在加速。在全球范围内，经济力量和技术力量为依托的经济外交正在拆除各种藩篱，跨越各国国界，编织一个统一的世界经济。一个以经济全球化为基础的‘无国界经济’正在全球范围内形成。”自二战结束以来，人类社会就向往的世界和平与社会发展，在冷战结束之后，终于更为突出地成为时代的主题和世界人民的共同追求。

余伟民撰文《国际斗争与本土革命：冷战逻辑的解读——从〈冷战与革命〉看冷战史研究范式的创新》，对文安立著《冷战与革命》以及冷战史研究进行评述。作者认为，冷战史新研究不仅表现在多国档案资料的发掘和运用，更表现在对冷战本质及其结构性特征的再认识，其中包括研究视角的拓展和转换。从新视角着眼，冷战逻辑并不限于国际斗争的层面，而且延伸到各地区本土革命的层面，两个层面的“四维互动”体现了作为世界体系结构性分裂的冷战格局的本质。文安立的《冷战与革命》通过对冷战与中国革命互动关系的考察为冷战史研究范式的创新作出了贡献，但作者的理论思维尚待进一步厘清。在“冷战史新研究”的学术潮流中，我们需要以新资料的发掘为契机，更多地在研究视角的转换和研究范式的创新方面作出努力，以求用更好的理论工具解读冷战的历史。

张宏毅在《美国、苏俄兴衰的历史经验教训及启示》中指出美苏两国在 20 世纪的崛起、强大和 1991 年苏联的解体与美国全球霸权主义的开始衰落，是世界现代史上影响深远的事件。探讨两国兴衰成败的经验教训并从中获得启示具有重要意义。本文运用历史比较方法，对两国发展的历程作某种梳理，力求从中获得一些带规律性的认识。这主要是正确认识 20 世纪资本主义和社会主义的历史地位；人们的认识和理论必须与时俱进，坚决克服教条、僵化与自满；要认真解决好制度问题，从美国和苏联的历史实践中看出，解决好健全民主制度、领导制度、组织制度和工作制度等问题是极端重要的；必须坚持核心价值观和意识形态不动摇；必须坚决地反对霸权主义。

林婕撰文《北约的建立与大西洋联盟》，从北约的成立出发，简要考察了冷战中的美欧关系和大西洋联盟的形成。从北约的成立、成员的选择、军事机构的组成以及其战略的演变，可看出北约自始至终都控制在美国的手中，是美国以欧洲为中心、遏制苏联的全球战略的利器，西欧虽然也曾试图改变大西洋联盟中的主从关系，但效果并不明显，然而，这却在大西洋联盟建立之初，就种下了美国与西欧不和的种子。随着冷战的结束，欧洲国家不再甘心对美国惟命是从，在联盟内部，开始谋求与美国建立更平等的合作关系，当欧洲和美国的利益不一致的时候，欧洲有可能不再跟随，而和美国争论一番，这种分歧在伊拉克战争中表现得更加明显。虽然美国国务卿鲍威尔在欧洲进行“公关外交”的时候，曾经以欧洲与美国“50年来建立的共同价值观基础”来说明大西洋两岸关系的牢固性，但今天的欧盟已经不是过去躲在美国核保护伞下的孱弱欧洲，而是“追求独立防务”、“有自己独立外交政策”的欧洲，在单极与多极、和平谈判还是“先发制人”等重大国际事务的态度上，欧洲一再表明与美国不同的观点。

李丹慧在《20世纪60年代美中央情报局对中苏关系的评估——对美国情报委员会最新解密档案的分析》中指出，美国最新解密的中央情报局20世纪60年代初、中和末期撰写的中苏关系评估报告，通过不同层面，较客观地分析了此阶段中苏关系的变化情况，较为准确地判断和预测了中苏关系的走向。但是，不同体制国家文化背景上的巨大差异，对社会主义国家决策程序必要了解的不足，重视苏联动向的习惯，以及文革造成的中国国内局势的动乱，使得报告作者的理性考量也存在不少偏差，对中国方面的某些迹象缺乏敏感。中苏这对盟友，从20世纪50年代初期的同志加兄弟、50年代末期的竞争对手，进入20世纪60年代后，以1964年为起点，开始互为假想敌，双方都开始加强针对对方的军事防卫措施。角色的这种变换，使中苏两国从此一步步走上了相互敌对的道路。随着中苏双方关系中国家利益冲突因素的增强，社会主义阵营内部矛盾斗争的逐渐明朗化，中情局评估报告起草者的理性分析反而与客观实际更加接近了。

沈志华撰文《中苏同盟、朝鲜战争与对日和约——东亚冷战格局形成的三部曲及其互动关系（之一）》指出，对日和约问题是亚洲冷战史研究中的一个重大课题，它不仅涉及美国、苏联、中国等国家战后对日政策的变化及其与日本的关系，而且标志着东亚冷战格局的最后形成。欧洲冷战格局形成以后，美国开始考虑改变其对日本政策，但是在对日媾和问题上，美国军方与国务院产生了严重分歧。中苏同盟条约的签订促成美国决策层在原则上统一了对日方针。朝鲜战争的爆发使美国最后决定把日本作为盟国重新武装起来，单独与之媾和，并为此故意拖延停战谈判。在战局被动的情况下，苏联拒绝签署旧金山和约，并转而采取强硬立场，在朝鲜维持不战不和的局面。中苏同盟、朝鲜战争与对日和约问题有着紧密的联系，三者相互影响，互为因果，共同构筑了1950年代初期亚洲复杂的政治局面，并成为东亚冷战格局形成的三部曲。

时殷弘撰文《美苏冷战史：机理、特征和意义》指出，冷战在很大程度上，是19世纪初以来现代国际体系内力量分布格局越来越趋于极化的结果；反过来，冷战又作为基本原因，使这极化趋势在一些重要方面有了进一步的发展，即在世界政治的多个重大问题领域和多个重要地理区域，形成了显著的美国霸权。美苏两个超级大国的兴起和它们之间的冷战是现代世界历史的必然。美苏冷战在相当大程度上孕育于十月革命到第二次世界大战的美苏关系史。意识形态对立与基本地缘政治环境中的超级大国利益竞争等因素结合在一起，决定性地促成了美苏冷战。冷战史需要阐释的基本问题在于冷战的起源、冷战的地缘政治特征和强烈意识形态性质、美苏军备竞赛、冷战的自我控制机制、冷战的全球化、冷战紧张程度的起伏变化、冷战终结和苏联瓦解的基本原因以及冷战的世界历史意义。

刘志青在《北约的产生及其军事战略演变》一文中指出，北大西洋公约组织，是战后帝国主义与社会主义阵营相对抗的产物。随着冷战的加剧，北约的组织机构越来越庞大，名曰军事组织，其实它的机构设置并不局限于军事范围。它的军事战略，也远远超出军事内涵，与北约国家的政治战略、国家战略密不可分。还应该看到，北约的成立及其军事战略的形成，都是在美国的操纵下逐渐形成的，美国是北约的龙头老大，对北约军事战略的形成和发展起着决定性的作用。随着“杜鲁门主义”出笼，美国正式确立了以苏联为主要对手、争霸世界的遏制战略。它的目标是：控制西欧、日本，巩固美国在资本主义世界的霸主地位；遏制苏联向亚、非、拉地区扩张；准备对苏联进行大规模常规战争。随着东西方力量对比的变化、军事科学技术的发展、国际政治军事格局的演变，北约成立后其军事战略也在不断发展变化。自1949年12月确定侧重依靠常规力量的地区性遏制战略后，北约的军事战略有三次发展变化：即1954年12月，确定主要依靠核力量的大规模报复战略；1967年12月，确定核力量与常规力量并重的灵活反应战略；1991年11月以后，针对冷战结束后的局面，经历了从“危机反应战略”到“新战略构想”的调整。

五、外国史学理论和外国史学史

庞卓恒在《察同察异求规律：比较史学的追求》中指出：最早倡导比较史学的社会哲学家孔德和密尔以及被誉为比较史学名家的马克·布洛赫都认为，比较史学的功用在于察同察异求规律。然而，由于他们都未能找到决定历史进程的“首要因素”、“中心环节”，或“普遍原因”，终究未能实现探求规律的抱负。为什么即使像布洛赫那样的“以往比较史学流派中一位最杰出的名家”都未能真正实现“察同察异求规律”的目标呢？对于这个问题，现在似乎有两种回答：一是认定历史研究根本不可能揭示什么规律，历史学本来就是人文学科，不能奢望它成为揭示什么规律的一门科学。二是认为历史学应该而且能够成为探寻和揭示规律的科学，但要使它成为揭示规律的科学，必须有一套科学的本体论和方法论作为指导。作者表示不赞成前一种看法，而赞成后一种看法。作者认为只有马克思主义历史唯物主义，才提供了实现这一抱负的根本途径。唯物史观正是因为找到了劳动生产这一最基本的人类特性，把它视为决定社会历史进程的“首要因素”或“中心环节”，或“终极原因”，从而发现了人类社会历史发展的因果必然性的普遍规律。这就是唯物史观揭示的人类历史发展的最根本的普遍规律。恩格斯把唯物史观界定为“在劳动发展史中找到了理解全部社会史的锁钥的新派别”，是十分贴切的。

2005年第1期《学术研究》发表了一组7人笔谈“全球史观对中国史学的影响”。编者认为，“全球化”是近20年来一个既热门又甚具争议性的话题。那么，在“全球化”的大背景下，我们如何看待全球史观及其对中国史学的影响？这是一个值得讨论的问题。

于沛在《全球史观和中国史学断想》中指出，全球史观是当代西方有广泛影响的史学思潮之一，近年在中国史学界也有一定的影响。我们讲全球化背景下的“全球史观”时，注意分析“全球化”和“全球史观”等概念的内涵，注意和西方资产阶级的“全球化意识形态”划清界限，是十分必要的。十余年前，一些西方国家的学者曾指出要警惕“全球化”正在变成一种新的“意识形态”，现在，这已经成为事实。要真正做到汲取全球史观的有益内容，为中国史学理论建设服务，必须坚持以唯物史观为理论指导，并进一步肃清各种形式的“欧洲中心论”的影响。

郭小凌在《从全球史观及其影响所想到的》中指出，全球史观是一种借用历史哲学和历史学已有成果的新提法，而不是解释历史的新方法，更不是一种博大周密的理论体系。除了饱学的汤因比，迄今专业史家还没有人创立出严谨周详的世界史解释体系。以全球史观的代表人物斯塔夫里阿诺斯的《全球史》为例，其基本解释单位同汤因比的《历史研究》是一样的，该书的史学功力不及剑桥三史，宏观概括和理论思维的深刻不及思辨的历史哲学家，在世界史体系上也看不出有多少重构之处。这是一部面对广大读者的、具有个性的普及读物，类似一本导论性质的大学教材，而不是史料详实、注释精审的史学专著。所以它在读书界可以产生反响，在英语世界的史学界，反响就不能说有多大，史学圈中人看重剑桥三史而非《全球史》是一个不争的事实。20世纪以来的专业史学尽管流派林立，但实证主义的研究方法仍是史学研究的基本方法。

裔昭印在《全球视野下的世界文化史编纂》中指出，撰写世界文化史，应当具有全球史观。所谓“全球史观”，就是用全球的眼光来考察世界历史的进程。在我们看来，世界文化是相互联系的整体，其发展是共性与个性、统一与多样的交织，因而具有多元一体的特征。不同民族地理环境的差异和各民族在长期历史积淀中形成的文化特性使得人类文化的起源和发展呈现出多元的属性和特点。而人类文化发展的规律性即共性和人类文化由分散走向整体的趋势，又使得世界不同主体文化日益发展为一个相互依存、不可分割的整体。多元一体的世界文化的本质是“和而不同”。因此，世界文化史的编纂决不是国别、民族与地区文化史的简单相加与拼凑，而是要站在全球的角度，叙述对全球的文化发展具有重要影响的事件。

林中泽在《历史中心与历史联系——对全球史观的冷思考》中认为，全球史观力图摒弃西方中心论的传统，把每个地区或民族的历史以及这些历史的每一方面都纳入到相互联系的世界历史的整体发展进程当中，这对于促进历史学与其他相关学科的交叉发展、深化历史研究和拓展人们的历史视野，当然是大有裨益的。然而，全球史观绝对不是史学研究中的新教条，它仅仅是一种开放的研究指南，这意味着它作为一种历史观点和研究方法，尚未定型和完善，它不过反映了历史理论和实践的一种新趋势而已。全球史观并不是不需要历史中心，而是要建构新的中心。全球史观十分重视历史联系，因而大大推动了我国中外关系史等学科的发展；可是与此同时，人为地制造、夸大或破坏历史联系的现象也时有发生。

程美宝在《全球化、全球史与中国史学》中，则叙述了全球史与世界史的差异、全球史的独特视角、全球史与全球化的关系、过去中国史学某些研究传统与全球史契合之处、全球史有可能对中国史研究发挥什么影响，以及当前某些中国史研究对全球史观的回应与反响。中国史学历来就有很多传统，方兴未艾的全球史观对中国史学已经和能够产生什么影响，不是随便举几个例子便可以一概而论。不过，在我们为破除成见泯灭边界共同努力的时候，不能忘记的是，历史家也是历史的产物，在研究的过程中，又始终得在一定的时空一定的地域一定的文化出发，尽管我们希望，我们能够尽量跨越今人的时空感，去云游古人的时空，但我们到底不是太空人，从远处观看“全球”是可望而不可及的事。

吴晓群在《我们真的需要“全球史观”吗》中指出，当全球化的实际影响扩展到整个世界的范围时，它所带来的不仅仅是强势国家对于全球资源的垄断，而且更是价值的垄断。特别是现阶段的全球化过程中还挟带了大量的美国化，所以甚至许多欧洲人对全球化也充满了警惕与疑虑。现时所谓的“全球史观”是西方话语中的一个命题，带有很大的片面性。应以一种多元史观，来打破二元对立的思维方式，从而向一种互动认识的思维方式转变。

陈新在《全球化时代世界历史的重构》中指出，世界历史是由历史叙述建构而成，将有助于我们摆脱世界历史在人们心目中的客观化幻象，这是承认世界历史多元化的首要原则。在全球化时代，有多少个建构世界历史的心灵，就将出现多少种世界历史，它们都具有同等的价值。我们所说的全球化时代世界历史的重构，并不是指以某种单一性主题及其代表的价值观为中心来重构世界历史，从而取代原有的单一性世界历史叙述，它事实上旨在以更多的单一性世界历史叙述丰富已有的世界历史叙述，并将选择甚至重构的权利交予大众，避免某些文化精英假借客观性世界历史之名，行垄断世界历史解释权之实，最终令世界历史叙述重新回到现代性的阴影之下。

高国荣在《年鉴学派与环境史学》中，分析了环境史学的历史渊源，以及它与法国年鉴学派的关系。作者指出，美国学者在追溯环境史学的源头时，往往要提到环境史学与西部史学、年鉴学派之间的亲缘关系。战后率先在美国兴起的环境史，与法国年鉴学派既有亲缘关系，又存在不少差异。年鉴学派对环境史学的启示在于，它重视自然地理等结构因素对历史发展的作用，它提出了总体史观念和跨学科研究方法，它强调历史和现实之间的紧密联系。但环境史学与年鉴学派不仅在产生背景、研究重点方面有比较大的差别，而且在人与自然的关系问题上也有着不同的认识。环境史学强调人与自然的相互影响和生态的变化，而年鉴学派则强调社会结构等因素的决定性和自然因素的稳定性，此外，环境史学具有比年鉴学派强烈得多的文化批判意识。近年有学者提出，“环境史就应该是社会史，社会史就应该是环境史”。从这个意义上说，环境史和年鉴学派在未来仍然可以相互促进，推动历史学不断前进。

陈恒在《略论希腊化史学》中分析了希腊化史学的特点。作者认为，亚历山大东征极具野蛮性、掠夺性，给东方各民族人民带来深重的灾难，不过客观上却促进了希腊和东方各民族之间的经济往来和文化交流，也使希腊历史学家的眼界为之开阔。希腊化时代的史学，也秉承了这一特性，一方面，这一时期的史学延续和发展了希罗多德和修昔底德开创的史学传统；另一方面，也糅合了一些东方因素，使得这一时期的史学独具特色。希腊化时代史学按其发展大致可以分为希腊化初期（公元前334—前323年）、希腊化盛期（公元前323—前168年）和希腊—罗马时期（公元前168—前30年）三个阶段。每一阶段都独具特色：希腊化初期是希腊化史学兴起阶段，风云变幻的历史转变与色彩斑斓的时代革新，使得人们疲于奔命，还顾不上对历史进行严肃的思考，于是这一时期出现了大量的异域著述和个人传记；希腊化盛期，由于空前的东西方文化交流使得人们的视野与认识都大大提高，加之东方君主制度的盛行，人们的思想处于禁锢之地，于是所谓的“博学史学”、“考据史学”和“地方志”大为盛行；到了希腊—罗马史学融合时期，整个地中海世界都处于罗马之鹰的笼罩之下，出现了真正意义上的世界史。总之，这一时期是总结的时期，而不是创造的时期。

徐浩在《史学理论结构的非平衡发展——西方和古代中国的比较》中，就中外史学发展的主要差异进行了比较。20世纪以前，中国古代与西方各有自己独立发展的史学理论。但由于历史环境的差异，双方史学理论结构的发展呈现明显的非平衡性，即在共时性结构上，西方史学理论独立自主地形成了完整的内容体系，中国古代史学理论侧重本体论与方法论而忽视认识论。在历时性结构上，随着近现代科学的发展，西方史学理论的研究重心经历了从本体论向认识论、方法论的转移，并极大地推动了历史研究的发展；而由于近代科学的缺位，中国没有经历上述变化，从而在很大程度上制约了历史学近代化（职业化和科学化）的进程。

高毅从“断裂”与“延续”两方面分析了现代文明历史演进中的某些规律性现象。他在《现代文明历史演进中的断裂与延续》（《中共中央党校学报》2005年第3期）中指出：如果要用一句话来概括我们今天这个时代的特点，我想也许可以这样说：当今时代是现代文明的全球化时代。换言之，当今世界上正在发生着一个全球性的现代化进程。这个世界现代化进程实际上已经进行了两个多世纪，其间一直存在着守旧势力与革新势力之间公开或暗中的激烈较力，存在着种种前现代因素和现代因素之间扑朔迷离的复杂斗争。细察起来，这也是一段人类文明传统不同层面的断裂与延续现象复杂交织的历史。20世纪的世界还是在19世纪确定下来的历史框架内运行的，20世纪发生的一切，也都没有超出现代文明的范畴，或者说都只是从不同的方面和以不同的方式影响了现代文明成长与扩散的历史进程。现代文明的新传统还在延续，20世纪以来的世界大势，终究还是那一派浩浩荡荡的现代化潮流。

李植枏、李珞红撰文《谈谈世界当代史学发展趋势》指出，长期统治世界史学科的是两种观念，即欧洲中心论和世界史是各国历史的总和。从20世纪初开始，世界史学界不断有学者对上述观念进行批评，并对世界史学科建设进行了探索。吴于廑教授在这方面作出了重要贡献。吴于廑老师关于世界史学科的对象、范围、主题、途径、主线和研究方法的一系列看法构成他创导的世界史观的基本点，它的核心是如何从全局上说明历史怎样发展为世界历史，因此，可以称之为整体世界史观。他与齐世荣教授共同主编的《世界史》6卷本已出版。可以说，他倡导的整体世界史观和勾勒的世界史发展蓝图，从根本上否定了多年来在国际史学领域盛行的西欧中心论和世界史就是国别史地区史汇集的旧体系，展现了世界史研究的新视野，开拓了世界史研究的新途径，开创了世界史研究的新局面。他的史学思想和实践反映了当代世界史学发展的主要趋势，并走在国际史学的前列。因此，他不仅在国内世界史领域占有重要地位，在国外也受到同行的高度重视。

周文玖以朱谦之在中山大学的教研活动为中心，分析了朱谦之的史学思想。作者在《朱谦之的史学理论及其史学史研究——以在中山大学的教研活动为中心》中指出，朱谦之是一位“百科全书式的学者”，20世纪30年代，他担任中山大学史学系主任，创办《现代史学》杂志，开展现代史学运动，讲授史学理论和史学史，很有影响。其《现代史学概论》一书，集中反映了他关于史学理论和史学史的研究成果，内容包括史学的意义、史学的分类、史学的历史、史学在科学中的位置、什么是历史方法、史的论理主义与史的心理主义、历史论理学、历史心理学、历史统计学、社会科学与历史方法。

以上可以归纳为四个方面：（1）历史学总论；（2）史学史；（3）史学在科学中的地位以及与相关学科的关系；（4）历史学方法论。这四部分内容，形成了比较严整的史学概论体系。朱谦之史学研究的特点可概括为：自觉地把史学研究与拯救民族危亡结合起来；自觉地把史学史、史学理论的研究与开创史学新局面有意识地结合起来。朱谦之的史学理论与他的史学史研究是相辅相成的。他的史学史研究，既有一定的独立性，又是他所开设的史学理论课程的一部分；既受他的史学理论的指导，又为他的史学理论提供历史根据。

杨宁一、郑丽平在《评梅棹忠夫“文明的生态史观”》中提出，日本学者梅棹忠夫提出的“文明的生态史观”影响巨大，为认识和研究人类文明的演进，特别是现代化的进程，提供了一个新的视角。但是，从历史学的角度加以检证，“文明的生态史观”存在许多漏洞，作为现代化的一种模式不能成立，作为一种代表性的日本文化论也具有过分拔高日本文化的倾向。这些论述使我们很容易联想到福泽谕吉的“脱亚入欧”论。如果把生态史观称为“文化上的脱亚入欧论”，也许是恰当的。每一个民族都有自己的文化，都以自己的文化为自豪，我们并不一概排斥文化民族主义。但是，出于文化民族主义，违背史实，把本民族的文化拔高到不恰当的地位，则是我们不能赞成的。不能正确地自我认识和自我评价，就容易走向极端民族主义。

（舒嘉）

学术成果·著作

埃及现代化与政治稳定

（毕健康　社会科学文献出版社2005年版）

从学习阿拉伯文进行语言准备，到留学埃及实地调研、收集资料，再到回国研究、反复思考与修改，作者历时8年乃成此书。本书资料翔实，占有一定的阿拉伯文第一手资料，充分借鉴埃及学者的研究成果，不少阿拉伯文资料在国内是首次引用。与此同时，参考了西方国家的英文学术文献，以免受到埃及学者感情因素的影响，竭力作出客观、公正而独立的学术判断。

该书的选题抓住了当代埃及发展问题中主要矛盾，具有重要的理论价值和现实意义。第三世界国家面临发展与稳定的现实问题。阿拉伯世界的政治稳定问题，具有自己的特殊性，这就是包括伊斯兰极端势力在内的原教旨主义势力对政治稳定的现实威胁。自1970年代中期以来，埃及适应时代发展的要求，大刀阔斧地进行政治、经济改革和外交战略大调整，促进了经济发展。但是，经济转型导致利益分配格局的调整，加剧了两极分化。人们价值体系的转换与混乱触动了政教关系的敏感神经。伊斯兰极端组织断章取义地“误读”伊斯兰，成功地进行政治动员和组织工作，对国家和社会发动政治暴力，威胁埃及的政治稳定。

作者把埃及政治稳定问题置于现代化进程的大视野中进行考察，论述了纳赛尔时代一党制军人政权与政治稳定问题。作者认为，政治稳定是一项巨大的社会系统工程，用任何单一因素来解释政治稳定或政治失稳都是片面的、失之偏颇的，因而是行不通的。结合埃及的实际，从政治制度因素、宗教因素和经济与社会问题（因素）三个层面全面、系统、深入地开展研究，提出政治制度是保持政治稳定的基本因素，宗教因素是造成政治失稳的政治动员和组织因素，经济与社会问题是影响政治稳定的基础因素。其次，对埃及的政治制度、政党制度及其运行进行了深入研究，提出了一些新观点。譬如，在缜密研究1971年永久宪法和1980年宪法修正案的基础上，结合当代埃及政治运行的实际，将当代埃及政治制度（狭义）界定为总统独大制。总统独大制的政治权力结构是总统独大，议会弱小，司法相对独立，新闻有限自由。第三，利用在埃及收集的翔实的资料，从经济改革对人民收入水平和开支水平的影响的独特视角，对1990年代埃及经济改革与政治稳定的相关性进行了具有一定实证意义的探讨，得出了下述重要结论，即经济改革的性质和阶段性决定经济改革对政治稳定问题的影响的性质和阶段性，经济改革对政治稳定问题的影响具有不平衡性。

［毕健康，1967年生，历史学博士，中国社会科学院世界历史研究所副研究员，硕士生导师，中国中东学会理事。发表的代表性论文有《清教对殖民地初期马萨诸塞政治的影响》、《马歇尔计划对西欧经济的影响》、《浅析当代埃及政党制度的演进》、《试论埃及穆斯林兄弟会的二重性问题》、《穆巴拉克时代的埃及穆斯林兄弟会》、《当代埃及的城市边缘区问题》（2003年获得中国社科院世界历史研究所优秀科研成果一等奖）和《当代土耳其政治制度评析》。出版的著作有《英美新殖民主义》（合著，获第四届中国社会科学院优秀科研成果二等奖）。］

“民族再生”的期望：法国大革命时期的公民教育

（刘大明　中国社会科学出版社2005年版）

现代公民教育是政治学、历史学、社会学、法学、教育学等学科都极其关注的重要课题，但我国学术界以往很长的一段时期里基本上忽略了关于现代公民教育史的研究。该书是作者对这一课题进行研究的初步尝试。

该书由作者的博士学位论文修改扩充而成，其特点主要有五：第一，选题新。现代公民教育开端于法国大革命，并且构成了法国大革命政治文化的重要内容，在法国大革命史学及许多相关学科领域里都具有重要的理论意义。该书的选题突破了法国大革命史研究以政治、经济和思想为重点的畛域，不仅具有重要的学术价值，而且对于我国的社会主义民主化进程也具有重要的现实意义。第二，引用资料新。该书不仅搜集和参考了我国现有的法文原文基本资料和学者的研究成果，而且从网络中挖掘了一些极有价值的原文第一手资料，有助于中国学术界对法国革命的认识。第三，研究方法新。该书努力将跨学科的研究手段引入历史研究，借鉴和采用了历史学、法学、政治学、社会学、文化学和教育学等研究方法，对法国大革命时期的公民教育进行了综合性和立体性剖析。在基本概念的厘定、基本史料的搜集、国内外各种观点的介绍和评判等方面都具有拓荒的意义。第四，视眼开阔。该书提供了一个理解法国大革命政治文化的新角度，有助于拓展对公民教育的理解。不仅分析了启蒙公民教育理论的兴起以及它们之间的分歧，大革命期间公民教育的实践过程及其得失；而且对公民教育与政治革命相结合，在完成“民族再生”的历史使命、塑造政治民族的过程中的作用，以及公民教育在实施过程中所表现出的激进特征，都作了历史的分析与阐释。第五，有己见。该书史论结合，有史有论，指出了公民教育既是法国大革命的重要内容，又是大革命的内在推动力，同时也是法兰西“政治民族”特征形成的最重要的一个途径的结论，具有一定的深度，并具有启发性。

［刘大明，1955年生，历史学博士，现在湖南师范大学历史文化学院任教。研究方向为法国大革命史、西欧文明进程。曾参加国家社会科学基金课题1项，教育部高校课程改革研究课题1项；主编高教出版社教材《世界近代史》；先后在《世界历史》、《北大史学》等刊物发表专业学术论文10余篇。2005年发表的论文有：《法国启蒙运动公民教育思想析论》、《法国大革命——抛开宗教外衣的一波三折》。

通信地址：湖南师范大学历史文化学院（410081）

电子信箱：ldm0388@163.com］

学术成果·论文

1958—1964年的英国核裁军运动

（熊伟民　《世界历史》2005年第3期）

《1958—1964年的英国核裁军运动》是作者近几年研究20世纪欧美和平运动系列论文之一，也是作者主持的国家社会科学基金项目“战后英国和平运动研究”的一个成果。

人类走到今天这一步，和平与发展成了时代的主题。以反对战争、反对核军备竞赛为基本目标的和平运动，是战后以来欧美资本主义国家一种普遍性质的社会思潮，拥有相当的群众基础。而战后英国和平运动，特别引人注目，值得重视和研究。

这是我们国内第一篇对战后英国反核和平运动进行个案研究的论文。文章探讨了导致这次英国全国性反核运动的背景，指出：1956年的苏伊士运河事件、1956年苏联对匈牙利内部事务的干涉、1957年英国政府的国防白皮书、苏联第一颗人造地球卫星的上天等一系列事件，交叉作用和影响，成为催化这次核裁军运动的动力。文章对这次核裁军运动的进程进行了简单的概括和分析，并且论述了各阶段的特点。

对这次全国性反核运动最后不了了之的结局原因的分析，是文章的重点。文章认为，参加运动的人们，尤其是运动的发起者和组织者，政治见解方面存在较大的差异，立场和目标不一致，运动没有具有约束力的组织纲领等，是造成运动最后不了了之的主要原因。其次，核裁军运动在本质上是一场中产阶级运动，带着中产阶级的特点和局限。他们不反对资本主义制度本身，也不考虑从下层群众特别是工人群众中吸取力量。再次，核裁军运动与工党之间存在着密切但又模糊不清的关系，与工党多变的政策捆绑在一起，不是促进、相反是妨碍了运动自身的发展。此外，核裁军运动所触及的问题特别敏感，直接关系到英国的国防。而英国的核力量，比美苏两家都小得多，要英国首先单方面行动，既难被大多数人接受，任何负责任的政府，大概也不会冒这种风险。核裁军运动本身具有一种民间社会力量，不具有法律的约束能力，仅仅只能依靠舆论来影响政府，而不能用强制手段来动员社会资源。因此，一阵高潮和热情之后，最后不了了之，大抵也只能是如此而已。

文章认为，这次英国核裁军运动，向资本主义国家的合理性理念提出了挑战，在一种超越传统民族主义的视野中来思考人类的安全问题。对它的评价不能以它是否达到了某个具体的目标作为标准。它的作用和影响是长期的、潜移默化的。它在关系到人类生死存亡的问题上，在提醒我们应该做些什么，并且以他们的勇气和献身精神来促进和平。

［熊伟民，1956年生，历史学硕士，现为湖南师范大学历史系教授，硕士研究生导师，亚太和平研究协会会员，中国第二次世界大战研究会理事，中国世界现代史研究会会员，中国美国史研究会会员。主要研究方向为二战史、美国史、国际政治。已公开出版学术著作7部，发表论文30多篇。
电子信箱：xxxwwmm2002@yahoo.com.cn］

从习俗到法治

——试析英国法治传统形成的历史渊源

（陈晓律　《世界历史》2005年第5期）

社会在很大程度上创造其自身的组织、政治以及行政的制度，甚至在有些时段创造其经济的结构。但法律方面却不同，只有欧洲的人民将其习俗转化成为了知识的法律体系。因此，一个民族或国家的法制体系与其民众的社会、历史和文化传统有着密切的关系。法制是一个静态的概念，是“法律制度”的简称。有了“法律制度”的国家就可以称之为法制国家，但还不是法治国家。法治表达的是法律运行的状态、方式、程序和过程；法治的概念包括法律的至高权威，公正性、稳定性、普遍性、公开性和平等性，法律对权力的制约与对个人权利的保障等一系列原则和基本要求；它主张法律面前人人平等，反对法律之外和法律之上的特权。法制则不必然地具有这些内涵。简言之，法制是硬件，法治是要求法律按上述原则运行的软件，只有在法制存在的前提下，才可能产生法治，而法治反过来也有利于良法的产生。一般而言，一个以保护所有社会成员权利为基本原则的法律制度易于产生一种法治氛围，也易于在法制与法治之间产生一种良性的互动，一个民族构建这类法律体系的过程往往就是一个民族形成自己法治传统的过程。因此，一个民族以什么方式产生什么类型的法律，在某种程度上决定着它能否形成法治的传统。在西方的法律体系中，只有控制着人们日常生活关系的普通法，非常独特地从英国发展起来，最终形成了独一无二的英国法治传统。该文认为，这一结果是英国法制体系经由三个相互联系、又独具特色的历史阶段演变而形成的。

第一阶段为1066年以前，此时的英国社会相对原始和不成熟，使其在法律方面具有了一种自下而上的传统。第二阶段为诺曼入侵后，诺曼入侵者自上而下地将这种原始法律传统理性化、规范化并在全国范围内得到有力的执行，使习俗转化为了真正的“普通法”。第三阶段则是在近代以后，最终由议会通过对立法权的争夺使法律成为制约一切人行为（包括国王在内）的基本准则。在一个长达千年的历史过程中，无论是外部还是内部因素，大体上都有利于英国法制体系的发展与完善，英国的法制发展经由了从习俗到普通法再到现代法治的漫长过程，终于形成了自己独特的法治传统。这一法制体系演变最重要的特点就是，每一次法律体系的变化都有力地推动了英国社会的发展，同时还把人类在原始社会时期残存的朴素的民主因素，顽强地保存下来，最终转换成为了现代法制体系和法治传统的重要组成部分。这也是英国得以率先成为现代化国家的重要因素之一。从这种意义上看，英国法制史演变的历史轨迹给人们提供了很大的思维空间。或许，还要经历漫长的岁月，人们才有可能完全把握这一现象后面隐含的真正价值。

[陈晓律，1951 年生，南京大学历史系教授，江苏省世界史学会副会长，中国英国史学会理事，南京大学欧洲研究中心主任。2004 年出版了《15 世纪以来世界主要发达国家的发展历程》。2005 年发表的论文有《民族产业发展的瓶颈》、《从发展的角度理解和平学》、《仇和现象背后的理论思考》、《寻找法治社会的平衡点》、《从“以市场换技术”到“以市场立标准”》、《试析英美保守主义的异同》、《从习俗到法治》。
通信地址：南京市南京大学历史系（210093）
电子信箱：chenxiaolu@ mail. edu. cn]

美国多元文化主义理论再认识

（董小川　《东北师大学报》2005 年第 2 期）

该文认为，在社会学上，美国多元文化主义理论需要从理论社会学和应用社会学两方面来认识；在民族学上，该理论需要从美利坚民族的形成与发展来认识；在人种学和种族学上，该理论需要从移民与美国种族关系来认识；在宗教学上，该理论需要从美国宗教多元化及其发展变化上来认识；在性别学上，该理论需要从女权主义和同性恋等角度来认识；在语言学和教育学上，该理论需要从美国多语种的使用和教育体制中的平等问题来认识。

正是在文化熔炉中的美国人持有各种不同文化，才使美国成为一个多元文化社会。美国多元文化可以从主流文化、文化矛盾与冲突、移民特点和原因、美国多元文化主义本身的多元性、对移民的排斥与反排斥等角度来认识。理论社会学是对社会的诊断，应用社会学是要对经过理论诊断后的社会问题进行“治疗”。既然多数美国人都已经认识到美国确是一个多元社会，如何解决美国多元社会所面临的问题就成为多元文化主义的主要目标。对人种的考察可以从两个不同的视角出发：一个是生物的视角；另一个是文化的视角。在美国人看来，人种是一个确定的社会范畴，通常是指拥有某种特定的生理、文化等特征的群体；种族是一个不确定的社会范畴，可以用来描绘某一个种族文化的内容，包括语言、宗教、社会礼仪和其他行为方式，种族集团独特的物质产品也可以限定一个种族的文化。美国宗教多元化首先是因为美国的主流宗教不是单一的，而是由基督教新教、天主教、犹太教构成的所谓“三位一体”的主流宗教，同时，这三大主流宗教中还包括无数的教派、宗派和歪门邪道派别，中国人称之为邪教。在基督宗教范围内，美国各地时常出现类似摩门教这样的新兴宗教，有的存在时间长，有的则很快消失。在基督宗教范围外，伊斯兰教、佛教、印度教、道教、锡克教、神道教、儒教等亚洲国家移民信仰的宗教也在美国落地生根。土著印第安人的宗教信仰更是多种多样。美国的多元文化教育出现在 20 世纪 60 至 70 年代，但其定义有很大的差别：在教育学、人类学、社会学和心理学等不同的学科领域，人们更多的是讨论教育这个词汇的定义；学校和职业组织所关心的是教师教什么和学生学什么；而教师和教育工作者们则注重多元文化教育中的实际问题。近年来，在美国学术界中有关性别（Gender）的研究十分流行。这一方面是因为女权问题越来越受到人们的重视，另一方面是同性恋问题越来越突出。

[董小川，1951 年生，东北师范大学历史文化学院教授，世界史系系主任。
通信地址：长春市东北师范大学历史文化学院（130024）
联系电话：0431－5648755
13074332320
电子信箱：dongxch@ nenu. edu. cn]

纳粹德国流亡科学家的洲际移转

（李工真 《历史研究》2005年第4期）

在纳粹暴政时代，从整个第三帝国版图中逃亡出50万有犹太血统的难民，面对这场滚滚而来的犹太难民潮，传统的移民国家美国成为了最大的难民接受国，接受了其中的13万人。值得注意的是，这13万人中包括了遭到纳粹文化清洗运动驱逐的绝大部分有犹太血统的科学家和文化精英，从而使这场向美国的流亡变成了整体性的文化转移。

这场整体性的文化转移是如何发生的？它对美国成为世界科学、文化中心究竟产生了怎样的影响和意义？对于这些如此重大问题的研究，当今中国学术界还无人问津。因此，该文作者怀着浓厚兴趣，在解读大量原始档案和第一手材料的基础上，从五个方面展开了研究。

在第一节"纳粹德国文化清洗运动及其规模"中，笔者讨论了纳粹德国以《重设公职人员法》的出台和"焚书运动"的开展为标志的文化清洗运动，并对这场运动给德国科学界造成的损失问题，以及遭到驱逐的有犹太血统、有民主思想的科学家在纳粹统治下艰难的生存状况问题进行了研究，指出了纳粹德国的文化清洗运动与知识难民流亡潮之间的因果关系。

在第二节"决定科学家流亡方向的基本因素"中，笔者从法国、英国、美国等流亡接受国所能提供的专业岗位的数量，流亡科学家个人在年龄、所掌握的外语语种与水平、所从事专业的国际化能力、流亡前与国际学术界的接触与交流等方面的具体条件，以及他们对当时整个局势的主观判断和对美国社会的矛盾心理等方面展开研究，指出了1938年11月"帝国水晶之夜"以前为什么绝大多数流亡科学家不选择美国，而选择西欧诸国作为他们的流亡首选国的深层次原因。

在第三节"美国高校'对外来科学家的恐惧症'"中，笔者研究了美国孤立主义的泛滥、经济大危机的影响、高校失业率的上升等因素对美国高校中反犹太主义情绪的影响问题，并指出，尽管美国科学界领导人目光远大，看到了接受纳粹德国流亡科学家对促进美国科学和教育事业的重大意义，也组织起一系列的援救组织，但美国高校最初并没有真正张开怀抱，欢迎这些来自纳粹德国的流亡科学家。

在第四节"洛克菲勒基金会资助方向的转变"中，笔者对美国最有财力的洛克菲勒基金会在资助流亡科学家态度上的转变进行了专门的研究，指出这家美国最大的私人基金会早在20世纪20年代就已经将大量资金投向了那些具有科学研究新方向特点的德国犹太科学家，在纳粹德国文化清洗运动的背景下，这家基金会终于克服了它内部的反犹主义情绪，决定通过资助这些科学家的流亡来实施它"拯救科学、挽救投资"的计划，从而带动了美国其他私人基金会组织，开展了一场抢救纳粹德国流亡科学家的运动。

在第五节"美国对德国流亡科学家的接受"中，笔者对美国科学界领导人以及以洛克菲勒基金会为首的美国私人基金会采取的种种援救措施进行了分析，论证了在欧洲局势不断恶化、美国社会被迫逐步放弃孤立主义的情况下，这些援救措施是如何消解美国高校中的"对外来科学家的恐惧症"，从而为大规模接受流亡科学家准备条件的。笔者还给出了美国所接受的来自纳粹德国的有犹太血统的科学文化精英人物的精确数字：共有7622名犹太文化知识精英被美国接受，其中仅科学家就达1090名！

在论文的最后部分，笔者得出如下重要结论：

1933年4月从纳粹德国大学校园中开始的这场文化清洗运动首先是针对有犹太血统、有民主思想的知识分子的。成千上万的犹太知识精英从纳粹德国的社会文化生活领域中被驱逐出去，意味着多少世代以来犹太人对中欧文化的适应突然间出现了一场痛苦的终结。尽管从比率上讲，约2200名遭到驱逐的德、奥科学家并不代表德语文化空间科学潜力的全部，而且从德国大学中遭到驱逐的1800名科学家也只占其中的39%，但是从质量上讲，他们却代表了其中最有价值的部分。当这样一大批优秀的科学家被纳粹党内不学无术的党干部们替换掉的时候，也就意味着自19世纪末20世纪初以来德国的世界科学和文化中心地位的失落。

美国知识界的领导人看到了通过接受德国流亡科学家来发展美国科学的良机。然而，在出逃的约1400名有犹太血统的科学家当中，只有不足1/3的流亡科学家首先选择了美国，而绝大多数人将邻近的欧洲国家作为他们流亡的首选国。尽管这些流亡科学家主观上的犹豫，对于推迟他们移入美国产生了较大的影响，但是美国孤立主义的影响也不可低估，因为它不仅限制了罗斯福政府在接受犹太难民问题上的行动余地，而且也加剧了美国高校中普遍蔓延的"对外来科学家的恐惧症"。在美国经济仍然处于萧条的状况下，这种恐惧症中反映出来的反犹主义情绪，本身也阻碍着对流亡科学家的接受。显然，一场流亡科学家向大西洋彼岸的整体性转移，还需要诸多方面的条件：流亡者前往美国的主观愿望，能提供工作岗位的美国大学的欢迎态度，大量资金作为这场转移的有力支持，国际局势的紧迫性所造就的压力等等。

为打破这种流亡与接受之间的僵局，美国知识精英人物组成的“援助德国流亡学者紧急委员会”，与洛克菲勒基金会等美国私人性资助团体一起，在“拯救科学”的名义下采取了种种措施，逐步化解了美国高校中“对外来科学家的恐惧症”，从而为接受德国流亡科学家创造了有利条件。与此同时，纳粹德国战前扩张政策的成功和战争初期“闪电战”的速胜效应，制造出一种事关生死的威胁力。它不仅迫使美国社会开始逐步放弃孤立主义，也迫使绝大多数德国流亡科学家彻底放弃了他们当初继续留在欧洲诸国的幻想，并与来自欧洲沦陷国家的流亡科学家一起，形成了一场人类历史上前所未有的、高文化素质的知识难民潮，这场知识难民潮，正是在纳粹炮火的逼迫下，才流向了大西洋彼岸的美国。

接受这场以上千名流亡科学家为代表的知识难民潮对美国来说意味着什么呢？流亡美国的意大利原子核物理学家、诺贝尔奖得主恩里科·费米（Enrico Fermi）的夫人劳拉·费米，曾在1968年出版的关于欧洲知识分子流亡美国的著作中，计算过流亡科学家给美国教育制度带来的那种不花成本的赢利。据她估算，“在美国，培养一位科学家到他能开始职业生涯为止时的费用，至少需要45000美元，仅是在那700多位移入美国的德国大学教授身上，就为美国节约了大约3200万美元”。

这种表面上看来精确的有关教育经济上的赢利数字，与对美国科学发展的根本性促进相比，显然只展现了次要的表征，这种促进主要是由在现代自然科学、医学、社会科学、人文科学或建筑学领域中的德国流亡科学家给他们的接受国——美国——带来的。人们能在有关诺贝尔自然科学奖项得主的材料中找到这方面最鲜明的例证：1933年以前，美国曾有5名得主，在世者只剩3名；德国曾有31名得主，在世者仍有19名。然而，仅是这场从1933年开始的德国科学家的流亡潮，就为美国送来了以爱因斯坦为代表的6名得主以及后来的11名新得主。到1945年，德国1933年以前得主中的在世者只剩9名，加上新增加的5名，总数为14名；而美国1933年以前得主中的在世者虽然只剩7名，但由于有这批流亡科学家为代表的欧洲新生科学力量的加盟，却迅速新增加了18名，使总数达到了25名，从而远远超过德国，成为了诺贝尔自然科学奖项得主最多的国家。这25人中还不包括那些1945年以后在美国获得诺贝尔奖的流亡科学家，也不包括那些随父母到达美国后才完成学业、并在后来获得诺贝尔奖的第二代流亡者。今天，美国的诺贝尔自然科学奖项的得主总计已超过了200名，这显然与这批流亡科学家在美国开拓的新方向，以及由此在美国高校中营造出来的特殊学术氛围紧密相关。

1969年美国学术界公布了一份涉及到所有学科领域中最为杰出的300名流亡科学家的传记名单，他们当中的79%，即238人是从纳粹德国版图内逃亡出来的讲德语的、有犹太血统的科学家。也正是他们，在美国成了几乎所有新科学传统的奠基人。1989年，法兰克福德意志图书馆公布了一份有关讲德语的文化知识精英在1933—1945年流亡期间出版的文化、科学论著的档案，其中涉及11846本学术专著和7749篇科学论文，它们当中的80%以上是在美国完成的。所有这些，不仅说明纳粹暴政导致的这场流亡给美国科学带来了多么巨大的收益，同时也说明它给德国科学造成了多么沉重的损失。最早看到这场流亡给美、德科学潜力带来彼此消长意义的是那些美国科学界的领袖们，他们用这句话来评价这些流亡科学家们的到来：“我们应该为希特勒竖立一座纪念碑，以此来感谢他为促进美国科学事业的发展所作出的伟大贡献!”

总之，正是希特勒种族政策下的文化清洗运动以及战争初期“闪电战”的速胜效应，正是目光远大的美国知识精英们以及美国私人基金会组织的援救努力，才在最短的时间里，以最快的速度，完成了这场世界科学、文化中心最具历史意义的、也是史无前例的洲际大转移。

［李工真，1952年生，历史学博士，武汉大学历史系教授、博士生导师。1997年出版45万字的代表作（国家社会科学基金项目）《德意志道路——现代化进程研究》一书，先后获湖北省社会科学优秀成果奖和第三届中国高校人文社会科学研究成果奖。另发表德国历史与现代化发展研究方面的学术论文30余篇。
通信地址：武汉大学历史系（430072）］

文艺复兴妇女史研究

（刘耀春　《历史研究》2005 年第 4 期）

本文全面回顾了西方文艺复兴学界关于文艺复兴时期妇女研究的历程、重要成果和最新动态。文章开篇讨论了瑞士史学家雅各布·布克哈特关于文艺复兴妇女经历和处境的浪漫主义观点，并指出其观点的持久性影响。在第二次世界大战之后，随着"新史学"的兴起，欧美文艺复兴学界重新对文艺复兴时期妇女的历史产生兴趣，不过在 20 世纪 60 年代和 70 年代早期，学者们仍或多或少坚持布克哈特关于文艺复兴时期妇女形象的浪漫式描绘。这种情况直至 70 年代末才有了显著的转变。1977 年，美国文艺复兴学者和妇女史家琼·凯利—加多尔发表轰动一时的著名论文《妇女有一个文艺复兴吗?》，大胆质疑了布克哈特关于妇女在意大利文艺复兴时期取得了与男子平等的社会地位的观点，由此引发了一场关于文艺复兴妇女生活经历和社会地位的热烈讨论。因此，本文述评的重点放在最近 20 多年欧美学界对文艺复兴妇女史的研究成果。文章指出，欧美学界关于文艺复兴时期妇女的研究主要从三大领域展开的，即妇女与俗世；妇女与宗教；妇女自我意识的变化。从总体上看，文艺复兴时期的妇女仍受到男权制结构的束缚和压制，不过，妇女也表现出一定的能动性，更重要的是，在这一时期出现了反抗男权、争取性别平等的女性主义思想。可见，文艺复兴时期妇女的生活经历既有消极的方面，也有积极的方面。这表明，布克哈特和凯利—加多尔的极端立场都是不可取的。文章认为，欧美文艺复兴学界关于文艺复兴时期妇女史研究的丰富成就不但深化了对文艺复兴妇女经历的认识，而且对旧有的文艺复兴史学体系提出挑战，要求"重写文艺复兴"，也就是在旧的史学框架里增添妇女史的内容。文章最后反思了文艺复兴妇女史研究的一些不足，并预测未来研究可能采取的路径，尤其指出了性别理论对文艺复兴妇女史研究的意义。本文不仅有助于国内学界把握欧美学术界关于文艺复兴时期妇女史研究的成果，尤其是把握西方女性主义传统的源流和谱系，而且对于把握现当代西方的女性主义也大有裨益。本文亦可为国内的妇女史和性别史研究提供借鉴。

［刘耀春简介缺。］

"乌如卡吉那改革"真实性质疑

——拉旮什城邦行政档案研究札记

（吴宇虹　《东北师大学报》2005 年第 6 期）

国际古代近东研究学术界传统上用于研究两河流域三千年纪苏美尔城邦政治经济历史的材料是出土的国王铭文。然而，王铭一般来说是国王向神明或后代表功的一种自我宣传的材料，只能为自己评功摆好、报喜不报忧，甚至说谎。约两千枚古苏美尔语楔形文字行政泥板文书出土于吉尔苏城的遗址泰罗（Tello）土丘，这批数量较大的出土档案是两河流域出土的行政档案中最早具有时空概念的文件，绝大多数文件都记有统治者（公侯）的在位年次序，一些月供应表记有月名和供应月次。它们属于一个机构——苏美尔城邦拉旮什的王后管理的宫廷经济实体"夫人庄园"（é-munus）。这批文件覆盖了拉旮什的三个统治者的共 20 年的统治：公侯恩恩塔尔孜的六年、公侯卢旮勒安达的六年以及即位称公侯后改称王的乌如卡吉那的八年。从吉尔苏出土的"夫人庄园"的档案来看，乌如卡吉那是合法地从前任卢旮勒安达的手中继承王位，并不像某些国外学者推测的那样，是通过"革命"推翻前任。乌如卡吉那的夫人萨格萨格继承前任夫人巴腊楠塔腊主管"夫人庄园"，只不过把自己管理的王室财产名义上称为“巴巴女神的财产”。继承者十分尊敬前任，在一次祭祀公侯亲属和13位公侯夫人时，前任夫人被放在18名神主之首并独自享用第一级的供品。在乌如卡吉那的第三年第2月份的“圣内城之王和圣外城之王的节日”中，萨格萨格把第一等级的牺牲，每人一只羊，献给前任公侯恩恩塔尔孜、前任卢旮勒安达和夫人巴腊楠塔腊和他们死去的公子、卢旮勒安达的祖父、王朝的创始人杜杜。巴腊楠塔腊在五人中排第三，是唯一享用一等牺牲的夫人。根据乌如卡吉那的铭文，他减免了一些税收，扶贫抑富，主持了公正，但这些措施和两河流域的其他的统治者上任后所采取的措施基本是相同的。他虽然把王室财产称为神的财产，但在政治、经济、宗教、法律以及财产的所有权和管理权等方面始终维持传统的制度，沿用前任的方针和政策，并没有进行任何重大的改革。

［吴宇虹，1949年生，哲学博士，东北师范大学世界古典文明史研究所所长、教授、博士生导师，中国世界古代史研究会副理事长，国际英文杂志《世界古代文明杂志》中方编辑。
通信地址：东北师范大学世界古典文明史研究所（130024）
电子信箱：ihac@ nenu. edu. cn］

由所有权形态看中英中古赋税基本理论的差异

（顾銮斋　《文史哲》2005年第5期）

赋税基本理论是笔者在欧美同行的启迪下提出的一个关于中西中古税制比较研究的新概念，旨在从深层次上认识中古税制，考察、描述和分析林林总总的赋税项目是怎样起源、设定并实施征收的。而所有权形态是认识中西中古社会赋税基本理论不同类型的重要基础，赋税基本理论正是在它的影响或制约下才设定了税项并实施了征收。

这里需要引进一个“低度私有”的概念。“低度私有”是指中古私有制的低水平发展。在中国，土地属于国有，而由于土地是主要的生产资料，是财富的主要形式，臣民私有的财富便限于一个很小的部分，而且，这种私有还远远不能确定，因为它缺乏起码的法律、制度保障，所以具有低度私有的特征。在英国，构成所有制整体主要部分的土地并非私有，私有部分主要是动产和少量不动产。另外，与罗马和同时期的法国相比，英国也具有“低度私有”的特征。

中古赋税基本理论的重要内容之一是对赋税项目的设定。在中国，受“溥天之下，莫非王土；率土之滨，莫非王臣”这一古老理论的制约，中古前期主要征人头税，后期主要征土地税。而人头税、土地税分别与“王臣”、“王土”相对，充分反映了赋税基本理论的主要特征。先看税人。在深层的民族意识中，皇帝是中华大家族的家长，人民为皇帝的臣子。这种意识作用于税制，便必然表现为人头税与徭役的征发。而在中古前期自然经济占绝对统治地位的情况下，税人乃是最便利可行的选择。再看税地。财富的“低度私有”同时意味着“高度国有”。而“高度国有”表现在土地制度上必然意味着国家对于土地具有近乎完全和直接的控制权，这就为土地税的征收提供了保障。另一方面，由于土地本身具有不可移动、变更的特点，税地在技术上最便于操作。又由于土地是中古最重要的社会财富，税地能够保证赋税的最大量征收。这样，税人也就必然过渡到税地了。

与中国不同，英国中古前期曾有少量土地税征收，中期曾有几次人头税征收，但这些征收不仅在各自被征时期从未占据主导地位，且很快遭到废除。而自动产税征收以来，赋税征收便先后以动产税和工商税为主体。相对土地而言，国民对动产的所有清晰而牢固，不似土地所有权那样形成了若干等级，因而也就没有征收土地税时所遇到的阻隔，所以征收是可能的。同样，工商税的征收也不存在这样的障碍。赋税结构的这种变化是赋税基本理论制约的结果，同时也对赋税理论产生了一定影响。由于动产与工商之人的所有清晰而牢固，所以政府相继以动产税和工商税作为收入主体。正因为如此，国民才尽其所能限制或阻止动产税和工商税的征收。也正因为英国中古社会主要征动产税和工商税，国民对动产和工商之人的私有才足以制约赋税理论的制定，并决定它的性质，而赋税理论中涉及这两种税的内容也就特别突出。

［顾銮斋，1954年生，史学博士，山东大学历史文化学院教授，博士生导师，中国世界中世纪史常务理事。主要从事古希腊史、西欧中古史、英国史、经济史和中西历史比较的教学与研究。发表论文40余篇。2005年发表的学术论文有《从比较中探寻中国中古社会赋税基本理论》、《西方农业税的现代化之旅》、《由所有权形态看中英中古赋税基本理论的差异》、《从比较中认识“层累”理论的学术价值》、《概说15世纪前后欧亚强国的兴衰》等。
通信地址：山东大学历史文化学院（250100）
电子信箱：glz@ sdu. edu. cn］

大事记

2005年中国世界史研究大事记

3月10—12日，由中国社会科学院世界历史研究所和天津师范大学历史文化学院在天津师大联袂举办了我国首届“世界历史博导论坛”。来自北京大学、清华大学、中国人民大学、南京大学、武汉大学、复旦大学、北京师范大学、厦门大学、吉林大学、四川大学、南开大学、东北师范大学、首都师范大学、华东师范大学等25所高校与科研机构的近70名世界史博士生导师出席会议。

10日上午，天津师范大学历史文化学院院长侯建新教授主持论坛开幕式，齐世荣、朱寰、刘家和、何芳川、于沛、钱乘旦、周荣耀、汤重南、李剑鸣等国内知名学者与会，中共天津市委常委、教卫工委书记陈超英、市委宣传部副部长陈浙闽、天津师范大学党委书记李家祥、校长靳润成、副校长王桂林等近200人出席了开幕式。天津师范大学校长靳润成教授和中国社会科学院世界历史研究所所长于沛研究员先后致辞。著名史学家齐世荣教授发表了热情洋溢的讲话，认为此次论坛堪称我国世界史学界少有的学术盛会。论坛期间，学者们围绕新时期我国世界史体系以及如何培养世界史专业博士生等三个专题展开深入探讨。

北京大学何芳川教授就世界史体系的构建提出了新的思路。他认为，尽管目前构建世界史理论体系的条件尚未成熟，但我们学人的主观努力是条件成熟进程中不可或缺的因素。以马克思主义为指导，有鉴别地汲取当代国际史学界及社会科学的新理论和新方法，吸取当代史学界及社会科学的新成果，考察人类文明形成及发展的整体轨迹，揭示其律动的阶段性，经过几代人的艰苦努力构建起具有我国特色的世界史体系。南京大学钱乘旦教授从不同角度阐发了类似的思考。他说，世界史不是国别史的拼凑，更不是除中国以外的域外史，而应是从整体上考察人类发展史的一个历史分支学科。他将人类文明的发展划分为四个阶段：首先是远古文明时期。其次是古代文明时期，这是文明的发展与固化期。中古文明时期是各个文明圈的巩固与发展时期，各文明圈均在内部经历了巨大发展。最后一个阶段是近代文明时期。地理大发现开始了全球化和现代化的进程，从而使世界由分散走向相互联系的整体，组成现代化的世界体系。

大会就世界史体系的理论问题进行了交流。与会代表还就“西方中心论”展开了讨论，多数学者强调应批驳此论，同时也应避免“中国中心论”，警惕史学中的民族主义倾向。学者们还就在现有条件下如何培养世界史专业博士生问题展开了热烈的讨论，认为应加强博士生的学术个性化培养，读个性化学术性教材，充分尊重学生的自立独立意识、个性意识；同时，应扩大教学方面的交流与合作，使“世界史专业的博士生成为全国所有世界史博士生导师的学生”。

5月26—27日，浙江师范大学历史研究所和中国社会科学院世界史所史学理论重点学科在金华共同召开了“现代化与历史学学术讨论会”，与会者还有浙江省一些高校的教师和研究生。研讨的主要内容为以下三方面：（1）提出当前我国历史学需要予以更多关注的一些话题，如现代化过程中的文化因素，在今天“全球化”的历史背景下尤为重要。因为独立的、繁荣的民族文化是一种强大的精神力量，同物质力量一样，也是民族国家崛起的不可或缺的基础和前提。（2）对西方重要的、有影响的史学思潮进行评析。例如汤因比的世界史观和“东方主义与美国学者的中国史观”的讨论。有学者认为，美国的中国史观作为东方学的一部分，主要被用来通过对中国“特殊性”的考察来证实西方的“普遍性”和“中心位置”。尽管许多学者受国际反西方中心主义思潮的鼓舞，试图建立一个以中国为中心的历史研究模式，但他们在力图把西方经验局限于“地方性”的同时，也否定了人类社会发展的一些共同规律。因此，要真正摆脱中国研究中的“东方主义”，必须培养一种“非中心意识”。（3）分析人类历史进程中的重大理论问题。如关于资本主义如何向社会主义过渡的问题；英国17、18世纪的经济史研究；20世纪两次世界大战的根源等。

6月18—20日，“第二届世界文明史暨朱寰教授学术思想研讨会”在东北师范大学召开。朱寰教授的史学思想，在世界史学界有广泛的影响，学习朱寰教授的史学思想，有助于推动文明史研究在我国的进一步发展。朱寰教授把史德放在首位。首先要求要有好的人品，才能反映历史的真实，寻到历史发展的规律，把握历史研究的时代精神。

7月3—9日，“第20届国际历史科学大会”在澳大利亚悉尼举行，来自世界大约60多个国家的1200多名学者出席了大会。中国史学会派出了以张海鹏为团长、于沛为秘书长兼副团长的代表团。为期六天的大会主要包括三大主题：（1）历史上的人类与自然；（2）神话与历史；（3）历史上的战争、和平、社会和国际秩序。此外，大会还包括26个专题：（1）比较视角中的非洲历史：新方法；（2）欧洲和全球背景下的中欧政治文化；（3）近现代的中国与世界；（4）基督教化：从古代到21世纪的接受和传播；（5）文化碰撞与认同：移居者与当地人；（6）殖民主义与后殖民主义；（7）经济全球化：历史视角与研究现状；（8）传统与现代性的争论：跨文化与历史的视角；（9）近东与地中海地区的帝国：迈向全球化？（10）太平洋的形象；（11）近代早期和现代社会非正式的关系：家族关系、庇护、友谊和社会网络；（12）大众媒介和公共领域的转变；（13）甘蔗在五大洲推广的影响；（14）课本：从对民族的叙述到对公民的叙述；（15）感官的历史；（16）启蒙运动与交流：地区经验和全球后果；（17）民族国家的建构和解构：巴尔干的例证；（18）基督教与伊斯兰教在历史上的关系；（19）民众的迁徙：经济、政治和文化含义；（20）中世纪欧洲关注东方；（21）全球背景下福利国家模式的形成；（22）宗教与公共领域；（23）历史上的城市管理；（24）20世纪的革命：一般与特殊；（25）体育运动、政治与商业；（26）教育：包容与排斥的结构。

第20届国际历史科学大会举办中国历史学家代表团圆桌会议，主题是“近现代的中国与世界”。学者们正式发言前，由冷溶副院长致词。中国历史学家代表团在新南威尔士大学拜会国际历史学会主席科卡、秘书长罗伯特等，就2007年在北京召开国际历史科学大会成员国会议达成协议。

7月15日，中国社会科学院史学理论研究中心举行成立大会。中国社会科学院和各高校60多名学者出席了大会。会议由世界历史研究所所长、史学理论研究中心主任于沛主持。会上还通过了中心章程和中心理事及顾问名单。中国社会科学院史学理论研究中心的宗旨是：在马克思列宁主义、毛泽东思想、邓小平理论和“三个代表”重要思想指导下，组织、协调院内外学者开展中外史学理论、方法论的研究；推动国际、国内的学术交流与合作，促进我国史学理论的学科建设，为繁荣和发展中国马克思主义史学理论研究努力奋斗。中国社会科学院副院长朱佳木发表重要讲话。朱佳木在讲话中指出：改革开放以来，西方重要的史学理论、史学方法、史学流派、史学思潮，以及西方史学理论研究中的一些热点问题、前沿问题，被大量翻译、介绍到国内。这对于中国史学界了解世界，并从中汲取可资借鉴的有益内容，无疑起了积极的作用。但应当看到，有些翻译者、介绍者、出版者在引进这类著作时，不加选择，不加分析，不加批判；极少数主张“全盘西化”的人专门热衷于挑选那些集中宣扬西方资产阶级世界观、价值观和历史观的糟粕，并大肆褒扬，借以动摇马克思主义史学理论的根基。分析和批判有代表性的、在中国产生一定消极影响的西方史学理论，是当代中国史学理论建设的一项重要任务。

8月7—11日，中国社会科学院世界史研究所、武汉大学历史学院和武汉大学世界史研究所联合主办的“新世纪世界史学术前沿问题”学术研讨会在湖北神农架举行，来自中国社科院世界史所、北京大学、中国人民大学、清华大学、复旦大学、南开大学、南京大学、浙江大学、首都师范大学、东北师范大学、天津师范大学、华东师范大学、厦门大学、河南大学、陕西师范大学、华中师范大学和武汉大学等高等院校，以及《世界历史》、《历史研究》、人民出版社、高等教育出版社等单位的50多位世界史专家参加了这次会议。不同专业的学者聚集一起，展开内容广泛的交流，开拓了历史认识的视野，有助于对世界历史的总体把握。与会者介绍了国际史学研究的前沿问题，一些中青年专家也介绍了各自研究领域的最新成果，充分展示了国内世界史学科建设的最新进展。

8月23—26日，“第12届全国史学理论研讨会”在云南昆明召开。会议由中国史学会史学理论分会、中国社会科学院史学理论研究中心、中国社会科学院《史学理论研究》编辑部与云南大学历史文化学院及西南边疆少数民族研究中心联合主办，来自全国各地的约60位史学理论工作者参加了研讨会。会议的主题是“马克思主义史学思想研究”、“外国史学理论与方法论的发展”。

在外国史学理论与方法的研究方面，大家关注的主要是在国内外史坛方兴未艾的环境史、社会史和全球史研究。一些研究者认为，生态危机的背后是社会危机，是人与人关系的危机，因此，环境史研究不应该仅局限于人与自然相互关系的研究，也要多关注环境史中人与人关系的研究。加强对反环保势力的研究有助于环境史研究的深入发展。关于社会史，由于社会史的开放性使得给社会史下一个标准的定义很困难，但要将社会史与社会的历史两个概念区分开还是必要的。社会史的开放性主要体现在：（1）社会史一直处在发展之中，没有形成固定的形态；（2）社会史研究的多样化；（3）从社会史中产生的一些新的研究方向已经发展为一些专门的领域，比如妇女史、城市史；（4）由于学科交叉，社会史与社会科学其他学科的互相渗透，产生了一些边界模糊的领域。关于全球史，与会者分别对霍布斯鲍姆、沃勒斯坦、巴勒克拉夫等著名史学家的全球史观进行了评析。一些论者认为，霍布斯鲍姆所构筑的世界体系有着与众不同的视角，与他的历史观及史学研究方法，与他双重身份——马克思主义史学家和英国新社会史流派的主要代表人物有紧密联系，并从分析其作品入手剖析了他的世界体系思想。整体社会史研究的理论属性与史学观念的价值趋向，是霍布斯鲍姆社会史学思想的重要内涵，是其史学思想体系的重要部分。巴勒克拉夫的全球历史观的主要理论特征是批判“欧洲中心论”，倡导建立全球的历史观。巴勒克拉夫通过自身的史学实践努力探索世界历史研究的新路径，他取得了比较显著的成果，同时也表现出明显的历史局限性。

会议由中国社会科学院世界历史研究所所长、中国社会科学院史学理论研究中心主任于沛主持。中国社会科学院副院长、当代中国研究所所长朱佳木出席了会议，并发表重要讲话。他说：加强史学理论，特别是马克思主义史学理论研究，在当前具有特别重要的意义。我们要认清使命，抓住机遇，创新理论，服务大局，在马克思主义史学理论研究的不断深化方面，在发挥史学理论在历史研究的积极导向作用方面，在建立中国风格中国气派的马克思主义史学理论的话语体系方面，在带头树立史学界的良好学风方面，作出自己新的应有的贡献。

9月19日，上海市世界史学会在华东师范大学举行了上海市世界史学会苏联历史档案研究中心成立仪式暨学术研讨会。会议由副会长余伟民教授主持，会长潘光教授介绍了华东师范大学历史系沈志华教授多年来收集、研究苏联历史档案的过程。沈志华教授也作了专题发言。来自上海各单位的专家学者以及媒体记者出席了会议。

10月19—20日，中国苏联东欧史研究会成立20周年国际学术研讨会在陕西师范大学召开，来自全国各地的50多位专家学者参加了纪念活动和学术研讨会。会议就“苏联剧变后俄罗斯史学界关于俄国史研究的变化、特点与趋势”和“纪念卫国战争60周年：二战与苏联”两个专题进行了深入的探讨和交流。在大会开幕式上，陕西师范大学历史文化学院院长贾二强教授、中国社会科学院世界历史研究所所长于沛研究员、历史文化学院杨存堂教授分别致辞。他们指出，1985年中国苏联东欧史研究会在陕西师范大学成立，从此开始了新时期中国学者对苏联东欧历史重大问题的研究探索历程，20年后，从事苏联东欧史研究的学者再次集聚古城，将进一步探讨全球化语境下如何认识俄国苏联的重大历史问题。与会中外学者围绕“俄国历史相关问题”和“苏联历史相关问题”展开研讨，内容涉及俄罗斯思想、俄国史学、俄国贵族、苏联与世界反法西斯战争、新经济政策等。

大会选举产生了新一届苏联东欧史研究会理事会和领导机构。中国社会科学院世界历史研究所所长于沛研究员当选为学会新一任会长，陕西师范大学历史文化学院曹维安教授等人被推选为学会常务理事。

11月2日，“中国世界史研究论坛”第二届学术年会暨“中国史学会世界史工作委员会”成立大会，由江西师范大学历史文化与旅游学院主办，江西省国际经济文化交流中心、南昌大学国际交流与合作处协办，在江西师范大学瑶湖校区方荫楼多功能会议厅召开。参加会议的代表来自中国社科院、全国各高等学府的著名专家与学者近百人。中国史学会会长李文海教授、副会长张海鹏教授和齐世荣教授分别发来了贺信。江西师范大学党委书记兼校长游海教授出席开幕式并到会讲话，他对代表们的到来表示热烈的欢迎，对会议的胜利召开表示衷心的祝贺。开幕式上还播放了江西师范大学校情介绍短片。

12月3日，上海市世界史学会2005年年会暨学术研讨会在华东师范大学举行。来自上海各高校、上海社会科学院及其他有关部门的世界史工作者和研究生近110人出席了大会。上海市社科联副主席武克全和潘光会长先后致辞，秘书长余建华作了学会工作报告。开展热烈的学术争鸣与交流是此次会议的一大特色。与会者指出，当前世界史研究的深化发展只有与现实及相关学科充分结合起来，才能做到有效推进，做好为现实服务。与会者就如何建构我国世界史研究体系的问题、关于美国多元文化主义、罗马帝国奥古斯都时期的形象艺术与皇帝权威、美国联邦最高法院与禁毒、中国二战史研究的进展、法西斯主义、国际恐怖主义泛滥中的历史文化因素、欧洲一体化、欧盟扩大与民族主义的矛盾等问题进行了热烈的讨论。

还有专家就近期世界史研究的若干热点问题作了发言，讨论了世界史学科组关于十一五规划的设想，此外，还就建立世界史研究网络和信息中心、世界史博硕士毕业论文库，以及加强学会工作和组织编译世界史文献资料等进行了讨论。

2005年12月7日，中国社会科学院世界历史研究所所长于沛研究员作了“全球化、反全球化和当代中国历史科学”的学术演讲。他首先澄清了“全球化”这一概念，认为人们通常对此有片面的理解，其实，在全球化的过程中，原来不合理的国际政治、经济秩序更加不合理，从而出现了“反全球化”，英国学者罗森伯格、法国学者布迪厄和德国学者博克斯贝格对此都有经典的论述。因此，“全球化”应当包括全球化和反全球化这样两方面的内容。在这种思考的基础上，他提出，当今世界发展的历史潮流应该是经济全球化、政治多极化和文化多样性，而不是经济、政治和文化的全方位的全球化，后者是美国霸权主义的表现。于沛研究员进而指出，要谈全球化对当今中国历史科学的影响，应当认识到全球化的影响、反全球化的影响、全球化与反全球化互相作用产生的影响这样三个方面。在全球化的浪潮中，全球史得到国际学术界的关注。然而，全球史是属于每一个民族的全球史，没有全球化的、普世性的全球史。我们研究全球史，应该是中华民族历史记忆中的全球史，对任何外国历史的判断应当建立在中华民族的血脉传承中。在当今，中国历史科学要努力构建自己的理论体系和话语体系，弥合中国史、世界史的鸿沟，在对中国的社会现实、剧烈的社会变化进行思考与理解的基础上来研究世界历史，从而构建中华民族的全球史。

（舒嘉）

哲　学

综　述

2005年中国哲学研究综述

一、马克思主义哲学研究状况

（一）近年来马克思主义哲学研究的路向之争与马克思主义哲学的中国化

近年来，关于如何推进和深化马克思主义哲学研究，使之成为我们时代的源头活水和理论之源，是马克思主义哲学领域最为人们普遍关切的理论问题。关于这一问题，学者们仁者见仁，智者见智，发表了不少真知灼见。究其实质，学者们争议的焦点集中在如下两个方面：一是文本与现实之争；二是问题与体系之争。

1. 以文本研究为中心还是以现实问题研究为中心？

随着《马克思恩格斯全集》历史考证版（MEGA2）的编辑出版，以及国内对这一新版本的引进和以此为根据的《马克思恩格斯全集》中文第2版的陆续出版，关于马克思文本的研究日益引人注目，“走近马克思”、“走进马克思”、“回到马克思”、“重读马克思”的口号颇为响亮。持此论者主张，要真正破解马克思主义哲学的实质，必须直接依据马克思主义哲学“第一提琴手”本人的文本，客观真实地阐释马克思的思想，从而“呈现马克思思想的真实面貌和原初状态”。在方法上，要回到马克思思想的原初状态就要按照马克思主义经典作家自身思想发展的内在逻辑来理解他们的思想，而不要用后人或别人的思想去解读，因为后人或他人的思想很可能成为一面棱镜，经过它的折射可能使马克思经典作家原著中的思想变形。同时，解读马克思，要根据马克思经典作家所处的历史背景和历史条件来进行，从而真正了解他们原著中的思想，而不要根据后来变化了的历史背景和历史条件，用后来的实践及其需要来解读。只有真正了解马克思的原意，才能在新的时代条件下发展马克思，如果对马克思的本意的理解尚且若明若暗，就对其进行主观任意的解释，那么难免严重地曲解马克思。

与之相对，有观点认为，“回到马克思”之类口号虽然竭力消除今人与马克思之间的历史间距，但实际上，这个距离是无论如何也消抹不去的。为此，有学者提出了“马克思是我们的同时代人”的口号，认为我们不应怀着抽象的热情回归到历史的马克思那里，而应从今人的生活旨趣出发，把历史的马克思当代化，尤其是把马克思学说中那些在今天的生活中仍然具有重大意义的思想资源凸显出来，以指导我们今天的生活。还有学者进一步指出，“回到马克思”这个说法无法承担某种观点，而只能承担一种情绪。如果我们问：“回到马克思的什么呢？是观点还是方法？是精神实质还是单纯的文本本身？”我们能指望有人来真正回答这些问题吗？假如这些问题得不到回答，谈论“回到马克思”又有什么意义呢？另有观点把“回到马克思”当作一种理论策略与学术态度，认为这一口号对于当前来讲是一个前进性的理论步骤，类似于欧洲历史上的“文艺复兴”，虽然打着“回到古典文化去”的旗帜，但并不是真的要回到古代去，同样，在这里我们也只是要求回到历史演进中被“遮蔽”的马克思主义哲学的真正精神上，并以它作为我们继续前进的出发点。在此基础上，有些学者主张，马克思主义哲学研究应当面向当代社会实践，加强对现实问题的研究，使马克思主义哲学具有当代性。如果褊狭地醉心于纯文本的学理探讨，那么只会走向新的经院式研究，从面偏离马克思主义的实践精神。

2. 以具体问题为中心还是以体系建构为中心？

目前关于马克思主义哲学研究理路的另一个争论焦点是体系与问题之争。在当代中国，阅读马克思不外乎通过两种路径：自上而下的行政力量和自下而上的学术自觉。多年来，人们对马克思的理解主要来自自上而下的前苏联教科书体系的灌输，缺乏理论上的自觉，更缺少主动的探索精神。随着时代的发展，前苏联教科书体系越来越不适应中国社会的发展，不能解释说明中国社会正在发生的问题，从而渐渐成为我们理论创新的阻碍。这是因为，首先，从历史起源上看，前苏联教科书体系是在特定的历史条件下形成的马克思主义哲学体系。1924年列宁病逝以后，前苏联理论界对如何理解辩证唯物主义和历史唯物主义进行了几次比较激烈的争论。起初这些争论主要局限在学术领域，后来由于国家领导人的插手和干预，学术争论变成了政治批判。斗争的结果是：斯大林对马克思主义哲学的解读理论，通过政权力量，变成了前苏联官方的马克思主义哲学教科书范本。其次，从理论影响上看，前苏联教科书模式的确深化并普及了马克思主义哲学的一些观点，并在相当程度上宣传了马克思的基本思想，但从总体上看，前苏联教科书对马克思的理解几乎从一开始就表现出一种简单、片面、狭隘的特点，缺乏必要的自我反思和自我批判，往往为现实的具体政策作注脚。最后，从历史效果看，前苏联教科书是一部为政治服务的马克思主义政治哲学理论体系。作为一部教科书，它影响着一代又一代人的思维框架，操纵和把握着人们对马克思的理解。人们只能在教科书预设的理论前提下进行思考，从而把一些新的理论观点和新的哲学内容排除在正统的解释体系之外。

由此，我们不得不承认，前苏联教科书这个曾经一度被人们认为是唯一正确的对马克思思想的解读模式，虽然曾经给马克思主义哲学学科带来了很多的荣耀，但在现在，则似乎造成了过多的重负。以至于在一些学者眼中，马克思主义哲学不是学问，只是一种“政治”，一种“意识形态”，它缺乏必要的理论深度和学术含量，无法为人文科学提供必要的概念、范畴和理路，更不用说提供基本的理论平台了。因此，有的学者提出了“抛弃体系、关注问题”的学术主张，强调对具体理论问题和实践问题的研究，并对马克思主义哲学的体系研究持怀疑态度。

事实上，“问题研究”与“体系建构”二者并非相互对立、相互割裂的，而是密切相关、相辅相成的。一方面，“问题研究”是“体系建构”赖以形成的基础。以马克思主义哲学的中国化研究为例，要坚持“从实践出发解释观念、而不是从观念出发解释实践的历史唯物主义原则”，即立足中国文化传统，依据中国特色社会主义建设实践形成的“中国经验”和“北京共识”，自觉地把马克思主义的精神实质转变为研究范式，提炼出具有中国特色的哲学思想和命题，为马克思主义哲学的理论体系增加“知识的增量”。在这一过程中，要坚持以中国社会改造和现代化建设的问题域为主导内容。马克思主义哲学中国化的新形态不可能局限于既有的经典而产生，更不可能靠改良传统教科书体系而产生，只有立足于解决中国革命和建设的问题域才能孕育、形成。过去毛泽东、邓小平都是在解决中国实际问题时推进了马克思主义，今天我们也只有立足于中国特色社会主义实践，以实践过程中出现的问题为核心，才可能从中发掘出重大的哲学问题及其解决的核心哲学理念。另一方面，“问题研究”和“体系建构”又是共生的、相互推进的：“问题研究”所体现的实践纲领、策略等虽然具有政治的权威性，但仍然需要在理论上对其科学性、合理性、合法性等进行反思和批判，使其具有学术的权威性。要充分考虑“问题研究”在马克思主义的整体逻辑体系中的地位，使之与原有的理论相契合，成为马克思主义哲学新形态的一个有机部分。

基于上述学术争论，特别是立足中国社会发展的需要，有学者提出和论证了“马克思主义哲学中国化”的研究理路，旨在汇通文本研究与现实研究、具体问题研究与体系建构之间的差异，以与时俱进的独创精神和自主自立的学术勇气，将马克思的本真精神带入当代中国的现实问题研究之中，从而建构具有中国特色、中国风格、中国气派的马克思主义哲学的新体系。

（二）马克思主义哲学中国化的内涵与旨趣

马克思主义作为一种“改变世界”的批判和革命的学说，作为被压迫者追求现实解放的思想武器，是在中国救亡图存、渴求解放和追求现代化的过程中传入中国的。这种西方土壤中产生的异质性思想一经传入，“马克思主义的中国化”就不仅成为一种学术旨趣或文化策略，而且成为与改造中国的现实实践内在相关的理论选择。

事实上，早在1938年10月中国共产党六届六中全会上，毛泽东就强调了马克思主义的民族性问题，明确提出了“马克思主义中国化”的要求：“马克思主义必须和我国的具体特点相结合并通过一定的民族形式才能实现。……使马克思主义在中国具体化，使之在其每一表现中带着必须有的中国的特性，即是说，按照中国的特点去应用它，成为全党亟待了解并亟须解决的问题，洋八股必须废止，空洞抽象的调头必须少唱，教条主义必须休息，而代之以新鲜活泼的、为中国老百姓所喜闻乐见的中国作风和中国气派。”虽然后来顾及与共产国际的关系，为了避免“民族主义”的嫌疑，一度曾经避免涉及“马克思主义中国化”，但中国革命和建设的成功经验与失败教训，都说明了中国化是唯一的可能路径。拨乱反正、改革开放以来，遵循实事求是的思想路线，把马克思主义与中国具体实际相结合、实现马克思主义中国化的呼声渐成主流。特别是“苏东剧变”后，世界形势发生了重大变化，作为世界仅存的社会主义大国，中国肩负着维护和发展马克思主义的历史使命。在探索过程中，中国重新提出了“马克思主义中国化”的问题，既表明了坚定共产主义事业的决心，也表达了对原苏联模式（包括斯大林哲学教科书体系）的反思与批判，表达了推进马克思主义本土化、民族化的愿望。这一过程当然自始至终包含着“马克思主义哲学的中国化”。

今天我们之所以重提“马克思主义哲学的中国化”，除了过去强调的“只有马克思主义才能救中国”、只有马克思主义与中国具体实际相结合才能解决我国面临的问题之外，更重要的还在于改革开放以来，中国社会主义实践发生了巨大变化，100多年前的马克思主义经典没有为我们面临的理论和现实问题提供现成的答案，直接的哪怕是创造性的运用也难以适用于诸如“一国二制”、市场经济等新情况，因而需要我们立足中国实际，创造出马克思主义中国化的新理论、新形态，从而给问题以当代中国式的解答。有学者指出，20世纪90年代以后，从计划经济走向全面市场经济是中国社会从经济到政治、到意识形态发生的一场深刻而全面的变革。这场变革猛烈地冲击着人们原来的观念、意识和心理，打断了原有的历史进程，迫使人们反思自己经历过的和现实存在的一切。人们意识到，中国的现代化仅有生产方式的变革是不够的，还必须建立与生产方式相适应的经济体制和政治体制。为此，人们开始重新思考支配中国现代化运动的理念。这时，马克思主义哲学的中国化与中国现代化进程的内在联系日益凸显出来，马克思主义哲学中国化作为一个哲学问题被提出来了。这即是说，时代的发展和中国不断发展着的具体国情呼唤中国化的马克思主义哲学。

那么，究竟如何看待“马克思主义哲学中国化”？“马克思主义哲学中国化”的内涵究竟指什么呢？

有些学者认为，马克思主义哲学的中国化就是马克思主义哲学与中国传统文化的优秀成果相结合，批判地继承历史文化遗产。另一些学者认为，马克思主义哲学的中国化是马克思主义哲学与中国革命和建设的实践相结合。多数学者则更为“全面”，认为马克思主义哲学的中国化既要与中国革命和建设的实践相结合，又要与中国传统文化的优秀成果相结合。如有学者指出，只有与中国传统哲学相结合才能实现马克思主义哲学的中国化。所谓马克思主义哲学中国化，就是把马克思主义哲学的普遍真理和中国的具体实际相结合，这个“实际”也包括中国传统哲学和传统文化在内。在邓小平看来，毛泽东“最伟大的功绩”就在于“把马列主义的原理同中国革命的实际结合起来”，这其中也把哲学看成中国革命实际的一个方面。马克思主义哲学与中国实际相结合，就使这种哲学在内容和形式上都发生变化，它的内容被大大地充实和丰富了，在表现形式上也带有必须有的中国特性、中国作风和中国气派。还有学者区分了马克思主义哲学中国化的“一般涵义”和“特殊涵义”，认为这两种涵义的相同之点是马克思主义普遍原理要与中国具体实际相结合，使之发生带有中国特点的变化，创造出在内容上、形式上具有中国特色的马克思主义。除此以外，马克思主义哲学中国化包含有具体化、民族化、通俗化的特殊涵义。所谓具体化，就是对马克思主义普遍原理与中国革命和建设的经验进行哲学概括，把马克思主义哲学具体化为具有中国特色的辩证唯物论和历史唯物论，化为实事求是、独立自主、群众路线等指导中国革命和建设的思想路线、工作路线、思想方法和工作方法。所谓民族化，就是运用马克思主义哲学的立场、观点、方法批判继承中国的优秀传统文化和哲学遗产，总结现代中国人民奋斗的经验，赋予马克思主义哲学以中国作风、中国气派。所谓通俗化，就是用人民群众通俗易懂的语言文字、喜闻乐见的形式表达马克思主义哲学的范畴、原理，让哲学从哲学家的课堂上和书本里解放出来，成为群众手里的尖锐武器，实现哲学认识世界、改造世界的功能。

我们认为，上述观点大致都是正确的，但是从现时代的视野来看，则尚不到位。马克思主义哲学的中国化诚然必须与中国具体实际相结合，与中国文化传统相结合，与中国社会主义革命和建设实践相结合，甚至，如何深度、有机结合都不过分，都值得鼓励和期待。然而，且不说马克思主义与中国具体实际的机械的“结合”、简单的相加，并不等于“马克思主义中国化”；即使是马克思主义与中国具体实际的“深度、有机结合”，也只是用马克思主义“化”中国，只是漫长的马克思主义中国化的一个历史进程，而不等同于马克思主义哲学中国化新形态的创立。换言之，新形态的创立不仅仅只是结合的问题，仅仅结合是不够的。仅仅结合还是“两张皮”，而没有形成“一体”。真正的“马克思主义哲学中国化”，关键在于立足现时代，通过“化”的创造性过程，包括“深度、有机结合”的过程，在中国丰富和发展马克思主义哲学，在内容和形式上创造出一个马克思主义哲学中国化的新形态。

具体说来，在这里，“化”的方向不是“走向马克思……”，而是“从马克思走向……”；不是中国哲学的马克思主义化，不是用马克思主义哲学评判中国传统哲学，而是马克思主义哲学本真内涵与精神实质的中国化，赋予其中国本土文化的内涵与特征。“化”的内容和使命在于，立足中国哲学传统、特别是中国特色社会主义实践，通过深入到中华民族救亡图存、争取解放以及建设现代化的历史进程，分析和研究中国特色社会主义实践中形成的哲学思想观念、价值取向、思维方式以及精神风韵，使之从实践形态上升到理论形态，创造出新的“中国特色、中国风格、中国气派的马克思主义哲学”形态。

（三）马克思主义哲学中国化的当代理论成果

理论在一个国家实现的程度，总是决定于理论满足这个国家的需要的程度。对于马克思主义哲学来说，它在中国的命运取决于它对当代中国社会发展状况的解释力。因此，当代马克思主义哲学必须充分研究中国道路中积累的“中国经验”，从中提炼出具有中国特色的哲学思想和命题，从而实现马克思理论的中国化、当代化。在过去的一年中，中国的马克思主义哲学工作者始终关注当代中国的社会发展，积极思考发展过程中出现的新问题、新矛盾，不断总结新经验、发现新规律，根据时代的要求和实践工作的需要，将马克思主义的基本原理运用于对时代的解读之中。

具体地说，将马克思主义哲学原理与当代中国的社会问题相结合、创造性地推进了马克思主义中国化的理论成果，主要有如下三个方面：

1. “科学发展观”的理论说明

改革开放以来，中国社会取得了突飞猛进的发展。经济生产能力不断提高，人们的物质生活水平得到极大改善，综合国力不断增强。然而，在经济快速发展的同时，我们也看到了由此带来的负面效应：城乡之间、地区之间发展不平衡、环境污染和资源破坏现象严重、社会内部矛盾增加，等等，人们不禁要问：“当代的中国需要什么样的发展观？如何才能避免单纯的经济增长所带来的环境问题和社会问题？发展的代际关系问题应该如何解决？”

赵凤岐对历史上的发展观进行了系统的考察。他认为，发展学首先是从发展经济学开始的，它以对国民经济的增长为目标，将“发展”单纯地等同为“增长”，形成“经济增长论”，这实际上是没有发展的增长；后来人们意识到应该把“发展”与“增长”两个概念加以区分，经济增长仅对经济而言，而“发展”的涵义较广，不仅包括经济增长外，还包括社会状况的改善和体制的进步；而“综合发展观”则注重人与人、人与环境、人与组织的关系，强调发展是包括经济增长、政治民主、社会转型、文化变迁、自然协调、生态平衡等方面的综合；1989 年 5 月，发达国家与发展中国家在经过一系列对话和辩论这后达成共识，把“可持续发展”定为人类共同发展的目标，这又把代际公平的问题引入到了发展理论中；最终，“以人为中心的发展观”成为 1995 年 3 月哥本哈根世界首脑会议的《宣言》和《行动纲领》的主旨。关于科学发展观的理论基础，吴元梁从唯物史观的角度予以了说明。他认为唯物史观关于社会历史主体的理论是科学发展观“以人为本”的理论依据；唯物史观关于社会有机体和社会结构的理论是科学发展观“全面协调发展”的理论依据；唯物史观关于人、社会对于自然界的依赖性和社会历史连续性的观点是科学发展观“可持续发展”的理论依据。总之，唯物史观是科学发展观的理论基础，而科学发展观是唯物主义在当代中国的应用和发展。温美平则认为，科学发展观是对历史唯物主义关于社会发展评价尺度体系（生产力尺度、制度尺度、人的全面发展尺度）的丰富和发展，它构成社会发展评价尺度体系的理论基础，对于全面建设小康社会和实现现代化具有十分重要的指导意义。

我们认为，“科学发展观”的提出无论在理论上还是在实践上都具有重大意义。“以人为本”要求实现人的全面发展的目标，把人民群众日益增长的物质文化需求当作发展的宗旨；“全面发展”要求在经济增长的同时关注政治、文化建设，实现社会的全面进步；“协调发展”要求统筹城乡发展、区域发展、经济与社会发展、人与自然和谐发展、国内发展和对外开放；“可持续发展”强调人与自然的和谐，经济发展和人口、资源、环境的协调，这些无疑都会对我国的社会主义现代化建设产生深远的影响。

2. “和谐社会”目标的价值探讨

如果说“科学发展观”为中国社会的发展道路指明了方向的话，那么，“和谐社会”目标的提出则更加具体地为我们建立一个更加幸福、公正、和谐、节约和充满活力的全面小康社会提供了价值取向。

曹海军认为，和谐社会是人类文明的最高理想，而在人类文明的演进历程中，不同的历史时期和不同的文化类型对于和谐社会的理解各不相同。在当前，如何克服个人主义带来的现代性局限和弊端成为建构和谐政治社会观的阻碍和困境，以民主、法治和正义的方式作为实现个人利益和共同利益相统一的现实途径，无疑为解决这一难题并从而实现和谐社会的理想提供了有效的解决之道。卜长莉则反其道而行之，对社会的不和谐状态进行了理论分析，她认为马克思的社会冲突理论是建立在社会实践与生产理论、社会交换与社会结构理论基础之上的。社会冲突表面上是人们在社会交换中一种对抗性行为和关系，但其根源在于人们在社会生产中的地位不平等。这种不平等表现在社会结构的不同层面上：最基础、最根本的是生产力与生产关系的冲突，然后是经济基础与上层建筑的矛盾，最后表现在社会群体关系上则是阶级与阶级之间的冲突。马克思的社会冲突论对于我们认识现代社会的冲突与矛盾提供了富有启发性的思路和见解。徐海波则把建构“和谐社会”的理论目标与国家理论和意识形态联系起来，认为任何国家的国家机器都承担着社会公共职能，而社会公共职能的基础是一个民族的“共同利益”。国家虽然是阶级矛盾的产物，但同时也是一个民族在生产劳动中，在生存和发展中构成的以经济、政治和文化形式表现出来的相互依存关系的产物，意识形态的凝聚力既可以依靠国家和暴力机器的维护，也可以依靠大众意识的认同和承认，而“和谐社会”这一理念无疑代表了当代中国人民的“共同利益”。

我们认为，对“和谐社会”的理解呈现出了多种理论路径：既可以从正面的理论建构出发，探讨“和谐社会”的基本价值要素；也可以运用否定性的思维方式，从影响社会和谐的冲突性因素入手，探究冲突的原因，寻找解决的出路；还可以运用马克思主义的基本原理对其理论基础进行学理上的分析。这是研究方式多元化的一种体现。

3. “以人为本”社会发展观的哲学解释

把“以人为本”作为科学发展观的重要原则和基本要求，无论在提法和涵义上均有创新。马克思主义的创始人强调共产主义是“自由人的联合体”，“在那里，每个人的发展是一切人的自由发展的条件”，而党的十六届三中全会关于以人为本的科学发展观的提出则是在当代条件下对马克思思想的理论发展和创新。

张翼星认为，哲学的归宿在于人，现实的人是马克思主义哲学的出发点，自由而全面发展的人是马克思哲学思想的目标和归宿。“以人为本”决策的提出不仅是当今中国社会的一种发展战略，而且富于哲学家的意蕴和根据。黄明娣则把马克思唯物史观与西方人本主义哲学进行了比较，认为以“人”为出发点和中心，是马克思和西方人本主义对“以人为本”的共同回答，但二者因对“人”的理解的不同又存在着本质差别。树立科学的发展观应坚持以马克思的唯物史观为指导，而最根本的是把具体的、现实的人作为“本”。张兴国指出，人是社会发展的根本出发点和最终归宿，人既是社会发展的积极创造者，又是社会发展的最终受益者；既是社会发展的前提和动力，也是社会发展的结果和目的。以人为本的思维方式要求我们在认识和解决一切（经济的或社会的）问题时，都要同人（人的本质、需要、使命、尊严、权利）的利害关系联系起来，把是否对人有利作为一切活动的根本出发点、最高评价尺度和最终归宿。在对社会发展做出评价的时候，既要坚持历史的尺度、物的尺度，又要建立和运用主体的尺度、人的尺度。具体地说，他认为作为社会发展中的“以人为本”主要应该遵循和体现以下几条实践原则：权利原则、平等原则、民本原则和责任原则。郝潞霞认为，有必要将“以人为本”与“人本主义”、“人类中心主义”做出严格区别。一方面，人本主义以唯心主义为哲学基础，从抽象的人出发，片面强调人的共同性、普遍性，而以人为本则是建立在唯物史观的基础上，关注人的社会差异和个性差异；另一方面，人类中心主义则把自然社会作为人类奴役的对象，而以人为本则强调人与自然的和谐发展，并以自然的可持续发展作为人类社会发展的前提和基础。

以上我们考察了马克思与当代中国具体实际相结合的三个重要命题。我们认为，对社会发展的重大问题及其未来导向给予历史唯物主义的规律性的说明与导引，是马克思主义哲学的根本宗旨之所在。21世纪的中国马克思主义哲学研究将更加充分地体现这一风格。马克思主义哲学同时具有解释与超越的双重品格，它既能够诠释现实，从哲学的角度对复杂的社会现象予以客观、全面的反映和合理的说明与解释，在错综复杂的关系中找到问题的关键，也能够以一种反思性的态度对现实提出质疑，从而在对现实的审视与批判中提出未来发展的合理构想和价值取向。对于当代中国的马克思主义哲学来说，问题的关键不在于对马克思的学说进行学术性的辩护，而是在于如何发扬马克思在理论和道德上的勇气，完成马克思主义理论对于中国社会经济、政治、文化发展所肩负的责任和使命。马克思主义不是书斋哲学，这决定它必然带有意识形态的色彩和独特的价值取向，而马克思主义也不是单纯的道德说教和政治论证工具，这决定它必然具有学理上的科学性与客观性，如何在二者的张力中实现其对于当代中国社会主义实践的指导性作用，才是马克思主义哲学工作者所要关注的问题之关键。马克思主义哲学中国化，不仅在于把马克思主义哲学思想与现实紧密联系起来，而且在于把我们在用理论指导实践中获得的新的认识升华为具有普适性的理论，用以丰富和发展马克思主义哲学思想。这是时代赋予我们的光荣而艰巨的使命。

二、中国哲学史研究状况

如果说2004年是中国大陆的“文化保守主义”年，那么2005年便可以称为“儒学复兴”年。这一年发生的一系列与儒学相关的思想文化事件，引起了人们对儒学的当代价值和命运的广泛关注和讨论。尤其是以新生代学者为主体的所谓“大陆新儒家”提出的“重建儒教”的构想，成为儒学当代复兴的一面理论旗帜。从思想层面来看，扑面而来的各种儒学复兴论并非空穴来风，而是与其哲学境遇有着深刻的理论关联。

（一）文化叙事

整个2005年，国学、祭孔、儒教等与儒学或儒家文化相关的文化事件接踵继起，甚至让人有些应接不暇的印象，显示出以儒学为核心的传统文化的复兴正在呈现出一种“星星之火，可以燎原”的态势。

1. 孔子学院全球推广中国文化

2005年2月18日，斯德哥尔摩孔子学院在瑞典斯德哥尔摩大学正式成立，成为欧洲首家孔子学院。3月10日，布鲁塞尔孔子学院建设协议正式签署，这是中国在欧洲建设的第二所孔子学院，中国人民大学将协助参与该学院的管理。12月19日，内罗毕大学孔子学院揭牌，这是非洲第一家孔子学院，由天津师范大学与肯尼亚大学合作建立。至此，由国家对外汉语教学领导小组办公室承办的孔子学院已发展到40多所，覆盖全球五大洲，标志中国政府2004年宣布的将在全世界各地建100所孔子学院的计划正在稳步变为现实。作为中国政府对外文化交流的重要国家项目，孔子学院并不是一般意义上的大学，而是一个非营利性的社会公益机构，是中国向海外推广汉语教学和介绍中国文化的重要渠道。孔子学院在全球各地的扎根，在一定程度上表明中国开始注重传统文化在国家文化发展战略中的重要意义，并开始在对外交往中培植自己的文化力量。

2. 中国人民大学成立国学院

中国人民大学建立国学院是2005年传统文化复兴的另一个重要事件。5月26日，《南方周末》发表人大校长纪宝成教授的文章《重估国学的价值》，首次披露了人大建立国学院的设想。5月29日，人大国学院正式宣布成立。在此前后，纪宝成校长又先后在多家媒体发表了一系列文章或访谈，引发了学界关于当代中国是否需要“重振国学”以及如何评价国学和传统文化在当代社会的价值和作用等问题的激烈争论。支持者认为，20世纪初以来，反传统思潮大行其道，使国学研究在经历了局部瞬间辉煌之后归于沉寂，不少重要方面甚至几近中断。今天重审国学、重振国学，已成为中国恢复文化自信的需要，对于发展人文学术和文化教育事业，对于推动中国文化的伟大复兴，都有着重要的意义。国学的重振与传承，不能停留在口惠而实不至的情形上，要冲破当前的办学机制来办国学教育，要把国学研究与人才的培育结合起来，培养一支品学兼优的国学研究队伍，使国学文脉得以接续。反对者认为，当代社会已经没有国学复兴的物质基础，过分提倡国学的价值甚至可能引起专制文化的复辟，应该让国学“回归书斋”。也有的学者认为，国学如果真能热起来，应该是好事，但重要的是它怎么个热法，尤其是要力戒那种大肆鼓噪和炒作的做法。

3. 中国社会科学院世界宗教研究所儒教研究中心成立

该中心成立于6月14日。其负责人宣布，作为国家级的专门的儒教研究机构，中心将以引领风气、开拓论域、整合资源、提供平台为目标，独立开展各种儒教研究和学术交流活动，努力形成自己的学术风格。为实现这一目标，中心将组成以国内中青年学者为骨干的学术委员会，积极开展对外学术交流，广泛联系港台和东南亚华人地区的儒教研究机构和组织机构，使目前尚显零散的儒教研究通过互动联系而成为一个有机整体；编辑出版《儒教研究通讯》，及时报道儒教研究领域的成果和活动；组织经常性的年度学术会议，争取将儒教研究的主题研讨序列化、常规化，年内将组织首届“全国儒教学术会议”。中心负责人指出，作为中国文化主体的儒家思想，按照现代学术分类，应包括儒学和儒教两个层面。中心将把儒教问题的研究放在广阔的中国文化背景之下，从中国历史文化发展之一贯性以及儒学与民族生命存在之内在性出发，尽力超越过去对传统、对宗教片面的理解，在现代性、全球化背景的关照下，对儒教问题进行全面系统的梳理和研究。和过去的研究相比，其立场将会更加着重于现实。值得注意的是，国家宗教事务局局长叶小文出席了成立典礼，社科院宗教所所长卓新平也对中心的学术方向和学术定位提出了要求，这大概在某种程度上也可以算作是“儒教”重回“体制”之内的一种表征吧。

4. 《儒藏》编纂取得阶段性成果

近年来，围绕编纂儒家文献总汇《儒藏》的问题，学界出现了许多争议。《儒藏》编纂对于当代社会是否必要？四川大学、北京大学、中国人民大学三所大学各自编纂自己的《儒藏》，是否会导致重复工作？是否有编撰多个版本《儒藏》的必要？《儒藏》编纂是沿用传统的编纂体例，还是另创新体例？对这些问题的争论，在《儒藏》编纂的筹备、启动和进展过程中，一直没有停歇。2005年5月，川大《儒藏》编纂的首批成果，史部“孔孟类”、“学案类”、“碑传类”三部分的50册著作由四川大学出版社出版，随后在北京举行了首发式暨学术研讨会，引起了学术界、文化界的不少关注。8月，北京大学出版社也推出了北大编纂的《中华儒藏》的阶段性成果，《儒藏》精华编的首批样书，包括日本正平版《论语集解》、皇侃的《论语义疏》、邢昺的《论语注疏》、朱熹的《论语集注》、康有为的《论语注》等5部经过重新校点的《论语》注疏和1部经过重新整理的出土文献《论语》的合集，皆是《论语》流传史上有影响的代表之作。11月北京大学和北京市政府联合举办的第二届“北京论坛”，又专门设定了“儒藏的编纂和研究会议”，邀请了海内外相关的专家学者近30人，对《儒藏》的编纂与研究进行学术研讨。与此同时，人大编撰的《海外儒藏》，也正紧锣密鼓地进行。有关负责人称，人大版《儒藏》将着重收集国外儒学方面的书籍文献，采用新式标点本，制成光盘向社会发行。随着三部《儒藏》的庐山真容逐渐浮出水面，加上三书在内容上可能会相互补充，我们有理由期望，《儒藏》编纂工作的扎实进展，将会逐渐消除学术界的一些疑虑。

5.“第七届当代新儒学国际学术会议”召开

由武汉大学中国传统文化研究中心、哲学学院、中西比较哲学研究中心、孔子与儒学研究中心与台北鹅湖杂志社、台北东方人文学术研究基金会、台湾中央大学哲学研究所等单位主办的“第七届当代新儒学国际学术会议”，于2005年9月9—12日在武汉大学举行。来自海内外的近140位学者出席了会议。与会学者围绕“儒学、当代新儒学与当代世界”这一主题，展开了广泛的讨论，多数学者认为，当代新儒学经过几代学人的努力和积淀，结出了丰硕成果，应对前人的努力做出有深度的研究与总结，以更宽广的视野、更坚实的理论基础和更全面而深入的人文关怀来进行儒学创新的哲学反思，使儒家哲学成为多层次、多维度的生命哲学，并促进儒学走向世界。但也有一些学者批评当今的儒学研究与推广，只是在一个有限的圈子里进行，而且缺乏一套实践操作的方法，因此在现实层面和学术层面都难以产生广泛的影响。中国哲学史学会会长、中国社会科学院研究生院教授方克立先生在给会议的贺信中提出了研究现代新儒学第四阶段即“大陆新儒学”的新课题，引起了与会学者的很大反响。

6. 全球首次联合祭孔活动

9月28日，孔子诞辰2556周年纪念日，由联合国教科文组织等主办的“2005全球联合祭孔”活动在世界各地孔庙同时展开。中国国家领导人和联合国教科文组织代表、外国驻华使节，出席在曲阜举行的祭孔大典，上海、浙江衢州、云南建水、甘肃武威、香港、台北和韩国汉城、日本足利、新加坡龇菜芭、美国旧金山、德国科隆等地的全球30多座孔庙也同时进行了不同形式的祭孔活动，中国中央电视台以曲阜孔庙祭孔为主直播现场，进行了近3个小时的直播，对海内外祭孔活动也进行了充分报道。这是中国官方50多年举行的规模最大、范围最广的一次公祭孔子大典。这反映出拯救传统文化、复兴儒学的声势近年来在中国学界、民间乃至官方都在逐渐壮大，中国新一代领导人倡导的“以人为本”、“和谐社会”等理念事实上与孔子和儒家思想就有着重要的关联。一场文化仪式体现出主流政治与传统文化之间一种相互适应、相互补充的微妙关系。

7.“国际儒学论坛2005——儒学与亚洲人文价值”学术研讨会召开

此次会议由中国人民大学与韩国高等教育财团联合主办，12月9—11日在北京举行，来自海内外的100多位学者参加了会议。与会学者围绕“儒学与东亚文化”、“儒学与文明对话”、“儒学及其传统”、“儒学与和谐社会”以及“儒家思想的现代转换”等论题展开讨论。学者们认为，儒家人文精神博大精深，源远流长，具有人文、人性、人本、人道的深刻内涵，它不仅塑造了中国文化的特质和特征，而且影响了东亚、东南亚乃至欧美地区，极大地影响和促进了这些地区的文化发展与繁荣。儒家思想的和谐性和包容性，使东方形成了不同于西方的独特的人文价值理念。儒学具有的普遍主义的倾向和普世主义的情怀，不但使儒学在历史上成为大多数东亚人，尤其是东亚知识分子安身立命的选择，也是儒学在今后走向世界的一个有力支撑点。在建设东亚现代化的过程中，应当发掘儒家人文精神的深层意义，对西方后现代的问题和世界的未来做出深入思考，使儒学人文精神不仅属于中国，而且为世界文化所共有。

8.“首届全国儒教学术会议”召开

12月17—18日，中国社会科学院世界宗教研究所儒教研究中心与广东信孚教育集团联合举办的“首届全国儒教学术会议”在广东从化召开。本次会议的目的，是对“五·四”尤其是最近以来围绕儒教问题展开的争论和研讨进行清理，同时对作为当代文化问题出现的“儒学宗教论”、“儒学国教说”及其相关理论逻辑进行深入探讨。被方克立先生称为“第四代新儒家”代表人物的学者蒋庆和陈明在会上分别提出了“重建儒教为国教”和“以公民宗教重建儒教”的主张。蒋庆的观点遭到了大多数与会大陆学者的质疑和批评。徐友渔认为蒋庆的反平等、反民主观点是没法讨论的，并发动大家一起“围剿”蒋庆；何光沪认为蒋庆的设计“会让中国成为一个儒教化的伊朗”；还有学者批评蒋庆是“企图将儒教意识形态化，为专制主义服务”。而部分港台学者，比如霍韬晦、林安梧等，则对蒋庆的观点既同情和理解，但也有一定的保留。陈明“以公民宗教重建儒教”的观点，立足于现实上的可操作性，希望规避政治和宗教上的敏感与风险，力图把儒教建成一种为公民个人所自由选择和自发组织的宗教，得到一些学者的有限度认可。此次会议的召开表明，儒教的重建问题，已经作为一个无法回避的思想文化问题历史地摆在了人们面前。

观察2005年的儒家文化叙事可以发现，依托一些引人注目的文化事件进行言说已经成了当前儒学复兴的一种重要策略，这使儒学的当代叙事表现出很强的大众文化的特点。所以目前思想文化界呈现的儒学复兴影像更确切地说应该是儒学“话语”的复兴，这离真正的儒学复兴尚有很长的一段距离。对于儒学当代复兴的大业来说，目前迫切需要的，不应当是浮躁喧嚣的文化表演，而应该是更加扎实认真的理论工作。

（二）言说路径

在儒学的理论研究层面，2005年大陆学术界关注的重点非常明显地集中于如何重建儒学与当代社会的关联，以实现儒学的当代发展这一问题，学者们提出了不少立场不同、观点各异的理论，共同营造了一股强大的复兴儒学、振兴中国文化的思想氛围。

1. 儒教国教化

此派观点以蒋庆先生为代表，主张

把儒学宗教化、儒教国教化，以实现儒学的当代发展。蒋庆设计了重建儒教的两条路线，认为在儒教崩溃的今天，要重建儒教，首先必须走“上行路线”。具体来说，就是“儒化”当代中国的政治秩序，其要点，一是通过儒者的学术活动与政治实践，将“尧舜孔孟之道”作为国家的立国之本即国家的宪法原则写进宪法，上升为国家的意识形态，建立中国式的“儒教宪政制度”。二是建立新的科举制度与经典教育制度，国家成立各级政治考试中心，有志从政者必须通过《四书》、《五经》的考试才能获得做官资格；用儒教的经典作为各级党政干部思想品德教育与历史文化教育的主要内容；在国民教育系统中，恢复小学中学“读经科”，将《四书》、《五经》教育作为基础课与语、数、英同列，大学则恢复“经学科”，作为大学通识教育的基础课程。由于现代中国已沦为西方文化的殖民地，大部分知识分子的心灵已经西化，对儒教复兴的“上行路线”有很大的抵触，光靠“上行路线”复兴儒教很困难，所以，还必须辅之以“下行路线”。所谓“下行路线”，就是在民间社会中建立儒教社团法人，成立类似于中国佛教协会的“中国儒教协会”，以儒教协会的组织形式来从事儒教复兴的事业。中国儒教协会不仅有参与政治的特权，有获得国家土地、实物馈赠与财政拨款的特权，还有设计国家基础教育课程的特权，有设计国家重大礼仪的特权，有代表国家举行重大祭典的特权，以及其他种种特权。如果儒教在“上行路线”与“下行路线”两个方面都得到了复兴，就恢复了“儒教中国”的历史文化自性，使中国再度成为一个具有自我文明属性的“文明国家”，而不是一个亨廷顿所说的一味摹仿西方的“无所适从且自我撕裂”的“现代民族国家”。

2. 儒教的非政治化重建

对于蒋庆提出的重建政治化儒教的主张，许多学者提出了强烈的批评。一些的学者主张，儒教应当一改以往长期对世俗政治的依赖，重新建构自身独立的制度传统。如唐文明博士认为，儒教虽然是一种宗教性的精神资源，但在实际生活中没有落实为宗教的存在形态，这正是儒教自现代以来一直处于“游魂”状态的关键所在，换言之，儒教要实现自身“是其所是”的存有之天命，儒教精神要真正落实下来，就必须建立独立自主的精神团契，并在理论上不断探索、完善自身的组织理念。没有独立精神团契的儒教永远是寄生的儒教，这对于儒教精神的发扬光大终将是一个致命的障碍。成立作为精神团契的教会组织，无论是对个人精神生活的健康发展还是对儒教精神的存在与发扬，都具有相当积极的意义。要将儒教精神传扬于整个世界，在现代性条件下，除了建立独立的儒教会，别无他途。韩星教授则认为，在中国大陆，儒学发展的主流不可能走宗教化的道路。因为中国传统文化的主导方向是“学”而不是“教”，是人文理性而不是宗教信仰；从整个人类社会的发展来看，已经进入了以理性为主导的、以人为本的时代，世界上绝大多数发达的国家都是政教分离，实行民主和法治；并且中国的国家宗教政策是主张宗教自由、宗教宽容，但决不提倡宗教，不利用宗教。因此，中国文化发展的基本方向不能走宗教的道路，而应该以儒学传统作为基础性的资源，以儒为主，兼容诸教，整合多元文化，构建21世纪中华民族的思想文化体系。不过，他也认为，作为一种权宜之计，在一定时间、一定地域并不是不可以存在儒教发展的民间道路，但应特别强调民间的、非政治化的立场，以免由于政治的急功近利而失去其长远的文化价值。

3. 儒学的世俗化、大众化

蒋国保教授不赞同任何将儒学的现代复兴引向重在抉发儒学的宗教性的主张。他认为，儒学之所以在现代遭遇到了极大的生存困境，并不是因为它失去了制度保护，而是因为它遭到了现代民众的冷漠和疏离。因此，儒学要发挥现代作用，应首先考虑如何使自己化为现代民众的观念，变成现代民众的情感认同。为此，儒学必须经由世俗化的途径以实现普世化，而不能如现代新儒家所主张的那样，“接着宋明讲”，走宋明道学家的路子，从超越的层面发展儒学。因为从超越的层面发展儒学，固然在学理上深化了儒家思想，但儒学恰恰因此改变了自己贴近民众世俗生活的价值取向，将自己同民众拉开了距离。为了避免走宋明道学家的老路，不使自己同现代民众的距离越拉越大，儒学的现代复兴必须彻底抛弃轻视民众世俗价值的精神贵族化的倾向，越过宋明道学，回归原始儒学的人文主义情怀，以人为目的，怜悯人的痛苦，理解人的欲望，承认人的权利，尊重人的尊严，使儒学精神真正转化为现代民众内在的情感认同和价值取向，变成广大民众精神生活的支柱。只有这样，才能真正把儒学的当代发展落到实处。

4. 儒学的知识化

与上述各种实践化路径不同，李祥俊博士主张通过重建儒学的知识化维度来发展儒学。他认为，历史上的儒学是超越化、生活化、制度化、德性化、知识化等多种维度的统一。儒学的知识形态曾经是中国传统学术的主体，但自近代以来，西方知识体系成为中国现代学术体系建立的标准，儒学的知识形态被彻底边缘化。因此，目前国内儒学的研究，很少从儒学知识形态自身的话语系统、问题意识出发去研究儒学，大多是按照所谓“跳出儒学，研究儒学”的模式，站在儒学之外把它作为一个知识论的对象来研究，研究儒学的目的不是为了发展儒学自身，而是为了吸取儒学的养料来促进现代学科的发展。因此，如何消解儒学知识形态与现代学术体系之间的张力，如何处理好儒学的知识化维度与其他维度的关系，是儒学当代发展必须解决好的一个重要问题。他肯定现代新儒家对于儒学知识化维度的开拓具有重要的学术意义和实践意义，认为儒学的知识形态是儒学生存、发展的基础，儒学要获得当代发展，也必须建构新的知识化维度，在多维并进中“研究儒学，发展儒学”。方朝晖博士则坚决反对儒学现代化的知识论路径。他认为现代新儒家由于没有厘清知识与道德的关系，误认为传统儒学具有“重道德、轻知识”的特征，并企图通过实现儒家道德传统与来自于西方的知识传统之间的相互结合，以实现传统儒学的现代转化，这是根本错误的。因为儒学作为一种道德传统与知识的结合主要是一个实践问题而不是一个理论问题，现代新儒家学者不是把知识与道德的结合当做个体生命的道德实践任务，而是从“形上学”、“存有论”等抽象思辨的、知识论的角度来寻求二者之间的结合，这不仅背离了传统儒学的方向，而且也使他们的理论工作在现实问题面前显得空洞无用。因此，现代儒家学者只有像古人一样，通过“己欲立而立人，己欲达而达人”的方式，在面对知识世界的时候，也能切实践行修身功夫和道德实践，才能真正找到儒家传统的现代方向。

5. 儒学的地域性研究

在儒学的历史研究方面，一些学者提出应关注儒学的地域性问题，其主要进路有两种。陈卫平教授等认为，对于以儒学为主的中国传统思想的研究，过去关注较多的一般是时间性的历史源流，而对空间性的地域特征则挖掘不多。由于中国古代社会交通不发达，受到地理环境的制约比较大，加上传统学术的传递基本上是以私人讲学的师徒授受方式进行的，与手工工艺的流传极为类似，于是以各处的讲学地区为中心产生和形成了有地域性传统的思想学派。这种地域性传统，到了近代虽然不再是一条主线，但仍然影响着近代中国人对西学的吸收。8 月份在上海召开的“第四届亚洲研究学者大会”、在北京召开的“东亚价值观”国际学术研讨会以及 12 月份在北京召开的“国际儒学论坛 2005——儒学与亚洲人文价值”学术研讨会则将儒学的地域问题与亚洲问题联系在一起。认为作为方法论的“亚洲”论述，是建立在对以西方为中心的知识生产的批判的基础上的，“亚洲”视野的引入，是为了突破西方作为唯一的参照系，在亚洲与西方的二元想像关系中，寻找另一个作为他者的“亚洲”，以相对化或者“稀释”被上述二元结构所凝固的主体建构方式，以便更清晰地触摸当下亚洲的现实或境况。而作为价值观的亚洲，则更为关注儒家思想对亚洲人文价值特别是东亚核心价值观的形成和发展的重要影响，认为儒家人文精神具有人文、人性、人本、人道的深刻内涵，它不仅塑造了中国文化的特质和特征，而且影响了东亚、东南亚乃至欧美地区，极大地影响和促进了这些地区的文化发展与繁荣。因此，儒学人文精神不仅属于中国，而且为世界文化所共有，应该为人类文明和世界和谐与发展做出更大贡献。陈来教授则认为，重视地域性的观点在一般的意义上说是合理的，但在思想史的领域情况比较复杂。如果从“大传统”和“小传统”的分别来说，小传统的地域性比较强，而大传统则往往以超越地域性的普遍性为其特征。特别是，“地域性”是个相对的概念，如儒学的观念若在世界文化的范围看，也可以说是东亚地域性的文化，但就中国的范围内而言，就不能说是地域性的文化了。因此，儒学的普遍性和地域性应该是一种“理一而分殊”的关系。尤其是不能把原本是地方史、社会史和社会文化史的研究范式的地域性研究转移为思想史研究的主要方式，以此来排斥对思想本身的哲学研究和分析。

6. 儒家身体观研究

儒学一向具有“心”、“身”不分的传统，但 20 世纪有关儒家思想史的研究，大部分集中在对心学传统的研究，直到最近，儒家的身体观才开始受到学界重视。如张再林教授认为，中国古代哲学是一种身体本体论哲学，“安身方可立命”是其纲领性的结论。在中国哲学中，身体体现了我与非我、灵魂与肉体、内在世界与外在世界的“混然中处”的原始统一。“身体”不仅是“七尺之躯”，而是作为“无我之我”而“形色天性”地与无限宇宙整体联系在一起。中国哲学不仅以身体建构世界图式，从身体推出社会伦理，由身体祈求精神超越，而且其历史亦是循着身体运行的模式而非意识运行的模式而展开。黄俊杰教授则将东亚儒学中的“身体”观分为四种类型。一是作为政治权力展现场域的身体；二是作为社会规范展现场域的身体，也即“礼义身体观”；三是作为精神修养展现场域的身体；四是作为隐喻的身体。他认为，东亚思想传统中的“身体”，并不是一个作为被人客观认知之对象的身体，而是一个浸润在文化价值意识之中，与具体的社会政治情境密切互动而发生功能性关系的身体。这种身体本身是不完整的，需要经过“修身”的工夫过程，才能趋向或臻于完善。

2005 年儒学研究的多向度进展，显示出中国大陆学术界对儒学当代复兴的实践层面的关注超过对学理层面的关注，儒学研究的中心话题已从前些年的“儒学是不是宗教”转换为“如何重建儒教”，学者们已经更多地开始探索重建“儒教”的方法和途径问题。这表明儒学的复兴展露出了从某些学者翘首预期的趋势变为一定程度上的事实上的潮流的迹象。但综观学术界关于儒家文化复兴的诸多论述，不少都还只是对一些大而无当的观念或构想的设计和表态，真正功力深厚、见解卓著，富有大智慧、大气象的理论和论著并不多见，并且不少学者的观点和论述，不能直面中国当下的现实，显得迂阔浮虚。正如方克立先生指出的那样，新儒学归根到底是要解决中国的发展前途和中国文化的发展前途问题的，考虑问题不能不以当下中国的现实为切入点和着眼点。儒学当代复兴的任何理论和方案，都既要有理论的合理性，更要有实践的合理性，既要有睿智的理论战略，更要有精明的实践策略，才能对中国当代社会产生真实的影响。

（三）哲学境遇

2005 年儒学话语的复兴虽然采取了与大众文化结盟的策略和姿态，但从其理论关联来看，它实际上可以看做是近年来中国哲学研究本土化趋向的一个直接的理论后果，而这一后果反过来也加强了中国哲学研究向民族化、本土化回归的理论态势。中国哲学的民族化和本土化问题虽然自这一学科建立以来就一直不曾消退过，但最近这一问题凸显为中国哲学研究的焦点话题，这主要与两个方面的动向相关，一是中国哲学界兴起的学科之间的多元对话意识，二是中国哲学学科自身的范式反省意识。这两方面的动向合流，使得中国哲学研究中一直涌动着一股强劲的回归于中国固有的学术传统和学术生态的暗流。这种倾向在 2005 年度的中国哲学研究中表现得格外明显。

1. 哲学对话向民族思想源头的回归

中国哲学多年来形成了以马克思主义哲学为主体，以中国哲学、西方哲学为支撑的所谓“一体两翼”格局。在这一格局中，中国哲学的民族传统和文化个性基本上是缺位的。近年来，在中国哲学、西方哲学、马克思主义哲学之间开展学科对话，打破学科藩篱，扩大学术交流，通过平等讨论，相互融通，创建当代中国哲学新形态，成了中国哲学工作者共同的愿望。有的学者强调，我们与西方哲学的对话，不能仅仅停留于被动的吸收和借鉴，只有当我们也能提出和进入真正的问题时，我们才能真正吸纳和消化西方哲学。因此我们要努力以西方哲学为“窗子”和“镜子”，建立起自己的哲学话语和哲学理论。有的学者提出，中国哲学与西方哲学的对话，不仅应当是跨学科的，而且应当是跨文化的，要努力发展起一种“大哲学”的观念，推进中国哲学走向世界，使中国哲学不仅只是“中国的哲学”，而且成为具有世界性意义的哲学。还有的学者认为，中国哲学与其他哲学理论的对话，必须面向我们自己的问题，表达中国人自己的体验和希望。在经济全球化的时代，各民族确实面对许多共同的全球性问题，但对这些问题的感受和解决方式却很难有“普世伦理”或“重叠共识”。通过对话增加理解、扩展视野是必要的，但却不能接受某种唯一的哲学教条。准确地把握住我们自己的真实问题，追求我们自己平凡、真实和快乐的生活，需要从自己的思想传统中汲取智慧，回到民族的思想源头，找回民族思想的活力。

2. 范式反思对本土化叙事的强烈诉求

关于中国哲学学科范式的反思近几年在中国哲学研究领域掀起了轩然大波，通过几年的讨论，现在学者们大都承认这一问题是学科建设中的基础性和前提性问题，不能作为一个“伪问题”等闲视之，如果能把讨论中所表现出来的强烈的民族性和主体性诉求落实到今后的中国哲学研究的可操作的层面中去，将会对学科的建设和发展有正面的意义。同时，学术界已经不仅仅停留于对旧范式的反思，而是开始尝试中国哲学史的新的叙事方式。如有的学者针对既有的中国哲学史写作普遍存在的化约主义倾向，强调要充分尊重中国思想范畴原本所具有的歧义性与丰富性，并提出可以对经典做不以范畴研究为中心的哲学性探究，而是直接面对经典世界的生活经验，把观念置入具体的背景中去理解；或者更进一步，从古典的生活经验中，发掘未经明言而隐含其中的思想观念。这样不仅可能会在“史”的层次上放宽或修正既有的哲学史视野，而且还有可能在“论”的层次上对古典生活经验进行哲学反思，从哲学史研究走向哲学探索。

3. 从“哲学研究”到“儒学研究”的范式转换

随着中国哲学研究在对话和反思中进一步强化自身的本土意识，中国哲学的身份定位也逐步发生了改变，有的学者甚至主张放弃“中国哲学”这一概念，改称“中国思想”或“中国古学”，中国传统思想研究领域出现“去哲学化”的呼声和倾向。一些学者对20世纪以来把儒学作为一种哲学来研究的做法提出质疑，主张在儒学研究中以传统的经学研究范式取代目前的哲学研究范式，以恢复儒学的本来面目。另一些学者则认为，把儒家思想当做哲学的内容来叙述，是20世纪初传统学术在向现代转型的过程中，儒学跻身于现代学术之列、从而获得存在“合法性”的重要策略，原本有其合理性，并且这一哲学路向极大地拓展了儒家思想现代转化的空间，为儒学的主体性重建、叙述方式的更新，以及融会西学和重新进入到主流的学术话语圈打下了基础，也为中国哲学的现代发展提供了某种典范，因此不应当一概否定和拒斥。儒学研究的“哲学化”与“去哲学化”之争，是近年来中国传统思想研究领域“哲学研究”范式相对退隐、“儒学研究”范式悄然兴盛的重要理论语境。

从“哲学研究”到“儒学研究”的范式转换，其间蕴藏了什么样的理论玄机，这个问题值得进一步深思。对于儒学的当代复兴以及中国哲学的当代发展来说，重要的恐怕不仅仅在于判定“哲学研究”范式和“儒学研究”范式孰优孰劣，更为关键的还在于如何清楚地阐明它们各自的有效边界并以恰当的方式加以运用。

三、应用伦理学研究状况

最近10年，尤其是进入21世纪以来，伦理学研究呈现出这样的发展现象：一方面，作为伦理学基础研究领域的伦理学原理、中外伦理思想史，一直以平稳的态势发展着；另一方面，作为新兴的伦理学研究领域的应用伦理学则出现了快速发展的势头，成为伦理学科新的生长点。虽然学术界关于“什么是应用伦理学”、“应用伦理学的本质”等问题尚存在着争论，但人类经济社会的发展不断地给应用伦理学提出新的问题，应用伦理学研究者需要应对新的挑战。2005年，应用伦理学的研究取得了很大的进展，并在以下几个热点问题上有所突破。

（一）政治伦理

与政治伦理研究相关的一个学术动向是，近年来政治哲学在我国受到了前所未有的关注和重视。从所讨论的问题看，政治哲学与政治伦理关系密切，它们之间的互动有助于政治哲学与政治伦理学这两门学科建设的发展和研究内容的深化。2005年12月13—14日在云南昆明召开的中德“政治与伦理——应用政治哲学的视角”国际学术研讨会，就是将政治哲学与政治伦理结合起来予以讨论的范例。这次会议上提出的一些基本理论问题，如什么是好的政治，什么是好的政策，现实主义的或者理想主义的观念和认为一个好的政治家必须具备哪些条件，在服务于国家和服务于人民之间是否会同时存在矛盾以及社会利益与个体利益如何协调，等等，都是政治哲学和政治伦理共同面对的重要问题。政治哲学与政治伦理问题域的相互关联表明，政治伦理的发展离不开政治哲学的支持，而政治伦理的发展丰富着政治哲学的内涵。

为什么政治伦理在当前会引起学者们的研究兴趣？从我国经济社会发展的现实性上看，政治伦理的研究对推进我国民主政治的发展、对提高中国共产党的执政能力具有重要的意义。有学者指出，对我国来说，加强政治伦理学的研究将为社会主义政治文明建设提供价值引导，有利于落实依法治国与以德治国相结合的基本治国方略，有利于提高公民特别是从政者的道德素质。有学者甚至认为，如果伦理学是21世纪的显学，那么政治伦理学就是“显学中的显学”，它将成为全球学者关注的焦点。

怎样理解政治伦理？有学者区分了政治伦理的两个基本向度并提出了自己的看法。政治伦理有两种基本的向度：一种是政治伦理的价值目的论向度，以英国近代功利主义为典型代表；另一种则是政治伦理的社会道义论向度，其典型代表是罗尔斯以及同罗尔斯思想较为接近的当代“平等主义的自由主义”思想家。据此，可以在一种宽泛的概括性意义上把价值目的论的政治伦理看作是一种政治权力伦理或政治价值伦理，而将社会道义论的政治伦理称之为一种政治权利伦理或政治责任伦理。这两者的分别是明显的，而在现代民主政治条件下，社会道义论的政治伦理更能获得人类政治社会的普遍认同。

由此就带来了另一个问题，政治家应具备什么样的责任伦理？有学者认为，政治伦理可分为两个方面：一是政治制度本身的伦理；一是制度中人的伦理。政治制度是所有制度中最重要的，它构成了社会基本结构的主轴。"制度本身的伦理"强调的是对制度的总体判断，是综合了所有人的活动的，且所着眼的是那种规律性的实践。而"制度中人的伦理"则是着眼于一个个的人。一个人会负载多种身份：自然人、社会人、经济人以及政治人，等等。其道德要求或追求都是可以做出一些区分的。作为"政治人"的伦理大概也可以分为两个主要的方面：一是作为政治社会成员的义务，在现代社会也可以说是"公民义务"；一是担负一定政治职务、掌握比一般政治人更大的权力的人的义务，其高层可以说是政治领导人、政治家的伦理。这样，掌握权力者除了承担一般的公民义务之外，还需承担更多的由权力引出的责任，且这种责任与权力的递增成正比：权力越大，责任越重。政治家的伦理可以说是一种责任伦理，是相对于一般的公民义务来说更高的责任伦理。但是，政治家的伦理将不止是韦伯意义上的"责任伦理"，它是一种不仅顾及后果，也顾及手段，不仅顾及自己所属的群体，也顾及其他群体的责任伦理。

（二）媒体伦理

随着我国市场经济和民主政治的发展，媒体伦理问题日益凸显出来。2005年8月，在宁夏银川召开的"第5次全国应用伦理学讨论会"，第一次将媒体伦理作为伦理学全国性会议的讨论主题。对媒体伦理的讨论，涉及到了媒体伦理的多个问题领域。

媒体伦理的界定及媒体"真正的伦理精神"。有学者指出，媒体伦理是在媒体生活共同体中所蕴含和活跃着的社会成员的道德意识、道德活动、道德品格及其所遵循的道德准则的总和，是一种公共性伦理、导向性伦理和综合性伦理。确立媒体伦理合理性和应然性的依据是人民群众的根本利益。媒体诚信、媒体清廉、媒体公正、媒体人道是传媒伦理的基本准则。另有学者认为，媒体伦理学是研究如何运用普遍道德原则和道德规范去解决传媒领域中存在的道德问题，并在此基础上形成媒体职业道德的学问。作为一种规范的媒体伦理具有两个向度，一个是自律的个人德性的向度；一个是他律的传媒制度伦理的向度。有学者提出了媒体的"真正的伦理精神"问题，认为媒体的"真正的伦理精神"作为一种具有超越性、引领性的应然与实然相共生之道德品质或德行，应当具有求是精神、正义精神、仁爱精神、勇敢精神、自由精神，这些伦理精神既有自足的一面，也有利他的一面，它能有效地推动社会生活、社会文明的前进与进步，也有利于自身的发展与完善。

言论自由和媒体自由与媒体活动中的知情权和隐私权。一些学者认为，公民对政治生活的有效参与，离不开言论自由。公民对自我意愿的表达、对公共问题的关心、对政治代理人在公共问题上的决定做出判断等等都需要意见表达的自由。媒体自由既是一种权利又是一种理念。媒体自由理念本身就预设了其价值合理性及道德责任。在公共领域中，媒体自由不仅受客观社会条件的制约，而且有其伦理的限度。一是媒体自由不能损害公共利益。只有在维护公共利益前提下获得的媒体自由，才符合伦理要求。二是媒体自由不能侵犯个人正当的权利。关于媒体活动中的知情权与隐私权，有学者认为，这不仅是一个法律问题，更是一个道德问题。知情权与隐私权是一对关系权利，具有平等的权利地位。平衡媒体活动中知情权与隐私权的冲突，有赖于建立一种更为广阔的视野，通过对大众传媒及其言论自由以及知情权和隐私权进行道德意义上的分析与理解，进而确立"把人作为目的"这一基本原则，并给予个体权利以充分的尊重与保护，在大众传媒的道德选择中获得一条有效途径。

媒体伦理的价值冲突与媒体失范现象。有学者指出，媒体伦理中存在着两大价值冲突，一是个人隐私与社会公益之间的冲突。以前人们更乐意坚守功利主义的原则，将社会公益看成是首先需要捍卫的价值。而今天则更倾向于个人隐私的保护，认为个人隐私并非在任何情况下都应让位于社会公益，"不伤害"原则并不是功利主义的立场能够超越的。二是媒体在"道德导师"的传统自我定位与"信息平台"的现代价值取向之间存在着冲突。依照媒体的道德地位的现代认知，媒体并不属于道德上优越的阶层，而是公民利益与意愿的服务者或"守护犬"，是一个既服务于公民民主决策的形塑，又服务于公民的知识获取与艺术鉴赏，同时还服务于公民的道德判断力的培育的信息平台。关于媒体失范现象，有学者认为，其原因之一是媒体存在着多重的角色冲突：一是媒体由党政部门的工具性存在逐渐转向自我负责的主体性存在所引发的冲突；二是媒体由党政部门的垄断经营的"官媒体"逐渐转变为自负盈亏的市场主体所引发的冲突；三是媒体由公权力的代言人转变为社会公器所引发的冲突。有学者指出了媒体产业化过程中与媒体公正可能产生的价值冲突。一方面，通过竞争可以提高媒体的质量，也有助于媒体保持公正报道的努力，并促进保障公正的必要条件之一的职业道德的完善。另一方面，媒体产业化也可能受到滥用，有可能出现基于短期利益的考虑而损害公正的报道。特别是在纸质媒体市场出现不公正的情况下，电视媒体的过度竞争可能同样会出现许多利益的渗入而影响公正的事情发生。

网络媒体伦理。学者们提出了如下的观点：网络社会政治民主的发展呈现出某些趋势，有助于现代政治伦理的时代精神、公民精神、主体精神、平等精神、时效精神、个性精神、国际精神、兼容精神等伦理精神的建设和发展，蕴含着丰富的政治伦理意蕴；网络媒体作为一种新兴的大众传播媒体，具有多媒体的传播形式、超文本链接的无限信息范围、高效灵活、方便的传播方式、超文本、大容量、开放性的传播内容、双向互动的传播过程等特征。因此，网络媒体呈现出独特的社会功能，主要包括五个方面：信息传播功能、舆论导向功能、文化传承功能、公众教化功能和社会守望功能；网络媒体体现了群体共识、社会信任度、自由平等权三大伦理价值。网络给予进入网络社会的人们以道义上的平等权，为"言论自由"提供了一个平等的交流空间，促进了社会资源、特别是信息资源分配上的平等与进步；网络媒体的伦理价值具有两重性，即正、负两极性，网络媒体的负伦理价值时时困扰着人类，应关注网络媒体的负伦理价值的研究，在网络媒体造福于人类的同时，要防止网络媒体对人—社会—自然伦理关系产生的负效应；面对网络媒体出现的情色传播和泛滥、网恋、网婚、网络情爱、虚拟性爱等“泛性化”现象，应加强网络的立法监督和分类管理，尤其应当为广大青少年网民提供一片清新的网络空间。

广告伦理。广告在其本质上是一种媒体传播活动，因其与公众的密切关联，必然会被置于整个社会的伦理环境中去思考。学者们认为，广告中的伦理体现在：一方面，道德因素渗透在商业广告之中，另一方面，广告又是道德信息的载体。广告作为一种社会文化现象，作为道德信息的传播途径之一，应当承负起应有的道德职责，即为整个社会的道德重建作出相应的努力；现代广告的设计不仅需要“迎合”受众的价值观，以得到更为广泛的社会认同，同时还需要承担更多的社会责任。广告的价值观载体、与受众价值观的匹配效应以及价值观设计策略是广告伦理必须充分考虑和对待的三个方面。针对我国广告业中存在的以性为立意点来进行广告创意的现象，有学者指出，在广告中利用性元素，丰富了广告的表现手法，增强了广告的吸引力。但是，广告中对性元素的运用必须受到伦理道德的制约。从伦理和道德的角度审视广告中性元素的应用，使其符合伦理道德的要求，对中国广告业的健康发展具有重要意义。

（三）科技伦理

在科技与伦理的关系上，存在着科技日益成为强势力量，从而自觉或不自觉地排拒伦理的倾向。有学者指出，这种倾向将科技与伦理对立起来，认为伦理根本不是科学技术的对手，不可能阻挡科学进步的步伐，顶多只是设置一点障碍。虽然多数人并不持有这样极端的观点，但觉得伦理规范对科技“碍手碍脚”，因而担心伦理影响科学技术发展的人亦占相当比例。事实上，科技伦理像其他伦理一样，关注着人的伦理诉求。科学技术总体上是福音，其正面的、有利于人类发展的效应是主要方面。但同时，只要科学技术迅速发展和广泛应用，就不可避免地既有造福人类的一面，又有危害人类的另一面。祈求科技只有积极的正面效应，而没有消极的负面效应是不现实的。人的权利意识的重新觉醒催生出科技伦理。科学家的行为自律和社会责任以及生命伦理、环境伦理、网络伦理等，已成为人们普遍关注的热门话题。科技伦理是科学技术与伦理道德相互交叉、相互渗透的重要领域。一方面，它要维护科技的利益，保护和促进科技的健康发展，而不能成为科技发展的障碍。另一方面，它又要维护人的权利和尊严，使科技更好地为人类造福，而不是危害人类。因此，促进科技与伦理之间的良性互动，寻求合理平衡，是科技伦理责无旁贷的任务，也是科技伦理存在的重大理由。科技伦理涉及的问题很多，在以往研究的基础上，2005年学者们又提出了一些新的见解与认识。

基因技术的道德哲学创新和伦理原则。有学者强调，应在技术伦理的视角和方法外建立道德哲学的维度。基因伦理的前瞻研究面对三个基本课题：基因技术的伦理学本质，到底是“技术革命”，还是“道德哲学革命”？基因伦理的文化反映，到底是提供伦理批评、伦理战略，还是进行道德哲学的准备？基因伦理学的研究视野，到底是“常规伦理学”，还是发展伦理学？随着基因技术的不断发展，未来的伦理世界、道德世界将呈现自然人—技术人、自然家庭—人工家庭混合共生的过渡形态，道德哲学应当以创造性的价值智慧，调和与解决这个矛盾。为此，必须进行道德哲学创新的理论准备。在使用转基因技术的指导原则问题上，有学者通过梳理预防原则的基本内涵、价值诉求以及围绕基因技术的伦理争论的特征，阐述了把预防原则作为指导转基因技术应用的基本伦理原则的主要理由，并指出了在使用这一原则的过程中应注意的一些问题。预防原则的基本要求是，如果某项行动（特别是对技术的使用）会给人类的健康和环境带来某种严重的或不可逆的潜在伤害，那么，最好不要实施该项行动，尽管对于这种潜在伤害的可能性、严重程度或因果联系尚存在着科学上的不确定性；同时，那些主张实施该项行动的人应承担举证的责任。随着人类社会的发展，人们围绕那些有可能带来巨大利益、同时又具有不可预料的巨大风险的尖端技术而展开的争论，将主要的不是一个技术上的争论，而更多的是一个伦理、政治和决策方面的争论。

网络技术中的道德预设。有学者指出，在网络伦理建设过程中，如果不注意克服崇尚科技理性、工具理性的倾向，不将注意的焦点从纯粹的网络技术转向人自身，不从“技术的解决”转向“伦理地关注”和“伦理地解释”，那么诸如人沦为“机器的奴隶”、“自动生产线的附属物”等问题将可能重现。因此，必须更多地从伦理价值的角度看待网络以及人们的网络行为，必须使“人—机”系统中对机器的道德预设成为可能，从而力图在社会信息化过程中，明确地把“人是目的”的伦理意识贯彻其中，使网络生活不致陷入“技术因素大于人的因素”的伦理困境。

技术伦理与工程伦理问题。有学者探讨了技术哲学研究中的伦理学转向问题，分析了欧美技术伦理研究的特点和影响以及中国技术哲学的伦理转向的特点，提出了技术伦理研究的主要课题，如现代技术引发的伦理现实的复杂性与传统伦理价值的规范性之间的矛盾，科学伦理与技术伦理的区别和联系，现代科学技术进步与传统价值观念的冲突等等。因此，有必要加强技术伦理的研究。有学者研究了纳米技术的伦理维度问题，认为必须加强对纳米技术的伦理、法律和社会意义的严肃研究，否则可能会导致某些意想不到的公共风险问题。由于纳米技术的应用涉及到每个公民，因此，关于纳米技术的道德决策不应该局限于科技专业或职业责任范围，而应放大到整个公共空间，使纳米技术从一开始就在公共伦理的考量下得到与公共价值相一致的健康持续发展。在工程伦理学领域，有学者提出了工程活动的“伦理主体”问题，认为工程伦理学必须承认工程活动的主体不是简单的个体而是某个集体或团体。针对工程决策中普遍出现的“伦理缺位”的现象，必须把技术因素、经济因素、伦理因素和社会因素紧密结合起来综合对待。同时，在工程决策中，必须拉开“无知之幕”，让“知识”和“利益相关者”出场。

科技伦理是科学家、伦理学家和科技哲学家共同感兴趣的问题。有学者注意到不同研究领域的学者能够一起讨论科技伦理这一事实，认为这标志着我国科技伦理研究范式的回归。这种回归体现在被讨论的问题以及讨论问题的方式和理论取向上。与理论伦理学相比，科技伦理学（和其他许多应用伦理学）的评判标准更加多元，不仅要面临科技界的检验，也必须经受哲学、伦理学界的考量；它不仅试图为解决实际问题提供对策，又企图不失哲学水准。兼顾二者实非易事，因此，科技伦理学曾经历了经验、实证、案例研究和理论、哲学研究难以兼得的困境，常常被科技界斥为隔靴搔痒故做文章，或者被哲学、伦理学界斥为缺乏哲学高度或深度。目前的科技伦理的研究呈现出这样的景象：不仅关注具体领域的科技伦理问题，而且还探讨科技伦理的论证及道德哲学创新问题；不仅有案例分析，也有理论、哲学分析。这是一个好的现象，是科技伦理学研究和发展进程的必要的保证。

（四）和谐社会与道德建设

2005 年，伦理学界结合胡锦涛同志《在省部级主要领导干部提高构建社会主义和谐社会能力专题研讨班上的讲话》精神，对和谐社会的伦理内涵、公民道德建设与构建和谐社会的关系、经济伦理在促进和谐社会发展中的作用和意义等问题，进行了有益的讨论。构建和谐社会，必须以良好的公民道德为支撑；而加强公民道德建设，是构建和谐社会的本质要求和重要内容。一个社会是否和谐，一个国家能否实现长治久安，很大程度上取决于全体社会成员的思想道德素质。没有共同的理想信念，没有良好的道德规范，是无法实现社会和谐的。这是伦理学界学者们的基本共识。

和谐社会的伦理内涵。有学者从伦理精神的视角讨论了冲突与和谐的关系，认为在现代伦理体系，尤其是现当代中国伦理中，“冲突”或隐或显、或多或少地成为道德哲学的主题和伦理精神的主角。但是，“冲突”是伦理精神发生的世俗性的“事实”，“和谐”才是它所追求的“价值”。冲突只是伦理精神或伦理世界、道德世界辩证运动的否定环节，是它们的异化形态。虽然在事实世界或生活世界中，冲突比和谐更具有现实性，但伦理精神的最高本质和根本任务，就在于通过自身的文化努力，消除冲突，达到自在自为的和谐。和谐不仅是伦理精神的人文理想，不仅是伦理精神固有的信念和世界的终极目的和人类的终极目的，而且是伦理精神最深刻的真理。执著于“和谐”的信念和价值，伦理精神定能为人类的生命过程提供超越生存困境的更具有时代精神和历史感的解释系统。有学者从三个方面说明了和谐社会的伦理内涵：（1）和谐社会是公平正义的社会。其伦理目标是，社会各方面的利益关系得到妥善协调，人民内部矛盾和其他社会矛盾得到正确处理，社会公平和正义得到切实维护和实现。随着经济、社会的不断发展，针对在市场经济发展进程中出现的贫富差别加大的现象，党和政府提出在促进经济发展的同时，要把维护社会公平放在更加突出的位置，综合运用多种手段，依法逐步建立以权利公平、机会公平、规则公平、分配公平为主要内容的社会公平保障体系。（2）和谐社会是诚信友爱的社会。它要求全社会成员之间互帮互助、诚实守信，全体人民平等友爱、融洽相处。诚信是公民的一种道德品性，在公民个人道德品性的养成及其人生历程中起着基础的作用。诚信是友爱的前提。缺少诚信，人与人的关系就会失去信任，处于紧张和摩擦之中，自然就谈不上友爱；人与人之间如果没有友爱，其伦理关系就不会和谐融通，就不能互相帮助。一个由缺少诚信友爱的公民组成的社会，不可能是和谐社会。（3）和谐社会是安定有序的社会。它的标志是，社会组织机制健全，社会管理完善，社会秩序良好，人民群众安居乐业，社会保持安定团结；人与自然和谐相处，生产发展，生活富裕，生态良好。社会要和谐，安定是基础。安定还要与有序相结合，安定是有序的安定，这才是和谐。

和谐社会的伦理秩序。和谐社会不是完美的社会和无矛盾的社会，而是存在矛盾和冲突但又能正视并妥善解决矛盾和冲突的社会。有学者指出，和谐社会要求所有公民具备与其职责相适应的竞争性品质和合作性品质，最关键的是应具备公正的品质。构建和谐社会需要公正的法律和公正的道德，需要培养公民的公正品德、造就公正的人。和谐社会的伦理秩序体现为两个方面：其一是公民之间公正的伦理秩序；其二是公民围绕共同伦理目标所构建的社会伦理秩序。和谐社会伦理秩序的这两个方面，并不是说和谐社会具有两种不同的伦理秩序，而是意味着和谐社会的伦理秩序包含着两个不同的层面，它们作为一个整体共同决定着和谐社会的伦理秩序。和谐社会中公民的公正德性，并非抽象的道德诉求和形式宣传。公民作为和谐社会的伦理主体，应该掌握公正德性的三个维度：其一，就公民的个人德性而言，每个公民都应该各尽其能，各司其职，并得其应得；其二，就公民与公民的关系而言，每个公民都应该公平和公道地与其他公民真诚合作；其三，就公民与国家的关系而言，所有公民都应该严守法律并勇于维护法律的公正。公民实现公正德性的这三个维度，关键在于公民如何对待公正，而这又从根源上决定着和谐社会普遍的道德水平。因此，对于和谐社会的构建，关键在于培养和造就懂得如何运用规则的公正之人，而不单是制定一系列行为规范去约束公民的活动。有学者提出了和谐社会中的常识道德问题，认为与和谐社会相适应的道德要求应主要是公共道德，这样的道德不同于传统的私人与社会不分的形态。要形成公共道德，必须从广大公众的日常行为入手，改变不相适应的常识道德，培育恰当的常识道德，这些常识道德包括人际交往、利益协调等方面。要尊重公众私人选择和常识道德的既有水平，应通过制度设置等方式来引导公众的现有日常生活发生渐进的改变，提升日常生活的公共性内容、普遍性准则、理性行为方式等，从而减少公共领域与私人领域的对抗。

和谐社会与经济伦理。经济伦理学对构建和谐社会具有越来越重要的意义。学者们认为，和谐社会的核心价值是公平公正，而经济伦理学为公平公正的权利作出了充分的理性论证。现代社会是一个伦理共同体，也是一个利益共同体。和谐社会是一个经济繁荣、政治文明、社会秩序稳定、人民安居乐业的公平正义型社会，但和谐社会决不是没有利益冲突的社会，而是一个有能力解决利益矛盾和化解利益冲突，并由此实现利益关系趋于均衡的社会。利益均衡是构建和谐社会的本质要求，改革实际上就是社会利益资源再分配的过程。如何创设具有均衡性的利益制度，建立利益整合机制，在利益矛盾中求协调、在利益差异中求一致、在利益对立中求妥协、在利益冲突中求共存，是构建和谐社会所面临的根本任务。在社会转型时期，在我国利益分化和利益结构调整的进程中，要实现不同社会群体的利益均衡，构建和谐社会，关键是要通过有效的制度安排来容纳和规范不同利益主体的利益表达和利益博弈，实现社会资源和权利的公正分配。社会主义市场经济发展带来的利益关系变动，产生了诸多的利益矛盾和冲突，这是和谐社会建设中必须正视的经济伦理问题。分配正义对和谐社会之所以重要，不仅在于它的手段性——直接影响人们建设和谐社会的积极性，而且还在于它的目的性——分配正义是人类世代向往的理想目标，是人类美好生活的基础，也是和谐社会的基本目标。当前收入分配领域仍存在初次分配没有充分体现市场效率原则、再分配调控能力弱化、分配结构失衡及社会收入差距扩大等较为突出的问题。为此，必须坚持以按劳分配为主体，其他分配方式为补充，兼顾效率与公平，共同富裕的分配原则，建立同社会主义市场经济体制相适应的公正合理的分配机制；必须通过深化分配制度改革，“在平等中注入一些合理性，在效率中注入一些人道”，从而“在一个有效率的经济体制中增进平等”。

和谐社会与环境伦理。人与自然的和谐是和谐社会的重要特征之一，环境伦理对实现人与自然的和谐具有重要而深远的意义。为此，有学者提出以下观点：

1. 树立尊重自然、与自然和谐相处的伦理观。要实现人与自然的和谐，就必须选择污染少、能耗低的经济发展模式；制定更加完善的环境保护法规，建立一支高效的环保执法队伍；倡导环境友好型生活方式。但是，这一切都必须以价值观念的转变为前提。只有当人们在内心深处树立了尊重自然、与自然和谐相处的伦理观，才会积极主动地去制定和执行保护环境的法律。只有当大多数人都以伦理信念为根据，自觉地遵守和服从与环境保护有关的法律，才能降低执法成本。

2. 实现人与自然的和谐，必须同时处理好三种伦理关系，即当代人之间的关系，当代人与后代人之间的关系以及人与自然之间的关系。环境伦理为处理和调整这三种伦理关系提供了三条基本的伦理原则，即环境正义原则、代际平等原则和尊重自然的原则。

3. 环境文化和环境道德建设。在建设社会主义和谐社会的过程中，不仅要采取各种经济和法律措施，把环境保护落到实处，还应加强环境文化和环境道德建设，创造一种爱护环境、保护环境、对环境友好的文化氛围，为实现人与自然的和谐提供源源不断的精神动力和价值支持。

（李鹏程）

学术成果·著作

良知学的展开——王龙溪与中晚明的阳明学

（彭国翔　三联书店 2005 年版）

该书采取“点”、“面”结合的路径研究中晚明的阳明学。首先以中晚明阳明学的核心人物王龙溪为取样，全面、彻底地考察其哲学思想，进而扩展到中晚明阳明学的整体脉络，探讨其思想内涵与发展线索，既进行专精深细的个案研究，又以问题为中心条分缕析地把握阶段哲学思想史的发展，并使二者彼此对照、相互支持、有机结合，从而使中晚明阳明学丰富的思想内容获得了深入清晰的展示。该书将繁复的史料考证与严密的义理分析有机结合，充分吸收海内外相关的研究成果以及西方哲学、宗教学的相关理论资源，将阳明学的研究置于一个比较和分析的广阔脉络之中。全书共分七章，第一章为“导论”，交代全书研究的“意义与对象”、“目标与取径”以及“线索与脉络”。第二章至第五章研究王龙溪的思想。第二章“王龙溪的良知观”，探讨龙溪的良知观，包括良知的“有”“无”二重性、良知与知识观念各自的内涵及其关系、“见在良知”观念的涵义和作为信仰对象的良知这四个基本方面。第三章“王龙溪的致良知工夫论”，讨论龙溪的“先天正心之学”与“一念工夫”以及二者之间的关系，在此基础上对龙溪的致良知工夫论进行客观的评价。第四章“王龙溪的四无论”，考察龙溪的四无论，深入细致地分析“四无”的具体涵义，并在与阳明四句教的关联中以及在龙溪思想的整体结构以及中晚明阳明学的发展脉络中，明确四无论历史与思想的定位。第五章“王龙溪与佛道二教”，全面研究龙溪与佛道二教的关联，既考察龙溪与佛道两家人物的交游以及龙溪对道教法门的修炼，更在此历史研究的基础上详细分析龙溪的三教观、自我认同以及在儒家基本立场上对佛道两家一些基本观念与命题的判摄与融通。第六、七章为对中晚明阳明学主要问题意识和论题的整体研究。第六章“中晚明阳明学的本体与工夫之辨”，主要着眼于儒学传统内部的相关问题，紧扣本体与工夫这两大理学传统的基本环节，考察阳明之后不同阳明学者围绕良知本体与致良知工夫所展开的包括“良知异见”、“究竟工夫”、“知识之辨”、“现成良知之辨”、“无善无恶之辨”、“格物工夫之辨”等诸多具体论辩的历史发展与理论内涵，既说明其中不同的发展方向，分析这种分化的原因，又指出其中的某些一致趋向。第七章“中晚明的阳明学与三教融合”，在顾及中晚明三教融合这一历史背景的自觉意识下，从儒、释、道三教的互动与融合这一视角出发，分别从“有无之境”、“生死关切”、“正统与异端”和“儒学的民间化与宗教化”这几个方面，具体考察了中晚明阳明学在“三教融合”这一视域下所呈现的若干独特内容。

［彭国翔，1969 年生，哲学博士，现任清华大学人文学院哲学系副教授，兼任《中国哲学史》副主编、中华孔子学会副秘书长。发表中英文论文 50 余篇，译著 4 部，译文 10 余篇。］

民族性与时代性

——现代新儒学与后现代主义比较研究

（李翔海　人民出版社 2005 年版）

该书是作者主持的 1997 年度国家社科基金项目“现代新儒家哲学与后现代哲学比较研究”的最终结项成果。全书共分为三编、七章，计 40 万字。该书围绕中国文化的现代化与世界化这一时代课题，从哲学的高度对被看作是自上世纪 90 年代以来在中国思想文化界“迅速兴起”并“特别引人注目”的两股思潮——现代新儒学与后现代主义进行了比较研究。该成果的主要特点有三：第一，尝试把后现代主义思潮纳入思考的参照系，以重新反省中国文化。长期以来，人们反思中国文化的基本理论立足点就是现代化与现代性。兴起于西方的后现代主义思潮，在一定意义上代表了人类在现代化经过长期的发展、其成就与问题均得到较为充分体现的历史时刻，对现代化及现代性的重新反省。如何把后现代主义思潮纳入思考的参照系，以重新反省中国文化的基本理论特质与中国文化的现代化道路并在此基础上更为合理地把握中国文化的未来走向，是当代中国思想文化界面临的重大的理论课题。本课题对现代新儒学与西方后现代主义思潮进行了较为系统的理论分析与比较研究，在现代性与后现代性的比照之下，对中国文化的基本理论特质、中国文化的现代化历程及其未来走向与当代价值等重要问题做出了有一定新意的分析研究，对理论界的一些有争议的问题，做出了有一定理论针对性和理论说服力的甄别与回应。第二，力图克服以西论中或以中论西的理论偏颇，以开放而平正的理论态度，从民族性与时代性两个维度对现代新儒学与西方后现代主义的特质、优点、问题与发展走向进行了较为系统的梳理、分析与比较，选题深入到了当代中国哲学的前沿领域。第三，面对当代中国文化前现代、现代、后现代文化资源被挤压在同一个层面的基本存在境遇，面向全球化的时代浪潮，以“现代性”为聚焦点，通过对现代新儒学与后现代主义的比较研究，对中国文化的发展走向做出了有一定理论深度的思考。总之，作者通过现代性与后现代性的比照，从哲学的高度对中国文化的基本理论特质、中国文化的现代化历程及其未来走向与当代价值等重要问题作出了有创新性的分析研究，对于进一步加强中西文化与哲学的比较研究，正确总结中国哲学与文化的现代化历程，更为深入地探讨中西文化与哲学的发展走向，进一步推进中国文化与哲学走向世界，具有重要的理论意义与实践意义。

［李翔海，1962 年生，哲学博士，现任天津南开大学哲学系教授、博士生导师、系主任。发表专著 5 部（其中独著 3 部）、专业论文 90 余篇。］

西方哲学史

（邓晓芒　赵林　高等教育出版社 2005 年版）

该书是一部系统讲解西方哲学史的大学本科教材。与国内现有的同类教材相比，该书的最大特点就在于突出西方哲学思想发展演进的内在脉络和精神实质，将哲学史看作是人类哲学思想在历史过程中自身演进的逻辑结果，力图把不同时空背景中呈现出来的各个哲学派别和各种哲学思想当作一个有机联系的整体来把握。该书在内容上分为六章，即古希腊罗马哲学、中世纪基督教哲学、16—18世纪西欧哲学、18世纪法国哲学、德国古典哲学、近代哲学的终结及向现代哲学的过渡，章与章之间的启承转化都表现出一种逻辑必然性和历史的合理性。

赵林

在古希腊罗马哲学阶段，哲学思想呈现为一个从自然哲学对万物本原的探讨经过“逻各斯”和“努斯”走向存在哲学、在柏拉图和亚里士多德那里建立起庞大的形而上学体系，最后又解体为对人生哲学和伦理学的关注，并通过“否定神学”向基督教哲学过渡的发展过程。

基督教哲学的发展有两个阶段，即早期的教父哲学和后期的经院哲学。教父哲学一方面用信仰主义和神秘主义反对希腊罗马哲学的理性主义；另一方面又借重于希腊理性来进行上帝论、基督论和人性论的神学论证，他们从柏拉图哲学和新柏拉图主义中吸取了大量的精神营养，并出于信仰的需要把希腊形而上学推向了神秘化的极致。经院哲学则是致力于把亚里士多德哲学与基督教神学结合起来，使理性和信仰分清了各自的地盘，但又使理性最终为神学服务，成为一种繁琐论证的哲学。然而与经院哲学家们的初衷相反，用理性来证明信仰的方法，如安瑟尔谟和托马斯对上帝存在的证明，无意之中却为信仰挖掘了坟墓，作为工具的理性反而成为目的本身，这就造成了向近代的过渡。

近代文艺复兴和宗教改革在用理性打破基督教教会的思想垄断的基础上，各自发展出了近代人文精神的两个重要因素，即对现实感性生活的关注和对信仰自由的执着。他们的出发点不再是上帝，而是自然的人和人的自然。近代哲学的理论形成集中体现在经验论和唯理论上，他们自觉地把哲学的重心归结为认识论，讨论思维和存在的关系问题。进入16—18世纪，从培根和笛卡尔开始，哲学家们不再固执于自然和人的对立，而是深入到主观思维如何实现对客观存在的真理性的认识，他们的主要兴趣就在于对认识的来源、过程及真理标准等问题的探讨。经验论把感觉当作认识的来源，通过经验归纳上升到真理性的知识；唯理论把天赋观念当作认识的来源，通过理性演绎建立起整个知识体系。但这两派在发展过程中各自走向了怀疑主义和独断论。

与之并行的是18世纪法国哲学所掀起的启蒙运动，他们以自然神论和无神论的方式建立起来理性的法庭，促进了自然的人化和人的自然化的进程，发展出资产阶级人性论和机械唯物主义学说。但他们的理性只是停留在表面，同样不能深入到人性的深处即人的自由的主体能动性。

18—19世纪的德国古典哲学特别在理性的深化方面做出了划时代的贡献。康德的批判哲学使理性转向对自身的批判，他把思维和存在的关系问题进一步推进到主观能动性和客观制约性的关系问题，并提示了一条从理论认识走向道德实践的道路；后来的费希特和谢林则把理论和实践结合起来，使之成为一个历史演进的过程；黑格尔的唯心辩证法使这种历史进程成为了一个合乎逻辑的从低级到高级的发展过程，从而建构了一个庞大的客观唯心主义哲学体系。思维和存在的关系问题以能动的方式得到了唯心主义的解决。

黑格尔学派的解体意味着近代哲学的终结及向现代哲学的过渡。青年黑格尔派和费尔巴哈首先打开了缺口，实现了对以黑格尔为代表的近代形而上学的颠覆，导致了哲学向感性的现实生活的复归。马克思的实践唯物主义在这一转向过程中起了决定性的作用，他的以感性的生命活动为核心的感性学以及由此生长起来的历史唯物主义和能动的、批判的辩证法，构成了以人本主义和自然主义统一为原则的人学。这一方向为现代哲学的诸多哲学流派自觉或不自觉地继承和发扬。现代哲学的另一个强调主体能动性的方向是以叔本华为代表的意志主义和非理性主义方向，它同样影响到现代西方哲学的各个不同流派。现代哲学的第三个方向是实证主义和科学主义传统的延伸，它仍然具有顽强的生命力和广泛的影响力。现代哲学的第四个方向是以胡塞尔为创始人的现象学运动，它涵盖前面几个方向而成为现代哲学的一种方法论。

该书思路清晰严谨，文字顺达优美，融深邃的思辨和广博的知识于一体，是引导大学生和哲学爱好者探究西方哲学堂奥的难得的向导。

［赵林，1954年生，哲学博士，武汉大学哲学学院教授、博士生导师。
通信地址：武汉大学哲学学院（430072）
联系电话：027－68762092
电子信箱：lzhao@hbl65.com
邓晓芒简介缺。］

哲学的现实与现实的哲学

（陶德麟　北京师范大学出版社2005年版）

该书是北京师范大学出版社出版的“当代中国哲学家文库”著作之一，是作者自1978年真理标准讨论以来对与现实生活密切相关的重大哲学问题深入探讨的成果。

该书论述了32个哲学问题。现将其

中几个主要问题的论点简介如下：

一、真理及其检验标准

作者对这一主题的主要观点发表于1978年真理标准大讨论时期。作者认为打破“两个凡是”的精神枷锁的关键在于摧毁它的哲学基础，恢复“实践是检验真理的唯一标准”这一马克思主义哲学的根本原理。针对当时群众和学术界的不同意见，作者以精细严密的方法多层面作了论证，廓清了许多误解和困惑。针对逻辑证明也是真理标准的观点，作者在《逻辑证明与真理标准》一篇中作了细致的分析，主要论点是：逻辑证明是由前提推出结论的演绎推理过程，构成这一过程的前提、推理形式和结论三个要素都不可能由逻辑来证明其真理性，因为：（1）作为前提的命题是否与客观对象符合不可能由逻辑来证明。（2）推理形式的有效性也不能由逻辑来证明，因为证明本身就不能不运用推理形式，这种推理形式的有效性又需要证明，结果只能是循环证明或无穷后退。而且正确的推理形式无非是可以归结为重言式即永真式的蕴涵式，它只能揭示前提和结论之间的逻辑蕴涵关系，而不能判定前提和结论与对象的符合关系。数学推导所证明的也只是公理和定理、定理和定理间的逻辑关系，而不是公理和定理与客观对象的符合关系。（3）结论的真理性也不能由逻辑来证明，而只能由实践来证实。由假前提出发既可以推出真结论也可以推出假结论，这就表明推理形式“管”不了前提和结论是否与对象相符合的问题。针对认识对象是检验真理标准的观点，作者指出：（1）以认识对象为检验真理的标准，等于说“要判定认识与对象是否符合，就要看认识与对象是否符合”，这是同语义反复。（2）认识无法直接与客观对象对照，“对照”就等于原来认识过程的重演，仍然不能解决认识与对象是否符合的问题。（3）要检验某一认识与对象是否符合，只有根据这个认识设计方案并付诸实践，造成结果，与预期的结果对照，如果两者符合，这一认识与对象的符合才能证实。因此，检验真理的标准并不是认识对象本身，而是实践的结果。此外，作者对实践如何检验真理的具体机制也做了周详的分析。

二、实践标准、生产力标准和“三个有利于”标准的关系

作者对这一主题的见解首次发表于1988年。主要观点是：（1）实践标准与生产力标准论域不同，回答的问题不同。前者是认识真理性的标准，后者是实践合理性的标准，只能互相补充而不能互相代替。（2）经济效益固然极为重要，但决不能把生产力标准归结为经济效益标准。社会主义建设不止要讲求经济效益，尤其要讲求社会效益，“社会效益的核心是整个民族素质的提高，是人的全面发展”。（3）我国现阶段的经济结构只能是以公有制为主体、多种经济成分共同发展。对剥削问题应从历史唯物主义观点公开讲清。在《从建国50年的历程看哲学的作用——兼论三个“标准”及其意义》等篇中，作者论证了实践标准和生产力标准是“‘三个有利于’标准的理论基础，但后者并不是前两者的复述或迭加，而是把认识真理性原则和实践合理性原则统一起来的一种高度浓缩的新表述。

三、人道主义

作者对这一主题的论述首先发表于1984年。作者认为过去一度全盘否定人道主义造成的严重恶果必须纠正，但对人道主义不作具体分析地全盘肯定也站不住脚。作者认为：（1）人道主义本身并非历史观，而是从一定的历史观中引申出来的伦理原则。从西方文艺复兴发端的人道主义伦理原则的哲学基础是抽象人性论，是资产阶级的意识形态。但从马克思主义的唯物史观也可以引申出人道主义的伦理原则，即无产阶级的人道主义（或社会主义的人道主义）。这两种伦理原则的理论基础不同，作者从四个方面分析了两者的原则区别。（2）把马克思主义归结为人道主义就是用抽象的人性论取代唯物史观，是理论上的倒退，在实践上会导致混乱。（3）分清两种人道主义的理论基础和阶级属性决不是否定资产阶级人道主义的历史进步性。资产阶级人道主义不仅在反对封建神权的斗争中起过解放思想的巨大作用，在唯物史观产生以后对人们的实际行为也有积极作用的一面（例如在反法西斯主义暴行和其他暴行的斗争中）；在当前现实生活中从资产阶级人道主义伦理原则出发的某些实际行为仍然可以产生积极作用。这与它是否具有科学内容是两回事。（4）无产阶级和马克思主义者也应该高举人道主义的旗帜；但在理论上必须作出科学的解释。

四、现阶段的道德原则

作者对这一主题的论述最早发表于1984年。作者的主要观点是：（1）根据我国的现实经济关系和发展生产力的要求，无产阶级的道德原则仍然是占主导地位的道德原则，不能动摇。（2）对无产阶级道德的内容要有科学理解，对以往的理解要分析清理。无产阶级道德的应有内容现在仍必须大力弘扬；对误解的成分就不应再予提倡，尤其不能作为尺度非难当前的改革。（3）无产阶级道德的一般原则在不同情况下有不同的具体内容，不能把抽象原则往具体情况上硬套。（4）无产阶级道德本身有层次之分。对广大社会成员的要求和对先进分子的要求要有区别；对先进分子在一般情况下的普遍要求和在特殊情况下的特殊要求也要有区别。毫不利己专门利人的崇高精神仍然必须大力提倡；但为社会主义建设努力劳动、同时也取得合理报酬和奖励在道德上也是正当的。（5）全人类的公共道德和其他阶级道德中的积极成分也是适应现阶段生产力发展的要求的，也应当肯定；但也不必勉强把它们说成无产阶级道德。（6）道德的阶级性和时代性并不意味着不同的道德毫无共同之点，无产阶级道德必须批判地吸取古今中外一切优秀道德遗产，以丰富自己。中国传统道德的优秀成分尤其是建设社会主义道德体系的宝贵资源。

五、马克思主义哲学中国化研究的方法论

在马克思主义哲学中国化问题上，中外学者中有人认为：（1）由于西方哲学传统与中国哲学传统的不可通约性，马克思主义哲学不可能中国化，中国化

的马克思主义哲学实际上是“变形走样”的甚至是儒家化的“马克思主义哲学”。(2) 中国人只有彻底实现思维方式西方化才能懂得马克思主义哲学，在此以前谈不上马克思主义哲学中国化。(3) 中国的马克思主义哲学的源头是苏俄，是斯大林的哲学而不是马克思的哲学，等等。作者在本书中以缜密的分析从事实和学理上反驳了这些观点，论证了马克思主义中国化何以可能，马克思主义哲学中国化是历史的必然，中国化的马克思主义哲学就是在中国土壤上发展了的马克思主义哲学。

此外，该书对如何理解马克思的文本，如何理解坚持和发展马克思主义，真理有无阶级性、哲学与自然科学的关系、马克思主义哲学与中国传统哲学的关系、“双百”方针的哲学基础、科学精神与人文精神的关系、法制观念与道德观念的关系、如何理解改革开放对人们的思想影响，如何看待人文社会科学的作用，如何理解邓小平理论和“三个代表”重要思想的灵魂和精髓等一系列与现实生活密切相关的哲学问题也都进行了探索，发表了自己的独立见解。

［陶德麟，1931 年生，武汉大学教授，哲学学院博士生导师，国家重点学科学术负责人。著有《当代中国哲学问题探索》、《辩证唯物主义与历史唯物主义》等。］

作为哲学的美学

——一种无原则的批判

（彭富春　武汉大学出版社 2005 年版）

美学问题在根本上是哲学问题。一个没有哲学的美学会有肤浅之嫌，也不能深入到美学问题的核心。《哲学与美学问题——一种无原则的批判》一书，回答和解决了这一问题。那么该书打破了狭隘的专业分类，它既是哲学的，也是美学的，但更是思想的。

“无原则的批判”是本书提出的新的哲学方法。从原则出发，用演绎推理、靠逻辑证明是理性哲学的方法，相反，无原则的批判恰恰是不从任何已有的原则出发来从事思想的研究与创造。这是因为有原则的批判，亦即是有立场和有根据的批判，这样的批判是理性哲学，亦即形而上学的哲学。

无原则批判的提出，作为一种思想的方式，它是事物原初的和本原的显现方式。它指出了思想走向事物本身的一条最简明、最直接、最有效、最不歪曲事物本身的思想道路。这条道路是一条现象学的道路，但它既不是意识现象学的，也不是存在现象学的，更不是解释现象学的，而是批判现象学的。

但批判的现象学却不是现象学理论的继承和发挥，而只是吸收了现象学的让事物自身显现，或者说它克服了理论现象学的繁琐，而又创造性地运用了现象学走向事物本身。批判的现象学只是从现象学的思想传统来看待无原则批判，无原则批判的创造性贡献在于它是走在中西思想边界上的思想创新。这一方面说明它既是对西方思想的透彻理解，又是对中国思想的深刻洞见；另一方面，也说明它既不是对西方思想的重复，也不是对中国思想的简单的利用，而是在对中西思想的批判中，使中西思想自身得到了显现，这一显现是差异的显现，是中西思想的边界的显现。

无原则批判不是一种新的理论与新的观念，而是一种新的思想方式。作为新的思想方式，是一种新的批判方式。哲学自身批判，也对现实批判。但批判就是划分边界，它通过区分、比较和决定来实现批判。彭富春的批判一方面是在现代思想的维度中进行的，另一方面又是将批判自身区分为语言批判、思想批判和现实批判三种批判。在此，批判突出地表现为区分。他不仅区分了以马克思、尼采和海德格尔为代表的三个伟大的现代思想家的思想，也区分了每一个思想家不同时期的思想差异。他的区分首先是语言的区分，然后是思想的区分，最后是存在的区分。语言、思想与存在三者的区分正是三个不同维度的确立，三者既互相关联，更可互相独立，如此指明了思想道路的不同方向。彭富春对于语言的批判既是对于中西思想的回顾，亦是中西伟大思想的再现，更是当代中国思想的再创。此再现不是简单的重复，而是将此思想道路清晰地展示出来。这一展示是清理、重建和再创。比如将中国思想再现为儒、道、禅的整体，分别区分为人与人，人与自然，人与心灵三个部分。

该书分一般问题、中西思想、当代问题、思想经验四编。“一般问题”是作者用此新哲学方法对哲学、美学与文学基本问题的思考，具体有对身体、语言、游戏、爱与爱美的研究。“中西思想”不强调中西思想的同与异，而是旨在确立它的边界，既不找同，也不找异，而是寻找边界，亦即寻找中国思想新的起点。这部分既有对马克思、尼采、海德格尔的研究，也有对李泽厚、刘纲纪、邓晓芒思想的评论。其中《道的悖论》、《神如何言说》，《庄子、海德格尔与我们的对话》几篇堪称经典和美文，在结构上达到了完美，在思想上达到了精深。《当代现实》思考了在技术主义时代人的无家可归，回答了什么是当代，指出虚无主义、技术主义和享乐主义是其特征，对全球化、现代性、人的精神家园也作了具体而清晰的阐述。《思想经验》有《在海德格尔的家乡》和《巴黎艺术印象》两篇经历与思想结合的文章，也有关于读书、学习如何思考、谁是我等问题的回答。这虽然是作者对于哲学、艺术与读书的个人化经验，但对他人也有一定的启示意义。

［彭富春，1963 年生，任武汉大学哲学系教授、博士生导师，校学术委员会委员，此外还兼任清华大学道德与宗教研究中心研究员，台湾佛光大学哲学系客座教授。著有《无之无化》、《哲学美学导论》等 4 部著作、2 部译著及大量论文。］

学术成果·论文

巴黎手稿与马克思主义文化哲学

（黄力之　《学术研究》2005 年第 7 期）

在全球现代性问题凸显的当代，人类迫切需要一种能够使自己摆脱物欲主义控制的文化哲学理念，而巴黎手稿这样一个充满着人性、人道主义话语的文本，实际上也是一个文化哲学的纲领性文献，它普遍地接触并解决了文化哲学的基本问题。

由于“文化史情结”的存在，巴黎手稿没有直接界定文化，但是，在对世界进行类的区分时，马克思实际上把文化作为一个特殊的类划分了出来。被马克思加以区分的世界的类，有着非常明确内涵的，一个是自然界，一个是人，而另一个没有统一表述的类，那就是人的创造物，如“人化的自然”、“人类学的自然界”、“世界历史”、“人的本质的对象化”、“人所采取物化形式的本质力量”，等等，用文化的定义来衡量，这些实际上都属于文化的范畴，而且这还不是用来表述文化的种类，而是作为与文化同等程度的概念而存在的。

非常具有文化哲学意义的是，马克思的“人化的自然”、“人类学的自然界”、“世界历史”、“人的本质的对象化”等概念均产生于文化本身的历史起点，即人与自然的最初关系之中。马克思的思想表明，在文化研究中，必须始终抓住文化产生的人类学根源，从人与劳动实践的关系中探寻文化发展的规律，而不能只到意识、种族、地理环境中去寻找。

由文化研究的逻辑起点决定，巴黎手稿对文化的本质作出了“人的本质力量对象化”的阐释。人的生产劳动的总趋势是：人越来越能够按照自己的意愿改造客观对象，带有自由自觉的创造性质，带有实现自己的理想的性质，这样的能力与自我意识也就成为人的本质结构中的最重要的主体性规定。由于人化的自然是人的本质力量对象化的结果。因此，马克思说：“无论从理论方面，还是从实践方面来说，人的本质对象化都是必要的。”这样，文化的必要性也从人的提升的角度得到确认。

在科学地定位文化研究的逻辑起点并阐释文化的本质时，巴黎手稿还在辩证地批判异化的过程中确立了新型的文化价值理念。一般来说，文化是人的创造物，标志了人之异于动物的方面。但是，实际上，在文化的时间过程和空间分布中，文化并不是一个绝对化的人性标志，有的文化恰恰可能具有反人性的特征，或者可能对人的本质力量形成消解。

马克思在批判异化对人性的消解时，也正面地阐述了自己的真正的人的价值理念，即人在通过劳动实践更好地解决自己的生存问题时，也应该越来越获得对自己本质力量的自觉意识，充分地发展自己的本质力量——全面而非片面地占有自己的人性特征，“按照美的规律来建造”一个内在的世界和外在世界相统一的世界，这也就是先进文化的目标之所在。

该文的创新点：论证出马克思出于建构全新的唯物史观的需要，避免“文化史”观而较少使用“文化“概念；巴黎手稿尽管没有直接使用文化概念，但在实际上对文化哲学的基本问题已经作了很深入的研究；巴黎手稿表现出了与一般的文化哲学所不同的重要方面，即唯物史观的研究视角和共产主义的价值取向问题，展望了未来的文化价值理念，为分析一般文化哲学问题，以及为 21 世纪的马克思主义文化哲学打下了一个科学而且人文化的基础。

［黄力之，1950 年生，中共上海市委党校哲学部教授、哲学部主任，当代马克思主义哲学研究所所长。
通信地址：中共上海市委党校（200233）
联系电话：021－22881020
电子信箱：huanglizhi@ yeah. net］

本质的生成与生成的本质

（易小明 《社会科学战线》2005 年第 4 期）

我们反对绝对的本质主义的思维方式，也反对绝对的生成主义的思维方式，而主张二者的“有机”结合——因为本质和生成之间的关系就像本质与现象的关系一样，并不是相互分离的，而是相互联系、相互依存的，它们各有各的适用范围和使用情境。过分强调生成，只有过程、只有差异、只有发展，就会使生成绝对化，这种绝对化方式在更高的方法论意义上同样是一种本质主义的思维方式。它表面上是把世界当作无本质规定的生成的流体，而实际上是把生成当作了世界、事物的本质，即世界的本质就是不断翻新地生成。

本质是一事物区别于他事物的内在规定性，它肯定是存在的，并对事物的发展产生重要作用。例如，种子中的信息，就对种子今后的发展内容、发展状态作了某种规定，这就是所谓种豆得豆、种瓜得瓜，松树的种子决不会长出西瓜来。但是，这种先在性的本质也不是无历史地形成的，而是事物在时间流程中长年积累的结果，也就是说，这种先在性也是在更先的事物存在过程中生成和积累的。同时，种子的发展过程也不是封闭的，它是一个开放结构，这种开放结构注定它在今后的生长过程中根据各种不同的环境要产生一些变异，这些变异也是在其存在过程中不断地生成的。再者，先在的本质，它也有一个展开过程，这个展开的过程，对其之前形成的本质来说是本质的展开，对其之后的变化着的、开放的、未知的、不同的环境来说，也是一种生成，从前向后看是展开，从后向前看是生成。如果事物形成突变，我们就可以说是生成对于先前本质的发展与突破。突变就是一种创造，突变的形成是生成的、差异的量的积累达到一定程度之后而必然产生的本质变化。所以，突变其实就是生成的结果。突变的量的积累大小和积累方式与事物展开的未知性的大小、开放程度的大小、环境差异的大小等因素相关。事物在展开过程中其开放程度大、环境差异大、未知性大，事物形成突变量的积累就可能快些、大些，反之，事物在展开过程中其开放程度小、环境差异小、未知性小，事物形成突变量的积累就可能慢些、小些。

总之，本质主义思维方式与生成主义思维方式正如经典力学与量子力学一样，各有自己的适用域，对于这两种思维方式的运用，关键的问题在于如何认定它们的适用范围而不是设法用一种替代另一种。

［易小明，1965 年生，哲学博士，研究员，现任吉首大学政治与公共管理学院院长、伦理学研究所所长、差异与和谐社会研究中心主任、《吉首大学学报》（社科版）主编。发表论文 100 余篇。著有《社会差异研究》、《思想的河床》、《民族文化差异与经济发展》等专著。

通信地址：湖南吉首大学伦理学研究所（416000）

电子信箱：yxm1965@hotmail. com］

帛《易》源流蠡测

（刘大钧 《文史哲》2005 年第 4 期）

帛书《周易》经文和传文抄写的年代基本可界定在汉高祖至吕后执政的 20 余年间。今本《系辞》很显然是在帛本原文的基础上作了一些补充与修订。我们认定，今本“十翼”之文，是在帛《易》基础上修订完备而成，其时间大致在文景之后的武帝时期，即武帝立五经博士时或之后。马王堆帛本《易》的最可贵处，在于它尘埋 2000 余年，原封不动地保留了汉初隶写今文《易》原貌。我们经过考辨认定，此隶字《易》本，正是汉初田何所传之今文《易》本。首先，以时间考之，帛本写定于汉初，而田何为汉初唯一传《易》之人。其次，以学术归属考之，帛书传文各篇大量记载了孔子及其弟子论《易》之事，当是孔子及其弟子《易》学思想的反映，且帛《易》经传中的卦名，多与孔门所传之今本《序卦》、《说卦》、《系辞》等传文的训释相同，故而帛《易》

经传当为孔门所传，而田何正是汉初孔门易学的传人。

汉初田何授《易》于王同、周王孙、丁宽、伏生四家。我们认为，帛本《易》当属周王孙《周易》"古义"号《周氏传》者的可能性较大，但也不排除其他的各家。且经本人考证，与今本卦序全然不同的帛本卦序，与京氏易的八宫卦序有关系，可以断定，帛本卦序是为占筮而设，当属田何当初为讲筮法而特定的一种经文本子。帛本《易传》记录了孔子在占筮问题上"后其祝卜"的态度及其"观其德义"的易学研究方法，对后人治易产生了重大影响。由此我们明白了，秦时尚定位为"卜筮之书"的《周易》何以到了汉代被重新定位为"洁净精微"之书，而成为"众经之首"、"大道之源"。我们认为，由于师祖孔子对祝卜史巫"乡之而未也，好之而非也"的否定态度，故当初田何传《易》，只将孔子所倡之"今义"公开传授，而"古义"则只传于个别弟子，此即为丁宽从田何学易之后何以又到同门周王孙处学"古义"的缘由。当汉武帝独尊儒术而立《易》博士时，田何所传王同"今义"的一派得立。估计他们凭借官学的权势，在整理《周易》传文资料时将一些古义的内容全部删去，将田何之前传古义的人皆从传《易》者名单中删去。据此，我们明白了《汉书》何以力求摆脱田何诸弟子与"阴阳灾变书"的关系。当今义派得势后，古义派只能流落于民间了。

［刘大钧，1943年生，中国周易学会会长，教育部人文社会科学重点研究基地山东大学易学与中国古代哲学研究中心主任、教授，中国哲学专业博士生导师，《周易研究》学刊主编，北京大学兼职教授。
通信地址：济南市山东大学易学与中国古代哲学研究中心（250100）
联系电话：0531－88364829
电子信箱：yistudies@ 126. com］

创新文化与科学观的转变

（孟建伟 《中国人民大学学报》2005年第4期）

所谓创新文化，说到底就是能够最大限度地激励或激发人们去创新的文化。对于科技领域来说，就是能够最大限度地激励或激发人们进行科技创新（特别是重大的原始性创新）的文化。创新文化不仅涉及制度层面和物化形式层面，而且更重要的是涉及精神理念和价值层面。就精神理念和价值层面而言，当代流行的科学观颇值得我们深刻反思。这些流行的科学观包括实证主义科学观、功利主义科学观和后现代主义科学观等等。就创新文化这一主题而论和就对当代中国的影响程度而论，我们尤其需要反思的是前两种科学观，即实证主义科学观和功利主义科学观。这两种科学观对当代中国的影响很大，并具有很大的偏颇性，这种偏颇性同创新文化的理念是根本不相容的。

所谓科学观的转变，其最深刻的含义之一就是，从单一强调科学的实证性和逻辑性的实证主义科学观，向既强调科学的实证性和逻辑性，又强调科学的思想性和创造性，并以前者为基础、以后者为主导的新的更加全面的科学观转变。这种新的科学观将吸取实证主义科学观的合理因素，同样高度重视科学的实证性和逻辑性，以保证科学的客观性、严谨性和严格性，这是科学之所以成为科学的基础。但是，它认为对科学而言，思想性和创造性是首要的、第一位的，实证性和逻辑性是其次的、第二位的；前者是科学的灵魂，是科学最本质的东西，后者则是科学的形式，是对前者的论证或检验，是为前者服务的。思想性和创造性将永远在科学中起主导作用。

所谓科学观的转变，其最深刻的含义之二就是，从单一强调科学的工具性和功利性的功利主义科学观，向既强调科学的工具性和功利性，又强调科学的文化性和精神性，并以前者为基础、以后者为先导的新的更加全面的科学观转变。这种新的科学观将吸取功利主义科学观的合理因素，同样高度重视科学的工具性和功利性，强调以最大的努力促进科学与社会之间在经济和技术层面的互动关系，从而最大限度地推动科学与社会的进步和发展，这是科学与社会之间关系最根本的基础。但是，它认为科学首先是一种独特的文化和精神创造，其次才能够体现它的工具性和功利性。正是这种文化性和精神性，构成科学内在的动力、目的、意义和价值，构成科学的理想和精神，构成"科学的生命"；正是这种文化性和精神性，使得科学与社会之间的互动关系不仅仅局限在技术上和经济上，而且还深刻地体现在文化上和精神上。文化性和精神性将永远在科学中起先导作用。

总之，创新文化呼唤着科学观的转变。只有从根本上克服并超越狭隘的实证主义和功利主义科学观，树立上述新的更加全面的科学观，才能真正地深化创新文化建设，切实推进科技创新活动。

［孟建伟，1955年生，浙江绍兴人，哲学博士，中国科学院研究生院人文学院教授、博士生导师，主要研究方向为科学文化、科学哲学与文化哲学。］

当代儒学知识化维度的重构

（李祥俊　《河北学刊》2005 年第 4 期）

儒学在传统中国社会的存在是全方位、动态发展的，对其加以剖析，可以看出其中存在着生活化、德性化、知识化、制度化、超越化等不同的发展维度。知识化维度构成儒学发展的重要一翼，由之而形成的儒学知识形态成为中国传统学术的主体。讨论儒学的知识化维度不是要考察儒学的知识论，更不是要用现代知识论去分析、解释儒学，而是从知识社会学的角度对儒学发展历程中存在的一种不断向知识形态转化倾向的反思。

儒学的知识化维度是从其动态的发展倾向上讲的，而从其静态的发展结果上看，则呈现出儒学独具特色的知识形态。传统儒学的知识形态具有丰富的内涵，汉唐儒家经学、程朱理学与乾嘉汉学等都是包罗万象的学术体系。东汉时期，班固依据汉代古文经学旗手刘歆的《七略》改写而成《汉书·艺文志》，它以儒家六经之学包容诸子、诗赋、兵书、数术、方技之学，形成了一个规模宏大的知识体系。而隋唐以后在儒学学术观影响下确立的经、史、子、集的知识分类，也同样是一个包容性很强的知识体系。

近代以来，西学东渐，西方近代以来形成的学术体系被作为唯一可能的选择而被中国社会接受，儒学的知识形态彻底边缘化。在这样的大趋势下，作为动态发展倾向的儒学的知识化维度已不复存在，儒学的知识形态已是“昨日黄花”，只能成为现代学术体系下各门学科研究的对象，至多也只能作为现代学科发展的辅助材料。作为动态的儒学知识化维度的静态结果的儒学知识形态，与作为现代学术体系下各门学科研究对象的儒学知识形态，完全是不同的两回事。传统儒学的知识形态是儒学发展过程中的产物，有着自身发展的内在体系，是一个不断生成变化的活的体系。而现代中国社会、学术语境下的儒学知识形态基本上是一个断裂了的传统。

在当代中国的学术谱系、学术发展态势下，从儒者的视野去理解自然、社会、人生，重建儒学的知识形态，促进儒学的进一步发展，这本身有很大难度，但也存在着发展的契机。作者认为，有两种可能的途径可以尝试。一种途径是，在现代的主流学术体系中，强调中国特色，建构起传统儒学知识形态与各门具体学科之间的内在关联，不把儒学知识形态作为现代学科的原材料、研究对象，而是作为现代学科知识谱系本身的内在成分；另一种途径是，破除单线进化的现代学术体系拜物教，借鉴当代学术思潮中的多元主义与文化融合论，给传统儒学知识形态的自身发展保留一定的生存空间，让其按照自身的理路继续发展。

［李祥俊，1966 年生，北京师范大学哲学与社会学学院副教授。
通信地址：北京师范大学哲学与社会学学院（100875）
联系电话：010－62208367
电子信箱：ph_ lxj@263. net］

当代英美语言哲学中的指称问题

（江怡　《江苏行政学院学报》2005 年第 4 期）

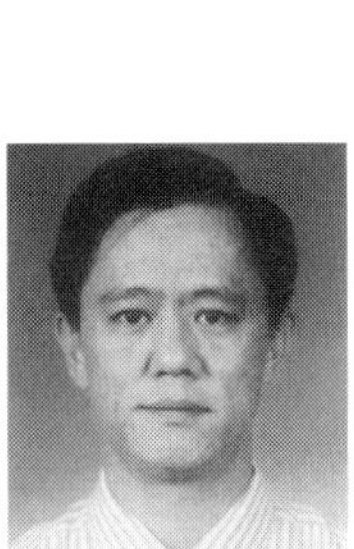

指称问题是当代英美语言哲学中的一个重要问题，与意义问题密切相连但又有区别。意义问题谈论的是语词和句子的意义从何而来或它们的意义究竟是什么，涉及到的是语言哲学的核心问题；而指称问题则与外在世界有关，涉及语言与世界或实在的关系。但由于要处理意义问题最终就要关系到指称问题，因而，实在论与反实在论在这个问题上展开了激烈的争论：一方面，实在论认为，指称的可能性在于语言与外在世界或实在之间有同构关系，因而我们可以用语言去指称外在的对象，这方面的代表人物是罗素、摩尔、普特南、克里普克、戴维森等人；另一方面，反实在论则认为，“指称”概念本身就是荒谬的，或者说是多余的，因为我们在实际生活中并不关心语词是否指称对象，而是关心我们的语言是否完成了我们所希望完成的言语行为等，这方面的代表人物是奥斯汀、赖尔、蒯因、达米特等人。

指称问题也是与形而上学有着最为直接关系的部分。指称问题不仅涉及语言的意义，而且关系到对象的存在以及对象与语词之间的关系等问题。在现代语言哲学中，指称关系被看作是一种使用关系，是人们对语词的一种用法而已。实在论与反实在论在指称问题上的分歧的焦点集中在对于指称关系是否存在外在的标准问题。通过分析谓词在主谓结构中的作用，该文论证了谓词并不具有通常认为的指称功能，由此说明指称问题通过分析是可以得到消除的。在认识论中，指称问题可以化解为对具体名称和语句的使用问题，而在逻辑中，指称问题实际上与存在谓词有关，但现代逻辑已经证明，存在并不是一个谓词，所以，指称问题也就没有地位了。

［江怡，1961 年生，中国社会科学院哲学所研究员，博士生导师。
通信地址：北京市建国门内大街5号中国社会科学院哲学研究所（100732）
联系电话：010－85195520
电子信箱：jiangyi0512@hotmai1.com］

当前我国马克思主义哲学研究的三个误区

（汪信砚　《哲学研究》2005 年第 4 期）

该文认为，近年来，国内哲学界马克思主义哲学创新的呼声日趋高涨，人们在马克思主义哲学研究中也已有了越来越明确的创新意识。但是，要实现马克思主义哲学创新，仅有创新意识是远远不够的，还必须本着科学的态度、遵循正确的方向和原则进行艰辛的理论探索。否则，人们非但不能创新马克思主义哲学，反而还会陷入这样那样地妨碍着马克思主义哲学创新的理论误区。事实上，在近年来的马克思主义哲学研究中，已经出现了各种各样的理论误区。

误区之一：教科书批判情结

首先，教科书批判情结的态度是非历史的。一些有教科书批判情结的人不对以往的教科书作具体的、历史的分析，无视它们的历史地位和作用，对它们全盘否定、大加讨伐，这至少是粗暴地割裂了中国马克思主义哲学发展的历史。

其次，教科书批判情结给我国马克思主义哲学教学带来了很坏的影响。一方面，一些人在用各种激烈尖刻的言辞否定各种教科书；另一方面，我们又只能用这样的教科书去从事马克思主义哲学教学。在这样一种情况下，我国马克思主义哲学教学的总体效果是可想而知的。

再次，教科书批判情结不利于我国马克思主义哲学的创新。直到今天，一些人仍然还在通过奚落教科书来显示自己在马克思主义哲学研究上的创新，这实际上是自觉不自觉地将是否超越了“教科书体系的马克思主义哲学”作为衡量我国马克思主义哲学研究创新与否的标准。如果满足于这种水准，那必然会使我国马克思主义哲学研究平庸化。

误区之二：形式主义的“学术性诉求”

有人说：“‘政治淡出，学术凸显’已成为近年来学术界心照不宣的流行话语。”近年来，我国马克思主义哲学研究中所谓的“学术性诉求”，正是在这一背景下出现的。因此，与一些人的判断相反，它不是什么“学科意识觉醒”的产物，而是一些研究马克思主义哲学的人面对上述所谓的“流行话语”或马克思主义哲学取消论的冲击和挤压而采取的一种消极应对策略。

如果沉迷于上述那种纯形式主义的“学术性诉求”，我国马克思主义哲学研究是没有前途和希望的。要实现我国马克思主义哲学创新，就必须突破那种对学术的纯形式主义理解，特别是要破除那种对学术与政治、学术与现实关系的狭隘看法，注重从当代世界和当代中国的现实、特别是从全球化和中国现代化建设实践中获取“真正的内容”。其实，哲学研究不仅不能脱离现实，而且也不应回避政治。比如说，对于当代中国社会来说，现代化建设既是最大的政治，也是最大的现实。如果要让这种“政治”也从我国马克思主义哲学研究中“淡出”，那么，我国马克思主义哲学研究的必要性或合法性本身就会受到挑战和质疑。

误区之三：对洋教条的迷信

对洋教条的迷信，在我国马克思主义哲学研究中也有多种表现，而最主要的有以下三种：

一是用西方哲学的概念或理论来解读和阐释马克思主义哲学。

二是依据西方哲学家的观点来评判马克思主义哲学。近些年来，在对马克思主义哲学、特别是在对马克思哲学思想的评价上，一些研究马克思主义哲学的人常常以某些西方哲学家之是非为是非，而很少对这些西方哲学家们的是非观作具体的分析。这种形式的洋教条迷信，至少反映了人们对马克思主义哲学缺乏应有的自信。有这种形式洋教条迷信的人不懂得或忘记了这样一个简单的道理：如果马克思主义哲学的真理性和价值要靠现代西方哲学家来担保的话，那么，马克思主义哲学早就被扼杀于襁褓之中，因为从其诞生之日起马克思主义哲学就一直受到现代西方哲学各个流派的诘难和挑战。正是在与现代西方哲学家们的论战中，而不是在他们的赞誉和喝彩声中，马克思主义哲学逐渐在世界范围内得到了广泛的传播，并显示出了非凡的理论生机与活力。

三是以与现代西方哲学的同质性来论说马克思主义哲学的现代性。在形形色色的马克思主义哲学“过时论”粉墨登场的情况下，马克思主义哲学的现代性问题成为近年来我国马克思主义哲学界关注的一个重要问题。但是，一些人竟以马克思主义哲学与现代西方哲学具有同质性来为马克思主义哲学的现代性辩护，来论说马克思仍然是我们的同时代人。在这些人看来，马克思不仅是现代西方哲学的先驱，甚至还开了后现代主义哲学“现代性批判”的先声。总之，现代西方哲学中什么东西时髦，人们就会把什么东西“追溯”到马克思的哲学革命。这种形式的洋教条迷信，其实是对一种幻影的迷信，因为现代西方哲学只是现时代的哲学，而现时代的哲学并不必然具有现代性；现代性并不是一个只具有时间规定性的概念，一种哲学的现代性只有在其与时代的问题和需要的关系中才能得到确定。

上述种种洋教条迷信，实际上是马克思主义哲学研究中那种形式主义的“学术性诉求”的必然归宿。因为正是这种所谓的“学术性诉求”，使一些人日益失去了对时代的关切和对现实生活世界的兴趣，同时也使他们日益失去了对于马克思主义哲学的信心。同时，它们也是一些人在马克思主义哲学与西方哲学的“对话”中丧失了自己的原则和立场的表现。这种所谓的“对话”，不仅无益于马克思主义哲学的创新，而且还可能使马克思主义哲学丧失其精髓。

［汪信砚，1961 年生，现为武汉大学珞珈特聘教授、哲学学院博士生导师。出版《认知的两极性及其张力》、《科学美学》、《科学价值论》等著作，发表论文 130 多篇。］

对中西比较美学的几点反思

（邓军海　《文艺理论研究》2005 年第 4 期）

我国学界大部分比较美学著作，严格说来，仅仅是中西美学比较，而不是比较美学。

比较美学和美学比较不同。比较美学的重点在于美学，旨在寻求一种超越民族立场的人类普遍美学，所以其视野是普遍主义的。在这种普遍视野中，中国美学的“美学性”是首要的，也是主要的。中西美学比较的重点在于比较，旨在使中国美学摆脱“西化”威胁，其理论视野是民族主义的。在这种视野中，中国美学的“中国性”是其关注焦点。

我们之所以将中西美学比较当作比较美学，是由于我们都接受了近代中国历史的一个遗产——中西对立，并无意识地将其作为比较美学的理论预设。这样，我国学界的比较美学研究呈现如下特征：

1. 在比较范围上，将中西比较当作比较美学的全部内容。这种策略虽然为中国美学谋求到了和西方美学同等的对话席位，却将伊斯兰、印度等文化群体的美学以一个“其他”打发掉了。这样，在追求平等的同时，却制造了另外一种不平等。

2. 将中西差异夸大为中西对立。以“天人合一”与“天人对立”作为中西文化的根本差异，以为只要抓住这一差异就可以解释一切差异。事实上，这种概括与其说是在描述中西差异，不如说是描述理想与现实、古典与现代的差异。

3. 假设了一个“一体的中国”和“一体的西方”的存在，而没有顾及中西文化各自的时代和地域差异。

4. 强人政策。“强人政策”是在比较研究领域的一个禁忌，亦即：为了加强本土文化信念，加强自己的文化意识，就用自己文化中的精英来同其他文化（特别是敌对文化）中的侏儒来比高低的研究策略。把中国文化定性为审美文化，恰好犯了这个禁忌。

5. 以西方美学作为中国美学的唯一参照系，中国美学依然不独立。“有美无学”论，就是其典型之一。

6. 以中国美学的民族特殊性来解构西方中心主义。然而，片面强调中国美学的民族特殊性的结果是，消解中国美学的理论普遍性，并无形中强化了西方中心主义。

总之，中西对立不但使得我国的比较美学研究只注重比较而忽略了美学，而且也使得民族主义诉求压倒了学术探讨。要完成中国传统美学的现代转化，必须从美学比较走向比较美学。这不仅意味着我们要走出中西对立，寻找更多他者，也意味着我们要在人类普遍视野中，发掘中国美学的普遍性因素。这不仅仅是因为全球化语境中，国家美学和国家文化的时代会逐渐成为过去，也是因为中国美学的视野原本就是普遍的。

［邓军海，1971 年生，武汉大学哲学学院博士后，讲师。
通信地址：武汉大学哲学学院（430072）
联系电话：022－84658930
电子信箱：djhtongzhi@126.com］

黑格尔辩证法与柏拉图辩证法关系之阐释

（朱进东 《南京社会科学》2005年第2期）

柏拉图视处于认识最高等级的理性为辩证法，认为可直接把握理念的辩证法是关于存在（可知世界或理念世界）的科学；“日喻”、“线喻”和“洞喻”既显露出柏拉图的认识论与本体论的契融，又把辩证法家从诡辩家中提升出来。因此，完全撇开本体论肯定无法领悟柏拉图的辩证法的方法论的特质，不过黑格尔所关注的是柏拉图辩证法中的否定性。

在黑格尔眼中，考察纯思想本身被柏拉图称为辩证法。与苏格拉底把“共相”提到人的意识面前不同，柏拉图要使一个普通的表象得到意识，而普通的表象领域，即为黑格尔后来表述的“颠倒的世界”（die verkehrte Welt），不同于理性、纯概念领域，有其自身的标准。柏拉图的洞见在于认为理性的东西为唯一的实在以及感性的东西为非实在。柏拉图的辩证法的使命在于搅乱并消解人们的有限表象，以便在人们的意识中引起对真实存在的科学要求；在于对那由搅乱特殊性的东西而产生的“共相”。

和智者派停留在否定中的形式的哲学思维的辩证法（虚无艺术）不同，柏拉图的辩证法对“共相”的把握实即否定之否定。在“共相”中，随着“矛盾的消解”，“共相”自身就被界定为消解了矛盾和对立面的东西，同时也就被界定为具体的或本身是具体的东西。之所以说这乃是柏拉图辩证法的精华所在，在于这种思辨的辩证法达到了纯思想，在于纯思想要对“理念”做出明确具体的规定。就达到纯思想或达到思维中的具体而言，这构成了黑格尔乃至马克思辩证法的重要内容。

与巴门尼德仅证明“有”的存在不同，柏拉图证明“非有”亦存在；真实存在者分有“有”，而分有者既不同于“有”又异于“非有”；真实的东西恰恰是“具有运动、生命和灵魂的思维”。在黑格尔看来，当柏拉图将快乐与智慧或理念对立起来考察时即探讨了有限与无限的对立；而黑格尔关于理性（真）无限和知性（恶）无限的论述是有关共相的进一步规定，并以绝对精神彻底消解柏拉图论述共相时留下的形式主义痕迹。

在黑格尔那里，“最内在的实质”恰是柏拉图常常加以讨论的“有”与“非有”、“一”与“多”等的结合。不过黑格尔的思辨辩证法是对否定之物的展开论述。即便是在柏拉图《巴门尼德篇》中有时也以“无”为结局，而内在否定性思想构成黑格尔辩证法思想的灵魂。《精神现象学》中对规律与现象王国的分析，再现了柏拉图的理念世界和现实世界。辩证法预示着偶像的黄昏，但“思想”未必如海德格尔所言“是理解的死敌”。

［朱进东，1956年生，南京航空航天大学人文学院教授，政治学系主任。著译《马克思和蒲鲁东》、《黑格尔》、《20世纪思想史》等8部。
通信地址：南京航空航天大学人文学院（210016）
联系电话：025－84894891
电子信箱：jdzhu1956@126.com］

胡塞尔与当代西方美学

（程金海 《阴山学刊》2005年第3期）

胡塞尔所确立的现象学方法和观念已经作为当代西方人文科学各个领域不可忽视的理论背景。然而，在对他之于西方当代美学的影响方面，研究情况并不理想。人们除了在对某一美学流派或美学家的思想作来源介绍时提及胡塞尔的影响之外，专门的研究几乎未能见到。但要对此问题作一个明确的研究将面临以下几个困难：一是他本人并没有美学方面的专论和专著；二是胡塞尔的思想本身极为丰富和庞杂；三是一些学者把他的思想落实到美学中的时候，多半不是系统性的，而是局部的、选择的、对个别观念的借用，有时二者之间的关系并不是很明确。该文仅就胡塞尔思想中的主要方面对当代西方美学的影响展开论述，并且集中在受胡塞尔影响比较明确的几个美学流派，以凸显胡塞尔对当代西方美学的重要意义。现象学的基本观点是：主观与客观是统一的，意向性理论是这种观点的集中体现。胡塞尔正是以意向性理论为基础来构建他的哲学大厦的。因此，下面涉及的现象学对审美对象的存在等几个方面的影响，只有从主客统一的角度才能得到明晰的线索，意向性成为我们论述的重要开端。胡塞尔对西方现代美学的影响主要体现在以下四个方面：意向性理论与审美对象的存在形态；形式价值论与审美价值论；主体间性理论与审美主客体关系；生活世界理论与艺术的审美功能。本文通过考察胡塞尔对现象学美学、存在主义美学、解释学美学的影响，力求凸显胡塞尔对当代西方美学的重要贡献。

［程金海，1973 年生，上海理工大学新媒体研究所讲师。
通信地址：上海市上海理工大学出版印刷学院（200093）
联系电话：021－65690114
电子信箱：horos@163. com］

科学中的审美主义

（肖鹰　《文艺研究》2005 年第 1 期）

该文认为，当我们审视 20 世纪科学中的审美主义思潮时，我们必须同时考虑到与之相联系的另一种科学思潮——科学观念的艺术形而上学转向。

我们可以在下面三个层次分析 20 世纪科学中的审美主义与艺术形而上学的联系和矛盾：

1. 科学方法论。在这个层次上，审美主义与艺术形而上学更多地表现了两者的一致性，它们共同针对经典科学方法论表现出一种革命意识。

2. 科学真理观。在这个层次上，审美主义与艺术形而上学展开了对立，爱因斯坦与海森堡的争论是两者对立的表现。代表审美主义，爱因斯坦表现了对经典科学真理观的坚守；代表艺术形而上学，海森堡则表现了对经典真理观的浪漫主义革命。

3. 宇宙图景。在这个层次上，审美主义与艺术形而上学的冲突进一步表现为基本宇宙观念的冲突，同时也涉及到科学理论选择的人文基础。

在西方科学史上，自亚里士多德到爱因斯坦都相信我们生存于其中的宇宙是静止不变的。用爱因斯坦本人的话说，审美主义则以一种“宇宙宗教”的虔诚坚持经典科学的整体性和确定性原则，竭力维护传统稳定、和谐的宇宙图景。与之相反，科学的艺术形而上学转向充分展示了 20 世纪科学创造中的前理性的冲动和力量，推动了不稳定、甚至随机的宇宙图景的描绘。根据霍金在《时间简史》中的论述，不确定性原理、大爆炸理论、对称性破缺原理等 20 世纪的新科学（物理学）理论向我们揭示了一个新宇宙图景。在这个新宇宙图景中，人只是生活在一个非常狭小的、起伏较少、相对平滑的区域——一个适宜智慧生命存在的世界，享受着在不确定性原理极限内的秩序性和确定性。对于这个缺少确定性的宇宙，人类不能根本认识它，只能说：“我们只是以我们的存在为前提来理解这个宇宙。”

科学不仅要解决人对于自然世界的无知的问题，而且要面对人在世界中存在的意义（目的）的问题。海森堡晚年也说，虽然科学技术只能用作达到某个目的的手段，但其结果却决定于使用它们的目的是否善良；目的不能由科学技术内部来决定；我们必须从整个人类和人类的整个实在的观点出发，而不是从它的一小部分出发来作出决定，否则我们将完全误入歧途。一个真正可以理解的宇宙，必须同时是一个显示出对人有意义的宇宙。科学本身是可以无限发展的，用海森堡的话说：“科学为扩展而斗争。”但是，从人的意义需要，从人类的整体观念出发，科学的发展又是应当受到人性的限制或指导的。

20 世纪科学的发展带来的不仅是科学观念的变革，而且还动摇了作为人的内在基础的宇宙信念—— 一个稳定和谐的世界。在 20 世纪科学—文化背景上，爱因斯坦所代表的科学的审美主义，不仅具有在科学体制内部坚持经典科学原则的意义，而且包含了深刻的人性理想和形而上学动机。它的意义超越了科学领域，是在面对科学揭示的宇宙图景的无限性和不确定性时的一次对整体性和确定性的激情的维护。它的确在这个无神时代具有宗教的意义，而且是一次悲剧性的抗争。因此，我们应当在坚持人类关于世界的整体信念的意义上，来理解 20 世纪科学的审美主义运动，而不能只限于科学内部来认定其是与非。

［肖鹰，1962 年生，哲学博士，现为清华大学哲学系教授，北京大学美学与美育研究中心研究员。主要研究领域：美学、当代文化。已出版著作《形象与生存》、《真实与无限》、《美学与艺术欣赏》、《中西艺术导论》。
通信地址：清华大学哲学系（100084）
电子信箱：xiaoying@tsinghua. edu. cn］

“跨文化历史语境”与当今中国文化言说者的基本立场

（牛宏宝 《人文杂志》2005年第4期）

该文认为，只有彻底清理出鸦片战争之后中国文化发展所置身其中的话语场所以及该话语场所的基本规定，方能从根底上指出中国文化发展的现代归路。

一、“跨文化历史语境”与中国意识的危机

1840年迄今，中国文化陷入了一个什么样的文化历史语境呢？我们从三个“话语事件”的个案分析昭示出这个历史语境。

第一个个案分析揭示了用佛教进入中国的模式来解释“五·四”以后中国遭遇西方文化的历史的不正当性。第二个个案分析揭示了20世纪中国现代文化不断产生的如“中国有没有哲学?”“中国有没有科学?”等一系列根本性的自我质询问题的话语形成机制——跨文化语境。第三个个案分析揭示了哲学学科在中国的设立以及原来居于至尊地位的经学、理学被贬低为哲学的局部从而使它们边缘化的学科建制过程中“跨文化语境”的作用。

结论：1840年以后中国文化进入了一个比本土“轴心话语”更大的“跨文化历史语境”。

二、“跨文化历史语境”的基本底蕴

首先，它意味着“轴心话语”言说世界的终结，在“跨文化语境”中，每个原来独立的、封闭的文化体都会遇到一个或多个以主体身份卷入的异文化“他者”。

其次，“跨文化历史语境”成为文化发展的基本方式：它对任何卷入其中的文化体进行的都是跨文化的阐释、配置和可能性意义空间的拓展。一个文化体的身份确认必须在“跨文化语境”的解释、配置和编码中重新建构。

其三，在“跨文化历史语境”中，一方面，每一种文化体都会感到自己的文化疆界扩大了；另一方面，本土文化的唯一性、神圣性和“中心”的地位却降低了，那些在“轴心时代”形成的本土资源面临着被重新解释、重新编码和重新配置的命运。

其四，任何文化都承担着对历史之可能性道路和空间的开启——“问道”使命，在“跨文化历史语境”中，对“历史之可能性道路和空间的开启”，不是在封闭的、狭隘的环境中进行，而是在这个开放的、充满竞争和冲突的历史语境中进行。

其五，在“跨文化历史语境”中，任何文化的发展立足点都不能简单地放在“传统根基”上，而必须放在“对问题追问的优先性”上，是对“问题的追问”引导人们前进，引导人们探求一种道路，而不是用“传统的神圣”来限定或规范其道路。这样，原来属于“他者”的资源和本土文化资源，才能克服“地域局限”或“异己”身份，而被整合进“对问题追问”的公共领域。

三、当今中国文化言说者的立场

基于“跨文化历史语境”的基本规定，当今中国文化言说者应采取如下基本立场：

第一，自觉地完成从凝滞于自家传统的“轴心话语”立场向“跨文化历史语境”的开放立场的转变，在“跨文化历史语境”的牵引下拓展和阐释出中国现代文化发展的“可能性意义空间”。第二，对“跨文化历史语境”所包蕴的阐释学对话关系做深湛的理解，以超越中西之间的二元对立、“西方挑战中国应战”的思维模式，把本土文化和异域文化“他者”均纳入到“跨文化历史语境”的阐释学对话中。第三，传统中国的本土文化要获得现代意义，成为中国文化发展的有效资源，它就必须在“跨文化历史语境”中被重新解释、重新编码和重新配置，方能获得新的意义，才能摆脱地域性走向世界。

该文的创新点：

1. 揭示出中国文化发展的话语场所已经由“轴心话语”向“跨文化历史语境”转换。

2. 认为历史语境对于置身其中的任何因素具有规定其意义、配置其空间、塑形其发展模式、施加左右其发展方向的力的结构性功能，并揭示了“跨文化语境”的基本底蕴。

3. 认为摆脱“轴心话语”，接受“跨文化历史语境”的重新解释、重新编码和重新配置的结构力量，才能对中国文化的未来命运作出有效的规定。

［牛宏宝，1960年生，中国人民大学哲学院教授。
通信地址：北京市中国人民大学哲学院（100872）
联系电话：010－51159528
电子信箱：niuhb@ruc.edu.cn］

莱布尼茨—沃尔夫体系与德国启蒙运动

（赵林　《同济大学学报》（社科版）2005 年第 1 期）

受康德哲学对独断论的批判的影响，人们通常对莱布尼茨—沃尔夫体系持一种贬抑态度，过分强调该体系在哲学上所导致的理性主义独断论倾向，却忽略了它对于德国启蒙运动的重要推动作用。该文认为，莱布尼茨—沃尔夫体系作为一种理性主义独断论，对于18 世纪上中叶德国思想界中占统治地位的虔敬主义神学和信仰主义独断论进行了猛烈的冲击。该体系坚持一种理性万能的态度，认为人可以通过提高自己的理性能力而达到对整个世界包括上帝和灵魂的认识，而这个提高自身理性能力的过程就是德国人所理解的启蒙。这种理性主义独断论为18 世纪中叶以后德国思想界中哲学对神学、理性、对信仰的一般性批判开启了先河。沃尔夫还把这种独断论的理性主义与德意志的民族语言结合起来，从而把德语由一种蛮族的语言提升为表达哲学思想的最深刻的语言。在这种理性主义独断论的影响之下，德国的启蒙思想家如莱马卢斯、莱辛等人把对《圣经》的历史考证和理性批判作为开端，试图将普世性的理性主义与德意志民族特有的宗教虔诚辩证地统一起来，以一种比法国启蒙思想家更加深刻的方式来推进德国的启蒙历程。该文后半部分重点论述了德国启蒙运动的重要代表人物莱辛对待理性与信仰之关系的辩证思想，莱辛试图在这相互对立的二者之间达成一种妥协，他以一种历史主义的眼光考察了上帝对人类所实施的教育过程，其目的是为了把理性与信仰辩证地统一起来。莱辛试图建立一种实践理性宗教的愿望及其在对立之中实现同一的辩证思想，对于康德、黑格尔等德国古典哲学家产生了极其深刻的影响，而且也为德国启蒙运动在理性主义与宗教虔诚之间保持一种适当的张力提供了典范。

［见第 436 页赵林简介。］

“理”能否活动？

——李退溪对朱子理气论的诠释

（李明辉　《现代哲学》2005 年第 2 期）

“四端七情之辩”是朝鲜儒学史中最重要的一场辩论。这场辩论在朝鲜时代延续了 500 年之久。其中最主要的两次辩论发生于朝鲜时期的李退溪（名滉，1501— 1571 年）与奇高峰（名大升，1527—1572 年）、李栗谷（名珥，1536—1584 年）与成牛溪（名浑，字浩原，1535—1598 年）之间。在李退溪与奇高峰关于“四端七情”的辩论中，双方均援引朱子的文献作为论据，且自认为忠于朱子的观点。这其中最关键的问题是：“理”能否活动？

在朱子的性理学中，“理”是静态的存有原则，是只存有而不活动；惟有“气”能活动。奇高峰坚守朱子的立场，主张四端与七情的同构性。李退溪则援引根据朱子“四端是理之发，七情是气之发”之说，强调四端与七情的异质性，并提出“四端，理发而气随之；七情，气发而理乘之”之说（亦称为“理气互发”之说）。然而，李退溪却未意识到：在朱子理气论的架构中，“理之发”与“气之发”之“发”有完全不同的涵义：“理之发”的“发”意谓“理是四端的存有依据”；“气之发”的“发”则意指心理学意义的“引发”，谓七情是由气之活动所引生。前者是虚说，后者方是实说。因此，李退溪对于“四端”的诠释预设了一套与朱子性理学系统不同的义理架构，虽然合乎孟子的文本，但却脱离了朱子的基本立场。

到了晚年，李退溪又藉由诠释朱子的“格物”说，强调“理能自用、自到”之义，并且主张：“无情意、造作者，此理本然之体也；其随寓发见而无不到者，此理至神之用也。”在其《答李公浩问目》中，他又将朱子“理有动静，故气有动静”之说诠释为：“‘无情意’云云，本然之体；能发能生，至妙之用也。向也但有见于本体之无为，而不知妙用之能显行，殆若认理为死物，其去道不亦远甚矣乎?”在李退溪与其弟子李宏仲的答问中，他又批评朱子弟子陈淳“恻隐，气也；所以恻隐，理也”之说，而主张：“理发为四端，所资以发者气耳；其所以能然，实理之为也。”这些说法均明白显示，李退溪承认理具有活动性。

总而言之，李退溪虽无意挑战朱子的权威，但由于他主张四端与七情的异质性，故不得不将“理之发”之“发”当作实说，并赋予理以某种活动性，而于不知不觉间逸出了朱子理气论的架构。然而，当他面对奇高峰的质疑时，他又不时诉诸朱子的权威，而显得左右摇摆，反不若奇高峰之一贯坚守朱子学说的立场。

［李明辉，1953年生，哲学博士，中央研究院中国文哲研究所研究员暨台湾大学国家发展研究所合聘教授。主要著作有《儒家与康德》、《儒学与现代意识》、《康德伦理学与孟子道德思考之重建》、《当代儒学之自我转化》、《康德伦理学发展中的道德情感问题》（德文）等。］

历史虚无主义重新泛起的透视

（梅荣政　杨军　《马克思主义研究》2005年第5期）

梅荣政

本文分析了历史虚无主义思潮重新泛起的背景、表现、特点等，运用唯物史观对历史虚无主义的基本观点——“历史选择论”进行了评析，提出要科学认识中国近现代的革命、建设和改革历程。

文章认为，历史虚无主义重新泛起有复杂的国际国内背景。近年来，我国出现了各种各样的思潮，如个人主义思潮、民族主义思潮、新自由主义思潮、民主社会主义思潮和新文化保守主义思潮，等等。它们借理论创新、学术创新之名，提出种种思想观点。尽管主张各异，却都致力于消解马克思主义的指导地位，有共同的反对社会主义基础，在一定条件下能够转化和统一。历史虚无主义与这些思潮相呼应，其作用在于否定近代以来中国历史，直接质疑中国近代以来的历史选择和发展道路，质疑社会主义的历史必然性和合理性，这更带有根本性质。

历史虚无主义思潮显示了以下特点：第一，在内容上，概括地讲就是两个否定：否定中国革命的必然性，否定中国革命和社会主义建设的历史进步性；反对暴力革命，鼓吹改良，主张中国现代化以英美为师，全盘西化。第二，在方法上，一是以历史选择论为指导，以假设为前提，把现象当本质，根据历史现象的表面特征进行主观臆想得出所谓“新结论”。二是把支流当主流，以点概面、以偏概全，随意放大一些历史事实，以达到否定的目的。第三，在思维方式上，对凡是在马克思主义指导下所得出的结论，在中国共产党领导下所取得的胜利和成绩，都统统发难，非此即彼，形而上学猖獗。第四，在表达方式和传播途径上，一是以学术研究的面貌出现，在学术刊物、研讨会上和学术著作中发表意见；二是以文学、艺术作品特别是历史题材的影视作品等形式，利用电视、电影和网络等途径，影响社会舆论。可见，历史虚无主义反映的不仅是文化问题，更是政治问题，不仅是对待历史的态度问题，更是对待现实的态度问题；它脱离客观历史事实，以自己的主观价值尺度，尤其是政治的价值尺度对历史进行剪裁、重塑，背离了最起码的客观性标准，是典型的实用主义。

文章认为，历史虚无主义在历史观上是唯心主义的，其基本观点是“历史选择论”，这是与马克思主义唯物史观根本对立的，是非科学的。

历史虚无主义者以历史选择论来研究近现代历史，只看到历史主体以一定的方式进行历史活动，把历史主体所做的选择视为纯粹的主观行为，无视历史活动背后的客观规律的决定性作用，必然陷入主观唯心主义的泥潭，无法把握中国近现代历史的真实。他们没有看到，历史选择存在的合理性蕴含于历史必然性之中。没有历史必然性，历史选择就没有其存在的基础和前提

文章提出，运用唯物史观，科学认识中国近现代的革命、建设和改革历程，可以得出以下结论：第一，近现代中国历史的主旋律是革命，这是历史的选择。第二，近代中国的社会现实不仅决定了解决中国出路的手段，而且还决定了中国社会发展的方向。第三，中国走社会主义道路，是中国实现现代化、走向繁荣富强的唯一道路。第四，中国共产党历史的本质和主流是推动社会发展，谋求人民幸福。

［梅荣政，1941年生，武汉大学政治与公共管理学院教授、博士生导师。出版专著、译著19部，发表学术论文160余篇。

杨军简介缺。］

论“回到马克思”现象

（何萍 《新华文摘》2005 年第 3 期）

该文认为，“回到马克思”是西方人道主义和存在主义马克思主义哲学家们的共同论题，在 20 世纪 20—50 年代，一直是西方马克思主义哲学的热门话题。然而，这个在西方几乎过时的话题却在 20 世纪 90 年代的中国，成了学术界追逐的热点：在“回到马克思”的道路上，马克思主义哲学的问题消失了，马克思主义哲学的历史也消失了，“回到马克思”的批判意义更是消失得无影无踪。这种现象的出现在客观上是中国市场经济体制的建立需要建立新的意识形态和创新马克思主义哲学理论的结果，而在主观上，有一个研究方法的问题。后者是最值得思考的方面。

为了加强马克思主义哲学的学理化建设，使中国马克思主义哲学摆脱当前的困境，我们必须对“回到马克思”作一方法论的检讨。

首先，文本阅读和历史创造的关系问题。那些坚持“回到马克思”提法的学者的一个主要观点，就是强调我国的马克思主义哲学教科书体系偏离了马克思哲学的文本，因此，中国哲学的革新必须返回马克思哲学的文本，发现马克思哲学的原意。从这一观点出发，这些学者罗列了各种各样的“解马”模式，对从恩格斯开始的马克思主义哲学都一一否定，而其中最值得批判的是“以苏解马”，认为，现在的任务是要“以马解马”。我们认为，这种观点割裂了文本阅读和历史创造的联系，带有极大的主观臆想性。试想，如果我们果真采取“以马解马”的模式，那么，解马之“马”为何人呢？马克思已经逝世一个多世纪了，当今有谁能胜任解马之“马”呢？我们还可以作一个假设，假如马克思还在世的话，他会如何评价自己 19 世纪的思想呢？他是否愿意充当解马之“马”呢？显然，“以马解马”是在为文本阅读设定一个虚幻的主体。这还只是逻辑上的矛盾。就历史而言，“以马解马”割裂了文本与历史的关系。马克思哲学与马克思以后的马克思主义哲学的关系是文本与历史的关系。任何文本都只能在历史中打开，而历史就是一部打开了的文本。可见，文本的阅读与历史创造是无法分开的，文本的阅读就是文本向历史展示它的意义。马克思哲学与马克思主义哲学的关系亦如此。马克思哲学是马克思主义哲学的文本，而马克思主义哲学是打开了的马克思哲学的文本。马克思之后的马克思主义哲学家对马克思文本的阅读，无论对错与否，都是对马克思哲学的一种历史创造，也必然成为马克思哲学中的一页。所以，我们在阅读马克思哲学文本时，绝不能全盘否定马克思主义哲学，相反，应当以马克思主义哲学为基础和起点。这一点，就连提出和极力主张“回到马克思”论题的西方马克思主义哲学家们都始终遵循。西方人道主义的马克思主义哲学家们主张重新研究马克思哲学，是为了批判苏俄马克思主义哲学体系，却并未全盘否定苏俄马克思主义哲学理论。他们只是批评苏俄马克思主义哲学未充分研究马克思的意识形态理论，而补上马克思意识形态理论一页；同样地，存在主义马克思主义哲学家们提出“回到马克思”也只是为了补上马克思关于个体的存在和价值的理论一页。马克思哲学的文本及其当代价值就是在马克思主义哲学的历史发展中被一页一页地打开。这些事实说明，“以马解马”无论在逻辑上，还是历史上都是不能成立的，值得进行方法论的反思。

其次，马克思主义哲学的个性化问题。在马克思主义哲学学理化的道路上，我国学术界谈得最多的是马克思哲学与存在主义和现象学的关系，存在主义和现象学的概念几乎成为了解读马克思哲学的理性工具。我们并不否认马克思哲学与当代存在主义和现象学之间具有共同性，但是，我们也不应该忽视马克思哲学创造的个性化方面。事实上，马克思在创立他的哲学时，一直保持着自己哲学的个性特征。在哲学研究的主题上，他始终坚持对资本主义的否定性批判，从而把自己的哲学与同时代的其他哲学、历史学和经济学等区别开来，在哲学概念上，他逐渐地放弃青年黑格尔的用语，力图用生产方式、社会形态等明晰的概念表达自己的学说。此外，我们还可以考察一下存在主义马克思主义哲学家们的研究方式，他们在以存在主义方法阅读马克思的哲学文本时，始终把批判资本主义制度下的人的全面异化存在作为主题，鲜明地体现了马克思主义哲学的个性特征，也展示出马克思主义哲学与存在主义哲学的本质区别。就他们本人来说，为了突出马克思主义哲学家的个性特征，他们甚至拒绝接受“存在主义马克思主义者”的称谓。与存在主义马克思主义哲学相比，我国学术界过多地注意马克思主义哲学与存在主义哲学的共性，而忽视了马克思主义哲学的个性。在以海德格尔解读马克思哲学中，马克思哲学的主题被消解了，马克思哲学的范畴、话语系统也被消解了。我们认为，这不是在解读马克思哲学，而是在消解马克思哲学。如果按照这种方式研究下去，马克思主义哲学的学理将会被消解得荡然无存。可见，如何处理马克思主义哲学与现代西方哲学之间的共性和个性关系，已成为我们解读马克思哲学，重建马克思主义哲学学理的一个重要的方法论问题。

最后，如何评价 20 世纪的中国马克思主义哲学形态的问题。当前，不论是赞成“回到马克思”提法的学者，还是不赞成“回到马克思”提法的学者，在批判传统的马克思主义哲学教科书体系时，都把传统的马克思主义哲学教科书体系等同于中国马克思主义哲学。这是不符合历史事实的。中国马克思主义哲学中的确有一个类似于苏俄马克思主义哲学的马克思主义哲学的教科书体系，但它还有许多不同于苏俄马克思主义哲学的内容，有许多非马克思主义哲学的教科书体系的哲学体系，如李大钊的马克思主义哲学、李达的马克思主义哲学、毛泽东的马克思主义哲学，等等。这些不同于传统的马克思主义哲学教科书的内容是中国马克思主义哲学发展中最富有生命力的方面，体现了中国马克思主义哲学的个性特征。我们可以不同意这些哲学，但绝不能绕过这些哲学，更不能否定这些哲学的存在。所以，对中国马克思主义哲学的历史和问题作一系统的清理和深入的研究，应是开展中国马克思主义哲学学理化建设的前提。失去了这个前提，中国马克思主义哲学的学理化就失去历史的根基。

以上三个方面的方法论检讨体现了我国马克思主义哲学研究方法上的一个主要缺陷：重逻辑而轻历史。这一缺陷使我们的马克思主义哲学研究常常陷入抽象概念推演的困境：任何新的哲学问题提出后，都找不到问题本身的逻辑，只好套用旧的哲学框架，其结果，不同的人讲着不同的问题，而讲出来的，却是同一个“道理”，同样的话语；文章千篇一律，论点重复，结论相同，新的哲学问题被旧的研究框架所窒息。这种研究方式与传统的马克思主义哲学的研究方式并无二样。既然如此，它所带来的负面效应也就不言而喻了。

［何萍，1953年生，哲学博士，武汉大学哲学学院教授、博士生导师，武汉大学马克思主义哲学研究所副所长。著有《人类认识结构与文化》、《生存与评价》、《马克思主义哲学与文化哲学》、《马克思主义中国化探论》（与李维武合著）等专著，发表论文100多篇。］

论克隆技术发展与科技伦理进步

（刘海龙　朱西周　《中国矿业大学学报》2005年第3期）

刘海龙

有人对克隆技术寄予了无限的期望，也有不少人视之为洪水猛兽而强烈反对。克隆技术目前发展状况如何？克隆技术产生了哪些伦理问题？克隆技术可以禁止吗？伦理学不能接纳这项新技术吗？我们应该怎样对待克隆技术的发展？该文从技术发展、伦理进步以及两者相互作用的角度就这些问题进行了讨论。随着一系列克隆技术突破的完成，克隆人从技术上来讲已成为可能。有科学家认为，从技术上说克隆人并不比克隆其他哺乳动物更困难。但是由于目前仍然存在着一些从理论上和实践上都没有解决的问题，所以至今我们没有见到克隆人的问世。尽管在克隆人的道理上存在着各种各样的难题，世界各国科技人员都不甘落后，谁也没有放弃克隆技术研究，克隆人的出现越来越成为可能，人们对其可能产生的伦理问题表现出了空前的担心。综合起来考虑，克隆人可能带来如下一系列的伦理问题：（1）用人体来做实验时产生的伦理问题。涉及到人类胚胎的权利问题，全人类的尊严的问题，妇女儿童的权益与尊严问题。（2）有关人类价值的问题。克隆人有可能导致人自身沦落为一种工具，无疑是对人的尊严的一种挑战。（3）当代人的选择和克隆人的社会定位问题。如果人能对个人命运进行控制，人类社会究竟变成什么样子我们不得而知。基于以上考虑，有些人主张禁止克隆人技术的发展。然而，克隆技术的发展是不容易被禁止的。从技术发展本身来看，科学和技术一经产生，它的发展就具有了内在的动力和一定的规律，科学史上的许多事实可以证明这一点。另外，科学技术的创造和发明促使科学家对未知的事情具有强烈的探索欲望也是克隆技术不易控制的一个重要因素。从伦理学角度来看，科技伦理的开放性为我们接纳和合理使用克隆技术提供了可能。新技术的快速发展会带来新鲜事物，产生新的情况，必然对已有的观念提出挑战，所以技术伦理学也应该具有一定的开放性，科技伦理应该随着科技的发展而不断地进步，而不是阻碍新技术的发展。根据以上分析，笔者认为对于人类克隆技术不能采取全面绝对禁止或大力支持的做法，关键在于我们控制好技术发展的方向和速度，大力做好伦理等各方面准备工作，有控制地发展克隆技术。

［刘海龙，1973年生，中共中央党校马克思主义哲学专业博士生。
通信地址：北京市海淀区大有庄100号
1967信箱（100091）
联系电话：010－62874065
朱西周简介缺。］

论文王卦位的形成及其与《易经》的关系

（曹福敬　《周易研究》2005 年第 1 期）

文王卦位在易学及术数中具有深远的影响，但学者们一般仅注重八卦的方位，并脱离时位探讨，因而难于全面理解方位。该文通过具体论证说明，最迟在西周之时，已形成了四时与四方相配的时空统一观念。文王卦位的安排，首先以这种观念为基础，将四时与四方相配延展为八个时段与八方一一相配，然后据八卦的卦象、卦德排定其时位与方位，理解时位是理解卦位的关键。在卦位的安排中，很可能已考虑到五行的循环相生。这种卦位说形成于古经《周易》成书前，《易经》在观象系辞中利用了这种卦位说。

［曹福敬，1946 年生，吉林省社会科学院易学研究所负责人，研究员。
通信地址：长春市自由大路 5399 号吉林省社会科学院易学研究所（130033）
联系电话：0431－5197521
电子信箱：zh－yueming@163.com］

洛克的美学思想

（章辉　《河北师范大学学报》2005 年第 3 期）

在西方近代哲学史上，英国经验主义哲学和大陆理性主义哲学双峰对峙，共同实现了西方哲学由本体论到认识论的转向。英国经验主义哲学从培根到休谟和贝克莱形成了发展谱系和理论逻辑，而其开创者则是培根、霍布斯和洛克。洛克不仅奠定了经验主义哲学原则，也是经验主义美学的原创者，他提出的许多美学概念成为英国经验主义美学的出发点，在西方美学史上产生过重要影响。洛克的美学思想表现在三个方面，即美的本质的主体性、审美活动的想像性和艺术教育的功利性。

洛克的美学是认识论美学，是其哲学认识论的一部分。洛克对认识论问题的探讨是从人类意识中的观念开始的，他把观念分为简单观念和复杂观念，美就属于复杂观念之一种。美是复杂观念，是实体观念，是心灵由简单观念组合而成的，认为美是一种观念，就把美学研究的对象由客体存在转向主体自身，从主体心灵活动中去寻找美的本质。洛克把涉及艺术思维的审美直觉与理性判断区别开来。一切知识都离不开分辨（discerning），艺术活动中的形象思维活动则是“机智”（wit）。在这一审美心理学上，洛克的贡献在于他把艺术审美活动中的独特的心理要素分析出来，为对审美想像的深入研究奠定了基础。从培养贵族化的资产阶级理想人物出发，洛克把艺术和审美教育纳入其功利主义教育思想体系中去，否定了人性全面和谐发展的需要，表现了时代所需的狭隘的实用主义艺术观。

洛克美学思想的三方面包括美的本质的主体性、审美想像的理论阐述以及功利主义的审美教育观。第一个方面开启了西方美学的美的本质研究的主体性转向，第二个方面推动了英国经验主义美学的审美心理研究，第三个方面显得褊狭逼仄，但也体现了时代的精神需要。相比其他英国经验主义哲学家休谟和博克等人而言，洛克的美学思想并没有形成一个明晰可见的体系，但他的经验主义哲学认识论观点却是经验主义美学的哲学起点，其具体的美学观点也对其他经验主义美学家有所启发。因此，洛克在美学史上的贡献在于他为一个新美学流派所提供的新的方法和认识论原则，这一方法被休谟、亨利·霍姆、爱迪生、博克等经验主义美学家所继承和发扬。

该文的创新点：

洛克是英国经验主义哲学和美学的重要人物，但在中国其美学思想没有得到应有的重视。该文清理了洛克美学思想的哲学根源，概括了其美学思想的三个方面，并把洛克美学思想放在英国经验主义美学的发展流变中看其贡献与局限。

［章辉，1974 年生，四川外语学院中外文化比较研究中心副教授。
通信地址：重庆市四川外语学院中外文化比较研究中心（400031）
联系电话：023－61710062
电子信箱：Johnny212@sohu.com］

马克思主义哲学观研究的前瞻性反思与建设性批判

(刘永富 《河北学刊》2005 年第 2 期)

马克思主义哲学观是马克思主义哲学的元理论(metatheory of philosophy)或马克思主义的元哲学(metaphilosophy),它既是马克思主义对哲学的看法,也是对马克思主义哲学的看法。

在一般情况下,元理论、元学问作为上一层次的理论、学问,主要包括两个方面。第一方面的元理论、元学问是对有关的理论或学问所研究的内容的上一层次考察;主要是对一种理论、一门学问中只使用(或只承认、只预设)而不考察,超出或不仅仅属于"该理论或学问的研究领域"的前提性概念、前提性命题的考察。第二方面的元理论、元学问是对有关的理论或学问本身的上一层次考察,即对某理论或某学问本身的看法;主要是对某理论、某学问作为一种特定的理论、一门特定的学问所具有的各方面特点的考察。

关于某学科在内容方面的最深层次或最高层次的元考察就是对某学科所研究的全部内容的终极预设、终极根据、终极原则的考察。因此,如果一门学问的内容已经是最高或最深层次的内容了,那么这门学问的上一层次就不包括内容方面的上一层次。

以"所可能知、所可能做、所可能处理的一切的终极预设、终极原则、终极根据"为研究考察内容的学问如果有的话,那就只能是哲学。因此,这种意义上的哲学没有内容方面的元理论;元哲学或哲学元理论仅仅是关于哲学这门学问本身的学问,即仅仅是哲学观,而不可能是关于哲学内容的上一层次的学问。在这一意义上,哲学(准确地说是哲学基础理论)是所有学科的内容上的终极元理论。

对马克思主义哲学观的研究应该同马克思主义哲学理论体系本身的研究,尤其是同马克思主义哲学基础理论的研究,实现逻辑上的衔接。研究马克思主义哲学观的目的应该是为了更好地建立与所主张的哲学观相一致的马克思主义哲学理论本身,而不是仅仅停留在哲学观本身的研究上。

在马克思主义经典文献中,对哲学本身的直接的正面论述比较少,对哲学的看法大都是在"对当时已有的哲学尤其是当时的德国哲学的批判"中反映出来的。从传统哲学的框架来看,马克思主义经典作家对当时已有哲学的批判类似于维特根斯坦与解构主义,主要是消解当时已有的哲学。在马克思恩格斯看来,当时已有的哲学所企图解决的很多问题都是"现实世界各领域中的问题",而现实问题是不能靠思辨的、非实证的方式来解决的,从而不是"以思辨和非实证为主要特征"的哲学所能解决、所应解决的。因而企图以思辨的和非实证的方式解决"现实世界各领域中的问题"的以往的哲学理应被消解。真正需要由哲学来研究解决的纯哲学问题只是逻辑与辩证法问题。但这里的"逻辑与辩证法"并不仅仅是关于思维的学说,而是关于我们所可能知道的一切"归根到底只能如何"的学说,只是这一学说的内容表现为"可用来把握任何内容"的思维形式。

[刘永富,1950 年生,现任西安交通大学人文学院哲学教授。出版专著《论真假——兼论真善美的统一》、《真假论纲》、《价值哲学的新视野》、《黑格尔哲学解读》、《胡塞尔现象学·海德格尔本是学引论》。
通信地址:西安交通大学人文学院(710049)
电子信箱:lyf9910@xjtu.edu.cn]

美学的焦虑与价值基座

(陈望衡 吴志翔 《学术月刊》2005 年第 3 期)

该文认为,美学在今天正面临着工具化和空洞化两大问题。其一,在消费社会,随着"日常生活的审美化",美学的视界在泛化的同时也日益虚化,失去了焦点和中心性、稳定性,"美"不再是一种关涉存在的精神性、超越性价值,而成为一种以利益为内核的被借用的工具性存在、一种现实欲望驱动的物质或身份修辞。从这个意义上说,美学其实是被挪用了。其二,在电子传媒时代,美学在解释现实审美现象时失去有效性。迅速流变、充满异质性的生活之流冲刷着美学的千年河床,杂乱、含混、软弱、反韵律、无逻辑、比例不适、无序跳跃、支离破碎等表现形式获得了高度认同,美与丑的边界模糊,美的现实性受到质疑,新的生活经验"胀破"了既有的、稳固的美学理解。从这个意义

陈望衡

上说，美学趋于空洞化。

“美学的焦虑”其实是一种无法确立美学边界的焦虑：无法规定它的适用对象，又无法保证足够的解释力。面对这样的现实，该文认为，要深刻把握生活和文化现象突变中的审美特性，必须将之置于后现代文化语境中加以理解，并且进行重构。文章提出新美学要重视分析实在与虚拟、想像与欲望、精神与身体、沉重与轻逸、缓慢与快捷、劳作与游戏、语义与现象、原本与复制、中心与边缘等大量传统美学不感兴趣的概念组合，用全新的视角深入内部加以阐明，开掘出深层的美学意味，并且在批判意识和反思智慧的引导下，确立美学的价值基础，奠定美学的人类学或存在论走向。

吴志翔

［陈望衡，1944 年生，武汉大学哲学学院教授、美学专业博士生导师，武汉大学景观文化研究规划中心主任。
通信地址：湖北省武汉大学哲学学院（430072）
联系电话：027－68764753
电子信箱：whchen@ whu. edu. cn
吴志翔，1970 年生，教育信息报社副主编，编辑职称，武汉大学哲学学院美学专业博士生。
通信地址：杭州市文三路永智巷 3 号浙江教育报刊总社（310012）
联系电话：0571－88803201
电子信箱：wolfxiang@ tom. com］

美学的一种可能

——论德国后现代哲学家韦尔施对美学的重构

（赵彦芳　《扬州大学学报》2005 年第 2 期）

该文评析了后现代哲学家韦尔施对传统美学的解构以及对美学的重构。他一方面继承传统美学；另一方面面对现实的审美化景象，对美学的基点——“审美感知”用维特根斯坦的“家族相似”法重新阐释，扩大其内涵，认为其内在于人类的认识活动，是人类存在结构中的基本成分，从而将美学上升为一种元美学、第一哲学。

一、为审美“正名”

审美感知是美学的基点，如何界定审美感知，在很大程度上决定着美学的模式。韦尔施运用维特根斯坦的“家族相似”法，对审美感知重新进行界定。韦尔施的思路是，将康德意义上的先验感性的原理和心理学意义上的感性变化为“审美”，纳入到他的审美感知中，使之成为审美感知的属性。没有“审美”，也就不可能有认知。把握这一点很重要，它既是韦尔施理论大厦的起点，也反映了他对康德的创造性的误读。整个后现代哲学、美学，包括尼采、罗蒂等都延续了这一思路。所以，审美是认知和现实中至为根本的成分，是基础的成分；是一种基本原理；是存在模式。整个认识论都是审美化的，真理本身就是一个审美化范畴。韦尔施把真理“提升”到审美，从而消弥了真与美的界限。这也是后现代理论在美学上表现出的一种新特征。

二、传统美学的悖论和无效

韦尔施指出，美学最初旨在恢复感觉的地位，但事实上传统美学却走上了另一个方向，没有发展认识和解放感觉的策略，而是发展了控制、消灭和严格管理的策略。韦尔施说这是传统美学最内在的悖论。也正因此，传统美学疏离了审美经验本身，从而导致自身的终结。

三、超越美学的美学

韦尔施在对传统美学的反思与否定基础上提出了超越美学的美学。他的超越美学的美学正是后现代边界消亡的美学，或者说“大美学”、“泛美学”。韦尔施通过将审美感知解释为人类的认识、存在结构的基本成分，将美学上升为一种基础学科，一种元学科、第一哲学，也为审美的扩张打开了大门。

韦尔施的超越美学的美学在美学与非美学之间采取的是灵活的滑动。因为美学与非美学并不是截然对立的，而人的每一次感知都是针对某种个别，不可避免地会将他物排斥在外，这是感知活动中的必然盲点。我们看到韦尔施对人类认识的局限性的清醒认识。但是，我们也要看到，正如哈贝马斯批评罗蒂的美学大而无边，将伦理学、哲学等美学化，从而有取消美学的危险，韦尔施也存在着相似的问题。不过，韦尔施冲击我们业已形成的观念，启发我们继续去探索。美学无止境。

[赵彦芳，1972 年生，扬州大学文学院副教授。
通信地址：江苏省扬州大学文学院（300071）
联系电话：0514－7340732
电子信箱：xihele@ yahoo. com. cn]

评应用伦理学的程序共识论

（卢风 《哲学动态》2005 年第 7 期）

该文分析了程序共识论的基本观点和其矛盾之处，主要包括以下四点：

一、程序共识论混淆了哲学伦理学与政治学的界限

程序共识论认为应用伦理学是历史上崭新的公民社会的活动，是公民社会的一种文化发明，它的共识理论是民主原则向伦理学的一种推广。但它的固有原则并不是什么“崭新的发明”，而只是西方政治学的基本常识，是民主社会多数公民的基本信念。它研究的问题是政治学早已研究过的问题，它所得出的结论是西方政治哲学早已得出的结论。

二、程序共识论摇摆于道德相对主义和独断论之间

程序共识论认为在道德认识和价值选择中人人自主，伦理学研究者不比普通公民高明，没有什么道德真理，从而表现出强烈的道德相对主义倾向，同时认为“自由、民主和保障人权”是“最终的无可辩驳的基本原则”，从而表现出独断论倾向。

遵循民主原则和个人自主原则并不要求承认，所有不同的信仰都是同样正确的，或无所谓正确不正确，在不同价值观之间没有深刻和肤浅之分。如果伦理学家关于道德和价值的观点并不比普通人高明，那么他们所做的工作便没有任何意义，如果应用伦理学的意义仅在于为“道德悖论的解决创造一种对话平台”，那么它大可被政府、非政府组织和媒体所提供的对话平台所取代。

而就程序共识论对“自由、民主和人权”的张扬而言，它并非纯粹的“程序方法论”，它携带着现代价值观。它把人们在现代文化中达成的基本共识看作绝对有效、不可改变的道德原则，具有独断论的色彩。

三、程序共识论使哲学伦理学完全失去了批判性和超越性

程序共识论完全没有超越现代性的视野。程序共识论者说，应用伦理学既具有描述性，又具有规范性，但实际上，他们所认同的规范只是现代民主政治文化的基本规范，所以，程序共识论完全成了现代政治、经济潮流的追随者，彻底丧失了批判性。

四、程序共识论否认了改变共识的可能性和重要性

实际上，就道德和价值选择问题很难达成完全一致的共识。共识只是多数人的共识。多数人的共识未必都是通过有意识的讨论而达成的。双向反思论所说的共识就是某些（非全部）现代性的共识，即主流价值观。多数人的共识（即主流价值观）的根本改变才决定着文明的“根本性的变革”。程序共识论者由于全身心地拥抱现代性，所以对现代文明的危机视而不见。而改变某些现代性的共识正是当代思想的使命，从而也是应用伦理学的使命。程序共识论否定了改变共识的可能性，便否定了哲学伦理学的最重要的作用。

[卢风，1956 年生，清华大学人文学院哲学系教授，博士生导师，道德与宗教研究中心副主任。
通信地址：北京市清华大学人文学院哲学系（100084）
联系电话：010－62789161
电子信箱：lufeng@ mail. tsinghua. edu. cn]

齐物·齐言·齐论
——“齐物论”也释

（陈仁仁 《武汉大学学报》（人文科学版）2005 年第 1 期）

历来对“齐物论”的理解，多作“齐物”、“齐论”之分。有的偏重于“齐物”，有的偏重于“齐论”，有的两者兼重。该文指出，“齐物”、“齐论”都是“齐物论”题中应有之义。而在“物”和“论”之间，还有一个“言”的问题值得

特别重视。该文对“齐物”（“天地与我并生，而万物与我为一”）、“齐言”（“天地一指也，万物一马也”）、“齐论”（是非“两行”）的具体内涵以及三者之间的关系作了深入阐发与揭示，并以此三者共同构成对“齐物论”的理解。

对“齐物论”以及齐物、齐言、齐论三者的理解，首先涉及对“齐”之内涵的理解。“齐”的内涵有其展开过程：齐（道的层面，物性本齐）→不齐（具体万物，各有仪则）→齐（返回道的层面，任其性命之情）。“齐”中包含“不齐”，是齐物、齐言、齐论三者共有的内涵。表现在“物”，乃是充分考虑到事物的差异性，任其性命之情，从而达到齐物；表现在“言”，乃是任“卮言”之蔓衍无穷，不拘于语言的差异，从而直接把握事物本身；表现在“论”，乃是超出于是非之外，任各种观点充分发展，从而达到对道之大全的把握。

从庄子文本来看，由物而论是有承接关系的，其中介即是“言”。图示之，即：道→物→言→论。言与论是有区别的。在庄子看来“言”作为对事物的指谓，不涉及是非，而“论”则有关是非了。但是“论”毕竟以言为前提，有言不一定有论，而有论则一定有言。所以，言很容易陷入是非之论中而被隐蔽起来。对于庄子的“齐言”，人们的重视稍嫌不够。而“齐言”在庄子齐物论的理论体系中，实占有非常重要的地位。由道而物，还只是一个自然的过程。由物而言，才真正入乎人之域。入乎人之域，才谈得上对物之齐与不齐的认识问题。也就是说，只有进入到语言，齐物论的认识论意义才会显示出来。物之不齐由言之不齐。齐言的意思就是要使诸多不齐之言同时存在，但又不能执着于言，以为言就等同于事物本身并以对言的分辨来代替对事物的认识。在人之域中从言而入于是非，亦可由于对语言的执着。而所谓的执着即师其成心。因而，如何齐物、齐言、齐论，其总的方法乃是不执着于“成心”，去除彼此的对待关系，一切任物之自然，任言之无穷，任是非之两行。

该文的主要创新之处在于对“齐言”的提出与阐发，以及对它在“齐物论”中的意义的揭示。此外，该文对于“指非指”、“马非马”以及“吾丧我”等具体概念和命题有细致、深入、新颖而独到的分析。

［陈仁仁，1975 年生，湖南师范大学公共管理学院哲学系讲师。
通信地址：长沙市湖南师范大学公共管理学院哲学系（410081）
联系电话：0731－8850587
13787077512
电子信箱：rr25chen@126.com］

全面认识科学方法应用的限度

（马来平　《山东社会科学》2005 年第 1 期）

该文认为，自然科学在人文、社会领域中的应用限度问题的难度很大，但至少可以明确以下几点：

1. 自然科学方法原则上适用于一切求真活动。

2. 应对自然科学方法在人文、社会领域中的应用给予高度评价。

3. 自然科学方法在人文、社会领域的研究中不可能占据主导地位。

说到底，自然科学方法在人文、社会领域的研究中不可能占据主导地位与自然科学方法自身的特点和局限性紧密相关。我们注意到，自然科学方法至少具有以下特点和局限性：

1. 自然科学方法注重和擅长定量研究。这是其优长之处，也是其局限性。因为，它要求研究对象应当具有可计量性。而可计量的前提是无差别、同质性。这对于绝大部分人文、社会现象来说，是难以想像的。

2. 自然科学方法注重经验性。这是其优长之处，也是其局限性。自然科学方法乃是一整套对经验材料进行自组织以及在经验的基础上使理论得以自我改进的研究方法。然而，人文社会现象大量渗透人的主观意识、常常受人的主观意识的支配；并且，在许多情况下，人文、社会现象本身就是不同形式的精神现象。这样，自然科学方法在人文、社会领域中的应用就遇到了一种难以克服的障碍。

3. 自然科学方法在价值分析方面的局限更是突出。这里涉及两种情况：其一是对人文、社会现象所认定或所包含的价值判断的技术处理；其二是如何介入人文、社会现象价值判断的选择或修正。就第一方面而言，人文、社会现象所认定或所包含的价值判断的存在常常受到或久或暂、或隐或显的众多社会因素的影响；在这一价值判断引导人的行为时，又受到人的个性、偏好、情绪等大量因素的干扰。因此，运用自然科学方法对人文、社会现象所认定或所包含的判断的处理就显得格外棘手。就第二方面而言，自然科学方法通常是无能为力的。譬如，在制定某项政策时，是选择公平优先，还是选择效率优先？若要两者兼顾，又怎样配置其关系？解决这样的问题，依靠自然科学方法恐怕是难以奏效的。

鉴于上述局限都是自然科学方法所固有的，难以跨越和克服，所以，自然科学方法在人文、社会领域各学科的研究中占据非主导地位的情况，是难以改变的。

［马来平，1950 年生，山东大学文史哲研究院教授、博士生导师。主要著

作有《科技与社会引论》、《中国科技思想的创新》、《中国科技思想的创新》、《哲学与文化视野中的科学》、《理解科学—多维视野下的科学》等。]

全球化、现代消费和人的认同

（韩震 《江海学刊》2005 年第 5 期）

该文认为，在现代性的全球化时代，认同的最直接、最有力的源泉已经从生产方式转变到消费方式。由于生产方式的变革和现代性的发展，资本和市场的逻辑使全球生活发生了深刻变革。现代性和全球化进程，激发了各民族的存在自觉和文化自觉。现代性一方面把全球化变成用一种颜色涂抹其影响过的地方的过程，另一方面这种涂抹却与原来就有的底色创造出许多新的色彩来。现代性的结果是把人类带进一个充满差异、“风险”和不确定的时代。市场经济和全球化进程在碾平生产方式的差异性的同时，也形成了一个差异相遇的空间或场域。与信仰神圣存在的古代人相比，现代人的世界观已经碎裂成为碎片。在这个时代，自我认同和消费有着更加明确而直接的联系。现代化把一切有特色的生产都产业化、商品化。生产则由机械化进入自动化、信息化、数字化，有特色的仅仅剩下消费了。在一点意义上，你的消费就界定你存在的边界及其构成。现代性借助消费的分化成为使人们认同分化的动力。在这个根基不确定的时代，消费就是人们自己本性需要的表达，必然体现和表征着人的本性，奠基并塑造着人的认同，消费已经成为全球化时代自我认同的主要的指示器和标尺。这主要表现为以下几个方面：（1）消费界定人的现代性程度；（2）消费界定人的个性存在；（3）消费界定人的社会存在；（4）消费界定人的政治存在；（5）消费界定人的文化存在。在现代性发展到后期的反思阶段，在全球化进程日益深入的阶段，消费已经成为“自我认同”的外在标志，而自我认同也就成为消费的内部根据。所以，我们必须重视消费问题的研究，提倡合理的消费、发展性消费和文化愉悦性消费。我们应该把人们的消费转向发展性消费，特别是精神发展的消费，应该提倡向文化消费和精神愉悦的消费方向发展。只有这样我们才能借助现代性力量，构筑人们的现代认同，而避免消费主义的负面影响。文化消费需要培养，培养人们审美趣味的可以依赖的途径就是大众文化。通过文化消费，可以把人们的无限消费的冲动转向精神层面。文化精英们要做的不是批判大众文化，而是研究和提升大众文化，丰富和醇化大众文化的内容。更值得注意的是，大众文化阵地是国际争夺的战略重点之一。我们必须生产出大量人们喜欢消费的大众文化产品，占据精神消费阵地，巩固我们文化的认同资源。我们可以逐步提高大众的文化消费趣味，但不能把自己的趣味强加给大众。

［韩震，1958 年生，北京师范大学教授、博士生导师。已出版或发表各类研究成果近 300 项。主要代表作有《生成的存在》、《重建理性主义信念》、《历史哲学》、《历史・理解・意义》等。］

人本生态美学的几个回归和深化

（曾永成 《江苏大学学报》（社科版）2005 年第 3 期）

该文认为，植根于马克思主义人本生态观的生态论美学，追求自然主义与人本主义的统一，主要表现为三个回归和深化：

其一是回归生态本性，向审美天性深化。需要是人类历史活动的第一个出发点，美学应把人的审美需要作为全部美学问题的出发点和生长点。在这个问题上，流行的美学顽固拒绝达尔文所揭示的动物美感的事实，也不理睬马克思对动物生产与人的生产的内在联系的揭示。马克思对审美活动的对象性特征的论述，对于认识审美活动生态本性具有根本性的指导意义。人类审美活动的主体性是建立在这种对象性的基础之上的。作为信息的原生形态，世界本体普遍存在的节律是事物相互作用最普遍的中介。

节律所表征和传递的信息，对于生命体既有认知的功能，还有感应互动的动力功能，并因此成为生命体自我生态调节的一种最原始的本能的方式。

其二是回归物性本真，向生态功能深化。节律作为贯穿人的生理、心理和意识三个层次的普遍中介，使人的生命存在成为一个有机的整体。生态功能要求美和审美，就必须回答形式本身的生态功能和功能内容如何成为美这两个问题。形式对于人及其生态系统的生态功能十分重要，现代人的很多精神病象和由此造成的生理上的疾患都与这些形式的反人性、反生态的刺激有关。对于功利性内容，审美主体以作为自己“内在尺度”的价值图式赋予其一定的形式，并使之显示出一定的节律特征。人类语言中的功利性内容如人的精神品质的赋形机制，就隐藏着功利性事物审美转化的秘密。

其三是回归实践本义，向生态人格深化。人类的实践是人类调节自我生态的自觉能动活动。马克思的“被抽象地孤立地理解的、被固定为与人分离的自然界，对人说来也是无”的观点，长期被曲解为自然界都是人化的自然界，实践活动的自然性即生态调节的一面被完全忽略。人本生态美学并不反对实践美学从人的本质去认识美的本质的思路，但这里所说的人首先是以自然生态为本的存在，是生态实践的主体，也是生态价值和审美价值的终极主体。马克思两次提到“自然界的人的本质”的命题，值得科学和美学共同重视。实践主要是人对自然的改造，人与自然界的关系才在更深的层次上决定和表现着人的本质。今天应当在消费、生产和分解的平衡互动中审视人的本质向生态人格的生成，并且以此为实践之美和人的美的根本尺度。

对流行的实践美学的人类中心主义偏颇的纠正，将使人本生态美学成为与生态文明建设实践相适应的一种新的实践美学——内含了人本生态观的实践论人类学的美学。

［曾永成，1941 年生，成都大学中文系教授。
通信地址：四川省成都市外东十陵镇成都大学中文系（610106）
联系电话：028－85441082
电子信箱：zyc028@126.com］

儒学当代开展的三个向度

（李承贵　《光明日报》2005 年 7 月 12 日）

该文认为，儒学生命的开展，应以儒学自身的特质为起点；儒学生命的开展，应以兑现对生活的庄严承诺为旨归。基于这样一种认识，我们觉得儒学生命得以开展并生生相续，其前提是当今的儒学宣传者、研究者和崇信者应自觉到并能把握如下三个向度。其一，生活的向度。生活的向度就是指儒学应全身心地投入生活，跟踪实践，与人类的实践生活保持连续性对话和互动。生活的向度是当今儒学开展的基本向度。生活的向度是传统儒学所内具的向度，我们开掘并彰显这一向度，在于这一向度对儒学当代开展的根本性意义。其二，批判的向度。批判的向度就是指儒学所具有的批判功能和品质。其三，信念的向度。信念的向度是指儒家学者对儒学应具有真挚的情感，对儒学应具有虔敬之心，包括特殊情境下为儒学做出的牺牲。信念的向度亦是儒学本有的向度。生活的向度是儒学的本体向度。儒学唯有关怀生活、建构生活，与生活保持对话，才能使自己的慧命的得以彰显，才能使自己思想得以敞开，所以，如果要使儒学在当代得到真正的开展，我们必须持守这一向度。批判的向度是儒学的方法向度。儒学本是一意义世界，儒学的意义世界是通过对现实世界的否定、批判而建构起来的，儒学只有通过对现实世界的批判，其关怀品格才得以体现，其价值意义才得以落实。换言之，儒学应善于在它与现实世界的张力之间，用批判的向度为儒学的当代开展疏通路径。信念的向度是儒学的主体向度。儒学本就是极富信念的学问，儒家学者本就是极富信念的群体，因为儒学对“天道”、“公理”、“善”、“和平”等的坚强信念，因为历代儒者对实现儒家理想的执着追求，儒学的感召力极大而持久。因此，那些具有担当精神且极具信念的儒家学者，是儒学的当代开展不可缺失的主体力量，因为在很大程度上，他们才是儒学的希望！

［李承贵，1963 年生，南京大学哲学系、宗教学系教授。
通信地址：江苏南京大学哲学、宗教学系（210093）
联系电话：025－86224241
电子信箱：cg815@163.com］

“生活的”实践与“实践的”生活

——从现象学解读马克思美学的经典文本

（刘悦笛 《江西社会科学》2005 年第 5 期）

该文认为，实践美学要在“本体论”上继续拓展，可能的方向之一就是回归现实生活世界。这是由于马克思主义哲学就是一种“生活实践”的哲学，是回到生活实践的哲学。这种哲学思路，可以避免传统形而上学的哲学思维方式，特别是欧洲美学那种主客两分和感性、理性割裂的思维传统。

马克思主义哲学从四个方面阐发了“现实生活”的内涵：其一，作为一种历史的过程，现实生活是以实践为基础的，是人类实践活动过程及其结果的统一。其二，现实生活是“人生活于其中”的世界，人类不仅置身于“生活世界”的“场域”之内，而且人类的实际活动是与“生活世界”交互规定着的。其三，现实生活着的人，从来就不是抽象的存在，而是一种感性的现实存在，不断历史生成着的社会性存在。其四，现实生活最终指向人的全面发展，在终极关怀的意义上，归属于人类的“自由王国”，这种理想境界具有一种现实的“审美精神”。可见，马克思不仅在最根本的意义上赋予了生活以实践的现实性，而且在终极关怀意义上给予了生活以一种美的理想性，从而为美的问题的解决奠定了生活实践的基石。

由这种哲学思维范式出发，就可以实现四个方面的思维翻转。首先，从理论哲学的视角回归到人类生活实践本身。我们要通过回归现实“生活世界”的哲学转向，来重新定位美学基本理论的基石，从而为突破传统美学的局限提供新的途径。马克思所主张的正是从现实的个人出发，以生活实践为基点，来看待包括美的现象在内的所有问题的。其次，从主体与客体二分的视角回归到现实生活的本质直观。这种主客两待的思维分立在现实生活并不存在。这就赋予了生活一种现象学的视角，这种本质化的“直观”是日常的、伸手可及的、非抽象的。正是生活实践把主体与客体联系起来，而且这两者在现实生活中仍是本然统一的。再次，从感性与理性二分的视角回归到现实生活的本真呈现。马克思提出“感性活动”的观念，为美的难题的真正解决开辟了道路，以现实生活的“感性活动”为基础来看待美的实现。这样，传统思维那种感性与理性的割裂，也在现实生活中得到了相互的融合。最后，从传统美学的视角回归到现实生活美学的建构。正如在哲学意义上，回归生活世界是对“自然主义”和“理智主义”的双向超越一样，那么，回归现实生活的美学，也是对这种美学悖论的双向反拔。正是马克思实现了现实的转向，从感性生活的人出发来理解美学，从而将审美过程与日常经验过程连续为统一的整体。

［刘悦笛，1974 年生，中国社会科学院哲学所副研究员。
通信地址：北京建内大街 5 号中国社科院哲学所美学室（100732）
联系电话：010－64320819
电子信箱：liuyd1217@ sina. com］

诗与逻辑

（苗东升 《河池学院学报》2005 年第 3 期）

本文首先简要讨论了形象思维的逻辑属性。抽象思维和形象思维都属于大脑加工处理感觉、知觉和表象这些非理性信息的理性认识阶段，都离不开逻辑。二者的差别在于：（1）抽象思维是“祛象思维”，形象思维是“具象思维”；（2）抽象思维是“祛情思维”，几何学家和工程技术专家的形象思维也是祛情思维，艺术家的形象思维则是“有情思维”。抽象思维不等于逻辑思维，形象思维不等于非逻辑思维。本文主要是就中国古典诗词，讨论诗词创作中形象思维与逻辑思维的关系，分别就概念、判断、推理、论证这些逻辑学要素在诗词作品中的表现作了考察；指出做诗也要用概念和判断，古典诗词中的很多佳句，如“举杯消愁愁更愁”（李白），“人生七十古来稀”（杜甫），“不到长城非好汉”（毛泽东），都是判断或判断群，具有对事物作出某种断定的逻辑功能。本文重点是考察诗词作品中的逻辑推理和论证。叙事诗、哲理诗离不开逻辑推理，抒情诗往往也需要推理，尤其是概然推理、模糊推理、溯因推理，这些被诗人用形象生动的描述隐匿起来的不确定性推理，常常能产生特殊的抒情效果，提高诗的意境。抒情诗也可以有论证，杜甫的《春夜喜雨》是绝好的一例，它的论题和论据明确，论证条理分明，环环相扣，层层递进，有很强的逻辑性，却丝毫没有说教的感觉。诗词中的论证不是借抽象的概念、判断和推理来实现的，而是用形象的语言刻画出来的，如果处理得好，可以显著强化诗篇的美学意蕴，形成特殊的艺术感染力，却使人不易觉察到作者在使用推理论证。总之，笔者认为诗词创作离不开逻辑思维，诗词鉴赏有时也需要作逻辑分析，存在形象逻辑，它跟抽象思维的逻辑必有原则的不同，应当开展形象逻辑的研究。

［苗东升，1937 年生，中国人民大学哲学院教授，已退休。主要研究系统科学、复杂性科学及其在人文社会科学中的应用。
通信地址：北京中国人民大学哲学院（100872）
联系电话：010－62512085］

实在论的最后崩溃——从虚拟实在谈起

（翟振明　《求是学刊》2005 年第 1 期）

该文通过对虚拟实在的潜在可能性的讨论，对照自然实在，得出了三条反射对等律：1. 任何我们用来试图证明自然实在的物质性的理由，用来证明虚拟实在的物质性，具有同样的有效性或无效性；2. 任何我们用来试图证明虚拟实在中感知到的物体为虚幻的理由，用到自然实在中的物体上，照样成立或不成立；3. 任何在自然物理世界中我们为了生存和发展需要完成的任务，在虚拟实在世界中我们照样能够完成。由这三条对等律足以推出，以实体概念为核心的实在论是不成立的，而其他种类的实在论一开始就缺乏理论根基。实在论的崩溃不会导致认识上的相对主义，因为客观规律的有效性并不依赖于实体的存在。从虚拟实在这种具体的技术为其切入点直接讨论实在论这个最基本的哲学问题，并得出明确的反实在论的结论，在世界各国已发表的哲学专著或论文中，还没看到。

［翟振明，1957 年生，博士，中山大学哲学系教授、博士生导师。
通信地址：广州市中山大学哲学系（510275）
联系电话：020－84038473
电子信箱：hsszzm@ mail. sysu. edu. cn］

实质蕴涵与自然语言中的相关蕴涵命题分析

（王健平　《华南师范大学学报》（社科版）2005 年第 3 期）

该文针对形式语言中的实质蕴涵，提出了一个新的蕴涵概念——“相关蕴涵”。

全文分为三个部分。第一部分从一个具有“如果 p 则 q”形式的语句入手，说明一个自然语言假言命题涉及到的四种真假情况只是它排除或不排除的情况，而实质蕴涵真值表所列四种真假情况讲的却是每一种真假情况对一个蕴涵命题真假的制约；一个蕴涵式涉及到的每一种真假情况之间本来是合取关系而并非蕴涵关系；根据实质蕴涵某一种真假情况随意构造自然语言蕴涵式是导致蕴涵怪论出现的一个重要原因，这样构造的蕴涵式自身包含着无法克服的矛盾；蕴涵怪论产生的另一个原因就是人们简单套用形式语言来分析自然语言。文章认为，确定一个自然语言充分条件假言命题，首先要看组成它的两个支命题之间有无充分条件联系；可以根据所涉四种真假情况综合确定一个充分条件假言命题的真，也可以根据前件真、后件假来确定一个充分条件假言命题的假，但却不能仅仅根据四种真假情况中的某一种来确定一个充分条件假言命题的真，更不能仅仅根据某一种真假情况来随意构造充分条件假言命题。文章的第二部分指出，传统逻辑和模态逻辑在分析自然语言假言命题方面都有局限。麦柯尔为解释自然语言蕴涵引入的蕴涵公式和阿克曼从相关逻辑角度提出的“严密蕴涵”都既有优点，也有缺陷。论文提出，相关蕴涵的形式可以用:“p⇒q”来表示;“⇒”的意义是:“如果……那么必然……”。这样解释“⇒”之后,不具有条件关系的两个命题并不能相关蕴涵,故,假命题不能蕴涵任何命题,真命题也不能被任何命题所蕴涵。在强调“必然”应该和“如果……那么……”联系在一起的同时,论文还指出,狭义上讲的自然语言蕴涵是“⇒”,而从广义上讲,自然语言蕴涵也包括可能的充分条件联系,这种蕴涵在刻画或然性推理时有用。文章第三部分把相关蕴涵分为语言的和非语言的两种。语言的蕴涵是仅靠对假言命题前件进行语义或语用分析就可得到后件的蕴涵,它包括预设蕴涵、语义蕴涵和语用蕴涵三类。对于非语言蕴涵命题,则可以分别从认知角度、规范角度、包含关系角度、强弱角度、归谬角度等不同方面来进行分类研究。论文指出,尽管相关蕴涵讲的是“如果p那么必然q”,但是这种必然性的断定只是命题提出者的一种主观认定,因此它存在一个事实上的真假问题,而对相关蕴涵命题真假的分析将会直接涉及到相关蕴涵命题推理。根据“⇒”的涵义,从现代逻辑观点出发,我们甚至完全可以构造出一个关于“⇒”推演的逻辑系统。

[王健平,1958年生,华南师范大学政治与行政学院教授,逻辑教研室主任。
通信地址:广东省广州市华南师范大学政治与行政学院(510631)
联系电话:020-31395756
电子信箱:wjp3139@sina.com]

他者的镜像:西方哲学对现代中国哲学研究的影响

(张汝伦 《哲学研究》2005年第2期)

该文认为,不管我们愿不愿意,现代中国哲学研究不可避免地处在西方哲学的巨大影响中。西方哲学对现代中国哲学研究的影响主要在三个方面:首先是现代中国哲学学科或专业的建立和职业哲学家的产生;再就是我们对传统哲学思想的理解和阐释;最后是现代中国人对哲学的研究。在这三个方面中,第一个方面可说是最不“哲学的”。哲学固然成了一种专业和职业,但也似乎离哲学的本意越来越远。我们从一开始就没有对哲学本身是什么有过多的思考。但仅有的对哲学的几种理解也是在西方哲学的影响下形成的。虽然我们对西方哲学本身的理解未必没有问题,但恰恰是这个有问题的他者的镜像支配着我们对传统哲学的理解和研究。但这并不表明西方哲学对现代中国哲学的影响是完全消极的。问题是我们根据自己的需要将这个他者大大简化和教条化了,以此作为理解中国传统思想的参照系,这就造成在将西方哲学简单化和同质化的同时,也将中国哲学简单化和同质化。现代新儒家就是这方面的例子。在对西方哲学片面理解的基础上,他们把中国的思想传统化约为心性之学,实际上遮蔽乃至抹杀了其他的传统,使得中国哲学研究的路子越走越窄。我们很少能对西方哲学有一个通盘的掌握。西方哲学在中国的命运是各领风骚三五年。哲学成为一种时尚和流行。然而,以流行为正宗的做法终究是有问题的。一个主要的问题就是以为眼下流行的便是西方哲学的主流或最高成就,而忘了任何一个西方哲学流派或西方哲学家都只是一家之言,都不能代表西方哲学。可我们却往往就以他们的观点和思路来阐释中国哲学,结果是中国哲学成了不中不西之学。问题是,我们能否既吸收西方哲学的积极成果,又不至于在中国哲学研究中全盘西化,而是能从我们的传统哲学中提炼出一套中国特有的概念和问题系统,形成现代中国哲学特有的话语系统,建立有中国特色的现代中国哲学。吸收和消化西方哲学绝不能是一种外在的模仿。哲学不是客观的知识,更不是简单的技术。哲学是人对自己根本问题的根本思考。哲学的问题从来就不是单纯的理论问题,哲学问题实际是人类生存问题的最高提炼和浓缩。西方哲学一切的一切都是从这个对根本问题的思考而来的。看不到这一点,而只是从西方哲学外在的表现去模仿它,将永远不得其门而入。只有当我们也能提出和进入真正的问题时,我们才能真正开始吸纳和消化西方哲学,就像我们的祖先当初吸收和消化佛教哲学一样。

[张汝伦,1953年生,哲学博士,现为复旦大学哲学系教授、博士生导师。出版有关中西哲学著作若干种,论文100余篇。]

拓进中的回望：美学本体论的发展历程与终极形态

（麻天祥　詹志和　《吉首大学学报》（社科版）2005 年第 3 期）

美学本体论问题的发展态势在美学史上经历了“正——反——合”三个阶段，即经由以“客观论”和“主观论”为主流的两个阶段后，最终走向符合美学特殊性的“主客二元合一论”阶段。美学本体论之所以走向这样的终极形态，根本原因在于美学的原始根基乃是“感性学”。明辨美学本体论问题的特殊性与发展走向，对于深入全面地探讨美学史和美学理论中的诸多问题，特别是探讨当前美学理论形态逐渐从“本体论美学”向“存在论美学”转型的问题，都很有必要很有裨益。

该文首先探讨了美学本体论问题的特殊性。作者认为，建立在学理性逻辑起点上而非建立在一元性观念实在上的美学本体论是存在的，也是必须的。通过分析本体论与本体论的区别及本体论和一元论的区别，表明本体、本体论、一元论这三者并非形影相随的关系。那么，从形而上的学理思辨角度看，美学本体论便确实具有颇为特殊的性状：它不是依托于一元性本体论，而是以“心物浑融”或者说“主客二元合一”关系为根本立足点——即学理性“逻辑起点”的，它关注的是审美活动。这样的本体论才真正符合美学学科的特殊性。

继而，作者以“启蒙运动后期”为界，将美学本体论问题的探讨分为“前自觉”和“自觉”两个阶段，认为：在“前自觉”阶段，具有观念实在性的一元本体论为主流，其间又先后盛行过“美在客观”和“美在主观”两说，此二说分别对“真”和“善”的观念有较大的依附性；而在“自觉”阶段，则是以“主客二元合一本体论”为基本趋势，这使美学摆脱了依附性，表现出比较鲜明、纯粹的自身品格。简言之，美学在这两个阶段上的关注中心分别是“美何在”和“美何来”。

最后，作者探讨了“二元合一论”的学理根源和过渡作用、始基地位。认为美学建立在二元合一关系上的本体论，是更为科学的，更符合美学特性的，这是经过了“否定之否定”的曲折历程后才有的创获。美学本体论之所以以二元合一论为逻辑起点，在学理上，最根本的原因在于：美学乃“感性学”，其原始根基植根于“感性世界”之中。另一方面，“二元合一论”也在美学理论形态的转型中有“桥梁”作用，其中蕴涵的二元“平等、互动”性再朝多元的方向前进一步，本体论美学便转化为关注“主体间性”的存在论美学。

［麻天祥，1948 年生，博士，武汉大学哲学学院教授、博士生导师、宗教研究所所长，中国佛学及佛教艺术研究中心主任、基督宗教和西方宗教文化研究中心学术委员会主席。
通信地址：武汉大学哲学学院（430072）
联系电话：027 – 68761185
电子信箱：matianx@ yahoo. com
詹志和，1955 年生，历史学博士，湖南师范大学文学院副教授，武汉大学哲学学院博士后。
通信地址：湖南师范大学文学院（410081）
联系电话：0731 – 8871507
电子信箱：zhanzhihe123@ sina. com］

网络文化的精神实质

（刘同舫　《天津社会科学》2005 年第 6 期）

该文认为，网络文化是一种具有无限魅力的新型亚文化，它是作为现代性和后现代性文化而与现实文化交融发展的。该文揭示了网络文化的精神实质：网络文化以虚拟方式构建，虚拟性是网络文化贯穿的基本精神；网络文化承袭了现代理性精神而具有工具理性；网络文化是一种超时空、超现代、超想像、超真实的乌托邦文化，超现实性是其后现代性精神特质；网络文化受经济、政治、主流意识形态等社会现实因素的层层制约，现实制约性是其前现代性精神特质。

网络文化是一种人化文化，必然随着人的理性能力的发展而逐渐走向独立和自由，并将推进和提升人的理性能力的发展，不断体现其自身的魅力与生命力。

［刘同舫，1966 年生，华南师范大学政治与行政学院副教授，马克思主义基本原理教研室主任。
通信地址：华南师范大学政治与行政学院（510631）
联系电话：020 – 85212604
电子信箱：liutf@ scnu. edu. cn］

唯物史观价值维度的当代建构

（陈新夏 《马克思主义研究》2005年第3期）

该文认为，以人的发展为核心的价值取向，始终贯穿于唯物史观创立和发展过程中。马克思关于人的发展思想的形成与其社会历史认识的深化相伴随，它引导着社会历史的探讨，又随着社会历史认识的深入而展开。然而长期以来，人们在解读唯物史观时，往往主要强调科学认识的方面，如社会物质体系的构成、关系、作用、运动及其规律等，淡化甚至忽视其以人的发展为核心的价值取向，即使谈及人的发展，也仅视为社会发展的结果、社会发展规律使然，而未能将其理解为唯物史观中与认识维度相辅相成的另一基本维度——价值维度。

澄清上述误读的关键，是明了唯物史观创立过程中研究重点的转向，即从确立人的发展的价值取向转为研究社会发展的规律和途径，包括：探讨社会结构和发展规律，分析个人发展对社会条件和社会关系的依赖性，阐明个人发展与集体发展、个人解放与阶级解放的关系，揭示消灭现存制度的任务和途径等。逻辑和现实的分析使马克思找到了他那个时代人的解放和发展的切入点——阶级的解放从而对现存制度进行批判。然而，研究重点的转换并不意味着马克思放弃了对人的解放和发展的追求，而是将这一追求置于了现实的基础之上。从本质上看，人的发展在马克思唯物史观的研究中从未“退场”，而是以某种潜在的方式一直“在场”。时代特征和历史任务的变化，要求唯物史观从科学认识为主转向科学认识与价值取向并重，要求人的发展思想整体性地复归于唯物史观，构成其基本的价值维度。

以往对唯物史观一维界定的误区之一是，将唯物史观仅仅归结于社会历史认识。人是社会历史的主体。历史的人为性，决定了历史观要注意“物”，更要关注“人”，要体现人的价值定位、价值取向和选择，非此，无从确定人活动的主体根据，亦难以把握人活动的本质和规律。以往对唯物史观一维界定的又一误区，是强调唯物史观的反映功能，而相对忽视其引导人的发展和社会进步的使命。唯物史观作为对社会历史总的看法，不仅应认识历史之“实然”，更应预测和设计历史之“应然”，导向社会历史的发展进程。为此，它不仅要反映历史的真相，分析和预见社会发展的规律，揭示社会发展的机制和趋势，亦应体现人的发展理想和愿望，设定人活动的价值取向和目标，引领社会的进步。

确立人的发展作为唯物史观基本价值维度的地位，从人的发展视角诠释唯物史观，有助于拓展唯物史观发展和运用的新空间，凸显唯物史观的当代性，提升唯物史观的解释力和价值导向力，开启唯物史观当代建构的新路向。

［陈新夏，1957年生，首都师范大学政法学院教授、博士生导师，哲学与文化研究所所长。独立完成和合著《人的尺度——主体尺度研究》、《思维学引论》、《跃上新境界》、《管理哲学纲要》、《论马克思主义人权观》等著作。在《哲学研究》、《马克思主义研究》、《光明日报》等报刊上发表一系列学术论文。］

唯物史观：科学发展观的理论基础

（吴元梁 《哲学研究》2005年第7期）

该文认为，唯物史观关于社会历史主体的理论是科学发展观以人为本的理论依据。

唯物史观揭开了宗教神学和唯心史观披在人类社会历史上的神秘的、唯心主义的面纱，认为社会生活在本质上是实践的，人类社会是在人们的实践活动中形成和发展的。人们从事各种实践活动，占有和创造物质财富和精神财富也好，建立和改变经济政治制度也好，都不过是手段和中介，唯有人自身的生存、发展和解放，才是最根本的目的。这就是以人为本。

实践活动过程既是人们的主体性、目的性、能动性的实现过程，又是客体、对象以其自身的规律性对主体的作用过程。实践活动的前一特性要求人们讲以人为本、讲价值论、讲人文精神，实践活动的后一特性要求人们讲客观存在、客观规律、讲认识论、讲科学精神。实践活动两方面特性的统一就是以人为本与客观存在的统一、价值论和认识论的统一、人文精神和科学精神的统一、目的性和规律性的统一。这就是为什么我们的发展观中既有“以人为本”的内涵，又有“科学”规定的内涵。把我们的发展观理解为不包含科学规定的纯人文发展观或理解为排斥人文精神的纯科学发展观，都是片面的理解。

唯物史观关于社会有机体和社会结构的理论是科学发展观全面协调发展的理论依据。

马克思恩格斯把人类社会称作社会有机体，对其结构进行了实践的、唯物的、历史的、辩证的分析。唯物史观关于生产力和生产关系构成一个社会的经济基础的理论是我们实行以经济建设为中心的理论依据；唯物史观关于物质生活的生产方式和人们的社会生活、政治生活、精神生活之间存在的相互制约关系的理论则要求我们在进行物质文明建设的同时，要进行社会文明建设、政治文明建设、精神文明建设和生态文明建设，实现社会的全面进步和人的全面发展；唯物史观关于社会结构诸因素之间辩证关系的分析，是我们实现协调发展的理论依据。只有协调发展，才能实现社会系统的有机性和整体性，才能在发展中保持社会的和平和稳定。

马克思恩格斯论述过人对于自然界的依赖性，揭露过资本主义条件下物质变换过程中对土地的滥用和对森林等自然资源的破坏，论述过历史发展过程中的代际影响，探讨过正确处理和解决人、社会和自然关系的理论和途径，实际地提出和回答了为什么要实现可持续发展、怎样实现可持续发展的问题，因而成为我们坚持科学发展观、实现可持续发展的理论依据。

总之，唯物史观是科学发展观的理论基础，而科学发展观则是唯物史观在当代中国的应用和发展。

［吴元梁，1938 年生，哲学博士，中国社会科学院哲学研究所研究员，博士生导师。出版专著《科学方法论基础》、《科学方法论基础》（增订本）、《社会系统论》。合编、著、译著作《社会科学新方法大系》、《高科技时代的社会发展》、《对有中国特色社会主义的哲学分析》等。发表论文、文章百余篇。］

我国人文社会科学研究的范式转换及其他

——关于文科研究的几点体会

（孙正聿　《学术界》2005 年第 2 期）

该文认为，哲学社会科学理论，作为思想中的时代，不能不随着时代变革发生巨大变化，并转换它的研究范式。研究范式的转换，是研究的根本理念、基本课题、概念框架、解释原则和评价尺度的转换。当代中国的人文社会科学研究，面对的是人类文明形态的变革、人们社会存在的变革和人们思想观念的变革。与时代变革相适应，我国人文社会科学研究在思维方式上实现了从两极到中介、从体系到问题、从层级到顺序的重大变革。这种思维方式上的变革构成了人文社会科学研究的范式转换。

人文社会科学研究的范式转换，要求从事人文社会科学研究的人员重新思考从事文科研究的前提条件。从事文科研究，一是需要有一套概念系统，以理论的方式规范人们的思想和行为；二是需要有一种背景知识，以“通晓思维的历史和成就的理论思维”从事文科研究；三是需要有一套研究思路，做到面向本文与悬搁本文、面向现实与拉开间距、面向自我与跳出自我的统一；四是需要一套评价标准，在解释原则的创新、概念框架的构建、背景知识的转换、提问方式的更新以及逻辑关系的重组的意义上进行文科研究。

文科研究的主要工作，一是要寻求理论资源，二是要发现理论困难，三是要创新理论思路，四是要作出理论论证。哲学研究则要特别注重时代精神主题化、现实存在间距化、流行观念陌生化和基本理念概念化。写小说不在故事而在细节，写论文不在观点而在论证。基本理念的概念化，这是文科研究的主要功夫。

文科研究需要强烈的主体自我意识。这首先需要一种抑制不住的渴望，其次是需要一种明确的学术态度，再次是要有一种在思想上跟自己“较劲儿”的韧性，最后是需要达到一种美的心理体验，也就是真正的自我实现的幸福感。

［孙正聿，1946 年生，哲学博士，吉林大学哲学基础理论研究中心主任、教授，教育部哲学教学指导委员会主任委员。
通信地址：长春市吉林大学哲学基础理论研究中心（130012）
联系电话：0431 －5176728
电子信箱：smende@ public. cc. jl. cn］

无为依唯识学在印度的发展

（周贵华 《法音》2005 年第 12 期）

“无为依唯识”作为一个概念描述范型，可以看成是用“无为依”对“唯识”的一个限定。“无为依”意为，无为之心性真如是一切法（事物）之根本所依，这主要从本体论意义上而言。“唯识”则指一切法的唯心（识）性，以及一切法以心为因而缘起，主要从识境论以及缘起论（发生论）的角度而言。显然，“唯识”之义要求以心（识）为中心诠释、建构一切。与此相应，如果以心识为一切之根本所依成立本体论，则可看到这种本体论与“唯识”自然是内在一致的，这就是笔者曾经已作区分的“有为依唯识学”；但如果依据“无为依”概念成立本体论，即以心性真如而不是以心为一切法之根本所依，结果，这样的本体论与“唯识”论必然不能内在一致。在此意义上，由此成立的无为依唯识学是“杂糅”而非“纯粹”的。无为依唯识学的“杂糅性”不仅表现在其理论的内在性质上，而且也通过其理论的外在特征——即理论的历史渊源表现出来。在无为依唯识学中，其核心概念心性真如与法界、自性清净心、佛性、如来藏等概念可换用，表明其是与“心性本净”说合流的佛性如来藏思想（一般简称如来藏思想）对唯识思想影响的结果。在此意义上，认为它是如来藏思想与唯识思想“杂糅”的产物。据此，无为依唯识学亦是瑜伽行派中的如来藏思想。

“无为依唯识学”是从本体论、识境论与缘起论三方面展开的。无为依唯识学本体论的最基本思想即是以心性为一切法之根本所依。此思想的形成，主要源于瑜伽行派学说的两个基本原则，一是心性原则，即心性为心所摄一切法或说唯心性一切法之实性；二是“假必依实”原则，这在无为依唯识学中被诠释为一切法的建立最终必依一切法之实性心性。无为依唯识学的识境论谈心识与一切法的关系方面，承许独立于心识之外境根本不存在，外境是心识错乱之所显现，似有实非有，诓骗凡庸，使其颠倒生执，这与有为依唯识学的谈法一致。而无为依唯识学的缘起论的重心是关于因的学说，可观察到两个特点。其一为“无为依”之性质所决定，由心性真如为一切法之根本所依而强调心性真如在缘起中的重要性，认为心性真如是一切法缘起的最后根据，或说根本原因，即根本因；其二为唯识学之性质所决定，即此缘起说与有为依唯识学的缘起思想在总体原则上是一致的，皆符合“因果平等”的原则，由此必须以有为法作为发生因，即直接因（亲因），具体而言，以习气种子为发生因。

［周贵华，1962 年生，中国社会科学院哲学研究所副研究员。出版专著《唯心与了别》等，发表多篇论文。
通信地址：北京建国门内大街 5 号中国社会科学院哲学研究所东方哲学室（100732）
电子信箱：zhgh000@ yahoo. com. cn］

西方美学中的“形式”：一个观念史的理解

（张旭曙 《学海》2005 年第 4 期）

该文认为，形式是西方美学范畴体系网络中最古老、最持久的强力范畴之一。从希腊时代一直到今天，它一直居于显著的地位。形式之重要，不单单在于它堪与“存在”范畴比肩的古老、生命力持久抑或思维触角遍布美学艺术学的各个层面方向，更令人困惑棘手的是，形式特有的歧义丛生，夹缠难理。借用维特根斯坦的说法，形式涵义系统就是西方传统形而上学概念中的一个用法界限含混、“血缘”关系模糊的大“家族”。我们根据其意蕴名称，把这个家族分为材料媒介、技巧手法、艺术审美、形而上本质四个层次。它具有“一义为主，数义并用”、“名同实异，无亲缘性”、“名异实近，家族类似”、“语义链的非连续性”这几个语义语用特征。我们认为，要领略形式迷宫的曲径通幽之美，披露、解释形式观念史的“真相”，可以综合运用诺夫乔伊在《存在的巨链》中倡导的“观念史”方法和塔塔凯维基在多卷本《美学史》中倡导的“观念接受史”方法，用主导观念“基型”一词概括表达形式观念史之伟大行程的基本步调。我们用四大主导观念“基型”（在某个时期美学思想文化中反复出现，最广泛流行，被人们普遍遵从的思维设定、理智习惯、审美趣味、价值标准等的相对稳定的规范型态）和七种主流形式涵义来蕴涵、整合、勾勒西方美学自古希腊罗马到20世纪，绵延2000多年的形式观念史，追踪、考察“形式”这个“单位观念”（unit－ideas）的多重涵义（观念群）和语用语义特点和它们在哲学、美学、文学、艺术、宗教等学科领域中生成、引进、传递的过程以及在不同时代、不同的哲学家、美学家、文学艺术家、宗教家、道德家那里的传播脉络、表现形态。具体而言，四大主导观念“基型”和七种主流形式涵义分别是：第一，多样性的统一：古代形式一元论。时间：公元前5世纪到17世纪。涵盖一般美学教科书所谓的古希腊、罗马、中世纪、文艺复兴、启蒙运动时期。其主流形式观念是：（1）比例和谐（要素成分的有秩序的排列组合）。西方哲学美学形式观念的伟大奠基者——毕达哥拉斯及其学派首创，延续最悠久，影响最深刻。（2）超验理式（独立存在的永恒不变的非物质实体），发端于柏拉图。（3）实体形式（现象本身中发展的概念本质），滥觞于亚里士多德。第二，重内容表现：近代内容形式二元论。时间：17世纪到20世纪初。涵盖新古典主义、启蒙运动、德国古典美学。主流形式观念是：（1）先验形式（心灵对知觉对象的规范作用）肇始于康德，是现代形式观念的理论基石。（2）感性形象（按一定规律组成的表面要素的关系）。古代智者最早提出，近代得到普遍运用，分为重内容派（黑格尔、狄尔泰等）和重形式派（汉斯立克等）。第三，语言论背景中的现代形式本体论。时间：20世纪初到20世纪五六十年代。形式观念史的鼎盛期。历史上的所有传统形式观念都复活并得到了新诠释。主流形式观念是：形式、系统、结构。从俄国形式主义、新批评经布拉格学派到法国结构主义构筑了一条完整清晰的思想“谱系”。理论基石为索绪尔的结构主义语言学。第四，没有结束的思想运动：后结构主义的反形式论。时间：20世纪六七十年代至今。以德里达、巴特、福柯、利奥塔等为中坚的思想家对西方传统形而上学（包括一切传统形式观念）进行根基性的颠覆。

［张旭曙，1965年生，复旦大学中文系副教授。
通信地址：上海市复旦大学中文系（200433）
联系电话：021－65653292
电子信箱：xs_ zhang@ fudan. edu. cn］

西方“以恶抑恶”的制度伦理及其正义价值取向

（王志红　《中共中央党校学报》2005年第3期）

以契约来说明国家和社会形成、道德和法律原则的正当合理性，是2000多年来西方制度伦理的基本思路。

从这种制度伦理思路看，合乎正义的社会制度应当是从人性底线伦理的社会契约出发，确立在自然法则基础前提上的制度。它认为人天性中具有趋利避害的利己倾向，人的利己动机优先于利他动机而存在，个人对社会的关心是以社会对他的关心为前提的。正是在承认人的自私自利性和个人利益矛盾冲突合理性的基础上，以法正义为现实的手段。其正义的程序是首先从法律上认可个人的独立性和假定个人所具有的各种权利和资格，个人主体是世俗法律完成其秩序追求的基本和主要载体，而从法律上界定物的分配、占有则提供了主体资格显示，这为满足社会秩序追求提供了前提。有了主体的区分，进一步将人权与物权统一在法律的基础上，各得其所是社会秩序和规则所在。总之，在设定主体、分解物权、各得其所之后，平等交易与转让则成为保护权利的完整性和利益增值的有效途径。

经过近代启蒙思想家对理性的弘扬，西方思想沿着理性主义道路进一步展开，从人性本恶到理性的契约规制，再到理性经济人的假设是对性恶论的崇恶契约制度伦理的进一步规范化和知识化。这为判断社会制度善恶优劣进一步提供了“效率”与“合理”的制度伦理原则。即从人性本恶的契约规矩到“恶动力”的理性核算，为其市场经济体制提供道德合理性和社会发展的心理动机、态度和价值观。

从这种制度伦理思路出发，它既演绎出了“以恶抑恶”的契约约束和规范伦理的价值原则，也派生出了“以恶增善”的功利主义目的论价值观。近代以来，契约论的道义论和功利主义两大基本理论，从“以恶抑恶”和“以恶增善”这两个不同角度对西方制度伦理的自由、平等、民主等基本政治价值观和正义性进行了深刻反思与论证，也是对其制度伦理的双重反思与建构。19世纪下半叶，西方传统理性主义开始转向，用有限理性代替绝对理性，“以恶抑恶”“以恶增善”传统绝对理性主义制度伦理也在这场挑战中得到本质性回归。

总之，“以恶抑恶”的制度伦理对人性假设从自私利己的“经济人”到善于精心核算的“理性经济人”，再到脆弱的“有限理性人”和“冷淡理性人”，经历了一个否定之否定的回归，也使对人的理解从道德伦理的欲求，置换成经济效率的合理并进一步还原为行政权利的合法性诉求，深刻揭示了这种制度文明对人类道德风险的预警和对法正义的执著追求。从政治价值观层面对社会制度善恶的正义性进行合理性和合法性考证、规范和反思。

［王志红，1956年生，合肥工业大学人文经济学院教授，马克思主义哲学

原理教研室副主任。
通信地址：合肥市六安路158号9－607 信箱（230069） 联系电话：13093408961 电子信箱：wangzhihong0311@163.com]

消费主义霸权统治的生存论代价

（刘福森 郭玲玲 《人文杂志》2005年第4期）

刘福森

一、大众消费：当代“消费社会”的消费方式和消费观念

该文认为，早期资本主义，“禁欲苦行”和“贪婪摄取”这一对冲动力被锁合在一起，形成了现代理性观念。20世纪末到30年代初，生产过剩引发的消费观念的变革则促进着“消费社会”的来临。消费社会的基本特征是大众消费的兴起。消费社会始于本世纪20年代。它强调花销和占有物质，并不断破坏着强调节约、俭朴、自我约束和谴责冲动的传统价值体系。

二、需要、欲求与炫耀性消费：现代消费的本质特征

随着资本主义工业文明的发展和消费社会的到来，消费发生了异化，成为“异化消费”。

异化消费首先是指消费对自身本质的背离。作为手段的消费成为自身的目的，目的和手段发生了颠倒。

异化消费的另一个含义，是指消费对人的背离。消费不仅造成了人和外部自然界的冲突，而且造成了人的生存方式同“人本身的自然”（人的生理机能）的冲突：超越需要的过度消费也对人的身体造成了极大的危害（现代社会文明病的根源）。

异化消费的第三个含义，是指消费对人本身的强制、控制和操纵。消费者已经不再是消费的主体，而是成为过剩商品的“消耗器”或“消费机器”。人成了物品的奴仆。

三、消费主义文化的实质

消费主义首先是一种生活方式和生活态度。它把物质消费看得高于一切，并在相互的消费攀比中追逐着一种无限的物质欲求。消费主义也是一种文化，它鼓吹和张扬的是消费品的符号意义，因而它支持的消费是一种象征性消费。

四、消费主义文化的意识形态功能

消费主义不仅把消费行为变成文化行为，而且还把消费主义自身铸造成消费社会的主流文化，因而它具有了意识形态的功能。它以西方经济发达国家的生活样式、以隐蔽的非政治化的形式、以普遍伦理、审美、风俗和风尚的形式为不发达国家的个人生活中的自由选择提供一种文化尺度，把消费主义的价值体系塑造成为至高无上的价值观念和生活规范，把西方消费社会的生活方式和价值观念变成统治世界的生活方式和价值观念。

五、消费主义霸权统治的生存代价

资源和环境是人类生存的基本条件和前提。在当代发生的资源危机和环境危机，是人类的生存危机。消费主义使人类付出的资源和环境代价，实质上是人类付出的生存代价。我们今天的荒唐行为，正在摧毁着我们明天的生存基础。我们正在用我们的巧手残杀着我们还没有出生的子孙。我们在用今天“赌”明天。我们的人生哲学是：“不求天长地久，只要曾经拥有。”

[刘福森，1943年生，吉林大学哲学基础理论研究中心专职研究员，吉林大学哲学社会学院教授、博士生导师。
通信地址：吉林省长春市吉林大学哲学社会学院（130012）
联系电话：0431－5627605
电子信箱：lfs@email.jlu.edu.cn
郭玲玲，1978年生，吉林大学哲学社会学院博士研究生，现任辽宁大学哲学与公共管理学院教师。
通信地址：辽宁省沈阳市辽宁大学哲学与公共管理学院（110036）
联系电话：024－24693292
电子信箱：g－lingling@sohu.com]

小康社会与城市伦理精神

（王正平　周治华　《伦理学研究》2005 年第 2 期）

王正平

该文认为，所谓城市精神，是指一个城市特有的精神文化气质，是其市民占主导地位的理想信念、行为准则、生活方式、文化活动、建筑风貌、自然景观所体现出来的共同的价值观念和人文品格，是植根于城市的历史、体现于城市的现实、昭示着城市未来的精神风貌。城市精神是一种植根于城市历史的文化结晶，一种体现于城市现实的精神品质，一种引领着城市未来发展的价值观念。

正如传统伦理精神是传统文化的核心一样，在城市历史的文化结晶中伦理精神是核心：在城市的精神品质中，城市的社会道德风尚是最重要的，而社会道德风尚则是伦理精神的显现；在城市未来发展的价值观念中，伦理精神是决定其时代性和发展方向的主要力量。所以，在一定意义上，城市伦理精神是蕴涵于城市精神各个层面的核心，是决定城市精神之性质的灵魂。

伦理精神本质上是一种集工具理性与价值理性为一体的理性精神，批判现实、指导实践是其本质特征。城市精神是现代化过程中生活理性化的必然产物，它要对城市现实生活进行理性批判，要为城市的建设和市民的全面发展提供理性指导和价值目标，就必然要以城市伦理精神作为它的核心与灵魂。城市伦理精神是在批判的基础上借助理性自觉地以应然方式对城市生活的价值性反映。作为工具理性，城市伦理精神在市民的伦理意识和城市公共道德中处于核心地位，是调控社会秩序、推动社会经济文化发展的内在力量；作为价值理性，城市伦理精神是城市人群的自觉地价值追求，“体现了人们如何安顿人生，如何调解人的内在生命秩序”。城市伦理精神包含着城市的人伦精神和市民的德性精神，既是追求社会生活和谐进步的力量，也是追求主体自觉和人格价值的力量。城市伦理精神是城市共同奋斗的价值取向和崇尚的伦理观念。在建设现代化的城市过程中，城市伦理精神是推动城市建设的精神动力，引领城市发展的基本价值目标。

作为城市精神的核心与灵魂，城市伦理精神不是某一座城市的特有的精神，它是超越城市精神之地域性的、有普适性的民族精神和时代精神。无论各大城市的城市精神在表述形式上如何千变万化，也无论它们的内容怎样丰富多彩，但都共同地包含着一些一般意义上的具有普适性的人伦精神和道德精神。一方面，塑造城市精神是弘扬民族精神的具体实践，城市精神理应传承传统伦理精神的精华。另一方面，城市精神作为时代精神，体现时代特征的现代伦理精神是构成它的基本要素。

全面建设小康社会“是中国特色社会主义经济、政治、文化全面发展的目标，是与加快推进现代化相统一的目标”。作为社会主义现代化建设的一个阶段，小康社会应当是一个更加文明的社会，一个具备良好物质文明、政治文明和精神文明状态的社会。在全面建设小康社会的历史阶段，城市伦理精神是该阶段的经济状况和社会生活的产物，是在当代社会的现实中生长出来的。它是社会主义、集体主义、爱国主义精神在当前阶段的具体体现，具有民族性、时代性、基础性，是建设小康社会的精神动力和价值目标。目前我们全面建设小康社会特别需要弘扬八大城市伦理精神：（1）利益兼顾；（2）公平正义；（3）诚实守信；（4）仁爱为善；（5）劳动光荣；（6）敬业精神；（7）规则意识；（8）生态意识。从当代社会变化的实际出发，着力培育与时代进步契合的城市伦理精神的具体途径，有如下几种：（1）推动城市社区的群众性道德实践活动；（2）增强学校德育的实效；（3）发挥企业的社会责任；（4）扩大“第三部门”在道德建设方面的积极效应；（5）通过大众传媒形成良好的社会舆论环境。

［王正平，1951 年生，上海师范大学法政学院教授，博士生导师，跨学科研究中心主任。
通信地址：上海师范大学学报（200234）
联系电话：021－64322304
电子信箱：wangzhpj@ shnu. edu. cn
周治华简介缺。］

形上之维

——一个伦理学不可或缺的维度

（秦越存 《学术交流》2005 年第 4 期）

该文的形上维度是以形上之知为依托的思维向度。回溯历史，形而上学有两种基本涵义：一是作为世界观和方法论意义的形而上学；一是作为哲学同义语的形而上学。而后者乃是哲学的根本性质，也是人的本性的根本体现。这里的形而上学即取此意。该文分为三大部分。第一部分通过对西方伦理思想史的梳理，试图说明形上之维是内在于伦理学理论的本质维度。形而上学的维度是任何哲学以显现或遮蔽的方式所内在包含的不可或缺的本质维度，它以对终极价值的探求的理念形式表现出来。西方传统伦理学的发展虽然经历了几千年，学派众多，但如果从道德的基础进行划分，其基本脉络可以说是理性主义伦理学作为主流与经验主义伦理学对立并存，同时宗教伦理学作为一种特殊的伦理学理论形态占有不可忽视的地位。但无论是哪种类型的伦理学，在最深层的本质上都体现了人对终极价值的追寻。可见，西方传统伦理学一直或隐或现地包含着对人的终极价值的关怀。形而上学的维度显然也是内在于伦理学理论的本质维度。然而，传统伦理学在向现代伦理学转型的过程中逐渐地失落了形而上的维度。第二部分即是对这种失落的描述。一般认为，现代西方伦理学开始于尼采的价值重估和摩尔所开创的语言学分析。从西方伦理学现代发展的线索中可以看出，一方面是科学主义的元伦理学代替了传统的经验主义伦理学，一方面是非理性主义伦理学代替了传统理性主义伦理学。同时，宗教伦理学在现代社会也发生了一系列的变化。元伦理学的研究使得伦理学理论更加精致、深化，但完全脱离了现实问题，失去了对人的终极关怀，其形而上的维度失落了。现代非理性主义伦理学对人的个体生命的重视，对克服传统理性主义的超验性和抽象性有一定的积极意义。但这种探究过分夸大了个人自由，必然导致道德相对主义和道德虚无主义，致使道德生活和伦理学理论都不可避免地陷入了危机。宗教伦理学在现代社会发生了一系列的变化，时至今日仍然存在并不断创新，正是从某种程度上反映了当代伦理学形上之维的缺失。第三部分对当代伦理学形上之维的重建作了一些探讨和尝试。当代规范伦理学的兴起不仅拓宽了伦理学的研究视野，而且使伦理学不断地向多样化和实用化的方向发展，出现了多种应用伦理学学科。但应用伦理学的偏颇之处决定了它的发展不能使伦理学走出困境。当代道德哲学家麦金太尔对人的内在德性的建设、对人整体善的追求的理论、对伦理学形上之维的重建指出了方向。

［秦越存，1968 年生，浙江财经学院人文艺术学院副教授，哲学博士，浙江财经学院伦理学研究所副所长，硕士生导师。2005 年发表的论文有《形上之维——一个伦理学不可或缺的维度》、《麦金太尔的实践观及其启示》等。这两篇论文是拟发表专著《追寻美德之路——麦金太尔对现代西方伦理困境的反思》的阶段性成果。］

形态、问题与思潮：20 世纪中国哲学研究的方法论思考

（李维武 《新华文摘》2005 年第 5 期）

该文着重从方法论上探讨了三个问题：一是 20 世纪中国哲学的形态，二是 20 世纪中国哲学的问题，三是 20 世纪中国哲学的思潮，由此而对 20 世纪中国哲学研究作一种新的理解、新的开拓。

1. 20 世纪中国哲学，是中国哲学史的一个特殊的发展阶段。它与以往中国哲学的区别，不仅仅在于时间上的不同，更主要地是哲学形态上的不同。20 世纪中国哲学尽管出现了形态上的巨大转变，但仍然在某种程度上保持着中国哲学的性格与传统，仍然从总体上属于中国哲学已经持续了数千年的历史进程。20 世纪中国哲学转型的这种特点，概括起来，表现为两种哲学运动：一是西方哲学的中国化，一是中国哲学的现代化。这样两种哲学运动，在实际的哲学发展中是合为一体的，共同构成了 20 世纪中国哲学的转型。

2. 20 世纪中国哲学在致思趋向、话语系统及其哲学文化风貌上的重构与转变，集中表现为哲学的提问方式和提问话语的改变。西方哲学的中国化与中国

哲学的现代化两种哲学运动，首先就是形成一种新的哲学的提问方式和提问话语。因此，开展20世纪中国哲学的研究必须重视对哲学问题的探讨。

从逻辑上看，20世纪中国哲学的问题具有多层面的内容。这些哲学问题集中在三个层面上：一是本体论与认识论问题，二是历史观与文化观问题，三是政治哲学问题。

3. 环绕20世纪中国哲学诸问题，中国哲学家们于百年间进行了反复的思考与不断的探讨，由此而形成了各种哲学思潮。在20世纪中国哲学研究中，应当把哲学思潮的划分同哲学问题的划分结合起来，即根据各种思潮对哲学问题的探讨来区分不同性质的哲学思潮。根据20世纪中国哲学的问题，可以把20世纪中国哲学的思潮作一种结构性的划分。

第一，在20世纪中国哲学发展中，环绕本体论与认识论问题，形成了科学主义、人文主义、马克思主义哲学三大思潮以及它们之间的复杂联系。20世纪中国哲学中的有代表性的本体论、认识论体系，都是在这三大思潮的探讨与互动中建构的。

第二，在20世纪中国哲学发展中，环绕历史观与文化观问题，形成了唯物史观、进化史观、民生史观三大历史观以及它们之间的复杂联系，形成了西化思潮、文化保守主义、马克思主义文化观三大文化思潮以及它们之间的复杂联系。此外，在20世纪某些特定的历史阶段，环绕历史观与文化观问题，也会形成一些存在时期并不长、但在当时却颇有影响的思潮，抗日战争时期出现的战国策派思潮即是一例。

第三，在20世纪第一个四分之一世纪的中国思想世界中，许多政治哲学思潮泛起一时，产生过阶段性的影响，经过这一时期的思想论争与政治实践的选择，环绕政治哲学问题，形成了三民主义、自由主义、马克思主义政治哲学三大思潮以及它们之间的复杂联系。这三大思潮之间关系的变化，对20世纪中国向何处去的历史选择，对现代中国民主政治的建设，产生了直接的影响。中国马克思主义政治哲学，也正是在与三民主义、自由主义的相激相融中，显示出了自身的优越性，对“中国向何处去”这一时代的大问题作出了最有说服力的回答。

20世纪中国哲学的诸多思潮，通过这一结构性的划分，可以说得到了一个比较合理的分疏和比较清楚的展现。由此来看20世纪中国哲学发展，能够透过纷繁复杂、起伏纵横的哲学思潮，对其基本格局和基本框架有一个更为明晰的把握。如果说哲学问题是20世纪中国哲学之网的网上纽结，那么哲学思潮就是20世纪中国哲学之网的网上主线。以问题为中心，以思潮为线索，这样一来，就可以比较好地把握20世纪中国哲学之网了，比较好地展开20世纪中国哲学研究的思维空间了。

［李维武，1949年生，哲学博士，现任武汉大学哲学学院教授、博士生导师，武汉大学中国传统文化研究中心研究员。著有《二十世纪中国哲学本体论问题》、《中国传统科学方法的嬗变》（合著）、《吕不韦评传》、《王充与中国文化》、《徐复观学术思想评传》、《马克思主义中国化探论》（合著）、《长江流域文化与近代中国哲学》等专著。发表论文100多篇。］

亚里士多德的实践哲学及其现代效应

（丁立群　《哲学研究》2005年第1期）

该文认为，亚里士多德的实践哲学对后世有着深远的影响：整个西方哲学史乃至现代西方哲学中的实践思想都根源于亚里士多德的实践哲学，是对亚里士多的实践哲学不同方面的阐释和发展；在现实中，亚里士多德的实践哲学，也以观念的形式支配着西方社会人们的实践方式。所以，分析亚里士多德的实践哲学对于理解西方的实践哲学的根本内涵及其现实中的实践方式具有十分重要的意义。论文发掘了西方实践哲学的创始人亚里士多德的实践哲学思想，认为在亚里士多的思想中存在着一定的矛盾。一方面，他试图以终极的“善”来统一人的一切行为；另一方面，他又把实践和“创制”对立起来，在这种对立中来规定实践，这又割裂了人的行为的统一性，从而引发了后来实践哲学的种种分歧。在和“创制”的对立中，他阐发了他的实践观，认为，实践和创制的区别首先在于实践是一种德行的实现活动，而创制在于依据自然的原理去制作，实践重在于“行”，创制重在于“知”。其次，实践与创制依据于两种不同的思考和理性，实践的理性是“明智”，创制的理性是“理智”。再次，实践是一种以自身为目的，或者说目的内在于白身的活动；创制则是以外在的事物为目的，对它来讲，结果是高于活动的。第四，实践是无条件的、自由的活动，创制是有条件的、非自由的活动。第五，实践的目的是终极的、完满的，它本质上是一种终极的道德关怀；创制则是片面的、手段性的东西。

亚里士多德的实践哲学引导了一种实践与“创制”的二元论，这种二元论在现代引发了一系列效应。首先，实践与“创制”的对立，使得科学技术以及生产活动失去了道德规约，从而产生了异化。其次，实践与“创制”的二元论也使得“创制”的功利性活动脱离了实践理性的约束，逐渐泛化和庸俗化，从而和日常生活同化，割裂了实践的总体性，也消解了实践的关于人类解放的终极关怀的维度。论文针对亚里士多德实践哲学的现代效应，就实践与生态危机、实践与日常意识和日常活动、实践与总体性、实践与终极关怀、实践哲学与人的解放等问题提出了自己的见解。

［丁立群，1958 年生，黑龙江大学教授、副校长、博士生导师，文化哲学研究中心副主任。
通信地址：哈尔滨市学府路 74 号黑龙江大学校办（150080）
联系电话：0451 - 86609231
电子信箱：dlqbluesky@ 126. com］

再论建构中国美学史的学科体系

（吴功正 《南通大学学报》2005 年第 1 期）

该文是《建构中国美学史的学科体系》的延伸论述。

中国文化经验、审美经验沉淀于宋代，出现集大成，是一个寓普遍性意义于其中的美学史时代案例。典型案例分析，是一种方式和叙事行为，属于撰述实证化和经验化范畴。它表现为：（1）以人为本位的美学史基点。扣合审美主体的心态进行分析，呈现缤纷多姿的心态色彩。具体而言——发掘独特的心理表现，探索其奥妙，以维护一个真实生命的心灵，把握对象心理特点。这个心态世界充满了矛盾、冲撞和失衡，揭示和描述它们的内涵和色彩将是美学史研究上很有趣味的事情。这需要首先重视心态的时代因素。时代的社会历史因素规范了心态的时代特点，把握具体时代的人的活动、心理、兴趣以致嗜好的背景，才能解读具体个体的心态内容及其特点。其次，探求心态的思想根因，描述心态的演化线索。心态体现了变迁，心路刻划了历程，心态的走向与过程，具备了审美心理史的意义。（2）美学史框架的具体建构。在具体研究过程中从三个方面切入，进而达到三项整合：①从艺术事实的具体形态切入，实现艺术事实与美学思想的整合。②从社会历史的背景切入，实现社会他律与美学自律的整合。从社会历史背景上解读审美现象是一种切入方式，而从审美现象上又可以反转过来阐解社会意识，从而构合为双向流程，产生社会史与美学史的互证。③从文化学的规律切入。宋代是一个比其他朝代更具有文化味和书卷气的社会，理所当然地要进行这种文化学与审美学的整合，产生互涵互摄的学术格局。这种整合有两大支柱：史学和美学，理学和美学。（3）美学史地位的实际定位。史的地位定位主要看其提供了哪些新的创获，自身作出了哪些贡献，对后代发挥了哪些影响。美学史的地位的确定，既是高屋建瓴的俯瞰，也应该在微观、个案解读的基础上进行，找出其中的精神亮点；应把某一对象、现象从林或断代史的某一美学门类，置身于中国美学史的长程中考察。说到底还需要一个“通”字，“通”不是简单的写法问题，而是视域问题，要求史卷宏通，视域宏放。传承和变异是对美学史演变图式的总确定。美学史是时代存在的美的发现史和诠释史。所谓发现，不仅指资料，而且指审美理想和审美形态。（4）书写程序和话语系统。书写程序大致是：社会历史背景的描述与勾画，为美学史的形成和发展寻找依据，进行历史和美学的整合、个体与时代的互构，尤其是突出思潮特征和演变轨迹。从个体进入思潮扫描，再以思潮为屏幕考量个体的审美意义和价值。在话语系统上，美学史的书写应当与教科书的美学理论知识相沟通，用美学知识系统解读美学史上所出现的经验现象及其载体，重视撰述主体对于对象的直接考察和由此所获得的感受体验，保证美学史著的当下语境性质和撰述主体的个体经验品格。

［吴功正，1943 年生，江苏省社会科学院研究员、博士生导师。
通信地址：南京市虎踞北路 12 号江苏省社会科学院（210013）
联系电话：025 - 83715429］

中国古代风水理论的生态化与人居环境美

（盖光 《管子学刊》2005 年第 3 期）

该文认为，如果我们用生态思维来审视中国古代的风水理论，一方面应该辩证与科学地分析风水现象的生态学本质，挖掘其生态合理性；另一方面，需要深刻地辨析风水理论的生态审美成分，以其启示我们建设未来性的人居环境。风水理论环绕人与自然这两大原点，没有离开优化人居环境这个基本的视点，可以称之为古代中国独特的“人居环境学”。

从风水理论产生的原因及几千年所具有的生命力来看，它形成了自然、经济、社会、文化，以及人的精神、理性活动的复合且复杂性的结构，其生成和发展的原因也是复杂的、曲折的。古代的风水学有“气”本体论、“阴阳五行”与“四时五方”等三大理论基础，在其生成和发展的过程中形成了地理环境、生产生活方式、察天观地的文化传统、宗法制度的社会存在原因与“道法自然”的本体论等要素。风水理论的“生态”品位是索求“生生”之“态”，以“生”与“态”同体呈现动势。风水的主脉是“气”，其运动节律是阴阳交合互生的“化性”机理，从而形成的“易变”，其目的是为了“生生”。风水的操作性与理论形态实际都能够呈现出具体化、现实化的生态学理论。其运行的整体脉络，其实就是自然—社会—文化而构型的复合性生态系统，体现出系统整体化和生态化的生存论特征。具体呈现为：天、地、人之“合”与生态存在之本；风、水构合与物质循环，气脉、水系流行与化生万物；人本关怀与优存策略适时合理而顺自然、用自然等内容。风水理论的“美学成分”以及所融括的自然生态现象，呈现着人们从生存论视野中进行的生态审美体认，其审美和谐化的表征在于：一是对人的生态化生命存在的审美建构，一是体现我国古代哲学、美学、心理学、生态学、地质学、地理学、景观学等多学科的人文生态化整合，因而还呈现了学科间对人的生命存在的审美建构。具体说来，表现为以自然生态的审美因素促生人的和谐化生存；展示多样一体的生命互动与生态审美化的系统建构；“众生”参与及“众生”自由和谐中的生命美感体悟；以自然物象及图腾征象体现审美象征性，形成“荒野”美学与“如画”美学转换条件下的景观创制等特征。

该文的创新点：用现代生态学思想审视古代风水理论的合理因素，深刻挖掘风水理论中体现出的本体论及存在论特点及内涵，同时以生态美学的思想对其进行审美辨析，剖析其对生态环境构造中的美学意义，进而使之展示出对当代人居环境建设及人们寻求和谐性生存体验的启示性意义。

［盖光，1956 年生，山东理工大学文学与新闻传播学院教授、副院长，生态美学研究所所长。
通信地址：山东淄博山东理工大学文学院（255049）
联系电话：0533－2782079
电子信箱：gaiguangx@ sdut. edu. cn］

“中国哲学”及其自主性

（郭齐勇 《文史哲》2005 年第 3 期）

该文认为，哲学是关于宇宙、社会、人生的本源、生存、发展及其意义等根本问题的探求。在雅斯贝尔斯所谓轴心时代（公元前 8—2 世纪），各个大的族群的这种思考或追问的方式不同，基本观念不同，决定了世界上有不同类型的哲学。古代中国、印度、希腊的哲学是其中的典型。轴心文明时代几个大的典范文明各有不同的方式，其哲学有不同的形态。不仅今天所谓中国、印度、西方的哲学类型各不相同，而且中国、印度、西方的不同时空中又有不同的千姿百态的哲学。如果说有所谓“一般哲学”、“普遍哲学”，那即是不同族群、不同时空的哲学形态的共同问题或方法的抽象。人同此心，心同此理，东圣西圣，心同理同。这是其共性的或者可以通约的方面。但是，我们不能仅仅把古希腊到欧洲近代的哲学作为普遍哲学的唯一范式、标准、尺度，以为舍此并没有其他的哲学。

我们不仅一般地肯定“中国哲学”或“中国有哲学”，而且肯定“中国哲学”有其优长。

哲学学科中，中国哲学与西方哲学当然有可以通约、可以比较之处。不同文化背景下产生的哲学具有某种一致性、互通性，因此相互翻译、诠释、比较的哲学研究工作不仅有可能，而且有意义与价值。中国化的佛学、宋明儒学又传到东亚，影响了东亚与全世界。西方哲学的汉译已不等同于它的原貌，西方哲学的汉语化、中国化过程正在进行之中。与过去印度佛教的各宗派一样，古今西方哲学的各流派、各大家的思想慧识都为我们提供了新的视域与方法，并正在与中国哲学的诸流派相互摩荡。因此，我们强调“中国哲学”学科成立的正当性，强调“中国哲学”学科自身的特色，并不是把“中国哲学”作静态的处理，其本身即是一个动态的过程，包含着内外不同族群的和同一族群不同的哲学思维的渗透与融会。而且，作者认为，“中国哲学”的“自己写”与“写自己”，绝不是排它的，不需借鉴的，不考虑实事上已存在与发展着的创造性融会的。如果如此，那就成了“自说自话”，不可能与其他类型的哲学对话与沟通。实际上，我们今天离开了西方哲学的观念与范畴，已不会说话，不能说、写、讲哲学。

当然，目前我们特别要强调“中国哲学”学科的自立性或自主性。时至今日，中国哲学靠依傍、移植、临摹西方哲学或以西方哲学的某家某派的理论与方法对中国哲学的史料任意地“梳妆打扮”、“削足适履”的状况已不能再继续下去了。

在中西文化与哲学的比较研究方面，要注意同中之异，异中之同，殊中之共，共中之殊。我们当然不能把中西之别的问题都化约为古今之异的问题，不能把古、今、中、西、同、异、共、殊的任何一方任意加以化约或夸大。有一些哲学问题在某些层面是普适性的，在某些层面又具有特殊性。总之，中华文明中的哲学智慧决不亚于西方，需要我们在与西方哲学的比照、对话中，超越西方哲学的体系、框架、范畴的束缚，确立起我们这个族群的哲学智慧与哲学思维的自主性或主体性。

［郭齐勇，1947年生，武汉大学哲学博士，现为武汉大学哲学学院教授、博士生导师、院长，中国传统文化研究中心副主任。主要著作有《文化学概论》、《熊十力思想研究》、《传统道德与当代人生》、《郭齐勇自选集》、《儒学与儒学史新论》、《中国哲学史》等。］

自本体与对本体：中西哲学的诠释学基础

（胡伟希　《孔子研究》2005年第3期）

中西哲学的根本性差异是自本体思维与对本体思维的差异。所谓自本体的思维，是认为认知对象与认知主体无法分开，强调本体的自我呈现。而对本体思维则首先将存在视之为客观实有，然后去探究这客观实有的真实。自本体思维与对本体思维是人的二重性存在的客观反映，对于对本体方式来说，它重视对人的工具理性式的生存状态的探究，而自本体则关心人作为价值理性的生存状态的探究。

与以往学术界多认为中西哲学思维方式彼此截然对立不同，本文提出，人的工具性层面与价值性层面不仅相互补充与依存，而且会相互涵摄。人不仅仅是工具性的生存，他（她）必然得从工具性生存出发，过渡与转化为价值性的存在；反过来，人的价值性存在不是抽象和脱离具体生活实践的，它必然得展示为日常生活的方方面面。这意味着：人的对本体生存蕴含着自本体的因素，而人的自本体生存也会体现于对本体生存之中。这种对本体与自本体的相互转化，为中西哲学的内部运动提供了动力。即西方哲学对本体的探究走的是一种“转识成智”的道路，它是从对外部世界的认识入手（对本体思维），而探究本体的真实（自本体）。反过来，中国哲学从很早开始，就走上了一种“由智化境”的道路。所谓“由智化境”，就是承认人是具有德性的存在，但这种德性必须体现与展现为具体的生活实践。因此，中国哲学关心的是理想人格如何可能，以及在日常生活中如何体现人的德性存在。

该文强调，无论相互补充、相互依存，还是相互涵摄，作为人的本体的呈现，却只可能有对本体与自本体这两种方式。这也是说，一旦我们谈论或者说认识了本体，我们不是采取了对本体的方式，就是采取了自本体的方式。这样看来，对本体与自本体分别展示了本体的两个向度，而且本体必然得展现为这两种向度。当我们言说本体时，我们无法同时既获得对本体，又获得自本体的认识。这也意味着：我们在认知存在的问题上，不必再去强求对本体与自本体之合，而应当去对对本体思维与自本体思维各自的合理性与局限性作一番新的理解。这需要采取一种大乘佛教“中观”的立场：假如我们将对本体思维下的本体存在理解为“假”，将自本体思维下的本体存在理解为“空”，那么，“不假不空，亦假亦空，非假非空”似乎才是我们看待本体真实存在的最高方式。从这种意义上说，所谓中西哲学都是追问本体存在的方便说法而已，也许，就形而上学的探究而言，本体的真实就存在于中西哲学的来往游走之间？

［胡伟希，1948 年生，清华大学哲学系教授。
通信地址：北京市清华大学哲学系（100084）
联系电话：010－62786059
电子信箱：huwx@ tsinghua. edu. cn］

大事记

2005 年中国哲学研究大事记

学术会议

1 月 7—9 日，“中西哲学交流中的翻译问题”学术研讨会在上海举行，由华东师范大学哲学系、华东师范大学现代思想文化研究所和上海市社会科学院哲学研究所联合举办。与会专家学者就中西哲学概念及思想的可译性、国内哲学著作的翻译现状与发展等问题，展开了交流和研讨。

与会者认为，哲学著作的翻译与技术类和文学类的翻译不同。在哲学中，文本的翻译或思想的传达，往往归结为对概念的理解和翻译。中西不同的文化传统及其所造成的思维和语言差异，使得哲学概念是否可译成为一个问题。在哲学著作的翻译中，应区分术语（term），和词语（word）：以术语为基础的文化是可以翻译的，因为存在一个普遍的基础，例如科学语言，由词语构成的世界由于没有对等性，所以很难翻译。尽管如此，在不同文化的交流中，翻译仍是不可或缺的环节，虽然这一环节不能避免误解、解释和创造。这一点构成了阐释学的核心问题。

与会者指出，自近代以来，由于中西交流及翻译的展开，我们的语言出现了两个层面的内涵：一个是几千年传承下来的原有的语言，另一个是用来翻译的语言。概念译名有的是我们新创造的，有的则是我们旧有的，但即使在后一种情况下，这些词汇也往往遮蔽了词汇古老的含义，被赋予新的、颇为不同的意义。目前的论理性词汇，绝大多数都是这类译名（移植词）。因此，中国现代学术和思想的论理方式必然受到影响，以至于造成中国哲学的“身份危机”，即用西方的思维方式思考中国哲学。今天，大量地翻译西方作品隐含着我们自身的文化焦虑，即通过翻译寻求一种自我身份的认定。但是，在经济全球化和世界多极化的时代背景下，不应该过分强调中西之分，而应该谈“国际化”。这样做，不是抹杀中西文化的差异，而是要求一种平等的对话，并尽可能使自己参与到规则的制定中去。

与会者强调，哲学领域的翻译问题与中国目前整体的翻译现状紧密相关。随着中西哲学交流的领域和深度不断拓展，市场对翻译作品的需求量巨大，这使得翻译作品的数量急剧上升。但由于翻译水平没有随之得到提高，整体呈现出良莠不齐、鱼龙混杂的现象。因此，学术界应从学术规范和学术理念的高度重视翻译工作，大力弘扬老一代翻译家认真严谨的治学作风，推动中国哲学翻译工作的健康发展。

1 月 8 日，“毛泽东执政理论和当代中国”学术研讨会在北京召开，由中共中央党校哲学教研部、中央文献研究室一部、深圳民族精神与中国发展研究中心联合举办。来自中共中央党校、中国人民大学、北京大学、国防大学、中国社会科学院、中央文献研究室、中央党史研究室、人民日报社、光明日报社、哲学研究杂志社等单位的专家学者 40 余人参加了会议。与会学者认为，毛泽东的执政理论和实践非常丰富，它是中国共产党执政理论的源泉和根基，对当代中国共产党执政能力建设具有重大的启示和借鉴作用。毛泽东的执政理论及其当代价值主要体现在以下方面：（1）夺取全国政权是执政的开始，是万里长征的第一步；（2）为人民服务是执政的宗旨；（3）发展社会主义经济和民主政治是执政的基础；（4）走民主新路是跳出历史周期率的保证；（5）统筹兼顾、适当发展是科学发展观的内在要求；（6）正确处理人民内部矛盾是构建和谐社会的关键。大家强调，毛泽东的执政理论和实践无疑为我们党提供了宝贵的经验，但今天随着历史的发展，党的执政理念、执政方式面临新的挑战。研讨“毛泽东执政理论和当代中国”对于深入挖掘毛泽东执政理论和实践的丰富资源，并依据马克思主义的立场、观点来分析某些矛盾和问题在新的历史条件和在新的社会环境中的变化，借以创新党的执政理论，具有积极的现实意义。

1 月 11 日，“第 2 届中韩哲学讨论会”在北京举行。会议由中国社会科学院哲学研究所与韩国成均馆大学东洋哲学科共同发起，来自中韩两国的近 30 位学者参加了讨论。

哲学研究所所长李景源研究员致开幕词，他回顾了 10 年来中韩两国哲学界尤其是哲学所与成均馆大学间的学术交往历程，高度评价了成均馆大学及参会的诸位代表为促进双方学术交流所做的努力。在研讨中，朴商焕做了“韩战与哲学及哲学者的选择——反共意识形态的自我反省”的发言，对朝鲜战争后韩国知识界的意识形态倾向进行了深入分析和反省。他认为，应在知识与权力结构之间，保持必要的张力。知识界应该积极担负起引导社会价值观念的责任，以促成社会正义的发展。辛正根在“中华主义的多面性”的演讲中提出了所谓“中华主义”的概念，认为它同时具有民族性与普遍性的特点。在中国文化乃至东亚文化共同体的形成过程中，“中华主义”曾起过积极的统合作用，表现出普遍性的一面。自20世纪以来，随着中国民族国家的建立，“中华主义”逐渐失去了其作为普遍文化价值的意义，而表现出强烈的国粹主义和民族主义倾向。但在“欧洲主义”重新兴起的今天，“中华主义”或许可以发挥其传统的文化整合作用，再度贡献于亚洲共同体的建设。李存山分析论述了儒家民本思想的发展演变过程，揭示了它与君权观念间的张力，指出它是儒家政治哲学中最根本的价值观念。他认为，要实现中国政治的现代化，就要根除君权意识，使人民成为政治权力与权利的主体，从民本走向民主。而这一转向，其实在明末清初黄宗羲等人的思想中就已见端倪。张利民在发言中指出，在当前的中国文化重建过程中，我们应对本民族文化有一种基本的自信力。在这方面，可以借鉴韩、日等国处理民族文化传统与现代化关系的经验，注重并加强对于中国传统文化的研究和创造性转化。如何从正面开掘传统文化资源，无疑有赖于对中国哲学思想史中之具体问题的分析和研究。陈静在“《淮南子》简论”的发言中，分析了《淮南子》的成书、思想流传及相关研究状况，肯定了它作为杂家的成说，认为它之所以“杂芜”，根本是由于它在思想立场上游移不定，困惑于道家的追求自由与儒家的维护秩序之间所致。苏铉盛在“张南轩与仁说”的发言中，探讨了南宋理学家张栻“仁学”思想的主要内涵和特点，并以之与朱熹“仁说”进行了比较。金东洙则分析了墨子的人生哲学，认为墨子思想的核心即兼爱，而兼爱实以功利的性格为优先考虑。

1月21—22日，“海峡两岸生死哲学学术与实务”研讨会在江西南昌举行。研讨会由江西师范大学政法学院道德与人生研究所、台湾中华生死学会、江西省殡葬协会、长沙民政职业技术学院葬仪系，南昌大学道德与人生研究所联合举办。参加这次会议的有来自海峡两岸的生死学专家、学者及实务工作者近50名。大会收到论文20余篇，20多名专家学者做了大会发言。大会播放了高雄师范大学成人教育研究所教授、中华生死学会首席顾问、本次台湾访问团名誉团长江绮雯女士的致辞，并宣读了台湾著名医师钟昌宏先生的贺词。会议从生死哲学学术与实务两个角度，就中国人生死哲学的知识建构、悲伤辅导与生死辅导、临终关怀与生死关怀、生死管理与殡葬文化等方面的问题进行了广泛而热烈的讨论。

2月25日，“马克思主义文本研究方法暨前沿问题”研讨会在北京举行，由北京大学哲学系、北京大学马克思主义文献研究中心举办。来自首都各研究机构和高等院校的50余位专家学者进行了研讨。会上大家交流了“马克思主义理论研究和建设工程”及《马克思恩格斯文集》10卷本的编辑情况，《马克思恩格斯全集》历史考证版（MEGA2）编辑和出版的最新动态，国外著名马克思主义文献研究机构近年的研究状况、召开的相关国际会议所涉及的前沿论题等信息。

会议着重探讨了马克思主义文本研究的方法论问题。大家认为，置身于21世纪来重新观照和解读马克思19世纪的文本，显然绕不开20世纪所奠定的基础和积累。然而，在穿越一个多世纪的风雨征程，已经为数不清的人们所翻译、注释、解析和宣传之后，我们今天仍感到有重新研究这些文本的必要。学术研究是一个积累与超越的过程，今天的研究能达到什么样的水准，取决于我们在过去研究的基础上能超越到怎样的程度。特别是在经过20世纪哲学的纵深发展，在包括解释学在内的文本解读模式在当代产生了巨大影响的情况下，有必要对马克思文本研究的学术基础进行系统的清理和方法论省思。大家对文本研究所关涉到的历史性与现实性、学术性与思想性、客观性与主体性以及“文本研究”与“比较研究”、“现实研究”的关系等进行了深入讨论，希望以此为契机进一步推进中国的马克思主义文本研究。

2月25日—3月1日，“中央实施马克思主义理论研究和建设工程暨哲学课题组研讨会”在华侨大学召开。会议由华侨大学承办、国家教育部副部长袁贵仁、中共中央党校原副校长杨春贵、中国社会科学院哲学研究所所长李景源等哲学课题组首席专家，全国近30所重点高校和高等教育出版社等单位的哲学课题组主要成员，以及华侨大学人文与公共管理学院的教师等50余人参加。会议主要围绕高等院校马克思主义哲学教材编写大纲的修订，深入展开研讨，完成了教材提纲的编订。

3月26日，“逻辑与科学发展报告会暨学界联谊会”在中国人民大学召开。会议由中国人民大学哲学系现代逻辑研究所与北京市逻辑学会联合主办，来自中国社会科学院、北京大学、北京师范大学，中国人民大学、西南师范大学、浙江大学、西北工业大学、山西省社会科学院、中央财经大学等单位的50多位专家学者参加了会议。会议的主题报告有：（1）中国人工智能学会理事长钟义信教授的“智能科学与逻辑理论”；（2）中国人民大学哲学系黄顺基教授的“开拓逻辑学新领域——沿着科学哲学、语言哲学与修辞学结合的方向”；（3）自然语言处理专家董亦农研究员的“基于机器学习的自然语言的句法分析系统”；（4）中国人民大学哲学系温邦彦兼职教授的“哥德尔不完全性定理的讨论——兼谈证明的层次和自指代换”；（5）悖论研究专家黄展骥研究员的“悖论分析”。

3月26—28日，“复杂性方法”国际研讨会在中南大学举行。4名法国学者、1名美国学者和约60名中国学者赴会。法国著名生物学家亨利·阿特朗阐发了他参与发现的“由噪声产生复杂性”的原理。巴黎复杂系统研究所所长保罗·布尔吉纳提出复杂系统的动力机制处于有序和无序之间，即总体行为模式既不是完全有序的又不是完全无序的，其运作需要结合集中控制和分散控制两个方面。中国社会科学院金吾伦提出了复杂性思维的四个基本特征：不连续性、不确定性、不可分离性和不可预测性，指出它们超越和包含了传统思维方式的连续性、确定性、可分性和可严格预见性。清华大学吴彤把目前国内外流行的众多复杂性概念分为计算型、多样结构型和隐喻型三种，建议以算法复杂性概念为本质基础。中南大学陈一壮提出把复杂性定义为“有序性和无序性的统一”，认为有序和无序彼此适中的结合形成自组织系统运作的最佳条件。这是因为有序性给予可遵循的规律，而无序性带来自由。华南师范大学颜泽贤提出，“突现”问题实质上是系统中层次的跃迁，高层次的产生意味着出现了新的控制主体和控制关系。与会学者还从不同侧面探讨了复杂性方法的形态、构成、在不同领域内的具体应用。

4月18—19日，“第13次中韩伦理学研讨会”在南京师范大学召开。会议由中国伦理学会、江苏省社会科学界联合会、江苏行政学院和南京师范大学共同主办。来自韩国、日本、新加坡以及国内众多高校和研究机构的伦理学学者共150余人参加了此次研讨会。与会学者围绕“道德建设与现代化”这一主题，以大会发言和分论坛讨论的形式展开了广泛而深入的讨论。主要观点如下：(1) 关于和谐社会的内涵。学者们认为，和谐社会是对正义社会的超越。和谐社会高于正义社会，是理想目标，而不是现实。将现代政治哲学的基本主题从政治正义延伸到社会和谐，可以避免政治哲学价值低度化的倾向，并可尝试性地构建一种较为完整、系统的现代政治哲学理论。有学者将和谐社会道德诉求的基本内容概括为四个方面：以人为本是和谐社会的道德理念，人的全面发展是和谐社会的道德目标，公平诚信是和谐社会最基本的道德规范，道德自觉是实现和谐社会的必要条件。(2) 关于和谐社会的伦理基础。有学者认为诚信是和谐社会的伦理基础，有学者则提出科学发展观是和谐社会的伦理基础，还有些学者从当代中国社会利益分配失衡的现实出发，认为正义是和谐社会的伦理基础。(3) 关于公民道德与现代化。学者们提出，在现代社会的公民道德建设中，应挖掘传统文化的道德资源；公民道德教育应重视道德形成的过程，建立有效的监督机制，教育者要以身作则。与会学者普遍认为，诚信是社会主义市场经济的道德基础，是建立和维系和谐社会关系的道德纽带。现代化和谐社会是信用社会，为了增强全社会的信用意识，必须加强社会信用制度、尤其是企业信用与政府信用建设。

4月22—26日，“全国党校系统哲学年会暨马克思主义哲学当代形态”理论研讨会在重庆市委党校召开。会议由中共中央党校哲学教研部和重庆市委党校联合举办。来自全国的近60名代表与会。会议主要探讨三个方面的问题：(1) 关于理解马克思主义哲学当代形态含义的思路问题。学者们的思路归纳起来，主要有三种：第一，从一脉相承和与时俱进相统一的角度来理解；第二，从本体论重建角度来理解；第三，从马克思主义哲学创新角度来理解。(2) 关于马克思主义哲学当代形态的称谓问题。一是“辩证唯物主义说”；二是以马克思主义实践观点与现实的人为核心的哲学新形态说；三是“人学说”；四是“邓小平发展哲学说”；五是“经济哲学说”；六是“和谐哲学说”。(3) 关于建构马克思主义哲学当代形态的途径与方式问题。有以下几种代表性观点：要把握实践唯物主义这一马克思主义哲学的原生形态，以实践作为马克思主义哲学的新的逻辑起点，批判地吸收当代社会科学、自然科学发展的最新成果；要实现方法论自觉，实现由体系研究到问题研究、由传统解释到返本开新、由革命批判到建设创造的转变；拓展新视野、探索新途径，处理好中国化与全球性之间的关系，处理好实践探索和学理探究及其辩证互动的关系；要研究当代中国广大劳动群众的生存境遇；把握世界及社会和人的本质与辩证发展图景；要注意研究马克思主义哲学体系的不同层面在建构中的作用；要在把握马克思主义哲学的基本价值、时代精神、现代成果、中国问题和中国表现方面下功夫，尤其要借鉴当代中国共产党人的理论创新成果和当代中国哲学界的理论创新成果，对当代中国马克思主义哲学研究的历史进展进行全方位的清理与总结。

4月23—24日，“《德意志意识形态》的文献学研究与唯物史观的当代价值暨第二届广松涉与马克思主义哲学”国际学术研讨会在南京召开，以纪念《德意志意识形态》创作160周年和广松涉逝世10周年。会议由教育部人文社会科学重点研究基地南京大学马克思主义社会理论研究中心、南京大学中日文化研究中心、南京大学哲学系联合主办。中日学者70余人参加会议，围绕《德意志意识形态》与唯物史观的当代价值、恩格斯在唯物史观创立过程中的作用、广松版《德意志意识形态》及其当代争论等问题进行了深入探讨。

《德意志意识形态》与唯物史观的当代价值问题是会议的核心议题，就该文献中关于“世界历史”的论述、马克思主义哲学的逻辑起点、对该作品的历史评价等问题，与会学者展开热烈讨论，并一致强调这是一部确立历史唯物主义基本理论的奠基性作品。针对广松涉的异化超越论，会上探讨了异化和分工理论在历史唯物主义学说中的重要意义，认为在《德意志意识形态》中，马克思恩格斯实现了哲学思维方式和研究方法的深刻变革。文献学研究的重要成果广松版《德意志意识形态》受到了与会中方学者的高度评价：它展示了文献学在“回到马克思”过程中的关键作用，直观体现了马克思恩格斯的合作过程。但针对广松涉依据笔迹断定恩格斯是历史唯物主义主要创立者的观点，与会学者坚持马克思恩格斯合作、马克思起主要作用的观点，同时认为恩格斯对马克思主义哲学形成的贡献有待进一步挖掘。还有学者介绍了MEGA2专家对“费尔巴哈”章分编编排的最新成果。

4月24—27日，“国际道学与思想文化”学术研讨会在福建武夷山召开。会议由厦门大学人文学院哲学系、道学与传统文化研究中心与东南学术杂志社等有关团体联合举办，主题是“道学与中国思想文化”。参加本次研讨会的学者来自中国、韩国和日本，大会收到学术论文65篇，举行了10场学术讨论会，与会学者就道学与中国思想文化的互动关系，从不同的视域展开了热烈讨论。道学思想与科学文化的关系成为与会学者关注的一大热点主题，提交的这方面的论文最多，在所涉及领域的深度和广度上都有新的突破。道学与社会文化和谐的关系，是本次研讨会的热门话题，与会学者分别从养生文化、文艺美学诸角度对道学思想的意义进行了研讨。除了关注道学的现代性外，与会学者在道学基础理论研究方面特别是在老子《道德经》文本诠释研究上也新见叠出。道学与佛教的融通也是会议的一个议题，与以往不同，学者们更注重具体案例和新材料的发掘。道学与民间信仰、地域、民俗文化及少数民族文化的关系，也引起与会学者的关注。

4月29日，北京大学邓小平理论研究中心、中国辩证唯物主义学会联合发起的“马克思主义哲学创新研讨会暨《邓小平理论与当代中国哲学》出版座谈会”在北京大学哲学系举行。与会专家学者高度评价了2005年3月北京大学出版社和黑龙江教育出版社联合推出的由黄楠森、王东主编的《邓小平理论与当代中国哲学》一书，并探讨了当前马克思主义哲学创新的基本问题、面临的挑战以及相应的对策等，总体上形成以下三个焦点问题：（1）马克思主义哲学的科学性和文本的关系。与会学者认为，现在学术界存在着两种倾向：一种是文本意识的缺失，表现为引征材料的陈旧和断章取义式的理解；另一种则是文本中心主义倾向，认定文本的研究更具有学术品位和学术价值。与会学者强调，马克思主义作为科学的世界观，合乎逻辑地必然要求对文本加以重视，但是就文本与其科学性相比较而言，其科学性更根本一些。在现实的马克思主义发展中，马克思主义的科学性，一方面体现为对现实问题的科学把握，另一方面表现为对现实问题的科学解决。与会学者认为，学术界应该重视哲学与自然科学的结合，深入把握并发展马克思主义的科学体系，把马克思主义最有生命力的科学性这一方面真正地体现出来。（2）马克思主义哲学的时代性与传统的关系。与会学者指出，我们坚持马克思主义，也就必然要坚持马克思“任何真正的哲学都是时代精神的精华”这一科学论断。就传统而言，一方面，邓小平理论是对马克思主义理论渊源的承续，必然面临如何继承马克思主义西方传统文化精华的问题；另一方面，邓小平理论又是对中国传统文化的承续，面临如何激活传统文化精华的问题。就时代而言，一方面，当代西方的文化呈现强大的攻势，全球化成为不可逆转趋势；另一方面，我们国家自身处在革故鼎新的紧要关头，民族的特色显得尤为重要。（3）马克思主义哲学的创新性与规范的关系。与会学者围绕邓小平理论对马克思主义的发展和创新展开了热烈讨论，认为邓小平理论中虽然没有纯学术意义上的哲学理论建构，但随处可见其蕴涵的哲学智慧，应该说，这本身就表明了邓小平理论的独特创新之处。与会学者认为，创新与规范是衡量学术水准不可或缺的内在要求。创新性要求突破旧的理论框架，其实质是思想的推进，注重的是内容的提升与更新；而规范则更侧重形式上的厘定与分界。马克思主义哲学研究的突破需要借鉴诸多学科的研究成果，在内部有中国哲学、西方哲学可资借鉴，在外部有政治学、经济学、社会学、自然科学等供参考。为此，我们必须把马克思主义哲学创新性与规范的关系提到新的高度。

4月29日，“和合学与和谐社会的建构”学术研讨会在中国人民大学召开。会议由中国人民大学孔子研究院与中国人民大学和合文化研究所主办。此次会议适逢张立文教授70华诞及从教45周年。参加研讨会的有中国人民大学孔子研究院张立文院长，中央民族大学牟钟鉴教授，北京师范大学周桂钿教授，中国人民大学哲学系焦国成教授等。师从张立文教授的众多弟子也出席了此次研讨会。会上，与会学者首先对张立文教授70华诞及从教45周年表示祝贺。中国人民大学副校长冯俊教授发来了贺信，焦国成教授发表了祝词。

自张立文教授20世纪80年代末提出并构建和合学以来，和合观念、和合思想越来越引起广泛关注和赞誉。在研讨会上，各位学者就和合学提出了自己的看法，并一致希望张立文教授能够继续完善和合学，为中国哲学的繁荣尽一份力。

5月12日，“经济伦理与和谐社会”国际论坛研讨会在上海召开。会议由上海社会科学院经济伦理研究中心主办。国内外专家学者约40余人出席了本次研讨会。中国伦理学学会副会长、湖南师范大学道德文化研究中心主任唐凯麟教授，荷兰奈耶诺德大学经济伦理学范路克教授和美国圣托马斯大学经济伦理研究中心主任金黛如教授分别做了主题讲演。会议围绕经济伦理与和谐社会的关系及其重要作用、和谐社会的利益调整与分配、和谐社会与经济伦理学科建设等问题，展开了热烈的讨论。

5月20—24日，“中央实施马克思主义理论研究和建设工程暨哲学教材研究编写组学术研讨会”在河南大学召开。中央实施马克思主义理论研究和建设工程首席专家、教育部副部长袁贵仁，工程首席专家、中共中央党校原副校长杨春贵，工程首席专家、中国社会科学院哲学研究所所长李景源，国防大学原副校长侯树栋，武汉大学原校长陶德麟，南京大学副校长张一兵，中共河南省委副书记王全书，中共河南省委高校工委副书记、河南省教育厅副厅长肖新生，以及来自中宣部、中国社会科学院、中共中央党校、国防大学、北京大学、北京师范大学、南京大学、复旦大学、南开大学、吉林大学、苏州大学、高等教育出版社、河南大学的领导和专家学者近30人参加了会议。会议的主要内容是修订、完善教材大纲和筹备撰写初稿。袁贵仁副部长在大会致辞中指出，实施马克思主义理论研究和建设工程，是以胡锦涛同志为总书记的党中央的一项重大战略部署，是思想理论建设的基础工程、生命工程、精品工程，也是一项人才工程。他要求新编写出的教材必须充分反映毛泽东思想、邓小平理论和“三个代表”重要思想，反映党领导全国人民建设社会主义的伟大成就以及哲学社会科学发展中取得的丰硕成果。河南大学校长关爱和致欢迎词。研讨会期间，大家围绕“编写出适应时代要求的马克思主义哲学新教材”的议题展开了讨论。针对社会上一些“哲学教材内容陈旧，研究的问题脱离现实，学生不爱看”的议论，不少专家学者提出，编写新的哲学教材，一定要从学生出发，符合客观现实，尊重教育规律，适应时代要求，给他们带来新知识，使他们受到新教育。

5月23—26日，“杜威思想的当代意义”国际学术研讨会在复旦大学举行。会议由复旦大学哲学系、复旦大学杜威与美国哲学研究中心、复旦大学当代国外马克思主义研究中心和中国现代外国哲学学会共同主办。40多位来自美国的杜威研究专家和国内学者与会，就杜威哲学的各个领域进行了广泛而深入的探讨。复旦大学杜威与美国研究中心主任刘放桐教授指出，杜威的著作虽涉及科学、艺术、教育以及社会学、政治学、心理学、宗教学等诸多方面，但他的哲学始终以生活世界的现实问题为指向。美国托莱多大学的詹姆斯·坎贝尔教授认为，杜威的教育哲学之所以具有持久的学术影响，乃是因为他对“教育”有着独到见解：教育本身是一种生活方式，而不是为个人以后的生活做准备。南京师范大学张之沧教授指出，杜威大力倡导平民教育的观点对中国目前的教育体制改革和教育的健康发展具有重要现实意义。与会的中外学者还就杜威的政治哲学进行了热烈讨论。福特曼大学朱迪斯·格林教授指出，每一个个体都会努力面对并通过个人的力量解决生活中的困难和问题，这是杜威哲学的基本信念。因此，他的政治哲学与教育哲学有着紧密关联，只有通过教育发展民众的个性和能力，他们才能积极投入到“民主共同体”中去。浙江大学张国清教授指出，新实用主义者罗蒂在批判继承杜威哲学遗产的同时也存在着误读，这固然使他在美国学界备受争议，但罗蒂的误读亦有伟大之处：杜威的命题“民主先于哲学，而且先于科学”得到了鲜明表达，这个命题为解决人类现实社会争端提供了可行的途径。华东师范大学哲学系教授、上海社会科学院研究员童世骏集中论述了杜威宗教哲学的当代意义。他认为，杜威的宗教哲学乃是一种“宗教感哲学”，其核心是将“宗教的”经验和态度区别于如天主教、新教等“宗教”，并且宗教感的对象是理想。因此，探讨杜威的宗教思想，很大程度上是讨论理想与现实的关系问题。

5月30—31日，“跨宗教对话——儒教、犹太教、基督教”国际研讨会在山东大学召开。会议由山东大学犹太教与跨宗教研究中心主办。来自美国波士顿大学、纽约州立大学、哥伦比亚大学、澳大利亚悉尼大学、加拿大英属哥伦比亚大学、德国奥格斯堡大学、北京大学、北京师范大学、天津师范大学、武汉大学、山东大学、南京大学、中国社会科学院、上海社会科学院等国内外20多所高校和研究机构的近40名犹太文化与跨宗教研究方面的专家学者齐聚于此，共商学术。

大会开幕式上，教育部人文社会科学基地山东大学犹太教与跨宗教研究中心主任傅有德教授致开幕词，山东大学王琪珑副校长代表山东大学致欢迎词，中国社会科学院研究员吴云贵教授，波士顿大学神学院院长白诗朗教授也致词预祝大会圆满成功。

会议收到学术论文35篇。研讨的问题有：儒教、犹太教、基督教的关系；犹太教改革对中国文化建设的意义；犹太教与基督教关系的新发展；基督教与儒教等。学者们从哲学、宗教学、政治学、历史学、经济学、人类学等不同学科视角进行了广泛深入、富有新意的讨论。

6月1—2日，“符号与价值：皮尔士哲学”中美学术研讨会在北京师范大学召开。会议由北京师范大学价值与文化研究中心主办，山西大学科学技术哲学研究中心协办。来自北京师范大学、中国社会科学院、山西大学、上海交通大学和美国符号学研究所、美国印第安纳大学等单位的中美学者就皮尔士哲学中共同关心的问题展开热烈的讨论。会议主要讨论了以下几个主要问题：（1）关于皮尔士逻辑思想的意义与价值；（2）关于皮尔士逻辑学中存在图理论；（3）关于皮尔士的符号理论；（4）关于皮尔士的哲学思想。

6月14—16日，“第4届（国际）逻辑与认知”学术研讨会由中山大学逻辑与认知研究所主办，于在广州召开。本次大会的主题是：“从心智哲学、语言哲学与认知科学的角度分析逻辑学的基本概念和探讨逻辑的哲学基础”。参加会议的国内外学者共56名，其中外国代表6名，分别是：美国人文艺术科学院院士、匹兹堡大学哲学系主任布兰德教授，芝加哥大学哲学系主任豪格兰教授，哈弗福德学院哲学系主任迈克贝斯教授，美国德州大学哲学系马丁尼希教授，加州大学贝克莱分校哲学系迈克法莱恩教授以及加拿大约克大学哲学系杰克曼教授。除上述学者外，还有来自香港中文大学、台湾中正大学、台湾大学、东吴大学等5名港台学者，以及北京大学、清华大学、中国社会科学院、北京师范大学、南京大学、华东师范大学、华中科技大学等著名高校和科研机构的7位专家学者在会上发言。另外，作为会议的一项特别活动，应鞠实儿教授邀请，前来参加国际会议的6名外国专家还出席了中山大学逻辑与认知研究所2005年毕业的周振忠和任远两位博士生博士论文答辩会。

6月21日，“当代西方思潮与马克思主义”国际学术研讨会在北京召开，由中国社会科学院哲学研究所举办。主要内容是邀请四位著名的西方左翼学者发表演讲并与中国学者进行讨论，演讲人及主题分别是：德国柏林自由大学哲学和社会学系的沃尔夫冈·豪格教授的“哲学与马克思、葛兰西和布莱希特”；英国肯特大学政治学系戴维·麦克莱伦教授的“目前西方对马克思的解释”；伦敦经济学院德塞教授的“中国能否跳出历史定律?”；巴西著名学者特奥托尼奥·多斯桑托斯教授的“马克思的科学构想和政治经济学批判”。来自北京大学、清华大学、中国人民大学、中共中央党校、中共中央编译局及中国社会科学院哲学研究所的学者参加了会议。

6月27—28日，“宽容与构建和谐社会”学术研讨会在福建泉州召开。本研讨会由华侨大学发起，中国社会科学院哲学研究所、社会科学文献出版社和华侨大学联合主办。来自中国社会科学院和国内部分高校的专家学者50余人参加了会议。学者们认为，宽容是一种人文精神，一种科学精神，也是一种历史观，更是一种人生观。宽容是建设社会主义和谐社会的必要条件。与会者围绕“宽容与构建和谐社会”的主题，从哲学、历史学、文学、艺术学、社会学、伦理学、经济学、管理学、心理学、数学等角度，多层次地探讨了宽容的内涵和现代价值，提出了自己的理论创见。

7月8—11日，“全国当代科学哲学发展趋势”学术研讨会在山西大学召开。本研讨会由山西大学科学技术哲学研究中心主办，来自北京大学、清华大学、中国社会科学院、中国科学院、北京师范大学、中山大学、复旦大学、华南师范大学等30余所研究机构和高校的代表近40余人参加了会议，山西大学、太原理工大学、山西医科大学等高校部分教师到会听取了报告，会议的主要议题有：（1）当代自然科学前沿中的哲学问题；（2）当代科学哲学的发展；（3）科学哲学基础；（4）自然科学哲学问题；（5）社会科学哲学问题等。

会议邀请了中国科学院院士、中国自动化学会智能自动化专业委员会主任、清华大学学位委员会副主任委员、清华大学计算机系学术委员会主任、《计算机学报》副主编张钹教授做了题为“人工智能引发的哲学思考”的报告；邀请了中国科学院院士、清华大学物理系博士生导师、清华大学材料科学与工程研究院副院长、清华—富士康纳米科技研究中心主任范守善教授做了题为“纳米科学与技术”的报告。山西大学郭贵春教授、北京大学任定成教授、中国科学院研究生院胡新和教授、中国青年政治学院肖峰教授等30余位专家在会上做了发言。

7月18日，“中德高科技中的哲学与伦理问题”研讨会在大连理工大学开幕。大连理工大学副校长郭东明出席开幕式并致辞。中德科学中心主任卢兹在会上鼓励年轻学者丰富在科学技术伦理方面的知识。德国柏林工业大学波塞尔教授则表示，随着高科技中的哲学和伦理问题变得日益突出，希望此次研讨会不仅要在大连产生影响，也要在中国和德国的其他城市产生影响。大连理工大学人文社会科学学院教授刘则渊认为，此次会议把中德跨文化对话提高到了一个新的高度，并希望这种交流和探索能够长久地保持下去。中国科学院院士、著名理论物理学家何祚庥做了首场主题报告“伦理学也要与时俱进——谈谈高科技时代的伦理学”。本次研讨会由大连理工大学主办，德国柏林工业大学、德国斯图加特大学联合承办，并得到中德科学中心资助，日程5天。来自德国有关科研院所和高校、中国科学院、中国社会科学院、清华大学、浙江大学、复旦大学、南京大学以及大连理工大学等数十个机构的30余名教授、专家，围绕纳米技术、生物基因技术、网络信息技术等高科技前沿领域中的哲学与伦理问题展开了热烈交流和讨论。

7月25—27日，“第2届宗教社会科学暨宗教与民族”国际学术研讨会召开，由中国人民大学佛教与宗教学理论研究所和云南民族大学合办。会议以社会学视野下的宗教与民族问题研究为主题，来自海内外的学者60余人参加了研讨会。经过广泛的交流和探讨，会议倡导以社会学、人类学、心理学、经济学等社会科学方法，实证研究当代的宗教与民族问题。《中国社会科学院院报》、《中国宗教》、《世界宗教研究》等众多媒体都对本次会议予以了报道。

7月27—30日，“中国少数民族传统文化与构建和谐社会”学术研讨会在呼和浩特市举行，由中国少数民族哲学及社会思想史学会主办，内蒙古社会科学界联合会、内蒙古农业大学、内蒙古师范大学承办。来自区内外各地的60余名专家学者与会。会议收到学术论文37篇。内蒙古自治区党委常委、宣传部长莫建成出席开幕式并讲话。中国社会科学院赵智奎研究员，云南师范大学伍雄武教授，中央民族大学佟德富教授，内蒙古师范大学格·孟和教授、乌峰博士等学者分别就民族地区构建和谐社会、少数民族和谐思想、民族和谐与社会主义和谐社会构建的关系等重大理论与实践问题做了主题发言。会议期间，与会代表还对灰腾席勒草原、蒙牛公司进行了学术考察。

7月31日—8月1日，“莱布尼茨的政治哲学思想与《中国近事》”学术研讨会在京召开，为庆祝莱布尼茨《中国近事》中文全译本的出版，北京外国语大学海外汉学研究中心和德国柏林—布兰登堡科学院波茨坦莱布尼茨编辑部共同主办这次学术研讨会，来自国际莱布尼茨学会、中国莱布尼茨专业委员会、中国科学院、北京大学、中国社会科学院等单位的海内外学者30余人参加了会议。会议围绕莱布尼茨的政治哲学思想和他的文化观进行了热烈的讨论。

柏林工业大学教授、大连理工大学特聘教授李文潮全面研究了莱布尼茨的《中国近事》，探讨了该书的历史与现实意义。中国社会科学院哲学所李鹏程研究员考察了莱布尼茨的政治哲学思想在西方政治哲学史上的学术地位及其贡献，国际莱布尼茨学会副主席、德国柏林工业大学波塞尔教授认为，莱布尼茨的政治哲学思想是理性哲学，而不是宗教哲学。德国柏林—布兰登堡科学院波茨坦莱布尼茨编辑委员会主任鲁道夫博士，从莱布尼茨的幸福观、友情观等角度论证了莱布尼茨政治哲学中的反对乌托邦、追求现世人类共同进步的思想。来自日本东京大学的酒井洁教授对于莱布尼茨哲学中的社会福利思想进行了全面诠释。波茨坦莱布尼茨编辑委员会的沃尔德霍夫博士从自然神学的概念出发，论述了莱布尼茨的中国自然神学观，进而探讨了基督教文化背景在莱布尼茨理解中国、研究中国方面所起的作用。北京师范大学的刘孝廷教授阐述了莱布尼茨的全球文化观及其现实意义。以色列莱布尼茨学会主席塔斯卡尔教授围绕莱布尼茨的形而上学思想，探讨了思想史上的方法论。北京外国语大学海外汉学研究中心的李雪涛博士研究了以莱布尼茨、黑格尔和雅斯贝尔斯为代表的德国思想家对中国认识的范式转换，揭示了不同时代的思想家对中国的认识史，挖掘了西方认识中国的基本脉络。北京大学科学与社会研究中心孙小礼教授研究了欧洲传教士在中西文化交流中的作用，特别提出了莱布尼茨在这方面的诸多设想与努力。北京外国语大学海外汉学研究中心的柳若梅副教授关注的则是莱布尼茨眼中的“欧洲—俄国—中国”关系。北京外国语大学海外汉学研究中心张西平教授分析了莱布尼茨对“礼仪之争”的态度和立场，认为莱布尼茨与耶稣会相近的观点与其思想理论框架以及政治活动密切相关。中国社会科学院张铠研究员研究了莱布尼茨与传教士利安当的关系。中国社会科学院吴伯娅研究员对莱布尼茨与白晋的交往和通信进行了深入研究，分析了莱布尼茨的二进制与白晋眼中的《易经》。中国科学院自然科学史研究所张柏春研究员与其学生韩晋芳对莱布尼茨给闵明我提出的30个问题进行了具体诠释与回答，认为莱布尼茨的问题反映了欧洲第一流科学家对中国的浓厚兴趣，闵明我的简单回答一定程度上反映了来华传教士认识中国的视角和理解中国文化、技术、科学的深度。

8月6—7日，“明治哲学与东亚近代哲学的转型”国际学术研讨会在延边大学召开。会议由中华日本哲学学会及延边大学共同主办，日本国际交流基金会提供支持。出席会议的中国、日本、韩国学者们围绕“明治哲学与东亚近代哲学的转型”这一会议主题展开了热烈的讨论，问题主要涉及以下几个方面：（1）对日本近代哲学进行全面的梳理和阐述。有学者认为，明治时期的日本宗教对日本启蒙思想家和自由民权论哲学思想都产生了重大影响，并剖析了明治宗教在“关于国体和基督教的争论”和“围绕教育与宗教的冲突的争论”中所起到的作用。有学者认为，从明治初期的启蒙思想运动到中期的传统思想的再兴，是与日本现代国家体制建设相适应和同步展开的。此外，中、日、韩三国学者还对日本近代哲学史上的一些著名人物的思想学说如桑木严翼的伦理思想、三木清的马克思主义研究、福泽谕吉的启蒙思想、九鬼周造独特的日本审美意识、和哲郎的风土文化论、中村敬宇的儒学思想等进行了具体的分析研究。(2) 日本近代哲学对中国近代哲学的影响。有学者认为，日译西学为中国哲学思想家们提供了丰富的理论来源和崭新的思维方法，从而促进了他们个人思想的重要转变（如梁启超、章太炎、王国维等），并加速了中国哲学从古典形态向现代形态的转型。明治启蒙思想家西周创立的“哲学”这一概念自19世纪末传入中国以后，不仅作为一个媒介，引导了清末民初输入西学之“哲学”的流变过程，这一过程同时也对中国近代的哲学教育与思想启蒙产生了深远影响。(3) 对中国、日本、韩国东亚三国近代哲学的比较研究。有学者把中国、日本、韩国的儒家文化作为一个宏观整体来审视，具体剖析了作为子文化的韩国和日本的儒家文化在不同的文化主体中所做的现实的多种诠释，探讨了韩国与日本的儒学的本质特色。也有学者探讨了日本近代哲学对韩国近代哲学的影响。有学者以东亚文化的另一重要组成部分——佛教文化为研究对象，提出同属于“大乘佛教文化圈”中的中、日、韩三国的佛教文化与传统的佛教相比，执人本主义的取向，入世的倾向大为加强，这代表了东亚佛教的一个重要发展方向。

8 月 6—8 日，“哲学、宗教和科学：传统与现代的视野”学术研讨会在山东威海召开。会议由中国现代外国哲学学会和中华全国外国哲学史学会主办，山东大学哲学与社会发展学院和山东大学犹太教与跨宗教研究中心承办，来自全国各高校和科研机构的 50 多位学者参加，共收到论文 30 多篇，与会学者主要从四个方面进行了比较集中的分析探讨和交流沟通。(1) 科学与宗教的关系问题。冲突论认为，科学所确立的理论与宗教依靠教义所确立的权力并不相容；并行论认为，科学与宗教各有自己的目的、领域、方法，特别是各有不同的功能和贡献，它们并行独立，不能互相代替；统一论认为，人类认识的真理只有一个，所有的真理都是协调统一的，科学与宗教之间的矛盾只是表面意义上的。(2) 不同宗教间的对话模式。赵敦华教授等学者批判地讨论了宗教间对话的三种理论，即排斥论、包容论和多元论。针对这三种理论，与会学者认为，如果真正理解基督教为什么要讲宽容，就没有理由认为基督教排斥论与宗教宽容的信念无关。(3) 中西哲学与宗教的比较。中西哲学与宗教的比较尤其是现象学与中国哲学的比较是与会者热烈讨论的一个主题，其中张祥龙教授运用现象学的方法所做的“孝意识的时间分析”，以极源本的方式显现出孝意识对于人的存在的基本意义；傅有德教授的“犹太教改革及其对中国文化重建的借鉴意义”则显示了对复兴中华文化所做的严肃思考。(4) 后现代哲学的研究。王树人教授由对“灵魂不死”意义的再认识而论及后现代思想家对西方形而上学的批判，俞吾金教授由康德的自由因果性谈到它在后现代道德哲学中的作用，尚杰教授将禅宗与后现代相互参读，傅永军教授与刘杰教授分别对哈贝马斯的宗教思想和现代性理论进行了深入的剖析，姚大志教授则专题探讨了后现代主义研究中的盲点。

8 月 11—12 日，“东亚价值观”国际学术研讨会在北京师范大学举行。会议由北京师范大学价值与文化研究中心主办。来自日本、韩国、中国台湾和内地的近 60 位学者就当前引起普遍关注的东亚价值观问题展开了热烈的讨论。学者们一致认为，中国传统文化对东亚价值观的形成发挥了重要作用，东亚传统价值观至今对东亚各国仍有广泛影响；东亚传统价值观较之西方价值观有自己的特点，这些特点既是它的优点，也是它的缺点，因而需要对其进行现代性的转化，才能使它对现代社会发挥更积极的作用。通过这种对话、交流和探讨，将会进一步加强各国哲学家在相关领域的国际合作，切实推动东亚价值观及相关研究在中国和世界范围的发展与繁荣。

8 月 11—13 日，“第 12 届全国科学哲学学术会议”在中南大学召开。由中国自然辩证法研究会和中南大学主办，中国自然辩证法研究会科学哲学专业委员会和中南大学政治学与行政管理学院承办，湖南省科学技术协会和湖南师范大学科学技术哲学教研室协办。

参加会议的有中国自然辩证法研究会常务理事范岱年先生，中国自然辩证法研究会副理事长暨科学哲学专业委员会主任、博士生导师邱仁宗教授，国务院学位委员会哲学学科评议组成员、教育部教学指导委员会副主任、中国人民大学校长助理、博士生导师刘大椿教授，中国自然辩证法研究会科学哲学专业委员会常务副主任，中国科学院研究生院博士生导师胡新和教授，中国自然辩证法研究会科学哲学专业委员会副主任、清华大学博士生导师曹南燕教授等国内知名专家学者，此外还有来自全国 22 个省、直辖市和自治区的高校、研究机构、新闻出版机构、中学、企事业单位的 145 名专家学者参加了大会。

在爱因斯坦“奇迹年”和相对论革命诞生 100 周年之际，与会代表围绕“科学革命与科学哲学”、“科学认识论”和“科技伦理学及其他科学哲学问题”等主题展开了热烈讨论。

8 月 19—22 日，“人与自然：当代生态文明视野中的美学与文学”国际学术研讨会在山东青岛市召开。会议由山东大学文艺美学研究中心、山东大学东方文化研究院、崂山康成书院、山东理工大学生态文化与科学发展研究中心、山东大学文学与新闻传播学院共同主办，主题是“走向生态观、人文观与审美观的结合，实现人的诗意的栖居”。大会收到论文 90 余篇。来自中国、英国、芬兰、荷兰、日本、韩国的 120 余位学者，围绕“当代生态文明视野中的美学与文学”这个基本论题，从“中国当下生态文学与生态美学研究态势”、“西方生态批评和环境美学”、“中国生态智慧和生态文化”以及“生态伦理和生态美学”四个方面展开了广泛而深入的研讨。

8 月 21—22 日，“第 5 次全国应用伦理学讨论会”在宁夏银川举行。由中国社会科学院应用伦理研究中心、宁夏回族自治区党委宣传部、宁夏精神文明办公室和宁夏伦理学会共同主办。来自全国各地的近百位学者围绕“媒体伦理与和谐社会”这一主题展开了热烈的讨论。(1) 媒体伦理的基本问题。如何界定媒体伦理？有学者指出，媒体伦理是在媒体生活共同体中所蕴涵和活跃着的社会成员的道德意识、道德活动、道德品格及其所遵循的道德准则的总和，是一种公共性伦理、导向性伦理和综合性伦理。什么是媒体的伦理精神？有学者认为，媒体的“真正的伦理精神”作为一种具有超越性、引领性的应然与实然相共生的道德品质或德行，应当具有求是精神、正义精神、仁爱精神、勇敢精神、自由精神。怎样认识媒体自由？一些学者认为，在公共领域中，媒体自由不仅受客观社会条件的制约，而且有其伦理的限度。一是媒体自由不能损害公共利益。只有在维护公共利益前提下获得的媒体自由，才符合伦理要求。二是媒体自由不能侵犯个人正当的权利。（2）媒体伦理的价值冲突。有学者指出，媒体伦理中存在着两大价值冲突，一是个人隐私与社会公益之间的冲突。二是媒体在道德导师的传统自我定位与信息平台的现代价值取向之间存在着冲突。依照媒体的道德地位的现代认知，媒体并不属于道德上优越的阶层，而是公民利益与意愿的服务者或“守护犬”，是一个既服务于公民民主决策的形塑，又服务于公民的知识获取与艺术鉴赏，同时还服务于公民的道德判断力的培育的信息平台。（3）媒体伦理与社会发展。有学者认为，媒体伦理在和谐社会的构建中应该扮演重要角色，在某种意义上可以说，媒体伦理是和谐社会的助推器。媒体伦理的正义原则有利于社会公平和正义的实现，媒体伦理的真实原则有利于在全社会倡导诚信的舆论氛围，媒体伦理的仁爱原则有利于消除社会各种不和谐因素，媒体伦理的责任原则有利于健全社会主义民主法制。此外，会议还讨论了网络媒体和广告中的伦理问题。

8月23—24日，“中日马克思主义哲学当代形态”学术研讨会在北京召开。会议由中国辩证唯物主义研究会、日本东京唯物论研究会、中共中央党校联合举办。参加研讨会的日方代表有：东京唯物论研究会委员长平子友长和东京唯物论研究会其他11位主要成员。中方代表有中国辩证唯物主义研究会会长，中共中央党校原副校长杨春贵教授，中国辩证唯物主义研究会副会长陈中立、庞元正、李德顺、杨耕、王东和秘书长毛卫平等专家学者以及首都钢铁公司党委副书记姜兴宏等。

中日学者之间友谊和交往源远流长，20世纪80年代以后，在岩崎允胤和韩树英老前辈的推动下，中日马克思主义哲学工作者的交流进入了一个新的活跃期。本次研讨会继往开来，为中日马克思主义在新世纪的交往掀开了新的一页。中日学者就马克思主义当代形态问题交流了各自研究的新成果。交流主要集中在五个方面：马克思主义哲学与重大实践问题；马克思主义文本中的一些重要问题；马克思主义哲学中的一些重要理论；马克思主义哲学的本质规定性和它的称谓问题；马克思主义哲学形态的建构问题。这些研讨对于我们在新世纪新的条件下坚持和发展马克思主义具有重要意义。

8月30日—9月1日，中国科学院研究生院工程与社会研究中心第259次香山科学会议在北京召开，会议主题是“工程创新与和谐社会”。中国工程院殷瑞钰院士、教育部吴启迪教授、哈尔滨工业大学王树国教授和中国科学院研究生院李伯聪教授共同担任会议执行主席，应邀参加此次会议的还有傅志寰、王礼恒、张寿荣、陆佑楣、汪应洛等院士，方克定、邓勇、杜澄、叶中华、胡新和、胡志强等教授，以及郭瑞明研究员、石刚高级经济师等40余位专家学者。殷瑞钰院士、王树国教授、李伯聪教授做了会议中心议题报告。会议共收到专题论文近20篇。与会专家在充分研讨的基础上，围绕工程创新、工程人才、工程教育、全面建设小康社会、构建和谐社会等议题进行了深入而热烈的研讨，并提出了若干政策性建议。

9月4—6日，“萨特与当代法国哲学”国际研讨会在上海举行。本次研讨会为纪念萨特诞辰100周年，由中国现代外国哲学学会法国哲学专业委员会、北京大学哲学系法国哲学研究中心主办，复旦大学哲学系承办。来自法国、美国和中国的20余位学者参加了研讨会，提交论文20余篇。会议主要围绕以下主题展开讨论：（1）萨特的现象学。与会者认为，萨特的现象学受到胡塞尔意向性思想的影响，他把这种分析运用到对情绪的分析。他的突破主要表现在：一方面，颠覆了传统心理学的研究方法，反对把情绪奠基在心理事实之上；另一方面，破除了反思哲学的框架，提出了Ja和moi的区分，凸显了意识的作用，把情绪看做是意识对世界的“魅化”。还有学者指出，根据萨特对自由、我与他者具体的关系以及我们的情绪所做的分析，可以进而扩展到对精神创伤的关注。（2）萨特的本体论。与会者指出，萨特的本体论继承了笛卡尔的“我思”哲学传统，经过自己的哲学批判，确立了基本哲学立场，即认为包括自我在内的一切事物都存在于我们的意识之外并且不能被我们的意识所吸收，我的“自我”就是我必须通过对我在世上的行动去建构一个对象。萨特的生存哲学在法国哲学史上起着承上启下的作用，没有萨特的思想，后来的哲学创造性就可能没有能量。（3）萨特的伦理学。虽然萨特没有真正写成其伦理学著作，但他留下的伦理学笔记以及对他者的关注、他的人道主义精神等，都可以看做是一种伦理学思想的表述。有学者分析了萨特与列维纳斯在关于他者问题上的分歧，也分析了萨特从“我思”出发说明他者存在的思想。萨特的《辩证理性批判》中的“历史中的他人”构成了一种共同体，它打破了对象性的孤立圈子，我们在其中发现的不是他人或外人，而是我们自己。萨特还尝试让每个人把自己的谋划和他人的行动连接起来，同时揭示规范对个人的影响以及要求履行义务和权利的个人对规范的服从。

9月5—6日，“哲学与社会科学之互动：科际整合与相互影响之方法论问题”学术研讨会在山东大学召开。由山东大学哲学与社会发展学院主办，台湾佛光人文社会学院协办。来自海峡两岸及美国的专家学者共60余人出席了研讨会。会议共收到论文30余篇。会议研讨了四个专题：（1）社会科学方法论的哲学基础问题；（2）社会科学发展对哲学思考的刺激；（3）哲学与社会科学共同课题的讨论；（4）传统中国哲学的转化及其社会领域的思考。问题讨论还深入到哲学、人文社会科学的学科困境与科际整合，理论研究的方法论预设及其反思，哲学本质与社会科学的定位，诠释学与实证主义客观性，社会流动、社区工作与共同体规范，传统政治智慧与现代管理，弱势群体与宗教问题等一系列需跨科际思考的重大问题。

9月9—12日，“第7届当代新儒学国际学术研讨会”在武汉大学召开。由武汉大学中国传统文化研究中心、武汉大学哲学学院、武汉大学中西比较哲学研究中心、武汉大学孔子与儒学研究中心、台北鹅湖杂志社等单位共同举办。出席会议的中国大陆学者70多位，中国台湾、香港学者40多位，美国、加拿大、日本、韩国、澳大利亚、以色列、比利时、新加坡等外国学者20多位，与会学者围绕“儒学、当代新儒学与当代世界”这一主题，从多方面、多维度、多视角展开了深入的研讨和交流。会议的子题有：熊十力、牟宗三与现当代新儒学三代代表人物的学术思想，当代新儒学与宋明儒学，当代新儒学与西方哲学，当代新儒学与佛学，儒家伦理的特殊性与普遍性及其创造性转化，儒学与东亚社会的现代性，儒学在当代的作用、意义及其发展走向，儒学与文明对话，儒学与当代各种思潮，儒学与启蒙心态，儒学的宗教性与草根性，当代新儒学如何深入发展，中国哲学的特质，等等。

会议设置了“儒学、当代儒学与当代世界”为主题的中青年论坛。很多学者对现代性与全球化，特别是传统与现代、人文与科技、东方与西方、全球化与本土化、政治儒学与心性儒学之间的诸多问题进行反省与思考，积极参与文明对话与全球伦理的建构；对儒学作为伦理共识与族群认同的基础，在当代坚持社会正义、构建和谐社会，沟通海峡两岸民众的心灵的积极意义，及仁、义，礼、智、信等价值理念的现代转化等进行了分析与评价。此外，杜维明、成中英、刘述先、蔡仁厚、戴琏璋等20多位学者为大学生做了人文演讲。

9月10日，“海峡两岸传统文化”学术研讨会在厦门大学举行。本研讨会由厦门大学人文学院与台湾中华大道文教基金会联合主办，厦门大学哲学系、宗教学研究所具体承办。出席会议的有来自海峡两岸各高校的学者和台湾中华大道文教基金会、台湾中华道宗协会所属的爱好中华传统文化人士500余人。大会主要议题是以道学为纽带，侧重探究身心和谐的健康文化内涵。与会学者分别就道学与人格完善、当代新道家的崛起、道家科学思想、医学养生文化的现代价值、道学生态智慧与社会和谐以及两岸民间临水夫人信仰的人文价值等问题，发表了见解。

与会学者认为，道学是中国传统文化的重要组成部分。道学发端于黄帝，成形于先秦道家学派，经过了2000千多年的发展，积累了丰富的文化内容。在文化传承上，道学的最大特色就是高举黄帝旗帜，弘扬民族团结精神，对于增强中华民族凝聚力，产生了巨大作用。传统道学对于传统科学思想、医学养生文化也具有很大的推动，值得发扬光大。社会发展需要和谐的环境，这种和谐不仅指人际关系和谐，也包括文化和谐，人与自然和谐。有关和谐的问题，中国传统道学之中包含着十分丰富的内容，从《道德经》所谓“冲气以为和”到《太平经》的“三合相通”的社会理想，从“太和”境界到身心抱一的追求，其理念都有益于个体与社会的生存发展，故而两岸学者与热心人士共同开展研讨活动，以更加深入地发掘传统文化资源，为社会的繁荣进步服务。

9月24—25日，“高科技时代的伦理困境与对策”国际研讨会在北京举行。会议由北京理工大学人文学院主办。来自中、韩、美等国的学者60余人，对高科技给当代人造成的伦理困境与道德冲击等问题进行了深入的探讨和交流。会议主要讨论的问题有：（1）军事与国际关系伦理。与会代表对战争伦理是否可能、对超限战的道德评价、高科技战争对战争伦理和国际伦理的冲击、和平利用核能的权利、对人类暴力和攻击性等问题的探讨，都不乏创见。有学者指出，高科技战争之所以给现代人造成极大的困境，在于它是一种极端不对称的战争，一种单边主义恶性膨胀下毫无制约的战争，是科学技术的发达程度超出了现有的伦理、法律和价值准则视阈的战争。有些学者提出了高科技时代反恐斗争的伦理困境，认为文明国家在反恐的过程中对战争规则的选择陷入二难境地。（2）医学伦理和生命伦理。学者们对安乐死、基因工程、异种移植等技术引发的伦理困境进行了探讨。德国鲁尔大学的萨斯教授认为，科技的发展对人类而言是非常有益的，但是，科技若被不道德行为者所利用则会带来灾难性的后果。因此，在研发新科技和高科技的同时，就不可避免地存在一些技术、文化和伦理方面的风险。（3）科技伦理与网络伦理。围绕网络伦理的合理建构，学者们进行了讨论。有学者认为，网络伦理的困境根源于伦理现代性的固有矛盾，现有网络伦理的困境最终反映的是现代伦理及其实践的困境。后现代伦理对于网络伦理的建构有着十分重要的借鉴意义，不失为网络伦理建构的一种选择。还有学者认为，现实伦理是网络伦理的基础，网络伦理是现实伦理的虚拟空间延伸。（4）环境伦理。学者们对人与环境和谐之模式进行了深入的探讨。有学者从文化的角度分析了环境伦理与经济发展的和谐构建。也有学者指出，从传统的单向伦理到双向不对称伦理再到双向和谐伦理的演化，无疑将引发伦理学的革命。和谐伦理代表了伦理学发展的方向。也有学者提出，环境伦理是和谐社会的伦理依据和价值诉求。环境伦理的培育有利于推动和谐社会主体之人格自觉和道德提升。

10月3—6日，“全国应用哲学第11次理论研讨会”在西安举行。由中国马克思主义哲学史学会应用哲学研究会、中共陕西省委党校、中共中央党校哲学教研部联合举办。来自全国高校、党校、社科院（所）和企业界的50多名代表围绕马克思主义哲学的创新和应用哲学的发展问题，展开了热烈的讨论。研讨主要内容有：（1）关于应用哲学的基本理论问题。有学者提出了应用哲学的在场方式问题，认为应用哲学有四种在场的方式：“追到底”、“想周全”、“合目的”、“说清楚”。有学者指出，应用哲学是现代性的产物，它在本质上是现代性反思监控的一种方式和对象。有学者提出，哲学具有一种品格，既能形而上，又能形而下，形而上代表了其上升的理论创新和概括的功能，而形而下则代表了其下降的走向实践应用的功能。还有学者指出，应用哲学研究要注意两个主要的环节：理论创新和方法创新。有学者认为，深化应用哲学的研究，需要坚持应用哲学的哲学品格，规范应用哲学的研究范围。（2）部门哲学的研究进展问题。有学者对经济哲学在中国20多年的发展历程进行了分析阐述，认为经济哲学在中国的发展过程大致可分为三个阶段：第一阶段，20世纪80年代初至80年代后期。这一时期经济哲学刚刚兴起，研究主体主要为高校教师，他们朦胧地认为哲学与经济学应该结合，以形成新的生长点。第二阶段，20 世纪 90 年代初至 90 年代后期。这一时期高层次的研讨会不断召开，国内重要刊物相继发表了一批经济哲学的文章，出版了一大批经济哲学著作，反响更大。第三阶段，是进入新世纪以来的一段时期。这一时期研究作品在数量上呈指数增长的态势，在研究内容上从注重经济哲学体系的构建到向经济哲学个案的研究转变，如人们开始重视对货币哲学的研究等。关于发展哲学、行政哲学、生态哲学、战略哲学、思政哲学的问题也有学者做出探索。

10 月 11—13 日，"后现代视野中的科学与精神"国际研讨会在华中科技大学召开。会议由华中科技大学科技进步与人文精神研究中心、中国后现代发展研究院联合举办，美国过程研究中心协办，华中科技大学哲学系具体承办。大会讨论主题有：（1）后现代视野中的科学与精神关系问题；（2）意识研究和后现代心理学；（3）后现代视野中的生态问题；（4）科技进步与后现代宇宙论；（5）科学技术与后现代社会；（6）后现代视野中的科学观；（7）历史问题。

华中科技大学党委副书记、哲学所所长欧阳康教授分析了"现代"和"后现代"、"精神"（spirit）和"精神性"（spirituality）这两组概念在内涵和意义上的区别。美国国会图书馆地区研究部主任凯萝琳·布朗博士认为，世界各种文化都蕴藏着精神生活的深度智慧，它们与当代科学对自然界的理解是相称的。美国克莱蒙德研究大学过程哲学研究中心主任科布教授分析了笛卡尔所代表的现代思维方法和二元论的种种缺陷。荷兰格罗林根大学教授恩格博兹博士分析了当今世界人类的生存状态及因为过度使用自然资源而导致的环境问题和因为财富分配不公而导致的贫富分化问题，预测在未来的 50 年里这些问题会变得更加尖锐。中国社会科学院哲学所霍桂桓认为，黑格尔、马克思和怀特海对"过程"的关注意味着西方哲学基本思维方式的根本性转变。中国社会科学院哲学所金吾伦指出，创新是实现科技与人文相融合的重要途径，有必要加强科技创新的人文思想环境条件的研究。中国社会科学院哲学所朱葆伟教授讨论了科技进步所带来的一系列社会公正问题，认为公正既能保证社会资源的有效配置和利用，又能确保社会利益和责任之合理安排，使社会免于在混乱和利益纷争中解体。武汉大学哲学学院桂起权教授宣读了论文《对称性破缺是宇宙设计的补充形式》。华中科技大学物理系张端明教授认为，科学家和人文工作者要相互学习，取长补短，引导人们走向科学文化和人文文化的汇流。

10 月 16—19 日，"美学在中国与中国美学"学术研讨会在徐州市召开。会议由中华美学学会主办，徐州师范大学承办。出席会议的有来自全国高等院校、科研机构、报刊杂志社的专家学者共 40 余人，收到论文 48 篇。会议设立了三个分议题：（1）西方美学在中国的传播；（2）中国古典美学与西方美学话语比较；（3）全球化时代的中国美学建设。从提交的论文和会议发言情况来看，既有对美学"在中国"和"中国美学"概念的细致的辨析，也有对中国古典美学和现代美学的深刻内涵进行的阐释，有对中西美学话语的比较，更有对 21 世纪全球化背景下中国美学的学科发展问题的各抒己见。

10 月 26 日，"第 2 届全国政治伦理学理论研讨会"在湖南长沙中南大学举行。会议由中国伦理学会政治伦理学分会、中共中央党校哲学教研部、中南大学联合主办，株洲工学院伦理学研究所和长沙理工大学协办。来自全国的 40 余位专家学者参加了会议。学者们认为，中国的政治伦理学萌芽于改革开放之初，在 20 世纪 90 年代以后得到迅速的发展，研究内容涉及广泛，有政治道德的基本理论、道德与政治行为、政治道德规范、政府道德和国际政治道德等等，如今已展现出蓬勃向上的发展势头。中国共产党执政伦理建设与执政能力的关系，是与会代表们研讨的重大问题之一。有学者认为，科学发展观和建构社会主义和谐社会思想，体现了当代中国共产党人的政治道德，包含着极为重要的社会主义执政伦理建设的价值取向，对今后一个阶段里中国的社会主义政治文明和精神文明建设，都具有重要的指导作用。如何在社会主义市场经济条件下有效地惩处腐败，倡导廉政，有效地转变政府职能和政府作风，怎样建设一个高效勤政、廉洁务实的政府，建立政治制度伦理和反腐倡廉伦理，引起与会学者的强烈兴趣，有学者认为，政府权能变化需要有伦理应对，政府权能的行使不再具有单向度的意义，正朝着引导人们自觉自为的善政与善治的方向发生变化。还有学者指出，改革和完善党的领导方式和执政方式，从而建设社会主义政治文明，事关中国共产党和社会主义国家的前途命运。社会正义与社会和谐问题引起学者的重视。社会正义是政治道德的重要范畴，它既是调节各种社会政治关系的准则，又是社会成员追求的价值目标。学者们认为，社会正义是保持社会活力、推动社会发展、实现和谐社会的强大力量。如何继承和弘扬中华民族优秀的政治文化，深入挖掘中华民族丰厚的政治伦理思想资源，也是学者们关注和思考的问题之一。

10 月 28 日，"现代消费伦理与都市文化研究"学术研讨会在上海师范大学举行。会议由上海高校都市文化研究院、上海师范大学法政学院和上海师范大学经济伦理研究中心共同主办。来自清华大学、湖南师范大学、华东师范大学、上海交通大学、同济大学、上海师范大学等高校的 20 余位专家学者参加了会议。主要探讨内容有：（1）消费主义与消费伦理。学者们认为，所谓消费主义就是把消费作为人生的根本目的和体现人生价值的根本尺度，并把消费更多的物质资料和占有更多的社会财富作为人生成功的标签和幸福的符号，从而在实际生活中无所顾忌和毫无节制地消耗物质财富和自然资源，以追求新、奇、特的消费行为来炫耀自己的身份和社会地位，持有生存即消费的人生哲学和生存方式、如何确立消费伦理？与会学者指出，我们要倡导理性的消费，落实科学发展观，不断优化消费环境。一方面，要从哲学和价值观层面转变消费观念，倡导适度消费；另一方面，现阶段也要重视制度和法律在消费伦理建设中的作用。（2）消费伦理与节约型社会。与会学者认为，消费社会所带来的严重问题就是资源紧张，突出表现在煤炭、石油、土地（尤其是耕地）、水资源等方面。因此，当务之急是在全社会广泛倡导和确立消费正义的全新消费理念和生存哲学，从根本上超越消费主义的价值观念和生活方式，建设节约型社会。（3）对奢侈和奢侈主义的评价。与会者认为，现阶段，奢侈消费和奢侈主义日渐盛行。奢侈消费有四个特征：炫耀性、浪费性；高价性、贵重性；歧视性、利己性；贪婪性。奢侈主义给社会中的中低收入者造成巨大的心理压力和心理不平衡，对青少年的价值观产生恶劣影响。如何遏制奢侈主义的泛滥？与会学者认为，一是政府在这方面应该做出努力，在政策和税收上进行遏制；二是媒体也应负起相应的责任，不过分炒作奢侈主义；三是学术界应发出自己的声音，明确反对奢侈主义。（4）消费正义问题。消费正义表达了以正义的价值维度和意义标准，来考量作为人之重要存在方式的人类消费行为之合理性和合目的性的价值问题。消费是否适应人的全面发展的需要，是否促进人的自由之增长，是否有利于社会和谐和幸福，乃是衡量消费正义与否的根本尺度。消费正义并非仅仅是一个简单的消费问题，也是重要的价值问题，更是一种人生哲学；它不仅是对自身生命意义的承诺，也包含着对他者存在价值的肯定和捍卫。这是消费正义内在的价值视野和核心内涵表达。

10月28—31日，“浙东学派与中国实学文化”研讨会在宁波召开，会议旨在纪念浙东学派的创始人、清初思想家黄宗羲诞辰395周年、逝世310周年，清初著名史学家全祖望诞辰300周年。中国实学研究会、宁波市行政学院、宁波市社会科学院、宁波市鄞州区政协、宁波市文化广播电视新闻出版局联合举办。通过深入研讨浙东学术思想中朴素的科学性和民主性，从历史文化角度重新认识和评价了浙东学术中蕴含的民本思想渊源和实学精神特质。

中国实学会会长葛荣晋指出，推动浙东学术研究，需要转换研究范式：不但要突破“两条线”（唯心与唯物）、“四大块”（宇宙观、方法论、认识论、社会史观）的模式，还要超越近现代学人形成的心学、理学、史学等格局，从实学角度切入，建构中国哲学自己的独特范式。中国实学研究20多年来主要从历史角度去揭示东亚实学的演变过程及其发展规律，对思想家进行了个案分析；从现在起，应由历史层面转向理论层面，再由理论层面转向实践层面，把优秀传统与现代社会结合起来，建构新实学思想体系，以实事求是、经世致用的精神推动中国现代化进程。中国人民大学副校长冯俊从实事求是、反对空谈，以民为本、勇于改革，经世致用、注重事功，立足现实、史学经世四个方面总结了浙东学派的实学精神。与会学者还讨论了浙东学术与关学、湖湘学派等区域文化之间的关系。

10月30日—11月1日，“心灵与机器”2005年杭州会议在浙江大学召开。会议由浙江大学语言与认知研究国家创新基地主办，北京大学逻辑·语言与认知研究中心、中国科学技术大学计算机系、北京师范大学科学与人文研究中心、浙江师范大学法政学院协办。来自北京大学、中国科学院、中国社会科学院、南京大学、复旦大学、中国科学技术大学、北京师范大学、厦门大学等高校和科研机构的近20位代表在会上做了专题发言，从事逻辑学、科学技术哲学、语言学、脑科学、心理学、计算机科学研究的专家们，从跨学科交叉研究的角度探讨了“语义网与本体”、“人类语言与人工语言”、“脑机交互”、“逻辑、语言与认知的相互关系”、“认知科学中的哲学问题”等方面的问题。

11月10—13日，“第7届全国价值哲学学术研讨会”在江苏淮安召开。会议由武汉大学、西安交通大学、东华大学、上海师范大学、中南财经政法大学、解放军南京政治学院上海分院共同发起，淮阴师范学院承办。来自全国各高等院校和研究单位、台湾地区以及韩国的专家学者60余人，对当前中国价值哲学的研究现状和发展趋势进行了广泛的讨论与交流。研讨的主要问题有：（1）价值哲学与和谐社会建设。东北师范大学的崔秋锁教授分析了和谐社会建设的哲学前提与价值理念。武汉大学的汪信砚教授认为，在生态问题上要坚持以人为本的价值取向，以绝大多数人的利益即人民群众的利益为本，反对和摈弃那种以个人或少数人的利益为本的价值取向。东华大学人文科学研究所所长贺善侃教授认为，构建和谐社会要坚持社会价值取向和个体价值的统一。西北政法学院的刘进田教授提出，在历史发展中，和谐社会可分为非权利型和谐社会和权利型和谐社会。前者以美德性、权本性、伦理性、情感性为特征，必然会被权利型和谐社会所扬弃。湖北大学江畅教授认为，和谐社会具有共存性、多样性、交互性、构建性四大特征。（2）价值哲学的具体理念与实践问题。与会学者一致认为。当前中国价值哲学已经步入到关键的发展时期，在进一步深入元理论研究的同时，还要勇敢地面对现实，拓展价值哲学的研究领域。从元理论到具体领域价值问题的研究是价值哲学合规律的发展。（3）当代价值观问题研究。价值观问题，是新世纪价值哲学关注的一个重要热点，也是此次研讨会的一个热点。根据新的时代精神，不断深化价值观的理论探究，建构新的符合人类发展需要的科学价值观，是价值哲学历史使命的现实确证。（4）需要进一步研究的问题。闭幕式上，中国社会科学院研究员李德顺做了总结发言。他指出，在价值哲学研究中存在许多有待进一步研究的新领域、新问题，比如，如何站在学科高度，构建当代中国马克思主义价值学说体系；如何面向世界，学习、消化、吸收其他流派的学说；如何把握主体分析的方法。此外，价值哲学的研究要面向沸腾的现实生活，用价值哲学理论、价值思维、价值视角去分析和解决现实生活中的价值冲突，为人们提供正确的价值导向。

11月19日，“中韩（2005）牧隐李穑学术思想”研讨会在北京大学召开。会议由北京大学中国哲学暨文化研究所和韩国牧隐研究会联合举办。40多位专家学者与会。

李穑，号牧隐，曾在元朝授官翰林院。他将程朱理学引入韩国，奠定了朝鲜性理学的思想基础，是高丽末期著名的大儒学家。关于牧隐思想的渊源，北京大学哲学系张学智教授认为，金华学派的理学与文章之学相结合的学风对牧隐有很大的影响，此种影响也奠定了他一生基本的学术方向。韩国成均馆大学韩国哲学系的崔英辰教授从高丽末朝鲜初这一变革时期的思想动向入手分析了李穑的哲学诗，阐明其在儒学史上的历史价值。韩国共州映像大学的金周昌教授认为，李縠的心性修养思想也影响了牧隐李穑。

李穑的哲学思想内涵是讨论的重点。北京大学哲学系陈来教授从“天则理”说、浩然之气说、明德明命说、性情功夫论、理寓于象说这五个方面分析了李穡的理学思想。韩国成均馆大学李基东教授认为，牧隐的性理学和中国性理学的根本区别在于把天和人直接连接的“天人无间”作为前提，由此体现出彻底的修养哲学、政治性的实践哲学和超脱圆融的哲学。北京大学哲学系胡军教授从“气是形成万事万物的材料”、“理是形成万事万物的本原”、“水是万事万物的滋养者”这三个方面分析了李穡的哲学思想。北京大学哲学系李中华教授认为，李穡的思想受先秦儒家的原儒精神影响更大。北京大学外国语学院张敏教授从牧隐的“隐也显也”引申出“隐而不显”与“隐字之显”两个命题，概括了牧隐用心体用的思想特征。韩国崇实大学郭信焕教授讨论了牧隐李穡的君子论。北京社会科学院陈战国研究员认为，牧隐既有儒家情怀又有释老心境，使儒家天地境界具有了浓浓的审美意味。

在谈到牧隐思想的现代意义时，韩国精神文化研究院前院长、成均馆大学名誉教授柳承国认为，牧隐哲学的核心在人间学，把在人间里内在的天性视为人间的本性。延世大学的柳仁熙教授对李穡“敬远”宗教观的现代意义，从“安心”到“用心”、世界一家与天理的意义等方面进行了分析。

11月24—25日，“马克思主义与我们的时代”国际学术研讨会在复旦大学召开。会议由复旦大学当代国外马克思主义研究中心和法国巴黎第十大学《今日马克思》杂志社共同举办。雅克・比岱等来自法国、意大利、澳大利亚的著名学者，复旦大学、北京大学、南京大学、武汉大学等国内著名院校以及中共中央编译局、人民出版社、上海社会科学院等单位的30余位学者参加了本次会议。与会学者围绕“马克思主义与我们的时代”这一中心议题展开了交流，一致认为现时代在全球化范围内研究马克思主义具有重要意义。雅克・比岱教授做了题为“什么是今天的马克思主义”的主题发言。俞吾金教授在大会发言中，以物、价值、时间和自由四个要素为核心，提出了一种重建马克思主义哲学体系的思路。关于马克思主义和今日中国的问题是与会学者探讨的一个重点。陈学明教授指出，在今日中国，经济的发展不能忽视来源于马克思主义精神中的对于平等与民主的诉求。胡大平教授则探讨了马克思主义理论的当代危机、全球难题以及中国道路。会议还对马克思民主理论、马克思的主体性理论、马克思和韦伯的比较研究等问题进行了研讨，对法兰克福学派、生态学马克思主义、后马克思主义、实用主义的马克思主义等流派也进行了讨论。

11月26—27日，“儒家制度化的基础及其可能性”学术研讨会在北京召开。会议由中国人民大学哲学院主办，孔子研究院、中国社会科学院协办。孔子研究院院长张立文教授、北京师范大学周桂钿教授出席了会议并做了主题发言。参加本次会议的还有来自中国人民大学、清华大学、北京大学、中国社会科学院等单位的20多位中青年学者。大家围绕儒家制度化这一主题，就儒学与政治、儒学是否宗教、儒学振兴的路径等问题进行了探讨。

12月13—14日，“中德政治与伦理——应用政治哲学的视角”国际学术研讨会在云南昆明举行。会议由德国阿登纳基金会、中国社会科学院哲学研究所和昆明理工大学共同主办，昆明理工大学哲学社会科学发展领导小组、法学院、外事处等机构具体承办。来自德国以及国内各高校、研究机构的60多名专家学者参加了此次会议。

昆明理工大学党委副书记、哲学社会科学发展领导小组组长孙书行，中国社会科学院哲学研究所副所长谢地坤研究员，德国阿登纳基金会驻北京办事处总代表容敏德在开幕式上致辞；云南省社会科学院院长纳麒教授及云南省委宣传部、社会科学界联合会等部门的有关领导出席了开幕式。与会代表围绕“什么是好的政治”、“为公民和民族服务”、“在日常政治与为后代人的政治之间”以及“寻求普遍正义之标准”几个议题展开了热烈的讨论，还就好的政治家的要求、现实主义与理想主义、社会利益与个体利益以及谁为全球正义负责等近来备受关注的政治与伦理的话题进行了广泛的交流。

12月14—15日，“当代中国社会道德状况研究”学术研讨会在广西大学召开。会议由中国伦理学会、广西大学公共管理学院、中国人民大学伦理学与道德建设研究中心举办。来自全国各地的100多名专家学者参加了会议，并围绕“当代中国社会道德状况、和谐社会伦理审视与道德建构”的主题进行了广泛交流和深入探讨。有关社会各人群道德状况的调研情况显示，当前中国社会道德状况的主流是好的，但也存在不少值得引起重视的问题。与会学者从伦理角度着重讨论了建构和谐社会的相关理论问题，认为和谐社会应该是一个以人为本的社会，是一个可持续发展的社会，是一个大多数人能够分享改革和发展成果的社会。针对社会各阶层的生存状态和突出矛盾问题，专家学者强调，社会普遍公正应包含人类社会生活中的不同生活领域和层面，并对和谐社会的构建从道德伦理视角提出了许多具体对策和建议。

12月18—19日，“国际中国学研究方法论之建构”研讨会在北京举行。由中国人民大学哲学院、日本爱知大学国际中国学研究中心、中国科学院地理科学与资源研究所联合主办，中国人民大学经济学院、环境学院协办。加加美光行、冯俊、张志伟、彭永捷、刘纪远、刘昌明、李文华、村田雄二郎、理查德・鲍姆等中外学者出席会议。

“国际中国学”是由日本爱知大学国际中国学研究中心主任加加美光行教授首先提出的学术构想。这个构想认为，改革开放以来，中国的学术水平已与国际接轨，但国际上对于当代中国学术的评价体系仍以欧美标准为主。所以，需要建立国际性的中国学术评价平台，在世界范围内构筑有世界视野的现当代中国研究的学术对话、评价机制，培养中国研究的专业人才，创立跨国界的较为客观的“中国学”学派。为此，爱知大学于2003年设立“国际中国学研究中心”，并与中国人民大学、南开大学联合培养博士研究生。

与会者认为，随着中国的发展和经济全球化趋势的深化，世界各国对中国政治、经济、文化、历史、环境等问题的兴趣越来越浓厚，对于中国学的研究也愈加重视。当代中国经过20多年改革开放发生了巨大的变化。中国的发展与世界的发展紧密相连，通过交流，世界各国可以更好地了解中国的发展趋势，中国可以更全面地把握国际中国学研究的动态，寻求多方面的积极因素，从而取得相互理解，促进各领域有效的合作。

12 月 26—31 日，“全国党校系统发展循环经济，建设节约型社会”学术研讨会在中共福建省委党校和厦门市委党校召开。会议由中共中央党校哲学教研部、中共福建省委党校、中共厦门市委党校和全国党校系统自然辩证法研究会主办。会议讨论的主要问题有：循环经济提出的背景、意义、根据，科学发展观与循环经济，循环经济与全面建设小康社会，循环经济的实践模式，循环经济与知识经济，循环经济与生态文明等。有 30 多位党校系统的专家学者参加会议。与会者认为，循环经济是一种新型的先进的经济形态。它是当今人类对人与自然关系深刻反思的结果，是人类重新认识自然界、尊重生态规律、走可持续发展的一条有效途径，是一种实现人与自然互动、和谐的经济形态，是人类社会发展的必然选择，也是中国发展的必然选择。循环经济与知识经济是 21 世纪国际社会推进可持续发展的两大新的实践模式。循环经济的发展离不开知识经济，知识经济的发展必然推进环境与经济的协调可持续发展。发展循环经济是一种“三赢”经济：它可以使资源得到持续充分利用，解决环境保护问题，有利于社会清洁安全生产；它可以使经济发展产生结构调整和质量变革，实现经济增长方式的重大转变，促进经济的发展；它可以拉长社会生产链，拓展生产空间，增加就业机会，有利于社会发展。

发展循环经济是与建设节约型社会、环境友好型社会紧密相关的。可在企业、园区、城市和区域等多层面上积极开展循环经济的试点和示范工作。发展循环经济是落实科学发展观的具体体现，是全面实现小康社会的重要途径。

学术论坛

纯粹哲学论坛 2005 年活动情况：为了满足一些中青年学者在研究工作中的需要，“纯粹哲学论坛”在中国社会科学院哲学研究所的支持下，于年初开办了为期一年的“拉丁语学习班”。学员在经过一年的学习之后，完成了预定的学习目标，掌握了拉丁语的基本知识，为进一步自学和使用奠定了基础。中国社会科学院古罗马文化研究与翻译的著名学者王涣生教授应邀承担了学习班的教学工作。论坛在 2005 年度的另一项主要活动是举办了近 20 次有关古希腊哲学、中世纪哲学、德国哲学以及形而上学问题的专题讲座。与这些专题讲座内容相关的论文已先后发表在各种刊物上，并被汇编在“纯粹哲学论坛”网页上。

青年哲学论坛 2005 年系列活动：青年哲学论坛于 2005 年度继续开展一系列学术活动，在组织形式、主题方向、成员构成上呈现出新的特点。就组织形式而言，更加多样。既有学术讲座等较为传统的形式，如孙立天于 3 月 18 日所做的主题报告：辩证法理论的当代反思；又有圆桌论坛等较为新颖的形式，如孙伟平、张立波于 9 月 20 日主持的圆桌论坛：从韩国和美国哲学研究现状看中国的马克思主义哲学研究；还有学术沙龙等较为自由的讨论形式，如晏辉于 12 月 25 日所主持的沙龙：关于现代性的三种书写方式。就主题方向而言，更加广泛。既有哲学观的基本问题，如李德顺于 1 月 23 日所做的报告：哲学与治学，田立年于 11 月 20 日所主持的论坛：什么是哲学：对一个现代回答的分析和评论；又有一些与现实结合得较为紧密的重要问题，如郁建兴于 10 月 18 日所做的报告：重新思考国家——国家理论的新发展与马克思；还涉及一些在以往哲学研究中常常被忽视的问题：如李河于 6 月 18 日所主持的沙龙：翻译概念的解释学含义。就成员构成而言，从专业上看，既有从事马克思主义哲学研究的学者，也有从事西方哲学、中国哲学以及伦理学研究的学者；从地域上看，既有北京、福建、广东等地长期坚持论坛活动的学者，又有黑龙江、南京、上海等地新近参与论坛活动的学者，仅参与第二届马克思主义哲学创新论坛的学者就来自全国各地十几个省份。总的来看，青年哲学论坛 2005 年的活动卓有成效，其影响呈日益扩大之势。

5 月 9—10 日，“全国工程与社会论坛”在北京开幕。论坛由中国自然辩证法研究会、中国工程院管理工程学部、中国科学院研究生院工程与社会研究中心主办，中国航天科技集团承办。来自全国工程界与科技哲学界的 60 余位专家学者到会。在开幕式上，中国工程院殷瑞钰院士做了主题发言。他指出，中国工程院非常重视工程哲学研究，近期该院将做三件事：其一，筹备召开香山会议和全国第二届工程哲学会议；其二，撰写一本导论性著作《工程哲学》，将其写成具有开拓性和启发性、受工程师们欢迎的专题著作、教学参考书甚至教材；其三，造就一支工程哲学研究队伍，尤其是中青年一代。他介绍说，香山会议将确立三个中心论点：（1）工程是科学技术转化为生产力的主要纽带，是创新活动的主战场；（2）工程应该而且可以塑造出可持续发展的未来；（3）通过建立工程界和哲学社会科学界的联盟，落实科学发展观，树立新的工程理念。开幕式结束后，与会学者围绕工程哲学研究、《工程哲学》的编写等议题进行了大会发言和小组讨论。其中，“什么是工程以及工程的本质是什么”成为讨论的一个焦点。

6 月 19—25 日，“海峡两岸北京大学、辅仁大学研究生哲学论坛”由北京大学主办，北京大学哲学系承办在北京大学召开。台湾辅仁大学派出了由文学院院长陈福滨教授、哲学系主任潘小慧教授带领的 21 人代表团，其中 15 名研究生和北京大学哲学系的 15 名研究生一起发表论文。

中国哲学是这次论坛讨论的重点。邸彦从《老子书》入手对“自然”观念和意识进行了溯源研究。王威威关注《庄子》道论所体现出的老子思想的传播状况。黄玉麟讨论了《庄子》书中的知识问题。戴立仁由《管子》四篇中“心”的概念来看稷下学对荀子“心论”的影响及发展。徐舜彦就《商君书》中的“富国强兵”的法思想理论基础展开论述。高海波通过对江永《近思录集注》卷一部分的解读阐发了二程的人性论思想。王涵青架构出蕺山所说“良知”的理论脉络。潘玉爱发掘王艮“格物致知”论的底蕴与建构理论的模式。简慧贞检讨了颜习斋“习行”思想的基础、脉络及其得失。张健捷以牟宗三后期易学思想为研究对象，揭示出其易学体系“乾坤并建”原则和“超越内在”特征，林裕仓以《周易》“元、亨、利、贞”四德为研究目标，探讨其在各卦辞中的含义与关系。王怡心的论文则挖掘了唐君毅哲学中形上学的特色。

在西方哲学方面，郑乔闰概要地探

讨了郎尼根思想各部分间所透显的联络关系与整合之道，孟令朋通过对维特根斯坦《哲学研究》的分析揭示出其“语言游戏说”的理论，亓校盛探讨了海德格尔《存在与时间》中的视觉概念，朱松峰的论文主要探讨后期海德格尔“命运”思想，杜文丽主要探讨了黑格尔法的概念。关于宗教问题，黄鼎元主要探讨了基督宗教中的“默观”——圣十字若望神秘经验知识论，苏美芹讨论了多玛斯论灵魂与实体的关系问题，叶姿其以奥古斯丁的《忏悔录》为主从存有的角度探究时间问题，王永生的论文从霍布斯的《利维坦》入手，证明在他那里实现了理性与信仰的某种统一。

在方法学方面，高志亮主要探讨新士林哲学的重要原动力——超验法，马亚男以唐君毅和张岱年为例探究了现代中国哲学史上的哲学方法多元论，王浩的论文以汉代哲学研究为例对中国哲学史研究的方法进行了反思。

6月22—26日，“第2届马克思主义哲学创新论坛”在华侨大学举行。来自中国社会科学院哲学研究所、北京大学、武汉大学、南开大学、复旦大学等高校和科研院所以及《求是》、《中国社会科学》、《新华文摘》、《哲学研究》、《哲学动态》、《学术研究》等杂志社的40多名学者参加了本次论坛。学者们围绕“建构新形态的马克思主义哲学”的主题，从马克思主义哲学的生活维度、文本研究与建构新形态的马克思主义哲学、哲学对话与建构新形态的马克思主义哲学三个方面展开了讨论。

7月24—26日，“第5届马克思哲学论坛”在吉林大学举行。由吉林大学哲学社会学院、吉林大学哲学基础理论研究中心、中国社会科学杂志社共同主办。本次论坛主题为“中国化的马克思主义哲学形态研究”，下设4个分论题：（1）新时期中国马克思主义哲学研究的历史与逻辑；（2）马克思的哲学观与马克思开辟的哲学道路；（3）“中西马”对话与建构中国化的马克思主义哲学形态；（4）高清海与当代中国哲学（纪念中国著名哲学家高清海教授逝世1周年）。

来自北京大学、清华大学、中国人民大学、中国社会科学院哲学研究所、中共中央编译局等高校及科研单位从事马克思主义哲学研究的知名专家学者和青年学术骨干共100余人出席了论坛。另外，《中国社会科学》、《哲学研究》、《新华文摘》等10多家国内重要学术期刊的编辑参加了论坛。会议共收到论文71篇。与会学者认为，建构中国化马克思主义哲学的当代形态这一命题，实质上是对原生形态的马克思主义哲学和传统马克思主义哲学教科书无法完全回答当今时代和中国实践提出的问题的一种理论反映，是揭示马克思主义哲学的基本精神的当代意义的一种逻辑必然，是结合当代中国实际推进马克思主义哲学创新的一种现实要求。“当代中国哲学形态的建构”主要表现为“中国化马克思主义哲学形态的建构”。同时，建构中国化马克思主义哲学形态必须实现马克思主义哲学研究范式的转变，应当在推进“文本研究”的同时，注重“问题研究”、“中国现代化道路及经验的哲学基础研究”以及“中国传统哲学思想的当代价值研究”。中国化的马克思主义哲学研究不仅仅应有“文本学派”，还应当有“问题学派”、“经验学派”以及“传统学派”。

8月24—26日，“BLCU国际人文讲坛”在北京语言大学举办。受邀前来参加讲坛的有英国国家文化与社会变迁研究中心主任托尼·贝内特，英国桑德兰大学媒体与文化研究中心主任约翰·斯道雷教授，美国加州大学英文与比较文学系教授施瓦布，美国本土著名诗人、现加拿大多伦多大学英语系教授西蒙·欧茨，贝尔格莱德大学美学和艺术史教授米·苏瓦考维奇、贝尔格莱德妇女研究中心研究员杜布拉维卡等国际知名学者，他们分别代表英、美与东欧地区等不同区域的声音，对目前正在盛行的文化研究做出反应。中国社会科学院文学研究所金惠敏研究员、首都师范大学中文系陶东风教授、中国社会科学院哲学研究所徐碧辉研究员和刘悦笛副研究员、北京师范大学中文系李春青教授等国内学者，及北京语言大学从事文化研究的众多学者一起参加了讲座与讨论。

9月10日，“第3届全国博士研究生论坛哲学分论坛”在山东大学拉开帷幕。本次哲学分论坛共收到来自全国的博士研究生论文100余篇，论坛组委会从中选出50篇参会。

来自北京大学、清华大学、山东大学、香港科技大学、中国人民大学、复旦大学、南开大学、中山大学、武汉大学、吉林大学、西安交通大学、厦门大学、浙江大学、中共中央党校等单位的50位代表和山东大学相关专业的博士研究生参加了本次论坛。来自两岸三地的10位知名专家学者担任评委，他们是台湾义守大学的方俊吉教授、吉林大学的姚大志教授、华东师范大学的杨国荣教授、北京大学的赵敦华教授、中共中央党校的许全兴教授、北京师范大学的韩震教授、中国人民大学的焦国成教授，以及山东大学的刘陆鹏、颜炳罡、傅永军教授。

本次哲学分论坛依次围绕中国哲学、西方哲学和马克思主义哲学三个主题进行。论坛采取报告、提问、点评相结合的方式，不仅给博士研究生提出论文修改意见，而且围绕论文提出的问题发表自己的见解。听众就相关问题与专家、报告人进行了交流。

9月28日，第40场工程科技论坛第40场工程科技论坛“科学发展观与工程哲学”在上海举行。全国政协副主席、中国工程院院长徐匡迪在论坛上发表主题演讲。中共上海市委副书记、市长韩正出席论坛并致辞。工程院殷瑞钰、傅志寰、张寿荣、汪应洛、王众托、郭重庆、王礼恒等院士分别做大会报告；长江三峡总公司副总经理林初学、中国航天科技集团研究员王春河、宝钢集团董事长谢企华、中国科学院研究生院教授李伯聪、中国自然辩证法研究会教授丘亮辉、上海大学教授安维复分别以“对水坝工程建设之争的思考”、“航天与社会”、“从宝钢工程出发谈几点认识”、“工程创新和工程人才”、“关于工程的哲学研究”和“工程与哲学的对话——在社会建构主义平台上”为题做了大会发言。本次论坛由中国工程院主办，上海院士中心和上海宝钢集团共同协办。

10月14日，“上海财经大学杜克—财大社会发展论坛”在上海财经大学举办。来自美国杜克大学的高柏教授和吉勒费教授，上海财经大学鲁品越教授和盛邦和教授分别做了题为“发展主义与古典发展主义：中国模式与日本模式的比较分析”、“拉美发展模式与东亚发展模式：墨西哥与中国的比较分析”、“公共隐产品与中国经济发展”、“东亚新文明与东亚模式”的报告。

10月22—23日，“第2届南北哲学论坛”在复旦大学举行。由复旦大学哲学系与北京大学哲学系共同主办。论坛的主题是“哲学的当代意义”。在开幕式上，复旦大学哲学系主任孙承叔、北京大学哲学系党委书记丰子义、《中国社会科学》杂志社孙麾以及上海财经大学人文学院院长张雄先后致辞。来自全国哲学界近50位学者与会。大会发言由吴晓明主持。主题发言分别是：丰子义：“全球化与唯物史观研究范式”；余源培：“我对马克思主义哲学社会功能的理解”；陈来：“郭店楚简与儒学的人性论”；俞吾金：“论思维与存在的异质性——马克思哲学思想演化中的一个关节点”；杨国荣：“哲学何为——哲学的当代意义”；任平：“马克思主义研究的出场学视域”。

本次论坛共设4个分会场。第1分会场由陈来、徐洪兴主持，发言人及主题是：王博：“说‘寓做于编’”；徐洪兴：“二程论‘仁’和‘礼乐’”；郭晓东：“道学谱系下的张横渠‘气’论研究”；杨立华：“论张载哲学中的感与性”；陈卫平：“‘金岳霖问题’与中国哲学史学科独立性的探求”；杨泽波：“道德他律的尴尬——牟宗三判定朱子为道德他律献疑”；孙斌：“谁之道德与何种现代化——儒家道德与现代化问题”；吴新文：“以中释西，会通中西，致知穷理——试论马相伯先生的哲学观”。第2分会场由陈学明、孙麾主持，发言人及主题是：聂锦芳：“确立对学术的敬畏与尊重——论当代中国马克思主义哲学研究方式的转变”；孙承叔：“马克思历史哲学的当代意义”；王德峰：“论马克思的资本批判的原则高度”；邹诗鹏：“开放唯物史观的理论研究”；陈学明：“论研究‘西方马克思主义’在当代中国的意义”；张双利：“重现乌托邦的精神——论恩斯特·布洛赫对西方文化危机的应对”；杨学功：“哲学观反思与哲学研究的范式转换”；陈新夏：“马克思主义哲学的人文意义”。第3分会场由陈其荣、何怀宏主持，发言人及主题是：徐梦秋：“规范的类型”；何怀宏：“道德哲学的可能性与限度”；邓安庆：“作为实存哲学的伦理学构想”；陈其荣：“唯科学主义：基本特征、合理性与局限性及其超越”；王志伟：“技术活动与人的生成——兼论马克思技术哲学思想的当代意义”；刘壮虎：“几类性质词的逻辑特征”；郝兆宽：“自然数的定义”；李四龙：“论欧美佛教研究的方法论困境”；程群：“‘随自意三昧’及其当代意义”。第4分会场由汪堂家、韩林合主持，发言人及主题是：韩林合：“个体的结构”；丁耘：“关于《现象学之基本问题》中若干译名的讨论”；孙筱泠：“责任与应答——海德格尔原伦理学初探”；陈涯倩：“论共同体的宗教本质——以黑格尔对古希腊共同体的分析为例”；吴飞：“绝望中的生命自由——奥古斯丁论‘自由意志’、‘望德’与自杀禁忌”；徐向东：“因果决定”；吴增定：“霍布斯与自由主义的‘权力之恶’问题”；孙向晨：“论《利维坦》中神学与政治的张力”；徐英瑾：“对于一种维特根斯坦式的政治哲学进路的初步探索”。

10月25日，“首届京师哲学高峰论坛”在北京师范大学举行。由北京师范大学价值观与民族精神哲学社会科学国家重点创新基地、价值与文化研究中心、哲学与社会学学院联合主办。著名过程理论专家科布教授，美国过程研究中心顾问费劳德先生和美国邵肯巴赫基金会主任、生态经济学家克里福德先生等国外学者与企业家，还有王治河、韩震、曹卫东、李景林、张曙光等国内专家学者参与了论坛。围绕着“全球视野中的哲学与管理”，科布教授、韩震教授、王治河教授分别做了“过程哲学的当代意义”、“论作为社会妥协的程序机制的民主”、“后现代主义与中国”的报告。

10月29日，“儒家思想与现代社会主题论坛”在中国人民大学举行。论坛由孔子研究院秘书长罗安宪主持，武汉大学哲学学院院长郭齐勇教授、华东师范大学中国思想文化研究所所长杨国荣教授和香港中文大学刘笑敢教授，分别做了关于中国哲学的学科建设和研究方法主题发言，中国哲学及其他专业的一些研究生参加了论坛并参与讨论。

11月11日，“联合国教科文组织世界哲学日（2005）中国人民大学哲学论坛”在中国人民大学举办，主题为：哲学与公共政策。自2002年起，联合国教科文组织发起世界哲学日活动，该活动于每年11月的第三个星期四在世界许多国家同时举行。由于中国人民大学成功举办了2004年的哲学日活动，联合国教科文组织在中国人民大学设立了世界哲学日的实验基地，每年举行一次庆祝活动，定名为世界哲学日中国人民大学哲学论坛。参加本次论坛的嘉宾有：张志伟（主持人）、韩震、韩水法、段忠桥、干春松、张旭、周濂及哲学日活动中方负责人赵汀阳教授。论坛的主题发言人及题目分别是：（1）韩震：“论民主是社会妥协的方法”；（2）韩水法：“政治哲学中的政治义务”；（3）段忠桥：“道德公正与社会公正”；（4）干春松：“社会协调中的传统资源”；（5）张旭：“公共性、公共领域与公共理性”；（6）周濂：“政治正当性的四重性”。

11月18—22日，“第1届儒家伦理与东亚地区公民道德教育论坛”在四川宜宾学院隆重召开。本次论坛由国际儒学联合会与香港中文大学教育学院联合主办，宜宾学院和宜宾市社会科学界联合会联合承办，香港中文大学新亚书院、北京东方道德研究所、宜宾市教育局、宜宾学院四川思想家研究中心、宜宾学院唐君毅研究所、宜宾唐君毅学术思想研究会协办。

“儒家伦理与东亚地区公民道德教育论坛”是国际儒学联合会主办的两大论坛之一，每年一届。其宗旨是：弘扬中华文化，承接中华美德，培育民族精神，建设和谐社会；扩大与东亚地区的文化交流与往来，共同分享青少年道德教育的有益成果和经验，加强未成年人思想道德建设；探索建设21世纪学校新德育，提高公民道德教育实效；推广宣传未成年人思想道德建设的经验。基于以上宗旨，本次论坛与会专家学者主要围绕以下主题展开了充分讨论：（1）儒家伦理的历史命运及中华民族共同价值观的构建；（2）儒家伦理的基本德目在现代公民道德教育中的功能与价值；（3）历代儒者对儒家伦理的阐发及其道德智慧的开发与创新。

12月9—11日，“国际儒学论坛·2005——儒学与亚洲人文价值”国际学术研讨会在北京召开。会议由中国人民大学、韩国高等教育财团主办，中国人民大学孔子研究院与中国人民大学亚洲研究中心共同承办。来自包括韩国、日本、新加坡、马来西亚、越南、俄罗斯、美国、巴西、瑞典以及中国大陆、港澳台等10多个国家和地区的150多名专家学者参加了会议，提交论文100多篇。

中国人民大学校长纪宝成、韩国高等教育财团事务总长金在烈任大会主席，中国人民大学副校长冯俊、著名哲学家张立文任大会副主席。冯俊副校长、金在烈总长、日本早稻田大学前任校长西原春夫先生、香港孔教学院院长汤恩佳先生、越南驻华大使代表杜南忠先生、中国实学会会长葛荣晋教授出席大会并在开幕式上致辞。清华大学钱逊教授、北京师范大学周桂钿教授、黑龙江大学张锡勤教授、武汉大学郭齐勇教授、中国人民大学宋志明教授、韩国翰林大学李东俊教授、俄罗斯孔子基金会主席嵇辽拉先生、日本家庭教育振兴协会会长永池荣吉先生等著名学者参加会议。会议就儒家思想与人文精神、儒学与东亚文化、儒学与文明对话、儒学及其传统、儒学与和谐社会以及儒家思想的现代转换等问题展开了广泛深入的讨论。

与会学者认为，儒家思想对亚洲人文价值特别是东亚核心价值观的形成和发展产生了重要影响。儒家的仁爱、敬诚、忠恕、孝悌、信义等价值理念，在当下和未来中国或东亚社会的发展中，不仅作为普遍性的道德理念，而且作为企业、商业、职业、环境伦理，还将继续发挥作用。儒家的传统伦理经过时代的转化、洗涤以及我们自觉地批判继承，可以与现代的新的伦理价值整合起来，不但可以为东亚人提供价值指导，而且可以为解决人类面临的许多冲突和问题提供重要启示。

12月18日，“2005·学术前沿论坛”北京市哲学学会分论坛北京市社会科学界联合会与北京师范大学在北京联合举办“2005·学术前沿论坛”，设主论坛和19个分论坛。哲学分论坛在北京师范大学举办6场演讲，围绕“哲学与和谐社会”这个主题展开讨论。与会专家学者试图从哲学理论上为和谐社会的构建寻找理论方面的基础或支撑点，探讨建构和谐社会的具体途径。哲学分论坛主持人为北京市哲学学会副会长、北京师范大学教授韩震，演讲人、演讲题目和点评人分别是：（1）中国人民大学教授张立文：“中国哲学和和合学”，北京师范大学教授周桂钿；（2）清华大学教授卢风：“发展的悖谬”，中国林业大学教授严耕；（3）中国人民大学教授焦国成：“关于构建和谐社会的哲学思考”，北京师范大学教授韩震；（4）北京电影学院教授于志敏：“美学信仰与和谐社会”，北京师范大学教授方珊；（5）北京师范大学教授周桂钿：“孝的研究”，中国人民大学教授张立文；（6）北京师范大学教授张曙光：“人的自我中心与理性”，中国社会科学院研究员朱葆伟。

学会活动

北京市哲学学会2005年主要学术活动：（1）北京市哲学学会开设了美学系列讲座，努力把大学课堂延伸到社会，把高雅文化普及到大众，先后共有3000多人参加。（2）2月17—25日，16人参加了“黄土地民俗之美田野考察与研讨”。在这次田野考察活动中，队员们以观察、走访、录音、录像、拍摄、笔记、购买等方式考察民俗活动、民间艺术，亲身体验鲜活的民俗之美。（3）6月29日，在友谊宾馆举行中华文化标志城座谈会。许嘉璐副委员长发表主旨讲话。与会学者提出，在建设城市固体标志工程的时候，还要注意提高群众的文化水平。（4）7月2—3日，举行北京市哲学学会常务理事会，总结2004年哲学学会的工作情况，安排2005年下半年的工作并对今后两年的科研计划进行了规划、研讨。（5）10月30日，举行北京美学论坛“美学与和谐社会建设”会议。（6）11月5—6日，举行纪念冯友兰先生诞辰110周年暨冯友兰国际学术研讨会。（7）11月8—9日，举行中韩牧隐李穑学术思想研讨会。

北京市哲学学会马克思主义哲学分会2005年主要学术活动：（1）3月17日，50余人参加北京市哲学学会马克思主义哲学分会工作会议，研究、部署全年工作计划。（2）3月28日，《和谐社会》编写组组织“和谐社会”专题研讨。（3）4月10日，《和皆社会》编写组第二次研讨。（4）4月20日，《和谐社会》编写组第三次研讨，确定了编写计划和大纲，进行了具体分工，明确了写作规范。（5）7月8—12日，60余人参加马克思主义哲学暑期备课会，邀请国家教育部社政司副司长徐维凡通报课程改革的相关问题，各院校交流了教改情况。（6）9月10日，举行马克思主义哲学分会常务理事会，研究下半年工作计划。（7）11月28日，举行马克思主义哲学分会常务理事会，确定年会相关事宜，评选年会优秀论文。（8）12月19日，邀请清华大学邹广文教授做文化全球化专题报告，宣布优秀论文评选结果并颁奖。

中国现代外国哲学学会2005年学术活动：（1）5月23—26日，由复旦大学哲学系、杜威与美国哲学研究中心、当代国外马克思主义研究中心承办的“杜威思想的当代意义”国际学术研讨会在上海召开，来自美国、韩国和中国的40余名专家共同讨论了杜威哲学及其对当代世界的影响，收到会议论文30余篇。（2）5月27—29日，由北京大学哲学系分析哲学研究中心承办的“分析哲学、科学哲学与逻辑”专题研讨会在北京召开，共有来自国内的20余位专家参加会议，提交论文20余篇；同时，该会议也为国际著名的分析哲学杂志《综合》推荐论文。（3）8月6—8日，由山东大学哲学与社会发展学院和山东大学犹太教与跨宗教研究中心承办的“哲学、宗教和科学：传统与现代的视野”学术研讨会在山东威海召开，来自全国科研和教学单位的50余名学者就科学与宗教的关系、不同宗教间的对话模式、中西哲学与宗教的比较以及后现代哲学的研究等问题展开了交流，提交会议论文30余篇。（4）9月4—6日，由复旦大学哲学系承办的“萨特与当代法国哲学”国际研讨会在上海召开，来自法国、美国和中国的20余位专家学者就萨特的现象学、本体论和伦理学展开了讨论，收到会议论文20余篇。（5）11月26—27日，由北京大学法国哲学研究中心、首都师范大学哲学系承办的“纪念德里达逝世两周”学术研讨会在北京召开，来自全国各地的20余名学者参加会议，提交论文20余篇。

其他学会2005年学术活动：

4月17日，“重庆市逻辑学会成立大会”在西南师范大学举行。重庆市各高校以及相关单位的逻辑工作者70余人参加了会议。大会由唐晓嘉教授主持。

中国逻辑学会会长张家龙研究员到

会祝贺并发表讲话，充分肯定了重庆作为西部逻辑学的重镇对中国逻辑学的学术发展和人才培养所做出的贡献。重庆市社科联党组书记、副主席赖邦凡教授，西南师范大学校长宋乃庆到会并讲话，强调了逻辑学作为哲学社会科学的重要组成部分和学科基础的重要地位。

全国各兄弟协会和友邻单位如北京市、上海市、四川省、广东省、湖北省、河南省、江苏省、浙江省、山西省、河北省、云南省、贵州省逻辑学会，中国逻辑学会形式逻辑专业委员会、重庆市高教协会、中山大学逻辑与认知研究所等发来贺电、贺函。

大会选举西南师范大学何向东教授为重庆市逻辑学会会长、唐晓嘉教授为副会长兼秘书长、重庆工商大学周光明教授为副会长。重庆市逻辑学会挂靠西南师范大学逻辑与智能研究中心。

6月初，“中国哲学的现代化与世界化学术研讨会暨中国哲学史学会2005年年会”在陕西西安隆重召开。本次大会由陕西师范大学主办，西北政法学院协办，来自全国30多所高校、科研机构的100多名学者参加了会议，提交论文50多篇。与会学者围绕“中国哲学的现代化与世界化”这一主题，展开了热烈而又深入的探讨。

学者们认为，中国哲学的现代化与世界化不能回避“合法性”问题的质疑；鉴于“合法性”问题在学科建设中的特殊性和重要性，应该把它放到基础和前沿的地位来加以重视，而不能当做一个“伪问题”等闲视之。中国哲学史是一个很年轻的学科，我们既要看到在其初创期不得不借鉴西方哲学的概念、问题、框架来建构自己的学科体系，因而缺失了中国哲学的内在精神与个性特征的先天不足，同时也要看到近百年来几代哲学史工作者为了找回中国哲学的民族个性、彰显其精神特质为该学科所做的不懈努力。中国哲学史学科今后的发展，还是要坚持以马克思主义哲学史观和方法论为指导，坚持现代化与民族化、世界化与本土化、普遍性与特殊性相结合的方向和道路，以把握中国哲学的特殊性、丰富性与生动性为切入点，并进而揭示其中所蕴含的普遍意义和价值。学者们指出，一部中国哲学史就是一部诠释史。中国哲学在诠释中不断产生新的问题，又在诠释中寻求问题的答案。中国哲学的诠释，离不开西方哲学的背景，但要避免走“以西解中”的老路。中国哲学的现代化、世界化与中国哲学的原点（典）化是紧紧地联系在一起的；如果不能对中国哲学史进行重新诠释，中国哲学的现代化与世界化几乎是不可能的。与西式的现代性相比，中国哲学自身具有独异性的精神特质，也适应了“集中多民族文化共同体的智慧以解决当代人类所面临的共同问题”的时代要求。中国哲学的现代化建构，关键在于中国哲学能否在现实的创造性生活中走出“边缘化”的境地，真正成为人类的良知、历史的理性和生命的智慧。

7月25—27日，“全国现代逻辑研讨会暨中国逻辑学会现代逻辑专业委员会2005年年会”在北京召开。会议由中国逻辑学会现代逻辑专业委员会主办，北京书生公司协办。来自全国各地的30余位专家学者参加了会议。北京大学刘壮虎教授介绍了国内现代逻辑研究和教学的现状。会议主要有三方面内容：(1)国内学者的新近研究成果交流。北京大学周北海教授做了题为“涵义语义与关于概称句推理的词项逻辑”的报告；刘壮虎教授做了题为“拓扑空间与模态逻辑”的报告；中国科技大学陈小平教授介绍了目前定性决策论研究的现状；武汉大学徐明教授介绍了在条件句逻辑研究中的部分成果；南京大学潘天群教授做了题为“论认知世界的逻辑结构”的报告；中国人民大学余俊伟博士介绍了他的研究成果“一个极小的弗协调系统”；西南大学何向东教授做了题为“‘归纳问题’的逻辑哲学研究述评”的报告；华南师范大学陈晓平教授分析了假说—演绎模型与贝叶斯模型在其逻辑结构上的区别；首都师范大学夏年喜博士将话语表征结构与一阶谓词公式进行了异同比较；中南大学孙明湘教授介绍并评论了塔斯基的语义性真理概念；北京联合大学周训伟教授做了题为“互逆主义模态逻辑”的报告。(2)国外逻辑学一些前沿问题的介绍。中国社会科学院刘新文博士介绍了“可能世界的名字”引入的逻辑背景和主要思想；中国人民大学许涤非博士介绍了“一种应用广泛的多主体认知模型——Run模型”；湛江师范学院郭泽深教授做了题为“刻画知识和信念的自知逻辑系统”的发言；武汉大学费定舟博士介绍了国外关于认知算术和强计算论题关系讨论的相关成果；北京大学博士生郭美云做了题为“公开宣告逻辑”的发言。(3)关于现代逻辑教学及其相关问题的思考。清华大学王路教授就“逻辑”是否应加上“形式”二字做了发言。他认为，逻辑就是逻辑，不必加上“形式”二字。“形式”并没有说明逻辑的内在机制。由此他进一步提问，“非形式逻辑”中的“非”否定的是什么？“非形式逻辑”如何解释？现代逻辑教学正逐渐从一个整体的知识结构来看待逻辑，来处理教学内容。

9月30日，“中国自然辩证法研究会工程哲学委员会第2届年会”召开，会议除了宣读论文，进行学术交流外，通过讨论，达成以下共识：(1)《工程研究》与年会论文结合起来，参加年会的作者要将论文进一步完善，经过筛选后收入论文集；(2)年会与工程院的工程科技论坛结合在一起的形式是很好的创新，以后年会每两年举办一次；(3)希望大家对《工程哲学》的写作大纲提出意见和建议，供编委会进一步修改，然后进行分工写作。通过《工程哲学》的编写，带动2006年的学术研究和学术活动；(4)2006年召开一届二次理事会，完善学会章程，健全组织机构，进行科学的分工，以利于有序开展学会工作；(5)会上东北大学和西安交通大学申请承办2007年的年会，会议希望申办单位进一步做好准备，由理事会做出决定。

10月15—16日，“全国环境哲学第2次年会暨环境哲学与和谐社会”研讨会在山西大学举行。会议由清华大学哲学系、中国环境哲学专业委员会、山西大学哲学社会学学院、北京林业大学人文学院联合举办。

与会者认为，环境危机的根本原因是，人们不能正确处理个人与整体利益、眼前与长远利益、局部与全局利益之关系。解决环境公正问题是建设和谐社会之关键。建设循环经济是必由之路，循环、共生、可持续发展这三个理念是循环经济的哲学基础。有学者对现代科学观进行了批判反思，认为环境问题的产生并非只是滥用科技的结果，现代科学自身的缺陷是造成环境问题的重要原因。现代科学所认识的规律主要不是关于外在自然的规律，而是关于人工自然的规律。根据这样的规律去改造外在自然，肯定会造成生态破坏。弄清了科技的本质，就更容易理解自然主义这种更具理论彻底性的环境伦理纲领。该纲领认为，21世纪的人类不能再按现代性思维方式去思考道德问题，不能认为该遵循什么样的道德规范只需要在人类共同体内部达成共识就行了。为了有效地维护地球生态平衡，环境伦理必须实现这样的根本性转变：即把以前不受道德保护的非人存在者纳入道德保护的范围之内。而要实现这样的转变，需要我们重新体认自然的绝对主体性和无限性。只有这样才能明白，环境伦理呼吁扩大道德共同体，要旨不在表明人类应该对其他物种发慈悲，而在表明人类应该服从大自然的命令，即服从天命。也有学者认为，环境哲学需要进行一种人文生态学转向，找寻造成环境问题的社会设置基础，构建人文生态。另外，许多学者认识到，为解决当今环境问题须借鉴古今中外的伦理资源。道家、佛家和儒家思想都可成为当代环境哲学的重要思想资源。也有学者指出，深入挖掘马克思《1844年经济学哲学手稿》中的生态辩证法思想，对于我们树立科学发展观，统筹人与自然的和谐发展具有十分重要的现实意义。

12月25日，“湖北省哲学史学会2005年年会”在武汉大学召开，有十几个单位、近百位会员出席。大会由吴根友秘书长主持，与会学者围绕年会的主题——“和谐与社会正义”，进行了热烈而深入的探讨。主要内容有：（1）对中西哲学中的公平与正义理论的梳理。郭齐勇认为，儒家和谐社会思想的一个重要内容或者基石，就是公平、公正、正义论，表现为：儒家主张“富民”、“均富”论而不会导致绝对平均主义；有养老、救济弱者、赈灾与社会保障的制度设计及其落实；主张平民通过教育因任授官、参与政治的制度安排且有作为村社公共生活的庠序乡校；有防止公权力滥用的思想。吴根友认为，老子贵和又守道，追求社会公正与自然正义，反对战争、暴政，反对制造、使用先进的武器，以及贵柔、守雌、尚俭、重慈的具体政治策略，都可以看做是当今社会人类爱好和平、维护和平的宝贵思想资源。张斌峰认为，正义有实践、经济、伦理、文化、国际等诸层面的意义，正义概念并非因西方提出即为西方所独有，墨子的正义观接近亚里士多德的观点，戴茂堂对西方友善学说、自然权力学说、和谐观念进行了梳理。刘固盛对学术公正与道家“其政闷闷，其人淳淳”的政治哲学做了初步阐释。（2）关于中西哲学中的和谐思想同当代社会和谐与国际和平的关系。杨洪林认为，“太和”思想包蕴的全面系统的整体和谐观、积极能动的动态和谐观、“和而不同”的和谐观，对和谐社会、和谐世界具有重要的学理价值和实践意义。邓红蕾认为，和谐问题重要的是要处理好民族问题，尊重各民族的个性与多样性。邓晓芒强调了真假和谐问题，认为不能提到和谐，就作为压倒一切的口号。在分析和谐与正义的概念时，应该区别中西语境。张廷国认为，面对全球化时代的事实上的不和谐状态，我们讨论和谐问题事实上也是在讨论不和谐问题。要克服不和谐，就要承认并尊重“他异性”的东西。郭齐勇、胡治洪认为，对不和谐的本质界定，除了心理上的，还应该有自然、社会现象中的不和谐。

人物纪念

8月25—26日，“金岳霖诞辰110周年纪念大会暨学术研讨会”召开，中国社会科学院、北京大学、清华大学、中国逻辑与语言函授大学、华东师范大学和金岳霖学术基金会的领导、海内外的专家学者、金岳霖先生的亲朋好友及其家乡浙江诸暨人民政府的代表等200余人，聚集在中国社会科学院，隆重纪念学术大师金岳霖诞辰110周年。本次纪念活动主要包括三个部分：（1）举行纪念大会；（2）颁发第四届金岳霖学术奖；（3）学术研讨。

纪念大会由中国社会科学院哲学研究所所长李景源主持。中国社会科学院副院长冷溶首先发言 他在讲话中高度评价了金岳霖先生对中国现代哲学和逻辑学所做出的杰出贡献，指出举行金岳霖先生诞辰110周年纪念大会，是学术界具有重要意义的一件大事。他希望哲学社会科学工作者向金岳霖先生学习，为开创中国哲学社会科学研究的新局面而奋斗。

金岳霖学术基金会会长、著名学者邢贲思在讲话中指出，金岳霖先生是中国现代杰出的哲学家和逻辑学家，他长期从事教学和科研工作，在教书育人、科学研究两个方面都获得了重大成就；我们纪念金先生，不仅要学习他的学术著作，研究他的学术思想，更重要的是要学习他严谨刻苦的治学态度和政治上、学术上不断追求进步的进取精神。北京大学赵敦华教授高度评价了金岳霖先生；台湾大学林正弘教授介绍了金岳霖先生的学术思想在台湾传播的曲折历程，充分肯定了金岳霖先生对台湾哲学、逻辑学的影响。金岳霖先生的学生苏天辅、金岳霖先生的亲属贺仲雄等人深情回忆了金岳霖先生的生平事迹。

会议期间，隆重举行了第四届金岳霖学术奖颁奖仪式。中国社会科学院刘培育研究员主编的《金岳霖思想研究》获一等奖；北京大学胡军教授的《道与真》和清华大学胡伟希教授的《金岳霖哲学思想》获二等奖；清华大学王中江教授和河南省社会科学院安继民研究员的《金岳霖学术思想评传》、南京大学杜国平副教授的《“真”的历程——金岳霖理论体系研究》、中共中央党校乔清举教授的《金岳霖新儒学体系研究》、华东师范大学郁振华教授的《金岳霖关系理论研究》获三等奖。金岳霖学术基金会会长邢贲思，副会长、本届学术奖评委会主席黄楠森，副会长羊涤生和与会嘉宾向获奖者颁发了荣誉证书、奖金，并赠送了金岳霖的著作。

学术研讨主要以两种形式进行：全体大会报告和分组报告。其中共行8位学者做了大会报告。台湾大学林正弘教授做了题为“知识论可否作为本体论的基础——金岳霖先生给我们的启示”的报告；北京大学胡军教授做了题为“为中国现代哲学中的形而上学辩护——兼论金岳霖《论道》的现代意义”的报告；清华大学胡伟希教授做了题为“论‘存在语言’：本然陈述与经验陈述——从金岳霖的《势至原则》一文说起”的报告；中国人民大学宋志明教授分析了金岳霖《论道》的元学态度；清华大学王中江教授对金岳霖的“人类关怀”和“圣人人生观”进行了探讨，从这一具体问题介绍了《论道》与《道、自然与人》之间的不同；香港公开大学周柏乔教授做了题为"还原、确证与因果：从罗素谈起·兼沦金老的解读"的报告；中国社会科学院张家龙研究员对金岳霖先生的《论道》进行了深入的探讨；中国社会科学院刘培育研究员做了题为"逻辑与生活"的报告。

10月17—19日，"宗教、伦理和大学教育：马相伯暨复旦百年校庆国际学术研讨会"在复旦大学召开。会议由复旦大学哲学系主办，复旦大学哲学系基督教研究中心筹办，美国基督教哲学家协会和复旦大学当代国外马克思主义研究中心合办。围绕会议主题具体开展了如下分主题讨论：(1)宗教与大学学术研究；(2)宗教在学院和政界的角色；(3)美国学术界与宗教宽容；(4)多样性的益处和宽容的德性；(5)哲学质询与宗教信仰伦理；(6)学校教育的核心：论道德的形成和大学教育；(7)游叙弗伦难题；(8)道德不可或缺的神学的元伦理学基础；(9)儒家与人权：普遍权利的复杂性；(10)高等教育中的"跨圣典"研究；(11)如何推进儒教伦理与基督教伦理的融合；(12)从基督教和儒教比较的角度看和谐社会的建构；(13)召唤与职业：评韦伯对基督教职业观的理解；(14)中国高等教育中的宗教研究之经验探讨。

11月5—6日，"纪念冯友兰先生诞辰110周年暨冯友兰国际学术研讨会"在北京大学隆重召开。大会由北京大学、中国社会科学院、清华大学、国际儒学联合会、北京市社会科学界联合会、北京市哲学学会、河南省南阳市政府、南阳理工学院、南阳师范学院和冯友兰研究会联合举办。民盟中央主席丁石孙、著名学者任继愈、冯友兰先生的女儿宗璞、北京市社会科学界联合会党组副书记石梅、冯友兰家乡河南省南阳市的代表，以及来自国内多所大学、科研单位和台湾地区、美国、韩国、日本等地的专家学者近百人参加了大会。

研讨会总结了近10年来海内外"冯学"研究的进展状况，并就"冯学"在近现代学术史上的地位和影响、冯友兰先生的治学方法以及"冯学"与中国传统哲学的现代化等热点问题，展开了深入讨论。大家普遍认为，冯友兰先生在打通古今中西的基础上，不仅准确、平实、全面地阐释了中国传统哲学思想，使后代学者在理解中国传统哲学时有了更多的参考与帮助，而且其"新理学"的哲学体系在促进中国传统哲学现代性转换方面，树立了一个具有积极借鉴意义的典范。

冯友兰研究会还在纪念大会上向获得"冯友兰学术奖"的学者颁发了证书和奖金。另悉，由中外学者合作的冯友兰先生的著作——《中国哲学史新编》的英文翻译工作已经完成，不久就会在英语国家出版面世。

12月10日，"中央实施马克思主义理论研究和建设工程研讨会暨胡曲园先生百年诞辰纪念会"在复旦大学召开，由复旦大学哲学系和当代国外马克思主义研究中心联合主办。教育部副部长袁贵仁，复旦大学党委书记秦绍德，上海市政协副主席、复旦大学校长王生洪，哲学组首席专家、中共中央党校原副校长杨春贵，工程首席专家、中国社会科学院哲学研究所所长李景源，武汉大学原校长陶德麟等专家组成员出席会议。复旦大学当代国外马克思主义研究中心主任俞吾金教授主持会议。袁贵仁、秦绍德、杨春贵、李景源在开幕式上致辞。上海哲学界部分学者以及胡曲园先生的亲属和学生代表，共200余人参加了会议。

袁贵仁副部长在致辞中指出，实施马克思主义理论研究和建设工程，是以胡锦涛同志为总书记的党中央的一个重大战略部署，是党的建设的基础工程，目前已取得了可喜的成绩；袁贵仁高度评价了复旦大学在马克思主义理论研究和建设方面所做的工作，并希望复旦大学继续加强马克思主义哲学学科建设和基地建设，不断推进马克思主义的创新和发展。他肯定了胡曲园先生在马克思主义理论研究和人才培养上作出的杰出贡献，强调了在新的时期要学习和发扬胡曲园先生求真求实、探索创新的治学态度，严谨求实、融会贯通的教学风范以及勇于探索的精神境界。与会代表认为，胡曲园先生作为中国马克思主义的早期研究者和传播者、复旦大学哲学系的开创者和复旦大学马克思主义哲学学科的奠基人，一生致力于马克思主义哲学、中国哲学与外国哲学的研究，为中国马克思主义哲学的发展作出了重要贡献。胡曲园先生主张，应该坚持马克思主义在哲学研究中的基础和核心地位，坚持哲学研究与现实生活之间的联系，在实践中创造性地发展马克思主义。他关于形式逻辑和辩证法义系的理论、关于中国不存在欧洲意义上的奴隶社会和封建社会的见解，发前人之所未发，在理论界引起了巨大的反响。与会代表赞扬了胡曲园先生独立思考、坚持真理和勇于探索的治学精神，认为在新时期不断推进马克思主义的创新是对胡曲园先生最好的纪念。

对外交流

哈佛学者黄万盛先生清华讲学：3月，受清华大学哲学系邀请，哈佛大学哈佛燕京学社研究员、儒家研究会项目主持人、哈佛燕京学术系列主编黄万盛先生在清华大学进行了为期3周的讲学活动。清华大学哲学系以及有关系、所的60多位研究生和教师认真听取了讲座。黄万盛以"当代的哲学革命"这一总题为纲，以"新世纪和哲学典范的转移"、"政治哲学背后的社会、文化转向"、"知识分子和哲学"、"精神哲学：价值困惑和教育"这四个专题为目，以自己的学术经历和治学体悟为叙述引线，以宏大叙事和细致入微相结合为基本的叙述风格，深入浅出地阐述了当代哲学革命的技术背景和社会基础即网络时代和全球化，当代哲学革命的革命对象即柏拉图典范和康德典范，当代哲学革命的基本途径即反思启蒙、反思"五·四"、反思知识分子，并提出了可能成为一种哲学新典范的脉络主义。黄万盛指出，脉络主义典范具有普适性，它不仅仅是一种存有论，也是一种方法论。脉络主义有两个基本原则，一是在场化，一是同一性。所谓在场化就是以设身处地的姿态和心态去理解、阐释和解释事物：所谓同一性就是在存有论的意义上，把任何事物理解为一个复杂的脉络和系统。脉络主义总是以在场化的姿态、以同一性的视角看待事物。其中，同一性原则包括以下几个命题：一是本质与方法的同一性，即事物的存在方式与事物存在方式的展开方式具有同一性；二是历史与现实的同一性，即历史往往具有现实影响而现实往往具有历史渊源；三是人与环境的同一性，即人是环境的产物，环境也是人的产物；四是红尘与净土的同一性，即经验界与超验界之间的关系不是截然分开而是相互渗透的；五是正确与错误的同一性，即不绝对地肯定或否定某种事物而是在其复杂的脉络中同情地理解它的来龙去脉。脉络主义既不能接受独断论，同时也不能接受相对主义，因为独断论和相对主义均是从不同的方向违背了脉络主义的在场化原则和同一性原则。他指出，长期以来，我们生活在由他人创造的社会典范和哲学典范的压力之下。网络社会的崛起和全球化的发展，使得哲学革命的时机已经来临。作为知识分子的我们都应该具有文明对话和反思自我的自觉意识，都应该具有积极强烈的学习心态和创新心态，都应该具有重建哲学典范的担当意识和使命意识。

山西大学科学技术哲学研究中心2005年对外学术交流活动：（1）4月5—11日，英国伽的夫大学教授，知识、专家与科学研究中心主任柯林斯，应邀访问山西大学科学技术哲学研究中心。柯林斯教授是山西大学科学技术哲学研究中心承担的教育部重大攻关项目：“当代科学哲学的发展趋势研究”的国际合作研究人员。为了尽快展开项目的研究工作，中心邀请柯林斯教授前来讲学与访问，并讨论课题研究有关事宜。期间，柯林斯教授为中心师生作了3场学术报告。4月9日，山西大学举行了聘任柯林斯教授为该中心客座教授授证仪式。会后，柯林斯教授与中心师生就“当代科学哲学的发展趋势”进行了讨论；（2）4—12月，山西大学科学技术哲学研究中心部分青年教师、在读博士研究生安军、程瑞、王航赞、李树雪先后赴英国剑桥大学、牛津大学、伽的夫大学进行为期半年的学术访问，分别就科学哲学的相关问题展开研究，并与相关领域专家进行课题讨论。（3）5月27—29日，美国符号学研究所所长、国际皮尔士研究中心执行主任皮尔森博士访问了山西大学科学技术哲学研究中心，作了题为“经验聚合的符号学分析及其扩展推理”的学术报告。（4）科学技术哲学研究中心成素梅教授前往荷兰阿姆斯特丹自由大学参加8月24—27日举行的“关于科学理解的哲学展望”学术研讨会，会后，赴德国和法国进行学术交流访问。（5）9月22日，美国肯塔基大学哲学副教授，认知科学系主任高德伯格来中心作报告，题目是：“语言、思想和交往”。

中国人民大学哲学院2005年对外学术交流活动：（1）5—6月，著名亚里士多德研究专家、美国纽约州立大学布法罗分校哲学系教授余纪元博士访问了中国人民大学哲学院，作了题为“亚里士多德的伦理学”的专题讲座，结合亚里士多德伦理学著作《尼各马可伦理学》，从德性伦理学的复兴、伦理学在亚里士多德体系中的地位、伦理学的性质和方法等方面做了系统的诠释。（2）10月15日，应中国人民大学哲学院的邀请，以莫斯科大学副校长、哲学系主任米罗诺夫等一行6人代表团访问了哲学院。双方就教学科研包括课程的设置、学制安排、人员结构等问题进行了全面深入的探讨，并拟在以后交换相关资料。（3）12月9—12日，孔子研究院院长张立文教授访问葡萄牙，出席由温家宝总理与葡萄牙总理苏格拉底共同主持的“中葡文化语言教育合作及文化多样性研讨会”。该研讨会于12月10日召开，温家宝总理、葡萄牙总理苏格拉底相继就双方语言和文化交流问题发表重要讲话。张立文教授随后代表中方，就如何发展文化多样性问题作了主题发言，会议期间，张立文教授一行还参观了里斯本大学、里斯本技术大学东方学研究学院以及里斯本社会科学与政治高等学院中国研究中心。

黑龙江大学与汉德瑞克斯学院学术交流活动：应黑龙江大学《求是学刊》编辑部、黑龙江大学哲学学院的邀请，美国加利福尼亚克莱蒙特研究院博士、斯蒂夫宗教与哲学研究中心理事、美国阿肯色州汉德瑞克斯学院世界宗教学教授杰伊·麦克丹尼尔，于7月8—16日，带领汉德瑞克斯学院的10名学生到黑龙江大学作了为期8天的访学活动。本次访学活动由讲座和考察两大部分组成。7月10—13日，杰伊·麦克丹尼尔教授先后在黑龙江大学阳光讲坛作了4个演讲，题目分别是：“为什么选择怀特海”，“对人类生活的怀特海式的研究”、“所有人的世纪：把生态学思考置于更广阔的健康社会的语境之中”、“中国和美国的高等教育：不同的国家、相似的挑战和共同的希望”：黑龙江大学胡长栓、樊志辉、关春玲、周佳做了回应性讲演，题目分别为：“关于衣俊卿的《文化哲学》研究”、“《易经》中的脉络主义”、“文化哲学和实践哲学视野中的生态学问题”、“走向实践理性的大学理念”。

访学期间，杰伊·麦克丹尼尔教授还与《求是学刊》主编丁立群教授就过程哲学和文化哲学各自的理论前提、自然的伦理价值和泛灵论问题、人类的优先性和人类中心主义问题，以及过程哲学和文化哲学之间的共识和分歧等坦诚地交换了各自的观点。

10月10—25日，吉林大学2005年对外学术交流活动：吉林大学哲学社会学学院院长孙利天教授、哲学基础理论研究中心主任孙正聿教授先后到奥地利的萨尔茨堡大学、德国的法兰克福大学和科隆大学、荷兰的阿姆斯特丹自由大学参观访问，与各校的哲学学者进行了学术交流，并意向性地商谈了学术互访等交流计划。

学习培训

3月28日—4月4日，中英澳暑期哲学学院第5期高级读书班由山西大学科学技术哲学研究中心与中英澳哲学暑期学院共同举办。

高级读书讨论班第5期内容是阅读和讨论弗雷格的《算术的基础》。英国牛津大学的贝尔博士、莫尔博士和来自美国夏威夷大学的泰尔教授负责教学，并分别参加三个小组的讨论，引导学员阅读、撰写和修改论文。28日上午，高级读书班开幕式如期在山西大学学术交流中心举行，100余人参加开幕式，有来自全国不同省份高等院校的30余名读书班学员、山西大学科学技术哲学研究中心及山西大学哲学与社会学学院部分师生，还有一些自愿参加读书班的旁听生。开幕式由中国社会科学院哲学所研究员江怡主持。山西大学校长、科学技术哲学研究中心主任郭贵春教授出席了开幕式并致欢迎词。

7月3—14日，山东大学第1届国际犹太研究暑期学校在山东大学举办。暑期学校是由山东大学犹太教与跨宗教研究中心在艾理克（Ehrlich）基金赞助下举办的，来自南京大学、北京师范大学、南开大学、天津大学、中山大学、河南大学、深圳大学、暨南大学、南京林业大学、山东大学等10多所著名高校的本科生、研究生以及其他对犹太文化感兴趣的国际学者共计72人参加了暑期学校。

本届暑期学校聘请了来自美国纽约大学的沃福森教授、澳大利亚悉尼科技大学的亚库伯维兹教授、以色列著名学者佛茨格拉比、澳大利亚国家大学的穆斯塔芬女士以及来自以色列的诺姆博士作为暑期学校的授课教师，山东大学哲学与社会发展学院院长、犹太教与跨宗教研究中心主任傅有德教授和艾理克教授作为暑期学校的组织者兼特聘教师也给学员授课。授课内容主要是：犹太教基础知识及犹太教与儒家传统比较研究（傅有德），希伯莱《圣经》与安息日（艾理克），犹太教的神秘主义（沃福森），犹太教的历史及教义（佛茨格），犹太人在中国的历史（亚库伯维兹和穆斯塔芬），希伯莱语和犹太教智慧书《阿伯特》的先贤篇（诺姆）。其间还开展了丰富的课外活动，让中国学员了解和体验犹太文化、犹太历史和安息日的含义，同时也让国外学者了解中国文化，特别是儒家文化。

7月11日，第2届中美欧暑期宗教学高级研讨班由中国人民大学佛教与宗教学理论研究所举办。本届研讨班的主题是“宗教的社会科学研究：理论与方法”，来自大陆高校、研究所，以及台湾、香港等地的学者69人参加。研讨班由外教授课、国内专家主题演讲、讨论、实习和研究指导组成。本届研讨班主讲教师有两位，一是美国宾夕法尼亚州立大学社会学、宗教学教授罗杰·芬克，他是最近10年流行国际学术界的宗教经济学的重要创建人，他主要讲述宗教市场论、世俗化理论、宗教与暴力以及战争、宗教与道德等宗教社会科学理论方面的最新进展。另一位是高登·梅尔敦，他独自创立了美国宗教研究所，是研究美国宗教的权威学者，曾主编《美国宗教百科全书》。他依据对美国宗教实证研究的经验，介绍如何在宗教研究中综合运用口述史等方法，国内专家主题演讲人有中国人民大学佛教与宗教学理论研究所方立天教授、杨慧林教授，中央民族大学牟钟鉴教授，中国社会科学院冯景源研究员等。研讨班实习地点是佛教法源寺、道教白云观、天主教南堂等。7月22日下午，研讨班圆满结束。

7月25日，中英澳暑期哲学学院第10期（生命伦理学）开幕式在华中科技大学举行。华中科技大学党委副书记欧阳康教授，国际交流处处长李昊教授参加了开幕式。牛津大学的巴宁博士介绍了中英澳暑期哲学学院在过去17年的发展过程和教学经验。华中科技大学哲学系副主任雷瑞鹏博士宣读了中国社会科学院哲学研究所研究员、华中科技大学特聘教授邱仁宗的贺信并代表哲学系致辞。哈佛大学韦克勒教授作为教师代表致辞。香港大学学生曹皮特和北京大学研究生谢广宽作为学生代表发言。开幕式由华中科技大学哲学系陈刚副教授主持。来自全国各地（包括香港、台湾地区）相关学科领域的50名学员及华中科技大学哲学系的15名教师和学生参加了哲学学院的学习。

《世界哲学》暑期研修班：为纪念中国社会科学院哲学研究所成立50周年暨《世界哲学》（原《哲学译丛》）创刊50周年，在中国社会科学院哲学研究所和联合国教科文组织北京办事处的支持下，8月9—12日，《世界哲学》编辑部举办了题为“当代哲学路线图”的研修班。来自全国各大专院校、企事业单位的30多位代表参加了本次活动。

研修班活动由《世界哲学》主编李河主持，特邀聘请哲学研究所的7位研究员发表演讲。演讲人及主题分别是：徐友渔的“政治哲学与形而上学”；江怡的“当代英美哲学新版图”；赵汀阳的“哲学第一与第一哲学”；尚杰的“空间的哲学：福柯的‘异托邦’概念”；谢地坤的“法兰克福学派的文化批判”；周国平的“尼采哲学的贡献”；李河的“翻译与‘哲学的地缘性’”。

研修班期间，代表们还围绕演讲主题展开了激烈的问答式讨论。最后，哲学研究所副所长谢地坤、《世界哲学》主编李河分别做了总结发言，研修班取得圆满成功。

中美生物医学和卫生研究伦理高级研修培训班：由美国国立卫生研究院佛格迪中心资助的中美生物医学和卫生研究伦理高级研修班，3月在北京举办了第2期研修班；第3期研修班于8月22—26日在华中科技大学举行，本期研修班由华中科技大学生命伦理学研究中心和美国哈佛大学公共卫生学院联合举办。来自全国各地的60余名学者、医务工作者、研究者参加了学习。研修班以问题和案例讨论为主导，穿插以理论探讨和实践操作，共同讨论了生物医学研究的历史和教训、生物医学研究伦理的基本原则和伦理准则、知情同意，保密和隐私、研究设计中的伦理问题、艾滋病研究中的伦理问题、遗传学研究中的伦理问题、人类生殖健康研究中的伦理问题、科学研究中的利益冲突、科学诚信和科学中的不端行为等热点问题，并开设了模拟伦理委员会审查、知情同意书起草等实践操作环节。

特色讲座

河南大学哲学与公共管理学院举办系列特色哲学讲座：讲座集中围绕着两个主题进行：一是马克思主义哲学的创新和发展；二是中国哲学、西方哲学和马克思主义哲学哲学观的对话。围绕第一个主题的讲座主要有：（1）5月19—20日，中国社会科学院李景源教授、北京大学丰子义教授、南京大学张异宾教授、南开大学王南教授、吉林大学孙正聿教授、苏州大学任平教授、高等教育出版社王霁教授、河南大学吕世荣教授与周宏教授的系列讲座。（2）10月29日，中国人民大学梁树发教授的专题讲座。（3）11月7日和9日，南京大学刘林源教授的两次专题讲座。（4）11月15日，中山大学李尚德教授的专题讲座。这些讲座内容广博，涉及到唯物史观与马克思主义哲学理论创新；全球化与马克思主义；马克思主义与国外马克思主义研究现状；从理论哲学到实践哲学的转变；当代马克思主义哲学研究的几个问题；在历史境遇中定位三大理论成果；关于“两次飞跃”、“三大成果”中的哲学思想；实践的观点是邓小平哲学思想的核心观念；科学实践观是“三个代表”重要思想的哲学基础；马克思理论创新的几个问题；马克思主义理论与实践的关系；如何评价晚年毛泽东；苏联马克思主义哲学等。围绕第二个主题的讲座有：（1）11月11日，北京大学赵敦华教授、王博教授和中共中央党校侯才教授的专场讲座。（2）11月12日，首都师范大学白奚教授和四川大学李刚教授的专场讲座。两场讲座主要以中国哲学、马克思主义哲学与西方哲学的对话形式，彰显了中西马不同的哲学观，体现了它们不同的哲学特质。

哲学名师——华侨大学哲学学科讲坛：(1) 1月11—14日，邀请国务院学位委员会哲学科评议组成员、南京大学中华文化院院长、南京大学旭日佛学研究中心主任、博士生导师赖永海教授莅校讲学并考察学科建设，作了题为“佛教与中国文化”、“当前中国哲学研究前沿问题”等学术报告。(2) 1月29—30日，邀请《求是》杂志社李文阁博士、《哲学研究》杂志杜鉴传今博士和《学术研究》杂志社何蔚荣博士莅校作“宽容与社会”的学术报告。(3) 2月26—28日，邀请中央实施马克思主义理论研究和建设工程专家、吉林大学哲学与社会发展学院博士生导师孙正聿教授作了“如何进行精品课程建设”、“马哲原著解读的方法”等学术报告。(4) 3月29日，邀请全国哲学社会科学规划基金评审组成员、浙江省社会科学院院长、浙江大学博士生导师万斌教授莅校作了题为“执政能力的理性思考”的学术报告。(5) 5月24—25日，邀请中国社会科学院哲学研究所研究员、博士生导师、《哲学研究》原常务副主编刘奔莅校作了题为“坚持‘以人为本’的科学发展观和发展生产力”、“哲学之命运”等学术报告、(6) 6月10—15日，邀请中国社会科学院哲学研究所研究员、博士生导师，华侨大学马克思主义哲学研究所客座教授吴元梁作了题为“问题研究与哲学社会科学的使命”、“马克思主义哲学研究状况及若干理论问题”等学术报告。(7) 6月16—20日，邀请中国社会科学院哲学研究所副所长、研究员、博士生导师李德顺莅校讲学、考察学科建设，并作了题为“价值视野中的宽容”、“全球化中的价值冲突与我们的战略”，“马克思主义哲学和当代中国问题”等学术报告。(8) 6月22—24日，邀请《中国社会科学》杂志社孙麾教授作了题为“马克思主义哲学与现时代”、“当前中国马克思哲学研究的基本走向”等学术报告。(9) 6月29日，邀请四川省社会科学院程世平教授作了题为“论老子和道教的宽容思想”的学术报告。(10) 9月12，邀请台湾辅仁大学郑志明教授与台湾师范大学林安梧教授莅校分别作了题为“中国传统宗教的现代转化”、“儒家哲学与现代化”等学术报告。(11) 9月14—16日，邀请台湾辅仁大学哲学系高凌霞教授莅校作“阿奎那思想的历史背景与发展”、“当代阿奎那思想的发展”和“台湾50年来10林哲学的发展与前瞻”等学术报告 (12) 10月9—4日，邀请吉林社会科学院院长、吉林大学博士生导师邴正教授作了题为“当前马克思主义哲学研究的几个前沿问题”学术报告。(13) 10月26—28日，邀请中国社会科学院哲学研究所研究员、博士生导师刘奔莅校作题为“马克思主义哲学研究的现状及若干理论问题”、“中西马哲学对话的前提及可能路径”等学术报告。(14) 10月31日至11月1日，邀请长江学者、复旦大学特聘教授、华侨大学兼职教授俞吾金莅校讲学、考察学科建设，并作了题为“物与时间——对马克思哲学体系的新探索”、“失去了的思想维度”、“哲学研究中的方法论陷阱”等学术报告。(15) 12月18日，邀请中国人民大学哲学院教授、博士生导师段忠桥莅校，考察学科建设，并作了题为“道德公平与社会公平”、“约翰·罗默的非劳动价值论的剥削理论”等学术报告。(16) 12月19—22日，邀请中国马克思恩格斯研究会副会长、中国人学学会秘书长、中共中央党校哲学教研部副主任、博士生导师韩庆祥教授莅校讲学，考察学科建设，并作了题为“开辟中国人学研究的新道路”、“‘以人为本，与当代中国发展”、“当代中国马克思主义哲学研究的最新进展”等学术报告。

吉林大学特色讲座：(1) 11月14日，孙正聿为吉林大学经济学院举办的“现代企业管理与领导科学高级研讨班”作了题为“市场经济与人的存在方式”的专题讲座。(2) 12月17日，孙正聿在吉林大学举办的台湾大学生冬令营作了题为“哲学与人生”的专题讲座，教育部港澳台办公室负责人和200余名营员参加报告会。(3) 11月以来，吉林大学哲学基础理论研究中心副主任孙利天和专职研究员邴正、姚大志以“哲学与自我意识”、“做哲学的学生”和“罗尔斯与现代西方政治哲学”为题，为大学生作系列哲学专题讲座。

江西师范大学政法学院哲学文化特色学术讲座：江西师范大学政法学院主要针对研究生，邀请著名学者举办文化讲座：(1) 1月15日，台湾辅仁大学教授郑志明讲授“当前民俗研究的问题”。(2) 6月17日，台湾政治大学汤绍成博士讲授“当前两岸形势分析”。(3) 9月12日，台湾学者蔡仁厚讲授“新儒学与新世纪”。

辽宁大学2005年度特色讲座主要有：(1) 象思维与文化的原点性回归，主讲人是中国社会科学院哲学研究所博士生导师王树人研究员，他认为，“象思维”是中国传统的思维方式，这种思维方式是由中国思想文化最高理念的性质即非实体性所决定的；“象思维”是整体直观、非对象性、非现成的，是比理性的逻辑的概念思维更加基础和本原性的思维方式，具有“原发创生性”和保持动态整体平衡的特性。(2) 中国化马克思形态的当代建构，主讲人是《中国社会科学》副总编赵剑英。具体内容包括：如何理解中国化？如何体现开放性？如何体现时代性？(3) 传统儒学研究的新视野，主讲人是南开大学博士生导师严正教授。他认为，中国儒学的研究不仅需要进行经典诠释，更需要在视野上突破传统范式，开拓新的领域，新视野的产生和拓宽可以帮助我们解决许多现实问题。

上海财经大学特色讲座：(1) 6月，邀请武汉大学哲学系博士生导师桂起权教授为人文学院的硕士、博士研究生作了题为“经济学中两个不等式”的学术报告；邀请东北大学科学技术哲学研究中心主任陈凡教授为人文学院的硕士、博士研究生作了题为“当代技术哲学的建制化及其转向”的学术报告。(2) 10月，邀请中国社会科学院哲学研究所刘奔研究员为人文学院的硕士、博士研究生做了题为“在现实矛盾的解决中实现人的全面发展”的学术报告。

首都师范大学哲学系举办学术系列讲座和思想沙龙：首都师范大学哲学系自成立以来，启动了两个系列活动：“昆玉河畔学术系列讲座”是面向研究生以上，以学术性为主要特色的系列活动；“紫竹沙龙”是面向本科生以上，以思想性为主要特色的系列活动。香港中文大学教授刘笑敢、中国社会科学院哲学研究所研究员赵汀阳、北京大学教授陈来、同济大学教授高宣扬，北京大学教授赵敦华以及其他著名学者、文化名流陆续莅临该校讲学。其中，陈来已开讲“宋明理学与中国近世思想文化”学术系列讲座，赵汀阳拟开讲“哲学技艺”学术系列讲座。今后，两个系列活动将交错进行。每次讲座都有录音记录整理，最后结集出版。

其他活功

北京大学哲学系举办“社会·文化·心灵”系列主题活动：北京大学哲学系团委和学生会举办了两期“社会·文化·心灵”系列主题活动。上学期的系列活动包括在三角地橱窗展出的15位经典哲学名家的介绍展板、举办两场精品讲座以及1场科学与人文论坛，另外还举办了学生读书沙龙。两场讲座分别是北京大学王博教授的“道家的精神气质”、北京师范大学陆杰荣教授的“人与哲学的境界”；科学与人文论坛以“敬畏自然”为主题，坛主为清华大学人文社会科学学院科技与社会研究所刘兵教授、北京大学哲学系刘华杰副教授、苏贤贵副教授。下学期举办了3场系列讲座，分别是楼宇烈教授的“佛教与当代中国”，张祥龙教授的“中国传统文化向何处去”，杨立华副教授的“孟子人性论”。

河南财经学院哲学与社会学系成立及授牌仪式：5月29日上午举行。中国著名社会学家、中国社会学会会长、中国人民大学博士研究生导师郑杭生教授，中共河南省委宣传部副部长王耀、河南省民政厅厅长孙培新，河南省教育厅副厅长李文成等领导，河南财经学院党政领导李小建、赵大蕻、仉建涛、卫世文及有关部门的负责人到会对哲学与社会学系的成立表示热烈祝贺，对哲学社会科学的作用给予高度重视和评价。院长李小建宣布哲学与社会学系成立并主持了授牌仪式。成立仪式由副院长卫世文主持。授牌仪式结束后，郑杭生教授做了题为“构建和谐社会的几个问题——一种社会学的视角”的学术报告。

四川大学伦理学研究中心2005年学术活动：（1）7月20日，中心就2005—2006学年相关问题进行了讨论，包括：第一，对过去四年来中心所举行的学术研讨活动（包括思问哲学系列讲演等等），选择其中的15次左右结集出版著作一部，题名《思与问》（2005年卷），25—30万字。以后每年或每两年出版一部《思与问》，具体内容包括每次讲演的论文与研讨的记录。为此专门成立一个编选小组，成员有高小强、丁元军、郭立东。第二，确定下学期中心的学术研讨论题为：善与权利、正义。第三，由郭立东来接续黄玉顺主持思问哲学网站工作，（2）10月14日，中心举办研讨活动，由余平教授主持，吴兴明教授主讲，题目为“从规范领域的缺失到审美主义——批判理论作为一种思想样式的分析”。出席研讨活动的还有丁元军、丁三东、刘莘、刘朝霞、成先聪、陈波、余平、黄玉顺、高小强、邱晓林等。

9月2—6日，“第6届东亚科学技术与社会（STS）国际学术会议暨科学技术与社会（STS）哲学社会科学创新基地成立”大会在东北大学举行。会议由教育部“985工程”科学技术与社会（STS）哲学社会科学创新基地和中国自然辩证法研究会主办。中国社会科学院、中国科学院、中国工程院、北京大学、清华大学、中国人民大学以及日本东京工业大学、韩国汉城国立大学、台湾清华大学等200多名专家学者出席学术会议和成立大会。

会议由教育部“985工程”科学技术与社会（STS）哲学社会科学创新基地首席教授、国务院学位委员会哲学学科评议组成员、全国技术哲学专业委员会主任、东北大学陈凡教授主持。本次会议以“文化与创新”为主题，并就STS与东亚国家的工业化、城市化、现代化和国际化；STS与中国东北老工业基地改造和振兴的战略与对策；科学技术与文化；文化背景中的创新：科技创新、制度创新和体制创新以及其他STS研究的基本理论与现实问题等进行了深入研讨。

与会代表认为，在STS研究中，要把发展科学技术与实现科学技术的生产力功能、实现国富民强和社会可持续发展相结合，否则，STS只是一个“乌托邦”，不具有现实价值，在充分关注STS应用研究的同时，通过不断地积累和探索，建构STS理论体系和学科体系，是STS学者的共同使命。

与会者指出，不同的文化形态、文化观念、文化圈对实现技术与社会融合具有整合作用，而技术创新、知识创新、制度创新、国家创新系统等等均不能脱离一定的文化背景，并以一定的文化背景为支撑。与会者强调，各个国家在技术方面具有差异性和不可通约性，但这种差异正在明显减少，其中主要的原因就是“技术文化”的概念。由此，技术将得到合理的理解，同时也会促进文化本身的发展。

针对东北振兴，与会者认为，应该努力营造有利于自主创新的政策法规环境、区域文化环境、区域科技合作环境，扩大自主创新的开放性，在充分利用全球资源的基础上，依靠自身的创造性努力来逐步解决所面临的技术问题。经济是表现为经济的文化，文化是表现为文化的经济。因此，东北振兴还亟须开发文化力。

9月25日，“首都师范大学哲学系成立暨哲学学术创新”研讨会隆重举行，会议由上午的成立会和下午的研讨会两个部分组成。中国社会科学院哲学研究所所长李景源、北京大学哲学系主任赵敦华、北京师范大学哲学与社会学学院院长韩震以及首都师范大学校长许祥源等出席了会议。参加本次会议的还有：中共中央党校哲学部、北京大学哲学系、中国人民大学哲学院、中山大学哲学系、武汉大学哲学学院、中国社会科学院哲学研究所以及《中国社会科学》、《哲学研究》、《哲学动态》、《中国哲学史》，《马克思主义研究》、《新华文摘》，《求是》、《光明日报》、《教学与研究》等单位的领导和代表，首都师范大学有关部门和单位的领导、代表以及哲学系的全体师生也参加了会议。

在成立会议上，哲学系主任程广云首先就哲学系成立的情况向各位领导和来宾作了题为“通力合作、锐意进取，为创建和谐创新团队而奋斗”的报告。赵敦华代表全国兄弟院系致辞，李景源、许祥源分别发表讲话，祝贺首都师范大学哲学系成立，并对其今后的发展提出了殷切的希望。

会议还收到了中国社会科学杂志社以及北京师范大学哲学与社会学学院、南京大学哲学系、复旦大学哲学系、南开大学哲学系的贺信，以及中山大学哲学系、北京师范大学哲学与社会学学院的贺礼。

在下午的研讨会上，与会的各位专家学者先后就哲学学术创新的必要和可能、哲学学术规范的确立、哲学学术体制的改革、高等院校的哲学学科和专业建设等问题作了发言。中国社会科学院宗教研究所所长卓新平，北京大学哲学系教授陈来，中国社会科学院哲学研究所研究员赵汀阳，《哲学动态》主编周晓亮，《哲学研究》编辑部副主任鉴传今等人对于哲学学术创新和高等院校的哲学学科与专业建设等问题都提出了独到的见解。参加本次会议的领导和来宾还分别题词，祝贺首都师范大学哲学系成立。

9月28日，“2005年孔子文化月”活动于中国人民大学拉开帷幕。本次孔子文化月活动由中国人民大学与中国教育电视台联合主办，中国人民大学孔子研究院承办，主题为“明礼诚信，修身立德”，旨在通过探讨古老而恒久的“诚信”话题，返本开新，彰显“礼”、“信”等中国传统道德在当今社会的意义和价值，充分发掘“诚信”教育在构建和谐社会中的功用及重要性。

中国人民大学孔子研究院秘书长罗安宪主持了开幕式，中国人民大学哲学院副院长彭永捷就举办孔子文化月的立意和宗旨作了简短的讲话后，中国人民大学哲学院教授焦国成为开幕式作了“公信意识与和谐社会”的主题发言。来自首都各界的文化人士参加了开幕式，并围绕着“诚信与和谐社会”的话题，进行了热烈探讨。

具体活动安排有10项：孔子文化月开幕式暨传统文化论坛（9月28日），诚信专题展（9月25日至10月25日），专题论坛：明礼诚信与和谐社会（10月8日），经典教育讲座（10月8—18日），专题论坛：儒家传统与现代社会（10月11日），“礼乐文明之夜”文艺演出（10月18日），孔子文化月网上讨论区，“我与经典”获奖征文颁奖仪式，电视访谈——传统文化与和谐社会：和国学专家重阳座谈会（10月11日）。

10月17—19日，《社会心理科学》编委会工作会议由天津市法制心理学会和郑州交通职业学院主办，天津市社会科学界联合会主管的《社会心理科学》第3届编委会第1次工作会议在郑州市召开。会议由刘援朝教授主持，《社会心理科学》杂志主编林秉贤教授代表编委会作了题为“社会心理科学研究的过去、现在和将来”的工作报告。

《社会心理科学》虽然已被《CNKI中国期刊》全文数据库、《万方数据——数字化期刊群》和《中国核心期刊遴选数据库》收录，但仍然是一本内部刊物。鉴于目前中国社会心理科学领域尚未有公开发行的专业学术期刊，与会专家一致呼吁，并向国家有关部门建议，尽快将《社会心理科学》由内部刊物转为国家正式出版物，以有利于社会心理科学领域的学术交流和学术研究。

中国宋明理学研究中心在武夷山挂牌：10月20日，由中国社会科学院哲学研究所与福建省社会科学院等单位合作创办的中国宋明理学研究中心在朱熹故乡福建省武夷山市举行挂牌仪式。中国社会科学院副院长朱佳木、福建省政协副主席黄瑞霖出席。

朱佳木在致辞中说，武夷山是朱子学的发祥地和宋明理学的重要发源地之一，在武夷山建立一所以宋明理学和朱子学为主要对象的研究中心，使它成为中国乃至世界学术界研究朱子学、宋明理学和东方文化的重要基地，是一项对于弘扬中华民族优秀文化遗产很有意义的举措。他要求研究中心要以毛泽东思想、邓小平理论和“三个代表”重要思想为指导，牢牢把握社会主义先进文化的前进方向，广泛团结全国宋明理学和朱子学研究的专家学者，为弘扬中华古老文化的精华，铸造中华当代文化的新辉煌，推动海峡两岸的学术与文化交流，并提升武夷山“世界双遗产”品牌效应，促进福建省与海外的沟通和联系，作出自己的贡献。

中国社会科学院学术咨询委员会副秘书长、宋明理学研究中心主任陈筠泉研究员介绍了研究中心的筹建情况。仪式结束后，中心举办了主题为“朱子学与和谐社会”的首届论坛。来自国内外的专家学者80多人参加了论坛。

10月22日，中国社会科学院应用伦理研究中心举行了成立10周年纪念会，哲学研究所领导李景源、李德顺、李鹏程研究员及来自全国各地的伦理学工作者60余人与会。大家回顾了应用伦理研究中心的发展历程，对该中心在中国应用伦理学研究方面所发挥的作用和影响给予了高度的评价，祝愿该中心今后得到更大的发展。

中国社会科学院应用伦理研究中心成立于1995年10月，是国内较早成立的应用伦理学专业研究机构之一。10年来，该中心在应用伦理学基础理论、政治伦理、经济伦理、环境伦理、生命伦理、科技伦理、媒体伦理和婚姻家庭与性伦理等领域开展了一系列学术研究和交流活动，取得了丰硕成果，逐渐形成了一支在中国应用伦理学研究领域具有重要地位的学术团队。

在学术研究方面，该中心专职研究员已公开出版应用伦理学方面的专著、译著10余部，发表研究论文100多篇；编印了7期《中国社会科学院应用伦理研究中心通讯》（至2001年）；出版了3卷大型学术年刊《中国应用伦理学》（2002年以后）。该中心承担了10余项各级各类应用伦理学方面的研究课题，一些课题的研究成果获得奖励。自2000年起，由该中心发起组织的每年一次的全国应用伦理学研讨会已成功举办了5届，成为国内应用伦理学界重要的学术活动之一。2004年6月，该中心创办的“中国应用伦理学网”在国际互联网上正式开通，影响力正日益扩大。

在学术交往方面，该中心与海外应用伦理学领域的专家学者保持着密切的学术联系，先后有来自日本、韩国、新加坡、美国、澳大利亚等国和香港、台湾地区的学者来中心举办学术讲座或参加本中心主办的学术会议。该中心的专职研究员多次出席在日本、韩国、美国、德国、泰国、荷兰、英国等国以及香港、台湾地区举办的学术会议。该中心与国内高校和研究机构之间的学术交往也取得了进一步的发展，2003年与东南大学人文学院签订了资源互补性的学术合作协议；从2004年起，该中心联合北京的兄弟院校共同发起了“北京应用伦理学论坛”，现已举办了5次。

11月17日，联合国教科文组织“世界哲学日在中国·2005”活动在吉林大学举行，由吉林大学主办，中国社会科学院、东北师范大学、黑龙江大学、辽宁大学、吉林省社会科学院、《世界哲学》杂志协办。这是“世界哲学日”在中国继中国人民大学首次举办之后的第二次活动。本次“世界哲学日”活动的主题是“哲学与公共政策：中国经验与反思”；活动的形式是主题发言与提问讨论结合，展开知名学者与公众之间的双向互动的交流。联合国教科文组织驻北京办事处社会和人文科学高级项目官杜铭那克夫人，韩国驻联合国教科文组织秘书长李三悦教授，中共吉林省委宣传部和长春市委的领导参加了活动，省内外的多家媒体参加报道。

“哲学日”上午的活动是开幕式和主题发言。大会开幕式由吉林大学副校长王胜今教授主持，杜铭那克夫人、吉林大学校长周其凤院士分别致辞，孙正聿教授、李三悦教授、邴正教授、赵汀阳教授做主题发言。“哲学日”下午的活动是邀请国内哲学、社会学、政治学、法学和医学领域的知名专家学者与公众就公共领域问题展开专题讨论和交流，并举办中学生专场报告会。专题讨论设四个分会场，主题分别是：“公共攻策与公共福利”；“公共领域与政治学视域”；“社会发展理论”；“文化政治”。

孙正聿教授主讲的以“公共问题与哲学教育”为题的中学生专场报告会在东北师范大学附属中学举行，受到中学生热烈欢迎。相关活动还有“关于哲学阅读情况的调查”和相关的评论。

11 月 25 日，李景源、衣俊卿为中共中央政治局第 26 次集体学习进行讲解，中共中央总书记胡锦涛同志主持。他强调，建设中国特色社会主义的伟大事业，呼唤着马克思主义理论的创新和发展，也为马克思主义理论展现思想魅力和发挥指导作用创造了广阔舞台。哲学社会科学工作者要肩负起时代赋予的光荣使命，坚持把马克思主义基本原理同中国具体实际和时代特征紧密结合起来，不断为丰富和发展马克思主义作出新的贡献。

中共中央政治局这次集体学习的内容是世界马克思主义研究与中国马克思主义理论研究和建设工程。中国社会科学院李景源研究员、黑龙江大学衣俊卿教授就这个问题进行讲解，并谈了他们的有关看法和建议。讲解的主要内容有：(1) 世界马克思主义研究的历史脉络；(2) 世界社会主义实践与马克思主义研究；(3) 西方马克思主义研究的主要问题及理论特征；(4) 中国马克思主义研究的基本情况；(5) 马克思主义理论研究和建设工程的实施情况。

中共中央政治局各位同志认真听取了他们的讲解，并就有关问题进行了讨论。胡锦涛同志在主持学习时发表了讲话。他指出，马克思主义理论是指导马克思主义政党完成自己历史使命的强大思想武器。中国共产党领导人民长期奋斗的实践充分表明：思想理论建设是党的建设的根本，只有坚持马克思主义基本原理同中国具体实际相结合，不断在实践的基础上推进理论创新，用发展着的马克思主义指导实践，才能保持马克思主义的强大生命力，才能制定正确的路线方针政策，才能凝聚全党全国各族人民的意志共同为崇高理想和伟大目标而奋斗。新世纪新阶段，我们要抓住重要战略机遇期，全面建设小康社会，加快推进社会主义现代化，必须加强马克思主义理论研究和建设，不断开辟马克思主义发展的新境界。

12 月 24 日，中共中央党校哲学教研部邀请部分在京专家学者和学员代表召开座谈会，交流学习李瑞环同志的《学哲学　用哲学》一书的心得体会。

哲学教研部主任庞元正主持会议，中共中央党校副校长王伟光出席会议并发表讲话。他说，李瑞环同志《学哲学　用哲学》一书的出版，是马克思主义哲学研究的一件大事。我们要坚持和发展马克思主义，最根本的就是要坚持和发展马克思主义哲学。我们只有借助马克思主义哲学这个科学的世界观和方法论，才能达到“欲穷千里目，更上一层楼”的境界，李瑞环同志《学哲学　用哲学》一书，对新时期领导干部如何学哲学和用哲学，坚持丰富和发展马克思主义树立了很好的榜样。中共中央党校是党的领导干部教育的最高学府，要提高领导干部的素质和能力，最根本的是引导干部结合新的实际学好、用好马克思主义哲学，增强与时俱进的能力，解决社会主义现代化建设进程中出现的各种问题。

国防大学副校长许志功在发言中提出，结合当今中国社会的实际，学哲学、用哲学要解决的重点问题是加强和巩固执政党的思想根基。实践证明，党执政得好，就在于有科学的世界观和方法论做指导；否则，根本点就在于缺乏科学的世界观和方法论。中共中央党校原副校长韩树英在发言中指出，我们党有着一贯提倡学哲学的优良传统，我们要坚持和发展这个传统。中共中央党校原副校长杨春贵在发言中强调，领导干部要重视提高哲学素养。

出度会议并发言的还有黄楠森、梁柱、庄福龄、朱虹、陈祥如、沈冲、张绪文、许全兴、周炳成、崔永琳、董德刚、韩庆祥、侯才和哲学教研部的部分学者。

（马晓英　张立波等）

文　学

综　述

2005年中国文学研究综述

2005年的中国文学研究，无论是资料整理，还是理论建设，无论是具体作家作品的阐释还是宏观文化视野的把握，无论是对历史现象的追溯，还是对前沿问题的探索，都取得了喜人的成就，结出了丰硕的果实。兹拟分“基本特点及共同问题”与“热点讨论及学术前沿”两个部分，对中国文学研究领域一年来的发展状况作一概括的总结。

一、基本特点及共同问题

（一）理论建设的迫切需要与实践

任何一项学术研究，其走向成熟与科学的一个重要标志，就是形成了科学的、系统的、具有一定前瞻性的理论思想。中国文学研究，在作为具有现代学术意义的学科建立起来之后，在不同的历史阶段上，研究者都选取了一种自认为最先进、最科学的理论作为指导思想，以引导学术研究的发展方向。马克思主义文艺思想曾经是中国文艺理论界居于统治地位的思想，但是，上个世纪80年代以后，西方世界的各种文艺思潮如洪流般涌入了中国，给中国的文艺理论界带来了地震般的强烈震撼。马克思主义在文艺理论界的权威地位也受到了巨大的冲击。20年后，中国的学术界在经历了西方现代文艺思潮涌入后产生的由欣喜激动而至于困惑迷失的思想历程之后，学者们开始以更为成熟、更为理性的态度反思中国文学研究发展的曲折历程，开始立足于我们自己的文化特点来探索适合于解析中国文学的理论武器。本年度引起广泛关注的论文有杨义的《重绘中国文学地图与中国文学的民族学、地理学问题》，它从大文学观的理念上关注中国文学的多民族、多地域发展实际，主张打破以往文学史研究局限于单一的汉语书面文学研究的格局，引入文学民族学、文学地理学、文学考古学、文学文化学等视角，在文学研究的时间纬度上增加层面丰富的空间纬度，展示中华民族文化共同体的形成和发展过程。中原文化的凝聚力、辐射力与边疆少数民族文化的“边缘活力”相互作用，形成了汉化的自上而下及胡化的自下而上的合力机制。民族、家族、士人的迁移或地理流动轨迹，深刻地影响了作家的精神空间特征，并最终导致文化中心的转移。与这种学术方向相呼应并取得重大成果的专著，有郎樱、扎拉嘎主编的《中国各民族文学关系研究》。它以百余万字的份量，包纳近20个古民族和34个少数民族的大批作家作品及文学现象，以专题研究的方式深入地剖析少数民族文学与汉民族文学的关系，尤其是以扎实的材料揭示少数民族文学通过不同的方式对汉民族文学的影响，从较高的理论层面上探讨了中国各民族文学之间“你中有我，我中有你”的基本格局的形成与发展。这些论文和专著都为中国文学观念的更新和文学史写作模式的突破，打开了广阔的精神空间。在现代文学研究领域，也出现了一批新锐的扩展文化精神空间的成果，如陈方竞的《关于我的中国现代文学研究》就对全球化语境下中国现代文学研究中存在的弊病进行了深刻的反思。郑家建、汪文顶《论中国现代文学研究的再出发》提出了中国现代文学研究中理论话语和研究方法的“对象化”和“中国化”问题。王富仁《“新国学”论纲》，则深入阐释了处于历史转换时期的中国知识分子对于自己的学术活动应有的认识以及我们的现代学术史的历史特点和发展方向，提出中国知识分子对于自己的文化创作应该具有自己的独立性，中国的具体文化成果必须首先在中国文化的语境下得到感受和理解，而不应当用西方某派某家的标准予以衡量。

在这样的背景下，马克思主义理论重新受到重视，理论界出现了“回归”马克思主义，实现马克思主义中国化的强烈呼声。于是，高度重视当代中国的艺术实践和审美经验，应对经济全球化和文化全球化对当代中国人的情感和心理所造成的冲击和挤压，以马克思主义理论家的严谨态度和批判精神，对当代各种理论模式——包括中国当代文艺学、美学的基本观念、理论结构和理论重心等问题——进行深刻的全景式的分析和评论，并据此说明社会主义文艺的本质，成为马克思主义文艺学研究的一个重要特色。本年度具有代表性的著作是马龙潜的《主客体结构论文艺学的观念与体系构架——当代中国文艺学的整体结构特性与逻辑发展研究》，此书对于推动我国美学和文艺理论界阐释中国的艺术实践和审美经验，表述中国理论话语，建构现代形态的马克思主义美学和文艺学体系等都是一种十分有益的探索和尝试。宋一苇《马克思哲学与后现代理论话语》则发现了马克思哲学与后现代理论之间的历史关联，指出马克思所开启的哲学思维方式是西方当代哲学范式变革转换的重要思想来源，有力证明了马克思哲学在当代的不可超越的维度及其在后现代境遇下理论的活力和发展的张力。

与此同时，马克思有关艺术生产的论述也受到了学者的关注。季水河《马克思主义艺术生产论在20世纪的多向展开》，着重分析了西方马克思主义对马克思主义艺术生产论的继承与发展，以及中国当代学者对马克思主义艺术生产论的阐释与建构。李思孝《“人化的自然”的美学意义》，在多年积淀的基础上，对“人化自然”问题作了进一步的阐释，提出了“精神的人化”和“物质的人化”等思考路向，并在此基础上把“人化的自然”引向具体的审美感悟和审美观照。刘方喜《论马克思“自由时间”理论的重大美学意义》，着重分析了马克思所提出的“自由时间”概念。马克思认为，人的能动性的生命创造活动时间可以分成“自由时间”与“工作日（或必要时间）”两个基本部分，存在于“工作日”中的劳动的本质规定是“以本身为手段”，体现了人的本质的自然必然性，存在于“自由时间”中的自由活动的本质规定是“以本身为目的”，体现了人的本质的历史自由性；艺术审美活动就是一种存在于“自由时间”中的人的能动性的生命创造活动。

除了上述理论上的探索与阐释之外，马克思主义艺术生产理论也被应用到了具体的研究工作中，并且取得了突出的成就，其代表作是由赵敏俐、吴相洲等人合作完成的《中国古代歌诗研究》。该书明确以“歌诗”——即可以歌唱的诗，包括入乐入舞的诗——为研究对象，以马克思主义的艺术生产理论为指导思想，把中国古代从《诗经》到元曲的歌诗发展，看成是一个体现着一般生产活动规律的特殊的精神生产过程，试图从一般的生产规律来探讨作为精神生产的歌诗艺术的生产规律及其发展历程，通过追索从《诗经》、《楚辞》、汉乐府到隋唐大曲、宋词、元曲的歌诗艺术发展史上，不同形态的歌诗艺术形式在历史上产生和存在的真实状态，进而剖析社会分工与消费需求对歌诗艺术生产的影响，歌诗艺术在音乐的影响下所形成的独特的体式特点，以及由此而引发的巨大的诗体变迁。独特的理论视角不但使此书探讨了一批曾被传统的文学研究者忽略掉的重要问题，也使此书的研究取得了相当的成就。从一定程度上说，该书的研究是富有示范意义的，它所倡导的用马克思主义艺术生产理论来研究中国古代文学问题的方法，也同样适合于其它领域的文学研究。

与上述寻求建立自己的理论话语体系以解析中国文学的努力相区别，伴随20世纪早期启蒙运动中的“到民间去”而产生的民间文学研究，所表现出来的对于理论建设的需求，仍处于介绍西方理论、引进西方理论的阶段上。被引入的比较重要的著作，如美国学者阿兰·邓迪斯的《民俗解析》。该书选编邓氏不同时期论文12篇，内容涉及现代民间文学、民俗学和人类学的理论与方法论、民间故事的母题和类型学研究，以及对故事童话、谚语、谄媚语、传说、游戏等民间文化形式的精神分析学阐释等。对表演理论与口头传统、口头诗学的介绍与认识也逐渐深入。如尹虎彬《二十世纪口传文学研究的十个误区》，对19世纪以来民俗学研究的许多观念进行了反思，在揭示以往的认识误区时，也预示了新的学科走向。相关的成果还有彭牧《实践、文化政治学与美国民俗学的表演理论》，杰克·古迪著、户晓辉译《口头传统中的记忆》等。

（二）资料建设的明确意识与努力

任何一项学术研究，都必须以相关的资料工作做基础。2005年的中国文学研究同样显示出对资料建设的重视，取得了不少令人注目的成果。

在文献学传统深厚的古代文学研究领域，资料建设工作取得了丰硕的成果。比较有代表性的成果有如下几种：曹道衡、刘跃进《先秦两汉文学史料学》针对先秦两汉文学史料因年代久远而产生的讹误较多、真伪难辨的问题，把先秦两汉典籍、前人整理的先秦两汉文学选本、总集以及石刻简帛文献等均列入考察范围，从史料的作者、时代、篇名、篇数等方面入手，对史料的基本情况进行了全面的考察。对于基本文献资料建设工作还很欠缺的先秦两汉文学领域而言，此书的出版无疑具有重要的意义。费振刚、仇仲谦、刘南平的《全汉赋校注》集标点、校勘、历代赋评、注释于一书，是迄今为止收录汉赋最全面、校注最齐备的一套典籍。程国斌《隋唐五代小说研究资料》所收录的小说资料自隋唐至五代，皆从历代正史笔记、书目文献等典籍中爬梳整理而成，分类编排恰当，校勘文字精审。李之亮《王荆公文集笺注》除“四库本”正集外，还搜集了散见于他本及有关志乘、史传中散佚文五卷，是王荆公文集首次出版完整的笺注本。吴志达、陈文新等主编的《中华大典·明清文学分典》，包含明文学部两卷、清文学部三卷，是一部全面系统地汇辑明清文学研究资料的大型类书。周维德编校的《全明诗话》共收录明代诗话九十一种，底本多为孤本、善本、足本，是古代文学批评典籍整理的重要成果。蒋寅在昔年所编《清代诗学著作简目》的基础上撰成《清诗话考》，将清代诗学文献作了大规模的清理。上编“见存书目”著录传世清诗话九百余种，“待访书目”著录亡佚待访清诗话五百余种；下编“清诗话经眼录”为所寓目的四百六十多种清诗话撰写了提要，对作者生平、全书内容、理论源流、版本、流传诸项详事考释，不仅资料丰富，也融入了作者的独到见解和考证成果。林葆恒辑、张璋整理的《词综补遗》网罗光绪、宣统以来词家，共得作者4800余人，词作8000余首，是一部大型的词作选集，极具资料文献价值。

史料问题是20世纪中国现代文学研究的薄弱环节，近年来，现代文学研究界逐渐认识到了史料的发掘与现代文学研究的深入和突围之间的关系，因而引起了学者们的重视。《河南大学学报》2005年第1、2期，《汕头大学学报》2005年第1期以及《中国现代文学研究丛刊》2005年第2期先后发表了关于中国现代文学文献问题的笔谈，围绕文献的发掘、整理和研究进行了深入的讨论。大家一致认为，传统文献学有关文献整理、校勘的方法不能适应现代文学研究的现实需要，必须建立与复杂的现代生活相适应的现代文献学，同时还应当避免非文学因素对文献整理工作的干预。而且，报纸文艺副刊作为文学文献资源得到了讨论者的认同。与此同时，以作家选集、文集、全集的编辑、原作修改与版本变迁以及史料的新发现与作品重读等文献史料研究工作为基础的研究成果也涌现出来。如赵珣《〈从牯岭到东京〉的发表及钱杏邨态度的变化——〈〈幻灭〉（书评）〉、〈〈动摇〉（书评）〉和〈茅盾与现实〉对勘》，从文献学的角度在"革命文学论争"的整体情境中展示茅盾的《从牯岭到东京》发表与钱杏邨的相关文章间的历史原貌和逻辑线索。陈改玲《作为"纪程碑"的开明版〈新文学选集〉》，以新中国第一套现代作家选集开明版《新文学选集》的出版、选编为考察对象，展示了建国初期主流意识形态对"五四"新文学及解放区文学与新中国文学的理解。

从上个世纪80年代初期开始，民间文学的资料建设工作就开始系统有序地展开了。由文化部、国家民委、中国文联发起并组织实施的国家社科基金重大项目——10部"中国民族民间文艺集成志书"的编纂出版工作，经过全国10余万文艺工作者20多年的努力，298部省卷，450册约5亿字的编撰工作已全部完成并陆续出版，所有的出版工作将于2006全部完成。该丛书涵盖中国民族民间音乐、舞蹈、戏曲、曲艺和民间文学诸学科，收集、整理了流传于民间的各民族文学艺术的基础资料，如歌种、乐种、舞种、剧种、曲种、神话、传说、故事、歌谣、谚语等，通过对民间文学艺术的产生、发展、衍变的记述，介绍了它的历史和发展规律；通过人物介绍、文物、音乐、图片、服饰、场所等记载，表现了各门类艺术的原始面貌，记述了各民族民间优秀文学艺术的历史和现状。为研究中国民族民间文化，中国的社会、历史、宗教、民族，中国的民情、风俗，提供了系统、丰富、可靠的资料。

少数民族文学资料的搜集和整理取得重大进展，尤其以中国社会科学院民族文学研究所的"中国少数民族文学研究资料库"成果至为突出，数年间搜集的声像资料2885件，图片资料9776张，文本资料30879册。其中采录的蒙古族艺人金巴扎木苏演唱的英雄史诗《格斯尔》，总计有37部，96000多诗行。这是迄今为止部数最多、最长的蒙古《格斯尔》的口头文本。他们分别在内蒙古扎鲁特乌力格尔（本子故事的口头说唱）、青海果洛藏族史诗与口头传统、四德格藏族史诗与藏戏表演、广西田阳壮族布洛陀文化与口头叙事、四川美姑彝族口头辩论与史诗演述、新疆阿合奇《玛纳斯》口头传统研究方面，建立了6个田野跟踪研究基地。研究人员撰写的田野考察报告、研究报告26份，130多万字。资料库的建设为民族民间文化的保存和研究，为推动中国少数民族文学的研究和学科建设，打下了坚实的基础。

（三）作家作品及流派研究成果丰硕

作家作品以及文学派流研究是文学研究者最基本的研究对象，因而也取得了丰硕的成果。这在古代文学研究领域表现得尤为突出，如陈桐生《从出土文献看七十子后学在先秦散文史上的地位》，把《论语》、大小戴《礼记》、《孝经》、《仪礼》、郭店简及上博简中儒家文献等作品称为"七十子后学散文"，并认为在先秦散文史上，七十子后学散文处于上承史官记言散文、下启诸子说理散文的枢纽地位。徐兴无《刘向评传》（附《刘歆评传》）对刘向及其子刘歆的生平业绩作了全面的检索考辨，再现了其生平家世及著述情况，并对刘向父子的思想历程及发展轨迹作了全面、系统的论述。姚小鸥《〈汉鼓吹铙歌十八曲〉的文本类型与解读方法》将《汉鼓吹铙歌十八曲》分为三个主要类型，举其代表性篇目《石留》、《朱鹭》、《远如期》，用不同的方法进行了解读。曹道衡先生的遗作《关于〈文选〉研究的几个问题》一文，对《文选》编纂的时间、《文选》作品的来源、《文选》的"未定本"问题、《文选》所录作品的时代问题等都提出了富有启发性的观点。

廖明君《生死攸关：李贺诗歌的哲学解读》从生命哲学的视角切入，借鉴心理学、美学、社会学、宗教学及神话学等理论，全面系统地对李贺诗歌的哲学进行了解读和梳理。项楚等合著的《唐代白话诗派研究》详细论述了唐代白话诗人及众多诗僧们的白话诗文学作品。陈才智《张祜与元白诗派的离合》综合考虑张祜与元稹、白居易的交往以及他个人的诗歌创作，分析了他与元白诗派之间有离有合的复杂关系。马东瑶《苏门六君子研究》采用还原历史、追索过程、解读原因的基本方法，把北宋时期最重要的文人集团"苏门六君子"置于历史文化的大视野中，从解读这一称谓的道德评价因素入手，考述称谓的来历，分析了这一文人集团的形成原因。伍晓曼《江西宗派研究》从吕本中《江西宗派图》入手，对吕氏《宗派图》成书时间、"宗派"之"宗"黄庭坚及《宗派图》所列诗人一一作了考察，揭示了"江西派"由盛到衰的深层原因，勾画出南宋诗歌的发展路径。李玫《清代时剧〈罗和做梦〉正源》考证了清代时剧《罗和做梦》题材的来历。

在现代文学领域，鲁迅、丁玲、沈从文、老舍、张爱玲、赵树理等仍是研究的重点。2005年举办了两次中韩鲁迅研究对话国际讨论会，北京鲁迅博物馆编辑出版了《韩国鲁迅研究论文集》，全面集中地展示了韩国鲁迅研究的优秀成果。日本鲁迅研究的学术著述的译介也在鲁迅研究界形成了不小的热潮。竹内好《鲁迅》的重译与丸山升《鲁迅·革命·历史：丸山升现代中国文学论集》的翻译出版，集中展现了日本鲁迅研究的历史脉络和学术起点。除此之外，田刚《鲁迅与中国士人传统》阐释和总结了鲁迅对中国士人精神传统的汲取和转化。相关论文有董炳月《"仙台鲁迅"与国民国家想象——以〈仙台书简〉为中心》、陈平原《分裂的趣味与抵抗的立场——鲁迅的述学文体及其接受》等。对丁玲的研究中，关于丁玲延安时期的创作以及对丁玲在现当代文学转折中的诸多问题的思考比较突出，其中常彬的《延安时期丁玲女性立场的坚持与放弃》值得注意。对沈从文的研究，出现了不少探讨沈从文在20世纪40—60年代的精神境遇及其政治文化观念的文章，而对赵树理，则更关注"赵树理现象"与"当代语境"间的关系。

当代文学领域对于作家作品的研究，比较引人注意的是对贾平凹的《秦腔》和余华《兄弟》的评论和争议。在上海和北京召开的《秦腔》研讨会上，多数评论家给出了极高的评价，认为贾平凹以一种近乎乡村日志的方式为故乡立碑，成为一种乡村流年碎影的忠实记录。而李建军的《是高峰，还是低谷——评长篇小说〈秦腔〉》则对之提出了严厉的批评。余华的《兄弟》是一部长篇小说的上半部，推出之后就获得了陈村、洪治纲、严锋等人的好评。同时，李敬泽、张永禄等人则从不同的角度发出了批评的声音。

在民间文学研究领域，这种研究着重表现为对民间艺人及其艺术特点的关注以及民间文学作品的发掘与研究。如杨恩洪《史诗〈格萨尔〉说唱艺人的抢救与保护》、郭建勋《〈格萨尔〉说唱艺人阿尼生存现状调查》等。

（四）文化视野下的文学研究繁荣发达

任何一部文学作品，必然是存在于一定物质文化空间与时间中的人的创造，因而必然与创作者生活的时代发生密不可分的联系。它一方面是特定文化生活的艺术产物，研究者只有在比较深入地了解了特定的文化及其特点之后，才能更好地理解其文学作品的深层内涵；另一方面，它也是这种文化的具体承载者，研究者通过对具体文学作品的分析，可以透视和了解当时社会人的生活方式、思想情感以及风俗民情等方方面面的文化属性。因此，当文化学理论被引入文学研究领域之后，从历史文化的宏阔视野来探索文学问题的研究得到了极大的发展。2005年，在中国文学的各个领域，虽然学者们采用的方法、选取的角度，以及关注的问题各不相同，但都取得了引人注目的成就。

在古代文学领域，学者们注重从文学作品与历史文化的特殊联结点入手，或通过对相关历史文化的考察与分析来解决文学问题，或通过对作品的解析来透视相关的文化特点。如扬之水的《古诗文名物新证》（两卷本）从对古诗文中的名物考证入手，广泛而深入地考订叙述了从秦汉到明清时代文人士大夫使用的日常生活器物，以及与此相联系的生活场景、生活习俗、生活情趣的源流发展史。此书最大的特点是抉微钩沉，通过可以落到实处的细节考证来透视长久以来被遮蔽的历史现象，在古代日常生活史的现场重构中，达到宏观历史叙事所不能企及的历史丰富性和生动性。李春青《诗与意识形态——西周至两汉诗歌功能的演变与中国诗学观念的生成》，以“诗”与“文化空间”的双向建构为线索考察了西周至两汉诗歌功能及其观念的演变。作者指出，在西周的文化语境中，诗歌作为人神关系中的言说方式实际上负载着强化既定社会秩序、使贵族等级制度获得合法性的重要使命；而对于孔子所代表的儒家士人来说，重要的是建构一种新的社会乌托邦，而不是强化已有的社会秩序。作者的论述揭示了上古诗学观念发展中的一个重大转变，对于进一步探索上古诗学观念的发展具有重要的意义。马银琴《上博简〈诗论〉与〈诗序〉诗说异同比较——兼论〈诗序〉与〈诗论〉的渊源关系》，着重讨论了《诗论》与《诗序》说诗的异同关系，提出《诗序》是周代乐教的直接结果，《诗论》则反映了乐教与乐语之教的融合，在先秦诗学向汉代诗经学发展的过程中，《诗论》表现了承上启下的重要意义。熊柱《〈诗经〉与广西壮族排歌排偶手法比较》，通过对《诗经》与壮族排歌的比较研究，认为它们所运用的排偶手法，按结构可以类似地分为连珠排、隔句排、嵌句排、递排、复排和顶针排；按艺术手法可以类似地分为比排、兴排和赋排。赵敏俐《汉乐府歌诗演唱与语言形式之关系》认为，作为汉代歌诗艺术主体的通俗的乐府歌诗，从本质上看是诗乐舞合在一起的表演艺术，在这种艺术的生产和消费过程中，音乐歌舞表演在其中起着主导作用，诗歌语言是服从于音乐歌舞表演的，因此，要研究汉乐府歌诗的语言艺术成就，就必须从汉乐府歌诗的表演方式入手进行。

查屏球的《从游士到儒士——汉唐士风与文风论稿》以从汉到唐士风与文风的关系为研究对象，从士风演变的历史背景中揭示了各阶段文学风尚与文学观念变化的原因。查洪德《理学背景下的元代文论与诗文》从学术思想、文学主张、创作实绩三个方面对刘因等9位颇具代表性的诗文作家作了深入分析，并在此基础上对理学背景下的元代文论与诗文作了较全面的总结。刘再华《近代经学与文学》第一次梳理了近代经学各派的文论及其演变轨迹。宋莉华《十九世纪传教士小说的文化解读》指出，19世纪来华新教传教士秉承耶稣会的文化适应政策，开创性地运用通俗生动的白话小说宣扬教义。这些作品尽量尊重中国的文化传统、民族习俗及礼仪，迎合中国读者的阅读习惯与审美趣味，对晚清新小说家产生了深刻的影响。李楠《晚清、民国时期上海小报研究》是第一部从小报角度综合考察近代上海文化与文学的著作。

从文化的角度来研究文学问题，在现代文学领域则主要表现为对抗战文学、左翼文学以及延安文学的特殊关注。2005年是世界反法西斯战争、中国抗日战争胜利暨台湾光复60周年，中国社会科学院文学所、四川大学、贵州师范大学等先后召开大型研讨会，探讨抗战时期的文学创作和文化建设活动，从多种角度反思抗日战争，反思战争、历史与文学艺术之间的复杂关系。如杨义《历史记忆与21世纪的东亚学》从东亚学的角度出发，指出现阶段的抗战文学研究应当从文学与战争的关系中，正视和剖析这场沉重的东亚地图撕裂和反撕裂的战争，以及至今尚未得到平复的严重的后遗症。李怡《抗战作为中国文学的资源》则提出把文学本身的发展演变作为历史现象的主体，将抗战作为一个内涵丰富的存在背景，考察在抗战所引发的巨变中，作家、读者以及文学存在的社会体制等对于文学活动的复杂影响。黄万华《史述和史论：战时中国文学研究》对敌后抗日根据地、国统区、沦陷区以及港台和马华地区的文学思潮创作走向、主题模式，以及作家生命体验等问题作了整体的审视和把握。

《延安大学学报》2005年第2期与第4期先后刊登了两组“‘延安学研究’笔谈”，继贺敬之等之后，倡导重新建立一门完整而科学的“延安学”。笔谈提出，要梳理一部较为合乎历史本来的延安文学发展进程，构建独立的延安文艺发展史，必须打破学科分野，将中共党史、中国现代史等不同学科与中国现代文学史的研究领域、思维路径和研究方法有效整合，用新的学术视野、从新的角度寻求思想理论上的突破和学术观点上的推进。林伟民《中国左翼文学思潮》重新梳理了革命文学、左翼文学与延安文学的关系。袁盛勇《延安文学及延安文学研究刍议》中提出探求延安文学意识形态化的形成是延安文学研究的突破口，在研究中采用建构主义视角比本质主义视角更具有效性。

另外，从文体、思潮和审美等多种层面对现代文学与传统文化的渊源关系进行讨论的成果也有不少。如王泽龙

《中国现代诗歌与古典诗歌意象艺术略论》，从意象审美心理、意象思维特征和意象审美旨趣三个方面探讨古典诗歌在意象艺术方面对现代诗歌的影响以及现代诗歌意象艺术在传承古典诗歌传统中的现代性发展。朱德发《齐鲁文化与现代中国文学关系的沉思》从先秦典籍史料入手，梳理齐鲁文化的“人学精神”，分析了其与现代中国文学人道主题的精神联系。张永芳《诗界革命与文学转型》以晚清的“诗界革命”作为中国古代文学向近现代文学转型的样板，探讨了近现代文学转型中存在的诸多问题。

当代文学研究者在关注和评论当代作家的新作时，也注意到了当代文坛长篇小说创作激增而精品不多的现象并对此发表了各自的看法。在浙江桐乡举行的第六届茅盾文学奖颁奖活动期间召开的“长篇小说创作研讨会”上，主要话题集中在长篇小说创作激增的背后原因以及长篇创作与运作中的商业因素等问题上。雷达指出，作者队伍的变化、市场经济的介入以及互联网的冲击是造成长篇数量激增的三个重要因素。李星认为市场及商业因素的渗透令人忧虑，朱向前明确表示市场因素的诱惑弊大于利，而杨扬则认为，作家能不能摆脱市场化的影响不是一个道义问题，而是文学和社会发展不可回避的大势，市场对文学的影响不全是负面的，市场化比较充分的时代，也恰是文学繁荣的时代。

以文化研究为基本特征的民间文学研究繁荣发达，无论是神话研究、传说故事研究、史诗研究、歌谣研究还是民间说唱与戏曲研究，都有数量众多的成果发表出来。如刘俊起《老刘店：一个求雨“神话”的建构》通过对老刘店村求雨仪式过程的描述，着重分析了其求雨“灵验”背后的文化因素。刘宗迪《西王母神话地域渊源考》通过对早期文献中有关西王母记载的梳理，论述了这一见载于《山海经·大荒经》的“西土之神”，实质上完全是东方本土文化的产物，其原型是秋尝庆典所祭祀的始祖母。巴莫曲布嫫《克智与勒俄——口头论辩中的史诗演述》探讨了彝族史诗传统“勒俄”与口头论辩及其他口头文类、口头表达技艺之间的内在关联。

（五）对文学史、学术史问题的普遍关注

对“史”的追索是学术研究最重要的组成部分，在中国文学研究领域，这主要表现为对文学史与学术史的关注与讨论。熟悉和了解相关的文学史、学术史，是从事文学研究的基础，也是每一位研究者都必须面对和解决的问题。基于此，从史的角度来研究相关问题的成果亦越来越多。

首先看有关文学史的讨论。在古代文学研究领域，本年度出现的几部文学史专著中首先值得推介的是由傅璇琮、蒋寅担任总主编的国家社科基金项目《中国古代文学通论》（七卷）。这七卷分别由赵敏俐、谭家健主编《先秦两汉卷》，刘跃进主编《魏晋南北朝卷》，蒋寅主编《隋唐五代卷》和《清代卷》，刘扬忠主编《宋代卷》，张晶主编《辽金元卷》，郭英德主编《明代卷》。这七部著作，其结构，上编为文学的基本内容，纵向描述各个时段文学的整体风貌、文学史运动、文学风尚的嬗变、文学体裁的盛衰，揭示文学史演进的内在逻辑；中编为各段文学与社会文化，针对各种社会文化形态对文学的影响，描述文学生长的背景，横向展开文学与不同学科的比较；下编为文学的基本文献，总结传世的文学文献，对各类文学典籍的存佚、收藏及整理情况加以总结性的评述。这种文学、文化学、文献学相结合的研究范式，展现了一幅立体交叉的中国文学全景，体现了当代学者对学科的认识及对学术史的估量，在创作思路、表现方法以及知识积累、学科建设等各方面都具有开创性和建设性的最新成就。杨镰所撰《元代文学编年史》是第一部以编年为基础的元代文学史著作。该书以年代为经，以文学家的活动（文学现象）为纬，通过论述文学与社会生活的相互关系，以进一步弄清文学自身的发生发展过程。地域文学史研究也来势强劲，袁进所撰《上海近代文学史》以思潮为线索构建理论框架，勾勒了上海近代文学的发展风貌，阐释了其对整个中国近代文学和现当代文学的巨大影响。

传媒与文学史关系的研究，是现代文学史研究者关注的一个热点。如刘淑玲《〈大公报〉与中国现代文学》以《大公报》文艺副刊为研究对象，历史地展现了《大公报》文艺副刊在1926—1949年间与中国现代文学之间的互动关系，动态地描绘了围绕《大公报》文艺副刊形成的作家群体坚守文学理想的文学踪迹和心路历程。柳珊《在历史缝隙中挣扎——1910—1920年间的〈小说月报〉研究》，着重研究了茅盾改版前的10年间（1910—1920年）《小说月报》的生存环境和文学空间，提出了“民初文学”的文学史概念。陈方竞《学府与报刊出版：中国新文学发生发展中“症结”透视》整体考察了新文学的发生与学府和报刊出版的依存关系。张全之《从〈新世纪〉到〈新青年〉：无政府主义与五四文学革命》，追溯了从《新世纪》杂志到《新青年》杂志的文化传承脉络，探讨了无政府主义由政治思潮转化为文化革命思潮的历史进程。

对学术史的关注尤为引人注目。如蒋述卓、刘绍瑾、程国斌、魏中林《二十世纪中国古代文论学术研究史》梳理了20世纪中国古代文学理论的研究状况和研究成果，注重对中国古代文论史上一些重要著作的阐释与分析，试图对中国古代文论研究成果作出客观的评价。周延良《诗经学案与儒家伦理思想研究》抽取诗经学史上与相应文化关系密切的10个具体问题，如“四始”、“五际”、“六诗”、“二南”等，较为深入地讨论了这些观念的来源及其在儒家伦理文化建构中发挥的作用。刘锡诚、陈泳超、王孝廉、车锡伦、刘守华、钟宗宪、高有鹏等曾以《中国民间文学学术史百年回顾》发表过一组笔谈，从不同的角度对一百年来的民间文学研究史及相关问题进行了回顾与总结。叶舒宪《中国神话学百年回眸》系统梳理了中国神话研究的发展历程，以及在不同的历史阶段上所表现出来的不同特点。其他讨论学术史问题的文章，有刘锡诚《歌谣研究乡土派及其历史地位》、万建中《近二十年来中国故事学研究评述》等。

二、热点讨论及学术前沿

以上我们从五个方面对2005年中国文学研究的基本特点及各学科领域共同关注的学术问题进行了总结。同时，也有很多具体的热点问题引起了学者们热烈的争论，我们从中提取一些影响重大的学术争论加以概括，以期从另一个方面透视中国文学的研究现状。

（一）对经典的阐释与反思

在经典的阐释方面最惹人注目的是围绕刘心武的《刘心武揭秘〈红楼梦〉》而引发的争论。早在10年前，刘心武就出版了《秦可卿之死》，至2005年，他现身中央电视台“百家讲坛”，由他所倡导的“秦学”入手“揭秘《红楼梦》”，随后，东方出版社出版了刘心武的电视讲稿《刘心武揭秘〈红楼梦〉》第一部、第二部。《新京报》于10月26日发表了题为《红学家胡文彬批评刘心武——“揭秘红楼梦无学术依据”》的报道，而《艺术评论》杂志于2005年第10期也刊发了蔡义江、孙玉明、张书才三位红学家接受采访的谈话，总题为《红学界反诘刘心武》。红学家不仅从学术角度剖析了“秦学”的问题所在，同时指出其学术规范的缺失。之后，《红楼梦学刊》2005年第6期刊发了《冯其庸、李希凡、张庆善访谈录——关于刘心武“秦学”的谈话》，他们态度明确地批评了刘心武的“秦学”，认为他混淆了文学和素材的关系，混淆了文学和历史的关系。在主流红学界发出批评刘心武的声音之后，《新京报》又接连发表了徐来《刘心武上电视也需要“准入资格”吗?》、陈林《“围剿”刘心武主流红学更应该反躬自省》等反驳文章。由此引发了一场持续至今的争论，而且这种争论在很大程度上已经超出了学术争鸣的范畴，其中所承载的丰富内容，已非单纯的“红学”所能承载的了。

在红学界为捍卫学术规范以及经典阐释的权威性而争论不休时，理论界也在面对经典被“戏说”、“改编”、“大话”等一系列问题而引发的“经典危机”展开了热烈的讨论。如孟繁华《新世纪：文学经典的终结》一文认为，经典的确立与颠覆从来没有终止过，而文学史从某种意义上也可以说就是经典的确立与颠覆的历史，经典的每一次危机过程也就是经典的重新确立的过程。文学史经典与文学经典的差别在于，后者是经典化、历史化了的“经典”，前者是尚未经历这一历史化和经典化的“经典”，它只具有文学史意义，而不具有文学经典意义。童庆炳《文学经典建构诸因素及其关系》一文提出，文学经典是一个不断的建构过程，至少涉及6个要素：文学作品的艺术价值、可阐释的空间、意识形态和文化权力变动、文学理论和批评的价值取向、特定时期读者的期待视野、“发现人”。前两项属于文学作品内部因素，蕴涵“自律”问题；中间两项属于影响文学作品的外部因素，蕴涵“他律”问题；最后两项处于“自律”和“他律”之间，它是内部和外部的连接者，而在所有的因素中，文学作品本身的艺术价值则是建构文学经典的基础，不重视作品内部的因素，就失去了文学经典建构的基础和条件。

（二）有关“文艺学的边界”问题

当文化理论被广泛地运用于文学研究当中，学者们普遍以历史文化的视野来研究文学问题并取得丰硕的成果时，在文艺学领域，学者们则已开始关注另外一个方面的问题，这就是在质疑和抵制文学研究“文化转向”的“文化主义”的过程中提出来的“文艺理论的边界”问题。有关“文艺理论边界”的争论在2004年即已开始，至2005年仍得到了延续。如王元骧《文艺理论中的“文化主义”与“审美主义”》站在审美主义的立场，指出目前学界所提倡的文化研究力求消解文艺的审美属性，一味地俯就人的感官、欲望，只会进一步助长当今社会人的物欲化倾向。他认为把文化研究看作是文艺理论研究的“当代形态”不仅是一种认知错觉和思想误导，而且也有悖于文艺理论的品格。郝春燕《文艺学移动的边界与坚守的空地》认为提倡引进文化研究代替文学研究的做法，从表面看是恢复了文艺学与社会的联系，实质上却泛化了文艺学学科的功能，使文艺学陷入消亡的危机，所以提出文艺学扩展边界的同时应坚守文学研究的诗意理想与人生审美关怀。钱竞《中国的文艺学不会消亡》则认为，此次对于文化研究的推崇，不单是以往一味追随国外时髦思潮的行为，而是同对于中国文学自身的状况，甚至中国文化的现状以及未来发展状况的思考紧密联系在一起的。但我们的问题是，我们在对于中国文学自身的状况进行思考时，我们的话题、思维方式及至语言却都隶属于西方的引力场，而对于中国的文学传统我们事实上知之甚少。李春青《关于“文学理论边界”之争的多维解读》比较分析了文学理论模式和文化研究模式的言说立场（审美主义/后现代主义）、身份角度（立法者/阐释者）、话语权力的争夺，以及各自的知识结构等。张法《文学理论与文化研究之争》则指出两种理论模式的论争呈现了学术新潮与业已成为现代新传统的学理演进之间的矛盾，是中国文论传统性格中学科建设与文化先锋两种功能在新时代的分裂，并与中国学术体现对文学理论的命名错误和学术机制的相对僵化有一定的关系。梅启波《从文本的角度看文化批评与文学研究——兼谈文学理论边界问题》一文，从“文本”概念内涵的嬗变过程来考察文学理论的几次转型，在此基础上分析了文化批评与文学研究的关系，进而提出当前文学理论应接受文化批评冲击的事实，对文本概念和学科自身作重新界定，从而走向一种新的文化诗学。另外，钱中文《文学理论反思与“前苏联体系”问题》在论述“前苏联体制”问题之后，对“文学理论已经从文化研究中取得了‘后现代真经’”的说法提出了怀疑，认为这是一种使人文社会科学标准化、“麦当劳化”的做法。

（三）有关文学史的分期与论争

有关文学史分期的讨论，一直是文学史研究中的一项重要内容。在今年，争论的重心集中在以下几个方面：对“魏晋文学自觉说”的反思、有关现当代文学的关系、新世纪文学的命名与讨论等。

“魏晋文学自觉说”由日本学者铃木虎雄首倡，经过鲁迅的进一步阐说，在中国古代文学史研究领域产生了重要的影响。但是，随着对汉魏文学研究的进一步深入，此说受到了越来越多的质疑，本年度集中出现了一组讨论文章，汪祚民《文学独立自觉的理论风标——汉代辞赋品评透视》提出，汉代的辞赋品评，是真正意义上的对作家个体美文创作的文学评论，因为政教价值观主宰文学批评的局面已被打破，审美愉悦价值正式得到承认；赋家品评定位中的唯美倾向和辞宗赋首的推出，搁置了政教批评坚守的原道、宗经、征圣的旧准则，确立了文学自身新的审美范型和新的传统；对创作主体的情感、个性、才情以及审美把握世界的心灵妙奥的关注等等，都是文学观念向着文学本体进一步深化的重要体现。而上述种种，都标志着文学的独立自觉。闫月珍《文学的自觉：

一个命题的预设与延异》，以曹丕没有完全摆脱以儒家或经学学说论文，且以文辞翰藻作为诗赋的特点也并非始于魏为由，否定了铃木虎雄的“魏晋文学自觉说”。朱忠元《汉赋与“文”的自觉——基于世俗美学基础上的考察》，从赋作为一种审美文体产生的角度，肯定了汉代“文”的自觉。刘欢《汉代是一个文学自觉的时代》，则以七个理由明确提出在汉代中国文学已进入了自觉的时代：其一，是观念的自觉，社会主流意识能够清醒地认识到文学与非文学的界线；其二，是文体的自觉，作为艺文，为了赋予其审美功能，经典的创作使文学作品按类别具有了稳定的体裁格式上的要求；其三，是创作审美追求的自觉；其四，有一支专业的创作队伍；其五，产生了一批能表现时代精神并得以影响后世的经典性的作品；其六，学界有了对作家、作品的深入研究，并自发开展了文学批评活动；其七，主流社会对作家和作品有普遍的认同和尊重。而赵敏俐《“魏晋文学自觉说”反思》一文，系统论述了“汉代文学自觉说”对“魏晋文学自觉说”的挑战，认为从汉魏以来“功利主义”与“文学自觉”、汉人的“个体意识”与抒情文学的关系来看，促进汉魏以来中国中古文学发展变化的根本原因是秦汉社会制度的变革、文人阶层的出现及其特殊的文化心态，以及他们对于文学的基本态度，可以明晰汉唐间文学发展的基本轨迹，明确提出“魏晋文学自觉说”不能全面地描述中国中古文学的发展过程，在中国中古文学研究中不适宜使用“文学自觉”这一概念。

对现代文学与当代文学的关系作重新思考与定位，是现当代文学研究者共同关注的一个问题。2005 年 4 月 9 日至 12 日，由中国现代文学研究会、中国当代文学研究会、《文学评论》编辑部、《中国现代文学研究丛刊》社、陕西师范大学文学院主办的“中国现当代文学前沿问题学术研讨会”在西安召开，李西健在会议“闭幕词”中总结讨论结果时说：“一种关于中国现当代文学的整体意识越来越强，一种关于现当代文学观照的整体文化观念越来越浓厚。”而雷达在《现当代文学是一个整体》中，针对上个世纪 80 年代即被提出的现当代文学的整体观问题提出了现代文学与当代文学应当是“既分又合”的看法。中国社会政治经济文化由于新中国成立而出现的大裂变是不争的事实，因此，无论是“整体观”还是“20 世纪文学”的构想，在展现了一种宏观的学术视野的同时，并没有真正渗透到文学史的骨骼和血脉之中。但是文学内在规律的贯通性，“分”的因素逐渐淡化，“合”的因素逐渐凸现，相互的融通之点越来越多。基于此，他从现代性溯求、民族精神的重铸、对审美的游离与回归，以及在中西文化碰撞中的文体探索四个方面，论述了现当代文学的内在联结与精神渊源。作者认为，我们之所以强调现、当代文学的整体性、贯通性，从根本上说，是因为有郭沫若、茅盾、巴金、老舍、曹禺等为代表的几十位著名作家由“现代”跨进“当代”，为延续自己的创作做出了近乎悲剧性的努力，这就奠定了现、当代贯通的生命基础。杨洪承《一个文学过渡的“场效应”——20 世纪 40—60 年代中国文学结构分析和生成思考》，通过对中国文学从现代到当代的转折时期的文学结构进行宏观考察，认为这一时段是一个特殊时代的过渡期，其文学的生成往往是在一个多元交错的文化场中的整合。他提出对这一时段文学研究而言，应当关注的不仅是文学本身，更重要的是文学与社会场、政治场、经济场共同构成的多重交叉的运动和互动的场效应。

（马银琴）

学术成果·著作

比较文学学

（曹顺庆　四川大学出版社 2005 年版）

该书既是作者的一部研究性著作，又是一部创新性教材，其特点主要有二：第一，它重新界定了比较文学的研究内容和研究领域，试图重建文学学科研究的新范式。时下的各种比较文学概论教材和论著，大多是将法国学派的“影响研究”与美国学派的“平行研究”综合起来，形成了一套基本定型的比较文学学科理论模式。然而这套理论模式是有重大缺陷的，具体表现为三个问题：历时性的理论体系本身的互相重叠问题；一些重要的理论问题无法在这样的理论体系中得到贯通；这种历时性的板块模式理论范畴前后不统一。要解决这些问题，就要打破旧有历时性描述的比较文学学科建构模式，从共时性角度来重新整合已经存在的比较文学三个阶段的理论资源，将比较文学存在的理论问题在“跨越性”和“文学性”这两个基点上融通。这样就把比较文学研究领域重新切分为四个方面：首先，比较文学是一种具有跨越性的研究；其次，比较文学包含了一种对不同文学体系之间的实证性关系研究；再次，它同时又包含了一种对不同文学体系彼此之间变异的研究；最后，比较文学拥有宽广的世界性胸怀的学科理想，具体就体现在对一种总体文学的追求上面。简单地说，这四个方面是文学跨越学、文学关系学、文学变异学、总体文学学。全书分四章对这四个方面进行了论述。第二，它提出了变异学这个新概念，认为人类文学史的历时发展形态上，不同文学体系间在横向交流和碰撞中产生了文学新质，使得本土固有的传统得以变迁。它促进了本土文学的发展，并逐渐融入本土文学的传统中，形成后世文学的典范，这样的文学变异现象丰富而复杂，理应成为比较文学研究的主要视角之一。该书认为在没有实际影响关系的文学现象之间，文学变异学研究依然是存在的。另外，它也使得实证研究无法求证的文学的美学特质得到了注意；该书对文学变异学的研究层面问题进行了探讨，认为存在着语言层面变异学研究、民族国家形象变异学研究、文学文本变异学研究、文化变异学研究这四个层面。文学变异学使比较文学的求同，走向了求异、求变。

［曾顺庆，1954 年生，四川大学文学与新闻学院院长、教授、博士生导师，四川大学长江学者特聘教授。出版了《中西比较诗学》、《中外比较文论史》等著作，发表学术论文百余篇。
通信地址：四川省成都市四川大学文学与新闻学院（610065）
电子信箱：shunqingcao@ 163. com］

古诗文名物新证

（扬之水　紫禁城出版社 2004 年版）

本书是继《诗经名物新证》之后的又一部有关名物研究的专著。

其主要特点有三：第一，方法新。所谓“名物研究”，可以定义为研究与典章制度风俗习惯有关的各种器物的名称和用途。它所运用的资料，是现代考古发掘和传世的文物，是历史文献、古代诗文和各种形式的图像等三种不同的话语和文本。即跨越现代考古、历史、文学、艺术的学科壁垒，因而具有开阔的视野和比较丰富的资源。从研究方法和研究范式上看，它是将传统的名物训诂考据与现代的新的历史认知、观察、叙述方式相结合，以形成文献、实物、图像的“三线归一”，或曰“三证归一”的学术方法，以及“定名—相知”的研究范式。所谓“定名”，解决的是“物”的问题，即作为物，它的名称与用途。所谓“相知”，解决的是“文”的问题，即其与古诗文相依傍所承载的文化信息究竟是什么。新的名物研究，其基础依然是训诂和考据，不过它却可能，也必须站在历史、文学、考古等学科的结合部来审视文物。也就是说，同样是以训诂与考据为基础，新的名物研究与旧日不同者在于，它是在文献与实物的碰合处，完成一种贴近历史的叙述，而文献与实物的契合中则显示出发展过程中各个时段的变化，此变化便有着细节的真实与丰满。

第二，有新见。收入书中的六组专题，时代从秦汉直到明清，皆是由名物研究入手，力求在文献、实物、图像三者的碰合处复原起历史场景中的若干细节。其中尤以香诗和香事一组用力最著，也最有创获。本书从时间和空间上，从实物、图像和文字文本上，囊括名物历时性和共时性的形态特征及其变化发展源流，因此经由名物考证而重新诠释和重新发现的历史细节，能够发人所未发，并切实解决考古学和文学研究中的若干问题，特别是定名问题。

第三，图像的学术含量。本书的配图数百幅，是贴近历史而与书中文字默契的另一种形式的叙述，支撑这一叙述的是经过分析和考辨的证据。这里配图的用心并不是追求形式美，而是力求所复原的古典处处以可靠的历史遗存为依据。文字与图像的契合处因此有着细节的准确和清晰。

［扬之水，1954 年生，在中国社会社科院文学研究所专意从事中国古代名物研究。著有《诗经名物新证》等。近年出版的主要专著有《诗经名物新证》，获 2000 年北京市优秀图书一等奖，中国诗经学会第二届学术研究成果一等奖。收入其中的《说〈秦风・小戎〉》，获文学所首届科研成果一等奖、社科院第三届优秀科研成果论文三等奖。《诗经别裁》，获文学所 2001 年科研成果优秀奖。《先秦诗文史》，获社科院第五届优秀科研成果专著三等奖。］

审美现代性批判

（周宪　商务印书馆 2005 年版）

该书是作者主持的教育部“高等学校全国优秀博士学位论文作者专项资金”项目“文化现代性研究”的一部分，是近年来国内现代性研究的一个重要成果，反映了这一领域研究的最新进展。全书 15 章，40 多万字。其特点主要体现在：第一，该书以现代性自身特有的启蒙现代性与审美现代性的张力结构为视角，全面考察了现代性的发生、发展和转变，为深入理解现代性问题提供了一个全新路径。透过这一张力关系，作者鲜明地提出审美现代性在现代社会中所扮演的不可或缺的作用，它与启蒙现代性处于一种尖锐对立的关系之中，这就为理解审美现代性本身诸多看似激进或极端的倾向提供了合理的解释。同时，作者又批判了审美现代性被夸大了的乌托邦功能，强调在肯定其参照、批判功能的同时，启蒙现代性的理性问题最终还得通过理性来加以解决。这就实现了在张力关系中对两种现代性及其审美现代性自身的辩证理解。第二，该书以审美现代性问题为中心，在方法论上尝试一种社会理论与美学相结合的思路，这就打破了传统的学院派美学研究的局限，将现代美学及其观念置于一个更大的社会文化语境中加以考量。从现代美学的“命名”到“美的艺术”观念的出现，从传统美学范畴向现代美学范畴的转变，从现代艺术体制的社会建构到表意实践的模式转化等问题，均给予新的审视和新的解析。一些过去被忽略和遮蔽了的审美现代性问题就在一个新的理解语境中凸显出来。第三，该书在现代性张力的逻辑框架下，深入考察了现代性与后现代性的复杂关系。不同于那种将现代性与后现代性简单对立的看法，该书更加强调后现代性与现代性之间的承续和递变关系。通过从分化到去分化、先锋派的流变、审美话语的发展、艺术与日常生活关系的转型以及知识分子角色的转化等问题，作者一方面揭示了现代性与后现代性的差异与转变，另一方面又强调了后现代性与审美现代性在其基本精神方面千丝万缕的内在联系。第四，该书在占有大量文献的基础之上，通过细读解析文本，努力提炼出中国语境中对现代性问题的独特看法。在这个意义上说，该书反映了当代中国学者对现代性问题的独特解释和理解。作者力求把现代性这个世界性的问题，尤其是西方发达国家率先遭遇到的问题，转化为一种在中国特定语境中的批判性审视，这就为进一步深入考察中国社会文化自身的现代性问题提供了一个有益的参照系。

[周宪，1954年生，南京大学中文系教授，南京大学校长助理，南京大学人文社会科学高级研究院院长，中国中外文艺理论学会副会长，中华美学学会常务理事，江苏省比较文学学会常务副会长。主要学术兴趣集中在美学、文艺学和文化研究等方面。著有《20世纪西方美学》、《现代性的张力》等。主编有《文化现代性与美学问题》、“现代性研究译丛”、“文化和传播译丛”等。]

诗与意识形态

——西周至两汉诗歌功能的演变与中国诗学观念的生成

（李春青　北京大学出版社2005年版）

该书从历史和思想史演变的角度考察了从西周之初到两汉时期诗歌功能的演变轨迹以及中国古代诗学观念生成的过程，揭示了在这一时期诗歌功能、诗学观念与政治史、思想史之间复杂的互动关系。全书分上、中、下三篇，上篇从周人立国之后的意识形态建设的角度阐释了诗歌在当时的重要政治意义。作者认为，西周至春秋之时，诗歌功能是在三种语境中递相转换的：首先是人神关系语境，西周初期进入官方话语的诗歌是用来沟通人神（上帝、祖先神明以及山川日月之神等）关系的，诗歌这种特殊的言说方式因此而获得神圣性。其次是君臣关系，即卿大夫士与天子、君主之间的沟通方式。第三是贵族之间的沟通方式。在这种功能的递相转换过程中，诗歌这种带有神圣性的话语形式渐渐成为贵族社会普遍的言说方式，从而参与了国家意识形态的建构，并且成为贵族身份的重要标志。中篇阐述了儒家话语系统在周人礼乐文化的基础上生成以及诗歌从官方话语向民间话语的转换过程。作者认为，儒学虽然从礼乐文化中汲取了大量资源，但从根本上说却与礼乐文化是两种性质不同的话语体系。在春秋战国之时儒学是作为民间阶层的士人的乌托邦精神的话语显现，儒家在对西周礼乐文化的整理与阐释过程为之注入了新的精神，使之成为一种具有社会批判性质的民间话语。儒学之所以能够在诸子百家中脱颖而出，最终成为中国古代社会的主流意识形态，根本上乃是因为它符合了士人阶层身份认同意识，换言之，是因为只有儒学才代表了士阶层的根本利益。是士人阶层首先选择了儒学，然后才通过长期渗透，最终说服统治者接受儒学的。在这一过程中诗歌也完成了从国家意识形态向士人精神乌托邦的功能转变。下篇具体考察了汉代士人阶层与君权集团之间“共谋”而建构大一统的国家意识形态的过程，并揭示了诗歌在这一过程中所具有的重要性。从高祖平定天下之日起，儒生就开始锲而不舍地宣传儒学之于治理国家的无可比拟的重要性。经过惠、文、景、武四朝，儒学终于获得主流的地位。汉儒在《诗经》阐释过程显现出来的价值取向无不体现了这种意识形态建构的动机，诗的阐释实际上是他们庞大的文化建设工程的一部分，同时也是他们庞大的政治建设工程的一部分。

在研究方法上该书从“文化诗学”的跨学科研究视野出发，通过对历史、思想史、文学史的综合性考察，重建文化历史语境，发前人所未发，在一系列问题上提出了独到而深刻的见解，对于文学史、文学批评史以及文化思想史的研究均具有重要的启发意义。

[李春青，1955 年生，文学博士，现为北京师范大学文艺学研究中心副主任、专职研究员，文学院文艺学研究所所长、教授。著述有《艺术直觉研究》、《艺术情感论》、《魏晋清玄》、《文学价值学引论》、《乌托邦与诗——中国古代士人文化与文学价值观》、《文学艺术与社会心理》、《宋学与宋代文学观念》、《在文本与历史之间》，发表学术论文 100 余篇。]

唐代诗歌的多元观照

（尚永亮　湖北人民出版社 2005 年版）

该书是尚永亮先生唐诗研究的成果荟萃，收录了作者近期创作的 22 篇文章。由于涉及面广，研究角度多样，故而取名《唐代诗歌的多元观照》。全书内容按类划分，归为 5 编：

1. 唐代诗论编。所收 3 篇文章都是诗歌理论的研究：《唐代诗学论纲》是一篇系统论述唐代诗学的理论性文章，主要讨论了唐代诗学的特点、范畴以及各个发展阶段所表现出的不同审美风神。《初唐声律论的深化及其特点》一文以上官仪、元兢的诗学理论为中心，对诗的声韵、病犯、对偶、体式等诗歌创作理论逐一总结探讨，肯定了初唐诗论学家在诗歌发展史上的杰出贡献，“上官仪与元兢的声律论既成为古诗向律诗过渡阶段的理论总结，又示来者以新轨，为同时稍后的沈佺期、宋之问等人在律诗最后定型上的实践导夫先路”。《〈诗格〉、〈诗式〉之特点及其对唐代诗学的推进》主要以王昌龄的《诗格》、皎然的《诗式》为论述对象，从《诗格》的特点与理论创新、《诗式》的特点及其“意在言外”说、《诗式》之大气包举与重“变”的动态批评观 3 个方面，分析了二书的理论特点和学术地位。

2. 唐诗文化编。本编包括 3 篇文章：《文人与政治》从文人的理想、政治情怀、心理位移等多方面研讨了文人参政的利弊关系。《“壶天”境界与中晚唐士风的嬗变》先是介绍了壶天理想在中晚唐盛行的时代原因，然后从生活方式、审美情趣等方面对晚唐文人的价值取向、人生追求加以深层发掘。《唐人的后院——从唐诗中的“药”看唐人生活与创作》，讨论了药与唐人生活的密切关系，分析了药在唐人生活中的现实功能和生命意义，由此视角出发，对唐人生活和创作予以学术观照、把握。

3. 诗人诗艺编。这部分内容最为丰富，有谈诗人生存状态的，如《韩愈的潮州之贬及其心性变化》，主要围绕韩愈贬潮途中所受磨难、至贬所前后之忧恐心态等进行细密的疏理辩证。有谈诗人心理状态的，如《白居易走向超越的心理机制与具体途径》、《圆外方中：柳宗元被贬后的心性设计与主客观矛盾》二文。前者重在论证白居易被贬后的心理走向及其成因；后者意在阐发柳宗元贬官后内向化的心性转变。有谈诗歌特点的，如《孟郊诗风及其成因管窥》是对孟郊诗歌风格的个案分析总结；《元和贬谪文学艺术特征管窥》是对元和贬谪文学类的归纳。有谈诗人美学追求的，《寓意山水的个体忧怨与美学追求——柳宗元游记诗文的直接象征性和间接表现性》，是对柳宗元创作的美学阐述，从个体忧怨与艺术追求的关联中论述柳宗元游记诗文的直接象征性和间接表现性特征。

4. 传播接受编。本编主要从传播接受的角度，对诗歌发展中的偏好、承继、创新情况展开论述分析。其中既有群体性传播接受的研究，如《人生困境中的执著与超越——从对屈、贾、陶的接受态度看刘、柳、白的心态和创作》、《欧、梅对韩、孟的群体接受及其深层原因》；也有个体性传播接受的讨论，如《柳宗元诗歌接受主流及其嬗变——从另一个角度看苏轼“第一读者”的地位和作用》、《论钱钟书对韩愈、李贺诗的艺术发微》、《从接受学角度看钱钟书的韩愈研究》。

5. 定量分析编。本编与传播接受编的内容，都是作者近期的主要学术关注点，是作者探索唐诗研究新方法的阶段性成果。共收文章三篇，分别是《唐五代诗作者之地域分布与北南变化的定量分析》、《唐知名诗人之层级分布与代群发展的定量分析》、《开天、元和两大诗人群交往诗创作及其变化的定量分析》。

该书的学术研究特点主要有三：

其一，内容广泛，新见迭出。

全书由 22 篇文章组成，涉及了唐诗研究的诸多方面，既有诗歌声律的理论探讨，也有诗人艺术风格的全面总结；有文人生活状态的社会分析，也有诗人心性变化的深层挖掘；有诗歌传播接受的系统论证，也有诗人地域分布、层级分布的定量分析。可以看出，作者具有广博的知识功底和深厚的学术涵养。在具体问题的研讨上，作者能够凭借敏锐的学术洞察力，细致爬梳，合理求证，在前人研究成果的基础上，独辟蹊径，提出令人信服的学术创见，如《论“元和体”之原初内涵及其与接受学的关联》一文。千百年来，关于“元和体”的定义、阐释，说法不一，难成定论，给相关研究造成了极大的混淆和困难。作者从发生学入手，正本清源，对“元和体”的最初提出者及其特定语境予以发掘分析，从而提出新的解释：“所谓‘元和体’专指次韵倡和与小碎篇章两类作品，而这两类作品都可用以代书、自我吟畅或戏投，亦即都具有世俗化、私人化、情感化和游戏化、技巧化、创新性等特征。”再如《人生困境中的执著与超越——从对屈、贾、陶的接受态度看刘、柳、白的心态和创作》中，作者以刘禹锡、柳宗元、白居易为研究中心，通过分析他们对屈原、贾谊、陶渊明的接受态度，认定中唐时期乃是中国士人心态发展的一个重要转折点，而这一转折的突出标志则在于白居易置身逆境后全面开始的对社会政治的反思及其对自我人生道路的抉择。

其二，方法多样，理论新颖。

该书在研究方法上，不拘传统，大胆开拓。第四编的前四篇文章中，作者主要以传播学作为唐诗研究的理论依据，探讨的问题包括：唐代诗人对屈、贾、陶的接受态度，“元和体”的传播接受，欧梅对韩孟的群体接受，柳宗元诗歌接受主流及其嬗变。后两篇文章则是从阐释学和接受学角度考察了近今学者研究唐诗的成功经验。第五编的三篇文章则采用了定量分析方法，对唐诗研究中的某些问题现象进行数据统计，通过量的分析对唐诗研究中的一些问题定位，以补传统研究方法的缺陷与不足。如《唐五代诗作者之地域分布与北南变化的定量分析》一文，就是针对袁行霈、陈尚君、曾大兴诸先生研究成果中的不足之处，运用定量分析方法，对唐诗作者的地域分布及其前后变化进行重新考察，得出了异于前人的学术定位：“唐五代诗作者、诗作量在东西、北南地域的分布是很不平衡的，而且随着时间的演进，呈现出明显的由北强南弱至南盛北衰的发展走向。”再如《唐知名诗人之层级分布与代群发展的定量分析》一文，在科学数据统计的基础上，从多个方面探讨了唐代知名诗人的层级分布与代群发展的有关问题。《开天、元和两大诗人群交往诗创作及其变化的定量分析》一文，作者也是运用定量分析的方法，考察了开天、元和两大诗人群的异同与变化。

其三，视野开阔，点面结合。

从研究视角的选择上看，该书研究中既有宏观理论探讨，又有微观个案分析；既有纵向理论研究，也有横向个体比较。如《唐代诗学论纲》一文，就是以整个唐代诗学为研究对象，对唐代诗学与唐诗的关系、唐代诗学的基本内涵、唐代诗学的发展演进等宏观问题，给以纵向系统的把握。而《论“元和体”之原初内涵及其与接受学的关联》则是典型的微观求证，文中就“元和体”的原初内涵予以深刻挖掘、辨析。在同一篇文章中，这种点面结合、宏观微观研究并存的特点也随处可见。如《初唐声律论的深化及其特点》一文中，在研究初唐声律论的整个发展状况时又突出重点，专以上官仪、元兢等人为研究中心。

［尚永亮，1956 年生，武汉大学教授、文学院院长、《长江学术》主编，兼任教育部高等院校中文教学指导委员会副主任委员，京都大学、特立尔大学等多所高校的客座教授，中国唐代文学学会常务理事，中国司马迁学会、楚辞学会理事，柳宗元研究学会副会长。出版专著 10 余部，发表学术论文 150 余篇。

通信地址：湖北武汉市珞珈山武汉大学文学院

电子信箱：ylshang108@163. com］

元代文学编年史

（杨镰　山西教育出版社 2005 年版）

《元代文学编年史》是第一部以编年为基础的元代文学史著。元是中国历史上疆域最大的王朝，但立国时间不足一世纪。元以及金，无论在历史上与在文学史上，都曾被低估。金元的特点是将单一民族文化融汇为区域文化，这一点深刻地影响了历史的进程。元代文学家，是中国文学史上仅见的最具广泛性与代表性的群体，使用汉语写作的文学家出自数十个民族，就文学家的宗教背景来说，除了释道，还有基督教、伊斯兰教、摩尼教等世界性宗教。元代文学，以四种主要文体：小说、戏曲、诗歌、散文首次并立于文坛著称。元代文学内涵丰富，意蕴深刻。作者正是在这样的基础上展开了自己的研究视野。

为充分体现出上述特点，《元代文学编年史》以年代为经，文学家的活动（文学现象）为纬，力图关照到文学活动的完整过程，力图将传统的纪事本末体、《纲鉴易知录》体，与当代的研究方法结合起来。但作为一部文学史著，它不是单纯地编年记事，而是通过编年力图展示文学现象的发生发展脉络，使元代文学的不同体裁、不同流派、不同时期，处在一个总体的观照之中。文学与社会生活的相互关系，与历史进程的相互影响，都通过文学家的活动而存在。文学家与文学现象的互动，是《元代文学编年史》论述的重点。

《元代文学编年史》作者提出，历来学术界在一定程度上忽视了金元文学，而元代文学，诗文长期不受重视。但实际上仅以元诗为例，有作品流传至今的元代诗人，有5000多位，传世元诗达到13.4万首以上。考虑到元代立国不足一个世纪，它的诗文之繁荣，并不亚于唐宋。在此前学人往往重视元曲，在一定程度上屏蔽了研究视野。《元代文学编年史》立足于将反映一代文学发展的面貌，作为筛选素材的着眼点。

《唐五代文学编年史》、《魏晋南北朝文学编年史》在近年先后问世，使得“编年史”这种特殊的文学史著，受到了学界关注。元代正处在文学的转型期，传统的诗文，与新兴的代言体小说戏剧并存，近世的人文、科技观念正在取代中古的传统观念。元朝是北方民族建立的第一个统一中国的王朝，对于中国历史，甚至对于世界历史，都是相当重要的时期。《元代文学编年史》的出版，将对元代文学研究起到促进作用。元代文学现象的编年研究，有助于认识中国文学史的全貌，推动元代文学、文化研究向纵深发展。

［杨镰，1947年生，中国社会科学院文学研究所研究员，博士生导师。发表过《坎曼尔诗签辨伪》、《元代文学的终结》、《元佚诗研究》、《元诗文献研究》等论文。出版过《元西域诗人群体研究》、《元诗史》、《发现西部》、《元代文学编年史》等专著，《千古之谜》、《青春之又一次》、《生死西行》、《走向地平线》等中长篇小说，《最后的罗布人》、《黑戈壁》、《云游塔里木》、《荒漠独行》等探险纪实作品。曾主编“西域探险考察大系”、“中国西部探险”、“探险与发现”等丛书以及《中国文学大辞典》（八卷本）、《中国诗歌通典》等文学辞书。］

中国各民族文学关系研究

（先秦至唐宋卷、元明清卷）

（郎樱　扎拉嘎　贵州人民出版社2005年版）

郎樱

该书是全国哲学社会科学规划领导小组在1997年确定的重大委托项目的最终成果。

内容包括“夏商周族群神话与华夏文化圈的形成”、“少数民族口头神话与汉文文献神话的比较”、“屈原与楚辞”、“魏晋南北朝的民族融合与北方文学的发展”（以上为“先秦至魏晋南北朝部分”），“唐代民族融合及其对唐诗创作的影响”、“南诏大理国多民族文学关系”、“辽金时期的各民族文学及其相互影响”、“唐宋时期西域各民族文学关系”、“少数民族音乐对词乐的贡献”（以上为“唐至宋部分”），“接受群体之结构变化与文学的发展——论游牧文化影响下中国文学在元代的历史变迁”、“民族文化交融中的《蒙古秘史》”、“北方少数民族汉文创作群体的崛起”、“多元文化背景中的回族文学批评家李贽”、“《赤雅》——南方少数民族文学魅力的生动写照”、“南方少数民族汉族题材民间叙事长诗的兴起与发展”（以上为“元明部分”），“满汉文化交融的结晶——《红楼梦》”、“清代满族汉语文学创作”、“汉文小说满文古旧译本书目述略——兼与蒙古文译本书目比较”、“文学传播中的主体选择与创新——汉族文学影响下蒙古文学的历史变迁”、“蒙藏《格斯（萨）尔》关系探略——关于三个文本的比较研究”、“汉族文学影响下南方少数民族戏剧文学的发展”、“刘三姐传说在南方多民族中的流传与变异”、“清代南方少数民族的汉文诗词创作”（以上为“清代部分”）等二十余篇专论，以及“前言：中国各民族文学‘你中有我，我中有你’格局的形成与发展”等。这些专论，涉及各民族古代神话之间的联系，屈原、李白、曹雪芹等中国古代著名文学家以及《红楼梦》等著名作品的民族归属，元代文学在中国古代文学分期中的地位，游牧文化对元曲繁荣的影响等民族文学关系研究领域中的诸多重要课题。

《中国各民族文学关系研究》通过对中国历史上不同民族文学之间相互影响的一些重要现象的专题性研究，在一个较高理论层面上探讨了中国各民族文学之间“你中有我，我中有你”基本格局的形成与发展，探讨了各民族文学之间的相互影响及其对中国文学发展的促进意义。少数民族文学与汉族文学之间的关系，是《中国各民族文学关系研究》的主要脉络。沿着这个主要脉络，该书的另一个重要特点，是对少数民族如何影响汉族文学给予较大关注。

将国内各民族文学关系研究，多侧面地纳入比较文学视域中，进行多重理论探讨，注重对一些重要文学关系现象和文学关系理论的研究，是《中国各民族文学关系研究》的基本特点。例如，在中国少数民族文学研究中，如何界定一些有争议的作家和作品的民族归属，是一个经常遇到的棘手问题。这同样也是中国各民族文学关系研究中，以及一般比较文学研究中，经常遇到的棘手问题。该书在专论“满汉文化交融的结晶——《红楼梦》”中，提出了同一部作品、同一位作家、同一个文学现象可以同时属于不同民族文学的见解。这为从理论上解释上述作家和作品的民族属性，提出了一个新的思路。再如，过去国内

扎拉嘎

外比较文学的影响研究，大致被限定在作品、作家和文学思潮的影响互动中，还很少有人研究一个民族如何从接受角度影响另一个民族的文学创作。该书专论“接受群体之结构变化与文学的发展——论游牧文化影响下中国文学在元代的历史变迁”，在研究元代游牧文化如何影响中原汉族文学时，提出了入主中原的少数民族，从文学接受角度影响中原文学创作的问题。这对比较文学是一个重要的理论上的推动。

《中国各民族文学关系研究》不仅从不同的角度和侧面，涉及汉族、蒙古族、藏族、维吾尔族、满族、回族、哈萨克族、柯尔克孜族、鄂伦春族、鄂温克族、壮族、侗族、苗族、彝族、纳西族、白族、瑶族、布依族、傣族、羌族、畲族、独龙族、仡佬族、傈僳族、毛南族、仫佬族、黎族、拉祜族、哈尼族、基诺族、佤族、高山族、土家族等数十个中国当代民族的文学关系，而且涉及夏、商、周等中国古代部族文学关系，匈奴、羯、氐、羌、胡、蛮、百越、西南夷、濮、僚、突厥、乌孙、柔然、鲜卑、契丹等中国古代民族的文学关系。

上述情况，使《中国各民族文学关系研究》成为迄今为止，在中国各民族文学关系研究方面，包纳民族最多，涉及作家和作品最多，理论探索最为广泛的一部研究专著。

该书分为先秦至唐宋卷、元明清卷两卷，共1118千字。

[郎樱，1941年生，现为中国社会科学院民族文学研究所研究员，原副所长，中国社会科学院研究生院教授、博士生导师。兼任中国史诗《玛纳斯》研究会副会长、中国维吾尔历史文化研究会副会长之职。多年从事突厥语民族文学研究，专攻突厥语民族史诗。主要专著有：《〈福乐智慧〉与东西方文化》、《中国少数民族史诗——〈玛纳斯〉》、《〈玛纳斯〉论》。

电子信箱：langying@ cass. org. cn。

扎拉嘎，1946年生，现为中国社会科学院民族文学研究所研究员，原副所长，中国社会科学院研究生院教授、博士生导师。著有《〈一层楼〉、〈泣红亭〉与〈红楼梦〉》、《尹湛纳希年谱》、《尹湛纳希评传》等专著。

联系电话：010－64651566]

中国古代歌诗研究

——从《诗经》到元曲的艺术生产史

（赵敏俐　吴相洲等　北京大学出版社2005年版）

该书是作者运用艺术生产的理论方法，对中国古代歌诗（可以歌唱、可以入乐入舞的诗）所进行的具有开拓性的研究。全文分为导论、1至12章、后记，共14个部分，76万字。本书的写作，基于以下的考虑：诗歌舞三位一体本是中国古代诗歌的一个重要特征，在中国古代，有相当大的一部分诗歌的产生都与歌唱有关，是为了满足社会各阶层的歌舞娱乐等审美需要和祭祀宴飨等实用功能而制作的，所以，对于这一类诗篇的内容以及其艺术特征，我们就不能简单地用以往常用的意识形态的文学理论去进行解读，而应该采用一种新的研究思想和方法。同时，这些可以歌唱的诗歌的产生、繁荣、形式的变化以及其艺术成就的取得，又往往与国家乐官机构的建立、专业艺术人才的成长、各阶层的艺术消费需求和娱乐文化心理等等紧密相关。因此，要认识中国古代诗歌的产生发展以及其艺术成就，就必须对以上两种情况给予充分的关注。正是基于以上的考虑，作者把研究的对象确定为中国古代“歌诗”，运用艺术生产的理论，研究以《诗经》、楚辞、乐府诗、唐宋词和元曲为代表的中国古代歌诗的发生机制，这一时期社会各阶层的精神消费需要对中国古代歌诗艺术发展的影响；作为精神生产者的歌诗艺术家、为艺术生产服务的歌诗演唱组织、社会机构等在中国古代歌诗发展中的地位、作用和贡献；作为满足精神消费需要的歌诗的一系列艺术特征；它的演唱、传播等对一个时代的精神文明提高或一个民族文化精神塑造的巨大作用以及由此而形成的艺术生产规律等等。由于采用了新理论方法，选取了新的研究视角，本书中的每一章中几乎都要涉及一些文学史研究中的新问题或者对一些过去难以解决的问题提出新的看法。本书的出版，有助于解决以往在古代文学研究中所遇到的许多难以解决的特殊问题，诸如中国古代专职艺术家如何产生，他们在整个社会艺术活动中所处的地位，他们对中国文学发展所作的贡献，社会各阶层对艺术的需求和消费与文艺发展的相互制约、影响和促进的关系，民间歌谣与文人创作、雅文学与俗文学之间的消长转化规律等。它将从《诗经》到元曲这一漫长的中国文学中的歌诗发展之路，作了深刻的、具体的描述，使我们看到了一幅新的、生动的、与众不同的文学史景观。本书是作者多年来对于中国古代歌诗艺术发生发展问题深入思考的结果，也是来自于自身研究实践，体现了作者在本领域的研究思考深度和锐意创新的学术志趣，是近年来古代文学研究界少有的具有创新意义的成果。

［赵敏俐，1954 年生，文学博士，首都师范大学中文系教授，博士生导师，中国诗歌研究中心主任。主要学术研究方向为中国古代文学和中国古代文化，尤其在两汉诗歌研究方面成就显著。先后出版了《两汉诗歌研究》、《汉代诗歌史论》、《文学传统与中国文化》、《20 世纪中国古典文学研究史》等多部学术专著，与人合编了《先秦大文学史》、《两汉大文学史》等著作，并在国内外刊物上发表相关学术论文 80 余篇。
通信地址：北京市西三环北路 83 号（100089）
联系电话：010－68903087
电子信箱：zhaominli@ solcnu. net
吴相洲简介缺。］

学术成果·论文

“城市异乡者”的梦想与现实

——关于文明冲突中乡土描写的转型

（丁帆　《文学评论》2005 年第 4 期）

该文认为，从 20 世纪 90 年代开始，乡村向城市迁徙和漂移的现象决定了中国乡土小说创作视点的转移。在农耕文明与工业文明、后工业文明的文化冲突中，中国乡土小说的内涵在扩大，反映走出土地、进入城市的农民生活，已经成为作家关注社会生活不可忽视的创作资源。同时，反映这些农民肉体和灵魂“游走”状态的生活，也扩展了乡土小说的边界。

西方世界在城市与乡村的融合中，已经不再是原始积累时期的那种带着血腥味的掠夺，这是西方从现代工业文明向后现代后工业文明过渡时期的城市与乡村图景，它无疑是与中国目前的社会结构有着本质的区别，因为在中国的地理版图和精神版图上，还远没有逾越前现代的农耕文明向工业文明过渡的历史阶段，尽管我们沿海的小部分地区已同时进入了后工业文明的文化语境中，但是，广袤的地理和精神层面都处在一个前现代向现代转换的历史时段之中。而中国从乡村流入城市的大量人口正是历史阶段中不可忽视的乡土存在，描写他们的生活与精神的变化，才是乡土小说最富有表现力的描写领域。

“农民工”是一个广义的称谓概念，它囊括了一切进城“打工”的农民，“农民工”的定义似乎还不能概括那些走出黄土地的人们在城市空间工作的全部内涵。因为游荡在城市里的非城市户籍的农民身份者，还远不止那些从事“打工”这一职业的农民，他们中间还有从事其他非劳力职业的人，如小商小贩、中介销售商、自由职业者、代课教师、理发师、按摩师、妓女等许多不属于狭义“农民工”范畴，他们比那些真正的“打工仔”更有可能成为城里人。当然，在阶级身份层面的认同上他们仍旧是属于广义的“农民工”范畴的。因此，无论从身份认同上来确定这些“城市游牧者”阶层，还是从精神层面上来考察这些漂泊者的灵魂符码，我以为用“城市异乡者”这个书面名词更加合适一些。

“城市异乡者”的生活之所以越来越受到许多作家的关注，就是因为人们不能不接受这样一个事实：大量的“农民工”进入了城市，也就自然而然地进入了城市社会生活的各个领域，究竟是城市改变了他们，还是他们改变了城市？这是一个很复杂的二难命题。

毫无疑问，对“城市异乡者”的描写，随着日益澎湃的“农民工潮”和农民职业向工业技术的转换而迅速猛涨，对这一庞大群体的现实生活描写和灵魂历程的寻觅，就成为近几年来许多乡土作家关注的焦点。而就作家们的价值观念来说，其中普遍的规律就是：凡是触及到这一题材，作家就会用自上而下的同情与怜悯、悲愤与控诉、人性与道德的情感标尺来掌控他们笔下的人物和事件，流露出一个作家必须坚守的良知和批判态度。这是“五四”积淀下来的“乡土经验”，从这一角度来看，我以为，自 20 世纪 80 年代后期以来渐行渐远的、带有批判精神的现实主义开始在这一描写领域复苏。在这里，作家们的思考不再是那些空灵的技巧问题，不再是那些工具层面的形式问题，因为生存的现实和悲剧的命运已经上升为创作第一需要思考的东西了。在再现与表现之间，在悲剧审美与喜剧审美之间，绝大多数作家站在了批判现实主义的立场上，用饱蘸情感的笔墨去抒写人性和人道的悲歌。其实，仅仅如此还是不够的，新的文化背景需要我们不但对人性和人道作出回答，还需对时代和历史的发展作出评断，在某种程度上，它是需要克服人性的偏颇，客观地去描写戴着假丑恶面具的发展性事物的，因为那是历史的必然！

从价值理念来看，许多作家过分迷恋田园牧歌式的农耕文明秩序，过多地揭露城市文明的丑恶，多多少少就削弱了作品更有可能进入深层历史内涵的可能性。永远的乡土和瞬间的城市，可能是农民难以进入城市的最后一道精神屏障，驱除这样一种前现代农耕文明精神形态中的积弊应该是乡土小说作家价值理念中必有的理性因素。

农民出走所付出的血的代价，已经成为作家们所关注的普遍问题。历史的进步往往是需要丑与恶作为杠杆的，任何一种文明在历史的进程中总是有其双重性的效应，这就是历史送给文明的礼物。在金钱与伦理道德的天平上，人们总是毫不犹豫地选择了前者；而在淳朴的乡情亲情与伦理道德的天平上，人们又总是毫不犹豫地选择了后者。人们就是在这样的悖论与怪圈中完成利益和意识形态选择的，作家所展现出的从农耕文明向城市文明转型时的那种精神的阵痛是值得人们深思的。

寻觅精神的归属已经成为一批乡土小说作家自觉追求的主题目标。家乡是农民工的灵魂栖居地，如果失去了，那就是孤魂野鬼，这才是农民工们的真正悲剧。无疑，家和乡是联系在一起的，然而，这个名词却带有浓厚的农耕文明色彩，因为农民的家是建立在乡土之上的，如今，农民已经开始了大规模的迁徙，向着城市进军！也许这一两代农民魂归故里的文化遗传基因是难以消除的，但是他们的下一代是否还有乡土情结呢？

就像美国的许多乡土文学是建立在移民文学之上一样，中国目前的乡土文学在很大一块被这些向城市进军的“乡土移民”的现实生存状况所占据，我们没有理由不去关注和研究反映这一庞大“候鸟群”生活的文学存在。然而，从众多的反映这一群体生活的作品来看，我们的作家仅仅站在感性的人性和人道的价值立场上，自上而下地去同情和怜悯农民工群体是远远不够的，还缺乏那种强烈的文化批判意识，那种欧洲18世纪批判现实主义作家清晰的理性批判眼光和锋芒。更重要的还是需要乡土小说作家们在农耕文明与城市文明的交战中，用历史的、辩证的理性思考去观察一切人和事，才不至于陷入文化悖论的两难选择的怪圈之中不能自拔。因此，强化作品思辨理性的钙质才是这类作品急待解决的问题，而要做到这点，就要在提高作家人文意识的基础上加强他们对历史和社会的宏观理性认识。是的，仅仅批判是不够的，我们的乡土小说作家还缺乏那种对三种文明形态的辩证认知，所以在乡土小说的创作中还罕见那种超越感性层面、具有人类社会进步意识的深刻之作。我们期待这样的作品出现。

［丁帆，1952年生，现任南京大学中文系主任、教授、博士生导师，中国现代文学研究学会副会长、国务院学位委员会中文学科组成员、江苏省作家协会副主席。主要研究方向为中国现代乡土小说、中国新时期小说思潮、中国当代文学思潮。］

重绘中国文学地图与中国文学的民族学、地理学问题

（杨义　《文学评论》2005年第3期）

该文系统地提出了“重绘中国文学地图”这一重要的学术命题，是继上世纪80、90年代“重写文学史”讨论之后，又一次对文学研究和文学史书写进行深入反思和探索的成果；也是中国文学研究界对“中华文化共同体”形成过程的重新梳理和认知。

融合知识和智慧以多维度重绘中国文学地图，是一种研究模式的根本性的变革，一种全面涉及到研究者主体研究对象客体，以及主客体结合方式的重大变革。一种新的研究模式的创设，首先要解决研究者思维方式的变革和创设；其次，还要解决研究对象的开发、拓展和设定。

重绘的具体操作过程，其间的学理逻辑就展现为诸多学术层面，起码牵涉到与文学相关的民族学、考古学、地理学、文化学、语言学和图志学等层面。该文着重探讨了文学的民族学和地理学的问题，以便考察一种新学理的介入，如何引起学科的变革和导致文学地图重绘的学术效应：

文学的民族学的问题——

文学研究应该回到文学生存的原本状态。中华民族的原本生存和发展状态，是多部族和民族（包括一批古民族和今存的56个民族）在数千年间不断地以各种态势和形式衍生出灿烂辉煌、多姿多彩的审美文化创造，并最终形成了一个血肉相连，有机共生的伟大的民族共同体。这种经历和命运，历史地规定了文学的民族学的问题已经成为从总体上考察和重绘中国文学地图的根本问题。主要涉及四个方面：首先，各民族共同构成一个互动互化的动力学的系统问题。其次，少数民族的文化的边缘活力问题。其三，质地互异的文化间的撞击融合，以新的姿态汇入新的文化发展过程问题。第四，多民族文化的碰撞融合，最终走向中华化的综合功能问题。

文学的地理学的问题——

文学地理学的研究在展示学术的坚实性和开拓性的同时，实际上借用地理空间的形式，展开文学丰富层面的时间进程。文学的地理学，首先关注地域文化的问题；第二个问题关涉到作家的出生地、宦游地、流放地；第三个问题是大家族的迁移；第四个问题，是文化中心的转移。文学的地理学的以上四个问题并非孤立存在，而往往是相互交织、产生综合效应的。惟有深入地总揽文学地理学的综合效应，才能真正破解文学

之为文学的生命本质，以及作家之为作家的原创力机制的秘密所在。

［杨义，1946 年生，中国社会科学院文学研究所、少数民族文学研究所所长，兼学术委员会主任，研究员，《文学评论》主编。
通信地址：中国社会科学院文学研究所（100732）
联系电话：010－85195432
电子信箱：yangyi@cass.org.cn］

出土文字资料与古代神话原型新探

（王晖　王建科　《北京师范大学学报》2005 年第 1 期）

王晖

出土文字资料中关于中国神话传说的资料，也是十分丰富的。尤其是这些神话资料往往牵扯到神话传说的原型问题，能够提供有关神话传说的本来面貌及其后来的演变情况。出土文献为古代神话原型的研究提供了最新资料，也为神话原型研究提供了最新视角。

神话传说中牛郎与天帝之女织女感人至深的爱情故事，按照《云梦秦简》简文记述来看，牵牛织女两人确为夫妇，也的确是分离别居，可知秦简中的牵牛、织女就是神话传说中的牛郎织女。但其故事内容及其背景却大相径庭：牛郎织女分离别居之因是内因，而不是外因客观环境。不是因为织女之父——天帝的逼迫，而是牛郎自身的原因，在结婚不到三年时间内便抛弃了织女，甚至是多次抛弃织女。

古文献中有关于夏后是其母化为石后崩裂而出的神话传说，而从《云梦秦简》资料看，大禹之妻、夏启之母是在生启时因难产而死去，但禹又想要这个孩子，便破开启母之腹使启得以出生，这应该是夏启生而其母化为石神话的原型。《淮南子·修务训》高诱注所说“拆胸而出”应是符合实际情况的传说，而《淮南子》佚文所说“石破北方而启生”则是把这一传说故事神话化的结果。

传说中“黄帝四面”的神话，曾被孔子解释成黄帝派使臣于四方，但在出土的长沙马王堆三号墓出土的帛书中明确记述说黄帝有四张面孔，不过这应是宗庙中有四面且从中穿孔以达四边的祭主之状，由于黄帝宗主是四方木，其上还有其形象，后来便产生了“黄帝四面”的神话传说。

古文献中有关虹霓神话传说的来由及形成原因甚多，有能吸饮河流池泊之水的两首动物，为阴阳二气相交或相攻的产物，是星辰布散而成之物，一对夫妻荒年饿死后化成的“美人虹”以及为雨中日影等说法。然而据殷墟甲骨文中的“虹”字字形及其有关卜辞的内容来看，虹霓神话反映商代人们对虹的认识观念：那时的商人认为“虹”是一种长着两个龙头形状的动物，它常常到黄河中饮水。这应是《山海经·海外东经》中谓虹“有两首”以及后代诗赋传说中虹为龙形且常常到井溪河流中饮水的神话原型，其他有关虹霓成因的说法和故事都是后来才产生的。

先秦古文献和古文字资料中有关创世神话故事是比较零碎的，战国《子弹库楚帛书》整合了这些零碎的故事，而形成了完整的宇宙起源的创世纪神话。《子弹库楚帛书》论述了伏羲女娲及其四子开天辟地，疏通阴阳魂魄之气，创造了大地四方与四时；也谈到了日月诞生和炎帝祝融奠定三天四极、平定大地的情况；还叙述了共工以闰月来调节安排了日月与四时的矛盾，并安排了风雨等百神运行出没时节的情况。因此《子弹库帛书》就成了我国迄今为止能见到的最为完整的创世神话故事。

［王晖，1955 年生，陕西师范大学历史文化学院教授、博士生导师，陕西师范大学中华古文明研究中心主任。
通信地址：陕西省西安市陕西师范大学历史文化学院（710062）
联系电话：029－85307627
电子信箱：wanghui.55@163.com
王建科，1961 年生，陕西理工学院文学院教授、副院长。
通信地址：陕西省汉中市陕西理工学院文学院（723001）
联系电话：0916－2641577
电子信箱：wangjk200404@yahoo.com.cn］

从出土文献看七十子后学在先秦散文史上的地位

（陈桐生 《文学遗产》2005年第6期）

《郭店楚墓竹简》和《上海博物馆藏战国楚竹书》中有一批与大小戴《礼记》内容相同或相近的文章，这表明大小戴《礼记》等文章作于孔门七十子后学之手。据此，本文将七十子后学著述的《论语》、大小戴《礼记》、《孝经》、《仪礼》、郭店简及上博简中儒家文献等作品称之为“七十子后学散文”。七十子在年辈上有“先进”、“后进”之分，在著述形式上有“述”、“作”之别。早在七十子后学之前，《尚书》、《国语》、《左传》中就有一批记言散文，这些记言文有一个叙事框架，主体部分则是记载王侯卿士大夫的治国言论。这些记言文有论点，有论据，有成熟的论证方法。如果将这些记言文的叙事框架去掉，那么它们就是早期的说理散文。七十子后学中“先进”仿效史官记言旧例，而首开记述宗师言行之风，使记载的笔从史官传到士手中，完成了由历史记言文向诸子说理文的过渡。七十子后学中的“后进”则由“述”到“作”，他们去掉了此前记言散文的叙事框架，也摆脱了言必称其师的依傍，独立地发表自己的学术观点，从而创作了中国最早的专题论文。《大戴礼记》中系于曾参名下的十一篇文章，就是成熟的专题论文。从“先进”到“后进”不过几十年，但这几十年却是先秦散文发展史的关键时刻，散文创作发生着深刻的变化，先秦诸子说理散文在七十子手中就已基本成型，此后诸子百家不过是在篇幅、风格、技巧、手法、逻辑结构上有所发展而已，因此对所谓先秦诸子发展三段论（《论语》、《老子》、《墨子》代表第一阶段；《孟子》、《庄子》代表第二阶段；《荀子》、《韩非子》代表第三阶段）要重新审视。先秦历史散文与先秦诸子散文不是互不相干的两大块，而是一脉相承，七十子后学散文处于上承史官记言散文、下启诸子说理散文的枢纽地位。

［陈桐生 1955年生，现为广东外语外贸大学中国语言文化学院教授，中国史记学会常务理事，中国诗经学会理事，中国楚辞学会理事。主要从事《史记》、《诗经》、《楚辞》、先秦散文、儒家经学及出土竹简研究。出版有《中国史官文化与史记》、《史记与今古文经学》、《史记名篇述论稿》、《史记与诗经》、《史魂——司马迁传》、《儒家经传文化与史记》、《史记与诸子百家之学》、《楚辞与中国文化》、《战国文人心态史》、《经学与中国古代文学》、《孔子诗论研究》等著作，其中《中国史官文化与史记》、《史魂——司马迁传》被译为韩文。发表论文100多篇。《儒家经传文化与史记》一书获省政府二等奖。］

从六经看孔子的文献编纂

（吴荣政 《档案学通讯》2005年第5期）

孔子既是伟大的历史文献学家，又是首创私人办学的伟大教育家，一方面深知文献的作用，为了担当文献存亡继绝的历史重任而编纂六经，另一方面为了给弟子提供系列教材而编纂六经。

总言之，孔子传授六经旨在使学生养成德智和掌握治国能力。分言之，传授《诗》，使弟子修身、从政、办理外交，相互砥砺谅解，增长动植物知识；传授《书》，使弟子通晓二帝三王的嘉言懿行，为其树立政治典范；传授《礼》，使弟子了解立国的章程、治国的法度、言行应遵循的规范，立身处世的准则；传授《乐》，使弟子完美情操，使上下敦睦和顺，缓和矛盾；传授《易》，使弟子探究事物的变化莫测及其缘由；传授《春秋》，使弟子善于“属辞比事”，希望弟子与后来人讨伐乱臣贼子而成为忠臣孝子。

孔子成功地编纂六经，与宋、鲁两国主要是鲁国有密切关系。宋是商朝的后代，鲁是周公的封地，因而它们较完整地保存了商、周文化。孔子是宋国贵族后代，有家庭文化传承，其七世祖熟悉古文献，《诗》的《商颂》便出自他的校订，孔子自幼又受到严格母教，对周礼情有独钟。特别是孔子所在的鲁国乃西周政治文化中心之一，直到孔子时仍是文物典籍保存最完整的国度之一，孔子以其传统身份定能见到鲁国保存的古代礼乐制度，读到罕见的典籍，找到在各诸侯国一定范围内流传的有各种版本的《书》、《易》、《春秋》。孔子修纂六经除了上述客观条件外，还有其独特的主观条件。孔子15岁起就酷爱古籍，勤学、善学、博学，多艺（尤以学礼、乐为最），精通文献典籍，对之搜寻与探究，因此整理编纂六经的使命非他莫属。

孔子历经周折，备尝艰辛，绞尽脑汁，惨淡经营，终于选编了《诗》、《书》，选定了《礼》，订正了《乐》，阐明了《易》，制作了《春秋》。特别是孔子作《春秋》，经过广泛收集资料，考订、取舍、整理资料，整齐书法，确定宗旨与体例，态度极其认真，用词造句极其精心，终于成就一部当时的近现代编年史，受到左丘明、孟子、庄子、司马迁等人的礼赞。

大体说来，孔子编纂六经遵循的准则有下列四条：（1）从世界观层面看，孔子“不语怪、力、乱、神”；（2）从政治观层面看，孔子遵循周礼亲亲尊尊的基本精神；（3）从学术角度看，孔子遵循“攻乎异端，斯害也已矣”；（4）从具体实施角度看，孔子“述而不作”。

孔子编纂儒家经典为源远流长的中国传统文化保存了“元典”，使之成为封建社会思想理论基础，对中国两千年的政治、经济、文化产生了深远的正面或负面影响，孔子保存上古文献与传播文化之功永远不可磨灭。然而，孔子站在守旧而又维新、复古而又开明的二重性立场，其所编纂的六经（今存五经）因此既有民主性精华，也有宗法式糟粕，还有技术性缺陷（如《春秋》记事过简，《尚书》各篇不具年月），这是我们应该理性对待的。

［吴荣政，1943 年生，广西民族大学管理学院教授，档案学硕士点负责人。
通信地址：广西省南宁市广西民族大学管理学院（530006）
联系电话：0771－3260081
电子信箱：wurongzheng@ gxun. cn］

从鲁迅到巴金：《随想录》的渊源及其解读

——试论巴金在现代文学史上的意义

（陈思和　《文学报》2005 年 10 月 27 日）

读过巴金《随想录》的人，普遍仅仅将这部作品理解为作家个人对“文革”的反思和自我的忏悔，但这未必不在无意中缩小了《随想录》所蕴含的时代意义。而在笔者看来，反思“文革”只是这部宏著的一个方面，而《随想录》所关注的则是 20 世纪 80 年代整个思想解放运动在文艺领域逐步推进的全过程，堪称为参与并见证这一特殊时期全过程的一部重要文献。

本文力求将《随想录》的价值与意义放入整个中国现当代文学史加以考查与重视，从一个全新的角度即作品对鲁迅精神、社会良知的继承性与现代作家本身所具有的五四精神内核的释放，来重新追溯、把握巴金《随想录》的精神渊源及思想脉络。

鲁迅永不妥协、硬骨头般的战斗精神和对社会良知的无条件承担，主要集中体现在其后期杂文中，形成了中国现代文学史上的一道独特而孤独的精神长城。本文首先分析了鲁迅杂文的精神实质，肯定了其在中国现代文学史上的崇高地位与价值，继而分析了这种精神与经历“文革”磨难，回归文坛，重新成为当代中国良知代表的巴金之文学内在创作精神的契合。同时，又结合两位作家不同的生活背景及思想基础，区分了建立在相同精神内核基础上，鲁迅与巴金的明显区别，指出巴金的《随想录》所具有的理想主义光辉。但无论如何，笔者认为：《随想录》仍然是巴金学习鲁迅的最后一次重大实践。

即使经历了“文革”，巴金对社会发展依然满怀信心。这使《随想录》的创作和 1978 年底以来的思想解放运动在文艺界的回应紧密相连，使这部作品成为作家生命与社会脉搏一起跳动的见证，《随想录》因此而具有了巨大文献价值。在此基础上，笔者认为它所具有的艺术价值亦不能忽视。一是其文体既采用了文学性很强的散文形式，又与虚构性的小说文体相区分。二是整部文本多处运用文学象征、隐喻、暗示，体现了作品具有的修辞意义。笔者在此基础上进一步分析了这种特殊的艺术表现形式的内在实质。

同时，本文亦指出，除对鲁迅的战斗精神与批判精神的继承之外，《随想录》还有其他一些“支流”精神来源，比如晚年的托尔斯泰。巴金《随想录》的一个重要价值正是塑造了当代文学史上一个忏悔的自我的形象，这和托尔斯泰的晚年忏悔在精神上是有所应合的。

巴金的《随想录》对鲁迅精神的传承和对“五四”新文学传统的进一步发扬，和其丰富的内涵与创作艺术，必将使越来越多的人重新审视并认识它的时代价值与意义。

［陈思和，1954 年生，复旦大学中国语言文学院教授，复旦大学人文学院副院长、中文系主任，教育部“长江学者”特聘教授，中国现代文学学会副会长，中国当代文学学会副会长，中国文艺学学会副会长，上海市作家协会副主席，《上海文学》主编。著作《陈思和自选集》获上海市哲学社会科学优秀学术著作一等奖。主编《中国当代文学史教程》一书获全国普通高校教材一等奖，译为韩文出版。编撰的《巴金图传》获国家优秀图书奖提名。《中国现当代文学名篇十五讲》获 2004 年上海市哲学社会科学优秀著作二等奖。另出版著作有：学术传记《人格的发展——巴金传》，

文学史论著《中国新文学整体观》，编年体论文集《笔走龙蛇》以及《草心集》、《中国当代文学关键词十讲》、《谈话的岁月》等。
通信地址：复旦大学中文系（200433）
联系电话：021－65642020
电子信箱：heishuizhai@163.com］

从诗词的离合看唐宋词的演进

（王兆鹏 《中国社会科学》2005年第1期）

中国古代各种文体的演进史，常常是彼此分离与融合的历史。一种新兴的文体，从别的文体衍生分离而出后，既要确立自身独立的文体特性，以区别于其他文体，又会不断吸取融合其他文体的特点以求得新变与发展。而从发生学的角度看，一种文体在萌芽新生阶段，往往不具备鲜明的自我属性，常与其他文体混同，发展到一定的阶段后，才形成自我独立的文体属性。词体的发展就经历了这样的历程。纵观唐宋词的发展流变，词与诗始终是有合有离，从诗词的离合过程可以考察词的演进轨迹。

1. 初唐至中唐：词变于诗，诗词混合。初唐至中唐，是词体的形成阶段。此时词作体制，与诗基本是处于混合状态。而在观念上，诗客们也没有把这些后来认定为词的作品独立出来而视作词。词作的语言、题材取向也还没有形成一种有别于诗的特质。

2. 晚唐五代：词体独立，词别于诗。到了晚唐五代，词体进入到一个崭新的时代。温庭筠词的出现，标志着词体从传统的五七言诗歌中分离独立出来，宣告词体的定型与成熟，主要表现为：体制句式的长短化，语言风格的香艳化和节奏的错综化，审美趣味的女性化，境界的精美化与小巧化，表现功能的抒情化与单一化，抒情方式的模式化。

3. 北宋：词的转型，诗词初步融合。北宋的词体开始转型。从词体与诗歌关系的演变来看，又可分为两个时段。苏轼登上词坛之前的北宋初中叶百余年为第一时段，词与诗“亲密接触”。苏轼登上词坛后的北宋中后期为第二时段，词与诗初度融合。北宋初中叶，词与诗初步贴近。宋初词在表现功能上沿着三个方向朝诗歌靠拢。一是抒情的自我化；二是写景的纪实化；三是词调加题序。北宋中后期，词与诗初度融合。表现在：在词学批评中，开始出现“诗词”并称，并以诗为参照来评词论词；在创作实践中词人普遍地自觉地移诗法于词，由“歌化”词向着“诗化”词转变。

4. 南宋：词的诗化，诗词深度融合。宋室南渡后，民族灾难改变了词人的生活命运和他们的价值观。词体观念由娱乐游戏向着抒怀言志和强化社会功利目的的大转变，词与诗更进一步走向深度的多元融合。不仅是创作实践上词与诗的表现功能同化融合，而且理论上形成并确立了诗词一体、诗词相通的观念。南宋初王灼就提出：“诗与乐府（词）同出，岂当分异。”元人吴澄更认为，诗词功能同，不应区分为二。五代花间词风香艳靡丽，那不是词体的过错，而是“末流之失”。词如果回归《诗经》和古乐府的传统，也同样可以“用之邦国”，成为经国之大业，甚至超过汉魏晋唐以来的诗歌。吴澄虽是元人，但他的看法可以看作是宋人观念的继续和回响。

［王兆鹏，1959年生，文学博士，现为武汉大学文学院教授、博士生导师，武汉大学中国文学传播与接受研究中心主任，上海大学文学院特聘教授，中国韵文学会副会长，中国宋代文学学会副会长兼秘书长，中国词学研究会会长，《宋代文学研究年鉴》主编。出版《宋南渡词人群体研究》、《两宋词人年谱》、《唐宋词史论》、《词学史料学》等专著7部，其他著述20余种。在权威与核心刊物发表论文160多篇。］

从乡村到城市的精神胎记

——关于“打工诗歌”的白皮书

（柳冬妩 《文艺争鸣》2005年第3期）

“打工诗歌”的出现和“打工诗人”群体的形成是对技术主义的一个小小的反拨和颠覆。“打工诗歌”出现的真实意义并不表现在技术的创新上，其重要部分落在诗歌内容的表达和情绪的抒发上，具有真正的民间因素。“打工诗人”的写作恢复了写作与历史语境之间的张力，恢复了文本与来历性经验的直接联系。他们介身于文本与历史之间，置身于心灵的紧张或一种测震术式的写作，反应出为世界的混乱、变迁、嘈杂所打开的，一种最为敏感的，最深处的心灵震动。

一

在20世纪末期，随着工业社会、资讯社会的来临，市场经济得到了理论的正面肯定之后，城市化工业化浪潮席卷了华夏大地。麦田、油菜花、蝴蝶、菜畦、炊烟、丰收的打谷场和手持镰刀的中国农民——这些田园牧歌制造出来的意象体系在现代工业和不可遏止的欲望之间窒息。一切都在变，不仅我们的生活，甚至连人类经验本身。应当说，数以亿计的“农民工”是这些变化的主体，同时也是强烈的感受者，他们当中触角敏锐的“打工诗人”更痛切地感受到这种变化，更应真切地全面地表现出这些变化，表现出这些变化中最能代表时代鲜明特征和意义的部分。

……/放下镰刀/放下锄头/别了小儿/别了老娘/卖了猪羊/荒了田地/离了婚//我们进城去//我们进城去/我们要进城/我们进城干什么/进了城再说/……（谢湘南《在对列车漫长等待中听到的一首歌》）

生于乡下也死于本土的农民很难成为诗人。只有从那里走出来，然后又不时回望的人；只有那些不仅回望，而且对留下来的人们始终怀有深深的感情，懂得什么叫“悲天悯人”的人，才会做一个诗人。

“农民是一种身份/不是一种职业/这是我们大地的怪胎/乡村和城市畸形疯长/要选择/意味着你还没有出生”（陈勇《农民——献给秦晖教授》）

“十年，多长的汉江，步行也该走完了/你的整个流域！但是，苏家河这个村庄/我永远记得你的荒凉/……但是苏家河，我仍然/把户口留在了你的丘陵上：/那些光秃秃的土壤，曾经勾起/我对富裕和广大的生存的欲望……”（冰马《苏家河村》）。

时代迅变，农民与乡土的关系解体，生活图式混乱，生存区位倒错。打工诗人似乎还未能彻底逃离他们的乡村，他们以反思的态度求索生活本质及其变迁，将自己纳入生存的动乱里与之浮沉，诚实地观睹，幽微地勾连，成为时代命运的显影者。

二

当代中国正在全面遭遇都市社会，以经济效益至上和生产消费理念为中心的文化意识升腾在都市上空，改变了几千年来中国社会传统的知识结构、道德规范、生命意识和审美趣味，现代中国人的生命形态经历了沉重的嬗变。都市显明了人类进程的必然性，它包容了大善与大恶。都市是人类的第二个身躯，是现代文明的代表性符号。“火车站是大都市吐故纳新的胃/广场就是它巨大的溃疡/出口处如同下水道，鱼龙混杂向外排泄/而那么多好人，米粒一样健康”（杨克《火车站》）。被诗人身体化的空间写的是广州火车站。任何一个到过广州火车站的人都会对那里印象深刻。那人群中绝大多数是来自全国各地的外地劳工，他们主要是农村的逃离者，工业化主要的廉价劳动力。

列车终究无法将我消化/它长长地叹了一口气/把我吐在迷惘的站台/旅途已经结束/而流浪还没有真正开始/行李卷儿无奈地耷拉/在我风尘仆仆的背上/它的真正意义/只是一个累赘/挤在黑压压的人流/我无法盘算出将去的地方/人蛇混杂的广州啊/你今夜打算将我/如何处置（张守刚《站台》）

城市既给我们巨大的诱惑，也带来无尽的厌倦。城市生活的黑洞，它吸进了多少汽车、噪声、激动人心的话语、多少年迈或年轻人的身体？但打工诗人也不可能自动放弃在城市中生存的权利，如同他们不可能放弃思考和表达的权利，因为城市还有他们所眷恋的东西。

“我们/像爱家园样爱着钢筋砖木/一座又一座拔高的建筑/使故乡和这里/有了真正的距离”（蒲仕相《从深圳走过》）。打工诗人以未来的名义，让城市在他们的心中暂时地融为一体。打工诗人写作的文本深处蕴含着对另一种生活的希望和呼唤，从而保存了他们的梦想。

三

20世纪80年代末至今，在从乡村到城市的线上，中国社会在文化碰撞与激荡中出现转型，最重要的一个方面，就是都市生活呈现出非自然化倾向。作为见证，打工诗人往往通过对现代都市生活的透视，展开对城市文明的批评和反思，反映人与都市二者之间所形成的压抑与释放的紧张关系。

来城里打工这几年/俺家用的沙发茶几衣橱/摩托车彩电洗衣机电脑/都是在城里淘来的二手货/城里人喜新厌旧蔚然成风/穿了两水的衣服说丢就丢/贼亮的皮鞋说不穿就不穿了/那娶进门没几天的老婆/也说不要就不要了/出去找二奶三奶来供奉/可是那些老婆甩哪去了呢/俺走遍城市的大街小巷/也没淘得来一个（散心《二手货》）。

诗人用一种聪明的、调侃似的、令人能沉思且易懂的表现手法与口语语言来挖掘他在这“城市文明”世界的遭遇，有些玩票性质“随手而写”的轻快感，可是其间带有哲学式的嘲讽。市场经济的机制保障了人们追求欲望的合法性，人性的解放从80年代的理想主义走到了“自己的亚当”（马克思语）的物欲与原欲的释放。

侄女长大成人/要用幻想征服什么/她的幻想发芽于乡村/向城市生长出绿叶//侄女要进城/叔叔们都在城里有好的营生/叔叔们把城市建设/叔叔们总是怜爱稚嫩的侄女/……聪明的侄女爱好三级跳/喜欢美国香蕉而不是非洲茉莉/叔叔们你们有美钞吗/哪一位叔叔的美钞最多/侄女将城市的魔方玩转/将大洋彼岸的城市锁进心爱的抽屉/城市说白了也就是一种关系……（谢湘南《侄女的幻想与城市相对论》）

打工诗人在困境中坚持某种操守，在市场化工业化城市化腐蚀过程中，在磨砺与漫长的岁月中，“他们和/肮脏的城市始终保持着/一支扫帚的距离”（老刀《清洁工》）。卢卫平那首《在水果街碰见一群苹果》用“一群苹果”象征着人类社会实践未被污染过的最纯洁的一部分和人性中最美好、最善良、最干净的一面，是对现代文明之弊的一种反拨，是一种返本心理的产物。诗人语气亲切平和，捕捉日常诗意的笔触越是具体、精确，就越是透露出他对一个生存群体的深切关注和同情，就越能体现诗歌之于生活世界无可替代的伦理价值。

［柳冬妩，1973年生，现为东莞市文联《南飞燕》杂志主编。曾在《新华文摘》、《读书》、《文艺争鸣》、《天涯》、《诗刊》、《诗选刊》、《诗歌月刊》、《粤海风》、《北京文学》等刊发表各类文学作品。］

儿童文学的概念是一个模糊集

（马力 《湖南人文科技学院学报》2005 年第 1 期）

根据美国科学家札德的模糊集理论，我们认为“儿童文学”的概念是一个模糊集。首先，作为“儿童文学”根本属性的“儿童”、“文学”都是具有模糊义素的模糊词，这就使“儿童文学”内涵成为由两个模糊概念组成的集。其次，“儿童文学”的外延模糊。无论儿童文学的创作主体、文本，还是读者的范围，都是模糊的。这三重模糊又构成一个模糊集。

造成“儿童文学”概念是模糊集的原因，一是与概念涉及的对象——儿童文学创作的复杂性有关。儿童文学创作是儿童直觉的产物，直觉的特点是形象的，它凭借心灵的力量对事物进行整体性的把握。用以表现作家直觉感受的东西只能是意象，并且具有独特性。创作是形象而具体的，而儿童文学概念却是理性的、逻辑的。用理性的、逻辑的语言去概括形象的、极富个性化的创作，这本身就是一个悖论。理论不可能准确地指涉对象本身。儿童文学是一个不断发展变化的过程，它多姿多彩，博大精深，每一个理论家受到历史的局限，都只能站在一个特定的点上给儿童文学下定义，要让一个固定的有局限的概念去阐释不断发展变化的儿童文学创作过程，也是难以做到的。这些就是造成“儿童文学”概念是模糊集的原因。

本文的创新点就在于从模糊语言学的理论出发来分析儿童文学的概念，打破了以往关于“儿童文学”概念的确定性认识，揭示了“儿童文学”概念本身固有的模糊性和不确定性。

［马力，1950 年生，沈阳师范大学文学院教授，中国现当代文学教研室主任。
通信地址：沈阳黄河北大街 253 号沈阳师范大学文学院（110034）
联系电话：024－86531940
电子信箱：erwen2000@yahoo.com.cn］

佛典汉译及汉译佛教哲学对中国古代诗学的影响

（普慧 《文艺研究》2005 年第 3 期）

进入中土的佛典主要是胡、梵两种文本。佛典汉译极大地促进了胡、梵、汉等多种语言的交流和对比研究，使得译师们很快了解和掌握了这些语言的基本特点。佛典翻译上的长期实践，使得译师们有了翻译上得与失、甘与苦、喜与悲的深切感受。把这些经验提升到了理论高度，即建立起一些符合翻译规律的原则和标准。这些原则不但使汉语语言的基本句式丝毫没有动摇，反而更加确定和巩固了汉语语言思维的习惯模式。

汉译佛教哲学与中国诗学从相遇之始，就碰撞出了电光石火，二者每一步的双向互动都为中国诗学带来了新的思路、新的理念、新的空间、新的生机。这主要表现在：（1）汉译佛教哲学为中国诗学提供了一定的哲学本体论的理论基础；（2）汉译佛教哲学的佛性论强化了中国诗学的心性论；（3）汉译佛教哲学会通了中国诗学的思维方式。

与此同时，汉译佛教哲学又成了中国诗学获取理论范畴或理论营养的一个极为重要的来源。这主要表现在三个方面：一是直接从汉译佛教哲学中引用范畴，运用到诗学之中。如诗学的审美真实论、诗学现量说和诗歌境界说，就是直接从汉译佛教哲学中引进的。它们在诗学的本体论、创作论方面，极大地丰富了中国诗学的审美意蕴，提升和拓展了中国诗学的理论层次和学术视野。它如色空、静空、幻空、虚空等的审美空观，也直接源自于佛教哲学。二是用佛教的思想改造中国原有范畴，使之成为具有浓郁佛教特色的诗学审美范畴。如，虚静说和言意说，本为中国先秦时道、儒等家的学术思想概念，两晋时，汉译佛教哲学的两大系统“禅定”与“般若”逐渐成为中国学术思潮的主流，把传统虚静说和魏晋选学的言意说纳入到佛教哲学范围加以改造，丰富了虚静说在审美思维活动中的想像、联想、幻想等特点以及由此而生的内听、内视的意象世界，扩大了言意说的外延：即要求文学以有限的语言、形象来传达无限的意蕴。三是根据佛教思想结合某些本土原有思想创造新的适合诗学的审美范畴。如“性灵说”和“神韵说”两个范畴：前者的“性”的思想来源是汉译佛教的佛性和识神，“灵”的思想来源是中国本土的神灵观念。这二者的融合，衍化出一个全新的思想范畴，指的是主体精神及其统御下的信仰理念和情感所凝聚和发动的自由想像力、创造力和驾驭力，它不是经验或先验世界的反映，而是具有某种强烈的神性超验作用。

后者的思想来源有二：一为古代印度音韵学，一为中国本土音韵学。古印度关于“韵”的暗示性特征进入汉语诗学领域，认为好的诗歌只能在对其和美的声音反复吟咏中，其存在的意义才能伸展、铺现，鉴赏者才能从和美的声音的暗示中体会、感受、领悟。

［普慧，1959 年生，西北大学中文系教授、博士生导师，西北大学宗教学研究中心主任。2002 年出版了《南朝佛教与文学》，曾获 2003 年陕西高校人文社会科学优秀成果一等奖、陕西省第七次哲学社会科学优秀成果二等奖。2005 年发表的论文有《佛典汉译及汉译佛教哲学对中国古代诗学的影响》、《佛教对中古文人思想观念的影响》。
通信地址：陕西西安太白北路 229 号（710069）
联系电话：029－85069376
13201567719
电子信箱：spring84523@126.com］

构建新的散文理论话语

（陈剑晖　《学术研究》2005 年第 2 期）

散文理论要有所变革和跨越，关键之点是确立现代意义的散文理论视野，并在此基础上构建新的散文理论话语。

构建新的散文理论话语，首先必须更新散文的观念。传统的散文理论由于深受古典文论的影响，十分推崇散文的典雅、蕴籍和抒写性灵，正是在这种理论倡导下，许多散文家热衷于写故乡童年或身边的一点琐事，表现手法上则是普遍采用托物言志、借景抒情的写法，结果使散文的路子愈走愈窄，成了苏州园林式的惨淡经营。然而 20 世纪 90 年代以来散文的发展却表明：散文要获得现代人的认同，在观念上必须“野”一些，在题材上则应“杂”一些，太典雅太纯净的散文并不一定符合现代人的审美口味。至于“诗化”、“形散神不散”、“写真实”以及“真情实感”等等观念，也都有必要在现代性的散文理论视野中重新审视。

构建新的散文理论话语的另一个重要的方面，是散文研究方法的调整与开拓。长期以来，由于我国的散文理论都十分强调要写真人真事，并将其视为散文创作的“首要特征’，与创作的这种非虚构特征相对应，散文的叙述一般都局限于第一人称“我”之上。但自上世纪 90 年代以来，由于散文创作中“虚构”与“想象”的成分与日俱增，散文的叙述视角也发生了变化。许多散文的叙述视角已经不再局限于第一人称，它们不仅打破了叙述者与作者的同一关系，而且普遍运用了第二或第三人称的叙述视角，还有的散文打破了传统的线性叙述模式，采取跳跃、断裂和非逻辑的叙述语式，这些都给散文的研究者带来挑战，要求他们改变陈旧封闭的研究散文路数，以现代的批评视野来构建新的散文理论话语。

其次是关于散文的结构。过去我国的散文研究者总是从谋篇布局，行文章法一类的“文章做法”，即仅仅从外在的组织方式来看待散文的结构。但如果我们从现代性的开放视野来看散文的结构，便会看到上述关于散文结构的认识过于机械、单一和浅表。首先，从类型来看，散文的结构应是丰富多样的，除了苏州园林式的结构外，更多的是情绪结构、心理结构、意识结构、意象结构甚至寓言式结构。其次，从现代叙事学的观点来看，散文的结构除了显在的结构外，往往在叙事文本的文字底下，还隐藏着一个潜在结构。因此，我们可以借助“双重解读”理论和结构主义原则，对散文结构作出新的建构。

从“散文的诗学”的角度来要求，除了需要对“散文叙述”和“散文结构”进行建构外，还要对“散文意象”予以重新认识。此外，还可以运用心理分析方法来考察散文文本。总之，在告别了旧的世纪，进入新的世纪之际，我们的散文理论研究者应拿出大勇气、大气概和大智慧，对中国自“五四”以来的散文理论批评作全面性的反思和体系性的建构。

［陈剑晖，1954 年生，华南师范大学中文系教授、华南师范大学编辑出版系主任、中国作家协会会员、广东省散文研究会副会长。著有《新时期文学思潮》、《散文文体论》等 9 部专著，发表论文 150 多篇。先后获得庄重文文学奖、全国首届冰心散文奖理论奖、广东省哲学社会科学优秀成果奖一等奖等 14 项奖励。
通信地址：广州市华南师范大学文学院（510631）
联系电话：020－85210050
电子信箱：chenjh@scnu.edu.cn］

古代诗话对传统批评体裁的自我反思

（张一平　《文艺研究》2005年第7期）

古诗话自身体裁批判之独特现象，表明了诗话家对传统批评体裁爱恨交加的矛盾心理，同时也断绝了20世纪初文论转型异变时，古诗话与现代文论血缘承继的最后希望。其特征有四：

第一，诗话家无法摆脱与古诗话千丝万缕的血肉联系。诗话家对诗话的鄙斥严厉而广泛，但自宋始至西方文论大举攻入国门之前，诗话家从未真正迈出彻底摒弃古诗话体裁实质性的第一步：更换新的诗学理论。

第二，对古诗话体裁猛烈批判的声音不是来自外界，訾议者往往本身就是诗话家。故其批评尽管声色俱厉，但本质上无法脱离诗话体裁母体。由此决定了这种攻讦具有明显的改良倾向，并非真正以彻底摒弃诗话体裁为目的。

第三，古诗话内部对自身体裁之批判和反批判，平衡地维系着古诗话对诗论的长久统治。二者之作用相互消长，构成诗话存在的一个有趣现象。由于没有更多的选择余地，持批判态度的诗话家们只能向反批判者妥协：以诗话形式来表述自己的文学思想。两股势力共同致力于诗话创作，使得古诗话数量在其被历史抛弃前夕达到了“登峰造极”（郭绍虞语）的地步。

第四，古诗话内部长期而普遍的明争暗斗，使得其表象满目疮痍：在诗话界内部，古诗话自惭形秽，厌恶自身体裁难以克服的琐碎支离、态度偏激、以讹传讹、轻率纰缪等陋习；在他人眼里，古诗话衣衫褴褛、地位低贱，俨然是文学理论的落伍者。故而当崭新的西方文学理论大举攻入国门之时，古诗话只得束手待毙，不论其优劣统统被当成糟粕而遗弃。从这一意义上说，反思古诗话的理论传统，探明古诗话体裁自身批判之特征，了解古诗话批判与反批判在批评史上所起的独特作用，对于今天实现古代诗学的现代转化无疑具有重要的现实意义。

［张一平，1956年生，温州大学人文学院教授，古代文学教研室主任。
通信地址：浙江省温州市茶山高教园区温州大学（北校区）人文学院（325035）
联系电话：0577－88390852
13606878756
电子信箱：zhangyiping1002@163.com］

古籍数字化与古典文学研究的未来

（郑永晓　《文学遗产》2005年第5期）

具有前瞻性眼光的学者决不能仅仅满足于把计算机当作一个检索工具。人类如何适应并利用其独特的思维方式，在古籍数字化的基础上将古代文学研究提升到一个更高境界，是广大文学研究者和IT业者共同面对的挑战。

从信息科学的总体发展而言，计算机愈来愈人性化和具备一定程度的思维能力是一个必然的发展趋势，这其中的关键在于计算机程序是人设计和编写的，人的思维控制着计算机的思维，计算机的思维是人脑思维的延伸而并非人脑思维的异化。伴随人工智能科学的成熟，摹拟的人脑思维能力即使还处于非常幼稚、肤浅的阶段，如与计算机本身所固有的优势，计算机的思维方式相结合，也可能结出某些令人惊叹的硕果。

不管是否对计算机和网络技术感兴趣，IT技术的迅速发展对从事中国传统文史研究的学者都将产生至为深远的影响。这是因为，传统学者治学过程中对私人藏书或公共图书馆的依赖在不远的将来会不复存在。存储技术的日新月异，将中国历史上的所有古籍存储在一张DVD光盘或一张邮票大小芯片上的可能性并不遥远，将所有古籍随身携带或在网络上随时存取不再是一个遥远的梦想。第二，与传统图书的阅读方式不同，可随身携带、随时存取的这些古籍是可以快速检索、查询、筛选、统计的电子文本，在不远的将来完全可以在此基础上实现自动标点、笺注、翻译等功能，甚至进而实现历史年表的编撰、作家年谱的纂辑以及数字化文学史等更具智能化的功能。这就使得此前乾嘉学派那套治学功夫基本没有了用武之地，像标点、笺注、翻译等工作完全可以交给机器去处理。同时，现代人推崇的美学分析、文本分析、文化研究等等也必将面临重大变革，因为对文学史所作的理论和美学分析建立在对历史文献的解析、归纳之上，而一旦对文献的处理发生了划时代的变革，则整个古典文学研究方式也必将随之变革。

版本意识淡薄，字库设计不符合学科要求，缺乏合适的程序设计语言是目前古籍数字化过程中面临的主要问题。充分汲取飞速发展的信息技术，加快古籍文献的数字化进程，建立完善的古文献数字化平台，对于古典文学研究的未来有着极其重要的意义。只要对其中可能遇到的困难有充分的准备和行之有效的应对办法，就一定能够使古典文学研究这一历史悠久的传统学科得到跨越式发展。

［郑永晓，1963 年生，中国社会科学院文学所副研究员，数字信息室主任。
通信地址：北京市中国社会科学院文学所（100732）
联系电话：010－85195466
电子信箱：zhengyx@ cass. org. cn］

官员散文：希望与遗憾

（王兆胜　《文艺争鸣》2005 年第 3 期）

该文认为，20 世纪 90 年代以来是中国散文的黄金季节，它一改过去边缘化的角色和状态，成为与小说、诗歌一样重要甚至更为显日的文学样式。近些年，政府官员散文创作势头正旺，并成为一种社会文化现象，其中较有代表性的是王充闾、梁衡、刘长春、刘家科等。然而，对这一倾向产生的因果关系、成败得失、应注意的问题，至今学界尚未做出反应，也没有进行系统的梳理探讨，更缺乏实事求是和令人信服的评价。

一、官员散文的定义和成因

所谓官员散文，指的是由政府官员创作出来的散文，因其不同的身份、地位、经历、价值观和审美理想，从而其散文有着独特的内涵和形态。

官员散文在当前渐成气候，一个重要原因是由多元化的社会文化格局和相对自由的创作空间决定的。在封闭保守和政治一统天下的年月，不要说政府官员，就是作家，除了一味地服从外别无选择。进入新时期，尤其在商品大潮的冲击下，社会文化呈多元的价值取向，社会角色也由单一走向多重，这样官员为文就如同作家经商变成自然而然了。

官员散文写作的第二个因素与官场的腐败现象、高度紧张、无奈情绪和强烈的社会道德责任感相关。当下的中国官场已出现诸多难解困局，而身置其中的一些官员对此了然于心，也深以为憾！于是揭示官场的不正常现象，发泄郁闷苦恼的心绪，解剖自己的人性，寻找一片安宁地，就成为批判现实和解脱自己的突破口。换言之，官员写作以其官场背景为前提，不论直面现实还是审视历史，不管写山水田园还是回忆往事，都可以看到官场的面影。

能写散文的官员往往多才多艺，对文学艺术怀着真挚的热爱与感动，这是他们在繁忙的官场还能坚持创作的内动力。兴趣爱好是成功的关键，这是官员散文生成的第三个原因。

时下，不少人对官员写作不以为然，甚至多有误解。其实，官员与文学有着密切甚至天然的关联，这也是中国传统文化的一大特色，如果没有官员的努力，一部中国文学史将是很不完整的！时下的官员散文创作并非无源之水，它承接了中国古代文化传统！显然，问题的关键不在于官员可否进行散文创作，而是写得好不好，如何评价官员散文的成败得失。

二、官员散文的价值和意义

对当下的中国散文而言，官员散文无疑是一支轻骑兵，也是一股新鲜血液，它以自己鲜明的特点发挥着不可忽略的作用。概言之，它的价值主要表现在：一是对官场等重大问题的深入剖析；二是沉实有力的美学风格；三是直截了当的表现手法。

官场是个独特世界，它以权力为中心，以复杂的关系、人性和人格为半径画圆，如果不身在其中很难理解其奥秘。从此方面说，非官员散文较少写官场，就是写到了也多是蜻蜓点水，难得要领！官员散文弥补了这一不足，它向读者展示了官场的经纬与魔力。文学与政治、官场、重大的社会问题息息相关，忽略于此必然导致文学的虚弱无力，使文学患上软骨病，近年的文学现状就很能说明问题。因此，官员散文对官场的透视与揭示具有重大意义。

与此相关的是沉实有力的美学风格。现在的许多散文作品，包括不少名散文家的作品普遍流于无聊空虚、轻浮无力，甚至出现庸俗、油滑和病态之怪现象！而官员散文则多沉实、刚健、正气之作，有凛凛然阳刚之风骨在，读之令人有醍醐灌顶之感！这些散文反映了重大的社会、政治、历史和人生命题，态度严正，感情真挚热烈，用心专一，言之有物，节奏铿锵，气势汹涌，寓义深刻，充分显示了力之美。

直截了当、不加华饰也是官员散文的一个特点。与许多散文多枝多叶、脂粉气太重明显不同，官员散文往往开门见山，主题鲜明，叙事单一，故事性强，语言质朴，所以显得亲切可爱。关于此，在与作家散文和学者散文的比照中更易彰显出来。

需要补充说明的是，官员散文并非只反映官场等的重大事件，并非只有沉实有力和直截了当这一种类型，事实上，还有另一类也不可忽略，即对于边缘化的日常生活进行阴柔式的描写。只是比较而言，它远不如官场的表现更有意义罢了！

三、官员散文的短处与误区

在给官员散文以较高评价的同时，也应清醒认识到，尽管有的官员已成为优秀的散文家，但总的说来其存在的问题多多，还有待于进一步完善，尤其将之放在整个散文的格局看。

不少作品停留于原生态，过于沉重直白，缺乏锤炼提升，也缺乏空灵和韵致，文学性较差，这是当下官员散文存在的普遍问题。如前所叙，沉实直朴是“力”与“美”的重要特征，但如果没有空灵曲致与之调和，也难有散文佳作产生！以这样的眼光审视可知，除个别作家的个别作品，官员散文多是“吾手写吾见”，“吾手写吾口”，“吾手写吾情”，难以达到“吾手写吾思”，更难以达到“吾手写吾心”的高度。不能与描写对象拉开距离进行观照，没有经过思想和心灵的过滤、提纯和升华，不用曲曲有致的手法进行艺术表现，就必然使官员散文粗率呆板、静多动少、简单平直和沉重难举！如何使官员散文进入灵动的层面，使其富有的沉实有力之美更见光彩，这里除了注意文化积累和文学修辞外，精神和人格境界的修养至为重要！因为“精神的淡泊，是艺术空灵化的基本条件”。这对于在复杂的权力场中日理万机的官员来说尤难做到。不过，它却是优秀文学艺术生成的必要条件。

官员散文的第二个局限是公共话语大于个人话语，于是往往流入世俗浅见，难有远见卓识。把握时代的脉搏，感应人们的心跳，吸取成功者的长处为我所用，这对于官员散文是必要的，但另一面，决不能成为既有观念、写法和思维方式的传声器，更不能东施效颦，而应超越这些方面，发出自己的声音。还有，文学与政治、经济、思想和文化等固然有一致和同声之时，但它更多的是逆向而行，以“异己”的力量出现。换言之，文学的价值往往就在于它的理想性和超越性，甚至在于现实的不可能性。以此观之，官员散文往往较少发出异声。

现代意识的薄弱是官员散文的第三个缺憾。所谓现代意识，简言之即是指自由、民主、平等、科学、仁慈与博爱等思想意识。这包括对权力的正确认识，尤其批判权力的异化；也包括清除官本位思想，真正树立民本思想；还包括批判与反省精神，尤其是自我批判和反省；当然包括悲悯的情怀。站在这一角度反观当下中国的官员散文，就容易发现其中的问题。

官员是人民的公仆、正义的化身与合理秩序的卫士，因之，官员散文应该有其优势：感应时代汹涌澎湃的潮汐，代表底层的民声民意，思想深刻，心灵纯洁，自由自在，有胆有识，大智大慧，境界高远，就像陶渊明、白居易和苏东坡所做的那样。

［王兆胜，1963年生，文学博士，现为《中国社会科学》杂志社副编审。主要著作有《林语堂的文化情怀》、《闲话林语堂》、《林语堂两脚踏东西文化》、《林语堂大传》、《真诚与自由——20世纪中国散文精神》、《文学的命脉》等10部，发表论文百余篇。散文入选大学教材和多种重要选本。编著有《百年中国性灵散文》、《外国散文三百篇》和《享受健康》等多种文化和散文选本。］

汉诗现代革命的理念是为何与如何确立的

——论白话—自由诗学的生成转换逻辑

（解志熙　《中国现代文学研究丛刊》2005年第2期）

本文将汉诗现代革命的首发运动命名为白话—自由诗潮，而白话诗风和自由诗风标志着它的两个发展阶段。在此基础上，论文集中探讨了白话—自由诗潮的诗学主张，指出它有两个影响深远的革命性诗学信条。一是自然—还原主义，代表性的诗论出自胡适的《论新诗》及其影响下的俞平伯、康白情等少壮诗人。其要旨是首先主张在诗的语言文体上从过于文雅的“文字”还原到自然的日常语言，用胡适的话来说就是“作诗如说话”；其次是针对旧诗之文胜质的积弊，主张从形式的刻意经营回归诗的本质或者说本源——人的本己的真情实感之抒发，并且为了保持这情思的真纯自然，进而强调诗人应绝对维护其做诗动机的自然和创作态度的纯洁；最后则是回溯到中国诗学的源头“言志”论和中国诗歌最古老的经典《诗经》，重新发掘“言志”论所揭橥的诗本于情感之自然（所谓“在心为志，发言为诗。情动于中而形于言……”）观念的现代意义，并有鉴于《诗经》之为了抒情的“真实所以绝对的自然”，所以用“极寻常的话”作诗而在音节上又“自然调和”，因而将它追认为白话—自由诗的典范。这一切都表明，白话—自由诗学及其主导下的这场诗歌革命，走的其实是“回归自然”、“返本开新”的路子。也因此，其首要的诗学信条可称为“自然—还原主义”。二是自由—自发主义，代表性的诗论出自郭沫若及其影响下的少年诗人。其要点是把诗人主体的激情、灵感和想象推崇为“诗底本体”，从而张扬创作的绝对自由。用郭沫若的话来说就是：“诗的本职专在抒情，我自己对于诗的直感，总觉得以‘自然流露’的为上乘”，所以“形式方面我主张绝端的自由，绝端的自主”，以至于宣称“诗不是‘做’出来的，只是‘写’出来的。”由此，白话—自由诗潮的诗学主张，从自然—还原主义转向自由—自发主义，这个转换发生在1920年。白话—自由诗学所标举的这两大诗学信条，彻底将汉诗从旧诗规范及其理论教条的重重束缚下解放了出来，不仅带来了“诗体的大解放”，而且从根本上解放了诗的创造力，使汉诗写作获得了空前的自由；但同时它作为一场真正的诗歌革命的理论主张之在所难免的极端性、片面性和简单化，也留下了许多问题，埋下了不少隐患，后来便势所必至地导致了新诗创作的危机——由于诗歌这种高度精微的语言艺术几乎被完全还原一等同于自然的日常言语行为，诗歌创作应有的自由被极端地推崇到几乎不需要任何艺术规范和艺术经营的自发性写作，所以新诗在一度盛行之后必然地盛极而衰。故此，新诗坛随后也对上述两大诗学信条极端推崇自然和自由的弊病，进行了严肃的纠正和持续的反拨。

［解志熙，1961 年生，文学博士，现任清华大学人文社会科学学院教授，中国现代文学研究会理事。有《生的执着——存在主义与中国现代文学》、《风中芦苇在思索——中国现代文学的现代性片论》、《美的偏至——中国现代唯美—颓废主义文学思潮研究》等著作。曾获《文学评论》优秀论文奖（1997 年、2003 年）、中国高校人文社会科学研究优秀成果奖二等奖（2002 年）。2005 年发表的论文有《精深的冯至与博大的艾青——中国现代诗两大家叙论》、《汉诗现代革命的理念是为何与如何确立的——论白话—自由诗学的生成转换逻辑》、《现代诗论辑考小记》等等。
通信地址：北京市海淀区清华大学人文社会科学学院（100084）
电子信箱：xiezhx@ mail. tsinghua. edu. cn］

金政权南迁与北杂剧的成熟

（张大新　《文艺研究》2005 年第 12 期）

北宋沦亡，金人入主中原，趋向成熟的宋杂剧一度萎缩散漫，但在南北议和隔淮而治之后，女真贵族接受汉文化崇尚文治，多民族文化全方位地渗透融合，以杂剧、说话、诸宫调为代表的通俗文学获得了长足发展，与宋杂剧血脉相联的金杂剧（院本）实现了历史性的跨越，进入了成熟的“真戏剧”阶段。王国维先生盛称的“真戏曲”在“形式”与“材质”两方面的“大进步”，至迟在金代末年已接近完成。

一

汴京失陷后，教坊乐人大体上有三种流向：一部分随宋政权南迁临安（今杭州），一部分被金人押往中都（今北京），一部分流散在河南境内。第一部分应是伎乐中的精华和骨干，第二部分在押解途中大量逃亡于河东一带，第三部分则与草台艺人合流，滞留在中原民间艰难生存。这样一来，宋金对峙时期戏剧即在临安、中都、河东、河南等地分头发展。南下杭州的杂剧保持了宋杂剧的基本格局，后受南方戏文的影响有所变化，一度比较活跃，但缺乏变革的气息；流散在河东、中原一带的杂剧艺人，重新在城镇和寺庙、路歧作场，其中河东杂剧发展势头强劲，处在战后劫灰中的汴京杂剧则步履维艰；北上燕京的一支，依赖金政权的支撑和倡导，在多民族文化融会贯通的优裕环境中探索创新，升华为中国古典戏曲的成熟形态——北曲杂剧。

戏曲史家的研究结果表明，由宋杂剧向金元杂剧（即北曲杂剧）嬗变的关棙是以代言体抒情为表征的剧曲套式（即曲牌联套体）的确立，而在曲牌联套体酝酿形成的进程中，发祥于北宋瓦舍勾栏间的诸宫调，则是实现故事讲唱向戏曲表演过渡的重要桥梁。诸宫调的出现，是市井商业文化多元融汇的结晶，充分显现出民间文艺通俗性、娱乐性、包容性和前瞻性的共性特征。“首创诸宫调古传”的孔三传，无疑是众多汴京勾栏艺人中的佼佼者，他创造性地将质朴率真的民间曲子与以说唱故事为主的俗变、说话、缠令、鼓子词等糅合在一起，讲唱历史与现实故事，迅速征服了观众，占领了文化市场，形成一股强劲的俗文化冲击波。就连一向鄙薄俚歌谣讴的官场文人也“皆能诵之”，且竞相仿作。

金人立国之初，曾强令女真、奚、契丹人大规模移居中原，给各民族经济文化的交流提供了一个重要的契机。少数民族音乐逐渐风靡黄河南北，给包括民歌谣曲在内的传统音乐注入诸多浑朴、刚劲的质素，酿成一种旋律高亢、节奏明快，充溢着健劲泼辣的阳刚之气的新型俗乐。

以“胡乐”为主导的新兴俗乐的风行，促使诸宫调的体制和唱法发生一系列与之相适应的变革，突出的表现就是故事容量的增加和由词调向曲调的转化。它吸收唱赚用同一宫调的乐曲演唱故事的长处，将不同宫调的短套联成长套，歌唱时频换宫调，自由换韵，并适应北方语言的变化，将入声派往平、上、去三声。其叙事更为细腻，并注重人物刻画和心理描写，唱词更富于文采。它对北曲杂剧的决定性影响，一在代言体叙事方式的出现，二在北曲联套体的确立。近人从域外抄回的《刘知远诸宫调》残本和惟一幸存全璧的董解元《西厢记诸宫调》，刚好印证了诸宫调由宋代词唱向金人曲唱演进的朦胧轨迹，而后者的闪亮登场，则无可争议地标示着北曲曲牌联套体的脱胎定型。

二

贞祐二年（1214）金政权南迁开封，为都市商业经济的再度活跃和文化的复兴提供了强有力的支撑，长期蛰伏在民间的戏剧精灵一经与乡音未改的教坊伎乐谋面，便给沉寂多年的乐棚舞台注入了鲜活的生机。种种迹象表明，北方新型民族音乐体系的构建，诸宫调由词唱向曲唱的演进，北杂剧剧本与音乐体制的定型，多应是在金末汴京的瓦舍勾栏间完成的。有学者曾考证《董西厢》的用韵音系，断定其是地道的汴梁话。如此看来，其产生的时地，当为金末的汴京及其周边地区。也许正是在这个意义上，戴不凡先生才做出了宋金对峙时期开封“并未失其为戏剧中心”的睿智判断。

以叙事为主的多宫调联唱何以转化为代言体的曲牌联套？散套与剧套究竟孰先孰后？对此，学者见仁见智，久讼未决。笔者以为，只要我们将二者放置在瓦舍文化这一共时性的背景之下，不拘泥于因表演者和演出场所的不同所导致的观众审美需求的差异，不在勾栏艺人和市井文人之间人为地划出一条鸿沟，两者的亲缘传承关系并不难于辨析体认。既然承认唐代变文、宋代说话是诸宫调的远祖和近亲，不否认其曲调由唐宋大曲、北方各民族民间曲子融合而成，认定其结构体制深受鼓子词、唱赚一曲多唱或多曲联用以演述故事的影响，确认《刘知远》、《弦索西厢》的作者与勾栏艺人有着千丝万缕的联系，或像有些学者那样推测董解元“可能是一个擅长写作的民间艺人”，那就得接受这样一个推论：诸宫调是单个艺人在勾栏讲唱兴衰穷通的古今故事，北杂剧却是“一角众脚”在舞台上表演悲欢离合的世态人情，编撰者务必要适应不同的演出需求，或采用变文、说话的第三人称讲唱相兼，或充分发挥长短句歌词的抒情特质代人立言。如此看来，以个体抒情为主的散套和以代言形式演述戏剧角色人生境遇的剧套，其区别仅仅在于创作动机和审美取向的差异，其间并不存在主从派生的关系。这一点，我们可从金末文人散曲创作的实例中得到证实。

三

从艺术发生学的立场出发，大凡一种崭新的文艺样式，总要经历一个由民间到士林的演进过程。我们有理由认为，当金末文人对荡人心魄的街市令曲和火爆于勾栏瓦舍的北杂剧和诸宫调产生浓厚的兴趣，情不自禁地玩味吟唱，以至按捺不住依调度曲之时，作为通俗文艺双娇的北杂剧和诸宫调已进入其体制完备的鼎盛期了。推动宋金杂剧向北曲杂剧嬗变的功臣，应当是活跃于宫廷教坊和勾栏瓦肆之间的优伶、艺妓和与他们相濡以沫的民间艺术家，其中不乏像杜善夫、商衜、王伯成这样以风流自任的下层文人，更有董解元、关汉卿、郑廷玉、石君宝、王实甫、杨显之等兼有文人和艺人作家双重身份的“浪子才人”。参照徐朔方先生戏曲、小说等通俗文学大多呈现出世代累积型集体创作表征的论断，结合现存金元杂剧的文本，我们有理由认为，以元杂剧文本形式流传下来的关汉卿、王实甫、石君宝、李直夫、郑廷玉等人的早期剧作，当草创于金末，加工改写于元初。

宋金杂剧本应有剧本，但不曾完整地流传下来，其原因是多方面的：宋金杂剧中的“正杂剧”之前有“艳段”，后有“杂扮”，这些尚属滑稽表演，随机性很强，且有固定套路，全靠演员即兴发挥，无需诉诸文字；杂剧艺人文化素养一般较低，剧本多停留在集体创作阶段，唱词和关目由师徒口耳相授（不留文字恐怕还与戏班之间相互竞争，拿手好戏秘不示人有关）；自命清高的文人虽对勾栏观剧怀有浓厚兴趣，但碍于正统观念，崇雅而鄙俗，绝不轻易染指于此等薄技，时过境迁，也就难免自然流逝。逮至元代，大批文人沉沦市井，由被迫到自觉地与青楼艺人联袂编演杂剧，遂将那些故事性强，艺术性高，且便于借题发挥的优秀剧目加工改写，艺术品位大大提高，而那些朴野粗糙的原作也就湮没无闻了。

［张大新，在河南大学黄河文明与可持续发展研究中心、河南大学文学院工作。］

口传文学研究的十个误区

（尹虎彬　《民族艺术》2005 年第 1 期）

20 世纪西方口头传统研究在几个关键问题上，对 19 世纪以来民俗学研究中许多观念进行了反思：口头文学的创作与表演、作者与文本、传统与创新、口头文学的文本记录与现代民俗学田野工作的科学理念、民俗学文本与文化语境的关联、关于口头文学的价值判断、口头文学与书面文学的双相互动、口头传承、书写传统和电子传媒对人类认知和文化的影响等。人们对这些问题的反思是跨学科的，这种反思不仅揭示了以往的认识误区，更预示新的学科走向。

中国传统知识分子对于民间文化传统有着历史和现实的隔膜，他们中的大部分还不能真正理解和欣赏民间文化。在知识分子的视野里，所谓中国文化主要还是文字文化、文人文化，或者上层阶级的文化。以往，知识分子在谈到民间文化时常常带有文化上的优越感。比如，把老百姓的口承故事叫“说瞎话”，把农民的信仰观念叫“封建迷信”，把一些较为古老的宗教传统叫“原始思维”。我们的世界观是工具理性的、实用的。我们这一代知识人曾经很自信地谈论文明与野蛮、先进与落后、传统与现代、科学与愚昧的冲突。但是，今天看来，事情并非这样简单。文化的选择不像科学活动那样，最终会有一个正确的答案。我们的科技水平提高了，我们为之生存的自然界却逐渐恶化。世界变得空前发达了，种族之间的冲突却变得更加复杂。科技文明的进步不会保证我们在人文视野上也会同步提高。民众文化的特点具有物我两忘、主客不分、人我共生、性理交融、人神合一等特点。我们研究了口头传统，但是，我们阅读了业已记录在纸上的口头文学作品，就以为我们可以完全理解它了。只有在老百姓的日常生活里，我们才会深刻地领悟口头传统的真正含义。民众创造的文学就是他们的生活。

［尹虎彬，1960年生，中国社会科学院民族文学研究所研究员，中国社会科学院研究生院硕士生导师。

近年来发表了《口头文学研究中的程式概念》、《史诗的诗学：口头程式理论研究》、《口头诗学的文本概念》、《口头诗学关于歌的概念》、《帕里、洛德口头诗学试论》、《口头诗学与民族志》等理论评述。出版了个人专著《古代经典与口头传统》、译著《故事歌手》。

通信地址：北京建国门内大街5号中国社会科学院民族文学研究所(100732)

电子信箱：yinhb@cass.org.cn］

《狼图腾》与新世纪文学的生命叙事

（王学谦　《文艺争鸣》2005年第2期）

该文从三方面对《狼图腾》一书进行了评估：

一

该文认为，很难说《狼图腾》是一部多么出色的长篇小说，但是，却完全可以说它是一部颇具特色的小说。

在文学领域，叙事对象并不具有决定性，尤其是在叙事经验日益丰富的当代文坛，但是，我们的确无法否定叙事对象本身所蕴涵的巨大审美力量。姜戎的长篇小说《狼图腾》并没有提供某种“陌生化”的叙事方式，却提供了一个传奇性的陌生化的叙事对象——草原和狼群。这是《狼图腾》成功并获得大量读者的重要原因。但是，作者有更大的文化理性雄心：狼不仅是生态学意义上的人类朋友，而且还是文化意义上的人类朋友，是人类值得学习的榜样。狼强悍而机智的生命本能是人类进步所不可缺少的精神。由此，小说展开更加宏大的文化思考和价值判断：“狼图腾”是蒙古民族的文化本质。蒙古民族之所以能够造就出成吉思汗那样征服世界的英雄，就是因为具有“狼图腾”的文化传统。中国以儒家为主体的传统文化是农耕文明的产物，在本质上是羊的文化。中国历史的衰败就是这种羊性文化的结果。

这种生态学话语和人文话语需要用一定的小说叙事技巧才能达到叙述目的。首先，作者采取“语录”和“论文”的方式直接表达人文理念。其次，在更多的情况下，作者将生态学使命和人文话语叙事使命赋予他的人物，将人物性格设计成精通草原生态学和人文理性话语的知识者，然后，把那些人物及其相互关系与草原传奇和生态学和人文历史联系起来。姜戎将自己的理性话语使命主要交付给两个人物：毕利格和知青陈阵。我们完全可以把毕利格老人看作是一部关于草原的百科全书。知青陈阵，并不是生活在草原上知青，而是一个研究草原的学者，一个掌握现代生态学，并对草原狼充满好奇和敬畏的科学家和人文学者。

二

该文认为，《狼图腾》是20世纪中国文学生命叙事在新世纪的一种延续。在整个20世纪中国文学之中，存在着一种强烈的生命叙事浪潮。鲁迅笔下“狂人”、“疯子”、“过客”、复仇者，包括鲁迅的杂文都昂扬一种桀骜不驯的生命意志和激情。“五四”作家普遍偏爱生命力量和激情。20世纪30年代沈从文的湘西小说、曹禺的《原野》、《北京人》、《雷雨》、艾芜的《南行记》、端木蕻良的草原和东北大地、路翎的原始强力等等，都可以纳入到生命叙事的范畴之内。80年代文学中更是存在着大面积的生命叙事。《野狼出没的山谷》、《白茫茫的雪原》（王凤麟）、《七岔犄角的公鹿》（乌热尔图）、《蓝幽幽的峡谷》（白雪林），都是直接书写人与狼搏斗的小说。寻根文学的浪潮进一步将生命叙事推向高峰。最具有生命野性的是莫言的《红高粱家族》。张承志早期的短篇《春天》写到了蒙古牧人与草原暴风雪——白毛风的搏斗。《大坂》、《黄泥小屋》、《心灵史》等则延续了这种生命意志。这种生命叙事指向是人的生命主体——生命意志，是个性、自由等关于人的主体精神的现代性文化想像。所以，生命叙事往往带有强烈的文化反叛、社会反抗和文明反省。生命叙事所采取的叙事策略是回归野性，其思维方式是大规模后撤，从现实中退回到历史、文明的零度状态，将主体置于非社会、非文化的自然状态，以克服既定文化/文明对生命意志牵制，以鲜明的自然状态与社会状态的二元对立凸现生命意志。

20世纪文学的生命叙事，是以整个近代以来中国社会现代性文化叙事为依托的。无论价值立场具有怎样的冲突，近代以来的知识分子对东西文化的差异性的判断却是惊人的相似：东方文化主“静”/柔/德，西方文化主“动”/力。这一文化判断，从晚清国民性改造开始，一直持续到20世纪80年代。

三

富有戏剧性的是，《狼图腾》的生命叙事却引起了很大争议。一些专业批评家对《狼图腾》的生命叙事持否定态度。李敬泽认为，用“狼性”、“羊性”

这种简单的概念来解释中国历史和中国的文明进程是完全不能成立的。陈晓明认为，《狼图腾》是雄性写作的一座高峰，却否定《狼图腾》的人文理念。与此形成鲜明对照的是，《狼图腾》却成为畅销书，引起社会大众的普遍共鸣。

我以为，专业知识分子拒绝《狼图腾》生命叙事的根本原因，未必仅仅是由于其“简单粗暴”或“媚俗”，这里掩盖了一个更重要的深层原因，那就是对20世纪启蒙文学及其文化叙事理念的拒绝或有意遗忘。问题的关键是知识谱系都已经发生了变化。80年代回到“五四”的呐喊，在90年代逐渐被“国学”、“后学”、自由主义的热情所替代和覆盖。在新的知识谱系中，启蒙文化的关于人的主体、生命意志的话语已经失去了位置，激进主义已经成为反省的对象。不用说，“国学”根本无法接受《狼图腾》关于传统文化的解释，自由主义也不会认同《狼图腾》的激进主义姿态，而《狼图腾》的宏大叙事和传统与现代的二元对立思维，也是后学所无法容忍的。另外，后殖民主义对文化帝国主义的抗拒，亨廷顿的“文明冲突论”，这些知识和理论，都很难使知识分子接受《狼图腾》的生命叙事。但是，社会大众对《狼图腾》的普遍共鸣，却意味着《狼图腾》的生命叙事已经具有了强大的社会文化基础。这首先应该看作是20世纪关于人的主体性的文化启蒙在新世纪的一个社会性的重要成果。其次，我们也必须看到，社会大众对启蒙精神的接受，和上个世纪90年代以来中国社会现代化实践具有密切关系，特别是和商品经济具有密切关系。在当下中国社会，狼性文化，寄托着社会更为广泛的关于物质自由和精神自由的价值追求。现代化是中国社会需要长久为之努力奋斗的一个历史目标，在朝向这个目标的过程中，关于人的主体性的建设，仍然是不可缺少的一环。现代社会的重要特征之一是高度的理性化与激昂的生命意志的平衡，即“合理性”与“丛林法则”相克相生。

［王学谦，1962生，文学博士，在读哲学博士，吉林大学文学院中文系教授、博士生导师。著有《自然文化与20世纪中国文学》。在《中国现代文学研究丛刊》、《鲁迅研究月刊》等发表论文40余篇，主要研究方向是鲁迅研究、当代文学批评。］

论阿多诺的艺术终结观

（周计武　《文艺理论研究》2005年第6期）

在阿多诺的时代，人们发现启蒙了的社会并没有兑现曾经允诺的幸福与自由，相反，主体陷入深深的焦虑之中。在某种意义上，奥斯威辛集中营就是一个灾难性的现代寓言。在文化上，大众媒介和机械复制技术的发展促使了大众文化的繁荣，但也使传统的高雅艺术面临解体的威胁，本雅明把它命名为“韵味的没落”。这就不可避免地带来现代主义文化的冲突，即高雅与低俗、精英与大众、艺术与生活之间的冲突。在我们看来，无论是主体的焦虑、韵味的没落，还是文化的冲突，都暗示了可能爆发的文化与艺术的危机。

阿多诺从批判理论的视角出发，敏感地意识到了这种危机。这种危机主要表现在两个层面：文化工业的威胁和艺术确定性的丧失。前者是艺术危机的外在根源，后者是艺术危机的内在表征。与此对应，在艺术危机中存在着两种艺术形态：顺从的艺术（resigned art）和反艺术（anti－art）。“顺从的艺术”是指在文化工业的操纵下所产生的大众艺术。“反艺术”则是一种对抗性的现代主义艺术，它通过卷入“意义的危机”来表达意义。反艺术试图表明：这不仅是艺术的危机，更是文化的危机，社会的危机，人文精神的危机。在对危机的回应中，反艺术采取了一种辩证的否定立场：通过否定自身，来否定这个异化和野蛮的世界。因此，在拒绝商品化，拒绝“庸俗”，拒绝与社会“同谋”的否定中，在不断地质疑艺术的传统、常规和经典特征中，反艺术在赋予人们审美体验的同时，也加剧了艺术的危机——意义的危机与表达的危机。

通过分析，我们认为不应该仅仅从消极的意义上理解艺术终结问题。事实上，它具有两重性：一方面，它的确暗示了艺术的危机——我们时代的一般情况是不利于艺术发展的，传统的艺术语言和表达方式受到了质疑；另一方面，它们也是对艺术危机的积极回应和批判性的建构——通过意义的否定和形式的危机，反艺术获得了审美的意义和形式的深度。它表达了艺术家对意义和形式的重新思索。借助这种无意义的言说方式，艺术为我们提供了一个批判的、否定的世界。因此，这是一种充满否定和批判力量的艺术。在这个意义上，“反艺术”的终结话语无疑发展了黑格尔的艺术终结思想。通过对艺术困境的反思，这种终结话语被从宏大的历史叙事中解放出来，获得了一种批判性的社会意义。

［周计武，1977年生，南京大学中文系讲师，文艺学教研室秘书。
通信地址：南京市汉口路22号南京大学中文系（210093）
联系电话：025－82029940
电子信箱：jwz320@163.com］

论文学的知识分子间性

（金岱　《学术研究》2005 年第 4 期）

文学是否会因为影视等现代传媒的发达而临到黄昏或被迫边缘？如果我们不把文学，特别是高雅文学仅仅看作是娱乐（审美不过是高级娱乐），教育，或寓教于乐，而更看成是知识分子主体间的心灵对话，精神会通，心界融合，把文学，特别是高雅文学的根本性特征定义为知识分子间性，把文学看成是作为语言符号生产者的知识分子所从事的关于生存领会的人类伟大精神事业，那么，文学就没有黄昏，也永不会黄昏。

文化的传播形态其实有三：其一，以各种尽可能直观，普泛化的媒介为手段，面对尽可能广众的大众的传播，是为大众文化传播。其二，以学科知识与理论为形式，面对本专业内的同行或学生的传播，是为学术与教育文化传播，或曰科学文化传播。其三，以对话、交流与领会为形式和目的，首先是作为知识分子场域内的传播，是为精神文化传播，或曰人文文化传播。文学，特别是高雅文学的传播，便属于这第三类传播。

在我国古代，由于识字与否的阶级区划，那时的文章诗词无疑都首先是知识分子间的事，即使是后来与说书讲史关系密切的小说，一旦搬到纸上，特别是经由伟大的知识分子点石成金般的努力而成为了高雅文学，并由此而显现出知识分子精神旨趣与审美标准，小说实际上便成为了近现代后最具有知识分子间性的文学类别。西方古代文学的历史亦是如此，而西方现代文学，更成为西方现代知识分子场域的突出标识，如浪漫主义、现代主义和后现代主义文学，就是一脉相承的反现代性的审美现代性之知识分子精神批判路向。

而今天的文学是否会终结，要看的并非影视等现代传媒的发达程度如何，要看的是今天是否还需要还存在与一切的权力与经济利益的当前性保持独立并能够超越一切的此等当前性的知识分子（这一知识分子概念指的是在专业知识分子基础之上又区别于专业知识分子的社会与精神知识分子），以及这样的知识分子场域是否还存在，是否具有足够的活力。

中国现代的，与权力、财富构成恰当比例关系的，独立和超越的知识分子其实还没有真正长大，所以，现代的真正具有知识分子间性的中国文学，还在黎明，还在走向日午的过程当中。

本文的创新之点，首先在于从某一角度提出了文学的最重要的本质特征就在于它的知识分子间性；其次在于提出了知识分子间的精神文化传播，是不同于大众文化传播和局限于专业内的学术与教育文化传播的第三种传播的观点；最后本文论断，只要人类社会需要并存在着与权力、财富保持恰当超越性张力的知识分子群落，那么文学就不会终结，且过去、现在与将来都没有也不会有什么中心与边缘的问题。

［金岱，1953 年生，华南师范大学文学院教授，广东省作家协会副主席，广东省文艺批评家协会副主席。
通信地址：广州华南师范大学文学院（510631）
联系电话：020－85213754
电子信箱：jdhszw@21cn.com］

论五言诗的起源

——从“诗言志”、“诗缘情”的差异说起

（戴伟华　《中国社会科学》2005 年第 6 期）

文学史中的五言诗起源是指文人五言诗的起源。“诗言志”的提出在于“教胄子”如何通过诵读“诗”以言“志”，主要针对诗歌的阅读理解和运用。孔子诗论中并没有创作论，而是阅读论，《诗经》自身所表现出的一点创作论的思想，也被孔子的阅读诗论所遮蔽了。汉代《诗》论，主要指《诗经》之论和“歌诗”之论以及“古诗之流”的赋论。汉代诗歌和先秦以来的诗乐一体的传统是对应的，《汉书》卷 30《艺文志第十》有“诗赋略”，“歌诗二十八家，三百一十四篇”。其“诗”皆称“歌诗”或称“声曲折”，说明当时诗并不独立，是歌辞。在五言诗产生过程中，不难看出，其初起状态，只是“歌诗”的产品，汉乐府民歌中五言诗即是，早

期文人五言作大多与“歌诗”相关联。李陵、班婕妤之作，世疑其伪，可存而不论。《咏史》诗，《文选》注作班固“歌诗”，班固《咏史》作“歌诗”和《汉书·艺文志》“歌诗”名称正合，说明班固之作原是歌唱之用的。挚虞《文章流别论》五言者，“于俳谐倡乐多用之”；七言者，“于俳谐倡乐多用之”。在汉魏之间文士推动五言诗的创作一是用五言抒发自己的情感，那是无名氏所为，以《古诗十九首》为代表，此即为文人五言诗形成之始，文人是在“名不正”的情况下做了艰难的努力；一是用乐府旧题写时事，合法去创作本来只列于“俳谐倡乐”之中的五言诗。无名氏创作和借乐府题名的创作，可以说是一明一暗地在推动五言诗创作的产生和发展。因为与音乐脱离的文人五言诗最初是被归入非正音之列的，故被称为“杂诗”。杂诗之名存在之初只是五言诗的专名。以杂诗为名的诗都是五言诗，几无例外。五言由私下生活场转换到大众场，来之不易，这从最初的“杂诗”成为五言诗的专名可见。“杂曲”来自“新声”，乐府之“杂曲”是对应其新声和内容，而诗之“杂诗”是五言之专名，五言也是新体，皆有杂而不雅之意。文人五言诗成熟较晚，并不是技巧问题，而是观念问题。“诗赋欲丽”最为可贵的是在文体自觉意识下提出来的，“诗”主要指文人热心于创作的“新诗”：五言诗。“缘情”的诗论在发育之初代表的是创作“诗”的理论，“欲丽”、“绮靡”则先后相续由创作诗论进而表述为文体诗论。《诗》转换为“诗”，阅读诗论转换为创作诗论才有可能，也才有可能关注文体诗论。《诗》、歌诗（赋）、诗的关系，呈现的是中国诗歌演变的历史过程。过去的研究一般爱从诗句演进来探讨，《文心雕龙》、《诗品》都是如此，这一模式一直延续到今天。本文则认为文人五言诗成熟晚不在于形式技能，而在于观念的落后。

[戴伟华，1958 年生，华南师范大学文学院教授，中国古代文学与文化研究中心主任。
通信地址：广州华南师大文学院（510631）
联系电话：020－85210879
电子信箱：daiwh@ scnu. edu. cn]

民间故事的记忆与重构

——故事记忆的重复再现实验及其数据分析

（施爱东 《民间文化论坛》2005 年第 3 期）

传统民间文学研究所依据的文本，多是自然采录。这种采录的文本是散点式的，文本间的关系需要我们通过假设去弥补，因而是不确定的。如果没有确定关系的文本作为基础，许多理论问题就无从提出和解决。而实验所生产的文本间关系则是一种确定的现实关系，有助于“按我们确实知道的去演进”。

为此，作者在中山大学实施了一次故事记忆的重复再现实验。实验目的在于：（1）探讨故事传承中的记忆与再现特征。（2）探讨相近故事之间互相粘结、糅合的可能机制。

作者选取了 4 则相近的“水灾传说”，在被试不了解实验目的的前提下，把被试分为两组，一组只听其中 1 则故事，另一组听全部的 4 则故事。2 小时后，突然要求被试讲述 1 则水灾故事；1 星期后，再次要求被试讲述 1 则水灾故事。

借助普罗普的故事形态学理论对源故事以及两组实验数据进行结构分析，我们得到一些有趣的结构图像。进一步的心理学解析，让我们有了如下一些结论：

1. 两次再现文本中，除了细节的引进、迁移，以及功能的嫁接这些可为记忆理论所解释的现象之外，没有发现明显的情节变化与结构调整。所以说，实验结果所支持的情节变异是记忆再现基础上的信息加工。

2. 故事传播者习得故事的过程，并不是把故事内容按听来的原样储存于记忆中，而是在自己原有的故事体系中对情节作了自动归类，形成了那一类情节的集合或典型情景，也即原型（元故事）。当需要复述这些故事时，传播者不是以实际听到的具体故事为标准，而是把记忆中的原型作为标准来输出。故事间嫁接的发生是对原型的一种无意识再现，而非有意识的情节合成或者故事延伸。

3. 随着时间的推移，故事传播者所记忆的故事功能及功能间的关系可能逐渐遗失，而每一次故事讲述，都要求是一次完整的重构，这种完整性的要求将导致传播者对记忆中不完全功能链的自动补足。

4. 完成这些补足所采用的素材，主要不是来源于创造性的发明，而是来源于故事传播者既有的故事认知结构。民间故事的记忆之误与重构的完整性要求是故事嫁接发生的重要机制。

5. 故事输入与输出的时间间隔越长，故事传播者旧有图式的作用就越大，而这一故事的细节就越容易趋向传播者原有的知识结构。

6. 某一故事传播者对相关民间故事的信息储存越多，其再现过程中记忆提取的空间就越大，细节引进的可能性也就越大。我们甚至可以这样表述：随着时间的推移，任何个性的输入都会逐渐倾向于以共性的形态输出。

［施爱东，1968 年生，中国社会科学院文学研究所助理研究员，文学博士。主要研究方向为民俗学学术史、故事学、通俗小说研究。代表性论文主要有《史诗叠加单元的结构与功能——以〈罗摩衍那·战斗篇〉为中心的虚拟模型》、《英雄杀嫂——从“萧峰杀敏”看金庸小说对传统英雄母题的继承和改造》、《故事传播实验的报告与分析》等。2005 年发表的论文有《〈歌谣〉周刊发刊词作者辨》、《民间故事的记忆与重构》、《故事的无序生长及其最优策略——以梁祝故事结尾的生长方式为例》、《两种文化：田野是“实验场”还是“我们的生活本身”?》等。

通信地址：北京市建国门内大街 5 号中国社会科学院文学研究所（100732）

联系电话：010－60536023　13520028610

电子信箱：shiaidong2001@163.com］

明末清初入教儒士的“新人”意识及其文化意义

（刘耘华　《天津社会科学》2005 年第 2 期）

经来华传教士的中介，《圣经》及天主教神学所蕴含的“新存在和新天人关系”使明末清初的一批入教儒士产生了一种“新人”的身份意识。他们自觉地在道德实践领域认同这一身份，并从“天主”那儿寻求做“新人”的终极本原，使个人之生命世界发生了本体论意义上的“转向”。但是，这一转向并非简单、单纯的身份转变，而是同时使得这些入教儒士陷入了深刻而痛苦的两难身份境地。在这两难之中，既包含了难以化解的精神冲突，也产生了“和解”中西文化的独特形态，通过这种“和解”，一方面外来的学说得以与本土价值衔接汇合，从而和缓了由二者的冲突所造成的紧张关系，另一方面和解本身又蕴涵了新的质素与创造，它们既不完全同于西方的天主教，也不完全同于本土的儒家思想，而是一个带有“扬弃”（Aufheben）性质的“第三者”。文章总结了它们的具体表现。本文的创新之处在于，认识到并突出分析了上述“新人”意识对入教儒士之道德生命的支撑作用，论述了它对于入教儒士突破夷夏大防的深重茧壳，“整体”接受西学的重要意义，同时又以王徵为例，说明这种“整体”接受仍然需要付出沉重的代价。

［刘耘华，1964 年生，上海师范大学人文学院教授，文学博士。

通信地址：上海市桂林路 100 号上海师范大学人文与传播学院中文系（200234）

联系电话：010－68901598

电子信箱：liuyunhua@solcnu.net］

明清之际士人的文质论

——兼及其时语境中文人的自我认知

（赵园　《江西社会科学》2005 年第 7 期）

此文分析明清之际士人与“文/质”这一范畴有关的论述，而不限于通常作为“文论”的狭义的文质论。作者认为，狭义的文质论只有置诸其时与文/质有关的广阔论域内，才有可能予以说明。

此文围绕“文”、“文人”的言论为重心，寻绎理学语境中儒者涉及“文”、“文人”的价值立场，以及在此语境中文人的自我认知，他们的有关言说受制于主流论述的情况。作者所关心的，还在那一时期的士人经由文/质，对于他们处身其间的时代氛围的感受与描述，这种描述因发生在明清易代之际，而被赋予了严重的意味。士人凭借了文/质这一古老的范畴理解自己的时代，解释自身处境与命运，为这一论域注入了具体生动的生命内容。作者强调该时期文/质论的历史内容，包括处明清之际的士人对所处时世的感知，他们对于危机的预测、预警。

此文也涉及了狭义的文/质论，力图重现有关论述赖以进行的思想史的背景，呈现不同的论者（即如被以“文人”、“儒者”指称者）间的交互影响与其间的差异。作者认为，“文”的意涵的由广而狭，亦“文人”角色化、“文”的文体化的过程。士人——尤其其中被目为“文人”的那一部分——对于部分地作为他们的存在方式的“文”的理解，他们与“文”有关的价值态度，是历史地形成的，也只有置诸历史线索中才有可能解释。

在此文所涉及的每一方向上，都有相互歧异的论述。作者力图揭示有关问题的复杂性，使有关言论间的差异、言说背景之不同得以呈现。这里也有此文的方法论的意义。

［赵园，1945 年生，中国社会科学院文学研究所研究员。
通信地址：北京建国门内大街 5 号中国社会科学院文学研究所（100732）
联系电话：010－85195456］

女性主义：本土化及其维度

（董丽敏 《南开学报》（哲社版）2005 年第 2 期）

20 世纪 80 年代以来，中国女性主义在本土化进程中出现了诸多误区与盲点，使其存在的合理性与合法性受到质疑，表现为：将本土女性的特殊生存经验误读为西方女性主义的前身，将本土理论提炼扭曲为西方女性主义的简单传播，将女性生存的丰富内蕴简化为单一的女性/男性对峙结构。因而，该文认为，要使中国女性主义实现真正的本土化，至少应该在三方面进行努力：在参照系的定位上，应该从制造镜像转向观照自身；在中西女性主义的差异理解上，应该从价值判断回到学理判断；在资源的确定上，应该从碎片拼贴转向内外整合。

［董丽敏，1971 年生，上海大学文学院中文系副主任，副教授。
通信地址：上海市上大路 99 号上海大学文学院中文系（200444）
联系电话：021－62239149
电子信箱：lilydongmail@163.com］

“平凡的世界”现象透析

（贺仲明 《文艺争鸣》2005 年第 4 期）

《平凡的世界》是当代作家路遥的著名长篇小说，在读者、评论家和学术界之间，对它的理解和评价存在着巨大的分歧。该文认为，这不是一个孤立的事件，而是具有一定普遍性的现象。在其中折射的，是创作界、文学史界和评论界以及读者等多方面的缺失，渗透的是当代中国文学的某些精神和现实困境。首先，它反映出当前创作界和文学研究观念的某些问题。《平凡的世界》有其突出的特点，一是对现实生活的热切关注。二是对农民强烈而真诚的爱心。此外，它还浸染着激情和理想主义色彩，具备现实主义的某些创作特征。这是《平凡的世界》赢得众多读者、尤其是青年读者，在不景气的文学环境中取得突出成功的重要原因。与它形成对比的是，自 1990 年代以来，文学主流不断走向个人化方向，与现实生活和大众相疏离，是对作家责任感和文学与现实关系的背离与割裂，也使它失去了大众的认可与关注。同时，当前文学界对现实主义方法进行盲目排斥，在文学研究中菲薄情感，表现出严重的技术化和文化倾向。这是简单而片面的认识，也是对文学本质的背叛。其次，“《平凡的世界》现象”也折射出读者大众和评论界的某些精神缺陷。因为《平凡的世界》并不完美，其审美和思想观念都存在缺陷，但评论界和读者对它完全认可，缺少必要的清醒认识。它一方面反映出许多当代读者还缺乏明确自主精神的建构，存在对生活依赖和幻想的心理，另一方面反映出社会审美心理的简单和粗糙。在经历“文革”多年的虚假浪漫主义文学教育后，许多读者还没有彻底从以往的文学环境中解脱出来，建立起成熟的审美心理。同时，它也体现当前的文学评论还没有真正地具有自主性，文学评论界和学术界也存在着各自为政，缺乏必要交流与沟通的不足。

该文对引人关注的“《平凡的世界》评价现象”进行客观而深入的剖析，走出了简单肯定或否定的误区，而是从作品本身的优缺点出发，结合评论界和学术界对它不同取舍的具体现象，进行历史和科学的审视，透过这一现象的表面，思考和揭示其背后蕴藏的社会和文化原因。观点中允、深刻而新颖，而且，视点虽小，却能促进人们对当前整个文学和文化状况的认识。

［贺仲明，1966 年生，南京师范大学文学院教授，中国现代文学研究中心副主任。
通信地址：南京师范大学文学院（210097）
联系电话：025－81592065
电子信箱：hzm6603@ sohu. com］

清代满族文人文学与民间文学的分野

（王卓　《社会科学战线》2005 年第 3 期）

该文是作者近十年清代满族文学研究的最新成果，对满族入主中原后文人文学与民间文学的分化以及在学术研究上的分野现象进行了较为深入的分析。认为自清初王士祯首次提出“满洲文学”的概念，清代所论满洲文学几乎全部是满族文人文学。现代文学学科建立之后，国内的满族文人文学与民间文学研究也基本上由不同的研究队伍在相对独立的研究范围内分别展开。由此出现了两种意义上的清代满族文学：一种是由众多作家创作出的汉文学体式的汉语文学，另一种是传播、传承于满族人民中的民间形式的文学。

清代满族的文人文学都有明确的作者，是作家的个人创作，而民间文学多是世代累积型的集体创作，或新产生于民间尚处于活态的集体创作中，没有具体的作者；文人文学是满族作家用汉文创作的，全部以书面形式留存和传播，而民间文学作品，开始都是以满语口承，随着满族的汉化，出现了满语、满汉兼和纯汉语的多样化的语言形式，在清代晚期，还出现了满语写本、满汉兼写本、汉字写本等多样的书面记录本；文人文学无疑是在接受与学习汉文化的背景下创作出的汉文学作品，是清代汉文学的组成部分，而民间文学继承的是满族的文学传统，其文化基础是满族的历史与生活；文人文学受众主要是具有汉文化修养的满族宗室、贵族和汉族的文人墨客，其文本意义主要是文学的，而民间文学的受众是广大的满族下层知识分子和社会大众，其文本不仅是文学的，而且有着多种社会、历史、人文意义和价值。

以上差异，有的是各个民族的文人文学与民间文学所共有的现象，但当这些差异共同存在于同一个民族的同一个历史时段，就具有了某种特殊性。对于处于清代这一特殊历史处境中的满族而言，其文学上这种看似特殊的情境，实际上有着历史的必然性原因在内：清代的满族有着两大不同的自然生存环境和两种不同质的文化生存环境——民族文化发源地东北地区和汉文化的中心地带中原地区。这使得清代山海关内外满族的文学呈现出不同的状况，即关外以满族传统的民间文学为主流，主要使用满语并以口头文学的形式存在，多为世代累积型的集体创作；关内的满族文学主要是使用汉语言文字的书面文学，是采用汉族文学的体制的汉文学创作，是作家的个人创作。关内的满族人在新的自然地理环境和汉文化的包围中，更快地消融掉本民族文学的精神与文化意义，文学活动移入到汉文学系统之中。而清代统治者为保留“满语”、“骑射”等民族“根本”，对东北腹地的“封禁”，使东北地区的满族民间文学得以在文化原生态下持续传承，形成与清代文人文学分立的另一个大的文学体系。

［王卓，1963 年生，吉林省社会科学院研究员，《社会科学战线》副主编、文学编辑。出版《东北文学史论》、《东北文学新论》、《19—20 世纪东北文学的历史变迁》等专著。代表性论文有《纳兰性德词个性寻源》、《〈红楼梦〉人物谱系模式的神话原型追索》、《清代满族文人文学与民间文学的分野》等。
通信地址：吉林省长春市自由大路 5399 号
吉林省社会科学院（130033）
电子信箱：4zxbj@ 163. com］

“情”在中国

(乐黛云 《文艺争鸣》2005年第5期)

“情”是中国传统文化的一个重要关键词。郭店楚简《性自命出》篇载：“道始于情，情生于性”、“性自命出”、“命自天降”。这里说的“道”是指可以言说之“道”，而非“非常道”的不可言说之“道”。这可以从《性自命出》篇“唯人道为可道也”得到证明。可见“道始于情”的“道”是指可以言说的人道，这就是说“人道”是从“情”开始的，而“情”是由人的本性中发生出来，人的本性又是由天命所赋予。“天命”按儒家的说法，大体可以解释为一种超越万物的力量。“命自天降”，是说“情”的存在是“天”所表现出来的一种必然性。

为什么说人道是从“情”开始的呢？在儒家看来，这种天生的“情”首先表现为血缘亲情。只有爱自己的亲人，才会“推己及人”从而建构成社会。《郭店竹简·唐虞之道》谓：“孝之放，爱天下之民。”对父母之爱的扩大，就是爱天下的百姓。中国古代社会是以家族为中心的宗法社会，亲情是维系家族的基础，也就是维系整个社会的基础。

“情”和“性”又是什么关系呢？可以说“性”是深藏于内的，如孟子所说的“恻隐之心”等等。这些深藏于内的天性，由于“物”的刺激，发挥出来就表现为“情”。“性见于外”，“情”也，所以说“性静情动”。“性静情动”之论，最形象的表述或为《礼记·正义》引贺玚的话，他说：“性之与情，犹波之与水，静时是水，动则是波；静时是性，动时是情。”(《礼记·乐记》)

那么，“情”和“欲”又是什么关系呢？荀子强调“性恶”，认为无限制的“欲”是“恶”的根源，但他仍然承认“欲”是合理的。他说：“凡人有所一同：饥而欲食，寒而欲煖。”关键在于“节用御欲”，“欲虽不可去，求可节也”。但也有一些并未把“情”、“欲”截然相分。如《礼记·礼运》曾谓“何谓人情？喜、怒、哀、惧、爱、恶、欲七者弗学而能”，此处之“欲”是作为“人情”之一种而提出的。儒家不反对“情”和“欲”，但提倡对“情欲”加以节制。《吕氏春秋》指出：“圣人之所以异者，得其情也。由贵生动，则得其情矣；不由贵生动，则失其情矣。此二者，死生存亡之本也。”对于“情欲”的是否处理得当被视为“死生存亡之本”，足见其对于节制“情欲”的重视。朱熹则说：“性所以立乎水之静，情所以行乎水之动，欲则水之流而至于滥也。”

道家与儒家不同，庄子虽认为应该以“情欲寡浅”为风。但他的根本原则是，顺应自然。他认为“神人”的最大特点就是“致命尽情”，所以说“性情不离，安用礼乐”？而“情”最根本的性质就是率真，所谓“情莫若率”。什么是率真？庄子说：“真者，精诚之至也。不精不诚，不能动人。……真在内者，神动于外，是所以贵真也。”总之，能够“达于情而遂于命”的人，就是圣人，而最“可羞之事”乃是“以利惑其真而强反其情性”。归根结底，庄子的思想和《性自命出》的论述一样，强调自然之“情”乃是“道”的根本，因此说：“夫道，有情有信，无为无形。”(道家有关“情”的主张，将另文论述)

儒家社会伦理学说是建立在家族“亲情”基础之上的，提倡“爱有差等”。《论语·学而》说：“弟子入则孝，出则悌，谨而信，泛爱众”，“爱众”是从“孝悌”推演出来，不是无差等地“博爱”一切人，这和基督教的“上帝普爱世人”有根本的不同。“有差等”，就必然要对这种“差等”有所规范，这种规范就是“礼”。因为“礼”是从“亲亲”开始的，因此儒家强调，“礼”不是凭空制订而是从“情”而生。《郭店竹简·语丛一》指出：“礼作于情”，“礼因人之情而为之”；太史公也说：“余至大行礼官，观三代损益，乃知缘人情而制礼。”荀子在《礼论》中则更强调“礼”的“制欲”作用，他说：“礼起於何也？曰：人生而有欲……使欲必不穷乎物，物必不屈於欲，两者相持而长，是礼之所起也。”

然而，“礼”一旦形成并得到巩固，就会对“情”加以严格限制。“礼”虽生于情，却有了自己的独立发展，而逐渐演变为仁、义、礼、智、信等行为规范，所以说“始者近情，终者近义”(《性自命出》)。这就形成了一种独特的现象：一方面是将“情”抬高到一切行为之源的高度，另一方面又把“情”压制到几乎被伦理道德窒息的最底层。也许正因为对其极端重视，所以才会对其管制约束，乃至禁锢。

《毛诗序》指出诗的本质是“情”，“情动于中而形于言”，但紧接着就说任何“情”都必须“止乎礼义”。这一原则成了中国文学写“情”时不可逾越的界限。值得注意的是这种对“情”的桎梏不仅表现在现实生活中，而且深藏于人的内心。西方文学也常写到社会对“情”的压制，但较少延伸至内心深层。朱丽叶和林黛玉同样为“情”而死，但前者可以去追求，后者却始终说不出口。杜丽娘要说出自己内心的“情”，也只能靠死后“还魂”。

“情”要受“礼”的制约，就不能不和“欲”相割裂。贾宝玉可以对薛宝钗的粉臂怀有欲望，但对于林黛玉却始终是纯情无欲；梁山伯和祝英台同床数年却始终在两人之间放着一碗清水；至于与“欲”有牵连的崔莺莺等人则被视为“奔女”，历来都受到传统文人的评判。西方文学中虽也有柏拉图式的爱情，有贞女和妖女的分野，但多半认为“欲”是“情”的自然结果。中国文学由于“情动于中”必须“止乎礼义”，这种桎梏深入骨髓，就产生了一些现在看来十分可笑的情景。《老残游记》中一位女郎与男伴单独相对时，说的却是：“《关雎》序上说道：‘发乎情，止乎礼义。’……即如今夕，嘉宾惠临，我不能不喜，发乎情也。……以少女中男，深夜对坐，不及乱言，止乎礼义矣。”

由于受“礼义”的压制，中国传统小说在作为文学根本的“情”上，很难突破下列模式：其一是虚幻化，如《红楼梦》中的太虚幻境。其二是距离化，拉开时空的距离，如牛郎织女的传说。其三是道德驯化，屈从于“礼义”的道德规范，如长诗《孔雀东南飞》。杨周翰先生曾指出与西方文学比，中国少有描述婚前热烈的情诗，其原因恐怕也在于此。其四是功利化，以“发乎情”而不“止乎礼义”，以至于“乱”的不幸故事作为反面教材，达到所谓“以情悟道”的目的。有人说《红楼梦》也是“以‘红尘’作为‘看破红尘’的启蒙仪式”，有一定道理。

当然，也有与上述模式完全不同的另一种模式，例如宋玉塑造的巫山神女，她曾与楚怀王欢会，“自荐枕席”，但当楚襄王重游云梦时，她却先是迟疑不决，接着是“薄怒以自持”，最后是“将辞而去”，不管襄王如何“惆怅垂涕”，也是枉然。有学者说神女两次出现时的不同态度反映了“超我”对“本我”的压抑，其实我们看不出任何压制，倒是活画出一个自由女性。如果她真是一个“超我”压倒“本我”的“守礼”之人，又怎么可以来到楚怀王的梦境，“自荐枕席”，而又不把楚襄王放在眼里呢？巫山神女和屈原塑造的山鬼一样，都是按自己的意愿来生活的自由之魂。

与文学创作中对“情”的窒息相对应，中国的文学批评对“纯情”的研究是很不够的。“纯情”的研究往往消解于“情理”和“情景”的研究之中。如《文心雕龙》谈到“情”的地方不少，但绝大部分是与“理”相连。“情景相触”在中国文论中更被认为是创造艺术意境的根本。如谢榛在《四溟诗话》中说，“夫情景交融而成诗，此作家之常也”。至于有关“纯情”的分析，尽管陆机早就强调“诗缘情而绮靡”，却未能得到深入发展。

《郭店楚简》倡言“道始于情”，但同时又规定了“始者近情，终者近义”（《性自命出》），发自内心的“情”一旦外化为行为，就不能不受到“礼”的束缚和禁锢。这一方面成全了儒家的最高理想，造就了中国文学艺术的“中和之美”；另一方面，又不能不对率真的人性之情加以扼杀和压抑。

［乐黛云，1931年生，现任北京大学现代文学和比较文学教授，博士生导师，上海外国语大学顾问教授，东北师范大学、天津师范大学、厦门大学、南京大学、南京师范大学、中国语言文化大学兼任教授，中国比较文学学会会长。］

上博简《诗论》与《诗序》诗说异同比较

——兼论《诗序》与《诗论》的渊源关系

（马银琴　《简帛研究2002、2003》　广西师范大学出版社2005年版）

该文在详细比较和分析上博简《孔子诗论》与《毛诗序》之间的同异关系后指出，《孔子诗论》与《诗序》相互支持、相互补充与发明的情况占有压倒多数的明显优势，这充分说明《孔子诗论》和《诗序》应是同一系统的诗说。但是，它们对待《国风》作品的不同态度，则表明了二者产生时代的先后差异。文章认为，《诗序》的“美”与“刺”，是采诗观风、献诗讽谏制度的产物，其核心本质通过“以一国之事系一人之本”的序诗方式表现出来。也就是说，它是序诗者依据诗歌创作或采集时代执政者德行之高下以及当时社会的实际状况，对诗歌作品性质及意义作出的带有浓厚主观色彩的规定与评说。这是导致《诗序》所言用诗之义与歌辞本义疏离的重要原因，而这种疏离最突出地表现在《国风》当中。因此可以说，《诗序》是周代乐教的直接结果。春秋中期以后，随着引诗、赋诗之风的逐渐盛行，当人们赋引的对象由《雅》、《颂》而延及《国风》之时，依据采诗观风的思想对诗义的解读所造成的与诗辞本义之间的矛盾逐渐凸现出来。适应当时社会“赋诗言志”的现实需要，调整《诗序》与作品歌辞本义的矛盾，立足于歌辞对之重新阐释，遂成为实施乐语之教的当务之急。换句话说，一旦“赋诗言志”成为诸侯聘问的重要外交手段，那么，立足于文辞本身的引申与阐发必然成为各国诗教的重要内容。这就是《诗论》赖以产生的文化土壤。在礼崩乐坏的春秋末年，原来由大师执掌的乐教与由大司乐执掌的乐语之教，开始在孔子恢复周道的实践中走向融合。当他按照“兴于诗、立于礼、成于乐”的造士路线授徒讲学时，融合乐教与乐语之教为一体的《诗论》也就产生了。因此可以说，《诗论》是在《诗序》的诗说传统面临挑战之时，与当前需要相结合的产物。作为《诗序》向汉四家诗说传承发展的中介环节，它表现出了一种承上启下的意义：上承《诗序》建立的诗说传统，下启儒家后学据诗立说之先河。孔子之后，儒分为八，各派所传，自成一系，至汉代出现的四家诗，便是孔子所建立的诗教系统中最有影响的几条支流。

［马银琴，1972年生，现为中国社会科学院文学研究所古代室副研究员，

主要从事先秦文学研究。近年来致力于《诗经》文本形成史以及周秦时代《诗》的传播史的研究工作，围绕相关论题在《文学评论》、《文学遗产》、《文史》等刊物发表论文20余篇，代表性作品有《从汉四家诗说之异同看〈诗序〉的时代》、《〈毛诗〉首序产生的时代》等。
通信地址：北京建内大街5号中国社会科学院文学研究所古代室（100732）
电子信箱 mayinqin@ sina. com］

沈从文小说价值重估

——兼论80年来的沈从文研究

（刘洪涛　《北京师范大学学报》2005年2期）

沈从文小说中人性—生命体系的本质是它的非理性和原始性。其中，非理性是根本，原始性来源于非理性，又是非理性的主要表现形式。在沈从文的湘西小说中，非理性主要表现为原始生命形态和原始精神，在都市小说中，它主要表现为不同层面的情欲。非理性精神打破了湘西与都市的分野，把沈从文小说在题材上的差异弥合起来。在后期的创作中，沈从文更着力将其表现的非理性精神加以提炼和升华，塑造出闪现着“神性”光辉的理想生命人格。这种以湘西原始性为核心，融合了传统儒道释思想的非理性精神，是沈从文提炼的新的民族品格。

沈从文小说中另一个带有根本性的重大命题是他对苗汉文化的态度及对现代民族国家的想象与认同。沈从文的小说整合、提炼了一个东方民族在从传统朝代国家迈向现代民族国家过程中对自我和他者的想象模式，客观上呈现了中国由不同民族间的紧张对峙走向融合统一的“中华民族”的过程，呈现了苗族如何在文本层面上被“消解”、“同化”的过程，以及新的国家形象的形成过程。新民族性格的塑造，在创建现代民族国家的伟大实践中找到了合理的和最后的归宿。从这个意义上讲，沈从文的小说可以说是整个中华民族的一个寓言。

现代性是在更高层面上整合沈从文小说创作的一个重要概念，它揭示了沈从文表现非理性和原始性，表现民族想象和国家认同，以及反现代文明的历史根源。沈从文对湘西原始性的描写与西方非理性主义思潮相应和，他小说中的苗族想象和中国想象与西方现代主义文学的异族想象之间存在着荒原——拯救的同构、呼应关系。沈从文在其20余年小说创作生涯中，以连贯、持续的表达，深刻地体现了现代主义的精神和实质。沈从文实际上超越了中国现代启蒙文学奉为圭臬的进化论观念和理性崇拜传统，他是中国现代主义文学最杰出的代表。

沈从文小说在精神、思想上的先锋性与某些看似朴素、平实的艺术手段之间产生了奇妙张力。沈从文重视“故事”，更新了这种人类最古老的艺术表达形式。沈从文提出了“客观化”的口号，对象征主义也情有独钟。但沈从文小说中同时还存在着“非客观”性的一面，这就是叙述人“蒙昧”的态度。“讲故事”和“蒙昧”的叙事态度，把沈从文小说表现的湘西生活“封存”在原始状态中，保持了其“原汁原味”。他还把叙事时序向自然时序还原，并借助反复叙事，强化了其小说散文化、风俗化的倾向，以及他的哲学观念“常”。1928年前后，中国小说现代化进程进入一个新的阶段，对现代化的质量、深度、独创性和整合能力提出了更高的要求。沈从文超越了“五四”，把现代小说艺术扎扎实实向前推进了一大步。

［刘洪涛，1962年生，北京师范大学文学院副教授，副院长。
通信地址：北京师范大学文学院（100875）
联系电话：010－62206305
电子信箱：htliu@ vip. sina. com. cn］

审美时尚范畴论

（徐放鸣　杨森　《江海学刊》2005年第4期）

审美时尚是在经济一体化、文化多元化和信息网络化的全球性时代背景下和美学研究转向审美文化研究、对文学的探讨转向对文化的关注的学术环境中产生的一个当下性范畴。全球一体化的文化背景使“时尚”不再受限于时空的阻隔而可以实现在世界各个角落的同步登场；人类审美共通感的存在，也使“时尚”无须借助语言而成为世人关注的焦点并可能成为引发人们竞相摹仿、追逐的文化消费浪潮。如此，使“审美”与“时尚”这两个概念走向一个偏正复合的单一范畴成为可能，对“审美时尚”的研究也成为当代审美文化探索中值得重视的前沿性课题。

杨森

该文通过对“时尚”内涵的探寻和对“时尚”与“审美时尚”两者关系的辨析，认为审美时尚是一种给追随者以情感上的愉悦和精神上的满足并具有价值判断和审美导向的时尚。在审美特征上，它表现为：创新与摹仿的上行下效；领潮与赶潮的双向互动；同化与分化的群体归属；内隐与外显的社会面具；尚美与自由的精神追求。

时尚范畴系统的确立对建立审美时尚范畴系统具有重要的参照意义。面对学术界时尚范畴系统的“三大形态”说，如金元浦认为是“时兴（fad）、时髦（fashion）、时狂（craze）”；周晓虹认为是“时髦（fad）、时尚（fashion）和时狂（craze）”等，我们认为，时尚的一个完整的生命历程为：由时兴（trend）（时尚的萌芽状态）发展成为时髦（fad）（时尚的小范围流行状态），继而发展成为时尚（fashion）（时尚未冲破临界线为少数领潮者引领时的状态），进一步发展成为时宜（vogue）（时尚冲破临界线为大多数赶潮者普遍拥有时的状态），最后走向时狂（craze）。与时尚的范畴体系相比，审美时尚在经历时兴（fad）、时髦（fashion）、时尚（fashion）、时宜（vogue）之后，则有两种不同的发展趋势，即走向反审美的时俗（obsolescence），或走向经久不衰的经典（classic）。两个系统的共同点是均呈线性动态结构；不同点是时宜（vogue）的下位范畴不一样，但这只是一个重要区别，其根本区别在于范畴从上位发展到下位有没有贯彻“审美”之维度。

对审美时尚范畴的深入研究，将有利于提升人们对时尚及审美时尚的认识和理解，从而建立一种全新的时尚观、科学的时尚观、审美的时尚观，使人们在感受、追随、摹仿时尚的过程中，能获得美的享受并避免误入歧途，这是审美时尚范畴研究最重要的现实意义之所在。

［徐放鸣，1957 年生，现任徐州师范大学校长兼校党委副书记、徐州师范大学文学院美学教授、校学术委员会主任、学位评定委员会主席。学术兼职有：全国马列文论研究会副会长、中国中外文艺理论学会理事、中国教师教育学会理事、江苏省美学学会理事等。学术专长是美学与文艺学研究，主要著述有《沫若诗话》、《创作个性研究》、《审美文化新论》（合著）、《真理与人格的文化精神》、《高校美育概论》等。
通信地址：江苏省徐州师范大学校办（221116）
电子信箱：xufm@ xznu. edu. cn
杨森简介缺。］

《诗经》没有“民歌”论

（郑志强　《中州学刊》2005 年第 6 期）

《诗经》中有许多“民歌”的观点源远流长，但这种观点不符合《诗经》中全部作品的实际。笔者认为，现存《诗经》中并没有“民歌”。《诗经》中绝大部分诗作是周王朝各类贵族的“宴语”，周王朝各级贵族中的文化人是《诗经》作者的真正主体。

至少在孔子讲学时代，“民”和“人”是完全不同的两大阶级。“人”主要是指“贵族”阶级中的人，连最低一级的“国人”也多是“都人士”、“庶人之在官者”，并不是今天我们概念中的“民”；而今天的“民”在那个时代则以“戎丑”、“类丑”、“鄙夫”、“黔首”、“苍头”、“小人”著称，不过是被限制在“国”（即都城）之外，生产生活于广袤田野上的“野人”、“群氓”，是“老农”、“老圃”、“播民”以及“舆”、“隶”、“仆”、“台”这一阶层中的一部分人。当时的“在野”之“民”根本不可能有机会参与和了解属于统治阶级范围内发生的“大事”，也当然不可能写出因被孔子学派乃至后来历代统治者尊为“经典”而流传百世的著名诗篇。因为王朝重大典礼和仪式中的乐、舞、诗、歌，是绝不会让普通老百姓来创作的，当然要由王朝中有较高威望、较高文化修养的“圣贤”式的人物来创作，这应是周王朝甚至历代王朝的一种“规制”。

根据《史记》、《孔子家语》、《汉书》、《论语》等的记载，现存《诗经》可以确定为孔子及其门人编纂流传下来的本子，孔子在编辑这个本子的过程中确实“删”过《诗》。孔子和他的弟子在编《诗》乃至“删”诗的过程中，不会把大量“民歌”编入《诗经》，即使古代确有“采诗之官”采集到了许多“民歌”，古诗确实流传下来有三千多首，其中有一部分是我们当今已看不到的歌谣，有一部分是当今仍散见于各种“古典”中的“诗作”，还有一部分，当是适合“乐曲”和“舞蹈节拍”的需要以各种诗句改编的“乐章”式的“诗”。这种“乐章”式的“诗”，当然会有很多雷同和“重复”的句子。但这种“重复”我们今天已经看不到了，很可能已被孔子学派删掉了。孔子学派所“删”去的，很可能正是“民歌”部分或“民歌”成分大的那部分。因为在孔子学派心目中，《诗经》中的诗均属于“经”，有其严格的“礼制”规则，不达级别的贵族尚不得使用，苍头平民更不可能。

孔子在“删诗”也就是以自己的标准编辑新的《诗》选集时，是有一定标准的：这就是在内容上“可施于礼义”，在音乐上可“合于《韶》、《武》、《雅》、《颂》之音”。关于这一点，《论语》中即留有“删诗”的内证。另外，在孔编本《诗经》中“放”了属于“淫”的“郑声”，并用标准语“雅言”对收入“305篇”中的方言进行“雅化”，即标准化的处理，这些也是《论语》中明载着的。因此，今本《诗经》，是孔子学派根据修身齐家治国平天下的理想，在当时存在的三千多篇旧乐诗中，按照“可施于礼义”和“合于《韶》、《武》、《雅》、《颂》之音”的标准和“述礼乐”、“备王道”、“成六艺”的目的，编纂出的新儒家版本的《诗经》。由于新儒家特定的政治目标所决定，今本《诗经》自然不可能收录很多“民歌”，它们也只能是“大抵圣贤发愤之所为作也”。

根据对《诗经》的整体性、历史性考察，我们可以发现《诗经》中绝大部分的诗作是周王朝各类贵族在举行“宴乐”时留下的礼歌“宴语”，包括“生人宴语”、“死人宴语”和“神鬼宴语”三大类。其中还可以具体区分为“家（乡）人宴语”、“射宴之语”、“宴宾之语”、“送别宴语”、“军旅宴语”、“祭祀（享）宴语”、“祈（求）神宴语”和“驱（祝诅）邪（鬼）宴语”等。宴会在周王朝的礼乐制度中具有十分重要的作用。各种宴会并非单纯为宴饮而宴饮，为赏乐而赏乐，它们成为那个时代最重要的政治生活内容。今本《诗经》是周王朝与所属列国各种重大“宴会”所作之“乐歌”歌词的一个“精选本”。周王朝治下的各级贵族中的文化人，应是《诗经》作者的真正主体。

［郑志强，1958年生，河南省社会科学院副研究员，中州学刊杂志社副社长。
通信地址：河南省郑州市文化路50号中州学刊杂志社（450002）
联系电话：0371－63836580
电子信箱：zzxkwxs@126.com］

十九世纪传教士小说的文化解读

（宋莉华　《文学评论》2005年第1期）

19世纪来华新教传教士秉承耶稣会的文化适应政策，开创性地运用通俗生动的白话小说宣扬基督教教义，传播西方文明。该文对这部分鲜为人知的小说作品从文化层面进行了解读。由于小说作者的特殊身份，他们所植根的社会、历史、文化背景，使得传教士小说既在不同程度上塑造着西方历史与文化，又将作者自身受到的中国文化影响及其对中国社会现实的关怀融入其中。因而它们在中国的流传实际上是中西文化碰撞的过程，其间既有冲突又有互补，反映出在华传教士适应中国本土文化的努力。传教士们试图从儒家学说中寻找有力的思想观念资源和支持的依据，作为基督教进入中国读者内心的通道。他们在小说中大量引用儒家经典，以儒释耶，而且常常采取简单而醒目的方式，即将儒家论点直接与《圣经》教义并列，表明二者持论相同。目的即在于寻找基督教与儒家之间的联系，附儒合儒，至少使二者相互接近的思想观点与经验可以并存。同时，这些作品表现出了对于中国的文化传统、民族习俗及礼仪的尊重。作者努力迎合中国读者的阅读习惯与审美特征，模仿传统章回小说，用白话写作小说，比如给小说添加回目，熟练地使用说书人的套语，注意骈散结合的特点，使用楔子，甚至仿照章回小说的评点间或采用眉批出注等等。在篇章结构上，传教士则将问答体引入小说。由于传教士作者的命意显然在于宣教，是以个人叙事来传授教义。这种创作意图与小说文体结合的一种简单而有效的方式就是采用问答体，“假设问答以著书”。其范式为：由懵懂无知的非教徒发问，而睿智正义的教徒的回答往往是长篇演讲与辩论。在人物问答之间，实际上展开的是基督教与佛教、道教、儒家之间广泛而且互动的对话，是不同宗教与文化之间的碰撞与交锋。对话双方的话语权并不平等，发问的非教徒懵懂无知，处于劣势，提出的问题肤浅幼稚；而作答的基督徒则睿智正义，博学善辩，大多以将对方说服入教结束。人物刻画上也出现定型化的通病，其原因并非由于写作技巧，而在于作者总是赋予基督徒以强势话语权。这一体例对晚清新小说家产生了深刻的影响，从梁启超《新中国未来记》、刘鹗《老残游记》、吴趼人《上海游骖录》、钱锡宝《梼杌萃编》、彭俞《闺中剑》、壮者《扫迷帚》等小说中都可以看到问答体的特点。尽管传教士趋附中国本土文化的努力显而易见，但对其小说的文化属性做出判断并不困难：传教士小说是与19世纪帝国主义的扩张紧密相连的。正是由于帝国主义的扩张，为基督教在华的大规模传播提供了契机，欧洲文化优越论取代了早期耶稣会士对中国的理想主义的报道。传教士小说中的中国和中国人的形象则变得怪诞愚昧，滑稽可笑，溺婴、狎妓、吸鸦片、赌博、贪污等中国社会的种种流弊被放大。这使得中国各阶层读者在近代历史的特定语境中阅读这些作品时心境复杂。

［宋莉华，1971年生，上海师范大学都市文化研究中心，博士，副教授，上海市作家协会会员。出版专著《明清时期的小说传播》。发表的论文有《19世纪传

教士小说的文化解读》、《第一部传教士中文小说的流传与影响》、《19 世纪中国的独特文化存在——郭实腊的小说创作与评论》、《19 世纪西人汉语读本中的小说》、《19 世纪西人小说中的白话实验》等。]

试论日本所编的中国古籍索引

（陈东辉　《文献》2005 年第 2 期）

日本汉学界对中国古籍索引非常重视，结合有关学术研究编制了大量中国古籍索引。据不完全统计，日本出版的中国古籍索引约占世界各地所出版的全部中国古籍索引的 80%。此乃日本学者在中国古籍整理研究领域最突出的成就。从上个世纪 90 年代以来，日本学者已普遍使用电脑编制索引，效率大大提高，代表了中国古籍索引编制的新的发展方向。日本编制的中国古籍索引门类繁多，几乎涉及中国传统文化的各个领域，其中数量最多的当属集部古籍索引，大约占 2/5。斯波六郎等编制的《文选索引》，乃日本学者所编的具有代表性的中国古籍索引。日本学者编制的子部古籍索引的数量也很多，其数量仅次于集部古籍索引，大约占 1/4 强。上述集部和子部古籍索引除了在中国古代文学、哲学以及佛教、道教研究中具有重要价值外，在从事上古、中古和近代汉语研究时也经常需要使用。位居第三的当属史部古籍索引，大约占 1/5 强，其类别较多。经部古籍索引数量相对较少，大约占 1/10 强，大体上可以分为经书古籍索引和小学（即中国传统语言文字学）类书籍的索引两大类。日本学者还编制了不少引书索引，对于古籍辑佚和古文献学研究颇有助益。在日本汉学界，长期以来业已形成这样一种传统，即编制某种或某几种中国古籍索引已经成了进行学术研究和训练的一项基础。有的学者一人就编有多种索引。除了个人之外，日本许多学术机构对中国古籍索引的编制也十分重视，其中首推京都大学人文科学研究所。在日本出版的中国古籍索引中，有不少是就某一专题而编制的系统的成套索引，为查检某一专题领域的文献提供了极大便利，同时也为研究工作的深入开展奠定了坚实基础。纵观日本的中国古籍索引编制，还有一个值得注意的现象，即日本的许多学术性刊物上经常登载中国古籍索引。日本出版的“大系”之类的汉文总集、丛书，有的也附有有关古籍的索引。此外，日本出版的一些中国古籍专书词典，也带有索引的性质，有时可以作为索引来使用。日本的中国古籍索引编制之所以取得如此大的成绩，有其主客观原因，其中主观原因是主要的。日本除了本身非常重视中国古籍索引编制外，还对中国内地、台湾、香港以及欧美等地所编的中国古籍索引十分重视，注意收藏并加以充分利用。当然，日本的中国古籍索引编制也有一些不足之处。笔者认为，最明显的一点，是一些中国古籍索引的索取对象过小，导致其使用频率很低，处于可有可无之间。

［陈东辉，1966 年生，浙江大学汉语史研究中心副教授。
通信地址：杭州市浙江大学西溪校区汉语史研究中心（310028）
联系电话：0571－88273589
电子信箱：hjg@ ch. zju. edu. cn］

试论文艺美学学科建设

（曾繁仁　《学习与探索》2005 年第 2 期）

我国改革开放之初，呼唤美与文艺应有地位的回归。文艺美学学科的产生就是我国改革开放新形势下，美学与文艺学领域拨乱反正的必然结果。文艺美学以文学艺术的审美经验为其理论出发点，是一门正在建构中的富有中国特色的新兴学科。从 1980 年至今，文艺美学学科历经 20 多年的发展，已经成为被广泛认可的科学研究方向，并呈现繁荣发展之势。但在文艺美学的学科定位、理论出发点以及研究方法上尚有待于进一步讨论。

该文结合当代世界哲学——美学转型、中国美学与文艺学领域由外向内转向的社会背景，指出文艺美学学科具有明显的建构性、交叉性、跨学科性和开放性，既不是美学与文艺学的分支学科，也不是两者之间的中介学科，更不同于传统的艺术哲学，而是既同文艺学、美学、艺术学密切相关，但又与其有着质的区别的建构中的新兴学科。

该文进一步分析了文艺美学学科之所以成立的理论出发点——文学艺术的审美经验。当代文艺美学学科之所以被称为学科，最重要的是它具有自己特有的理论体系。这一理论体系的重要表征就是以文学艺术的审美经验作为学科的理论出发点。这种审美经验不仅包括以各种文艺美学理论形态为研究对象的间接经验，而且还包括直接的审美体验，这样就使美学直面审美经验，因而具有强烈的时代感和当代性。该文结合20世纪以来哲学与美学领域由对美的本质主义探讨到具体的审美经验研究的转型，分析了文艺美学以文学艺术的审美经验作为其理论出发点的必然；结合中国体悟式艺术审美经验的美学传统阐释了建设中国特色文艺美学学科的必要，并且从文学艺术审美经验的中介性、关系性和情感性的具体内涵有力证明了文艺美学学科对于我国当代大众文化的理论指导意义，对于我国当代美学——文艺学学科改造，以及为中国传统美学在当代开辟更广阔空间所具有的现实意义。

在方法上，该文指出文艺美学学科应结合自身实际，以符合审美特性的审美经验现象学为主要研究方法，适当吸收其他研究方法为补充。文艺美学学科以文学艺术的审美经验作为理论出发点，这就决定了它必须采取由具体的审美经验出发的自上而下的研究方法，即审美经验现象学的主要研究方法，这是一种在审美直观中将主体与客体、感性与理性之对立加以“悬搁”，并直接面对审美经验的方法。同时，我们也应借鉴当代的对话理论，适当吸收心理学、阐释学以及语言学的各种研究方法。

［曾繁仁，1941年生，山东大学文艺美学研究中心主任，教授，博士生导师。
通信地址：山东大学文艺美学研究中心（250100）
联系电话：0531－86903653
电子信箱：zfr@ sdu. edu. cn］

图像与叙事

——论诸种叙事与知识分子的小叙事者身份

（杨乃乔　《文艺争鸣》2005年第1期）

该文认为，一个在理论话语的贫困中被放大、夸饰的视图时代似乎蹒跚到来了。视图理论认为：后工业文明的高科技发展逐渐把社会公共意义的提取转向视觉化，也就是说，凡是在不同程度上被打入商业领地的消费文化在高节率的程度上挤压于种种大众传媒，以图像的方式快捷地向大众视觉成交以几何数递增的暴量信息。在大众文化领地，文字被商业视图挤压于边缘，图像成为当下向消费者叙事信息与意义的主流手段。

文艺理论界的一些批评者不失时机地从西方引渡“视图时代”、“视图文化”等理论，在大陆中国汉语语境下匆匆讨论大众传媒、消费文化、图像传播与图像对文字的挤压等问题。人类无可回避这样一个从远古走向当下且指向未来的事实：几千年来关于东西方文化的记录与阅读大概更多是依赖于以文字铭刻的历史，书写的文字是已逝去的历史本体的合法化能指系统，所以我们更多的是把文字的历史作为我们的读本，以阅读来合法化地提取历史的文化意义，因此文字是建构人类历史的主流叙事手段。

英国学者约翰·斯道雷（John Storey）在《文化理论与通俗文化导论》一书中曾用“元叙事”这样一个概念，在斯道雷看来，“元叙事”是指形而上学及基督教教义等整合社会众多不同小叙事（little narrative），能够“以普遍的原则和共同目标的名义压制和排斥其他理论和其他声音”所建构的理论或教义，即利奥塔所言称的“宏大叙事”（grand narrative）。利奥塔在《后现代状况：关于知识的报告》一书中曾使用“解放叙事”（emancipation narrative）这样一个概念，“解放叙事”是一种后现代社会使用“技术”与享受“技术”的生活模式，这种生活模式遵循工具理性的价值取向使诸种社会事件序列化与逻辑化，并获取一种体系性的结构整体；从某种意义上来说，这种结构整体的本身就是“叙事”，并且这种生活模式在一种惬意与享受中使这种“叙事”结构整体被大众主体接受且合法化；换言之，后现代生活模式的生活“行动”自身在本质上就是一种“言说”、“书写”这种社会状况的叙事，因此，“解放叙事”是对人文学科具有普世性理论体系的技术理性式的解构。

我们也可以这样理解，行动就是叙事。扩而展之，一种社会生活的合法化模式在时间的序列中体系化为一种生存行动，这本身就是在历史文本上进行“书写”的叙事。海外学者杨庆球在讨论后现代主义时，曾就对利奥塔的小叙事给出一个详尽的描述：利氏提出的“小叙事”，就是集合小众个体去争取或达成某一个目的。小叙事只为某时某地存在，一经达到目的后便自行解散，这些小群体能深入、个别地处理社会某一事件，无须依靠某一既定的普遍理论（即宏大叙事）来处理社会各种问题。但问题在于，我们发现后现代高科技的“解放叙事”所解构的“元叙事”或“宏大叙事”不仅包揽了形而上学和基督教教义等具有普世性的话语理论，至少也波及到80年代以来的人文学者。从表象上看视，这些人文学者的写作仅是个人的小叙事；但他们大都怀揣着“体系建构情结”，他们在自己的学术写作中也不时流露出像圣·奥古斯丁或孔子等人所秉有的圣者情绪，在自己的小叙事中做着人文领域的“元叙事”——“宏大叙事”之梦。

一个不愿为人文学者所接受的事实向历史证明，科技理性的“解放叙事”不仅把大众主体从种种具有普世性原则的“元叙事”——“宏大叙事”中解放出来，并且人文学者只能在梦呓中建构且可能或不可能兑现的他们自己的“宏大叙事”，也被推出了当下社会话语场的中心。准确地理解，斯道雷所言称的形而上学及基督教教义等整合社会众多不同小叙事的话语就是元叙事，在上述的学理原则下，不要说西方的形而上学与基督教教义，我们尽可以把儒家思想、经学及其在历朝历代文化传统中的主流话语都界定为元叙事。小叙事就是个人叙事。有趣的是，当下大陆汉语学术界的视图理论者几乎全部是来源于学界那些曾经具有人文精神的小叙事者，他们曾经不遗余力地在一种悖论中操用后现代的解构理论批判后现代工业文化的平面感，后现代理论在他们的批判中表现出相当的个性和深度性，那么，当他们把理论的思考转向“视图文化”、“视图时代”等，虚拟了一个“大众视觉文化时代”的到来时，让我们冷静地看视一回，这种视图转向的时代座右铭“我从不阅读，只是看看图画而已”又给这些在学术转向上蜕变的小叙事者们准备了怎样的最后晚餐？

无论图像与虚拟的视图理论在当下的社会及学界怎样地微澜起伏，语言文字的叙事一如既往地在行进，只有理解诸种叙事与讨论在怎样的态度中坚持知识分子小叙事者的身份，是值得叙事下去的。

［杨乃乔，1955年生，首都师范大学比较文学系系主任、教授、博士生导师、比较文学与比较文化研究所所长，台湾辅仁大学客座教授。出版专著译著多部，如《悖立与整合：东方儒道诗学与西方诗学的本体论、语言论比较》（2001年获北京市第六届哲学社会科学优秀成果一等奖）、《元散曲详注》、《后殖民批评》、《比较文学概论》（教育部研究生指定教材）、《比较诗学与他者视域》等。多年来在《中国社会科学》、《文学评论》与《文艺研究》等刊物发表纯学理性研究文章100多篇。
通信地址：北京西三环北路首都师范大学比较文学系（100037）
电子信箱：yangnaiqiao@126.com］

网络文学研究的视角与热点

（欧阳友权　《求索》2005年第6期）

计算机网络与文学联姻所滋生的“网络文学现象”，日渐改变着汉语文学的发展格局。与此相适应，网络文学研究也不断从自发走向自觉，在一些学术前沿话题上遭遇到了学院派的思维阻击。

网络文学的历史定位。网络文学别具风景已是不争的事实，面对别具风景的网络文学，应以开放、宽容、平和的文化心态去看待。网络文学起源于都市化的知识民间，可以看作是指头打造的“新民间文学”。传统写作被体制、范式和惯例所束缚，又被少数文化精英所垄断，圈外的文学钟情族无法参与其中。网络文学的兴起或许正是文学回归民间的一个契机，这是文学生产力的一次大解放。

网络文学改变了什么。从存在方式上看，网络文学的出现改变了文学惯例和艺术成规。这表现为文学媒介由语言符号向数字符号转变，作品形态由“硬载体”向“软载体”转变，文学类型的分化与文学边界的模糊。在深层的意义上，网络文学的艺术嬗变主要还在于它采用多媒体和超文本表达方式，悄然改变着文学的诗性——它改写了文学的审美成规，导致原初语言能指与所指关系的遮蔽与中断，文字诗意的精神之美被图像叙事所取代，网络多媒体作品解构了书写文本的体验化魅力，却强化了图像感觉，发展了感官审美。

网络文学的艺术局限。时下的网络文学尚未以自身的艺术品质赢得历史的尊重，主要原因在于写作队伍多由技术牛仔和业余兵团组成，他们的创作理念未能与传统文学的艺术原点相兼容。如以游戏冲动替代审美动机，以技术智慧替代艺术规律，工具理性替代价值理性等。这就导致艺术对人文的偏离，出现“只见网络没有文学”的“非艺术化”倾向。

网络文学的未来走向。互联网的迅猛发展不断拓展网络文学的生长空间，然而，如果网络文学仅仅止于媒介传播和时尚文化消费的意义，而不能以自身的诗性魅力抒发人的审美情怀，用技术的基质承载艺术的人文价值、建构审美的精神家园，人们对它的艺术期待就将是无从依凭的。这就需要坚守文学的原点承诺，重视“新民间文学”的审美提升，注意探寻电子文本的艺术创新。网络不只是一种广延性容器，还是一个创生性意象空间，互联网在向话语多元性敞开界限的同时，还应该为艺术独创性留出地盘。

网络文学的研究立场。互联网带来了文学自身和人对文学的观念的双重转型，研究者需要奉行的研究原则应该是：建设性学术立场而不是评判性研究态度，基础学理的致思维度而不是技术分析模式。前者可以使我们绕开对网络文学和数字文化“好坏优劣”的简单评判而将其当做科学研究的对象，后者则可以将多姿多彩的网络文学现象作为丰厚的人文学术资源，以此探究建构一种网络文学基础理论的必要与可能。

［欧阳友权，1954 年生，文学博士，中南大学文学院院长、首席教授，博士生导师，湖南省“网络文学研究基地”首席专家，《人文前沿》主编，有突出贡献的中青年专家，享受国务院政府特殊津贴。出版著作《文学创造本体论》、《当代西方文艺批评主潮》、《艺术美学》、《网络文学论纲》、《数字化语境中的文艺学》、《萨特论艺术》（译著）等。主编《文学原理》等大学教材 10 部。主编“网络文学教授论丛”、“文艺学前沿丛书”等。发表学术论文 200 余篇。曾获教育部国家级优秀教学二等奖、省教学成果一等奖、省社科成果二等奖、省“五个一工程”优秀理论著作一等奖等多项奖励和荣誉。

通信地址：长沙市岳麓山中南大学文学院（410083）

联系电话：0731－8836742

13574830126

电子信箱：ouyangyq@263.net］

“魏晋文学自觉说”反思

（赵敏俐　《中国社会科学》2005 年第 2 期）

在近年来的中国古代文学研究中，“魏晋文学自觉说”是最有影响的一种说法，它甚至成为许多人从事中国古代文学研究中的一个常识性判断。但是，“魏晋文学自觉”的这种提法合适吗？它能很好地揭示中国文学史现象吗？近年来，陆续有人提出了不同的看法，特别是“汉代文学自觉说”的提出，是对“魏晋文学自觉说”的有力反驳。考察历史，这一说法首先是由日本学者铃木虎雄提出来的，并不是一个科学的论断，而鲁迅先生接受这一说法本是一种有感而发，虽然具有一定的学术启发性，但是却不能把它上升为一种文学史规律性的理论判断。这是因为，铃木、鲁迅等人所立论的基础，主要基于对曹丕的《典论 · 论文》中“文章，经国之大业，不朽之盛事”和“诗赋欲丽”等论述的误读，认为这说明他比以往任何时候都更看重文学的价值，也说明魏晋人已经开始有了明确的文体区分意识和对文学审美特点的认识。其实曹丕这里所说的是“文章”而不是“文学”，在曹丕的眼中，真正能够让人不朽的并不是诗赋等文学作品，而是可以“成一家之言”的徐干的《中论》。“诗赋欲丽”的说法也不是曹丕首先提出来的而是汉人的共识。所以，如果我们承认在中国古代真有一个“文学自觉”时代的话，那么这一时代也是从汉代开始而不是从魏晋开始的，而“魏晋文学自觉说”不能全面地描述中国中古文学的发展过程。以此为基础再深入考察，可以发现“文学自觉”这个提法的内涵有限，歧义性太大而主观色彩过浓，因此不适合用这样一个简单判断来代替对一个时代丰富多彩的文学发展过程进行客观的描述。它影响了我们对于中国文学发展规律和本质特征的认识，因而在中国中古文学研究中不适宜使用“文学自觉”这一概念。促进汉魏以来中国中古文学发展变化的根本原因是秦汉社会制度的变革、文人阶层的出现及其特殊的文化心态，以及他们对于文学的基本态度。以此为基础，可以清晰地看到从汉到唐的中国文学的演变轨迹。

［见第 512 页赵敏俐简介。］

文明之野蛮：东方主义信条中的中国形象

（周宁　《人文杂志》2005 年第 6 期）

西方现代性想像将中国形象“野蛮东方化”，涉及四个方面的问题：

1. 西方现代性在东方与西方、野蛮与文明的二元对立的世界观念秩序中构筑野蛮的东方帝国形象，使中国形象成为西方现代文明认同的“他者”，其根本意义在于确证“现代西方文明”的合法性。“文明”为西方现代性提供了文化身份：文明与西方现代性自我认同相关，文明特指西方现代文明，几乎所有西方现代性价值包括自由民主、发展进步，都可以包括在文明概念中；文明是人类社会普遍价值的体现与普遍历史的必然，它意味着西方现代性为人类社会与历史发展树立的一种普世尺度，在空间与时间中展开，包含着知识与权力的双重意义。

2. “文明”的概念是法国启蒙思想

家相对于“野蛮状态”提出的。也正是在启蒙运动后期，文明与野蛮的套话开始和西方与东方的套话组合并相互转喻地使用，中国形象也逐渐被纳入“野蛮东方”的话语体系中。野蛮或半野蛮的中华帝国形象，是由具体不同的所谓“野蛮东方性特征”构成的，它在东方主义语境中生成，经历了从启蒙运动到帝国主义时代的历史过程。在“东方主义”语境中分析19世纪西方的中国形象，问题不是在西方帝国主义文化地图中中国是否属于“东方”，而是属于“东方”的中国在文化象征上如何分配所谓“野蛮的东方性”。

3. 西方现代性世界想像将中国形象纳入野蛮与文明的二元对立秩序中，不仅是一个知识问题，更重要的是话语隐含的权力。文明与野蛮的话语在19世纪西方广泛流传，恰好对应着西方帝国主义殖民主义扩张的高潮。在帝国主义殖民主义意识形态中，文明与野蛮二元对立的知识与想像模式，顺利转化为文明征服野蛮的二元对立的权力或霸权模式。从鸦片战争到八国联军这一时段西方构筑野蛮的中华帝国形象，恰好说明“文明”话语中想像与权力合谋的方式。

4. 野蛮或半野蛮的中华帝国形象富于话语活力。后冷战时代文明冲突论与美国新帝国主义意识形态，续起了一度中断的文明与野蛮、西方与东方二元对立的帝国主义话语谱系，也续起了中国的野蛮东方形象。中国被想像为“世界上最后的野蛮帝国”。文明与野蛮、西方文明征服东方野蛮的二元对立的话语模式，根本上决定着西方现代性的世界秩序想像。批判这种想像的文化—意识形态机制，必须追溯到现代性的思想资源——启蒙哲学本身，启蒙神话的理性与文明崇拜，本身就已经包含着某种“同一性”暴政。必须对这个本源进行反思与批判。

［周宁，1961年生，文学博士，厦门大学闽江学者特聘教授，中文系主任，中国话剧文学研究会常务理事。主要著作有《比较戏剧学》、《幻想与真实》、《中西最初的遭遇与冲突》、《想像与权力：戏剧意识形态研究》、《中国形象：西方的学说与传说》。

通信地址：福建省厦门市厦门大学中文系（361005）

联系电话：0592－2180764

电子信箱：nzhou@ xmu. edu. cn］

现代传媒与现代散文辨体

（周海波　《东方论坛》2005年第1期）

从现代散文的文类来看，现代报刊对现代散文的分类产生了明显影响。古代文章的分类，在现代媒体的各类文体分类中失去了“辨体”的意义，新的文体类型与现代报刊的体制所发生的同构关系，使散文成为报刊意义上的文体。

模糊混沌的文类意识是20世纪最初20年的普遍现象。出现这种现象的原因，主要在于散文领域还没有廓清基本的文体概念。周作人、王统照、胡梦华等人都曾提出过不同的散文概念。最早将报纸与散文文体联系在一起考察的，是化鲁发表在《文学旬刊》的《中国的报纸文学》。化鲁指出，在各类文学中，“小品文学往往是报纸文学的重要部分”，“所谓小品，是指 sketch 一类的轻松而又流动的作品，如杂感，见闻录，旅行记，讽刺文等都是”，这类作品只有在报纸上刊载才有阅读的意义。不过，在何种意义上认识报刊文体与散文文体的关系，是研究现代散文文类的关键问题。古代散文的变体及其功能显然影响到了现代传播媒体中的“散文”文体，古代文章的“进言”功能向现代报刊的“舆论”工具发展。古代奏议论说一类的文体在报刊媒体的体制要求中都发生了根本性的变化，如《申报》、《新闻报》、《大公报》等20世纪初期的报纸大多重现“论说”，以新闻舆论取代章表奏议，以新闻报道等叙事型新闻文体作为新的媒体文体。新闻报道类文体与论说评论类文体的合流与分化，逐步形成了现代散文的叙事类、杂体类、小品类文体。另一方面，现代报刊所引进的西方散文随笔文体也影响到新闻媒体的各种文体，与已经形成的散文文体进一步融会，从而将散文文类不断丰富和扩张，在叙事类、杂感类、小品类散文的基础上进一步延伸现代散文的文体类型。

叙事类散文是新闻通讯报道类文体的文学变体，主要包括报告文学、散记、回忆录等品种。杂感类散文是现代散文作为报刊文体的最大收获之一。从文体源流的角度讲，古代论说文与现代报刊的政论、时评等文体的结合与分流，形成了杂感文学。《时务报》的“报章文体”以及《大公报》的“附件”、“录件”、“杂俎”栏目中的文章，《申报·自由谈》的“游戏文章”，《时报》的“时评”，都可以作为杂感的雏形看待。小品文类是一个非常复杂的概念，《语丝》、《莽原》、《现代评论》等期刊创刊后，杂感和小品文的功能与体式特征已经发生变化。现代报纸的博览特征和期刊杂志的“杂”，为现代杂体类散文提供了合适的载体，一张报纸的副刊可以开辟不同的栏目，一份杂志的栏目也需要体现出“杂”的文类性。

［周海波，1958年生，青岛大学文学院教授，副院长。
通信地址：山东省青岛大学文学院（266071）
联系电话：0532－85953210
13706426501
电子信箱：qduzhhb@126.com］

消费时代报告文学的叙事伦理

（龚举善 《文艺报》2005年6月16日）

“消费时代”已名正言顺地成为拥有现在进行时态关键词身份的强势语境。无论从本体论还是价值论角度看，报告文学在其百余年的发展历程中尽管还不尽如人意，还存在这样那样的问题，但它却以真实的文学本色越来越成为一种具有独立品格和独特魅力的新兴而自足的文体。这种文体既与其他相邻文体信守某些共同的文学原则，同时又形成了自身特有的伦理规范。为了报告文学的健康生长，该文认为有必要重建报告文学的伦理秩序。概括说来，报告文学的伦理秩序包含五个基本层次。一是真中出新的现实伦理。报告文学的取材必须符合“第三种真实”的伦理内涵和形式规范，必须满足文学消费者追真求新的现实需要。这是报告文体得以存在的最大理由，也是消费时代文学样式的基本价值维系，自然成为报告文学伦理结构的首要层次。二是真中寓知的智性伦理。报告文学以文学方式所提供的真实信息不仅给人以真切新奇之感，而且能够给消费者以认知的快乐和智性的启迪。报告文学虽然较其他文体更多地受到现实生活的规约和限定，但另一方面显然更能体现认知的可信度和信息接纳的有效性。正因为报告文学反映对象的真实性、新奇性和不可重复性，所以真中寓知的智性伦理至为重要，无可代替。三是真中劝善的道德伦理。优秀文学作品的劝善功能不言自明，即阅读接受过程中作品思想情趣和价值导向对读者观念世界乃至言行举止潜移默化的影响作用。对于报告文学来说，因其取材于现实生活，同时蕴含着作家主体鲜明的是非判断和诚挚的思想感情，所以它的参照性与启示意义更趋直接，效果也更显强烈。四是真中求美的审美伦理。报告文学既是至真的艺术，也是求美的文体。报告文学自发轫以来之所以受到读者的青睐和文学史的认可，并且屡掀创作高潮，根本原因还是因为它那独特的艺术审美力量。真的题材、善的主题是美的，生动感人的人物性格、富有浓郁时代气息的典型环境是美的，随物赋形、不拘一格、不期而会的结构样式是美的，真话实说、真情实抒、真理实陈的“杂色”语言是美的，情随事迁、腾挪跌宕、高度自便的表现手法是美的，握笔如椽、威武不屈、荡气回肠的文体品格是美的。所以徐迟说，报告文学“是美的文学”。五是真中寻娱的消遣伦理。从某种意义上说，消遣是天赋人权。消遣的途径很多，其中自然包含文学艺术。消费时代的报告文学与其他文体一样，不可避免地会受到市场性、商业性和利益场的干扰，猎奇心理和怪异题材也会进一步刺激时尚化的消遣吁求。面对消费时代时尚化乃至快餐化的消费趣味，报告文学作家承担着“满足”与“引领”的双重职责。客观地说，任何真实、善良且富有审美韵致的报告文学作品都附带有相应的消遣功能，都可以而且应该向事实上的文学消费者供给休闲式的愉悦和欢乐。其中，作家对于消遣对象的设计、消遣空间的预留和消遣趣味的引领尤其重要，它们不仅直接影响到作品文本可能的消遣平台与消遣路径，而且还将对读者的消遣心理、消遣方式和消遣结果发挥微妙甚或巨大的导向效应。因此，正视消费时代报告文学面临的挑战，重建消费时代报告文学的叙事伦理，确立新形势下报告文学写作与接受的良性互动机制，就显得分外重要和紧迫。

［龚举善，1964年生，郧阳师范学院中文系教授，武汉大学文学院兼职硕士生导师。主要从事文艺理论和报告文学研究。在核心期刊和重要报纸上发表学术论文100余篇，出版《中外报告文学论略》、《文坛边上的搜索》、《中国文学的现代风度》等多部学术专著。］

消费时代文学的意义

（蒋述卓　《文学评论》2005 年 6 月）

文学是否面临一个消费时代，许多人还持怀疑态度。该文从经济发展的现实以及文化消费角度等方面有理有据地指出：消费时代的到来，已经成为一个不可躲避的事实。消费时代，文学面临了两大问题：一是消费时代的文学究竟是什么？二是消费时代文学的意义是什么？

针对当前理论界、批评界对文学存在的价值、文学的意义、文学的发展路向过于悲观的情况，该文从多个方面对消费时代文学的意义问题作出了阐释：首先，有批评家担忧文学艺术的商品化会导致文学艺术意义的减弱，尤其是教育意义的衰减。该文认为，从文学经济学的角度看，文学艺术的商品流通过程不仅仅是流通财富，它也会生产和流通着意义、快感和社会身份，所以，读者（受众）从作为消费品的文学艺术中仍可获得意义和快感。意义的假若减弱或增强，主要取决于文学艺术本身所具有的社会与艺术价值。从营销角度看，作为商品的艺术，同样必须树立自己的品牌，也要把产品制造得精致优美，以吸引更多的消费者。文学艺术作为商品生产与流通以后，是否一定会减弱或失去教化功能，甚至引起道德上的滑坡呢？文章认为这也不是绝对的。作者旁征博引，分析了 18 世纪的小说、20 世纪 30 年代的电影、50 年代的电视出现之时所引起的“道德恐慌”乃至中国明清戏剧、小说兴起之时曾受到抨击的种种细节之后指出：人们看到的只是资本渗入文化生产以后带来的“可能存在”的负面影响或以个案推及全部造成的“道德恐慌”声势，实际上是低估了它所产生的道德方面的积极意义与影响。文学艺术被其他领域借用，日常生活审美化会让文学艺术“诗意”泛化，继而削减文学艺术的感染力。针对这种看法，该文认为文学艺术的被借用不是坏事，反而会起到拓展与推进作用，如历史上宗教借用文学艺术产生了西方的教堂音乐、壁画以及中国敦煌的变文等，当今的广告借用文学，通讯借用文学都意味着在信息与消费时代，文学艺术的扩容与变异都是可以理解、容忍并逐渐接受的。该文对什么是消费社会的“诗意”问题也有了新的理解：对“诗意”的理解应该更宽泛，它不仅指人类应具备的精神家园，亦指人与自然、人与人之间、人与社会之间的和谐关系。

为消费时代文学的意义问题作了辩护以后，该文不失偏颇地指出了当前文学艺术存在的一些弊端，而解决的办法只能靠发展。在迎接市场经济和消费社会的挑战中，文学依然在发展，依然在寻找和探索着新的定位、意义与价值，消费时代文学的前途充满希望。

［蒋述卓，1955 年生，暨南大学党委书记，教授，博士生导师。
通信地址：广州暨南大学文学院中文系（510632）
联系电话：020－85220002
电子信箱：jsz@ jnu. edu. cn］

写得怎样：关于作品的文学评价

——重读《创业史》并以其为例

（刘纳　《文学评论》2005 年第 4 期）

“写什么是一个问题，怎么写又是一个问题。”鲁迅写于 1927 年的这句话在半个世纪后被不断重复着。20 世纪 80 年代后期关于“写什么”和“怎么写”的讨论令人记忆犹新。那么，“写得怎样”是不是一个问题？是什么样的问题？

这里所说的“写得怎样”，指的是艺术表现力以及所造就的表达效果，即作品在怎样的程度上体现了难以用其他形式传达的语言艺术的力量。“写得怎样”的重要性不言而喻，却又很难像对“写什么”、“怎么写”那样能条分缕析地言得明白。恰逢阐释替代文学评价的年代，“写得怎样”经常被“写什么”、“怎么写”的发挥性阐释遮蔽。

本文以《创业史》—— 一部在几十年间评价差极大的作品为例，谈“写得怎样”：关于作品的文学评价。

面对一部文学作品，人们有理由从作者“写什么”去追究去阐发他所写的“什么”。而这追究这阐发与对作品的文学评价无关。

无论“写什么”，无论“怎么写”，要写得好，才能使作品获得文学价值。

这本是简单的常识，而在文学理论空前繁盛的现时代，常识往往被玄妙高深的理论淹没。在“写什么”与“怎么写”之间，存在着相互制约的对应关系。而在“写得怎样”与“写什么”、“怎么写”之间，并不存在对应关系。“写什么”，是有可能或拥一个主义，或树一面旗帜或发布行政指令，或制造媒体效应，用一年半载就能做起来的。“怎么写”，是有可能或立一个名号，或认一位师傅，或成帮结派，或三两同道，用一年半载也能做起来的。而“写得怎样”——“写得好”则肯定不容易。作家的艺术表现力与天赋相关，也有赖于鲁迅向文学青年传授的“坚忍”、“认真”、“韧长”。

有趣而有意味的是：几乎所有批评甚至鄙夷《创业史》的人都并不否认柳青的艺术表现力，而这一点又几乎都以“即使……”、“尽管……”、“虽然……”之类的让步从句表述。如“柳青不愧为一个艺术功底深厚的作家……但是……”

无论“写什么”，无论“怎么写”，无论奉行什么主义，无论采用什么手法，无论作品试图描画出什么样的世界，无论作品传达了什么意识蕴含着什么情结，无论怎样创新怎样超越，细节描写都是小说家最基本的才能，体现着作者的艺术表现力，也是对作品作文学评价的重要指标。

评论者喜欢以《创业史》与20世纪90年代以后的作品作比较，比较的结论千篇一律是后者超越了前者。可以说，从近年来发表的任何一部作品中读出对《创业史》的超越，都不会困难。“超越”已经成为近年来文学研究的一个常用词。今天的作者在“写什么”和“怎么写”方面超越《创业史》是太容易的事，但是能在艺术描写、艺术表现能力上与柳青一比高低的并不多。

［刘纳，1944年生，华南师范大学文学院教授。主要著作有：《嬗变——辛亥革命时期至五四时期的中国文学》、《创造社和泰东图书局》等。］

学者散文批评的维度

（王晖 《学术研究》2005年第2期）

在当下的散文研究中，学者散文批评应引起足够关注，其缘由主要是学者散文自身的价值，因为学者散文往往显示着一个时代散文创作知性的深度、品位的高度以及文体革新的力度。

判断一篇学者散文的优劣、高下、文野和雅俗，最重要的应是看其是否具有这一文类的基本审美特性——知性与感性的完美结合。对这一审美特性的阐释，我以为余光中的认识较为深刻。他说：“散文的知性该是智慧的自然洋溢，而非博学的刻意炫夸。说也奇怪，知性在散文里往往要跟感性交融，才成其为‘理趣’。”具体到学者散文，余明确指出：“这种散文叫做‘表意’散文，因为它既不要全面的抒情，也不想正式地说理，而是要捕捉情、理之间洋溢的那一份情趣或理趣。”这段话涉及到学者散文审美特性的一个重要原点——理趣，它是以作者的学识、学养为核心的诗意阐发，与滥情、矫情、做秀绝缘。进一步讲，学理、诙谐、素朴、机智似应成为理趣的主要元素，理中含谐、以谐显朴、朴中孕智。理、谐、朴、智四位一体也许还是评价学者散文水准高下的重要杠杆。从此意义上说，创作学者散文实在是对一名学者人品、学问和才情的极大考验，正如余光中所说：“如果才气不足以驱遣学问，就会被其所困，只能凑出一篇稳当而平庸之作。所以愈是学富，就更必须才高，始能写出真正的学者散文。”

学者散文批评的另一维度是考察学者散文文本是否涉及对传统文化，特别是当代文化的反思和批判。学者散文作为学者情感与思想的载体，承担旨在鞭挞黑暗与丑恶、弘扬光明与美善的文明批评之重任理应成为其应有之义。这意味着学者散文与报告文学、杂文等文体一样有着类似的特性，它们都是当下知识分子融入现实、卷入现实、参与社会之文明批评的话语方式。也许学者散文会更多一些笔调上的迂回和曲折，甚至看似闲适的谈天说地、对自然发话，但它实际上至少应是睁一只眼看世界，于骨子中渗透出社会与人文关怀的热血，快餐式消闲与自我麻醉与它无缘，而它将离对自我、社会和时代的内在困惑与矛盾的思考更近。

是否具有鲜明的学术个性，也可视为学者散文批评在审视文本时应有的一个维度。学者研究的对象正是学者散文写作的知识背景和精神资源——它们在作家写作时必然要被镌刻进文本之中。一个例证，如叶公觉所言，就是，“我们可以轻而易举地从钱理群的创作中捕捉到周氏兄弟的世纪性文化遗产，从陈平原身上感受到他对清末民初思想和学术流脉的熟稔与洞察”。这里所讲的学者散文的学术个性，不同于一般的知性，它应该是后者的深化或升华，而不要“学得不到家，往往沦幽默为滑稽，讽刺为骂街，博学为炫耀。”（余光中，1997）

［王晖，1962年生，南京师范大学文学院特聘教授。
通信地址：江苏省南京市南京师范大学文学院（210097）
联系电话：025－81592167
电子信箱：jackwang89019@sohu.com］

艺术符号的特点和功能

（胡家祥　《江汉大学学报》2005年第1期）

符号学是现代勃兴的一个新的学科，受到广泛重视。遗憾的是目前还缺少为人们普遍接受的符号学理论，因此呼唤学界进行深入探索。该文力图会通各家之说，系统阐述艺术符号的形态、特点和功能。

首先，从符号发生学角度考察，人类最初可能广泛采用标志符号，以相关实物来贮存和交流信息，所谓“上古结绳而治”正是此之谓。稍后人类可能逐渐学会运用图像来记事表意，通过观象于天，观法于地，近取诸身，远取诸物而形成图像符号。在图像符号的基础上产生了象形文字。语言文字作为象征符号出现，大大地拓宽了人的精神世界，使之与外在的物理世界一样无边无涯。然而，象征符号中除了专有名词之外总是舍弃个别而抽取一般，缺少具体、可感性，艺术要求诉诸视听，因此仍需广泛利用标志、图像这类符号形式。

其次，比较而言，艺术符号中能指与所指的关系最为复杂：一是符号的能指自身具有独立的审美价值；二是能指与所指之间常常出现对于习惯赋予的既存联系的偏离，如“珠圆玉润”并非指珠玉本身的情状，而是指声音的柔美动听；二是一个能指可以蕴含多种或多级所指，因而可以说形象大于思维，言有尽而意无穷。从历时角度看，科学符号具有超稳定的性质，日常符号悄悄地处在不息的变动之中，艺术家操作艺术符号则一方面有意识地继承规约，一方面又有意识地突破樊篱，使之成为人类生活中最为生气勃勃和绚丽多彩的符号形式。

再次，从符号的所指方面看，艺术符号其实能蕴含符号学的三个层次。卡西尔谈到言语表达存在着“下限”与“上限”：下限指“低于语言”的区域，属于感觉而有限的；上限是“高于任何精确的语言”的区域，属于精神而无限的。与卡西尔的观点接近，杜夫海纳也主张把符号学划分为次语言、语言和超语言二层次。符号学的三个领域对应于人类心灵的三个层面，即感性的、知性的和志性的；联系着人类的三种掌握世界的方式，正好与黑格尔所作的日常意识、知解力的思维和玄学思维的区分相吻合；并且，三者还各自见长于不同的文化领域，如果说科学主要采用的是语言，宗教特别诉诸超语言，那么艺术所直接采用的一般是次语言。在人类走向文明的过程中，复杂的内心世界仍通过次语言而得到自然的表现。艺术符号的指符一般为标志或图像，其直接所指构成次语言的世界，通过塑造形象而跨越符号学的三个领域，既描绘生活情景，又蕴含生活知识，还展现精神家园。

［胡家祥，1954年生，中南民族大学文学院教授，美学研究所所长。
通信地址：武汉市中南民族大学文学院（430074）
联系电话：027－87184827
电子信箱：hjx102@sohu.com］

影子批评

——新世纪文学批评的独立性危机

（黄发有　《文艺争鸣》2005年第5期）

该文认为，批评如果失去了人格的独立性与审美的独立判断，批评家倾其所有才华的奋斗，仅仅使自己成为一个暧昧的、模糊的“影子”。在传媒时代，传媒的趣味中混合着各种强势力量，权力、商业和话语的霸权都通过对传媒的渗透来控制精神文化。而批评家对于媒体趣味的臣服，使自己的生存与言说都深深地刻上了寄生的烙印，缺乏独立意志与自由思想。影子批评主要有下面三种情况：

一、有偿批评

20世纪90年代以来，在消费主义、享乐主义日渐盛行的文化氛围中，批评家的敬业精神和责任意识不断衰退。会议批评是有偿批评孳生的“沃土”。混迹其中的批评家坐在作家的对面，兜里还揣着举办者奉上的红包时，说话不能不有所忌惮。既然不能坦率地说出自己的批评意见，那么就只好信口开河地按照主办方的意见胡说一通，充斥其中的多是肉麻的吹捧。会议批评与媒体批评是紧密联系在一起的，会议发言后多以有偿新闻的形式，刊登在各类报刊的重要位置。当今社会，作家与娱乐记者、批评家的利益往来越来越多，这就使批评家越来越说不出真话。结果，批评家和娱乐记者一样，把与作家的亲疏远近当成了判别作家作品优劣的重要标准，批评失去了艺术的原则和公正的尺度。

有偿批评是功利主义、工具主义催生的怪胎，批评成了与人进行利益交换的砝码。有偿批评的泛化，使批评成为直接或者间接地获取物质回报的方式，同时通过利益的纽带，逐渐地形成利益共同体。个人利益和共同体的利益，成了这种“批评”必须誓死维护的对象，批评的正义感和审美标准彻底沦丧。有偿批评使“批评界”异化成了江湖，江湖结拜、哥们义气、耍宝斗狠成了潜规则。在批评的江湖上，流行着形形色色的暂时主义，没有长远的规划与长期的打算，永远不变的只能是利益至上，占据上风的从来都是“有奶便是娘”的生存哲学。批评的江湖从批评圈渗透到创作界、学术界、期刊界和出版界。有偿批评正在不断地麻醉批评家的肉体和意志，也将文学腐蚀成一具无精打采、行尸走肉的空壳，开放出奇幻而丑陋的“恶之花”。

二、假想批评

对于文学研究而言，最为难堪的是，认真读作品的人越来越少了，而且不读作品的人还可以长篇大论地著书立说。不读原作的批评是假想的批评，是不负责任的胡说，要么借题发挥，要么张冠李戴。时下的文艺记者浏览了一些故事梗概、会议纪要和支离破碎的网络信息之后，就可以大言不惭地妄下断语。他们掌握的几乎都是经过筛选、审查、重写甚至是篡改的二手材料，在此基础上添枝加叶，偷梁换柱，用哗众取宠的手法招徕围观。媒体为了寻找能够带来强烈刺激的兴奋点，总想找话题，找热点，并且以此代替了认真的、严肃的文本分析，刻意地从中分离、提炼出一些暧昧的娱乐作料，然后添油加醋地进行耸人听闻的引申与曲解。

媒体批评制造时尚泡沫的趣味，无缝不入地同化和侵蚀着专业的文学批评。事实上，不少媒体批评家与专业批评家已经是沆瀣一气，形成了一种相互捧场的共谋关系。20 世纪 90 年代以来，当代文学批评界尤其是从事跟踪批评的批评主体，在“贴近当下”的幌子下，唯新是“崇”。跟踪批评对于文学新动向的追逐，催生了一种缺乏深度的“批评消息”，仅仅交代事件的来龙去脉和作品的基本内容，缺乏艺术感悟和独立判断，尤其缺乏直逼灵魂的追问和独立不倚的承担。

柏拉图在《理想国》里认为文艺只是“模仿的模仿”，“影子的影子”，“和真理隔着两层”。从这个角度来说，不读原作的文艺批评经过反复的转述和假想，变成了多重影子的影子，其描述不只是失真，甚至有篡改和歪曲的嫌疑。

三、逆反批评

20 世纪 80 年代末期，“骂派批评”浮出水面，其问世的初衷是为了使文学批评成为“独立的存在”。由于媒体和出版界的大肆炒作，骂者名声大噪，被骂者的上镜率、见报率也大大提高。这样，“骂派批评’实质上已经沦为“卖骂批评”，热衷于制造传媒话题和文化市场热点。就批评心理而言，这是一种典型的逆反批评，批评者为了显示自己的卓尔不群，凡是别人赞成的就坚决反对。

逆反批评的风行是消费时代的产物。消费文化一方面迅速地制造出“传媒英雄”，一方面迅速地“毁掉偶像”，只有这种迅速的更替才能不断地激发大众的好奇心，给文化市场注入一种畸形的生机和活力。逆反批评作为一种扭曲的反抗，逐渐走向了非难一切、亵渎一切的犬儒主义。

逆反批评是一种非理性的情绪宣泄。逆反批评仅仅是在唱反调，却没有发出属于自己的、独特的声音。在这种意义上，逆反批评拥有的只是所抨击对象的反面，却没有自己的“正面”。在不正常的批评生态中，批评家通过扮演“吹鼓手”或“文化杀手”的角色，来实现自己的价值。说穿了，逆反批评不仅不是对权力说“不”，而且是对媒体与世俗趣味的迎合与谄媚，是一种在“反抗”名义下进行的外强中干的文化投降，以一种反向思维讨好传媒权力并渴望着拥有话语权力，他们只不过是匍匐在传媒权力之下的“逆反动物”和文化工具。

不管是沽名钓誉、唯利是图的有偿批评，还是不读原作、缺乏历史感和未来向度的假想批评，以及故作惊人之语的逆反批评，在批评的文化动机、伦理姿态、心理内涵方面都丧失了批评的主体性和独立性，成为一种“影子”。

［黄发有，1969 年生，文学博士，现任南京大学中国现代文学研究中心教授、博士生导师。主要研究领域为中国当代文学传媒、中国当代文学生态。］

中国复古诗学文学退化史观的美学审视

（刘绍瑾　《文学评论》2005 年第 5 期）

中国古代文学思想郁积着浓深的复古情结。复古主义者在批判“近今”、“近代”奇技百出、竞新弄巧的文化风习和刻意为文、饾饤破碎的创作机制背后，体现出一定深度的终极人文关怀和审美追求。其文学退化史观所牵涉的不仅是文学的历史观，更为重要的是对人的本质、人对世界的感知方式以及文化氛围中“诗”的不利处境等重要的美学问题的追问，更多地表现了对“诗性”精神在历史文化运作中不断离散的深沉思考。

儒、道思想特别是道家哲学，本身就内涵一种富有深度、极具特色且通于艺术精神的“历史哲学”观。老庄把人类的历史初始看作完美的黄金时代，而此后的发展，都每况愈下，是人类的美好原性不断“失去”，人性的真朴自然越来越“丧失”的历史，是一部“道术将为天下裂”的“退化”史。

在源远流长的中国复古文学思想史上，渐次形成了两种颇为不同的美学旨趣：一种从“言之有物”为出发点，强调文学的社会内容和道德力量，反对无病呻吟、雕章琢句的形式主义和唯美风习；另一路则以诗性、气象、自然的追求为宗旨，反对诗歌走向技巧化、理性化、琐屑化的“后世”风气，推源诗歌自然感兴、自由抒发、浑然天成的原初生发。前者主要基于道德、政治的社会功利目的考虑，而后者则隐含文化人类学一美学批评的思路。

与刘勰以宗经反本、雅正体要为归宿的文学退化历史观构成迥然不同的话语系统，严羽及其影响到的明代复古派则在尊汉崇唐的复古构架中凸显了一种特有的诗史观，这一诗史观以自然感兴、意象混沌作为理论支点，更多地表现了对“诗性”精神在历史文化运作中不断离散的悲观论思考。在这一诗史观中，有以下两点特别值得我们注意：第一，尊汉复古的反人文色彩，体现出对文化氛围中“诗”的不利处境的深刻反思。汉代古诗那种“情兴所至，以不意得之”的自然运作，在出自“天地自然之音”的民间无意识歌唱中似乎更能得到呈现。第二，这一诗史观与道家思想深有渊源。他们所描述的晋、宋以来“真朴渐漓”、“淳朴愈散”这一诗歌淳朴浑融境界日渐散失的诗史观，真令我们想到道家对“古之人”浑整、至一的境界日益分崩离析的历史哀叹！老庄所称道的“朴”、“混芒”、“浑沌”、“大”，可能就是其复古诗学所称“气象混沌”的文化原型，而道家批判“天下始分”以后人们“分”、“裂”、“凿”、“辨”等文化行为，又正好对应着复古诗学大为不满的“巧匠雕镌”、饾饤破碎的后世风习！

［刘绍瑾，1962 年生，文学博士，暨南大学文学院教授、博士生导师。
通信地址：广州市暨南大学文学院中文系（510632）
联系电话：020－85223260
13822200377
电子信箱：tlshj@ jnu. edu. cn］

中国古代若干文学观局限分析

（吴炫　《文艺研究》2005 年第 1 期）

否定主义文艺学认为，对中国文论史和文学史的梳理，应以分析者自己的文学观念为尺度，以分析者自己所认为的文学现实问题为期待，来描述并剥离一切既定的文学观念之得失，从而形成自己的文学问题，告别以西方文学观对中国文艺学史进行评价的“问题史模式”。

本文以作者自己的“文学是对现实的穿越”的文学观为出发点，以中国当代文学问题为依托，对中国古代的“言志说”、“载道说”、“缘情说”进行了局限分析，意在揭示出中国当代文论文学观建设应该注意的理论问题。

作者指出：由于对“个体化理解”的忽视，“志”、“道”、“情”这三个古代文论范畴，均难以将作家的体验和理解引向世界观之独特，而满足于“个性”和“风格”的差异，是中国古代文论的共同症结，并影响到中国当代文论。同时，上述三个文学观更难以突出文学与非文学之“志”、“道”、“情”的区别，这直接关系到中国文学走向中国式的独立之现代问题。而“言”无论是指文学表达还是指“心物交融”，抑或还是指“象”，都难以突出作家创造与一般创造的区别、作家创造的程度差异等问题，而满足于“形象”或“生动的形象”，是造成中国当代文学创造程度不高的问题所在。至于对抗“理”的“情”之无力性、“情理统一”的笼统性造成的作家对既定“理”的依附，也使得“缘情”很难成为独立的存在，从而不是一个真正的“文学性概念”。具体表现在：

1.“诗言志”的“志”，尽管因为“心”之规定而内容丰富，但是因为首先缺乏“个体之志”的规定，所以它必然被包括孔子在内的后人作“兴于诗，立于礼”的群体化解释，最终演变为“文以载道”及文学内容与形式的类型化、公式化。其次，“诗言志”之“言”主要是“文字表达”之意，文学语言的性质并不突出。再次，由于“诗”和“休”在这里是一个既定的、先验的存在，其职责似乎只是去“言志”，这就将由“志”派生出来的“诗”在思维方式上颠倒了，从而为后人阐发出“文以载道”埋下了伏笔。

2.“文以载道”一方面造成非文学内容占主导地位的文学现实，另一方面也养成了中国作家和批评家道德评判优于文学评判的思维习惯，从而不仅对以反道德面目出现的文学，会下意识地进行排斥，而且也会将文学性问题肤浅地等同于“生动、有趣、好看”等表达之妙。其次，造成中国文学尤其是文革文学概念化、公式化盛行的一个原因，除了“载道”之“道”的问题外，还在于“载”字对文学的工具性强调，取消了文学对“道”的“本体性否定”功能，并最终使得文学形同虚设。

3. “情”不是从属于文化性的“理”的，当然也不是克服文化性的“理”的，而是等待“文学性的理”来“穿越”的。一个人在文化生活中仅仅依附在“情”、“个性”和“性”上，就会出现杜十娘怒沉百宝箱的悲剧和子君离家出走之后的茫然。其次，仅仅注意到文学之理的非概念化是不够的，如果我们不能突出文学之理的“个体化”问题，所谓文学形象和情感所表达的作品意味，还是很容易出现雷同化问题。再次，无论是本性和真情，还是儒家的社会性内容，它们仅仅是文学所凭借并且需要“穿越”的材料，所以我们不能简单地说：写本性和真情的文学，一定优于被意识形态所制约的性情和感情，因为这里既牵涉到对意义问题的理解，也牵涉到对文学性问题的理解。

［吴炫，1960 年生，浙江工商大学人文学院教授，西湖学者，博士，博士生导师。出版《否定主义美学》、《否定本体论》、《中国当代思想批判》、《中国当代文学批判》等 10 余部著作。主编《中国视角：穿越西方现代美学》丛书、《中国十大社会热点批判》，在权威和核心刊物发表文、史、哲各类论文 270 余篇。］

中国古代文学研究百年反思

（黄霖 《复旦学报》（社科版）2005 年第 5 期）

反思近百年来的中国古代文学研究的历史，觉得有一些问题值得思考。

1. 研究的价值取向：个人的自适与社会的需要。

我们在反思和总结 20 世纪中国古代文学研究时，应该避免从过去的一个极端走向另一个极端，涌动起一种彻底否定社会性研究而无限张扬个人性研究的思潮，前几代学者面向社会、服务社会的伟大精神，应该在新世纪学者身上得到新的继承和发扬。

2. 研究的基本理路：承续传统与面向开放。

20 世纪文学研究的转型，是在吸取中国民族文化的血液而有所本土化的过程中，促使了中国文学传统的研究从封闭走向开放，从古典走向现代。

3. 研究的理论指导：“阶级论”与“人性论”。

希望研究界能正视马克思主义的“阶级论”，不要再将它与“人性论”对立起来，而是将它们统一起来。我们在用“人性论”来观照古代文学时，既要看到古代文学中张扬个性和人欲的一面，也要看到为维护社会群体利益而对那种追求极端的个体欲望所进行的反拨与批判；既要看到人性中的私人性，又要看到人性中的群体性，要实事求是地去解释历史。

4. 研究的基本方法：实证性与阐释性。

20 世纪的实证性研究取得了不可小觑的成绩。古代文学只有经过现代阐释，才能成为现代人们的思想和文化资源。我们应该承认两种研究都有价值，谁也不能否定谁的重要性。

5. 研究对象的界定：杂文学与纯文学。

20 世纪从杂文学观逐步走向纯文学观，无论如何是一种进步的表现，至于到 21 世纪之交，人们又觉得完全用西方的纯文学观来观照中国古代的文学也有不少扞格之处，这应该说也是一种进步。它给今天的启示是，应考虑如何努力使我们的研究对象既是文学的，又是民族的，将文学观更加完善化。

6. 研究的主要视点：文学性与社会性。

“文学性”的研究得到重视与张扬，的确是非常必要的。但“知人论世”，对于作家作品的社会历史背景的考察，将永远是古代文学研究的基础。我们不是要去抛弃“社会—历史研究”，而是要发展和更新“社会—历史研究”。

此外，还对选择对象的“热点”与“冷门”、研究者追求“专攻”与“通识”、研究的立场“变”与“不变”等问题作了思考。全文强调超越二元对立的思维，坚持相互矛盾又相互统一的观点，再衡之以是否有补于世，有益于民，有利于学的思考，才能作出实是求是的分析与评价。也只有这样，才能给 21 世纪的古代文学研究提供有益的借鉴。

［黄霖，1942 年生，复旦大学教授，教育部重点研究基地复旦大学中国古代文学研究中心主任，复旦大学中国语言文学研究所所长。
通信地址：上海市复旦大学中国古代文学研究中心（200433）
联系电话：021－65642308
电子信箱：hlind@ online. sh. cn］

中国小说发生期现象的理论总结

——《汉志》中的小说标准、小说观念、小说家

（叶岗 《文艺研究》2005 年第 10 期）

《汉志·诸子略·小说》以其所著录的作品篇名、篇名所附的注言和《诸子略·小说序》，对中国小说发生期现象作出了理论总结，标志着中国小说理论批评的正式出现。

《汉志》小说理论，在给我们构筑出一幅小说起于民间口语发生的历史场景的基础上，提供了关于小说三条标准和小说活动人员情况的看法。民间性、故事性和一定的虚构性是小说标准的基本内容；"道听途说者"、"闾里小知者"和"稗官"是分属三个层次的小说活动人员，他们以集体性的劳动参与到小说创作、小说传播、小说整理和小说采集等一系列活动中，共同促成了被史志所载的最早一批小说的出现。

《汉志》这些看法，奠定了中国正统的小说观，成为中国小说理论的基础和核心，对小说的历史发展意义重大，至清代仍为四库馆臣所遵循不二。

［叶岗，1965 年生，绍兴文理学院人文学院教授，副院长。
通信地址：浙江省绍兴文理学院
（312000）
联系电话：0575－8341872
电子信箱：yegang2000@ hotmail. com］

庄子对内外审美的第一次历史性兼容与中国艺术的合法性生成

（王建疆 《文艺理论研究》2005 年第 1 期）

与老子对艺术的简单否定不同，庄子采取了既否定又赞美的立场，正是这种矛盾的立场，为老庄人生境界向艺术境界的生成拓开了精神空间。

一、从否定艺术到赞赏艺术创造：庄子如何面对历史的悖论

《庄子》在对待艺术问题上具有二重性特点，即一方面继承了老子贬低和否定艺术的思想；一方面又热烈地赞美艺术创造，从而使得《庄子》本身面对巨大的历史悖论。面对这一悖论，庄子唯一的解脱之路就是让原本是作为智巧的结果而有害于道的技和艺成为体现道的工具和过程，从而把技艺提升到了形而上的"道德境界"的层次。庖丁解牛的故事说明技艺的实践过程本身就充满了感官型审美和精神型审美两种类型，因而这种在技艺实践中体会得道的过程自然就成了审美的过程，此"道德境界"也就自然地生成了审美的境界。庄子对这个"道德境界"的审美生成的历史性贡献就在于他提出了"道也，进乎技矣"的思想。这样庄子便第一次在中国美学史上将内外审美有机地统一了起来，找到了走出历史悖论的出路。

二、有为与无为相统一的审美辩证法

历史悖论的思想根源在于老庄共同主张的无为思想以及这种无为又必须在现实中通过有为来实现的辩证法。因此，在艺术问题上面对历史悖论的庄子，其唯一的选择就是在内外审美之间完成历史性的第一次兼容，这一历史性兼容导致了中国艺术的合法性生成。

老庄共同主张的无为思想，导致对于技术和艺术这些离不开人的外在感官，同时又充满巧智的实践活动的否定和反对。为此，庄子反对一切人为的文明成果。但他又继承了老子关于得道的路径在于致虚守静、归根复命的思想，并把这种思想导向了"心斋"和"坐忘"的内审美的思想。这在美学上说，欲审"天地之大美"，先得有一个求道和悟道的过程，先得要有一个审美的胸怀。因此，主张无为之道的老庄行的是并非彻底的、纯粹的无为之道，而是有为→无为→无不为之道。事实上，《庄子》一书中关于艺人、匠人例子说明庄子不但

注重内审美，而且又不鄙弃感官型审美，从而在道俗之间达到了内在实践与外在实践、内外审美的有机统一。可以说，庄子对技艺中审美境界的赞美，使对象性审美或感官型审美第一次登上了审美哲学的历史舞台，使得庄子之道成为中国艺术之心。

三、“合于《桑林》之舞，乃中《经首》之会”：审美的境界从屠杀的血腥中升华

庄子的“艺术境界”并不来自于对“道”的推理和演绎，也不来自于伦理道德的启发，而来自于对真正艺术境界的直观把握。《养生主》、《达生》中的故事一开始并不是什么“艺术境界”，而是庄子渴望摆脱人生困惑的自由之境，这些自由之境是靠了文学的想像和诗意的描写才转换为审美境界的，并没有现成的审美境界。可以说通过诗化的处理，使得自由精神彰显为审美的意蕴。这种诗化的处理不仅仅是文体的优美、修辞的恰切和妙语连珠的魅力，更重要的是在这种优美背后流溢的激情、气运、神思以及深刻的警醒和隽永的智慧。这种运用文学手段对哲学的诗化处理，恰好成了中国艺术合法性生成的润滑剂，使得庄子思想成为“一首绝妙的诗”，使庄子立于美学之殿堂，并使《庄子》中的美学因子得以发育成长。所以说庄子对中国美学的贡献在于：在道与俗、内审美和外审美的矛盾中为内审美或境界型审美的世俗化和艺术创造打开了缺口。

［王建疆，1959年生，西北师范大学文学院教授兼文学院副院长、美学所所长。

通信地址：兰州西北师范大学文学院（730070）

联系电话：0931－7972950

电子信箱：wangjj@ nwnu. edu. cn］

大事记

2005年中国文学研究大事记

一月

第三届老舍文学奖揭晓。由北京市文联和老舍基金会主办的第三届老舍文学奖，于1月13日上午揭晓。经过终评委员会的认真讨论、无记名投票，最终评选出阎连科《受活》等6部作品获得优秀奖，9部作品获得提名奖。备受关注的优秀长篇小说奖由阎连科的《受活》获得，曾哲的《香歌潭》、程青的《十周岁》获得优秀中篇小说奖，兰小龙的剧本《爱尔纳·突击》获得优秀戏剧剧本奖，《李大筐的脚和李小筐的爱情》、《故人西辞》、《入厕记》、《改变直线的三个小时》、《好人如何，罪人又如何》获得新人佳作奖。此外，《平原上的歌谣》、《年轻的朋友来相会》、《女工》、《过滤的阳光》、《半个月亮掉下来》获得小说提名奖，《刘巧儿新传》获得剧本提名奖。

莫言获意大利诺尼诺国际文学奖。中国作家莫言因《红高粱》等作品荣获本年度的意大利诺尼诺国际奖。莫言的小说《红高粱》早在1997年就由意大利历史悠久的爱纳乌迪出版社翻译出版，2002年翻译出版了其小说《丰乳肥臀》，该出版社还以《养猫的人》为名翻译出版了莫言的短篇小说集。莫言成为意大利读者最熟悉的中国当代作家。诺尼诺文学奖是意大利较重要的文学奖之一，成立于1975年，今年已经是第三十届，意大利著名导演埃尔马诺·奥尔米为本届文学奖评委主席，正式颁奖仪式于1月29日举行。

首届全球华文青春写作大赛落幕。吸引海内外45000余名青少年参与的“《同学》·共和联动”杯首届全球华文青春写作新人选拔赛，2日在北京中国现代文学馆举行颁奖仪式，一批包括20世纪90年代出生的青少年在内的文学新人，从走红中国文坛的“80后青春作家”手中领取了“自由写作类特别大奖”、“最佳探索奖”、“最佳人气奖”、“最具潜质奖”等奖项。第二届全球华文青春写作大赛也于2日拉开帷幕，截稿日期为2005年8月31日。于奎潮说，全球华文青春写作大赛旨在激发青少年的汉语写作热情，使更多的青少年保持与增强对汉语言文字的亲近感。他希望有更多的港澳台及海外青少年参加这一“青春的盛宴”。据了解，这次大赛来自港澳台及海外的稿件占来稿总量的1%左右。

“九叶派”诗人唐湜逝世。1月28日，“九叶派”代表诗人唐湜因肺部感染医治无效逝世，享年86岁。唐湜是我国著名诗人，文艺批评家，中国作家协会，戏剧家协会会员，中国诗歌协会理事，中国民主促进会成员。《中国当代文学史教程》、《中国现代文学批评史》、《新中国文学史》等对他均有专节论述，高度评价他对诗歌创作的卓著贡献。继辛笛、唐湜相继去世后，“九叶”如今只余北京的郑敏和远在美国的袁可嘉两人。

“交叉与融通：文艺学学科建设2005高峰论坛”举行。由中国传媒大学文学院和《文学评论》编辑部联合主办的“交叉与融通：文艺学学科建设2005高峰论坛”，于1月29—30日召开。参加会议的文艺学学者有钱中文、陆贵山、杜书瀛、蒲震元、王岳川、王一川、李

春青、杨春时、尤西林、姚文放、蒋述卓、冯毓云、韩经太、袁济喜、张晶、丁亚平、王德胜、党圣元、黄卓越、钱念孙、周均平等。会议由中国传媒大学中文系主任、博士生导师、文艺学学科带头人张晶教授主持。中国传媒大学党委书记苏志武教授在开幕式上作了热情洋溢的讲话。这是在2005年文艺理论界的第一次学术盛会，与会的专家学者就当前文艺理论界一些共同关心的问题进行了探讨，提出了很多富有建设性和学理性的理论主张，取得了相当深入而又丰富的理论收获。

二月

第七届"新概念"作文大赛揭晓。由全国十所著名高校和《萌芽》杂志社联合发起、共同主办的"中华杯"第七届全国"新概念"作文大赛于2月1日落幕，51名参赛者获得一等奖。本届大赛自《萌芽》杂志2004年6月28日刊登大赛启事至11月20日截稿日止，参赛稿件突破了7万份。经过初评委的评选，来自全国的191名参赛者进入了2005年1月30日进行的复赛，最终有40人获得A组（应届高中毕业生组）一等奖、5人获得B组（除高三以外的初中高中学生组）一等奖，另有6人获得C组（除中学生以外的30岁以下的青年人组）一等奖。此次复赛的试题突破了以往的命题方式，每个参加活动的大学提供两个命题，再加上《萌芽》杂志从读者中征集的命题，共30多个进入最后讨论，最终经过评委们的两轮投票，两个获得最高票数的命题被确定为最终试题，整个过程有公证人员在场公证，确保比赛的公正透明。

红学家、杂文家蓝翎在京去世。红学家、杂文家蓝翎因病于2月8日在北京去世，享年74岁。蓝翎1931年生于山东，上世纪50年代以《红楼梦》研究而崭露头角，是著名的"两个小人物"之一，并与人合著过《红楼梦评论集》。蓝翎早年偏重文艺理论和古典文学研究，晚年侧重散文和杂文写作，尤以杂文著称。其杂文以尖锐深刻、学养深厚而独树一帜。著有《了了录》、《金台集》、《风中观草》及回忆录《龙卷风》等书。

贾平凹推出长篇新作《秦腔》。著名作家贾平凹推出最新长篇力作《秦腔》（作家出版社）。贾平凹说《秦腔》"写的是一堆鸡零狗碎的泼烦日子"。小说包含了几个层次的内容：疯子引生爱上秦腔名角白雪，卑微的身份使他的爱绝望而执著。善良的白雪虽然同情引生，却不可能接受他。她嫁给了颇有名气的作家夏风，夫妻间为了秦腔的前途发生冲突。引生离开了白雪，但他陷身在自己的梦幻里不能自拔，疯狂的爱和古怪的疾病，让引生有了许多特异功能，他游荡在村子里，像一个窥探者和倾听者，获悉了村里各色人等的隐秘……老支书开垦荒地的勃勃雄心眼看难以实现；新支书紧跟潮流，建造贸易市场。农民们似乎注定要离开土地，另谋生路。秦腔就像是这块土地上的挽歌，蔓延成令人心痛的绝响。此后，京、沪两地的评论家就《秦腔》一作分别进行了研讨。有的评论家认为《秦腔》将和《白鹿原》一样成为中国乡土写作的经典。但也有评论家指出，小说过于缓慢的节奏和过于地域化的语言风格，可能成为普通读者的阅读障碍。

新浪第二届原创文学大赛揭晓。第二届新浪原创文学大赛揭晓，其中最受关注的奖项当属青春互动大奖。该奖得主不仅获得6万元奖金，而且作品还将被拍摄成为互动电影。最终，小说《谁说青春不能错》勇夺该奖项。这部作品产生于此次大赛已评选出的获得一、二、三等奖的8部作品。《爱情豆豆》以0.41分胜过《谁说青春不能错》，获得一等奖；但在最大奖项——青春互动大奖的竞争中，《谁说青春不能错》赢得了包括由新浪网、北京紫禁城影业和北京信通公司3个投资方的一致认可。《谁说青春不能错》以"重回校园"的倒叙手法，记述了青春期特有的苦闷和反抗，叙说了大学校园生活的喧闹与浪漫。

"精神沙化时期"的说法引起激烈争论。张炜在《上海文学》第1期发表的《精神的背景》一文中，把当代中国的精神困境描述为"精神平均化时期"、"沙化时期"、"卖掉一切的写作和出版"、"在背景中显现的文学"。在《上海文学》为《精神的背景》召集的座谈会上，批评家大都对张炜的文章表示肯定，毛尖却给予了质疑，表示不同意张炜对"精神沙化"的观察。吴亮继用电子邮件的方式写了《顺手记》后，又写了《世界是有些混乱，但批判不可以混乱》，直接向张炜提出质疑。他指出《精神的背景》没有理清自己的基本思路和概念，没有掌握并使用必要的证据，没有了解同代人关于同类问题或相关问题的大量研究著述。山西作家李锐也在给朋友的公开信中表示，诗意化、道德化地对待历史是张炜一贯的立场，这不妨作为他个人的文学追求；但是如果要把这个文学立场变成道德立场来提倡，就需要修辞立其诚，而不是满足于"道德的自我感动"。此后，作家刘继明、编辑家林贤治等分别就相关问题发表了自己的意见。

三月

"文学—文化研究与学科建设学术研讨会"召开。由《文学评论》和《文学遗产》杂志社、郑州大学文学院、中原文化资源与发展研究中心共同主办的"文学—文化研究与学科建设学术研讨会"，于3月4—7日在郑州大学召开，来自全国各地的50多位专家学者出席了会议，就文学至文化研究的历史、现状、意义、价值以及相关的学科建设问题展开了热烈而务实的研讨。

《全国性文艺新闻出版评奖管理办法》颁布施行。3月6日，《全国性文艺新闻出版评奖管理办法》（以下简称《办法》）已经批准，正式颁布。《办法》对规范和改进全国性文艺、新闻、出版评奖（以下简称全国性评奖），包括全国性评奖主办单位的资格、奖项审批、评奖周期、评奖程序、评奖纪律等都作出了明确规定。按照《办法》规定，今后举办全国性评奖，包括此前经批准的全国性评奖，都要重新办理审批手续。任何互联网站、中介组织、企业以及其他单位和个人不得举办全国性评奖活动，也不得以各类大赛、评比、排行榜等形式变相举办全国性评奖活动。

3月25日，依据《全国性文艺新闻出版评奖管理办法》，中央宣传部在同文化部、广播电影电视总局、新闻出版总署、国务院新闻办公室及中国文学艺术界联合会、中国作家协会、中华全国新闻工作者协会、中国出版工作者协会等有关部门反复交换意见的基础上，制定了全国性文艺新闻出版评奖整改总体方案。全国性文艺新闻出版评奖原共计90

个，整改后减至24个，减少66个。其中全国性文艺评奖现有奖项44个，减至18个，减少26个；全国性新闻评奖现有奖项14个，减至2个，减少了12个；全国性出版评奖现有奖项31个，减至3个，减少了28个。精神文明建设“五个一工程”奖在已经改进的基础上，进一步压缩子项数量。

苏童入选“重述神话”项目。分别代表全球25个国家25家出版社的25名著名作家，共同参与到一项名为“重述神话”的大型图书出版项目中。据悉，苏童因其小说被译介到西方较多而赢得了主办方的认可，成为首位被选中的中国作家。在被问及以哪个中国神话为创作母本时，苏童说，他比较倾向于孟姜女的故事。之所以想写孟姜女，是因为她“哭”的那个姿态、动作让他特别有热情。“真正的神话元素在写作过程中可能会被我渐渐扬弃，真正奔驰在作品中的，是自己对那个年代的认识和想象。”据了解，该项目选定的作家包括美国的斯蒂芬・金、日本的大江健三郎、葡萄牙的若泽・萨拉马戈等。该项目的入选作品至少会在20个国家同时发行。届时，每个国家的唯一入选出版社将按书目安排翻译并出版作品，重庆出版社已成为中国参加到该项目的出版社。

“80后作家”获第三届华语文学传媒大奖提名，李傻傻、张悦然上榜。第三届华语文学传媒大奖公布的2005年该奖项提名名单中，“80后文学”代表性人物李傻傻和张悦然的名字均赫然在目。这是“80后作家”首获权威文学大奖的提名，意味着“80后文学”不仅占领了图书市场，也开始引起文学界的重视。华语文学传媒大奖因其评委的权威性和评选的公正性在文学界和媒体界享有很高的声誉，已成功举办了两届。第三届华语文学传媒大奖正式启动，李傻傻和张悦然获得2004年度最具潜力新人的提名，这被认为是“80后作家”走向文学前台的一个标志。

中国小说学会等主办2004年度中国小说排行榜揭晓。由《齐鲁晚报》和中国小说学会举办的“中国小说学会2004年度中国小说排行榜”在山东揭晓。长篇小说5部分别是：格非的《人面桃花》、张平的《国家干部》、刘庆的《长势喜人》、文兰的《命运峡谷》、乔叶的《我是真的热爱你》。中篇小说10部分别是：艾伟的《中篇1或短篇2》、孙惠芬的《一树槐香》、映川的《我困了，我醒了》、陈昌平的《国家机密》、陈应松的《马嘶岭血案》、韩天航的《我的大爹》、葛水平的《地气》、苏炜的《米调》、王松的《血凝》、胡学文的《麦子的盖头》。短篇小说10部分别是：麦家的《两位富阳姑娘》、莫言的《月光斩》、刘玉栋的《幸福的一天》、卢江良的《狗小的自行车》、陈希我的《我疼》、苏童的《堂兄弟》、潘向黎的《白水青菜》、铁凝的《小嘴不停》、魏微的《异乡》、赖妙宽的《右肋下》。

翻译家、《读书》创始人冯亦代逝世。23日下午2点半，我国知名翻译家、学者冯亦代因多器官功能衰竭在北京大学附属医院逝世，享年92岁。冯亦代1936年毕业于沪江大学，参加创办英文刊物《中国作家》，并任《电影与戏剧》主编。20世纪40年代开始研究美国文学及戏剧，参加创办古今出版社。解放后，曾任国际新闻局秘书长兼出版发行处处长，1952年任外文出版社出版部主任，英文刊物《中国文学》编辑部主任。1979年筹办《读书》杂志。其代表译著有《第五纵队》、《当代美国小说选》等近20本。同时，他也是颇具影响的散文家，其质朴的风格在散文界自成一派，代表作有《湾流集》等。

四月

贺敬之文学创作国际学术研讨会在武汉举行。4月6—9日，来自国内外的专家、学者、诗人汇集华中师范大学，参加“贺敬之文学创作国际学术研讨会及专场文艺晚会”。研讨会收到论文50余篇，80多位与会代表认为，贺敬之创作的新歌剧《白毛女》、歌词《南泥湾》等为推动中国人民的解放事业作出了贡献。解放后，他创作的脍炙人口的《回延安》、《雷锋之歌》、《中国的十月》等，在新诗与民歌、新诗与外国诗歌的结合方面，作了卓有成效的尝试。

“第二届中国韵文学国际学术研讨会”召开。“第二届中国韵文学国际学术研讨会”于4月2—6日在安徽芜湖隆重召开。本次学术会议由安徽师范大学中国诗学研究中心和文学院、中国韵文学会、南京师范大学文学院联合主办。来自美国、韩国、马来西亚等国家和港、台地区的著名学者，以及北京大学、中国社会科学院、北京师范大学、南京大学、四川大学、浙江大学等国内重点高校和研究机构的近60名专家出席了这次盛会。《光明日报》、《芜湖日报》等媒体记者也参加了会议。与会代表认真研讨，相互切磋，取得了理想的效果。

“21世纪中国古代文学研究论坛”举行。4月6—8日，“21世纪中国古代文学研究论坛”在徐州师范大学举行。来自20余所高校和科研单位的古代文学研究者30余人参加了会议。本次论坛的主题为“当代中国古代文学研究缺失什么”，学者们围绕这一话题进行了广泛的讨论和交流。

“新诗与语文教学研讨会”在京举行。由首都师范大学文学院和中国诗歌研究中心联合主办的“新诗和语文教学研讨会”在北京召开。与会代表认为，新诗教学对培养学生的人文素养，激发学生对文学的兴趣和对汉语的热爱起着其他文体难以替代的作用，一定要打破传统的急功近利的观点，将这一环节认真抓起来。此次研讨会将教学、教材编选、诗歌刊物三个领域的代表人士请到一起进行对话，有利于教材编选者听到不同的声音，为将来的教材完善提供参考，而来自不同角度的思考和设想对促进诗歌教学将起到建设性的作用。

“第六届东南亚华文文学研讨会”在厦门举行。“第六届东南亚华文文学研讨会”在厦门大学举行，170多位来自国内和东南亚国家的作家、学者参加研讨会。会议对文莱华文文学与东南亚华文文学两个专题进行研讨，共收到论文120多篇。在为期3天的会议期间，与会者们从各个角度对东南亚各国的华文文学以及东南亚整体华文文学的创作与研究进行了分析和探讨，提出新问题，作出新探索。

第六届茅盾文学奖揭晓。4月11日，第六届茅盾文学奖在京揭晓。熊召政的《张居正》、张洁的《无字》、徐贵祥的《历史的天空》、柳建伟的《英雄时代》以及宗璞的《东藏记》等5部长篇小说获奖。其中四卷本历史小说《张居正》一路领先，最终以高票获选。张洁继《沉重的翅膀》获第二届茅盾文学奖之后，凭借三卷本《无字》梅开二度开创纪录。之前在初评入围名单中以全票名列榜首、呼声甚高的莫言的《檀香刑》意外落马。作为一项国家级的文学大奖，茅盾文学奖的评选始终广受瞩目。自2003年10月20日初评审读工作开始，两年来，媒体与文学圈围绕着本届评奖引发的种种议论一直不绝于耳。

“2005年中华文学史料学国际学术研讨会”召开。4月11—15日，中华文学史料学学会和四川宜宾学院主办的“中华文学史料学国际学术研讨会”在宜宾召开。研讨会的主要议题是：（1）围绕“中华文学史料学研究的回顾与展望”加以研讨；（2）筹备成立“中华文学史料学学会古代分会”。会议开幕式由中华文学史料学学会顾问徐迺翔先生主持，副会长陈漱渝致开幕词，台湾云林科技大学汉学资料整理研究所蔡辉振、上海社会科学院文学研究所陈青生、中国社会科学院文学研究所陈才智作主题发言。

学术研讨会分两组进行。现代组由中国社会科学院文学研究所刘福春主持，古代组由四川大学中文系罗国威主持。期间还召开了“中华文学史料学学会古代分会”的筹备会议，讨论通过了《中华文学史料学学会古代分会章程》，拟定郑杰文、周延良、罗国威、韩格平、程章灿、陈广宏、张鹤泉、李浩、刘真伦等为“古代分会”召集人，陈才智为秘书长。

“回顾与展望——中国现代文学研究学术研讨会”召开。4月18—20日，由天津师范大学、中国现代文学研究会和鲁迅博物馆联合主办的“回顾与展望——中国现代文学研究学术研讨会”在天津举行。来自全国各地的40余位中国现代文学和鲁迅研究专家会聚津门，对现代文学和鲁迅研究进行了阶段性的总结和前瞻。中国现代文学研究和鲁迅研究堪称新时期文学研究中成就最为显著的两门学问，曾经引领和推动了整个中国学术乃至中国文化的复兴。本次会议的主题，是对近15年来的学科发展态势和走向进行回顾，并对未来的研究作出预测，旨在推动具有一定历史稳定性和共识性研究成果的产生，使学术研究在理论和实践结合的制高点上开拓创新，以激发新的生机与活力。著名学者严家炎、王得后、孙玉石、张恩和、朱德发、钱理群、黄子平、孙郁、张中良、汪晖等出席研讨会。因故未能与会的中国现代文学研究会会长、著名学者王富仁和鲁迅研究专家、文化部副部长郑欣淼分别发来贺信，对会议论题的学术意义进行了阐述。

“古代文学学科建设暨学术研究座谈会”召开。由中国社会科学院《文学评论》编辑部、《文学遗产》编辑部、信阳师范学院文学院、信阳师范学院古代文学研究所联合举办的“古代文学学科建设暨学术研究座谈会”，于4月24—26日在信阳召开。来自北京、湖南、湖北、河南等地的专家、学者和信阳师院古代文学学科的老师共24人参加了会议。信阳师院副院长郑定豪教授到会祝贺并出席了开幕式，《文学评论》编辑部常务副主编胡明在开幕式上致词并在闭幕时对会议作了全面总结。会议围绕着中国古代文学学科建设以及学术研究的现状和前景等问题进行了广泛深入的讨论。与会同志发言积极踊跃，议论深刻，求真务实，针对性强。座谈会气氛热烈，取得了圆满成功。

五月

香港文化艺术界发起千人签名活动倡建文学馆。5月7日，香港文化艺术界发起千人签名活动，强烈呼吁香港应建立一所文学馆，振兴包括文学在内的香港文化事业。香港文化艺术界同仁指出，文学是文艺之本，是原创，是灵魂。香港有电影馆、艺术馆、戏剧馆以及大小演艺馆，而没有文学馆，有人更把图书馆、书店当成文学馆。不让文学有个殿堂，就令文学成为无主游魂，容易被人误认为香港“没有文学”，继而被讥为“文化沙漠”。香港文学界发起的千人签名倡议，将呈送曾经承诺“西九发展须尊重民意”的署理特首曾荫权。

陈伯吹儿童文学奖揭晓。第21届陈伯吹儿童文学奖揭晓，秦文君的中篇童话《大狗喀拉克拉的公寓》荣获大奖，老作家鲁兵荣获“杰出贡献奖”。另有张洁的短篇小说《天堂的孩子》、王巨成的报告文学《你离善良有多远》、孙毅的相声集《嘻嘻哈哈》等10部作品获优秀作品奖。这次儿童文学奖的获奖者为活跃在儿童文学界的老、中、青作家，获奖作品的体裁多样，反映出两年间儿童文学创作出版的可喜面貌。

“中国文学人类学2005年学术研讨会”召开。中国文学人类学研究会和中国社会科学院比较文学研究中心等9家单位联合发起并由湖南科技大学和湘潭大学承办的“中国文学人类学2005年学术研究会”，于5月13—17日在湘潭召开。与会的知名学者有：叶舒宪、彭兆荣、徐新建、王铭铭、徐杰舜、刘宗迪、程金城、鹿国治、吕微、皇甫晓涛、杨昌国、吴广平、彭在钦、季水河、张铁夫、黎跃进、潘年英、赵宇共等50余人。这次会议是中国文学人类学研究会继1997年厦门会议后的第二届学术年会，会议的宗旨是“通过会议的交流和讨论深化文学人类学的学术研究，同时推动学科的进一步向前发展”。会议议题是：（1）知识全球化时代的文学研究；（2）文学与仪式/文学与疾病/文学与神话；（3）文学中的神秘主义和原始主义/文学文本的人类学解读；（4）原形批评在中国；（5）文学与性别/艺术人类学；（6）口头诗学研究/文化与记忆；（7）人类学电影/文化与图像；（8）中国文学人类学的学科建设等。会议共收到论文33篇，内容涉及上述议题的各个方面。

“纪念抗日战争胜利60周年暨抗战文学学术研讨会”召开。由中国社会科学院文学研究所《文学评论》编辑部与重庆师范大学文学与新闻学院联合主办的“纪念抗日战争胜利60周年暨抗战文学学术研讨会”，于5月14—16日在重庆召开，来自北京、上海、成都、重庆等地的学者参加了研讨会。在重新认识中国人民抗日战争胜利的伟大意义的同时，高度评价了抗战时期的中国文学与重庆文学的重要作用，尤其是就今后如何展开抗战文学研究提出了一系列具有开拓性的学术思路，以推动抗战文学研究在多学科与跨学科的综合研究中走向全面而多样的发展。

第三届“浙江作家节”在横店举行。第三届“浙江作家节”于5月21—23日在浙江东阳横店影视城举行，应邀参加“连线浙江——世界作家看浙江”大型采访活动的来自19个国家和地区的25位外国作家，以及来自全国各地的60余名作家参加了本届作家节。

开幕式上，浙江省委书记习近平，

中国作协党组书记、副主席金炳华分别发来贺信。中国作协、浙江省委、金华市、东阳市及有关部门的领导王蒙、陈建功、张宝贵、吴天行、叶辛、黄亚洲、叶文玲、王旭烽等出席了开幕式。开幕式上同时举行"横店·中国影视文学创作中心"成立仪式和"浙江省2004年度'浙江青年文学之星'表彰仪式",诸暨作家陈海飞荣获此殊荣。作家节期间,还举行了"江南文学会馆"、"媒体人文沙龙"、"西溪文学笔会"的成立挂牌仪式,以及一系列研讨交流活动。

上海纪念楼适夷诞辰100周年。5月31日,楼适夷诞辰100周年纪念座谈会在上海鲁迅纪念馆举行。楼适夷生前亲属好友、家乡代表及上海文化界人士150余人参加了本次纪念座谈会。上海鲁迅纪念馆、人民文学出版社编的《楼适夷同志纪念集》同期发行。楼适夷是著名作家、翻译家、编辑出版家。1931年加入中国左翼作家联盟,任党团宣传委员,负责编辑"左联"机关刊物《前哨·文学导报》。他有《盐场》为代表的大量文学创作和《在人间》为代表的大量翻译作品。抗战时期受茅盾委托主编《文艺阵地》,使之成为抗战文艺事业一个坚实的堡垒。新中国成立后,楼适夷先后担任人民文学出版社副总编辑兼副社长、中国作协名誉副主席等职务,为新中国文化事业的发展作出了杰出的贡献。

"新世纪文学五年与文学的新世纪"学术研讨会举行。6月2—5日,由沈阳师范大学中国文化与文学研究所、中国当代文学研究会和《文艺争鸣》杂志社联合举办的"新世纪文学五年与文学的新世纪"学术讨论会在沈阳师范大学召开。分别来自全国高校、科研机构和学术期刊社的教授、研究员和资深编辑40余人参加了会议。会议提出并论证了"新世纪文学"的概念,就新世纪文学五年来发生的新变化、新动向、新成就及其存在的问题展开了广泛热烈的讨论。

六月

金庸凭英译《鹿鼎记》获得剑桥大学荣誉博士。作家金庸从剑桥名誉校长菲利普亲王手中接过荣誉博士的证书。据悉,金庸荣誉博士的获得,还要追溯到剑桥大学校长理查德女士。她阅读《鹿鼎记》英译本后,赞叹不已,亲自向学校的荣誉博士提名委员会推荐了金庸。

中国小说首次被收录企鹅经典文库。钱锺书的《围城》被至今已设立70年、以入选标准极严而在英语文学圈影响极大的英国企鹅经典文库收录。针对此事,英国的中国文学学者和翻译家蓝诗玲(Julia Lovell,朱丽娅·洛弗尔)在英国《卫报》刊出长文,以《大跃进》为题,回溯中国现代文学走向西方的历史,并剖析了其在西方始终影响甚微的原因所在。文章首先对比了中日两国在西方世界映射出的完全不同的文学图景,并认为,冷战在其中起了相当大的作用。在英语读者的心目中,对中日两国的文学一度形成完全不同的印象,但是此种局面现已大为改观。企鹅现代经典文库首次收入了一部20世纪的中国小说,虽晚于日本文学入选50年,但中国小说以如此形式突临于英语圈读者,仍好比一次大跃进。蓝诗玲女士将钱锺书、沈从文和张爱玲,分别比作中国的伊夫林·沃、屠格涅夫和凯瑟琳·曼斯菲尔德,并指出,优秀的中国文学同样具有普世意义,而不仅仅是反映一国历史简单的窗口。

"《新青年》暨现代文学高层论坛"会议召开。2005年是《新青年》创刊90周年,6月11—12日,由中共广东省委宣传部、北京大学和暨南大学现代文学研究中心主办的"《新青年》暨现代文学高层论坛"大型学术研讨会,在广州暨南大学召开,全国各地40余所高校、研究机构的70余位资深专家学者与会,就会议主题展开了热烈而严肃的学术研讨。广东省委宣传部副部长蒋斌先生,暨南大学党委书记蒋述卓教授,暨南大学文艺学学科创始人、著名文艺理论家饶子教授分别致辞。与会代表以求实、严谨、创新的学术原则,围绕着《新青年》与中国现代文学及现代文化之间的关系,进行了多元化的理论探讨。

中国古代文学理论学会第14届年会召开。由西北大学文学院承办的"中国古代文学理论第14届年会暨国际学术研讨会"于6月18—21日在西安鸿业大酒店召开。来自海内外的100多位专家学者参加了研讨会。大会收到论文70余篇,围绕相关论题,举行了两场大会报告和多场小组讨论,内容涉及中国古代文学理论的诸多前沿问题。

首次古龙作品国际研讨会在台举行。台湾淡江大学举办了首次古龙作品国际研讨会,云集海内外多位知名学者,围绕"一代鬼才:古龙与武侠小说"这个主题,展开了大讨论。"古龙之前无新派",台湾评论家胡正群先生曾一语道出古龙小说创作的成就及其对旧派武侠小说的彻底变革。古龙独特的创作方式——快节奏与蒙太奇写法迷倒了万千读者,但也引来不少抨击的声音。

第三届鲁迅文学奖在深圳颁奖。备受瞩目的第三届鲁迅文学奖颁奖典礼6月26日晚在深圳市隆重举行。第三届鲁迅文学奖评奖在总共设立的7个奖项中,评选出29篇(部)获奖作品:《玉米》(毕飞宇著)等4篇作品获中篇小说奖,《上边》(王祥夫著)等4篇作品获短篇小说奖,《中国有座鲁西监狱》(王光明、姜良纲著)等5篇(部)作品获报告文学奖,《野诗全集》(老乡著)等5部诗集获诗歌奖,《贾平凹长篇散文精选》(贾平凹著)等5部散文杂文集获散文杂文奖,《难度·长度·速度·限度——关于长篇小说文体问题的思考》(吴义勤著)等4篇(部)作品获文学理论评论奖,田德望译的《神曲》(但丁著·意大利文)获文学翻译奖荣誉奖,黄燎宇译的《雷曼先生》(斯文·雷根纳著·德文)获文学翻译奖。这些获奖作品,集中反映了2001至2003年间我国文学界取得的创作成就。

"中国当代都市文学研讨会"。6月26—27日,"中国当代都市文学研讨会"在深圳召开,来自全国的著名评论家和文学研究者对"都市文学"这一话题进行了广泛讨论。话题从鲁讯文学奖说起,这次中篇小说奖4部获奖作品全部是乡村题材,短篇小说奖作品中乡村题材的也占到了一半以上。乡村为何如此受到作家和评论家的青睐?为何都市题材的作品不成气候?我们文坛的思维观念有没有问题?评论家们比较普遍的看法是,中国文坛受到几千年农耕文化的影响,对于乡村题材非常熟悉,但对都市却非常陌生,失去了判断和发言能力。这也与近20年中国都市迅速发展的进程密切相关。而随着都市化的长足发展,目前的中国文学整个系统也逐渐向都市转型。

**著名书法家、文史学家启功在京逝

世。著名书法家、文史学家启功6月30日凌晨2时多因病在北京逝世，享年93岁。启功于1912年7月生于北京，满族，长期从事文史教学与研究，有诗、书、画“三绝”之称。精于鉴定古代书画和碑帖，曾受文化部和国家文物局委托，主持对各大博物馆的国家级书画珍品进行全面鉴定和甄别。出版有《古代字体论稿》、《诗文声律论稿》、《启功丛稿》、《启功韵语》、《论书绝句》、《启功书画留影册》等。历任北京师范大学教授、博士生导师，全国政协常委，中央文史馆馆长，中国书法家协会副主席、主席、名誉主席。

7月

尖峰岭诗歌研讨会引发激烈辩论。7月1日，海口当代汉语诗歌研究中心召集的青年诗人雷平阳、潘维诗歌研讨会在海南岛西南部的原始森林尖峰岭举行。会上，从对雷平阳、潘维诗歌的不同评价开始，引发关于诗歌观念的激烈争论。会议一开始，雷平阳刊登于《天涯》杂志2005年第4期的一首题为《澜沧江在云南兰坪县境内的三十七条支流》的诗作就引起截然相反的评价，徐敬亚、臧棣、谢有顺等对雷平阳的诗歌持肯定态度，陈仲义、蒋浩则表示质疑。朱文颖则对潘维诗歌过于注重语言、形式、文化表示不同意见，说只有有生命感的诗歌才能打动人。潘维则为自己辩护，认为应该站在某个文学的高度、汉语的高度来开始自己的写作，一些简单的所谓生命本能的东西没有意义，前人早已重复千百遍。研讨会争论氛围随后逐渐升温，臧棣和徐敬亚就如何看待和评价雷平阳与潘维的诗歌发生激烈的争论。

著名作家陆文夫逝世。中国当代著名作家、中国作家协会名誉副主席陆文夫因病医治无效，于7月9日6时10分在苏州逝世，享年77岁。

陆文夫1928年生于江苏泰兴。1948年毕业于苏州中学，同年赴苏北解放区参加革命。1955年开始发表作品，1956年发表成名作短篇小说《小巷深处》。在50多年的文学生涯中，他始终以一位作家强烈的责任感和使命感，坚持正确的创作道路，虚心向生活、向人民学习，努力反映中国革命、建设和改革的伟大实践，反映人民群众创造历史的奋发精神。在小说、散文、文艺评论等方面取得了卓越的成就，创作出了《献身》、《小贩世家》、《围墙》、《清高》、《美食家》等优秀作品和《小说门外谈》等文论集。陆文夫同志的作品，主题积极，思想深邃，艺术精湛，特色鲜明，以清隽秀逸、含蓄幽深、淳朴自然的艺术风格，描绘了浓郁的姑苏色彩，具有丰富的文化内涵和较高的艺术价值，深受广大读者的喜爱。

“第五届中国古代散文研究国际学术讨论会”召开。7月10—13日，由中国古代散文学会、武汉大学和湖北教育学院联合举办的“第五届中国古代散文研究国际学术讨论会”在武汉召开。来自国内外的专家、学者约100人，提交了论文或口头报告80余份，对中国古代散文作了较为全面而有成效的研讨。大会一致推举郭预衡为名誉会长，谭家健为会长，增选熊礼汇、阮忠、张新科、郑杰文为副会长。

著名作家严文井辞世。被称为“童话爷爷”的中国现当代著名作家、文学评论家、编辑出版家，中国作家协会顾问，人民文学出版社原社长、总编辑严文井，因肺部感染，抢救无效，于7月20日凌晨在北京协和医院病逝，享年90岁。

严文井原名严文锦，1915年生，1935年开始以“严文井”的名字发表作品。1939年在延安鲁迅艺术学院文学系任教。他的第一部童话《南南和胡子伯伯》出版于1941年。一辈子为孩子写故事的严文井，在童话创作上一直不懈地努力探索，他认为童话“是一种奇妙的文学形式”，因为“可以表达那么多美和崇高的东西”。为这种“美和崇高”，严文井孜孜以求，为读者留下了《山寺暮》（散文集）、《南南和胡子伯伯》（童话集）、《一个人的烦恼》（长篇小说）、《一个农民的真实故事》（报告文学）、《“下次开船”港》（长篇童话）、《严文井散文选》、《严文井童话寓言集》等大量作品。1958年出版的中篇童话《“下次开船”港》被译成多种文字介绍到国外。《严文井散文选》获中国作家协会首届全国优秀散文杂文奖。在第二次全国少年儿童文艺创作评奖中被授予荣誉奖。

全国微型小说年度评选揭晓。由中国微型小说学会主办，《金山》杂志社承办的第三届全国微型小说年度评选在上海揭晓，100篇作品获奖。《珠子的舞蹈》（谢志强）、《战栗》（许行）、《天下第一桩》（凌鼎年）、《自觉出走》（孙方友）、《篆刻名家》（聂鑫森）、《谁的手》（马新亭）、《谢谢你教我》（徐慧芬）、《市井故事》（林荣芝）、《老人与树》（刘国芳）、《谁偷了曹操同学的手机》（魏金树）等10篇获一等奖，另有30篇获二等奖、60篇获三等奖。

此次获奖作品是从2004年度全国报刊发表的数万篇微型小说中，经过推荐、初评、复评而选出来的，集中反映了过去一年全国微型小说取得的创作成就，这些获奖作品将结集出版。

第八届少数民族文学创作“骏马奖”揭晓。全国第八届少数民族文学创作“骏马奖”揭晓，来自全国15个民族的32位少数民族作家获此殊荣。由中国作家协会、国家民族事务委员会共同主办的全国少数民族文学创作“骏马奖”，是一项为鼓励少数民族文学创作，繁荣我国多民族的社会主义文学而设立的具有崇高荣誉的国家级文学奖，它因涉及广泛的题材体裁领域，及时反映当前少数民族文学创作成就而倍受全国文学界和广大读者的关注。

本届少数民族文学创作“骏马奖”设立长篇小说，中、短篇小说集，散文集，诗集，报告文学集，评论、理论集，翻译奖7个门类，其中翻译奖项只评翻译家不评作品。经过评委会精心筛选，《天高地厚》（关仁山著，满族）等5部长篇小说，《你脸上有把刀》（萨娜著，达斡尔族）等5部中、短篇小说集，《巴·那顺乌日图散文集》（巴·那顺乌日图著，蒙古族）等5部散文集，《圆融》（南永前著，朝鲜族）等5部诗集，《飞天骄子——杨利伟》（周建新著，满族）等5部报告文学集，《中国当代少数民族文学史论》（李鸿然著，回族）等5部文学理论评论集共30部作品和维吾尔族翻译家狄力木拉提·泰米提分别从343部参评作品和6名翻译奖候选人中脱颖而出，摘得桂冠。

第六届茅盾文学奖颁奖典礼在乌镇举行。7月26日，备受瞩目的第六届茅盾文学奖颁奖典礼在茅盾先生的故乡——乌镇举行。获奖作家、茅盾文学奖评委代表及来自全国的作家、评论家、新闻媒体记者300余人出席颁奖典礼。本届评选范围是1999年至2002年的长篇小说。熊召政的《张居正》、张洁的《无字》、徐贵祥的《历史的天空》、柳建伟的《英雄时代》和宗璞的《东藏记》获此殊荣。金炳华在致词中首先代表中国作协对获奖作家表示热烈祝贺，对给予此次颁奖活动大力支持的浙江省委、省政府、省委宣传部，嘉兴市委、市政府和桐乡市委、市政府表示衷心感谢。他指出，茅盾先生是我国现当代文学巨匠，他的众多名篇已成为中国乃至世界文学宝库的经典；茅盾先生是我国革命文学的杰出领导人，曾长期担任中国作家协会主席，为我国社会主义文学事业的发展付出了毕生的心血，作出了卓越的贡献。茅盾文学奖是我国文学界有着广泛影响的文学奖项，它有力地推动了我国文学事业尤其是长篇小说创作的繁荣发展。据悉，在颁奖活动期间，还举行了《岁月磨洗后的辉煌——茅盾文学奖的历史与成就》展览的开馆揭幕仪式和当代长篇小说创作研讨会。本届茅盾文学奖获奖作家还在乌镇进行了签名售书活动。

8月

“毛泽东与抗日战争学术研讨会”在京举行。由中国解放区文学研究会、毛泽东旗帜网站、《新国风》及《新华诗》期刊社联合主办的“毛泽东与抗日战争学术研讨会”在京举行，会议由中国解放区文学研究会副会长、评论家余飘主持，中国解放区文学研究会会长、诗人魏巍作主题发言。郑天翔、吉狄马加、钱丹辉、陈明、金冲及、王定烈、葛文、高瑛、郑曼等60余位有关领导、专家、学者参加了会议。与会者就毛泽东、中国共产党在抗日战争中所起到的作用进行了深刻分析，深切缅怀了革命先烈们的丰功伟绩。会议期间，网上“毛泽东与抗日战争”论坛和多家媒体参与的“毛泽东与抗日战争”联名征文活动启动。

张恨水抗战作品学术研讨会召开。8月10—12日，安徽省文化厅、安徽省社科联、安庆市人民政府、安徽省文联、潜山县人民政府及安徽省张恨水研究会在张恨水先生故乡、安徽省城合肥联合举办了“纪念抗日战争60周年暨张恨水抗战作品学术研讨会”。来自北京、河南、山西、江苏、广东、贵州、安徽及韩国的专家、学者，张恨水亲属共80余人参加了研讨会。与会专家学者在对张恨水抗战小说、诗词、杂文、散文等进行纵深、多元研讨后认为，张恨水先生是我国创作抗战作品最早、最多的作家，在其三千万字作品中，抗战作品达八百多万字。这些作品是我国抗战文学重要组成部分，真实地反映了抗战时期百姓颠沛流离的悲惨生活，无情地揭露了国民党达官显贵灯红酒绿、醉生梦死的腐败现象，愤怒谴责了日本帝国主义的侵略罪行，热情讴歌了抗战志士的英雄事迹，闪耀着爱国主义思想光芒，产生了广泛而深远的影响，具有鼓舞抗战士气、振奋民族精神的积极作用。对张恨水的抗战作品进行系统研究，有助于我们认识张恨水在推动通俗小说现代化，为民族救亡事业服务过程中的独特贡献，有助于进一步认识他与新文学的关系。研讨会还就张恨水抗战作品的内涵、分期，抗战作品创作与前期创作的关系，抗战小说的创作观念、特点、成就及抗战小说的文学史地位等进行了有益的深层次探讨。

“中国新诗一百年国际研讨会”召开。在五四新文化运动催发下诞生的中国新诗，迄今已走过近百年的历程。在这段并不漫长的历史里，倍受争议的新诗创造了令人瞩目的辉煌业绩，当然也存在着种种不尽人意的偏差和失误。应该如何看待新诗近百年的探索？如何评价新诗的整体成就？对于新诗的未来寄予什么样的期待？8月18—21日，由北京大学中文系、北京大学诗歌中心、首都师范大学文学院、首都师范大学中国诗歌研究中心联合主办的“中国新诗一百年国际研讨会”在北京达园宾馆的召开，似可被视为对上述问题的一次隆重的回应。来自中国大陆、香港、台湾及新加坡、荷兰、美国、意大利、德国、日本、韩国、澳大利亚、新西兰等国家和地区的80余位学者出席了这次研讨会。学者们围绕“中国新诗一百年”这一总的主题，就新诗传统、新诗的“合法性”、西方诗歌译介对新诗的影响、新诗史写作以及新诗语言与形式等议题展开了热烈的对话和充分的阐述。

季羡林研究所在京揭牌。由中国孔子基金会发起成立的季羡林研究所在京正式揭牌成立，此举标志着国内“季学”研究有了专门的机构和组织，“季羡林学派”有了“正规军”。季羡林先生是我国当代学界泰斗，他对印度古代语言学、原始佛教语言、吐火罗语的语义、梵文文学等研究作出过重要贡献。此次成立的季羡林研究所设在中国孔子基金会，由全国政协常委韩喜凯任名誉所长，山东大学党委书记朱正昌任所长，北大汤一介教授、乐黛云教授、季羡林助手李玉洁、中国艺术研究院刘梦溪研究员等任高级顾问。

“东亚现代文学中的战争与历史记忆国际学术研讨会”举行。为纪念世界反法西斯战争胜利、中国抗日战争胜利暨台湾光复60周年，来自中国大陆、香港、台湾地区以及日本、韩国的70余位学者于8月24—26日汇聚北京香山饭店，参加了由中国社会科学院文学所主办的“东亚现代文学中的战争与历史记忆国际学术研讨会”。此次研讨会旨在以文学研究者的历史责任感和独到视角，对中国大陆地区的抗战文学、台港地区的殖民与反殖民文学和日本、韩国的反战文学进行深刻回顾和深入探讨，从历史记忆和文学经验的层面反思战争的根源、劫难、创伤和教训，以史为鉴，沟通海峡两岸人文学者的认识，促进东亚地区学术界的相互理解与合作。

9月

“甘肃小说八骏”引起文坛瞩目。9月9日，由甘肃省文联、《上海文学》杂志社、甘肃省文学院、《当代作家评论》杂志社等单位联合举办的“甘肃文学论坛小说八骏上海之旅”活动在沪举行。此届论坛，以甘肃“小说八骏”王新军、张存学、雪漠、阎强国、马步升、叶舟、史生荣、和军校等8位“60后”作家的中短篇小说为主题，对甘肃小说、西部小说现状进行研讨。研讨会上，张健、王安忆等中国作协和上海作协领导及雷达、阎晶明、李建军、王鸿生、张新颖等来自北京、上海等地的近20位评论家进行了热烈的讨论。与会者指出，以甘肃“小说八骏”为代表的西部作家，长期耕耘在西部的土地上，他们的写作相对来说比较冷静、不浮躁，深厚而不媚俗，多样化而不轻浮，有着强烈的人文关怀、悲天悯人的情怀，特别是游牧文明以及少数民族文化的渗入，使作品有着独特的特色。甘肃作家在表现出对本土的关怀的同时，也表现出与世界同步的精神吁求。

中国社科院纪念冯至诞辰百年。北京文学界、翻译界、教育界人士9月15日聚会中国社会科学院，用诗文朗诵、音乐演出、学术研讨等形式，纪念诗人、学者、翻译家和教育家冯至诞辰一百周年。

冯至1905年9月17日生于河北涿州。他早年就读于北京大学德文系，后赴德国海德堡大学留学，获哲学博士学位。回国后，他先后任教于同济大学、西南联合大学和北京大学。新中国成立后，他任北京大学教授、西语系主任。1955年任中国科学院哲学社会科学学部委员。1964年，他受命创建中国社会科学院外国文学研究所，任所长。1982年起任名誉所长，直至1992年逝世。

与会人士表示，冯至是五四新文学运动的直接参与者和成就斐然的作家。20世纪20年代，他以诗集《昨日之歌》、《北游》享誉一时，被鲁迅称为“中国最杰出的抒情诗人”。40年代，他创作的《十四行集》在中国新诗写作中开创新体，影响深远。他还是公认的杜甫专家，所著《杜甫》至今为学界据为典要。他一生翻译了大量德国文学作品，态度严谨，文字传神，如海涅的《哈尔茨山游记》、《一个冬天的童话》，里尔克的《给一个青年诗人的十封信》，歌德的诗歌以及《威廉·麦斯特的学习时代》等，为几代读者喜爱。作为杰出的教育家，他造就和培养了一大批外国文学，尤其是德语文学研究和翻译的人才。

《北京文学》创刊55周年。9月18日，《北京文学》创刊55周年大会在燕京饭店隆重举行。有关领导，在京的著名作家，杂志社、出版社负责人，以及曾在《北京文学》工作过的老同志200余人欢聚一堂，共同回顾了55年来文学走过的光辉历程，一起见证了新世纪第二届北京文学奖颁奖时刻。王蒙、铁凝、潘军、叶广岑等14位作家荣获中短篇小说和报告文学奖，同心出版社出版的“《北京文学》55年典藏”系列暨纪念画册同时首发。此次首发的“《北京文学》55年典藏”系列，收录了创刊至今在《北京文学》上发表的精华之作和产生过重要影响的作品。

“中国小说学会第八届年会”举行。9月22日上午，中国小说学会第八届年会在大连大学举行，陈骏涛、汤吉夫、陈应松、雪漠等来自全国各地的近200多名作家、文学评论家及专家、学者参加了会议。本次年会主题为“全球化背景下的新世纪小说”，主要探讨在商品和众多传媒的挑战下，中国文学（包括小说）将如何发展的问题。市委常委、宣传部长魏小鹏在开幕式上作了讲话。他说，大连近些年来也涌现出一些著名的中青年作家，此次年会在大连举行将会对大连的艺术生产起到一定推动作用，希望大连的作家利用此次机会向各地的作家学习。

百位诗人复旦开诗歌派对。9月18日，100多名来自全国各地的诗人汇聚在复旦大学，举行一个盛大的“诗歌派对”。与此同时，中国百年以来规模最大的学院派诗歌系列“复旦诗派诗歌系列”举行首发仪式，标志着又一个诗派的诞生。

复旦诗派不是一个诗歌风格流派，而是一个诗歌群体，是以历届复旦诗社成员为基础的诗人群体。据介绍，作为中国新时期第一个大学生诗社，复旦诗社在上个世纪80年代初就在中国诗坛建立了自己的辉煌。当年复旦诗社编辑的诗集《海星星》曾是80年代的畅销书，销了近10万册。作为中国第一本大学生诗集，《海星星》和后来出版的《太阳河》为复旦诗社带来了经久不息的影响。随着岁月的推进，一代代的复旦诗社成员在走出校园之后，坚持诗歌创作并自然形成复旦诗派。这次，他们第一次以复旦诗派的名义集体亮相，并捧出了16部诗集著作，以纯艺术的诗歌为母校百年华诞祝寿。当天晚上，这些20多年前的校园诗人们还在复旦举行了诗歌朗诵会，重温当年的青葱岁月。

10月

中国现当代文学巨匠巴金逝世。10月17日19时零6分，中国现当代文坛巨匠、全国政协副主席、中国作家协会主席、人民作家巴金先生在上海去世。噩耗传来，文学界几代作家在震惊之余，无限深情地怀念他。巴金老人病重期间，中国作家协会党组书记、副主席金炳华等中国作协领导曾多次到医院看望。巴老去世当夜，中国作协在中国现代文学馆设立吊唁厅，沉痛悼念巴金先生。

24日，巴金遗体在上海龙华殡仪馆火化。胡锦涛、江泽民、吴邦国、温家宝、贾庆林、曾庆红、黄菊、吴官正、李长春、罗干等同志，通过各种形式对巴金逝世表示沉痛哀悼并向其亲属表示深切慰问。受中共中央委托，中共中央政治局常委、全国政协主席贾庆林，国务委员陈至立，全国政协副主席、中央统战部部长刘延东24日专程前往上海龙华殡仪馆为巴金送别，并慰问其亲属。

“第八届巴金国际学术研讨会”举行。10月25—27日，由中国作家协会、上海市作家协会、嘉兴市人民政府和上海巴金文学研究会共同主办的“第八届巴金国际学术研讨会”在巴金祖籍所在地浙江嘉兴举行。中国作协党组书记、副主席金炳华，上海市委宣传部副部长、上海市文联党组书记陈东出席开幕式并讲话。本次研讨会的主题是“巴金与当代”。

与会者提交的论文题包括巴金的创作和思想对于当代文学发展的作用和意义、经典化的巴金创作与当代思想文化的沟通、新发现的巴金文献与当代思想文化关系等。研讨会上，与会者针对《随想录》文本内在和所体现的巴老内心思想体系，及《随想录》与社会文化的关系作了更加深入的探讨；此外，对巴老早期思想历程和思想信仰研究也更加深入。为鼓励年轻学者参与巴金研究，本次研讨会特别设立了“青年论坛”。

开幕式当天在嘉兴市图书馆举行了《奔腾的激流——巴金生平大型图片展》，这次图片展展出了巴金1923年在嘉兴的住所和他祭扫过的李家祠堂旧址的图片。26日晚上放映了巴金生平纪录片。

首届中国诗歌节在马鞍山开幕。10月26日晚上，随着一台以“诗文化”为主线的文艺晚会的上演，由文化部、中国作协、安徽省人民政府主办的第一届中国诗歌节在安徽省马鞍山市拉开了序幕。国务委员陈至立致信祝贺，全国政协副主席张思卿、文化部部长孙家正、中国作协党组书记、副主席金炳华等出席了开幕式。

从26日开始的一周中，马鞍山成为诗歌的海洋，人民的节日。李瑛、晓雪、傅天琳、叶延滨、李松涛、李小雨等百余名中外诗人云集于此，共话“中国诗歌：民族性与当代性相统一”的议题；张家声、瞿弦和等著名艺术家则用朗诵来演绎诗歌之美；众多市民、学生将在“诗歌朗诵会”上诵读中外名篇；此外，当代名家诗意书画展、中国当代诗人作品展、李白研究成果展、马鞍山市出土文物展、林散之先生及弟子作品展、历代名砚展、诗歌节纪念邮资明信片首发式暨集邮展、民歌歌会、大型广场演出等活动也为诗歌节添姿添彩。

马鞍山是诗人李白的终老地，谢朓、白居易、杜牧、苏轼等都曾在此留下诗篇。马鞍山市已连续16年举办“国际吟诗节”，因此，此次首届诗歌节选择在此举行。据悉，中国诗歌节今后拟每3年举办一次，在全国各地轮流举办。

“第二届当代诗歌研讨会”在常熟举行。由当代汉语诗歌研究中心、上海同人化工有限公司、《天涯》杂志社联合主办的“第二届当代诗歌研讨会”在江苏常熟举行，著名诗人多多、杨键、李亚伟、庞培、陈东东、潘维、车前子、小海、朱朱、长岛、沈苇、蒋浩、张维、默默及评论家张清华、李少君、王晓渔、雷启立、李德武等参加了会议。

与会者认为，当前汉语诗歌界出现一种好的势头，那就是关注现实生活，立足于各自经验感受地域背景、文化传统的诗歌越来越多，这些诗歌有各自鲜明的特征，形成一种多样性的诗歌生态。与会者认为，风格、个性越来越多样化是好的势头，但同时也应更加重视诗歌的对话与讨论。

第五届中国文联文艺评论奖在京揭晓。10月11日，第五届中国文联文艺评论奖评奖工作在京结束。本届评论奖共评出特别奖3篇；评论文章一等奖6篇，二等奖18篇，三等奖31篇；理论一等奖5篇，二等奖16篇，三等奖27篇。李默然的《对戏剧现状的思考》等3篇文章荣获特别奖；毛时安的《我们的戏剧缺失了什么》、刘继明的《用作品构筑我们的道德——论陈应松及其神农架叙事》等6篇文章荣获评论文章一等奖；王伟国的《电视剧——以摄影机为中心的叙事》、江帆的《民间叙事的即时性与创造性》等5篇文章荣获理论文章一等奖。

与前四届相比，本届文艺评论奖参评文章涵盖了各个艺术门类，数量有新的增长。本届评奖依旧分设理论文章奖和评论文章奖，同时，为了对那些参评文章优秀并在本专业领域作出突出贡献的德高望重的老同志进行表彰，根据章程规定，增设了特别奖。此次经中国文联各团体会员初评后选报上来的参评文章达300余篇，其中不乏在本专业领域颇具影响的优秀之作。后历经复评、终评，最终共有106篇参评文章获奖。

中国少数民族文学学科建设研讨会在北京召开。10月29—30日，由中央民族大学少数民族语言文学院、中国少数民族文学学会、中国作协民族文学委员会、中国社会科学院少数民族文学研究所、中国民间文艺家协会等5家单位主办的“中国少数民族文学学科建设研讨会暨中国少数民族文学学会年会”在中央民族大学召开。来自全国各地的60余名专家、学者参加了会议。会上，中央民族大学副校长陈理致辞并讲话。中国作协党组成员、书记处书记、《民族文学》主编吉狄马加，中国社会科学院文学所党委书记、副所长、中国当代文学研究会副会长包明德以及梁庭望、朝戈金、李炳海等国内外知名专家作了专题报告。

会议全面研讨了中国少数民族文学学科建设的目标、任务和措施，认真总结了少数民族文学发展的特殊规律，深入分析了少数民族文学的性质、地位、范围等基本理论，充分交流了少数民族文学研究中的一系列前沿问题。

全国首届“经济生活与中国传统文学”学术研讨会举行。中国社会科学院文学研究所《文学评论》编辑部与上海财经大学人文学院于10月29—31日，在上海财大—浙江南北湖，联合举办了全国“经济生活与中国传统文学”学术研讨会。来自国内外的近50名专家学者围绕“经济生活与中国传统文学”这一经过充分酝酿和论证的命题，进行了热烈的讨论，新见迭出，颇有创获。

11月

莫言等获香港公开大学荣誉博士学位。香港公开大学发言人11月3日表示，将于12月颁授荣誉博士学位予莫言、项怀诚等4位杰出人士，以表彰他们的杰出成就和对社会的贡献。莫言从事创作逾20年，他先后创作长篇、中篇及短篇小说逾百部，并参与编写话剧与电影文学剧本，著名作品有《红高粱家族》、《丰乳肥臀》等，其中多部作品更被翻译成10多种文字在多国发行。莫言在国内外所获奖项不胜枚举。

第三届“茅台杯”人民文学奖颁奖。11月15日下午，一年一度的“茅台杯”人民文学奖，在中国现代文学馆举行了隆重的颁奖仪式。第三届“茅台杯”人民文学优秀作品奖的评选方式，依然采取作家、评论家与读者代表组成的九人评委会，由他们独立地进行审读和讨论。此届评委会由从维熙、刘震云、牛汉、雷达、曹文轩、孙郁和读者代表游踪（北京）、杨玉德（河南）和高海涛（河北）组成，组过两轮投票，最终评选出了10部作品。

获得优秀中篇小说奖的是：山西女作家葛水平的《喊山》、福建作家杨少衡的《林老板的枪》与辽宁作家孙春平的《怕羞的木头》；优秀短篇小说奖分别由宁夏作家石舒清的《果院》与北京作家刘庆邦的《鸽子》夺取；优秀散文奖颁给了《未经省察的人生没有价值》的作家周国平与《浩浩荡荡的北京》的作者冯唐；优秀诗歌奖则由诗人雷平阳的《秋风辞》与刘川的《这样或那样》分享；特别优秀作品奖颁给了撰写茅台集团的发展历程的报告文学《国酒当歌》的三位作家杜卫东、张建术、赵剑平。

“全国校园文学论坛”在深圳举行。11月18—22日，首届全国校园文学论坛在深圳举行，本次论坛由中国作家协会、全国中语会、深圳市教育局、深圳市文联等主办，主题是青春文化、“阳光写作”。曹文轩、白烨、秦文君、谢有顺等国内知名作家、批评家和青春文学代表人物李傻傻、颜歌、蒋方舟等应邀来深，与深圳学者一起就校园文学的发展现状及走向等进行了探讨。

本届论坛为期3天。19日，国内一批新锐评论家与部分“80后作家”，就校园文学发展的前景展开对话。20日上午，论坛代表深入深圳市育才中学、翠园中学等6所中学，与学生社团成员及文学青年面对面交流，并举行原创诗歌朗诵会。下午举行“名社名师人文教育论坛”。21日，深圳书城和购书中心举行《深圳市中学生原创文学丛书》首发式，并签署“首届全国校园文学论坛宣言”。这份宣言，对全国的校园文学发展现状作出了基本判断，重点提出要加强和改进未成年人思想道德建设，旗帜鲜明地倡导“阳光写作”，构建阅读和写作的“绿色生态”。

全国打工文学论坛在深圳举行。11月26—27日，由深圳市文联、宝安区委宣传部联合主办的“打工文学创作实践与未来发展”全国学术研讨会在深圳举行。在历时两天的学术论坛上，邓友梅、雷达、李敬泽、谢有顺等20多位国内著名作家、评论家和安子、王十月等两代打工文学作家相继发言，就打工文学的现状与未来展开热烈的讨论，为打工文学未来的发展和进一步提升提出了很多宝贵的建议。

深圳是打工文学的发源地，现在仍是打工文学的重镇和主要基地，本次论坛的召开就证明了这一点。如今，打工文学已经扩大到珠三角、四川、北京等地，而且得到了主流学术界的认可。深圳市文联副主席杨宏海认为，深圳不光要请大师来传经送宝，还应培植自己的本土文化力量，这样才可以跟别人平等对话。打工文学是从深圳生长起来的文学形态，现在仍在蓬勃发展，成了深圳的特色和文化品牌，值得继续关注和支持。

“2005北京文艺论坛”在京举行。11月27日—28日，首届北京文艺论坛在京举行。这次论坛设置了“市场经济与文艺”的大命题，历时两天的论坛从文学、戏曲、书画、音乐、影视、传媒等诸多领域进行讨论，市场条件下中国人的文化心态仍是专家们最热衷的话题。孟繁华、于平、谢嘉幸、黄会林、朱大可、周星等文艺评论家在论坛中作了主题发言。论坛秘书长索谦认为，文艺领域的泛娱乐化和泛商品化营造出一片热闹的“天空”，但热闹的另一面却是文艺作品思想和意义的被解构，复制品淹没了原创品，感官的刺激代替了心灵的震撼等等令人反思的现状。这次论坛正是希望给专家们搭建一个能交流或交锋的舞台。事实上，论坛基本变成了一场奇思妙想与理性思辩交织的头脑风暴。专家们对当前文化市场有很多独到的分析，这些发言将集结成书公开出版。今后论坛将以年会的形式逐渐发展成为表达文艺界前沿争鸣的舞台。

刘心武揭秘《红楼梦》引发争议。2005年“刘心武揭秘《红楼梦》”系列讲座在央视百家讲坛热播后，刘心武又一次因《红楼梦》进入公众视野。刘心武的研究一度被红学家们称为红学中的“秦学”，他的结论是秦可卿是当时康熙废太子的女儿，贾家是“废太子党人”，把她收养并娶回了家。而将秦可卿的真实身份密告于皇帝的则是贾元春，最终贾元春也因告密一事被缢死。同时他认为妙玉之死是为了救后来已经失势的宝玉而把自己牺牲给了某位喜欢古董的王爷。中国红楼梦学会副会长蔡义江，《红楼梦学刊》副主编孙玉明，中国第一历史档案馆的研究员、红学家张书才，红学家胡文彬等人陆续全盘否定了刘心武的研究。蔡义江将刘心武的观点称为“新索隐”：“老索隐派影射的还实有其人的话，新索隐派影射的对象则是虚妄的。刘心武只是回头走了一条自红学产生之初，就出现的索隐派老路，而这条路已被红学发展的历史证明是走不通的。”据此，红学家们表示担心刘式“红学”在社会上的轰动将产生误导。刘心武在接受记者专访时表示，对红学界提出的学术质疑他会认真研究，但无法接受这种居高临下的批评方式，《红楼梦》不是可以垄断的资源，每个公民都有研究、发言的权利。

12月

新版《鲁迅全集》出版发行。12月3日，在间隔24年之后，新版《鲁迅全集》终于在书店与读者大众见面。由人民文学出版社出版的这套《全集》与上一个版本——1981年版最大的不同是，不仅对1981年版的《全集》进行了1000余处的校勘改动，修改增补2000条注释，而且增收了大量鲁迅佚文佚信，总字数增加了20万，总卷数增加了2卷。

全国第八届少数民族文学创作“骏马奖”在昆明颁奖。12月3日，全国第八届少数民族文学创作“骏马奖”颁奖典礼在昆明隆重举行。获奖作家、评委代表和来自全国各地的各民族作家、评论家及新闻媒体记者200余人出席颁奖典礼。中国作家协会党组书记、副主席金炳华，中共云南省委副书记、中国作家协会副主席丹增出席并致辞。由中国作家协会、国家民族事务委员会共同主办的全国少数民族文学创作“骏马奖”，是一项旨在鼓励少数民族文学创作、繁荣我国多民族的社会主义文学的具有崇高荣誉的国家级文学奖，自1980年设立至今，已成功举办七届。第八届“骏马奖”经过评委会精心筛选，长篇小说、中短篇小说集、散文集、诗集、报告文学集、评论理论集各5部共30部作品从343部参评作品中脱颖而出，摘得桂冠。来自全国15个民族的32位少数民族作家和翻译家获此殊荣。

颁奖期间，还举办了“繁荣西部少数民族文学论坛”，与会的领导和专家学者就文学现状、作家与生活以及如何进一步繁荣少数民族文学创作进行了深入的研讨。

第二届《当代》长篇小说年度最佳奖揭晓。12月8日，由《当代》杂志社主办的第二届《当代》长篇小说年度最佳奖在北京揭晓，贾平凹《秦腔》和杨志军《藏獒》，分获年度最佳小说专家奖与年度最佳小说读者奖。

本届长篇小说年度最佳奖先由全国读书媒体推荐产生入围作品五部，其中包括余华《兄弟》、贾平凹《秦腔》、阿来《空山》、杨志军《藏獒》、毕飞宇《平原》，然后由专家与读者分别评选出年度最佳奖，不同的是专家在现场实名投票决定，读者在网上投票评选。在当天的专家现场评选中，雷达、白烨、李敬泽、张颐武、孟繁华、阎晶明六位评委在第一轮投票中，不约而同选择了《秦腔》，只有评委陈晓明选择了《平原》。至此，本届长篇小说年度最佳奖毫无悬念地被《秦腔》摘得。年度最佳小说读者奖的评选中，共有2663人投票评选，《藏獒》以1897票独占鳌头，《秦腔》获得133票。

“东亚历史记忆与经验共同体国际学术研讨会”召开。由中国社会科学院文学研究所“亚洲文化论坛”主办的“东亚历史记忆与经验共同体国际学术研讨会”于12月19日在北京举行。本次研讨会汇集了中日韩三国的专家学者，共收到论文20余篇，涉及了社会历史与文化研究的诸多方面。“亚洲文化论坛”项目负责人靳大成在致词中说，由于日本首相小泉屡次参拜靖国神社，严重刺激了中、韩两国人民的感情，两国民众对日本这位“近邻”感觉变得陌生、迷茫、距离遥远。在这种情况下，三国间的民间交往和学术界的交流、对话，就显得格外重要。中日韩三国的历史是不能分开的，因此需要有一种超越狭隘的国别史分科限制、狭隘的民族主义意识形态藩篱的历史研究。三国人民共同经历的一百多年的现代史，正是彼此深入了解和认识对方并共同携手探索未来和平发展道路的宝贵资源。要想让那些痛苦经历不再发生，必须要以追求真理的客观精神来直面历史，而不是对史实与真理采取暧昧不清的回避态度。这次会议为不同领域的专家学者提供了交流的机会和平台，同时也会促进学术界对东亚问题的进一步研究，促进东亚各国间的相互理解与合作。研讨会共组织了四场陈述发言和一场自由讨论，与会专家、学者各抒己见，从不同专业和领域表达了对促进东亚文化交流、和平合作发展的巨大热情和良好愿望。

（白烨　何鹏　李旻）

外国文学

综　述

2005 年中国外国文学研究综述

中国的外国文学研究无论在数量上和质量上以及在学科的重要程度上，长期以来都无法与中国的本国文学研究相比，这在很大程度上取决于我国的外国文学研究者在理论视角和研究方法上较之国际同行的滞后性。人们也许还记得，当中国刚刚结束持续十年之久的文化大革命后，国门打开了，封闭已久之后域外的新风一旦吹进来，就在国内产生了极大的效应。当时的外国文学研究者确实在中国的文学研究领域内充当了排头兵的角色：在我国的外国文学研究领域，首先进行的讨论就是如何评价西方文学，包括对浪漫主义和现实主义文学的重新评价，接着就是开展了对所谓“现代派文学”的讨论。显然关于现代派文学的讨论在国内学术界产生了较大的反响，对当时的中国当代文学创作和理论批评起到了某种程度上的“拨乱反正”作用，但是若从一个更为广阔的国际视角来看，或者说与在当时的国际学术界已经如火如荼的关于后现代主义问题的讨论相比，我们的这些仍然在很大程度上缺乏与外界交流的学术讨论与理论争鸣，显然大大落后于国际学术同行的研究。随着后现代主义文学和理论的进入中国，随着大量西方学术理论思潮通过翻译的中介蜂拥进入中国，国内学界终于在这个层面上几乎接近了国际同行的研究，其中少数思想敏锐并有着卓越的英语写作才能的学者更是能自觉地用中国文学创作中的例子来和西方的后现代理论家进行平等的直接对话，并在相当程度上改变了国际后现代主义研究领域内实际上存在着的“欧洲中心主义”或“西方中心主义”的思维模式。如今，后现代主义早已成为历史或新的“经典”，在告别了“后现代”之后，中国的外国文学研究还能有何作为？应该承认，2005 年中国的外国文学研究仍取得一定的成果的，并在以下几个方面形成了自己的特色。

1. 继续关注国际理论前沿和热点话题，力求使中国的外国文学研究达到应有的国际水平。在我国的外国文学研究领域，以往总有着一种不重视理论的倾向，认为理论是在不断变化的，跟在别人的理论后面亦步亦趋是难以得出自己的新见解的。这种观点自然不无道理，但是持这种看法者却忽视了理论的另一种功能，也即理论本身固然从西方旅行到东方，但是在旅行的过程中，这些出自西方文学创作实践的理论很可能在中国的文化语境下“水土不服”，因而产生某种形式的变形。因此理论的本真性在为中国学者的运用中已经被解构了。另一方面，随着近十多年来中国经济的飞速发展，中国作为一个政治大国和文化大国的形象已经在国际社会得到基本确立，因而中国作为一个“理论消费”（theory consuming）大国的形象也应该得到相应的改变，也即中国也应当成为一个“理论生产”（theory producing）的大国。这种看法目前已经越来越得到国际同行的普遍认可，忽视理论的倾向也逐渐得到克服。2005 年中国的外国文学界也出版了一些有独特理论洞见的专著和论文。其中王宁的《“后理论时代”西方理论思潮的走向》一文具有较大的冲击力和影响。该论文的写作初衷是为了对英国的马克思主义文学理论家和文化批评家特里·伊格尔顿出版于 2003 年的专著《理论之后》中的悲观看法进行批评性回应。作者在文中继续了近几年来的理论思考和对当代西方文学和文化理论前沿的追踪，试图在纷纭繁复的理论争鸣和思潮迭起中发现其最有代表性的几种理论思潮并预测其未来的走向。作者认为，伊格尔顿的新著《理论之后》的出版并不标志着理论的死亡，而是预示着当代西方文化理论的一个转折，也即西方文化理论进入了一个“后理论时代”，这一点尤其为德里达、赛义德、利奥塔、布尔迪厄等文化理论大师的相继去世所证实。“后理论时代”的西方理论思潮仍有着清晰的发展走向，它在很大程度上是上世纪后半叶理论热的余波在新世纪的自然延续，但较之上世纪的理论热和理论的万能，新世纪的理论本身的功能已经发生了变化，纯粹的侧重形式的文学理论已经无可挽回地进入了衰落的状态，文学理论已经与文化理论融为一体，用于解释全球化时代的各种文化现象。在这样一个民族和语言疆界模糊的语境下，中国的文学和文化理论家已经具备了与国际理论前沿直接对话并对其产生影响的条件。以语言来代替国别撰写一部新的文学史将是未来的一个趋势。显然，王宁的文章反映了中国的外国文学研究者不甘于跟着别人亦步亦趋而志在与国际同行进行对话和讨论的愿望。另有一些论文也试图提出自己的理论模式，例如聂珍钊的《关于文学伦理学批评》就在反驳国内一些理论著作的大而空的平庸性的同时，试图提出一种新的文学批评模式，这一点正好与几年前国际文学理论界的权威刊物《新文学史》（New Literary History）推出的关于文学研究，尤其是文学阅读，伦理问题的讨论不谋而合。但是这样直接触及理论前沿的文章并不多见。叶舒宪的《人类学想象与新神话主义》可算是一篇融多学科知识为一炉并试图对大众文学现象进行理论概括的力作。作者认为，新神话主义，是20世纪末期形成的文化潮流，在一定程度上代表着世纪之交西方文化思想的一种价值动向。它既是现代性的文化工业与文化消费的产物，又在价值观上体现出反叛西方资本主义和现代性生活，要求回归和复兴神话、巫术、魔幻、童话等原始主义的幻想世界。作者在分析了一系列风靡读书界的通俗文学作品后指出，新神话主义浪潮以迅猛的方式风靡全球，已经成为大众文化的主流。该文还从文化人类学对原始的文化他者的再发现入手，揭示了“人类学想象”对新神话主义创作的深层驱动机制，分析其所体现的西方价值观的三方面变化：原始主义：对现代文明病的诊断与治疗；魔幻：由俗返圣与精神的回归；世界主义：对东方思想和文化他者的再认识。杨慧林的《“圣杯”的象征系统及其“解码”——〈达·芬奇密码〉的符号考释》一文写得也很有功力，不仅体现了作者从跨学科文化研究的视角关注流行文学作品的理论敏锐性，同时也解译了该文本的符号学代码。可见，从事跨学科的文学研究，研究者必须同时具备两门以上的学科的丰富全面知识，否则写出来的专著或论文在两个学科内都得不到承认。盛宁的《“解构”：在不同文类的文本间穿行》一文以德里达的晚期著作《马克思的幽灵》为范例，详细分析了德里达如何在不同文类的文本间穿行、如何将文学文本的涵义移植到政治话语的层面因而实现了“既解析、又建构”的特殊行文方式。该文还通过仔细阅读德里达著作的英文译本，批评了国内一些学者对德里达的误读和误译。他的一个颇有见地的看法是，德里达经常在美国的大学用英文演讲，而且他的著作的所有英译本都得到他本人的认可，因而阅读德里达著作的英译本与读其法文原著具有同样的合法性。孟庆枢的《日本诗学概论》首次在中文的语境下介绍了日本诗学的内涵和特征，也即日本诗学应该包括日本原初的诗学理念、中国古代诗学的精神以及近现代西方诗学的丰富内涵，因而它是一个动态的、发展的并且不断在内容上得到丰富的开放体系。这一颇有洞见的看法对于我们中国的东方文学研究者无疑是一个启发。

应该承认，2005年国内出版的理论著作并不算多，但下列几部还是具有自己的研究心得的。刘建军的《基督教文化与西方文学传统》的出版几乎同时引起了宗教界和文学界的瞩目，可见跨学科的文学研究必须建立在对所涉及的两个学科的熟悉和深入研究之基础之上，否则就会同时受到两个学科的忽视和否定。刘著高于国内一般同类著作的特点在于，对西方文学的源头希腊罗马文化进行了仔细的梳理，并予以了深入的分析，其次，考察了基督教文化对后来的欧洲文学精神的奠基性作用，再者，深入分析了不同时期的西方文学与基督教文化的错综复杂的关系，最后，考察了基督教文化在西方资本主义发生危机时所充当的精神家园之作用。在具体的文类研究方面，苏晖的《西方喜剧美学的现代发展与变异》也颇有特色，它一方面总结了西方传统喜剧美学的主要特征，探讨了其在不同的历史时期的发展历程，另一方面则强调了狂欢化这个由巴赫金建构出来的理论概念在现代的复兴和具体表现，这实际上指出了后现代喜剧及美学的源头，触及到了当代外国文学理论研究的前沿。在具体的国别文学和文类的理论研究领域，申丹等人的《英美小说叙事理论研究》则以其分析的深入和行文的缜密等特色而高于同类的一般介绍性专著。应该指出的是，申丹一方面继续在国际刊物上发表研究叙事理论的文章，另一方面则密切关注国内的研究状况，并及时地提供一些新的研究信息和心得。

随着中国的人文社会科学研究的日益深入，一些卓有远见的学者已经自觉地具备了国际的视野，试图用西方的主要语言在国际学术刊物上发表论文，以便影响国外学者的学术研究。这样必然对国内的外国文学研究刊物提出了一个相当具有挑战性的任务：如何使中国的外国文学研究具有国际影响？如何使中国的主要外国文学研究刊物进入国际学者的视野？在这方面，由华中师范大学主办的《外国文学研究》作为中国改革开放以来最早创立的外国文学研究刊物，在2005年率先进入了三大国际权威检索数据库之一的A&HCI（艺术与人文科学论文索引）。对于美国汤姆森科技集团（美国科学情报研究所的前身）研发出的国际三大检索数据库，相当一部分外国文学研究者仍然十分陌生，更谈不上使自己的研究成果为国际学术界关注了。作为人文社会科学学者，我们经常在不同的场合听到这样一些问题：如何加快中国人文社会科学学者的国际化步伐？我们究竟应该采取何种对策使我国的人文社会科学研究迅速进入国际前沿？中国是一个文化大国，但是为什么中国文化在世界范围内仅为少数人所知？中国同时也是一个人文社会科学大国，但为什么中国的人文社会科学学者在国际学术界发出的声音如此微弱？如何使我们的人文社会科学研究产生国际性的影响？等等。要回答上述这些问题，我们首先应该知道，什么是人文社会科学诸学科领域的前沿？这方面的国际权威刊物有哪些？这样我们才可以采取相应的对策瞄准这些刊物并且迅速跻身这些刊物，通过和国际学术界进行直接的讨论和平等的对话而发出中国学者的声音，最终影响国际学术界的研究方向。因此我们首先应对目前国际学术界公认的两大人文社科权威检索数据库有所了解。SSCI（全称Social Sciences Citation Index）创立于1975年，但回溯到1956年的数据，后于1994年和1998年两次扩大调整来源期刊目录和数量，现收录1765种社会科学期刊，主要涉及政治学、法学、经济学和管理学，少数用社会科学实证方法进行研究的教育学、语言学和文化研究的期刊也收录其中，共覆盖50个社会科学分支学科。同时，为了防止疏漏，该数据库还包括个人推荐选择的确有学术价值、但发表在其他著名的国际性科学、技术和人文类杂志上的优秀论文，共涉及6500多种刊物。由于其明确的学科分野，我国的外国文学研究者极少在这一数据库的来源刊物上发表文章。A&HCI全称Arts & Humanities Citation Index，最初创立于1975年，数据也回溯到1975年，后于1994、1999和2002年三次增减调整来源期刊数量和目录，现收录1121种国际著名的艺术与人文类期刊。同时，为了防止疏漏，该数据库还包括个人推荐选择的确有学术价值、但发表在其他著名的国际性科学、技术和社会科学杂志上的优秀论文，共涉及7000多种刊物。由于这一数据库设计各种艺术与人文科学领域，因而我国已有20多位外国文学研究者在这一数据库的英文来源刊物上发表论文。应该指出的是，这两大检索数据库都有各自的阵容强大的专家库，参与刊物的遴选和论文的推荐和筛选。我国人文学科领域内也有极少数学者被聘为评审专家。当然，我们并不能武断地认为，收录艺术与人文科学论文索引的刊物就一定比未收录者质量高许多，但至少可以肯定，所收录的刊物在朝着公认的国际学术规范和学术水准接近。如果不能保持一定的质量，就有可能在短时间内被排除出检索数据库。应该说，《外国文学研究》再一次充当了中国的人文科学研究国际化的排头兵，为更多的中文人文社会科学刊物进入其中铺平了道路，其开拓作用是不可忽视的。

2. **重视从中国学者的视角出发来研究外国国别文学，而不是像过去那样人云亦云，总是跟在别人后面。**坦率地说，我国的外国文学学者在这方面比较弱，所写的大部头国别文学专著很少建立在深入研究的基础之上，大部分都是一般性的介绍，或缺乏新颖的方法论的赏析式论著，因而很少为文学理论工作者所参考借鉴。但这方面的一些单篇论文还是值得一提的。在美国文学研究领域，张子清的《多元文化视野下的美国少数民族诗歌及其研究》选取了一个一般不为国内学者所关注的领域深入发掘，提出了自己的理解和研究心得。乔国强的《批评家笔下的辛格》在总结了美国批评界对美籍犹太小说家辛格的种种偏颇批评之后提出了自己的观念，起到了与美国同行对话的作用。在西班牙语文学研究领域，陈众议的《“变形珍珠”——巴罗克与17世纪西班牙文学》从巴罗克这个理论批评概念在西班牙语中的起源入手考察了以往被人们忽视的17世纪西班牙文学的在欧洲文学中的意义。在小民族文学研究领域，陈永国的《界限与越界：小民族文学的解域化》则从卡夫卡关于小民族文学研究的观点提出了越界的可能和必然性。范捷平的《论瓦尔泽与卡夫卡的文学关系》从本雅明对瓦尔泽和卡夫卡文学作品的批评入手，探讨了这两位现代主义作家的主体观赏的共同特征。在俄罗斯文学研究领域内，吴元迈的《对19世纪俄罗斯文学的再认识》站在今天的立场，运用当代文学理论的新成果和新视角对已经成为历史的19世纪俄罗斯文学进行了新的阐释。夏忠宪的《“先锋”+“荒诞”——俄罗斯后现代主义戏剧之管窥》一文通过对俄罗斯的一些戏剧文本的考察，指出了后现代主义在俄罗斯的流变并产生出的一些具有本土特征的变体，从而说明俄罗斯的后现代主义戏剧综合了现代主义、后现代主义以及历史先锋派的反传统特征，对于丰富国际性的后现代主义文学运动作出了独特的贡献。在英国文学研究领域，殷企平的《劳伦斯笔下的彩虹》通过细读劳伦斯的长篇小说《虹》指明了小说结尾处的彩虹意象与先前的彩虹意象的内在联系和呼应，从而对该小说的隐匿的意义作了新的阐发。赵光旭的《华兹华斯“瞬间”诗学观念的现代性特征》则明显高于一般的作家作品研究论文，具有了现代性诗学概念的重构之意义。在东方文学和流散文学研究领域，对于泰戈尔和奈保尔的比较研究，在国内尚属首次，这方面尹锡南的《泰戈尔与奈保尔：诺贝尔文学奖“光晕”与印度书写》堪称佳作，这两位荣获诺贝尔文学奖的大作家都与东方文学有着深厚的渊源：前者将自己的作品译成英文从而实现了从边缘走向世界的理想，后者则作为流散作家而受到瑞典文学院的青睐。但他们都对一种“印度书写”的形成作出了贡献。总之，这些大多具有原创性的论文的发表使得2005年的外国文学研究领域依然不乏研究佳作。

长期以来，中国的外国文学研究大都比较封闭，能够直接和国际学术界进行平等的直接对话者凤毛麟角。但在2005年，北欧文学研究领域内，或更具体地说，易卜生研究领域内则率先有了突破。这里仅列举近几年世界范围内举行的几次影响较大的易卜生研究国际研讨会：易卜生与现代性：易卜生与中国国际研讨会（1999年6月，北京），第九届国际易卜生国际研讨会（2000年6月，贝尔根）；易卜生与艺术：绘画，雕塑和建筑国际研讨会（2001年10月，罗马）；易卜生与中国：走向一种美学建构国际研讨会（2002年9月，上海）；国际易卜生研讨会和戏剧节：《玩偶之家》的翻译与改编（2002年11月，达卡）等，第十届国际易卜生国际研讨会（2003年6月，纽约），中国第三届易卜生国际学术研讨会（2005年5月，武汉）等。从这里我们大概不难看出中国的易卜生研究在国际学术界的重要地位。在最近几年举行的这些国际易卜生研究会上，学者们提交的论文以及出版的著作表明国际易卜生研究出现了一种“美学的转向”，或者说主要关注作为戏剧艺术家的易卜生及其作品，以及全球化时代易卜生作品的“旅行”和在各国的上演并由此而产生的不同形式的“建构出来”的易卜生。学者们认为，易卜生的剧作，尤其是他的后期作品，准确地把握了19世纪后半叶的世纪末精神之脉搏，达到了现代主义和先锋主义完美结合的境地。在探讨作为艺术家的易卜生及其剧作方面，仍有着漫长的路要走，但至少在目前，将他作为一位艺术家来研究将大大有益于将其视为一位思想家或批判现实主义者来研究。中国的易卜生研究则向国际易卜生研究界提供了来自东方的视角及文本和舞台实践。因为易卜生的作品在中国的影响早已超出了戏剧和文学本身，而进入了思想界。因此国际易卜生研究界十分渴望看到中国学者的研究成果，但长期以来，中国的易卜生研究基本上游离于国际学术界之外，很少有人出席国际研讨会或在国际刊物上发表论文。这也就是为什么在当今中国稍有成就的易卜生研究者马上会得到挪威政府或挪威高校的高度重视的一个原因。在这方面，《外国文学研究》杂志在2005年第5期发表的一组研究易卜生的中英文论文代表当今国际学术界易卜生研究的前沿，不仅向国际学术界展示了中国的易卜生研究实绩，同时也为中西方学者的直接对话提供了平台。由于该刊于2005年成为中国大陆唯一的一家A&HCI来源期刊，因而这一组文章全部收录了该检索数据库，使得中国的易卜生研究在国际学术界又发出了新的声音。

3. 注重翻译理论的研究，并自觉地从跨文化的广阔视野对传统的翻译理论进行重新建构。在中国的外国文学研究领域，始终有相当一批学者从翻译外国文学作品入手开始自己的学术生涯。但是学术机构在对学者们的研究成果的评价时却很少考虑翻译的重要性。更为荒唐的是，不少人甚至认为，翻译研究是否也能算是一种学术研究？而与其相比，国际学术界却相当重视翻译研究。一些重要的思想家，如雅克·德里达、加亚特里·斯皮瓦克、霍米·巴巴等，均加盟翻译理论的研究，给这一长期以来为对比语言学和比较文学学者统治的领域吹进了思想的新风。尤其是1976年在比利时的鲁汶大学举行的翻译研究国际研讨会标志着“翻译研究”（Translation Studies）这门新兴学科的诞生。80年代末、90年代初以来，随着大量西方文学和文化理论的翻译进中国，作为一门学科的翻译研究也随着一些西方翻译理论被介绍到了中国，并在较短的时间内取得了突破性的进展。早在2003年，上海外国语大学就在外国语言文学一级学科之下设立了翻译学二级学科博士点，并于2004年开始招收翻译学博士研究生；其次就是清华大学外语系和丹麦哥本哈根大学翻译研究中心合作主办国际翻译研究的权威刊物《视角：翻译学研究》（Perspectives：Studies in Translatology），并且从2003年起，由清华大学出版社每年出版一卷该刊物的英文合订本，2004年已出版了第二卷，而且每一卷都发行4000册以上。可以说，中国的翻译研究是最早和国际接轨的外国语言文学二级学科之一；再者，2005年，我国的一些大学，如中山大学和广东外语外贸大学等，相继设立了翻译学院，不仅培养实用翻译人才，同时也招收这方面的研究生。一些专门讨论翻译的学术研讨会的举行也推进了这门新兴学科的逐步走向成熟。其中比较有影响的是7月18—21日由清华大学外语系主办的首届海峡两岸翻译与跨文化交流研讨会，出席会议的有来自两岸四地的翻译和文化研究学者80多人，讨论的议题包括：新世纪翻译理论的新进展，翻译理论与翻译实践，翻译与跨文化的交叉研究，社会、文化、语言交际语翻译生态环境，海峡两岸翻译理论界交流合作的前景与趋势等。一些优秀的论文已经被选发在国际学术刊物上。

当然，由于目前国内研究的学者主要来自语言学和文学两个方面，这里主要介绍与文学相关的翻译研究。2005年，由中国学者自己撰写的翻译研究论著并不算多，其中值得介绍的是罗选民的专题研究论文集《文学翻译与文学批评》，该书分为四部分，前两部分在多元文化语境下讨论了“信、达、雅”、归化与异化等翻译研究领域内的热门话题，后两部分分别从翻译的视角探讨了文学批评及其相关的理论问题，具有跨学科的特征，同时通过对一些国际著名学者的访谈，向国内的翻译和比较文学研究者提供了较新的信息。此外，蔡新乐的《翻译的本体论研究》，刘华文的《汉诗英译的主体审美论》，张今、张宁等的《文学翻译原理》等专著也分别在各自的分支领域内取得了突破，产生了一定的影响。单篇论文中较有影响者有许钧的《文化多样性与翻译的使命》、王东风的《反思“通顺”——从诗学的角度再论“通顺”》等。这两位学者分别从各自的专业——法语和英语来探讨翻译理论中的一些有争议的问题，不仅触及了当前国际翻译理论界的前沿课题，同时也对国内的翻译研究现状进行了反思，其具有洞见的观点已经进入了人文学者的研究视野。谢天振在《文景》杂志上发表的系列谈论翻译的随笔性文章也不乏思想的火花。但是，像这样从文化和文学角度来探讨翻译理论前沿课题的论文并不多见，大多数论文依然是讨论一些纯技术层面的问题，基本上属于应用语言学的范围，有些论文则仅仅停留在介绍西方已经不在前沿的一些理论，试图用中国的例子去证实其有效性。当然这样的研究是无法与国际学术界进行对话的。

4. 重视从比较的视角来进行外国文学研究。当年我国的一批老一辈外国文学学者，如朱光潜、钱钟书、季羡林、冯至、卞之琳、范存忠、陈嘉、杨周翰、王佐良、李赋宁等，无不是学贯中西、通晓多种语言、掌握多国文学知识的学术泰斗，他们对外国文学的研究都从中国自身的角度出发，因而得出的观点不同于西方的学术同行。由于他们的博学和努力，作为一门学科的比较文学在改革开放以来的中国大陆迅速发展，并且成为国内众多人文学科领域中最先进入国际学界的学科之一。在这方面，外国文学研究者所作出的贡献是极其重要的，正是由于他们的加盟，这门仍在学科建制上被置于中国语言文学一级学科之下的新兴学科才有资格跻身国际学界并与之直接对话。2005年的外国文学研究在某种程度上可以说是“比较文学年”：8月12—16日，中国比较文学学会第八届年会暨国际学术研讨会在深圳举行。其时正值中国比较文学学会成立20周年纪念，出席会议的国内外专家学者300余人济济一堂，畅叙中国比较文学学科从无到有所走过的20年曲折历程，缅怀老一辈学者为这门学科的辛勤垦拓和耕耘所作出的独特贡献，并展望了中国比较文学的未来前景。会议期间讨论的一个重要话题就是世界文学和比较文学学科的归属问题。不少学者认为，鉴于比较文学的跨学科和跨文化性质，它应该既属于中国语言文学一级学科，同时也属于外国语言文学一级学科。也即来自两个学科的学者都可以从自己的不同角度出发从事比较文学研究。比较文学学科在中国的兴旺发达有力地批驳了国际学界有人鼓吹的“比较文学学科的死亡”的论调，预示了国际比较文学中心“东移”的趋势。9月，国际比较文学协会也在威尼斯举行了盛大的庆祝该协会成立50周年纪念活动。这些都对从比较的视角研究外国文学的中国学者是一个鼓舞。当然，在中国的语境下从事比较文学研究一般侧重点有所不同，这里仅综述一般的重要理论问题和侧重外国文学研究的成果。

王宁和葛桂录等著《外国作家与中国文化》作为跨文化丛书之一种，是国内第一部系统地梳理南北欧作家与中国文化之双向互动关系的专著。该书的写作依循的是两条不同的路径：其一是，追踪并从宏观的理论视角来描述中国文化和文学是如何在南北欧国家翻译、介绍和传播的，以及中国文化和文学在这些国家的教学和研究状况。在这方面作者尽可能向国内学者提供了大量取自原文第一手资料的最新信息。其二则是，该书着力描述南北欧作家与中国文化的实际“接触”和“互动”关系，也即一方面他们的作品在中国的文化土壤里如何被接受和被研究的，另一方面是这些作家本人在从事文学创作时是如何受到中国文化观念的启发乃至自觉或不自觉地从中汲取灵感和素材并将其用于自己的作品的。在对中外文化关系的梳理中，所涉及的欧洲国家有意大利、西班牙、荷兰、瑞典、挪威、丹麦等国，所涉及的中外作家包括：塞万提斯、但丁、维柯、易卜生、鲁迅、郭沫若、王蒙、张洁、王安忆等。该书在详细地追踪中国文化与南北欧作家的“互动”关系之后，还对赛义德建构和批判的“东方主义”之意识形态含义和学科含义进行了质疑和批判，并分析了欧洲人眼中的中国和中国人形象的历史演变，指出，追踪中欧文化关系只有依循上述两条路径才能真正体现中国文化与欧洲作家的双向互动关系，才不至于陷入西方的“东方主义”或东方的“西方主义”之泥淖之中。何其莘的英文专著《中国学者眼中的英国文学》的核心部分根据作者的博士论文改写，其中一章发表于国际莎士比亚研究的权威刊物《莎士比亚季刊》（Shakespeare Quarterly），是迄今为止国际莎学研究权威刊物所发表的极少数中国学者撰写的论文之一，对向国际莎学界展示中国学者的莎士比亚研究实绩起到了重要的作用。该书通过对莎士比亚戏剧在中国的翻译和上演所产生的客观影响和流变展示了一个具有理论意义的现象：“建构出来的莎士比亚”（constructed Shakespeare），正是这种融入了本土特色的、由中国学者建构出来的“莎士比亚”，才使得中国的莎学研究能够与国际莎学界直接对话。由此拓展，作者还从中国学者的视角出发讨论了其他英国作家及其作品，提出了不少自己的独特见解。叶舒宪的《高唐神女与维纳斯——中西文化中的爱与美主题》是平行研究和跨学科研究相结合的成果，虽然平行比较的是文学中的常见母题——爱与美，但作者的深入分析和理论概括则令人印象深刻。金柄珉的《朝鲜——韩国文学的近代转型与比较文学》通过比较同根同族的朝鲜/韩国文学的发展历程，说明了比较文学在国别文学转型过程中的作用，其中所涉及的中国古代和现代作家有王士禛、李调元、温庭筠、鲁迅、梁启超等，弥补了国内东亚文学比较研究之空缺。林精华的《误读俄罗斯——中国现代性问题中的俄国因素》从一个全新的视角，讨论了中国对俄罗斯文学的接受和误读，指出了四种形式的误读：（1）以偏概全论，（2）实用主义的模式，（3）全然拒斥的方式，以及（4）无神论的态度。这些误读一方面导致了中国的现代性进程中的西方化倾向，另一方面则有助于在中国的独特语境下建构另一种形式的现代性。此外，还有一些单篇论文讨论了华裔欧美作家的创作，起到了拾遗补阙的作用。比如陈爱敏的《论美国华裔女性文学中呈现的中国文化》便揭示了美国华裔女作家对中国文化的误读和重新建构。一些青年学者自觉地从后殖民理论和东方主义的视角讨论了华裔美国作家的双重身份，从而阐述了身份的不确定性和可建构性特征。

纵观2005年我国的外国文学研究，我们可以通过客观的定量分析得出一些令人信服的数据。在这方面，如果不算我国极少数学者在国际权威刊物上发表的英文论文并收录A&HCI检索数据库，我们可以登陆中文社会科学引文索引（CSSCI），寻访中国的外国文学研究者中成果卓著的学者2000—2005年期间被他人引用的情况，这样我们便得出了被引次数最多的前10名学者的信息，现排名如下：1. 季羡林（598，北京大学）；2. 赵一凡（393，中国社会科学院）；3. 王宁（281，清华大学）；4. 刘象愚（239，北京师范大学）；5. 王逢振（217，中国社会科学院）；6. 许钧（210，南京大学）；7. 盛宁（197，中国社会科学院）；8. 袁可嘉（196，中国社会科学院）；9. 申丹（143，北京大学）；10. 柳鸣九（138，中国社会科学院）。从他们被引用的情况，我们可以得出下列3个具有说服力的结论：（1）截至2005年的被引数据显示，中国的外国文学研究成果仍然集中在中国社会科学院和少数著名大学的外国语言文学院系，其序列应该是：中国社会科学院，北京大学，清华大学，北京师范大学，南京大学。这几所高校和科研机构依然在中国的外国文学研究领域发挥导向性作用。（2）名列前十名的学者大多是跨学科和在理论上有所建树者，有些曾经在国内挑起过理论争鸣，对其他文学和文化研究领域产生过较为持久的影响。（3）这些学者大多从事过文学理论著作的翻译，或主编过系列丛书或教材，对中国的外国文学研究起过领军的作用，有着较为广泛和持久的影响。

（斯义宁）

学术成果·著作

高唐神女与维纳斯：中西文化中的爱与美主题

（叶舒宪 陕西人民出版社2005年版）

本书从比较文学角度提出重新发掘和阐释中国古代文学中的爱与美女神及其隐喻表现传统的新课题。全书分为上下篇共十三章，40万字。上篇“美神由来”（第一至六章），从世界文明史的全局视野审视爱与美女神的起源过程，从人类学和考古学的角度追溯女神在史前社会和原始宗教中出现的规则化程序。描述了文学中永恒的主题爱与美的原型发生史。下篇“美神幻形”（第七至十三章），着重研究性爱与美的主题在不同文化中的置换表现，尤其是在中国文学传统中特殊的形式——隐喻与幻梦。

第一章“原母神”，揭示“史前维纳斯”崇拜之谜，兼及女性、肥硕与生命力的原始隐喻观念，由周期变化所引发的女性圣化现象，中国的猪龙造型之蕴涵，雌性为先的原始分类逻辑以及父权制文明以前的“女耕女织”时代。第二章地母，解析汉字“土”、“也”、“地”表象背后的地母神话，从卜辞中的分身地母——东母西母，到女娲与西王母的原型。再从地母象征系统看“神”观念的由来，兼及墓葬、人体陶器与道家思想中的回归主题。第三章爱神，论述从地母神话到“社”祭仪式，探讨中国式的圣婚仪式与“禖祭”源流，追溯文学中性与爱主题的起源。第四、五章爱神及其配偶，从维纳斯与阿都尼斯神话的近东起源，到社稷的原初配偶关系发隐，及头与阳具换喻的农耕神话基础。第六章美神，对比分析“美始于色”的古希腊和古印度性美学，以及“美始于食”的中国的食美学，描述由食到色的转换机制，揭示美学观念发生的不同感性根基。

第七章神女，解说爱神在中国的隐形和置换现象，论证高唐神女为“中国的维纳斯”，分析这个神话形象的升华形式。第八章云雨，从古典文学中的“云雨家族”入手，考察云雨原型的跨文化发生机制，揭示宋玉对欲望的诗化，淫诗说与云雨原型的对立统一。第九章昼寝，以《高唐赋》的心理分析为契机，揭示宋玉的幻想治疗术和性梦的精神启悟功能。第十章幻梦，描述中国文学中的“美人幻梦”表现传统，区分帝王性爱与凡人情恋的不同模式，隔水伊人与异女荐枕的演变路径。从《辽阳海神传》到《红楼梦》，看美人幻梦的最终消解，提出文化与心理的阐释。第十一章补偿，解读《聊斋》的幻梦式狐鬼性爱原型，阐发作者的“穷而后幻”式自我治疗。第十二章色与美，剖析《金瓶梅》性爱主题的复调变奏，其道德换喻和美学换喻的不同取向。第十三章孝与鞋，尝试分析中国汉族文化中俄狄浦斯情结与反俄狄浦斯情结。从“国骂”看俄狄浦斯情结的中国式宣泄途径，从“鞋喻”看俄狄浦斯主题的中国编码方式。

［叶舒宪，1954年生，文学博士，中国社会科学院文学研究所研究员，比较文学研究室主任，中国社会科学院研究生院教授、博士生导师，中国比较文学学会副会长。研究方向为比较文学和文学人类学。出版个人专著27部，发表论文300多篇。代表作有《中国神话哲学》、《探索非理性的世界》、《诗经的文化阐释》、《庄子的文化解析》、《高唐神女与维纳斯》等。］

基督教文化与西方文学传统

（刘建军 北京大学出版社2005年版）

该书包括绪论“基督教和西方文学精神概说”；第一编“欧洲基督教文化的来源和作用”；第二编“基督教文化与中世纪文学”；第三编“基督教文化与近代欧洲文学”；第四编“基督教文化与现当代西方文学”等部分。主要论述了基督教文化对西方作家的思维方式的影响以及西方文学与基督教文化密不可分的联系，涉及到基督教文化自身的特质、基督教文化的思维模式、基督教文化自身的演进过程以及西方文学传统的构成等一系列问题。全书的基本观点

在于，人类社会经历了由血缘维系、信仰维系、理性维系和人权维系四个文化发展阶段。基督教文化的出现是信仰维系方式对血缘维系方式的取代，而基督教文化所体现出来的信仰维系方式又在社会和文化自身发展的作用下，发展出了近代的理性维系方式和今天初露苗头的人权维系方式。而西方文学受此制约，在文化精神上体现出来了人从“自然人”向“社会人”乃至今天向“文化人”的不断发展转换走向，从而使西方文学成为一种独具特色的精神文化现象。

作者之所以要把基督教文化与西方文学联系起来进行考察的原因在于：第一，没有基督教文化，就不会形成后来西方世界的思维模式和看待人与世界关系的方式，从而也就不会有今天意义上的西方文学。从漫长的西方历史文化发展进程来看，西方世界的基本思维模式是“逻格斯中心主义”和灵肉分离的二元对立学说。在希腊人那里虽然出现了“逻格斯中心主义”的二元对立思维模式的萌芽，但只有基督教传入欧洲大陆并成为罗马人的国教之后，上帝创造世界以及天国与地狱对峙的学说逐渐与柏拉图和亚里士多德的学说合流，西方的“逻格斯中心主义”思维模式才真正形成。以后一直到20世纪上半叶，这种思维模式始终占据着统治地位并成为人们思考一切问题的主要思维方式，也是文学家看待世界的主要模式。第二，没有基督教，也不会有西方古代文化的近代化或者说现代化进程。希腊罗马文化是欧洲的古代文化的典范。这一文化的基本价值取向是要满足人的自然人性。马克思所说的古代希腊人是人类正常的儿童，其基本要义就是说希腊人一直遵从着人的本性要求和自然欲望行事，人的本性要求和自然欲望是他们行事的唯一依据和最高准则。而基督教的出现，则把人的精神生活、精神需要提到了至高无上的地位，才把古代“自然人”发展到了“精神的人”的高度，也才使得西方世界的人在认识自身把人看成了是精神的人。尽管在不同的时期和不同的学者那里有不同的侧重，但对人的精神的注重始终再没有动摇过。甚至到今天，即使人们主张在精神和肉体欲望的平衡中来考察人的时候，人的精神世界仍然作为一个重要的方面，这不能不说是得益于基督教的开拓。恰恰是基督教对人的精神力量的注重，促进了西方文化从古代走向近现代。第三，没有基督教文化中表现得极为强烈的灵与肉、感性与理性、天国之城和地上之城两种要素的矛盾斗争，也就没有西方文化自身发展的强大动力。基督教所开创的天国理想和人的内在冲突学说，使得西方人看到，真正的理想在天国世界需要人不断追求才能得到，而人身上的肉欲和心中魔鬼常常使得人走向沉沦。那么，要得救，就要不断克制自身的欲望和恶劣的情感，向更高的灵的境界飞升。基督教的这种思想，后来成了欧洲乃至美洲大陆的一种普遍的文化心态。这一点我们不仅会在教士们所创作的作品中看到，在但丁、弥尔顿、歌德、列夫托尔斯泰以及当代很多作家的作品中也可以看到。

该书也揭示出了基督教与和西方文学精神之间的密切联系。全书通过西方文学的发展历史，指出，无论基督教还是西方文学，二者在都是人精神领域发展到强盛时期的产物。神学宗教的出现，标志着人们具有了通过自己的想像再造一个完全不同于现实世界的精神世界的强大能力。而真正意义上的文学的出现，则表明人类具有了通过自己的大脑用形象和情感再造一个物象世界的能力。具体而言，基督教的思维结构与文学的思维结构、基督教目的与文学的目的、以及基督教对文学的内在艺术要素之间的关系等等都有着极大的相似性。

该书还指出，基督教文化是不断根据变化了的社会现实因而自身也在不断发展的产物，这决定着基督教文化对西方作家的思维方式的影响是随着社会的发展不断深化的。例如“上帝”这个概念，在最初的作家的头脑中出现的时候，它是“救赎”力量的象征；在中世纪“黑暗时代”的作家眼里，它是“秩序”的力量；在中世纪鼎盛时期，它作为“至爱”的力量开始在文学作品中萌芽，而这种理解一直延续到19世纪末期并发展成为作家眼中的“永恒的爱”和“永恒的公正”的化身；20世纪中期前后，随着各种现代和后现代理论的进入，“上帝”作为一种“高尚精神的关系结构”开始成为今天的新的文学解释的走向。也可以说，恰恰是文学家在基督教原有的概念和体系领域内的不断阐释与更新，才使得基督教从早期作为西方贫苦人们的世界观、发展成为后来的封建主义世界观、再后来成为近代资产阶级世界观和当前企图成为整个人类的世界观的形象例证。

［刘建军，1955年生，东北师范大学文学院教授。出版《西方长篇小说结构模式论》、《演进的诗化人学——文化视界中的西方文学人文精神传统》等学术著作。发表学术论文140余篇。2005年出版的著作有个人学术专著《基督教文化与西方文学传统》，学术论文《当代语境下伦理批评内涵的重新阐释》、《文学伦理批评当下的性质》、《历史文化发展新坐标上中世纪精神范本——〈列那狐故事〉思想与艺术分析》等。

通信地址：吉林省长春市东北师范大学社会科学处（130024）

联系电话：0431－5610575
19844876130

电子信箱：liujj@nenu.edu.cn］

神奇的想象：南北欧作家与中国文化

（王宁　葛桂录等　宁夏人民出版社 2005 年版）

本书作为跨文化丛书：《外国作家与中国文化》之一种，是国内第一部系统地梳理南北欧作家与中国文化之双向互动关系的专著。本书的写作依循的是两条不同的路径：其一是，追踪并从宏观的理论视角来描述中国文化和文学是如何在南北欧国家翻译、介绍和传播的，以及中国文化和文学在这些国家的教学和研究状况。在这方面作者尽可能向国内学者提供了大量取自原文第一手资料的最新信息。其二则是，本书着力描述南北欧作家与中国文化的实际“接触”和“互动”关系，也即一方面他们的作品在中国的文化土壤里如何被接受和被研究的，另一方面是这些作家本人在从事文学创作时是如何受到中国文化观念的启发乃至自觉或不自觉地从中汲取灵感和素材并将其用于自己的作品的。在对中外文化关系的梳理中，所涉及的欧洲国家有意大利、西班牙、荷兰、瑞典、挪威、丹麦等国，所涉及的中外作家包括：塞万提斯、但丁、维柯、易卜生、鲁迅、郭沫若、王蒙、张洁、王安忆等。本书的价值并不仅仅止于此。在详细地追踪中国文化与南北欧作家的“互动”关系之后，作者还对赛义德建构和批判的“东方主义”之意识形态含义和学科含义进行了质疑和批判，并分析了欧洲人眼中的中国和中国人形象的历史演变，指出，追踪中欧文化关系只有依循上述两条路径才能真正体现中国文化与欧洲作家的双向互动关系，才不至于陷入西方的“东方主义”或东方的“西方主义”之泥淖之中。全球化并非西方化，更不是美国化。全球化在促使英语在全世界大规模普及的同时，也为汉语在全世界的普及提供了极好的契机，同时也为撰写一部汉语文学史铺平了道路。在这方面，中国学者完全有能力在全球化的语境中重新审视中外文化关系，通过与欧洲乃至国际学术界的平等对话实现中国文化的全面复兴。本书的特点在于资料翔实，立论严密，论述简明扼要，不仅追溯了中国文化所受到的南北欧作家的影响和启迪，更着力强调了南北欧作家从中国文化中受到的启迪和影响。

［王宁，1955 年生，清华大学外语系教授，清华大学比较文学与文化研究中心主任。2005 年出版合著《神奇的想象：南北欧作家与中国文化》。2005 年发表的主要论文包括：《雅克·德里达：解构批评及其遗产》、《文学的环境伦理学：生态批评的意义》、《德里达与翻译理论的解构》等 14 篇。

通信地址：北京清华大学外语系

（100084）

电子信箱：wangning@ tsinghua. edu. cn

葛桂录简介缺。］

文学翻译与文学批评

（罗选民　人民文学出版社 2005 年版）

该书收录了作者 20 世纪 80 年代以来撰写的有关文学翻译和文学批评的 18 篇文章，这些精选的文章大部分已散见于各种书刊之中，其中包括《西方文艺理论名著教程》（胡经之主编，1989 年）、《中国翻译》、《外语教学与研究》、《外国文学评论》、《中国比较文学》、《淡江评论》、《清华大学学报》和《湖南文学》等等，此为首次结集出版。

该文集分为四部分，前两部分聚焦翻译研究，在多元文化语境下考察了中西方翻译史上的热点问题，如“信、达、雅”翻译标准、归化与异化等理论问题。后两部分讨论文学批评与文论，融批评和欣赏于一体。具体而言，该书有以下几个特点：第一，跨学科性。作者在多篇文章，如《多元文化语境中的文学翻译——安德雷·利夫威尔教授访谈录》、《意识形态与文学翻译——梁启超的翻译实践》、《词、句与话语：当代文学翻译的语言学走向》中分别从文学、文化和语言学视角探讨了翻译问题，视野宽阔。第二，宏观探讨和微观研究相结合。所录文章既有对学科历史的宏观描述，如《西方翻译研究综述》，又有细致入微的个案研究，如《马利坦的诗学研究》、《鸣响在不同时空的田园曲——弗罗斯特与陶渊明诗之比较研究》、《荒诞的理性和理性的荒诞——评托妮·莫里森〈心爱的〉小说的批判意识》等文章运用了文学批评的理论与方法来分析和比较文学作品和人物形象，视角新颖，分析中肯。第三，既关注经典理论焦点问题又反映学科前沿热点问题。如在《解构‘信、达、雅’：一种经典理论的重读——评叶维廉〈破‘信、达、雅’：翻译后起的生命〉》一文中，作者从阐释和解构的角度来认识翻译理论史上风行百余年的“信、达、雅”翻译标准问题，反对以照搬西方的学术观点来误解中国翻译理论的作法，使翻译批评更加具有客观性和真实性。在一组学者访谈录中，作者与耶鲁的学术大师们就当代西方的文艺理论前沿、翻译研究等问题展开了深入对话，具有引领学术潮流的导向性作用。而《荒诞的理性和理性的荒诞——评托妮·莫里森〈心爱的〉小说的批判意识》更是国内第一篇在该小说荣膺诺贝尔文学奖之前对其做的文学评论，具有很高的学术价值。第四，体裁、题材广泛。书中所录文章以研究综述、访谈录、书评、学术争鸣、论文等多种形式出现，涉及文学、神学、词典研究等诸多方面。

由于文章写作的跨时代性，该文集从不同的侧面反映了作者十余年来从学治学的心路历程，因此，在其学术价值之外，该书对有志于从事翻译研究、比较文学和文化研究的读者还具有治学方略层面的启迪作用。作者在为学生涯中，从事翻译工作的同时进行翻译批评，正如其在后记中所言“我一直有这么一个观点：仅仅从事翻译者，译匠也。举凡译家，必是既做翻译又做评论。做了翻译，掌握了资料，做作家或作品的评论才会有一定的优势。”作者在此思想指导下写了多篇论文，书中所录《马利坦的诗学研究》就是在其合译出法国当代著名哲学家、美学家和文艺理论家马利坦的专著《艺术与诗中的创造性直觉》之后完成的。

［罗选民，1954年生，清华大学外语系教授，博士生导师，翻译与跨学科研究中心主任。著译有《文学翻译与文学批评》、《话语分析的英汉语比较研究》（获北京市第七届哲学社会科学优秀成果二等奖）、《艺术与诗中的创造性直觉》等十余部，在国内外重要学术期刊上发表论文60余篇。］

误读俄罗斯：中国现代性问题中的俄国因素

（林精华　商务印书馆2005年版）

本书是作者系统研究俄国问题三部曲之一，即俄国人如何强烈认同俄罗斯、中国人怎样热诚面对俄罗斯、西方为何冷静对待俄罗斯等问题。

伴随着俄罗斯文化进入晚清帝国，中国也就开始了对俄国文化的研究：历时百年有余矣。一个世纪以来，俄国自身问题重重，如其历史发展基本上是在不断动荡中前行的、斯拉夫文明内部分化很严重、没有统一的民族认同等，但经由中国知识界和思想界甚至政界的积极认可、热情倡导、制度性推行等，俄国尤其是苏俄官方文化对中国产生了神奇的作用，以至于从建构社会理念、确立政治体制框架，到教育和学术制度的建立、卫生事业各项具体措施的拟订、社会管理部门的设置等大多是参照苏俄而来的，“苏联的今天就是我们的明天”一时几乎成为国人的普遍认知。尽管冷战中后期，出于战略利益考虑，中国已经无可奈何地偏向了美国，但苏联的解体，还是让中国人震惊了好长一段时间，多年后才慢慢醒悟过来：原来，俄国的问题远不是《联（共）布简明党史教程》所描述的那样简单。问题是，就是这样一个问题重重的俄国，居然能如此深刻影响中国，这种影响力超出了国际主流社会对俄罗斯及斯拉夫文明的评估。而且可以说，俄国对20世纪以来的中国所发生的种种影响（有些方面的影响至今仍保持着相当的规模），本质上不是代表先进的生产力而产生的，而是俄国以其斯拉夫文明的独特魅力，感染了寻求自救之路的中国社会；同时，自五四新文化运动以来的中国，是在并没有搞清楚俄国文化复杂性的情形下，一厢情愿地建构中俄文化相似性原则，而大规模引进俄国文化的。如此一来，当代中国就需要做两方面工作：深入研究俄国斯拉夫文明的构成、变化及其在全球各文明中的位置等问题，即不能如往日那样，依据苏联官方文献，简单地把俄国社会发展历史描述成政治史、把苏联问题仅仅理解成社会主义问题、把俄国文学描述成作家对时代社会生活的写照等；还要反观自身接受俄国文化的历程，澄清这种一厢情愿的历史情势。而这两方面工作无不意味着，我们不能仅仅依据某种“热情”或“理想”感受历史或“他者”，必须回到历史语境中去，依据理性，冷静地对这些问题进行学术史判断。

于是，我们首先就得深入了解俄国知识界是如何描述俄罗斯问题，看看俄国人文学科专家是怎样理解俄罗斯问题的，只有这样才能判断斯拉夫文明基因、东方基督教信仰传统、三个多世纪以来现代化的困境、西方性诉求和非西方性诉求相交织、中亚文化和北欧文化相并置等因素，是如何成就了俄国文化的独特性。要做到这些，首先是要加大译介讨论俄国问题的历史学、政治学、经济学、文学理论、文学史等俄语经典文献的力度，那些涉及人文学科各领域的经典作家作品，从不同方面触及了这些复杂因素对俄国文化结构性影响的问题，是我们研究俄国问题的基础文献。

同时，我们必须考虑西方的斯拉夫研究学术传统。我们知道，1812年战胜拿破仑之后，随着俄国的强大、俄国与西方关系的复杂化，欧美知识界也越来越关心俄国问题，并在不断翻译俄语文献基础上成就了西方知识界研究俄国问题的学术传统，即学术化程度日趋增加、直接受政府操纵的意识形态性减少的斯拉夫学研究，法、德、英、美、加等国在20世纪的不同时候建立了各自的斯拉夫学研究机构，如威尔逊国际学者中心凯南俄国高级研究所、洛克菲勒基金会俄国研究所、现代语言协会斯拉夫语言研究委员会、美国斯拉夫和东欧语言教师协会等，以及哈佛大学、加州大学伯克利校区、耶鲁大学等学校成立的俄国研究所（中心）等国际著名的俄罗斯问题研究组织。这些机构，又先后创办《美国斯拉夫和东欧评论》、《加拿大斯拉夫和东欧评论》、《斯拉夫和东欧杂志》（英）、《俄国文学》（荷兰阿姆斯特丹大学）、《现代俄罗斯》（法）等，牛津、剑桥、哈佛、柏克利等大学出版社出版了一套套俄国问题研究丛书。此外，自1956年以来美国斯拉夫研究高级研究协会定期编辑出版《美国的斯拉夫和东欧研究索引》（含国际英语区研究），不久法国巴黎社会科学高级研究所等编辑《欧洲的斯拉夫和东欧研究索引》（综合收录北欧中欧和西欧诸国斯拉夫学界研究成果）。由此，不仅对普希金、托尔斯泰、陀思妥耶夫斯基、巴赫金等具体作家研究、俄国白银时代文学和宗教哲学等领域的研究卓有成效，而且在俄国政治史、宗教史、经济史和民族性等问题上更是引领国际的俄罗斯问题研究潮流。

然而，我们不能满足于俄国对自己的认识和民族性诉求的评估，它和斯拉夫学成果一样，主体上是我们观察俄国问题的参照系，而不能是指导思想，否则如茅盾先生在《杂谈苏联·后记》中所言："中国和苏联接壤数千里。对于这样一位邻居，我们中国如果不用自己的眼睛和头脑去认识和了解，而颠倒去盲目从远隔重洋的反苏第一者的谰言，那实在是不智。"对这么一个敏感话题，当代中国不少学人进入20世纪90年代以来，都曾关心过并推出了一些成果，如陈建华教授的《20世纪中俄文学关系史》。然而，这不单单是一个历史问题、文化交流史问题，更是现代性问题在学术史领域的自然延伸。也就是说，我们要重建中国自发和自觉接受俄国影响的历史语境：既要还原历史情景，切实呈现出梁启超、孙文、李大钊、毛泽东、鲁迅、周作人、瞿秋白等人何以热衷于介绍俄国文化，有些人还要身体力行之，又要明确这种热诚背后的困境——建立现代民族国家（独立）、解决民生（富强）、实现民主（人权）这三者之间的关系在中国如何如此紧张。这些似乎很宏大的抽象问题，其实就蕴藏于一些对俄国问题的言说之中。

［林精华，1965生，首都师范大学教授和世界文学与比较文学专业博士生导师、俄语语言文学专业博士生导师。出版著作有《民族主义的意义与悖论：20—21世纪之交俄国文化转型问题研究》、《想象俄罗斯：关于俄国民族性问题研究》、《误读俄罗斯：中国现代性问题中的俄国因素》等。出版译作有主持和主译的《俄罗斯优秀作家随笔丛书》（6卷本）、《西方视野中的俄国白银时代》（上下册）、《人文译丛·陀思妥耶夫斯基研究书系》（6卷本）等。发表论文百余篇。］

英美小说叙事理论研究

（申丹　韩加明　王丽亚　北京大学出版社2005年版）

申丹

该书为教育部人文社会科学研究重大项目成果（鉴定等级为"优秀"），是国内外第一部将后经典叙事理论与传统和现代叙事理论结合起来进行研究的专著。书上篇（韩加明著）探讨传统英美小说叙事理论；中篇（王丽亚著）关注现代英美小说叙事理论；下篇（申丹著）聚焦于20世纪90年代以来的北美后经典小说叙事理论。上篇对司各特、刘易斯和梅尔维尔等人重要叙事观点的分析以及18世纪较次要小说家观点的探索，填补了国内研究界的空白。上篇所采用的把小说家叙事观点与创作实践相结合的研究方法同以往的研究相比有所创新，对英美不同小说叙事传统的对比研究也构成了一种新的研究途径，既具有理论意义，也具有小说批评史的意义。与上篇一样，中篇在研究中也注重将小说家的叙事观点与创作实践相结合，同时注重对英美不同的小说叙事传统展开对比研究。该篇的探讨揭示了现代小说叙事理论在发展过程中的复杂性和多样性，也十分关注现代小说叙事理论与当代叙事学之间的关联。下篇为全书重点。国内的研究往往局限于20世纪90年代之前的西方经典叙事理论，忽略了90年代以来的后经典叙事理论。正是因为这一忽略，国内的研究偏重法国，对北美很少涉足，而实际上90年代以来，北美成了国际叙事理论研究的中心。针对这一现象，下篇以全书一半的篇幅集中研究北美90年代以来叙事理论的新发展，旨在廓清各派的特点和相互之间的关联，清理有关混乱。

该书与申丹集中研究经典叙事理论的《叙述学与小说文体学研究》一书构成一种直接互补的关系。《叙述学与小说文体学研究》已出三版，发行量超过一万本，受到国内学界的广泛关注和高度评价。与《叙述学与小说文体学研究》相比，本书具有以下三个突出特点：(1) 率先以专著的形式对20世纪90年代以来的后经典小说叙事理论展开了探讨，填补了国内这方面的空白；(2) 具有历史发展的视角，传统、现代和当代小说叙事理论互相呼应，互为补充；(3) 有更多观点和内容在欧美发表，得到国际学界的高度评价。可以说，《英美小说叙事理论研究》一书具有更高的学术价值。

在教育部组织的匿名专家项目鉴定中，有关专家对本书做出了如下评价："近年来，对西方叙事学理论的研究属于一个热门话题，但是尚未见到有比本项目成果更全面、更系统、更深入的研究，尤其是本成果比较集中地研究了上一世纪90年代以来北美叙事理论的新发展，有相当的理论深度和创新意义。由于该成果在梳理英美小说叙事理论的基础上提出了对当代叙事理论的独立见解，对于推动我国的叙事理论研究和叙事学批评有重大学术价值”。“该成果也弥补了国内学者在该领域的研究比较缺乏原创性思维的不足，将英美小说叙事理论与后现代理论的多个层面交叉起来，廓清了该理论的发展脉络，从纵深的方面探讨叙事学对小说创作、小说解读、小说鉴赏的重要作用。该成果资料翔实，内容丰富，逻辑严密，论据充分，从其中期研究成果的社会效益来看，该项研究具有积极的社会价值，在国内及国外的学术领域都产生了较大影响。本项成果的完成和出版必将对推动国内外小说叙事理论的研究和发展，对促进高校理论教学的深入起到重要的积极作用”。

[申丹，英国爱丁堡大学博士，教育部长江学者、北京大学英语语言文学特聘教授，北京大学人文学部副主任和欧美文学研究中心主任。出版2部专著、1部译著，发表论文70多篇。

韩加明，美国康奈尔大学博士，北京大学外国语学院教授。出版英文专著《菲尔丁小说的叙事形式、历史观和意识观》。合译《牛津简明英国文学史》。在国内外核心刊物上发表学术论文20余篇。

王丽亚，北京大学博士、博士后，北京师范大学外国语学院副教授。出版专著《亨利·詹姆斯小说中的叙事策略和性别政治》，有译著多部。在国内外核心刊物上发表学术论文20余篇。]

学术成果·论文

关于文学伦理学批评

（聂珍钊　《外国文学研究》2005年第1期）

该文认为，在文学的起源上，人们往往把文学艺术的起源归于人类的生产劳动，但其实并不完全准确。那么文学艺术是怎样产生的呢？它是人类在对自己生产劳动的理解中产生的，也就是说，文学艺术作品是人类理解自己的生产劳动及世界的一种形式。由于这种表达与理解与人类的劳动、生存与享受结合在一起的，因此就具有伦理和道德的价值。尤其是从文学是指文本的文学的观点来看，伦理和道德的因素可以看成是文学产生的动因。也就是说，文学是因为人类伦理及道德情感或观念表达的需要而产生的。例如希腊神话，它不仅是“用想像与借助想像以征服自然力，支配自然力，把自然力加以形象化”，而且也是用想像与借助想像表达人类理性萌芽阶段的伦理道德观念，或者说是古代希腊人用文学艺术形式对伦理和道德观念的一种朴素和抽象的表达。

因此，文学伦理学批评作为一种方法论有其特定的涵义，即它是指文学意义上的批评方法而不是社会学意义上的批评方法。文学伦理学批评与研究社会的伦理学不同。伦理学研究的对象是人类社会，而文学伦理学批评研究的对象是文学。伦理学研究往往是为现实中一定的道德观念服务，需要对现实社会的种种道德现象做出评价，而文学伦理学批评则是对文学进行伦理和道德的客观考察并给以历史的辩证的阐释。文学伦理学批评主要是作为一种方法运用于文学研究中，它重在对文学的阐释；而伦理学则既是一种有关人类关系和道德规范的理论，也是对人类社会进行研究的一种方法。文学伦理学批评重在历史的意义上研究文学，而伦理学重在现实的意义上研究社会。

文学伦理学批评坚持文学批评必须是对文学的批评。如今一些打着文化批评、美学批评、哲学批评等旗号的批评，往往颠倒了理论与文学之间的依存关系，割裂了批评与文学之间的内在联系，存在着理论自恋（theoretical complex）、命题自恋（preordained theme complex）、术语自恋（term complex）的严重倾向。这种批评不重视文学作品即文本的阅读与阐释，分析与理解，而只注重批评家自己某个文化命题的求证，造成理论与实际的脱节。因此，文学伦理学批评强调方法服务于文学的阅读、理解和阐释，强调文学的社会责任、道德义务等伦理价值。文学伦理学批评方法既是历史主义的方法，也是现实主义的方法，它要求我们客观公正地从伦理和道德的角度去阐释历史上的文学和文学现象，研究文学与历史和现实的关系，要求批评文学不能超越时代、社会、政治和文化，要求维护已经确立的伦理道德原则。

[聂珍钊，华中师范大学文学院、外语学院教授，《外国文学研究》杂志主编。有代表性学术成果《悲戚而刚毅的艺术家：托玛斯·哈代小说研究》。
通信地址：武汉市华中师范大学《外国文学研究》编辑部（430079）
电子信箱：niezhenzhao@163.com]

后殖民文学中的文化书写

（刘亚斌 《外国文学研究》2005年第4期）

该文认为，近20年来，世界文坛出现了新的气象与格局。殖民地作家承继宗主国留下的文学痕迹，感受其文学优势，却又对殖民地的本土文化难以释怀，产生阐释与建构自身文化的焦虑与困惑，出现前所未有的文化认同危机。这些作家在进行自身的文化书写时，主要采取了三种方式：对抗性文化书写、认同性文化书写与混合性文化书写，试图以这三种方式来重塑自身的文化形象。

对抗性文化书写首先将怒火发泄在对西方形象的恶意贬低上，极力抨击对方，描写其他性特征以及控诉西方殖民者对殖民地的侵略与压迫，彰显出其邪恶本性及其所造成的殖民地灾难性的生活状况。殖民地作家认为自己才有权再现属于自己的东西，对殖民者的权力语言、表述模式与象征体系进行了嘲弄性模仿。如作家塞尔封在《孤独的伦敦人》与《升天的摩西》中戏拟《鲁滨逊漂流记》，颠覆其文本结构，策反文明的反向运动。但是这些作家的思维装置与文化建构并没有摆脱西方建立在地域区分、差异确定的“主一奴”权力关系的文化塑形模式。

无论是痛斥西方的邪恶，还是深入西方文本内部进行颠覆性的霸权解构，都没有亲自塑造东方形象更有说服力，认同性文化书写试图做到这一点。东方人或者“崇洋”，甘愿被西方所同化；或者揣摩西方的心理需求进行艺术创作；或者积极寻找西方文化的疾病，从西方文化的健康需要出发，重新配制与发明自身的文化传统，乃至于对文化传统全盘肯定与盲目崇拜，但是这种文化书写因缺乏对自身社会的反思意识、民主观念与自由精神而落入殖民者的逻辑圈套，走上一条“自我东方主义化”、“自我他者化”的道路。

在对抗性文化书写与认同性文化书写陷入西方霸权逻辑装置的情况下，将西方文学与本土文化结合起来的混合性文化书写看似为一条光明之路。这些作家用白人的文体形式来叙述本土的故事，将本土文化与侵略者文化创造性地编织在一起。在语言上，他们力图破坏西方语言的纯洁性，解构其中心地位，将富有生机的本土语言置放进去，以便灵活有效地反映本土的文化风情与文化品性。然而这种方式曾是殖民者对殖民地进行教化时普遍采用的方式之一，其做法依然没有摆脱西方霸权的逻辑陷阱。更重要的是，西方利用文化共融的假象，大肆攫取东方的经济利益。

总之，这三种文化书写方式并没有摆脱西方文化霸权的话语圈套，殖民地作家的文化书写实践，在有意无意之中，还与西方霸权的全球逻辑构成一种同谋与共犯，巩固了西方的霸权主义，面对这种困境，应该去除霸权话语的书写模式，强调文化书写的人民性、实践性与体验性，重构自身健康的、自主的文化形象。

［刘亚斌，1976年生，四川大学文学与新闻学院博士生。
通信地址：成都市四川大学文学与新闻学院2003级博士生（610064）
联系电话：13693499693
电子信箱：lyabin2001@126.com］

华滋华斯“瞬间”诗学观念的现代性特征

（赵光旭 《四川外国语学院学报》2005年第6期）

20世纪60年代以前，西方现代主义文学批评对浪漫主义文学持否定态度。然而，随着时间的推移，人们开始认识到现代主义文学批评对浪漫主义文学思想的态度有过激之处，是现代主义受到浪漫主义影响之后的逆向反应。实际上，在浪漫主义文学中已经孕育了许多现代主义因素。该文通过把华滋华斯的诗学观念“瞬间”与现代主义的诗学概念“顿悟”进行对比，认为在华氏的这一诗学观念无论是在其客观机制，还是在叙事手法或是感官意象方面都具有现代性特征。

“瞬间”是华滋华斯在其长篇传记史诗《序曲》中提出的一个诗学概念，用来指因为某种东西引起作者对过去生活的回忆，通过这些回忆，作者在不经意的刹那间领悟到更高层面的意义。“顿悟”是西方现代文学作品中经常使用的一个概念，用来指人的突然的精神感悟。它们的相同之处在于强调“瞬间”或“顿悟”对象的“卑微性”，作者都是在一些卑微的事物中领悟到深刻的人生意义。

“顿悟”和“瞬间”作为文学作品的叙述手段，具有相似的特点。现代主义文学作品的一个突出特点是淡化情节，作品的发展经常是由人物不断的顿悟来完成的。如伍尔夫在《达罗卫夫人》中就是反复描写女主人公的不断变化的意识和情感，从而使小说变成一首情感跌宕起伏的抒情长诗。在华滋华斯的《序曲》中，作品的发展也是靠“瞬间”的作用来完成的。尽管人们称它是一部诗人心灵成长发展的史诗，但它没有史诗发展的明显特征，所有的只是诗人在其不同的历史阶段的思想形式。

“瞬间”和“顿悟”表现出相似的特征，其主要原因在于它们都以直觉作为基础。现代主义作家为了填补精神的空虚，他们企图利用感官手段创造现代的崇高。从诗歌方面讲，他们诗人经常使用“蒙太奇”或“感官印象”等艺术手法将历史与现实不加说明地交织在一起，展示危机四伏的现代社会，如庞德的《诗章》、艾略特的《荒原》等。尽管华滋华斯不具备现代主义作家的时代背景，但他有一个重要诗学观念“一切好诗都是强烈情感的自然流溢”。“自然流溢”意味着诗人的情感的表达必须是按照情感的本来面目直接呈现在读者面前。从这一意义上说，华滋华斯诗歌与意象主义诗歌或象征主义诗歌的直接表现方式有类似的特点。

笔者认为，华氏的“瞬间”和现代主义作家的“顿悟”表现出相似性，其原因在于他们都面临着精神方面的危机，尽管他们危机的内容和方式有所不同。但他们之间又有所不同：对现代主义作家来说，“顿悟”的内容经常是暗淡的；对于华滋华斯来说，“瞬间”的内容则是一种更高的境界，在这里人的灵魂与自然的灵魂共处在一个和谐的整体中，在这里不仅自然的灵魂影响到人的灵魂，人对自然的灵魂的感悟也带有人类灵魂的特点。

［赵光旭，1962 年生，英语语言文学博士，中国语言文学博士后，上海海事大学外国语学院副教授。发表论文多篇。2005 年发表论文《华滋华斯‘瞬间’诗学观念的现代性特征》。］

美国当代生态批评述评

（李晓明　《思想战线》2005 年第 4 期）

美国当代生态批评是 20 世纪 90 年代初在美国文学研究领域兴起的一种新的文学研究流派，它在文学批评史上首次将生态视角引入文学研究领域，在文学研究视野中尝试生态批评。该文对美国当代生态批评之起源和发展状况进行了较为细致的考察，概括出美国生态批评所进行的生态视角的文学研究的主要思想内涵，并对其进行全面辩证的评价。该文对当代美国生态批评所做的述评有助于我们比较清楚地了解当代美国生态批评所做的生态性文学研究，并看到它在生态视野下从事文学研究所形成的以“生态整体意识与生态责任意识”为核心的思想内涵及其批评实践特点。这对于我国当前立足于生态视角的美学和文艺学研究将不无裨益。

20 世纪后半叶，环境与生态问题成为美国社会最受关注的问题之一。在这种社会背景下，同时代的文学研究也不可避免地要受其影响。从 20 世纪 70 年代末起，美国个别从事文学与文化研究的学者开始尝试探索具有初步生态意识的文学批评。20 世纪 90 年代初，美国生态批评发展成为一种为人们所认同的文学研究流派，成为专业领域内一种有影响力的文学批评方法。

美国生态批评所做的生态批评探索拥有一种共同的驱动力：一种对当代环境与生态问题的忧患意识。生态批评家们意识到，人类现在所处的自然环境正面临着极限承受能力的考验，地球最基本的生命抚养系统面临危险。美国生态批评期望在文学研究视野中探寻生态危机的思想根源，力图为恢复和谐优美的生态环境做出贡献。综合美国生态批评的各种理论探索与文学批评实践，其思想内涵主要体现在这些方面：第一，美国生态批评赞成建立包含生态思考的人与自然之间的和谐关系。生态批评家们对人与自然的关系进行历史追溯与批评性反思，在此基础上探索蕴含生态思考的人类社会与自然世界共同繁荣的思想基础。第二，美国生态批评提倡一种蕴含生态构想的“新人文主义”思想。生态批评家们质疑早期人文主义思想中有关人与自然的狭隘观念，这些带有狭隘人类中心主义观念片面强调人对自然之统治能力，过度忽视自然，现在人们需要突破狭隘人文主义和理性观念的束缚，建立包含生态思考的新型人文主义与理性观念。第三，美国生态批评包含强烈的生态责任意识。人对地球的“不良统治”使生态批评家们深感忧虑。在“生态责任意识”的驱使下，生态批评家们将维护生态圈的健康视为自身作为人类一分子和文学研究者的根本责任，将文学研究与生态关注相结合，努力提升整个社会的生态责任意识。第四，美国生态批评的核心内涵是一种生态整体观。美国生态批评质疑狭隘人类中心主义自然观，反对将这种狭隘的简单化观念作为看待人与自然之间关系的出发点。美国生态批评借鉴当代生态哲学与环境伦理的思想成果，积极主张一种包含人类自身福祉与生态圈整体健康的生态整体观，这是一种强调生态系统各组成部分的相互关联、相互依赖整体性思想观念。总之，美国生态批评作为最早立足于生态视角的文学研究流派，其立足于生态视角的理论探索与批评实践丰富了文学研究的视角，可以为当代生态文明建设提供一定的思想资源。同时，美国生态批评其理论研究还处于发展阶段，很多理论探索还有待改进。

［李晓明，1971 年生，山东大学文艺美学研究中心博士，现为山东大学外国语学院英语语言文学专业博士后研究人员。
通信地址：山东省济南市山东大学文艺美学研究中心（250100）
联系电话：13156144361
电子信箱：lixiaomingjinan@163.com］

人类学想像与新神话主义

（叶舒宪　《文学理论前沿》第 2 辑　北京大学出版社 2005 年版）

新神话主义，是 20 世纪末期伴随着新时代运动的发展而形成的文化潮流，在一定程度上代表世纪之交西方文化思想的一种价值动向。它既是现代性的文化工业与文化消费的产物，又在价值观上反叛西方资本主义和现代性生活，要求回归和复兴神话、巫术、魔幻、童话等原始主义的幻想世界。其作品的形式多样，包括小说、科幻类的文学作品，以及动漫、影视、电子游戏等。以《塞莱斯廷预言》、《指环王》、《哈里·波特》、《蜘蛛侠》、《怪物史莱克》、《特洛伊》、《达·芬奇密码》和新兴网络游戏为标志。新神话主义浪潮以迅猛的方式风靡全球，成为大众文化的主流。本文从文化人类学对原始的文化他者的再发现入手，对新神话主义于新旧世纪之交在文学创作和学术理论研究两个领域中具有代表性的三方面的个案展开考察。首先，从《塞莱斯廷预言》看人类学想像与新时代运动。揭示了"人类学想像"对新神话主义创作的深层驱动机制，分析其所体现的西方价值观的三方面变化——原始主义：对现代文明病的诊断与治疗；魔幻：由俗返圣与精神的回归；世界主义：对东方思想和文化他者的再认识。其次，从《黑色雅典娜》和《黑色上帝》看新神话学的价值重构。持续百年的"东方复兴"的学术思潮，反映了西方知识界有识之士摆脱西方中心主义价值观束缚的自觉意识以及在文化身份上破除东西方对立与整合东西方传统的努力。而"返回非洲"的呼吁则不仅反映了对人类文明起源的新认识，更令人体悟出文化寻根的强烈要求。西方的精英文化和大众文化实际上是对传统的东西方划分界限的超越，也昭示着一种与文化他者整合的新价值观。最后，从《达·芬奇密码》看女神复兴。对和平的强烈呼吁，对平衡的渴望和不懈追求激发了现代人颠覆父权制意识形态的欲望，促使人类重新感受女神的智慧。经历了后殖民主义和以反叛现代性及其基础——西方基督教文明为其最大特征的新时代运动洗礼的西方知识界，在文化人类学和文化研究大潮的强烈影响下，正在发生一场文化价值认同上的根本性变革。即从欧洲中心主义和白人优越的种族偏见、文化偏见与性别偏见中挣脱出来，从形形色色的文化他者那里重新寻找现代人的生存理想和精神归宿。而新神话学研究和新神话预言的建构，从表面上看，其眼光是回溯历史的，但其共同的终极目标还是要以史为镜，为人类重新寻找未来。

［见第 567 页叶舒宪简介。］

日本诗学概论

（孟庆枢　《南京师范大学文学院学报》2005 年第 1 期）

中日两国只有两千多年文化交流的历史，时间之长，范围之广，渊源之深，在世界文化史上亦属罕见。日本文学从 19 世纪以来一直处于与西方文学交融的前沿，这其中的经验与教训，对我国具有独特的参照价值。该文正是从这一目的出发，梳理、论述了日本诗学从古至今的发展历程。

该文认为，日本诗学应包括日本原初的诗学理念及融会中国古代诗学、近现代西方诗学后形成的丰富内涵。同时，日本诗学是动态的、发展的。该文以宏观与微观结合的研究方法，将日本诗学大体分为古代和歌及歌论中的日本诗学、《源氏物语》中体现的日本诗学、中世至近世的日本诗学、明治时代以来的百年日本诗学和 20 世纪 80 年代至今的日本诗学五大部分。每一部分都选取最具

代表性的诗学概念、代表人物、代表著述条分缕析，言简意赅地阐述其精髓。该文具有史论的连贯性又兼具个论的独立性，旨在俯瞰日本诗学全貌时，披沙沥金抓住要害，一语中的地揭橥不同时期日本诗学的一些本质特征。该文主要特色及创新点在于：

1. 在有限的篇幅内将日本最早的古代诗学理论（见于文字为8世纪）至21世纪初作一整体把握，把作者多年研究成果镕铸在一篇论文中，在本领域中尚属首次。

2. 对一些在学界有争议的观点提出自己的看法，既不拘于日本学者的见解，也不因循我国学者过去的自明之见，在这些论述中取宏用精，谈一得之见。如对日本古代诗学既肯定其中的原初诗学理念，又全面论述它在吸收中国诗学基础上确立本民族诗学的自觉，既不同意一些日本学者认为日本诗学是为排斥中国文化而建立，亦不认为日本古代诗学等同于中国诗学的观点。这一论点有针对性。再如对《源氏物语》中代表日本文学核心理念《物哀》的论述亦有已见。指山《源氏物语》中明确了“物语”的“虚构性”，把“物哀”阐释为“触物显情”。本居宣长的阐释具有把文学从宗教的束缚中解放出来的价值等都有独到之见。指出了对日本的“国学复兴”时期诗学的研究以“复古”为旗帜旨在“创新”的本质，并与我国文学史上几次“复古运动”相联系，在学术研究上有创意，而且指出它与后来的日本国家主义的强化有密切关系，为探讨后来日本军国主义产生的文化根源提供了一个新的视点。

对日本明治百年来至当今的日本诗学研究突出了将其置于中、日、西三角关系，在世界文化场域中全方位考察的思路。该文既揭示了日、西交融中本土化的复杂阴翳，也指出中国文化的沉淀对于日本文化发展不可低估的作用，如以谷崎润一郎为代表的观点值得深思。而目前正在进行的日本文化转型期的诗学理念，显示了西方后现代思潮影响下的东方化的走向，更值得我们在与西方文化交融中认真思考与借鉴。

［孟庆枢，1943年生，东北师范大学文学院教授、日本文学博士生导师、东北师范大学比较文学研究中心主任。
通信地址：长春市东北师大文学院
(130024)
联系电话：13756506965
电子信箱：qingshu1943@163.com］

文化多样性与翻译的使命

（许钧　《中国翻译》2005年第1期）

对于文化多样性的问题，联合国前秘书长布托·加利先生有着非常深刻的思考。他认为，世界化进程对文化产生直接影响，有可能危及文化多样性。而语言多元是维护文化多样性的一个基本条件。首先，语言和文化的多样性都是丰富的人类遗产中不可分割的一部分；其次，文化的多样性必须以语言的多元为基本条件。如果说语言的不断消亡为一种必然，在世界化的进程中任凭世界英语化，任凭一门门语言消亡，那么其结果，就是越来越多的民族将丧失选择自己的母语来表达自己的思考的权利，由此便有可能造成“语言的霸权”。在这个意义上说，世界的民主与和平有赖于语言的多元与文化的多元。

翻译在多元文化的语境之下该如何定位？这一问题实际上涉及何为译，即我们对翻译本质的认识。而翻译应肩负怎样的使命，则涉及译何为，即翻译应发挥怎样的作用。近40年的翻译研究先后经历了“语言学转向”和“文化转向”。每一次转向都为我们全面理解翻译、认识翻译提供了一种新的可能。而在这两次转向中我们对“语言”与“文化”这两个概念有了更为深刻的理解：语言所反映的是一种文化和一种思维方式；说到底，语言表达了一种世界观。如果说语言是一种文化价值和意义的主要载体，那么一门语言的消失，“与其相关的传统、创造、思想、历史和文化也都不复存在”（加利）。如果一门语言就是一种世界观，是文化构建与理解世界的一种方式，那么一门语言的消亡，便意味着使用这一语言的人们丧失了理解世界的自然方式，丧失了表达思想、进行交流的方式，这无异于其存在方式的丧失。正是在这个意义上，我们把语言的多样性和文化的多样性视作是人类共同的遗产。维护一种语言的存在权，便意味着维护这一语言所承载的种种文化价值，意味着维护这一语言的人们表达思想，进行交流，创造文化，丰富人类文化的权利。

然而，在强调语言的多元的重要性的同时，应意识到问题的另一面，那就是操不同语言的人们之间如何进行沟通与交流的问题。在这个问题上，人们曾经有过天真的想法：倘若天下共通一语，该为人类交流提供多大的方便呀！柴门霍夫当初创立世界语也许正是抱着这一善良、美好而天真的想法。可是，鉴于语言与文化之间的密切关系，鉴于语言在人的思维与文化创造中所具有的重要作用，语言在文化价值的构建中往往具有某种“特权”，于是，现实世界中不同的语言之间便构成了某种等级，事实上存在着强势语言与弱势语言之分。语言，便成了“斗争之场”，语言不可避免地便充当意识形态与政治的同谋。

在经济全球化、一体化进程不断加快的情况下，要充分注意到维护语言多元和文化多样性的重要性，为此，要特别警惕在中外文化交流中出现的某种特权语言和“文化霸权主义”的倾向。德里达认为，翻译就是“那在多种文化、多种民族之间，因此也是在边界处发生的东西，”当他对欧洲中心主义权威、国家—民族权威进行质疑与解构时，首先遭遇的就是“翻译的问题”。没有在多种文化的接触、碰撞中起沟通作用的翻译，就无法保证世界各民族文化的共存、交融与发展。而目前，某些国家以强大的经济势力为基础，以经济利益为诱饵，在推动经济一体化的过程中，谋求强势文化的地位，甚至表现出十足的“文化霸权主义”。在这一方面，“英语”的日益国际化看似为交流提供了某种便利，但实际上是在削弱着处在弱势地位的一些民族文化。殊不知一个民族语言的丧失，便意味着其文化的消亡。在全球化的进程中，我们不能以牺牲民族语言为代价，仅仅“用英语”去谋求与外部世界的交流。相反，在对外文化交流中，要坚持使用与发扬中国语言，同时，培养更多的翻译人才来满足日益频繁的国际交往。在这一方面，欧盟的做法有借鉴意义，经济可以一体化，货币也可以一体化，但为了维护文化的多样性，在各种交流中，欧盟鼓励各国使用自己的民族语言，其意义是深远的。多年来一直呼吁维护多元文化价值的欧盟诸国的翻译界，特别强调要充分发挥翻译在维护文化多样性方面所起的作用，是非常值得我们重视的。在目前的语境中，有四点需要特别强调：

1. 翻译是一项跨文化的交流活动。翻译在世界文明进程中扮演着重要而独特的角色。社会的发展、文化的积累和丰富与文明的进步是紧密结合在一起的。我们可以说，翻译是因人类相互交流的需要而生，从这个意义上说，寻求思想沟通，促进文化交流，便是翻译的目的或任务之所在。如果说翻译以克服语言的障碍、变更语言的形式为手段，以传达意义、达到理解、促进交流为目的，那么把翻译理解为一种人类跨文化的交流活动，应该说是一个正确的定位。从这一定位出发，我们便不难理解翻译在人类文化发展进程中所起的作用了。

2. 维护文化多样性，建设世界和平文化，需要翻译活动所体现的开放与交流的文化心态。人类的社会始终处于不断发展的状态之中，而人类社会越发展，越体现出一种开放与交流的精神。人类社会想要走出封闭的天地，首先必须与外界进行接触，以建立起交流的关系，向着相互理解共同发展的目标前进。不同民族语言文化之间的交流，是一种需要。任何一个民族想发展，必须走出封闭的自我，不管你的文化有多么辉煌，多么伟大，都不可避免地要与其他文化进行交流，在不断碰撞中，甚至冲突中，渐渐相互理解，相互交融。而在这样一个过程中，翻译始终起着重要的作用。无论是东方还是西方，一部翻译史，就是一部生动的人类社会的交流与发展史。社会发展到今天，随着全球经济一体化的步伐的不断加快，世界各国间的科技、经济、文化等领域的交流日渐频繁，对翻译的需要越来越多，翻译的重要性也日渐凸现。

3. 在翻译活动中，要以平等的态度去善待各种不同的语言。从理论上讲，世界上的各种语言都具有同等的表达力，在这个意义上，我们也可以说，世界上的各种语言也都具有同等的翻译能力。法国释意派理论创始人之一塞莱丝柯维奇认为：对世界上的任何一门语言来说，凡是能表达的，就是可翻译的。此外，在翻译研究中，还要特别关注影响翻译活动的各种因素，关注翻译活动与政治、与意识形态的关系，关注翻译活动在人类跨文化交流活动中所担当的角色。

4. 发扬翻译精神，勇敢地肩负起历史赋予翻译的使命。从本质上看，翻译的社会性重交流，翻译的文化性重传承，翻译的符号转换性重沟通，翻译的创造性重创造，而翻译的历史性重发展。交流、传承、沟通、创造与发展，这五个方面也恰正构成了翻译的本质价值所在，从某种意义上，它们也是翻译精神之体现。而发挥这一翻译精神，便有可能承担起加利所希望的“发展文化多样性，加强世界和平文化建设”的历史使命。

[许钧，1954年生，南京大学研究生院副院长、教授、博士生导师。已发表法语语言文学与翻译研究论文160余篇，著作7部，翻译出版法国文学与社科名著30余部，主编和合作主编《法国中篇名作精品丛书》、《现代性研究译丛》等大型丛书或文集。1993年1998年两度获法国文化部颁发的“奖译金”，1999年获法国政府颁发的“法兰西金质教育勋章”。其译著《追忆似水年华》(卷四)、《名士风流》、《邦斯舅舅》、《中国之欧洲》(上、下卷)、《不能承受的生命之轻》及著作《文学翻译批评研究》、《文字·文学·文化——〈红与黑〉汉译研究》、《当代法国翻译理论》、《文学翻译的理论与实践——翻译对话录》、《翻译论》等作品，先后10余次获国家或省级优秀成果奖。
通信地址：南京大学研究生院（210093）
联系电话：025－84804370
电子信箱：xyduo@public1.ptt.js.cn]

隐含作者、叙事结构与潜藏文本
——解读肖邦《黛西蕾的婴孩》的深层意义

（申丹　《北京大学学报》（哲社版）2005 年第 5 期）

一个世纪以来，西方学者囿于阐释定见和表面文本，将肖邦的《黛西蕾的婴孩》这一本质上为奴隶制辩护的作品解读为反奴隶制或揭露人类阴暗心理的作品，尊其为肖邦“最成功的”、“最好的短篇”作品，甚至称之为“世上最伟大的短篇小说之一”。该文从隐含作者、真实作者和叙事结构的关联入手，揭示出隐藏在《黛西蕾的婴孩》表面文本之下的深层意义。主要有以下几个主要创新点：（1）打破阐释定见的束缚，关注不同作品的不同隐含作者。学界倾向于对作者（尤其是其意识形态立场）形成某种固定的看法，这种定见构成一种阐释陷阱，影响对同一作者不同作品之间差异的认识，而这种差异往往是潜藏文本或深层意义的重要载体。本文揭示出肖邦不同作品隐含的大相径庭的作者立场，并从性别问题这一角度出发，区分了肖邦作品中五种不同的隐含作者。（2）提出应同时关注隐含作者和真实作者，不可偏废。西方学界传统上只重视真实作者，后又矫枉过正，一味关注隐含作者。80 年代以来，真实作者和创作语境重新受到重视，“隐含作者”的概念则受到强烈冲击。本文指出，这种从一个极端走向另一个极端的做法是不可取的。隐含作者是真实作者的“第二自我”，与真实作者有着千丝万缕的联系，对真实作者的了解往往有助于对隐含作者的把握，对两者之关联的认识对于深入研究作品也大有裨益。本文的分析为这一观点提供了有力的支持。（3）对作品的叙事结构展开了十分深入细致的分析，揭示出以往被忽略的多种深层结构意义。（4）通过以上方法的综合作用，挖掘出作品表面文本与潜藏文本、浅层意义与深层意义的对立，超越了中外学界以往的阐释。本文揭示出在该作品的深层，占据主导地位的是呈相反走向的种族政治，这在很大程度上颠覆了表层的种族政治，甚至在某种意义上置换了性别政治。作为结论，本文指出，若要挖掘文学作品的潜藏文本，我们不妨首先尽量抛开成见，对作品的叙事结构展开全面深入细致的分析，判断作品本身的隐含作者，然后再考察隐含作者与历史语境中真实作者的关联以及同一作者笔下不同隐含作者之间的关联。这样才能尽可能地避免出现“批评的遗憾”。

［见第 572 页申丹简介。］

智慧与恐惧：两种“存在的图”

（胡志明　《外国文学评论》2005 年第 1 期）

米兰·昆德拉认为，从塞万提斯开始，欧洲小说艺术一直在勘探人的存在问题，从各个方面探寻自我的存在。当世界进入 20 世纪初“终极悖论”时刻，随着存在范畴意义的改变，卡夫卡小说却提出了一个根本的不同“人与他的世界的可能性”问题——对人类存在的伟大质询。昆德拉小说继承了卡夫卡遗产，继续发掘形而上的“存在”问题。卡夫卡小说中最有价值的性与政治主题，也成了昆德拉小说创作的基本主题。昆德拉充分肯定卡夫卡那种最疯狂的想像真正地实现了小说艺术自由的本质，所以他自己的小说艺术也最大限度地表现了小说的自由精神。然而，昆德拉与卡夫卡的小说却有着很不相同的美学效果，因为他们小说中所呈现的是两幅不同的“存在的图”。

昆德拉发现了小说艺术“智慧”的本质。他认为，小说艺术是一种新的伟大的文化，是人类现代文明智慧的结晶，它产生于现代人的自由精神。小说家一旦进入小说艺术的实践过程，便会自动地遵循小说的规律，成为“存在的勘探者”。小说艺术的智慧使得小说家能够运用小说艺术探索并保护“生活的世界”，以抗拒“存在的被遗忘”。小说艺术的智慧还为小说家“创造了迷人的想像的空间”，使进入其间的小说家自由的个性、全部的智慧和丰富的想像力得到了最充分的展现。卡夫卡则强调了小说艺术“恐惧”的内涵。他小说美学的出发点是写小说的作家：作家之所以写小说，是因为他比任何人更感觉到自己的羸弱，对生活之艰辛的感受要更深切，更强烈，更能体验到对于自己的存在境况的绝望的恐惧感。昆德拉的小说是在智慧地勘问探索存在，而卡夫卡的小说却是在恐惧地体验存在。

昆德拉的“存在”概念与卡夫卡有着明显的差异。昆德拉的思想深受海德格尔的影响，认为现代世界因普遍的“存在的被遗忘”而变成了陷阱，人们只有凭借智慧的小说艺术，才能抵抗存在的被遗忘或回归到人的本真的存在，所以他的“存在”明显地具有外在的客体性；卡夫卡主要是从自己与父亲的复杂关系中切身地体验到了存在的实质，那就是每个人时刻都不得不置身于其中的充满悖谬性的全部生活（困境）。这存在与人的生活是一体性的，作家因其强烈的弱小感而能够在小说写作的生存方式中“恐惧”地体验着存在。所以卡夫卡的小说中呈现的是一种“恐惧”的“存在的图”，而昆德拉则意在以小说的“智慧”唤醒“被遗忘”的存在。然而他们都是以无羁的想像力体现了小说艺术最根本的自由精神而成为“第三时”小说美学的典范。

［胡志明，1956 年生，文学博士，山东大学威海分校新闻传播学院教授，比较文学与世界文学教研室主任。
通信地址：山东省威海市山东大学威海分校新闻传播学院（264209）
联系电话：0631－5683142
电子信箱：huzm909@ sdu. edu. cn］

大事记

2005 年中国外国文学研究大事记

2005 年是我国外国文学研究活动频繁、成果颇丰的一年。

首开全年之新风的是《外国文学研究》杂志被汤姆森科技集团研制的数据库“艺术与人文科学引文索引”（Arts and Humanities Citation Index，简称 A&HCI）正式收录。A&HCI 是全世界最重要的三大学术期刊索引之一（另两个是“科学引文索引”，简称 SCI；和“社会科学引文索引”，简称 SSCI），目前在世界范围内收录艺术和人文科学 27 个学科和 1133 种期刊，绝大部分属于欧美重要期刊，亚洲地区收录的相对较少，而《外国文学研究》则是该数据库收录的第一份中文学术期刊，为我国学者与国际学术界进行平等对话提供了契机。

与此相对应的是，3 月 5 日，《光明日报》刊登了中国人民大学书报资料中心 2004 年度《复印报刊资料》全文转载量排名，依据收录索引数量决定先后次序。在全国公开出版的 3500 余种报刊中，“语言文字、文学艺术类”的报刊有 1191 种，全文被转载的报刊有 418 种，转载全文总量为 1624 篇，排名前 5 位的有《文学评论》、《文艺报》、《文艺研究》、《外国文学》和《文艺争鸣》。《复印报刊资料》目前是我国唯一一种全文转载人文社会科学具有学术影响的论文的期刊。

3 月 7—9 日，“耶鲁论坛——比较视野中的传统和现代”在北京大学召开。来自耶鲁大学、华盛顿大学的数十位学者与中国内地和中国香港的学者进行了对话，讨论了“记忆与文本”、“传统与现代”、“比较视野中的图书资源”、“数字化时代的学术信息”、“经典化与评注”、“形象与想像”等话题。

3 月 7—11 日，美国比较文学学会 2005 年度年会在宾州州立大学举行，会议组委会特邀中国学者王宁主持了“东西方比较文学研究中的翻译转向”专题研讨会。出席研讨会的有来自美国、加拿大、中国大陆和港台、日本和韩国的专家学者 20 多人，据悉这是美国比较文学学会首次邀请来自中国国内的学者组织并主持专题研讨会，引起了与会人员的注意。

3 月 26—28 日，广东外语外贸大学日文学院主办的“全球化语境下的中日文学关系”国际研讨会在广州举行，日本著名文学理论家东京大学教授小森阳一和中国清华大学教授王宁分别在开幕式之后作了主题发言。出席会议的有来自中国和日本各主要高校和科研机构的专家学者 100 多人。

4 月 9—12 日，上海财经大学外语系与北京外国语大学《外国文学》杂志联合举办了“20 世纪外国文学与批评理论的回顾和反思”学术研讨会，来自全国 32 所高校和科研院所的 80 余名专家、学者和研究生参加了会议，就现代主义、后现代主义、文学研究和批评的视角、西方翻译理论在中国的借鉴等热点问题进行了深入探讨。

4 月 18—20 日，北京大学与法国驻华大使馆举办了“马尔罗与中国国际学术研讨会”，这是中法文化年学术活动之一。27 名中外法国文学专家和学者围绕 5 个议题进行了学术讨论。这五个议题是：镜像中的东方与西方；从《西方的诱惑》到《人的状况》；马尔罗回忆录中的中国；马尔罗艺术论著中的中国；和马尔罗的介入。

5 月 11—14 日，“第三届易卜生国际学术研讨会”在湖北华中师范大学科学会堂举行。来自世界各地的 80 余位专家学者出席了研讨会。此次研讨会的主题是“易卜生的自由观念”，涵盖了“易卜生在中国”、“易卜生戏剧在亚洲”、“女权主义与易卜生戏剧”、“易卜生戏剧中的道德观”、“易卜生戏剧与挪威的政治独立”、“易卜生戏剧与政治、经济和社会改革”以及“戏剧与自由的建构”等七个子议题。会议肯定了王忠祥、谭国根、王宁、何成洲等中国学者为中国易卜生研究作出的重要贡献。

5月20日，应清华大学外语系以及中国比较文学学会后现代研究中心邀请，美国当代后现代主义小说的代表性作家罗伯特·库佛（Robert Coover）在清华大学作了一场演讲，题为：后现代主义与超级小说写作（Postmodernism and Hyperfiction Writing）。库佛1932年生于美国爱荷华州的查尔斯城。他被美国文学界称为60年代以来最有代表性的后现代小说家之一。他的小说充满实验性，在变型的故事叙述中极大地扩张了痛苦和快乐、绝望和希望、想像与现实、作家与文本及隐喻的关系。

5月27—29日，由首都师范大学文学院和北京师范大学文艺学研究中心联合发起主办的“文化研究视野中的文学经典问题”国际研讨会在该校金海湖培训中心举行，来自亚洲、欧洲和北美8个国家的100多位专家学者出席了会议。在会上作主题发言的中外学者包括杜威·佛克马、西蒙·杜林、文森特·莱奇、童庆炳、王宁、陶东风等。

6月4—5日，“蒙古文学与比较文学”研讨会在北京大学举行。有70多位国内学者参加，宣读了40余篇论文，重点讨论了蒙古文学研究在东西方乃至世界比较文学研究中的地位和特征等问题。

6月18—20日，中国外国文学学会美国文学研究会第四届专题研讨会“后现代进程中的美国文学”在上海大学举行，来自全国70多所高校和科研单位的100多名专家学者参加了研讨会，对后现代主义和后现代文化、美国文学的传统与当代、后现代主义小说、女性主义与性别批评、经典阐释和族裔文学等展开了深入探讨。

6月26—28日，湖北华中师范大学再举盛事，召开了“文学批评和文化批判”国际研讨会，有13位国外代表和16位国内代表做了主题发言，讨论的热点话题是“当代文学批评”、“西方马克思主义与文学研究”和“大众文化研究与文化批判”。

7月18—21日，由清华大学外语系主办的“首届海峡两岸翻译与跨文化交流研讨会”在北京举行，出席会议的有来自两岸四地的翻译和文化研究学者80多人，讨论的议题包括：新世纪翻译理论的新进展，翻译理论与翻译实践，翻译与跨文化的交叉研究，社会、文化、语言交际语翻译生态环境，海峡两岸翻译理论界交流合作的前景与趋势等。

8月3日，芬兰坦佩雷市举行了第17届国际翻译家联盟正式成员大会，会议一致通过中国获得2008年第18届世界翻译大会的主办权，中国译协副会长兼秘书长黄友义当选为国际译联副主席。中国学者向这次大会提交了19篇论文，其中11篇被大会录选。

8月12—16日，“中国比较文学学会第八届年会暨国际学术研讨会”在深圳举行举行。今年适逢中国比较文学学会成立20周年纪念，出席会议的国内外专家学者300余人济济一堂，畅叙中国比较文学从无到有所走过的20年曲折历程。会议期间讨论的一个重要话题就是世界文学和比较文学学科的归属问题。不少学者认为，鉴于比较文学的跨学科和跨文化性质，它应该既属于中国语言文学一级学科，同时也属于外国语言文学一级学科。也即来自两个学科的学者都可以从自己的不同角度出发从事比较文学研究。

除了集中在上半年的国际和全国性大型外国文学研讨会之外，2005年下半年还举行了一些规模较小的小语种外国文学研讨会：

10月9—12日，在杭州美丽的西子湖畔举行了中国德语文学研究会第12届年会，有60余名德语文学研究者参加了会议，集中讨论了“20世纪的奥地利文学”。

10月19—20日，北京大学与瑞典驻华大使馆、瑞典文学院等单位联合举办了“斯特林堡国际学术研讨会”，国际斯特林堡研究领域最有代表性的人物和中国瑞典文权威译家都参加了这次会议。

10月24日，中国社会科学院召开了“大江健三郎与中国”的座谈会。

11月4—7日，“全国第十届中外传记文学研究会年会”举行。

11月12—13日，“小林多喜二国际研讨会”在河北大学召开，有80多位学者参加。

从上述学术活动的布局来看，2005年外国文学研究的中心主要在北京、武汉和上海几个地区，大多是由学术刊物和大学及少数研究机构联合举办的；而研讨的内容绝大部分是有关理论问题的讨论。这在理论大量译入中国但同时又遭到一定排斥的时代既可谓意义重大，又不无讽刺意义，说明我国外国文学研究领域已基本上摆脱了单纯文本分析的路数，而进入了文本与理论并重的时期，对文学的认识和批评方法的掌握已有大幅度提升。总体上看，研究者对当代西方各种文学批评方法已经有了深刻的领悟，产生了一定的批判意识，在具体应用中能够基本做到去芜存精，把西方当代流行的理论与中国的具体语境结合起来，为形成中西平等对话的平台奠定了基石。

（陈永国）

艺术学

综　述

2005 年中国艺术学研究综述

我国艺术学（包括一般艺术学，也包括戏剧、戏曲、电影、电视、音乐、舞蹈、美术、摄影等各门类艺术学）的研究，近年来发展势头良好，成为人文社会科学领域中的一个热门学科。2005年，艺术学在过去的基础上又有了新的进展。当然也还存在着不少问题，包括一些深层次的问题。而艺术学的持续健康发展，正是在不断地解决这些问题的过程中，同时在吸收、总结往年研究成果和经验并以之为进一步发展的基础上，获得有效实现的。相信在“十一五”期间，经过艺术学家者们的辛勤努力，我国艺术学会得到长足的发展和更大的进步。

一、艺术学“中国意识”初步觉醒

从大的方面说，我国的经济、政治、文化和社会建设中，“中国意识”明显增强。这是应对全球经济一体化和知识经济迅猛发展的一种必然的战略选择。处在这样的国际国内环境中的我国人文社会科学，包括艺术学，也明显地强化了民族意识和本土特色，并以这样的主动姿态与世界上其他文化对话和交流。如果不陷入到墨守成规、故步自封中，那么，这应当视为我国人文社会科学包括艺术学的最为可喜的进步。

不少艺术学者认识到：盲目追随西方艺术思潮，或照搬西方艺术理论，都不能有效地解决中国自身的艺术发展问题。于是，不少艺术学者探讨中国独有的思维方式、表达方式和理论成果。这方面，最值得注意的是金丹元“十年磨一剑”的成果《中国艺术思维史》，这是迄今为止第一部比较完整的“中国艺术思维史”。该著全面梳理了中华民族艺术思维方面的发生、发展和特点、优势。作者指出：中国艺术思维由“诗化了的‘泛巫’意识”、雅与和等肇始，经由先秦两汉的“理性”和“味象”、魏晋南北朝的“玄思”、“虚静”和诗情性，唐宋的才情、禅思及意境，明清的情趣、神韵与虚实论，而臻于完善并逐步迈向现代。难能可贵的是，作者还将中国艺术思维与西方艺术思维相比较，并论证了全球一体化境遇下中国艺术思维方式的前景。

一些艺术学者更将眼光投向中国已有的艺术资源和文化资源。中国艺术以其独到的特质和特具的魅力傲然立于世界，并绵延数千年。而自西风东渐之后，我们对西方艺术的了解，远比对我们自己拥有的艺术遗产的了解为多。进入新世纪后，尤其是面对经济文化全球化趋势日益显著之后，有识之士意识到了我国艺术文化资源的珍贵。虽然李泽厚先生早在20世纪80年代初便考察过中华民族的“美的历程”，但较长时间内竟罕有跟进者。因此，高奇等编著的《走进中国艺术殿堂》打通从远古到当下的中华艺术发展历程，便也值得注意了。这部著作比较清晰地勾勒了中华艺术发展的脉络和传承，从原始社会中国艺术的发生，到夏商周时期中国艺术的成型，到春秋战国时期的嬗变，到秦汉时期的成长，到魏晋南北朝时期的自觉，再到隋唐时期的勃发（可概括为“成熟”），两宋时期的繁盛（可概括为“完形”），元明清时期的多样（可概括为“变异”），近现代的演变（可概括为“转折”）和当代的演进（主体可概括为“开放”），梳理出了中华艺术发展的轨迹和各时期的主要特点。可以说，这是一部“简明中华艺术发展通史”，对于我们走进中国艺术殿堂，领悟中华艺术神髓，彰显华夏艺术优长，是有一定参考价值和启迪意义的。

在各门类艺术的探讨中，同样有不少学者和艺术家关注我国特有的艺术资源和优势。雕塑家吴为山向世人公开了“我看中国雕塑艺术的风格特质”。他忿忿然地说：“近现代以来，西方雕塑的介入，导致了中国雕塑价值标准的偏离与混乱。原本优秀的中国雕塑传统在本土被排斥于主流之外，这‘主流’指官方大型展览、重要的学术策展、学院的主干教学以及艺术的评价体系。”鉴于此，他系统地总结了中国雕塑的主要类型、风格特质、精神意蕴和独特价值。他指出：中国雕塑的精神特质是神、韵、气的统一。正是自然之化、天人之气、丹青之韵、书墨之魂、诗骚之魄，凝合冥结，凑泊出中国传统雕塑之精神意志、风格特征。概括得十分精辟。这真是一篇很有见地、又有实践根基、更充满激情的不可多得的优秀论文。他的一些概括和总结，已经超越了中国传统雕塑，而深入到中国整个艺术世界的骨髓之中！著名作家冯骥才也探讨了“中国木板年画的价值及普查的意义”；罗辛则探讨了“最西方”的芭蕾在中国多年实践后的转化，分析了“芭蕾中国学派的创立及其近年来的创作实践”。他们都提出了很有价值的分析和结论，对于我们此后进一步树立“中国艺术品牌”开辟了路径。

现实艺术实践也给艺术学者们以灵感的启发和探索的基础。毕竟当代艺术家们的实践探索也蕴涵了许多新质，其中不少具有浓郁的民族意蕴和中国韵味，这些也给了艺术学者们以启发。这一点我们下节再重点考察。

二、艺术学现实针对性有所加强

艺术学“中国意识”的觉醒，使艺术学研究者们加强了对当代中国艺术实践的关注，所探讨的问题也更加注重现实针对性；或者说，由于艺术学者们与当代中国艺术实践之间的关系渐趋密切，因而也进一步强化了艺术学的“中国意识”。二者是互促互动、相辅相成的。

著名电影导演谢晋曾忧虑地指出：“今天艺术学离我们太远了，以前还有许多真正研究艺术的专家、学者，在报刊上也常有关于艺术方面的学术争论，但现在大家都不争论了，也都不感兴趣了，这是一个很不好的现象。”正是意识到艺术学与现实艺术实践的脱节，所以，一些艺术学者自觉地介入现实艺术实践中，有意识地加强自己研究的现实针对性。特别是对方兴未艾的大众艺术和“商品艺术”倾入了较多的关注。并认为：当艺术学研究注入了“市场”和“大众”的观念，从“商品艺术”和“大众艺术”的角度去研究其方法和规律时，艺术学的外延也可以得到大大拓展。

王德胜描述了“走向大众对话时代的艺术”倾向。他认为：艺术在当代人类审美文化实践中发生了一个根本转变，这就是，艺术活动、艺术家、艺术作品开始在日常生活层面与大众进行‘对话’。他对这一趋向给予了充分肯定，认为当代艺术在与大众对话的进程中，将成功架设艺术本身与大众日常生活的文化通道，日渐改变艺术的传统职责。他甚至还要从积极意义上去面对艺术的“庸俗化”问题。像斯金纳一样天真，觉得有创造性的艺术家会从这里诞生！管宁的论述则比王德胜辩证一些。他从“电子传媒与大众视听文艺”角度，探讨了当代大众文化的发展，大众文化与消费社会之间的密切关联，电子传媒在消费社会和大众文化格局中的重要作用。他深刻指出：文化艺术在消费社会中常常被“一只看不见的手”操纵，沦为商品的促销和更新换代的工具。在审美趣味方面，也加剧了感性刺激、表面印象、欲望放纵的倾向。但他也没有一概否定，还是看到了电子传媒传播高雅文艺方面的独特优势。饶曙光通过对2004年电影业的分析，更为具体地说明了走向市场过程中电影创作、生产、流通、消费、开发的一系列变化。而在戏剧方面，袁鸿则鲜明地提出了“用商业的态度从事戏剧生产力建设”，以期弥合艺术与市场之间的裂缝。

一些论者还进行了更实证的调研。深圳雕塑院孙振华的研究就很有意思。他选取《画刊》（原《江苏画刊》）1986年和2004年两个年度做研究对象，来分析艺术批评的话语转化和当代艺术的社会学转型。他把这两个年度里该刊所发表的理论批评文章，通过统计、归纳、比较、分析，概括出了18年来中国艺术评论在关键词、艺术观念、关注对象、研究路数上的巨大差别。他分析后发现，18年中，同一刊物几乎换了一套语汇，约有90%的关键词变换了，研究和评论的话题也有较大变化。1986年的关键词主要是：审美、形式、直觉、意象、意趣等，大部分是建立在艺术文本上的；而2004年的关键词则主要是：生存状态、终极关怀、大众生活、消费社会、网络时代等，较多的是对当代社会状况和变化的描述以及在艺术中的呈现。评论话题也相应变化，1986年主要探讨中国画的前途和命运，研究美和艺术的规律和形式语言的规律；2004年则涉猎广泛的多了，择要说，谈论较多的是较为前沿的当代艺术如数字艺术、摄影录像等，并有不少论者涉及公共艺术、女性艺术、艺术制度等。这样具体深入的分析探讨令人信服，也让人耳目一新，值得充分肯定和大力倡导。

孙振华的分析报告发表于2005年9月由深圳美术馆和澳门塔石艺文馆主办的“中青年批评家论坛暨第二届深圳美术馆论坛”上。该论坛还邀请了国内一批新锐批评家与会。批评家们在会上广泛探讨了与当前现实社会、文化、艺术关系密切的一些问题，如大众文化、传媒文化、公共性、身体政治、女性主义等，尤其结合具体作品，对新媒体艺术、新人类艺术、女性艺术和公共艺术等进行了鞭辟入里的剖析。集为《艺术与社会26位著名批评家谈中国当代艺术的转向》出版后，在艺术界产生了良好的反响。这批批评家是艺术学界比较敏感和敏锐的学者，他们意识到的这一“转向”，应该是中国当代艺术发展的一个新趋向。在一定意义上，这也应该成为当代艺术学研究的一个新趋向。

三、艺术学学科自觉性明显增强

艺术学在我国虽然起步较晚，但发展却很迅疾。在吸取国外研究成果、继承传统优秀遗产和概括总结现实实践的基础上，艺术学研究者们充分发挥主观能动性和创造性，深入探讨艺术学的基本规律和各门类艺术的主要特征，艺术学学科意识也逐步增强。

一般艺术学或基础艺术学前些年取得了较为丰硕的成果，有大量的有一定水准的论文发表，有关专著也出版了一些。但更高的统摄、更深的剖析并不多见，有些基本是重复过去“艺术概论”的框架和结论，不过是填充了一些新鲜例证而已。不过，正像所有的学科一样，有见地特别是有创见的论著总是从大量泛泛之论中脱颖而出的，是由塔基逐级而上的塔尖。我们不能忽视塔基，但判断学术高度则要看塔尖。

著名艺术学家张道一先生在多年研究的基础上，提出了“艺术学研究经纬说”，有一定创见。他在2005年发表的

《艺术学之经》一文中，又进一步修订丰富了这一看法。他指出，“当前在艺术学研究中的一个突出的问题”是“只有专题的、专项的、部门的研究，缺少整体的、整合的研究，到头来还是找不出艺术的共性和特点，对于若干原理性的问题无法解释”。因此，他提出理顺艺术学研究的经纬关系，以说明艺术研究的分分总总。什么是艺术学之经呢？这就是艺术的整体、共性和总的特征。主要由十大基本分支学科构成：艺术原理、艺术史、艺术美学、艺术评论、艺术分类学、比较艺术学、艺术经济学、艺术教育学、民间艺术学、艺术文献学；什么是艺术学之纬呢？这就是各门类艺术学。他认为主要有：音乐、美术、舞蹈、戏剧与戏曲、电影与电视、曲艺与杂技等之学。经纬交织，便编织成艺术学的完美锦缎。这样分析，确实基本理清了艺术学的疆域和重点。但不是没有问题，一是艺术门类不断扩展并交叉，如设计艺术方兴未艾，MTV之类也不断涌现，还有张道一先生自己提到的根艺、盆景、插花、装裱等，他称之为“周边艺术”似不能完全囊括；二是经纬之外的“交叉学科”，张道一先生是看到了的，并提出了十大交叉学科：艺术思维学、艺术辩证法、艺术伦理学、艺术社会学、艺术心理学、艺术文化学、艺术考古学、宗教艺术学、工业艺术学、环境艺术学。暂不论所列交叉学科是否准确恰当，是否遗漏了更重要的学科（如艺术价值学、艺术形态学等），关键这些交叉学科不能游离到艺术学系统的边缘地带去，还是要纳入艺术学的整个体系中。易存国在《关于“艺术学”学科建设发展刍议》中也提出了一个作为二级学科的艺术学的“经纬”说：以带有原理性质的核心学科为“经”，以学科之间所形成的“边缘学科”、“交叉学科”为“纬”。对于二级学科的艺术学或许可行，但对于作为一级学科的艺术学，如此划分“经纬”则不妥。各门类的艺术学是艺术学整体的重要组成部分，岂能排斥在“经纬”之外？

所以，多年来我一直主张艺术学应由三个层次组成：点，最基本的原理，或元艺术学。不能把艺术经济学、艺术教育学等算入；线，从各种不同角度剖析艺术，不管是内置于艺术学的如艺术美学，还是交叉的如艺术文化学。其实艺术经济学、艺术教育学等也属于此；面，各门类艺术史论。上述的“点”和“线”也均可沿用于此。以电影学为例，其“点”即电影本体论；而以“线”切割，便可有电影美学、电影社会学、电影形态学等；电影学作为艺术学的“面”构成成分之一，自身还有“面”，包括电影剧作学、电影音乐学、电影美术学、电影摄影学等。点、线、面构成一个互相影响又相互制约的有机整体。

自从1990年教育部确立“艺术学”的地位，特别是1996年起设艺术学硕士、1998年起设艺术学博士以来，阐述艺术学理论的论著如雨后春笋般涌现。率先培养艺术学硕士、博士的东南大学，编辑出版了《艺术学研究》（已出刊两期）、《美学和艺术学研究》（已出刊三期）、《艺术学研究丛书》、《东南大学艺术学研究文存》等，上海大学也不甘落后，组成了阵容强大的《艺术学》丛刊编委会，至今已编辑出版了5辑丛刊。清华大学奋起直追，于2005年编辑出版了一套《清华艺术学丛书》第一辑四种。十余年来，专门探讨艺术学原理的著作也有不少，如段茂南、冯能保的《艺术学基本原理》、彭吉象的《艺术学概论》、李心峰的《元艺术学》、顾永芝的《艺术学概论》等，都是有一定影响的著作。2005年又有这方面的新著问世，而比较自觉构建现代艺术学大厦的，我以为当推陈池瑜的《现代艺术学导论》（系《清华艺术学丛书》之一种）。如果做一件费力不讨好的事，把历年来这方面的著作做一比较，就可看出艺术学的前行步履。陈著虽也没达到重构艺术学的高度，但许多论述确实令人耳目一新，像“艺术再现的审美心理距离”、“艺术的文化参与和精神审美功能”、“艺术抽象与艺术意志”、“艺术题材的功能及其现代转换”、“形象思维和语言运用的矛盾统一”等，都富有见地。或许可批评曰逻辑体系不甚严密，还有缺环，但却较少陈词滥调，表现出了研究者自觉探索构建中国现代意义上的艺术学的努力。

在分支学科方面，2005年最值得注意的是戏剧戏曲学研究。一些专家集中探讨了学科建设问题。丁扬忠发表了《戏剧戏曲学学科建设之我见》，贺寿昌则提出了《戏剧戏曲学发展战略构想》。其中，对“京剧学”的探讨更成热点。傅谨倡导《作为学科的“京剧学”》，引起强烈反响。汪人元继之以《京剧学学科建设初识》，刘祯和毛忠也发表《谈京剧学》呼应。此外，对昆曲的历史、现状和创新，也有不少学者论及。这些研究使戏剧戏曲学在多年进展缓慢之后有所推进。

四、学科内部发展不平衡

由于艺术学家族庞大，分支较多，起步时间和积累程度也不同，所以，艺术学内部各学科的发展很不平衡。其实这是一个长时期以来存在的问题，但近年有新的特点。因此，还是要提出来，并期望以此引起艺术学界的重视，使各学科均衡发展，齐头并进。

艺术学学科内部发展不平衡主要有3种情况：

一是学科布局不均衡。通常传统领域研究得比较多，也比较透彻；而一些新现象、新领域则涉猎较少，偶有涉猎也不够深入全面。比如，艺术伦理学，在社会文化和艺术大转型时期，艺术领域的道德伦理现象空前突出。尤其是艺术界大量的自由职业者出现，更给艺术伦理提出了新的要求。但艺术学界似乎对此反映比较迟钝。又如与之相关的艺术法学，文明社会的一个重要标志是高度完善的法制，艺术活动也要纳入法制轨道，艺术家也要受法律制约和保护，最典型的就是知识产权和著作权保护，近年来这方面的争议也颇多。可艺术学界至今没能提出较系统的理论，也没能有效地介入艺术法制订或调停中。易存国敏锐地意识到了这个问题，他也认为艺术法学是“一门有待建立的艺术学分支学科”，并提出了一些很有见地的构想。虽然粗略了点，但还是能给人诸多启发。也由此可见，我们的艺术学者们还有许多事情要做，有的甚至要填补空白。艺术学者们还大有可为啊！

二是各分支学科之间的“冷”、“热”反差较大。具有传统优势的音乐学、舞蹈学以及民间文艺学等，仍然徘徊不前，没有太大进展。甚至戏剧戏曲学虽有进步，但整体上仍没什么大的改观。而设计艺术学、电影电视学、美术学，乃至书法学、摄影学等与影像关系密切的学科，持续走热。这恰好也说明我们真的是处于一个“读图时代”，或更准确地说，是影像占优势的时代。而在这些相对热闹的学科中，情况也不一样，也有发展不平衡。电影学、美术学因根基深厚，所以在整个艺术学系统中都处于先锋地位，而书法学、摄影学、电视学虽然热门，但与电影学、美术学等的成就相比，还有一段不小的距离。特别是设计艺术学，尽管趋之者若鹜，论文论著也出了不少，但我个人意见，简直还在前学科时代。连作为建立一门学科的资料准备、概念范畴、理论体系及与其他学科的异同等前提性、奠基性的工作还未做好，就东拼西凑出一个“设计艺术学”，未免太操之过急了。若将现在的“设计艺术学”论著中有关美术、影像以及与书法相关的文字图形等剔除，不知还能留下多少真正属于设计艺术学的特有内容！设计艺术学的确需要建立，甚至可以说迫切需要建立，但一定要循序渐进，哪怕是基础工作和前沿探索工作齐头并进也好啊！

三是多数学科难以与艺术实践的发展相适应。虽然经过艺术学者的努力，艺术学整体的现实针对性有所加强。有一些学科，如电影学、美术学等，对相关的艺术实践也产生了良好的影响和积极的作用。但许多学科还是与艺术实践隔膜，或者井水不犯河水，对艺术实践没有指导价值，毫无权威性可言。

为解决这一影响和制约艺术学全面发展的痼疾，我建议，教育部及有关部门可考虑：总体规划、各科协调、通力合作、重点突破、全面提升。此外，除了以高校和研究院所之外，应尽可能多地吸收艺术家和在艺术实践一线的管理人员、策划人员及编辑记者等参与。如此，艺术学的全面繁荣和发展，便可在不远的将来得到实现。

五、艺术学发展的时代吁求

经过最近这十年的努力，我们已基本上构建出了一座具有中国特色的艺术学大厦。尽管这座大厦里，还有许多硬件需要充实，许多软件更需要补充和更新，但基本框架已经搭就，主干工程已经完形，总体面貌已经清晰。这是不小的成就啊！

我国已进入“十一五”规划的实施阶段，这一对我国经济、政治、文化和社会建设有着深刻影响的工程蓝图，势必对包括艺术学在内的人文社会科学的研究和运用也会产生重要影响。那么，从艺术学自身学科发展的必然要求看，从当代艺术实践对艺术学提出的要求看，从我国经济、政治、文化和社会建设的全面发展对艺术学的影响和促进看，从全球经济一体化和文化多元化的发展态势对我国艺术学的渗透和作用看，未来我国艺术学将会有怎样的变化？又会有怎样的发展？

首先要重点突破一些关键问题。迫在眉睫的问题，是在当代艺术和艺术学发展现状的情况下，尽快廓清艺术学的主体构架、系统结构和疆域范围。在此基础上，解决艺术学与当代中国社会、文化发展的同步前行问题。中共中央提出的“科学发展观”和“构建和谐社会”等理念，是指导21世纪中国社会文化发展的根本指针，当然也是指导艺术学发展的根本指针。而对于艺术学来说，“科学发展观”和“构建和谐社会”并非外在的要求，从根本上来说，也是符合艺术和艺术学自身发展规律的。所以，艺术学及艺术实践怎样遵循科学发展观、怎样在构建和谐社会中发挥自己独有的作用，也是需要认真探讨和研究的。而处于经济全球化发展的今天，艺术的民族性问题也显得更为突出。因此，艺术的民族性与全球化的关系，更需要比过去更为切实的探讨。在奠定了这些前提性的研究基础之上，还要努力攻克像艺术伦理学、艺术法学、艺术市场学、艺术消费学、艺术生态学及艺术政策学等，对于艺术学发展关系至关重要的理论和实践课题。

其次是亟待解决一些薄弱环节。进入21世纪以来，艺术领域发生了巨大的变化，出现了更多的存在方式，特别消费社会、文化产业、文化市场、文化法规等对艺术有着不可估量的影响。深入这些过去涉猎不多的新领域，努力把握其中的规律，为实践提供指导或理论、法律依据，并提出处理专业艺术与大众艺术、传统艺术与新型艺术之间关系的合理方法，成为当今艺术学迫切需要研究的课题。高新科技对艺术的影响和渗透，是信息时代的一大特点，因此艺术学要关注采用非传统方式的网络艺术、新媒体的艺术、数字化声像处理技术、艺术的新材料、新工艺和艺术品新型鉴定技术等。鉴于目前中国艺术界尚无完备的艺术批评理论，因此也急需要在马克思主义艺术批评思想以及各种艺术思潮中的批评观的研究基础上，探讨艺术批评原理，建立自己的艺术批评理论。有学者还提出了一个很好的建议：建立各门类艺术信息库，包括国内外艺术的历史与现状的重要资料的收集、梳理和编排。具体内容可分为：（1）艺术家及其生平；（2）作品文本、书籍；（3）器具；（4）声像。需要做典籍校勘与注释、概念术语及其演变的研究与诠释、版本鉴定与分类等。利用现代科技，进行数字化处理，供研究者调用。这一课题是艺术学非常重要的基础工程，也是将现代科技手段运用于艺术学领域的有效途径之一。

还要强调：要强化艺术学理论对艺术实践，乃至对文化建设和公众生活的影响力和渗透力。艺术学理论务必要与当代艺术实践保持密切的关联。要重视当代艺术创作、生产、活动中出现的或遭遇到的新问题，及时加以阐释、剖析和解答，以期推动艺术实践，并丰富艺术学理论。同时，还要注重艺术管理学研究，尤其是新的时代条件下艺术管理体制和方式的研究。经过多年的改革开放，特别是我国社会主义市场经济逐步健全完善之后，对艺术管理提出了更高的要求，急需艺术管理理论、体制和方式的改革、完善和创新。艺术学也正可以经由这一中介参与到艺术事务的管理和艺术的社会化。艺术教育是直接将艺术学学理成果直接转化为艺术人才培养的一个重要渠道。艺术教育是专业的艺术教育，但还要特别关注普通艺术教育。艺术教育迄今没有形成中国自己的体系，基本上还是沿用西方传入的艺术教育传统模式，因此要尽快改进才能有利于发展我国的艺术、跟上国际发展水平。此外，艺术教育基本上以传统艺术为主体内容，而与当代艺术生活（现代艺术、流行艺术）存在着一定的距离，这极易导致艺术教育与社会需要的脱节，亟待在较短的时间内改进。艺术教育学还要重视艺术教材建设、艺术师资培训等，如此才能保证我国的艺术教育得到可持续发展。

好在艺术学界许多学者已经意识到上述问题的重要性，并已经开始着手进行研究，有的已经取得了初步成果。再经过一段时间的辛勤耕耘，艺术学一定会有较大的改观，跻身于有着悠久历史的其他人文社会科学行列中而毫不逊色；而在对艺术实践的影响、对文化和社会建设的促进方面，起到比其他一些学科更为重要的作用。

（朱辉军）

学术成果·著作

20世纪中国艺术理论主题史

（李心峰　辽海出版社2005年版）

本书为全国艺术科学“十五”规划重点课题（课题编号01AA01），由辽宁出版集团辽海出版社于2005年出版。全书近60万字。本书把艺术看作现代文化体系中的一个完整的、独立的、自成体系的系统，把艺术理论看作从艺术一般的视角入手探讨艺术的一般本质特征和基本规律的一个完整的现代人文学术领域，把艺术学与美学、文艺学（即文学科学）加以必要的区分，探讨艺术理论（含文学理论）特别是马克思主义艺术理论、艺术科学在中国20世纪发生、发展、演化的历史。

本书以“主题史”为主要研究方法，选择32个“主题”，采用“以主题为经，以历史为纬”的独特视角，深描中国现代艺术理论史。一方面，在主题的选取、设置上，努力体现出一种系统化的追求；另一方面，对于各个主题则采用历史的回顾与描述的形式，从而在横向的体系性与纵向的历史叙述这两个方面找到一个比较好的结合点，努力勾勒出20世纪中国艺术理论一些重要主题的历史演进的大致轮廓。

本书在中国现代艺术理论中，择取32个比较重要的概念、论题和基本学科，统称之为“主题”，分别进行史的深描。这32个“主题”，分为三编：第一编“核心概念”，是对20世纪中国艺术理论中几个最为常见的、基础的、核心的概念的史的研究；第二编“重要论题”，是对20世纪中国艺术理论史中一些长期探讨或集中讨论乃至论争的理论问题的史的勾勒；第三编“基本学科”，则是对20世纪中国艺术理论中形成的一些最重要、最基本的艺术学分支学科的回溯、回顾与梳理。通过这样三个层次的“问题史”的描述，立体地、整体地、简略地描绘出一幅中国现代艺术理论发生、演化的“全景图”。

本书的主要学术价值是对20世纪中国艺术理论史这一崭新领域进行了分主题的历史描述，从而为建立中国现代艺术理论史学科奠定了一块坚实的础石。

它在2005年中国艺术研究院优秀科研成果评奖中获论著三等奖。

［李心峰，1958年生，中国艺术研究院马克思主义文艺理论研究所副所长、研究员，博士生导师。出版专著《现代艺术学导论》、《元艺术学》等。出版译著《鲁迅》（［日］竹内好著）、《东西方哲学美学比较》（合译，［日］今道友信著）等。发表论文200多篇。］

陈旸及其《乐书》研究

（郑长铃　文化艺术出版社2005年版）

陈旸，福建闽清人，北宋绍圣元年贤良科进士，官至礼部侍郎，所著《乐书》二百卷，具有重要的历史、文化价值。

本书上篇以民族音乐学的视角为切入点，结合其他学科诸如史学、社会学、解释学等方法的运用，采用多视角、多学科、多层面的研究以求最大程度地还原历史。作者根据《宋史·陈旸传》及两度赴陈旸故里调查所掌握的族谱等文史材料，结合宋代政治、经济、文化背景，并围绕数个具有政治思想史意义的事件以及与此相交的“关系”——社会网络、个体身份展开讨论，实事求是地勾勒出陈旸的人生轨迹：他首先接受的是作为“儒士”的修身——为其打造“为官”和“为学”的基础；继而是“学而优则仕”；然后是在“为官”的过程中结成“为学”之果——《乐书》，并试图以此实现其“齐家治国平天下”的人生目标。基于这个事实，该书将陈旸的一生大致分为4个阶段：受业、入仕、仕途、归宿。在第一章对陈旸受业的描述中，突出“家族”、“仲兄”、“新学”3个方面，主要围绕陈氏族谱、地方文史资料、宋代教育发展过程展开论析，陈旸是接受过系统的儒家教育，尤其是在王安石“新学”风气中塑造出来的正统儒家知识分子。在陈旸的成长过程中，因著《礼书》而闻名的仲兄陈祥道对他一生影响很大。该书第二章对陈旸“布衣举贤良”的事件进行了深入探析，首先对宋代的“贤良方正科”的相关史料加以梳理；其次，对陈旸的考试过程力求作细节上的复原，并对陈旸中贤良科的等级逐次考辨，认为陈旸是中三等推恩并予以堂除，对这方面史料的整理，作者着眼点在于揭示两个重要信息：一，陈旸学识的渊博可视为其著述《乐书》的基础；二，陈旸的为官之路是以颇受恩宠开始的；第三章对陈旸仕途紧扣其“初授”、“劝导绍述”、“进献《乐书》”、“夺职”这四个重要的事件，并对这些事件的背景、相关人物的社会网络关系、陈旸身份认同的变化过程作出合理的分析与推断，从而勾勒出陈旸仕途的清晰脉络：顺昌军节度使推官→枢密院编修→入上庠→升文馆→太学博士、秘书省正字→太常丞、进驾部员外郎、讲义司参详礼乐官→鸿胪太常少卿、礼部侍郎，以显谟阁待制提举醴泉观→坐事夺职。由于史料的限制，对陈旸归宿的探究只能建立在田野调查所获得的零碎的现场资料和口述历史材料之上，所以将第四章题为“儒佛之间”。

本书下篇在完成《乐书》标点的基础上，首先对《乐书》的本体结构分为“训义部分”和“乐图论部分”（上、下）展开分析。从《乐书》训义部分在训义对象的选取上看，陈旸所倚重的是“乐用”、“乐制”，而陈旸自己的训义内容就更体现了他恢复礼乐“制度”的强烈愿望。陈旸在讨论“乐”时，秉承的是大多数传统儒者对待“乐”的态度，即作为和“礼”一起视为一种制度的存在而并非欣赏和审美的对象。在训义时，陈旸极力论证的就是“乐”作为制度应该具备的规范特征和维持秩序的作用。因为陈旸志在恢复“古制”，所以在训义部分，他不是在建构一个新的“礼乐制度”的理论，而是在对“礼乐制度”作理论上的梳理与阐释，体现在《乐书》训义部分的一个明显的特征就是在十三经的内容上互为训义、循环论证。“乐图论部分”（上、下）的分析以陈旸“雅”、“俗”、“胡”的分类为基础，对他的《乐书》后一百零五卷分乐图论总论、十二律的序论和本论、论五声八音、论歌、论乐舞、论杂乐（俗部）、论五礼作归纳论析。陈旸述古今音律、乐制，关注当代礼乐实践，论华辨夷，条文附图，凡此种种，归结为一点，陈旸是为了恢复正统的雅乐制度，其著述的目标是为了“以补圣朝制作”。

通过对陈旸生平的考述和对《乐书》本体的分析，下篇第四章，对《乐书》著述的动因及其归宿进行了深入考察与论析。陈旸处于北宋党争迭起的时期，为了恢复上古三代的礼乐制度，陈旸著述《乐书》、以备圣览。虽然陈旸对政治秩序的良好愿望是崇高的，他希望在端正的“礼乐”仪式和政治制度中，强化君主至高无上的权威，从而规范臣民的行为，特别是文官秩序的稳定，但是他的《乐书》并未投合徽宗之好恶，在整个社会历史发展潮流中也显得不合时宜，所以“储之秘府，久而未彰”就成了陈旸《乐书》的必然归宿。本书的最后一章，对陈旸《乐书》的学术特点以及形成这些特点的北宋学术背景展开描述与分析，探讨陈旸恢复“礼乐制度”、强化“乐用”的价值取向，以期历史地认识《乐书》。

就陈旸《乐书》的著述方式而言，对陈旸影响最大的应该是儒家“述而不作”的传统。陈旸在《乐书》中对文献的讲述和整理正是对这种传统的承接。而且，陈旸讲述文献的态度从总体上说是严谨的，这和他“信而好古”的学术品格是密切相关的，更进一步说，是由其“信而好古”的精神所决定的。“述而不作”作为传统文化传承的主要途径及其意义，已经得到人们的重新认识，从这个层面上对陈旸以“述而不作”的方式著述《乐书》的价值就应该有更客观的认识。陈旸虽然生活在封建社会开始走向衰微的宋代，但他对“三代”的礼乐文化仍然保持着高度的崇敬之情，由此反映出封建时代中国知识分子的政治文化理想。没有宋代知识分子的这个普遍理想，也就不会有《乐书》的编撰。《乐书》二百卷保存了大量宋及宋以前的音乐史料，具有很高的历史文化价值，其成书之早、内容之丰富，为当今世界仅见。客观地说，《乐书》在中国乐律学、音乐文献学、音乐史学乃至古代礼乐文化的发展史上都具有重要的历史地位。

［郑长铃，1962年生，文学博士，现为中国艺术研究院研究员，中国艺术研究院非物质文化遗产研究保护国家中心副主任，硕士生导师。发表论文、评论70余篇。曾撰写过作曲家评传《音乐的徘徊》，执编过学术论文集《现代乐风》，与人合编《音乐趣话》、《人类口头与非物质文化遗产丛书·南音卷》，主编《20世纪中国音乐美学志述·创作卷》，出版个人学术论文集《大乐天心》，出版专著《陈旸及其〈乐书〉研究》。］

汉画像的象征世界

（朱存明　人民文学出版社2005年版）

本论著是对汉画像与象征进行的文艺美学的研究。中国文化是以汉民族为主体的文化，汉文化不仅有一部文字记载的历史，而且还有一个图像呈现的历史。汉画像以其丰富的象征形式，表现了汉民族审美的意识形态，其中包含着汉民族文化的原型结构，更接近民族精神的核心。过去在考古学不发达的时期，当图像的机械复制没有出现的时候，汉画像的深入研究是无法进行的。在视觉文化日益成为重要话题的今天，根据新发现的材料，采用新的研究手段，来重新审视汉民族文化的图像呈现方式，分析其隐喻象征的意义，就是本论著的目的所在。

本论著首先探讨了汉画像研究的学术平台，确定了汉画像的概念，并把汉画像研究的历史范式归为4种，即：金石学的、考古学的、文化学的、艺术学的。本文的研究将采用图像志与图像学的方法，主要从象征与符号上入手，分析汉画像的深层意义。

其次，论著主要对中国汉画像象征问题进行了理论的探讨。论著借用了西方的象征理论，探讨了中国文化象征与象征文化的关系。然后对中国象征文化的美学意义进行了归纳。论著认为人类用形象、符号来表现可见的或不可见的世界，必然是象征性的。论著根据象征的审美内涵，对中国汉画像中的象征本质进行了研究。论著认为汉画像再现宇宙的视觉形态是汉画像的表现形式，人建构一个幻想的宇宙模式是人安身立命的根本。这部分构成本论著的理论部分。

论著从视觉文化理论出发，对汉画像的图像志与图像学内容进行了探讨。分析了中国古代民俗信仰、儒家文化、道家文化在汉画像中的表现。进一步对一些神圣的图像，如伏羲与女娲、西王母与东王公、文化英雄等，进行了具体的图像学的象征形式的分析。根据汉代画像的典型表现，对一些具体的图像，如“十字穿环”、“日月交辉”、“二龙穿璧”等图像进行了图像学的分析。这部分文字构成该著作的实证性研究。

作者经过上述探讨，试图表达这样一些观念：

构成中国汉画像民族性的根源是汉民族的图画文字，《易经》符号思维与“铸鼎象物”的图像功能。汉画在某些方面，有着文字的符号功能，发挥着民族精神信仰的作用。汉代是中国民族性形成的阶段，在中国文化中有着独特的地位，它的特点在于上承先秦时代神话的原始思维，下启新时代的人文精神。汉画像通过隐喻的象征图像与符号，形象地传达了这种充满神秘色彩的、蓬勃向上的时代精神。中国汉文化奠基于汉代，汉画像是汉民族精神的一个“镜像”阶段。

从汉画像存在的形式上，该书探讨了墓室、祠堂和椁棺画像，分析了其形制、结构、图像、符号的象征图式，并把它们放在一个宇宙象征主义的框架内。汉代的墓室往往造成上圆下方的样子，以象征“天圆地方”的古老宇宙观。祠堂和椁棺画像，往往也按天地人鬼的信仰观念来安排图像，以体现人在宇宙中的位置。通过对画像的图像符号的详细考察，在理论上提出汉画像所体现出的总体观念是一种“宇宙象征主义”的。宇宙象征主义是指把当时人们对宇宙的看法，通过一切必要的形式表现出来，以便在文化上确认人在宇宙中的地位，使社会和人生都有一个归宿，以摆脱生命的虚无，以此来抗拒死亡威胁，使生命获得解脱。按该书对汉画像符号的分析，构成汉代人的象征图式是，把宇宙分成天地人鬼四大部分，并把这四大部分放在一个整体的图式中来表现。天上是诸神世界（汉代主要是自然神），地上有昆仑山、三神山、天柱等可以与天界沟通。汉代人主要信仰的大神是“西王母”，她主宰生死刑罚。她与“东王公”以及神仙界的其他灵异在昆仑山上。人死后可以在祖先的祭祀中，升入神仙的世界。这一部分内容与秦汉道家及道教密切相关。

汉代墓葬艺术体现了中国文化的宗法性。对祖先的祭祀，构成了中国人信仰的一部分，这种观念与儒家文化有密切的联系，表现的却是中国文化的最重要的特征之一。“万物本乎天，人本乎祖。”祖先崇拜成了汉画像产生的社会与信仰的根源之一。汉画像中往往把汉民族传说中的文化英雄排列在诸神之下，反映了汉民族注重历史与民族延续性的观念。体现了中国文化的因循性与传统性。

汉画像反映了汉代人对人死后世界的看法。他们真诚地相信人死后会进入另一个世界，这个世界是人生时的一个摹本，死后的世界是令人恐惧的，那里有许多妖孽及怪异的灵物。汉画像所表现的及汉代人信仰的阴间世界，只是人现实世界的曲折反映。汉画中的怪异画表现了人潜意识中对死亡的恐惧。驱傩图像则表现了人的这种恐惧，处处求祥瑞的避凶趋吉的心态。

人个体的渺小和无助使其不断地求诸外身，“观象于天，俯察于地”是汉画像所要表现的内容。汉画像既然要再现宇宙的图式，所以汉画像中充满了天文图像就不足为怪了。汉画像中的天文图与其说是科学星象图，不如说是“占星学”的符号。汉画像的天文符号最能反映中国象征文化的特点，它的最大特征就是把不可呈现的“无形式”的宇宙用“象”的符号表现出来。如把天空分成“四象”，把“牛郎织女”星象拟人化等。这样人就在幻想的自意识中把握住了宇宙，使变化的大自然有了一个固定的形式。并根据人所确立的一个标准来观测天象的变化，得到灾异和瑞应的解答，以使人能行动并战胜天灾。因此，汉画像中的天文、地理图像，都具有人文的意义，不是纯自然事物摹仿的结果，而是呈现意义的符号和图式。

本论著通过对汉画像象征形式的考

察发现，构成汉代人对世界的认识并不是自然性的，而是人文性的。人文信仰知识的来源并不是纯客观的，而是主观的建构。人的生命及本质的呈现是幻想性的。人把自己的本质通过人类的想像活动投射到客观事物上去，使事物在人的想像中客观化，人便生存在人为自己设计的图式中。视觉的呈现及其符号化是人的审美的存在。人通过自身的象征符号的创造，使人类栖息在一个意义的世界里。人类借此使虚无的生命获得生存的价值。

［朱存明，1956年生，文学博士，徐州师范大学文学院教授，汉画艺术研究所所长，艺术研究中心主任。］

人神共舞——青海宗教祭祀舞蹈考察与研究

（马盛德　曹娅丽　文化艺术出版社2005年版）

马盛德

长期以来，本书作者深入青海藏区特别是藏传佛教寺院，调查了全省十余座藏传佛教寺院的羌姆乐舞、民间祭祀舞蹈和民间藏戏的历史和现状，获得了第一手资料。同时对一些个案进一步补充调查，走访了诸多民间艺人和藏学专家，查阅藏汉文献档案资料，并梳理了多年来相关的研究成果。本书图文结合，以翔实的史料展现了青海藏传佛教羌姆乐舞的人文背景、历史渊源及其特征；系统阐述了青海宗教祭祀乐舞与藏族戏曲艺术的关系，分析了青海民间宗教祭祀舞蹈的特性及其表现内容，探究宗教祭祀乐舞的演出形式、宗教信仰、演剧情况并辅以个案研究。本书有较强的史料价值，在此领域具有填补空白的意义。

青海是一个宗教祭祀乐舞活动十分活跃的地区，也是藏传佛教的重要传播区。境内藏族、蒙古族、土族和部分汉族群众，普遍信仰藏传佛教。这里宗教活动场所繁多，教派类型复杂，体现了佛教文化的丰厚与多彩。就藏传佛教而言，其建筑特色、寺院组织管理形式、学制制度、宗教节日活动，以及绘画、雕塑、堆绣、宗教音乐、舞蹈等一系列独特的艺术形成，不仅内容博大丰富，而且形式别具一格，有着浓厚的地域民族特色。至今流行于各教派寺院和民间宗教活动中以羌姆乐舞为代表的宗教祭礼形式是藏传佛教进行宗教活动的重要内容，广泛存在于寺院的各种法事活动之中。“羌姆”是藏语，在安多藏区也汉译作“欠”，汉藏合璧，译之为“跳欠”，是人们熟知的寺院宗教活动，也是为广大信徒所喜闻乐见的乐舞形式。以蜚声中外的塔尔寺为例，常见的有法王舞、马道金刚舞、鹿舞等，每年农历正月举办的祈愿大法会，4月纪念佛祖释迦牟尼诞生、出家、涅槃的法会，6月纪念释迦牟尼讲经传法的“三转法轮”法会，9月纪念释迦牟尼“降凡”的法会，总称为四大法会，“跳欠”是会期必不可少的内容。届时，僧俗往观，热闹非凡。分析“跳欠”的内涵，以礼佛祈祷、惩恶扬善为基本精神，反映了高原人民对真善美的追求，对美好生活的向往。在表现形式上，首先具有多元性特点。它和一切文化现象一样，不是孤立封闭的，而是多元文化的综合体。藏传佛教本身是佛教在青藏高原本土化的产物，有着佛教与本土传统宗教文化结合的明显特征，“跳欠”正是在这种文化的基础上，吸收多种文化成分，变得丰富多彩。它既有佛经故事、藏族名僧事迹的内容，又吸纳蒙藏民族祭山祭海和其他民间祭祀仪式，也有传自祖国内地的巫风古舞、民俗遗存以及民族间交往的历史典故。从而涉及的领域广阔，内容形式斑斓多彩。其次，是原生态特点。青藏高原地域广袤，起伏跌宕，气候高寒，交通闭塞。这种特殊的自然地理环境增加了它的封闭性，孕育出高原文化的质朴与神秘、庄严和静穆。这种活的文化形态所绽放出的异彩，在人类社会日新月异的今天，对许多人更有吸引力，这也是藏传佛教神秘文化日受世人关注的原因之一。

曹娅丽

本书共分为10章节，着重考察分析了青海境内的10余座寺院和个别地区，尽管范围有限，但涉及到青海藏传佛教的主要教派和羌姆乐舞的基本形式，通过综合梳理，从宗教人类学的角度，对藏传佛教“羌姆”这一宗教仪礼乐舞的整体结构、基本特征、社会功能等作了较为全面的描述和理性分析，较完整地反映了这种乐舞的全貌以及与藏传佛教哲学意识、伦理观念和藏、土、蒙古等民族生活习俗等之间的关系，认为它“并不是一种孤立的艺术或宗教现象，而是与人有着密切相关的种种社会生活及意识处在某一特定结构系统中的文化行为。”显然，这一研究有着重要的理论价值和实际意义，它从一个侧面帮助人们了解藏传佛教的基本教义，认识人类文化演变发展的轨迹。这一研究成果，顺应时代发展的潮流和社会需求，有利于挖掘宗教文化的丰厚资源，从而丰富人们的文化生活。

［马盛德，1959年生，中国艺术研究院研究员。

曹娅丽，1963年生，青海艺术学院艺术系教授。］

铁色见证

——我的父亲沙飞

（王雁　社会科学文献出版社2005年版）

具有真正学术意义的摄影史，必然是不断进行修订与更新的书写结果。

书写摄影史的过程，也是史论观念的演化过程。每当有关键的历史人物和重要的史料，尤其是那些由于种种原因遭到尘封与尘埋的人物和史迹事实，被后人发掘出土之际，已有的史论观念必定会发生新的变化。由此意义而言，摄影史一如所有的历史书写，深具历久弥新的探索魅力。而每一点史论判断的创意进取，都会对现存观念形成不同程度的思维挑战。

本书就是这样一部摄影史。

这本书前后写了10年。这种摄影性的学术书籍的丰富性超出了常人的预料。日本侵略者炮火里的中国，以及知识分子的心灵状态，在此均有折射。作者在10年里采访了上百位从战争过来的人，不仅追溯了自己父亲的足迹，也还原了铁蹄下中国人的种种人生。作者对父亲的认识完全来自于他人的记忆，为了走进那个已逝者的灵魂，她用去了大量的精力。作者面临的完全是一个陌生的世界，知道了抗日的前后方，了解了文化人的苦涩，更重要的是，作者第一次发现，在中国还有一群默默地、不顾清贫努力做学问的群落。这个群落许久以来做的就是这类的工作。一个多年的局外人，突然面对如此丰富的精神世界，感到了人生的另一风景。因为寻找失去的父爱，却走进了一个民族的深层记忆，战争与人性、民族与世界的诸种冲突和扭结，便潜入了血脉里。清晰里的浑浊，平和里的焦躁，似乎都告诉我们，历史的逻辑，不是语言能再现的。

本书详尽介绍了中国杰出摄影艺术家沙飞。沙飞在20世纪30年代横空出世于中国摄影天地，其事业在40年代的辉煌灿烂，其生命在50年代的嘎然而止，以及在尘封数十年之后的重见天日，沙飞传奇式的人生和他戏剧性的命运，实在是对中国摄影史的书写和史论观念的思索，挑战地提供了一个近乎荒谬的典范。对沙飞其人其事及其成就的研究思考，无疑是当前思索中国摄影史问题的一个不可或缺的重要环节。

本书中的文字及沙飞的摄影作品证明，新闻摄影、报道摄影和纪实摄影等纪录性质的摄影，可以同时具有摄影艺术作品的品质，但是并非新闻摄影、报道摄影和纪实摄影就是摄影艺术。对于自己作品的摄影艺术价值，沙飞也许没有充分意识到，或许他只凭着下意识的个性感悟进行拍摄，甚或在言论中以革命气概的粗砺与豪迈，故意贬抑艺术事物的超然与永恒。然而，沙飞摄影实践的终极价值，其实还得取决于其作品的艺术性。若干世纪之后，20世纪中国发生过的惊天动地的社会大事件，必然会被时间推向历史的深处，新闻摄影、报道摄影和纪实摄影的影像只不过是翻查历史的索引。而作为艺术杰作的经典摄影影像，必然历久弥新地流传于人类文明的意象中，焕发永远也不过时的艺术生命力。沙飞的摄影作品，有可能因而获得这份超越时空的永恒荣誉。

一个知识分子卷入到战争里，倘若带着思考与诘问，心绪则大不相同了。本书中关于抗战的种种照片，都可视为无言的诗。那里隐含着诸多情感，许多感慨是超越逻辑的。一个不安的灵魂穿越于山水之间，点画出民族的烽火图。当您看到类似的作品时必然会想：那些象牙塔里的巨著固然高贵，可在民族危难的岁月，血海里的诗与我们的心却贴得更近一些。

本书记录了一个时代的光影，那里的悲剧结局是含着历史的无奈的。战争使诗意的激情日常化的时候，理性便面临着挑战。

［王雁，毕业于中山大学，已退休。著作《铁色见证——我的父亲沙飞》，主编《沙飞纪念集》、《沙飞摄影全集》，与安哥合编《沙飞摄影选集》，与察哈尔合编著《血肉长城》、《纪念白求恩》、《塞上红都》。］

舞蹈服饰论

（张琬麟　中国社会科学出版社2005年版）

本书一方面吸纳了相关学科领域的学术成果，另一方面采用实证的考察及理论联系实际的方法，通过对大量舞蹈服饰史料的分析，集中探讨了蕴藏在舞蹈服饰现象背后的文化内涵及人类审美规律。该书对于舞蹈服饰的概念、舞蹈服饰的产生、舞蹈服饰的原始造型特征及其历史延伸、舞蹈服饰的造型语汇和造型方式、多种艺术舞蹈服饰的设计特征，以及舞蹈服饰与舞蹈艺术整体魅力的辩证关系等问题，进行了深入系统的研究。

作为我国第一部舞蹈服饰学专著，该书不仅注重服饰学和舞蹈学的学科历史与理论，而且广泛涉及文化学、人类学、民族学、民俗学、美术学、色彩学、美学、艺术设计学等领域的知识，是一部具有文献意义和研究价值的学术专著。它所收录的百余幅具有历史价值的插图，达到了以图证史、图史互证的效果。

本书的内容结构，分为上篇、中篇和下篇。

上篇：“舞蹈服饰的独特演艺品格”，由“舞蹈服饰的广义内涵”、“服饰的基本形制和现实类型”、“生活服饰同演艺服饰的异同关系”、“舞蹈服饰的独特演艺品格”四个部分构成。

“舞蹈服饰的广义内涵”，通过梳理与舞蹈服饰相关的服饰概念，如服饰的狭义与广义，阐明了舞蹈服饰的广义服饰概念内涵。“服饰的基本形制和现实类型”和“生活服饰同演艺服饰的异同关系”，通过梳理服饰的具体形制和基本形制、服饰的抽象分类和服饰的抽象类型、服饰的现实分类和服饰的现实类型，论述了专用于表演艺术的演艺服饰，作为服饰现实类型的一大特类，它同与它既相互并列、又密切关联的其他服饰现实类型，亦即各类生活服饰，它们之间的异同关系。“舞蹈服饰的独特演艺品格”，通过分析影视剧、话剧、歌剧和戏曲表演艺术同舞蹈表演艺术在表演方式上的差异，阐明了舞蹈艺术不同于其他表演艺术的独特表演艺术特征。该书着重论述了受舞蹈艺术独特表演艺术特征的约定，作为演艺服饰一个分支的舞蹈服饰，不仅有着其他演艺服饰的一般演艺品格，而且更有着不同于其他演艺服饰的独特演艺品格。

中篇：“舞蹈服饰萌芽及其原始造型特征”，由“舞蹈服饰萌芽”和“舞蹈服饰原始造型特征”两个部分构成。

“舞蹈服饰萌芽”，通过对原始自娱舞蹈的自发性和即兴性、原始宗教舞蹈的有意识性和有目的性的史实分析，论述了舞蹈服饰之所以萌芽于原始宗教舞蹈活动，是因为原始宗教舞蹈出现了舞蹈服饰得以萌芽的前提，即：舞蹈角色。“舞蹈服饰原始造型特征”，通过对原始宗教舞蹈活动中的舞蹈角色装扮造型特征的回溯和梳理，概括了舞蹈服饰原始造型的五个基本特征，这就是：单纯装扮造型特征、复合装扮造型特征、变异装扮造型特征、原装装扮造型特征和盛装装扮造型特征。

下篇：“舞蹈服饰原始造型特征的历史延伸”，由“单纯装扮造型特征与舞蹈拟装的设计特征”、“复合装扮造型特征与复合组构舞蹈服饰的设计特征”、“变异装扮造型特征与抽象舞蹈服饰的设计特征”、“原装装扮造型特征与写实舞蹈服饰的设计特征”、“盛装装扮造型特征与民族舞蹈服饰的设计特征”五个部分构成。

下篇以舞蹈服饰原始造型的五个基本特征为透视点，一方面论述了它们对艺术舞蹈服饰中的舞蹈拟装设计、复合组构舞蹈服饰设计、抽象舞蹈服饰设计、写实舞蹈服饰设计和民族舞蹈服饰设计的主要贡献，另一方面探讨了这些艺术舞蹈服饰种类，对舞蹈服饰原始造型的五个基本特征的艺术延伸情况，以及它们各自的艺术设计特点。尤其在“单纯装扮造型特征与舞蹈拟装的设计特征”这部分中，作者指出，由原始初民模拟某个客体对象、主要是模拟动物或图腾动物的外观形象特征，所形成的单纯装扮造型特征，不仅形成了舞蹈服饰的基本造型语符模式和写实造型方式，而且还培养了人们对这些基本造型语符模式和写实造型方式的认同心理。特别是在模拟巫术思维方式支配下，所形成的“相似物”造型语符和“局部写形”写实造型方式，其互为的创造机制，对其后的舞蹈服饰能够走向多姿多彩的创造发展之途产生了深远影响。

附文：“张扬与隐匿的舞蹈服饰话语”，通过分析舞蹈服饰对其舞蹈形象所产生的或张扬或隐匿的话语视觉效果，论述了舞蹈服饰与舞蹈形象在舞蹈作品中的艺术辩证关系。

［张琬麟，1958年生，中国艺术研究院美术研究所副研究员。］

新时期中国油画论文集

（徐南铁　岭南美术出版社2005年版）

30年在人类发展的历史长河中只是短暂一瞬，在中国却发生了翻天覆地的剧变。1976年“文化大革命”结束，中国进入一个新的历史时期。在改革开放大潮的推动下，伴随着中国经济强劲增长，中国油画艺术的发展也获得前所未有的良机，在宽松、自由的文化氛围中，全国各地先后自发组织了不同类型的油画专业团体，艺术展览和学术活动日益活跃，展现了蓬勃兴旺的景象，中国油画界显示出从未有过的探索勇气和创造活力。1985年，来自全国各地的一百多位油画家、理论家聚会安徽黄山脚下，举行了著名的“黄山会议”，研讨当代中国油画发展问题。1985年和1995年间“中国美术家协会油画艺术委员会”和“中国油画学会”相继成立，在广泛团结全国油画家的基础上，先后组织了多次大型的、有高度专业水平的展览和研讨活动，明确了发展当代中国油画的学术观念和艺术主张。在上世纪80年代中期和90年代中期，先后提出“创建具有中国特色、时代精神和个性特征的中国油画”的奋斗方向和“真诚心态、关注现实、民族精神、多样探索”的学术目标；本世纪初，总结出中国油画发展重点从过去基本上是学习西方并有所创新，转变到“放眼世界、立足本土、开拓创新”上来。这些具有战略性和前瞻性的设想，积极地引导着中国油画艺术的健康发展，开创了自由创作的广阔天地。今天中国油画的成就已经得到文化界高度肯定，亦令国际艺术家同行刮目相看。

在新时期油画艺术研究成果中，人们还可以看到相当一些油画家勤于思考，努力向“学者型画家”的目标努力，他们基于实践经验的理论思考，虽然常常和史论家和艺评家的角度、风格不同，但从创作前沿所作的学术思考却产生了一批具有蓬勃生气和学术质量的论文。值此“大河上下——新时期中国油画回顾展”和“新时期中国油画学术论坛”举办之际，为了利于新时期中国油画发展作阶段性总结和研究，在岭南美术出版社的大力支持下，通过广泛征集、艺评家自荐和文献查找，从近30年来有关油画的学术论文和研究史料中选出部分，汇集成了这本论文集，其中艾中信、詹建俊、邵大箴、张祖英、丁方、水天中、刘晓纯、易英、潘公凯、高名潞、李伟铭、殷双喜、栗宪庭、曹意强、范景中、陶咏白、王璜生、鲁虹等的论文为中国油画一重要发展时期留下历史的轨迹，也为后来者提供有价值的研究依据。

［徐南铁，1951年生，岭南美术出版社总编辑。
通信地址：广州市文德北路170号三楼岭南美术出版社（510045）］

艺术经济原理

（顾兆贵　人民出版社2005年版）

产术生产虽然属于精神生产活动，但它与物质生产一样也必须以一定的人力、物力、财力消耗为前提，没有一定的物质基础、物质条件，任何精神生产，包括艺术生产都是不可能的。有了艺术投入，才会有艺术产出。从经济学角度看，艺术生产不单是意识形态的精神生产活动，而且还是以艺术本体为内容、为灵魂，以一定物质媒介为形式、为载体的艺术经济活动。艺术本体的精神属性和媒介载体的物质属性，决定了艺术创作生产活动既是精神生产活动，同时也是物质的艺术经济活动。

从经济学的角度看，本书对艺术生产这一精神生产领域的研究，打破了单纯把艺术与经济的关系看作是外在关系的局限，首次把艺术生产作为特殊的艺术经济活动加以研究，开创了马克思主义经济理论在艺术领域应用研究的新视野，具有拓宽经济学的研究视域，填补经济科学研究空白之地的意义。从艺术学的角度看，它为艺术理论研究提供了新的切入点、新的视角，通过艺术生产力与艺术生产关系对立统一运动规律的分析，对艺术生产的精神—物质实践活动有更加宏观、系统和本质地观照。既是对传统的创作—作品—欣赏的文学、艺术理论的发展，提供了全新的艺术生产整体观，又进一步揭示了艺术生产的时代、文化和经济背景，使作为精神生产的艺术生产牢牢地矗立在经济基础之上。从理论与实践的关系看，艺术经济研究是社会主义市场经济条件下艺术市场配置艺术资源的基础作用日益增强的客观需要，是适应加入WTO以后发展文化产业，增强我国文化产业的整体实力和国际竞争力的现实需要，是21世纪建设中国特色社会主义文化和增强和谐社会活力的迫切需要，是满足人民群众多方面、多层次、不断发展的精神审美需求，提高艺术消费水平，改善生存质量，促进人的全面发展的需要。

本书以马克思主义文学、艺术学、美学、心理学、哲学、经济学和艺术生产理论为依据，根据马克思的艺术生产也要受“生产的普遍规律的支配”的原理，从生产力和生产关系两个维度，运用从抽象上升到具体、历史与逻辑相统一、实证研究与进行价值分析、优化分析和适当的质疑分析相结合的方法，以包括文学在内的“艺术产品”作为研究的逻辑起点，对艺术生产，包括艺术生产目的、艺术资源、艺术生产力、艺术生产关系、艺术劳动，特别是对艺术产品的创作生产、流通和消费进行系统分析和研究，从而逻辑地再现艺术生产的历史过程，动态地揭示社会主义市场经济条件下艺术生产力与艺术生产关系对立统一运动的发展机理、作用方式、运动规律和特点，从经济学的角度对艺术生产的全过程进行全面分析和有说服力地阐释，揭示了艺术生产的精神一物质实践活动创造精神财富和“用艺术的方式掌握世界”的本质。

譬如，本书深入分析了艺术具体劳动、艺术商品的使用价值与艺术产品的社会效益之间，艺术抽象劳动、艺术商品价值与艺术产品的经济效益之间的相互关系，从理论上廓清了两个效益之间的对立统一关系。又如，本书系统阐明了艺术商品价值量的确定问题，强调艺术创作是不能集中、批量、标准化生产的，因而，原创艺术商品价值的创造只能是不同门类的艺术劳动者一个一个地独立创造。它是个体化的、独立的创造物，它的价值量没有、也不能用“社会必要劳动时间”来衡量。但原创艺术商品的价值量也不等于创作它的单纯的“台上1分钟”的“个别劳动时间”，而是由以长期训练的探索性劳动量、反复练习、排练的实验性劳动量等“台下10年功”的累积劳动量为依据，以承认艺术创作经验、艺术传达和表现的技能、技巧、个人禀赋的差异和社会影响，以及产品的稀缺程度为基础的市场认同的个别必要劳动时间决定的，并具体分析了艺术商品价值的构成、艺术传达、复制劳动在价值形成中的地位和作用等等。这些分析和观点是以事实为依据的，是严谨的，对推动我国艺术生产的产业化发展，推动艺术创作生产，调控艺术市场，活跃艺术流通和引导艺术消费均有重要的实际应用价值。

本书出版后，得到了学术界的一致好评，不少学者指出：本书的问世为我国高层次艺术人才、艺术产业经营管理人才的教育和培养提供了一部基础性理论教材和重要的研究参考书。

［顾兆贵，1947 年生，中央社会主义学院经济与管理教研室主任，副研究员，教育学硕士。主要学术论文和专著有：《对非公有制经济的战略地位和作用的再认识》、《创造竞争优势—21 世纪中国中小企业的发展与创新》、《促进中小企业发展是中国加入 WTO 以后经济发展的战略需要》、《艺术经济学导论》、《论艺术劳动主体与艺术劳动力》等。

通信地址：北京市海淀区万寿寺甲 4 号 中央社会主义学院（100081）
电子信箱：guzg3520@ s ina. com］

艺术文化学

（丁亚平　文化艺术出版社 2005 年版）

艺术处于开放的文化关系之中。一部艺术作品，不论它如何自律，怎样拒绝或漠视社会现实与环境，它总有其大量的文化意义，总深深植根于社会历史与文化之中。在这种情况下，艺术研究尤其需要扩大视野，综合考量，寻求通途，用某种方式把历史的、心理的、社会学的、美学的等各种不同的观点联结起来，人们很自然地发现，这种理想的方式，非艺术文化学莫属。

艺术文化学，作为研究艺术文化现象的综合性的科学，它将艺术作为一种文化系统来进行广泛的辐射透视和观察探究，因而，它并不是用一种固定的视角或单一的思维模式，也不是仅仅从戏剧文化、电影文化、美术文化、音乐文化、舞蹈文化、建筑文化等某种或一的艺术文化样式（艺术文化子系统）入手，进行孤立的考量审察，而是从艺术文化系统的相互渗透与融合的特性出发，进行全面、多层而深入的理论性和综合性的研究。艺术文化学既研究艺术文化理论，又注重艺术意识形态实践；既深入研究艺术文化历史，又时时在在关注变动不居的艺术文化现实；既研究具体的艺术文化创造活动本身，又注意考察艺术现象背后的文化联系、文化结构、文化功能、文化沿革，把握人在艺术文化系统中的地位，揭示艺术文化系统的深在话语机制和发生发展规律。从而一方面，综合研究艺术文化系统内部各子系统之间的相互关系，以期从整体上对各别艺术门类的研究构成一种超越，改变各种艺术学科搞得轰轰烈烈，但却各自为战，“鸡犬之声相闻，老死不相往来”的分散研究状态，并进而对整个艺术文化系统概念特质、发展规律、结构模型做宏观性的综合把握；另一方面，倚重研究人与文化的关系，努力使艺术文化对现实文化构成一种价值意义上的超越，使艺术符号成为一种自由的文化形式，而在艺术文化的研究探讨与透视批评中达到人的自觉和艺术自觉，在深入研究艺术与宗教、艺术与科学、艺术与社会、艺术与性别复杂关系的过程中，努力探索与把握一种话语领域如何转移到另一种话语领域而成为艺术审美文化财富的整体流程，在艺术对话、交流的隐秘处探询艺术文化诗学本质的丰富内容。

该书的内容：绪论：走向开放的艺术文化诗学（（1）“在场”的意义。（2）文化与历史之维？广义政治学。（3）文化关系的思索与艺术文化学的理论建构。）上卷：艺术文化的概念与本质。第一章：人与文化（（1）文化：语词梳理与辨析。（2）文化与人的双向建构。（3）对话的召唤。）第二章：符号（（1）符号与语言型式。（2）艺术：语言场。（3）艺术话语的意义。（4）艺术符号与文化世界。）第三章：艺术家（（1）个人符号。（2）生命本来的形而上活动。（3）艺术灵感：为灵魂特殊对待的精神现实。（4）儿童原型？热爱生存？文化意识。）第四章：艺术与公众（（1）交流活动哲学。（2）作品未完成性：开放的文本。（3）艺术循环与对合作原则的遵从。（4）文化理解：语境、体制、传统。）下卷：艺术文化关系的诗学。第五章：艺术与宗教（（1）意义的模式：自我与世界。（2）当下、开放与模糊性。（3）神秘的审美经验世界。（4）审美与人的精神解救之路。）第六章：艺术与科学（（1）艺术与科学之间相互依托与合和关系。（2）艺术与科学的分野有其面临的问题。（3）走向形象的时代：后现代主义话题。）第七章：艺术与社会（（1）社会与经济话语的介入。（2）民族、时代的投注与内在观点。（3）知识分子意识形态。（4）间离与交流：社会互动与对话中的艺术行为。）第八章：艺术与性别（（1）性别差异与艺术创作。（2）性别意识形态：女性主义与性政治学。（3）文化价值定位：从性别主义到阐述历史生命深度。）

该书出版后，印行多次，并先后被列为多所学校的考试教材或教学参考书目。2005 年 3 月出版了经修订的图文新版，篇幅也由原来的 35 万字扩大为 43 万余字，并于 2005 年 7 月列入文化部、财政部送书下乡工程，印刷发行。

［丁亚平，博士，现为中国艺术研究院电影电视研究所所长、研究员，兼任中国传媒大学教授，博士生导师。发表学术文章 200 余篇，100 余万字。出版著作有《艺术文化学》、《影像中国（中国电影艺术 1945—1949）》、《老电影时代》（合著）等 10 部。担任主编的编著主要有《百年中国电影理论文选（1897—2001）》（上、下册）。］

艺术与归家——尼采·海德格尔·福柯

（余虹　中国人民大学出版社 2005 年版）

本书比较研究在 20 世纪影响深远的三位思想家的后形而上学思想。

海德格尔曾将现代人的命运描述为“无家可归”。这里的“家”不是指通常的“家乡”、“故土”、“婚姻共同体”、“血缘共同体”和“居所”，而是指人生存的“世界”。海德格尔说人是一种特殊的存在者，他与所有别的存在者都不同，因为他必须生存在世界之中，别的存在者则没有这种“必须”，它们有天然的“环境”。尼采也说人这种生命存在绝不能天然自在，他必须创造他的生存条件，即创造他生存的世界。

现代人生存于其中世界如何呢？它对海德格尔是“深渊”，对尼采是“兽栏”，对福柯是“监狱”。何以如此？在海德格尔看来，本真的世界是天地人神自由游戏的四方关联体，而现代世界则是一个以人为中心和主宰的场域，在此场域中，天地神的本己存在以及所有非人的他者的本己存在都被剥夺了。一个天地隐匿、诸神逃离、万物被掠夺的世界不是真正的世界，而是一个地基被毁的深渊，悬于深渊中的“现代人”是“无家可归者”。尼采将现代世界看作是“奴隶道德”的产物，奴隶道德是病弱生命为自己创造的生存条件，其核心是实现自己支配和统治强健生命的权力意志。强健的生命是“金发的日尔曼野兽”，为了驯养这些野兽，奴隶道德建立了作为“兽栏”的现代世界，在此世界中，现代人都成了被驯养的“群畜”。福柯笔下的现代世界是一座无所不在、无所不能的“圆形监狱”，如此之监狱是一个由被监禁的人自我编织的权力监视网络，在此居住的人都成了“驯服而有用的肉体”。

无论是海德格尔的“深渊”，还是尼采的“兽栏”或福柯的“监狱”，都不是人应当居住的“世界”。人应当居于其间的世界在海德格尔那里是天地人神和谐共在的“自由关联域”或差异与亲密的“中间”，在尼采那里是由强健者所肯定的充满野性与毁灭之血腥的生命不断再生的“原野”，在福柯那里则径直是自杀与死亡的“极乐之域”。

海德格尔、尼采与福柯都迷恋“命运”，海德格尔称其一生的思想都是对命运召唤的回应，尼采说他的最高公式是热爱命运，福柯则视死如归地追随自己的命运。尽管三位思想家的“命运”非常不同，但有一点却惊人地相似，那就是他们都以自己的方式坚决地“逃离”现代世界的“深渊”、“兽栏”与“监狱”，不管这种逃离是多么艰难和无望，坚决地“回归”自己心中的家园，不管这家园是多么飘渺与遥远。正是这种命运构成了本书的基本论域与基本主题。

三位思想家的“逃离”与“回归”有惊人的相似。首先，他们的思想都起于“对我们自己的现在”的关注，而不是纯粹的书斋思辨，因此，它是“现代性批判”的一部分；同时，他们这种关注又决非纯粹的当下经验之论，而是立足于西方思想史的整体格局之中的反省与论辩，因此，它又是“思想史反思”的一部分。其次，古代“希腊”是他们共同的“家园”隐喻，逃出现代“西方”回到古代“希腊”是他们共同的梦，但他们又清醒地发现古代希腊只能是他们走向新的家园的动力、启示与牵引，它毕竟只是一种过去的路标，而不是未来的目的，因此，他们都力图“借道”希腊而不是真正地“回到”希腊。再次，他们所借之“道”是什么呢？希腊式的艺术！对海德格尔来说，希腊式的艺术是真正的“诗性的艺术”，这种艺术从来就不是某个文化品种和生活的饰物，而是修铸本真家园的基本方式和通向命运的道路。对尼采来说，希腊式的艺术是“酒神的艺术”或“悲剧艺术”，这种艺术绝不认同任何兽栏，它将生命引向狂野、痛苦的原野和在毁灭中的新生，它创造梦与醉的家园。而在福柯，希腊式的艺术就是“生存艺术”或“生存美学”，这种艺术绝不安居于任何“监狱”，绝不服从任何禁令，不自由勿宁死，自由是这种艺术铸造的家园，那家园没有外在的强制，它唯一的规定就是“做你自己想做的事”，包括你对自己的强制和自杀。对这三位思想家来说，“艺术”在其根本上看绝不是什么现代学科分类中的某个专门的领域，而是一种本真的生存样式，因此，绝不能将他们对这种艺术的思考归入现代“艺术科学”、“艺术哲学”、“文艺学”和“美学”的范畴，它是一种特定的“生存论”。此外，由于这三位思想家都假道希腊式的艺术来批判现代性，因此，绝不能将这种批判简单地等同于现代性视野之内的审美（感性）现代性与理性现代性的对抗，他们的批判是一种古代世界与现代世界的对抗。

不过，这三位思想家的“逃离”与“回归”又有很大的不同，最根本的不同在于他们与所逃离者和所回归者的关系不同，即与现代和古代的关系不同。相比之下，海德格尔的逃离与回归是比较成功的，而尼采与福柯则未必。何以如此？本书作者从“生存关系论”的角度来回答这一问题。

本书作者认为无论是三位思想家要逃离的现代世界还是他们想回归的古代世界都是一种“生存关系域”。人之为人必得在特定的生存关系中存在或生成为自己，即海德格尔所说的“在世界中存在”。生存关系并不自在，它是人创建或认可的；人之为人也非天生，他是在特定的生存关系中生成的。从这种意义上看，人类的历史和个人的历史都是某种生存关系史。

最基本的生存关系包括：人与自然（包括人本身的自然）、人与神圣、人与他人（包括社会）的三大关系。值得注意的历史事实是：“权力关系”是迄今为止的人类历史上的主导关系，而“非权力关系（自由关系）”则是次要关系，这一事实并没有因现代世界的建立而得到根本的改变。在古代世界，人是自然、神灵和大人（君主）的奴隶，在现代世界，自然、神灵、大人（少数人）是人的奴隶。在我的坐标上，现代性意味着对古代主奴关系的颠倒，这种颠倒不仅没有彻底摆脱主奴关系的逻辑，还以自己的方式强化了这一逻辑。本书作者认为，尼采和福柯的思想恰恰在此一度成了现代性认同与强化权力关系的同谋，而海德格尔的思想才以艰难的方式在探求一条彻底超越权力关系而走向自由的生存关系的道路。在迄今为止的人类历史上，权力关系是主导关系，这是一个事实，但自由关系的存在也是一个事实，虽然它是边缘性的关系，海德格尔以他的方式揭示了这一事实，因此，将权力关系思考为一种摆不开的"宿命"就是可疑的，更何况，生存论上的事实是可以改变的，我们凭什么说自由关系不能成为未来世界的主导关系呢？

可以说，"生存关系论"与"自由关系的未来"是本书最基本的关注，也是讨论这三大思想家之思想的根本坐标。

［余虹，1957 年生，文学博士，中国人民大学文学院教授、博士生导师，全国重点学科文艺学学科带头人。］

中国电影文化史（1905—2004）

（李道新　北京大学出版社 2005 年版）

本书以百年中国电影发展历程为观照对象，力图整合中国内地、台湾和香港三地电影的发展脉络，深入阐发中国电影的精神走向及其文化蕴涵。与此同时，将中国电影史划分为早年的道德图景（1905—1932）、乱世的民族影像（1932—1949）、分立的家国梦想（1949—1979）与整合的文化阐发（1979—2004）四个具有特定文化内蕴的历史时段；并在具体的历史陈述中，把握住各时段具有特定文化内蕴的电影作者、电影文本或电影类型，进行较为细致地分析和研究。

1905—1932 年是中国电影绘制其早年的道德图景的草创阶段，是欧美电影在中国观众面前展示其陌生化外表和奇观化策略的历史时期，也是欧美电影传入中国、中国本土电影遭遇生存困境以及中国影人将其彰明是非善恶、维护民族自尊、反思传统文化、振兴中国影业的励志诉求加诸电影的特殊时段。正是在欧美电影向中国观众或中国影人展示陌生化奇观，中国各界不断浸染欧美电影文化的过程中，可以描画出 20 世纪前后中西文化之间互相融合与彼此冲突的生动景观，也理所当然地写下了中国电影文化史的第一页。

1932—1949 年间，中华民族历经社会的动荡、物质的贫困与战争的创伤，中国民众的日常生活和精神体验也经历了巨大的阵痛和转型。在战争背景下与炮火硝烟里，中国电影人发动了如火如荼的中国电影文化运动，展开了中国电影反帝反封建的双重变奏。这是中国电影从业者抛弃陈旧的伦理道德传统、软弱的社会改良动机与空泛的人道主义理想，第一次面对国破家亡的惨烈状况，将关注的目光投向民族的命运、社会的前途、现实的改造甚或人性的完整的关键环节，也是中国电影从早年的道德图景转向乱世的民族影像的重要阶段；正是在这一过程中，一批优秀的中国电影人执著地追求中国电影里的古典美学，成功地创造了大量民族电影的经典作品。可以说，无论是从艺术的探求还是精神的深度来看，中国电影都进入了一个文化再造的历史时期。

对于中国内地、台湾和香港三地电影而言，1949 年都是一个划时代的转折点。两岸三地的政治分立，使中国电影因地域的不同而产生了前所未有的巨大差异。尽管这一时期两岸三地的中国电影在政治见解、运营机制、人才格局、出品类型等方面存在着诸多不同，但由于种族的一致和文化的同构，在共同的伦理本位思想和儒家、侠义文化的影响下，在深厚的农业文化传统和乡土意识的浸润中，在特定的历史时期里，两岸三地的电影仍在共同致力于家的想像与国的想像。正是大陆电影以国为家的政治话语、台湾电影以家为国的道德关怀与香港电影无家无国的漂泊意识，形成彼此之间的互补与对话，才在一定程度上完成了 1949—1979 年间中国电影文化的整体性建构。

1979 年以后，随着中国内地改革开放政策的实施以及港台社会政治、经济与文化观念的转型，也随着中国内地电影创新冲动、香港电影新浪潮以及台湾新电影的崛起，两岸三地的中国电影进入一个崭新的历史时期。在这个崭新的历史时期里，不断深入的交流对话与持续拓展的文化空间，为中国电影带来了前所未有的繁荣景象与生产活力，也为中国民族电影在世界电影文化格局中占据相当重要的地位奠定了基础。可以说，无论中国内地的观念更新热潮与电影文化重构，台湾的本土意识的加强与艺术电影的探索，还是香港的"九七"症候与电影繁盛，都见证着这一崭新的历史时期里中国电影的坎坷与顿挫、光荣与梦想。尽管由于政治体制、经济结构和时代背景的错位，中国内地、台湾与香港电影在意识形态、审美感受、影音技术以及商业运作等领域并不同步，但随着不断深入的交流与对话，两岸三地的中国电影正在跨入一个文化整合的新时代。

总之，百年来的中国电影发展，在电影启蒙中承担着启蒙电影的业绩，在文化传承中被赋予传承文化的使命；中国电影凝聚着几代中国电影工作者的欢笑和血泪，传达着一个世纪中国观众的喜怒与哀乐。中国电影的文化形象塑造着一个氤氲古意、充满韵致的文化中国，中国电影的文化资源势必呈现于全世界。

本书是国内外第一部时空跨度相对完整、阐释脉络基本清晰、总体框架颇具创新的中国电影文化史，在重写中国电影史的过程中具有开创性的理论意义和实践价值。

首先，本书从文化分析的视角出发，以文化史的方式架构百年来的中国电影史；在中国电影史的研究框架中，第一次将中国内地、台湾和香港电影有机地整合在一起，不仅顺应了香港、澳门的回归祖国与中国内地和台湾的统一诉求，而且在充分尊重中国内地、香港和台湾电影历史脉络与文化身份的基础上，认同并张扬了两岸三地电影的合流趋势与文化共识。

其次，本书突破了单一的电影政治史、电影主题史以至电影艺术史的桎梏，力图吸纳此前中国电影史的研究成果，在对文化概念、文化史观念与电影文化史写作进行研究分析的基础上，主要从作者论、文本分析、类型研究和电影传播的角度以及道德图景、民族影像、家国梦想和文化阐发的范畴，揭示出中国电影独具的民族特质及其深厚的文化内蕴，很大程度上推进了中国电影史的理论与实践。

第三，《中国电影文化史（1905—2004)》的出版，也顺应了百年来中国电影发展的内在需求。以见证并张扬民族精神及其人伦理想为职志的中国电影文化史，是记录中国电影的严肃姿态，是持存民族文化的有效方式。

［李道新，1966 年生，电影学博士，北京大学艺术学院副教授。］

中国神庙剧场

（车文明　文化艺术出版社 2005 年版）

神庙剧场是指在神庙里建立戏台并有观剧场地的场所。神庙与剧场的结合，在中外早期戏剧发展史上具有一定的普遍性。随着戏剧艺术的发展及社会历史的演进，国外的戏剧演出场所后来大多割断了与神庙的瓜葛而形成独立的剧场；但中国的神庙剧场却继续发展并不断完善，伴随了中国古代戏曲史的始终，形成了世界上独特的戏剧文化现象。神庙剧场是中国古代县以下（包括县城）广大乡村唯一的公共剧场类型，在大中城市的公共剧场中，神庙剧场也与瓦舍勾栏、茶园酒楼等商业性剧场平分秋色。不仅如此，宋元时期的瓦舍勾栏到明代中期以后就消失了，茶园酒楼出现于清代，且从清代中叶才在北京等大都市流行，只有神庙剧场从未间断。所以，神庙剧场便成为中国古代绵延不绝、范围最广、数量最多的剧场形式，其在中国戏曲发展史上的地位与作用不言而喻。

本书主要探究中国古代最普遍的剧场形式——神庙剧场的宗教信仰、建筑形式、演剧情况，并辅以个案研究。全书共分 9 章：第一章《绪论》，第二章《露台的兴衰》，第三章《祠庙献殿考》，第四章《山西泽州县冶底村东岳庙考述》，第五章《山西泽州县周村镇东岳庙考述》，第六章《山西稷山县南阳村法王庙考论》，第七章《山西蒲县东岳庙及其戏曲文物考述》，第八章《陕西佳县白云山庙群调查报告》，第九章《江西东部宗祠剧场调查》。

《绪论》首先对神庙剧场的概念进行了界定，并概要介绍了中国传统的古代宗教以及民间信仰的神灵种类与特征，以及神庙剧场的建筑形制与演剧活动。中国古代传统宗教的神灵种类大体有自然神、动物神、祖先神、人格神、职能神以及佛、道诸神等，范围广泛、数量庞大。由于戏曲在中国古代传统文化，尤其是“大传统”中地位不高，所以一般而言，在祀典中列入“上祀”甚至“中祀”的国家级或地方正统坛庙、高级别的道教宫观、正规的佛教寺院中不建戏台，各级文庙内自然不可有戏台。民间化、世俗化的古代宗教神庙、祠堂及佛、道寺观中可以建有戏台。神庙剧场最普遍的布局是沿中轴线自南向北（个别因地形二有变化）依次为山门、戏台、献殿、正殿、后殿（或寝宫），正殿左右或有侧殿（或朵殿），院两侧建有配殿与厢房或看楼，山门左右或院内东西角建钟鼓楼。四周以围墙与建筑物后山墙围成一个长方形四合院。庭院与看楼、献殿等组成观剧场所。有的戏台建在山门或过道上，叫“过路台”，个别戏台建在山门外。演出时间以定时为主，随时为辅。组织者分官府与民间“社、会”两类。官府组织的的祭祀、演剧经费由官府支出，有时也向民间摊派。民间组织的祭祀、演剧经费除庙产外一般有以下几种筹集办法：平摊（按田亩、人丁、大牲畜等）、抽分（按营业额、经济林等）、捐施、变卖公共财产所得等。需要说明的是，神庙剧场尽管大都建有庙门，但它们永远是开放的，出入自由的，基本不会营业售票。因为祭祀神灵是每个人的权利与义务。

露台是早期的表演场所，在中国剧场史上占有重要地位；献殿也是敬献歌舞百戏的重要场所，所以皆辟专章介绍。金元戏台是现存中国古戏台的最早实例，有十几座，都分布在山西省，相关研究比较充分，故只做研究综述。

第三章后为个案研究。对所选的每一座神庙剧场先进行庙貌描述，建筑断代，多数绘出平面布局示意图，并详细考察其历史沿革。木结构建筑与曲折飞动的大屋顶、网络状的层层斗拱，是中国古代建筑的最大特征。这一点，在神庙建筑，尤其是戏台建筑中体现的尤为突出。包括现存最早的戏台实例——金元戏台在内的所选个案，都是古代戏台建筑中具有代表性的精品。屋顶的鸟革翚飞，藻井的穹隆华盖，雕刻的华美精致，彩绘的艳丽夺目，堪称古典建筑中的典范。

对所祀神灵（包括主神与配享神）的属性、来历进行考述，是个案研究的一项基本内容，本书尤其对东岳崇拜以及东岳行祠遍天下的问题（元马端临《文献通考》提出疑问，本书予以解决）、宗祠的发展演变等，做了重点考证。神庙剧场的演剧是以敬神为号召的，除了临时性的（包括集体、个人）酬神还原外，多数时候，祀神演剧是有固定时间的。除了传统的节日，如元宵节、中秋节、春社（立春后第五个戊日，后世一般在二月初二）、秋社（立秋后第五个戊日，后世一般在八月初二）、腊日（一般在腊月初八）外，多数在神灵的诞辰日或升仙日。考察这些事象，是个案研究的重要内容。至于演出剧种、剧目、班社、习俗等，则是神庙剧场研究不可或缺的项目。众多的舞台题记、历史碑刻多数属于首次公布的珍贵史料。由于历史观的差异，这些文献基本没有引起正统历史学家及文人、士大夫的关注，未进入官方文献系统，也未被文人笔记录入，所以，这些信息在历史上处于自生自灭状态，因而，也使本书的相关研究具有原创性。

[车文明，1961 年生，文学博士，山西师范大学戏曲文物研究所所长、教授、博士生导师，中国戏曲学会常务理事、中国傩戏学研究会副会长、山西省戏剧研究会副会长。]

中国戏曲电影史

（高小健　文化艺术出版社 2005 年版）

本书为第一部较全面叙述中国戏曲电影百年发展历程的史著。戏曲艺术是中国历史悠久的经典性的艺术品种，代表了中国叙事艺术的优秀传统。中国电影的诞生和发展，中国电影的民族风格和叙事传统的形成都与中国戏曲有着紧密的关系。戏曲为中国电影提供了从美学到艺术表现等多方面的营养，是中国电影的民族性格的重要文化和美学基础。第一部中国电影就是由著名京剧大师谭鑫培表演的京剧短片《定军山》。中国电影的历史从戏曲开始，不是一种偶然，这与我国民族艺术、文化传统有着天然的联系。此后，在中国电影发展的各个阶段，戏曲都作为电影表现的题材、内容和对象，丰富着中国的银幕，并由此创造了中国独有的电影种类——戏曲片。如 20 世纪 30 年代中国第一部有声电影《歌女红牡丹》就描写了一个戏曲女演员的生活悲剧，银幕上第一次发出的声音就是京剧的唱腔；40 年代，中国诞生的第一部彩色电影是梅兰芳主演的京剧《生死恨》；50 年代，新中国的第一部彩色电影是越剧《梁山伯与祝英台》，并获得了国际影坛的赞誉。这都历史地说明了中国电影有着自己独特的文化渊源。戏曲电影获得巨大发展是在新中国成立以后，国家对民族艺术的大力扶持使得戏曲电影成为新中国银幕上一道靓丽的风景。许多戏曲艺术大师和中青年优秀戏曲艺术家都在银幕上留下了他们的艺术成就。许多优秀的电影导演也在戏曲电影创作中投注了大量的心血，可以说，电影与戏曲之间形成了非常密切的姊妹关系。同时，电影也为戏曲文化和剧目艺术水平的提高、传播和现代化作出了积极的贡献，为纪录戏曲艺术大师和优秀戏曲剧目提供了最佳的载体。在长期的艺术交融中，戏曲与电影相互制约、相互推进、相互影响，形成了戏曲电影特有的艺术风采和多种艺术流派，电影艺术家和戏曲艺术家之间更形成了亲密和谐的关系。戏曲与电影的这种融洽关系构成了戏曲电影发展的全部动因。本书记录并总结了这个将古老的戏曲艺术传统和现代电影艺术手段融合而创造出的独特的中国电影片种的历史过程。

戏曲电影的发展也同中国其他电影片种一样，受着中国社会历史动荡的影响，呈现出不同的阶段性特点，也有着自身的高峰和低谷。本书为中国戏曲电影的发展历程，勾画出了一条清晰的线索。作者把戏曲电影的整个历史划分为 7 个阶段：1905—1920 年代的“初始实验阶段”，1930—1949 年的“初步探索阶段”，1949—1955 年的“成长阶段”，1956—1963 年的“繁荣阶段”，1964—1975 年的“极端政治化阶段”，1976—1988 年的“新戏曲繁荣阶段”和 1989—20 世纪末的“整体衰落阶段”。这种阶段性的划分大体反映了戏曲电影历史发展的实际状况。其中既考虑到外部历史条件给予戏曲电影生长所带来的影响，又考虑到戏曲电影自身性质的变化及对戏曲电影发展所起到的决定作用。从中可以看到戏曲电影历史发展的每个阶段的特点，也可看到每个历史阶段之间过渡的必然性。

本书在历史叙述和理论总结方面进行了深入探索。作者长期从事中国电影史的研究，对戏曲电影的发展也作了充分的资料准备。本书在概括总结戏曲电影丰富的创作实践的基础上，在对戏曲电影的优秀作品和富有成就的戏曲、电影艺术家进行艺术分析的前提下，论析了戏曲电影的概念、艺术特征和美学观念，解说了戏曲电影中戏曲与电影两种艺术形式相互交融而产生的独特的美学特征。在作者看来，戏曲电影是用电影艺术形式对中国戏曲艺术进行创造性银幕再现，既对戏曲艺术特有的表演形态进行纪录又使电影与戏曲两种美学形式达到有机融合的中国独特的电影类型。这个概括的基本出发点在于，承认戏曲审美的虚拟性和电影审美的逼真性的基本矛盾又抓住它们之间存在的共同性和可融合性。实际上，在戏曲电影的具体创作中，创作者们主要的就是在探索如何解决上述基本矛盾以达到两种艺术形式的最大限度的融合，由此产生了不同的创作风格和流派，涌现出具有独特个性特点的代表性艺术家。根据这些创作实践得出的经验，作者将戏曲电影的美学特征概括为：坚持民族文化精神中的精华、作为民族审美精神的艺术再现、达到传统性与现代性的互动、以戏曲艺术表现为主导和两种审美形式的融合。本书作者在对中国电影艺术的历史进行叙述的同时，抓住了发展中的审美变化及其特征，论述了戏曲电影的美学观念在发展中成熟的过程。戏曲电影概念和美学特征正是从对其发展的描述中凸显出来的，并在记述历史的同时对此给予尽可能清晰的阐释。

[高小健，1955年生，文学博士，中国艺术研究院电影电视艺术研究所研究员。]

中西艺术导论

（肖鹰　北京大学出版社2005年版）

本书是一部在当代文化背景上，以传统与现代贯通、中国与西方交融的视野，体验、探索中西艺术精神在各自的文化史中发展、变化的论著。全书分为四章，各章内容提要如下：

第一章　美　艺术　美学

这一章是对文艺美学的三个基本范畴“美”、“艺术”和“美学”作学术史的梳理。此章分三节：（1）人类语境中的“美”，这节阐释在中西文化史中“美”的概念的流变，指出审美观念包含着物种、文化和个性三层次的前提制约；（2）“艺术”的诞生，这节阐释现代艺术概念的文化历史根源，揭示艺术概念的确立与现代文化之间的内在联系；（3）美学与现代生活，这一节阐释美学在现代文化中被确立为一个独立的哲学学科的文化根源，揭示美学的学科确立与现代生活的非宗教化和个人化转型之间的深刻的内在联系。

第二章　艺术的历史之境

在这一章中，从历史发展的角度，比较中西艺术精神的差异。这一章分五节：（1）天地与宇宙，此节分别以“天地”或“宇宙”（Cosmos）为中国或西方的传统世界观的核心范畴：并在此基础上展开对中西艺术精神的哲学基础的比较分析。（2）乐从何?，探讨中西音乐精神的基本差异，指出中国音乐追求具体的音乐（人为的音乐）与无限的音乐（自然的生成变化）的和谐，西方音乐追求人为的音乐本身的完美和谐。（3）神意人心，探讨中西诗歌精神的深刻差异，指出中国诗歌以感化无限天地为目标，创造出人与天地合一的无限意境，西方诗歌在稳定和谐的宇宙观和神学精神的支持下走了一条模仿自然和为神代言的古典主义道路（浪漫主义以新兴的自我意识逐渐瓦解了这条道路）。（4）有形无形，探讨中西造型艺术精神的深刻差异，指出西方造型艺术以稳定完整的世界模式为基础，追求创造逼真而又完美的艺术形象，中国造型艺术以无限变化的天地为基本宇宙模式，追求以有限的形式体现、感悟无限的宇宙生气（道）。（5）与天地为一，探讨中国天地观念的源流，揭示其审美与人生相统一的历史内含，指出中国传统审美意识，经历了“立象尽意”（《易传》），“神与物游”（刘勰）到“与物无对”（王阳明）的历史性扩充和转换。

第三章　艺术的现代性体验

这一章集中讨论在现代文化背景上艺术精神的深刻变化和新的艺术理论重要问题。此章分四节：（1）凝视与存在，探讨西方现代艺术哲学创造性艺术观念的历史根源和发展源流。此节集中讨论了康德、海德格尔、伽达默尔、梅罗·庞蒂、杜夫海纳和贡布里希等重要的现代西方哲学家、艺术学家的相关思想，深入阐释西方艺术从传统的模仿论向现代的创造论转换的内在逻辑和哲学内含。（2）现代中的古典，探讨古典艺术精神在现代艺术创作中的深刻影响。本节分析表明，从但丁、莎士比亚、歌德，直到20世纪的艾略特等文艺大师，在其艺术创作和思想中，都包含着深刻的现代性与古典主义既相冲突、又相联系的矛盾，他们的革命意义更多地不是表现在背弃古典主义，而是深化和展现古典主义的内在矛盾。（3）意境与现代人生，探讨20世纪美学作为一门独立学科在中国获得确立、展开和发展的历程。着重分析了王国维、朱光潜、宗白华、徐复观、李泽厚和叶朗等中国20世纪重要的美学家的思想，指出为自我寻找一个人生的终极归宿（境界），而不是追求自我表现的可能，是20世纪中国美学发展的重要契机。（4）在美学冲突之境，探讨20世纪中国文学发展中的三种美学观念之间的相互冲突与促进的矛盾运动。这三种美学观念分别是：A. 王国维、朱光潜等美学家代表的审美主义的美学观；B. 鲁迅所代表的反传统、反压抑的个性反抗的美学观念；C. 以毛泽东文艺思想为代表的革命美学观念。

第四章　消费时代的艺术命运

这一章集中探讨当代中国文艺创作的现状及其重要问题。（1）生活的审美化，探讨当代文化发展中的生活审美化现象，指出当代审美文化的发展在图像化、娱乐—消费化的中介点上把生活与艺术同质，它导致了艺术向大众文化的嬗变。（2）全球化的审美风景，以个案分析的方式，剖析当代文艺创作中，在全球大众文化（消费文化）语境影响下中国文艺作品的非本土化嬗变，这种嬗变既带来了文化内含（质）的丧失，也导致了民族文化身份（文化认同）的错乱和危机。（3）无限回乡路，探讨在当代全球化背景下，中国传统美学精神的文化价值及其现代性转换的可能性，指出它的天人合一的审美精神对现代文化自我主体性精神的修正价值。（4）美学与流行文化，探讨在流行文化全面扩张的当代文化语境中，美学独特的文化批判功能和调节机制。指出，美学作为现代人文精神的一种文化表达形式介入流行文化，使后者获得一个积极的对立（批判）的维度，一种流行文化健康发展的必要的张力关系。因此对美学提出了面对当代文化发展不断进行自身变革和深化的要求。

[见第446页肖鹰简介。]

作品与展场
——巫鸿论中国当代艺术

（巫鸿　岭南美术出版社2005年版）

该书集收集了作者近年来重要的艺术批评论文15篇，从艺术作品和艺术展览两个维度出发，以宽阔的历史视野，明快的理论气质和平实的写作风格，为我们提供了了解中国当代艺术批评的一个值得关注的文本。文集通过大量的史实和配图回答了诸如为什么当代艺术是“当代”？中国当代艺术有什么独特之处？什么是“实验性”展览？作品和展场的关系何在？等诸多问题。从文集中我们可看到作者对批评写作的基本态度：艺术批评，尤其是当代艺术批评既应是对其主体艺术家和作品的文本批评，又应是对其存在环境的生态研究，甚至可以说对前者的批评只有建立在对后者的史学描述和个案分析中才可能实现，虽然作者将对中国当代艺术的情境还原集中在“展场”这一空间概念内，但从涉及的问题看它几乎揽括了艺术制度、艺术空间、艺术出版、艺术策划等所有与当代艺术发生关系的领域。

[巫鸿，于1987年获哈佛大学美术史与人类学双重学位，随即在核校美术史系任教，于1994年获终身教授职位。同年，受芝加哥大学聘请主持该校亚洲艺术的教学、研究项目，并执“斯德本特殊贡献教授”讲席，并任该校东亚中心主任，及斯马特美术馆顾问策展人。于1998年在美国策划了大型巡回展览“瞬间：上世纪90年代末的中国实验艺术”，并出版同名著作。2000年他策划了具有实验性的“关于展览的展览”——“取缔：在中国展览实验艺术”，并出版专著讨论展览的社会作用以及和政治、经济的关系。]

学术成果·论文

超越“亚洲性”
——关于亚洲当代艺术的思考

（黄笃　《文艺研究》2005年第7期）

近年来，亚洲当代艺术受到国际的广泛关注。那么，为什么亚洲艺术问题要被提出呢？实际上，谈论亚洲问题，一个主要针对的是欧洲中心主义的取向，因为亚洲地区的历史是被西方中心主义的历史观所笼罩的；另一个针对是在亚洲内部发现超越民族国家的政治结构的想象空间。今天对亚洲当代艺术的研究，仍要置于一个历史范畴的概念来思考——它蕴涵了差异和身份、传统与现代、里与外、包容与排斥相关联的多样性和复杂性。这篇文章主要从三个方面来表述一下亚洲当代艺术的思考：一个是关于“亚洲”概念的历史语境；一个是“移植”与亚洲立场；一个是超越“亚洲性”。

一、“亚洲”概念的历史语境

“亚洲”概念在亚洲国家中的提出和运用，可以追溯到19世纪日本的“脱亚论”，其意旨在于摆脱以中国为代表的儒教主义的封建关系，试图将日本建设成欧洲式的民主国家。

“亚洲”概念与社会主义运动有关，

并具有革命性的内涵。20世纪上半叶，列宁开始应用民族自决权的思想关注亚洲，亚洲被纳入世界范围看待。实际上，列宁的亚洲观是把亚洲规定成了一个中世纪的、野蛮的、没有历史的亚洲，再结合资本主义与革命的逻辑。将亚洲提升到一个比较高的历史位置，使被压迫民族国家的建国运动本身进入了对世界资本主义的批判系统之中。

20世纪20年代，孙中山区分了两个不同的亚洲概念：一个是“没有完全独立的国家”和作为“最古老文化的发祥地”的亚洲；一个是即将复兴的亚洲。前者是指亚洲尚未建立新的民族国家的政治结构，是被否定的亚洲；后者则是指复兴的亚洲，它是以日本作为起点，因为日本废除了与西方的不平等条约，成为了第一个亚洲的独立民族国家。他还以种族主义的观念把俄国人定义为欧洲人，又从现实的压迫关系将俄国革命运动则看成是亚洲的组成部分，构成了“大亚洲主义”的同盟。在这个意义上，无论是“脱亚入欧”，还是“大亚洲主义”，亚洲仍是超越民族国家的范畴。

因此，亚洲概念总是处于一种模糊的游离状态——具有暧昧性和内在矛盾性的特征。亚洲概念交织了二重性，既包含了殖民主义和非殖民主义的内涵，又蕴涵了保守和革命的特征，更具有民族主义和国际主义的意义。

二、“移植”与亚洲立场

在现代艺术史中，1989年巴黎蓬皮杜艺术中心举办的“大地魔术师”（Magiciens de la Terre）展是一个重要转折点，它第一次向西方文化中心介绍了非西方国家的艺术，开始动摇了西方中心主义的价值体系，从而导致了以西方为中心的视点向多元文化视点的转移。这种非中心的艺术实践带动了非西方艺术的多元艺术的崛起。亚洲也积极参与和回应了这种文化变化，吸收或引进国际流行的展览机制来建构自身文化体系，也提高了自我意识和文化身份的伸张。

自20世纪90年代以来，亚洲策展人、评论家和艺术家借“非中心”、“身份”、“跨边界”的概念寻找与西方相“对比”、“差异”后的潜在可能性，力图把被动的选择扭转成主动的自觉。他们还在艺术实践上超越了东西方之间的对立概念，尽可能摆脱作为西方想像的“异国情调”，以表明亚洲文化身份的自觉意识。并在亚洲逐渐建立起了“双年展”、“三年展”机制。实际上，这种西方式的艺术机制变成了艺术政治的竞争形式，而没有达到真正意义上的对话和交流。值得注意的是，如此之多的展览背后是否存在着另一个未解答的问题——亚洲当代艺术展在方法论和形态上只不过是一种西方艺术展览模式的翻版。的确，在这样一个全球化的时代中，虽然采用“移植”西方模式有一定必要的参考性，但这绝不意味着要生搬硬套，而是要充分体现一种独立思想和自觉意识，更重要的是在展览组织和交流中探讨不同艺术间交流和影响的相通性和整体性，这才是实现跨文化（trans - cultural）交流的关键性所在。

三、超越“亚洲性”

亚洲并没有建立欧盟模式的超级民族国家的先决条件，因为用任何单一的文化来概括亚洲都是难以有说服力的。与欧美相比，亚洲更具多元文化的特征。它的差异性基本源于两个方面：一方面是历史发展延续的结果；一方面是殖民主义、地区战争和冷战等遗留的影响。

虽然各种各样的复杂现实性阻碍或限制亚洲艺术的交流，但艺术作为一种乌托邦理想和一种自由的表现形式，它往往超越国家疆界和意识形态的约束，以宽容的态度去吸收和融合别的文化。亚洲艺术正是在这样的基础上建构和发展。实际上，“亚洲性”指的是在艺术创作中的亚洲主体性，是一种铭刻了文化身份的表现形式，是一种建立在语言、传统、宗教基础上的差异性的文化话语。在某种意义上，超越“亚洲性”的艺术理想应该是超越民族国家的边界，重新建构一个想像的文化空间，它的基本前提就是必须确立两个明确的目标，即对内消解国家“中心”，对外则抵抗西方文化的“话语霸权”，对亚洲艺术实践者而言，这既是一种文化策略又是一种文化使命。

如果考察一下当代亚洲艺术的新动向，不难发现亚洲艺术家具有共同或相同的特征，都试图创造一个超越“亚洲性”的空间，即一种互主体性（inter - subjectivity）的空间生产，这种艺术生产不仅建构了作品与观众、观念与社会、自我与他者之间的互动关系，而且扩张和延伸了艺术观念的表现形式。他们的目的不在于向非亚洲人证明亚洲艺术家的有效性和重要性，而是在亚洲人中创造自尊和信心。他们建构的“亚洲自我”和“亚洲他者”都是基于对亚洲不同传统美学的尊重和当代性的转译。

目前，亚洲既需要摆脱西方资本主义扩张的支配性，又要在思想观念上建构亚洲的主体性。需要通过对亚洲表象、传统、宗教、社会和政治问题的揭示，提高了亚洲艺术的深度。尽管如此，这些艺术实践者仍要面对如何建立亚洲传统与现代社会在今天新的发展关系，以及在迅速变化和混杂性（hybrid）的文化中怎样建立新的亚洲文化策略的问题。因此，作为方法论的亚洲或作为机能的亚洲在今天就显得尤为重要。

［黄笃简介缺。］

大众文化与微观政治

——当代艺术中的社会学切入

（般双喜 《文艺研究》2005年第12期）

对于当代青年艺术家的具有浓厚大众文化特征和个性化日常经验的艺术表达，应该如何认识？在对现代社会进行批判性反思的宏大叙事之外，当代艺术有没有可能从其他方向切入 当代社会？这一问题的提出，反映了我们对具有后现代主义特征的当代流行艺术的文化判断，也提供了一种对过去20年来由85美术思潮所形成的现代主义思维方式进行反思的机会。在某种意义上，从大众文化的角度观察并表达当代艺术对社会现实的态度与表现，是新世纪中国当代艺术的重要课题。相对于西方发达国家，具有深厚历史文化传统和不算发达的现代工业与商业环境的中国的大众艺术，会有怎样的表达方式和视觉形态？

1939年，格林柏格在《先锋派与庸俗艺术》一文中注意到精英艺术与通俗艺术的差异与并存。格林伯格讨论了先锋派艺术对资本主义现实的社会批判的不妥协态度，这种批判却导致了现代派艺术家对社会的自觉疏离。“先锋派艺术家和诗人完全从大众中退离出来，通过把艺术局限于或提高到表现绝对来努力保持自己高水平的艺术，在这种对绝对的表现中，要么解决一切相对性和矛盾，要么对这些问题不予理睬。”先锋派的专业化、精英化和对题材、内容的冷漠疏远了大众，而大众对精英文化则回报以漠不关心，这使先锋派由于缺乏群众和市场基础而受到生存的威胁。

与此同时，格林伯格注意到了工业化所带来的“庸俗艺术”，它包括流行的商业性艺术和带有彩色照片的文学、时尚杂志、插图、广告、通俗黄色小说、喜剧、流行音乐、踢踏舞、好莱坞电影等（在今天，还应该加上电视娱乐节目、数码影像、动漫、电脑游戏等），这实际上就是我们熟悉的流行艺术与大众文化。

格林伯格痛斥庸俗艺术的生产模式和它对于前卫艺术的巧取豪夺，“庸俗艺术为了自身的目的可以充分利用成熟文化所发现的东西、成果和完善的自我意识。它从这一文化传统中借取技法、诀窍、策略、经验方法和主题，并把这些东西变成一个体系，抛弃不需要的成份。它从历史地积累起来的经验库存汲取自己的生命血浆。这就是人们所说的今天的通俗艺术和文学曾是昨天属于创新深奥艺术和文学的真正含义。”

格林伯格对于流行艺术的全面否定是站在美学前卫的立场上反对流行艺术在艺术语言的资源掠夺与形式上的自由挪用，但是格林伯格没有注意到当代流行艺术对大众思维方式与生活态度的深刻影响。与之相比，一些知识分子精英在专业刊物上对流行文化的批判与声讨就如同在大海中扔进石块。80年代青年艺术家对于社会、政治的变革热情是在历史与传统背景上产生的理想主义的宏大叙事，而1970年代以后出生的青年艺术家更多地从个体经验出发，在微观沉潜的层面上折射出时代与社会的激烈变化。他们没有英雄主义的救世理想，而是将个人的生活和大众文化与影像图像作为艺术资源。

当代艺术的传播越来越依赖于艺术信息的获取和艺术活动的配套操作，大众媒介、收藏与市场日益成为具有评论价值的重要因素而发挥着影响力。当代艺术家已经意识到通过展览与大众媒介建立自己的符号系统即商品品牌识别系统，从而增加艺术神话的附加值的重要性。为此，选择社会熟悉的大众文化符号与已有的传统文化资源加以挪用，是一个与大众和传媒建立紧密的消费联系的公关策略。

后现代主义者认为前卫已经死亡，理由是在当代艺术中，形式革命的空间已经发掘殆尽。而前卫艺术极端强调的个性在现代社会中具有很大的虚幻性。福柯认为现代主义强调的主体性并不存在，所有的主体性都是虚幻的，个人在整个社会的权力关系中存在，为这种关系所分类、排斥、客观化、个体化、约束以及规范化，个体接受社会权力的制约和社会规范，自觉内化，似乎处于悲观的无助地位，这是一种被动的“生产性的主体”。但是在福柯的晚期，他从强调“统治技术”转向强调“自我技术”，即强调个人如何被他人改变转向强调如何实现自我改变，他呼唤一种在社会微观层面发展起来的多元的自主斗争，用一种后现代的微观政治学概念取代了现代的宏观政治学概念。通俗地说，当分散的个体不具有对整体社会中心权力的控制权时，他可以通过个性的自由与解放来获得对自我的控制权。“无产阶级要解放全人类，首先要解放自己”。这种“微观政治”以两种反话语形式获得自己的批判性策略：一种是“话语政治”，即边缘群体通过抵制将个人置于规范性约束下的霸权话语来解放自我，获得自由；一种是“生物性政治”，个体摆脱规戒性权力的束缚，通过创造新的欲望形式和快感形式来重塑躯体，从而颠覆规范化的主体认同和意识形式。将“快感”和“欲望”提升到一种文化与政治的层面来切入社会，是当代艺术对于传统价值的一种和平颠覆的后现代策略，这就要求我们对当代艺术中的“快感”和“欲望”从社会学的角度还原它在现实生活中的大众基础。

当代艺术是从个体与微观的层面上对传统价值与观念的解构与重建，当代青年艺术家在认同、参与、体验甚至享受当代生活的外表下，正在发展出一种对传统社会结构和价值观具有解构性的艺术图像系统，他们的作品反映出我们时代的社会变迁与卡通文化、数码影像对当代青年的深刻影响。通过流行文化的符号，他们的个性化日常生活经验得以表达，在这种表达的背后，是一代青年价值观与伦理观在微观层面的张力性冲突，以及他们在这种冲突中试图重塑自我的努力。正是从大众文化的微观层面上，我们可以窥见世纪之交中国社会正在发生的新的价值观与理想的形成，大众文化与流行艺术也因此具有了社会变迁与文化风气转移的标识功能。

从这一观点来看，当代艺术的前卫性的重心不再是艺术语言的不断革命，而是其作为边缘与中心的冲突、个体与体制的对抗所具有的主体自觉性。也就是说，当代艺术的特征，一是以艺术手段表现自己的独特性，不受任何统一性的制度与思想的控制；另一方面是与既成规范和趣味的对立，以富于想像力的艺术思维和行动表达对于现代人的生存境遇的思考。

[殷双喜，博士、艺术评论家。
通信地址：北京朝阳区花家地南街8号
中央美术学院（100102）
联系电话：010－64771021]

当代艺术二十年

（吕澎　《文艺研究》2005年第11期）

从1979到1999年，正是中国社会和文化激烈变革的20年。在这20年的时间内，中国艺术家所经历的种种变化，所表现出的种种风格，所参与的种种思潮，也许超过了中国历史上任何一个时期艺术家们所能够亲身经历的一切。

我们看到，中国艺术在这20年中的历程不仅仅是一个“视觉方式”的历程。从某种程度上讲，“视觉方式”的变革只是精神变革的一种符号表达方式。80年代，中国观众对新艺术的表述使用的是“现代艺术”这个词。而现代艺术一开始就给人以这样的深刻印象：它是人们或某个地区的人们（如中国现代艺术之于中国观众）不曾见过的东西，因而是“非传统”的。

要想把产生于20世纪80年代“中国画已穷途末日”的观点，与其他文化领域对传统文化的批判、与哲学领域大量西方现代哲学著作的介绍以及思想领域的变化截然割裂开来，无疑是幼稚的。80年代，种种“现代艺术”现象已经汇入了当时中国正在诞生的整体性的社会变革力量，是一个宏大结构中的一环。

从“星星画展”到85’美术思潮中出现的种种艺术样式并不是单纯的形式游戏，而是社会整体变化在艺术语言上的表述，这些艺术样式的产生和变化的根本原因是发自艺术家的现实评价和对历史批判的需要。

当然，中国艺术家确实通过各种展览、画册以及其他途径熟悉了西方现代艺术家的作品。这些西方艺术对中国艺术家的启迪和影响也许仅仅是形式意义上的。但我们可以看到，叔本华、尼采、萨特、弗洛伊德、荣格、加缪和爱略特等一大批现代西方哲学家、心理学家、文学家、美学家的著作被翻译介绍到中国之后，已经脱离了纯粹的学术或者学科领域，而成为中国的艺术家们理解和批判自己社会与时代的“思想武器”。

在80年代的艺术家看来，一部由塞尚、凡高、高更、马蒂斯、毕加索、康定斯基、蒙德里安等众多伟大艺术家的创造所构成的西方现代艺术史，证明了西方现代艺术史是由难以计数的新的形象语言体现出来的。但是，这个观察角度同样不适用于中国20世纪80年代的现代艺术的发生和发展。如果我们仅仅从马德升的木刻中看到了柯勒惠支，在何多苓的油画中看到了怀斯，在一些波普现象中看到了杜桑和劳申伯，以及在众多的作品中看到了德国表现主义的痕迹，我们就很有可能对中国现代艺术的推进作出悲观主义的结论。

与20世纪80年代不同，90年代的中国艺术放弃了本质主义探询，艺术领域大量出现的是“泼皮”、“艳俗”，在文学领域则是“躲避崇高”、“痞子”。市场化的权力系统正在迅速生长。市场话语系统开始迅速成为一种新的影响力，使艺术家的思想和生产变得更有功利性。于是，缺乏实证的形而上“终极关怀”消失得无影无踪。当时几乎没有人认识到，涉及到“市场”的问题实际上已经关系到中国艺术系统全面设立的问题，它与有帝国主义嫌疑的“全球化”，与资本、资源和人员的自由流动所导致的旧有结构的解体和新的系统在运动中设立有紧密关系。“市场”以及与之相关联的“消费主义”的出现，完全不是许多艺术家或者批评家认为的那样仅仅是一个经济事件，而是一个政治、经济以及文化的综合事件，一个以新的手段反抗旧有意识形态的事件。

80年代艺术家和批评家的文章中经常出现的尼采、叔本华、弗洛伊德、萨特的名字在90年代逐渐被福柯、德里达、哈贝马斯、利奥塔、杰姆逊、罗蒂这样一些名字所取代。不像80年代的年轻艺术家对尼采、叔本华或弗洛伊德的狂热，90年代的艺术界几乎很少有人认真阅读涉及后现代思想的哲学家的专门著述，他们对西方存在的“后现代状态”其实不甚了了。但是这并不是说，学术界和艺术界在经常提及这个词汇时，没有能够理解它的含义。没有中心，无所谓中心与边缘，传统与现代符号的并置，口号式的滑稽图案，超越终极目的的市场化操作，女性主义的呐喊，对往昔的忧伤和对现实的不满。

由于中国艺术家频频被邀请参加在西方举办的“国际展览”，引发了所谓中国艺术的“国际身份”问题，这个问题一直困扰着中国艺术界。1993年3月，在德国柏林举办了“中国前卫艺术展”；1993年6月，澳大利亚悉尼举办“毛走向波普展”；1993年6月，中国艺术家参加意大利威尼斯的“第45届国际威尼斯双年展”以及1994年10月参加巴西圣保罗的“第22届圣保罗国际双年展”。之后，中国前卫艺术家更加频繁地参加了国际上大大小小的展览。然而，参与国际事务，就必须具有一定的身份。处于国际事务的中心还是边缘，在获得了国际准入标志之后就立即凸现出来成为一个重要问题。

显然，1997年之后的中国艺术界相比前几年来说是处在“温水时期”。后冷战现象、军事对抗、地区冲突、经济危机、宗教复兴、区域性权力结构的改变、犯罪形态的繁衍，所有这一切背景，对于中国艺术家来讲只是爱听或者不爱听的新闻旧闻，只是媒体或者类似亨廷顿的《文明的冲突和世界秩序的重建》这样的著作中述说的虚构故事。国际和国内发生着的一切，再没有引发像80年代那样一致的道德波澜，唤起理性与正义的共同焦虑。

［吕澎，1956年生，博士，现为中国美术学院教师。主要著作有《欧洲现代绘画美学》、《现代绘画：新的形象语言》、《艺术—人的启示录》、《20世纪艺术文化》（与易丹合作）、《现代艺术与文化批判》、《中国现代艺术史：1979—1989》（与易丹合著）、《艺术操作》、《中国当代艺术史：1990—1999》、《溪山清远——两宋时期山水画的历史与趣味转型》。主要翻译著作《塞尚、凡高、高更书信选》、《论艺术的精神》、《风景进入艺术》。
电子信箱：lvpen@21cn.com］

电影美学：从思考方式到理论形态

（王志敏　《文艺研究》2005年第1期）

电影美学并不是一个不言而喻的学科或课题，电影美学能否成立，成立的依据以及成立之后的学术形态如何，都需要认真讨论和解决。本文的主要观点是，电影美学是从美学角度研究电影的一个电影理论学科。其主体内容应该是概念、框架和问题。电影美学成立的逻辑依据是，电影是一种专门制作表面现象的媒介，美学是一种专门研究表面现象的学科。

一、电影美学：一种电影理论形态

电影美学是一种电影理论形态，而且是一种具有特殊重要性的电影理论形态。电影美学是电影理论全面、深入发展的一个重要方面。

考察任何一种电影理论，首先进入我们视野的是各种观点或命题，其次是概念，最后才是框架，尽管这三个方面是密切相关的，并且不是相互孤立的。任何一种电影理论的建立，它的基础就是概念，即从概念出发，通过观点，走向体系。概念是电影理论大厦的砖瓦和基石（或者说建筑材料），是构成任何一种理论的最为基础的结构单元。概念理所当然是电影理论研究的出发点和最重要的方面。理论框架是在理论观点和概念后面的起组织作用或背景作用的东西。或者说是一定的方法论所能达到的区域范围和所形成的逻辑结构问题。框架的明确和形成是一种电影理论研究已经达到的系统化程度的最主要的标志之一。

二、电影：一种专门制作表面现象的媒介

本文对电影的界定是：电影是以纪录社会现象和自然现象片段为基础传递信息、制造效果的一种异质综合性的媒介手段。这个表述有两个要点：第一，肯定电影是一种媒介手段，第二，明确电影是怎样一种媒介手段。电影中的环境有一些属于自然现象。电影的纪录功能使得电影媒介与其他媒介区别开来。直到目前为止，在人类文明的发展进程当中，在人类所使用的各种媒介手段当中（如果暂时不把数字包括其中的话），只有电影（包括电视）具备了迄今为止最完整的纪录功能，这是一种伟大的功能。因为，全面的纪录是一种只有电影这种媒介手段才具有的功能。

绘画只能描摹、描绘人、景、物的表象，对于过程本身则无能为力。充其量也只能描绘过程中的表象片段。更不必说惟妙惟肖的肖像画也达不到电影的“纪录水准”。语言文字距离纪录更加遥远。语言只能在一定程度上描述社会现象或者自然现象。后来有了文字，文字具有记录语言的功能，语言和文字结合在一起，（文字）语言的描述功能得到了增强。文字只有记录功能，达不到纪录功能。话剧是通过表演来进行的。表演以模仿功能为基础。当涉及虚构的时候我们才称其为表演。还有一种情况，不是涉及虚构，而是需要某种程度的还原，我们称其为搬演。生活中有时也需要搬演。搬演具有复现的功能。

纪录一种相当高级的功能。其特点是，复制出表面现象。电影是一种表面现象的纪录手段。

三、美学：一个专门研究表面现象的学科

美学是研究人类审美现象的学科。也就是说，美学的研究对象是审美现象。这里面也包括对于审美现象的理解问题。何谓审美现象？虽然迫切需要回答，却长期以来都被认为是一个见仁见智、莫衷一是、难以得到很好回答的问题。美学家对待审美现象和电影理论家对待电影的态度颇为相像。电影理论家甚至认为电影无须界定。看来今天这类问题已经到了必须很好地加以解决的时候了。

本文对审美现象的表述是：审美现象，对事物的感受是也，即感受的对象就是审美对象。世界上一切可感受的对象（社会现象和自然现象）都是审美对象。接下来的问题就是，何谓感受？感受是一种内涵丰富的高级情感现象。人类个体的一个非常重要特点就是，我们倾向于亲近感受中那些让我们感到高兴和愉悦的部分，我们倾向于排斥感受中

那些让我们感到不高兴和不愉悦的部分。这就是所谓的审美追求。

我们平常所使用的“审美”一词当中，还包括着“审丑”以及大量中间地带情况的含义。也就是说，所谓审美其实就是审视过“许多”。美是在审视过许多的过程中才终于突显出来的。我们应当认识到，当个体有审美发生之时，该个体一定是已经有所审视了。

现在确实到了恢复美学（Aesthetics）这个词中所包含的古希腊的古老含义的时候了。感受即是审美，美学即是感受之学。美学一词是根据古希腊文中的一个应当译为“感受”的词语创造出来的，康德也是在“审美的”和“感受性”双重意义上使用 Aesthetic 一词的，所以，美学的准确的意思应当是感受学。在此意义上，美学也可以说就是审美学。

必须指明的是，这种感受只是对于表面现象的感受。或者说感受是由表面现象造成的。正如黑格尔所指出的，艺术作品是为人的感官而造作的，因此它多少要从感性世界汲取源泉。

四、电影美学：电影与美学的结合

人是生活在表面现象之中的，美学就是专门研究表面现象的学科，而电影是专门制作表面现象的媒介，美学当然也就没有不去研究的道理。也就是说，电影与美学之间确实有着内在的不解之缘：电影离不开美学，美学也离不开电影。电影离开了美学，就得不到充分的和深入的理解，美学离开了电影也得不到更高的发展和提升。电影与美学的交相辉映，恰好证明两者的不可或缺。电影美学可谓电影与美学两者的天作之合：电影帮助美学进一步澄明自己真正的研究对象，进而得到深入发展，美学帮助电影更深入地探究光影与声音的现象之谜，即更深刻地理解电影自身。表面现象是电影与美学两者共同的根。正是在这个意义上，我们说，电影美学是专门化的表面现象之学。

［王志敏，北京电影学院教授、博士生导师，北京电影学院电影学系主任、电影研究所所长，《北京电影学院学报》主编，华东师范大学传播学院兼职教授及博士生导师。主要著述有《元美学》、《佛教与美学》、《电影美学分析原理》、《现代电影美学基础》、《现代电影美学体系》。译著有《想象的能指》。］

二十世纪二十至三十年代中国画画坛的国学回归潮

（林木　《文艺研究》2005 年第 12 期）

该文认为，19 世纪上半叶鸦片战争之后，中国知识界的精英们普遍地倾向对西方科技文化的热情学习，又普遍地对民族文化取激烈批判与否定的态度。这种情况一直持续到第一次世界大战期间。第一次世界大战的爆发及其中科技发明对人类自身的伤害，促使西方精英层对科技文化的反思。西方这种自我文化反省的思潮传到中国后，给正在崇拜西方的中国精英层一种警醒。1918 年底，梁启超率领巴黎和会观察团赴欧洲，希望直接向欧洲的文化精英们请教。但欧洲学者们的回答，则是战争宣布了欧洲文明的破产，他们反倒希望从中国的遗产中获得一种智慧，来纠正自己文明中的缺失。梁启超从 1919 年 3 月起，以一系列文章向国人报道了这些欧洲人的观点。无独有偶，英国大哲学家罗素 1920—1921 年间亦在中国作巡回演讲，也开始贬低西方的机械论世界观，盛赞中国文明。他们的观点对中国文化界产生了极大的震撼。

在这股反思思潮之中，扮演着复兴民族美术领袖作用的是 20 年代初期北京画坛领袖陈师曾。陈师曾在其 1921 年撰写的《文人画之价值》一文中，针对当时惟物质轻精神，惟写实轻表现的画坛主潮，强调了中国传统艺术重精神的特点，并得出了“文人画不求形似，正是画之进步”的结论。陈师曾在画坛掀开了国学复兴思潮的序幕。

1923 年开始的“科学与人生观”的大论战本来属于思想界的事，但对整个中国社会都产生了极大的影响。这场论战，是以西方文化代表之科学的物质决定论，与东方文化代表之国学的论争，回归民族文化之风也由此而逐渐兴起。亦如文学界之创造社的郑伯奇在 1924 年所说，“新思想与白话文发生不一两年，国学运动就隐隐地抬起头来了。到现在，国学运动的声浪一天高似一天。”连一向主张“全盘西化”的胡适都在用实验主义整理国故，于是“所谓整理国故运动就这样兴起来”。

就是在这种复兴国学，复兴传统文化的又一强大思潮的感召下，被清末民初打倒国故提倡西方文化搞得灰头土脸的“国粹画”、“国画”，才又逐渐地抬头。在这种民族文化复兴的氛围中，1923 年时，崇拜油画的刘海粟在其美术院里增设了中国画科，他还在 1924 年发起了“古美术保存会”，1924 年，傅雷在谈到此种现象时认为刘海粟的“国魂与个性开始觉醒”。

看来，上海刘海粟的“国魂”的觉醒的确不是个人偶发的行为。20 年代，在西化倾向十分突出的广州还成立了“国画研究会”。该社后来发展到整个广东各地及港澳，最多时成员达五、六百人。

上海在 19 世纪中期以后一直是中国画的第一重镇。以海派之强大势力领袖群伦。从 10—20 年代，成立有如“古美术保存会”，“上海中国书画保存会”，“蜜蜂画会”等等 40 余个国画组织。30 年代的“中国画会”已经是民国年间最大的全国性质的中国画画家的组织。

北京作为明清故都，传统文化一直有着深厚基础。北京的中国画家在 10—

20年代组织成立“中国画学研究会”和“提倡风雅，保存国粹”“湖社”。“湖社”后来发展成为覆盖北京、天津、山东、东北等北方各省人数达数百人的组织，成为20至30年代北方地区势力最大最具影响的中国画家社团。

可见，在20世纪严重的西化倾向中，20至30年代其实是传统国画的一个颇为兴盛的时期，从这些组织普遍的“保存国粹”、“中国书画保存”，对国学“讨论之，整理之”的建社宗旨来看，中国画的这种勃兴，的确是20至30年代中国文化界“整理国故运动”，复兴国学的文化思潮之使然。

1934年10月和1935年1月，在“中国文化协会”主办的刊物《文化建设》上，陈立夫提倡“民族文化复兴运动”，以及何炳松等10位教授的《中国本位文化的文化建设宣言》，更把这种民族文化复兴的思潮推到了一个前所未有的高度。一月后，郑午昌在《国画月刊》上撰文回应“不盲从不守旧，为我们一贯的主张，此与最近何炳松等10位教授在文化建设的宣言中提倡‘中国本位’文化的旨趣，正相吻合。可知新中国文化的创造已为国人共同的目标。”

这些人对当时美术思潮，国画思潮的描述，给我们再现了20世纪20至30年代国学复兴、国画复兴的真实景象。在这种国学复兴的思潮中，对中国传统绘画本质精神的探讨成为中国画坛国学复兴中最深刻的部分。而30年代关于“国民性”与“民族精神”的研究，更把这种本质性研究推到极致。黄宾虹、王显诏、汪亚尘、宗白华、邓以蛰、梁启超、林风眠、傅抱石都有关于中国画本质的精采论述。

对这种民族性、民族本质的研究，在20至30年代里又往往在与西方的比较研究中进行。一些重要杂志如《东方杂志》、《艺风》、《艺术旬刊》、《中国美术会季刊》等刊物上，都可以看到一系列高水准的中西比较的论文。

这股国学回归思潮在艺术上的另一重要反映，就是从30年代开始，持续到40年代的有关“民族形式”的大讨论。这场关于“民族形式”的讨论，在美术上直接引发了版画中利用民间艺术的创作实践，也直接促成了油画民族化问题的提出。在中国画画坛，更多地则是坚持自己独立的民族精神，民族形式与民族风格。

20世纪20至30年代国学复兴的状态，一直持续到40年代。民国时期中国画坛国学复兴的学术思潮带来了名家云集大师辈出的中国画坛真正复兴的大好态势。对这股思潮的再次续接，则是20世纪末21世纪初的事情了。

［林木简介缺。］

“革命”!?“保守”!?
——民国“文人画”辩之透析

（曹庆晖　《文艺研究》2005年第12期）

民国以降，特别是五四运动以来，中国传统绘画怎么办的问题成为文化革命者和维护传统者反思和评判文化动向时不得不关注和讨论的一个核心问题。通过对民国美术文献材料的梳理，笔者发现当时对文人画的批判大致不出如下言论：衰败论、玄虚论、简率荒略论、守旧摹仿论、为艺之具不支论。持这些言论者——如康有为、陈独秀、徐悲鸿、高剑父、鲁迅等人——从文人画的发展趋势、生产原则、语言表现、学习方式、艺术工具诸方面对文人画予以全面揭批和否定，其态度之焦愤，言词之凿凿，大有今不如古、中不及西之慨叹。批判者对文人画的众口铄金逐渐激起维护者的回击，针对改良—革命者宣判文人画的条条“罪状”，维护者如陈师曾、郑午昌、余绍宋、俞剑华、黄宾虹等人的看法显然与其针锋相对，概括起来，各种回应不出如下认识：价值—结晶—功能论、气韵论、不求形似论、临摹师古论。就此可见20世纪上半叶对文人画存在两种截然不同的评判，而思想上的对峙则表明实际存在着两条看不见的阵营战线。要求改良革命文人画的批判者构成了争论的攻方——所谓“革命阵营”，而意图坚守开拓文人画的维护者形成了论辩的守方——所谓“保守阵营”。相对而言，革命阵营的意见是基于文化改良论、借洋兴中的立场揭批文人画之陈腐，以图变化；保守阵营的意见是基于文化价值论、以西证中的立场维护文人画之优长，以图承进。

不过若仔细分辨，则会发现阵营双方虽然你辩我论，但却往往不在一个集中的层面而是各自从各自理解的层面谈问题。具体而言，批判者侧重从流弊或现状批判文人画，维护者侧重从观念或传统维护文人画，前者是形而下的眼光，后者是形而上的逻辑，这使他们在很大程度对文人画的评说不聚焦。换言之，虽然都谈论的是文人画，可攻方指责的文人画问题却不见得是守方要回应之处，而守方维护的文人画优长也不见得是攻方要抨击之处。

另外，通过梳理和分析，笔者进一步发现双方内部在争论中都有相互靠近对方的看法，在认识上并非楚河汉界泾渭分明。比如革命阵营内部对文人画家的批判并非全盘否定而是有所选择，甚至存在对文人画否定之否定的言论和肯定的言论，而传统阵营中也有接近革命阵营对衰败论的体认和不可过事临摹论、不以写意为正宗论的“革命”看法，这表明革命—保守阵营之间的对峙本质上是一种辩证的学术矛盾关系，虽然双方都有代表言论各执其一极，但革命阵营并不可能彻底超越固有的中华精神传统文脉的影响、保守阵营也不可能完全独立于新近的外来文化传统之外，双方都在古今—中西架构的文化十字架上寻找着中国绘画可持续发展的基点和空间，其间自然不可避免地会有某些人在某些具体方面采取某些一致的参数作为不同立论的依据，从而构成了这种整体差异而局部近似的复杂的争论网络。

因此，本文作者认为革命阵营与保守阵营其实是一种相对的历史存在，双方对峙并不表明有全然不同的思想观点。实际上，革命阵营也在声讨传统之时摘选传统，保守阵营也在维护传统之际革故鼎新，特别是对对立双方各自代表人物的观点分析后，可以发现对立者之间在一些局部观点甚至是比较主要的观点上反而趋于一致，而非对立者在一些局部观点甚至是比较主要的观点上反而倒不见得一致。因此，若究问和判定民国画坛中人到底谁革命谁保守，无异于稚童追问孰是好人孰是坏蛋一般偏执和简单。谈至此，革命与保守的分类显然已不太重要，重要的是他们各自在近现代中国文化转型中承担的角色和具有的价值。如果这样理解的话，革命和保守的命名意义就更多地倾向于一种历史研究的归类表述，而命名本身实际并不内含着截然分明的褒贬判断。实际上，若将各自的理论主张和艺术实践结合起来统一考量，不难发现革命与保守在文化转型的过程中其实各有其难以超越的尴尬局限，也各有其颠扑不破的合理成分。应该说，革命阵营的革命和保守阵营的保守同是文化嬗变的需要和选择，取向不同但互有制衡。那种所谓革命必然意味着文化进步，保守必然意味着文化倒退，革命的主张实践必定先进于保守，保守的价值意义必然落后于革命的看法，显然有意识或潜意识地有违于对双方理论—实践事实及其复杂关系的辩证理解，无益于把握革命和保守在20世纪中国画争论和实践中的文化价值和现代意义。

历史地看，革命或保守的选择与实践都是中国美术自身现代性的一种独特呈现，都有对方无法替代的现代意义及价值，所谓孰新孰不新、孰现代孰不现代的评论，都是基于单一价值观而非多元价值观、单一现代性而非多元现代性做出的解释。当然，这不是说本文要相对主义地均衡（实质上是消解）对价值意义的判断，这恰恰不是本文的动机和意图达到的目的，本文的实际目的是解构长期以来革命与保守二元对立思维模式下对各自内在丰富性的遮蔽，就此而言，这当然就不是回避价值判断，而是更深入地反思存在于中国近现代美术史上的学术复杂性和既有价值判断。

[曹庆晖，硕士，中央美术学院美术史系教师，现为中国美术史教研室主任，主要研究方向为20世纪中国美术史。]

纪实与慰藉

——关于田壮壮的纪录片《德拉姆》

（苏七七　《上海文学》2005年第1期）

该文是对田壮壮的纪录片《德拉姆》的评论。下面是对《德拉姆》影片的具体分析：田里的水稻刚长出4寸长的绿秧，马在路边嗅嚼着草，不时耸摇一下长尾巴。这是云南丙中洛，刚刚下过一场雨，湿的水泥路映着天光，微微发亮，不远的天边还停着一片乌云。——这是田壮壮的纪录片《德拉姆》的最初一个固定镜头，前景是马群，后景是逶迤的远山。他没有在这个小镇多做停留，而是跟着马帮，开始他的“茶马古道”之行。而这第一个镜头，很奠定了电影的基调：安静的、干净的、带着距离的凝视。

影片的结构很简单，导演跟着马帮走，从丙中洛到察瓦龙。山乡丙中洛，藏语的意思是“藏人的村庄”，在云南西部高黎贡山脚下，沿怒江而上，可达西藏南部边界小镇察瓦龙，藏语的意思是“干热的河谷”。这两地之间不通公路，从古至今，往来货物，全靠马帮运输，其中要穿过高山、密林、荒原、谷地，绵延90余公里。电影中记录下来的，一是风景，河谷、栈道、索桥、夜色中像银练子一样泛着蓝光的怒江。二是人物，开客栈的老妈妈、教堂中的牧师、马帮里的赶马人、妻子跑掉的村长、好看的代课女教师，这些人对着镜头说些他们的“事情”：过去的，现在的，还有未来的愿望。风景像是丝线，把人物串在一起，虽然大部分的镜头是访谈镜头，但是影片并不枯燥。

随手抽出一个段落：34岁的藏族赶马人正多，他的骡子掉下坡去摔死了，他说：“在骡子中我最喜欢死的那匹。驮东西厉害，身体非常结实，死了实在是可惜。死了以后经济有损失，它驮重东西后背不会磨烂，那3匹骡稍不注意后背就会磨烂。我想到区上尽快买1匹，已经看上1匹比较胖的，但个子比较小，如果不尽快买骡子的话，回家以后女人和孩子都会哭的。出门的时候有4匹，回来时只有3匹，大家都心焦，像我们男人心疼，但不会哭，女人孩子知道骡子死了会难过，哭得就像家里死了人一样。我想买1匹和那匹毛色一样的，也叫一样的名字。”

任何转述都不能这样简单、直接，而又有生活与感情积淀的巨大力量。影片中的人们，几乎总是带着笑的——就像是正多，他的骡子死了，可是他面对着镜头说这个事时，他几乎带着一种惭愧的笑，仿佛是自己做了件不合适的事情。确实是有一种东西，它被拍摄者把握住了，而又触动了观众的内心。而这，也许是在一种艰苦的、俭朴的环境中生长出来的纯洁信仰，一种坚忍的而又安然的生活态度。这是一种普泛的理想人性，这块安静而偏远的土地，像是特别地宜于它的成长。

但是，当田壮壮说“我们这些从外边来的人，只能仰视他们、欣赏他们、赞美他们”时（见田壮壮《“茶马古道”系列拍摄构想》），这个纪录片也因为视角的前提局限，而失去了可能有的更丰富与更深刻。作为一个纪录片，《德拉姆》没有往人类学纪录片上靠，中间涉及的宗教、民族、环境、资源等问题，并没有进行具体的辨析与深入。当然，它并不一定要作成一篇论文，但是如果作为一篇散文来看，《德拉姆》非常优美，却不够深刻。

这种不够深刻，是从历史感与现实感两方面都相对欠缺中来的。《德拉姆》是以一种“现在时”的方式切入茶马古道的，在全球化浪潮中，没有哪一块土地，再能遗世而独立，作为想像中的“香格里拉”存在，一种相对封闭的文化面临着强势的经济力量与观念力量的涌入时，必然会产生变形。于是，如何从历史与现实两个方面来理解“现在时”的复杂性，如何理解“现代化”与生态平衡、文化留存的关系，是隐藏在茶马古道后的更深问题。《德拉姆》涉及到了这些方面，但是它通过展现人性的纯朴美好，把情绪引向尊敬的同时，从高处忽略了这些复杂的问题。这从另一个角度，妨碍了他把人性的美展现得更深刻。

这就是《德拉姆》的问题所在。导演有着充分的叙事能力，他的视听语言很从容，控制力很好，在每一个片断中，都体现出对微观的戏剧性的敏感。但是当他把这些小片断都引导向一种类同的情绪时，有些尖锐的方向就被掩盖住了。有个年青的赶马人，他说他的家庭，因为穷，是和哥哥共一个媳妇的。这个年青人非常真挚地说这件事：“心里把她当作姐姐一样尊敬，有什么话都可以跟姐姐讲。”看到这里的时候，心里头也是非常尊敬这个年青人的，因为那么艰难的环境中，人与人之间可以保持着这样最基本的，而又最崇高的情感。但是，在这个片断之后，经济发展的不平衡，城乡差距之大，是更为痛切的问题。尊敬还容易些，直面这样的问题，更难。

在保持着这部纪录片的美，保持着尊敬的态度与仰视的角度时，《德拉姆》有着一种“观光者”的视角。虽然田壮壮强调不拍民俗，贬斥其中的猎奇感与探密感，但他的角度，是一个好的观光者的角度，这个角度是欣赏的、尊重的、聆听的、充实与提高自身的。但是这个角度，归结到底还是呈现出“希望看到的”，而不是“真正看到的”。他的镜语叙事是缝合式的，给出了一个关于《德拉姆》的答案，情感的认同与渲泄更重于问题的辨析与深入。也因此，他影片中的人物都“景观化”了，超历史超现实的人性的因素被得到更多强调。从这个方面看来，倒是有一些不那么“好看”的段落，比如中间跑了老婆的村长，最后察瓦龙的有心事的女教师，他们的叙说都有点过于平淡冗长，但却留下了更多的缝隙，让人体会到现实的平淡的无奈。

该文认为，这些分析虽然苛刻，却也谈不上是对《德拉姆》的指责。观光者中投机的、利用的目光也并不少，一种尊重对象的观看目光，一种保持距离的观照方式，自有它的意义。而且《德拉姆》作为一个纪录片，对象本身的丰富与复杂之处，总是能在导演的精心拍摄与安排之下“溢出”，生出与“拍摄目的”、“拍摄态度”相衬相成的力量，无论如何，直面“现在”的纪录片总是承担着了“现实”。对于坐在电影院狭窄靠椅中的观众来说，《德拉姆》主要地不是保留了什么，而是给予了情感以人性的慰藉。

记录与保留是两个相关的概念。《德拉姆》没有保留住多少人类学生态学意义上的资料，对于“现在”的保留也因为视角受到了限制，它像是“保留”住了一些单纯美好的人性，但这与其说是一种纪录，不如说是一种书写，与其说是一种保留，不如说是一种坚持与期望。

作为第五代的代表人物的田壮壮，近几年的拍摄一直像是种种探索：重拍《小城之春》，拍纪录片《茶马古道》——相比起投身于商业巨片的张艺谋（《英雄》与《十面埋伏》）、试着与大众打成一片的陈凯歌（《和你在一起》），他十分难得的，还保持着一种探索的姿势。张艺谋的转向，是一种随机应变的精明老练，陈凯歌的转向，是一种知识分子的折节下交，倒是田壮壮还坚持着艺术工作者的对艺术探索的诚恳。但是这些探索，有时未免觉得过分形式主义，用力偏了，有时又觉得他思想不足深入不够，用力轻了。

［苏七七，1977年生，北京师范大学电影学博士，现任教于浙江传媒学院。目前主要从事当代华语电影的批评研究。］

论审美构形能力

（张晶　《社会科学战线》2005年第4期）

审美构形能力是人的一种基本的心理能力，是进行审美创造的最为关键的一种能力，指审美主体在进行审美创造时在头脑中将杂多的材料构成一个“完形”的心理能力。这个“完形”是新质的、独特的、整一的，也是充满主体精神的。在文学与艺术的创作中，这种构形能力显得尤为重要；在审美接受中，这种能力也是非常必要的。这种能力虽然是心理化的，却在创作和欣赏过程中都起着非常关键的作用。

所谓“构形能力”，并不限于审美活动，在人类的其他精神活动中也不可缺少的。诸如科技发明、学术研究等都离不开人的这种构形能力，只是构形的方式有所不同而已。人类的每一个创造活动，在其创造物（无论是物质的还是观念的）产生之前，都在创造主体的头脑中呈现出这种新的事物的整体形象。这种形象是过去所未曾有过的，但它必然是观念化地无在人的头脑中构造出来，然后再通过实验、生产等过程将其物化，从而才能有新事物的诞生。精神生产的情形也是如此。如人文科学的学术研究一种新的理论的产生，是在对大量的材料进行整合，而在这个基础上提出新的命题的过程。

就文学和艺术创作而言，这种构形能力是尤为重要的。作家、诗人在进行创作之前，头脑中必须有整体上异乎其他作品的整体形象，这是创作的关键所在。在诗歌创作中，诗人也是在其头脑中先有了整体的构形之后，才付诸语言表现。以绘画论，画家在进行创作时尤须先有整体之构形。审美构形能力有着明显的想像性质，这种想像虽然是内在的，却又是轮廓鲜明的。19世纪至20世纪初法国哲学家、心理学家里博所说的“造型想像”殆近于此。

进行艺术创造时的构形，带有内视或内听的性质。想像艺术和视觉艺术、综合艺术的构形，都有内视的效果呈现。而听觉艺术则会有内听的效果呈现。但无论何种艺术，都应该是在艺术家的头脑中先有一个整体的、创造性的构形，才能有超越以往的艺术品的问世。

在构形过程中，抽象是一种主要的思维方式。这里是指审美创造过程中的抽象，即审美抽象。审美抽象与逻辑思维中的抽象的共同之处是它的概括性，但它则是保留着感性的形式的。或者说，审美抽象是以完整的符号特征体现了主体的创造意识的。沃林格在其名著《抽象与移情》中提出了与移情冲动不同的抽象冲动，少川等移情和抽象视为人类两种相反的审美心理机能。沃林格所说的“抽象”，是在人类的审美活动中具有普遍意义的思维方式，也是以之构形的方式。李格尔在此前提出了“艺术意志”的概念，为沃林格所发挥。李格尔所说的“艺术意志”，是人类以主动构形的方式来把握世界的审美冲动。构形相对于模仿，模仿理论所提倡的在于对外在事物形象的依附性，并以“形似”为其价值尺度；而构形则重在强调人以独特的形式感来掌握世界，并以之创造出一个未曾出现过的世界。我信所说的“构形”，最主要的是指艺术创作个案的完形之诞生，并非是指一类艺术的共同性质。

［张晶，1955年生，中国传媒大学文学院教授、博士生导师、中文系主任，学术兼职有教育部中国语言文学学科指导委员会委员等。
通信地址：北京市中国传媒大学文学院（100024）
联系电话：010－65783299　13701246329
电子信箱：rb550915@163.com］

论艺术劳动主体与艺术劳动力

（顾兆贵　《中央社会主义学院学报》2005年第5期）

该文从艺术经济学的角度首先分析了艺术劳动主体的基本内涵和素质能力结构。然后集中阐述了艺术劳动力的实现形式和作用：

一、审美感受发现力

审美感受发现力是艺术劳动者进行审美创造的基本的主体能力，也是审美创造得以展开的基础性主体功能。感受是艺术劳动者从生活实践和创作实践中无意获得和有意接受的一切生动、丰富但却相对粗糙的刺激和信息，在头脑中形成客体的审美表象的过程。艺术劳动者以往的情感经验被激活，各种记忆表象、心态意绪，在联想和想像的作用下形成强烈的心理冲击力，推动主体与客体进行积极的认同和顺应，使客体的表象审美化、情感化，具有了主体精神的内在意蕴，获得了情感表现性。审美发现，是艺术劳动者依据自己认识生活和评价生活的思想理念和情感趋向，对外物进行有意注意的观察、审视和体验时，外物的特性叩击主体的心扉，使心灵蓦然得到的一种顿悟：或是从反复体察中突然发现某些表象的独特审美价值，或是领悟到了它们的深层底蕴，或是见出了适合传达自己情志态度的独特方式，或是在表象提供的机缘中看到了即将构思的审美意象的影子，从而为整合和统摄杂多的感知表象理出了头绪，为构建审美意象提供了契机和突破口。

二、创作构思设计力

创作构思设计力是以感受发现力为基础的一种重要的主体能力。构思设计的本质是在创作意图的驱动下，在对感性材料的发现、过滤和选择的基础上，创作主体进行积极的回忆和沉思，运用感知表象展开丰富的创造性联想和想像，灌注理智与情感，经过艺术概括与整合，在头脑中营构出审美意象系统。想像力是创作构思设计力的核心。它活跃于艺术创作的全过程，而集中表现在构思设计阶段。在想像过程中，主体基本上是在一种暂时超离了物理空间的意念空间里自由展开表象的能动地、创造性地突出与简化、变形与陌生化、分解与综合，创造出内蕴着主体情感和理念的心灵意象系统，构建成一个不同程度地超越外部现实的令人新奇的审美化的意象世界。除想像外，灵感也参与意象的构思创造。

三、物化传达制作力

物化传达制作力的标志是艺术劳动者对艺术劳动工彭一减物质媒介系统的把握和运用的程度。物化传达过程是把主体内在的心灵意象与物质化的媒介形式完美契合，使之物态化、语符化，即外化为现实的能够实际供人们进行精神审美消费的艺术产品的过程。因而也可以说，物化传达制作力是艺术劳动者最关键的主体能力，只有经过物化传达过程，艺术劳动者构思设计的审美意象才能外化、具体构建成艺术产品的艺象世界。物化传达的基本趋向是心灵意象由内向外的转换。艺术劳动者在传达过程中要使物质媒介听命于生理中介的控制，生理过程又要听命于心理活动的指引，这样才能达到尽可能完美地外化心灵意象的目的。

四、创作方法运用力

创作方法运用力为审美意象的营构提供方式、方法和技巧，即构思和传达意象的方式、方法和技巧，包括具体方法、表现技巧、表现手段等。现实主义创作方法要求创作主体冷静地观察和认识生活，对现实生活蕴含的深刻的社会意义有深刻地理解和把握，按照生活的本来面貌真实地反映现实，强调细节的真实，注重表现现实生活中活生生的、具有鲜明个性特征的人物、事物、景物，通过塑造典型环境中的典型性格，反映生活的本质真实。浪漫主义方法侧重从创作主体的内心世界和情感逻辑出发，按照理想化的时空模式反映生活，表现创作激情，重在抒发对理想世界热烈追求的情怀，往往采用隐喻象征的热烈语言、丰富的想像、飞动的线条、艳丽的色彩、奇诡的构图、跌宕起伏的旋律和大幅度的跳跃动作、新颖豪放的夸张手法来塑造艺象，直接表达内心的强烈感受。形式主义追求艺术形式与艺术消费者审美感知的协调效应，其主要特点是在构思意象过程中“以艺术形式感为主”，在意象传达过程中“以媒介形式的组合为主”。无论色彩形式主义、构图形式主义，还是韵律形式主义，都是创作主体通过形式建构来传达某种象征意义、独特的感知、模糊的体验，或追求韵律的和谐与奇巧。

五、审美反思评价力

主要是指艺术劳动者对整个创作过程的理性化的自省、自控和自我评价能力，它是一种理性化的主体能力，主要运用抽象思维来进行。在创作过程中，这种自省和协调的能力，能够使沉醉于创作激情、乃至处于迷狂状态的艺术劳动者能够间断性地超越感性激情和迷狂，在一个更高的层次和视点上，用清醒的态度来统观整个创作过程，准确、及时地发现创作中出现的各种矛盾、疏漏和失误，并给予理性的协调、弥补和匡正。艺术产品问世以后，则主要是对来自接受者的反馈信息的分析、评价、消化和吸收。这个反思过程是艺术劳动者对产品的整个生产过程及其社会效果的整体性反省、再认识和再评价过程，它是艺术创作劳动经验教训总结的主要内容，直接影响着艺术劳动者未来的创作。

上述五个方面的能力是相互依赖，相互联结，综合融汇在一起发挥作用的，它们共同构成了艺术生产的“主体的生产力”。审美感受发现力为整个艺术创作提供审美表象，是艺术创作的基础；创作构思设计力创造出浸润着主体思想意蕴、情感态度的审美意象，是艺术创作生产的核心；物化传达制作力完成审美意象向物质媒介系统的现实化对象化转化，创作生产出可以实际供人们欣赏和观照的审美艺象，是艺术创作生产的关键；创作方法运用力为审美意象的构建和传达提供具体方式、方法和手段，是构建审美意象和创造审美艺象的重要条件；而审美反思评价力则通过对艺术创作生产过程的整体观照，使艺术生产符合既定生产目的的要求，并为提高艺术产品质量和档次提供理性保证。

主体的生产力是艺术劳动者内在的主体功能，是个性化的。当艺术劳动者实际从事艺术创作生产活动时，内在的主体生产力才能发挥出来，转变成流动的正在支出的艺术活劳动，通过艺术劳动工具的传递，物化在艺术劳动对象上，创作生产出丰富多彩的艺术产品，满足人们的精神审美需要。没有艺术劳动力就根本谈不到艺术生产，因此，艺术劳动主体自身内在能力的使用和发挥一艺术劳动力是艺术生产的决定性要素。

［见第 592 页顾兆贵简介。］

“软”与“硬”的共存与超越

——论《现代电影》的文化表达

（盘剑 《当代电影》2005年第2期）

该文认为，在20世纪30年代发生的“软性电影”与“硬性电影”的著名论争中，《现代电影》杂志无疑充当着重要的角色。然而这本一直被认为是“国民党御用文人”为“配合反动派对左翼电影运动的‘围剿’”而创办的“鼓吹软性电影论的主要杂志”实际上刊载的并不全是“软性论”文章，其中也有不少非常“硬性”的篇什。第1期的第2篇就是蔡楚生的《朝光》。1933年正是蔡楚生“接受了党的电影工作者对他的帮助”，从“做艺术家的迷梦”到“走上了党所领导的左翼电影运动的行列”的转变之年，《朝光》充分表现了蔡楚生的思想转变和精神状态：“朝光！强烈的朝光！我在明了一切伟大的启示以后，我的内心是由惶悚而战栗了！恕我吧！让我忘记我过去的一切，来开始我的未来！”紧随《朝光》之后，又是著名左翼电影艺术家沈西苓所写的《一九三二年中国电影界的总结帐与一九三三年的新期望》。该文作者指出中国电影的进展，“只有抓住了中国是在怎样的国际环境中？中国的民众是切求着怎样的精神食粮？中国的电影如何地来适应民众的要求这一条大路上走去？才是真正的出路。”。

事实上，发表“硬性”文章并不限于《现代电影》的创刊初期，自始至终——包括“软”、“硬”电影论争展开后——《现代电影》杂志上都可见到提倡意识形态表达的文字，甚至，肯定电影的政治、教育、宣传性不仅是《现代电影》一部分文章作者的基本观点，也是其编辑者（包括猛烈攻击左翼电影的黄嘉谟）的共同立场：“……电影不止是一种消遣品，……同时也是最普遍的教育和宣传的利器。”

作者指出《现代电影》刊载了大量“硬性”文章目的并不在于否定其是一本“鼓吹软性电影论的主要杂志”——《现代电影》中的“软性论”文章确实占了更大的篇幅，并且确实有多篇文章直接将矛头对准左翼电影，挑起了“软”、“硬”电影之争。但“软、硬之争”基于“软、硬共存”，而基于“软、硬共存”的“软、硬之争”显然更有意味的不是二者之间的对立，而是对立后面的统一，和超越作为一种政治、艺术言说的“软”、“硬”的另一种文化表征，或是对一种将“软”、“硬”都兼容了的文化语境的表达。不妨以第5期中的一则影片广告为例做进一步的分析。这则关于影片《她的使命》的广告上写道：

> 本片　内有不少：劳工的血汗，慈母的泪珠，枪炮的怒吼，悲哀的狂啸，少女的肉香，舞后的苦笑　尽情暴露社会的丑态，切实指示大众的出路。

将“劳工的血汗”、“慈母的泪珠”、“枪炮的怒吼”、“悲哀的狂啸”与“少女的肉香”、“舞后的苦笑”相结合，在“尽情暴露社会的丑态”的同时“切实指示大众的出路”——影片的内容既如此，影片广告也特别强调这一点，说明“革命”与“娱乐”不仅可以相容，而且这种融合也是当时观众的要求。因为一方面，“小市民需要性的刺激，需要追求异性的场所，需要兴奋剂，需要充满着发香肉味的空气”；另一方面，“影片之在今日，尤其是在‘九·一八’‘一·二八’事变之后，以及各帝国主义者有组织地加紧进攻世界六分之一的社会主义国家的今日，它在中国（实际上不仅是在中国，不过在中国是更明显，更需要而已），……必须是具有教育民众，指示民众，组织民众的出品才为最多数的观客所欢迎，所拥护”。事实上，正是由于后一方面原因，30年代电影公司才会寻求与左翼作家合作；也是由于考虑到前一方面原因，不少与商业资本合作的左翼电影都采用了“革命”与“娱乐”或“硬”与“软”结合的创作和商业策略，最后都从上述两个方面达到了无产阶级广泛的革命宣传和资本家高额利润追求的双重目的——对此作者曾在另一篇文章中展开过具体而深入的分析。此处要讨论的是另一个与之相关的话题。

再看《现代电影》第3期上的两则广告：

《母性之光》

> 这是一部最新的最伟大的艺术作品。
>
> 至高的思想，艺术的构造，一张一张的画面，都是工作人们的心血织成。
>
> 有劳工的汗滴，铁色的皮肉，一幅一幅许多副的激昂而苦笑的面庞，能予人以强有力的刺激和兴奋！
>
> 美丽的小鸟，悲歌，感人欲泣。
>
> 母亲，伟大的母亲，在这里放着伟大的光辉。

《小玩意》

> 一部精心杰作。
>
> 闪烁着金黄色的女人青春，都从惨苦悲哀的路径过去。
>
> 丈夫被虎吞了，儿子，做了人家的儿子。女儿，家庭，一切……都被帝国经济的侵略而破坏，炮火而毁灭。
>
> 诸位……这小玩意你不要小看它吧！它是国产片中的新派作；是帝国经济侵略者的反抗军。

这两则广告虽也点明了其中所描写的“美丽的小鸟”和“金黄色的女人青春”，但与《她的使命》的广告语不同，它们更多地渲染的是影片的思想，是影片通过“劳工的汗滴”、“铁色的皮肉”和“激昂而苦笑的面庞”所能给予人们的“强有力的刺激和兴奋”，是影片对于帝国主义经济侵略的反抗！甚至“从惨苦悲哀的路径过去”的“金黄色的女人青春”，和只在唱着“感人欲泣”的“悲歌”的“美丽的小鸟”，也主要提供的不是“性的刺激”，而是对思想表达的辅助，和对所表达的反抗情绪的强化。从广告语上看，这应该是没加“软性”因素的比较纯粹的“硬性影片”，或不带“娱乐”色彩的“革命”、“政治”电影。然而问题并不那么简单。广告极力强调影片的“革命”和“反抗”色彩，其意味是颇为深长的。

第一，表现出鲜明革命、政治倾向性的电影广告不是左翼阵营所为，做这样的广告纯粹是电影公司的商业行为。这就意味着其真正的目的并不在于宣传革命政治，而只不过是借人们对革命、政治的兴趣和关注来赚钱。而当革命、政治足以凭借自身“魅力”将人们拉进电影院——否则影片公司不会以之作为票房号召——时，这种“革命”和“政治”就肯定不再是远离普通大众日常生活的事情。第二，如此“硬性”的影片广告刊登在作为“鼓吹软性电影论的主要杂志”《现代电影》上所表达的并不是“软”与“硬”的对立，而是一种统一：统一于商业票房的追求和因此而对大众现实娱乐需求的满足——前者认同的是“革命”、“政治”+娱乐（性的刺激）的模式（这种模式在商业操作上已屡试不爽），而后者则推出了另一种“以革命、政治为娱乐”的模式。因此，这类广告的刊登无疑应和了“大众政治化”、“政治娱乐化”和“日常生活化政治”的时代文化特征，而这种特征，正是现代大众文化的重要特征。

当然，必须指出，20世纪30年代的无产阶级革命和反帝“政治”本源于“五四”启蒙文化和全民救亡运动，大致是在精英和主流文化范畴，与海派环境中的现代大众文化原本没有必然的联系。实际情况可能比较复杂。作为五四新文化运动的延伸的左翼革命文艺运动在总结了五四启蒙运动的经验教训后，在30年代也提出了“文艺大众化”的口号，并开展了一场“大众文艺运动”。但这里的“大众”和“大众化”显然是与现代大众文化的“大众”和“大众化”是有区别的：左翼的“大众”指的主要是无产阶级或穷苦大众，而不是现代都市里的“平均的人”——依附于发达的工商业而生存的所有都市市民，其外延既小于现代大众文化的“大众”——仅指市民中的下层贫民；又大于现代大众文化的“大众”——它还包括广大乡村的贫苦农民（所以无产阶级的“文艺大众化运动”在40年代的延安也曾广泛地展开）。此其一。其二，出于无产阶级政治革命的目的，左联提出的“大众化”实际上是“化大众”，仍是自上而下对“大众”进行启蒙，或“革命化”，与五四启蒙运动相比，只不过方式有所改变（变“欧化”为“通俗化”），和目的更加现实、具体（由抽象的“文化”到具体的“革命”）而已。然而，这种本来并不属于现代大众文化的左翼无产阶级文艺运动（尽管也叫“文艺大众化运动”）所宣传、倡导的“革命”、“政治”在海派文化环境中也被进行了现代大众文化的操作，从而被赋予了另一种性质。正如前面对《现代电影》上的影片广告的分析，当“革命”、“政治”作为票房号召，这种“革命”和“政治”便成为了资本家的商业策略，进而又成为了电影观众的消费对象，最终还可能成为一种文化“时尚”而流行——对于追求时尚的都市大众来说，通过电影消费“革命”、“政治”重要的并不在于实际参与，而在于某种现实情绪的宣泄，就像我们今天观看反腐题材的电视剧一样。当然，即便在这样的状态下，左翼宣传、倡导“革命”、“政治”的初衷也同样能够实现：不论“消费”也好，“时尚”也好，“革命政治”总是广泛地深入人心了，更何况毕竟也有一部分人因此而走上了革命的道路。由此可见，作为一种现代大众文化，海派文化不仅兼容了新与旧、现代与传统、通俗与高雅、保守与前卫，而且还兼容了精英和主流文化，政治和商业文化，并让它们既可以相互转化，又能够保持独立。而既鼓吹“软性电影”，又大量发表“硬性”（论）文章，并刊登“革命”、“政治”+娱乐甚至以“革命”、“政治”为娱乐的电影广告的《现代电影》无疑充分表现了海派文化的这种特点。

既如此，在海派文化所属的现代大众文化已经成为一种主流的今天，《现代电影》杂志对于“软”、“硬”的兼容与超越便超越了时空在电影创作和文化建设方面为我们提供了重要的启示与借鉴。

［盘剑，1962年生，文学博士、传播学博士后，现为浙江大学人文学院教授、中国现当代影视与文化方向博士生导师。长期从事影视艺术、文学、大众传播及文化的研究与教学。迄今已出版《映像创造——影视艺术本文创作与观众接受的双向研究》、《20世纪中国话剧的文化阐释》、《选择、互动与整合——海派文化语境中的电影及其与文学的关系》等学术专著。发表学术论文70余篇。］

什么是文化遗产？

——对一个当代观念的知识考古

（李军　《文艺研究》2005年第4期）

2004年7月，随着第28届世界遗产委员会年会在苏州的召开，一场“遗产”热突然席卷了华夏大地。中国的“遗产”热被来自国外的火种明火执仗地点着；中国人以为世界遗产委员会手里拿着的尺子是放之四海而皆准的，就是一个“自明”的真理，却看不见这个“真理”自身却隐藏在黑暗之中，是一个需要探究的对象。

究竟什么是“文化遗产”?

我们有必要对这个当代观念，进行一番知识史的考古。

一、远东与泰西：在“世界遗产”与“国家遗产”之间

正当第28届世界遗产委员会年在苏州进行，在中国大地上掀起一次如火如荼、前所未有的“世界遗产”热的同时，联合国教科文组织巴黎总部的一切却渊深宁静，没有任何人在谈论这个远在中国的一次日常年会。

法兰西国土是现代文化遗产政策的发源地。然而，真正让法国人引以为豪的是她的“民族/国家遗产”（冠以“法兰西”的一切）。

其次，随着欧洲的一体化和欧盟的扩大，欧洲文化遗产的观念在这些年蔚成主流，文化遗产成为了统一欧洲的共同基础。法国的博物馆界在地区文明的整合过程中考量博物馆的功能，要把巴黎的“国立民间文化和艺术博物馆”迁到地中海沿岸的马赛，改造成“欧洲与地中海文明博物馆”，是一次从“文明”的高度来重新定位国家艺术与文化的行为，是一次深刻的主题升华。

为什么在欧亚大陆分踞两端的中国与法国，同为遗产大国，在其价值取向却迥然不同：一个重视的是“世界遗产”，一个重视的是“国家遗产”和“地域遗产”，在普遍性和特殊性之间，遥遥相对?

二、“文化遗产”的定义

文化遗产的现象可谓是人类最古老的特征之一，与人类自身的命运相始终。现代意义上的“文化遗产”（patrimoine culturel）的概念具有特殊和普遍的两个属性，经历了一个从私人财产，到“国家的文化遗产”，再到“人类”或“世界遗产”的过程。

1972年，联合国教育、科学及文化组织通过了《保护世界文化和自然遗产公约》。“文化遗产”即从历史、艺术、科学或人类学角度看具有“突出的普遍价值”的文物、建筑群和遗址。

然而近年来，“现代世界遗产体系”似乎淡化了它的“普遍主义”色彩，越来越倾向于“多元文化主义”，即强调它在地域、民族和文化上的特殊性。

三、物质文化遗产V.S非文化物质遗产?

2003年《保护非物质文化遗产公约》和“非物质文化遗产”概念的提出，是一个标志性的事件。

1972年的公约签署之后，很多国家（主要是南方国家）认为它仍然更多地反映了发达的北方国家的价值标准（如“突出的普遍价值”）。在这把尺子丈量下，世界遗产这块大蛋糕的分配才得以不平衡：例如，小小的欧洲割走了50%的世界遗产，而广阔的撒哈拉以南的黑非洲，则只有15%的份额。

新公约的精神表现为，它明确认定“非物质文化遗产”是“文化多样性的熔炉和可持续发展的保证”。这是向文化遗产的“特殊性”标准迈出的重要的一步。

新公约除了极大地拓展了世界遗产的领域，使之能够涵盖包括口头传说和表述、表演艺术等5个方面的新内容之外，还试图仔细区分出“非物质文化遗产”的两种类型：传统与民间文化的“表现形式”与“文化空间”——“一个集中呈现民间与传统文化活动的场所，同时也是一种周期性的或由某个事件标志的时段”。“文化空间”并不仅仅局限于空间范畴，而且包括时间范畴在内——因而蕴涵了一个独立的“文化宇宙”或一个“文化世界”的雏形，它必将从特殊性的角度提出自己关于普遍性的诉求。

然而，公约的某些章节里，依然流露出“普遍性”与“特殊性”强烈冲突的痕迹。例如，有些国家认为，在非物质文化遗产领域里不适宜沿用物质文化遗产领域的“杰作”标准，建议以“人类非物质文化遗产代表性名录”取代“人类口头及无形文化遗产杰作”（《公约第十六款》）；另一部分国家（主要是北方国家）则反对。二者妥协的结果，增加了一个“补充条款”（第三十一款），使上述两个标准被同时容纳在这个公约的框架内。一方面增加了非物质文化遗产认定的灵活性，另一方面则无疑使认定本身成为了不同价值标准角逐和冲突的战场。

可以把这个新的体系称为一种“多元文化的普遍主义”，试图在“普遍性”与“特殊性”的两极之间维持一种微妙的平衡，但它并没有一劳永逸地解决、反而暴露了二者之间的矛盾——进一步说，是每一种“特殊的”文化所要求的“普遍性”之间的矛盾，即“文明”的冲突。在历史上，“文化遗产”本身即“文明”冲突的产物。

四、“遗产”的诞生与“文明”的冲突

现代意义上的“国家遗产”的观念，是与一种狂热破坏文物的所谓“汪达尔主义”现象相伴随，在法国大革命的最初的血与火中诞生的。

法国国民议会于1789年11月2日颁布的法令，宣布没收教会和逃亡者的财产；1792年8月14日投票通过法律，准许破坏旧制度的象征；1793年8月10日下令摧毁圣德尼修道院中的王家陵墓。与此同时，同一个行政当局于1790年10月13日宣布成立一个“文物古迹委员会”，以管理被没收的教会和逃亡者的财产，产生了通过平均分配文物，在各地成立地方博物馆的想法；于1793年8月10日摧毁圣德尼修道院中的王家陵墓的同日，宣布开放卢浮宫博物馆，因为从此以后，“公民成为了这宗财富的保管人”。

从这些看上去极为错乱矛盾的行径中，其实蕴涵着相当清晰的逻辑脉络：为了使艺术品从贵族、国王和教会的所有变成国家的所有；为了使私人财产变成公共财产，必须经历一个“破坏”的过程。历史证明：公共收藏、公共博物馆（国家遗产）的诞生，正是“汪达尔主义”的逻辑后果。

法国人Quatremère de Quincy（1755—1849）是他那个时代新诞生的公共博物馆的第一个批评者，也是一种方兴未艾的重要思潮的第一个代表人物。当拿破仑的军队根据大革命的理想和当时政府的要求，从得胜了的欧洲战场（尤其是意大利）源源不断搬回伟大的艺术品，从而使卢浮宫的收藏达到了历史上前所未有的程度时，遭到了Quatremère de Quincy的激烈抨击。对他来说，艺术品和文物不能脱离环绕着它的地理的、历史的、审美的和社会的环境，“分离就是破坏”（diviser c'est détruir）。罗马是“一本大书”，其中的

每一页都是不可或缺的。“整个国家本身就是一个博物馆。”

Quatremère de Quincy 的例子再一次说明，在“文化遗产”的理念上，“普遍性”的思想与“特殊性”的思想之间存在着剧烈的、也许是不可调和的冲突。在前者看来，把“文化遗产”的适用性从一个小共同体向一个更大的共同体扩展，无疑是一种“解放”；在后者看来，同样的事情则意味着一种“破坏”。这是两种价值观的冲突。正是在这里，我们看到了“文明”的冲突。

法国和欧洲的情况相当于小共同体扩展为大共同体——此时，它的特殊性同时被扩展为普遍性，换言之，其民族的规范变成了世界的标准。而这就是她在文化遗产上持法国或欧洲优先论的原因。中国的情况则相当于某个共同体放弃自己的普遍性诉求并认可另一个共同体的普遍性，它便使自己的特殊性变成了另一个共同体的特殊性，乐意以自己的“民族性”为所谓的“世界性”标准添光加彩。

在普遍主义节节胜利的凯歌声中，特殊主义则尸横遍野。而普遍主义所“收藏”的，仅仅是特殊主义的“遗体”。

今天，我们处在一个收藏的“黄金时代”，我们周围的一切，都在以前所未有的速度，在变成过去，在变得无用，因而值得收藏。

因此，在这个一切都变成“文化遗产”的时代，似乎是到了提这样一个问题的时候了：

因为收藏，我们究竟是变得更文明了，还是更野蛮了？

五、“遗产”的本义

拉丁词 patrimonium 是法文 patrimoine、英文 patrimony、意大利文、西班牙文 patrimonio 一词的共同来源。根据罗马法，该词的意思是指：

“所有不是按照钱财，而是根据是否值得传承的价值来理解的家庭财产的总和……社会的规范希望人们拥有的财富来自于父系的遗存，希望已经继承的东西继续被传下去……而中断这一家族制度已经公开投资的传承链环，则被视为恶 。”

事实上，最接近于这个拉丁词的中文，无疑是“祖产”这个词。在这一点上，古老的东方智慧与古老的西方智慧，是殊途同归的。

［李军，美学专业硕士，中央美术学院人文学院文化遗产学系主任。发表美术理论、美术文化评论、文化遗产研究论文数十篇、个人专著2部、译著3部。］

戏曲现代戏的记忆与乌托邦

（郭玉琼　《粤海风》2005年第4期）

该文认为，表现现代生活，确立了戏曲现代戏的规定性和正当性。作为中国广大乡村和市井最普遍的社会生活方式，戏曲参与言说当下现实，是20世纪主流意识形态对戏曲的民族国家承担的重要规约，从而形成20世纪，尤其是其下半叶中国独特的文艺甚至文化现象。然而，有目共睹的是，相当长的时间里，在戏曲现代戏文本和舞台上，现代生活现实的投影一度稀薄浅淡乃至虚无，戏曲现代戏的题材映射出的，更多是民族国家的记忆书写与乌托邦想像。分析戏曲现代戏的记忆与乌托邦成分、性质，讨论它们在其时主流意识形态话语表述中的意义，是戏曲现代戏研究要面对的重要问题。文章从下面几方面进行了分析：

一、记忆与乌托邦

现代生活，理论上为戏曲现代戏提供了丰富的题材资源。然而，对于戏曲现代戏，什么是“现代”，并不是一个不辩自明的问题。田汉就提出，“是广义地把五四以来有现实意义的剧目都叫现代剧呢？还是主要指写当前的生活斗争的剧目？”理解戏曲现代戏的意义承担，有助于我们辨析此中“现代”的意义。对戏曲现代戏的倡导者来说，“表现现代生活”的戏曲现代戏并非意味构成现代生活的镜像；相反，它承担着介入、影响现实的功用：“现代戏能反映社会主义生活，有力地用社会主义精神教育人民”，“现代戏能更有力地为社会主义建设服务”，“要求反映现代的革命斗争生活，要求歌颂社会主义伟大的建设事业，成为这个时期戏曲发展的主导力量。”

为着“反映现代的革命斗争生活”和“歌颂社会主义伟大的建设事业”，记忆与乌托邦概括了戏曲现代戏的题材征候。从延安时期到文革时期，从马健翎的秦腔现代戏《血泪仇》等，到革命样板戏《红灯记》等，戏曲现代戏展示了一部中国共产党领导的无产阶级革命的历史记忆。要注意的是，这里的记忆并非对过去发生事件的真实表征，相反，这是“有组织的记忆”，因此同时也必然是“有组织的忘却”。“歌颂社会主义伟大的建设事业”使乌托邦构筑成为戏曲现代戏另一个重要的题材特征。乌托邦成分贯穿于戏曲现代戏的发展历史。延安新秧歌运动中涌现出的《夫妻识字》等剧已经显露乌托邦主义的端倪。大跃进期间，豫剧现代戏《朝阳沟》参与了乌托邦景象的描绘。塑造革命记忆的现代戏文本同时也几乎都包含乌托邦成分。《红灯记》等作品中，英雄们“甘洒热血写春秋”的革命行为表现出鲜明乌托邦冲动。如果说，在书写革命记忆的现代戏中，乌托邦作为革命的必然指向还只出现于革命者的想像中，那么在《朝阳沟》等剧中，这个乌托邦已经成为现实。因此，记忆与乌托邦二者之间具有逻辑与事实两方面深刻的连贯性。

二、国家仪式

在“表现现代生活”的戏曲现代戏的创作原则遮蔽下，疏离现实真实的记忆与乌托邦反倒是长期内戏曲现代戏题材的主要表述。这与现代戏的国家仪式性质与功能密不可分。延安时期，戏曲现代戏开始进入官方意识形态的文艺政策版图，建国之后，从“以现代剧目为纲”、“大写十三年”，直至文革时期举国上下搬演样板现代戏，戏曲现代戏一步步被推举到独霸天下的位置上去，承担着国家仪式的意识形态认同的重要性能。

社会学家、人类学家“将仪式视为具有增强作用的集体情绪和社会整合现象”，强调的是仪式的结构功能，并将仪式与社会变迁联系在一起，分析它们之间的关系。戏曲现代戏发生、发展的背景，是中国社会各层面经历的“三千年未有之大变局”，现代戏成为官方热情激励、谨严规约的创作形态时，中国刚刚完成了政权的更迭、建立。赋予现存秩序以合法性，达成大众的意识形态认同，是戏曲现代戏以国家仪式方式承担的重要责任。它的策略，就是塑造革命记忆和建构建设乌托邦。《血泪仇》、《红灯记》等剧一遍遍地书写革命的集体记忆，“通过审美途径，反复诉说走革命的道路以拯救中华民族、建设现代国家的必然性和必要性，以此建构和巩固革命意识形态的‘领导权’。”国家仪式对乌托邦的图绘，同样赋予政权正当性和稳定性。《朝阳沟》绘制出一个乡村的现代化乌托邦，在一定程度为其时主流意识形态推行“上山下乡”政策提供了合法性。今天回头来看，“上山下乡”运动背后隐匿的是其时城市不堪猛增的劳动力重负的严重危机，从而缓解了城市，乃至整个民族国家的困境，乌托邦建构的意识形态意义显露无遗。

记忆与乌托邦作为戏曲现代戏题材的两个主要成分，并非无甚关联，它们背后彰显出的是国家仪式的思想方式，包括线性时间观念。乌托邦在记忆指向的时间线上，成为一个随着时间的递进完全可以实现、进入的空间。将记忆与乌托邦铆合一处的，正是当下现实。主流意识形态正是根据每个当下的实际需求，积极塑造记忆与乌托邦，使戏曲现代戏成为典型的国家仪式。

三、民间的解构力量

戏曲，从民间仪式被征召为国家仪式，最后还将被推向民间，完成国家仪式的政治功能。文革期间，毛泽东发出“要普及样板戏”的号召，样板戏，其中最主要的戏曲现代戏部分，在全国各城市、村庄日夜上演，一时之间，形成了全民演剧的狂欢景象。遭遇民间，国家仪式的意识形态却不可避免地被稀释，乃至消解了。民间在国家仪式的展开过程中显示出对国家仪式的初衷进行扭转改换的强大力量。

国家仪式走向民间，它所承载的知识和信息发生了变化。20世纪60和70年代的过来人这样说：“《智取威虎山》和《沙家浜》的江湖气、草莽精神和传奇色彩，《红灯记》的家庭感和人之常情，都是吸引观众的最基本的东西。”也就是说，国家仪式虽然以国家意识形态机器的强制手段将自己强行推广到民间中去，但是民间主体并非完全被动地、无条件地接受它，在一定程度上伸张了解读和接纳的自主性，尽管这种自主性未免太过促狭、逼仄。当政治权威努力压抑《沙家浜》中阿庆嫂的表现空间，膨胀《红灯记》中李家三代的阶级情谊，纯化《智取威虎山》中杨子荣的英雄气概，民间主体还是暗暗固执地以自己长久积淀形成的伦理道德的情感与思维方式消化国家仪式，这种结果并非官方意志所能控制。

民间对戏曲现代戏国家仪式的解构，还表现在对文本的积极再创造。众所周知，为了将革命无限崇高化，现代戏，尤其是样板戏将英雄人物扁化为“单向度的人”，策略之一就是完全抽取英雄们的两性情感。而两性情感恰恰又是民间想像最强劲、最丰富的领域。样板戏彻底抹杀了革命英雄的两性情感，这正好给民间主体留下了发挥、运用他们想像力的巨大空间。亲历者这样记载：“世间的事情也怪得很，上面的大人物越是把英雄们神圣化，下面的普通百姓就越是愿意把他们世俗化，我插队的那个生产队的农民兄弟，就总要在锄地或者刨粪的时候为英雄们的情爱问题操心。他们常常说，《杜鹃山》里的柯湘死了男人，那她以后跟雷刚的面儿大呢，还是跟李石坚的面儿大？一部分农民说应该嫁给雷刚，雷刚是一把手么，那两个人挺般配的。另一部分农民却认为应该嫁给李石坚，那小石匠有文化，长得还帅气。《沙家浜》里的阿庆嫂的情爱问题更是为农民兄弟所津津乐道。阿庆嫂的男人阿庆长年在外面跑单帮，也不照个面儿，她干脆嫁了郭建光算啦。”民间主体就这样以自己的个性、逻辑消解甚至再创造了国家仪式的意识形态。

随着“文革”的结束，以极“左”为表征的社会文化实践破产，以塑造记忆与建构乌托邦为特征和功能的戏曲现代戏已经被更加理性、稳健的艺术创造所替代。吊诡的是，在今天这样一个社会生活的价值中心陨落、社会成员的集体精神涣散的时代里，当日以记忆与乌托邦为题材征候的戏曲现代戏成了今天一部分人的记忆与乌托邦。20世纪80—90年代，一度销声匿迹、被人们意欲连同文革一起从历史中彻底消除的《红灯记》、《沙家浜》等京剧现代戏在北京、上海等地的火热上演就是一个例证。《红灯记》、《沙家浜》作为样板戏诞生、流传的那个时代的苦难、荒诞性质在这一次的所谓“红色经典”回潮中已被剥离，今天的一些观众意欲从这些剧目中获取的部分是对个体自身已逝的青春和激情的记忆和乌托邦想像。大众消费和娱乐狂欢的时代特征为他们提供、确立了实现这一交织着复杂社会、文化和情感因素的个体诉求的契机和合法性。

［郭玉琼，现为厦门大学人文学院中文系戏剧戏曲学专业博士生，目前正进行延安时期到文革时期的戏曲现代戏研究。］

戏养神：金代北方民间的戏曲观

——山西稷山金代段氏“戏养神”砖铭论

（延保全 《文艺研究》2005年第12期）

山西省稷山县马村金代段氏墓群，2001年被确立为第五批全国重点文物保护单位。该墓群共有14座宋金仿木构砖雕墓，在已清理的9座墓葬中，有6座出土有戏曲砖雕。在一个家族墓葬中，为什么会出土如此集中的戏曲文物？2004年8月31日，在距稷山县城西4公里涧东村的乡土名医段登科先生家，发现两块金代末期刻有铭文的方砖，可以为我们解开谜团。

该方砖山西省考古研究所田建文教授撰文称其为“段氏刻铭砖”，并编号为砖Ⅰ、Ⅱ。其中，砖Ⅰ长32.7，宽32，厚5.9厘米，背面正中摁下一手印，正面刻有：“据父传曰，上祖先嫡字讳先，箸（著）有《贯通食补汤方》一册，上行宋太宗年间，救人、济世、康人、益寿，方圆数百里妇孺皆知也，孰料贯通如饵，官索夷掠，实难保之，故刻砖四块，择方于其上，分付二子，预留后人继之矣。《贯通食补汤方》。方曰：……”顶侧面竖排刻有：“段祖善铭：孝养家，食养生，戏养神。”右侧面竖排刻有《段祖伦铭》：“段祖伦铭：和家，睦邻，容人。”砖Ⅱ与砖Ⅰ相差无几，背面手印散乱。正面刻有《贯通宴锅汤方》，左侧面竖排刻有《段祖医铭》，顶侧面横排刻有八卦、洛书与人体部位对应图各一幅。

段登科先生祖居马村，近年才迁往涧东村。田建文教授考证此砖的时代为1230年前后，即金哀宗正大前后。而段先其人，据马村M7所发现的《段楫预修墓记》，正好与其中提到的“大耶（爷）讳先”相吻合。说明此铭文砖当为金代段氏家族遗留之物，可与段氏墓相互参证。段先乃当地的名医，靠行医致富，而马村墓主人生前很可能子承父业，多数从医，收入颇丰，故而在地上地下都修建了令人羡慕的豪宅大院。而从段氏上祖段先开始，依照自己的人生体验，就总结出了“孝养家，食养生，戏养神”的“三善”之铭以及“段祖伦铭”和“段祖医铭”，并为后代子孙所遵从。其中“三善”之一的“戏养神”，为了解段氏墓群之所以出土的大量戏曲砖雕，了解宋金时期特别是金代北方山西平阳地区的民间戏曲观念大有裨益。

山西平阳地区有着丰厚的历史文化积淀。金元时期，这一带雕版印刷业十分兴旺，也是诸宫调的兴起与最初的流行地域，诸宫调大师孔三传则是平阳路辖区的泽州人。现存的两种金代诸宫调曲本为无名氏的《刘知远诸宫调》和董解元的《西厢记诸宫调》均与平阳有关。可以确定，当北宋后期汴京杂剧在河南一带传播时，其中的几支可能已经顺着商业通道来到山西的平阳地区。这几支与古平阳地区的优戏相互交流、融合，成为金杂剧的先驱。就金代社会而言，金灭北宋后，经过20多年的休养生息和对汉文化的吸纳，在金世宗大定年间（1161—1189）呈现盛世景象，被史家誉为“小尧舜”和“有汉文景风”。金代杂剧就是在这样的社会背景下迅速成长并传播开来。有关金代杂剧、院本的演出情况，文献史料所见不多，仅见于《金史·元妃李氏传》、《金史·章宗本纪》和《大金国志》的几条零星记载，说明金代宫廷杂剧演出并不寂寞。金代民间演剧的记载付之阙如。如果抛开以稷山马村段氏墓群为代表的金代杂剧砖雕，从演剧场所的大量修建和一些神庙碑刻所记载的赛社祀神演出可以寻觅到它的踪影。戏曲正是凭借着民间赛社的肥沃土壤侵淫蔓延，这也正是“戏养神”所产生的民俗基础。

“段祖善铭”中，“戏养神”之“戏”字，指的就是在金代流行于北方尤其是山西平阳地区的一种全新的戏剧样式。段氏祖先认为“戏养神”，说明金代杂剧、院本有足可观者。陶宗仪《南村辍耕录》卷二十五“院本名目”条收录了院本剧目共713种，从中可以看到，题材范围比宋“官本杂剧段数”有所扩大，历史故事类剧目增多，这也就是金代杂剧、院本为什么受到普通百姓喜欢的一个重要原因。而认为观看戏曲演出能滋养人们的精神，则是“段祖善铭”高出于时人，特别是与正统观念相龃龉的地方。在段氏祖先看来，“孝养家”是基础，是第一层次；“食养生”是第二层次，在子孙繁衍，家庭和睦的前提下，考虑的调整饮食；“戏养神”是第三层次，即精神层面。通过观剧，人们可以在秋后释放一年的辛劳，可以在剧中实现自己在现实中无法实现的理想，也可以消解因社会和家庭矛盾带来的诸多不快，抑或可以在古往今来的再现和畅游中了解历史、反观人生，使个人心灵得到最大限度的慰藉。于是乎，在“戏”的滋养中，“神”得到了升华。

宋金时期，戏曲在形成过程中，由于其诞生于城市的瓦舍勾栏和乡村的迎神赛社，虽然其与“古乐府”有着千丝万缕的联系，也具有它种艺术形式所难以比拟的解颐功能，但一直被排斥在主流文化之外，被视为“末技”，抑或遭到道学家的毁谤和非议，凸现出正统戏曲观念和民间戏曲观念的极大反差。以往人们在文献中看到的只是宋金时期文人士大夫的戏曲观念，而民间戏曲观念则没有留下任何文字性的记录，“段祖善铭”的发现，弥补了这一缺憾。元明清三代，随着戏曲的发展、繁荣，人们越来越认识到戏曲所包含的寓教于乐的巨大教化作用，这是经过多少代的演变，戏曲已经成为一代之文学样式之后戏曲观念所发生的变化。据此再反观戏曲形成初期北方民间百姓对于戏曲这一通俗文艺样式的深刻体认，实属不易。

“戏养神”这一戏曲观念，应该是戏曲形成时期的金代流行于北方民间的一种普遍的观念形态，它与精英思想和经典的理论观念不同，是一种建立在普通的社会生活之上，与普通的社会生活息息相关的一般认知与民俗观念。作为一种普遍流行的认知与民俗观念，通过最基本的熏陶和民俗传承而影响人们的生活，并构成浓重的民间文化底色。与依赖著述而传播的经典思想不同，它主要依靠迎神赛社、春祈秋报、岁时节令、商业集市等活动中的演出来传播。通过这种传播，乡民建立起一套深刻影响人们生活并在日常生活中经常起操纵作用的有效解释。通俗地讲，在普通百姓看来，戏曲已经渗透到人们日常生活的每一个角落，与一日三餐的饮食一样，无法摆脱。这一戏曲观念昭示着戏曲形成之后所具有的天然的民间亲和力和内趋力，也为后世元明清各代戏曲理论家们为提高戏曲的社会地位，进而标榜戏曲的礼乐传统和教化作用吹响了前奏。不仅如此，“戏养神”这一戏曲观念，通过段氏祖先在为自己死后修建的墓葬中，将杂剧角色和杂剧演出场景制作成砖雕，成为墓主人在另一个世界永久的陪伴，使得这一戏曲观念得到了进一步的强化，观念得到了形象化的图解，形象又因观念的提领而更加生动。

［延保全，1964年生，山西师范大学戏曲文物研究所副所长、教授、博士生导师，《中华戏曲》副主编，山西省高校人文社科重点研究基地“戏曲文物研究中心”副主任。著有《李行道孔文卿罗贯中集校注》、《鸣凤记评注》。主编有《平阳宋金元戏曲文物研究》。发表学术论文数十篇。］

“新人类”现象在中国当代油画中的呈现

（鲁虹　《文艺研究》2005年第11期）

一、引言

“新人类”一词是日本作家界屋太一的发明，风行港台后又出现在了中国。它主要是指部分经济发达地区的少数于1970年后出生，并具有极端化“新潮”思想的青年人。中国“新人类”基本上是中国计划生育政策的产物。而且，其世界观完全是在改革开放的过程中形成的。他们由于深受西方流行文化、电子网络文化、卡通广告文化、商业消费文化的巨大影响与冲击，所以，其生活方式，乃至于肢体语言都发生了巨大的变化。他们是不折不扣的“国际混血儿”。

中国的“新人类”现象很快地出现在了中国当代艺术中。在我看来，“新人类”艺术的出现，既标志着一个全新表征领域的出现，又给日趋多元的中国当代艺术增添了新的风景线。本文写作的目的就是要探讨“新人类”艺术在创作方法上的巨大变异，以及与之相关的文化含义。

二、“新人类”油画的题材范围与叙事模式

“新人类”一词的原义含有沉溺于享受娱乐、对待工作漫不经心，爱情关系较为轻率与反叛传统生活方式等特征。因此，一些创作“新人类”油画的年青艺术家无论是在题材的选择上，还是在题材的处理上，都明显不同于以往艺术家。一方面，“新人类”们被更多地安排在了街道、酒吧、网吧、商店、美容院等与时尚相关的地方；另一方面，“新人类”们的行为也更多表现为购物、狂欢、做爱与打斗等等。如果联系传统的生活方式思考问题，我们完全可以把“新人类”的新潮行为看成是对于传统生活方式的“仪式反抗”。正是从这样的角度出发，一些年青的艺术家们在创作体现“新人类”现象的油画时，已经彻底抛弃了传统的“宏大叙事”模式，更多是从“微观叙事”的层面来呈现他们的表征对象。对于他们来说，生动的个体是漫长生存之链上的一个重要环节，要是脱离了这样一个具体真实的、可以把握的生动环节，去追求一些不着边际的宏伟理想常常会使作品大而无当。

三、“新人类”油画的图像修辞学

能够被称为“新人类”油画的作品大多属于具像绘画的范畴。可它与传统具像绘画的创作模式却全然不同。因为在传统的具像绘画创作中，画面形象主要是通过在现实生活中的写生获得。照相机发明以后，虽然有不少艺术家也在以照片代替写生，但“从生活到艺术”的“制像原则”却一直未曾从根本上被撼动。

不过，以上制像方法与创作模式正在受到严峻的挑战，比如，近些年来在中国出现的“新人类”油画便足以证明：伴随着文化背景的巨大转换与外来文化的深刻影响，一种更新的制像方法与创作模式已经出现。事实上，在许多年青的当代油画家那里，或者更多是依赖现代传媒制造的流行图像与符号获取画面中的艺术形象，或者是利用艺术与摄影、电脑的交叉之处获取画中的图像。完全可以说，他们的艺术既是图像的图像，也是对当下生存环境的积极回声。实际上，面对时代的新变，一些年青的中国当代油画家在赋予油画以更新的含义时，已经建立了全新的图像修辞学。

四、“虚拟性”与“后期制作”在“新人类”油画中的作用

从对“新人类”油画的研究中，我们可以发现，大多数年青的中国当代艺术家在艺术的处理上，更多是从“虚拟性”入手去营造一种特殊的气氛，这既使他们能够从社会学与文化学的角度切入现实，也能够在各自设立的主观框架中，充分突出自己想要表达的思想观念。

在艺术史中，也曾有艺术家使用过“虚拟性”手法，但主要是在现实的基础上创造出一种带有夸张意味的形象，以适应某种表现上的需要，到如今，这种手法在大众文化中已得到了登峰造极的发挥。有时它会无中生有，有时它又会严重地歪曲现实。一些年青中国当代油画家的聪明之处在于：一方面，他们按大众文化的制像原则与趣味挪用或创造了自己需要的艺术形象；另一方面，他们又在这样的过程中，巧妙地赋予了画面以新的意义。他们的作品与大众文化的最大不同之处是，后者是要逃避现实，让人进入幻想的世界；前者却是要超越视觉的表象，切入现实的本质。

于是，“后期制作”的方式也随之出现在了“新人类”艺术中。本来，“后期制作”是从事摄影、摄像与电脑图像处理工作的人员，在获取第一手材料后必然要做的后期工作。但现在这样的做法已经为相当多的年青油画家所借用，他们的具体方法为：或者对现有的公共图像进行挪用、改装、并置与重组；或者将摄影、摄像作为基本的媒介加以使用，然后再将获取的图像放入电脑中进行技术化处理，使之成为创作的“蓝本”。

依照传统的艺术标准，人们也许看不惯他们的作品，但当我们结合特定的文化背景去分析他们的作品时就会感到，这种创作手法上的变化带有历史的必然性。特别是出生得更晚一些的年青艺术家，基本是在看电影、看电视、看漫画、看广告的过程中长大的，他们的视觉感知能力与上几代人有了很大的不同。因此，当他们将“影像消费”的经验很自然地转化为艺术表达方式时，也为他们分析和批判现实提供了崭新的手段和工具。

五、“新人类”油画与大众文化的关系

由于一些“新人类”油画所处理的图像和图像方式十分接近大众流行图像的趣味，所以受到了不少批评与责难，其中，最具“学术影响力”的理由是：大众流行图像与相关处理方式属于大众文化的范畴，而将油画创作与大众文化扯在一起，只会降低油画作品的艺术品味。

很明显，以上看法深受法兰克福学派代表人物阿多诺的影响。熟悉阿多诺的人都知道，这位文化学者的“群众文化理论”有着强烈的“精英审美论”倾向。他一向强调精英文化独一无二的精神自由和思想的价值。不过，阿多诺的理论虽然具有一定的历史意义，但毕竟是阿多诺在上个世纪40年代移居美国前的理论建树，在今天已经是一个成为过去的历史产物。与此形成鲜明对照的是，随着商业社会的飞速发展，大众文化已经以极有力的方式取代了精英文化的至尊地位。

正是基于以上原因，我认为一些创作“新人类”艺术的年青油画家认真研究大众文化，并在创作中巧妙挪用一些大众流行图像或相关处理手法，是天经地义和合情合理的。也许，在一些人看来，年青油画家们的这种做法颇有点大逆不道。但我却觉得，发现大众流行图像，还有相关处理手法与现实的替代关系，敏感地领会其中隐含的特殊意义，进而把其代入一种超常态的、荒谬的艺术语境中，以引起人们对现实的反思，这本身就是了不起的原创性。

六、“新人类”油画中的影像因素（略）

［鲁虹，1954年生，现为深圳美术馆艺术总监、国家一级美术师，湖北美术学院兼职教授、硕士生导师。个人出版的学术专著有《鲁虹美术文集》、《现代水墨二十年：1979—1999》、《为什么要重新洗牌》、《行为艺术在中国》（与孙振华合作）、《越界：中国先锋艺术1979—2004》。主编六卷本画册《中国当代美术图鉴：1979—1999》、四卷本的丛书《新中国美术经典：1949—1989》。有约80万字的文章发表于各丛书及专业刊物上。］

有限空间的无限延伸

——关于“空间位移”的思考、想象与表达

（冯博一　《文艺研究》2005年第7期）

近些年，中国在物质与精神层面上的急速变化和国际文化全球化的蔓延，出现了艺术家在生存、创作空间上的不断位移的现象。这种位移包括：一是从以往的生存地和文化环境到另个不同文化环境中的迁徙、暂住或定居。二是近些年中国的艺术家频繁地到世界各地几个月或半年、一年的在驻某地从事着创作和举办展览，以及类似Workshop形式的创作、展示。按现在比较时髦的说法，这种“空间位移”的概念，具有“第三空间”特征。从宽泛的方面考察，所谓“第三空间”（The Third Space），是从以往原住地的家（私人空间）和单位、公司（公共空间）的空间中解脱出来。但“第一空间”不完全是自己的或公共的立体屋里的空间，它还包括自己的思维、情感、创作、趣味、意向等等。而“第二空间”是他者的、异族的、异文化的空间。“第三空间”就是这两个空间之间的结合点。时下学术界当红的哈贝马斯从18、19世纪欧洲城市出发，提出了“市民社会”和“公共空间”的概念，将欧洲近代化发生、发展的原因和机制放在一个颇令人意外的角度中进行了解释。在他看来，欧洲当时的咖啡馆、报馆、沙龙、商会等是形成“舆论”的重

要空间，是欧洲民主政治发展的重要基础。在对生活方式的梦想终于获得经济支撑的今天，中国人的第三空间逐渐与国际接轨亦趋文雅而人文，比如星巴克一进入中国，就抓住了中国的小资、白领们对新空间的追求。说明空间可以是虚拟的，但第三空间不是一个脆弱经济基础和封闭国度上的上层建筑，它是在中国改革开放以及全球化趋势下出现的一种现象与结果。

从文化意识的空间来看，“第三空间”意即“迻译的空间”。在“第三空间”中没有统一性、一致性；在“第三空间”中固有的身份认同都将在被颠覆之后而被重新定义、重新解读。这一概念对当前这样一种崭新的全球文化的建构趋势作出了恰当的描述。“第三空间”为我们提供了一个新的视野去理解这纷繁、复杂的全球文化。“边界创作”作为一种后现代话语，是由“第三空间”推衍而来，同时也是“第三空间”最有力的具体化表现。具体到当代艺术创作领域，全球化造成了艺术家的流动和各种文化在某种场合的碰撞。从中国艺术发展的角度来看，现在许多中国艺术家在非母文化的环境中创作与当地发生联系的作品。这种创作状态和以前的创作状态，比如说在母文化的环境中创作出作品，再走出去举办展览，已经有很大区别。这是第三空间的一种内容，也是全球化艺术的一种再现形式。这种新的带有差异性、流动性和不确定性的存在，不仅仅是物理空间位移的概念，更是一种生活、创作观念及表述语言的生成，引发了对流动或变化的新栖居地的思考。“跨边界创作”代表着在全球化时代背景之下第三世界艺术中心话语发生了大的转换，从而带动了创作观念、方式、文化资源利用等新追求、新趣味的系列变化。即从单一的思维功能到多维功能的演变，具有空间上朝一个目标位移的意义，而在物理的、精神上的“空间位移”过程，已成为创作新观念的生成和扩大创作自由的关键所在。现代艺术已经从观念艺术发展到了“上下文”（context）的艺术，“原创性”已被放到了次要地位。一些艺术家利用中国传统文化的资源与符号进行创作，也有一些艺术家是借助某种想法和异文化的特殊元素创作作品，这实际上是一种新的创作现象。如：徐冰的作品中《新英文书法》最有其代表性。他在“强势与弱势”的文化遭遇和碰撞过程中，实现出一种崭新的话语方式变革，从而向主流话语和文化输送“新颖”的思想表达，带有鲜明的语言哲学及其实验意义。在我看来，这种“新英文”的互文本更多的是一种相互依存相互促进的关系。实际上这是他在空间位移后的一种特殊的文化经验，也是后来他参加西方当代文化艺术的一种很有反差性的经验。再如，尹秀珍早在1995、1996年创作的《衣箱》、《废都》等作品的创作基本上是以自身的成长经验和所在的生活处境中寻求创作的构想和媒介依据，更多的是一种从本土文化出发，或者是将母文化的资源予以利用。而近些年她不断地往来于国内、国外创作作品和参加展览，一年中大部分时间是在各国之间的在驻或流动，在非本土的文化环境中创作与所在地发生某种联系的作品。这既保持了一定的对外在或之间空间的向往，同时又延续了她本土文化和她以往作品媒介的品格，这种创作、展示已经不能简单地评价说她的创作是从某种传统的现实的文化中派生出来的某种现代性，而是文化全球化的一种再现形式，也是我在文中反复提到的空间位移后的一种本土与全球碰撞、磨合的结果。

批评家要评价此类艺术，就需要借助新的描述才更能把握住这种新的发展趋势。过去谈艺术，认为是观念赋予了作品意义，现在更多地从上下文中发现作品意义，这样传统元素就成了一种表现形式。我们已经不能说一位艺术家的创作是从某种传统文化中派生出了现代性，不能把“传统”作为批评的根据，而是要更多地看到他与异文化之间的磨合、联系、沟通、理解等等。所以在评价这些艺术家的作品时候，就需要从一个全新的观点和角度予以判断和评价，这或许就是“空间位移”带来的艺术领域的“第三空间”。

［冯博一，美术评论家、独立策展人。策划的重要展览有“生存痕迹——98中国当代艺术内部观摩展”、“不合作方式展”、“首届广州当代艺术三年展”、“左手与右手——中、德当代艺术展”、“进与出，或之间——空间位移的N种方式”等当代艺术展及“东经116°与北纬40°的聚落”国际当代展。］

迂回宛转，分流而出

——宋代舞蹈传承变异与元明清舞蹈流脉

（王宁宁 《文艺研究》2005年第2期）

宋代是一个充满着忧患，政治经济和思想文化都经历着极大嬗变的时期，在这样的历史背景下，乐舞的发展也经历着迂回转折。宋代舞蹈承前启后，传承变异，现象丰富而又复杂，舞蹈的蜕变和新生在此酝酿。这种蜕变和新生，使宋代舞蹈上承隋唐之舞绪，下梳元明清三代舞脉。对于宋代舞蹈史的研究，以常规性的操作来叙述，容易显得繁杂而零乱。如果我们用断代的微观具体与通史的会通疏放，两种视角与方法相结合，来对其进行叙述的话，可以体现出一种结构性的把握，使舞蹈历史发展的内在规律呈现出来。南宋郑樵在《通志·总序》中说，“会通之义大矣哉!”

因为它是“百川异趣”而总汇于海，“无浸淫之患”，“无壅滞之忧”。作者体会，在舞蹈史研究中运用这样的会通之法，必然不是一个断代“加法”的简单缝合。如何把具体的断代“硬件”，传输在缓慢流逝的历史结构中，这是历史研究另一层面的思考。

文献的解读与叙述，是研究舞蹈历史的基本方法。但是这种从文字到文字的叙述和呈现，使得舞蹈自身的特性——形象与动作，难以体现出来。如果我们在常规的文献叙述的基础上，进一步简约文字意象，切入舞蹈的结构性把握，呈现结构图式，则可以使舞蹈的形象从文献文字的遗迹中得以升华。

为了实践和体现上述观点，本文作者将宋代舞蹈概括为3个方面，并且与元明清三代舞蹈发展的流脉，相互联系起来，融为一个整体来看待。同时，对于乐舞作品的文献分析中，采用曲式结构的呈现。全文分3个部分：

1. 宋代的队舞、转踏、大曲，主要体现了宋代舞蹈对于前代乐舞的传承。队舞，属于舞态翩跹的群舞形式，它是宋代最具代表性的舞蹈。虽然队舞作为纯粹的舞蹈形式，不甚纯正，但是队舞的人数众多，场面盛大，尤其是表演者以“臣”、“妾”自居，回风率舞，取悦于皇帝，这使得队舞具有宫廷礼仪的符号象征意义。

转踏也属于群队舞蹈，但是它刻意于一诗一词的传递，玩味其间节奏的变化与复沓，结构精巧而饶有趣味。以曲式结构的眼光来看，转踏的音乐结构是流动的，纵向的，时间性的呈现，它与大曲的丰满铺张，风格迥异。

宋大曲以摘遍的方式，演艺原来唐大曲完整的结构；以“借歌舞以缘饰故事”的表演，改变了唐大曲的体性。宋大曲结构及内容之变，说明了观念之变。这种变化，对于整个后期舞蹈发展的影响，举足轻重。因为结构之变，意味着宋代舞蹈对乐舞传统的一种扬弃。而故事内容的出现，则更说明这一时期舞蹈审美以及视听感受的转变。

作为这一时期具有代表性的舞蹈形式，队舞、转踏和大曲，它们的种种迹象皆表明，宋舞承接唐舞，孕育着新的势头。我们似乎完全有理由期待舞蹈历史于此之后，会在传统乐舞的道路上展现新的局面。然而，当我们的眼光扩展到外围时，却会发现答案并不竟然。

2. 宋代的杂剧、民间舞队、宫廷雅乐舞以及乐舞机构的情况，从更为宽阔的视野，使我们看到舞蹈历史在宋代之迂回宛转中，方向在转变。在宋代的舞台上，与传统乐舞同台表演的还有杂剧。宋杂剧是以演故事的滑稽戏为主要内容，并且与队舞、大曲等传统乐舞，同台表演，相互借鉴。正所谓：舞缀暂停，优伶间作，再调丝竹，杂剧来欤。实际上，自宋代以来，舞蹈历史的发展，始终不能摆脱戏曲的影响和作用。有宋一代，听故事、演故事的娱乐欣赏与持之悠久的传统乐舞，二者是相互影响和作用的。尽管，宋杂剧尚未有完备的体式，戏曲以完形主体吸收运用传统乐舞，主要是在元明清三代戏曲中。然而，杂剧与乐舞，体异互用，相互影响，在北宋时，二者还旗鼓相当，可是到了南宋，情况便日益变化，杂剧兴盛之势，使得传统乐舞渐渐失去了独立表演的地位，同时也被戏曲不断地吸收，如前述的队舞、转踏、大曲之类。

除了杂剧外，活跃在勾栏瓦舍、乡间庙会的民间舞队也蓬勃开展。宋徽宗时，民间勾栏艺人进入宫廷表演杂剧和百戏。宋孝宗时，宫廷宴乐表演是从民间“临时点集”的。据《武林旧事》记载，南宋民间舞队有70个之多，表演场面是诸舞队前后簇拥，连亘十余里，舞队一出动，人们便“乘肩争看”。从宫廷外围发展起来的民间舞队，给宋代舞蹈注入了生机，它使宋代舞蹈在承续传统乐舞之时，出现了转折。元明清三代舞蹈发展的一支主脉，也由此而定。

3. 历代朝廷把对于雅乐舞的研讨与复演，看作“礼乐不备，其何能国”的大事。宋代乃至元明清三代，皆不例外。尽管雅乐舞已经离艺术形态较远，但是，它的政治功能和作用，使其发展脉络没有中断。宫廷雅乐舞伴随历代皇权的更递，朝廷的换代，持续地发展，几乎不变，并且成为古代舞蹈史发展之一脉。宋代乃至元明清三代，无一例外。从宋代宫廷乐舞机构来看，它已经没有了盛唐气象。作为古代乐舞创作表演的主要园地，宋代宫廷乐舞机构不断被减缩。宋高时宫廷教坊被“蠲罢”撤消，乐工舞伎们“各令自便”。宋孝宗时宫廷表演干脆从民间临时“点集”。而此时，宫墙之外的勾栏瓦舍和庙会游棚里，聚集着大量的民间艺人，他们或空地作场，或露台表演，或结社传习，或散入民间，其节目形式之丰富，如舞队、小唱、嘌唱、诸宫调、杂扮、影戏、杂剧、唱赚、耍词、吟叫、讲史、清音等等，不胜枚举。但是其中的舞蹈节目并不多。

在宋代舞蹈发展的主线、旁支的交错中，在其传承变异，迂回宛转之后，宋代舞蹈最终以三脉分流而出，确定了元明清三代舞蹈发展的格局。这就是：队舞、雅乐舞延续着宫廷舞蹈一脉；戏曲吸取容纳了传统乐舞精华，又为一脉；民间舞蹈持续蓬勃发展，且与戏曲互融滋养，再为一脉。最后，晚清宫廷队舞落下了古代宫廷乐舞之帷幕，雅乐舞深远的思想传统，封尘在史籍之中；以京剧为代表的戏曲表演艺术，成就了戏曲舞蹈体系；民间舞蹈的持续蓬勃发展，成为近现代中国舞蹈发展的源泉。伴随清王朝的解体，古代舞蹈历史结束其五千年历程。

［王宁宁，1958年生，现任中国艺术研究院舞蹈研究所副研究员、硕士生导师。合著《中国舞蹈史》、《图说中国舞蹈史》。主要论文《解读形象，聆听理想——石窟乐舞形象与佛教思想精神》、《迂回宛转，分流而出——宋代舞蹈传承变异与元明清舞蹈流脉》、《舞蹈内涵与文字诠释》等。］

杂陈共生，蓄势促发

——“大后方电影”的特殊历史作用

（虞吉 《文艺研究》2005年第9期）

一、概念与方法

从概念上讲“大后方电影”是抗日战争时期大后方电影企业建设、电影创作和电影文化活动的概称。从中国电影历史发展的角度看“大后方电影”是特定历史阶段出现的特殊电影现象。这一现象的意义和作用一方面直观地反映于战时电影体系的建立、电影创作和电影文化建设的诸方面，另一方面则动态牵延于与之衔接的20世纪30和40年代后期的电影现象。

“大后方电影”是中国电影有史以来制片业和电影文化圈大幅转型与西移的产物。转型与西移所产生的直接结果改变了中国电影以私营影业为主导，囿于上海一城和苏、浙文化圈的发展格局，客观上形成了大后方、孤岛、香港、沦陷区、根据地5类电影活动（错位）并存的“战时电影”局面。在此局面之上，大后方电影的产业基础是迅速建立起来的国民党官营电影体系。电影活动基本剔除了商业因素，鲜明的抗战立场和正统面貌使大后方的电影创作成为表达中华民族抗战建国决心与勇气的声画宣谕。

仅仅从正面认识“大后方电影”，对其实施归纳与分析是难以真正凸现它所产生的特殊历史作用的。“大后方电影”是特定历史文化阶段所出现的特殊电影现象。它不是电影在正常稳定的状态下发展与变化的产物。因此，针对“大后方电影”的特殊性，应该放弃静态归纳、分析、总结的方式，转而将“大后方电影”纳入与其前、后电影现象和相关性文化活动的动态联系之中考查和评价。

二、纵向勾联

包涵“大后方电影”的“战时中国电影”时段夹在30年代的“新兴电影”、“国防电影”与40年代后期的“战后新电影”两座高峰之间。“新兴电影”与“战后新电影”虽均为“高峰”，但二者之间的差异却较为明显。

差异首先表现在对“现实主义”的认知程度上。40年代后期的“战后新电影”，特别是以抗战期间在大后方从事电影创作和文化活动的影人群体为主力的“昆仑公司”的电影创作，整体呈现出了“现实主义”主题深化，艺术技巧全面成熟的特征。“昆仑公司”所拍摄的九部故事影片均为佳作。从承延关系上看，“战后新电影”“昆仑公司”群体电影创作所体现的现实主义态度和社会批判精神实际都秉承于“新兴电影”。但在程度上，“战后新电影”却显示了更深一层次的领悟。纪录片的大量摄制，纪录作为一种主要的电影表述手段和风格特征，大面积进入故事片创作，势必会带来电影思维方式和镜语体系的演变。

三、横向互动

追求电影叙事的通俗化是“大后方电影”在文学“国策”、“路线”讨论影响下择定的实践趋向。如何把抗战电影拍得通俗易懂，同时又具有“中国作风”与“中国气派”，从而“建立中国电影现实主义的民族形式”是一个既关涉内容又关涉形式的问题。“大后方电影”对这一问题的讨论所提出的“建立中国电影现实主义的民族形式”，“摄影老百姓喜闻乐见的有中国作风、中国气派的电影作品”等主导观点，第一次把通俗性、民族性与现实主义的电影创作联系在一起。这一谋求多样性联系中现实主义电影表达的创作观点，体现了“大后方电影”的创作与评论者对抗战电影创作实绩的期待。在“大后方电影”所包含的电影文化内容里，还应特别提到话剧创作。电影与话剧大幅度交切是“大后方电影”独有的现象。1941年之后，大后方的电影生产趋于停顿、大批电影工作者转入话剧创作领域，成为话剧创作的主力和中坚。在当时的大后方，著名的“雾季公演”、“西南剧展”声势浩大。全身心投身于话剧创作的电影编、导和演员在大后方艰苦生活和戏剧艺术实践的双重磨砺下，拓展和强化了（现实主义）思想视野的深度，提高了艺术技艺，这无疑为抗战胜利后重回上海的电影创作蓄积了深厚的艺术功力。

四、杂陈与蓄势中的变革

“大后方电影”是中国电影史上最为复杂的电影现象（之一）。其涵盖涉及中国电影企业格局、属性的改变，具体电影种类的生产创作以及延展到电影之外的相关社会文化活动的广泛内容。这些杂陈的电影文化现象既联系于战时电影的官营性质和服务抗战的政治需求又续接和改变着中国电影的主流传统。从总体上看，“大后方电影”的杂陈铺排是官营电影体系建立之后电影政策与要求产生的结果。抗战爆发前的中国电影由于整体的私营性质“市场赢利原则”成为始终不变的主导性机制。而官营电影从意识形态目的出发所体现出的政令调度的一致性，使“大后方电影”在故事片、纪录片与教育电影3个层次上呈现出创作生产上的“杂陈态势”。杂陈之中，各类创作又实现着各自渊源不同的传统续接与改变。其中纪录片与教育电影实绩显著，以“繁荣”称之并不为过。而故事片编导对纪录手段、纪实风格、通俗化与民族化（特色）的自觉追求为中国电影的发展演变拓开了路向，并显示了与此前中国电影全然不同的风格和样态。对此应从两个方面加以确认，一方面以《东亚之光》为代表的一系列作品形成了“纪实性故事片”从主要电影手段到结构形式和风格的整体演变。另一方面，在电影力量整体向话剧创作转移，并成为中坚的创作活动中，中国电影原本就有的戏剧电影素养得以提升和强化，在艺术思想和艺术技巧的相关层面蓄积了走向成熟的能量。因此，在“大后方电影”的语境下，对民族电影镜语体系演变这一命题的考查，需从纪实性（美学）全面深入和（文艺片）戏剧电影传统进一步强化这两个向度加以认识。如果说“大后方电影”对战后中国电影高峰期的到来独具蓄势之功的话，“势”之内涵则是一个复杂并置的存在。

［虞吉，1963年生，现为西南大学新闻传媒学院教授、副院长，电影学硕士导师。撰有或主编专著4部。先后在专业刊物发表学术论文100余篇。］

作为学科的“京剧学”

（傅谨　《戏曲艺术》2005年第3期）

2005年15—17日，中国戏曲学院主办了“京剧的历史、现状与未来暨京剧学学科建设学术研讨会”，在京剧研究领域内引起众多专家学者们非常强烈的反响。这次研讨会的特殊性在于它在学术探讨的基础上，正式提出“京剧学”这个学科称谓；意味“京剧学”学科建构计划的重要开端。

京剧学的学科定位，在理论上是非常清晰的。以京剧在中国戏剧领域的重要性，尤其是它在20世纪以来中国戏剧现实发展中的独特地位，决定了它极有可能成为戏剧这一学术领域内的一门显学。而京剧学这一分支学科的出现，还会进而带动中国戏剧的其他剧种的专门研究，刺激昆曲、秦腔、川剧、粤剧和越剧等等有影响的剧种的专门研究，使之构成学术上相对独立的分野，使中国戏剧学研究内涵更为丰满充实。

京剧诞生200多年来，有关京剧研究的文献汗牛充栋，即使以它之成为现代学术研究对象的晚近数十年计，自齐如山以下迄今，专门的研究成果也难以计数。在当下中国戏剧研究范畴内，京剧研究的成果，无数是数量还是质量，均远远超过其他任何剧种的专门研究，其研究的触角也已经深入到京剧的文学、音乐、表演、舞台美术等方面，形成了一个规模可观的专门研究者群体；京剧研究的学术内涵与价值，早就已经在海内外学术界得到普遍认同。京剧最集中地代表了中国戏剧20世纪发展的路径与成就，在中国现当代社会进程中曾经起到过非同一般的重要影响，京剧研究领域的学术空间，更因为这些超越剧种本身甚至超越纯粹艺术层面的意义而得以大大拓展。

因此，“京剧学”这个学术称谓的提出，是以新的学科建设的自觉，更好地整合、完善与提升京剧研究这个已然存在的学术领域。学科建构的这种自觉意识，将有助于让京剧研究朝更具系统性与完整性的方向发展，而像京剧这一内涵十分丰富、涉及面非常广泛的研究对象，如果不能考虑到研究的系统性与完整性，其研究成果很容易成为一盘散沙。举例而言，中国戏剧有包括京剧在内的300多个剧种，至少有100多个剧种历史地形成了自身较完备与独立的音乐声腔系统、剧目系统、表演技法系统，但是长期以来，不同剧种对这三个相辅相成的系统的研究往往各有偏重，包括在资料的积累方面，也存在非常之明显的差异，比如，1950年代初各地曾经搜集整理了数以几万计的京剧和各地方戏的演出剧目，但是在各剧种音乐方面的资料搜集整理方面就远不如剧目那样受重视，而表演艺术方面的资料积累，则更是严重缺乏。显而易见，无论是哪个方面的研究和资料积累的缺失，都足以影响到今人与后人对于研究对象完整准确的认识与把握。即使以表演艺术方面而言，不同行当乃至于不同流派的研究，更会因许多偶然因素的作用呈现极不平衡的状态，部分行当和流派可能受到较多的关注，而同样重要的行当或流派，却有可能遭到不应有的忽视，甚至完全缺乏研究，致使剧种研究限于一端。学术研究当然需要给所有研究人员充分的自由选择的权利，但如果同时考虑到研究的完整与系统性，就需要有影响的、有学术自觉的学术机构，通过有组织的、更客观的全面研究防止种种偏颇的出现。

虽然京剧研究的成果颇丰，在京剧学的学科建构方面，依然任重道远。除了对京剧内部不同方面的研究的还不均衡，还有相当多新的研究领域值得去努力开拓，如学者们曾经提及的京剧文化、京剧教育等方面的研究，自有其重要价值。但同样重要甚至更为重要的，是京剧史论研究领域尚有很多关键性的学术问题，至今仍未得到较完满的、足以为京剧界内外所公认、并且经得起时间检验的解决。从史的角度看，极左思潮的影响余温尚存，对京剧历史与现实的评价往往因此丧失应有的客观性，对历史和现实有意无意的误解甚至曲解比比皆是；从论的角度看，苏俄化的西方戏剧理论框架仍然在相当大程度上支配着人们对京剧的认知模式与评价尺度，京剧自身的特色与魅力往往因此被遮蔽。有关京剧研究的历史资料，除了张次溪的《清代燕都梨园资料汇编》以外，自民国以来至今的大量基本史料，都还没有得到完整的搜集与整理。研究领域的进一步开拓固然重要，但是，只有位居学科核心的上述主干课题研究方面的明显突破，才足以充分体现一个学科之进步与发展水平，而要想在这些方面取得满意的成就，就特别需要一个有学术自觉的机构、团队以及学科带头人倾力以赴，以高水平的研究成果，赢得学术界乃至世人对于学科之成立和成熟的自然承认。

在学术研究领域，没有什么比一个学科的草创更困难，但也没有什么比它更具挑战性。如何凝聚现有的研究力量，组建和培养新的研究队伍，通过数年的集体努力，尽可能弥补现有的较大和较明显的学术缺失，使这一学科的研究更具系统性，并且在史、论和资料建设这三个学科核心的研究方向有所突破，藉此明显提升学科研究水平，都将成为学科建设和发展中最优先考虑的目标。完成这些重要工作之后，“京剧学”将不再只是一个称谓和设想，它作为一个单独学科的存在，将成为不言而喻的现实。

［傅谨，1956 年生，文学博士，现任中国戏曲学院特聘教授，中国艺术研究院博士生导师，中山大学中国非物质文化遗产研究中心兼职研究员。出版专著《二十世纪中国戏剧导论》、《新中国戏剧史》、《草根的力量——台州戏班的田野调查与研究》等。］

大事记

2005 年中国艺术学研究大事记

1. 经国务院学位委员会组织专家反复论证，新设置艺术硕士（MFA）学位，旨在培养高层次、应用型艺术专门人才。

2. 由《艺术学》编委会推出、学林出版社出版的《艺术学》丛刊共出 3 辑：《艺术学》第 1 卷第 2 辑《艺术研究：类型与范式》，《艺术学》第 1 卷第 3 辑《艺术：视像与后现代思潮》，《艺术学》第 1 卷第 4 辑《艺术研究：艺术与影像、范式与教育》。

3. 5 月 17 日广东省召开艺术学学科发展专题座谈会，就该省艺术学学科现状、在省社科规划中单列的必要性和可能性、艺术学学科“十一五”的发展问题等进行专题研讨。广东各艺术学院院长 20 余人参加了会议。会议就艺术学学科结构整合、资源合理配置、规范学科评价体系、人才评价机制等问题进行深入讨论，并推荐了一批在该省甚至在全国都有较大影响力的艺术学领域的专家，为该省哲学社会科学研究与事业发展“十一五”规划艺术学学科的编制提供了良好的基础。省哲学社会科学规划领导小组办公室根据会议精神经研究决定，从 2005 年开始省社科规划将首次把艺术学学科单列。

4. 中国民族民间艺术及文化艺术遗产、非物质文化遗产的研究，仍是艺术科学研究中关注的热点和重点。新疆维吾尔木卡姆艺术和中、蒙联合申报的蒙古族长调民歌被联合国教科文组织宣布为第三批“人类口头和非物质文化遗产代表作”。在非物质文化遗产研究方面出版的著作有：

王文章主编中国第一套《人类口头和非物质文化遗产丛书》；

王文章主编《非物质文化遗产保护国际学术研讨会（2004）论文集》；

5. 6 月 11 日，由辽宁省文艺理论家协会、《艺术广角》编辑部和鲁迅美术学院文化传播与管理系联合主办的“21 世纪艺术学学科现状与发展学术研讨会”在沈阳隆重召开。这次研讨会是辽宁省艺术学领域首次召开的学术会议，来自沈阳、大连、锦州、鞍山等城市的五十余位艺术学专家学者出席了本次会议。与会代表针对会议主题，围绕现代艺术理论的思维模式、艺术学学科界定、当代艺术学教育的重要内容和意义、后现代主义艺术与大众文化的反思、音乐学学科建设、生态艺术学、大众传媒与具体艺术门类的结合等问题进行了热烈讨论，展开了广泛的学术交流，取得了很多共识。

6. 6 月，李心峰主编《20 世纪中国艺术理论主题史》由辽海出版社出版。该书是全国艺术科学“十五”规划重点课题“20 世纪中国艺术理论史”最终成果，全书共约 60 万字。中国艺术研究院副院长张庆善研究员为本书作序。该书以“主题”为经，以“历史”为纬，从“主题史”这样一种独特视角描述中国现代艺术理论史，为新世纪艺术学的建设提供了历史参照。

7. 8 月出版李树榕、葛丽英著《艺术概论》。

8. 9 月 26 日，由《学位与研究生教育》杂志社与南京艺术学院共同发起的“艺术学学科定位与学科发展”全国艺术理论研讨会在北京达园宾馆召开，来自北京、江苏、上海、浙江、山东、云南等地的近 40 位代表参加了会议，国务院学位委员会办公室的有关领导到会讲话。《学位与研究生教育》执行副主编周文辉及南京艺术学院副院长刘伟冬分别主持了会议。在本次会议上，与会专家就艺术的起源、艺术与文学的关系、艺术学学科发展现状及艺术学的学科定位、中国艺术学对当代社会与经济发展的影响等问题进行了充分研讨，对将艺术学科从“文学”门类里独立出来成为单独的学科门类基本上形成了共识。专家们同时指出，只有注重建设、严格把关、练好内功，艺术学科才能获得持久的发展。与会专家还对艺术学的学科设置、学科建设、不同类型人才的培养等提出了具体的、中肯的意见和建议。

9. 北京师范大学、南京艺术学院和中国传媒大学三所高校成功申报艺术学一级学科博士点。在艺术学的二级学科中，艺术学（一般艺术学）与美术学、音乐学、戏剧戏曲学、电影学、舞蹈学、设计艺术学、广播电视学等门类艺术学相并列，成为培养博士研究生的专业方向。这表明，艺术基础理论研究、一般艺术学研究与各主要门类艺术学研究一样，获得了广泛的社会支持和体制上的保障。

10. 出版陈池瑜主编《清华艺术学丛书》共4册：

陈池瑜著《现代艺术学导论》；

董占军著《艺术文献学论纲》；

唐家路著《民间艺术的文化生态论》；

陈正雄著《抽象艺术论》。

11. 艺术研究的田野方法和艺术人类学的学科方法与学科建设问题，受到一定程度的关注，引起学界讨论。其中傅瑾的《艺术学研究的田野方法》影响较大。该文认为社会学和人类学研究方法介入艺术学研究领域，运用田野研究方法考察艺术现象，其意义不止于文化层面上研究视角的转换，它还可能影响和冲击中国艺术学研究领域的价值评价体系和学术规范。

12. 12月公布的第二届文化部文化艺术科学优秀成果奖中，其中艺术科学类获一等奖的有黄翔鹏、王子初著《中国音乐文物大系》等5种专著；获二等奖的有方方著《中国纪录片发展史》等22种专著；获三等奖的有李心峰著《中国三代艺术的意义》等论文和专著48种。

（邓友女）

宗教学

综　述

2005 年中国宗教学研究综述

2005 年我国大陆的宗教学研究仍然呈平稳的势态发展，基本上保持了过去的发展水平，非宗教学刊物（即各地社科综合学术期刊和学报等）和宗教研究刊物发表有关宗教学研究的文章在 3000 篇左右，另外出版各种宗教学书籍约低于去年的 300 本水平，总体上说，宗教研究的进展不大，与过去相比，没有发生什么突变。现以介绍年内有关论文，将各种宗教研究的情况综述如下：

一、宗教原理研究

2005 年的宗教学原理研究成果，就正式出版的书籍来说，可以说主要集中在几个方面的内容。一是有关社会主义与宗教相适应课题的研究，参与这部分研究的人，主要以在各宗教部门工作的为主，所发表的文章多在各省市党校刊物上面，但是在理论上鲜有突破，更多的内容是在操作层面上的讨论。二是继续译介一些国外的宗教学理论，但与过去相比，已经少了许多，在译书内容的选择上也有一些针对性，但不如前几年明显。三是由国内学者撰写了一些有学术含量的宗教学研究的著作，等等。

这一年发表的学术论文，比较有意义的文章有魏泽民的《全球治理：公民社会与宗教发展》，在这篇文章中，作者指出，在全球化的进程当中，宗教发展已经很难“遁世”、“隐居”，更不可能独善其身。虽然现代化是推动全球化发展的重要力量，但在现代化之前，早已出现了全球化的基督教、伊斯兰教、佛教等跨国界发展。从治理的向度来说，宗教发展融合了国家、市场、社会的对立关系，重新创造性地结合国家、市场与社会，引导世界走向善治。而宗教组织要寻求全球性的发展甚至推动全球公民社会的实现，就有赖于跨国社会运动组织的发展。因此，如果 20 世纪的政治遗产是民族国家组成的世界体系，那么 21 世纪就是建构一个善治的全球公民社会。本文作者的思路很好，但是可能操作起来还有问题，因为依赖于跨国公司的做法来做宗教的传播，显然不能够成功，宗教的传播是依赖于其文化性与宗教性，只有这二种功能充分发挥以后，才能达到其目的。虽然它也会依附于经济的活动而附着传入其它国家，但是如果没有当地文化的认同，它也不会站住脚跟，总之，这个思路给我们提供了当代宗教在世界如何竞争与发展的问题，值得我们思考。

方立天的《论中国化马克思主义宗教观》旨在解决中国宗教在当代发展提出一个对策性的文章。作者对中国化的马克思主义宗教观做了界定，认为结合中国国情和宗教教情提出的与时俱进的创新观点，是马克思主义宗教观中国化的产物。中国化的马克思主义宗教观的概念与内涵的形成，其客观根据是：（1）宗教既有共性，也有个性。（2）宗教在不同的地区、不同国家的情况，有很大差别。（3）宗教是不断演化的。中国化有马克思主义宗教观的本质为有神论的信仰文化，这是中国化马克思主义宗教本质观的核心观点。尽力挖掘和发扬宗教某些内在的积极因素为中国革命、建设和改革事业服务，进而推进社会主义社会向前发展，是中国马克思主义宗教价值观的精髓。宗教存在的长期性，强调不应人为地消灭宗教，这是中国化的马克思主义宗教的历史观。“积极引导宗教与社会主义社会相适应”是中国化马克思主义宗教适应观。文章最后指出，中国化马克思主义宗教观的内涵是深刻而丰富的，就其创新观点而言，可初步归结为以下十个要点。（1）宗教是一种社会历史现象的观点，改变了那种把宗教定位为一种意识形态的观点。中国宗教社会现象具有“五性”或“三性”的观点。（2）宗教是人民内部思想信仰的观点，宗教是文化的观点。（3）宗教产生和存在的最深层次根源在于，人们有不能解释和不能解决的思想问题的观点。（4）宗教长期性的观点，宗教消亡在阶级和国家之后的观点。（5）把思想信仰与政治立场分开的观点。（6）信教群众与不信教群众在信仰上的差异是比较次要的差异的观点，思想信仰上互相尊重的观点。（7）在正视宗教中存在消极因素的同时，重视挖掘、运用和发挥宗教中的积极因素的观点。（8）信教与不信教以及信仰不同宗教的群众，在政治上和经济上的根本利益是一致的观点，信教群众同样是社会主义建设的积极力量的观点。（9）强调执行宗教信仰自由政策，处理宗教问题的根本出发点和落脚点，是使全体信教的和不信教的群众联合起来，集中建设现代化的社会主义强国这个共同目标的观点。（10）积极引导宗教爱国爱教，与社会主义社会相适应的观点。这篇文章的特点就在于对社会主义的宗教观与马克思主义的宗教观做了较好的界定与概括，对正确认识社会主义宗教的性质提出了一些有意义的看法，作者所提出的十个创新点，实际上就是当代宗教可操作的方式与内容。

郭华清研究了国民政府的宗教管理制度，在其《国民党政府的宗教管理政策述略》指出，在国民党政府所认可的佛教、道教、伊斯兰教、基督教、天主教几种宗教中，国民党政府对它们的管理政策是不同的。对佛教和道教实行的是同一套管理政策，对伊斯兰教是一套管理政策，对基督教、天主教又是另一套管理政策。总的说来，对佛教和道教，国民党政府的管理比较严格，管理范围也较广。对伊斯兰教和基督教、天主教，国民党政府的管理权很有限，对它们的管理主要是通过对该宗教团体的管理来实现的。研究国民政府的宗教管理制度，其目的还是在于对当代宗教管理提供一些借鉴，因此有重要的意义。对现在的宗教管理工作，宋华忠在《依法管理宗教事务初议》中认为，依法管理宗教事务是政府依法行政的重要组成部分，是一项系统的社会工程，也是一种集约的管理模式。因此，必须重视和解决一些重要的和更为具体的问题：在立法层面，要解决无法可依与有法难依问题，根据宗教领域出现的新情况、新问题，并按照《行政许可法》的要求，加大宗教法制建设力度；在执法层面，要按照依法行政的要求，重视和应对《行政许可法》实施对政府依法管理宗教事务的影响，研究和解决基层宗教事务管理主体的不适格问题，把对宗教事务的管理融入到社会公共事务管理的方方面面，使其成为政府各个部门依法行政的有机组成部分。同时要加强政府宗教事务部门干部队伍建设，提高行政执法水平；在守法层面，要不断提高宗教界人士和宗教信仰者的法律素养，增强他们的法律意识。王宏刚则以上海地区的城市为特点，提出了一些看法。他的《上海农村城市化过程中的宗教问题研究》认为，近15年来，上海农村迅速城市化，传统民间宗教活动在部分地区复兴，通过剖析代表城市化程度不同的3个村子的个案，可以看出，由于历史文化的沿袭性与当代社会市场经济的张力，给管理宗教带来了难度。因此如何发挥政府与社会团体管理民间宗教活动的潜力，形成有效的社会管理模式，已经成为宗教管理部门的一个重要任务。

金泽的《积极推进宗教与法治的研究》认为，推进“宗教与法治”的研究，必须广开资源，其中学术资源是最重要的。只有不断拓宽我们的视野，加深我们的理解，才能把“宗教与法治”的研究推向前进。作者强调，推动“宗教与法治”的研究，离不开进一步解放思想。而解放思想，需要我们开拓学术资源，采百家之长，为我们理论研究和制度安排所用。就我们目前所能看到的，至少可以调动四种资源来推动对“宗教与法治”问题的研究。第一种资源是我们本土的政教关系历史资源。第二种资源是以马克思和列宁为代表的马列主义宗教观。第三种资源是近现代西方国家的政教关系学说和处理政教关系的操作经验。第四种资源不是来自以往的理论和历史，而是来自社会基层鲜活的生活现实。针对我国近来宗教活动频繁，一些地方政府和某些部门热衷于宗教活动的现象，学术界也有人提出了不同的看法。郭延军的《我国处理政教关系应秉持什么原则——从三亚观音圣像的建设和开光说起》从法理上对当前的一些开光现象做了研究。作者指出，三亚观音圣像的建设和开光提出了这样的问题，国家机关能否主动地发起、举办、参加宗教活动？按现代世俗国家政教分离的原则，宗教事务是私事，国家不应设国教，不应参与宗教活动，应在宗教事务中保持中立。按我国宪法的精神，政教分离也应是我国处理政教关系应遵循的原则。所以，在我国，宗教事务应由宗教组织自主办理，国家应平等对待各种宗教，国家机关不应操办宗教事业和主持宗教活动，公职人员也不应该以公职身分操办宗教事业、主持或参与宗教活动。根据上述原则，海南有关公共机关和公职人员直接操办和参与观音圣像的立项与建设、组织和参与观音圣像的开光大典，其行为看来于法无据。华热·多杰的《我国宗教组织财产所有权问题刍议》通过考察国内外的财产权的规定，认为我国实行宗教法人权制度的必要性，分析了宗教法人所有权的含义，最后认为在我国建立宗教法人制度，既能明确宗教组织的法律地位，也能消除宗教财产所有权主体的不稳定、性质不鲜明的弊端。

二、佛教研究

佛教研究一直是我国近年来宗教研究的热点之一。从现有的研究成果来看，当前的研究正朝着精细化的方向发展，但是由于在史料方面没有什么突破，所以相对来说，能够取得重大突破的成果不多。出版的学术专著数量不少，多朝着专题化的方向发展，以往的佛学概论形式的专著不再出现。此外，2005年我国一共召开了13次佛教学术会议，虽然在数量上少于往年，但是会议的质量有所提高。

2005年的学术论文，总体上看，较以往有进一步的细密发展。陈坚的《从榜样到边缘——“佛教范式”在中国宗教中的地位变迁》从宗教范式而不是宗教势力的角度，认为外来的佛教在中国的发展经历了一个其范式由榜样到边缘的过程。作者指出，在中国古代宗教格局中，自从佛教在中国站稳脚跟后，“佛教范式”便成为各种宗教纷纷仿效的榜样；但是，在鸦片战争后中国近现代宗教格局中，由于西方基督教的传入和受“西方中心主义”的影响，“佛教范式”便被边缘化了，而“基督教范式”则取而代之成为各种宗教纷纷仿效的榜样。“佛教范式”在中国宗教史中的这一地位变迁折射出了中国社会所特有的没有西方式宗教对立的“不排异”的宗教文化氛围。邢东风的《南宗禅的地方性》也是一篇微观的论文，该文指出，隋唐佛教宗派的多样性不仅体现在各宗教义教法上的差异，同时也表现在其社会性特征上的区别。从中央和地方的角度来说，南宗禅属于典型的地方佛教。它远离当时的政治文化中心，依托于岭南地区的宗教资源发展壮大，充分显示出地方佛教的顽强生命力。探讨南宗禅的地方性，对于把握中国佛教宗派及教团组织的生存机制有着重要意义。通过对南宗文献中有关南北平等说、佛法向南说、慧能拒诏说、神会对北宗的批判以及达磨与梁武帝对话说等资料的分析，从思想资料的侧面揭示南宗禅的地方性特点，说明他们自觉保持着南方佛教的独立意识，回避与皇权的瓜葛，对依附皇权的中心佛教势力采取排斥对抗的立场，并将宗教价值置于政治地位之上。南宗禅的地方性与其群众性以及宗教上的独立性密切相关，它是南宗禅保持长久生命活力的内在因素。此文现在看来，涉及到历史上的佛教山头问题，所谓的地方性，就是佛教的地方势力，进一步说，就是历史上的各宗派为代表的地方性文化特征，这个问题不仅对返观历史佛教有意义，而且还对未来的佛教的走向有启发。韩毅的《宋代佛教的转型及其学术意义》从整体上来把握宋代的佛教。从佛教史上来看，宋代的佛教是一个处于古代和现代之间的一个转型期的佛教，如何看待这个转型，对今天正处于转型期的中国佛教来说，其意义是明显的。本文认为，研究宋代僧人群体的儒学化问题从某种意义上说，是理解佛教中国化的一把钥匙。宋代佛教的儒学化，为宋代学术乃至中国文化带来了新的成分，它的出现有着学术与宗教的双重意义。但是，今天的佛教已经不是在儒学化的背景下盛行了，因此要借重于这把钥匙，是开不了旧锁的，看来还需要我们提出新的看法。孙恪廉、潘斌的《宗教文化定位是宗教事件防范的前提——兼论人间佛教与我国宗教的文化定位》的价值在于，把宗教的未来发展放到文化的地位。作者指出，给中国宗教以恰当的、准确的文化定位，是防范宗教事件，特别是西部宗教突发事件的基本前提。“人间佛教”是近百年来实现中国佛教现代转化而做出的积极有益的尝试，证实了我国宗教作为有益文化回应社会的现实可能，正视这一事实，对于防范民族分裂势力搞宗教极端主义有特殊的意义。在笔者来看，其实这个问题的潜在意义还在于怎样发展包括宗教文化在内的传统文化的内容，宗教的文化内容在什么度上发展，这是一个重要的问题，如果处理好的话，对未来的宗教发展可以提供一个广阔的天地。

佛教的思想理论研究是中国学术中的强项，这在2005年的佛学研究中仍然表现出来。程恭让的《吉藏“八不中道”说辨正》对传统佛学所说的“八不”和“中道”的缘起理论做了重新诠释，认为在龙树原文中的涵义是，一是龙树对缘起概念的否定性界说，或反面界说。一是对缘起概念的肯定性界说，或正面界说。通过“八不”及“中道”等所界定的龙树的缘起学说，将与在他之前的各种表示因果关系的学说，明确区别开来。如果用“八不缘起”或“中道缘起”等名目来概括《中论》的思想体系，在学理上可能会妥切得多。张卫红的《从〈肇论〉看中观般若学的非本体性特征》则是对中国佛教哲学的新看法，强调“物不迁论”、“不真空论”的立论基础是中观般若学的缘起性空论，中观学既非传统西方哲学知识论框架下的概念本体论，也非魏晋玄学的境界本体论，而是缘起性空论，其理论建立在般若现观的体证基础上，故而不能仅从知识论的角度将其视为魏晋玄学的发展和延伸。王颂的《从日本华严宗的两大派别反观中国华严思想史》认为，日本华严宗在镰仓时代形成了两大派别，它们的代表人物分别是明惠和凝然。该文首先阐明了明惠、凝然与中国华严思想家李通玄、法藏等人的思想联系，进而对他们各自提出的道统学说进行了分析，再进一步考察了中国华严思想史上的不同流派以及中国华严教团的成立问题，澄清了学术界对此存在的长期误解，提出了中国华严教团形成于宋代的新观点。最后，对华严宗道统说在中日两国形成的历史过程和它们对近现代佛教研究造成的影响进行了批判性总结。刘泽亮的《〈楞伽经〉人间佛教义趣论要》从佛凡不二的心体论、转识成智的禅悟论、宗说俱通的传释论、不舍众生的解脱论四个层面窥视《楞伽经》人间佛教的义趣，认整个大乘佛教人间佛教思想可以上溯到此经的成立。上述各家的佛教思想理论的研究，还是从传统思想的角度来做新解，他们都看到传统佛教的整体性与现代方法用于研究佛教而割裂了佛教的不足之处，力图在理论上予以还原，这虽然不是什么新的思维，但是它表示了学者已经不再迷信西方的研究方法，正在试图走出一条中国传统思想与现代方法相结合的研究范式。

聂静洁的《20世纪西域佛教史若干问题研究述评》对20世纪中国大陆学者在西域佛教史研究领域所取得的成绩进行了回顾，主要涉及早期佛教东渐问题、西域佛教的兴衰、西域佛教对西域的影响、西域佛教史上重要人物等内容，但是此文在很多方面更多的只是一些书名的介绍，对书的内容没有评述，而且掌握的资料不充分，没能够谈出研究的重点及主要观点，只是泛泛而谈。看得出来，作者并没有仔细阅读一些重要的文章，有的介绍有些牵强，例如将杨曾文等人译的《印度佛教史》作为研究西域佛教的成果，似乎有些牵强。特别像研究鸠摩罗什的生平，台湾学者在这方面的研究成果很重要，应该值得介绍，但是文中没有，殊为可惜。就大陆的研究成果而言，曾经出版过的鸠摩罗什讨论会的论文集是重要的成果，已经超出了现有的一些成果，遗憾的是该文也没有提到。又如玄奘的研究，在台湾张漫涛编著的百卷本中，有专门的文集，将玄奘年表做了几家对比的论文，这些都是研究玄奘不可迈过的著作，但是文中没有介绍。

王志远的《佛教艺术内涵在中国佛教传播初期的重要价值》从艺术研究史上，提出佛教艺术有动态和主动两大特征，归纳出场面、情景、情节三大要素。近年来许多研究课题客观上都是围绕佛教表现艺术而展开的，但是由于没有佛教表现艺术的整体理论框架，因此处于分散的和不自觉的状态。该文以最常见的东汉楚王刘英奉佛史料为例，在前人并未充分注意的历史现象细节中揭示其所透露的重要信息，力图使读者对历史真实有更全面的了解和认识。何志国的《仙佛模式和“西王母+佛教图像模式”说商榷论——再论佛教初传中国南方之路》，对近年来有学者根据汉魏部分佛像混淆的特征先后提出“仙佛模式”和“西王母+佛教图像模式”诸说，提出疑议。认为这是一种以偏概全的观点，缺乏文献和考古发现的证据。中原地区东汉末期有佛教流行的文献记载，但是没有发现佛像。我国最早的佛像是重庆丰都出土的东汉延光四年（125）墓葬出土的摇钱树佛像。西南地区的早期佛像具有清晰的印度早期佛像特征。汉魏时期的佛教在中国的传播可能存在两个系统，中原官方佛教传统系统和南方民间佛教佛像传播系统，佛教汉魏艺术并不存在“仙佛模式”和“西王母+佛教国图像模式”。这篇文章虽然对现有的研究成果提出了置疑，但是从现在的研究成果来看，文献的资料仍然还不具足，因此并没有充分的证据来驳倒对方。严耀中的《试论中国佛教戒律的特点》指出，佛教传入中国后，中国佛教徒主要遵奉小乘诸律，但其中融入了大乘的思想观念，其戒律也呈现新的特质：（1）戒律也是原则，体现着对欲望的彻底禁止。（2）诸戒律面面俱到。（3）诸戒律体现着平等精神。（4）戒律的条文体现着理性对欲念的束缚。（5）内在自我约束和外在规范统一。（6）戒律不仅是制恶的约束，还是行善的督约。（7）戒律具有具体问题具体处理的机动性。（8）戒律的实施与因果报应六道轮回相关联。因此，流传在中土的佛教戒律是佛教中国化的基础，而且具有中国特点的佛教戒律对中国社会的道德与法律都产生了巨大的影响。不过，按笔者的看法，从佛教戒律史来看，真正代表中国化的佛教戒行规范，还是在于中国的清规，直到现在，在中国寺院里除了五项根本戒外，寺院真正落实的都是清规的内容。李尚全的《建立中国佛教口述史的合法性与紧迫性》强调，佛教口述史的历史源远流长，但作为现代意义上的佛教口述史则兴起于20世纪60年代的美国学术界，在20世纪80年代的台湾学术界曾经走红。而大陆佛教口述史资源丰富，把佛教口述史作为研究民国史和当代史的证据，具有明显的合法性。但至今还没有引起大陆学术界足够的重视，目前只有《雪域求法记》一部著作流传于世。眼看着丰富的大陆佛教口述史资源的流失，治民国史和当代史的学者应该有抢救佛教口述史料的紧迫感。这篇文章从合法性与紧迫性两方面对当代佛教的资料整理做了强调，按笔者的看法，当前我国的现代佛教研究之所以不够活跃，其根本的原因还在于资料太少，许多重要的史实还没有厘清，现有的研究仅在几个重要人物上面展开，而没有全面铺开。

隋唐佛教是中国佛教的鼎盛时期，但是现有的研究对隋代的研究则很少，主要集中在唐代的研究上。王亚荣的《隋大兴城佛寺考》，通过综合考察研究，共得佛寺116座，其中僧寺91座，尼寺25座。同时，发现大兴城佛寺的分布很不平衡，北多南少、西多东少，有65坊的佛寺存在史料记载。寺院的建造集中在隋文帝开皇年间（581—600），炀帝大业七年（611）之后急剧衰落。该文将与116座佛寺有关之重要佛教人事亦一并择要录出，以见当年大兴城佛学研习与佛教流传之概况。因此这篇文章的重要意义就在于，为研究唐代大兴城的佛教作了铺垫。刘长东的《论宋代的甲乙寺与十方寺制》，从佛教社会史的角度，对宋代寺制中的甲乙寺与十方寺制的区别及其例外的情况，“革律为禅”的特定含义，二寺制与佛教戒律精神的错位，十方寺制的起源，二制寺在宋代寺院格局中的动态关系，政府寺二制寺的管理，十方制的弊端及其产生的原因，十方制在宋代政教关系中的意义等问题作了考论。该文尤其对寺院在政教关系中的地位，以及政府对寺院的管理与分解的过程作了较为详细的说明，对研究当代政教关系，以及如何处理寺院与政府的关系也不失借鉴意义。何孝荣的《论明代中后期的鬻牒度僧》认为，明代中期景泰、天顺年间是鬻牒度僧初行时期，成化年间是鬻牒度僧基本确立时期。嘉靖以后，是鬻牒度僧普遍推行时期。户部及督抚等官是鬻牒度僧的主要倡议和推动者，礼部及僧录司等官开始多反对鬻牒，至正德以后也转向同意，而皇帝则可分为拒绝型、摇摆型和坚持型三类。明代中后期的鬻牒度僧，一定程度上缓解了财政危机，对巩固国防、保障百姓生活有一定的积极意义。大量鬻牒度僧，使僧团冗滥混杂，对生产发展、社会稳定也起了阻碍的作用；它与试度共同造就了明朝庞大的僧团，维系佛教表面的繁盛，大量鬻牒度僧，导致僧众低下，佛学进一步衰微。对于明代社会来说，鬻牒度僧的积极意义是主要的，对于佛教来说，其消极作用更大。

张育英的《慧远研究三题》认为，慧远大师的籍贯应是“山西省原平县茹岳村”。慧远与一百多名僧俗信众初建结社念佛的时间应是东晋安帝元兴元年七月初一，即公元402年农历七月初一。东林寺远公首创般若台精舍即是弘扬和修习念佛净土法门的念佛堂。温玉成、刘建华的《玄奘生平几个问题的再修订》结合文献和实地调查考订，认为玄奘的出生地及故里在今河南偃师县府唐镇滑城河村，玄奘自长安西行的时间应在贞观二年冬，贞观十九年正月初六日回到长安，二十三日回抵洛阳。玄奘为摆脱皇帝的控制，曾分别于贞观十九年和显庆二年向皇帝申请入嵩山少林寺翻译佛经，但均未获允准。黄夏年的《一代明教的觉云智连》，对宋代天台宗山家派的过渡人物做了梳理，填补了这方面研究的空白。任宜敏的《白莲宗的兴衰及其与白莲教的区别》强调，白莲宗的出现，是佛教日益穿透社会，深入民间的产物。实质上是对佛教世俗化的一种尝试。这种尝试并不成功，特别是与组织形式世俗化的非凡成就相伴而生的、见地行履诸方面的嬗变之迅速、分化之激烈，远非立宗者始料未及。就根本性质而言，白莲宗属庶民佛教团体，是佛教净土宗一支。白莲教则从一开始就是附佛外道，它表面崇佛，实质上却是在低水平上撷取并东拼西凑地杂揉了弥勒教、摩尼教、道教末流乃至民间方术等内容的大杂烩，因此，不可将两者混为一谈。以上这些文章，都起到拾遗补缺的作用，虽然看似意义不大，但是深化了这方面的研究，对进一步细化这方面的研究有一定的俾益之处，因之不可小看。

吕建福的《佛教世界观对中国古代地理中心观念的影响》指出，佛教传入后，其世界观与中国的昆仑中心说相结合，深刻影响了中国人的地理知识及其地理学发展。佛教以阿缛达山为世界地理中心，后世即认定阿缛达山为昆仑山，并认为黄河源自阿缛达池，由此中国的昆仑中心说从神话观念走向实际的地理知识，佛教的宗教地理观念也逐渐实化为地理知识，同时佛教的印度文化中心观也对中国的文化中心论带来了冲击，使中国人的文化观、民族观及其心理结构发生深刻变化，文化多元论成为中国人的一个基本观念。马忠庚的《从科学角度证伪〈楞严经〉》对从物产、文献载体、物理学等几个方面存在的疑点进行考察和论证，得出该经是伪经的结论。如经中所载的“梅”、“黄莲”抢救无效，都是属于中国的物产。“纸”、“简”等都是中国的书写材料。何梅的《北京智化寺元〈延祐藏〉本考》通过对智化寺藏四卷元延祐年间刊印的孤本官版大藏经的考察，发现（1）《大金色孔雀王咒经》一卷，是由两部经误粘接为一部经；（2）延祐本之经文及版式、字体之特点均同金藏本，只是修改了千字文函号而已。由此得出结论，《延祐藏》是一部使用了《金藏》经板并进行重新编排刊印的大藏经。同时揭示了《金藏》流传后期已鲜为人知的史实，从而为大藏经雕印史及元代佛教史的研究提供了新史料。魏文斌、李晓红的《麦积山明代写本〈报恩道场仪〉及相关问题研究》认定，麦积山石窟艺术研究所藏明代写本《报恩道场仪文》是目前国内保存最早的同类写本，共七卷，由宋代四川大中祥符寺僧人思觉集，明弘治四年（1491年）伏羌县谢子宁述，珍荆峰、永珍记。该写本对研究宋代以后的佛教、儒释融合以及四川佛教对周围的影响至为重要。

当前藏传佛教的研究，正在朝着思想理论研究的方向运动。朱丽霞的《藏传佛教判教思想之分析比较》强调，藏传佛教各派的判教大体上分为两个系统，一个是由《解深密经》的“三时判教”所激发出来的系统，这包括宁玛派、觉囊派和格鲁派，另一个是比较独立的萨迦派的系统。这篇文章应该是受到汉传佛教研究的启发后撰出的，在藏传佛教里并没有判教一说，但在汉地佛教里面，判教是理论界最重要的内容，借鉴汉传佛教的研究成果，用在研究藏传佛教方面，也许是以后研究思想理论方面的一个重要的方向。高泽祯的《道次弟三题》区分了历史上的次弟说。该文认为，尽管龙树、无著及提婆等大德所持道次弟学说，但与阿底峡所倡导的道次弟学说有区别，前者并不以三士说作为依托，这是与后者的分水岭。宗喀吧之后，道次弟的在藏地弘传进入了一个新时代，从时间分布来看，道次弟系列大部分著述出现在宗喀巴之后，尤其集中在四世班禅和五世达赖以后，这与格鲁派的地位上升有关，使之成为格鲁派立教之本。因而该派宗教与政治势力的空前强大成为道次弟学说的弘传的最佳外部环境，使之能在藏地保持长期兴盛，其能在格鲁派历辈大德手中传承不断，该派特殊的宗教与政治地位，乃是不可或缺的条件。华热·才华加的《藏传佛教中的居士群体及其文化特征》认为，藏传佛教居士的文化特征有：（1）全民信教背景下的居士身分体认。（2）密教无上观念中的居士传学特点。（3）大乘理念主导下的居士文化品性。其中第二条与汉地大乘佛教有不同的区别，因为汉地佛教中的居士是与显学为主，不重视佛教上的传承，但是藏传佛教则重视这一点。

三、道教研究

2005年的道教研究，应该说研究的范围与时限都超过了以往。特别是道教的现代意义，已经纳入了学者的法眼。牟钟鉴的《论道教道德的特色及其现实意义》认为，道教道德的第一个特色是以神道的方式容纳古代社会主流的和普遍性的道德，而不自己另起炉灶。第二个特色是道德践行与仙道修炼紧密结合，甚至道德践行成为仙道修炼的第一要务。第三个特色是吸收道家贵柔守雌的精神，具有淡泊、谦和、息欲、包容的特色。第四个特色是特别重视保护生命伦理，把生命的保护和优化放在行善积德的首要位置。第五个特色是多教汇合，不仅有儒，而且有佛，众家相须，共成一体。第六个特色是与民间首先教化相结合，对于普及传统美德有独特的贡献。道教的道德给我们的重要启示有，第一，宗教道德必须具有普世性，能够推动社会基本道德的发展，而不能与它相悖，这是它与社会长期保持和谐与良性互动的重要条件。第二，道教的生命至上的生命伦理思想要发扬光大，为建立东方的生命学做出贡献。第三，道教在民间进行的宗教教育和道德的普及工作的经验，值得我们重视，需要我们加以研究和借鉴。

李志鸿的《试论清微派的“会道”与“归元”》认为，清微派在历史上是一个新兴的道派，该道派与民间社会渊源甚深，而其“会道”主张更具特色。历史上，清微派虽然没有完成“归元”的历史性使命，但其在“会道”名义之下，将弥散于社会各阶层的宗教资源进行重新整合，并将之纳入自身的系统之中，这种自我提升的努力，不仅是民间道派拓展生存空间的智慧表现，民间宗教文化的价值的彰显，更是道派会归的先声。笔者认为，这篇文章强调了“会道”的特点，实际上就是道教内部各派系整合的作用，就此而论清微派的历史作用，或许更能彰显该派的理论特色与现实意义。张桥贵、赵慧生的《道官初探》首次在广泛搜集正史及道教经典、金石中的有关史料的基础上，采用道教金石史料与正史相互印证、相互补充的方法，对道官司职、道官在道教历史上的作用与贡献、道官在社会生活中的地位与影响等内容作了探讨。对道官这一特殊的官职做了整理。中国本来一直存在着僧官系统，但是将道官这一官职专门提出来加以论说，可以看出道教方面在政教关系上的特点，这也是当前道教在政教关系上的一个新的研究内容。

元代道教是中国道教史上一个划时代的时期，学者历来对这一时期的研究非常重视。刘永海的《论元代道教史籍——兼论道教史家和道教史学》对元代的道教史籍做了分类与整理，提出可分类为仙传、谱录、山志、碑铭，仙传又可分为专传、类传、总传、相传等等。其特点是体裁多样，卷帙浩繁。元代曾经出现过一个道家史家群体，这些人植根道教，会通儒释，学养深厚，长于表述。并且最终形成了以全真派史籍为重点，上清、清微、净明等老尊长符录派史籍为补充的道教史学体系。刘晓的《元代大道教玉虚观系的再探讨——从两通石刻拓片说起》通过对《代祀济渎投龙简记》碑和《周天大醮投龙简记》两碑的互读与考察，认为金代兴起于中国北方的大道教，在入元以后所分裂的两支，应分别称为真大道教（即天宝宫系），与正一大道教（即玉虚观系）。其中后者名称的出现，应与其教义宗旨向符录道派靠拢有关。大道教的这两个分支，在有元一代曾长期并存，而非像以前道教史论著所认为的那样，又重新合并。以大道教的一个分支——真大道教来统称元代的大道教，是不够准确的。曲晓范的《清末民初中国东北地区黄天教活动考》指出，历时三年的东北黄天教活动的历史，可以分为两个阶段，一是1911年至1912年春，为萌芽和初兴阶段，主要以五常为中心，领导人为孙英、姚毓玲；第二阶段为1913年夏到1914年8月，活动中心为吉林双阳，领导者为蔡国山和大智和尚。该教所宣扬的思想，基本上都来自于佛经和白莲教，因而黄天教应是白莲教的变种，可视为白莲教的一个分支。唐志勇的《民国时期山东佛道教的衰微》认为，民国时期山东佛道教的衰微主要表现在寺院宫观和僧人道士急剧减少，僧道教理教义水平的降低和清规戒律的废弛。外部原是人们的思想解放，当局佛道教政策的变迁，社会的黑暗和兵匪的破坏，其它宗教和会门的竞争。内部原因是僧道出身成分和出家动机的变迁。对此，当时佛道教界的有识之士力图重振，但是衰微的局面终未扭转。

张勤的《西王母原相初探——兼论“戴胜”之原义》对西王母的原文做了探源，从文字学的角度上分析了“戴胜”二字的原义，推翻以往各家的说法，认为该词实际上是“对狩猎场景的描绘”，反映与再现了游牧部族的生产生活的状态，西王母是狩猎经济下的氏族图腾神。梅莉的《宋元时期杭嘉湖平原的真武信仰》，研究了南宋时临安（今浙江杭州）的情况，由于皇室对真武的大力推崇，以临安为中心的杭嘉湖平原民间信仰便形成浓烈之风气，其表现便是真武的观堂遍建，三月三真武节影响深远。元代的杭嘉湖平原民间对真武的信仰依旧深刻，不仅宋代所建的真武观得到恢复，而且新建了一批真武庙。三月三真武诞节的传统延续下来，直至明清。汪毅夫的《流动的庙宇与闽台海上的水神信仰》描述了闽台海上船舶供奉水神的现象，流动的庙宇与民间信仰的传播，福建内河水神势力范围的平面划分与闽台海上水神的立体谱系，“顺风顺流”、“定风稳流”的诉求与水神信仰的兴衰。

刘克的《早期道教教义的传播与汉画像石葬俗的演变》指出，若从汉代早期道教文献视角去探询、观照和梳理画像石的宗教内涵和文化价值，以前许多误会及悬置的问题便可得到合理解析。张泽洪的《道教斋醮史上的青词》将道教的祭祀仪式习称为斋醮，有关斋醮的一系列法事内容称为科仪。青词是斋醮仪式中献给天神的奏告文书，是道教科仪常用的祭祀词文。青词是表达斋主心意的祭祀文书，有用青纸朱书敬献神灵的仪格，其颜色蕴涵着宗教象征意义。道教关于青词的撰写及投送，有青词式、青词关等科法规定，青词是道教神仙信仰的文学化表达，它蕴涵着道教的济度之“道”。荀波的《道教与神魔小说》讨论了道教教义和道教的宗教思维方式对“神魔小说”中二元对立的神—魔形象的影响，指出，“神魔小说”大都具有双重主题，即宣传“神仙救世”和“修道成仙”的道教观念。同时，“神魔小说”情节结构的独特性不仅具有文学功能，而且是为了更好地宣传道教“济世”与“修仙”相通，“利他”也“利己”不悖的宗教观念。

李国庆的《〈新见明末还源教全套宝卷“六部六册”叙录〉——附〈三教圣像泥金手绘图册〉》以民间收藏的明末还源教宝卷为依据，从题名、内容和价值等几个方面进行考述。首次从刊记和内容两个方面提出了“六部六册”概念，认为这与称弘阳教全部经卷为“弘阳五部经”，称无为教全部经卷为“五部六册”相类，是明末还源教全部经卷的简称。“六部六册”包括《销释悟性还源宝卷》、《销释开心结果宝卷》、《销释下生叹世宝卷》、《销释明证地狱宝卷》、《销释科意正宗宝卷》、《销释归家报恩宝卷》。这是至今所知仅存的一套完整的明末还源教经典作品，它完整记述了还源教的教义内容，是研究明末民间宗教，特别是还源教情况的第一手珍贵历史文献。在民间宗教、明末农民起义和俗文学等研究领域具有很高价值。另外还介绍了在“六部六册”后夹附的用泥金绘制而成的佛、道、儒三教图册。这是当时善男信女诵习“六部六册”时的供物，是明末民间宗教活动的证物，也是现在仅存的一件明代宝卷泥金作品，具有较高的历史文物价值。

最近几年，我国学者对妈祖的研究较热，特别是福建的妈祖研究已经到了一个较高的研究水平。随着这一研究的深化，其它地方的妈祖研究也随之开展，阎化川的《妈祖信俗在山东的分布、传播及影响研究》，是就妈祖信仰的北渐问题而做的另辟蹊径研究。文章考察山东妈祖庙的分布情况，考证了山东最早修建妈祖庙的时间是在元代，不可能是在北宋。妈祖信仰最早传入山东的地点，应该在荣城，不是在蓬莱丹崖山或者庙岛。曹琳的《海神妈祖信仰在天津之变化及衰落原因再分析》指出，因天津是中国封建社会北方重要的出海口和贸易港，遂成为北方妈祖信仰的中心地。但在天津，由于种种原因，特别是信仰目的不明确，信众群众不稳定，近现代思潮的冲击，使妈祖主要地不再主掌安澜利济，官民双方几乎都完全淡漠了她作为海神的独物功能，她彻底本地化、民间化，变成了纯粹的地方保护神。

四、伊斯兰教

当前我国的伊斯兰教的研究，已经从重点研究原教旨主义，逐步转向了对外研究全球化与伊斯兰教的关系，对内研究中国伊斯兰教汉学化问题。特别是2005年在南京召开了中国伊斯兰教学术会议之后，伊斯兰教与儒道二家的关系，成为一些学者的研究内容之一。

周燮藩的《伊斯兰教伦理：传统形式及其现代意义》认为，伊斯兰教传统内并无现代意义上的伦理学，但作为世界伦理一神教之一，伊斯兰教的文化传统和社会生活中，处处充满着伦理思考和道德要求。在伊斯兰教内，信仰与善行的一致，也是宗教与道德的结合，这是伊斯兰教伦理的实质。其核心是社会正义和扬善惩恶的现世诉求。伊斯兰教伦理的主体体现，是在《古兰经》和圣训的基础上所形成的教义学、教法学、哲学和苏菲主义中，而基础是教法学。直到当代，伊斯兰教伦理的发展主体仍然显示在这一传统框架内。此外，刘云的《近十年来国内关于伊斯兰教与中东现代化问题研究综述》可供学者参考。

元代是伊斯兰教在中国大发展的时期，在中国伊斯兰教史上占有重要地位。马娟的《试析元代汉人对伊斯兰教的“解读”——以定州“重建礼拜寺记”碑为例》以元代定州《重礼拜寺记》碑为中心，考察了元代汉人对伊斯兰教的认识与理解，指出在元代，汉人尤其是士大夫阶层业已开始以儒家思想来阐释伊斯兰教，这在中国思想史上尚属首次，在某种程度上促使伊斯兰教走上了非文化自觉意义上的调适之路。其开山之功，意义重大，不容抹煞，值得深入探讨。但是马生祥和杨爱芹不同意这个观点，在《再谈定州清真寺元至正八年碑撰碑者杨受益是位穆斯林——与马娟女士商榷》文中，指出马娟论证撰碑者杨受益是汉人而非穆斯林的四个论据，均值得商榷，难以支持其立论。应仍以为杨受益是定州穆斯林。现代研究者大多认为王岱舆著的《证主默解》一书已佚，杨晓春的《论晚明江南穆斯林学者的文化纷争—从王岱舆〈正教真诠〉批评的〈证主默解〉说起》通过对《正教真诠》中引述的话和现存明末汉文伊斯兰教著述比较，认为王岱舆所批评的《证主默解》即另一位著名的伊斯兰教经师张中所撰的《克里默解》。从而，可以看到明末江南地区伊斯兰教汉文译著运动兴起时穆斯林学者之间的分歧和论争，而纷争在很大程度上与穆斯林学者对待汉文化的不同态度有关。韩中义的《小经文献与伊斯兰教相关问题研究》强调，小经是回等民族使用的一种阿拉伯字母体系拼音文字，而用小经译、撰的文献具有丰富的内容，是研究中国伊斯兰教的重要关注点。但以往学者研究中国伊斯兰教所依据的资料主要为汉译著述，由此来说明中国伊斯兰教的特点，却忽视了小经文献的研究，结果其所研究的成果反映的是汉译著述，并不是伊斯兰教的全部，有必要研究小经文献所反映的伊斯兰教内容。这些内容对中国特色的伊斯兰教起到有益的补充，且为我们全面认识中国伊斯兰教提供了另一门径。

近年来，中国伊斯兰教的学者和教界人士非常注重田野调查工作。赵春肖的《西宁地区的清真女学》对20世纪80年代以后中国伊斯兰教地区流行的清真女学产生的原因和现状做了分析，认为原因是捍卫民族文化传统的需要，回族妇女意识的觉醒，规模不一，大小兼备，包括了各类人士。其社会功能是通过宗教道德的宣播，使人们调整了自己的世俗言行，从而提高了个人的品位。这有助于整个回族群体形象的树立，并对社会的精神文明有一定的作用。当前存在的问题有，教学班级组织没有规律，教员水平有限，只能讲述一些最基本的知识，不能满足学员深层次学习的需要。有部分人并不支持清真女学。万振新、李强的《兰州清真寺经堂教育调查研究》调查显示，兰州在经堂教育方面，学习的人数相当可观，近20年来经历了传统继承期，改革尝试期，改革认同期三个阶段，现在处于传统与现代之间徘徊的“瓶颈”状态。马景的《当代都市清真寺寺院经济研究——以兰州市城关区为例》对兰州市城关区的清真寺寺院经济的收入、支出、管理等方面展开调查，指出寺院收入有：（1）房屋出租收入；（2）澡堂收入；（3）斋月的“也贴”收入；（4）天课收入；（5）“卧格夫”收入；（6）清真寺向教民索要的收入；（7）特殊节日的收入；（8）社会团体或企业的捐助收入；（9）清真寺投资的特殊行业；（10）其他收入。寺院的支出有：（1）清真寺的新建、维修和装潢等费用；（2）经堂教育的支出；（3）斋月集体开斋的支出；（4）特殊节日的支出；（5）社会事物活动的支出；（6）清真寺正常运作的支出。该文指出，现在一般情况下，都市清真寺寺管会的权利高于阿訇，限制了阿訇参与寺院经济的管理，同时清真寺的收入与支出基本平衡，不存在大量资金积累的现象，这就保证了寺院不出现腐败的现象。但是随着寺院的功能进一步完善，未来的清真寺的管理也会产生新的行业经济，这也是一个可预见的发展趋势。杨运鹏的《深圳穆斯林概述》对当代中国只有20余年历史的广东深圳市的穆斯林的情况做了介绍与研究。从1979年只有2人到今年已经达到4万多人的深圳穆斯林发展的历史，可以看出构成的民族有多元化和国际化的特点，深圳的三座清真寺和穆斯林公墓已经成为深圳的一道独特的风景线。穆斯林分而在全市境内各区，姓氏几乎包括了全国回族所有的姓氏，很多穆斯林精通各种语言，种类之丰富和运用各语言的能力之强非其他穆斯林所能比，并且与世界各地的穆斯林国家与组织建立了广泛地联系。深圳穆斯林的特点是，具有强烈的爱国爱教意识，具有与政府良好的合作关系，具有高尚的道德品质，具有强烈的民族意识，具有强烈的清真饮食意识，具有强烈的宣教意识。

陈广恩的《试论伊斯兰教在西夏的流传》研究了西夏时期境内的阿拉伯人，指出他们或担任使臣，或从事畜牧业，更多的应是阿拉伯商人。西夏和阿拉伯世界有正常的政治、经贸交往，既然有阿拉伯人在西夏生活，那么他们将伊斯兰教传入西夏应该是顺理成章的事情，马可波罗所见的西夏末期伊斯兰教的流传情况，正是最好的说明。所以肯定的说，西夏有阿拉伯人，伊斯兰教已传入西夏，只不过伊斯兰教在西夏的影响远不及佛教的道教而已。姜歆、马丽娟、杨永芳的《伊斯兰教在辽朝的传播与发展探析》应是前文的续作，将西夏与辽在时间和地域文化上的伊斯兰教的继续关系，做了进一步梳理，并从出土文物上说明，辽与伊斯兰世界的密切联系不仅反映在贸易交往上，而且还反映在文化交流上，并且是双向与互动的。胡门门宦公元1749年发端于临夏州的东乡县红泥滩，发展于临夏州的广河县，迄今已有256年的历史，该门宦自形成和发展以来，历经清朝、民国和新中国，广泛分布于甘、宁、青、新等省区的临夏州各县、兰州市、玉门市、银川市、西宁市、伊犁、塔城等地区，还有部分人分布在吉尔吉斯斯坦，哈萨克斯坦，胡门穆斯林包括东乡族、回族、东干族等民族。该门宦现有穆斯林15万余人，清真寺300多座，拱北14处，教职人员近千人。目前是临夏地区穆斯林最多的一个门宦，也是我国伊斯兰教苏菲派别人数较多、传播区域较广、流传时间较长的一个苏菲派别。马桂芬、赵国军的《胡门门宦的历史沿革》对此作了较为详细的说明。

五、基督教研究

我国的基督教研究的动向仍然集中在三大块上。一个是对外国基督教的研究，主要是一些神学家与当代教会学者的思想和理论体系的介绍，其中包括一些著名思想家的著作，并将其译介到国内。另一个是中国的基督教的研究，主要反映在传教士和在华教会方面。近年来，对一些中国基督教人士的研究正在加强，传教士的研究逐渐下降，但是对一些教会的文化事业如报纸刊物等的研究有所上升。最后，对当代中国基督教的现状调查有所加强，但是研究的成果还是不多。

晚明时期，是中国思想界一个很特殊的时代。佛教这时正走下坡路，很多人都在逃禅，进入教门。但是这时天主教却在朝廷产生了影响，一批重臣喜欢与传教士来往，对晚明的思想界有所影响。苏新红的《晚明士大夫党派分野与其对耶稣会士交往态度无关论》认为，对晚明士大夫对耶稣会交往态度的具体情况进行分类排比和统计分析，可得出这样的结论，东林、阉党及无党派中绝大多数与耶稣会士有交往的士大夫都对耶稣会及其传入的“天学”持肯定态度，没有任何一个党派的士大夫从整体上因其政治派别而对耶稣会士持友好或拒斥攻击的态度。这说明各党派士大夫对耶稣会的交往态度与他在晚明党争中所属的政治派别并没有直接的关系。林立强的《西方传教士与十九世纪福州的茶叶贸易》指出，福州成为近代五口通商口岸之一，是与西方列强对茶叶的大量需求以及迫切需要进口福建茶叶分不开的。在福州开埠前后，基督教传教士发挥了重要的作用。随着福州茶市的日益兴盛，传教士与茶叶贸易间的关系愈来愈密切，触角从单纯传播福音开始延伸至与茶叶相关的经济活动，其身份也出现了微妙的变化。

王中茂的《西方教会内地置产条款作伪考辨》指出，1860年中法《北京条约》中文本内增添了“并任法国传教士在各省租买田地，建造自便”的条款，学术界历来众说纷纭，莫衷一是。考察诸说，排除讹误，应是担任谈判翻译的法国人美理登和神父德拉马擅自所为。奕䜣等人对置产条款作伪得逞则应承担失察之责。汤开建、颜小华的《19世纪美北长老会在粤传教活动述论》运用中英文献档案，分别从传教、教育、医疗三个方面论述美北长老会19世纪在广东的传播与发展情况。木拉提·黑尼亚提的《传教士与近代新疆社会》研究了近代新疆天主教和基督教的传教历史，分析了他们的西学传播活动和对少数民族传统文化的研究成果与贡献，并对传教士与新疆社会民族矛盾进行了剖析。传教士对新疆少数民族的传教虽以失败而告终，但对近代新疆社会的影响是多方面的。

近年来，随着研究活动的深入，一些带有总结性的综述文章也开始出现。刘丽敏的《晚清教民研究述略》提出了今后教民研究的深化方向，如教民社会位置、民教关系，教民的主体性。冲突类型以外的民教关系的研究。教民的意识状态，教民日常的生活与行为等等。钱国权的《天主教在华传播史的研究状况概述》对我国的天主教研究做了提纲挈领式的介绍，有一定的参考意义，但是里面介绍的有些人名与史实有误。兰美琴的《二十世纪九十年代以来太平天国宗教研究综述》介绍了拜上帝教的性质、拜上帝教的功能、关于太平天国宗教的正名问题、拜上帝教在太平天国运动中的作用、太平天国领导人与宗教等一些研究情况。范正义的《20世纪80年代以来基督教与民间信仰关系研究述评》强调对教案发生的“文化冲突论”、教民身处两难困境的原因、基督教的本土化以及基督教与民间信仰关系的历史脉络等理论问题再进行思考，是失去这一研究深入开展的必要环节。陈建明的《新编中国基督教通史的几点看法》在参考相关论述的基础上，经过认真考虑，提出从指导思想、研究方法、体裁与体例、内容与分期、文献资料、语言及翻译问题、编写队伍等7个方面思考编撰中国基督教通史的规范问题的建议，以期引起进一步讨论。

六、结　语

以上是笔者对2005年我国大陆宗教学研究的现状做的粗浅考察。中国的宗教研究范围很广，涉及到民族与宗教的领域，除了以上所说的佛、道、基、天、伊五种宗教之外，还有少数民族宗教与民间宗教等内容。限于篇幅，本文仅对制度性的宗教研究做一介绍，试图概括出当前宗教学研究发展的主流情况。事实上，现在我国的少数民族宗教与民间宗教的研究发展也很快，有的地方甚至成为宗教研究的主打方向，像蒙古宗教和云南的宗教研究，少数民族的宗教已经成为最重要的内容之一。

改革开放20余年来，我国的宗教学研究从无到有，已经取得了不少成果，宗教学研究也经历了从概论介绍到专题研究型的运动方向，这是众多新老专家的努力结果，其中也包含了宗教界人士的辛苦。当前我国的宗教研究主流是好的，但也有不足的地方，我国每年宗教学研究有数千篇文章和数百本著作问世，但有影响和高水平的文章却不多，而且很多题目都是重复的，这说明我国的宗教研究还需要更加努力。

当前各宗教研究的成果和水平参差不齐，重点也各不统一，前面在介绍各个宗教研究的成果前，已经对现在各宗教研究的特点与方向做了简单概括。总的说来，我国的研究现在存在着许多具体的困难，沟通不够的现象仍然存在。例如研究中国宗教的学者不了解外国的宗教研究情况，研究外国宗教的学者不参与中国宗教的研究，这种情形严重地限制了研究者视野，同时也使研究成果不能及时推广。我们的研究成果在数量上看起来似乎很多，但是在质的研究上则要继续提高，同时在选题的设置上也要有针对性，特别是所设的选题一定要求研究者有能力去做，有的选题仅是在外面打转，没有深入其里，这种选题还不如不做。有的选题明显滞后，已经跟不上现在的研究形势。最后，当前仍然缺少的是一些非常具体的微观研究，特别是一些带有地方特点的宗教研究，如果我们能够在这方面多做一些具体的研究，我国的宗教研究就会上升到一个新的水平。总之，我们企盼着未来的宗教研究将有一个更大的突破。

（黄夏年）

学术成果·著作

杜光庭评传

（孙亦平　南京大学出版社2005年版）

这是一本全面系统研究道教思想家杜光庭的学术著作，也是作者主持的“十五”国家社科基金项目“杜光庭与唐宋道教思想”的研究成果。杜光庭（850—933年）是唐末五代时期著名的“道门领袖”。他曾对道教的哲学理论、思想源流、修道方法、斋醮科仪、神仙

信仰等作过比较系统而全面的总结性研究。他在前人的《道德经》注疏的基础上，通过“以理说经”的方式而建构起一个精致的着意探究事物本体、人的本性以及修道理论和修道方法的道教思想体系，从而为人的存在提供意义世界，为道教的进一步发展提供理论基础。该书以《道藏》等典籍中保存的杜光庭著作为主要研究资料，并借鉴国内外道教研究的新成果，除导言外，分为十一章，对杜光庭的生平事迹、主要著作、思想学说、神仙信仰、斋醮科仪、文学作品等进行了系统而全面的研究，提出了许多学术新观点，并对学术界争论的一些问题也表明了自己的看法。该书认为，杜光庭思想的特点是通过注释《道德经》，在总结汉唐老学思想的基础上，吸取玄、儒、佛的思想和方法来关注宇宙、社会和人生问题，为道教的进一步发展开拓新理路。杜光庭在宇宙论上提出了自然无为的道气论，又运用重玄学的有无双遣的方法来说明修道就是复归于人本有的自然清静之心，从而追随唐代道教哲学由宇宙本体论转向心性论的发展趋势，完成了宇宙本体论向以道性论为核心的心性论的转型。在此基础上，杜光庭提出了性命双修。从某种意义上说，杜光庭对性命双修的强调为内丹心性学在唐末五代的兴盛，并在宋代以后成为道教思想与实践的主流奠定了基础。杜光庭对三教合一思想的宣扬，对经国理身思想的重视，对即世而超越的人生理想的发挥，又为宋代以后的道教神仙思想与民间信仰的进一步结合，与民众生活打成一片开辟了道路。杜光庭的斋醮科仪著作不仅大体上保存了唐代以前道教斋醮科仪的风貌，而且还使后人有章可循，有法可依，从而促进了道教斋醮科仪的发展。杜光庭的文学创作不仅体裁广泛，小说、诗词、歌赋、散文、词章无所不善，而且文笔优雅，语言生动，内涵丰富。杜光庭既是唐代道教思想的集大成者，也是宋元道教新发展的重要开拓者，他的思想在唐宋道教的转型中起到了承上启下的作用。该书出版后，受到了学术界的广泛好评，曾获得多项省部级以上奖励。

［孙亦平，1955年生，历史学博士，现任南京大学哲学系、宗教学系教授，博士生导师，宗教学教研室主任。主要著作有《佛教高僧传》、《杜光庭思想与唐宋道教的转型》、《杜光庭评传》、《道教文化概论》。主编《西方宗教学名著提要》。与人合著《惠能评传》、《如来禅》等。发表学术论文60余篇。］

明代佛教与政治文化

（周齐　人民出版社2005年版）

该书是以政治文化为考察视角研究明代佛教的著作，对明代佛教与明代社会政治文化诸因素间一些相互交织的问题进行了条理性归纳和关联性分析。

其中，对于明朝各代帝王与佛教的关系以及朝廷推出的佛教政策的研究，则是侧重由政治文化传统及现实政治文化环境进行深入的探究和综合分析；并通过一些典型个案，分析了处于明代君主集权和文化专制体制下的士人对于佛教的认识和态度及其影响；尤其还对明代佛教弱势态势和日益世俗化的趋势中佛门高僧所表现的处世之道做了特别的介绍和分析。如，第一章关于帝王与佛教的关系，即着重分析了在明代不同时期诸帝王及统治阶层对于佛教的认识和态度以及价值判断等方面，如何既有一贯的认识表现、又有不同的认识和行为倾向的变化的问题。从政治文化的角度可以对此有比较清楚的和条理的议论，即主要与其所秉承的政治文化传统及现实政治文化环境因素的变化影响直接有关。相应地，在第二章中讨论的明代统治者所推出的佛教政策，其政策的具体内容的选择和力度的侧重，也显然表明在很大程度上取决于当时社会流行的对于佛教的一般认识和对于一些传统政治伦理观念的深刻认同。而第三章和第四章所涉及的明代儒家对于佛教的认识和态度，以及明代佛门高僧的处世之道，既反映了自佛教传入中国后儒、释、道三教不断竞争和融通的消长关系，也清楚地显示在一以贯之的政治文化传统背景和明代现实政治文化环境变化中，佛教的存在状态和发展趋势与流行的政治理念及伦理价值观以及宗教认识是紧密关联和相互影响的。正是因为从这样的研究视角考察问题，因而也就得出了第五章所做的概括性的相关推论，即经过千百年与本土文化调整和整合后，明代的佛教已经基本上同构于中国传统政治文化；传统政治文化之臣属型的王权至上的政治意识深刻影响着明代佛教的地位和政治取向；而伦理型的政治价值观则通过世俗社会对佛教的要求和对僧格的价值评判影响了佛门的政治态度乃至影响了僧人的处世态度；中国社会整合趋势的政治文化背景对明代佛教的发展走势更是起着决定性的影响。

该书的中心内容和主要目的在于，

通过对于极具典型意义的明代佛教与中国传统政治文化关系的分析，既具体地展示出一些代表性的关系形式，也一定程度地揭示出佛教在中国的发展与传统政治文化的具有一般意义的深刻关系。

该书的特别之处在于，采取了新的研究视角和注重方法论方面的考虑来研究中国佛教断代史，将明代佛教作为中国佛教史中的一个个案，放在中国政治文化传统的大背景下，来考察佛教发展与政治文化中诸如主流政治意识、传统伦理观念及价值观等重要构成因素的动态的交织关系，从而比较有效地深刻揭示了彼此间的相互影响、以及在佛教历史角色的定位过程中传统政治文化因素的影响。政治文化是在政治学领域也是一个比较新的研究理论和方法，它启示了一种对于社会发展中诸重要的动态交织因素间关系的研究角度和方法。虽然政治文化不简单地等于政治加文化，但是无疑地，这个视角对于佛教与政治和文化等领域一些错综复杂的问题的研究提供了一种可尝试的、探索解释新途径的比较有效的方法，这也是该书的写作动机之一。

［周齐，中国社会科学院世界宗教研究所副研究员。著有《藕益智旭与天台宗》、《天台“性具实相”义之剖析》、《明代中后期唯识学的流行及其特点分析》、《袁宏道净土归趣略析》、《由明末清初佛教与天主教之论辩看宗教宽容之尺度》、《清初儒学反思与儒释之辨》等，论文及译著数十篇（部）。］

晚清佛学与近代社会思潮

（麻天祥　河南大学出版社 2005 年版）

近代中国，社会动荡而激烈变革，在社会思潮起伏和文化转换过程中，许多先进的思想家和政治活动家，都从佛学中吸取理论滋养，并藉以形成和完善批判现实、改造社会、救亡图存的思想武器。作者注意到这一特定时期的特殊现象，并运用大量资料，对晚清佛学与近代社会思潮作了比较全面、系统、深刻的研究。

全书分为上、下两卷：

上卷主要是对近代（晚清）中国佛学的系统的整理分析，首先介绍了佛学演变至近代的概况，全面展现近代佛教文化勃兴的原因和特点，同时也对近代佛学的形态和内容进行了概括和归纳；接着，作者着重从佛教哲学研究与思想体系的建立、佛学经世致用与佛教救世主义、佛教文化的学术研究与不同意见之争三个方面分析了晚清佛学对近代社会思潮的巨大影响。

下卷则具体从近代的著名思想家、政治活动家以及名僧入手，探究佛学对其思想和人生的影响。作者以严谨的学风，在研究大量晚清近代文献的基础上，通过杨仁山、欧阳竟无、杨度、龚自珍、魏源、康有为、梁启超、谭嗣同、章太炎、敬安、太虚、李叔同等人的人生经历、治世、治学思想的梳理分析，从不同角度、不同层面揭示佛学的社会作用及其对个人人生经历和心理素质的影响。

该书用哲学诠释和社会史、学术史研究的手法，对中国佛学和佛教文化的历史演变、对传统佛学思想与近代社会变革的相互关系，进行了深入系统的考察和梳理，力求全面反映中国思想的现代特征：三教混融铸就的文化精英与现世社会发展的互通与互动。作者抓住“救亡图存”这个中国近代的历史主题，把晚清佛学的兴起及其时代特征，放到整个近代社会背景和社会思潮中予以考察，具体论证了晚清佛学这一佛教发展史上的特殊形态。先进思想家们为追求救国救民的真理，“而欲冶中西、佛儒、科学与哲学于一炉，”从本体高度反观人生，紧紧围绕社会现实政治；佛学以其新的姿容，沿着经世和思辨两条道路发展，促成佛学的第二次革命，形成积极参与的人生佛学的新阶段。

该书是改革开放以来中国学术思想史研究的一部力作，不仅强化了佛教哲学与佛教历史的研究，对推进中国思想文化史研究具有重要的学术创新价值，而且也透过作者积极的“入世”心路和“参与”态度，反映了当代学人对自身学术使命的深切感悟。1992 年曾以繁体字本在台湾出版。

［见第 462 页麻天祥简介。］

信仰、仪式与乡土社会：风水的历史人类学探索

（陈进国　中国社会科学出版社 2005 年版）

该书立足于底层视角、区域经验以及文本与田野的有机结合，尝试运用历史人类学的方法超越时间断限的主题，批判地审视中国近一世以来乡土社会的信仰文化（事象）与信仰生（过程），并借以反观中国乡土社会绵绵相续的整体性的观念系谱和各阶层共享的文化取向。作者选取了“风水”术数这样一个中国本土固有而敏感的“人类学意义上的文化事活向作为研究契入点，来讨论一般性的风水知识、观念如何、为何有效地内敛化为一种社会记忆形式和民俗信仰，从而深刻地影响着福建地域乡土社会秩序的构建和乡族共同体的发展。该研究的特色是力图揉合社会史、宗教史、家族史及观念史等，通过关注风水信仰与乡土社会生活之间的关系、风水构成的地域民间信仰世界、风水信仰与乡土社会中士绅的关系、风水信仰与家族系谱的关联等问题，将当下的实际社会生活现象与古代历史传统联系起来，以期更加生动和形象地理解中国历史上的民间信仰和现实中的社会风俗。全书由绪论、第一至六章、余论、三个文献附录等构成。其中，绪论针对国内外学术史进行回顾和反思，叙述了本书的基本思路和分析框架；第 1—2 章主要围绕乡土历史的“风水表现”来展开，兼及考察操弄这些知识、观念的仪式专家的文化表达；第 3—4 章集中于那些“全息”地凝结乡土文化变迁过程的“风水行为”或“风水仪式”的多视角透视；第 5—6 章关注另类的“行为者”——历史视野中的风水接受者的实践心态和价值设定。余论则站在“文化·社会·人”三维关系论的立场，总结了作为“民众史”和“心态史”之一部分的风水信仰习俗研究的学术价值和现实意义。在有关中国乡土宗教信仰研究的同类著作中，本书除了文献及田野资料价值较高，以及在方法论、内容与角度有其独特之处外，亦展现了作者现实的人文关怀精神。本书对跨学科结合的研究范式进行了有益的尝试，故出版后在宗教学、民俗学、历史学等学科引起了较好的反响。

［陈进国，1970 年生，历史学博士，现在中国社会科学院世界宗教研究所道教与中国民间宗教研究室工作。有合著《透视中国东南：文化经济的整合研究》，有专著《信仰、仪式与乡土社会：风水的房史人类学探索》，参编《台湾文献汇刊》100 册，发表论文 20 余篇。电子信箱：jjydonga@ sina. com］

中国佛教文化历程（增订版）

（洪修平　江苏教育出版社 2005 年版）

中国佛教文化是中华文化的重要组成部分，内容丰富，形式多彩，其涵盖面几乎涉及中国的政治、经济、哲学、宗教、伦理、文学、史学、艺术、教育乃至民风民俗等社会文化的一切领域，对中华民族的发展以及民族心理、民族精神的铸就，都发生了并继续发生着广泛而深远的影响。

该书以中国的佛教文化自身的发展为经，以其与别种文化形态（特别是儒和道）的关系为纬，对中国佛教文化（包括汉传、藏传和南传）的丰富内涵做了系统的梳理和深刻的揭示，从佛教中国化的角度，对中国佛教文化的印度之源、中土之流、宗教特点、思想底蕴、理论基础、文化精神、中外佛教文化的交流、以及佛教与中国社会和文化的关系等，都做了深入的探讨和详细的论述，全方位地生动再现了中国佛教文化的历程。

全书除作者自序外，共分 12 章，它们是：第一章“佛教的印度之源”、第二章“中国佛教文化的开端（汉代）”、第三章“中国佛教文化的初具规模（魏晋）”、第四章“中国佛教文化的趋于繁兴（南北朝）”、第五章“中国佛教文化的鼎盛（隋唐）”、第六章“中国佛教的由盛而衰及其新特点（宋辽金元）”、第七章“中国佛教的衰落与世俗化（明清）”、第八章“中国佛教在衰落中的革新（近代）”、第九章“佛教在少数民族地区的传播”、第十章“中国佛教文化的对外交流”、第十一章“中印佛教思想的理论基础”、第十二章“中国佛教主要宗派的理论”。其中最后两章是这次增订版在原书基础上新增加的。

学术界对本书的评论是：“作者本着宏观的眼光和挑战意识来梳理佛教文化历程，表现出独特思路。……全书资料丰富、内容充实、条理清楚、详略得当，并且观点新颖，不乏个人研究卓见，具有很高的学术价值。”“儒佛道三教关系

成为《历程》写作的一个指导思想，也成为《历程》与其他同类著作相区分的显明标志，也表现了这本书的独有特色。……《历程》对各个历史时期的三教关系都作了分析的阐释，指出其特点，立论有据，分析允当，线索清晰，对我们了解中国佛教在三教关系下的作用和影响无疑有着重要的参考价值。……是值得推荐的。……是近年来出版的有关佛教研究著作中较好的一本。”

［洪修平，1954 年生，南京大学图书馆馆长，中国哲学与宗教文化研究所所长，哲学系教授、博士导生师。主要著作有《禅宗思想的形成与发展》、《中国佛教文化历程》、《中国佛教与儒道思想》、等。参著《中国儒学文化大观》、《中国宗教史》和《西方宗教学名著提要》（副主编）等。译著有《禅宗与精神分析》。学术论文 100 多篇。
通信地址：南京大学哲学系（210093）
电子信箱：hongx@ nju. edu. cn］

宗教·文艺·民俗

（牟钟鉴　中国社会科学出版社 2005 年版）

该书是吕大吉主持的国家社科基金项目“中国宗教与中国文化”的系列成果之一，已被列入“国家社科基金成果文库”。该书分上篇和下篇，上篇论中国宗教与文艺，下篇论中国宗教与民俗。它是作者长期研究的中国宗教史领域向文艺与民俗的拓展，意在用中国历史的事实说明宗教是以信仰为核心的社会文化体系，是中国文化的重要组成部分。该书的特点主要有：第一，观念新颖。它打破以往文化史研究中“宗教是文艺和民俗的时代局限性”的陈旧观念，更着重于从正面阐述佛、道等传统宗教对中国文艺包括诗歌、小说、绘画、音乐、舞蹈、雕塑、戏曲、建筑艺术等的积极影响，和文艺对宗教的反作用。在宗教与民俗的关系上，不赞成以往用“封建迷信”的简单口号去扫除一切宗教性民俗，提出区别民俗的健康与否不在于是否有神灵崇拜，而在于是否有益于改善道德、美化生活和社会进步，神道果能设教是可以保留的。第二，将历时性阶段分析和共时性类型分析相结合。把中国宗教与文艺互动的历史分成七个发展阶段，指出每一阶段上的主要文艺成就及其与宗教的关系。把中国宗教性民俗分成八大类型，并说明每一类型中宗教性民俗的有代表性的事象。第三，从理论上提炼出一系列创新性见解。在上篇里总结出中国宗教的四大特点和中国文艺的三大特点，又概括出中国宗教与文艺互动的五大特点。在下篇里提炼出中国民俗的一般特征和宗教性民俗的四大特征，还阐明了中国宗教民俗的七大社会功能，这些都是作者综合创新的结果。第四，分析问题有层次性。努力揭示中国宗教与文艺、民俗互动的各个侧面和立体化的复合性，避免简单化和平面化。如讲到宗教对文艺的影响，分别从人生价值观、审美情趣、文艺想像力、艺术门类及文体、题材与人物情节、语言文字六个层面加以说明。第五，体现时代精神。当代人们日益重视文化，愈加关心民族传统和非物质文化遗产。该书热情而理性地评价了历史上出现的绚丽多彩的文艺成果，尤其是精品成果。对于能体现民众智慧并含有文化品味的民俗，对于民族传统礼仪和节日活动的价值，作者都做了有时代高度的分析，指出它们与现代化的互补性，力求加以继承和发扬。

［牟钟鉴，1939 年生，中央民族大学哲学与宗教学系教授，博士生导师，学校 985 工程“当代重大民族宗教问题研究中心”主任。主要著作有《中国宗教与文化》、《走近中国精神》、《儒学价值的新探索》等。主编集刊《宗教与民族》等一、二、三、四辑。发表学术论文 270 余篇。］

学术成果·论文

东南亚华人传统宗教的构成、特性与发展趋势

（张禹东　《世界宗教研究》2005 年第 1 期）

传统宗教是海外华人传承民族文化、加强族群认同、增强凝聚力的重要形式。东南亚华人传统宗教具有特定的内涵，不

仅包括了源于中华文化传统的道教、儒教，也包括民间宗教信仰，而且还包括（汉化的）佛教。华人传统宗教的构成是一个动态的系统。东南亚社会的变迁对华人传统宗教形成了较大的冲击与挑战。华人传统宗教中的道教、儒教等传统宗教信仰的人数出现了急剧下降的情况；而华人传统宗教中的佛教信奉者则呈现上升势头。这种一增一减的情况大致上可视为华人传统宗教内部构成的调整。虽然华人传统宗教信奉者的比例呈现下降趋势，但从总体上看，传统宗教仍然居于华人宗教信仰构成中的主流地位。

东南亚华人传统宗教具有中华性和当地性的二重特性。所谓中华性指的是华人传统宗教在内容、对象、形式、价值取向等方面所呈现出来的具有浓厚中华文化色彩的基本特性。所谓当地性是指华人传统宗教在东南亚特定的自然、社会、人文环境中参与、吸收和认同居住地文化（包括西方文化）的冲击下所发生的变异特性。

华人传统宗教二重特性的主要表现有：第一，祖先崇拜作为华人传统宗教信仰的核心观念，成为华人一种顽固、强烈的心理范型、情感定势和精神本体，但其形态、功能已随着东南亚华人社会的变化而发生演变；第二，华人传统宗教信仰的神灵是一个源于中华本土的庞杂的系统，但为适应生存环境变迁也在历史的延续中进行着调整与变革；第三，华人传统宗教仍比较完整地保存着中华传统宗教文化色彩的宗教礼俗，同时为了适应当地社会发展以及自身生存发展的需要也不断地进行理性化改进；第四，华人传统宗教具有明显的功利主义价值取向，在东南亚特定环境中，这种功利实用的倾向更为强烈和顽固；第五，华人传统宗教与华人宗乡社团具有密切关联性：传统宗教是宗乡社团的重要组成原则之一；传统宗教也是宗乡社团存在和发展的重要载体。

关于东南亚华人传统宗教今后发展前景与趋势，从构成看，在急剧的社会变动面前，华人传统宗教信奉者的总比例将会逐步降低，其中信奉道教、儒教和中国传统民间信仰的人数会有较大减少，但大部分人将转向佛教。因此，就整体而言，传统宗教将继续保持其在华人宗教文化系统中的主流地位。从功能看，华人传统宗教一方面因居住国官方对宗教信仰的肯定而将获得承认和保留；另一方面更因其作为华人族群认同和文化认同的重要形式将得到华人社会的弘扬和维护。从二重特性看，华人传统宗教的变化也是其中华性和当地性二重特性此消彼长的过程。华人传统宗教的当地化进程仍将继续进行，中华性会继续受到挑战与冲击，但它不会完全丧失而使华人传统宗教变得面目全非，华人传统宗教的中华性仍将继续占主导地位。东南亚华人传统宗教将在二重特性的互动中得以保存和发展。

[张禹东，1953年生，华侨大学教授、国务院侨办和福建省重点学科带头人、社会科学研究所所长、宗教文化研究所副所长。2005年发表的论文主要有《东南亚华人传统宗教的构成、特性与发展趋势》、《宽容：一种生存方式——以海外华侨华人的生存实践为例》。出版著作《宗教与文化》（主编之一）。
通信地址：福建泉州丰泽区华侨大学（362021）
联系电话：0595－22698999
电子信箱：ydzhang@ hqu. edu. cn]

敦煌道教的世俗化之路

——道教向具注历日的渗透

（刘永明 《敦煌学辑刊》2005年第2期）

敦煌具注历日作为研究我国古代历法史的重要材料，已经得到学界的充分重视。本文则将其作为研究我国古代宗教史，主要是研究道教史及与之密切相关的民间宗教、民俗文化的重要资料，进行了深入的开掘。第一，文章首先从现存敦煌历资料统计出与宗教相关的类目20余个，根据内容异同合并为13项：即祭祀、解除、符、镇、厌、谢、祀灶、解厌、解镇、符解、符镇、符厌、厌镇。再按年份列表统计进行对比，于是发现敦煌历以公元900年为界，宗教方术内容在此后大幅度增加，表现在：一则出现的几率大大提高，高出一倍之多；一则方术类目大大增加，从6项增加到13项。第二，由于道教与原始宗教、民间宗教、国家祭祀等方面渊源极深而又复杂交织，同时实际宗教生活中各种方术往往杂糅并陈，所以对以上多种宗教方术与行为实有必要进行一番深入辨析，以便理清其与道教之间的关系。这一辨析无疑是本文深入研究的前提，同时也对中国道教史之相关研究具有参考意义，因为学界对此尚未做过总体的考察，因而研究中说法不一，随意性强。本文结合《道藏》、敦煌文献等相关内容就以上十三项内容揭示出：“解（解除）”、“谢（安宅）”、“符”为明确的道教内容；“符镇”、“符厌”、“解厌”、“解镇”也可纳入道教范围；“祭祀”、“祀灶”、“厌”、“厌镇”为归属不确定者。第三，进一步考察得出，在吐蕃时期，吐蕃对道教文化的压制至少尚未进入到历日层面。900年以后，历注中的道教内容明显增加，原来宗教归属不确定的“祭祀”项转变为道教内容。教内容的特征显示出，道教法术的活动增加了，而具有更多道教祈祷内容和完整宗教科仪的法事活动则减少了。第四，结合敦煌地区的社会生活和宗教实际看，敦煌具注历日不但是民众日常生产生活行为的指南，而且是宗教活动的指南，也是敦煌道教和民间宗教职业者所必备的法宝，称为“阴阳秘法”，所以，道教对具注历日的强烈渗透，极有利于道教向社会各个阶层、向民众生活的传播，有利于使很多简便易行的道教法术逐渐演变成日常的民俗活动，并极便于将道教的宗教认识和宗教要求逐渐渗透到人们的内心世界。所以，敦煌具注历日可谓是道教走向大众的桥梁。证之以敦煌佛教发愿文有不少渗透道教内容的历日宜忌之说，更足以看出道教作为本民族文化的优势所在，其能够传之久远的生命机理，乃至道教在佛教中国化和世俗化过程中的重要作用。同时，结合众多因素可见，吐蕃时期敦煌道教呈现世俗化的发展方向，具体表现为方术化、实用化、民众化、习俗化特征。第五，本文又进一步考察了敦煌具注历日中道教特征形成的原因，认为，道教内容的大幅度渗透是受到流行于敦煌地区的、与道教密切相关的占卜之术之深刻影响的结果。

［刘永明，1966 年生，南京大学历史学博士，兰州大学敦煌学研究所博士后、副教授，兰州大学敦煌学哲学社会科学创新基地委员。2005 年发表的论文有《论敦煌佛教信仰中的佛道融合》、《敦煌道教的世俗化之路——道教向具注历日的渗透》、《〈黄庭内景经〉的脑学说和心脑关系》、《道教医学早期传承与理论创造——以〈老子中经〉、〈黄庭内景经〉、〈太清中黄真经〉为核心》。
通信地址：甘肃省兰州市嘉峪关西路 3 号兰州大学敦煌学研究所（730020）
电子信箱：ymliu@ lzu. edu. cn］

法的精神：启示神学与政治神学

（陈家琪　《江苏社会科学》2005 年第 2 期）

卡尔·施密特在《政治的概念》中说，中世纪的天主教会虽然不是世俗意义上的国家，但它作为普世的行政机构却是法的精神的完美体现。

列奥·斯特劳斯在《现代性的三次浪潮》中说，现代性是一种世俗化了的圣经信仰，彼岸的圣经信仰已经彻底此岸化了；但问题并不在信仰，而在经由启示所给予我们的神律，因为只有神律才真正体现着法的精神的普世价值。

与他们相反，孟德斯鸠在《论法的精神》中强调的是：法的精神源于因事物的性质而产生出来的必然关系，即一种自然公道的关系。

黑格尔则把法的精神理解为“自由的定在”，就是说，如果精神的本质在于自由的话，在客观世界中，这种自由就体现为通过人的自由意志而建立起来的法。

该文正是围绕着这样几个方面的问题展开了对法的精神的讨论，以期引起大家对西方中世纪那种业经高度发达的政治和法律普世主义与近代以来的世俗化趋势的重新思考，其中自然也涉及到古今、中西之争中的现代性问题。

［陈家琪，1947 年生，同济大学文法学院哲学与社会学系教授。］

法显携归之《大般泥洹经》的译出与晋宋之际中国佛学思潮的转向

（张风雷　《戒幢佛学》第 3 卷　岳麓书社 2005 年版）

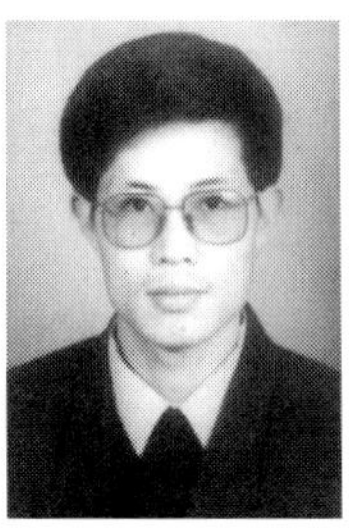

东晋末年，法显的西行求法，在中国佛教史上是一个引人注目的重要事件。对其历史意义，汤用彤先生在《汉魏两晋南北朝佛教史》中曾作过相当全面的重要评论。然就中国佛教义学的发展而言，法显所携归的六卷本《大般泥洹经》的译出，其意义却并非汤用彤先生“开后来义学之一支”这句话能够充分彰显出来的。其所开启的，不是平常的“义学之一支”，而是对后来中国佛教义学的发展产生了巨人而深远影响的一支，即大乘涅槃学。如果把整个中国佛教义学视为众流融汇的思想大海，那么，大乘般若学和大乘涅槃学堪可比作波澜壮阔的黄河与长江。而法显所携归的《大般泥洹经》的译出，则直接推动了晋宋之际中国佛学思潮由大乘般若学向大乘涅槃学的转向，并最终促成了二者的融合。就此而言，《大般泥洹经》的携归与译出，在中国佛教思想发展史上实具有划时代的重要意义。本文结合晋宋之际中国佛学思潮发展变迁的具体历史进程，对此课题作了深入的探讨。

论文分三个部分。第一部分“鸠摩罗什入关与东晋末年大乘般若学的鼎盛”，考察了东汉末年支娄迦谶传译《道行般若经》以来至东晋末年大乘般若学在中土的传播和发展状况，指出鸠摩罗什对大乘般若学经典的系统传译，对于中国佛教般若学乃至整个中国佛教义学的发展也可以说是“开辟了一个新纪元”，而通过其弟子僧肇等人的阐释和传扬，在东晋末年把中土的大乘般若学推向了一个新的顶峰。第二部分“东晋末年中土佛教学者对大乘般若学的反思”，重点考察了后秦主姚兴，庐山慧远及鸠摩罗什僧团中僧叡、道生、慧叡等中土世俗统治者和重要佛教学者对大乘般若学的反思，分析了大乘般若学“一切皆空”的思想在现实信仰和理论建构方面所遇到的难题，指出这种反思直指一个“至极不变”的“实体”，为稍后大乘涅槃学的迅速兴起作了思想铺垫。第三部分“法显携归的《大般泥洹经》的译出与大乘涅槃学的兴起”，考察了法显携归的《大般泥洹经》在中土的传译情况，指出该经所宣扬的“泥洹不灭，佛有真我，一切众生，皆有佛性”的思想为东晋末年中土佛教学者对大乘般若学未尽之义的反思提供了明确的答案和经证，直接推动了晋宋之际中国佛学思潮由大乘般若学向大乘涅槃学的转向。论文认为，法显携归的《大般泥洹经》的译出，其真正的历史意义并不全在于引发了中土佛教界对“一阐提有无佛性”的争论，更在于为此后中国佛教致力于会通般若性空与涅槃妙有、在实相论的基础上构建涅槃佛性理论提供了最初的历史机缘。

［张风雷，1968 年生，哲学博士，现任中国人民大学哲学院副院长、教授、博士生导师。］

论晚明江南穆斯林学者的文化纷争

——从王岱舆《正教真诠》批评的《证主默解》说起

（杨晓春　《南京大学学报》2005 年第 1 期）

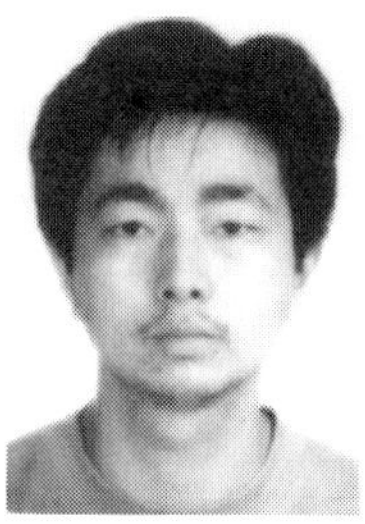

明末清初，开始集中出现了一批汉文伊斯兰教译著，是中国伊斯兰教学术蓬勃发展的第一个时期。当时的汉文伊斯兰教学术发展尤以江南地区的南京、苏州为中心，而经师王岱舆和张中则是其中的杰出代表。从他们的著作中我们可以看到中国伊斯兰教学术起步之时，所具备的较高的学术水平和创造力。那么，当时的伊斯兰教学者之间是否会存在学术上的分歧呢？所谓分歧，也就是存在不同的认识，这正是新学说发展之时的活力所在。通过对王岱舆撰于明末崇祯年间的《正教真诠》一书中所批评的一部汉文伊斯兰教典籍《证主默解》的进一步探讨，可以就这个颇为隐微的问题作出一些初步的结论，这有助于比较完整地认识晚明江南地区伊斯兰教学术的状况。现代的研究者——包括白寿彝先生在内——大多认为《证主默解》一书已佚，但将《正教真诠》为了批驳而引述的《证主默解》的五处言辞和现存明末汉文伊斯兰教著述作一番比较后，可以发现王岱舆所批评的《证主默解》很可能就是张中所撰的《克里默解》。《证主默解》、《克里默解》两种书名分别为表意法和表音法，但内涵是一致的，这也可以支持《证主默解》即《克里默解》的看法。从而，我们可以看到明末江南地区伊斯兰教汉文译著运动兴起之时穆斯林学者之间的分歧和论争。而纷争很大程度上与穆斯林学者对待汉文化的不同态度有关。总的说来，《正教真诠》表现出鲜明的斗争意识，除了将批评矛头对着教内那些“曲解”、“误解”伊斯兰教的学说外，还针对着教外的各种学说，主要是作为中国文化代表的理学和佛教。在王岱舆看来，这些学说都比不上伊斯兰教高明。而张中不仅没有表现出王岱舆那样的批评，反而恰恰是处处借用中国传统文化的成果，以为宣说伊斯兰教之助。基于以上的认识，还可以对王岱舆晚年离开南京、去往北京的原因作出不同于旧说的新解释：因为明末南京伊斯兰教界内部的分歧严重。从交际的网络看，张中比王岱舆要广，似乎张中在当时的江南地区有更大的影响。此外，王岱舆、张中二人都是为后来的伊斯兰教学者所推崇的最著名的汉文译著家，他们的汉文著作也在教内得到了广泛的传播，影响很大，但后人没有提及王岱舆、张中二人之间的分歧，其中的原因也值得思考。对此，似乎可以提出一个猜想：清初以来教内学人对早期教内学者的分歧的刻意淡化。如果是这样的话，则有助于说明清代中国回回民族的一些特点，对于认识中国回回民族共同体的形成和中国回回伊斯兰教思想史的发展，也有非常重大的意义。

［杨晓春，1974 年生，历史学博士，南京大学历史学系讲师。
通信地址：南京大学历史学系（210093）
电子信箱：xiaochun_ y@ sina. com］

论中国化马克思主义宗教观

（方立天 《中国社会科学》2005年第4期）

马克思主义宗教观是制定当代中国宗教政策的理论根据，是从事宗教工作的指导思想。中国共产党在领导中国革命、建设和改革的实践过程中，把马克思主义关于宗教的基本原理同中国宗教的具体实际相结合，在宗教本质观、宗教价值观、宗教历史观等问题上提出了一系列重要观点，并阐明了“积极引导宗教与社会主义相适应”的理论，形成了中国化马克思主义宗教观。中国化马克思主义宗教观的内涵是深刻而丰富的，就其创新性观点而言，主要有十个要点：（1）宗教是一种社会历史现象的观点，改变了那种仅把宗教定位为一种意识形态的观点；中国宗教社会现象具有“五性”或“三性”的观点；（2）宗教是人民内部思想信仰的观点，宗教是文化的观点；（3）宗教产生和存在的最深层根源，在于人们有不能解释和不能解决的思想问题的观点；（4）宗教长期性的观点，宗教消亡在阶级和国家之后的观点；（5）把思想信仰与政治立场分开的观点；（6）信教群众与不信教群众在信仰上的差异是比较次要的差异的观点，思想信仰上互相尊重的观点；（7）在正视宗教中存在消极因素的同时，重视挖掘、运用和发挥宗教中的积极因素的观点；（8）信教与不信教以及信仰不同宗教的群众，在政治上和经济上的根本利益是一致的观点，信教群众同样是社会主义建设的积极力量的观点；（9）强调执行宗教信仰自由政策，处理宗教问题的根本出发点和落脚点，是使全体信教的和不信教的群众联合起来，集中建设现代化的社会主义强国这个共同目标的观点；（10）积极引导宗教爱国爱教、与社会主义社会相适应的观点。中国化马克思主义宗教理论是对马克思主义宗教观的丰富和发展，是马克思主义宗教观发展的最新成果、最新阶段，也是宗教学理论的宝贵精神财富，对于指导中国宗教工作具有重大的理论意义和实践意义。

［方立天，1933年生，中国人民大学哲学院宗教学系指导教授，博士生导师。现任教育部人文社会科学重点研究基地中国人民大学佛教与宗教学理论研究所所长。专著有《魏晋南北朝佛教论丛》、《佛教哲学》、《中国佛教与传统文化》、《中国古代哲学问题发展史》（上下册）、《中国佛教哲学要义》（上下卷）等。
通信地址：北京市海淀区中关村大街59号中国人民大学哲学院（100872）。
联系电话：010－88863936
电子信箱：zheng_ pinan@ hotmail. com ］

美国宗教团体的社会资本

（刘澎 《美国研究》2005年第1期）

宗教团体是美国社会资本的最大占有者。社会资本的特点是使用越多，增值越多。宗教组织把致力于社会服务和兴办慈善事业作为体现自身价值谋取回报的最佳方式，这是宗教团体对其社会资本的独特的使用方式。美国宗教组织的社会影响远远大于其他国家，除了法律对宗教自由与政教分离原则的保障之外，一个重要原因就在于有一个由教会与教徒之间广泛的横向联系构成的无处不在而又运转良好的社会网络。宗教组织依靠不断增殖的社会资本，站在满足个人与社会的基本需要、弥和社会矛盾的最前线，发挥着社会安全阀的作用。该文是国内首次研究美国宗教团体社会资本的文章，其意义有三：

（1）全面论述了美国宗教团体社会资本的概念、构成和运行机制；（2）论证了宗教团体社会资本的增值模式，指出了社会资本“使用越多，增值越多”的特点；（3）阐述了美国宗教团体与社会慈善事业的关系，揭示了宗教团体深厚的社会基础及其得以进行良性循环，历久不衰，持久发挥作用的原因。

［刘澎，1951年生，中国社会科学院美国研究所研究员。
通信地址：北京张自忠路3号东院社会科学院美国研究所（100007）
联系电话：010－88507790
电子信箱：liupeng@ public3. bra. net. cn］

没有机长的国际航班

——对"全球化—区域化"的宗教哲学省思

(何光沪 《人文杂志》2005 年第 2 期)

经济的全球化和精神文明的区域化、个体化构成了人类当今的生存处境。全球化的经济重心需要政治安排或制度层面的补充，超越民族国家的政治共同体和全球民主的思考因此而产生。作者认为，在政治安排和制度安排之外，还需要精神层面的补充，而这种补充的功能可以由宗教来发挥。宗教能够提供使世界多元和谐的精神支持。

[何光沪，1950 年生，中国人民大学哲学院教授、博士生导师，现任国内外若干大学宗教学研究机构特约研究员。著有《多元化的上帝观》、《月映万川——宗教、社会与人生》等论文或著作。
通信地址：北京市海淀区中国人民大学哲学院（100872）
联系电话：010－62513650
电子信箱：heguanghu@ china. com]

徘徊于政治与宗教之间：基督教江西黎川实验区研究

(刘家峰 《浙江学刊》2005 年第 4 期)

基督教在全国的数十处乡村建设实验区中，江西黎川实验区较为特殊。1933 年宋美龄向美国传教士长孙威廉提出让教会参与江西乡村建设的建议。此建议被教会理解为"政府的邀请"，并得到中华全国基督教协进会的重视。由于涉及如何恰当处理教会与政府关系，协进会经过长达四个月的调查研究，才最终决定与政府合作。黎川实验区的成立以及运作过程，为我们分析三十年代的中国基督教会与政府、基督教与政治的关系提供了很好的文本个案。综观黎川实验区的成立与运作过程，它显然是一个政府与教会紧密合作的产物。从政府的角度来看，它提出"教会应该参与社会重建"是完全正当的，但具体到黎川实验区，蒋介石和宋美龄邀请教会参与江西乡村建设，还有一个不便明说的政治考虑：即教会参与会淡化这项工作的政治韵味，使之成为民众眼中纯粹的一项社会运动。从教会的立场看，"教会应该参与社会重建"也正是近代中国教会孜孜以求的目标之一，是教会可以向民众、国家展示其特殊贡献的一个重要渠道。黎川实验区一度成为当时教会与政府友好合作的标志与典范而名扬海内外。但从政教关系的视角，可以看出政府和教会在这方面都有理解和处理上的片面甚至失当之处。在政府方面，对政治利益的过分追求导致对教会政教分离原则的忽略和不尊重，这表现在省政府促使黎川实验区加入统一的"三年计划"，最后并入江西省政府所设立的政治架构。在教会方面，虽然参与教会（包括其指导机关协进会）充分意识到与政府的密切合作有对政教分离原则的潜在危害，实验区初期曾力主"合作的独立"政策，但在后期的实际运作中，为工作方便甚至急于求成，逐渐偏离了这一政策所暗含的政教分离原则，不自觉地偏向政治立场，使宗教与政治的界限模糊化，最终走上了政治道路，是全国唯一一个由教会人士担当地方行政的实验区。即便如此，黎川实验区除了因为特殊的政教合作关系而带来的巨大名声之外，其实际成就较其他地方的乡村建设并无显著之处；反而由于实验区能唯一区别于其他乡建实验区的宗教工作一直乏善可陈，黎川实验区作为基督教事业的正当性备受教会界质疑和批评。黎川实验区在政治和宗教两方面一直都面临尴尬，其根本原因在于参与教会过分看重实验区的成功与否对"教会与政府未来关系的重要性"，导致在政教关系的处理上不能严格持守政教分离的原则。

[刘家峰，1970 年生，历史学博士，现任华中师范大学中国近代史研究所副教授、东西方文化交流研究中心副主任、中国宗教学会理事。论著有《抗战时期的中国基督教大学》。主编《离异与融会：中国基督徒与本色教会的兴起》。论文有《基督教与近代农业科技传播》、《中美处境下的中国基督教大学及其争议》、《抗战时期基督教大学与国民政府关系》等 10 余篇。
通信地址：湖北省武汉市珞喻路 152 号华中师范大学中国近代史研究所（430079）
电子信箱：liujf@ mail. ccnu. edu. cn]

试论清微派的“会道”与“归元”

（李志鸿　《世界宗教研究》2005年第3期）

道教与民间信仰、民间宗教之间的互动关系是中国传统宗教研究中的一个重要问题。关于这个问题的探讨，学术界以往的研究主要集中在六朝时期的道教，对宋元之后的道教派别则着墨不多。本文从产生于南宋之际的清微派入手，通过对其教派历史、炼养思想、法术实践的探讨，以期揭示道教与民间社会之间的密切关系。

清微派的创教、发展与流变，是一个由神话而历史，由民间而正统，再由正统而民间的独特的演变历程。他宣称自身乃是“四派总归”，或曰“五派总归”，这一“会道”观念，在新兴的道派中，极具特色，为清微派由民间而正统提供了理论支持。清微派的“会道”观念，并不仅仅局限于“会道宗师”祖舒的“博学而约取，总四派而归一”，其“会道”的意义有所延伸：其一，清微派从一开始，就在会合道教各派神系的基础上，构想了道派的主神体系与嗣法系统，为道派的存在创造神学上的依据；其二，在法术观念上，清微法不仅是各派符法的综合，还吸纳了弥散于民间的各种方术观念；其三，在“道体法用”的阐述上，将符咒之术与内丹之学融为一体，在传法实践上，清微派的历代高真不拘泥于一家一派，都表现出了“诸派兼善”的倾向。随着历史的演进，清微派的“会道”主张，最终为正一道所运用，四十三代天师张宇初，基于“正一”的立场，对“会道”进行了全新的诠释，在理论上为“会万法而归元”找到了注脚。随着新兴的符箓派会归于正一道，原本兴于民间的清微派经过“会道”之后，虽然曾上升为道教的正统之列，但最终还是走向了民间。从民间而正统，再由正统而民间，清微道派的演变历程，处处浸润着“会道”的理念。清微派虽然没有完成“归元”的历史性使命，但其在“会道”名义之下，将弥散于社会各阶层的宗教资源进行重新整合，并纳入自身的系统之中，这种自我提升的努力，不仅是民间道派拓展生存空间的智慧表现，更是民间宗教文化的价值彰显。

［李志鸿，1976年生，中国社会科学院研究生院世界宗教研究系2004级博士生。2005年发表论文《神圣的帷幕：民众思想世界中的雷神崇拜》、《试论清微派的“会道”与“归元”》。
通信地址：中国社会科学院世界宗教研究所道教与民间宗教研究室（100732）
电子信箱：lzhh@163.com］

台湾学者对近20年来大陆宗教学研究的评述

（陈卫平　《华东师范大学学报》2005年第1期）

台湾学者对大陆近20年来的宗教学研究的变化，同意这样的概括：“从五六十年代之‘险学’，成为今日的‘显学’”；对大陆宗教学理论、宗教文献以及各大宗教研究的主要论著和观点，都从不同角度和侧面进行了介绍和评论。台湾学者认为大陆宗教学理论的变化主要是：（1）改变了把麻醉人民作为宗教本质和社会作用的观点；（2）从多方面探讨了宗教与社会主义相适应的问题；（3）在对宗教与艺术的关系上，肯定了宗教具有某种正面作用，特别是吸取了中国佛教与艺术之间的经验。在对各种宗教的研究方面，台湾学者较多评论了大陆的佛教、基督教研究。他们认为任继愈主编的《中国佛教史》与日本镰田茂雄的《中国佛教史》各有所长，对于今天研究中国佛教史缺一不可。他们认为《中国石窟》显示了大陆老中青三代学者研究佛教艺术的强有力的“学术墙体”，超越了以往30年对此最有发言权的日本学者群。关于大陆研究20世纪中国佛教史的著作，他们对何建明的《佛法观念的调适》和陈兵、邓子美的《二十世纪中国佛教》给予较高评价，认为前者之作者是“少数有方法论自觉的优秀研究者”，后者是海峡两岸同一课题中，“最能贯串百年发展的概论性著作”。对大陆的基督教研究，注意到大陆学者关于研究方法和研究态度的思考，如多元化及专题深入、微观宏观的研究、学科整合的研究以及既要“出得来”又要“进得去”等问题。他们认为大陆学者对基督教与中国传统文化特别是儒家文化的比较，“不是为了批判基督教，而是要借助基督教作为一参照系，以批判中国传统文化”，然而，这种以基督教作为拯救中国文化缺失的思考，表现了“对基督教工具式的了解和实用性的应用”。他们认为大陆学者对于中国基督教史的研究，不再只是强调基督教传播是帝国主义侵华事业的一部分，而是有了新的思考，即“研究的重心由单线转为多角度，由纯粹的政治考虑扩至社会、文化多面相的关怀，由全盘否定进至较公允地就优劣利弊作出评估”；也指出大陆的研究兴趣集中在文化交流层面，其它方面的研究，如天主教在中国各地的传播与扩张、教区的发展、教民的活动等尚未有突破性成果。此外，还对大陆关于儒教的争论、敦煌学中的宗教研究、少数民族的宗教研究成果作了评论，认为有关少数民族的宗教研究，是国外研究中国宗教者尚未注意的。对于大陆的宗教文献整理，给予高度肯定，对《大唐西域记》和《中国道教金石略》的整理尤为赞扬。

［陈卫平，1951 年生，上海师范大学哲学系教授、博士生导师。
通信地址：上海桂林路 100 号（200234）
电子信箱：ly006172@ online. sh. cn］

伊斯兰教伦理：传统形式及其现代意义

（周燮藩　《世界宗教研究》2005 年第 4 期）

伊斯兰教传统内并无现代意义上的伦理学，但作为世界伦理一神教之一，伊斯兰教的文化传统和社会生活中，处处充满着伦理思考和道德要求。在伊斯兰教内，信仰与善行的一致，也是宗教与道德的结合，这就是伊斯兰伦理的实

质。其核心是社会正义和公正，以及扬善惩恶的现世诉求。穆罕默德在宣读启示和建立伊斯兰教社团的实践中，用清楚有力的语言强调了三个与伦理有关的观念：（1）真主独一；（2）末日审判的实在；（3）服从真主及其使者。严格的一神教义是对部落宗教及其功利性习俗的否定，为新的道德约束力提供了一个绝对的权威。伊斯兰教中只有一个绝对的道德命令和一个普遍适用的伦理体系，都源自唯一的主宰者真主的意志。真主通过《古兰经》向人类显示了自己的意志，穆罕默德以自己的言行作了示范，凡是相符的就是善行，反之则是恶行。随后发展起来的伊斯兰教义学、教法学和哲学，都具有道德和宗教合为一体的特征，很难将伦理从中剥离出来。不过，由于教法在伊斯兰教中的核心地位，以及对社会生活广泛而深入的道义影响，自然使教法学成为伦理思考的基础学科。而苏非主义则从个人的苦行、禁欲的实践，提升道德标准和伦理规范的精神追求。在伊斯兰教看来，伊斯兰（islam）是顺从，正确的行为，主要体现为教法（shari'ah）和教法学（fiqh）；伊曼（iman）是信仰，正确的理解，主要体现为教义学（karam）和教义诠释（'aqiidah）；伊赫桑（ihsan）是善行，是深化的理解和实践，主要体现为苏非对个人道德升华和心灵净化的精神追求（tariqa）。伊斯兰教伦理的传统框架，一直延续至今，仍对当代的伦理学发展有着影响。

伊斯兰教伦理的主体的体现，是在《古兰经》和圣训的基础上所形成的教义学、教法学、哲学和苏非主义中，而基础是教法学。直到当代的伊斯兰复兴运动，不论是对现存的社会和政治制度的批判，还是对现代化进程中的负面影响的回应，什叶派和逊尼派都在追求社会正义和公正的实践中表明，伊斯兰教现代伦理的发展主体仍然显示在这一传统框架内。

［周燮藩，1945 年生，中国社会科学院世界宗教所研究员，伊斯兰教研究室主任；中国社会科学院研究生院教授，博士生导师。主编《犹太教小辞典》、《中国宗教历史文献集成》120 册，发表论文有《中国穆斯林看中国》、《马启西诗联解读》等。］

元代大道教玉虚观系的再探讨

——从两通石刻拓片说起

（刘晓　《中国史研究》2005年第1期）

大道教为金代中叶兴起于河北地区的一支新道教，与全真、太一等教在金、元两代兴盛一时。20世纪30年代，陈垣在其名著《南宋初河北新道教考》一书中，曾专辟一卷《大道篇》，对大道教在金元两代的发展情况作过较为详细的介绍。80年代，台湾学者袁冀（袁国藩）撰有《元代真大道教考》一文，对大道教文献资料多所增补。1986年，陈智超在新发现材料的基础上，连续发表《金元真大道教史补》、《真大道教新史料——兼评袁国藩〈元代真大道教考〉》等重要论文，指出：大道教在蒙元之际曾发生过分裂，出现了天宝宫与玉虚宫（作者认为原为玉虚观，后升为玉虚宫）两支，对大道教两支历任掌教传授及教派发展、宫观分布、组织机构等，作者也多有详尽阐述，是目前有关大道教研究最为重要的论著。

本文在陈文基础上，通过对《代祀济渎投龙简记》与《周天大醮投龙简记》两通石刻拓片的分析，讨论了大道教天宝宫与玉虚观两支的正式名称、分裂背景以及在元代的发展演变等问题，认为：大道教在蒙元之际分裂的两支，其教派名称应分别为真大道教（天宝宫系）与正一大道教（玉虚观系）。大道教的分裂，应与教内对大道教旨产生分歧有关。本来，大道始祖刘德仁在创教时，立教戒九条，“其教以苦节危行为要，而不妄取于人，不苟侈于己”，是一个民间伦理色彩很浓的苦行教派。但从三祖张信真起，因其兼习正一盟威秘箓，大道教开始带有符箓道派色彩，而这显然与大道教的创教宗旨相悖。至少到四祖毛希琮时，教内因教旨分歧产生的矛盾开始激化。以郦希成为首的一派（天宝宫系）因不满当时大道教的“误入歧途”，最终选择了自立门户，这一派坚持大道教原创宗旨，并用“真大道”为教派命名，以标榜自己与大道教当权者的“真假之分”。李希安一派（玉虚观系）则继续原先的发展轨迹，甚至用“正一大道”为教名，以表明其向符箓道派转变的立场。起先，正一大道教因属四祖毛希琮嫡脉正传，受到蒙古统治者的支持，但真大道教很快迎头赶上，也得到蒙古统治者的承认与保护。在有元一代，真大道的势力与影响虽然远远超过正一大道，但后者并非像有些学者所认为得那样又并入真大道。因为至少到泰定元年（公元1324年），我们仍可见到“正一大道真人刘尚平”的记载。由此可见，我们在讨论大道教在元代的发展时，应充分注意到正一大道教的历史，那些认为大道教在元代改称真大道教，并以真大道教笼统称呼元代大道教的说法，是以偏概全，与历史事实不符。

［刘晓，1970年生，中国社会科学院历史研究所副研究员。主要著作有《耶律楚材评传》等。译著有《十三世纪中国政治与文化危机》等。2005年发表的论文有《元代大道教玉虚观系的再探讨——从两通石刻拓片说起》、《金遗民张本生平事迹考略》、《元以来蒙古族民事法律与习惯考察》。

通信地址：北京市建内大街5号中国社会科学院历史研究所

电子信箱：georgelx2000@yahoo.com.cn］

圆瑛法师与泉州开元慈儿院

（王荣国　《宗教学研究》2005年第1期）

泉州开元慈儿院属于亦教亦养的初等教育慈善单位，1925年创办于泉州开元寺，至1949年共和国成立后改公办为止，延续近30年，为全国所罕见。

慈儿院以泉州开元寺方丈转道和尚为院长、都监圆瑛法师为副院长，转道常年在海外，仅挂名而已。转道去世后，圆瑛继院长，即使移易他方，仍任其职并予以关心。

开元慈儿院的创办是圆瑛的构想通过转道等人捐资开办而实现的。圆瑛所撰的《泉州开元慈儿院缘起文》与《泉州开元慈儿院简章》是慈儿院创办时和成立后日常运作的指导文件，慈儿院的机构与职能、招生、课程设置与教学、师资招聘等基本上遵循其规定，体现了圆瑛法师的办学精神。慈儿院的开办经费由转道和尚承担，常年费除了由转道等住持的新加坡普陀寺、天福宫等与圆瑛住持的泉州安海龙山寺“拨款补助”外，尚须筹款，圆瑛提出以设立“常年基金”生息解决。他呼吁社会各方伸出援助之手，还冒惊涛之险远赴南洋募捐。应该说，圆瑛法师是开元慈儿院实际的创办人和负责人。

慈儿院全盛时，学童达到280人。抗战期间紧缩，至1947年，尚有学童60人，另有120人为免学费“给以书册文具”的走读学生。慈儿院除了基础教学外，还设有技术班，培养学童自食其力的技能。慈儿院以优厚的待遇招聘学识渊博、富有教学经验的教师授课，教学质量较好。仅至1947年止已培养18届，大多直接服务于社会各界或从事弘法利生的事业，也有继续深造者。共和国成立后，曾任厦门市长的李文陵是其中的佼佼者。

圆瑛法师开全国佛教界兴办孤儿教育风气之先，除创办开元慈儿院外，在宁波创办过孤儿院，还劝上海佛教会创办慈幼院。有人认为“慈善事业是社会的责任，不是出家人应该做的”。针对此言论，圆瑛说：“救济孤儿，体现大乘菩萨慈悲之道。兴办慈儿院，对孤儿“教养兼施”，就是佛教徒的“修行”、“精进”，就是佛教徒弘法利生的家务！佛教徒是国家一分子，应对国家社会的安宁尽一份责任。”他认为，孤儿无父母倚靠，若无人栽培、教养，可能沦为乞丐、盗贼、匪徒，危害社会国家。兴办孤儿教养的慈善事业“寓有挽回世道，救正人心之至意”！希望能创办无数的孤儿院，使无量苦海众生离苦得乐，使举国无乞丐之人，山林绝盗贼之薮，使“恶浊世界”变为“清静世界”。

在近代以前，佛教徒以慈悲为怀的信念做了不少造桥铺路、施食之类的善事，但兴办慈善事业实体则是在近代才出现的新事物，是中国佛教在当时面临的新课题，圆瑛在兴办慈善事业方面所作的努力，某种意义上说，是对佛教理论与实践的发展。

［王荣国，1955年生，厦门大学人文学院教授。
通信地址：福建厦门大学1106信箱（361005）
联系电话：0592－6792325
电子信箱：wyx9415@vip.sina.com］

大事记

2005年中国宗教学研究大事记

1月7—9日，华东师范大学哲学系举办"中西哲学交流中的翻译问题"学术研讨会。

2月15—16日，昆明佛学研究会举办的“佛教与云南文化”研讨会在云南省弥勒县举行。

4月14—15日，中国社会科学院世界宗教研究所与德国阿登纳基金会在北京联合举办“宗教与现代化”国际学术研讨会。

4月20—23日，“妙峰山历史文化研讨会”在云南大姚举行。

5月20—23日，中国社会科学院世界宗教研究所、浙江大学、浙江省社会科学界联合会、天台县人民政府，在浙江省天台县联合举办“天台山暨浙江区域道教国际学术研讨会”。

6月8—10日，由浙江佛教协会和杭州佛学院主办的“第三届吴越佛教文化研讨会”在浙江杭州市举行。本届会议主题为“纪念义天大师诞辰950周年”。

6月14日，中国社会科学院世界宗教研究所儒教研究中心成立大会，在北京举行。

7月8—10日，中国社会科学院世界宗教研究所与美国太平洋地区发展与教育协会在北京共同主办“第三届全球伦理国际学术研讨会”。

7月11—23日，华中师范大学东西方文化交流研究中心举办“中国基督教史研究暑期讲习班”。

7月25—26日，中国人民大学、云南民族大学联合在昆明举办“第二届宗教社会科学暨宗教与民族学术研讨会”。

8月12—15日，中央民族大学哲学与宗教学系、国务院发展研究中心民族发展研究所和新疆中亚区域发展研究中心，在乌鲁木齐联合举办“和谐共进”首届宗教与民族学术论坛。

8月16—18日，原创文化研究会、香港圣神修院神哲学院举办原创文化第三届国际研讨会“原创文化与经典阐释和分析”。

8月18—22日，由重庆市文化局、重庆市人民政府新闻办公室、大足县人民政府主办，北京大学中国考古学研究中心、重庆大足石刻艺术博物馆承办的“中国重庆大足石刻国际学术研讨会暨大足石刻首次科学考察60周年纪念会”在重庆隆重举行。

8月26—29日，由中国佛教研究所与四川省什邡市“马祖禅文化研究会”主办，四川省什邡市人民政府承办的“马祖与中国禅宗文化学术研讨会”在四川省什邡市隆重举行。

8月31日—9月1日，中国社会科学院世界宗教研究所在河北省承德市举办“人间佛教的思想与实践”学术研讨会。

9月19—22日，香港汉语基督教文化研究所在云南澄江举办“第三届汉语神学圆桌会议”（国际学术会议）。

9月25日，由北京大学国际东亚研究中心主办的“当代世界新兴宗教学术研讨会”在北京大学举行。

10月12—13日，由四川大学宗教研究所、四川大学道教养生文化研究所、成都市道教协会、青城山道教协会、青城山风景名胜管理局联合主办的"道教养生与当代世界"国际学术研讨会，在四川成都青城山召开。

10月14—15日，中国社会科学院基督教研究中心和德国米苏尔社会发展基金会在北京共同主办“基督宗教社会学说及社会责任”国际学术研讨会。

10月15—16日，“纪念楚山禅师诞辰600周年、能海上师诞辰120周年学术研讨会”在四川成都龙泉石经寺举行。

10月16—17日，复旦大学哲学系、美国基督教哲学家协会在上海举办“宗教、伦理和大学教育”学术研讨会。

10月21—23日，由四川大学道教与宗教文化研究所基督教中心、华中师范大学西方文化交流中心、北美华人基督教学会共同主办的“中国基督教区域史研究”国际学术研讨会在四川大学举行。

11月4—6日，中国宗教学会主办的“中国宗教学会2005年学术年会暨国内宗教学研究、教学单位代表联席座谈会”在上海师范大学举行。

11月13—14日，中国无神论学会在北京举办“中国无神论学会代表大会暨2005年学术年会”。

12月5—7日，天主教文化研究所在北京举办“天主教社会理论与现代社会”学术研讨会。

12月8—10日，中国社会科学院基督教研究中心在北京举办“基督宗教与跨文化对话”学术研讨会。

12月17—18日，中国社会科学院世界宗教研究所儒教研究中心在广州举办首届儒教学术研讨会。

12月29—30日，中国社会科学院世界宗教研究所与中国嵩山少林寺在北京举办“少林学”学术研讨会。

（霍群英）

民族学

综　述

2005年中国民族学人类学研究综述

一、定位与概述

民族学人类学在1898年戊戌变法期间从西方引进中国。由于西方的学术体系也有内部差异和历时变化，所以它们在中国就有了不同的名称：民族学、人类学、文化人类学、社会人类学等等。名称虽异，但它们都是以人类、人性、文化和民族为研究对象的人文和社会科学学科，都用实地调查方法收集资料，用比较研究分析资料，都把整体论和文化相对论作为指导原则，也都是研究人类体质和文化特点以促进各民族之间的理解交流和可持续发展为目标的学科。因此，我们大可把它们看成是同一个学科。

启蒙运动以后的欧洲大陆把研究本国国民传统生活习俗的学科称为民俗学，把研究本国主体民族以外的其他民族和域外民族文化的学科称为民族学，把研究人类体质的学科称为人类学。这个体系内的语言学和考古学跟民族学和人类学，或许还有民俗学，构成平行的姊妹学科。1900前后，美国的博厄斯根据美洲“新大陆”的文化研究需求，另外组装一套学术体系。在这套体系里，人类学、心理学和社会学共同组成“行为科学”。人类学之下分为体质人类学和文化人类学两支。文化人类学下并列语言学、考古学和民族学三根支柱。1980年代以来出版的美国人类学教科书，又把美式人类学的四个分支表述为体质人类学、文化人类学、考古人类学和语言人类学。1922年，马林诺斯基等人在剑桥原有民族学系之外，另在伦敦经济学院创建社会人类学系，重点研究亲属、经济、政治和仪式与信仰，形成今日英国的社会人类学传统。

上述不同学科名称也有研究角度或侧重点的差异：欧陆民族学强调其与历史学关系，包括历史观点、文化起源和历时变化。美国文化人类学强调它与地理学的关联，包括文化区、文化模式、集体认知图式或象征符号体系。英国社会人类学强调它与法国社会学的关联，侧重结构功能等要素。1950年代早期，受美国影响较大的法国人类学家列维－斯特劳斯为联合国教科文组织撰写学科发展报告时，建议把上述学科统称人类学或文化人类学。此后，文化人类学在欧洲大陆越来越流行，逐渐取代了民族学。

东亚引进西方民族学人类学的源头多，过程也长，所以西方学术体系的内部差异和历时变化在东亚学术体系中都有反映。例如，中国台湾中央研究院代表着蔡元培先生1920年代从德国引进的欧陆传统，那里至今只有民族学研究所而没有人类学研究所。中国社会科学院反映着1950年代的苏联传统。它的民族学人类学研究机构一直称“民族研究所”（近年改称民族学人类学研究所）。日本于1970年代在大阪建立“民族学博物馆”，仍沿用欧陆体系。中国大陆的十几所民族学院和台湾政治大学目前也仍保留民族学名称。但东亚的其他大学则多用人类学而较少用民族学。

引进之后，本土的文化传统和时代政治环境对学科发展的影响亦大。中国本来有着较强的集权传统。近代，中国屡受外国列强侵凌，急于求强求富，更需要把学术研究与意识形态紧密结合。结果，新中国的人文和社会科学界虽然也有过梁漱溟、马寅初、顾准、李慎之等不计个人升沉，坚持特立独行，最终成就伟大人格和重大学术成就的作者，但这些特例不能改变基本事实，那就是人文社会科学学科始终跟国家政治关联密切。这种关联固然符合人文社会科学关注人心与人生的宗旨。但它在中国也有如下三层含意：一是这里学者治学比起外国同行来，更讲究经世致用或曰理论联系实际，二是中国的学科和学术对于国家政治的依赖更强，三是中国学者要离开国家政治主流而冒险创新，要付出的个人代价也比外国同行更高。在认识前提下，我们通过回顾中国近现代史来看民族学在中国的地位和作用。

中国历史文化大传统向来重文轻武和重利轻义。古代中国人坚信“国之大事唯祀与戎”，历史文献也主要记载多民族统一国家的典章制度和风土人情。因此，古代中国虽然没有民族学学科，但文化传承始终是国家头等大事。文化的建设和交流是当时政治家兼学者的主要公共活动。当时的官僚队伍也主要由科举选拔出来的文人学者组成。

1840年的中英鸦片战争，特别是1894年的中日甲午战争，使得中国文化传统在西方挑战下发生剧变。此后几十年里，军人和自然科学家成为中国官僚队伍的中坚。文人学者退居为谋臣策士。1949年新中国建立，武装干部逐渐转型为政工干部。文人学者则成为政工助理。1978年改革开放，政工干部转型为经济管理干部，文人学者又成为经济发展智库。

近现代中国百余年间，无论是在枪杆子里面出政权的年代，还是在以阶级斗争为纲的年代，甚至在科技是生产力发展是硬道理的年代，中国的人文和社会科学都只是国家意识形态附庸而没有形成完整“自性”。相应地，国家对于人文社会科学的分类标准也一直没有统一和规范。时至今日，中国虽然在经济上接近现代国家，但它的学术分类体制仍然保持着现代化初期多头引进缺少规划规范的特点。

这种情况到2004—2005年才出现初步转机。中国持续20多年的改革开放带来“满园春色关不住”的经济成果。中国高层领导先后提出了“和平发展”、“和谐社会”、“和谐世界”和“创新型国家”等发展目标和导向。中央政府开始强调国民文化建设。国家对人文和社会科学的投资显著增加。现代信息技术平台也在中国初具规模。中文学术著作出版和翻译有了比较宽松的社会环境。在多民族统一国家构建和谐社会的总体目标下，包括民族学和人类学在内的中国人文和社会科学有了前所未有的光明前景。

中国共产党和中国政府在2005年采取有力行动加强社会文化建设。2月份，国务院新闻办公室发表《中国的民族区域自治》白皮书。白皮书阐述了民族区域自治在中国政治制度中的地位，民族自治地方的建立，自治权的内容，国家对民族自治地方的支持和帮助，以及民族自治地方各项事业的发展等，并表示中国政府将从本国国情出发，坚持以人为本、全面协调可持续的科学发展观，进一步探索和健全民族区域自治制度的具体实现形式，完善《民族区域自治法》配套法律法规，不断充实实行民族区域自治制度的物质基础，促进少数民族和民族地区经济社会的全面发展。

2005年5月27日，中央民族工作会议暨国务院第四次全国民族团结进步表彰大会在北京人民大会堂举行。胡锦涛发表讲话强调民族问题始终使我们建设中国特色社会主义必需处理好的一个重要问题。民族工作始终是关系党和人民事业发展全局的一项重大工作。我们必须从党和人民事业发展全局的高度深刻认识做好民族工作的重要性和紧迫性，进一步增强做好民族工作的责任感，不断巩固和发展平等、团结、互助、和谐的社会主义民族关系，促进各民族共同团结奋斗、共同繁荣发展。

会议期间，中共中央政治局还研究部署了进一步加强民族工作、加快少数民族和民族地区经济社会发展的问题，审议了《中共中央、国务院关于进一步加强民族工作，加快少数民族和民族地区经济社会发展的决定》稿。国务院第89次常务会议通过了《国务院实施〈中华人民共和国民族区域自治法〉若干规定》并于5月31日施行。党和国家的这些行动，加上教育部211和985两项工程的动力，使得2005年的中国民族学人类学得以稳健发展。本文按照中国社会科学院民族学与人类学研究所每年出版《中国民族研究年鉴》的惯例，在介绍民族学人类学和学科之后，依次总结民族理论政策、民族经济、民族语言文字、世界民族研究等领域在本年的进展情况。民族史研究资料暂缺。

二、学科发展

本学科2005年发生两件大事：一是费孝通先生于4月24日溘然逝世，享年95岁。费先生是中国辛亥革命到改革开放成功的亲历见证人。他自1936年以花篮瑶族调查为入手点，研究中国少数民族。抗日战争中，费先生从英国回到中国西南大后方，在云南大学主持社会学系并创建魁阁工作站（fieldwork station）。1950年代早期，费先生参新中国初期的民族访问团、民族识别和民族社会历史调查等重大项目。反右运动后，费先生接叠受政治重创，幸而能在改革开放后再次崛起。费先生早年注重人类学结构功能方法，强调村落社区研究并以《江村经济》鸣世。晚年的费先生扩展学术视野，于1989年提出中华民族多元一体格局理念，为开放社会的中国民族学研究指明方向。费先生临终前欣见中国经济有成，转而强调文化建设，弘扬人生意义。费先生一生对于民族学人类学学科建设念兹在兹。他在同辈学人中继系学术生命最长，取得成果最大，堪称学科发展的里程碑人物。费先生于2005年继林耀华先生之后逝世，使学科痛失前辈领袖，学科从此只能勉力担负继承传统主探索前程。

二是国家民委继续强力推动2008年昆明民族学人类学世界大会的筹备。2003年暑期，国家民委请示国务院批准，联合中国民族学会、中国人类学会和中国都市人类学会组成中国学术代表团，向在意大利名城弗罗伦萨举办的国际人类学民族学联合会（IUAES）第十五次世界大会申请2008年在昆明承办第十六届世界大会。代表团由国家民委政法司长铁木尔带队，国内知名民族学人类学者鼎力参与，最终在与澳大利亚的竞争中取得成功。此后，国家民委和云南省政府分别于2004—2005年成立中国筹委会、昆明筹委会、学术委员会和大会秘书处等机构，积极参与IUAES举办的各种学术活动。2005年，国家民委在前期准备基础上，连续召开多次工作会议，一面组团出国考察，一面在国内落实学术筹备工作。目前，中国筹委会已在中国社会科学院民族学与人类学研究所和中央民族大学设立筹备工作机构开始紧张工作。整个中国学界视此次大会为学科伴随中国走向世界的良机。

本年度民族学理论方法专著突破成果较少，乔健主编的《文化、族群与社会的反思》较为突出。该书分文化与认同、族群概念与族群关系、从乡村到城市、社会关系与行为等部分。费孝通先生逝世后，大陆的李绍明、黄淑娉、容观琼和台湾李亦园、乔健等教授成为活跃在学科前沿的领军人物。乔健教授主编的著作，代表着前辈学者对学科主题和理论方法的思考。与此匹配的是王铭铭教授《西方人类学思潮十讲》。本书收录作者评述西方人类学家研究文化、社会、人的描写等问题的10篇文章，是对西方人类学理论方法较为系统的介绍。周大鸣和秦红增的《参与式社会评估：在倾听中求得决策》是应用人类学成果。作者中国应用人人类学经验为基础，以参与式发展项目为例，探讨学科方法与参与式发展和社会评估的关联。王建民教授刻意促进翻译工作，他主持翻译的

《人类学：历史与理论》于年内面世。

杨春宇《看的方式——从视觉角度解读人类学史》一文指出了影视人类学之外的视觉机制或"图像转向"思潮对人类学的影响。作者预见：这是本学科在"语言学转向"引发对民族志文本批评后的又一次重要转向。刘晓春的《在异域与本土之间—人类学视野中的文化批评》探讨了进化论、民族志、结构主义以及回归本土的人类学文化批评传统。周泓的《历史人类学：从历史文本到意义主体》考察了历史民族志的社会文化本体和后殖民人类学历史文本的多声道反思，论述了历史人类学的主观建构和批判的属性。作者认为主体意义的历史是历史人类学的本质，意义主体及其能动应是历史人类学研究的本体对象。

继《广西民族学院学报》开创由民族学人类学专家主持专栏讨论的先例后，国内许多民族学人类学刊物见贤思齐。高丙中应云南大学《思想战线》第五期的约请，主持了"民族志经验研究"专栏。他打出了"人类学反思性民族志研究：一个范式的六种尝试"一文。他通过反思民族志发展简史，提出从"边缘"看"中心"的六个角度。王建民在《民族志方法与中国人类学的发展》则从田野工作方法入手，概述中国民族学历程和当前问题。

陈云生的《宪法人类学》，胡小明、陈华编著的《体育人类学》拓展了学科交叉的空间。

民族文化保护与开发

王文章主编《人类口头和非物质文化遗产丛书》丛书8本，分别介绍中国进入联合国教科文组织"人类口头与非物质文化遗产"名录的昆曲、古琴艺术、中国年画、少林武功、新疆木卡姆组曲、热贡艺术、藏戏和南音等8种传统艺术及其伴生文化现象。每一册都介绍了一种文化遗产的基本面貌、表现形态、美学或工艺特点、形成和演变和目前的代表性传人等方面，同时介绍当地政府为保护这一文化遗产所做的工作和未来的保护计划。这套丛书为目前开展的非物质文化遗产保护与遗产代表作申报提供了文献范例。

郭淑云在《北方物候历与萨满祭祀》中提出，物候历法和季节征象是北方民族长期观察自然现象的经验总结。萨满教是这些民族生态智慧的集中体现。作为民族科学家的萨满在积累、传播地方民族知识方面具有文化生产方面的贡献。

中央民族大学牟钟鉴教授发表了《从宗教学看壮族布洛陀信仰》一文，提出壮族布洛陀信仰是原生的民族民间宗教。它与壮族的生存发展紧密相关，是壮族特有的文化传统。改革开放后，广西田阳敢壮山居民自发恢复布洛陀祭祀和相应文化活动。民族信仰的重构表现出壮族文化主体意识增强和布洛陀信仰的生命力。它起着丰富中华民族多元一体文化，推动两个文明建设和充实壮族文化生活的作用。

彭兆荣的《旅游人类学视野下的"乡村旅游"》探讨乡村旅游这一主题，指出乡村旅游与其说是在"乡村空间"，不如说是在"乡村概念"中旅游。"乡村魅力"对于都市人群不仅是换一个"地方"，而是换一种体认的"价值"。文章敏锐地观察到全球化的矛盾与悖论：旅游经营者在理念和形式上追求国际化和规范性，旅游者则在精神上追求"地方化"和多样性。

在已故海归学人王筑生教授的努力下，云南大学崛起为中国旅游人类学研究重镇。张晓萍主编《民族旅游的人类学透视》一书收录旅游人类学若干经典文章，包括《西方旅游人类学研究述评》、《旅游人类学在美国》、《用人类学眼光看旅游》、《论旅游的精神文化本质》等。它丰富了旅游人类学研究视角，强调了学科对民族文化旅游的关注。

散杂居少数民族

中国少数民族人口1．05亿，约2/3聚居在155个民族自治地方（5个自治区，30个自治州和120自治县，其面积相加占中国国土64%），1/3处于散杂居状态。散杂居少数民族主要生活在汉族中间，但也有些人口较少的民族生活在人口较多的少数民族自治地方。为保护散杂居少数民族权益，中国政府曾在《民族区域自治法》之外，制订有城市民族工作和民族乡建设两个条例。但随着民族人口流动增加和散杂居现象加剧，越来越多的少数民族散杂居处在"一法两条例"的保护范围之外。近年又有两个动态扩大了散杂居少数民族的外延：一是西部少数民族人口流动到东南沿海打工或因为通婚而散居到内地乡间。二是国家开放、港澳回归和台商到内地投资，导致海外华人、华侨、土生外裔人、归化外国人和台商日益增多。这些人口与原先的散杂居少数民族一起，构成中国民族学人类学的重要研究内容。他们是中国民族工作的组成部分，且是民族关系和民族理论政策、特别是民族学人类学研究的前沿领域。从应用角度上讲，中国制订《族裔少数人 ethnic minority 权益保护法》已属刻不容缓。

陈建樾的《"台湾村"：一个移民村落的想象、构建与认同——河南邓州高山族村落田野调查报告》（未发表）研究大陆的一个台湾少数民族移民社区。这个移民社区有18.61%的人口是清初台湾少数民族移民的后裔。三百年来，这些台湾少数民族落籍垦邓，经历了从"闽营化"、"邓州化"到"大陆化"的多重本地化过程。在此过程中，他们的风俗习惯、宗教信仰等民族文化表征曾大大弱化。但1983年以来，这个"台湾村"居民又开始重建文化认同，从而为族群的原生性和场景性之争提供了一个生动案例。

李明欢主编了体例新颖的《福建侨乡调查：侨乡认同、侨乡网络与侨乡文化》一书。本书分上下两编：上编"类型篇"在乡村共同体层面选择三个侨乡案例。下编"专题篇"从社会经济学及社会人类学角度对这些案例进行学理分析研究。

周大鸣的《渴望生存：农民工流动的人类学考察》用珠江三角洲的案例，探讨农民工外流对输出地的影响及农民工性别分工等内容。陈晓毅的《城市外来少数民族文化适应的三层面分析模式——以深圳"中国民俗文化村"员工为例》描述了深圳中国民俗文化村的少数民族员工在物质维度、制度维度和精神维度的文化适应状况，并提出了一个三维分析模式。张继焦的《城市中少数民族的民族文化与迁移就业》通过调查少数民族在民族文化村和民族特色企业的就业状况，指出民族文化在城市就业中的优势。

丁明俊在《阿拉善草原信仰伊斯兰教的蒙古族穆斯林》揭示中国除了有藏族和傣族穆斯林之外，还存在着蒙古族穆斯林的现实。20世纪50年代的民族识别认定这些穆斯林是蒙古族。这揭示出中国的民族与宗教之间的复杂关系，也丰富了“中国穆斯林”的外延。该文还探讨了蒙古族穆斯林的历史来源、伊斯兰教在阿拉善左旗蒙古族中的传播和民族认同等问题。王俊敏在《狩猎经济文化类型的当代变迁——鄂伦春族、鄂温克族猎民生计调查》中提出了另一个重要问题，随着中国最后一个狩猎族群——敖鲁古雅鄂温克民族乡猎民整体移民和弃猎转牧，狩猎采集作为中国的一个经济文化类型悄然消失。这对当事族群和整个中华民族的文化生态系统都构成重大事件。它是我们研讨文化保护与民族发展和考验我们当前的民族发展话语的重要案例

三、民族理论与民族工作

中共中央和国务院做出《关于进一步加强民族工作，加快少数民族和民族地区经济社会发展的决定》，概括中国民族理论政策主要观点十二条：

1. 民族是历史上形成的稳定的人们共同体。民族在历史渊源、生产方式、语言、文化、风俗习惯和心理认同等方面具有共同特征。宗教对一些民族的形成和发展有着重要作用。

2. 民族的产生、发展和消亡是漫长的历史过程。民族将比阶级和国家更晚消亡。

3. 社会主义作为各民族共同繁荣发展的时期，因此会有民族特点、差异和差距存在。

4. 民族问题既包括民族自身发展，也包括民族之间，民族与阶级、国家之间的关系。

5. 有中国特色的社会主义道路是解决我国民族问题的根本道路。

6. 中国是各族人民共同缔造的统一的多民族国家。祖国统一是各族人民的最高利益。

7. 各民族不分人口多少历史长短发展快慢一律平等。国家为少数民族创造更多更好的发展机会和条件，保障各民族的合法权利和利益，各族人民有义务维护宪法和法律尊严。

8. 民族区域自治是我们党解决国内民族问题的基本政策，是符合我国国情的基本政治制度，是发展社会主义民主、建设社会主义政治文明的重要内容，必须长期坚持和不断完善。民族区域自治法是民族区域自治制度的法律保障，必须全面贯彻执行。

9. 平等、团结、互助、和谐是中国社会主义民族关系的本质特征。各族人民要互相尊重、互相学习、互相合作、互相帮助，巩固和发展各民族大团结，构建社会主义和谐社会。

10. 各民族共同团结奋斗、共同繁荣发展是现阶段民族工作主题。加快少数民族和民族地区经济社会发展，是现阶段民族工作的主要任务，也是解决民族问题的根本途径。

11. 文化是民族的重要特征，少数民族文化是中华文化的重要组成部分。国家尊重和保护少数民族文化，支持少数民族优秀文化的传承、发展、创新，鼓励各民族加强文化交流。

12. 培养和选拔少数民族干部是解决民族问题、做好民族工作的关键。

学界预见，国内民族理论界将对党和国家在民族理论中上述发展做出积极响应。

基本概念

民族理论概念讨论继续活跃。朱伦在《中国社会科学》第4期发表《西方的“族体”概念系统——从“族群”概念在中国的应用错位说起》一文。他提出西方学界和社会公共用语中的“nation”（国族）及其派生概念“nationality”（民族）是政治科学分析单位，而“ethnos”（族种）及其派生概念“ethnic group”（族群）则是族类学（ethnology）的术语。这两组四个概念各有涵义和定性，不可相互替换。我国社会媒体、学术界及官方机构以“ethnic group”取代“nationality”来界定国内55个少数民族的做法，既不符合中国民族结构形成的历史和现实国情，也有悖于我国基于马克思主义政治立场而形成和持有的民族理论。

叶江的《当代西方“族群”理论探析》提出不同观点。他认为当代西方学界基本同意“ethnic group”是指拥有特定名称的人们群体，它具有真实或假想的共同祖先，享有共同的历史记忆和若干共同文化要素。当代西方学者比较普遍地将“ethnic group”定义为大社会中的小群体或次群体，但现代人也经常用它来指称主流社会中的主体民族。因此，将目前汉语的“少数民族”和“56个民族”都英译成为“ethnic groups”无可厚非，用The State Ethnic Affair Commission来翻译“国家民族事务委员会”亦无大错。

祁进玉的《国内近百年来民族和族群研究评述》回顾了19世纪末至当今六个时期的“民族”和“族群”概念在中国的形成和演进过程。

姜德顺的《几个涉及‘土著民族’的术语及相关汉译问题》一文指出，现在国际上积极参与土著民族运动的群体及组织，一般不用“ethnic”（包含其词根“ethno”及其派生词），而用“people”或“nation”。联合国许多文献中，也多用后两个名词指称土著民族。该文以4个重要的英语文件为例，说明涉及到“土著民族”概念时，90%以上的专用术语为“people”或“nation”，用“ethnic”者不足10%。徐杰舜等人试图分析族群结构，认为族群概念的使用拓展了中国人类学、民族学研究的空间“族群结构简论”。

周传斌教授在《族群理论的流变及其与民族理论的关系》一文的回顾民族群理论诸流派的基础上指出，西方的“族群理论”与我国的“民族理论”分别代表主位和客位两种视角、分别强调主观和客观两种立场，可以相互补充。

龚永辉在《论和谐而有中国特色的民族概念》中提出，1949年以前的汉语“民族”一词与中国古典民族概念表达构成了有机的自组织系统。1949—89年间，毛泽东在斯大林的民族话语下保留了中国民族概念话语权。费孝通在中国实践基础上创建了“中华民族多元一体格局”理论。文章针对当前中国形势，从和谐系统角度，提出了满足国家语境、民间习惯、历史传统三个条件的中国民族定义：民族是人们在社会复杂作用下通过历史渊源或现实利益等多元认同而形成的有特定族称和相应文化模式的自组织系统。

王东明在《关于“民族”与“族群”概念之争的综述》中指出：这场概念之争的背后牵扯到复杂的社会群体利益，对其可能造成的社会影响必须加以重视，并有必要加以引导。

和谐社会

2005年中央民族工作会议将中国民

族关系的原则概括为“平等、团结、互助、和谐”。郝时远在《民族研究》第3期发表的《构建社会主义和谐社会与民族关系》一文中指出，民主法治、公平正义、诚信友爱、充满活力、安定有序、人与自然和谐相处，是构建社会主义和谐社会基本内容。这不仅是巩固我国平等、团结、互助的社会主义民族关系必须遵循的准则，而且也是发展我国平等、团结、互助的社会主义民族关系必须实践的内容。平等是民族关系和谐的基础；团结是民族关系和谐的保障；互助是民族关系和谐的动力。文章论述了坚持和完善民族区域自治制度、加快发展与“两种资源”保护等问题。同时，也针对近来学术界出现的建议对我国民族问题“去政治化”和对包括汉族在内的56个民族进行“族群化”理论观点进行了批驳。陈建樾发表了《多民族国家和谐社会的构建与民族问题的解决——评民族问题的“去政治化”与“文化化”》一文。他指出，一种包容多元、融汇一体的族际关系，是维系多民族统一国家和构建和谐社会的基本前提。族际关系和谐首先来自于符合国情的制度安排，其次来自有效保护少数民族权利的优惠政策措施。尽管学术视角不同，但民族理论和政治学都将民族问题视为政治事项。试图将民族问题“非政治化”、“文化化”是缘木求鱼。

王希恩在《深刻理解和谐在我国民族关系中的重要意义》一文中指出：在中国民族关系中加入“和谐”要素，是中国共产党基于现实民族问题，在新的历史条件下对我国民族关系认识的重要发展。和谐要素是对我国各民族文化、利益多元性的承认和尊重，也是对在共同利益和目标基础上和睦、协调、合作等统一性的强调。金炳镐、常勇的《发展和完善社会主义民族关系与民族地区和谐社会的构建》也认为，和谐的社会主义民族关系既是民族地区和谐社会构建的基础，又是民族地区和谐社会构建中的一项重要内容。

中国民族理论学会于本年度末与辽宁省民委联合举办的民族理论专题研讨会，也以“和谐社会建设与民族关系”为题对此进行了集中探讨。

民族区域自治

胡锦涛在中央民族工作会议上强调：“民族区域自治制度，是我国的一项基本政治制度，是发展社会主义民主、建设社会主义政治文明的重要内容，是党团结和带领各族人民建设中国特色社会主义、实现中华民族伟大复兴的重要保证。……民族区域自治，作为党解决我国民族问题的一条基本经验不容置疑，作为我国的一项基本政治制度不容动摇，作为我国社会主义的一大政治优势不容削弱。”这“三个不容”的论断，为中国学界研究民族区域自治制度提供了良好政治环境。在此背景下，杨临宏和刘宁发表《试论第四次修宪对民族法制建设的积极影响》，论述中国第四次修宪对民族法制建设的影响。陈绍凡著文《我国民族自治地方立法若干问题新探》，对民族自治法规的报批、单行条例与地方性法规的关系、变通补充规定的定位等民族自治地方立法中的问题进行了论述。康耀坤的《民族自治地方立法权问题研究》也对我国民族自治地方立法权问题作了专文论述。

中国少数民族城市化和散居化对国家既有的民族区域自治模式提出了挑战。朱玉福的《自治市法律地位刍议》，讨论了民族地区城市化带来的“自治市”问题。他认为法律和制度制约是影响民族地区城市化的最重要因素。由于宪法和民族区域自治法都没有把自治市纳入民族区域自治范畴，导致自治市没有合法地位，而制度体制内的自治地方一直都只是自治区、自治州、自治县三级。因此，文章建议宪法和民族区域自治法都应明确赋予民族自治市相应的法律地位，对民族区域自治制度进行创新，在民族区域自治行政区划中增加自治市。将自治市（包括地级自治市和县级自治市）纳入民族区域自治的范畴。自治州改建为地级自治市；自治县在县府所在地中心镇基础上直接发展为自治市。显然，这是解决自治地方城市化与民族区域自治矛盾的一个比较具体的设想。

中国的民族区域自治既有以一个民族为主的自治，也有两个或两个以上的多民族联合自治。罗康隆和朱兴文发表《中国多民族“混居”自治区域权利样态研究》一文，将民族联合自治的地方称为“多民族混居自治区域”，认为多民族混居区域的各民族政治、经济发展往往不平衡，历史文化也有差异，对权利的理解和要求有所不同。因此，多民族混居自治地方的权利规范应该有其特殊内容。

国家民委政法司和全国人大民委法案室编辑的《中国民族自治地方自治条例和单行条例汇编》一书也在本年度由东方出版社出版。该书分三大册，全面汇集了各民族自治地方的自治条例和单行条例，成为研究我国民族法制建设的一种重要参考资料。

民族工作

国家民委主任李德洙在《切实加强对新时期民族问题和民族工作的研究》中提出要用三个眼光来观察和研究中国的民族问题：一是世界的宽广眼光，即从国际环境来观察和研究中国民族问题；二是历史的深邃眼光，即分析和处理民族问题要以史为鉴；三是全局的战略眼光。他强调要把握六个问题：一条规律，即民族问题只有普遍性、长期性、复杂性、国际性和重要性这五个特征。一个主题，即共同团结奋斗、共同繁荣发展。一个核心，即发展是解决民族问题的关键。一个大局，即维护各民族的大团结，维护整个国家的大统一。一个关键，即抓好少数民族干部培养工作。

温军在《开发研究》第3期发表《少数民族地区全面建设小康社会有多远》一文，指出1990年代以来，随着我国社会主义市场经济体制的全面建立，民族地区城乡发展差距扩大、财政自给能力下降，贫困问题突出。如果从2000年算起，预计到2040年左右民族地区才可能实现全面小康，与全国相差近20年时间。民族地区又可分为三类：一类为实现目标程度较高的省区，主要是内蒙古和新疆；二类为实现目标程度中等的省区，主要有宁夏和青海；第三类为实现目标程度较低的省区，主要有广西、云南、西藏和贵州。总体来说，民族地区全面建设小康社会的任务十分艰巨。国家就将它们列为重点扶持地区。

人口较少民族的发展问题已经得到中央领导重视和国家重点扶持。王铁志的《人口较少民族研究的意义》指出，目前围绕人口较少民族的研究主要有三类，一是以解决人口较少民族发展实际问题为重点的决策性研究；二是研究制约人口较少民族发展因素的应用性学术研究；三是研究人口较少民族过程的纯学术性研究。他介绍了2000年以来由国家民委组织开展的“中国人口较少民族经济和社会发展调查研究”活动，称其为继50年代民族社会历史大调查后的又一次大规模民族调研活动。

全球化与民族问题

王希恩的《族性与族性张扬——当代世界民族现象和民族过程试解》一文指出，“族性张扬”是当代世界民族现象和民族过程的特征。围绕族性和民族文化而进行的阵营组合和竞争加剧，“政治族性化”日渐盛行，原生族体碎片化及扩散构成族性张扬的突出内容。这种现象有着全球化背景的支撑，也是世界民族过程的一个阶段性内容。戴晓东的《当代民族认同危机之反思》认为，当今的全球化进程以三种要素加剧着民族认同危机：一是传统上占主流且带有浓厚种族主义色彩的同化主义；二是当下流行的讲究包容却有内在分裂倾向的多元文化主义；三是作为全球化整合力量代言人的美国化冲击。他认为当前世界正在向经济统一与文化多元的方向发展，而世界民族主义则较好地把握了时代脉搏。于文杰则以《论世界主义思想的历史形态》一文对此积极呼应。马平的《全球化格局下的民族文化多元化发展趋势》一文指出，我们既要认识到全球化对民族文化的冲击势不可挡，也要认识到它与民族文化多元化之间并非必然对立。人类可以实现全球经济一体化与文化多元化的和谐共生。姜淼的《全球化背景下的我国民族文化建设》认为在全球化趋势越发强烈的今天，民族文化建设已成为中国现代化建设的重要组成部分。

世界民族

中国的世界民族研究领域年内发表成果较多。李明明《试析欧洲认同与民族认同的关系》一文探讨了欧洲一体化问题，指出欧洲认同与各民族国家认同之间的重合与冲突的现实。戴晓东的《当代民族认同危机之反思——以加拿大为例》论述了与当代民族认同危机相关的三种思潮及其对应策略，即同化主义、多元文化主义和美国化。作者根据吉登斯的“世界民族主义”思路，以肖尔特的七项原则为参照，提出了“世界民族主义认同模式”。

亨廷顿在2004年出版《我们是谁——对美国民族认同的挑战》，把关注点转向美国本土的种族和文化认同危机。郝时远就此发表长篇评述论文《民族认同危机还是民族主义宣示？——亨廷顿〈我们是谁〉一书中的族际政治理论困境》。他认为亨廷顿的新作是其“文明冲突论”的“美国版”，即“文化冲突论”。文章驳议亨廷顿解决美国民族认同危机的外敌指向，同时也指出了它的参考价值，特别是多元文化主义和族群认同在美国产生的社会分裂作用。

杨宁一的《世界历史视野中的民族主义》认为，民族主义的特点是“强调本民族内部的同质，强调本民族与其他民族的差异，对民族的认同和忠诚，要求建立民族国家，渴望民族富强”。民族主义具有原发型和传导型两种基本类型。发展中国家的民族主义属于后者。作者还指出，新兴国家的民族主义存在着反现代化倾向。“这种反现代化的民族主义在新兴独立国家中有一定的市场，伊斯兰原教旨主义是其中比较有代表性的表现之一”。

侯艾君的《车臣始末》是一部35万字专著。它涵盖了车臣问题的所有方面且对根源挖掘较深。唐桓的《越南的上人问题及其影响》探讨了越南西原地区民族分离主义运动。庄礼伟的《印度尼西亚社会转型与族群冲突——亚齐民族分离运动个案研究》从分析亚齐法律地位的历史变迁以及亚齐人的族群记忆与族群文化特性入手，探讨亚齐人与爪哇人之间敌意与亚齐分离运动的现实原因。毛远臻的《时代变迁中命运沉浮的苏联犹太人——评析第二次世界大战中和战后初期苏联政府对境内犹太人的政策》一文，回顾苏联犹太人的史实并做出简要分析。杨洪贵的《二战后澳大利亚非英语移民政策的演变》阐述了实行多元文化政策的澳大利亚在民族融合与民族认同的几个阶段和相应对策。陈奕平的《当代美国亚裔参政问题分析》是我国学者针对美国亚裔参政问题的第一篇专题论文。

刘承军的《拉丁美洲印第安人运动的崛起》和梁茂春的《加拿大土著人口的特点及生存状态》表现出中国学者对土著民族问题的关注。

跨国移民和跨境民族是世界民族研究的一个重要领域。张晓《跨国苗族认同的依据和特点》认为“苗族各支系相异的是浅层文化，而相同的是深层文化，文化的差异是后期的历史造成的”。玉时阶的《美国瑶族社会文化变迁》论述1980年代后，因战乱而被联合国难民署安置到美国居住的东南亚瑶族在美国政府的指导帮助下，在和西方文化的接触中，实现民族文化转型和社会文化变迁的过程。

海外华人华侨研究方面，郭玉聪的《日本华侨华人二、三代的民族认同管窥——以神户的台湾籍华侨、华人为例》是较为精练个案研究。邓兰华、张红的《俄罗斯华侨华人与俄联邦的移民政策》一文，回顾了自17世纪中俄接壤后沙俄及苏联时期各阶段在俄华侨华人简史，论述俄罗斯华侨华人的当前状况。加拿大籍华裔学者赵世玲的《面对文化歧视的加拿大华人》一文，回顾1788年以来各时期的加拿大华人移民史。罗勇的《文化与认同——兼论海外客家人的寻根意识》一文，以海外客家人的宗亲社团、姓氏宗祠、族谱续修、方言固守等文化事像为例，论证客家民系的认同特点。曾少聪的《美国华人新移民与华人社会》对华人新移民扩大美国华人社区、改变华人传统职业结构、引发华人侨团变化，特别是组建政治团体和职业团体等现象做了阐述和分析。

张向前等《世界华文教育发展趋势及影响研究》和周敏〔美〕、黎熙元的《族裔特性、社会资本与美国华人中文学校》关注了海外华文教育问题。

本年5月和9月，北京、武汉分别召开“中国世界民族学会第八届会员代表大会暨全国学术讨论会”和“第三届土著/少数民族国际会议”。

四、民族经济

民族经济主流仍是对少数民族和民族地区经济社会发展的应用研究，主题包括少数民族及民族地区全面建设小康社会、生态环境建设及可持续发展、农牧区经济发展、城镇化建设、旅游经济、人力资源开发问题等。本年度以民族文化为背景来探讨经济发展的论著大幅增加。西南民族大学中国西部民族地区经济发展研究中心出版了一套全面探讨中国少数民族地区经济社会发展的“民族研究文库”系列丛书。

学科理论

叶坦的《全球化、民族性与新发展观——立足于民族经济学的学理思考》一文，认为目前我国民族经济研究基本上都是以“区域”而非“民族”为基点，不能凸现区域经济与区域民族经济的差异和“经济文化一体性”。王文长的《论民族视角的经济研究》提出民族生存的自然环境和民族认同的文化特质构成民族经济概念的内在现实。这是民族经济学与以“经济人”为抽象分析前提的正统经济学之间的分水岭。曹征海的《和合加速论：当代民族经济发展战略研究》，提出了民族与民族和合加速共同发展；民族与社会和合加速全面发展；民族与自然的和合加速可持续发展的构想。邓艾、李辉的《民族经济学研究思路的转变》提出民族经济学范式应当从民族学向经济学。周兴维在《“‘中国少数民族经济’学”难题二则》指出了民族经济学在学界内部和外部的难题及其“尴尬”处境，指出这是民族经济学或中国少数民族经济研究贡献较少的结果。

《广西民族学院学报》第6期发表了一组经济人类学论文，其中有张有隽的《论人类学的经济学》，施琳的《经济人类学理论前沿综论》，黄应桂的《作物、经济与社会：东埔布农人的例子》，美国学者理查德·韦尔克著、黄娟译的《经济、生态人类学与消费文化研究》等重要著述。王慧君的《新疆全面建设小康社会指标的实证分析》，黑龙江省民委课题组《关于我国赫哲族聚居区推进全面建设小康社会进程的调研报告》较有创意。

畜牧经济与生态环境

畜牧业是中国少数民族干旱地区的重要产业。畜牧地区生态环境的持续恶化，引起学界对牧区和畜牧业经济关注。如何实现畜牧业经济的和谐发展成为研究主题。乌日陶克套胡的《论蒙古族游牧经济的特征》和刘明远的《论游牧生产方式的生产力属性》是两篇代表作。乌日陶克套胡认为蒙古族游牧经济曾经正确处理了人与自然、人与牲畜、自然与牲畜的关系，保持了生态环境的可持续发展。蒙古族游牧经济具有游动性、均衡性、分散性等特征。这应成为今日畜牧经济的重要参考。刘明远认为，游牧生计曾经是草原地区先进生产力的代表，它对促进草原畜牧业的发展、保护生态发挥过重要作用。然而，由于受现代人口、草场面积、产权结构、经济形态、社会组织、农耕等一系列苛刻条件的限制，传统游牧业不可能再现。但现代草原畜牧业仍可以利用游牧生计的合理结构—轮牧制—有效地保护和利用草场。

包智明、孟琳琳的《生态移民对牧民生产生活方式的影响——以内蒙古正篮旗敖力克嘎查为例》，认为生态移民是一种改善民众生存质量的经济行为，但其实质仍是人与自然环境关系的调整。改变牧民千百年来遵循的传统生产生活方式及固有的观念和习俗，比教会牧民一种生产技能更加困难。因此，如何在牧区有效实施生态移民工程，对政府部门和学术界来说都是需要长期探讨的重要课题。任国英的《内蒙古鄂托克旗生态移民的人类学思考》也对牧区的生态移民进行了深入研究。

人口较少民族

较重要文献有王铁志的《德昂族生活习俗的变迁——德昂族经济和社会发展研究报告之三》，黄润柏《毛南族的资源生态、土地制度与农民收入的变迁—广西环江南昌屯毛南族社会经济发展状况个案研究之三》，石锐的《景颇族传统农业的变迁》和李少波的《土族农村的经济状况调查——以互助县东沟乡大庄村为个案》。相关研究还有吴海鹰、马夫的《我国人口较少民族的贫困与扶贫开发》和郭殿雄的《加快西北地区小民族现代化的几点思考》等。

民族地区城镇建设

周大鸣、马建钊主编的《城市化进程中的民族问题研究》（论文集）收录了“城市化进程中的民族问题”（2008年人类学民族学世界大会筹备委员会组织召开的系列研讨会中的第一场）会议的26篇论文，涉及到民族学、民族理论和民族经济的广泛内容，对学界同仁探讨民族地区城镇化建设问题有重要参考价值。其中梅方权的《非工业化与藏区的城市化：以西藏昌都地区为例》一文，用人类学的方法剖析西藏昌都地区的城市化进程，认为城市化道路是由不同的文化和地域特色所决定的。藏区可以通过发展畜牧业、特色产业和旅游业等来推动城市化进程，以此化解城乡二元对立，促进农牧区内源的可持续发展。

王文长的《城市化批判——走出认识误区，开拓西部城乡协调发展新格局》提出，我国理论界对城市化存在一些认识误区，主要表现在三个方面：其一是城市化滞后于工业化，即把城市化的客观过程演绎为主观动机；其二是把城市化等同于城市建设，把投资集聚演绎为政府的行为意志；其三是忽视城市化内涵的摩擦、矛盾及其代价。作者认为，以信息化带动乡村建设，开拓城乡协调发展的新格局，是促进中国、特别是西部民族地区城市化健康发展的内在要求。

五、民族语言文字

2005年民族语言的研究呈现如下特点：（1）主流对具体语言或语言现象的共时描写和分析。（2）语法是共时研究领域的主要内容。（3）历史比较研究深化，多种语料结合为原始共同语同源成分的追溯提供了卓有成效的途经。

共时描写方面，民族出版社出版的《中国新发现语言研究丛书》6部新作，研究对象为云南克篾语、浪速语、阿侬语，西藏义都语和黑龙江满语。《民族语文》语言概况栏目中发表了一系列语言简介。朱文旭著《彝语方言学》是第一部以方言为专题的彝语研究专著。语言现象专题方面，语法研究成果独占鳌头，显示出描写研究重心到此有止从语音向语法的转移。罗安源著《松桃苗话描写语法学》是代表作品。本年度的词汇研究集中于量词、名词、动词等几个实词类别，李锦芳主编的《汉藏语系量词研究》是代表作。

语言的历史比较研究表现出两个特点，一是对某些具体词语的考证深入细致，通过循流溯源，探索原始共同语的古音面貌。二是把汉语和民族语结合，特别是运用藏语、藏缅语料，从语系层面开展研究。汉语和台语关系是近年汉藏语研究热点，丁邦新的《说“五”道“六”》介绍了李方桂先生关于汉台语同源论，又用“五、六”两字的读法说明台语不是出于汉语，并且用“汉藏语同源词库”资料构拟了原始汉藏语“五、六”的古音。高永奇的《几种南亚语的词源统计分析》是对南方语言进行历史比较研究的成果。北方语言的历史比较研究有对古代语音的追溯，也有对某一语言的方言划分和对原始共同语或共同成分的探讨。李树辉的《突厥语历史音变的五条基本规律》一文提出，＞b／v／w／j＞？、m／b／p＞v／w／f＞？、g＞v／w／j＞？、q／：＞X＞？、a：a／aXa＞aN＞a是突厥语历史音变的五条基本规律。古代部落和地域之间的语言差异形成现代语言的不同特点。耿世民的《试论中国哈萨克语方言的划分》提出：中国的哈萨克语可以分为东北和西南两个基本方言，并指出方言分布同哈萨克部落结构的密切关系。耿世民的《阿尔泰共同语、匈奴语探讨》，关忠保，陈潮华的《浅谈阿尔泰语系几个共同词》，孙伯君，聂鸿音的《契丹语语音的历史地位》也有价值。

耿世民的《古代突厥文碑铭研究》是古文字文献研究领域的重要专著。本书对第二突厥汗国和回鹘汗国时期的《翁金碑》、《铁兹碑》、《苏古碑》等9通碑文进行了系统注释和解读。年内出版的其他专著和资料集涵盖了北方契丹文、蒙古金石文、南方水书、彝文、西南古籍等多种文字的文献。研究古文献的较重要论文有二：一是聂鸿音《西夏文藏传〈般若心经〉研究》，首次全文公布藏文《摩诃般若波罗蜜多心经》的西夏译本，并对此作了详细的解读和注释。二是张铁山的《敦煌出土回鹘文〈大乘无量寿经〉残页研究》，刊布了敦煌莫高窟北区出土的四件回鹘文《大乘无量寿经》残页，并对回鹘文原文作了拉丁字转写、汉译和注释，附汉语全文翻译。张铁山还著有《回鹘文献语言的结构与特点》。古文字研究涉及到西夏文、东巴文、女书、契丹大字和契丹小字、八思八文等。龚煌城著《西夏语言文字研究论集》收录作者多年成果，是这一领域的重要著作。上海辞书出版社出版的《道布文集》和《史金波文集》，分别是蒙古语和西夏文研究的两部重要论著。

社会科学文献出版社的由江荻、孔江平主编的《中国民族语言工程研究新进展》，收录22篇学术论文，包括应用语言学、计算语言学、实验语音学三方面的内容。周耀文等编撰了《德宏傣语同音词典》。蓝若洲等的《〈汉壮词典〉的设计与编辑》讨论了词典编撰问题。孙宏开的《少数民族语言规划的新情况和新问题》提出了解决少数民族语言新问题的一些思路。李锦芳的《中国濒危语言研究及保护策略》针对濒危语言提出对策建议。周庆生和周炜分别发表了《新疆的语言立法》和《西藏的语言文字立法》。

第十届全国少数民族语言文字信息处理学术研讨会在中央民族大学召开。

张公瑾的《文化语言学视野中的民族语言研究》对民族语言研究在文化语言学中所处的地位、发展空间和前景进行了理论阐述，对学科发展具有指导意义。语言的文化含义主要通过词汇来体现。黄中祥著《哈萨克词汇与文化》对此进行了深入发掘。覃凤余的《壮语地名及其研究—壮语地名的语言文化研究之一》，盛爱萍，王建华《从地名看温州的移民》，是运用地名考察族群迁徙历史的重要文献。

亲属称谓和宗教术语是重要的社会文化观察视点。艾尼瓦尔·艾合买提江的《谈维吾尔语喀什话的亲属称谓特点》，普忠良和李崑的《彝族毕摩祭祀用词研究》，唐戈、岳巍的《北方通古斯语“柱”与汉语“家”的语言人类学比较研究》是这方面内容的体现。

中国各民族语言接触融合由来已久。汉语东南方言中一些特有词语多可在古百越语（今壮侗语）里找到根源。李如龙《关于东南方言的‘底层’研究》指出，东南汉语方言中的先喉塞音，精清读为t、th和透定读为h，是壮侗语影响的留存。杨富学的《回鹘语文对契丹的影响》考察了古代北方回鹘语跟契丹语的关系。黄行在《语言接触与语言区域性特征》中，通过语言地理数据描述不同地区语言的结构特点阐述了语言接触引起语言区域性趋同和变异的现象。

六、总结与建议

本篇综述基于学界在2005年发表的主要研究成果。实际上，近年中国的民族学人类学每年还能产生近100部博士论文，300部以上硕士论文、几百篇调研报告和数十篇/部影视和文学作品。学科的很多前沿资料和见解都包含在这些未发表作品里。由于学术流通体制和笔者的时间和精力都有局限，所以大量未发表的成果没有进入综述范围。但已发表的作品已经能使我们看到中国民族学人类学的一些特点，并可以能根据这些特点提出如下建议：

第一，中国是有数千年文明史的历史文化大国。中国人口长期占世界1/5左右。这些人口积累数千年的经验，是全球人类共同的知识和资产。在整个世界都受到民族宗教问题困扰的时代，运用国际通行话语梳理和盘活这笔资产，特别是对中国的民族区域自治、民族教育和民族事务管理的经验进行总结和阐释，是中国学界义不容辞的使命。作为本学科研究的重要着力点，中国经验和中国需求已经积累了强大的位能。今后几年，随着中国经济发展和由发展所带来的能源、环境、社会和文化挑战，加上中国民族学人类学界的努力，这种位能可望变成巨大势能，从而给列维—斯特劳斯以来的世界民族学人类学添加学术和实践的动力。简言之，借鉴世界话语总结中国经验，识别中国问题和满足世界需求，把本土经验转化成国际话语，用国际话语完善中国经验以促进和谐社会建设，是当前中国学界的重要任务。

第二，当前中国民族学人类学的当务之急仍然是推动学术范式转换，即把学界本身和主流社会看待多元民族文化的视角从“社会发展史”转成“文化生态学”。我们认为中国的民族学人类学仍然需要加强学科建设和应用研究两条主线。学科建设方面，我们主张“两个借鉴和一个创建”，即借鉴国际先进经验和研究成果，借鉴中国经验和中国需求，创建有中国特色，能够向国际学界推广的学术范式。应用研究方面，我们主张“两个保护和一个维护”，即保护生态环境，保护民族文化传统，维护弱势群体和少数民族的权益。我们相信，中国民族学人类学未来的研究成果和中国学界对于国际学界的贡献，只能体现在上述两个方面。

第三，由于中国的教育体制亟待改革且中国的人文和社会科学学科建设需要的时间漫长，而中国经济和社会发展问题刻不容缓，所以近年中国与国际学界的对话平台仍将集中在应用研究领域。应用研究中，环境保护、权益保护和文化发展是三个焦点。面对这三个焦点，我们目前代表学界提出的办法那就是在传统社区与现代国家和社会之间做出区分，并在此前提下大力加强社区共同体的精神和文化建设，即建设有神灵和有活动的精神社区。在推广这一方案时，中国特别需要借鉴先进国家的经验和教训来总结本土的实践经验。这就使世界民族研究成为中国大大加强的领域。随着中国在资源、市场和人权等领域融入全球化体系越来越深，世界民族和宗教研究中的散兵游击方式不仅不能体现学术的先导作用，而且已经严重落后于现实需求。长此以往，中国的经济和政治也将为此付出很高代价。

我们看到当前中国的自然科学有着较强的国家规范。相比之下，改革开放以来的国家对于人文社会科学的规范和规划则没有做到名至实归。很多人把这种国家规范缺位的现象归因于人文和社会科学成果缺乏统一的考核标准。但这只是表象。它的深层原因是国家认为自然科学可以由专家主导，而人文社会科学必须以国家的意识形态为归依，不能向专家委托。这种主张在强调革命和变迁的时代或有道理。但在国家确立“和谐社会”、“创新型国家”和可持续发展目标之后，人文社会科学的学科发展规范就必须及时到位，其目标也不难确立：即符合国家的经济社会发展目标，面向开放社会的人文追求，有利于社会积累文化资本，能帮助国家树立文明形象。对于直接关系世道人心并以文化为主要研究对象的民族学人类学而言，国家层次上的整体规范布局更显重要和迫切。

（张海洋　揣振宇）

学术成果・著作

濒危的赫哲语

（何学娟　黑龙江教育出版社2005年版）

笔者认为，中国民族学人类学的应用研究领域是两个保护和一个维护，即保护生态环境，保护中国各民族的传统文化，维护少数民族和其他弱势群体的权益。为达此目的，学科的应用研究应该有两个视角：一是眼光向上的政策分析和评估，二是眼光向下的案例研究。本书作者何学娟是黑龙江省民族研究所的研究员。她写的是赫哲族语言的濒危状况是一种典型的案例研究。

作为中国目前人口最少的民族，居住在黑龙江、松花江流域的赫哲族面临着遗忘自己民族语言的危险。本书从问卷调查和抽样调查结果的统计、共时结构描写、社会背景分析等多方面对赫哲语的使用现状，语言结构特点，濒危的状况和程度和濒危原因进行了综合描述和分析。本书建立在扎实调查之上，力求反映现实人口较少民族文化的现实处境，并对赫哲语如何保护，为何应保护等问题做出了回答。赫哲族的文化因其生产生活中的变迁而日益流于形式，其语言的消亡也似乎被学术界认为是一个无奈的必然。然而失去语言的文化如何继续作为中国多元一体民族文化格局中的一员？透过本书，中国人口较少民族的文化处境应能引起主流社会的更多关注。这是中国较少民族文化向主流社会发出的紧急呼救信号。

［何学娟，1963年生，黑龙江省民族研究所副研究员。］

车臣始末

（侯艾君　世界知识出版社2005年版）

这部35万字的专著，除了“前言”及随附“车臣历史大事记”和“参考文献”之外，用正文13章涵盖了车臣问题的所有方面。该书不仅从历史学角度出发，结合了社会学、政治学的基本理论以及国际政治学、地缘政治学等多个学科进行多方面阐述，仅从民族学方面来看，该书的挖掘深度，在国内有关车臣问题的论著中，也属前所未有。该书旁征博引，资料主要取自俄语书籍和期刊论文，并参考大量俄语网页，包括维权组织出版物、车臣族学者和车臣分裂武装的出版物，汉语文献（包括译著）则居其次，并包含微量西方出版物。所引用资料尽最大可能完备，比如，该书论及域外势力对车臣非法武装的支持时，详列了俄罗斯安全部门所公布的境外资助者名单，涉及22个国家的约80个民间或官方组织。尤令人叹服的是，从该书每章之后所附注释以及全书“参考文献”所包括的共500种（次）以上参考资料中来看，汉语参考资料不足总数什一，其中直接论述车臣者不到10件，而在其中之专著仅有译著《金帐汗国兴衰史》（第18页）一种。除严谨的治学态度外，本书亦有发人深省的见解。如民族国家内的少数民族如何将国家认同置于较高而与其他族裔共存共荣，是长期存在于全世界的普遍问题。该书最后两章更把车臣问题放在更为广阔的架构下讨论，也瞩望车臣本身有否可能与邻接的格鲁吉亚、阿塞拜疆、亚美尼亚及其他族体融合为“高加索邦联”。在某种意义上，后者是一个同质性更强的各族体之间的族际关系问题；就世界民族研究而言，这也是一个重要课题。

[侯艾君，1971年生，历史学博士，中国社会科学院世界历史所副研究员。现正在主持中国社会科学院B类重大研究课题：《大国在中亚的争夺：现状与前景》。]

费孝通论文化与文化自觉

（费孝通　群言出版社2005年版）

《费孝通论文化与文化自觉》收集了费先生自1933－2004这60余年撰写的文化研究论文。但1956年前的文章仅占全书1/10。1987年以后的相关文章则占全书9/10。这种分布应是费先生学术关注点随时代而移动的有力佐证。换言之，费先生始终在用他的心灵感受着中国的需求，处处走在中国社会实践的前面，并且一直用他的文章、著作和社会实践引领民族学、人类学和社会的发展方向。

费先生这本文集中对中国文化做出了两个关键性的概括：一是“中华民族多元一体格局”，二是全球化时代人类的“文化自觉”。前者是他对中国历史文化结构的精要概括，后者是他对人类文化未来发展的前瞻性阐释。前者是作者对中国社会“差序格局”的延伸思考。后者是他对中国文化在未来世界如何自处，如何与全人类文化共处和互动交流的殷切期待。我们要理解费先生关于“中华民族多元一体”的概念，就要结合他早年对中国社会差序格局以及由此产生的多重认同的分析结论。我们要理解费先生关于“文化自觉”的概念，则应关照中国传统文化理念，特别是“自强不息厚德载物，多元一体和而不同”这个核心理念。

费先生关于中华民族多元一体的概念，说的是中国是一个多民族统一国家。它的内部有56个民族，在中国融入现代世界体系或曰全球化过程之前，这56个民族已经构成一个“自在的”天下体系。近代以来，在中国与世界其他国家和文明的互动中，这56个民族又通过“文化自觉”而产生了一个整体的“中华民族”概念。

费先生对“文化自觉”的定义是：“生活在既定文化中的人对其文化有‘自知之明’，明白它的来历、形成的过程、所具有的特色和它发展的趋向。自知之明是为了加强对文化转型的自主能力，取得决定适应新环境、新时代文化选择的自主地位”。文化自觉的最高境界是达成多元文化的和谐共处之道。费先生概括这种境界为：“各美其美，美人之美，美美与共，天下大同”。

“中华民族多元一体”和“文化自觉”这两个概念是密不可分的有机整体。两者对于今日中国都至关重要。这是因为今日中国面临着构建“和谐社会”和“和谐世界”这两大命题。前者既要求我们在实践中把中国的多元文化，包括中国各民族的语言和宗教信仰都纳入和谐社会的构建之中，又要求我们有文化自觉的意识。文化自觉要求我们在中外文化比较的视野下，增强中国文化的本位意识和话语能力，针对今日世界对于中国发展的期待和担心，系统地向世人阐释中国的多元文化和中国人认同的特点，这些特点给中国带来的动力和问题，从中总结中国文化所体现的人类普同需求。此乃民族学人类学调查研究的真谛。

[见“年度纪念学者”第1页费孝通简介。]

渴望生存：农民工流动的人类学考察

（周大鸣　中山大学出版社2005年版）

中国的现代化建设越是成功，中国农民和少数民族作为国内两大弱势群体的事实就越发明显。本书作者周大鸣教授中山大学人类学系主任。他多年研究工业发达的珠江三角洲农民工问题。这本书是他在这方面进行历时研究的成果结集。

作者从研究珠江三角洲流动民工的分类、规模和分布入手；继而关注流动民工引出的社会问题，如流动民工对乡村都市化的影响。随后，作者又将流动民工与社区综合起来研究，如就城乡结合部社区状况提出了“都市包围中的村庄”等概念。根据“推拉”理论，作者提出了“梯级移民”，“输入地”与“输出地”的比较研究等课题；接着对农民工进行综合研究，提出“二元社区”、“钟摆理论”以阐释当代中国人口、尤其是农民工的流动现象。三农问题是近年社会科学研究的热点，农民工是三农问题中的重要内容。本书运用人类学田野调查方法，重视从“主位视角”的考察，弥补了学术界对农民工研究的不足。

该书还力图实现理论研究与应用研究的结合，书中的各种讨论和建议体现了作者实现学术应用价值的参与发展姿态。

[周大鸣，1958 年生，博士，现为中山大学教授、博士生导师，兼任中山大学人文学院副院长、中山大学中国族群研究中心主任、中山大学历史人类学研究中心副主任。校外职务有中国民族学学会副会长、中国都市人类学会副会长兼秘书长、中国人民大学、中央民族大学兼职教授、美国 Chinese Sociology & Anthropology 杂志主编。]

民族旅游地文化变迁与发展研究

（李伟　民族出版社 2005 年版）

本书是一部研究民族旅游地文化变迁与发展的理论专著，分为两大部份。第一部分阐述了研究的逻辑前提、目的、意义、方法及研究中出现的问题，明确了进行研究的立场和观点。第二部分论述了全球化背景下民族旅游地的文化变迁、民族旅游地研究现状、民族旅游的文化内涵和文化影响、民族旅游地文化变迁具体案例反思及民族旅游地发展战略的文化思考。主要观点是：民族文化的现代化变迁是不可阻挡的历史潮流；旅游业发展对文化变迁起到了“加速器”的作用；民族旅游地文化变迁分为“艺术性”变迁和“现代生活”变迁两个层面，均以旅游文化为中介转化为现代民族文化；据此提出了由民族社区、地方政府和旅游企业共同完成的文化战略，以利于民族旅游地在文化良性进展的状态下可持续地发展。

在当前多从经济层面来讨论民族旅游地发展战略，缺少对民族旅游地整体发展的进行研究情况下，这本从文化变迁的视角提出民族旅游地可持续发展战略的著作无疑具有重要的学术价值和实践指导意义。

[李伟，民族学博士，现为昆明理工大学博士后，云南师范大学旅游与地理科学学院教师。主要从事区域旅游经济、旅游地理、旅游规划等方面的教学与研究工作。曾参与国家自然基金、云南省旅游局以及云南省各地州县政府主持的各类旅游规划编制工作。在《民族研究》、《思想战线》、《地域研究》等核心刊物发表论文 10 余篇。]

社会人类学与中国研究

（王铭铭　广西师范大学出版社 2005 年版）

中国融入现代世界体系越来越深，也越来越需要跟世界展开文化交流。作为具有三千多年历史的多民族统一国家，中外文化交流的重要内容之一就是向世界说明中国的自性和中国的文化内涵。但向别人说明自己并非易事。它不仅要求中国学者有丰富的本土知识，还要有清醒的文化意识、必要的理论方法和清晰的表述能力。

著名人类学家王铭铭教授早年在厦门大学人类学系本科毕业，又到英国伦敦经济学院攻读人类学博士学位，1990 年代返回中国，分别北京大学和中央民族大学任教多年。从各方面看，他都是目前中国民族学人类学界受到学科训练最为完整系统的学者。他的学术经历丰富、研究视野开阔，具备从事向世界说中国的优势条件。

但王铭铭教授看到：向世界说中国需要借助学科视角和借鉴前人的经验。社会人类学的中国研究就是可资凭借的学科视角，国外人类学家的研究成果就是可资借鉴，至少是可以用来作为对话基础的前人经验。他在本书的引言中说明这个目的：为中国社会人类学界提供国外人类学研究中国的理论框架，促进国内对“中国社会－文化的理解、对社会转型的解释以及对中国本土学术的建构”。

全书包括：社会人类学与汉学；从

民族志方法到中国社区论；宗族、社会与国家；市场与社会结构理论批评；象征与仪式的文化理解；“反思运动”及其理论挑战；社会人类学的本土化；结语：汉学人类学的继承与反思等八章，涵盖了不同主题，并展示了从费孝通等人的“社区论”、弗里德曼的宗族论、施坚雅的区系论到不同学者提出的民间信仰理论等研究中国的不同视角。本书经作者多年学习、教学经验打磨，并加入了国外学界较新观点，展示出作者对中国人类学界发见本土解释理论的期望，有志于中外文化交流的学者将能从本书获益良多。

[王铭铭，1962年生，博士，现为北京大学、中央民族大学人类学专业教授，博士生导师。其研究主要方向有：汉人社会、历史人类学等。]

张宏明：《土地象征——禄村再研究》
梁永佳：《地域的等级：一个大理材镇的仪式与文化》
褚建芳：《人神之间：云南芝市一个傣族村寨的仪式生活、经济伦理与等级秩序》

（中国社会科学出版社2005年版）

这三本新著属于北京大学社会人类学研究所2000—2002年“魁阁研究系列”。它由费先生生前参与策划，由王铭铭教授主持实施。

魁阁是中国民族学人类学和社会学史上的共同里程碑。1930年代末期，日本侵华，中国和学术和政治重心西迁。云南省府昆明、四川省府成都和甘肃省府兰州成为中国的学术重镇。当年，来自燕京大学吴文藻先生担任云南大学社会学系主任。他先前的学生，刚从英国取得博士学位，回国投身抗战的费孝通教授担任社会学研究室主任。在此期间，费先生主持了云南大学在昆明附近呈贡县魁星阁开辟的“田野工作站”。在费先生指导下，包括张之毅、徐烺光和田汝康在内的一批中国青年学者在这里做出了堪与国外名校毕业生媲美的研究成果。抗战胜利后，费孝通和张之毅联名推出《禄村农田》，许烺光推出《祖荫之下》，田汝康推出《芒市边民的摆》。这些成果与林耀华先生的《凉山彝家》一起，赢得了国际学界对中国民族学人类学教育的敬重。

本文要介绍的三本新著，是由三位青年学者对于前述四位前辈三个社区“再研究”的成果。三位青年学者结合自己的博士学位学业，于2001年开始实地调查，2002年以博士论文形式提交成果，并于2005年在中国社会科学出版社联袂推出。

为了铭记民族学人类学史上的这一重要事件，王铭铭教授在《社会学研究》2005年第2期发表的《继承与反思：记云南三个人类学田野工作地点的‘再研究’》一文。王文对于三本新著的命题宗旨、问题意识和研究过程有相当详细的介绍，对每本书的优缺点也有所点评。有见于此，本文不再分述三本书的内容和结构，而是延伸王文的思路，提请读者从下列三个角度来阅读这些新著：

第一，学科发展中的反思、继承和创新角度。中国民族学人类学在亚洲的起步时间不晚，起点也不低。学科在中国社会发展的每一个时代都有名人名作问世即是明证。但由于1980年以前的中国大陆忧患纷繁，不利于后生晚辈继承前辈学人的经验和成果，遂使纵向的学科史断层累累，学术传统难以形成，影响中国大陆的民族学学科建设和人才培养。这种局面到1980年代有所改观。此后20年里，中央民族学院的庄孔韶博士追踪研究了导师林耀华先生的家乡闽东古田农村，并继林先生1940年的《金翼》之后发表《银翼》作为续篇。稍后，中国社会科学院罗红光博士稍后发表的《不等价交换：围绕财富的劳动与消费》，也是对于革命根据地前人研究过的陕北农村的追踪调查。此外，中山大学的周大鸣教授追踪过美国葛学溥当年研究的广东凤凰村。中央民族大学的潘守永教授研究过杨与这两项成果相比，北京大学在云南开展的“再研究”可算“新二代”。新二代的再研究与前人相比有什么创新之处？

我们初步总结，新二代的“再研究”以团队形式进行，并以当年的“魁阁”团队的传统为参照，注重对前辈学者理论视角的反思、继承和延伸，因此它的学科史意义更大。新二代把再研究的范围扩展到中国的边疆和少数民族社区，因而更具多元文化色彩。三个“再研究”地点中，有两个是少数民族社区：大理白族聚居的喜洲镇和德宏傣族的那目寨。空间分布上，张宏明再研究的禄村靠近昆明，处于中国历史文化大传统确立地区。梁永佳再研究的喜洲镇处在滇西北，属于中国文化大传统的中心与边陲的过渡或互动地区。褚建芳研究的纳木寨靠近中缅边境，是典型的边陲少数民族地区。这些“再研究”的文化聚焦点更为集中，因而与当前中国进行的“和谐社会”建设的关联更直接。

第二，和谐社会建设中的社区文化角度

费孝通、张之毅当年研究禄村农田，指出一个事实：禄村近1/3的农田属于村社“公”有。这些公田的产出多被村民用于村社文化仪式和娱乐活动支出。他们因而得出一个关于幸福观的跨文化比较观察结论：前资本主义的中国西部农民选择通过减少个人物欲，参与创办和维护集体文化仪式活动来增加幸福感（转引王铭铭文第135页）。反之，卷入资本主义生产的中国东部（例如江苏吴县“江村”）的农民则为了增加幸福而积累个人财富，并情愿为此付出更多劳动。

张宏明对禄村的再研究从两个角度深化了前辈的观察视角：他看出禄村的地权实际上分为表里两层：表面上，农民拥有土地使用权。深层里，按照“普天之下莫非王土”的逻辑，土地所有权属于国家。这种带有中国特色的双重土地制度使国家总是能通过边疆拓殖和编户齐民等手段来调整土地的使用权。这种调整使得“移民变土著，土著变流民”的轮转长时段和大范围里成为一种结构性常态。撇开变成“流民”的“土著”及其给国家和社会造成的问题不谈，通过获得户籍而变成“土著”的移民也有其能动性：他们能在自己有生之年的中短时段里，把从国家“再分配”而来的土地使用权进行地方性的重组，让它体现自己的生活意义和追求。

农民重组土地使用权的实践，使禄村的土地形成了村社或家族的文化“公田”与农户自己的经济“私田”两部分。这两种田地都由有户籍的村民租给没有户籍即没有土地使用权的流民佃户去耕作。私田地租用于维持村民家庭生计并腾出他们的时间。闲暇时间又被用于组织社区文化仪式和娱乐活动，以此消费公田上的产出。这些消费性的文化活动有着多重社会功能：纵向上，它通过演绎国家大传统对于社区小传统的“教化”来增进国家与社区之间的上下认同。横向上，它被用于创造和维持社区的文化边界，增强村社或家族的内部认同。结构上，它开辟出一块公共领域，使社区里的人们能够通过展示自己的知识、能力和公益心来博取权力、荣誉和生活乐趣。在此过程中，由于外部社会变化，村社内部的文化仪式活动的内容可能与国家的意识形态脱节，从而被视为过时的村野迷信。

生活在“现代”与“传统”两端的人们往往缺乏对此的通盘体验，但人类学家的田野工和理论分析，却能把中国社会反复上演的这一动态过程加以清晰揭示。张宏明的分析给我们的最大启示是：前现代中国农民从事的许多仪式性的消费活动，实际上是对于社区文化和人们生活意义的维护和再生产。运用布迪厄关于经济资本与文化资本相互转换的原理，我们可以把国家政治经济支配下的社区层次上的经济文化转换看得更清楚。这样的认识可以启发我们在反思的基础上设计更为明智的文化政策，通过社区文化重建来构建和谐社会。

梁永佳对喜洲的再研究关涉到多个主题：流动的民族认同、复合的地方文化、片面和片断的成文历史、丰富的民间信仰和创意无边的民间文化整合能力。

1940年代初，徐烺光先生调查化名“西镇”的喜洲时，看到这里的居民所践行的家族伦理与内地汉人殊无二致，甚至尤有过之。他因而确认当地的“民家人”属于汉族，而且持守着汉人文化的原生形态。但2001年梁永佳到喜洲做再研究时，当地已是典型的白族社区。社区居民已经自认为和被认为是白族文化的样板。

梁永佳通过深入调查分析，识别喜洲人的文化其实是一种多元一体的复合类型。其中既有本主崇拜所代表的地方文化，也有非本主崇拜代表的中央王朝和现代国家文化，更有佛教和梵文所代表的前现代国际文化，还有早在抗战期间就能与上海相媲美的工商业所代表的现代国际文化。这样的复合文化在不同时代、在持不同视角的观察者的眼里呈现出相当不同的形象。不同的形象又会有大相径庭的政治经济和文化意涵。以民族认同为例：如果当地居民被识别为汉族，他们就能享受主流文化和现代话语的诸多荣耀，却难免因此失去一些经济优惠和政治权益和文化特点。反之，当地居民被识别为少数民族，可以得到政治经济优惠和文化认同空间，却又不得不因此而忍受诸如“原始性”之类的一些话语歧视，甚至不得不进行一番“从民族国家抢救历史”的努力。具体生活场景中的人固然可以让多重认同并行不悖，但国家的政治操作和学者缺乏反思往往使居民陷入这种认同困境。

白族如此，其他少数民族亦然。当今世界本来没有原始民族，也肯定没有原始文化，只有在不同生态环境中从事着不同的生计和生活方式的人和文化。而且，每一种文化中都有一些人参与到国家主流的社会生活当中去创新，另一些人持守着较为传统的生活方式和文化认同。举例讲，如果光看刻版形象，中国东北从事捕鱼的赫哲人，从事狩猎的鄂伦春人，从事驯鹿放养的奥鲁古雅鄂温克人，其生计方式从未超过采集渔猎和动物驯养（驯鹿至今是一种半野生动物，只是对人类提供的食盐和驱蚊的烟火有了较强的依赖性），其社会组织从未超过哈拉——莫昆（宗族和氏族），其宗教信仰从未超过萨满教，其语言从无书写文字，可谓原始之极。但无论从历史还是从现实来看，这些民族中符合这种“标准”形象的人口都不过1/3。换言之，这些民族一直都有一多半人口生活在主流社会中，且有不少于1/3的人在主流社会担任领导干部和公务人员。清代到民国期间，这些民族中都曾有在全国各地任职的将军、巡抚、总督、驻藏大臣、抗日英雄，也有人得到过斯大林奖章。如果按人口平均，这些民族所出的干部密度肯定超过汉族。但是经过1950年代的民族识别和全国少数民族社会历史调查，少数民族的这些先进性和现代性就多半被世人忽略或遗忘。人们心中挥之不去的印象，还是他们的种种“原始性”。

具体到白族，这种情况更加突出。大理曾是南诏和大理王朝的两代王城。南诏和大理的经济文化发展程度之高，曾经能与吐蕃和唐宋王朝抗礼，其影响更及于川西和东南亚。白族前辈中多有当年的皇亲国戚。但元代以后，这段漫长的地方史无端蒸发。现在留在民间的，也只有沉降到小传统层次的民间火把节传说和近似于迷信或淫祀的本主崇拜。

梁永佳的再研究得到白族文化精英和社区居民支持。他从本主崇拜入手，挖掘喜洲和白族宗教信仰中的丰富内涵：其中不仅有代表白族或大理地方文化的本主崇拜，还有代表国家历史文化大传统的非本主崇拜。这两种崇拜由民间的绕三灵、接金姑、送附马等民间朝圣仪式衔接起来。如果从社会性别角度看，白族妇女在所有这些活动中更显示出极大的主动性。当地人就是运用这种仪式性的实践，超越或调和了理念上看似不可调和的民族与国家、中心与边缘、传统与现代、男人与女人等一系列两元对立。这一切都使得梁永佳笔下的白族民间文化既显得丰富多彩，又极具能动性和现代性。白族如此，其他少数民族亦然。梁永佳的再研究能促使主流社会反思和破除其对少数民族文化的成见。

褚建芳的再研究场域和主体具有更为标准的民族学人类学特征：行政区上的"边民"和文化上的"他者"，无可争议的少数民族。他的关注点仍是田汝康先生当时揭示的，作为傣族生活意义核心的"做摆"活动及其对当地人的意义。做摆就是做佛事，其要旨是人们通过散财和出力来做各种仪式和公益事业，以此表示"为来世积功德"的虔诚心意。与田先生不同的是，褚建芳超出田先生当年关注的宗教人类学分类：即宗教是超越现实利益的纯粹信仰，因而具有敉平社会等级和阶级差别的功能。巫术则是生活中的人们充满了实利关切的操作，因而只能折射但不能消除社会冲突。

褚建芳化繁为简，从人性需求出发，看到傣族"做摆"实际上也有很多现实的期待，那就是实现一种概化但能被神明所确保的交换：佛祖或神明作证：社区里的僧人与俗人、富人与穷人、强者与弱者，只要他们肯用自己力所能及的资源和能力来"做摆"，从事施舍衣食、救困扶危、修桥补路和修庙礼佛之类的活动，他们就能在今生受到神佛护佑，来生也能转世为一种更高和更好的社会等级。从杜尔干创建的法国社会学年刊学派"社会本体论"的角度观察，神佛就是社区共同体的集体意识和集体表象，傣族居民的做摆活动，满足的都是作为精神共同体的社区生活现实需求，

从经济角度讲，傣族寨民做"摆"固然是费时散财或劳心费力而且没有价值产出的活动。但从文化角度观察，他们的这些行动却如同向神明的银行投保或存款储蓄，为的是把个人当前尚有剩余的财富、精力或者心意，转换成将来的功德，以备将来之需。更重要的是，通过这些活动，社区组织及其价值得到维护和确认，人们因而能在一个"有神的社区"里过他们能够心安理得的宁静生活。

褚建芳的再研究所用的原理虽然简单，但他做的却是真正的跨语言和跨文化的田野工作。他在研究实践中接受的挑战更大，他必需学习傣语并使自己在那目寨得到傣族的认可和接纳，为此他就必须用功更勤和用意更殷。但天道酬勤。付出这些努力后，他收集到的生活案例也更为生动贴切。他的研究结论对于我们构建和谐社会的启示意义更大。

人是社会动物。他必须生活在群体中。人类群体都有创新和守旧两种追求。这两种需求体现为两种时间观。一种是"现代"的社会时间。它如同我们的个体生命，其轨迹恰如离弦的箭簇，具有一往无前的线性特点。因为这个缘故，我们每个人才会像古希腊哲学家讲到那样，不能在同一条河里洗两次脚。生活在线性时间里的人不会有报应的观念，因为人们之间交易只能是一锤子买卖。这样的时间观符合唯物主义原理，因此它成为现代社会很多人的行为准则。从长远看，这样的时间观和行为准则会使人类之间的互信越来越薄，交易成本越来越高，从而不可持续。因此，人类还需要另一种时间观。

由于每个人在生物上都有童年老年和子孙后代，在社会上都有祖先和亲属友朋，因此进化机制早就通过淘汰作用使我们有了超越个体之上的想象力，成为有共同体意识的文化动物。这一点已经由滕尼体在《共同体与社会》中阐明。共同体意识里的时间观不是线性的而是循环的，如同中国文化传统中的十二生肖和六十甲子。循环的时间观决定了互惠互报存在。互惠互报虽然未必能在当时当代或当事人个体的身上发生，但只要有循环和重复的博弈，它的存在如同万有引力一样不可否认和不可避免。如谓不信，请试用共同体生命的眼光来看生态环境跟我们之间的互惠互报最终是爽与不爽。

人与人、人与自然之间的互惠互报虽然确定，却未必能由个体全部查知，而要通过共同体的集体记忆来印证和昭示。所以，傣族村寨发展出意识或记忆的表征：神佛。体现这种意识或记忆的方式就是人们做"摆"即佛事。用中国传统文化语言来说明做摆的社会"功能"，那就是通过"慎终追远"来使"民德归厚"。

这就是褚建芳的那目寨印证并在《人神之间》向我们阐释的傣族生活经验和文化逻辑。学术上，它结构主义、存在主义、现象学关注的人类生活状况和永恒需求为焦点，超越了田汝康先生一定要划清的那种"非实利"的"摆"与"实利"的"非摆"之间的两元对立，也在很大程度上超越了王铭铭教授非要理清的"外来佛教"与"本土信仰"之间的脉络关系。在现实中，人类的生活和人性的需求毕竟是一个更真实和更长久的命题。复合整体毕竟是所有文化的本质和宿命。民族学人类学和所有人文学科的使命，都是根据现实需求而在现有条件下和现有资源中寻求一条现实更好的出路和答案。

依此观察，傣族社区中那种安之若素，一心做摆，一片祥和的氛围与当前中国都市社会中的喧嚣浮躁形成的对比，就是对我们构建和谐社会的启示。相比之下，与傣族邻近的景颇族由于社区"失神"而导致毒品、性病、艾滋病为患的事实，则要求我们对"现代化"的消极面给予更多的揭示、反思和警省。民族学人类学的作用唯此唯大。

第三，学科认同、问题意识与理论方法。中国曾经在很长时间里用路线、哲学或世界观代替学科理论和方法论，导致学科架空。经过拨乱反正，这种倾向得到矫正，但当前又有了矫枉过正的问题：当今的年轻学者多信奉"方法本体论"，认为理论方法就是学科本身。北京大学的三位青年学者以他们的著作向我们证明：学者的学科认同、问题意识与理论方法是不可分割和相生相养的三位一体。具体讲，没有学科认同就没有问题意识，没有问题意识就没有适用的理论方法。什么是民族学人类学的学科认同？从实求知，通过研究文化理解族性人性，促进人类通过认识和理解别人的文化来反思自己的文化，从而达到一种"美美与共"的互主性即主体间性，就是我们的学科认同。什么是民族学人类学的问题意识？笔者体验就是参照、体察和两个反省：参照就是对照人性的需求暨和谐社会理念来看现实中存在的

问题。体察就是努力理解民族不同文化在全球现代化场景下的处境和需求。两个反省就是促使主流社会反省自己的做法，促使同科同等反省本学科在研究不同文化当中显示出来的能力和局限。这就是我们强调的问题意识。在此前提下，举凡能够有效探讨解决上述问题的途径，都是我们的理论方法。这个方法的核心是同情、移情和从实求知。怎样学习人类学方法？最好的门径就是看学人的实践和他们的研究案例。以当前的场景而论，费孝通先生是从实求知的楷模。前述三位年青学者的研究成果就是可资我们借鉴的案例。

[张宏明，1972 年生，人类学博士，中共中央党校文史部副教授。已出版《“土著”如何思考》、《历史之岛》（合译）两部译作，以及《宗族的再思考》、《民间宗教祭祀中的义务性和自愿性》等多篇论文。

梁永佳，1973 年生，北京师范大学博士后，中国政法大学讲师。主要研究白族民间宗教、社会人类学方法。

褚建芳，1970 年生，法学博士，现任南京大学社会学系讲师，主要从事经济人类学、仪式与象征、西南民族等方面的教学与研究工作。]

文化与健康：医学人类学实践

（徐一峰　严非　上海人民出版社 2005 年版）

该书是一本对医学人类学进行的理论和实践进行探讨的读物，可分为三个部分。第一部分介绍了医学人类学的起源和理论简史，第二部分从医学人类学的视角对医学伦理、艾滋病防治、神经性厌食、绝经、健康与人权、非西方医学、传统巫术、脑死亡、器官移植、性别与生死、精神卫生、健康与发展政策关系等专题进行了讨论，作者在对医学人类学的理论和研究成果进行介绍的同时，时刻不忘关照中国的现实，并单列章节介绍中国的民族医学。第三部分概要地介绍了医学人类学的研究方法。

医疗健康话题日益成为现代社会的热点问题，这本着重探讨人类学视野下的健康疾病问题、重视医学人类学的中国实践应用的书无疑将对医学人类学在中国的发展与普及起到推动作用。

[徐一峰，1963 年生，主任医师，现任上海市精神卫生中心副院长。

严非，复旦大学硕士研究生导师，同济大学兼职教授，上海交通大学心理健康教育顾问。]

中国民族的形成：一次人类学的探索

（李济　江苏教育出版社、凤凰出版传媒集团 2005 年版）

无论从哪个角度讲，李济先生都堪称是中国民族学人类学界的第一代、第一位和第一流的学人。收录在本书“代前言”位置的张光直先生短文直呼李济先生是中国古史研究中一个学派的开山鼻祖。这个学派就叫“人类学派”。但由于李济先生在 1948 年随着由他管理着的中国最重要的考古文物从中国大陆去了中国台湾，并在台湾许多重要的学术单位担任要职，所以今日中国大陆民族学人类学学界对他在学科史上的地位承认不足，对他的学术成就认识不够，对他的学习和继承更是亟待补课。这是我们全力推荐李先生这部早年作品的原因。

《中国民族的形成》是李先生 1923 年在哈佛大学人类学系撰写的博士学位论文。它是一部使李济先生成名的著作，却不是他的代表作。李先生的代表作应该是他 1977 年用中英两种文字同时出版的《安阳》。该书集回忆录、文明史、国史、学术史、学科理论方法和微观与宏观案例研究于一体，堪称学术经典。但就民族学人类学史而言，《中国民族的形成》则是不容我们忽视的重要著作。

《中国民族的形成》的英文标题原是 The Formation of the Chinese People。从字面上讲，它的最好译法显然应是“中国人的形成”或“中国人的构成”。但用今天的观点看，这样翻译却有诸多不妥：这是一本由一位 27 岁的中国青年人在国家板荡的 1920 年代（第一次国内革命战争时期），现代国家体系尚未健全期间写成的博士论文。它的缺陷是：书的名称即“能指”虽然是“中国人”，但其内容或“所指”实为当时中国本部 18 省的人，也就是包括云南和甘肃在内的今日中国中东部地区的汉人。同为中国国民的中国东北和西部的内蒙、新疆、青海和西藏的边疆及中国中东部散杂居的少数民族人口，都没有列为本书研究重点。这种做法今天看来不可思异，在当年却很流行。当时学术界一般把中国分为“本部 China Proper”与边疆（China Frontier）两部分。两部分同属中国，但有较大的地理和文化差别。这可以在拉铁摩尔《中国的亚洲内陆边疆》一书中得到印证。但中国人、中华民族毕竟是密不可分的整体。李济先生当年的关注点虽然在中国中东部汉人，但在论述中，他也指出了这些汉人与现在中国版图上包括土厥系民族在内的所有主要民族和主要语言群体的密切联系。基于这一事实，李济先生的长子、中国人民大学李光谟教授最后拍板，译中文书名为《中国民族的形成》。我们交待这个背景，是想防止多心者以此去作别的文章。

李济先生在这本书中主要采用三类材料：一是体质人类学测量材料，包括他亲手测量的150多个活体标本。这个数量看似不大，但在当时由一个人来操作已属难能可贵；二是中国历史记载的中国氏族大姓的地望及其迁徙情况；三是《古今图书集成》里辑录的自东周起，中国历代王朝在长达两千多年的时间里在各地筑城的材料。李先生对于第三类材料用了大量心血，详细考证它们的名称和坐落，并制成了大量的图表。事实中，本书的图表占了全书近一半的内容。

经过缜密分析，李先生在本书中得出如下结论：现代中国汉人在8个历史阶段里先后接受过13种不同的来源：（1）东部的黄帝族；（2）北方的匈奴族；（3）西部的是羌族；（4）东北的鲜卑族；（5）北方的契丹族；（6）东北的女真族；（7）北方的蒙古族；（8）西南讲藏缅语族语言的民族；（9）更西南讲壮傣语言的民族；（10）最西南讲孟—高棉语言的民族；（11）春秋战国时代的西戎人；（12）唐代以来的西北突厥人；（13）无从考证其年代的尼格利陀黑人。李济先生特别指出，后三种来源在中国本部的存在是“不成问题的”。

在1928年在哈佛大学出版部发表的李济先生博士论文基础上，李光谟教授又特别选录了李先生后来撰写的主题类似的短篇论文，从而使内容更加丰富。这部著作的主体部分距今虽然已有80余年，但它是讨论中国的多元文化与中国人认同的开山之作。他以27岁的年龄，在没有路的地方走出了一条路，拓展了我们关于中国汉人构成的视野，同时也为后来的学人提供了许多新的研究角度。例如美国人类学界的中国研究大师施坚雅教授（William Skinner）一生都注重采用李济先生早年开辟的研究中国文化动态的方法。葛希芝（Hill Gates）教授在她1996年出版的《中国的发动机，China's Motor》一书中，也间接地采用了这种方法来划分中国的文化区。

李济先生的学术业绩不仅在于作品，还在于他毕生持守的学术信念、学术研究和交流与教学实践。他主持过中国安阳殷墟的发掘，主持过抗战期间中国故宫文物的长途转运，又在台湾担任过中央研究院的两任院长。中国有这种学术经历的人凤毛麟角。获得博士之前，李先生曾用他论述拼音文字与表意文字区别的一篇短文，耸动过英国著名哲学家罗素的视听。回国后，他跟丁文江、翁文灏、胡适、傅斯年、赵元任和费正清夫妇等过从密切。他还是采用英文撰写专著，从人类学整体论角度向世界介绍中国人的构成和中国文化形貌的第一个人。他培养出了中国和世界知名的考古学和人类学者如夏鼐、张光直、李亦园和乔健等人。

学界耳熟能详的张光直先生著作中，有许多重要论点都是对李济先生相关论点的继承和创新。阅读张光直先生的著作，我们能够感到继承李济先生的学术遗产能在多大程度上使学科和学人受益。反观大陆学人在同一领域里的成果，我们又能看到忽视或绕过李济先生，我们的学术研究受损的程度会有多大。

［李济（1896—1979），历史学家、考古学家。一生学术上的主要成就是：“以殷墟发掘资料为中心，进行专题和综合研究，建立了殷商文化在历史上的地位。亦初创了中国考古学嗣后70年间研究古代陶器、青铜器、石玉器方法的基础”（张光直语）。其中他花费精力最大的是对殷墟陶器和青铜器的系统研究。著有《殷墟器物甲编：陶器》，在与他人合著的《古器物研究专刊》中，对殷墟发掘所获170件青铜容器进行了全面的探讨。其他论著有《西阴村史前遗存》、《中国民族的起源》、《中国文明的起源》和《安阳》等。］

最后的长房：基诺族父系大家庭与文化变迁

（郑晓云　云南大学出版社2005年版）

郑晓云教授曾多年担任云南社会科学院民族研究所科研处长。基诺族是该所杜玉亭教授在上级政府和本所同事帮助下识别出来，并于1979年得到国家认可的最后一个少数民族，也是中国人口较少（低于10万人）的22个民族之一。从得到国家承认至今不到30年时间，这个民族就开始面对文化流失问题。这一现象本身值得国人警觉。

从1950到1980年代，中国各少数民族经历了多次政治运动和改革开放，很多民族文化在这个过程中由于社会经济环境的变化而变化，甚至消失。该书正是关注了在这个大背景下基诺族父系大家庭特殊的居住形式—长房的最后变化、消解历程。作者运用民族学和社会史学的方法讨论了基诺长房的起源、演进，记述了最后的长房解体过程，通过长房演化这一主线展示了基诺族文化在20世纪40、50年代至80年代这段时期的变迁。

由于许多已经消失的民族文化现象已经难以再现，这本历经20余年资料收集、来自田野、记录着基诺族许多传统文化的著作具有着宝贵的田野资料价值。此外，蕴藏在字里行间的对民族文化流失的痛惜表达了作者保护文化多样性、各民族文化平等的观念与呼吁。

［郑晓云，1961年生，云南省社会科学院研究员、科研处处长。著有《文

化认同与文化变迁》等书并发表学术论文100余篇。2005年出版《最后的长房》、《全球化与民族文化》(文集)2部著作，发表《红河流域的水文化与农业文明》(英文、《傣族的水文化与可持续发展》等7篇论文。

通信地址：云南省昆明市环城西路577号云南省社会科学院
电子信箱：zhengxy68@163. com]

学术成果·论文

傣泰民族起源与傣泰民族文化圈的形成新探

(郑晓云 《云南社会科学》2005年第3期)

“傣泰民族”是指在中国及分布于其它国家的同民族渊源的傣族与泰人。他们在中国被称为“傣”，同时也是国家法定的一个民族，而在其它国家称为“泰”(TAI)。傣泰民族是分布于中国云南省及东南亚、南亚的一个较大的族群，除中国的云南省外，境外主要分布于越南、老挝、缅甸、泰国、印度等国家，是一个有着共同民族渊源关系但分布在多个国家跨境而居的族体。

傣泰民族的起源问题学术界争论已长达百年，在当代社会及国际关系中也有着广泛的影响，如在泰国目前历史教科书中仍然沿用西方学者关于傣泰民族起源于中国北方或长江下游的说法，因此这一问题至今仍然是一个没有最终解决的热点问题，仍然值得进行深入的探讨。

由于历史文献的欠缺，傣泰民族的渊源在汉代以前已无法追溯，而汉代是构建傣泰民族史最重要的时期，是一个里程碑，因为只有此时期后的历史可能被说清楚：今天的傣泰民族起源于云南，古代滇国就是傣泰民族先民的家园，而古滇国的主体民族就是今天傣泰民族的先民。这可以从关于“滇”国含意、当地出土文物的记述、水稻种植史、当地的古地名的研究等方面等到佐证，证明滇中一带就是秦汉时期傣泰民族先民形成并聚居的地方。由于战争、人口增长、内乱、寻求更多好的居住地等各种原因，傣泰民族的先民在汉以后不断向南方迁移，尤其是顺着元江（红河）、澜沧江、怒江等大江向南迁徙，定居于缅甸、老挝、越南、泰国、印度等国，形成一个跨越多国的广大的傣泰族群居住分布区，这种迁徙到上个世纪中仍然存在。

在今天的东南亚、南亚傣泰民族居住区域内不仅有民族同源的关系，也有基本共同的文化特征，因此也就形成了一个以傣泰民族文化为基础的区域，笔者将这个傣泰民族分布并且以云南为源头，有共同文化、共同民族渊源关系的区域称为傣泰民族文化圈。

傣泰民族文化圈的基础是共同的傣泰民族文化要素，其特征主要包括了民族认同、共同的分布地域、共同的语言、共同的宗教、共同的社会制度、共同的经济基础、共同的生活习俗、共同的文化艺术等。由于傣族是一个跨国并且与很多当地民族混居的民族，因而傣泰民族文化圈的概念仅是一个在界定傣泰民族的分布及对傣泰民族文化的理解时概念，并不否定与傣泰民族共同居住的其它众多民族的文化的多样性，因为在傣泰民族文化圈内各民族文化都有普遍的互相影响。傣泰民族文化圈内各所居住的各民族的文化互动，即傣泰民族文化与其它当地民族的文化的相互影响与涵化更增加了傣泰民族文化的生动性。其次，居住在不同地区、不同支系的傣泰民族人民基于生存实践在傣泰民族共同的文化基础上又发展了自己的文化特色，形成了丰富多彩的亚文化群，从而形成了傣泰民族文化的多样性。因此傣泰民族文化圈内的傣泰民族文化又是多样的，尤其要指出的这种文化的多样性决定了傣泰民族文化圈内的不存在区域与支系的文化中心与优劣，而是拥有共同的文化。

傣泰民族文化圈作为一个文化地理的概念，有助于对傣泰民族文化的起源与现实的理解，也有助于对傣泰民族共同渊源关系的理解。在当代，作者认为理解这一文化圈的重要性一方面在于保护与发展傣泰民族文化这一古老而伟大的文明，另一方面是要以民族与文化同源作为这一区域内和平与发展的基础。基于共同的民族渊源关系，人们互相理解、宽容、合作、开展社会与经济的交流，共同促进民族与文化的发展，这才是当代理解傣泰民族文化的新思维。而基于这一思路，傣泰民族的民族与文化渊源关系就将成为这一国际区域内和平与发展重要的社会基础。

[见第660页郑晓云简介。]

略谈门巴族传统体育及其对门巴族传统文化的传承

（丁玲辉　《西藏大学学报》2005年第2期）

在漫长的历史岁月中，门巴族和藏族的历史关系源远流长，在政治、经济、宗教、习俗等各个方面有着十分密切的交往和联系。两种文化交替浸润，门巴族的形成就是伴随着两种文化的交互作用与渗透而转变完成的，在这种交互作用与渗透中，藏族文化与对门巴族文化的影响远远大于门巴族文化对藏族文化的影响。在门、藏文化交流中，门巴族对藏族文化的吸收过程，也是按门巴族的观念加以改造的过程，在吸收的新的文化中不断融入本民族的文化精神，使其成为民族文化的组成部分。有些门巴族传统体育是藏族先民生活方式的再现或对现实生活方式的反映，如赛马、射箭、拔河等体育项目，不同程度地与藏族传统体育有着相似的甚至一致的规则。赛马、拔河、射箭、抱石、投石、摔跤、跳高、跳远、攀藤索、打火枪、游戏等体育活动已融入了门巴族人民的生活当中，并世代相传，展现着门巴族的民风、伦理道德观念和酒文化的特色。

门巴族传统体育作为节日娱乐的重要内容，与门巴族的节庆传承密不可分。门巴族的节日活动不论是宗教节日还是岁时年节，都有许多有趣的礼俗和体育活动的内容。传统体育活动已成为门巴族的节日重头戏。特定的节日开展特定的传统体育活动，构成门巴族习俗文化的一个亮点。

藏传佛教对门巴族影响很大，藏传佛教文化传入门隅后，为门巴族的节日习俗增添了新的形式和内容，许多宗教色彩的门巴族传统体育便应运而生，对门巴族的文化心理、行为规范和风尚习俗均产生深刻的影响。如在每年的藏历十一月二十九日举行的达旺大法会，历时三天，主要活动是跳神。在这个活动中，除宗教跳神外，演员还要演出门巴族传统戏剧《卓娃桑姆》和跳牦牛舞等。同时，群众除唱歌跳舞外，要举行许多自娱性强的游艺活动，如拔河、射箭、角力、赛马等。今日门隅地区的达旺大法会虽然还遗留着不少祈神的仪式，但就主流而言，是人们欢庆丰收的盛会，自娱自乐的佳节。

习俗舞蹈与门巴族传统体育有着紧密的联系，古老的门巴族创造了丰富的人体文化——舞蹈艺术，门巴人民将舞蹈与体育揉为一体，由于它自身的目的，使其具有鲜明的竞技性和娱乐性。在民间，反映门巴族习俗的舞蹈也很丰富，习俗舞蹈与门巴族传统体育有着紧密的联系。歌舞艺术已融入了门巴族传统体育，门巴族传统体育对前者的传承作用是十分深远的。如开展射箭比赛时，射手在场中比赛射箭，歌手和观众在场边歌舞助兴，他们齐声唱起箭歌，并伴以强劲的工布舞蹈，助威鼓劲，把竞赛情绪推向高潮。

总之，要“以人为本”地发展门巴族传统体育与门巴族传统文化的传承；要因地制宜，充分发挥门巴族传统体育的强身健体功能，使门巴族传统体育得到普及、发展；要利用门隅地区地域特点和丰富多彩的门巴族文化资源开展具有民族特色的体育活动，使门巴族传统体育进入全民健身机制，为门巴族传统体育活动的开展创新路。

［丁玲辉，1957年生，西藏大学科研处处长、教授，中国体育科学学会体育史分会委员。
通信地址：西藏拉萨江苏路36号（850000）
联系电话：0891－6322055
电子信箱：ding162000@yahoo.com.cn］

论构建中国发展民族学的理论框架与视角特色

（马曼丽　李国栋　《民族研究》2005年第3期）

马曼丽

西方“发展人类学”的初步确立，是近三十年的事。近年，联合国教科文组织对这门研讨“文化与发展”关系的学科十分关注，希望各国学者研讨能否有一种世界各民族较能接受的多元社会的“发展范式”。该文首先介绍与评价了以“文化与发展”为研究对象的西方发展人类学产生的背景及其三种典型“发展范式”的理论流派。即以西方发展范式为中心的“现代化理论”；反对不平等地依附于核心国家的“依附论”；认为处于世界经济体系的核心、半边陲和边陲三个层次已相对稳定的世界体系论。然后探讨了构建中国发展民族学的理论框架，提出了吸收各国理论合理内核的理论综合取向、实证方法和学科性质等进行整合的基本框架。并提出了以马克思全球发展观、中国领导人科学发展观为指导的人类“殊途同归”宏观发展范式和联系中国民族社会实际的流动发展应用理论框架。最后，剖析了中国发展民族学在发展观、理论依据、全球政治视野等方面的视角特色。认为发展民族学反映了一种新的指导思想和新的基本规范，主要是认为：“人类学者要达到成熟，便一定要寻求更多的途径”，包括“进入它从不愿进入的预告领域”。

文中提出了一些重要的创新观点，如：提出和论证了“殊途同归”发展范式。认为人类发展的“同归”，是归于“每个人都可以在任何部门内发展”，“随自己的心愿”选择工作这种“人”的极大发展；按马克思主义，“同”既指共同“采用”资产阶级的生产方式：“它迫使一切民族——如果他们不想灭亡的话——采用资产阶级的生产方式”。“同”也指资本主义的“革命化”：“资产阶级除非使全部社会关系不断地革命化，否则就不能生存下去”（《马克思恩格斯选集》第1卷，人民出版社1995年版，第86—87、276、275页）。文章并认为，因为全球化结构日益使人类利益互联，多元“殊途同归”发展范式在全球化这个“世界协调化系统”的制约下，有可能在矛盾、冲突和协调的反复互动过程中，日益成为现实。又如：文章根据中国三大实际问题，主张首先构建流动发展机制与有关论理，认为人类发展的本质就是冲破封闭的“动”，流动是“发展”必不可少的因素。中国历史上因为还有一点可以通过科举制度“优则仕”的流动传统，成了千百年来人们追求“发展”的希望之星和光明大道，也培养了一代代传承中华历史文化的精英人物。流动内涵极广，而根本问题是当代中国作为生产资料的土地既属固定，农牧业人口也很少流动。再如：文章针对当代各种极端主义思潮和不平等差异“发展”的时代特征，提出了塑建国家精神疆域观念及理论构建。人类和不同层次国家的发展面临重重障碍，尤以利用民族性和宗教等传统文化将国家领土宣扬为民族领土，破坏国家精神疆域认同突出，所以，实现全球宏观发展范式，仅用军事手段解决这类问题和保卫领土疆域，在当代是远远不够的。

［马曼丽，1934年生，兰州大学西北少数民族研究中心民族学博士生导师。
通信地址：兰州大学西北少数民族研究中心（730020）
联系电话：0931－8913299
电子信箱：mamanli@mail.china.com
李国栋，1976年生，兰州大学西北少数民族研究中心民族学博士研究生。
通信地址：兰州大学西北少数民族研究中心（730020）
电子信箱：Biancheng20000@163.com］

论少数民族本土文化传人的培养

——以纳西族的东巴为个案

（杨福泉　《云南民族大学学报》2005年第3期）

每一种文化，是一个民族世代积累的智慧结晶，而任何一个民族的传统知识体系、传统文化的传承、弘扬，皆离不开具体的传人来进行薪火相传。它既离不开大众，更离不开一个民间文化精英阶层，他们是传统文化的杰出代表。从一个民族的价值论而言，它与基于学校教育而形成的民族知识分子相比，有着同样重要的意义。

在当今社会，非常重视主流文化的系统教育，这毋庸置疑，但少数民族传统知识的教育则相当薄弱，因此，逐渐造成很多少数民族年轻人对自己的民族历史、文学艺术、文字、宗教信仰、地理生态、植物动物知识等所知道的越来越少，甚至连本民族的语言也逐渐在忘记。这就导致了民族个性和特色的不断丧失。

国内外的很多经验证明，任何一种知识的传承和发展是有延续性的，现代知识的传承不可能斩断历史来进行。很多民族经过久远的历史考验的传统知识中的优秀部分，可以弥补现代知识体系中的很多缺陷，特别是可以弥补全球一体化潮流中文化霸权和文化沙文主义倾向所带来的种种弊端。

该文认为，少数民族传统知识体系的传承有两个系统，一个是民间大众中通过口头和技能等传授等方式传承的文化，包括日常生活中的各种生产生活知识、技能、习俗等的传承；而另一类则是更高层次上的文化传承，它属于精英文化，主要是由本民族的知识精英传承的，这一类知识是本民族文化的精华、精粹，它凝聚千百年该民族代代相传的智慧而形成。这一知识体系包括了本民族的宇宙观、人生观，包括了该民族的历史知识、哲学思想、宗教信仰、天文地理、文学艺术等。这一类本土知识的传承，需要有较长时期的训练和知识的长期积累，不可能一蹴而成。少数民族本土知识的传承除了重视日常生活状态的这一体系外，更应该重视这一精英文化的传承。

该文指的本土文化传人，是指各民族那些经过专门的训练，掌握了特殊技能和传统知识的民间知识精英阶层。如纳西族的祭司东巴即是典型的这一类文化传人。该文以纳西族东巴教祭司东巴为例，深入论述了少数民族文化传人培养的重要性。

［杨福泉，1955年生，云南省社会科学院研究员、博士、副院长。主要专著有《现代纳西文稿翻译和语法分析》、《纳西族文化史论》、《纳西族与藏族历史关系研究》、《神奇的殉情》等19部。］

大 事 记

2005年中国民族学人类学研究大事记

民族学是充满人文关怀并与社会发展紧密结合的社会科学学科。长期以来，中国的人文社会科学受国家经济条件和国民认识水平限制，发展相对缓慢。近年随着国家经济条件改善和国民文化意识提高，民族学及相关学科领域的处境有了重要转变。学科本身的创新意识也逐渐提高。继2004年10月，中央民族大学杨圣敏教授和中国社会科学院郝时远教授为中共中央政治局学习会讲授民族学、民族史及民族宗教课程并受到高度重视以后，中国人民政协第十届全国委员会常务委员会又于2005年第五次学习会上，请杨圣敏和郝时远教授作了《世界民族、宗教的形式和我国民族、宗教的几个问题》的报告。杨、郝两位教授在报告中向中国政协常委介绍了当今世界民族和宗教问题的历史背景、主要特征、总体态势和基本走向，同时讲解了中国的民族宗教状况并回答了普遍关注的重大问题。

5月27—28日，中央民族工作会议暨国务院第四次全国民族团结进步表彰大会在北京人民大会堂举行。中共中央总书记、国家主席、中央军委主席胡锦涛出席大会并发表重要讲话，他强调：民族问题始终是我们建设中国特色社会主义必须处理好的一个重要问题，民族工作始终是关系党和人民事业发展全局的一项重大工作。必须从党和人民事业发展全局的高度深刻认识做好民族工作的重要性和紧迫性，进一步增强做好民族工作的责任感，不断巩固和发展平等、团结、互助、和谐的社会主义民族关系，促进各民族共同团结奋斗、共同繁荣发展。

5月31日，中共中央政治局召开会议，研究和部署进一步加强民族工作、加快少数民族和民族地区经济社会发展。中共中央总书记胡锦涛主持会议。会议审议了《中共中央、国务院关于进一步加强民族工作，加快少数民族和民族地区经济社会发展的决定》稿。

中国共产党和中国政府对民族工作和民族学的高度重视，标志着民族学暨文化人类学在中国的和谐社会和创新型国家的建设中将发挥越来越重要的作用。在此背景下，中国的民族工作和民族学在如下方面取得重要进展：

民族政策法规与少数民族权益保护

2月28日，国务院新闻办公室召开新闻发布会，发表《中国的民族区域自治》白皮书。发布会上，国家民委吴仕民副主任向中外记者系统介绍了中国的民族区域自治制度及民族自治地方的发展状况。这是我国第一次发表民族区域自治白皮书。

5月11日，国务院第89次常务会议通过《国务院实施〈中华人民共和国民族区域自治法〉若干规定》，自2005年5月31日起施行。

5月17—21日，加拿大驻华大使馆、加拿大第一民族大学和中国社会科学院民族学与人类学研究所联合主办的“第三届土著/少数民族国际研讨会”在北京举行。与会国内外专家学者围绕“土著/少数民族的现代化发展”进行了广泛的交流和探讨。

7月6—8日，全国首届民间法和习惯法学术研讨会在青海西宁召开。会议由山东大学威海分校法学院、青海民族学院法学院联合主办。会议就民间法的一般理论，民间规范与社会自治，民间习惯法、民族习惯法与当代中国法律体系的兼容问题进行了探讨。

7月初，澳大利亚文化多样性研究中心与中央民族干部学院联合在北京召开文化多样性与少数民族文化发展研讨会，百余名中外学者出席。

11月底，挪威奥斯陆大学与国家民委政法司及中央民族大学在中央民族干部学院联合召开少数民族语言权利研讨会。

上述活动显示中国政界学界对于少数民族权益保护的实践、研讨和交流更为积极活跃。

西部开发与少数民族发展

2月4日，西部大开发五周年座谈会在人民大会堂召开。中共中央总书记、国家主席、中央军委主席胡锦涛就西部开发做出重要指示。他强调要坚持用科学发展观统领相关工作，坚持推进西部开发。各地学界随后召开一系列各种形式的讨论会，共商西部地区发展大计。

贵州省社科院主办、香港乐施会资助的“中国贵州反贫困论坛与开发式扶贫研讨会”在贵阳举行。

4月12日，西盟佤族自治县庆祝成立四十周年，第三届中国佤族木鼓节同时举行。

4月13日，北京还举行了“2005贵州红色之旅大型情景展暨旅游推介会”。会议的主题为：“体验红色之旅，感受生态贵州”。

8月3日，由中国陕西、新疆、甘肃、青海、宁夏和内蒙古六省区科协主办的“西部开发与可持续发展国际研讨会”在新疆乌鲁木齐市召开。西部六省区和美国、俄罗斯、奥地利、德国、哈萨克斯坦等国的专家相聚在乌鲁木齐，共同探讨在西部开发中如何实现可持续发展。

9月27日，中国史学会和宁夏大学在银川联合主办“中国历史上的西部开发国际学术研讨会”。

10月22—23日，中国少数民族经济研究会2005年年会暨少数民族和民族地区非公有制经济发展研讨会在四川省成都市召开。

11月5—6日，中国西部民族地区生态旅游国际学术研讨会在九寨沟举行。会议由中国西南民族大学、九寨沟风景名胜区管理局主办。美国、德国、日本和中国70余名专家学者分别就魁北克世界生态旅游高峰会宣言、生态旅游的理论、生态旅游与旅游业可持续发展、地缘环境与民族文化旅游发展、国家生态旅游标准的制题、社区参与旅游发展的中外对比、西部大开发与西部生态旅游的发展、民族文化旅游资源的保护与生态移民及城镇化推进、自然保护区的生态旅游资源利用、世界遗产地生态环境保护的对策与思考等一系列重大问题进行了研讨。

散杂居民族工作

3月份，北京市政协和民主党派组成的联合调研组先后走访了东城、西城、宣武3个少数民族聚居社区，对少数民族聚居社区建设中存在的问题，进行广泛而深入的调研。同时，调研组还将对北京市其他15个区县的少数民族聚居地区的社区建设情况进行调研。

全国散杂居民族经济工作现场经验交流会在河南召开，来自全国23个省市民族经济工作部门的官员参加大会。会议透露：中国少数民族散杂居人口达3000多万，占全国少数民族总人口1/3。

年底，国家民委召开全国各省区民委主任工作会议，专门研究散杂居少数民族和少数民族流动人口的权益保护和社会服务问题。

少数民族文化与贸易交流

中国少数民族文化以其独特魅力和地缘优势，为中国的对外交流开辟了新的平台。

年初，历时100多天中国文物精品大展—《走向盛唐》在纽约大都会博物馆落下帷幕。

6月，青海藏毯国际展览会在西宁开幕。阿富汗、巴林、罗马尼亚、毛里求斯、俄罗斯、阿根廷、韩国等13国驻华使节以及巴基斯坦 、尼泊尔王国 、印度等国官员参加开幕式。

中国社会科学院地区安全中心、上海合作组织研究中心、新疆社会科学院主办的“中国与中亚：共建地区安全与繁荣”国际学术研讨会在中国新疆乌鲁木齐市召开。来自哈萨克斯坦、吉尔吉斯斯坦、乌兹别克斯坦等中亚国家的学者以及中国学者若干人与会，就中国和中亚的经济贸易关系、中亚地缘政治的新情况、中亚政局与颜色革命以及上海合作组织的发展前景等问题进行了讨论。

为庆祝中尼建交50周年举办的2005年尼泊尔“中国西藏文化展”受到尼泊尔社会各界和藏胞的热烈欢迎。

中国文化周暨新疆文化节年内在阿联酋首都阿布扎比举行。

少数民族语言文字与教育

少数民族文字研究受到国际国内关注。少数民族文字信息化的处理和少数民族语言文学取得较大成就。少数民族语言与国民教育的关系进入学科研究视野。中国中文信息学会主办第十届全国少数民族语言文字信息处理学术研讨会在青海省西宁市召开。中国社会科学院《民族文学研究》编辑部、中国作家协会少数民族文学委员会、广西民族学院、广西作家协会、《南方文坛》杂志社主办的第二届“多民族文学论坛”也于年内在广西南宁召开。

年初，中国语言学会、中国社会科学院民族学与人类学研究所、中国中央民族大学及黑龙江大学主办，在黑龙江哈尔滨市召开中国首届人类语言学国际学术研讨会。

6月12日，由北京大学外国语学院、中国蒙古文学学会、北京大学东方文学研究中心、北京大学蒙古学研究中心、民族出版社、《内蒙古大学学报》杂志社、《中国蒙古学》杂志社、《内蒙古民族大学》杂志社联合主办的蒙古族文学与比较文学学术研讨会在北京举行。

7月30日，蒙古文信息处理技术标准化研讨会在呼和浩特市召开。来自北京和自治区有关单位的专家就当前蒙古文信息处理技术标准化中所取得的经验，存在的问题以及未来发展方向进行了讨论。

8月3日，西部地区政协少数民族教育研讨会在乌鲁木齐召开。研讨会主要就少数民族教育中推广双语教学情况进行交流。由中国蒙古学会、中国少数民族双语教学研究会主办的蒙汉双语研究与教学国际学术研讨会在中国北京召开。

8月8日，辽宁省社会科学院等单位主办“语言与民俗”第二届国际学术研讨会召开。

8月13—15日，教育部语信司主办的首届“语言与国家”高层论坛广州暨南大学召开。

10月28—31日，国际汉藏语学会在中国厦门主办第38届国际汉藏语暨语言学研讨会。

12月9—12日，由中国广东外语外贸大学、中国社会语言学会、香港理工大学、新加坡国立大学主办的第四届中国社会语言学国际学术研讨会在中国广东省广州市召开。

年内，新疆维吾尔自治区举办了第十四届汗腾格里文学奖颁奖大会暨首届文学翻译学术研讨会。每年一度的“汗腾格里文学奖”评奖活动，是新疆自治区具有影响力的维吾尔文学盛会，也是鼓励维吾尔语言文学创作的重要平台。

少数民族文化保护

联合国教科文组织在巴黎公布了第三批“人类口头和非物质遗产代表作”。中国申报的“中国新疆维吾尔木卡姆艺术”和中国与蒙古国联合申报的“蒙古族长调民歌”榜上有名。后者是我国首次与邻国就同一非物质遗产联合申报的项目。目前中蒙两国专家正在对蒙古族长调申报联合国科文组织的“人类口头和非物质遗产代表作”的申报文本进行合成。

新疆哈萨克族民间古典音乐“六十二阔恩尔”申报为国家级非物质文化遗产代表作。青海等省区也在积极申请国家级非物质文化遗产项目。

2005年起，甘肃省将每年设立150万元专项资金用于民族民间文化保护工程。裕固族民歌和服饰保护被列为全省民族民间文化保护工程。肃南裕固族自治县组织相关人员，深入基层和牧户，对裕固族民歌和服饰的历史渊源、主要特色、表现形式、遗存物等进行全面细致地普查摸底。在省政府推动下，甘肃全省文化局长180余人参加了民族民间文化保护工程培训班。文化部、国家民委、中国社科院、国家博物馆、人民大学、中央民大以及西北、西南各相关高校的百余名专家学者，在西北民族大学聚会，研讨实施西北民族民间非物质文化遗产保护方案。会上还成立了西北民族非物质文化遗产研究中心。邻近的，内蒙古自治区政府已将每年9月6日设立为“内蒙古草原文化遗产保护日”。

福建省《泉州市民族民间文化保护工程综合性试点工作方案》出台，标志着泉州市民族民间文化保护工程全面启动。

西北民族大学、上海古籍出版社联合在京举行海外民族文献研究与出版会议暨签字仪式。流失海外的敦煌藏文文献将编纂出版。

6月1日，中国博物馆学会、贵州省文化厅主办的贵州生态博物馆群建成暨国际学术论坛在贵阳举行。中国目前已先后在贵州、广西、内蒙等地建成苗族、布依族、汉族、侗族、瑶族、蒙古族等7座生态博物馆。新疆丝绸之路博物馆在乌鲁木齐开馆。

民族宗教研究

7月25—27日，第二届宗教社会科学暨宗教与民族”学术研讨会在云南昆明召开。这次会议的主题是“社会学视野下的宗教与民族问题研究“。会议倡导以社会学、人类学、心理学、经济学等实证研究方法研究中国的宗教和民族问题。

8月21—25日，中国民间信仰国际学术研讨会由中国四川大学中国民俗文化研究所主办召开。与会者就雅俗、正邪的关系，中华本土俗信仰的演变，各种信仰之间的交流与互动，中国民间信仰的外传，民间信仰与现代社会等问题进行了研讨

8月30日，首届宗教与民族学术论坛在新疆乌鲁木齐市召开。来自全国各地从事民族与宗教关系研究的学者60余人出席会议并就学科建设提出了一系列建议。

民族史研究

4月11—13日，《苗族通史》编委会会议在镇远县召开，我国第一部苗族历史巨著《苗族通史》即将付梓。

4月26日，西北民族大学、上海古籍出版社联合在京举行了海外民族文献研究与出版会议暨签字仪式。流失海外的敦煌藏文文献将编纂出版。

8月17日，《清史·典志》满族及东北少数民族工作会议暨敦化——清皇室发祥地研讨会在敦化召开。专家学者们就敦化是清朝皇室发祥地鄂多里城的问题进行了论证。

8月26—28日，故宫博物院80华诞暨国际清史研讨会在人民大会堂召开。

9月19—24日，中国第一历史档案馆主办的“中国第一历史档案馆馆庆80周年 明清档案与历史研究学术研讨会”在北京召开。美国、日本、韩国及中国的110余位专家学者参会，围绕明清档案与档案工作、档案与政治经济、档案与社会文化等主题，从历史学、档案学、民族学、文化语言学等不同角度进行了学术交流和探讨。

南方少数民族研究

4月8—12日，中共思茅市委和市政府主办的第五届国际哈尼/阿卡文化学术研讨会在云南思茅地区哈尼族自治县召开，主题为：“北回归线上的哈尼族——文化与经济同步发展”。

4月15—18日，广西田阳县举行壮学第四次学术研讨会。26位学者围绕“壮侗语民族文化与中国——东盟自由贸易区”、“麽经《布洛陀》与布洛陀文化”等专题作了大会发言。

7月16日，贵州省布依学会在贵定县盘江镇举行布依文化研讨会。

8月25日，湖南省麻阳苗族自治县举办了省内外苗学研究专家、学者、权威人士参加的研讨会。会议就打造“中国苗族文化长廊”工程再次进行了专家论证。

10月18—20日，由四川师范大学巴蜀文化研究中心主办的“巴蜀文化研究新趋势国际研讨会”在中国四川省成都市召开。

12月1—3日，第六届全国彝学研讨会暨西南民族大学彝文献中心落成典礼在成都举行。

北方少数民族研究

7月28—29日，内蒙古鄂尔多斯市召开“中国·秦直道与草原文化研讨会”。全国各地30多位专家学者研讨了“秦直道”的修建目的、意义和对草原文化的深远影响等问题。

8月12—14日，首届鄂温克族、鄂伦春族、达斡尔族民族民间文化学术研讨会在内蒙古鄂温克自治旗巴彦拖海镇召开。

8月17—19日，宁夏社会科学院在宁夏银川市主办第二届西夏学学术研讨会。会议围绕西夏历史与文化进行了广泛的学术交流和探讨，同时展示了这一领域的最新出版物。

8月18—23日，中国内蒙古社会科学院、内蒙古大学、内蒙古师范大学在呼和浩特市主办中国蒙古学国际学术讨论会。

8月25—26日，中国首届河套文化艺术节暨河套文化研讨会在巴彦淖尔市召开，同时成立河套文化研究促进会。

9月24—25日，中国辽宁大学历史文化学院、抚顺社会科学院、北京满学会在辽宁省沈阳、抚顺两地主办第五届中国暨国际满学研讨会。

民族学应用研究

随着学科发展，民族学应用研究有了两个含意：一是根据政府和社会需求，针对国家在发展中出现的一些重大问题进行的对策研究，旨在寻找解决问题途径并提出对策建议。二是民族学家运用学科知识，辅以必要资源，对社会上已经存在但尚未得到普遍关注的问题进行直接的行动干预，并将行动经验反馈给学科。2005年以来，中国民族学界在学科应用研究和行动干预两个领域都有创新动态。少数民族地区的公共卫生问题是2005年中国民族学应用研究最活跃的领域。

年初开始，中央民族大学的彝族学者与当地政府部门、研究机构和少数民族企业家合作，在凉山彝族自治州首府西昌市建立“凉山彝族妇女儿童救助中心”。中心以募捐和申请国际研究项目的形式，向遭受毒品和流行病而失去家庭

的少数民族妇女儿童提供救助。

5—12 月，中央民族大学西部发展研究中心与联合国儿童基金会合作的“西部五省区校外青少年毒品、艾滋病高危行为与易感性研究”项目等国际合作项目。

2008 年（昆明）人类学民族学世界大会筹备工作

经国务院批准，国家民委于 2003 年夏季组织中国学者团队，在意大利佛罗伦萨成向国际人类学民族学科学联合会（IUAES）申请由中国昆明在 2008 年承办 IUEAS 第十六届世界大会，并承诺把这个会议开成 IUAES 历史上最精彩、最成功、水平最高和参与人数最多的学术大会。过去两年，国家民委与中国社会科学院等单位合作，成立了 2008 年昆明人类学民族学世界大会中国筹委会并开展了各项工作。2005 年距离昆明世界大会还有两年多时间，筹备工作开始倒计时阶段。鉴于民族学研究涉及的方面从生态到文化，从基因到人权，所以中国民族学人类学界呈请国内外同行从现在开始起，密切关注大会筹备动态，并从自身所在学科的角度考虑和准备参与 2008 年昆明世界大会的专题和成果。（详情请关注 ICAES2008. org 网站）

6 月 16—18 日，人类学民族学 2008 年世界大会筹委会、国家民委教育科技司、西南民族大学在四川成都召开民族学、人类学与民族博物馆发展学术研讨会。与此同时，大型民族文献《民族问题五种丛书》修订工作全面启动，拟在 2008 年世界大会前陆续出版。

8 月 29—9 月 2 日，国际人类学与民族学联合会（IUAES）2005 年中期会议在捷克共和国召开，2008 年世界大会中国筹委会组团参加。

10 月 21—24 日，中国人类学学会年会在福建厦门召开，动员全体会员迎接 2008 年人类学民族学世界大会。

10 月 29—31 日，中南民族大学主办的第三届人类学高级论坛在湖北武汉召开。同期，宁夏社会科学院与南京大学联合在银川举办“伊斯兰教与儒学文明对话会议”。杜维明、成中英等国际知名学者出席。

费孝通先生逝世

4 月，尊敬的民族学家、社会学家费孝通先生逝世。中国民族学与社会学界沉痛悼念，北京大学、清华大学及中央民族大学等高校以各种形式表示追思。费先生的学术贡献及其精神，将不断激励并启发后辈。

（张海洋）

边疆史地

综　述

2005 年中国边疆史地研究综述

在2005年，中国边疆史地研究继续深化学科建设和不断发展，以中国社会科学院中国边疆史地研究中心（以下简称“边疆中心”）为主体的研究队伍不断拓展学术研究的新领域，在学科建设和学术研究中都取得了新的进展，并在一些重大的学术问题上有新的突破。

首先，以马克思主义为指导，根据学科建设和学术研究发展的需要，一大批边疆史地研究项目，主要有“东北边疆历史与现状系列研究工程”、“新疆历史与现状系列研究综合项目”、“西藏通史”、“新疆通史”、“元朝边疆地区及疆域变迁研究”等，或已启动，或正按计划进行，部分项目已经顺利结项。其中，“西藏通史”项目将以多卷本的《西藏通史》作为其最终成果，各卷在本年度正处在撰写、统稿过程中，而这一项目的阶段性成果——《西藏通史》专题研究丛刊已经出版数种学术专著，这些专著受到了学术界的重视和好评。2005年是“东北边疆历史与现状系列研究工程”进入结项阶段的关键一年，各项工作进展顺利，截止到2005年11月，共立项课题112项，出版《东北边疆研究丛书》6种，另有15种已进入出版程序。这一“工程”的学术研究已经取得大量优秀成果，在深化东北边疆历史与现状的研究方面必将发挥重要作用。国家社科基金特别项目“新疆历史与现状综合研究项目”2005年5月在北京举行第一次专家委员会会议，会议通过了“新疆项目管理办法”、“新疆项目经费管理办法”及“课题指南”，这标志着“新疆项目”已全面启动。这一项目包括研究系列和档案、文献整理与翻译系列等多方面的子课题，为保证研究成果的质量，该项目从立项开始严格把关，经过专家评审和严格审核，2005年已经通过立项25个年度课题。该项目要求承担相关课题的学者要把爱国主义精神和科学的理论、态度、方法结合起来，科学地进行包括新疆研究的边疆研究，从而推出一批精品学术成果，整理一批有重大价值的档案史料，并希望在此基础上培养和造就一批从事新疆研究的学术带头人、学术骨干和后备人才，为包括新疆史地研究在内的中国边疆史地研究学科的发展起到强有力的推动作用。

作为国内研究中国边疆史地的专门机构，边疆中心坚持以唯物史观为科研工作的指导方针，主持着东北边疆历史与现状系列研究工程和新疆历史与现状系列研究综合项目，并启动了一批具有重大学术价值的课题，如历史上腐败边吏对边政的影响、新疆历史与现状研究、古代中国疆域构造及属国形态研究、边疆理论专题研究、边疆史地研究学科发展规划论证研究。而且，边疆中心根据中国社会科学院的统一部署，总结以往中国边疆史地学科发展的经验，在广泛征求意见的基础上，制定了中国边疆史地研究的“十一五”规划。这一规划明确了边疆中心“十一五”期间在学科建设、科研队伍建设、学术刊物建设、学术交流等方面的发展目标和指导思想，并就边疆中心“十一五”期间的有关改革事项提出了设想。该规划提出，边疆中心在“十一五”期间将围绕学科建设和发展来开展工作，以完善中国边疆史地学科体系为核心，努力构筑中国边疆学学科的理论框架；坚持基础研究与应用研究并重，进一步优化学科结构，不断深化特色学科领域的发展，从而把边疆中心建设成为国际知名、国内一流的学术研究中心；以出成果、出人才为基本前提，继续推广实施开放性科研工作思路和方法，加强人才队伍建设、网络信息化建设和图书资料建设，扩大对外学术交流，使边疆中心成为管理规范、机制灵活、梯队合理、资料较完备、信息化程度较高的中国边疆研究基地。这一规划将成为未来五年边疆中心事业发展的重要指南。

其次，学术研究更加深入，科研成果较为丰富。在2005年，国内各院校从事边疆史地研究的专家学者在深化中国边疆历史研究的同时，更为关注中国边疆的现实问题，呈现出基础研究与应用研究相结合的特点。同时，普遍重视多学科相互交叉、相互渗透、相互交融，将历史学、民族学、考古学、法学、社会学、国际关系等学科的理论和方法相结合，推出了一大批具有重要学术价值的科研成果。据不完全统计，已经出版专著12部，350多万字；论文集4部，约160万字；译著1部，40万字；学术资料2部，约60万字；学术普及读物1

部，25 万字；学术论文 650 多篇，约 600 万字。其中，代表性的学术著作有李大龙著《汉唐藩属体制研究》、张植荣著《中国边疆与民族问题——当代中国的挑战及其历史由来》、马大正等著《新疆史鉴》、张云著《上古西藏与波斯文明》等等。

第三，中国边疆史地研究的各个领域都取得了新的进展，在一些重大的学术问题上有所突破，或者取得了丰硕的研究成果。这主要表现在以下几个方面：

一、边疆理论的研究不断深入

2005 年，我国学者更加注重对边疆理论的探讨，据不完全统计，相关的学术专著有 3 部，论文集 2 部，发表论文 80 多篇，在中国历史疆域的形成、与边疆相关的概念的辨析、历史政区演变、民族关系与边疆治理、藩属问题与朝贡关系、边疆教育、古代边防、中外边疆理论的比较研究等问题上都有所创新和突破。

中国历史疆域的形成、与边疆相关的概念的辨析和历史政区的演变长期以来就是中国边疆史地研究的重要内容之一，本年度又有新的进展，代表性的文章有陈玉屏的《略论中国古代的“天下”、“国家”和“中国”观》、郭成康的《清朝皇帝的中国观》、孙进已的《中国民族、政权、疆域研究》、黄仁涛的《中国历史政区演变》、徐新建的《边地中国：从“野蛮”到“文明”》、宋秀英和李大龙的《刘渊政权的出现与北疆民族主动认同“中国”的开始——中国古代疆域形成理论探讨之二》、管彦波的《论隋炀帝对边疆地区的开拓与经略》、成崇德的《论清朝疆域形成与历代疆域的关系》等。其中，陈玉屏文重点分析了中国古代先民心目中的“天下”与“国家”、“中国”的含义和“春秋三世说”中的“天下”与“中国”，认为中国古代先民心目中包含“中国”和蛮、夷、戎、狄五方之民在内的“天下”具有某些现代国家的属性。郭成康文重点研究了清开国时期的国家概念、清朝历代皇帝的“中国观”、疆界观的发展变化，认为清宣统三年末隆裕皇太后在清帝逊位前夕向全体臣民宣布“合满、蒙、汉、回、藏五族完全领土为一大中华民国”，表明经过数千年的历史积淀，历尽沧桑、千锤百炼的“中国”概念，终由清朝一锤定音，因而从这个意义上讲，清朝不仅留给今天中国人民国家版图与统一的多民族国家的物质财富，而且留下了界定“中国”一词内涵与外延的弥足珍贵的精神财富。黄仁涛文运用空间地理信息多边形叠置的空间分析方法，对唐、宋、元、明、清五个朝代全盛时期的疆界图进行分析，探讨了中国历史上不同朝代一级政区（相当于“省级”）界线变迁的情况，并对中美两国内部一级政区界线作了简要的比较，指出中国历史政区演变主要有行政区划与自然区域相互吻合、满足政治安全的需要以及自然环境与政治需要相互协调等特点。

中国古代的民族关系、藩属问题、朝贡关系等问题，以及这些方面与边疆治理、边疆政策、疆域变迁的关系也是中国边疆史地研究中的重要理论问题，一直受到中外学术界的重视，本年度我国学者继续关注这些问题，发表了相关论著，并有所创新。在这些方面较有代表性的著作是李大龙著《汉唐藩属体制研究》、张植荣著《中国边疆与民族问题——当代中国的挑战及其历史由来》，前者以汉、唐王朝为中心，从藩属的角度对汉唐王朝的边疆经略进行系统阐述，提出了许多新的观点，比如武力征服是汉唐王朝维持藩属体制运转的最后手段，突破了以往认为武力征服是边疆政策的主要政策的观点；藩属体制和分封制度既有关联也有差异，主要差异是分封的方式不同、在统治体系中的地位不同、保卫的对象不同；藩属体制是中央王朝对藩属地区实施管理的主要方式，同时也是我国古代王朝统治体系的重要组成部分。后者从历史与现实、理论与实践两个相结合的视角，对中国古代边疆民族的特点、边疆战略与民族政策和新中国的边疆战略与民族政策都作了较为系统的分析，并就中缅边界、中印边界、中俄边界、中越边界、南海诸岛争端、中日钓鱼岛之争以及我国当前面临的主要民族问题西藏问题、新疆问题的由来与现状进行了探讨，从而对当代中国边疆与民族问题的历史由来及其在全球化时代的特点进行了比较系统、深入的论述。论文方面，主要有庄国土的《略论朝贡制度的虚幻：以古代中国与东南亚的朝贡关系为例》、李大龙的《西汉藩属体制的建立和维系》、李德辉的《唐人使蕃行记叙论》、权赫秀的《中国古代朝贡关系研究评述》、赵翠珍的《中国古代的民族融合》、王文光和翟国强的《“五帝”世系与秦汉时期“华夷共祖”思想》、王韵的《论唐代东北和西南民族的内迁》、徐杰舜的《宋辽夏金民族互动过程述论》等。值得关注的是，在民族关系与边疆治理、边疆政策关系的研究中，和亲及相关问题方面发表不少论文，主要有崔明德的《中国古代和亲与丝绸之路的拓展》、王晓晖的《唐与少数民族和亲刍议》。

边防、边治机构等问题是中国边疆史地研究的重要方面，本年度发表的一些论文主要对某一历史时期的边防、治边机构情况进行了理论探讨，代表性的论文有姚有志的《盛世与国防——对汉、唐、清三大盛世的分析》、魏鸿的《从〈资治通鉴〉看司马光的边防思想》、韦祖松的《明代边饷结构与南北转运制度》、马长泉的《清代前期巡边制度述论》、李炳泉的《两汉农都尉的设置数额及其隶属关系》、乌兰的《托忒学——清朝有关边疆民族的专门教育机构》、周竞红的《南京国民政府初期十年边疆民族事务管理机制与政策》等。

中、外边疆历史和边疆理论的比较研究近年来很受我国学者的重视，这在 2005 年也取得了明显的进展，比较有代表性的是章永俊的《西方近代边疆理论的初步发展》、孙宏年的《相对成熟的西方边疆理论简论（1871—1945）》、董欣洁的《冷战期间西方边疆理论的发展》、于沛的《从地理边疆到“利益边疆”——冷战结束以来西方边疆理论的演变》、张浚的《欧洲：疆域与认同的历史辨识》、李强的《特纳“边疆假说”命题评价》、林赛水（Lindsay Waters）的《中国与美国的内边疆》，其中，前四篇文章是一组系列研究论文，分四个时期对新航路开辟至今西方关于边疆（含边界）问题的理论、学说进行了总体的论述，构勒出这 500 多年间西方边疆理论发展的脉络，并就各个时期一些重大的理论问题提出了自己的观点。尽管上述七篇论文与近年的同类学术论文一样，仅仅是尝试性的研究，有些见解或许有其不成熟之处，仍有待进一步丰富、深化，但又是国内学者进行西方边疆理论研究的良好开端，特别是对于借鉴西方的边疆理论、推进中国边疆理论研究具有重要的意义。

二、东北边疆地区的研究成果较多

2005年，渤海国问题、古代北方民族史、历代王朝的治理政策、移民问题等成为热点。据不完全统计，国内学者出版论文集1部，40万字；发表论文100余篇，约90万字。这些论文既有宏观上的总体论述，又有对古朝鲜、夫余、渤海国和移民、历代治理政策等问题的具体论证，其中比较值得关注的是以下几个方面：

（一）历代王朝治理东北的政策也是今年研究较多、成果丰富的方面，主要集中于元、明、清三个王朝，代表性的论文有蒋戎的《元朝"天下一家"的治边思想及其对东北地区的影响》、杨旸的《明代奴儿干永宁寺碑研究的诸问题》、彭晶的《清政府对东北地区中朝贡道的管理》、薛洪波的《再析清代封禁东北之目的》、马玉良的《东北边疆危机与清廷对东北的弛禁和全面开放》、刘荆的《日俄战后清廷对东北的政策》、杨晓军的《清末东北建置述论》。

（二）东北地区的历代移民及其状况、作用等东北史地研究中的重要问题，但以往的研究比较重视对"流人"这一特殊群体的研究，今年则在此基础上有所突破，相关论文主要有杨旸的《明代江苏籍谪寓东北的流人及其历史贡献》、杨昭全的《清政府对朝鲜垦民"薙发易服"入籍政策》、赵兴元的《清代移住图们江北的朝鲜移民》、宋健的《清代朝鲜移民的迁入与东北边疆的开发》、高乐才的《近代中国东北移民历史动因探源》、范立君的《民国时期东北关内移民动态的考察》。

三、北部边疆史地研究

国内学者本年度发表学术论文70余篇，约65万字，主要集中于匈奴史、蒙古史、历代王朝的北疆治理政策等问题，其中值得注意的主要有两方面：

（一）匈奴史的论文在已有成果的基础上继续深化，这些论文所涉及的问题较多、内容广泛，既有对概念的探讨，如陈勇的《〈史记〉所见"胡"与"匈奴"称谓考》、马利清的《关于"原匈奴"概念的提出与界定》，又有对汉匈关系的论证，相关论文有王庆宪的《匈奴与西汉频繁密切的使节往来》、刘戈的《汉匈"和亲"的本来面目是什么?》、郝建平的《论文景时期的汉匈关系》、宋超的《汉匈战争与北边郡守尉》、余兆木的《新莽时期的汉匈之争》等；还有对匈奴辖区、人口、文化及婚姻制度等的论述，相关的论文主要有马利清的《从考古学文化的分布与传播看匈奴疆域的变迁》、丁万录的《匈奴休屠王"祭天金人"研究管窥》、王庆宪的《生活在匈奴地区的中原人口》、《中原贫民亡入匈奴地区谋求生存》、武沐的《对匈奴收继婚制度的再探讨——匈奴婚姻制度研究之一》。

（二）历代王朝的北疆治理政策是北部边疆史地研究中的重要方面，今年发表的论文主要集中于曹魏时期、宋辽金时期和元明清时期，相关论文主要有刘浦江的《再论阻卜与鞑靼》、李大龙的《简论曹操对乌桓的征讨及意义》、胡凡的《论明世宗对蒙"绝贡"政策与嘉靖年间的农牧文化冲突》、刘树友的《中国历史上最早的"一国两制"——辽朝北、南面官制述评》、刘肃勇的《金世宗北防鞑靼部族策》、穆崟臣的《试论清朝治理东蒙古的政策和措施》、特克寒的《清代热河蒙地的垦殖及影响》、樊明方的《清末外蒙新政述评》等。

四、西北边疆史地研究

本年度据不完全统计，我国学者出版学术专著1部，发表论文160多篇，既有对西北边疆地区与中原王朝关系、西北边疆的历史地位、西北古代民族史、西北社会史、历代王朝的西北边疆政策、近代西北开发、近代的西北考察等问题的宏观研究，又有对汉代西北地区史事、吐谷浑史、归义军问题、西夏史、清代新疆治理、新疆近现代史事等的具体论述，其中以下几个方面值得关注：

（一）在西北边疆地区与中原王朝关系、西北边疆的历史地位方面，今年有许多学者撰文探讨，使相关研究进一步深化。对于西北边疆的历史地位，特别是各个时期西北地区与中央王朝的关系及作用与影响，过去的论著已经有所论述，本年度有关论文则较多地从国家安全、边防、经济发展战略等几个方面进行集中探讨，比较有代表性的是杨红伟、高原的《论西北在中国边防与国家安全史上的地位与作用》、杨红伟的《汉唐明时期中原王朝在西北的边防设置述要——兼论西北开发的重要意义》、刘光华的《西汉西北边塞》、王尚达和杨恕的《新疆与历代中原王朝政治关系的计量分析》、王欣的《新疆和卓之乱与清朝的治乱》等。其中，《新疆与历代中原王朝政治关系的计量分析》一文把历史上新疆地区与中原王朝的政治关系划分为四类，即整个新疆处于中原王朝辖治之下、新疆部分地区处于中原王朝统辖之下、新疆部分地区臣属中原王朝、新疆地区各地方政权与中原王朝保持一般关系，采用了计量历史学的方法进行统计和分析，得出的结论是"在所统计的2012年时段内（公元前101年至公元1911年），这四类关系存在的年代所占的百分比分别约为：37.0%、30.1%、7.4%、25.5%。在2012年的历史中，新疆地区有67.1%的时期全部或部分是受中原王朝管辖的，保持臣属关系和一般关系的占32.9%"，因此"2000多年以来，新疆地区大部分时间处于中原王朝辖治之下，这种关系的数量程度规定了这种关系的性质，即新疆是中国领土的一部分，这是不容置疑之事实"。

（二）历代王朝的西北边疆政策，特别是明清时期西北（含新疆）边疆的治理研究取得了新的进展，不仅出版了马大正等著的《新疆史鉴》，而且发表了大量的论文。《新疆史鉴》分治理、民族、宗教、文化交融、屯垦戍边等篇，回顾了新疆历史发展的进程，较为系统、全面地论述了各个时期各个方面的史实，在此基础上得出了一系列结论，比如在新疆的治理方面主要有：（1）从设置西域都护府到新疆建省的历史表明，尽管由于受到势力强弱等因素的影响，历代王朝对包括今新疆在内的西域地区的管辖方式不同，但总的发展趋势是新疆和内地的联系不断加强，中央王朝对新疆的管理不断深入，由此也决定了新疆是我国领土不可分割的重要组成部分；（2）新疆成为中国的重要部分虽然是新疆和内地联系不断密切的必然结果，但各民族人民以及历代政治家在其中也发挥了积极的作用；（3）在历代王朝治理新疆的过程中，与统一相对立的是割据和分裂现象的存在，成为历代王朝治理新疆的制约因素。割据和分裂虽然都是历代王朝统一新疆的阻碍，但二者并不是具有相同的含义，而是两个不同的概念。在新疆的历史上，既存在着割据政权，也有分裂政权，但总体而言前者一直居于主导地位，后者则是在19世纪之后成为影响新疆稳定的主要因素。（4）屯垦戍边是中国治边政策的主要内容之一，极富中国特色，实践也证明是行之有效的，而屯垦戍边是历代王朝治理新疆政策的重要内容之一，其特点是时间长、范围广、人数多、种类全且以民屯为主，而各个王朝的战略重点的差异又决定着屯垦区域的变动。

有关论文分别从不同视角对西北史地的各种问题进行阐发、探讨，有的论文通过比较研究的方法对清代的新疆治理问题进行论述，如万雪玉的《十九世纪中俄亚洲腹地行政管理制度比较研究》，对中俄两国不同的管理模式、制度进行了比较分析；有的论文从民族关系的角度探讨了明清时期的西北治边政策，如李文君的《浅析西海蒙古与明朝的通贡互市》、王东平的《关于清代回疆伯克制度的几个问题》、张文灿的《清朝治理新疆的民族政策评析》等；还有一些论文从西北治边机构、边防的视角进行研究，如周松的《明洪武朝陕北边防及其特点》、程利英的《明代关西七卫与西番诸卫》、童远忠的《清朝前期新疆防务建设述论》、《建省时期新疆防务建设全面展开之原因》以及马长泉的《新疆卡伦的设立及作用》等。

五、西南边疆（含西藏）史地研究

本年度成果丰硕，有一批高水平的论著发表，出版了专著4部、论文集1部，发表论文120多篇。这些论著深化了吐蕃史、古代西南边疆（含西藏）的治理、南诏史、大理史、古代西南移民及其作用等问题的研究，并在上古西藏与波斯文明、近代日本与中国西藏的关系、藏彝走廊、20世纪上半叶的西藏、云南治理等问题上取得了新的突破。

（一）一些以往关注较多的问题，如吐蕃史、元明清时期治藏政策、南诏史、大理史、古代西南移民及其作用等，今年虽然发表论文的数量有所减少，但在已有成果的基础上有所深化。比如吐蕃史研究方面，林冠群的《吐蕃赞普墀祖德赞研究》、杨铭的《吐蕃统治鄯善再探》、古格·其美多吉的《小考吐蕃798—804年历史》、严寅春的《崔河图使蕃考》等文章就有关问题进行了更为深入、系统的研究，而王启龙译的《古代吐蕃碑铭研究——李方桂、柯蔚南〈古代西藏碑文研究〉摘译之一、二、三》，把美籍学者李方桂、柯蔚南的相关研究成果介绍给学术界，增进了中外学术界的交流。又如，古代西南边疆（含西藏）的治理问题以往研究较多，而今年的一些论文在吸收前人成果基础上，或者从新的视角，或者挖掘新资料，使有些题目的研究更加深入，代表性的论文有程印发的《试论西汉对西南夷地区的经略与开发》、刘复生的《宋朝西南边疆民族地区的土地赋税政策》、李烨和卢明辉的《八思巴对元代西藏纳入中国版图的重大贡献》、黎小龙的《明代西南总督与民族社会冲突调控》、何孝荣的《明代皇帝崇奉藏传佛教浅析》、陈楠的《关于明成祖遣使召宗喀巴史事补证》、邓锐龄的《拉萨现存雍正时摩崖考释》、冯智的《清朝用兵驻兵西藏制度的形成、发展和影响》等。

（二）由于种种原因，以前学者们对一些问题涉及较少，研究较为薄弱，比如上古西藏与波斯文明、近代日本与中国西藏的关系、藏彝走廊、20世纪上半叶的西藏、云南治理等，今年取得了丰硕成果，一些论著使它们有所突破、有所创新。在上古西藏与波斯文明研究方面，由于语言、资料的限制，我国学者的研究进展缓慢，本年度张云著《上古西藏与波斯文明》大大深入了这一课题的研究。该书充分利用汉、藏、英、日、俄等语种的文献资料，阐述了西藏古代文明的发展阶段、基本特征、核心内容，并重点研究了象雄与波斯文明、吐蕃与波斯文明之间的联系、相互影响和相互认知等问题。

近代日本与中国西藏的关系是中国西藏地方涉外关系研究中较为薄弱的课题，虽然有少量的论文发表，但难成系统，所用日本档案资料也较少，近年来一些学者注重对日文档案的发掘，使这一课题的研究获得重大突破。秦永章著《日本涉藏史》是国内外第一部比较全面地介绍和论述近代日本（1868—1945年）与中国西藏地方之间历史关系的学术专著，也是本年度这一研究的代表性成果，该书利用了大量的日文档案，以日本近代史中的明治、大正、昭和三个历史时期为顺序，较为系统地论述了自19世纪末至20世纪中叶日本渗透侵略中国西藏的具体过程，以大量的事实揭露了日本帝国主义染指西藏的真实面目。

藏彝走廊地区是指今川、滇西部和藏东横断山脉高山峡谷地区，内有怒江、澜沧江、金沙江、雅砻江、大渡河、岷江六条大河自北向南并流，形成若干南北走向的天然河谷通道，是历史上西北与西南民族之间进行沟通交流的重要通道。对于这一地区，1978年9月费孝通先生在政协全国委员会民族组会议上论及民族识别时提出了“藏彝走廊”这一概念，认为这一地区“沉积着许多现在还活着的历史遗留，应当是历史与语言科学的一个宝贵的园地”。对于藏彝走廊，我国学者陆续发表了一些文章，而石硕主编的《藏彝走廊历史与文化》集中地反映了近年来的有关成果，并把这一研究向前推进了一大步。该论文集不仅收录了费孝通先生给“‘藏彝走廊’历史文化学术讨论会”的贺信及会议论文20多篇，对“藏彝走廊”的概念进行了阐发，同时又从地理学、民族学、历史学、考古学等角度对相关问题展开了论述，而且附录了1949年以前藏彝走廊研究论文索引。

20世纪上半叶的西藏、云南治理，涉及到许多问题，由于种种原因，长期以来研究比较薄弱。随着研究“禁区”的打破、新材料的不断公布，近年来不断有新的成果发表，又主要集中在民国时期相关问题上，在2005年又有一批选题新颖、论证较为深入的论文发表。西藏方面，如刘永文、德萨发表了《晚清〈时报〉与中国西藏》、《〈神州日报〉与中国西藏》，指出《时报》、《神州日报》及时报道关于西藏的重大政治事件、全面介绍政府的筹藏方略及其民间对西藏问题的关注、转译外国报纸对西藏问题的介绍，这些报刊资料可以帮助我们了解当时的舆论导向、批驳现实中分裂西藏的错误舆论及其行为；孙宏年的《1912—1949年西藏“自治”方案的考察》论述了1912—1949年间中国中央政府、以班禅为代表的西藏爱国力量、西藏地方政府和英帝国主义在西藏“自治”问题上的不同方案，分析了这些方案的内容、性质。此外，郎维伟的《国民政府在第三次康藏纠纷中的治藏政策》、张双志的《孙中山与西藏》、徐中林和王希隆的《吴忠信与西藏》、桑丁才仁的《玉树哗变及其有关问题探析》、美郎宗贞的《“邦达昌”反叛噶厦政府始末考》，也都从新的视角涉及到民国时期的西藏治理问题，并且论证都有一定的深度。在云南方面，民国时期治理的相关问题由于资料的发掘、视角的变化也取得新成果，代表性论文有张文芝的《抗战时期国民政府对云南边疆民族地区的治理》、马玉华的《20世纪上半叶民国政府对西南边疆少数民族的调查》、《云南边疆行政设计委员会述论》。

六、东南、海疆问题研究

2005年国内学者在东南、海疆方面的研究也取得了明显的进展，发表论文90多篇，主要集中在元明清时期广西史地、南海问题、台湾近现代史、海防、郑和与海疆等方面，南海问题、台湾史的研究又尤其值得关注。

南海问题长期以来就是海疆研究的重点，已经取得了许多成果，如何把历史学、地理学、法学、地缘政治学等多学科的知识、理论结合起来，进一步深化研究，特别是解决一些重大的问题，已经成为研究中的重要方向。在本年度发表的论文中，一些论文就力图结合多学科理论有所创新，如南海“断续线”一直为中外学术界所关注，但又见仁见智，难以形成为各方所接受的合理解释，贾宇的《南海“断续线”的法律地位》对这一重要的问题进行了较为深入的研究，认为存在于南海的九条以国界线方法标绘的“断续线”确认了中国对线内岛礁滩沙的主权和对周边海域的海洋权益，“断续线”与领海外部界限、专属经济区和大陆架范围主张线、菲律宾“条约线”等有着本质的区别，因而南海“断续线”的法律地位在维护中国在南海的海洋权益方面有着特殊的作用和意义。又如，海洋法公约对于南海问题的解决有何影响，也是需要我国学者回答的具有现实挑战意义的理论课题，李金明的《海洋法公约与南海领土争议》就论述了海洋法公约中有关专属经济区、大陆架、岛屿、岩礁、群岛国、群岛水域等问题对南海领土争议的种种影响，对此进行了较为系统的分析，认为联合国海洋法公约自产生以来，原先存在的南海主权争议不仅没有得到解决，反而更趋复杂化，其原因与海洋法公约中一些尚未提及的问题有着密切的联系。

本年度台湾史研究的论文中涉及各个时期，又较多集中于清代和日据时期及光复初期，这些论文在已有成果基础上，对相关问题进行了探讨，使这些课题的研究更加深入。清代台湾移民、文化、社会方面有刘正刚的《清代移民开发边疆与少数民族关系——以台湾为例》、毛晓阳的《清代台湾进士增补考》、史坤杰的《论清代台湾社会的转型》、徐心希的《清代台湾海峡的自然灾害与闽台贸易》等。清代台湾的政治、军事与治理方面有古琳晖的《清代台湾行政区划变迁考略》、李中勇的《康熙统一台湾期间清廷与荷兰的军事接触》、邓孔昭的《试论刘铭传的台湾建省方案》等。日据时期及光复初期的论文较多，如褚静涛的《台籍志士与台湾省制之设计》、陈小冲的《日据时期台湾民族运动中的阶级斗争问题——以台湾民众党为中心之研究》、黄新宪的《论日据时期台湾民众对“皇民化运动”的抵制》、陈小冲的《1945年台湾光复若干史事分析》、白纯的《光复初期台湾的贸易管制政策（1945—1948）》等。

（孙宏年）

学术成果·著作

汉唐藩属体制研究

（李大龙　中国社会科学出版社2005年版）

该书是作者近20年来研究的综合性研究成果。作者长期从事汉唐边疆民族史的研究，侧重于边疆民族管理机构、民族关系、民族政策等方面的研究，《汉唐藩属体制研究》是从新的角度对汉唐边疆史进行的理论性探讨。其特点主要有：（1）选题新。长期以来，学界在研究历代中央王朝合边疆民族乃至邻国关系时多从羁縻统治或“宗藩”关系的角度进行，但实际上在古代中国的统治观念和具体实践中，历代王朝一直是将与边疆民族乃至现代的邻国的关系作为一个整体来处理的，它们都被视为卫护核心区域——中原地区的“藩属”，只有这样才能更深入地揭示历代王朝与边疆民族乃至现代的邻国的关系。该书选取汉唐为例证，从藩属的角度对汉唐王朝的边疆经略进行了系统阐述，为古代中国疆域研究开拓了一个新的视角和领域。（2）论述系统全面。该书由上下两编构成。上编论述的是“两汉王朝藩属体制的构筑和维系”，由两汉王朝藩属观念的形成和发展、西汉时期藩属体制的建立和维系、王莽新朝藩属体制的调整、东汉王朝的藩属体制等4章组成，不仅探讨了先秦时期天下观、夷夏观、服事制理论对两汉藩属观念形成的影响，也对两汉王朝藩属体制的构筑及其维持其运转的诸多因素进行了探讨。下编由唐王朝藩属观念的形成和发展、唐王朝藩属体制的构筑、唐王朝藩属体制的维系3章组成，不仅探讨了魏晋南北朝以来夷夏观对唐王朝藩属观念的影响，而且也系统阐述了唐王朝藩属体制的构筑过程，以及礼仪制度、管理机构、使者往来、册封朝贡政策、武力讨伐等在维系藩属体制运转方面的作用。将汉唐藩属体制的构筑和维系联系在一起进行探讨，更有助于阐明古代中国藩属体制形成和发展的历程，也有助于深入了解汉唐疆域的构成乃至在古代中国疆域形成中的作用。（3）提出了许多新的观点。由于研究视角新颖，作者的许多观点都给人耳目一新的感觉，诸如作者认为武力征服是汉唐王朝维持藩属体制运转的最后手段，突破了以往认为武力征服是边疆政策的主要政策的观点，对于我们重新认识历代王朝治边政策颇有启发。再如作者在“余论”中认为藩属体制和分封制度既有关联也有差异，主要差异是分封的方式不同、在统治体系中的地位不同、保卫的对象不同；藩属体制是中央王朝对藩属地区实施管理的主要方式，同时也是我国古代王朝统治体系的重要组成部分；藩属区域和中原地区关系的不断密切，乃至融为一体，促进了中国古代疆域的形成。这些认识对于我们研究中央和地方的关系、古代中国疆域的形成等都具有重要的参考价值。

［李大龙，1964年生，中国社会科学院中国边疆史地研究中心《中国边疆史地研究》杂志编审、编辑部主任、主编。出版著作《两汉时期的边政与边吏》、《唐朝和边疆民族使者往来研究》、《都护制度研究》。2005年发表的论文有：《刘渊政权的出现与北疆民族主动认同“中国”的开始——中国古代疆域形成理论探讨之二》（合作）、《西汉王朝藩属体制的构建和维系》、《简论曹操对乌桓的征讨及意义》。］

上古西藏与波斯文明

（张云　中国藏学出版社2005年版）

该书是国家社会科学基金青年项目课题的最终成果，也是作者历时十年精心研究的一项科研成果，其特点主要有三：（1）该书征引资料丰富，甄别资料缜密，论据充分。该书在前人研究的基础上，从古藏文、古波斯文、古汉文文献原典入手，利用近20年来西藏及中亚、西亚等地考古研究成果，对上古西藏与波斯文明之间的关系进行了系统和深入的研究。征引及参考文献达数百种之多，所用资料均经过作者认真分析甄别分析，做到言必有据，论证充分。（2）敢于探索，勇于创新，填补了学术界诸多空白点。该书运用宏观分析和微观考据的方法，解决了本领域的许多疑难问题。本书对古代藏语中包含苯教含义的词汇和波斯语中包含祆教含义的词汇关系的考证，对波斯祆教与西藏古史传说关系的论述，对佛教、景教、摩尼教传入西藏诸问题的论证，对麝香、马球、古代风俗起源等问题的论述，等等，多有创新。（3）该书层次清晰，逻辑严密，详略得当，严谨扎实，具有良好的学术规范。该书是目前国际学术界有关本问题研究的第一部学术专著，具有重要的开创意义，被专家称为“目前中国学术界在本领域可与国际学术界直接对话的、具有较高学术价值的学术专著”，“是一部具有原创性的优秀学术著作”和“学术精品”。除导论和结论之外，全书正文分上、下篇，共14章，主要观点是：（1）从远古时代开始，原始印度—伊朗民族的祖先部落雅利安人在从中亚草原南下迁徙过程中，即有一部分进入到青藏高原西部地区，在这里过着游牧的生活，并同青藏高原地区的原始居民发生了密切的联系。（2）在漫长的历史时期，来自中国新疆地区和中亚其他地区的东伊朗语族民族，诸如，乌孙、月氏、嚈哒等相继南下，也有一部分进入到青藏高原北部和西部地区，定居下来，他们的文化与古代波斯文化保持着一定的共同特征和密切联系。（3）在阿契美尼德王朝和波斯萨珊王朝时期，波斯帝国的疆域都邻接我国青藏高原地区；在马其顿亚历山大大帝征服前波斯帝国时期，遭遇迫害的波斯人也可能向东逃亡进入青藏高原地区。同样，在吐蕃王朝崛起以后，吐蕃的势力向西扩张也进入了波斯文化普遍流行并长期存在的中亚地区。（4）在吐蕃与波斯交往过程中，一些商业民族扮演了十分重要的角色，东部伊朗语族民族粟特人即是，他们的文化本身就与波斯文化有着极其特殊的内在联系，而他们通过在吐蕃和波斯之间从事长期和频繁的商业往来，担当起文化传播的中介者的角色，在这两地区民族和文化的交流中发挥了重要的作用。（5）在吐蕃与波斯的文化交流中，宗教文化占据显著的位置，特别是在波斯作为“国教”的祆教与吐蕃地区原始宗教“本教”之间的交往更是核心内容，其中以祆教对本教的形成和发展产生深刻和巨大影响最为突出。此外，在中亚和波斯文化地区存在的景教、摩尼教、伊斯兰教信仰，都在这个时期或者稍晚时期影响到吐蕃。(6) 波斯的其他物质文化和精神文化也在象雄或西藏的部分地区产生了影响，例如，天葬习俗、一妻多夫婚姻制度、赞神崇拜、马球运动、医学，以及动物图案和纹饰等即是。(7) 双方的文化交流是双向的，吐蕃文化同样对波斯产生了影响，例如，吐蕃麝香及加工技术输入波斯，以及可能存在的吐蕃地方的高原医学等对波斯宫廷贵族生活的影响。此外，在伊朗发现古代的本教文献应是一个可贵的信息。

[张云，1960 年生，历史学博士，中国藏学研究中心历史研究所研究员，中国中外关系史学会理事、中国少数民族史学会理事。出版《唐代吐蕃史与西北民族史研究》、《上古西藏与波斯文明》、《元以来西藏地方与中央政府关系研究》等著作，发表的论文有《茶马古道长，藏汉情义深——西藏和内地之间茶马古道探幽》、《黄颢研究员与藏学研究》等。]

新疆史鉴

（马大正　新疆人民出版社 2005 年版）

该书是作者主编、集体合作的成果，全书由导论、治理篇、民族篇、宗教演变篇、文化交融篇、屯垦戍边篇组成。该书的特点可以从以下三个方面体现出来：

一是选题有现实意义，且论述完整、系统。研究新疆历史应面对现实和未来，首先是当代新疆的现实向我们提出的要求。新疆是一个多民族聚居、多宗教汇集的地区，维护各民族团结和社会稳定本来就面临着许多困难，而且还要在这基础上促进新疆经济社会的发展，其所面临的困难自然更多。一方面，我们对新疆历史的研究，尤其是对历代王朝治理新疆政策成败得失的研究，可以为现代新疆的发展提供借鉴，同时我们更应该关注现代的新疆，将现代新疆也纳入研究范围之内，使研究直接服务于现实，服务于未来；另一方面，正确地阐述新疆的历史，以驳斥分裂势力对新疆历史的歪曲和篡改，也需要新疆历史的研究者关注新疆的现实。全书对新疆历史发展中的 5 个基本问题作了较为详细的阐述：(1) 历朝各代对新疆的治理；(2) 新疆是各民族共同生活的大家园，不是哪一个民族的家园；(3) 多种宗教在碰撞中并存；(4) 多元文化的共存、交融与互补；(5) 屯垦戍边的历史与现实等。研究新疆历史应面对现实与未来，《新疆史鉴》也是按上述五个基本问题立篇为：治理篇、民族篇、宗教演变篇、文化交融篇和屯垦戍边篇。

二是每一篇有一节简短的结语，对本篇的论述起到了画龙点睛的作用，也是该书最精彩的部分。对历史的探讨是为了服务于现实，对于新疆历史更是如此。新疆的发展也面临着许多挑战，如何维护多民族、多宗教地区的民族团结、社会稳定，如何打击分裂势力的活动，以及在新形势下如何促进新疆的快速发展等等，这都是当代新疆的现实对新疆历史的研究提出的重大课题，都是需要新疆历史的研究者们来回答的问题。该书每一部分的结语对相关问题的分析都是比较客观的，这得益于该书的作者长期从事地方史研究，是有感而发，得出的结论自然有说服力。

三是尽量减少了学术著作所共有的大量引用史料、枯燥乏味的弊端，用通俗的语言阐述历史，因而增加了可读性，这是该书的另一个显著特点。《新疆史鉴》在结构、文字等方面作了一些有益尝试，试图利用通俗的文字、活泼的结构来吸引更多的读者，这对于学术著作的撰写有一定的启示意义。

[马大正，1938 年生，中国社会科学院中国边疆史地研究中心研究员，博士生导师，中国社会科学院学术咨询委员会委员，国家清史编纂委员会副主任，中国社会科学院新疆发展研究中心主任。出版著作《马大正文集》（中国社会科学院学术委员会文库）、《20 世纪中国西部开发史》（主编）、《中亚五国史纲》（主编，再版）。发表论文《论中国历史上的边疆政策》、《东北边疆历史研究的回顾与思考》、《日野强和他的〈伊犁纪行〉评述》、《历史研究的资料收集与视点选择——以 18 世纪土尔扈特人东归故土为例》等。]

学术成果·论文

1912—1949年西藏“自治”方案的考察

（孙宏年　《西藏研究》2005年增刊）

1912年至1949年间，随着国内外局势的变动，英帝国主义、中国历届中央政府、西藏地方政府和以班禅为代表的藏族爱国人士都提出过西藏“自治”的设想或方案。本文分析了这四种方案的内容、性质及其特点，认为：

其一是英帝国主义在1912年就提出所谓的“西藏在中国宗主权之下保持内部自治”，似乎要支持“藏人治藏”的西藏“自治”，但西姆拉会议上它借西藏“自治”妄图侵占中国领土、把西藏变为缓冲国，此后继续打着西藏“自治”的旗号，扶持、利用西藏的分裂势力，阻挠中国政府在西藏的施政。1945年前后，它又想乘南京国民政府计划在西藏推行“自治”之机，使西藏由“完全自治”走向“完全独立”，甚至想把西藏“自治”问题提交联合国大会表决，阻碍“统一的中国”的出现。因此，这一方案决不是让西藏地区及其人民获得“自治”，而是借此拉拢西藏分裂势力，干预中国内政，企图把西藏从中国分裂出去。

其二是历届中央政府关于西藏“自治”的方案虽有差异，但都强调：一是西藏是中国领土不可分割的一部分，西藏地方要拥护中央，在此前提下实施西藏“自治”；二是西藏自治的区域仅仅包括传统上的前藏、后藏，不包含青、川、滇等省的藏族聚居区；三是保持西藏当时的政教合一制度，外交、国防、交通等重大事项由中央主持，中央还派出驻藏长官和一定人数的卫队，西藏的宗教、卫生、经济、文化等由西藏地方政府办理。这一方案强调中国对西藏的主权，力图在维护政教合一制度、保障农奴主阶级既得利益前提下，维护国家统一和边疆稳定，并未改变广大西藏人民的政治地位和生活状态。

其三是以班禅为代表的西藏爱国人士的方案，要点在于：（1）西藏是中国领土的一部分，西藏地方拥护中央，希望在此前提下实施自治；（2）应根据历史、文化等传统分为前藏、后藏两个自治区域；（3）西藏的自治可以参照清代形成的旧制实施，国防、外交权属于中央，经济、文教、卫生等均请中央拨给经费、技术人员协助办理，并派国防军驻守各地，并由中央特派办事长官指导办理国防、外交及政治事宜。这一方案强调了西藏在中国主权管理下的“自治”，与历届中央政府的思路是一致的，也代表了西藏一部分爱国上层人士的意见和呼声。

其四是西藏地方政府（噶厦）的方案。由于不同政治势力的影响和作用，噶厦“自治”方案始终摇摆不定，又深受西藏分裂势力、英帝国主义的影响，西姆拉会议上西藏地方代表提出“西藏独立”，对于“自治”问题当然不予考虑。随着西藏地方与中央政府联系不断加强，1928年前后噶厦逐渐转向拥护中央，但对于中央政府提出的“自治”方案的态度自相矛盾，不但在中央政府与西藏地方关系的根本问题上含糊其辞，甚至大讲所谓“中藏檀越关系”。1934年，噶厦提出“对外西藏为中国之领土，中国政府须答应不将西藏改为行省”，力图在保持原有政教合一体制下实行“自治”，以便最大程度地巩固既得利益。但1941年后，西藏分裂势力控制了噶厦，企图实现帝国主义卵翼下的所谓“独立”，对于中央提出的西藏“自治”方案不予回应，使以政教合一制为基础的西藏自治方案也失去了实施的可能。

综上所述，可以看到中央政府和以班禅为代表的西藏爱国人民始终坚定地维护国家统一，反对分裂，中央政府还计划在政教合一制基础上实施西藏自治。但是，由于英帝国主义的干预、侵略和西藏分裂势力的阻挠、破坏，即使是这种维护农奴主阶级既得利益的“自治”都不可能实施，更不要说使倍受剥削的西藏民众“出诸水火”的“自治”制度了。

［孙宏年，1972年生，历史学博士，现为中国社会科学院中国边疆史地研究中心副研究员。主要从事西南边疆史地、近代中外关系、西藏近现代史研究。独立完成并发表西藏历史研究方面的论文10余篇。出版《20世纪中国西部开发史》（合著）、《四海一家》、《清代中越宗藩关系研究》等著作。］

海洋法公约与南海领土争议

（李金明 《南洋问题研究》2005 年第 2 期）

联合国海洋法公约自产生以来，原先存在的南海主权争议不仅没有得到解决，反而更趋复杂化，其原因与海洋法公约中一些无提及的问题有着密切的联系。海洋法公约规定的 200 海里专属经济区，虽然使某些沿海国有机会扩展自己的海洋管辖范围，但由于地理位置的差异，各个国家得到的海区面积相差甚大。东南亚大多数国家都是聚集在浅海地区的沿海国，这些国家声称的 200 海里专属经济区必然会造成相互之间的重叠。因此，南海原先存在的主权争议必将因海洋法公约的实行而不断加剧。当然，根据海洋法公约有关专属经济区的规定，整个南海可能被分成许多国家的管辖区，但是，到目前为止这些专属经济区都尚未作出任何划分，其原因是作为专属经济区基础的领土本身还存在着争议，故在海上边界未划定之前，要完成专属经济区的划分是不可能的。

海洋法公约在规定大陆架为“陆地领土的全部自然延伸”的同时，又规定“如果从测算领海宽度的基线量起到大陆边的外缘的距离不到 200 海里，则扩展到 200 海里的距离”。这里暗示，“自然延伸”在大陆架划界的重要性已逐渐减弱。在南海，由于周边国家之间的海岸距离都在 400 海里之内，一个国家声称的 200 海里大陆架地区必然与另一国家的大陆架声称冲突，故“自然延伸”原则在这里可能起不了作用。特别在南沙群岛这些长期高于水面的岛礁，引起争议的不是划界的冲突，而是主权的归属，故以“自然延伸”原则提出主权声称，不仅不符合国际法领土取得的方式，而且使主权纷争更趋复杂化。

海洋法公约还规定，岛屿同其他陆地领土一样，可拥有领海、毗连区、专属经济区和大陆架；“不能维持人类居住或其本身的经济生活的岩礁，不应有专属经济区或大陆架。”于是，如何界定岛屿和岩礁就成了人们关注的焦点，因为这将影响到海域的划界，特别在南海这种拥有众多岛礁的海域。如何界定岛屿与岩礁的海域管辖范围，如何执行“维持人类居住”或“其本身经济生活”的标准，也将对南海的海域划界和主权争端的解决起到实质性的影响。

海洋法公约在群岛国部分规定了群岛基线、群岛水域等概念，使南海周边某些群岛国家借以扩大自己的管辖海域，从而大大缩小了公海海区，且将群岛水域等同于本国内水，于是出现了外国船只在群岛水域及主要海峡享有通行权等问题的争议。

总之，联合国海洋法公约虽然已被世界上绝大多数国家所接受，并被认为是管理海洋和利用海洋资源最重要的国际公约。然而，海洋法公约也留下了上述这些没有提及的问题，例如解决因划分专属经济区和大陆架而引起的争议问题；对“岛屿”与“岩礁”作出明确的界定，以及规定“维持人类居住或其本身的经济生活”的具体标准等等。所有这些没有提及的问题，使各国之间因领土主权与管辖权而引发各种争议，特别在南海地区，无疑将导致原先存在的主权纷争进一步复杂化，而有关这些问题的解决，尚有待于国际法律专家的研究及相关国家之间的妥善处理。

［李金明，1944 年生，厦门大学南洋研究院教授、博士生导师，中国海洋法学会常务理事，中国中外关系史学会理事兼学术委员会委员。在南海主权研究方面，已完成国家社会科学基金项目“我国南海疆域研究”、“南海主权与国际海洋法”、教育部人文社会科学规划基金项目“东南亚国家和南海主权纷争”。出版了《中国南海疆域研究》、《南海争端与国际海洋法》、《南海波涛：东南亚国家与南海问题》3 部专著。
通信地址：福建省厦门市厦门大学海滨东区 18—401（361005）
电子信箱：Ljm_ xm@263. net］

论明世宗对蒙“绝贡”政策与嘉靖年间的农牧文化冲突

（胡凡 《中国边疆史地研究》2005 年第 4 期）

明代嘉靖年间的北边危机与明朝对蒙“绝贡”政策有直接的关系，对于这一重大历史问题，学界尚少考察。

明王朝建立后，采取了允许各少数民族首领定期进贡、明廷给以丰厚的赏赐并可在会同馆进行一定程度的互市贸易的政策，由此形成周边少数民族与明廷的“朝贡体制”，即蒙古族向明廷表示政治上的臣服，各部接受明廷的册封；明廷对来朝贡的蒙古族给以优厚的赏赐、给赐、回赐物品；会同馆开市。这是当时中央与地方关系体制的特殊形态，即朝贡体制下的羁縻统治，是边疆少数民族高度自治情势下对中央王朝的认同；这是农业民族与游牧民族的双边经济交流，即朝贡体制下的朝贡贸易，它沟通了草原与内地的经济联系，弥补了游牧经济的不足和缺陷。它本质上反映的是中央与地方的关系，是蒙古族对中原王朝的向心力，是中华民族凝聚力的具体历史表征。

自永乐以迄弘治数朝，明廷与蒙古族的朝贡体制正常运行。从弘治十七年（1504）到嘉靖十一年春（1532），蒙明朝贡关系中断了将近 30 年。嘉靖十一年初，小王子在河套向明廷提出了通贡的请求，遭到拒绝后不久他就率部出套向东迁徙了。因此嘉靖年间蒙古族的通贡请求，主要是由俺答汗提出的。

嘉靖十三年，俺答就和明廷接洽通贡事宜。嘉靖二十年（1541）秋，俺答派石天爵第一次向明廷提出通贡请求，世宗的拒绝使俺答恼羞成怒，遂大举内犯。嘉靖二十一年闰五月，俺答再次派石天爵到大同请求通贡，结果被大同巡抚龙大有诱捕、处以磔刑并传首九边，引起俺答再次内犯。嘉靖二十五年五月，俺答第三次向明朝提出通贡请求，明朝又一次杀使绝贡。七月，俺答第四次提出了通贡请求，再次遭到拒绝。嘉靖二十六年二月，俺答第五次提出通贡之请，嘉靖帝则再次拒绝。到了嘉靖二十八年，俺答不断求贡，连遭拒绝，于是有“庚戌之变”的发生。

明世宗的这种“绝贡”政策是非常有害的错误政策。它违背了农业经济与游牧经济、农业文化与游牧文化之间互相交流、互通有无、互相补充的历史规律，给嘉靖时期的明蒙关系造成了直接的危害，制约了明代历史的发展。那么，明廷为何如此顽固地拒绝蒙古族的通贡请求？根源在于明世宗头脑中根深蒂固的轻视蒙古族及北方民族的思想；他性格上的刚愎自用、喜怒无常；再加上迷信道教的斋醮、一意修玄的宗教心理作祟，导致对蒙古族的政策反复无常。另外，当时的内阁统治集团也不能辞其咎；明朝中央政府内外弥漫的大汉族主义情绪，也影响着明廷的正确决策。

［胡凡，1951 年生，黑龙江大学历史文化旅游学院教授，历史学博士，中国明史学会理事，中国东北地区中日关系史学会常务理事，黑龙江大学中国古代史研究中心主任。出版了《清史》（合著）、《嘉靖传》。发表的论文有《〈清史列传〉标点商榷四则》、《文化新诠》、《论明世宗对蒙“绝贡”政策与嘉靖年间的农牧文化冲突》等。

通信地址：哈尔滨市学府路 74 号黑龙江大学历史文化旅游学院（150080）

电子信箱：hufan6678@163.com］

清朝用兵驻兵西藏制度的形成、发展和影响

（冯智 《西藏研究》2005 年第 2 期）

清代用兵驻兵西藏是清朝中央政府有效治藏的重要方面，是清朝对西藏行使主权，开展政治、军事活动和保卫边疆、安定地方的重要举措。该文论述了清代历次用兵西藏的基本历史，分析了历次用兵的起因、过程和结果。清朝用兵西藏始于康熙年间，发展和完善于雍正至乾隆时期，鸦片战争以后，清朝国势渐衰，用兵西藏趋于势弱。清朝用兵西藏，或平息内乱，或抵御外侮，用兵过后，一般厘定章程，调整和改革藏事，推动了清朝治藏不断完善。

康熙五十九年（1720），清朝第二次派兵进藏驱逐准噶尔对西藏的占领，随

即彻底废除西藏蒙古汗王和第巴制，任命藏族官员为噶伦，组成西藏地方政府，同时决定在西藏开始驻兵防守，清朝用兵驻兵西藏制度由此建立。雍正六年（1728），清朝再次用兵以平息西藏噶伦内讧的“阿尔布巴事件”，事后，清朝正式设立驻藏大臣制度，同时驻兵西藏形成惯例。乾隆时期，清朝又分别于乾隆十六年（1751）、乾隆五十四年（1789）和乾隆五十六年（1792）大规模用兵西藏。特别是乾隆五十六年，清朝派遣大将军福康安统领精锐清军入藏，在西藏人民的支持下，一举打败廓尔喀入侵者，维护了国家的统一。福康安在带兵驻藏期间，遵奉谕旨，积极与西藏地方上层协商，制定改革藏事的善后章程，最后在战事结束之后，经过谕批，颁布了著名的《藏内善后章程二十九条》，它对清朝自顺康以来的治藏经验作了系统总结，对清朝管理西藏从政治、军事、经济、宗教、法律和外事等方面作了重要规定，它同时标志着清朝用兵驻兵西藏的制度趋于制度化和常规化。

但是，嘉庆以后，清朝开始步入多事之秋，伴随国势渐衰，对驻藏官兵的管理也逐渐弱化，诸如维持驻藏官兵的基本待遇、安心戍边、按班更换等问题相继出现。近代帝国主义加紧侵略原为清朝藩属的喜马拉雅诸山国，清朝无力保护诸藩属，而采取“不闻不问”、“少管闲事”的错误策略。清朝外受帝国主义的侵略，内遭太平天国运动的打击，清朝对藏的军事力量受到牵制，因此当廓尔喀和森巴人入侵西藏时，不得不在外交和军事上采取被动手段应对外敌的入侵事件，晚清政府用兵驻兵西藏之制大为减弱，这与近代中国的命运不无关系。

总结清朝用兵驻兵西藏制度的历史影响，无论在政治和军事方面，还是在经济和文化方面，都是影响巨大，意义深远。它保卫了边疆，巩固了国防，安定了西藏，推动了西藏地方对中央政府的向心力，促进了西藏地方政治、军事、经济和文化的积极发展，为维护祖国统一和民族团结作出了重要贡献。

［冯智，1963 年生，中国藏学研究中心藏族历史研究所副研究员、副所长，中国藏学研究中心重点课题暨国家项目《西藏通史》子课题《西藏通史》（清代上卷）主编，国家社科基金项目“历辈达赖喇嘛转世系统与生平研究”（2005 年结题）副主编，其中撰写七世、八世、十三世和十四世达赖喇嘛的研究章节。《磨盘山关帝庙调查报告》获中国藏学研究中心 2004 年科研成果一等奖。发表的论文有《关于西藏寺院文物管理与安全问题的调研报告》、《清朝遣藏最高将领福康安治藏建树》、《清朝用兵驻兵西藏制度的形成、发展和影响》、《略论五世班禅在康雍治藏中的历史作用》、《理塘寺早期政教史初探》等。

通信地址：北京北四环东路 131 号中国藏学研究中心历史所（100101）

电子信箱：jetanlobdan@hotmail.com］

大事记

2005 年中国边疆史地研究大事记

2 月 1—3 日，《新疆通史》编纂委员会召开全体会议，《新疆通史》的编撰工作正式启动。《新疆通史》计划分 13 卷 15 册，每卷 25 万至 30 万字，共约 400 万字左右，从 2006 年进入编写阶段，花 10 年时间完成出版发行。《背后疆通史》将采取通史加专史的编写体例，前 9 卷内容从史前时期、两汉至民国到当代，讲述每一历史时期时代特点、政治、社会、经济、文化、周边关系及人物等内容。专史部分有民族卷、宗教卷、屯垦卷。各卷都附有大事纪年、古今地名对照表和对应历史时期的新疆地图、所述时代文物、文化遗址图片和主要参考论著目录。为了将此书编成一部高水平、高质量的多卷本，还将编共 12 册的《新疆通史资料汇编》。编写人员将赴俄罗斯、英国及北京、南京等地，查阅和收集中国明清和民国等各个时期所有与新疆有关的历史档案资料，并翻译 10 部左右近 20 年来国外学者对新疆历史研究的成果，以供参考。

5 月，国家社会科基金特别项目“新疆历史与现状综合研究项目”在北京举行第一次专家委员会会议，会议通过了“新疆项目管理办法”、“新疆项目经费管理办法”及“课题指南”，这标志着“新疆项目”已全面启动。今年 3 月“新疆项目”办公室发布了招标课题信息，截止到 5 月初共收到来自全国各地的申报书 46 份，经过专家评审和严格审核，专家委员会已经通过立项 25 个年度课题。该项目希望通过专家学者的共同努力，在该领域推出一批精品学术成果，整理一批有重大价值的档案史料，并在此基础上培养和造就一批从事新疆研究的学术带头人、学术骨干和后备人才，为包括新疆史地研究在内的中国边疆史地研究学科的发展起到推动作用。

7 月 25—29 日，中国西部少数民族地区经济发展与历史文化研讨会在云南省景洪市召开。此次会议由云南大学西南边疆少数民族研究中心与陕西师范大学、云南省西双版纳州政府等合办，来自中国、美国、日本、韩国、泰国等国家的 150 位代表参加会议，会议就西部少数民族地区经济发展与历史文化方面问题展开研讨。

8月19日，首届“中国蒙古学国际学术讨论会”在内蒙古自治区呼和浩特开幕，来自世界13个国家和地区300多位蒙古学家参加。这次会议由内蒙古社会科学院，内蒙古大学、内蒙古师范大学共同主办，为期5天，主题是“中国蒙古学研究的回顾与展望”，会议分语言、文学、历史与文献、草原文化与民俗4个分会，收到240多篇论文。

9月，“中国历史上的西部开发国际学术讨论会”在银川举行，本次会议由中国史学会和宁夏大学联合主办，来自法国、日本、中国的100多位专家学者参加研讨。与会专家学者探讨并总结了我国历史上西部开发的经验和教训，为当代中国西部开发事业提供了有益借鉴。

11月7日，“中国边疆考古学术讨论会”在成都召开。此次会议由教育部人文社会科学研究基地吉林大学边疆考古研究中心、四川大学/西藏大学中国藏学研究所共同举办，收到论文及论文提要50余篇，来自我国大陆及香港地区各高校、省市自治区考古研究所、民族研究所等近50余所学术机构的120名代表出度会议。会议分七场次举行了为期两天的大会研讨，研讨主题涉及吐蕃与丝绸之路、北方边疆考古、西南地区民族与考古、边疆地区古代人种、边疆考古学的理论与方法等。

12月7日，“中日东海问题：现状与展望研讨会”在京召开，此次会议由中国社会科学院中国边疆史地研究中心、日本研究所和《太平洋学报》编辑部主办，来自北京大学、中国人民大学、中国政法大学、外交学院、青岛大学、国家海洋局海洋发展战略研究所、海军军事学术研究所、中国社会科学院等单位的专家学者40余人围绕中日东海争端的历史与现状、中日东海划界主张的法理依据等问题进行了讨论。

（中国社会科学院边疆史地研究中心）

图书馆学

综　　述

2005 年中国图书馆事业发展综述

2005 年，我国的图书馆事业仍处于历史上最好的发展时期，公共图书馆、高校图书馆、专业图书馆以及图书学教育与研究工作都成绩斐然，保持了良好的发展势头。

一

随着中国经济的持续快速增长，中国的城市发展也很快。在这一进程当中，除了国家级、省级和市县级图书馆发挥了重要作用外，作为中国公共图书馆的新形态，社区图书馆的兴起成为一个新的亮点。

据文化部统计，截至 2005 年底，全国共有公共图书馆（县以上）2，762 所，工作人员 5 万余人。公共图书馆藏书总量 4．8 亿册（件），比 2001 年 4．2 亿册（件）增长 0．6 亿册（件）；馆舍面积达 1，004 万平方米，比 2001 年的 561．8 万平方米增长了 443 万平方米；财政补助收入 27．78 亿元，比 2001 年的 15．3 亿元增长了 12．48 亿元。

中国国家图书馆二期工程及国家数字图书馆工程正式开工建设，标志着中国公共图书馆事业发展迈上一个新的台阶。

同样，高校图书馆（包括民办大学图书馆）、科学与专业图书馆、中央国家机关图书馆以及军队院校图书馆、医院图书馆、党团院校图书馆以及工会图书馆等其他各类型图书馆在购书经费、藏书数量、馆舍面积、网络信息技术、信息服务以及学术研究等各个方面都有了较大的发展。

为认真贯彻党的十六大和十六届三中、四中全会精神，树立和落实科学发展观，进一步加强对图书馆事业的管理，提高图书馆工作的质量和水平，促进图书馆事业的发展，文化部于 2004 年在全国开展了第三次县以上公共图书馆的评估定级工作。这项工作在 2005 年完成。6 月 22 日，《文化部关于命名一、二、三级图书馆的决定》（文社图发［2005］15 号）正式发布，确定全国 1440 个图书馆达到三级以上图书馆标准，决定命名首都图书馆等 344 个图书馆为“一级图书馆”称号；北京市通州区图书馆等 412 个图书馆为“二级图书馆”称号；天津市武清区图书馆等 684 个图书馆为“三级图书馆”称号。

2005 年，教育部继续对北京大学等 128 所高等学校进行本科教学水平评估，其中也包括对这些学校图书馆的评估。通过评估，交流了高校图书馆管理的工作经验，肯定了成绩，指出了不足，进一步推动了高校图书馆事业和学术研究工作的发展。

二

2005 年，我国图书馆学研究成果显著，继续呈现从传统图书馆学向现代图书馆学转型与过渡时期的特征。

2005 年发表的有关论文，不但在数量上创新高，而且重点突出，基本上反映网络环境下图书馆学研究的变化与发展。通过这些论文，可以看出图书馆学研究出现新的整合之特点：传统观念与现代概念的整合、国际化和本土化研究的整合、技术与人文研究的整合。图书馆学研究的主题日益广泛，尤其是基础理论研究、图书馆学的基本问题、中国图书馆学本土化、图书馆精神、图书馆学的研究方法以及知识管理等问题，成为研究的热点与焦点。此外，还包括图书馆发展、当前形势下图书馆的职能定位与类型、图书馆权利与行业自律、开放存取、新的服务理念、创新服务方式、数字参考服务、知识服务、用户信息素质、图书馆管理概念、信息资源建设理论、信息组织、信息资源整合、评估以及共建共享、数字图书馆建设（包括概念研究、功能研究、体系结构及标准与规范）、元数据研究（包括格式、体系、标准和相互操作）、数字图书馆与版权、数字图书馆的安全问题、数字资源的长期保存以及数字图书馆的评价等问题。

三

2005 年，以中国图书馆学会为中心，图书馆界积极开展学术交流及学术活动，参与学习型社会建设，进一步提高图书馆的认知度和社会影响力，以实现和拓展图书馆的社会价值。

除了全国性的年会、“第九届全国省、自治区、直辖市、较大城市图书馆馆长联席会议”、“第一届全国图书采访工作研讨会”、“和谐社会中的图书馆”、“百县馆长论坛”、“国家历史文化名城图书馆馆长论坛”、“图书馆服务与发展创新理论研讨会”、“中国图书馆学会新年峰会”等重要会议外，其他各级各类图书馆组织也召开了各种形式的学术研讨会与活动。

1月19日，首届“知识工程推荐书目”发布会在文化部召开。全国26个省、自治区和直辖市的148家出版社的1450册图书参与申报，有112家出版社的273种图书被评为“知识工程推荐书目”。

2005年，中国图书馆学会与中国科协科普部一起承办了“解读科学发展观”图书、音像、期刊及音像作品的活动，推出“解读科学发展观书刊推介书目”，同时还承办了由中国科协主办的全国科普日分会场的宣传活动。此外，中国图书馆学会受文化部委托，首次承担了《公共图书馆建设标准》的编制工作；完成了文化部委托的第三次全国公共图书馆评估定级工作以及接受劳动和社会保障部与文化部委托的文化行业国家标准培训教材的编写工作；起草了《中国图书馆学会关于网络环境下著作权问题的声明》。为纪念联合国教科文组织确定的“世界图书与版权日”十周年，中国图书馆学会还联合其他有关单位共同举办了阅读推广公益活动。

在12月“读书月”活动期间，很多图书馆举办丰富的免费学术讲座，向读者推介最新的图书馆藏信息和服务。在4月23日的“世界图书与版权日”，全国各地图书馆纷纷开展不同的主题活动，如“让图书走进社区”、“阅读与人生”、“共享文化资源，营造读书环境，共建和谐社会”等，通过作文、经典诵读比赛和公益宣传等，扩大图书馆的吸引力，让更多人认识到，图书馆是个人终身教育的一部分。

2005年，全国各级各类图书馆组织还举办了各种培训班、展览会以及学术讲座。

四

2005年，中国图书馆界继续扩大与国际和港澳台地区的交流，开阔我国图书馆员的视野，促进了图书馆事业的进一步发展。

8月份，全国有近200名图书馆代表出席了在挪威召开的以“图书馆——发现之旅”为主题的第71届国际图联大会暨理事会。我国有4位图书馆员在会上发言，其论文入选大会论文集。2005年是国际管理委员会及部分专业常设委员会的换届选举年，中国科学院文献情报中心主任张晓林博士当选该委员会委员；另外，我国还有19位图书馆员当选或继任国际图联不同专业组的委员。这些专业委员积极参与其所在部门的工作会议，扩大了中国图书馆界在世界的影响。

2005年，中国图书馆界还开展了丰富多彩的对外学术交流与研讨活动。如：由中国国家图书馆、中国图书馆学会、美国国会图书馆、美国研究图书馆协会主办，上海图书馆承办的第三届中美图书馆合作会议在上海图书馆召开，来自中美两国的近百名代表与会；由中国图书馆学会图书馆交流与合作委员会、北京市西城区图书馆、德国歌德学院北京分院联合主办的“中德国际学术交流报告会”在北京西城区图书馆举办等。此外，全国各地图书馆还接待来自美国、英国、法国、德国、日本、韩国和新加坡等国以及港澳台地区图书馆代表团的来访、讲学，并参加在国内举办的各种国际学术会议。

（李林）

学术成果·著作

数字时代的图书馆信息服务

（张树华等　北京图书馆出版社2005年版）

本书从理论上论述了从传统图书馆服务到复合图书馆、数字化图书馆信息服务的发展过程，介绍了图书馆如何从传统服务方式向数字化图书馆服务转变，以及图书馆信息服务的效益、效果评价及数字时代图书馆信息服务的发展趋势和展望等。

［张树华，北京大学信息管理系教授。发表论文近百篇，出版专著（含合著）十余种。］

数字图书馆原理与技术

（黄如花　武汉大学出版社2005年版）

本书系统阐述了数字图书馆的相关概念，数字图书馆产生与发展的社会背景，国内外数字图书馆的研究与建设情况，数字图书馆的组织与实施，数字信息资源的建设与处理，数字图书馆信息检索，数字图书馆信息服务，数字信息的长期保存与维护，数字图书馆应用，数字图书馆的经济法律与社会问题，数字图书馆人力资源管理以及数字图书馆教育等问题。

［黄如花，武汉大学信息管理学院教授、图书馆学系副主任，武汉大学数字图书馆研究所执行所长，武汉大学信息资源研究中心与中国科学评价研究中心研究员。］

图书馆创新服务战略研究

（张晓林　北京图书馆出版社2005年版）

本书是一本探索在新的形势下图书馆如何进一步深化服务的论文集，这些论文从不同的角度，研究和探讨了我国文献情报服务所面临的问题，实践上的创新进展和理论上的深层思考，是对国内创新服务进行的一次比较系统的总结。

［张晓林，教授，中科院国家科学图书馆常务副馆长，中国科学院国家科学数字图书馆项目管理中心常务副主任。］

图书馆服务创新与发展论丛

（王世伟　上海社会科学院出版社2005年版）

在信息技术发展迅猛，市场瞬息万变的今天，图书馆已不再是一个保存文献资料的藏书楼，而是一个融知识储存、知识传播、知识应用和知识创新为一体的有机系统，是一个学术性的文献信息服务机构。对图书馆来说，创新意味着对自身控制的各种资源不断地进行调整、设计、利用与发展。图书馆创新应该是多方位、多层次的，它应具有全过程、全员性和新颖性等特性。本书收录了《关于当前图书馆管理和服务中若干问题的思考》、《构建当代图书馆文献提供的软硬件环境》、《让阅读融入自已生活的血液》等论文，对图书馆服务创新和发展问题进行了探讨。

［王世伟，上海图书馆、上海科学技术情报研究所教授，现为上海图书馆党委副书记、历史文献研究所副所长，兼任中国图书馆学会学术研究委员会委员、用户研究与服务专业委员会主任。］

战略思考：图书馆管理的10个热门话题

（吴建中　上海科学技术文献出版社2005年版）

本书围绕现代图书馆管理的热点问题，探讨在新的环境下如何借鉴和引进现代社会新的管理思潮和方法，推进图书馆管理与服务的改革，发展适应现代社会需求、以人为本的图书馆知识服务体系。全书共十个章节，分别为科学发展观与图书馆事业、战略规划、组织文化、绩效评估、服务价值链与核心竞争力、新公共管理与图书馆改革、知识管理、全面质量管理、营销管理和危机管理。书中主题明快、形式活泼、贴近现实，还以文选、案例、资料以及读书笔记的形式丰富和充实全书的内容。

［吴建中，中国图书馆学会副理事长、上海图书馆上海科学技术情报所馆长所长、国际图联管理委员会委员。］

中国图书和图书馆史

（谢灼华　武汉大学出版社 2005 年版）

该书是同名教材的修订本。在吸收近年来考古发掘和文献考据工作最新成果基础上，以图书和图书馆的历史发展为主线，以图书和藏书研究为基石，较为全面地探讨了图书的形式、流传、收藏与利用等内容，考究了不同历史时代的政治、经济、文化和科学发展状况对图书及图书馆发展的影响，总结了中国图书和图书馆的历史发展脉络。该书理论阐述充分，资料翔实，是一部内容成熟的专史。

［谢灼华，中国图书馆学会学术委员会副主任、武汉大学图书馆学系教授、图书馆学博士生导师。］

学术成果·论文

创新发展数字的哲学社会科学图书馆

（杨沛超　《中国教育网络》2005 年第 7 期）

新世纪伊始，我国人文社会科学发展迎来绝佳机遇。本文论述了中国社会科学院图书馆根据用户需求变化，整合优势资源，积极探索服务创新，为哲学社会科学创新提供强有力的信息保障。

［杨沛超，教授，中国社会科学院文献信息中心副主任。］

构建信息无障碍体系是提升图书馆核心竞争力的有效途径

（王知津　《图书馆建设》2005 年第 6 期）

“无障碍”是当今世界的热点。作为社会文化和信息中心，图书馆应当积极构建信息无障碍体系，并以此来提升其核心竞争力，提高其社会地位，从而推进全球无障碍环境的实现。

［王知津，南开大学国际商学院教授、博士生导师。］

关于开发图书情报领域高龄高智力人才资源的认识和建议

（辛希孟 《图书馆论坛》2005年第6期）

文章就中共中央办公厅、国务院办公厅于2005年颁发的9号文件《关于进一步发挥离退休专业技术人员作用的意见》的主要内容和意义发表了个人的认识，并据此就进一步开发图书情报领域高龄高智力人才资源问题提出了看法和建议。

［辛希孟，中科院文献情报中心博士生导师，著名的图书馆学、情报学专家。］

论网络环境下图书情报组织变革

（胡昌平 《图书馆论坛》2005年第6期）

随着信息技术和网络环境的变化，在社会化服务需求的驱动下，图书情报组织及其业务也随之发生变化，从而提出了图书情报组织变革问题。在组织变革中，图书情报机构组织模式、业务拓展、管理创新和包括人力资源和信息资源在内的资源要素整合值得专门关注。面向这些实际问题的研究，是文章的出发点。

［胡昌平，武汉大学信息管理学院博士生导师。］

数字环境下的书目控制研究

（彭斐章 《图书馆论坛》2005年第6期）

目录学积极应对信息技术挑战的同时，数字环境下的书目控制理论和实践也面临一系列新的课题，文章主要从以下四个角度对其进行了分析：数字资源书目控制的范畴、标准及目标，数字资源的描述控制及书目组织，数字资源权威控制，数字化书目情报服务与资源共享。

［彭斐章，武汉大学人文社会科学资深教授，武汉大学信息管理学院博士生导师。］

图书馆精神——体系结构与基本内容

（程焕文 《图书馆》2005年第2期）

本文论述了图书馆的重要价值、体系结构及其作用，图书馆事业精神与图书馆职业道德精神的基本内容，并提出了如何继承和弘扬图书馆精神。

［程焕文，中山大学资讯管理系主任、教授、图书馆学专业硕士导师、教育学院现代教育技术专业硕士导师、历史系历史文献学专业博士导师、中山大学图书馆馆长。］

图书馆学前辈学术著作的传与读

（王余光 《图书情报工作》2005 年第 1 期）

文本作为人类阅读行为的客体，它的每一次变化对人类阅读都是一次冲击。本文分析了世纪之交社会和技术进步带来的文本变化，以及由此引起的读者阅读习惯的变化。

［王余光，北京大学信息管理系教授、博士生导师。］

我国信息资源共享实践及理论研究进展

（马费成 《情报学报》2005 年第 3 期）

本文通过回顾信息资源共享的历史发展，研究信息资源共享的实践和理论进展，提出了信息资源共享的关键和目前存在的问题。

［马费成，武汉大学信息资源研究中心主任，教授，博士生导师。］

新世纪图书馆需要知识管理和知识服务

（柯平 《新世纪图书馆》2005 年第 6 期）

论文介绍了图书馆知识管理和图书馆知识服务的概念，揭示了图书馆实施知识管理和知识服务的重要性。

［柯平，南开大学图书馆学系主任、博士生导师，南开大学图书馆副馆长。］

中国索引事业：当前格局与问题

（张琪玉 《中国索引》2005 年第 4 期）

本文指出我国索引事业当前以网上文献数据库为主的传统索引、网上文献数据库和网络信息检索工具三分天下的新格局已初步形成，并说明网络信息检索工具、网上文献数据库、传统索引、索引语言、索引创新、索引知识普及、中国索引学会等诸方面的问题。

［张琪玉，南京政治学院上海分院信息管理系主任、教授，中国图书馆学会理事，上海市图书馆学会副理事长，中国索引学会副理事长。］

大事记

2005年中国图书馆界大事记

1月7—10日

“中国图书馆学会2005新年峰会”在黑龙江大学召开。会议讨论了图书馆权利、著作权在图书馆的合理使用、中国图书馆立法等热点问题。

1月19日

由中国图书馆学会与中国文化报社共同承办的首届“《知识工程推荐书目》发布会”在文化部召开。

2月3日

“国家图书馆二期工程暨国家数字图书馆工程”建设施工合同签字仪式在国家图书馆举行，标志着该工程的建设进入实质性阶段。

3月16日

文化部党组在国家图书馆召开会议，宣布《文化部关于任继愈免职的通知》、《文化部关于任继愈担任名誉馆长的通知》、《中共文化部党组关于詹福瑞同志任职的通知》，完成了国家图书馆新老馆长的交接。

3月22—25日

第三届中美图书馆合作会议在上海召开，会议主题为“数字时代的知识管理和服务”。会议由中国国家图书馆、中国图书馆学会、美国国家图书馆、美国研究图书馆协会主办，上海图书馆承办。来自中美两国的近百名代表参加了会议。

3月

中国科学院文献情报中心主任张晓林博士当选国际图联管理委员会委员。

4月14日

中国图书馆学会专业图书馆分会召开第五次会员代表大会。

4月23日

由中国图书馆学会、湖南卫视、中国作家协会、中国出版工作者协会、中国版权协会等单位共同举办的以“阅读丰富人生，共建和谐社会”为主题的“世界图书与版权日”阅读推广公益活动在国家图书馆举行。

6月22日

《文化部关于命名一、二、三级图书馆的决定》发布，确定全国1440个图书馆达到三级以上图书馆标准，决定命名首都图书馆等344个图书馆为“一级图书馆”称号；北京市通州区图书馆等412个图书馆为“二级图书馆”称号；天津市武清区图书馆等684个图书馆为“三级图书馆”称号。

7月4日

中国图书馆学会、德国歌德学院北京分院、北京市西城区图书馆共同举办“2005年中德图书馆学术研讨会”。

7月15日

“‘到公益机构去’志愿者行动图书馆项目——2005年暑期活动”启动仪式在国家图书馆举行。

7月18—19日

“中国图书馆学会第七次全国会员代表大会”在广西桂林召开。来自全国各地图书馆界的850余名代表和美国、韩国的28名图书馆界同行参加了本次会议。会议选举产生了第七届理事会及领导组成，审议通过了第六届理事会工作报告等。

7月20—24日

主题为“以人为本服务创新”的“中国图书馆学会2005年年会”在广西桂林召开。“中国图书馆应用技术与专业设备及图书馆资源展览会”同期举办。

8月3—4日

“数字图书馆建设与发展研讨会暨中国数字图书馆分馆2005年年会”在内蒙古呼和浩特市召开。

8月14—18日

126名中国图书馆界代表赴挪威奥斯陆，参加以“图书馆——发现之旅”为主题的“2005年世界图书馆与信息大会：第71届国际图联大会暨理事会”。

8月19日

以“和谐社会中的图书馆”为主题的中国科协2005年学术年会第32分会场在新疆乌鲁木齐举办，并达成《西部公共图书馆“乌鲁木齐共识”》。

9月13日

由建设部、国家发展与改革委员会主管，文化部主编，中国图书馆学会受文化部委托承担的《公共图书馆建设标准》编制大纲工作开编会暨第一次工作会议在北京召开，标志着该项目正式启动。

9月14—16日

由国家图书馆主办、安徽省图书馆承办的“第九届全国省、自治区、直辖市、较大城市图书馆馆长联席会议”在安徽黄山市举行。会议主题为“图书馆改革的理论与实践”。

10月16日—11月6日

中国人民对外友好协会、国家图书馆、德国莱法州和黑森州、歌德学院北京分院、中国图书馆学会联合举办“世界文化遗产莱茵河中上海河谷摄影展”。

10月28—29日

中国图书馆学会与江苏、上海、浙江三省市图书馆学会，以及常熟市文化局联合主办的“国家历史文化名城图书馆馆长论坛”在江苏常熟市举行。

10月31日—11月2日

由中国教育部、美国国家科学基金会、印度科学院联合发起，中国教育部主办，浙江大学承办的“首届全球数字图书馆国际学术研讨会”在浙江大学举行。

10月31日—11月3日

建国以来首届“百县馆长论坛”在

河南林州举行。这次由中国图书馆学会主办的会议达成《林州共识》，使其成为关注弱势群体、促进事业和谐平衡发展的重要行动。

11 月 8 日

“中国图书馆学会第七届学术研究委员会成立大会暨工作研讨会”在浙江杭州召开。

（晓溪）

其他学科

城市发展研究·学术成果·著作

环境价值论

——环境伦理：一场真正的道德革命

（韩立新　云南人民出版社 2005 年版）

该书是一本环境伦理学的专著。

环境问题的出现使传统道德体系受到了前所未有的挑战，环境伦理学就是顺应这种时代潮流而登上历史舞台的。但是，现行的环境伦理学具有明显的美国色彩，它主要讨论动物的权利、大自然的权利等抽象内容，而很少去关心环境正义和环境问题的社会原因，具有严重的神秘主义、西方中心主义倾向。我国从 20 世纪 90 年代起引入这种环境伦理学，但多数研究还停留在对美国式环境伦理学的照搬和介绍上。

该书超越了这一做法，提出两个新观点：第一，环境危机的最切近的思想根源不在于人类中心主义，而在于近代以来的自由主义。如果把环境伦理的出现看作是伦理学史上的一场革命的话，环境伦理的革命性、颠覆性主要表现在“对自由主义的挑战”上，而一些环境伦理学家所主张的“对人类中心主义的挑战”和“对资本主义的挑战”可以纳入到“对自由主义的挑战”之中。第二，该书认为环境伦理学不应该只讨论狭隘的自然中心主义，它应该包括三个基本主张：（1）自然的权利；（2）环境正义；（3）社会变革。三者在逻辑上是密切相关的，自然的权利是环境伦理学的理想，因为它所追求的是人与自然的和谐、最彻底的环境保护；环境正义是国际上环境合作的前提，也是我们目前环境施政的主要依据；社会变革则是环境正义和环境政策得以贯彻的保障，也是环境伦理最终实现的途径和终极目的，即建立一个实现了社会正义、同时又能达到人与自然和谐的社会。三者的统一构成环境伦理的主要内容。本书所揭示的是从“自然的权利”到“环境正义”、再到“社会批判”（马克思主义）这样一种逻辑。

该书既具有理论性又具有实践性，它不仅适应于所有关心环境问题的一般读者，也适应于学习和研究环境伦理的专业读者。因为，该书原本是作者为清华大学学生开设的“环境伦理学”课的教材。

［韩立新，1966 年生，社会学博士，清华大学哲学系副教授。代表著作有《环境思想和马克思》、《环境价值论——环境伦理：一场真正的道德革命》。翻译著作有岩佐茂《环境的思想》等。已经发表中外文论文 40 余篇，代表性论文有《〈德意志意识形态〉的文献学研究和日本学界对广松版的评价》、《马克思的“自然的支配”》、《马克思的物质代谢概念与环境思想》等。］

区域经济可持续发展

（罗勇　化学工业出版社 2005 年版）

该书是作者近年来的一项重要研究成果，其主要研究内容和特点如下：

第一，区域空间结构与可持续发展。该书的一个主要特色是开展以地理坐标（空间位置）为标识的可持续发展问题研究，将空间结构和区位问题作为区域可持续发展研究的核心内容，具有创新性。在一定的经济空间系统中，各空间位置具有不同的资源约束、市场约束、成本约束和技术约束，所面临的可持续发展问题也不同。区域可持续发展水平和经济发展水平一样，与区域结构呈现出相互影响的函数关系。区域各组成部分之间在区域可持续发展方面的相互依赖及由此构成的有机结构，是区域可持续发展水平和实施能力的重要结构基础。这种区域可持续发展的有机结构及由此形成的实施能力，是区域可持续发展研究与一般可持续发展研究的一个主要区别所在。该书还尝试从历史唯物主义的角度，辩证地探讨和总结区域形成的历史条件和带来的不可持续问题。在总结以往区域发展的经验教训的基础上，探讨于新一轮的区域形成和发展中，融入可持续发展的原则和理念。

第二，区域的双赢发展。可持续发展的核心是经济发展。因此，可持续发展在某种程度上等同于经济的可持续发展，即不降低环境质量和不破坏世界自然资源基础的经济发展。区域双赢经济发展的涵义本质上就是经济的可持续发展。在保持环境和自然资源质量及其所提供的支持能力的前提下，使净利益达到最大限度的经济发展，是双赢经济发展的最高境界，也是该书的一个重要结论。

第三，区域可持续发展的安排。区域可持续发展讲求的是具体问题具体分析。由于区域结构的存在，区域内任何经济社会活动都通过区域结构的联系网络将其影响遍及区域各处。该书根据区域的结构特点对可持续发展的一般理论和模式在区域层面上（城市、城乡边缘区和乡村等）加以运用，根据不同区情选择适宜的可持续发展路径和可持续发展的区域自组织，制定、组织和实施不同的区域可持续发展战略。

第四，区际可持续发展的联系和统一。区际可持续发展的联系和统一是该书的重要研究方面。区域之间即区际的可持续发展是密切相关和相互影响的，区域可持续发展不能孤立地研究某个区域内部的资源环境承载和配置问题，而应该在相互依赖、相互影响、相互联系和互相流通的区际整体中去研究区域的资源环境承载和配置问题。其目的是通过充分协调发挥各区域的不同优势，提高区域可持续发展的效益，实现最优的整体可持续发展。

第五，区域可持续发展的管理和政策。区域可持续发展具有区域自组织和差别路径的特征，区域之间可持续发展的不平衡也就成为区域可持续发展的一个主要现象。区域可持续发展需要中央和地方政府有效的政策支撑，区域可持续发展不平衡问题的解决也离不开政府强而有力的政策措施协调。因此，该书系统地论述了区域可持续发展的政策和管理，包括不同区域的可持续发展政策和模式，区际可持续发展的协调与管理等内容，使研究具备了良好的操作性。

［罗勇，1962 年生，博士，中国社会科学院城市发展与环境研究中心教授。2005 年出版的专著有《区域经济可持续发展》，发表的论文有《城市空间结构与可持续发展的关系探讨》、《资源：如何适应中国不断增长的需求》、《城市可持续发展的特征与战略》、《中国生态城市发展的若干战略》。］

人口学·学术成果·论文

出生人口性别比失调与从严控制人口中的误导与失误

（马瀛通　《中国人口科学》2005年第2期）

中国人口控制走过的弯路与21年的出生人口性别比失调，暴露出人口研究与决策中的一些问题。该文分析了这些问题的产生原因及其造成的后果，试图澄清在人口控制与出生性别比问题上的“是是非非”。

自20世纪80年代起，中国出生人口性别比尽管在初始的前4年中，每年都超出了建立在独立随机事件基础上的正常值域上限107，而被列为异常，但实际失调以整数年计算却是始自1984年，到2004年出生人口性别比失调已长达21年。伴随着出生人口性别比异常升高的速度从缓慢到加速，失调从轻度到重度，相应生育水平的波幅变化却由大到小、经稳定转为下降。出生人口性别比与生育水平的这种相应变动，是在紧缩生育政策后，有了胎儿性别检测技术这一前提条件下的“特殊”反映。出生性别比是一个遵从大数定律的指标，失调必是人为干扰孕前或孕后胎儿性别所致，否则，不会发生失调。20多年间的生育水平波动与出生人口性别比异常升高，主要是因人工流产女胎量的逐年加大，使本应出生的女婴量也随之相应加速减少造成的。

中国实施计划生育30多年来，既有执行从群众中来又回到群众中去的生育政策，创造世界生育水平下降奇迹的时期；也有执行未考虑以人为本、脱离群众的紧缩生育政策，迫使计划生育工作及生育水平都陷入“怪圈”而历经曲折的时期。至于生育水平波幅逐渐变窄直至下降，而出生人口性别比升高性失调程度由缓慢加深到急剧加深，二者间的这种极不正常的一下一上的关系，完全是一种极端的人口现象。该文拟以回顾人口控制所走过的辉煌与曲折的道路，来论述相关人口控制与出生人口性别比失调21年中不可回避的若干问题，以便从中总结经验、汲取教训。该文包括下面几方的内容：（1）出生性别比失调归因分析反映出的问题；（2）出生人口性别比失调与决策失误；（3）紧缩政策与低生育水平付出的代价；（4）出生性别比失调下的婚配年龄段婚配性别比问题；（5）稳定低生育水平，力促出生性别比复归正常。

该文最后说，稳定低生育水平与力促失调的出生人口性别比复归正常，是一项必须实施而又十分艰巨的任务。因为生育水平和出生性别比本来是不相关的两个指标，然而，在具备了检测胎儿性别的现代科技条件下，因对胎儿性别检测技术的滥用监管不力，竟使生育水平与出生性别比的变动转化成了一个你中有我、我中有你的相关问题，从而使稳定低生育水平与力促失调的出生性别比复归正常，成了解决一对相互掣肘矛盾的复合体问题。若在全国生育水平中，扣除掉出生性别比深度失调的因素影响，即把人工流产的女胎假定还原回本应出生的女婴，估计现生育水平大约就在更替生育水平上下。因此，在通过立法来确保对胎儿性别检测技术的监管下，失调的出生人口性别比在复归正常的过程中，稳定低生育水平的任务仍十分艰巨，不可有丝毫的麻痹和懈怠。尤其是出生人口性别比高度失调的地区，要清醒地认识到，目前低生育水平是内含有出生人口性别比失调因素在内的低生育水平，一旦胎儿性别检测技术的应用得到有效监管，出生人口性别比逐渐复归正常，也就是说，酿成出生性别比失调成因的人工流产女胎数，又逐渐地被恢复为正常的出生女婴数，那么，是否还能稳定住低生育水平？如果不能，那么，失调的出生性别比若复归正常，究竟会对生育水平有多大程度的影响？务必要做到心中有数。如果出生人口性别比复归正常，生育水平有可能回到更替生育水平以上。因此，在出生人口性别比复归正常的过程中，仍要继续大力降低生育水平。

人口可持续发展的一项重要内容，就是不要让下一代人承担因上一代人过错而带给他们的惩罚。明天的中国人口问题，归根结底还是取决于我们今天对人口与计划生育问题的认识和努力。要全面认识中国人口与计划生育现状，只有真正深入实地调查，而不是被带领到那些专供应付检查及参观的地方做调查，才可能调查到真实情况，掌握基层的计划生育工作现状，才能不被虚假的数字所迷惑，才能对目前低生育水平及人口控制能力有一个客观而清醒地认识，才能在努力稳定低生育水平的同时，实事求是地解决好出生人口性别比失调问题。

中国人口控制与出生人口性别比失调21年所突出显现出来的问题，暴露出人口科学研究工作的滞后，暴露出决策不仅科学论证不足，而且缺乏群众的民主参与及听证。中国人口研究工作的目的之一，就是要探索人口和计划生育工作中的发展规律，增强预见性，减少盲目性。然而，部分已被实践检验证实是错了的东西，至今也未见有人反思。

今天，人口与计划生育工作虽然已经取得了很大成绩，但为此也付出了不小的代价，其中有的代价是失误性的。失误是构建和谐社会危害最大的因素之一，失误的代价使人口与计划生育工作所经历的道路太曲折，付出的努力太艰辛。因此，回顾中国从严控制人口的历程，有喜也有忧，有经验也有教训。然而，将其作为人口与计划生育所经历的一个短暂侧面史，来引以为鉴，就足见科学二字的分量，足见严肃科学，重视科学，尊重科学，增强决策与指导工作的科学性是何等的重要。

［马瀛通，1946 年生，中国人口与发展研究中心 研究员兼教授。已出版专著《人口统计分析学》、《人口生育的度量》、《人口控制实践与思考》、《出生性别比新理论与应用》 等多部。发表论文研究报告 150 余篇。

通信地址：北京海淀区大慧寺 12 号院国家人口计生委宿舍 4 号楼（100081）

电子信箱：mytdhs@ sina. com］

第二编

海外中国学学者

海外中国学学者

艾尔曼（Elman，Benjamin A.），1946年生。宾夕法尼亚大学博士，曾任加利福尼亚大学洛杉矶分校中国史教授、普林斯顿高级研究所特约研究员，现任美国普林斯顿大学东亚研究与历史系教授，接替著名华裔学者余英时的职位。专长中国思想文化史与日本文明史研究。其主要著作有：《从理学到朴学：中华帝国晚期思想与社会变化面面观》（*From Philosophy to Philology*：*Intellectual and Social Aspects of Change in Late Imperial China*，哈佛大学出版社，1984，1990，2001年；赵刚译本，江苏人民出版社，1995年），《经学，政治与宗族：中华帝国晚期的常州今文学派研究》（*Classicism Polity and Kinship*：*The Ch'ang - chou School of New Text Confucianism in Late Imperial China*，加利福尼亚大学出版社，1990年；赵刚译本，江苏人民出版社，1998年），《清代的教育与社会，1600—1900》（*Education and Society in Late Imperial China*，1600 - 1900，与亚历山大·伍德赛德（Alexander Woodside）合著，加利福尼亚大学出版社，1994年；台北：南天书局，1996年），《晚清中华帝国科举考试的文化史》（*A Cultural History of Civil Examination in Late Imperial China*，加利福尼亚大学出版社，2000年）。论文有：《道学之末流：从宋明道学至清朝考证学的转变》（《清华学报》15：1—2（1983.12），67—89页），《常州今文经学初探》（*The Chang - chou New Text School*：*Prelimina Reflections*，台北中央研究院近代历史所：《近世中国经世思想研讨会论文集》253—271页，1984.4）等。艾尔曼教授的中国文化史研究在海外汉学界享有盛誉，他的主要著作均被译成中文，在中国大陆和港台广为流传。

艾文贺（Ivanhoe，Philip J.），1954年生。密西根大学哲学系和亚洲语言文化系副教授。1976年获斯坦福大学哲学硕士学位，1987年获斯坦福大学宗教学博士学位。主要研究成果有：《戴震〈孟子字义疏证〉索引》（与倪德卫（David Shepherd Nivison）合编，旧金山：汉学研究资料中心出版社，1979年），《儒家传统伦理学：孟子和王阳明的思想》（*Ethics in the Confucian Tradition*：*the Thought of Mencius and Wang Yang - ming*，Atlanta：Scholars Press，1990年），《儒家自我道德教育》（*Confucian Moral Self Cultivation*，朗彼得出版公司，1993年），《〈庄子〉中的怀疑主义、相对主义和伦理学》（*Essays on Skepticism Relativism*，*and Ethics in the Zhuangzi*，与克杰尔本格（Paul Kjellberg）合编，纽约州布法罗：纽约州立大学出版社，1996年），《中国语言、思想和文化：倪德卫及其评论》（*Chinese Language*，*Thought and Culture*，*Nivison and His Critics*，芝加哥、让塞里：开庭书局，1996年），《〈老子〉宗教与哲学思想论集》（*Essays on Religious and Philosophical Aspect of the Laozi*，与马克（Mark Csikszentmihalyi）编辑，纽约州立大学出版社，1999年），《中国哲学经典读本》（*Readings in Classical Chinese Philosophy*，与万白安（Bryan W. Van Norden）合编，七桥出版社，2000年），等等。

安乐哲（Ames，Roger Thomas），于台湾大学和不列颠哥伦比亚大学获得硕士学位，1973—1975任东京大学、大阪大学研究员，1978伦敦大学博士。安乐哲是当代西方汉学界和哲学界最响亮的名字之一，海外中西比较哲学研究的领军人物。现任美国夏威夷大学哲学系教授、美国东西文化交流中心亚洲发展项目负责人、《东西方哲学》杂志主编、《中国书评》杂志主编，曾长期任夏威夷大学中国研究中心主任，并兼任北京大学、武汉大学、台湾大学、香港中文大学客座教授。其学术贡献包括中国哲学经典的翻译和中西比较哲学研究两大部分。前者有对《论语》、《孙子兵法》、《孙膑兵法》、《淮南子》、《道德经》、《中庸》等中国哲学著作的独特理解和翻译，改变了一代西方人对中国哲学的看法，使中国经典的深刻含义越来越为西方人所理解。他关于中西比较哲学的著作有：《孔子哲学思微》（*Thinking through Confucius*）、《汉哲学思维的文化探源》、《期待中国：探求中国和西方的文化叙述》（*Anticipating China*：*Thinking through the Narratives of Chinese and Western Culture*）、《主术：中国古代政治思想研究》（*The Art of Rulership*：*A Study in Ancient Chinese Political Thought*）、《先哲的民主：杜威、孔子和中国民主之希望》（*The Democracy of Dewey*，*Confucius*，*and the Hope for Democracy in China*）。这些著作纠正了西方人对中国哲学思想几百年的误会，清除了西方学界长期以来所认为的“中国没有哲学”的成见，开辟了中西哲学和文化深层次对话的新途径。

白芝（Birch，Cyril），1925年出生于英国博尔顿，加利福尼亚大学伯克莱分校东方语言文学教授、东方学会员、亚洲研究协会会员。研究中国语言和文学，专攻中国白话小说、20世纪中国文学、明代戏剧。1948年获伦敦大学东方和非洲研究学院学士学位，1954 年获哲学博士学位，毕业论文《古今小说考》（Ku - chin hsiao - shuo：A Critical Examination）。1948—1960 年伦敦大学东方和非洲研究学院中文讲师。1960—1966 年伯克利加利福尼亚大学东方语言副教授，1966 年起任教授。1958—1959 年斯坦福大学中文客座讲师，1958—1959 年洛克菲勒基金会研究员。1963—1964 年美国学术团体理事研究员和古根海姆基金会研究员。《中国季刊》（China Quarterly）编委之一。著有《明代短篇小说选》（Stories from a Ming Collection，1958 年），《明代传奇选读》（哥伦比亚大学出版社，1995 年）；编有《中国各体文学研究》（*Studies in Chinese Literary Genres*，加利福尼亚大学出版社，1974 年）。白芝是现代西方著名汉学家，其著作尤其在北美汉学界有着较大的影响。

班大为（David William Pankenier），1946 年生。宾夕法尼亚州利哈伊大学现代外国语言与文学系中文副教授、主任，《古代中国》副主编。1968 年获罗彻斯特大学学士学位，1983 年在斯坦福大学获博士学位。著有《〈墨子〉与夏商周断代：研究笔记》（*Mozi and the Dates of Xia，Shang and Zhou：A Research Note*，《古代中国》（*Early China*）9—10（1983 - 1985）175—181 页），《再论〈竹书纪年〉：以编年史作为周代早期编年资料的方法问题》（《亚非学院院刊》（Bulletin of the School of Oriental and African Studies）55：2（1992）272—297 页）等。

包弼德（Bol，Peter K.），1948 年生。1974 年在莱顿大学中国问题研究所获硕士学位，1982 年在普林斯顿大学东亚系获博士学位。2000 春季赴台湾中央研究院历史语言研究所任首届“新史学讲座”主讲人。曾任哈佛大学东亚语言文化系中国历史助理教授、副教授和教授。著有《斯文：唐宋思想的转型》（*This Culture of Ours，Intellectual Transitions T'ang and Sung China*，斯坦福大学出版社，1992 年；刘宁译，江苏人民出版社，2001 年）。包弼德对中国的宋代历史有着深入的研究，尤其对中国儒学不乏深刻独到的见解。

鲍大可（Barnett，Athur Doak），1921 年出生于上海，多年在中国生活。1942 年毕业于耶鲁大学，1947 年在富兰克林—马歇尔学院获法学博士学位，之后任《芝加哥每日新闻》报记者、哥伦比亚大学政治学教授、美国国务院中国问题咨询组成员。1969 年始任布鲁金斯研究所高级研究员，美国社会科学理事会、美国学术团体理事会等组织的重要成员。1966 年起任美中关系全国委员会主席。主要著作包括：《共产主义经济战略：大陆中国的兴起》（1959 年）、《共产党中国展望》（1962 年）、《共产党掌权前夜的中国》（1963 年）、《共产党中国的初期（1949—1955 年）》（1964 年）、《共产党中国的干部、官僚政治和政权》（1967 年）、《毛以后的中国》（1970 年）、《美国对华新政策》（1970 年）；编有：《亚洲共产党的各种战略：政府和政党的比较分析》（1963 年）、《在世界事务中的美国和共产党中国》（1966 年）、《中共执行中的政治方针》（1970 年）、《美国与中国：下一个十年》（1970 年，与赖肖尔合编）。鲍大可是美中关系全国委员会（National Committee on United States - China Relations）的创始人，这个机构曾经在中美建交过程中发挥了重要的推动作用。费正清、史华慈、杨振宁等美国重要学界和政界人士都曾经是这个委员会的成员。这个机构对当前中美关系的发展也具有巨大的作用和影响力。

毕汉思（Bielenstein，Hans H. A.），1920 年生。哥伦比亚大学中国史教授，美国东方学会会员、亚洲研究协会会员，精通中国古汉语、中国哲学和历史。1945—1953 年斯德哥尔摩大学学习，1954 年获中国学博士，是最早从高本汉获得博士学位的学者。1953—1961 年任澳大利亚堪培拉大学东方语言学教授和东方研究院院长，1961 年至今任哥伦比亚大学中国史教授、瑞典皇家科学文学史和古代史通讯院士。1979 年随美国汉代研究考察团访问中国。专门从事东汉史研究。在长达 26 年（1954—1979 年）的时间里撰写《东汉的复兴》，对西汉的覆灭、王莽新政的兴衰以及东汉政权的建立作了全面的评述，精辟地论述了朝代更迭过程中内在的经济、文化关系所起的重要作用。尤其对王莽和刘秀的评价颇具独到之处，他认为王莽本质上是个野心家，但其对社会发展的态度来说，又是一个无意识的革命者，他的新政既削弱了贵族的利益，又未能在百姓中生根，因此必败无疑。刘秀是一个更为复杂的历史人物，他的历史作用在于重建并巩固了中央集权统治的封建制度，使之在法律化的形式下得到延续。此外，他还撰写了多种论著研究中国的历史问题，在对史书中预兆的考释、历史人口的统计以及历史循环论等方面提出了独到见解。

蔡涵墨（Hartman Charles），1946 年生。1967 年毕业于印第安纳大学东亚语言与文学系获学士学位，1968—1969 年在波恩大学学习，1970 年在印第安纳大学获硕士学位，1975 年获印第安纳大学东亚语言与文学系博士学位。1977—1979 年任国立台湾大学外语系助理教授，1979—1980 年任威斯康星大学东亚语言文学系助理访问教授，1980—1990 年任 SUNY - Albany 汉语教育项目主任及助理教授，1993 年至今任纽约州立大学东亚研究系教授。其主要著作有：《韩愈诗歌的语言和寓意：秋的情绪》（*Language and Allusion in the Poetry of Han Yü：The 'Autumn Sentiments'*，印第安纳大学博士论文，1975 年），《宋代有关韩愈集的书目解题》（*Preliminary Bibliographical Notes on the Sun Editions of Han Yü's Collected Works*，收入倪豪士（William H Nienhauser，Jr.）编《中国文学批评论文选》（*Critical Essays on Chinese Literature*），香港中文大学出版社，1976 年），《韩愈与艾略特》（*Han Yü and T. S. Eliot*：A Sinological Essay in Comparative Literature）（《译丛》（*Renditions*）8（1977）），《禅宗祖堂集中有关韩愈的新资料》（《书目季刊》17：1（1983. 6）），《作为哲学家的韩愈：以〈论语笔解〉为证》（*Han Yü as Philosopher*：The Evidence from the Lun Yü Pi - Chieh），《清华学报》16：1—2（1984. 12）），《韩愈与唐代对统一的追求》（*Han Yü and the T'ang Search for Unity*，1986），《韩愈与禅宗运动：联系的观点》（*Han Yü and the Chan Movement：Points Contact*，收入台北：《中央研究院第二届国际汉学会议论文集》（文学组上册），

1989 年）。

陈艾伦（陈张婉莘）（Marie，Chen Ellen），早年毕业于加州大学柏克莱分校获博士学位，曾在布朗大学任教，并任纽约圣约翰大学哲学系教授，现任职于亚历桑那大学东方研究系。专攻比较文学和中国文学，主要兴趣在中国诗及批评方法、中国语言及教学法、东西文学关系和比较文学方法等。主要著作有：《高适》（*Kao-shih*），《岑参》（*Cen Shen*），*Chinese Heroic Poems and the European Epic*，*From the Folk to the Literary Yueh-fu*，*Kao shih's Yen-ko hsing A Critical Exegesis*，*The Frontier Poems of Ts'en Shen*，《〈道德经〉中"德"的含义：中国道家的自然概念之考察》（*The Meaning on Te in the Tao Te Ching*：*An Examination of the Concept of Nature in Chinese Taoism*），《东西方哲学》（*Philosophy East and West*，23：4（1973）），《道德经：新译及评注》（*The Tao Te Ching*：*A New Translation with Commentary*，纽约：佳作书屋，1989 年）。

迪特·库恩（Kuhn，Dieter），1945 年生。毕业于德国科隆大学东亚系汉学专业，在柏林自由大学完成教授论文。曾在海德堡大学汉学系工作多年，1988 年出任威尔茨堡大学主任教授。主要研究中国科技史和宋史。20 世纪 70 年代发表有关于中国古代织机的论著。编著《中国科学技术史》（李约瑟主编）第五卷第九册《纺织技术：纺纱和缀丝》（1988）、《宋代文化史》（Weinheim，1987 年）；编辑《宋代墓葬》（*Burial in Song China*，收入迪特·库恩主编《威尔茨堡汉学研究丛书》（*Wurzburger Sinologische Schriften*），*Heidelberg*：Edition Forum，1994），《宋代墓葬的考古学文件》（*A Place for the Dead*：*An Archaeologicaldocumentary on Graves and Tombs of the Song Dynasty*（960-1279），Wurzburger Sinologische Schriften. Heidelberg：Edition Forum，1996，1999）。

费惟恺（Feurwerker，Albert），1927 年生。1950 年哈佛大学毕业，1951—1955 年哈佛燕京学社研究生，1958 年获哲学博士，1958—1960 年哈佛东亚研究中心研究员，1959—1963 年任密执安大学历史系副教授兼中国研究中心主任，1963 年起任历史学教授。他是费正清的直系弟子，在美国学术界和费正清一样被誉为中国区域研究的先驱者，专门从事中国历史研究，任美中关系全国委员会领导成员、美历史协会、亚洲研究协会重要成员。著有《中国的早期工业化：盛宣怀和官办企业（1844—1916 年）》（1958 年），《现代中国历史的探讨》（1967 年），《共产党中国的史学》（1969 年），《中华民国的经济趋势（1912—1949 年）》（密西根中国研究集刊，1968 年，1977 年），《中国的经济（1870—1911 年）》（密西根中国研究集刊，1969 年），《中国共产党关于现代史的研究》（*Chinese Communist Studies of Modern Chinese History*，Harvard University Press，1961），《十八世纪中国的国家和社会：清朝鼎盛时期》（*State and Society in Eighteenth Century China*，Ann Abeor：Center for Chinese Studies University of Michigan，1976），《中国从清末到民初的过渡》（*Aspects of the Transition from Qing to Republican China*），《十九世纪中国的叛乱》（*Rebellion in Nineteenth-Century China*，Ann Abeor：Center for Chinese Studies，University of Michigan，1975。关于此书的书评发表于《中国季刊》（China Quarterly）72 期，842 页；杨品泉摘译，《中国史研究动态》1979 年第 5 期），《宋代到 1900 年的中国社会经济史》（*Chinese Social and Economic History from the Song to* 1900，1982 年）等。费惟恺的中国史研究在美国的汉学界独树一帜，有着很大的影响。

冯胜利，1955 年生。早年毕业于北京师范大学历史系。1979 年入北京师范大学中文系师从陆宗达教授攻读硕士学位，主修《说文》和训诂学。1982 年留校教大学语文和古代汉语。1986 年获美国宾夕法尼亚大学 Annenberg Fellowship 全额奖学金，从拉波夫（William Labov）、柯劳克（Tony Kroch）和理伯曼（Mark Liberman）主修社会语言学、历史句法学和韵律学，1995 年获博士学位。先后任堪萨斯大学东亚语言文化系助理教授（1994—1999）、副教授（1999—2003）。现任哈佛大学东亚语言文明系汉语应用学科教授、中文部主任以及哈佛北京书院主任、亚洲中心理事会常务理事、北京语言大学长江学者讲座教授。曾任国际中国语言学会理事、《中国语言学论丛》副总编、近十种国内外语言学及语言教学杂志编委和审稿人、美国国家自然基金会项目评审人。

主要研究领域是训诂学、历史句法学、韵律构词学、韵律句法学、对外汉语教学理论和实践。出版《汉语的韵律、句法与词法》（北京大学出版社，1997 年）、*The Prosodic Syntax of Chinese*（Lincom Europa Press. 2002 年）、《汉语韵律句法学》（上海教育出版社，2000 年）、《汉语韵律语法研究》（北京大学出版社，2005 年），并发表中英文学术论文 50 余篇。最近十多年来的研究成果有：把韵律构词学理论引入汉语合成词研究，提出汉语"韵律词"及其"构造法"的一些规律；发掘出一批韵律句法现象并构建了汉语韵律语法学的基本体系；将形式句法和韵律句法理论引进汉语历史句法演变和对外汉语教学研究等。目前正致力于将韵律语法学理论运用于"当代书面语体"和"古代诗歌及文体演变"的研究。

高辛勇（Karl S. Y. Kao），毕业于台湾东海大学，于美国纽约州立大学获硕士学位，并于 1979 年在威斯康辛大学获博士学位。曾任教于美国耶鲁大学和加拿大阿尔伯特大学，1995 年起就职于香港科技大学。1992 年曾在台湾清华大学做访问教授，并在北京大学作短期访问讲学。高辛勇教授的主要研究兴趣在中国传统小说、中文修辞学和文学理论。其主要著作有 *Classical Chinese Tales of the Supernatural and the Fantastic.*（ed.）Bloomington：Indiana University Press，1985；《形名学与叙事理论》（台北，1987 年）；《修辞学与文学阅读》（北京大学出版社，1997 年）；*Chinese Rhetoric.* In the Indiana Companion to Traditional Chinese

Literature，ed. by William H. Nienhauser，Jr. 121 – 37. Bloomington：Indiana University Press，1985；*Aspects of Derivation in Chinese Narrative.* Chinese Literature：Essays，Articles，Reviews 7. 1&2（July 1985）：1 – 36；*Bao and Baoying：Narrative Causality and External Motivations in Chinese Fiction.* Chinese Literature：Essays，Articles，Reviews 11（1989）：115 – 38；*Projection，Displacement，Introjection：The Strangeness of Liaozhai zhiyi.* In Paradoxes of Traditional Chinese Literature，ed. by Eva Hung. 199 – 230. Hong Kong：The Chinese University Press，1994；*Self – reflexivity，Epistemology，and Rhetorical Figures.* Chinese Literature：Essays，Articles，Reviews 19（1997）：1 – 23；*Ideology of Metaphor：East and West*，Comparative Literature Now：Theories and Practice，ed.，Steven Tötösy de Zepetnek and Milan V. Dimić（Paris：Honor Champion diteur，1999），117 – 27；*Domains of Moral Discourse：Self，History，and Fantasy in Fengshen yanyi*，Chinese Literature：Essays，Articles，Reviews 24（2002），75 – 97 等。高辛勇虽然著述不算很多，但是他的治学态度非常严谨，每写一篇论文或一部著作，都要经过反复思考才下笔，在这方面他继承了中国古代文人的一些治学传统。由于他在西方受过多年文学理论的训练，因而对中国古典文学现象的阐释总是不乏新见，因而他的研究在海外华人中独树一帜。

韩禄伯（Henricks Robert G.），1943 年 12 月 15 日生于宾夕法尼亚州卡塔维萨。1963—1965 年毕业于宾州州立大学，获宗教学学士学位，1965—1966 年在芝加哥大学读研究生，1973 年 5 月在威斯康星大学中国语言与文学专业获文学硕士学位，1976 年 12 月在该校中国语言与文学专业获哲学博士学位。1968—1970 年，任宾州州立大学哲学系系主任助理。1970 年起，在威斯康星大学的附设课程班讲授中国文学。1974—1976 年，任宾州州立大学讲师，讲授宗教研究、人文科学与汉语等课程。获得博士学位以后，受聘于达慕斯大学。1976—1982 年，任宗教学助理教授，后晋升为宗教学副教授；1986—1987 年，任达慕斯大学亚洲研究计划执行主席；1988 年升任宗教学教授；1992—1995 年，任达慕斯大学宗教系系主任，兼任亚洲研究学会、美国东方学会、美国古代中国学会、美国宗教学会、美国中国宗教研究会会员。著有《寒山诗全译》（1990 年），《嵇康：生活、文学与思想》（*Hsi K'ang* 223 – 263：*His Life*，*Literature and Thought*，威斯康星大学麦迪逊分校博士论文，1976 年），《公元三世纪中国的哲学与论辩：嵇康的文章》（*Philosophy and Argumentation in Third Century China*：*The Essays of Hsi K'ang*，1983），《嵇康》（His Kang，波士顿：特怀恩世界作家丛书（*Twayne's World Author Series*［TWAS］），《舜三身与世界创造之完成》（中国社会科学院历史研究所编：《华夏文明与传世藏书——中国国际汉学研讨会论文集》，中国社会科学出版社，1996 年）。

贾志扬（Chaffee，John W.），1948 年生。1970 年毕业于斯沃斯莫学院，获学士学位，1970 年至 1972 年在台湾台北汉语语言研究中心进修，1973 年获芝加哥大学硕士学位，1979 年获芝加哥大学博士学位。1992—1999 年任纽约州立大学宾厄姆顿分校历史系副教授兼系主任。主要著作有《中国宋代的教育与科举考试》（*Education and Examinations in Sung China*，芝加哥大学博士论文，1979 年）、《中国宋代从学的荆棘之门：科举史之研究》（*The Thorny Gates of Learning in Sung China. A Social History of Examinations*，1984）等。

柯维麟（Quirin，Michael），1954 年生于法兰克福。先后在法兰克福大学、波恩大学学习汉学和历史学。20 世纪 70 年代曾在北京大学和英国剑桥大学进修。1985 年获波恩大学汉学博士学位。1982 年至 1990 年在波恩大学汉学系任教。主要研究中国古代史学史。目前正在写作中的教授论文是研究崔述的《考信录》。硕士论文《刘知几〈史通〉》，（波恩，莱因尼森：弗里德里希—威廉大学，1980 年），《刘知几与〈春秋〉》，朗彼得出版公司，1987 年，威尔茨堡中日研究丛书（Wurzburger Sino – Japonica，Band 15）。

孔宝荣（Cohen，Paul Alvin），1934 年生。麻萨诸塞州威斯理（Wellesley）学院亚洲研究教授、哈佛大学费正清研究中心研究员、哈佛大学韦尔斯利女子学院教授。其代表作《在中国发现历史》（1985 年）在中国学术界产生过广泛影响。主要著作有《中国与基督教：清教运动与中国人排外情绪的增长（1860—1870 年）》（*China and Christianity：The Missionary Movement and the Growth of the China Antiforeiguism*，1860 – 1870，哈佛大学出版社，1963 年），《传统与现代之间：晚清的王韬及其改革》（*Between Tradition and Modern：Wang Tao and Reform in Late Ching China*，Harvard East Asia Monographs；133. Cambridge，Mass.：Council on East Asian Studies Harvard University：Distributed by Harvard University Press，1987），《在中国发现历史》（*Discovering History in China：American Historical Writing on the Recent Chinese Past*）（哥伦比亚大学出版社，1984 年；林同济译名为《在中国发现历史：中国中心观在美国的兴起》，中华书局，1991 年；李荣泰等译，古伟瀛校订，名为《美国的中国近代史研究：回顾与前瞻》，台北稻香出版社、联经出版公司，1991 年），《历史的三把钥匙》（*History in Three Keys：The Boxers as Event，Experience and Myth*，纽约哥伦比亚大学出版社，1997 年）等。

黎安友（Nathan，Andrew James），1943 年生。1963 年获哈佛大学学士学位，1965 年硕士，1969 年政治学博士，费正清的学生，专攻政治学。1970—1971 年任密西根大学中国研究中心副研究员，1971 年任密西根大学历史学讲师。1971 年迄今历任哥伦比亚大学政治学助理教授、副教授，并兼东亚研究所研究员。1973—1974 年古根海姆研究奖金获得者。美国政治学会会员，亚洲研究协会会员。专门从事中国政治和比较政治学方面的研究。著有《中国工分制》（《现代史实》，1964 年），《中国国际赈灾委员会史》（哈佛大学出版社，1965 年），《现代中国：1840—1972 年的文献和研究资料入门》（*Mondern China* 1840 – 1972，*An Introduction to Sources and Research Aids*，密西根大学中国研究中心，密西根中国研究集刊，密西根大学出版社，1973年），《中国的民主》（*Chinese Democracy*，New York，Alfred A. Knppf，1985）等多种。

李维亚·库恩（Kuhn，Livia），波士顿大学宗教学系副教授。1990年获波恩大学博士学位。与米凯尔·拉法格（Michael LaFargue）编辑《老子与〈道德经〉》（Lao－tzuan and the Tao－te－ching，纽约州立大学出版社，1998年）。著有《嘲笑道：中世纪中国佛教徒与道教徒之间的辩论》（*Laughing at the Ta Debates among Buddhists and Taoists in Medieval China*，普林斯顿大学出版社，1995年），《道家文选》（*The Taoist Experience*：*An Anthology*，纽约州立大学出版社，1993年），《早期中国玄想：道家传统哲学与灵魂拯救论》（普林斯顿大学出版社），《道家的神秘哲学：西方升天经文》（纽约州立大学奥巴尼分校出版社），《道教的内丹学和长寿术》（*Taoist Meditation and Longevity Techniques*）（与日本坂出祥伸博士共同主编，密西根大学中国研究中心，1989年）等。

李珍华（Joseph J. Lee），密执安州立大学人类学系教授。1950年毕业于中国海军学院获学士学位，1957年在美国马里兰大学获硕士学位，1959年在马里兰大学获博士学位。著有《五代诗话（五代时期的诗人、诗歌和诗学）》（中国书店出版社，1987年），《王昌龄生平（698?－755?）》（波士顿：G. K. Hall，1982年），《向日葵的光辉：中国三千年诗歌选集》（合著，纽约双日出版社，1975年），《台湾向哪里去》（主编与撰稿人，香港：70年出版社，1974年），《〈河岳英灵集〉研究》（合著，中华书局，1992年），《历史音韵学和方言学，古代、近代和现代汉学及吴、闽、赣、湘、客家、广东方言》（中华书局），《王昌龄研究》（太白文艺出版社，1994年）。

梁兆兵，国际知名的汉语语言学家，已退休迁居丹麦。祖籍河北定县，生于湖北武汉大学。抗战胜利后，北上沈阳念书，后搬到了基隆，读完初三，随家搬到高雄，考入高雄中学。曾学医一年，后转学文学。梁兆兵先在西雅图华盛顿大学英语研究所注册读书，半年后转入人类学系；不久又来到语言学重镇——费城的宾夕法尼亚大学；此后他周游列“所”，甚至跨系、跨院、跨校，念过语言、物理、数学、音乐。获得宾夕法尼亚大学文学学位，同时得到国家科学基金会计划的资助，作计算机语言翻译研究，随后又在母校执教。从此连念书带工作，一待廿年，直到1977年应聘至荷兰莱顿大学汉学院，后任职莱顿大学代校长。曾担任欧华学会刊物《欧华学报》副主编兼编辑委员会主任编辑。梁兆兵在语言学领域内的贡献主要体现在对汉语的研究方面，此外，他作为欧洲大学的行政管理者，为中欧学术交流也作出了独特的贡献。

刘禾（Lydia H. Liu），早年毕业于山东大学，后留学美国，1990年获美国哈佛大学比较文学博士学位，1990—2001年任伯克利加州大学比较文学系和东亚系跨系教授及讲座教授，曾任全美比较文学韦勒克文学理论图书奖和列文文学史图书奖评委及全美比较文学协会理事。自2002年为密西根大学比较文学和亚洲语言文化系H. F. 斯特恩讲座教授。1998—2000年任全美文学理论书奖（韦勒克奖）和文学史书奖（列文奖）两项大奖评委。1997年获美国学界、艺术界最高荣誉之一的古根海姆奖。自2006年9月起任哥伦比亚大学东亚系中国文学教授，研究领域为中国现代文学、19世纪国际法翻译、异质文化阐释、后殖民理论和性别研究。

刘禾著述甚丰，英文学术著作有 *Translingual Practice*（Stanford University Press，1995），编著 *Token of Exchange*（Duke University Press，1999），*Writing and Materiality in China*（2002），*The Clash of Empires*：*The Invention of China in Modern World Making*（Cambridge：Harvard University Press，2004）。并在欧美主流学术刊物《批评探索》（Critical Inquiry）、《比较文学》（Comparative Literature）等发表论文多篇，有着较大的学术影响。近几年来，刘禾在中国大陆也很活跃，先后在清华大学、山东大学等高校讲学。中文著作有《语际书写》（上海三联书店，1999年），《持灯的使者》（编辑，香港牛津大学出版社，2001年），《跨语际实践——文学、民族文化与被译介的现代性》（三联书店，2002年）等。

刘康（Liu Kang），江苏南京市人，美国杜克大学教授，杜克大学公共政策学院中国传媒研究中心主任，杜克大学中华人口与社会经济研究中心副主任。1978—1982年就读南京大学外文系，1983年获美国福布莱特国家奖学金，赴美国威斯康星大学留学，1989年在该校获得比较文学博士学位。1991年至2002年在宾州州立大学比较文学系任助理教授和副教授，其间曾任中国旅美比较文学学会会长，并曾一度出任东亚研究所主任。2003年起在杜克大学任东亚语言文学系教授。刘康现为南京大学文学院特聘讲座教授、陕西师范大学特聘教授、清华大学国际传播研究中心客座研究员和海外协调员、南京航空航天大学金城学院英语系主任，并历任浙江大学、南京航空航天大学、南京师范大学、四川大学、重庆大学、西藏大学、新疆石河子大学等学校的客座教授。1997年任北京大学英语系访问教授，1998年任台湾国立政治大学广播电视系福布莱特访问教授。刘康学术研究视野比较广泛，所涉猎的领域主要包括：传播与大众媒体、全球化与文化研究、当代中国综合研究、马克思主义文化理论与美学等等。主要著作包括 *Aesthetics and Marxism*（2000），*Globalization and Cultural Trends in China*（2004），《对话诗学：巴赫金文化理论》（中国人民大学出版社大陆版、台湾麦田出版公司台湾版），《全球化／民族化》（天津人民出版社），以及和李希光等合著《妖魔化中国的背后》（中国社会科学出版社大陆版、香港大公报出版公司香港版、台湾申益出版公司台湾版）、《妖魔化与媒体轰炸》（江苏人民出版社）等。此外在美国、欧洲、日本等国家的英文学术刊物，如《新文学史》（New Literary Hisory）、《疆界2》（Boundary 2）等和中国大陆、香港、台湾等地中文刊物，如《中国社会科学》、《文学评论》等发表中英文学术论文多篇。现主要研究方向包括全球化与中国电视、互联网以及传媒与中国少数民族文化、传媒与中国社会变革等。曾独立主办关于中国电视和大众传媒方面的国际研讨会（2005），并与中国清华大学比较文学与文化研究中心合作主办第四届中美比较文学双边讨论会：中美视角中的文学与视觉文化（2006）。为发展和推动中美两国的文化学术交流作出了独特的贡献。

鲁道夫·瓦格纳（Rudolf G. Wagner），1941年生。1987年成为德国海德堡大学汉学系古代汉学专业的第三位主任教授。此前，他曾多年在美国的哈佛大学和柏克莱加州大学作访问研究和客座讲学。1993年，荣获德国科学协会颁发的莱布尼茨奖金，成为获得该项德国最高学术奖的第一位汉学家，也为海德堡大学汉学赢得了荣誉和财源。著有《中国当代新编历史剧：四个实例研究》（1990年）和《服务行业之内中国当代文学研究》（1992年）。《正始时代的语言学、哲学和政治学：王弼与老子》是他长达20年专题研究的成果，这一研究使他以“王弼专家”在西方汉学界知名。1996年始，撰写《中国经注发展史》，《互连的平行结构：老子和王弼》（*Interlocking Parallel style: Laozi and Wan Bi*, Bern:《亚洲研究》（Asiatische Studien）34：1（1980），18－58页），《王弼：老子意蕴的结构》（*Wang Bi: The Structure of the Laozi's Pointers*，《通报》（T'oung Pao）72（1986），92－129页），《王弼对〈老子〉的校订》（*The Wang Bi Recension of the Laotzu*，《古代中国》（Early China）14（1989），27－54页），《中国评论者的功夫：王弼〈老子注〉》（*The Craft of a Chinese Comment to Wang Bi on the Laozi*，纽约州立大学出版社，1999年），《治国大纲——试读郭店〈老子〉甲组的第一部分》（《道家文化研究》十七辑，三联书店，1999年）等。

鲁晓鹏（Sheldon H. P. Lu），陕西人，生于1962年，1984年毕业于美国威斯康星大学（麦迪逊校区），获比较文学学士学位，1990年毕业于美国印地安那大学（布鲁明顿校区），获比较文学博士学位，曾任美国匹兹堡大学东亚语言文学系助理教授和副教授。作为一位国际知名的比较文学学者、中国大众文化研究专家，鲁晓鹏著述甚丰，在国际和国内学术界有一定的影响。在担任中国比较文学学会旅美分会会长期间，为在美国发展中国比较文学研究事业作出了开拓性贡献。现任美国现代语言学会东亚语言文学部理事、美国加州大学戴维斯分校比较文学和东亚语言文学教授，在美国的东亚（包括中国）研究领域具有一定的学术地位。主要中文著作有：《华语电影：史学、诗学、政治》、《跨民族的中国电影：身份，民族性，性别》，《文化·镜像·诗学》（天津人民出版社，2002）。《华语电影：史学、诗学、政治》一书被美国图书馆学会刊物Choice Magazine选为“2005年最杰出学术著作”之一。英文著作*China, Transnational Visuality, Global Postmodernity*（Stanford: Stanford University Press, 2004），*From Historicity to Fictionality: The Chinese Poetics of Narrative*（Stanford: Stanford University Press, 1994），*Transnational Chinese Cinemas: Identity, Nationhood, Gender*（Editor and Contributor）（Honolulu: University of Hawaii Press, 1997）等。以上最后一部编著被不少美国大学的电影研究和东亚系作为研究生教材，有着广泛的影响。此外，鲁晓鹏还在一些著名的国际学术刊物，如《新文学史》（New Literary Hisory）、《疆界2》（Boundary 2）等和中文刊物上发表了多篇论文。近几年来，鲁晓鹏多次来中国大陆、香港和台湾讲学或出席国际学术会议。2006年，他作为清华大学研究生院聘请的访问教授为该校人文学院研究生开设了“全球化理论与当代视觉文化”专题研讨课。

梅维恒（Mair, Victor H.），1943年生。1965年毕业于美国达摩斯学院获学士学位，1972年获伦敦大学学士学位，1973年获哈佛大学硕士学位，1976年获哈佛大学博士学位，1984年获伦敦大学博士学位。曾任宾夕法尼亚大学亚洲与中东研究系教授，现任香港大学中文系讲座教授。主要学术成果包括：编辑《哥伦比亚中国古典文学选集》（*The Columbia Anthology of Tradition Chinese Literature: Translations from the Asian Classics*）（哥伦比亚大学出版社，1994、1996年），《哥伦比亚中国文学简史》（*The Shorter Columbia History of Chinese Literature*）（哥伦比亚大学出版社，2000年），《哥伦比亚中国文学史》（*The Columbia History of Chinese Literature*）（哥伦比亚大学出版社，2001年）；著作有：《〈道德经〉：德与道之经典》（*Tao Te Ching: The Classic Book of Integrity and the Way*）（纽约：Bantam Books，1990年），《庄子试论》（*Experimental Essays on Chuang－tzu*）（夏威夷大学出版社，1983年），《庄子：编纂与解释》（*Chuang－tzu: Composition and Interpretation*）（《中国宗教学刊》（*Journal of Chinese Religions*）11（1983）专题论文集），《逍遥游：早期道家故事和庄子的寓言》（*Wandering on the Way: Early Taois Tales and Parables of Chuang Tzu*）（班坦出版公司，1994年，夏威夷大学出版社，1998年）；译注《枚乘〈七发〉与王勃〈滕王阁序〉》（*Mei Cherng's 'SevenStimuli' and Wang Bor's 'Pavilion of King Terng'*: Chinese Poems for Princes）（英国列维斯顿奎因斯顿：戈德文·梅仑出版社（The Edwin Mellen Press），1988年），《敦煌通俗叙事文学》（*Tun－huang Popular Narratives*）（哈佛大学出版社，1983年），《唐代变文》（*Tang Transformation Texts: A Study of the Buddhist Contribution to the Rise of Vernacular Fiction & Drama in China*）（哈佛大学出版社，1989年）等。梅维恒是当今国际著名的汉学家，著述甚丰，在海外汉学界有着广泛持久的影响。

欧阳桢（Eugene Chen Eoyang），哈佛大学英语文学学士，哥伦比亚大学英语文学硕士，印第安纳大学比较文学博士。曾任美国印第安纳大学比较文学及东亚研究系教授、该系系主任及东亚研究中

心主任。1993—1995 年任美国比较文学协会副主席，1995—1997 年任主席。1996 年至今任岭南大学首席英语教授。欧阳教授的研究领域广泛，涵盖中国文学、比较文学、翻译、文学理论、文化研究、东西文学关系、全球化理论、比较诗学等范畴。其主要著作有：*The Transparent Eye*：*Reflections on Translation*，*Chinese Literature*，*and Comparative Poetics*（Honolulu：University of Hawaii Press，1993），*Translating Chinese literature.*（*co-author*，*Yaofu Lin*）（Bloomington：Indiana University Press，1995）等。主要论文有《传统未来的来临：全球化的想像》，《大堰河　我的保姆》（汉英对照）；*D^mj^j lu*：*Recurrence*，*Allusion*，*and Plagiarism in Translation*，in Translation of Poetry and Poetic Prose，Sture Allen（ed.）（World Scientific Publishers，1999）；'*I Lose Something in the Original*'：*Translation as* '*Enhancement*'，in Translation of Poetry and Poetic Prose，Sture Allen（ed.）（World Scientific Publishers，1999）；*The Worldiness of the English Language*：*A Lingua Franca Past and Future*，ADFL Bulletin，Vol. 31，No. 1（Fall 1999）；25 *Translations of Li Qingzhao*，*in Women Writers of Traditional China*：*An Anthology of Chinese Poetry and Criticism*，edited by Eleanor Kang - yi Chang and Haun Saussy（Stanford：Stanford University Press 1999）；*English as the World's Language*，The Hong Kong Linguist，Vol. 19 - 20；*Bada Shanren*：*Traditional Iconoclast and Riddler of the Past*，Prisms：Essays in Romanticism，Vol. 7（1999）；Book Review：Stephen Reckert，*Beyond Chrysanthemums*：*Perspectives on Poetry East and West*，in New Comparison 20（1997）；*English as a World Language.* Centre for Literature and Translation，Lingnan University，Occasional Paper 1（1997）；*On Trade and Culture*：*Success in Asia Depends on Looking at the Totality*，*the Dialectic Richness of Events.* Trade and Culture，February - March 1997；*Translating as a Mode of Thinking*，*Translation as a Model of Thought.* Perspectives：Studies in Translatology 1，Museum Tusculanum Press（1996），University of Copenhagen 等。欧阳桢的英语写作和表达水平在海外华人中堪称佼佼者，甚至深受英语世界主流学者的称道，他对新理论和思潮的敏感也给人留下了深刻的印象。他在国际学术界十分活跃，曾经出任国际现代语言文学联合会副主席、国际比较文学协会理事等职，这在华人学者中也属罕见。

浦百瑞（Blakley，Barry Burden，1940 年生。亚洲研究协会会员。专长是春秋时期楚、秦、齐、鲁、陈、宋、周各集团的谱系，以及东周和西周的政治地理和社会等问题研究，特别感兴趣于《左传》，人称"左传癖"。1964 年在密西根大学获硕士学位，1970 年在密西根大学获哲学博士学位。1971 年起任塞顿霍尔大学亚洲研究系助理教授，现任系主任和教授。主要著作有：《春秋时期楚国王族系谱》（*An Annotated Genealogy of the Royal Clan of Ch'un Ch'iu Period Early China*，1975 年），《中国春秋时期的社会—政治传统的不同机能，之一》（Functional Disparity in the Socio - Political Traditions of Spring and Autumn China，I，发表于《东方经济与社会史杂志》（Journal of the Economic and Social History of the Orient），20（2）（1977. 5），208—243 页），《中国春秋时期的社会—政治传统的不同机能，之二》（*Functional Disparity in the Socio - Political Traditions of Spring and Autumn China*，*II*，《东方经济与社会史杂志》（Journal of the Economic and Social History of the Orient 20（3）（1977. 10），307—343 页），《杜预对〈左传〉注释的真实性和客观性的记录》（*Notes on the Reliability and Objectivity of the Tu Yü Commentary on the Tso Chuan*，《美国东方学会会刊》（Journal of the American Oriental Society）101：2，1981），《春秋诸侯时期宗谱考》（*An Notated Genealogies of Spring and Autumn Peri Clans*，*Vo1. I*：*Seven Ruling Clans*，台北汉学研究资料及服务中心研究辅助系列之六，1985 年）。

宋耕，又名宋雨耕，1995 年获北京外国语大学学士学位，主修英美文学及翻译；2000 年获香港大学哲学博士学位，主修比较文学。2001 年至 2006 年 6 月任教于南洋理工大学，主讲中国传统与社会（中、英文）、中级翻译、明清小说选读、性别研究、比较文学专题等课程。现任澳大利亚国立大学中国语言文学高级讲师，主要研究领域为中西比较文学、翻译与跨文化研究、性别研究、中国古典文学（尤重小说戏曲）等。专著有《文弱书生：中国古代的权力与男性建构》（英文，香港大学出版社，2003 年），《重读传统：跨文化阅读的新视野》（北京，2005 年），《全球化、现代性与多元文化：当代文化的后殖民解读》（香港大学出版社）等，并在国际学术刊物发表论文多篇。主要英文研究论文有 *Wax Spear - head*：*The Construction of Masculinity in Yuan Drama*，Tamkang Review 30：1（1999），*Masculinity in Chinese Culture*，Special issue of Tamkang Review 35. 1（Autumn）2004. 主要中文学术文章有《文武之道——中国古代文化中的男性建构》（《汉学研究》，第七集），《从〈情史·情外类〉看"情"的本质》（《明代小说面面观——明代小说国际研讨会论文集》，2002 年），《元杂剧的改编与意识形态：兼谈"宏观文学史"的思考》（《二十一世纪》（网络版），2002 年 5 月号，总第 14 期），《文本、语境与意识形态：海外元杂剧研究及其启示》（《国际汉学》，2003 年第 8 期），《颠覆、反讽与收编：解读〈西厢记〉》（《文学评论丛刊》，第 7 卷第 2 期，2004 年），《历史、阅读与批评理论》（《历史理论与批评》，1999 第 1 期），《我们看到的是"元"杂剧吗？——杂剧在明代宫廷的嬗变》（《文艺研究》，2000 年第 3 期）等。

苏源熙（Haun Saussy），1960 年生。1981 年毕业于杜克大学获文学学士学位，1987 年获耶鲁大学哲学硕士学位，1990 年获耶鲁大学博士学位。长期担任斯坦福大学亚洲语言与比较文学系副教授，并曾在加州大学洛杉矶分校任教授。现任耶鲁大学比较文学系教授。著有《一个中国美学家的问题》（*The Problem of a Chinese Aesthetic*，斯坦福大学出版社，1993 年），*Great Walls of Discourse and Other Adventures in Cultural China*（Harvard E Asian Monographs，212. Cambridge，Mass.：Published by Harvard University Asia Center and Distributed by Harvard University Press），与孙康宜合编《妇女诗人：从古代到 1911 年的诗歌及评论集》（*Women Writer of Traditional China*：*An Anthology of Poetry and Critics*，斯坦福大学出版社，1999 年）。最近的编著有《全球化时代的比较文学》（*Comparative Literature in an Age of Globalization*，Baltimore：The Johns Hopkins University Press，2006）等。苏源熙在美国的汉学界和比较文学界是一颗新崛起的学术新星，他通晓多种东西方语言，并且对当代文学理论十分熟悉，是一位有着很大发展潜力的优秀汉学家和比较文学学者。

田笠（Field，Stephen L.），1951 年生。曲尼提大学现代语言与文学系副教授。1974 年堪萨斯—奥斯汀联合大学学士，1985 年毕业于堪萨斯奥斯汀联合大学获博士学位。著有《天问》（*Tian Wen*：*A Chinese Book of Origins*，New York：New Direction，1986），《易经》（*YiJing*，*I Ching*，*or Book of Changes*，收入 Ian P. McGreal 编辑《东方大思想家》（*Great Thinkers of the Eastern World*），纽约，1995 年），《风水探源》（载中国社会科学院历史研究所编：《华夏文明与传世藏书——中国国际汉学研讨会论文集》，中国社会科学出版社，1996 年）。

王德威（David T. W. Wang），台湾大学外文系毕业，美国威斯康辛大学麦迪逊校区比较文学博士，曾任教于台湾大学、美国哥伦比亚大学东亚系，任丁龙讲座教授，现任美国哈佛大学东亚系 Edward C. Henderson 讲座教授。哥伦比亚大学的汉学研究蜚声世界学坛，尤以其实力雄厚、治学严谨、视野宽广和稳健名世；在行政上，则以保守和慎重为标帜。在世界学术领域中，其东方学和汉学人才辈出，享誉汉学界的知名学者赵元任、王际真、狄百瑞、夏志清、唐德刚等皆在此任教。但自其建校 240 余年来，作为长春藤盟校的带头者之一，其学阶森严，东亚系从未为亚洲人入主。王德威出任该系系主任，则打破了该校这个方面的历史记录。王德威已成为美国中国现代文学研究界继夏志清、李欧梵之后的第三代领军人物。

王德威的主要著作有：《从刘鹗到王祯和：中国现代写实主义散论》，《如何现代，怎样文学：十九、二十世纪中文小说新论》，《想像中国的方法：历史·小说·叙事》，《众声喧哗：三十年代与八十年代的中国小说》，《阅读当代小说：台湾、大陆、香港、海外》，《小说中国：晚清到当代的中文小说》，《众声喧哗以后：点评当代中文小说》，《现代中国小说十讲》，《落地的麦子不死：张爱玲与"张派"传人》，《跨世纪风华：当代小说二十家》，《历史与怪兽：历史，暴力，叙事》，《如此繁华：小说香港、上海、台北》，《被压抑的现代性：晚清小说新论》，《现代中国小说十讲》，*Fiction Realism in 20th Century*：*Mao Dun*，*Lao She*，*Shen Congwen*，*Fin - de - siecle Splendor*：*Repressd Modernities of Late Qing Fiction*，*1849 - 1911*，*The Monster That is History*：*History*，*Violence*，*and Fictional Writing in Twentieth - Century China*，译有《知识考古学》（福柯著）等。有英文著作及译作多种。

王德威为国内现代文学研究界所熟识的是其颇有惊世骇俗之论的《被压抑的现代性——没有晚清，何来五四?》一文，这也是一篇能够比较全面代表王德威对中国现代文学、特别是以小说叙述为主线的现代文学史的理解的重要文献。虽然对其中提出的现代文学发生、展开的文学史叙述争议颇多，但王德威在自树的大旗之下，执著于小说与历史的互动关系，对晚清以降的中国小说进行开掘与阐释，自 20 世纪 90 年代中期以来，可谓论著不断、新见迭出，颇受国内研究界的关注。

王赓武（Wang Gungwu），1930 年生。祖籍江苏泰县，生于印尼泗水。童年时随父母移居马来亚。早年曾就读于南京国立中央大学和新加坡马来亚大学，先后获得马来亚大学学士和硕士学位，1956 年获英国伦敦大学博士学位。之后在马来亚大学历史系工作，曾任该校文学院院长、历史系主任。1986 年至 1995 年任香港大学校长，1996 年王赓武赴新加坡任新加坡国立大学东亚政治经济研究所所长。王赓武热心社会服务，曾担任很多要职：1962 年至 1968 年皇家亚洲学会马来分会副会长；1964 年至 1968 年国际亚洲历史学家学会会长；1978 年至 1980 年澳大利亚亚洲学会会长；1980 年至 1983 年澳大利亚人文科学院院长；1984 年至 1986 年澳中理事会主席；1986 年至 1995 年香港中文大学校董；1987 年至 1995 年世界野生动物基金会香港分会理事；1989 年至 1994 年香港演艺发展局主席；1990 年至 1992 年香港行政局议员；1992 年伦敦国际战略研究所理事；1995 年新加坡华裔馆董事，陈嘉庚学术基金发起人；1996 年陈嘉庚国际学会会长。他还担任许多国家和地区的大学的访问教授和研究员，获得众多荣衔：澳洲人文科学院院士（1971），CBE 勋衔（1991），台湾中央研究院院士（1992），美国艺术与科学院名誉院士（1993），获福冈亚洲文化国际学术奖（1994），澳洲悉尼大学、莫纳什大学、格里芬大学、墨尔本大学、澳大利亚国立大学、英国赫尔大学、日本东京创价大学荣誉博士学位，清华大学、北京大学和复旦大学等中国著名大学的名誉教授或客座教授，中国社会科学院名誉研究员（1996），伦敦大学亚非研究学院名誉院士（1996）。王赓武长期从事中国移民史、中国通商史、东南亚地区史和地区社会文化的研究，他的研究涉及历史学、文化学、政治学、社会学等诸多领域，学识渊博，造诣精深，著作等身，是当今华人学者中最杰出者之一。他于 2001 年 5 月 21 日被母校中央大学的后身南京大学聘为名誉教授。王赓武博学多才，精通中、英、巫文，研究范围广泛，涉及历史学、文化学、政治学、社会学等诸多领域，对东南亚华人研究有精辟的见解，是研究东南亚史与华人史的权威。王教授治学严谨，见解独到，在国际学术界享有很高的声誉。他发表的著作和论文有上百种，包括《东南亚与华人》、《历史的功能》、《南海贸易与南洋华人》、《南洋华人简史》、《中国与海外华人》和《中国的国际地位》、《五代时期华北政权的结构》、《华人社会与东南亚国家》、《1949 年以来的中国和世界：独立、现代化和革命的冲击》、《社团与民族：中国与东南亚研究文选》、《民族集团与国家：东南亚华人论文集》、《东南亚华人认同研究》、《南洋华人民族主义的限度》、《东南亚华人少数民族》、《香港史新编》、《明朝初年与东南亚的关系》等，有着广泛的影响。

王靖宇，1957 年毕业于台湾大学外文系，1962 年获得美国明尼苏达大学硕士学位，1968 年获康奈尔大学博士学位。现为美国斯坦福大学 Edward Clark Crossett 人文学科讲座教授兼中国语言文化研究中心主任、美国现代语言协会中西文学关系部比较文学主席。1978—1981 年任亚洲研究协会中国和中亚委员会主席；1978—1981 年任东亚研究协会主任；2000 年至今任中国社会科学院比较文学研究中心顾问；2001 年任国立台湾大学《儒学研究与东亚文明丛书》编委；2003 年至今任香港大学《东方研究》杂志编委。

王靖宇教授讲授过各级汉语、中国小说和戏剧的翻译、中国神话、传奇和民间传说、中国文学批评等课程。其研究兴趣主要在早期中国历史叙事、中国小说和戏剧、叙事学理论以及文学批评等方面。其主要中文著作有《〈左传〉中的散文和中国传统小说》（北京大学出版社，1989 年），《金圣叹》（上海古籍出版社，2003 年），《中国早期叙事文研究》（上海古籍出版社，2003 年），《中国早期叙事散文》（台北中国文学和哲学学会，1999 年）。英文著作有 *Chinese Literary Criticism of the Ching Period* (1644 – 1911) (Editor and Contributor) (Hong Kong: The University of Hong Kong Press, 1993), *Chin Sheng – t'an on How to Read the Shui – hu Chuan* (A Translation), *How to Read the Chinese Novel*, ed. David Rolston (Princeton: Princeton University Press, 1990), *Lu Xun as a Scholar of Traditional Chinese Literature*, *Lu Xun and His Legacy*, ed. Leo Ou – fan Lee (Berkeley: University of California Press, 1985)。目前正在研究的项目为“从左传到史记：中国早期叙事的艺术”。

伍晓明，1954 年生。现任新西兰坎特伯雷大学（University of Canterbury）语言暨文化研究学院高级讲师，教授各级汉语和中国文学。他于文革后进入复旦大学中文系学习，1982 年毕业，获文学学士学位，后于 1985 年获北京大学比较文学硕士学位，于英国萨塞克斯大学（University of Sussex）获得欧洲哲学和文学理论博士学位，专攻解构主义和中国传统文化。曾在天津社会科学院和香港中文大学从事科研，在北京大学和英国威斯敏斯特大学任教。主要从事中国现代文学、比较文学、中国哲学以及比较哲学方面的研究，目前正在进行儒家和道家经典的重读研究。主要著作有《吾道一以贯之：重读孔子》（北京大学出版社，2003 年），《当代叙事学》（译著，北京大学出版社，2005 年），《比较文学与世界文学（第 1 辑）》（与杨乃乔合编，商务印书馆，2004 年），《有（与）存在：通过“存在”而重读中国传统之“形而上”者》（北京大学出版社，2005 年）。伍晓明学术功底扎实，尤其对中国现代文学史料掌握娴熟，并在论述中有自己的独特见解。他现在虽然身在海外，但仍与国内学界保持频繁的接触，先后应邀在北京大学、北京语言大学和首都师范大学发表演讲，并出席了一系列学术会议。

夏含夷（Edward L. Shaughnessy），1952 年生。1974 年圣母大学（印第安纳州）学士，1980 年斯坦福大学硕士，1985 年斯坦福大学博士。芝加哥大学格兰与顾立雅早期中国研究荣誉教授。中文著作：《温故知新录：商周文化史管见》（台北：稻荷出版社，1997 年）；英文著作：《中国对西方文化的革新》（*Western Cultural Innovations in China 1200 B. C.*, Sino – Platonic papers, No. 11. Philadelphia, PA, USA [1989]），《西周史资料：青铜器铭文》（*Sources of Western Zhou History: Inscriber Bronze Vessels*，加利福尼亚大学出版社，1991 年），《中国古代历史的新资料：碑铭和手稿阅读指南》（*New Sources of Early Chinese History: An Introduction to Reading Inscriptions a Manuscripts*，东亚研究学院及古代中国研究协会，1997 年），《儒家之前：中国经书起源之研究》（*Before Confucius: Studies in the Creative of the Chinese Classics*，纽约州立大学出版社，1998 年），《〈周易〉之成书》（*The Composition of the Zhouyi*，斯坦福大学出版社），《易经：新近发现的公元前二世纪马王堆文字的英文首版翻译》（*I Ching: The Classic of Changes*，纽约：蓝登书屋，1997 年）等。

叶嘉莹，号迦陵，是世界知名的汉学家，更是诗词研究的一代宗师。曾任教于国立台湾大学及加拿大不列颠哥伦比亚大学（现为该校荣休教授），又历任中国大陆、台湾、美国和加拿大多所大学的

客座教授，现任南开大学中华古典文化研究院名誉所长，亦是加拿大皇家科学院院士及中国社会科学院文学研究所名誉研究员、驰名中外的中国古典诗词专家、加拿大籍华人学者，退休后仍经常来中国大陆、香港和台湾等地的高校讲学或进行学术交流。

叶嘉莹于1924年出生在北京的一个书香世家，1941年，年仅17岁的叶嘉莹以优异的成绩考入了辅仁大学国文系，专攻古典文学专业。在大学期间，叶嘉莹从师于古典诗词名家顾随教授，并深得顾随教授的赏识。师生常常唱和往来，留下篇篇佳作。1945年叶嘉莹大学毕业，开始了她的教学生涯。以她出色的才华，同时被三所中学聘为国文教师，深受学生的爱戴。1948年叶嘉莹结婚随丈夫迁居台湾。从50年代初任台湾大学专职教授，其后又被淡江大学、辅仁大学聘为兼职教授。1966年，叶嘉莹被台湾大学派往美国讲学，先后任美国密西根大学、哈佛大学客座教授。这就使叶嘉莹教学与研究获得了更大的发展空间，她是当时为数不多的用英语讲授中国古典诗词的中国学者之一。1969年，叶嘉莹定居加拿大温哥华，任加拿大不列颠哥伦比亚大学中国文学教授。1990年叶嘉莹先生当选为加拿大皇家科学院院士。南开大学藤维藻、母国光二位校长亲自主持大会，祝贺叶嘉莹先生荣获这一荣誉。1991年，应南开大学的要求，叶嘉莹先生在南开大学创办比较文化研究所。1997年，河北教育出版社出版了《迦陵文集》10卷，2000年台湾桂冠图书公司又出版了《叶嘉莹作品集》24卷。

叶教授一生从事中国古典诗词的教研，擅长以深入浅出的文字，把当代西方文学概念融汇、应用于中国古典诗词的探讨和诠释，以直悟配合精析，见解独到，卓然成家。叶教授天资敏慧，才思出众，加上典雅细腻的文笔，以及半生颠沛流离、漂泊异乡、浮世坎坷的忧患经历，使她在谈诗论词之际，往往感常人所未感，悟常人所未悟，深入中国文学的艺术和文化精髓，并以精确生动的语言，使读者感发兴起，领会中国诗词的创作过程和精神情韵，以至古代诗人的才性与品格，进而透视世变，深省人心。

长期在西方教学工作，叶嘉莹有机会阅读了不少西方文艺理论著作，与西方学者的交流，更推动了她在这一领域的深入，将西方文艺理论引入中国古典诗词研究是叶嘉莹对中国古典诗词研究的重要贡献。叶嘉莹结合西方文论中的阐释学、符号学和接受美学等理论对中国传统词学不断反思，将词分成了歌词之词、诗化之词、赋化之词三大类别，传统词学未能对此三类不同性质的词作出精微的分辨，往往以评赏赋化之词的观点来评赏歌词之词，不免有牵强比附之失；也有人以评赏歌词之词的观点来评赏赋化之词，对南宋长调之慢词，未得其门径之妙。这三类不同风格的词，同样具有一种属于词体之美感特质，叶嘉莹对于这种美感特质在词体的演进中，对于歌词之词、诗化之词及赋化之词不同体式的词作中的影响和作用，作了推源溯流的说明。

除了在治学方面博通古今、融汇中西外，叶教授更是一位才气纵横、情思深邈的诗人，证真知于实践，尤为难得。叶教授自十余岁起便开始写诗填词，她的诗风并兼婉约灵秀和豪壮激越，透英气于淑襟，具刚柔之双美。中外专家学者认为，叶嘉莹融汇中西、博通古今，汲取中国传统文学理论的灵悟慧解，运用西方思辨的方法作出清晰透彻的分析，来诠释诗词的丰厚意蕴，赋予中国古典诗词以鲜活的生命力，对中国文学和文化的弘扬作出了卓越的贡献 。

宇文所安（Stephen Owen），1946年生于密苏里州圣路易斯。1968年获耶鲁大学中国语言文学专业硕士学位。1972年以《孟郊和韩愈的诗》获耶鲁大学东亚语言与文学博士学位。1972—1973年，任耶鲁大学讲师，1973—1980年任耶鲁大学助理教授，1980—1982年任耶鲁大学副教授，1982—1984年任哈佛大学中国文学教授，1984—1994年任哈佛大学中国文学与比较文学教授。宇文所安是唐代文学研究领域内最多产的美国学者。他一生著述甚丰，主要著作包括：《孟郊和韩愈的诗》（耶鲁大学出版社，1975年），《初唐诗》（*The Poetry of the Early T'ang*）（耶鲁大学出版社，1977年；贾晋华中译本，广西人民出版社，1987年），《中国诗歌的黄金时代：盛唐诗》（*The Great Age of Chinese Poetry: The Hi T'ang*）（耶鲁大学出版社，1980年；贾晋华中译本，黑龙江人民出版社，1994年），《中国古典诗歌与诗学：世界的预言》（*Tradition a Chinese Poetry and Poetic: An Omen of the World*）（威斯康星大学出版社，1985年），《中国古典诗歌研究心得》（哈佛大学出版社，1986年），《迷楼：诗与欲望之迷宫》（*Mi－Lou: Poetry and the Labyrinth of Desire*）（哈佛大学出版社，1989年），《中古的结束：中唐文学文化论文集》（*The End of the Chinese' Middle Age Essays in Mid－T'ang Literary Culture*）（斯坦福大学出版社，1996年）等。宇文所安是当今国际汉学界文学研究领域里首屈一指的汉学家，在国际汉学界和比较文学界都有着重大的影响。他以自己的热忱、学识和勤奋向世界讲诉中国诗歌的独特魅力。同时，宇文所安还在自己的书中这样写道："我希望自己的作品能够向中国读者表明：中国诗歌的爱好者遍布全世界。"

詹姆士·西曼（James D. Sellmann），1956年生。关岛大学哲学系副教授。1990年夏威夷大学博士。著有《战争动员：〈吕氏春秋〉有关义战理论的争辩》（*On Mobilizing the Military Arguments for a Just War Theory from the Lü－shih Ch'un－Ch'iu*，《亚洲文化》（Asian Culture）11：3（1983），26—43页），《〈吕氏春秋〉以孝治国的提议》（*The Lu－shih Ch'un－ch'iu's Proposal Governing by Filial Piety*，《亚洲文化》（Asian Culture）13：1（1985）43—61页），《〈吕氏春秋〉中的合时宜与社会政治秩序》（1990年）等。

张隆溪（Zhang Longxi），四川成都人。文革期间高中毕业，未能上大学，但1978年却以同等学历考生的身份直接考入北京大学西语系英语言文学专业，为"文革"后第一批研究生，师从杨周翰教授专攻英国文学和比较文学。1981年获文学硕士学位并留校任教。1983年赴美留学，1989年获哈佛大学比较文学博士学位。同年受聘于加州大学河滨校区，任比较文学助理教授和副教授。1998年起，任香港城市大学比较文学与翻译系讲座教授兼跨文化研究中心主任。张隆溪的研究范围较广，涉猎英国文学、中国古典文学、中西比较文学、文学理论及跨文化研究。作为一位华人杰出学者，张隆溪在海内外享有盛誉，曾获得美国加州大学圣地亚哥分校人文中心杰出访问学人、加拿大多伦多大学人文中心杰出访问学人等多项殊荣。张隆溪除了精通英语外，还通晓其他一些主要的欧洲语言，尤其对现当代西方文学理论有所研究，并在欧美主要学术刊物《批评探索》（Critical Inquiry）、《比较文学》（Comparative Literature）、《比较文学研究》（Comparative Literature Studies）等发表多篇论文，有着较大的影响。主要中文著述有《二十世纪西方文论述评》（1986年）及《走出文化的封闭圈》（2000年）。英文著作包括 *The Tao and the Logos: Literary Hermeneutics, East and West* (Duke University Press, 1992), *Mighty Opposites from Dichotomies to Differences in the Comparative Study of China* (Stanford University Press, 1998), *Allegoresis: Reading Canonical Literature East and West* (Cornell University Press, 2005) 等。

赵穗生（Sam Suisheng Zhao），北京大学经济学硕士，美国密苏里大学社会学硕士，1992年于加利福尼亚大学获得政治学博士学位。现任丹佛大学中美合作中心主任、国际关系学院教授。他曾担任美国亚太安全合作委员会（USCSCAP）主任、哈佛大学东亚研究中心研究助理。曾获斯坦福大学胡佛协会1999—2000年坎贝尔国家奖学金。曾任华盛顿大学政治学和国际关系副教授、缅因州科尔比大学政治及东亚政策副教授、加利福尼亚大学国际关系及太平洋研究学院访问教授。他大多数著作都是关于台海问题和中国政治的：《中国大陆、台湾和1995—1996年危机》（1999年）、《中国和民主：重新考虑中国民主的前景》（2000年）、《中国的外交政策：实用主义和战略行动》（2003年）、《设计的权力：民族主义中国的宪法构成》（1995年）、《邓小平时代中国的决策》（1995年）。赵穗生的治学特色体现在思维敏捷、思想深刻、分析问题犀利到位，他著述甚丰，在 Political Science Quarterly, The China Quarterly, World Affairs, Asian Survey, Journal of Northeast Asian Studies, Asian Affairs, Journal of Democracy, Pacific Affairs, Communism and Post - Communism Studies, Problems of Post - Communism, The Journal of East Asian Affairs, Issues and Studies, Journal of Contemporary China 等刊物上发表过大量文章。此外，他还在繁忙的教学之余，主编有社会科学季刊 Journal of Contemporary China，为推进海外的中国社会科学研究作出了独特的贡献。在他的编辑方针指导下，该刊于2003—2004年曾连续发表三个关于中国当代文学的专辑，为英语世界的读者和人文社会科学研究者了解中国文学起到了某种导向作用。

赵毅衡（Henry Y. H. Zhao），1944年出生于广西桂林，幼年随父母四处迁徙。南京大学外文系英语专业出身，中国社会科学院文学理论硕士，美国柏克利加州大学比较文学博士。自1988年至今任英国伦敦大学东方学院讲师、高级讲师和教授，主要讲授中国现当代文学和文学理论。赵毅衡除了在我国文学研究界享有声誉外，业余时间还写小说、诗歌和各种故事。主要中文学术著作有：《远游的诗神：中国古典诗歌对美国现代诗的影响》（1983年）、《新批评：一种独特的形式文论》（1984年）、《符号学导论》（1990年）、《苦恼的叙述者》（1991年）、《当说者被说的时候：比较叙述学导论》（1997年）、《必要的孤独：形式文化学论集》（1998年）、《建立一种现代禅剧：高行健与中国实验戏剧》（1998年）、《礼教下延之后：中国文化批判诸问题》（2001年）；主要英文著作有：*The Uneasy Narrator: Chinese Fiction from the Traditional to the Modern* (1995), *Towards a Modern Zen Theatre* (2001)；主要文学创作有：《居士林的阿辽沙》（中篇，1994年）、《沙漠与沙》（长篇，1995年）；主要译著有：《美国现代诗选》、《化身博士》等。近几年来主要中文学术论文有《三层茧内：华人小说的题材自限》（《暨南学报》2005年第2期）、《无根有梦：海外华人的小说中的漂泊主题》（《社会科学战线》2003年第5期）、《史诗研究：回归文学的立体性》（《淮阴师院学报》2003年第1期）、《如何走出双重真空》（《南方文坛》2002年第6期）、《神性的证明：面对史铁生》（《开放时代》2001年第7期）、《带给主流文学的危机》（《文学自由谈》2000年第1期）。

赵毅衡是当今海外华裔学者中极少同时从事文学创作、理论批评和学术研究者之一，他的广博学识和诗人气质以及富有文采的学术文笔给人留下了深刻的印象。

后　　记

《中国学术年鉴》（以下简称《年鉴》）人文社会科学版2004年首卷出版后，获得了学界和媒体的高度评价，这令我们感到十分欣慰。同时，由于第一次出版这样的学术文献，从选题策划、组织编选到审稿定稿，亦都不可避免地出现了这样那样的问题，学界朋友出于令人感动的关心爱护提出了中肯的意见。《年鉴》2005年卷充分汲取了各界的意见，相信会更完善一些。

特别值得指出的是，成思危副委员长与许嘉璐副委员长十分关心和支持这部学术文献的出版，从2005年卷开始，两位副委员长将共同担任该书的总顾问，这无疑是对《年鉴》编辑出版工作的巨大支持。同样，在许嘉璐副委员长的关心和支持下，由许嘉璐副委员长亲任理事长、胡德平先生任第一副理事长的《年鉴》理事会也正式成立，《年鉴》理事会的成立将为《年鉴》的良性健康持久发展提供强有力的保障。

还值得指出的是，中国社会科学院各所的所长、副所长，北京大学、清华大学、浙江大学、武汉大学、南京大学、中央民族大学等全国重点著名高校主管人文学科的副校长和学科带头人非常关心《年鉴》的编选和出版，他们出任《年鉴》编委，亲自参与编选工作。他们的关心支持和直接参与无疑为《年鉴》提供了雄厚的学术条件，对保证《年鉴》的学术质量与权威性具有不可或缺的作用。

由于多种原因，从2005年卷开始，《年鉴》改由中央编译出版社出版。在与中央编译出版社同仁合作的过程中，我们深为他们一丝不苟的敬业精神所感动。和龑先生、韩继海先生、尹承东先生、吴颖丽女士、陈琼女士、卢晓萍女士、李纬先生、贾向云女士等均为《年鉴》的编辑出版宣传发行工作付出了巨大的心血与辛勤的劳动。有这样一些优秀的出版人从事本书的编辑出版工作，使我们对《年鉴》成为优秀的学术文献更加充满信心。

需要特别说明的是，《年鉴》编委会出于珍视与推介优秀学术成果的宗旨，在个别学科收入了2004年发表与出版但未及收入2004年卷的少量优秀学术成果，另有个别学科的少量优秀论著由于时间紧张来不及联系作者，故在入选论著简介后未附入选学者简历。此点尤望入选学者与读者谅解。由于编选时间紧迫，加之种种其他因素，本书不尽人意之处在所难免，亦请广大学者与读者鉴谅。

区区绻绻，仅致谢忱！

《中国学术年鉴》编委会

大连理工大学人文社会科学学院

聘请德国洪堡大学克里奇默博士为我校特聘教授

大连理工大学人文社会科学学院成立于1999年4月，其前身是20世纪80年代初建立的社会科学系。目前，学院拥有广播电视新闻、汉语言文学、公共事业管理、法学4个本科专业，科学学与科学技术管理、科学技术哲学、思想政治教育3个博士点和科学学与科学技术管理、科学技术哲学、马克思主义哲学、伦理学、中国近现代史、马克思主义基本原理、思想政治教育、行政管理、传播学、民商法学、高等教育学、区域经济学、教育管理与教育经济学、语言学与应用语言学等14个硕士点和MPA专业硕士学位点。学院下设新闻与传播学系，中文系，法律系，公共管理系，科学学与科技管理研究所，哲学研究所，政治学与思想政治教育研究所，毛泽东思想、邓小平理论研究所和思想政治理论课教研中心。另有高等教育研究所、21世纪研究中心、德国技术哲学研究中心、欧盟研究中心、国家大学生文化素质教育基地、辽宁省"三个代表"重要思想研究基地、辽宁省科技伦理与科技管理研究中心、辽宁省大学生思想政治理论课教学研究中心、辽宁省思想政治理论课教师培训基地、辽宁省大学生思想政治教育人才培训基地、辽宁省公务员培训基地等机构。

大连理工大学人文社会科学学院现有教职工96人，其中教授17人，博士生导师14人，副教授24人。现有硕士研究生324人，MPA80人，博士生86人，本科生739人，新疆管理干部培训班每年100人。人文社会科学学院除承担本院的研究生和本科生的教学、科研与管理工作外，还承担全校本科生的思想政治理论课、文化素质课、硕士研究生和博士研究生的马克思主义理论课教学工作。人文社会科学学院现任院长为哲学博士、博士生导师洪晓楠教授。

大连理工大学人文社会科学学院十分重视对外学术交流与合作，近年来与德国柏林理工大学、柏林自由大学、斯图加特大学、联邦国防军大学（慕尼黑）、美国克莱姆森大学等建立了紧密的合作关系，并分别在德国和中国合作举办国际学术研讨会，互派学者讲学，进行合作研究。

科学学与科技管理博士点简介 1994年，经国务院学位办批准设置科学学与科学管理专业硕士点。2003年，申请设置科学学和科技管理二级学科博士点，获得国务院学位办批准，成为我国首家科学学与科技管理博士点。目前，科学学与科学技术管理博士点已形成三个主要研究方向：科学学理论、科学技术与创新管理、科学计量学，主要学术带头人为中国科学学与科技政策研究会副理事长、大连市社会科学界联合会副主席刘则渊教授、王续琨教授等。博士点现有教学科研人员10人，其中教授6人，博士生指导教师5人，副教授1人，讲师3人，5人具有博士学位或正在攻读博士学位。在国内外重要学术刊物上发表学术论文400余篇，其中20篇被三大国际著名检索系统SCI、SSCI、ISTP收录，成为"985工程"教育部哲学社会科学创新基地和辽宁省人文社会科学重点研究基地——科学技术伦理与科学技术管理研究中心的主要组成部分。科学学与科技管理研究所建有国内领先的专业研究实验室——网络－信息－科学－经济计量实验室（WISE Lab）。较为齐全的硬件设施和5万余册的中外文期刊和图书，为人才培养和科学研究提供了良好的条件。

聘请原德国哲学学会主席汉斯•波塞尔教授为我校客座教授

科学技术哲学博士点简介 大连理工大学科学技术哲学学科起步于20世纪60年代，1986年获硕士学位授予权，2005年获博士学位授予权。现有教授8人（其中博士生导师6人），副教授3人，讲师3人。大连理工大学科学技术哲学博士点的主要研究方向为技术哲学、环境哲学和科学文化哲学。在技术哲学领域，博士生导师刘则渊教授是技术哲学研究"东北学派"的带头学者之一。博士生导师王前教授主要从事中国文化背景的技术哲学研究，著有《技术现代化的文化制约》、《中国技术思想史论》等著作。博士生导师王子彦教授主要从事环境哲学和环境伦理研究，著有《环境导论》、《技术的生态价值及技术生态化》等著作。博士生导师洪晓楠教授主要从事科学哲学、科学文化哲学研究，著有《科学文化哲学研究》、《文化哲学思潮简论》等著作。博士生导师、特聘教授李文潮博士来自德国柏林自由大学，主要从事德国技术哲学、技术伦理研究。博士生导师、特聘教授安延明博士来自美国克莱姆森大学，主要从事科技伦理与职业伦理研究。博士点还聘请德国著名哲学家波塞尔教授为哲学研究所名誉所长，美国著名技术哲学家米切姆教授等作为兼职教授。

思想政治教育博士点简介 大连理工大学思想政治教育专业创建于1984年，1986年获得硕士学位授予权，2006年获得博士学位授予权，是全国第一批获得该专业学士学位授予权与硕士学位授予权的学校，主要研究方向有：现代思想政治教育理论与方法研究、马克思主义与当代思潮研究、马克思主义中国化理论与教育研究、马克思主义与中西政治思想比较研究、思想政治教育与大学生素质教育研究。现有博士生导师5人，教授10人，副教授6人，讲师10人，主要学术带头人为戴艳君教授、洪晓楠教授、杨连生教授、刘鸿鹤教授、魏晓文教授。近5年来，获得国家社会科学基金，全国教育科学"九五"、"十五"规划课题，教育部人文社会科学基金，辽宁省社会科学基金等省以上研究课题累计20余项，获得国家社科基金优秀鉴定成果、辽宁省优秀教学成果一等奖等省以上教学与科研奖励30余项，在人民出版社、高等教育出版社、中国人民大学出版社等出版有代表性的学术著作和教材18部，在《光明日报》、《新华文摘》、《中国高教研究》等国内外学术期刊上发表论文近200篇。截至目前为止，为国家培养硕士研究生600多名，其中包括为辽宁省委组织部、辽宁省教委、大连市委组织部等党政机关、高等院校和企事业单位培养的在职研究生270多名，在读研究生43名。

邀请美国人文与艺术科学院院士、美国哈佛大学东亚与语言文明系教授、哈佛—燕京学社社长杜维明教授来我院做学术报告并聘为我校客座教授（前排中为杜维明教授，后排右二为大连市哲学学会理事长洪晓楠教授）

华中师范大学文学院

论文题目：蒋孔阳晚年美学思想的新发展
论文作者：张玉能
原载刊物：《社会科学辑刊》2005年第6期
《文艺研究》2005年第2期

摘要　在当今经济、政治、文化全球化的情势下，西方后现代主义话语也全方位地传入中国，就在这种后现代主义语境下，蒋孔阳美学思想也在20世纪80—90年代发生了飞跃性的发展。顺应后现代主义的话语特征，蒋孔阳既坚持了马克思主义的实践唯物主义的创造美学，推动实践美学走向一个新的阶段，又与时俱进，实事求是，转换思维方式，多角度、多层次、开放性地探讨美学问题，建构了最新形态的实践—创造美学，这集中地表现在《美学新论》之中。蒋孔阳的新实践—创造美学主要在美学对象上突出人对现实的审美关系，在美的本质上强调美在恒新恒异的创造中，在美感上着重在美感的多层累的矛盾统一，在美的形态上揭示了美与丑在历史发展中的地位转化，这些新观点和新发展恰恰对应着西方美学和中国当代美学后现代主义话语的关系本体、不确定性观念、亦此亦彼的思维方式、美的形态的变化发展的趋势，因此，蒋孔阳美学思想是坚持马克思主义实践观点的、汲取和扬弃了西方后现代主义话语的、跨世纪的、开放的、中国特色的美学体系，是建构和推进中国当代美学的切实可行的、最新的起点和契机之一。

论文题目：“四声之目”的发明时间及创始人再议
论文作者：高华平
原载刊物：《文学遗产》2005年第5期

摘要　“四声”的发明，是中国语言文学史上的一件大事。以往的研究基本上都将其归结为南齐永明年间沈约、王融、谢朓、刘绘等人首创。这种说法的失误在于它混淆了文字音韵上发明“四声”和文学创作中使用“四声”的不同。“四声”的发明虽然与佛教文化在中土的传播有关，但却不能与佛经的梵呗转读直接对接起来，因而以佛经梵呗转读作为“四声”发明的源头，不仅存在着将佛教音乐之事与文字音韵之事等同的偏颇，而且也与文献所记载的关于梁代释僧旻和梁武帝萧衍，或善声韵而不问佛经转读、唱导，或精通梵呗而不解“四声”的事实相矛盾。在中国的南朝历史上实存在着两个与“四声”的发明均有一定关系的名为王斌的人，“四声之目”的真正创始人应为刘宋之末的王斌。

论文题目：后现代语境中的女性主义：问题与矛盾
论文作者：魏天真
原载刊物：《外国文学》2005年第5期

摘要　如何理解平等与差异、如何界定女性、如何对待身体，围绕这些问题的阐述和争论，既标志着人们对女性主义的认知在加深和成熟，也反映出女性主义与生俱来的矛盾在后现代语境下的凸显。

关于“平等与差异的矛盾”的纷争贯穿着女性主义的发展历程。后现代女性主义者发现，这一矛盾乃是一个人为的二元对立模式，它将同一性当作获得平等的前提，陷女权主义者于两难境地。因此，后现代女性主义者确立了以差异为前提讨论平等的原则，但是对差异的崇奉导致了新的矛盾和悖论。

后现代女性主义者认为“女性”所代表的其实是一个非同一的、无法命名的群体，与此相关的其他固定范畴也都在差异原则下被颠覆，致使“女性主义”及其主体“女性”仅仅在理论话语领域具有无限可能性，与现实生活和女性的真实处境失去关联。

在如何对待身体问题上的矛盾是：如果不致力于探索和发现自己的身体，女性建构真实的自我、获得主体身份的工程就无从起始；而一旦注重身体时，却又使女性的身体连同她“注重身体”的行为一起沦为被看的对象。

所有这些矛盾证明女性主义具有自我颠覆的特征，但其不断怀疑和反思的精神和思维方式极具现实性。

论文题目：固化的“用来”及其相关的句法格式
论文作者：储泽祥　曹跃香
原载刊物：《世界汉语教学》2005年第2期

摘要　固化现象是语言发展演变过程中常见的现象，也是近年来国内外十分关注的研究课题。两个或几个紧挨在一起的语言单位，由于频繁使用而化为一个相对稳固的、整体性的语言单位，就是固化结构。固化结构包括固化小句和固化词语。语法研究上更关注固化的词语，它在句法功能上接近一个词，不能随意拆开，意义和作用趋向专门化。这篇文章以“用来”为例，讨论汉语的固化问题。文章认为，“毛巾用来洗脸”一类句子里的“用来”已经固化了。在“我用毛巾来洗脸”这样的句子里，“来”起连接“用毛巾”与“洗脸”的作用，“毛巾”话题化前移以后，格局发生变化，即变成“毛巾我用来洗脸”，“来”连接的是“用”和“洗脸”。由于长期、频繁地使用，“用”与“来”发生跨层结合，逐渐凝固成一个整体，作用和意义也趋向专门化，表示功用义，并抑制了“来”表示目的的作用。由“用来”标记的功用句在句法上也有相应的表现。“是……的”结构套入“用来”功用句，使功用义变得主观化。“把”字结构、“被”字结构与“用来”功用句的嵌套，使（被）支配性得到强调。文章还对固化的性质、作用、固化与语法化的区别作了简单的讨论。

论文题目：论当今文学批评的功能
论文作者：胡亚敏
原载刊物：《社会科学辑刊》2005年第6期

摘要　文学批评的功能指文学批评在整个文学活动和社会生活中所具有的价值和作用，它是在与相关领域的互动关系中实现的。不同历史时期的文学批评具有不尽相同的功能。根据当今人们对文学批评性质的认识和社会对文学批评的要求，论文重点阐述了文学批评在当代社会中的三种主要功能，即文学批评的阐释功能、意识形态功能和哲学功能。

阐释功能是文学批评的基本功能，它在当今文学批评中被推至突出位置，具有一些新的特点。首先，阐释成为批评中一种更为自由的意义追寻活动；其次，生产意义而不是仅仅说明作品的意义成为阐释的重要职能；第三，对文本的意义阐释已不限于文本的内容，形式本身也具有意义。

文学批评的意识形态功能指通过文学批评中的价值导向，影响人们的意识和行为，提高读者理解现实生活、辨别美丑善恶的能力。政治文化批判和审美价值判断是这一功能的重要组成部分。

文学批评的哲学功能是当代文学批评功能的发展和延伸。在文艺学体系中，文学批评被赋予“元批评”的性质，它以鲜明的实践性和对方法体系的自觉追求，对文学理论和文学史产生革命性影响。同时，它还跨越文艺学边界，通过消化其他领域的研究成果，建构自身的知识谱系，在批评理论和实践中提出新的思想和命题，实现认识论、方法论上的革命，并进而推动了哲学、语言学、心理学、社会学、文化学等领域的发展。

论文题目：乔伊斯研究在西方
论文作者：杨建
原载刊物：《社会科学辑刊》2005年第6期
《外国文学评论》2005年第3期

摘要　西方乔伊斯研究始于1914年，至今已有90年历史。分为四个阶段：20世纪20—40年代现代主义批评阶段，已涉及乔伊斯的神话结构、意识流手法、“精神主义”倾向、“形式即内容”的观点、“美妙的无形风格”、反讽、双关语、用典、互文性、复义、引语、暗示、“反英雄”的小人物等诗学问题；50—60年代，出版了美学研究专著《乔伊斯与阿奎那》；70—80年代，批评界对乔伊斯近40年的创作方法有了宏观的理论总结，认为它客观上反映了20世纪现代英语小说从现实主义向现代主义再向后现代主义的转变过程；90年代以后，大量著述进一步从文学的跨学科性、文学类型学意义、作家主体性建构、与早期弗洛伊德学说的同步对话关系及中后期创作中的受虐狂倾向、狂欢化写作风格等方面研究乔伊斯。研究视域分成9大块，前期以单部作品研究、文献研究、传记研究、一般性研究为主，后期以整体作品研究、诗学研究、美学研究、批评史研究、比较文学研究和文化诗学研究为主。乔伊斯代表着20世纪文学观念和文学创作发展的方向，跨世纪乔伊斯研究非常突出乔伊斯实验小说的形式批评和文化批评，但还应该重视乔伊斯对20世纪西方文论的突出贡献，有必要系统地梳理乔伊斯的诗学、美学思想并研究其与创作之间的逻辑联系。

季水河教授（中）访日期间与日本学者合影

张铁夫教授（右）荣获俄罗斯政府颁发的“普希金纪念奖章”

湘潭大学比较文学与世界文学学科

湘潭大学比较文学与世界文学学科是具有博士学位授予权的学科，该学科是湖南省人文社会科学重点研究基地、湖南省“十一五”重点学科，该学科现有教学科研人员25人，其中教授10人，博士生导师5人，副教授12人，讲师8人，具有博士学位者8人，在读博士6人。

湘潭大学比较文学与世界文学学科，与新时期中国比较文学与世界文学发展同步，崛起于20世纪70年代末期。经过20多年的建设，该学科已发展成为在省内有重大影响，国内有较大影响，并具有一定国际影响的重要学科。20多年来，该学科形成了中外文论与文学批评比较研究、外国文学与翻译传播研究、文学与文化关系比较研究三个明确而稳定的研究方向，取得了丰硕而又有广泛影响的学术成果。该学科共出版学术专著、译著、教材118部，发表学术论文820多篇，其中，被《新华文摘》、《人大复印资料》、《高校文科学术文摘》转载120余篇（次），被其他学者、学术专著引用、列为参考文献600余次（段）；承担国家社会科学基金课题、国际合作课题、国家教育教学改革课题、省部级社会科学基金课题等各类课题70多项；获国外政府奖，中国图书奖，省部级以上科研、教学成果奖36项。

该学科自1978年开始招收研究生以来，已为国家输送研究生128人，现有在读研究生56人。在该学科毕业的研究生中，有26人已晋升教授，其中部分已成为博士研究生导师。

该学科负责人**季水河教授**，现为湘潭大学文学与新闻学院院长，博士生导师，享受国务院政府特殊津贴专家，湖南省重点学科建设委员会委员，湖南省学位委员会学科评议组成员，湖南省社科联副主席，中国比较文学学会理事，全国马列文论研究会常务理事兼副秘书长，湖南省文学学会副会长，湖南省比较文学与世界文学学会副会长，湖南省比较文学与世界文学“十一五”重点学科负责人，湖南省比较文学与世界文学重点研究基地首席专家。出版个人学术著作8部，在《文学评论》、《文艺研究》、《学术月刊》、《光明日报》等刊物发表论文100多篇，著述逾200万字。主持国家社科基金项目2项，国家教学改革项目1项，国家精品课程1门，省级科研项目6项。获省部级科研、教学成果一等奖3项，二等奖3项，三等奖1项。2004年荣获“全国优秀教师”称号，2006年荣获“首届湖南省普通高校教学名师奖”。

该学科主要骨干：**吴岳添教授**，现为湘潭大学特聘教授、比较文学与世界文学研究所所长、博士生导师，中国作家协会会员，法国文学研究会会长，享受国务院政府特殊津贴专家，出版《卢梭》、《萨特传》、《法国文学流派的变迁》、《法郎士：人道主义斗士》等专著、译著、文集及主编著作40余部。**张铁夫教授**，现为湘潭大学文学与新闻学院教授、博士生导师，中国比较文学学会理事，湖南省比较文学与世界文学学会会长，享受国务院政府特殊津贴专家，全国优秀教师，主持国家社科基金项目1项、湖南省社科规划课题3项，两次荣获湖南省社会科学优秀成果一等奖，代表作《普希金研究三部曲》，1999年荣获俄罗斯联邦政府颁发的“普希金纪念奖章”。

吴岳添教授（左）与法国《读书》杂志主编皮埃尔•阿苏里纳合影

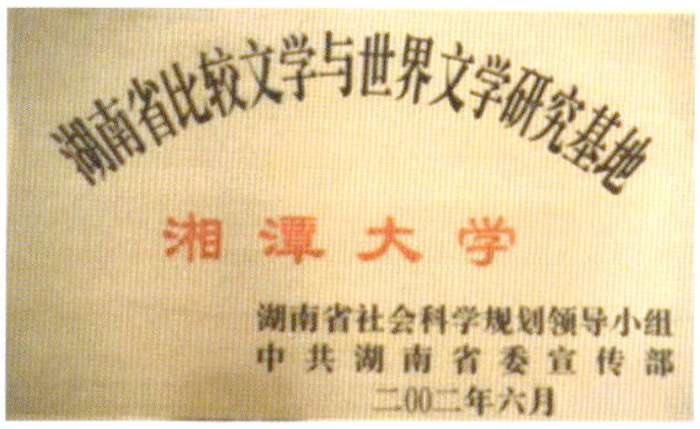

本学科近年出版的部分学术著作书影及奖励

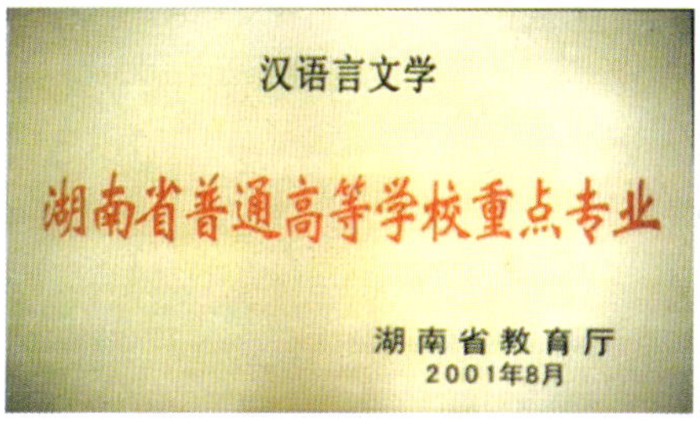

湘潭大学哲学与社会学学院

湘潭大学哲学与社会学学院，原为哲学系，是湘潭大学最早设置的院系之一，2003年改为哲学与社会学学院。学院现有教师36人，其中教授9人，副教授7人，博士生导师6人；设有哲学、社会学两个本科专业，拥有哲学一级学科硕士学位点和中国哲学、马克思主义中国化研究两个博士点，一个省级重点学科（中国哲学）。近五年来，学院出版专著30余部，发表各类学术论文500余篇，承担和完成科研课题60多项，其中国家社科基金项目5项，教育部和湖南省社科规划项目30余项。

学院以毛泽东思想研究和湘学研究为主要特色。早在20世纪80年代初，就成立了毛泽东思想研究室，后来更名为毛泽东思想研究所，2004年成立了毛泽东思想研究中心，是湘潭大学所属的实体性研究机构，经过专家评审被遴选为教育部人文社科重点研究基地；学院还设立了院所合一的湘学研究所，该所下设湖湘学研究室、船山学研究室、近代湘学研究室和现代湘学研究室，参与了湖南省大型文化建设工程“湖湘文库”的整理与研究工作；为了加强特色，采取以书代刊的形式，出版了《毛泽东研究》和《湘学》两种刊物。

XIANGTANDAXUE

主要学术带头人介绍：

李佑新教授：男，1957年生，哲学博士，博士生导师，现任哲学与社会学学院院长，湘潭大学毛泽东思想研究中心常务副主任，教育部哲学学科教学指导委员会委员，湖南省哲学学会副会长等。近年来主持国家社科基金项目、教育部人文社科规划项目以及湖南省社科基金项目8项；出版《毛泽东思想发展的历史轨迹》（合著）、《马克思主义中国化的典范——延安时期毛泽东思想研究》等著作5部，发表论文60余篇。曾获湖南省委宣传部“五个一工程”一等奖一项，湖南省优秀社科成果奖二等奖一项、三等奖一项。

沧南教授：著名的毛泽东思想研究学者，曾任湘潭大学哲学系主任、毛泽东思想研究室主任。出版《毛泽东哲学思想》、《毛泽东方法学》、《现代化视野中的毛泽东思想研究》等著作多部；发表论文百余篇；获湖南省社科成果奖多项，1991年被评为湖南省普通高校科技先进工作者，1992年享受政府特殊津贴。

范贤超教授：男，1941年生，哲学硕士，博士生导师，现任毛泽东思想研究中心毛泽东思想基本理论研究所所长。长期从事马克思主义哲学、毛泽东哲学思想的教学和研究工作。出版《当代中国哲学问题》、《中国特色社会主义道路探索》、《毛泽东思想发展的历史轨迹》（合著）等著作11部，发表论文 70 余篇。

刘启良教授：男，1955年生，历史学硕士，博士生导师。现为湘潭大学哲学系教授，中国哲学（省级重点学科、博士点）学科带头人。刘启良教授学兼中西，主要从事中西哲学与文化比较研究。《光明日报》、《开放时代》等多家报刊都曾对其作过学术专访。主持的项目主要有：国家社会科学基金项目“马克思东方社会理论研究”、“马克思历史学笔记研究”、“中国历史上德治思想研究”、教育部“八五”规划项目“马克思与古代社会研究”、湖南省教育厅重点项目“20世纪中国思想史”。主要著作有：《神论》、《新儒学批判》、《东方文明畅想录》等十多部；发表学术论文百余篇。

陈代湘教授：男，1964年生，哲学博士，博士生导师，现为湘潭大学哲学与社会学院副院长。2004-2005于加拿大访学一年，主要研究中国哲学，方向是湖湘哲学和中国美学。近年来主持或参与国家和省部级研究课题16项。目前正在研究的课题主要有：国家教育部重大项目（子课题）“宋明时期长江中游地区的儒学研究——明代朱子学研究”，湖南省社科基金项目“儒学现代转型的内在逻辑与发展趋向研究”，湖南省教育厅项目“湖湘文化与儒学的宋明和现代两期发展”。参与研究国家社会科学基金项目“中国历史上的德治思想研究”。迄今为止，已出版6部专著，发表60余篇论文。

王向清教授：男，1962年生，哲学硕士，博士生导师，现任哲学与社会学学院副院长。主要研究方向为近现代中国哲学史与思想史。出版专著两部，在《哲学研究》、《哲学动态》、《广东社会科学》等刊物发表论文近90篇，主持的科研项目有：国家社会科学基金项目“冯契‘智慧说’研究”，湖南省教育厅重点项目“冯契与马克思主义哲学中国化”、一般项目“湖湘文化与中国近代哲学革命”，湖南省社科基金项目“冯契哲学思想研究”。